HISTOIRE UNIVERSELLE

DE

L'ÉGLISE CATHOLIQUE

———•◦•———

X

HISTOIRE UNIVERSELLE

DE

L'ÉGLISE CATHOLIQUE

PAR

ROHRBACHER

CONTINUÉE JUSQU'A NOS JOURS PAR M. L'ABBÉ GUILLAUME

PROFESSEUR AU GRAND SÉMINAIRE DE VERDUN

NOUVELLE ÉDITION

AVEC DES NOTES ET ÉCLAIRCISSEMENTS D'APRÈS LES DERNIERS TRAVAUX

TOME DIXIÈME

PARIS

LETOUZEY ET ANÉ, ÉDITEURS

RUE DU VIEUX-COLOMBIER, 17

HISTOIRE UNIVERSELLE
DE
L'ÉGLISE CATHOLIQUE.

LIVRE QUATRE-VINGT-QUATRIÈME.

De l'an 1517, commencement de l'anarchie religieuse et intellectuelle en Allemagne, à l'an 1545, commencement du concile œcuménique de Trente.

(Suite.)

§ IV.

Mort de Léon X. — Adrien VI, François Ier, Charles-Quint. — Leur caractère et leur conduite à l'égard de la chrétienté menacée par les Turcs, qui s'emparent de Belgrade et de Rhodes.

Le pape Léon X mourut quelques semaines après, le 1er décembre 1521, âgé de 46 ans, ayant gouverné l'Eglise 8 ans, 8 mois et 20 jours. Dix jours auparavant, le 20 novembre, dans une maison de campagne, il avait appris avec grande joie que Parme et Plaisance venaient d'être restituées aux Etats de l'Eglise. Il se rendit à Rome pour rendre à Dieu des actions de grâces. Il se trouva incommodé le 27. Les médecins jugèrent l'indisposition sans aucun danger : c'était un catarrhe, qui bientôt prit un caractère funèbre. Le Pape avait de la peine à respirer; il se mit au lit. La nuit fut mauvaise et agitée; le dimanche matin, premier décembre, on le vit lever les yeux au ciel, joindre les mains, dire quelques mots d'une prière ardente, puis retomber sur son oreiller et mourir : le catarrhe l'avait suffoqué.

Jamais la mort d'un Pape n'avait encore excité d'aussi vifs regrets. Le peuple se jeta, dans les premiers transports de son aveugle colère, sur l'échanson pontifical Barnabé Malespina, qu'il accusait d'avoir empoisonné le Pape dans une coupe de vin. On le traîna au château Saint-Ange; mais l'arrivée du cardinal Jules de Médicis rendit la liberté au malheureux échanson. On avait cherché des preuves, et on n'avait trouvé que des rumeurs populaires. Les funérailles du pontife furent simples et modestes : Antoine de Spello prononça l'oraison funèbre du mort; mais les pleurs du peuple furent plus éloquents que les paroles du camérier (Audin, t. II).

Voici le portrait que fait du pape Léon X son historien protestant, l'Anglais Roscoë :

« D'après ce que les écrits du temps nous ont appris de l'extérieur de Léon X, et la ressemblance si parfaite qu'en a tracée le pinceau, il est permis de croire que tout, en lui, annonçait un grand caractère; et un physionomiste habile pourrait se plaire à découvrir, dans le portrait admirable qu'en a fait Raphaël, les qualités, les talents et les penchants qui ont le plus particulièrement distingué ce Pape. Léon X était d'assez grande taille et bien fait. Il avait de l'embonpoint, sans que cependant il y eût de l'excès; mais ses membres tournés élégamment, paraissaient un peu déliés pour son corps. Sa tête était trop grosse, et il avait les traits trop prononcés, ce qui cependant n'empêchait pas qu'il n'eût un air de dignité inspirant le respect. Son teint était fleuri. Il avait les yeux gros, ronds et très-saillants, de sorte qu'il ne pouvait distinguer les objets qu'à l'aide d'une loupe; mais, par ce moyen, il voyait plus loin que qui que ce fût, lorsqu'il était à la chasse, divertissement qu'il aimait infiniment. Il avait les mains bien faites et d'une blancheur singulière, et il se plaisait à les orner de pierres précieuses. La douceur et la flexibilité de sa voix étaient remarquables, et donnaient à ses discours une expression qui produisait beaucoup d'effet. Personne, selon que l'exigeait ou le permettait l'occasion, ne s'énonçait avec plus de gravité, ni avec plus de facilité ou de gaîté que lui. Dès sa plus tendre jeunesse, il montra une urbanité qui lui concilia tous les cœurs, et qui semblait lui être naturelle, mais qui n'était peut-être pas moins l'effet de l'éducation que celui de la nature; car on n'avait rien négligé pour lui faire sentir combien il est avantageux de posséder des qualités qui calment la haine et attirent l'estime. Lorsqu'il arriva pour la première fois à Rome, sa grande douceur, son naturel heureux et son affabilité, qui le portaient toujours à prendre le parti de céder plutôt que de lutter avec trop de force contre qui que ce pût être, le firent considérer de tous les membres du sacré collége. Réservé avec les personnes âgées, enjoué avec les jeunes gens, il recevait avec beaucoup d'égards et de bonté tous ceux qui lui faisaient visite. Il leur adressait les choses les plus obligeantes; il leur prenait la main, et quelquefois même les embrassait, selon que le prescrivait l'usage. De là toutes les personnes qui le connaissaient étaient persuadées qu'elles étaient les objets particuliers de son estime et de son amitié; opinion qu'il s'efforçait d'entretenir par les marques d'attention les plus séduisantes, et par des actes de libéralité qu'il renouvelait fréquemment. Enfin on ne peut douter que ce n'ait été à cette conduite qu'il ait principalement dû la dignité suprême à laquelle il a été élevé dans un âge si peu avancé.

» Quant aux facultés de l'esprit, Léon X les possédait plus que ne le fait le commun des hommes. S'il ne paraît pas avoir été doué de celles dont la réunion est caractérisée par le nom de génie, du moins on peut dire qu'il avait une grande sagacité. Cette vérité a été reconnue par ceux-là mêmes qui lui ont le moins prodigué l'éloge. En rejetant les idées superstitieuses qui régnaient de son temps, il a montré qu'il avait un esprit vigoureux et sain. Sa mémoire était heureuse; et, comme il aimait la lecture au point que souvent il interrompait son repas pour lire, il acquit une grande connaissance de l'histoire. Il était si sobre, que les jours de jeûne et d'abstinence, il allait au delà de ce que prescrit l'Eglise (Roscoë, *Vie et pontificat de Léon X*, c. 24). »

Voici d'autres détails, recueillis par Audin :

« C'est à Léon X que nous devons en partie l'institution de ces belles cérémonies religieuses, qui, chaque année, pendant la semaine sainte, attirent un si prodigieux concours d'étrangers à Rome. On ne saurait dire la majesté avec laquelle officiait le pontife, le recueillement qu'il gardait pendant le saint sacrifice. On le voyait, les mains jointes, l'œil fixé à terre ou sur l'autel, prier constamment. Il n'accompagnait et ne portait jamais le Saint-Sacrement que la tête découverte. Il assistait tous les dimanches au sermon, mais il voulait que le prêtre ne parlât pas plus d'une demi-heure, conformément à la décision du concile de Latran. Musicien habile, il faisait chercher dans toute l'Europe les maîtres de chant les plus célèbres, les instrumentistes les plus renommés, pour célébrer le service divin. Il appela de Florence Alexandre Mellini, poëte et musicien, pour accoutumer ses chapelains à garder la tonique dans la psalmodie des psaumes, et la mesure syllabique dans les chants des hymnes ou des proses; car son oreille souffrait quand on brisait le rhythme ou qu'on offensait la prosodie.

» Léon X se levait de bonne heure et faisait sa prière à genoux; quand la maladie dont il était attaqué l'avait fait souffrir la nuit, il prenait un luth suspendu à la muraille de sa chambre à coucher, et se mettait à jouer. Il estimait que la musique est un présent du ciel, qu'elle adoucit le caractère, et qu'elle élève l'âme à Dieu. Il la regardait, après les lettres, comme la plus efficace consolation de l'homme dans l'exil. Il aimait à converser sur les principes de l'art musical, et démontrait ses théories en s'accompagnant sur le luth.

» Cette passion pour la musique suivait le Pape jusqu'à table; à la fin de ses repas, on appelait des musiciens qui exécutaient diverses mélodies, en s'accompagnant sur la guitare ou sur un autre instrument. Ces repas ressemblaient assez à ceux que Vida donnait aux étrangers dans son évêché d'Albe. Les légumes y figuraient en abondance; le mercredi, pas un plat de viande ne paraissait sur la table; le vendredi, on n'y servait que des racines; le samedi, il était de règle qu'on ne mît pas le couvert, le Pape jeûnant ce jour-là. Léon X mangeait peu et ne buvait que de l'eau. Paul Joves, qui plus d'une fois eut l'honneur de s'asseoir à la table du pontife, nous dit que l'amour des lettres et des arts était si vif en lui, qu'il ne voulait pas que le temps du repas fût perdu pour l'instruction des convives; il indiquait un sujet, souvent religieux, auquel tout le monde prenait part. Quelquefois l'entretien roulait sur un livre récemment paru, et dont Sa Sainteté indiquait les défauts ou les mérites.

» Le soir, la conversation se renouait, vive, animée, pleine de saillies, de mots heureux, de traits d'esprit que le Pape échangeait avec ses hôtes... De ses vastes lectures chrétiennes et profanes, il avait retenu une foule de sentences qu'il amenait avec un à-propos exquis. Tous ceux qui avaient le bonheur de l'approcher s'en allaient émerveillés de ses connaissances variées, de son érudition, de son beau langage. Le peuple l'aimait avec passion, et s'inclinait quand il passait, comme devant un saint, parce qu'il admirait en lui des mœurs d'une pureté si éclatante, que la calomnie n'essaya pas même de les ternir : enfant, adolescent, homme fait, il vécut chaste et défia jusqu'au soupçon. »

Voilà ce que dit le catholique Audin (*Hist. de Léon X*, c. 25), d'après les autorités contemporaines. Le protestant Roscoë s'y accorde, notamment sur le dernier article. Voici ses paroles :

« Léon X n'a pas entièrement échappé à cette imputation qui produit la tache la plus facile à faire et la plus difficile à effacer. Paul Jove lui en a fait le premier le reproche, au sujet de la familiarité qui paraissait exister entre ce Pape et quelques-uns de ceux qui composaient sa maison ; mais cet historien, qui ne semble considérer une telle offense que comme une bagatelle dans un grand prince, ne s'est pas donné la peine de rechercher si l'accusation était fondée. La morale de Paul Jove était trop dépravée pour ne pas rendre son témoignage très-suspect ; et ce n'a pas été sans raison que Rabelais lui a assigné une place dans sa salle des *oui-dire*. Mais quoique l'accusation portée contre Léon X ait été renouvelée fréquemment, dans le dessein de faire rejaillir sur le Saint-Siége la honte du souverain Pontife, on peut assurer que c'est une de ces calomnies qui sont transmises d'âge en âge, sans autre autorité que la plume d'un écrivain dépourvu de pudeur. Il nous reste les témoignages les plus satisfaisants sur la pureté de mœurs qui distingua ce Pape, tant dans sa première jeunesse, que lorsqu'il parvint au souverain pontificat; et l'exemple de chasteté et de décence qu'il a donné fut d'autant plus remarquable, qu'il était plus rare dans le siècle où il a vécu. » Voilà comme s'exprime le protestant Roscoë; et pour preuve de ce qu'il dit, il cite en note un auteur contemporain, qui appuie sur la chasteté du souverain Pontife, comme sur la principale de ses vertus, comme sur celle qui était la plus universellement reconnue, et au sujet de laquelle il ne s'était élevé *aucun soupçon* (Roscoë, t. IV, c. 24, p. 389, traduct. de Henri, 2ᵉ édit., Paris, 1813).

Un fait littéraire a donné lieu encore à des accusations contre Léon X. Le voici. En 1515, le poète Louis Arioste, que ce Pape connaissait et aimait depuis longtemps, venait de terminer son épopée romanesque de *Roland furieux*. Ce poème ne ressemblait point alors à ce qu'il est devenu depuis: en 1515, il n'avait que quarante chants, tandis qu'en 1532, il reparut en quarante-six, avec des changements nombreux et notables. Or, en 1515, l'Arioste n'avait pas de quoi faire imprimer son poème; de plus, les imprimeurs et les libraires ne respectaient pas plus que les pirates les droits des auteurs. L'Arioste s'adressa donc à Léon X, qui lui donna de l'argent pour les frais d'impression, et, de plus, une bulle du mois de mars 1515, où il défend, sous peine d'excommunication et de deux cents florins d'amende, d'imprimer ou de vendre *le poème burlesque de Louis Arioste sans la permission de l'auteur*. Ce n'était ni plus ni moins qu'un privilège pour imprimer et vendre un livre (Audin, c. 14, t. I).

Or, un fait aussi simple a été prodigieusement travesti par des écrivains protestants. C'est le protestant Roscoë qui en fait la remarque, et qui les réfute. Voici ses paroles:

« Un écrivain protestant (David Blondel) nous dit de Léon X: — Presque en même temps qu'il fulmina ses anathèmes contre Martin Luther, il n'eut point honte de publier une bulle en faveur des poésies profanes de Louis Arioste, menaçant d'excommunication ceux qui blâmeraient le poème ou empêcheraient le profit de l'imprimeur. — Une foule d'auteurs, et le judicieux Bayle lui-même, citent ce trait comme une nouvelle preuve de l'impiété de Léon X, et de l'indécence avec laquelle ce Pape, disent-ils, abusait du pouvoir spirituel. Mais, pour répondre à cette imputation, il suffira de rappeler que ce fut longtemps avant que Luther fût en opposition avec la cour de Rome, que la bulle dont il s'agit fut accordée à l'Arioste; et le souverain Pontife ne fit en cela que suivre l'usage qui assure aux auteurs les produits de leurs travaux. Il est absolument faux que dans ce privilège il soit décerné des peines contre quiconque critiquerait le *Roland furieux*, l'excommunication n'étant prononcée que contre ceux qui imprimeraient l'ouvrage et qui le vendraient sans le consentement du poète. Cette dernière clause, qui se trouve dans tous les actes du même genre, et qui quelquefois est plus fortement énoncée, avait pour objet de contenir, au delà des limites du territoire de l'Eglise, le brigandage de ces pirates, qui, depuis l'invention de l'imprimerie, ont toujours été prêts à faire tourner à leur profit les talents des littérateurs. » Voilà comme le protestant Roscoë (c. 24, t. IV, p. 386) réfute des calomnies protestantes, répétées par plus d'un catholique.

On reproche encore à Léon X sa passion pour la chasse; mais ses médecins lui en avaient fait un précepte hygiénique; le repos eût abrégé ses jours. Vers la fin de l'été, il commençait ses promenades aux environs de Rome. Quand les pluies avaient rafraîchi l'atmosphère, si chaude dans la Romagne jusqu'à la fin de septembre, il se rendait à Viterbe et s'amusait à chasser aux perdrix, aux faisans et aux oiseaux de toute sorte, dont le pays abonde; puis il continuait ses excursions, s'embarquait sur le lac Bolsène, mettait pied à terre dans l'île qui s'élève au milieu des eaux, et pêchait pendant des heures entières. Le soir, il se livrait à un autre plaisir, qu'il chérissait par-dessus tout, la conversation.

Une des maisons de campagne où il se rendait le plus volontiers était la Maliana, à quelques milles de Rome. On savait le jour où le Pape viendrait l'habiter; alors le chemin que devait traverser le Saint-Père était rempli de paysans qui, à la vue de leur souverain bien-aimé, s'agenouillaient pour recevoir sa bénédiction. Sur son passage, on élevait des bancs de verdure, des arcs de triomphe tressés de fleurs. Le Pape descendait de cheval ou de voiture, s'asseyait sur un des bancs rustiques improvisés par la piété, interrogeait les vieillards, embrassait les petits enfants, dotait les jeunes filles, payait les dettes des pauvres laboureurs, et s'en allait comblé de bénédictions et de témoignages d'amour (Audin, c. 25, t. II, p. 571 et 574).

Un point difficile et délicat pour le pape Léon X fut la conduite à tenir envers les souverains temporels dans les différends qu'ils avaient entre eux, principalement François Iᵉʳ, roi de France, et Charles-Quint, roi d'Espagne, roi de Naples et empereur d'Allemagne. Voici le jugement qu'en a porté le protestant Roscoë:

« Les grands objets que Léon X paraît s'être toujours proposés dans sa conduite politique démontrent qu'il était doué d'un esprit d'une vaste étendue, et qu'il avait conçu une juste idée de la place importante qu'il occupait. Pacifier l'Europe, y établir l'équilibre politique, assurer la tranquillité générale, soustraire l'Italie à la domination des puissances étrangères, recouvrer les anciens domaines de l'Eglise, contenir et abaisser la puissance des Turcs; ce furent là les points qu'il ne perdit jamais de vue.

» Lorsqu'il parvint à la papauté, il trouva l'Italie opprimée et menacée par des princes étrangers, et déchirée par des dissensions intestines. Les Espagnols étaient en possession du royaume de Naples; les Français se disposaient à attaquer le Milanais et les Etats où les princes étaient en guerre les uns contre les autres, pour soutenir des intérêts qui ne les concernaient pas directement. Le premier, le plus ardent désir du souverain Pontife fut de délivrer l'Italie du joug des étrangers; et loin de l'accuser de l'avoir eu, on eût pu l'en féliciter. Les deux extrémités septentrionales et méridionales de ce pays étant occupées par deux monarques ambitieux, puissants et toujours rivaux, le centre devait servir constamment de théâtre à la guerre et être exposé à des ravages continuels. L'un et l'autre de ces souverains obtenant la prépondérance, ce devait en être fait de l'indépendance des Etats de l'Italie; à tout avénement, les négociations et les intrigues que devait occasionner la lutte des deux puissances rivales ne pouvaient manquer d'exciter perpétuellement la fermentation et l'alarme dans les esprits. L'accomplissement des grands objets que le Pape avait en vue était le seul moyen par lequel il pût raisonnablement espérer de rétablir la tranquillité; et le désir qu'il en avait peut expliquer, sinon justifier toujours, plusieurs parties de sa conduite, qui sans cela paraissent faibles, inintelligibles et contradictoires.

» Il était impossible qu'il pût attaquer de vive force des ennemis si formidables; et tandis que les causes de dissensions subsistaient, il ne pouvait espérer de réunir par un lien commun les divers Etats de l'Italie, plusieurs desquels, suivant une politique mal entendue, prenaient le parti des étrangers. Tout ce que pouvait faire le Pape, était d'exciter l'un contre l'autre deux rivaux puissants, et de mettre à profit toutes les occasions que leurs querelles offriraient, de les éloigner d'un pays qu'il avait à cœur d'affranchir. En conséquence, il s'efforça constamment de se concilier, par des protestations d'attachement, la bienveillance et l'estime des rois de France et d'Espagne, d'intervenir dans toutes leurs négociations et d'entrer dans tous leurs projets, afin d'être en état de maintenir l'équilibre entre eux ou de se déclarer d'une manière conforme à ses vues. Il suppléa à l'insuffisance de l'armée pontificale par des corps de troupes suisses, qu'une solde considérable attachait à son service. Au moyen de ce secours, il expulsa deux fois de l'Italie les Français. Quoique la puissance supérieure des deux monarques, contre l'un ou l'autre desquels il avait toujours à lutter, ait contrarié ou même renversé quelquefois les projets de Léon X, il ne parut jamais, dans tout le temps de son pontificat, s'écarter du but qu'il s'était originairement proposé. Ses efforts redoublés lui permirent de se flatter du succès; et il est probable que, si une mort prématurée ne les avait arrêtés, il aurait effectué cette grande entreprise. Il est certain qu'il voulait réunir le Milanais à l'Etat de l'Eglise, ou en transmettre la souveraineté au cardinal Jules de Médicis; et jointes à celles de la Toscane et aux secours qu'il pouvait tirer des Suisses, ses alliés, les forces que cette réunion lui aurait procurées l'auraient mis en état d'attaquer ou plutôt de conquérir le royaume de Naples, dont Charles-Quint ne s'occupait que faiblement alors.

» En considérant sous ce point de vue général la conduite politique de Léon X, on y reconnaît une habileté qu'on ne peut apercevoir en ne l'examinant que partiellement. Sans le justifier, son manque de sincérité dans ses négociations avec François Ier fut causé par la constance avec laquelle il suivait l'exécution de son dessein primitif, où l'on confirma ce prince en s'emparant de Parme et de Plaisance. Le monarque français aurait dû savoir qu'il ne faut pas toujours user des droits que donne la victoire, ni imposer des conditions trop dures à un ennemi vaincu, et pour qu'on les remplisse avec bonne foi, il est nécessaire que la modération et la justice forment la base des engagements publics.

» Léon X ne mit pas moins de persévérance dans les efforts qu'il fit pour apaiser les dissensions qui divisaient les princes chrétiens, et faire tourner leurs armes contre les Turcs. Ce dernier projet a été considéré comme extravagant; mais pour en juger sainement, il faut examiner l'état des choses à l'époque où il a été conçu, et se rappeler que les barbares Musulmans venaient de s'établir en Europe, qu'ils venaient de renverser l'empire des Mamelucks en Egypte, et de faire sur les côtes d'Italie plusieurs tentatives, dans l'une desquelles ils s'étaient emparés d'Otrante. Si le projet de Léon X échoua, ce fut la faute des princes chrétiens, qui se redoutaient plus les uns les autres qu'ils ne craignaient les Turcs. Mais souvent dans les grandes entreprises, que, sans parvenir au but où l'on s'est proposé d'atteindre, on obtient des avantages proportionnés aux efforts qu'on a faits. Si le Pape ne put faire partager ses sentiments aux princes de la chrétienté; s'il ne put leur inspirer une bienveillance réciproque et diriger leur haine contre l'ennemi commun, il est probable du moins qu'il empêcha les Turcs de tourner leurs armes contre les peuples de l'Occident; et, durant tout son pontificat, l'Europe s'est vue dans une situation que, comparée à celle des autres époques, on peut considérer comme heureuse et tranquille (Roscoë, c. 24, t. IV, p. 367 et seqq.). »

Voilà comment le protestant Roscoë apprécie les efforts de Léon X pour pacifier l'Europe au dedans et la défendre au dehors : politique qui ne lui était point particulière, mais commune avec tous les Papes. C'est la politique du père de famille, qui veille à maintenir la paix dans la maison et à l'assurer contre les attaques étrangères. Les rois de l'Europe étaient les fils aînés de la maison; mais, au lieu de seconder le père, ils épuisaient leur esprit et leurs forces à se contrarier et à se battre entre eux : plus d'une fois il faudra que le père sauve la famille, sans eux et malgré eux.

Le sultan Sélim venait de conquérir l'Egypte, la Syrie et la Perse; à la tête de ses hordes tartares, chaque jour il faisait un nouveau pas en Europe, où il se proposait de détruire les principales monarchies. Pour arrêter cet autre Attila, le Pape, qui représentait à la fois le christianisme et la civilisation, à l'aide de ses légats, remuait les cours chrétiennes; et partout on promettait des soldats et de l'argent; mais les secours promis n'arrivaient pas. En Allemagne, le moine hérésiarque de Wittemberg et ses semblables conseillaient à l'empereur, aux princes, aux diètes, de refuser leur concours au père des fidèles; et la voix des apostats était plus puissante que celle du Vicaire de Jésus-Christ. Alors, dit un historien philosophe, on vit à Rome le souverain Pontife marcher nu-pieds et appeler sur son peuple, par des gémissements et des larmes, la protection céleste. Ses prières furent plus efficaces que ses négociations : Sélim mourut avant d'avoir pu exécuter ses projets (Gaillard, *Hist. de François Ier*, t. I, p. 257; Raynald, an 1518, n. 43).

Léon X eut pour successeur Adrien VI, cardinal-prêtre de Saint-Jean et Saint-Paul, évêque de Tortose en Espagne, né l'an 1459, de parents obscurs, à Utrecht. Il fut élu d'une voix unanime par les trente-neuf cardinaux du conclave, le 9 janvier 1522. Il conserva son nom d'Adrien, contre l'usage établi depuis plusieurs siècles. Le mérite seul d'Adrien et la protection de Charles-Quint, dont il avait été précepteur, l'élevèrent à cette suprême dignité, qui alla le chercher elle-même, sans qu'il s'y attendît, n'ayant jamais eu d'ambition. Adrien était pour lors en Espagne. A la première nouvelle, il dit à ses amis : « Si ce que l'on dit est vrai, j'ai bien raison de m'affliger. » Les habitants de Sarragosse lui offrirent une relique de saint Lambert, leur compatriote, qu'ils lui avaient refusée jusqu'alors; il la reçut avec une joie extrême, et la regarda comme le plus précieux fruit de son pontificat. Il refusa un second bénéfice à son neveu. Il avait coutume de dire : « Je veux orner les églises de prêtres, et non les prêtres d'églises. » L'Italie était affligée de la guerre et de la peste : ce fut un motif pour lui de se rendre promptement à Rome. Il y fut couronné le 31 août 1522. Il avait vivement à cœur la restauration des mœurs et de la discipline dans le clergé et dans le peuple fidèle, à commencer par la cour de Rome. Il se consultait à cet égard avec saint Gaëtan de Thienne, Pierre Caraffe, archevêque de Théate, et d'autres pieux personnages. Il canonisa saint Antonin, archevêque de Florence, et saint Bennon, évêque de Misnie. A peine couronné, il abolit les réserves et les expectatives, et commença d'autres réformes. L'Europe chrétienne se voyait dans un état bien triste. Le roi de France et l'empereur Charles-Quint la déchiraient au dedans par leurs sanglantes rivalités ; au dehors, Soliman II, fils de Sélim, lui portait des coups plus cruels les uns que les autres; l'anarchie religieuse et intellectuelle de l'hérésiarque de Wittemberg s'étendait de plus en plus en Allemagne, et de là menaçait d'autres pays. Adrien VI s'efforça de porter remède à ces trois calamités ; il n'y réussit pour aucune, et mourut le 24 septembre 1523, après un pontificat d'un an huit mois cinq jours, y compris celui de son élection. Il fut enterré avec cette épitaphe : *Ici repose Adrien VI, qui n'estima rien de plus malheureux pour lui que de commander.* Il eut pour successeur le cardinal Jules de Médicis, cousin de Léon X, qui fut élu le 19 novembre 1523, couronné le 25, et prit le nom de Clément VII (Raynald, an 1522 et 1523, avec les notes de Mansi).

Un Français de cette époque est à connaître. Il avait tout juste ce qu'il fallait pour être au niveau de la France et de l'époque contemporaine, sans rien pour s'élever au-dessus : il en est ainsi un fidèle miroir. C'est le roi de France si connu et si peu connu, François Ier. Né à Cognac le 12 septembre 1494, il avait vingt ans et quelques mois, lorsqu'il succéda, le 1er janvier 1515, à Louis XII. Son éducation avait été commencée par le maréchal de Gié, que Louis XII avait remplacé, en 1506, par Arthur Gouffier, sire de Boisy ; ce dernier avait fait toutes les campagnes d'Italie, et il avait acquis dans ce pays un goût pour les arts et la belle littérature, qui ne se voyait guère parmi les gentilshommes. Il comprit qu'une certaine gloire pouvait être attachée à l'étude des lettres ; il accoutuma même son élève à témoigner des égards aux érudits et à rechercher leur conversation ; mais si Boisy se plaisait à lire lui-même, il chercha vainement à inspirer au prince qu'il formait le désir de lire d'autres livres que des romans de chevalerie. François Ier y puisa presque sa seule instruction ; il se forma sur les héros de la Table-Ronde et du palais de Charlemagne, non sur ceux de l'histoire ; il voulut briller comme un Amadis plutôt que comme un souverain, et la hauteur de sa taille, la beauté de sa figure, son adresse dans les armes et dans tous les exercices du corps, sa bravoure, qu'il avait déjà eu occasion de montrer, son amour du plaisir, que ses jeunes camarades estimaient en lui plus que ses qualités morales, le signalaient à l'admiration de ceux qui, comme lui, ne connaissaient le monde que par les romans (Sismondi, *Hist. des Français*, t. XVI, c. 1).

Sa mère, Louise de Savoie, de mœurs très-équivoques elle-même, et qui conserva toute sa vie un pouvoir presque sans bornes sur son fils, ne l'avait point accoutumé à la retenue dans les mœurs ou le langage, et elle avait permis à sa fille Marguerite, depuis reine de Navarre, de n'être guère plus réservée. Anne de Bretagne avait, la première, voulu que le palais royal devînt une école où les demoiselles nobles viendraient se former à la vertu et aux belles manières ; elle appela dans ce but autour d'elle un grand nombre de filles d'honneur. Louise de Savoie conserva cet usage ; mais ses filles d'honneur eurent la beauté et non la vertu de celles de sa rivale. Un prince jeune, beau, inconstant dans ses amours, et qui ne rencontrait point de résistance, eut bientôt corrompu cette cour, qui ne connut plus de plaisir que dans le dérèglement, de gaîté que dans l'indécence du langage. Les mœurs, dans les temps de barbarie, étaient loin d'être pures, mais on cachait du moins les scandales avec quelque honte ; tandis que, depuis le commencement du pouvoir de Louise de Savoie, la galanterie devint une partie des belles manières, la licence le sujet éternel des plaisanteries de cour, et la corruption des mœurs alla dès lors toujours croissant jusqu'à la fin du règne des Valois (*Ibid.*).

Louise, qui a laissé d'elle un journal ou plutôt un livre de souvenirs, dans lequel elle a inscrit également la naissance de son fils, la mort de son petit chien, Happeguai, et celle de son mari, avait nourri son fils avec un amour idolâtre, et mettait en lui sa joie et ses espérances ; elle ne s'était opposée à aucun de ses désirs, et ne lui avait fait connaître d'autres devoirs que ceux dont il trouvait le résumé dans les romans de chevalerie. Comme François avait cependant de l'élévation dans le caractère, il voulut marcher sur les traces des héros, mais comme il ne connaissait d'héroïsme que celui des Roland et des Amadis, il ne se proposait d'autres vertus que la bravoure et la magnificence ; il comptait se signaler par ses grands coups d'épée, et ne soupçonnait pas même qu'il existât un art de la guerre plus important dans les combats que la valeur personnelle du capitaine. En même temps, il était toujours occupé de ce qu'il croyait devoir à la majesté royale ; car il pensait qu'un roi chevalier ne pouvait ni marcher, ni camper, ni livrer bataille, ni surtout se retirer devant un ennemi supérieur en forces, comme l'aurait fait un guerrier ordinaire. C'était dans les mêmes romans qu'il avait puisé toutes ses notions sur l'étendue de la prérogative royale. Il voulait être un bon et grand roi, gracieux, magnifique et galant pour les dames; mais il voulait aussi qu'une parole de sa bouche fût le décret de la destinée, qu'elle n'admît point d'examen, qu'elle fût irrésistible, et il ne concevait pas comment des parlements, des princes, une noblesse, des Etats-généraux, et moins encore un tiers-état qu'il méprisait, pourraient avoir ou le droit ou l'audace d'apporter des limites à son autorité (Sismondi, *Hist. des Français*, t. XVI, c. 1).

Après la victoire de Marignan, la conquête du Milanais et la conclusion du concordat, abandonnant l'administration à ses ministres, il ne songeait lui-même qu'à jouir dans les plaisirs et le luxe, de son opulence et de sa toute-puissance. Il avait alors vingt-quatre ans; tout frein, tout respect humain lui était ôté : sa mère, qui gouvernait le royaume, qui se mêlait de toutes les affaires; sa mère toujours nommée par les légats et les ambassadeurs dans leurs correspondances, comme la personne avec laquelle ils traitaient de tout, ne contrôlait jamais sa conduite privée, ou plutôt elle le poussait elle-même à la galanterie, et elle se montrait pleine d'indulgence pour des vices auxquels, de son côté, elle ne demeurait pas étrangère. Sa femme Claude, « cette bonne et sainte princesse, dit Brantôme, n'avait pas grand crédit (*Eloge de François Ier*). »

Elle lui avait cependant déjà donné deux fils. Son ministre principal, le chancelier Duprat, croyait s'affermir dans sa place en flattant les passions du maître et en l'abandonnant aux voluptés. Les autres étaient pour la plupart des jeunes gens associés à ses débauches. François avait montré, à l'occasion de son ordonnance sur la chasse et de l'enregistrement du concordat, qu'il était résolu à n'accorder aucune attention aux remontrances de son parlement; il songeait bien moins encore à rassembler les Etats-généraux et à régler ses finances de concert avec eux. Les princes du sang, les pairs de France, les trois ordres de l'Etat lui paraissaient également destinés à lui obéir sans hésitation; tout partage d'autorité avec eux lui semblait honteux pour la majesté royale. Il s'applaudissait d'avoir secoué ces entraves et de ce qu'il appelait avoir mis les rois de France *hors de pages* (Sismondi, t. XVI, c. 2; Fr. Belcarii comment., l. 16).

Cependant l'époque était bien favorable pour faire de grandes choses à la gloire de Dieu et de la France. Charles-Quint, avec l'Espagne et le Portugal, en donnait l'exemple. Si François Ier et les Français de son temps avaient eu les pensées nobles et généreuses de leurs ancêtres, les pensées de Charles-Martel, de Charlemagne, de Godefroi de Lorraine, de Tancrède de Normandie, de Baudouin de Flandre, mais surtout du roi saint Louis de France, ils auraient pu mettre la dernière main à l'œuvre de leurs ancêtres et en recueillir glorieusement les fruits : ils auraient pu nettoyer la Méditerranée des pirates, fonder un royaume français à Tunis, où saint Louis rendit son âme à Dieu; fonder un royaume français en Egypte, où saint Louis pratiqua les plus héroïques vertus dans les fers; ils auraient pu établir le royaume français de Jérusalem, le royaume français d'Arménie, le royaume français de Chypre, les principautés françaises de la Grèce, l'empire français de Constantinople; ils auraient pu, naviguant sur les traces des Espagnols et des Portugais, attaquer le mahométisme et l'idolâtrie par l'Inde, et préparer tout l'ancien continent à la civilisation chrétienne et véritable : tandis que Charles-Quint réprimait les destructeurs de cette civilisation en Allemagne et en secondait les apôtres dans le Nouveau-Monde. Voilà ce qu'eût pu faire dans les Français une noble émulation pour ce que faisaient les Espagnols et les Portugais. L'univers, agrandi de moitié par la découverte de l'Amérique, eût suffi à deux hommes bien autrement actifs et ambitieux que François Ier et Charles-Quint. Les Français du XVIe siècle, dégénérés de leurs ancêtres du XIIIe, ne comprirent rien à ces grandes choses : on n'en voit pas un qui s'en soit seulement douté. Et cependant la Providence divine venait de leur donner une terrible leçon, et cela pendant près de deux siècles.

A la fin du XIIIe, Philippe le Bel répudie la gloire héréditaire de la France, qui est de consacrer ses armes à la défense de la civilisation chrétienne contre les Barbares et les infidèles. Philippe ne voit plus que lui-même et sa famille : à peu près toute la France partage sa manière de voir. Voici maintenant ce qui arrive. Au lieu de la guerre glorieuse de Charles-Martel, de Charlemagne, de Godefroi, de Tancrède, de saint Louis contre les infidèles et les Barbares, la France dégénérée a une guerre civile, une guerre parricide, une guerre honteuse avec les princes français d'Angleterre, et cela pour une femme adultère, fille de Philippe le Bel, meurtrière de son mari et de son roi. Des princes du sang royal de France vendront la France à une nation étrangère. La France, divisée, déchirée, mais surtout abâtardie et désespérant d'elle-même, allait devenir une province anglaise : déjà Paris est tout anglais. Il faut qu'une jeune fille arrive de Lorraine pour rendre la France aux Français, au risque de se voir abandonnée par eux aux flammes d'un bûcher. Voilà ce que nous avons vu. Sous François Ier, on en voyait un reste. Calais, la clé de la France, était encore à l'Angleterre.

Cependant François Ier commencera une nouvelle série de hontes et de calamités semblables. Au lieu d'achever l'œuvre glorieuse de ses ancêtres, en défendant, en propageant la civilisation chrétienne en Afrique, en Egypte, en Syrie, en Arménie, et jusqu'au fond de l'Inde; d'égaler ainsi, de surpasser même noblement la gloire de son émule, Charles-Quint, il fera précisément le contraire. Il fera précisément ce qu'il faut pour ruiner l'œuvre glorieuse de ses ancêtres. Il dégradera la politique le plus bas possible, jusqu'à trahir la chrétienté, jusqu'à protéger et seconder l'anarchie religieuse et intellectuelle de l'Allemagne, afin qu'il pût diviser et brouiller religieusement et intellectuellement toute l'Europe; jusqu'à inviter le successeur de Mahomet, le plus furieux ennemi des chrétiens, Soliman II, à venir s'emparer de l'Italie et de Rome, avec le secours des armes françaises. Voilà ce que nous allons voir faire à François Ier, sans qu'un Français élève la voix pour protester.

En retour, l'anarchie religieuse, intellectuelle, et politique, ainsi favorisée en Allemagne, s'implantera en France, divisera la France contre elle-même par des fleuves de sang, par d'atroces guerres civiles; on verra des rois assassinant et assassinés; la France, trahie par des Français, ne sera plus une, elle ne saura même plus si elle restera la France, la première des nations catholiques, ou deviendra province étrangère, et la dernière des nations apostates. Il faudra que, du même pays que Jeanne d'Arc, arrive une famille d'hommes pour maintenir l'unité de la France avec elle-même, en y maintenant l'antique foi de Clovis, de Charlemagne, de Godefroi, de Tancrède et de saint Louis. Un homme de cette famille reprendra la clef de la France à l'Angleterre, et restituera Calais à la France.

Cependant de ces fréquentes infidélités à sa mission providentielle, de ces coupables hésitations entre la Vérité et l'Erreur, il est demeuré à la France une baisse si notable dans les esprits et les caractères, un amoindrissement tel dans les vues et les idées, que rarement se voit un Français capable de saisir bien tout l'ensemble de l'Eglise, de sa doctrine et son histoire, et qu'aujourd'hui encore il faut que Dieu suscite d'honnêtes protestants pour nous guérir de nos préventions nationales envers la sainte Eglise romaine, notre mère, et pour nous apprendre à lui rendre enfin justice.

Mais pendant qu'il négligeait ces grandes occasions d'acquérir une gloire solide devant Dieu et devant les hommes, quelle idée préoccupait donc François Ier? Le voici: Non content d'être roi de France, il prétendait être seigneur italien et duc de Milan. Telle était son idée fixe. Puis à la mort de l'empereur Maximilien, il se présenta comme candidat à l'empire en concurrence avec Charles-Quint, archiduc d'Autriche, roi de Naples et d'Espagne. Voici comme l'auteur protestant de l'*Histoire des Français* apprécie la conduite du roi de France en cette occasion.

« Il semble que ce projet fut suggéré à François Ier seulement par ses jeunes courtisans, tous pleins des idées de la chevalerie. Ils lisaient dans les romans que Charlemagne avait été empereur de tout l'Occident; que les paladins avec lesquels ils se comparaient avaient combattu les infidèles et recouvré le Saint-Sépulcre, et ils persuadaient à François que lui, le premier chevalier de son siècle, était appelé comme Charlemagne à gouverner le monde latin et barbare, et à refouler en Asie les Musulmans. Les exemples pris de Charlemagne, les promesses de faire concourir la France avec l'Italie et l'Allemagne contre les Musulmans, furent les seuls motifs d'intérêt public que les ambassadeurs français firent valoir auprès des électeurs. En même temps, ils leur représentèrent que François, comme souverain du royaume d'Arles et du duché de Milan, était membre de l'empire; que Charles, au contraire, comme roi de Naples, était exclu de la candidature par un grand nombre de constitutions impériales et pontificales, qui interdisaient la réunion de la couronne qu'il portait à celle de l'empire (1). Mais ils comptaient plus sur la corruption que sur les raisons. Ils avaient avec eux quatre cent mille écus. C'était ouvertement et sans pudeur qu'ils tâchaient de gagner des suffrages à prix d'argent. Ils invitaient en même temps les princes et les comtes allemands à des festins, d'où tous les convives sortaient presque toujours ivres; ils avaient aussi songé à intimider les électeurs en prenant à leur solde l'armée de la ligue des villes de Souabe, qui se trouvait sur les lieux; mais ils se laissèrent devancer par les agents de Charles. Et pendant qu'ils appelaient ainsi tous les vices à leur aide, François, conservant le langage de la galanterie, disait aux ambassadeurs du roi d'Espagne : Nous sommes deux amants prétendant à même maîtresse; lequel des deux qu'elle préfère, l'autre doit se soumettre et ne pas en garder de ressentiment (Sismondi, t. XVI; *Belcarii*, l. 16).

Charles fut préféré, et François en garda du ressentiment; il se prépara même dès lors à faire la guerre à son heureux rival, et imposa pour cet effet des contributions très-pesantes sur toute la France. Mais bientôt les attraits du plaisir et de la dissipation lui faisaient perdre de vue ses affaires. Après des boutades de colère ou d'humeur, il retournait à ses amours et à ses fêtes, dans lesquelles il dissipait en peu de jours l'argent arraché à ses sujets, sous prétexte des besoins de l'Etat. Il ruina surtout son trésor et sa noblesse en 1520, dans une entrevue avec le roi d'Angleterre, Henri VIII, près de Calais. La magnificence de cette assemblée, qui dura depuis le 7 juin jusqu'au 24, fit nommer ce lieu *le camp du drap d'or*. Elle fut telle, que *plusieurs*, dit Martin du Bellay, *y portèrent leurs moulins, leurs forêts et leurs prés sur leurs épaules*.

François aurait bien voulu humilier Charles, mais il ne pouvait prendre sur lui de lui déclarer la guerre. Il aurait fallu pour cela renoncer à son luxe et à ses plaisirs, rompre le commerce scandaleux qu'il entretenait avec une femme adultère, la comtesse de Châteaubriand, fille de Phébus de Foix, qu'il avait contraint son mari de faire venir de Bretagne à la cour; il aurait fallu enfin épargner pour la guerre ce trésor qu'il vidait sans cesse pour ses plaisirs. Au lieu de prendre contre son rival une résolution hardie, il se contenta de le harceler à petits coups d'épingle, comme s'il n'avait pas prévu qu'il allumerait ainsi une guerre générale. (Sismondi, t. XVI).

La femme adultère, nommée plus haut, était parente du roi de Navarre. Dès lors certains nobles de France tenaient à honneur et à profit de prostituer leurs femmes au caprice du souverain. François Ier envoya donc au roi de Navarre un corps de troupes pour reprendre Pampelune sur les Espagnols. La place fut emportée; un de ses défenseurs y fut blessé : il se nommait Ignido ou Ignace de Loyola : c'était en 1521. Peu après, les Français furent chassés de la Navarre Espagnole, aussi vite qu'ils y étaient entrés.

Presqu'en même temps, d'autres hostilités commençaient sur les frontières du nord, et là aussi François donnait cours à sa mauvaise humeur, sans songer à déclarer la guerre. Le 22 octobre, pouvant battre l'ennemi, il le laisse échapper par son hésitation. Lautrec, gouverneur du Milanais, demande de l'argent pour s'y maintenir; François lui en promet, mais lui manque de parole; Lautrec éprouve des échecs et perd Milan. Il est battu l'année suivante 1522 à la Bicoque, et les Français évacuent la Lombardie. En 1523, François fait manquer deux fois la victoire à son armée de Picardie, pour avoir voulu s'y trouver lui-même.

La cour, uniquement dominée par les femmes,

---

(1) Guichardin, l. 13; Sleidan, *Comm.*, l. 1; *Lettres du cardinal Cajétan*; Francfort, 29 juin 1519; *Lett. dii Principi*, t. 1, p. 70.

était divisée en deux factions jalouses l'une de l'autre. A la tête de l'une était la mère du roi; à la tête de l'autre était la femme adultère pour laquelle il délaissait sa vertueuse épouse. Une intrigue de la première de ces femmes porta le connétable de Bourbon, prince du sang royal, à trahir la France. Il offrit au roi d'Angleterre et à l'empereur de la démembrer en trois, un tiers pour lui, érigé en royaume; un tiers pour l'empereur, le reste pour l'Anglais. Son complot ayant transpiré, il quitta la France et porta les armes contre elle. C'était en 1523.

L'année suivante, après plusieurs revers, les Français de Lombardie sont obligés de battre en retraite. Le général en chef ayant été blessé, remet le sort de l'armée française entre les mains du chevalier Bayard, surnommé *le chevalier sans peur et sans reproche*, et qui méritait ce beau surnom. Il est bien tard, répond Bayard au général; mais n'importe, mon âme est à Dieu et ma vie à la France: je vous promets de sauver l'armée aux dépens de mes jours. » Il s'agissait de passer une rivière, à la vue d'un ennemi supérieur en force. Bayard, toujours le dernier pour soutenir la retraite, chargeait vigoureusement les Espagnols, lorsque, le 30 avril 1524, vers dix heures du matin, il est frappé d'une balle qui lui rompt l'épine du dos. « Jésus, mon Dieu, je suis mort! s'écrie Bayard. » On court à lui pour le retirer de la mêlée : « Non, dit-il, près de mourir, je me garderai bien de tourner le dos à l'ennemi pour la première fois. » Voyant approcher les Espagnols, il ranime sa voix mourante pour ordonner d'aller à la charge, et se fait placer au pied d'un arbre. « Mettez-moi, dit-il, de manière que mon visage regarde l'ennemi. » Ses derniers moments portent le caractère de cette simplicité héroïque et chrétienne qui distinguent éminemment ce grand homme. Au défaut de croix, il baise la croix de son épée; n'ayant point de prêtre, il se confesse à son écuyer; il console ses domestiques, ses amis, et, craignant de les voir tomber au pouvoir des Espagnols, il les supplie de lui épargner ce surcroît de douleur. Les ennemis, maîtres du champ de bataille, viennent à leur tour, auprès de lui, verser des larmes d'admiration et de regrets; le marquis de Pescaire oublie sa victoire pour accourir à son secours; teint du sang des Français, le connétable de Bourbon s'attendrit à la vue du héros expirant. « Ce n'est pas moi qu'il faut plaindre, lui dit Bayard, mais vous, qui combattez contre votre roi et contre votre patrie! » Peu de minutes après il expira à l'âge de 48 ans. Son corps resta au pouvoir des ennemis, qui le firent embaumer et lui rendirent les plus grands honneurs. On le transporta ensuite à Grenoble, à travers les Etats du duc de Savoie, qui lui fit rendre les mêmes honneurs funèbres qu'aux princes de son sang. La consternation fut générale dans toute la France : jamais deuil ne fut plus sincère; la mort de Bayard était devenue une calamité publique.

Pierre du Terrail, seigneur *de Bayard*, naquit, en 1476, d'Aymon du Terrail et d'Hélène des Allemands, au château de Bayard, dans la vallée de Graisivaudan, à six lieues de Grenoble. La maison du Terrail était une des plus anciennes du Dauphiné. Le jeune Bayard, élevé sous les yeux de son oncle, Georges du Terrail, évêque de Grenoble, puisa de bonne heure, à l'école de ce digne prélat, le germe des vertus qui devaient l'honorer un jour. « Mon enfant, lui disait ce bon évêque, sois noble comme tes ancêtres, comme ton trisaïeul, qui fut tué aux pieds du roi Jean, à la bataille de Poitiers; comme ton bisaïeul et ton aïeul, qui eurent le même sort, l'un à Azincourt, et l'autre à Montlhéry; et enfin comme ton père, qui fut couvert d'honorables blessures en défendant la patrie. » Né avec des inclinations libres et généreuses, Bayard fut étranger à la souplesse des cours et aux artifices de la politique; aussi n'a-t-il jamais commandé les armées en chef. Ce fut un malheur réel pour la France et une faute de François Ier, qui, dominé par les femmes, accordait plus à la faveur qu'au mérite (*Biographie universelle*, t. V).

La même année mourut, dans la 25e année de son âge, la pieuse reine de France, Claude, fille de Louis XII. Le roi son époux, qui se prétendait toutefois le modèle de la chevalerie, ne lui avait jamais montré ni respect ni affection. Bien plus, si l'on s'en rapporte à Brantôme, elle mourut victime d'une maladie honteuse que lui avait communiquée son indigne mari. Nous disons *indigne* à dessein; car, et c'est la remarque d'un historien protestant, ni le chagrin de perdre une si sainte épouse, ni le danger du royaume, attaqué au midi par le connétable de Bourbon, ne suspendaient ses passions brutales. Comme, peu de semaines après la mort de la reine, il entrait à Manosque, les bourgeois de cette ville de Provence lui firent présenter les clés de leur cité par la plus belle personne qu'ils purent trouver : c'était la fille d'Antoine de Voland, leur compatriote. Cette jeune personne, aussi vertueuse que belle, fut effrayée des regards lubriques que le roi lança sur elle, et crut n'avoir d'autre moyen pour sauver son honneur que de détruire la beauté qui le mettait en péril. Elle se défigura les traits avec de l'eau forte et se rendit hideuse pour le reste de ses jours (Sismondi, t. XVI, c. 3; Note de du Bellay, au l. 2). Dans nos jeunes années, on nous a parlé beaucoup de la Lucrèce adultère de Rome païenne, et jamais on ne nous a dit un mot de cette Lucrèce sans tache de la France catholique.

L'an 1525, rentré en Italie, François assiégeait la ville de Pavie depuis plus d'un mois, en présence de l'armée impériale, dans laquelle se trouvait le connétable de Bourbon. Le 24 février, les impériaux entreprennent de dégager la garnison de la ville. Il fallait passer, dans un endroit, sous le feu de l'artillerie française. Un capitaine espagnol, pour que ses soldats souffrissent moins dans cette traversée, leur commande de s'éparpiller, de prendre la course, et de se reformer plus loin dans un petit vallon. Voyant donc courir les Espagnols, François s'écrie : Les voilà qui fuient, chargeons! — Chargeons, chargeons, répétèrent les généraux et les jeunes courtisans qui l'accompagnaient. Dès lors, grâce à cette royale imprudence, la bataille était perdue. L'artillerie française, qui faisait de si terribles ravages dans les rangs ennemis, suspend son feu, pour ne pas écraser les Français mêmes. Ces fuyards, que François Ier croyait trouver en désordre, s'étaient de nouveau rangés en bataille. On combattit avec acharnement de part et d'autre; mais au bout d'une heure tout était fini. La plupart des chefs de l'armée française étaient tués, et le roi prisonnier.

On a fait grand bruit d'une lettre qu'il écrivit à sa mère dans cette occasion. Voici ce qu'en dit l'auteur protestant de l'*Histoire des Français* :

« François Ier remit lui-même au commandeur Pennalosa une lettre dans laquelle il implorait la générosité de l'empereur. Le style de François était en général diffus et traînant : sa lettre est longue et peu signifiante ; nous nous contenterons d'en rapporter ces phrases : — Par quoi, s'il vous plaist, avoir cette honnête pitié, et moyenner la sûreté que mérite la prison d'un roi de France, lequel on veut rendre ami, et non désespéré, vous pouvez faire un acquest, au lieu d'un prisonnier inutile, de rendre un roi à jamais votre esclave. — Le même commandeur portait une lettre de François à sa mère, à laquelle, en.en détachant une seule phrase, on lui a donné une célébrité qu'elle ne méritait pas ; la voici tout entière : — Pour vous avertir comment se porte le ressort de mon infortune, de toutes choses ne m'est demouré que l'honneur et la vie, qui est sauve ; et, pource que, en notre adversité cette nouvelle vous fera quelque peu de reconfort, j'ai prié qu'on me laissât vous écrire ces lettres, ce qu'on m'a agréablement accordé. Vous suppliant ne vouloir prendre l'extrémité de vous-même, en usant de votre accoutumée prudence, car j'ai espoir en la fin que Dieu ne m'abandonnera point ; vous recommandant vos petits-enfants et les miens ; vous suppliant faire donner sûr passage et le retour pour l'aller et le retour en Espagne à ce porteur, qui va vers l'empereur pour savoir comme il faudra que je sois traité. Et sur ce très-humblement me recommande à votre bonne grâce. — Il n'y a peut-être aucun lieu de blâmer le style très-humble de ces lettres, car alors cette humilité passait pour un mérite ; mais on doit s'étonner de la hardiesse de ceux qui ont fait de la dernière le billet fameux par son laconisme et son énergie. — *Madame, tout est perdu, fors l'honneur* (Sismondi, t. XVI, c. 3). »

Charles-Quint, maître de ses passions, attentif aux convenances extérieures, et n'oubliant jamais qu'il était sur un grand théâtre, exposé aux regards de tous, s'était attiré de grandes louanges pour la manière dont il avait reçu la première nouvelle de sa victoire. Il l'avait rapportée uniquement à Dieu, il avait parlé avec un tendre intérêt du malheur de son rival captif, et interdit toute réjouissance publique (Alf. di Ulloa, *Vita di Carlo V*, l. 2; Robertson, *Hist. de Charles-Quint*, l. 4).

François fut emmené à Madrid. Il y eut de longues négociations pour sa délivrance. Charles-Quint, qui voulait profiter de ses avantages, y mettait des conditions bien dures. Il était résolu à se faire restituer le duché de Bourgogne, et il ne voulut entendre à aucun arrangement sur toute autre base. Il ne restait qu'une ressource à François Ier ; il la vit, mais il n'eut pas le courage, après l'avoir choisie, d'y persister. Il fit dresser, au mois de novembre, un édit dans lequel, après avoir exposé quelle avait été la dureté de l'empereur à son égard, il ajoutait : — Nous avons voulu et consenti, par édit perpétuel et irrévocable, que notre cher et très-aimé fils, François, dauphin, duc de Viennois, soit dès à présent déclaré roi très-chrétien de France, et, comme roi, couronné, oint, sacré, en gardant toutes les solennités requises, et à lui seul, comme vrai roi, obéi. — En même temps, il confirmait la régence à la duchesse d'Angoulême ; en cas de mort, il lui substituait la duchesse d'Alençon ; enfin il se réservait à lui-même, comme par droit *post liminii*, le recouvrement de sa couronne, s'il était plus tard remis en liberté (Sismondi, c. 4).

L'abdication de François Ier était en effet le seul moyen de concilier ce qu'il devait à son pays et ce qu'il devait à son honneur. Après l'avoir accompli, le roi n'aurait plus été qu'un prisonnier ordinaire, prêt à payer rançon raisonnable pour recouvrer sa liberté, mais dépourvu du droit comme du pouvoir de faire le sacrifice de son pays à personne ; nul, en conséquence, n'aurait plus songé à le lui demander.

Il paraît que François fit savoir à Charles qu'il avait donné cet édit à sa sœur, la duchesse d'Alençon, pour qu'elle le reportât en France ; mais il paraît aussi que Charles connaissait trop son prisonnier pour en être alarmé. En effet, il ne se relâcha en rien de ce qu'il avait demandé, et le roi ne pouvant se résoudre, même pour son avantage, à résigner momentanément un pouvoir qu'il se réservait les moyens de reprendre, se fit rendre l'édit et se détermina à l'expédient peu honorable de protester secrètement contre le traité qu'il allait signer. Dès le 19 décembre, il avait donné à ses plénipotentiaires l'ordre de dresser ce traité conformément aux volontés de Charles, et, le 15 janvier 1526, peu d'heures avant qu'on le lui apportât à signer et à jurer, il appela dans sa chambre ses trois plénipotentiaires, avec trois autres seigneurs, aussi bien que des secrétaires et des notaires ; il leur déféra le serment du secret, puis il leur exposa très-longuement la dureté de la conduite de l'empereur envers lui ; il déclara nul l'acte qu'il allait signer, puisqu'il y était contraint, et il protesta qu'il ne l'exécuterait pas (*Ibid.*, *Traités de paix*, t. II, p. 44 ; Frédéric Léonard, t. II, p. 210).

L'auteur protestant de l'*Histoire des Français* ajoute : « Par ce traité de Madrid, que le roi, comme Français, n'aurait jamais dû signer, et que, comme chevalier et homme d'honneur, il n'aurait jamais dû rompre, il cédait à l'empereur le duché de Bourgogne, le comté de Charolais, les seigneuries de Noyers et de Château-Chinon, le vicomté d'Auxonne et le ressort de Saint-Laurent, sans réserve de foi, d'hommage, de service et de serment de fidélité. A cette condition, le roi devait être reconduit le 10 mars en ses États, et échangé à la frontière contre ses deux fils aînés, qu'il donnerait en otage, ou, à son choix, contre l'aîné seulement et douze des plus grands seigneurs de France. Ces otages étaient donnés en garantie de l'exécution de la promesse du roi, que si, dans six semaines, la Bourgogne n'était pas livrée à l'empereur, et, dans quatre mois, les ratifications n'étaient pas échangées, il reviendrait tenir prison là où l'empereur l'ordonnerait. Le roi renonçait en même temps, en faveur de l'empereur, au royaume de Naples, au duché de Milan, aux seigneuries de Gênes et d'Asti, au ressort et souveraineté sur les comtés de Flandre et d'Artois, et aux cités et châtellenies qu'il possédait dans ces comtés. L'empereur, de son côté, renonçait aux villes de la Somme, qui avaient appartenu à Charles le Téméraire. François s'engageait à épouser Éléonore, reine douairière de Portugal, sœur de l'empereur; il pardonnait au connétable de Bourbon et à tous ses partisans; il les rétablissait dans leurs biens et s'engageait à leur rendre les fruits perçus pendant leur exil; enfin il contractait une ligue offensive et défensive avec l'empereur; il promettait de lui fournir une armée et une flotte pour le suivre en Italie, à son couronnement, et de l'accompagner en personne lorsque Charles marcherait à une croisade contre les Turcs ou contre les hérétiques. »

Après la signature du traité et les fiançailles avec la reine Éléonore, qui se firent par procuration, le roi continua d'être gardé prisonnier à Madrid jusqu'au 21 février, jour où on le dirigea enfin vers la frontière, sous la garde de Lannoy, vice-roi de Naples, et du capitaine Alarcon. Il fut échangé contre ses deux fils, le 18 mars seulement, dans une barque amarrée au milieu de la rivière de la Bidassoa, entre Fontarabie et Andaye. Au moment où il toucha le sol français, il s'élança sur un cheval turc qui l'attendait sur la rive gauche du fleuve, en s'écriant avec joie que, de nouveau il était roi, et il le poussa au galop jusqu'à Saint-Jean-de-Luz, où il s'arrêta quelques heures; il continua encore sa course rapide jusqu'à Bayonne, où il retrouva, le même jour, sa mère et toute sa cour (Sismondi, c. 4).

L'adversité ne l'avait pas rendu plus sage. Il laissa bientôt voir qu'en rentrant en France, il était plus avide de retrouver les plaisirs que les devoirs de la royauté. Comme il s'était arrêté à Mont-de-Marsan, il distingua, parmi les dames d'honneur de sa mère, Anne de Pisseleu, qui n'était encore âgée que de dix-huit ans, mais dont la beauté était éblouissante; il lui sacrifia la comtesse de Châteaubriand, qui était aussi revenue en sa cour et à laquelle il fit redemander les joyaux qu'il lui avait donnés. Il fit prendre d'abord à sa nouvelle concubine le nom de mademoiselle d'Heilly; mais ensuite il la maria à Jean de Brosse, fils d'un des associés du connétable dans sa rébellion, qui se montra empressé à racheter la faveur royale par son infamie. François le fit chevalier, comte de Penthièvre, gouverneur de Bretagne et enfin duc d'Étampes. Ce fut sous le nom de duchesse d'Étampes que la nouvelle prostituée connue dès lors à la cour. Bientôt les fêtes et les galanteries chassèrent les affaires de l'esprit du roi. On lit dans les mémoires du temps : « Alexandre voit les femmes quand il n'a point d'affaires; François voit les affaires quand il n'a plus de femmes (Sismondi, c. 4, p. 280). »

Une des affaires les plus pressées pour lui au sortir d'Espagne, fut de manquer à sa parole et d'annoncer hautement qu'il n'observerait point le traité qu'il venait de signer et de jurer. Il alléguait les volontés et les droits de la France, mais il n'avait garde de convoquer les États-généraux : il se contenta d'assembler les princes, les grands et les évêques qui se trouvaient alors à sa cour, à Cognac. Il introduisit devant eux Lannoy, vice-roi de Naples, qui venait en personne réclamer l'accomplissement des engagements contractés en sa présence. L'assemblée, comme le roi le savait d'avance, répondit que le monarque ne pouvait pas aliéner le patrimoine de la France, et que le serment qu'il avait prêté dans sa captivité ne pouvait déroger au serment qu'il avait prêté à son sacre. Le roi fit aussi paraître les grands de Bourgogne ou des députés des États de cette province, qui déclarèrent ne pas vouloir se séparer de la France ou se soumettre à l'empereur; qu'ils résisteraient, même par les armes, à toute tentative que le roi pourrait faire pour les aliéner. Charles-Quint, instruit par Lannoy de cette comédie, se contenta de répondre : « Qu'il ne rejette point sur ses sujets son manque de foi; il lui suffit, pour remplir ses engagements, de revenir en Espagne : qu'il le fasse (Arn. Ferronii, l. 8; Guichardin, l. 17; Mart. du Bellay, l. 3)! »

Un roi de France le fit dans une occasion tout à fait semblable; mais c'était le roi Jean. Un de ses fils, en otage pour lui en Angleterre, s'étant échappé de sa prison, le roi son père y retourna de lui-même, répondant à toutes les objections de son conseil que : *Si la bonne foi était bannie du reste du monde, il fallait qu'on la trouvât dans la bouche des rois*. François Ier n'imita pas plus l'exemple qu'il ne goûta la maxime. Aussi l'auteur protestant de l'*Histoire des Français* fait-il cette remarque au commencement de son règne : « L'avènement de François Ier à la couronne de France, le 1er janvier 1515, époque de la mort de Louis XII, peut être considéré comme signalant le passage du moyen-âge aux temps modernes, et de l'antique barbarie à la civilisation (Sismondi, t. XVI, p. 1). » Remarque curieuse pour nous faire comprendre ce que des écrivains soi-disant philosophes entendent par barbarie et civilisation : la barbarie du moyen-âge gardait sa parole et ses serments, la civilisation moderne s'en moque.

Comme Charles-Quint l'accusait d'avoir manqué à l'honneur et à la foi de gentilhomme, François le défia à un combat singulier, en lui disant : « Si vous nous avez voulu charger que jamais nous ayons fait chose qu'un gentilhomme aimant son honneur ne doive faire, nous disons que vous avez menti par la gorge, et qu'autant de fois que vous le direz, vous mentirez. Étant délibéré de défendre notre honneur jusqu'au dernier bout de notre vie, par quoi, puisque contre vérité vous nous avez voulu charger, désormais ne nous écrivez aucune chose; mais nous assurez le camp, et nous vous porterons les armes (Mart. du Bellay, l. 3; Gaillard, *Hist. de François Ier*, t. III, c. 13). »

Cependant, dans ce cartel même, observe le protestant Sismondi, François faisait une chose peu digne d'un gentilhomme; il prenait querelle sur une équivoque qu'il ne voulait pas laisser éclaircir. « Vous voulant sans raison excuser, disait-il, vous nous avez accusé en disant qu'avec notre foi, et que sur icelle, contre notre promesse, nous en étions allé et parti de vos mains et de votre puissance. » A cela, Charles-Quint répondit dans le cartel qu'il envoyait à son tour à François Ier : « Ce sont mots que oncques ne dis; car jamais n'ai prétendu avoir votre foi de non partir, mais bien celle de retourner en la forme traitée, et si l'eussiez ainsi fait, n'eussiez failli à vos enfants ni à l'acquit de votre honneur (*Ibid.*). » C'était cependant cette explication que François ne voulait pas entendre. Après des longueurs, des obstacles et de mauvaises chicanes opposées à la venue du héraut d'armes de l'empereur, Bourgogne, roi d'armes de ce monarque, fut enfin introduit, le 10 septembre 1528, devant François I*er*, entouré de toute sa cour, à Paris. Au moment où le héraut parut, le roi, avant de le laisser parler, lui dit : « Héraut, portes-tu la sûreté du camp, telle qu'un assailleur, comme l'est ton maître, doit bailler à un défendeur comme je suis ? » Le héraut demanda la permission de remplir son office, de dire ce qu'il avait à dire, avant de donner la sûreté du camp, dont il était porteur; mais, interrompu par le roi à chaque parole, et même menacé, s'il faisait autre chose que donner sa patente, il fut enfin réduit à se taire et à se retirer sans avoir accompli son message, en protestant contre l'empêchement qu'on avait mis à l'exercice de ses fonctions (Sismondi et Gaillard).

En vérité, à la vue de tout cela, nous craignons beaucoup que François I*er* n'eût pu écrire alors : *Madame, tout est perdu, voire même l'honneur.*

Il ne tenait guère mieux parole à ses alliés, ni même à ses généraux. La même année 1528, il laissa périr devant Naples une armée française, avec Lautrec, son général, faute de lui envoyer l'argent promis et nécessaire. L'année précédente, par suite de la même cause, Rome éprouva le désastre le plus effroyable qu'elle ait encore éprouvé depuis dix-huit siècles. Voici comment et pourquoi.

Comme le traité de Madrid ne s'exécutait pas, l'Italie continuait à être déchirée entre le parti français et le parti impérial. Pour assurer l'indépendance de ses États, le pape Clément VII, de concert avec la république de Venise, leva une armée. Le roi de France, d'accord avec le roi d'Angleterre, lui promit de le soutenir par un secours d'argent et de troupes. Suivant son ordinaire, il envoya peu de troupes et point d'argent. Clément VII se trouvait dans une position fâcheuse. Lannoy, vice-roi impérial de Naples, le menaçait d'un côté, le connétable de Bourbon, gouverneur impérial de Milan, le menaçait de l'autre. Parmi les feudataires mêmes du Saint-Siège et les premières familles de Rome, les Colonne étaient ses ennemis déclarés. Clément VII voulut se réconcilier avec eux, pour être du moins en paix dans sa capitale, et il leur accorda, le 22 août 1526, un traité par lequel il licencia ses soldats; mais le cardinal Pompée Colonne n'avait négocié avec lui que pour le tromper; armant tous ses vassaux et tous les aventuriers au service de sa famille, il entra dans Rome le 20 septembre, à la tête de huit mille hommes; il pilla le Vatican et la basilique de Saint-Pierre, et assiégea le Pape dans le château Saint-Ange. Celui-ci recourut à la médiation de Hugues de Moncade, lieutenant-général de l'empereur. Or, c'était précisément avec ce Moncade que les Colonne avaient concerté leur trahison. Clément VII, qui n'en savait encore rien, conclut une trêve de quatre mois avec le parti impérial (Sismondi; Raynald, an 1526).

Plus tard, poussé par le roi de France, il révoqua l'accord fait avec les traîtres Colonne, fit saisir leurs terres, et accusa de trahison le cardinal Pompée. Celui-ci, de son côté, accusa Clément VII, dans des libelles, d'avoir usurpé le Saint-Siège par simonie, en appela au concile œcuménique, rassembla une armée d'aventuriers auxquels il promit le pillage de Rome, et conjura contre le Pape avec plusieurs grands de cette ville (Raynald, an 1526, n. 68).

Le pape Clément VII se plaignit à l'empereur Charles-Quint de sa conduite envers le Saint-Siège; celui-ci répondit par des lettres de récrimination au Pape et aux cardinaux. Le pape Clément VII, malgré toutes leurs belles promesses, se voyait délaissé par les rois de France et d'Angleterre. Il accepta donc, l'an 1527, une trêve de huit mois, que lui fit offrir le vice-roi impérial de Naples, aux conditions suivantes : que Clément VII paierait soixante mille ducats à l'armée du connétable de Bourbon, savoir : quarante mille dans le mois, et le reste huit jours après; qu'on rendrait à leurs anciens maîtres toutes les places prises sur le Saint-Siège, sur l'empereur et sur les Colonne; que le cardinal de ce dernier nom serait rétabli dans sa dignité; que, si le roi de France et les Vénitiens acceptaient le traité, les Allemands sortiraient de l'Italie, sinon Charles-Quint ferait seulement retirer ses troupes de dessus les terres du Pape et des Florentins; que Lannoy, vice-roi de Naples, se rendrait à Rome et empêcherait le connétable de Bourbon de marcher vers la Toscane.

Cette trêve étant publiée, le Pape licencia ses troupes, à l'exception de deux mille hommes d'infanterie et de cent cavaliers. Il rappela aussi sa flotte et désarma ses galères. Les Vénitiens firent la même chose. Le comte de Vaudémont, frère du duc de Lorraine, héritier de la maison d'Anjou pour le royaume de Naples, qui, avec les galères du Pape et des Vénitiens, s'était déjà saisi de Salerne et de Surrente, fut contraint, à son grand regret, d'abandonner ces villes, d'autant plus que les Napolitains l'aimaient beaucoup, et qu'il était en état de ranimer les restes du parti d'Anjou. Au prix de tant de sacrifices et avec la parole du vice-roi de Naples, le pape Clément VII pouvait se croire en sûreté pour huit mois : il se trompait.

Charles-Quint avait renvoyé le connétable de Bourbon en Italie, avec promesse de lui donner le Milanais en souveraineté. Il avait placé trois généraux sous ses ordres. Il ne leur envoyait pas d'argent, et depuis deux ans la solde était due à presque tous les soldats impériaux; mais il leur permettait d'assouvir sur la malheureuse Italie leurs plus odieuses passions; aussi, tant qu'il restait dans le pays un écu à extorquer par la torture, le Castillan, aussi féroce que cupide, était assuré de l'avoir. Les insurrections contre les généraux impériaux étaient fréquentes à Milan et dans toute la Lombardie; mais elles fournissaient à ceux-ci des prétextes pour exercer de nouvelles rigueurs et multiplier les confiscations.

Georges Fronsberg, aventurier allemand, qui, au temps du siège de Pavie, avait déjà conduit des troupes en Italie pour délivrer cette ville, où son fils était enfermé, appela de nouveau à lui, dans l'automne de 1526, tous ces vieux soldats avides de pillage, dont l'Allemagne regorgeait alors; il en rassembla treize ou quatorze mille, la plupart luthériens forcenés; pour toute solde, il leur promettait le pillage des villes italiennes, principalement de Rome; lui-même, dit-on, portait sur soi une corde pour étrangler le Pape de sa main. Au commencement de novembre, il pénétra en Italie par la vallée de Trente.

Le duc ou connétable de Bourbon résolut de se réunir à cette armée de l'aventurier Fronsberg, avec les soldats espagnols qui continuaient à opprimer Milan ; mais il eut peine à les tirer de cette ville, livrée si longtemps à leur fureur. Il prit l'argenterie des églises pour payer une partie de leur solde ; il fit condamner à mort le chancelier Morone, qui, pour racheter sa vie, lui paya vingt-cinq mille ducats. Les deux armées se réunirent, le 30 janvier 1527, dans l'État de Plaisance. Fronsberg ayant été frappé d'apoplexie le 17 mars, Bourbon eut seul le commandement de cette compagnie d'aventuriers, la plus formidable qu'on eût encore vue rassemblée. Elle comptait de vingt-cinq à trente mille combattants, vieux soldats pour la plupart, aussi habiles que braves, avides, impitoyables, mais accoutumés à cette discipline qui pouvait s'accorder avec le pillage et le crime. Ils avançaient sans argent, sans vivres, sans artillerie, mais se procurant par la terreur tout ce dont ils avaient besoin, menant plutôt leur général qu'ils ne s'en laissaient mener ; une fois même ils pillèrent ses équipages, tuèrent un de ses gentilshommes et voulurent le tuer lui-même, lorsqu'il parvint à les apaiser en leur promettant le pillage de quelque bonne ville, sans s'expliquer davantage. Il ne put entrer dans Bologne, parce que le marquis de Saluces, général français, y était entré avec douze mille hommes. Ce fut alors qu'il apprit la trêve de huit mois, conclue entre le Pape et le vice-roi impérial de Naples.

Cette nouvelle ne l'arrêta pas ; il ne voulait point consentir à cette trêve, parce que la somme qu'il devait toucher ne suffisait pas pour payer ce qui était dû à ses troupes. Cela fut cause que le vice-roi, qui était à Rome, se rendit à Florence ; le duc ou connétable de Bourbon y envoya de son côté des plénipotentiaires, qui signèrent en son nom un nouvel accord, par lequel le duc promettait de se retirer dans cinq jours, à condition qu'on lui compterait d'abord quatre-vingt mille écus, et soixante mille dans le mois de mai. Le Pape, informé de cet accord, licencia les deux mille hommes qu'il avait gardés, afin d'être déchargé de la dépense qu'ils lui causaient, et de payer plus aisément les sommes stipulées dans la convention dernière. Il avait grand tort. Cette convention n'était qu'une insigne tromperie de la part du connétable de Bourbon, pour endormir le chef de la chrétienté et empêcher les alliés de Rome d'accourir à temps à sa défense. Pendant qu'il signait la trêve par ses plénipotentiaires à Florence, il s'avançait à marches forcées, pillant sur sa route plusieurs villes, qui lui furent livrées par des traîtres, et arriva le 5 mai devant Rome, à la tête de quarante mille combattants, la faction des Colonne l'ayant rejoint avec dix mille, avec le dessein spécial de fermer tous les passages par où le Pape pourrait échapper (Raynald, an 1527, n. 16). A Rome même, la plupart des nobles négligèrent les ordres de leur souverain pour la défense commune.

Dès le lendemain, 6 mai 1527, le duc et connétable de Bourbon ordonna l'assaut : deux fois il fut repoussé. Une troisième fois, il prend lui-même une échelle, et l'applique contre le mur et commence à monter, lorsqu'il est blessé mortellement par une balle tirée d'en haut ; il meurt quelques moments après : prince du sang et rebelle à son roi, Français et traître à sa patrie, catholique et conduisant contre le Pape une armée qui en voulait à la religion même, chevalier et associé à des brigands ; ce sont les réflexions du protestant Sismondi (*Hist. des républ. italiennes*, t. XV, p. 269).

Le même jour, vers le soir, le Pape ordonna de couper les ponts ; les Romains de la faction impériale ne les coupèrent ni ne les fortifièrent. C'est par là que l'ennemi pénétra dans la ville (Raynald, an 1527, n. 17).

« Jamais, observe le même auteur protestant, jamais peut-être dans l'histoire du monde une grande capitale n'avait été abandonnée à un abus plus atroce de la victoire ; jamais une puissante armée n'avait été formée de soldats plus féroces, et n'avait plus absolument secoué le joug de toute discipline ; jamais le souverain au nom duquel elle combattait n'avait été plus indifférent aux calamités des vaincus. Ce n'était point assez de livrer à la rapacité des soldats la totalité des richesses sacrées et profanes, que la piété des fidèles ou leur industrie avaient rassemblées dans la capitale du monde chrétien, les personnes mêmes des malheureux habitants furent également abandonnées à leur caprice et à leur brutalité. Tandis que les femmes de toute condition étaient victimes de leur incontinence, ceux à qui l'on soupçonnait des richesses cachées ou du crédit, étaient mis à la torture, et on les obligeait, par des tourments prolongés, à épuiser la bourse des amis qu'ils pouvaient avoir en pays étranger. Beaucoup de prélats moururent dans ces tourments ; beaucoup d'autres, après s'être rachetés, moururent des suites de ces violences, de leur affliction ou de leur effroi. Les palais de tous les cardinaux furent pillés, sans que les soldats voulussent distinguer les Guelfes d'avec les Gibelins, ou accorder une sauvegarde à ceux qui étaient le plus connus pour leur attachement au parti impérial. Seulement on leur permit quelquefois de se racheter à prix d'argent ; et comme les marchands avaient déposé leurs effets chez eux, se figurant qu'ils y seraient en sûreté, ces marchands payèrent souvent des sommes énormes pour les dérober aux soldats. La marquise de Mantoue racheta son palais au prix de cinquante mille ducats, tandis qu'on assure que son fils en retira dix mille pour sa part du pillage. Le cardinal de Sienne, après avoir payé sa rançon aux Espagnols, fut fait prisonnier par les Allemands, complètement pillé, battu et forcé de racheter de nouveau sa personne au prix de cinq mille ducats. Les cardinaux de la Minerve et de Ponzetta éprouvèrent un malheur presque semblable. Les prélats allemands ou espagnols ne furent pas plus épargnés par leurs compatriotes que les Italiens. On entendait retentir dans toutes les maisons les cris et les lamentations des malheureux exposés à la torture ; les places devant toutes les églises étaient jonchées des ornements d'autels, des reliques et de toutes les choses sacrées, que les soldats jetaient dans la rue, après en avoir arraché l'or et l'argent. Les Luthériens allemands, joignant le fanatisme religieux à la cupidité, s'efforçaient de montrer leur mépris pour les pompes de l'Église romaine, et de profaner ce que respectaient des peuples qu'ils nommaient idolâtres (Sismondi, *Républ. ital.*, t. XV, p. 273-275). »

La basilique de Saint-Pierre était pleine de sang et de cadavres, jusque sur les autels et les tombeaux des apôtres. Les hérétiques jetaient les reliques des saints, comme des ossements d'animaux immondes, mettaient par dérision les vêtements des prêtres et des pontifes aux derniers des goujats, violaient les vierges sacrées. Un luthérien d'Allemagne, à la vue du château Saint-Ange où le Pape s'était retiré, s'écria : Je voudrais bien manger un morceau du Pape, afin de pouvoir l'annoncer à Luther. D'autres mirent leurs chevaux dans la chapelle pontificale, leur donnant pour litière les bulles et les décrétales des Pontifes romains. Pour se moquer du Pape et des cardinaux, ils se revêtirent de leurs chapeaux et de leurs ornements, entrèrent dérisoirement en conclave, et créèrent pape un lansquenet. Celui-ci, continuant la sacrilège dérision, annonça dans un burlesque consistoire qu'il faisait don de la papauté à Luther, et que les soldats qui étaient du même avis n'avaient qu'à lever la main. Ils la levèrent tous et s'écrièrent : Luther pape ! Luther pape ! Voilà ce que rapporte un auteur luthérien du temps (*Apud Cochlœum : Acta et scripta Mart. Luth.*, fol. 156). Ce que les savants déplorèrent surtout, ce fut le pillage et la dévastation de la bibliothèque vaticane, où les Papes avaient rassemblé tant de trésors littéraires.

Le protestant anglais Gibbon (*Hist. de la décadence de l'empire romain*, c. 31). Après avoir relaté le sac de Rome par les Goths sous Alaric, ajoute les réflexions suivantes :

« Il existe chez les hommes un penchant à se grossir les malheurs du temps où ils vivent, et à s'en dissimuler les avantages. Cependant, lorsque le calme fut un peu rétabli, les plus savants et les plus judicieux des écrivains contemporains furent obligés d'avouer que le dommage réel occasionné par les Goths était fort au-dessous de celui que Rome avait souffert dans son enfance, lorsque les Gaulois s'en étaient emparés. L'expérience de onze siècles a fourni à la postérité un parallèle bien plus singulier, et elle peut affirmer avec confiance que les ravages des barbares qu'Alaric conduisit des bords du Danube en Italie, furent bien moins funestes à la ville de Rome que les hostilités exercées dans cette même ville par les troupes de Charles-Quint, qui s'intitulait *prince catholique et empereur des Romains*. Les Goths évacuèrent la ville au bout de six jours; mais Rome fut, durant neuf mois, la victime des impériaux, et chaque jour, chaque heure était marquée par quelque acte abominable de cruauté, de débauche ou de rapine. L'autorité d'Alaric mettait quelques bornes à la licence de cette multitude farouche qui le reconnaissait pour son chef et son monarque; mais le connétable de Bourbon avait glorieusement perdu la vie à l'attaque des murs, et la mort du général ne laissait plus aucun frein ni aucune discipline dans une armée composée de trois nations différentes, d'Italiens, d'Allemands et d'Espagnols. »

Bien des lecteurs, habitués à penser que le pillage de Rome par les troupes de Charles-Quint dura tout au plus quelques jours, seront très-étonnés d'apprendre qu'il dura neuf mois. Rien cependant n'est plus certain. L'armée impériale, entrée à Rome le 6 mai 1527, n'en sortit que le 17 février 1528, ce qui fait huit mois pleins et onze jours. Encore le prince d'Orange, qui la commandait alors, eut-il bien de la peine à la faire sortir. Cette soldatesque effrénée, dit le protestant Sismondi, ne voulait point renoncer aux dépouilles et aux voluptés qu'elle trouvait encore dans la capitale de la chrétienté. Pendant huit mois, aucune sorte de protection n'avait été assurée ni aux personnes ni aux propriétés; et comme l'insolence des militaires et la misère des bourgeois croissaient en même temps, les maux de la veille étaient toujours surpassés par ceux qu'amenait le lendemain. Il fallait donner de l'argent à l'armée, pour la déterminer à obéir de nouveau; le prince d'Orange en demanda au Pape, qui donna encore quarante mille ducats. Cette armée se mit donc en campagne le 17 février 1528. Mais quoique les déserteurs eussent été remplacés dans ses rangs par des brigands qui, de toute l'Italie, s'empressaient de venir partager le pillage de la capitale de la chrétienté, cette armée qui, huit mois auparavant, comptait au moins quarante mille hommes, se trouva réduite à treize ou quatorze mille : la peste avait emporté tout le reste (Sismondi, *Républ. ital.*, t. XV, p. 320). Car ce fléau vint se joindre aux autres, pour châtier la nouvelle Jérusalem, ainsi que les nouveaux Chaldéens qui l'avaient dévastée.

Cependant le pape Clément VII, délaissé de tout le monde, même du duc d'Urbin, qui commandait les troupes pontificales ou alliées, au nombre d'environ vingt mille hommes, se vit assiégé par les impériaux dans le château Saint-Ange. Il fut donc réduit à signer une capitulation le 6 juin 1527. Il s'engageait à payer à l'armée impériale quatre cent mille ducats; cent mille immédiatement, cinquante mille dans vingt jours, deux cent cinquante mille dans deux mois. Jusqu'à l'entier payement des premiers cent cinquante mille ducats, il devait rester prisonnier au château Saint-Ange, avec les treize cardinaux qui l'y avaient suivi. Ensuite, il pourrait passer ou à Naples, ou à Gaëte, pour y attendre les ordres de l'empereur. Il s'engageait à livrer aux troupes impériales les villes de Parme, Plaisance et Modène, et à recevoir garnison dans les châteaux de Saint-Ange, d'Ostie, de Civita-Castellana et de Civita-Vecchia. Il promettait d'absoudre les Colonne de toutes censures ecclésiastiques, et de donner des otages pour l'observation de toutes ces conditions. Après la signature de ce traité, le même capitaine Alarçon, qui avait été chargé de la garde de François Ier pendant sa captivité, entra au château Saint-Ange avec trois compagnies espagnoles et trois allemandes, pour prendre le Pape sous sa garde (Sismondi, *Républ. ital.*, t. XV, p. 280). La peste entra avec les Espagnols et les Allemands.

La capitulation fut religieusement exécutée en ce qui dépendait du Pape. Ce fut avec une peine infinie qu'il réussit à payer les premiers cent cinquante mille ducats promis pour sa rançon. Des marchands génois lui en avançaient une partie, à recouvrer sur des hypothèques; mais les Allemands demandaient des sûretés pour le reste, et il lui était impossible, dans sa captivité, de les trouver.

Il avait donné cinq otages, son secrétaire, deux cardinaux et deux de ses parents. Trois fois, ces otages furent conduits sur la place du champ de Flore, à une potence préparée pour eux, par les Allemands furieux; le bourreau les y attendait déjà. Mais les mêmes soldats qui menaçaient ces victimes leur accordaient ensuite un nouveau répit, pour ne pas perdre le seul gage dont ils se crussent assurés. Un jour enfin, après une longue captivité, ces otages réussirent à enivrer tous leurs gardiens dans un grand repas. Ils s'échappèrent ensuite à pied, de nuit et déguisés, et ils arrivèrent jusqu'au camp du duc d'Urbin (Jacopo Nardi, *Ist. Fior.*, l. 8; Bernardo Segni, l. 1; Fr. Belcarii, l. 19).

Et que faisait donc l'empereur Charles-Quint pendant tout cela? Il célébrait la naissance de son fils Philippe II, lorsqu'il apprit le sac et le pillage de Rome, et la détresse du Pape assiégé par les impériaux dans le château Saint-Ange. Aussitôt il contremanda toutes les réjouissances publiques, ordonna, au contraire, des prières dans les églises et des processions solennelles pour la délivrance du Saint-Père. En même temps, il envoya deux plénipotentiaires à Rome, non pas précisément pour le délivrer, mais pour marchander de nouveau sa délivrance, avec ordre de se tenir en garde contre son ressentiment, et de ne lui accorder aucune confiance. Après de longs débats, les plénipotentiaires signèrent enfin avec le Pape, le 31 octobre, une nouvelle convention, qui lui donnait un peu plus de temps pour acquitter sa rançon. Clément VII devait être remis en liberté, après avoir encore payé cent douze mille ducats aux troupes impériales. Dans le cours des trois mois suivants, il devait en payer, de plus, deux cent trente-huit mille, livrer en gage plusieurs forteresses, donner ses deux neveux, Hippolyte et Alexandre, comme otages, accorder à l'empereur les produits de la croisade et d'une décime ecclésiastique en Espagne, et s'engager enfin à demeurer neutre dans la guerre qui allait éclater, soit dans le duché de Milan, soit dans le royaume de Naples (Jacopo Nardi, *Ist. Fior.*, l. 8; Bernardo Segni, l. 1; Fr. Belcarii, l. 19, et Paul Jove, l. 25; Guichardin, l. 18).

Telle fut la conduite de l'empereur Charles-Quint. Pour la bien apprécier, résumons les principales circonstances. Les généraux de Charles-Quint venaient de signer une trêve de huit mois avec le Pape, qui croit à leur parole et à leur signature. Les généraux de Charles-Quint manquent à leur parole, violent la trêve qu'ils viennent de signer, surprennent et saccagent Rome, assiègent le Pape dans le château Saint-Ange. Et parce que le Pape a cru à la parole, à la signature, à l'honneur des généraux de Charles-Quint, ce même Charles-Quint, non content du saccagement de Rome, condamne le Pape à une énorme rançon. Si un bourgeois d'Espagne en avait usé de même envers un autre, Charles-Quint l'aurait fait pendre, ou, pour le moins, marquer du fer de l'infamie.

La même année mourut à Florence *Nicolas Machiavel*, au moment qu'y éclatait une révolution. Au commencement de juin, il sentit sa santé s'altérer. Il avait confiance dans un médicament dont il avait même conseillé l'usage à Guichardin; il paraît qu'il s'en servait pour apaiser de vives crispations d'estomac dont il souffrait quelquefois. Il ne consultait pas de médecin, tant était constante sa foi dans ce léger remède dont il avait éprouvé les heureux effets. Il se l'administra à lui-même sans doute avec quelque excès, et dans un moment où il fallait apparemment d'autres palliatifs ; bientôt il fut surpris de vives douleurs. Il ne put résister au chagrin et à la maladie réunis, et il expira le 22 juin 1527, à l'âge de cinquante-huit ans un mois et dix-huit jours, muni des secours spirituels de l'Église catholique, et assisté par des prêtres jusqu'au dernier moment de sa vie.

Une lettre de Pierre Machiavel, son fils, à François Nelli, à Pise, dément les fables injurieuses inventées, depuis sa mort, par des écrivains calomniateurs. Voici le texte de cette lettre : « Très-cher François, je ne puis retenir mes pleurs quand je dois vous dire que, le 22 de ce mois de juin, Nicolas, notre père, est mort de douleurs d'entrailles, causées par un médicament qu'il avait pris le 20. Il s'est confessé de ses péchés à frère Matthieu, qui l'a assisté jusqu'à la mort. Notre père nous a laissé dans une grande pauvreté, comme vous savez (Artaud, *Machiavel, son génie et ses erreurs*, t. II, p. 284). »

Une des dernières lettres de Machiavel est la suivante à l'historien Guichardin, lieutenant du Pape à Modène. Il y juge, d'une manière fort piquante, les événements de l'année. « Quand j'arrivai à Modène, Philippe vint au devant de moi et me dit : Est-il donc possible que je n'aie pas fait une chose qui ait été bien? Je lui ai répondu en riant : M. le gouverneur, ne vous étonnez pas, c'est votre défaut. Mais cette année, il n'y a personne qui ait bien fait, et qui n'ait fait tout à l'envers. L'empereur n'a pas pu se plus mal conduire, puisqu'il n'a pas envoyé à temps du secours aux siens, et il le pouvait facilement. Les Espagnols ont eu quelquefois nous faire de grandes niches, et ils ne l'ont pas su faire. Nous avons pu vaincre, et nous ne l'avons pas su. Le Pape a cru plus à une plumée d'encre qu'à mille fantassins, qui lui suffisaient pour le garder. Les Siennois seuls se sont bien comportés (ceux qui venaient de battre les Florentins sans le vouloir), et ce n'est pas merveille si, dans un temps fou, les fous réussissent, de manière qu'il serait pis d'avoir fait bien que d'avoir fait mal (*Ibid.*, p. 246).

Cette *plumée d'encre* à laquelle le pape Clément VII crut plus qu'à mille fantassins, c'est son traité avec Lannoy, vice-roi impérial de Naples, et avec le connétable de Bourbon, gouverneur impérial du Milanais. Nous avons vu ce qu'il lui en a coûté.

Il est encore bien des hommes qui supposent que Machiavel est l'inventeur de la politique moderne, qu'on appelle de son nom *machiavélique*. Il ne l'a pas plus inventée qu'Aristote n'a inventé les sophismes : seulement il l'a observée de plus près, en a constaté les allures, et les a réduites en théorie. L'année même de sa mort en fournit de fameux et de nombreux exemples; car on ne pouvait guère se conduire d'une manière plus indigne envers le chef de la chrétienté, que ne firent alors les princes et les peuples de l'Europe. Ainsi en jugea un homme non suspect, l'empereur des Turcs, Soliman II. Quand il apprit le sac et le pillage de Rome, il s'emporta furieusement contre les chrétiens de ce qu'ils avaient plus cruellement traité leur souverain Pontife et profané toutes les choses saintes, que lui, sectateur de Mahomet, ne traitait le patriarche des Grecs, puisqu'il se faisait un scrupule de toucher à sa religion (Raynald, an 1527, n. 23).

Soliman II eut le temps et l'occasion de connaître les chrétiens de son époque, dans un règne de quarante-six ans, de 1520 à 1566, pendant lequel il ne cessa de leur faire la guerre. Dès les premiers jours de son règne, deux pachas prirent sur les Hongrois quatre forteresses; la garnison des trois premières fut égorgée, malgré l'assurance qu'on lui avait donné de se retirer libre; la quatrième fut livrée aux flammes, et son évêque tué avec la même perfidie. Un courrier du sultan ayant été envoyé au roi mineur de Hongrie, Louis II, pour réclamer le paiement du tribut, il est maltraité (Hammer, *Hist. de l'empire ottoman*, en allemand, t. III, p. 10 et 11). Soliman en prend occasion de faire la guerre à la Hongrie et à la chrétienté. Belgrade était leur boulevard; Mahomet II avait échoué devant cette place avec quatre cent mille hommes, et s'était vu battre par Huniade et Jean de Capistran. Soliman la fit assiéger par son grand-visir. Le siège durait depuis un mois, lorsqu'arriva le sultan avec tout le reste de l'armée. Des transfuges indiquèrent l'endroit faible de la place. Les assiégés avaient déjà repoussé plus de vingt assauts, lorsqu'un renégat donna le conseil à Soliman de faire miner et sauter une tour. Il restait à Belgrade à peine un peu plus de quatre cents hommes en état de porter les armes, tant Bulgares que Hongrois. Ceux-ci auraient tenu jusqu'au dernier, s'ils n'avaient été contraints par l'antipathie religieuse des autres, et par la trahison de deux hommes, à capituler le 29 août 1521, sous condition d'avoir la vie et la liberté sauves : condition qui fut bien mal observée par les Turcs, car plusieurs des Hongrois furent massacrés. On sent que si les défenseurs de Belgrade avaient été secourus par quelques-uns de leurs frères d'Europe, ils eussent été invincibles. Peu auparavant, soixante Hongrois, reste de la garnison de Sabach, qui avait consisté tout au plus en une centaine d'hommes, plutôt que de se sauver, comme ils auraient pu, aimèrent mieux soutenir l'assaut et se faire tuer jusqu'au dernier, après avoir encore tué sept cents infidèles (*Ibid.*, p. 12-14).

L'année suivante 1522, Soliman attaqua un autre boulevard de la chrétienté, l'île de Rhodes, occupée par les religieux militaires de Saint-Jean, autrement dit chevaliers de Rhodes et depuis de Malte. Ce qui l'y détermina, entre autres, ce fut un médecin juif, établi dans l'île, qui lui servait d'espion, puis la trahison du chancelier de l'ordre, le Portugais André de Mérail, appelé communément d'Amaral. Soliman invita le grand-maître à se soumettre de bon gré. En même temps, il fit partir une flotte de trois à quatre cents voiles, et conduisit lui-même une armée par l'Asie-Mineure jusque vis-à-vis de Rhodes. Toutes ces forces pouvaient monter à deux cent mille hommes. La flotte parut devant l'île le 26 juin 1522. Le supérieur général de l'ordre ou le grand-maître, était frère Philippe de Villiers de l'Isle-Adam, d'une des plus anciennes et des plus illustres maisons de France. Au moment où la ville de Rhodes fut investie, elle renfermait six cents frères ou chevaliers, et quatre mille cinq cents soldats. Les habitants qui demandèrent à prendre les armes furent formés en compagnies, et on leur assigna les postes les moins exposés. C'est avec cette faible garnison que frère d'Isle-Adam soutint contre toutes les forces de Soliman un siège devenu l'un des plus mémorables dont l'histoire fasse mention.

Les janissaires s'étaient flattés de s'emparer facilement des ouvrages extérieurs; mais, repoussés avec une perte considérable dans toutes les attaques, ils tombèrent bientôt de la présomption dans le découragement, et finirent par refuser d'obéir à leurs généraux. Soliman accourut pour étouffer la révolte. Il pardonna aux janissaires à condition qu'ils répareraient la honte de leurs premières défaites. Les Turcs redoublèrent d'efforts et firent des prodiges de valeur. La victoire restait toujours aux chrétiens; mais ils l'achetaient par la perte de quelques-uns de leurs plus braves guerriers. Sans espoir d'être secouru par les souverains de l'Europe, frère Philippe de l'Isle-Adam voyait chaque jour diminuer ses ressources. On découvrit la trahison du médecin juif et celle du chancelier d'Amaral : ils furent punis de mort. Mais le mal qu'ils avaient fait n'était pas moins irréparable. Toutes les fortifications de Rhodes avaient été détruites par le canon; le plus grand nombre des défenseurs avaient péri sur la brèche; la poudre manquait; il ne restait de vivres que pour quelques jours; et frère de l'Isle-Adam, décidé à s'ensevelir sous les ruines de la place, ne songeait point à capituler.

Cependant, touché du sort des habitants, si la ville était prise d'assaut, il consentit à écouter les propositions de Soliman, qui, de son côté, avait déjà perdu plus de cent mille hommes. Par un traité signé le 20 décembre, les chevaliers obtinrent pour eux et pour les habitants de sortir de Rhodes avec leurs biens et leurs armes, dans douze jours, et emportant les reliques des saints, les vases sacrés et tous les objets relatifs au culte. Les Turcs ne devaient pas non plus toucher aux églises; mais, dès le cinquième jour, ils violèrent le traité, pénétrèrent dans la ville, s'y livrèrent à d'horribles excès, pillage, viol, profanation, changèrent la grande église de Saint-Jean en mosquée, y brisèrent les autels, les statues des saints, les tombeaux des grands-maîtres, crachant sur les crucifix, les traînant dans la boue. C'était le matin du jour de Noël, à l'heure même où Adrien VI pontifiait à Saint-Pierre, et où une pierre détachée de la voûte lui tomba devant les pieds, comme pour indiquer la chute du premier boulevard de la chrétienté (Hammer, t. III, p. 28).

Soliman rendit une visite au grand-maître, et le combla de marques d'estime. En le quittant, il dit à ceux qui l'accompagnaient : Ce n'est pas sans quelque peine que j'oblige ce chrétien, à son âge, de quitter sa maison.

Le lendemain, ayant découvert sous des habits européens le fils de son grand-oncle, l'infortuné prince Zizim, Soliman donna ordre de le conduire à Constantinople avec ses fils, et de leur couper la tête (*Ibid.*, p. 29).

La flotte chrétienne sortit de Rhodes le 1er janvier 1523. Le pape Adrien VI accueillit frère de l'Isle-Adam avec tous les égards dus à son courage et à ses malheurs; mais la mort l'empêcha de réaliser ses bonnes intentions et ses promesses. Clément VII, son successeur, avant d'embrasser l'état ecclésiastique, avait été commandeur de l'ordre de Saint-Jean, et lui conservait beaucoup d'intérêt; il s'empressa de réparer le désastre des chevaliers, autant qu'il le pouvait, et leur assigna Viterbe pour résidence, en attendant qu'on eût fait choix d'un lieu pour remplacer Rhodes. Après d'assez longues négociations, l'empereur Charles-Quint, par un traité du 12 mars 1530, céda définitivement à l'ordre de Saint-Jean l'île de Malte et les îles adjacentes. C'est là que nous retrouverons ces vaillants religieux, arrêtant toutes les forces de Soliman, et imprimant à l'empire antichrétien de Mahomet la première date de sa décadence.

Mais pendant qu'une poignée de chrétiens donnaient leur vie pour conserver à la chrétienté ses deux boulevards, Belgrade et Rhodes, que faisait donc le roi très-chrétien de France, lui qui prétendait être le modèle de la chevalerie chrétienne? Occupé de ses plaisirs avec les femmes et de sa querelle romanesque avec Charles-Quint, il ne fit rien pour sauver les deux boulevards de la chrétienté. La Providence l'en punit deux ans après, par sa défaite et sa captivité à Pavie. Voici comme il profita de la leçon. Par ses envoyés et ses lettres, il supplia l'ennemi de la chrétienté, le vicaire de Mahomet, sultan Soliman, de porter ses armes dans la Hongrie, afin d'y occuper Charles-Quint et son frère Ferdinand. C'est ce que nous attestent de concert et les historiens ottomans et la correspondance de l'ambassadeur de Venise à Constantinople (*Ibid.*, p. 48, note B; p. 51, note A; Marini Sanuto, vol. 41; *Lettre de Piero Bragadin*, du 2 février 1526; Dschelalfade, fol. 104). Vers le commencement de février 1526, Soliman renvoya l'ambassadeur français, avec un présent de dix mille aspres et un vêtement d'honneur, mais surtout avec l'assurance d'une prochaine expédition en Hongrie. Ainsi donc le premier ambassadeur du royaume très-chrétien aux Turcs de Constantinople, y fut envoyé pour trahir la chrétienté.

Nous demandons bien pardon à la France de publier une chose si peu honorable et pour elle et pour son gouvernement. Mais l'histoire est comme le jugement de Dieu en première instance: il faut y produire la vérité envers et contre tous, afin que si les peuples et les rois ne sont plus retenus par la conscience, ils le soient au moins par la crainte de l'infamie.

Depuis la chute de Belgrade, en 1521, la Hongrie et la Croatie étaient sans cesse ouvertes aux courses des Turcs. Dès l'année suivante 1522, ils emportèrent Ostrovitz et Scardone, mais ils furent vigoureusement repoussés ailleurs par les garnisons autrichiennes. L'an 1524, l'évêque Paul Toromée leur battit une armée de quinze mille, leur enleva leurs captifs, quarante étendards, avec beaucoup de chevaux et d'armes, et envoya la tête de leur général à Bude, au roi Louis II. La même année, la ville de Jaïcsa fut assiégée par trois pachas turcs. Trois guerriers chrétiens la défendirent et la délivrèrent: Pierre Keglovitch, Blaise Chéry et Christophe Frangipane. Les Turcs furent battus, tout leur camp, avec soixante étendards, tomba entre les mains des vainqueurs. Peu auparavant, Blaise Chéry, appelé en duel par un capitaine turc, lui coupa la cuisse d'un coup de sabre, en sorte qu'elle tomba incontinent à terre, avec la botte et l'éperon (Hammer, p. 51).

Au printemps 1526, suivant sa promesse au roi de France, Soliman II marcha lui-même contre la Hongrie, avec une armée de plus de cent mille hommes, trois cents canons, accompagnés de ses trois visirs, tous trois chrétiens apostats. Le principal était Ibrahim, Grec de naissance, favori de Soliman, qui venait d'en faire son beau-frère, en lui donnant pour épouse sa sœur. Comme Ibrahim avait étouffé naguère une révolte en Égypte, une insurrection parmi les janissaires, puni la trahison d'un pacha, les concussions d'un autre, sa faveur auprès de Soliman était sans bornes. Non-seulement ils mangeaient ensemble, mais souvent ils couchaient dans le même lit. Le 30 juillet, le grand-visir Ibrahim prit Peterwaradin après douze jours de siège et trois assauts.

Le 28 août, dans les plaines de Mohacs, eut lieu une grande bataille contre les Hongrois, commandés par Pierre Pereny et Paul Toromée, surnommé le Moine, et ayant à leur tête leur jeune roi Louis, âgé de vingt ans. Les Hongrois attaquèrent avec une impétuosité si terrible, qu'ils firent plier les Turcs; mais ayant été pris en flanc par un corps d'infidèles sortis d'une embuscade, ils furent obligés de se partager en deux. Le roi Louis, avec sa division, pénétra par cette ouverture jusqu'aux janissaires et au poste où se tenait le sultan. Trente-deux Hongrois s'étaient dévoués à la mort pour tuer Soliman; trois d'entre eux pénétrèrent jusqu'à sa personne; sa forte cuirasse le défendit contre les flèches et les lances. Tout à coup une batterie masquée commence à foudroyer les premiers rangs des Hongrois, dont l'aile droite prend la fuite. Le jeune roi avait disparu: son corps fut retrouvé deux mois après dans un marais, où son cheval l'avait précipité. Vingt-quatre mille Hongrois restèrent sur le champ de bataille, sans compter ceux qui périrent dans les marais et dans le Danube. Deux mille têtes, dont sept d'évêques, furent plantées devant la tente de Soliman. Sept jours après la bataille, il ordonna d'égorger tous les prisonniers et les paysans qui se trouvaient dans le camp; et cela fut exécuté. Il n'y en eut que quatre à qui l'on accorda la vie. Mohacs fut livré aux flammes (Hammer, p. 56 et seqq.).

Le 10 septembre, Soliman entra à Bude, capitale de la Hongrie, dont on lui avait envoyé les clés. Une partie de la ville fut brûlée avec la grande église. A Pesth, Soliman promit aux grands de Hongrie de leur donner pour roi Jean Zapolia, vaivode de Transylvanie. Depuis le massacre des prisonniers à Mohacs, la marche de l'armée se reconnaissait de loin aux colonnes de fumée et de flammes qui s'élevaient des villages et des villes incendiés, sans aucun égard à la soumission volontaire ni à la sûreté promise. Trois jours après la reddition pacifique de Cinq-Églises, qui avait envoyé ses clés, les habitants furent convoqués sur la grande place et inhumainement égorgés. Le pays entre le Danube et le lac de Balaton jusque Raab fut dévasté par le fer et le feu. Wissegrad, l'asile de la couronne royale de Hongrie, ne dut son salut qu'à des paysans et à des moines; la forteresse de Gran, abandonnée de son gouverneur, dut la sien à un heiduque ou fantassin hongrois. Nulle part ne sévit si cruellement la soif des Turcs pour le sang et le pillage qu'à Moroth, maison de plaisance de l'évêque de Gran : confiants en la force du château, bien des milliers y avaient transporté leur avoir, bien de milliers s'étaient retranchés dans une enceinte de chariots. Celle-ci résista à l'assaut, mais non pas au gros canon; toute la masse des fugitifs fut égorgée. Le massacre rapporta aux Turcs autant de sang hongrois que la bataille de Mohacs, vingt-cinq mille hommes. D'après ces deux articles du budget de sang, la somme de deux cent mille âmes, dont cette guerre pressura la Hongrie par le meurtre et le pillage, ne paraît pas trop élevée. Soliman traversa à marches forcées des bruyères sans eau, où, malgré des torrents de pluie, beaucoup de chevaux périrent manque d'eau et de fourrage. Entre Obecse et Petervaradin, se trouvait, au milieu des marais, un camp retranché par des fossés : plusieurs milliers de Hongrois s'y étaient réfugiés avec leurs biens et dévoués à la mort avec leurs enfants et leurs femmes. L'assaut et la prise de cette place coûta plus de sang ottoman que toutes les forteresses emportées auparavant dans la Hongrie, et même plus de chefs que la bataille de Mohacs : plusieurs généraux restèrent sur le terrain, entre autres celui des janissaires (Hammer, p. 62-64). Tel fut le résultat de la guerre de Hongrie, demandée par François Ier : il en doit compte à Dieu et aux hommes.

Par suite de cette guerre, la Hongrie se divisa entre Jean Zapolski ou Zapolya, créature de Soliman, et l'archiduc Ferdinand d'Autriche, beau-frère du dernier roi Louis par sa femme. Ferdinand reprit Bude, fut élu roi à Presbourg et couronné à Albe-Royale. L'an 1528, Zapolski implore le secours de Soliman et conclut avec lui, le 29 février 1528, une alliance offensive et défensive contre la chrétienté, avec promesse de l'informer de tous les desseins des puissances chrétiennes : traité fatal de la première alliance traîtresse et contre nature entre la Turquie et la Hongrie, ce sont les expressions de M. de Hammer, historien de l'empire ottoman (T. III, p. 77).

Parti de Constantinople le 10 mai 1529, Soliman reçut le 20 juillet, sur le champ de bataille de Mohacs, l'hommage de son protégé Zapolya, roi illégitime de Hongrie, dans l'endroit même où le roi légitime avait péri trois ans auparavant. C'était faire à la Hongrie un double affront. Le 3 septembre, il reprend Bude par la lâcheté de la garnison allemande, qui ne demanda qu'à se retirer avec armes et bagages. Les janissaires, frustrés du pillage, s'en dédommagèrent en vendant les habitants comme esclaves et en égorgeant la garnison au moment où elle sortait. Sept jours après, Soliman installa Zapol sur le trône de Hongrie, non par lui-même, non par un de ses visirs, non par un de ses premiers généraux, mais par un général de second ordre. Le 27 septembre, il campa devant les murs de Vienne avec deux cent cinquante mille hommes, y compris sa flotte sur le Danube. La ville, dont les murs n'avaient pas six pieds d'épaisseur, sans aucun boulevard extérieur, ne comptait que seize mille hommes de garnison; mais, commandés par le comte palatin Philippe, duc de Bavière, le comte Nicolas de Salm et le baron de Roggendorf, ils étaient animés, comme leurs chefs, d'un courage invincible, et avaient en horreur le joug des Turcs. Tout le temps du siége, les horloges furent arrêtées, les cloches restèrent muettes. On n'entendait que les trompettes et le canon, quelquefois une musique guerrière du haut des tours des principales églises. Les Turcs livrèrent vingt assauts en vingt jours : toujours ils furent repoussés avec une indomptable valeur. Le 14 octobre fut le dernier jour du siége : les Turcs, animés par les récompenses et la présence du sultan, montèrent une dernière fois à l'assaut, avec un redoublement de feu et de courage, par une brèche de quarante-trois toises de largeur : repoussés d'abord, ils revinrent à la charge à trois heures après midi; ils échouèrent encore une fois contre la valeur héroïque des chrétiens. Alors Soliman fit sonner la retraite. Le 14 octobre 1529 fut le point d'arrêt de sa puissance. Sans l'héroïque résistance de Vienne, l'Allemagne était une province turque, comme la Barbarie.

Pendant les trois semaines que dura le siége, les coureurs et les incendiaires de l'armée infidèle mirent à feu et à sang non-seulement les alentours de Vienne, mais la haute et basse Autriche, la haute et basse Styrie; dix mille habitants furent les uns tués, les autres emmenés en esclavage. Soliman, contraint de lever le siége de Vienne par les murmures des janissaires, qu'il eut déjà de la peine à contenir à Bude, par les plaintes des troupes asiatiques sur le froid, et toute l'armée sur le manque de vivres, Soliman dissimula son échec par de grandes libéralités à tout le monde, même au simple soldat, par des fêtes magnifiques sur la route, mais principalement à Constantinople. Dans ses lettres et ses audiences, il disait et faisait dire qu'il avait voulu simplement rendre visite à Ferdinand; que, ne l'ayant pas trouvé à Bude, il avait été le chercher à Vienne; que, comme Ferdinand s'était enfui, il avait quelque peu endommagé les murs et envoyé ses coureurs dans la province pour faire entendre que le véritable empereur était là; que, comme ce n'était pas une conquête qu'il avait voulu faire, mais une simple visite, il s'en était revenu pour épargner à son armée la mauvaise saison. C'est ce que dit en particulier le grand-visir Ibrahim aux ambassadeurs du roi Ferdinand (Hammer, p. 103).

L'an 1532, Soliman fit une cinquième expédition en Hongrie. Mais elle n'eut d'autre résultat que de prendre quelques châteaux, brûler quelques villes, ravager quelques provinces, encore plusieurs de ses corps de troupes furent-ils taillés en pièces. Toutefois, dans les lettres qu'il écrivit à ses alliés, il se vantait avec emphase de sa glorieuse campagne, en particulier d'avoir cherché partout, mais vainement, celui qui se disait empereur des Romains (Hammer, p. 121). Le 14 juillet 1533 se conclut la paix entre Ferdinand d'Autriche et Soliman; Ferdinand y reconnaissait Soliman pour son père, et le grand-visir Ibrahim pour son frère; il était dit des deux premiers, que tout ce qui était à l'un était à l'autre. C'est au prix de tant de sacrifices et d'humiliations, dit l'historien de Hammer (p. 140), que l'Autriche acheta la première paix avec la Turquie.

Les années 1534 et 1535, Soliman fait une expédition en Perse. Son favori et grand-visir Ibrahim était au plus haut de sa puissance; plus d'une fois il lui arriva de s'en vanter aux ambassadeurs étrangers. Le 15 mars 1536, au retour de Perse, il entra comme de coutume au sérail, pour manger avec le sultan, son beau-frère, et dormir dans la même chambre; le matin, on le trouva étranglé dans son lit, avec des traces de sang, qu'on montrait encore un siècle après. Telle fut la fin de cet apostat.

Quant aux liaisons entre Soliman et François Ier, les Turcs et les Français à cette époque, le protestant Sismondi nous les fait connaître. Après avoir relaté, sur l'an 1537, comment le roi de France, après avoir commencé une campagne en Picardie, la rompit tout à coup et licencia son armée, il en cherche ainsi la cause : « Etait-ce l'argent qui lui manquait, parce qu'il ne calculait jamais au juste ce qu'il serait appelé à dépenser ? était-ce sa légèreté habituelle et son amour du plaisir qui le rappelaient à la cour et au milieu de ses femmes ? était-ce enfin un motif plus politique, mais tout aussi honteux, l'engagement que son envoyé La Forêt venait de prendre avec Soliman? Cet envoyé avait en effet signé un traité secret avec les Turcs pour l'attaque et la conquête de l'Italie. Le roi-corsaire Barberousse devait prendre en Epire, et transporter dans la Pouille, une puissante armée de Musulmans qui marcheraient sur Naples et sur Rome, tandis que François Ier, à la tête de cinquante mille Français, entrerait en Lombardie. Déjà, l'année précédente, le baron de Saint-Blancard avait joint la flotte turque avec douze galères françaises, et l'avait secondée dans ses ravages sur les côtes de la Pouille et de la Sicile (Paolo Paruta, *Hist. Veneta*, l. 8, p. 613). Les places propres à un débarquement avaient été reconnues par lui. Un grand seigneur napolitain, offensé par le vice-roi de Naples, Troïlo Caraccioli, avait passé à Constantinople; quatre-vingts galères avaient été mises en construction dans cette ville, pour transporter l'armée qui devait faire disparaître la religion, la civilisation et la liberté de la contrée qui les avait données à l'Europe. Pour exécuter cet odieux traité, François Ier avait promis de marcher immédiatement vers le Midi avec son armée. Il attendit cependant l'automne, dans la mollesse oisive de sa cour, avant de se remettre en mouvement (Sismondi, *Hist. des Français*, t. XVI; Fr. Belcarii, l. 22, p. 686; Paul Jove, l. 36).

Le même historien dit du même roi un peu plus loin : « Il avait fait échouer par sa négligence la campagne de Picardie, puis celle du Piémont; dans ce moment même, il manquait aux engagements pris avec Soliman II, engagements qu'il devait tenir, mais qu'il n'aurait jamais dû prendre. Cet empereur, traversant avec rapidité la Péninsule illyrienne, avec une armée qu'on supposait destinée contre la Hongrie et que la terreur des chrétiens portait à deux cent mille combattants, était arrivé à la Valona, au pied des monts de la Chimère; c'est la pointe de l'Illyrie la plus rapprochée de l'Italie; et de là il voyait la terre d'Otrante s'étendre sous ses yeux à l'horizon. Il y avait donné rendez-vous à Barberousse et à toute sa flotte. L'émigré Troïlo Caraccioli l'assurait que la Pouille et la Calabre, accablées sous le joug du vice-roi don Pedro de Toledo, et ne pouvant plus souffrir l'avarice et la cruauté espagnoles, étaient prêtes à se soulever, pourvu que des Français parussent sur les vaisseaux turcs, et garantissent aux habitants que leur religion et leurs propriétés seraient respectées. En effet, Barberousse, avec soixante et dix galères, parut au mois de juillet devant Castro, petit port de mer à huit milles d'Otrante. Les portes lui furent aussitôt ouvertes par confiance pour M. de La Forêt, ambassadeur de France, qu'on disait être sur la flotte; mais La Forêt était demeuré malade à la Valona, et mourut peu de jours après. Troïlo Caraccioli s'assura que le roi de France n'était point descendu en Italie à l'époque où il avait promis de le faire, et Caraccioli en informa Soliman. Les Turcs n'observèrent point la capitulation de Castro : ils pillèrent la ville et réduisirent ses habitants en esclavage; et bientôt après ils furent rappelés à la Valona par Soliman, qui, provoqué par quelques galères vénitiennes, et se voyant abandonné par les Français, avait tourné tout à coup son ressentiment contre la république de Venise, et venait d'attaquer Corfou.

» François résolut de tenir, lorsqu'il n'en était plus temps, la promesse qu'il avait faite à Soliman, et d'entrer en Italie avec cinquante mille hommes, comme celui-ci en retirait ses troupes (Sismondi, p. 549-551).... Il y avait dans François un sentiment secret de mesquine jalousie contre ses généraux et contre son fils lui-même, qui lui faisait désirer qu'ils ne remportassent aucune victoire sans qu'il y fût présent; mais il y avait aussi dans les hésitations, les contradictions de sa conduite un peu du trouble d'une conscience que tous les sophismes des hommes d'Etat ne suffisaient pas à calmer. Des traîtres avaient été gagnés par ses agents dans les forteresses de Gradisca et de Goritza, qui avaient promis de les livrer aux Turcs lorsqu'ils se présenteraient, et d'introduire ainsi Soliman, qui aurait tourné l'Adriatique par le nord, avec sa formidable armée, jusqu'au cœur de la Lombardie. François sentait que son nom deviendrait à jamais odieux s'il livrait ainsi l'Italie aux mécréants. Il préférait que des négociations missent fin à la guerre (P. 557 et 558). »

En attendant, il avait envahi les États de son oncle Charles II, duc de Savoie.

« On savait, en 1538, que Soliman rassemblait une armée plus formidable encore que celles qu'il avait précédemment conduites contre les chrétiens; que sa flotte était toute prête pour la transporter en Italie, et qu'il croyait que la campagne suivante lui suffirait pour conquérir cette péninsule. François ne cachait plus son alliance avec le sultan; et l'évêque de Valence, Montluc, de retour à Rome après avoir été en mission à Constantinople, avait répondu par des fanfaronnades, sur le crédit dont la France jouissait dans le Levant, aux reproches qu'on s'était cru en devoir de lui faire. Il ne semblait possible de sauver d'une aussi imminente calamité la civilisation, la religion, la liberté de l'Europe que par la paix, car François proclamait toujours qu'une fois la paix faite, il s'empresserait de tourner ses armes contre les Turcs.

» Le pape Paul III, successeur de Clément VII, vivement frappé du danger qui menaçait et sa patrie, et la religion dont il était le chef, et l'humanité tout entière, résolut, malgré son grand âge, de se transporter partout où les deux monarques voudraient se réunir, et de s'offrir à remplir entre eux le rôle de médiateur. Il proposait à l'empereur et au roi de France, Nice, comme étant lieu propre à une conférence. Nice était le seul asile qui fût demeuré à Charles III, duc de Savoie (P. 557 et 558).... Obligé de céder aux sollicitations de l'empereur, il fit agir les bourgeois de Nice, qui fermèrent leurs portes. Le Pape ne se laissa point rebuter par leur refus; quoiqu'âgé de soixante et onze ans, il partit de Rome le 23 mars 1538, et, s'avançant d'abord par terre, il passa à Parme, où, dans une cérémonie, une querelle violente s'éleva entre ceux qui prétendaient avoir droit de mener sa mule par la bride; son premier écuyer y fut tué, lui-même s'enfuit avec tous ses cardinaux, et vint se cacher dans la cathédrale. Il s'embarqua ensuite à Savone, et vint aborder à Nice le 17 mai. Les bourgeois, loin de lui ouvrir leurs portes, ne voulurent le recevoir ni dans le château ni dans la ville. L'empereur, qui était parti d'Espagne, vint s'établir le 17 mai à Villafranca, petit port de l'Etat de Monaco, où sa galère lui servait de logement; de son côté, le roi s'établit à Villeneuve, le 21 mai, à deux milles de distance, et le Pape se logea dans un couvent de Saint-François, en dehors de Nice. Quelque voisins que fussent les deux monarques, Paul III ne put les déterminer à se voir; mais il se déclara prêt à porter les messages de l'un à l'autre. Une grande tente fut dressée en dehors du couvent, et il y reçut, le 18 et le 21 mai, deux visites de l'empereur. A son tour, François se présenta au Pape avec ses fils, le 2 juin, à Saint-Laurent-sur-le-Var, à un mille de distance de Nice, et ils eurent ensemble une seconde conférence le 13 juin. En même temps, les ministres des deux souverains conférèrent entre eux plusieurs fois; et la reine de France, la reine de Navarre et la dauphine visitèrent le Pape et l'empereur. » Après plusieurs conférences, au lieu d'une paix, on convint d'une trêve de dix ans, qui laisserait chaque souverain en possession de ce qu'il tenait. Cette trêve fut agréée et signée le 18 juin (Sismondi, p. 559 et seqq.). »

Et voilà comme un vieux pontife, sans armes, sauva la civilisation, la religion, la liberté de l'Europe et de l'humanité entière, contre les menées impies d'une politique sans foi ni loi, qui en avait comploté la perte avec l'empire antichrétien de Mahomet.

Nous voudrions pouvoir ajouter que, depuis ce moment, le roi très-chrétien de France se montra plus chrétien que Turc. Le fait est qu'il continua de conspirer contre la chrétienté avec l'empire antichrétien de Mahomet, dans la personne du sultan de Constantinople, Soliman II, et du roi musulman d'Alger, le corsaire Barberousse. Voici comme le protestant Sismondi en présente le résultat sur l'année 1543.

« Quoique dans cette campagne de Flandre François Ier n'eût remporté aucun avantage sur son ennemi, et eût, au contraire, perdu le seul allié qui lui fût resté en Allemagne, il s'en consolait en apprenant les victoires remportées par les Turcs, en Hongrie, sur Ferdinand, frère de l'empereur. Il est vrai qu'elles augmentaient la terreur des armes musulmanes, qui semblaient prêtes à envahir et désoler l'Europe; mais ces succès accroissaient aussi la haine qu'on avait conçue contre lui-même, et l'horreur avec laquelle on le repoussait comme traitre à toute la chrétienté. Les protestants, au lieu de se conduire comme lui, s'étaient réunis aux catholiques pour la défense de l'Europe. Maurice, duc de Saxe, avait joint Ferdinand en Hongrie, et en même temps quatre mille fantassins lui étaient envoyés par le Pape; toutefois, ils étaient loin de pouvoir résister à Soliman, qui, à ce qu'on assurait, les attaquait avec deux cent mille hommes, et qui soumit dans cette campagne Strigonie, Albe-Royale, Cinq-Eglises, et un grand nombre d'autres forteresses. (Paul Jove, l. 42; Belcarii, l. 23; Muratori, *Annali d'Italia*, t. XIV; Alf. di Ulloa, *Vita di Ferdinando*). »

« Encore que François eût expédié le comte d'Enghien en Provence pour s'y concerter avec l'armée de Barberousse, il semblerait qu'il n'avait pas compté beaucoup sur l'arrivée de celui-ci; aussi avait-il donné au jeune prince fort peu de troupes, et moins encore d'argent. Enghien, qui désirait cependant quelque occasion de se signaler, accueillit avec empressement la proposition que lui fit le baron de Grignan de s'emparer du château de Nice, que trois traîtres promettaient de lui livrer. C'était un piège qui lui était tendu par Gianettino Doria; car, comme on s'exprimait alors, le traité était double, et les traîtres, loin de lui livrer Nice, voulaient le livrer lui-même : heureusement la Vieilleville, qu'il appelait son bel oncle, et qu'il avait conduit en Provence pour le consulter, eut quelque soupçon de cette tromperie, et empêcha le prince de monter sur les quatre premières galères qui s'approchèrent de Nice, et qui furent prises. Enghien suivait d'un peu loin avec les quinze autres, qui eurent bien de la peine à échapper à Doria, caché derrière le cap Saint-Soupir (*Mém. de Vieilleville*, t. XXVIII, c. 27; Mart. du Bellay, l. 10; Ferron., l. 9).

» Bientôt cependant la terreur universelle de l'Italie annonça l'approche de la flotte turque. Barberousse était parti de Constantinople, le 28 avril 1543, avec douze galères, quarante navires de guerre d'une grandeur inférieure, beaucoup de vaisseaux de transport, et quatorze mille hommes de débarquement. Au mois de mai, il arriva en vue de l'Italie méridionale, et, débarquant sur les côtes de Calabre, il abattit les oliviers, les vignes, les palmiers, et il enleva un grand nombre de paysans qu'il fit esclaves. Au milieu de juin, il débarqua à Reggio et réduisit cette ville en cendres : elle avait été abandonnée par ses habitants qui s'étaient enfuis dans les montagnes. Le 29 juin, il parut à l'embouchure du Tibre, et répandit dans Rome une extrême terreur; mais Antoine Paulin (le négociateur français de cette alliance et guerre impie) qui accompagnait Barberousse, assura le cardinal de Carpi, gouverneur de Rome, que les Turcs alliés du roi de France auraient des égards pour la neutralité du Pape. Ces promesses n'empêchèrent point la fuite d'une grande partie des habitants; elles furent cependant respectées; et Barberousse, sans commettre d'autres ravages, arriva au mois de juillet à Marseille; il y mit publiquement en vente les esclaves chrétiens qu'il avait enlevés à Reggio de Calabre, et qui trouvèrent en France des acheteurs (Ferron., l. 9; Belcarii, l. 23; Paul Jove, l. 43; Muratori, t. XIV, p. 337). »

» François de Bourbon d'Enghien était arrivé à Marseille dès le commencement de juin, dit Belcarius, et la flotte française était composée de vingt-deux galères, avec dix-huit vaisseaux de transport; mais il n'y avait que peu de soldats pour la monter, et ni l'artillerie ni les munitions nécessaires pour le siège des villes n'étaient préparées. Le capitaine Paulin partit en poste pour aller près du roi; car le Barbare maudissait la lenteur de François, qui avait fait venir une si grande flotte d'un pays éloigné, et n'avait rien de prêt, n'indiquant pas même quels ennemis il fallait attaquer. Il menaçait du ressentiment de Soliman, si on laissait écouler l'été sans avoir rien fait d'éclatant. Paulin, de retour d'auprès de François, ramena quelques soldats français pour monter sur la flotte; il déclara que le roi ordonnait d'attaquer Nice, et que le comte d'Enghien allait suivre : les deux flottes se réunirent en effet à Villefranche, port de Monaco (Belcarii, l. 23). A l'approche des Turcs, tous les habitants avaient évacué Villefranche. Le 10 août, sept mille Français unis à quinze mille Turcs commencèrent l'attaque de Nice. On fit jouer contre cette ville une formidable artillerie : Barberousse se fâchait fort, dit Montluc, et tenait des propos aigres et piquants, mêmement lorsqu'on fut contraint de lui emprunter des poudres et des balles. Après une grande batterie, l'assaut fut donné par les Turcs et les Provençaux ensemble; mais ils furent repoussés. Enfin la ville se rendit le 22 août, non pas le château (*Mém. de Montluc*, l. 1).

» La conquête de Nice pouvait passer pour un acte impie et cruel, car cette ville était seule demeurée au duc de Savoie, oncle du roi, qui, dépouillé par lui de tous ses États, ne l'avait jamais provoqué; il n'était pas même proprement en guerre avec lui, puisque la rupture de la trêve avec l'empereur n'entraînait pas nécessairement celle avec le duc de Savoie. En même temps, on ne pouvait y voir aucun grand but politique. La possession de cette ville ajoutait fort peu à la sûreté de la Provence; mais l'appel des Barbaresques à cette conquête ne pouvait être considérée que comme une souveraine imprudence. Déjà Barberousse demandait à mettre une garnison musulmane dans la citadelle, quand elle serait réduite en son pouvoir, puisque c'était aux Musulmans seuls qu'on en devrait la conquête (Ferron., l. 9). Aucune position sur toute la clôture septentrionale de la mer Méditerranée ne convenait mieux aux pirates algériens pour favoriser leurs déprédations; peut-être se souvenait-on dans le pays que six cents ans auparavant d'autres pirates africains s'étaient établis à Frasinetto, à peu de distance de Nice, et en avaient fait le centre de leurs brigandages. Le bruit fut répandu, probablement par Barberousse lui-même, que le marquis del Guasto approchait avec une armée impériale, pour forcer les Français et les Turcs à lever le siège ; le roi d'Alger insistait, en conséquence, pour que cette place fût donnée comme sûreté à sa flotte; le comte d'Enghien, au contraire, en conclut qu'il était temps de se retirer, et le siège du château de Nice fut levé le 8 septembre (Montluc, t. XXII; Guichenon, t. II; Paul Jove, l. 44; Bouche, *Hist. de Provence*, t. II, l. 10). La ville de Nice, dit Vieilleville, fut saccagée malgré la capitulation, puis brûlée; de quoi il ne faut blâmer Barberousse ni les Sarrasins, car ils étaient déjà assez éloignés quand cela advint, mais le sieur de Grignan, par dépit de ce que les Niçois avaient essayé de le tromper. Toutefois, on rejeta cette méchanceté sur le pauvre Barberousse, pour soutenir l'honneur et la réputation de la France, voire de la chrétienté.

» Cette association avec Barberousse, couronnée de si peu de succès, coûta cependant des sommes prodigieuses à la France. Le roi, averti de l'humeur qu'avait manifestée le roi-corsaire, et de ses sarcasmes sur la pauvreté des Français, ne voulait pas qu'il se retirât mécontent de lui; d'ailleurs, faisant passer le faste avant les besoins réels, il était toujours plus prêt à donner qu'à dépenser. Vieilleville assure que, pour la solde de l'armée de Barberousse et les présents faits à lui et à ses pachas, les trésoriers français ne payèrent pas moins de huit cent mille écus. Le roi lui fit remettre aussi tous les prisonniers maures et musulmans qui se trouvaient sur ses galères; comme le port de Villefranche ne fut pas jugé suffisant pour faire hiverner sa flotte, il lui abandonna celui de Toulon, que tous les habitants français eurent ordre d'évacuer (Sleidani, l. 15).

» L'europe entière retentissait de cris d'indignation contre François Ier, qui avait fait cause commune avec les ennemis de la foi, et dont les soldats avaient combattu sous les mêmes drapeaux que les corsaires. C'était au moment où une partie de l'Europe était déjà envahie, où la Hongrie tombait aux mains des infidèles, où les armées allemandes avaient éprouvé des défaites répétées, et où Soliman II menaçait l'Autriche et la Bohême, que le roi très-chrétien appelait les Turcs plus avant dans l'Europe, quoique chacun de leurs pas fût marqué par le massacre ou l'esclavage des habitants, et par la destruction de l'Église : tous les égards qu'une civilisation bien imparfaite et la religion commençaient à introduire entre les puissances belligérantes, étaient repoussés par les Musulmans; on avait vu même le roi très-chrétien avilir son propre sang, jusqu'à envoyer son cousin, le comte d'Enghien, sur la flotte d'un roi-corsaire. Les Vénitiens, quoiqu'ils cultivassent l'amitié des Turcs, n'avaient jamais eu à se reprocher d'avoir trahi pour eux la cause de la chrétienté; loin d'accepter l'alliance dans laquelle François les pressait d'entrer avec lui et Soliman, dès qu'ils furent informés des armements qui se faisaient à Constantinople, ils donnèrent à Étienne Tiépolo le commandement d'une flotte de soixante galères, pour mettre hors de danger au moins les côtes du golfe adriatique (Paolo Paruta, *Hist. Venet.*, l. II; Sismondi, *Hist. des Français*, t. XVII, c. 9).»

Pendant leur séjour à Toulon, les Turcs envoyèrent fourrager, dans les campagnes de Provence, des partis qui y enlevaient en même temps des forçats pour leurs galères, des jeunes filles pour leur harem (Belcar., l. 23). Vers la fin d'avril 1544, les galères que Barberousse avait envoyées pour passer l'hiver à Alger vinrent le rejoindre en Provence. Cependant plusieurs de ces forçats attachés à la rame étaient morts, beaucoup d'autres avaient réussi à s'échapper; il lui en fallait de nouveaux pour ses manœuvres : il enleva tous ceux qui se trouvaient sur les galères françaises, et laissa celles-ci tellement dégarnies, qu'il n'y eut plus moyen d'en faire usage cette année. Il exigea que le capitaine Paulin et le prieur de Capoue l'accompagnassent à Constantinople, pour rendre compte de sa bonne conduite, et il repartit pour le Levant, portant en chemin le ravage et la terreur sur plusieurs points de l'Italie. Le long des côtes de Toscane, l'île d'Elbe, celle del Giglio, les ports de Piombino, de Telamone, de Porto Ercole, furent ou rançonnés ou pillés par lui, et il emmena six mille esclaves (*Gio. Batt. Adriani*, l. 4; *Scipione Ammirato*, t. III, l. 32). Il en enleva huit mille sur les côtes du royaume de Naples, depuis Procida jusqu'à Lipari; mais la plupart de ces malheureux périrent de misère sur sa flotte avant d'arriver à Constantinople; tandis que deux cents religieuses choisies dans les divers couvents qu'il avait pillés, et qu'il envoyait comme une offrande au grand-seigneur, furent reprises par don Garcia de Toledo avec les quatre galères qui les portaient (Paul Jove, l. 45; Belcar., l. 23).

Telle fut la politique déshonorante de François Ier avec les Turcs, jusque dans les dernières années de sa vie; car il mourut trois ans après, le 31 mars 1547. Soliman II lui survécut dix-neuf ans, continuant à remporter divers avantages, en Asie contre les Perses, en Europe contre les Hongrois et les Autrichiens. L'an 1565, avant-dernière de sa vie, toute sa puissance viendra échouer contre un couvent de moines, les religieux militaires de Saint-Jean, établis à Malte. L'année suivante 1566, dans la nuit du 5 au 6 septembre, il mourra lui-même devant Sigeth, petite forteresse de Hongrie. Il passe pour le plus grand empereur des Ottomans, qui le distinguent par le surnom de Législateur. Ce n'est pas qu'il fît une législation proprement dite; les Musulmans n'en ayant pas d'autre que l'Alcoran, mais des ordonnances pour l'administration de la justice, de la guerre, et autres semblables. Toutefois, les auteurs musulmans conviennent qu'il détruisit le fruit de ses règlements par son exemple, et posa le germe de la décadence de l'empire. Au lieu de présider le divan ou au conseil des ministres, il s'en retira peu à peu, et le laissa présider par le grand-visir. Jusqu'à lui, les grands-visirs se prenaient parmi les principaux officiers de la guerre ou de la justice; le premier, il promut à cette place importante le chef de la fauconnerie : c'était le fameux Ibrahim, dont il fit même son beau-frère. A des visirs choisis de cette façon, il accordait des revenus énormes, souffrait une vénalité universelle, et donnait l'exemple d'un luxe toujours croissant. Sous lui aussi, commença la funeste influence des femmes du sérail sur les affaires de l'empire (Hammer, t. III, p. 489 et seqq.). C'est par suite d'intrigues de cette nature qu'il fit périr ses trois fils, Mustapha, Gihanghir et Bajazet : le premier fut étranglé dans la tente même de son père et en sa présence, le second mourut de chagrin du meurtre de son frère; le troisième fut décapité avec ses trois fils. On vante quelquefois la loyauté de Soliman. En voici des exemples. Il avait juré à son favori Ibrahim que jamais de sa vie il ne le disgracierait : il le fit étrangler pendant le sommeil, et se tranquillisa sur son parjure par cet axiome d'un légiste : *Un homme endormi équivaut à un mort. Donc je ne l'ai pas disgracié de son vivant.* Au grand-visir Ahmed, il jura de la manière la plus solennelle que jamais il ne le déposerait; et de fait, il ne le déposa point, mais lui coupa seulement la tête (Hammer, t. III, p. 339). Le roi ou sultan de Perse, de la secte d'Ali, n'était pas moins scrupuleux. Bajazet, fils de Soliman, s'étant réfugié à sa cour, il lui promit, avec serment, de ne jamais le livrer aux envoyés de son père; il tint parole, car il ne le livra qu'au bourreau envoyé par son frère Sélim, qui lui coupa la tête, ainsi qu'à ses enfants (*Ibid.*, p. 379 et seqq.).

§ V.

Affinité entre le mahométisme et le luthéranisme. — Le moine apostat Luther se marie avec une religieuse apostate, pendant que l'Allemagne nage dans le sang des paysans et des anabaptistes. — Division entre Luther, Carlostadt et Zwingle; le faux prophète et séducteur de la Suisse. — Belle conduite des petits cantons primitifs.

Soliman avait encore en Europe un autre allié que le roi de France, c'était l'hérésiarque de Wittemberg. Aussi dit-il un jour à un ambassadeur d'Allemagne : « Je voudrais bien que Luther fût plus jeune, il aurait en moi un maître fort gracieux (Tischreden, édit. Francf., p. 424; Weislinger, de Puttelange en Lorraine, *Friss vogel oder stirb*, p. 351). » Et ce n'est pas sans raison que le sultan lui témoignait tant de bienveillance. Luther enseignait que, combattre contre le Turc, c'était combattre contre Dieu. En conséquence, il avait instamment prié les chrétiens de ne contribuer à la guerre contre les Turcs ni de leur personne ni de leur argent, mais de s'en abstenir, tant que le nom du Pape aurait encore quelque crédit sous le ciel. Et comment nos imbéciles de princes auraient-ils quelque succès contre le Turc, disait-il, puisque le Turc est dix fois plus pieux et plus sage qu'eux (Luther, dans son livre contre les deux ordonnances de l'empereur; Weislinger, p. 350) !

D'ailleurs, il y a une fraternité intime entre le luthéranisme et le mahométisme; il suffit de les comparer, pour voir qu'ils sont fils du même père. Selon le faux prophète de la Mecque, tout arrive par une nécessité inévitable, il n'y a point de libre arbitre dans l'homme; Dieu opère en nous les mauvaises actions, non moins que les bonnes; en sorte qu'il punit dans les méchants ce qu'il a opéré lui-même en eux. A ceux qui se récriaient contre ce blasphème, Mahomet disait pour toute réponse : « C'est un mystère, c'est un secret. » Oui, le mystère de Satan, l'auteur de tout le mal, qui veut faire retomber tous les crimes sur Dieu même, l'auteur de tout bien. Or, le même mystère d'impiété se révèle dans le luthéranisme. Selon le faux prophète de Wittemberg, comme selon le faux prophète de la Mecque, tout arrive à l'homme par une nécessité inévitable, il n'y a pas de libre arbitre en nous, Dieu opère en nous le mal comme le bien, et il nous punira, non-seulement du mal que nous aurons pu éviter, mais encore du bien que nous aurons fait de notre mieux. En quoi Luther l'emporte de beaucoup en impiété sur Mahomet, qui n'a jamais dit que Dieu nous punirait du bien même, et que les bonnes œuvres fussent autant de péchés.

Le mahométisme consiste à dire que Mahomet est le prophète de Dieu, pour réformer la religion de Dieu et de Jésus-Christ : nous avons vu quel prophète ça été, et quelle réforme. Le luthéranisme consiste à dire que Luther est le prophète de Dieu, pour réformer la religion de Dieu et de Jésus-Christ : nous avons vu, nous verrons de plus en plus quel prophète ça été, et quelle réforme. Toutes les théologies, toutes les histoires, faites par des protestants, si vous les réduisez à leur simple expression, ne disent jamais que ceci : « Dieu a créé le monde avec une admirable sagesse ; cependant, à peine ce monde est-il créé, que tout s'y dérange par la révolte de l'ange et de l'homme. Un Sauveur est annoncé, qui réparera tout : ce Sauveur est le Fils de Dieu ; il vient après quatre mille ans ; il enseigne, il se conduit avec une sagesse vraiment divine. Il bâtit son Eglise sur le roc, assure que les portes de l'enfer ne prévaudront point contre elle, promet à ses pasteurs d'être avec eux tous les jours jusqu'à la fin du monde, et de lui envoyer, de plus, l'Esprit-Saint, l'Esprit de la vérité, pour demeurer avec elle à jamais. Cependant, à peine n'y est-il plus, que son œuvre se détraque, que sa religion va se corrompant de siècle en siècle, que l'enfer prévaut contre son Eglise, que l'antechrist s'en établit le chef, y introduit le dogme du libre arbitre de l'homme, la nécessité des bonnes œuvres ; jusqu'à ce qu'enfin arrive un moine défroqué d'Allemagne, qui raccommode pour toujours le chef-d'œuvre de Dieu et de son Fils, en apprenant à tout le monde que chacun n'a de règle que soi-même. » Voilà, d'après les théologies et les histoires protestantes, ce qu'il en est de Dieu et de sa providence, de Jésus-Christ et de sa rédemption. Reste à conclure, avec l'impie, que Jésus-Christ n'est pas Dieu, et que Dieu même n'est pas.

Le mahométisme est de sa nature une guerre irréconciliable à l'Eglise du Christ, c'est une porte de l'enfer qui travaille sans cesse à prévaloir contre elle. La force de l'Eglise, c'est sa sainte hiérarchie, ayant pour chef saint Pierre et son successeur : le mahométisme détruit cette hiérarchie partout où il peut. La force de l'Eglise, c'est le saint sacrifice de la messe et les autres sacrements : le mahométisme les traite de vaines superstitions et les foule aux pieds. La force de l'Eglise, c'est la chasteté de ses prêtres, c'est le dévouement de ses religieux et de ses vierges au service de Dieu et du prochain par les vœux de pauvreté, chasteté et obéissance : le mahométisme enlève les vierges chrétiennes, pour les prostituer à la luxure de ses chefs. Or, ce que le mahométisme fait le premier, le luthéranisme le répète. Il est de sa nature une guerre irréconciliable à l'Eglise catholique et à son chef ; tout ce qui fait la force de cette Eglise, il l'attaque, le nie, le foule aux pieds : la hiérarchie, le sacrifice, les sacrements, la chasteté sacerdotale, les vœux religieux ; il détruit les monastères et multiplie les lieux de prostitution. Comme le Mahométan et sur ses pas, le Luthérien brise les images des saints, les images de Jésus-Christ et de sa sainte Mère ; comme le Mahométan et sur ses pas, le Luthérien crache sur la croix du Sauveur, la foule aux pieds, la traîne dans la boue. Un frère ne ressemble pas plus à son frère, que le luthéranisme au mahométisme.

Mahomet a ramené parmi les Arabes la polygamie et le divorce : Luther a fait la même chose parmi les siens, autant du moins qu'il a pu. D'abord, dans son commentaire sur le seizième chapitre de la Genèse, il enseigne qu'il n'est pas défendu d'avoir plus d'une femme. Voilà ce qu'il enseigne dans ses œuvres imprimées à Iéna, Nuremberg et Altenbourg, mais non dans l'édition de Wittemberg (T. IV, Iéna germ., fol. 103 A ; Nuremberg, fol. 95 A ; t. IV ; Altenb., fol. 110 A B ; Weislinger, p. 350) ; car il changeait d'un jour à l'autre, suivant qu'il était plus ou moins hardi. Quelquefois aussi certains éditeurs, pour ne pas trop effaroucher la pudeur publique, ont supprimé ce qui leur paraissait trop cru. Luther en usait de même quand il fallait en venir à la pratique. Ainsi, lorsque nous le verrons, avec les principaux chefs de la prétendue réforme, permettre au landgrave de Hesse d'avoir à la fois deux femmes, il lui recommandera de tenir la chose secrète. Quant au divorce, il ne se gêne pas tant, et le permet en plus d'un endroit ; et dans les pays où la prétendue réforme domine, le divorce est aussi commun que parmi les Juifs et les Mahométans.

Quant à l'esprit même sur cette matière, Luther ne le cède guère à Mahomet. Celui-ci a pour maxime que la femme est aussi nécessaire à l'homme que le vêtement ; Luther enseigne qu'elle lui est aussi indispensable que le boire et le manger (Weislinger, préf., 449) ; il compte même les femmes dans le pain quotidien qui se demande dans l'Oraison dominicale (Ibid., préf. 286, note 10). Enfin on a, écrite de la propre main de Luther sur une Bible, la prière suivante : « O Dieu, par votre bonté, accordez-nous des habits et des chapeaux, des manteaux et des robes, des veaux gras et des boucs, des bœufs, des brebis, des vaches, beaucoup de femmes, peu d'enfants. Amen (Ibid., préf. p. 455 et 456). » — Certes, voilà bien la morale d'Epicure et de Mahomet.

Sous le rapport du maître dont ils reçurent leur doctrine, Luther et Mahomet paraissent condisciples. Celui de Mahomet se disait l'ange Gabriel, ce qui n'a rien d'improbable ; car les anges de ténèbres aiment à se transformer en anges de lumière. Celui de Luther se donnait tout bonnement pour ce qu'il était. Luther avoue donc publiquement, dans le sermon du dimanche *Reminiscere* 1523, qu'il a mangé plus d'un disque de sel avec le diable ; ailleurs, que le diable couchait plus souvent avec lui que sa femme ; qu'ils avaient souvent des discussions théologiques ensemble (Ibid., texte, p. 36). Au reste, nous l'avons déjà entendu lui-même nous raconter comment il apprit du diable à rejeter le saint sacrifice de la messe et le sacrement de l'ordre. Enfin nous verrons les Luthériens et les Calvinistes se reprocher les uns aux autres de n'avoir d'autre dieu que le diable (Ibid., préf., 14, 15, 21, etc.).

Nous avons vu chez Mahomet des idées ignobles, des images ridicules sur Dieu : Luther l'emporte sans comparaison à cet égard. Dans tel endroit, il compare les trois personnes divines à trois larrons pendus à un même gibet (1). Ailleurs, il dit : « Pen-

(1) Weislinger, t. VII, Iéna, fol. 364 B ; T. XII, Wittemb. germ. fol. 301 B ; T. VII, Altenb., fol. 395 A ; Weislinger, préf., p. 306.

ses-tu qu'un Juif soit si peu de chose ? Dieu dans le ciel et tous les anges sont obligés de rire et de danser quand ils entendent péter un Juif. Oui, un Juif est un bijou si précieux, que, lorsqu'il lâche un vent, Dieu danse et tous les anges (1). » S'adressant aux Juifs eux-mêmes, il leur adresse ces paroles : « Fi de vous ici ! fi de vous là, et partout où vous êtes, maudits Juifs !... Vous n'êtes pas dignes de regarder la Bible par dehors, combien moins de lire dedans. La seule bible que vous devez lire est celle qui se trouve sous la queue de la truie, et les lettres qui tombent de là, voilà ce que vous devez manger et boire : telle est la bible qu'il faut à de tels prophètes (2). » Ce que nous citons des saletés impies de Luther n'est rien en comparaison du reste, qu'aucune langue d'honnêtes gens ne saurait traduire.

Il en était si plein, que, dans sa Bible traduite et apostillée, il n'a pu s'empêcher d'insérer des propos de mauvais lieux, entre autres celui-ci, qu'il avait souvent à la bouche : « Rien n'est plus aimable sur la terre que l'amour des femmes, à qui cela peut advenir ; » et il n'a pas rougi de joindre ce propos comme une glose au chapitre 31, verset 10, des *Proverbes* (Weislinger, préf., p. 309).

Non content de profaner l'Ecriture sainte par d'indécents commentaires, Luther se permet d'en retrancher ou d'y ajouter à son gré. Saint Jean nous dit dans sa première épître : *Il y en a trois qui rendent témoignage au ciel : le Père, le Verbe et le Saint-Esprit, et ces trois sont une même chose* (1. Joan., 5, 7). Ce passage est important, Luther le retranche en faveur des Ariens ; on cherche vainement dans les premières éditions de sa Bible jusqu'en 1600, où les prédicants luthériens ont commencé à l'y remettre (Weisl., p. 346). Il retrancha également dans sa première édition l'épître de saint Paul aux Hébreux, l'épître de saint Jacques, l'Apocalypse de saint Jean, et les rejeta parmi les apocryphes ; il poussa même l'impiété jusqu'à dire que l'épître de saint Jacques était une épître de paille, et cela parce qu'elle proclamait la nécessité des bonnes œuvres, contrairement à l'hérésie de Luther. Aujourd'hui et depuis longtemps, honteux de ces excès, les Luthériens ont remis les deux épîtres et l'Apocalypse dans le canon des saintes Ecritures (*Ibid*, p. 515).

Pour ce qui est d'ajouter à la Bible dans sa traduction, en voici un exemple fameux. Saint Paul dit dans son épître aux Romains (c. 3, v. 28) : *Nous estimons que l'homme est justifié par la foi sans les œuvres de la loi*. Luther lui fait dire : Nous estimons que l'homme est justifié *par la foi seule* sans les œuvres de la loi, ajoutant au texte le mot *seule*, qui ne se trouve ni dans le grec ni dans le latin. Comme ses amis mêmes s'en étonnaient, il écrivit à l'un d'eux : « Vous paraissez surpris de ce que j'ai dit que nous sommes justifiés par la foi seule, bien que ce mot *seule* ne se trouve pas dans le texte de l'Apôtre. Si votre papiste vous chicane pour ce mot, dites-lui à l'instant qu'un papiste et un âne sont une même chose. Toute la raison que j'ai à rendre de cette addition, c'est que je veux que le mot de *seule* y soit, je le commande, ma volonté doit servir de raison..... Il y a longtemps, poursuit-il, que je sais que le mot de *seule* ne se trouve ni dans le texte latin ni dans le texte grec. Mais je ne me repens que d'une chose, c'est de n'avoir pas encore ajouté à ce passage d'autres mots, en traduisant *sans toutes les œuvres de toutes les lois*, afin que l'on vit que l'homme est justifié sans aucune œuvre, de quelque loi que ce puisse être..... Que ces ânes de papistes enragent, jusqu'à en perdre la tête de dépit, ils ne m'ôteront pas ce mot de mon testament (T. V, Iéna, fol. 162 B ; fol. 163 A, etc.). »

Quant à la loi de Moïse et à Moïse lui-même, voici à quel excès incroyable Luther s'est emporté. « Pour ce qui est dit de Moïse, dit-il, tenez-le pour suspect, comme le pire des hérétiques, un homme excommunié et damné, qui est encore pire que le Pape et que le diable même ; c'est l'ennemi du seigneur Christ. » Voilà ce que dit Luther, non-seulement dans ses propos de table sur la Loi et l'Evangile, mais encore dans son explication de l'épître aux Galates, ch. 4 (Tischr. Isleb., fol. 168 A et B ; Francf., fol. 119 A et B ; Dresde, fol. 130, etc.). » Dans une explication du chapitre suivant, il profère une impiété plus horrible encore. « S'il te vient en pensée, dit-il, que le Christ est le juge qui te demandera compte comment tu auras passé ta vie, tiens pour certain et vrai que ce n'est pas le Christ, mais l'enragé de diable en personne (T. I, Witt., germ., fol. 273 A ; T. VI, Altenb., Weisl., p. 342). »

Voilà comme l'hérésiarque de Wittemberg respecte le Christ et son Evangile, et Moïse et sa loi ! Et avec cela il ose dire dans une exhortation aux siens : ma parole est la parole du Christ ; ma bouche, la bouche du Christ ! Et pour leur en donner une preuve, il fait le prophète et ajoute cette prédiction : « Propageons notre Evangile encore deux ans, et vous verrez où en seront pape, évêques, cardinaux, prêtres, moines, nonnes, cloches, clochers, messes, vigiles, froc, capuchon, tonsure, règles, statuts, et toute cette vermine et canaille du gouvernement papal ; ça se dissipera comme la fumée (T. II, Iéna germ., fol. 50 A ; T. II, Weisl., préf., p. 439, etc.). » Ainsi parlait le prophète de Wittemberg. Si l'événement n'a pas justifié la prédiction, on voit combien il a eu raison de dire que sa parole était la parole du Christ.

Cependant il priait assidûment pour l'accomplissement de cette prophétie ; c'est lui-même qui nous l'apprend en ces termes : Moi, Luther, je ne puis prier que je ne maudisse. Si je dis : *Que votre nom soit sanctifié*, il faut que j'ajoute : Maudit, damné, honni soit le nom des papistes et de tous ceux qui blasphèment votre nom. Si je dis : *Que votre règne arrive*, il faut que j'ajoute : Maudit, damné, ruiné soit le papisme, avec tous les empires de la terre qui s'opposent à votre empire. Si je dis : *Que votre volonté soit faite*, il faut que je dise en même temps : Maudits, damnés, honnis et anéantis soient toutes les pensées et tous les desseins des papistes, et de tous ceux qui agissent contrairement à votre volonté et conseil. En vérité, voilà comme je prie tous les jours, de bouche et de cœur sans interruption, et avec moi tous ceux qui croient à Christ, et je sens

---

(1) T. VIII, Iéna, fol. 99 B ; Nur., fol. 89 B ; T. V, Witt. germ., fol. 493 B ; T. VIII, Alt., fol. 255 B ; *Des Juifs et de leurs mensonges* ; Weisl., préf., p. 311.

(2) T. VIII, Iéna, fol. 83 A ; Nur., fol. 74 B ; fol. 75 A ; T. V, Witt. germ., fol. 479 A ; T. VIII, Alt., fol. 233 A. *Des Juifs et de leurs mensonges* ; Weisl., préf., p. 184.

bien que nous sommes exaucés (T. V, Iéna, fol. 328 B; T. IX, Witt. germ., fol. 465 A, etc.). »

On se demandera peut-être pourquoi une prière si efficace n'ait pas encore eu son parfait accomplissement. En voici peut-être la cause. Luther lui-même disait à ses amis : « Si j'avais autant de dévotion pour prier, que le chien de Pierre Weller pour manger le matin, je serais sûr d'obtenir que la fin du monde vînt bientôt (Tischred. Isleb., fol. 213 A, etc.). » Mélanchthon ayant dit un jour que l'empereur Charles-Quint vivrait jusqu'en 1584, Luther répondit : « Le monde ne durera pas si longtemps », et il donna pour preuve Ezéchiel et Daniel (Tisch. Isl., fol. 582 A, etc.). Une autre fois Luther prophétisa qu'il vivrait lui-même jusqu'au dernier jour du monde (Ibid., fol. 506 A, etc.).

Comme sa prophétie ne s'est pas accomplie mieux que sa prière n'a été exaucée, reste à conclure que Luther fut beaucoup moins dévot à prier, que le chien de Pierre Weller à manger. Ce qui ne laisse pas que d'étonner dans un homme qui se dit apôtre, prophète et restaurateur de la religion chrétienne.

Penser ou dire que Luther fut le premier à traduire la Bible en allemand, c'est une grande erreur. Déjà du temps de Charlemagne et de Louis le Débonnaire, l'Ancien et le Nouveau Testament furent traduits en tudesque par Raban Maur, Walafrid Strabon, Hugues de Fleury, et mis en rimes allemandes par le moine Ottfrid de Wissembourg. Quant aux Bibles imprimées avant celles de Luther, des protestants mêmes en comptent au moins vingt-quatre éditions, dans les divers dialectes de l'Allemagne, comme on peut le voir dans le docte et spirituel théologien de Puttelange (Weisl., préf., p. 387 et seqq.). Quant au fruit que la traduction de Luther produisit parmi les siens, lui-même nous l'apprend. « La version de la Bible, dit-il, m'a coûté bien du travail, mais elle est peu estimée de nous. Nos adversaires la lisent beaucoup plus que nos gens. Je crois que le duc Georges (fervent catholique) a lu plus assidûment la Bible que tous les gens de la noblesse (Tisch. Isleb., fol. 622 A, etc.). »

Maintenant, quel fut l'effet général du luthéranisme sur les mœurs des populations allemandes ? Voici sur cet article la confession de Luther et de ses premiers coopérateurs.

Jacques Schmidel, célèbre prédicant à Tubingue, écrit : « Une partie de l'Allemagne permet bien que la parole de Dieu soit prêchée. Toutefois, on n'y sent aucune amélioration, mais une vie dépravée, épicurienne, bestiale, qui ne sait que manger et boire outre mesure, nourrir l'envie et l'orgueil, blasphémer le nom de Dieu, etc. Nous avons appris, disent-ils, que nous sommes sauvés par la foi seule en Jésus-Christ, qui a payé tous nos péchés par sa mort; nous ne pouvons pas le payer par nos jeûnes, nos aumônes, nos prières ou d'autres œuvres; c'est pourquoi ne nous parlez pas de ces choses, nous pouvons bien être sauvés par le Christ, nous voulons nous confier uniquement à la grâce de Dieu et aux mérites du Christ. Et pour que tout le monde puisse voir qu'ils ne sont point papistes et ne veulent point se confier en de bonnes œuvres, ils n'en font aucune. Au lieu de jeûner, ils mangent et boivent nuit et jour; au lieu de faire des aumônes, ils écorchent les pauvres; au lieu de prier, ils jurent, honnissent et blasphèment le nom de Dieu d'une manière si horrible, que le Christ n'endure pas de pareils blasphèmes de la part des Turcs (Weisl., préf., p. 145. »

Gaspar Faber, dans son Théâtre des Diables (fol. 478), écrit les choses suivantes de ses coreligionnaires : « Ils ont le Christ à la bouche, mais leur grand dieu c'est leur ventre. Plusieurs ont soixante ans sur le corps et ne savent pas un seul mot de la sainte Ecriture, ne savent pas plus ce que c'est que péché ou grâce; un grand nombre ne connaissent pas même bien le Pater ni le Credo, encore moins les commandements de Dieu, s'il y en a dix ou vingt. Quelques-uns disent même : Puisque nous ne savons pas les dix commandements, nous ne péchons pas contre eux ; d'autres gens sont plus méchants que nous, etc. Ils se vantent d'être bien évangéliques, et crient sans cesse : Evangile! Evangile! La doctrine du Pape n'est rien. Mais quand il s'agit d'en venir au fait, il n'y a plus personne. Ce sont les cochons gras de Notre Seigneur Dieu (Ibid., p. 147). » Ainsi parle ce docteur luthérien de ses coreligionnaires.

Il observe plus loin que, depuis qu'ils étaient délivrés de la tyrannie du Pape, ils n'approchaient plus du sacrement de l'autel, mais le méprisaient, qui cinq, qui dix, qui vingt ans de suite. A Wittemberg, où était la crème de ces frères évangéliques, ils étaient on ne peut plus dévots, allaient assidûment à la cène; mais parce qu'ils ne pouvaient humer dans le calice à leur dévotion, ils marchaient tout droit de l'église au cabaret et se remplissaient d'eau-de-vie. C'est Luther même qui leur rend cet édifiant témoignage dans un sermon (Weisl., préf., p. 148).

D'autres pieux compagnons donnèrent à leur prédicant, qui les exhortait à venir entendre le prêche, cette réponse spirituelle : Oui, cher pasteur, si vous vouliez faire rouler un tonneau de bière dans l'église et nous y inviter, nous viendrions de grand cœur. C'est encore Luther qui leur rend ce glorieux témoignage (Tisch. Isleb., fol. 5 A, etc).

André Musculus, moine apostat, donne à ses luthériens un certificat semblable. « Nous devons confesser aussi, dit-il, que dans tout le vaste univers, chez aucun peuple sous le soleil, on ne trouve des gens aussi méchants, grossiers, effrontés, oublieux de tout honneur, de toute conduite, de toute probité, que parmi nous, Allemands, qui devrions être les vrais et derniers Israélites et les fidèles enfants d'Abraham ; car parmi nous, l'envie, le soin de la nourriture, l'arrogance, l'orgueil, l'excès du boire et du manger, le blasphème et tous les péchés les plus horribles règnent et dominent à tel point, que les Juifs, les Turcs, les Tartares et les autres infidèles et païens sont tous des anges en comparaison de nous, et que parmi nous Allemands évangéliques, sont arrivés les temps périlleux prédits par saint Paul, quand il dit dans sa seconde épître à Timothée : *Sachez que dans les derniers jours il y aura des temps périlleux ; car il y aura des hommes amoureux d'eux-mêmes, amoureux de l'argent, arrogants, orgueilleux, blasphémateurs, insoumis à leurs parents, ingrats, impies, sans affection, sans paix, calomniateurs, incontinents, farouches, sans amour de ce qui est bon, traîtres, insolents, enflés d'eux-mêmes, amateurs de la volupté plus que de Dieu, ayant l'apparence de la piété, mais reniant la vertu.* Certes, conclut le moine apostat, si Paul avait vécu de nos temps, il n'aurait pu décrire notre Allemagne d'une manière plus claire et plus vraie, comme cela se voit au grand jour, sans qu'il y ait besoin de le démontrer (Musculus, *Livre du dernier jour*; Weisl.; préf., p. 149).

Il ajoute : « La noblesse de la campagne est devenue entièrement tyrannique, n'a souci ni de Dieu ni du diable, se livre à la crapule, l'ivrognerie, la débauche, comme des pourceaux ; avec grande oppression de leurs pauvres sujets. Le bourgeois ne pense plus à Dieu, ni à sa parole, ni au saint sacrement, mais à semer, à planter, à bâtir, à nourrir son corps, à contenter son orgueil et son arrogance. Les paysans et les jardiniers sont si pieux dans ces temps, qu'ils ont oublié même leur *Pater* et ne peuvent plus réciter leur *Credo*, excepté les tout vieux, qui ont appris leurs prières dans le papisme et les retiennent encore. »

A ces témoignages de l'apostat Musculus et des autres, Luther vient mettre le sceau en disant : « Par suite de cette doctrine, le monde devient toujours plus méchant. Aujourd'hui les hommes sont possédés de sept démons, tandis qu'auparavant ils n'étaient possédés que d'un seul. Le diable entre maintenant dans les gens par escouade. » Voilà ce que dit Luther dans un sermon du premier dimanche de l'Avent et dans ses apostilles domestiques. Il dit encore ailleurs : « Par suite de l'évangile (luthérien), les paysans sont aujourd'hui sans frein. Comme ils pensent pouvoir faire ce qui leur plaît, ils n'ont peur ni d'enfer ni de purgatoire, mais disent : Je crois, donc je serai sauvé (Tisch. Isleb., 209 A, etc.). » On ne voit pas que Luther ait répondu à ce raisonnement, ni même qu'il pût y répondre.

Ainsi donc, de l'aveu même de Luther et de ses principaux coopérateurs, une démoralisation profonde et universelle, voilà quel fut le fruit hâtif et naturel du luthéranisme pour les populations allemandes.

L'anarchie intellectuelle et religieuse n'était pas moins extrême.

En 1521, pendant que Luther était caché au château de Wartbourg, Carlostadt avait renversé les images, supprimé l'élévation du saint sacrement et même les messes basses, et rétabli la communion sous les deux espèces dans l'église de Wittemberg, où avait commencé le luthéranisme. Luther n'improuvait pas ces changements, mais les trouvait faits à contre-temps et d'ailleurs peu nécessaires. Ce qui le piqua au vif, comme il le témoigne assez dans une lettre écrite sur ce sujet, c'est que Carlostadt avait *méprisé son autorité et avait voulu s'ériger en nouveau docteur* (Ad Gasp. Gustol., 1522). Les sermons qu'il fit à cette occasion sont remarquables ; car, sans y nommer Carlostadt, il reprochait aux auteurs de ces entreprises, qu'ils avaient agi sans mission : comme si la sienne eût été mieux établie. « Je les défendrais, disait-il, aisément devant le Pape, mais je ne sais comment justifier devant le diable, lorsque ce mauvais esprit, à l'heure de la mort, leur opposera ces paroles de l'Ecriture : *Toute plante que mon Père n'aura pas plantée sera déracinée*, et encore : *Ils couraient, et ce n'était pas moi qui les envoyais.* Que répondront-ils alors ? Ils seront précipités dans les enfers (*Op. Luth.*, t. VII, fol. 273, édit. Wittemb.).

Voilà ce que dit Luther pendant qu'il était encore caché à la Wartbourg. Mais étant sorti de là au mois de mars 1522, sans la permission de l'électeur de Saxe, et revenu à Wittemberg malgré le ban de l'empire, il fit un bien autre sermon dans l'église de cette ville. Là il entreprit de prouver qu'il ne fallait pas employer les mains, mais la parole toute seule, à réformer les abus. « C'est la parole, disait-il, qui, pendant que je dormais tranquillement et que je buvais ma bière avec mon cher Mélanchthon et avec Amsdorf, a tellement ébranlé la papauté, que jamais prince ni empereur n'en a fait autant. Si j'avais voulu, poursuit-il, faire les choses avec tumulte, toute l'Allemagne nagerait dans le sang ; et, lorsque j'étais à Worms, j'aurais pu mettre les affaires en tel état, que l'empereur n'y eût pas été en sûreté. Au reste, si vous prétendez continuer à faire les choses par ces communes délibérations, je me dédirai sans hésiter de tout ce que j'ai écrit ou enseigné ; j'en ferai ma rétractation, et je vous laisserai là. Tenez-vous pour dit une bonne fois, et après tout, quel mal vous fera la messe papale (*Ibid.*, p. 275). » — « On croit rêver, [dit Bossuet (*Hist. des variat.*, l. 2), quand on lit ces choses dans les écrits de Luther imprimés à Wittemberg ; on revient au commencement du volume, pour voir si on a bien lu, et on se dit à soi-même : Quel est ce nouvel Evangile ? Un tel homme a-t-il pu passer pour réformateur ? N'en reviendra-t-on jamais ? Est-il donc si difficile à l'homme de confesser son erreur ? »

Carlostadt, de son côté, ne se tint pas en repos, et, poussé par son zèle, il se mit à combattre la doctrine de la présence réelle, autant pour attaquer Luther que par aucun autre motif. Luther avait attaqué la transsubstantiation ou changement de substance dans l'eucharistie : Carlostadt, que Luther avait tant loué et qu'il avait appelé son vénérable précepteur en Jésus-Christ, attaqua la réalité que Luther n'avait pas cru pouvoir entreprendre.

Carlostadt, si nous en croyons les Luthériens, était un homme brutal, ignorant, artificieux pourtant, et brouillon, sans pitié, sans humanité, et plutôt juif que chrétien. C'est ce qu'en dit Mélanchthon, homme modéré et naturellement sincère. Mais, sans citer en particulier les Luthériens, ses amis et ses ennemis demeuraient d'accord que c'était l'homme du monde le plus inquiet, aussi bien que le plus impertinent. Il ne faut point d'autre preuve de son ignorance que l'explication qu'il donna aux paroles de l'institution de la cène, soutenant que par ces paroles : *Ceci est mon Corps*, Jésus-Christ, sans aucun égard à ce qu'il donnait, voulait seulement se montrer lui-même assis à table comme il était avec ses disciples (Zwing., *Epist. ad Matth.*; Alber., *Id. lib. de ver. et fals. relig.*; Hospin., part. 2, fol. 132) : imagination si ridicule, qu'on a peine à croire qu'elle ait pu entrer dans l'esprit d'un homme.

Luther donc, quoiqu'il eût pensé à supprimer l'élévation de l'hostie, la retint *en dépit de Carlostadt*, comme il le déclare lui-même, *et de peur*, poursuit-il, *qu'il ne semblât que le diable nous eût appris quelque chose* (Hospin., part. 2, fol. 188).

Il ne parla pas plus modérément de la communion

sous les deux espèces, que le même Carlostadt avait rétablie de son autorité privée. Luther la tenait alors pour assez indifférente. Dans la lettre qu'il écrivit sur la réformation de Carlostadt, il lui reproche « d'avoir mis le christianisme dans ces choses de néant, à communier sous les deux espèces, à prendre le sacrement dans la main, à ôter la confession, à brûler les images (*Epist. ad Gaspar. Gustol.*). » Encore en 1523, il dit dans la formule de la messe : « Si un concile ordonnait ou permettait les deux espèces, en dépit du concile nous n'en prendrions qu'une, ou ne prendrions ni l'une ni l'autre, et maudirions ceux qui prendraient les deux en vertu de cette ordonnance (*Form. miss.*, t. II, fol. 384, 386). » Voilà ce qu'on appelait la liberté chrétienne dans la nouvelle réforme : telles étaient la modestie et l'humilité de ces nouveaux chrétiens.

Carlostadt, chassé de Wittemberg, fut contraint de se retirer à Orlemonde, ville de Thuringe, dépendante de l'électeur de Saxe. Il y grondait sans cesse avec les anabaptistes autant contre l'électeur que contre Luther, qu'il appelait un flatteur du Pape, à cause principalement de quelque reste qu'il conservait de la messe et de la présence réelle ; car c'était à qui blâmerait le plus l'Eglise romaine, et à qui s'éloignerait le plus de ses dogmes. Ces disputes avaient excité de grands mouvements à Orlemonde. Luther y fut envoyé par le prince pour apaiser le peuple ému. Dans le chemin, il prêcha à Iéna, en présence de Carlostadt, et ne manqua pas de le traiter de séditieux, à cause de ses liaisons avec les anabaptistes. C'est par là que commença la rupture. En voici la mémorable histoire, comme elle se trouve parmi les œuvres de Luther, comme elle est avouée par les Luthériens, et comme les historiens protestants l'ont rapportée (Luth., t. II, Iéna, 447 ; *Calix. judic.*, n. 49 ; Hospin., 2. part., ad an. 1524, fol. 32). Au sortir du sermon de Luther, Carlostadt le vint trouver à l'auberge de l'*Ourse-Noire*, où il logeait ; lieu remarquable dans cette histoire pour avoir donné le commencement à la guerre sacramentaire parmi les réformés. Là, parmi d'autres discours, et après s'être excusé le mieux qu'il put sur la sédition, Carlostadt déclare à Luther qu'il ne pouvait souffrir son opinion de la présence réelle. Luther le défia d'un air dédaigneux d'écrire contre lui, et lui promit un florin d'or s'il l'entreprenait. Il tire le florin de sa poche. Carlostadt le met dans la sienne. Ils touchent en la main l'un de l'autre, en se promettant mutuellement de se faire bonne guerre. Luther but à la santé de Carlostadt et du bel ouvrage qu'il allait mettre au jour. Carlostadt fit raison, et avala le verre plein ; ainsi la guerre fut déclarée à la mode du pays, le 22 août, en 1524. L'adieu des combattants fut mémorable. *Puissé-je te voir sur la roue*, dit Carlostadt à Luther ! *Puisses-tu te rompre le cou avant que de sortir de la ville* (*Epist. Luth. ad Argent.*, t. VII, fol. 302) !

A cette époque, toutes les têtes semblaient vouloir se mettre à l'envers : des laïques sans études, de grossiers paysans, même des femmes babillardes, avec un texte ou deux de la Bible, qu'ils savaient à peine lire, se croyaient maîtres en Israël. Les savants, au contraire, abandonnaient les études, ne voulaient plus être ni maîtres ni docteurs, mais exerçaient un métier ou l'agriculture ; quelques-uns commencèrent à garder les bestiaux, parce qu'il est écrit dans la Bible : *Ne vous laissez pas nommer maîtres. Vous vous nourrirez toute votre vie sur la terre avec beaucoup de travail, et vous mangerez votre pain à la sueur de votre front.* Ainsi André Carlostadt, docteur et professeur de Wittemberg, archidiacre de l'Eglise de Tous-les-Saints, se fit laboureur, conduisait du bois, des cochons au marché, vendait de l'eau-de-vie, de la bière et des cartes, et ne voulait plus souffrir qu'on l'appelât monsieur le docteur, mais *frère* ou *voisin André* (*Mathes. conc.* 6, *de Luth.*, p. 53 A ; Weislinger, p. 59). Ce fol exemple fut suivi par Mélanchthon, qui se loua comme apprenti boulanger, et fit effectivement du pain ; mais Luther le détourna de cette manie (Ulenb. *in vitâ Melanchthon.*, c. 3, n. 2, 3, p. 18, 19, *et alii apud* Weislinger, p. 60).

De leur côté, les paysans néo-évangéliques se mirent à faire magistralement le métier de docteur et de prédicant. Ainsi, à Werdt, près Nuremberg, on vit un paysan bien botté, ayant à la ceinture un grand couteau de table, et tenant à la main un bon fléau à battre en grange, faire une prédication sur le libre arbitre, où il voulut prouver que Dieu opérait tout en nous, même le péché. La prédication fut imprimée dans le temps, avec le portrait agreste du prédicateur (Weislinger, p. 60). A Orlemonde, un garçon cordonnier disputa avec Luther sur la Bible. Voici l'histoire de cette dispute.

Les néo-évangéliques d'Orlemonde avaient choisi Carlostadt pour leur pasteur, et renversé les images à son instigation. Luther les blâma de l'une et l'autre entreprise. Les municipaux d'Orlemonde s'en plaignirent à lui-même, et l'invitèrent à venir conférer avec eux. Il y vint, après sa dispute avec Carlostadt à l'*Ourse-Noire* de Iéna. On se mit à table, on fit venir de la bière. Luther et les municipaux échangèrent, suivant la coutume allemande, de nombreuses santés. La discussion ayant commencé dans ce nouveau concile, Luther dit entre autres : « Vous voulez que je vous dise en quoi vous avez péché ; c'est d'abord en donnant le nom de pasteur à Carlostadt, à qui ni le duc de Saxe ni l'Académie de Wittemberg n'ont jamais reconnu ce titre. » — Mais, dit un des municipaux, si Carlostadt n'est pas notre pasteur légitime, la doctrine de saint Paul est un mensonge, et vos livres une déception ; car nous l'avons choisi et élu, comme le témoignent nos missives à l'Académie de Wittemberg. — Payé ainsi de sa propre monnaie, Luther ne répondit rien.

Mais passant à une autre question, il dit : « Vous avez péché, en second lieu, en renversant les images et les statues….. Où trouvez-vous dans l'Ecriture qu'il fallait abolir les images ? » — Je vais vous répondre, dit un municipal. Tenez-vous Moïse pour promulgateur du Décalogue ? — Sans doute. — Eh bien ! n'est-il pas écrit dans le Décalogue : *Vous n'aurez aucun autre Dieu devant moi* ; et Moïse n'ajoute-t-il pas à ce précepte divin, pour l'expliquer : *Vous ôterez du milieu de vous toutes les images, et vous n'en garderez aucune ?* — « Mais, répondit Luther, cela s'entend des idoles ou des images qu'on adore ; ce n'est pas l'image de Jésus crucifié que j'adore, non plus que celle des saints.

Ce fut alors que le cordonnier se mit de la partie. Luther lui répliqua entre autres : « Si pour cause

§ V. CONSÉQUENCES DES HÉRÉSIES DE LUTHER.

d'abus il faut proscrire les images, chassez donc vos femmes et défoncez vos tonneaux. » Mais le cordonnier, s'animant de plus en plus, lui frappa dans la main et dit : Je parie tout ce que vous voudrez, que non-seulement la Loi de Moïse, mais encore l'Evangile que vous avez traduit, proscrit toute espèce d'images. — Luther lui tapa dans la main et dit : Eh bien! voyons, qu'est-ce que dit l'Evangile? — Eh bien! s'écria le cordonnier, Jésus dit dans l'Evangile, je ne sais pas l'endroit, mais mes frères le savent pour moi, que la mariée doit quitter sa tunique quand elle veut coucher avec le marié. — Oui! oui, cria un autre, c'est cela! Voilà comme Dieu veut que notre âme se dépouille de toutes les créatures. — Après cet argument de poisson d'avril, Luther dit à son conducteur d'atteler la voiture. Mais les municipaux prièrent de différer, parce qu'ils avaient encore à lui parler du baptême et de la cène. Luther répondit : Lisez mes livres, j'ai assez écrit là-dessus. — Je les ai lus, répliqua un municipal, mais, en conscience, ils ne me satisfont pas. — Si quelque chose vous y déplaît, conclut Luther, écrivez contre moi; et il s'élança dans la voiture. Peu s'en fallut qu'ils ne le tuassent à coups de pierres et de boue. — Au diable! à tous les diables, criaient tous les assistants à la fois; puisse Dieu te casser le cou et les jambes avant que tu sortes d'ici! — Voilà par quelles pieuses acclamations se termina le concile néo-évangélique d'Orlemonde.

Les femmes, de leur côté, montaient en chaire, et se mirent à prêcher le nouvel évangile. Saint Paul avait bien dit que les femmes devaient se taire dans l'Eglise. Mais Luther venait de biffer cette ordonnance de saint Paul, en déclarant que tous ceux qui, suivant sa noble comparaison, sortaient, comme des reptiles, des eaux du baptême, hommes, femmes, enfants, étaient tout ensemble prêtres et rois.

L'Esprit-Saint avait encore dit dans les Ecritures qu'il fallait garder les vœux faits au Seigneur, et saint Paul, que la veuve consacrée à Dieu et manquant à cette fidélité, retournait à Satan. Luther avait encore décidé le contraire, en déclarant que les vœux n'étaient pas obligatoires et ne pouvaient pas l'être. En conséquence, le vendredi-saint, 7 avril 1523, une religieuse bernardine, Catherine de Bore, s'échappa de son couvent avec huit autres nonnes apostates, et vint à Wittemberg, où elle vécut deux ans, en pleine liberté, au milieu des étudiants de l'Académie. Comme, suivant Luther, les bonnes œuvres n'étaient pas nécessaires au salut, ni les péchés un obstacle, la nonne fugitive, à qui pesait le vœu de continence, aurait eu tort de se gêner beaucoup au milieu d'une jeunesse académique dont un témoin oculaire, le luthérien Illyricus, nous signale ainsi les mœurs : « Les parents feraient mieux d'envoyer leurs fils dans des maisons de prostitution qu'à l'Université de Wittemberg (Ulenberg, *in vitâ Flacci Illyrici*, c. 2, n. 4, p. 396; Weislinger, p. 60). » Luther offrit la fugitive pour épouse tantôt à l'un, tantôt à l'autre de ses disciples; finalement, le 14 juin 1525, pendant que l'Allemagne était déchirée par la guerre civile, Luther la prit lui-même pour sa femme, et cela malgré tous ses amis, qui lui disaient : Non pas celle-ci, mais une autre. Aussi, pour éviter leurs oppositions, la vit-il en cachette, lui moine et prêtre apostat de quarante-cinq ans, elle religieuse apostate de vingt-six. Ce fut un énorme scandale non-seulement parmi les catholiques, mais parmi les luthériens mêmes : les premiers en firent des chansons et des caricatures; les autres en furent honteux, surtout Mélanchthon, auquel il avait caché ce mystère. Luther eut de cette Catherine de Bore, qu'il nomme habituellement sa Kèthe ou sa Catiche, six enfants, qu'il énumère lui-même dans cet ordre : Jean, Elisabeth, Madeleine, Martin, Paul et Marguerite. Mais ailleurs il ajoute que sa Catiche nourrissait encore un enfant adultérin, et il lui échappe de dire qu'il a donné le fouet à son fils André, qui serait ainsi le septième, mais d'une autre mère (Weisl., p. 79; Audin t. II, p. 263).

Maître, dit un jour Catiche à Luther, comment se fait-il que, quand nous étions papistes, nous priions avec tant de zèle et de foi, et que maintenant notre prière soit si tiède et si molle? On ne sait pas la réponse de Luther. — Une autre fois, le soir, comme ils étaient tous deux au jardin, les étoiles scintillaient d'un éclat extraordinaire, le ciel semblait en feu. — Vois donc comme ces points lumineux jettent de l'éclat, dit Catiche à son prétendu mari..... Luther leva les yeux. Oh! là la vive lumière! dit-il; elle ne brille pas pour nous. — Et pourquoi? reprit Catiche; est-ce que nous serions dépossédés du royaume des cieux? Luther soupira. Peut-être, dit-il, en punition de ce que nous avons quitté notre état. — Il faudrait donc y retourner? reprit Catiche. — C'est trop tard! le char est trop embourbé, ajouta l'ex-frère Martin; et il rompit l'entretien (Georg. Joanneck, *Norma vitæ*; Kraus, Ovicul., p. 11, fol. 39; Audin, t. II, p. 277).

Frère Martin Luther et sœur Catherine de Bore ne furent pas les premiers à joindre au scandale de l'apostasie et du parjure le scandale d'un mariage sacrilège et nul, que les lois de l'empire punissaient de mort. D'autres les avaient précédés, d'autres les suivirent. Luther le fit principalement; à ce qu'il paraît, pour enhardir tous les mauvais prêtres, tous les mauvais moines. Dès ce moment, la digue fut rompue complètement. Fréquemment il arrivait à Wittemberg des bandes de *nonnes apostates*, ainsi les appelle Luther lui-même, qui lui demandaient des maris, des vêtements et du pain. On vit des moines défroqués changer de femme d'une année à l'autre, ou en avoir plus d'une à la fois. Jamais on ne vit un dévergondage pareil. Et s'il en était ainsi parmi le clergé et parmi les cloîtres, que ne devait-ce pas être parmi le monde.

Au milieu de cette tourbe de moines défroqués, il y en eut un dont l'apostasie, comme celle de Lucifer, entraîna dans la perdition tout un peuple : ce fut l'apostasie et le mariage sacrilège du supérieur général des frères de Sainte-Marie, religieux militaires connus sous le nom de *chevaliers Teutoniques*. Le nom de ce moine était Albert de Brandebourg; il avait fait à Dieu les trois vœux de pauvreté, de chasteté et d'obéissance pour la défense de la foi catholique. Son ordre possédait la Prusse, ainsi que nous l'avons vu, comme fief de l'Eglise romaine. En sa qualité de supérieur général ou grand-maître, frère Albert de Brandebourg avait fait serment de conserver ce fief à son ordre et à l'Eglise. En 1525, frère Albert de Brandebourg trahit à la fois son serment de grand-maître et ses vœux de moine ; il jeta le froc, prit une femme et vola à son ordre et à l'Eglise romaine le pays de Prusse, qui entra ainsi dans la maison de Brandebourg comme enfant naturel d'un moine apostat, parjure et marié (Menzel, *Hist. de l'Allemagne depuis la réformation*, t. I, c. 6).

Parmi les disciples de Luther étaient Thomas Muncer et Nicolas Stork ; ils abandonnèrent leur maître et entreprirent de former une nouvelle secte. Ils enseignaient que l'on ne devait se conduire que par les révélations reçues dans la prière ; ils méprisaient les lois ecclésiastiques et politiques, et ne faisaient aucun cas des sacrements ni du culte extérieur de la religion. Ils condamnaient le baptême des enfants et rebaptisaient tous ceux qui entraient dans leur société, d'où ils furent nommés *Anabaptistes*. Ils inspiraient une grande aversion pour les magistrats, pour les puissances et pour la noblesse; ils voulaient que tous les biens fussent communs, que tous les hommes fussent libres et indépendants, et promettaient un empire heureux où ils règneraient seuls, après avoir exterminé tous les impies. Cette doctrine fut d'abord prêchée à Wittemberg; mais Luther s'y opposa, et disait au sujet de Muncer : « On ne doit point en venir au fond de la doctrine avec ce nouveau docteur, ni le recevoir à prouver la vérité de ses sentiments par les Ecritures ; il faut lui demander qui lui avait donné la charge d'enseigner. S'il répond que c'est Dieu, qu'il le prouve par un miracle manifeste ; car c'est par de tels signes que Dieu se déclare, quand il veut changer quelque chose dans la forme ordinaire de la mission. » Ainsi raisonnait Luther, sans voir qu'il se condamnait lui-même.

Stork et Muncer furent donc chassés de Wittemberg. On ne sait trop ce que devint le premier. Quant à Muncer, après avoir parcouru différentes provinces, il vint à Mulhausen en Thuringe, où il avait déjà quelques disciples, qui lui procurèrent un emploi pour enseigner. Les magistrats de la ville ne lui étant pas favorables, il eut assez de crédit pour en faire créer de nouveaux par le peuple, du nombre desquels il fut lui-même. Il fit ensuite chasser les moines, s'empara des monastères et des abbayes, et se rendit presque seul maître du gouvernement. Le peuple l'écoutait comme un oracle, et pratiquait tout ce qu'il disait. Il l'entretenait dans cet esprit, en lui enseignant que les biens devaient être communs et tous les hommes libres et indépendants ; que Dieu ne voulait plus souffrir les oppressions des souverains et les injustices des magistrats, et que le temps était venu où il lui avait ordonné de les exterminer pour mettre en leur place des gens de probité.

Mais Luther lui-même avait allumé un incendie bien autrement formidable. Par son faux principe, que tous les chrétiens sont prêtres et rois, il avait renversé toute subordination religieuse et politique. Dans son manifeste au peuple, après les états de Nuremberg, il traitait de tyrans l'empereur et les princes qui s'opposaient au luthéranisme, et leur annonçait une chute prochaine. Les paysans entendirent cette trompette de la révolte. A la même heure, on voit s'agiter une partie des Etats de l'Allemagne; partout ce sont des paysans qui portent la bannière. A Reichenau, près de Constance, ils s'insurgent contre leur abbé, qui voulait repousser un prédicateur luthérien; à Tengen, ils se réunissaient par milliers pour délivrer un prêtre novateur qu'on tenait enfermé. L'abbé de Kempten essaie inutilement de s'opposer au rassemblement séditieux de ses serfs; son château est assiégé et réduit en cendres, et sur ses ruines les vainqueurs plantent un drapeau où est écrit : *Liberté*. Quelques chevaliers vinrent s'associer, pour les diriger, à ces mouvements populaires : c'étaient Franz de Sickingen, qui se déclara chef de la ligue de Franconie, et Goetz de Berlichingen, dont la main de fer écrasait tout ce qui s'élevait trop haut dans le champ clérical, et qui finit par mourir dans une prison, où il eût voulu étouffer le dernier des prêtres. C'était encore Hutten qui se servait de son épée et de sa plume pour encourager les révoltés. Les paysans n'étaient que de grossiers instruments dont les nobles s'aidaient pour voler les richesses du clergé, au nom du ciel et de la liberté. Ils lisaient à leurs vassaux les manifestes de Luther, et les traduisaient au besoin en style populaire (Audin, t. II, p. 156).

Les paysans publièrent un manifeste où ils exposaient leurs demandes en dix ou douze articles : 1° qu'on leur permît de choisir leurs pasteurs parmi ceux qui prêcheraient l'Evangile dans toute sa pureté; 2° qu'on ne leur fît payer les dîmes qu'en froment; 3° qu'on ne les traitât plus en esclaves, car le sang de Jésus les avait rachetés; 4° qu'on leur permît de chasser et de pêcher, puisque Dieu leur avait donné, dans la personne d'Adam, l'empire sur les poissons de la mer et sur les oiseaux du ciel ; 5° qu'ils pussent quérir dans les forêts, du bois pour se chauffer, préparer leur nourriture et s'abriter ; 6° qu'on adoucît les corvées ; 7° qu'il leur fût permis de posséder des fonds de terre; 8° que les impôts ne dépassassent pas le revenu du fonds ; 9° qu'on ne fît plus continuellement de nouvelles ordonnances, pour juger par caprice et non suivant le droit; 10° qu'on rendît aux communes les champs et les prés qu'on leur avait enlevés ; 11° qu'on abolît le tribut qu'ils étaient obligés de payer aux seigneurs après la mort d'un père de famille, afin que la veuve et l'orphelin ne fussent plus réduits à mendier leur pain ; 12° que, s'ils se trompaient dans leurs griefs, on les reprît à l'aide de la parole de Dieu.

Les paysans envoyèrent ce manifeste avec un autre écrit à Luther, pour avoir son avis. Il répondit par une exhortation aux princes et aux paysans. Il commence par dire aux premiers : « A vous d'abord la responsabilité de ces tumultes et séditions, princes et seigneurs, à vous surtout évêques aveugles, prêtres insensés et moines, vous qui vous obstinez à faire les fous et à vous ruer contre l'Evangile, tout en sachant bien qu'il restera debout et que vous ne prévaudrez pas. Comment gouvernez-vous? vous ne savez que pressurer, déchirer et dépouiller, pour soutenir votre pompe et votre pétulance. Le peuple et le pauvre sont soûls de vous. Le glaive est levé sur vos têtes, et vous croyez être assis si fortement sur votre siège que vous ne puissiez être renversés. Aveugle sécurité qui vous rompra le cou, vous le verrez. Je vous l'ai annoncé d'avance bien des fois, gardez-vous d'encourir la sentence du psaume 104ᵉ, verset 40ᵉ : *Il répandra le mépris sur les princes !* Vous y aspirez, vous voulez être battus complètement, rien n'y fait, ni avertissement ni exhortation. — Car, sachez-le, mes bons seigneurs, Dieu fait en sorte qu'on ne peut, ni ne veut, ni ne doit supporter plus longtemps votre tyrannie. Il faut que vous deveniez autres et que vous cédiez à la parole de Dieu. Si vous n'y mettez de la bonne volonté, vous serez contraints à le faire par une force brutale. Si les paysans ne s'étaient pas levés, d'autres seraient venus ; et quand vous battriez tous les révoltés, ils ne seraient pas encore battus ; Dieu en suscitera d'autres, car il veut vous frapper, et il vous frappera. Ce ne sont pas les paysans qui s'insurgent contre vous : c'est Dieu lui-même qui s'élève contre vous, pour visiter votre tyrannie. »

Dans la suite de son exhortation, Luther déclare aux seigneurs que les griefs des paysans étaient fondés en raison, et qu'il fallait y porter remède. S'adressant ensuite aux paysans eux-mêmes, il les engage à bien considérer s'ils entreprenaient leur affaire avec une bonne conscience ; dans ce cas, Dieu serait pour eux ; dans le cas contraire, ils perdraient leurs corps et leurs âmes. On ne devait pas croire toute sorte d'esprits, attendu que Satan avait rempli le monde d'esprits de mensonge et de meurtre sous le nom d'évangile. D'après le droit naturel et divin, nul ne peut être son propre juge : autrement, le monde entier serait un coupe-gorge. Ces réflexions de Luther sont en soi fort justes ; mais, dans sa bouche, c'est une contradiction. En révolte ouverte contre l'autorité la plus haute qui soit sur la terre, l'Eglise catholique et son chef ; en révolte ouverte contre le souverain et les lois de son pays, contre l'empereur et les lois de l'empire, son exemple seul était une excitation continuelle à la révolte ; sa doctrine était conforme à son exemple : si, comme il disait, tout chrétien est roi, juge suprême de sa conscience et de l'Ecriture sainte ; si, de plus, il agit nécessairement par son libre arbitre, il n'y a rien à lui dire ; quoi qu'il fasse, il est dans son droit : lui en faire des reproches, est se moquer du bon sens. Luther ne s'en moque pas peu, lorsqu'à la fin de son exhortation il prétend n'avoir jamais lui-même opposé aux rigueurs du Pape et de l'empereur, que la patience et la mansuétude (Menzel, t. I, p. 180). Singulière mansuétude, qu ui avait fait dire dans son pamphlet contre le prétendu ordre ecclésiastique : « Attendez, messeigneurs les évêques, larves du diable, le docteur Martin veut faire lire une bulle qui sonnera mal à vos oreilles : bulle luthérienne. Quiconque aidera de son bras, de sa fortune, de ses biens, à dévaster les évêques et la hiérarchie épiscopale, est un bon fils de Dieu, un vrai chrétien, qui observe les commandements du Seigneur (T. II, Witt., fol. 120). » Et dans son libelle contre Priérias : « Si contre les voleurs nous employons la potence, contre les meurtriers le glaive, contre les hérétiques le feu, nous ne laverions pas nos mains dans le sang de ces maîtres de perdition, de ces cardinaux, de ces papes, de ces serpents de Rome et de Sodome, qui souillent l'Eglise de Dieu (*Contra Sylvest. Prier.*).

Aussi Luther, qui avait allumé l'incendie par sa doctrine et par son exemple, essaya-t-il vainement, sinon peu sérieusement, à le calmer par quelques phrases réfutées d'avance. L'insurrection gagnait de toutes parts. En Franconie, en Souabe, sur le Rhin, en Alsace, jusqu'en Lorraine, toute la population s'était soulevée et marchait en grandes troupes d'un endroit à l'autre ; elle avait également pris les armes en Bavière, en Tyrol, en Carinthie, en Styrie. Les mouvements de la Thuringe et de la Saxe, occasionnés déjà précédemment par le fanatisme des anabaptistes, éclatèrent alors en révolte ouverte. Partout les paysans, qui avaient même plusieurs nobles pour chefs, emportaient et pillaient les châteaux et les abbayes : les habitants de bien des villes leur ouvraient volontairement les portes. De son côté, la noblesse confédérée leva une armée formidable : il y eut des cruautés commises de part et d'autre. Les paysans ayant fait prisonnier dans le Wurtemberg le comte Louis de Helfenstein, le firent passer par les armes, précédé d'un de ses anciens domestiques, qui jouait de la flûte, pour le mener à la mort, comme à une danse. C'était pour venger les paysans prisonniers à qui, en Souabe, on avait coupé la tête. Cette représaille exaspéra la noblesse au dernier point. Il y eut des combats meurtriers, où les nobles eurent l'avantage. Des prisonniers sans nombre furent pendus le long des routes, ou périrent dans d'affreux supplices ; bien des villes furent livrées aux flammes. Un historien protestant estime à cent mille les victimes de cette insurrection. Les provinces les plus florissantes et les plus populeuses devinrent des solitudes, pleines de débris fumants et de monceaux de cadavres (Menzel, t. I, p. 191).

Et au milieu de ces sanglantes funérailles de l'Allemagne soulevée par sa doctrine et son exemple, que faisait Luther ? Le moine apostat célébrait ses noces sacriléges avec une nonne apostate. Il écrivait aux nobles : « Allons, mes princes, aux armes ! Frappez ! aux armes ! percez ! Les temps sont venus, temps merveilleux, où, avec du sang, un prince peut gagner plus facilement le ciel, que nous autres avec des prières. Frappez, percez, tuez, en face ou par derrière ; car il n'est rien de plus diabolique qu'un séditieux : c'est un chien enragé qui vous mord, si vous ne l'abattez. Il ne s'agit plus de dormir, d'être patient ou miséricordieux : le temps du glaive et de la colère n'est pas le temps de la grâce. Si vous succombez, vous êtes martyrs devant Dieu, parce que vous marchez dans son Verbe ; mais votre ennemi, le paysan révolté, s'il succombe, n'aura en partage que l'enfer éternel, parce qu'il porte le glaive contre l'ordre du Seigneur ; c'est un enfant de Satan (Wittemberg, tome II, fol. 84, B). »

Cependant les paysans révoltés, connus sous le nom de *Rustauds*, qui d'Alsace voulurent pénétrer en Lorraine, pour piller la Champagne et la Bourgogne, et porter leurs dévastations jusqu'au cœur de la France, au nombre de plus de trente mille, furent défaits en 1525, à Saverne, par le duc Antoine de Lorraine, soutenu de son frère Claude de Guise, tige des princes de Lorraine établis en France, où ils sont devenus si fameux. Plus de vingt mille Rustauds périrent à Saverne et dans les environs. Cependant les princes de Lorraine n'avaient pas plus de six mille hommes de troupes. Leur victoire sauva la France, consternée de la captivité de son roi, et menacée au dedans comme au dehors (1).

Un autre désastre de ces paysans fanatisés, la plupart anabaptistes, eut lieu à Frankhouse dans la Thuringe. Ils y avaient pour chef Thomas Muncer, qui faisait le prophète. Ils s'étaient retranchés sur un monticule avec des chariots; mais ils n'avaient point d'artillerie, presque pas d'armes à feu, ne présentaient que des masses irrégulières, sans ordre ni discipline; tandis que les princes qui venaient les attaquer, avaient toutes les ressources que peut fournir l'art de la guerre. Muncer, craignant de se voir abandonné des siens, leur fit un discours emphatique, et profita d'un arc-en-ciel qui parut, pour leur annoncer une victoire certaine et miraculeuse. Il leur dit entre autres : « Ne craignez ni les boulets ni les balles, car, vous le verrez, je les recevrai tous dans ma manche. » Pour leur ôter tout espoir de pardon, il fit massacrer un jeune chevalier que les princes leur avaient envoyé pour les exhorter à la soumission. Cette violation du droit des gens exaspéra les princes. C'était le 15 mai 1525. Les paysans fanatisés chantèrent à gorge déployée un cantique, attendant les anges du ciel que leur prophète Muncer leur avait promis : à la place des anges, ce furent les canons des princes qui se firent entendre, et rompirent le retranchement de chariots : Muncer ne reçut pas tous les boulets dans sa manche. Ce fut une boucherie, plutôt qu'un combat régulier. Après la canonnade, la cavalerie pénétra dans le camp, pour passer sur le ventre à tout ce qui respirait encore. Près de huit mille paysans périrent, tant sur le champ de bataille que dans la fuite. Muncer fut découvert dans une maison de Frankhouse, mené aux princes et mis à la question. Il confessa que le but de son entreprise était d'établir l'égalité parmi les chrétiens, et d'expulser ou de tuer les princes et les seigneurs qui ne voudraient point accéder à la confédération. Le point capital était la communauté des biens, et le partage de tout entre tous, suivant les occasions et les besoins. Si les Luthériens, disait-il, ne voulaient faire autre chose que de vexer les prêtres et les moines, ils auraient mieux fait de rester tranquilles (Menzel, t. I, p. 210).

Muncer abjura ses erreurs entre les mains d'un prêtre catholique, reçut les sacrements de l'Eglise, et mourut en demandant pardon à Dieu, mais en maudissant Luther comme l'auteur de toutes ces calamités. Il fut décapité, et sa tête plantée au bout d'une pique. D'autres exécutions suivirent la sienne.

« Pauvres paysans, que Luther flatte et caresse, tant qu'ils n'attaquent que l'épiscopat et le clergé ! Mais quand la révolte grandit, et que les rebelles, se riant de sa bulle, le menacent, lui et ses princes, alors paraît une autre bulle, où il prêche le meurtre des paysans, comme il ferait d'un troupeau. Et quand ils sont morts, savez-vous comme il chante leurs funérailles ? En se mariant avec une nonne ! » Ces réflexions sont du luthérien ou protestant contemporain Osiander (Audin, *Hist. de Luther*, 2, p. 165; *Centur.*, 6, p. 103 et 104). Erasme disait, de son côté, à Luther même : « C'est en vain que, dans votre cruel manifeste contre les paysans, vous repoussez tout soupçon de révolte; vos libelles sont là, ces libelles écrits en langue vulgaire, où, au nom de la liberté évangélique, vous prêchez la guerre contre les évêques et les moines : c'est là que repose le germe de tous ces tumultes (*Erasmi Hyperaspistes*). » Un autre contemporain, le savant Cochlée, conclut donc avec raison : « Au jour du jugement dernier, Muncer et ses paysans crieront devant Dieu et ses anges : *Vengeance contre Luther* (Cochl., *Defens. ducis Georgii*) ! »

Telle fut la fin de la *guerre des paysans*. Dans le peu de temps qu'il leur fut donné de châtier l'Allemagne, on compta plus de cent mille hommes tués sur les champs de bataille, sept villes démantelées, mille monastères rasés, trois cents églises incendiées, et d'immenses trésors de peinture, de sculpture, de vitrerie, de gravure anéantis. S'ils eussent triomphé, l'Allemagne serait tombée dans le chaos : belles-lettres, arts, poésie, morale, dogmes, pouvoir, auraient péri dans la même tempête.

Et que disait l'apostat de Wittemberg à la vue de ces monceaux de cadavres et de ruines ? « C'est moi, Martin Luther, qui, dans la révolte, ai tué tous les paysans, car j'ai ordonné de les tuer : tout leur sang retombe sur moi, mais je le renvoie à notre Seigneur Dieu, qui m'a commandé de parler ainsi (Tischred., Francf., fol. 196 A; Isleb., fol. 276 B; Weisl., préf., p. 112). » Voilà ce qu'il disait à ses convives. Il écrivait dans le temps même : « Le Sage le dit : A l'âne, du chardon, un bât et le fouet; aux paysans, de la paille d'avoine. Ne veulent-ils pas céder ? le bâton et la carabine; c'est de droit. Prions pour qu'ils obéissent, sinon point de pitié; si on ne fait siffler l'arquebuse, ils seront cent fois plus méchants (Menzel, t. I, p. 175). »

Maintenant, que penser de cet esprit et de ces prédications sanguinaires ? Luther lui-même fait la réponse. « Il est certain, dit-il, que tout hérétique et tout sectaire est en même temps un séditieux; car, après avoir enseigné et répandu le mensonge,

---

(1) Petr. Gnodal., *De rustr. tumultu*, l. 3, p. 259.

Voici le jugement de M. le baron Guerrier de Dumast sur les conséquences de la victoire remportée par le duc de Lorraine dans cette guerre fratricide, dite *des Rustauds*.

« Lorsque, soulevés par les doctrines de l'apostat de Wittemberg, — dont ils voulaient, en bons logiciens, pratiquer rondement toutes les conséquences, — d'épais essaims de rustres allemands, ivrognes et libertins comme leur goître, vinrent, aux cris de « Vive Luther ! vive le *gentil* Luther ! » se ruer sur l'Occident, et y prêcher le fer et la loi du nouveau *règne de Saint-Esprit*, c'est-à-dire l'anarchie absolue, traitant sans pitié les personnes et les choses, brisant tous les monuments de l'art, exerçant mille abominations obscènes ou féroces : — la France, privée de son roi (alors prisonnier des Espagnols), n'était point en mesure de leur présenter sur le champ la barrière de fer que Charles-Martel, aux bords de la Loire, opposa jadis à l'Islamisme. On ne sait donc, à l'irruption de ces nouvelles hordes d'Attila, jusqu'où seraient allés les maux de notre patrie, sans l'énergique et prompt dévouement de la nation lorraine.

» A la voix de leur souverain, — du bon duc Antoine, surnommé le *prince de paix*, mais qui, dans un intérêt d'humanité, se montra aussi vaillant guerrier, — les Lorrains, avec un admirable élan, firent pour la France ce que les Polonais et les Hongrois avaient souvent fait pour l'Europe : ils lui formèrent de leurs corps un rempart. Seuls pour combattre des bandes forcenées aussi puissantes par le nombre que par le fanatisme, ils acceptèrent, ils remplirent la tâche. Leur épée enfonça des lignes serrées des brigands; et, sur divers champs de bataille en Alsace, ils parvinrent à dissiper, ou à détruire soixante mille *rustauds* : ainsi nommait-on les soldats d'une armée vandale dont le chef même ne savait pas lire.

» *Guerre des Rustauds* ! tel est aussi le nom sous lequel est restée célèbre en histoire cette lutte de géants, où, par le bras d'un petit peuple héroïque, l'Occident civilisé eut à vaincre des tourbes brutales, furibondes et formidables. Elle a été le sujet des chants de Palladius, dans sa *Rusticiade*, sorte d'épopée latine, dictée par l'enthousiasme des contemporains : enthousiasme non moins vif que juste, car le duc Antoine, leur sauveur, devint à leurs yeux comme un de ces personnages surhumains, colosses des âges mythologiques, qui recevaient les hommages des peuples pour avoir purgé la terre des monstres qui la ravageaient (*Foi et Lumière*, 2ᵉ édition, p. 393). »

il y met le sceau par le meurtre (Tischred. Francf., fol. 290 A). » Le prédicant Aurifaber, éditeur de ces propos, ajoute à la marge : « Il faut bien que les hérétiques et les sectaires marchent sur les traces de leur père, » c'est-à-dire du diable, « le père du mensonge, qui a été homicide dès le commencement; ainsi que le dit le Sauveur dans l'Evangile (Joan., 8, 44).

Les anabaptistes, battus dans la Thuringe et chassés de Mulhouse, se réfugièrent de divers côtés, notamment en Suisse. Luther disait d'eux en particulier : « Les anabaptistes sont de mauvais coquins ; ce ne sont pas des hommes, mais des démons en chair et en os. C'est pourquoi nous devons tenir pour certain qu'ils sont dans l'erreur et damnés (Tischred. Francf., fol. 290 B; fol. 291 B). »

C'est un axiome parmi les Pères de l'Eglise : *La ruine des peuples, ce sont les mauvais prêtres.* Témoin les peuples pervertis par le prêtre Arius, par le prêtre Nestorius, par le prêtre Eutychès; par le prêtre Photius; témoin l'Allemagne divisée, déchirée, pervertie, peut-être jusqu'à la fin du monde, par de mauvais prêtres et de mauvais moines, ayant à leur tête un prêtre-moine, Luther. A la même époque, un mauvais prêtre jeta la Suisse dans les voies d'une anarchie sanglante, dont elle n'est pas encore sortie de nos jours, non plus que l'Allemagne. C'était Ulric Zwingle, ancien curé de Glaris et d'Einsidlen, d'où il avait été chassé pour inconduite et s'était réfugié à Zurich (Haller, *Hist. de la révolution religieuse dans la Suisse occidentale*, p. 15, Paris, 1837).

Voici ce que Luther dit de Zwingle et de sa doctrine : « Jamais il ne s'est élevé une hérésie plus infâme que celle de Zwingle ; les zwingliens sont les sectateurs du diable (T. III, Iéna germ!, fol. 376, etc.). Il faut que moi ou Zwingle soit au diable, il n'y a pas de milieu (*Ibid.*, fol. 379, B, etc.). » Mais, demande le spirituel théologien de Puttelange, que serait-ce, si vous alliez au diable tous les deux ? Luther dit encore : « Je veux avoir les mains nettes de tout le sang des âmes que les zwingliens, par leur venin, dérobent au Christ, séduisent et égorgent (*Ibid.*, fol. 378 A ; T. II, Wittemb. germ., fol. 123 A ; Weisl., p. 13, préf.). Je veux porter ce témoignage et cette gloire au tribunal du Christ, que j'ai condamné et évité de tout mon cœur les sectaires et sacramentaires Carlostadt, Zwingle et leurs disciples, selon le précepte de Dieu : *Evitez l'hérétique.* (T. VIII, Iéna germ., fol. 193, etc.).

Cependant l'hérésiarque de Zurich partait du même principe que l'hérésiarque de Wittemberg : « La claire parole de Dieu, la Bible expliquée par elle-même et par l'esprit particulier de chacun, voilà l'unique et suprême règle de foi. » C'est ainsi que s'expriment textuellement Zwingle dans tous ses écrits, les chefs de la prétendue Réforme dans leurs disputes, et même les ordonnances municipales et autres de ce temps-là.

De plus, l'hérésiarque de Zurich, comme celui de Wittemberg, déclamait contre les indulgences et contre le célibat religieux des prêtres, des moines et des nonnes. Déjà quelques religieuses échappées du monastère de Kœnigsfelden avaient épousé des prêtres et des moines apostats. Vers 1519, Zwingle lui-même, avec quelques mauvais prêtres, adressa une pétition aux municipaux de Zurich, pour obtenir la permission de se marier. Voici quelle idée ils nous donnent eux-mêmes de leurs mœurs sacerdotales : « Nous ne croyons pas qu'il y ait personne dans ce pays qui ait d'assez mauvais yeux pour n'avoir pas été choqué de la passion que nous n'avons que trop fait paraître du côté de l'incontinence. C'est avec une vive douleur que nous confessons ici nos faiblesses et nos égarements ; car nous ne parlons que de nous seuls et de cet ordre de personnes qu'on appelle le clergé, et nullement des autres (*Hist. du XVᵉ siècle*, par Durand, ministre réformé, t. II, p. 27).

L'hérésiarque de Zurich, comme celui de Wittemberg, avait publié un livre *De la liberté chrétienne*, qui contenait pareillement les principes d'une anarchie universelle, tant religieuse que civile ; car si la liberté chrétienne était, pour Zwingle, non pas l'affranchissement du péché et des passions, mais celui de toute autorité ecclésiastique; pour les religieuses de Kœnigsfelden, le droit de rompre leurs vœux et de se marier; pourquoi ne serait-il pas pour d'autres le droit de se soustraire à l'autorité de tout supérieur temporel et de s'affranchir de toute dette et de toute redevance, comme firent alors les paysans que Zwingle finit par blâmer, comme Luther ? Dès qu'on ne proclame que la liberté, sans reconnaître aucun frein, chacun use de celle qui lui est la plus agréable, de celle qu'il peut ou qu'il veut exercer. D'ailleurs le Pape et les évêques, successeurs de saint Pierre et des apôtres, étaient aussi une puissance établie de Dieu, même d'une manière plus spéciale que celle des souverains temporels; pourquoi donc maître Zwingle ne leur obéissait-il pas ? Enfin, on pouvait lui faire observer encore, que lui-même ne respectait pas plus les puissances temporelles que la puissance spirituelle ; car, en 1523, il censura publiquement en chaire la conduite du sénat de Zurich, qui avait condamné un prêtre hérétique et novateur; il établit textuellement la souveraineté du peuple, en soutenant que le peuple, *composé de ses disciples*, formait la véritable Eglise, et qu'il était le juge compétent dans toutes les matières de foi; il rejeta l'autorité des douze cantons et ne réclama celle du conseil de Zurich que lorsque ce conseil, devenu docile à ses leçons, était pour lui, non pas un obstacle, mais un instrument, et exécutait ses ordres au lieu de lui en donner (Haller, p. 27).

L'hérésiarque de Zurich, comme celui de Wittemberg, se permettait de forcer en tout l'Ecriture sainte et de mépriser l'interprétation de l'antiquité chrétienne. Zwingle trouva donc dans l'Ecriture, qu'il n'y avait point de péché originel, par conséquent point de rédemption; que le baptême n'était point nécessaire, qu'il ne conférait aucune grâce, mais signifiait simplement la grâce déjà reçue. Poussant, à bout les conséquences de cette étrange doctrine, il admettait aussi son paradis les païens pêle-mêle avec les apôtres et les patriarches.

On le voit par la confession de foi qu'il adressa peu avant sa mort à François Iᵉʳ. Là, expliquant l'article de la vie éternelle, il dit à ce prince : « Qu'il doit espérer de voir l'assemblée de tout ce qu'il y a eu d'hommes saints, courageux, fidèles et vertueux dès le commencement du monde. Là, vous verrez, poursuit-il, les deux Adam, le racheté et le rédempteur. Vous y verrez un Abel, un Enoc, un Noé, un Abraham, un Isaac, un Jacob, un Juda, un Moïse, un Josué, un Gédéon, un Samuel, un Phinéès, un Elie, un Elisée, un Isaïe avec la Vierge Mère de Dieu qu'il a annoncée, un David, un Ezéchias, un Josias, un Jean-Baptiste, un saint Pierre, un saint Paul. Vous y verrez Hercule, Thésée, Socrate, Aristide, Antigonus, Numa, Camille, les Catons, les Scipions. Vous y verrez vos prédécesseurs et tous vos ancêtres qui sont sortis de ce monde dans la foi. Enfin il n'y aura aucun homme de bien, aucun esprit saint, aucune âme fidèle, que vous ne voyiez là avec Dieu. Que peut-on penser de plus beau, de plus agréable, de plus glorieux que ce spectacle (*Christ. fidei clara expos.*, 1536, p. 27) ? »

Qui jamais, demande avec raison Bossuet, s'était avisé de mettre ainsi Jésus-Christ pêle-mêle avec les saints, et à la suite des patriarches, des prophètes, des apôtres et du Sauveur même, jusqu'à Numa, le père de l'idolâtrie romaine, jusqu'à Caton, qui se tua lui-même comme un furieux; et non-seulement tant d'adorateurs des fausses divinités, mais encore jusqu'aux dieux et jusqu'aux héros, un Hercule, un Thésée qu'ils ont adoré? Je ne sais pourquoi il n'y a pas mis Apollon ou Bacchus, et Jupiter même; et s'il en a été détourné par les infamies que les poètes leur attribuent, celles d'Hercule étaient-elles moindres ? Voilà de quoi le ciel est composé, selon le chef du second parti de la réformation; voilà ce qu'il a écrit dans une confession de foi, qu'il dédie au plus grand roi de la chrétienté, et voilà ce que Bullinger, son successeur, nous en a donné *comme le chef-d'œuvre et comme le dernier chant de ce cygne mélodieux* (*Præf. Bulling., Ibid.*). Et on ne s'étonnera pas que de telles gens aient pu passer pour des hommes extraordinairement envoyés de Dieu afin de réformer son Eglise?

Luther ne l'épargna pas sur cet article et déclara nettement « qu'il désespérait de son salut, parce que, non content de continuer à combattre le sacrement, il était devenu païen en mettant des païens impies, et jusqu'à un Scipion épicurien, jusqu'à un Numa, l'organe du démon pour instituer l'idolâtrie chez les Romains, au rang des âmes bienheureuses; car à quoi nous servent le baptême, les autres sacrements, l'Ecriture et Jésus-Christ même, si les impies, les idolâtres et les épicuriens sont saints et bienheureux? Et cela qu'est-ce autre chose que d'enseigner que chacun peut se sauver dans sa religion et dans sa croyance (Bossuet, *Hist. des variat.*, l. 2, n. 19 et seqq.) ? » Il était assez malaisé de lui répondre; car enfin ce n'était pas ici de ces traits qui échappent aux hommes dans la chaleur du discours : Zwingle écrivait une confession de foi, et il voulait faire une explication simple et précise du Symbole des apôtres; ouvrage d'une nature à demander, plus que tous les autres, une mûre considération, une doctrine exacte et un sens rassis. C'était aussi dans le même esprit qu'il avait déjà parlé de Sénèque comme *d'un homme très-saint*, dans le cœur duquel *Dieu avait écrit la foi de sa propre main*, parce qu'il a dit dans une lettre à Lucile, *que rien n'était caché à Dieu*. Voilà donc tous les philosophes platoniciens, péripatéticiens et stoïciens au nombre des saints et pleins de foi, puisque saint Paul avoue qu'ils ont connu ce qu'il y a d'invisible en Dieu, par les ouvrages visibles de sa puissance; et ce qui a donné lieu à saint Paul de les condamner dans l'épître aux Romains, les a justifiés et sanctifiés dans l'opinion de Zwingle (*Histoire des variations*).

Nous l'avons vu, le faux prophète de la Mecque avait des entretiens nocturnes avec un esprit qui se disait l'ange Gabriel : le faux prophète de Wittemberg eut des entretiens nocturnes avec un esprit qui se disait tout positivement le diable : en 1525, le faux prophète de Zurich eut un entretien nocturne avec un esprit tel, qu'il ne se souvint pas s'il était noir ou blanc; les luthériens tiennent qu'il était noir (Weisl., p. 82 et 83). Mahomet et Luther apprirent du leur à rejeter le sacrifice adorable de la messe : Zwingle apprit du sien à rejeter la présence réelle de Jésus-Christ dans la sainte eucharistie; ce qui donne lieu de conclure que le maître des trois imposteurs était le même.

Luther lui-même eût bien voulu donner atteinte à la présence réelle. Il écrit dans sa lettre à ceux de Strasbourg, « qu'on lui eût fait grand plaisir de lui donner quelque bon moyen de la nier, parce que rien ne lui eût été meilleur dans le dessein qu'il avait de nuire à la papauté (*Epist. ad Argent.*, t. VII, fol. 501). » Mais il n'y eut pas moyen. Luther demeura frappé invinciblement de la force et de la simplicité de ces paroles : *Ceci est mon Corps, ceci est mon Sang; ce corps livré pour vous, ce sang de la nouvelle alliance; ce sang répandu pour vous et pour la rémission de vos péchés*; car c'est ainsi qu'il faudrait traduire ces paroles de Notre Seigneur pour les rendre dans toute leur force. A des paroles si simples et si claires, Carlostadt donna une interprétation monstrueuse; il soutint qu'en disant *Ceci est mon Corps*, Jésus-Christ, sans aucun égard à ce qu'il donnait, voulait seulement se montrer lui-même assis à table comme il était avec ses disciples : imagination si ridicule, qu'on a peine à croire qu'elle ait pu entrer dans l'esprit d'un homme. Zwingle et Œcolampade prirent la défense de Carlostadt, qui, poussé par Luther et chassé de Saxe, s'était retiré en Suisse. Œcolampade, autrement *Lampe-de-Ménage*, était un vieux moine de Sainte-Brigitte, qui venait de jeter le froc et d'épouser une jeune fille. Le vieux Carlostadt avait été un des premiers à lui donner l'exemple. Zwingle et Œcolampade prétendaient donc que ces paroles : *Ceci est mon Corps*, étaient figurées : *est* veut dire *signifier*, disait Zwingle; *corps* c'est *le signe du corps*, disait Œcolampade. Ceux de Strasbourg entraient dans les mêmes interprétations. Bucer et Capiton, qui les conduisaient, devinrent zélés défenseurs du sens figuré. Bucer, autrement *Corne-de-Vache*, était un Dominicain apostat, qui s'était marié avec une nonne apostate. Capiton, autrement *Kœpflein* ou *Petite-Tête*, était également un prêtre marié, qui se faisait remplacer dans sa chaire de théologie par sa seconde femme, lorsqu'il était malade. La prétendue réforme se divisa sur l'eucharistie, et ceux qui embrassèrent ce nouveau parti furent appelés *sacramentaires*. On les nomma aussi *zwingliens*, parce que Zwingle avait le premier appuyé Carlostadt, ou que son autorité prévalut dans l'esprit des peuples entraînés par sa véhémence.

Tous ces prêtres apostats cherchaient donc à faire mentir le Fils de Dieu dans le testament de son amour; mais ils avaient beau tourmenter l'Ecriture, les exemples qu'ils alléguaient n'étaient pas semblables. Ce n'était ni en proposant une parabole, ni en expliquant une allégorie, que Jésus-Christ avait dit : *Ceci est mon Corps, ceci est mon Sang*. Ces paroles, détachées de tout autre discours, portaient tout leur sens en elles-mêmes. Il s'agissait d'une nouvelle institution qui devait être faite en termes simples, et on n'avait encore trouvé aucun texte de l'Ecriture où un signe d'institution reçut le nom de la chose au moment qu'on l'instituait et sans aucune préparation précédente. Cet argument tourmentait Zwingle; nuit et jour il y cherchait une solution. On ne laissa pas, en attendant, d'abolir la messe, malgré les oppositions du secrétaire de la ville, qui disputait puissamment pour la doctrine catholique et pour la présence réelle. Douze jours après, Zwingle eut un songe, où il dit que, s'imaginant disputer encore avec le secrétaire de la ville, qui le pressait vivement, il vit paraître tout à coup un fantôme *blanc ou noir*, qui lui dit ces mots : *Lâche, que ne réponds-tu ce qui est écrit dans l'Exode : L'agneau est la pâque, pour dire qu'il en est le signe*. Voilà ce fameux passage tant répété dans les écrits des sacramentaires, où ils crurent avoir trouvé le nom de la chose donné au signe dans l'institution du signe même; et voilà comme ce passage vint dans l'esprit à Zwingle, qui s'en servit le premier.

Mais cet esprit, blanc ou noir, visiblement se trompait. D'abord, il n'y a pas littéralement dans l'Exode : *L'agneau est la pâque et le passage*. La phrase tout entière est telle : « Voici comme vous le mangerez (l'agneau immolé). Vous ceindrez vos reins; vous aurez vos souliers à vos pieds et vos bâtons en vos mains, et vous le mangerez à la hâte; car c'est la pâque ou le passage de l'Eternel — ou bien, suivant l'hébreu : C'est la pâque, la victime du passage à l'Eternel (Exode, 12, 11). » En tout cas, ces paroles : *L'agneau est la pâque et le passage*, ne signifient nullement qu'il soit la figure du passage. C'est un hébraïsme commun où le mot de *sacrifice* est sous-entendu. Ainsi *péché* seulement est le sacrifice pour le péché; et *passage* simplement, ou *pâque*, c'est le sacrifice du passage ou de la pâque; ce que l'Ecriture explique elle-même un peu plus bas, disant formellement, non pas que l'agneau est le passage, mais que c'est la victime du passage (*Ibid.*, 12, 27). Voilà bien assurément le sens de l'Exode. Cependant, à la nouvelle explication de son esprit blanc ou noir, Zwingle s'éveilla, il lut le passage indiqué, il alla prêcher ce qu'il avait vu en songe.

Il fut sensible à Luther de voir non plus des particuliers, mais des églises entières de la prétendue réforme, se soulever contre lui; mais il n'en rabattit rien de sa fierté. On en peut juger par ces paroles : « J'ai le Pape en tête; j'ai à dos les sacramentaires et les anabaptistes; ils marcheraient moi seul contre eux tous; je les défierai au combat; je les foulerai aux pieds. » Et un peu après : « Je dirai sans vanité que depuis mille ans l'Ecriture n'a pas été ni si repurgée, ni si bien expliquée, ni mieux entendue qu'elle l'est maintenant par moi (*Ad mal. reg. Angl.*, t. II, p. 498). » Il écrivait ces paroles en 1525, un peu après le commencement de la querelle. En la même année, il fit son livre *contre les prophètes célestes*, se moquant par là de Carlostadt, qu'il accusait d'approuver les visions des anabaptistes. Ce livre avait deux parties. Dans la première, il soutenait qu'on avait eu tort d'abattre les images; qu'il n'y avait que les images de Dieu qu'il fût défendu d'adorer dans la loi de Moïse; que les images de la croix et des saints n'étaient pas comprises dans cette défense; que personne n'était tenu sous l'Evangile, d'abolir par force les images, parce que cela était contraire à la liberté évangélique, et que ceux qui détruisaient ainsi les images étaient des docteurs de la Loi et non pas de l'Evangile. Par là il nous justifiait de toutes les accusations d'idolâtrie dont on nous charge sans raison sur ce sujet. Dans la seconde partie, il attaque les sacramentaires. Au reste, il traita d'abord Œcolampade avec assez de douceur, mais il s'emporta terriblement contre Zwingle.

Ce docteur avait écrit que, dès l'an 1516, avant que le nom de Luther eût été connu, il avait prêché l'Evangile, c'est-à-dire la prétendue réformation dans la Suisse, et les Suisses lui donnaient la gloire du commencement, que Luther voulait avoir tout entière. Piqué de ce discours, il écrivit à ceux de Strasbourg : « Qu'il osait se glorifier d'avoir le premier prêché Jésus-Christ; mais que Zwingle lui voulait ôter cette gloire. Le moyen, poursuivait-il, de se taire, pendant que ces gens troublent nos églises et attaquent notre autorité? S'ils ne veulent pas laisser affaiblir la leur, il ne faut pas non plus affaiblir la nôtre. » Pour conclure, il déclare : « Qu'il n'y a point de milieu, et qu'eux ou lui sont des ministres de Satan (T. II, Iéna, *Epist.*, p. 200). » Nous avons déjà vu qu'il y avait un milieu, et qu'eux et lui pouvaient être des ministres du même maître.

Au milieu de ces bizarres transports, Luther confirmait la foi de la présence réelle par de puissantes raisons : l'Ecriture et la tradition ancienne le soutenaient dans cette cause. Il montrait que recourir au sens figuré des paroles de Notre Seigneur si simples et si précises, sous prétexte qu'il y avait des expressions figurées en d'autres endroits de l'Ecriture, c'était ouvrir une porte par laquelle toute l'Ecriture et tous les mystères de notre salut se tourneraient en figure; qu'il fallait donc ici apporter la même soumission avec laquelle nous recevions les autres mystères, sans nous soucier de la raison ni de la nature, mais seulement de Jésus-Christ et de sa parole; que le Sauveur n'avait parlé dans l'institution ni de la foi ni du Saint-Esprit; qu'il avait dit : *Ceci est mon Corps*, et non pas : *La foi nous y fait participer*; que le manger dont Jésus-Christ y parlait n'était pas non plus un manger mystique, mais un manger réel; que l'union de la foi se consommait hors du sacrement, et qu'on ne pouvait pas croire que Jésus-Christ ne nous donnât rien de particulier par des paroles si fortes; qu'on voyait bien son intention de nous assurer ses dons en nous donnant sa personne; que le souvenir de sa mort, qu'il nous recommandait, n'excluait point la présence, mais nous obligeait seulement à prendre ce corps et ce sang comme une victime immolée pour nous; que cette victime en effet devenait nôtre par cette manducation; qu'à la vérité la foi y devait intervenir pour la rendre fructueuse; mais pour montrer que sans la foi même la parole de Jésus-Christ avait, tout son effet, il ne fallait que considérer la communion des indignes. Il prenait ici avec force les paroles de saint Paul, lorsqu'après avoir rapporté ces mots : *Ceci est mon Corps,* il condamnait si sévèrement ceux qui *ne discernaient pas le corps du Seigneur et qui se rendaient coupables de son corps et de son sang;* il ajoutait que partout saint Paul voulait parler du vrai corps, et non du corps en figure; et qu'on voyait par ces expressions qu'il condamnait ces impies, comme ayant outragé Jésus-Christ non pas en ses dons, mais immédiatement en sa personne.

Mais ce qu'il faisait avec le plus de force, c'était de détruire les objections qu'on opposait à ces célestes vérités. Il demandait à ceux qui lui opposaient : *La chair ne sert de rien,* avec quel front ils osaient dire que la chair de Jésus-Christ ne sert de rien et transporter à cette chair qui donne la vie ce que Jésus-Christ a dit du sens charnel, et en tout cas de la chair prise la manière que l'entendaient les Capharnaïtes, ou que la reçoivent les mauvais chrétiens, sans s'y unir par la foi, et recevoir en même temps l'esprit et la vie dont elle est pleine ? Quand on osait lui demander à quoi donc servait cette chair prise par la bouche du corps, il demandait à son tour à ces superbes demandeurs, à quoi servait que le Verbe se fût fait chair ? La vérité ne pouvait-elle être annoncée, ni le genre humain délivré, que par ce moyen ? Savent-ils tous les secrets de Dieu, pour dire qu'il n'avait que cette voie de sauver les hommes ? Et qui sont-ils pour faire la loi à leur Créateur et lui prescrire les moyens par lesquels il leur voulait appliquer sa grâce ? Que si enfin on lui opposait les raisons humaines, comment un corps en tant de lieux, comment un corps humain tout entier dans un si petit espace, il mettait en poudre toutes ces machines qu'on élevait contre Dieu, en demandant comment Dieu conservait son unité dans la trinité des personnes ? Comment de rien il avait créé le ciel et la terre ? comment il avait revêtu son Fils d'une chair humaine ? comment il l'avait fait naître d'une vierge ? comment il l'avait livré à la mort ? et comment il ressusciterait tous les fidèles au dernier jour ? Que prétendait la raison humaine quand elle opposait à Dieu ces vaines difficultés, qu'il détruisait par un souffle ? Ils disaient que tous les miracles de Jésus-Christ sont sensibles.

« Mais qui leur a dit que Jésus-Christ a résolu de n'en point faire d'autres ? Lorsqu'il a été conçu du Saint-Esprit dans le sein d'une vierge, ce miracle, le plus grand de tous, à qui a-t-il été sensible ? Marie aurait-elle su ce qu'elle allait porter dans ses entrailles, si l'ange ne lui avait annoncé le secret divin ? Mais quand la divinité a habité corporellement en Jésus-Christ, qui l'a vu ou qui l'a compris ? Mais qui le voit à la droite de son Père, d'où il exerce sa toute-puissance sur tout l'univers ? Est-ce là ce qui les oblige à tordre, à mettre en pièces, à crucifier les paroles de leur maître ? Je ne comprends pas, disent-ils, comment il les peut exécuter à la lettre. Ils me prouvent bien par cette raison que le sens humain ne s'accorde pas avec la sagesse de Dieu; j'en conviens, je suis d'accord; mais je ne savais pas encore qu'il ne fallût croire que ce qu'on découvre en ouvrant les yeux, ou ce que la raison humaine peut comprendre (*Sermo quod Verba stent.,* t. VII; *Hist. des variat.,* l. 2).

Et quand on lui disait que cette matière n'était pas de conséquence et ne valait pas la peine de rompre la paix : « Qui obligeait donc Carlostadt à commencer la querelle ? qui contraignait Zwingle et Œcolampade à écrire ? Maudite éternellement la paix qui se fait au préjudice de la vérité ! » Par de tels raisonnements il fermait souvent la bouche aux zwingliens.

Luther se sut si bon gré d'avoir combattu avec tant de force pour le sens propre et littéral des paroles de Notre Seigneur, qu'il ne pût s'empêcher de s'en glorifier. « Les papistes eux-mêmes, dit-il, sont forcés de me donner la louange d'avoir beaucoup mieux défendu qu'eux la doctrine du sens littéral. Et en effet, je suis assuré que, quand on les aurait tous fondus ensemble, ils ne la pourraient jamais soutenir aussi fortement que je fais (*Epist. apud* Hospin., 2ᵉ part., *ad an* 1534). »

Luther se trompait; car, encore qu'il montrât bien qu'il fallait défendre le sens littéral, il n'avait pas su le prendre dans toute sa simplicité; et les défenseurs du sens figuré lui faisaient voir que, s'il fallait suivre le sens littéral, la transsubstantiation gagnait le dessus.

C'est ce que Zwingle et en général tous les défenseurs du sens figuré démontraient très-clairement. Ils remarquent que Jésus-Christ n'a pas dit : *Mon corps est ici,* ou : *Mon corps est sous ceci et avec ceci,* ou : *Ceci contient mon corps,* mais simplement : *Ceci est mon Corps.* Ainsi ce qu'il veut donner à ses fidèles n'est pas une substance qui contient son corps ou qui l'accompagne, mais son corps sans aucune substance étrangère. Il n'a pas dit non plus : *Ce pain est mon corps,* qui est l'autre explication de Luther; mais il a dit : *Ceci est mon Corps,* par un terme indéfini, pour montrer que la substance qu'il donne n'est pas du pain, mais son corps.

Et quand Luther expliquait : *Ceci est mon Corps,* c'est-à-dire : *Ce pain est mon corps réellement et sans figure,* il détruisait sans y penser sa propre doctrine; car on peut bien dire avec l'Église que le pain devient le corps, au même sens que saint Jean a dit que *l'eau fut faite vin* aux noces de Cana en Galilée, c'est-à-dire par le changement de l'un en l'autre. On peut dire pareillement que ce qui est pain en apparence est en effet le corps de Notre Seigneur; mais que du vrai pain, en demeurant tel, fût en même temps le vrai corps de Notre Seigneur, comme Luther le prétendait, les défenseurs du sens figuré lui soutenaient, aussi bien que les catholiques, que c'est un discours qui n'a point de sens, et concluaient qu'il fallait admettre, ou avec eux un simple changement moral, ou le changement de substance avec les papistes.

En effet, le pain, en demeurant pain, ne peut non plus être le corps de Notre Seigneur, que la baguette de Moïse, demeurant baguette, put être un serpent, ou que l'eau, demeurant eau, put être du sang en Egypte et du vin aux noces de Cana. Si donc ce qui était pain devient le corps de Notre Seigneur, ou il le devient en figure par un changement mystique, suivant la doctrine de Zwingle, ou il le devient en effet par un changement réel, comme le disent les catholiques.

Ainsi Luther, qui se glorifiait d'avoir lui seul mieux défendu le sens littéral que tous les théologiens catholiques, était bien loin de son compte, puisqu'il n'avait pas même compris le vrai fondement qui nous attache à ce sens, ni entendu la nature des propositions qui opèrent ce qu'elles énoncent. Jésus-Christ dit à cet homme : *Ton fils est vivant*; Jésus-Christ dit à cette femme : *Tu es guérie de ta maladie*; en parlant, il fait ce qu'il dit; la nature obéit, les choses changent, et le malade devient sain. Mais les paroles où il ne s'agit que de choses accidentelles, comme sont la santé et la maladie, n'opèrent aussi que des changements accidentels. Ici, où il s'agit de substance, puisque Jésus-Christ a dit : *Ceci est mon Corps, ceci est mon Sang*, le changement est substantiel; et par un effet aussi réel qu'il est surprenant, la substance du pain et du vin est changée en la substance du corps et du sang. Par conséquent, lorsqu'on suit le sens littéral, il ne faut pas croire seulement que le corps de Jésus-Christ est dans le mystère, mais encore qu'il en fait toute la substance; et c'est à quoi nous conduisent ces paroles mêmes, puisque Jésus-Christ n'a pas dit : *Mon corps est ici*, ou : *Ceci contient mon corps*, mais : *Ceci est mon Corps*; et il n'a pas même voulu dire : *Ce pain est mon corps*, mais : *Ceci* indéfiniment; et de même que s'il avait dit, lorsqu'il a changé l'eau en vin : *Ce qu'on va vous donner à boire, c'est du vin*, il ne faudrait pas entendre qu'il aurait conservé ensemble et l'eau et le vin, mais qu'il aurait changé l'eau en vin; ainsi, quand il prononce que ce qu'il présente est son corps, il ne faut nullement entendre qu'il mêle son corps avec le pain, mais qu'il change effectivement le pain en son corps. Voilà où nous menait le sens littéral, de l'aveu même des zwingliens, et ce que jamais Luther n'a pu entendre.

De là il suit clairement que l'interprétation des catholiques, qui admettent le changement de substance, est la plus naturelle et la plus simple, et parce qu'elle est suivie par le plus grand nombre des chrétiens et parce que, des deux qui la combattent de différentes manières, l'un, qui est Luther, ne s'y oppose que par esprit de contradiction et en dépit de l'Eglise, et l'autre, qui est Zwingle, demeure d'accord que, s'il faut recevoir avec Luther le sens littéral, il faut aussi recevoir avec les catholiques le changement de substance.

Durant ces disputes sacramentaires, ceux qui se disaient réformés, malgré l'intérêt commun qui les réunissait quelquefois en apparence, se faisaient entre eux une guerre plus cruelle qu'à l'Eglise même, s'appelant mutuellement des furieux, des enragés, des esclaves de Satan, plus ennemis de la vérité et des membres de Jésus-Christ, que le Pape même; ce qui était tout dire pour eux (*Hist. des variations*, l. 2, n. 40).

Cependant l'autorité que Luther voulait conserver dans la nouvelle réforme, soulevée sous ses étendards, s'avilissait. Il était pénétré de douleur, et la fierté qu'il témoignait au dehors n'empêchait pas l'accablement où il était dans le cœur : au contraire, plus il était fier, plus il trouvait insupportable d'être méprisé dans un parti dont il voulait être le seul chef. Le trouble qu'il ressentait passa jusqu'à Mélanchthon, son disciple intime. « Luther me cause, dit-il, d'étranges troubles par les longues plaintes qu'il me fait de ses afflictions. Il est abattu et défiguré par des écrits qu'on ne trouve pas méprisables. Dans la pitié que j'ai de lui, je me sens affligé au dernier point du trouble universel de l'Eglise. Le vulgaire, incertain, se partage en des sentiments contraires; et si Jésus-Christ n'avait pas promis d'être avec nous jusqu'à la consommation des siècles, je craindrais que la religion ne fût tout à fait détruite par ces dissensions; car il n'y a rien de plus vrai que la sentence qui dit que la vérité nous échappe par trop de disputes (L. 4, *Epist*. 76, *ad Camerar*.).»

Etrange agitation d'un homme qui s'attendait à voir l'Eglise réparée, et qui la voit prête à tomber par les moyens qu'on avait pris pour la rétablir! Quelle consolation pouvait-il trouver dans les promesses que Jésus-Christ nous a faites d'être toujours avec nous? C'est aux catholiques à se nourrir de cette foi, eux qui croient que jamais l'Eglise ne peut être vaincue par l'erreur, quelque violente que soit l'attaque, et qui en effet l'ont trouvée toujours invincible. Mais comment peut-on s'attacher à cette promesse dans la nouvelle réforme, dont le premier fondement, quand elle rompait avec l'Eglise, était que Jésus-Christ l'avait délaissée jusqu'à la laisser tomber dans l'idolâtrie? Au reste, quoiqu'il soit vrai que la vérité demeure toujours dans l'Eglise, et s'y épure d'autant plus qu'elle est plus violemment attaquée, Mélanchthon avait raison de penser qu'à force de disputer elle échappait aux particuliers. Il n'y avait point d'erreur si prodigieuse où l'ardeur de la dispute n'entraînât l'esprit emporté de Luther. Elle lui fit embrasser cette monstrueuse opinion de l'ubiquité. Voici les raisonnements dont il appuyait cette étrange erreur. L'humanité de Notre Seigneur est unie à la divinité; donc l'humanité est partout aussi bien qu'elle. Jésus-Christ comme homme est assis à la droite de Dieu : la droite de Dieu est partout; donc Jésus-Christ comme homme est partout. Comme homme, il était dans les cieux avant que d'y être monté. Il était dans le tombeau quand les anges dirent qu'ils n'y étaient plus. Les zwingliens excédaient en disant que Dieu même ne pouvait pas mettre le corps de Jésus-Christ en plusieurs lieux. Luther s'emporte à un autre excès, et il soutient que ce corps était nécessairement partout. Voilà ce qu'il enseigna dans un livre qu'il fit en 1527, pour défendre le sens littéral, et ce qu'il osa insérer dans une confession de foi qu'il publia en 1528, sous le titre de *Grande confession de foi*.

Cependant les excès où l'on s'emportait de part et d'autre dans la nouvelle réforme la décriaient parmi les gens de bon sens. Cette seule dispute renversait le fondement commun des deux partis. Ils croyaient pouvoir finir toutes les disputes par l'Ecriture toute seule, et ne voulaient qu'elle pour juge; et tout le monde voyait qu'ils disputaient sans fin sur cette Ecriture et encore sur un des passages qui devait être des plus clairs, puisqu'il s'y agissait d'un testament. Ils se criaient l'un à l'autre : Tout est clair, et il n'y a qu'à ouvrir les yeux. Sur cette évidence de l'Ecriture, Luther ne trouvait rien de plus hardi ni de plus impie que de nier le sens littéral, et

Zwingle ne trouvait rien de plus absurde ni de plus grossier que de le suivre. Erasme, qu'ils voulaient gagner, leur disait avec tous les catholiques : Vous en appelez tous à la pure parole de Dieu, et vous croyez en être les interprètes véritables? Accordez-vous donc entre vous avant que de vouloir faire la loi au monde. Quelque mine qu'ils fissent, ils étaient honteux de ne pouvoir s'accorder, et ils pensaient tous au fond de leur cœur ce que Calvin écrivit un jour à Mélanchthon, son ami : « Il est de grande importance qu'il ne passe aux siècles à venir aucun soupçon des divisions qui sont parmi nous; car il est ridicule au delà de tout ce qu'on peut imaginer, qu'après avoir rompu avec tout le monde, nous nous accordions si peu entre nous dès le commencement de notre réforme (Bossuet, *Variat.*, l. 2, n. 43).

A la vue de cette irrémédiable anarchie dans ceux qui s'égarent, combien le fidèle catholique ne doit-il pas se trouver heureux! Nous disons avec saint Epiphane : *Le commencement de toutes choses est la sainte Eglise catholique.* Nous disons avec saint Vincent de Lérins : *Ce qui a été cru en tous lieux, en tout temps et par tous, voilà ce qui est vraiment et proprement catholique.* Nous disons avec saint Ambroise : *Où est Pierre, là est l'Eglise.* Nous disons avec saint Augustin : *Rome a parlé, la cause est finie.* Et nous le disons, parce que nous croyons de tout notre cœur à la parole du Fils de Dieu : *Tu es Pierre, et sur cette pierre je bâtirai mon Eglise, et les portes de l'enfer ne prévaudront point contre elle. Simon, Simon, j'ai prié pour toi, afin que ta foi ne défaille point; lors donc que tu seras converti, affermis tes frères. Simon, fils de Jean, pais mes agneaux, pais mes brebis. Et voici que je suis avec vous tous les jours jusqu'à la consommation des siècles. Et je vous enverrai l'Esprit de vérité, qui demeurera éternellement avec vous et vous enseignera toute vérité.* Voilà ce que nous croyons de tout notre cœur et ce qui nous unit dans la même foi avec les fidèles de tous les lieux, de tous les temps, jusqu'au commencement du monde.

Mais pour les sectateurs de Luther, de Calvin, de Zwingle et tous autres sectaires, séparés de cette unité de tous les temps et de tous les lieux, divisés les uns contre les autres, sans consistance avec eux-mêmes, qui pourra fabriquer parmi eux quelque unité partielle, extérieure, temporaire, afin de donner à leurs rassemblements une apparence de société religieuse? Il ne reste plus que la police ou la municipalité. Il faudra donc que la police, la municipalité ou le bourgmestre décrète, à son de caisse et par affiche, ce que ses administrés auront à croire pendant l'année, le mois, la semaine, sous peine d'amende, de prison ou de pire encore; tout comme il règle par ordonnance ce que doit payer à l'octroi chaque tête de bétail, chaque hectolitre de pommes de terre ou de carottes, chaque pot de bière ou de brandevin. Il y aura des vérités et des croyances communales, cantonales, départementales, provinciales, nationales; vérités et croyances à l'année, au mois, à la petite semaine, peut-être même au jour le jour; vérités à Wittemberg, faussetés à Zurich, et réciproquement; vérités hier, faussetés aujourd'hui, ni l'un ni l'autre demain : les symboles, les confessions de foi seront un papier-monnaie ayant cours un temps et dans tel endroit, mais hors de là un chiffon.

Par exemple, jusqu'en 1523, on croyait avec les fidèles de tous les lieux et de tous les temps, tout ce que l'Eglise catholique, apostolique et romaine croit et enseigne; que, avec l'Ecriture, il faut recevoir la tradition ou la parole de Dieu non écrite; que l'Eglise militante renferme non-seulement des saints, mais encore des pécheurs; que Jésus-Christ en est le chef invisible, et le Pape le chef visible; qu'outre le sacrifice sanglant de la croix, il y a le sacrifice non-sanglant de la messe qui en est la continuation et l'application; qu'il est bon et utile d'invoquer les saints; qu'il faut observer les lois de l'Eglise sur le jeûne et l'abstinence; que le pouvoir du Pape et des évêques vient de Jésus-Christ; qu'il est nécessaire de confesser ses péchés au prêtre pour en recevoir l'absolution; que les prêtres, les moines et les nonnes, tout comme les simples fidèles, sont obligés de garder les vœux et les promesses qu'ils ont faites à Dieu, etc. Or, l'an 1523, sur la proposition du curé Zwingle et malgré l'opposition des évêques de Constance, de Coire et de Bâle, la municipalité zuricoise décréta que cela ne serait plus vrai dans le canton de Zurich et que le peuple Zurichois était tenu de croire le contraire. Et le peuple zuricois le crut et le croit encore (Sleidan, l. 3, *sub fine*; Florimond de Raymond, *De l'origine de l'hérésie*, l. 2, c. 8, et l. 3, c. 3).

Mais en 1526, les cinq cantons primitifs, savoir : Lucerne, Uri, Schwitz, Unterwald et Zug, proposèrent et obtinrent la convocation d'une conférence générale où les théologiens des deux partis disputeraient devant les députés des douze cantons, Zurich excepté, sur les questions de controverse. Ils se décidèrent à cette mesure, non point avec la pensée qu'ils fussent eux-mêmes autorisés à juger en matière de foi, mais dans l'espoir de convaincre Zwingle et de ramener la paix religieuse en Suisse. Zwingle, quoique invité à la conférence, refusa par couardise, disant que sa vie n'y était pas en sûreté. En vain lui offrait-on un sauf-conduit et même une escorte pour le mener à Baden et le ramener sain et sauf à Zurich; en vain d'autres réformateurs et ses disciples assistèrent-ils à la conférence, sans qu'il leur arrivât le moindre mal, Zwingle persista dans son refus et se fit défendre par la municipalité zuricoise d'aller soutenir à Baden ce que pourtant il disait être la vérité.

La ville de Baden fut choisie pour le lieu de la conférence, parce que, appartenant aux huit anciens cantons, elle n'était sous l'influence directe d'aucun et pouvait être considérée comme neutre. Le colloque s'ouvrit le 16 mars 1526, en présence des premiers magistrats des douze cantons, des députés des évêques de Constance, de Bâle, de Lausanne et de Coire, de ceux de plusieurs villes et d'un grand nombre de théologiens de l'un et de l'autre parti. La question fondamentale de l'Eglise et de son autorité, que personne n'avait encore osé révoquer en doute, ne fut pas même touchée, de sorte qu'on disputa seulement sur les points controversés de l'eucharistie, du sacrifice de la messe, de l'invocation de la sainte Vierge et des saints, du purgatoire, etc. A la suite d'une vingtaine de séances, les catholiques demeurèrent vainqueurs sur tous les points. La plupart des ecclésiastiques signèrent les thèses de Jean Eckius, le plus savant des docteurs catholiques présents à la conférence. Les soi-disant réformés, au contraire, commencèrent à se diviser ; les uns adoptaient sur un point les idées d'Œcolampade, sur d'autres celles d'Eckius ; plusieurs répondirent qu'ils s'en tiendraient à ce que leurs magistrats municipaux ou cantonaux daigneraient ordonner, les reconnaissant ainsi pour seuls juges du sens de l'Ecriture, qui pourtant, suivant eux, ne devait avoir aucun juge.

D'après le résultat de cette dispute, les douze cantons publièrent un édit portant défense, sous des peines sévères, de rien changer ou innover dans la religion de tous les lieux et de tous les temps, et ordonnèrent que personne n'aurait la faculté de prêcher dans leurs terres, sans avoir été examiné par l'évêque du diocèse ; de plus, ils interdirent le débit des livres de Zwingle, de Luther et de leurs partisans, et défendirent aux imprimeurs de rien imprimer sans examen et sans approbation préalable (Haller, *Hist. de la révolution religieuse*, c. 4).

Le canton de Berne, un des douze, était encore catholique. En 1518, on y avait fort bien reçu le cordelier Samson, prédicateur des indulgences. De plus, la ville de Berne demandait au Pape la confirmation de ses priviléges, non pas que cela fût rigoureusement nécessaire, puisqu'elle ne se tenait pas de lui, mais parce que, dans son humble respect pour le souverain Pontife, elle croyait que le chef de l'Eglise chrétienne avait la plus haute autorité pour déclarer la validité et la force obligatoire des pactes et des promesses, et que son approbation les rendait plus sacrés et plus inviolables, même pour les empereurs. Voici maintenant comment l'anarchie religieuse est parvenue à s'introduire tant à Berne même que dans les contrées plus ou moins soumises à son influence.

Le Wurtembergeois Bertold Haller, qui ne tient en aucune manière à la célèbre famille des Haller de Berne, étant chanoine et prédicateur en cette ville, commença d'y prêcher les principes luthériens. Zwingle, avec lequel il était en correspondance, l'encourage, mais lui recommande d'aller doucement et d'user de détours, ou plutôt d'une modération hypocrite, *parce que*, disait-il, *les esprits des Bernois ne sont pas encore mûrs pour le nouvel Evangile*. En effet, le clergé de Berne et la majorité du conseil se montrèrent encore très-contraires aux Luthériens. Bertold Haller y éprouvait tant d'obstacles, qu'il voulait se retirer à Bâle ; mais Zwingle l'en détourna, en lui remontrant qu'il ne devait pas abandonner son petit troupeau, *encore faible dans la nouvelle foi*. Il fut d'ailleurs protégé par quelques conseillers favorables aux innovations, par Nicolas de Watteville, prévôt de l'église collégiale de Berne, et par plusieurs bourgeois.

Le 15 juin 1523, le conseil de Berne publia un édit évidemment calqué sur celui de Zurich, de la même année, qui établissait en termes couverts le principe fondamental de la nouvelle réforme. Leurs seigneuries cantonales y ordonnaient à tous les curés, à qui cependant elles n'avaient rien à ordonner en matière de religion, *de prêcher l'Evangile librement, publiquement et manifestement*, comme si on ne l'eût pas fait jusque-là, ou comme si quelques conseillers laïques entendaient mieux l'Evangile que les évêques et les prêtres eux-mêmes.

A la vérité, cet ordre ne signifiait autre chose sinon d'expliquer l'Evangile à la façon de Luther et de Zwingle, mais il ne termina pas les querelles ; car les prédicateurs se réfutaient mutuellement en chaire, les uns soutenaient qu'ils ne prêchaient que la pure parole de Dieu, et les autres assurant le contraire. Lesquels devait-on croire ? qui devait décider le différend ? D'après la croyance de tous les temps et de tous les lieux, c'étaient le Pape et les évêques, comme successeurs de saint Pierre et des apôtres, et seuls dépositaires de l'ancienne doctrine. D'après le nouvel Evangile, c'était en droit chaque individu, mais en fait chaque municipalité cantonale ou quelque troupe de bourgeois turbulents, en sorte que les disciples commençaient par se poser au-dessus de leurs maîtres. C'étaient le monde et l'Evangile à l'envers. Peu de jours après cette bulle municipale, le décret qui chassait de Berne Bertold Haller fut révoqué par l'influence de ses protecteurs. L'évêque de Lausanne avait déjà cité ce même novateur à son tribunal ; mais la municipalité de Berne fit dire à l'évêque que, s'il avait quelque chose contre Bertold, il devait l'attaquer devant le prévôt et le chapitre, qui pourtant n'étaient point ses supérieurs.

Quelques religieuses de Kœnigsfeld, qui avaient pris goût au livre de Zwingle sur la liberté chrétienne, et à qui, suivant une ancienne chronique, il semblait que hors du couvent elles pourraient mieux vivre à leur convenance, demandèrent à sortir du couvent et s'adressèrent pour cet effet, non à leur évêque, mais aux municipaux de Berne. Ceux-ci, loin d'acquiescer à cette pétition étrange, leur envoyèrent le provincial des Cordeliers de Strasbourg, pour les détourner de cette fantaisie luthérienne. Mais les religieuses refusèrent d'obéir à ce provincial. En conséquence, une députation de municipaux les affranchit de l'observance de la règle, quant au jeûne, à la messe, aux matines et à leurs coussins de paille, leur enjoignant toutefois de garder l'habit de leur ordre et de demeurer dans le couvent. De plus, on leur donna un intendant et un gardien.

Les nonnes récalcitrantes, nullement satisfaites de ces concessions, et n'obéissant même plus à leur abbesse, revinrent à la charge près du conseil municipal de Berne, qui, fatigué de leur importunité et divisé dans son propre sein, accorda, le 8 juin 1524, la liberté de sortir du couvent à celles qui le désireraient, pourvu que cela se fît du consentement de leurs parents. Toutefois, deux magistrats devaient visiter leurs hardes, pour s'assurer qu'elles ne volaient rien au couvent, tant on avait de confiance en elles.

L'évêque diocésain de Constance, les deux avoyers de Berne, d'autres particuliers qui avaient des filles ou des parentes dans le couvent s'opposèrent en vain à l'exécution de ce décret. Plusieurs religieuses s'empressèrent d'en profiter, et quelques-unes mêmes de se marier. La prieure épousa celui qu'on leur avait donné pour gardien, une autre le prévôt de la collégiale. Ces unions sacriléges furent le germe funeste de l'apostasie de Berne. Plusieurs familles, nombreuses et puissantes, qui s'y trouvaient intéressées, se voyaient dans l'alternative ou de les regarder comme d'incestueux concubinages, ou de rompre avec l'Eglise pour couvrir leur infamie aux yeux du monde.

La même année 1523, le conseil cantonal de Berne, quoique catholique encore, défendit à l'évêque de Lausanne de mettre le pied dans la ville de Berne et son territoire pour visiter son diocèse; en sorte que d'une part on se récriait contre les abus introduits dans l'Eglise, et de l'autre on privait l'évêque de tous les moyens d'y remédier.

Le 26 janvier 1524, les plénipotentiaires des douze cantons, parmi lesquels celui de Berne, s'assemblèrent à Lucerne et y rendirent un édit sévère contre les nouveaux réformateurs. Il s'engagèrent *unanimement* à maintenir la religion catholique dans leurs terres, et envoyèrent une députation aux Zurichois pour les détourner de toute innovation, sous peine d'être exclus de la confédération suisse.

La semaine après Pâques, les trois évêques de Constance, de Bâle et de Lausanne adressèrent une lettre remarquable aux douze cantons, dans laquelle ils observaient que si les novateurs entreprenaient de secouer le joug de leurs supérieurs ecclésiastiques, ils en feraient bientôt autant à l'égard des supérieurs temporels. Cette prédiction ne tarda guère à s'accomplir par la guerre des paysans et des anabaptistes. Ils ajoutaient encore que si, à la longue, il s'était glissé quelques abus dans l'ordre ecclésiastique, ils offraient d'en délibérer incessamment et de les abolir de tout leur pouvoir. Mais c'est précisément ce que les novateurs ne voulaient pas, de peur que cette réforme ne fît manquer leur projet de révolution. Dans le même mois d'avril, le conseil de Berne destitua un prêtre qui s'était marié, et menaça de la même peine quiconque oserait suivre son exemple; de plus, il défendit de manger de la viande en carême et de parler contre l'invocation des saints.

Au mois de novembre, les municipaux de Berne publièrent un nouvel édit de religion composé d'un grand nombre d'articles, dont les dispositions contradictoires étaient dictées moitié par les catholiques, moitié par les novateurs. Ainsi on y confirmait d'une part l'ordonnance précédente sur le carême et l'invocation des saints, y ajoutant même la défense de mépriser ou de maltraiter les images; on prononçait la prison ou le bannissement contre ceux qui violeraient le précepte de l'abstinence; on défendit de vendre ou de lire les livres hérétiques, et ordonnait même de les brûler : tandis que de l'autre part on enjoignait aux curés de ne prêcher que le pur Evangile, ce qui signifiait alors l'Evangile expliqué à la façon des nouveaux hérétiques; on s'exprimait en termes dédaigneux sur le Pape et les évêques, par rapport à l'usage de l'excommunication, des indulgences et des dispenses pour cas de mariages. Enfin on voulait qu'en matière de religion chacun eût à se soumettre aux ordres de leurs excellences municipales. Or, dans ce point, comme dans plusieurs autres, cette ordonnance était diamétralement contraire à l'essence de la religion catholique; elle établissait en termes couverts le principe fondamental de tout le protestantisme; déclarait la Bible selon l'interprétation individuelle, l'unique règle de foi; rejetait l'autorité de l'Eglise et celle de son chef, et faisait du magistrat temporel le pape et le juge suprême en matière de religion, quoique peu de lignes auparavant, la Bible eût été donnée pour l'unique loi, et qu'aucune autorité sur la terre, pas même celle de toute l'Eglise, ne dût avoir le droit d'en fixer le sens et de terminer les disputes religieuses (Haller, c. 3).

Le conseil de Berne, peu favorable au genre de liberté prêchée par les anabaptistes, se prononça fortement contre eux et mit des troupes sur pied pour se garantir de leurs incursions. Bientôt après il publia un nouvel édit de religion, composé de cinq articles. Cet édit laissait encore plusieurs questions indécises, ne prononçait aucune séparation d'avec l'Eglise universelle; mais il permettait le mariage des prêtres, et défendait aux ecclésiastiques, aux personnes et aux communautés religieuses d'acheter des biens-fonds et de prêter à rente, soit perpétuelle, soit rachetable. Avec quoi devaient-ils donc vivre, et quels moyens de s'assurer quelques revenus, s'ils ne pouvaient ni posséder des biens ni placer des capitaux à intérêt? Ainsi on leur ravissait déjà un droit qui appartient à tous les hommes sans exception.

En revanche, les sept anciens cantons, souverains de la Thurgovie, publièrent un édit en faveur de la religion catholique, ordonnèrent à tous les prêtres de ce pays de dire la messe et d'observer les anciens usages, avec défense de se marier, sous peine de destitution et même de châtiments plus sévères.

Berne, quoique déjà ébranlée et à moitié protestante, envoya une députation aux Zurichois, pour les solliciter de rétablir la messe et de rester fidèles à l'ancienne religion. Cette démarche fut aussi infructueuse qu'elle était déplacée de la part d'hommes qui, de fait, avaient déjà rompu avec l'Eglise universelle.

Le 23 mai 1525, les Etats du pays de Vaud, réunis à Moudon, publièrent à leur tour une ordonnance contre les *mauvaises, déloyales, fausses et hérétiques allégations et opinions du maudit et déloyal hérétique et ennemi de la foi chrétienne, Martin Luther*. Nul ne pourra, y est-il dit, acheter ou garder ses livres, ni parler en sa faveur, sous peine de la prison, de l'estrapade, et, en cas de récidive, même du feu. On remarque parmi les signatures de cette résolution plusieurs noms de familles encore aujourd'hui florissantes dans le canton de Vaud.

Dans le courant de la même année éclata la division entre Luther et Zwingle : les Suisses protestants se déclarèrent pour le dernier. En 1526, les cinq cantons primitifs proposèrent la conférence de Baden, où les douze cantons, ainsi que nous l'avons vu, se prononcèrent pour la foi de leurs pères contre les novateurs.

Les cantons de Berne, aussi bien que ceux de Bâle et Schaffouse, tergiversèrent néanmoins pour faire exécuter les résolutions qu'on y avait prises, quoique leurs députés y eussent formellement adhéré. Les sept cantons primitifs, voyant Berne incertaine et flottante, lui envoyèrent des députés pour la conjurer de rester fidèle à l'ancienne religion. Ils furent encore écoutés avec grand intérêt, et le grand conseil publia effectivement, le 21 mai, un édit portant que tous les livres hérétiques seraient défendus ; que les prêtres mariés ou qui se marieraient à l'avenir, seraient chassés du pays, et qu'on ne permettrait aucune innovation dans la foi. Le grand conseil *s'engagea même par un serment solennel à observer fidèlement cet édit.* Huit membres seulement protestèrent contre le décret, et dès le mois de juillet ils obtinrent la confirmation de Bertold Haller en sa qualité de prédicateur, avec la faculté de prêcher la parole de Dieu selon son propre sens, et avec dispense de dire la messe. Ils l'obligèrent même à prêcher trois fois par semaine. Plusieurs familles bernoises, indignées de cette violation d'une loi formellement jurée, quittèrent Berne et allèrent s'établir à Fribourg (Haller, c. 4).

Les anabaptistes continuaient à propager et à pratiquer leur croyance dans les cantons de Zurich, de Berne, de Bâle, de Schaffouse et dans les terres de l'abbé de Saint-Gall, s'attribuant en cela le même droit que les sectateurs de Zwingle, et se fondant sur ce que le baptême des enfants n'est prescrit nulle part dans l'Evangile, et que, selon eux, le serment lui-même y est prohibé. Mais leurs frères protestants, bien plus sévères que ne l'avaient été les catholiques à l'égard des premiers réformateurs, les faisaient noyer, fustiger, mettre au carcan, et publièrent un édit qui leur défendait de rebaptiser ou de s'assembler, sous peine d'être noyés, c'est-à-dire baptisés jusqu'à ce que mort s'ensuive. Cette intolérance s'explique et s'excuse facilement aux yeux de l'historien protestant Ruchat, « parce que, dit-il, les anabaptistes étaient de véritables séditieux qui, sous prétexte de la liberté chrétienne, voulaient secouer le joug de toutes sortes *de seigneurs terriens, soit souverains, soit subalternes.* » Tant qu'il n'avait été question que d'abolir et de spolier tous les seigneurs spirituels, tant suprêmes que subalternes, tels que le Pape, les évêques, les prévôts, les abbés des monastères, etc., tout cela sans doute avait été très-louable, le nouvel évangile le commandait même ; mais prétendre appliquer la même doctrine à messieurs de Zurich et de Berne, c'était autre chose, et cela ne pouvait être toléré en aucune façon.

Les paysans d'Interlaken et de Sumiswald, ayant refusé de payer les dîmes et cens qu'ils devaient à ces deux couvents, y furent contraints par les Bernois, qui comptaient sans doute s'en emparer bientôt à leur profit.

Le 12 février 1527, les députés des sept cantons catholiques parurent de nouveau devant le grand conseil de Berne pour l'engager à demeurer fidèle à la foi jurée et à l'ancienne religion. Ils lui représentèrent, les larmes aux yeux, tout le mal qui résulterait de la défection de cette ville, et le tort qu'elle se ferait à elle-même. Inutiles efforts ! avec la foi catholique, l'amour s'éteignit dans les cœurs, et les plus anciens alliés, les plus sincères amis de Berne, ceux qui, plus d'une fois, l'avaient sauvée d'une ruine imminente, reçurent de leurs frères une réponse vague, sèche et glaciale.

Peu de temps après, il se tint encore à Berne une diète générale, dans le but de réunir les esprits ; mais elle ne produisit aucun effet. Zwingle y souffla la discorde et se plaignit des écrits qu'on publiait contre lui ; il les qualifiait de *libelles*, tandis que ceux qu'il répandait lui-même contre les catholiques devaient être considérés comme la pure parole de Dieu. Durant cette diète même, les cantons de Lucerne, d'Uri, de Schwitz, d'Unterwald et de Zug contractèrent une alliance avec Fribourg et le Valais, par laquelle ils s'engagèrent à persévérer dans la religion catholique, et à se secourir mutuellement dans le cas où ils seraient inquiétés dans son exercice.

Le 23 avril, les conseils de Berne publièrent une ordonnance contraire à celle de l'année précédente, et renouvelèrent le premier édit de 1523, qui était tout en faveur de la prétendue réforme ; ils différèrent néanmoins, mais provisoirement, l'abolition de la messe et de cinq sacrements. Le gouvernement envoya des commissaires dans tout le pays pour sonder *l'opinion du peuple*, qui apparemment était déjà souveraine en matière de religion, et devait lui-même faire la loi divine, au lieu de la recevoir. Les bons paysans à qui l'on disait que leurs gracieux seigneurs ne voulaient que réformer les abus et rétablir la pure parole de Dieu, abandonnèrent le tout au bon plaisir de leurs excellences cantonales. Les commissaires revinrent donc triomphants à Berne, et assurèrent que le peuple acceptait la nouvelle réforme. Le grand conseil, s'appuyant de cette prétendue adhésion, révoqua le décret qu'il avait juré si solennellement en 1526, de demeurer fidèle à l'ancienne religion ; et comme il était facile de prévoir que ceux qui voudraient garder leur serment, reprocheraient aux autres de l'avoir violé, l'ordonnance ajoutait très-prudemment « que quiconque, pour ce sujet, oserait traiter un autre de parjure, serait puni dans son corps et dans ses biens ; » de sorte que le nouvel évangile défendait déjà d'énoncer une simple vérité de fait. De plus, en vertu de la tolérance protestante, le même édit prononçait un châtiment arbitraire contre tout prédicateur qui annoncerait une doctrine qu'il ne pourrait prouver *clairement* par l'Ecriture ; disposition d'après laquelle il eût fallu commencer par punir les réformateurs eux-mêmes ; car, dit avec beaucoup de raison un sénateur de Berne revenu à la foi de ses pères, Charles-Louis de Haller, je les défie de prouver par l'Ecriture, que la Bible est l'unique source du christianisme, qu'elle s'explique elle-même, et qu'on n'a pas besoin de juge pour en fixer le sens.

Immédiatement après cette résolution, les Bernois levèrent des troupes contre les catholiques, imposèrent des administrateurs à tous les monastères du pays et s'emparèrent de leurs titres, de leurs documents et de leurs rentes, en sorte que, dès les premiers pas, la Réforme se signala par le parjure, la violence et la spoliation du bien d'autrui. A Aigle, la nouvelle réforme fut rejetée avec mépris, les habitants déchirèrent l'édit en disant que les Bernois n'étaient pas compétents pour faire de ces sortes de lois, et que la doctrine des ministres ne pouvait être la parole de Dieu, attendu que la parole de Dieu amène la paix, au lieu que la prédication des ministres n'enfantait partout que la discorde, les querelles et la guerre.

Quelques communes du pays adoptèrent la réforme, comme elles adoptèrent, près de trois siècles plus tard, la révolution de 1798, et plusieurs paroisses abolirent la messe à la pluralité des suffrages; il y en eut où la voix du garde champêtre décida tantôt pour la messe, tantôt pour le prêche, car c'est ainsi qu'on s'exprimait à cette époque. Quelques prêtres se marièrent de leur chef, d'autres en demandèrent la permission à la municipalité de Berne, qui envoya encore des députés dans toutes les communes du canton, pour prendre l'avis du peuple sur cette question de discipline.

Quoique la force eût déjà décidé la question, la municipalité bernoise, pour sauver les apparences ou pour réparer la défaite que les zwingliens avaient éprouvée à Baden, décréta, le 17 novembre 1527, qu'il serait tenu une conférence dans la ville de Berne, pour y disputer sur les affaires de religion et *savoir à quoi l'on devait s'en tenir*. En conséquence, les municipaux ordonnèrent à tous les pasteurs et curés de leur pays de se rendre à cette dispute le premier dimanche du mois de janvier 1528, et ils invitèrent les évêques de Lausanne, de Bâle, de Constance et de Sion, ainsi que tous les cantons et Etats de la Suisse, à y envoyer des théologiens de tous les partis. Les circonstances favorisaient singulièrement l'exécution d'une mesure aussi extraordinaire. Les puissances limitrophes, particulièrement la France et l'Autriche, se trouvaient engagées dans une guerre sanglante. Rome était pillée et saccagée par le connétable de Bourbon; le Pape, assiégé dans le château Saint-Ange, ne pouvait faire entendre sa voix; enfin les Turcs marchaient sur Vienne. Néanmoins les quatre évêques refusèrent d'assister à la conférence; ils représentèrent aux municipaux de Berne que *l'Ecriture seule n'était pas l'unique règle, puisque chacun l'interprétait à sa manière*; que le conseil municipal de Berne était incompétent pour décider en ces matières; qu'en pareil cas on devait s'adresser au chef de l'Eglise, et que toutes les hérésies n'avaient eu leur source que dans l'interprétation particulière de la Bible. Huit cantons catholiques s'assemblèrent à Lucerne et écrivirent aux Bernois une lettre pressante pour les détourner de cette mesure; ils leur rappelaient la promesse qu'ils avaient faite par écrit et sous serment de s'en tenir à la décision de Baden, et de maintenir l'ancienne religion. Mais Berne leur fit une réponse vague et évasive, disant que le serment était révoqué et n'obligeait le gouvernement qu'envers ses sujets.

D'après cette réponse, les cantons catholiques décrétèrent qu'ils n'enverraient personne à Berne; ils refusèrent même le passage sur leurs terres à ceux qui voulaient s'y rendre. Cochlée, doyen à Francfort, animé d'un zèle pur et véritable pour la religion, écrivit aux Bernois pour les conjurer de ne pas s'écarter de l'autorité de l'Eglise. « L'Ecriture, leur disait-il, est une chose inanimée qui ne peut ni parler ni s'expliquer elle-même, ni s'élever contre ceux qui lui font violence et donnent à ses paroles un sens pervers et corrompu. » Enfin l'empereur Charles-Quint lui-même adressa, le 28 septembre, une lettre aux Bernois, pour les exhorter à s'abstenir de cette mesure, comme n'étant pas de la compétence d'une seule commune ni d'un seul pays; il les engageait à la différer jusqu'à la convocation d'un concile ou du moins jusqu'à la prochaine diète de Ratisbonne.

Tout fut inutile : dès le moment que les municipaux de Berne eurent abandonné l'ancienne foi, ils ne respectèrent plus ni l'autorité des évêques ni celle de l'empereur, qui alors était encore leur souverain légitime, ni celle du concile, et n'eurent pas même le plus petit égard pour les représentations de leurs plus anciens alliés (Haller, c. 5).

Le colloque s'ouvrit le 1er janvier 1528, mais on n'y vit figurer que des protestants et des députés de villes ou de cantons prêts à le devenir. Zurich y envoya son bourgmestre, trois municipaux et vingt-cinq autres personnes. Zwingle avait tellement peur, qu'il fallut lui donner une escorte de trois cents hommes pour l'engager à se rendre de Zurich à Berne. Tous ses partisans y accoururent de Glaris, de Bâle, de Schaffouse, de Saint-Gall, de Brienne et de Mulhouse; mais personne n'y assista de la part des cantons de Lucerne, d'Uri, de Schwitz, d'Unterwald et de Zug. Il n'y eut pour Fribourg que le provincial des Augustins, nommé Trayer, qui s'y présenta de son propre mouvement et sans aucun ordre de ses supérieurs. Ainsi les zwingliens, disputant à peu près entre eux seuls, étaient bien sûrs d'avoir la majorité.

On nomma quatre présidents, tous protestants ou du moins connus pour leur penchant à favoriser les innovations. Les municipaux de Berne, transformés subitement en savants et en théologiens, s'assirent en rond autour de la salle, prêts à juger en dernier ressort sur le sens de l'Ecriture, quoique cette Ecriture ne dût avoir aucun juge. Un règlement composé d'avance par les ministres protestants portait, entre autres, qu'on n'admettrait d'autre preuve que celle qui serait tirée de l'Ecriture sainte, *ni d'autre explication ou d'autre juge du sens de cette Ecriture que par l'Ecriture elle-même*; ce qui, comme l'observe fort bien le Génevois Mallet, dans son *Histoire des Suisses* (t. III, p. 124), rendait la dispute interminable et décidait d'avance la question principale, en écartant celle sur l'autorité du Pape et des évêques, qui fait le point fondamental de la foi catholique. Du reste, les thèses proposées pour faire la matière de la dispute, toutes composées par le parti protestant, étaient vagues, ambiguës, insidieuses, et les catholiques n'osèrent rien objecter contre la rédaction de ces thèses.

Cependant les quelques catholiques présents au colloque mirent les nouveaux réformateurs dans l'embarras, en s'appuyant sur un grand nombre des plus clairs passages de l'Ecriture sainte; mais Bertold Haller, Œcolampade, etc., prétendirent les expliquer tout seuls à leur façon, en même temps qu'ils refusaient ce droit à l'Eglise et à tous les Pères de l'antiquité chrétienne. Quant au pouvoir de l'excommunication, ils l'attribuaient déjà au peuple souverain de chaque paroisse. Le provincial Trayer leur fit remarquer que les protestants jugeaient aussi l'Ecriture sainte, puisqu'ils en admettaient quelques livres et en rejetaient d'autres qui ne leur convenaient pas; il ajouta que si personne ne devait croire l'enseignement d'un autre, on avait lieu d'être surpris que les docteurs protestants se donnassent tant de peine pour inculquer au monde leur nouvelle croyance; que si chaque chrétien était éclairé de l'Esprit de Dieu, il était difficile de comprendre comment les nouveaux réformateurs pouvaient être si divisés dans leurs sentiments, et que depuis une dizaine d'années il se fût élevé parmi eux une multitude de sectes, qui, toutes prétendaient avoir l'Esprit de Dieu, et se persécutaient néanmoins avec la plus grande fureur; enfin que, si on renvoyait chaque chrétien à son esprit particulier, c'était le renvoyer à l'incertitude et à l'erreur, et qu'ainsi rien n'était plus utile ni plus sûr que de demeurer dans l'unité de l'Eglise, etc.

Ces arguments étaient difficiles à réfuter; aussi Bucer n'y répondit-il que par des faux-fuyants et des subtilités. Trayer ayant voulu répliquer, on étouffa sa voix par des cris de fureur; on prétendit qu'il s'était servi de paroles injurieuses et on le contraignit à se retirer du colloque.

Un simple curé d'Appenzell, un chantre et un maître d'école de Zofing prirent sa place, et, d'après le récit du protestant Ruchat lui-même, ils défendirent noblement la cause de l'ancienne religion. Ils citèrent en faveur de la doctrine catholique sur l'Eglise et la primauté de saint Pierre, sur le saint sacrifice de la messe, sur l'état intermédiaire du purgatoire, sur la prière pour les morts, sur l'invocation des saints, sur l'utilité des images, etc., de nombreux passages de l'Ecriture sainte, tels qu'ils ont été entendus partout et toujours depuis l'origine du christianisme; mais Zwingle, Œcolampade et d'autres novateurs prétendaient encore les expliquer à leur façon; ils se torturaient le sens d'une manière étrange, et dès *qu'on ne devait reconnaître aucun juge authentique*, cette dispute devint interminable. Les zwingliens, malgré leur respect simulé pour la Bible, rejetaient encore les livres qui ne leur convenaient pas, tels que l'Apocalypse, l'épître de saint Jacques, et même celle aux Hébreux. Aussi, un simple maître d'école leur fit-il observer qu'il était indispensablement nécessaire de s'en rapporter à l'Eglise pour l'usage des livres reconnus par elle, parce que, autrement, chacun se croirait bientôt en droit de rejeter comme apocryphe tout ce qui lui déplairait.

Le colloque se termina au bout de dix-neuf jours; les thèses ne furent souscrites que par les chanoines de Berne qui apparemment voulaient conserver leurs prébendes; par quelques Dominicains et par cinquante-deux curés du canton : tous les autres les rejetèrent, et aucun de ceux qui appartenaient au pays Romand, comprenant alors le gouvernement d'Aigle, Morat et Echallens, ne les approuva.

Le savant Eckius d'Ingolstadt et Cochlée de Francfort écrivirent contre les actes de cette dispute; ils y découvrirent vingt-cinq erreurs de fait, dix contradictions et quinze falsifications de l'Ecriture sainte; mais le conseil municipal de Berne, tranchant le nœud gordien, s'érigea en juge suprême de la Bible, qui pourtant ne devait pas avoir besoin de juge : de sa pleine autorité papale, se mettant même au-dessus des Papes, il changea la foi, *approuva et confirma* les dix thèses du concile zwinglien, ordonna de les recevoir et de s'y conformer, défendit à tous les curés ou ministres de rien enseigner ni dire de contraire; il abolit la messe, fit démolir les autels et brûler les images, dépouilla les quatre évêques de toute juridiction spirituelle, et délia les doyens et les trésoriers des chapitres du serment d'obéissance qu'ils prêtaient aux évêques; en sorte que ceux mêmes qui se récriaient le plus que le Pape pût, en certains cas extraordinaires, délier d'un serment, c'est-à-dire déclarer, après mûr examen, qu'il était impossible, illicite, nul, sacrilège, contraire à la loi divine et par conséquent non obligatoire, ceux-là mêmes se délièrent et prétendirent délier les autres, soit de leurs devoirs naturels, soit de leurs promesses volontaires et licites. Cependant les municipaux de Berne n'oublièrent pas de prescrire que l'on continuerait à payer les dîmes, cens et autres redevances affectées aux usages religieux, se réservant d'en disposer en temps et lieu, comme ils le jugeraient convenable. Ensuite ils permirent aux prêtres de se marier, aux religieux et aux religieuses de sortir de leurs couvents, obligèrent les ministres de prêcher quatre fois par semaine, sous peine de révocation, et finalement se réservèrent la faculté de changer encore cette nouvelle religion, si on venait à leur prouver quelque chose de mieux par l'Ecriture. En attendant, ils persécutaient les anabaptistes qui expliquaient aussi la Bible selon leur propre sens et n'y trouvaient pas le baptême des enfants ni l'autorité des seigneurs temporels.

Le 23 février 1528, leurs excellences municipales de Berne envoyèrent dans toutes les communes de leur pays des commissaires chargés de haranguer le peuple pour faire adopter cet édit de réforme; et afin de ne pas manquer le but, ou pour faire briller plus de lumières, on admit dans ces conciles communaux jusqu'à des garçons de quatorze ans. De plus, les commissaires avaient ordre de s'y prendre de façon que le succès, du moins apparent, ne pouvait être douteux. Si la majorité d'une paroisse se déclarait pour le prêche, la minorité devait se soumettre et la religion catholique être abolie; si, au contraire, la majorité l'emportait pour la messe, la minorité protestante demeurait libre de professer librement ce qu'elle appelait la parole de Dieu. Si dans une ville ou commune, composée de plusieurs paroisses, la majorité l'emportait pour la religion catholique, on devait faire voter chaque paroisse séparément, afin de protéger celles qui se prononceraient pour la réforme; et lors même qu'une commune entière votait à l'unanimité la conservation de l'ancienne religion, on lui ôtait toute possibilité de la pratiquer, en la privant du prêtre et en maintenant le ministre protestant du lieu dans son presbytère. Enfin, dans les endroits seulement où le curé et les paroissiens se déclaraient unanimement pour la messe, leurs excellences bernoises permettaient, par grâce spéciale, de la laisser célébrer *jusqu'à nouvel ordre* (Haller, c. 6).

Cependant la prétendue réforme, introduite de vive force, provoqua des insurrections et des résistances dans plus d'un endroit. En vertu de la nouvelle liberté chrétienne, on eût dû laisser faire. Les municipaux de Berne ne l'entendaient point ainsi, et réprimaient les oppositions, tantôt par les armes, par des amendes, tantôt par quelques concessions temporaires.

A Berne même, les édits réformateurs se succédaient avec rapidité, et l'on marchait chaque jour plus avant dans le sens de la révolution. Ce qui, lors de la dispute, avait encore été reconnu vrai, ne l'était déjà plus au bout de quelques mois, et *la claire parole de Dieu* subissait à chaque instant de nouvelles variations. Une ordonnance du 21 juin réduisit les fêtes au nombre de vingt-cinq, indépendamment des dimanches. On conserva entre autres la Toussaint et la fête de saint Vincent, patron de la ville; car, quoique dans la sixième thèse de Zwingle, approuvée et confirmée par leurs excellences municipales, la vénération et l'invocation des saints eussent été rejetées comme injurieuses aux mérites du Christ, Berne voulut au moins conserver son patron spécial.

Dans le même temps, un autre édit défendait les services militaires étrangers et toute pension reçue ou à recevoir d'un prince ou seigneur étranger; en sorte que, dès son origine, la réforme protestante priva les citoyens et les sujets de Berne d'une des premières libertés de l'homme, savoir, de la liberté de servir le maître qui leur inspire le plus de confiance, ou leur procure le plus d'avantages, et leur ôta tout à la fois le pain spirituel et le pain matériel.

Huit jours plus tard, parut un édit de persécution qui ordonnait de briser partout les images et de démolir les autels, soit dans les églises, soit dans les maisons particulières, de poursuivre partout les prêtres qui diraient encore la messe, d'en saisir autant qu'on pourrait en attraper, et de les mettre en prison; de traiter de la même manière quiconque oserait mal parler des municipaux de Berne. En cas de récidive, les prêtres étaient mis hors la loi et livrés à la vengeance publique; enfin le même édit ordonnait encore de punir tous ceux qui soutiendraient ces prêtres réfractaires, ou qui leur donneraient asile. Un troisième édit du 22 décembre défendit même d'aller entendre la messe dans les cantons voisins, sous peine de destitution pour les gens d'office, et de punition arbitraire pour les particuliers (Haller, c. 7).

Pendant les années 1529, 1530 et 1531, la Suisse se trouva dans un état épouvantable. On ne voyait partout que haine, troubles et actes de violence; partout régnaient la discorde et la division : discorde entre les cantons, discorde dans le sein des gouvernements, discorde entre les souverains et les sujets, enfin, discorde et division dans chaque paroisse et dans chaque famille. La défection de Berne, à laquelle les Zurichois travaillèrent pendant six ans, avait déchaîné l'audace de tous les brouillons et de tous les mauvais sujets de la Suisse. De tous côtés on voyait éclater de nouvelles révolutions. Partout elles s'opéraient par une troupe de bourgeois ignorants, turbulents et factieux, contre la volonté des magistrats intimidés, et de la partie nombreuse et paisible des habitants, qui voyaient ces innovations avec horreur, mais dont on arrêtait l'indignation et paralysait le zèle, comme on l'a fait de nos jours, en prétextant la nécessité d'empêcher l'effusion du sang et de prévenir les horreurs de la guerre civile. Ainsi, les uns faisaient à leurs concitoyens et à tout ce qui est sacré une guerre implacable, tandis que les autres étaient condamnés à souffrir sans résistance toutes les hostilités, et l'on qualifia du bon nom de *paix* cet état d'iniquité triomphante et de misérable servitude. Partout, excepté à Schaffouse, ville qui se distingua toujours par le calme et le caractère paisible de ses habitants, partout les révoltés, de leur propre mouvement, pénétraient en armes dans les églises, abattaient les autels, brûlaient les images, détruisaient les plus magnifiques monuments de l'art, pillaient les vases sacrés, ainsi que d'autres objets précieux, et faisaient vendre à l'enchère les vêtements sacerdotaux; car c'est par ce vandalisme et ces sacriléges que se signala constamment la révolution religieuse du seizième siècle. En vertu de la liberté de conscience, les novateurs triomphants destituaient tous les conseillers catholiques, et défendaient de prêcher contre ce qu'ils appelaient la réforme. A Bâle, en particulier, la noblesse fut chassée, et le clergé catholique, le chapitre et même les professeurs de l'Université quittèrent pour jamais une ville dont ils étaient l'ornement et la gloire, et qui leur devait son existence et son lustre.

Vers la fin de la même année 1529, Zwingle soufflait déjà le feu de la guerre à Zurich; mais trouvant peu de partisans dans la ville, il répandit un manifeste dans tous les villages, pour soulever le peuple contre les cinq cantons catholiques. Il déclama même contre Berne, dont la marche lui paraissait trop lente ou peu sincère, et, d'après ses conseils, Zurich envoya une députation qui obtint la rupture du traité de paix avec Unterwald.

Alors, les cinq cantons catholiques, Lucerne, Uri, Schwitz, Unterwald et Zug, formant le cœur et le centre de la Suisse, contractèrent une alliance avec Ferdinand, archiduc d'Autriche, et une autre avec Fribourg, le Valais et Rapperschwil, pour se maintenir dans la religion catholique. Les protestants, épouvantés, en poussèrent des cris de fureur, quoique eux-mêmes eussent déjà fait des traités semblables avec des princes étrangers, notamment avec le landgrave de Hesse, pour le maintien de leur réforme. Ils se croyaient tout permis pour anéantir l'ancienne religion, et auraient voulu que tous moyens de la défendre fussent enlevés aux catholiques.

Le 7 juin 1529, les Zurichois, toujours ardents et fougueux, marchèrent sur Cappel et occupèrent l'abbaye de Muri, d'où ils furent bientôt chassés par les Lucernois. Alors ils déclarèrent ouvertement la guerre aux cinq cantons; mais ils pâlirent et reculèrent, en voyant que les catholiques s'étaient aussitôt réunis en masse et se trouvaient prêts à se défendre. Une quarantaine de médiateurs, tous protestants, accoururent à la hâte de tous les cantons suisses et même des villes d'Allemagne, pour empêcher que la querelle ne fût vidée par les armes. Ils réussirent effectivement à faire accepter, le 26 juin, une paix simulée qui, tout en prêchant la tolérance, l'union et l'oubli, laissait subsister la source de la discorde (Haller, c. 8).

L'année 1530 se passa dans les mêmes troubles, et n'offrit qu'une suite d'injustices et d'actes de violence. Pendant que Zurich travaillait à révolutionner les seigneuries communes de la Suisse orientale, Berne en faisait autant dans les bailliages qu'elle possédait en commun avec Fribourg. Les protestants commençaient à se diviser plus que jamais entre eux; les anabaptistes surtout, difficiles à réfuter par la lettre seule et par l'interprétation particulière de la Bible, leur donnaient beaucoup d'embarras. Plusieurs d'entre eux furent décapités; les chefs de la réforme eux-mêmes finirent par se brouiller et se quereller sur les principaux dogmes du christianisme, sans même pouvoir s'accorder sur la confes-

-sion d'Augsbourg. Chacun enseignait son opinion et sa croyance particulières, et néanmoins chaque opinion devait passer pour la pure parole de Dieu.

L'année 1531 commença dans les mêmes troubles que la précédente. A Soleure, les protestants se brouillèrent sérieusement, les uns voulant adopter la réforme zurichoise, d'autres celle de Berne, des troisièmes celle de Bâle, sans qu'aucune autorité pût les mettre d'accord.

Dans les seigneuries communes, les cantons protestants, Zurich surtout, violèrent ouvertement le traité de paix de 1529. Partout ils soutenaient la minorité rebelle, et prétendaient faire embrasser leur nouvelle réforme. Sans aucun nouveau motif, ils interdirent à leurs voisins, les cinq cantons catholiques, le commerce du blé et du sel, dans le dessein de les affamer et de les soumettre ensuite, pour les punir de leur fidélité à l'ancienne religion. Enfin, la violence des Zurichois, ayant comblé la mesure, finit par amener un dénouement sanglant, qui fut pour les novateurs une leçon salutaire, les força de respecter la justice, et rétablit en Suisse une paix au moins tolérable.

Le 7 octobre 1531, les cantons de Lucerne, d'Uri, de Schwitz, d'Unterwald et de Zug, réduits à défendre tout à la fois leur religion, leur liberté et leur existence même, déclarèrent la guerre aux Zurichois comme aux seuls et véritables auteurs de tous leurs maux. Zwingle soufflait depuis trois ans le feu de cette guerre, et annonçait avec une orgueilleuse présomption une victoire facile. Le 21 septembre 1531, il disait publiquement à ses auditeurs dans un sermon : « Levez-vous, attaquez; les cinq cantons sont en votre pouvoir. Je marcherai à la tête de vos rangs, et le premier à l'ennemi. Là, vous sentirez la force de Dieu, car lorsque je les haranguerai avec la vérité de la parole de Dieu, et leur dirai : Qui cherchez-vous, impies? alors, saisis de terreur et de crainte, ils ne pourront répondre; mais ils tomberont en arrière et prendront la fuite, comme les Juifs à la montagne des Oliviers devant la parole du Christ. Vous verrez que l'artillerie qu'ils auront braquée contre vous, se tournera contre eux et les foudroiera eux-mêmes. Leurs piques, leurs hallebardes et autres armes ne vous blesseront pas, mais les blesseront eux-mêmes. » Ainsi parlait Zwingle le 21 septembre; pour plus de sûreté, il fit imprimer son discours prophétique. Mais lorsqu'au mois d'octobre il vit gronder l'orage et approcher le péril, il commença à trembler; poursuivi de sinistres pressentiments, il s'effraie de l'apparition d'une comète, et prédit que tout cela finira mal. Mais ses partisans le forcent, malgré lui, de marcher à leur tête, et ils occupèrent le village de Cappel.

Le 11 octobre, les Zurichois y furent entièrement défaits; ils prirent la fuite dans le plus grand désordre, ayant perdu dix-neuf canons, quatre drapeaux, toutes leurs munitions et au moins quinze cents hommes, parmi lesquels vingt-sept magistrats et quinze prédicants. Le cadavre de Zwingle, ayant été reconnu, fut mis en pièces, ou, selon d'autres, écartelé par les mains du bourreau et brûlé.

Les catholiques, selon l'ancienne coutume, restèrent sur le champ de bataille, où, s'étant mis à genoux, ils remercièrent Dieu de la victoire qu'il venait de leur accorder; ensuite ils s'avancèrent dans le canton de Zurich. Le 21 octobre, les Zurichois, revenus de leur première frayeur et renforcés par leurs alliés, attaquèrent de nouveau les catholiques avec des forces supérieures; ils furent battus une seconde fois au mont de Zug, et prirent la fuite en désordre, abandonnant leur artillerie, leur argent et leurs bagages. Leur désunion et l'indiscipline religieuse se peignaient dans tous leurs actes extérieurs. Au temporel comme au spirituel, chacun voulait commander, nul ne voulait obéir, et c'est ce qui causa leur défaite.

Le 31 octobre et le 6 novembre, les catholiques proposèrent aux protestants trois articles très-modérés, très-raisonnables, rédigés en termes honnêtes, et dont les médiateurs eux-mêmes, quoique protestants, conseillaient l'acceptation. Ils portaient simplement : 1º qu'on devait dorénavant laisser les cinq cantons catholiques en paix sous le rapport de leur religion; 2º que ceux-ci promettaient d'en faire autant à l'égard de ceux de Zurich, de Berne et de leurs adhérents; 3º qu'ils n'inquiéteraient pas ceux qui, dans les seigneuries communes, avaient embrassé la religion réformée; mais que, si dans quelque lieu on avait usé de fraude et de violence pour l'établir, on pourrait remettre de nouveau l'affaire aux voix, et que les paroisses qui voudraient reprendre l'ancienne religion seraient libres de le faire. — Ceux de Zurich et de Berne admirent les deux premiers articles, mais rejetèrent le troisième avec hauteur.

Aussitôt (c'était le 6 novembre) les catholiques attaquèrent de nouveau les Zurichois, les chassèrent de leurs positions, inondèrent le territoire de Zurich et s'avancèrent jusqu'à deux lieues de la ville. Alors les vaincus perdirent tout à fait courage, et la terreur devint générale; un grand nombre fulminaient contre *Zwingle*, et *les misérables prédicants*, comme étant la cause de tous leurs maux, comme ayant trompé le peuple en lui disant que les ennemis ne tiendraient pas et que le bruit d'une feuille les ferait fuir. Aussi les bourgeois et les sujets forcèrent-ils leurs magistrats à conclure la paix.

Le 16 novembre, les députés de Zurich signèrent donc un traité de paix par lequel ils abandonnaient tous leurs alliés, et qui portaient en substance : « Que les Zurichois devaient et voulaient laisser les cinq cantons, avec leurs alliés et leurs adhérents, dès à présent et à l'avenir, *dans leur ancienne, vraie et indubitable foi chrétienne*, sans les inquiéter ni importuner par des chicanes et des disputes, renonçant à tout mauvais subterfuge et arrière-pensée, à toute ruse, dol et fraude; que, de leur côté, les cinq cantons voulaient aussi laisser les Zurichois et leurs adhérents libres dans leur croyance; que dans les seigneuries communes, dont les cinq cantons étaient co-souverains, les paroisses qui avaient embrassé la *nouvelle foi* pourraient la conserver si cela leur convenait; que celles qui n'avaient pas encore renié l'*ancienne foi* seraient pareillement libres de la garder, et qu'enfin celles qui voudraient reprendre *la véritable et ancienne foi chrétienne* auraient le droit de le faire. » De plus, le traité de 1529, si onéreux pour les catholiques, fut annulé; les Zurichois s'engagèrent à renoncer à tous les traités contraires aux anciennes alliances suisses, à restituer aux cinq cantons les deux mille cinq cents écus d'or pour les frais de la guerre en 1529, et de rétablir à leurs dépens les ornements brisés ou enlevés dans les diverses églises.

Dès le 15 novembre, les troupes bernoises, fatiguées, mal disposées et découragées, décampèrent sans avoir combattu, et toute l'armée se débanda. On sonna le tocsin, mais, dit le véridique historien Tschudi, pour un qui arriva, trois s'en allèrent, *car la terreur était là*. Les soldats mutinés jetaient leurs armes, disant qu'ils ne voulaient pas exposer leurs femmes, leurs enfants et leurs foyers *pour cette nouvelle croyance que le diable avait apportée dans le pays* (1).

Les catholiques poursuivirent les Bernois jusqu'au delà de Lentzbourg et Sur, près d'Aarau, sans rencontrer aucune résistance. Rien ne les empêchait d'aller encore plus loin et de mériter une seconde fois le titre de *fondateurs* et de *restaurateurs de la Suisse*, en détruisant la source du mal et en signant la paix à Berne, où on les aurait reçus avec acclamation comme des libérateurs. Mais, observe le judicieux M. de Haller, dans leurs vues, à la vérité justes dans le fond, mais étroites et uniquement bornées à leur propre pays, retenus d'ailleurs par des médiateurs qui vinrent encore s'immiscer dans la querelle, ils firent, par excès de modération, l'énorme faute de s'arrêter à moitié chemin et d'accorder aux Bernois une paix qui fut signée le 22 novembre, à Bremgarten, avec des conditions et dans des termes semblables à ceux que les Zurichois avaient obtenus six jours auparavant. Les Bernois reconnurent donc aussi, par un traité formel, *que la religion catholique est l'ancienne, vraie et indubitable foi chrétienne*, et que celle qu'ils venaient d'introduire était une religion toute nouvelle et par conséquent fausse. De plus, ils s'engagèrent à payer trois mille écus pour images brisées et ornements détruits dans l'abbaye de Muri et dans d'autres églises, et deux mille cinq cents écus d'or pour frais de la guerre; à libérer le canton d'Unterwald des charges qu'on lui avait imposées, et à laisser rentrer dans leur patrie les habitants de Grindelwald, bannis pour avoir défendu leur ancienne religion.

Ce fut ainsi qu'une querelle que trois années de conférences et de négociations fatigantes avaient envenimée toujours davantage, se termina en moins de trois semaines par une guerre qui ne coûta que deux combats. L'expérience prouve encore ici, ajoute le judicieux de Haller, que, dans toutes les grandes dissensions religieuses et politiques, une guerre entreprise en temps opportun est le moyen le plus sûr, le plus prompt et même le plus doux pour rétablir la paix, parce que les maux physiques et le sentiment de sa propre impuissance peuvent seuls faire fléchir l'entêtement d'une secte et la forcer à reconnaître les droits d'autrui. Aussi l'effet de la victoire des catholiques fut-il prodigieux en Suisse. A peine les Bernois eurent-ils abandonné les villes de Bremgarten et de Melling, que les habitants reprirent la religion catholique. Elle fut pareillement rétablie partout où l'on recouvrait la faculté de respirer; les monastères d'Einsidlen, de Wetting, de Munsterling, de Fahr, de Catharinenthal et de Saint-Gall, d'où les perturbateurs avaient chassé les religieux, se formèrent de nouveau, et depuis lors ils ont subsisté paisiblement jusqu'à nos jours. Tout cela se fit spontanément et sans violence; car les cantons catholiques n'avaient aucune force armée dans ces bailliages communs, et, en vertu d'un traité de paix qu'on venait de conclure, chaque commune avait pleine et entière liberté de persister dans la religion réformée, si elle le jugeait convenable. Aussi, partout où les communes ont voulu conserver leurs ministres zwingliens, la nouvelle réforme s'est maintenue et conservée jusqu'à présent, et de là vient que dans ces contrées, notamment dans la Thurgovie, il existe d'une paroisse à l'autre, et même dans le sein de chaque paroisse, un si grand mélange de catholiques et de protestants.

L'impression qu'avait produite la défaite des protestants se fit sentir jusque dans les villes de Zurich et de Berne. A Zurich, un parti nombreux voulait rétablir la religion catholique. On les apaisa par de bonnes paroles et quelques remises pécuniaires. On fit pareillement quelques tentatives dans les conseils de Berne, pour faire révoquer les édits de la réforme. Plusieurs villes et villages y envoyèrent des députés dans le même dessein. Mais la majorité protestante, au lieu de respecter cette liberté de conscience toujours invoquée par les réformateurs, employa la ruse et la violence pour l'ôter ou la refuser aux catholiques (Haller, c. 9).

Les municipaux de Berne, dominés par les prêcheurs de la réforme, et effrayés des mouvements qui se manifestaient en faveur de l'ancienne religion, se hâtèrent de convoquer un synode de prédicants, composé de deux cent trente pasteurs ou ministres, et de faire une espèce de constitution, afin de présenter au moins une apparence d'ordre dans leur église. La besogne était préparée d'avance, et les Pères du concile n'eurent pas beaucoup à faire; ils s'assemblèrent le 9 janvier 1532, et le 14 tout était déjà terminé; de sorte qu'évidemment il n'y eut ni discussions ni délibérations, car, certes, il n'est pas probable que, sans ordre supérieur, deux cent trente ministres protestants, tous grands parleurs et dont chacun expliquait la Bible à sa fantaisie, fussent en cinq jours tombés d'accord sur tant de matières controversées et sur la rédaction d'une ordonnance de quarante-six chapitres. Un prêtre marié de Strasbourg, Capiton ou Petite-Tête, en fut l'auteur et le rédacteur.

D'abord, pour éviter toute dispute entre les *Pères du synode*, l'auteur ne touche ni les dogmes ni la morale. Sur quoi il est bon de remarquer que ces prédicateurs de la réforme, qui rejettent tous les Pères de l'Eglise, et qui, pour justifier leur système d'indépendance, nous répètent sans cesse le passage de l'Ecriture : *Vous ne devez appeler personne votre père*, se donnent néanmoins eux-mêmes le titre de *pères*, eux qui n'étaient que des disciples révoltés et les pères spirituels de personne, si ce n'est de leurs sectateurs, à qui ils enseignaient à mépriser l'Eglise, leur mère, et à abandonner la religion de leurs pères.

Du reste, les actes de ce synode renferment des aveux inappréciables. Les ministres conviennent

---
(1) Guill. Tschudi. *Description de la guerre de Cappel, écrit classique dont chaque ligne annonce l'homme supérieur, l'éloquent écrivain et le grand homme d'Etat* (Note de Haller).

qu'il ne leur est pas possible de faire quelque fruit dans leur église, si le magistrat civil n'ajoute ses soins pour avancer cette bonne œuvre. Il leur faut donc aussi un chef ou un évêque du dehors, d'autant plus que, sans son pouvoir coërcitif, ces ministres, qui rejettent tout autre supérieur, ne s'accorderaient jamais. « C'est pourquoi, disent-ils, tout magistrat chrétien doit, dans l'exercice de son pouvoir, être le lieutenant et le ministre de Dieu, et conserver parmi ses sujets la doctrine et la vie évangélique, tout autant du moins qu'elle s'exerce au dehors et se pratique dans les choses extérieures. » Voilà donc tout magistrat civil formellement créé pape; car, pour conserver la doctrine évangélique, il faut pouvoir juger quelle est la véritable; et l'enseignement, la prédication et l'instruction des enfants, l'administration, tout cela s'exerce au dehors, la vie entière ne se compose que d'actes extérieurs. Cependant, plus loin, Capiton essaie de subordonner le temporel au spirituel, tant il est peu d'accord avec lui-même. Et ce n'est pas la seule contradiction de son mémoire. Les prédicants s'y appellent les *successeurs des apôtres*, eux qui soutenaient que les apôtres n'avaient pas eu de successeurs.

Maintenant, quel heureux effet produisait la papauté civile des municipaux de Berne? « Il est vrai, leur dit Capiton, que votre ministère et votre pouvoir à l'égard de l'Evangile *ne fait et n'a fait que des hypocrites;* car il y en a beaucoup qui fuient la messe comme une cérémonie pleine de blasphèmes, qui s'en accommoderaient fort bien, si Vos Excellences ne l'avaient abolie par leurs édits et leurs mandats; mais peu importe de quelle manière on reçoive l'Evangile. Vos Excellences souhaiteraient conduire chacun à la vérité : *si ensuite le monde l'embrasse par hypocrisie, ce n'est pas votre faute;* il en est de vous comme de Moïse. Vos Excellences ne doivent pas non plus se mettre en peine des discours de quelques âmes simples qui disent que le christianisme ne se gouverne point par l'épée, et que Leurs Excellences *rétablissent une papauté nouvelle en voulant se mêler des affaires de la foi.* »

Le chapitre 24e du synode ordonne *expressément aux pasteurs d'attaquer les papes dans leurs sermons.* Mais, dans une lettre confidentielle écrite à Farel l'an 1537, le même Capiton s'exprimera ainsi sur la réforme et sur le Pape : « L'autorité des ministres est entièrement abolie, tout est perdu, tout va en ruine. Le peuple nous dit hardiment : Vous voulez vous faire les tyrans de l'Eglise, vous voulez établir une nouvelle papauté. Dieu me fait connaître ce que c'est que d'être pasteur, et le tort que nous avons fait à l'Eglise par *le jugement précipité et la véhémence inconsidérée qui nous a fait rejeter le Pape.* Car le peuple, accoutumé et comme nourri de la licence, a rejeté tout à fait le frein; il nous crie : Je sais assez l'Evangile, qu'ai-je besoin de votre secours pour trouver Jésus-Christ? Allez prêcher ceux qui veulent vous entendre (*Ep. ad Farel. int. ep. Calv.*, p. 5). »

Du reste, cette impuissance du ministère des prédicants était déjà notoire en 1532. Dans le 42e chapitre, le synode de Berne avoue humblement que Leurs Excellences municipales avaient enjoint à tous les ministres de prêcher quatre fois par semaine, mais qu'ils n'ont pas suivi cet ordre, *parce qu'ils n'avaient pas d'auditeurs* (Haller, c. 10, 11 et 12).

L'édit confirmatif des municipaux de Berne, étant de la même main de Capiton, présente les mêmes incohérences. Ces incohérences ou contradictions étaient d'ailleurs inhérentes à la prétendue réforme. On le vit en 1532, dans la conférence qu'il y eut à Zofing entre les zwingliens et les anabaptistes, dans le but de convaincre ces derniers de leurs erreurs. Les prédicants de Berne sentirent fort bien que par la Bible seule, livrée à l'interprétation particulière, ils ne triompheraient jamais de leurs antagonistes. C'est pourquoi ils abandonnèrent le principe fondamental de la réforme, savoir, que l'Écriture est l'unique source du christianisme, et qu'elle n'a pas besoin d'interprète authentique. Ils se donnèrent un air d'autorité, d'ancienneté et de légitimité, et osèrent demander : « La mission des anabaptistes est-elle légitime? Qu'est-ce que l'Eglise, et où est la véritable? » Autant de traits dont ils se perçaient eux-mêmes. Il paraît que les anabaptistes surent bien le leur faire sentir. Car les Excellences municipales de Berne n'approuvèrent pas le résultat de la conférence : elles trouvèrent plus simple de bannir ou de noyer ceux qu'on n'avait pu convaincre (Haller, c. 14). C'est par des moyens semblables de ruse et de violence qu'elles perverissent le canton de Vaud ou de Lausanne, et le pays de Genève.

Le canton de Soleure donna, au contraire, un exemple aussi beau que rare. En 1533, les cinq cantons catholiques, ayant à réclamer des Soleurois une satisfaction pour les secours qu'ils avaient fournis à Berne dans la dernière guerre, leur firent trois propositions, avec pleine liberté d'accepter celle qui leur conviendrait le mieux. Ils leur demandèrent ou de payer mille écus pour les frais de la guerre, ou de renvoyer le ministre luthérien, ou de se soumettre à un jugement pour le tort qu'ils avaient fait aux catholiques. Or, les Soleurois, gens judicieux et déjà dégoûtés, comme le dit leur historien Haffner, des prédications haineuses et querelleuses de la réforme, acceptèrent la condition la moins onéreuse et la plus raisonnable, malgré les sollicitations des Bernois, qui conjuraient leurs alliés de Soleure de préférer le trésor inestimable de la vérité zwinglienne à un peu d'argent. Ils congédièrent donc le ministre protestant, dont les disciples tolérés depuis trois ans avaient déjà presque obtenu la majorité dans les conseils, mais qui commençaient par s'entre-détruire par suite des troubles suscités par les anabaptistes et les divisions de leurs propres ministres. Cette doctrine fit comprendre aux Soleurois qu'une telle doctrine ne pouvait être la vérité chrétienne. Du reste, on ne fit aucun mal aux réformés, on ne les condamna ni au silence, ni à la noyade, ni à un emprisonnement perpétuel au pain et à l'eau, comme les Bernois firent aux anabaptistes; ils eurent même la liberté d'aller entendre le prêche dans un village voisin de la ville de Soleure.

Mais à l'instar de tous les sectaires, les nouveaux réformateurs ne voulurent se soumettre à aucune loi ni ordonnance; l'autorité du gouvernement, la majorité du peuple même n'étaient respectables à leurs yeux qu'autant qu'elles se prononçaient en faveur de l'anarchie religieuse. Un jour donc que les principaux membres du conseil se trouvaient à la campagne, ils s'assemblèrent dans Soleure même, et résolurent de s'emparer, le 30 octobre, à une heure après minuit, de l'arsenal et de l'église des Cordeliers, de surprendre les prêtres dans leur lit, et de massacrer tous les catholiques en cas de résistance. Malheureusement pour eux, un honnête citoyen, quoique partageant les nouvelles opinions, fut révolté de leur entreprise criminelle, et en avertit l'avoyer en charge, Nicolas de Wengi.

Ce magistrat prit sur-le-champ les mesures les plus propres à déjouer le complot. En peu de temps, des hommes et même des femmes chrétiennes se réunirent en armes autour de lui. Ils occupèrent aussitôt l'église de Saint-Ours, le cimetière, la rue qui conduit à l'arsenal, ainsi qu'à la maison de ville; puis ils attendirent avec calme l'agression des nouveaux évangélistes. Ceux-ci arrivèrent en effet à l'heure convenue, et virent avec effroi les catholiques tout prêts à se défendre. Ils se précipitèrent néanmoins vers l'arsenal, et, s'en étant rendus maîtres, ils prirent des canons et dressèrent une barricade. Mais, dans le même moment, ils furent entourés par les catholiques armés de haches et de carabines, et qui occupaient toutes les rues et toutes les maisons autour de l'arsenal. A cette vue, les rebelles perdirent courage, quoique l'arsenal fût encore entre leurs mains. Retirez-vous, leur criait-on de tous côtés, retirez-vous, sinon vous serez tous exterminés! Alors, sans que les catholiques fissent un mouvement pour les inquiéter dans leur retraite, ils rebroussèrent chemin, passèrent le pont dont ils enlevèrent les planches, et élevèrent dans le faubourg une espèce de rempart entre l'église et l'ancien hôpital.

Mais ils ne se crurent pas plus tôt en sûreté, qu'ils se mirent de nouveau à insulter les catholiques par des vociférations et les gestes les plus indécents. C'est une déclaration de guerre! s'écrient les catholiques indignés: aussitôt ils courent chercher l'artillerie. Un brave citoyen, attaché à l'ancienne foi, tire un coup de canon qui porte justement dans le lieu où les novateurs étaient réunis, mais sans leur faire de mal. Le même capitaine va tirer un second coup, lorsque l'avoyer de Wengi accourt hors d'haleine, se met devant la bouche du canon, et crie à ses frères les catholiques: Chers et pieux citoyens! si vous voulez tirer de l'autre côté, je serai votre première victime! considérez mieux l'état des choses. — A ce dévouement sublime du magistrat chrétien, amis et ennemis sont saisis d'un étonnement respectueux; la mèche fumante tombe des mains du capitaine; un grand nombre d'entre les rebelles ouvrent les yeux, se repentent de leur imprudence, et rentrent dans la ville par des chemins détournés, aimant mieux renoncer à la secte zwinglienne que d'abandonner leurs femmes et leurs enfants, leurs maisons et leurs propriétés. Les autres, voyant que leur projet avait échoué et qu'ils ne pouvaient même plus se fier à leurs adhérents, se retirèrent ailleurs, attendant des secours et des circonstances plus favorables.

C'est ainsi que la foi catholique et l'ordre social furent sauvés à Soleure, par la seule fermeté de l'avoyer de Wengi, et sans aucune effusion de sang. Le conseil de la ville et du canton, se voyant débarrassé des principaux perturbateurs, et son propre sein purgé des fauteurs ou complices de la révolte, attaqua le mal par sa racine. Il renvoya les prêcheurs luthériens, et rétablit l'ancienne religion dans la ville et dans la campagne, excepté dans un bailliage où la réforme protestante avait été déjà précédemment adoptée avec la permission du gouvernement.

Zurich et Berne intercédèrent vivement en faveur des séditieux. Leurs efforts furent inutiles. Soleure, soutenue par les cantons catholiques, montra une sage fermeté. Semblable à un médecin habile et intelligent, qui déteste la maladie, mais qui aime le malade, le conseil de Soleure fut inébranlable dans la chose essentielle, mais conciliant et modéré dans tout le reste; il refusa nettement cette prétendue liberté religieuse que les rebelles vaincus réclamaient encore avec insolence et qu'ils n'avaient jamais accordée à leurs adversaires. Il ne voulut permettre ni la profession publique, ni la propagation de la secte zwinglienne, mais il se montra doux et humain envers les personnes coupables ou égarées. On en vint à une sentence arbitrale qui, sans toucher la question religieuse, portait qu'à l'exception de huit chefs de la révolte, tous les autres citoyens fugitifs pourraient librement retourner dans la ville de Soleure; que trente-deux seulement des plus coupables seraient condamnés ensemble à une amende de quatre mille six cent quatre-vingts livres; que dix-sept luthériens étrangers quitteraient la ville et le territoire de Soleure, avec leurs familles, dans le terme d'un mois; que tous les habitants de la campagne qui avaient pris part à la sédition pourraient retourner paisiblement dans leurs foyers sans payer d'amende et sans être inquiétés en aucune manière. C'est ainsi, dit l'historien protestant Stettler, se termina cette fâcheuse affaire, et depuis ce temps-là on n'a guère entendu parler de religion réformée dans la ville de Soleure (*Chronique de Stettler*, t. II, p. 61 et 62).

Sur la fin de la même année, le 17 décembre 1533, Soleure entra dans l'alliance que les cantons catholiques et le Valais avaient contractée, tant entre eux qu'avec le chef de l'Eglise universelle, le pape Clément VII, dans le but de se soutenir mutuellement pour le maintien du libre exercice de la religion catholique (Haller, c. 14).

Dans bien des pays il y a des concours de sciences et d'arts : on donne des prix de philosophie, de rhétorique, de calcul, de dessin, de peinture; il y a des concours et des prix d'agriculture, d'horticulture, de charrues, de bétail : dans des maisons d'éducation, on donne des prix de vertu et de sagesse; en France, il y a même une fondation pour récompenser la bienfaisance pauvre et ignorée. Supposé maintenant qu'il y ait quelque part concours et prix de vertu et de sagesse pour les peuples comme pour les individus; supposé que l'histoire universelle de l'Eglise catholique soit comme le grand jury de la chrétienté, pour examiner quel a été le peuple d'Europe qui, depuis dix-huit siècles, dans les circonstances les plus critiques, les épreuves les plus difficiles, s'est montré constamment fidèle à Dieu et aux hommes, inébranlable dans les revers, modéré dans la victoire, également ami de l'ordre, de la justice et de la liberté : nous croyons que, prenant pour règle la loi de Dieu interprétée par son Eglise, le jury chrétien se déclarerait pour les petits peuples, pour les petites républiques de Schwitz, d'Uri, d'Unterwald, de Zug et de Lucerne. Depuis leur première apparition dans l'histoire (1307), jusqu'à nos jours (1845), six siècles durant, et dans leur lutte primitive contre l'oppression, et dans leur lutte contre l'anarchie religieuse du XVIe siècle, et dans leur lutte contre l'anarchie religieuse et sociale du XIXe, toujours on les voit semblables à eux-mêmes, pleins de foi, de loyauté, de bravoure, de bon sens, toujours indomptables non-seulement à la force brutale, mais encore à la séduction des mauvaises doctrines. Nous avons vu les empereurs allemands, au lieu de se soumettre à la loi de Dieu interprétée par l'Eglise, se poser eux-mêmes comme la loi souveraine et vivante; nous avons vu les rois faire comme les empereurs; nous avons vu le moine Luther étendre ce droit à chaque individu, et poser ainsi l'anarchie universelle en principe fondamental. Les pâtres républicains et catholiques de Schwitz, d'Uri, d'Unterwald, de Zug et de Lucerne ne s'y sont pas laissé prendre : toujours ils ont reconnu une loi au-dessus d'eux et des autres, la loi de Dieu, reçue, conservée, enseignée et interprétée par l'Eglise de Dieu.

§ VI.

La Suède, le Danemarck et la Norwège, entraînés dans l'apostasie par les rois et les nobles. — Efforts des papes Adrien VI et Clément VII pour empêcher l'apostasie de l'Allemagne, qui se brouille et se divise de plus en plus. — Confession d'Augsbourg. — Luther et Mélanchthon conseillent la bigamie au roi d'Angleterre et la permettent au landgrave de Hesse. — Royaume des anabaptistes à Munster; ils sont condamnés à l'extermination par les docteurs du protestantisme.

Pour l'honneur de l'Europe et le bonheur du genre humain, une chose était à souhaiter : c'est que tous les rois et les peuples de l'Occident eussent la foi, la loyauté et le bon sens des pâtres de l'Helvétie. Mais il s'en fallait de beaucoup. De là cette facilité de séduction dans bien des pays.

Au septentrion, dans la Suède, le Danemarck et la Norwège, le peuple et le clergé étaient sincèrement catholiques : l'apostasie fut l'œuvre des rois et des nobles, qui, parjures à leurs serments, transplantèrent chez eux les principes du moine apostat de Wittemberg, pour voler le clergé, opprimer le peuple et asservir l'un et l'autre au pouvoir désormais absolu des rois : en sorte que le clergé n'est plus depuis lors qu'un instrument administratif pour tenir le peuple dans la servitude.

Dans l'origine, les rois de Danemarck, de Suède et de Norwège étaient électifs, leur pouvoir fort borné, ainsi que leurs domaines : la puissance principale était entre les mains du sénat et de l'assemblée nationale. Ces peuples, qui ne vivaient que pour la guerre et par la guerre, étaient très-jaloux de leur liberté et de leur indépendance : ce sont eux que nous avons vus, sous le nom de Danois et de Normands, ravager l'Europe pendant tout un siècle. Le christianisme pénétra lentement chez eux. Leur premier apôtre fut saint Anschaire, que le pape Grégoire IV établit, l'an 830, archevêque de Hambourg et légat apostolique pour les Suédois, les Danois, les Slaves et les autres nations septentrionales, entre autres l'Islande et le Groënland. Les successeurs de saint Anschaire dans le siége de Hambourg et dans la légation apostolique, notamment saint Rembert, saint Adaldague, saint Libentius, continuèrent son œuvre. Vers la fin du Xe siècle, saint Sifrid fut l'apôtre particulier de la Suède, où il établit un siége épiscopal à Wexiow, de concert avec l'archevêque de Hambourg, légat du Saint-Siége pour toute la Scandinavie. Plus tard, les Papes établirent des archevêques à Lund ou Lunden en Danemarck, à Drontheim en Norwège, à Upsal en Suède; l'archevêque de Lunden fut même déclaré légat apostolique pour les trois royaumes, à la place de celui de Hambourg.

La Scandinavie ne fut pas stérile en saints; nous en avons vu même sur le trône : saint Canut en Danemarck, saint Eric ou Henri en Suède, saint Olaüs en Norwège. Tout le monde connaît sainte Brigitte de Suède, et sa fille, sainte Catherine. Les relations des rois scandinaves avec le chef de l'Eglise universelle furent généralement amicales : les trois royaumes payaient au Saint-Siége une redevance sous le nom de *denier de saint Pierre*. Nous en avons vu une preuve vers le milieu du XIVe siècle. Christophe, roi de Danemarck, ayant été chassé du royaume pour ses violences et sa mauvaise conduite, ayant même été mis à mort l'an 1336, les habitants de la Scanie se donnèrent au roi de Suède, Magnus, pour se délivrer de plusieurs petits tyrans qui les opprimaient. Magnus envoya au pape Benoît XII, le priant de lui confirmer la possession de la Scanie, à lui et à sa postérité, et de lui permettre de retirer encore, s'il pouvait, d'autres terres d'entre les mains des tyrans. « Vu principalement, ajoutait-il, que le royaume de Danemarck n'a jamais été sujet à l'empire, mais à l'Eglise romaine, à laquelle il paie tribut, ce que je suis prêt à continuer (Raynald, an 1339, n. 84, avec la note de Mansi; en cette Histoire, t. VIII, p. 531). »

Le Danemarck, la Norwège et la Suède vécurent tantôt sous un même sceptre, tantôt sous deux, tantôt sous trois : situation sujette à bien des révolutions. L'influence du christianisme et de l'Eglise catholique contribuait à les rendre moins fréquentes et moins sanglantes. L'an 1397, la princesse Marguerite, tout ensemble reine de Danemarck et de Suède, assembla les Etats de ses trois royaumes à Calmar en Suède, et y fit approuver l'union perpétuelle des trois couronnes du Nord. On fit à ce sujet une loi fondamentale, qui fut appelée *l'union de Calmar*. Elle consistait en trois principaux articles. Le premier, que ces trois royaumes, naturellement électifs, n'auraient dans la suite que le même roi, élu tour à tour dans les trois royaumes, sans que la dignité royale pût être affectée à aucun par préférence aux autres, à moins que le prince n'eût des enfants ou des parents que les trois Etats assemblés jugeassent dignes de lui succéder. Le second article consistait dans l'obligation que le souverain avait de partager tour à tour sa résidence dans les trois royaumes et de consommer dans chacun le revenu de chaque couronne, sans en pouvoir transporter ailleurs les deniers, ni les employer que pour l'utilité particulière de l'Etat d'où ils seraient tirés. Le troisième et le plus important, que chaque royaume conserverait son sénat, ses lois, ses coutumes et ses priviléges, et que les gouverneurs, les magistrats, les généraux, les évêques et même les troupes et les garnisons seraient prises de chaque pays, sans qu'il pût être jamais permis au roi de se servir d'étrangers ni de ses sujets de ses autres royaumes, qui seraient réputés étrangers dans le gouvernement de l'Etat où ils ne seraient pas nés (Vertot, *Hist. des révolut. de Suède*).

La reine Marguerite étant morte en 1412, Eric IX, Christophe III, Christiern ou Christian Ier, Jean II, Christiern ou Christian II furent successivement rois de Danemarck, de Norwège et de Suède, mais non sans peine ni sans trouble. La Suède ou du moins une partie de ce royaume se donna quelques années pour roi Charles Canutson, qui fut obligé de renoncer à la couronne; puis trois administrateurs du royaume, qui ne le furent que d'une manière intermittente, et dont le dernier, Sténon, mourut en 1519, d'une blessure qu'il avait reçue dans une bataille contre les troupes de Christian II.

Christian ou Christiern II, reconnu pour successeur du roi Jean, son père, dès l'an 1486, lui succéda réellement en 1513. L'année suivante, il fut couronné au mois de mai par l'archevêque de Lunden, jura solennellement le maintien de la foi catholique, ainsi que des privilèges du clergé et de la noblesse, privilèges qui limitaient singulièrement sa puissance royale; les Etats lui firent même promettre qu'il ne ferait rien de son vivant pour procurer le trône ni à un de ses fils ni à personne autre. Or, Christiern était d'un naturel ambitieux, despotique, cruel et perfide. Il écarta les grands de l'administration du royaume, n'y appela que des gens de basse condition; son principal conseil était une femme néerlandaise, dont la fille était sa concubine. Du reste, Christiern était dévoué au Pape et à l'Eglise romaine, mais autant que son dévouement profiterait à ses intérêts. En 1517, il accorda au nonce Arcimbold la permission de prêcher les indulgences dans les royaumes du Nord, mais contre un présent de onze cents florins. Et comme le nonce ne s'acquitta point à son gré de certaines intrigues politiques en Suède, il lui enleva, l'année suivante, une somme beaucoup plus considérable, recueillie pour la basilique de Saint-Pierre.

La Suède était divisée en deux partis : l'un, ayant à sa tête Gustave Trolle, archevêque d'Upsal et président-né du sénat, tenant pour Christiern; l'autre, ayant pour chef Sténon, administrateur du royaume, demandant un roi particulier, contrairement à l'union de Calmar. Ce dernier parti avait déposé l'archevêque, rasé son château, et confiné sa personne dans un monastère; procédé certainement irrégulier et nul, le jugement définitif des causes majeures dans l'Eglise appartenant, non point aux Etats d'aucun royaume, mais au chef seul de l'Eglise universelle. Cependant on dit que le nonce confirma cette déposition et engagea l'archevêque à s'y soumettre; qu'ensuite le pape Léon X blâma la conduite du nonce, et ordonna le rétablissement de l'archevêque sur son siége. Il est difficile de savoir au juste la vérité au milieu des relations suspectes d'auteurs protestants, relations souvent contradictoires, selon qu'ils appartiennent au Danemarck ou à la Suède.

Enfin, Christiern se rendit lui-même, en 1518, devant Stockholm. Sténon l'ayant repoussé, il eut recours à l'artifice, et proposa une entrevue à l'administrateur dans Stockholm, en demandant six otages choisis dans les premières familles. Ces otages, parmi lesquels se trouvait Gustave Vasa, étant arrivés sur la flotte danoise, le perfide monarque les traita en prisonniers, et partit pour le Danemarck. En 1520, Christiern revint en Suède avec une armée, les Suédois furent défaits, et Sténon blessé mortellement. L'archevêque d'Upsal présida les Etats de Suède et proposa de reconnaître Christiern : ce qui eut lieu. Une amnistie générale fut proclamée. Stockholm, où s'était retirée la veuve de Sténon, résista quelque temps. Christiern vint lui-même avec sa flotte et jeta l'ancre tout auprès. Presque tout le clergé, une partie de la noblesse allèrent lui rendre leurs hommages. La ville consentit enfin à le recevoir. Il promit de conserver à la Suède ses libertés, de donner à la veuve de l'administrateur un établissement en Finlande, et de mettre le passé en oubli. Il fit son entrée dans Stockholm le 7 septembre, renvoya son couronnement au 2 novembre, convoqua pour cette époque l'assemblée des Etats, et partit pour Copenhague.

De retour à Stockholm dès la fin d'octobre, il demanda aux évêques et aux sénateurs un acte qui le reconnût monarque héréditaire, et se fit couronner deux jours après par l'archevêque d'Upsal. Il y eut à cette occasion des fêtes et des réjouissances où il se montra prévenant et affable, mais c'était pour mieux cacher ses mauvais desseins. Sous prétexte d'exécuter la bulle du Pape contre ceux qui avaient déposé l'archevêque, mais dans la réalité pour abattre les meilleures têtes du royaume, et cimenter son despotisme par leur sang, il les fit traduire, malgré l'amnistie, devant une commission judiciaire; puis, selon certains historiens, sans attendre même aucune sentence, il envoya des bourreaux leur annoncer leur dernière heure, leur refusa la consolation de se confesser à un prêtre, et les fit exécuter publiquement, en un même jour, au nombre de soixante-dix à quatre-vingts, tant sénateurs et seigneurs qu'évêques. Non content du meurtre de tant de nobles personnages, il abandonna les habitants de Stockholm à la fureur de ses troupes, sans distinction d'âge ni de sexe. Tel qu'un tigre qui une fois a goûté le sang, Christiern en parut insatiable. A son retour de Suède en Danemarck, il fit élever des échafauds dans toutes les villes qu'il traversa, notamment à Vatsten, la terre de sainte Brigitte. Au monastère de Nidal, quoiqu'il y eût été reçu avec de grands honneurs, il fit saisir, à l'issue de la messe, l'abbé et les moines, et les jeter dans la rivière les mains liées derrière le dos. L'abbé ayant rompu ses liens, et essayant de se sauver à la nage, Christiern lui fit fracasser la tête à coups de lance.

Avec de pareils instincts, le Néron du Nord dut ressentir une naturelle sympathie pour le dieu et la religion de Luther : dieu-tyran qui nous punit non-seulement du mal que nous n'avons pu éviter, mais même du bien que nous avons fait de notre mieux; dieu sans foi et sans parole, qui abandonne son Eglise après avoir promis d'être avec elle tous les jours jusqu'à la consommation des siècles; religion qui fait de l'homme une machine, des bonnes œuvres autant de crimes, des crimes autant de bonnes œuvres; qui, en principe, ne donne à chacun pour règle que soi-même, mais qui, en fait, ne donne à tous pour règle que la ruse et la force, autrement la tyrannie.

Aussi, dès 1520, Christiern II demanda-t-il lui-même un prédicant luthérien, et lui assigna-t-il une église de Copenhague pour y débiter le nouvel évangile. L'année suivante 1521, il défendit à l'Université de sa capitale de condamner les écrits de Luther. L'archevêché de Lunden possédait en propriété l'île de Bornholm; il la réclama comme domaine de la couronne; l'archevêque se démit pour se tirer d'embarras. Comme les chanoines se refusaient néanmoins au bon plaisir royal, Christiern les fit incarcérer, et s'empara de l'île en 1521. Il nomma son ancien barbier et son favori Schlaghok archevêque de cette métropole; puis, l'année suivante 1522, en présence du nonce apostolique, il le fit pendre et brûler, pauvre homme auteur, sur ses conseils, du massacre des évêques et des seigneurs à Stockholm. Dans son code de lois, il défendait à tout évêque, prêtre ou moine d'acquérir un bien, à moins qu'il ne fût marié. Il défendait également à tous les clercs de porter et faire juger leurs causes à Rome, et voulait qu'elles fussent terminées dans le royaume par un tribunal qu'il y instituerait lui-même (Schroeck, *Hist. de la réformation*, t. II, p. 67). En ôtant aux prêtres l'appui de Rome et en leur donnant une femme, il était sûr d'en faire de serviles instruments de son despotisme.

Le clergé danois n'en était pas encore là. Excédés de tant d'ordonnances et d'exécutions tyranniques, les évêques et la noblesse de Danemarck renoncèrent, en 1523, à l'obéissance de Christiern II; leur exemple fut suivi la même année par les autres provinces des États du royaume. Parmi les innombrables griefs qu'ils alléguèrent contre lui dans leur manifeste, ils lui reprochaient en particulier d'avoir infecté son épouse de l'hérésie luthérienne, d'avoir introduit cette hérésie dans son royaume catholique, et maltraité les évêques de bien des manières. L'évêque de Roskild ou Roschild, qui était en même temps chancelier du royaume, lui reprocha en outre de s'être moqué du Pape, des cardinaux et de l'ordre épiscopal; d'avoir fait noyer un abbé et ses moines; d'avoir arraché des églises et des cimetières, et exécuté bien des innocents qui s'y étaient réfugiés; de lui avoir enlevé à lui-même sa juridiction, pillé son église et ses biens. Christiern, qui jusqu'alors avait gouverné si despotiquement, perdit à l'instant tout courage; il se plaignit, dans une lettre aux États du Jutland, de l'avoir condamné sans l'entendre; il s'offrit, pour l'expiation du massacre de Stockholm, d'aller en pèlerinage à Rome, de fonder pour l'âme de ceux qui avaient été mis à mort beaucoup de messes et d'églises; de gouverner désormais uniquement d'après le conseil des États; et puis d'autres promesses. Mais il n'avança de rien; car on ne pouvait prendre aucune confiance en son caractère à la fois impétueux et variable. La Norwége, une partie du Danemarck, la moitié des duchés de Sleswig et de Holstein lui obéissaient encore. Toutefois, ceux de Lubeck lui ayant déclaré la guerre, il fut tellement découragé, que, dès le mois d'avril 1523, il s'enfuit de Danemarck avec sa femme, ses enfants et ses trésors (Schroeck, p. 68-70).

Dès le commencement de l'année 1523, les États du Jutland offrirent secrètement la couronne danoise à son oncle paternel, Frédéric, duc de Sleswig et de Holstein; elle fut acceptée. En mars de la même année, il fut solennellement élu roi. Il jura, comme ses prédécesseurs, le maintien de la foi catholique, ainsi que les droits des évêques. Cependant il était luthérien dans le cœur. La dissimulation lui était nécessaire pour préparer l'apostasie de son peuple. Encore en 1524, les Dithmarsiens, population guerrière du Holstein, brûlèrent un moine apostat qui prêchait l'hérésie de Luther. La même année, les évêques, appuyés par beaucoup de députés à la diète danoise, prirent des mesures sévères contre l'hérésie luthérienne : les prédicants devaient être punis de la prison et d'autres peines, toute innovation interdite, jusqu'à la décision du concile général que devait indiquer le Pape. L'apostat Frédéric dissimula donc un temps, comme autrefois l'apostat Julien. En 1526, il prit sous sa protection un prédicant de l'hérésie, moine apostat, qu'il nomma son chapelain. En 1527, il fit un pas de plus. Dans la diète d'Odensée, il rappela le serment qu'il avait fait de maintenir dans son royaume la foi catholique-romaine, annonça qu'il ne garderait pas son serment, attendu que le moine Luther trouvait bien des abus dans l'ancienne religion du Danemarck, de la Suède et de l'univers chrétien; en conséquence, sa volonté royale était que les deux religions, la nouvelle de Luther et l'ancienne de saint Anschaire, fussent sur un pied d'égalité, jusqu'à l'indiction d'un concile général. On n'attendit pas jusque-là. Malgré l'opposition des évêques et d'une partie de la noblesse, le roi fit adopter à la diète les résolutions suivantes: que les évêques ne demanderaient plus leur confirmation au Pape, mais au roi; que le clergé, les églises et les monastères garderaient leurs biens actuels, jusqu'à ce qu'ils en fussent dépossédés par les lois du pays; que les ecclésiastiques et les moines pourraient se marier (Schroeck, t. II, p. 77-79).

C'est-à-dire qu'un roi, effrontément parjure au serment de son élection, enlève au peuple la foi de ses pères, à l'Eglise ses biens, au Pape sa royauté, aux évêques leur mission divine, pour ne faire d'eux et des autres clercs que des fonctionnaires civils, des employés de la police, se consolant de leur apostasie et de leur dégradation entre les bras d'une femme qui n'est pas la leur et ne peut l'être. Christiern III, fils de Frédéric, acheva l'apostasie du Danemarck, en 1533, par la violence, jetant les évêques en prison, ne leur rendant la liberté et leurs biens propres qu'à condition de renoncer aux biens d'église et à toute opposition contre les innovations religieuses. Ces rois achetèrent le consentement des nobles en leur donnant une bonne part au vol des biens consacrés à Dieu. Des moyens semblables portèrent la Norwége à l'apostasie en 1537, l'Islande en 1551.

Il en fut à peu près de même en Suède. Gustave Ericson ou Vasa, dont le père fut enveloppé dans le massacre de Stockholm en 1520, s'était sauvé dès 1519 de la prison où il était retenu en Danemarck. Pendant son séjour à Lubeck, il prit goût à la révolution religieuse de Luther, et entretint avec ce moine apostat une correspondance secrète. Parvenu en Suède sous divers déguisements, et soutenu par les paysans de la Dalécarlie, qui étaient zélés catholiques, il battit en plusieurs rencontres les Danois, qui occupaient la Suède, fut élu administrateur du royaume en 1521, et roi l'an 1523. Comme nous avons vu, les rois de Suède étaient électifs, n'avaient qu'un pouvoir limité et des domaines assez médiocres : la nation, jalouse de sa liberté, ne voulait pas de roi trop puissant. Gustave profita de l'occasion pour changer cet état de choses. Le luthéranisme lui parut un moyen très-propre pour s'enrichir des biens des églises et des monastères, pour confisquer la liberté des peuples, s'asservir les consciences mêmes, en brisant l'indépendance spirituelle des évêques, s'érigeant soi-même en pape, et en imposant à la Suède ses descendants futurs comme rois et papes héréditaires. En quoi Gustave montra certainement de la pénétration. Quoi de plus propre, en effet, pour fonder la plus effroyable tyrannie, qu'une doctrine qui représente les hommes comme des animaux, sans avoir de libre même la volonté, et Dieu comme un tyran cruel qui nous punit, non-seulement du mal que n'avons pu éviter, mais encore du bien que nous avons fait de notre mieux.

Ce que Gustave sut comprendre, il le sut habilement exécuter. Trois mauvais prêtres revinrent en Suède, prêchant les hérésies de Luther : il les favorisa, les seconda de toutes manières, leur recommandant seulement la prudence, afin de ne pas divulguer son secret et soulever contre lui l'opinion publique; car la masse de la nation tenait sincèrement à la religion de ses pères. De ces trois sectaires, il fit l'un professeur de théologie à l'Université d'Upsal, le second prédicateur dans la grande église de Stockholm, le troisième chancelier du royaume. L'évêque de Westeras et l'archevêque Canut d'Upsal furent déposés, sous prétexte de conspiration, et ce dernier remplacé par Jean Magnus ou Store, qui persévéra dans la foi catholique, ainsi que son frère Olaüs Magnus, archidiacre de la cathédrale de Strengnès. Ils sont connus l'un et l'autre comme historiens du Septentrion. Parmi les Dominicains chargés de l'inquisition en Suède, il y avait un prieur qui était secrètement luthérien : Gustave lui donna commission de visiter tous les monastères, pour y semer les principes de la réforme. Où il trouva le plus d'opposition, ce fut parmi les religieux de son ordre. Gustave menaça de les chasser du pays, et leur ôta sur-le-champ le pouvoir d'inquisiteur. En 1524, après un voyage dans les diverses provinces, il ordonna une conférence publique entre les catholiques et les luthériens, pour en être lui-même le juge. Cependant les paysans de la Dalécarlie, qui lui avaient aidé à monter sur le trône, menacèrent de l'en faire descendre, s'il ne cessait d'opprimer leurs évêques et d'imposer au peuple une nouvelle religion. Il n'en persista pas moins dans son projet de décatholiser la Suède, mêlant adroitement l'hypocrisie à la violence. En 1525, il laissa célébrer encore dans son royaume le jubilé du pape Clément VII; mais, la même année, celui des trois sectaires qu'il avait établi prédicateur à Stockholm, Olaüs Petri, qui était prêtre, se maria publiquement, et Gustave, bien loin d'en montrer du déplaisir, assista à ses noces. Ce scandale fut imité par plusieurs moines et nonnes. Gustave s'empara du monastère de Gripsholm, et en expulsa les religieux : c'était un coup d'essai. Ces usurpations et ces scandales mécontentaient les populations, affectionnées à la religion, aux saintes cérémonies, aux églises et aux monastères de leurs ancêtres. En 1526, il y eut du mouvement parmi le peuple de l'Upland. Gustave, escorté de troupes considérables, harangua les paysans, et leur dit qu'à la place des moines paresseux, vermine du royaume, il voulait leur donner des prédicateurs vraiment évangéliques. Les paysans s'écrièrent qu'ils voulaient aussi garder leurs moines, qu'ils entretenaient eux-mêmes; ils se plaignirent aussi de ce qu'on leur défendait la messe en latin, et de ce qu'on voulait changer leur ancienne foi. Tout ce que Gustave put dire et faire ne les contenta pas, et il fut obligé de dissimuler (Schroeck, t. II, p. 21 et seqq.).

Il eut recours à d'autres moyens. Pour séduire et asservir les peuples, il fallait abattre les évêques; pour les abattre, il fallait les désunir ou les séparer, et promettre leurs dépouilles aux nobles. L'archevêque d'Upsal était primat de Suède et légat du Pape. Gustave l'envoie en Pologne, sous apparence de négocier son mariage avec la princesse royale, mais dans la réalité pour priver le clergé de Suède de son chef et de son centre. L'archevêque Magnus emporta une multitude de monuments littéraires sur l'histoire ancienne et l'histoire moderne de sa patrie : il se rendit à Rome au commencement de 1528, et ne revint plus en Suède. Six ans après, il fit quelque séjour à Dantzick, et entretint en Suède une secrète correspondance pour l'avantage de l'ancienne foi. Il retourna depuis à Rome, et y mourut l'an 1544 dans un hôpital. Il a laissé une *Histoire des Goths et des Suédois*, tirée des monuments qu'il avait recueillis, fabuleuse pour les premiers commencements, mais très-utile pour la suite jusqu'à son siècle : les Danois seuls l'accusent de partialité. Gustave, ayant ainsi privé le clergé catholique de son chef, le frappa d'un coup plus sensible encore. Les deux prélats déposés, Canut, archevêque d'Upsal, et Sunanvéder, évêque de Vesteras, s'étaient réfugiés en Norwége. Gustave sut les attirer en Suède, les fit accuser de sédition, et exécuter à mort l'an 1527 (Schroeck, t. II, p. 36).

Après ces préliminaires tragiques, Gustave joua la comédie. Dans la diète de 1527, il représenta que, depuis sept années, il portait le fardeau du gouvernement, qu'il en avait été fort mal récompensé; on le décriait comme un hérétique, qui voulait détruire les églises et même la foi chrétienne : c'est par de semblables intrigues que le clergé avait opprimé les princes, la noblesse et le peuple, et s'était emparé de leurs biens. Pour montrer son innocence, il avait amené ses prêtres, qui feraient voir, en présence des Etats, si c'était lui ou les papistes qui recevaient la pure parole de Dieu. Ayant donc été si mal récompensé de ses bonnes intentions, il renonçait au gouvernement, ne demandant qu'un fief convenable pour servir utilement le royaume. L'évêque de Lincoping, nommé Brask, répondit que les ecclésiastiques étaient liés au Pape par un serment inviolable; qu'ils devaient aussi obéissance et fidélité au roi, mais seulement dans ce qui n'était pas contraire aux lois et aux droits de l'Eglise; qu'ils possédaient leurs biens comme bénéfices ecclésiastiques, et cela sous une grave responsabilité; que pour la répression des abus chez les moines et les prêtres, ils ne s'y opposeraient pas. Gustave ayant demandé aux conseillers d'Etat et à la noblesse ce qu'ils pensaient de cette réponse, le grand-maître de la cour témoigna qu'ils en étaient contents. Eh bien! conclut Gustave, ma résolution est prise, je renonce au gouvernement, je ne réclame que mes biens que j'ai sacrifiés pour le royaume, puis j'irai ailleurs. Ayant dit ces choses et d'autres, il sortit de l'assemblée, les larmes aux yeux.

Ce coup de théâtre produisit un effet vraiment dramatique : ce fut d'abord la consternation et l'incertitude parmi les Etats : elles augmentèrent le lendemain, jusqu'à ce que les députés de l'ordre des paysans se fussent déclarés pour Gustave; les bourgeois suivirent l'exemple des paysans; un évêque, traître à ses serments, se prononça pour la défection : les Etats voulurent entendre des avocats des deux religions, pour en juger : le troisième jour, la noblesse témoigna au roi son repentir et sa soumission. Gustave n'eut garde de se rendre de prime abord : deux fois il se montra inflexible; la troisième fois seulement, il reparut au milieu de l'assemblée, qui passa pour tout ce qu'il voulut. La comédie avait été bien jouée.

Il fut donc résolu que les revenus de la couronne seraient augmentés par les biens des évêques, des églises et des monastères; que les évêques n'auraient pour leur entretien que ce qu'il plairait au roi, qui aurait plein pouvoir de gouverner les églises et les monastères; que la noblesse aurait aussi le droit de revendiquer les biens donnés, vendus ou engagés par ses ancêtres; qu'il ne serait point permis de dire que le roi voulait introduire une fausse religion, mais que tout au contraire, tous les habitants de la Suède devaient avoir la plus haute estime pour la pure parole de Dieu, telle qu'elle était enseignée par les prédicateurs évangéliques (Schroeck, t. II, p. 42). Voilà comme les Etats de Suède renièrent la foi de leurs pères, embrassèrent les nouvelles hérésies, déclarèrent leur roi pape infaillible, à condition que les nobles pilleraient, voleraient, avec lui, les églises et les monastères. Cicéron dit en effet : « Quant aux décrets injustes, ils ne méritent pas plus le nom de lois que les complots des larrons. » Platon tient le même langage (Cicer., *De legib.*, l. 2, n. 5.; Plat., *Minos*). Mais c'étaient des païens.

L'évêque de Lincoping s'enfuit à Dantzick, près de l'archevêque Magnus, et mourut quelques années après dans un monastère de Pologne. Trente monastères de Suède furent supprimés, et leurs biens volés par le roi et les nobles. En 1529, le roi-pape se fit couronner solennellement par l'évêque de Skara. La même année, il tint une assemblée de son clergé civil, où il abolit plusieurs cérémonies de l'ancienne religion. Un des trois premiers sectaires était Laurent Petri, frère d'Olaüs. En 1531, Gustave le fit élire pour l'archevêché d'Upsal, qui n'était pas vacant : comme l'intrus était mal vu du chapitre, il lui donna une garde de cinquante hommes, et remplaça les chanoines fidèles par des luthériens. Cependant les trois sectaires, les deux frères Petri et l'archidiacre et chancelier Anderson, ne s'étant pas montrés assez servilement soumis à tous les caprices du roi-pape, encoururent sa disgrâce. En 1540, il contraignit l'archevêque Laurent Petri à présider une commission qui condamna à mort son frère Olaüs Petri et le chancelier Anderson. La même année, le roi-pape de Suède parvint à faire déclarer la royauté et la papauté suédoises héréditaires dans sa famille (Schroeck, t. II, p. 44 et seqq.). Voilà comme une nation, jusqu'alors catholique et libre, perdit tout ensemble sa foi et sa liberté, par la ruse et la violence d'un habile usurpateur. Aussi donnons-nous à cet usurpateur le titre de *grand homme*: ce qui montre ce que vaut le titre.

En Allemagne, foyer de la révolution et de l'anarchie religieuse, la lutte continuait entre l'ancienne foi et les nouvelles hérésies. Nous avons vu ce que fit, pour arrêter le mal, le pape Léon X, mort le 1er décembre 1521. Son successeur, Adrien VI, bon, pieux, savant, plein de candeur, et d'ailleurs Allemand d'origine, espérait mieux réussir auprès de ses compatriotes. Comme il avait passé sa jeunesse à étudier la théologie scholastique, il en trouvait les sentiments si clairs, qu'il ne croyait pas que nul homme raisonnable pût en avoir de contraires. C'est pourquoi il appelait la doctrine de Luther insipide, extravagante, et tenait pour assuré que personne ne pouvait la croire, sinon des ignorants et des fous. Que ceux qui la défendaient savaient en leur âme et conscience que les doctrines de Rome étaient les meilleures et qu'ils ne les contredisaient que par ressentiment des vexations et des injustices qu'on leur avait faites. Qu'ainsi c'était chose fort aisée d'étouffer les opinions nouvelles, fondées sur la passion et sur l'intérêt, et de guérir par quelque satisfaction convenable un corps qui faisait semblant d'être plus malade qu'il n'était en effet. D'ailleurs, étant natif d'Utrecht dans la basse Allemagne, il se promettait que toute la nation prêterait volontiers l'oreille à ses propositions et s'intéresserait à maintenir l'autorité d'un Pape qui avait toute la franchise natale et qui n'était capable ni d'artifices ni de tromperies. Et pour ne point perdre de temps, il délibéra d'en faire la première ouverture à la diète qui allait se tenir à Nuremberg en 1522.

Mais avant d'entamer aucune négociation, il crut devoir y disposer les esprits, en commençant de réformer les abus, qui servaient d'occasion ou de prétexte aux plaintes des novateurs. Il appela donc à Rome saint Gaëtan de Thienne et Pierre Caraffe, archevêque de Théate, plus tard le pape Paul IV. Le bon pape Adrien eût voulu réformer aussitôt et complètement tous les abus : ce qui témoignait plus de zèle que de sagesse pratique. Comme, étranger jusqu'alors au gouvernement de l'Eglise romaine, il n'en connaissait encore à fond ni les affaires, ni les usages, ni les personnes, on lui fit entendre qu'une réforme précipitée pouvait faire plus de mal que de bien et enhardir l'hérésie, loin de lui fermer la bouche. Adrien déplora ces obstacles et dit à ses confidents que la condition des Papes était bien malheureuse, puisqu'ils n'avaient pas la liberté de bien faire, quoiqu'ils en eussent fort la volonté et en cherchassent les moyens. Il conclut qu'il n'était point possible de mettre à exécution aucun de ces articles de réforme, avant le voyage qu'il méditait de faire lui-même en Allemagne. En attendant, il commanda expressément à toutes les congrégations romaines de veiller plus que jamais à éviter ce qui provoquait des plaintes. De plus, l'année suivante 1523, avec saint Antonin, archevêque de Florence, il canonisa saint Bennon, évêque de Meissen ou Misne dans la haute Saxe. Il pensait ainsi faire plaisir à la nation allemande et en même temps lui proposer un modèle.

La diète de Nuremberg devait s'assembler pour la fin de novembre 1522, sous la présidence de Ferdinand, archiduc d'Autriche, qui gouvernait l'empire en l'absence de Charles-Quint, occupé alors en Espagne. Cette diète avait deux objets principaux : la défense de la Hongrie contre les Turcs, la répression de l'hérésie de Luther.

Pour y représenter le Saint-Siège, Adrien VI nomma François Chérégat, évêque de Teramo, qu'il avait connu en Espagne. Le nonce y arriva sur la fin de l'année, y présenta des lettres du Pape, en date du 25 novembre, écrites en commun aux électeurs, aux princes et aux députés des villes de l'empire. Le pontife s'y plaignait premièrement que, encore que Luther eût été condamné par le pape Léon X, et la sentence exécutée par un édit de l'empereur publié dans toute l'Allemagne, il ne laissait pas de persister toujours dans les mêmes erreurs et de mettre encore au jour de nouveaux livres remplis d'hérésies, et que, malgré tout cela, il était protégé et favorisé non-seulement par le menu peuple, mais aussi par la noblesse ; à tel point, ce qui était peut-être la cause principale de ces troubles, qu'il a commencé à piller les biens des prêtres et à refuser l'obéissance tant aux lois ecclésiastiques qu'aux lois séculières ; déjà même on en est venu à la guerre civile dans plusieurs contrées de l'Allemagne. Il exhorte les princes et les nations germaniques, pour l'honneur de leur antique foi et vertu, de s'opposer à cette grande ignominie, et de ne pas se laisser plus longtemps séduire par un petit moine apostat hors du chemin des apôtres, des martyrs, des docteurs et de tous leurs ancêtres, comme si Luther seul était sage, comme si Luther seul avait reçu le Saint-Esprit, ainsi que l'hérétique Montan le disait de lui-même ; comme si l'Eglise, avec qui le Sauveur a promis d'être jusqu'à la consommation des siècles, avait toujours erré dans les ténèbres de l'ignorance et le labyrinthe de la perdition, jusqu'à ce qu'elle eût été éclairée par la lumière nouvelle de Luther.

« Ne voyez-vous donc pas, princes et peuples de la Germanie, que Luther et ses partisans, sous prétexte de vérité évangélique, en veulent à vos biens ? Croyez-vous que, sous le nom de liberté, ils cherchent autre chose qu'à détruire toute obéissance, pour donner à chacun la licence de faire ce qui lui plaît ? Pensez-vous qu'ils respecteront beaucoup vos ordres et vos lois, eux qui méprisent, qui déchirent et brûlent avec une rage diabolique les saints canons, les décrets des Pères, les conciles généraux, à l'autorité desquels les lois mêmes des empereurs s'empressent de céder et de servir ? eux enfin qui refusent l'obéissance due aux prêtres, aux évêques et au souverain Pontife ? Espérez-vous qu'ils défendront à leurs mains sacrilèges de toucher aux biens des laïques, et qu'ils ne s'empareront pas de tout ce qu'ils pourront, eux qui chaque jour, en votre présence et sous vos yeux, pillent les choses consacrées à Dieu même ? enfin, qu'ils épargneront vos têtes, eux qui ont osé maltraiter, frapper, égorger les oints du Seigneur, auxquels il a défendu de toucher ? C'est contre vous, contre vos biens, vos maisons, vos femmes, vos enfants, vos domaines, vos seigneuries, vos temples, que se dirige cette déplorable calamité, si vous ne la prévenez à temps. »

Les autorités germaniques devaient donc employer tous les moyens pour ramener Luther et les siens par la douceur : ce qui est le vœu le plus ardent du Pape. « Que si, ce qu'à Dieu ne plaise, les voies de la mansuétude n'y font rien, il faut appliquer la sévérité des lois, comme on retranche avec le fer et le feu un membre gangréné pour sauver tout le corps. C'est ainsi que le Tout-Puissant précipita les schismatiques Dathan et Abiron vivants dans les entrailles de la terre ; qu'il ordonna de punir du supplice capital celui qui n'obéirait point au commandement du pontife ; c'est ainsi que Pierre, le prince des apôtres, prononça la mort d'Ananie et de Saphire, pour lui avoir menti, ou plutôt à Dieu même ; c'est ainsi que les anciens et pieux empereurs ont frappé du glaive les hérétiques Jovinien et Priscillien ; c'est ainsi que saint Jérôme souhaite que l'hérétique Vigilance soit livré en la perte de sa chair et pour le salut de son âme ; c'est ainsi que, dans le concile de Constance, vos ancêtres ont fait subir la peine des lois à Jean Hus et à Jérôme de Prague, qui semblent maintenant revivre en Luther, leur admirateur. Si vous imitez les glorieux exemples de vos ancêtres, nous ne doutons pas que Dieu ne vous accorde dès maintenant la victoire contre les infidèles, et dans l'éternité la gloire de son royaume (Raynald, an 1522, n. 60 et seqq.). »

Adrien VI écrivit encore séparément à presque tous les princes, particulièrement à l'électeur de Saxe, qu'il priait de bien considérer quelle tache ce serait à sa mémoire et à sa postérité, s'il favorisait davantage un frénétique bouleversant tout par ses folles et détestables pratiques, voulant renverser une doctrine écrite et scellée du sang des martyrs, confirmée par les livres des saints docteurs, et défendue par les armes de tant de bons et vaillants princes. Enfin, il le conjurait de marcher sur les traces de ses ancêtres, sans se laisser éblouir par les fausses lumières d'un homme de néant, pour suivre des erreurs condamnées par tant de conciles (Raynald, an 1522, n. 73 et seqq.).

Le Pape donna de plus au nonce des instructions dont voici la substance. Il devait exhorter les princes à étouffer l'hérésie de Luther, pour sept raisons principales : 1º Parce qu'ils y étaient obligés pour le service de Dieu et le salut du prochain. 2º L'honneur de leur nation, regardée jusqu'alors comme très-chrétienne, et maintenant diffamée comme hérétique. 3º Leur propre honneur, comme fils de ceux qui avaient condamné au feu Jean Hus et d'autres hérétiques, et comme ayant engagé leur parole à exécuter contre Luther l'édit de l'empereur. 4º L'injure que Luther faisait à leurs ancêtres, en publiant une autre créance que celle qu'ils ont eue, et par conséquent les croyant tous damnés. 5º La fin où tendent les luthériens, qui est, sous couleur de liberté évangélique, d'abolir toute puissance supérieure; car, quoiqu'ils ne s'en prennent d'abord qu'à celle de l'Eglise, la liberté qu'ils prêchent va également et même plus contre la puissance séculière, puisque, suivant eux, elle ne saurait obliger à aucune loi sous peine de péché mortel. 6° Les énormes scandales, troubles, déprédations, homicides, querelles, dissensions que cette secte pestilentielle a excités et excite tous les jours par toute l'Allemagne; *item*, les blasphèmes, les malédictions, les bouffonneries, les amertumes qu'ils ont continuellement à la bouche. Si les princes ne répriment de pareils désordres, il est à craindre que la colère de Dieu et la désolation ne descendent sur la Germanie divisée, ou plutôt sur les princes eux-mêmes, qui, ayant reçu de Dieu la puissance et le glaive pour la punition des méchants, permettent à leurs sujets de commettre de pareilles choses. *Maudit*, s'écrie le prophète, *celui qui fait l'œuvre de Dieu négligemment, et qui retient son glaive du sang des malfaiteurs* (Jérém., 48). 7° Luther prend une voie semblable à celle que prit l'infâme Mahomet pour perdre tant de milliers d'âmes, en permettant aux hommes de suivre leurs inclinations charnelles, et en les exemptant de tout ce qu'il y a de plus grave dans notre loi : la seule différence, c'est que, pour mieux tromper, Luther y procède avec plus de mesure. Mahomet permet d'avoir plusieurs femmes, de les répudier à son gré et d'en prendre d'autres; Luther, pour se concilier la faveur des moines, des religieuses et des prêtres libertins, enseigne que les vœux de continence perpétuelle, bien loin d'être obligatoires, sont illicites, et que, par la liberté évangélique, il leur est permis de se marier, sans plus se souvenir de ce que dit l'Apôtre touchant les jeunes veuves : *Qu'après s'être abandonnées à la luxure aux dépens du Christ, elles veulent se marier, à leur damnation, parce qu'elles ont rompu leur première foi* (1. Tim., 5).

Si quelqu'un dit que Luther a été condamné par le Siége apostolique sans avoir été ouï ni défendu, et qu'il faut absolument l'entendre et ne pas le condamner avant qu'il ne soit convaincu, je réponds que, pour les choses de la foi, il faut les croire à cause de l'autorité divine, et qu'il ne s'agit pas de les prouver : Où l'on demande la foi, dit saint Ambroise, ôtez les arguments; on croit aux pêcheurs, non aux dialecticiens. Nous avouons qu'on ne doit pas refuser la défense pour les choses de fait, s'il a dit ceci ou non, s'il l'a prêché et écrit, ou non; mais sur le droit divin et la matière des sacrements, il faut s'en tenir à l'autorité des saints et de l'Eglise. Ajoutez-y que presque tous les points où Luther diffère des autres ont été absolument réprouvés par divers conciles. Or, on ne doit pas révoquer en doute ce qui a été approuvé comme de foi par les conciles généraux et par l'Eglise universelle; car que resterait-il de certain parmi les hommes? quelle fin aux disputes, s'il était permis à chaque écervelé de s'écarter de ce qui a été défini par le consentement, non pas d'un seul homme ou de quelque peu, mais par le consentement de tant de siècles, de tant d'hommes très-sages, et enfin de l'Eglise catholique, que Dieu rend infaillible dans les choses de la foi? Est-ce que chaque cité n'exige pas qu'on observe inviolablement ses lois; autrement tout serait plein de confusion? Puis donc que Luther et les siens condamnent les conciles des saints Pères, livrent aux flammes les sacrés canons, confondent tout à leur caprice, mettent la perturbation par tout l'univers, il est manifeste qu'ils doivent être exterminés, comme ennemis et perturbateurs de la paix publique, par tous ceux qui aiment cette paix (Raynald, an 1522, n. 66-69).

Adrien VI avait ordonné en outre à Chérégat de confesser ingénument que le pontife reconnaissait cette confusion comme un châtiment infligé de Dieu aux péchés des hommes, principalement des prêtres et des prélats. C'est pourquoi, comme l'observe saint Chrysostome sur l'entrée du Sauveur avec un fouet dans le temple, la punition commence par les prêtres, la guérison devant commencer par la racine du mal. Nous savons que, depuis quelques années, bien des abominations ont été commises dans ce Saint-Siége, bien des abus dans les choses spirituelles, bien des excès dans l'application des préceptes, qu'enfin tout a été au plus mal. Il n'est donc pas surprenant que la contagion ait passé du chef aux membres, des souverains Pontifes aux prélats inférieurs. Tous nous nous sommes écartés chacun de ses voies, pendant longtemps il n'y en eut pas un qui fît le bien, pas un seul : c'est pourquoi, rendons tous gloire à Dieu, humilions nos âmes, que chacun considère d'où il est tombé, et qu'il se juge lui-même, plutôt que d'attendre que Dieu le juge dans sa colère.

Le nonce promettra donc, de la part du Pape, que, pour satisfaire à son inclination et aux devoirs de sa charge, il emploiera tout son esprit et toutes ses forces pour réformer la cour romaine, d'où est peut-être provenu tout ce mal, afin que la santé et la réformation viennent d'où est venue la corruption. Mais on ne doit pas s'étonner si tous ces abus ne sont pas corrigés aussitôt; car la maladie est invétérée et compliquée; pour la guérir, il faut y aller pas à pas, commencer par ce qu'il y a de plus grave, de peur de tout perdre en voulant tout refaire à la fois. Les mutations soudaines, dit Aristote, sont périlleuses dans la république, et qui mouche trop fort, tire le sang.

Chérégat l'ayant averti que les princes d'Allemagne se plaignaient que le Siége apostolique avait violé quelquefois les concordats, Adrien se chargea de répondre que ces violations lui avaient également déplu, avant qu'il fût Pape, il était bien résolu, lors même qu'ils ne l'eussent pas demandé, de s'en abstenir toujours, tant pour garder à chacun son droit, que pour ne pas blesser, mais favoriser ses illustres compatriotes. Il lui mandait encore de lui faire connaître les hommes doctes et pieux qui seraient dans le besoin, afin de venir à leur secours, en leur conférant le sacerdoce, plutôt qu'à des hommes indignes, comme on avait fait autrefois. Il lui ordonna aussi de solliciter les princes de répondre à ses lettres, et de lui proposer les moyens qui leur paraîtraient les plus propres pour venir à bout de la nouvelle secte (Raynald, n. 70 et seqq.).

« Ces instructions, observe le cardinal Pallavicin dans son *Histoire du concile de Trente*, manifestent la vertu, d'ailleurs bien connue, d'Adrien; mais, au jugement de plusieurs, elles laissent à désirer plus de prudence et de circonspection. Adrien paraît trop crédule aux adulations satiriques des courtisans, qui blâment le prince défunt pour n'avoir pas satisfait toutes leurs cupidités, et qui flattent le nouveau parce qu'il peut encore les satisfaire. Du reste, comment pouvait-on dire que, sous Léon X, la vertu et la science étaient négligées, lorsque mille témoins déposent du contraire ? Que si tous ceux qui en étaient dignes n'ont pas eu de récompenses, et que quelques indignes en ont eu, quel prince d'une domination étendue se vantera de connaître si bien chaque individu, qu'il pourra éviter cet inconvénient ! Certainement, en ce genre avec la meilleure volonté, Adrien n'a pas égalé la gloire de Léon.

» Ensuite cette répréhension si acerbe de ses prédécesseurs immédiats, parut à plusieurs une ardeur excessive. S'ils ont manqué en quelque chose, il ne s'ensuit pas qu'ils fussent dénués de grandes vertus, comme nous l'avons vu en temps et lieu. Ils n'égalaient pas la piété d'Adrien, mais ils l'emportaient par d'autres qualités, moins utiles à qui les possède, mais peut-être plus utiles au salut des peuples. Il est d'expérience que non-seulement le pontificat romain, mais encore le plus petit ordre religieux, sera mieux gouverné par un homme d'une vertu médiocre, jointe à une grande prudence, que par un saint de prudence médiocre. C'est pourquoi, pour la conservation de la sainteté dans les inférieurs, la sainteté du supérieur est moins importante que la prudence. Le meilleur serait que le supérieur excellât en l'une et en l'autre ; mais il faut qu'on l'élise, non d'après les idées de Platon, mais parmi les hommes vivants sur la terre, connus des électeurs et capables de gouverner suivant la loi et la coutume.

» De plus, Adrien pensât-il tout cela dans son cœur, c'était une indiscrétion de le manifester à la diète, surtout par écrit. Il ne pouvait ignorer que dans cette assemblée, beaucoup plus encore dans toute l'Allemagne, il y avait plusieurs ennemis de la foi romaine, qui saisiraient avidement cette moitié de sa confession où il accusait les Pontifes romains, et non pas cette autre où il condamnait Luther. Ce qui effectivement eut lieu. Il aurait donc mieux fait de se borner à blâmer les abus, sans pourtant lui ni d'en accuser ni d'en justifier ses prédécesseurs, mais rejetant la faute sur le malheur des temps, l'infidélité des ministres. De cette manière, il eût ménagé la réputation des précédents pontifes, satisfait aux plaintes des Allemands, et uni la véracité avec la charité et la prudence. Celui qui parle contre sa pensée ébranle le commerce de la société humaine et perd le principal instrument pour avancer les affaires, qui est la confiance : celui qui découvre tous les secrets de son cœur, prodigue un don que la nature lui a fait, en ce qu'elle l'a rendu impénétrable ; il livre ses armes à l'ennemi.

» Enfin, au jugement d'un grand nombre, Adrien s'écarta quelque peu des règles d'une parfaite prudence, en demandant conseil à chacun de ceux auxquels il écrivait. Il suffisait que le nonce fît connaître au pontife les conseils qu'il aurait entendu proposer à chacun, sans lui imposer l'obligation de les demander par lui-même. Permettre à tout le monde de proposer leur avis, c'est, pour un prince, s'exposer à entendre bien des observations inconvenantes. Si celui qui conseille est d'une autorité trop grande, son conseil devient comme une nécessité. Il vaut donc mieux s'instruire de ce que chacun préfère, mais ne consulter qu'un petit nombre d'une fidélité, d'une sincérité et d'une prudence éprouvées : qu'on admette leurs conseils ou qu'on les rejette, il faut toujours en témoigner de la reconnaissance.

» En quoi il fut encore blâmé davantage, c'est d'avoir communiqué ses instructions à la diète, et demandé ainsi l'avis de tous ensemble. La puissance de cette assemblée, cette manière de donner publiquement, son avis imposaient au pontife une sorte de nécessité de ne pas l'omettre, et aux princes de ne pas permettre qu'il fût omis. Ensuite, dans une assemblée d'hommes si divers de passions et d'intérêts, il était aisé de prévoir que chacun adopterait, au préjudice du bien public, le remède qui lui profiterait le plus à lui-même, et que l'un soutiendrait les demandes de l'autre, pour en obtenir la pareille à son tour (Pallavic., *Hist. conc. Trid.*, l. 2, c. 7).

Telles sont les réflexions du cardinal Pallavicin sur la conduite candide, mais peu discrète, du pape Adrien VI. Chose singulière ! un historien protestant de nos jours en juge à peu près de même. « Adrien, dit-il, espérait par cette confession cordiale de la vérité se concilier tous les cœurs ; mais les prélats romains, qui n'attendaient de cet aveu dans la bouche du Pape qu'un effet préjudiciable à la considération du Saint-Siège, se trouvèrent justifiés par le résultat, et vérifièrent une fois de plus cette sentence, que les enfants du siècle, dans les affaires temporelles, sont plus prudents que les enfants de la lumière. La réponse des États fournit la preuve authentique que la considération du Siége de Rome était complètement tombée en Allemagne. Ils déclarèrent qu'ils n'avaient pas exécuté les ordonnances du Pape et de l'empereur contre Luther, parce que, depuis longtemps, on avait en Allemagne bien des griefs contre le Siége apostolique, et qu'ils avaient été mis dans un plus grand jour encore par les écrits de Luther. Si on avait voulu exécuter lesdites ordonnances, la multitude, persuadée qu'on opprimait la vérité et qu'on protégeait l'impiété, se serait soulevée contre l'autorité. De ce que le Pape confessait qu'une réforme capitale était nécessaire à sa cour et qu'il promettait l'observation des concordats, les États le recevaient avec reconnaissance et espoir des résultats les plus heureux ; mais ils demandaient que les annates, qui n'étaient plus employées, suivant leur destination originelle, contre les Sarrasins et les Turcs, fussent dès lors supprimées. Quant aux moyens de mettre fin aux erreurs de Luther, ils observèrent que, parmi les ecclésiastiques et les séculiers, il avait surgi bien d'autres erreurs et abus, pour la guérison desquels rien ne serait plus utile que si le Pape, avec le consentement de l'empereur, faisait tenir dans l'année, en quelque ville considérable d'Allemagne, un concile libre et chrétien, où chacun aurait la liberté de dire son sentiment pour la gloire de Dieu, le salut des âmes et de l'Église chrétienne. En outre, ils adressèrent au légat cent griefs de la nation allemande contre le Saint-Siège, où ils disaient des choses si dures, que le nonce, informé d'avance, quitta la diète, pour n'être pas obligé de les recevoir officiellement. Mais à la fin de la session, les Etats firent connaître par la presse toutes les négociations avec les cent griefs, et on put ainsi lire à Rome, dans l'instruction pontificale au nonce, les aveux qu'Adrien avait faits aux Allemands au préjudice de la hiérarchie. Le mécontentement contre un Pape si peu avisé monta au plus haut point, on répandit contre lui des libelles, tandis qu'en Allemagne, ses exhortations aux princes et aux villes étaient un objet de mépris et de dérision. Adrien VI mourut de chagrin le 14 mars 1523 (Menzel, t. I, p. 109 et seqq.). »

Son successeur, Clément VII envoya comme légat en Allemagne, pour la nouvelle diète de Nuremberg en 1524, le cardinal Campège, recommandable par sa vertu et sa science, et le plus habile du sacré collège. Il avait déjà été nonce en Allemagne et à Milan. Sa prudence, sa grande expérience dans les affaires, son intégrité qui avait paru avec éclat dans beaucoup d'occasions, son zèle pour la religion catholique, son amour pour la paix et la concorde prévenaient en sa faveur. Clément VII crut trouver en lui un homme capable de satisfaire les Allemands sur leurs plaintes, et il lui donna un pouvoir sans restriction, pourvu qu'il ne compromît ni l'autorité du Saint-Siége ni les usages de la cour de Rome.

Comme le mémoire des cent griefs n'avait point été remis officiellement au nonce Chérégat, Clément VII dit à Campège de ne point en embarrasser sa négociation, mais d'agir comme s'il ne se fût rien passé en Allemagne depuis la condamnation de Luther : il le chargea aussi d'un bref à l'électeur de Saxe.

Le légat approchant de Nuremberg, tous les princes de l'empire allèrent au devant de lui hors la porte de la ville, accompagnés de l'archiduc Ferdinand, parce qu'ils craignaient que, s'il faisait son entrée dans la ville en cérémonie et avec les marques de sa dignité, il ne fût insulté par le peuple, presque tout luthérien. Campège entra donc avec son habit de voyage, sans clergé, sans croix, et les princes le conduisirent jusqu'à son logis. Le clergé, qui l'attendait dans une église pour lui faire honneur, y fut enfermé : de sorte qu'il ne le vit point entrer dans la ville (Cochlæus, Pallavicini).

Les princes et les députés des villes impériales ayant fait dire au légat qu'on était disposé à lui donner audience, il se rendit à la diète et y fit une harangue. Il s'étonnait que tant de sages et habiles princes pussent souffrir qu'on abolît et renversât, à leurs yeux, une religion dans laquelle ils étaient nés, dans laquelle leurs pères étaient morts, et qu'ils n'aperçussent pas que ces révolutions, qui commençaient par le spirituel, finiraient par le temporel, par la rébellion contre les souverains et les magistrats. Le souverain Pontife, touché d'une compassion vraiment paternelle, n'avait pu voir l'empire accablé sous le poids de tant de maux et menacé d'une servitude étrangère, sans envoyer un légat pour tâcher d'y porter remède. L'intention de Sa Sainteté n'était ni de donner des lois sur ce point, ni d'en recevoir, mais seulement d'examiner avec les souverains d'Allemagne ce qu'il y avait à faire. Si ceux qui demeuraient fidèles à la religion véritable et ancienne en étaient contents, le Pape en serait ravi; s'ils ne l'étaient pas, on ne pourrait du moins lui reprocher les malheurs qu'il aurait inutilement prévus. Puis, entrant dans le détail, le légat dit qu'il avait deux choses à leur demander, l'une touchant la religion, l'autre touchant la guerre contre les Turcs.

Les princes remercièrent le Pape de sa bienveillance, et, à la fin de leur réponse, présentèrent au légat le mémoire de leurs cent griefs.

Campège répliqua qu'il ne savait point qu'on eût envoyé au Pape ni aux cardinaux aucun écrit; mais qu'il les assurait que Sa Sainteté était remplie de bonne volonté pour eux et lui avait donné plein pouvoir de faire tout ce qu'il jugerait nécessaire pour réunir les esprits et rétablir la paix. C'était à eux d'en frayer le chemin, d'autant qu'ils connaissaient mieux la carte du pays et l'humeur des gens à qui l'on avait affaire. Personne n'ignorait que, dans la diète de Worms, l'empereur avait publié de leur consentement un édit contre les luthériens; que cet édit avait été renouvelé l'année dernière et son exécution approuvée par tous les princes; qu'il avait été observé par les uns, négligé par les autres, sans qu'il pût en deviner la cause. A son avis, la chose principale, par où l'on devait commencer, c'était de trouver les moyens de faire exécuter l'édit de Worms partout. Bien qu'il n'eût pas encore su que l'on avait publié les cent griefs à dessein de les présenter au Pape, il n'ignorait pas que l'on en avait envoyé, à des particuliers de Rome, trois exemplaires que le Pape et les cardinaux avaient vus; mais ni Sa Sainteté ni le sacré collège n'avaient jamais pu croire que ces articles eussent été dressés par le commandement des princes de la diète, ni qu'ils vinssent d'autre part que de quelque ennemi secret de la cour de Rome. A la vérité, il n'avait point de commission particulière du souverain Pontife sur ce point, mais qu'il ne laissait pas d'avoir l'autorité d'en traiter autant que cela serait nécessaire. Néanmoins il leur dirait en passant, que, comme parmi ces demandes il y en avait plusieurs qui dérogeaient à la puissance légitime du Pape et qui sentaient l'hérésie, il ne pourrait pas traiter de celles-là; mais qu'il prendrait volontiers connaissance de celles qui n'étaient point contre le Pape et qui avaient quelque apparence de justice. Après quoi, s'il restait encore quelque chose à traiter avec le Saint-Siége, la diète pourrait le proposer, pourvu que ce fût en des termes plus modestes. Cependant, il ne pouvait s'abstenir de condamner la liberté qu'on avait prise de publier ces griefs : ce que Sa Sainteté voulait bien toutefois oublier pour l'amour d'eux, pour qui Elle était encore disposée à faire toutes choses, comme un bon père et pasteur universel. Mais après cela, si la voix du pasteur n'était point écoutée, il ne resterait plus rien à faire à Sa Sainteté et à lui, que de prendre patience et de remettre tout entre les mains de Dieu (Cochl., Sleidan., Pallavicin., Raynald, Fra Paolo).

Les forces des deux partis dans la diète étaient ainsi partagées : le légat pouvait compter sur la voix de l'archiduc Ferdinand, frère et lieutenant de l'empereur, des ducs de Bavière, du cardinal-archevêque de Saltzbourg, de l'évêque de Trente et de dix autres princes séculiers ou ecclésiastiques. Presque tous les députés des villes impériales étaient infectés de luthéranisme : ils formaient la majorité. La délibération fut longue et orageuse : l'ambassadeur de Charles-Quint insista sur l'édit de Worms et menaça les Etats de la colère de l'empereur. Les princes luthériens auraient voulu, ce jour-là même, proclamer la liberté de conscience, en d'autres termes, la révolte contre l'édit impérial : on prit un moyen terme. La diète décréta que le Pape convoquerait, du consentement de l'empereur, un concile général en Allemagne pour y terminer les différends religieux; qu'on tiendrait une nouvelle assemblée à Spire le jour de la fête de Saint-Martin, où les ordres, après avoir fait examiner par d'habiles docteurs ce qu'on devait retenir ou rejeter des doctrines de Luther, formuleraient ensuite leur décret. En attendant la décision du concile, elle promettait d'examiner, et, s'il était possible, d'amender en quelques points l'exposé des cent griefs contre la cour de Rome, et, pour obéir à l'empereur, de tenir la main à l'exécution de l'édit de Worms (Rayn., an 1524, n. 25).

La diète était absurde, remarque Audin : elle choquait toutes les consciences. Aux laïques, elle rendait le droit de juger de nouveau les doctrines que le Saint-Siège avait condamnées; aux vassaux de Charles, le pouvoir de désobéir à un rescrit impérial. Elle admettait le décret de Worms comme loi de l'empire, et provoquait l'Allemagne à s'en affranchir. Les ordres ou Etats se constituaient juges en matière de foi et de législation, et, par une contradiction manifeste, absolvaient et condamnaient Luther, en approuvant l'édit de 1520, où il avait été déclaré hérétique, et en prescrivant un nouvel examen de sa doctrine à Spire.

Le légat protesta, l'ambassadeur de Charles-Quint déclara qu'il porterait ses plaintes aux pieds de son maître. L'empereur était absent. Le Pape lui avait appris la résolution de la diète et le mépris qu'on faisait de ses ordres et des décisions de l'Eglise. Charles, irrité, adressa aux princes allemands un rescrit où il menaçait de la peine de mort quiconque désobéirait à l'édit de Worms. Ce n'était qu'une menace, dont les Etats ne tinrent aucun compte. Le luthéranisme ne se cachait pas : il allait tête levée, affrontant pape et empereur, proclamant ses croyances et forçant les portes des églises catholiques, quand on refusait de lui en livrer les clés. Magdebourg, Nuremberg et Francfort changeaient ouvertement la forme du culte catholique. A Magdebourg, la bourgeoisie s'assemblait le 24 juin 1523, intimait l'ordre aux magistrats civils de chasser les prêtres des couvents, de chasser les prêtres, de reconnaître les ministres envoyés de Wittemberg et d'établir la communion sous les deux espèces; et les magistrats, qui n'avaient pas assez de force pour exécuter l'édit de l'empereur, en trouvaient assez pour obéir à cette bourgeoisie fanatique. Des chevaliers offraient sérieusement aux habitants de Nuremberg, si on voulait les soutenir, de ne pas laisser une tête d'évêque dans un espace de vingt milles; à Neustadt, des luthériens tendaient une embûche au chapelain de Ferdinand, et le mutilaient. Luther publiait certains brefs d'Adrien VI et les cent griefs de la nation allemande, avec des annotations plus malignes les unes que les autres. Cependant Luther fut loin d'être satisfait de la diète de Nuremberg : son édit le mit en fureur.

« Scandale, s'écria-t-il dans un nouveau pamphlet, scandale que toutes ces piperies d'empereurs et de princes à la face du soleil! scandale plus grand encore que ces décrets contradictoires où on ordonne de me courir sus, l'édit de proscription de Worms à la main, et où l'on indique une diète à Spire pour trier de mes livres ce qu'il y a de bon et de mauvais! Condamné en dernier ressort, et renvoyé pour être jugé à Spire! Coupable, de par les ordres, aux yeux des Allemands, qui doivent me pourchasser sans relâche, moi et ma doctrine! Coupable qu'on renvoie pour être jugé à de nouvelles assises!.... Têtes folles! cerveaux avinés de princes! Dieu ne veut pas, je le vois bien, que j'aie affaire à des êtres raisonnables; il me livre aux bêtes allemandes, comme si des loups et des sangliers vous mettaient en pièces..... Chrétiens! je vous en conjure, levez vos mains et priez Dieu pour ces princes aveugles, par lesquels le ciel nous châtie dans sa grande colère, et gardez-vous bien de venir présenter votre offrande et votre aumône contre le Turc, qui est mille fois plus pieux et plus sage que nos maîtres. A des fous semblables, qui s'élèvent contre le Christ et méprisent sa parole, quel succès pourrait être promis dans la guerre avec les Turcs?... Pitié! m'écriai-je de l'abime de mon cœur, à tous les chrétiens, pitié pour ce ramassis de fous, d'insensés, de niais et d'idiots! mieux vaudrait mille fois mourir que d'entendre pousser de tels blasphèmes contre la majesté du ciel. Mais c'est leur lot et leur châtiment de persécuter la parole de Dieu; leur aveuglement est une punition du Seigneur. Que Dieu nous délivre de leurs mains, et que dans sa grâce il nous donne d'autres maîtres! *Amen* (Walch, t. XV, p. 2712)! »

Cependant les paysans et les anabaptistes remplissent l'Allemagne de carnage et d'incendies. Pour célébrer ces sanglantes funérailles, des prêtres et des moines apostats se mariaient avec des religieuses apostates. Les sectateurs de Luther et de Zwingle se font une guerre de plume, d'injures et d'anathèmes. Le connétable de Bourbon prend et saccage Rome. Soliman II ravage la Hongrie, tue son roi et assiège Vienne. L'Europe, désunie, semble prête à retomber dans le chaos.

Cependant des symptômes de convalescence se font remarquer. Le Pape et l'empereur se réconcilient à Bologne en 1529; le 24 février 1530, Clément VII y couronne Charles-Quint du diadème impérial, et reçoit de lui le serment de fidélité, comme défenseur armé de l'Eglise romaine, à l'exemple de Charlemagne. Dès 1524, trois nobles princes de l'Allemagne catholique se liguent à Ratisbonne contre l'anarchie religieuse et sociale, et pour le maintien de l'ordre et des lois : le duc Guillaume, le duc Louis de Bavière et l'archiduc Ferdinand d'Autriche. Le 6 juillet de la même année, les archevêques et évêques de Salzbourg, de Trente, de Bamberg, de Spire, de Strasbourg, de Constance, de Bâle, de Frising, de Passau viennent trouver ces princes et concluent un traité d'alliance où ils déclarent que l'édit de Worms contre Luther et ses adhérents devait être observé comme une loi de l'empire; qu'on ne changerait rien ni dans l'administration des sacrements, ni dans les cérémonies, ni dans les commandements et les traditions de l'Eglise catholique;

que les ecclésiastiques qui se mariaient et les moines apostats seraient punis suivant toute la rigueur des canons; qu'on prêcherait l'Evangile d'après l'interprétation des Pères et des Docteurs; que ceux de leurs sujets qui étudiaient à Wittemberg seraient contraints de quitter cette Université dans trois mois, sous peine de confiscation de leurs biens, et que ceux qui y avaient fait leurs études ne pourraient jamais posséder de bénéfice; qu'aucun luthérien banni ne trouverait asile dans les Etats confédérés, et que secours et assistance seraient donnés à tout prince attaqué pour l'une des clauses de la confédération (Audin, *Hist. de Luther*, t. II, c. 6).

Le cardinal-légat Campège, qui assistait à cette conférence, demanda le premier qu'on satisfît aux justes réclamations des Etats de Nuremberg contre certains abus qui s'étaient glissés dans le clergé. Il fit publier une constitution en trente-cinq articles, pour régler le régime ecclésiastique, la tenue des synodes, la visite des diocèses, l'administration des paroisses, l'oblation des dîmes; quelques-unes des dispositions de ce règlement peignent les mœurs de l'époque. Dans un article, par exemple, on prescrit aux ecclésiastiques de porter un habit décent et de cesser de faire du commerce; dans un autre, on leur défend de fréquenter les tavernes et de disputer à table, entre deux vins, sur des matières religieuses (*Ibid.*, et Raynald, an 1524, n. 25 et seqq.).

En 1526, il y eut à Dessau une assemblée et consultation de quelques princes catholiques, les électeurs de Mayence et de Brandebourg, les ducs Henri et Eric de Brunswikc; des lettres arrivèrent d'Espagne, par lesquelles l'empereur ordonnait le maintien de l'ancienne foi et l'exécution de l'édit de Worms. Par contre-coup, le 4 mai de la même année 1526, l'électeur de Saxe et le landgrave Philippe de Hesse conclurent une ligue formelle pour la défense des nouveautés luthériennes, contre l'empereur, leur souverain, et contre les lois de l'empire. D'autres princes y entrèrent, notamment le moine apostat Albert de Brandebourg, devenu par son apostasie duc de Prusse. Cette conjuration en faveur de la nouveauté anarchique, contre le chef et contre les lois de l'empire, parut un attentat si énorme, que Luther lui-même et Mélanchthon ne purent s'empêcher de la condamner comme un crime (Menzel, t. I, p. 280 et seqq.).

Dans la diète qui se tint à Spire le 25 juin 1526, les princes luthériens, forts de leur ligue, se montrèrent si intraitables, que les deux partis furent sur le point de se séparer et de commencer la guerre civile. L'archiduc Ferdinand ayant proposé d'aller au secours de la Hongrie, les princes luthériens s'y refusèrent, attendu que Luther avait enseigné jusqu'alors que c'était résister à Dieu que de combattre contre les Turcs. Le roi de Hongrie, Louis II, périt deux mois après dans la bataille de Mohacs. Tout ce que l'archiduc put faire, ce fut de régler que, comme il était nécessaire pour le bien de la religion et de la paix d'assembler un concile national d'Allemagne, ou général de toute la chrétienté, qui serait ouvert au plus tard dans un an, on enverrait des députés vers l'empereur, pour le prier de regarder avec compassion l'état déplorable de l'empire, de venir au plus tôt en Allemagne et de faire tenir un concile; qu'en attendant, les princes et les Etats se comporteraient au sujet de l'édit de Worms de manière qu'ils pussent rendre compte de leur conduite à Dieu et à l'empereur. C'était justement la liberté de conscience que les luthériens prétendaient obtenir dans cette diète, et qu'ils pratiquèrent dans la suite, comme s'ils l'avaient réellement obtenue (Cochl., an 1526, p. 150).

Vers la fin de la même année 1526, l'archiduc Ferdinand devient roi de Bohême et de Hongrie : ces deux royaumes entrent dans la maison d'Autriche ou de Habsbourg; avec les royaumes d'Espagne, Dieu lui donnait en même temps le Nouveau-Monde, ainsi que les îles sans nombre de l'Océan. C'est que parmi toutes les maisons régnantes, aucune ne fut plus fidèle ni plus dévouée à la cause de Dieu et de son Eglise. Après elle vient la maison de Bavière. C'est à ces deux familles que l'Allemagne doit de n'être pas tombée tout entière et sans retour dans l'anarchie religieuse et intellectuelle qui la travaille et la mine encore maintenant.

En 1520, Luther enseignait que combattre contre les Turcs, c'était résister à Dieu. En conséquence, les luthériens d'Allemagne refusèrent de secourir leurs compatriotes contre les armes de Soliman; plusieurs même souhaitaient l'arrivée des Turcs, et préféraient leur domination à celle de l'empereur et des princes de Germanie. C'est Luther lui-même qui nous l'apprend (Walch, t. XX, p. 2675).

En 1527 et 1528, les Turcs ayant porté le fer et le feu dans la Hongrie, dans l'Autriche, dans des provinces encore plus intérieures de l'Allemagne, brûlant, massacrant, réduisant en esclavage une infinité de personnes, Luther eut peur et changea de langage. Jusqu'alors il avait fait un crime de combattre contre les Turcs, dès lors il fit un crime de ne pas les combattre. C'était bien convenir que le pape Léon X avait eu raison de condamner cette proposition : « Combattre contre les Turcs, c'est résister à Dieu. » Cependant il n'en convint pas, et soutint toujours que le Pape méconnaissait l'Evangile, en exhortant les chrétiens, rois et peuples, à défendre leur vie, leur liberté, leur religion, leur famille, leur patrie contre les Turcs. On ne devinerait guère sur quel misérable sophisme Luther s'appuie pour cela : sophisme qu'il noie et délaie dans deux ou trois instructions pastorales; le voici. Comme chrétiens, vous ne pouvez et ne devez vous défendre contre les Turcs que par les armes spirituelles, la prière, la conversion du cœur; mais vous pouvez et devez vous défendre par les armes matérielles, comme citoyens, comme nation, Allemands, Français, Hongrois, Dalmates, empereurs et princes, rois et sujets, pères et enfants, hommes et femmes; vous devez contribuer à cette défense, non-seulement de vos prières, mais encore de vos biens et de vos personnes; si vous y mourez, vous allez droit au ciel, car vous souffrez la mort comme chrétiens; en effet, chose bien remarquable, le Turc vous hait, vous saccage, vous tue, non pas comme Allemands ou Hongrois, mais essentiellement comme chrétiens, comme saints du Très-Haut (*Ibid.*, p. 2633 et seqq.). Telle est la substance de ce que dit Luther. On le voit, après avoir tout rejeté en haine du Pape, il ramène tout de son propre chef, même l'indulgence plénière, puisqu'il ouvre le paradis à tout chrétien qui meurt dans la guerre contre le Turc. Tertullien dit quelque part que le diable est singe de Dieu : Luther est ici singe du Pape. Aussi les luthériens d'Allemagne ne furent-ils guère émus de la singerie.

Luther lui-même s'en plaint. Les nobles exportaient l'argent d'Allemagne par le luxe, pour se ruiner de corps et de biens : les bourgeois et les marchands faisaient à peu près de même, y joignant l'avarice et l'usure; les artisans et les paysans ne songeaient qu'à se supplanter et à se voler les uns les autres, surtout depuis le nouvel évangile, où ils étaient devenus libres et riches, se croyant tout permis, ne donnant plus rien à personne, ni à pauvre ni à ministre de la religion. Luther engage les princes à leur prendre de force ce qu'ils ne voulaient pas donner pour la défense du pays (Walch, t. XX, p. 2718 et 2719).

Pour exciter à prendre les armes contre les Turcs et pour fortifier dans le christianisme ceux des Allemands qui deviendraient leurs captifs, Luther expose les dogmes impies de Mahomet et de son Alcoran; mais il n'a garde de signaler ce qu'il y a de plus impie dans ces dogmes, savoir, que tout arrive par une nécessité fatale, que l'homme n'a point de libre arbitre, que Dieu opère en nous le mal comme le bien, et qu'il nous punit du mal que nous n'avons pu éviter. Voilà ce que Luther ne signale pas dans Mahomet. La raison en est simple. Comme nous avons vu, l'hérésiarque de Wittemberg l'emporte en impiété sur le faux prophète de la Mecque; car, à l'en croire, Dieu nous punirait, non-seulement du mal que nous n'avons pu éviter, mais encore du bien que nous faisons de notre mieux, toutes les bonnes œuvres étant autant de péchés : ce que Mahomet n'a point osé dire.

Les princes luthériens, qui n'avaient point assez de patriotisme pour défendre l'Allemagne contre les Turcs, en avaient assez pour y allumer la guerre civile. Un employé infidèle d'un prince catholique, Otton de Pack, officier du duc Georges de Saxe, fit croire aux princes luthériens que les catholiques avaient conclu un traité pour les exterminer. Aussitôt les luthériens prirent les armes, sous la direction du landgrave Philippe de Hesse. Ce soulèvement parut encore un attentat si énorme, que Luther même remontra qu'il fallait au moins s'assurer si la cause était réelle. On découvrit que Pack avait avancé une fausseté, et que le traité était imaginaire : l'affaire s'accommoda. Toutefois le landgrave exigea de grosses sommes d'argent de quelques princes ecclésiastiques, pour le dédommager d'un armement qu'il reconnaissait avoir été fait sur de faux rapports. C'était en 1528 (Sleidan, l. 6, n. 92; Menzel, t. I, p. 313; Bossuet, Variat., l. 2, n. 44).

Une nouvelle diète fut convoquée à Spire pour l'année suivante. Les catholiques furent en majorité. Elle avait pour présidents et commissaires le roi Ferdinand; Frédéric, comte palatin; Guillaume, duc de Bavière, et les évêques de Trente et de Hildesheim. Les sacramentaires ou zwingliens s'étaient décidés à y faire tête aux luthériens. Les villes impériales étaient presque toutes infectées de zwinglianisme. La division était parmi les sectaires. Le landgrave de Hesse, comprenant le danger d'une pareille scission, dut travailler à l'éteindre, mais ses efforts étaient restés inutiles. Les catholiques se comptaient enfin. Après de longues contestations, l'assemblée décréta que partout où l'édit de Worms aurait été reçu, il serait défendu de changer de religion; que les villes qui auraient embrassé les doctrines nouvelles les garderaient jusqu'à la tenue du concile, sans que toutefois elles pussent abolir la messe, ou enlever aux catholiques le libre exercice de leur culte; que les sacramentaires seraient bannis de l'empire, et les anabaptistes punis de mort, suivant l'édit de l'empereur qui avait été ratifié. Luther lui-même demandait cette sévérité contre les anabaptistes et les sacramentaires (Walch, t. XVI, p. 364; Menzel, t. I, p. 321).

On aurait donc pu croire que les princes luthériens seraient contents des résolutions de la diète : il n'en fut pas ainsi; peu contents de la tolérance et de l'égalité, ils voulaient la domination. Six d'entre eux, suivis des députés de quatorze villes impériales, protestèrent contre les résolutions de la majorité, et en appelèrent à l'empereur, au concile général ou national, et à tout juge non suspect. C'est de cette protestation que leur vint et qu'ils prirent le nom général de *protestants*, pour faire entendre que leur essence est de *protester* : de protester contre l'autorité la plus grande qu'il y ait sur la terre, l'Eglise catholique; Eglise qui remonte de nous sans interruption jusqu'à Jésus-Christ, et de là, par les patriarches et les prophètes, jusqu'au premier homme, qui fut de Dieu; Eglise avec laquelle Jésus-Christ a promis d'être tous les jours jusqu'à la consommation des siècles, et contre laquelle il a donné sa parole que les portes de l'enfer ne prévaudront jamais. Voilà contre qui et contre quoi protestent essentiellement toutes les sectes protestantes.

Maintenant, veut-on savoir quelle est leur profession générale au XIXe siècle comme au XVIe. Elle peut être exposée non-seulement dans une très-courte brochure, mais même sur une carte de visite; la voici : « Je crois en moi; et je proteste contre l'Eglise romaine. » Je crois en moi : voilà la souveraineté radicale de la raison individuelle; je proteste contre l'Eglise romaine : voilà sa déclaration d'indépendance. Ce sont les seuls dogmes qui soient et qui puissent être communs entre les protestants. Après cela, on peut croire telle ou telle chose, pourvu qu'on le croie par la foi qu'on a en soi-même; on peut protester sur plus ou moins d'articles, pourvu qu'on proteste. Ainsi, les *luthériens*, qui soutiennent encore que *Jésus-Christ est Dieu*, et les pasteurs *calvinistes* de Genève, qui, en 1817, excommunient ceux qui osent encore le soutenir, bien qu'en contradiction les uns avec les autres, sont également protestants, parce qu'ils croient également en soi et qu'ils protestent également contre l'Eglise catholique.

Pour rendre la chose plus sensible, prenez, comme les disciples de Luther ont fait, prenez une église catholique, ôtez-en le signe du chrétien, l'autel du sacrifice, en un mot, tout ce qui pourrait donner une idée de religion, n'y laissez que les quatre murs, et vous aurez un temple protestant, au frontispice duquel vous pourrez placer en grosses lettres : *Temple de la raison individuelle*.

Pour en faire la dédicace, invitez quiconque croit en soi et proteste contre l'Eglise romaine. « O sublime raison de mon individu! je crois en toi et je t'adore, s'écriera chaque fidèle en entrant; c'est toi seule qui règnes dans ce temple! C'est toi, toi seule, qui m'y apprends si je dois croire à la Bible, et ce qu'elle veut me dire. Ah! reçois donc pour toujours mes hommages et ma foi! » Ensuite, après avoir ainsi proclamé le Symbole commun à tous, chacun fera son acte de foi individuelle. Le luthérien dira : En vertu de mon libre examen, je conclus que la Bible est un livre divin, et y vois clairement que, dans le moment de la sainte cène, on reçoit réellement le corps de Christ dans le pain, ou sous le pain, ou avec le pain; mais je proteste contre la transsubstantiation des Romains. Le zwinglien ou le calviniste répondra : Moi aussi, après avoir librement examiné, j'ai reconnu la divinité des Ecritures saintes, et j'y vois plus clair que le jour que dans la cène, au lieu de Christ, on ne reçoit que sa figure et son souvenir; en conséquence, je proteste contre la présence réelle des papistes. Le nouvel arien ou socinien continuera : Oui, la Bible est un ouvrage infiniment respectable; aussi, après l'avoir librement scruté, mon esprit y a découvert que les mystères de la foi ne sont que des figures de rhétorique, et que le Christ est seulement un grand prophète; en foi de quoi je proteste contre le Dieu-Homme des catholiques. Le déiste à son tour : Sans doute, messieurs, la raison de chaque homme est sa souveraine règle; or, la mienne me dit qu'elle me suffit à elle-même; par conséquent, je proteste contre tout ce que l'Eglise romaine nous débite sur les Ecritures, les prophéties et les miracles. Ensuite le matérialiste : Qu'il est beau de voir ainsi proclamer les droits souverains de la raison de chaque individu! Oui, messieurs, c'est à ma raison seule d'examiner, de juger, de réformer les opinions, même les plus universelles et les plus anciennes : je proteste donc hautement, en vertu de ma suprématie intellectuelle, contre l'immortalité, le paradis et l'enfer de la superstition pontificale. Que je suis ravi de vous entendre, s'écriera l'athée! Vous reconnaissez donc avec moi que la première de toutes les vérités, c'est que mon intelligence est à elle-même son centre, sa lumière, sa loi et son juge : en récompense, apprenez la découverte consolante qu'elle a faite; de même que nos esprits ne reconnaissent rien au-dessus d'eux, de même l'univers n'a point de maître : je proteste donc de tout mon être et contre le fanatisme de Rome et contre le Dieu qu'elle nous prêche. Fort bien! reprendra l'anarchiste, le communiste de la jeune Allemagne, tous vous convenez que le premier article de la charte humanitaire, c'est la souveraineté irresponsable de ma raison : aussi l'humanité va-t-elle me devoir son bonheur : je vois avec une évidence irrésistible que la source principale et funeste de tous les maux et de tous les crimes, c'est le prétendu droit de propriété, et plus encore de souveraineté. Je proteste donc, non plus seulement de tout mon cœur, mais de tout mon bras et de toute mon épée, contre cette momie romaine, qui, aujourd'hui comme toujours, veut qu'on respecte le droit des souverains et des propriétaires (1). A merveille! conclura le sceptique : Vous m'assurez tous de concert que je ne dois écouter que moi-même, et que c'est mon esprit qui doit tout juger en dernier ressort, même ce que vous venez de dire : je vous déclare donc, après avoir tout librement examiné, qu'il n'y a rien de certain au monde : conséquemment je proteste, non-seulement contre l'Eglise romaine, mais encore contre ceux qui protestent contre elle, et enfin contre moi-même.

Le principe du protestantisme, le principe du libre examen et de la suprématie de l'esprit privé une fois admis, il est impossible de ne pas avouer toutes ces conséquences, impossible de ne pas les envisager comme de simples nuances, comme des évolutions progressives de la réformation protestante; et à toutes ces professions de luthéranisme, de calvinisme, de socinianisme, de déisme, de matérialisme, d'athéisme, de communisme, d'anarchisme, de scepticisme, un protestant qui veut être conséquent avec soi-même n'a d'autre réponse à faire que de dire : *Amen*.

Le spectacle de cette unité discordante se vit en 1529 à la conférence de Marbourg, ménagée par le landgrave Philippe de Hesse entre les chefs des deux partis qui divisaient le protestantisme, les luthériens et les zwingliens ou sacramentaires : Luther, Osiandre et Mélanchthon d'une part; Zwingle, Œcolampade et Bucer de l'autre. Il s'agissait de les mettre d'accord sur l'article de la cène, et de faire cesser la guerre d'injures et d'anathèmes qu'ils se faisaient réciproquement. En quoi ils étaient tous d'accord, c'était à protester contre l'Eglise romaine, à croire, chacun souverainement en soi-même pour interpréter la Bible. Malgré de longues disputes, on ne put s'entendre sur l'article principal. Cependant, pour qu'on n'eût pas l'air de n'avoir rien fait, on dressa une espèce d'accord en quatorze articles. Les trois premiers rappellent la doctrine du concile de Nicée sur la trinité des personnes divines, sur la divinité de Jésus-Christ et son incarnation; et cela, parce que dès lors certains protestants, notamment à Strasbourg, parlaient là-dessus tels que des Juifs, comme si Jésus-Christ n'était pas vraiment Dieu. C'est Mélanchthon qui, en sa relation à l'électeur de Saxe, nous apprend que dès lors ces protestants étaient aussi chrétiens que les Juifs (Walch, t. XVII, p. 2362).

Sur l'article principal : « Si Jésus-Christ est réellement présent dans la sainte eucharistie, ou seulement en figure, » on disputa longtemps sans pouvoir s'accorder. Lorsque Zwingle et ses compagnons virent qu'ils ne pouvaient persuader à Luther le sens figuré, ils le prièrent du moins de vouloir les tenir pour frères. Mais ils furent vivement repoussés. « Quelle fraternité me demandez-vous, leur disait-il, si vous persistez dans votre créance? C'est signe que vous en doutez, puisque vous voulez être frères de ceux qui la rejettent. » Voilà comme finit la conférence. On se promit toutefois une charité mutuelle. Luther interpréta cette charité de celle qu'on doit aux ennemis, et non pas de celle qu'on doit aux personnes de même communion. Ils frémissaient, disait-il, de se voir traiter d'hérétiques. On convint pourtant de ne plus écrire les uns contre les

---

(1) Il n'y a pas un vice, pas un crime, pas une bassesse, pas une abomination qu'on ne puisse, la plupart du temps, faire dériver de la propriété. Elle abaisse l'homme beaucoup au-dessous de l'animal (Paroles d'un journal de la *Jeune Allemagne*, imprimé à Lausanne, et citées dans l'*Univers* du 13 septembre 1845).

autres, mais pour leur donner, poursuivait Luther, le temps de se reconnaître.

Cet accord tel quel ne dura guère : au contraire, par les récits différents qui se firent de la conférence, les esprits s'aigrirent plus que jamais : Luther regarda comme un artifice la proposition de fraternité qui lui fut faite par les zwingliens, et dit que Satan régnait tellement en eux, qu'il n'était plus en leur pouvoir de dire autre chose que des mensonges (Bossuet, *Variat.*, l. 2, n. 45).

Au milieu de ces démêlés, on se préparait à la célèbre diète d'Augsbourg, que Charles-Quint avait convoquée pour y remédier aux troubles que le nouvel évangile causait en Allemagne. Il fit son entrée dans la ville le 15 juin 1530. C'était la veille de la Fête-Dieu et de la procession du Saint-Sacrement. Comme l'empereur devait assister à la procession avec tous les princes catholiques, il y invita aussi les princes luthériens : ils s'y refusèrent par scrupules de conscience. Comme les luthériens reconnaissent la présence réelle du Seigneur dans l'eucharistie, on n'imagine pas d'abord la cause de leurs scrupules. La voici. Les opinions religieuses de ces princes dépendaient des caprices d'un moine, comme les évolutions des girouettes dépendent des caprices du vent. Or, il avait plu à ce moine de dire que le Sauveur est présent dans l'eucharistie au moment de la consécration et de la communion, et non après : donc il n'y est point pendant la procession, conclurent les princes dont il façonnait la conscience. Ils n'assistèrent donc pas à la procession, mais seulement à la messe.

Et quelles étaient donc ces âmes si timorées ? Voici le portrait qu'en trace Audin. C'était d'abord l'électeur Jean de Saxe, un des princes les plus gloutons de son siècle, dont le ventre chargé, dès le matin, de vin et de viandes, avait besoin, pour ne pas tomber, d'être retenu par un cercle de fer; amoureux fou d'une religion qui avait aboli le jeûne, le carême, et permettait de faire gras le vendredi et le samedi. Son buffet électoral passait pour le plus abondamment garni de l'Allemagne de vases de toutes sortes dérobés au réfectoire des moines ou à la sacristie des églises. C'était son fils Frédéric qui usait son temps et sa santé à table ou à la chasse et, comme son père, joyeux convive, ami du vin et de la bonne chère, savait à peine son catéchisme. C'était le landgrave de Hesse, dont la paillardise était devenue proverbiale, adultère effronté, qui, pour résister aux assauts de la chair, demanda et obtint plus tard la permission de coucher avec deux femmes, et qui se faisait servir à table par des domestiques portant sur leurs manches brodées ces cinq lettres capitales : V. D. M. I. Æ. (*Verbum Domini manet in æternum*) : La parole de Dieu subsiste éternellement. C'était Wolfgang, prince d'Anhalt, d'une ignorance crasse, qui n'avait jamais su faire, dit-on, le signe de la croix. C'étaient Ernest et François de Lunebourg, qui, ne voulant pas laisser à leurs valets le soin de piller les églises, volaient de leurs mains les vases sacrés (Audin, t. II, p. 402). Voilà les princes qui se firent un scrupule de conscience d'assister à la procession du Saint-Sacrement, comme leurs ancêtres, mais non point à la messe solennelle.

A la procession, le Saint-Sacrement était porté par l'archevêque électeur de Mayence : à droite marchait le roi Ferdinand, à gauche l'électeur Joachim de Brandebourg. Derrière le dais, porté par six princes, on voyait l'empereur, un flambeau à la main, la tête nue, sans parasol, au milieu des ardeurs d'un soleil de juin. Venaient ensuite le légat du Pape, les électeurs ecclésiastiques et séculiers, les archevêques et évêques, les députés des villes impériales, les grands d'Espagne, les seigneurs italiens et flamands, et enfin la garde de l'empereur et du roi de Hongrie. Les assistants tenaient un flambeau à la main, marchant en silence, lentement, au bruit de trois cents cloches, et s'agenouillant sur toutes les places, pour recevoir la bénédiction du Seigneur trois fois saint, le Dieu des armées, dont la gloire remplit le ciel et la terre. L'univers catholique, ayant à sa tête l'empereur de l'ancien monde, seigneur du nouveau, rendait à son Dieu des hommages d'autant plus solennels, qu'il le voyait plus méconnu et plus outragé par l'hérésie.

Les protestants, faisant bande à part ou secte, apparaissent comme la troupe des anges apostats, protestant contre l'unité et l'harmonie que Dieu avait établies dans l'Eglise du ciel, et commencent l'église de l'enfer, la synagogue de Satan, où il n'y a nul ordre, mais une éternelle horreur. Les anges apostats ou protestants prétendaient réformer l'Eglise du ciel ; les chrétiens apostats ou protestants prétendaient réformer l'Eglise de la terre. Les premiers ont formé la confusion de l'idolâtrie, de l'hérésie et du schisme : les seconds y aident comme manœuvres.

Leur discordance parut publiquement, dès qu'il leur fallut confesser publiquement leur créance. Il y eut tout d'abord trois confessions de foi différentes. Les luthériens, défenseurs du sens littéral sur l'eucharistie, présentèrent à Charles-Quint la confession de foi, appelée *la Confession d'Augsbourg*. Quatre villes de l'empire, Strasbourg, Meming, Landau et Constance, qui défendaient le sens figuré, donnèrent la leur séparément au même prince. On la nomma *la Confession de Strasbourg* ou des quatre villes ; et Zwingle, qui ne voulut pas être muet dans une occasion si célèbre, quoiqu'il ne fût pas du corps de l'empire, envoya aussi sa confession de foi à l'empereur.

Mélanchthon, en allemand Schwartzerd ou Terre-Noire, le plus éloquent et le plus poli, aussi bien que le plus modéré de tous les disciples de Luther, dressa la Confession d'Augsbourg de concert avec son maître qu'on avait fait approcher du lieu de la diète. Cette confession de foi fut présentée à l'empereur en latin et en allemand le 25 juin 1530, souscrite par Jean, électeur de Saxe, par six autres princes, dont Philippe, landgrave de Hesse, était un des principaux, et par les villes de Nuremberg et de Reutling, auxquelles quatre autres villes étaient associées. On la lut publiquement dans la diète, en présence de l'empereur, et on convint de n'en répandre aucune copie, ni manuscrite ni imprimée, que par son ordre. Il s'en est fait depuis plusieurs éditions, tant en allemand qu'en latin, toutes avec de notables différences ; et tout le parti la reçut.

Ceux de Strasbourg et leurs associés, défenseurs du sens figuré, s'offrirent à la souscrire, à la réserve de l'article de la cène. Ils n'y furent pas reçus ; de sorte qu'ils composèrent leur confession particulière, qui fut dressée par Bucer.

C'était un homme assez docte, d'un esprit pliant, et plus fertile en distinctions que les scholastiques les plus raffinés ; agréable prédicateur, un peu pesant dans son style ; mais il imposait par la taille et par le son de sa voix. Il avait été Dominicain et s'était marié comme les autres, et même, pour ainsi parler, plus que les autres, puisque sa femme étant morte, il passa à un second et à un troisième mariage. Les saints Pères ne recevaient point au sacerdoce ceux qui avaient été mariés deux fois étant laïques. Celui-ci, prêtre et religieux, se marie trois fois sans scrupule durant son nouveau ministère. C'était une recommandation dans le parti, et on aimait à confondre par ces exemples hardis les observances superstitieuses de l'ancienne Eglise.

Il ne paraît pas que Bucer ait rien concerté avec Zwingle : celui-ci, avec les Suisses, parlait franchement ; Bucer méditait des accommodements, et jamais homme ne fut plus fécond en équivoques. Cependant lui et les siens ne purent alors s'unir aux luthériens, et la nouvelle réforme fit en Allemagne deux corps visiblement séparés par des confessions de foi différentes.

Après les avoir dressées, ces églises semblaient avoir pris leur dernière forme, et il était temps du moins alors de tenir ferme ; mais c'est ici, au contraire, que les variations se montrent plus grandes.

La *Confession d'Augsbourg* est la plus considérable en toutes manières. Outre qu'elle fut présentée la première, souscrite par un plus grand corps et reçue avec plus de cérémonie, elle a encore été regardée comme une pièce commune de la nouvelle réforme. Comme l'empereur la fit réfuter par quelques théologiens catholiques, Mélanchthon en fit l'*Apologie*, qu'il étendit davantage un peu après. Au reste, il ne faut pas regarder cette *Apologie* comme un ouvrage particulier, puisqu'elle fut présentée à l'empereur au nom de tout le parti, par les mêmes qui lui présentèrent la Confession d'Augsbourg, et que depuis les luthériens n'ont tenu aucune assemblée pour déclarer leur foi, où ils n'aient fait marcher d'un pas égal la Confession d'Augsbourg et l'*Apologie* (*Variat.*, l. 3, n. 1 et seqq.).

Or, dans cette confession si solennelle, l'article sur la présence réelle dans l'eucharistie est couché de quatre manières différentes, suivant les quatre principales éditions. Ainsi on trouve ces mots dans le livre *De la Concorde*, publié par le parti luthérien : « L'article de la cène est ainsi enseigné par la parole de Dieu dans la Confession d'Augsbourg : Que le vrai Corps et le vrai Sang de Jésus-Christ sont vraiment présents, distribués et reçus dans la sainte cène sous l'espèce du pain et du vin, et que l'on improuve ceux qui enseignent le contraire. »

Maintenant, de ces quatre façons différentes, quelle est l'originale qui fut présentée à Charles-Quint ? Le protestant Hospinien soutient que c'est celle que nous venons de rapporter, parce que c'est celle qui paraît dans l'impression faite dès l'an 1530 à Wittemberg, c'est-à-dire dans le siège du lutheranisme, où était la demeure de Luther et de Mélanchthon. Il ajoute que ce qui fit changer l'article, c'est qu'il favorisait trop ouvertement la transsubstantiation, puisqu'il marquait le corps et le sang véritablement reçus, non point avec la substance, mais *sous les espèces du pain et du vin*, qui est la même expression dont se servent les catholiques. Et cela même fait croire que c'est ainsi que l'article a été rédigé d'abord, puisqu'il est certain par Sleidan et par Mélanchthon, aussi bien que par Chytré et par Célestin dans leur *Histoire de la Confession d'Augsbourg*, que les catholiques ne contredirent point cet article dans la réfutation qu'ils firent alors de la confession d'Augsbourg par ordre de l'empereur.

Les luthériens ne demeurèrent point en si bon chemin, incontinent après la Confession d'Augsbourg, ils donnèrent à l'empereur une cinquième explication de la cène, dans l'*Apologie* de leur confession de foi qu'ils firent faire par Mélanchthon. Encore que cet auteur soit peu favorable, même dans ce livre, au changement de substance, toutefois il ne trouve pas ce sentiment si mauvais qu'il ne cite avec honneur les autorités qui l'établissent ; car voulant prouver la doctrine *de la présence corporelle* par le sentiment de l'Eglise orientale, il allègue le canon de la messe grecque, où le prêtre demande nettement, dit-il, *que le propre Corps de Jésus-Christ soit fait en changeant le pain* ou *par le changement du pain*. Bien loin de rien improuver dans cette prière, il s'en sert comme d'une pièce dont il reconnaît l'autorité, et il produit dans le même esprit les paroles de Théophylacte, archevêque de Bulgarie, *qui assure que le pain n'est pas seulement une figure, mais qu'il est vraiment changé en chair*. Il se trouve, par ce moyen, que de trois autorités qu'il apporte pour confirmer la doctrine de la présence réelle, il y en a deux qui établissent le changement de substance, tant ces deux choses se suivent et tant il est naturel de les joindre ensemble.

Quand depuis on a retranché dans quelques éditions ces deux passages qui se trouvent dans la première publication, c'est qu'on a été fâché que les ennemis de la transsubstantiation n'aient pu établir la réalité qu'ils approuvent, sans établir en même temps cette transsubstantiation qu'ils voulaient nier.

Voilà les incertitudes où tombèrent les luthériens dès le premier pas, et aussitôt qu'ils entreprirent de donner par une confession de foi une forme constante à leur église, ils furent si peu résolus, qu'ils nous donnèrent d'abord en cinq ou six façons différentes un article aussi important que celui de l'eucharistie. Ils ne furent pas plus constants dans les autres articles, et ce qu'ils répondent ordinairement, que le concile de Constantinople a bien ajouté quelque chose à celui de Nicée, ne leur sert de rien ; car il est vrai qu'étant survenu depuis le concile de Nicée une nouvelle hérésie qui niait la divinité du Saint-Esprit, il fallut bien ajouter quelques mots pour la condamner ; mais ici, où il n'est rien arrivé de nouveau, c'est une pure irrésolution qui a introduit parmi les luthériens les variations que nous avons vues. Ils ne s'en tinrent pas là, et nous en verrons beaucoup d'autres dans les confessions de foi qu'il fallut depuis ajouter à celle d'Augsbourg (*Variat.*, l. 3, n. 9 et 10).

Les défenseurs du sens figuré ou les sacramentaires, comme on peut le voir en détail dans l'*Histoire des Variations des églises protestantes*, par Bossuet, n'ont pas moins varié que les luthériens dans leurs confessions de foi. Bucer, l'architecte de ces confessions, ne s'exprimait qu'en termes vagues, ambigus, équivoques, qu'on pouvait prendre dans un sens et dans un autre. Cette ambiguïté était telle que, des quatre villes qui y voyaient d'abord le sens de la figure, trois d'entre elles, à savoir, Strasbourg, Meming et Landau, y prirent peu après le sens de la présence réelle.

Zwingle y allait plus franchement. Dans la confession de foi qu'il envoya à Augsbourg et qui fut approuvée de tous les protestants suisses, il expliquait nettement « que le Corps de Jésus-Christ, depuis son ascension, n'était plus que dans le ciel et ne pouvait être autre part; qu'à la vérité, il était comme présent dans la cène par la contemplation de la foi, et non pas réellement ni par son essence (Hospin., an 1530, n. 101 et seqq.). »

Tel était donc le premier état de la dispute sacramentaire : d'un côté, une présence en signe et par foi ; de l'autre, une présence réelle et substantielle ; et voilà ce qui séparait les sacramentaires d'avec les catholiques et les luthériens.

La question de la justification, où celle du libre arbitre était renfermée, paraissait d'une autre importance aux protestants; c'est pourquoi, dans l'*Apologie*, ils demandent par deux fois à l'empereur une attention particulière sur cette matière, comme étant la plus importante de tout l'Evangile et celle aussi où ils ont le plus travaillé. Mais, dit Bossuet, j'espère qu'on verra bientôt qu'ils ont travaillé en vain, pour ne rien dire de plus, et qu'il y a plus de malentendu que de véritables difficultés dans cette dispute.

Et d'abord il faut mettre hors de cette dispute la question du libre arbitre. Luther était revenu des excès qui lui faisaient dire que la prescience de Dieu mettait le libre arbitre en poudre dans toutes les créatures, et il avait consenti qu'on mit cet article, le dix-huitième, dans la Confession d'Augsbourg : « Qu'il faut reconnaître le libre arbitre dans tous les hommes qui ont l'usage de la raison, non pour les choses de Dieu, que l'on ne peut commencer, ou du moins achever sans lui, mais seulement pour les œuvres de la vie présente et pour les devoirs de la société civile. » Voilà donc déjà deux vérités qui ne souffrent aucune contestation : l'une, qu'il y a un libre arbitre, et l'autre, qu'il ne peut rien de lui-même dans les œuvres vraiment chrétiennes.

L'article suivant expliquait que *la volonté des méchants était la cause du péché*, et, encore qu'on ne dit pas assez nettement que Dieu n'en est pas l'auteur, on l'insinuait toutefois, contre les premières maximes de Luther. Comme Luther approuvait cet article, aussi bien que les autres de la Confession d'Augsbourg, il condamnait implicitement ses propres blasphèmes, et justifiait la condamnation que le pape Léon X en avait faite dix ans auparavant.

Ce qu'il y avait de plus remarquable sur le reste de la matière de la grâce chrétienne, dans la Confession d'Augsbourg, c'est que partout on y supposait dans l'Eglise catholique des erreurs qu'elle a toujours détestées, et même des erreurs opposées : par exemple, que nous attribuons la rémission de nos péchés à nos propres mérites et non à la grâce de Dieu ; et qu'en même temps nous nous croyons justifiés par le seul usage du sacrement, *ex opere operato*, comme on parle, sans aucun bon mouvement. Comment les luthériens pouvaient-ils s'imaginer qu'on donnât tant à l'homme parmi nous, et qu'en même temps on y donnât si peu ? Mais l'un et l'autre sont très-éloignés de notre doctrine, puisque le concile de Trente, d'un côté, est tout plein des bons sentiments par où il faut se disposer au baptême, à la pénitence et à la communion, déclarant même, en termes exprès, que *la réception de la grâce est volontaire*, et que, d'un autre côté, il enseigne que la rémission des péchés est purement gratuite, et que tout ce qui nous y prépare de près ou de loin, depuis le commencement de la vocation et les premières horreurs de la conscience ébranlée par la crainte, jusqu'à l'acte le plus parfait de la charité, est un don de Dieu (*Variat.*, l. 3, n. 21 et 22).

Pour le nombre des sacrements, l'*Apologie* nous enseigne *que le baptême, la cène et l'absolution sont trois véritables sacrements*. En voici un quatrième, puisque « il ne faut point faire de difficulté de mettre l'ordre en ce rang, en le prenant pour le ministère de la parole, parce qu'il est commandé de Dieu, et qu'il a de grandes promesses (*Apologie*, p. 200 et seqq.). » La confirmation et l'extrême-onction sont marquées comme des *cérémonies reçues des Pères*, mais qui n'ont pas une expresse promesse de grâce. Je ne sais donc ce que veulent dire ces paroles de l'épître de saint Jacques, en parlant de l'onction des malades : *S'il est en péché, il lui sera remis* ; mais c'est que Luther n'estimait pas cette épître, quoique l'Eglise ne l'ait jamais révoquée en doute. Pour le mariage, ceux de la Confession d'Augsbourg y reconnaissent une institution divine et des promesses, mais temporelles ; comme si c'était une chose temporelle que d'élever dans l'Eglise les enfants de Dieu, et se sauver en les engendrant de la sorte (1. Tim., 2, 15) ; ou que ce ne fût pas un des fruits du mariage chrétien, de faire que les enfants qui en sortent fussent nommés saints, comme étant destinés à la sainteté (1. Cor., 7, 14).

Mais, au fond, l'*Apologie* ne paraît pas s'opposer beaucoup à notre doctrine sur le nombre des sacrements, « pourvu, dit-elle, qu'on rejette ce sentiment qui domine dans tout le règne pontifical, que les sacrements opèrent la grâce sans aucun bon mouvement de celui qui les reçoit. » Car on ne se lasse point de nous faire cet injuste reproche. C'est là qu'on met le nœud de la question, c'est-à-dire qu'il n'y resterait presque plus de difficulté sans les fausses idées de nos adversaires.

Luther s'était expliqué contre les vœux monastiques d'une manière terrible, jusqu'à dire de celui de la continence, qu'il était aussi peu possible de l'accomplir que de se dépouiller de son sexe. Tout s'adoucit dans l'*Apologie*, puisque non-seulement saint Antoine et saint Bernard, mais encore saint Dominique et saint François y sont nommés parmi les saints ; et tout ce qu'on demande à leurs disciples, c'est qu'ils recherchent, à leur exemple, la rémission de leurs péchés dans la bonté gratuite de Dieu : à quoi l'Eglise a trop bien pourvu, pour appréhender sur ce sujet aucun reproche.

Cet endroit de l'*Apologie* est remarquable, puisqu'on y met parmi les saints ceux des derniers temps, et qu'ainsi on reconnaît pour la vraie Eglise celle qui les a portés dans son sein. Luther n'a pu refuser à ces grands hommes ce glorieux titre. Partout il compte parmi les saints, non-seulement saint Bernard, mais encore saint François et saint Bonaventure, et les autres du XIIIe siècle. Saint François, entre tous les autres, lui paraît un homme admirable, animé d'une merveilleuse ferveur d'esprit. Il pousse ses louanges jusqu'à Gerson, lui qui avait condamné Wiclef et Jean Hus dans le concile de Constance, et il l'appelle un homme grand en tout : ainsi l'Eglise romaine était encore la mère des saints dans le XVe siècle.

Dans la Confession d'Augsbourg et dans l'*Apologie*, l'article même de la messe passe si doucement, qu'à peine s'aperçoit-on que les protestants y aient voulu apporter du changement. Ils commencent par se plaindre « du reproche injuste qu'on leur fait d'avoir aboli la messe. On la célèbre, disent-ils, parmi nous avec une extrême révérence, et on y conserve presque toutes les cérémonies ordinaires. » En effet, en 1523, lorsque Luther réforma la messe et en dressa la formule, il ne changea presque rien de ce qui frappait les yeux du peuple. On y garda l'Introït, le *Kyrie*, la Collecte, l'Epître, l'Evangile, avec les cierges et les encens, si l'on voulait, le *Credo*, la prédication, les prières, la Préface, le *Sanctus*, les paroles de la Consécration, l'Elévation, l'Oraison dominicale, l'*Agnus Dei*, la Communion, l'Action de grâces. Voilà l'ordre de la messe luthérienne, qui ne paraissait pas à l'extérieur fort différente de la nôtre; au reste, on avait conservé le chant et même le chant en latin, et voici ce qu'on en disait dans la Confession d'Augsbourg : *On y mêle avec le chant en latin des prières en langue allemande, pour l'instruction du peuple.* On voyait dans cette messe et les parements et les habits sacerdotaux; et on avait un grand soin de les retenir, comme il paraissait par l'usage et par toutes les conférences qu'on fit alors. Bien plus, on ne disait rien contre l'oblation dans la Confession d'Augsbourg; au contraire, elle est insinuée dans ce passage qui est rapporté de l'*Histoire tripartite* : « Dans la ville d'Alexandrie, on s'assemble le mercredi et le vendredi, et on y fait tout le service, excepté l'oblation solennelle. »

C'est qu'on ne voulait pas faire paraître au peuple qu'on eût changé le service public. A entendre la Confession d'Augsbourg, il semblait qu'on ne s'attachât qu'aux messes sans communiants, qu'on avait abolies, disait-on, parce qu'on n'en célébrait presque plus que pour le gain; de sorte qu'à ne regarder que les termes de la confession, on eût dit qu'on n'en voulait qu'à l'abus.

Cependant on avait ôté dans le canon de la messe les paroles où il est parlé de l'oblation qu'on faisait à Dieu des dons proposés. Mais le peuple, toujours frappé au dehors des mêmes objets, n'y prenait pas garde d'abord; et en tout cas, pour lui rendre ce changement supportable, on insinuait que le canon n'était pas le même dans les églises; que celui des Grecs différait de celui des Latins, et même, parmi les Latins, celui de Milan d'avec celui de Rome. Voilà de quoi on amusait les ignorants; mais on ne leur disait pas que ces canons où ces liturgies n'avaient que des différences fort accidentelles; que toutes les liturgies convenaient unanimement de l'oblation qu'on faisait à Dieu des dons proposés avant de les distribuer; et c'est ce qu'on changeait dans la pratique, sans l'oser dire dans la confession publique.

Mais pour rendre cette oblation odieuse, on faisait croire à l'Eglise qu'elle lui attribuait un mérite de remettre les péchés, sans qu'il fût besoin d'y apporter ni la foi ni aucun bon mouvement : ce qu'on répétait par trois fois dans la Confession d'Augsbourg, et on ne cessait de l'inculquer dans l'*Apologie*, pour insinuer que les catholiques n'admettaient la messe que pour éteindre la piété.

On avait même inventé dans la Confession d'Augsbourg cette admirable doctrine des catholiques, à qui on faisait dire « que Jésus-Christ avait satisfait dans sa passion pour le péché originel, et qu'il avait institué la messe pour les péchés mortels et véniels que l'on commettait tous les jours, » comme si Jésus-Christ n'avait pas également satisfait pour tous les péchés; et on ajoutait, comme un nécessaire éclaircissement, « que Jésus-Christ s'était offert à la croix non-seulement pour le péché originel, mais encore pour tous les autres; » vérité dont personne n'avait jamais douté. Il n'est donc pas étonnant que les catholiques, au rapport même des luthériens, quand ils entendirent ce reproche, se soient comme récriés tout d'une voix : *que jamais on n'avait ouï telle chose parmi eux* (Chytr., *Hist. conf. Aug.*). Mais il fallait faire croire au peuple que ces malheureux papistes ignoraient jusqu'aux éléments du christianisme (*Variat.*, l. 3).

Malgré cela, les protestants n'osaient encore rejeter l'autorité de l'Eglise romaine. Ils se glorifiaient d'avoir pour eux les saints Pères, principalement dans l'article de la justification, qu'ils regardaient comme le plus essentiel; et non-seulement ils prétendaient avoir pour eux l'ancienne Eglise, mais voici encore comme ils terminaient l'exposition de leur doctrine : « Tel est l'abrégé de notre foi, où l'on ne verra rien de contraire à l'Ecriture ni à l'Eglise catholique, ou même A L'EGLISE ROMAINE, autant qu'on peut la connaître par ses écrivains. Il s'agit de quelques abus qui se sont introduits dans les églises sans aucune autorité certaine; et quand il y aurait quelque différence, il la faudrait supporter, puisqu'il n'est pas nécessaire que les rites des églises soient partout les mêmes (*Conf. Aug.*, art. 21; *Apol. resp. ad Arg.*, p. 141, etc.).

Dans une autre édition, on lit ces mots : « Nous NE MÉPRISONS PAS LE CONSENTEMENT DE L'EGLISE CATHOLIQUE, ni ne voulons soutenir les opinions impies et séditieuses qu'elle a condamnées; car ce ne sont point des passions désordonnées, mais c'est l'autorité de la parole de Dieu et DE L'ANCIENNE EGLISE qui nous a poussé à embrasser cette doctrine, pour augmenter la gloire de Dieu et pourvoir à l'utilité des bonnes âmes dans l'Eglise universelle (Edit. Gen., art. 21, p. 22). »

On disait aussi dans l'*Apologie*, après y avoir exposé l'article de la *justification*, qu'on tenait sans comparaison le principal : « Que c'était la doctrine des Prophètes, des Apôtres et des saints Pères, de saint Ambroise, de saint Augustin, de la plupart des autres Pères, et de toute l'Eglise qui reconnaissait Jésus-Christ pour propitiateur; et comme l'auteur de la justification; et qu'il ne fallait pas prendre pour doctrine de l'Eglise romaine tout ce qu'approuvent le Pape, quelques cardinaux, évêques, théologiens ou moines (*Apol. resp. ad art.*, p. 141; *Variat.*, l. 3) : » par où l'on distinguait manifestement les opinions particulières d'avec le dogme reçu et constant, où on faisait profession de ne vouloir point toucher.

Mélanchthon, en particulier, reconnaissait la juridiction épiscopale dans l'intérêt de la société politique et religieuse. On avait chassé les évêques de leurs sièges, il consentait à ce qu'on les y rétablît. « Et de quel front, disait-il, oserions-nous consacrer cette victoire de la force brutale, si les évêques nous laissent notre doctrine? Faut-il que je vous dise mon opinion? Eh bien! domination épiscopale et administration spirituelle, je voudrais tout leur restituer. Voyez donc l'église que nous aurions sans gouvernement! une tyrannie plus intolérable que celle que nous subissions (*Epist. Camerario*)! »

Il allait plus loin : il voulut conserver le Pape comme chef visible de l'Eglise. Il écrivait, le 6 juillet 1530, au légat Campège : « Nous n'avons pas d'autre doctrine que celle de l'Eglise romaine; nous sommes prêts à lui obéir, si elle veut étendre sur nous ces trésors de bienveillance dont elle est si prodigue pour ses autres enfants; nous sommes prêts à nous jeter aux pieds du pontife de Rome et à reconnaître la hiérarchie ecclésiastique, pourvu qu'il ne nous repousse pas. Et comment rejetterait-il la prière des suppliants? pourquoi le fer et la flamme, quand l'unité rompue est si aisée à rétablir (Célest., *Hist. Aug. conf.*, l. 3; Pallavic., *Hist. concil. Trid.*, l. 3, c. 3) ? »

Enfin les protestants n'osaient avouer que leur confession de foi fût opposée à l'Eglise romaine, ou qu'ils se fussent retirés de son sein. Ils tâchaient de faire croire qu'ils n'en étaient distingués que par certains rites et quelques légères observances. Et, au reste, pour faire voir qu'ils prétendaient toujours faire avec elle un même corps, ils se soumettaient publiquement à son concile.

C'est ce qui paraît dans la préface de la Confession d'Augsbourg, adressée à Charles-Quint. « Votre Majesté Impériale a déclaré qu'elle ne pouvait rien déterminer dans cette affaire où il s'agissait de la religion, mais qu'elle agirait auprès du Pape pour procurer l'assemblée du concile universel. Elle réitéra, l'an passé, la même déclaration dans la dernière diète tenue à Spire, et a fait voir qu'elle persistait dans la résolution de procurer cette assemblée du concile général, ajoutant que les affaires qu'elle avait avec le Pape étant terminées, elles croyait qu'il pouvait être aisément porté à tenir un concile général. » On voit par là de quel concile on entendait parler alors : c'était d'un concile général assemblé par les Papes; et les protestants s'y soumettent en ces termes : « Si les affaires de la religion ne peuvent pas être accommodées à l'amiable avec nos parties, nous offrons en toute obéissance à Votre Majesté Impériale de comparaître et de plaider notre cause devant un tel concile général, libre et chrétien. » Et enfin : « C'est à ce concile général, et ensemble à Votre Majesté Impériale que nous avons appelé et appelons, et nous adhérons à cet appel. » Quand ils parlaient de cette sorte, leur intention n'était pas de donner à l'empereur l'autorité de prononcer sur les articles de la foi; mais en appelant au concile, ils nommaient aussi l'empereur dans leur appel, comme celui qui devait procurer la convocation de cette sainte assemblée, et qu'ils priaient en attendant de tenir tout en suspens.

Une déclaration si solennelle demeurera éternellement dans l'acte le plus authentique qu'aient jamais fait les luthériens, et à la tête de la Confession d'Augsbourg, en témoignage contre eux, et en reconnaissance de l'inviolable autorité de l'Eglise. Tout s'y soumettait alors; et ce qu'on faisait, en attendant sa décision, ne pouvait être que provisoire. On retenait les peuples, et on se trompait peut-être soi-même par cette belle apparence. On s'engageait cependant, et l'horreur qu'on avait du schisme diminuait tous les jours. Après qu'on y fût accoutumé, et que le parti se fût fortifié par des traités et par des ligues, l'Eglise fut oubliée, tout ce qu'on avait dit sur son autorité sainte s'évanouit comme un songe, et le titre de *concile libre et chrétien*, dont on s'était servi, devint un prétexte pour rendre illusoire la réclamation au concile, comme on le verra par la suite.

Voilà l'histoire de la Confession d'Augsbourg et de son *Apologie*. On voit que les luthériens reviendraient de beaucoup de choses, peut-être de tout, s'ils voulaient seulement prendre la peine d'en retrancher les calomnies dont ils nous chargent, et de bien comprendre les dogmes où l'on s'accommode si visiblement à notre doctrine. Si l'on eût cru Mélanchthon, on se serait encore approché beaucoup davantage des catholiques; car il ne disait pas tout ce qu'il voulait; et pendant qu'il travaillait à la Confession d'Augsbourg, lui-même en écrivant à Luther sur les *articles de foi* qu'il le priait de revoir : *Il les faut*, dit-il, *changer souvent et les accommoder à l'occasion* (L. 1, *epist.* 1). Voilà comme on bâtissait cette célèbre confession de foi, qui est le fondement de la religion protestante; et c'est ainsi qu'on y traitait les dogmes. On ne permettait pas à Mélanchthon d'adoucir les choses autant qu'il le souhaitait. « Je changeais, dit-il, tous les jours, et rechangeais quelque chose, et j'en aurais changé beaucoup davantage, si nos compagnons nous l'avaient permis. Mais, poursuivait-il, ils ne se mettaient en peine de rien (L. 4, *ep*. 95) : » c'est-à-dire, comme il l'explique partout, que, sans prévoir ce qui pourrait arriver, on ne songeait qu'à pousser tout à l'extrémité : c'est pourquoi on voyait toujours Mélanchthon, comme il le confesse lui-même, *accablé de cruelles inquiétudes, de soins infinis, d'insupportables regrets* (L. 4, *ep*. 95). Luther les contraignait plus que tous les autres ensemble. On voit dans les lettres qu'il lui écrit, qu'il ne savait comment adoucir cet esprit superbe : quelquefois il entrait contre Mélanchthon *dans une telle colère, qu'il ne voulait pas même lire ses lettres* (L. 1, *ep*. 6). C'est en vain qu'on lui envoyait des messagers exprès : ils revenaient sans réponse; et le malheureux Mélanchthon, qui s'opposait le plus qu'il pouvait aux emportements de son maître et de son parti, toujours pleurant et gémissant, écrivait la Confession d'Augsbourg avec ces contraintes (*Variat.*, l. 3).

Les protestants auraient voulu que les catholiques formulassent ainsi leur confession. — A quoi bon, répondit Faber, depuis évêque de Vienne en Autriche? nous croyons aujourd'hui ce que nous croyions hier, ce que nous croirons demain.

La diète rendit son décret dans le même sens. C'était le même que celui de Worms, mais plus ample et en termes plus forts; en voici la substance :

« On ne souffrira point ceux qui enseignent une nouvelle doctrine sur la cène; on ne fera aucun changement dans la messe, tant solennelle que privée; on confirmera les enfants avec le saint chrême; on administrera l'extrême-onction aux malades; on rejettera l'opinion de ceux qui nient le libre arbitre, parce qu'elle réduit l'homme à la condition des bêtes, et qu'elle est injurieuse à Dieu; on rétablira les statues et les images dans les lieux d'où on les a enlevées; on n'enseignera rien qui tende à diminuer l'autorité du magistrat; le dogme de la foi seule sans les œuvres est absolument rejeté; les sacrements de l'Eglise seront toujours au nombre de sept, et administrés de la même manière qu'anciennement; on continuera d'observer toutes les cérémonies de l'Eglise, les funérailles des morts et les autres usages; les bénéfices vacants ne seront conférés qu'à des sujets qui en seront dignes; les prêtres ou ecclésiastiques, mariés ci-devant, seront privés de leurs bénéfices, et ceux-ci conférés à d'autres, aussitôt après la diète; cependant ceux qui voudront quitter leurs femmes et rentrer dans leur premier état, pourront être réhabilités par l'évêque, le tout suivant le bon plaisir du Pape, lorsqu'il en aura été informé par son légat; mais les autres seront bannis et punis comme ils le méritent.

» La vie des prêtres sera réglée, leur habit décent, et ils se conduiront sans aucun scandale. Si les ecclésiastiques ont été forcés en quelque lieu à faire quelque vente ou contrat injuste; si les biens de l'Eglise ont été injustement aliénés ou appliqués à des usages profanes, tout cela sera nul. Personne n'est admis à enseigner, qu'il n'ait auparavant donné à son évêque un témoignage authentique de sa saine doctrine et de ses mœurs réglées; et, enseignant ou prêchant, ils suivront le décret dont on vient de parler, sans employer dans leurs discours le langage de plusieurs qui prétendent qu'on anéantit la doctrine de l'Evangile. Ils s'abstiendront aussi d'injures et de railleries; ils exhorteront les peuples à la prière, à ouïr la messe avec dévotion, à invoquer la sainte Vierge et les autres saints, à observer les fêtes, les jeûnes, l'abstinence des viandes, et à soulager les pauvres. Ils remontreront aux moines l'énormité du crime qu'ils commettent en quittant leur habit et leur profession. En un mot, on ne souffrira aucun changement dans ce qui regarde la foi et le service divin, sur peine de punition corporelle et de confiscation des biens.

» On réparera tout le tort fait aux ecclésiastiques; on rétablira les monastères dans les lieux où ils auront été détruits, de même que les autres édifices, et les cérémonies accoutumées y seront observées. Ceux qui, dans les pays hérétiques, demeureront attachés à l'ancienne religion et approuveront ce décret, seront placés sous la protection de l'empire, sans qu'on puisse les inquiéter, et il leur sera permis de transporter leur domicile en quel lieu ils voudront, sans qu'on puisse leur causer aucun dommage.

» Le Pape sera requis de convoquer et d'assembler le concile en un lieu commode et convenable, dans six mois, afin qu'il puisse être commencé du moins dans le cours de l'année. Tous ces règlements seront exécutés, nonobstant oppositions ou appellations quelconques; et afin que ce présent décret demeure dans toute sa vigueur, comme concernant la foi et la religion, l'empereur y emploiera toute la puissance que Dieu lui a donnée, même aux dépens de sa vie. Que si quelqu'un veut user de violence pour en empêcher l'exécution, la chambre impériale, sur ce requise, donnera ordre à celui qui agit par voie de fait de se désister de son entreprise; que s'il y persiste, il sera mis au ban de l'empire, et les princes et villes voisines viendront au secours de celui qui souffre la violence. Enfin la chambre impériale ne recevra à plaider aucun de ceux qui n'auront pas approuvé ce présent décret (Sleidan, l. 7; Célestin, *De conf. Aug.*, l. 4). »

Nous avons vu que dans l'ancienne constitution de l'empire germanique, ainsi que chez toutes les nations chrétiennes, l'article fondamental était la profession de la foi catholique, de la foi de tous les temps et de tous les lieux; sans cette foi catholique ou universelle, on ne pouvait être ni roi, ni prince, ni citoyen; une et la même pour tous, cette loi générale mettait l'unité et l'harmonie dans l'univers, dans l'Europe, dans chaque royaume, dans chaque famille. Le contraire est une cause active et incessante de révolution et d'anarchie. En 1530, l'empereur Charles-Quint et la diète catholique d'Augsbourg maintiennent la loi fondamentale de l'ordre, l'ancienne constitution de l'empire germanique, de l'Europe chrétienne et de l'univers; ils la maintiennent contre des principes d'anarchie et de révolution qui tendent à dissoudre la société humaine. Des princes révolutionnaires se liguent et prennent les armes pour détruire l'ancienne constitution de l'empire et de l'Europe, et la remplacer par les nouveaux principes de l'anarchie universelle.

Le 22 décembre 1530, les princes luthériens se liguèrent à Smalcalde, et résolurent de prendre les armes contre l'empereur même leur souverain, s'il entreprenait d'exécuter contre eux la loi fondamentale de l'empire. L'année précédente, Luther les avait détournés de cette coalition, comme d'un crime; cette année-ci, il les y pousse, comme à une bonne œuvre. C'est que la diète d'Augsbourg n'avait pas tourné à son gré. Dans un de ses plus violents libelles, *Avertissement à mes chers Allemands*, il s'écrie : « Si l'on en vient à la guerre, ce dont Dieu nous préserve! je ne veux pas avoir appelé *rebelle* ni qu'on appelle de ce nom le parti qui se sera mis en défense contre ces homicides et sanguinaires papistes, mais je veux qu'on l'appelle *défense à son corps défendant*, comme c'est sans doute; sur quoi je m'en rapporte au droit et aux juristes. Car, quand les égorgeurs et les chiens altérés de sang n'ont qu'un désir, de tuer, de brûler, de rôtir, ce n'est certainement pas rébellion de s'insurger, d'opposer la force à la force, le glaive au glaive. Il ne faut par traiter de rébellion tout ce que les chiens de sang appellent *rébellion*. Ils voudraient bien par là fermer la bouche et le poing à tout le monde, afin que personne ne pût ni les châtier par la prédication, ni se défendre avec le poing, mais qu'eux seuls eussent la gueule et la main libres; ils cherchent donc, par ce mot de rébellion, à effrayer et prendre tout le monde, et se rassurer eux-mêmes. Tout beau, mon compagnon! ta définition ne vaut rien, et je le prouve. Il n'y a pas de rébellion quand quelqu'un agit contre le droit, autrement toute violation du droit serait une rébellion; mais celui-là est un rebelle, qui ne veut souffrir ni magistrats ni droit, qui les attaque et les veut anéantir, qui s'érige soi-même en maître et en droit vivant, comme l'a fait Munzer : voilà ce qui s'appelle un rebelle. Résister à ces chiens de sang n'est donc pas faire de la rébellion, car ce sont les papistes qui commencent, qui veulent la guerre et non la paix; c'est aux papistes que convient le nom de rébellion et de révolte, car ils n'ont pour eux ni droit divin ni droit humain, mais agissent par méchanceté, contre tous les droits, comme les meurtriers, les scélérats et les parjures (Walch, t. XVI, p. 1972). »

C'est par ces libelles furieux, car il en fit jusqu'à trois plus emportés l'un que l'autre, que Luther sonna le tocsin de la guerre civile en Allemagne. Zwingle, qui l'avait allumée en Suisse, y fut tué dans une bataille. Vers ce même temps, Luther publia sa conférence avec le diable contre la messe privée. Bucer travaillait à réunir les luthériens et les sacramentaires par ses équivoques sur l'eucharistie. La rage de Luther contre le Pape croissait avec les années; on ne sait pas d'idée de ce qu'il en dit dans ses derniers libelles. Il met parmi les articles de Smalcalde, dont il ne veut jamais se relâcher : « Que le Pape n'est pas de droit divin; que la puissance qu'il a usurpée est pleine d'arrogance et de blasphème; que tout ce qu'il a fait et fait encore en vertu de cette puissance est diabolique; que l'Eglise peut et doit subsister sans avoir un chef; que quand le Pape aurait avoué qu'il n'est pas de droit divin, mais qu'on l'a établi seulement pour entretenir plus commodément l'unité des chrétiens contre les sectaires, il n'arriverait jamais rien de bon d'une telle autorité, et que le meilleur moyen de gouverner et de conserver l'Eglise, c'est que tous les évêques, quoique inégaux dans les dons, demeurent pareils dans leur ministère sous un seul chef, qui est Jésus-Christ, qu'enfin le Pape est le vrai antechrist (Art. 4). »

Nous rapportons exprès tout au long ces décisions, parce que Mélanchthon y apporta une restriction qui ne peut être assez considérée.

A la fin des articles, on voit deux listes de souscriptions, où paraissent les noms de tous les ministres et docteurs de la Confession d'Augsbourg. Mélanchthon signa avec tous les autres ; mais parce qu'il ne voulait pas convenir de ce que Luther avait dit du Pape, il fit sa souscription en ces termes : « Moi, Philippe Mélanchthon, j'approuve les articles précédents, comme pieux et chrétiens. Pour le Pape, mon sentiment est que, s'il voulait recevoir l'Evangile, pour la paix et la commune tranquillité de ceux qui sont déjà sous lui ou qui y seront à l'avenir, nous lui pouvons accorder la supériorité sur les évêques, qu'il a déjà de droit humain (Concord., p. 336-338). »

Mélanchthon dira plus tard dans une de ses lettres : « Nos gens demeurent d'accord que la police ecclésiastique, où l'on reconnaît des évêques supérieurs de plusieurs églises, et l'évêque de Rome supérieur à tous les évêques, est permise. Il a aussi été permis aux rois de donner des revenus aux églises ; ainsi il n'y a point de contestation sur la supériorité du Pape et sur l'autorité des évêques, et tant le Pape que les évêques peuvent aisément conserver cette autorité; car il faut à l'Eglise des conducteurs pour maintenir l'ordre, pour avoir l'œil sur ceux qui sont appelés au ministère ecclésiastique, et sur la doctrine des prêtres, et pour exercer les jugements ecclésiastiques ; de sorte que, s'il n'y avait point de tels évêques, IL EN FAUDRAIT FAIRE. LA MONARCHIE DU PAPE servirait aussi beaucoup à conserver entre plusieurs nations le consentement dans la doctrine; ainsi on s'accorderait facilement sur la SUPÉRIORITÉ DU PAPE, si on était d'accord sur tout le reste (Resp. ad Bell.). »

Voilà ce que pensait Mélanchthon sur l'autorité du Pape et des évêques. Il y voyait l'unique remède à l'anarchie et à l'immoralité qui débordaient de tous côtés parmi les protestants. Mais Luther n'y voulut rien entendre : plutôt ouvrir la porte à l'adultère et à la bigamie, et fouler aux pieds l'Evangile, que de recourir à l'autorité du Pape pour opposer une digue à la dépravation générale. On en eut une preuve en 1539.

Le landgrave Philippe de Hesse, un des patrons de la nouvelle réforme, envoya Bucer à Luther et Mélanchthon, avec une instruction secrète, dont voici la substance.

Le landgrave expose d'abord que « depuis sa dernière maladie il avait beaucoup réfléchi sur son état, et principalement sur ce que, quelques semaines après son mariage, il avait commencé à se plonger dans l'adultère; que ses pasteurs l'avaient exhorté souvent à s'approcher de la sainte table, mais qu'il croyait y trouver son jugement, parce qu'il NE VEUT PAS quitter une telle vie. » Il rejette la cause de son désordre sur sa femme, et il raconte les raisons pour lesquelles il ne l'a jamais aimée ; mais comme il a peine à s'expliquer lui-même de ces choses, il en a, dit-il, découvert tout le secret à Bucer (Inst., n. 1 et 2; Variat., l. 6, n. 3).

Il parle ensuite de sa complexion et des effets de la bonne chère qu'on faisait dans les assemblées de l'empire, où il était obligé de se trouver. Y mener une femme de la qualité de la sienne, c'était un trop grand embarras. Quand ses prédicateurs lui remontraient qu'il devait punir les adultères et les autres crimes semblables : « Comment, disait-il, punir les crimes où je suis plongé moi-même ? Lorsque je m'expose à la guerre pour la cause de l'Evangile, je pense que j'irais au diable, si j'y étais tué par quelque coup d'épée ou de mousquet. Je vois que la femme que j'ai, NI JE NE PUIS, NI JE NE VEUX changer de vie, dont je PRENDS DIEU A TÉMOIN ; de sorte que je ne trouve aucun moyen d'en sortir que par les remèdes que Dieu a permis à l'ancien peuple, » c'est-à-dire la polygamie.

Là il rapporte les raisons qui lui persuadent qu'elle n'est pas défendue sous l'Evangile; et ce qu'il y a de plus mémorable, c'est qu'il dit « savoir que Luther et Mélanchthon ont conseillé au roi d'Angleterre de ne point rompre son mariage avec la reine, sa femme, mais, avec elle, d'en épouser encore une autre (Instr.,

n. 10). » C'est là encore un secret que nous ignorions. Mais un prince si bien instruit dit qu'il le sait, et il ajoute qu'on lui doit d'autant plutôt accorder ce remède, qu'il ne le demande que *pour le salut de son âme.* « Je ne veux pas, poursuit-il, demeurer plus longtemps dans les lacets du démon ; JE NE PUIS, NI NE VEUX m'en tirer que par cette voie : c'est pourquoi je demande à Luther, à Mélanchthon et à Bucer même qu'ils me donnent un témoignage que je la puis embrasser. Que s'ils craignent que ce témoignage ne tourne à scandale en ce temps, et ne nuise aux affaires de l'Evangile, s'il était imprimé, je souhaite tout au moins qu'ils me donnent une déclaration par écrit que, si je me mariais secrètement, Dieu n'y serait point offensé, et qu'ils cherchent les moyens de rendre avec le temps ce mariage public, en sorte que la femme que j'épouserai ne passe pas pour une femme malhonnête ; autrement, dans la suite des temps, l'Eglise en serait scandalisée. »

Après, il les assure « qu'il ne faut pas craindre que ce second mariage l'oblige à maltraiter sa première femme ou même de se retirer de sa compagnie, puisqu'au contraire il veut, en cette occasion, porter sa croix et laisser ses Etats à leurs communs enfants. Qu'ils m'accordent donc, continue ce prince, au nom de Dieu, ce que je leur demande, afin que je puisse plus gaîment vivre et mourir pour la cause de l'Evangile et en entreprendre plus volontiers la défense ; et je ferai de mon côté tout ce qu'ils m'ordonneront selon la raison, soit qu'ils me demandent LES BIENS DES MONASTÈRES ou d'autres choses semblables (*Ibid.*, n. 11, 12 et 13).

On voit comme il insinue adroitement les raisons dont il savait, lui qui les connaissait si intimement, qu'ils pouvaient être touchés ; et comme il prévoyait que ce qu'ils craindraient le plus serait le scandale, il ajoute que « les ecclésiastiques les haïssaient déjà tellement, qu'ils ne les haïraient ni plus ni moins pour cet article nouveau qui permettrait la polygamie. Que si, contre sa pensée, il trouvait Mélanchthon et Luther inexorables, il lui roulait dans l'esprit plusieurs desseins, entre autres celui de s'adresser à l'empereur pour cette dispense, quelque argent qu'il pût lui en coûter (*Ibid.*, n. 14 et 15). » C'était là un endroit délicat ; « car il n'y avait point d'apparence, poursuit-il, que l'empereur accorde cette permission sans la dispense du Pape, dont je ne me soucie guère, dit-il ; mais pour celle de l'empereur, je ne la dois pas mépriser, quoique je n'en ferais que fort peu de cas, si je ne croyais d'ailleurs que Dieu a plutôt permis que défendu ce que je souhaite ; et si la tentative que je fais de ce côté-ci (c'est-à-dire de celui de Luther) ne me réussit pas, une crainte humaine me porte à demander le consentement de l'empereur, dans la certitude que j'ai d'en obtenir tout ce que je voudrai en donnant une grosse somme d'argent à quelqu'un de ses ministres. Mais, quoique pour rien au monde je ne voulusse me retirer de l'Evangile ou me laisser entraîner dans quelque affaire qui fût contraire à ses intérêts, je crains pourtant que les impériaux ne m'engagent à quelque chose qui ne serait pas utile à cette cause et à ce parti. Je demande donc, conclut-il, qu'ils me donnent le secours que j'attends, de peur que je ne l'aille chercher EN QUELQUE AUTRE LIEU moins agréable, puisque j'aime mieux mille fois devoir mon repos à leur permission qu'à toutes les autres permissions humaines. Enfin je souhaite d'avoir par écrit le sentiment de Luther, de Mélanchthon et de Bucer, afin que je puisse me corriger et approcher du sacrement en bonne conscience. Donné à Melsingue, le dimanche après la Sainte-Catherine 1539. PHILIPPE, *landgrave de Hesse.* »

L'instruction était aussi pressante que délicate. On voit les ressorts que le landgrave fait jouer : il n'oublie rien, et quelque mépris qu'il témoignât pour le Pape, c'en était trop pour les nouveaux docteurs de l'avoir seulement nommé en cette occasion. Un prince si habile n'avait pas lâché cette parole sans dessein, et d'ailleurs c'était assez de montrer la liaison qu'il semblait vouloir prendre avec l'empereur, pour faire trembler tout le parti. Ces raisons valaient beaucoup mieux que celles que le landgrave avait tâché de tirer de l'Ecriture. A de pressantes raisons, on avait joint un habile négociateur. Ainsi Bucer tira de Luther une consultation en forme, dont l'original fut écrit en allemand de la main et du style de Mélanchthon (Walch, t. X, p. 886-892 ; *Variat.*, à la fin du livre 6). On permet au landgrave, *selon l'Evangile* (car tout se fait sous ce nom dans la Réforme), d'épouser une autre femme avec la sienne. Il est vrai qu'on déplore l'état où il est, *de ne pouvoir s'abstenir de ces adultères tant qu'il n'aura qu'une femme*, et on lui représente cet état comme très-mauvais devant Dieu et comme contraire *à la sûreté de sa conscience.* Mais en même temps et dans la période suivante on le lui permet et on lui déclare qu'il peut *épouser une seconde femme, s'il y est entièrement résolu, pourvu seulement qu'il tienne le cas secret.* Ainsi une même bouche prononce le bien et le mal. Ainsi le crime devient permis en le cachant.

On rougit d'écrire ces choses, et les docteurs qui les écrivirent en avaient honte. C'est ce qu'on voit dans tout leur discours tortueux et embarrassé ; mais enfin il fallut trancher le mot et permettre au landgrave, en termes formels, cette bigamie si désirée. Il fut dit pour la première fois depuis la naissance du christianisme, par des gens qui se prétendaient docteurs dans l'Eglise, que Jésus-Christ n'avait pas défendu de tels mariages. Cette parole de la Genèse : *Ils seront deux dans une même chair* (Gen., 2, 24), fut éludée, quoique Jésus-Christ l'eût réduite à son premier sens et à son institution primitive, qui ne souffre que deux personnes dans le lien conjugal (Matth., 19, 4, 5 et 6). L'avis en allemand est signé par Luther, Bucer et Mélanchthon. Deux autres docteurs, dont l'un, Melander, ministre du landgrave, le signèrent aussi en latin à Wittemberg, au mois de décembre 1539. Cette permission fut accordée *par forme de dispense* et réduite *au cas de nécessité* ; car on eut honte de faire passer cette pratique en loi générale. On trouva des nécessités contre l'Evangile, et, après avoir tant blâmé les dispenses de Rome, on osa en donner une de cette importance. Tout ce que la Réforme avait de plus renommé en Allemagne consentit à cette iniquité : Dieu les livrait visiblement au sens réprouvé, et ceux qui criaient contre les abus, pour rendre l'Eglise odieuse, en commettaient de plus étranges et en plus grand nombre dès les premiers temps de leur réforme, qu'ils n'en ont pu ramasser ou inventer dans la suite de tant de siècles, où ils reprochent à l'Église sa corruption.

Le landgrave avait bien prévu qu'il ferait trembler ces docteurs, en leur parlant seulement de la pensée qu'il avait de traiter de cette affaire avec l'empereur. On lui répond que le prince n'a *ni foi ni religion*; *que c'est un trompeur qui n'a rien des mœurs germaniques, avec qui il est dangereux de prendre des liaisons* (Consult., n. 23 et 24). Écrire ainsi à un prince de l'empire, qu'est-ce autre chose que de mettre toute l'Allemagne en feu? Mais qu'y a-t-il de plus bas que ce qu'on voit en tête de cet avis? *Notre pauvre église*, disent-ils, *petite, misérable et abandonnée, a besoin de princes régents vertueux* (Ibid., n. 3). Voilà, si on sait l'entendre, la raison des nouveaux docteurs. Ces princes *vertueux* dont on avait besoin dans la Réforme, étaient des princes qui voulaient qu'on fît servir l'Évangile à leurs passions. L'Église, pour son repos temporel, peut avoir besoin du secours des princes; mais établir des dogmes pernicieux et inouïs pour leur complaire, et leur sacrifier par ce moyen l'Évangile qu'on se vante de venir rétablir, c'est le vrai mystère d'iniquité et l'abomination de la désolation dans le sanctuaire.

Une si infâme consultation eût déshonoré tout le parti, et les docteurs qui la souscrivirent n'auraient pas pu se sauver des clameurs publiques, qui les auraient rangés, comme ils l'avouaient, *parmi les mahométans ou parmi les anabaptistes, qui font un jeu du mariage*. Aussi le prévirent-ils dans leur avis et défendirent sur toutes choses au landgrave de découvrir ce nouveau mariage. Il ne devait y avoir qu'un très-petit nombre de témoins, qui devaient encore être obligés au secret, *sous le sceau de la confession* (Ibid., n. 21); c'est ainsi que parlait la consultation. La nouvelle épouse devait passer pour *concubine*. On aimait mieux ce scandale dans la maison de ce prince, que celui qu'aurait causé dans toute la chrétienté l'approbation d'un mariage si contraire à l'Évangile et à la doctrine commune de tous les chrétiens.

La consultation fut suivie d'un mariage dans les formes entre Philippe, landgrave de Hesse, et Marguerite de Saal, du consentement de Christine de Saxe, sa femme. Ce prince en fut quitte pour déclarer en se mariant qu'il ne prenait cette seconde femme par *aucune légèreté ni curiosité*, mais par « d'inévitables nécessités de corps et de conscience, que Son Altesse avait expliquées à beaucoup de doctes, prudents, chrétiens et dévots prédicateurs, qui lui avaient conseillé de mettre sa conscience en repos par ce moyen (*Variations*, fin du 6ᵉ livre). » L'instrument de ce mariage, daté du 4 mars 1540, est, avec la consultation, dans le livre qui fut publié par l'ordre de l'électeur palatin. Le prince Ernest a encore fourni les mêmes pièces; ainsi elles sont publiques en deux manières (*Variations*, l. 6).

Les crimes échappent toujours par quelque endroit. Quelque précaution qu'on eût prise pour cacher ce mariage scandaleux, on ne laissa pas d'en soupçonner quelque chose, et il est certain qu'on l'a reproché au landgrave aussi bien qu'à Luther dans des écrits publics; mais ils s'en tirèrent par des équivoques. Après tout, Luther ne faisait que suivre les principes qu'il avait posés ailleurs. Nous l'avons entendu parler plus d'une fois de ces inévitables nécessités dans l'union des deux sexes. Dans un sermon qu'il fit à Wittemberg pour la réformation du mariage, il ne rougit pas de prononcer ces infâmes et scandaleuses paroles : « Si elles sont opiniâtres (il parle des femmes), il est à propos que leurs maris leur disent : Si vous ne voulez pas, une autre le voudra : si la maîtresse ne veut pas venir, que la servante approche (*Serm. de matrim.*). » Si on entendait un tel discours dans une farce et sur le théâtre, on en aurait honte. Le chef des réformateurs le prêche sérieusement dans l'église, et comme il tournait en dogmes tous ses excès, il ajoute : « Il faut pourtant auparavant que le mari amène sa femme devant l'église et qu'il l'admoneste deux ou trois fois : après, répudiez-la, et prenez Esther au lieu de Vasthi (*Ibid.*). » C'était une nouvelle cause de divorce ajoutée à celle de l'adultère. Voilà comme Luther a traité le chapitre *De la réformation du mariage*. Il ne lui faut pas demander dans quel évangile il a trouvé cet article, c'est assez qu'il soit renfermé dans *les nécessités* qu'il a voulu croire au-dessus de toutes les lois et de toutes les précautions. Faut-il s'étonner après cela de ce qu'il permit au landgrave? Il est vrai que dans ce sermon il oblige à répudier la première femme avant que d'en prendre une autre, et dans la consultation il permet au landgrave d'en avoir deux; mais aussi le sermon fut prononcé en 1522, et la consultation est écrite en 1539. Il était juste que Luther apprît quelque chose en dix-sept ou dix-huit ans de réformation (*Variations*, l. 6).

Les paysans et les anabaptistes, naturellement plus francs, allaient plus droit au but. Ils se disaient : En vertu de la liberté chrétienne prêchée par Luther, chacun de nous est souverain de son esprit et de son cœur, de sa religion et de sa morale, de sa conscience et de sa conduite; qu'avons-nous donc besoin de prêtres et de docteurs, de magistrats et de princes? Chacun de nous est à soi-même son docteur et son roi pour établir sur la terre le royaume de Dieu par les moyens les plus efficaces. Chacun de nous, en vertu de la liberté prêchée par Luther, prendra autant de femmes qu'il lui plaira, pour mieux ressembler à David et aux autres patriarches. Les princes luthériens voulaient bien de ces principes pour eux contre les autres, mais non pour les autres contre eux. Les paysans et les anabaptistes de Thomas Muncer furent donc mitraillés par les princes à Franckouse, pendus, brûlés, décapités. Les anciennes lois de l'empire contre les hérétiques, renouvelées dans presque toutes les diètes depuis 1525, époque de leur défaite, furent exécutées contre eux, observe le protestant Menzel, avec presque plus de rigueur par les luthériens que par les catholiques. Luther lui-même était infatigable à presser les autorités d'exterminer les anabaptistes (Menzel, t. II, p. 41). Même le doux Mélanchthon conseilla le supplice de trois anabaptistes en particulier (Audin, *Hist. de Luther*, t. II, p. 459). On croyait leur secte éteinte, lorsqu'elle se révéla plus furieuse que jamais à Munster en Westphalie.

L'évêque de cette ville en était aussi prince temporel : il y eut quelques difficultés entre l'évêque et les bourgeois; les émissaires du luthéranisme en profitèrent pour y semer leur doctrine : un prêtre infidèle, nommé Rothman, qui se maria depuis, fut leur plus chaud prédicant. Deux évêques étant morts l'un après l'autre, les luthériens se trouvèrent assez forts ou assez adroits pour s'emparer de six églises. Toutefois, le 14 février 1533, il y eut une pacification sous le nouvel évêque de Munster, François de Waldeck, déjà évêque de Minden. La ville lui promit obéissance, comme à son seigneur temporel ; mais les protestants purent garder les six églises jusqu'à la décision du concile général.

Dès lors, en paix avec les catholiques, ils eurent la guerre avec eux-mêmes : des anabaptistes des Pays-Bas s'étaient glissés dans la ville avec leurs prophètes ou visionnaires : l'apostat Rothman les combattit d'abord, puis embrassa leur secte : les protestants de Munster se divisèrent en deux camps, pour et contre les anabaptistes : les 7 et 8 août 1533, les municipaux tinrent une conférence entre les deux partis à la maison de ville, donnèrent gain de cause aux défenseurs du baptême des enfants et enjoignirent le silence aux prédicateurs sur les deux sacrements, la cène et le baptême. Rothman et les autres anabaptistes refusèrent d'obéir : chaque jour de nouvelles bandes de sectaires accouraient à Munster comme à la nouvelle Jérusalem : la municipalité et la bourgeoisie, voyant le jour où ils ne seraient plus maîtres de leur ville, résolurent d'en expulser les anabaptistes le 5 novembre ; mais on courut aux armes de part et d'autres, on se fortifia dans divers quartiers. Il y eut un accommodement, les anabaptistes purent rester dans la ville, mais défense à leurs ministres de prêcher.

Les nouveaux sectaires gagnaient de jour en jour. L'évêque fit entendre aux municipaux que, pour y porter efficacement remède, il fallait revenir à l'ancienne unité. Les municipaux n'entendaient pas encore de cette oreille, la leçon n'était pas encore assez forte. Se croyant plus sages, ils demandèrent au landgrave, Philippe de Hesse, deux habiles prédicants pour vaincre les anabaptistes par la parole. L'un d'eux, à peine arrivé, désespéra de la besogne et repartit aussitôt. L'autre essaya de fabriquer une constitution municipale de l'église, et la publia le 28 novembre. Ce fut une explosion d'anathèmes de la part des anabaptistes : leurs prédicants fulminaient contre cette constitution dans les maisons, Rothman par la presse : vers la mi-décembre, il prêcha même publiquement dans un cimetière et enfin dans une église. Le 15 janvier 1534, la municipalité fit éconduire trois prédicants anabaptistes par une des portes de la ville, mais leurs adhérents les ramenèrent aussitôt par une autre.

Parmi les prophètes des Pays-Bas, qui affluaient toujours plus nombreux dans la nouvelle Jérusalem, se trouvaient Jean Bockels, tailleur, puis aubergiste de Leyde, et Jean Mathison, boulanger de Harlem. Tous deux, profondément pénétrés du principe fondamental de Luther, croyaient immensément en eux-mêmes. Le 23 janvier 1534, le prince souverain de Munster publia un édit de bannissement contre l'apostat Rothman et les siens, avec ordre à chacun de l'arrêter. Les anabaptistes, excités par Jean de Leyde et d'autres prophètes de cette espèce, se mirent à parcourir la ville comme des énergumènes, criant, hurlant, regardant le ciel, comme s'ils en voyaient descendre le nouveau royaume de Dieu. Les femmes surtout, les cheveux épars, le sein découvert, couraient éhontées comme des furies, se roulaient par terre, criaient, pleuraient, riaient avec des convulsions effroyables ; d'autres battaient des mains, grinçaient des dents et se déchiraient le sein. Au milieu de tout cela, on entendait des cris sauvages, des exhortations à la pénitence, des prières et des malédictions. Cependant les meneurs s'étaient emparés de la maison de ville dès le 9 février 1534, et y trouvèrent beaucoup d'armes. Ce fut dès lors une terreur panique sur les habitants ; plusieurs émigrèrent, beaucoup d'autres se laissèrent rebaptiser par crainte. Les anabaptistes accouraient en troupes toujours plus nombreuses. Rothman les avait invités par ses lettres-circulaires à venir voir Jérusalem et Sion, à aider au rétablissement du temple de Salomon et du vrai culte, avec promesse de recevoir des biens en abondance, outre les trésors du ciel.

Lorsque la ville fut complètement entre les mains des anabaptistes, ils élurent une nouvelle municipalité, et pour bourgmestre l'anabaptiste Knipperdolling. Un des premiers actes du nouveau gouvernement fut de piller, de saccager les églises et les monastères, sans y épargner aucun sanctuaire, aucun objet d'art, aucun monument d'antiquité. Ensuite, sur la proposition du prophète Mathison, il fut résolu, le jour suivant, de chasser de la ville tous les infidèles, c'est-à-dire tous ceux qui ne consentiraient point à recevoir un second baptême. Plusieurs milliers furent ainsi expulsés à coups de fouet, un grand nombre tout nus, même des malades, des vieillards, des femmes allaitant leurs enfants. On déchira, on brûla toutes les archives, tous les livres, la Bible exceptée. On abolit tous les arts d'agrément, le jeu, la musique, le chant. Un jour Mathison, le prophète de Harlem, ordonna de transporter en certaines maisons le bien de tous ceux qui avaient émigré. Le bourgmestre Tilbeck ayant parlé contre, Mathison le tua de sa main aux yeux de toute l'assemblée. Dès ce moment, il n'y eut plus de résistance, même quand il commanda d'apporter à l'hôtel-de-ville tout l'or et l'argent, monnayés ou non, avec tous les bijoux des femmes. Sur quoi le prophète se vanta d'éloigner des murs les infidèles qui assiégeaient la ville, et il sortit avec une petite troupe pour accomplir sa promesse. Mais le nouveau Gédéon y trouva la mort.

Après lui, son disciple, le tailleur Jean Bockels, fut le chef de cette horde fanatique. Knipperdolling, considérant qu'il est écrit *que tout ce qui s'élève doit être abaissé*, proposa d'abaisser les flèches des tours, et exécuta la chose avec beaucoup de péril et de peine. Par le même principe, Jean Bockels ou de Leyde lui ôta la première dignité, celle de bourgmestre, pour lui donner la dernière, celle de bourreau. Peu après, le prophète Bockels, sur un ordre du ciel, déposa tout le conseil municipal, et à sa place nomma douze anciens, qu'il investit d'un pouvoir illimité, avec ordre de punir de mort toute violation des commandements de Dieu. Quelques semaines plus tard, au commencement de juillet 1534, le prophète annonça que les saints de Dieu, à Munster, à l'exemple des patriarches et des rois de l'Ancien Testament, devaient prendre plusieurs femmes.

Rothman et les autres prédicants firent d'abord quelques difficultés. Mais le prophète ôta son habit, le jeta par terre à côté du Nouveau Testament, et jura par ce signe que son opinion sur le mariage était la véritable, et que les adversaires encouraient la disgrâce de Dieu. Aussitôt ces hommes, qui avaient si souvent déblatéré contre le Pape et sa domination, se courbèrent de frayeur devant le tailleur de Leyde, et prêchèrent trois jours durant dans le parvis de la cathédrale, pour inculquer la nouvelle doctrine au peuple. Il n'y eut à s'y montrer favorables que les étrangers arrivés dans la ville. Un reste d'anciens bourgeois, au nombre de deux cents, entreprirent de mettre fin à cette anarchie et d'arrêter le prophète avec ses principaux partisans; mais, après un commencement de succès, ils furent accablés par les anabaptistes qui les firent périr de la manière la plus cruelle. Sur quoi Jean de Leyde se donna plusieurs femmes, et les autres suivirent son exemple.

Quelques semaines plus tard, par l'organe d'un autre prophète, en conséquence d'une nouvelle révélation divine, il se fit déclarer roi, pour régner sur tout l'univers, dominer sur tous les empereurs, rois, princes, seigneurs et puissants, et occuper le trône de David, son père, jusqu'à ce que Dieu lui redemandera l'empire. Le ci-devant tailleur de Leyde se monta donc, non-seulement une cour magnifique, mais aussi un harem de dix-sept femmes, parmi lesquelles la veuve de son prédécesseur Mathison eut le rang de reine. Luxe, plaisir, cruauté furent les idoles de ce nouveau dominateur, qui s'intitulait le roi juste du nouveau Temple, et le serviteur véritable du Très-Haut. Ce royaume bizarre, dans lequel une folie et une turpitude surpassaient l'autre, dura encore une année entière, tant les mesures de blocus et de siège étaient mal prises, tant était fort l'enthousiasme guerrier des fanatiques. Ils avaient, au reste, des intelligences avec leurs amis du dehors: la Hollande et la Frise étaient pleines d'anabaptistes. Leur roi de Munster avait envoyé de tous côtés des émissaires, des apôtres, nommé des ducs pour gouverner les pays du Rhin et du Véser. Dans la nuit du 13 mai 1536, durant une fête, les anabaptistes d'Amsterdam s'emparèrent de l'hôtel-de-ville, mais ils en furent expulsés par les bourgeois.

La mauvaise réussite de ses plans de conquêtes, la misère toujours plus effrayante des habitants, misère qui donnait à leur ville de la ressemblance avec Jérusalem, mais avec Jérusalem assiégée par les Romains, rien n'émut Jean de Leyde; il continua, avec ses concubines et ses courtisans, à donner des festins voluptueux, à trôner sur la place publique, comme un autre Salomon, pour juger les procès, surtout les procès scandaleux de ménage, et exécuter lui-même la sentence avec le glaive du bourreau. Ainsi l'une de ses propres femmes ayant mis en doute la divinité de sa mission, il lui coupa la tête. Rothman était son orateur, Knipperdolling son bourreau; tous deux marchaient derrière lui, lorsqu'il allait par la ville paré d'une couronne et d'une chaîne d'or, et monté sur un coursier fringant. Sur la place, on prêchait du haut d'une chaire, à côté des trônes du roi et de la reine, et, après la prédication, on dansait quand le maître était de bonne humeur. Le landgrave Philippe de Hesse leur envoya de ses théologiens, pour les ramener à de meilleurs sentiments et leur reprocher leurs violences. Les anabaptistes retournèrent ces reproches contre le landgrave, en lui rappelant que lui-même avait marché contre les évêques, envahi le duché de Wurtemberg, pillé monastères et églises (Menzel, t. II, c. 3).

Enfin le landgrave ayant joint ses troupes à celles des assiégeants; Munster fut pris dans la nuit du 25 juin 1535, par l'intelligence d'un anabaptiste transfuge qui avait stipulé sa grâce. La résistance fut encore bien vive, beaucoup d'anabaptistes périrent dans le combat. Parmi les autres, les principaux furent décapités, le reste eut la vie sauve. Jean de Leyde, Knipperdolling et Cretting, le chancelier, furent réservés à une mort plus cruelle. On les conduisit d'abord d'un endroit à l'autre: les théologiens protestants entrèrent en dispute avec eux, mais ne purent les convaincre. Jean de Leyde, au contraire, demanda lui-même, la veille de son supplice, à se confesser au chapelain, reconnut avec repentir ses erreurs et ses crimes, sauf son opinion sur le baptême des enfants. Le lendemain, 22 janvier 1536, il fut supplicié avec des tenailles ardentes, et achevé avec un poignard rougi au feu. Ses restes, ainsi que ceux de ses deux compagnons, furent suspendus dans trois cages de fer au haut de la tour de Saint-Lambert, pour servir de leçon et d'épouvantail à quiconque voudrait les imiter.

Les habitants de Munster, instruits par une si terrible expérience, se montrèrent plus sages dans la suite. Leur séducteur, l'apostat Rothman, avait disparu, sans qu'on sût ce qu'il devint: il ne fut plus question de luthéranisme; toutes les églises, restaurées à grands frais, furent remises aux catholiques. Il y a plus: huit ans après, lorsque l'évêque François de Waldeck, devenu lui-même un apostat au lieu d'un apôtre, un loup au lieu d'un pasteur, voulut les entraîner dans l'hérésie luthérienne, les habitants de Munster lui résistèrent courageusement, et sont demeurés bons catholiques jusqu'à nos jours (*Ibid.*). Honneur à eux! C'est d'eux peut-être que sortira le salut de l'Allemagne.

La même année 1536, le 7 août, les protestants d'Allemagne tinrent un synode à Hombourg, où on examina quelle conduite à tenir envers les anabaptistes. Voici ce qu'on lit dans les actes:

« Et d'abord il serait inutile d'examiner si le ministre de la parole a le droit d'user du glaive contre l'hérétique. Ce droit n'appartient qu'au magistrat, qui seul peut faucher l'ivraie avec le fer; et encore l'enseignement doit-il précéder le châtiment. Maintenant, voyons ce qu'il faut décider à l'égard des anabaptistes. Quelques-uns de leurs dogmes sont subversifs de l'ordre social, par exemple, la polygamie, le parjure envers le prince, la révolte contre l'autorité politique, le refus de serment en justice; c'est aux magistrats de poursuivre et d'exterminer ces dogmes impies. Il est d'autres dogmes qui, sans porter atteinte au pouvoir civil, sont hostiles au pur Évangile, par exemple, le baptême des enfants que les fanatiques rejettent, la négation du péché originel, leurs révélations immédiates du Créateur, et la damnation à laquelle ils condamnent à jamais quiconque se souille d'un péché mortel. On demande ici s'il est permis de punir de mort ceux qui soutiennent ces maximes hétérodoxes (*Ott. ad an.* 1536; *Gastius*, p. 365; Audin, t. II). »

Presque tous les réformés opinèrent pour la confiscation des biens, l'exil et la mort, en cas d'impénitence. On ouvrit la Bible : *Quiconque blasphémera Dieu, mourra de mort.* (Lévit., 24), dit le Seigneur; donc le magistrat est obligé d'exterminer le blasphémateur. C'est un précepte divin. Et quel plus grand blasphème que de nier l'Eglise de Christ, comme font les anabaptistes ? En vain allèguent-ils, pour justifier leur schisme, le scandale des ministres évangéliques : c'est l'excuse dont les donatistes autrefois essayèrent de colorer leur séparation d'avec l'Eglise chrétienne : c'est justement que les édits d'Honorius et de Théodose vinrent frapper ces hérétiques, qui voulaient fonder un nouveau ministère.

« Qu'on ne dise pas que le soin de la parole divine n'appartient pas au magistrat temporel. Le ministère du prêtre, le ministère du magistrat, ont tous deux été établis de Dieu pour maintenir l'harmonie des sociétés. Le prince doit veiller sur cette double œuvre du Seigneur, et punir la révolte contre la parole, comme la révolte contre la société. Ainsi, dans le Vieux Testament, les rois de Juda punissaient de mort ceux qui suivaient les faux prophètes.

» Qu'on ne dise pas non plus que Christ ait défendu d'arracher l'ivraie. C'est aux ministres de la parole que s'adresse ce précepte; mais Christ n'a pas songer à porter atteinte aux droits du magistrat : il l'arme du glaive, pour frapper et punir celui qui blasphème son saint nom. Si donc l'anabaptiste, persistant dans sa doctrine de péché, soutient la nécessité d'un second baptême, nie le péché originel et se sépare de nous sans nécessité, qu'il meure par le glaive dans sa coupable obstination (*Gast.*, p. 176; Catrou, *Hist. du Davidisme*, t. II, l. 1) ! »

Aucune voix ne s'éleva dans l'assemblée de Hombourg contre cet anathème. Mélanchthon opina le premier pour la peine capitale contre tout anabaptiste qui persisterait dans ses erreurs ou qui romprait son ban sur la terre d'exil où les magistrats l'auraient déporté. — Un magistrat, répétaient les envoyés de Lunebourg, a droit de vie et de mort sur les hérétiques : le prince peut contraindre ses sujets à entendre la parole de Dieu (*Ott.*, p. 86). — Que l'hérésie soit éteinte dans le sang et les flammes ! demandèrent les ministres d'Ulm. — Et ceux d'Augsbourg : Si nous n'avons envoyé encore aucun rebaptisé au gibet, nous leur avons marqué la joue d'un fer rouge. — Et ceux de Tubingue : Pitié pour les pauvres anabaptistes, qui ne suivent que la voix de leurs chefs ; mais mort aux ministres de la parole ! — Le chancelier se montra plus tolérant ; il conclut à ce qu'on enfermât les rebaptisés dans une prison où on s'étudierait à les convertir à force de misères. Tous demandèrent qu'on rédigeât en cette occasion un code religieux, qui servît de règle de conduite aux protestants, afin d'exterminer à jamais le fanatisme.

Or, voici cette bulle du concile luthérien de Hombourg :

« Les ministres de la parole évangélique exhorteront d'abord les peuples à prier le Seigneur pour la conversion des rebaptisés. Qu'une punition exemplaire soit infligée à ceux de nos frères dont les dérèglements scandaliseront les consciences; que les ivrognes, les adultères, les joueurs soient réprimandés; que nos mœurs se réforment !

» Quiconque rejette le baptême des enfants, quiconque transgresse les ordres des magistrats, quiconque prêche contre les impôts, quiconque enseigne la communauté des biens, quiconque usurpe le sacerdoce, quiconque tient des assemblées illicites, quiconque pèche contre la foi, QU'IL SOIT PUNI DE MORT !

» Voici comment on procédera contre les coupables. On amènera devant le *superintendant*, tout chrétien soupçonné d'anabaptisme : le ministre le reprendra et l'exhortera avec douceur et charité : s'il se repent : on écrira au magistrat et au pasteur de sa résidence qu'on peut lui pardonner et l'admettre à la communion des fidèles. Le coupable abjurera ses erreurs, confessera ses fautes, en demandera pardon à l'Eglise, et promettra de vivre en fils soumis. S'il retombe et qu'il veuille se réconcilier de nouveau avec Dieu, il sera frappé d'une amende, dont on devra distribuer le produit aux pauvres. Tout étranger qui s'obstinera dans ses erreurs sera banni du pays : s'il rompt son ban, on le fera mourir.

» Quant aux simples, qui n'auront ni prêché ni administré le baptême, mais qui, séduits, se seront laissés entraîner aux assemblées des hérétiques, s'ils ne veulent pas renoncer à l'anabaptisme, ils seront battus de verges, exilés à jamais de leur patrie, et mis à mort, s'ils reviennent par trois fois au lieu d'où ils auront été chassés (Catrou, l, 1.; *Ott.*, p. 89). »

Une seule voix s'éleva dans l'Allemagne protestante contre la sévérité de ce manifeste, ce fut celle du landgrave de Hesse, dont les Etats étaient infectés d'anabaptisme. Il consulta Luther et Mélanchthon. Voici leur réponse, datée de Wittemberg, le lundi après la Pentecôte. C'est la paraphrase du commentaire de Luther sur le psaume 82 :

« Que parlez-vous d'hérésie ? avait dit Luther ; ce sont des factieux, des perturbateurs de la paix publique, que tous vos anabaptistes, qu'il faut mettre à la raison de gré ou de force. Quiconque nie les dogmes de la foi, un seul article même de notre croyance reposant sur l'Ecriture ou l'autorité de l'enseignement universel de l'Eglise chrétienne, doit être sévèrement puni. Il faut le traiter non-seulement comme un hérétique, mais comme un blasphémateur du saint nom de Dieu. Il n'est pas besoin de s'amuser à disputer avec de pareilles gens : on les condamne comme des impies et des blasphémateurs. Et à quoi bon discuter sur les dogmes que l'Eglise a reçus, qu'on a longtemps débattus et trouvés conformes à la raison, appuyés du témoignage des livres saints, cimentés par le sang des martyrs, glorifiés par de nombreux miracles et sanctionnés par l'autorité de tous les docteurs ? Donc, s'il survient entre catholiques et sectaires un de ces duels de parole où chaque combattant s'avance avec un texte, c'est au magistrat de connaître de la dispute et d'imposer silence à celui dont la doctrine ne concorde pas avec les livres divins.

» Voilà pour les brouillons qui prêchent et enseignent en public. Mais il en est ici d'autres qui cherchent les ténèbres ; qui, sans mission et sans vocation, se glissent furtivement dans les familles, y répandent leur venin, enlèvent les brebis au troupeau du Christ. Il n'est pas besoin d'attendre qu'on les défère au pasteur et au magistrat civil : ce sont des voleurs et des fripons, qu'il faut traiter en voleurs et en fripons. Que si un pauvre diable a eu le malheur de tomber dans un pareil guêpier, il faut que, sous peine de parjure à Dieu et aux hommes, il déclare à quel troupeau il veut appartenir avant qu'on l'écoute. Veillons soigneusement à ce que nul prédicant, quand il vivrait en saint, ne vienne usurper la parole parmi nos paroissiens qui ont un pasteur papiste ou un ministre hérétique. En vient-il qui n'apporte pas avec lui les titres de sa vocation divine et le mandat humain en vertu duquel il veut exercer le ministère évangélique : quand ce serait un ange, Gabriel lui-même descendu du ciel, chassez-le comme un apôtre d'enfer, et, s'il ne s'enfuit pas, livrez-le, le polisson et le séditieux, au bourreau (*Comm. Luth., in psalm.* 71, t. V, Iéna, p. 147; Audin, t. II, p. 485-487).

On fit ce qu'avait recommandé Luther : tout ce qui portait le nom d'anabaptiste, devenu odieux au pouvoir temporel, fut chassé et exterminé.

Les luthériens ou protestants justifiaient ainsi l'Eglise catholique et se condamnaient eux-mêmes. Ils posaient en principe que la rébellion de l'esprit contre la loi religieuse et morale, contre la vérité divine, suffisamment promulguée par une autorité compétente, est un crime passible de peines afflictives, même de la peine capitale, et que c'est le devoir du bras séculier d'infliger la peine au coupable que l'Eglise a juridiquement convaincu et qu'elle lui abandonne. Or, voilà ce que l'Eglise catholique, voilà ce que ses évêques et ses inquisiteurs ont dit et fait, ni plus ni moins, contre les hérétiques opiniâtres. Il faut donc rayer tous les reproches, toutes les déclamations que les protestants n'ont cessé de répandre à ce sujet dans les livres et ailleurs; car, s'il est parmi les hommes une autorité compétente pour leur notifier la loi divine, pour promulguer une vérité quelconque, c'est certainement l'Eglise catholique : dans son état actuel, elle remonte jusqu'à Jésus-Christ, et de là, dans un état un peu différent, par les patriarches et les prophètes, jusqu'au premier prophète, au premier patriarche, au premier homme, qui fut de Dieu; en sorte que, comme dit saint Epiphane, la sainte Eglise catholique est le commencement de toutes choses : Eglise une, sainte, universelle et perpétuelle, qui unit ainsi tous les temps, tous les lieux, toutes les nations, tous les esprits, tous les cœurs, dans la même foi, la même espérance, la même charité; qui seule fait ainsi le lien véritable de la société humaine; car il n'y a de société qu'entre les intelligences, et les intelligences ne doivent soumission qu'à l'autorité la plus grande dans l'ordre intellectuel, religieux et moral : Eglise vivante et parlante, ayant une tête et une bouche; car, comme dit saint Ambroise, où est Pierre, là est l'Eglise. Donc, résister opiniâtrément à cette Eglise enseignante, c'est briser, autant qu'il est en soi, le lien unique de la société humaine, le lien unique et universel de tous les temps, de tous les lieux, de toutes les nations, de tous les esprits, de tous les cœurs; c'est commettre le crime de lèse-humanité au premier chef, s'appelât-on de tel nom ou de tel autre, Jean Wiclef, Jean Hus, Martin Luther, Thomas Muncer, Jean Bockels, Ulric Zwingle, Jean Calvin ou Henri Tudor.

Mais voici un individu rebelle à la foi fondamentale de la société humaine et à l'autorité compétente qui la promulgue et l'interprète : il prétend que tous les rebelles le seront à sa manière et non à une autre; et parce qu'ils veulent l'être chacun à la leur, il les vexe, il les anathématise, il les jette en prison, il les dépouille de leurs biens, il les envoie au dernier supplice. Pour le coup, ce n'est plus un juge légitime qui applique une loi connue à un coupable convaincu juridiquement, c'est un larron qui en tue un autre; telles sont les violences des luthériens envers les anabaptistes, et réciproquement.

Lorsque le rebelle s'attaque directement à l'autorité même et à la loi qu'elle promulgue et applique, c'est le larron qui tue le juge, les officiers de la justice, et démolit le tribunal; telles sont les violences des protestants envers les catholiques. Ces observations peuvent répandre quelque jour dans le chaos et les ténèbres de l'histoire moderne.

§ VII.

L'Angleterre entraînée dans le schisme et l'hérésie par les passions impures et cruelles de son roi et par la bassesse de son parlement.

Nous avons vu le roi d'Angleterre, Henri VIII, défendre par écrit, contre le moine apostat de Wittemberg, la foi de l'Eglise catholique et l'autorité du Saint-Siége, et en récompense recevoir du pape Léon X le titre de *défenseur de la foi*, que les souverains d'Angleterre portent encore. Dès le 20 mai 1521, il avait écrit à l'empereur Charles-Quint et à l'électeur palatin, Frédéric le Pacifique, pour les exhorter à réprimer l'hérésiarque et sa pestilentielle doctrine (Walch, t. XIX, introduct., § 7). Le 15 juillet 1522, Luther adresse à un gentilhomme de Bohême sa réponse au roi d'Angleterre. Jamais on ne vit un cynisme plus grossier. On lit dans cette apologie du patriarche des protestants :

« Si un roi d'Angleterre me crache à la figure ses effrontées menteries, j'ai le droit à mon tour de les lui faire rentrer jusqu'à la gorge. S'il blasphème mes sacrées doctrines, s'il jette sa boue puante à la couronne de mon Roi et de mon Christ, pourquoi s'étonnerait-il si je barbouille d'une bave semblable son diadème royal et si je proclame que le roi d'Angleterre est un menteur et un maraud?

» Ce qui m'étonne, ce n'est pas l'ignorance de Heintz (le roi d'Angleterre), ce n'est pas qu'il entende moins la foi et les œuvres qu'une bûche qui ressent son Dieu : c'est que le diable joue ainsi le rôle de paillasse à l'aide de son Heintz, quand il sait bien que je me ris de lui. Le roi Henri connaît le proverbe : *Il n'y a pas de plus grands fous que les rois et les princes.* Qui ne voit le doigt de Dieu dans la folie de cet homme?... Je veux le laisser un moment en repos, car j'ai sur le dos la Bible à traduire, sans compter d'autres occupations qui ne me permettent pas de barboter plus longtemps dans la fiente de Sa Majesté ; mais je veux, si Dieu le permet, prendre mon temps une autre fois pour répondre à mon aise à cette bouche royale qui bave le mensonge et le poison. — Je pense qu'il assume son livre par esprit de pénitence ; car sa conscience lui crie assez haut qu'il a volé la couronne d'Angleterre, en faisant mourir de mort violente le dernier rejeton de la lignée royale et en tarissant la source du sang des rois de la Grande-Bretagne. Il tremble dans sa peau que ce sang ne retombe sur lui, et voilà pourquoi il se cramponne au Pape, pour ne pas tomber du trône, et pourquoi tantôt il courtise l'empereur, et tantôt le roi de France, comme une conscience tourmentée de tyran. Heintz et le Pape ont la même légitimité : le Pape a volé sa tiare, tout comme le roi Henri sa couronne ; c'est pourquoi ils se frottent l'un l'autre, comme deux mulets. — Qui ne voudrait pas me pardonner mes offenses envers cette majesté royale, doit savoir que je ne l'ai menée ainsi, que parce qu'elle ne s'est pas épargnée elle-même. Voyez donc ! elle ment à la face du ciel et le front levé comme une paillarde, elle vomit du poison comme une prostituée en colère : c'est bien la preuve qu'il n'y a pas une goutte de noble sang dans ses veines. »

Dans son ouvrage contre Luther, Henri VIII s'était appuyé de l'autorité de saint Thomas et de son école ; voici comment Luther les apostrophe :

« Courage, cochons que vous êtes ; brûlez-moi donc, si vous l'osez ! Me voici, je vous attends. Je vous poursuivrai de mes cendres après ma mort, quand vous les auriez jetées à tous les vents et à toutes les mers. Vivant, je serai l'ennemi de la papauté ; brûlé, je serai deux fois son ennemi. Porcs de thomistes, faites tout ce que vous pouvez, Luther sera pour vous l'ours dans votre chemin, la lionne dans votre sentier ; il vous poursuivra partout, se présentera incessamment à votre face, ne vous laissera ni paix ni trêve tant qu'il n'aura pas brisé votre cervelle de fer et votre front d'airain, pour votre salut ou votre perdition (Audin, t. II ; Walch, t. XIX). »

Ce sont là d'étranges paroles ; un disciple de Luther n'a pas craint pourtant de les mettre sur le compte du Saint-Esprit. « Un moment j'ai cru, disait Poméranus, que notre père Luther avait été trop violent contre Henri d'Angleterre ; mais je vois bien maintenant que je m'étais trompé, et qu'il n'a été que trop doux ; c'est l'esprit du ciel qui a dicté toutes ses paroles, esprit de sainteté, de vérité, de constance et de force invincible (Seckendorf, l. 1, sect. 47, § 115). » D'autres hommes, au lieu d'inspiration divine, ne trouvaient dans la réponse de Luther que des signes de démence et de grossièreté.

Les deux personnages qui faisaient alors le plus d'honneur à l'Angleterre étaient *Jean Fisher* et *Thomas Morus*. Le premier, né à Béverley, dans le comté d'York, vers l'an 1553, fit ses études à Cambridge, et y prit le grade de docteur : c'est tout ce qu'on sait des premières années de sa vie. La comtesse de Richmond, Marguerite, mère de Henri VII, le choisit pour son confesseur. Il se servit de son crédit sur l'esprit de cette princesse, non pour son avantage temporel, mais pour lui faire faire des établissements qui tournassent au profit de la religion et des lettres, qu'il aimait et qu'il avait cultivées. C'est à sa sollicitation que Marguerite fonda le collège du Christ, dans l'Université de Cambridge, et qu'elle fit venir à grands frais les meilleurs professeurs en tout genre, pour y faire fleurir les bonnes études. Ces services et le mérite personnel de Fisher le firent élire chancelier de cette Université. Henri VII, en 1504, le nomma évêque de Rochester ; on lui offrit depuis des sièges beaucoup plus riches et plus brillants, mais il les refusa. Il était du conseil du roi. La comtesse de Richmond, étant sur son lit de mort, lui recommanda la jeunesse et l'inexpérience de son petit-fils Henri VIII. Le nouveau roi le révérait comme un père, et se glorifiait souvent qu'aucun prince en Europe n'avait de prélat aussi vertueux et aussi savant que l'évêque de Rochester (*Biogr. univers.*, et Lingard).

Thomas More, en latin *Morus*, né à Londres en 1480, était fils d'un juge. Le cardinal Morton, archevêque de Cantorbéry, charmé de son caractère aimable et de ses heureuses dispositions, le reçut dans sa maison, veilla sur son éducation, qu'il l'envoya terminer à Oxford. Morus fit des progrès aussi rapides que brillants dans tous les genres de littérature ; au sortir de l'Université, il suivit la carrière du barreau, et s'y acquit une telle réputation, qu'aussitôt qu'il eût atteint l'âge nécessaire pour entrer au parlement, il en fut élu membre. Le cardinal Wolsey, archevêque d'York, légat du Pape en Angleterre, principal ministre et favori de Henri VIII, l'introduisit auprès de ce prince, et lui ouvrit la porte du conseil privé. Henri goûta beaucoup sa conversation, l'admit dans sa plus grande intimité, l'employa dans plusieurs missions importantes, et lui confia la charge de grand-chancelier ou chef de la justice en Angleterre. Morus fut un modèle de justice, de désintéressement, d'humilité et de générosité. Aussi sa fortune fut-elle toujours médiocre. Ses enfants se plaignant quelquefois de ce qu'il ne profitait pas de son élévation pour leur avancement : « Laissez-moi rendre la justice à tout le monde, leur répondait-il ; votre gloire et mon salut en dépendent ; ne craignez rien, vous aurez toujours le meilleur partage, la bénédiction de Dieu et des hommes. » Morus écoutait indistinctement tous les plaideurs. Il suffisait d'être pauvre pour obtenir une prompte justice. « La justice m'est si chère, disait-il, que si mon père plaidait contre le diable, et qu'il eût tort, je le condamnerais sans hésiter. » En moins de deux années, il fit expédier toutes les causes arriérées, dont quelques-unes l'étaient depuis vingt ans ; et tout se trouvait au courant quand il donna sa démission (*Biogr. univer.*).

Fisher et Morus étaient tout ensemble et zélés catholiques et savants littérateurs ; l'un et l'autre ont laissé des ouvrages qui témoignent de leur foi, de leur doctrine et de leur esprit ; tous deux justifièrent l'écrit de Henri VIII contre les outrages de Luther (Cochlæus, *Acta et Scripta Luth.*, an 1523, p. 59-63).

Henri lui-même écrivit aux princes de Saxe pour se plaindre de l'insolence de Luther dans son libelle, insolence qui retombait sur tous les princes, et plus encore pour leur signaler le péril qui menaçait l'Allemagne et même tout l'ordre social. « Jamais il n'y eut, dit-il, faction si séditieuse, si pestilentielle, si scélérate qui se soit efforcée d'abolir

toute religion, de ruiner toutes les lois, de corrompre toutes les bonnes mœurs, de corrompre toutes les républiques, comme le fait maintenant la conjuration luthérienne, qui profane tout ce qu'il y a de sacré, et salit tout ce qu'il y a de profane. Elle prêche le Christ de manière à fouler aux pieds ses sacrements; prône la grâce de Dieu de manière à détruire le libre arbitre; élève la foi de manière à calomnier les bonnes œuvres et à introduire la licence de pécher; exalte la miséricorde de manière à déprimer la justice et à rejeter la cause inévitable de tous les maux non sur quelque dieu mauvais, ce que du moins les Manichéens ont imaginé, mais sur ce Dieu unique vraiment bon. Ayant traité avec tant d'impiété les choses divines, comme un serpent précipité du ciel, il épand son venin sur la terre, provoque la dissension dans l'Eglise, abroge toutes les lois, énerve tous les magistrats, excite les laïques contre les prêtres, les uns et les autres contre le Pontife, les peuples contre les princes. Son seul but (Dieu veuille que cela n'arrive pas!) c'est d'abord que le peuple de Germanie, sous couleur de liberté, déclare la guerre aux princes; ensuite que, à propos de la foi et de la religion chrétienne, les chrétiens combattent contre les chrétiens, à la vue et à la risée des ennemis du Christ. Que si quelqu'un ne croit pas que jamais un si grand péril puisse naître d'un homme de néant, je le prie de se rappeler la rage des Turcs, qui, envahissant de nos jours tant de terres et de mers, et occupant la plus grande et la plus belle partie du monde, a commencé autrefois par deux coquins : pour ne rien dire, quant à présent, de la faction bohémienne; car qui ignore de quel chétif vermisseau elle devint, et combien vite, quel énorme dragon pour le malheur de l'Allemagne? Tant il est naturel à une mauvaise semaille de croître, si personne ne la coupe. Pour faire le mal, nul n'a jamais manqué de compagnon. Il n'y a pas de si faible qui ne puisse porter un coup mortel au spectateur sans défiance qui le regarde jouer (*Apud Cochl.*, p. 64 et 65). »
Voilà ce que le roi d'Angleterre, Henri VIII, écrivait aux princes de Saxe en 1523.

Lorsqu'en 1845, après trois siècles de guerres et de révolutions, on voit la Saxe, l'Allemagne, l'Angleterre, presque toute l'Europe minée par les principes anarchiques et révolutionnaires du luthéranisme, prête à sauter en l'air ou à s'abîmer dans la terre, comme un volcan en fermentation, on ne peut qu'admirer les paroles prophétiques de cet autre Balaam, qui ne devait pas en profiter mieux pour soi que le premier.

Il disait encore aux mêmes princes : « Sur le point de cacheter ma lettre, je me rappelle que Luther, dans ses complaintes contre moi, s'excuse de répondre davantage, sur ce qu'il en est empêché par la traduction de la Bible. Je crois donc devoir vous exhorter à mettre tous vos soins à ce qu'on ne lui permette pas de le faire. Je ne nie pas qu'il ne soit bon qu'on lise l'Ecriture sainte dans toute espèce de langue; mais lorsque la mauvaise foi d'un homme fait foi, qu'il cherche à pervertir par une mauvaise version ce qui a été bien écrit, il n'est pas moins périlleux que le peuple ne s'imagine lire dans la sainte Ecriture ce que cet homme damnable a puisé dans des hérétiques damnés (*Ibid.*, p. 50). »

L'effroyable et irremédiable confusion parmi les protestants sur le sens de l'Ecriture sainte est une preuve parlante combien ces réflexions étaient sages, et combien peu elles ont été écoutées.

Le 1er septembre 1525, Luther écrivit au roi d'Angleterre la lettre suivante : « Sérénissime roi, illustrissime prince! je devais craindre, en vérité, de m'adresser à Votre Majesté, quand je me rappelle combien j'ai dû l'offenser dans le libelle que, cédant à des conseils ennemis, et non à mes instincts, j'ai publié contre elle, en insensé et en étourdi; mais ce qui m'encourage et m'enhardit, c'est votre royale clémence qu'on ne cesse de me vanter chaque jour dans mes entretiens et dans mes correspondances. De plus, mortel vous-même, vous ne nourrirez pas une haine immortelle. Ajoutez que je sais, de témoignages certains, que le libelle publié sous le nom de Votre Majesté n'est pas du roi d'Angleterre, ainsi que le voulaient persuader d'artificieux sophistes, qui, abusant du titre de Votre Majesté, n'ont pas senti quel péril ils se préparaient à eux-mêmes dans l'ignominie royale; principalement ce monstre, ennemi public de Dieu et des hommes, le cardinal d'York, cette peste de votre royaume. Je rougis donc aujourd'hui, au point que je crains de lever mes yeux devant Votre Majesté, moi qui, grâce à ces ouvriers d'iniquité, me suis laissé aller si légèrement à l'émotion contre un si grand monarque, moi qui ne suis que de la lie et un ver de terre, qu'il suffit de mépriser et de négliger pour le vaincre. En outre, ce qui m'a sérieusement décidé à écrire, si abject que je sois, c'est que Votre Majesté a commencé de favoriser l'Evangile, et qu'elle n'est pas peu dégoûtée de ces méchants hommes. Cette nouvelle a été pour mon cœur vraiment un évangile, c'est-à-dire une bonne nouvelle.

» C'est pourquoi, prosterné aux pieds de Votre Majesté, je la prie et la supplie, avec toute l'humilité possible, par la croix et la gloire de Christ, de daigner me pardonner mes offenses, ainsi que Christ lui-même a prié et commandé de nous pardonner réciproquement. Ensuite, s'il n'est pas désagréable à Votre Majesté que, dans un écrit public, je chante la palinodie et rende honneur au nom de Votre Majesté; qu'elle daigne me le témoigner par quelque signe, je le ferai sans délai et de grand cœur. Car, encore qu'auprès de Votre Majesté je ne sois qu'un néant, toutefois ce ne serait pas un médiocre avantage pour l'Evangile et la gloire de Dieu, s'il m'était donné d'écrire au roi d'Angleterre sur les intérêts de l'Evangile.

» Fasse le Seigneur que Votre Majesté profite et croisse dans ce qu'elle a commencé, qu'elle soit docile à l'Evangile dans la plénitude de l'esprit, qu'elle ne se laisse ni remplir les oreilles, ni surprendre le cœur par les langues vénéneuses des douceureux hypocrites, qui ne savent que décrier Luther comme un hérétique. Au contraire, que Votre Majesté considère ainsi à part soi : Quel mal peut donc enseigner Luther, puisqu'il enseigne uniquement que nous devons être sauvés par la foi en Jésus-Christ, le Fils de Dieu, qui a souffert, est mort et a été ressuscité pour nous, comme le témoignent clairement les saints Evangiles et les écrits des Apôtres. Car voilà le fond et la base de ma doctrine, sur quoi je bâtis ensuite et enseigne la charité envers le prochain, l'obéissance envers l'autorité temporelle, et le crucifiement du corps de péché, ainsi que le montre notre doctrine chrétienne. Dans ces points capitaux de la doctrine, qu'y a-t-il donc de faux et de mauvais ? Qu'on attende donc, qu'on écoute, et qu'on juge seulement après. Pourquoi donc me condamner sans m'entendre ni me convaincre (Cochl., 126 ; Walch, t. XIX, p. 468) ? »

A cette lettre artificieuse, Henri VIII répondit par une réfutation solide des principales erreurs et assertions de l'hérésiarque. Il se reconnaît auteur de la défense des sept sacrements, et s'applaudit de l'approbation qu'elle avait reçue, notamment du Saint-Siège. Quant à notre Révérendissime Père en Dieu, le cardinal d'York, notre principal conseiller et chancelier d'Angleterre, je connais trop son éminente sagesse pour croire qu'il sera ému de vos grossières injures; car votre langue envenimée outrage de même toute l'Eglise, les plus saints d'entre les Pères, tous les saints, les apôtres du Christ, sa très-sainte Mère et enfin Dieu même, puisque vous en faites l'auteur de tous les péchés : exécrable blasphème qui se produit non-seulement dans vos livres, mais encore dans les horribles excès que viennent de commettre les paysans d'Allemagne, rendus furieux par votre hérésie. Encore donc que ledit Révérendissime Père nous ait été cher depuis longtemps à cause de ses vertus particulières, nous le chérissons néanmoins chaque jour davantage, en voyant combien il est haï de vous et de vos pareils. »

Le roi lit assidûment l'Evangile, mais il l'entend comme les saints Pères. Luther les méprise, et se met bien au-dessus d'eux. Le roi se rappelle alors ce mot de l'Evangile : *C'est à leurs fruits que vous les reconnaîtrez.* Personne ne doute que les saints Pères n'aient été des hommes pieux, d'une vie irréprochable, appliqués à servir Dieu par le jeûne, la prière et la chasteté, et dont tous les écrits respirent la charité. Quant à Luther, on doute encore moins, puisqu'on le voit publiquement, qu'il a commencé par l'envie et l'orgueil, continué par la colère et la mauvaise volonté, et fini par les plus honteuses voluptés de la chair. Sur quoi il lui reproche sa copulation incestueuse avec une vestale chrétienne, crime pour lequel, chez les païens de Rome, elle eût été enterrée vivante, et lui fustigé jusqu'à la mort. Et toutefois, non-seulement il n'en faisait pas pénitence, mais il s'en faisait gloire, jusqu'à y exciter les autres. Il lui rappelle à ce propos la lettre de saint Jérôme à une vierge corrompue par un diacre, les paroles de l'Ancien et du Nouveau Testament sur l'obligation d'accomplir ses vœux.

« Vous dites que, sur la foi, vous édifiez la charité envers le prochain, l'obéissance envers les souverains temporels, et le crucifiement du corps de péché. Plût à Dieu que ces paroles fussent aussi vraies qu'elles sont fausses! Comment pouvez-vous dire que vous édifiez la charité sur la foi, puisque vous enseignez que la foi seule suffit pour le salut sans les œuvres. Dans le libelle même que vous avez écrit contre moi, ne proférez-vous pas ces paroles : « C'est un sacrilége et une impiété de vouloir plaire à Dieu par les œuvres, et non par la foi seule ? » Ces paroles ne sont pas moins claires que ces autres que vous avez écrites précédemment dans la captivité de Babylone : « Ainsi vous voyez combien est riche l'homme chrétien ou baptisé, qui, le voulût-il, ne peut manquer son salut, quelque grands péchés que jamais il commette, à moins qu'il ne veuille pas croire. Car nul péché ne peut le damner, si ce n'est l'infidélité : tant que la foi subsiste ou revient, tous les autres péchés lui sont remis aussitôt par elle, en vertu des promesses divines faites à qui reçoit le baptême. » Vos paroles que voilà sont claires, elles n'ont pas besoin de glose. Contrairement aux paroles du Christ : « La voie du royaume des cieux est étroite, » vous ouvrez la voie large et spacieuse par la liberté évangélique, pour vous affectionner le peuple frivole, en lui enseignant que, pour se sauver, il suffit de croire aux promesses de Dieu, sans se donner la peine de faire de bonnes œuvres. Saint Paul pensait bien différemment, lorsqu'il loue la foi qui opère par la charité (Galat., 5); et quand il dit : *Si vous êtes dans la foi ou non, éprouvez-le vous-même* (2. Cor., 13). Or, comment faire cette épreuve, si ce n'est par de bonnes œuvres? *Car celui qui opère la justice, c'est celui-là qui est agréable à Dieu* (Act., 10, 35). Saint Jean va même jusqu'à dire : *Mes chers enfants! que personne ne vous séduise; celui qui fait la justice, c'est celui-là qui est juste* (1. Joan., 3, 7). En vérité, Luther, croire suivant votre doctrine qu'on peut vivre sans aucun fruit de bonnes œuvres, se vautrer sans aucune crainte dans la fange du crime, dans l'orgueilleuse présomption que la foi seule vous en purifiera, c'est là une foi pire que la foi des démons. Car, comme dit saint Jacques : *Vous croyez que Dieu existe ; les démons aussi le croient, et ils en tremblent* (Jac., 2); en quoi ils ne sont pas si mauvais que vous, puisque vous êtes sans aucune crainte. Ne vous semble-t-il pas, Luther, que ce soit à vous que l'Apôtre adresse ces paroles, vous qui, par cette hérésie, détruisez toute crainte de Dieu (Walch, t. XIX, p. 482 et seqq.). »

Après avoir montré par l'Ancien et le Nouveau Testament l'utilité et la nécessité de la crainte religieuse, le roi continue : « Ce que vous écrivez maintenant, que la foi doit être vivante, je le confesse; mais elle ne peut être vivante sans la charité. Or, comme dit l'Evangile : *Celui-là n'aime pas, qui ne garde pas les commandements de Dieu* (Joan., 14) : et aucun adulte ne les garde, s'il ne s'exerce aux bonnes œuvres. De là suit que votre foi, qui méprise les bonnes œuvres, ne saurait être vivante, mais qu'elle ressemble à celle dont parle saint Jacques : *La foi sans les œuvres est morte* (Jac., 2).

» De plus, si ce que vous affirmez dans votre sermon sur le Décalogue est vrai, savoir, que les commandements de Dieu, surtout le neuvième et le dixième, sont impossibles à garder par qui que ce soit, quelque saint qu'il puisse être ; si, d'un autre côté, on n'aime pas Dieu, sans garder ses commandements, et s'il n'y a pas de vie dans la foi, sans l'amour divin : ne voyez-vous pas comment, de vos propres paroles, il résulte finalement que la foi, que vous voulez vivante, ne saurait absolument l'être ? »

Le roi conclut, avec une rare pénétration, que Luther place les hommes entre deux abîmes : « ou bien une foi présomptueuse, qui néglige les bonnes œuvres, devient un aiguillon à pécher plus librement; ou bien une foi impossible, qui jette dans le désespoir et pousse également à tous les crimes, comme l'Apôtre le dit des païens, qui, s'étant désespérés, s'abandonnèrent à l'incontinence, pour opérer de plus en plus des œuvres impures (Ephes., 4, 19).

» Quand vous écrivez que vous édifiez sur la foi l'obéissance envers les souverains temporels, qui est-ce qui peut regarder cela sinon comme une impudente moquerie? Car personne n'ignore avec quelle obstination vous enseignez que le chrétien n'est tenu à aucune loi humaine, dont cependant les souverains sont les ministres et les exécuteurs. Vous méprisez tous les saints conciles, et vous êtes allé si loin dans cette hérésie, que vous avez brûlé les saints canons avec des hérétiques maudits. Les paysans, excités par vos doctrines, ont résisté en foule aux souverains, attirant sur eux-mêmes une mort déplorable, et à vous une honte éternelle.

» Ensuite, s'il vous restait quelque pudeur, comment pourriez-vous dire que vous édifiez sur la foi le crucifiement du corps de péché, vous qui, sur votre foi morte, édifiez la négligence de la prière, le mépris des jours de fête, l'omission des jours de jeûne, l'abnégation de la chasteté, enfin tout ce que les chrétiens ont coutume de faire, soit par le précepte du Christ, soit par l'approbation de son Eglise, pour crucifier le corps de péché?

» Enfin, comment ne rougissez-vous pas de dire que vous enseignez aux hommes à crucifier le corps de péché, vous qui enseignez si opiniâtrément l'exécrable hérésie, que personne n'a la puissance et la liberté de son vouloir, pour pouvoir faire quelque chose de bon? Car qui s'inquiétera de faire rien de bon ou de mauvais, s'il s'est une fois imaginé qu'il est incapable de coopérer à la grâce divine pour quoi que ce soit, et que le mal même qu'il fait, ce n'est pas lui qui le fait, mais l'éternelle et inévitable nécessité de la volonté divine qui l'opère en lui (Walch, p. 490 et seqq.)?

» Voilà ce que vous bâtissez sur la foi au Christ! Encore n'ai-je pas touché à cette foule de vos autres hérésies, qui mettent suffisamment au grand jour l'impudente présomption de votre vanité. Vous condamnez la chasteté solitaire du prêtre, rejetez la sainte ordination, mélangez le pain avec le corps sacré du Christ, calomniez le canon de la sainte messe, ordonnez aux femmes d'entendre les confessions, leur remettez l'administration de tous les sacrements, jusqu'à leur faire consacrer le Corps du Seigneur; vous mettez peu de différence entre l'immaculée Mère de Dieu et votre prostituée, vous blasphémez outrageusement la croix du Sauveur; vous enseignez qu'il n'y a pas de purgatoire, mais que toutes les âmes dorment jusqu'au jugement dernier, afin de faire espérer aux gens que leur peine est longtemps différée, et pour que les mauvais pèchent plus librement. Et pendant que vous enseignez ces impudentes hérésies et mille autres, vous n'avez pas honte d'écrire que vous n'enseignez pas autre chose sinon que l'homme doit être sauvé par la foi en Jésus-Christ? mais, en vérité, ce que vous cherchez, c'est à détruire cette foi du Christ; car s'il était venu pour enseigner ce que vous enseignez maintenant, il ne serait pas venu pour détourner les hommes du mal, il n'eût pas été le modèle des vertus, mais le patron public de tous les vices.

Comment souffrir patiemment que vous m'écriviez des choses pareilles, moi qui, vous le savez bien, non-seulement ai lu dans vos livres vos hérésies antichrétiennes que voilà, mais qui en ai réfuté et convaincu un grand nombre, au jugement d'hommes très-doctes?

» Cela étant, de quel front osez-vous demander à être entendu, comme si vous ne l'aviez jamais été, et faites-vous l'étonné d'avoir été condamné, sans avoir été ouï ni convaincu? Mais, Luther, n'avez-vous pas été entendu par le cardinal de Saint-Sixte, légat en Germanie? Ne vous a-t-on pas permis de disputer publiquement? N'avez-vous pas été ouï en présence d'écrivains publics en Saxe? N'avez-vous pas été même trop entendu par tout le monde avec vos livres impies, qui ont disséminé partout le venin pestilentiel de vos hérésies? Et vous ne rougissez pas de vous plaindre que vous n'avez pas été entendu, mais condamné sans être convaincu de rien? Sans doute, si, pour être condamné justement, vous exigez que vous conveniez vous-même d'avoir été convaincu, vous pourrez longtemps dormir tranquille; mais, du reste, vous avez été vraiment convaincu et assez souvent par plusieurs savants personnages, et aussi par nous, non-seulement au témoignage des plus doctes, mais au jugement du Saint-Siège apostolique. Vous-même, quoique l'orgueil ne vous permette pas de le reconnaître, vous le confessez cependant de fait, puisque jusqu'à présent vous n'avez trouvé à répondre que des balivernes et des injures (Walch, p. 495 et seqq.)?

« Quant aux outrages et aux blasphèmes que vous aimez à vomir contre l'Eglise romaine et ses prêtres, mon intention n'est pas d'en disputer avec un moine. Mais, quoi qu'il en soit, vous montrez assez de vous-même quel homme vous êtes. Pourtant, comme vous voulez passer pour un parfait évangéliste, vous feriez bien mieux d'apprendre de l'Evangile à ôter d'abord la poutre de votre œil, avant de vous occuper du fétu dans l'œil d'autrui. Vous devriez aussi considérer, dans ceux qui, par envie et malice, murmurèrent et blasphémèrent contre Moïse et David, quelle fin attend ceux qui outragent ceux à qui ils doivent soumission et obéissance. Vous devriez apprendre encore, lors même qu'il vous semblerait que l'Eglise chancelle, à vous modérer, et à n'y point porter une main téméraire, pour la diriger avec des doigts crochus et immondes, de peur que Dieu ne vous rappelle à votre devoir, comme il fit à qui osa mettre la main à l'arche d'alliance, au moment où elle penchait.

» Après tout, la cour romaine fût-elle encore pire que vous ne la faites, votre doctrine et votre vie témoignent assez qu'elle ne saurait vous déplaire; car ceux qui vous plaisent davantage, ce sont précisément les plus mauvais sujets et les apostats, qui méprisent leurs vœux, repoussent une vie meilleure, abandonnent les exercices de piété, et se livrent entièrement aux convoitises de la chair; tandis que les personnes pieuses et spirituelles, qui auraient aimé à employer leur vie au service de Dieu, dans la prière, le jeûne et la chasteté, chaque jour, vous et votre horde révolutionnaire, vous les chassez outrageusement de leurs cloîtres et de leurs maisons, et ce saint temple, destiné à la société vénérable et aux chœurs des vierges, vous le donnez à souiller et à profaner à des prostituées immondes. Cette conduite de votre part ne prouve-t-elle pas plus que suffisamment que vous ne haïssez personne, parce qu'il est un coquin, mais que vous êtes réellement ennemi de tous les gens pieux et qui aiment la vertu, c'est-à-dire de tous ceux qui s'opposent à votre entreprise et doctrine. C'est pour cela seul, et non pour autre chose, que vous murmurez contre le Saint-Siège apostolique, parce que vous voyez avec colère qu'il a condamné vos impies hérésies, en sorte qu'il pourrait vous dire comme Moïse (Exode, 15) : Vos murmures et vos clameurs ne sont pas contre moi, mais contre l'Eternel (Walch, p. 499). »

Henri VIII termine son opuscule par exhorter Luther à rentrer en lui-même, à réparer courageusement ses erreurs et ses scandales, lui promettant de la part de l'Eglise des entrailles de mère. Luther publia une lettre où, sans discuter sérieusement aucun article, il parle longuement et complaisamment de lui-même, et avec mépris de ses adversaires (Walch, p. 507 et seqq.).

Devenu roi l'an 1509, dans sa 19ᵉ année, Henri VIII avait épousé peu après, avec la dispense du pape Jules II, Catherine d'Aragon, veuve de son frère Arthus, qui n'avait point consommé le mariage avec elle. Pendant bien des années, Henri se faisait gloire de posséder une femme si vertueuse et si accomplie. Elle lui donna cinq enfants, trois fils et deux filles; ils moururent dans leur enfance, excepté la princesse Marie, qui survécut à ses parents, et monta sur le trône. Mais Henri était de sept à huit ans plus jeune que Catherine. Avec le temps, il s'abandonna à des amours illicites. Parmi ses concubines temporaires fut Marie Boleyn ou de Boulen, dont la sœur cadette se nommait Anne. La chronique scandaleuse dit même qu'il eut affaire à leur mère, et que la jeune Anne était le fruit de cet adultère (Sander). Quoi qu'il en soit de cette dernière circonstance, après avoir vécu dans le crime avec l'aînée, il s'éprit d'une passion incestueuse pour la plus jeune. C'est ici la source immonde de l'apostasie de l'Angleterre.

Anne Boleyn, craignant d'être renvoyée comme sa sœur, se refusait à satisfaire la passion du roi, qu'il ne lui assurât le titre d'épouse et de reine. Dans ce but, elle lui fit suggérer secrètement l'idée de divorcer avec Catherine. Anne penchait pour l'hérésie luthérienne. Après bien des années, Henri eut donc des scrupules sur son mariage. Voici le résumé de cette affaire par Bossuet :

« Le fait est connu. On sait que Henri VII avait obtenu une dispense de Jules II pour faire épouser la veuve d'Arthus, son fils aîné, à Henri, son second fils et son successeur. Ce prince, après avoir vu toutes les raisons de douter, avait accompli ce mariage étant roi et majeur, du consentement unanime de tous les ordres de son royaume, le 3 juin 1509, c'est-à-dire six semaines après son avènement à la couronne. Vingt ans se passèrent sans qu'on révoquât en doute un mariage contracté de si bonne foi. Henri, devenu amoureux d'Anne de Boulen, fit venir sa conscience au secours de sa passion; et son mariage lui devenant odieux, lui devint en même temps douteux et suspect. Cependant il en était sorti une princesse qui avait été reconnue dès son enfance pour l'héritière du royaume; de sorte que le prétexte que prenait Henri de faire casser son mariage, de peur, disait-il, que la succession du royaume ne fût douteuse, n'était qu'une illusion, puisque personne ne songeait à contester son état à Marie, qui en effet fut reconnue reine d'un commun consentement, lorsque l'ordre de la naissance l'eut appelée à la couronne. Au contraire, si quelque chose pouvait causer du trouble à la succession de ce grand royaume, c'était le doute de Henri; et il paraît que tout ce qu'il publia sur l'embarras de sa succession ne fut qu'un prétexte tant de ses nouvelles amours, que du dégoût qu'il avait conçu de la reine, sa femme, à cause des infirmités qui lui étaient survenues, comme le protestant Burnet l'avoue lui-même.

» Un prince passionné veut avoir raison. Ainsi, pour plaire à Henri, on attaqua la dispense sur laquelle était fondé son mariage, par divers moyens, dont les uns étaient tirés du fait, et les autres du droit. Dans le fait, on soutenait que la dispense était nulle, parce qu'elle avait été accordée sur de fausses allégations. Mais comme ces moyens de fait, réduits à ces minuties, étaient emportés par la condition favorable d'un mariage qui subsistait depuis tant d'années, on s'attacha principalement aux moyens de droit; et on soutint la dispense nulle, comme accordée au préjudice de la loi de Dieu, dont le Pape ne pouvait pas dispenser.

» Il s'agissait de savoir si la défense de contracter en certains degrés de consanguinité ou d'affinité, portée par le Lévitique (18, 20), et entre autres celle d'épouser la veuve de son frère, appartenait tellement à la loi naturelle, qu'on fût obligé de garder cette défense dans la loi évangélique. La raison de douter était qu'on ne lisait point que Dieu eût jamais dispensé de ce qui était purement de la loi naturelle; par exemple, depuis la multiplication du genre humain, il n'y avait point d'exemple que Dieu eût permis le mariage de frère à sœur, ni les autres de cette nature au premier degré, soit ascendant, ou descendant, ou collatéral. Or, il y avait dans le Deutéronome une loi expresse qui ordonnait, en certains cas, à un frère d'épouser sa belle-sœur et la veuve de son frère (Deutér., 25, 5). Dieu donc ne détruisant pas la nature, dont il est l'auteur, faisait connaître par là que ce mariage n'était pas de ceux que la nature rejette; et c'était sur ce fondement que la dispense de Jules II était appuyée.

» Il faut rendre ce témoignage aux protestants d'Allemagne : Henri ne put obtenir l'approbation de son nouveau mariage ni la condamnation de la dispense de Jules II. Lorsqu'on parla de cette affaire dans une ambassade solennelle que ce prince avait envoyée en Allemagne, pour se joindre à la ligue protestante, Mélanchthon décida ainsi : « Nous n'avons pas été de l'avis des ambassadeurs d'Angleterre; car nous croyons que la loi de ne pas épouser la femme de son frère est susceptible de dispense, quoique nous ne croyions pas qu'elle soit abolie (Lib. 4, *epist.* 185). » Et encore plus brièvement dans un autre endroit : « Les ambassadeurs prétendent que la dispense d'épouser la femme de son frère est indispensable, et nous soutenons qu'on peut en dispenser (L. 4, *epist.* 183; *Variat.*, l. 7, n. 51 et seqq.). »

Il y a de plus des circonstances que l'on ne connaissait pas encore du temps de Bossuet. Luther dit en propres termes : « Avant d'approuver un tel divorce, je permettrais plutôt au roi d'épouser une seconde reine, et, à l'exemple des patriarches et des rois, d'avoir ensemble deux épouses ou reines (Luth., *ep. Halæ*, 1717), » Mélanchthon professa la même opinion (*Ep. ad Camer.*, 90).

Autre particularité non moins étrange que peu connue. Dans le temps même que Henri VIII demandait au pape Clément VII de déclarer nul son mariage avec Catherine, par la raison que le pape Jules II n'avait pu dispenser au premier degré d'affinité, il lui demandait dispense pour épouser ensuite toute autre femme, fût-elle parente du roi au premier degré d'affinité, ou mariée à un autre, mais sans que le mariage eût été consommé (Herbert, p. 294; Lingard, t. VI, p. 191). La raison en était qu'Anne de Boulen était parente de Henri VIII au premier degré d'affinité, vu qu'il avait connu sa sœur charnellement, et que de plus elle passait pour avoir été mariée secrètement à un autre. Ainsi, dans le même temps, le roi reconnaissait et refusait au Pape le même pouvoir. L'iniquité se manquait à elle-même.

La position du pape Clément VII était fort délicate. Catherine d'Aragon, reine d'Angleterre, était tante de l'empereur Charles-Quint, dont les troupes venaient de saccager Rome et d'occuper les États de l'Église; la répudiation de sa tante paraissait un affront à l'empereur; Clément devait avoir bien garde de le mécontenter pendant qu'il négociait la délivrance de Rome. Henri, jusqu'alors, se montrait dévoué au Saint-Siège et l'ami du Pape; mais sa demande était embarrassante, fâcheuse, et au fond injuste. Comment faire? Le refuser dès le commencement et tout net? mais il est jeune, passionné; dans son emportement, ne pourrait-il pas se jeter entre les bras de l'hérésie et y entraîner peut-être son royaume? Temporisons; c'est un malade qui a la fièvre : le temps, la réflexion le calmeront peut-être; quelque incident, ménagé par la Providence, viendra peut-être le guérir. Effectivement, une maladie épidémique, nommée *la suette*, suspendit pour quelque temps la passion de Henri, et le fit retourner auprès de la reine et participer à ses actes de piété. En outre, Clément envoya le cardinal Campège, homme habile, expérimenté, poli, conciliant, très-fin, mais fidèle à son devoir et à sa conscience. Marié avant d'embrasser l'état ecclésiastique, Campège avait plusieurs fils qui se distinguèrent par leurs talents et leurs vertus; un d'eux l'accompagna dans sa légation d'Angleterre. Campège y montra une prudence consommée : rien ne fut capable de lui faire commettre la moindre indiscrétion ni un faux pas. Assisté du cardinal Wolsey, que le Pape lui avait donné pour collègue, il entendit le roi et la reine. Catherine les récusa tous deux pour juges, et en appela au Pape, qui finit par évoquer l'affaire à Rome.

Le cardinal Wolsey, jusqu'alors favori du roi, se vit tout à coup renversé par la favorite. *Thomas Wolsey* était né l'an 1471, à Ipswich, dans le comté de Suffolk, d'un riche bourgeois. Il fit ses études à Oxford avec tant de succès, que, par une distinction extraordinaire, il obtint, à l'âge de quinze ans, les grades de bachelier et de maître ès-arts, et fut mis à la tête d'une école qui acquit une grande célébrité sous sa direction. Érasme étant venu dans cette ville, ils se lièrent d'une étroite amitié et travaillèrent de concert à mettre la langue grecque en vogue dans l'Université. Devenu chapelain de Henri VII, il fut employé dans des négociations importantes et y déploya une dextérité prodigieuse. Favori de Henri VIII, il fut comme l'arbitre de l'Europe dans la diplomatie. Il faillit même devenir pape après la mort de Léon X et d'Adrien VI. Maître de disposer de tous les bénéfices d'Angleterre, il ne s'oublia pas dans cette distribution. En passant au siège de York, il conserva l'administration temporelle de celui de Lincoln. Il posséda en commende l'évêché de Bath, qu'il échangea pour celui de Durham, beaucoup plus riche, et celui-ci pour l'évêché de Winchester, qui l'était encore davantage, et auquel il joignit l'abbaye de Saint-Alban. Il donna les évêchés de Worcester et d'Héreford à des Italiens qui, résidant à Rome, se contentaient d'une pension assez modique, et en laissaient le revenu à ceux qui les leur avait procurés. En abandonnant l'administration de l'évêché de Tournai, lorsque cette ville retourna aux Français, il se réserva une pension de douze mille livres. Le pape Léon X, pour s'attacher un personnage si puissant, lui accorda une pension de sept mille cinq cents ducats sur les évêchés de Tolède et de Placentia. En le créant légat *à latere*, il lui laissa la faculté d'en étendre les prérogatives au delà de toute mesure; et Wolsey en abusa, dit-on, pour restreindre la juridiction primatiale de l'archevêque de Cantorbéry. Le même Pape lui donna le droit de créer cinquante chevaliers, cinquante comtes palatins, quarante notaires apostoliques, avec les mêmes attributions que les siens propres, de légitimer les bâtards, de conférer des degrés dans toutes les Facultés, d'accorder toutes sortes de dispenses, de visiter, de réformer, de supprimer les monastères. Le roi y joignit le pouvoir d'expédier des lettres de naturalisation, de délivrer des congés et d'élire pour les grands bénéfices, de recevoir les serments de fidélité, etc. Comme chancelier et légat, il tirait des émoluments considérables des cours qu'il présidait. Enfin l'empereur lui faisait une pension de dix mille ducats sur le duché de Milan, à laquelle il en joignit une autre de neuf mille couronnes d'or.

Par l'accumulation de tant de bénéfices, de pensions et de prérogatives, les revenus de Wolsey égalaient presque ceux de la couronne. Son train répondait à ses immenses richesses et à l'étendue de son ambition. Sa maison surpassait en faste celle des souverains eux-mêmes. Les principaux emplois en étaient remplis par des comtes, des barons, des chevaliers, des fils de familles les plus distinguées du royaume, qui voulaient s'avancer par la faveur dont il jouissait. Le duc de Northumberland ne dédaigna pas d'y faire entrer son fils, lord Percy, qui passait pour marié secrètement à Anne de Boulen. On y comptait jusqu'à huit cents personnes. On comptait jusqu'à deux cent quatre-vingts lits de soie dans son magnifique château de Hamptoncourt. Dans les grandes cérémonies, on portait devant lui les insignes de ses dignités. Un homme de qualité marchait en avant, tenant élevé son chapeau de cardinal, et il avait ordre de ne le déposer dans la chapelle du roi que sur l'autel. Sa croix de cardinal-légat était de même placée sur une colonne d'argent et portée par un ecclésiastique d'une taille et d'une beauté remarquables, tandis qu'un autre ecclésiastique, distingué par les mêmes formes, l'accompagnait avec sa croix d'archevêque. Il célébrait la messe avec la même pompe que le Pape, assisté par des évêques, des abbés, et servi par des gentilshommes, en sa qualité de légat *à latere*.

Tel était le cardinal Wolsey, lorsqu'il encourut la disgrâce du roi et de sa favorite, pour n'avoir pas fait réussir l'affaire du divorce. L'avocat général l'accusa devant la cour du banc du roi, d'avoir, comme légat, transgressé ses statuts, quoiqu'il eût reçu à cet égard la licence royale et qu'il fût autorisé par l'usage immémorial et par la sanction du parlement. Toute défense eût été inutile. Le grand sceau de chancelier lui fut repris. Le roi s'empara du palais de l'archevêque d'York, lui ordonna de se retirer à Asher, maison dépendante de son évêché de Winchester, et tous ces ordres lui furent signifiés par les ducs de Suffolk et de Norfolk, ses deux plus grands ennemis, ce dernier, oncle de la favorite. La nouvelle s'étant répandue qu'il allait être conduit à la Tour, la Tamise se trouva aussitôt couverte de bateaux et bordée de spectateurs, qui témoignaient leur joie de la disgrâce d'un homme dont on n'avait souffert l'administration qu'avec une extrême impatience; mais la nouvelle se trouva fausse. Wolsey ne supporta pas son sort avec la dignité d'un grand cœur. La plus petite apparence de retour de la part du capricieux monarque le transportait d'une joie puérile. Henri lui ayant envoyé Norris, son valet de chambre, qui l'atteignit à Putney et lui remit un message secret, mais gracieux, pour l'engager à ne pas se livrer au désespoir, le cardinal, qui était à cheval, descendit aussitôt, se prosterna dans la boue, la tête découverte, et exprima sa reconnaissance dans les termes du plus humble courtisan. Quand la chambre haute du parlement eut porté contre lui un bill d'accusation sur quarante chefs, dont les plus importants ne prouvaient que la haine de ses ennemis, le roi le fit rejeter à la chambre des communes, sur la motion de Thomas Cromwel, qui, du service du cardinal, était passé à celui de Henri. Instruit que son ancien favori était tombé, à Asher, dans une maladie dangereuse, il lui envoya son propre médecin. Il n'y eut pas jusqu'à Anne de Boulen, qu'il obligea de lui envoyer des tablettes d'or, comme gage de réconciliation. Enfin, les revenus de l'archevêché d'York lui furent rendus, avec une partie de sa vaisselle et de ses meubles.

Cependant ses ennemis ne cessaient de représenter au roi son opposition dans l'affaire du divorce et le refus de prononcer la rupture du premier mariage. Leur animosité redoubla lorsque Henri lui permit de se retirer dans la chartreuse de Richemond, ce qui le rapprochait de la cour, et ils finirent par obtenir un ordre qui le relégua dans son diocèse d'York. Ce fut pour lui un coup de la Providence. Il parut être absolument revenu de ses projets d'ambition et se montra vraiment digne des marques de respect qu'on lui donna sur la route et dans son diocèse. Il y vécut, non plus en ministre dont la politique avait dirigé les intérêts de l'Europe, mais en pasteur tout occupé de ses devoirs, partageant sa modique fortune avec les pauvres, ayant une table frugale, exerçant la plus généreuse hospitalité, s'appliquant à concilier amiablement les différends des familles et de tous ses diocésains. Il faisait régulièrement des visites pastorales, prêchant comme le dernier de ses chapelains. Il s'était concilié l'estime et l'attachement de tous ceux qui avaient recours à lui, par sa douceur, ses libéralités et l'esprit de justice qui régnait dans ses conseils et dans ses jugements. Les personnes mêmes qui, au temps de sa prospérité, ne l'avaient vu qu'avec aversion, applaudirent à sa conduite dans l'adversité.

Le cardinal, se croyant oublié de ses ennemis, jouissait en paix des douceurs de sa retraite, lorsque, le 4 novembre 1530, le duc de Northumberland, son ancien courtisan, se présenta inopinément et lui signifia l'ordre qu'il avait de l'arrêter et le conduire à Londres, où l'on devait lui faire son procès pour crime de haute trahison. Wolsey, sans se troubler, se mit aussitôt en devoir d'obéir, et témoigna le plus grand empressement d'être confronté avec ses accusateurs, très-assuré de les confondre. Il trouva la route couverte de personnes de tout rang et de tout état, accourues pour lui témoigner l'intérêt qu'elles prenaient à ce nouveau genre de persécution. Arrivé à Sheffield, il fut attaqué d'une dyssenterie qui le retint quinze jours au lit. S'étant remis en route, il sentit le mal s'augmenter, s'arrêta à l'abbaye de Leicester et dit à l'abbé en entrant : « Père abbé, je viens laisser chez vous mes dépouilles mortelles. » Kynston, lieutenant de la Tour, qui était chargé de sa garde, voulut adoucir ses peines en lui faisant tout espérer de la bonté du roi, qui n'avait cédé qu'à regret à l'importunité de ses ennemis. « Maître Kynston, lui répliqua-t-il, je vous prie de me recommander à Sa Majesté : je la supplie de se rappeler, en mémoire de moi, tout ce qui s'est passé entre nous, et spécialement ce qui a rapport à la bonne reine Catherine et à lui-même; et alors la conscience de sa grâce lui dira si je l'ai offensé ou non. C'est un prince d'une fermeté toute royale, et plutôt que de céder sur un point de ses volontés, il compromettrait la moitié de son royaume; et je vous en donne l'assurance, je me suis souvent mis à genoux devant lui, pendant plus de trois heures, pour le détourner de sa convoitise, et je n'ai pu y parvenir. Et, maître Kynston, que n'ai-je servi Dieu avec autant d'ardeur que j'ai servi le roi, il ne m'aurait pas repoussé avec mes cheveux blancs! Mais ce qui m'arrive est un juste retour des peines et des soins que je me suis donnés, non pour le service de Dieu, mais pour être agréable à mon prince. » Ayant ainsi parlé, il reçut les derniers secours de la religion et expira le 29 novembre 1530, dans la 60e année de son âge (*Biographie universelle* et Lingard).

Le plus grand éloge que l'on puisse faire de son caractère, dit Lingard, se trouve dans le contraste que l'on remarque entre la conduite de Henri avant la chute du cardinal et avant sa mort. Tant que Wolsey conserva sa faveur, les passions du roi se renfermèrent dans de certaines bornes; du moment où son influence devint nulle, elles repoussèrent toute contrainte, et, par leur caprice et leur violence, elles alarmèrent ses sujets et étonnèrent les autres nations de l'Europe (*Hist. d'Angleterre*, t. VI).

Henri ne voyait plus que sa passion impure : pour la satisfaire avec quelque décence, il recourait à tous les moyens. Ses ambassadeurs eurent ordre d'engager les canonistes les plus distingués de Rome à faire partie de ses conseils et de leur demander discrètement leur opinion sur les trois questions suivantes : « 1° Si, lorsqu'une femme faisait vœu de chasteté et entrait au couvent, le Pape ne pouvait, dans la plénitude de sa puissance, autoriser l'époux à se remarier ? 2° Si, lorsqu'un mari entrait dans un ordre religieux et qu'il avait engagé sa femme à prendre le même parti, il ne pouvait ensuite être relevé de son vœu et se trouver libre de se remarier ? 3° Et si, pour des raisons d'Etat, le Pape ne pouvait autoriser un prince à avoir, comme les anciens patriarches, deux femmes, dont l'une serait publiquement reconnue et jouirait des honneurs de la royauté (*Hist. d'Anglet.*, t. IV; Collier, t. II) ? » D'autres émissaires du roi parcouraient les diverses parties de l'Europe, pour acheter à prix d'argent les opinions des théologiens et des Universités en faveur du divorce ; on devait les mettre sous les yeux du Pape, comme l'expression du sentiment général. Mais leur nombre était comparativement fort petit, et le Pape n'ignorait pas comment on les avait obtenues. Clément VII répondit qu'en définitive il était prêt à s'occuper immédiatement de l'affaire et à user envers le roi de toute l'indulgence, de toute la faveur compatibles avec la justice. Il ne demandait en retour qu'une seule chose, c'est qu'on ne voulût pas le forcer, sous prétexte de reconnaissance envers un homme, à violer les immuables commandements de Dieu (*Hist. d'Anglet.*, t. IV, p. 255).

Peu après la réception de cette réponse, les agents du roi l'informèrent que les impériaux redoublaient d'activité dans leurs sollicitations, et que bientôt Clément, quoiqu'il cherchât à y mettre tous les obstacles en son pouvoir, serait forcé de donner un bref, défendant à tous archevêques ou évêques, cours de tribunaux, de rendre aucun jugement dans l'affaire du mariage de Henri et de Catherine. On observa qu'il devint beaucoup plus pensif qu'à l'ordinaire. Tous ses expédients étaient épuisés : il vit enfin qu'il ne pouvait détruire l'opposition de l'empereur ni obtenir le consentement du pontife, et il reconnut qu'après tant d'efforts il s'était jeté dans de plus grandes difficultés qu'auparavant. Il commença à chanceler : il donna à entendre à ses confidents qu'il avait été grossièrement trompé : il n'aurait jamais songé au divorce, s'il ne s'était cru certain d'obtenir aisément l'approbation du Pape ; l'assurance qu'on lui avait donnée était fausse, et il voulait abandonner pour toujours cette poursuite. Ces mots passèrent bientôt d'une oreille à l'autre : ils arrivèrent promptement à celle d'Anne de Boulen, et l'épouvante se peignit dans la contenance de la nouvelle Hérodiade et de ses avocats, des ministres et de leurs adhérents. On présageait confidemment leur ruine, quand ils échappèrent par la hardiesse et l'astuce de Thomas Cromwel.

Son père était un forgeron des environs de la capitale. Le fils, dès son jeune âge, avait servi comme soldat dans la guerre d'Italie : de l'armée, il était passé dans la boutique d'un marchand vénitien, et, quelque temps après, étant revenu en Angleterre, il avait quitté le comptoir pour l'étude des lois. Wolsey l'avait employé à opérer la dissolution des monastères qu'on lui avait donnés, pour y établir ses colléges, opération dont il s'était tiré à la satisfaction de son patron et dans laquelle il s'était lui-même enrichi. Ses principes, cependant, si nous en croyons ses propres assertions, étaient abominables. Il avait appris dans Machiavel que le Vice et la Vertu n'étaient que des mots, inventés à la vérité pour amuser le loisir des savants dans leurs colléges, mais inutiles aux hommes qui tendaient à s'élever dans les cours des princes. Le talent d'un grand politique était, à son jugement, de percer à travers les déguisements dont les souverains ont coutume de voiler leurs inclinations réelles, et de découvrir les expédients les plus spécieux pour satisfaire leurs désirs, sans outrager ouvertement la morale ou la religion. En agissant d'après ces principes, il s'était déjà attiré la haine publique, et quand son patron fut disgracié, la voix du peuple le dévoua au supplice. Il suivit Wolsey à Asher ; mais, désespérant de la fortune de ce favori tombé, il se hâta de revenir à la cour, acheta, par des présents, la protection des ministres, et le roi le confirma dans le même emploi qu'il avait occupé sous le cardinal, l'intendance des terres des monastères supprimés.

L'intention du roi transpira le jour suivant, et Cromwell, qui était déterminé, pour se servir de ses propres expressions, à faire et à défaire, sollicita et obtint une audience. Il sentait, disait-il, toute son incapacité à donner des avis ; mais ni son affection ni son devoir ne lui permettraient de garder le silence, quand il apercevait l'inquiétude de son souverain. Il pouvait y avoir quelque présomption à lui de se prononcer ; mais il pensait que toutes les difficultés qui embarrasseraient le roi venaient que de la timidité de ses conseillers, égarés par des apparences extérieures ou par les opinions du vulgaire. Les savants et les Universités s'étaient prononcés en faveur du divorce : il ne manquait que l'approbation du Pape. Cette approbation pouvait, à la vérité, exciter le ressentiment de l'empereur ; mais si Henri ne l'obtenait pas, devait-il donc ainsi abandonner ses droits ? ne devait-il pas plutôt imiter les princes de l'Allemagne, qui s'étaient soustraits au joug de Rome ? Et, de l'autorité du parlement, ne pouvait-il pas se déclarer lui-même chef de l'Eglise dans son royaume ? L'Angleterre était actuellement un monstre à deux têtes ; mais si le roi n'hésitait pas à prendre en main l'autorité usurpée par le pontife, toute anomalie se rectifierait, les difficultés présentes s'évanouiraient, et les gens d'église, attachés à leur existence et à leur fortune, se mettraient à sa disposition et deviendraient les plus serviles ministres de sa volonté. Henri écouta avec surprise, mais avec plaisir, un discours qui flattait à la fois sa passion impure, sa soif des richesses et son ambition de pouvoir ; les trois concupiscences qui forment ensemble l'esprit du monde. Il remercia Cromwell et lui ordonna de prêter serment comme membre de son conseil privé (Lingard, t. VI, p. 259 ; Pole, p. 118, 122, 123).

Mais comment faire accepter ces chaînes de la servitude séculière, aux successeurs des saints Augustin, Laurent, Mellit, Juste, Honorius, Théodore, Britwald, Odon, Dunstan, Elphége, Lanfranc, Anselme, Edmond, et Thomas de Cantorbéry ? aux successeurs des saints Paulin, Wilfrid, Jean de Béverley, Oswald, et Guillaume d'York? aux successeurs de tant d'autres saints évêques, abbés, prêtres et moines d'Angleterre? Le voici. Quand les enfants d'Israël se furent multipliés en Egypte, Pharaon dit aux Egyptiens : *Opprimons-les adroitement, de peur qu'ils ne deviennent plus forts que nous.* : et il y eut une loi pour jeter dans le fleuve tous les enfants mâles des Hébreux. Quand les chrétiens se furent multipliés dans l'empire de Rome idolâtre, Néron, Domitien, avec un sénat esclave, faisaient des lois pour les brûler, noyer, livrer aux bêtes, principalement ce qu'il y avait de plus ferme, de plus mâle, les Papes, les évêques, les prêtres, les docteurs. Quand les ignobles empereurs et les serviles sénateurs du Bas-Empire aperçoivent la force et l'indépendance que les évêques et les prêtres trouvent dans leur union avec le chef de l'Eglise universelle, ils font des lois, inventent des libertés, pour affaiblir et rompre cette union, énerver dans l'épiscopat et le sacerdoce grec tout ce qu'il pourrait y avoir de mâle et d'indépendant, leur mettre un licou à la tête, un nœud coulant à la gorge, de manière que le Turc même ou le Moscovite pourra les mener comme des bêtes de somme façonnées à la servitude. *Opprimons-les adroitement* : cette ancienne politique de Pharaon est aussi très-moderne. Partout elle tient en réserve ces lois de l'Etat, sénatus-consulte de haut et bas-empire, libertés grecques ou moscovites, usages, coutumes, règlements, arrêts, statuts, articles organiques, licous législatifs, nœuds coulants administratifs, qu'elle jette *opportunément* aux évêques et aux prêtres, pour les mener où elle veut.

Or, en Angleterre, il y avait en réserve beaucoup de ces nœuds coulants, de fabrique normande, avec lesquels il était libre au roi de vous serrer la gorge plus ou moins ; entre autres les statuts équivoques de *præmunire*, qui défendaient, sous peine de haute trahison, d'exécuter dans le royaume, sans licence royale, certaines provisions ou sentences du chef de l'Eglise universelle (Lingard, t. IV, p. 354 et seqq.). Le cardinal Wolsey avait obtenu cette licence pour exercer sa commission de légat, quoique ce fût une chose fort douteuse que, même d'après le statut, cette licence lui fût nécessaire. Toutefois, dès qu'il fut tombé en disgrâce, ses ennemis l'accusèrent sur ce point ; lui, qui connaissait le caractère cruel et irritable du roi, renonça à se défendre et se soumit à tout ce qu'on voulut, dans l'espérance d'obtenir son pardon (*Ibid.*, t. VI, p. 282 et seqq.). Il tira ainsi sa tête du nœud coulant ; mais il habitua la main du palefrenier à le jeter à d'autres, suivant le bon plaisir du maître.

Donc, au commencement de 1531, à l'instigation de Thomas Cromwell, tout le clergé d'Angleterre se vit dénoncé et poursuivi tout à coup comme ayant violé les mêmes statuts et encouru les mêmes peines que le cardinal Wolsey, dont il avait reconnu les pouvoirs de légat et qui avait passé condamnation là-dessus. La députation du clergé, pour obtenir un plein pardon, offrit un présent de cent mille livres sterlings. Le 7 février, Henri refusa cette proposition, à moins qu'on n'introduisît dans le préambule de l'acte d'offrande une clause qui reconnaîtrait le roi « comme le protecteur et le chef suprême de l'Eglise et du clergé d'Angleterre. » La députation vit le nœud coulant, elle eut peur d'être étranglée tout d'abord. On employa trois jours à d'inutiles consultations : il y eut des conférences avec Cromwel et les commissaires royaux ; on proposa des moyens qui furent rejetés, et le vicomte Rochford, père d'Anne de Boulen, fut porteur d'un message positif, par lequel le roi déclarait ne vouloir admettre aucun changement que l'addition des mots « après Dieu. » On ne sait ce qui l'engagea à céder ; mais, avec sa permission, l'archevêque Warham de Cantorbéry y introduisit un amendement qui passa, du consentement unanime des deux chambres ou sections du clergé. A ce moyen, la donation se fit à la manière accoutumée ; mais on inséra, entre parenthèses, dans l'énumération des motifs sur lesquels on se fondait, la clause suivante : « De laquelle Eglise et duquel clergé nous reconnaissons Sa Majesté comme le premier protecteur, le seul et suprême Seigneur, et, autant que le permet la loi du Christ, le chef suprême (Wilkins, *Conc. Angl.*, t. III, p. 742, col. 2 ; Lingard, t. VI, p. 262). »

C'est ici le nœud coulant où va être prise et muselée l'Eglise d'Angleterre. Ces mots, *autant que le permet la loi du Christ*, laissaient encore le nœud assez ample pour qu'on pût y passer et repasser la tête ; on espérait même, moyennant cette clause, défaire le nœud plus tard, en montrant que la loi du Christ ne permet pas de reconnaître pour chef de l'Eglise les rois de la terre. Mais le palefrenier qui tenait le bout de la corde ne l'entendait pas ainsi ; il prétendait au contraire, à la première occasion, supprimer la clause, mettre sans retour le licou à l'Eglise d'Angleterre et l'attacher au bas du trône, comme la docile monture de Sa Majesté.

Tunstall, évêque de Durham, s'aperçut du piège et protesta : « Si cette clause ne contient rien de plus, si ce n'est que le roi est chef du temporel, à quoi bon le dire, puisque tout le monde en convient ? Si elle tend à établir que le roi est aussi le chef du spirituel, elle est contraire à la doctrine de l'Eglise catholique, hors de laquelle il n'y a point de salut. Je proteste donc contre ce sens, et soumets le tout au jugement de notre sainte mère l'Eglise ; je demande que ma protestation soit inscrite sur les registres de l'assemblée, et vous en prends tous à témoin (*Ibid.*, p. 745).

Guillaume de Warham, archevêque de Cantorbéry et primat d'Angleterre, fit une protestation semblable, en son nom et au nom de son église métropolitaine, contre tout ce que les derniers statuts pouvaient avoir de dérogatoire ou de préjudiciable au souverain Pontife, au Siége apostolique, à la puissance ecclésiastique, en particulier aux droits, privilèges et libertés de l'Eglise de Cantorbéry (Wilkins, t. III, p. 746). Guillaume de Warham mourut le 23 août 1532, à l'âge de 83 ans, après 21 ans de pontificat ; il mourut moins encore de vieillesse que de douleur de voir la religion, qui depuis tant de siècles avait fait de l'Angleterre l'île des saints, sur le point d'y être renversée par l'impureté, l'avarice et l'ambition.

Henri VIII ne cherchait point encore précisément à briser avec Rome : il voulait effrayer le Pape, afin d'en obtenir l'approbation de son divorce. Le 25 janvier 1533, le docteur Lée, un de ses chapelains, reçut ordre de célébrer la messe de très-grand matin dans une chambre du palais : c'était pour marier Henri avec Anne de Boulen, dès lors enceinte. Le chapelain fit quelque difficulté; mais Henri l'assura que le Pape venait de prononcer en sa faveur, et que l'acte s'en trouvait dans son cabinet (Lingard, p. 278). Ce prétendu mariage resta secret jusque vers Pâques.

Dans l'intervalle, Henri nomma Thomas Cranmer à l'archevêché de Cantorbéry. Marié d'abord, Cranmer était devenu prêtre après la mort de sa femme. Employé dans la famille d'Anne de Boulen, il écrivit en faveur du divorce de Henri. Catholique au dehors, il était luthérien dans l'âme. Anne elle-même en tenait quelque chose. Cranmer fut envoyé en Italie et à Rome pour l'affaire du divorce; et il y poussa si loin la dissimulation de ses erreurs, que le Pape le fit son pénitencier en Angleterre. De Rome, il passe en Allemagne, y abuse d'une parente du luthérien Osiandre, qui le contraint à l'épouser. Contracté avant les ordres sacrés, ce second mariage l'en eût rendu incapable; contracté depuis, il n'était qu'un concubinage sacrilége, qui le rendait indigne même de la communion laïque. Aussi eût-il grand soin de le tenir caché, et fit-il transporter sa prétendue femme en Angleterre dans une caisse percée de trous, afin qu'elle y pût respirer. Voilà l'homme que Henri VIII nomma au siége de saint Augustin et de saint Dunstan. Cranmer accepta; le pape Clément VII, qui ne lui connaissait d'autres erreurs que celle de soutenir la nullité du mariage de Henri, chose alors assez indécise, accorda les bulles qu'on demanda. Cranmer les reçut, et ne craignit pas de se souiller en recevant, comme on parlait dans le parti luthérien, le caractère de la bête. A son sacre, et avant de procéder à l'ordination, il fit le serment de fidélité au Pape, comme tous les évêques catholiques. Le protestant Burnet assure qu'il protesta fort en secret, que par ce serment il ne prétendait nullement se dispenser de son devoir envers sa conscience, envers le roi et l'Etat; protestation ou duplicité fort inutile, car il est exprimé dans le serment même qu'on le fait sans aucun préjudice des droits de son ordre, *salvo ordine meo*. Mais, outre ce serment dont il prétendait éluder la force, Cranmer fit dans son sacre d'autres déclarations contre lesquelles il ne réclama pas : comme de « recevoir avec soumission les traditions des Pères et les constitutions du Saint-Siége apostolique; de rendre obéissance à saint Pierre en la personne du Pape, son vicaire, et de ses successeurs, selon l'autorité canonique; de garder la chasteté (*Pont. Rom., in consecr. episc.*), » ce qui, dans le dessein de l'Eglise, expressément déclaré dès le temps qu'on y reçoit le sous-diaconat, emportait le célibat et la continence. Cranmer dit la messe, selon la coutume, avec son consacrant, et depuis durant trente ans entiers. En faisant des prêtres, il leur donna le pouvoir, « de changer par la sainte bénédiction le pain et le vin au Corps et au Sang de Jésus-Christ, et d'offrir le sacrifice et dire la messe tant pour les vivants que pour les morts. » Voilà donc Cranmer, le patriarche de l'Eglise anglicane, le voilà tout ensemble luthérien, marié, cachant son mariage, archevêque selon le Pontifical romain, soumis au Pape, dont en son cœur il abhorrait la puissance, disant la messe, à laquelle il ne croyait pas, et donnant pouvoir de la dire. A coup sûr, s'il est une primauté parmi les hypocrites, Cranmer peut y prétendre.

Voici comme, d'après les protestants Burnet et Cobbett, il débuta sur le siége primatial de Cantorbéry. Dès le mois d'avril 1533, par son autorité archiépiscopale, il écrivit au roi une grave lettre sur son mariage incestueux avec Catherine : mariage, disait-il, qui scandalisait tout le monde ; et lui déclarait que, pour lui, il n'était pas résolu à souffrir un si grand scandale. En conséquence, il le suppliait, au nom de la nation et du salut de son âme, de lui accorder la permission d'examiner la question du divorce, en lui représentant quel danger il y aurait pour lui de continuer plus longtemps à vivre dans l'inceste. Le roi consentit de la manière *la plus gracieuse* à prendre en considération cet avis du pieux primat de son royaume. Dans la vive inquiétude pour le salut *de son âme royale*, et en sa qualité de *chef de l'Eglise*, il crut devoir accéder sans délai aux prières de son *père spirituel* Cranmer. La reine Catherine, qui avait reçu ordre de quitter la cour, habitait alors un château dans le comté de Berford, non loin de Dunstable. C'est là que Cranmer transporte son tribunal, là qu'il cite le roi et la reine devant lui : on procède. La reine ne comparaît pas; l'archevêque, par contumace, déclare le mariage nul dès le commencement, et n'oublie pas de prendre dans sa sentence la qualité de légat du Saint-Siége, selon la coutume des archevêques de Cantorbéry.

Cranmer, de retour à Londres, fit part au roi des résultats du procès, et le supplia gravement, avec le ton d'hypocrisie qui le caractérisait, *de se résigner à la volonté de Dieu*, que lui faisait connaître la décision de sa *cour spirituelle*, rendue conformément aux lois de la sainte Eglise. Henri VIII était déjà, comme on le pense bien, tout résigné d'avance. Cranmer tint ensuite une autre cour à Lambeth, dans laquelle il déclara que le roi était légalement marié à Anne de Boulen, et *où il confirma ce mariage* en vertu de l'autorité qu'il tenait du *successeur des apôtres*. Nous verrons bientôt ce même archevêque déclarer, en vertu de la même autorité, que le second mariage du monarque était *radicalement nul et de nul effet*, et que le fruit en était illégitime (Cobbett, *Hist. de la réforme d'Angleterre*; Burnet; Bossuet, *Variat.*, t. VII).

A Rome, l'empereur Charles-Quint et son frère, le roi Ferdinand, importunaient journellement le Pape, afin qu'il rendît justice à la reine Catherine, et ses propres ministres l'engageaient à venger l'insulte faite à l'autorité du Saint-Siége; mais, dit un historien anglais, l'irrésolution de son esprit et sa partialité pour le roi d'Angleterre l'entraînaient à écouter les insinuations des ambassadeurs français, qui lui proposaient des mesures de réconciliation et de douceur. Enfin, comme il fallait faire quelque chose, il annula la sentence portée par Cranmer, parce que la cause était pendante devant lui, et menaça d'excommunication Henri et Anne, s'ils ne s'étaient séparés avant la fin de septembre, ou n'avaient déclaré par leurs procureurs les motifs d'après lesquels ils entendaient être considérés comme mari et femme. Lorsque le mois de septembre arriva, il prolongea le délai jusqu'à la fin d'octobre, et vint trouver François Ier à Marseille, dans la croyance qu'il pourrait effectuer une réconciliation entre Henri et l'Eglise romaine. Henri y envoya des ambassadeurs, mais sans aucun pouvoir de traiter; il en envoya un autre, mais pour appeler du Pape au concile général. Toutefois, il renoua la négociation avec le Pape, par l'intermédiaire de l'évêque de Paris, qui se rendit pour cet effet à Rome. Pressé ainsi, d'un côté par les rois de France et d'Angleterre, de l'autre par l'empereur et le roi de Hongrie, Clément VII tint un consistoire le 23 mars 1534; sur vingt-deux cardinaux, dix-neuf se prononcèrent pour la validité du mariage de Catherine, trois seulement proposèrent un nouveau délai. Clément lui-même ne s'attendait pas à ce résultat; mais il accéda, quoique à regret, à l'opinion d'une si nombreuse majorité; et l'on prononça une sentence définitive, qui déclarait le mariage légitime et valide, condamnait la procédure contre Catherine, comme injuste, et ordonnait au roi de la reprendre en qualité de femme légitime. Toutefois, Clément défendit la publication de son décret avant Pâques, et consulta sur les moyens les plus convenables pour apaiser le roi d'Angleterre et détourner l'effet de son ressentiment.

« Mais, en réalité, dit l'historien Lingard, il importait peu que Clément eût prononcé pour ou contre Henri. Le dé était déjà jeté. Au moment où l'évêque de Paris quittait le cabinet de Londres, les plus violents conseils commençaient à s'y faire entendre, et l'on y prenait la résolution d'élever dans le royaume une autre Eglise, indépendante et séparée. On permettait, à la vérité, au prélat de négocier avec le Pontife, mais en même temps on débattait et on approuvait, en parlement, les actes les plus dérogatoires aux droits du Pape; et le royaume était arraché à la communion de Rome, par l'autorité législative, longtemps avant que la sentence portée par Clément fût parvenue à la connaissance de Henri (Lingard, t. VI, p. 293). »

L'historien anglais ajoute : « On croit généralement, sur l'autorité de Fra Paolo et de Dubellay, frère de l'évêque de Paris, que la séparation provint de la précipitation de Clément. Ils disent que le prélat demanda du temps pour recevoir la réponse de Henri, qu'il espérait être favorable; qu'on lui refusa le court délai de six jours, et que, deux jours après la sentence, il arriva un courrier porteur des dépêches les plus conciliantes. Il est certain que l'évêque attendait une réponse à sa lettre, et très-probable qu'il arriva un courrier après la sentence; mais 1º il est douteux qu'il ait demandé un délai jusqu'à l'arrivée du courrier, car, dans la narration qu'il donne lui-même de ses démarches, il n'en fait aucune mention, et au lieu de s'être rendu au consistoire pour le demander, il était certainement absent, et il se rendit ensuite auprès du Pape, afin de savoir le résultat; 2º il est certain que la réponse portée par le courrier était défavorable, parce que toutes les actions de Henri, vers l'époque où il le dépêcha, prouvent sa détermination de se séparer entièrement de la communion papale; 3º la sentence portée par Clément ne pouvait être cause de cette séparation, puisque le bill qui abolissait le pouvoir des Papes dans le royaume, fut présenté à la chambre des communes au commencement de mars, transmis aux lords la semaine suivante, approuvé cinq jours avant l'arrivée du courrier à Rome, et reçut la sanction royale cinq jours après. L'approbation de la chambre des pairs est du 20 mars, le courrier était arrivé à Rome le 25, et la sanction du roi est du 30. Il n'est pas possible qu'une opération faite à Rome le 23 ait pu déterminer le roi à donner son assentiment le 30 (Lingard, t. VI, p. 293, note). »

L'attention du parlement fut appelée de l'établissement de la suprématie du roi à la succession au trône; et par un autre acte, le mariage entre Henri et Catherine fut déclaré illégal et invalide, et son union avec Anne de Boulen légale et régulière : on exclut de la succession la première descendance du roi, et la seconde fut déclarée habile à hériter de la couronne. On déclara crime de haute trahison toute tentative faite pour diffamer ce mariage, ou porter préjudice à la succession des héritiers qui en proviendraient; et on ordonna à tous les sujets majeurs du roi de prêter serment d'obéissance à cet acte, sous la peine infligée à la non-révélation.

Les deux hommes les plus recommandables de l'Angleterre s'étaient constamment opposés au divorce, l'évêque de Rochester et le chancelier. La réputation de Fisher et de Morus était grande non-seulement en Angleterre, mais sur le continent; et les plus ardents adversaires du divorce avaient l'habitude de dire qu'ils suivaient l'opinion de ces deux hommes célèbres. Morus avait donné sa démission de chancelier, quand il vit la direction funeste que prenait le gouvernement. Ils furent cités tous deux devant le conseil du roi, présidé par Cromwell, et on leur demanda s'ils consentaient à faire le nouveau serment de succession. Mais, outre la succession au trône, ce serment comprenait encore la reconnaissance du divorce et de la suprématie. Morus offrit de faire le serment quant à la succession, mais non quant au reste. On lui intima qu'à moins qu'il ne donnât les motifs de son refus, on attribuerait ce refus à son obstination. — *Morus* : Ce n'est point par obstination, mais dans la crainte de blesser. Donnez-moi une suffisante garantie que le roi ne s'en offensera pas, et j'expliquerai mes raisons. — *Cromwell* : La garantie du roi ne vous sauvera pas des peines établies par le statut. — *Morus* : En ce cas, je me confierai à l'honneur de Sa Majesté; mais, cependant, il me semble que, si je ne puis pas déduire mes motifs sans péril, ce n'est pas une obstination que de les taire. — *Cranmer* : Vous dites que vous ne blâmez personne de faire le serment. Il est alors évident que vous n'êtes pas convaincu qu'il soit blâmable de le faire; mais vous devez être convaincu qu'il est de votre devoir d'obéir au roi. En refusant néanmoins de le faire, vous préférez ce qui est incertain à ce qui est certain. — *Morus* : Je ne blâme personne de faire le serment, parce que je ne connais ni leurs raisons ni leurs motifs; mais je me blâmerais moi-même, parce que je sais que j'agirais contre ma conscience. Et vraiment cette façon de raisonner nous aplanirait toute difficulté : toutes les fois que les docteurs ne seraient pas d'accord, on n'aurait qu'à obtenir le commandement du roi pour l'un ou l'autre côté de la question, et cela serait toujours bien. — *L'abbé de Westminster* : Mais vous devez croire que votre conscience est erronée, quand vous avez contre vous tout le conseil de la nation. — *Morus* : Je le croirais, si je n'avais pour moi un plus grand conseil encore, tout le conseil de la chrétienté (*Œuvres de More*, p. 1429, 1447). Ces réponses, surtout la dernière, respirent la sagesse et la constance des martyrs.

Depuis sa démission de la chancellerie, Morus partageait tout son temps entre la prière, l'étude et les soins de sa famille. Sur son refus de prêter le serment de suprématie, autrement d'apostasier, il fut enfermé à la Tour de Londres, privé de ses livres qui faisaient sa plus douce consolation, et réduit à vendre ses meubles pour faire subsister ses nombreux enfants. Les menaces, les insinuations les plus captieuses, les offres les plus séduisantes échouèrent contre sa fermeté. Sa femme le conjurant de se soumettre à la volonté de Henri VIII, pour l'intérêt de ses enfants : « Ah! ma femme, lui dit-il, voulez-vous que j'échange l'éternité avec vingt années que je peux encore avoir à vivre ? » Quand on vint lui annoncer sa sentence de mort, celui qui était chargé de la lui notifier lui fit valoir comme une marque singulière de la clémence du roi, qu'il avait commué la peine de la potence en celle de la décapitation. « Dieu préserve mes amis d'une pareille faveur, lui répondit-il. J'espère que mes enfants n'en auront pas besoin. » Après la lecture de la sentence, il reprit son flegme ordinaire; il renouvela sa profession de foi sur la suprématie, comme contraire à la loi évangélique qui a conféré la primauté à saint Pierre et à ses successeurs; à la tradition de tous les siècles, où l'on ne trouvait pas un seul docteur qui fût d'avis qu'un laïque pût être le chef de l'Eglise ; à toutes les lois de l'Angleterre, spécialement à la grande charte, qui avait reconnu tous les droits du souverain Pontife, tels qu'ils existaient à l'époque où elle fut faite; au serment par lequel le roi s'était engagé, à son sacre, de maintenir et défendre les droits de l'Eglise.

Morus chérissait tendrement sa fille Marguerite, à qui il avait appris le grec et le latin. Elle l'attendait au sortir de la salle où il venait d'être condamné à mort, se jeta à son cou, en s'écriant au milieu des sanglots : Quoi! mon père, vous allez mourir innocent ! — Mais, ma fille, lui dit-il en souriant, voudrais-tu donc que je mourusse coupable? Il l'embrassa avec tendresse et lui donna sa bénédiction. La veille de sa mort, il lui écrivit avec du charbon, pour lui mander que bientôt il ne serait plus à charge à personne; qu'il brûlait du désir de voir son Dieu et de mourir le lendemain, qui était l'octave du Prince des Apôtres et la translation de saint Thomas de Cantorbéry, auquel il avait eu toute sa vie une dévotion particulière. Ses vœux furent exaucés : le lendemain, 6 juillet 1535, fut le jour de son martyre. Arrivé au pied de l'échafaud, comme l'échelle n'était pas commode, il dit à un des valets du bourreau : « Donne-moi la main pour monter, je n'en aurai pas besoin pour descendre. » Après avoir fini sa prière et chanté le psaume *Miserere*, il prit le peuple à témoin qu'il mourait dans la profession de la foi catholique, apostolique et romaine. Le bourreau le pria de lui pardonner sa mort. Morus l'embrassa et lui dit : « Tu me rends aujourd'hui le plus grand service qui soit au pouvoir d'un mortel; mais, ajouta-t-il, en lui mettant à la main une pièce de monnaie, mon cou est si court, que je crains qu'il ne te fasse pas grand honneur dans ta profession. » Il reçut ainsi la mort avec la joie et la constance des anciens martyrs. Sa tête fut exposée pendant quatorze jours sur le pont de Londres, d'où sa fille Marguerite la fit enlever et enterrer à Saint-Dunstan de Cantorbéry, et son corps dans l'église de Chelsea. « Pour ce qui regarde la justice, le désintéressement, l'humilité et la véritable générosité, dit le protestant Rapin Thoiras, Morus était un modèle au siècle où il vivait (Lingard; *Biogr. univ.*).

L'évêque de Rochester, son ami, l'avait précédé de quelques semaines au martyre. Arrêté en 1534 et mis à la Tour de Londres, Jean Fisher y fut traité cruellement malgré son grand âge, il était octogénaire : on le dépouilla de ses habits, on le revêtit de haillons qui couvraient à peine sa nudité. Mais quelque effort qu'on fit, on ne put ni lasser sa patience, ni ébranler sa foi. Il passa un an dans cette pénible et douloureuse situation. Paul III, successeur de Clément VII, instruit des rigueurs qu'on exerçait envers lui, voulut le dédommager par une marque éclatante d'estime, et le créa cardinal le 12 mai 1435 : cette faveur ne fit qu'aggraver le sort de Fisher et hâter sa perte. Henri VIII s'écria : « Paul peut lui envoyer le chapeau, j'aurai soin qu'il n'ait pas de tête pour le porter. » La vénération qu'autrefois il marquait au saint et vieux prélat, semblait s'être changée en une haine cruelle. Le pontife et cardinal octogénaire fut condamné à mort le 17 juin, comme coupable de haute trahison, pour avoir dit que le roi n'était pas le chef de l'Eglise. Il fut décapité, comme un autre Jean-Baptiste par un autre Hérode, le 22 du même mois. Non content de cette exécution du saint vieillard, Henri ordonna que son corps fût dépouillé et exposé pendant quelques heures aux outrages de la populace, puis enterré sans cercueil ni drap mortuaire. Fisher a laissé plusieurs traités contre Luther et d'autres ouvrages imprimés en 1597 (Lingard; Feller; *Biogr. univ.*).

L'emprisonnement et le supplice de Fisher et du chancelier répandirent la terreur : on ne vit pas un seul évêque imiter la constance de celui de Rochester. Tous se montrèrent chiens muets, n'osant aboyer contre les loups et les larrons. Que dis-je? le grand nombre eut la lâcheté, sur l'ordre de Henri, de monter en chaire pour prêcher l'apostasie tous les dimanches, savoir, que le roi était le véritable chef de l'Eglise, et le successeur de Pierre un usurpateur. Ce ne fut guère que dans certains ordres religieux qu'on vit en assez grand nombre des hommes fidèles. Ecoutons le protestant Cobbet :

« Le devoir le plus sacré d'un historien est de signaler à l'estime et à l'admiration de la postérité les hommes qui osent embrasser la défense de l'innocence contre les méchants armés du pouvoir. Je ferai donc ici une mention particulière de deux religieux franciscains, nommés Peyto et Elstow. Le premier, prêchant un jour devant le roi, quelque temps après son mariage avec Anne de Boulen, et prenant pour texte le passage du premier livre des Rois, dans lequel Michée prophétise contre Achab, qui était entouré de flatteurs et de prophètes imposteurs, ne craignit pas de dire : « Je suis Michée; vous me détesterez, parce que je suis forcé de déclarer que ce mariage est illégal. Je n'ignore pas que je mangerai le pain de l'affliction et que je boirai l'eau de la douleur; mais puisque le Seigneur

m'a mis cette vérité dans la bouche, je la dirai. Vos flatteurs sont les quatre cents prophètes dont l'esprit menteur cherche à vous tromper. En vous laissant séduire, prenez garde de subir un jour le châtiment d'Achab, dont les chiens burent le sang. »
Le roi ne parut faire aucune attention à ce reproche ; mais le dimanche suivant, un certain Curwin prêcha dans le même lieu, devant le roi, et traita Peyto de chien, de calomniateur, de vil moine mendiant, de rebelle et de traître, ajoutant qu'il s'était enfui de honte et de peur. Dans ce moment, Elstow, qui était présent et qui appartenait à la même congrégation que Peyto, apostrophant Curwin à haute voix, lui dit : « Mon bon monsieur, vous savez aussi bien que qui que ce soit que Peyto est allé assister à un synode provincial à Cantorbéry, et que ce n'est pas la crainte que vous ou tout autre lui inspirez qui l'a fait fuir, car il reviendra demain. Mais en attendant, me voici, comme un autre Michée, prêt à sacrifier ma vie pour soutenir, devant Dieu et tous les juges impartiaux, ce qu'il a avancé d'après les saintes Écritures. Et c'est toi, Curwin, que je défie à ce combat ; car tu es un des quatre cents faux prophètes dont l'esprit de mensonge s'est emparé, et qui cherchent à établir, par l'adultère, une succession qui devra conduire le roi à la perdition éternelle. »

» Stow, qui rapporte ce fait dans sa chronique, dit qu'Elstow s'échauffa tellement, qu'on ne parvint à lui imposer silence qu'en lui en donnant l'ordre formel au nom du roi. Le jour suivant, les deux religieux furent mandés devant le roi et son conseil. Henri les réprimanda fortement, et leur dit qu'ils mériteraient d'être mis dans un sac et précipités dans la Tamise. « Réservez de semblables menaces, reprit Elstow en souriant, pour les riches et les gourmands vêtus de pourpre, qui font bonne chère et mettent tout leur espoir dans ce bas monde. Quant à nous, loin d'en faire aucun cas, nous nous réjouirons d'avoir été chassés d'ici pour avoir fait notre devoir. Au reste, et Dieu en soit loué ! nous savons que le ciel nous est ouvert, soit que nous y arrivions par terre ou par mer. »

» En vérité conclut le protestant Cobbett, on ne saurait trop admirer la conduite de ces deux religieux. Si les évêques ou seulement le quart d'entre eux avaient montré autant de courage, le tyran aurait été arrêté au milieu d'une carrière où il allait se précipiter de crime en crime. Mais la résistance de ces deux pauvres religieux fut la seule qu'éprouva sa volonté de fer : circonstance qui devrait suffire pour nous engager à hésiter avant de parler de l'*ignorance* et de la *superstition* des moines. Dans la conduite de Peyto et d'Elstow, il n'y avait pas de fanatisme, ils n'étaient que les défenseurs de la morale, dans la cause d'une personne qu'ils n'avaient jamais personnellement connue ; ils étaient certains d'encourir les peines les plus sévères, peut-être la mort ; et cependant ils ne balancèrent pas un instant. Je ne crois pas, en vérité, que l'histoire ancienne ou moderne offre un trait d'héroïsme qui l'emporte sur celui-ci (*Hist. de la réforme d'Anglet.*, lettre 3). »

On renvoya Peyto et Elstow ; mais on s'aperçut bientôt que tout leur ordre était animé des mêmes sentiments, et Henri jugea nécessaire de réduire au silence cette opposition, si l'on ne pouvait la ramener à ses vues. Tous les Franciscains de l'étroite observance furent chassés de leurs monastères, et dispersés, les uns en différentes prisons, les autres dans les maisons des frères conventuels. Il en périt plus de cinquante dans l'horreur des cachots ; le reste fut banni en France et en Écosse.

Les enfants de saint Bruno se montrèrent comme les fidèles enfants de saint François. Les prieurs des trois chartreuses de Londres, d'Axiholm et de Belval se rendirent auprès de Cromwell, pour lui exposer les objections de leur conscience à la reconnaissance de la suprématie du roi. De sa maison, il les envoya en prison et les mit en jugement, comme ayant refusé au souverain les honneurs, le protocole et la qualification de sa dignité royale, ce qui constituait le crime de haute trahison. Les jurés cependant ne pouvaient se persuader que des hommes d'une vertu aussi reconnue se fussent rendus coupables d'un pareil délit. Lorsque Cromwel envoya vers eux, afin de hâter leur détermination, ils demandèrent un autre jour pour délibérer : quoiqu'un second message les menaçât eux-mêmes de la punition réservée aux prisonniers, les jurés refusèrent de se déclarer en faveur de la couronne ; et le ministre fut obligé de se rendre au milieu d'eux, de discuter le cas avec eux en particulier et d'appeler la terreur à l'aide de ses arguments, pour en obtenir, à leur grand regret, une déclaration de culpabilité. Cinq jours après, 5 mai 1535, les prieurs, avec Reynold, moine de Syon, et un prêtre séculier, furent exécutés à Tyburn ; ils furent bientôt suivis de trois moines de la Chartreuse, qui avaient sollicité vainement la permission de leur donner les consolations de la religion avant leur mort. La sentence fut exécutée avec la plus barbare exactitude, le 18 juin. On les pendit d'abord, on les décrocha vivants, on leur arracha les entrailles et on les démembra (Lingard, t. VI, p. 316 ; Chauncey, Pole, Strype).

Après ces sanglantes exécutions, le clergé d'Angleterre parut ne conserver plus ni cœur ni âme, et avoir oublié complétement l'exemple des saints et des martyrs : l'apostasie fut générale. Chacun jura la suprématie spirituelle du roi, et n'osa plus s'y opposer. Le clergé d'York ayant représenté timidement que l'Église avait au moins reçu du Christ l'administration des sacrements, Henri fit réponse : que les sacrements en eux-mêmes ne dépendent que du Christ, et non d'aucun chef mondain ni temporel ; mais que les hommes qui les administrent, les actes extérieurs qu'ils font pour cela, la manière dont ils doivent les faire, étant choses temporelles, dépendent absolument du roi. On le leur fit bien voir (Lingard, *Henri VIII*, t. VI, c. 4).

Déjà nous avons appris à connaître ce fils de forgeron, Thomas Cromwell, qui se glorifiait de n'avoir ni foi ni loi, ni morale ni conscience, si ce n'est d'étudier et de flatter les passions du prince, pour s'élever lui-même par ce honteux moyen. Eh bien ! de même que Jésus-Christ a donné saint Pierre pour vicaire à sa place au clergé catholique et à l'Église universelle ; de même, par une singerie infernale, le nouvel Antiochus, Henri VIII, donna pour vicaire à sa place au clergé et à l'Église d'Angleterre, cet athée, cet impie de Thomas Cromwell. Le sang de Fisher et de Morus fumait encore, lorsqu'il fut nommé, suivant les termes mêmes de l'ordonnance, « vice-gérant royal, vicaire général et principal commissaire, avec toute l'autorité spirituelle appartenant au roi comme chef de l'Eglise, pour l'administration de la justice dans tous les cas qui dépendaient de la juridiction ecclésiastique et de la pieuse réformation, ainsi que du redressement des erreurs, hérésies et abus dans ladite Eglise (Wilkins, *Concil.*, t. III, p. 784). » En cette qualité de vicaire spirituel du roi ou pape anglais, Thomas Cromwell, qui n'était que laïque, eut la préséance sur tous les lords spirituels et temporels, et la présidence des assemblées du clergé, où bien souvent il se faisait remplacer par ses secrétaires avec les mêmes prérogatives (Ling., *ubi sup.*). Ainsi les évêques et les prêtres d'Angleterre, qui, par lâcheté ou par des motifs plus criminels encore, s'étaient soustraits à l'autorité divine et paternelle du successeur de saint Pierre, du vicaire de Jésus-Christ, se virent dégradés et foulés aux pieds d'un impie, d'un athée.

Leur dégradation, toutefois, ne parut pas encore assez profonde. On résolut de mettre à l'épreuve leur servile soumission et de leur arracher la reconnaissance explicite qu'ils ne tenaient pas leur autorité du Christ, mais qu'ils étaient les délégués accidentels du roi ou de la reine. Il nous reste, à ce sujet, une lettre singulière de Leig et d'Aprice, deux créatures de Cromwell, à leur maître. Sous prétexte que la plénitude de la juridiction ecclésiastique résidait en lui, comme vicaire général, ils demandaient que les pouvoirs de tous les dignitaires de l'Eglise fussent suspendus pour un temps indéfini. Si les prélats réclamaient leur autorité de droit divin, il fallait les forcer à produire leurs preuves, sinon ils devaient solliciter du roi la restitution de leurs pouvoirs, et reconnaître ainsi que le roi ou la reine était la source réelle de la juridiction spirituelle (Collier, II, 105; Strype, 1, app. 144). Cette insinuation fut bien accueillie. Le 18 septembre 1543, l'archevêque Cranmer, successeur apostat de saint Augustin, de saint Dunstan, de saint Thomas de Cantorbéry, informa les autres prélats d'Angleterre par un circulaire, que le roi, voulant faire une visite générale de toutes les églises, avait suspendu les pouvoirs de tous les évêques dans le royaume, et qu'après s'être soumis en toute humilité, durant un mois, ils eussent à présenter une pétition pour être rendus à l'exercice de leur autorité accoutumée. En conséquence, on donna à chaque évêque, séparément, une commission qui l'autorisait, durant le bon plaisir du roi, et comme délégué du roi, à ordonner les personnes nées dans son diocèse, à les admettre aux bénéfices ecclésiastiques, et ainsi de suite pour toutes les fonctions épiscopales. On assigna une singulière raison à la faveur qu'on leur faisait : ce n'était pas que le gouvernement des évêques fût nécessaire à l'Eglise, mais parce que le vicaire général, attendu la multiplicité des affaires dont il était chargé, ne pouvait être présent partout, et qu'il pouvait résulter beaucoup d'inconvénients d'admettre des délais et des interruptions dans l'exercice de son autorité (1). On fit une concession pareille à tous les nouveaux évêques avant leur entrée en exercice.

(1) Lingard, t. VI, c. 4, p. 332 et seqq. La suspension se trouve dans Collier, II, mém., p. 22. La restitution dans Burnet, I, mém., 3, n. 14.

Ce qui porta Hérode à jeter en prison, puis à décapiter saint Jean-Baptiste, ce fut sa passion incestueuse pour Hérodiade : ce qui porta Judas à trahir son maître et son Dieu, ce fut l'avarice. Ces deux passions enfantèrent pareillement l'apostasie de l'Angleterre.

En 1528, le parlement anglais avait rendu une loi qui *dispensait* le roi de payer les dettes par lui contractées; plus tard, on en fit une autre dans le même but, et des milliers d'individus furent de la sorte complètement ruinés. Cela ne suffisait pas encore. Voici donc ce que l'on fit. Depuis plusieurs siècles, le Pape était suzerain temporel du royaume d'Angleterre; et en cette qualité il percevait quelques redevances; depuis encore très-longtemps, comme chef de l'Eglise universelle, il y percevait le denier de saint Pierre, les annates et autres revenus plus ou moins nécessaires au gouvernement de l'univers chrétien. Henri VIII découvrit enfin que c'était un abus, et, pour y porter remède, se fit adjuger tous ces revenus à soi-même : Anne de Boulen eut ainsi une pension annuelle de cent mille livres sterlings sur le revenu ecclésiastique de l'évêché de Durham (Lingard, t. VI, p. 278 et 312). Ce qui fait voir jusqu'à quel point il était urgent d'ôter ses anciennes redevances au Pape. Cependant cela ne suffisait pas encore, quoique l'Angleterre payât ses contributions accoutumées, quelquefois de plus fortes. On résolut donc de voler les hôpitaux et les monastères, à commencer par les moins considérables, comme étant une proie plus facile et qui regimberait moins.

Quant aux monastères anglais, voici ce qu'en dit Tanner, évêque protestant de Saint-Asaph.

« Il y avait dans chaque abbaye considérable une grande salle, désignée par le nom de *scriptorium*, dans *laquelle plusieurs écrivains étaient exclusivement occupés à transcrire des livres à l'usage de la bibliothèque*. Quelquefois, il est vrai, ils tenaient les livres relatifs aux dépenses de la maison, et copiaient des missels et *autres livres qui servaient à l'office divin;* mais, en général, c'étaient d'autres ouvrages, tels que les *Pères de l'Eglise*, les *classiques*, les *historiens*, etc., etc. Jean Wethamsted, abbé de Saint-Alban, *fit transcrire plus de quatre-vingts livres* de cette manière (on ne connaissait pas encore l'art de l'imprimerie), pendant qu'il fut abbé. Un abbé de Glastenbury en *fit transcrire cinquante-huit autres*, et tel était le zèle des moines pour ce genre d'occupation, que souvent on leur assigna des terres et des églises pour la confection de ce travail. Dans les abbayes considérables, il y avait en outre des personnes chargées de noter les *événements les plus remarquables qui survenaient dans le royaume*, et de les *rédiger en annales* à la fin de chaque année. Ils conservaient soigneusement dans leurs registres tout ce qui avait rapport à leurs fondateurs, ainsi qu'à leurs bienfaiteurs, l'an et le jour de leur naissance, de leur mort, de leur mariage, de leurs enfants et de leurs successeurs, de manière que souvent on y avait recours pour constater l'âge des individus et les généalogies des familles. Il y a néanmoins sujet *d'appréhender que quelques-unes* de ces généalogies n'aient été tracées que par pure tradition, et que, dans plusieurs circonstances, les moines ne se soient montrès aussi favorables à leurs amis que sévères envers leurs ennemis. On faisait *enregistrer dans les abbayes* les constitutions du clergé décrétées par les conciles nationaux et provinciaux, et, après la conquête, les *actes mêmes du parlement*, ce qui me conduit à rappeler l'*utilité* et les *avantages de ces maisons religieuses;* car on y conservait les annales et les documents les plus précieux du royaume. On envoya dans une abbaye de chaque comté une copie de la charte des libertés accordées par Henri Ier (*Magna Charta*). On déposa dans le prieuré de Bodmin, des chartes et des enquêtes relatives au comté de Cornouailles, et l'on conserva dans l'abbaye de Leicester et dans le prieuré de Kenilworth un grand nombre de documents jusqu'à l'époque où Henri III les en fit retirer. Le roi Edouard Ier *fit faire des recherches dans toutes les maisons religieuses, et feuilleter tous les registres* et toutes les chroniques, à l'effet de découvrir *ses titres à la couronne d'Ecosse*, et les moyens de les constater *de la manière la plus authentique*. Lorsqu'il fut reconnu roi d'Ecosse, il envoya des lettres pour *être insérées* dans les chroniques *de l'abbaye de Wincomb*, dans le *prieuré de Norwich*, et vraisemblablement dans plusieurs autres endroits semblables. Et lorsqu'il eut fait décider la dispute relative à la couronne d'Ecosse, entre Robert Bruce et Jean Baliol, il écrivit au doyen du chapitre de Saint-Paul, à Londres, pour lui enjoindre d'enregistrer dans leurs chroniques la copie qu'il leur envoyait de cette décision. C'est des registres monastiques que le savant M. Selden a tiré les preuves les plus authentiques des *droits de souveraineté de la Grande-Bretagne sur les petites mers*. Souvent on envoyait dans ces maisons les *titres* et l'*argent* des familles pour y être mis en sûreté. A la mort des *nobles*, on y déposait *leurs sceaux*, et la *cassette même du roi fut plus d'une fois confiée à leurs soins*.

» Il y avait en outre chez eux des écoles d'enseignement et d'éducation, et chaque couvent avait une ou plusieurs personnes désignées pour cet objet. Tous les *habitants des alentours qui le désiraient pouvaient y envoyer leurs enfants pour apprendre la grammaire et le plain-chant, sans la moindre rétribution*. Dans les couvents de religieuses, les jeunes personnes *apprenaient à travailler à l'aiguille, à lire l'anglais, et quelquefois le latin*. De telle sorte que, non-seulement les filles de la basse classe dont les parents étaient trop pauvres pour fournir aux frais de leur éducation, mais même celles des nobles et des gentilshommes étaient élevées dans ces maisons...

» Tous les monastères étaient, à proprement parler, de grands hospices, dont la plupart étaient obligés d'entretenir *tous les jours un certain nombre de pauvres*. Il y avait également des maisons qui donnaient *l'hospitalité à presque tous les voyageurs*. La noblesse elle-même, lorsqu'elle était en voyage, allait dîner dans un couvent, loger dans un autre, et ne s'arrêtait jamais, ou bien rarement, dans les auberges. En un mot, leur *hospitalité était telle*, que dans le prieuré de Norwich on consommait tous les ans plus de quinze cents quarters de drèche, plus de huit cents quarters de blé, et tout le reste dans la même proportion. Au moyen des bourses, les nobles, les bourgeois trouvaient un asile dans ces maisons, non-seulement pour les vieux serviteurs, mais même pour leurs *jeunes enfants* ou pour *des amis tombés dans l'indigence...* Ces maisons étaient d'un *avantage réel pour la couronne* elle-même; 1° en ce qu'à la mort d'un abbé ou d'un prieur, elle retirait un grand profit de l'élection, ou plutôt de la confirmation de son successeur; 2° par les fortes sommes qu'elles payaient pour la confirmation de leurs libertés; 3° par le grand nombre de bourses qu'elles accordaient aux vieux serviteurs de la couronne, ainsi que des pensions aux clercs et aux aumôniers du roi, jusqu'à ce qu'ils eussent de l'avancement... Ces maisons étaient d'un grand avantage pour les villes et les villages dans le voisinage desquels elles étaient situées : 1° parce qu'elles y attiraient beaucoup de monde, et parce qu'*elles leur accordaient le privilége de tenir des foires et des marchés;* 2° en les *affranchissant des lois forestières;* 3° en *affermant leurs terres à bas prix*. Enfin, elles étaient autant d'ornements pour le pays; car la majeure partie étaient des édifices magnifiques; et bien qu'ils ne fussent ni si grands ni si élégants que les hôpitaux de Chelsea et de Greenwich, ils n'en étaient ni moins admirables, ni moins admirés de leur temps. Plusieurs églises des abbayes étaient égales, pour ne pas dire *supérieures* à nos *cathédrales actuelles* et leur aspect, ainsi que les frais de construction et de réparation qu'elles exigeaient, étaient tout au moins aussi favorables au pays que peuvent l'être aujourd'hui les châteaux et les maisons de campagne des grands seigneurs et des gentilshommes (Cobbet, *Hist. de la réforme d'Angleterre*, c. 4). »

Après avoir cité ce curieux passage de l'évêque protestant de Saint-Asaph, le protestant Cobbet dit au protestant Hume, auteur d'une *Histoire d'Angleterre*, où il cite jusqu'à deux cents fois l'évêque protestant, mais sans dire un mot du témoignage favorable qu'il rend aux moines : « Ainsi donc, indigne calomniateur, au lieu de cette *indolence passive* dont vous nous parlez, nous voyons l'amour le plus constant et le plus prononcé pour le travail; au lieu de votre *ignorance profonde*, nous trouvons dans chaque couvent une école où la jeunesse reçoit toute espèce d'instruction gratuitement; au lieu de ce manque de toute *science utile ou agréable*, nous voyons qu'on étudie, qu'on enseigne, qu'on copie, qu'on conserve tous les auteurs classiques; au lieu de l'*égoïsme* et des *fraudes pieuses* que vous leur reprochez, nous trouvons des hospices pour les malades, des médecins, des garde-malades pour les seigneurs, et l'*hospitalité* la plus noble, la plus généreuse, et surtout la plus désintéressée; au lieu de cet esclavage, que dans cinquante parties de votre *Histoire d'Angleterre* vous affirmez avoir été entretenu par les moines, nous les *voyons affranchir le peuple des lois forestières;* et *préserver* avec un soin religieux *la grande charte de la liberté anglaise;* et vous savez, aussi bien que moi, qu'à l'époque où cette *charte* fut renouvelée par le roi Jean, on dut ce renouvellement aux soins et à la persévérance de l'*archevêque Langton*, qui excita les barons à la demander, après avoir retrouvé, ainsi que Tamcer le remarque, ce document précieux *déposé dans une abbaye (Ibid.)*.

Ce sont donc ces antiques et pieux établissements qu'il s'agissait de voler au profit du roi et de ses ministres. A cet effet, en sa qualité de chef de l'Eglise anglicane, il ordonna une visite générale de tous les monastères, sous la direction de son digne vicaire, l'impie Cromwell. Les instructions que reçurent les commissaires respiraient la piété et l'esprit de réforme, elles étaient modelées sur celles qu'on donnait dans les visites des légats et des évêques, si bien que l'objet de Henri ne parut aux hommes qui n'étaient pas dans le secret, que le désir d'améliorer et de soutenir l'institution monastique, loin de songer à son abolition.

Mais, aux instructions publiques des visiteurs, on ajouta des ordres secrets pour les engager à parcourir en premier lieu les plus petits couvents, afin d'exhorter les usufruitiers à remettre leurs possessions au roi, et, en cas de résistance, à réunir dans chaque district des informations qui pussent justifier la suppression du couvent réfractaire. Les visiteurs n'obtinrent aucun succès relativement à leur principal objet. Durant tout l'hiver, ils ne purent obtenir la résignation que de sept maisons; mais, de la réunion de leurs rapports, on fit un rapport général que l'on présenta au parlement; tandis qu'on faisait l'éloge de la régularité des grands monastères, on dépeignait les moins riches comme livrés à la paresse et à l'immoralité. Quelques personnes jugèrent contraire à l'expérience, que les vertus se complussent à fleurir dans les lieux où les tentations du vice étaient les plus nombreuses, et l'indulgence plus générale; mais elles se rappelèrent que les abbés et les prieurs des maisons les plus opulentes siégeaient parmi les lords du parlement, et pouvaient se justifier, eux et leurs communautés; tandis que les supérieurs des autres étaient éloignés, n'avaient aucune connaissance des charges portées contre eux, et se trouvaient dans l'impossibilité de défendre leur propre caractère, et de dévoiler les artifices de leurs accusateurs (Lingard, t. XI, p. 335 et seqq.).

Suivant le protestant Cobbett, ces délégués de Cromwell « étaient les hommes les plus corrompus et les plus tarés d'Angleterre; quelques-uns d'entre eux avaient été repris de justice, et d'autres venaient tout récemment de subir la peine infamante de la marque; et il est à parier qu'il ne s'en trouvait pas un seul qui n'eût déjà mérité la corde à plusieurs reprises. » Les rapports faits par les *délégués* ne furent l'objet d'aucune épreuve contradictoire, et l'on refusa à ceux qu'ils inculpaient tout moyen de se défendre.

« Cependant, conclut Cobbett, ce furent ces rapports des délégués, qui, en mars 1536, engagèrent le parlement à passer un acte consacrant la suppression, c'est-à-dire la confiscation de trois cent soixante-dix monastères, et donnant tous leurs biens réels et personnels au roi et à ses héritiers. Sa très-gracieuse Majesté s'empara donc incontinent de la vaisselle plate, des joyaux, des images et des ornements d'or ou d'argent qui s'y trouvaient. Quelque corrompu et dégradé que fût déjà le parlement à cette époque, cet acte de tyrannie monstrueuse ne passa pas sans difficulté. Hume dit bien qu'*aucune opposition ne semble s'être élevée contre cette loi importante*, et corrobore son assertion en invoquant fréquemment le témoignage de *Spelman*; mais il se garde bien de citer l'histoire du vol sacrilège par le même auteur, et où cet écrivain protestant rapporte « que le bill fut longuement débattu dans la chambre basse, et que déjà on désespérait de le voir passer, lorsque le roi ordonna aux membres des communes de se rendre le matin dans la galerie de son palais, où il les fit attendre jusque fort avant dans l'après-midi; après quoi, sortant de ses appartements, il fit deux ou trois fois le tour de la salle, regardant d'un air courroucé tantôt d'un côté, tantôt de l'autre, et finit par leur dire : *J'apprends que mon bill ne passera pas... mais je vous réponds, moi, qu'il passera, ou bien il y aura parmi vous quelques têtes de moins...* Puis il s'en retourna dans ses appartements, sans plus faire de rhétorique. Le bill passa, et les communes lui accordèrent tout ce qu'il voulait (Cobbett, lettre 5). »

Le protestant Cobbett ajoute : « C'est à ce bill passé en 1536 qu'il faut attribuer la ruine et la dégradation de la masse du peuple anglais et irlandais; on doit le regarder comme la première sanction *légale* donnée au vol et au pillage des biens du peuple, sous prétexte de réformer sa religion; ce fut l'antécédent sur lequel s'appuyèrent dans la suite les voleurs publics, jusqu'à ce qu'ils eussent entièrement appauvri le pays; ce fut le premier des moyens à l'aide desquels on parvint à réduire une population, naguère bien vêtue et bien nourrie, à ne plus porter que des haillons, et à se nourrir misérablement; il m'a donc semblé important d'insérer ici en entier le tissu de mensonges et de calomnies qui lui sert de préambule. La plupart de nos compatriotes s'imaginent qu'il y eut toujours des pauvres en Angleterre, et que la législation spéciale qui régit ces malheureux a toujours existé. Qu'ils apprennent donc que pendant les neuf cents ans que notre nation professa la religion catholique, ces deux fléaux lui furent inconnus (*Ibid.*, lettre 6). »

Après avoir cité et commenté le bill, et fait voir comment il fut exécuté, le protestant Cobbett continue :

« Quatre ans après cette spoliation, le tyran était aussi à court d'argent qu'auparavant, à cause des largesses immenses qu'il avait été obligé de prodiguer pour se faire des créatures ou bien les conserver. » Comment maintenant se procurer de nouveaux trésors? On ne crut pouvoir mieux faire, dans ce but, que de confisquer les biens des monastères qui subsistaient encore.

» Dans l'autorisation donnée au roi par le parlement de confisquer à son profit les petits monastères, nous avons vu ce corps, après une amère diatribe contre ces fondations, déclarer que, grâce à Dieu, « les saints préceptes de la religion sont, au contraire, observés *avec une scrupuleuse exactitude* dans les grands monastères. » Comment donc maintenant trouver, après une déclaration aussi solennelle et aussi récente, des motifs plausibles pour les confisquer? Cromwel et ses satellites ne s'amusèrent pas même à en chercher; ils commencèrent d'abord par s'emparer de la personne des différents chefs de ces établissements, et leur prodiguèrent ensuite, selon qu'ils le crurent plus avantageux, les outrages ou les caresses, les menaces ou les promesses. Ils se servirent, en outre, de moyens d'une infamie et d'une bassesse inimaginables pour obtenir une *cession volontaire* de quelques-uns de ces individus;

mais, partout où ils rencontraient quelque velléité d'opposition, ils avaient tout aussitôt recours aux accusations les plus fausses et les plus atroces, et massacraient, sous prétexte de *haute trahison*, ceux qui étaient assez hardis pour résister le moins du monde. Ainsi périt l'abbé de Glastenbury, pendu et écartelé par ordre du tyran; son corps, haché par le bourreau, fut exposé dans ce hideux état aux yeux du peuple, vis à vis même de l'abbaye de Glastenbury. Toutes ces prétendues *cessions volontaires* ne ressemblaient pas mal, comme on voit, à celles qui ont lieu journellement sur les grands chemins.

» Cromwel et ses acolytes trouvèrent à la longue qu'il était fastidieux de chercher des *prétextes*, et que ces vaines formalités n'aboutissaient qu'à entraver fort inutilement le pillage. La législature rendit donc, sans plus de cérémonie, un acte qui adjugeait au roi, à ses héritiers ou *ayant-cause*, non-seulement les monastères volontairement cédés, mais encore tous les autres, de quelque nature qu'ils fussent, ainsi que les hôpitaux et les collèges par-dessus le marché.

» Ces mesures, d'une tyrannie aussi révoltante, produisirent l'effet qu'on devait en attendre; le peuple ne tarda pas à s'insurger sur différents points contre les cruels exécuteurs des volontés du roi; mais, privé de l'appui de ses chefs naturels, qui s'étaient rangés pour la plupart du côté des pillards et des brigands, et livré à ses propres ressources, ses efforts ne pouvaient guère réussir. Hume affecte une pitié vraiment comique pour l'*ignorance* dont le peuple anglais fit preuve à cette époque par son attachement aux institutions monastiques. En effet, quelle *crasse ignorance*, de regretter l'*abondance* et les *agréments* de la vie, de ne pas préférer des propriétaires durs, impitoyables, comme le sont ceux de nos jours; de ne pas admirer le beau système qui nous a donné le spectacle d'un *débit de petite bière* dans le *palais* d'un évêque, et qui, de plus, a introduit parmi nous l'effrayant *paupérisme* (Cobbet, lettre 6)! »

Bien des lecteurs catholiques ne comprendront peut-être pas bien ce que veut dire ce dernier mot. En voici le sens. Comme le protestant Cobbet le fait voir dans un piquant détail, par suite de la destruction des monastères et par suite du mariage des prêtres et des évêques anglicans depuis la mort de Henri VIII, le nombre des Anglais qui n'ont pas de quoi vivre augmente d'une année à l'autre : c'est cette gangrène toujours croissante de la pauvreté chez eux, que les Anglais appellent *paupérisme*. De nos jours, le tiers de la population anglaise est réduite à la mendicité, et se trouve à la charge des deux autres tiers. Pour cela, on a établi une *taxe des pauvres* qui monte annuellement à deux cent millions de francs, sans y comprendre quarante millions pour les veuves et les orphelins du clergé pauvre. Les évêques anglicans étant mariés, au lieu de faire des aumônes, réservent les meilleurs bénéfices pour leurs fils et leurs gendres : Cobbet cite même la femme de l'évêque anglican de Winchester, qui, de son temps, pour bénéficier elle-même au profit du ménage, vendait de la petite bière à une des extrémités du palais épiscopal. Les simples curés et vicaires, ayant femmes et enfants, au lieu de faire l'aumône, sont réduits à la demander, et, à leur mort, augmentent le nombre des pauvres par leurs veuves et leurs orphelins. Cette augmentation de pauvres devient si effrayante, que tous les politiques anglais se tourmentent l'esprit pour y trouver un remède. Un ministre anglican, prêtre marié, Malthus, n'y a trouvé que le suivant : c'est d'obliger au célibat, non pas les évêques, les prêtres, les diacres et les sous-diacres, qui y sont obligés par les lois de l'Eglise, mais les pauvres qu'aucune loi n'y oblige, et qu'un clergé célibataire nourrirait de son superflu. Telle est la situation intérieure que la réforme ou l'apostasie a faite à l'Angleterre.

Mais voyons un peu le ménage du fondateur et premier pape de l'Eglise anglicane. Henri VIII s'était marié avec Anne de Boulen, avant même d'avoir divorcé avec Catherine d'Aragon. *Huit mois* après son mariage, la papesse Anne de Boulen mit au monde une fille, qui fut depuis la reine Elisabeth; le roi-pape, qui désirait un fils, fut mécontent de cette naissance, et ne le cacha pas à la mère. Toutefois, trois années s'écoulèrent encore pendant lesquelles les époux continuèrent à vivre en paix. Cependant Anne de Boulen avait le plus grand besoin d'être l'objet constant de la vigilance maritale; ses manières libres, pour ne pas dire dissolues, si différentes de celles de la vertueuse reine qui avait été pendant de longues années l'orgueil et le modèle de la cour et de la nation, scandalisaient les personnes sensées, excitaient les railleries et faisaient jaser. Mais son mari, le pape anglican, était occupé à refaire une nouvelle religion, à composer de nouveaux articles de foi, de nouveaux règlements; il employait en outre ses loisirs à faire *décapiter*, *pendre* ou *écarteler* les hommes les plus recommandables de son royaume; à piller, confisquer, dévaster les monastères et les hôpitaux : il n'avait donc réellement presque pas de temps à perdre en querelles domestiques.

La reine Catherine mourut au mois de janvier 1536. Cette princesse infortunée avait été bannie d'une cour dont elle avait été si longtemps l'ornement; elle avait vu son mariage *annulé* par Cranmer, et sa fille, le seul de ses enfants qui eut survécu, déclarée illégitime par acte du parlement. Le roi, auquel elle avait donné cinq enfants, avait eu la barbarie de la retenir loin de sa famille, et de ne pas lui permettre de la voir depuis son bannissement de la cour. Catherine mourut comme elle avait vécu, chérie et révérée par tout ce qu'il y avait de bon et d'honnête dans le royaume. On l'enterra dans l'église de Peterboroug, au milieu des sanglots et des larmes d'une foule immense qui était accourue assister à ses funérailles. Henri, dont le cœur d'airain avait été attendri, à ce qu'il paraît, par la lettre touchante qu'elle lui avait adressée de son lit de mort, ordonna aux personnes qui l'entouraient de porter le deuil le jour de son enterrement. Anne de Boulen, au contraire, affecta ce jour-là de se parer de ses vêtements les plus élégants et les plus somptueux, et s'écria, dans l'excès de sa joie, qu'enfin elle était réellement reine d'Angleterre. La malheureuse ne se doutait pas alors qu'elle ne survivrait à Catherine que de trois mois et seize jours! Mais celle-ci était morte dans son lit, vivement regrettée de toutes les âmes droites; tandis qu'elle périt sur un échafaud, sous la triple accusation de *trahison*, d'*adultère* et d'*inceste*, et en vertu d'un arrêt signé de la main de son propre mari.

A un tournoi donné à Greenwich au mois de mai 1536, et où elle assistait avec le roi, Anne fit par mégarde un signe d'affection à un des combattants, qui était son amant. Cette distraction suffit pour confirmer dans l'esprit de Henri les soupçons qu'il avait déjà conçus. Le roi, sans perdre de temps, part pour Westminster, ordonne que l'on enferme le soir même sa femme à Greenwich, et qu'on la ramène le lendemain à la Tour. Le jour suivant, un ordre de la conduire à la Tour survint chemin faisant; et comme par une juste punition de la part si active qu'elle avait prise aux malheurs de la feue reine, Anne de Boulen fut emprisonnée dans l'appartement même où elle avait passé la nuit qui avait précédé son couronnement.

Sa conduite alors fut loin d'être celle d'une femme qui n'avait rien à se reprocher. Accusée d'adultère, de complicité avec *quatre seigneurs* de la maison du roi, d'*inceste* commis avec son frère, et, par suite, de *haute trahison*, tous ses complices furent déclarés coupables et mis à mort; et elle ne vit retarder son supplice que pour donner le temps à l'archevêque Cranmer de remplir une petite formalité que l'on jugea nécessaire dans cette occasion. Henri lui ordonna de rassembler de nouveau le tribunal dont nous avons déjà parlé, pour prononcer son divorce d'avec Anne; et le même qui, trois ans auparavant, avait déclaré légal le mariage du roi avec Anne, qui l'avait validé en vertu de l'autorité qu'il avait reçue du *successeur des apôtres*, ne rougit pas de se mettre en contradiction manifeste avec lui-même, et ne balança pas de l'annuler.

Cranmer somma le roi et la reine de comparaître devant *son tribunal*. Cette sommation portait que leur mariage avait été *illégal*, qu'ils avaient vécu dans l'*adultère*, et que, pour le *salut de leurs âmes*, ils eussent à paraître et exposer à la cour les motifs qu'ils pourraient alléguer pour ne pas être séparés (Notez bien qu'ils allaient l'être; car ceci se passait le 17 mai, et Anne, condamnée le 15, devait être exécutée le 19). Ils obéirent à cette sommation, et se firent représenter l'un et l'autre par procureurs. Cranmer, pour couronner cette scène d'impiété, ne craignit point de déclarer, *au nom du Christ* et *pour l'honneur de Dieu*, que le mariage était et avait toujours été *nul* et *non-avenu*. On déclara illégitime l'enfant né de l'union de Henri VIII avec Anne de Boulen. Cette sentence rendue par l'homme qui avait prononcé la validité du mariage de la mère, et qui avait même engagé le roi à le contracter.

Anne fut décapitée le 19 dans la Tour : on déposa son corps dans un cercueil d'ormeau et on l'enterra dans le même endroit. Quand l'heure de son exécution fut arrivée, elle *ne protesta point de son innocence*; il y a donc lieu de croire qu'elle se reconnaissait coupable de quelques-uns des délits qu'on lui imputait. Cependant si, comme le disait son jugement, son mariage avec le roi avait toujours été *nul* et *non-avenu*, en se livrant à d'autres hommes, elle n'avait, par suite, jamais pu se rendre coupable de *trahison*. On la condamna le 15, comme *épouse du roi*; le 17, on déclare qu'elle *ne l'a jamais été*; et le 19, elle a été exécutée pour avoir été *infidèle*.

Quelle contradiction! On assure que la veille de sa mort elle pria la femme du lieutenant de la Tour d'aller trouver la princesse Marie et de la supplier de lui pardonner les torts qu'elle avait envers elle. L'infortunée en avait aussi de bien grands envers d'autres personnes. C'était elle qui avait causé la mort de la reine Catherine, qui avait fait verser le sang de Fisher et de Morus, qui avait protégé Cranmer auprès du roi et l'avait aidé dans toutes ses machinations. Pour montrer le peu de cas qu'il faisait d'elle, et peut-être en punition de la conduite qu'elle avait tenue le jour des funérailles de la reine Catherine, Henri s'habilla *de blanc* le jour de son exécution et célébra le lendemain ses noces avec Jeanne Seymour (Cobbet, lettre 2).

En 1537, la nouvelle reine lui donna un fils qui régna dans la suite sous le nom d'Edouard VI. Sa mère perdit la vie en lui donnant le jour. Se voyant un fils pour successeur, Henri fit passer dans son parlement une loi qui déclarait d'abord illégitimes ses deux filles, Marie et Elisabeth, et ensuite que, dans le cas où le roi décéderait sans héritier légitime, il pourrait disposer de la couronne en faveur de qui bon lui semblerait; et ce, par simples lettres patentes ou acte de dernière volonté. Peu de temps après, et comme pour combler la mesure de la tyrannie, il fit rendre une loi par laquelle il fut ordonné que, sauf le cas de droit privé, les ordonnances royales auraient *la même force* que les actes du parlement. Les lois de la justice se trouvèrent donc, conclut Cobbet, à la discrétion d'un homme qui ne les regardait que comme de vains mots.

Avant ce règne de sang, dit le même historien, on comptait à peine en Angleterre trois criminels par comté, jugés aux assises annuelles, et à cette époque, il y eut pendant un moment jusqu'à plus de soixante mille personnes emprisonnées à la fois. Pour tout dire en un mot, la cour de Henri n'était qu'une véritable boucherie de chair humaine.

Le détail de tous ces massacres révolterait mes lecteurs, ajoute Cobbet; je ne saurais cependant passer sous silence le meurtre de la mère du cardinal Polus et de ses autres parents. Dans sa jeunesse, le cardinal avait joui de la plus grande faveur auprès du monarque; il avait même étudié et voyagé aux frais du trésor royal. Mais quand l'affaire du divorce vint sur le tapis, il désapprouva hautement la conduite du roi; et celui-ci eut beau le rappeler en Angleterre, il refusa d'obtempérer. C'était un homme aussi distingué par ses lumières que par ses talents et ses vertus, et ses opinions avaient un grand poids en Angleterre. Sa mère, la comtesse de Salisbury, issue du sang royal des Plantagenet, était le dernier rejeton de cette longue dynastie des rois anglais. Le cardinal, que le Pape avait élevé à ce poste éminent dans l'Église à cause de son grand savoir et de ses hautes vertus, se trouvait donc de la sorte être, par sa mère, le proche parent de Henri VIII; son opposition au divorce projeté par ce monarque suffit pour exciter au plus haut degré le désir de la vengeance dans son cœur. Toutes les ruses et tous les artifices furent mis en œuvre pour s'emparer de sa personne; mais on eut beau prodiguer l'or, on ne put y parvenir, et Henri résolut alors de faire retomber le poids de sa colère sur les parents du vénérable prélat.

Thomas Cromwell commença par accuser la mère d'avoir *engagé ses tenanciers à ne pas lire la nouvelle traduction de la Bible*, et d'avoir reçu des bulles de Rome, que le dénonciateur prétendait avoir trouvées dans le château de la comtesse, au comté de Sussex. Il produisit encore une bannière qui, disait-il, avait servi à des bandes de rebelles dans le Nord, et qui avait également été trouvée chez elle. Ces divers chefs d'accusation étaient si absurdes, qu'il ne fut pas même possible de faire le procès de la comtesse. On demanda alors aux juges si le parlement ne pourrait pas la *convaincre*, c'est-à-dire *la condamner sans l'entendre*; et ils répondirent que, pour ce qui les regardait, ils ne pourraient jamais agir ainsi, et que le parlement n'y consentirait sans doute pas. On leur demanda ensuite si cette action serait valide aux yeux de la loi, en cas que le parlement consentît à s'y prêter, et ils répondirent affirmativement. C'en fut assez, et l'on proposa aussitôt un bill en vertu duquel la comtesse de Salisbury, la marquise d'Exeter et deux seigneurs parents du cardinal furent condamnés à mort. Ces deux derniers furent effectivement exécutés; mais la marquise obtint sa grâce.

Quant à la comtesse, on la renferma dans une prison où elle fut gardée en otage pour la conduite que tiendrait son fils. Cependant la tyrannie du roi ayant au bout de quelques mois excité une insurrection, on l'attribua aux machinations du cardinal, et sa malheureuse mère alla expier sur l'échafaud le crime qu'on imputait à son fils. Quoique âgée de plus de soixante-dix ans et courbée sous le poids du malheur plutôt que sous celui de la vieillesse, elle soutint jusqu'au dernier moment la noblesse de sa naissance et de son caractère. Quand le bourreau lui ordonna de pencher la tête sur le billot : « Non, dit-elle, jamais ma tête ne fléchira devant la tyrannie : si tu le veux, tâche de l'abattre comme tu pourras. » A ces mots, le bourreau lui asséna un violent coup de hache, qui toutefois manqua son effet. La malheureuse comtesse, égarée par la douleur, ses longs cheveux blancs flottants sur ses épaules, se mit à courir autour de l'échafaud; mais le bourreau la poursuivit et ne fit sauter sa tête qu'après l'avoir frappée de sa hache à plusieurs reprises. Quelle horrible scène! s'écrie le protestant Cobbet. Tout Anglais doit rougir, en réfléchissant qu'elle se passa dans son pays (Cobbet, lettre 4).

Après la mort de Jeanne Seymour, qui fut mère d'Edouard VI, et la seule de toutes les femmes de Henri VIII qui eut assez d'esprit ou de bonheur pour *mourir reine* et expirer dans son lit, le roi-pape resta deux années entières à chercher une autre compagne. Il parvint, en l'année 1539, à se faire accorder Anne, sœur de l'électeur de Clèves. Lorsque cette princesse arriva en Angleterre, le roi ne se gêna point pour exprimer combien elle lui déplaisait; mais en attendant, il crut toujours prudent de l'épouser, sauf à *divorcer* ensuite d'avec elle; ce qui arriva effectivement en 1540, après six ou sept mois de mariage, sans qu'il osât toutefois envoyer celle-ci à l'échafaud. Le roi n'aime pas sa femme, il ne la trouve point assez belle, voilà le seul prétexte allégué pour autoriser ce scandaleux divorce. Cranmer, qui avait déjà aidé son maître à divorcer d'avec deux de ses femmes, ne se refusa pas non plus cette fois à briser ses nouvelles chaînes, et le roi et la reine redevinrent *libres* par ses soins. Henri avait déjà en vue une fort jolie femme, qui était la nièce du duc de Norfolk, et que l'on appelait Catherine Howard.

Le duc de Norfolk, ainsi que la plus grande partie des membres de l'ancienne noblesse, portait une haine mortelle à Cromwell; il saisit donc avidement l'occasion de se venger. C'était Cromwel qui avait négocié le mariage de son maître avec Anne de Clèves, et il était à présumer, observe Cobbet, que ses talents pour le brigandage n'étant plus nécessaires, le tyran trouverait *assez commode* de se débarrasser d'un homme qui, par ses emplois nombreux et lucratifs, ainsi que par le pillage des églises et la spoliation du bien des pauvres, était parvenu à ramasser une fortune immense.

Cromwel s'était adjugé une trentaine de terres magnifiques, qui avaient autrefois appartenu aux monastères; sa maison, ou pour mieux dire son palais, était encombré des produits de ses vols et de ses brigandages. Il avait été créé comte d'Essex, avec la prééminence de rang à la cour sur tous les autres courtisans; souvent même il était chargé par le monarque de le représenter au parlement, de présenter à cette assemblée ses lois spoliatrices et attentatoires aux droits de tous, et d'en soutenir la discussion. Dans la matinée du 10 juin 1540, son pouvoir était encore sans bornes, et dans la soirée du même jour, il languissait disgracié au fond d'un cachot, sous le poids d'une accusation de haute trahison. Il avait inventé la mode de condamner les accusés sans les entendre : le parlement lui appliqua sa propre invention. Il flagorna bassement le roi pour sauver sa vie, mais en vain : il fut exécuté le 29 juillet.

Dans le même temps que Henri VIII était occupé à célébrer des noces, ordonner des massacres, voler les églises et les monastères, piller les tombeaux des saints, comme saint Thomas de Cantorbéry, dont il fit jeter les cendres au vent, il s'occupait encore à réglementer la foi des Anglais, prescrivant aux pasteurs ce qu'ils avaient à enseigner, et aux fidèles ce qu'ils avaient à croire. Voici, dans des articles qu'il dressa lui-même, la confirmation de la doctrine catholique. On y trouve l'*absolution du prêtre*, comme « une chose instituée par Jésus-Christ, et aussi bonne que si Dieu la donnait lui-même, avec la confession de ses péchés par un prêtre, nécessaire quand on la pouvait faire (Burnet, t. I, l. 3, p. 292). » On établit sur ce fondement les trois actes de la pénitence divinement instituée, la *contrition* et la *confession* en termes formels, et la *satisfaction*, sous le nom de *dignes fruits de la repentance*, qu'on est obligé *de porter*, encore qu'il soit véritable que Dieu pardonne les péchés dans la seule vue de la satisfaction de Jésus-Christ, et non à cause de nos mérites. » Voilà toute la substance de la doctrine catholique.

Dans le sacrement de l'autel, on reconnaît *le même corps du Sauveur conçu de la Vierge, comme donné en sa propre substance sous les enveloppes*, ou, comme porte l'original anglais, *sous la forme et figure du pain*; ce qui marque très-précisément la présence réelle du corps et donne à entendre, selon le langage usité, qu'il ne reste du pain que les espèces.

Les images étaient conservées avec la liberté tout

entière « de leur faire fumer de l'encens, de ployer le genou devant elles, de leur faire des offrandes et de leur rendre du respect, en considérant ces hommages comme un honneur relatif qui allait à Dieu et non à l'image (Burnet, t. I, p. 296). » Ce n'était pas seulement approuver en général l'honneur des images, mais encore à approuver en particulier ce que ce culte avait de plus fort. On ordonnait d'annoncer au peuple qu'il *était bon de prier les saints de prier pour les fidèles*, sans néanmoins espérer d'en obtenir les choses que Dieu seul pouvait donner.

On approuve expressément les cérémonies de l'eau bénite, du pain béni, de la bénédiction des fonts baptismaux et des exorcismes dans le baptême; celle de donner des cendres au commencement du carême, celle de porter des rameaux le jour de Pâques fleuries, celle *de se prosterner devant la croix et de la baiser, pour célébrer la mémoire de la passion de Jésus-Christ* (*Ibid.*, p. 298) : toutes ces cérémonies étaient regardées comme une espèce de langage mystérieux, qui rappelait en notre mémoire les bienfaits de Dieu, et excitait l'âme à s'élever au ciel; c'est aussi la même idée qu'en ont tous les catholiques.

La coutume de prier pour les morts est autorisée, comme ayant un fondement certain dans le livre des Machabées, et comme ayant été reçue dès le commencement de l'Eglise : tout est approuvé, jusqu'à l'usage *de faire dire des messes pour la délivrance des âmes des trépassés*, par où on reconnaissait dans la messe ce qui faisait l'aversion de la nouvelle réforme, c'est-à-dire cette vertu par laquelle, indépendamment de la communion, elle profitait à ceux pour qui on la disait, puisque, sans doute, ces âmes ne communiaient pas.

Le roi disait à chacun de ces articles, qu'il ordonnait aux évêques de les annoncer au peuple *dont il leur avait commis la conduite* : langage jusqu'alors fort inconnu dans l'Eglise. A la vérité, quand il décida ces points de foi, il avait auparavant ouï les évêques, comme les juges entendent des experts; mais c'était lui qui ordonnait et qui décidait. Tous les évêques souscrivirent après Cromwell, vicaire général, et Cranmer, archevêque de Cantorbéry.

Voilà les articles de foi donnés par Henri en 1536. Mais quoiqu'il n'eût pas tout mis, et qu'en particulier il y eût quatre sacrements dont il n'avait fait aucune mention, la confirmation, l'extrême-onction, l'ordre et le mariage, il est très-constant d'ailleurs qu'il n'y changea rien, non plus que dans les autres points de notre foi ; mais il voulut en particulier exprimer dans ces articles ce qu'il y avait alors de plus controversé, afin de ne laisser aucun doute de sa persévérance dans l'ancienne foi.

Il s'expliqua encore plus précisément sur ce sujet dans la déclaration des six articles fameux qu'il publia en 1539. Il établissait dans le premier la transsubstantiation ; dans le second, la communion sous une espèce ; dans le troisième, le célibat des prêtres, avec la peine de mort contre ceux qui y contreviendraient; dans le quatrième, l'obligation de garder les vœux; dans le cinquième, les messes particulières ; dans le sixième, la nécessité de la confession auriculaire (Burnet, t. I, l. 3, p. 308). Ces articles furent publiés par l'autorité du roi et du parlement, à peine de mort pour ceux qui les combattraient opiniâtrement, et de prison pour les autres, autant de temps qu'il plairait au roi. L'archevêque Cranmer, quoique luthérien dans l'âme et marié, souscrivait à tout, même à l'article qui condamnait à mort les prêtres mariés : telles étaient sa candeur et sa franchise.

Quelque temps après, les prélats dressèrent une nouvelle confession de foi, que Henri confirma par son autorité (Burnet, t. I, p. 391). Là, on déclare en termes formels l'observation des sept sacrements : celui de la pénitence dans l'absolution du prêtre; la confession nécessaire; la transsubstantiation ; la concomitance, *ce qui levait*, dit le protestant Burnet, *la nécessité de la communion sous les deux espèces* (*Ibid.*, p. 397) ; l'honneur des images et la prière des saints au même sens que nous avons vu dans les premières déclarations du roi, c'est-à-dire au sens de l'Eglise ; la nécessité et le mérite des bonnes œuvres pour obtenir la vie éternelle ; la prière pour les morts ; et, en un mot, tout le reste de la doctrine catholique, à la réserve de la primauté du souverain Pontife (*Variat.*, l. 7).

C'était comme Coré, Dathan et Abiron, qui recevaient toute la loi de Moïse, excepté le souverain pontificat d'Aaron ; ou comme le péché de Jéroboam, fils de Nabat, qui fit pécher tout Israël, en les détachant du successeur d'Aaron et du temple de Jérusalem, et en se faisant lui-même le grand-prêtre de son nouveau culte. Le nouveau Jéroboam, ayant ainsi fabriqué sa religion nouvelle, punissait quiconque ne s'y soumettait pas : les catholiques, qui ne voulaient pas le reconnaître pour chef suprême de l'Eglise, étaient pendus et écartelés comme traîtres; les protestants, qui refusaient d'admettre quelqu'un de ses dogmes parlementaires, étaient brûlés comme hérétiques (Lingard, t. VI, p. 451). Cependant il y eut aussi des catholiques livrés aux flammes. Ainsi frère de Foresta, de l'étroite observance, qui avait été confesseur de la reine Catherine, et avait écrit contre la suprématie royale, fut suspendu par le milieu du corps et brûlé à petit feu, avec le bois d'une croix célèbre qu'on avait apportée du pays de Galles à Londres (*Ibid.*, p. 398).

On n'épargna pas même les morts. Ainsi, le 24 avril 1538, saint Thomas de Cantorbéry, mort depuis deux siècles et demi, fut cité formellement à comparaître devant la cour du roi, comme accusé de haute trahison. On laissa écouler le délai de trente jours, accordé par les lois canoniques. Le saint ne comparaissait point, il allait être condamné par défaut, lorsque le roi, de sa grâce spéciale, lui nomma un conseil. La cour siégea à Westminster le 11 juin : l'avocat général et l'avocat de l'accusé furent entendus, et une sentence fut finalement prononcée le 11 août, qui déclarait Thomas, jadis évêque de Cantorbéry, coupable de rébellion, d'obstination et de trahison; qui ordonnait de brûler publiquement ses reliques, et confisquait, au profit de Sa Majesté, les propriétés personnelles du prétendu saint, c'est-à-dire toutes les offrandes faites à son tombeau. On nomma, en conséquence, une commission. La sentence fut exécutée en due forme. On transporta au trésor de Sa Majesté l'or, l'argent, les joyaux dont on dépouilla le tombeau, et qui remplissaient deux coffres très-pesants. Bientôt après, il y eut ordre à tous les Anglais de ne plus croire ni appeler *saint* ledit Thomas de Cantorbéry, de détruire toutes les images et peintures qui le représentaient, d'abolir les fêtes en son honneur, et d'effacer de tous les livres son nom et sa mémoire, sous peine d'encourir l'indignation de Sa Majesté et l'emprisonnement, selon son bon plaisir (Wilkins, *Conc. Angliæ*, t. III, p. 835, et seqq.; Lingard, t. VI, p. 399 et seqq.). Restait à envoyer un huissier notifier la sentence en paradis, et en faire déguerpir le ci-devant saint et martyr : il ne paraît pas qu'on ait rempli cette formalité.

Henri VIII, qui prétendait ainsi réformer l'Eglise militante sur la terre et même l'Eglise triomphante au ciel, ne savait pas trop bien gouverner son propre ménage. Sa cinquième femme, la papesse Catherine Howard, après quelques mois de mariage, fut accusée, sinon convaincue, de n'avoir pas été vierge au moment d'épouser le roi. Jusqu'alors aucune loi humaine n'en avait fait un crime. Mais le parlement anglais, pairs et députés des communes, fit une loi rétroactive : que toute femme qui ne serait pas vierge au moment où il serait question de la marier au roi ou à l'un de ses successeurs, devait lui dévoiler sa honte, sous peine d'encourir le châtiment infligé à la haute trahison; que toute autre personne qui, connaissant le fait, ne le déclarerait pas, serait sujette à la peine de non-révélation; et que la reine ou la femme d'un prince, qui induirait une autre personne à commettre avec elle le crime d'adultère, serait punie de la peine des traîtres. En conséquence, la reine Catherine Howard, avec plusieurs de ses suivantes et de ses parents, sans avoir été juridiquement ni entendue ni convaincue, fut condamnée et exécutée à mort en février 1542 (Lingard, t. VI, p. 454 et seqq.). Sa sixième femme, qui était une veuve, la papesse Catherine Parr, faillit avoir le même sort en 1546, pour avoir fait le docteur luthérien : déjà l'acte d'accusation se préparait contre elle, lorsque, prévenue à temps, elle sut apaiser son gracieux mari, en admirant son infaillibilité souveraine en fait de doctrine.

Dans les dernières années de sa vie, dit le protestant Cobbett, les débauches habituelles de Henri l'avaient rendu d'une corpulence telle, qu'il ne pouvait se mouvoir qu'à l'aide de mécaniques qu'on inventait pour son usage particulier; mais il n'en conserva pas moins son ancienne férocité et sa passion pour le sang. Déjà il était étendu sur son lit de mort, que personne n'osait encore l'informer de son état; car la mort la plus prompte n'eût pas manqué de suivre cet avertissement. Il mourut donc avant d'avoir su qu'il arrivait au terme de sa vie, et laissant une foule de condamnations capitales, qu'il n'eut pas le temps de signer.

Ainsi mourut dans la nuit du 28 au 29 janvier 1547, à l'âge de 56 ans, et dans la 38e année de son règne, le plus injuste, le plus vil et le plus sanguinaire des tyrans qui eussent jusque-là désolé l'Angleterre. Ce pays, qu'à son avénement il avait trouvé paisible, uni et heureux, il le laissa déchiré par les factions et les schismes, et les habitants en proie à la misère et à la mendicité. Ce fut lui qui introduisit cette immoralité, ces crimes, ces vices et cette misère qui produisirent de si horribles fruits sous le règne de ses enfants, avec lesquels s'éteignirent, quelques années après, son nom et sa maison. Ainsi parle le protestant Cobbett (Lettre 6).

Certains détails de Lingard sur les finances de ce règne sont une preuve de plus que le bien mal acquis ne profite pas, si ce n'est comme un chancre qui dévore tout ce qui l'entoure. L'argenterie et les bijoux que Henri avait tirés des maisons religieuses, et les sommes énormes produites par la vente de leurs propriétés, semblaient tomber dans quelque gouffre sans fond : le roi demandait tous les jours de l'argent à ses ministres : les lois du pays, les droits des sujets, l'honneur de la couronne étaient également sacrifiés aux besoins toujours croissants du trésor royal. Le 12 mai 1543, il avait obtenu un subside d'une valeur presque sans exemple. Le clergé lui avait donné, pendant trois années, dix pour cent de ses revenus, indépendamment du dixième déjà promis à la couronne; et les laïques lui avaient accordé un impôt proportionnel sur les propriétés territoriales et mobiliaires, payable par termes en trois années. Le paiement avait fait connaître la position de tous les propriétaires : et bientôt après, toutes les personnes taxées à cinquante livres sterlings par an reçurent une missive royale qui leur demandait l'avance d'une somme d'argent, par forme d'emprunt. La prudence inspira l'obéissance; mais l'espoir du remboursement fut promptement détruit par la servilité du parlement, qui abandonna au roi toutes les sommes qu'il avait empruntées à ses sujets la trente et unième année de son règne. Après un acte si peu délicat, il devait croire fort inutile de solliciter un nouvel emprunt; mais il demanda des présents, sous le nom de *bienveillance* ou *don gratuit*, quoique les dons gratuits eussent été déclarés illégaux par acte du parlement. Ce moyen avait été essayé sous l'administration de Wolsey, et il avait succombé à la volonté générale du peuple. Mais quelques années sous le sanglant despotisme de Henri avaient amorti l'esprit d'opposition : on leva sans difficulté le don gratuit, et les murmures des opprimés se réduisirent au plus profond silence, à l'aspect du châtiment de deux des aldermen de Londres qui avaient osé se plaindre.

Dans le même but, Henri altéra les monnaies, non pas une fois ou deux, mais presque régulièrement d'une année à l'autre. Au bout de trois ans de subside, il se vit de nouveau contraint à solliciter la générosité de ses sujets. Le clergé lui accorda quinze pour cent de ses revenus, durant deux années; les laïques à proportion. Comme ce présent ne suffisait point à son avidité, le parlement mit à sa disposition tous les colléges, chantreries et hôpitaux du royaume, avec tous leurs manoirs, terres et héritages. Ce fut le dernier subside accordé à cet insatiable monarque, qui s'en alla ainsi de ce monde avec le bien des pauvres. Il a été certifié par les personnes qui se sont occupées de ce calcul sur des documents officiels, qu'avant la vingt-sixième année de son règne, les recettes du trésor, sous Henri, avaient excédé la réunion totale des taxes imposées par tous ses prédécesseurs; mais que cette somme énorme s'était plus que doublée, avant sa mort, par des subsides et des emprunts qu'il n'avait jamais voulu rendre, par des *dons gratuits* forcés et l'altération de la monnaie, et par la sécularisation d'une partie des possessions cléricales, et de la totalité des propriétés monastiques (Lingard, t. VI, *Henri VIII*, p. 499 et seqq.).

Enfin le protestant William Cobbet, membre du parlement anglais, a fait une *Histoire de la réforme d'Angleterre*, pour en montrer au grand jour la nature et les suites. Voici comme il se résume lui-même, au commencement et à la fin de son travail :

« Mais avant d'aller plus loin, entendons-nous bien sur la véritable signification des mots *catholique*, *protestant*, et *réforme*. Catholique signifie *universel* : la religion qui prend ce titre fut appelée ainsi parce que tous les peuples chrétiens la regardèrent comme la seule religion véritable, ne reconnaissant en même temps *qu'un seul et même chef de l'Eglise*. Ce chef, c'était le Pape ; et, bien que d'ordinaire il siégeât à Rome, il n'en était pas moins le chef de l'Eglise en Angleterre, en Espagne, en France, en un mot partout où l'on professait la religion chrétienne. Mais il vint un temps où quelques nations, ou plutôt quelques fractions de nations s'avisèrent de *protester* contre l'autorité de leur ancien chef, contre les doctrines enseignées par l'Eglise qui jusqu'alors avait été la seule Eglise chrétienne, et rejetèrent la suprématie spirituelle qu'on avait jusqu'alors universellement reconnue. De là le nom de *protestants*, devenu commun depuis à tous ceux qui ne sont pas catholiques. Quant au mot *réforme*, il veut dire *changement pour le mieux*; il eût été, certes, bien maladroit à ceux qui ont opéré ce grand changement, de ne pas lui avoir donné au moins un nom pompeux et sonore.

» Et cependant, je ne crains pas de le dire : un examen fait avec bonne foi et sincérité persuadera à mes lecteurs que ce changement, au lieu d'être *pour le mieux*, fut *pour le pis* ; que ce qu'on a appelé *la Réforme* ne fut que le résultat d'une incontinence brutale, de l'hypocrisie et de la perfidie les plus noires, et eut pour suite le pillage et la dévastation ; que des torrents de sang anglais et irlandais cimentèrent cet édifice de boue et d'orgueil ; et que cette affreuse misère, cette mendicité générale, ce dénûment absolu, ces haines et ces discordes éternelles qui affligent partout nos regards, en sont les suites immédiates. Voilà, en effet, les seuls avantages que cette Réforme nous ait procurés pour nous dédommager de cette abondance, de ce bonheur et de cette concorde dont nos pères catholiques jouirent si pleinement et pendant si longtemps. »

Voilà ce que le protestant Cobbet annonce dans sa première lettre, et qu'il récapitule dans la seizième et dernière. Ces seize lettres ont été publiées en anglais à plus de cinquante mille exemplaires, traduites et répandues dans toutes les langues, sans avoir été réfutées ni contredites. C'est donc une chose jugée au tribunal du genre humain.

Il y a surtout un point auquel, de nos jours, on attache la plus haute importance : le bien-être matériel. Le protestant Cobbet examine donc, sous ce rapport, la différence entre l'Angleterre autrefois catholique et l'Angleterre aujourd'hui protestante, ne s'appuyant que sur des témoignages et des faits incontestables. Jean Fortescue, grand-chancelier d'Angleterre au XVe siècle, sous Henri VI, dans son célèbre ouvrage, *De laudibus legum Angliæ* (De l'éloge des lois d'Angleterre), comparant l'état du peuple anglais d'alors avec celui du peuple français, fait ce tableau mémorable : « Le roi d'Angleterre ne peut changer les lois ni en établir de nouvelles, sans le consentement de tous ses sujets *représentés par le parlement*. Tout citoyen anglais est libre d'user et de jouir du produit de ses propriétés, des fruits de sa terre, de l'accroissement de son troupeau, etc. Toutes les améliorations qu'il peut faire à sa fortune, soit par son propre travail, soit par celui des gens qu'il entretient à son service, lui appartiennent en toute propriété, sans qu'il ait à redouter aucun obstacle, empêchement ou refus de la part de qui que ce soit. S'il est molesté ou opprimé d'une manière quelconque, il est toujours assuré d'obtenir satisfaction de celui qui l'a offensé. Aussi les habitants de l'Angleterre sont-ils riches en or et en argent, et possèdent-ils tous le nécessaire et tous les agréments de la vie. Ils ne boivent pas d'eau, si ce n'est à certaines époques de l'année, mais seulement par motifs religieux et pour faire pénitence. Ils se nourrissent abondamment de viandes, de poissons et de légumes de toutes espèces. Ils portent de bons vêtements de laine ; leurs lits, leurs couvertures et autres objets sont également en laine, et ils en sont amplement pourvus. Ils possèdent aussi tout ce qui est nécessaire dans un ménage ; enfin, chacun a, selon son rang, tout ce qui peut contribuer à rendre la vie heureuse et agréable. »

Tel était donc au XVe siècle, d'après le témoignage du chancelier Fortescue, le bien-être du peuple dans l'Angleterre catholique. Maintenant, dans l'Angleterre protestante, le tiers de la population est réduit à la mendicité, l'ouvrier anglais n'a généralement d'autre nourriture que le pain et l'eau ; Cobbet nous montre des milliers de malheureux, non-seulement en Irlande, mais en Angleterre même, ne se nourrissant que de plantes marines, dévorant la chair des chevaux morts et disputant aux pourceaux la dégoûtante nourriture que contiennent leurs auges : il nous montre le commencement de ce fléau sous Henri VIII, qui fut le premier à prononcer des peines contre les mendiants persistant à implorer la pitié publique. Pour une première fois, on leur coupait seulement un bout de l'oreille ; mais, en cas de récidive, ils étaient impitoyablement condamnés à mort. Sous le règne de son fils, on marquait d'abord les mendiants avec un fer rouge, après quoi on les réduisait à l'esclavage pour deux années, pendant lesquelles le maître avait le droit de leur faire porter un collier de fer, de ne les nourrir au pain et à l'eau, et de les priver de viande; car à cette époque il y avait encore en Angleterre de la viande pour ceux qui travaillaient. En cas de désobéissance, d'insubordination ou de tentative d'évasion, le malheureux restait esclave pour le reste de ses jours (Cobbet, lettre 16).

Que si la population anglaise, en devenant protestante, est ainsi déchue pour le bien-être matériel, que sera-ce pour le bien-être moral ! Tous les observateurs conviennent qu'il n'y a rien au-dessous de la populace de Londres : que les maisons de travail où l'Angleterre renferme ses pauvres, au lieu d'être des asiles de charité, sont de vraies prisons et des bagnes. C'est pis encore avec les ouvriers, surtout les enfants, employés dans les fabriques et les usines. En 1842, « des faits de nature à exciter l'horreur, nous ne dirons pas d'une nation civilisée, mais du peuple le plus barbare, ont été révélés dans un rapport que lord Ashley a présenté au parlement sur la condition des ouvriers employés au travail des mines en Angleterre, en Irlande et en Ecosse... Qui aurait pu croire qu'il y eût au sein de l'Angleterre une classe nombreuse d'êtres sans aucune notion de Dieu, qui n'ont jamais entendu parler de Jésus-Christ et qui ignorent jusqu'au nom de la reine qui occupe le trône? Ces êtres, qui n'ont de l'homme que le nom, vivent et meurent sans connaître aucune des lois gravées au fond des cœurs par la nature pour la protection de la famille. Leur débile existence s'use et s'éteint comme celle des bêtes de somme, compagnes de leurs travaux (Jules Gondon, *Du mouv. religieux en Angleterre*, 1844; Rubichon, *De l'action du clergé*). » Dans une région plus élevée, au milieu de l'anarchie intellectuelle, s'est formée une secte religieuse, politique et sociale, dont le but hautement avoué est de détruire toute religion, toute propriété, toute société, même domestique (*Ibid.*, p. 82 et seqq.). Quant à l'élite même de la nation anglaise, les pairs et les députés des communes, y a-t-il dans l'histoire quelque chose de plus bas que le parlement de Henri VIII, poussant la servilité pour un despote jusqu'à renier la foi de ses pères, fouler aux pieds les lois de la justice, condamner des accusés sans les entendre, décréter le pour et le contre du jour au lendemain?

En lisant Tacite, on ne peut mépriser assez la bassesse du sénat romain sous Tibère et Néron. Gare au parlement anglais, si jamais il a un Tacite pour historien! Mais aujourd'hui déjà, une partie notable du clergé anglican, les Puséystes, commencent à ouvrir les yeux, à déplorer comme une immense calamité leur séparation d'avec Rome, et, comme des enfants prodigues, à tourner leurs regards pénitents vers cette maison paternelle (*Ibid.*, p. 226 et seqq.). Puisse la nation tout entière y revenir avec eux et réparer ainsi son prodigieux égarement de trois siècles!

§ VIII.

Efforts de l'hérésie luthérienne pour pervertir la France: ce qui sauve ce royaume. — Genève forcé à l'apostasie par Berne. — Commencements de Calvin, ses hérésies, son gouvernement à Genève: conséquences.

La nation française, qui eut sa bonne part à l'épreuve commune des nations chrétiennes, y résista mieux que la nation anglaise et la nation allemande, et cela malgré les inconséquences de ses gouvernants. Nous avons vu François Ier s'alliant avec les Turcs contre les chrétiens, avec les protestants contre les catholiques, tandis qu'il faisait poursuivre les luthériens en France. Catholique de sa personne, il se laissait trop souvent mener par deux femmes d'une croyance aussi suspecte que leurs mœurs étaient scandaleuses: l'une, sa sœur, Marguerite de Valois, depuis reine de Navarre; l'autre, sa concubine, femme mariée, avec laquelle il vivait en adultère public et qu'il fit duchesse d'Etampes. La première, femme bel-esprit, auteur de contes licencieux, d'une vie semblable à ses contes, attirait à sa cour ces nouveaux hommes de lettres qui, parce qu'ils avaient une connaissance plus ou moins indigeste de grec, de latin ou même d'hébreu, se prétendaient appelés à perfectionner le chef-d'œuvre de Dieu et de son Fils, la religion chrétienne, l'Eglise catholique. Cette faiseuse de contes obscènes se donna la même vocation, aussi bien que la royale prostituée. A cet effet, elles composèrent entre autres une messe à sept points, ainsi nommée, parce qu'on y pratiquait sept choses qui sont fort éloignées des usages de l'Eglise de Dieu. C'était d'y faire toujours la communion publique, d'y supprimer l'élévation et l'adoration, d'y communier sous les deux espèces, de n'y faire mention ni de la sainte Vierge ni des saints, de s'y servir de pain levé et commun à la manière des Grecs, et de ne point astreindre les prêtres à la loi du célibat (Florimond de Rémond, p. 854). C'est par le canal impur de ces deux femmes que l'hérésie se glissera en France, pour y allumer des guerres effroyables et y répandre des fleuves de sang.

Ce qui sauva la nation française, ce fut, après Dieu, la nation française, clergé, parlements et peuple. L'Université de Paris, à jamais illustrée par saint Thomas d'Aquin, saint Bonaventure, Albert le Grand, Vincent de Beauvais, Alexandre de Halès, se montra digne de son ancienne gloire. Nous avons vu sa Faculté de théologie, prise pour arbitre par Luther, condamner ses erreurs par une censure détaillée. C'était en 1521. Au mois de mars 1523, fut tenu à Paris le concile de la province, qui condamna deux libelles publiés par des luthériens contre le célibat des prêtres, et députa au parlement pour le prier d'en défendre, sous des peines pécuniaires, l'impression et le débit. Le parlement, qui avait déjà défendu aux libraires de vendre aucun livre de religion, s'il n'avait été approuvé par la Faculté de théologie, se porta avec beaucoup de zèle et de promptitude à ce que les Pères du concile souhaitaient. Par son ordre, les livres condamnés furent recherchés et confisqués. On étendit la visite à tous les ouvrages sortis de la plume des luthériens, et le 12 août on vit paraître un arrêt qui ordonnait que les livres de Luther fussent brûlés dans le parvis de Notre-Dame, et que tous ceux qui avaient des exemplaires les rapportassent au greffe de la cour. Un autre arrêt du même jour roulait sur les livres de Mélanchthon, et il était enjoint à toutes personnes de les remettre aussi au greffe, pour être ensuite examinés par l'évêque de Paris, assisté des docteurs de la Faculté de théologie. Tout cela fut exécuté à la lettre. On brûla publiquement les livres de Luther; on rassembla ceux de Mélanchthon, et, le 6 octobre 1523, la Faculté en condamna un grand nombre.

Aujourd'hui même, on trouve bon que les gouvernements et les magistrats, pour la seule santé des corps, fassent inspecter les pharmacies, les magasins de drogues et de comestibles, pour qu'on n'y vende rien de pestilentiel, d'empoisonné, ou de simplement corrompu; qu'ils soumettent à l'examen et à l'épreuve les provenances nouvelles, étrangères ou inconnues; qu'ils détruisent non-seulement les substances mortifères, mais encore ce qui n'est que suspect. Aujourd'hui même, on jugerait digne de mille morts celui qui s'amuserait à empoisonner les fontaines publiques, ou simplement la mare dans laquelle se vautrent les pourceaux. — Nos ancêtres avaient la bonhomie de croire que notre âme vaut plus que notre corps, et l'homme plus même qu'un porc.

Dans la recherche des livres hérétiques ou suspects, ordonnée par le parlement de Paris en 1523, on en découvrit plusieurs chez un gentilhomme d'Artois, nommé Louis Berquin. La Faculté de théologie les ayant examinés, y en trouva de trois classes : les uns composés par Berquin même, les autres traduits de langues étrangères, les troisièmes étaient les propres ouvrages de Luther. Tous furent jugés pernicieux et dignes d'être brûlés. Le parlement voulut obliger Berquin à se rétracter : sur son refus, il le remit à l'évêque, pour lui faire son procès comme hérétique; mais survint un ordre du roi de le rendre à la liberté (*Hist. de l'Eglise gallic.*, l. 51). Berquin n'en fut pas plus sage : il continua de faire le prédicant de l'hérésie, d'écrire et de répandre de mauvais livres. En 1526, le parlement le fit prendre une seconde fois, fit examiner de nouveau les ouvrages saisis chez lui; mais de nouveau il fut élargi par ordre de François Ier. C'était Marguerite, sœur du roi, qui protégeait sous main tous les novateurs (*Ibid.*, l. 52).

Au lieu de se corriger, Berquin devenait toujours pire : en 1529, il attaqua la Faculté de théologie et déféra au roi les livres du syndic de la Faculté; mais cette fois, au lieu d'écouter les accusations du novateur, François ordonna qu'on reprendrait son procès et nomma douze commissaires pour le juger. De ce nombre étaient le premier président, Jean de Selve; Etienne Léger, un des grands-vicaires de Paris; le célèbre Guillaume Budé, maître des requêtes, et plusieurs conseillers du parlement. Ces juges, ayant revu toutes les procédures, condamnèrent Berquin à voir brûler ses livres publiquement, à faire amende honorable et abjuration en place de Grève, à subir la peine des blasphémateurs, qui est d'avoir la langue percée d'un fer rouge et à être enfermé le reste de ses jours. Budé se donna bien des mouvements pour l'engager à se reconnaître, à se rétracter. Ses avis furent inutiles : non content de demeurer inflexible dans ses erreurs, il en appela au Pape et au roi. Sur quoi les juges prirent le parti de le condamner à la peine légale des hérétiques opiniâtres, qui était le feu, et l'arrêt fut exécuté le 22 avril 1529. Le calviniste Théodore de Bèze dit que si Berquin avait trouvé dans François Ier un Frédéric, duc de Saxe, il aurait pu être le Luther de la France (*Ibid.*).

Ce qui, dans cette occasion, donna au roi quelque fermeté contre les hérétiques, ce fut leur insolence même. La nuit du dimanche de la Pentecôte 1528, quelques luthériens iconoclastes abattirent la tête d'une statue de la Vierge, qui était dans le mur d'une maison, au quartier de Saint-Antoine; ils rompirent de même la tête à l'enfant Jésus, et ils donnèrent quelques coups de poignard à ces saintes images. Le bruit d'un tel attentat mit toute la ville en rumeur. Le roi ordonna qu'on en fît une justice exemplaire. Il promit la somme de mille écus à qui découvrirait les auteurs du crime, et, pour réparer l'injure faite à Dieu et à la sainte Vierge, il fit faire une statue d'argent, de la hauteur de celle qui avait été profanée, avec un treillis de fer, pour mettre en sûreté ce dépôt précieux. Cependant tous les corps ecclésiastiques de la ville firent des processions pour satisfaire à la justice divine. L'Université se rendit au lieu où le crime avait été commis, et cinq cents écoliers présentèrent chacun un cierge devant la statue mutilée. Mais l'action la plus solennelle se passa le 11 juin, fête du Saint-Sacrement. C'était le jour que le roi avait fixé pour placer lui-même la statue d'argent. Tous les religieux et tous les chapitres de Paris se rendirent à l'église de la Couture-Sainte-Catherine. L'évêque y célébra la messe, à laquelle assistèrent le parlement, la chambre des comptes, le corps de ville, les ambassadeurs des princes, tous les grands officiers de la couronne, les princes du sang et le roi même. On y vit de plus six évêques. Après la messe, toute cette procession s'avança vers la rue des Rosiers; car la maison où avait été la statue de la Vierge faisait le coin de cette rue avec celle des Juifs. L'évêque de Lisieux, revêtu d'habits pontificaux, portait la nouvelle statue. Le roi suivait, tenant un grand cierge à la main. Quand on fut arrivé au terme, l'évêque déposa l'image sur un autel ; le roi se mit à genoux avec tout son cortège, les musiciens de sa chapelle chantèrent l'antienne *Ave Regina cœlorum*; le grand-aumônier dit l'oraison, après laquelle le roi se leva, et, prenant la statue, il monta sur une haute estrade, d'où il pouvait atteindre à une niche taillée dans un pilier fait exprès, et ce fut dans cette niche qu'il plaça la sainte image, après l'avoir baisée respectueusement. Ensuite il ferma lui-même le treillis de fer qui devait la garantir des insultes, il se remit à genoux, il pria encore quelque temps, et durant toute la cérémonie, on le vit verser des larmes (*Hist. de l'Eglise gallic.*, l. 52).

Un foyer de l'hérésie fut la ville de Meaux, par l'imprudence, sinon la connivence de l'évêque. C'était Guillaume Briçonnet, fils du cardinal de ce nom et abbé de Saint-Germain-des-Prés. Pour avoir le plaisir de vivre avec des hommes savants dans le grec et dans l'hébreu, exercés à parler purement la langue latine et capables par leurs exemples de faire revivre les mœurs de la primitive Eglise, il fit un choix dans l'Université de Paris ; il en tira des professeurs d'une grande réputation : on nomme entre autres Jacques Lefèvre d'Etaples, Guillaume Farel, Gérard Roussel et François Vatable. Il leur donna des bénéfices et des emplois honorables dans son diocèse. Lefèvre fut créé grand-vicaire, Roussel eut la trésorerie de la cathédrale, Vatable fut pourvu d'un canonicat dans cette église; Guillaume Farel n'eut pas le temps de former un établissement à Meaux, parce que ses manières de penser transpirèrent trop tôt dans le public. C'était un esprit totalement infecté de luthéranisme, auquel il ajoutait quelques articles particuliers de la doctrine de Zwingle.

L'évêque de Meaux connut les principes de Farel, et le congédia. Sa fortune fut alors d'errer en diverses villes, à Strasbourg, à Bâle, à Berne, à Neufchâtel, à Metz, à Genève, prêchant partout la prétendue réforme et se faisant des ennemis jusque dans sa secte, à cause de la pétulance de son génie. Farel était de Gap en Dauphiné; il avait été professeur à

Paris, dans le collège du cardinal Lemoine, où Jacques Lefèvre lui avait procuré cet emploi. Ce fut apparemment la même protection qui le fit entrer dans la maison de l'évêque de Meaux.

Si Lefèvre connaissait ses sentiments, on en pourrait conclure qu'il était lui-même d'une catholicité très-équivoque, ou plutôt qu'il avait l'esprit aussi gâté que Farel. Cependant, bien des auteurs assurent que, malgré les tempêtes qui s'élevèrent contre lui au sujet de la religion, il fut toujours catholique. Quoi qu'il en soit, il est certain que ce personnage, inquiété d'abord par la Faculté de théologie de Paris pour son *Exposition sur les Evangiles*, poursuivi ensuite par les arrêts du parlement, fut obligé de quitter Meaux sur la fin de 1525, pour se retirer à Strasbourg. Il revint néanmoins en France, par la protection de la duchesse d'Alençon, sœur du roi. Cette princesse étant devenue reine de Navarre par son mariage avec Henri d'Albert, Lefèvre la suivit d'abord à Blois, puis à Nérac en Gascogne, où il mourut en 1537, âgé de près de cent ans.

Gérard Roussel, le troisième des doctes ecclésiastiques que Guillaume Briçonnet avait appelés à Meaux, était de Picardie, comme Lefèvre, mais plus décidé que lui pour la mauvaise doctrine, et beaucoup plus dangereux, parce qu'il avait le talent de la parole. Il était d'ailleurs artificieux, faisant parade d'un grand extérieur de vertu, affectant beaucoup de libéralité envers les pauvres, et, quoiqu'il prêchât en luthérien, il voulait toujours passer pour catholique. On l'obligea aussi de quitter le diocèse de Meaux, et après un voyage à Strasbourg, où il accompagna Lefèvre, il se retira comme lui, dans la suite, à la cour de la reine de Navarre, qui le fit son prédicateur, puis abbé de Clérac et évêque d'Oléron, dignité dont il abusa pour changer les pratiques anciennes de la religion dans son diocèse.

L'évêque de Meaux posséda aussi quelque temps dans son diocèse François Vatable, mais qui doit être distingué des trois docteurs précédents ; car sa foi fut toujours très-pure, et il ne se retira apparemment du diocèse de Meaux que pour s'attacher au service de François Ier, qui le fit professeur de langue hébraïque dès qu'il eut fondé le collége royal de France. Vatable fut en effet le premier homme de son siècle pour ce genre d'érudition. Il l'emportait sur les plus habiles d'entre les Juifs, qui venaient entendre ses leçons et qui en sortaient remplis d'admiration. Cependant, soit paresse naturelle, soit difficulté de se contenter lui-même, il ne donna jamais rien au public; et ce qu'on a de notes sur l'Ecriture, imprimées sous son nom, n'est qu'un recueil qui a été fait par ses auditeurs. Ce fut Robert Etienne qui l'imprima, et comme ce fameux imprimeur faisait profession de calvinisme, les catholiques accueillirent très-mal cet ouvrage; il fut même condamné par la Faculté de théologie de Paris. Vatable était de la petite ville de Gamaches en Picardie (*Hist. de l'Eglise gall.*, l. 51).

La ville et le diocèse de Meaux se ressentirent en peu de temps du séjour de Farel, de Roussel et de Lefèvre. Les anciens usages se changeaient peu à peu, la doctrine s'altérait insensiblement; en un mot, ce canton fut, au bout de deux années, dans un danger évident de perdre la foi. L'évêque ouvrit les yeux et se mit en devoir de remédier au mal : ce qu'il exécuta d'abord avec assez de succès, par la célébration de son synode, par les mandements qu'il publia, par l'expulsion de Farel, et par la révocation des pouvoirs qu'il avait accordés à des prédicateurs plus capables de pervertir les peuples que de les édifier (*Hist. de l'Eglise gallic.*, l. 51).

Mais il ne fit pas de meilleurs choix. Il s'entoura de trois docteurs prévenus en faveur des nouvelles doctrines, qui firent parler d'eux d'une manière presque aussi désavantageuse que ceux à qui ils avaient succédé. Pierre Caroli eut à soutenir un procès en Sorbonne, pour les propositions hérétiques ou suspectes qu'il avançait dans ses prédications. Martial Muzurier, que l'évêque de Meaux avait fait curé de Saint-Martin dans sa ville épiscopale, fut poursuivi avec encore plus de rigueur. On le tint enfermé quelque temps à la conciergerie du palais de justice; il subit des interrogatoires humiliants; enfin, pour empêcher l'official de Paris de pousser la procédure jusqu'à la sentence définitive, qui ne pouvait être que très-formidable, il offrit de faire prêcher dans sa paroisse une doctrine toute contraire à celle dont on le disait auteur. Ce qui ayant été agréé, il engagea le gardien des Cordeliers de Meaux à s'acquitter de cette fonction. Le religieux monta donc en chaire à la place du curé, s'appliqua dans son sermon à réfuter les propositions répréhensibles, et le fit d'une manière très-forte, qualifiant chacune, et déterminant la note théologique qu'elle lui semblait mériter.

L'évêque Guillaume Briçonnet regarda cette action comme une entreprise sur ses droits; il monta en chaire huit jours après, et déclama vivement contre les Cordeliers, leur donnant les titres injurieux de faux prophètes et de pharisiens. Il cita le gardien devant son officialité : le gardien se pourvut au parlement; après bien des plaidoyers réciproques, le parlement rendit un arrêt qui décrétait de prise de corps divers particuliers de la ville de Meaux, et qui ordonnait à l'évêque de comparaître devant deux conseillers. Durant le procès, on déféra au parlement un livre : *Epîtres et Evangiles à l'usage du diocèse de Meaux*, où la Sorbonne trouva jusqu'à quarante-huit propositions dignes de censure. L'évêque vit deux de ses prêtres arrêtés comme suspects d'hérésie, et l'un d'eux condamné au feu comme hérétique par le parlement. Les procédures contre lui-même se poursuivaient, lorsqu'elles furent suspendues par ordre du roi, alors prisonnier à Madrid. L'évêque parut en profiter pour réparer ses anciens torts; il fit des visites, tint des synodes, recommanda tous les anciens usages de l'Eglise; et telle fut sa conduite jusqu'à sa mort, en 1534 (*Hist. de l'Eglise gall.*, l. 52).

Cependant les impressions que les faux docteurs avaient faites sur les esprits subsistaient dans le diocèse, et l'on en vit des effets en 1525, à l'occasion de quelques prières publiques qu'on avait indiquées pour obtenir de Dieu la paix entre les princes chrétiens. Il était venu de Rome une bulle ordonnant des jeûnes et accordant des indulgences; l'évêque de Meaux l'ayant fait afficher aux portes de sa cathédrale et dans les principaux quartiers de la ville, on osa l'enlever, la déchirer à la vue de tout le peuple et y substituer des placards où l'on traitait le Pape d'antechrist. Quelque temps après, on poussa l'audace jusqu'à déchirer à coups de couteaux diverses formules de prières qu'on avait affichées dans la cathédrale pour l'instruction et la commodité des fidèles. L'évêque fulmina des monitoires, les magistrats firent des perquisitions, quelques-uns des coupables furent arrêtés et conduits dans les prisons de Paris. Ce fut alors que le parlement s'arma d'une indignation bien capable d'arrêter de semblables entreprises : il condamna ces fanatiques à être fustigés dans les carrefours, trois jours consécutifs; il les renvoya ensuite à Meaux pour y subir un pareil châtiment, avec le supplice du fer chaud, et on finit par les bannir à perpétuité hors du royaume. On croit que parmi ces malfaiteurs était le fameux Jean Leclerc, que le calviniste Théodore de Bèze a célébré comme un des premiers martyrs de sa secte. Cet hérétique enthousiaste s'étant retiré à Metz, après son aventure de Paris et de Meaux, s'avisa encore de briser publiquement et par dérision une image de la sainte Vierge tenant l'enfant Jésus entre ses bras. Son procès fut bientôt fait. Il lui en coûta la vie cette fois. On lui coupa le poing et le nez; on le couronna d'un fer chaud, et il fut jeté au feu comme sacrilége, blasphémateur et hérétique.

La ville de Metz se ressentait du voisinage de l'Allemagne. Les luthériens s'y multipliaient sensiblement. On y vit, dès l'an 1525, des moines et des prêtres apostats y prêcher ouvertement l'hérésie. Le plus connu est Jean Châtelain, homme très-dangereux, parce qu'il passait pour mener une vie régulière, et qu'il avait toujours dans la bouche les termes de *réforme*, de *pénitence* et de *primitive Église* : manières de parler qui ne coûtent rien et qui imposent beaucoup au peuple. Ce Jean Châtelain était l'oracle de tout le pays; on le suivait comme un apôtre; les gens éclairés pénétraient les artifices de ce prédicant, mais il n'était pas sûr de le contredire, parce qu'on avait à craindre toute l'indignation de la populace. On le manda cependant à l'évêché, où Théodore de Saint-Chaumont, abbé de Saint-Antoine de Viennois et vicaire général de l'évêque, l'interrogea en présence de quelques docteurs. Ses réponses firent connaître ce qu'il était, hypocrite et novateur; on se contenta néanmoins de lui donner des avis, dont il ne profita point. Il continua de dogmatiser comme auparavant.

On se lassa enfin de cette hardiesse; on épia le temps qu'il était hors de la ville; on l'arrêta sur les terres de l'abbaye de Gorze, appartenant à l'évêque de Metz, et, après l'avoir changé deux ou trois fois de prison, on le condamna comme hérétique à périr par le supplice du feu : ce qui fut exécuté dans la petite ville de Vic. Cette action causa beaucoup de troubles dans Metz. Plusieurs ecclésiastiques et l'abbé de Saint-Antoine furent insultés par les bourgeois; il fallut que le magistrat réunît un corps de deux mille hommes pour punir les séditieux, et le calme ne se rétablit qu'après le supplice des plus coupables; mais le luthéranisme ne s'en répandit pas moins dans le pays messin (*Hist. de l'Église gall.*, l. 52, et *Hist. de Lorraine*).

Pour en arrêter les progrès en France, on y tint plusieurs conciles. Le plus célèbre fut celui de la province de Sens, que le cardinal-archevêque, Antoine Du Prat, chancelier du royaume, ouvrit à Paris le 3 février 1528, et qui fut continué jusqu'au 9 octobre de la même année. Les actes en sont fort remarquables.

Dans la préface, le concile expose d'abord quelques-unes des principales hérésies qui ont troublé l'Église, puis fait voir que Luther renouvelle toutes ces anciennes erreurs; qu'il détruit le libre arbitre, comme Manès; les jeûnes et les préceptes de l'Église, comme Arius; le célibat des prêtres, comme Vigilantius; la hiérarchie, le sacerdoce, la prière pour les morts, etc., comme la secte des Vaudois, la juridiction ecclésiastique, comme Marsile de Padoue; toute l'autorité de l'Église, comme Wiclef. On remarque ensuite les variations, les dissensions du parti luthérien, comment les uns renversent les images, et d'autres les conservent; les uns rejettent toutes les sciences humaines comme pernicieuses à la piété, et d'autres les recommandent comme très-utiles; les uns réitèrent le baptême, et d'autres ont horreur de cette pratique; les uns veulent qu'il n'y ait dans l'eucharistie que le signe du corps et du sang de Jésus-Christ, et d'autres y reconnaissent la présence réelle, ajoutant toutefois, très-mal à propos, que la substance du pain et du vin demeure avec le corps et le sang de Notre Seigneur; les uns enfin, se portant pour être remplis du Saint-Esprit, assurent que les saints livres sont plus clairs que le jour, qu'ils s'expliquent d'eux-mêmes; et d'autres ne refusent pas de recevoir les explications des saints docteurs. Or, reprend le concile, ces différences de sentiments dans des matières aussi essentielles à la foi, montrent combien ces novateurs sont éloignés de la vérité; car l'esprit de Dieu n'est pas un esprit de discorde. Au contraire, les catholiques sont parfaitement d'accord sur le dogme; ils professent tous la même foi : ce qui prouve que leur doctrine vient de Dieu, et qu'elle ne pourra jamais être détruite, quelques efforts que fassent pour cela les ennemis de la vérité (Labbe, t. XIV, p. 433 et seqq.).

Ce n'était pas assez de montrer la conformité des nouvelles erreurs avec les anciennes, il fallait faire des lois pour arrêter le cours de ces doctrines pernicieuses. Dans la première session, le cardinal Du Prat publia un décret général, contenant les espèces d'hérésies alors renaissantes, leur caractère détestable, la manière de juger et de discerner les hérétiques et les relaps, la forme et l'ordre de procédure contre eux, les peines qu'ils encourent, et enfin une exhortation aux princes et aux magistrats séculiers d'exterminer cette peste publique (*Ibid.*, p. 440).

Après ce décret général, les Pères du concile de Sens dressèrent seize articles concernant la foi.

I. L'Église étant l'épouse de Jésus-Christ, la maison de Dieu, la colonne et le fondement de la vérité, il ne peut se faire qu'elle soit jamais séparée de son époux, ni qu'elle succombe à l'effort des tempêtes s'élevant quelquefois contre elle. Il n'est pas plus possible de se sauver hors de son sein, qu'il le fut au temps du déluge d'éviter le naufrage hors de l'arche de Noé. Cette Église, une, sainte et infaillible, ne peut s'écarter de la foi orthodoxe, et quiconque ne s'y tient pas à son autorité dans la foi et dans les mœurs, est pire qu'un infidèle.

II. L'Église de Jésus-Christ étant juge de toutes les controverses qui s'élèvent sur la foi, elle n'est ni invisible ni cachée, comme disent les luthériens.

Car, comment un tribunal qui ne se voit point, qui ne se trouve point, pourrait-il terminer les différends de religion? Comment saint Paul aurait-il averti les prêtres et les évêques de gouverner le troupeau de Jésus-Christ qui est l'Eglise, si ce troupeau n'était pas une société sensible? Et qui ne voit qu'en ôtant du christianisme toute autorité visible, on n'établit pas une hérésie particulière, mais on creuse pour ainsi dire le fondement de toutes les hérésies?

III. La Synagogue ayant eu un tribunal établi de Dieu pour décider les difficultés de la loi, il n'est pas raisonnable de penser que l'Eglise chrétienne, qui l'emporte si fort sur l'état des Juifs, n'ait pas des ressources contre l'erreur. Ainsi l'on ne peut refuser l'infaillibilité aux conciles généraux, représentant l'Eglise universelle. Cette puissance suprême s'étend à la conservation du dogme, à l'extirpation des hérésies, à la réformation de l'Eglise et au rétablissement des mœurs. C'est par ce moyen que les anciens Pères ont détruit les mauvaises doctrines, et l'on ne peut nier l'autorité des conciles généraux, sans rouvrir la porte à toutes les impiétés condamnées autrefois; à l'arianisme, au nestorianisme, et à tant d'autres monstres qui ont disparu depuis tant de siècles. En un mot, il faut regarder comme un ennemi de la foi celui qui s'obstine à ne pas reconnaître le pouvoir de ces saintes assemblées.

IV. L'autorité des saintes Ecritures est très-grande et très-vénérable, puisque ceux qui en ont été les auteurs furent inspirés du Saint-Esprit; mais il n'appartient pas à tout le monde de juger de l'inspiration ou du sens de ces livres. Ce pouvoir regarde l'Eglise; c'est elle qui peut déterminer sûrement et d'une manière infaillible toutes les controverses en distinguant les livres apocryphes des canoniques, et le sens vrai et orthodoxe de celui qui est hérétique ou contraire à la vérité. S'il se trouve donc quelqu'un qui rejette le canon des Ecritures, tel que l'Eglise le reçoit, tel que le troisième concile de Carthage et les papes Innocent et Gélase l'ont reconnu; ou bien si quelqu'un ose interpréter les saints livres suivant son sens particulier et sans égard pour les explications des saints Pères, il faut réprimer ces entreprises comme schismatiques, comme propres à fomenter toutes les erreurs.

V. C'est une erreur pernicieuse de ne vouloir admettre que ce qui est contenu dans l'Ecriture, puisqu'il est certain que Jésus-Christ, instruisant ses apôtres, a déclaré bien des choses qui ne sont point écrites et qu'il faut toutefois croire fermement, puisqu'il est constant, par la doctrine de l'apôtre saint Paul, que les fidèles doivent conserver les traditions qu'ils ont reçues, soit par écrit, soit de vive voix. On peut citer pour exemples de ces traditions non écrites, l'usage de prier vers l'Orient, la manière d'administrer et de recevoir l'eucharistie, les diverses cérémonies du baptême, le Symbole des apôtres, l'onction qui se fait en administrant le sacrement de confirmation, la pratique de mêler l'eau avec le vin destiné au sacrifice, celle de faire le signe de la croix sur le front, etc. Plusieurs de ces choses n'ont peut-être pas été instituées par Jésus-Christ même. Cependant, comme les apôtres étaient inspirés du Saint-Esprit, ce qu'ils ont établi dans l'Eglise doit être reçu et conservé comme les traditions de Jésus-Christ. Enfin, si quelqu'un s'obstine à ne respecter et à n'admettre que ce qui est écrit dans les saints livres, il faut le tenir pour hérétique et pour schismatique.

VI. S'il n'était pas permis dans l'ancienne loi de contredire les ordres du grand-prêtre, et si l'on punissait de mort les infracteurs de ces règlements; de quel front les hérétiques modernes osent-ils rejeter les décrets des conciles et des souverains Pontifes, par la seule raison que cela n'est pas contenu dans l'Ecriture? Ignorent-ils que Jésus-Christ a ordonné d'obéir aux pasteurs? Et ces pasteurs n'ont-ils pas une puissance ordonnée de Dieu? Ne sont-ce pas des maîtres et des pères? Les apôtres ne prétendaient-ils pas qu'on observât leurs ordonnances, quand ils recommandaient aux nouveaux chrétiens de s'abstenir du sang, des viandes suffoquées et des victimes présentées aux idoles? Il faut donc garder les coutumes reçues parmi le peuple fidèle. Il faut observer les décrets des anciens, dans les choses mêmes dont l'Ecriture ne parle point; et ceux qui méprisent les usages de l'Eglise doivent être punis comme des prévaricateurs de la loi divine (Labbe, t. XIV; *Hist. de l'Eglise gall.*, l. 52).

Dans les articles suivants, le concile de Sens traite avec la même sagesse les jeûnes et les abstinences de l'Eglise, le célibat des prêtres, les vœux monastiques, les sept sacrements, le sacrifice de la messe, la satisfaction, le purgatoire et la prière pour les morts, le culte des saints, le culte de leurs images; Dans l'avant-dernier, le concile s'exprime sur le libre arbitre, et dans le dernier sur la foi et les œuvres:

XV. L'erreur de Wiclef et de Luther touchant la nécessité d'agir, opposée au libre arbitre, est un dogme renouvelé du paganisme; mais il n'est personne qui ne puisse réfuter aisément cette impiété. La raison montre que, sans le libre arbitre, les lois divines et humaines, les conciles, l'élection, les prières, les reproches, la justice, la récompense et les châtiments sont des choses tout à fait inutiles. L'Ecriture enseigne de plus très-clairement que Dieu a laissé l'homme maître de son conseil; que celui-là est heureux, qui a pu faire le mal et ne l'a pas fait, qui a pu transgresser la loi du Seigneur et qui toutefois l'a observée. Or, cela montre que le libre arbitre existe en nous, et qu'il s'étend aux deux contradictoires. Ce saint concile reconnaît la vérité d'une telle doctrine, et nous n'excluons pas pour cela le secours de la grâce divine. Nous disons, selon l'Ecriture, que la volonté de l'homme, prévenue de la grâce intérieure, se tourne vers Dieu, s'approche de Dieu, et se prépare à cette grande grâce qui ouvre la vie éternelle. Mais cette nécessité de la grâce ne porte aucun préjudice au libre arbitre. Car elle est toujours prête à nous secourir, et il n'y a pas de moment où Dieu ne soit à la porte de notre cœur et n'y frappe, à quoi il faut ajouter que cette grâce n'est point telle que la volonté ne puisse y résister. Autrement, saint Etienne eût inutilement reproché aux Juifs qu'ils résistaient toujours au Saint-Esprit, et saint Paul eût exhorté vainement les Thessaloniciens à ne point éteindre en eux le Saint-Esprit. A la vérité, Dieu nous attire, mais nous ne sommes point entraînés par violence. Dieu prédestine, choisit, appelle, mais il ne glorifie enfin que ceux qui ont assuré par de bonnes œuvres leur vocation et leur élection. Au reste, ce n'est pas, à proprement parler, une nouvelle condamnation que nous faisons ici de l'erreur contraire au libre arbitre; l'Eglise et les conciles l'ont condamnée il y a longtemps; nous déclarons plutôt que cette erreur combat évidemment les premiers principes de la raison et les témoignages formels de l'Ecriture.

XVI. Luther, voulant abaisser le mérite des œuvres, s'est appliqué à relever uniquement la foi. Il cite, en faveur de la foi, des textes de l'Ecriture, qui, dans leur vrai sens, n'excluent point les autres vertus. Il en produit d'autres contre les œuvres, lesquels réprouvent seulement la trop grande confiance qu'on aurait dans ses bonnes actions, ou bien qui regardent les cérémonies de la loi. Les saints livres nous apprennent donc qu'il faut joindre l'espérance, la charité et les bonnes œuvres à la foi; que ce n'est pas la foi seule, mais plutôt la charité, qui justifie; et que les œuvres, bien loin d'être des péchés, sont nécessaires aux adultes pour le salut, et qu'elles ont même la qualité de vrai mérite (Labbe, t. XIV, p. 444-459).

Ces décrets si sages, si savants même et si précis, suffisaient pour détruire toutes les nouvelles erreurs. Le concile de Sens accueillit néanmoins une liste de trente-neuf articles, enseignés par les hérétiques modernes, persuadé qu'il suffisait de les remarquer pour en éloigner les fidèles. Il y joignit une sentence d'excommunication contre tous ceux qui tiendraient ces dogmes impies, qui favoriseraient leurs partisans, et qui retiendraient les livres de Luther ou des luthériens. Cette censure venait à la suite d'une exhortation vive et pathétique qu'adressaient les évêques du concile aux princes chrétiens, pour les engager à seconder les décrets de l'Eglise, à poursuivre les hérétiques, à leur interdire toute assemblée, toute conférence.

Enfin le concile dressa quarante décrets concernant la discipline ecclésiastique. On y recommande de prier souvent pour l'Eglise et pour la paix de la chrétienté; d'éviter dans l'administration des sacrements toute exaction, toute vue d'intérêt; de ne recevoir personne aux saints ordres, sans exiger auparavant des attestations qui fassent foi de l'âge, de la capacité et de la bonne conduite, sans avoir pris des assurances pour le titre clérical; et la même chose doit aussi s'observer, quand il est question de donner des dimissoires, pour que les ordres soient conférés dans un autre diocèse.

On défend d'admettre à l'exercice des saints ordres certains ecclésiastiques qui se disent promus en cour de Rome, à moins qu'ils n'aient montré leurs lettres d'ordination et qu'ils n'aient subi un examen qui rende témoignage de leur doctrine et de leurs qualités. On apportera encore plus de soin au choix des pasteurs. Ceux qui auront été nommés par les patrons, soit ecclésiastiques, soit séculiers, subiront un examen rigoureux, sans en excepter même ceux qui auraient été pourvus par le Saint-Siège; et s'il arrivait qu'un collateur ecclésiastique eût pourvu des sujets indignes, après une ou deux monitions, il sera interdit par le concile de la province.

On ordonna d'établir des distributions manuelles dans les chapitres, d'obliger les curés à la résidence personnelle, à l'explication de la doctrine chrétienne, aux instructions touchant la réception des sacrements de pénitence et d'eucharistie, l'assistance aux messes de paroisse, l'observation des jeûnes et des fêtes.

On entre, après cela, dans un grand détail sur les fondations, les chapelles particulières, la décence de l'office divin, la manière de psalmodier et de chanter les heures canoniales, le temps de l'office où l'on ne peut plus entrer dans le chœur sans être censé absent; les livres de chant, les missels, les légendes des saints, l'obligation de faire jouir de leurs revenus les nouveaux chanoines, dès qu'ils prennent possession. On passe à la conduite intérieure et extérieure des moines et des religieuses, à la modestie des clercs dans leurs habits, dans leurs manières, dans leurs sociétés; point de familiarité trop grande avec les séculiers; point de jeux de hasard, de danses, de spectacles, de chants lascifs, de chasse, de négoce; et ceux qui seront coupables d'incontinence seront punis selon la rigueur des canons par les évêques ou leurs officiaux. On revient ensuite à des règlements particuliers pour les moines et les religieuses. On abolit les prieurés réduits à un seul religieux, et les communautés de filles où la régularité ne peut être observée. On veut que les religieuses soient renvoyées à l'abbaye ou au monastère duquel ces prieurés ou petites maisons dépendent. On déclare que, dans les couvents de religieuses, on ne doit recevoir que le nombre de sujets qui pourront être entretenus sur les fonds de la maison; et défense est faite de rien exiger pour la réception, quelque excuse qu'on allègue de coutume ou de prétexte contraire. On permet seulement aux personnes surnuméraires de payer pension, mais on les exclut des places qui viendront à vaquer dans le nombre des filles qui composent la communauté; et il est dit que ces places seront remplies par d'autres filles qui doivent être reçues sans dot.

Enfin, il est très-expressément recommandé aux évêques de veiller sur la clôture des religieuses, comme étant la gardienne des bonnes mœurs, de la régularité et de la chasteté. Les autres décrets défendent d'établir de nouvelles confréries, sans la permission de l'évêque; de lancer l'excommunication, sans des causes graves et nécessaires; d'imprimer aucun livre traitant de la religion, sans la permission de l'ordinaire; de publier, sans cette même permission, aucun ouvrage de religion, écrit en langue vulgaire; d'admettre à la prédication et au ministère de la confession, qui que ce soit, s'il n'a été approuvé par l'évêque; de permettre aux abbés d'administrer la confirmation et de consacrer les vases sacrés, à moins qu'ils ne montrent leurs privilèges à l'ordinaire; de laisser introduire dans les cérémonies des fiançailles aucune indécence, aucun terme profane ou ridicule; et en même temps le concile prononce l'anathème contre tous ceux qui contractent, conseillent, favorisent ou autorisent de leur présence les mariages clandestins.

Le dernier décret dit que dorénavant les images ne seront point placées dans les églises, sans avoir été vues et approuvées de l'évêque, ou de quelqu'un qui en ait le pouvoir de lui; et, à l'occasion des miracles populaires, on ajoute une défense très-expresse de publier de nouveaux prodiges, d'élever sous ce prétexte aucune église, chapelle ou autel, de tolérer le concours du peuple à ce sujet, si ce n'est que l'évêque eût approuvé tout ce culte extérieur, et qu'il eût permis d'annoncer ces choses extraordinaires (Labbe, t. XIV, p. 463-481).

Tels sont en résumé les décrets de ce concile de Sens, un des plus mémorables qui aient jamais été célébrés dans l'Église gallicane. On y remarque, sur la foi et sur les mœurs, la plupart des décisions qui furent publiées depuis par le concile de Trente. Il servit encore comme de modèle à d'autres conciles provinciaux qui se tinrent en France la même année 1528 : à Lyon, à Bourges, à Tours, à Reims, à Rouen, et probablement dans toutes les autres provinces ecclésiastiques.

Toutefois, de 1528 à 1532, malgré la vigilance de la Sorbonne, des évêques et du parlement, de temps en temps on entendait parler d'entreprises contre la religion, de sacriléges, de profanations. A Paris, près de la rue Saint-Martin, une image de la sainte Vierge avait encore été insultée et défigurée, avec quelques autres représentations de saints. A Rouen, un luthérien avait blasphémé publiquement contre la Mère de Dieu. A Meaux, on avait attaqué par des railleries et des satires le sacrement de l'eucharistie, et chacune des années suivantes fournit encore des exemples funestes en ce genre. On punissait les coupables, on réparait le scandale par des processions et des cérémonies de piété; mais il restait toujours un levain d'erreurs dans bien des esprits. D'ailleurs, les mauvais livres, les sermons artificieux, les discours libres sur la religion se multipliaient sensiblement. Dans la paroisse de Condé, diocèse de Séez, le curé prêchait en luthérien, et l'on releva, soit dans ses discours, soit dans des écrits trouvés chez lui, soixante-huit propositions qui firent la matière d'un procès criminel. L'évêque de Séez, son supérieur immédiat, accompagné de l'inquisiteur de la foi, le condamna en première instance. Il en appela à l'archevêque de Rouen, qui consulta la Sorbonne avant de prononcer. Le résultat fut que l'auteur de ces propositions était un véritable hérétique et un faux pasteur des âmes : on reprit son procès à Rouen, après que la censure de Paris y eût été envoyée, et l'archevêque, assisté d'un évêque son suffragant et de cinq abbés, l'ayant dégradé en cérémonie, il fut livré au bras séculier, qui prononça contre lui la sentence de mort (*Hist. de l'Eglise gall.*, l. 52).

En Languedoc, on s'apercevait aussi des ravages que l'hérésie commençait à faire dans tous les états. Cette grande et belle province était comme abandonnée par ses évêques, la plupart hommes de qualité et qui se trouvaient beaucoup mieux à la cour que dans leurs diocèses. C'était à Toulouse surtout que la présence d'un prélat eût été bien nécessaire, pour veiller sur la conduite des étrangers qui venaient étudier en cette ville. Plusieurs d'entre eux étaient infectés de luthéranisme, ils semaient l'erreur en recevant l'instruction de leurs maîtres, et, sous prétexte de s'enrichir de leur littérature, ils inoculaient à la France des principes tout contraires à la religion de la France, de l'Europe et de l'univers civilisés. Le parlement s'opposait néanmoins de toutes ses forces à la témérité des sectaires. Dans un seul jour, celui de Pâques 1532, il en fit arrêter un grand nombre. L'inquisiteur de la foi procéda contre eux, on fit ajourner les absents : l'official et les grands-vicaires de l'archevêque, qui faisaient partie du tribunal de l'inquisition, obligèrent un docteur en droit civil à faire abjuration publiquement et à payer une somme de mille livres aux pauvres. Un bachelier en droit fut condamné par le parlement à être brûlé vif, pour avoir soutenu opiniâtrément les erreurs dont il était coupable, et vingt autres personnes subirent diverses peines dans une de ces cérémonies publiques qu'on appelait *Acte de foi*, en espagnol, *Auto-da-fé*.

Un des endroits où l'on faisait le plus d'accueil aux sectaires était le Béarn, pays de la domination du roi de Navarre. La reine Marguerite, sœur de François Ier, protégeait tous les gens de lettres suspects d'hérésie. Sous la direction de Gérard Roussel, son docteur de confiance, cette princesse lisait assidûment la Bible, elle composa même une espèce de drame, presque tout tiré du Nouveau Testament; et pour faire représenter cette pièce, elle fit venir d'Italie une troupe de comédiens, gens accoutumés à passer les bornes de la discrétion. Comme ils virent qu'on aimait dans cette cour les railleries sur le compte des religieux et des prêtres, il y avait toujours dans leurs représentations quelque farce où ces personnages étaient reproduits avec toute la licence du théâtre comique. Le roi de Navarre, par complaisance ou par goût, applaudissait à ces spectacles. Il prit part ensuite à des exercices plus dangereux pour lui : c'étaient des sermons clandestins qui se faisaient dans l'appartement de la reine, et où l'on ne manquait pas de déclamer contre le Pape et contre le clergé. Ce prince facile fit encore un pas plus avant : il se laissa gagner au point d'assister à la cène, que les nouveaux docteurs faisaient ensemble dans un réduit du château; ils n'appelaient encore cette cérémonie que la *manducation*; mais, au fond, elle ne différait pas de la cène calviniste, qui fut établie quelques années après.

François Ier, ayant su ce qui se passait en Béarn, manda sa sœur et lui en fit des reproches. Elle n'entreprit pas de contester avec lui, elle se déclara orthodoxe, elle protesta de sa soumission aux dogmes de l'Eglise; mais elle ne laissa pas en même temps de vanter le prétendu mérite de ses docteurs. Outre Gérard Roussel, qui tenait toujours le premier rang dans son esprit, deux Augustins défroqués, peut-être plus suspects encore, avaient part à l'estime de cette princesse, et ils prenaient le titre de *ses prédicateurs*; l'un s'appelait Berthaud et l'autre Couraut; ils essuyèrent l'un et l'autre, à titre de mauvaise doctrine, une procédure de la Faculté de théologie. Le premier, se voyant menacé de la prison, s'enfuit secrètement, quitta l'habit monastique, se fit protestant; mais il eut le bonheur de rentrer depuis dans le sein de l'Eglise. L'autre fut constitué prisonnier, et demeura quelque temps sous la garde de l'évêque de Paris. Relâché ensuite, il apostasia, et, après avoir parcouru la Suisse et la Savoie, il mourut ministre à Genève. Tels furent les orateurs que la reine de Navarre prétendait accréditer à la cour de France. Elle voulut aussi y introduire sa messe à sept points, dont il a déjà été parlé.

On reprochait encore à la reine Marguerite d'avoir fait traduire en français, par l'évêque de Senlis, le livre dont elle se servait pour ses prières, et d'avoir souhaité qu'on en retranchât plusieurs traits favorables à la doctrine de l'Église; d'avoir elle-même mis au jour un ouvrage de dévotion, intitulé : *Le miroir de l'âme pécheresse*, où il n'était question ni de l'intercession des saints ni du purgatoire. Toute cette conduite indisposait beaucoup les zélés catholiques : ceux qui en témoignaient le plus de mécontentement furent quelques membres de l'Université de Paris.

A la rentrée des classes, dans les premiers jours d'octobre, c'était la coutume que les écoliers de rhétorique qui passaient en philosophie fussent exercés à la déclamation de quelques vers dramatiques. En 1533, ceux du collège de Navarre représentèrent une pièce où la reine théologue de Navarre était peinte en caricature. On y voyait d'abord une femme tenant le fuseau et la quenouille. Une des furies de l'enfer venait lui inspirer ses passions, et lui faire prendre un livre d'évangile traduit en français. Alors l'esprit de controverse, d'aigreur, de tyrannie saisissait la dame, et elle se livrait à toutes sortes d'entreprises violentes et injustes. Cela était entremêlé de traits fort hardis contre la princesse, et il n'était pas possible de la méconnaître dans ces jeux scholastiques. La chose éclata, on en fut informé à la cour : ordre en conséquence au prévôt de Paris de faire la visite du collège de Navarre. Le prévôt exécute sa commission, l'auteur de la pièce disparaît, on arrête les acteurs, on les oblige de répéter leurs rôles, le principal du collège fait quelque résistance, son petit peuple d'écoliers se défend à coups de pierres, il faut céder enfin à l'autorité et à la force, les supérieurs de la maison sont arrêtés et obligés de garder durant quelques jours une espèce de prison. C'est à quoi se borna la pénitence.

Mais dans le même temps un autre démêlé s'étendit dans toutes les parties de l'Université. *Le miroir de l'âme pécheresse*, ouvrage composé par la reine Marguerite, ayant été trouvé chez les libraires, lorsque les députés de la Faculté de théologie y faisaient leur visite, ces docteurs mirent le livre au nombre de ceux dont la lecture devait être défendue aux fidèles. La princesse s'en plaignit au roi, son frère, qui envoya ordre à l'Université de rendre compte de sa conduite à cet égard. Aussitôt le recteur, Nicolas Cop, fils du premier médecin du roi, assembla les quatre Facultés, et fit des perquisitions sur l'auteur de la condamnation de ce livre. Personne ne se déclara, et l'on trouva seulement, sur la fin de la séance, que le curé de Saint-André-des-Arts avait mis l'ouvrage au nombre des productions suspectes, parce qu'il lui manquait l'approbation de la Faculté, condition expressément marquée par les arrêts du parlement. Mais le recteur Nicolas Cop était lui-même infecté de luthéranisme, comme il le manifesta dans un sermon prêché à la Toussaint de la même année 1533. Traduit pour ce sujet au parlement, il n'osa paraître et s'enfuit à Bâle, d'où il était originaire. On sut plus tard que le sermon qu'il avait prêché était l'œuvre d'un sien ami, qu'il est temps de faire connaître (*Hist. de l'Église gallic.*, l. 52).

A Noyon, en Picardie, vivait *Gérard Cauvin* d'abord tonnelier, ensuite notaire, secrétaire et procureur fiscal de l'évêque; il avait pour femme Jeanne Lefranc, fille d'un cabaretier de Cambrai. Le 10 juillet 1509, ils eurent un second fils, qui fut baptisé à Sainte-Godeberte et eut pour parrain le chanoine Jean de Vatines. Gérard Cauvin avait à peine sept cents francs de rente, pour lui, sa femme, leurs six enfants, quatre garçons et deux filles. Une famille riche et pieuse, celle des Mommor, vint généreusement à son secours. Elle eut un soin particulier du petit *Jean Cauvin*, l'admit dans sa maison, à la table de ses enfants, et lui donna le même maître. Son père le destinait à l'état ecclésiastique; avec quelques centaines de francs que lui donnèrent ses bienfaiteurs, il acheta, le 15 mai 1521, la prébende d'une chapelle dans la cathédrale de Noyon; il avait alors douze ans. Envoyé à Paris, il descendit chez son oncle Richard, serrurier, près de l'église Saint-Germain-l'Auxerrois. C'était un honnête ouvrier, qui nourrit et hébergea le fils de son frère, plusieurs années de suite, à ses frais. L'enfant avait une petite chambre qui donnait sur l'église, dont les chants le réveillaient le matin. Les deux fils Mommor, qui accompagnaient leur condisciple, étaient allés se loger dans la rue Saint-Jacques. Cette séparation ne brisa pas leur amitié d'enfance. Ils se retrouvaient chaque jour au collège de la Marche, à la leçon du professeur, et, le dimanche ou les jours de fête, à la table de quelque grand seigneur allié de la famille Mommor, ou dans les jardins du gymnase, se promenant ensemble. Richard Cauvin, le serrurier, fier des succès de son neveu, car l'enfant en avait, continuait d'aller tous les matins à la messe de sa paroisse, de faire maigre le vendredi et le samedi, de dire son chapelet, de jeûner aux Quatre-Temps, pratiques dont se moquait l'orgueilleux écolier; car Jean, à quatorze ans, avait déjà lu quelques-uns des livres de Luther, et le doute était entré dans son âme, puis l'inquiétude et le tourment. En sa dix-neuvième année, le 27 septembre 1527, il fut pourvu de la cure de Marteville; il n'était que tonsuré. En 1529, son père, qui était aimé de l'évêque, obtint pour son fils l'échange de cette cure contre celle de Pont-l'Evêque, où le prêtre était né et où le grand-père demeurait encore. Ce fut un membre de la famille Mommor, le pieux abbé de Saint-Éloi, qui le présenta à cette cure. De Paris, où il fit connaissance avec Guillaume Farel, il revint à Noyon et prêcha quelquefois à Pont-l'Evêque : il ne fut jamais prêtre. Son père, Gérard Cauvin, ayant désiré qu'il étudiât le droit, il se rendit à l'Université d'Orléans, où enseignait un célèbre jurisconsulte de France, Pierre de l'Étoile, depuis président au parlement de Paris. Jean Cauvin y faisait la joie du maître, mais le désespoir des écoliers; car on rapporte qu'il ne faisait d'autre métier au collège que de calomnier ses camarades : aussi l'avaient-ils surnommé l'*accusatif* (Audin, *Vie de Calvin*, t. I).

D'Orléans, il se rendit à l'Université de Bourges, où ses études furent tout à coup interrompues. Il partit pour aller soigner son père malade, que Dieu appela bientôt à lui. Gérard Cauvin mourut dans la foi de ses pères, et priant pour son fils qui allait être exposé aux tentations du monde. A Bourges, Jean Cauvin étudia le droit sous le fameux Alciat, venu d'Italie. Il étudia aussi la littérature grecque sous un luthérien allemand, Melchior Wolmar, qui l'initia bien plus encore à Luther qu'à Sophocle ou à Démosthène, et qui dès lors compta beaucoup sur lui pour l'avancement de la prétendue réforme. « Quant au Cauvin, écrivait-il à Farel, je ne crains pas tant son esprit de travers que j'en espère bien; car ce vice est propre à l'avancement de nos affaires, pour le rendre un grand défenseur de nos opinions, parce qu'il ne pourra si aisément être pris qu'il ne puisse envelopper en des embarras plus grands (Audin, *Vie de Calvin*, t. I, p. 41). » D'après les conseils de Wolmar, il se remit à l'étude de la théologie, comme la maîtresse de toutes les sciences. A Bourges encore, il lia connaissance et amitié avec un jeune homme de Vézelai, qui cultivait le droit, la poésie et les passions les plus infâmes; car il a laissé des poèmes où il chante impudemment ses amours de Sodome (*Ibid.*, p. 43 et seqq.). Le jeune homme s'appelait Théodore de Bèze ; c'est un des patriarches du protestantisme en France.

Jean Cauvin, de retour à Paris, y publia, l'an 1532, son premier livre. Il a pour titre : *De la clémence*, paraphrase d'un écrivain latin de la décadence, le rhéteur Sénèque, qu'il confond avec son fils Sénèque, le philosophe. C'est dans ce livre qu'il changea son nom de Cauvin en *Calvin*, sous lequel il est plus connu. Il s'est encore déguisé sous beaucoup d'autres noms, car il n'était pas hardi comme Luther. Moins propre que l'hérésiarque de Wittemberg à commencer une révolution religieuse, il était plus propre à la raffiner une fois commencée. Ce fut Calvin qui composa le sermon luthérien prêché par le recteur de l'Université de Paris, Nicolas Cop; pour échapper aux poursuites du parlement, l'un et l'autre prirent la fuite.

Quant aux mœurs de Calvin même, ce fondateur et patriarche du protestantisme français, voici certains faits rapportés par le cardinal de Richelieu, d'après des autorités très-graves, et qui n'ont pu être démentis par les calvinistes.

« Calvin fut nourri dès son bas âge pour être ecclésiastique. N'ayant encore que dix-huit ans, par la licence du siècle, il fut dès lors pourvu d'une cure, laquelle, deux ans après, il permuta avec une autre. Pendant qu'il possédait ces bénéfices, il fut plusieurs fois repris de la liberté de sa créance et de la dépravation de ses mœurs; mais ayant été enfin condamné pour ses incontinences, qui le portèrent même jusqu'aux dernières extrémités du vice, il se retira et des environs de Noyon et de l'Eglise romaine tout ensemble.

» Campianus, qui mourut martyr en Angleterre sous le règne de la reine Elisabeth, reprochant à nos adversaires la vie infâme de Calvin et usant de ces termes : *Que leur chef avait été fleurdelisé et fugitif*, Witaker, en sa réponse, n'en a point d'autre, que celle-ci : *Calvin a été stigmatisé; mais saint Paul l'a été, d'autres l'ont été aussi.* A quoi Duræus repartant, en la réplique qu'il fait pour Campianus, dit : *Que c'est une chose impie de comparer Calvin, marqué pour ses crimes, à saint Paul, marqué pour la confession de Jésus-Christ.*

» Witaker, en sa réplique, se tait sur cet article ; et ce qui doit passer pour une conviction indubitable des crimes imputés à Calvin, et que, depuis qu'il a été chargé de cette accusation, l'Eglise de Genève non-seulement n'a pas justifié le contraire, mais même n'a pas nié l'information de Berthelier, envoyé par ceux de la même ville à Noyon. Cette information était signée des plus apparents de la ville de Noyon ; et avait été faite avec toutes les formes ordinaires de la justice. Et dans la même information on voit que cet hérésiarque ayant été convaincu d'un péché abominable que l'on ne punit que par le feu, la peine qu'il avait méritée fut, à la prière de son évêque, commuée en celle de la fleur-de-lis. Et l'Eglise de Genève, qui ne désavoue pas cette information touchant la vie de Calvin, n'eût pas manqué de la désavouer, si elle eût cru le pouvoir faire sans blesser la vérité.

» Ajoutez à cela que Bolsec ayant rapporté la même information, Berthelier, qui vivait encore au temps de Bolsec, ne l'a démentit point : ce qu'il eût fait aussi sans doute, s'il eût pu le faire sans trahir le sentiment de sa conscience et sans s'opposer à la créance publique. Ainsi le silence et de toute une ville intéressée et de son secrétaire, est en cette occasion une preuve infaillible des dérèglements imputés à Calvin (1). »

A ces autorités irrécusables de Richelieu, on peut en ajouter d'autres. Le grave et savant Anglais Stapleton, né en 1535, et qui avait près de trente ans lorsque Calvin mourut en 1564, fut très à portée d'être bien instruit du fait, puisqu'il passa une grande partie de sa vie dans le voisinage de Noyon. Or, voici en quels termes il s'exprime : « Aujourd'hui encore, on voit dans la ville de Noyon en Picardie les archives et les monuments de ce qui s'y est passé; aujourd'hui encore, on y lit que Jean Calvin, convaincu de sodomie, fut seulement marqué sur le dos, par l'indulgence de l'évêque et du magistrat, et qu'il sortit de la ville ; et des hommes très-honorables de sa famille, qui vivent encore, n'ont pu obtenir jusqu'à présent que la mémoire de ce fait, qui imprime à toute la famille une certaine flétrissure, fût effacée des archives de la ville (Stapleton, *Promptuar. cath.*, part 32, p. 133). » Au reste, les luthériens d'Allemagne, entre autres Schlusselburg, dans sa *Théologie calvinienne*, en parlaient également comme d'un fait. Et quant au silence affecté de Bèze, ils répondent que le disciple s'étant illustré par les mêmes crimes et la même hérésie que son héros, il ne mérite sur ce point la confiance de personne (Conrad Schlusselburg, *in Theol. calv.*, l. 2, fol. 72, Francfort, 1592).

En effet, nous avons déjà vu quelque chose de sa moralité, que Richelieu résume dans ces termes :

« Bèze, étant ecclésiastique et possédant quelques bénéfices, sortit de l'Eglise romaine en même temps que le parlement le fit assigner pour être ouï sur une poésie qu'il avait composée, extraordinairement impure et scandaleuse ; mais se sentant coupable d'un si grand excès, il ne répondit à cet auguste sénat que par la fuite, et se retira à Genève. Pour apprendre quel il a été, nous n'avons pas besoin d'autre témoignage que le sien, ayant publié lui-même qu'il a fait des vers à l'imitation de Catulle et d'Ovide, qu'il s'était abandonné à des impuretés énormes et monstrueuses; en considération de quoi il est appelé par ses propres confrères *la honte de*

---

(1) Richelieu. *Traité pour convertir ceux qui se sont séparés de l'Eglise*, l. 2, c. 10, p. 291 et 292, édit. in-fol., Paris, 1651.

là France, simoniaque, rempli de tous vices, et de celui-là même qui a attiré le feu du ciel (Antoine Faye, De obitu et vitâ Bezæ ; Audin, Hist. de Calvin, t. II, c. XIV). » Il est inutile de dire qu'il était encore catholique quand il fit cette poésie ; car il nous apprend lui-même le contraire, puisqu'il rend grâces à Dieu de lui avoir donné la connaissance de la vraie religion dans la seizième année de son âge, et qu'il ne publia que plusieurs années après ces infâmes épigrammes. Et, dédiant lui-même ces vers à Wolmar, qui l'avait instruit en la religion prétendue réformée, il nous fait connaître qu'il n'estimait pas cette poésie indigne de l'esprit protestant, puisqu'il la dédiait à celui même qui la lui avait inspirée (Richelieu, *Ubi suprà*, p. 293 et 294).

Un confrère et convive de Bèze achèvera de nous faire connaître ses mœurs : c'est le jurisconsulte Baudouin. Un jour, dans une dispute à Genève, en présence de Calvin, Bèze avait comparé le juriste à un chien affamé, flânant autour des cuisines et alléché par la friande odeur des mets. Baudouin lui répliqua : « Que veux-tu dire avec ces mots : Je crois le voir encore tantôt au milieu de cette ville de désœuvrés, tantôt au palais parmi ces flots de juristes et d'avocats, le nez au vent, flairant un dîner ? — Je voudrais bien savoir quel honnête homme a jamais flairé tes repas, à la façon de Sardanapale ou d'Héliogabale, débauché que tu es ? ou bien tes soupers sacrilèges, où le vice vient s'asseoir, incestueux amphitryon ? Qui est-ce qui s'est approché de ta salle à manger sans se boucher le nez, suffoqué par cette odeur de lupanar qu'exhalaient tes fêtes nocturnes ? Qui est-ce qui voudrait mettre le pied dans ton bouge, sans crainte de rester souillé ? Odeur et saveur, il y a de quoi suffoquer. Avec toi, malheureusement, besoin est de se condamner à ne pas user toujours de termes chastes, et lorsqu'on veut parler de Théodore, gare aux oreilles pudiques ! Mais j'espère que les âmes honnêtes me pardonneront, si ma plume prend les licences auxquelles elle n'est pas accoutumée. En vérité, satyre aviné, quand, assis à côté de la Pallas, le fais le petit Platon, Baudouin aurait donc été bienheureux s'il eût pu aspirer un semblable nectar, une si douce ambroisie ! » Sur quoi il se met à décrire une scène bachique où Bèze ne figure pas seul et qui rappelle assez bien certains soupers de Néron avec ses compagnons de sodomie (Bald., *Resp. ad Calvin. et Bez.*, *Coloniæ*, 1564, p. 81 et 82 ; Audin, t. II, p. 343).

Quant à Calvin, le patriarche des protestants français, pour le bien connaître, il n'y a qu'à l'entendre parler. Nous avons vu les emportements de Luther, ceux de Calvin ne sont pas moindres. Ses adversaires ne sont jamais que des fripons, des fous, des méchants, des ivrognes, des furieux, des enragés, des bêtes, des taureaux, des ânes, des chiens, des pourceaux ; et le beau style de Calvin est souillé de toutes ces ordures à chaque page. Catholiques et luthériens, rien n'est épargné. L'école de Westphal, selon lui, *est une puante étable à pourceaux* (*Opuscul.* 799). La cène des luthériens est presque toujours appelée une cène *de cyclopes, où on voit une barbarie digne des Scythes* (*Ibid.*, 803, 837) : s'il dit souvent que le diable pousse les papistes, il répète cent et cent fois qu'il a fasciné les luthériens et « qu'il ne peut pas comprendre pourquoi ils s'at-taquent à lui plus violemment qu'à tous les autres, si ce n'est que Satan, dont ils sont les vils esclaves, les anime d'autant plus contre lui qu'il voit ses travaux plus utiles que les leurs au bien de l'Eglise (*Diluc. expos., opusc.* 839). » Ceux qu'il traite de cette sorte sont les premiers et les plus célèbres des luthériens.

Au milieu de ces injures, il vante encore sa douceur (*Def. in Westph.*) ; et après avoir rempli son livre de ce qu'on peut imaginer non-seulement de plus aigre, mais encore de plus atroce, il croit en être quitte en disant « qu'il avait été tellement sans fiel lorsqu'il écrivait ces injures, que lui-même, en relisant son ouvrage, était demeuré tout étonné que tant de paroles dures lui fussent échappées sans amertume. C'est, dit-il (*Ult. adm.*, 795), l'indignité de la chose qui lui a fourni toute seule les injures qu'il a dites, et il en a supprimé beaucoup d'autres qui lui venaient à la bouche. Après tout, il n'est pas fâché que ces stupides aient enfin senti les piqûres, » et il espère qu'elles serviront à les guérir. Il veut bien pourtant avouer qu'il en a dit plus qu'il ne voulait, et que le remède qu'il a appliqué au mal *était un peu trop violent*. Mais après ce modeste aveu, il s'emporte plus que jamais, et, tout en disant : « M'entends-tu, chien ? M'entends-tu bien, frénétique ? M'entends-tu bien, grosse bête ? » il ajoute « qu'il est bien aise que les injures dont on l'accable demeurent sans réponse (*Opusc.* 838 ; *Variat.*, l. 9, n. 82). »

« Si Westphal, conclut-il, ne veut pas obéir à cette dernière admonition que je lui fais, je l'aurai en telle estime que saint Paul commande d'avoir les hérétiques. Les autres aussi qui ont censuré ma doctrine, comme ceux de Saxe, de Magdebourg, de Brême, etc., sont tellement ensorcelés d'erreur, que leurs plus vieux théologiens n'entendent pas même ce qu'on apprend aux petits enfants par le catéchisme. Ils ne savent ce que c'est que la cène, ni où elle tend ; ce sont des brutaux, qui n'ont pas un brin d'honnête pudeur, ne font que chicaner, jetant les hyperboles de leur Luther, ne s'étudiant qu'à fasciner le peuple et à plaire au monde, sans se soucier du jugement de Dieu ni de ses anges. Ce sont des hommes emportés, furieux, légers, inconstants, donneurs de bourdes, aveugles, ivrognes, pleins d'impudence de chien et d'orgueil diabolique. Arrogance leur tient lieu de piété. Ce sont des hommes vertigineux, cyclopes et de faction superbe et gigantine, frénétiques, bêtes sauvages, proterves, fastueux, endurcis. Ils nous estiment indignes que la terre nous porte, et disent que si on ne nous extermine bientôt de ce monde, pour le moins on nous doit bannir entre les Scythes et les Indiens. Enfin ils crient contre la paresse de leurs princes protestants, parce qu'ils ne nous détruisent pas de leurs glaives (*Ultim. adm.*, tit. 3, trad. de Feu-Ardent). »

Voilà comme le patriarche du protestantisme français nous dépeint les apôtres et les fidèles du protestantisme allemand, particulièrement leur charité. Quant à la sienne propre, on la voit assez à son langage. On la voit peut-être encore mieux dans le fait suivant.

En 1543, Genève fut visitée par une peste affreuse qui décima les habitants ; quelques germes de la maladie, apportés à Lyon, s'y développèrent promptement. A Genève, les ministres calvinistes se présentèrent au conseil municipal, avouant qu'il serait de leur devoir d'aller consoler les pestiférés, mais qu'aucun d'eux n'aurait assez de courage pour le faire, priant le conseil de leur pardonner leur faiblesse, Dieu ne leur ayant pas accordé la grâce de voir et d'affronter le péril avec l'intrépidité nécessaire. Et Calvin se montra plus couard encore devant la mort : il obtint que défense fût faite de choisir maître Jean pour aller secourir les malades, attendu les grands besoins que l'Eglise et l'Etat avaient de lui. Or, tout ceci est écrit textuellement et gardé comme un monument éternel de honte à la mémoire des prédicants génevois, aux archives mêmes de la république (*Registres de l'Etat*, 5 juin 1543; Audin, t. II, p. 419 et 420).

A Lyon, au contraire, au premier mot de peste, tous les prêtres, malades, infirmes même, s'étaient présentés à l'archevêque, demandant à porter secours à leurs frères et à mourir de la mort des martyrs, si Dieu était assez bon pour couronner leur dévouement. Aussi dans cette lutte des deux principes, qui se passa à Lyon sur la place publique, il n'y eut aucune défection dans les rangs du peuple catholique. Par intervalle, quelque noble seigneur transige avec l'ennemi, comme le gouverneur de Saulx; mais le peuple reste fidèle à la bannière de ses saints patrons. Dieu et Notre-Dame de Fourvière est son cri d'alarme ou de salut dans le danger. Si la mort vient le surprendre en combattant pour sa foi, il est sûr de trouver à ses côtés un prêtre, au besoin transformé en soldat, pour lui ouvrir le ciel.

Parmi ces prêtres charitables de Lyon, on distinguait Gabriel de Saconay, chanoine-comte et grand-chantre de la métropole. C'était un personnage également noble, pieux et savant. Dans son château de Saconay, il avait formé une riche bibliothèque de controverse, pleine de bons livres de tous les docteurs grecs et latins qui, aux divers siècles de l'Eglise, avaient défendu l'intégrité du dogme catholique. Il les avait feuilletés, ces livres, lus et relus, médités et annotés, avec une passion monacale. Son style, dit Audin, a toutes sortes de parfums ascétiques : en lisant Saconay, on sent à chaque page Tertullien, Origène, Augustin, Chrysostome, Jérôme, qu'il sait par cœur et qu'il fond habilement dans sa narration. Cette longue familiarité avec les Pères et les Docteurs lui donna de reconnaître une hérésie au premier coup d'œil, quelque masque qu'elle pût prendre. Ainsi, dans son livre *Du vrai Corps de Jésus-Christ*, il signale l'origine suspecte de tous les arguments de la réforme génevoise. — Ceci a été volé à Béranger. — Ce trope dont vous faites tant de bruit se trouve dans le livre de Valdo, et en voici la page. — Cette scolie hérétique avait été jetée dans le panier aux ordures d'un moine du XIIᵉ siècle, c'est là que vous êtes allé la chercher, pour nous la montrer ensuite comme quelque chose de nouveau. Gabriel de Saconay répandit ainsi parmi le peuple plusieurs opuscules salutaires: entre autres il réimprima la défense des sept sacrements par Henri VIII, avec des notes. Tout cela échauffa tellement la bile de Calvin, qu'il n'est peut-être personne contre qui il vomisse plus d'injures. A l'entendre, le bon chanoine de Lyon, qui ne se fâche jamais, est un monstre qui aboie comme un chien, hurle comme un loup, donne des coups de corne comme un bœuf, bave comme une harpie, brait comme un âne (Audin, *Hist. de Calvin*, t. II, p. 428).

Maintenant, quels furent, d'après Calvin lui-même, les causes et les fruits de sa réforme? Voici comme il s'exprime dans son commentaire sur la seconde épître de saint Pierre, chapitre 2, verset 2 : « Sur dix *évangéliques*, vous en trouverez à peine un seul qui soit devenu *évangélique* pour autre chose que pour pouvoir s'adonner plus librement à la crapule et à la débauche. » Sur le chapitre 2 de Daniel, verset 34, il dit encore : « Dans le petit troupeau de ceux qui se sont séparés de l'idolâtrie papistique, le plus grand nombre est plein de parjure et de tromperie. Ils font bien mine d'avoir du zèle, mais quand on y regarde de près, on les trouve pétris de faussetés et d'artifices (Weislinger, p. 483 et 484). »

Les pasteurs de Genève ne reçoivent pas de leur patriarche un plus honorable témoignage. Dans son livre *Des scandales*, après avoir déclamé contre l'athéisme qui régnait surtout dans les palais des princes, dans les tribunaux et les premiers rangs de sa communion, Calvin ajoute : « Il est encore une plaie plus déplorable. Les pasteurs, oui les pasteurs eux-mêmes qui montent en chaire..... sont aujourd'hui les plus honteux exemples de la perversité et des autres vices. De là vient que leurs sermons n'obtiennent ni plus de créance, ni plus d'autorité que les fables débitées sur la scène par un histrion. Et ces messieurs pourtant osent encore se plaindre qu'on les méprise et les montre au doigt pour les tourner en ridicule. Quant à moi, je m'étonne plutôt de la patience du peuple; je m'étonne que les femmes et les enfants ne les couvrent pas de boue et d'ordures. »

Enfin, avant de mourir, Calvin entrevit avec terreur les suites funestes de la réforme qu'il avait prêchée. « L'avenir m'effraie, disait-il, je n'ose y penser; car, à moins que le Seigneur ne descende des cieux, la barbarie va nous engloutir. Ah! plaise à Dieu que nos fils ne me regardent comme un prophète (*Præf. catech. eccl.*, Genev., p. 11; Audin, t. II, p. 502)! »

Mais ces funestes résultats, y compris l'athéisme, étaient faciles à prévoir : ce sont les conséquences naturelles, c'est en quelque sorte la substance même du calvinisme, aussi bien que du luthéranisme : Calvin, aussi bien que Luther, fait Dieu auteur de tous les crimes.

Dans son livre *Du serf arbitre*, Luther décide : « que le libre arbitre est un vain mot; que la prescience de Dieu rend le libre arbitre impossible; que Judas, par cette raison, ne pouvait éviter de trahir son maître; que tout ce qui se fait en l'homme de bien et de mal, se fait par une pure et inévitable nécessité; que c'est Dieu qui opère en l'homme tout ce bien et tout ce mal qui s'y fait, et qu'il fait l'homme damnable par nécessité; que l'adultère de David n'est pas moins l'ouvrage de Dieu que la vocation de saint Paul; enfin qu'il n'est pas plus indigne de Dieu de damner des innocents que de pardonner, comme il fait, à des coupables. » Pour conclusion, il ajoute : « qu'il disait ces choses, non en examinant, mais en déterminant qu'il n'entendait les soumettre au jugement de personne, mais conseillait à tout le monde de s'y assujétir (*Hist. des Variat.*, l. 2, n. 17). »

Le ministre calviniste Jurieu convient, avec les catholiques, que ce sont là « des dogmes impies, horribles, affreux et dignes de tout anathème, qui introduisent le manichéisme et renversent toute religion (*Ibid.*, addition). »

Or, Calvin, dans son livre *De l'institution chrétienne*, et Théodore de Bèze, dans sa *Briève exposition des principaux points de la religion chrétienne*, enseignent absolument les mêmes dogmes impies et destructifs de toute religion; ils enseignent, comme Luther, « que Dieu fait toutes choses selon son conseil défini; voire même celles qui sont méchantes et exécrables; qu'ayant ordonné la fin (qui est de glorifier sa justice dans le supplice des réprouvés), il faut qu'il ait en même temps ordonné les causes qui amènent à cette fin (c'est-à-dire sans difficulté, les péchés); que le péché du premier homme, quoique volontaire, est en même temps nécessaire et inévitable; qu'Adam n'a pu éviter sa chute, et qu'il ne laisse pas d'en être coupable; qu'elle a été ordonnée de Dieu, et qu'elle était comprise dans son secret dessein; qu'un conseil caché de Dieu est la cause de l'endurcissement; qu'on ne peut nier que Dieu n'ait VOULU ET DÉCRÉTÉ LA DÉSERTION d'Adam, puisqu'il fait tout ce qu'il veut; que ce décret fait horreur, mais qu'enfin on ne peut nier que Dieu n'ait prévu la chute de l'homme, puisqu'il l'avait ordonnée par son décret; qu'il ne faut point se servir du terme de permission, puisque c'est un ordre exprès; que la volonté de Dieu fait la nécessité des choses, et que tout ce qu'il ordonne arrive nécessairement; que c'est pour cela qu'Adam est tombé par un ordre de la providence de Dieu, et parce que Dieu l'avait ainsi trouvé à propos; que les réprouvés sont inexcusables, quoiqu'ils ne puissent éviter la nécessité de pécher, et que cette nécessité leur vient par ordre de Dieu; que Dieu leur parle, mais que c'est pour les rendre plus sourds; qu'il leur envoie des remèdes, mais afin qu'ils ne soient point guéris; et que si les hommes veulent répliquer qu'ils n'ont pu résister à la volonté de Dieu, il les faut laisser plaider contre celui qui saura bien défendre sa cause; » sans qu'il soit permis, comme on voit, de la défendre, en disant qu'il laisse l'homme à sa liberté et qu'il ne veut point son péché (1).

Ainsi donc, le dieu de Luther et de Mélanchthon, de Calvin et de Bèze est l'auteur et l'approbateur de tous les crimes; c'est lui qui opère en nous le mal, sans que nous puissions l'éviter, et puis qui nous en punit dans le temps et dans l'éternité; en un mot, le dieu de Luther et de Calvin, comme celui de Wiclef, est un dieu que les athées auraient raison de nier; de sorte que la religion de ces grands réformateurs est pire que l'athéisme (*Variat.*, l. 11, n. 153).

Tel est ce puits de l'abîme, toujours béant, d'où sont sorties, d'où sortent incessamment l'impiété et la corruption modernes, pour faire renier Dieu aux hommes, et les plonger sans remords dans tous les crimes. Car comment croire, comment aimer, comment ne pas haïr, au contraire, un être qui nous punit du mal que nous n'avons pu éviter, du mal qu'il fait lui-même en nous ? Si nous n'avons point de franc-arbitre, si nous faisons le mal nécessairement, si c'est Dieu même qui l'opère en nous, sans que nous soyons libres de ne pas y consentir, livrons-nous-y sans remords; nos actions les plus damnables sont des actions divines. Tel est le fond satanique de la réforme de Luther et de Calvin, quant à Dieu et à l'homme, quant à la foi et à la morale.

Ils ne s'en sont pas tenus là. Pour nous engager plus efficacement au mal, nous avons entendu Luther dire à Mélanchthon : Commettez hardiment tous les crimes, fornications, adultères, croyez seulement que vous êtes dans la grâce de Dieu, et vous ne cessez pas d'y être, vous ne cessez pas d'être juste, d'être digne du ciel. Calvin va même plus loin : Croyez seulement, et vous êtes aussi certain de votre salut éternel que de la rédemption du Christ; croyez seulement, et, malgré tous les crimes, non-seulement vous restez dans la grâce de Dieu, dans la justice, mais vous y resterez toujours, vous ne pourrez la perdre; la grâce, la justice est inamissible, elle passera même à vos descendants, sans qu'ils aient besoin du baptême (*Variat.*, l. 9, n. 1 et seqq).

Certainement, avec ces principes de Luther et de Calvin, si tous les luthériens et les calvinistes, si tous les hommes et toutes les femmes ne s'abandonnent pas à toutes leurs passions avec une entière sécurité; s'il est encore sur la terre quelque crainte de Dieu et de ses jugements, quelque remords de conscience, quelque repentir d'avoir mal fait, quelque retour à la vertu, certainement ce n'est pas la faute de Luther et de Calvin.

Quant à la biographie de ce dernier, ainsi que nous avons vu, il s'enfuit de Paris en 1534, après avoir vendu sa cure de Pont-l'Evêque et sa chapellenie de Noyon; il se réfugia près de la reine de Navarre, à Nérac, rendez-vous de tous les mauvais catholiques, laïques et autres; de là, il allait répandant sa doctrine dans la Saintonge, en infecta Du Tillet, greffier du parlement de Paris, à qui Dieu fit néanmoins bientôt la grâce de se reconnaître; venu de Nérac à Orléans, il y publia contre les anabaptistes un pamphlet *Du sommeil des âmes*, question que Luther traitait de noisettes creuses; il sollicita un prieuré, et n'ayant pu l'obtenir, commença de faire secte; à Bâle, il vit Erasme, qui lui dit : Je vois une grande peste s'élever dans l'Eglise, contre l'Eglise; en 1536, parut à Bâle, son *Institution chrétienne*, dont un contemporain dit à Calvin lui-même, que c'était un *poison enveloppé d'un beau sucre* (Audin, *Hist. de Calvin*, t. I, p. 77).

Cet ouvrage est en quatre livres : 1° de connaître Dieu, en titre et qualité de créateur et souverain gouverneur du monde; 2° de la connaissance de Dieu, en tant qu'il s'est montré rédempteur en Jésus-Christ; 3° de la manière de participer à la grâce de Jésus-Christ, des fruits qui nous en reviennent, et des effets qui s'en suivent; 4° des moyens extérieurs ou aides dont Dieu se sert pour nous convier à Jésus-Christ, son fils, et nous retenir en lui. Dans cet ouvrage, Calvin ne dit rien de neuf, il ne

---

(1) Calvin, *Instit.*, l. 3, c. 23, n. 1, 7, 8, 9; c. 24, n. 13; *Lib. de æt. Dei prædest*; Bèze, *Exposition de la foi*, etc.; Bossuet, *Hist. des Variat.*, l. 14, n. 1 et seqq.; Adit. au l. 14, n. 3; *Deuxième avertissement sur les lettres de M. Jurieu*, n. 6.

fait que fondre dans un ensemble méthodique les impiétés communes de Luther et de Zwingle, en les modifiant quelque peu. Nous avons vu comme il est d'accord avec Luther pour faire Dieu auteur du péché, nier le libre arbitre de l'homme, et sauver l'homme par la foi seule, sans les bonnes œuvres et malgré toutes les mauvaises. Sur l'eucharistie, il s'éloigne de Luther, pour nier avec Zwingle et Carlostadt la présence réelle. En quoi il surpasse peut-être les autres, c'est dans sa fureur contre le saint sacrifice de la messe et contre l'autorité du Pontife romain. Il publia cet ouvrage d'abord en latin, puis en français, le remaniant sans cesse d'une édition à l'autre ; car il ne pouvait se contenter lui-même, lui qui voulait régenter l'Église de Dieu. L'ouvrage est précédé d'une préface au roi de France, pour l'engager à cesser, contre les nouveaux hérétiques, les poursuites dont voici l'occasion.

L'hérésie, protégée par la reine de Navarre, sœur du roi, et par la duchesse d'Étampes, concubine du roi, comptait bientôt gagner le roi lui-même. Deux curés et prédicateurs de Paris secondaient les vues de ces deux femmes. Pour avancer leur œuvre, elles firent écrire par le roi une lettre à Mélanchthon, pour l'inviter à venir en France, afin de travailler en des colloques à la conciliation des protestants et des catholiques. Mélanchthon répondit par une longue épître du 28 août 1535, mais il ne vint pas. L'épître était accompagnée d'un traité latin, où il reconnaissait franchement la suprématie du Pape et la nécessité d'une autorité spirituelle toujours vivante pour le gouvernement et la discipline de l'Église. Avec ce principe, sincèrement suivi, les conférences pouvaient être utiles, elles n'étaient plus même nécessaires. Mais l'expérience de l'Allemagne, où depuis vingt ans elles n'avaient porté remède à rien, montrait assez ce qu'on pouvait en espérer en France. Le cardinal de Tournon en fit la remarque au roi.

Cependant les sectaires, plus insolents d'un jour à l'autre, affichaient partout des libelles diffamatoires contre les catholiques et leur croyance, aux portes des couvents et des églises, du Louvre et de la Sorbonne. En 1535, le nombre en fut si grand, que l'année reçut le nom d'*année des placards*. C'était Guillaume Farel qui expédiait ces pamphlets de Suisse. Le roi en trouvait jusque sur sa table de travail, par la connivence d'un de ses valets de chambre. Où les sectaires osaient, ils insultaient les prêtres, dépouillaient les églises, brisaient les reliquaires et les statues des saints : on eût dit une nouvelle invasion de Vandales. Le gouvernement, averti par les murmures du peuple et par la voix de Budé, s'émut enfin. Le peuple voulait vivre et mourir catholique. On crut qu'une procession solennelle devait d'abord expier de nombreuses profanations. L'évêque de Paris y portait le Saint-Sacrement ; le roi venait ensuite, la tête nue, une torche à la main, et suivi de toute sa cour, des ambassadeurs étrangers, des cours supérieurs et du peuple. Arrivé à l'évêché, le roi monta dans une des salles, et y harangua le parlement, le clergé et la noblesse, leur rappelant que la force et la gloire de la monarchie française est la foi catholique, qu'attaquer cette foi de tous les temps, c'est attaquer la monarchie même et en préparer la ruine. En conséquence, il conjurait tous les assistants à s'affermir dans la religion de leurs pères, à signaler à la justice tous les novateurs, protestant qu'il n'épargnerait pas sa propre chair, s'il la savait infectée d'hérésie. La justice commença donc à poursuivre les coupables et à les punir suivant les lois. C'est à faire discontinuer ces poursuites que visait Calvin dans sa préface au roi de France. Il y avait à cela un moyen facile. Nous avons vu que, du moment qu'il y eût des nations chrétiennes, la première de leurs lois constitutives fut la foi catholique. Il n'y avait qu'à respecter cette loi fondamentale de la chrétienté, pour n'avoir point à craindre la poursuite des tribunaux.

De Bâle, Calvin se rendit à Ferrare, dont la duchesse, fille de Louis XII, penchait pour les nouvelles erreurs, et mourut dans un état équivoque entre la foi de ses pères et l'hérésie des novateurs. Calvin correspondait avec elle sous le faux nom de Charles Despeville : il en prenait encore beaucoup d'autres pour se déguiser. Calvin arriva pour la première fois à Genève au mois d'août 1536.

Genève venait de consommer son apostasie. Le gouvernement de cette ville était partagé entre l'évêque, le duc de Savoie et la commune.

L'Église de Genève est une de celles qui furent investies au moyen-âge d'un pouvoir temporel. Cet événement remonte au moins à l'an 1000. Une déclaration de l'assemblée générale du peuple de Genève, en 1420, contient ce qui suit : « Depuis plus de quatre cents ans, la ville de Genève, avec ses faubourgs, son territoire et sa banlieue, est sous le haut domaine et sous la pleine et entière juridiction de l'évêque : et le peuple se plaît à reconnaître aujourd'hui, comme ont fait ses ancêtres, la domination et la puissance de l'Église de Genève et de son évêque (Spon., *Hist. de Genève*). » Deux diplômes de Frédéric Barberousse (1153 et 1162), confirmèrent solennellement cette autorité et lui donnèrent une telle extension, que l'empereur ne conservait à Genève que le droit d'y demander des prières à son passage. Toute justice émanait de l'évêque, comme souverain, et il avait à ce titre le droit de faire grâce. Les causes civiles étaient portées devant un lieutenant laïque, le vidame, qui recevait sa mission de lui. Le tribunal supérieur à celui du vidame était le conseil épiscopal, auquel il était toujours permis d'en appeler. A cette cour étaient en outre dévolues de droit toutes les causes ecclésiastiques, et celles qui étaient pour une somme excédant la valeur de soixante sous. Du conseil épiscopal, on appelait au métropolitain, l'archevêque de Vienne, et en dernière instance au Pape. La justice criminelle était rendue dans la ville par les syndics, juges-nés de l'Église dans ce genre de cause. Les syndics étaient des officiers municipaux qui administraient les intérêts de la commune. Celle de Genève paraît remonter jusqu'à la domination romaine. Elle été administrée par les syndics, et représentée par le conseil général, qui se composait des chanoines au nom du clergé, et de tous les chefs de famille, sans distinction de condition ni de fortune. Il était convoqué au son de la grande cloche de la cathédrale, et s'assemblait de droit deux fois l'année, au cloître de Saint-Pierre, le dimanche après la Saint-Martin, pour fixer le prix des denrées, et le dimanche après la Purification, pour l'élection par le peuple de ses quatre syndics. La commune avait sa milice armée, ses corps de métiers, ses franchises; elle s'imposait elle-même et répartissait ses taxes. La police, pendant le jour, se faisait au nom de l'évêque, et les arrestations avaient lieu de la part du vidame. Depuis le coucher du soleil jusqu'au matin, c'est aux syndics qu'appartenait le droit de police (Magnin, *Hist. de l'établ. de la réforme à Genève*, Paris, 1844, p. 20 et 21).

Cet ordre de choses offrait des avantages précieux à la commune, et protégeait d'une manière remarquable ses intérêts, eu égard à ces temps reculés. En même temps, il élevait le représentant de la religion dans l'exercice de son saint ministère, au-dessus des atteintes violentes de ses passions; il lui assurait une indépendance qui lui permettait d'accomplir avec plus de succès son œuvre de sainteté et de civilisation, et il garantissait, autant que les institutions humaines le comportent, la paix et la tranquillité. La cour de l'évêque était beaucoup moins onéreuse que toute autre, ou plutôt elle ne l'était pas, car elle était en grande partie composée d'ecclésiastiques pourvus de bénéfices dont ils n'auraient pas moins joui loin de la présence du prince. Il n'y avait point à payer, à chaque événement principal de la vie, de ces dons gratuits dont le nom déguisait mal ce qu'ils coûtaient. L'évêque, postulé par le peuple et nommé par les chanoines, qui, à leur tour, étaient élus par l'évêque ou s'élisaient entre eux, n'était ainsi appelé à commander que parce qu'il avait déjà la confiance du peuple. Aussi le régime doux et paternel des évêques était proverbial au moyen-âge.

La charge de vidame avait été inféodée aux comtes de Génevois; mais si importante qu'elle fût, elle ne suffisait point à leur ambition; ils regardaient toujours la principauté de Genève comme un fleuron détaché de leur couronne, et qu'ils devaient y replacer; ils employèrent tour à tour, pour y parvenir la guerre, la ruse, la violence, jusqu'au comte Guillaume, qui se fit mettre au ban de l'empire pour s'être joué de la foi des traités et de ses propres serments envers l'évêque. Assez longtemps il lutta contre la mauvaise fortune; mais à la fin, sous le double anathème de l'Eglise et de l'empire, il se vit abandonné de ses vassaux, que l'empereur avait déliés du serment de fidélité. Le malheur, qui est la dernière leçon des princes, lui arracha alors l'aveu de ses torts. Il s'était montré grand dans l'adversité; l'évêque se montra plus grand encore : il donna au comte l'investiture des fiefs dont il était déchu. Le comte promit, la main sur l'Evangile, de respecter et faire respecter les droits de l'Eglise de Genève, et fit hommage à l'évêque même du comté de Génevois, qui, auparavant, ne relevait pas de la principauté. L'orgueil des comtes une fois dompté, ils se montrèrent vassaux dévoués et fidèles.

Mais avec le temps et après une lutte assez longue, les ducs de Savoie se substituèrent pour la charge de vidame aux comtes de Génevois, dont la race s'éteignit à la fin du XIV° siècle. L'évêque de Genève en donna l'investiture au duc Amédée VIII. Mais ce duc avait bonne envie d'être prince souverain à Genève, au lieu de vassal. Pour cet effet, il s'adressa au Pape et à l'évêque, et promit à l'Eglise de Genève une indemnité avantageuse en retour de ses droits. L'évêque, après en avoir mûrement délibéré avec son chapitre, fit réunir, au son de la grosse cloche, les syndics, le conseil, les curés des sept paroisses et tous les représentants de la commune, et les invita à délibérer sur cette demande. L'assemblée, qui fut très-nombreuse, n'eut qu'un sentiment et qu'une voix. « Depuis plus de quatre siècles, lui répondit-elle à l'unanimité, Genève et ses dépendances ont toujours été, avec tous leurs habitants, sous l'entière autorité de l'Eglise et de l'évêque, qui en est le chef. Les habitants n'ont jamais été traités par lui, ainsi que leurs ancêtres, qu'avec douceur, bienveillance et bonté, et ils ont toujours été gouvernés dans un esprit de paix et de tranquillité. Ils ne peuvent, ne doivent et ne veulent reconnaître d'autre seigneur, sans l'ordre exprès de l'évêque. Rien ne commande un tel échange, à une époque où les citoyens n'ont plus pour voisin que le duc de Savoie, prince ami de la justice, de l'ordre et de la paix, des prélats surtout et des ministres de l'Eglise, prudent, zélé catholique, et prêtant à la ville aussi bien qu'à son église l'appui bienveillant et amical qu'elles ont toujours trouvé auprès de ses ancêtres. Pour eux, loin de consentir à aucun échange, ils sont décidés à vivre et à mourir, comme leurs pères, sous l'autorité de l'Eglise de Genève; et si l'évêque promet de ne jamais consentir à une aliénation quelconque, ils promettent, de leur côté, de l'aider envers et contre tous, de leur soumission, de leurs conseils, de leurs biens et de leurs personnes (Magnin, p. 25 et 26, et 238). »

L'évêque répondit à cet acte touchant de dévouement, en proposant à la commune un pacte d'union mutuelle envers et contre tous, que les évêques à leur avènement, et les syndics à leur entrée en charge, jureraient d'observer inviolablement. Le 19 mai suivant, le conseil général de la commune, qui se composait de tous les chefs de famille, se réunit; sept cent vingt-sept signatures furent produites en faveur du pacte, et l'assemblée en promit l'inviolable observation, que les syndics avaient déjà jurée sur les saints évangiles, et l'évêque la main sur la poitrine. Un prince qui appelle ses sujets à décider de sa domination est un phénomène unique peut-être dans les fastes de l'histoire. Cet acte suffirait seul pour prouver combien son autorité est douce et paternelle. Les citoyens de Genève avaient depuis longtemps déposé tout esprit de parti, pour vivre, sous la crosse, dans la concorde et l'union. « Libres sous la souveraineté plutôt nominale qu'effective d'un prince essentiellement et presque nécessairement pacifique, ils en profitaient pour faire un commerce immense et très-lucratif, qui les conduisait ordinairement, en peu d'années, à toutes les prérogatives et à toutes les jouissances de la noblesse féodale, car ils acquéraient des terres seigneuriales et formaient des alliances illustres. La ville était d'ailleurs remplie de gentilshommes et de chevaliers des plus grandes maisons, qui tenaient à honneur ou à avantage de s'intituler citoyens de Genève (Galiffe, *Matériaux pour l'hist. de Genève*, t. I, p. 9). »

Ses libertés communales avaient reçu des concessions des évêques et des mœurs la plus grande extension. « Pendant plus de huit cents ans, l'accord entre la cause du peuple et celle de la religion fit de Genève une ville très-avancée : les lois y étaient douces; les violences qui déshonoraient d'autres pays y étaient moins répétées; à peine si la torture y était appliquée. La confiscation des biens n'y existait pas, et il ne reste aucune trace dans cette période de ces procès monstrueux faits aux opinions, ou de ces supplices affreux infligés à des malheureux soupçonnés d'être en rapport avec les démons (Fazy, *Précis de l'hist. de Genève*, t. I, p. 185). » Aucun peuple peut-être ne jouissait alors de droits aussi étendus que ceux que garantissait à tous les habitants le code des *libertés et franchises de Genève*, qu'avait fait recueillir, en 1387, un évêque, Adhémar Fabri. Voilà ce que des historiens protestants nous apprennent sur l'heureux état de Genève catholique, sous l'autorité spirituelle et temporelle de ses évêques.

Amédée VIII, qui avait convoité la principauté de Genève, étant devenu l'antipape Félix V et évêque de cette ville, la fit respecter à son tour par ses propres enfants, et confirma, par bulle du 31 mai 1444, le code des franchises, auquel il avait ajouté tout ce qui avait été octroyé depuis Adhémar Fabri. Mais depuis cette époque on ne vit guère sur le siège épiscopal de Genève que des princes de la maison de Savoie ou ses créatures; bien des fois ces princes étaient encore enfants ou ne prenaient pas les ordres, et faisaient administrer le spirituel par des coadjuteurs. En 1513, Jean, fils naturel de François de Savoie, évêque de cette ville, fut nommé au siège épiscopal. C'est cette politique déplorable qui perdit les mœurs et la religion à Genève. Sous de pareils évêques, la jeunesse tomba dans une corruption extrême : les plus insolents s'associèrent par des serments secrets, pour commettre impunément toute sorte de crimes et se soutenir les uns les autres contre la répression des magistrats : ils s'appelaient d'un mot allemand *eidgnots* (confédérés) d'où le nom français de *huguenots* : ils prenaient pour prétexte de leur société la conservation des franchises de la commune, contre l'évêque et le duc de Savoie : au fond, c'était la licence et l'anarchie, où ils allaient jusqu'au meurtre. Pour se fortifier contre la partie saine de la ville, qui voulait le maintien de l'ordre, ils firent alliance avec des cantons suisses; notamment Fribourg et Berne. Cependant ils eurent le dessous en 1520, et l'ordre se rétablit; les partis se rapprochèrent et parurent déposer les haines anciennes.

L'an 1521, l'évêque Jean nomma pour son coadjuteur Pierre de la Baume, fils du comte Montrevel en Bresse, et mourut l'année suivante à Pignerol. Pierre de la Baume jura les franchises de la commune, comme ses prédécesseurs; mais le duc de Savoie travaillait à se rendre lui-même de jour en jour plus puissant à Genève : les factions se réveillèrent plus violentes : on implora le secours de Berne, non contre l'évêque, mais contre le duc. Berne profita des troubles de Genève, pour y introduire l'hérésie, lui faire perdre son antique foi, son antique constitution, son antique population même, et la réduire en colonie bernoise, peuplée de moines défroqués, de prêtres apostats, de catholiques renégats. Voici les principales phases de cette apostasie.

Genève avait contracté alliance avec Berne et Fribourg, en 1526, par conséquent avant l'apostasie de Berne, qui eut lieu deux années plus tard. Cette alliance avait pour but de défendre Genève contre les empiètements plus ou moins réels du duc de Savoie. En 1524, les conseils de Genève avaient appelé de ces empiètements au pape Clément VII; mais, sur les propositions conciliantes du prince, ils se désistèrent de cet appel, excepté le parti qui se donnait le nom d'*eidgnots* et aux autres celui de *mammeluks*. Par suite des dissensions intestines, les eidgnots se réfugièrent à Berne et à Fribourg, et y contractèrent, en 1526, une alliance de combourgeoisie, faisant croire qu'ils y étaient secrètement autorisés par leur évêque, qu'ils appelaient *leur bon prince*. Ils étaient la minorité, mais les plus hardis et les plus actifs. L'évêque désavoua cette alliance subreptice, qui augmenta la division dans Genève, les uns l'approuvant, les autres s'y opposant. L'évêque, voyant son autorité méconnue, sortit de la ville. Dès lors il n'y eut plus de sûreté pour les opposants, les principaux d'entre eux en cherchèrent sur le sol étranger : par vengeance, les eidgnots pillèrent leurs maisons et leurs boutiques, vendirent leurs biens et les déclarèrent traîtres (Magnin, p. 59). Ceci augmenta de jour en jour le nombre des émigrants, et aussi les violences des eidgnots, qui en condamnèrent plusieurs à la confiscation de tous leurs biens et même à la mort. En 1527, l'évêque, qui était rentré dans la ville, crut apaiser les troubles en approuvant l'alliance avec Berne et Fribourg : cette concession et d'autres furent loin d'être un remède. L'alliance avec Berne, où l'hérésie prenait le dessus, lui ouvrait les portes de Genève, où elle se glissa dès 1527. L'année suivante, l'évêque dut voir ses tribunaux de prince dépouillés de leur autorité, son chapitre dispersé, son official exilé : il quitta de nouveau la ville. Son vicaire général y restait; mais on l'accuse de mollesse, de connivence et d'une conduite peu régulière. La très-grande majorité du clergé genevois était recommandable par ses mœurs et jouissait du respect et de la confiance du peuple; mais on lui eût souhaité, pour des conjonctures si critiques, plus de zèle et de science. Quelques-uns s'étaient endormis au sein de la prospérité. Les religieux n'étaient pas tous fidèles à leur vocation : les Cordeliers avaient bien dégénéré de leur saint patriarche, François d'Assise; les Bénédictins de Saint-Victor avaient bien perdu de leur esprit primitif. Tout cela scandalisait les fidèles et donnait occasion aux sectaires de comprendre tout le clergé dans la même réprobation.

Cependant les gentilshommes et les bourgeois, émigrés et proscrits, exclus des trêves qui se concluaient de temps à autre, voyant leurs métairies pillées et incendiées, prirent enfin les armes pour défendre leurs droits et ceux du duc. Des collisions s'ensuivirent, où les révolutionnaires de Genève n'avaient pas toujours l'avantage (Magnin, p. 70 et seqq.). En 1532, ils réclamèrent et obtinrent enfin le secours de leurs alliés de Berne. En traversant le pays de Vaud ou de Lausanne, les milices bernoises mirent les villes à contribution, brûlèrent les châteaux, ravagèrent les campagnes et n'épargnèrent pas même les environs de Genève, qu'ils venaient secourir. Arrivés dans cette ville encore toute catholique, les soldats bernois y commirent toutes sortes de profanations, abattant les croix, brisant les images, insultant les cérémonies sacrées et se chauffant avec le bois des statues et des tableaux. Dans le même temps, Guillaume Farel, accompagné d'un autre Dauphinois nommé Saunier, se présente à Genève, où il débite ses sermons dans un cabaret et se fait quelques prosélytes parmi la jeunesse, qui trouvait son nouvel évangile fort commode. Ayant été mandé devant le conseil de Genève et censuré comme perturbateur du repos public, Farel répondit que la patente dont leurs excellences municipales de Berne l'avaient muni était une preuve suffisante de son innocence *et de la bonté de sa doctrine*. Appelé devant le conseil épiscopal, il osa même se donner pour un *envoyé de Dieu* et un *ambassadeur du Christ*; mais le conseil ne trouvant pas sa mission bien constatée, attendu qu'il n'était pas même ecclésiastique, lui ordonna de quitter la ville.

Un de ses élèves, nommé Froment, Dauphinois comme lui, le remplaça au mois de novembre, et, pour mieux tromper le public, il s'annonça, à l'exemple de son maître, comme un régent d'école qui pouvait apprendre aux personnes de tout âge et de tout sexe à lire et à écrire en français dans l'espace d'un mois. Ce stratagème lui procura quelques disciples, dont le nombre s'augmenta peu à peu. Vers le nouvel an 1533, il prêcha au marché sur le banc d'une poissonnière, et refusa d'obtempérer aux ordres du conseil, qui lui défendaient ces sortes de prédications. On décréta son arrestation, mais ses amis le sauvèrent en favorisant sa fuite. Depuis cette époque, les sectaires s'assemblèrent la nuit dans leurs maisons, où de simples artisans se mêlaient de prêcher, et où un bonnetier, nommé Guérin, leur distribua la communion. Ce nouvel apôtre fut à son tour exilé de Genève, et devint, sans aucune ordination préalable, ministre à Montbéliard, puis à Neufchâtel. Bientôt après, on afficha des placards hérétiques aux portes des églises de Genève. Un chanoine nommé Werli, qui était de Fribourg, fut assassiné par les protestants.

A cette époque, le conseil de Genève était encore si peu disposé pour la nouvelle réforme, que, dans une réponse aux Fribourgeois, le menaçant de rompre l'alliance si on se faisait luthérien, il déclara formellement que son intention était de vivre comme ses prédécesseurs, et que, malgré les ménagements qu'il devait avoir pour les Bernois, il faisait tout son possible pour empêcher les progrès de la nouvelle doctrine. Il renvoya pareillement de Genève un certain Olivétan, parent de Calvin, qui avait causé du scandale à l'église, en interrompant un prédicateur catholique par des injures et des vociférations. Enfin un autre étranger qui avait publiquement appelé idolâtres tous ceux qui allaient à la messe, reçut aussi l'ordre de quitter Genève. Alors quelques protestants coururent à Berne solliciter du secours contre cette prétendue persécution. Aussitôt les Bernois écrivent une lettre sèche et hautaine aux conseils de Genève, leur reprochant le renvoi de Farel et de Guérin, et menaçant de rompre l'alliance si l'on ne permettait de prêcher librement la nouvelle doctrine, c'est-à-dire d'outrager et de persécuter impunément les catholiques.

Cette lettre, arrivée à Genève le 23 mars 1533, y causa une indignation générale et mit toute la ville en désordre. Les catholiques, au nombre de six cents, prirent les armes pour tirer vengeance de ceux qui l'avaient mendiée et qui n'étaient pas plus de soixante. Ils firent ensuite sonner le tocsin, fermer les portes et dresser de l'artillerie contre la maison d'un certain Baudichon, où les protestants s'étaient réfugiés et où ils menaçaient de se défendre, quoiqu'ils fussent dans l'impossibilité de le faire. C'en était fini pour toujours, comme à Soleure, si on eût profité de ce moment d'ardeur et de juste indignation : les protestants auraient cédé sans résistance, et Genève serait encore aujourd'hui catholique; mais des hommes d'entre-deux négocièrent un accommodement équivoque qui, dans le fond, donnait gain de cause aux novateurs; car il était défendu de les combattre ou de les réprimer, tandis que de leur côté ils attaquaient sans cesse les catholiques et ne respectaient pas plus les ordres des syndics que les commandements de Dieu et de son Église.

Cependant on ne pensait pas encore à se détacher de la religion catholique; au contraire, le conseil envoya une députation de quatre de ses membres en Franche-Comté, pour inviter l'évêque à revenir dans sa ville épiscopale. Il y rentra effectivement comme en triomphe, le 1er juillet 1533, et le conseil général lui déclara qu'il le reconnaissait pour son prince. Néanmoins, on s'opposa à ce qu'il fit juger par ses officiers les meurtriers du chanoine Werli. Les Bernois vinrent encore se mêler de cette querelle de juridiction, en sorte que l'évêque, ne trouvant plus aucune sûreté à Genève, quitta de nouveau la ville le 15 juillet pour s'établir à Gex, et quand son procureur général voulut intervenir dans le procès du meurtre, les conseils de Genève lui répondirent qu'ils ne reconnaissaient plus aucun supérieur, faisant un acte formel de défection à l'évêque, que quinze jours auparavant ils avaient salué comme leur prince légitime.

Alors les Génevois furent obsédés et travaillés en sens contraire par des députations de Fribourg et de Berne : la première les sollicitait de rester fidèles à la religion catholique, et la seconde les pressait de l'abandonner. L'une et l'autre menaçaient, en cas de refus, de rompre l'alliance, et Berne ajoutait, de plus, qu'elle insisterait sur le paiement prompt et intégral des sommes qui lui étaient dues par les Génevois. Le conseil de Genève, voulant ménager les deux partis, chercha son salut dans des réponses dilatoires, et crut tout gagner en gagnant du temps. La révolution marchait plus vite et plus décidée. Un docteur de Sorbonne, Furbity, prêchant l'Avent à Genève en 1533, compara les hérétiques anciens et modernes aux bourreaux qui se partagèrent la robe du Sauveur. Les municipaux de Berne prirent la chose pour eux, et exigèrent que le prédicateur fût arrêté et jugé sur-le-champ : le conseil de Genève différa trois semaines, mais enfin, n'osant résister aux municipaux de Berne, condamna le prédicateur à la prison. Pour le carême de 1534, un cordelier se présenta au conseil, annonçant qu'il prêcherait de manière à contenter tout le monde. Il produisit même les articles qui devaient faire l'objet de ses sermons, priant le conseil de lui en dire son sentiment. Ce conseil, exerçant déjà l'autorité épiscopale, retrancha trois articles qui tenaient encore à la foi catholique, et l'exhorta à ne prêcher que ce qu'on appelait alors *le pur Evangile*, c'est-à-dire la doctrine de Luther et de Farel. Ses prédications, quoique excessivement modérées, ne parurent cependant pas assez protestantes aux quatre députés de Berne, qui s'en plaignirent au conseil, demandèrent avec instance et obtinrent enfin la permission, sinon formelle, du moins tacite, que l'impétueux Farel, précédemment expulsé de Genève, pût prêcher publiquement dans l'église des Cordeliers.

Le 28 avril 1534, les Fribourgeois, lassés de l'inutilité de leurs efforts pour rétablir la paix et maintenir l'ancienne religion, rompirent leur traité d'alliance avec Genève, et se montrèrent inexorables à toutes les sollicitations contraires. Dès ce moment les novateurs, n'ayant plus à ménager aucun allié catholique, et enhardis par la protection des Bernois, se moquèrent ouvertement de l'accommodement qu'ils avaient eux-mêmes réclamé et solennellement juré; ils en violèrent tous les articles, et, loin de laisser les catholiques libres, sans les attaquer de faits, ni de paroles, ils se livrèrent contre eux à tous les excès. Dans la nuit qui précéda la Pentecôte, 24 mai, neuf statues de pierre qui décoraient le portail de l'église des Cordeliers à Rive, où prêchaient Farel et Viret, furent abattues, mutilées, jetées dans la fontaine, et le conseil ne put ou ne voulut pas faire punir les auteurs de ces profanations. Vers la fin de juillet, quelques protestants brisèrent dans la même église toutes les images de l'intérieur et démolirent les autels, mais ils furent cependant obligés de les relever *avec la permission des messieurs de Berne*.

Pour le carême de 1535, le conseil de Genève, tout en se disant encore catholique, chercha un prédicateur *qui fût au gré des protestants*, et lui ordonna de prêcher à Saint-Gervais, quoique l'évêque le lui eût défendu, et que, selon le traité de paix, nul ne dût prêcher sans la permission des supérieurs spirituels. Ses sermons excitèrent à leur tour l'indignation des auditeurs catholiques; mais ceux qui eurent le courage de l'interrompre, furent punis par la prison, par le bannissement et par la perte du droit de cité; tandis que les protestants avaient été laissés libres de vociférer contre les catholiques, de les maltraiter, de les faire emprisonner et même de leur faire intenter des procès criminels par des étrangers. Il n'y avait pas de crime, pas d'accident malheureux qui ne fût calomnieusement imputé aux prêtres et aux catholiques paisibles. En même temps, on leur ôta la liberté de se retirer ou de fuir, dernière ressource de l'innocence persécutée. On confisqua les biens de ceux qui avaient émigré, et on travailla à leur procès; d'autres, qui s'étaient réunis au duc de Savoie ou bien à l'évêque, leur prince légitime, et qui avaient été faits prisonniers de guerre dans de légères escarmouches, furent écartelés ou condamnés à une amende de cent mille écus.

Il y eut un semblant de conférence publique sur la religion, entre des apostats déclarés, tels que Farel, Viret et un moine défroqué, nommé Bernard, d'un côté, et d'autres apostats, mais encore secrets, qui firent mine de défendre la foi catholique, et finirent par se déclarer vaincus. Pendant et après cette comédie, les hérétiques devenaient toujours plus audacieux. Le 5 août, de simples particuliers commencèrent à abattre les images dans la cathédrale; le 9 août, les hérétiques armés se rendirent tumultuairement dans diverses églises, y renversèrent les autels, brisèrent les images et commirent toutes sortes de sacrilèges. Alors le conseil de Genève, intimidé, divisé dans son propre sein, et perdant l'autorité parce qu'il en abandonnait les rênes, crut devoir céder à une cinquantaine de factieux. En conséquence, il convoqua pour le lendemain, 10 août 1535, une assemblée du conseil des Deux-Cents, pour décider sur les dogmes de la religion et sur la discipline de l'Église, comme il décidait sur le prix des carottes et de la piquette. Farel harangua le conseil municipal, qui se borna toutefois à suspendre la messe jusqu'à nouvel ordre; *et à donner avis de cette résolution aux messieurs de Berne. Il faut attendre la volonté de messieurs de Berne*, disait-on; et le conseil docile *ordonna d'attendre des nouvelles de Berne, afin de voir ce qu'il y aurait à faire*; si l'on continuerait à être catholique comme ses ancêtres, ou si, par une honteuse lâcheté, on deviendrait apostat. Le 27 août, ayant reçu les ordres des municipaux de Berne, les syndics de Genève, *sans assembler ni le conseil des Deux-Cents, ni le conseil général*, publièrent un édit qui portait *que chacun devait vivre selon les règles de l'Évangile*, ce qui signifiait selon l'Evangile de Farel, *et que toutes les cérémonies catholiques*, que le décret appelait *papistiques, seraient abolies*. Malgré leurs vives sollicitations, les catholiques genevois, qui naguère avaient accordé des églises aux protestants, n'en purent pas même obtenir une seule. Les hérétiques, même après être devenus les maîtres, ne prêchaient cependant que dans deux églises, parce que, comme l'avoue le protestant Ruchat, ils manquaient de ministres et surtout d'auditeurs.

Bientôt on ne respecta pas plus les propriétés des catholiques que leur liberté. Plusieurs couvents furent démolis, d'autres, reçurent une destination arbitraire et tout à fait opposée à l'intention de leurs fondateurs. On s'empara des meubles, vases, linges et joyaux des églises, et leur produit fut principalement employé à récompenser l'apostasie des prêtres et des moines défroqués. Le 30 août, trois jours après l'apostasie de la ville, les religieuses de Sainte-Claire, déjà dépouillées de tout et ayant résisté avec un courage héroïque à toutes les séductions, promesses, menaces et violences, se retirèrent à pied à Annecy, emportant les regrets de tout Genève. L'une de ces religieuses, la sœur de Jussie, raconte les causes et les circonstances de ce départ, dans un petit livre très remarquable, intitulé : *Le commencement de l'hérésie de Genève*, et dont les protestants eux-mêmes admirent la touchante naïveté. A la même époque, un grand nombre de citoyens de distinction quittèrent Genève et furent, pour ce seul fait, privés de leur droit de bourgeoisie.

Genève, dépeuplée par l'émigration de plus de la moitié de ses anciens habitants, observe Charles de Haller, se repeupla en partie par l'affluence des religionnaires fugitifs, français et autres, qui y apportèrent une fatuité spirituelle, un esprit remuant, turbulent et présomptueux qui, durant trois siècles, enfanta tant de troubles et de désordres dans cette république (Haller, *Hist. de la révolution dans la Suisse occid.*, c. 16 ; Magnin, I 1).

D'après certains témoignages contemporains, on pourrait conclure qu'une bonne partie de la population protestante de Genève sont des enfants bâtards de moines défroqués et de prêtres apostats. Voici en effet ce que dit Froment, l'un des apôtres de l'apostasie genevoise : « Tu trouveras des gens de bien dans Genève, qui ont été prêtres ou moines, autant et plus qu'il n'y en avait au temps des messes, qui sont mariés, vivant honnêtement en travaillant de leurs mains, mais il y est venu et il y vient encore journellement un tas de moines cafards, séduisant de pauvres filles et servantes, en les prenant et les plantant là, elles et leurs pauvres enfants. D'autres, ajoute-t-il, le premier et principal évangile qu'ils demandent, c'est une femme, et pendant que durent les calices et reliquaires qu'ils ont dérobés, ils font grande chère avec la femme, se donnent pour des gens de bonne maison, des gentilshommes, dissimulant soigneusement leur qualité de moine et de prêtre, et après s'être livrés à tous les désordres, s'en retournent, laissant femmes et enfants au grand détriment et charge de l'hôpital. D'autres amènent des concubines qu'ils donnent pour leurs femmes légitimes, et après avoir tout consumé, les laissent là comme les premiers, et s'enfuient secrètement. Il y en a aussi d'autres qui, sortis des mêmes ordres religieux, achètent leur silence entre eux par des ménagements mutuels, et ceux-là ont été cause, dans la réforme, de grands scandales et de violentes divisions. Enfin d'autres encore plus rusés, après avoir ruiné par la banqueroute beaucoup d'honnêtes ménages et de bons marchands, se promettent de tout pouvoir faire sous la couleur de l'évangile; de quoi Genève a été blâmée sans raison, comme si c'était le retrait de toute méchanceté, de larrons, faux monnayeurs, meurtriers, hérèges, sorciers, pensant être ici assurés; mais quand la seigneurie est sûrement informée, justice y est administrée à chacun (*Des actes et gestes merveilleux de la cité de Genève, nouvellement convertie à l'évangile*, manusc., c. 16). » Voilà ce que dit un des premiers réformateurs de Genève. Mais, ajoute un historien, les faits néanmoins démentent cette dernière assertion de Froment, et attestent qu'en se réfugiant à Genève, les prévenus échappaient aux poursuites de leurs créanciers et à la vindicte des lois de leur pays. On se croirait, à ce tableau, transporté dans ces villes réformées d'Allemagne où se réfugiaient aussi des prêtres mariés et les transfuges des couvents. « Là aussi, dit Erasme, on ne fait que danser, manger, boire et se vautrer dans la débauche. Adieu l'étude, l'instruction, la pureté de la conduite, la retenue; partout où ils se montrent, aussitôt disparaît l'esprit de discipline et de piété (Erasme, l. 2, *Epist.* 17; Magnin, l. 1, c. 9). »

Genève, ayant ainsi consommé son apostasie par la peur de Berne, aida Berne à l'introduire par les armes, la violence, le parjure, la violation de tous les droits et traités, la spoliation des églises, la persécution ouverte, dans le canton de Vaud ou le diocèse de Lausanne, dont l'évêque était prince temporel, et qui se réfugia dès lors à Fribourg, où il demeure encore (Haller, c. 18, 20, 22). Pour récompenser Genève, Berne s'arrogea sur elle plus de droits que n'en avaient eu ni l'évêque ni le duc de Savoie. Dans ses efforts pour pervertir Genève et ses alentours, malgré son évêque Pierre de la Baume et le duc de Savoie, l'hérésie se vit singulièrement secondée par le propre neveu du duc de Savoie, le roi de France, le roi très-chrétien, le fils aîné de l'Eglise, François Ier : non-seulement il envoya des troupes au secours de Genève apostasiant, mais pour empêcher son oncle de la ramener à la foi catholique, il envahit lui-même la Savoie et le Piémont, et appela au même temps les Turcs pour leur livrer l'Italie et Rome ; car telle était, nous l'avons déjà vu, la politique de François Ier.

Aussi Genève, pervertie par des apostats français, Farel, Viret, Froment, aidée à son apostasie par le roi de France, deviendra pour la France et ses rois une source non encore tarie de calamités spirituelles et temporelles, de révolutions sanglantes, de guerres civiles et étrangères, de crimes et d'impiétés inouïes dans son histoire. Deux apostats français, Calvin et Bèze, iront à Genève, non pour en consommer l'apostasie, c'est chose faite, mais pour l'organiser de manière à devenir un foyer de pestilence, qui infectera la France entière, même sa dynastie royale, la postérité de saint Louis.

Calvin arriva pour la première fois à Genève au mois d'août 1536. Il comptait seulement y passer : Farel l'y retint et lui céda, dit-on, la première place. Au mois d'octobre, tous deux et Viret eurent une conférence publique avec quelques prêtres catholiques de Lausanne, par les ordres et sous la présidence des municipaux de Berne, qui, voyant le peuple attaché à la foi de ses pères, envoie dans les campagnes raser les chapelles, renverser les autels et abattre les croix, et publier les articles de foi municipale qu'on devait croire (Magnin, p. 245). Dans l'intervalle, deux anabaptistes étant arrivés à Genève, y gagnèrent un assez grand nombre de prosélytes à leur doctrine : Calvin et Farel eurent avec eux une dispute dont on ne connaît que ce résultat : les municipaux de Genève, n'ayant pu faire rétracter les deux anabaptistes, les bannirent de la ville, avec défense d'y remettre les pieds sous peine de la vie. Berne avait son *credo* municipal; Genève n'avait pas encore le sien : Calvin et Farel l'improvisèrent en vingt et un articles : il ne fut pas du goût de tout le monde. Les eidgnots ou indépendants, qui, pour être plus libres, avaient fait la révolution, secoué l'autorité du duc de Savoie et même l'autorité si douce de leur prince-évêque, n'entendaient pas se soumettre au caprice de deux vagabonds de France, qui prétendaient réglementer souverainement et ce que les hommes devaient croire et de quelle manière les femmes devaient se coiffer. Car, à leur symbole, ils avaient ajouté un règlement de discipline, avec des formes assez sévères. Les deux prédicants ou ministres déclamaient en chaire contre les eidgnots, qu'ils nommaient *Libertins*. Ceux-ci se moquaient des ministres dans les cabarets. Les ministres eurent toutefois assez de crédit pour faire exiler les eidgnots ; mais il n'y eut pas moyen d'exécuter la sentence. Les têtes s'échauffèrent, on en vint aux mains : les municipaux de Berne se mêlèrent de la querelle, approuvant le *credo* des deux ministres, mais non leur rituel. Les deux ministres, Calvin et Farel, n'ayant voulu céder sur rien, sont exilés de Genève et ne peuvent y rentrer, malgré l'intervention des municipaux de Berne, auxquels ils s'étaient soumis sans réserve. C'était en 1538. Farel devint ministre de Neufchâtel, où, à l'âge de 70 ans, il se maria avec sa servante, qui l'avait suivi de Normandie, ce qui fit jaser les mauvaises langues. Calvin, devenu professeur de théologie à Strasbourg, y épousa la veuve d'un anabaptiste, qui lui apporta en dot plusieurs enfants, et dont il eut un fils qui naquit mort (Magnin et Audin).

Calvin et Farel furent remplacés à Genève par des ministres dont ils font le portrait que voici : « C'est d'abord le gardien des Franciscains qui, à l'aurore de l'évangile, rejetait obstinément la vérité, jusqu'à ce qu'il eût découvert le Christ sous la forme d'une jeune fille, qu'il souilla et corrompit; moine fétide, qui ne prend pas même soin de voiler ses infamies... C'est ensuite cet autre prêtre confit en hypocrisie, et qui se pavane dans sa lèpre de péché; tous deux prédicants ignares, brailleurs et marchands de sottises. Voici le troisième, débauché connu, qui n'a dû son absolution qu'à la faveur de quelques mauvais garnements. Oh! bel office qu'ils ont volé, et qu'ils administrent comme ils l'ont usurpé! Il ne se passe pas de jour qu'ils ne soient convaincus de quelque félonie par des hommes, des femmes, et jusque par des enfants (*Lettre de Calvin à Bullinger*). » Quant au caractère de Calvin lui-même, Bucer lui disait à Strasbourg : « Vous jugez d'après votre haine ou votre amour, et vous haïssez ou vous aimez sans raison (Audin, t. I, p. 463). »

Calvin fut rappelé à Genève en 1540, et y revint l'année suivante : on lui assigna cinq cents florins par an, douze coupes de blé et deux tonneaux de vin, paie assez considérable pour le temps, surtout si on la compare à celle des syndics, qui n'était que de cent vingt-cinq florins.

On avait détruit l'ancien gouvernement ecclésiastique, il fallut en fabriquer un autre : Calvin fut chargé de la besogne : il ne trouva rien de mieux que l'inquisition d'Espagne, mais plus mesquine et plus tracassière. De par la municipalité genevoise, il établit donc un tribunal d'inquisition et de police, sous le nom de *consistoire*. Le consistoire se compose de six pasteurs ou prédicants, et de douze anciens; il s'assemble tous les jeudis, et mande à sa barre les pécheurs. Si la faute est restée cachée, le coupable est admonesté; s'il retombe, il est banni de la table sainte. Si le scandale a été public, le pécheur est réprimandé, excommunié s'il ne se repent, puis interdit; s'il refuse de reconnaître le droit de malédiction, dénoncé à l'autorité civile et banni pour un an du territoire. Le nom du coupable est proclamé et affiché : il faut que le pécheur soit marqué au front du signe de la révolte, afin que toute relation cesse avec l'âme qui a péché (Audin, t. II, p. 28).

Les six prédicants ou ministres étaient les théologues ou censeurs de la doctrine; les douze anciens étaient à la fois juges spirituels dans le consistoire et juges séculiers dans le conseil au tribunal criminel. Il y a plus : comme membres du consistoire, ils sont à la fois inquisiteurs et délateurs. En entrant en charge, ils jurent de rapporter au consistoire « toute chose digne d'être récitée. » Chaque année, en compagnie d'un ministre, ils s'introduisent dans les familles pour exiger des formulaires de foi.

Calvin créa des délateurs subalternes, payés ou par l'Etat, ou par le coupable. Il y avait des gardiens de ville et des gardiens de campagne, dont tout l'emploi consistait à prendre note des péchés commis contre Dieu ou contre la république, pour les dénoncer à l'autorité. Le tarif avait été dressé d'avance : — Qui blasphémait en jurant par le Corps et le Sang du Christ, était condamné à baiser la terre, à être exposé au poteau pendant une heure, et à payer cinq sous d'amende. Qui s'enivrait, était réprimandé par le consistoire, et obligé de donner trois sous. Qui excitait son camarade ou son ami à venir au cabaret, était condamné à la même peine. Dans les campagnes, qui n'assistait pas à l'office, payait trois sous. Qui arrivait après le commencement du prêche, admonesté d'abord, puis mis à l'amende. Mais il restait de l'argent en caisse, car les délateurs faisaient leur métier en conscience. Alors un membre du conseil demanda : Quels gages les seigneurs assistant au consistoire auront-ils pour leur peine? On avisa, et il fut décidé qu'on mettrait toutes les amendes dans une boîte où l'on prendrait de quoi leur donner à chacun deux sous par jour (*Registres de l'Etat*, 12 déc. 1545; Audin, p. 32).

Derrière ce tribunal d'inquisition, dont il faisait partie, manœuvrait Calvin, pour gouverner tout en despote. Il impose à Genève une confession de foi; il lui impose un code législatif écrit avec du sang et du feu. L'idolâtrie et le blasphème sont des crimes capitaux punis de la peine capitale; on n'entend, on ne lit qu'un mot : *Mort*. — Mort à tout criminel de lèse-majesté divine. Mort à tout criminel de lèse-majesté humaine. Mort au fils qui frappe ou maudit son père. Mort à l'adultère. Mort aux hérétiques.

Quelquefois on se croit à Constantinople. On jette à Genève les femmes adultères au Rhône; seulement à Constantinople le bourreau leur lie les coud dans un sac, afin de leur dérober la lumière. A Genève, on les précipite dans le fleuve les yeux ouverts. Il y a des enfants qu'on fouette en public et qu'on pend pour avoir appelé leur mère *diablesse* ou *larronne*. Quand l'enfant n'a pas l'âge de raison, on le hisse à un poteau sous les aisselles, pour montrer qu'il a mérité la mort (Audin, p. 125-128; Picot, *Hist. de Genève*, t. II, p. 264).

Avant la prétendue réforme, à Genève, la sorcellerie n'était pas punie de mort; on poursuivait le sorcier devant les tribunaux, et on le bannissait de la ville. En 1503, le conseil déclara à un magicien que, s'il ne quittait le canton, on l'en chasserait à coups de bâton (Picot, t. II, p. 270). Calvin établit contre la sorcellerie le supplice du feu; il la qualifiait de lèse-majesté divine au premier degré. Dans l'espace de soixante ans, d'après les registres de la ville, cent cinquante individus furent brûlés pour crime de magie (Audin, t. II, p. 133).

L'inquisition calvinienne s'étendait à tout. Une ordonnance du consistoire porte « que nul ne demeurera trois jours entiers gisant au lit, qu'il ne le fasse savoir au ministre de son quartier, afin d'obtenir les consolations ou admonitions, lesquelles sont alors des plus nécessaires que jamais. » Le malade récalcitrant qui recouvrait la santé, et ses gardes, en cas de désobéissance, étaient réprimandés et mis à l'amende. Les sermons étaient fréquents, et il fallait y assister sous peine de punition corporelle. Trois enfants qui avaient quitté le prêche pour aller manger des gâteaux, furent fustigés publiquement.

Calvin et ses coopérateurs, dit le protestant Galiffe, traitaient les libéraux de l'époque « de pendards, de bélîtres, de bâtaufres et de chiens; leurs femmes et leurs sœurs, de prostituées; l'empereur, leur souverain, de vermine; leur père et leur mère, de suppôts de Satan (Galiffe, *Notices généalog.*, etc., préface, t. I, p. 19). » Tandis que Calvin insultait à ses ennemis dans la langue des corps-de-garde, il n'était pas permis, ajoute le même écrivain, aux paysans de parler impoliment à leurs bœufs. Un fermier qui avait juré contre les siens à la charrue, parce qu'ils n'avançaient pas, fut aussitôt traîné en ville par deux réfugiés qui l'avaient entendu, cachés derrière une haie (*Ibid.*, p. 25). La ville était peuplée d'espions qui allaient rapporter au consistoire les blasphèmes, les paroles impies, les propos libertins qu'ils avaient ouïs. Un jour, un maçon, qui tombait de lassitude, s'écria : Au diable l'ouvrage et le maître ! Il fut appelé devant le consistoire et condamné à trois jours de cachot (*Registres*, 13 mars 1559). Au nombre des blasphèmes, Calvin avait mis les railleries contre les réfugiés français, qu'il voulait faire regarder comme des martyrs de l'Évangile. Les jeux de cartes, de dés, de quilles étaient prohibés; on mettait au carcan le joueur de profession. Le consistoire faisait un crime des amusements les plus innocents, et interdisait la cène à quelques jeunes gens qui, le jour de l'Épiphanie, avaient tiré les rois (Audin, t. II, c. 6).

On désignait à l'habitant de Genève le nombre de ses plats, la forme des souliers dont il devait se chausser, la coiffure de sa femme. On lit dans les registres de l'État, 13 février 1558 : « Trois compagnons tanneurs mis trois jours en prison et à l'eau, pour avoir mangé à déjeuner trois douzaines de patés : ce qui est une grande dissolution. »

Les délateurs tendaient des pièges aux pauvres âmes assez sottes pour les écouter. Ils demandaient à un Normand, qui se proposait d'aller étudier à Montpellier, s'il quitterait l'église. Le Normand répondit : Il ne faut pas croire que l'église soit si étroitement bornée, qu'elle soit pendue à la ceinture de monsieur Calvin. Il fut dénoncé et banni (*Registres*, août 1558). Un jour la ville, à son réveil, fut tout étonnée de voir plusieurs potences élevées sur les places publiques, et surmontées d'un écriteau où on lisait : POUR QUI DIRA DU MAL DE MONSIEUR CALVIN (Picot, t. I, p. 266 et 267).

La législation calvinienne admettait le divorce pour adultère et absence prolongée de l'un des époux. Cette législation causa des désordres dans les populations savoisienne et lyonnaise. On vit des femmes gagner Genève pour épouser leurs séducteurs. Des maris, qui ne pouvaient briser des liens indissolubles, se réfugiaient en Suisse pour embrasser ce qu'on nommait alors la liberté de la chair. Genève était comme l'égoût de l'Europe chrétienne. Aussi un protestant génévois n'a-t-il pas craint de dire : « Je montrerai à ceux qui s'imaginent que le réformateur n'a produit que du bien, nos registres

couverts d'enfants illégitimes (on en exposait dans tous les coins de la ville et de la campagne); des procès hideux d'obscénité; des testaments où les pères et les mères accusent leurs enfants, non pas d'erreurs seulement, mais de crimes; des transactions par-devant notaires entre des demoiselles et leurs amants, qui leur donnaient, en présence de leurs parents, de quoi élever leurs bâtards; des multitudes de mariages forcés, où les délinquants étaient conduits de la prison au temple; des mères qui abandonnaient leurs enfants à l'hôpital, pendant qu'elles vivaient dans l'abondance avec leur second mari; des liassées de procès entre frères; des tas de dénonciations secrètes : tout cela parmi la génération nourrie de la manne mystique de Calvin (Galiffe, *Notices généalog.*, t. III, p. 15). »

Cependant Calvin avait des ennemis qui épiaient toute sa vie : c'étaient les libéraux, qu'il appelait *libertins*. C'est par eux que Bolsec a connu comment le prétendu réformateur prenait des imprimeurs de Genève deux sous pour feuillet ou feuille entière; les sommes que lui envoyaient, pour être distribuées aux pauvres, la reine de Navarre, la duchesse de Ferrare et d'autres riches étrangers; l'héritage de deux mille écus que David de Hainaut lui laissa en mourant, et qu'il distribua à ses amis et à ses parents; le mariage d'argent qu'il fit contracter à son frère Antoine avec la fille d'un banqueroutier d'Anvers, réfugié à Genève pour mettre ses vols à couvert; la lettre qu'il écrivit à Farel au sujet de Servet, et son petit billet au marquis de Pouet : « Ne faites faute de défaire le pays de ces zélés faquins, qui exhortent le peuple par leurs discours à ce raidir contre nous, noircissent notre conduite, et veulent faire passer pour rêverie notre croyance; *pareils monstres doivent être étouffés* (Bolsec, *Vie de Calvin*, p. 29 et séqq.). »

Et ces paroles n'étaient pas une vaine menace. Le poëte Gruet fut mis à la torture et décapité, pour avoir dit du mal de Calvin (Audin, t. II, c. 8). Bolsec, médecin apostat et réfugié lyonnais, fut banni à perpétuité du territoire de Genève pour la même raison (c. 11). Daniel Berthelier, maître de la monnaie à Genève, fut soumis à des tortures effroyables et décapité par la main du bourreau; il avait appris à Noyon des faits peu honorables de la vie de Calvin, et en gardait des preuves authentiques. Plusieurs autres périrent également sur l'échafaud. Philibert Berthelier, frère de Daniel et capitaine général, fut condamné à mort, ainsi que d'autres patriotes; mais ils échappèrent et se réfugièrent à Berne, où Calvin les poursuivit. Il voulait qu'on les chassât de Suisse. Berne refusa de s'associer aux vengeances du réformateur, et ne craignit pas de témoigner hautement son admiration pour le courage malheureux. La haine de Calvin contre les patriotes s'accrut de cette protection. Il obtint des conseils le bannissement des femmes des libertins, le séquestre et la confiscation de leurs biens, la suppression de la place de capitaine général, et la *peine de mort contre tout citoyen qui parlerait de rappeler les exilés* (Audin, t. II, c. 15).

Mais rien n'est fameux comme le supplice de Servet, prémédité par Calvin pendant sept années entières. Le 13 février 1546, Calvin disait à Farel : « Servet m'a écrit dernièrement et a joint à sa lettre un gros livre de ses rêveries, avec des vanteries arrogantes, que j'y verrais des choses jusqu'à présent inouïes et ravissantes. Il promet de venir ici ; si je l'agrée ; mais je ne veux point engager ma parole, car, s'il vient, et si mon autorité est considérée, je ne permettrai point qu'il en échappe sans qu'il perde la vie. » L'original de cette lettre, écrite en latin tout entière de Calvin, se trouve encore dans la bibliothèque royale de Paris, d'où Audin l'a transcrite et publiée textuellement (t. II ; c. 13).

Michel Servet, né à Tudèle en Aragon, âgé de quarante ans, latiniste, helléniste, hébraïsant, juriste, médecin, astrologue, alchimiste, se mêlant de théologie, d'une vie et d'une imagination vagabondes, se disputant et se brouillant avec les théologiens protestants, Œcolampade à Bâle, Capiton et Bucer à Strasbourg, comme avec les médecins de Paris ; enfin correcteur d'imprimerie, avait publié plusieurs ouvrages, la plupart anonymes ou pseudonymes.

En 1541, recueilli généreusement par Pierre Palmier, archevêque de Vienne en Dauphiné, qui le logea dans son propre palais, il y publia une seconde édition de son Ptolémée latin, avec une dédicace à l'archevêque, et qui lui fit honneur parmi les savants. Dans cette position tranquille, où il exerçait la médecine, il aurait pu passer heureusement ses derniers jours. Mais il voulait du bruit ; il avait publié des ouvrages pseudonymes contre le dogme de la Trinité et de la consubstantialité du Verbe ; entré en correspondance avec Calvin sur ces matières ; ils finirent tous deux par des injures et des invectives, et se vouèrent une haine implacable. Servet, voulant humilier son antagoniste, lui adressa un manuscrit où il relevait quantité de bévues et d'erreurs qu'il avait remarquées dans ses ouvrages, surtout dans l'*Institution chrétienne*. Calvin en fut tellement irrité, qu'il écrivit, en 1546, la lettre à Farel que nous avons vue. Il écrivit encore à Viret, alors prédicant de Lausanne : « Si jamais Servet vient à Genève, il n'en sortira pas vivant ; c'est pour moi un parti pris (Audin, c. 12, p. 277). »

En 1553, Servet fait imprimer clandestinement à Vienne un ouvrage antitrinitaire, sans nom de lieu ni d'auteur, où il réfutait vivement le fatalisme calviniste. Son argumentation se terminait par cette phrase méprisante : « Oui, dans Caïn même et dans les géants, de ce souffle qu'inspira la divinité dans l'origine, il reste une certaine puissance libre, capable de maîtriser le péché, suivant que l'atteste Dieu même. Donc elle reste aussi en toi, à moins que tu ne sois une pierre ou un tronc. »

Tous les exemplaires de l'ouvrage furent expédiés en ballots sur Lyon pour Francfort-sur-le-Mein, ce vaste dépôt de livres hérétiques au XVIe siècle. A Lyon, un imprimeur-libraire, dont Servet avait été correcteur, ouvrit un des ballots et envoya quelques exemplaires à Calvin, qui en sut bientôt l'auteur et l'imprimeur. Calvin le dénonce clandestinement au cardinal-archevêque de Lyon, qui fait agir le gouverneur du Dauphiné, le vicaire général de Vienne et l'inquisiteur de la foi. Une première perquisition n'amène aucun résultat. Calvin fournit par des voies occultes de nouvelles preuves : Servet est arrêté et mis dans la prison ecclésiastique de Vienne. Mais le médecin Servet avait sauvé la vie à la fille unique du bailli de cette ville ; elle intercède pour le prisonnier : le geôlier reçoit ordre de fermer les yeux, le prisonnier s'échappe et s'enfuit à Genève pour passer en Italie. A Genève, il est arrêté par les espions de Calvin, mis en prison et traduit devant le tribunal de l'inquisition genevoise. Au dire de Calvin, il soutint opiniâtrement le panthéisme et l'arianisme, niant la personnalité de Dieu et la trinité des personnes. Emprisonné le 13 août, il écrivit le 15 septembre à ses juges, les suppliant de lui accorder une chemise et du linge, attendu que les poux le mangeaient tout vivant. Le tribunal voulait qu'on lui donnât ce qu'il demandait ; mais Calvin s'y opposa, et il fut obéi (Galiffe, *Notices gén.*, etc., t. III, p. 442). Le 26 octobre 1553, on vint annoncer à Servet qu'il était condamné à être brûlé vif, et que l'arrêt serait exécuté le lendemain. Il eut une dernière entrevue avec Calvin, fut assisté à la mort par Farel, qui finit par le maudire. Son dernier mot sur le bûcher fut : *Jésus, Fils du Dieu éternel, ayez pitié de moi !* Calvin, qui contemplait son supplice de sa chambre, ferma alors sa fenêtre. Farel s'en retourna à Neufchâtel, dont il était ministre. Quelques jours auparavant, il avait écrit à Calvin : « Je ne comprends pas que vous hésitiez à tuer dans le corps le scélérat qui a tué dans leur âme tant de chrétiens ! Je ne puis croire qu'il se trouve des juges assez iniques pour épargner le sang de cet infâme hérétique (Farel, Calvin., 8 sept. ; Audin, t. II, c. 13). »

Les églises protestantes avaient été consultées avant la condamnation de Servet.

ZURICH avait répondu : « La Providence divine vous a donné une bien belle occasion de prouver au monde que ni votre église ni la nôtre ne favorisent les hérétiques : vigilance et activité. Que la contagion soit arrêtée, et que Christ vous illumine de sa sagesse. »

SCHAFFOUSE : « Nous sommes certains que vous emploierez tous vos efforts pour que l'hérésie ne ronge pas comme un chancre les chairs du corps chrétien. Point de disputes. Disputer avec un insensé, c'est faire de la folie avec des fous. »

BALE : « Vous emploierez, pour guérir l'âme du malheureux, tout ce que Dieu vous a donné de sagesse ; s'il est inguérissable, vous aurez recours à ce pouvoir dont Dieu vous arma, afin que l'Eglise de Christ cesse de souffrir, et que de nouveaux crimes ne soient pas ajoutés aux anciens. »

BERNE : « Que Dieu vous donne l'esprit de prudence et de force, à l'aide duquel vous puissiez délivrer d'une peste semblable et votre église et la nôtre. »

Servet brûlé, Bucer écrit à Calvin : « Servet méritait d'avoir les entrailles arrachées et déchirées. » Et Mélanchthon : « Révérend personnage et mon très-cher frère, je rends grâces au Fils de Dieu qui a été le spectateur et le juge de votre combat, et qui en sera le rémunérateur : l'église aussi vous en devra sa gratitude, à maintenant et à la postérité. Je suis entièrement de votre avis, et je tiens pour certain que les choses ayant été dans l'ordre, vos magistrats ont agi selon le droit et la justice en faisant mourir ce blasphémateur (Audin, t. II, c. 13). »

De tout cela résultent des conséquences très-graves. D'abord, d'après toutes les églises protestantes, principalement Genève, il est juste de punir les hérétiques, et de les punir par le feu. Donc, lorsque les puissances catholiques-romaines appliquent cette loi aux hérétiques opiniâtres de leur temps et de leur pays, nul protestant raisonnable ou qui veut être conséquent avec soi-même, ne peut leur en faire de reproche. Il y a, au reste, une différence remarquable. Les protestants de Suisse brûlent tel individu comme hérétique, parce qu'il rejette en tout ou en partie le *credo* cantonal et variable soit de Genève, de Bâle, de Zurich ou de Berne : d'où il peut arriver que le même homme soit brûlé dans un lieu ou dans un temps comme hérétique, et récompensé, glorifié dans un autre comme docteur de l'Eglise, et cela pour la même chose. Et de fait, si Calvin reparaissait à Genève avec son tribunal d'inquisition, il aurait à brûler toute la vénérable compagnie des pasteurs et tous les membres du consistoire; car nul ne croit plus ni à la Trinité ni à la divinité du Christ : en 1817, ils ont défendu, sous peine d'excommunication et de déposition, de soutenir ces dogmes en chaire : tous en sont aujourd'hui où en était Servet, quand leurs prédécesseurs le brûlèrent en 1553. Tandis que l'Eglise catholique, apostolique et romaine ne traite d'hérétique que le chrétien qui rejette en tout ou en partie, non pas le *credo* particulier et variable de telle ville ou de tel pays, mais le *credo* universel, perpétuel et invariable de toute la chrétienté.

Il y a plus : les protestants posent en principe, que c'est à chacun à se faire soi-même sa croyance et sa religion. Lors donc qu'ils punissent quelqu'un parce qu'il ne veut pas accepter la leur, mais garder la sienne, c'est une inconséquence tyrannique, qui les condamne eux et leur principe. Les catholiques sont au moins conséquents ; car ils disent et pensent que ce n'est pas à chacun à se faire sa religion, mais à la recevoir telle que Dieu nous la transmet par son Eglise, avec laquelle il a promis d'être tous les jours jusqu'à la consommation des siècles.

Enfin, d'après Luther et Calvin, d'après les luthériens et les calvinistes, l'homme n'a point de libre arbitre, il fait nécessairement tout ce qu'il fait, Dieu opère en nous tout le mal comme le bien. Comment donc peuvent-ils alors, sans la plus cruelle injustice, punir qui que ce soit, de quoi qu'il dise et de quoi qu'il fasse? Ne serait-ce pas ressembler à cet être pire que Satan, qui nous punirait, non-seulement du mal que nous n'avons pu éviter, mais encore du bien que nous aurions fait de notre mieux ; en un mot, ne serait-ce pas ressembler au Dieu plus qu'infernal de Luther et de Calvin?

§ IX.

Fin d'Erasme. — LIEUX THÉOLOGIQUES *de Melchior Canus.* — *Saint Thomas de Villeneuve.* — *Saint Ignace de Loyola : sa Compagnie de Jésus.* — *Premiers travaux et miracles de saint François Xavier dans l'Inde.*

Au milieu de cette anarchie religieuse et intellectuelle qui agitait l'Europe, était mort en 1536 le fameux Erasme, dont nous avons vu ailleurs les commencements. Ses principaux travaux sont ses éditions de saint Jérôme, de saint Hilaire et de saint Augustin; son édition du Nouveau Testament grec, avec sa version latine et ses paraphrases; divers opuscules sur la manière d'étudier et d'enseigner la théologie; *Recueil d'adages ou de proverbes. Manuel du soldat chrétien ; Eloge de la folie par elle-même; des Colloques; Dissertation du libre arbitre contre Luther ; Défense de cette dissertation ; Lettre contre les faux évangéliques.*

Littérateur bel-esprit, érudit comme un dictionnaire de synonymes, Erasme peut-être consulté avec fruit pour l'intelligence païenne des mots et des phrases latines : son autorité ne va guère plus loin. Quant à la doctrine chrétienne, il doit être lu avec précaution; généralement, il n'en a point saisi le fond, l'esprit, l'ensemble, et par là même en donne des idées superficielles, incomplètes et fausses, dans un langage très-souvent louche et équivoque. En 1526 et l'année suivante, la Faculté de théologie de Paris censura un grand nombre de propositions tirées de ses Colloques et de ses autres ouvrages (D'Argentré, *Collectio judici*, t. II, p. 48-50; *Ibid.*, p. 53 et seqq.). L'index d'Espagne, de Rome, du pape Alexandre VII et du concile de Trente pour l'expurgation des œuvres d'Erasme; ordonne d'ajouter au titre : *Auteur condamné, œuvres prohibées jusqu'à présent, mais permises désormais avec expurgation*, avec cette note : *Toutes les œuvres d'Erasme doivent être lues avec précaution, car il s'y trouve tant de choses dignes d'être corrigées, qu'elles sauraient à peine l'être toutes* (*Opera Erasmi. Lugduni Batavorum*, t. X, p. 1781 et seqq.). Ce jugement, que suit l'index des endroits à retrancher dans chaque volume, n'est que juste.

Le tort et le malheur d'Erasme fut de plaisanter à tort et à travers de la théologie scholastique, au lieu de l'étudier à fond. Bossuet disait d'un critique semblable : « Et pour ce qui est de la scholastique et de saint Thomas, que M. Simon voudrait décrier à cause du siècle barbare où il a vécu, je lui dirai en deux mots que ce qu'il a à considérer dans les scholastiques et dans saint Thomas, est, ou le fond, ou la méthode; le fond, c'est-à-dire les décrets, les dogmes et les maximes constantes de l'école, n'est autre chose que le pur esprit de la Tradition et des Pères; la méthode, qui consiste dans cette manière contentieuse et dialectique de traiter les questions, aura son utilité, pourvu qu'on la donne non comme le but de la science, mais comme un moyen pour y avancer ceux qui commencent; ce qui est aussi le dessein de saint Thomas dès le commencement de sa *Somme*, et ce qui doit être celui de ceux qui suivent sa méthode. On voit aussi par expérience que ceux qui n'ont pas commencé par là, et qui ont mis leur fort dans la critique, sont sujets à s'égarer beaucoup lorsqu'ils se jettent sur les matières théologiques. Erasme dans le siècle passé, Grotius et M. Simon dans le nôtre en ont un grand exemple... Que le critique se taise donc, et qu'il ne se jette plus sur les matières théologiques, où jamais il n'entendra que l'écorce (Bossuet, *Défense de la Tradition et des saints Pères*, l. 3, c. 20). » Ces derniers mots de Bossuet s'appliquent de tout point à Erasme.

Il a un décalogue intitulé : *Le Cicéronien*, où il raille certains latinistes de son temps, qui se faisaient scrupule d'employer un mot qui ne fût pas dans Cicéron, et n'osaient dire *Jésus-Christ*, *Verbe de Dieu*, *Esprit-Saint*, *Trinité*, *grâce divine*, etc. Il observe avec raison que Cicéron même, dans ses ouvrages de rhétorique et de philosophie, emploie bien des mots nouveaux ou dans une acception nouvelle, et que, chrétien, il eût parlé chrétiennement : c'était fort mal imiter Cicéron, que de vouloir, étant chrétien, parler à un chrétien des choses chrétiennes avec le langage du paganisme. Or, cette superstition pédantesque de mots et de phrases qu'il reproche à d'autres, Erasme y tombe sans cesse lui-même; il ne dira pas *saint Pierre*, mais le *divin Pierre*. Au lieu de traduire : *Dans le principe était le Verbe*, il mettra : *Dans le principe était le discours*. L'ensemble de la création, de la rédemption et de la consommation éternelle, il l'appellera une *fable*, parce que, chez les auteurs dramatiques, ce mot se prend pour drame, action. Ces expressions louches, ces affectations de tournures païennes lui attirèrent bien des critiques et des reproches, à quoi il fut très-sensible. Un religieux franciscain ayant signalé en chaire, sans pourtant le nommer, sa manie de vouloir réformer jusqu'au *Magnificat*, par sa version de saint Luc, Erasme en fut tellement piqué qu'il composa un colloque où il traite ce religieux de porc et d'âne, plus âne que tous les ânes, et lui prouve la justesse de sa traduction par les comédies de Térence. Ce qui n'étonne pas moins, c'est le titre de *Sermon ou Merdardus* qu'il donne à ce colloque, et dont il a soin de faire sentir la puante étymologie.

Avec un bel esprit, Erasme n'avait pas toujours le cœur très-noble. L'objet habituel de ses risées et de ses mauvais bons mots, ce sont de pauvres moines : ce qui n'était guère généreux pour un moine sécularisé. Encore les raille-t-il non-seulement sur des choses indifférentes, comme leur vêtement, leurs noms, mais encore sur des choses louables et méritoires, comme leur fidélité à garder leur règle, à réciter leur office, à observer les jeûnes. Il se permet des railleries non moins déplacées sur les simples fidèles, sur leur dévotion à tel ou tel saint, sur leurs pèlerinages, et même sur les prières ou aumônes qu'ils font pour être préservés de tout malheur dans un voyage ou à la guerre. Tout cela ne fait pas plus d'honneur à l'esprit qu'au cœur d'Erasme (Voir, entre autres, son *Manuel du soldat chrétien* et son *Eloge de la folie*).

Il n'y eut qu'un moine pour qui il eut des ménagements : le moine apostat de Wittemberg. Comme nous avons vu, Luther avait commencé par quelque chose de pire que l'athéisme, par nier le libre arbitre de l'homme, et faire Dieu auteur du péché, ruinant ainsi la base de toute religion, de toute morale, de toute société politique ou religieuse : la querelle des indulgences, nous l'avons vu, ne vint qu'après. A ce furieux effort de l'enfer pour ensevelir dans le même chaos la foi chrétienne et la raison humaine, que devait naturellement faire un prêtre catholique, un savant religieux, à qui Dieu avait donné l'esprit, l'érudition, avec la faveur des princes et des pontifes, et l'admiration de ses contemporains? que devait faire Erasme, au moins quand l'Eglise eut prononcé par son chef? que devait faire l'éditeur de saint Jérôme, de saint Hilaire, de saint Augustin? Ne devait-il pas, comme ces trois héros, se mettre au service de Dieu et de son Eglise, réunir et combiner les efforts de leurs serviteurs fidèles, les Tetzel, les Eckius, les Priérias, les Cochlée, les Emser, les Fisher, les Morus, les Universités de Paris, de Louvain, de Cologne; puis marcher droit à l'ennemi, l'attaquer corps à corps et sans relâche? C'est précisément ce qu'Erasme ne fit pas. Au lieu de combattre vaillamment les combats du Seigneur, il en méconnaît ou dissimule la gravité, n'y voit ou feint de n'y voir qu'une querelle de moines sur les indulgences, dont il s'amuse à être spectateur pour rire. Il rit ou raille, en effet, le plus souvent aux dépens de ceux qui défendent la vérité, parce que leurs coups lui semblent trop rudes, et plus propres à exaspérer l'ennemi qu'à l'adoucir. Pour cet ennemi même, il n'a que des ménagements, des lettres équivoques qui peuvent paraître de louange ou de blâme, tout au plus quelques coups d'épingle, quelques épigrammes : aussi de part et d'autre le soupçonnait-on d'être un luthérien occulte. Les papes Léon X, Adrien VI, Clément VIII, Paul III, le duc Georges de Saxe, d'autres personnages illustres le pressèrent de prendre la plume pour défendre la foi contre l'hérésie, lui remontrant qu'il ne s'agissait pas simplement de quelques abus touchant les indulgences, comme il avait coutume de dire, mais de la base même de la religion et de la morale, le libre arbitre de l'homme, la bonté et la justice de Dieu. Erasme s'excuse, promet, diffère, avance, recule : ce n'est pour ainsi dire qu'à son corps défendant et pour éviter la note d'apostat, qu'il publie en 1524 sa diatribe ou *dissertation sur le libre arbitre*, œuvre traînante, sans nerf et sans précision, qui néglige les meilleures armes de la vérité et qui reste bien au-dessous de l'œuvre analogue du roi d'Angleterre, Henri VIII. Luther répondit en 1526 par son livre *Du serf arbitre*, où, avec beaucoup d'injures pour Erasme, il maintient ce qu'il y a de plus horrible dans sa doctrine : que Dieu fait en nous le mal comme le bien; que la grande perfection de la foi, c'est de croire que Dieu est juste, quoiqu'il nous rende nécessairement damnables par sa volonté; en sorte qu'il semble se plaire aux supplices des malheureux. Et encore : « Dieu vous plaît quand il couronne des indignes, et il ne doit pas vous déplaire quand il damne des innocents. » Pour conclusion il ajoute : « Qu'il disait ces choses, non en examinant, mais en déterminant; qu'il n'entendait pas les soumettre au jugement de personne, mais conseillait à tout le monde de s'y assujétir. »

Erasme répliqua par deux livres, sous le titre de *Hyperaspistes*, dans le premier desquels il répond aux injures, et dans le second aux objections de Luther. Dans ces deux livres, mais surtout dans sa lettre contre les faux évangéliques, Erasme montre sur une foule de choses des idées plus nettes et plus complètes que précédemment, et rétracte ainsi implicitement tant de propositions louches, téméraires, mal sonnantes, erronées même, qui se rencontrent dans ses lettres antérieures, dans ses *Colloques*, son *Manuel du soldat chrétien* et son *Eloge de la folie*. Il y fait d'ailleurs une profession franche et nette de catholicisme. On sent que s'il avait commencé plus tôt ou pu continuer plus longtemps sa lutte avec Luther, la force des choses l'eût amené à une étude plus approfondie de la doctrine chrétienne, qui lui a toujours manqué, et qu'il aurait trouvée toute faite dans saint Thomas.

Ainsi, dans la polémique d'Erasme avec Luther, on cherche vainement l'éclaircissement de la question fondamentale, la distinction nette et précise entre la nature et la grâce, entre l'ordre naturel et l'ordre surnaturel. D'après la définition de saint Thomas, qui est devenue la définition commune de tous les catéchismes et de toutes les théologies, la grâce est un don surnaturel que Dieu accorde à l'homme pour mériter la vie éternelle. Le mot important est *surnaturel*, ou qui est au-dessus de la nature. D'après l'explication du saint docteur, qui est l'explication catholique, la grâce est un don *surnaturel*, non-seulement à l'homme déchu de la perfection de sa nature, mais à l'homme en sa nature entière; *surnaturel*, non-seulement à l'homme, mais à toute créature; non-seulement à toute créature actuellement existante, mais encore à toute créature possible. Saint Thomas ne se borne point à l'expliquer ainsi, mais, comme nous l'avons vu au livre soixante-quatorzième de cette Histoire (t. VIII), il en donne une raison si claire et si simple, qu'il suffit de l'entendre pour en être convaincu.

La vie éternelle consiste à connaître Dieu, à voir Dieu, non plus à travers le voile des créatures, ce que fait la théologie naturelle; non plus comme dans un miroir, en énigme et en des similitudes, ce que fait la foi; mais à le voir tel qu'il est, à le connaître tel qu'il se connaît. *Nous le verrons comme il est*, dit le disciple bien-aimé (1. Joan., 3-2). Et saint Paul : *Maintenant nous le voyons par un miroir en énigme; mais alors ce sera face à face. Maintenant je le connais en partie; mais alors je le connaîtrai comme j'en suis connu* (1. Cor., 13, 12). Or, tout le monde sait, tout le monde convient que, de Dieu à une créature quelconque, il y a l'infini de distance. Il est donc naturellement impossible à une créature, quelle qu'elle soit, de voir Dieu tel qu'il est, tel que lui-même se voit. Il lui faudrait pour cela une faculté de voir infinie, une faculté que naturellement elle n'a pas, et que naturellement elle ne peut pas avoir.

Il y a plus : la vision intuitive de Dieu, qui constitue la vie éternelle, est tellement au-dessus de toute créature, que nulle ne saurait, par ses propres forces, en concevoir seulement l'idée. Oui, dit saint Paul après le prophète Isaïe : « *Ce que l'œil n'a point vu, ce que l'oreille n'a point entendu, ce qui n'est point monté dans le cœur de l'homme, voilà ce que Dieu a préparé à ceux qui l'aiment* (*Ibid.*, 2, 9; Is., 64, 4). »

Pour donc que l'homme puisse mériter la vie éternelle et même en concevoir la pensée, il lui faut, en tout état de nature, un secours surnaturel, une certaine participation à la nature divine. L'homme ne pouvant s'élever en ce sens jusqu'à Dieu, il faut que Dieu descende jusqu'à l'homme, pour le déifier en quelque sorte. Or, cette ineffable condescendance de la part de Dieu; cette participation à la nature divine, cette déification de l'homme, c'est la grâce.

C'est donc une idée fausse, c'est donc une erreur de penser, avec Luther et Calvin, que, dans le premier homme, la nature et la grâce étaient la même chose; que la grâce divine n'est devenue nécessaire à l'homme que depuis sa chute; que la grâce n'est que la restauration de la nature; que la foi n'est que la restauration de la raison, et que la révélation divine n'est devenue nécessaire à l'homme que par suite de l'obscurcissement de son intelligence. Aussi l'Eglise a-t-elle condamné, et avec beaucoup de justice, cette proposition du janséniste Quesnel : « La grâce du premier homme est une suite de sa création, et elle était due à la nature saine et entière; » et cet autre de Baïus : « L'élévation de la nature humaine à la nature divine était due à l'intégrité de la première création; et, par conséquent, on doit l'appeler naturelle, et non pas surnaturelle. »

Nous avons vu en quoi consiste précisément la différence de besoin que l'homme a de la grâce avant et après le péché. Saint Thomas dit à ce sujet : « L'homme, après le péché, n'a pas plus besoin de la grâce de Dieu qu'auparavant, mais pour plus de choses; pour guérir et pour mériter; auparavant, il n'en avait besoin que pour l'une des deux, la dernière. Avant, il pouvait, sans le secours surnaturel de la grâce, connaître les vérités naturelles, faire tout le bien naturel, aimer Dieu naturellement par-dessus toutes choses, éviter tous les péchés; mais il ne pouvait, sans elle, mériter la vie éternelle, qui est chose au-dessus de la force naturelle de l'homme. Depuis, il ne peut plus, sans la grâce ou sans une grâce, connaître que quelques vérités naturelles, faire que quelques biens particuliers du même ordre, éviter que quelques péchés. Pour qu'il puisse tout cela dans son entier, comme auparavant, il faut que la grâce guérisse l'infirmité ou la corruption de la nature. Enfin, après comme avant, il a besoin de la grâce pour mériter la vie éternelle, pour croire en Dieu, espérer en Dieu, aimer Dieu surnaturellement, comme objet de la vision intuitive (*Summa*, pars 1, q. 85, art. 4, ad. 1. — 1. 2, q. 109, art. 2, 3 et 4). »

C'est, entre autres, pour avoir confondu, sciemment ou non, la nature et la grâce, l'ordre naturel et l'ordre surnaturel, que Luther, Calvin et Jansénius sont tombés dans des erreurs si énormes. En voici la génération : L'homme déchu ne peut plus aucun bien surnaturel : donc il ne peut plus même aucun bien naturel; donc toutes ses actions sont des péchés; donc il n'a point de libre arbitre, et Dieu opère en lui le mal comme le bien. Pour bien réfuter ces monstruosités, Erasme aurait dû y porter d'abord la lumière avec la doctrine si claire et si nette de saint Thomas; Erasme ne s'en est pas même douté. Autant en est-il arrivé à plus d'un écrivain moderne; et c'est là, croyons-nous, une des causes principales de tant de fausses idées répandues depuis trois siècles dans les esprits et dans les livres.

Ce qu'Erasme n'a pas su faire, rétablir les vraies notions sur la théologie et les preuves dont elle se sert, un de ses jeunes contemporains le fera : le Dominicain espagnol, *Melchior Canus* ou *Cano*, né au diocèse de Tolède dans les commencements du XVIe siècle, entré dans l'ordre de Saint-Dominique en 1523, et mort le 30 septembre 1560, après avoir successivement étudié et professé la théologie dans les Universités de Salamanque, Valladolid et d'Alcala ou Complut, avoir paru avec distinction au concile de Trente, et occupé quelque temps l'évêché des îles Canaries ou Fortunées. Son ouvrage *Des lieux théologiques* est connu de tout le monde, ou du moins devrait l'être.

La théologie est la science de ce que Jésus-Christ nous enseigne, par son Eglise, sur Dieu et les choses divines : « Vous n'avez, dit-il, qu'un seul maître ou docteur, le Christ. Dieu et homme il était hier, il est aujourd'hui. C'est par lui et avec lui que Dieu le Père a fait toutes choses, et le commencement de toutes choses est la sainte Eglise catholique. Il est cette sagesse qui procède éternellement de la bouche du Très-Haut, qui était avec lui dès l'origine, créant l'univers et s'y jouant ; cette sagesse qui atteint d'une extrémité à l'autre avec force et dispose tout avec douceur, qui fait ses délices d'être avec les enfants des hommes, qui établit des prophètes et des amis de Dieu parmi les nations, qui fut spécialement avec Moïse et les autres patriarches : il est cette lumière véritable qui éclaire tout homme venant en ce monde, ce Verbe que tout parle, et ce principe qui nous parle à nous-mêmes et sans qui personne ne comprend ni ne juge droitement (*Imitat.*, l. 1, c. 3). » Jésus-Christ, Dieu et homme, est ainsi la source première de toute vérité, de toute connaissance certaine, tant dans l'ordre naturel que dans l'ordre surnaturel.

Il en est de même, à proportion, de son Eglise, l'Eglise catholique. — En tant que société naturelle, en tant qu'elle représente le genre humain, comme sa portion capitale et intelligente, cette Eglise est l'organe naturel, nécessaire, irrécusable de la raison humaine. — En tant que société surnaturelle, en tant qu'elle représente Dieu sur la terre, en tant que Dieu lui-même s'est incorporé en elle (1), cette Eglise est l'organe surnaturellement naturel, nécessaire et infaillible de la foi et raison divines.

Jésus-Christ unit dans sa personne la nature humaine à la nature divine : ainsi l'Eglise unit dans sa personne la nature humaine à la nature divine, la raison humaine à la foi divine. — Jésus-Christ n'est qu'une personne, une personne divine. L'Eglise n'est qu'une société, société surhumaine. — L'union des deux natures en Jésus-Christ n'est ni confusion, ni séparation, ni opposition ; chaque nature a ses opérations distinctes : dans Jésus-Christ, la nature divine ne détruit point la nature humaine, mais la perfectionne. Ainsi en est-il dans l'Eglise.

Pour bien connaître Jésus-Christ, il faut le connaître non-seulement en tant que Dieu, mais encore en tant qu'homme. — Pour bien connaître l'Eglise, il faut la connaître non-seulement en tant que société surnaturelle et divine, mais encore en tant que société naturelle et humaine. — Pour bien connaître la théologie, il faut la connaître non-seulement en tant que science surnaturelle et divine, mais encore en tant que science naturelle et humaine (2). — L'Eglise, la théologie embrassent donc nécessairement non-seulement la révélation proprement dite, les vérités révélées surnaturellement aux prophètes et aux apôtres, et qui forment le *fidèle*, mais encore la raison humaine, les vérités communiquées de Dieu à l'homme nécessairement pour qu'il fût *homme*.

Ainsi l'Eglise, comme société naturelle et comme société surnaturelle, renferme tous les lieux théologiques ; c'est d'elle qu'il faut apprendre l'autorité qu'elle accorde et que nous devons accorder à chacun d'eux. Ce que Melchior Cano a fait là-dessus est un chef-d'œuvre.

Il compte dix *lieux théologiques* ou sources, d'où le théologien peut tirer des arguments convenables, soit pour prouver ses propres conclusions, soit pour réfuter les conclusions contraires. Ce sont les autorités suivantes : 1º l'Ecriture sainte ; 2º les traditions divines et apostoliques ; 3º l'Eglise universelle ; 4º les conciles et principalement les conciles généraux ; 5º l'Eglise romaine ; 6º les saints Pères ; 7º les théologiens scholastiques et les canonistes ; 8º la raison naturelle ; 9º les philosophes et les juristes ; 10º l'histoire humaine. Les sept premières autorités appartiennent à la théologie en propre ; les trois autres lui sont communes avec d'autres sciences.

La première de ces autorités sont les Ecritures que Dieu a inspirées et que l'Eglise toujours vivante de Dieu reçoit, approuve et interprète. Dans ce qui regarde la foi et les mœurs, la version latine suffit ; mais il est utile d'étudier le texte hébreu et le texte grec, pour pénétrer mieux le sens et réfuter avec plus d'avantage les hérétiques. Un confrère de Melchior Canus, le dominicain *Sanctes Pagninus*, célèbre prédicateur et savant orientaliste, né à Luques vers 1470, et mort en 1541, avait rendu cette étude plus facile, par sa version littérale de l'Ancien Testament sur l'hébreu, son *Dictionnaire ou trésor de la langue sainte*, et d'autres ouvrages élémentaires. Sa version latine se trouve dans la Bible polyglotte d'Anvers, imprimée par Christophe Plantin, sous la direction d'Arias Montanus, moine de l'ordre de Saint-Jacques, né l'an 1527 dans la province d'Estramadure.

Le second lieu théologique est la tradition. Melchior Canus en fonde l'autorité sur quatre raisons : 1º l'Eglise est plus ancienne que l'Ecriture ; 2º l'Ecriture ne renferme point d'une manière expresse tout ce qui appartient à la doctrine chrétienne ; 3º bien des choses appartiennent à cette doctrine, qui ne sont contenues dans l'Ecriture ni expressément ni obscurément ; 4º les apôtres, pour des raisons graves, ont transmis des choses par écrit, d'autres de vive voix. Quant à la première raison, voici comme le savant théologien la développe : « C'est que l'Eglise est plus ancienne que l'Ecriture, et que la foi et la religion subsistent complètes sans l'Ecriture ; car les anciens patriarches, qui vécurent avant Moïse, conservèrent le vrai culte de Dieu sans lois écrites, mais par la coutume de leurs ancêtres. Abraham reçut d'abord de Dieu la circoncision, et la transmit à sa famille. Ces anciens Hébreux conservèrent la religion véritable et dans le pays de Chanaan en Egypte, sans aucune loi écrite, par la seule tradition. Jésus-Christ n'a pas dit à ses Apôtres : *Allez et écrivez*, mais : *Allez et préchez l'Evangile à toute créature.* »

L'auteur assigne ensuite quatre règles pour reconnaître les traditions de Jésus-Christ et des apôtres. La première se trouve dans ces paroles de saint Augustin : Ce que tient l'Eglise universelle, et qui n'a point été institué par des conciles, mais retenu

---

(1) *Pro corpore ejus, id est Ecclesia*, dit saint Paul.
(2) *Theologia omnem de Deo cognitionem tradit, sive ea per naturæ lumen, seu divino solum munere et illustratione habeatur* (Melchior Canus, p. 554).

toujours, on croit avec beaucoup de raison qu'il n'a été transmis que par l'autorité des apôtres : tel est le jeûne des Quatre-Temps. La seconde règle approche de la première et présente même plus de facilité : Si depuis l'origine les Pères ont tenu unanimement un dogme de foi, et s'ils ont rejeté le contraire comme hérétique, sans que cependant ce dogme se trouve dans l'Ecriture, l'Eglise l'a certainement reçu par la tradition apostolique : tels sont la perpétuelle virginité de Marie, la descente de Jésus-Christ aux enfers, le nombre certain des évangiles. En troisième lieu : Quand une chose est maintenant approuvée dans l'Eglise par le commun consentement des fidèles, et qu'elle est au-dessus de la puissance humaine, elle vient nécessairement de la tradition des apôtres, comme de dissoudre des vœux. La quatrième règle est la plus usitée : Si les auteurs ecclésiastiques attestent d'une voix unanime qu'un dogme ou un usage vient des apôtres, c'en est une preuve certaine. C'est ainsi que les Pères du septième concile témoignent que les images viennent des apôtres; il en est de même du Symbole.

Le troisième lieu théologique est l'autorité de l'Eglise. Sur quoi Melchior Canus présente quatre conclusions : 1° la foi de l'Eglise ne peut défaillir; 2° l'Eglise ne peut errer dans sa croyance; 3° non-seulement l'Eglise ancienne n'a pu errer dans la foi, mais ni l'Eglise présente ni l'Eglise à venir, jusqu'à la consommation des siècles, ne peut ni ne pourra y errer; 4° non-seulement l'Eglise universelle, c'est-à-dire la collection de tous les fidèles, a pour toujours cet esprit de vérité, mais les princes et pasteurs de l'Eglise l'ont aussi.

L'autorité des conciles forme le quatrième lieu théologique, que l'auteur résume en huit conclusions : 1° Un concile général qui n'a été ni assemblé ni confirmé par l'autorité du Pontife romain, peut errer dans la foi : tel est le concile de Rimini. 2° Un concile général, même assemblé par l'autorité du Pontife romain, mais non confirmé par elle, peut errer dans la foi : tel est le concile ou brigandage d'Ephèse. 3° Un concile général, confirmé par l'autorité du Pontife romain, fait foi certaine des dogmes catholiques. Cette conclusion est tellement indubitable pour l'auteur, que le contraire lui paraît hérétique. 4° Un concile provincial, non confirmé par le souverain Pontife, peut errer dans la foi. 5° Un concile provincial, confirmé par l'autorité du souverain Pontife, ne peut errer dans la foi. 6° Des conciles provinciaux, quoiqu'il leur manque l'autorité du Pontife romain, on peut tirer un argument probable pour persuader les dogmes de la foi. 7° Les conciles épiscopaux, s'ils sont confirmés par le Pontife romain dans les décrets de la foi, présentent un argument certain de la vérité. 8° Un synode épiscopal peut, par lui-même, faire foi probable, mais non certaine, dans un jugement d'hérésie.

Comme cinquième lieu théologique vient l'autorité de l'Eglise romaine; au sujet de quoi Melchior Canus établit les trois propositions suivantes : Pierre a été institué par le Christ, pasteur de l'Eglise universelle. Pierre, lorsqu'il enseignait l'Eglise ou affermissait les ouailles dans la foi, ne pouvait errer. Pierre défunt, quelqu'un lui succédait de droit divin dans la même autorité et puissance. L'auteur prouve que ce successeur est l'évêque de Rome.

En sixième lieu est l'autorité des saints Pères; sur quoi il y a six conclusions : 1° L'autorité des saints, soit en petit ou en plus grand nombre, lorsqu'il s'agit des facultés contenues dans la lumière naturelle, ne fournit point d'arguments certains : elle ne vaut qu'autant que la persuade la raison conforme à la nature. 2° L'autorité d'un ou de deux saints, même dans ce qui appartient à la sainte Ecriture et à la doctrine de la foi, peut bien présenter un argument probable, mais ne saurait en présenter de ferme. Ainsi, le mépriser et le compter pour rien, c'est de l'impudence; mais le recevoir et le tenir pour certain, c'est de l'imprudence. 3° L'autorité de plusieurs saints, lorsque les autres, quoique en plus petit nombre, réclament, ne saurait fournir au théologien des arguments solides. 4° L'autorité même de tous les saints, dans les questions qui n'appartiennent nullement à la foi, fait foi probable, mais non pas certaine. 5° Dans l'exposition des saintes lettres, la commune interprétation de tous les anciens Pères fournit au théologien un argument très-certain pour corroborer les assertions théologiques; car le sens de tous les saints est le sens même du Saint-Esprit. 6° Tous les saints ensemble ne sauraient errer dans un dogme de foi.

Le cinquième lieu est des plus importants et des plus nécessaires : c'est l'autorité de l'école théologique. Les hérétiques modernes non-seulement la comptent pour peu, mais la rejettent avec dédain. Luther, disciple de Wiclef en ceci comme dans le reste, prétend que la théologie scholastique n'est autre que l'ignorance de la vérité et une vaine tromperie; il appelle même les académies, les lupanars de l'antechrist. Mélanchthon dit que c'est à Paris qu'est née la scholastique profane, qui a obscurci l'Evangile et éteint la foi. En un mot, tous les luthériens sans exception méprisent souverainement et maltraitent hostilement l'autorité de notre école. De là peut-être, comme la première source, viennent leurs autres hérésies. Qui méprise les auteurs scholastiques, méprisera facilement et comme nécessairement les jugements de l'école, puis les anciens Pères dont les théologiens modernes résument la doctrine, puis les conciles composés de ces Pères, puis l'autorité de l'Eglise, enfin certains livres canoniques : c'est en effet ce qui est arrivé aux luthériens. Tant il est vrai que celui qui méprise les petites choses tombe peu à peu dans les grandes. Ce n'est pas que l'autorité de l'école soit petite, elle que personne ne saurait mépriser sans péril pour la foi; car depuis la naissance de l'école, le mépris de l'école et la peste des hérésies sont et furent toujours inséparables. Ces observations de Melchior Canus méritent attention.

Mais dans tout ceci, continue-t-il, le lecteur doit se souvenir que je défends la doctrine de l'école, qui est établie sur les fondements des saintes lettres. Aussi, avec l'assentiment de tout le monde, appellerai-je misérable cette doctrine de l'école qui se défend par les titres de maîtres; qui, négligeant l'autorité de l'Ecriture sainte, disserte des choses divines par des syllogismes entortillés, ou plutôt qui disserte ainsi, non pas des choses divines ou humaines, mais d'autres qui ne nous intéressent en rien. Je sais que dans l'école il y a eu quelques théologiens d'inscription qui ont décidé toutes les questions par des arguments frivoles, et qui, faisant perdre leur poids aux choses les plus graves par leurs vaines *raisonnettes*, ont publié des commentaires à peine dignes de vieilles femmes. Ils citent rarement l'Ecriture, ne font nulle mention des conciles, n'ont rien qui sente les anciens Pères, ni même une philosophie sérieuse, mais quelques connaissances puériles : cependant on les appelle *théologiens scholastiques*, quoiqu'ils ne soient ni scholastiques ni théologiens surtout, eux qui, introduisant dans l'école la lie des sophismes, excitent le rire des doctes et le mépris des hommes de goût. Qui donc entendons-nous par théologien scholastique ? Celui qui raisonne de Dieu et des choses divines convenablement, prudemment, doctement, d'après les lettres et les institutions sacrées. Sans cela, nul n'est un théologien de l'école. Melchior signale encore, avec un blâme sévère, certains théologiens qui semblent nés pour la discorde, et qui s'occupent, non à découvrir la vérité, mais à contredire les autres. Mais ces torts de quelques-uns ne doivent pas être imputés à tous, encore moins à la science, dont ils abusent.

Le premier office de la théologie scholastique est de mettre en lumière ce qui est caché dans les saintes lettres et les traditions apostoliques ; car, des principes révélés de la foi, la théologie tire les conséquences qui y sont renfermées et les développe par l'argumentation. Erasme est absurde quand il blâme les théologiens de tirer les conséquences des principes : sans cela il n'y aurait jamais de science.

Le second office de la théologie est de défendre la vraie foi contre les hérétiques. Qui ne sait pas le faire, ne mérite pas le nom de théologien. Aussi les hérétiques haïssent-ils les docteurs de l'école, comme les loups haïssent les chiens qui gardent le troupeau. Un troisième but de la théologie scholastique, c'est d'éclaircir ou même de confirmer, autant que possible, la doctrine du Christ et de l'Eglise par les sciences humaines : comme les dépouilles de l'Egypte servirent autrefois à orner le tabernacle de l'Eternel.

Quant à l'autorité de l'école, l'auteur établit les conclusions suivantes : 1° Le témoignage des théologiens scholastiques, même en grand nombre, s'il est contredit par d'autres hommes doctes, ne vaut que suivant leurs raisons ou leur autorité. On en juge, non par le nombre, mais par le poids. 2° Du sentiment commun de tous les auteurs scholastiques, dans une matière grave, on tire des arguments probables, au point qu'il est téméraire d'y résister. La raison dit en effet que, dans un art quelconque, il faut en croire les habiles. 3° Contredire la sentence unanime de tous les théologiens de l'école touchant la foi ou les mœurs, si ce n'est pas une hérésie, certainement c'en approche. En effet, on ne trouvera aucun dogme soutenu unanimement et constamment par tous les scholastiques, que l'Eglise universelle ne le tienne, mue par leur autorité. Ajoutez-y qu'il n'y a pas un décret, une décision si propre à l'école, qu'il ne soit fondé ou sur l'Ecriture sainte, ou sur la tradition des apôtres, ou sur les décisions soit des conciles, soit des souverains Pontifes. D'ailleurs, si tous les théologiens pouvaient se tromper, lorsqu'ils sont d'accord sur une question, ils exposeraient l'Eglise à se tromper de même ; car et les confesseurs et les prédicateurs enseignent le peuple comme ils ont appris des théologiens. Si donc l'Eglise dissimulait une erreur commune de ceux-ci dans la foi, elle tromperait les fidèles par son silence ; car c'est approuver l'erreur que de ne pas y résister, et c'est opprimer la vérité que de ne pas la défendre, comme dit le pape Innocent. Dieu lui-même manquerait au peuple chrétien dans les choses nécessaires, s'il ne découvrait l'erreur de tous théologiens. Après tout cela, la théologie de l'école est-elle encore à mépriser ? Je le croirais, si ce n'était par son autorité que l'Eglise a défini bien des choses ; car depuis trois cents ans, si l'Eglise a condamné des hérésies, si elle a porté des décrets sur la foi et les mœurs, dans l'un et l'autre elle s'est beaucoup aidée du secours et des travaux des scholastiques.

De plus, quand le Seigneur dit : *Qui vous écoute, m'écoute ; qui vous méprise, me méprise*, il parlait non-seulement aux premiers théologiens, c'est-à-dire aux apôtres, mais encore aux docteurs à venir dans l'Eglise, tant qu'il y aurait des brebis à paître dans la science et la doctrine. Celui donc qui méprisait les théologiens succédant au Christ, méprisait le Christ lui-même ; ainsi en est-il nécessairement de qui méprise les théologiens modernes succédant aux anciens. Aussi l'auteur du commentaire imparfait sur saint Matthieu dit-il : Quand vous entendez quelqu'un prôner les anciens docteurs, voyez quel il est envers les docteurs de son temps. S'il honore ceux avec lesquels il vit, sans doute qu'il eût honoré les autres s'il eût vécu avec eux. S'il méprise les siens, il eût méprisé les autres. Enfin, comme dit l'Apôtre, *le Christ a placé dans l'Eglise, les uns apôtres, les autres prophètes, ceux-ci évangélistes, ceux-là pasteurs et docteurs, pour la consommation des saints, l'œuvre du ministère, l'édification du corps du Christ, jusqu'à ce que nous nous rencontrions tous dans l'unité de la foi, dans l'homme parfait, afin que nous ne soyons plus des enfants flottants et ballottés à tout vent de doctrine* (Ephes., 4). Donc, aussi longtemps que durera le corps du Christ ou l'Eglise, il sera de la Providence divine de faire en sorte que ceux qui enseignent dans l'Eglise la doctrine sacrée tiennent, comme étant donnée de Dieu, la vérité de la foi, afin que le peuple ne soit pas porté çà et là comme des enfants.

Le huitième lieu théologique est la raison naturelle ; sur quoi il y a deux erreurs à éviter : la première, de ne consulter en théologie que la raison, négligeant l'Ecriture sainte et les Pères : tels étaient plusieurs théologiens qui, bornés à quelques arguties syllogistiques, se trouvèrent sans armes quand il fallut combattre l'hérésie luthérienne. La seconde erreur est de ceux qui décident tout par les seuls textes de l'Ecriture ou quelquefois des Pères, évitant tous les arguments naturels, comme s'ils étaient contraires à la théologie : tel est Luther, qui non-seulement soutient que la philosophie est inutile et nuisible au théologien, mais que toutes les sciences spéculatives sont autant d'erreurs : ce qui est à nos yeux une erreur des plus grandes.

Celui qui enseigne la doctrine chrétienne remplit à la fois deux personnages : il est homme et théologien. Comme homme raisonnable, le raisonnement lui est inné, qu'il discute tout seul ou avec autrui les choses humaines ou les choses divines. Il ne peut pas plus s'en défaire que cesser d'être homme. On se sert à la fois de son pied et de sa tête, sans rejeter l'un pour l'autre; ainsi en est-il du théologien : il se sert à la fois de la raison naturelle et de la révélation surnaturelle, sans rejeter aucune des deux. D'ailleurs, la grâce n'ôte pas la nature, mais la perfectionne ; la nature ne repousse pas la grâce, mais la reçoit. La théologie ne rejettera donc pas la raison de la nature humaine.

La philosophie est nécessaire au théologien, pour instruire les philosophes; car comme l'Apôtre, il doit se faire tout à tous. Elle lui est nécessaire pour réfuter les sophistes, et enfin parce que la variété de connaissances dans le précepteur, fait plaisir à l'auditeur, lui inspire l'admiration, et enfin le gagne.

Parmi les argumentations de la raison naturelle, il y en a de certaines, et d'autres qui ne le sont pas. Sont certaines celles que les dialecticiens appellent *démonstrations*, c'est-à-dire qui, de principes clairs et incontestables, déduisent une conséquence certaine et évidente. Sont incertaines celles qui, étant probables, sont néanmoins sujettes à conjecture et n'emportent aucune nécessité d'assentiment. Après avoir cité de l'Ecriture même des exemples de l'une et de l'autre espèce, Melchior Canus ajoute : Il est donc clair que les argumentations naturelles dont peut user la théologie sont quelquefois infirmes, et souvent fermes; car ceux qui prétendent que tout reste en question et que la vérité ne persiste constante nulle part, ceux-là sont impies et envers la nature et envers Dieu. L'Apôtre, après avoir dit que les raisons naturelles sont manifestes, les rappelle sagement à Dieu, leur auteur. Ce qui est connaissable de Dieu, dit-il, leur est manifeste; car Dieu le leur a manifesté. Est-ce par les anges ? par les prophètes ? par les apôtres ? Nullement. Mais ce qui est invisible de Dieu se voit intellectuellement depuis la création du monde dans les choses qui ont été faites. Il y a donc des raisons naturelles qui sont évidentes et certaines. Les sciences spéculatives qui se composent d'argumentations de cette espèce ne sont donc pas des erreurs et de vaines tromperies, comme Luther a prétendu non-seulement en insensé, mais en impie (L. 9, c. 8).

Répondant aux objections, Melchior Canus dit, entre autres, avec Clément d'Alexandrie : Dans l'épître aux Colossiens, l'Apôtre ne blâme pas la philosophie véritable, c'est-à-dire qui a des sentiments vrais sur la nature, mais la philosophie épicurienne, qui ôte la Providence, met la volupté au nombre des dieux, et ne croit à rien d'incorporel. Ce sont ces doctrines philosophiques et autres semblables que condamne saint Paul, doctrines que leurs auteurs décorent du nom de *philosophie*, tandis qu'elles ne sont rien moins que cela, mais des traditions d'hommes ignorants, ainsi que l'Apôtre les appelle. La philosophie véritable et naturelle, au contraire, ne vient pas de la tradition des hommes, mais de la révélation de Dieu, comme nous l'avons montré plus haut par le témoignage de l'Apôtre même (C. 9).

Le neuvième lieu théologique, suite du huitième, est l'autorité des philosophes qui prennent la nature pour guide. Ici encore se rencontre une erreur de Luther, qui condamne tous les scholastiques, principalement saint Thomas, comme ayant introduit le règne d'Aristote, le dévastateur de la sainte doctrine ; car c'est ainsi qu'il parle contre Latomus. Melchior Canus expose ce que la foi catholique et le bon sens tiennent à cet égard. Voici ses conclusions.

Le consentement unanime de tous les philosophes donne la certitude d'un dogme philosophique. Il le prouve entre autres par les considérations suivantes. S'il y a quelque chose de tout à fait probable, rien ne l'est assurément plus, si ce n'est que le maître de la nature ait envoyé des docteurs au genre humain pour lui enseigner les connaissances naturelles; car qui serait assez insensé pour établir une université sans professeur ? Parce que Dieu était connu dans la Judée, il y érigea une école de la science divine, et y procura les rabbins. Et parce qu'il a voulu que chez les chrétiens il y eût des académies pour la doctrine évangélique, il a donné aussi des apôtres, des prophètes, des évangélistes, des docteurs pour professer cette doctrine dans la république du Christ. C'est pourquoi, comme, pour leur instruction, il a manifesté à toutes les nations les lois et les connaissances de la nature, il n'est pas vraisemblable qu'il n'ait institué aucun maître pour enseigner ces lois et ces sciences. De plus, s'il est permis d'argumenter de cette similitude, Clément d'Alexandrie dit que la philosophie a été donnée de Dieu aux Grecs comme leur propre testament. Comme donc il n'a pas laissé sans interprète le testament des Juifs et celui des chrétiens, il n'en a pas frustré non plus le testament des Grecs. Il était donc aussi de la Providence divine, que tous les philosophes n'errassent point ensemble ou dans la connaissance de Dieu, ou dans la morale, ou même dans l'intelligence des choses naturelles, nécessaire aux deux premières; d'où il suit que, selon saint Paul, les Grecs sont inexcusables. Ils seraient excusables, cependant, si leurs précepteurs, sous la direction de l'auteur souverainement bon de la nature, n'étaient pas assez instruits de la vérité.

Boèce, ce grand et savant homme, n'estime pas moins les conceptions communes des sages, que si c'étaient les conceptions communes de tous les hommes. Nous-même avons montré plus haut que les communs jugements des docteurs ecclésiastiques doivent être regardés comme les sentences communes de tous les fidèles. C'est pourquoi il n'y a point de doute que cela ne soit vrai et incontestable, de quoi la raison de tous les philosophes est d'accord.

Mais quand il s'agit de la secte de tel ou tel philosophe, la question est bien différente. Et plus quelqu'un est docte et grave, plus son autorité est probable et son témoignage digne de foi. Cependant le théologien ne doit s'attacher à aucun, de manière à n'oser s'en écarter le moins du monde. Saint Augustin préférait Platon, saint Thomas Aristote. Melchior fait voir qu'il ne faut pas donner à ce dernier philosophe une confiance entière et sans restriction, attendu plusieurs erreurs qui se trouvent dans ses œuvres (L. 10).

Le dixième et dernier lieu théologique, c'est l'autorité de l'histoire humaine. Melchior Canus fait voir que la connaissance de l'histoire est non-seulement utile, mais nécessaire au théologien. Pour faire sentir quelle est l'autorité de l'histoire en général, il pose en principe qu'il est nécessaire que les hommes croient les hommes, à moins qu'ils ne veuillent vivre comme les bêtes. Il le prouve au long par saint Augustin et Théodoret. D'où il tire ensuite, pour le détail, les conclusions suivantes : 1° A l'exception des auteurs sacrés, nul historien, pris isolément, ne peut donner la certitude en théologie. 2° Des historiens graves et dignes de foi, comme il y en a certainement plusieurs et pour l'Eglise et pour le siècle, fournissent au théologien un argument probable, tant pour confirmer ce qui est de son domaine que pour réfuter les fausses opinions des adversaires. 3° Si tous les historiens approuvés et graves s'accordent sur un même fait, alors leur autorité offre un argument certain pour confirmer les dogmes théologiques même par une raison incontestable. Melchior en cite plusieurs exemples, comme le voyage de saint Pierre à Rome, la tenue du concile de Nicée. Il y a bien des faits de ce genre qui nous sont transmis par le commun consentement des historiens. Non-seulement les nier, mais même les révoquer en doute, est le comble de la folie (L. 11).

A ses onze livres sur les lieux théologiques, Melchior Canus comptait en ajouter trois : un sur l'usage de ces lieux, l'autre sur la manière de convaincre les Juifs, le troisième sur la manière de convaincre les Mahométans. La mort ne lui permit d'achever que le premier.

Il y fait entre autres cette observation : « C'est à la théologie à donner de Dieu toutes les espèces de connaissances, qu'elles viennent de la lumière naturelle ou de la révélation divine (L. 13, c. 2). » Nous croyons que les théologiens de nos jours, et même les premiers pasteurs, ne font point assez d'attention à ceci, et qu'on permet trop facilement à la philosophie séculière, dans les écoles publiques, d'usurper la théologie sous le nom de métaphysique ou de *théodicée*, sans aucune mission ni contrôle de l'Eglise de Dieu.

Voici comme l'auteur distingue la théologie naturelle de la théologie surnaturelle. « J'appelle *théologie naturelle* cette partie de la *méthaphysique* qui étudie la nature de Dieu par les raisons de la nature, et qui nous est commune avec les philosophes de la gentilité ; *théologie surnaturelle*, celle qui étudie la nature et les attributs de Dieu par les principes que Dieu lui-même a révélés aux hommes. J'entends ici par révélation, suivant la coutume des théologiens, celle qui surpasse la portée et le génie de l'homme ; car saint Paul attribue à la révélation et manifestation de Dieu, même les choses que l'on connaît par la raison et la lumière naturelles (*Ibid.*). »

Cet ouvrage de Melchior Canus fait honneur et à l'auteur, et à l'ordre de Saint-Dominique, et à l'Espagne. Le style en est d'une élégante latinité, mais sans affectation pédantesque de locutions païennes qu'on remarque dans Erasme. L'excellence du fond l'emporte encore sur la beauté de la forme. C'est le bon sens même, mais élevé à sa plus haute puissance par la science chrétienne, qui concilie dans un harmonieux ensemble la nature et la grâce, l'humanité et l'Eglise, la raison et la foi, la philosophie et la théologie. Il assigne à chaque chose les limites que Dieu lui a données ; sur chaque chose il dissipe les erreurs et les ténèbres que les hérétiques, notamment Luther, y ont accumulées. Désormais, avec lui et par lui, les défenseurs de la vérité s'entendront sans peine entre eux pour combattre efficacement l'hérésie luthérienne et toutes les erreurs qui en découlent. Et si jamais Dieu suscite une congrégation religieuse qui, partant des principes de Melchior Canus, cultive toutes les sciences divines et humaines pour la plus grande gloire de Dieu et de son Eglise, elle surpassera peut-être toutes les autres en vertu et en succès.

En attendant, l'Allemagne et l'Espagne présentaient un singulier contraste. L'Allemagne était déchirée, scandalisée, pervertie par un moine augustin, l'apostat Luther ; l'Espagne était édifiée, sanctifiée par un moine augustin, saint *Thomas de Villeneuve*.

Thomas naquit l'an 1488, à Fuenlana, diocèse de Tolède. Son père était Alphonse-Thomas Garcias de Villeneuve, et sa mère Lucie Martinez, d'une ancienne noblesse, mais dont quelques membres se voyaient réduits à exercer l'agriculture. Villeneuve, dont ils étaient tous deux originaires, est une petite ville à deux milles de Fuenlana, où ils s'étaient retirés dans une maladie contagieuse. Leur charité pour les pauvres était si grande, qu'on leur donnait le surnom d'*aumôniers*. Alphonse leur distribuait tout le revenu d'un moulin, et prêtait du blé aux pauvres paysans pour la semence, dont il leur faisait presque toujours la remise. Lucie était extrêmement pieuse ; elle avait un oratoire où elle se retirait à certaines heures, avec ses servantes et ses nièces, pour vaquer à l'oraison, et où l'on célébrait la messe quand elle ne pouvait aller à l'église. Elle se confessait et communiait toutes les semaines. Sous des habits modestes, elle portait un cilice, jeûnait tous les vendredis, travaillait sans cesse pour les pauvres ; souvent elle demandait l'ouvrage à de pauvres ouvrières, le faisait elle-même et le leur rendait pour qu'elles en eussent le salaire. C'était principalement aux fêtes de Pâques, durant la semaine sainte, qu'elle distribuait ce à quoi elle avait travaillé en fait de linge ; plus d'une fois elle donna ses propres vêtements. Elle avait une tendresse de mère pour les pauvres honteux, pour les prisonniers et pour les malades, à qui elle portait elle-même ce qui pouvait leur convenir. Dieu fit connaître par un miracle combien cette charité lui était agréable. Un jour, comme elle faisait chaque semaine, elle avait distribué toute la farine qu'on lui avait amenée du moulin ; un mendiant survient demandant l'aumône ; elle envoya ses servantes examiner s'il n'y avait plus de farine au grenier ; elles protestèrent qu'elles avaient tout distribué le matin, et qu'il n'y restait pas même de la poussière. Elle insista, disant : « Allez toujours, pour l'amour de Dieu, balayez bien le grenier, car Dieu ne permettra pas que ce pauvre s'en aille de chez nous sans rien avoir. » Elles y allèrent et s'écrièrent à l'entrée : « Ah ! madame, qu'est-ce ceci ? nous avons laissé le grenier entièrement vide, et le voilà tout plein ! » Et elles se mirent à louer Dieu de sa libéralité (*Acta Sanct.*, 18 sept.; *Vita prolixior, auctore Salonio*, l. 1, c. 1).

Thomas, qui était l'aîné de ses enfants, se montra digne d'une si sainte mère. Il était né avec la miséricorde. A l'école, il donnait son déjeuner aux enfants pauvres. En voyait-il un de nu, il lui donnaît ses propres vêtements pour le garantir du froid. Il revint ainsi plus d'une fois à la maison sans habit, sans gilet, sans chapeau et sans souliers, en ayant revêtu Jésus-Christ dans la personne des malheureux. Lorsqu'à la maison on avait distribué tout ce qu'on y réservait chaque jour de pain pour l'aumône, s'il se présentait encore un pauvre, l'enfant priait sa mère de lui donner sa part du dîner, s'offrant à ne pas dîner ce jour-là. Bien des fois sa mère y consentit, pour mettre sa vertu à l'épreuve. D'autres fois elle s'y refusait ; alors il demandait sa portion du dîner, comme pour la manger avec ses camarades, mais en effet pour la donner aux pauvres ; et il passait la journée aussi gaîment que s'il avait fait le meilleur repas du monde. Un jour, la mère était sortie de la maison sans laisser de pain pour l'aumône : les mendiants vinrent à la porte comme à l'ordinaire ; l'enfant, ne trouvant pas de pain, leur donne à chacun un poulet. La mère en ayant demandé des nouvelles, il lui dit en souriant : « Ah ! maman, lorsque vous sortez, ayez soin de laisser du pain pour les pauvres, si vous voulez retrouver vos poulets ; car les pauvres sont venus, et comme il n'y avait pas de pain et que je ne voulais pas les renvoyer, je leur ai donné un poulet à chacun. » Quand il recevait de ses parents quelque monnaie, il en achetait des œufs et les portait aux malades des hôpitaux. A la moisson, où il présidait, il donnait aux pauvres qui glanaient, une partie de son dîner et de celui des moissonneurs, sans qu'il manquât rien à personne. Si jeune encore, non-seulement il observait les abstinences et les jeûnes de l'Église, mais il en ajoutait d'autres et se mortifiait par des flagellations secrètes. D'une pudeur et d'une modestie angéliques, il inspirait dès lors le respect à tout le monde. Quand on prêchait dans une église, il écoutait avec une attention merveilleuse, puis, après dîner, rassemblait autour de lui les enfants de son âge et répétait le sermon avec tant de ferveur, que les grandes personnes mêmes y accouraient et en étaient souvent touchées jusqu'aux larmes.

A l'âge de quinze ans, ses parents l'envoyèrent à l'Université d'Alcala ou de Complut, fondée depuis peu par le cardinal Ximenès. Il y fit ses études avec tant de succès, qu'il fut jugé digne d'être agrégé au collège de Saint-Hildefonse et d'y professer la philosophie et la théologie. On l'attira depuis à Salamanque, pour y remplir les mêmes fonctions. Les vertus qu'il avait pratiquées dans l'enfance croissaient avec l'âge. Plusieurs de ses compagnons d'étude, gagnés par ses bons exemples, entrèrent dans les voies de la perfection. La mort de son père le rappela un moment à Villeneuve. A la réserve de ce qu'il fallait pour l'entretien de sa mère, il distribua tout son héritage aux pauvres, et fit de sa maison un hôpital.

Il achevait sa vingt-huitième année, lorsqu'il entra dans l'ordre des ermites de Saint-Augustin, à Salamanque, y prit l'habit le 21 novembre 1516, jour de la Présentation de la sainte Vierge, pour laquelle il eut toujours la dévotion la plus filiale, et y fit profession le 25 novembre 1517, comme pour réparer l'apostasie d'un moine du même ordre, l'hérésiarque Luther, qui eut lieu la même année.

Ordonné prêtre en 1520, saint Thomas de Villeneuve célébra sa première messe dans la sainte nuit de Noël. Sa ferveur fut celle d'un séraphin, les assistants étaient émerveillés ; disant le cantique des anges et la préface, il parut en extase. Le mystère de cette fête le pénétrait si vivement, que vers la fin de sa vie il ne disait plus en public, mais dans une chapelle particulière, les trois messes de Noël, à cause des ravissements qu'il y éprouvait toujours.

Il fut employé par ses supérieurs à l'enseignement de la théologie, à la prédication de la parole sainte et à l'administration du sacrement de pénitence. Il fut lui-même successivement prieur de Salamanque, de Burgos et de Valladolid, deux fois provincial d'Andalousie et une fois de Castille. On ne saurait dire les fruits immenses qu'il opéra dans ces diverses fonctions. L'empereur Charles-Quint l'ayant entendu, le choisit pour son prédicateur et son conseiller. Il était aimé et vénéré de toute l'Espagne, notamment de l'empereur. Quelques seigneurs de la cour avaient été condamnés à mort. Charles-Quint avait refusé leur grâce à son propre fils Philippe, ainsi qu'à l'archevêque de Tolède et d'autres grands personnages. Ceux-ci, comme dernière ressource, députèrent saint Thomas de Villeneuve, alors prieur de Valladolid, qui l'obtint sans peine. L'empereur dit à sa cour : « Ne vous étonnez pas si j'ai accordé la grâce des coupables au prieur des Augustins ; ce religieux ne prie pas, il commande et fléchit les cœurs. » Comme directeur des âmes, le saint en amena un grand nombre, même du grand monde, à la plus haute perfection. La vivacité de sa foi augmentait avec les années. Il avait de fréquentes extases dans la prière, dans la sainte messe, dans ses prédications mêmes. Il forma dans son ordre plusieurs hommes apostoliques, qu'il envoya dans le Nouveau-Monde, annoncer la foi chrétienne aux peuples du Mexique.

L'archevêché de Grenade étant devenu vacant, Charles-Quint, qui était à Tolède, y nomma Thomas de Villeneuve, alors provincial de son ordre et en cours de visite. C'était en 1534. Il alla trouver l'empereur et fit de si vives instances pour ne pas accepter, qu'il obtint ce qu'il demandait. Dix ans plus tard, en 1544, Georges d'Autriche, oncle de l'empereur, se démit de l'archevêché de Valence pour passer à l'évêché de Liège. Charles-Quint était alors en Flandre. Il dit à son secrétaire d'expédier le brevet de nomination à l'archevêché vacant, en faveur d'un religieux hiéronymite. Il ne lui vint pas dans la pensée de l'offrir à Thomas de Villeneuve, parce qu'il connaissait sa répugnance pour les dignités ecclésiastiques. Le brevet fut cependant expédié sous le nom du saint. L'empereur, surpris, en demanda la raison : le secrétaire répondit qu'il croyait avoir entendu le nom de Thomas de Villeneuve, mais qu'il lui serait facile de réparer la méprise qu'il avait faite. « Non, non, dit le prince, je reconnais là une providence particulière, et il faut nous conformer à sa volonté. » Il signa donc le brevet de nomination et l'envoya au saint, alors prieur du couvent de Valladolid.

Thomas fut consterné de cet événement. Il employa, pour ne point accepter, les moyens qui lui avaient déjà réussi ; mais le prince Philippe d'Espagne, qui gouvernait en l'absence de son père, au lieu de se rendre à ses instances, lui en faisait en sens contraire. L'archevêque de Tolède, d'autres grands du royaume joignirent leurs instances à celles du prince. Thomas résistait toujours. Un moyen restait de le soumettre. En 1534, comme il était provincial de son ordre, il n'avait pas de supérieur en Espagne qui pût lui commander : en 1544, il était simplement prieur de Valladolid. Le prince, l'archevêque et les seigneurs déterminèrent donc le provincial actuel à lui ordonner d'accepter l'archevêché de Valence, en vertu de l'obéissance religieuse et sous peine d'excommunication. Le saint se soumit alors et quitta en pleurant sa cellule. Les bulles du pape Paul III étant arrivées, il fut sacré à Valladolid, par le cardinal Jean de Tavera, archevêque de Tolède. Dès le lendemain matin, il se mit en route pour Valence. Il fit le chemin à pied et avec son habit monastique, qui était fort usé, puisqu'il le portait depuis sa profession. Il n'était accompagné que d'un religieux de son ordre et de deux domestiques.

Cependant sa mère, qui vivait encore, l'avait prié de passer par Villeneuve, pour qu'elle eût la consolation de le voir. Il consulta son compagnon de voyage, qui dit : « Seigneur, passons par Villeneuve; car cinq ou six jours de plus que cela nous demandera ne peuvent guère se refuser à une mère. » Le saint répondit : « Cela me paraît bien à moi-même, toutefois recommandons la chose à Dieu quelques instants. » C'était sa coutume. Après un demi-quart d'heure de prière et de réflexion, il reprit : « Allons tout droit à Valence; car il nous importe dans le moment beaucoup plus de secourir l'épouse, qui a peut-être besoin de notre présence : nous ne manquerons pas d'occasions de consoler la mère, et ce n'est en personne, du moins par lettres. Notre premier père a dit de l'épouse que le Seigneur lui avait donnée : *C'est pourquoi l'homme quittera son père et sa mère et s'attachera à sa femme*, faisant entendre avec quel amour et quelle sollicitude le mari doit s'empresser au secours de son épouse. Or, la même raison n'oblige pas moins les évêques à aimer et à secourir leurs églises. »

Depuis longtemps le royaume de Valence était affligé de sécheresse et de stérilité. Tout à coup, quatre jours avant Noël (1544), la pluie commença de tomber en abondance, comme pour annoncer à tout le pays des jours de grâce et de salut. Pendant que la pluie tombait abondamment, le portier du couvent des Augustins, hors des murs de la ville, vit arriver deux moines de son ordre, qui demandèrent l'hospitalité pour deux jours : ils étaient accompagnés de deux domestiques. Le portier leur demanda s'ils avaient des lettres de leur supérieur, qu'il pût montrer au prieur de la maison : sans cela, il ne lui était pas permis de les admettre. Un de ces religieux lui dit : « Mon frère, vous faites très-bien votre devoir; mais ce père a été lui-même prieur et provincial de Castille, et n'a pas besoin des lettres que vous demandez. Allez trouver le père prieur et dites-lui que nous sommes arrivés ici deux anciens religieux de Castille, que nous ne voulons pas y demeurer plus de deux jours, jusqu'à ce que les pluies aient cessé, et que, quant aux domestiques, ils savent où loger en ville avec les mules. » Le bon prieur, qui attendait la venue de l'archevêque, soupçonna que ce pourrait bien être lui. S'étant rendu à la porte, il ne trouva que deux religieux, les domestiques étant déjà partis : il ne sut plus que penser. Cependant, voyant deux religieux graves et modestes, il les reçut avec beaucoup d'humanité et leur offrit à demeurer dans le couvent aussi longtemps qu'il leur plairait. Une seule chose lui faisait de la peine : c'est que la maison était si étroite et si pauvre, qu'il ne pourrait leur rendre tous les services dont il les croyait dignes. — « Ne vous en inquiétez pas, père prieur, répondit le même religieux, ce père et moi serons contents chacun d'une petite cellule, tant que dureront les pluies : pour les vivres, nous y pourvoirons nous-mêmes : tout-à-l'heure viendra le domestique qui est chargé des dépenses du voyage. » Cependant le prieur considérait attentivement le religieux qui gardait le silence; il était frappé de son humilité et de sa modestie. Il se persuada de plus en plus que c'était l'archevêque, Thomas de Villeneuve. Il hésitait toutefois à le demander, ne voyant aucune apparence de cortège. A la fin, il s'enhardit, et lui dit à lui-même : « Je vous en prie, pour l'amour de Dieu, mon père, ôtez-moi un doute; êtes-vous le seigneur archevêque ? » L'autre, ne pouvant plus cacher la vérité, répondit : « Oui, c'est moi, quoique je n'en sois ni digne ni capable. » Et le bon prieur de se jeter à ses genoux et de lui baiser la main. Toute la communauté réunie conduisit processionnellement le nouvel archevêque, en chantant le *Te Deum*, à l'église du couvent, et puis en chantant l'*Ave maris stella*, à la chapelle de Notre-Dame de Bon-Secours, dont le couvent portait le nom.

Le saint archevêque comptait faire son entrée à Valence la veille de Noël : les pluies incessantes le retardèrent jusqu'au nouvel an 1545. Il entra avec ses pauvres habits de moine; tout le monde fut frappé de son recueillement et de sa ferveur : plusieurs en furent touchés jusqu'aux larmes. Le chapitre, qui connaissait sa pauvreté, lui fit présent de quatre mille ducats pour son ameublement. Il les reçut avec de grandes marques de reconnaissance, mais pour les donner à l'hôpital, qui était surchargé de pauvres et avait de grandes réparations à faire.

L'église de Valence, clergé et peuple, avait besoin d'un tel pasteur. Beaucoup d'ecclésiastiques, vêtus en mondains, menaient une vie mondaine, fréquentaient les théâtres et les tournois. Le saint archevêque entreprit de rétablir la discipline parmi le clergé, afin de le rétablir plus facilement parmi le peuple. Il s'y prépara par la prière, le jeûne et des macérations extraordinaires. Il annonça la visite de son diocèse par une lettre pastorale où il exhortait tout le monde à une sincère conversion. Il visita jusqu'au moindre hameau, fit entendre partout sa voix paternelle. Ayant ainsi bien connu l'état des ouailles et des pasteurs, il tint un concile provincial pour rappeler à ceux-ci les règles de l'Église. Quelques-uns s'y soumirent tout d'abord, d'autres regimbèrent : la douce fermeté, la patience, le bon exemple du saint archevêque en gagnaient toujours quelques-uns. Ayant visité la prison où l'on mettait les ecclésiastiques scandaleux, il la trouva trop dure et la rendit plus tolérable. Le chapitre de sa métropole, relevant immédiatement du Saint-Siège, se prétendait exempt de la réforme : ce qui n'était pas une petite preuve qu'il en avait besoin. Le saint ne contesta pas le privilège de ses chanoines, mais attendit le moment de la Providence, qui ne tarda guère.

Un des chanoines fut impliqué dans un procès civil, et emprisonné par le vice-roi de Valence, le duc de Calabre. C'était contre les privilèges du chapitre, qui recourut à l'autorité de l'archevêque pour les faire respecter. Thomas leur dit en souriant: « Si vous étiez de mes ouailles et que je fusse votre pasteur, je donnerais certainement ma vie pour vous; mais comme vous m'êtes étrangers, je ne puis rien faire. » Les chanoines se voyant entre le marteau et l'enclume, renoncèrent à leur exemption et se soumirent en tout à l'autorité de l'archevêque, qui aussitôt prit fait et cause : le vice-roi eut beau résister et faire des menaces, il fut obligé de relâcher le chanoine et de venir lui-même, à la porte de la cathédrale, le dimanche des Rameaux, recevoir l'absolution des censures qu'il avait encourues.

On conçoit quelle puissante influence cette conduite dût concilier au saint pour ramener les ecclésiastiques à leur devoir. Il y joignait, au reste, des industries de plus d'un genre. Certains bénéficiers menaient une vie peu édifiante. Thomas de Villeneuve les sollicita longtemps par des paroles amicales à se corriger : ils promettaient toujours, mais ne faisaient pas mieux. A la fin, l'archevêque les conduisit l'un après l'autre dans son cabinet, puis, fermant la porte, se découvrant les épaules et prosterné devant son crucifix, il disait à chacun : « Mon frère, ce sont mes péchés qui sont cause que vous ne vous êtes pas retiré de votre mauvaise voie, et que vous avez méprisé tous mes avertissements. C'est pourquoi, si c'est ma faute, il est juste que j'en subisse la peine; » et il se mit à se flageller cruellement. Le bénéficier, ému jusqu'aux larmes, le supplia de s'épargner, promit de corriger sa vie, et tint parole.

Un chanoine distingué ne vivait pas trop canoniquement. Pour le gagner tout à fait à Dieu, le saint archevêque lui rendit longtemps tous les services possibles. S'étant ainsi concilié son amitié et sa reconnaissance, il lui dit un jour : « J'ai une affaire importante à Rome, et il me faudrait pour cela un homme habile et dévoué, j'ai pensé à vous. » Il s'agissait effectivement d'obtenir de Rome une bulle, avec certaines clauses, pour opérer la réforme dans un monastère de religieuses. Le chanoine se montra très-disposé à faire le voyage, et l'archevêque lui dit : « Préparez bien toutes vos affaires, et venez tel jour, le soir, dans mon cabinet, sans aucun domestique, car je pourvoirai à tout ce qu'il vous faudra pour partir la nuit même. » Le chanoine dit adieu à ses parents et amis, et vint à l'heure indiquée souper et coucher chez l'archevêque, pour partir le lendemain. De grand matin, l'archevêque vint le trouver qui dormait encore, et lui dit : « Seigneur chanoine; ce qu'il y a de mieux reste encore à faire : vous avez mis ordre à tous vos biens, vous avez même fait votre testament, comme il est juste, à propos d'un si long voyage. Mais, à ce que je vois, vous n'avez pas encore fait le principal, de mettre ordre à votre conscience, de faire une bonne confession et une bonne communion, afin que Dieu bénisse votre voyage. J'ai pensé à une chose : mon affaire, quoique j'y tienne beaucoup, n'est pas si urgente, que votre départ ne puisse se différer d'un mois. Comme vous avez dit adieu à tout le monde, et qu'il ne conviendrait pas de vous remontrer en public, employez ce temps à faire ici une bonne retraite spirituelle, dont personne ne saura mot. » Le chanoine le fit de bonne grâce; à la fin du mois, son confesseur lui conseilla de demander lui-même à l'archevêque de différer encore d'un mois son départ, afin qu'il pût s'affermir de plus en plus dans la vie meilleure qu'il avait commencée, et faire une sincère pénitence. Au bout des deux mois, l'archevêque lui dit qu'il avait de bonnes nouvelles de Rome, que l'affaire s'arrangeait, que dans quelque temps il recevrait les bulles, et qu'ainsi le voyage n'était plus nécessaire. Le chanoine fit ainsi secrètement une retraite de six mois chez le saint pontife, pleurant ses fautes et s'affermissant dans ses bonnes résolutions. Dans l'intervalle arrivèrent les bulles dans la forme demandée. Alors le chanoine, qu'on supposait dans le public être arrivé la nuit, reparut dans la ville, mais tout changé, et aussi édifiant qu'il l'avait été peu (*Acta Sanct., Vita prolix.*, c. 13). Voilà par quelles voies saintement industrieuses l'augustin espagnol, saint Thomas de Villeneuve, opérait la réforme de son clergé et de son peuple, de mal en bien et de bien en mieux; tandis que, sous le nom menteur de *réforme*, l'augustin allemand, l'apostat Martin Luther, plongeait l'Allemagne pour des siècles dans l'anarchie religieuse, intellectuelle et sociale.

Cependant l'industrie la plus puissante du saint archevêque de Valence, fut l'exemple de sa vie. Tel il avait été dans la maison paternelle et dans l'humilité du cloître, tel il fut sur le trône épiscopal : aimant la pauvreté et les pauvres. Il garda son habit monastique, qu'il raccommodait lui-même, comme il avait fait par le passé. Un de ses chanoines l'ayant un jour surpris à ce travail, lui dit qu'il pourrait employer son temps plus utilement, et laisser cette occupation minutieuse à ceux qu'elle regardent. Il répondit que, pour être évêque, il n'avait pas cessé d'être religieux, et que la minutie qu'on lui reprochait donnerait du pain à quelque pauvre. Ses autres vêtements étaient d'ordinaire si grossiers, que ses domestiques mêmes en étaient confus pour lui, parce qu'ils ignoraient quel motif le faisait agir. Quand on le pressait de s'habiller d'une manière conforme à sa dignité, il répondait qu'il avait fait vœu de pauvreté; que son autorité ne dépendait pas de son extérieur, et qu'on ne devait exiger de lui que du zèle et de la vigilance. Ce ne fut qu'avec beaucoup de peine qu'on obtint de lui qu'il portât un chapeau de soie. Il disait depuis agréablement, en montrant ce chapeau : Voilà ma dignité épiscopale; les chanoines, mes maîtres, ont jugé que je ne pouvais être archevêque sans cela. La frugalité de sa table n'était pas moins extraordinaire. Il observait toujours l'abstinence et les jeûnes prescrits par la règle qu'il avait embrassée. Jamais il ne permettait qu'on lui servît des mets recherchés. « Ce que ces sortes de mets coûteraient, disait-il, appartient aux pauvres; je ne suis point le maître de mes revenus, je n'en suis que le dispensateur. » En Avent et en Carême, les mercredis et les vendredis, ainsi que les veilles de fêtes, il jeûnait jusqu'au soir, et se contentait d'un peu de pain et d'eau. Enfin, son palais était une vraie maison de pauvreté; on n'y voyait aucune tapisserie. Le saint archevêque ne portait de linge que quand il était malade; souvent il couchait sur un paquet de branches d'arbres, et n'avait qu'une pierre pour oreiller.

L'archevêché de Valence rapportait annuellement dix-huit mille ducats. Le saint en donnait deux mille au prince Georges d'Autriche, qui s'était démis sous réserve de pension; il en consacrait treize mille au soulagement des pauvres; et il se servait du reste pour l'entretien de sa maison et les réparations de son palais. On voyait tous les jours à sa porte cinq cents pauvres; et chacun d'eux recevait une portion, avec du pain, du vin et une pièce d'argent. Il se déclara le père des orphelins. Il contribuait à la dot des filles qui n'étaient pas en état de se marier. Il avait une tendresse particulière pour les enfants trouvés; il récompensait ceux qui les lui apportaient, ainsi que les nourrices qui en prenaient bon soin. Une ville de son diocèse, située sur le bord de la mer, ayant été pillée par les pirates, il fit porter des provisions et de l'argent pour racheter ceux des habitants qui étaient captifs. Aux nobles tombés dans l'indigence, aux pauvres honteux, il faisait d'honnêtes pensions; ainsi qu'aux ouvriers infirmes ou sans travail.

Ces charités étaient accompagnées de la bonté la plus gracieuse. Un ecclésiastique à qui, après bien des délais, un ouvrier n'avait pu payer une dette de sept ducats, se disposait à prendre hypothèque sur ses biens, parce qu'il était lui-même dans le besoin. L'ouvrier, accompagné de son voisin qui l'y avait excité, alla trouver l'archevêque, pour qu'il recommandât à l'ecclésiastique de ne point exiger de gage. Le saint pontife les écouta tous deux avec une grande familiarité, mais prit le parti de l'ecclésiastique, disant : « Il ne vous a fait aucun tort, puisqu'il vous a attendu si longtemps, et qu'il est peut-être dans un plus grand besoin que vous. Ce n'est pas lui qui est en faute, mais vous-même, de ce que vous n'êtes pas venu me trouver; car je serais venu aussitôt à votre secours. » Et il lui fit donner dix ducats au lieu de sept.

Autant il était libéral pour les pauvres, autant il était parcimonieux pour lui-même. Un jour, il envoya son gilet à une pieuse femme, pour en raccommoder les manches. Elle répondit que le tout était en si mauvais état, que ce ne valait pas la peine de le raccommoder, surtout pour un archevêque. Le saint dit, au contraire : « Pourvu qu'on y mette des manches, il me servira encore; et avec l'argent qu'il faudrait pour un neuf, nous aiderons quelqu'un qui n'en a ni de neuf ni de vieux. » Il fit venir un tailleur, lui demanda combien il lui faudrait pour remettre les manches, trouva le prix trop élevé et en rabattit quelque chose. Le tailleur y consentit, mais s'en alla fort mécontent, et traitant l'archevêque d'avare. Cependant il avait trois filles nubiles, sans rien pour leur faire une dot. Un prêtre, qui connaissait sa position, lui conseilla d'aller trouver l'archevêque. Il s'y refusa, et raconta l'histoire du gilet. Toutefois, sur de nouvelles instances du prêtre, il y alla. Le saint, qui le reconnut, l'écouta avec beaucoup de bienveillance, prit le nom des trois filles, fit venir le prêtre, qui lui assura qu'elles étaient vertueuses et pauvres. Le lendemain, il manda le père, et lui dit : « Hier j'ai promis à votre confesseur trente pièces d'argent pour chacune de vos filles; mais j'ai pensé la nuit que ce n'était point assez pour se mettre en ménage, et j'en donne à chacune cinquante. » Le tailleur se jeta à ses pieds pour lui rendre grâce. Le serviteur de Dieu lui demanda : « Mon frère, n'êtes-vous pas le même qui m'avez resarci mon gilet? » L'autre ayant dit que oui, il ajouta : « Je sais que vous avez été mécontent lorsque vous m'avez vu disputer sur le salaire; mais vous n'avez pas bien jugé; car, sans refuser à personne ce que je crois juste, je cherche toujours à ménager, afin de pouvoir faire ces aumônes. »

Les charités du saint évêque étaient souvent accompagnées de miracles. Un jour, comme il considérait de sa fenêtre les pauvres à qui on distribuait l'aumône dans la cour, il en vit un qui le regardait fixement. C'était un homme perclus des pieds et des mains, et qui se soutenait péniblement avec des crosses. Le saint envoya ses domestiques, qui le lui amenèrent sous le bras; il lui dit : « Mon frère, je me suis aperçu de la fenêtre que vous me regardiez attentivement; pourquoi cela? est-ce que l'aumône qu'on vous accorde ne suffit pas? — Seigneur, répondit le pauvre, elle me suffit bien, à moi; mais j'ai une femme et deux enfants, et cela est partagé entre nous tous : nous éprouvons tous la misère. — Est-ce que vous ne savez aucun métier, pour entretenir votre famille avec ce que je vous donne? — Seigneur, je sais un métier, car je suis tailleur; je gagnerais encore ma vie, comme auparavant, si une fluxion maligne ne m'avait rendu impotent des pieds et des mains. » Le saint archevêque ajouta : « Lequel aimeriez-vous le mieux, de la santé ou d'une aumône plus considérable? — Ah! seigneur, répliqua le pauvre, si seulement je jouissais de la santé! » — Aussitôt l'archevêque, sans lui laisser dire davantage, se lève, fait sur lui le signe de la croix, et dit : « Au nom de Jésus-Christ le Nazaréen, qui a été crucifié, laisse tes crosses et va-t-en guéri chez toi; à ton ouvrage. » Et le pauvre se leva guéri (*Cap.* 22).

Quant à ceux de ses parents qui se trouvaient eux-mêmes dans le besoin, saint Thomas de Villeneuve les secourait comme les autres pauvres, ni plus ni moins.

Toutes ses œuvres étaient animées de la foi la plus vive, de la piété la plus tendre, de la charité la plus ardente. Plus souvent encore que nous avons déjà vu, dans ses oraisons; dans la récitation de l'office, dans ses prédications même il éprouvait des extases. Bien des fois ces extases lui survenaient pendant qu'il se préparait à dire la messe, et l'heure se passait de la dire. Un jour de l'Ascension, à six heures du matin, il récitait les heures canoniales avec son chapelain; arrivé à none, il dit l'antienne : *Videntibus illis elevatus est* : *Eux le voyant, il fut élevé*; mais ne commença pas le psaume, car il fut ravi en extase, demeura droit et immobile jusqu'à cinq heures du soir. Revenu à lui-même, il demanda au chapelain où ils en étaient. — « Nous avons commencé none et Votre Grâce a intimé l'antienne. — Disons donc none, afin que j'aille célébrer la sainte messe, puis au chœur. — Monseigneur, c'est impossible. — Pourquoi? — Parce que cinq heures du soir viennent de sonner, et dans ce moment même Votre Grâce entend les cloches des monastères pour les complies. » — Bien étonné, le saint archevêque dit : « Récitons donc none et les autres heures; j'en ai du regret, non à cause de moi, mais à cause de vous, qui n'avez point offert le divin sacrifice. Mais ainsi a-t-il plu au Seigneur, et cela sans aucune faute de ma part ni de la vôtre. Soyez bien certain que nous ne l'avons nullement offensé; car vous ne pouviez m'abandonner, ni moi la grâce que le Seigneur m'offrait. » Le chapelain le supplia, pour l'amour de Dieu et le bien de son âme, de lui dire le mystère de cette extase de onze heures. Le saint, après lui avoir fait promettre le secret pendant sa vie, répondit : « Sachez, mon frère, qu'au moment où je commençais l'antienne *Videntibus illis*, une troupe d'anges la recevait de ma bouche, et se mirent à la chanter par les airs avec une si douce harmonie, qu'elle me ravit à moi-même et occupa tous mes sens. Mais je m'étonne qu'il se soit passé tant d'heures que vous dites, je croyais qu'il n'y avait pas même une demi-heure, » car c'est le propre de la consolation céleste, qu'un jour entier lui paraît une demi-heure (L. 1, c. 9).

Ces extases étaient si fréquentes et si notoires, que le saint lui-même y fait allusion dans un sermon sur la transfiguration de Notre Seigneur. Après avoir commenté ces paroles de saint Pierre : *Seigneur, il nous est bon d'être ici*, il ajoute : « Mais laissons Pierre un moment, et venons à nous-mêmes; car *il nous est bon d'être ici*. Que le monde ait ses consolations, que les hommes jouissent des voluptés qu'ils convoitent, pour nous, *il nous est bon de nous attacher à Dieu et de mettre au Seigneur notre espérance*. Qu'y a-t-il entre nous et la joie, nous qui cherchons les joies futures? Persévérons constamment sur cette montagne avec le Christ; tenons-en fidèlement la cime, car tout ce qui est en bas est triste, amer, pestilentiel, infecté de venin mortifère; c'est ici la paix, ici la sécurité, ici le salut, ici le repos, et s'il y a du bien ou de la joie véritable en la vie, c'est sur cette montagne seule qu'on le possède plus pleinement. Mais que ferons-nous sur la montagne? y resterons-nous oisifs avec le Christ? Non pas; mais faisons-y au dedans de nous trois tabernacles au Seigneur, un au Père, un au Fils, un au Saint-Esprit : tabernacle du corps, tabernacle de l'âme, tabernacle de l'esprit : tabernacle éternel, demeure perpétuelle où Dieu vienne habiter; car il est écrit : *Nous viendrons à lui et nous ferons chez lui notre demeure*. Bienheureux qui consacre toute sa vie à construire ce tabernacle, qui y emploie tous ses soins. Quant à moi, mes frères, pour dire en passant quelque chose de moi-même : Si quelquefois, et cela très-rarement, tout indigne que j'en suis, il m'a été accordé, non pour aucun mérite de ma part, mais par le bienfait gratuit de l'infiniment bon Jésus, de monter avec lui sur cette haute montagne, et d'y contempler la gloire de sa face, ne fût-ce qu'un peu et de loin, ah! avec quelle ardeur, avec quelles larmes je m'écrie : Seigneur, il nous est bon d'être ici! ne permettez pas que je descende plus de cette montagne; il me suffit de cette joie, il me suffit de votre présence; de grâce, ne vous en allez pas de moi; qu'en ceci se passe toute ma vie, tous mes jours! que chercher davantage? Voilà tout ce que je veux, tout ce que je désire, tout ce que je demande. Mais, hélas! hélas! subitement s'évanouit cette gloire, cette paix, cette douceur, et je suis laissé à moi-même plein de tristesse. Cette splendeur passe comme un éclair, et abandonne l'âme affligée. Oh! si elle avait duré (*Premier sermon sur la transfiguration de Notre Seigneur*, n. 8, t. I, édit. in-fol. Milan, 1760).

C'est ce désir du ciel qui lui faisait souhaiter vivement de pouvoir abdiquer l'épiscopat, pour se retirer de nouveau dans sa chère cellule et s'y entretenir seul avec Dieu seul. Depuis qu'il était archevêque, jamais il n'avait eu un vrai contentement; toujours il craignait pour le salut de son âme. Il s'adressa au Pape, et plusieurs fois à l'empereur, pour obtenir la permission de se démettre. N'ayant pu rien obtenir des hommes, il s'adressa à Dieu. C'était en 1555. Il passa plusieurs nuits prosterné devant l'image du Sauveur crucifié, pleurant et priant pour que Dieu lui accordât sa retraite. Il venait d'achever le *Miserere*, en versant un torrent de larmes, lorsque le Sauveur crucifié lui adressa distinctement ces paroles : « Aie bon courage, au jour de la Nativité de ma mère tu viendras à moi et tu te reposeras (*Vita prolix.*, l. 2, c. 24). » Le 29 août, il fut attaqué d'une fièvre qui augmentait de jour en jour. L'évêque de Ségovie vint lui dire que les médecins conservaient peu d'espoir; aussitôt, rempli de joie, il rendit grâces à l'évêque, se mit à genoux, et dit en levant les yeux au ciel : *J'ai été réjoui de ce qu'on vient de me dire : Nous irons à la maison du Seigneur*. Puis, modérant cette joie, il ajouta : « Seigneur, si je suis encore nécessaire à votre peuple, je ne refuse pas le travail; autrement, je désire ma dissolution pour être avec vous. »

Il reçut le saint viatique en présence du clergé, auquel il recommanda vivement de garder les commandements de Dieu; de mener une vie conforme à la sainteté de leur ministère; de professer une inviolable obéissance au Siège apostolique, et demander à Dieu un pasteur exemplaire pour l'Eglise de Valence; il ajouta que, si Dieu le rendait digne de son royaume, comme il l'espérait fermement de son infinie bonté, il prierait assidûment pour cette église, afin que sa foi ne vînt pas à défaillir. Il envoya ensuite distribuer tout ce qui lui restait d'argent, même ses meubles. Ses serviteurs étant revenus dire qu'après avoir donné abondamment à tous les pauvres, il restait encore quinze cents écus, il en fut troublé, et dit : « Pourquoi me retenez-vous ici encore, pour que je n'aille jouir du bonheur que m'a préparé le Seigneur? Je suis persuadé qu'il me prolongera la vie présente jusqu'à ce que je sache qu'il ne me reste plus rien à la maison. Allez donc achever la besogne, afin que je ne demeure pas plus longtemps, mais que je me repose dans la paix de Jésus-Christ. »

Dans l'intervalle, il ordonna de célébrer la messe dans sa chambre, disant qu'il désirait encore, avant son départ, entrevoir sous les espèces du sacrement son Créateur et son Rédempteur, qu'il espérait contempler face à face. Pendant qu'on faisait les préparatifs, il se rappela un pauvre père de famille, concierge d'une prison, auquel il n'avait rien assigné à la distribution de ses meubles. Il le fit venir, lui demanda pardon de son oubli, et lui donna le lit où il était couché, n'ayant plus autre chose. En même temps, il fit signe qu'on le mît à terre, sur un tapis, afin que le geôlier pût emporter ce qui lui appartenait. Aucun des assistants n'ayant

LIVRE LXXXIV. — § IX. SAINT IGNACE DE LOYOLA.

voulu y consentir, le saint se tourna vers le geôlier et le pria, par les entrailles de Jésus-Christ, de lui accorder l'usage du lit jusqu'à la mort.

Enfin ceux qui avaient distribué aux pauvres le reste de l'argent étant revenus et ayant annoncé qu'il ne restait plus rien, Thomas leur rendit grâces et dit : « Maintenant, je marcherai joyeux au combat, n'ayant plus rien par où l'ennemi puisse me tenir. » Il demanda aussitôt l'extrême-onction, et la reçut avec la plus tendre piété, en récitant les psaumes avec le prêtre. Pendant la messe, qui fut commencée tout de suite, il se fit lire la passion de Notre Seigneur, selon saint Jean, en faisant faire une petite pause à chaque période, pour la méditer quelque peu. A l'élévation, il adora le Saint-Sacrement avec une profonde humilité, et, pleurant de joie, commença le cantique *Nunc dimittis*, à la fin duquel il ajouta : *Seigneur, je remets mon âme entre vos mains;* et en disant cela, il rendit son âme à son Créateur, le 8 septembre 1555, jour de la Nativité de la sainte Vierge, pour laquelle il avait eu toute sa vie la plus affectueuse dévotion. Il était dans la 67e année de son âge, et la 11e de son épiscopat. On l'enterra, comme il l'avait désiré, dans le même couvent d'Augustins où il avait demandé l'hospitalité avant d'entrer à Valence. Il fut béatifié en 1618 par Paul V, et canonisé en 1658 par Alexandre VII. Sa fête a été fixée au 18 septembre (*Acta Sanct.*).

Saint Thomas de Villeneuve a laissé un grand nombre de sermons, dont la meilleure édition est celle de Milan (1760). Ils sont en latin. On y respire la même foi, la même piété, la même science, la même charité que dans les lettres du martyr saint Ignace d'Antioche, disciple des apôtres. L'Esprit de Dieu, qui demeure éternellement avec l'Eglise et qui parle dans les saints, est toujours le même.

Dans ce temps-là, comme une terre de bénédiction, l'Espagne produisait plusieurs de ces divins personnages que nous appelons des saints : c'était le Franciscain saint *Pierre d'Alcantara*, né en 1499; c'était la Carmélite sainte *Thérèse*, née en 1515; c'était le Dominicain saint *Louis Bertrand*, apôtre de l'Amérique, né en 1526; c'était le Carme saint *Jean de la Croix*, né en 1542. Nous prions humblement ces bien-aimés saints de vouloir bien nous aider à parler convenablement d'eux, mais plus tard; car depuis longtemps nous voyons un de leurs contemporains et de leurs compatriotes, dont il nous tarde de dire quelque chose.

Les voies de Dieu sont bien diverses, mais son esprit est toujours le même. Au VIIIe siècle, lorsqu'il fallut repousser de l'Occident les invasions mahométanes, et y achever la constitution chrétienne de l'humanité par l'indépendance même temporelle de l'Eglise romaine, Dieu y suscite une famille de héros dont le plus grand est Charlemagne, qui écrit à la tête de ses lois : *Charles, par la grâce de Dieu, roi et recteur du royaume des Francs, dévot défenseur de la sainte Eglise et auxiliaire du Siége apostolique en toutes choses* (Baluze, t. I, p. 189).

A la fin du XIe siècle, lorsque, oubliant ces grandes vues de Charlemagne, Dieu et son Eglise, les empereurs de Germanie ne voient qu'eux-mêmes et leur famille, les Grecs de Constantinople ne voient que les Grecs et Constantinople, et tendent ainsi à rompre l'unité et l'union de l'humanité chrétienne, pour la livrer en proie à la barbarie mahométane, un pauvre moine, Pierre l'Ermite, arrive de Jérusalem à Rome et en Occident; à sa voix et à celle du pape Urbain II, peuples et princes se rassemblent comme un seul homme, sous l'étendard de la croix, au cri *Dieu le veut!* et commencent cette bataille de plusieurs siècles, entre la chrétienté et l'infidélité, qui aboutit de nos jours par donner aux chrétiens l'empire du monde, ancien et nouveau.

Au commencement du XVIe siècle, des moines apostats, des littérateurs d'une science indigeste, des princes voleurs et luxurieux, aveuglés les uns et les autres par l'esprit de ténèbres, travaillent, comme ses manœuvres, à la ruine de toute religion, de toute morale, de toute société, pour plonger l'humanité entière dans une anarchie universelle et irrémédiable. Il faudrait à l'Eglise une nouvelle croisade, mais plus intellectuelle et apostolique qu'autre chose. Il lui faudrait pour cela une compagnie d'élite, qui pût servir de modèle aux autres et réveiller leur zèle endormi; une compagnie n'ayant d'autre esprit que celui de Jésus, d'autre but que la gloire de Dieu et de son Eglise, et qui, unissant la science à la foi, les bonnes lettres aux bonnes mœurs, la politesse aux vertus des apôtres, fût toujours prête, à la voix de l'Eglise et de son chef, à prêcher et à justifier la foi parmi les ignorants et les savants, parmi les pauvres et les riches, parmi les hérétiques et les schismatiques, parmi les fidèles et les infidèles, parmi les barbares et les sauvages, et à la sceller de son sang toutes les fois que l'occasion s'en présenterait (1).

Donc, en 1524, il vint un pauvre pèlerin de Jérusalem à Barcelone, pour lever cette compagnie, sans trop le savoir. Il était âgé de trente-trois ans,

---

(1) Nous indiquerons ici quelques-unes des prophéties qui annoncèrent au monde l'institution de la sainte Compagnie dont l'illustre Loyola devait être le fondateur.

La plus ancienne est celle de l'abbé Joachim, de Saint-Jean *in Fiori*, en Calabre. Ce religieux vivait encore en 1200. Dans son *Explication de l'Apocalypse*, il dit : « Un Ordre formé sur le mo- » dèle de Jésus fleurira dans le XVIe siècle de l'Eglise. Il doit » être, entre tous les autres, suivant l'esprit de Pierre et cher à » son cœur. Le Seigneur l'aimera comme le patriarche Jacob ai- » mait son fils Benjamin. Cet Ordre sera dévoué à l'obéissance en » vers le Saint-Siége...... »

En 1497, don Pedro de Covilham, religieux de l'ordre de la Trinité pour la rédemption des captifs, enlevé le 30 juillet par les Indiens du Malabar, attaché à un arbre et criblé de flèches, fit entendre avant de mourir ces remarquables paroles : « Dans quelques » années, dira-t-il, dans l'Eglise de Dieu, un Ordre nouveau » portera le nom de Jésus. Un de ces premiers Pères, conduit par » le Saint-Esprit, pénétrera jusqu'aux contrées les plus éloignées » des Indes orientales, dont la plus grande partie embrassera la » foi orthodoxe par le ministère de ce prédicateur évangélique. » Ces paroles prophétiques, pieusement recueillies par les compagnons du saint martyr et fidèlement consignées à leur retour, dans les mémoires de la bibliothèque de l'ordre de Portugal, et dans les manuscrits de l'histoire de l'Ordre de la Rédemption des captifs, à Lisbonne, y furent toujours conservées.

Angela Panigarala, religieuse de Sainte-Marthe, à Milan, annonçait plusieurs années avant sa fondation, « le nouvel Ordre qui » ne devait pas tarder à paraître; qui porterait le nom de *Compa-* » *gnie de Jésus*, et produirait des fruits merveilleux dans les » champs de la sainte Eglise. » Cette prophétie, accompagnée des témoignages les plus authentiques, est conservée dans les archives de la maison professe des Jésuites, à Rome.

Enfin en 1534, pendant que les premiers disciples de Loyola s'offraient à Dieu, dans la chapelle souterraine de Montmartre, une noble et pieuse femme, Rainolde d'Arnemis, en Flandre, disait à un jeune adolescent, Pierre Canisius : « Un jour, vous por- » terez l'habit d'un Ordre de Jésus, qui sera établi prochainement » pour le plus grand avantage des fidèles, et qui fera le plus grand » bien en Allemagne. »

Nous ne parlerons pas de la prophétie de sainte Thérèse, elle est connue; nous n'avons voulu donner ici que des indications. (DAURIGNAC, *Vie de saint Ignace de Loyola*, t. I, Préface.) E. R.

vivait d'aumônes, et fréquentait l'école avec les petits enfants pour apprendre les premiers éléments de la langue latine. En espagnol, sa langue maternelle, il s'appelait et signait *Inigo* (1). Il était d'une taille moyenne, plutôt petite que grande; bien fait du reste, sinon qu'il avait une jambe un peu plus courte que l'autre. Voici pourquoi.

L'an 1521, en qualité de commandant ou capitaine, il défendait la citadelle de Pampelune contre les Français qui montaient à l'assaut. Il avait empêché la garnison de capituler. Un boulet de canon lui cassa la jambe droite, et un éclat de pierre lui blessa la jambe gauche. Le voyant tombé, ses compatriotes perdirent courage et se rendirent à discrétion. Les Français usèrent bien de la victoire : ils emportèrent Inigo ou Ignace au quartier de leur général, le traitèrent très-civilement, et en prirent tous les soins qu'ils crurent dus à sa qualité et à sa valeur. Quand sa jambe eut été remise, et que l'état de la plaie lui permit de changer de lieu, ils le firent porter en litière au château de Loyola, peu éloigné de Pampelune.

Il était né l'an 1491, sous le règne de Ferdinand et d'Isabelle, en cette partie de la Biscaye espagnole qui s'étend vers les Pyrénées, et qui porte aujourd'hui le nom de *Guypuscoa*. Dom Bertram, son père, seigneur d'Ognès et de Loyola, tenait un des premiers rangs parmi la noblesse du pays, comme étant l'aîné et le chef d'une ancienne maison, où il y avait toujours eu de grandes charges, et qui avait produit de grands hommes. Sa mère, Marine Saèz de Licona y Balda, n'était pas d'une naissance moins illustre. Il fut le dernier de trois filles et de huit garçons.

Son père, qui le jugea propre pour la cour, l'y envoya de bonne heure, et le fit page du roi Ferdinand. Mais le jeune Ignace n'était pas d'humeur à mener une vie oisive. L'amour de la gloire, et l'exemple de ses frères qui se signalaient dans l'armée de Naples, le dégoûtèrent bientôt de la cour, et le firent penser à la guerre à un âge où les autres ne pensent qu'à des jeux d'enfants. Il s'en ouvrit au duc de Najarre, grand d'Espagne, son parent et ami particulier de sa maison. Ignace passa par tous les degrés de la milice, fit paraître en toute occasion beaucoup de valeur, et fut toujours très-attaché au service, soit qu'il obéît ou qu'il commandât.

Il n'était pas si exact dans les devoirs du christianisme que dans la discipline de la guerre. Les mauvaises habitudes qu'il avait contractées à la cour se fortifièrent parmi la licence des armes, et les travaux militaires ne le firent pas renoncer à l'amour et aux plaisirs. Cependant, quelque mondain que fût Ignace, il avait des principes de religion et de probité qui lui faisaient garder la bienséance jusque dans ses dérèglements : on ne lui entendit jamais dire un seul mot qui blessât la piété ni la pudeur; il respectait les lieux saints et les personnes sacrées;

enfin, le jour même où il fut blessé à Pampelune, il s'était confessé à un de ses camarades, faute de prêtre. Quoiqu'il fût très-délicat sur le point d'honneur, et que sa fierté naturelle le portât à tirer vengeance de la moindre injure, il pardonnait tout et se réconciliait de bonne foi, dès qu'on pensait à le satisfaire. Il avait un talent particulier pour accommoder les soldats qui prenaient querelle, et pour apaiser les émotions populaires; de sorte qu'on l'a vu plus d'une fois désarmer d'une parole deux partis animés l'un contre l'autre et tout prêts à s'égorger.

Il avait un souverain mépris pour les richesses, et son désintéressement parut à la prise de Najarre. Cette ville, qui est sur la frontière de Biscaye, ayant été abandonnée au pillage, Ignace, qui avait eu le plus de part à la victoire, et qui en devait avoir le plus au butin, se contenta, pour toute récompense, d'avoir fait une belle action, et ne jugea pas qu'un honnête homme dût s'enrichir de la dépouille des malheureux. Il ne manquait pas d'habileté dans les affaires; et tout jeune qu'il était, il savait manier les esprits et ménager les occasions. Il haïssait le jeu, mais il aimait la poésie, et, sans avoir aucune teinture des lettres, il faisait très-bien des vers espagnols : il en fit même quelques-uns sur des matières de piété, et l'on dit qu'il composa un petit poème en l'honneur de saint Pierre.

Sa conduite n'en était pas néanmoins plus chrétienne ni plus régulière. Il n'avait en tête que la galanterie et la vanité, et il ne suivait dans toutes ses actions que les fausses maximes du monde. Ignace vécut de la sorte jusqu'à l'âge de vingt-neuf ans, où il fut blessé au siège de Pampelune, ainsi que nous avons vu.

Transporté au château paternel de Loyola, il y ressentit bientôt de grandes douleurs. Les chirurgiens ayant regardé la jambe, jugèrent tous qu'il y avait des os hors de leur place, soit que le chirurgien qui l'avait pansé les eût mal rejoints, ou que le mouvement les eût empêchés de bien reprendre; et ils ajoutèrent que, pour remettre ces os en leur situation naturelle, il fallait casser la jambe tout de nouveau. Ignace subit cette cruelle opération sans proférer une parole ni donner un signe de douleur; seulement il serrait fortement les poings. Cependant il allait toujours plus mal, il ne pouvait plus prendre aucune nourriture, et présentait tous les symptômes d'une mort prochaine. Le jour de la Saint-Jean-Baptiste, comme les médecins ne conservaient plus guère d'espoir, on lui conseilla de se confesser. Il reçut les sacrements la veille de Saint-Pierre et de Saint-Paul, vers le soir, les médecins dirent que, si à minuit il n'était pas mieux, on pouvait le regarder comme mort. Saint Pierre, auquel il avait toujours eu de la dévotion, lui apparut : il se trouva mieux vers minuit, et sa convalescence fut telle, que peu de jours après, on le jugea hors de tout danger.

Mais comme les os commençaient à se consolider, il y eut au-dessous du genou un os qui avançait sur l'autre : ce qui raccourcissait la jambe, y causait une difformité notable, et eût empêché le cavalier de porter la botte bien tirée. Or, Ignace se proposait encore de rester dans le monde. Il demanda donc aux chirurgiens si l'on pouvait couper cet os. On lui répondit que cela se pouvait, mais avec des dou-

---

(1) Saint Ignace porta le nom d'Inigo jusqu'en 1534 environ. A cette époque, il prit le nom d'Ignace par « dévotion et par respect pour l'évêque martyr d'Antioche, » ainsi qu'il l'explique lui-même dans une de ses lettres à François de Borgia, alors duc de Gandie. Il signait toutes ses lettres écrites en latin du nom d'Ignace, mais celles qu'il adressait en Espagne et qu'il écrivait en langue espagnole, il les signa du nom d'Inigo jusqu'en 1546. A partir de cette époque jusqu'à la fin, toutes furent également signées du nom d'Ignace. On sait d'ailleurs qu'il était inscrit sur les anciens registres du collège de Sainte-Barbe, à Paris, sous le nom d'Inigo (Cf. DAURIGNAC, *Ignace courtisan et guerrier*, page 9). B. H.

leurs plus grandes que celles qu'il avait déjà souffertes, et avec un long temps. Pour satisfaire sa volonté, il subit ce martyre avec sa patience ordinaire. L'opération faite, on employa même des machines pour tirer la jambe, de peur qu'elle ne demeurât plus courte que l'autre. Ce qui l'obligea de garder le lit beaucoup plus longtemps.

Ne sachant que faire, et s'ennuyant d'autant plus qu'il se portait bien, à son genou près, qui se guérissait de jour en jour, il demanda des romans à lire. Le hasard ou plutôt la Providence voulut, que pour le moment il ne s'en trouvât pas un seul dans le château de Loyola. On lui donna en place une *Vie de Jésus-Christ* et la *Fleur des saints*, écrites en espagnol. A force de les lire, il prit un certain goût aux choses qui y étaient écrites. Mais d'autres pensées venaient au travers : entre autres le souvenir d'une dame de haut rang l'absorbait quelquefois des heures entières; il méditait par quels exploits il pourrait se rendre digne de ses bonnes grâces. Cependant, au moment de ses lectures, la miséricorde divine ramenait des pensées différentes. En considérant la vie de Notre Seigneur et des saints, il se disait en lui-même : « Quoi! si je faisais ce qu'a fait saint François! Quoi! si je faisais ce qu'a fait saint Dominique! car il aspirait toujours à des choses difficiles et grandes, et il lui semblait en avoir la force par ce seul motif : saint Dominique l'a fait, donc je le ferai aussi; saint François l'a fait, donc je le ferai aussi, moi. » Puis, à ces pensées de Dieu succédaient des pensées du siècle.

Bientôt il remarqua une différence notable entre les unes et les autres : les pensées du siècle le réjouissaient dans le moment, mais ensuite le laissaient triste et aride; au lieu que, quand il songeait au pèlerinage de Jérusalem, à ne manger que des herbes, à pratiquer les austérités qu'il avait lues dans les saints, non-seulement ces pensées le réjouissaient dans le moment, mais le laissaient encore joyeux après. D'abord il n'y prenait pas garde; mais un jour, ouvrant les yeux de l'âme, il vit avec admiration cette différence. Et ce fut sa première expérience raisonnée dans les choses divines; expérience capitale, car, faute de ce discernement des esprits, nous avons vu le moine augustin Luther, séduit par l'esprit des ténèbres, en séduire une infinité d'autres.

Ayant ainsi reconnu peu à peu la diversité des esprits qui l'agitaient, l'un de Dieu, l'autre du démon, et acquis une certaine lumière spirituelle par cette lecture des livres pieux, il commença à penser plus sérieusement à sa vie passée et comment il en expierait les désordres. Une nuit, se sentant pleinement résolu, il se lève selon sa coutume pour prier, se prosterne devant une image de la sainte Vierge, et, par la mère, s'offre au Fils, comme un soldat fidèle à son chef. Aussitôt toute la maison tremble, un grand bruit s'entend, la chambre où se trouve Ignace est ébranlée jusque dans les fondements, comme autrefois le lieu où priaient les apôtres (*Acta Sanct.*, 31 juin; Ribadeneira, *Vita Ignatis*, l. I, c. 2). En attendant, son seul désir d'imiter les saints reposait sur ce seul raisonnement : Ce que les saints ont fait, je promets, avec la grâce de Dieu, de le faire aussi. La seule chose qu'il se proposât encore, après sa guérison, était d'aller à Jérusalem et de pratiquer toutes sortes d'austérités pour faire pénitence.

Par suite de ces pieux désirs, les vaines pensées diminuaient peu à peu et finissaient par l'oubli. Ce qui ne confirma pas médiocrement ces bons désirs, fut la vision suivante. Il veillait la nuit, lorsqu'il vit manifestement une apparition de la sainte Vierge avec l'enfant Jésus; il la vit un espace de temps notable, et en reçut une si grande consolation, conçut un si grand dégoût de sa vie passée, principalement de ce qui regardait les passions de la chair, qu'il lui sembla sentir que toutes les images de cette nature étaient sorties de son âme. Et de fait, depuis ce moment jusqu'au mois d'août 1555, où ces choses furent écrites sous sa dictée, il ne donna jamais le moindre consentement à la convoitise (*Acta Sanct.*, 31 juin; *Acta antiquissima*, *ex ore sancti excerpta*, c. 1, n. 1-10).

Cependant il continuait ses pieuses lectures et gravait profondément dans son esprit les résolutions qu'il avait prises. Pour se mieux pénétrer de ce qu'il disait, il lui vint en pensée de résumer par écrit ce qu'il trouverait de plus remarquable dans la vie de Notre Seigneur et des saints. Il se fit un livre de trois cents feuilles, du plus beau papier, bien réglées et pliées en quatre; il y écrivit en très-belles lettres rouges les paroles de Jésus-Christ, et en bleu les paroles de la sainte Vierge, car il était fort habile à bien peindre les lettres. Comme il pouvait rester levé tous les jours un peu plus, il employait tout son temps soit à écrire ce livre, soit à prier. Sa plus grande consolation était de regarder le ciel et les étoiles, parce qu'il en concevait un désir toujours plus grand de servir Dieu. Il souhaitait aussi d'être guéri complètement, afin d'entreprendre son pèlerinage.

Pensant à ce qu'il ferait à son retour de Jérusalem, il lui vint à l'esprit d'entrer dans la chartreuse de Séville, sans se faire connaître, pour être moins estimé, et de n'y manger jamais que des herbes; mais se rappelant les pénitences qu'il se proposait de faire, il craignit de ne pouvoir chez les Chartreux exercer la haine qu'il avait contre lui-même. Un de ses domestiques allant à Burgos, il lui recommanda de prendre des informations sur la vie de ces religieux. Le rapport lui fit plaisir; mais il en resta là, préoccupé de son prochain départ.

Ayant donc récupéré assez de forces, il dit à son frère aîné, don Martin Garcias : « Vous savez que le duc de Najarre, qui a demandé de mes nouvelles, sait que je suis rétabli; il convient que j'aille le voir. » Le duc était à Navarret, petite ville voisine. Son frère, qui soupçonnait quelque chose, le prit en particulier, le loua des belles qualités que la nature lui avait données, surtout de cette inclination guerrière qui, dès son bas âge, lui avait fait embrasser la profession des armes, et de cette sagesse qui avait paru de si bonne heure dans sa conduite. Après quoi il le conjura de ne pas en croire son chagrin, de ne rien entreprendre légèrement. Vous avez acquis bien de la gloire au siège de Pampelune, et vous passez aujourd'hui pour un des plus illustres guerriers de l'Espagne. Ne détruisez pas votre réputation; ne déshonorez pas votre famille par une folie indigne de vous. Du moins ne me cachez pas les pensées qui vous roulent dans la tête, et prenez confiance dans un frère qui vous aime tendrement. Ignace, sans se découvrir, répondit en deux mots qu'il était bien éloigné de faire une folie et qu'il tâcherait toujours de vivre en homme d'honneur.

Il se mit donc en route, monté sur une mule. Un autre de ses frères voulut l'accompagner jusqu'à Onate. Ils firent une veille, c'est-à-dire passèrent la nuit en prières dans la chapelle de Notre-Dame D'Arancuz, afin d'obtenir de nouvelles forces pour son voyage. Ayant laissé son frère à Onate, chez sa sœur, il partit pour Navarret. On lui devait chez le duc quelques pièces d'argent : il les réclama, en donna une partie à des personnes auxquelles il croyait avoir obligation, et consacra le reste à l'ornement d'une image délabrée de la sainte Vierge. Congédiant ensuite deux domestiques qui l'accompagnaient, il s'en alla seul de Navarret à Mont-Serrat. C'est un monastère de saint Benoît, à une journée de Barcelone, bâti sur une montagne toute couverte de rochers, et fameux par la dévotion des pèlerins, qui, de tous les endroits du monde, viennent implorer du secours et honorer l'image miraculeuse de la Vierge.

Ses idées sur la vie chrétienne étaient encore bien imparfaites. Il était bien résolu à servir Dieu, à faire pour lui de grandes choses, à expier ses désordres par de grandes austérités, parce que les saints l'avaient fait : il ne considérait pas encore ce que chaque chose a de plus intime, ne savait ce que c'est que l'humilité, la charité, la patience, ni la discrétion, qui assigne à ces vertus leurs bornes. Il ne voyait encore qu'une chose, faire quelque œuvre extérieurement grande, parce que les saints en avaient fait pour la gloire de Dieu.

En route, il fut rejoint par un Maure ou Sarrasin. Dans la conversation, le mahométan vint à dire qu'il croyait bien que Marie avait été vierge avant l'enfantement, mais qu'il ne pouvait croire qu'elle le fût après. Ignace s'efforçait de l'en convaincre. Le mahométan demeura incrédule, quitta brusquement Ignace et se rendit en un lieu voisin. Ignace en ressentit dans l'âme une certaine tristesse et inquiétude; il lui semblait n'avoir pas fait son devoir, il pensait avoir mal fait de laisser dire au Sarrasin tant de choses contre la sainte Vierge, et qu'il fallait par conséquent le rejoindre pour en tirer satisfaction : il se sentait agité du désir de chercher l'infidèle et de lui donner un coup de poignard, à cause de ce qu'il avait dit contre la sainte Vierge. Après un long combat de pensées avec lui-même, il demeura incertain sur ce qu'il devait faire. Dans cette perplexité, il lâcha la bride à sa mule : si, à l'embranchement de deux chemins, elle suivait celui du bourg où était allé le Sarrasin, il le chercherait et le poignarderait; si elle prenait la grand'route, il ne s'inquiéterait plus de lui. Quoique le bourg fût à trente ou quarante pas et le chemin facile, la Providence voulut que la mule s'en détournât et prît la grande route.

Arrivé au bourg d'Igualada qui est au pied de la montagne, Ignace acheta, pour son voyage de Jérusalem, un habit long de grosse toile, une ceinture et des sandales de corde, avec un bâton et une calebasse. Il mit à l'arçon de la selle cet équipage de pèlerin et gagna en diligence Mont-Serrat. Se défiant de lui-même, mais, se confiant en la protection de la sainte Vierge, il avait fait à Dieu le vœu de chasteté perpétuelle. Toujours il roulait dans sa tête de grandes choses à faire pour l'amour de Dieu. Comme il avait l'imagination pleine de ce qu'il avait lu dans l'*Amadis des Gaules* et dans d'autres romans, il résolut de faire la veille des armes, de passer toute la nuit sans s'asseoir ni se coucher, mais debout ou à genoux, devant l'autel de Notre-Dame de Mont-Serrat, d'y déposer ses vêtements, pour revêtir les armes de Jésus-Christ. Y étant arrivé, il fit à un père bénédictin, Dom Jean Chanones, Français de nation, sa confession générale, qui dura trois jours. Ce fut le premier confesseur auquel il s'ouvrit de son plan de vie. D'après son conseil, il donna sa mule au monastère, ses vêtements précieux à un pauvre mendiant, revêtit ses habits de pèlerin, pendit son épée et son poignard (1) à un pilier près de l'autel de Notre-Dame, devant lequel il passa en prières toute la nuit qui précéda l'Annonciation de la sainte Vierge, le 24 mars 1522. Au point du jour, il reçut la sainte eucharistie et se mit en route.

On peut remarquer ici une attention particulière de la Providence. C'est le souvenir et l'exemple de saint François, c'est le souvenir et l'exemple de saint Dominique qui inspirent à Ignace le désir de faire pour Dieu quelque chose de grand. C'est le souvenir et l'exemple des Chartreux qui l'y encouragent. C'est un père bénédictin qui est son premier confident et qui l'y confirme et dirige. Dieu voulait insinuer par là aux enfants de saint Ignace d'avoir toujours une affection cordiale et fraternelle envers les enfants de saint François, de saint Dominique, de saint Bruno, de saint Benoît, et réciproquement. Qu'il y ait entre les uns et les autres, non une jalousie profane, mais une sainte émulation, à qui fera plus et mieux pour la plus grande gloire de Dieu, leur père, qui est au ciel, et de leur mère, l'Église catholique, qui est sur la terre !

Ignace marchait le bâton à la main, la calebasse au côté, la tête nue et un pied nu; car pour l'autre, qui se sentait encore de sa blessure et qui s'enflait toutes les nuits, il jugea à propos de le chausser. Mais il marchait avec une vigueur qui ne pouvait venir que d'en-haut, fort consolé de ne porter plus les livrées du monde, et tout glorieux d'être revêtu de celles de Jésus-Christ. A peine eut-il fait une lieue, qu'il entendit derrière lui un cavalier qui courait à bride abattue. C'était un officier de la justice de Mont-Serrat. « Est-il vrai, lui dit le cavalier, que vous ayez donné vos habits à un pauvre ? Quelques serments que cet homme fasse là-dessus, on ne le croit pas; on l'a soupçonné de larcin, et on l'a mis en prison. » A ces paroles, Ignace fut

---

(1) L'épée et le poignard de saint Ignace furent longtemps et religieusement conservés dans la sainte chapelle où les religieux se faisaient un bonheur de les montrer aux pèlerins, en redisant sans se lasser, les détails de cette veillée des armes, dont la tradition se conservait précieusement dans leur monastère. Plus tard, la Compagnie de Jésus obtint la glorieuse épée de son saint fondateur, et elle fut accordée au collège de Barcelone. En 1603, l'abbé de Mont-Serrat fit graver sur un marbre cette inscription destinée à perpétuer le souvenir de cette touchante veillée :

« Ici Ignace de Loyola, mêlant ses larmes à ses prières, se
» consacra à Dieu et à la Vierge. Ici, il veilla une nuit entière,
» revêtu d'un sac comme de ses armes spirituelles. D'ici il partit,
» en 1522, pour fonder la Société de Jésus. Cette pierre lui a été
» érigée par l'abbé F. Laurent Nictor, en l'année 1603. » (Cf. DAURIGNAC).

B. H.

pénétré de douleur, et ne put retenir ses larmes. Il confessa la vérité, pour délivrer l'innocent; mais il ne voulut jamais dire ni sa qualité ni son nom. Il se dit seulement à lui-même qu'il était bien malheureux de ne pouvoir assister son prochain sans lui faire de la peine; et, dans ces pensées, il poursuivit son chemin vers Manrèse, où il avait résolu de se cacher, en attendant que la peste cessât à Barcelone et que le port fût ouvert pour le voyage de la terre sainte.

Manrèse est une petite ville, à trois lieues de Mont-Serrat, fameuse aujourd'hui par la pénitence du saint et par la piété des peuples qui y viennent de tous côtés en pèlerinage, mais obscure alors, et qui n'avait rien de considérable qu'un monastère de Saint-Dominique et un hôpital pour les pèlerins et les malades.

Ignace alla droit à cet hôpital. Il eut une extrême joie de se voir au nombre des pauvres, et en état de faire pénitence sans être connu. Il commença par jeûner toute la semaine au pain et à l'eau, excepté le dimanche, qu'il mangeait un peu d'herbes cuites; encore y mêlait-il de la cendre. Il ceignit ses reins d'une chaîne de fer, et prit un cilice sous l'habillement de toile dont il était revêtu. Il châtiait rudement son corps trois fois le jour, dormait peu et couchait à terre.

En se maltraitant ainsi, il n'eut point d'autre vue, au commencement, que d'imiter les saints pénitents et d'expier les désordres de sa vie passée. Il conçut ensuite un désir ardent de chercher la gloire de Dieu dans ses actions; et ce désir rendit le motif de sa pénitence plus pur et plus noble. A la vérité, il avait toujours ses péchés devant les yeux, et il en avait toujours de l'horreur; mais ses intérêts propres ne le touchaient plus si vivement; et dans les rigueurs qu'il exerçait sur lui-même, au lieu de songer avec une très-grande application à satisfaire pour les peines que ses péchés méritaient, il pensait principalement à venger l'injure et à réparer l'honneur de la Majesté divine.

Il entendait tous les jours tout le service divin. Il faisait de plus sept heures de prières à genoux régulièrement; et quoiqu'il n'eût pas encore beaucoup d'ouverture pour l'oraison mentale, il était si recueilli en priant Dieu, qu'il demeurait des heures entières immobile. Il visitait souvent l'église de Notre-Dame de Villa-Dordis, qui n'est qu'à une demi-lieue de Manrèse; et dans ces petits pèlerinages, il ajoutait d'ordinaire au cilice et à la chaîne de fer qu'il portait, une ceinture de certaines herbes très-piquantes.

En faisant réflexion sur sa conduite, il crut que les macérations de la chair l'avanceraient peu dans les voies du ciel, s'il ne tâchait d'étouffer en lui les mouvements de l'orgueil et de l'amour-propre. Pour cela, il mendiait son pain de porte en porte, comme s'il eût été un vrai gueux; et de peur qu'on ne devinât sa qualité ou à sa physionomie ou à ses manières, il affectait des airs grossiers et tout le procédé d'un homme de la lie du peuple. Même, afin de mieux sauver les apparences, il négligeait entièrement sa personne, ou plutôt il s'étudiait à être malpropre, lui qui aimait tant la propreté, et qui avait eu soin toute sa vie d'être si bien ajusté. Son visage tout couvert de crasse, ses cheveux sales et en désordre, sa barbe et ses ongles qu'il laissait croître jusqu'à faire peur, le déguisaient tellement, qu'il ressemblait à une espèce de sauvage.

Aussi, dès qu'il paraissait dans Manrèse, les enfants le montraient au doigt, lui jetaient des pierres, et le suivaient par les rues avec de grandes huées. La plupart des gens à qui il demandait l'aumône se moquaient de lui; et un certain homme fort brutal, qui fut plus choqué de sa modestie que de sa malpropreté, ne se contentant pas de lui dire des injures toutes les fois qu'il le rencontrait, allait le chercher à l'hôpital pour lui faire insulte. Ignace souffrait les outrages et les moqueries sans dire un seul mot, contrefaisant le stupide et se réjouissant en son cœur d'avoir déjà part aux opprobres de la croix (Bouhours, *Vie de saint Ignace*, l. 1).

Pendant qu'il logeait dans cet hôpital, il lui arriva souvent, en plein jour, de voir auprès de soi, dans l'air, quelque chose de fort beau, qui lui occasionnait beaucoup de plaisir et de consolation. Il n'en pouvait assez distinguer la forme, pour savoir ce que c'était; mais il lui semblait que cela tenait jusqu'à un certain point de la forme du serpent, et que cela rayonnait des yeux, quoiqu'il n'y en eût pas. Plus cette chose lui apparaissait, plus il y prenait plaisir; et quand elle disparaissait, il en ressentait de la peine (*Vita antiquissima*, c. 2). Dans ce temps, il n'avait encore aucune connaissance des choses spirituelles. Or, tant que durait cette vision, et elle dura plusieurs jours, ou peu avant qu'elle commençât, une pensée violente s'emparait d'Ignace et le tourmentait; c'était comme si on lui disait intérieurement : « Que fais-tu à l'hôpital? Le ciel, qui t'a donné, avec un sang noble, des inclinations généreuses, veut que tu sois un saint cavalier, et non pas un gueux. Si tu étais à la cour ou à l'armée, ton seul exemple réformerait tous les courtisans et tous les soldats. » Il sentit en même temps un dégoût étrange des ordures de l'hôpital, et eut honte de se trouver en la compagnie des gueux. Mais il reconnut aussitôt la suggestion du malin esprit, qui, sous prétexte d'un bien spécieux et plausible, le retirait de la voie où Dieu l'avait mis. Pour confondre le démon et pour se vaincre lui-même, il se familiarisa plus que jamais avec les pauvres et s'attacha au service des malades les plus dégoûtants.

Cependant le bruit courut dans Manrèse que le pèlerin mendiant inconnu et dont tout le monde se moquait, était un homme de qualité qui faisait pénitence, et ce fut l'aventure du pauvre de Mont-Serrat qui donna lieu à ce bruit. Elle éclata dans le pays; et, sur les circonstances du fait, sur les indices de la personne, on jugea que ce pèlerin inconnu pourrait bien être le cavalier qui s'était dépouillé complètement. La modestie, la patience et la dévotion d'Ignace rendirent la conjecture très-probable; si bien que les habitants de Manrèse commencèrent à le regarder avec d'autres yeux. On le venait voir par curiosité, et on l'admirait d'autant plus, qu'on l'avait traité plus indignement. Il s'en aperçut; et, pour fuir ce nouveau piège, qu'il crut venir du démon, il chercha une retraite où il fût plus caché que dans l'hôpital.

Il trouva, à six cents pas de la ville et au pied d'une petite montagne, le lieu qu'il cherchait. C'était une caverne obscure et profonde, creusée dans le roc, et ouverte du côté d'une vallée solitaire, qu'on appelle la *Vallée-du-Paradis*. Peu de gens connaissaient cette caverne, et personne n'avait jamais osé y entrer, tant elle paraissait affreuse. Ignace perça les broussailles qui en fermaient les avenues et qui en bouchaient l'ouverture, assez étroite d'elle-même. S'y étant coulé avec peine à travers les ronces, il établit sa demeure dans le creux de l'antre, où il venait un peu de jour d'en haut, par une fente du rocher.

L'horreur d'un lieu si sauvage lui inspira un nouvel esprit de pénitence, et la liberté de la solitude fit que sa ferveur l'emporta bien loin. Il maltraitait tous les jours son corps quatre ou cinq fois avec une chaîne de fer. Il demeurait trois ou quatre jours sans prendre aucune nourriture; et quand les forces lui manquaient, il avait recours à quelques racines de la vallée, ou à un peu de pain apporté de l'hôpital. Il ne se contentait pas de sept heures de prières qu'il s'était prescrites; il ne faisait que prier, ou plutôt il était occupé nuit et jour à pleurer les égarements de sa jeunesse et à louer les miséricordes du Seigneur. Il sortait quelquefois de sa caverne, et rien ne se présentait à ses yeux qui ne l'entretînt dans les sentiments où il était. A la vue d'un torrent rapide qui passait au pied de la colline, il considérait avec plaisir que toutes les choses du monde sont passagères et périssables, indignes des soins et de l'estime d'une âme immortelle.

Quoique Ignace fût d'une très-forte constitution, ces excès ruinèrent bientôt sa santé. Il avait de grandes douleurs d'estomac, accompagnées de faiblesses continuelles; et des gens qui découvrirent sa retraite, à force de la chercher, le trouvèrent un jour évanoui à l'entrée de la caverne. Dès qu'il fût revenu de sa défaillance, et qu'il eût retrouvé un peu de force par la nourriture qu'on lui fit prendre, il voulut regagner le fond de sa grotte; mais on le mena malgré lui à l'hôpital de Manrèse.

Le malin esprit, sous l'espèce de vision dont il a été parlé, profita de cette occasion pour le tenter de découragement. Comment pourras-tu soutenir une vie si austère pendant les soixante-dix ans que tu as à vivre, lui disait intérieurement le tentateur? Ignace vit bien de qui venait cette pensée, et répondit : Misérable, peux-tu seulement m'assurer une heure de vie? N'est-ce pas Dieu qui est le maître de nos jours? Et que sont soixante-dix ans, au prix de l'éternité?

Cependant la fièvre lui prit; et comme la nature était épuisée, le mal devint si violent en peu de jours, qu'on désespéra de sa vie. Etant presque à l'extrémité, il entendit une voix intérieure qui ne cessait de lui dire qu'il devait mourir content, parce qu'il mourait saint; qu'au reste, dans le haut point de sainteté où il était parvenu en si peu de temps, il n'avait à craindre ni les tentations du diable ni les jugements de Dieu. Il lui sembla ensuite qu'on exposait à ses yeux son sac, sa chaîne, son cilice et les autres instruments de sa pénitence. Il lui sembla même voir, d'un côté, sa caverne arrosée de ses larmes et toute teinte de son sang, de l'autre, le ciel ouvert, où les anges l'invitaient avec des palmes et des couronnes dans les mains. Quoique ces pensées lui fissent horreur, il eut bien de la peine à s'en défaire, tant elles étaient fortement imprimées dans son esprit. Pour y résister, il rappela en sa mémoire les péchés de sa vie les plus énormes et les plus honteux. Il envisagea l'enfer, qu'il avait mérité tant de fois, et se demanda à lui-même s'il y avait de la proportion entre un mois de pénitence et une éternité de supplices. Ces vues l'humilièrent devant Dieu, et lui firent connaître clairement qu'il avait bien plus à craindre qu'à espérer. Il surmonta enfin la tentation; mais il en demeura si effrayé, que, venant à se porter mieux, il pria des personnes dévotes qui le servaient dans sa maladie de lui dire sans cesse : Souvenez-vous de vos péchés passés, et ne pensez pas que le paradis soit dû à un pécheur comme vous.

Ce ne fut pas là pourtant le plus rude assaut que soutint Ignace dans sa retraite de Manrèse. Depuis qu'il s'était donné à Dieu, il avait joui d'une parfaite tranquillité : il avait même goûté les douceurs que le Saint-Esprit répand d'ordinaire dans l'âme des pécheurs nouvellement convertis, et pour les dégoûter des plaisirs du monde, et pour leur adoucir les travaux de la pénitence. Il perdit ce calme intérieur et toutes ces joies spirituelles; en sorte que, durant ses prières et dans ses mortifications, il n'avait que du trouble et des sécheresses. La sérénité revenait quelquefois tout à coup, et avec une telle abondance de consolations, qu'il en était transporté hors de lui-même. Mais ces doux moments passaient vite; et lorsqu'il croyait voir la clarté céleste, il se trouvait replongé en de plus épaisses ténèbres. Comme il n'avait nulle expérience de ces états différents, et qu'il ne savait pas que les âmes qui commencent une vie chrétienne sont traitées ainsi quelquefois, de peur qu'elles n'attribuent leur ferveur à leurs propres forces, et qu'elles ne s'attachent plus aux faveurs de Dieu qu'à Dieu-même, il s'écriait dans ce changement si subit : Quelle nouvelle guerre est ici? En quelle carrière inconnue entrons-nous?

Dieu le mit encore à d'autres épreuves. Quoique Ignace eût fait une confession très-exacte, et qu'il ne fût pas de ces esprits faibles que troublent de vaines apparences, il lui vint des scrupules qui le tourmentèrent étrangement. Tantôt il doutait s'il avait bien expliqué toutes les circonstances de certains péchés; tantôt il craignait d'en avoir célé quelques-uns, ou du moins d'avoir déguisé la vérité en quelque chose, afin de s'épargner la honte. Pour s'éclaircir de ses doutes et se rassurer de ses craintes, il avait recours à la prière; mais plus il priait, plus ses doutes et ses craintes augmentaient. De plus, à chaque pas qu'il faisait, il croyait broncher et offenser Dieu, s'imaginant qu'il y eût du péché où il n'y en avait pas même l'ombre, et disputant sans cesse avec lui-même sur l'état de sa conscience, sans pouvoir jamais décider ce qui était péché ou ce qui ne l'était pas. Dans ces raisonnements et ces combats éternels, il en était quelquefois réduit à gémir, à crier et à se jeter par terre, comme un homme que la douleur presse. Mais le plus souvent, il gardait un morne silence, comme si la tristesse qui l'accablait l'eût rendu stupide.

Parmi ces infirmités spirituelles, il ne tirait de la force que du saint sacrement de l'autel, qu'il recevait tous les dimanches : encore arriva-t-il plus d'une fois qu'étant sur le point de communier, ses peines redoublèrent à un tel point, que, craignant de commettre un sacrilége, il se retira de la sainte table tout confus et tout désolé. Après bien des réflexions inutiles où son esprit se perdait, il s'imagina que l'obéissance seule pouvait le guérir, et que ses peines cesseraient, si son confesseur lui commandait d'oublier entièrement le passé. Mais il eut scrupule de proposer à son confesseur un expédient qu'il avait inventé lui-même. A la vérité, on lui défendait d'écouter ces scrupules, mais il ne savait pas précisément en quoi consistait un scrupule; et d'avoir à en juger, c'était pour lui une matière de nouvelles inquiétudes. Il ne laissait pas de continuer ses pratiques de piété et de pénitence, dans la pensée que, plus il était troublé, plus il devait être exact et fidèle. Ne recevant nul secours, ni de la terre, ni du ciel, il crut que Dieu l'avait délaissé et que sa damnation était certaine. On ne peut dire le tourment qu'il souffrit alors; et il n'y a que les personnes affligées de ces sortes de croix qui le puissent bien concevoir.

Les religieux de saint Dominique du monastère de Manrèse, qui dirigeaient sa conscience, eurent pitié de lui, et le retirèrent chez eux par charité. Au lieu d'y avoir du soulagement, il y fut plus tourmenté qu'à l'hôpital. Il tomba dans une noire mélancolie; et étant un jour dans sa cellule, il eut la pensée de se jeter par la fenêtre pour finir ses maux. Il ne suivit pas néanmoins ce mouvement de désespoir, parce qu'il y vit un péché. Quoique le ciel lui parût de fer, il y éleva les yeux avec une foi ardente, et, fondant en larmes : « Secourez-moi, Seigneur, mon appui et ma force, s'écria-t-il, secourez-moi. C'est en vous seul que j'espère, et ce n'est qu'en vous que je cherche du repos : ne me cachez pas votre face; et puisque vous êtes mon Dieu, montrez-moi la voie par laquelle vous voulez que j'aille à vous. »

Cependant il se souvint d'avoir lu qu'un ancien ermite, ne pouvant obtenir de Dieu une grâce, jeûna constamment et ne mangea rien jusqu'à ce que Dieu l'eût exaucé. A l'exemple de l'ermite, il résolut de ne prendre aucune nourriture, qu'il n'eût recouvré la paix de son âme. Il résolut de jeûner ainsi, à moins d'être en péril de mort. Il jeûna effectivement sept jours entiers sans boire ni manger, et sans se relâcher de ses exercices accoutumés. Comme ses peines duraient toujours, et que, par une espèce de miracle, ses forces ne s'abattaient pas tout à fait, il aurait poussé ce jeûne plus loin, si son confesseur ne lui eût ordonné absolument de le rompre. Le ciel agréa et la ferveur qui lui fit entreprendre une chose si extraordinaire, et l'obéissance qui lui fit quitter ce qu'il avait entrepris. Sa première tranquillité lui fut rendue, et ses croix intérieures se changèrent en des délices extraordinaires qu'il n'avait point encore goûtées. Mais une nouvelle tempête s'éleva dans son cœur trois jours après. Ses scrupules, ses tristesses et ses désespoirs le reprirent avec tant de violence, qu'il aurait succombé infailliblement, si la main qui le frappait ne l'eût soutenu. Dieu voulut le faire passer par toutes ces épreuves, pour lui apprendre à conduire les autres.

Enfin ses troubles se calmèrent, et Ignace ne fut pas seulement délivré de tous ses scrupules, il obtint le don de guérir les consciences scrupuleuses. Mais parce que Dieu console ordinairement les âmes, à proportion de leurs peines et de leur fidélité, en retirant son serviteur de l'état où il l'avait mis, il le combla de plusieurs grâces signalées.

Ignace récitait un jour l'office de la Vierge sur les degrés de l'église des Dominicains, lorsqu'il fut élevé en esprit, et vit comme une figure qui lui représentait clairement la très-sainte Trinité. Cette vue le toucha si fort et lui donna tant de consolation intérieure, qu'étant allé ensuite à une procession solennelle, il ne put retenir ses larmes devant le peuple. Il ne pensait qu'à la Trinité; il ne parlait que de la Trinité; mais il en parlait en des termes si sublimes et si propres, que les plus savants l'admiraient, et que les plus simples ne se lassaient pas de l'entendre. Il écrivit les pensées qu'il eut sur ce mystère incompréhensible; et son écrit, qui s'est perdu, était de quatre-vingts feuillets. A force de contempler la Trinité, il conçut pour elle une dévotion très-tendre, et il s'accoutuma dès lors à prier plusieurs fois le jour les trois adorables personnes, tantôt toutes trois ensemble, tantôt chacune en particulier, selon les différentes dispositions où il se trouvait.

Peu de temps après, une autre lumière lui découvrit l'ordre que Dieu a tenu dans la création du monde, et les fins que la Sagesse éternelle s'est proposées en se communiquant au dehors. Il vit une fois durant la messe, au moment où le prêtre levait l'hostie, que le corps et le sang du Fils de Dieu étaient véritablement sous les espèces et de quelle manière ils y étaient. Un jour qu'il alla visiter l'église de Saint-Paul, à un quart de lieue de la ville, s'étant assis au bord du Cardenero, qui coulait dans la plaine de Manrèse, il eut une profonde connaissance de tous les mystères ensemble; et un autre jour qu'il priait à une croix sur le chemin de Barcelone, tout ce qu'on lui avait fait connaître auparavant lui fut remis devant les yeux dans une si grande clarté, que les vérités de la foi lui semblaient n'avoir rien d'obscur. Aussi en demeura-t-il si éclairé et si convaincu, qu'il disait que, quand elles ne seraient pas écrites dans l'Evangile, il serait prêt à les défendre jusqu'à la dernière goutte de son sang; et que, si les saintes Ecritures étaient perdues, il n'y aurait rien de perdu pour lui.

Mais de toutes les faveurs qu'il reçut alors, la plus remarquable fut un ravissement qui dura huit jours, et qu'on ne croirait presque pas, si plusieurs personnes dignes de foi n'en avaient été témoins. Cette grande extase commença un samedi sur le soir dans l'hôpital de Sainte-Lucie, où Ignace avait repris son logement, et elle finit le samedi suivant à la même heure. Il n'eut aucun usage de ses sens tout ce temps-là. On le crut mort; et on l'aurait enterré, si des gens qui visitèrent son corps ne se fussent aperçus que le cœur lui battait un peu. Il revint à lui, comme s'il fût sorti d'un doux sommeil; et, ouvrant les yeux, il dit, d'une voix tendre et dévote : *Ah ! Jésus.* Personne n'a su les secrets qui lui furent révélés dans ce long ravissement; car il n'en voulut jamais rien dire; et tout ce qu'on put tirer de lui, c'est que les grâces dont Dieu le favorisait ne se pouvaient exprimer.

Ces illuminations divines ne l'empêchaient pas de consulter les religieux de saint Dominique et de saint Benoît sur son intérieur, ni de suivre ponctuellement leur avis. Il allait voir de temps en temps son confesseur de Mont-Serrat, lui rendait compte de ce qui se passait en son âme, et lui demandait des instructions pour son avancement spirituel. Quoique ce saint vieillard fît envers Ignace l'office de maître, il ne laissait pas de l'honorer infiniment; et il disait quelquefois aux religieux du monastère, que son disciple de Manrèse serait un jour le soutien et l'ornement de l'Eglise; que le monde trouverait en lui un réformateur, un successeur de saint Paul, un apôtre qui porterait la lumière de la foi aux nations idolâtres (Bouhours, l. 1).

Mais Ignace ne s'ouvrait qu'à ses directeurs, et autant qu'il était nécessaire pour sa conduite; hors de là, il gardait un profond silence et se renfermait tout en lui-même. Cependant, quelque soin qu'il prit de cacher les dons du ciel et de se dérober aux yeux des hommes, il ne put y parvenir, soit que Dieu voulût récompenser l'humilité de son serviteur, soit que la vertu ait des marques qui la découvrent malgré elle. Ses austérités, ses extases éclatèrent dans tout le pays; et ce qui les fît valoir davantage, c'est qu'on ne douta plus qu'il ne fût un homme de qualité, que la pénitence avait travesti. Une fille qui passait pour sainte parlait de lui comme d'un saint, et n'en parlait qu'avec admiration : c'est elle qui, en ce temps-là, fut si renommée par toute l'Espagne, que le roi catholique la consulta souvent sur des affaires de conscience, et qu'on appelait *la béate de Manrèse*.

On avait une haute opinion d'Ignace : il retomba malade et fut transporté au logis de don Andrès Ferreira d'Amigante, qui ne le put souffrir à l'hôpital; depuis lors, on appela communément ce bourgeois *Simon*, et sa femme *Marthe*, comme si, en recevant Ignace chez eux, ils y avaient reçu Jésus-Christ. Sa réputation le faisait rechercher de tout le monde; chacun s'empressait de l'entretenir, et plusieurs le suivaient quand il allait prier Dieu devant les croix qui sont plantées autour de Manrèse, ou qu'il allait faire des pèlerinages à Notre-Dame de Villa-Dordis, et à d'autres lieux de dévotion. Il ne s'était proposé jusqu'alors, dans toutes ses pratiques de piété, que sa perfection particulière. Mais la Providence, qui le destinait au ministère évangélique, et qui l'y avait déjà préparé, sans qu'il le sût, par le mépris du monde, par la retraite et par la mortification, lui donna d'autres vues et d'autres desseins. Il considéra que les âmes ayant coûté si cher au Sauveur, on ne pourrait rien faire qui lui fût plus agréable que d'en empêcher la perte. Il comprit que c'était dans le salut des âmes, rachetées par le sang d'un Dieu, que la gloire de la Majesté divine éclatait davantage : et ce furent ces connaissances qui allumèrent son zèle. « Ce n'est pas assez, disait-il, que je serve le Seigneur, il faut que tous les cœurs l'aiment et que toutes les langues le bénissent. »

Dès qu'il eut tourné ses pensées vers le prochain, quelque chère que lui fût sa solitude, il en sortit, et de peur d'éloigner de lui ceux qu'il voulait attirer à Dieu, il corrigea ce que son extérieur avait d'affreux et de rebutant. D'ailleurs, ayant reconnu que l'emploi où il était appelé demandait de la santé et des forces, il modéra ses austérités et prit un habillement de gros drap, parce que l'hiver était fort rude et que ses douleurs d'estomac ne diminuaient point. Il parlait publiquement des choses du ciel, et, pour se faire mieux entendre du peuple qui l'entourait, il se plaçait sur une pierre que l'on montre encore aujourd'hui devant l'ancien hôpital de Sainte-Luce. Son visage exténué, son air modeste, ses paroles animées de l'esprit qui le possédait, inspiraient l'horreur du vice et l'amour de la vertu; mais ces entretiens particuliers produisaient des effets prodigieux : il convertissait les pécheurs les plus opiniâtres, en leur exposant les grandes maximes du salut et les leur faisant méditer dans la retraite. Quelques-uns furent si touchés, qu'ils renoncèrent au siècle et changèrent en même temps de mœurs et d'état.

Les réflexions que fît Ignace sur la force de ces maximes évangéliques, et les expériences qu'il en eut par les autres, et par lui-même, le portèrent à composer le livre *Des Exercices spirituels*, pour la réformation des mœurs dans les âmes mondaines. C'est une suite et un ensemble sagement combiné de méditations, de réflexions, d'examens, par où l'homme, avec le secours de la grâce, sort de son péché et monte au plus haut point de la perfection. Ainsi, pendant qu'en Allemagne, sous le nom menteur de *réforme*, le moine apostat de Wittemberg ruinait les mœurs et la religion, en insultant les princes et les pontifes, en brisant la règle même des mœurs, la loi divine, qu'il déclarait impossible à garder; en niant le libre arbitre de l'homme, dont il ne faisait plus qu'une machine à péché et à damnation; en calomniant Dieu même de la manière la plus atroce, puisqu'il nous le représente comme un être cruel, qui nous punit non seulement du mal que nous n'avons pu éviter, mais du bien même que nous avons fait de notre mieux : dans ce même temps, saint Ignace, sans attaquer personne, sans nier quoi que ce fût, mais en croyant tout ce que l'Eglise catholique croit et enseigne, mais en méditant avec ordre les vérités connues de tout le monde; saint Ignace commence pacifiquement la véritable réformation des mœurs, d'abord en lui-même, puis dans les autres, et l'étend enfin à toute l'humanité chrétienne. Comme il ne mit que plus tard la dernière main à ce livre *Des Exercices spirituels*, nous verrons plus tard quels en sont l'esprit et le caractère, et quelle place il tient dans l'ensemble de ses œuvres de restauration.

Les fruits que fît Ignace dans Manrèse par ses discours apostoliques lui attirèrent tout de nouveau les louanges et l'admiration du peuple. Il ne put souffrir qu'on l'estimât tant dans un lieu où il n'était venu que pour fuir l'estime des hommes; et ainsi il résolut de quitter Manrèse, après y avoir demeuré plus de dix mois. Ajoutez à cela que, la peste n'étant plus si forte à Barcelone, et le commerce de la mer commençant à se rétablir, il avait une extrême impatience de passer en la terre sainte. Au commencement de sa conversion, il ne voulait faire ce pèlerinage que pour rendre honneur aux lieux consacrés par la présence et par le sang de Jésus-Christ; mais il l'entreprenait alors avec un désir ardent de travailler, selon son pouvoir, au salut des schismatiques et des infidèles.

Il ne se déroba pas de Manrèse comme il avait

fait de Mont-Serrat. Il déclara son voyage à ses amis, sans leur rien dire néanmoins de ce qu'il prétendait faire en Palestine. On ne peut s'imaginer combien cette nouvelle les toucha. Ils le conjurèrent, les larmes aux yeux, de ne point les abandonner; ils lui représentèrent les fatigues et les périls d'un si long voyage; mais ni leurs prières ni leurs raisons ne l'arrêtèrent pas un moment. Plusieurs s'offrirent pour l'accompagner : tous lui présentèrent leur bourse. Il ne voulut prendre ni compagnon ni argent, pour n'avoir de consolation qu'avec Dieu seul ni de ressource qu'en sa providence, et il dit à ceux qui le pressaient de se précautionner contre les besoins de la vie, qu'une parfaite confiance tenait lieu de tout, qu'on n'était pas seulement chrétien par la foi et par la charité, mais qu'on l'était encore par l'espérance, et qu'on n'avait occasion de bien exercer cette vertu que dans le manquement de toutes choses (Bouhours, l. 1).

Ignace étant arrivé à Barcelone, trouva au port un brigantin et un grand navire qui se préparaient à partir pour l'Italie. Il fut sur le point de s'embarquer sur le brigantin, qui devait faire voile avant le navire. Il en fut empêché de la manière que voici.

Une dame très-vertueuse, Isabelle Rosel, assistant un jour au sermon, jeta par hasard les yeux sur Ignace, qui était assis au pied de l'autel parmi les enfants. Elle crut lui voir le visage lumineux, et ouïr une voix secrète qui disait : Appelle-le! appelle-le! Elle se retint pourtant, dans la crainte que ce ne fût une illusion; mais étant retournée chez elle, elle en parla à son mari. Tous deux furent d'avis d'examiner qui ce pouvait être, et ils envoyèrent quérir le pèlerin, qui était encore à l'église. Sous prétexte d'honorer Notre Seigneur en la personne du pauvre, ils l'obligèrent de manger à leur table, et, pour le sonder, ils le mirent sur un discours de piété. Ignace, qui ne savait pas leur dessein et qui agissait simplement, parla des choses du ciel d'une manière si touchante et si élevée, qu'ils virent bien que c'était un homme de Dieu. Ils eussent été ravis de le retenir chez eux pour toujours; mais il leur déclara que Dieu l'appelait ailleurs et qu'il n'attendait que le départ des vaisseaux pour quitter l'Espagne. La dame, ayant su de lui-même qu'on lui avait promis place dans le brigantin qui allait partir, le conjura de n'y point entrer et lui dit plus d'une fois que sa vie n'y serait point en assurance. En effet, à peine le brigantin fut-il hors du port et en mer, qu'il s'éleva une furieuse tempête; il périt, sans qu'aucun ni des passagers ni des mariniers pût se sauver du naufrage.

Ignace ne voulut néanmoins s'engager dans le grand navire qu'à condition que le pilote lui accorderait le passage pour l'amour de Dieu. Le pilote le lui accorda, mais en l'obligeant toutefois d'apporter ce qu'il lui fallait pour vivre durant le voyage. Cette condition parut très-dure à Ignace. Comme il s'était mis entre les bras de la Providence, il crut que ce serait s'en retirer que de faire des provisions, et comme il n'avait besoin que d'un peu de pain qu'il pourrait mendier dans le navire, il craignit de blesser la pauvreté évangélique en y apportant quelque chose. Pour sortir de l'embarras où il se trouvait, il eut recours à son confesseur, et, en ayant reçu ordre d'accepter la condition que proposait le pilote, il fit hardiment, par obéissance, ce qu'il n'osait faire de lui-même; mais il ne prit rien de la dame qui lui avait sauvé la vie et qui lui offrait tout ce qui lui était nécessaire. Il alla mendier son pain de porte en porte.

Or, il y avait dans la ville une femme de qualité nommée Zépiglia, dont le fils, mal né et fort libertin, s'était jeté depuis peu parmi une troupe de gueux et de vagabonds, avec lesquels il courait le monde. Ignace vit cette femme qui sortait de son logis, et la pria, pour l'amour de Dieu, de lui faire donner un morceau de pain. En le regardant, elle se souvint de son fils, et jugeant par l'air de la personne que celui qui demandait l'aumône n'était rien moins qu'un vrai pauvre, elle le traita de coureur et de libertin, lui reprocha sa vie fainéante et lui fit de grandes menaces. Ignace l'écouta paisiblement, lui dit qu'il était encore plus méchant qu'elle ne pensait, et se retira. Elle fut surprise de sa patience et de sa réponse. Mais ayant appris que le pèlerin était un saint homme, elle eut honte de l'avoir si maltraité, lui en fit faire des excuses et lui envoya une bonne provision de pain le jour qu'il partit. Il ne voulut point emporter l'argent que des personnes dévotes l'obligèrent de prendre malgré lui, ni le distribuer aux mariniers, qui l'en eussent peut-être considéré davantage. Ne rencontrant point de pauvres à qui il pût le donner, il le laissa sur le bord de la mer, pour le premier qui le trouverait.

La navigation fut périlleuse, mais pas longue. Un vent orageux porta le navire en cinq jours au port de Gaëte, l'an 1523. Ignace se retira la nuit dans l'étable d'une hôtellerie. Lorsqu'il commençait à s'endormir, il entendit de grands cris, comme d'une personne qui demandait du secours et qui était réduite au désespoir. Il courut à l'endroit d'où venait le bruit, et, ayant trouvé une jeune fille entre les mains des soldats qui voulaient lui faire violence, il leur parla si fortement, qu'ils la laissèrent aller; car son zèle réveilla en cette occasion toute sa fierté et lui fit prendre un ton impérieux, dont les officiers usent d'ordinaire pour arrêter l'insolence de leurs gens.

Il prit de là le chemin de Rome, seul, à pied, jeûnant tous les jours et mendiant selon sa coutume. Il y arriva le dimanche des Rameaux et en partit pour Venise huit jours après Pâques, ayant reçu la bénédiction du pape Adrien VI, et obtenu de Sa Sainteté la permission de faire le pèlerinage de Jérusalem. Quelques Espagnols lui donnèrent sept ou huit écus, et lui dirent qu'il serait fou d'aller sans argent par un pays dont il ne savait pas la langue et qui était infecté de peste. Il eut scrupule d'avoir accepté ce qu'on lui offrit, et s'en accusant devant Dieu, il se dit à lui-même plusieurs fois qu'il valait bien mieux passer pour imprudent dans l'esprit des hommes que de paraître se défier tant soit peu des soins de la Providence.

Pour réparer donc sa faute, il donna aux premiers pauvres qu'il trouva tout ce qu'il avait d'argent. Il se réduisit par là à une extrême nécessité, ne trouvant presque pas de quoi vivre dans les villages et ne pouvant entrer dans les villes à cause de la maladie contagieuse, tant son visage pâle et abattu le rendait suspect aux gardes des portes. Il était même contraint souvent de coucher les nuits à l'air;

mais ces fatigues du corps furent récompensées avec abondance des consolations de l'esprit. Étant un jour épuisé de forces et n'ayant pu suivre les voyageurs à qui il s'était joint sur le chemin, il demeura seul dans une campagne déserte. La solitude l'invita à faire oraison. Jésus-Christ lui apparut durant sa prière, le fortifia intérieurement et lui promit de le faire entrer dans Padoue et dans Venise.

L'événement vérifia l'apparition. Quoique ceux qui l'avaient abandonné et qui avaient pris le devant eussent été refusés aux portes avec des billets de santé, il ne trouva nul obstacle et entra sans peine, comme si les gardes ne l'eussent point aperçu. Il arriva fort tard à Venise, et, ne sachant où se retirer, il alla se mettre sous un portique de la place Saint-Marc, pour y prendre un peu de repos.

Mais un pieux sénateur de la république, Marc-Antoine Trévisan, dont le palais n'était pas loin, entendit durant son sommeil une voix qui semblait lui dire que, tandis qu'il dormait à son aise dans son lit, un serviteur de Dieu était sous un portique de la place. Il s'éveilla aussitôt, alla lui-même chercher celui que la voix marquait, le conduisit à son logis avec honneur, et lui rendit tous les devoirs de charité que méritait un pèlerin envoyé de Dieu.

Ignace, qui se croyait fort indigne de ce traitement, quitta le palais du sénateur, sous prétexte d'aller loger avec un marchand de Biscaye, qui le reconnut. Le sénateur et le marchand lui offrirent toutes sortes de secours pour son voyage de la terre sainte. Mais toute la grâce qu'il leur demanda fut d'obtenir une place sur le vaisseau de la république qui allait porter en Chypre un nouveau gouverneur. Le vaisseau des pèlerins était déjà parti. On eut beau dire à Ignace que, depuis la prise de Rhodes, dont Soliman s'était rendu maître l'année précédente, les Turcs couraient les mers de Syrie et que la crainte de l'esclavage avait obligé la plupart des pèlerins de s'en retourner chez eux de Venise, tout cela ne l'ébranla pas, et la confiance qu'il avait en Dieu lui fit dire à ceux qui tachaient de l'intimider pour le retenir, que, si les navires lui manquaient, il passerait la mer sur une planche, avec le secours du ciel. Il eut une fièvre très-ardente avant son départ ; et quoiqu'il eût été purgé le jour qu'on mit à la voile, il ne laissa pas de partir, contre l'avis des médecins, qui croyaient sa mort certaine s'il s'embarquait ce jour-là ; mais bien loin d'en mourir, il s'en porta mieux, et le mal de la mer le guérit parfaitement.

Il y avait dans le vaisseau des gens d'une vie fort débordée, qui commettaient des péchés énormes presqu'à la vue de tout le monde. Les matelots ne faisaient nul exercice de religion, et on n'entendait parmi eux que des paroles sales ou impies. Ces désordres affligèrent et irritèrent tout ensemble Ignace. Il tâcha d'y remédier par des instructions chrétiennes et par des avertissements charitables ; mais voyant que toutes les voies de la douceur étaient inutiles, il fit de sévères réprimandes et menaça les coupables des vengeances de la justice divine. La liberté du pèlerin espagnol ne plut pas aux Italiens. Pour se défaire d'un censeur si incommode, ils résolurent tous ensemble de gagner une île déserte et de l'y laisser. L'avis qu'il en eut par un passager qui avait plus de probité que les autres ne refroidit point son zèle. Mais le dessein des Italiens ne réussit pas ; car, lorsqu'ils approchaient de la côte où ils voulaient le débarquer, il se leva un vent impétueux qui repoussa le vaisseau, et les porta en peu d'heures à l'île de Chypre.

Ils rencontrèrent dans le port le navire des pèlerins tout prêt à faire voile, et qui semblait n'attendre qu'Ignace. Il y entra, et après quarante-huit jours de navigation, depuis son départ de Venise, il arriva enfin au port de Jaffa (l'ancienne Joppé), le dernier jour d'août 1523. Il prit de là le chemin de Jérusalem, et s'y rendit le 4 septembre avec les autres pèlerins.

La vue des lieux saints le remplit d'une si grande joie, qu'il eût bien voulu ne les quitter jamais, et s'y occuper à travailler à la conversion des Mahométans ; mais le provincial des Franciscains, à qui le Saint-Siège avait donné une pleine autorité sur tous les pèlerins, lui ordonna de renoncer à son dessein. Il obéit, après avoir toutefois visité de nouveau quelques-uns des saints lieux, et revu au mont des Olives les vestiges que Notre Seigneur laissa sur la pierre en montant au ciel. S'étant rembarqué pour l'Europe, il arriva à Venise sur la fin de janvier 1524 ; il en partit pour Gênes, d'où il se rendit à Barcelone.

Durant ce voyage, Ignace avait eu le temps de faire des réflexions. Il pensa que, pour travailler à la conversion des âmes, il fallait avoir des connaissances qui lui manquaient, et qu'il ne pourrait jamais rien faire de solide sans le fondement des lettres humaines. Il revint donc à Barcelone pour les étudier. Il alla voir d'abord Jérôme Ardebale, qui enseignait publiquement la grammaire, et lui communiqua son nouveau dessein ; il s'en ouvrit aussi à Isabelle Rosel, qui fut ravie de le revoir, et qui lui promit toutes sortes de secours. Comme nous avons déjà vu, il avait trente-trois ans lorsqu'il se mit ainsi à étudier les premiers principes de la langue latine et à fréquenter tous les jours la classe avec de petits enfants. Comme il le faisait pour la plus grande gloire de Dieu et le salut des âmes, aucune difficulté ne l'arrêtait. Il lui en vint cependant une d'assez singulière. Quand il se mettait à étudier sa leçon, à vouloir apprendre les déclinaisons et les conjugaisons, et à écouter les explications du maître, il lui arrivait aussitôt sur Dieu, sur les principaux mystères de la foi, sur le sens de l'Écriture, plus de lumières, de consolations, de sentiments de piété, que quand il était en prière, qu'il prenait la discipline ou recevait la sainte eucharistie. Au lieu de conjuguer le verbe *amo*, il était comme entraîné à faire des actes d'amour : *Je vous aime, mon Dieu*, disait-il, *vous m'aimez ; aimer, être aimé, rien davantage*. En réfléchissant bien à cette singularité, il reconnut bien vite que c'était une illusion du malin esprit, qui s'efforçait à le détourner d'une chose utile et même nécessaire pour la plus grande gloire de Dieu. Il découvrit la tentation à Ardebale, et, l'ayant mené dans une église, lui demanda pardon à genoux de sa paresse, fit vœu au pied des autels de continuer ses études et de s'y attacher davantage. Il supplia aussi son maître de le traiter sévèrement quand il ne ferait pas son devoir, et de ne l'épargner pas plus que les petits écoliers. Dès lors les illusions de l'enfer s'évanouirent tellement, qu'elles ne revinrent jamais.

Quelques personnes savantes lui conseillèrent de lire les livres d'Erasme, célèbres alors par toute l'Europe, entre autres *Le Soldat chrétien*, comme le plus propre à inspirer la piété avec l'élégance du latin. Il le lut, et en marqua même les phrases et les manières de parler les plus exquises; mais il s'aperçut que cette lecture diminuait sa dévotion, et que, plus il lisait, moins il avait de ferveur dans ses exercices spirituels. Ayant expérimenté cela plusieurs fois, il jeta le livre et en conçut tant d'horreur, qu'il ne voulut jamais le lire, et qu'étant général de la compagnie, il ordonna qu'on n'y lût point les livres d'Erasme, ou qu'on ne les lût qu'avec de grandes précautions. Nous pensons tout à fait comme saint Ignace. Pour rallumer sa première ardeur, il lisait souvent l'*Imitation de Jésus-Christ*, qu'il regardait, après l'Evangile, comme le livre le plus plein de l'esprit de Dieu.

Mais si quelquefois les douceurs célestes dont Dieu le comblait ordinairement venaient à manquer, il s'en consolait par le fruit qu'il se promettait de ses études; et, distinguant bien la sécheresse d'avec la tiédeur, il disait que la perte qu'on faisait des goûts spirituels, en étudiant purement pour la gloire de Dieu, valait mieux que toutes les délices de la dévotion sensible, pourvu que le cœur fût rempli de l'amour divin. Aussi son soin principal était d'entretenir l'esprit intérieur, qui s'affaiblit et se dissipe par l'étude, quand il n'est pas établi sur les solides vertus.

C'est pourquoi, sa santé étant assez bonne depuis son retour de la terre sainte, il recommença les austérités que la faiblesse de son estomac et les fatigues du voyage avaient un peu interrompues. Il ne faisait rien néanmoins sans l'avis de son confesseur; et bien loin de se laisser emporter à sa dévotion, il retrancha quelque chose de ses sept heures de prières, pour avoir plus de temps à étudier, suivant la lumière qu'il eut alors, qu'on peut et qu'on doit même, en quelques rencontres, quitter Dieu pour Dieu.

Comme il s'était formé le plan d'une vie commune, semblable à celle de Jésus-Christ, et qu'il ne voulait ni rebuter les gens ni se distinguer lui-même par un habit extraordinaire, il ne reprit point son sac ni sa chaîne, et se contenta de porter un rude cilice sous une soutane fort pauvre. Des aumônes qu'Isabelle Rosel et d'autres personnes charitables lui faisaient, il ne retenait que ce qui lui était nécessaire pour vivre, et partageait le reste avec les pauvres, à qui il donnait toujours le meilleur; de sorte qu'Agnès Pascal, femme dévote chez laquelle il demeurait, lui reprit un jour de ce qu'il gardait toujours le pire pour lui. « Hé! que feriez-vous, repartit Ignace, si Jésus-Christ vous demandait l'aumône? auriez-vous bien le courage de ne pas lui donner le meilleur? »

Le fils d'Agnès, nommé Jean Pascal, encore jeune, mais sage et dévot, se levait quelquefois la nuit pour observer ce que faisait Ignace dans sa chambre, et il le voyait tantôt à genoux, tantôt prosterné, le visage toujours en feu et souvent baigné de larmes; il lui semblait même le voir élevé de terre et tout environné de clarté. Il l'entendait soupirer profondément, et il ouït plusieurs fois ces paroles qui lui échappaient dans la chaleur de sa prière : « O Dieu, mon amour et les délices de mon âme, si les hommes vous connaissaient, ils ne vous offenseraient jamais! Mon Dieu, que vous êtes bon de supporter un pécheur comme moi! »

Ignace ne négligeait pas la perfection du prochain en travaillant à la sienne. Aux heures que l'étude ne l'occupait pas, il tâchait de retirer les âmes du vice par des exemples ou par des discours édifiants; et son zèle éclata surtout dans une occasion importante. Il y avait hors de la ville un couvent de filles fort fameux, appelé *le monastère des Anges*. Ce nom ne convenait guère aux religieuses : elles vivaient dans un grand libertinage, et, à l'habit près, c'étaient de vraies courtisanes. Ignace ne put voir sans horreur l'abomination dans le lieu saint. Il jugea pourtant que, quelque extrême que fût le mal, les remèdes violents feraient un mauvais effet, et que, comme les personnes religieuses qui ont abandonné Dieu sont plus difficiles à convertir que les gens du monde, il fallait les ménager davantage.

Dans cette vue, il prit l'église du monastère des Anges pour le lieu de ses dévotions. Il y faisait tous les jours quatre ou cinq heures d'oraison à genoux; il y communiait de la main d'un prêtre nommé Puygalte, à qui il déclara son dessein, et qui était un homme de bonnes œuvres. Les prières d'Ignace si réglées, son recueillement et sa modestie attirèrent la curiosité des religieuses. Elles voulurent lui parler, et savoir de lui-même qui il était. Il les écouta; et, après avoir éludé plusieurs questions qu'elles lui firent sur son pays et sur son état, il tourna adroitement le discours sur l'excellence et les devoirs de la profession religieuse. Il les entretint particulièrement de la pureté que Jésus-Christ exige de ses épouses, et il leur représenta le déshonneur que lui faisaient des épouses infidèles; mais il parla avec tant de force et tant de douceur ensemble, qu'il entra dès la première fois dans leurs esprits. Il les revit les jours suivants, et, les voyant disposées à le croire, il les engagea insensiblement à méditer les premières vérités de ses *Exercices spirituels*. Elles en furent si touchées, que, changeant d'abord de conduite, elles fermèrent leurs portes aux hommes de la ville, avec qui elles avaient un commerce scandaleux.

Ce changement mit au désespoir ceux qui avaient le plus d'habitude dans le monastère, et ils ne manquèrent pas de s'en venger sur celui qu'ils surent en être l'auteur; mais leur vengeance ne se borna point à des emportements de paroles ou à de simples insultes. Un jour qu'Ignace revenait du monastère des Anges avec le père Puygalte, deux esclaves maures les attaquèrent et les assommèrent de coups de bâton. Puygalte en mourut quelques jours après. Ignace, laissé pour mort sur la place, récupéra néanmoins la santé, après cinquante-trois jours de maladie et de souffrance. Dès qu'il put marcher, il retourna au monastère pour achever son ouvrage; et quand on lui disait qu'il devait craindre un second assassinat : « Quel bonheur me serait-ce, répondait-il, de mourir pour une si belle cause! » Mais ses ennemis, bien loin de rien entreprendre sur sa personne, se repentirent de leur crime; et le plus emporté de tous vint un jour se jeter à ses pieds et lui demander pardon.

Après deux ans d'étude à Barcelone, Ignace fut jugé capable d'aller faire sa philosophie à l'Université d'Alcala ou de Complut. L'envie d'apprendre lui fit embrasser plusieurs matières à la fois; mais cette multiplicité mit de la confusion dans ses idées, et il ne retenait rien, quoiqu'il étudiât avec la plus grande ardeur. Il se logea dans un hôpital, où il ne vivait que d'aumônes. Il était vêtu pauvrement, ainsi que les quatre compagnons qu'il s'était associés dans ses bonnes œuvres. Il catéchisait les enfants, et avait beaucoup de talent pour leur inspirer l'amour de la vertu. Il tenait dans l'hôpital des assemblées de charité, et convertissait par ses discours des pécheurs endurcis dans le crime depuis longtemps. Une des plus célèbres conversions qu'il opéra, fut celle d'un homme fort libertin qui possédait une des premières dignités de l'Eglise d'Espagne.

Si les choses extraordinaires qu'il faisait lui attirèrent des admirateurs, elles lui suscitèrent aussi des ennemis. Quelques personnes l'accusèrent de magie; d'autres le représentèrent comme un hérétique et comme un homme attaché au parti de certains visionnaires qui s'appelaient *Illuminés*, et qui venaient d'être condamnés en Espagne. Les choses en vinrent au point, qu'il fut déféré à l'inquisition; mais son affaire ayant été mûrement examinée, les inquisiteurs le trouvèrent innocent et le renvoyèrent absous. Peu de temps après, il fut cité devant le grand-vicaire de l'évêque, comme un homme qui s'arrogeait le droit de catéchiser, quoiqu'il n'eût ni science, ni mission. On le mit en prison, où il resta quarante-deux jours. Il en sortit enfin pleinement justifié par une sentence du 1er juin 1527; on lui défendit cependant, ainsi qu'à ses compagnons, de porter d'habit particulier, et de se mêler désormais de donner aucune instruction religieuse, comme étant des hommes sans lettres. Il n'eut pas plus tôt été élargi, qu'il alla mendier de quoi s'acheter un habillement d'écolier, afin de se conformer à tous les articles de la sentence.

Il alla trouver ensuite Alphonse Fonséca, archevêque de Tolède. Ce prélat fut charmé de le voir; il lui conseilla de quitter Alcala et d'aller à Salamanque, l'assurant qu'il lui accorderait sa protection. Lorsqu'Ignace fut arrivé dans cette ville, il commença par travailler au salut des âmes. La sainteté de sa vie et la solidité de ses instructions firent qu'en peu de temps il fut suivi d'une grande multitude de peuple. Il n'en fallut pas davantage pour l'exposer à de nouveaux soupçons. Sur la crainte qu'il n'introduisît des pratiques dangereuses, le grand-vicaire de Salamanque le retint vingt-deux jours en prison; mais ayant connu son innocence, il le déclara publiquement, et ajouta même qu'Ignace était un homme d'une vraie vertu. Ce qui redoublait la vigilance de l'autorité ecclésiastique, c'étaient les erreurs et les émissaires de l'hérésie luthérienne. Le serviteur de Dieu souffrit avec joie toutes les épreuves que le Seigneur lui envoyait, pour purifier son âme et le faire parvenir à une haute perfection.

Après son élargissement, il prit la résolution de quitter Salamanque, et même de sortir d'Espagne; il forma aussi le projet de passer en France, et d'aller continuer, ou plutôt de recommencer ses études à Paris.

Ce fut alors qu'il se mit à faire usage de certaines choses qu'il s'était d'abord interdites; il reçut aussi l'argent que lui envoyaient ses amis pour son voyage. Il savait d'ailleurs qu'il lui fallait de quoi subsister dans un royaume étranger, surtout ayant dessein d'y faire ses études. Il partit au milieu de l'hiver, et arriva à Paris au commencement de février 1528. Il employa deux ans à se perfectionner dans la langue latine, après quoi il fit son cours de philosophie. Il demeura d'abord au collège de Montaigu; mais un compagnon de chambre, à qui il avait confié son argent, le lui déroba et s'enfuit; ce qui le contraignit de se retirer à Saint-Jacques-de-l'Hôpital. Le voleur, tombé malade à Rouen et se voyant sans ressource implore la compassion d'Ignace, qui fait aussitôt la route pieds nus, embrasse son compatriote, le console et lui procure de quoi retourner en Espagne. Dans l'intervalle, il avait été lui-même déféré à l'inquisiteur de Paris qui était le prieur des Domininains. Il revient à la hâte, se présente au prieur, qui le renvoie sans lui rien dire de fâcheux : c'est qu'après avoir fait des perquisitions très-exactes, il n'avait rien découvert ni contre sa doctrine, ni contre ses mœurs.

Cependant, comme il n'avait à Saint-Jacques que le couvert, Ignace fut obligé pour vivre de mendier son pain de porte en porte. Les vacances venues, il fit le voyage de Flandre, afin de recevoir quelques secours des marchands espagnols qui y étaient établis. La première fois qu'il fit ce voyage, en passant par Bruges, il demanda l'aumône à Louis Vivès. Ce savant homme, qui n'était pas de ceux que la science enfle, et qui avait une charité édifiante, fit manger Ignace à sa table, sans autre motif que de régaler un pauvre. Quand il l'eut entendu parler des vérités de la foi et des secrets de la vie intérieure, il admira la sagesse surnaturelle qui paraissait en ses discours, et dit par une espèce d'inspiration : « Cet homme est un saint, et je suis bien trompé, s'il ne fonde quelque jour un ordre religieux. »

Ignace étudia la philosophie au collège de Sainte-Barbe pendant trois ans et demi. Par une suite de son zèle pour le salut des âmes, il travailla sérieusement à la sanctification des écoliers qui fréquentaient le même collège; il en engagea plusieurs à passer les dimanches et les fêtes dans la prière, et à ne s'occuper ces jours-là que de la pratique des bonnes œuvres. Le professeur Pégna crut que tous ces jeunes gens négligeaient leurs études, il s'en prit à Ignace, et, voyant que ses avertissements produisaient peu d'effet, il demanda justice au docteur Govéa, principal du collège. Govéa, prévenu contre Ignace, résolut de lui faire subir un châtiment honteux, pour empêcher que désormais personne ne se joignît à lui.

On avait coutume, en ce temps-là, pour punir les écoliers qui débauchaient leurs compagnons, d'assembler tout le collège au son de la cloche. Les régents venaient avec des verges à la main, et frappaient l'un après l'autre le coupable. Ce châtiment se nommait *la salle*. Ignace était disposé à tout souffrir; mais il lui vint ensuite dans l'esprit que les jeunes gens qu'il avait mis dans la bonne voie pourraient être scandalisés de son humiliation, et quitter leurs saintes pratiques par respect humain. Il alla donc trouver le principal dans sa chambre, pour lui exposer modestement ses raisons. Il lui dit qu'il était prêt à souffrir la perte de sa réputation, mais qu'il le priait de considérer le mal qui en résulterait pour les jeunes gens qu'il avait tâché de gagner à Dieu, et qui étaient encore novices dans la vertu. Govéa, sans lui rien répondre, le conduisit dans la salle où tout le monde était assemblé; mais lorsqu'on entendit le signal pour commencer, il se jeta aux pieds d'Ignace, et lui demanda pardon d'avoir cru légèrement de faux rapports. Se levant ensuite, il dit tout haut : « C'est un saint, qui n'a en vue que le bien des âmes, et qui souffrirait avec plaisir les plus infâmes supplices. » Une satisfaction si solennelle fit revenir les esprits, et rendit le nom d'Ignace fameux. Les personnes les plus considérables de l'Université voulurent le connaître, et des docteurs habiles vinrent le consulter sur des matières de piété. Pégna lui-même devint son admirateur et son ami, et il le fit exercer en particulier par un écolier très-avancé dans ses études, et qui unissait une rare vertu à une grande capacité. Cet écolier était *Pierre Lefèvre*, Savoyard de naissance, et du diocèse de Genève. Ignace passa maître ès-arts après sa philosophie, et commença ensuite sa théologie chez les Dominicains.

Pierre Lefèvre, dont nous venons de parler, avait fait vœu de chasteté dès son enfance, et il l'avait toujours fidèlement gardé; mais il éprouvait de violentes tentations d'impureté dont il ne lui était pas possible de se délivrer, quoiqu'il affaiblît son corps par des jeûnes rigoureux et continuels. Il fut aussi tenté de vaine gloire : de là beaucoup d'inquiétudes et de perplexités, ce qui le conduisit enfin à de grands scrupules. Accablé sous le poids de ses peines, il les découvrit à Ignace, qui, par ses avis, le tranquillisa parfaitement. Le saint, habile dans cette guerre par sa propre expérience, lui prescrivit ensuite un cours d'exercices spirituels; il lui enseigna la manière de faire la méditation et la pratique de l'examen particulier, après quoi il le conduisit par degrés dans les différentes routes qui mènent à la perfection. Au retour d'un voyage en Savoie, Lefèvre fit les exercices spirituels dans une retraite. Il y connut que le ciel le destinait à être le compagnon d'Ignace. Aussi dès lors mena-t-il une vie si sainte et si édifiante, qu'Ignace ne fit plus de difficulté de s'ouvrir à lui entièrement. Il lui déclara le grand dessein qu'il avait d'assembler des ouvriers évangéliques, pour travailler avec eux au salut des âmes; et dès lors il le regarda comme son fils bien-aimé en Jésus-Christ.

Une autre conquête d'Ignace fut un gentilhomme navarrais, qui enseignait la philosophie, et que Dieu destinait à être l'apôtre des Indes et du Japon, et le thaumaturge de son siècle. *François Xavier* naquit le 7 avril 1506, au château de Xavier dans la Navarre, à huit lieues de Pampelune. Don Jean de Jassa, son père, était un des principaux conseillers d'État de Jean d'Albret, troisième du nom, roi de Navarre. Sa mère était héritière des illustres maisons d'Azpilcueta et de Xavier (1). Ils eurent plusieurs enfants, dont les aînés portèrent le surnom d'Azpilcueta. On donna à François, le plus jeune de tous, celui de Xavier.

Il apprit les premiers éléments de la langue latine dans la maison paternelle, et puisa au sein d'une famille vertueuse de grands sentiments de piété; il était, dès son enfance, d'un caractère doux, gai, complaisant, ce qui le faisait aimer de tout le monde. On découvrait en lui un génie rare et une pénétration singulière. Avide d'apprendre, il s'appliqua à l'étude avec ardeur, et il ne voulut point embrasser la profession des armes comme ses frères. Lorsqu'il eut atteint sa dix-huitième année, ses parents l'envoyèrent à l'Université de Paris, regardée comme la première école du monde.

Il entra au collège de Sainte-Barbe, et commença son cours de philosophie. Son amour pour l'étude lui fit dévorer les difficultés qu'offraient les questions les plus subtiles et les plus rebutantes. Ses talents naturels se développèrent de plus en plus; son jugement se forma, et sa pénétration acquit plus d'étendue et de vivacité. Les applaudissements qu'il recevait de toutes parts flattaient agréablement sa vanité; car il ne trouvait rien de criminel dans cette passion, il la regardait même comme une émulation louable et nécessaire pour faire fortune dans le monde. Son cours de philosophie achevé, il fut reçu maître ès-arts, et il enseigna lui-même cette science au collège de Beauvais; mais il continua de demeurer dans celui de Sainte-Barbe.

Ignace comprit qu'un génie de ce caractère, étant tourné au bien, pourrait faire de grandes choses pour Dieu, mais qu'il n'était pas aisé de le réduire. En effet, ce fond de vanité et d'orgueil rendit inutiles les premiers discours d'un homme qui ne parlait que du mépris des grandeurs humaines, et qui répétait souvent : *Que sert-il à l'homme de gagner le monde entier, s'il vient à perdre son âme?* On ne l'écouta presque pas; au lieu de le croire, on se moquait de lui, on tournait en ridicule la pauvreté dans laquelle il vivait, et qu'on traitait de bassesse d'âme. Ignace ne se rebuta de rien. Pour s'insinuer à peu dans l'esprit du jeune professeur, il le louait de ses talents naturels, se réjouissait avec lui de sa réputation, applaudissait en public à la subtilité de ses réponses, et s'empressait même à lui chercher des auditeurs et des écoliers. Ayant appris qu'il se trouvait dans le besoin, il lui offrit de l'argent, qui fut accepté.

Xavier avait l'âme généreuse, il fut très-touché de ce procédé. Le changement de Lefèvre lui fit faire des réflexions qu'il n'avait pas encore faites, et l'ébranla fort. Il apprit en même temps qui était Ignace, et ses discours lui parurent depuis bien plus raisonnables. Il ne douta plus qu'il n'y eût quelque motif supérieur dans son genre de vie, et le regarda dès lors avec d'autres yeux. Les luthériens avaient des émissaires à Paris, pour répandre secrètement leurs erreurs parmi les étudiants de l'Université. Ces émissaires présentaient leurs dogmes d'une manière si plausible, que Xavier, naturellement curieux, prenait plaisir à les écouter. Ignace vint à son secours et empêcha l'effet de la séduction.

Trouvant un jour Xavier plus attentif qu'à l'ordinaire, il lui répète avec plus de force que jamais ces paroles du Sauveur : *Que sert à l'homme de gagner tout l'univers, s'il perd son âme?* Il lui représente

---

(1) La maison DE XAVIER porte pour armoiries : *de gueules, de sable et d'argent tiercé en barre, ayant en chef un croissant renversé, échiqueté d'or et de sable de deux rangs.*
Celle DE LOYOLA porte : *deux lions affrontés*, et entre les deux *un vase au bout d'une chaîne tombant du bord de l'écu.*
(*Livre héraldique du royaume de Navarre.*)

qu'une âme aussi noble ne devait pas se borner aux vains honneurs du monde; il faut que la gloire céleste soit l'unique objet de son ambition, et il est contraire à la raison de préférer à ce qui est éternel ce qui passe comme un songe. Xavier comprend alors le néant des grandeurs humaines et sent naître en lui l'amour des choses célestes. Ce n'est cependant qu'après de violents combats qu'il se rend aux impressions de la grâce et qu'il prend la résolution de conformer sa vie aux maximes austères de l'Evangile. Il se met sous la conduite d'Ignace, qui le fait avancer à grands pas dans les voies de la perfection; il apprend d'abord à vaincre sa passion dominante et à se défaire de la vaine gloire, son plus dangereux ennemi. Il ne cherche plus que les occasions de s'humilier, afin de délivrer entièrement son cœur de l'enflure de l'orgueil, et comme il n'est pas possible de remporter une victoire complète sur ses passions, sans réprimer ses sens et mortifier sa chair, il couvre son corps d'un cilice et l'affaiblit par le jeûne et par d'autres austérités.

Lorsque les vacances furent arrivées, il fit les exercices spirituels, suivant la méthode de saint Ignace. Sa ferveur fut si grande, qu'il passa quatre jours sans prendre aucune nourriture. La contemplation des choses célestes l'occupe le jour et la nuit; il paraît changé en un autre homme. Ce ne sont plus les mêmes désirs, les mêmes vues, les mêmes affections; il ne se reconnaît plus lui-même; l'humilité de la croix lui paraît préférable à toute la gloire du monde. Pénétré des plus vifs sentiments de componction, il veut faire une confession de toute sa vie; il forme le dessein de glorifier le Seigneur par tous les moyens possibles et de consacrer le reste de sa vie au salut des âmes. Après avoir enseigné la philosophie trois ans et demi, comme il se pratiquait dans ce temps-là, il se mit à l'étude de la théologie par le conseil de son directeur.

La conquête de Xavier, qui coûta si cher à Ignace, fut suivie d'une autre, qui ne lui donna nulle peine. Deux jeunes hommes d'un génie extraordinaire s'attachèrent tout d'un coup à lui. L'un, appelé *Jacques Laynèz*, et né à Almazan, diocèse de Siguença, était âgé de vingt et un ans au plus; l'autre, nommé *Alphonse Salmeron*, et qui était des environs de Tolède, n'avait que dix-huit ans : il savait néanmoins parfaitement le grec et l'hébreu. Ils avaient tous deux fait leur philosophie à Complut ou Alcala, et ils y avaient entendu parler d'Ignace comme d'un saint. L'envie de le voir et de se mettre sous sa conduite les fit venir à Paris, autant que l'amour de la science.

La Providence voulut que ce fût le premier homme qu'ils rencontrèrent en entrant dans la ville. L'air de sagesse et de sainteté qui paraissait sur son visage frappa tellement Laynèz, qui ne l'avait jamais vu, qu'il ne douta pas que ce ne fût lui. Ils l'abordèrent l'un et l'autre, et ils furent ravis de trouver celui qu'ils cherchaient. Ignace, qui semblait être allé au-devant d'eux, les embrassa comme des anges envoyés du ciel, et les reçut de bon cœur au nombre de ses disciples. Ils passèrent par l'épreuve des exercices spirituels, et ils sortirent de leur retraite si animés du zèle des âmes, qu'ils ne respiraient que les travaux de la vie apostolique.

Un autre espagnol, nommé *Nicolas Alphonse* et surnommé *Bobadilla*, du lieu de sa naissance, village près de Palencia, dans le royaume de Léon, fut appelé au même emploi, mais d'une manière différente. C'était un pauvre garçon, de très-bon esprit et qui avait enseigné la philosophie à Valladolid, avant de venir en France. Sa pauvreté l'obligea plus d'une fois d'avoir recours à Ignace, qui avait de quoi vivre honnêtement par les charités qu'on lui faisait de toutes parts, et qui assistait les écoliers nécessiteux. Ignace reconnut de rares talents en Bobadilla, et, se souvenant que des pauvres avaient été choisis du Fils de Dieu pour publier l'Evangile, il crut que celui-là serait un bon ouvrier évangélique. Il l'attira peu à peu par les discours spirituels qu'il lui tenait, avant de lui donner l'aumône; et, l'ayant éprouvé dans la retraite comme les autres, il le fit son cinquième compagnon.

Le sixième fut un gentilhomme portugais, appelé *Simon Rodriguèz d'Azevédo*, très-bien fait et très-ingénieux. Dieu le prévint dès son enfance par le don d'une pureté angélique, et son père, au lit de la mort, le voyant entre les bras de sa mère : « Cet enfant, dit-il, rendra un jour de grands services à la religion. » Rodriguèz étudiait à Paris depuis quelques années, et y était entretenu dans ses études par le roi de Portugal. Il connaissait Ignace avant que Laynèz, Salmeron et Bobadilla le connussent; mais il ne se mit sous sa direction qu'après eux. Il avait eu de tout temps je ne sais quelle ardeur pour la conversion des infidèles, et il souhaitait faire un long voyage à la terre sainte. Ignace, qui remarqua en lui des mouvements conformes à ceux qu'il avait lui-même, voulut le gagner sans se découvrir; mais voyant que la pensée du voyage de Jérusalem l'empêchait de s'engager, il lui déclara ce qu'il avait déclaré à Lefèvre, et, au même instant, Rodriguèz se livra aveuglément à Ignace.

Quoique le choix de ses six personnes fût fort heureux et promît quelque chose d'extraordinaire, Ignace jugea, s'ils ne se proposaient tous le même but, ils ne feraient rien. D'ailleurs, rappelant en sa mémoire l'inconstance de ses premiers compagnons d'Espagne, qui l'avaient quitté, et faisant réflexion sur la légèreté de l'esprit humain, il se persuada que, quelques bonnes que fussent les volontés de ses nouveaux disciples, il était nécessaire de les fixer par des engagements irrévocables.

C'est pourquoi, les ayant assemblés un jour, après leur avoir fait faire à chacun des prières et des jeûnes pour connaître ce que Dieu demandait d'eux, il leur dit que son dessein était d'imiter Notre Seigneur Jésus-Christ le plus parfaitement qu'il pourrait; que ce Dieu-Homme n'avait eu en vue, dans tout le cours de sa vie, que la rédemption des hommes; que, pour le suivre de près, il prétendait travailler à sa propre perfection et au salut du prochain; qu'il n'ignorait pas que la solitude avait quelque chose de plus doux, mais que tout devait céder aux intérêts de la gloire de Dieu; qu'au reste, en perdant un peu de repos, on gagnait une infinité de grâces et de mérites; et qu'après tout, il n'importait qu'on gagnât ou qu'on perdît, pourvu qu'on sauvât des âmes; que les apôtres avaient vécu de la sorte, à l'exemple de leur Maître, et que ce genre de vie était sans difficulté le plus noble et le plus parfait.

Il ajouta que, ayant considéré tous les pays où

l'on pouvait procurer la gloire de Dieu et le salut du prochain, il n'en voyait point qui offrît une plus riche moisson ni qui fût plus abandonné et qui méritât moins de l'être, que la Palestine ; qu'étant sur les lieux, il n'avait pu voir sans douleur cette terre où Notre Seigneur a racheté le genre humain, devenue esclave des infidèles ; qu'il brûlait d'envie d'y retourner et qu'il s'estimerait très-heureux de verser son sang pour la foi, dans une contrée qui avait été sanctifiée par celui d'un Dieu. Il disait cela avec tant d'ardeur, que son visage en était tout enflammé. Il finit par dire que, en attendant un temps propre pour l'exécution de son dessein, il voulait s'obliger par un vœu exprès, et à faire le voyage de Jérusalem, et à renoncer entièrement aux choses du monde.

A peine eût-il achevé de parler, que tous déclarèrent d'un commun accord qu'ils avaient les mêmes pensées et les mêmes intentions. Après quoi, le reconnaissant pour leur père et s'embrassant tendrement les uns les autres, ils se promirent de ne se quitter jamais.

Avant de sortir du lieu où ils étaient assemblés, ils leur vint un doute, si, au cas qu'ils ne pussent passer en la terre sainte, ils porteraient l'Evangile ailleurs. La chose ayant été examinée, ils convinrent, selon l'avis qu'ouvrit Ignace, que si, s'étant rendus à Venise, il ne se présentait aucune commodité pour leur embarquement, dans l'espace d'une année, ils se tiendraient quittes de leur vœu à l'égard de la Palestine ; mais qu'ils iraient offrir leurs services au vicaire de Jésus-Christ, pour aller en quel pays de la terre il lui plairait de les envoyer.

Cependant, parce que la plupart d'entre eux n'avaient pas achevé leur théologie, Ignace fut d'avis qu'ils ne précipitassent rien, car il était persuadé que les grandes entreprises devaient être établies sur des fondements solides, et qu'il y aurait de la témérité à s'engager dans le ministère évangélique sans une exacte connaissance de la religion.

Néanmoins, afin que chacun prît bien ses mesures, il jugea à propos de marquer un temps certain pour le reste de leurs études, et il leur donna depuis le mois de juillet 1534, qui était le mois courant, jusqu'au 25 janvier 1537. Il jugea aussi qu'il ne devait pas laisser refroidir leur ferveur, et qu'il était bon de les obliger au plus tôt par le vœu qu'il leur avait proposé.

En conséquence, après avoir jeûné et prié en commun, ils se réunirent le 15 août 1534 dans une chapelle souterraine de l'église de Montmartre, où la piété croit que saint Denys fut décapité. C'était la fête de l'Assomption de la sainte Vierge. Ignace avait choisi ce jour, afin que la Société de Jésus naquît dans le sein même de Marie triomphante. Là, ces sept chrétiens encore ignorés du monde, où Pierre Lefèvre, déjà prêtre, avait communiés de sa main, font vœu de vivre dans la chasteté. Ils s'engagent à une pauvreté perpétuelle ; ils promettent à Dieu qu'après avoir achevé leur cours théologique, ils se rendront à Jérusalem pour sa glorification ; mais que, si au bout d'une année, il ne leur est pas possible d'arriver à la ville sainte ou d'y demeurer, ils iront se jeter aux pieds du souverain Pontife et lui jurer obéissance, sans exception de temps ni de lieu. Ils s'obligèrent même à n'exiger rien pour leurs fonctions, non-seulement pour être plus libres dans leur ministère, mais encore afin de fermer la bouche aux luthériens, qui accusaient les ministres ecclésiastiques de s'enrichir par la dispensation des choses saintes (Bouhours, l. 2 ; Crétineau-Joly, *Hist. de la Compag. de Jésus*, c. 1).

Cependant le zèle d'Ignace ne se renfermait pas dans le collège de Sainte-Barbe ni dans l'établissement de sa congrégation : il commençait à parler français, et il ne craignait plus tant que les œuvres de piété fissent tort à ses études. On ne saurait dire de combien d'expédients il se servit pour la conversion des pécheurs. Un homme de sa connaissance était éperdûment amoureux d'une femme qui demeurait dans le village de Gentilly proche de Paris, et il avait avec elle un mauvais commerce. Ignace employa toutes les raisons divines et humaines pour le guérir d'une passion si honteuse ; mais ses remontrances ne firent rien sur un esprit que les plaisirs de la chair avaient aveuglé ; et, sans le remède étrange qu'il imagina, le mal était incurable.

Ayant appris quel était le chemin que prenait cet homme pour aller voir la femme qui était la cause de sa perte, il va l'attendre auprès de la Bièvre que le froid de la saison avait presque tout glacée. Il se dépouille dès qu'il l'aperçoit de loin ; et s'étant mis dans l'eau jusqu'au cou : « Où allez-vous, malheureux, lui crie-t-il quand il le voit approcher, où allez-vous ? N'entendez-vous pas la foudre qui gronde sur votre tête ? ne voyez-vous pas le glaive de la justice divine prêt à vous frapper ? Eh bien ! poursuit-il d'une voix terrible, allez assouvir votre passion brutale, je souffrirai ici pour vous jusqu'à ce que la colère du ciel soit apaisée. » L'impudique, effrayé de ces paroles et touché en même temps de la charité d'Ignace, dont il reconnut la voix, commença à ouvrir les yeux, eut honte de son péché, et retourna sur ses pas, dans le dessein de changer tout à fait de vie.

Ignace usa d'une autre industrie à l'égard d'un religieux qui était prêtre, mais qui déshonorait sa profession et son caractère par une conduite scandaleuse. Il alla le trouver un dimanche matin, se confessa à lui, et, sous prétexte de se mettre l'esprit en repos, lui fit une confession générale. Tandis que le pénitent s'accusait de tous ses anciens désordres avec une douleur très-sensible, le confesseur se reprochait intérieurement sa vie déréglée et d'autant plus criminelle, que les péchés d'un religieux sont plus énormes que ceux d'un homme du monde. Il se reprochait aussi sa dureté, voyant Ignace fondre en larmes ; mais son cœur s'amollit enfin, et avant que la confession fût achevée, il se sentit lui-même touché d'une véritable pénitence. Il communiqua sa disposition à Ignace, et lui demanda du secours pour sortir de l'abîme où le libertinage l'avait jeté. Ignace fit faire à ce religieux les exercices spirituels, et le remit peu à peu dans le chemin de la perfection.

Étant un jour allé voir un honnête homme pour une affaire de charité, il le trouva qui jouait au billard. C'était un docteur en théologie, illustre par sa naissance et par son savoir, assez réglé dans ses mœurs, mais peu dévot et plus occupé des affaires du siècle que de son avancement spirituel. Le docteur invita Ignace à jouer : il s'excusa sur ce qu'il ne savait pas le jeu; mais étant pressé, comme sa vertu n'avait rien de dur ni de farouche : « Que jouerons-nous, dit-il agréablement au docteur? Il n'appartient pas à un pauvre comme moi de jouer de l'argent, et il n'y a pas de plaisir à ne jouer rien. Voici, ajouta-t-il, le tempérament qui me vient en l'esprit : si je perds, je vous servirai un mois entier, et ferai exactement tout ce que vous me commanderez; et si vous perdez, vous ferez seulement une chose que je vous dirai. » Le docteur, qui voulait se réjouir, accepta la condition sans hésiter. Ils jouèrent, et Ignace gagna, lui qui n'avait jamais manié le billard. Le docteur, qui reconnut en cela quelque chose d'extraordinaire et de mystérieux, voulut obéir à Ignace. Il fit sous sa conduite les exercices spirituels pendant un mois; mais il en profita de telle sorte, qu'il devint un homme intérieur.

Parmi ceux qu'Ignace avait engagés dans la piété, il y en eut un qui se relâcha, et qui fut même sur le point d'oublier Dieu tout à fait. Le saint n'épargna ni avertissements ni exhortations pour ranimer la vertu de son disciple; mais, n'ayant pu rien obtenir, il passa trois jours sans boire ni manger, pleurant au pied des autels et priant sans cesse. Son jeûne, ses larmes, ses prières attirèrent la bénédiction du ciel, et rendirent l'esprit de ferveur à celui pour qui il fit pénitence.

Ignace s'occupait encore aux œuvres de miséricorde dans les hôpitaux. Il aida un jour à panser un malade tout couvert d'ulcères, et qui avait une espèce de maladie contagieuse. Comme il le toucha à diverses reprises, il craignit que sa main n'eût pris le mal; et cette crainte le refroidit un peu pour ces sortes de bonnes œuvres. Mais ayant reconnu sa faiblesse, il s'en voulut beaucoup, et il se fit des reproches fort aigres là-dessus, jusqu'à se dire en se mettant la main dans la bouche : Puisque tu es si en peine pour une partie, que ne feras-tu point pour tout le corps? Il surmonta ainsi sa peur, et retourna aux actions de charité avec une ardeur toute nouvelle.

Une contagion plus funeste encore commençait à infecter la France : c'était l'hérésie de Luther et de Calvin. L'emploi principal de saint Ignace fut alors de confirmer les catholiques dans leur ancienne croyance, et de faire connaître la vérité aux hérétiques déclarés. Il fit revenir bien des gens qui avaient abjuré la foi, et il les mena à l'inquisiteur, pour être réconciliés avec l'Eglise (Raynald, an 1534).

Quant à ses compagnons, Ignace mit tous ses soins à entretenir leur ferveur et à les lier ensemble étroitement. Il leur prescrivit à tous les mêmes pratiques de piété : de faire certaines méditations et certaines pénitences chaque jour; de tenir entre eux des discours spirituels; de lire le livre de l'*Imitation de Jésus-Christ*; d'examiner leur conscience plusieurs fois dans la journée; de se confesser et de communier tous les dimanches et toutes les fêtes. Mais, de peur que leurs dévotions ne nuisissent à leurs études, ou leurs études à leurs dévotions, il régla lui-même le temps des unes et des autres. De crainte aussi qu'ils ne se relâchassent insensiblement de leur première ferveur, nonobstant toutes ces précautions, il s'avisa d'un expédient tout nouveau, et qui fut de leur faire renouveler leurs vœux

les années suivantes, le même jour de l'Assomption et avec la même cérémonie.

Il les exhortait continuellement à s'aimer et à vivre en frères; et parce qu'ils ne demeuraient pas tous dans le même logis, il les obligeait de se voir souvent, d'aller se promener ensemble, et de faire même quelquefois de petits repas qui laissent leurs cœurs de plus en plus, conformément aux agapes des premiers chrétiens; et il ne manquait pas d'en être, quand ses occupations de dehors le lui permettaient.

Il avait coutume de se retirer à Notre-Dame-des-Champs, et d'y vaquer des journées entières à la contemplation des choses divines. Il se retirait aussi quelquefois dans une carrière de Montmartre, profonde et obscure, qui lui représentait sa carrière de Manrèse, et c'est en ce lieu qu'il traitait son corps plus cruellement.

Ces nouvelles austérités ruinèrent ses forces et augmentèrent les douleurs d'estomac qui l'avaient repris; de sorte qu'il tomba en peu de temps dans une grande langueur, qui ne lui permettait de s'appliquer à aucun exercice, ni de piété ni d'étude. Comme sa santé avait été assez mauvaise depuis qu'il était en France, et que les remèdes ne le soulageaient nullement, les médecins jugèrent que l'air de Paris ne lui valait rien, et que l'air natal pourrait seul le remettre. Ses compagnons se joignirent tous ensemble pour le conjurer de suivre l'avis des médecins. D'autres raisons encore l'y déterminèrent : il pouvait du même coup régler les affaires domestiques de Xavier, Salmeron et Laynez, et les dispenser ainsi tous trois du voyage d'Espagne.

Lorsqu'il se disposait à partir, quelques gens malintentionnés publièrent dans la ville qu'Ignace et ses compagnons avaient bien la mine de tenir un peu des nouveautés d'Allemagne; qu'un genre de vie si austère marquait dans des jeunes hommes l'entêtement de l'hérésie, et qu'une liaison si étroite entre des personnes d'un caractère si différent ne pouvait venir que d'un esprit de cabale. Ignace fut averti du bruit qui courait, et sut même qu'on l'avait accusé tout de nouveau devant l'inquisiteur. L'accusation principale tombait sur le livre *Des Exercices*, où ses ennemis prétendaient que tout le venin de sa doctrine était renfermé, et qu'ils appelaient le livre mystérieux.

Comme il jugea que la bonne réputation est nécessaire aux prédicateurs de l'Evangile, et qu'il craignait que son départ ne fût pris pour une fuite, s'il partait avant d'être justifié, il alla trouver l'inquisiteur, et le pria non-seulement d'examiner bien l'affaire, mais de prononcer une sentence dans les formes. « Quand j'étais seul, lui dit-il, je méprisais ces calomnies; mais maintenant que j'ai des compagnons, et que je suis appelé avec eux aux fonctions évangéliques, je dois avoir soin de leur honneur et du mien. »

L'inquisiteur, Matthieu Ori, qui savait par sa propre expérience combien Ignace était éloigné de l'hérésie, et qui ne trouvait rien en sa conduite que de régulier, lui dit qu'il n'avait pas écouté ses accusateurs, tant leurs accusations avaient peu de fondement et d'apparence. Il désira néanmoins voir le livre *Des Exercices*, moins pour l'examiner que pour le lire. Il le lut, et en fut si charmé, qu'il pria Ignace de trouver bon qu'il le transcrivit pour son usage particulier et pour l'avancement spirituel des personnes qu'il conduisait. Ignace le lui permit; mais ne se contentant pas de ces témoignages, qui n'étaient pas authentiques, et voulant laisser à ses disciples une réputation nette, il se rendit un jour chez l'inquisiteur, avec un notaire et deux ou trois docteurs de Sorbonne. Il le supplia, en leur présence, de lui donner une attestation par écrit qui fît foi qu'on ne l'avait accusé injustement, et que le livre *Des Exercices* ne contenait aucune mauvaise doctrine. L'inquisiteur n'eut pas de peine à faire ce que désirait Ignace; mais il orna son attestation de tant de louanges, qu'Ignace en demeura confus (Bouhours, l. 2; *Acta antiquiss.*, c. 8; *Dissertatio prævia*, n. 185).

Rien ne l'empêchant plus de partir, il prit congé de ses compagnons, après les avoir exhortés plus d'une fois à la constance, et leur avoir recommandé d'obéir à Pierre Lefèvre, le seul prêtre parmi eux, et qu'ils honoraient tous comme leur aîné. Il convint avec eux, avant son départ, qui fut au commencement de 1535, qu'ayant recouvré sa santé et terminé ses affaires, il irait les attendre à Venise, et qu'eux partiraient le 25 janvier 1537, pour venir l'y joindre. Sa faiblesse ne lui permit pas de faire son voyage à pied. Il le fit sur un cheval que ses compagnons lui achetèrent; mais à peine eut-il passé et respiré l'air de Guypuscoa, qu'il sentit revenir ses forces.

Une fois dans son pays, il ne suivait plus la grand'route, mais allait par les montagnes, pour être plus seul. S'y étant avancé quelque peu, il vit arriver deux hommes armés, qui le dépassèrent, puis revinrent sur leurs pas. Comme l'endroit avait une mauvaise renommée, il eut quelque peur. Toutefois, leur ayant adressé la parole, il trouva que c'étaient deux serviteurs de son frère, envoyés à sa rencontre; car il avait appris sa prochaine arrivée par des gens qui l'avaient reconnu à Bayonne. Les deux domestiques prirent le devant. Pour Ignace, en approchant d'Azpetia, où était le château de son frère, il rencontra les prêtres qui venaient au devant de lui, et qui le pressèrent beaucoup d'accepter un logement au château, sans pouvoir l'obtenir. Il alla se loger à l'hôpital, et à l'heure convenable, mendia son pain de porte en porte.

A peine arrivé, il résolut d'enseigner chaque jour la doctrine chrétienne aux enfants. Son frère l'en détourna, disant qu'il n'y viendrait personne. Un seul enfant me suffit, répondit Ignace. A peine eut-il commencé, on venait en foule, son frère même était du nombre. Il prêchait en outre chaque dimanche et fête avec grand fruit, on accourait de plusieurs milles. Les églises ne pouvant contenir la multitude du peuple, il fut obligé de faire ses sermons en pleine campagne.

La première fois qu'il prêcha, il dit à ses auditeurs qu'une des raisons qui l'avait obligé de revenir, après une absence de plusieurs années, c'était pour mettre sa conscience en repos sur un péché de sa jeunesse, et pour faire satisfaction à une personne du pays. La personne dont il parlait était présente, et il l'avait remarquée. Il raconta donc qu'un jour, étant entré dans un jardin avec des jeunes gens aussi fous que lui, ils volèrent quantité de fruits et firent beaucoup de dégât; qu'un pauvre homme fut accusé du larcin, mis pour cela en prison, et condamné à réparer le dommage. Il ajouta ensuite, élevant la voix : « Que toute l'assemblée sache, qu'afin que l'innocent, qui a souffert l'injustice, ait de quoi se dédommager, je lui donne deux métairies qui m'appartiennent. » Il l'appela tout haut par son nom, et lui demanda pardon publiquement.

Un prédicateur, qui agit de la sorte, persuade aisément. Ignace, en peu de temps, réforma plusieurs abus et établit plusieurs pieuses pratiques, comme de dire l'*Angelus* trois fois le jour, de prier le soir pour les morts, et aussi une confrérie du Saint-Sacrement pour le soulagement des pauvres honteux. Ses prédications étaient soutenues, non-seulement par ses bonnes œuvres et sa sainte vie, mais encore par des miracles. On lit dans ses biographes la guérison de trois malades.

Mais Dieu, qui donne à ses serviteurs le pouvoir de guérir les maladies, pour la gloire de son nom, permet qu'ils y soient eux-mêmes sujets, pour leur humiliation particulière et pour l'épreuve de leur patience. Ignace eut alors une grande maladie. Il ne voulut pas être transporté à Loyola; mais il ne put empêcher ses parents d'avoir soin de lui et de le servir en personne.

Dès qu'il fût guéri, il partit d'Azpetia malgré les larmes de sa famille et de tout le peuple. Il prit un cheval, de l'argent et des valets, pour contenter son frère en quelque chose, ou pour se défaire de lui honnêtement; mais à peine eut-il gagné les confins de la Biscaye et de la Navarre, qu'il se déroba des gens qui l'accompagnaient. Il alla, par Pampelune, au château de Xavier, pour les affaires de François Xavier; ensuite à Almazan et à Tolède, pour celles de Salmeron et de Laynèz.

A Ségorbe, il visita don Jean de Castro, gentilhomme espagnol qu'il avait converti à Paris, et qui venait d'entrer les Chartreux. Ignace désirait le consulter sur sa compagnie, dont il lui exposa le but, le plan et l'état présent. Castro ne s'expliqua point d'abord; mais ayant passé toute la nuit en oraison, il sortit au point du jour de sa cellule, avec un transport de joie qu'il ne pouvait modérer, et alla en hâte dire à Ignace que son entreprise était l'ouvrage de Dieu; qu'elle réussirait malgré les contradictions des hommes, et que toute la chrétienté en tirerait de grands avantages. Au reste, dit-il, pour vous montrer que je ne parle pas en l'air, je m'offre à être votre compagnon et votre disciple : aussi bien n'étant ici que novice, je n'y ai encore nul engagement. Ignace reçut le témoignage de Castro comme un oracle du Saint-Esprit; mais bien loin de consentir que ce solitaire quittât la retraite où Dieu l'avait appelé, il l'exhorta à persister dans une vocation aussi sainte que la sienne, et lui fit entendre que la solitude était son partage.

Ignace arriva d'Espagne à Venise, sur la fin de l'année 1535, après avoir essuyé une furieuse tempête sur mer, et couru un grand danger en traversant les Apennins. Ses compagnons l'y rejoignirent au commencement de 1537; ils étaient au nombre de dix, s'étant recrutés de trois nouveaux : *Claude Lejay*, d'Annecy; *Jean Codure*, du diocèse d'Embrun; *Pasquier Brouet*, du diocèse d'Amiens.

Ils partirent le 15 novembre 1536, sans autre équipage qu'un bâton à la main et une petite valise où chacun avait ses écrits. Ils prirent leur chemin par la Lorraine. Toute la troupe marchait avec beaucoup de recueillement et de modestie, tantôt faisant oraison, tantôt s'entretenant des choses de Dieu, chantant quelquefois des psaumes de David ou des hymnes de l'Eglise. Lefèvre, Lejay et Brouet, qui étaient prêtres, disaient tous les jours la messe; les autres communiaient aussi tous les jours, pour se fortifier, par le pain de vie, contre toutes les incommodités du voyage dans une saison très-fâcheuse. Ils traversèrent l'Allemagne, ayant tous leur chapelet pendu au cou, comme pour faire une profession publique de foi dans les lieux où l'hérésie commençait à dominer.

Etant arrivés le soir à un bourg tout hérétique, auprès de Constance, le ministre luthérien, prêtre apostat, et curé du bourg auparavant, les suivit dans l'hôtellerie où ils entrèrent. Comme ils avaient un air simple, il crut qu'il lui serait aisé de les confondre dans une dispute réglée, et qu'une victoire remportée tout à la fois sur neuf papistes, ainsi qu'il les appelait, lui ferait bien de l'honneur. Il commença par les railler de leurs chapelets, et il les défia ensuite. Tout fatigués qu'ils étaient, ils acceptèrent le défi, et Laynèz fut le premier qui disputa. Il le fit d'une manière si vive et si forte que le ministre ne sachant que dire : « Soupons, leur dit-il, et soupons ensemble, nous en disputerons mieux après. » Ils consentirent à renouer la dispute ; mais ils ne voulurent point manger avec l'hérétique. Ils firent en leur particulier un repas fort sobre, selon leur coutume, tandis que l'Allemand, de son côté, but et mangea avec excès.

On recommença la dispute après le souper, devant un grand monde qui y était accouru ; mais le ministre, à qui le vin avait un peu troublé la raison, ne pouvant répondre aux arguments de ses adversaires, se mit à jurer en sa langue, et sortit tout furieux de l'hôtellerie.

Le jour suivant, ils poursuivirent leur chemin vers Constance, où l'hérésie de Luther avait été reçue des magistrats et du peuple. En approchant de la ville et passant devant l'hôpital des pestiférés, ils virent venir à eux une vieille femme qui paraissait ravie de les voir, et qui, levant les mains au ciel, faisait le signe de la croix. La vue de leurs chapelets l'avait attirée. Elle était bonne catholique, et les luthériens, n'ayant pu, ni par promesses, ni par menaces, lui faire quitter sa religion, l'avaient chassée de la ville comme une folle. La pauvre femme baisa plusieurs fois les chapelets de ces étrangers ; et, ne sachant pas d'autre langue que la sienne, elle les pria par signe de l'attendre un moment. Elle courut à l'hôpital, où elle demeurait, et leur apporta les pièces de plusieurs crucifix rompus. Elle leur fit connaître le mieux qu'elle put, que c'était ce qu'elle avait de plus précieux et de plus cher. Pour faire une réparation d'honneur à Jésus-Christ, si maltraité en ses images par les luthériens, s'étant tous prosternés sur la neige qui couvrait la terre, ils adorèrent les pièces de ces crucifix et les baisèrent dévotement.

Après quoi, la femme s'en retournant à l'hôpital, suivie de la troupe catholique, dit aux gens qu'elle rencontra : « Voyez, malheureux, que ce que vous dites n'est pas vrai, que toute la terre croit en votre Luther, et qu'il n'y a nulle part aucun vestige de la religion romaine ! D'où viennent ces hommes avec leurs chapelets, disait-elle ? Ne sont-ils pas de ce monde ? »

Les neuf voyageurs sortirent d'Allemagne malgré toute la rigueur de l'hiver, et, après de grandes fatigues, que l'impatience de revoir Ignace et la charité qu'ils avaient les uns pour les autres leur firent supporter gaîment, ils arrivèrent enfin à Venise le 8 janvier 1537. Ignace les embrassa tous, et de tendresse, pleura sur eux. Il avait avec lui *Jacques Hozès*, qui fut le onzième de la troupe, et qui n'était pas moins docte ni moins fervent que les autres.

C'était un Espagnol de Malaga, issu d'une ancienne maison, originaire de Cordoue. Il était bachelier en théologie, homme de bien, et ennemi déclaré des nouveautés d'Allemagne. L'amour de son profit spirituel lui fit rechercher Ignace, dont il entendit parler à Venise comme d'un excellent maître dans la science des saints; mais, ayant appris qu'on l'avait soupçonné d'hérésie en Espagne et en France, il n'osa se fier tout à fait à sa conduite. Il résolut néanmoins un jour de commencer les *Exercices spirituels*, en prenant des préservatifs contre ce qu'il pourrait y trouver de venin. Il prit une *Somme* des conciles, quelques saints Pères et plusieurs livres de théologie, pour examiner la doctrine des *Exercices* selon des règles certaines.

A peine eut-il fait les premières méditations, qu'il reconnut un caractère de vérité où il craignait de rencontrer des erreurs. En avançant, il vit clairement que rien n'était plus orthodoxe que la foi d'Ignace; mais ce qui l'en convainquit davantage, c'est qu'Ignace lui-même lui exposa ses sentiments sur la religion : les vrais chrétiens devaient se soumettre aux décisions de l'Eglise avec une simplicité d'enfant; il fallait se bien persuader pour cela que c'est l'esprit de Notre Seigneur Jésus-Christ qui anime l'Eglise, son épouse ; et le même Dieu qui donna autrefois les préceptes du Décalogue aux Israélites, gouverne aujourd'hui la société des fidèles ; bien loin d'improuver ce qui est en usage parmi les catholiques, on devait avoir toujours des raisons prêtes pour la défendre contre les impies et les libertins ; on devait recevoir, avec une profonde soumission, les ordonnances des supérieurs ecclésiastiques; et, quand leur vie ne serait pas aussi pure qu'elle devrait l'être, s'abstenir de parler contre eux, parce que ces sortes d'invectives causaient toujours du scandale et révoltaient les ouailles contre les pasteurs; on ne pouvait trop estimer la science de la théologie, tant la scholastique que la positive; les anciens Pères avaient eu principalement pour but d'exciter les cœurs à l'amour de Dieu ; mais saint Thomas et les autres docteurs des derniers siècles s'étaient proposé de réduire les dogmes de la foi en une méthode exacte, pour réfuter plus sûrement les hérésies; au reste, on ne pouvait assez garder de mesure en parlant de la prédestination et de la grâce, et les prédicateurs devaient si bien se ménager quand ils traitaient ces mystères, qu'ils ne semblassent pas détruire les forces du libre arbitre et le mérite des bonnes œuvres, en exaltant la prédestination et la grâce; ni aussi faire tort à la prédestination et à la grâce, en faisant valoir le libre arbitre et les bonnes œuvres; souvent, à force de relever l'excellence de la foi, sans nulle distinction et sans nul éclaircissement, on donnait sujet au peuple de négliger la pratique des vertus; enfin, quoiqu'il fût d'un parfait chrétien de servir la Majesté divine par le principe du pur amour, il ne fallait pas laisser de recommander la crainte de Dieu, non-seulement celle que nous appelons *filiale* et qui est très-sainte, mais encore celle qu'on appelle *servile*, parce qu'elle peut aider le pécheur à promptement sortir de son péché, et qu'elle dispose à cette autre crainte qui unit l'âme à Dieu.

Tous ces articles ou toutes ces règles d'une créance orthodoxe, comme les appelle le saint dans le livre *Des Exercices*, où il les a insérées, firent que Hozèz eut honte de ses défiances sur la doctrine d'Ignace. Il les lui découvrit à lui-même, en lui montrant les livres dont il s'était muni dans sa retraite; et, sans rien craindre, il s'attacha tellement à son directeur, qu'il prit dès lors la forme de vie qu'Ignace et ses compagnons s'étaient proposée.

Le monde, qui empoisonne d'ordinaire les choses qu'il ne comprend pas, ne put voir tout le bien que faisait Ignace à Venise, comme ailleurs, sans en juger mal. On s'imagina que c'était un hérétique déguisé, qui, après avoir infecté l'Espagne et la France, venait gâter l'Italie. Quelques-uns dirent qu'il avait un démon familier qui l'avertissait de tout, et que, quand il était découvert dans un lieu, il se sauvait dans un autre, avant que la justice se saisît de lui.

Dès qu'il sut ce que l'on disait publiquement, il alla trouver Jérôme Veralli, nonce de Paul III, à Venise, pour le prier de lui faire son procès, s'il était coupable. Le nonce, ayant bien examiné l'affaire, avec Gaspar de Doctis, son assesseur, et ne trouvant rien qui pût donner lieu aux bruits qui couraient, porta, en faveur d'Ignace, une sentence juridique.

L'estime que Jean-Pierre Caraffe avait pour Ignace ne servit pas peu à confondre la calomnie. Ce même Caraffe que nous avons déjà appris à connaître, fut depuis élevé au souverain pontificat sous le nom de Paul IV; d'archevêque de Théate, s'étant fait compagnon de saint Gaëtan de Thienne, il avait fondé avec lui l'ordre des Clercs réguliers, nommés *Théatins*, du nom de l'archevêché qu'il quitta par un esprit d'humilité et de pénitence. Il était en ce temps-là à Venise, et y vivait dans une pratique exacte de la profession religieuse. Les liaisons qu'Ignace et Caraffe avaient ensemble firent croire qu'Ignace s'était fait disciple de Caraffe; et de là vint sans doute que le peuple, au commencement, appela Ignace et ses enfants Théatins.

Comme rien ne pressait encore Ignace et ses compagnons d'aller recevoir la bénédiction apostolique pour le voyage de Jérusalem, ils furent d'avis de s'y disposer par des œuvres de miséricorde et d'humilité, et ils se partagèrent, pour cela, dans deux hôpitaux. Chacun instruisait les ignorants, servait les malades, assistait les moribonds, enterrait les morts. François Xavier était à l'hôpital des incurables.

Dans son voyage à travers l'Allemagne, pour se punir de la complaisance que lui avait inspirée autrefois son agilité à la course et à de semblables exercices de corps, il s'était lié les bras et les cuisses avec de petites cordes. Le mouvement lui enfla les cuisses, et les cordes entrèrent si avant dans la chair, qu'on ne les voyait presque plus. La douleur qu'il en ressentit fut très-sensible; il la supporta d'abord avec patience, mais il se vit bientôt dans l'impossibilité de marcher, et il ne put cacher plus longtemps la cause de l'état où il se trouvait. Ses compagnons appelèrent un chirurgien, qui déclara qu'il y avait du danger à faire des incisions, et qu'au reste le mal était incurable. Lefèvre, Laynez et les autres passèrent la nuit en prières, et le lendemain matin Xavier trouva que les cordes étaient tombées. Ils rendirent tous grâces au Seigneur et continuèrent leur route. Xavier servait ses compagnons en toutes rencontres et les prévenait toujours par des devoirs de charité.

A l'hôpital des incurables, à Venise, après avoir employé le jour à rendre aux malades les services les plus humiliants, il passait la nuit en prières. Il s'attachait de préférence à ceux qui avaient des maladies contagieuses ou qui étaient couverts d'ulcères dégoûtants. Un de ces malades avait un ulcère horrible à voir et dont la puanteur était insupportable. Personne n'osait en approcher, et Xavier sentait beaucoup de répugnance à le servir; mais se rappelant que l'occasion de faire un grand sacrifice était trop précieuse pour la laisser échapper, il embrassa le malade; puis, approchant sa bouche de l'ulcère, il en suça le pus : au même instant sa répugnance cesse, et cette victoire remportée sur lui-même lui mérita la grâce de ne plus trouver de peine à rien, tant il est important de ne pas écouter les révoltes de la nature et de se vaincre une bonne fois.

Ignace et ses compagnons s'occupèrent ainsi à Venise jusqu'à la mi-carême, que tous partirent pour Rome, à l'exception d'Ignace. Arrivés dans la capitale du monde chrétien, ils furent présentés au Pape par Pierre Ortiz, docteur espagnol, qui avait eu en France de mauvaises impressions d'Ignace, mais qui depuis en avait conçu une grande estime. Il dit au Saint-Père que c'étaient des hommes fort savants, détachés du monde, amateurs de la pauvreté, très-zélés surtout pour la conversion des âmes, et que le seul motif de prêcher l'Evangile aux infidèles leur faisait demander permission de passer à la terre sainte.

Paul III, qui aimait les gens de lettres, et qui, durant ses repas, avait coutume de faire traiter les matières les plus curieuses des sciences divines et humaines, voulut voir ceux dont Ortiz lui avait dit tant de bien, et ordonna au docteur de les lui amener le jour suivant. Il leur proposa lui-même un point de théologie, sur lequel ils parlèrent si savamment et d'un air si sage, que, charmé de leur entretien, il se leva de sa chaise et dit tout haut : Nous avons une extrême joie de voir tant d'érudition et tant de modestie joints ensemble. Il leur demanda ce qu'ils désiraient de lui, et ayant su d'eux qu'ils ne voulaient que ce qu'Ortiz lui avait dit, il leur donna sa bénédiction avec toutes les marques d'une tendresse paternelle, en leur disant néanmoins qu'il ne croyait pas qu'ils pussent faire le voyage de Jérusalem, à cause de la ligue qui se négociait entre l'empereur, la république de Venise et le Saint-Siége contre le Turc, et qui devait éclater au premier jour.

Il leur donna soixante écus d'or et permit à ceux qui n'étaient point prêtres de recevoir les ordres sacrés, de quelque évêque que ce fût. Ignace fut compris dans la permission. Ils furent tous ordonnés prêtres à Venise, le jour de la Saint-Jean-Baptiste 1537, et tous firent vœu de chasteté, de pauvreté et d'obéissance entre les mains du nonce. Ils se retirèrent ensuite dans un lieu solitaire près de Vicence, afin de se préparer à la célébration de leur première messe par le recueillement, le jeûne et la prière. Néanmoins, après quarante jours de retraite et de pénitence, Ignace n'osa encore dire la sienne et attendit jusqu'au jour de Noël. Saint François Xavier dit la sienne au bout des quarante jours, mais avec une telle abondance de larmes, qu'il fit pleurer tous ceux qui y assistèrent. Il se livra aux exercices de la charité et aux fonctions du saint ministère à Bologne, et il serait difficile d'exprimer toutes les bonnes œuvres qu'il fit dans cette ville. La maison où il demeurait fut depuis donnée aux Jésuites et convertie en un oratoire qu'on fréquentait avec beaucoup de dévotion.

L'année étant écoulée, comme il n'y avait nulle apparence que la navigation fût de longtemps libre, il fut résolu qu'Ignace, Lefèvre et Laynèz iraient les premiers à Rome, pour exposer au Saint-Père les intentions de toute la troupe; que les autres cependant se distribueraient dans les plus fameuses Universités d'Italie, pour inspirer la piété aux jeunes gens qui y étudiaient et pour s'en associer quelques-uns. Avant de se séparer, ils s'établirent une manière de vie uniforme et s'engagèrent à observer les règles suivantes :

1° Ils logeraient aux hôpitaux et ne vivraient que d'aumônes ; 2° ceux qui seraient ensemble seraient supérieurs tour à tour, chacun sa semaine, de crainte que leur ferveur ne les emportât trop loin, s'ils ne se prescrivaient des bornes les uns aux autres, pour les pénitences et le travail; 3° qu'ils prêcheraient aux places publiques et en d'autres lieux où on leur permettrait de le faire; dans leurs prédications, ils représenteraient la beauté et les récompenses de la vertu, la laideur et le châtiment du vice; mais le feraient d'une manière conforme à la simplicité de l'Evangile, et sans les vains ornements de l'éloquence; 4° ils enseigneraient aux enfants la doctrine chrétienne et les principes des bonnes mœurs; 5° ils ne prendraient point d'argent pour leurs fonctions, et en servant le prochain, ils ne chercheraient purement que Dieu.

Ils convinrent de tous ces articles ; mais parce qu'on leur demandait souvent qui ils étaient et quel était leur institut, Ignace leur déclara en termes précis ce qu'ils avaient à répondre là-dessus. Il leur dit donc que, s'étant tous joints pour combattre les hérésies et les vices, sous la bannière de Jésus-Christ, leur société n'avait point d'autre nom à prendre que celui de la *Compagnie de Jésus*. Il avait ce nom en l'esprit depuis sa retraite de Manrèse, et on croit que Dieu le lui révéla dans la méditation des deux étendards, où on lui fit voir les premiers traits et le plan général de son ordre, sous des images guerrières.

Mais ce qui lui arriva en allant à Rome, le confirma fort dans la pensée que ce nom venait du ciel et qu'ils n'en pouvaient avoir qui leur convînt mieux.

Il communiait tous les jours, dans son voyage, de la main de Laynèz ou de Lefèvre, et il méditait toute la journée sur les mystères de Notre Seigneur, avec une dévotion sensible. Ayant rencontré une chapelle ruinée sur le chemin de Sienne à Rome, il y entra seul, pour recommander à Dieu cette petite compagnie qu'il allait offrir au vicaire de Jésus-Christ. A peine eut-il commencé sa prière, qu'il fut ravi en esprit. Il vit le Père éternel qui le présentait à son Fils, et il vit Jésus-Christ chargé d'une pesante croix, qui, après l'avoir reçu des mains de son Père, lui dit ces paroles : Je vous serai propice à Rome. La vue de la croix l'étonna ; mais la promesse de Notre Seigneur le remplit de confiance et de force. Etant revenu à lui, il sortit de la chapelle le visage tout en feu, et, rejoignant ses deux compagnons : « Je ne sais, mes frères, leur dit-il avec un transport de joie, ce qu'on nous prépare à Rome et si nous y serons maltraités ; mais je sais bien que, quelque traitement qu'on nous fasse, Jésus-Christ nous sera propice. » Ensuite, pour les fortifier contre tout ce qui pourrait leur arriver de fâcheux, il leur raconta ce qu'il avait vu.

Arrivés à Rome sur la fin de l'année 1537, ils eurent, dès les premiers jours, audience du pape Paul III, par l'entremise d'Ortiz. Sa Sainteté reçut avec joie les offres que lui fit Ignace, et témoigna même être très-aise de le voir. Pour commencer à se servir de ces nouveaux ouvriers, elle désira que Laynèz et Lefèvre enseignassent la théologie dans le collége de la Sapience ; le premier, la scholastique, et l'autre, l'Ecriture sainte. Ignace entreprit, sous son autorité apostolique, la réformation des mœurs, par la voie des exercices spirituels et des instructions chrétiennes. Il rendit auparavant tout l'argent que lui et ses compagnons avaient reçu pour le voyage de Jérusalem, et il renvoya même, jusqu'à Valence en Espagne, quatre écus d'or que Martin Perèz lui avait donnés.

Au retour du Mont-Cassin, où il avait fait un voyage, Ignace acquit un nouveau compagnon dans la personne de François Strada, Espagnol. Il crut alors qu'il était temps d'établir son institut et de former un ordre religieux de ceux qui, avec lui, s'étaient consacrés à la gloire du Seigneur. Il manda donc à Rome tous ceux de ses compagnons qui se trouvaient dispersés dans l'Italie. Ils s'y rendirent tous sur la fin du carême 1538. Ignace leur ayant communiqué son projet, ils l'approuvèrent tous d'une voix unanime, après avoir consulté Dieu par des jeûnes et des prières ; mais il fallait l'approbation du Pape, et, dans l'intervalle, Paul III s'était rendu à Nice pour assister à l'entrevue de François Ier et de Charles-Quint. Le cardinal Vincent Caraffe, son légat, ne put que leur continuer les pouvoirs de prêcher. L'onction de leurs discours produisit partout des effets si surprenants, que bientôt la ville changea complètement d'aspect.

Ils s'employèrent de la sorte, en attendant le retour du Pape ; et la bénédiction que Dieu donnait à leurs travaux leur faisait espérer un heureux succès de leur grand dessein, lorsqu'il s'éleva tout à coup une tempête qui renversa presque leurs espérances.

Il y avait à Rome un prédicateur célèbre, Piémontais de nation et religieux des ermites de Saint-Augustin, homme réformé en apparence, mais indigne du saint habit qu'il portait, et luthérien dans le cœur. L'éloignement du Pape lui donna lieu d'oser débiter en chaire les erreurs du nouvel hérésiarque. Pour surprendre mieux le peuple, il gémissait sur le relâchement de la discipline et de la morale, et il insinuait ensuite quelque proposition ambiguë, qu'il ne manquait pas d'appuyer de l'autorité des saints Pères et de l'exemple des premiers siècles. Ignace ne pouvait croire qu'un religieux fût capable de prêcher des hérésies au milieu de Rome, et il crut d'abord qu'on donnait un mauvais sens aux paroles du prédicateur, ou que les propositions qui faisaient du bruit lui étaient échappées sans aucun dessein. Néanmoins, pour s'éclaircir de la vérité, il voulut que Salmeron et Laynèz, qui avaient disputé contre les ministres luthériens en passant par l'Allemagne, et qui savaient le secret du luthéranisme, allassent entendre l'Augustin, et qu'ils l'entendissent plus d'une fois.

Ayant su d'eux que c'était un vrai hérétique, qui enseignait la pure doctrine de Luther, sous prétexte d'enseigner celle de la primitive Église, il le fit avertir en secret que ses sermons causaient du scandale ; et il lui fit donné avec toutes les précautions que la prudence et la charité demandent. Mais c'est le propre de l'hérésie d'affecter la modération quand on la laisse en repos, et d'avoir de l'emportement quand on se déclare contre elle. L'Augustin que tout Rome écoutait comme un oracle, fier de sa réputation et d'autant plus irrité des remontrances qu'on lui avait faites qu'elles étaient bien fondées, se déchaîna contre ceux à qui sa doctrine était suspecte, et soutint hardiment toutes les propositions qu'il avait avancées. Alors Ignace et ses compagnons montèrent en chaire et combattirent l'Augustin de toutes leurs forces, en défendant la nécessité des bonnes œuvres, les vœux de religion, l'autorité de l'Église et les autres articles catholiques que les luthériens attaquent. Les dix prédicateurs ne prêchèrent pas inutilement. L'Augustin devint suspect d'hérésie ; mais comme il était habile et homme de cabale, il ne manqua ni d'artifice pour se justifier, ni de crédit pour se maintenir.

Sa première adresse fut de rejeter sur Ignace le soupçon d'hérésie, et de gagner trois ou quatre Espagnols pour rendre faux témoignage. L'un était Michel Navarre, qui, étant à Paris et ne pouvant souffrir la conversion de Xavier, avait voulu attenter à la vie d'Ignace. Il était venu à Rome après avoir couru une partie de l'Europe, et il haïssait d'autant plus Ignace, qu'ayant voulu être de ses disciples, il n'en avait pas été jugé digne.

Ce malheureux déclara donc devant le gouverneur de Rome que le chef de certains prêtres étrangers était un hérétique et un sorcier qui avait été brûlé en effigie à Alcala, à Paris et à Venise. Il protestait avec serment que sa conscience seule le forçait d'accuser un homme de sa nation : il n'avançait rien, disait-il, qu'il n'eût vu de ses propres yeux et dont il ne pût produire des preuves incontestables. Par suite de ces calomnies et de ces faux témoignages, Ignace et les siens se virent abandonnés de tout le monde ; mais le saint, espérant d'autant plus en Dieu que tout semblait désespéré, encourageait ses compagnons et s'excitait lui-même à ne rien craindre. « Seigneur, disait-il : voici l'accomplissement de ce que pronostiquait la croix dont je vous vis chargé en venant à Rome. Accomplissez ce qui reste, et ne nous refusez pas l'assistance que vous nous avez promise. »

De tous les amis d'Ignace, un seul ne l'abandonna pas, Quirino Garzonio, gentilhomme romain, qui avait logé d'abord sa compagnie. Il lui procura un entretien avec le cardinal doyen du sacré collège, son ami et son parent, qui croyait à la calomnie. L'entretien dura près de deux heures : le cardinal, tout à fait désabusé, se jeta aux pieds d'Ignace pour lui demander pardon, le reconduisit avec de grandes marques d'estime et de bienveillance, et, depuis ce jour-là, il lui envoya toutes les semaines une grosse aumône.

Quoiqu'Ignace vît bien que le ciel commençait à lui être favorable, il ne laissa pas d'agir de son côté, selon sa grande maxime : que dans les rencontres difficiles, il fallait s'abandonner à Dieu avec une entière confiance, comme si le bon succès de l'affaire devait venir d'en-haut par une espèce de miracle, et qu'il fallait néanmoins mettre tout en œuvre pour la faire réussir, comme si nous ne devions recevoir aucun secours du côté de Dieu.

Sa première démarche fut donc de se présenter devant le gouverneur, qui était un évêque, et de solliciter lui-même que son procès se jugeât. Le gouverneur ayant assigné un jour aux parties, Ignace et Navarre, qui l'avait accusé, comparurent. L'accusateur soutint tout ce qu'il avait déposé, et il en jura tout de nouveau par ce qu'il y a de plus sacré. Ignace, pour toute réponse, produisit une lettre, et demanda à Navarre s'il n'en connaissait point l'écriture : C'est la mienne, répliqua-t-il, sans se douter de rien. Il disait vrai, et il avait écrit cette lettre à un homme de sa connaissance quelque mois auparavant : elle portait qu'Ignace et ses compagnons menaient une vie irréprochable ; qu'il les avait connus à Paris et à Venise, et que c'étaient de vrais hommes apostoliques.

La lettre fut lue et fit tout l'effet qu'Ignace s'en était promis. L'accusateur, qui parlait avec tant d'audace, se voyant convaincu de fausseté par lui-même, demeura muet ou ne prononça que des paroles confuses, qui achevèrent de prouver sa mauvaise foi.

Mais ce qui détruisit tout à fait la calomnie, c'est que les trois juges qui avaient déclaré Ignace innocent dans les trois villes où Navarre soutenait qu'on l'avait condamné au feu, se trouvèrent à Rome en ce temps-là. De juges qu'ils avaient été, devenus témoins, ils déposèrent tous trois la vérité contre les impostures de Navarre. L'imposteur fut condamné à un bannissement perpétuel, et il aurait été puni plus sévèrement, si Ignace n'avait demandé sa grâce. Pour les trois autres Espagnols, ils se dédirent en présence du gouverneur de Rome et du cardinal-légat.

Ignace voulut avoir une sentence qui fît foi de tout. Il disait qu'avec le temps on perdrait le souvenir du bannissement de l'accusateur, et que, n'y ayant nul acte public en faveur des accusés, on pourrait croire que, par leurs intrigues et par leur crédit, ils auraient arrêté le cours de la cause, dans la crainte d'un mauvais succès. Le gouverneur, homme équitable, mais faible, traîna la chose en longueur. Ignace s'adressa immédiatement au Pape, revenu sur les entrefaites, qui ordonna au gouverneur de le contenter. Le gouverneur obéit, et après avoir examiné le livre *Des Exercices spirituels*, il dressa une sentence dans les formes, qui contenait l'éloge des accusés et qui les justifiait entièrement.

Ignace envoya partout des copies de la sentence, et même en Espagne; mais la malheureuse destinée de ses ennemis le disculpa encore dans la suite. Navarre vécut misérable et agité des remords de sa conscience. Des trois autres faux témoins, l'un mourut peu de jours après, d'un mal très-violent; les deux autres furent accusés d'hérésie: on condamna l'un à une prison perpétuelle, l'autre à être brûlé. Pour l'Augustin piémontais, il s'enfuit de Rome à Genève et se déclara ouvertement hérétique: il fit même un libelle sanglant contre l'Église romaine. Enfin les impiétés de cet apostat montèrent à un tel excès, qu'étant tombé entre les mains de l'inquisition, il finit sa vie par le feu (Bouhours, l. 3).

Les dix prêtres étrangers ayant recouvré leur honneur, commencèrent à paraître tout de nouveau en public, et il se présenta une occasion de secourir le prochain, qu'ils ne laissèrent pas échapper. Outre que l'hiver était fort rude, il y avait une si grande cherté à Rome, que plusieurs de la populace, presque morts de faim, étaient couchés de tous côtés dans les rues, sans avoir seulement la force de demander du secours. Quoique Ignace et ses compagnons, qui ne vivaient que d'aumônes, se ressentissent de la famine, ils entreprirent de soulager ces misérables, se reposant pour cela sur la Providence. Ils se mettent donc tous ensemble à la quête par les rues, et ils les portent eux-mêmes jusque dans la maison où ils logeaient depuis peu. Ils donnent leurs lits aux plus faibles, accommodent les autres le mieux qu'ils peuvent, avec de la paille étendue à terre. La Providence, sur laquelle ils avaient compté, ne leur manqua pas : ils reçurent tant de vivres et tant d'argent tout à la fois, qu'ils eurent non-seulement de quoi nourrir plus de quatre cents personnes, mais aussi de quoi couvrir la nudité des plus nécessiteux, qui mouraient de froid et de faim en même temps.

La charité d'Ignace et de ses compagnons leur attira bien des spectateurs. Quelques-uns, qui étaient venus voir par curiosité ce qui se passait chez eux, se dépouillèrent d'une partie de leurs habits pour revêtir les pauvres gens demi-nus, qu'on n'avait pas encore habillés, et plusieurs personnes de qualité firent un fonds pour la subsistance de trois ou quatre mille hommes, que la famine réduisait à une extrême misère, mais les soins d'Ignace ne se bornaient pas au soulagement du corps, on instruisait les malheureux de tous les devoirs du christianisme, on les faisait prier Dieu tous ensemble et on les engageait à se confesser.

Cependant Ignace, à qui tout Rome donnait des bénédictions et que le peuple appelait son père, crut devoir profiter d'une si heureuse conjoncture pour l'exécution de son dessein. Ayant donc fait un abrégé de l'institut que lui et ses premiers compagnons avaient concerté ensemble, il le présenta à Paul III, par l'entremise du cardinal Gaspar Contarini. Le Pape reçut cet écrit agréablement, et le donna aussitôt à examiner au maître du sacré palais, le Dominicain Thomas Badia, qui fut depuis le cardinal de Saint-Sylvestre. Badia le retint deux mois; après quoi il le rendit à Sa Sainteté, en lui protestant qu'il n'y trouvait rien que de très-louable. Le Pape le lut lui-même; et on dit qu'après l'avoir lu, il s'écria : Le doigt de Dieu est ici!

Ignace demanda en même temps à Sa Sainteté qu'il lui plût de confirmer authentiquement ce qu'elle avait approuvé de vive voix. Quoique Paul III s'y sentît porté, il ne voulut rien faire sans l'avis de trois cardinaux. Le premier, qui fut chargé de l'affaire, se nommait Barthélemy Guidiccioni, homme d'un grand mérite et si digne du souverain pontificat, que, quand il mourut, le Pape dit que son successeur était mort; mais d'une vertu austère et si ennemi de toutes sortes de nouveautés, que bien loin d'agréer de nouveaux ordres religieux, il croyait qu'on devait éteindre quelques-uns des anciens, et les réduire tous à quatre. Il avait même fait un livre à ce sujet. Avec cette disposition d'esprit, il ne regarda pas seulement le mémoire qu'on lui remit entre les mains, et dit plusieurs fois que, de quelque nature que fût l'institut dont il s'agissait, l'Église n'en avait que faire. L'autorité de Guidiccioni, qui était grand théologien et grand canoniste, entraîna les deux autres cardinaux.

Dans le temps que Paul III nomma les trois commissaires, il demanda à Ignace quelques-uns de ses compagnons pour des besoins de l'Église fort pressants; et il les demanda à la prière des princes, des évêques et d'autres personnes illustres, qui connaissaient les disciples et le maître. Pasquier Brouet fut envoyé à Sienne, pour réformer un monastère de religieuses, qui était dans un grand désordre; Claude Lejay à Bresce, pour extirper l'hérésie que des prédicateurs peu catholiques y avaient semée, et Nicolas Bobadilla dans l'île d'Ischia, sur les côtes de Naples, pour accorder les principaux du pays qui se haïssaient mortellement. Laynez et Lefèvre accompagnèrent le cardinal de Saint-Ange dans sa légation de Parme. Parme était menacée de l'invasion des sectaires. Après quelques instructions, ces deux missionnaires virent les femmes les plus distinguées se mettre à la tête des bonnes œuvres, et les principaux du clergé faire les exercices spirituels. Enfin, Simon Rodriguèz et François Xavier partirent pour les Indes; voici à quelle occasion.

Jacques Govéa, ce Portugais, principal du collège de Sainte-Barbe, qui reconnut l'innocence d'Ignace au moment de le faire châtier injustement, étant encore à Paris et entendant parler des merveilles qu'Ignace et ses compagnons faisaient en Italie, jugea que des hommes faits comme eux seraient fort utiles dans les Indes orientales qui venaient d'être conquises par les Portugais. Il en écrivit au Père Ignace, dont il voulait avoir le sentiment avant de faire aucune démarche près de la cour de Portugal. Le Père loua Dieu de ce que sa providence lui ouvrait la porte d'un nouveau monde, après lui avoir fermé celle de la terre sainte, et il conçut un désir ardent de porter lui-même la foi à tant de nations idolâtres. Il répondit à Govéa que lui et ses compagnons étaient prêts à aller en quelque lieu du monde où il plairait au vicaire de Jésus-Christ de les envoyer; qu'ils lui avaient voué leur service pour tout ce qui regardait les missions, et qu'ils ne pouvaient disposer d'eux que sous le bon plaisir de Sa Sainteté.

Govéa envoya à Jean III, roi de Portugal, la réponse d'Ignace, avec une lettre qu'il lui écrivit touchant la pensée qu'il avait eue pour la conversion des infidèles. Ce prince qui était très-religieux, et qui ne songeait pas moins à établir le royaume de Jésus-Christ dans les terres nouvellement découvertes, qu'à y étendre la domination des Portugais, donna ordre à son ambassadeur, Pierre Mascarégnas, d'obtenir du Pape, pour le moins, six de ces ouvriers évangéliques dont lui parlait Govéa, et de les amener avec lui.

L'ambassadeur, qui connaissait Ignace particulièrement, et qui se confessait même à lui, lui montra l'ordre de son maître. Le Père dit que c'était au Pape à décider là-dessus; mais que, s'il osait dire son sentiment, il serait d'avis qu'on ne donnât que deux Pères pour les Indes. Comme Mascarégnas insistait sur le nombre marqué par le roi : « Mon Dieu, répartit Ignace; si de dix que nous sommes, six allaient aux Indes, que resterait-il pour tous les autres pays du monde? » Le Pape, à qui Mascarégnas fit toutes les instances possibles, renvoya l'affaire au Père Ignace, qui ne se relâcha point; de sorte que l'ambassadeur de Portugal n'emmena que Simon Rodriguèz et Nicolas Bobadilla, lequel étant tombé malade fut remplacé par François Xavier : deux hommes pour conquérir l'Inde et le Japon.

Arrivés à Lisbonne, les deux missionnaires se mirent à y travailler au salut des âmes, en attendant que partît le vaisseau amiral, sur lequel ils devaient s'embarquer avec Martin-Alphonse Soza, qui commandait la flotte royale; et leurs travaux, dès les premiers jours, leur méritèrent le surnom d'*apôtres*, qui est demeuré, dans ce royaume, à leurs successeurs. Quelques seigneurs de la cour, ravis du zèle de Xavier et de Rodriguèz, représentèrent au roi qu'il serait plus à propos de retenir l'un et l'autre en Portugal, que de les envoyer aux Indes. Les deux Pères, qui avaient leur mission pour le Nouveau Monde, ayant entrevu le dessein des Portugais, écrivirent aussitôt à Rome, et conjurèrent leur Père Ignace de faire parler le Pape en leur faveur. Paul III ne voulut point s'expliquer, et fut d'avis de laisser les Portugais maîtres de l'affaire. Ainsi le Père Ignace manda aux deux Pères, qu'ils devaient suivre la volonté du roi de Portugal, qui, en cette rencontre, leur tenait la place de Dieu. Mais il ajouta que, si le roi, par hasard, voulait savoir son sentiment là-dessus, ils pouvaient lui dire que sa pensée était que François Xavier allât aux Indes, et que Simon Rodriguèz demeurât en Portugal. Le roi reçut ce conseil comme un oracle, et François Xavier partit seul pour la conquête de l'Inde et du Japon.

La joie qu'eut Ignace de voir ses compagnons engagés dans les emplois de l'apostolat, fut un peu troublée par les oppositions que mirent les trois cardinaux à son grand dessein. Il continua néanmoins ses poursuites auprès du Pape avec plus de chaleur que jamais. Il redoubla en même temps ses prières auprès de la divine Majesté avec une extrême confiance; et, comme s'il eût été assuré du succès, il promit un jour à Dieu trois mille messes en reconnaissance de la grâce qu'il espérait obtenir.

Son espérance ne fut pas trompée. Le cardinal Guidiccioni se sentit tout à coup changé, sans savoir pourquoi; et ce changement subit lui parut à lui-même si étrange, qu'il ne douta pas que Dieu n'en fût l'auteur. Il lut l'écrit qu'il n'avait pas voulu regarder; et, après l'avoir bien examiné, il dit que son sentiment était toujours, en général, qu'on ne devait pas recevoir de nouvelles congrégations religieuses, mais que, pour celle qui se présentait, il ne pouvait pas s'y opposer. Il avoua même qu'elle lui semblait nécessaire pour remédier aux maux de la chrétienté, et surtout pour arrêter le cours des hérésies qui se répandaient par toute l'Europe.

En effet, il ne paraissait presque plus aucune trace de l'ancienne religion dans l'Allemagne, où les luthériens et les anabaptistes, divisés en plusieurs sectes contraires, s'accordaient seulement ensemble pour ruiner la foi catholique. L'Angleterre, séparée de Rome, suivait les égarements de Henri VIII, qu'elle reconnaissait pour chef de l'Eglise anglicane. La Suisse, le Piémont, la Savoie et tous les pays circonvoisins étaient infectés des erreurs de Zwingle et d'Œcolampade. La France se ressentait en plusieurs endroits de la contagion de Genève, et il n'y avait pas jusqu'à l'Italie; où le venin ne se fût glissé. Calvin y avait porté son *Institution*, traduite en français, et s'était si bien insinué dans l'esprit de Renée, duchesse de Ferrare, fille de Louis XII, que cette princesse avait embrassé l'hérésie, avec une autre partie de sa cour.

Le Pape jugea, de son côté, que l'Eglise, dans des conjonctures si funestes, avait besoin d'un secours extraordinaire. Il apprit en même temps que les disciples d'Ignace, employés hors de Rome, réveillaient partout l'esprit du christianisme, et que les pécheurs les plus endurcis ne pouvaient résister à la force de leurs paroles. Paul III confirma donc l'institut d'Ignace, sous le nom de la *Compagnie de Jésus*, par sa bulle du 27 septembre 1540. Cette bulle contient l'éloge des dix premiers Pères, et porte en termes formels qu'il n'y a rien que de bon et de saint dans ce nouvel institut, dont elle présente le plan et l'ensemble. Le Pape leur permit, par la même bulle, de dresser les constitutions qu'ils jugeraient les plus propres pour leur perfection particulière, pour l'utilité du prochain et pour la gloire de Notre Seigneur. Il est vrai qu'il limita le nombre des profès, et le restreignit à soixante. Mais il ôta cette restriction deux ans après, par une autre bulle; et ce fut l'intérêt de la chrétienté qui l'obligea d'en user ainsi, comme il le déclare lui-même.

Dès que le Saint-Siége eut approuvé la Compagnie de Jésus, Ignace jugea qu'il fallait commencer par élire un chef; et, pour cet effet, il rappela à Rome, avec la permission du Pape, ceux de ses compagnons qui pouvaient s'y rendre; car Xavier et Rodriguèz étaient à la cour de Portugal; Lefèvre était à la diète de Worms, et Bobadilla avait ordre expressément du souverain Pontife de ne point quitter le royaume de Naples que les affaires qu'on lui avait mises entre les mains ne fussent finies. Tellement que ces quatre Pères n'assistèrent point à l'élection; les deux premiers laissèrent leurs suffrages en partant; Lefèvre envoya le sien; et Bobadilla, à son retour, confirma le choix que firent les autres.

Quand Lejay, Brouet et Laynèz furent venus, on

prit trois jours pour examiner devant Dieu qui on élirait ; et ces jours se passèrent en prières et en silence. On s'assembla le quatrième jour, et toutes les voix furent pour Ignace, hors la sienne, qu'il donna à celui qui aurait le plus de suffrages, en s'exceptant néanmoins lui-même. Il les conjura, au nom de Dieu, d'agréer son refus, et de procéder à l'élection d'un autre, après trois ou quatre jours de prières. Il fut élu une seconde fois ; mais il fit un second effort pour ne point recevoir la charge. Il dit qu'il mettait l'affaire entre les mains de son confesseur ; et que, si celui qui connaissait toutes ses mauvaises inclinations, lui ordonnait, au nom de Jésus-Christ, de se soumettre, il obéirait aveuglément.

Les Pères eurent de la peine à l'écouter là-dessus. Ils disaient que la volonté de Dieu n'était que trop manifeste ; et que c'était s'y opposer que de balancer davantage. Ils se relâchèrent néanmoins ; et le Père Ignace alla trouver un religieux de saint François, nommé le Père Théodore, auquel il se confessait ordinairement, et qu'il quitta dès que le Saint-Siège eut confirmé l'institut. Après lui avoir exposé, dans l'entretien, ses infirmités spirituelles et corporelles tout ensemble, il lui fit une confession de toute sa vie, durant les trois derniers jours de la semaine sainte. Le Père Théodore lui déclara nettement qu'il résistait au Saint-Esprit en résistant à son élection, et lui commanda, de la part de Dieu, d'accepter la charge de général.

Ignace se rendit alors, et le jour de Pâques, 17 avril 1541, il accepta le gouvernement de la Compagnie de Jésus. Le 22 du même mois, après avoir visité les basiliques de Rome, ils arrivèrent à celle de Saint-Paul hors des murs. Le général célébra la messe à l'autel de la Vierge ; puis, avant de communier, il se tourna vers le peuple. D'une main, il tenait la sainte hostie, et de l'autre la formule des vœux. Il la prononça à haute voix, s'engageant en outre envers le souverain Pontife à l'obéissance à l'égard des missions, et telle qu'elle est spécifiée dans la bulle du 25 septembre. Alors il déposa cinq hosties sur la patène, et, s'approchant de Laynez, de Lejay, de Brouet, de Codure et de Salmeron, qui se tenaient à genoux au pied de l'autel, il reçut leur profession et les communia. C'était la consécration de l'institut. La première fonction du nouveau général fut de faire le catéchisme aux enfants de Rome pendant quarante-six jours ; on y vit affluer toutes sortes de personnes, même des hommes et des femmes de qualité, des théologiens et des canonistes : les fruits en furent merveilleux ; à son exemple, les supérieurs de la Compagnie font quarante jours de catéchisme, quand ils entrent en charge.

François Xavier, à qui le roi de Portugal avait procuré, sans qu'il le sût, un bref de légat apostolique dans les Indes, partit de Lisbonne en ce temps-là, et y laissa Simon Rodriguez. Le Pape envoya la même année en Irlande Alphonse Salmeron et Pasquier Brouet, avec le caractère de nonces, pour maintenir la foi catholique parmi ces peuples, qui, nonobstant les édits de Henri VIII, étaient demeurés fidèles au Saint-Siège. La république de Venise demanda Jacques Laynez ; le docteur Ortiz mena avec lui Pierre Lefèvre à Madrid ; Nicolas Bobadilla et Claude Lejay allèrent prendre la place de Lefèvre à Vienne et à Ratisbonne.

Ignace continuait ses bonnes œuvres à Rome. En assistant les malades dans les hôpitaux et ailleurs, il reconnut que la plupart ne se confessaient qu'aux derniers moments de la vie. Il obtint de Paul III qu'on renouvelât la décrétale d'Innocent III, qui ordonne que le médecin ne verra les malades qu'après qu'ils se seront confessés. Le nouveau y apporta un tempérament : il permit deux visites du médecin avant la confession du malade, et défendit la troisième sous des peines rigoureuses. Une pratique si chrétienne s'observe encore en Italie. Ignace convertissait beaucoup de Juifs, et procura plusieurs établissements et règlements en faveur des néophytes. Il travaillait en même temps à la conversion des filles et des femmes de mauvaise vie ; il en ramena un grand nombre, et les plaça dans une maison convenable, où, sans être obligées de faire des vœux, elles pussent, à l'abri du danger, mener une vie chrétienne. On lui disait quelquefois qu'il perdait son temps, et que ces malheureuses ne se convertissaient jamais de bon cœur. Quand je ne les empêcherais que d'offenser Dieu une nuit, répondait-il, je croirais ma peine bien employée. Il fonda un monastère pour les jeunes filles non encore perdues, mais exposées à l'être ; de plus, deux maisons pour les orphelins, l'une pour les garçons, l'autre pour les filles, qu'il régla lui-même, et qui ont toujours subsisté depuis. La conduite qu'il gardait dans ces sortes de bonnes œuvres était d'y engager le plus qu'il pouvait de personnes riches et dévotes, de choisir un cardinal, fort homme de bien, qui en fût le protecteur, d'établir des administrateurs pour le temporel, et des directeurs pour le spirituel, qui gouvernassent sagement les maisons selon les statuts dont il convenait avec eux. Mais quand la chose était une fois bien cimentée et que tout allait de soi-même, il avait coutume de se retirer pour ne donner jalousie à personne, et pour entreprendre quelque autre chose utile au public.

Tel était donc l'esprit de saint Ignace : défricher le terrain, y semer du bon grain, puis en laisser la culture et la moisson à d'autres ; fonder des bonnes œuvres, fonder de nouvelles églises, de toutes les œuvres la plus excellente, puis, le plus tôt possible, en confier l'administration à un clergé indigène, pour courir à de nouveaux défrichements, à de nouvelles constructions. Le monde ne connaît guère cet esprit-là. C'est l'esprit de Jésus, qui sème le bon grain, l'arrose de son sang, et en laisse la récolte à ses apôtres ; c'est l'esprit de saint Paul, qui fonde partout des églises, mais pour les confier à des prêtres et à des évêques, et aller fonder d'autres églises ailleurs. Béni soit à jamais le chrétien, le missionnaire, l'ordre religieux qui prendra et conservera cet esprit de saint Paul et de saint Ignace !

Ce qui occupait encore ce dernier nuit et jour, c'était le plan des constitutions de son ordre. Pour en sentir bien l'esprit et l'ensemble, nous n'avons qu'à prendre l'opposé de ce que nous avons vu dans Luther, Calvin et Henri VIII. Dans l'hérésiarque de Wittemberg et compagnie, c'est Babel, c'est la confusion, confusion des langues, des idées et des choses : c'est une image de l'enfer, où il n'y a nul ordre, mais une horreur et une confusion éternelle. Pas une vérité entière ni pure, tout est brisé, contourné, faussé : c'est une maison en ruine, où il n'y a plus une pierre à sa place. Dans saint Ignace et compagnie, c'est Jérusalem, la vision de la paix, la vue de l'ordre : c'est une image fidèle du royaume de Dieu, de l'Eglise de Dieu, au ciel et sur la terre : tout y est à sa place, comme dans le corps humain : la raison et la foi, la nature et la grâce, tout y tend à la gloire de Dieu et au salut des âmes.

Les manières sont telles que l'esprit, le but et l'ensemble. C'est dans l'emportement de la colère que le moine apostat forge ses doctrines impies; c'est dans les tavernes, au milieu des pots de bière et de vin, et parmi les plus grossières injures; c'est parmi les impurs embrassements d'une religieuse apostate. Saint Ignace, au contraire, écrivait ses constitutions au milieu de toutes sortes d'œuvres de charité chrétienne. Il y employait dans le silence de la retraite, tous les jours plusieurs heures ; il y passait même une partie de la nuit, et voici la méthode qu'il tenait :

Il examinait d'abord chaque article selon les règles du bon sens, et se proposait toujours les raisons du pour ou du contre. Ces raisons n'étaient ni légères ni en petit nombre; et, sur un seul point qui n'est pas des plus importants, on a trouvé, dans les papiers écrits de sa main, huit raisons pour un parti et quinze pour l'autre, chacune de poids et capable de faire balancer l'esprit. Ensuite, se dépouillant de tout amour-propre et de tout intérêt particulier, il pesait mûrement toutes les raisons, en les opposant les unes aux autres, pour mieux voir celles qui étaient ou plus faibles ou plus fortes.

Après avoir fait tout ce que la prudence demandait, il consultait Dieu avec une simplicité d'enfant, comme s'il n'eût rien à faire qu'à écrire ce que Dieu même lui dicterait. Considérant donc les choses tout de nouveau à la lumière des vérités éternelles, il suppliait Jésus-Christ, par l'entremise de la sainte Vierge, de lui faire voir ce qui serait à propos pour le service de la divine Majesté, et pour le bien de la Compagnie.

Quoiqu'il se sentît quelquefois déterminé à un parti, et d'une manière qui semblait lui ôter tout sujet de doute, il ne laissait pas de continuer ses prières, pour connaître plus clairement ce qui était le meilleur; de sorte qu'ayant pris une fois sa dernière résolution sur un point particulier, après dix jours de communication avec Dieu, il fit oraison sur le même article, et y repensa encore trente jours entiers. Cependant la chose n'était pas fort considérable, et il s'agissait seulement de régler si les églises des maisons professes auraient du revenu, ou si elles ne seraient entretenues que de la charité des fidèles.

Outre cela, quand il avait écrit une constitution, il la mettait sur l'autel en disant la messe, et l'offrait à Dieu avec le divin sacrifice, afin que le Père des lumières y jetât les yeux, et lui fît connaître si tout y était conforme aux règles de la perfection évangélique. Il en usait ainsi à l'exemple du pape saint Léon, qui, avant d'envoyer à l'évêque Flavien la lettre dogmatique qu'il avait écrite contre l'hérésie d'Eutychès, la mit sur l'autel de l'apôtre saint Pierre, et l'y tint quarante jours, jeûnant tout ce temps-là et priant sans cesse le prince des apôtres de la corriger lui-même, et d'effacer de sa main ce qui ne serait pas orthodoxe (Bouhours, l. 3).

Les réponses intérieures que le Saint-Esprit rendait au Père Ignace, l'assuraient enfin et lui mettaient l'esprit en repos sur le parti où il s'attachait. Aussi, ayant demandé un jour au Père Laynèz, s'il ne lui semblait pas que Dieu eût révélé aux fondateurs des ordres religieux la forme de leur institut, et le Père Laynèz lui ayant dit que cela lui semblait très-probable, du moins pour ce qui regarde les choses essentielles : « Je suis de votre sentiment, répliqua le saint, » et c'est sans doute sa propre expérience qui le lui fit juger de la sorte.

Quant à l'esprit, le but et l'ensemble de la Compagnie de Jésus et de ses constitutions, nous en avons, dans la bulle de Paul III qui l'institue, un résumé fidèle, tracé par saint Ignace lui-même et ses compagnons, en ces termes : « Quiconque voudra, sous l'étendard de la croix, porter les armes pour Dieu et servir le seul Seigneur et le Pontife romain, son vicaire sur la terre, dans notre société, que nous désirons être appelée la *Compagnie de Jésus*, après y avoir fait vœu solennel de chasteté, doit se proposer de faire partie d'une société principalement instituée pour travailler à l'avancement des âmes dans la vie et la doctrine chrétiennes, et à la propagation de la foi, par des prédications publiques et le ministère de la parole de Dieu, par des exercices spirituels et des œuvres de charité, notamment en faisant le catéchisme aux enfants et à ceux qui ne sont pas instruits du christianisme, et en entendant les confessions des fidèles pour leur consolation spirituelle. Il doit aussi faire en sorte d'avoir toujours devant les yeux : premièrement Dieu, et ensuite la forme de cet institut qu'il a embrassé. C'est une voie qui mène à lui, et il doit employer tous ses efforts pour atteindre à ce but que Dieu même lui propose, selon toutefois la mesure de la grâce qu'il a reçue de l'Esprit-Saint, et suivant le degré propre de sa vocation, de crainte que quelqu'un ne se laisse emporter à un zèle qui ne serait pas selon la science. C'est le général ou prélat que nous choisirons qui décidera de ce degré propre à chacun, ainsi que des emplois, lesquels seront tous dans sa main, afin que l'ordre convenable, si nécessaire dans toute communauté bien réglée, soit observé. Ce général aura l'autorité de faire des constitutions conformes à la fin de l'institut, du consentement de ceux qui lui seront associés, et dans un conseil où tout sera décidé à la pluralité des suffrages. Dans les choses importantes et qui devront subsister à l'avenir, ce conseil sera la majeure partie de la société que le général pourra rassembler commodément ; et, pour les choses légères et momentanées, tous ceux qui se trouveront dans le lieu de la résidence du général. Quant au droit de commander, il appartiendra entièrement au général. Que tous les membres de la Compagnie sachent donc et qu'ils se le rappellent, non-seulement dans les premiers temps de leur profession, mais tous les jours de leur vie, que toute cette Compagnie et tous ceux qui la composent combattent pour Dieu sous les ordres de notre très-saint seigneur le Pape et des autres Pontifes romains, ses successeurs. Et quoique nous ayons appris de l'Evangile et de la foi orthodoxe, et que nous fassions profession de croire fermement que tous les fidèles de Jésus-Christ sont soumis au Pontife romain comme à leur chef et au vicaire de Jésus-Christ, cependant, afin que l'humilité de notre société soit encore plus grande et que le détachement de chacun de nous et l'obligation de nos volontés soient plus parfaits, nous avons cru qu'il serait fort utile, outre ce lien commun à tous les fidèles, de nous engager encore par un vœu particulier, en sorte que, quelque chose que le Pontife romain actuel et ses successeurs nous commandent concernant le progrès des âmes et la propagation de la foi, nous soyons obligés de l'exécuter à l'instant sans tergiverser ni nous excuser, en quelque pays qu'ils puissent nous envoyer, soit chez les Turcs ou tous autres infidèles, même dans les Indes, soit vers les hérétiques et les schismatiques, ou vers les fidèles quelconques.

» Ainsi donc, que ceux qui voudront se joindre à nous examinent bien, avant de se charger de ce fardeau, s'ils ont assez de fonds spirituel pour pouvoir, suivant le conseil du Seigneur, achever cette tour; c'est-à-dire, si l'Esprit-Saint qui les pousse leur promet assez de grâce pour qu'ils puissent espérer de porter avec son aide le poids de cette vocation; et quand, par l'inspiration du Seigneur, ils se seront enrôlés dans cette milice de Jésus-Christ, il faut que, jour et nuit, les reins ceints, ils soient toujours prêts à s'acquitter de cette dette immense. Mais afin que nous ne puissions ni briguer ces missions dans les différents pays, ni les refuser, tous et chacun de nous s'obligeront de ne jamais faire à cet égard, ni directement, ni indirectement, aucune sollicitation auprès du Pape, mais de s'abandonner entièrement là-dessus à la volonté de Dieu, du Pape comme son vicaire, et du général. Le général promettra lui-même, comme les autres, de ne point solliciter le Pape pour la destination et mission de sa propre personne dans un endroit plutôt que dans un autre, à moins que ce ne soit du consentement de la société.

» Tous feront vœu d'obéir au général en tout ce qui concerne l'observation de notre règle, et le général prescrira les choses qu'il saura convenir à la fin que Dieu et la Société ont eue en vue. Dans l'exercice de sa charge, qu'il se souvienne toujours de la bonté, de la douceur et de la charité de Jésus-Christ, ainsi que des paroles si humbles de saint Pierre et de saint Paul; et que lui et son conseil ne s'écartent jamais de cette règle. Sur toutes choses, qu'ils aient à cœur l'instruction des enfants et des ignorants dans la connaissance de la doctrine chrétienne, des dix commandements et autres semblables éléments, selon qu'il conviendra, eu égard aux circonstances des personnes, des lieux et des temps. Car il est très-nécessaire que le général et son conseil veillent sur cet article avec beaucoup d'attention, soit parce qu'il n'est pas possible d'élever sans fondement l'édifice de la foi chez le prochain autant qu'il est convenable, soit parce qu'il est à craindre qu'il n'arrive parmi nous qu'à proportion que l'on sera plus savant, l'on ne se refuse à cette fonction comme étant moins belle et moins brillante, quoiqu'il n'y en ait pourtant point de plus utile, ni au prochain pour son édification, ni à nous-mêmes pour nous exercer à la charité et à l'humilité. A l'égard des inférieurs, tant à cause des grands avantages qui reviennent de l'ordre que pour la pratique assidue de l'humilité, qui est une vertu que l'on ne peut assez louer, ils seront tenus d'obéir toujours au général dans toutes les choses qui regardent l'institut; et dans sa personne ils croiront voir Jésus-Christ comme s'il était présent, et l'y révéreront autant qu'il est convenable.

» Mais comme l'expérience nous a appris que la vie la plus pure, la plus agréable et la plus édifiante pour le prochain est celle qui est la plus éloignée de la contagion de l'avarice et la plus conforme à la pauvreté évangélique, et sachant aussi que Notre Seigneur Jésus-Christ fournira ce qui est nécessaire pour la vie et le vêtement à ses serviteurs qui ne chercheront que le royaume de Dieu, nous voulons que tous les nôtres et chacun d'eux fassent vœu de pauvreté perpétuelle, leur déclarant qu'ils ne peuvent acquérir ni en particulier, ni même en commun, pour l'entretien ou usage de la Société, aucun droit civil à des biens immeubles ou à des rentes et revenus quelconques; mais qu'ils doivent se contenter de l'usage de ce qu'on leur donnera pour se procurer le nécessaire. Néanmoins, ils pourront avoir dans les universités des collèges possédant des revenus, cens et fonds applicables à l'usage et aux besoins des étudiants, le général et la Société conservant toute administration et surintendance sur lesdits biens et sur lesdits étudiants, à l'égard des choix, refus, réception et exclusion des supérieurs et des étudiants, et pour les règlements touchant l'instruction, l'édification et la correction desdits étudiants, la manière de les nourrir et de les vêtir, et tout autre objet d'administration et du régime, de manière pourtant que ni les étudiants ne puissent abuser desdits biens, ni la société elle-même les convertir à son usage, mais seulement subvenir aux besoins des étudiants. Et lesdits étudiants, lorsqu'on se sera assuré de leurs progrès dans la piété et dans la science, et après une épreuve suffisante, pourront être admis dans notre Compagnie, dont tous les membres qui seront dans les ordres sacrés, bien qu'ils n'aient ni bénéfices ni revenus ecclésiastiques, seront tenus de dire l'office divin selon le rite de l'Église, en particulier cependant, et non point en commun.

» Telle est l'image que nous avons pu tracer de notre profession sous le bon plaisir de notre seigneur Paul et du Siége apostolique. Ce que nous avons fait dans la vue d'instruire par cet écrit sommaire et ceux qui s'informent à présent de notre institut et ceux qui nous succéderont à l'avenir, s'il arrive que, par la volonté de Dieu, nous ayons jamais des imitateurs dans ce genre de vie; lequel ayant de grandes et nombreuses difficultés, ainsi que nous le savons par notre propre expérience, nous avons jugé à propos d'ordonner que personne ne sera admis dans cette Compagnie qu'après avoir été longtemps éprouvé avec beaucoup de soin, et que ce n'est que lorsqu'on se sera distingué dans la doctrine ou la pureté de la vie chrétienne, que l'on pourra être reçu dans la milice de Jésus-Christ, à qui il plaira de favoriser nos petites entreprises pour la gloire de Dieu le Père, auquel seul soient gloire et honneur dans les siècles. Ainsi soit-il (Traduction de Crétineau-Joly, t. I. p. 46). »

Tel est le plan de sa Compagnie que saint Ignace présenta au pape Paul III, qui déclare n'y avoir rien trouvé que de pieux et de saint. On y voit toujours l'opposé de Luther et de Calvin.

Les deux hérésiarques rompaient l'union de Dieu avec l'humanité, en soutenant que cette union, autrement l'Eglise catholique, avait péri depuis mille ans. Les deux hérésiarques rompaient l'union entre les nations chrétiennes, en niant le centre de l'unité, le vicaire de Jésus-Christ : les deux hérésiarques rompaient l'union des siècles et des individus, en brisant l'unité héréditaire de la foi commune, pour ne laisser à chacun que les variations de son esprit propre. Ils ôtent même à l'homme son caractère d'homme, en lui ôtant le libre arbitre, pour lui imprimer le caractère de bête, de plante et de machine.

Capitaine de la Compagnie de Jésus, saint Ignace avait l'esprit de son maître, comme l'apostat Luther avait l'esprit du sien. Jésus, Dieu éternel, se fait homme, se livre à la mort par amour pour son Eglise, afin de la sanctifier et de se la présenter à lui-même comme une épouse sans tache ; il assure être avec elle tous les jours jusqu'à la consommation des siècles ; il lui envoie l'Esprit-Saint pour demeurer avec elle éternellement. Jésus, Dieu éternel, dit à l'apôtre qu'il a nommé Pierre : *Tu es Pierre, et sur cette pierre je bâtirai mon Eglise, et les portes de l'enfer ne prévaudront point contre elle ; et je te donnerai les clés du royaume des cieux, et tout ce que tu lieras ou délieras sur la terre sera lié ou délié dans les cieux. Pais mes agneaux, pais mes brebis. Et il n'y aura qu'un troupeau et qu'un pasteur.* — Dire maintenant que Jésus, Dieu éternel, Jésus, la vérité même, n'a pas tenu sa parole, qu'il a délaissé son Eglise et que l'enfer a prévalu contre elle... vive Dieu! c'est un mensonge de ce vieux serpent, qui a séduit une partie des anges, qui a séduit nos premiers parents, qui a séduit les nations païennes dans les idoles : c'est un blasphème de ce roi de l'orgueil, qui, n'ayant pu se rendre semblable au Très-Haut veut rendre le Très-Haut semblable à lui, faux et menteur. — Chrétiens, soldats du Christ, garde à vous! Voilà l'ennemi ! — C'est à réfuter ce mensonge de l'enfer, c'est à détruire ses pernicieux effets, que vous devez travailler à l'exemple d'Ignace. Dieu le suscite avec sa Compagnie, non pour tout faire, mais pour servir de modèle à toute l'armée chrétienne, afin que tous, hommes, femmes, enfants, fassent de même. Le monde même nous le fera comprendre un jour, le monde et l'enfer donneront un jour le nom de *jésuite* à tout chrétien généreux, qui mettra Dieu et son Eglise au-dessus de sa personne, de sa famille et de sa patrie : pour les autres, le monde et l'enfer ne s'en inquiéteront pas plus que de gens neutres ou complices.

Ramener à Dieu tout l'homme et tous les hommes par l'unité de la foi, de l'espérance et de la charité, sans distinction de Grec ni de Barbare, tel est le but de l'Eglise catholique, tel est le but de la Compagnie de Jésus, tel est le vœu de tout chrétien fidèle. C'est vers ce but que tendent les constitutions de saint Ignace pour sa Compagnie. Comme l'Eglise même, il embrasse et la vie contemplative et la vie active, toutes les sciences et toutes les bonnes œuvres.

Pour que l'action de sa Compagnie soit prompte et continue, l'autorité du supérieur général est perpétuelle et absolue, tant qu'il fait bien, mais non sans contrôle ni remède, s'il fait mal.

Il est nommé par la congrégation générale, et ne peut décliner l'élection. Sa résidence habituelle est à Rome, au centre de la catholicité et de l'ordre. Il a seul autorité pour faire des règles, il en dispense seul. Son office n'est pas de prêcher, mais de gouverner. Le général communique ses pouvoirs aux provinciaux et aux autres supérieurs dans la mesure qui lui convient. Il nomme à ces fonctions et à toutes les charges des maisons professes, des colléges et des noviciats, pour trois ans et plus s'il le juge opportun. Le général approuve ou désapprouve ce que les visiteurs, les commissaires, les provinciaux et autres supérieurs ont fait en vertu de ces pouvoirs. Il choisit les religieux qui sont nécessaires à l'administration de la Société, le procureur-général et le secrétaire-général. Il a le droit de soustraire un ou plusieurs membres de l'ordre à leurs supérieurs immédiats. Un membre de la Compagnie ne peut publier un ouvrage qu'après l'avoir soumis à trois examinateurs au moins, délégués par le général.

Tous les trois ans, les catalogues de chaque province lui sont envoyés. Ces catalogues indiquent l'âge de chaque sujet, la proportion de ses forces, ses talents naturels ou acquis, ses progrès dans la vertu et dans les sciences. La correspondance la plus active est recommandée entre le général et les provinciaux, afin que le premier connaisse ce qui se passe loin de lui comme s'il était sur les lieux mêmes. Toutes les semaines, les supérieurs locaux rendent compte de l'état de leurs maisons au provincial ; tous les trois mois, au général.

Le général doit avoir force d'âme et courage pour supporter les infirmités de plusieurs et entreprendre de grandes choses pour la gloire de Dieu. Lorsque ces grandes choses lui paraissent utiles, il faut qu'il y persévère, quand même les puissants de la terre voudraient y mettre obstacle. Leurs prières et leurs menaces ne peuvent jamais le détourner du but que proposent la raison et l'obéissance divine. Le général doit être doué d'une profonde sagacité et d'une haute intelligence, afin de connaître aussi bien la théorie que la pratique des affaires. La science lui sera nécessaire, mais la prudence encore davantage.

Le général seul a le pouvoir, par lui ou par ses délégués, d'admettre dans les maisons ou les colléges de la Société ceux qui paraissent aptes à son institut. Il peut les recevoir soit à l'épreuve, soit à la profession, soit comme coadjuteurs spirituels, soit comme écoliers approuvés. Il peut aussi les renvoyer et les renvoyer à tout jamais de la Compagnie ; mais pour condamner un profès à cette peine, le général a besoin de l'assentiment du Pape. Il applique les postulants et les profès au genre d'études qui convient à sa prudence. Les études achevées, il peut les transporter d'un lieu à un autre, pour un temps déterminé ou indéterminé. Le général a pouvoir de révoquer ou de rappeler les Pères que le souverain Pontife aurait chargés d'une mission pour un temps indéterminé.

Le droit de créer de nouvelles provinces lui est conféré. En lui réside le pouvoir de stipuler pour l'avantage des maisons et colléges tout contrat de vente, d'achat, d'emprunt, de constitution de rentes et autres, concernant les biens meubles et immeubles de ces maisons ou colléges ; mais il ne peut supprimer une maison déjà établie, sans le concours de la congrégation générale, ni appliquer les revenus d'aucun établissement de la Compagnie à la maison professe ou à celle qu'il habite. Il a la surintendance et le gouvernement de tous les collèges.

C'est au général qu'il appartient de veiller à l'observation des constitutions. Il a aussi la faculté d'en dispenser selon les personnes, les lieux, les temps et les autres circonstances. Il convoque la Société en congrégation générale. Il peut aussi convoquer les congrégations provinciales. Il a deux voix dans les assemblées, et, en cas de partage, son opinion prévaut. Il faut qu'il connaisse autant que possible le fond de la conscience des membres qui lui sont soumis, et principalement des provinciaux et de tous ceux qui ont des emplois dans la Société.

Voici le pouvoir du général défini par le texte même des constitutions. Voici maintenant les précautions que saint Ignace a prises contre l'abus possible de cette espèce de dictature. Elles se réduisent à six.

La première concerne les choses extérieures, le vêtement, la nourriture et les dépenses du général. La Société peut augmenter ou diminuer ces dépenses, selon qu'il lui conviendra, à elle et au général. Il faudra que le général acquiesce à cette ordonnance de la Compagnie. La seconde a soin du corps et de la santé du général, afin que dans les travaux ou dans les pénitences il n'outrepasse pas la mesure de ses forces. La troisième concerne son âme. Elle met auprès de lui un admoniteur élu par la congrégation générale, et qui, avec une respectueuse modération, est en droit de représenter au général ce que lui ou les autres Pères auraient remarqué d'irrégulier en sa personne ou en son gouvernement. La quatrième est pour le prémunir contre l'ambition. Si, par exemple, un roi voulait forcer le général de la Compagnie à prendre une dignité qui le contraindrait à renoncer à ses fonctions, et si le Pape y consentait ou l'ordonnait, non pas cependant sous peine de péché, le général ne pourrait accepter sans le consentement de la Société. La Société ne consentira jamais, à moins qu'il n'y ait contrainte morale de la part du Saint-Siège. La cinquième pourvoit au cas de négligence, de vieillesse, de grave maladie où tout espoir de guérison serait plus que douteux; on nomme alors au général un coadjuteur ou vicaire qui remplit ses fonctions. La sixième est adoptée pour des occasions particulières, pour des péchés mortels devenus publics, pour l'application des revenus à ses propres dépenses ou à sa famille, pour l'aliénation des immeubles de la Société ou pour une doctrine perverse. Dans ce cas, la Compagnie, après avoir pris et au delà toutes les informations, peut et doit le déposer, et même, si besoin est, le renvoyer de l'ordre.

Afin de donner à l'autorité du général un autre contre-poids, Ignace institua quatre assistants qui, toujours à ses côtés, ont charge de veiller à l'exécution des trois premières précautions prises contre lui. Leur élection se fait par ceux-là mêmes qui élisent le général. En cas de mort ou d'absence prolongée, et les provinciaux de la Compagnie n'y répugnant pas, le général en substitue un autre qui, avec l'approbation de tous ou de la plus grande partie, prend la place vacante. Les assistants, qui sont pris dans chacune des grandes provinces de Portugal, d'Italie, d'Espagne, de France et d'Allemagne, sont les ministres du général; ils ont autorité pour en devenir les juges. Le général peut suspendre un assistant. Si le général tombe dans l'un des cas prévus pour sa destitution, les assistants convoquent malgré lui une congrégation générale qui le dépose dans les formes. Si le mal est trop urgent, ils ont droit de le déposer eux-mêmes, après avoir recueilli, par lettres, le suffrage des provinces.

Le pouvoir du général, comme on voit, n'est illimité qu'autant que sa manière de gouverner et sa vie sont régulières. Pour faire mieux comprendre ce point important, Ignace a décidé que les congrégations provinciales, assemblées tous les trois ans, devaient avant toute délibération, examiner s'il serait nécessaire de convoquer une congrégation générale. Le saint fondateur veut que les députés des provinces, à peine arrivés à Rome, s'entendent sur cette affaire si délicate en dehors du général. Dans l'assemblée tenue à cet effet, chacun vote par écrit, afin que la certitude du secret protège la liberté des suffrages. Tels sont les droits et les prérogatives du général.

Quant à sa Société même, Ignace y établit, comme dans une compagnie d'apôtres, un heureux tempérament de la vie active et de la vie contemplative. De la première, il prend les œuvres de charité de toute espèce, la conversion des infidèles, la direction des consciences, le ministère de la parole, l'éducation de la jeunesse, l'enseignement de la théologie, des belles-lettres et l'instruction des ignorants. De la vie contemplative, il prend, dans une mesure sagement proportionnée, l'oraison mentale, les examens de conscience, les exercices spirituels, les pieuses lectures, la fréquentation des sacrements, les retraites spirituelles et les pratiques de piété.

Quant aux observances extérieures, Ignace ne voulut pas donner à la Compagnie de Jésus aucun habit particulier. Il prit le vêtement ordinaire des prêtres séculiers : la soutane noire, l'ancien manteau, le chapeau à large bord, dont le Pape et le sacré collège ont gardé la forme. Le logement, la nourriture, enfin tout ce qui a trait aux habitudes de la vie commune, fut réglé dans cette mesure. Les macérations de la chair, dont quelques ordres anciens ont fait la base de leur institut, le silence, la solitude, les offices du chœur, soit de jour, soit de nuit, n'entrèrent point dans son plan. Il travaillait à composer pour l'Église une milice toujours active, toujours prête à se porter au plus fort du danger, et non pas un corps ascétique que les abstinences ou les insomnies auraient bientôt énervé. Il le fit en même temps ordre mendiant et ordre de clercs réguliers : ordre mendiant, pour continuer l'œuvre des apôtres ; ordre de clercs réguliers, parce que la fin de ces ordres, comme celle des prêtres ordinaires, est de travailler au salut du prochain par l'exercice du saint ministère.

Ignace établit ensuite les conditions qu'il est indispensable de remplir afin d'être admis dans la Société. Quiconque a porté l'habit religieux dans un autre ordre est inapte à être reçu dans la Compagnie. Celui qui s'offre pour entrer au noviciat doit à l'instant même renoncer à sa propre volonté, à sa famille et à tout ce que les hommes ont de cher sur la terre. Ignace, désirant bien faire comprendre quel était le fond de sa pensée sur le principe de l'obéissance, a accumulé, épuisé dans un seul tableau toutes les images par lesquelles les Pères de l'Eglise et les ordres antérieurs au sien commandaient cette vertu.

Il créa six états dans la Compagnie : les novices, les frères temporels, les scholastiques ou écoliers, les coadjuteurs spirituels, les profès de trois vœux, les profès de quatre vœux.

Les novices se partagent en trois classes : novices destinés au sacerdoce, novices pour les emplois temporels, et les indifférents, c'est-à-dire ceux qui entrent dans la Compagnie avec la disposition de la servir, soit comme prêtres, soit comme coadjuteurs temporels, selon que le supérieur les juge capables. Les frères temporels formés sont ceux qui sont employés au service de la communauté, en qualité de sacristain, de portier, de cuisinier. Après dix années d'épreuves et lorsqu'ils sont parvenus à l'âge de trente ans, on les admet aux vœux publics. Les scholastiques approuvés sont ceux qui, après avoir terminé leur noviciat et fait à Dieu les vœux simples de religion, continuent la carrière des épreuves, soit dans les études privées, soit dans l'enseignement et dans les autres emplois, jusqu'à l'époque de leurs vœux solennels. Les coadjuteurs spirituels formés s'appellent ainsi, parce que, sans avoir encore la science ou les talents requis pour la profession des quatre vœux, on les juge propres au gouvernement des collèges et résidences, à la prédication, à l'enseignement, aux missions et à l'administration. Ils ne peuvent être promus avant trente ans d'âge et dix années de religion. Les profès des trois vœux se trouvent toujours en nombre fort restreint; ce sont ceux qui, n'ayant pas toutes les qualités requises pour la profession des quatre vœux, se voient admis à la profession solennelle à cause de quelque autre qualité ou d'un mérite particulier peut tirer parti dans un certain cercle d'idées. Leur emploi est le même que celui des coadjuteurs spirituels. Les profès des quatre vœux composent la Société dans toute l'acception du mot. Seuls ils peuvent être nommés général, assistant, secrétaire-général ou provincial. Seuls ils ont droit d'entrée dans les congrégations qui ont charge d'élire le général et les assistants.

Quant à l'observance des vœux et des règles, à la manière de vivre, il n'y a aucune différence entre ces divers degrés. Dans les soins du corps, dans le vêtement, dans la nourriture, dans le logement, tout est basé sur le système de la plus parfaite égalité, depuis le général jusqu'au dernier frère novice. La Compagnie, ne pouvant et ne devant qu'éprouver les écoliers, ne s'oblige envers eux que sous condition; mais eux s'obligent envers elle. Ils promettent de vivre, de mourir en observant les vœux de pauvreté, de chasteté et d'obéissance. Ils s'obligent même à accepter le degré que par la suite les supérieurs jugeraient être le plus en rapport avec leur caractère ou leurs talents. Les écoliers deviennent religieux par ce triple vœu, dont, dans des occasions sagement déterminées, le général ou la congrégation a le droit de dispenser. La propriété de leurs biens leur est laissée : ils ne peuvent cependant pas en jouir ni en disposer sans l'agrément des supérieurs. S'ils veulent, avant de faire profession, donner à la Société tout ou partie de leurs biens, les constitutions leur en laissent la faculté, mais elles ne leur en font ni une obligation ni un devoir. Le temps d'épreuves fixé est de quinze à dix-huit ans. Ils ne s'engagent par les vœux qu'à l'âge de trente-trois ans, l'âge où mourut Jésus-Christ. Malgré la diversité des climats et la différence des caractères nationaux, tous doivent se soumettre au genre de vie prescrit par les constitutions.

Les profès sont obligés à la pauvreté la plus entière. Leurs maisons ne doivent rien posséder, et ils s'obligent même, par un vœu particulier, à ne jamais consentir à une modification de ce vœu, à moins qu'on ne juge à propos d'étendre davantage sa rigueur. Il est ordonné à tous de ne briguer ou de ne convoiter aucune charge dans la Compagnie. Le profès s'oblige à n'accepter aucune prélature, aucun honneur. Il ne doit jamais aspirer aux dignités ecclésiastiques, jamais les poursuivre, soit directement, soit indirectement. Il ne peut même en être revêtu que lorsque le Pape l'y contraint sous peine de péché mortel. C'était le meilleur moyen de fermer la porte aux ambitions et de conserver à l'ordre des membres distingués. Les profès remplissent toutes les intentions pour lesquelles Ignace créa la Compagnie de Jésus. Ils enseignent, ils prêchent, ils dirigent. Pour ces fonctions, ils ne doivent toucher aucun argent sous forme de salaire ou de récompense : il ne leur est permis de recevoir que comme aumône.

Voilà généralement ce qu'il y a de particulier à la Compagnie de Jésus. Saint Ignace y ajoute beaucoup d'autres dispositions, mais communes à toutes les constitutions monastiques. La Compagnie de Jésus, approuvée d'abord par le pape Paul III, le fut ensuite par Jules III, Paul IV, Pie IV, saint Pie V, Grégoire XIII, Sixte-Quint, Grégoire XIV, et notamment par le concile œcuménique de Trente, qui, comme Paul III, déclara cet institut *saint et pieux*.

La Compagnie de Jésus, avec ses constitutions générales, a pour but de convertir à Dieu tous les hommes; les exercices spirituels, en particulier, ont pour but de convertir à Dieu tout l'homme.

Voyez comme Luther s'égare. Poursuivi des terreurs de sa conscience et d'une noire tristesse, il cherche le calme et la paix. On lui recommande la foi et la confiance en la miséricorde divine, rien de mieux; mais on ne lui recommande que cela. On le renvoie à cet article du Symbole : *Je crois la rémission des péchés*; c'est encore bien. Mais on y ajoute une interprétation erronée : qu'il doit croire, comme au mystère de la sainte Trinité, que ses péchés lui sont personnellement remis, et qu'en douter serait pécher contre la foi. Une vérité du Symbole, ainsi rendue fausse, Luther en fait sa vérité unique et rejette toutes les autres vérités : cette foi téméraire et présomptueuse à sa propre justification, il en fait la vertu unique, rejette toutes les autres vertus, toutes les bonnes œuvres, au point d'en faire autant de péchés. Dans cette prodigieuse illusion, il croit triompher de l'esprit de ténèbres, tandis qu'il en est le jouet et l'instrument. Rien ne le tirera de là : plutôt que de reconnaître humblement aucune de ses erreurs, il remplira l'univers de ruines et de sang.

C'est pour retirer ou préserver de cette voie de perdition et d'autres semblables, et conduire sûrement à Dieu, que saint Ignace organise ses exercices spirituels. Ils embrassent quatre semaines, mais on peut les faire en plus ou moins de temps. La première semaine s'occupe de la fin de l'homme et du péché, qui en est le seul obstacle; les trois autres semaines s'occupent de la vie de Jésus-Christ, le modèle de l'homme nouveau et le maître qu'il faut servir. Dans ces diverses méditations, toutes les facultés de l'homme sont employées pour le bien pénétrer de la vérité qu'il médite : la mémoire, l'intelligence, la volonté, la parole ou prière vocale, les sens mêmes du corps qu'on applique intellectuellement au sujet de la méditation : on y consacre certaines heures de la nuit et du jour : dans les intervalles sont des examens de conscience, pour bien connaître ses péchés, leurs causes, les remèdes, faire une bonne confession, recevoir dignement la sainte eucharistie; ce sont des examens particuliers sur un défaut à corriger, une vertu à acquérir, des considérations sur le choix d'un état pour sauver son âme.

Le saint ajoute, entre autres choses, que celui qui veut faire les exercices, doit les commencer avec un fort grand courage, résolu de s'abandonner entièrement au Saint-Esprit, et tout prêt à aller où la voix du ciel l'appellera; qu'étant ainsi disposé à l'entrée de la retraite, il doit, non-seulement oublier pour un temps toutes les affaires du monde, mais encore ne s'appliquer qu'aux méditations de chaque jour, sans penser en aucune façon à celles du lendemain; qu'il ne suffit pas que ses lectures soient bonnes et saintes, mais qu'elles doivent être conformes au sujet de ses méditations, de peur que l'esprit, étant dissipé à divers objets, n'ait moins de force pour pénétrer les vérités dont on se propose de convaincre; que le vivre, la solitude, le silence, les austérités doivent se rapporter à la matière des oraisons de chaque semaine, autant que la prudence le demande; que, s'il sent de la dévotion sur un article, qu'il ne passe point à un autre, jusqu'à ce que sa piété soit pleinement satisfaite; que, s'il tombe dans la sécheresse et le dégoût, bien loin de retrancher quelque chose du temps destiné à l'oraison, il le fasse un peu plus longue pour combattre son ennui et pour se vaincre lui-même, en attendant, dans le silence et avec humilité, la visite du Saint-Esprit; que si, au contraire, il reçoit abondamment des consolations et des douceurs spirituelles, il se donne bien de garde de faire aucun vœu, surtout un vœu perpétuel et qui oblige à changer d'état; enfin, qu'il s'ouvre à celui qui le dirige dans les exercices, et qu'il lui rende un compte exact de tout ce qui se passe en son extérieur, afin que le directeur traite le pénitent selon ses dispositions et ses besoins, et qu'il ne donne ni trop de crainte à une âme pusillanime, ni trop de confiance à une âme présomptueuse, de peur aussi que d'abord il ne porte à la plus haute perfection un pécheur qui n'est pas encore détaché du vice.

Saint Ignace donne aussi des règles pour le discernement des esprits. En voici les principales. 1º C'est le propre de Dieu et de tout bon ange de répandre une véritable joie spirituelle dans l'âme qu'il touche, et d'ôter toute tristesse et perturbation ingérée par le démon; tandis que celui-ci, au contraire, par certains arguments sophistiques, qui présentent une apparence de vrai, a coutume d'attaquer cette joie qu'il trouve dans l'âme. 2º Il est de Dieu seul de consoler une âme, sans aucune cause précédente de consolation; car c'est le propre du Créateur d'entrer dans sa créature et de la convertir, attirer et changer tout entière en son amour. Nous disons qu'aucune cause de consolation ne précède, lorsque rien ne s'est offert à nos sens, à notre esprit, à notre volonté, qui puisse par soi-même produire cette consolation. 3º Lorsqu'il y a une cause précédente de consolation, l'auteur en peut-être tant le mauvais ange que le bon, mais ils tendent à des fins contraires : le bon, pour que l'âme profite de plus en plus dans la connaissance et la pratique du bien; le mauvais, au contraire, pour qu'elle agisse mal et se perde. 4º C'est l'habitude de l'esprit malin, se transfigurant en ange de lumière et connaissant les pieux désirs de l'âme, de les seconder d'abord, pour l'attirer bientôt de là à ses désirs mauvais. Car, dans le commencement, il feint de suivre et de favoriser les bonnes et les saintes pensées de l'homme, et ensuite il l'entraîne peu à peu et l'enlace dans les pièges cachés de ses tromperies. 5º Il faut examiner soigneusement nos pensées, sur le principe, le milieu et la fin; si ces trois choses sont bien, c'est une preuve que c'est le bon ange qui a suggéré ces pensées; mais si dans le cours de ces pensées de l'esprit, il s'offre ou suit quelque chose de mauvais en soi, ou qui détourne du bien, ou qui pousse à un moindre bien que l'âme ne s'était proposé, où qui fatigue l'âme même, l'inquiète et la trouble, en lui ôtant le repos, la paix et la tranquillité dont elle jouissait auparavant, c'est une marque évidente que l'auteur de cette pensée est l'esprit malin, comme étant toujours opposé à ce qui nous est utile (*Institut. Societ. Jesu*, t. II, *Pragæ*, p. 301).

Après ces règles sur le discernement des esprits, viennent quelques autres pour être toujours d'accord avec l'Eglise orthodoxe : 1º Renonçant à son propre jugement, être toujours prêt à obéir à la vraie épouse du Christ et notre sainte mère, qui est l'Eglise orthodoxe, catholique et hiérarchique. 2º Louer la confession faite au prêtre et la communion au moins annuelle; car il est plus louable de communier chaque huit jours ou du moins chaque mois, mais avec les dispositions requises. 3º Recommander aux fidèles d'entendre fréquemment et dévotement le sacrifice de la messe; également les chants ecclésiastiques, les psaumes et les longues prières qu'on récite soit dans les églises ou dehors; approuver les temps déterminés pour les offices divins et les prières quelconques, comme les heures canoniales. 4º Louer beaucoup l'état religieux, et préférer le célibat ou la virginité au mariage. 5º Approuver dans les religieux les vœux de chasteté, de pauvreté et d'obéissance, avec les autres œuvres de perfection et de surérogation. 6º Louer les reliques, la vénération et l'invocation des saints; *item*, les stations, les pèlerinages, les indulgences, les jubilés, les cierges allumés dans les églises et les autres pratiques qui aident à la piété et à la dévotion.

7° Relever l'usage de l'abstinence et des jeûnes, au carême, quatre-temps, vigiles, vendredi, samedi, et des autres qu'on s'impose par dévotion; *item*, les afflictions volontaires que nous appelons *pénitences*, non-seulement les intérieures, mais encore les extérieures. 8° Louer que l'on construise des églises, qu'on les orne et que l'on vénère les images à cause de ce qu'elles représentent. 9° Confirmer souverainement tous les préceptes de l'Eglise, ne les attaquer d'aucune manière, mais les défendre promptement par toutes sortes de raisons. 10° Soutenir soigneusement les décrets, mandements, traditions, rites et mœurs des Pères et des supérieurs. S'il y a quelque chose à reprendre, prier en particulier ceux qui en ont le pouvoir d'y porter remède. 11° Estimer beaucoup la théologie, tant la positive que la scholastique. Car comme les anciens docteurs ont eu pour but de porter à l'amour et au culte de Dieu, ainsi saint Thomas, saint Bonaventure, le Maître des sentences et les autres théologiens modernes se sont spécialement proposé d'exposer très exactement les dogmes nécessaires au salut, et de les définir, comme il convenait en leur temps et depuis pour réfuter les erreurs des hérésies. Car ces docteurs, venus plus tard, non-seulement ont l'intelligence des saintes Ecritures et sont aidés par les écrits des anciens auteurs, mais encore, avec l'influence de la lumière divine, ils profitent heureusement pour notre salut des canons et des décrets des conciles, ainsi que des diverses constitutions de la sainte Eglise. 12° Eviter de comparer les vivants aux saints du ciel. 13° Se soumettre promptement à la décision de l'Eglise; car il faut croire d'une manière indubitable que c'est le même esprit de Notre Seigneur et de l'Eglise, son épouse, qui nous gouverne et nous dirige vers le salut, et que ce n'est pas un autre Dieu qui donna autrefois les dix commandements, et qui maintenant instruit et dirige la hiérarchie de l'Eglise. 14° Etre très-circonspect en parlant de la prédestination. 15° En parler peu souvent. 16° Louer la foi, mais sans donner lieu à négliger les bonnes œuvres. 17° Prêcher la grâce, mais sans donner lieu de croire qu'il n'y a pas de libre arbitre. 18° Encore qu'il soit souverainement louable et utile de servir Dieu par dilection pure, il faut cependant recommander la crainte de Dieu, non-seulement la crainte filiale, mais encore cette autre qu'on appelle *servile*; car souvent elle nous est nécessaire pour nous faire sortir promptement du péché mortel et nous disposer à la crainte filiale, qui nous conduit à l'amour de Dieu et nous y conserve (*Institut. Societ. Jesu*, t. II, *Pragœ*, p. 304).

Ces règles sont assurément très-sages et trouvent encore leur application de nos jours. Il en est de même des règles concernant les sciences et les études, et qui se trouvent partie dans les constitutions primitives de la Société, partie dans des ordonnances subséquentes. En voici le fond et l'ensemble:

La fin de l'homme est de connaître Dieu, de l'aimer, de le servir, et par ce moyen obtenir la vie éternelle. La fin de la Compagnie de Jésus, comme de l'Eglise catholique, est de faire connaître Dieu, de le faire aimer et servir. Donc la science qui s'occupe directement de connaître et de faire connaître Dieu, c'est-à-dire la théologie, tient nécessairement le premier rang, et toutes les autres doivent y aider (*Constit. cum declarat.*, part. 4, c. 12, t. I, p. 249). La théologie est la science de Dieu et des choses divines; elle peut se diviser en *théologie naturelle*, science de Dieu et des choses divines par les lumières de la nature, et *théologie surnaturelle*, science de Dieu et des choses divines par les lumières de la foi ou de la révélation (Voir *Breviarium theologicum de Polman*. Paris, 1682). Elle se subdivise en *théologie positive* ou *oratoire*, explication des choses divines sans argumentation en forme; *théologie scholastique* ou propre à l'enseignement dans les écoles, science des choses divines par voie d'argumentations démonstratives et formelles.

Le professeur de théologie scholastique saura qu'il est de son devoir d'unir tellement une solide subtilité dans la dispute avec la foi et la piété, que celle-là serve à celle-ci. Les professeurs de la Compagnie suivront absolument la doctrine de saint Thomas, ils le regarderont comme leur docteur propre, et mettront tout en œuvre pour que leurs auditeurs s'y affectionnent. Cependant ils ne se croiront pas astreints à saint Thomas de telle sorte qu'il ne leur soit jamais permis de s'en écarter en rien, puisque ceux mêmes qui s'appellent *thomistes* ne s'y croient pas obligés. Ainsi, sur la conception de la sainte Vierge, on suivra l'opinion la plus commune en ce temps et la plus reçue parmi les théologiens. De plus, dans les questions purement philosophiques, ou même qui tiennent aux Ecritures et aux canons, on pourra suivre ceux qui ont traité ces matières plus *ex professo*. Lorsque le sentiment de saint Thomas est ambigu, ou qu'il s'agit de questions qu'il n'a peut-être pas traitées et sur lesquels les docteurs catholiques ne sont pas d'accord, on pourra suivre l'un ou l'autre parti. Dans l'enseignement, on aura surtout soin d'affermir la foi et de nourrir la piété. C'est pourquoi, dans les questions que saint Thomas ne traite point *ex professo*, nul n'enseignera rien qui ne s'accorde avec les sentiments de l'Eglise et avec les traditions reçues, ou qui ébranle de quelque manière une solide piété. Le cours de théologie s'achèvera dans quatre ans (*Ratio studiorum*).

Quant à la philosophie, voici les principales règles. Comme les sciences naturelles disposent l'esprit à la théologie, qu'elles servent à en acquérir une parfaite connaissance et à en faire un bon usage, et que de soi elles aident à la même fin, le professeur, cherchant en tout la gloire de Dieu, les traitera de manière à préparer ses auditeurs à la théologie et surtout à les exciter à la connaissance de leur Créateur. Dans les choses de quelque importance, il ne s'éloignera point d'Aristote, à moins qu'il ne s'agisse d'un article qui s'écarte de la doctrine approuvée par toutes les académies; à plus forte raison s'il répugne à la foi orthodoxe, contre laquelle, s'il se trouve quelques arguments, soit dans ce philosophe, soit dans tout autre, le professeur le réfutera vigoureusement, suivant que s'ordonne le concile de Latran. Les interprètes d'Aristote qui ont mal mérité de la religion chrétienne, comme Averroès, ne seront lus et cités qu'avec beaucoup de choix et de précaution; on ne se déclarera pour aucune de leurs sectes, on ne dissimulera aucune de leurs erreurs, mais on en déprimera d'autant plus vivement leur autorité. Au contraire, jamais on ne parlera qu'honorablement de saint Thomas, on le suivra volontiers quand il faudra, et on ne l'abandonnera qu'avec respect, lorsque son sentiment ne paraîtra pas juste. Le cours de philosophie durera trois années. La première, on s'occupera de la logique et des autres livres d'Aristote qui s'y rapportent; la seconde, des physiques; la troisième, des métaphysiques. Dans la métaphysique, on passera les questions de Dieu et des intelligences, qui dépendent entièrement ou en grande partie des vérités transmises par la foi divine.

Cette règle dernière mérite attention. La Compagnie de Jésus craignait, non sans raison, que la philosophie sécularisée n'usurpât un jour l'enseignement de la théologie, sous le nom de *métaphysique*, ou même quelque nom plus nouveau. Effectivement, on voit de nos jours, sans y prendre garde, en Allemagne, en France et ailleurs, de simples laïques enseigner la théologie à la jeunesse chrétienne, sans aucune mission de l'Eglise de Dieu, mais par la seule autorité des souverains temporels, empereurs, rois, reines, princes ou bourgmestres : on leur voit enseigner séculièrement la théologie sous le nom ancien de *philosophie* ou le nom moderne de *théodicée*, sans que l'épiscopat ait réclamé jusqu'à présent contre cette usurpation de ses droits. Il y a même des auteurs catholiques qui aident à cette usurpation, en débaptisant la théologie sécularisée et en lui appliquant la dénomination nouvelle et protestante de *théodicée*. Le protestant Leibnitz ayant fait un traité *de la bonté de Dieu, de la liberté de l'homme et de l'origine du mal*, lui donna le nom assez impropre de *théodicée*, qui veut dire *justice de Dieu*, et ne se trouve dans aucun saint Père ni Docteur. Des catholiques estimables, mais trop peu avisés, donnent ce nom plus impropre encore à la théologie tout entière, du moins à la théologie naturelle. Ce qui donne lieu aux gouvernements séculiers de raisonner de la sorte : Les évêques nous reconnaissent, du moins par leur silence, le droit d'enseigner et de faire enseigner la théologie, même la théologie fondamentale, sous le nom de *philosophie* et de *théodicée*, dans nos universités et nos collèges : pourquoi n'aurions pas le droit de l'enseigner et de la faire enseigner sous son nom propre dans les séminaires?

Mais les gouvernements ne se contentent pas de raisonner de la sorte, ils agissent ainsi réellement. Les modernes Facultés de théologie, et dans les Universités d'Allemagne, et dans les Académies de France, au nom de qui sont-elles instituées? est-ce bien au nom de l'Eglise catholique? Au nom de qui enseignent-elles? est-ce bien au nom de ce docteur suprême des chrétiens, à qui il a été dit : *Pais mes agneaux, pais mes brebis*? est-ce du moins au nom de l'évêque, qui seul a reçu de l'Eglise le pouvoir d'enseigner cette portion du troupeau? N'est-ce pas au nom des princes et des magistrats de ce siècle, soient-ils protestants, hérétiques, schismatiques, indifférents ou athées? N'est-pas au nom d'un prince de ce siècle, et non d'un prince de l'Eglise, que, dans les Facultés gouvernementales de France, les professeurs de théologie reçoivent leur mission officielle d'enseigner? N'est-ce pas un magistrat de ce siècle, et non un représentant de l'Eglise, qui autorise le programme de leurs leçons, qui préside aux examens des candidats? N'est-ce pas d'un magistrat de ce siècle, et non d'un député de l'Eglise, que les candidats reçoivent leurs diplômes de bachelier, de licencié, de docteur en théologie? N'est-ce pas ôter l'enseignement aux apôtres à qui le Christ a dit : *Allez et enseignez*, et le reconnaître à ceux qui se sont ligués contre l'Eternel et son Christ, à Pilate et à Hérode? N'est-ce pas justifier Néron et Domitien d'avoir persécuté et tué les apôtres, puisqu'ils enseignaient sans diplôme impérial? N'est-ce pas justifier les empereurs ariens, iconoclastes et autres, d'avoir persécuté les évêques et les prêtres catholiques, puisqu'ils enseignaient contrairement aux rescrits impériaux? N'est-ce pas justifier tout le mahométisme, puisque ce n'est que l'enseignement d'un prince de ce siècle? N'est-ce pas préparer les voies à l'antechrist, dont le caractère sera de s'asseoir dans le temple de Dieu, dans l'Eglise de Dieu, comme étant Dieu même, le Dieu de ce siècle, et d'usurper la place du Seigneur qui a dit : *Je suis la Voie, la Vérité et la Vie;* vous n'avez qu'un maître ou docteur, c'est le Christ? Comment des catholiques, prêtres ou séculiers, peuvent-ils donner les mains à ces préparatifs de la grande apostasie? Ne voient-ils pas qu'ils sont les manœuvres de l'apostat de Wittemberg? Il reconnaît d'abord que le Pape seul, médiatement ou immédiatement, peut conférer l'autorité de docteur en théologie; mais il finit par ôter l'enseignement au Pape et au concile général, pour le transférer à l'assemblée des barons allemands.

Dans les règlements de la Compagnie de Jésus pour les études philosophiques, il est encore dit : « Le professeur s'appliquera principalement à bien interpréter le texte d'Aristote, et il n'y mettra pas moins d'application qu'aux questions mêmes. Il persuadera également à ses auditeurs que leur philosophie sera bien tronquée, s'ils ne mettent en ceci une étude sérieuse (*Ratio Studiorum. Regulæ professoris philosophiæ*, n. 12). » Ce règlement, si simple, nous paraît d'une importance extrême. Faute de le mettre en pratique, les trois derniers siècles se sont disputés pour et contre Aristote, à peu près comme des aveugles sur les couleurs, sans savoir au juste ce qu'il dit. Ce qui fait d'autant moins honneur à ces siècles, qu'ils avaient sous la main le texte complet et correctement imprimé d'Aristote, tandis que les siècles du moyen-âge n'avaient que des manuscrits, souvent fautifs ou indéchiffrables.

Les règlements sur les études, ainsi que toutes les constitutions de la Compagnie de Jésus, étaient très-propres pour arrêter et prévenir l'anarchie religieuse et intellectuelle de Luther, et ramener l'harmonie de l'intelligence humaine avec la foi divine. Comme de nos jours les besoins sont encore les mêmes, les premiers pasteurs feront bien d'employer les mêmes remèdes, avec les modifications convenables.

Les premiers collèges que les religieux de saint Ignace établirent sur ces principes, furent celui de Coïmbre en Portugal, Cologne sur le Rhin, Ingolstadt en Bavière, Vienne en Autriche, Prague en Bohême; ces quatre derniers contribuèrent puissamment à sauver la foi en Allemagne, dont le principal apôtre, en ces temps critiques, fut un disciple de saint Ignace, *Pierre Canisius*, né à Nimègue, que nous ne serions pas étonné de voir un jour rangé par l'Eglise au nombre des saints.

Mais un collège bien autrement considérable, c'était l'univers entier à convertir. La Compagnie de Jésus s'y employa dès son origine avec zèle et succès. Jean Nugnèz et Louis Gonzalèz passèrent dans les royaumes de Fèz et de Maroc, pour instruire les esclaves chrétiens. En 1547, quatre missionnaires partirent pour le Congo en Afrique; quelques années après, treize furent envoyés dans l'Abyssinie : du nombre de ces derniers était Jean Nugnèz que le pape Jules III fit patriarche d'Ethiopie; deux de ses compagnons furent sacrés évêques. Enfin le roi de Portugal demanda plusieurs membres de la même Société pour aller annoncer l'Evangile aux peuples de l'Amérique méridionale. Mais parmi ces conquérants apostoliques, nul n'est comparable à François Xavier, l'apôtre des Indes, qui partit de Lisbonne le 7 avril 1541.

Sainte Thérèse, dont nous avons déjà vu les commencements, et qui devait fonder une réforme du Carmel, avait alors vingt-six ans; saint Jean de la Croix, qui devait la seconder dans cette œuvre, en avait deux; saint Charles Borromée, quatre; saint Philippe de Néri, vingt-six; Michel Ghisleri, autrement saint Pie V, trente-sept. L'Eglise de Dieu n'est jamais stérile en saints.

Saint François Xavier s'embarqua donc le 7 avril 1541, le jour anniversaire de sa naissance, dans sa trente-sixième année. Dans son voyage de Rome en Espagne, l'ambassadeur portugais qui le conduisait en Portugal lui proposa d'aller au château de Xavier, peu éloigné de la route, afin de dire adieu à sa mère, qui vivait encore, et à ses amis, qu'il ne verrait peut-être jamais en ce monde. Le saint répondit qu'il remettait à voir ses parents dans le ciel; que l'entrevue proposée serait accompagnée de tristesse, comme il arrive dans les derniers adieux; au lieu que dans le ciel il serait réuni pour toujours aux personnes qui lui étaient chères, et que sa joie ne serait mêlée d'aucune affliction. L'ambassadeur Mascaregnas fut si touché des exemples et des instructions de Xavier, qu'il résolut de se donner à Dieu sans réserve.

A Lisbonne, il reçut plusieurs lettres de Martin d'Azpilcueta, plus connu sous le nom de *docteur de Navarre*, qui le pressait de se rendre auprès de lui. Le docteur était son oncle maternel, et professait la théologie avec éclat à Coïmbre. Xavier refusa constamment d'aller dans cette ville. Le docteur lui ayant témoigné de l'inquiétude sur son genre de vie, il lui répondit qu'il ne devait point s'arrêter à ce qu'on disait du nouvel institut; qu'il importait peu d'être jugé par les hommes, par ceux surtout qui jugent sans connaissance de cause.

Quand le temps du départ fut arrivé, le roi de Portugal lui remit quatre brefs du pape Paul III. Dans les deux premiers, le souverain Pontife l'établissait nonce apostolique et lui donnait d'amples pouvoirs; dans le troisième, il le recommandait à David, roi d'Ethiopie; et dans le quatrième, aux autres princes d'Orient. Il fut impossible de lui faire accepter des provisions. Il ne prit que quelques livres de piété, destinés à l'usage des nouveaux convertis. Sur la proposition qu'on lui fit d'avoir au moins un domestique, il répondit : « Tant que j'aurai ces deux mains, je n'aurai point d'autre valet. »

— Mais, insista-t-on, la bienséance veut que vous en ayez; car enfin vous avez une dignité que vous ne devez pas avilir, et il serait honteux de voir un légat apostolique laver son linge au bord d'un navire et s'apprêter lui-même à manger. — Je prétends bien, dit Xavier, me servir et servir les autres sans déshonorer mon caractère : pourvu que je ne fasse point de mal, je ne crains point de scandaliser le prochain ni de perdre l'autorité que le Saint-Siége m'a commise. Ce sont ces respects humains et ces fausses idées de bienséance qui ont mis l'Eglise en l'état où nous la voyons présentement.

Il s'embarqua pour les Indes avec le Père Paul de Camerino, Italien, et le Père François Mansella, Portugais. Le second n'était pas encore prêtre. Le Père Simon Rodriguèz les accompagna jusqu'à la flotte. Au milieu des plus tendres embrassements, le saint lui dit : « Mon frère, voici les dernières paroles que je vous dirai jamais. Nous ne nous reverrons plus en ce monde, souffrons patiemment notre séparation; car il est certain qu'étant bien unis à Dieu, nous serons unis ensemble, et que rien ne pourra nous séparer de la société que nous avons en Jésus-Christ. Je veux au reste, pour votre consolation, vous découvrir un secret que je vous ai caché jusqu'à cette heure. Il vous souvient que, lorsque nous étions dans un hôpital de Rome, vous m'entendîtes crier une nuit : *Encore plus, Seigneur, encore plus!* Vous m'avez demandé souvent ce que cela voulait dire, et je vous ai toujours répondu que vous ne deviez pas vous en mettre en peine. Sachez maintenant que je vis alors, ou endormi ou éveillé, Dieu le sait, tout ce que je devais souffrir pour la gloire de Jésus-Christ. Notre Seigneur me donna tant de goût pour les souffrances, que, ne pouvant me rassasier de celles qui s'offraient à moi, j'en désirai davantage; et c'est le sens de ces mots que je prononçais avec tant d'ardeur : *Encore plus, encore plus!* J'espère que la divine Bonté m'accordera dans les Indes ce qu'elle m'a montré en Italie, et que ces désirs qu'elle m'a inspirés seront bientôt satisfaits. »

La flotte mit à la voile sous le commandement d'Alphonse de Sousa, nommé vice-roi des Indes, lequel voulut avoir le saint sur son navire. Il s'y trouvait bien mille personnes. Xavier les regarda comme un troupeau confié à ses soins. Il catéchisait les matelots et prêchait tous les dimanches au pied du grand mât. Il avait un soin extraordinaire des malades, et les portait dans sa chambre, dont il faisait une espèce d'infirmerie. Il couchait sur le tillac, et ne vécut que d'aumônes pendant tout le voyage. Inutilement le vice-roi le pressa de manger à sa table ou d'accepter au moins ce qu'il lui envoyait pour sa nourriture. Xavier répondit toujours qu'il était un pauvre religieux, et qu'ayant fait vœu de pauvreté, il était de son devoir de l'accomplir. S'il fut forcé quelquefois de recevoir les plats que le vice-roi lui envoyait de sa table, il les partageait avec ceux qu'il savait en avoir le plus de besoin. Attentif à réprimer et même à prévenir toute espèce de désordres, il faisait cesser les murmures, apaisait les querelles et les disputes, et empêchait, autant qu'il lui était possible, les jurements, les blasphèmes et la passion du jeu. S'il était témoin de quelques mauvaises actions, il reprenait les coupables avec une telle autorité, que personne ne lui résistait, et son zèle était si bien tempéré par la douceur, qu'on ne pouvait s'en offenser. Les froids insupportables du Cap-Vert, les chaleurs excessives de la Guinée, la putréfaction de l'eau douce et des viandes sous la ligne ayant produit des maladies fâcheuses, il donna les plus grandes preuves de charité pour les besoins spirituels et corporels de l'équipage. Ce qui le fit nommer dès lors le *saint Père*; et ce nom lui demeura le reste de ses jours, même parmi les Mahométans et les idolâtres.

Après cinq mois de navigation, la flotte doubla le cap de Bonne-Espérance et aborda sur la fin d'août à Mozambique, sur la côte orientale d'Afrique. Elle fut obligée d'y passer l'hiver. Les habitants de Mozambique, mahométans pour la plupart, trafiquaient avec les Arabes et les Éthiopiens; mais les Portugais avaient quelques établissements chez ce peuple. L'air du pays est malsain, et Xavier, en servant les malades, y tomba malade lui-même. Sa santé étant rétablie, il se rembarqua avec le vice-roi, le 13 mars 1542. Après trois jours de navigation, on arriva à Mélinde, ville d'Afrique, habitée par les Sarrasins. Xavier pensait à parler de religion, pour faire sentir les absurdités du mahométisme, lorsqu'un des principaux de la ville le prévint et lui demanda s'il n'y avait pas plus de piété en Europe qu'à Mélinde. Il ajouta que de dix-sept mosquées qu'ils avaient, quatorze étaient entièrement abandonnées, et qu'on ne fréquentait presque plus les trois autres. Cette conversation n'eut point d'autre suite, et le saint partit en gémissant sur l'aveuglement de ce peuple. La flotte continua de côtoyer l'Afrique et alla mouiller au bout de quelques jours à l'île de Socotora, vis à vis le détroit de la Mecque. Xavier y trouva quelques traces de christianisme, mais défiguré, et ce ne fut pas sans verser des larmes qu'il abandonna un peuple disposé à recevoir ses instructions. Les Socotorins l'accompagnèrent jusqu'au bord de la mer, en le priant de revenir chez eux. On s'embarqua, et la navigation fut de peu de jours. La flotte, après avoir traversé la mer d'Arabie et une partie de celle de l'Inde, arriva au port de Goa le 6 mai 1542, le treizième mois depuis sa sortie du port de Lisbonne.

Xavier n'eut pas plus tôt pris terre, qu'il se rendit à l'hôpital, où il choisit son logement; mais il ne voulut exercer aucune fonction sans avoir rendu ses devoirs à l'évêque de Goa. C'était Jean d'Albuquerque, religieux de Saint-François, que ses vertus rendaient singulièrement recommandable. Le saint missionnaire lui présenta les brefs de Paul III et lui déclara qu'il ne prétendait point en faire usage sans son agrément. Il se jeta ensuite à ses pieds pour lui demander sa bénédiction. Le prélat, frappé de la modestie de Xavier et de certain air de sainteté que respirait son extérieur, s'empressa de le relever et l'embrassa tendrement. Il baisa plusieurs fois les brefs du Pape et dit : « Un légat apostolique, envoyé immédiatement du vicaire de Jésus-Christ, n'a pas besoin de prendre sa mission d'ailleurs; usez librement des pouvoirs que le Saint-Siège vous a donnés, et soyez sûr que, si l'autorité épiscopale est nécessaire pour les maintenir, elle ne vous manquera pas. »

Dès ce moment-là ils se lièrent d'amitié, et leur union devint si intime dans la suite, qu'ils semblaient tous deux n'avoir qu'un cœur et qu'une âme. Aussi le Père Xavier n'entreprenait rien sans avoir consulté l'évêque. L'évêque, de son côté, communiquait tous ses desseins au Père Xavier, et on ne peut croire combien une telle correspondance servit au salut des âmes et à l'exaltation de la foi.

L'état où le saint vit la religion dans le pays où il était envoyé, fit couler ses larmes et l'enflamma de zèle. Les Portugais, livrés aux passions les plus injustes et les plus honteuses, ne se faisaient aucun scrupule de l'ambition, de la vengeance, de l'usure, du libertinage. Il semblait que tout sentiment de religion fût éteint dans la plupart d'entre eux. Les sacrements étaient universellement négligés. Il n'y avait que quatre prédicateurs dans toutes les Indes, ni guère plus de prêtres hors de Goa. En vain l'évêque tâchait de faire rentrer les coupables en eux-mêmes; ils méprisaient ses exhortations, ses prières et ses menaces, il n'y avait point de digue qu'on pût opposer à ce torrent d'iniquités. Les infidèles ressemblaient moins à des hommes qu'à des bêtes; si quelques-uns avaient cru autrefois à l'Évangile, ils étaient retombés dans leurs premières superstitions et dans leurs anciens désordres, parce qu'ils avaient manqué d'instruction pour se soutenir et qu'ils n'avaient eu que de mauvais exemples sous les yeux.

La vie scandaleuse des chrétiens était un grand obstacle à la conversion des Gentils. Xavier commença sa mission par les premiers. Il leur rappela les principes du christianisme, et il s'appliqua surtout à former la jeunesse à la vertu. Sa coutume était de passer la matinée à servir les malades des hôpitaux et à visiter les prisonniers. Il parcourait ensuite les rues de Goa, une clochette à la main, et priait à haute voix les pères de famille d'envoyer pour l'amour de Dieu leurs enfants et leurs esclaves au catéchisme. Les petits enfants s'assemblaient autour de lui : il les conduisait à l'église, et là leur expliquait le Symbole des apôtres, les Commandements de Dieu et toutes les pratiques de piété qui sont en usage parmi les fidèles. Il vint à bout de leur inspirer de vifs sentiments de religion. La modestie et la dévotion de ces enfants étonnèrent toute la ville et la firent bientôt changer de face. Les pécheurs les plus abandonnés commencèrent à rougir de leurs désordres. Quelque temps après, il prêcha en public et se mit à faire des visites dans les maisons particulières. Sa douceur et sa charité furent des armes auxquelles personne ne résista. Les pécheurs, pénétrés d'horreur pour leurs crimes, vinrent se jeter à ses pieds pour se confesser, et les fruits de pénitence qui accompagnaient leurs larmes fournirent des preuves certaines de la sincérité de leur conversion. On renonça aux contrats usuraires, on restitua les gains illicites, on mit en liberté les esclaves qu'on avait acquis injustement; ceux qui avaient des concubines les renvoyèrent, lorsqu'ils ne voulurent point les épouser; enfin l'ordre et la décence furent rétablis dans les familles. Les gentilshommes et les marchands donnaient au saint de grosses sommes d'argent, qu'il distribuait devant eux dans les hôpitaux et dans les prisons. Le vice-roi y allait lui-même toutes les semaines avec le saint, pour écouter les prisonniers et consoler les pauvres.

Cependant l'homme apostolique apprit qu'à l'orient de la presqu'île il y avait, sur la côte de la Pêcherie, qui s'étend depuis le cap Comorin jusqu'à l'île de Manar, un peuple connu sous le nom de *Paravas* ou de *Pêcheurs*; que ces peuples, par reconnaissance pour les Portugais, qui les avaient secourus contre les Maures, s'étaient fait baptiser; mais que, faute d'instruction, ils conservaient toujours leurs superstitions et leurs vices. Xavier se chargea d'autant plus volontiers de cette mission, qu'il avait quelque connaissance de la langue malabare, en usage à la côte de la Pêcherie. Il se fit accompagner par deux jeunes ecclésiastiques de Goa, qui entendaient passablement la même langue, et s'embarqua au mois d'octobre 1542. Il prit terre au cap Comorin, qui est en face de l'île de Ceylan et environ à six cent milles de Goa. Il commença l'exercice de son ministère dans un village rempli d'idolâtres : il leur prêcha Jésus-Christ; mais ils lui dirent qu'ils ne pouvaient changer de religion sans la permission du seigneur du pays. Leur opiniâtreté cependant ne put tenir contre la force des miracles que Dieu opéra par son serviteur. Une femme était en travail d'enfant depuis trois jours et souffrait des peines horribles sans recevoir aucun soulagement, ni des prières des brahmanes ni des remèdes naturels. Xavier l'instruisit et la baptisa lorsqu'elle eut déclaré qu'elle croyait en Jésus-Christ. Elle fut aussitôt délivrée et parfaitement guérie, comme nous l'apprenons d'une lettre de Xavier lui-même à saint Ignace (L. 1, *Epist.* 4). Ce miracle convertit non-seulement la famille de cette femme, mais les principaux habitants du village, et le prince ayant permis l'exercice du christianisme, tous se firent instruire et baptiser.

Encouragé par ce premier succès, il gagna la côte de la Pêcherie. Il s'attacha d'abord à ceux qui avaient reçu le baptême, et leur enseigna la doctrine chrétienne. Mais, pour se mettre en état de faire plus de fruit, il voulut bien savoir la langue malabare, et il se donna des peines infinies pour y réussir. A force de travail, il traduisit en cette langue les paroles du signe de la croix, le Symbole des apôtres, les commandements de Dieu, l'Oraison dominicale, la Salutation angélique, le *Confiteor*, le *Salve regina*, enfin tout le catéchisme. Il apprit par cœur ce qu'il put de sa traduction et se mit à parcourir les villages.

« J'allais la clochette à la main, écrit-il lui-même à ses frères d'Europe, et, rassemblant tout ce que je pouvais d'enfants et d'hommes, je leur enseignais la doctrine chrétienne. Les enfants l'apprenaient aisément par cœur en un mois, et quand ils la savaient bien, je leur recommandais de l'enseigner, eux-mêmes à leurs pères et mères, à leurs domestiques et à leurs voisins. Les dimanches, j'assemblais à la chapelle les hommes et les femmes, les garçons et les filles. Tous y venaient avec une joie incroyable et avec un désir ardent d'ouïr la parole de Dieu. Je commençais par confesser que Dieu est un en nature et trine en personnes; je récitais ensuite tout haut et distinctement l'Oraison dominicale, la Salutation angélique et le Symbole des apôtres. Tous ensemble répétaient après moi, et on ne peut s'imaginer le plaisir qu'ils y prenaient. Puis je répétais seul le Symbole, et, insistant sur chaque article, je leur demandais s'ils croyaient sans aucun doute : ils me le protestaient tous à haute voix et ayant les mains en croix sur la poitrine. Aussi je leur fais réciter le Symbole plus souvent que les autres prières, et je leur déclare en même temps que ceux qui croient ce qui y est contenu s'appellent chrétiens.

» Du Symbole je passe au Décalogue, et je leur annonce que la loi chrétienne est comprise dans ces dix préceptes; que celui qui les garde tous comme il faut est un bon chrétien, et que la vie éternelle lui est destinée; au contraire, celui qui viole un de ces préceptes est un mauvais chrétien, et qu'il sera damné éternellement, s'il ne se repent de sa faute. Les néophytes et les païens admirent combien notre loi est sainte et raisonnable, combien elle s'accorde avec elle-même.

» Ayant fait ce que je viens de dire, j'ai coutume de réciter avec eux l'Oraison dominicale et la Salutation angélique. Nous reprenons tout de nouveau le Symbole, et, à chaque article, outre le *Pater* et l'*Ave*, nous entremêlons une courte prière; car, ayant prononcé tout haut le premier article de la foi, je commence ainsi, et ils suivent : « Jésus, Fils du Dieu vivant, faites-nous la grâce de croire sans hésiter ce premier article de votre foi. Nous vous offrons à cette intention l'oraison dont vous êtes vous-même l'auteur. » Nous ajoutons : « O Marie, sainte Mère de Notre Seigneur Jésus-Christ, obtenez-nous de votre Fils bien-aimé la grâce de croire cet article sans nul doute. » On tient la même méthode dans les autres articles. On parcourt à peu près de la même sorte les préceptes du Décalogue. Dès que nous avons récité ensemble le premier précepte, qui est d'aimer Dieu, nous prions en cette manière : « Jésus-Christ, Fils du Dieu vivant, accordez-nous la grâce de vous aimer sur toutes choses; » et nous disons immédiatement après l'Oraison dominicale. On ajoute aussitôt : « O Marie, sainte Mère de Jésus, obtenez-nous de votre Fils la grâce d'observer fidèlement ce précepte; » et on dit la Salutation angélique. Nous gardons la même formule dans les neuf autres commandements, en la changeant néanmoins un peu, selon que la matière l'exige.

» Ce sont là les choses que je les accoutume à demander à Dieu dans les prières communes : je ne laisse pas de leur déclarer quelquefois que, s'ils obtiennent ce qu'ils demandent, ils auront le reste plus amplement qu'ils ne pourraient le demander.

» Je fais dire à tous le *Confiteor*, et principalement à ceux qui doivent recevoir le baptême, auxquels je fais dire encore le *Credo*. A chaque article, je les interroge s'ils croient sans douter aucunement, et quand ils m'en assurent, je leur fais d'ordinaire une exhortation que j'ai composée en leur langue : c'est un abrégé des dogmes du christianisme et des devoirs du chrétien nécessaires au salut. Enfin je les baptise, et on finit tout en chantant *Salve regina*, pour implorer l'assistance de la sainte Vierge. »

Le saint homme forma des catéchistes qui lui furent d'un grand secours pour achever les conversions que ses discours avaient commencées. La ferveur de cette chrétienté naissante était admirable. Xavier écrivant aux Pères de Rome, confesse lui-même n'avoir point de paroles pour l'exprimer. Il ajoute que la multitude de ceux qui recevaient le baptême était si grande, qu'à force de baptiser continuellement, il ne pouvait plus lever le bras, et que la voix lui manquait souvent en redisant tant de fois le Symbole des apôtres et les Commandements de Dieu, avec une petite instruction qu'il faisait toujours sur les devoirs d'un véritable chrétien, avant que de baptiser les adultes. Les enfants seuls qui moururent après leur baptême montaient, selon son calcul, au nombre de plus de mille. Ceux qui vécurent et qui commençaient à avoir l'usage de raison étaient si affectionnés aux choses de Dieu et si avides de savoir tous les mystères de la foi, qu'ils ne donnaient presque pas le temps au Père Xavier de prendre un peu de nourriture ou de repos. Ils le cherchaient à toute heure, et il était quelquefois obligé de se cacher d'eux pour faire oraison et pour dire son bréviaire.

C'est avec le secours de ces néophytes si fervents qu'il faisait plusieurs bonnes œuvres et même une partie des guérisons miraculeuses que le ciel opéra par son ministère. Il n'y eut jamais tant de malades en la côte de la Pêcherie, que lorsque le saint y fut. Il semblait, écrit-il lui-même, que Dieu envoyât des maladies à ces peuples pour les attirer à sa connaissance presque malgré eux; car, venant à recouvrer la santé tout à coup et contre toutes les apparences, dès qu'ils recevaient le baptême ou qu'ils invoquaient le nom de Jésus-Christ, ils voyaient clairement la différence entre le Dieu des chrétiens et les *pagodes*; c'est le nom qu'on donne dans l'Orient et aux temples et aux simulacres des faux dieux.

Personne ne tombait malade parmi les Gentils qu'on n'eût recours au Père Xavier. Comme il ne pouvait pas suffire à tout ni être en plusieurs endroits en même temps, il envoyait les enfants chrétiens où il ne pouvait aller lui-même. En partant, l'un lui prenait son chapelet, l'autre son crucifix ou son reliquaire, et tous, animés d'une foi vive, se dispersaient par les bourgs et les villages. Là, ramassant autour des malades le plus de gens qu'ils pouvaient, ils récitaient plusieurs fois le Symbole des apôtres, les Commandements de Dieu et tout ce qu'ils savaient par cœur de la doctrine chrétienne, et ensuite ils demandaient au malade s'il croyait de bon cœur en Jésus-Christ et s'il voulait être baptisé. Dès qu'il avait répondu que oui, ils le touchaient avec le chapelet ou le crucifix du Père, et aussitôt il était guéri.

Xavier enseignait un jour les mystères de la foi à une grande multitude, lorsqu'il vint des gens de Manapar pour l'avertir qu'un des plus considérables du pays était possédé du démon, et pour le prier de venir à son secours. L'homme de Dieu ne crut pas devoir quitter l'instruction qu'il faisait. Il appela seulement de jeunes chrétiens, leur donna une croix qu'il portait sur sa poitrine et les envoya à Manapar, avec ordre de chasser le malin esprit. Ils n'y furent pas plus tôt arrivés, que le démoniaque, plus furieux qu'à l'ordinaire, fit des contorsions et jeta des cris effroyables. Bien loin d'avoir peur, comme ont les enfants, ils chantèrent autour de lui les prières de l'Eglise; après quoi ils le contraignirent de baiser la croix, et, dans le même moment, le démon se retira. Plusieurs païens qui étaient présents et qui reconnurent visiblement le pouvoir de la croix, se convertirent sur-le-champ et devinrent ensuite d'excellents chrétiens.

Ces petits néophytes, que Xavier employait ainsi dans les rencontres, disputaient sans cesse contre les Gentils et brisaient autant d'idoles qu'ils en pouvaient attraper; ils les brûlaient même et ne manquaient pas de jeter les cendres au vent. S'ils découvraient qu'un chrétien eût des pagodes cachées qu'il adorât en secret, ils le reprenaient hardiment; et quand leurs réprimandes ne servaient de rien, ils en avertissaient le saint homme, afin qu'il y remédiât par lui-même. Xavier visitait souvent avec eux les maisons suspectes, et, s'il s'y trouvait quelque idole, elle était aussitôt mise en pièces (Bouhours, l. 2).

Les miracles qu'opéra Xavier par le moyen des enfants le firent admirer des chrétiens et des idolâtres; il n'y avait pas jusqu'aux brahmanes, ces fameux philosophes de l'Inde, qui ne l'honorassent. Le saint, voyant combien l'Evangile faisait de progrès parmi le peuple, et que, s'il n'y avait point de brahmanes aux Indes, il n'y aurait peut-être pas un idolâtre dans tous ces vastes royaumes de l'Asie, n'épargna rien pour ramener à la connaissance du vrai Dieu une nation si perverse. Il traita souvent avec eux de la vraie religion, et il eut un jour une occasion favorable de le faire. Passant assez près d'un monastère où plus de deux cents brahmanes vivaient ensemble, il fut visité des principaux, qui eurent la curiosité de voir un homme dont la réputation était si grande partout. Il les reçut avec un visage agréable selon sa coutume, et, les ayant mis peu à peu sur un discours du salut de l'âme, il les pria de lui dire ce que leurs dieux commandaient qu'on fît pour être bienheureux après la mort. Ils se regardèrent les uns les autres et furent quelque temps sans répondre. Enfin un vieux brahmane âgé de quatre-vingts ans prit la parole et dit d'un ton grave, que deux choses conduisaient une âme à la gloire et la rendaient compagne des dieux : l'une, de ne point tuer de vaches, et l'autre, de faire l'aumône aux brahmanes. Chacun confirma la réponse du vieillard et y applaudit comme à un oracle sorti de la bouche des dieux mêmes. Effectivement, nous avons vu que, suivant ces illustres philosophes, le plus grand bonheur de l'homme en ce monde est de mourir en tenant une vache par la queue (Voir livre 20 de cette Histoire). Un aveuglement si étrange donna de la compassion au Père Xavier, et les larmes lui en vinrent aux yeux. Il se leva tout à coup, car ils étaient tous assis, et il récita doucement, mais à voix haute, le Symbole de la foi et les préceptes du Décalogue, s'arrêtant à chaque article et l'expliquant brièvement en leur langue. Il leur déclara ensuite ce que c'étaient que le paradis et l'enfer, et par quelles actions on méritait l'un et l'autre.

Les brahmes, qui écoutaient le Père avec admiration, se levèrent tous dès qu'il eut achevé de parler, et coururent l'embrasser, en confessant que le Dieu des chrétiens était le Dieu véritable, puisque sa loi était si conforme aux principes de la lumière naturelle. Chacun lui fit diverses questions, auxquelles il répondit d'une manière qui les contenta beaucoup. Les voyant instruits et disposés de la sorte, il leur parla d'embrasser la foi de Jésus-Christ. Ils répondirent, dit le saint dans une de ses lettres, ce que répondent encore aujourd'hui plusieurs chrétiens : « Que dira le monde de nous, s'il nous voit changer? Et puis, que deviendront nos familles, qui ne subsistent que des offrandes qu'on fait aux pagodes? » Ainsi le respect humain et l'intérêt firent que la connaissance de la vérité ne servit qu'à les rendre plus coupables. De tous ces philosophes et prêtres d'idoles, il n'y en eut jamais qu'un qui embrassa le christianisme de bonne foi.

Le saint fit pourtant en leur présence des miracles bien capables de les convertir. On lit dans le procès de sa canonisation, qu'il ressuscita quatre morts dans ce temps-là. Le premier était un catéchiste qui avait été piqué par un de ces serpents dont toutes les piqûres sont mortelles; le second un enfant qui s'était noyé dans un puits; le troisième et le quatrième étaient un jeune garçon et une jeune fille qu'une maladie contagieuse avait enlevés.

La vie que menait Xavier ne contribuait pas moins que les miracles à détruire l'idolâtrie, malgré les brahmes. Sa nourriture était comme celle des pauvres, du riz et de l'eau; son sommeil de trois heures au plus dans une cabane de pêcheur, et à terre : car il se défit bientôt du matelas et de la couverture que le vice-roi des Indes lui avait envoyés de Goa. Le reste de la nuit se passait avec Dieu ou avec le prochain. Il avoue lui-même que ses fatigues étaient sans relâche et qu'il aurait succombé à tant de travaux, si Dieu ne l'eût soutenu. Car, pour ne point parler du ministère de la prédication et des autres fonctions évangéliques qui l'occupaient jour et nuit, il ne naissait pas une querelle ni un différend qu'on ne le prît pour arbitre; et parce que ces Barbares naturellement colères étaient souvent mal ensemble, il destina certaines heures aux éclaircissements et aux réconciliations. Il n'y avait pas un malade qui ne le fît appeler. Comme il y en avait plusieurs et qu'ils étaient la plupart dans des villages éloignés les uns des autres, il n'est pas croyable quel était son déplaisir de ne pouvoir les secourir tous. A cela près, il goûtait toutes les douceurs que Dieu communique aux âmes qui ne cherchent que la croix; et l'abondance des délices spirituelles l'obligeait souvent de prier la Bonté divine qu'elle les ménageât. C'est aussi ce qu'il écrivit à son Père Ignace en des termes généraux et sans se nommer lui-même.

Après avoir raconté ce qu'il faisait dans la côte de la Pêcherie : « Je n'ai rien autre chose à vous écrire de ce pays-ci, dit-il, sinon que ceux qui y viennent pour travailler au salut des idolâtres reçoivent tant de consolations d'en-haut, que, s'il y a une véritable joie en ce monde, c'est celle qu'ils sentent. Il m'arrive plusieurs fois, poursuit-il, d'entendre un homme dire à Dieu : Seigneur, ne me donnez pas tant de consolations en cette vie; ou si vous voulez m'en combler par un excès de miséricorde, tirez-moi à vous et faites-moi jouir de votre gloire, car c'est un trop grand supplice que de vivre sans vous voir.

Il y avait plus d'un an que Xavier travaillait à la conversion des Paravas. La moisson était si abondante, qu'il crut devoir partir pour Goa, sur la fin de 1543, afin de se procurer des coopérateurs. On lui confia le soin du séminaire, dit de Sainte-Foi, lequel avait été fondé pour l'éducation des jeunes Indiens. Son zèle l'appelant ailleurs, il remit le gouvernement de cette maison entre les mains de la Compagnie de Jésus qu'on avait envoyée aux Indes, il agrandit le séminaire et dressa les règlements qu'on devait y suivre pour former les jeunes gens aux lettres et à la piété. Ce séminaire prit alors le nom de Saint-Paul, de son église qui était dédiée sous le nom de cet apôtre. Par la même raison, les disciples d'Ignace furent appelés Pères de Saint-Paul, ou Paulistes. L'année suivante, Xavier retourna chez les Paravas avec quelques ouvriers évangéliques, tant Indiens qu'Européens, qu'il distribua dans différents villages. Il en mena quelques-uns avec lui dans le royaume de Travancor, où, comme il le dit dans une de ses lettres, il baptisa de ses propres mains jusqu'à dix mille idolâtres dans l'espace d'un mois. On vit quelquefois un village entier recevoir le baptême en un jour. Le saint s'avança dans les terres; mais comme il ne savait pas la langue du pays, il se contentait de baptiser les enfants et de servir les malades qui faisaient suffisamment connaître leur état par signes.

Pendant qu'il exerçait son zèle dans le royaume de Travancor, Dieu lui communiqua le don des langues, suivant la relation d'un jeune Portugais de Coïmbre, nommé Vaz, qui l'accompagna dans plusieurs de ses courses apostoliques. Il parlait la langue des barbares sans l'avoir jamais apprise, et il se faisait entendre sans avoir besoin de truchement. Il prêchait souvent dans la plaine à cinq ou six mille personnes assemblées. Ses succès animèrent les brahmes contre lui; ils lui tendirent des pièges et employèrent divers moyens pour lui ôter la vie; mais Dieu rendit leurs efforts inutiles, et conserva celui dont il faisait l'instrument de ses miséricordes. Il était dans le royaume de Travancor, lorsque les Badages, peuple sauvage qui vivait de rapines, y firent une incursion. Il se mit à la tête d'une petite troupe de chrétiens fervents, et, tenant en main un crucifix, il s'avança vers ces barbares, auxquels il ordonna de la part du Dieu vivant de ne point passer outre et de s'en retourner. Le ton d'autorité avec lequel il leur parla remplit les chefs de terreur : ils restèrent confondus et sans mouvement, ainsi que les autres brigands qu'ils commandaient. Ils se retirèrent en désordre et abandonnèrent le pays. Cet événement procura au saint la protection du roi de Travancor, et ce prince lui donna le surnom de *grand-père*.

Xavier, prêchant à Coulan, village de Travancor, près le cap Comorin, s'aperçut que la plupart des idolâtres étaient peu touchés de ses discours. Il pria Dieu d'amollir la dureté de leurs cœurs, et de ne pas permettre que le sang de Jésus-Christ eût été inutilement répandu pour eux. Il fit ensuite ouvrir un tombeau où l'on avait enterré un mort le jour précédent. Les assistants avouèrent que non-seulement le corps était privé de vie, mais encore qu'il commençait à sentir mauvais. Le saint se mit alors à genoux, et, après une courte prière, il commanda au mort, par le nom du Dieu vivant, de revenir à la vie. Aussitôt le mort ressuscite et se lève plein de force et de santé. Tous les assistants furent si frappés de ce prodige, qu'ils se jetèrent aux pieds du saint et lui demandèrent le baptême. Xavier ressuscita sur la même côte un jeune chrétien qu'on portait en terre. Les parents de ce jeune homme, pour conserver la mémoire du miracle, firent planter une grande croix à l'endroit où il avait été opéré. Ces prodiges touchèrent tellement le peuple, que le royaume de Travancor fut chrétien en peu de mois. Il n'y eut que le roi et les personnes de la cour qui restèrent dans les ténèbres et les superstitions du paganisme.

La réputation du saint missionnaire se répandit dans toutes les Indes ; les idolâtres le faisaient prier de toutes parts de venir les instruire et les baptiser. Il écrivit à saint Ignace en Italie, et au Père Simon Rodriguez en Portugal, pour leur demander des ouvriers évangéliques. Dans les transports du zèle qui l'enflammait, il aurait voulu changer les docteurs des Universités de l'Europe, en autant de prédicateurs de l'Evangile. « Il me vient souvent en pensée, disait-il, de parcourir les académies de l'Europe, principalement celle de Paris, et de crier de toutes mes forces à ceux qui ont plus de savoir que de charité : Ah! combien d'âmes perdent le ciel et tombent en enfer par votre faute! Il serait à souhaiter que ces gens s'appliquassent à la conversion des âmes, comme ils font à l'étude des sciences, afin de pouvoir rendre compte à Dieu de leur doctrine et des talents qu'il leur a donnés. Plusieurs sans doute, touchés de cette pensée, feraient une retraite spirituelle et vaqueraient à la méditation des choses célestes pour entendre la voix du Seigneur. Ils renonceraient à leurs passions, et, foulant aux pieds les vanités de la terre, ils se mettraient en état de suivre tous les mouvements de la volonté divine. Ils diraient même de toute leur âme : Me voici, Seigneur, envoyez-moi où il vous plaira, et aux Indes si vous le voulez. Mon Dieu, que ces savants vivraient beaucoup plus contents qu'ils ne vivent! que leur salut serait plus en assurance! et qu'à la mort, tout prêts de subir le terrible jugement que personne ne peut éviter, ils auraient sujet d'espérer en la miséricorde de Dieu, parce qu'ils pourraient dire : Seigneur, vous m'aviez donné cinq talents, et en voici cinq autres que j'ai gagnés par-dessus! Je prends Dieu à témoin, que, ne pouvant retourner en Europe, j'ai presque résolu d'écrire à l'Université de Paris, nommément à nos maîtres Cornet et Picard, pour leur déclarer que des millions d'idolâtres se convertiraient sans peine, s'il y avait beaucoup de personnes qui cherchassent les intérêts de Jésus-Christ, et non pas les leurs (L. 1, *Epist.* 6). »

Il vint au saint homme des députés des Manarais, qui demandaient le baptême avec de vives instances. Comme il ne pouvait encore quitter le royaume de Travancor, parce qu'il fallait affermir la chrétienté qu'il y avait établie, il leur envoya un missionnaire dont il connaissait le zèle. Il y en eut un très-grand nombre qui se convertirent et reçurent le baptême. L'île de Manar, située vers la pointe la plus septentrionale de Ceylan, était alors sous la domination du roi de *Jafanapatan :* c'est le nom qu'on donne à la partie septentrionale de Ceylan. Ce prince, qui haïssait la religion chrétienne, n'eut pas plus tôt été instruit du progrès qu'elle faisait parmi les Maranais, qu'il les attaqua les armes à la main. Il massacra six à sept cents chrétiens qui confessèrent généreusement Jésus-Christ, et qui aimèrent mieux faire le sacrifice de leur vie, que de la conserver en retournant à leurs anciennes superstitions. Le roi de Jafanapatan, qui avait usurpé la couronne sur son frère aîné, fut tué depuis par les Portugais, lorsqu'ils s'emparèrent de Ceylan. Des princes et princesses de sa famille embrassèrent aussi le christianisme, et eurent le courage de quitter le pays et les espérances qu'ils pouvaient y avoir, pour ne pas perdre le précieux dépôt de la foi.

Xavier fit un voyage à Cochin, pour conférer avec le vicaire général des Indes sur les moyens de remédier aux désordres des Portugais, qui étaient un grand obstacle à la conversion des idolâtres. Il l'engagea même à repasser en Portugal pour instruire le roi de ce qui se passait ; et il lui remit une lettre pour ce prince, dans laquelle il le conjurait, par les motifs les plus pressants, de faire servir sa puissance à procurer la gloire de Dieu, et d'employer les moyens propres à réprimer les scandales.

Il voulut visiter l'île de Manar, qui, comme nous l'avons dit, avait été arrosée du sang des chrétiens. Par ses prières, il délivra les pays des ravages d'une peste cruelle : ce qui contribua beaucoup à augmenter le nombre des fidèles, et à confirmer dans la foi ceux qui avaient déjà reçu le baptême. Ayant fait un voyage à Méliapor, pour vénérer les reliques de saint Thomas et pour implorer les lumières du Saint-Esprit par l'intercession de cet apôtre, il y convertit plusieurs pécheurs qui vivaient dans des habitudes invétérées. Un gentilhomme portugais y menait une vie très-scandaleuse. Sa maison était un petit sérail, et rien ne l'occupait davantage que le soin d'avoir de belles esclaves. Xavier l'alla voir un jour vers l'heure du dîner. « Voulez-vous bien, lui dit-il, que, pour faire connaissance, nous dînions ensemble aujourd'hui ? » Le Portugais fut embarrassé de la visite et du compliment ; il se contraignit néanmoins, et fit semblant d'être fort aise de l'honneur que le Père lui faisait. Durant le dîner, Xavier ne lui dit pas un mot de ses débauches et ne l'entretint que de choses indifférentes, bien qu'ils fussent servis par de jeunes filles qui étaient habillées peu modestement et qui avaient un air assez effronté. Il continua de la même sorte au sortir de table, et il le quitta enfin sans lui faire le moindre reproche. Le gentilhomme, surpris de la conduite du Père François, crut que ce silence était de mauvais augure, et qu'il n'y avait plus rien à attendre pour lui qu'une mort désastreuse et un malheur éternel. Dans cette pensée, il alla en diligence trouver le saint : « Mon Père, lui dit-il, que votre silence m'a parlé fortement au cœur ! Je n'ai pas eu un moment de repos depuis que vous êtes sorti de chez moi. Ah ! si ma perte n'est point encore tout à fait conclue, me voici entre vos mains, faites de moi ce que vous jugerez à propos pour le salut de mon âme ! je vous obéirai aveuglément. » Xavier l'embrassa, et, après lui avoir fait entendre que les miséricordes du Seigneur sont infinies, et que celui qui refuse quelquefois le temps de la pénitence aux pécheurs accorde toujours le pardon aux pénitents, il lui fit quitter les occasions du péché, et le disposa à une confession générale dont le fruit fut une vie honnête et chrétienne.

Le saint résolut alors d'exécuter le projet qu'il méditait d'aller prêcher l'Evangile dans l'île de Macassar. Il s'embarqua pour Malacca, ville fameuse de la presqu'île au delà du Gange. Le commerce y attirait, outre les Indiens, les Arabes, les Perses, les Chinois et les Japonais. Les Sarrasins l'enlevèrent au roi de Siam et y établirent le mahométisme. Mais d'Albuquerque s'en empara l'an 1511, et elle appartenait aux Portugais dans le temps dont nous parlons. Le saint y arriva le 25 septembre 1545. Par ses instructions, auxquelles divers miracles donnèrent une nouvelle force, il retira du vice les mauvais chrétiens, et convertit un grand nombre d'idolâtres et de Mahométans. Il attendit inutilement une occasion pour aller à Macassar ; ce qui lui fit juger que le moment marqué par la Providence n'était pas encore arrivé. Ayant pris terre à l'île d'Amboine, il y exerça son zèle avec beaucoup de succès, et y opéra un grand nombre de conversions. Il alla prêcher encore dans d'autres îles, et fit un séjour assez considérable aux Moluques. L'endurcissement des habitants ne le rebuta point ; sa patience et ses discours en touchèrent enfin plusieurs, et il forma une église assez nombreuse de tous ceux qu'il baptisa.

Dans l'une de ces îles, nommée *Baranura*, il recouvra miraculeusement son crucifix, en la manière qu'on va dire ; et qu'a racontée un portugais, nommé Fauste Rodriguèz, qui fut témoin de ce fait, l'a déposé avec serment, et dont le témoignage juridique est dans le procès de la canonisation du saint.

« Nous étions sur mer, dit Rodriguèz, le Père François, Jean Raposo et moi, lorsqu'il s'éleva une tempête qui alarma tous les matelots. Alors le Père tira de son sein un petit crucifix qu'il portait toujours, et, s'étant baissé au bord du navire, il voulut le plonger dans la mer, mais le crucifix lui échappa de la main et fut emporté par les flots. Cette perte l'affligea sensiblement, et il nous témoigna lui-même sa douleur. Le lendemain nous abordâmes à l'île de Baranura. Depuis que le crucifix fut perdu jusqu'à ce que nous prîmes terre, il se passa environ vingt-quatre heures, durant lesquelles nous fûmes toujours en péril. Ayant mis pied à terre, le Père François et moi nous allions ensemble le long du rivage vers le bourg de Tamalo, et nous avions fait environ cinq cents pas quand nous vîmes l'un et l'autre sortir de la mer un cancre, qui portait entre ses serres le même crucifix élevé en haut. Je vis que le cancre vint droit au Père, à côté duquel j'étais, et qu'il s'arrêta devant lui. Le Père s'étant mis à genoux, prit son crucifix, après quoi le cancre s'en retourna à la mer. Mais le Père, sans se lever, embrassant et baisant le crucifix, demeura au même lieu une demi-heure en oraison, les mains en croix sur la poitrine, et moi avec lui, rendant grâces tous deux ensemble à Notre Seigneur d'un si évident miracle. Ensuite, nous étant levés, nous continuâmes notre chemin. » Voilà ce que rapporte Rodriguèz (Bouhours, l. 3).

Après avoir annoncé l'Evangile aux Moluques et à Ternate, il passa dans l'île du More, malgré toutes les représentations qu'on lui fit pour l'en détourner. S'il en convertit les habitants, ce fut avec des peines incroyables ; et il serait difficile d'exprimer tout ce qu'il eut à souffrir dans cette mission ; mais il en fut dédommagé par les consolations intérieures qu'il reçut. Voici ce qu'il mandait à saint Ignace, après lui avoir fait une peinture du pays : « Les périls auxquels je suis exposé et les travaux que j'entreprends pour les intérêts de Dieu seul, sont des sources inépuisables de joie spirituelle : en sorte que ces îles, où tout manque, sont toutes propres à faire perdre la vue par l'abondance de larmes qui coulent sans cesse des yeux. Pour moi, je ne me souviens pas d'avoir jamais goûté tant de délices intérieures ; et ces consolations de l'âme sont si pures, si exquises et si continuelles, qu'elles ôtent le sentiment des peines du corps. » Le saint fut obligé de faire un voyage à Goa, pour se procurer des missionnaires et pour régler quelques affaires qui concernaient la Compagnie. Il visita sur la route plusieurs des îles où il avait déjà prêché. Il arriva à Malacca au mois de juillet de l'année 1547. Au commencement de l'année suivante, il s'embarqua pour l'île de Ceylan, où il gagna à Jésus-Christ un grand nombre d'infidèles, et entre autres deux rois.

Pendant le séjour que Xavier fit à Malacca, on lui présenta un japonais nommé Anger. C'était un homme de trente-cinq ans, marié, riche, noble d'extraction, et qui avait mené une vie assez libertine. Les Portugais, qui deux ans auparavant firent la découverte du Japon, le connurent à Cangoxima, lieu de sa naissance, et surent de lui-même qu'étant fort troublé du souvenir des péchés de sa jeunesse, il s'était retiré parmi les bonzes solitaires ; mais que ni la solitude ni l'entretien de ces moines du Japon n'avaient pu lui rendre la tranquillité de l'esprit, et qu'il s'était remis dans le commerce du monde, plus agité que jamais des remords de sa conscience. Les Portugais lui parlèrent du Père Xavier, leur ami, le refuge des pêcheurs et le consolateur des affligés. Anger se sentit une forte envie d'aller chercher le saint homme ; mais la longueur du chemin, qui était de huit cents lieues, les périls d'une mer très-orageuse et la considération de sa famille le refroidirent un peu. Une méchante affaire qu'il eut presque au même temps le détermina enfin ; car, ayant tué un homme dans une querelle et étant poursuivi par la justice, il ne trouva point de meilleure retraite que les navires des Portugais, ni de voie plus sûre que d'accepter l'offre qu'on lui avait faite. Après quelques autres incidents, il vint donc à Malacca, où saint François Xavier le reçut avec bonté et lui promit la tranquillité de l'âme qu'il cherchait ; mais il ajouta qu'on ne pouvait goûter cette tranquillité que dans la véritable religion. Le Japonais fut charmé de ce discours ; et, comme il savait un peu le portugais, le saint l'instruisit des mystères de la foi et lui proposa de s'embarquer avec ses domestiques pour Goa, où il devait aller bientôt lui-même.

Le vaisseau que monta le saint missionnaire allait droit à Cochin. Il fut assailli dans le détroit de Ceylan par une violente tempête ; de sorte qu'on fut obligé de jeter toutes les marchandises dans la mer. Le pilote, ne pouvant plus gouverner, abandonna le vaisseau à la merci des vagues. On eut l'image de la mort devant les yeux pendant trois jours et trois nuits. Xavier, après avoir entendu les confessions de l'équipage, se prosterna aux pieds d'un crucifix et pria avec tant de ferveur, qu'il était comme absorbé en Dieu. Le vaisseau, emporté par un courant, donnait déjà contre les bancs de Ceylan, et les matelots se croyaient perdus sans ressource. Le saint sortit alors de sa chambre, où il s'était enfermé. Il demande au pilote la corde et le plomb qui servaient à sonder la mer : il les laisse aller jusqu'au fond, en prononçant ces paroles : « Grand Dieu, Père, Fils, et Saint-Esprit, ayez pitié de nous! » Au même moment, le vaisseau s'arrête et le vent s'apaise. Ils continuent ensuite leur voyage et arrivent heureusement à Cochin le 21 janvier 1548.

De Cochin, Xavier écrivit aux Pères de la Compagnie qui étaient à Rome, et leur raconta le danger qu'il avait couru dans le détroit de Ceylan : « Dans le fort de la tempête, dit-il en sa lettre, je pris pour intercesseurs auprès de Dieu, premièrement les personnes vivantes de notre Compagnie avec toutes celles qui lui sont affectionnées, ensuite tous les chrétiens, pour être assisté par les mérites de l'épouse de Jésus-Christ, la sainte Église catholique, dont les prières sont exaucées dans le ciel, bien qu'elle demeure sur la terre. Je m'adressai après aux morts, et particulièrement à Pierre Lefèvre, pour apaiser la colère de Dieu. Je parcourus les ordres des anges et des saints, et je les invoquai tous. Mais afin d'obtenir plus aisément le pardon de mes innombrables péchés, je réclamai pour ma protectrice et pour ma patronne, la très-sainte Mère de Dieu, la Reine du ciel, qui obtient sans peine de son Fils tout ce qu'elle demande. Enfin, ayant mis toute mon espérance aux mérites infinis de Notre Seigneur Jésus-Christ, étant protégé de la sorte, je ressentis une bien plus grande joie au milieu de cette furieuse tourmente, que quand je fus tout à fait hors de péril.

» A la vérité, étant comme je suis le plus méchant de tous les hommes, j'ai honte d'avoir versé tant de larmes par un excès de plaisir céleste, lorsque j'étais sur le point de périr. Aussi priais-je humblement Notre Seigneur de ne point me délivrer du naufrage dont nous étions menacés, si ce n'était qu'il me réservât à de plus grands périls pour sa gloire et pour son service.

» Dieu, au reste, m'a fait connaître souvent, par un sentiment intérieur, de combien de dangers et de peines j'ai été tiré par les prières et les sacrifices de ceux de la compagnie, et qui travaillent sur la terre, et qui jouissent de la couronne de leurs travaux dans le ciel. Quand une fois j'ai commencé à parler de notre Compagnie, je ne puis finir : mais le départ des vaisseaux m'y oblige malgré moi. Et voici ce que je trouve de plus propre à finir ma lettre : Si jamais je t'oublie, ô Compagnie de Jésus, que ma main droite me soit inutile et que j'en oublie moi-même l'usage! Je prie Notre Seigneur Jésus-Christ que, comme durant le cours de cette vie misérable il nous a assemblés dans sa Compagnie, il nous réunisse pendant toute l'éternité bienheureuse dans la compagnie des saints qui le voient dans le ciel (L. 2, *Epist.* 6). »

Le saint, ayant quitté Cochin, alla visiter les villages de la côte de la Pêcherie. Il fut singulièrement édifié de la ferveur de la chrétienté qu'il y avait établie. Il demeura quelque temps à Manapar, près du cap Comorin, et retourna dans l'île de Ceylan, où il convertit le roi de Condé. Enfin il partit pour Goa et arriva le 20 mars 1548. Etant dans cette ville, il acheva d'instruire Anger et ses deux domestiques. Ils furent baptisés solennellement par l'évêque de Goa. Anger voulut prendre le nom de Paul et de Sainte-Foi ; un de ses domestiques prit le nom de Jean, et l'autre celui d'Antoine. Ce fut alors que le saint forma le projet d'aller prêcher l'Evangile au Japon.

Mais avant de suivre ce conquérant apostolique jusqu'aux extrémités orientales de l'Asie, il nous faut revenir en Europe, assister aux états-généraux de la chrétienté, réunis à Trente, sous la présidence du vicaire de Jésus-Christ, pour opposer une digue à l'anarchie religieuse et intellectuelle qui déborde de l'Allemagne, et pour sauver de ce nouveau déluge, la foi, les mœurs, le bon sens même, des générations présentes et futures.

LIVRE QUATRE-VINGT-CINQUIÈME.

Concile œcuménique de Trente, de l'an 1545 à l'an 1561.

§ Ier.

Les dix premières sessions, de 1545 à 1549, sous le pape Paul III.

Le 13 décembre 1545, le premier des légats, le cardinal del Monte, s'adressa aux Pères du concile, disant : « A l'honneur et à la gloire de la sainte et indivisible Trinité, Père, Fils, et Saint-Esprit, pour l'accroissement et l'exaltation de la foi et religion chrétienne, pour l'extirpation des hérésies, la paix et l'union de l'Eglise, la réformation du clergé et du peuple chrétien, et pour l'humiliation et l'extinction des ennemis du nom chrétien, vous plaît-il d'ordonner que le saint concile général de Trente soit commencé, et de déclarer que l'ouverture en est faite? » Ils répondirent *Placet* (cela nous plaît). — « Et comme la solennité de la naissance de Notre Seigneur Jésus-Christ est proche, et qu'il se rencontre plusieurs autres fêtes de suite dans les derniers jours de l'année qui finit et les premiers de celle qui commence, trouvez-bon que la première session prochaine se tienne le jeudi d'après l'Epiphanie, qui sera le 7 janvier de l'année 1546? » Ils répondirent : Nous le trouvons bon (Labbe, t. XIV).

C'est ainsi que s'ouvrit le concile de Trente, sous la présidence des trois légats du pape Paul III : Jean-Marie del Monte, d'Arezzo, cardinal-évêque de Palestrine; Marcel Cervini, de Monte-Pulciano, cardinal-prêtre du titre de Sainte-Croix ; Reginald Polus, du sang royal d'Angleterre, cardinal-prêtre du titre de Sainte-Marie *in Cosmedin*, et depuis légat en Angleterre et archevêque de Cantorbéry. Les deux premiers deviendront papes sous le nom de Jules III et de Marcel II; le troisième était également digne de l'être, et plus d'une fois fut sur le point de le devenir.

A cette première séance, il y eut, outre les cardinaux, quatre archevêques, vingt-deux évêques, cinq ou six généraux d'ordres, avec un grand nombre de docteurs, tant séculiers que réguliers. A eux seuls, les quatre archevêques représentaient les principales parties de l'Europe chrétienne. Olaüs Magnus, archevêque d'Upsal, exilé de son siége par l'hérésie triomphante, apportait au sein du concile les derniers soupirs de la Scandinavie catholique. Robert Wanschop, Ecossais, archevêque d'Armagh, primat d'Irlande, vient rendre témoignage à la foi ancienne que, plus fidèle et plus généreuse que la Scandinavie, la pauvre Irlande conservera intacte à travers les sanglantes persécutions de la puissante Angleterre pendant trois siècles. L'archevêque d'Aix en Provence est là pour professer la foi de saint Louis, que la France catholique conservera malgré la dégénération des enfants de saint Louis, qui travailleront à la corrompre par leur politique et quelquefois par leur exemple, sans avoir ni assez d'esprit pour s'en apercevoir, ni assez de méchanceté pour le vouloir. C'est enfin Pierre Tagliava, Sicilien, archevêque de Palerme en Sicile, qui, avec plusieurs évêques italiens, représente l'Italie toujours fidèle et condamnant l'infidélité de la Grèce, de l'Asie Mineure, de la Syrie et d'autres peuples situés sous la même latitude. L'Espagne, qui, ainsi que le Portugal, après avoir expulsé le mahométisme de la Péninsule, travaillait à porter la foi chrétienne dans le Nouveau Monde, le Mexique, le Pérou, comme le Portugal dans le Brésil, l'Inde et le Japon ; l'Espagne comparaissait à Trente, dès la première séance, dans la personne de plusieurs de ses évêques. Quant à l'Allemagne, pour la guérison de laquelle la chrétienté s'assemblait en concile, la partie saine y avait pour représentant le cardinal-évêque de Trente et le procureur de l'archevêque de Mayence : la partie malade y enverra aussi, non pour chercher le remède, mais pour communiquer la maladie au reste du corps, si elle pouvait.

Mais qu'est-ce donc que le Pape, pour que ses légats président aux états généraux de l'humanité chrétienne ? Nous l'avons vu dans tout le cours de cette Histoire. Le Pape, c'est le vicaire de Jésus-Christ, le successeur de saint Pierre : c'est Pierre toujours vivant et toujours présidant sur son siége (Conc. Chalcéd.). Pierre, à qui le Fils du Dieu vivant a dit : *Tu es Pierre, et sur cette pierre je bâtirai mon Eglise, et les portes de l'enfer ne prévaudront pas contre elle; et je te donnerai les clés du royaume des cieux, et tout ce que tu lieras sur la terre sera lié dans les cieux, et tout ce que tu délieras sur la terre sera délié dans les cieux.* Et encore : *Simon, j'ai prié pour toi, afin que ta foi ne défaille point; lors donc que tu seras converti, confirme tes frères.* Et enfin : *Pais mes agneaux, pais mes brebis.* Pierre qui, suivant saint Chrysostome, aurait pu, lui seul, choisir un apôtre à la place de Judas, parce que sous sa main tous les autres ont été placés (Homél. 3, *in Act.*, n. 2 et 3). Pierre, qui paraît le premier en toutes manières : le premier à confesser la foi ; le premier dans l'obligation d'exercer l'amour ; le premier de tous les apôtres qui vit Jésus-Christ ressuscité des morts, comme il en devait être le premier témoin devant tout le peuple ; le premier quand il fallut remplir le nombre des apôtres ; le premier qui confirma la foi par un miracle ; le premier à convertir les Juifs ; le premier à recevoir les Gentils ; le premier partout (Bossuet, *Sermon sur l'unité de l'Eglise*). Pierre, la source unique de la juridiction spirituelle ; car, dit Tertullien, le Seigneur a donné les clés à saint Pierre, et par lui à l'Eglise (Scorpiac., n. 10). Et saint Optat de Milève : Saint Pierre a reçu seul les clés du royaume des cieux, pour les communiquer aux autres (L. 7, *contra Parmen.*, n. 3). Et saint Grégoire de Nysse : Jésus-Christ a donné par Pierre aux évêques les clés du royaume céleste (T. III, p. 314). Et saint Léon : Tout ce que Jésus-Christ a donné aux autres évêques, il le leur a donné par Pierre (*Sermo IV, in ann. Assumpt.*, c. 2). Et saint Césaire d'Arles, qui écrit au saint pape Symmaque : Puisque l'épiscopat prend son origine dans la personne de l'apôtre saint Pierre, il faut que Votre Sainteté, par ses sages décisions, apprenne clairement aux Églises particulières les règles qu'elles doivent observer (Labbe, *Concil.*, t. IV, c. 1294).

Aussi, comme l'observe le savant Thomassin, les privilèges dont jouissaient les patriarches d'Alexandrie et d'Antioche n'étaient-ils qu'un rejaillissement de la primauté céleste dont Jésus-Christ honora saint Pierre (Thomassin, *Discipline*, t. I, part. 1, l. 1, c. 13, n. 4). Et de fait, dès l'an 494, le pape saint Gélase disait avec le concile de Rome : L'Eglise romaine, sans rides et sans tache, est donc le premier et le principal siége de saint Pierre. Le second est le siége d'Alexandrie, consacré au nom de Pierre par saint Marc, son disciple et son évangéliste, qu'il envoya en Égypte, où, après avoir prêché la parole de vérité, il consomma son glorieux martyre. Le troisième siége, établi à Antioche, tient aussi un rang honorable, à cause du même apôtre qui habita dans cette ville avant de venir à Rome, et parce que c'est en ce lieu que prit naissance le nom du nouveau peuple des chrétiens (Labbe, t. IV, col. 1262). Saint Léon avait dit la même chose auparavant (*Epist.* 104, *ad Anatol.*). Saint Grégoire dira de même après : Quoiqu'il y ait eu plusieurs apôtres, il n'y a pourtant qu'un seul d'entre eux, placé en trois lieux différents, qui ait eu autorité sur les autres siéges. Saint Pierre a élevé au premier rang celui où il daigna se fixer et terminer sa vie mortelle. C'est lui qui a illustré le siége où il envoya l'évangéliste son disciple; c'est encore lui qui établit le siége qu'il devait abandonner après l'avoir occupé sept ans : ce n'est ainsi qu'un seul et même siége (L. 7, *Epist.* 40). Nous avons vu le pape saint Nicolas tenir le même langage dans sa réponse aux Bulgares (Labbe, t. VIII, col. 545). Nil, archimandrite grec, dira de même : Pierre, le premier des apôtres, après avoir rempli, tant par lui-même que par ceux qu'il institua à sa place, les fonctions d'évêque dans les principales villes de deux parties du monde, l'Asie et l'Europe, résolut aussi d'en créer un pour la troisième partie, je veux dire pour la Libye. C'est pourquoi il envoya de Rome en Égypte l'évangéliste saint Marc, qui fonda dans Alexandrie, capitale de cette contrée, une église, lumière de toute la Libye. En parcourant l'univers et en prêchant l'Évangile, les autres apôtres établissaient des évêques dans toutes les villes où ils passaient; mais les trois que nous venons de nommer possédèrent la primauté sur toutes les autres, savoir : l'évêque d'Antioche, en Asie et dans tout l'Orient; l'évêque de Rome, en Europe, c'est-à-dire en Occident; et dans la Libye, l'évêque d'Alexandrie, qui commandait à toute la Palestine, dont Jérusalem fait partie (*Apud Leo Allat., de Eccl.*, etc., L. 2, c. 2, n. 9).

D'où l'on peut conclure que tous les évêques, même ceux créés par les apôtres, furent soumis dès le commencement à la juridiction des trois grands siéges, à qui saint Pierre communiqua la totalité ou une partie de sa primauté; Thomassin a bien raison de dire que toutes les prérogatives des patriarches d'Alexandrie et d'Antioche ne sont qu'un rejaillissement de la primauté divine de saint Pierre.

Les faits de l'histoire répondent aux conséquences des principes. Nous avons vu le Pape confirmer, déposer, rétablir les patriarches et les autres évêques, tant en Orient qu'en Occident. Dans le même temps, dit Socrate, c'était au IVe siècle, Paul de Constantinople, Asclépas de Gaze, Marcel d'Ancyre et Lucius d'Andrinople, chargés chacun de différentes accusations et chassés de leurs églises, se rendirent dans la ville de Rome. Ayant instruit Jules de ce qui les concernait, celui-ci, selon la prérogative de l'Eglise romaine, les munit de lettres où il s'exprimait avec une grande autorité, et les renvoya en Orient, après avoir rendu à chacun d'eux son siége et blâmé fortement ceux qui avaient eu la témérité de les déposer. Etant donc partis de Rome, et appuyés sur les rescrits de l'évêque Jules, ils reprirent possession de leurs églises et envoyèrent les lettres à qui elles étaient adressées (Socr., l. 2, c. 15). Sozomène, qui confirme pleinement le récit de Socrate, ajoute que le Pape remit ces évêques dans leurs siéges, « parce que le soin de l'Eglise universelle lui appartient en vertu de la dignité de son trône (Sozom., l. 3, c. 8). » Donc, de l'aveu des Grecs, c'est à raison de sa primauté que le Pape dépose ou rétablit les évêques. Ces deux auteurs, ainsi qu'Epiphane dans son *Histoire tripartite*, vont encore plus loin : ils n'hésitent point à déclarer nul tout ce qui avait été fait dans un concile d'Antioche, « parce que la règle ecclésiastique défend de rien décider, de s'assembler en concile et de faire aucun canon sans le consentement de l'évêque de Rome (Socr., l. 2, c. 17; Sozom., l. 3, c. 10; *Hist. tripart.*, l. 4, c. 9). »

Voilà donc ce qu'est le Pape. Tel il se montre dans les conciles généraux. Nous avons vu, en 325, le premier concile œcuménique de Nicée présidé par les légats et confirmé par l'autorité du pape saint Silvestre (T. III de cette Histoire, p. 81 et seqq.). Le concile œcuménique d'Ephèse est présidé par saint Cyrille d'Alexandrie, au nom et par l'ordre du pape saint Célestin, et pour exécuter la sentence déjà prononcée par le Pape. Ce concile dit solennellement : « Contraints par les saints canons et par la lettre de notre saint père et co-ministre Célestin, évêque de l'Eglise romaine, nous en sommes venus, par nécessité, à cette lugubre sentence : Notre Seigneur Jésus-Christ, que Nestorius a blasphémé, défini par ce très-saint concile, qu'il est privé de toute dignité épiscopale et retranché de toute assemblée ecclésiastique (*Ibid.*, p. 473). « Le concile œcuménique de Chalcédoine, présidé par les légats du Pape, s'écrie : Pierre a parlé par Léon. Il demande au Pape l'approbation de ses actes : Saint Léon approuve ce qu'a fait le concile touchant la doctrine, mais il casse ce qu'il a tenté de faire pour favoriser l'ambition de l'évêque de Constantinople (*Ibid.*, p. 545-547). En 519, tous les évêques d'Orient, au nombre d'environ deux mille cinq cents, souscrivent au formulaire du pape saint Hormisda;

y reconnaissent que, conformément à la promesse du Seigneur, la religion catholique est toujours demeurée inviolable dans la chaire apostolique; que dans cette chaire réside la vraie et entière solidité de la religion chrétienne; et ils promettent de ne point réciter dans les saints mystères les noms de ceux qui sont séparés de la communion de l'Eglise catholique, c'est-à-dire qui ne sont pas d'accord avec le Siège apostolique en toutes choses. Ce formulaire sert de règle dans les siècles suivants : il est consacré par le huitième concile œcuménique en 869, nul chrétien ne peut le rejeter (t. IV, p. 142 et seqq.). Enfin, vers le milieu du XV° siècle, dans le concile œcuménique de Florence, les métropolitains de Grèce, de Trébisonde, d'Ibérie et de Russie, ainsi que les députés de l'Arménie, de l'Ethiopie et des autres chrétiens d'Orient, disent avec le pape Eugène IV : « Nous définissons encore que le Saint-Siège apostolique et le Pontife romain est le successeur du bienheureux Pierre, prince des apôtres; qu'il est le véritable vicaire du Christ et le chef de toute l'Eglise, le Père et le Docteur de tous les chrétiens : qu'à lui a été donnée, par Notre Seigneur Jésus-Christ, dans le bienheureux Pierre, une pleine puissance de paître, de régir et de gouverner l'Eglise universelle, comme cela est aussi contenu dans les actes des conciles œcuméniques et dans les saints canons (T. IX, p. 262). »

Voilà ce qu'est le Pape, d'après les conciles généraux. Maintenant, qu'a-t-il fait?

C'est saint Pierre, le premier pape, qui, à la première Pentecôte chrétienne, promulgue l'Eglise catholique; c'est saint Pierre qui y reçoit d'abord les Juifs, ensuite les Gentils, et fixe enfin son siège à Rome, la capitale de l'Occident et du monde, afin que l'univers entier n'y ait qu'un troupeau et un pasteur. De là il envoie en Egypte, en Afrique, en Espagne, en Gaule, pour amener à l'unité chrétienne toutes ces nations. C'est le pape saint Grégoire qui, par son ami saint Léandre, convertit la nation des Visigoths ; par son ami saint Augustin, celle des Anglais; par lui-même, celle des Lombards. C'est le pape Zacharie, Grégoire II et III, qui, par saint Boniface, convertit et civilise l'Allemagne; c'est le pape Grégoire IV, qui, par saint Anscaire et d'autres, porte la lumière de l'Evangile non-seulement dans la Scandinavie, mais jusque dans l'Islande et le Groënland. Cette évangélisation universelle, les papes ne la discontinuent pas. Dans le XIII° et le XIV° siècle, nous les avons vus envoyer des prédicateurs apostoliques chez tous les peuples du Nord et du Midi, de l'Occident et de l'Orient, chez les Maures, les Arabes, les Ethiopiens, les Tartares, les Indiens, les Chinois; établir un archevêque catholique dans la capitale de la Chine, entretenir une correspondance amicale avec l'empereur des Chinois et des Tartares. Nous les voyons, dans le XV° et le XVI°, travailler dans le Nouveau Monde à la conversion du Mexique, du Pérou, du Brésil, ainsi que d'autres nations; plus loin, à la conversion de l'Inde, du Japon et de la Chine; réalisant ainsi de plus en plus cette grande pensée : *Un Dieu, une foi, une Eglise, un troupeau, un pasteur.*

Et lorsque les schismes et les hérésies s'efforceront de rompre cette grande unité de l'Eglise et du monde, toujours c'est le Pape qui s'oppose à leurs efforts impies, toujours est-ce de Rome que leur vient le coup mortel. Et lorsque le mahométisme s'avancera pour exterminer par le fer et le feu l'humanité chrétienne, ce sont les Papes, et les Papes seuls, qui sauvent l'humanité chrétienne et le monde avec elle, en les réveillant sans cesse, en la réunissant sous un même étendard, pour la défense commune de sa liberté et de son existence même.

Et lorsque des rois ou empereurs chrétiens, aveuglés par des passions et des conseillers coupables, prétendront se faire pontifes comme Mahomet, ou même dieux comme Néron, et devenir la loi et les propriétaires uniques de l'univers, ce sont les Papes, et les Papes seuls, qui s'opposeront avec force et constance à cette invasion du despotisme universel et maintiendront la juste liberté et l'indépendance des peuples chrétiens, sous la loi de Dieu interprétée par l'Eglise. Voilà comme les Papes sauveront l'Europe et le monde, sauf à être calomniés, pendant des siècles, à cause de leurs immenses bienfaits.

Et c'est pour conserver à l'humanité ces biens déjà faits et y en ajouter d'autres, que les Papes convoquent le concile de Trente. Depuis des siècles, les successeurs dégénérés de Charlemagne et de saint Louis, au lieu de Dieu et de son Eglise, ne voient plus qu'eux-mêmes et leur famille. Chacun dit dans son cœur : — L'Etat, c'est moi! l'Europe, c'est moi! le monde, c'est moi! le tout, c'est moi! Mon intérêt, c'est la loi suprême; pour y parvenir, tous les moyens sont bons. — Telle est la politique moderne, qui est déjà vieille; car c'est le langage de l'antique Babylone, qui depuis des siècles gît dans la poussière. Machiavel a mis cette politique en théorie. Luther l'a étendue des princes à tous les particuliers. Chaque protestant dit dans son cœur : — L'Eglise, c'est moi! l'Ecriture, c'est moi, le peuple, c'est moi! la raison, c'est moi! je suis la règle et le juge suprême de tout, et il n'y en a point d'autre. — La plupart des princes d'Allemagne et du Nord, croyant en profiter pour eux seuls, applaudissent à ces principes d'anarchie universelle : le roi d'Angleterre, après les avoir combattus, finit par les adopter, pour satisfaire ses impures convoitises. Ceux à qui Dieu fait la grâce de conserver la foi et le bon sens, François Ier et Charles-Quint, au lieu d'unir leurs efforts pour réprimer l'anarchie au dedans de l'Europe, repousser le Turc au dehors, porter la gloire de leur nom avec la civilisation chrétienne en Afrique, en Amérique, aux Indes, au Japon, à la Chine, dont la Providence leur ouvre le chemin, comme pour leur dire : Allez, nobles rivaux, luttez glorieusement ensemble à qui fera pour Dieu et l'humanité des choses plus belles et plus grandes; François Ier et Charles-Quint ne s'accordent que pour se contrarier, souvent d'une manière basse et ignoble. Le roi très-chrétien, le fils aîné de l'Eglise, s'allie avec les hérétiques d'Allemagne contre les catholiques; il s'allie avec le Turc, avec le Mahométan, contre les chrétiens, pour lui livrer l'Italie et Rome; Rome déjà saccagée par l'armée de Charles-Quint, qui rançonne le Pape comme aurait fait un chef de corsaires. Et c'est avec ces deux princes que les Papes sont obligés de s'entendre pour remédier aux maux de l'Eglise et du monde. Ce n'était pas chose facile : quand l'un voulait, l'autre ne voulait pas, ou voulait d'une autre manière. On le voit en particulier pour la convocation et la tenue du concile de Trente.

Quant aux historiens de ce concile, il y en a deux principaux : *Fra Paolo* et le cardinal *Pallavicin*.

Pierre Sarpit naquit à Venise en 1552, embrassa l'ordre des Servites en 1565, et changea son nom de baptême en celui de Paul : dès lors on ne l'appelait plus que *Fra Paolo*, c'est-à-dire frère Paul. Il fut théologien consulteur de la république de Venise, dans ses démêlés avec le pape Paul V. On le consulta même sur des matières d'Etat. Et l'opinion qu'il donna pour garantir la stabilité du gouvernement, dit Lanjuinais, est un monument du plus odieux machiavélisme; Daru, dans son *Histoire de Venise*, l'appelle un chef-d'œuvre d'insolence et de conceptions non moins scélérates que tyranniques (*Biographie univ.*, t. XL, art. SARPI). Cet esprit paraît surtout dans les *Conseils politiques adressés à la noblesse de Venise*. Voici quelques-unes des maximes de Fra Paolo : « Dans les querelles entre les nobles, châtier le moins puissant; entre un noble et un sujet, donner toujours raison au noble; dans la justice civile, on peut garder une impartialité parfaite. — Traiter les Grecs comme des animaux féroces; du pain et le bâton, voilà ce qu'il leur faut : gardons l'humanité pour une meilleure occasion. — S'il se trouve dans les provinces quelques chefs de parti, il faut les exterminer sous un prétexte quelconque, mais en évitant de recourir à la justice ordinaire. Que le poison fasse l'office de bourreau; cela est moins odieux et beaucoup plus profitable (Daru, *Hist. de Venise*, l. 29, à la fin). » Tel était Fra Paolo, qui fit une *Histoire du concile de Trente*, publiée pour la première fois à Londres en 1619. Il en avait donné le manuscrit à Marc-Antoine de Dominis, lorsque ce dernier allait apostasier dans la capitale de l'Angleterre. Cette édition publiée sous le nom de *Pietro Soave Polano*, anagramme de *Paolo Sarpi Veneto*, fut reçue avec applaudissement dans tous les Etats protestants, et le livre fut bientôt traduit en diverses langues.

Quant au jugement des catholiques, voici ce que dit Bossuet, en réfutant les histoires ou historiettes de l'évêque anglican, Burnet. « On se doit donc bien garder de croire notre historien en ce qu'il prononce touchant ce concile (de Trente) sur la foi de Fra Paolo, qui n'en est pas tant l'historien que l'ennemi déclaré. M. Burnet fait semblant de croire que cet auteur doit être pour les catholiques au-dessus de tout reproche, parce qu'il est *de leur parti*; et c'est le commun artifice de tous les protestants. Mais ils savent bien en leur conscience que ce Fra Paolo, qui faisait semblant d'être des nôtres, n'était en effet qu'un protestant habillé en moine. Personne ne le connaît mieux que M. Burnet qui nous le vante. Lui qui le donne dans son *Histoire de la réformation* pour un auteur *de notre parti*, nous le fait voir dans un autre livre qu'on vient de traduire en notre langue, comme un protestant caché qui regardait *la liturgie anglicane comme son modèle*; qui, à l'occasion des troubles arrivés entre Paul V et la république de Venise, *ne travaillait qu'à porter cette république à une entière séparation, non-seulement de la cour, mais encore de l'Eglise de Rome*; qui se croyait dans *une église corrompue et dans une communion idolâtre*, où il ne laissait pas de demeurer; *qui écoutait les confessions, qui disait la messe, et adoucissait les reproches de sa conscience en omettant une grande partie du canon, et en gardant le silence dans les parties de l'office qui étaient contre sa conscience*. Voilà ce qu'écrit M. Burnet dans sa *Vie de Guillaume Bedell*, évêque protestant de Kilmore en Irlande, qui s'était trouvé à Venise dans le temps du démêlé, et à qui Fra Paolo avait ouvert son cœur. Je n'ai pas besoin de parler des lettres de cet auteur, toutes protestantes, qu'on avait dans toutes les bibliothèques, et que Genève a enfin rendues publiques. Je ne parle à M. Burnet que de ce qu'il écrivait lui-même, pendant qu'il comptait parmi nos auteurs *Fra Paolo*, protestant sous un froc, qui disait la messe sans y croire, et qui demeurait dans une église dont le culte lui paraissait une idolâtrie (*Variat.*, l. 7, n. 109). »

Les apologistes du calviniste encapuchonné ont crié à la calomnie, se sont inscrits en faux contre les assertions de Burnet, de Bedell, de Bayle, de Le Conreyer, etc. Ils ont nié l'authenticité des lettres imprimées, et de quelques-uns des ouvrages publiés sous son nom. Malheureusement pour sa mémoire, l'examen des archives secrètes de Venise, dont M. Daru a eu communication, et d'autres découvertes récentes n'ont que trop confirmé les assertions de Bossuet. Un écrivain protestant, Lebret, nous apprend qu'en 1609, Jean-Baptiste Linck, agent de l'électeur palatin, eut une entrevue avec Fra Paolo, qui, avec Fra Fulgenzio, son confrère, dirigeait une association secrète de plus de mille personnes, dont trois cents patriciens des premières familles, dans le but d'établir le protestantisme à Venise. Ils attendaient, pour éclater, que la Réforme se fût introduite dans les provinces allemandes limitrophes du territoire de la république. Un fait analogue, publié depuis longtemps, mais dont les apologistes de Sarpi se sont bien gardés de parler, confirme la même chose. Un ministre de Genève écrivait à un calviniste de Paris que « l'on ne tarderait pas à recueillir les fruits des peines que Fra Paolo et Fra Fulgenzio prenaient pour introduire la Réforme à Venise, où le doge et plusieurs sénateurs avaient déjà ouvert les yeux à la *vérité*, etc. » La lettre, interceptée par Henri IV, fut envoyée à Champigny, ambassadeur de France à Venise, qui en communiqua la copie d'abord à quelques-uns des principaux sénateurs, et ensuite au sénat assemblé, après en avoir retranché, par ménagement, le nom du doge. Le cardinal Ubaldin raconte que cette lecture fit pâlir un des sénateurs : un autre avança que la lettre avait été fabriquée par les Jésuites; mais le sénat, méprisant cette imputation, remercia le roi de son avis, défendit à Fra Fulgenzio de prêcher davantage, et prescrivit à Fra Paolo de mieux s'observer à l'avenir. On voit, par ces lettres, qu'il priait Casaubon de lui ménager un asile en Angleterre, au cas qu'il se vit forcé de quitter l'Italie (*Biographie univ.*, art. SARPI).

L'*Histoire du concile de Trente* par Fra Paolo excita une réclamation générale parmi les catholiques. Mis à l'index avec les qualifications les plus fortes, il fut réfuté, à Venise même, par Philippe Quarli. Mais il fut mieux réfuté encore par l'histoire authentique du même concile, publiée, l'an 1655, sur les pièces originales, conservées aux archives du château Saint-Ange, et qui valut le chapeau de cardinal à son auteur, le jésuite *Pallavicin*, né à Rome en 1607, d'une des premières familles de cette ville. On y trouve, à la fin, l'énumération de trois cent soixante et un points de faits, sur lesquels Sarpi est convaincu d'avoir altéré ou dénaturé la vérité, indépendamment d'une multitude d'autres *erreurs* qui ne sont pas susceptibles d'être articulées en peu de lignes, mais qui résultent de l'ensemble de son discours : il suffit de lire cette longue liste, à chaque article de laquelle on indique les preuves justificatives, pour s'assurer qu'il n'est point vrai que ces *erreurs* ne portent que sur des objets de peu d'importance, comme affectent de le dire les apologistes de Fra Paolo (*Biographie univers.*, art. SARPI). L'*Histoire* de Pallavicin, publiée récemment en français par Migne, aidera singulièrement à redresser les innombrables faussetés qui se propagent dans les histoires modernes, comme autant d'échos de l'apostat Sarpi.

Ce dernier suppose que le pape Clément VII retarda à convoquer un concile, parce qu'il craignait qu'on ne l'y déposât à cause de l'illégitimité de sa naissance et de son entrée simoniaque dans la papauté. Pallavicin fait voir que tout ceci est un rêve. Lorsque Clément VII, encore Jules de Médicis, dut être élevé au cardinalat, la légitimité de sa naissance fut prouvée juridiquement par un acte de mariage clandestin contracté entre son père Julien et sa mère Fioretta. Nous avons vu que son père fut assassiné précisément dans une église de Florence. D'ailleurs Sarpi avoue lui-même qu'aucune loi n'exige pour la validité de l'élection du Pape que sa naissance soit légitime. Quant à la simonie, jamais elle n'a été reprochée à Clément VII par aucun de ses ennemis, et il en a eu de très-violents, tel que le cardinal Pompée Colonne, qui, excommunié et dégradé comme rebelle, fut cause du sac de Rome par le connétable de Bourbon, et de la captivité du pontife (Pallavicin, *Hist. du concile de Trente*, l. 2, c. 10).

Ce qui de prime-abord fit hésiter Clément VII à convoquer un concile œcuménique, c'est que les principaux souverains de l'Europe étaient en guerre les uns contre les autres; c'est qu'il y avait à craindre que le mauvais esprit de Bâle ne se réveillât et ne vînt empirer le mal, bien loin de le guérir; c'est que les protestants voulaient en effet que le Pape parût au concile, non plus comme chef de l'Eglise, mais comme simple évêque : ce qui était se faire protestant avec eux. Autant vaudrait dire à un homme : Vous souffrez d'un certain mal d'oreille, le remède est facile; permettez-moi, une seule petite fois, de vous amputer la tête d'entre les épaules pour vous l'attacher au dos, et tout sera dit. — On ne saurait croire combien d'auteurs, surtout modernes, trouvent cette opération toute simple : Fra Paolo était de ce nombre.

En 1530, de la diète d'Augsbourg, où les protestants présentèrent leur fameuse Confession, Charles-Quint pria le Pape, même de la part des protestants, d'indiquer le concile général, ainsi que la ville où il devait se réunir. Les protestants déclaraient vouloir s'y soumettre, et, en attendant, renoncer à leurs erreurs. Fra Paolo suppose que Clément VII fit tout son possible pour éluder la demande. Or, nous avons la lettre autographe de ce pape à l'empereur; il y expose d'abord les inconvénients que certains cardinaux trouvaient à l'assemblée d'un concile dans les circonstances présentes; lui, cependant, rassuré par la prudence et la fermeté de l'empereur, consent à cette assemblée et propose comme lieu le plus convenable la ville de Rome, ou bien Bologne, Plaisance et Mantoue. Dans ses réponses à cette lettre et à d'autres, l'empereur reconnaît que les inconvénients et les difficultés étaient très-graves; il en avait délibéré par lettres avec son frère, le roi des Romains, et les autres princes catholiques; tous ils persistaient néanmoins à croire que le concile était le remède unique et nécessaire pour la guérison de pareilles plaies : afin de lever les obstacles indiqués, il avait écrit au roi de France. Il finit par exposer au Pape le grave danger de tout retard, « n'ayant d'autre but, disait-il, que d'engager Sa Sainteté, comme chef de l'Eglise chrétienne, auquel nous devons tous l'obéissance et la soumission, à prendre le parti qui assurera le mieux la gloire de notre souverain maître, la guérison des maux de la chrétienté, la conservation de notre sainte mère l'Eglise et du Siége apostolique. Sa Sainteté doit être assurée d'ailleurs que, pour l'heureuse issue du concile, l'empereur et le sérénissime roi, son frère, mettront à son service et leurs personnes et leurs Etats, comme il lui en a fait l'offre pour sa part, et comme il espère que le feront les autres rois et princes chrétiens, dès qu'ils auront connaissance de sa détermination. » En conséquence de ces négociations, il y eut, le 28 novembre 1530, un consistoire où il fut décidé d'un consentement unanime, et par le Pape et par chacun des cardinaux, que le concile aurait lieu; quant au siège du concile et aux autres circonstances, le tout fut remis à la prudence du Pape, qui déléguerait pour cette affaire une congrégation spéciale. Ainsi Clément VII coupa court à tout délai en ce qui le concernait, et le 1er décembre, il adressa un bref conçu en termes uniformes à tous les princes chrétiens (Pallavic., l. 3, c. 5).

L'année suivante 1531, les affaires politiques se brouillèrent : l'empereur se vit menacé et par la ligue protestante de Smalcalde et par le Turc, excités l'une et l'autre par le roi de France. Le concile dut être différé. L'an 1532, nouvelle conférence à ce sujet entre l'empereur et le Pape, qui écrivit à tous les princes chrétiens pour convenir du temps et du lieu où le concile s'assemblerait. Ses lettres sont de janvier 1533.

Clément VII, négociait encore cette grande affaire, quand il mourut le 25 septembre 1534, Paul III, qui lui succéda le 13 octobre suivant, s'occupa sans retard et sans relâche du concile œcuménique et de la pacification entre les princes chrétiens, notamment l'empereur et le roi de France. Ce fut pour les réconcilier qu'il fit le voyage de Nice en Provence; car cette pacification était un préliminaire indispensable pour que le concile pût s'assembler. Dès les premiers jours de son pontificat, il nomma une commission de cardinaux et d'autres prélats recommandables pour travailler à la réformation de la cour romaine. Il se hâta aussi d'envoyer partout des lettres et des nonces pour presser, de concert avec les princes, la réunion du concile. Le 4 juin 1536, après une entrevue avec l'empereur, à Rome, il indique le concile à Mantoue pour le 23 mai de l'année suivante, et envoie partout des légats, des nonces et des lettres pour notifier cette convocation et procurer la paix entre les princes. Le duc de Mantoue ayant fait des difficultés, le Pape prorogea le concile, puis le convoqua dans la ville de Vicence par sa bulle du 8 octobre 1537. La guerre avait recommencé entre Charles-Quint et François Ier, lequel appelait les Turcs pour leur livrer l'Italie et Rome. Ce fut alors que le Pape fit le voyage de Nice. A la demande de ces deux princes, il prorogea le concile de Vicence, où il avait déjà envoyé ses légats. Enfin, le 22 mai 1542, après bien des négociations avec les princes et avec les diètes d'Allemagne, le pape Paul III convoqua le concile dans la ville de Trente. Mais il fallut encore le suspendre, à cause des guerres entre l'empereur et le roi de France. La paix s'étant rétablie entre ces deux souverains, le Pape, par sa bulle du 19 novembre 1544, convoqua de nouveau le concile de Trente pour le dimanche *Lœtare*, quatrième du carême, 15 mars de l'année suivante 1545. De nouveaux incidents, de nouveaux obstacles en firent différer l'ouverture jusqu'au 13 décembre de la même année.

Avant ce jour, il y eut plusieurs réunions préparatoires. Le premier dimanche de l'Avent, 29 novembre, Dominique Soto, célèbre Dominicain d'Espagne, prêcha devant les Pères du concile sur l'évangile du jour, qui, au romain, parle du jugement dernier. Ce jugement, dit-il en substance, est un concile vraiment universel, mais qui n'éprouvera point les délais, les obstacles de celui de Trente. La terre rendra les morts à la vie; les cieux s'arrêteront dans leur course, et viendront tremblants, non pour rendre compte, mais pour rendre témoignage. Excepté les anges, l'homme seul rendra compte de ses actions, parce que seul il a reçu le libre arbitre, étant fait à l'image de Dieu et pour commander à la terre. C'est en vain que des novateurs voudraient effacer en nous cette ressemblance divine, et nous réduire, sans libre arbitre, à la condition des brutes. Mais, Révérendissimes Pères, avez-vous bien pensé à ce jugement formidable? Dieu vous y demandera compte de son Fils, de sa doctrine, de son Eglise. En quel état est cette Eglise, pour laquelle Jésus-Christ est mort? N'y voit-on pas comme des signes avant-coureurs du jugement dernier? le soleil, la puissance spirituelle, ne donnant plus sa lumière; la lune, la puissance temporelle, tournée en sang par des guerres interminables; les étoiles, les saints jetés par terre dans leurs images et foulés aux pieds? Ne voyons-nous pas, sous bien des rapports, cette apostasie, cette grande défection prédite par l'Apôtre! Il est donc l'heure de nous réveiller de notre sommeil, et d'implorer la miséricorde de Dieu, afin de prévenir sa justice (Labbe, t. XIV, col. 980-989).

La séance d'ouverture, 13 décembre, troisième dimanche de l'Avent, fut précédée d'un jour de jeûne, afin d'attirer les bénédictions du ciel sur les opérations de l'assemblée. Le jour même de l'ouverture, les trois légats, ainsi que les Pères se revêtirent de leurs habits pontificaux dans l'église de la Trinité.

Là, ayant chanté le *Veni Creator*, ils se mirent en procession. Devant marchaient les ordres religieux, ensuite les chapitres collégiaux et le reste du clergé; venaient ensuite les évêques, et enfin les légats suivis des ambassadeurs du roi des Romains. Ils se rendirent en cet ordre à la cathédrale, qui est dédiée à saint Vigile. Là, le premier légat, cardinal del Monte, officia solennellement, et accorda, au nom du Pape, à tous ceux qui étaient présents, une indulgence plénière, leur enjoignant de prier pour la paix et la concorde de l'Eglise.

A l'évangile, l'évêque de Bittonto, de l'ordre de Saint-François, fit le discours. Il prit pour texte le commencement de l'épître de ce même dimanche : *Réjouissez-vous dans le Seigneur, mes Pères, réjouissez-vous dans le Seigneur, mes Frères, je le dis encore une fois, réjouissez-vous tous.* Le sujet de cette grande joie, c'est l'ouverture du concile œcuménique, concile si longtemps attendu, si longtemps retardé par toutes sortes d'obstacles, concile cependant si nécessaire; car, encore un peu de temps, si Dieu n'avait conservé l'Eglise, le concile même n'en trouvait plus à qui porter secours. Concile nécessaire, là nature même nous l'enseigne dans le corps humain, où ce qu'un membre ne peut isolément, tous le peuvent par leur concours : en effet, la nature semble nous avoir donné deux mains, deux yeux et deux pieds, afin que ce petit monde, se réunissant comme en concile, puisse s'aider et se défendre; car la main lave la main, le pied soutient le pied, le côté droit affermit le côté gauche et réciproquement. Et qui ne sait que, dans le concile des Pères, les affaires les plus graves de l'Eglise une, sainte, catholique et apostolique, se traitent avec plus de prudence, se définissent avec plus de maturité, s'approuvent avec plus de solennité, et sont acceptées plus volontiers par tous les peuples. Et ce n'est pas témérairement qu'il a été dit : *La multitude des sages est la santé de l'univers* (Sap. 6); et encore : *Là est le salut, où il y a beaucoup de conseils* (Prov. 11). Moïse ne porte ses lois que dans le concile de la synagogue, c'est en concile qu'il fait l'aspersion du sang de l'alliance : ce n'est qu'en concile que les apôtres élisent Mathias, les sept diacres, et dressent les premiers décrets du droit ecclésiastique. Et où le Symbole des apôtres a-t-il été plus amplement expliqué et défendu, que dans les quatre conciles de Nicée, d'Ephèse, de Constantinople, de Chalcédoine? Où a-t-on fait le discernement des écritures canoniques, sinon dans les conciles de Laodicée et de Carthage? Où a-t-on convaincu les hérétiques et condamné les hérésies, si ce n'est dans les conciles de Latran, de Constance, d'Antioche et de Vienne? Quand a-t-on mieux réformé les mœurs, tant du peuple et des princes que du clergé, sinon dans les conciles de Grégoire VII, Alexandre III, Urbain II? L'union des nations discordantes a-t-elle jamais été plus heureusement rétablie que dans les conciles de Latran et de Florence? La rage des Turcs a-t-elle jamais senti la puissance et le courage des chrétiens, comme dans le concile de Clermont, où trois cent mille hommes prirent la croix pour le rétablissement de Jérusalem? Longtemps les princes chrétiens, avec une fureur tyrannique, se sont insurgés contre la puissance de l'Eglise, devant qui ils auraient dû fléchir le genou et courber la tête. N'est-ce pas dans les saints conciles qu'ils ont été déposés, frappés d'anathème, expulsés du royaume et de l'empire? Autant en est-il des schismes, des conciliabules, des accusations injustes contre les Papes; jamais on n'y a porté remède si facilement que par des conciles légitimes. La vertu des conciles est si grande, que les poètes les introduisent parmi les dieux. Quant à Moïse, on y voit Dieu, lorsqu'il veut créer l'homme cette merveille du monde, dire presque conciliairement : *Faisons l'homme à notre image et ressemblance;* et encore, lorsqu'il veut réprimer l'audace des géants : *Venez, confondons leur langage, afin que nul n'entende la parole de son prochain.*

» Trois choses sont à considérer par le concile : la foi, les sacrements, la charité; la foi défigurée par l'hérésie, les sacrements foulés aux pieds par l'impiété; la charité anéantie par les schismes et les divisions. Tout cela réclame le secours des conciles. Mais, mes Pères, suivant le Prophète, *commencez par le sanctuaire de Dieu* (Ezéch., 9). Car c'est de là que sont partis tous les maux. Les Turcs, qui menacent continuellement nos têtes, ont pris des accroissements, non par leurs forces, mais par nos mœurs corrompues; ce ne sont pas tant des ennemis que le fléau de Dieu, ils nous attaquent, mais ce sont nos péchés qui nous abattent. Que nul de vous, mes Pères et mes Frères, ne s'irrite contre moi. *Souvenez-vous que mieux vaut la blessure de qui aime que le baiser frauduleux de qui hait* (Prov. 27). »

L'orateur fait éloge du pape Paul III, qui par ses soins avait procuré l'assemblée du concile; de l'empereur, du roi de France, du roi des Romains, du roi de Portugal, qui y donnaient les mains; des trois légats qui le présidaient. « Qui donc, s'écrie-t-il, ne s'enfermerait volontiers dans l'enceinte de ce concile, comme dans le cheval de Troie, avec les princes de l'empire et de la religion » ? Certains critiques ont blâmé cette comparaison comme peu digne. Ces critiques ignoraient qu'elle est de l'Orateur romain, qui l'emploie jusqu'à deux fois; l'évêque de Bittonto ne fait que le copier, non-seulement pour la pensée, mais presque dans toutes ses expressions. Cicéron dit en effet dans le second livre de *l'Orateur :* « De l'école d'Isocrate, comme du cheval de Troie, sont sortis des princes sans nombre. » Enfin, dans sa seconde *Philippique*, il dit au sénat même : « Je ne refuse pas de demeurer ici, comme dans le cheval de Troie, enfermé avec les premiers chefs de la république, au sein de cette auguste assemblée. » — Ainsi le blâme retombe, non pas précisément sur l'évêque; mais sur ses ignorants critiques. » — L'évêque finit sa harangue par conjurer les Pères de se rendre dignes par une sainte vie des grâces et des lumières dont ils avaient besoin (Labbe, t. XIV, col. 990 et seqq.; Pallavicin, l. 5, c. 18).

Après le discours de l'évêque de Bittonto, le premier légat récita différentes prières selon le cérémonial, et bénit trois fois le concile entier. On chanta les litanies, on lut la dernière bulle de la convocation à Trente, et le bref qui était personnel aux légats. Lorsque tout fut terminé, le premier président, après une courte exhortation aux Pères, fit les questions, et le concile les réponses que nous avons déjà vues. Alors Hercule Sévéroli, comme promoteur du concile, demanda que de tout ceci acte fût dressé. On chanta le *Te Deum :* après quoi tous les prélats se dépouillèrent de leurs habits pontificaux, et reparurent dans leur costume habituel; les présidents retournèrent à leurs logis, accompagnés des Pères et précédés de la croix.

Dans l'intervalle de la première session à la seconde, le quatrième dimanche de l'Avent, frère Antoine, de l'ordre des Carmes, prêcha devant les Pères du concile, sur l'évangile du jour, la prédication de saint Jean-Baptiste touchant l'approche du royaume de Dieu. Royaume attendu si longtemps, pour réparer la chute originelle de l'homme et détruire le règne du péché. La loi naturelle n'y suffisait point, obscurcie qu'elle est par les ténèbres de l'ignorance. La loi de Moïse fait connaître le mal, mais ne donne pas la grâce de l'éviter et de faire le bien. Cette grâce est un don de Jésus-Christ : elle nous affranchit de l'empire de la loi, non pour que nous puissions la violer, mais pour que nous l'accomplissions au fond de notre cœur, et que pour la gloire de Dieu nous fassions même plus que la loi n'exige. Loin de nous cette prétendue liberté évangélique, que quelques-uns mettent en avant pour pécher avec plus de liberté, et fouler aux pieds les vœux, le célibat, les prières, les jeûnes, les institutions de l'Eglise ! Ces œuvres sont précisément les dignes fruits, les consolations, les délices, de cette liberté chrétienne que nous procure la grâce : grâce qui n'est pas restreinte à une époque, mais a été communiquée et sous la loi de nature et sous la loi de Moïse; seulement, à la venue du Christ, elle se répand avec plus d'abondance, afin d'établir le royaume de Dieu par toute la terre, comme il est effectivement arrivé malgré les Juifs, malgré les philosophes, malgré les empereurs idolâtres. Mais, aujourd'hui, que voyons-nous ? cet empire universel réduit à un coin de l'Europe, où il est agité en tous sens, comme une barque au milieu de la tempête. Déjà il me semble voir Jésus marchant sur les flots, et nous disant : Ayez confiance, c'est moi, ne craignez point. L'orateur exhorte les Pères, réunis au nom de Jésus, à tout faire pour la gloire de Jésus, sans aucune considération humaine (Labbe, t. XIV, col. 999).

Après plusieurs réunions particulières et une réunion ou congrégation générale, la seconde session se tint au jour indiqué, le 7 janvier 1546. Jean Fonseca, évêque de Castellamare, chanta la messe solennelle; Coriolan Martiran, évêque de Saint-Marc, fit le discours. « On dit bien vrai que la barque de Pierre peut être agitée, mais non submergée. On l'a vu bien des fois, mais jamais plus clairement que de nos jours. Emportée par les flots de nos crimes, elle périclitait au milieu des écueils, des ténèbres et des tempêtes, disloquée et prête à s'entr'ouvrir, sans voile, sans gouvernail et sans rames, flottant au gré des vents, lorsque celui qui calme la mer éleva le phare du concile sur les hauteurs de Trente. Aussitôt elle s'y réfugie comme dans un port, mais tellement brisée que, si vous ne réparez promptement ses avaries, elle périra dans le port même. La sainte Eglise, notre mère, implore votre assistance et votre compassion. Le peuple chrétien, gisant et gémissant à vos pieds, vous demande un remède à ses plaies mortelles. Lorsque, ému de pitié et de douleur, je raconte ses misères et ses souffrances, écoutez-moi comme un homme de ce peuple, comme un ignorant qui, s'il lui avait été permis, ne serait pas monté en cette chaire.

» Il y a deux points sur lesquels la chrétienté est excessivement malade, la religion et les mœurs : c'en est fait de l'un et de l'autre, si vous n'y remédiez promptement. » Commençant par les mœurs, il fait un tableau effrayant de leur corruption, et s'écrie : « Voyez Rome, placée au milieu des nations pour resplendir comme un luminaire; regardez l'Italie, la Gaule, l'Espagne : vous ne trouverez ni état, ni sexe, ni âge, ni membre qui ne soit corrompu, infecté, pourri. Est-il besoin de paroles? Les Scythes, les Africains, les Thraces ne vivent pas d'une manière plus impure et plus criminelle. Oh! si j'osais dire la même chose, si ce que mon esprit a conçu depuis longtemps, je ne croyais pas intempestif de le produire au grand jour, je découvrirais la cause de cette grande ruine, l'origine de ce grand incendie, je dirais... Mais, oui, je le dirai, non, je ne le tairai point; j'élèverai la voix comme une trompette du haut de ce beffroi, comme une mère qui enfante.

» O pasteurs ! ô cités placées sur la montagne, qui devrions briller avec plus d'éclat que le soleil, c'est nous qui, par l'exemple, plus pernicieux que la flamme, avons égorgé les brebis du Seigneur; c'est en regardant à nos mœurs et à notre vie, c'est en nous croyant d'autant plus sages qu'elles nous voyaient plus élevés en dignité, c'est en réglant leur vie sur la nôtre qu'elles sont tombées avec nous dans ces gouffres, d'où il n'y a d'autre moyen de sortir, si ce n'est en remontant par où nous sommes tombés. Jamais nous ne rétablirons l'édifice écroulé par notre faute, si nous ne jetons de nouveau les mêmes fondements que Jésus-Christ, si nous ne revenons aux principes sur lesquels Jésus-Christ a fondé l'Eglise dans l'origine : la probité, l'humilité, la pauvreté, la charité.

» Voyez ensuite les plaies de la religion, attaquée par trois espèces d'ennemis. Les transfuges déclarés, qui bouleversent tout, détruisent les sacrements, assujétissent tout à la fatalité, nous attaquent avec nos propres armes, l'Ecriture sainte, qu'ils mutilent, déchirent et torturent. Des ennemis occultes, qui, faisant mine d'être des nôtres, pervertissent non-seulement des individus, mais quelquefois des villes entières. Enfin les Turcs, les Ottomans, qui depuis deux cents ans ne cessent d'enlever à la chrétienté des peuples et des provinces, et de la resserrer dans des limites toujours plus étroites. » C'est à sauver l'Eglise contre ces trois espèces d'ennemis que l'évêque exhorte les Pères du concile (Le Plat, *Monumenta conc. Trid.*, t. I, p. 32-38).

Après ce discours, on fit les prières ordinaires ; ensuite Ange Massarelli, secrétaire du cardinal Cervini et choisi par l'assemblée deux jours auparavant pour servir provisoirement de secrétaire au concile, jusqu'à ce qu'on eût pourvu définitivement à cette place, lut, au nom des légats, une exhortation à tous les Pères. Elle avait été composée par le cardinal Polus, l'un des présidents, dernier rejeton de la royale dynastie des Plantagenet. On y respire le véritable esprit de l'Eglise, l'Esprit de Dieu, comme dans les lettres de sainte Catherine de Sienne, dont on sent que les consolantes prophéties vont s'accomplir. « Ce qui est surtout nécessaire aux Pères du concile, comme à des nautonniers sur une mer orageuse, c'est la vigilance; vigilance pour ne pas donner dans les écueils semés sur la route; vigilance courageuse pour ne pas se laisser accabler par la grandeur des affaires, comme par les flots. Il y a trois choses qu'il faut atteindre : l'extirpation des hérésies, la réformation de la discipline et des mœurs, la paix extérieure de toute l'Eglise; mais cela, il ne faut pas nous imaginer qu'aucun de nous ni que tous ensemble nous puissions le faire : c'est Jésus-Christ seul. Penser autrement, ce serait, après avoir délaissé la source d'eau vive, nous creuser des citernes rompues; car ces citernes sont tous les conseils qui partent de notre prudence, et non de l'Esprit de Dieu, et qui augmentent le mal au lieu de le guérir : le passé peut nous servir de leçons. Mais ce n'est point assez de confesser notre impuissance. Le Prince des pasteurs a pris sur lui les péchés de nous tous, comme s'il les eût commis lui-même : ce qu'il a fait par charité, nous le devons par justice, prendre sur nous les péchés de tout le monde, parce que nous en sommes en grande partie la cause. D'où viennent ces hérésies qui pullulent de notre temps comme des ronces et des épines? N'est-ce point parce que nous avons négligé de cultiver le champ du Seigneur et d'y semer le bon grain? D'où vient la décadence de la discipline et des mœurs? Pouvons-nous en nommer un autre auteur que nous-mêmes ? Coupables sur ces deux premiers chefs, pouvons-nous encore attribuer à d'autres les guerres dont on nous punissent? Et pourquoi rappelons-nous ces choses? est-ce pour vous confusionner? Loin de nous! mais pour vous exhorter comme nos bien-aimés pères et frères, nous exhorter d'abord nous-même, à prévenir par notre réviscence de plus grands châtiments : Car, dit l'Ecriture, *un jugement formidable est réservé à ceux qui président*; et ce jugement, nous le voyons commencer par la maison de Dieu.

Ce qui nous donne grande confiance que l'Esprit divin est descendu sur nous, c'est que nous en voyons plusieurs pleurant leurs péchés et ceux de notre ordre. Un autre gage de la Miséricorde divine, c'est la réunion même de ce concile, pour relever les ruines de l'Eglise. Prenons pour modèle ce que nous lisons dans Esdras, Néhémie et Daniel, lorsqu'il fut question de finir la captivité de Babylone et de rebâtir le temple et la ville de Jérusalem. Chefs et peuples confessèrent leurs péchés et implorèrent la miséricorde de Dieu : dès lors tout leur réussit, malgré tous les obstacles. Enfin, nous sommes ici les conseillers et les juges des douze tribus d'Israël, c'est-à-dire de tout le peuple de Dieu : comme tels, nous devons agir de la manière que Dieu et les hommes nous recommandent, n'avoir ni colère, ni haine, ni prédilection pour personne, pas plus pour les princes, ecclésiastiques ou séculiers, que pour d'autres; mais rappelons-nous toujours que nous procédons ici en la présence de Dieu, de ses anges et de l'Eglise universelle (Labbe, t. XIV, c. 973 et seqq.; Le Plat, t. I, p. 38-46). »

Après cette exhortation, l'évêque de Castellamare

lut du haut de la chaire les constitutions du Pape, tant celles qui concernaient le jour de l'ouverture que celles qui interdisaient l'exercice du droit de suffrage par procureur. Vint ensuite le décret de la manière de vivre et des autres choses qui se devaient observer pendant le concile.

« Le saint concile de Trente, légitimement assemblé dans le Saint-Esprit, les trois légats du Siége apostolique y présidant, reconnaissant avec l'apôtre saint Jacques *que tout bien excellent et tout don parfait vient d'en-haut et descend du Père des lumières, qui départ la sagesse avec abondance et sans reproche à tous ceux qui la lui demandent* (Jacob., 1, 17); et sachant aussi que *la crainte du Seigneur est le commencement de la sagesse* (Ps. 110, 10), a résolu d'abord et jugé à propos d'exhorter, comme il fait aujourd'hui, tous et chacun des fidèles chrétiens qui se trouvent à présent dans cette ville de Trente, de se corriger des vices et des péchés qu'ils peuvent avoir commis jusqu'ici, pour vivre dorénavant dans la crainte de Dieu et s'abstenir des désirs de la chair; de s'appliquer à la prière, de fréquenter les sacrements de pénitence et d'eucharistie, de visiter souvent les églises; et que chacun enfin s'efforce de tout son pouvoir d'accomplir les commandements du Seigneur, et fasse tous les jours quelques prières particulières pour la paix entre les princes chrétiens et pour l'union de l'Église.

» Quant aux évêques et tous les membres de l'ordre sacerdotal qui composent dans cette ville le concile général, ou qui y assistent, qu'ils s'appliquent assidûment à bénir Dieu et à lui présenter continuellement l'offrande de leurs prières et de leurs louanges; et qu'au moins chaque dimanche, le jour auquel Dieu a créé la lumière, auquel Notre Seigneur est ressuscité et a répandu le Saint-Esprit sur ses disciples, ils aient soin d'offrir le sacrifice de la messe; faisant, comme le Saint-Esprit l'ordonne par l'Apôtre, *des supplications, des prières, des demandes et des actions de grâces* (1. Tim., 2, 1) pour notre Saint-Père le Pape, pour l'empereur, pour les rois et pour tous ceux qui sont élevés en dignité, et généralement pour tous les hommes, afin que nous menions une vie paisible et tranquille, que nous jouissions de la paix et que nous puissions voir l'accroissement de la foi.

» Le saint concile les exhorte, de plus, à jeûner au moins tous les vendredis, en mémoire de la passion de Notre Seigneur, et à faire des aumônes aux pauvres; il demande que, dans l'église cathédrale, on dise tous les jeudis la messe du Saint-Esprit, avec les litanies et les autres prières ordonnées à ce dessein; et que, dans les autres églises, on dise le même jour au moins les litanies et les prières; et que surtout, pendant la célébration des sacrés mystères, on s'abstienne de toutes sortes d'entretiens et de discours frivoles; qu'on soit attentif à ce que fait le célébrant, et qu'on y réponde aussi bien de l'esprit que de la bouche.

» Et parce qu'il faut que les évêques se montrent irréprochables, sobres, chastes et intelligents dans la conduite de leur propre famille (1. Tim., 3, 2), le saint concile les exhorte, premièrement, à observer chacun à sa table une telle frugalité, qu'il n'y ait aucun excès ni superfluité dans les mets. Et comme c'est là d'ordinaire qu'on se laisse le plus aller à des discours vains et inutiles, qu'ils fassent faire pendant leur repas quelque lecture de l'Écriture sainte. Ensuite, à l'égard des domestiques, que chacun ait soin de les instruire et de les avertir de n'être point querelleurs, ivrognes, débauchés, intéressés, arrogants, blasphémateurs ni déréglés dans leurs mœurs, mais qu'ils évitent toute sorte de vices, s'affectionnent à la vertu, et, dans toutes leurs actions, leurs habits et leur manière extérieure, ils fassent voir une modestie et une honnêteté dignes des serviteurs et domestiques des ministres de Dieu.

» Au surplus, le soin, l'attention et le dessein principal du saint concile étant de dissiper les ténèbres des hérésies qui depuis tant d'années ont couvert toute la face de la terre, en réformant tout ce qui pourra avoir besoin de réforme, et faisant paraître en son jour la pureté, l'éclat et la lumière de la vérité catholique, à la faveur et par la protection de Jésus-Christ, qui est la lumière véritable, il exhorte tous les catholiques qui se trouvent ici assemblés, ou qui s'y trouveront dans la suite, particulièrement ceux qui sont versés dans les saintes lettres, de s'appliquer chacun avec une sérieuse attention à la recherche et à la découverte des moyens par lesquels une si sainte intention puisse être remplie et heureusement conduite à sa fin. De manière que, par les voies les plus promptes, les plus prudentes et les plus convenables, on parvienne à condamner ce qui se trouvera condamnable, et à approuver ce qui sera digne d'approbation; et qu'ainsi, par toute la terre, tous les hommes puissent, d'une même bouche et par une même profession de foi, bénir et glorifier Dieu, Père de Notre Seigneur Jésus-Christ.

» Au reste, dans les suffrages, conformément au statut du concile de Tolède, lorsque les prêtres du Seigneur tiendront leur séance dans le lieu de bénédiction, aucun ne doit s'emporter jusqu'à troubler l'assemblée par des bruits et des tumultes indiscrets, ou par des cris et des paroles inconsidérées, ni par des contestations vaines, opiniâtres et mal fondées; mais chacun tâchera d'adoucir tout ce qu'il aura à dire, par des termes si affables et des expressions si honnêtes, que ceux qui les entendront n'en soient pas offensés, et que la droiture du jugement ne soit point altérée par le trouble de l'esprit.

» Enfin, le saint concile a ordonné et déclaré : s'il arrive par hasard que quelques-uns n'aient pas séance en la place qui leur est due, et soient obligés de donner leur avis, même par le mot de *Placet* (c'est-à-dire *Je le trouve bon*), et d'assister aux assemblées ou avoir part à quelque autre acte que ce puisse être, pendant le concile, personne dans la suite n'en souffrira pour cela préjudice, personne non plus n'en pourra prétendre l'acquisition d'un nouveau droit (Labbe, t. XIV, col 741). »

Les Pères interrogés, selon la coutume, si ce décret leur plaisait, l'approuvèrent généralement, sauf deux oppositions. La première, de Guillaume Dupré, évêque de Clermont : il demanda que, dans le décret où l'on ordonnait des prières pour l'empereur et pour les autres princes en général, on exprimât nommément le roi de France. Cette demande avait déjà été présentée par les Français dans la congrégation précédente, et, comme on leur avait répondu que ce serait exciter la jalousie des autres princes qui ne seraient pas également nommés, ou que, si on voulait les nommer tous, on tomberait dans les discussions les plus fastidieuses de préséance, ils insistèrent en alléguant que, puisque leur roi était le seul avec l'empereur dont le Pape fît mention dans la bulle de convocation du concile, il pouvait bien aussi être le seul qui fût nommé dans le décret. Néanmoins, la majorité fut d'avis d'ajourner la décision pour le roi des Romains. Ce qui contribua le plus à déterminer les Français à se désister, ce fut l'usage où est communément l'Église de ne faire, dans la prière du vendredi saint, mention d'aucun autre prince séculier que de l'empereur.

La seconde opposition qu'éprouva le décret vint de la part de plusieurs évêques qui se plaignirent de l'omission de ces mots : *représentant l'Eglise universelle;* formule employée avec une affectation schismatique par le concile de Bâle, et qui, pour cette raison, inspirait une juste défiance aux légats et à la majorité des Pères. Les opposants étaient : un Français, l'archevêque d'Aix; quatre Espagnols et cinq Italiens. Ensuite on demanda aux Pères s'ils étaient d'avis que, pour éviter des longueurs inutiles on regardât comme faite la lecture des autres bulles pontificales que l'évêque de Castellamare tenait alors à la main; s'ils voulaient assigner tels emplois à telles personnes; et là on nomma celles qui avaient eu les suffrages dans les congrégations précédentes; et enfin s'il leur convenait de fixer la session prochaine au quatrième jour de février. L'assemblée répondit à toutes ces questions par un assentiment unanime (Pallavicin, l. 6, c. 5).

Dans la congrégation du 13 janvier, le premier légat se plaignit de quelques Pères qui, contrairement au rejet qu'on avait fait dans l'assemblée du 5, du titre magnifique du concile *représentant l'Eglise universelle,* n'avaient pas eu honte, dans la session solennelle, de s'opposer pour cette raison à la rédaction du décret; et là furent déduites tout de nouveau les raisons nombreuses qu'on avait de s'abstenir de ce titre. L'usage des plus anciens conciles s'y opposait; on ne l'avait pas même fait à Constance, si ce n'est dans certains actes plus importants, comme lorsqu'on eut à procéder contre un usurpateur du premier Siège, ou à condamner de nouveaux hérésiarques; l'emphase de cette épithète allait mal à une assemblée composée de si peu de prélats et si pauvre en ambassadeurs; il ne fallait pas s'exposer aux bons mots des Luthériens, qui ne manqueraient pas de rappeler l'ancien proverbe, que *c'est le propre des hommes petits de se dresser sur la pointe des pieds.* Mais rien ne servit plus à apaiser les opposants, qu'une observation du frère Jérôme Séripand, général des Augustins.

Persuadé que ce qui rend si difficile la conciliation d'opinions opposées, c'est la répugnance qu'on éprouve à s'avouer vaincu dans la discussion, il fit voir qu'il ne s'agissait pas de bannir ce titre à jamais, mais de le réserver à des temps meilleurs, lorsque le concile serait dans un état plus florissant, et pour des questions dont l'importance répondrait à la majesté de ce titre. Ainsi, cachant sous le nom *d'ajournement* leur désistement réel, ces évêques se retirèrent honorablement du combat. Ils voulurent cependant qu'on ajoutât au décret précédent les épithètes *d'œcuménique* et d'*universel,* puisque le souverain Pontife les appliquait lui-même au concile dans la bulle de convocation. Et de cette nouvelle disposition prise à l'égard d'un décret fait antérieurement, il résulta qu'il en parut quelques exemplaires où était cette addition, et quelques autres où on ne la trouvait pas. Le seul évêque de Fiésole s'était tellement infatué de ce titre brillant, que, dans une autre assemblée générale où il s'agissait d'arrêter la forme du décret sur le symbole de la foi, il protesta que sa conscience lui défendait de jamais consentir à un décret qui manquait de cet ornement indispensable, et il refusa de s'en rapporter, comme le lui conseilla le cardinal Polus, à l'avis de la majorité consultée une dernière fois. Le premier président le reprit de cette sortie; mais la réprimande la plus mortifiante pour lui, ce fut de se trouver abandonné de tout le monde dans cette prétention dont on était fatigué. Les Pères furent indignés de voir un de leurs collègues récuser l'autorité unanime de ceux qui étaient assemblés pour donner au monde chrétien des décisions qui tiendraient lieu de loi.

Dans les congrégations du 18 et du 22 janvier, on discuta longuement et vivement si l'on traiterait d'abord des dogmes ou si l'on commencerait par la réforme. Le Pape pensait que le concile ne devait s'occuper que de la foi; l'empereur, pour plaire aux protestants, voulait que l'on commençât par la réforme : ce qui était vouloir tirer les conséquences avant d'avoir posé les principes, vouloir couronner un édifice avant d'en avoir assuré les fondements. Pour concilier le tout, les légats proposèrent de s'occuper à la fois du dogme et de la réformation. La majorité parut de cet avis dans l'assemblée du 18; mais dans celle du 22, le cardinal de Trente lut un discours qui fit revenir la majorité au sentiment de l'empereur. Le premier président, le cardinal del Monte, avant qu'elle se fût expliquée, prit son parti en homme habile. Il dit qu'il remercîait Dieu d'avoir inspiré au cardinal de Trente la pensée si ecclésiastique de commencer la réforme de la chrétienté par eux-mêmes; il s'offrait sur-le-champ, comme il était le premier en dignité, à donner aussi le premier l'exemple; il se démettrait de son évêché de Pavie, il laisserait tout ce qu'il y avait de brillant dans son train, et il réduirait sa cour; chacun des autres en pourrait faire autant, et la réforme des Pères serait consommée en peu de jours, à la grande édification du monde chrétien; mais il ne fallait pas pour cela ajourner les décisions dogmatiques, ni souffrir que tant de chrétiens continuassent, au risque de se perdre, à vivre au milieu de ténèbres imputables au concile chargé de les dissiper; la réforme de la chrétienté était une affaire de difficile exécution et qui demanderait beaucoup de temps; il y avait besoin de réforme ailleurs qu'à la cour romaine; si on criait plus contre elle, ce n'était que qu'elle fût la plus vicieuse, mais la plus en évidence; les abus se retrouvant dans tous les ordres, tout habit avait besoin de la brosse et tout champ du râteau; il ne convenait pas d'attendre la fin d'un travail si long pour éclairer les fidèles sur la véritable doctrine du Sauveur, et de laisser, en attendant, s'engloutir dans les abîmes du Cocyte, comme parle l'Ecriture, tant d'âmes qui pensaient traverser les eaux du Jourdain.

Ces paroles du légat furent comme un enchantement qui changea à l'heure même le visage et le cœur de chacun. On avait cru jusqu'à ce jour que les prélats romains ne redoutaient rien tant que leur propre réforme, et que la foi et les dogmes n'étaient que des mots spécieux avec lesquels ils se paraient des apparences du zèle. Mais à cette bonne volonté des légats pour l'exécution prompte de la réforme, chacun des évêques demeura étonné et satisfait. Le cardinal de Trente seul fut mortifié; il était, en entrant, à la tête de tous et pour ainsi dire triomphant avant de combattre, et il se voyait tout à coup seul, abandonné, et de censeur ardent des autres, devenu l'objet d'une critique indirecte qui le signalait comme ayant besoin lui-même de réforme, à cause de l'opulence de ses revenus ecclésiastiques et de la magnificence du train qu'il menait. Il protesta donc, au milieu de son trouble, qu'on avait mal pris ses paroles, qu'il n'avait voulu attaquer personne, qu'il était persuadé qu'il y avait tel évêque qui administrait mieux deux évêchés que tel autre un seul; que, quant à lui, il était disposé à se démettre de celui de Brixen, quand le concile le jugerait à propos.

Le cardinal Cervini, second président, développant la pensée de son collègue, ajouta que les Pères agissaient sous les yeux d'un juge qu'on ne pouvait tromper : si, au préjudice de leurs propres intérêts, ils cherchaient ceux de Dieu, ils acquerraient des droits à la vénération du monde entier; pour être digne de cette récompense, ce n'était pas la paille des paroles qu'il fallait, mais l'or des actions. Ensuite il montra la nécessité de ne pas négliger les décisions de foi, à l'exemple de ce qui se faisait dans les anciens conciles, à une époque où pourtant le monde n'était pas exempt d'abus. Ce même sentiment fut embrassé par le cardinal Polus et par le cardinal espagnol Pachéco; ce dernier ajouta que la réforme ne devait pas se borner à une classe de personnes, qu'elle devait être universelle. Vint après le général des Servites, qui opina dans le même sens; il établit, avec les propres paroles des hérétiques, qu'eux-mêmes imputaient la démoralisation dans les ecclésiastiques à la religion qu'ils avaient dénaturée; que la corruption est la compagne inséparable de l'impiété : si donc on ne décidait pas d'abord les vérités de la religion, quelque grande amélioration qu'on fit dans ce qui regardait la discipline, les hérétiques n'approuveraient jamais comme honnête la vie de ceux dont ils jugeaient la croyance sacrilège. L'opinion qu'on ne devait pas préférer les règlements de discipline aux discussions de foi prévalut donc; quelques-uns allèrent jusqu'à dire que, si une de ces deux matières devait se différer pour ne pas le faire à l'autre, il serait plus convenable de commencer exclusivement par la foi.

Mais la raison qui convainquit le plus fortement de la nécessité d'embrasser les deux matières en même temps, ce fut la considération des derniers mots prononcés à Worms à la fin de la diète précédente : on avait dit que dans le cas où, à l'époque de la diète suivante indiquée pour être tenue prochainement à Ratisbonne, on n'aurait pas l'espérance de recevoir de la part du concile un remède convenable à l'un et à l'autre mal, on y pourvoirait au moyen d'une assemblée impériale. On ne pouvait donc pas négliger l'un ou l'autre, sans s'exposer au danger de voir les laïques en prendre soin, au grand applaudissement des hérétiques, et à la honte de l'Église, dont la paix serait troublée. D'autres résolutions moins importantes furent arrêtées dans cette congrégation.

Le Pape voulait d'abord que le concile s'occupât exclusivement de la foi, dans la crainte qu'à propos de réforme, quelques esprits brouillons ne vinssent renouveler à Trente la confusion de Bâle : et de fait, l'évêque de Fiésole était un peu de ce caractère. Mais quand il sut comment les choses s'étaient passées, Paul III acquiesça au parti qu'on avait pris (Pallavicin, l. 6, c. 7 et 8).

La troisième session eut lieu le 4 février 1546 : Pierre Tagliava, archevêque de Palerme, chanta la messe : le sermon fut prononcé en latin par le frère Antoine Polite, de Sienne. Ce Dominicain, d'abord professeur de droit civil dans le siècle, y avait eu le premier légat pour disciple, et puis évêque de Minori, devint enfin archevêque de Conza. Sa dévotion pour la sainte de son pays et de son ordre lui fit prendre le nom de Catharin; il est resté célèbre dans l'école, où pourtant on admire plus son génie qu'on ne suit sa doctrine.

Il commence par bénir le Père des miséricordes qui lui avait enfin donné de voir ce concile si longtemps attendu. Mais il n'est pas encore sans inquiétude. « Plus le concile doit faire de bien, plus Satan lui suscitera d'obstacles. Le Seigneur vous en prévient, en disant à Pierre : *Simon, Simon, voici que Satan vous a demandé à cribler comme du froment; mais moi j'ai prié pour toi, afin que ta foi ne défaille point; lors donc que tu seras converti, confirme tes frères*. Tout cela vous regarde, ô saint concile, car dans un sens spirituel vous êtes Pierre, puisque celui qui tient les clés de Pierre est au milieu de vous, comme votre chef. Prenez donc garde au cribleur. En criblant le sénat apostolique, il en gagna un sur douze. L'Église est un corps dont le chef est Jésus-Christ, de qui le vicaire en terre est Paul III. Qui n'est pas sous le chef, n'est pas dans le corps; qui méprise le vicaire, méprise le Seigneur, il est tombé du crible, et n'appartient plus au Christ, mais à Satan. Craignez donc, pendant la secousse, de tomber du crible. Voyez Pierre lui-même; il dit d'abord avec assurance : *Quand il me faudrait mourir avec vous; je ne vous renierai point*; et bientôt il le renie en tremblant à la voix d'une servante. Mes Pères, l'esprit du mal a encore deux servantes bien à craindre. Vous demandez lesquelles ? La première n'est pas loin de chacun de nous; c'est à chacun sa propre chair : la seconde est la convoitise de la gloire humaine, l'ambition, la mère et la nourrice de tous les hérétiques; car, enflée de sa présomption magistrale, elle ne sait ni écouter, ni se taire, ni apprendre, mais brûle d'enseigner toujours et de parler. » L'orateur prémunit ensuite les Pères contre la crainte des puissances du siècle, qui voudraient abuser du concile pour leurs intérêts particuliers, et leur rappelle ce précepte du Seigneur : *Ne craignez point ceux qui tuent le corps, et qui ne peuvent davantage. Mais craignez celui qui, après avoir tué le corps, peut envoyer l'âme dans la géhenne du feu*; je vous le dis, craignez celui-là (Labbe, t. XIV).

Après ce discours, eut lieu la solennelle profession de foi par tout le concile.

Nous avons vu que les apôtres, avant de se séparer pour marcher à la conquête spirituelle du monde, dressèrent le Symbole ou abrégé de la foi qu'ils allaient prêcher à toutes les nations. C'est la substance de ce que Dieu a dit à nos pères, par les patriarches et les prophètes, et enfin par son propre Fils. Ce Symbole, chaque fidèle le récitait devant l'évêque à son baptême, chaque martyr ou confesseur, devant le tribunal des persécuteurs. Lorsque l'hérésie arienne attaque la doctrine de ce Symbole, l'Église, à peine sortie des catacombes et portant encore les stigmates de la persécution, se rassemble à Nicée : là elle explique, développe et sanctionne ce Symbole héréditaire, comme la loi inviolable de la foi, de l'espérance et de la charité chrétiennes, que pendant trois siècles elle n'a cessé de cimenter de son sang. Douze siècles plus tard, lorsqu'une nouvelle hérésie reproduit presque toutes les anciennes, l'Église de Dieu lui oppose cette même profession de foi, comme un bouclier impénétrable aux traits enflammés de l'ennemi.

L'archevêque de Sessari lut donc le decret suivant du Symbole de la foi :

« Au nom de la sainte et indivisible Trinité, Père, Fils, et Saint-Esprit.

» Le saint et sacré concile de Trente, œcuménique et général, légitimement assemblé dans le Saint-Esprit, les trois mêmes légats du Siége apostolique y présidant : considérant la grandeur et l'importance des choses à traiter, et principalement ces deux points capitaux, l'extirpation des hérésies et la réformation des mœurs, qui ont particulièrement donné lieu à cette assemblée : et reconnaissant avec l'Apôtre, *qu'il n'a point à combattre contre la chair et le sang, mais contre les esprits de malice dans les régions célestes* (Ephes., 6, 12) ; il exhorte avec le même Apôtre tous et chacun en particulier, avant toutes choses, *qu'ils mettent leur force et leur confiance au Seigneur et en la puissance de sa vertu, prenant en main, en toute occasion, le bouclier de la foi, pour pouvoir amortir et éteindre tous les traits enflammés du malin esprit* (Ibid., v. 16) ; et qu'ils s'arment encore du casque de l'espérance du salut, avec le glaive spirituel, qui est la parole de Dieu. Dans cet esprit donc, et afin que son pieux travail soit accompagné, dans son commencement et dans la suite, de la grâce et de la bénédiction de Dieu, il a résolu et prononcé, pour première ordonnance, qu'il faut d'abord commencer par la profession de foi, suivant en cela les exemples des Pères, qui, dans les plus saints conciles, ont accoutumé d'opposer ce bouclier contre toutes les hérésies au commencement de leurs actions. Ce qui leur a si bien réussi que quelquefois, par ce seul moyen, ils ont attiré les infidèles à la foi, forcé les hérétiques et confirmé les fidèles. Voici donc le Symbole dont se sert la sainte Église romaine, et que le concile a jugé à propos de rapporter en ce lieu, comme étant le principe dans lequel conviennent nécessairement tous ceux qui font profession de la foi de Jésus-Christ, et comme le fondement ferme et inébranlable contre lequel les portes de l'enfer ne prévaudront jamais. Le voici mot à mot, tel qu'il se lit dans toutes les églises :

« Je crois en un seul Dieu, le Père tout-puissant,
» Créateur du ciel et de la terre, de toutes les choses
» visibles et des invisibles : et en un seul Seigneur
» Jésus-Christ, Fils unique de Dieu ; et né du Père
» avant tous les siècles : Dieu de Dieu ; Lumière de
» lumière ; vrai Dieu de vrai Dieu ; engendré et non
» fait ; consubstantiel au Père ; par qui toutes choses
» ont été faites ; qui pour nous hommes et pour
» notre salut est descendu des cieux et a pris chair,
» a été incarné de la vierge Marie par la vertu du
» Saint-Esprit, et s'est fait homme ; qui a été aussi
» crucifié pour nous sous Ponce-Pilate ; a souffert et
» a été enseveli ; qui est ressuscité le troisième jour
» selon les Ecritures ; et est monté au ciel ; est assis
» à la droite du Père ; et viendra une seconde fois
» avec gloire juger les vivants et les morts ; duquel
» le règne n'aura point de fin : et au Saint-Esprit,
» Seigneur et vivifiant, qui procède du Père et du
» Fils ; qui, avec le Père et le Fils, est conjointe-
» ment adoré et glorifié ; qui a parlé par les pro-
» phètes : et l'Église, une, sainte, catholique et
» apostolique. Je confesse un baptême, pour la ré-
» mission des péchés, et j'attends la résurrection
» des morts et la vie du siècle à venir. Ainsi soit-il. »

Priés de dire leur avis sur ce décret, le premier légat et ensuite tous les Pères répondirent : Il nous plaît, nous le croyons ainsi. Il n'y eut que trois évêques qui voulurent y faire ajouter quelque chose ; leur demande fut écrite sur un billet qu'ils remirent à l'assemblée, afin d'éviter le scandale qu'aurait produit une opposition de vive voix : l'un était celui de Fiésole ; il déclarait dans son billet qu'il ne pouvait approuver ce décret ni aucun autre, à moins qu'on ne donnât au concile le titre auquel il avait droit, de *représentant l'Église universelle*. Les deux autres furent les évêques de Cappacio et de Badajoz : ils déclaraient qu'ils consentaient à l'omission du titre en question, pour cette fois, à condition que le concile conserverait le droit de l'ajouter quand il le jugerait à propos.

Dans un second décret, on fixa la prochaine session au 8 avril : ce terme était bien reculé ; mais on se proposait, par ce délai, de donner plus de force et d'autorité aux décisions qu'on prendrait ; car on savait que plusieurs évêques étaient déjà en route et que d'autres se préparaient à partir pour le concile. On convint de ne pas interrompre l'examen des points qu'on croirait susceptibles de devenir le sujet des décisions. Les trois évêques signalés plus haut firent encore des observations pareilles aux premières (Pallavicin, l. 6, c. 9).

Pendant que l'Église catholique, toujours une, proclamait au concile de Trente la foi toujours une des patriarches, des prophètes, des apôtres, des martyrs, la foi de tous les siècles et de tous les pays chrétiens, l'Allemagne protestante allait toujours se divisant d'avec la catholicité et d'avec elle-même, et s'enfonçant de plus en plus dans l'anarchie religieuse et intellectuelle, où nous la voyons encore plongée après trois siècles. L'auteur de cette funeste anarchie, le moine apostat de Wittemberg, mourut le 18 février 1546 ; il mourut à peu près comme Julien l'apostat, qui fut lui-même clerc et moine. En opposition avec l'Église catholique, en opposition avec les Zwingliens, les Calvinistes, les Anabaptistes, les Sacramentaires, les Anglicans, en opposition avec lui-même, Luther devenait plus furieux avec les années. Sa lettre si emportée contre les docteurs de Louvain est de la fin de sa vie. Ce ne fut qu'une vingtaine de jours avant sa mort, le 25 janvier, qu'il écrivit la fameuse lettre où, sur ce que les Zwingliens l'avaient appelé malheureux, il s'écrie : « Ils m'ont fait plaisir; moi donc, le plus malheureux de tous les hommes, je m'estime heureux d'une seule chose, et ne veux que cette béatitude du psalmiste : Heureux l'homme qui n'a point été dans le conseil des Sacramentaires et qui n'a point marché dans les voies des Zwingliens, ni ne s'est assis dans la chaire de ceux de Zurich. » Mélanchthon et ses amis étaient honteux de tous les excès de leur chef. On en murmurait sourdement dans le parti ; mais personne n'osait parler. Si les Sacramentaires se plaignaient à Mélanchthon et aux autres qui leur étaient plus affectionnés, des emportements de Luther, ils répondaient « qu'il adoucissait les expressions de ses livres par ses discours familiers, et les consolaient sur ce que leur maître, lorsqu'il était échauffé, disait tout ce qu'il ne voulait dire (Hospin., p. 194, 199, etc.); » ce qui était, disaient-ils, un grand inconvénient, mais auquel ils ne voyaient point de remède.

Les comtes de Mansfeld, principaux soutiens du luthéranisme, se haïssaient en frères ennemis, pour un bout de territoire. Luther offrit sa médiation : elle fut repoussée par l'un d'eux comme offensante. Cependant, sur les instances de l'électeur, il se rendit à Islèbe : c'était son endroit natal. A peine en eut-il aperçu le clocher, qu'il fut saisi d'une sorte de pamoison. Revenu à lui, il dit aux assistants de ne pas s'étonner de cette syncope, œuvre du diable, qui n'avait jamais manqué de l'assaillir chaque fois qu'il avait quelque grande mission à remplir. Le lendemain de son arrivée, il avait oublié ses douleurs. Il monta en chaire dans l'église de Saint-André, où, en présence d'une foule accourue de loin, il répéta contre le Pape et les moines toutes les vieilles injures qui traînaient dans ses livres depuis vingt ans. Il avait cru en chassant les juristes auxquels les princes avaient remis leurs intérêts, ramener la paix dans la famille de Mansfeld; mais ses efforts échouèrent.

Les princes le reçurent magnifiquement et dépensèrent à le fêter les meilleurs vins du Rhin et le gibier le plus fin des forêts voisines. Luther fit honneur à ses hôtes, mangea et but en joyeux convive, jusqu'à y perdre la raison et la santé. Ennemi capital du jeûne et de l'abstinence, il mourra d'une indigestion.

Au milieu de ces tables somptueuses et de ces larges coupes qu'il vidait comme dans son adolescence, Luther épanche son humeur en sarcasmes contre le Pape, l'empereur, les moines et le diable aussi, qu'il n'oublie pas. — « Mes chers amis, dit-il, il ne nous faut mourir que quand nous aurons vu le diable par la queue (Tischreden; Islèbe, fol. 67). Je l'aperçus hier matin, qui me montra le derrière sur les tours du château (Seckendorf, l. 3, s. 36, § 134). » Alors, se levant de table, il détacha de la muraille un morceau de craie et traça sur la paroi ce vers latin :

Pestis eram vivus, moriens tua mors ero, Papa.
Vivant, j'étais pour toi la peste, ô Pape! mort, je serai ta mort.

Et il vint se rasseoir au milieu des rires des convives, qui croyaient que Dieu venait d'écrire la sentence de la papauté (Audin, *Hist. de Luther*, t. II, p. 535).

Voilà trois siècles, et la papauté vit encore. Mais il est une autre prophétie de Luther qui a peut-être eu son accomplissement. Le 21 août 1532, on se plaignait devant lui de l'oppression que souffraient les ministres et les prédicants. Luther répondit : « Il en sera autrement chez nos descendants; aujourd'hui nous sommes dans le paroxisme, la fièvre nous agite, ils nous oppresseront jusqu'à ce que nous les salissions de notre selle; après quoi ils adoreront notre fumier et le prendront pour du baume (Tischreden. Francfort, f. 347 B). » — C'est aux princes, aux peuples et aux prédicants luthériens d'Allemagne, de Danemarck, de Suède et de Norwége de nous apprendre jusqu'à quel point cette prophétie de leur patriarche s'est accomplie.

Mais revenons à Islèbe. A peine Luther eut-il écrit sur la muraille sa sentence contre le vicaire du Christ, au milieu des rires des convives, qu'il se sentit lui-même frappé d'une indicible tristesse qui ne le quitta plus. Un des convives lui présenta un verre de bière. Un autre se mit à parler à son voisin du style des Ecritures. Luther lui répondit par ce billet, qu'il laissa sur la table : « Nul ne peut comprendre les *Bucoliques* de Virgile, s'il n'a été cinq ans berger ; nul les *Géorgiques*, s'il n'a été cinq ans laboureur; nul les *Epîtres* de Cicéron, s'il n'a manié vingt ans les affaires ; nul déguster suffisamment les Ecritures, s'il n'a gouverné cent ans les églises, avec les prophètes Elie, Elisée, Jean-Baptiste, Jésus-Christ et les apôtres. Pour toi, n'entreprends pas cette divine *Enéide*, mais adores-en humblement les vestiges. En vérité, nous sommes des gueux. 16 février 1546 (Tischreden. Francfort, f. 3 B). » Ce billet fut transcrit par un des convives, Jean Aurifaber, qui l'inséra dans les *Propos de table* ou *Colloques* de Luther. Voilà comme, la veille de sa mort, Luther condamna tout le luthéranisme; car le luthéranisme consiste essentiellement à livrer à chacun l'interprétation des saintes Ecritures.

Comme on se levait de table, vint un de ses disciples de Francfort qui apportait la nouvelle de la mort du pape Paul III : c'était une rumeur répandue. « Voilà le quatrième Pape que j'enterre, dit gaîment Luther; j'en enterrerai bien d'autres. Si je meurs, vous verrez venir un homme qui ne sera pas aussi doux que moi pour la monacaille. Je lui ai donné ma bénédiction : il prendra une faucille, celui-là, et la tondra comme un épi (Florimond de Rémond, l. 3, c. 2, fol. 287; Bozius, *de Sign. Eccl.*, l. 23, c. 3; Ling. *in vitâ Luth.*, fol 4 ; Audin, p. 537). »

Le lendemain, la nouvelle se trouva fausse. La défaillance de Luther augmentant toujours, il dit aux siens qui le transportaient au lit : « Priez pour notre Seigneur Dieu et pour son évangile, afin qu'il leur arrive bonheur; car le concile de Trente et le maudit Pape sont terriblement irrités contre lui (Menzel, *Hist. des Allemands depuis la réformation*, t. II, p. 426). » — Appliquées au Dieu véritable, ces paroles sont un blasphème; mais rappelons-nous bien que le dieu de Luther est un être si méchant, qu'il nous punit non-seulement du mal que nous n'avons pu éviter et qu'il a opéré lui-même en nous, mais encore du bien que nous avons fait de notre mieux; c'est-à-dire que c'est Satan ou quelque chose de pire. Pour ce dieu-là sans doute, le concile de Trente et le Pape étaient à craindre : jamais on n'a fait un plus grand éloge de l'un et de l'autre.

Pendant la nuit du 17 au 18 février 1546, Luther éprouva de mortelles angoisses; dans lesquelles il mourut après plusieurs heures d'agonie, à l'âge de 62 ans, après avoir protesté dans ses dernières prières qu'il avait cru, confessé et prêché le Christ, mais le Christ que le Pape déshonore, persécute et blasphème : ce sont les paroles d'un historien protestant (Menzel). Sur quoi il est bon de se rappeler qu'il n'y a qu'un vrai Christ, mais qu'il y a plusieurs faux christs, comme il y a plusieurs anges de ténèbres qui se transforment en anges de lumière. Reste à voir quel Christ le successeur de saint Pierre, avec le concile de Trente, combat et maudit; si c'est le Christ, Fils du Dieu vivant, qui a dit : *Tu es Pierre, et sur cette pierre je bâtirai mon Eglise, et les portes de l'enfer ne prévaudront pas contre elle*; ou bien quelque faux christ, comme ceux qui ont aveuglé le peuple déicide, comme le dieu de ce siècle qui aveugle l'intelligence des infidèles. On saura ainsi, par contre-coup, quel Christ l'apostat Luther a cru, confessé et prêché à l'Allemagne.

Le 16 janvier de l'année précédente 1545, son dévoué protecteur à la cour de Saxe, Georges Spalatin, curé ou prédicant d'Altenbourg, avait terminé sa vie dans une grande tristesse, après qu'un curé ou prédicant eût épousé la marâtre de sa femme défunte, et que lui-même y eut donné les mains; ce qui lui causa ensuite de cuisants remords. Vainement Luther lui rappela-t-il, dans une lettre, sa téméraire doctrine sur la justification : « Croire, comme un article de foi, que, malgré tous ses crimes, on est en état de grâce. (Walch, t. X. p. 2022). » C'était donner la présomption pour remède au désespoir. Justus Jonas, superintendant de Halle; entre les bras de qui Luther mourut à Islèbe, étant lui-même plus tard au lit de la mort, se montra si désespéré et si inconsolable, que son domestique dut lui dire de gros mots pour lui redonner quelque contenance (Menzel, t. II, p. 429, note).

.. Le cardinal Pallavicin, avec assez de justesse, compare Luther à un géant, mais avorté. En effet, on n'y voit rien de complet ni de mûr; c'est une grandeur, mais informe; une énergie, mais sauvage; une science, mais indigeste; une force, mais téméraire et aveugle, qui ne songe qu'à détruire, sauf à s'irriter plus tard des ruines qu'elle a faites. Pour guérir la noire mélancolie qui le désespère, il confond la présomption avec la confiance, l'homme avec la brute, Dieu avec Satan, le bien avec le mal, les bonnes œuvres avec le crime, l'Eglise avec le monde, le sacerdoce avec le peuple, la tête avec les pieds; puis, quand il a mis l'Allemagne sens dessus dessous, il injurie tout le monde de ce qu'il n'y a plus d'accord dans les esprits, plus d'union dans les cœurs, plus de règle dans les mœurs, plus de subordination dans l'Eglise, plus de respect pour ses ministres. Et, de colère, il prédit aux Allemands que, s'ils méconnaissent alors sa voix, un jour viendra où ils adoreront son fumier et le prendront pour du baume (*Ibid.*, t. I, p. 483). Et la veille de sa mort, il écrivit sa propre condamnation : « Il faut avoir gouverné cent ans les églises avec Jésus-Christ, les apôtres et les prophètes, pour pouvoir seulement déguster les divines Ecritures; » c'est-à-dire : Je suis un fou et un misérable, moi qui, sans avoir gouverné une seule église un seul jour, me suis arrogé non-seulement de déguster les Ecritures, mais de les juger, de les admettre ou de les réprouver, de les interpréter, et de préférer mon interprétation à celle de tous les siècles et docteurs chrétiens : c'est à Rome, qui gouverne les églises, non-seulement depuis cent ans, mais depuis seize cents, avec Jésus-Christ, les apôtres, les martyrs, les saints docteurs, c'est à Rome seule qu'il appartient d'interpréter les Ecritures qu'elle a reçues en dépôt.

Ce que Pallavicin dit de Luther, on peut le dire de toute la nation allemande : c'est un peuple géant, mais avorté; géant avorté pour la religion, pour la science, pour la vertu. Fidèle et uni à l'Eglise romaine dont il a reçu l'Evangile, la science et les arts, et par là fidèle et uni à lui-même, ce peuple, naturellement religieux, eût pu convertir à l'Eglise-mère et à la vraie civilisation les peuples infidèles du Nord et de l'Orient, depuis les Russes jusqu'aux derniers Tartares. L'Allemagne, infidèle à la vocation divine, se désunit partiellement d'avec l'Eglise-mère et d'avec elle-même; elle cesse d'être une, et devient deux fractions, l'une desquelles ne cesse de se fractionner en autant de partis religieux ou irréligieux qu'il y a de têtes. Cette nation géante, s'étant ainsi mutilée, risque d'un jour à l'autre de devenir la proie d'un peuple qu'elle aurait dû convertir à l'unité catholique. Fidèle et unie à l'Eglise-mère, en qui elle eût trouvé la règle vivante de la foi, de la science et des arts, l'Allemagne, naturellement et patiemment studieuse, eût pu élever à la gloire de Dieu un ensemble régulier et monumental des sciences divines et humaines : désunie d'avec l'Eglise-mère et n'ayant plus de règle, ses travaux scientifiques n'offrent jusqu'à présent qu'un amas de matériaux et de décombres, où elle-même désespère de ramener l'unité et l'ordre, au point de déclarer que la raison humaine n'est qu'une éternelle et irrémédiable mystification d'elle-même à elle-même (Voir *le Protestantisme se dissolvant lui-même*, 2 vol. in-12. Schaffhouse, 1843). Fidèle et unie à l'Eglise-mère, en qui seule réside l'esprit de vie et de sanctification, l'Allemagne, avec ses inclinations naturellement vertueuses, eût pu briller à la nation-modèle en saints personnages et en œuvres saintes. Désunie la moitié d'avec l'Eglise-mère, lui étant faiblement unie par autre, l'Allemagne est une nation stérile de sainteté : depuis trois siècles, nulle personne, nulle action éminemment sainte; même dans la fraction demeurée fidèle, nul effort, nulle institution efficace pour régénérer le sacerdoce, le cloître et le peuple; même les révolutions politiques, ces fléaux de Dieu, ne peuvent réveiller le prêtre allemand, le moine allemand, de sa torpeur et de sa décadence; bien loin de relever le peuple, il faut que le peuple les empêche de tomber encore plus bas.

Au moyen-âge, ce qui maintenait l'unité nationale de l'Allemagne, malgré les gouvernements divers de ses villes et de ses provinces, c'était la loi fondamentale de son empire, aussi bien que de

LIVRE LXXXV. — § I. CONCILE DE TRENTE. LES DIX PREMIÈRES SESSIONS.

toutes les nations chrétiennes, savoir : pour être empereur, roi, prince, duc, ou simplement homme libre, il fallait avant tout professer la foi catholique, et être uni de communion avec le chef spirituel de la chrétienté, le vicaire du Christ. Au XVIe siècle, commencement de l'âge moderne, à la voix d'un moine, des princes et des populations révolutionnaires d'Allemagne brisent ce lien d'union nationale, européenne et universelle. Depuis ce moment, la nation allemande est en quête d'un autre lien d'unité. Voilà pourquoi, depuis trois siècles, tant de diètes, de congrès, de paix et de guerres, le tout en vain. Après les trois siècles de recherches, au lieu de son antique union des esprits et des cœurs, l'Allemagne n'a encore trouvé que l'union des douanes, l'union touchant les droits à percevoir sur les marchandises. Espérons que les esprits et les cœurs viendront après le poivre et le gingembre.

Cette lutte entre ces deux fractions, soit pour briser de plus en plus, soit pour renouer l'antique lien de son unité nationale, telle est au fond la véritable histoire de l'Allemagne depuis trois siècles.

A la célèbre diète d'Augsbourg, en 1530, les diverses fractions du protestantisme présentèrent leurs confessions de foi, différentes entre elles et quelquefois d'avec elles-mêmes. Dans la sienne, le corps des Luthériens se soumettait au jugement du concile général. Il n'en fut plus de même lorsque le concile s'assembla effectivement à Trente. La ligue protestante de Smalcalde était redoutable, et Luther l'avait excitée à prendre les armes avec une ardeur si furieuse, qu'il n'y avait aucun excès qu'on n'en dût craindre. Enflé de la puissance de tant de princes conjurés, il avait publié des thèses de révolte que nous avons vues. Jamais on n'avait rien vu de si violent. Il les avait soutenues dès l'an 1540 ; mais nous apprenons de Sleidan qu'il les publia de nouveau en 1545, c'est-à-dire un an avant sa mort. Là, il comparait le Pape à un loup enragé, contre lequel tout le monde s'arme au premier signal sans attendre l'ordre du magistrat. Que si, renfermé dans une enceinte, le magistrat le délivre, on peut continuer, disait-il, à poursuivre cette bête féroce, et attaquer impunément ceux qui auront empêché qu'on ne s'en défasse. Si on est tué dans cette attaque avant d'avoir donné à la bête le coup mortel, il n'y a qu'un seul sujet de se repentir : c'est de ne lui avoir pas enfoncé le couteau dans le sein. Voilà comme il faut traiter le Pape. Tous ceux qui le défendent doivent aussi être traités comme les soldats d'un chef de brigands, fussent-ils des rois et des césars (Sleidan, l. 16, p. 261). Sleidan, qui récite une grande partie de ces thèses sanguinaires, n'a pas osé rapporter ces derniers mots, tant ils lui ont paru horribles ; mais ils étaient dans les thèses de Luther, et on les y voit encore dans l'édition de ses œuvres (T. I, Wittemberg, p. 407).

Il arriva dans ce temps un nouveau sujet de querelle. Herman, archevêque de Cologne, s'était avisé de réformer son diocèse à la nouvelle manière, et il y avait appelé Mélanchthon et Bucer. C'était constamment le plus ignorant de tous les prélats, et un homme toujours entraîné où le voulaient ses conducteurs. Tant qu'il écouta les conseils du docte Gropper, il tint de très-saints conciles pour la défense de l'ancienne foi, et pour commencer une véritable réformation des mœurs. Dans la suite, les Luthériens s'emparèrent de son esprit, et le firent donner à l'aveugle dans leurs sentiments. Comme le landgrave parlait une fois à l'empereur de ce nouveau réformateur : « Que réformera ce bonhomme ? lui répondit-il ; à peine entend-il le latin. En toute sa vie il n'a jamais dit que trois fois la messe : je l'ai ouï deux fois ; il n'en savait pas le commencement (Sleidan, l. 16, p. 276). » Le fait était constant ; et le landgrave, qui n'osait dire qu'il sût un mot de latin, assura qu'il avait lu de bons livres allemands, et entendait la religion. C'était l'entendre, selon le landgrave, que de favoriser le parti. Comme le Pape et l'empereur s'unirent contre lui, les princes protestants, de leur côté, lui promirent de le secourir si on l'attaquait pour la religion.

On en vint bientôt à la force ouverte. Plus l'empereur témoignait que ce n'était pas pour la religion qu'il prenait les armes ; mais pour mettre à la raison quelques rebelles dont l'électeur de Saxe et le landgrave étaient les chefs, plus ceux-ci publiaient dans leurs manifestes que cette guerre ne se faisait que par la secrète instigation de l'ante-christ romain et du concile de Trente (Ibid., p. 289, 295, etc.). C'est ainsi que, selon les thèses de Luther, ils tâchaient de faire paraître licite la guerre qu'ils faisaient à l'empereur. Il y eut pourtant entre eux une dispute, comment on traiterait Charles-Quint dans les écrits qu'on publiait. L'électeur, plus consciencieux, ne voulait pas qu'on lui donnât le nom d'empereur : autrement, disait-il, on ne pourrait pas licitement lui faire la guerre (Ibidem, l. 16, p. 289, 295, etc.). Le landgrave n'avait point de ces scrupules ; et d'ailleurs, qui avait dégradé l'empereur ? qui lui avait ôté l'empire ? Voulait-on établir cette maxime, qu'on cessât d'être empereur dès qu'on serait uni avec le Pape ? C'était une pensée ridicule autant que criminelle. A la fin, pour tout accommoder, il fut dit que, sans avouer ni nier que Charles-Quint fût empereur, on le traiterait comme se portant pour tel, et par cet expédient, toutes les hostilités devinrent permises. Mais la guerre ne fut pas heureuse pour les protestants. Abattus par la fameuse victoire de Charles-Quint près de l'Elbe, et par la prise du duc de Saxe et du landgrave, ils ne savaient à quoi se résoudre. L'empereur leur proposa de son autorité un formulaire de doctrine qu'on appela l'*Interim*, qu'il leur ordonnait de suivre par provision jusqu'au concile. Toutes les erreurs des Luthériens y étaient rejetées : on y tolérait seulement le mariage des prêtres qui s'étaient faits luthériens, et on laissait la communion sous les deux espèces à ceux qui l'avaient rétablie. A Rome, on blâma l'empereur d'avoir osé prononcer sur des matières de religion. Ses partisans répondaient qu'il n'avait pas prétendu faire une décision ni une loi pour l'Eglise, mais seulement prescrire aux Luthériens ce qu'ils pouvaient faire de mieux en attendant le concile. Quelques Luthériens l'acceptèrent l'*Interim*, plutôt par force qu'autrement ; la plupart le rejetèrent, et le dessein de Charles-Quint n'eut pas grand succès.

Cet *Interim* impérial avait déjà été proposé à la conférence de Ratisbonne en 1541. Trois théologiens catholiques, Pflug, évêque de Naumbourg, Gropper et Eckius, y devaient traiter, par ordre de l'empereur, de la réconciliation des religions, avec Mélanchthon, Bucer et Pistorius, trois protestants. Eckius rejeta le livre; et les prélats avec les Etats catholiques n'approuvèrent pas qu'on proposât un corps de doctrine sans en communiquer avec le légat du Pape, qui était alors à Ratisbonne. C'était le cardinal Contarini, très-savant théologien, et qui est loué même par les protestants. Ce légat, ainsi consulté, répondit qu'une affaire de cette nature devait être renvoyée au Pape, et réglée ou dans le concile général qu'on allait ouvrir, ou par quelque autre manière convenable (*Hist. des Variat.*, l. 8).

Il est vrai qu'on ne laissa pas de continuer les conférences; et quand les trois protestants furent convenus avec Pflug et Gropper de quelques articles, on les appela *les articles conciliés*, encore qu'Eckius s'y fût toujours opposé. Les protestants demandaient que l'empereur autorisât ces articles en attendant qu'on pût convenir des autres. Mais les catholiques s'y opposèrent et déclarèrent plusieurs fois qu'ils ne pouvaient consentir au changement d'aucun dogme ni d'aucun rite reçu dans l'Eglise catholique. De leur côté, les protestants, qui pressaient la réception des articles conciliés, y donnaient des explications à leur mode, dont on n'était pas convenu; et ils y firent un dénombrement des choses omises dans les articles conciliés. Mélanchthon, qui rédigea ces remarques, écrivit à l'empereur, au nom de tous les protestants, qu'on recevrait les articles conciliés, pourvu qu'ils fussent bien entendus; c'est-à-dire qu'ils les trouvaient eux-mêmes conçus en termes ambigus, et ce n'était qu'une illusion d'en presser la réception comme ils faisaient. Ainsi tous les projets d'accommodement demeurèrent sans effet.

Il se tint une autre conférence dans la même ville de Ratisbonne, et avec aussi peu de succès, en 1546. L'empereur faisait cependant retoucher à son livre, où Pflug, évêque de Naumbourg, Michel Heldin, l'évêque titulaire de Sidon, et Islèbe, protestant, mirent la dernière main. Mais il ne fit que donner un nouvel exemple du mauvais succès que ces décisions impériales avaient accoutumé d'avoir en matière de religion.

Pendant que l'empereur s'efforçait de faire recevoir son *Interim* dans la ville de Strasbourg, Bucer y publia une nouvelle confession de foi, où cette église déclare qu'elle retient toujours immuablement sa première confession de foi présentée à Charles-Quint, à Augsbourg, en 1530, et qu'elle reçoit aussi l'accord fait à Wittemberg avec Luther, c'est-à-dire cet acte où il était dit que ceux mêmes qui n'ont pas la foi et qui abusent du sacrement reçoivent la propre substance du Corps et du Sang de Jésus-Christ. Dans cette confession de foi, Bucer n'exclut formellement que la transsubstantiation, et laisse en son entier tout ce qui peut établir la présence réelle et substantielle.

Ce qu'il y eut ici de plus remarquable, c'est que Bucer, qui, en souscrivant les articles de Smalcalde, avait souscrit en même temps la Confession d'Augsbourg, retint en même temps la Confession de Strasbourg; c'est-à-dire qu'il autorisa deux actes qui étaient faits pour se détruire l'un l'autre; car la Confession de Strasbourg ne fut dressée que pour éviter de souscrire celle d'Augsbourg, et ceux de la Confession d'Augsbourg ne voulurent jamais recevoir parmi leurs frères ceux de Strasbourg ni leurs associés. Maintenant tout cela s'accorde, c'est-à-dire qu'il est bien permis de changer dans la nouvelle Réforme, mais il n'est pas permis d'avouer qu'on change. La Réforme paraîtrait un ouvrage trop humain; et il vaut mieux approuver quatre ou cinq actes contradictoires, pourvu qu'on n'avoue pas qu'ils le sont, que de confesser qu'on a eu tort, surtout dans les confessions de foi.

Ce fut la dernière action de l'apostat Bucer en Allemagne. Durant les mouvements de l'*Interim*, il trouva un asile en Angleterre et y mourut. Osiandre quitta également son église de Nuremberg, se rendit en Prusse sous l'apostat Albert de Brandebourg, et y excita des troubles par sa doctrine étrange sur la justification et la présence réelle. Osiandre aimait les plaisirs de la table avec excès; dans l'ivresse, il se permettait les blasphèmes les plus horribles, les injures les plus grossières. Calvin s'était trouvé aux banquets où il proférait ces blasphèmes qui lui inspiraient de l'horreur. Mais cependant cela se passait sans qu'on en dît mot. Le même Calvin parle d'Osiandre comme « d'un brutal et d'une bête farouche, incapable d'être apprivoisée. » Pour lui, disait-il, dès la première fois qu'il le vit, il en détesta l'esprit profane et les mœurs infâmes, et il l'avait toujours regardé comme la honte du parti protestant (Calv., *Epist. ad Melanchth.*, 146). Les Luthériens n'en avaient pas meilleure opinion; et Mélanchthon, qui trouvait souvent à propos, comme Calvin le lui reproche, de lui donner des louanges excessives, ne laisse pas, en écrivant à ses amis, de blâmer *son extrême arrogance, ses rêveries*, autres excès et *les prodiges de ses opinions* (L. 2, *ep.* 240, 259, 447, etc.). Il ne tint pas à Osiandre qu'il n'allât troubler l'Angleterre, où il espérait que la considération de son beau-frère Cranmer lui donnerait du crédit; mais Mélanchthon nous apprend que des personnes de savoir et d'autorité avaient représenté le péril qu'il y avait « d'attirer en ce pays-là un homme ayant répandu dans l'Eglise un si grand chaos de nouvelles opinions. » Cranmer lui-même entendit raison sur ce sujet, et il écouta Calvin, qui lui parlait *des illusions* dont Osiandre fascinait les autres et se fascinait lui-même (Calv., *Ep. ad Cranm.*, col. 134).

D'autres disputes s'allumaient en même temps dans le reste du luthéranisme. Celle qui eut pour sujet les cérémonies ou les choses indifférentes fut poussée avec beaucoup d'aigreur. Mélanchthon, soutenu par les Académies de Leipsick et de Wittemberg, où il était tout-puissant, ne voulait pas qu'on les rejetât. De tout temps ç'avait été son opinion, qu'il ne fallait changer que le moins possible dans le culte extérieur. Ainsi, durant l'*Interim*, il se rendit fort facile sur ces pratiques indifférentes, et ne croyait pas, dit-il, que, *pour un surplis, pour quelques fêtes ou pour l'ordre des leçons*, il fallût attirer la persécution. On lui fit un crime de cette doctrine, et on décida dans le parti, que ces choses indifférentes devaient être absolument rejetées, parce que l'usage habituel était contraire à la liberté des églises, et renfermait, disait-on, une espèce de profession du papisme. Mais Flaccius Illyricus, qui remuait cette question, avait un dessein plus caché. Il voulait perdre Mélanchthon, dont il avait été disciple, mais dont il était ensuite tellement devenu jaloux, qu'il ne le pouvait souffrir. Des raisons particulières l'obligeaient à le pousser plus que jamais; car, au lieu que Mélanchthon tâchait alors d'affaiblir la doctrine de Luther sur la présence réelle, Illyricus et ses amis l'outraient jusqu'à établir l'ubiquité. En effet, nous la voyons décidée par la plupart des églises luthériennes, et les actes en sont imprimés dans le livre *De la Concorde*, que presque toute l'Allemagne luthérienne a reçu (*Variat.*, l. 8, c. 16).

Mathias Flach Francowitz, né le 3 mars 1521, se faisait appeler Flaccius Illyricus, parce qu'il était d'Albona en Istrie, partie de l'ancienne Illyrie. Après avoir fait ses études à Venise, il forma le projet d'entrer dans un monastère, afin de s'y livrer plus commodément à son goût pour l'étude; mais il en fut détourné par un oncle maternel, provincial des Cordeliers, qui pensait embrasser la réforme de Luther, et qui conseilla à son neveu de s'en aller en Allemagne, où il eut pour maîtres Luther et Mélanchthon, qui lui procurèrent une chaire dans l'Université de Wittemberg. Son zèle impétueux contre l'*Interim*, son déchaînement contre Mélanchthon, dont les principes modérés lui déplaisaient, l'obligèrent de se retirer à Magdebourg, afin d'être plus libre de déclamer à son aise contre l'Église romaine. C'est dans cette ville qu'il commença l'*Histoire ecclésiastique* connue sous le nom de *Centuries de Magdebourg*, dont il est le principal auteur. Appelé à Iéna en 1557, il fut contraint d'en sortir cinq ans après, à cause d'une dispute sur la nature du péché, qu'il soutenait avoir corrompu la substance même de l'âme, erreur qui le fit accuser de manichéisme à Strasbourg. D'un caractère impétueux, turbulent, querelleur, opiniâtre, Illyricus causa beaucoup de troubles et de désordres dans son parti : aussi, quand il mourut, en 1575, en fut-il peu regretté (*Biogr. univ.*, t. XV, art. FRANCOWITZ).

Tandis que la fraction révolutionnaire de l'Allemagne se fractionnait et se révolutionnait de plus en plus par ses chefs mêmes, la sainte Église de Dieu, au concile œcuménique de Trente, affermissait de plus en plus sa perpétuelle et invariable unité. Dans la troisième session, à la face du ciel et de la terre, à la face de l'enfer même, elle avait solennellement professé sa foi, la foi toujours une des patriarches, des prophètes, des apôtres, des martyrs, des saints de tous les pays et de tous les siècles, depuis Abel, le premier juste, jusqu'à saint François Xavier, qui la prêchait en ce moment à l'Inde et au Japon, où Dieu confirmait sa parole par d'éclatants miracles. Dans la quatrième session, 8 avril 1546, elle proclamera les monuments authentiques de cette foi toujours une, l'Écriture et la Tradition, la parole de Dieu écrite et la parole de Dieu non écrite, dont l'Église toujours vivante est la fidèle dépositaire.

Car, comme nous l'enseigne la théologie la plus commune, celle de Bailly, et cela d'après les saints Pères, l'Église véritable, l'Église catholique, n'a pas toujours été dans le même état, mais elle a toujours été depuis le commencement du monde. Saint Épiphane nous enseigne, et après lui saint Jean Damascène, que la sainte Église catholique est le commencement de toutes choses, qu'elle est de l'éternité, qu'elle est antérieure à toutes les hérésies, entre autres à l'idolâtrie ou au paganisme. Elle est également antérieure à l'Écriture et à la Tradition, qui sont pour elle des papiers de famille, des souvenirs de famille. Elle seule, ayant vécu tous les siècles, peut nous apprendre au juste ce qu'il en est. Aussi saint Augustin a-t-il dit : « Je ne croirais » pas même à l'Évangile, si l'autorité de l'Église ca- » tholique ne me le persuadait. » Voici donc le décret des Écritures canoniques, qu'elle promulgua le 8 avril 1546 :

« Le saint concile de Trente, œcuménique et général, légitimement assemblé dans le Saint-Esprit, les trois mêmes légats du Siége apostolique y présidant : ayant toujours devant les yeux, en détruisant toutes les erreurs, de conserver dans l'Église la pureté même de l'Évangile; qui, promis auparavant par les prophètes dans les saintes Écritures, a été promulgué ensuite, d'abord par la bouche de Notre Seigneur Jésus-Christ, Fils de Dieu, puis par ses apôtres, auxquels il a ordonné de le prêcher à toute créature, comme la source de toute vérité salutaire et de tout bon règlement de vie : considérant que cette vérité et cette règle de morale sont contenues dans des livres écrits, ou sans écrit dans les traditions qui, reçues par les apôtres de la bouche de Jésus-Christ même, ou transmises par les apôtres comme le Saint-Esprit les a dictées, sont parvenues comme de main en main jusqu'à nous; le saint concile, suivant l'exemple des Pères orthodoxes, reçoit tous les livres, tant de l'Ancien Testament que du Nouveau, puisque le même Dieu est auteur de l'un et de l'autre, aussi bien que les traditions, soit qu'elles regardent la foi ou les mœurs comme dictées de la bouche même de Jésus-Christ ou par le Saint-Esprit, et conservées dans l'Église catholique par une succession continue; et elle les embrasse avec un pareil respect et une égale piété. Et afin que personne ne puisse douter quels sont les livres saints que le concile reçoit, il a voulu que le catalogue en fût inséré dans ce décret, selon qu'ils sont ici marqués :

» DE L'ANCIEN TESTAMENT.

» Les cinq livres de Moïse, qui sont : la Genèse, l'Exode, le Lévitique, les Nombres, le Deutéronome; Josué, les Juges, Ruth, les quatre livres des Rois, les deux des Paralipomènes; le premier d'Esdras; et le second, qui s'appelle Néhémias; Tobie, Judith, Esther, Job; le Psautier de David, qui contient cent cinquante psaumes; les Paraboles, l'Ecclésiaste, le Cantique des cantiques, la Sagesse, l'Ecclésiastique, Isaïe, Jérémie, avec Baruch; Ézéchiel, Daniel; les douze petits prophètes, savoir : Osée, Joël, Amos, Abdias, Jonas, Michée, Nahum, Habacuc, Sophonias, Aggée, Zacharie, Malachie; deux des Machabées, le premier et le second.

» DU NOUVEAU TESTAMENT.

» Les quatre Évangiles selon saint Matthieu, saint Marc, saint Luc et saint Jean; les Actes des Apôtres, écrits par saint Luc, évangéliste; quatorze épîtres de saint Paul : une aux Romains, deux aux Corinthiens, une aux Galates, une aux Éphésiens, une aux Philippiens, une aux Colossiens, deux aux

Thessaloniciens, deux à Timothée, une à Tite, une à Philémon et une aux Hébreux; deux épîtres de l'apôtre saint Pierre, trois de l'apôtre saint Jean, une de l'apôtre saint Jacques, une de l'apôtre saint Jude, et l'Apocalypse de l'apôtre saint Jean.

» Que si quelqu'un ne reçoit pas pour sacrés et canoniques tous ces livres entiers avec tout ce qu'ils contiennent, tels qu'ils sont en usage dans l'Eglise catholique, et tels qu'ils sont dans l'ancienne Vulgate latine, ou qu'il méprise, avec connaissance et de propos délibéré, les traditions dont nous venons de parler : qu'il soit anathème.

» Chacun pourra connaître par là avec quel ordre et par quelle voie le concile lui-même, après avoir établi le fondement de la confession de foi, doit procéder dans le reste, et de quels secours et témoignages il doit particulièrement se servir, soit pour la confirmation de la doctrine, soit pour le rétablissement des mœurs dans l'Eglise. »

Après avoir promulgué de nouveau le canon des saintes Ecritures, il était naturel de veiller à la pureté du texte et de donner des règles pour la bonne interprétation et le bon usage de ce texte. Le concile de Trente le fait dans le décret qui suit, touchant l'édition et l'usage des livres sacrés.

« Le même saint concile, considérant qu'il ne sera pas d'une petite utilité à l'Eglise de Dieu de faire connaître, entre toutes les éditions latines des saints livres qui se débitent aujourd'hui, quelle est celle qui doit être tenue pour authentique, déclare et ordonne que cette même édition ancienne et vulgate, qui a déjà été approuvée dans l'Eglise par le long usage de tant de siècles, doit être tenue pour authentique dans les disputes, les prédications, les explications et les leçons publiques, et que personne, sous quelque prétexte que ce puisse être, n'ait assez de hardiesse ni de témérité pour la rejeter.

» De plus, pour arrêter et contenir les esprits inquiets et entreprenants, il ordonne que dans les choses de la foi ou de la morale même, en ce qui peut avoir relation au maintien de la doctrine chrétienne, personne, se confiant en son propre jugement, n'ait l'audace de tirer l'Ecriture sainte à son sens particulier ni de lui donner des interprétations, ou contraires à celles que lui donne et lui a données la sainte mère Eglise, à qui il appartient de juger du véritable sens des saintes Ecritures, ou opposées au sens unanime des Pères, encore que ces interprétations ne dussent jamais être mises en lumière. Les contrevenants seront signalés par les ordinaires et soumis aux peines portées par le droit.

» Voulant aussi, comme il est juste et raisonnable, mettre des bornes en cette matière à la licence des imprimeurs, qui aujourd'hui, sans règle et sans mesure, se croyant permis tout ce qui leur plaît, non-seulement impriment, sans permission des supérieurs ecclésiastiques, les livres mêmes de l'Ecriture sainte avec des explications et des notes de toutes mains indifféremment, supposant bien souvent le lieu de l'impression, et souvent même supprimant tout à fait, aussi bien que le nom de l'auteur, ce qui est encore un abus plus considérable; mais se mêlent aussi de débiter au hasard et d'exposer en vente sans distinction, toutes sortes de livres imprimés çà et là, de tous côtés : le saint concile a résolu et ordonné qu'au plus tôt, l'Ecriture sainte, particulièrement selon cette édition ancienne et vulgate, soit imprimée le plus correctement qu'il sera possible, et qu'à l'avenir il ne soit permis à personne d'imprimer ni de faire imprimer aucun livre traitant des choses saintes sans le nom de l'auteur, ni même de les vendre ou de les garder chez soi, s'ils n'ont été examinés auparavant et approuvés par l'ordinaire, sous peine d'anathème et de l'amende pécuniaire portée au canon du dernier concile de Latran : et si ce sont des réguliers, outre cet examen et cette approbation, ils seront encore obligés d'obtenir permission de leurs supérieurs, qui feront l'examen de ces livres suivant la forme de leurs statuts. Ceux qui les débiteront ou les feront circuler en manuscrits sans les faire auparavant examiner et approuver, seront sujets aux mêmes peines que les imprimeurs : et ceux qui les auront chez eux ou les liront, s'ils n'en déclarent les auteurs, seront eux-mêmes traités comme s'ils en étaient les auteurs propres. Cette approbation que nous exigeons pour tous les livres, sera donnée par écrit et sera mise en vue à la tête de chaque livre, qu'il soit imprimé ou écrit à la main ; et le tout, c'est-à-dire tant l'examen que l'approbation, se fera gratuitement, afin qu'on approuve ce qui doit être approuvé et qu'on rejette ce qui doit être rejeté.

» Après cela, le saint concile, voulut encore réprimer cet abus insolent et téméraire, d'employer et de tourner à toutes sortes d'usages profanes les paroles et les passages de l'Ecriture sainte, les faisant servir à des railleries, à des applications vaines et fabuleuses, à des flatteries, des médisances, et jusqu'à des superstitions, des charmes impies et diaboliques, des divinations, des sortilèges et des libelles diffamatoires : il ordonne et commande, pour abolir cette irrévérence et ce mépris des paroles saintes, et afin qu'à l'avenir personne ne soit assez hardi pour en abuser de cette manière ou de quelque autre que ce puisse être, que les évêques punissent toutes ces sortes de personnes par les peines de droit et autres arbitraires, comme profanateurs et corrupteurs de la parole de Dieu (Labbe, t. XIV). »

Au décret sur l'usage de l'Ecriture sainte se rattachent naturellement deux points de pratique et de réforme, l'enseignement et la prédication. Le concile s'en était déjà occupé dans plusieurs congrégations particulières, mais il ne publia son décret de réformation que dans la session suivante. Nous le rapportons ici de suite, afin qu'on voie mieux l'ensemble des vues et des décrets du concile sur la même matière.

« DÉCRET DE RÉFORMATION. — DE L'ÉTABLISSEMENT ET ENTRETIEN DES LECTEURS EN THÉOLOGIE ET MAÎTRES-ÈS-ARTS LIBÉRAUX.

» Le même saint concile s'attachant aux pieuses constitutions des souverains Pontifes et des conciles approuvés, s'y attachant avec affection et y ajoutant même quelque chose de nouveau, afin de pourvoir à ce que le céleste trésor des livres sacrés, dont le Saint-Esprit a gratifié les hommes avec une si grande libéralité, ne demeure pas, par négligence, inutile et sans usage, a établi et ordonné que, dans les églises où se trouve quelque prébende, prestimonie, gage, ou quelque revenu fondé et destiné aux lecteurs en la sacrée théologie, sous quelque nom ou titre que ce puisse être, les évêques, archevêques, primats et autres ordinaires des lieux, obligent et contraignent, même par la soustraction des revenus, ceux qui possèdent ces sortes de prébendes, prestimonies ou gages, de faire les explications et les leçons de la sacrée théologie par eux-mêmes, s'ils en sont capables; sinon par quelque habile substitut choisi par les évêques mêmes, les archevêques, primats ou autres ordinaires des lieux. A l'avenir, ces sortes de prébendes, prestimonies ou gages ne seront donnés qu'à des personnes capables et qui puissent par elles-mêmes s'acquitter de cet emploi; autrement toute provision sera nulle et sans effet.

» Dans les églises métropolitaines ou cathédrales, si la ville est grande et peuplée, et même dans les collégiales qui se trouveront dans quelque lieu considérable, quand il ne serait pas d'aucun diocèse, pourvu que le clergé soit nombreux, s'il n'y a point encore de ces sortes de prébendes, prestimonies ou gages établis, le saint concile ordonne que la première prébende qui viendra à vaquer de quelque manière que ce soit, excepté par résignation, soit et demeure réellement et de fait, dès ce moment-là et à perpétuité, destinée et affectée à cet emploi, pourvu néanmoins que cette prébende ne soit chargée d'aucune autre fonction incompatible avec celle-ci. Et en cas que dans lesdites églises il n'y eût point de prébende, ou aucune au moins qui fût suffisante, le métropolitain lui-même ou l'évêque, avec l'avis du chapitre, y pourvoira, de sorte qu'il y soit fait leçon de théologie, soit par l'assignation du revenu de quelque bénéfice simple, après néanmoins avoir donné ordre à l'acquit des charges, soit pour la contribution des bénéficiers de sa ville ou de son diocèse, soit de quelque autre manière qui sera jugée la plus commode, sans que pour cela néanmoins on omette en aucune façon les autres leçons qui se trouveront déjà établies ou par la coutume ou autrement.

» Pour les églises dont le revenu annuel est faible, et où il y a un si petit nombre d'ecclésiastiques et de fidèles qu'on ne peut pas y entretenir commodément de leçon de théologie, il y aura au moins un maître choisi par l'évêque, avec l'avis du chapitre, qui enseignera gratuitement la grammaire aux clercs et aux autres pauvres écoliers, pour les mettre en état de passer ensuite à l'étude des saintes lettres, si Dieu les y appelle; pour cela on assignera à ce maître de grammaire le revenu de quelque bénéfice simple, dont il jouira tant qu'effectivement il continuera d'enseigner, en sorte néanmoins que les charges et les fonctions dudit bénéfice ne manquent pas d'être remplies; ou bien on lui fera quelques appointements honnêtes et raisonnables de la mense de l'évêque ou du chapitre; ou l'évêque enfin trouvera quelque autre moyen convenable à son église et à son diocèse, pour empêcher que, sous quelque prétexte que ce soit, un établissement, si utile et si profitable, ne soit négligé et ne demeure sans exécution.

» Dans les monastères des moines, il se fera pareillement leçon de l'Écriture sainte partout où il se pourra commodément; et si les abbés s'y rendent négligents, les évêques des lieux, comme délégués en cela du Siége apostolique, les y contraindront par les voies justes et raisonnables. Dans les couvents des autres réguliers où les études peuvent aisément se maintenir, il y aura pareillement leçon de la sainte Écriture, et les chapitres généraux ou provinciaux y destineront les maîtres les plus habiles.

» Pour les colléges publics, où jusqu'à présent il ne se fait point encore de ces leçons, qu'on peut dire autant nécessaires qu'elles sont nobles par-dessus toutes les autres, elles y seront établies par la piété et la charité des très-religieux princes et républiques, pour la défense et l'accroissement de la foi catholique; la conservation et la propagation de la saine doctrine; et on les rétablira où elles seraient instituées, mais négligées.

» Et pour que, sous apparence de piété, l'impiété ne vienne pas à se répandre, le saint concile ordonne que personne ne soit employé à faire ces leçons de théologie, soit en public, soit en particulier, sans avoir été premièrement examiné sur sa capacité, ses mœurs et sa bonne vie, et approuvé par l'évêque des lieux; ce qui ne doit pas s'entendre des lecteurs qui enseignent dans les couvents des moines.

» Ceux qui seront employés aux leçons des saintes lettres, pendant qu'ils enseigneront publiquement dans les écoles, et les écoliers pendant qu'ils y étudieront, jouiront pleinement et paisiblement de tous les privilèges accordés par le droit commun pour la perception des fruits de leurs prébendes et bénéfices, quoique absents.

» Mais comme il n'est pas moins nécessaire à la république chrétienne qu'on prêche l'Évangile que d'en faire des leçons publiques; et que même c'est la principale fonction des évêques; le saint concile a déclaré et ordonné que tous les évêques, archevêques, primats et tous autres prélats des églises sont tenus de prêcher par eux-mêmes le saint Évangile de Jésus-Christ, s'ils n'en sont légitimement empêchés. Mais s'il arrive qu'ils aient en effet un empêchement légitime, ils seront obligés, selon la forme prescrite au concile général de Latran, de choisir et mettre en leur place des personnes capables de s'acquitter utilement, pour le salut des âmes, de cet emploi de la prédication; et si quelqu'un méprise d'y donner ordre, qu'il soit soumis à un rigoureux châtiment.

» Les archiprêtres aussi, les curés, et tous ceux qui ont à gouverner des églises paroissiales, ou autres ayant charge d'âme, de quelque manière que ce soit, auront soin, du moins tous les dimanches et toutes les fêtes solennelles, de pourvoir par eux-mêmes, ou par autres personnes capables, s'ils en sont légitimement empêchés, à la nourriture spirituelle des peuples qui leur sont commis, selon la portée des esprits et selon leurs propres talents, leur enseignant ce qu'il est nécessaire à tout chrétien de savoir pour être sauvé, et leur faisant connaître, en peu de paroles et en termes faciles à comprendre, les vices qu'ils doivent éviter et les vertus qu'ils doivent pratiquer, pour se garantir des peines éternelles et pour obtenir la gloire céleste. Que si quelqu'un négligeait de s'en acquitter, quand il prétendrait par quelque raison que ce soit, être exempt de la juridiction de l'évêque, et quand les églises mêmes seraient dites exemptes de quelque manière que ce puisse être, en qualité d'annexes ou comme unies à quelque monastère qui serait même hors du diocèse, pourvu qu'en effet les églises se trouvent dans le diocèse, les évêques ne doivent pas laisser d'y étendre leur soin et leur vigilance pastorale, pour ne pas donner lieu à la vérification de ce mot : *Les petits enfants ont demandé du pain, et il n'y avait personne pour le leur rompre* (Thren., 4).

» Si donc, après avoir été avertis par l'évêque, ils manquent pendant trois mois à s'acquitter de leur devoir, ils y seront contraints par censure ecclésiastique ou par quelque autre voie, selon la prudence de l'évêque; de sorte même que, s'il le juge à propos, il soit pris sur les revenus des bénéfices, quelque somme suffisante pour être donnée à quelqu'un qui en fasse la fonction, jusqu'à ce que le titulaire lui-même, se reconnaissant, s'acquitte de son propre devoir.

» Mais s'il se trouve quelques églises paroissiales soumises à des monastères qui ne soient d'aucun diocèse, en cas que les abbés ou prélats réguliers soient négligents à tenir la main à ce qui a été ordonné, ils y seront contraints par les métropolitains dans les provinces de qui les diocèses seront situés, comme délégués du Siége apostolique à cet effet. Et l'exécution du présent décret ne pourra être empêchée ni suspendue par aucune coutume contraire, ni sous aucun prétexte d'exemption, d'appel, d'opposition, évocation, ni recours, jusqu'à ce qu'un juge compétent, par une procédure sommaire et sur la seule information du fait, ait prononcé définitivement.

» Les réguliers, de quelque ordre qu'ils soient, ne pourront prêcher, même dans les églises de leur ordre, sans l'approbation et la permission de leurs supérieurs, et sans avoir été par eux dûment examinés sur leur conduite, leurs mœurs et leur capacité; mais avec cette permission, ils seront encore obligés, avant de commencer à prêcher, de se présenter en personne aux évêques, et de leur demander la bénédiction. Dans les églises qui ne sont point de leur ordre, outre la permission de leurs supérieurs, ils seront encore tenus d'avoir celle de l'évêque, sans laquelle ils ne pourront en aucune façon prêcher dans les églises qui ne sont point de leur ordre; et cette permission sera donnée gratuitement par les évêques.

» S'il arrivait, ce qu'à Dieu ne plaise! que quelque prédicateur semât parmi le peuple des erreurs ou des choses scandaleuses, soit qu'il prêchât dans un monastère de son ordre, ou de quelque autre ordre que ce soit, l'évêque lui interdira la prédication. Que s'il prêchait des hérésies, l'évêque procédera contre lui, suivant la disposition du droit ou la coutume du lieu, quand même ce prédicateur se prétendrait exempt, par quelque privilége général ou particulier; auquel cas l'évêque procédera en vertu de l'autorité apostolique, et comme délégué du Saint-Siége. Les évêques auront aussi soin, de leur côté, qu'aucun prédicateur ne soit inquiété à tort, ni exposé à la calomnie, par de fausses informations ou autrement; et ils feront en sorte de ne lui donner aucun juste sujet de se plaindre d'eux.

» Quant à l'égard de ceux qui, étant réguliers de nom, vivent pourtant hors de leurs cloîtres et hors de l'obéissance de leur religion, comme à l'égard aussi des prêtres séculiers, si leurs personnes ne sont connues et leur conduite approuvée, aussi bien que leur doctrine, quelques prétendus priviléges qu'ils puissent alléguer, les évêques se donneront bien garde de leur permettre de prêcher dans leur ville ou dans leur diocèse, qu'ils n'aient auparavant consulté là-dessus le Saint-Siége apostolique, duquel il n'est pas vraisemblable que des personnes indignes aient extorqué de tels priviléges, si ce n'est en dissimulant la vérité ou en exposant quelque mensonge.

» Ceux qui vont quêter et recueillir des aumônes, que l'on nomme communément *quêteurs*, de quelque condition qu'ils soient, ne pourront non plus entreprendre de prêcher par eux-mêmes, ni par autrui; et les contrevenants en seront absolument empêchés par les évêques et ordinaires des lieux, par des voies convenables, nonobstant tous priviléges (Labbe, t. XIV). »

Ces divers décrets avaient donné lieu à des discussions longues et quelquefois vives, dans les congrégations particulières. Il y avait trois de ces congrégations, une dans la maison et sous la présidence de chacun des trois légats. De cette manière on évitait la confusion du nombre, et on prévenait celle des délibérations. Les matières ainsi discutées, on se réunissait en congrégation générale, pour convenir du résultat, des décisions à prendre, des décrets à faire, des termes de leur rédaction, et recueillir les suffrages. La séance ou session publique n'était que pour promulguer les décrets déjà votés, sans aucune discussion nouvelle.

Les observations que nous avons vu présenter dans les premières séances publiques étaient contraires à l'ordre convenu : aussi le premier légat en témoigna-t-il sa surprise et sa peine. Il y avait surtout deux évêques, celui de Fiésole et celui d'Astorga, qui exercèrent plus d'une fois la patience et des légats et des autres Pères du concile; rarement ils étaient d'accord avec les autres; presque toujours ils incidentaient, non sur le fond des choses, mais sur des accessoires. L'évêque de Fiésole en particulier avait une idée fixe, qu'il ramenait à temps et à contre-temps : c'était d'ajouter au titre du concile les mots, *représentant l'Église universelle*.

Quelque chose de plus grave fut l'affaire de Vergério, évêque de Capo d'Istria. Précédemment, Paul III l'avait envoyé comme nonce en Allemagne, pour disposer les esprits en faveur du concile à convoquer; il eut même une entrevue avec Luther, duquel il donne une assez pauvre idée dans sa lettre au Pape (Pallavicin, l. 3, c. 18). Mais, avec le temps, Vergério se laissa infecter lui-même par l'hérésie : le cardinal Alexandre Farnèse en informa le Pape dès l'an 1539. Ensuite, vers l'an 1540, lorsqu'il voulut assister, en qualité d'envoyé du roi de France, à la diète et à la conférence de Worms, sa présence déplut aux impériaux et encore plus au Pontife, dont il se vantait hautement d'être le ministre secret; le Pape fit savoir à l'empereur qu'il lui saurait le plus grand gré de faire partir cet homme d'Allemagne, pour lui il avait usé de tous les moyens pour l'amener doucement à retourner dans son évêché; il lui avait même fait offrir le dégrèvement de la pension; il ne s'était abstenu de violence contre lui que par la crainte de le voir se précipiter de dépit dans l'apostasie, éclat déshonorant pour le caractère épiscopal qu'il avait, et pour la dignité de nonce pontifical dont il avait été revêtu. Qu'on juge par là de la fable de Sleidan : il raconte que le Pape lui destinait le cardinalat à son retour de la diète, mais que les soupçons qu'il eut sur la sincérité de sa foi le firent changer de dessein. Dans les années suivantes, chaque jour on vit se révéler de plus en plus les maux qu'il cachait dans son cœur. Il fut donc dénoncé et cité à Rome pour soupçon d'hérésie. Il vint alors chercher asile dans le concile général, espérant que la protection du cardinal de Trente le ferait siéger parmi les juges de cette même foi qui l'accusait. Déchu de cette espérance, il obtint néanmoins des légats des lettres de recommandation si pressantes, qu'elles lui valurent la dispense de comparaître à Rome ; on remit sa cause au jugement du nonce et du patriarche de Venise, comme il l'avait demandé. Mais enfin Vergério, qui sentait que son crime ne pouvait être justifié, se retira parmi les hérétiques, chez les Grisons, d'où il écrivit, dans le goût de Luther, contre la religion, contre le concile et contre le Pape (Pallavicin, l. 6, c. 13).

Une autre apostasie eut lieu vers ce temps, celle du comte-électeur palatin, celui-là même qui, d'après l'ancienne constitution de l'empire germanique, était chargé de poursuivre la déchéance de l'empereur, du roi, du prince tombé dans l'hérésie ou demeuré dans l'excommunication plus d'un an. Des princes révolutionnaires commencent la désorganisation de l'Allemagne par l'anarchie religieuse, en attendant que des populations révolutionnaires l'achèvent par l'anarchie politique (*Ibid.*, c. 7).

Mais revenons aux décrets du concile de Trente. Le luthérien encapuchonné, Fra Paolo, insinue qu'en déclarant la Vulgate authentique, le concile condamne toutes les autres versions latines, faites ou à faire. Pallavicin montre fort au long que c'est une erreur ou un mensonge, que le concile préfère simplement la version vulgate aux autres, et la déclare exempte de toute erreur contre la foi et les mœurs : ce qui n'interdit nullement de faire une autre version, même en latin, mais qui manquera de cette approbation d'un concile œcuménique. Ainsi l'ont entendu les plus graves théologiens, même ceux qui ont assistèrent au concile de Trente, comme André Véga et Melchior Canus (*Ibid.*).

Cependant le nombre des Pères augmentait : à la cinquième session, le 17 juin 1546, il y eut neuf archevêques, entre autres l'archevêque grec de Paros et de Naxos ; une cinquantaine d'évêques, parmi lesquels Jérôme Vida, évêque d'Albe en Toscane, et Louis Lippoman, évêque de Modon et coadjuteur de Vérone. C'étaient deux prélats également distingués par leur science et leur vertu.

Marc-Jérôme Vida, né à Crémone en 1490, de parents nobles, mais peu favorisés de la fortune, fit ses études avec beaucoup de distinction à Padoue, à Bologne, à Mantoue, et fut admis fort jeune dans la congrégation des chanoines réguliers de Saint-Marc. Il en sortit peu de temps après et se rendit à Rome, où il devint chanoine de Saint-Jean-de-Latran. Son premier essai en poésie latine : *Du jeu d'échec*, lui valut la faveur de Léon X, qui lui donna le prieuré de Saint-Silvestre, près de Tivoli, afin qu'il pût donner tout son temps aux lettres. Vida y travailla pendant quatorze ans à un poème épique, dont Léon X lui avait donné l'idée. Il y avait, disait le Pape, une épopée magnifique enfermée dans la crèche de Béthléhem, la *Christiade*, c'est-à-dire le monde échappant au démon ; l'humanité coupable rentrant en grâce auprès de Dieu et réhabilitée par le sang de Jésus ; la croix, symbole et instrument de civilisation. La *Christiade*, qui devrait être plus connue qu'elle n'est dans les écoles chrétiennes, a de grandes beautés : le Tasse et Milton lui en ont emprunté quelques-unes.

Vida est aussi l'auteur de trois livres de poétique. Voici comme en parle le traducteur français : « L'art poétique de Vida, que Jules Scaliger préfère à celui d'Horace, est écrit avec autant de méthode et de jugement que d'élégance et de goût. Il est divisé en trois chants : dans le premier, l'auteur traite de l'éducation du poète, de la manière de lui former le goût et l'oreille ; il indique les auteurs qu'il doit lire ; après quoi il crayonne en peu de mots l'origine et l'histoire de la poésie ; dans le second, il parle de l'invention des choses et de leur disposition, surtout dans l'épopée, qu'il semble avoir en vue dans son ouvrage, qui n'est proprement que la pratique de Virgile réduite en art ou en principes ; dans le troisième, il traite de l'élocution poétique, sur laquelle il donne des détails très-instructifs ; il y traite surtout de l'harmonie imitative des vers, avec une clarté et une précision qu'on ne trouve point même chez ceux qui en ont écrit en prose.

Ses autres ouvrages sont deux livres *sur les vers à soie*. C'est le meilleur de Vida, le plus correct, le plus châtié, d'une véritable poésie, au jugement de tout le monde, et surtout des Italiens. Des hymnes, au nombre de trente-sept : ce sont des instructions sur nos mystères, ou des traits de la vie des saints, embellis de couleurs poétiques qui leur donnent un nouvel intérêt et les gravent dans la mémoire. Un recueil de petits poèmes. Enfin deux livres de *Dialogues sur la dignité de la république*. Le sujet de ces dialogues est emprunté aux entretiens de Vida avec les cardinaux del Monte, Cervini et Polus, pendant la tenue du concile de Trente.

Vida se recommandait d'un autre côté par son inaltérable douceur de caractère, sa piété sans faste, son amour pour son vieux père, et sa reconnaissance pour ses bienfaiteurs. Ce qui ne l'empêchait pas de déployer dans l'occasion un grand courage. Un jour, du haut des tours de son église d'Albe, il voit venir les Français, qui se jettent en furieux sur la ville, emportent le rempart, surprennent les impériaux qui fuient de toutes parts. L'évêque n'a pas peur. Il réunit les habitants, les harangue, fait sonner la charge, repousse les Français, et délivre la cité. Mais bientôt la famine se fait sentir dans Albe, qui manque de pain ; l'évêque vend jusqu'à son dernier vêtement pour en procurer aux malheureux, et de peur que le fléau ne vienne de nouveau affliger la ville, il sème des fèves dans les champs voisins et jusque dans le jardin de l'évêché, et s'adressant à la terre : O terre bienfaisante! dit-il, garde-toi de tromper la semence que ma main te confie. Du haut de mon palais, je promènerai bientôt mes yeux sur la plaine, et mon cœur battra de joie à la vue des malheureux, dont l'un cueillera, l'autre mangera, un autre encore emportera sur ses épaules ces vertes dépouilles. » Les fèves prospérèrent : au printemps suivant, le champ désolé était couvert de milliers de petites fleurs blanches, gage assuré d'une abondante moisson, et le bon évêque bénissait la Providence. Il était sûr que ses pauvres ne mourraient pas de faim. A midi, la cloche du palais sonnait, et l'on voyait arriver les commensaux ordinaires de l'évêque, des indigents auxquels il distribuait la nourriture quotidienne, puis il se mettait à table. Il ne mangeait qu'une fois le jour, et jamais de viande ni de poisson (*Biog. univ.*, t. XLVIII; Souquet de la Tour, *La Christiade de Vida*; Audin, *Hist. de Léon X*, t. II).

Louis, autrement *Aloyse Lippoman*, naquit à Venise, vers l'an 1500, d'une ancienne famille. Il s'appliqua de bonne heure à l'étude des lettres et de la philosophie, et y fit de grands progrès. Ayant embrassé l'état ecclésiastique, son seul mérite lui ouvrit le chemin des honneurs : il fut successivement coadjuteur de Bergame, évêque de Modon, coadjuteur et évêque de Vérone, et enfin évêque de Bergame. Sa capacité et son expérience des affaires le firent charger de différentes négociations en Portugal, en Allemagne, en Pologne, et il s'acquitta de toutes avec beaucoup d'habileté. Sous Jules III, nous le verrons un des présidents du concile de Trente. Devenu secrétaire du même Pape en 1556, il mourut à Rome le 15 août 1559. Il fut également illustre et par sa doctrine et par l'innocence de sa vie. Ses principaux ouvrages sont : Des commentaires en latin sur la Genèse, l'Exode et les Psaumes; les Vies des saints; des Statuts synodaux et des Sermons (*Ibid.*, t. XXIV; Ughelli, *Italia sacra*).

Dès avant la quatrième session, étaient arrivés à Trente deux ambassadeurs de l'empereur Charles-Quint : Diègue de Mendoza et François de Tolède. Ce dernier, au nom de son maître, fit de grands efforts pour persuader au concile de ne point porter de décisions dogmatiques, mais de se borner à des décrets de réformation, afin de ne pas blesser les protestants pendant la tenue de la diète, et dans un moment où toute l'Allemagne semblait conjurée contre lui. Le véritable motif paraît avoir été d'obtenir du Pape un secours d'argent pour la guerre qui était imminente. Comme le concile et le Pape étaient déjà convenus de traiter tout ensemble et de la foi et de la discipline, on résolut, après d'assez longues discussions, de s'en tenir à cet ordre, et de commencer par la question du péché originel.

C'était, dans le vrai, non-seulement un des points essentiels du dogme, mais encore le principe fondamental de toute réforme véritable. Dans le langage de l'Eglise catholique, réformation veut dire changement en mieux, retour à la règle, retour à la santé. Mais pour ramener à la santé première, il faut connaître la maladie, non-seulement son existence, mais sa nature et sa cause, surtout si la cause est comme inhérente à la constitution du malade. Sans cette connaissance préalable, un médecin dira que le malade est bien portant, l'autre qu'il est désespéré ; chaque médecin lui prescrira un régime contraire, et chaque régime sera un emplâtre à côté de la plaie; et médecins et remèdes, au lieu de guérir le malade, feront empirer le mal.

Maintenant, l'homme en général est-il malade ? Zwingle dit que non, mais qu'il est aussi bien portant que dans l'origine; qu'il a tout son libre arbitre, et que cela lui suffit pour gagner le ciel, témoin Esculape et Numa. Luther dit au contraire que l'homme, non-seulement est malade, mais incurable; qu'il ne lui reste plus rien de bon, plus rien de son libre arbitre, si ce n'est pour faire le mal; que ses meilleures actions sont des péchés; qu'il n'est justifié ou rendu juste que parce que Jésus-Christ lui impute sa propre justice : comme si l'on disait que les malades d'un hôpital sont guéris et se portent bien, parce que le médecin leur impute, leur met en compte, sur son registre, sa propre santé. Tout le monde conçoit qu'avec des idées si contraires sur l'état de l'homme, les deux médecins le perdront, l'un ou l'autre, et peut-être l'un et l'autre ; et que, pour le réformer, il faut avant tout constater sa maladie.

Et voilà ce que fait le concile de Trente, dans son décret sur le péché originel, promulgué en la cinquième session, tenue le 17 juin 1546, en ces termes :

« Afin que notre foi catholique, sans laquelle il est impossible de plaire à Dieu, se puisse maintenir en son entière et inviolable pureté, en excluant toutes les erreurs, et que le peuple chrétien ne se laisse point emporter à tout vent de doctrine; comme, entre plusieurs plaies dont l'Eglise de Dieu est affligée de nos jours, le vieux serpent, cet ennemi perpétuel du genre humain, non-seulement a excité de nouvelles contestations, mais encore réveillé les anciennes, touchant le péché originel et son remède : le saint concile de Trente, œcuménique et général, légitimement assemblé dans le Saint-Esprit, les trois mêmes légats du Siége apostolique y présidant; voulant commencer enfin à mettre la main à l'œuvre, pour tâcher de rappeler les errants et de confirmer ceux qui chancellent, et suivant le témoignage des Ecritures saintes, des saints Pères, de tous les conciles universellement reçus, aussi bien que le jugement et le consentement de l'Eglise elle-même; il ordonne, reconnaît et déclare ce qui suit, touchant le péché originel.

» I. Si quelqu'un ne confesse pas qu'Adam, le premier homme, ayant transgressé le commandement de Dieu, perdit aussitôt la sainteté et la justice, dans lesquelles il avait été établi, et que, par ce péché de prévarication, il a encouru la colère et l'indignation de Dieu, et en conséquence la mort dont Dieu l'avait auparavant menacé, et, avec la mort, la captivité sous la puissance de celui qui a eu depuis l'empire de la mort; c'est-à-dire du diable ; et que, par ce péché de prévarication, tout Adam, selon le corps et selon l'âme, a été détérioré : qu'il soit anathème !

» II. Si quelqu'un soutient que la prévarication d'Adam n'a été préjudiciable qu'à lui seul, et non à sa postérité ; et que ce n'a été que pour lui, et non pas aussi pour nous, qu'il a perdu la sainteté et la justice reçues de Dieu, ou qu'étant souillé par le péché de désobéissance, il n'a transmis à tout le genre humain que la mort et les peines du corps, et non le péché qui est la mort de l'âme : qu'il soit anathème ! puisque c'est contredire l'Apôtre, qui dit : *Le péché est entré dans le monde par un seul*

LIVRE LXXXV. — § I. CONCILE DE TRENTE. LES DIX PREMIÈRES SESSIONS.

homme, et la mort par le péché, et ainsi la mort est passée dans tous les hommes, tous ayant péché en un seul (Rom.; 5, 12).

» III. Si quelqu'un soutient que ce péché d'Adam, qui est un dans sa source, et qui, transmis à tous par la génération et non par imitation, est intimement propre à chacun, peut être ôté ou par les forces de la nature humaine, ou par un autre remède que par le mérite de Notre Seigneur Jésus-Christ, l'unique Médiateur (1. Tim., 2, 3), qui nous a réconciliés à Dieu par son sang, étant devenu notre justice, notre sanctification et notre rédemption (1. Cor., 1, 30); ou quiconque nie que le mérite de Jésus-Christ soit appliqué, tant aux adultes qu'aux enfants, par le sacrement du baptême, conféré selon la forme et l'usage de l'Eglise : qu'il soit anathème! parce qu'il n'y a pas d'autre nom sous le ciel qui ait été donné aux hommes, par lequel nous devions être sauvés (Act., 4, 12); d'où cette parole : *Voici l'Agneau de Dieu; voici celui qui ôte les péchés du monde* (Joan., 1, 15). Et cette autre : *Vous tous qui avez été baptisés, vous avez été revêtus de Jésus-Christ* (Galat., 3, 27).

» IV. Si quelqu'un nie que les enfants nouvellement sortis du sein de leurs mères, même ceux qui sont nés de parents baptisés, aient besoin d'être aussi baptisés; ou si quelqu'un, reconnaissant que véritablement ils sont baptisés pour la rémission des péchés, soutient pourtant qu'ils ne tirent rien du péché originel d'Adam qui ait besoin d'être expié par l'eau de la régénération pour obtenir la vie éternelle; d'où s'ensuivrait que la forme du baptême est fausse, et non pas véritable : qu'il soit anathème! Car la parole de l'Apôtre : *Le péché est entré dans le monde par un seul homme, et la mort par le péché, et ainsi la mort est passée dans tous les hommes, tous ayant péché dans un seul* (Rom., 5,12); cette parole peut être entendue d'une autre manière que l'a toujours entendue l'Eglise catholique répandue partout. Et c'est pour cela et conformément à cette règle de foi, selon la tradition des apôtres, *que même les petits enfants, qui n'ont encore pu commettre aucun péché personnel, sont pourtant véritablement baptisés pour la rémission des péchés, afin que ce qu'ils ont contracté par la génération soit nettoyé en eux par la régénération. Car quiconque ne renaît de l'eau et du Saint-Esprit, ne peut entrer au royaume de Dieu* (Joan., 3-5).

» V. Si quelqu'un nie que, par la grâce de Notre Seigneur Jésus-Christ conférée dans le baptême, l'offense du péché originel soit remise; ou soutient que tout ce qu'il y a proprement et véritablement de péché n'est pas ôté, mais seulement rasé, ou non imputé : qu'il soit anathème! Car Dieu ne hait rien dans ceux qui sont régénérés, parce qu'il n'y a point de condamnation pour ceux qui sont véritablement ensevelis dans la mort avec Jésus-Christ par le baptême; qui ne marchent point selon la chair, mais qui, dépouillant le vieil homme et revêtant le nouveau qui est créé selon Dieu, sont devenus innocents, purs, sans tache et sans péché, agréables à Dieu, ses héritiers, et cohéritiers de Jésus-Christ; en sorte qu'il ne reste rien du tout qui leur fasse obstacle pour entrer dans le ciel. Le saint concile néanmoins confesse et reconnaît que la concupiscence, ou l'inclination au péché, reste pourtant dans les personnes baptisées, laquelle ayant été laissée pour le combat et pour l'exercice, ne peut nuire à ceux qui ne donnent pas leur consentement, mais qui résistent avec courage par la grâce de Jésus-Christ; au contraire, la couronne est préparée pour ceux qui auront bien combattu. Mais aussi le saint concile déclare que cette concupiscence que l'Apôtre appelle quelquefois péché, n'a jamais été prise ni entendue par l'Eglise catholique comme un véritable péché qui reste, à proprement parler, dans les personnes baptisées, mais qu'elle n'a été appelée du nom de péché que parce qu'elle est un effet du péché et qu'elle porte au péché. Si quelqu'un est d'un sentiment contraire, qu'il soit anathème!

» Cependant le saint concile déclare que, dans ce décret qui regarde le péché originel, son intention n'est point de comprendre la bienheureuse et immaculée vierge Marie, mère de Dieu, mais qu'il entend qu'à ce sujet les constitutions du pape Sixte IV, d'heureuse mémoire, soient observées, sous les peines qui y sont portées et qu'il renouvelle. »

Tels sont les décrets dogmatiques que le concile de Trente publia dans sa cinquième session. Les erreurs qu'il y condamne sont prises textuellement des écrits de Luther, Zwingle et Calvin : le concile les condamne, mais sans toucher aux opinions librement controversées jusqu'alors parmi les docteurs catholiques. On le voit en particulier pour l'immaculée conception de la sainte Vierge. Dans une congrégation générale, le cardinal Pachéco demanda qu'à la proposition générale qui déclarait le péché originel commun à tous les hommes, on ajoutât ces paroles : « Par rapport à la bienheureuse Vierge, le saint concile ne veut rien décider, quoique ce soit une pieuse croyance de penser qu'elle a été conçue sans le péché originel. » Les deux tiers de l'assemblée furent pour l'addition proposée, et toujours la majorité se montra persuadée de l'immaculée conception. Cependant on ne la décida point; on n'ajouta pas même que c'est une croyance pieuse, pour ne pas flétrir indirectement l'opinion contraire (Pallavicin, l. 7, c. 7).

La sixième session, fixée d'abord au 9 juillet 1546, fut remise au 13 janvier 1547. Il y eut à cela deux causes : la guerre qui se ralluma en Allemagne, et l'importance des matières qu'on avait à examiner.

Depuis plusieurs années, les princes luthériens d'Allemagne avaient formé une ligue révolutionnaire à Smalcalde; nous disons *révolutionnaire*, parce qu'elle tendait au renversement de l'ordre et de la paix dans l'empire et dans l'Eglise, pour y substituer des principes d'anarchie universelle. Charles-Quint avait essayé de bien des moyens pour rétablir l'ordre et la paix. Le moyen le plus simple était de s'en rapporter au concile général sur les questions religieuses, sujet principal de la discorde. Tant que le concile ne fut qu'en projet, les princes luthériens parlaient de s'y rendre et de s'y soumettre; mais quand ils le virent assemblé en effet, et mettant la main à l'œuvre, ils n'en voulurent plus : telle fut leur dernière déclaration à la diète de Ratisbonne, 5 juin 1546. L'empereur, désespérant, alors de rétablir l'ordre par des voies pacifiques, résolut d'y employer la force des armes. Chef de l'empire, il conclut le 22 du même mois avec le chef de l'Eglise universelle, une ligue contraire pour le rétablissement de l'ordre et de la paix dans l'empire et dans l'Eglise, par là même dans tout le monde. Tout prince catholique pouvait y accéder. Il y eut même quelques princes protestants qui passèrent du côté de l'empereur. Mais dès le 4 août les princes révolutionnaires de Smalcalde, dont les chefs étaient l'électeur de Saxe et le landgrave de Hesse, se trouvaient à Donawerth avec une armée d'environ soixante-dix mille hommes. L'empereur, à Ratisbonne, n'avait pas la dixième partie de ce nombre. Les révolutionnaires lui envoyèrent un message qui se terminait par une renonciation à son obéissance : il répondit par un acte qui mettait leurs chefs au ban de l'empire (Menzel, t. III, p. 9). Le 30 août, les révolutionnaires attaquèrent le camp de l'empereur par une canonnade qui dura plusieurs jours. Mais les chefs étant peu unis entre eux, ils ne firent rien qui vaille. L'empereur leur reprit la ville de Neubourg, et laissa partir leur garnison, en lui faisant jurer de ne pas porter les armes contre lui ni contre la maison d'Autriche : les révolutionnaires déclarèrent ce serment nul. Toutefois ils terminèrent la campagne par se retirer chacun chez soi, sans avoir rien fait. L'empereur marcha contre le duc de Wurtemberg, qui s'enfuit, et obtint ensuite sa grâce, ainsi que l'électeur palatin. Un grand nombre de villes, y compris Augsbourg, se soumirent l'une après l'autre. Avec l'activité et la promptitude de Charlemagne, c'eût été fait de la révolution protestante : Charles-Quint fut retenu une partie de l'hiver sur son fauteuil par la goutte. Le 24 avril 1547, accompagné de Maurice, nouvel électeur de Saxe, il battit l'électeur déchu, Jean Frédéric, près de Muhlberg, et le fit prisonnier. Un incident lui servit à électriser le courage de l'armée impériale : ce fut la vue d'un crucifix que les hérétiques avaient percé de balles.

L'électeur déchu était d'une grosseur si monstrueuse, qu'on trouvait rarement un cheval assez fort pour le porter : il commandait ordinairement du haut d'un char. Amené devant Charles-Quint, il lui dit en suppliant : « Très-puissant et très-gracieux empereur ! — Ah ! interrompit Charles, suis-je maintenant votre empereur ? Il y a longtemps que vous ne m'avez donné ce nom ! »

Les ennemis avaient perdu deux mille hommes tués, huit cents prisonniers, leur artillerie, leurs drapeaux et tout leur bagage : toute leur armée était en déroute. Parmi les impériaux, il n'était tombé que cinquante hommes. On remarqua encore que l'Elbe, qu'on venait de passer pour attaquer l'ennemi, enfla tellement peu d'heures après, que l'entremise eût été impraticable. Charles, considérant le bonheur de cette journée, s'appliqua ainsi le mot de César : *Je suis venu, j'ai vu, Dieu a vaincu.*

Le 5 mai, il campait sous les murs de Wittemberg, avec son prisonnier. La ville capitula le 18. L'électeur déchu fut condamné à mort, comme rebelle et coupable de lèse-majesté; mais l'empereur lui fit grâce. Le 25 mai, accompagné de sa garde, Charles fit son entrée dans Wittemberg. En passant devant l'église paroissiale, comme il aperçut un vieux crucifix en peinture, il se découvrit la tête, ainsi que tous les seigneurs de sa suite. Dans l'église du château, il s'arrêta quelque temps pensif devant le tombeau de Luther. Quelques-uns des assistants, dit-on, lui ayant conseillé de faire déterrer et brûler le corps de l'hérésiarque, il répondit : « Laissez-le tranquille, il a son juge. Je fais la guerre aux vivants, non pas aux morts. » — Protestants et catholiques furent étonnés de ce qu'il ne profita pas mieux de sa victoire.

Ce furent les alternatives de cette guerre qui répandirent par moment une certaine inquiétude à Trente : il fut même question plusieurs fois de transférer le concile dans une ville moins rapprochée de l'Allemagne, où la guerre avait lieu. Cependant l'inquiétude et la peur n'empêchaient pas les discussions d'être quelquefois très-vives entre les Pères du concile. Un jour, dans une congrégation particulière, un évêque, grec de naissance, blâmait devant deux autres le discours d'un de leurs collègues et promettait d'y faire voir dans la congrégation suivante des preuves d'ignorance ou d'effronterie. L'évêque de Cava, auteur du discours, ayant entendu prononcer son nom, demanda ce que l'on disait. L'évêque de Chiron, son antagoniste, qui était un Franciscain, lui répondit avec une vivacité toute grecque : « Certainement, Monseigneur, vous ne pouvez être excusé ou d'ignorance ou d'effronterie. » L'autre, ne se possédant plus, le prit par la barbe, lui arracha force poils et s'en alla aussitôt. Il ne fut pas longtemps à reconnaître sa faute : l'offensé lui pardonna volontiers. Toutefois, pour réparer le scandale et en prévenir de pareils, le concile condamna le coupable à s'exiler pour toujours de Trente et de l'assemblée, et à être renvoyé au Pape pour être absous de l'excommunication qui lui était réservée. Le souverain Pontife, pour tempérer la sévérité par la clémence, adressa aux légats un bref qui leur prescrivait de l'absoudre sans éclat à Trente et de le renvoyer à son diocèse quand ils le jugeraient à propos.

Deux questions difficiles et importantes occupaient les Pères du concile : l'une de dogme, l'autre de discipline : la justification du pécheur, la résidence des évêques.

Dans le langage vulgaire, *justifier* veut dire montrer, prouver, déclarer que quelqu'un est innocent, qu'il ne mérite point de châtiment, de blâme. Mais dans le langage de l'Ecriture sainte et de la théologie, *justifier* veut dire rendre juste; *justification*, c'est l'action et l'effet de la grâce pour rendre les hommes justes. Nous avons vu les principales erreurs de Luther, de Zwingle et de Calvin sur cette matière. Voici comme le concile de Trente y oppose d'abord la doctrine catholique, et ensuite les condamne en détail.

La sixième session eut lieu le 13 janvier 1547, jour de l'octave de l'Epiphanie. Y assistèrent les deux légats del Monte et Cervin (Polus, tombé malade, s'était retiré à Rome), les cardinaux Madrusse et Pachéco, dix archevêques, quarante-cinq évêques; Claude Le Jey, Jésuite, procureur du cardinal d'Augsbourg; Ambroise Pelargue, Dominicain, procureur de l'archevêque de Trèves; deux abbés et cinq généraux d'ordres. Il ne s'y trouva aucun ambassadeur de princes, parce que ceux de France, qui seuls étaient à Trente, refusèrent de se rendre à la session, afin, disaient-ils, de ne faire aucune peine à l'empereur, qu'ils savaient ne devoir pas prendre en bonne part les matières qui allaient y être décidées. Quant aux ambassadeurs de l'empereur même, ils reçurent l'ordre de sortir de Trente. Jamais concile n'éprouva autant de difficultés, et jamais concile ne fit autant de bien.

« DÉCRET TOUCHANT LA JUSTIFICATION.

» Introduction. — Comme en ce temps, au malheur de plusieurs âmes et au grand détriment de l'unité ecclésiastique, on a disséminé une certaine doctrine erronée touchant la justification : le saint concile de Trente étant légitimement assemblé dans le Saint-Esprit; les Révérendissimes seigneurs Jean-Marie du Monte, évêque de Palestrine, et Marcel, du titre de Sainte-Croix en Jérusalem, prêtre, cardinaux de la sainte Eglise romaine et légats apostoliques *à latere*, y présidant au nom du Très-Saint-Père en Jésus-Christ, Paul III, pape par la Providence divine : il a résolu, à l'honneur et à la gloire de Dieu tout-puissant, pour la tranquillité de l'Eglise et le salut des âmes, d'exposer à tous les fidèles chrétiens la véritable et saine doctrine touchant la justification, telle que l'a enseignée le Soleil de justice, Jésus-Christ, l'auteur et le consommateur de notre foi; que les apôtres l'ont transmise et que l'Eglise catholique l'a toujours tenue et gardée, par la suggestion du Saint-Esprit; défendant très-étroitement que personne ne soit assez téméraire pour croire, prêcher ou enseigner autrement qu'il est statué et déclaré par le présent décret.

» Chapitre I. *De l'impuissance de la nature et de la loi pour justifier les hommes.* — Premièrement, le saint concile déclare que, pour entendre bien et comme il faut la doctrine de la justification, il est nécessaire que chacun reconnaisse et confesse que tous les hommes ayant perdu l'innocence dans la prévarication d'Adam et étant devenus impurs, et, comme dit l'Apôtre, *Enfants de colère par nature* (Eph., 2, 3), ainsi qu'il a été expliqué dans le décret sur le péché originel, ils étaient à tel point esclaves du péché et sous la puissance du diable et de la mort, que non-seulement les Gentils n'avaient pas le pouvoir de s'en délivrer ni de se relever par les forces de la nature, mais que les Juifs mêmes ne le pouvaient par la lettre de la loi de Moïse, quoique le libre arbitre ne fût nullement éteint en eux, mais bien diminué de force et incliné.

» Chapitre II. *De la dispensation et du mystère de l'avénement de Jésus-Christ.* — D'où il est arrivé que le Père céleste, le Père des miséricordes et le Dieu de toute consolation, qui, et avant la loi et du temps de la loi, avait déclaré et promis son Fils Jésus-Christ à beaucoup de saints Pères, l'a envoyé aux hommes, lorsque fut venue la bienheureuse plénitude des temps, et pour racheter les Juifs qui étaient sous la loi, et afin que les nations qui ne cherchaient pas la justice, saisissent la justice, et tous reçussent ainsi l'adoption des enfants. C'est lui que Dieu a proposé pour être, par la foi que nous aurions en son sang, la propitiation pour nos péchés, et non-seulement pour les nôtres, mais encore pour ceux de tout le monde.

» Chapitre III. *Qui sont ceux qui sont justifiés par Jésus-Christ.* — Mais encore qu'il soit mort pour tous, tous néanmoins ne reçoivent pas le bienfait de sa mort, mais ceux-là seulement à qui est communiqué le mérite de sa passion; car, de même en effet que les hommes ne naîtraient pas injustes, s'ils ne descendaient et ne tiraient leur origine de la race d'Adam; puisque c'est par suite de cette génération qu'ils contractent par lui, lorsqu'ils sont conçus, l'injustice qui leur devient propre : de même, s'ils ne renaissaient en Jésus-Christ, jamais ils ne seraient justifiés, puisque c'est par cette renaissance, en vertu des mérites de sa passion, que leur est donnée la grâce par laquelle ils sont rendus justes. C'est pour ce bienfait que l'Apôtre nous exhorte *à rendre continuellement grâce à Dieu le Père, qui nous a rendus dignes d'avoir part au sort et à l'héritage des saints dans la lumière, et qui nous a retirés de la puissance des ténèbres et nous a transférés dans le royaume de son Fils bien-aimé, en qui nous avons la rédemption et la rémission des péchés* (Coloss., 1).

» Chapitre IV. *En quoi consiste la justification de l'impie; et la manière dont elle se fait dans l'état de la loi de grâce.* — Ces paroles insinuent en quoi consiste la justification de l'impie, savoir, que c'est la translation de cet état où l'homme naît enfant du premier Adam, à l'état de grâce et d'enfant adoptif de Dieu par le second Adam, Jésus-Christ, notre Sauveur; et, depuis la publication de l'Evangile, cette translation ne se peut faire sans l'eau de la régénération ou sans son désir, suivant qu'il est écrit : *Si quelqu'un ne renaît de l'eau et du Saint-Esprit, il ne peut entrer dans le royaume de Dieu* (Joan., 3).

» Chapitre V. *De la nécessité qu'il y a pour les adultes de se préparer à la justification, et d'où elle procède.* — Le saint concile déclare de plus que le commencement de la justification, dans les adultes, se doit prendre de la grâce prévenante de Dieu par Jésus-Christ, c'est-à-dire de sa vocation, par laquelle, sans aucun mérite de leur part, ils sont appelés. De manière que, au lieu de l'éloignement de Dieu dans lequel ils étaient auparavant par leurs péchés, ils viennent à être disposés par la grâce, qui les excite et les aide à se convertir pour leur propre justification, consentant et coopérant librement à cette même grâce; en sorte que, Dieu touchant le cœur de l'homme par la lumière du Saint-Esprit, l'homme pourtant ne soit pas tout à fait sans rien faire en recevant cette inspiration, puisqu'il la peut même rejeter, quoiqu'il ne puisse pourtant, par sa volonté libre, se porter sans la grâce de Dieu à la justice qui est devant lui. C'est pourquoi, lorsqu'il est dit dans les saintes lettres : *Convertissez-vous à moi, et je me convertirai à vous* (Zach., 13), nous sommes avertis de notre liberté; et lorsque nous répondons : *Seigneur, convertissez-nous à vous, et nous serons convertis* (Thren., 5), nous reconnaissons que nous sommes prévenus par la grâce de Dieu.

» Chapitre VI. *La manière de cette préparation.* — Or, les adultes se disposent à la justification, premièrement, lorsque excités et aidés par la grâce de Dieu, concevant la foi par l'ouïe, ils se meuvent librement vers Dieu, croyant vraies les choses qui ont été promises et révélées de Dieu, et ce point sur tous les autres, que le pécheur est justifié de Dieu par sa grâce, par la rédemption qui est en Jésus-Christ. Ensuite, lorsque se connaissant eux-mêmes pécheurs, et passant de la crainte de la justice divine, par laquelle ils sont utilement ébranlés, à la considération de la miséricorde, ils s'élèvent à l'espérance, se confiant que Dieu leur sera propice pour l'amour de Jésus-Christ, et ils commencent à l'aimer lui-même comme source de toute justice; et pour cela, ils s'émeuvent contre les péchés par une certaine haine et détestation, c'est-à-dire par cette pénitence qui doit précéder le baptême; enfin, lorsqu'ils prennent la résolution de recevoir le baptême, de commencer une nouvelle vie et de garder les commandements de Dieu. Touchant cette disposition, il est écrit : *Pour s'approcher de Dieu, il faut premièrement croire qu'il est et qu'il récompense ceux qui le cherchent* (Hebr., 11, 6); et encore : *Mon fils, ayez confiance, vos péchés vous seront remis* (Marc., 2, 5); et : *La crainte du Seigneur chasse le péché* (Eccli., 1, 27); et : *Faites pénitence, et que chacun de vous soit baptisé au nom de Jésus-Christ pour la rémission de ses péchés, et vous recevrez le don du Saint-Esprit* (Act., 2, 38); et : *Allez donc et enseignez toutes les nations, les baptisant au nom du Père, et du Fils, et du Saint-Esprit, les instruisant à observer toutes les choses que je vous ai commandées* (Matth., 28, 19); et enfin : *Préparez vos cœurs au Seigneur* (1. Reg., 7, 3).

» Chapitre VII. *Ce que c'est que la justification du pécheur, et quelles en sont les causes.* — Cette disposition et préparation est suivie de la justification même, qui n'est pas seulement la rémission des péchés, mais aussi la sanctification et le renouvellement de l'homme intérieur, par la réception volontaire de la grâce et des dons qui l'accompagnent. D'où il arrive que l'homme d'injuste devient juste, et ami d'ennemi qu'il était, pour être, selon l'espérance qui lui en est donnée, héritier de la vie éternelle. Cette justification, si on en recherche les causes, a premièrement pour cause finale la gloire de Dieu et de Jésus-Christ, et la vie éternelle. Pour cause efficiente, elle a Dieu même en tant que miséricordieux, qui lave et sanctifie gratuitement par le sceau et l'onction de l'Esprit-Saint, promis par les Ecritures, gage de notre héritage. Pour cause méritoire, elle a Notre Seigneur Jésus-Christ, son très-cher et unique Fils, qui, par l'amour extrême dont il nous a aimés, nous a mérité la justification et a satisfait pour nous à Dieu, son Père, par sa très-sainte passion, sur l'arbre de la croix, lorsque nous étions ses ennemis. Pour cause instrumentale, elle a le sacrement de baptême, qui est le sacrement de la foi, sans laquelle personne ne peut être justifié. Enfin, son unique cause formelle est la justice de Dieu, non la justice par laquelle il est juste lui-même, mais celle par laquelle il nous justifie; c'est-à-dire laquelle étant gratifiés par lui, nous sommes renouvelés dans l'intérieur de notre âme; et non-seulement nous sommes réputés justes, mais nous sommes avec vérité nommés tels, et le sommes en effet, recevant en nous la justice, chacun selon sa mesure et selon le partage qu'en fait le Saint-Esprit, comme il lui plaît et suivant la disposition propre et la coopération d'un chacun. Car, quoique personne ne puisse être justifié que celui auquel sont communiqués les mérites de la passion de Notre Seigneur Jésus-Christ, il faut pourtant entendre que cette justification se fait en sorte que, par le mérite de cette même passion, la charité de Dieu est aussi répandue par le Saint-Esprit dans les cœurs de ceux qui sont justifiés, et y est inhérente. D'où vient que, dans cette justification, l'homme, par Jésus-Christ, sur lequel il est enté, reçoit aussi tout ensemble, avec la rémission des péchés, tous ces dons infus, la foi, l'espérance et la charité. Car, si l'espérance et la charité ne se joignent pas à la foi, elle n'unit pas parfaitement avec Jésus-Christ, ni elle ne rend pas l'homme un membre vivant de son corps. C'est pourquoi il est dit avec beaucoup de vérité, *que la foi sans les œuvres est morte et oiseuse* (Jacob., 2); et aussi, *qu'en Jésus-Christ, ni la circoncision, ni l'incirconcision ne servent de rien, mais la foi qui opère par la charité* (Galat., 5, 6). C'est cette foi que les catéchumènes, selon la tradition des apôtres, demandent à l'Eglise avant le sacrement de baptême, lorsqu'ils demandent la foi qui donne la vie éternelle, que la foi seule ne peut pas donner sans l'espérance et la charité. Et pour cela, on leur répond incontinent cette parole de Jésus-Christ : *Si vous voulez entrer dans la vie, gardez les commandements* (Matth., 19). C'est pourquoi, aussitôt qu'ils sont nés de nouveau par le baptême, recevant cette justice chrétienne et véritable, comme la première robe qui leur est donnée par Jésus-Christ, au lieu de celle qu'Adam a perdue pour lui et pour nous, par sa désobéissance, ils reçoivent aussi en même temps le commandement de la conserver blanche et sans tache, pour la pouvoir présenter en cet état devant le tribunal de Notre Seigneur Jésus-Christ, et obtenir la vie éternelle.

» Chapitre VIII. *Comment il faut entendre que le pécheur est justifié par la foi et gratuitement.* — Quand donc l'Apôtre dit *que l'homme est justifié par la foi et gratuitement* (Rom., 3, 5), ces paroles doivent être entendues en ce sens qui a toujours été celui que, d'un consentement général et perpétuel, l'Eglise catholique a tenu et a fait entendre aux fidèles, savoir : que nous sommes dits justifiés par la foi, parce qu'en effet la foi est le commencement du salut de l'homme, le fondement et la racine de toute justification, sans laquelle il est impossible de plaire à Dieu et d'arriver à l'association de ses enfants. Et de même nous sommes dits justifiés gratuitement, parce qu'en effet rien de tout ce qui précède la justification, soit la foi, soit les œuvres, ne mérite la grâce même de la justification : car, si c'est une grâce, elle ne vient pas des œuvres; autrement, comme dit le même Apôtre, *la grâce n'est plus une grâce* (Rom., 11).

» Chapitre IX. *Contre la vaine confiance des hérétiques.* — Or, quoiqu'il soit nécessaire de croire que les péchés ne sont remis, et ne l'ont jamais été, sinon gratuitement par la miséricorde de Dieu, à cause de Jésus-Christ, il ne faut pourtant pas dire que les péchés soient remis ni qu'ils l'aient jamais été à personne qui vante cette confiance et cette certitude de la rémission de ses péchés, et qui se repose sur elle seule; puisqu'elle se peut rencontrer dans des hérétiques et des schismatiques; qu'elle s'y rencontre même en ce temps, où l'on fait valoir avec tant de chaleur contre l'Eglise catholique cette confiance vaine et éloignée de toute piété. Il faut bien se garder aussi de soutenir que ceux qui sont véritablement justifiés doivent être eux mêmes dans cette créance ferme et tout à fait indubitable qu'ils sont justifiés ; ni que personne ne puisse être absous de ses péchés et justifié, s'il ne croit fermement être absous et justifié ; ni enfin que ce soit par cette seule confiance que l'absolution et la justification s'accomplissent : comme si on devait inférer que celui qui n'a pas cette ferme confiance doute des promesses de Dieu et de l'efficace de la mort et de la résurrection de Jésus-Christ. Car, de même qu'aucun fidèle ne doit douter de la miséricorde de Dieu, du mérite de Jésus-Christ, de la vertu et de l'efficace des sacrements, aussi est-il vrai que chacun, tournant les yeux sur soi-même et considérant ses propres faiblesses et son indisposition, a lieu de craindre et d'appréhender pour sa grâce ; nul ne pouvant savoir d'une certitude de foi en laquelle il ne peut y avoir rien de faux, qu'il ait reçu la grâce de Dieu.

» CHAPITRE. X. *De l'accroissement de la justification après l'avoir reçue.* — Les hommes étant donc ainsi justifiés et devenus amis et domestiques de Dieu, s'avançant de vertu en vertu (Psalm. 83), se renouvellent, comme dit l'Apôtre, *de jour en jour* (1. Cor., 4) ; c'est-à-dire en mortifiant les membres de leur chair et en les faisant servir d'instruments à la justice pour la sanctification, par l'observation des commandements de Dieu et de l'Eglise, la foi coopérant aux bonnes œuvres, ils croissent dans la justice qu'ils ont reçue par la grâce de Jésus-Christ, et sont ainsi de plus en plus justifiés, suivant qu'il est écrit : *Que celui qui est juste soit justifié encore* (Apoc., 3) ; et aussi : *N'ayez point de honte d'être toujours justifié jusqu'à la mort* (Ezéch., 13) ; et encore : *Vous voyez donc que l'homme est justifié par les œuvres, et non-seulement par la foi* (Jacob., 2). Et c'est enfin cet accroissement de justice que la sainte Eglise demande, quand elle dit dans ses prières : *Donnez-nous, Seigneur, augmentation de foi, d'espérance et de charité.*

» CHAPITRE XI. *De l'observation des commandements de Dieu, de sa nécessité et possibilité.* — Or, personne, quelque justifié qu'il soit, ne doit s'estimer exempt de l'observation des commandements de Dieu, ni avancer cette parole téméraire et interdite par les Pères sous peine d'anathème, que l'observation des commandements est impossible à un homme justifié. Car Dieu ne commande pas des choses impossibles ; mais, en commandant, il avertit de faire ce qu'on peut, et de demander ce qu'on ne peut pas faire ; et il aide afin qu'on le puisse. *Ses commandements ne sont pas pesants ; son joug est doux, et son fardeau est léger* (1. Joan., 5 ; Matth., 11). Car ceux qui sont enfants de Dieu aiment Jésus-Christ, et ceux qui l'aiment gardent sa parole, comme il le témoigne lui-même : et cela, ils peuvent le faire avec le secours de Dieu. Car quoique, dans cette vie mortelle, les plus saints et les plus justes ne laissent pas de tomber quelquefois dans des fautes, du moins légères et journalières, qu'on appelle aussi péchés véniels, ils ne cessent cependant pas pour cela d'être justes, car cette parole des justes est à la fois humble et véritable : *Pardonnez-nous nos offenses.* De là, les justes se doivent sentir et reconnaître d'autant plus obligés à marcher dans les voies de la justice, qu'étant déjà affranchis du péché et devenus serviteurs de Dieu, ils sont, en état, vivant selon les lois de la tempérance, de la justice et de la piété, d'avancer par Jésus-Christ même, par lequel ils ont eu entrée dans cette grâce. Car ceux qui ont été une fois justifiés par sa grâce, Dieu ne les abandonne point, s'il n'en est auparavant abandonné. Personne donc ne se doit flatter ni s'applaudir en soi-même pour avoir seulement la foi, dans la pensée que par cette seule foi il est établi héritier et qu'il aura part à l'héritage, encore qu'il ne souffre point avec Jésus-Christ, pour être aussi glorifié avec lui. Car, comme dit l'Apôtre, *Jésus-Christ lui-même, encore qu'il fût Fils de Dieu, a appris l'obéissance par l'expérience des choses qu'il a souffertes ; et, tout étant consommé en lui, il est devenu la cause du salut éternel pour tous ceux qui lui obéissent* (Hebr., 5). C'est pourquoi le même Apôtre, parlant à ceux qui sont justifiés, leur dit : *Ne savez-vous pas que dans la carrière tous courent véritablement, mais un seul emporte le prix. Courez donc, en sorte que vous le remportiez. Pour moi, je cours, non pas comme au hasard ; je combats, non pas en donnant des coups en l'air, mais je châtie mon corps, et je le réduis en servitude, de peur qu'après avoir prêché aux autres, je ne sois moi-même réprouvé* (1. Cor., 9). Saint Pierre, le prince des apôtres, dit aussi : *Travaillez à assurer par vos bonnes œuvres votre vocation et votre élection ; car, agissant de la sorte, il arrivera que vous ne pécherez plus* (2. Petr., 1).

» Ce qui fait voir que ceux-là contredisent la doctrine orthodoxe de la religion, qui soutiennent que le juste, dans toute bonne œuvre, pèche au moins véniellement ; ou, ce qui est encore plus insupportable, qu'il mérite les peines éternelles. Autant en est-il de ceux qui disent que les justes pèchent dans toutes leurs actions, si, outre l'intérêt de la gloire de Dieu qu'ils ont principalement en vue en les faisant, ils jettent aussi les yeux sur la récompense éternelle, pour exciter leur langueur et pour s'encourager eux-mêmes à courir dans la carrière, puisqu'il est écrit : *J'ai incliné mon cœur à l'accomplissement de vos commandements, à cause de la récompense* (Psalm. 118) ; et que l'Apôtre dit de Moïse, *qu'il envisageait la récompense* (Hebr., 11).

» CHAPITRE XII. *Qu'il faut éviter la présomption téméraire de sa prédestination.* — Personne aussi, tant qu'il vit sur la terre, ne doit tellement présumer du mystère secret de la prédestination, qu'il tienne pour tout à fait certain d'être du nombre des prédestinés : comme s'il était vrai que, étant justifié, il ne pût plus pécher ; ou, que, s'il péchait, il dût se promettre avec certitude de se relever. Car, sans une révélation spéciale, on ne peut savoir ceux que Dieu a choisis.

» CHAPITRE XIII. *Du don de la persévérance.* — Il en est de même du don de persévérance, duquel il est écrit : *Celui qui aura persévéré jusqu'à la fin, sera sauvé* (Matth., 10 et 24). Ce qu'on ne peut obtenir d'ailleurs que de celui qui est puissant, pour soutenir celui qui est debout, afin qu'il continue d'être debout jusqu'à la fin, aussi bien que pour relever celui qui tombe. Mais personne là-dessus ne peut se promettre rien de certain, d'une certitude absolue, quoique tous doivent mettre et établir une confiance très-ferme dans le secours de Dieu. Car Dieu, s'ils ne manquent eux-mêmes à sa grâce, achèvera et perfectionnera le bon ouvrage qu'il a commencé, opérant le vouloir et le parfaire. Mais cependant que ceux qui croient être debout prennent garde de tomber, et qu'ils travaillent à leur salut avec crainte et tremblement, dans les travaux, dans les veilles, dans les aumônes, dans les prières, dans les offrandes, dans les jeûnes, dans la pureté. Car, sachant que leur renaissance ne les met pas encore dans la possession de la gloire, mais seulement dans l'espérance de l'obtenir, ils ont sujet d'appréhender pour le combat qui leur reste à soutenir contre le diable, le monde et la chair, dans lequel ils ne peuvent être victorieux, si, avec la grâce de Dieu, ils n'obtempèrent à l'Apôtre, qui dit : *Nous sommes redevables, mais ce n'est pas à la chair, pour vivre selon la chair ; car si vous vivez selon la chair, vous mourrez ; mais si, par l'esprit, vous mortifiez les œuvres de la chair, vous vivrez* (Rom., 8).

» CHAPITRE XIV. *De ceux qui sont tombés, et de leur réparation.* — A l'égard de ceux qui, par le péché, sont déchus de la grâce de la justification qu'ils avaient reçue, ils pourront être justifiés de nouveau, quand, Dieu les excitant par le sacrement de pénitence, ils feront en sorte de recouvrer, par le mérite de Jésus-Christ, la grâce qu'ils avaient perdue. Car cette manière de justification est la réparation de ceux qui sont tombés. C'est ce que les saints Pères nomment avec raison la seconde table après le naufrage de la grâce qu'on a perdue. En effet, c'est pour ceux qui, après le baptême, sont tombés dans le péché, que Jésus-Christ a institué le sacrement de pénitence, quand il a dit : *Recevez le Saint-Esprit ; les péchés seront remis à ceux à qui vous les remettrez, et il seront retenus à ceux à qui vous les retiendrez.* Il faut donc enseigner que la pénitence d'un chrétien qui est tombé dans le péché est fort différente de celle qu'on fait dans le baptême, car elle renferme non-seulement la cessation et la détestation du péché, ou un cœur contrit et humilié, mais encore la confession sacramentelle de ses péchés, au moins le désir de la faire en son temps, et l'absolution du prêtre, avec la satisfaction par les jeûnes, les aumônes, les prières et les autres pieux exercices de la vie spirituelle ; non pas à la vérité pour la peine éternelle, laquelle est remise avec l'offense, ou par le sacrement, ou par le désir de le recevoir, mais pour la peine temporelle, qui, selon ce qu'enseignent les saintes lettres, n'est pas toujours, comme dans le baptême, remise entièrement à ceux qui, méconnaissant la grâce reçue, ont contristé l'Esprit-Saint et n'ont pas craint de violer le temple de Dieu. C'est de cette pénitence qu'il est écrit : *Souvenez-vous de l'état d'où vous êtes déchus ; faites pénitence et rentrez dans la pratique de vos premières œuvres* (Apoc., c. 2). Et encore : *La tristesse qui est selon Dieu opère pour le salut une pénitence stable* (2. Cor., 7). Et : *Faites pénitence.* Enfin : *Faites de dignes fruits de pénitence* (Matth., 3 et 4 ; Luc., 4).

» CHAPITRE XV. *Que par tout péché mortel se perd la grâce, mais non pas la foi.* — Pour s'opposer aux malins artifices de certains esprits qui, par des paroles douces et flatteuses, séduisent le cœur des personnes simples, il est à propos aussi de bien établir que la grâce de la justification qu'on a reçue se perd, non-seulement par le crime de l'infidélité, par lequel se perd aussi la foi, mais même par tout autre péché mortel par lequel la foi ne se perd pas. Et en cela nous soutenons la doctrine de la loi divine, qui exclut du royaume de Dieu non-seulement les infidèles, mais aussi les fidèles qui sont fornicateurs, adultères, ivrognes, médisants, ravisseurs du bien d'autrui, et tous ceux qui commettent des péchés mortels, qu'ils peuvent éviter avec l'aide de la grâce divine, et pour la punition desquels ils sont séparés de la grâce de Jésus-Christ.

» CHAPITRE XVI. *Du fruit de la justification, c'est-à-dire du mérite des bonnes œuvres, et en quoi il consiste.* — Les hommes étant donc justifiés de cette manière, soit qu'ils aient toujours conservé la grâce reçue, soit qu'après l'avoir perdue, ils l'aient recouvrée, il faut leur proposer cette parole de l'Apôtre : *Appliquez-vous de plus en plus aux bonnes œuvres, sachant que votre travail ne sera pas sans fruit devant le Seigneur ; car Dieu n'est point injuste pour oublier vos bonnes œuvres et l'amour que vous avez fait paraître pour son nom* (1. Cor., 15, et Hebr., 6). Et : *Ne perdez pas votre confiance, qui doit être récompensée d'un grand prix* (Hebr., 10). C'est ainsi qu'il faut proposer la vie éternelle à ceux qui travaillent bien jusqu'à la fin et qui espèrent en Dieu, et comme une grâce miséricordieusement promise aux enfants de Dieu par le moyen de Jésus-Christ, et comme une récompense qui, selon la promesse de Dieu même, doit être fidèlement rendue à leurs bonnes œuvres et à leurs mérites. C'est cette couronne de justice que l'Apôtre disait lui être réservée à la fin de sa course et de son combat, pour lui être rendue par le juste juge, et non-seulement à lui, mais à tous ceux qui aiment son avénement (2. Tim., 4). Car Jésus-Christ lui-même répandant continuellement dans les justes les influences de sa vertu, comme le chef dans ses membres et le cep de vigne dans ses branches, et cette vertu précédant, accompagnant et suivant toujours les bonnes œuvres, qui sans elle ne pourraient en aucune manière être agréables à Dieu ni méritoires, on doit tenir pour certain qu'il ne manque plus rien à ceux qui sont justifiés, pour être censés avoir, par ces bonnes œuvres faites en la vertu de Dieu, pleinement satisfait à la loi divine selon l'état de la vie présente, et avoir véritablement mérité la vie éternelle, pour l'obtenir en son temps, pourvu toutefois qu'ils meurent dans la grâce. C'est à ce sujet que Notre Seigneur Jésus-Christ dit : *Si quelqu'un boit de l'eau que je lui donnerai, il n'aura jamais soif ; et l'eau que je lui donnerai deviendra en lui une source d'eau qui jaillira jusqu'à la vie éternelle* (Joan., 4). Nous ne prétendons pas ainsi que notre justice nous soit propre comme de nous-mêmes ; nous ne dissimulons ni n'excluons la justice de Dieu ; car la même qui est appelée notre justice, parce que, inhérente en nous, elle nous justifie, est aussi celle de Dieu, parce que Dieu la répand en nous par les mérites de Jésus-Christ.

» Mais il ne faut pas non plus omettre ceci. Encore que dans les saintes lettres les bonnes œuvres soient mises à un si haut prix que Jésus-Christ lui-même promet que celui qui donnera seulement un verre d'eau froide au moindre des siens, ne demeurera pas sans récompense, et que l'Apôtre assure que les afflictions si courtes et si légères de la vie présente nous produisent le poids éternel d'une sublime et incomparable gloire, toutefois, à Dieu ne plaise que le chrétien se confie ou se glorifie en lui-même, et non dans le Seigneur, dont la bonté est si grande envers tous les hommes, qu'il veut que les dons à eux accordés soient leurs mérites. Et comme nous faisons tous beaucoup de fautes, chacun doit avoir devant les yeux la sévérité et le jugement de Dieu, aussi bien que sa bonté et sa miséricorde; et nul ne doit se juger, quand même il ne se sentirait coupable de rien, parce que toute la vie des hommes ne sera point examinée ni jugée par le jugement des hommes, mais par celui de Dieu, qui produira dans la lumière ce qui est caché dans les ténèbres, et découvrira les plus secrètes pensées des cœurs; et alors chacun recevra de Dieu la louange qui lui sera due, et Dieu, comme il est écrit, rendra à chacun selon ses œuvres (1. Cor., 4; Matth., 16; Rom., 2). »

Après cette explication de la doctrine catholique touchant la justification, que chacun doit embrasser fidèlement et fermement, puisque autrement on ne peut être justifié, le saint concile a trouvé bon de formuler les canons suivants, afin que chacun puisse savoir non-seulement ce qu'il doit tenir et suivre, mais aussi ce qu'il doit fuir et éviter.

» DE LA JUSTIFICATION.

» CANON I. Si quelqu'un dit que l'homme peut être justifié devant Dieu par ses propres œuvres, faites seulement selon les lumières de la nature ou selon les préceptes de la loi, sans la grâce de Dieu méritée par Jésus-Christ : qu'il soit anathème.

» II. Si quelqu'un dit que la grâce de Dieu méritée par Jésus-Christ est donnée seulement afin que l'homme puisse plus aisément vivre dans la justice et mériter la vie éternelle, comme si, par le libre arbitre sans la grâce, il pouvait faire l'un et l'autre, bien qu'avec peine et difficulté : qu'il soit anathème.

» III. Si quelqu'un dit que, sans l'inspiration prévenante du Saint-Esprit et sans son secours, un homme peut faire des actes de foi, d'espérance, de charité et de repentir, tels qu'ils doivent être faits pour obtenir la grâce de la justification : qu'il soit anathème.

» IV. Si quelqu'un dit que le libre arbitre mu et excité de Dieu, en donnant son consentement à Dieu, qui l'excite et l'appelle, ne coopère en rien à se préparer et à se disposer à obtenir la grâce de la justification, et qu'il ne peut refuser son consentement s'il le veut ; mais que, semblable à une chose inanimée, il ne fait rien du tout et demeure purement passif : qu'il soit anathème.

» V. Si quelqu'un dit que depuis le péché d'Adam, le libre arbitre de l'homme est perdu et éteint; que c'est un être qui n'a que le nom, ou plutôt un nom sans réalité, ou enfin une fiction ou vaine imagination que le démon a introduite dans l'Eglise : qu'il soit anathème.

» VI. Si quelqu'un dit qu'il n'est pas au pouvoir de l'homme de rendre ses voies mauvaises, mais que Dieu opère les mauvaises œuvres aussi bien que les bonnes non-seulement en tant qu'il les permet, mais proprement et par lui-même; en sorte que la trahison de Judas n'est pas moins le propre ouvrage de Dieu que la vocation de saint Paul : qu'il soit anathème.

» VII. Si quelqu'un dit que toutes les œuvres faites avant la justification, de quelque manière qu'elles soient faites, sont de vrais péchés, ou qu'elles méritent la haine de Dieu ; ou que plus un homme s'efforce de se disposer à la grâce, plus il pèche grièvement : qu'il soit anathème.

» VIII. Si quelqu'un dit que la crainte de l'enfer, qui nous porte à avoir recours à la miséricorde de Dieu et qui est accompagnée de la douleur de nos péchés, ou qui nous fait abstenir de pécher, est un péché, ou qu'elle rend les pécheurs encore pires : qu'il soit anathème.

» IX. Si quelqu'un dit que l'impie est justifié par la seule foi, en sorte qu'il entende par là que pour obtenir la grâce de la justification, on n'a besoin d'aucune autre chose qui y coopère, et qu'il n'est nécessaire en aucune manière qu'on s'y prépare et qu'on s'y dispose par le mouvement de la volonté : qu'il soit anathème.

» X. Si quelqu'un dit que les hommes sont justes sans la justice de Jésus-Christ, par laquelle il nous a mérité d'être justifiés, ou que c'est par elle-même qu'ils sont formellement justes : qu'il soit anathème.

» XI. Si quelqu'un dit que les hommes sont justifiés, ou par la seule imputation de la justice de Jésus-Christ, ou par la seule rémission des péchés, en excluant la grâce et la charité qui est répandue dans leurs cœurs par le Saint-Esprit et qui leur est inhérente, ou bien que la grâce par laquelle nous sommes justifiés n'est autre chose que la faveur de Dieu : qu'il soit anathème.

» XII. Si quelqu'un dit que la foi justifiante n'est autre chose que la confiance en la divine miséricorde, qui remet les péchés à cause de Jésus-Christ, ou que c'est par cette seule confiance que nous sommes justifiés : qu'il soit anathème.

» XIII. Si quelqu'un dit qu'il est nécessaire à tout homme, pour obtenir la rémission de ses péchés, de croire certainement et sans hésiter sur sa propre faiblesse et son indisposition, que ses péchés lui sont remis : qu'il soit anathème.

» XIV. Si quelqu'un dit qu'un homme est absous de ses péchés et justifié, dès là qu'il croit avec certitude être absous et justifié, ou que personne n'est véritablement justifié que celui qui se croit justifié ; et que c'est par cette seule foi que l'absolution et la justification s'accomplissent : qu'il soit anathème.

» XV. Si quelqu'un dit qu'un homme régénéré et justifié est obligé, selon la foi, de croire qu'il est certainement au nombre des prédestinés : qu'il soit anathème.

» XVI. Si quelqu'un soutient comme une chose de certitude absolue et infaillible qu'il aura assurément le grand don de la persévérance jusqu'à la fin, à moins qu'il ne l'ait appris par une révélation spéciale : qu'il soit anathème.

» XVII. Si quelqu'un dit que la grâce de la justification n'est que pour ceux qui sont prédestinés à la vie, et que tous les autres qui sont appelés, sont appelés, il est vrai, mais ne reçoivent point la grâce, comme étant prédestinés au mal par la puissance divine : qu'il soit anathème.

» XVIII. Si quelqu'un dit que les commandements de Dieu sont impossibles à garder, même à celui qui est justifié et en état de grâce : qu'il soit anathème.

» XIX. Si quelqu'un dit que dans l'Evangile il n'y a que la foi seule qui soit de précepte, et que toutes les autres choses sont indifférentes, n'étant ni commandées ni défendues, mais laissées à la liberté de chacun, ou que les dix commandements ne regardent point les chrétiens : qu'il soit anathème.

» XX. Si quelqu'un dit qu'un homme justifié, quelque parfait qu'il puisse être, n'est pas obligé à observer les commandements de Dieu et de l'Eglise, mais seulement à croire, comme si l'Evangile ne consistait que dans la promesse simple et absolue de la vie éternelle, sans la condition d'observer les commandements : qu'il soit anathème.

» XXI. Si quelqu'un dit que Jésus-Christ a été donné de Dieu aux hommes en qualité seulement de rédempteur dans lequel ils doivent mettre leur confiance, et non pas aussi comme législateur auquel ils doivent obéir : qu'il soit anathème.

» XXII. Si quelqu'un dit qu'un homme justifié peut persévérer dans la justice qu'il a reçue sans un secours particulier de Dieu, ou qu'il ne le peut pas avec ce secours : qu'il soit anathème.

» XXIII. Si quelqu'un dit que l'homme une fois justifié ne peut plus pécher ni perdre la grâce, et qu'ainsi celui qui tombe dans le péché n'a jamais été vraiment justifié, ou au contraire que l'homme justifié peut, durant toute sa vie, éviter tous les péchés, même les véniels, si ce n'est par un privilège spécial de Dieu, comme c'est le sentiment de l'Eglise à l'égard de la bienheureuse Vierge : qu'il soit anathème.

» XXIV. Si quelqu'un dit que la justice qui a été reçue n'est pas conservée et même augmentée devant Dieu par les bonnes œuvres; mais que ces œuvres sont les fruits seulement de la justification et les marques qu'on l'a reçue; mais non une cause qui l'augmente : qu'il soit anathème.

» XXV. Si quelqu'un dit qu'en quelque bonne œuvre que ce soit le juste pèche au moins véniellement, ou, ce qui est encore plus insupportable, qu'il pèche mortellement et mérite ainsi les peines éternelles, et que la seule raison pour laquelle il n'est pas damné, c'est que Dieu ne lui impute pas ces œuvres à damnation : qu'il soit anathème.

» XXVI. Si quelqu'un dit que les justes ne doivent point pour leurs bonnes œuvres faites en Dieu attendre ni espérer de lui la récompense éternelle par sa miséricorde et par le mérite de Jésus-Christ, quoiqu'ils persévèrent jusqu'à la fin en faisant le bien et en gardant ses commandements : qu'il soit anathème.

» XXVII. Si quelqu'un dit qu'il n'y a point d'autre péché mortel que celui d'infidélité, ou que la grâce qu'on a une fois reçue ne se perd par aucun péché, quelque grief et quelque énorme qu'il soit, que par celui de l'infidélité : qu'il soit anathème.

» XXVIII. Si quelqu'un dit que la grâce étant perdue par le péché, la foi se perd toujours en même temps, ou que la foi qui reste n'est pas une véritable foi, quoiqu'elle ne soit pas vivante, ou que celui qui a la foi sans la charité n'est pas chrétien : qu'il soit anathème.

» XXIX. Si quelqu'un dit que celui qui est tombé dans le péché depuis le baptême ne peut pas se relever par la grâce de Dieu, ou qu'il peut à la vérité recouvrer la grâce qu'il avait perdue, mais que c'est par la seule foi sans le sacrement de pénitence, contre ce que l'Eglise romaine et universelle, instruite par Jésus-Christ et ses apôtres, a jusqu'ici cru, tenu et enseigné : qu'il soit anathème.

» XXX. Si quelqu'un dit qu'à tout pécheur pénitent qui a reçu la grâce de la justification, l'offense est tellement remise, et la condamnation à la peine éternelle tellement effacée, qu'il ne lui reste aucune peine temporelle à subir, soit en cette vie, soit en l'autre, dans le purgatoire, avant que l'entrée du royaume des cieux puisse lui être ouverte : qu'il soit anathème.

» XXXI. Si quelqu'un dit qu'un homme juste pèche lorsqu'il fait des bonnes œuvres en vue de la récompense éternelle : qu'il soit anathème.

» XXXII. Si quelqu'un dit que les bonnes œuvres de l'homme justifié sont tellement les dons de Dieu qu'elles ne soient pas aussi les mérites de cet homme justifié, ou que par ces bonnes œuvres qu'il fait par la grâce de Dieu et par le mérite de Jésus-Christ, dont il est un membre vivant, il ne mérite pas véritablement une augmentation de la grâce, la vie éternelle et la possession de cette vie, pourvu qu'il meure en grâce, et même l'augmentation de la gloire : qu'il soit anathème.

» XXXIII. Si quelqu'un dit que, par cette doctrine catholique de la justification exposée par le saint concile dans le présent décret, on déroge en quelque chose à la gloire de Dieu et aux mérites de Notre Seigneur Jésus-Christ, au lieu qu'en effet la vérité de notre foi, la gloire de Dieu et de Jésus-Christ y sont rendues plus éclatantes : qu'il soit anathème. »

Voilà comme le saint concile de Trente porta le remède à la source même du mal. Nous avons vu quel fut le principe des égarements de Luther. Tourmenté par une noire mélancolie et des tentations de désespoir, il cherche à tranquilliser sa conscience. Non content d'opérer son salut avec crainte et un tremblement, tempéré par une humble confiance en la miséricorde divine, il veut une certitude absolue. Il se persuade que par cet article du Symbole : *Je crois la rémission des péchés*, nous sommes obligés de croire, comme de foi, non-seulement que Dieu a donné à son Eglise le pouvoir de remettre les péchés, qu'il les a remis effectivement à David et à d'autres personnages dont il a parlé dans l'Ecriture, mais qu'il les a remis à chacun de nous ; que nous sommes en sa grâce; et qu'en douter c'est pécher contre la foi. Comme cette interprétation est contraire à l'interprétation unanime des Pères et des Docteurs, Luther, poussé par l'orgueil, rejette les Docteurs et les Pères; il rejette, pour la même cause, l'autorité de l'Eglise universelle et l'épître de l'apôtre saint Jacques. Or, ce que Luther confond, altère, pousse à l'excès, le concile de Trente le distingue, le redresse, le ramène à ses justes limites; et il le fait sans rien dire de nouveau, mais en rappelant les paroles mêmes de l'Ecriture sainte et des saints Pères, les décisions des papes et des conciles, la croyance et la doctrine constante de l'Eglise. La partie dogmatique de la cinquième et de la sixième session mérite surtout d'être étudiée à

LIVRE LXXXV. — § I. CONCILE DE TRENTE. LES DIX PREMIÈRES SESSIONS.

fond par les auteurs chrétiens qui veulent penser et écrire avec justesse sur les matières de la grâce, du libre arbitre et du péché originel, connaissance peut-être aussi rare dans les savants qu'elle leur est nécessaire.

Dans la sixième session, le concile continua son plan de réforme commencé dans les sessions précédentes. En la cinquième, il avait rappelé le devoir et les règles de l'enseignement et de la prédication, et l'obligation aux évêques d'y tenir la main et d'en donner l'exemple. Mais pour cela il faut qu'ils résident dans leur diocèse. On débattit longtemps si cette résidence était de droit divin ou ecclésiastique. Comme l'obligation revenait au même, le Pape fut d'avis que, sans décider la question, on s'occupât de la pratique. C'est ce que le concile fit dans les chapitres suivants de réformation.

« CHAPITRE I. Le même saint concile, les mêmes légats du Siége apostolique y présidant, voulant travailler à rétablir la discipline ecclésiastique, qui est extrêmement déchue, et à réformer les mœurs dépravées du clergé et du peuple chrétien, a jugé à propos de commencer par ceux qui ont la conduite des églises majeures; car le salut des inférieurs dépend de la régularité de ceux qui gouvernent. Espérant donc que, par la miséricorde de Notre Seigneur et Dieu, et la vigilante application de son Vicaire sur la terre, on ne verra plus à l'avenir élever au gouvernement des églises, charge formidable aux anges mêmes, que ceux qui en seront tout à fait dignes, et qui, depuis leur plus tendre jeunesse jusqu'à l'âge parfait, auront toujours mené une vie irréprochable, et auront été formés dans la discipline ecclésiastique conformément aux anciennes ordonnances des saints Pères, il avertit tous ceux qui, sous quelque nom et sous quelque titre que ce soit, sont préposés à la conduite des églises patriarcales, primatiales, métropolitaines et cathédrales, quelles qu'elles soient, et entend qu'ils soient tenus pour avertis, par ce présent décret, d'être attentifs sur eux-mêmes et sur tout le troupeau dont le Saint-Esprit leur a établis évêques pour gouverner l'Église de Dieu, qu'il a acquise par son sang (2. Tim. 4); de veiller comme l'ordonne l'Apôtre, de travailler à tout avec soin et de remplir leur ministère. Mais ils doivent savoir qu'ils ne le peuvent point faire, s'ils abandonnent comme des mercenaires les troupeaux qui leur sont confiés, et s'ils ne s'appliquent à la garde de leurs brebis, dont le sang leur sera demandé par le souverain Juge, puisqu'il est très-certain que, si le loup mange les brebis, ce n'est pas une excuse légitime pour un pasteur de répondre qu'il n'en a rien su.

» Cependant, comme il s'en trouve en ce temps quelques-uns qui, par un abus qu'on ne saurait assez déplorer, oubliant leur propre salut et préférant les choses de la terre à celles du ciel, les intérêts humains à ceux de Dieu, abandonnent leur bergerie et le soin des brebis qui leur sont confiées, pour vivre dans les cours des princes et l'embarras des affaires temporelles, le saint concile a jugé à propos de renouveler, comme il renouvelle en effet, en vertu du présent décret, contre ceux qui ne résident pas, les anciens canons autrefois promulgués contre eux, mais qui, par le désordre des temps et des personnes, se trouvent presque tout à fait hors d'usage. Et même encore, pour rendre la résidence plus fixe et réformer ainsi les mœurs dans l'Église, il a résolu d'établir et d'ordonner ce qui suit :

» Si quelque prélat, de quelque dignité, grade et prééminence qu'il soit revêtu, sans empêchement légitime et sans cause juste et raisonnable, demeure six mois de suite hors de son diocèse, absent de l'église patriarcale, primatiale, métropolitaine ou cathédrale, dont il se trouvera avoir la conduite, sous quelque nom et par quelque droit et titre que ce puisse être, il encourra, par le droit même, la privation de la quatrième partie de son revenu annuel, laquelle sera appliquée par son supérieur ecclésiastique à la fabrique de l'église et aux pauvres du lieu. S'il continue son absence pendant six autres mois, il sera privé dès ce moment-là d'un autre quart de son revenu, applicable de la même manière. Mais si la contumace va plus loin, pour lui faire éprouver une plus sévère censure des canons, le métropolitain, sous peine d'être interdit de l'entrée de l'église, sera obligé, à l'égard des évêques, ses suffragants, qui seront absents, et l'évêque suffragant le plus ancien qui sera sur le lieu, à l'égard du métropolitain absent, de le dénoncer dans trois mois par lettres ou par exprès au Pontife romain, qui, par l'autorité du souverain Siége, pourra procéder contre les prélats non résidants, selon l'exigence de la contumace plus ou moins grande de chacun, et pourvoir les églises de pasteurs qui s'acquittent mieux de leurs devoirs, suivant que devant Dieu il le jugera plus salutaire et plus expédient.

» CHAPITRE II. Celui qui obtient un bénéfice obligeant à la résidence ne peut s'absenter, si ce n'est pour un juste motif reconnu par l'évêque, qui alors lui ôte une partie de ses revenus, et pourvoit au soin des âmes, en le remplaçant par un vicaire.

» Pour les ecclésiastiques du second ordre, et qui possèdent en titre ou en commende quelque bénéfice ecclésiastique que ce soit, qui demande résidence personnelle de droit ou de coutume, les ordinaires les y contraindront par toutes les voies de droit qu'ils jugeront à propos d'employer pour le bon régime des églises et pour l'avancement du service de Dieu, ayant égard à l'état des lieux et des personnes, sans qu'on puisse les arrêter par aucun privilége ou indult perpétuel, autorisant l'exemption de résidence ou la perception des fruits durant l'absence en faveur de qui que ce puisse être.

» Quant aux permissions et dispenses accordées seulement pour quelque temps déterminé et pour des causes vraies et raisonnables, et qui devront être légitimement prouvées devant l'ordinaire, elles resteront en vigueur. Dans ces cas, néanmoins, il sera du devoir de l'évêque, comme délégué du Siège apostolique, de pourvoir au soin des âmes, en commettant de bons vicaires auxquels il assignera une portion convenable sur le revenu, sans que personne puisse invoquer à cet égard aucun privilège ni exemption.

» CHAPITRE III. *L'ordinaire des lieux doit corriger les excès des clercs séculiers et des réguliers qui se trouvent hors de leurs monastères.* — Les prélats des églises s'appliqueront avec prudence et soin à réprimer les désordres de ceux qui leur sont soumis; et nul ecclésiastique séculier, sous prétexte d'un privilége personnel, ni aucun régulier demeurant hors de son monastère, sous prétexte d'un privilége de son ordre, ne sera censé, s'il tombe en faute, à l'abri de la visite, de la correction et du châtiment de l'ordinaire du lieu, comme délégué pour cela du Siége apostolique, conformément aux ordonnances canoniques.

» Chapitre IV. *De la visite des églises par les évêques et les autres prélats majeurs, nonobstant tous priviléges contraires.* — Les chapitres des cathédrales et des autres églises majeures, et ceux qui les composent, ne pourront se mettre à couvert, par quelques exemptions que ce soit, coutumes, jugements, serments, concordats, qui n'obligent que leurs auteurs et non leurs successeurs, de pouvoir être visités, corrigés, châtiés toutes les fois qu'il sera nécessaire, même de l'autorité apostolique, par leurs évêques ou autres prélats supérieurs, selon les prescriptions des canons, soit par eux seuls, soit par eux accompagnés de ceux qu'ils voudront s'adjoindre.

» Chapitre V. *Que les évêques ne doivent faire aucune fonction pontificale, ni conférer les ordres hors de leur diocèse.* — Il ne sera permis à aucun évêque, en vertu de quelque privilége que ce puisse être, d'exercer les fonctions épiscopales dans le diocèse d'un autre évêque sans la permission expresse de l'ordinaire du lieu, et à l'égard seulement des personnes soumises au même ordinaire. Si le contraire a eu lieu, l'évêque sera suspens de droit des fonctions épiscopales, et ceux qui auront été ordonnés, de l'exercice des ordres qu'ils auront reçus (Labbe, t. XIV).»

Dans le concile de Trente, on voit un plan régulier et suivi de réformation par l'autorité compétente. L'homme est une intelligence incarnée. Pour réformer l'homme, le ramener à sa forme ou à sa règle primitive, il faut commencer par son intelligence. Luther, qui, pour réformer l'Eglise, commence par briser la forme ou la règle, n'y entendait rien ; mais l'esprit de ténèbres, qui le poussait comme un aveugle instrument, ne s'y entendait que trop. L'empereur Charles-Quint et ses conseillers, qui, dominés par les embarras politiques, voulaient que l'on commençât par la réformation des actions extérieures avant la réformation de l'intelligence, principe et règle de ces actions, Charles-Quint et ses conseillers n'y entendaient rien ; car c'était vouloir que les citoyens d'une ville fréquentassent sans encombre les rues de leur cité au milieu de la nuit, avant qu'on ait allumé les reverbères. Seuls le Pape et le concile s'y entendent ; seuls, ils commencent par le commencement, par le principe, par la règle, par la foi, par l'intelligence. Mais, avec cela, ils n'ont garde de donner dans l'erreur où nous voyons tomber Socrate, Platon et la plupart des éducations modernes, savoir : que la connaissance, la science seule suffit pour réformer l'homme. Le Pape et le concile savent, par expérience, avec le poète et avec saint Paul, que l'homme peut voir et approuver ce qui est meilleur, et suivre néanmoins ce qui est pire : que nous sommes même portés à ce qui nous est défendu, et que la connaissance seule ne fait qu'irriter la convoitise. En conséquence, le Pape et le concile montrent son salut à l'homme dans la grâce de Dieu et dans sa libre coopération à cette grâce. En même temps ils l'entourent de toutes les précautions divines et humaines : ce ne sont pas, comme chez Luther, les brebis qui conduisent le berger, mais le berger les brebis ; et le simple berger est sous la direction d'un pasteur plus élevé, et tous sous la direction d'un pasteur suprême ; en sorte qu'il n'y a qu'un troupeau et un pasteur.

Pour la réformation exécutive des mœurs et de la discipline, chaque évêque a tous les pouvoirs de l'Eglise ; d'abord ses pouvoirs comme évêque du diocèse, ensuite les pouvoirs du Pape comme son délégué contre ceux qui prétendraient des priviléges ou exemptions apostoliques. La force des évêques, c'est cette union avec le Pape.

Dans le même temps, Paul III publia une bulle qui obligeait les cardinaux à la résidence comme les autres prélats, et leur défendait de gouverner à la fois plus d'une église : cette bulle fut reçue avec de grands applaudissements par le concile (Pallavicin, l. 9, c. 2).

La session septième fut tenue le 3 mars 1547. On y vit trois cardinaux, neuf archevêques, cinquante-trois évêques, deux procureurs d'absents, deux abbés et cinq généraux d'ordres, sans compter les docteurs en théologie et en droit. Le concile y publia son décret des sacrements avec cette introduction :

« Pour complément de la doctrine salutaire de la justification qui a été promulguée dans la session précédente, du consentement unanime de tous les Pères, il a été jugé à propos de traiter des sacrements très-saints de l'Eglise, par lesquels toute justice véritable ou prend son commencement, ou s'augmente lorsqu'elle est commencée, ou se répare quand elle est perdue. C'est dans ce dessein, pour bannir les erreurs et extirper les hérésies au sujet de nos sacrements, en partie réveillées de nos jours des anciennes hérésies que nos pères avaient autrefois déjà condamnées, en partie aussi inventées de nouveau, au grand préjudice de la pureté de l'Eglise catholique et du salut des âmes, que le saint concile de Trente, œcuménique et général, assemblé légitimement dans le Saint-Esprit, les mêmes légats du Siége apostolique y présidant, s'attachant à la doctrine des saintes Ecritures, aux traditions des apôtres, au sentiment unanime des autres conciles et des Pères, a trouvé bon de faire et de publier les canons suivants ; en attendant qu'il publie de même, avec le secours du Saint-Esprit, ce qu'il reste à faire pour achever l'ouvrage qu'il a commencé.

» DES SACREMENTS EN GÉNÉRAL.

» Canon I. Si quelqu'un dit que les sacrements de la loi nouvelle n'ont pas tous été institués par Notre Seigneur Jésus-Christ, ou qu'il y en a plus ou moins de sept ; savoir, le Baptême, la Confirmation, l'Eucharistie, la Pénitence, l'Extrême-Onction, l'Ordre et le Mariage ; ou que quelqu'un de ces sept n'est pas proprement et véritablement un sacrement : qu'il soit anathème.

» II. Si quelqu'un dit que ces sacrements de la loi nouvelle ne diffèrent des sacrements de la loi ancienne qu'en ce que les cérémonies et pratiques extérieures sont différentes : qu'il soit anathème.

» III. Si quelqu'un dit que ces sept sacrements sont tellement égaux entre eux, qu'il n'y en a aucun plus digne qu'un autre de quelque manière que ce soit : qu'il soit anathème.

» IV. Si quelqu'un dit que les sacrements de la loi nouvelle ne sont pas nécessaires au salut, mais superflus, et que sans eux ou sans le désir de les recevoir, les hommes, par la seule foi, peuvent obtenir de Dieu la grâce de la justification, encore qu'il soit vrai de dire que tous ne sont pas nécessaires à chacun : qu'il soit anathème.

» V. Si quelqu'un dit que ces sacrements n'ont été institués que pour nourrir seulement la foi : qu'il soit anathème.

» VI. Si quelqu'un dit que les sacrements de la loi nouvelle ne contiennent pas la grâce qu'ils signifient ou qu'ils ne confèrent pas la grâce elle-même à ceux qui n'y mettent point d'obstacle, comme s'ils étaient seulement des signes extérieurs de la justice ou de la grâce qui a été reçue par la foi, ou de simples marques de la profession du christianisme, par lesquelles on discerne aux yeux des hommes les fidèles d'avec les infidèles : qu'il soit anathème.

» VII. Si quelqu'un dit que la grâce, quant à ce qui est de la part de Dieu, n'est pas donnée toujours à tous par ces sacrements, encore qu'ils soient reçus avec toutes les conditions requises; mais que cette grâce n'est donnée que quelquefois et à quelques-uns : qu'il soit anathème.

» VIII. Si quelqu'un dit que les mêmes sacrements de la loi nouvelle ne confèrent pas la grâce par leur propre vertu, mais que la seule foi aux promesses de Dieu suffit pour obtenir la grâce : qu'il soit anathème.

» IX. Si quelqu'un dit que par les trois sacrements du Baptême, de la Confirmation et de l'Ordre, il ne s'imprime pas dans l'âme un caractère, c'est-à-dire un certain signe spirituel et ineffaçable qui fait que ces sacrements ne peuvent être réitérés : qu'il soit anathème.

» X. Si quelqu'un dit que tous les chrétiens ont le pouvoir d'annoncer la parole de Dieu et d'administrer tous les sacrements : qu'il soit anathème.

» XI. Si quelqu'un dit que l'intention, au moins de faire ce que fait l'Eglise, n'est pas requise dans les ministres des sacrements, lorsqu'ils les font et les confèrent : qu'il soit anathème.

» XII. Si quelqu'un dit que le ministre du sacrement qui se trouve en péché mortel, quoique d'ailleurs il observe tout ce qui est essentiel pour faire ou conférer ce sacrement, ne le fait ou ne le confère pas : qu'il soit anathème.

» XIII. Si quelqu'un dit que les cérémonies reçues et approuvées dans l'Eglise catholique, et qui sont en usage dans l'administration solennelle des sacrements, peuvent être sans péché ou méprisées ou omises, selon qu'il plaît aux ministres, ou changées en d'autres par tout pasteur, quel qu'il soit : qu'il soit anathème. »

« DU BAPTÊME.

» Canon I. Si quelqu'un dit que le baptême de Jean avait la même force que le baptême du Christ : qu'il soit anathème.

» II. Si quelqu'un dit que l'eau vraie et naturelle n'est pas de nécessité pour le baptême, et pour ce sujet détourne à quelque explication métaphorique cette parole de Notre Seigneur Jésus-Christ : *Si quelqu'un ne renaît de l'eau et du Saint-Esprit* : qu'il soit anathème.

» III. Si quelqu'un dit que l'Eglise romaine, qui est la mère est la maîtresse de toutes les églises, ne tient pas la véritable doctrine touchant le sacrement de baptême : qu'il soit anathème.

» IV. Si quelqu'un dit que le baptême donné même par les hérétiques au nom du Père, et du Fils, et du Saint-Esprit, avec intention de faire ce que fait l'Eglise, n'est pas un vrai baptême : qu'il soit anathème.

» V. Si quelqu'un dit que le baptême est libre, c'est-à-dire qu'il n'est pas nécessaire pour le salut : qu'il soit anathème.

» VI. Si quelqu'un dit qu'un homme baptisé ne peut pas, quand il le voudrait, perdre la grâce, quelque péché qu'il commette, à moins qu'il ne veuille pas croire : qu'il soit anathème.

» VII. Si quelqu'un dit que ceux qui sont baptisés ne contractent par le baptême d'obligation qu'à la foi seule, et non pas à garder toute la loi de Jésus-Christ : qu'il soit anathème.

» VIII. Si quelqu'un dit que ceux qui sont baptisés demeurent exempts de tous les préceptes de la sainte Eglise, soit qu'ils soient écrits, soit qu'ils viennent de la Tradition, de telle manière qu'ils ne sont point obligés de les observer, à moins qu'ils n'aient voulu d'eux-mêmes s'y soumettre : qu'il soit anathème.

» IX. Si quelqu'un dit qu'il faut tellement rappeler aux hommes le souvenir du baptême qu'ils ont reçu, qu'ils comprennent que tous les vœux qui se font depuis sont nuls en vertu de la promesse faite antérieurement dans le baptême, comme si par ces vœux on dérogeait et à la foi qu'on a embrassée et au baptême même : qu'il soit anathème.

» X. Si quelqu'un dit que par le seul souvenir et la foi du baptême qu'on a reçu, tous les péchés qui se commettent depuis sont remis ou deviennent véniels : qu'il soit anathème.

» XI. Si quelqu'un dit que le vrai baptême, bien et dûment conféré, doit être réitéré dans celui qui, ayant renoncé à la foi de Jésus-Christ chez les infidèles, revient à pénitence : qu'il soit anathème.

» XII. Si quelqu'un dit que personne ne doit être baptisé qu'à l'âge où l'a été Jésus-Christ ou bien à l'article de la mort : qu'il soit anathème.

» XIII. Si quelqu'un dit que les petits enfants après leur baptême ne doivent pas être mis au nombre des fidèles, parce qu'ils ne sont pas en état de faire un acte de foi, et que pour cela ils doivent être rebaptisés lorsqu'ils ont l'âge de discrétion, ou qu'il vaut mieux ne les point baptiser du tout que de les baptiser dans la seule foi de l'Eglise, avant qu'ils produisent eux-mêmes un acte de foi : qu'il soit anathème.

» XIV. Si quelqu'un dit que les petits enfants ainsi baptisés doivent, quand ils sont grands, être interrogés s'ils veulent ratifier ce que leurs parrains ont promis en leur nom, tandis qu'on les baptisait, et que s'ils répondent que non, il faut les laisser à leur liberté, sans les contraindre à vivre en chrétiens par aucune autre peine que par la privation de l'Eucharistie et des autres sacrements, jusqu'à ce qu'ils viennent à résipiscence : qu'il soit anathème. »

« DE LA CONFIRMATION.

» CANON I. Si quelqu'un dit que la confirmation dans ceux qui sont baptisés n'est qu'une vaine cérémonie, et non pas un sacrement véritable et proprement dit, ou qu'autrefois ce n'était qu'une espèce de catéchisme où ceux qui approchaient de l'adolescence rendaient compte de leur foi en présence de l'Eglise : qu'il soit anathème.

» II. Si quelqu'un dit que ceux qui attribuent quelque vertu au saint chrême dans la confirmation, font injure au Saint-Esprit : qu'il soit anathème.

» III. Si quelqu'un dit que l'évêque seul n'est pas le ministre ordinaire de la sainte confirmation, mais que tout simple prêtre l'est aussi : qu'il soit anathème. »

On remarque dans ce dernier canon la sage attention du concile de Trente à ne flétrir aucun des sentiments reçus par les théologiens catholiques. Comme plusieurs d'entre eux pensent que les simples prêtres avaient autrefois administré la confirmation, ainsi qu'ils le font encore chez les Grecs, et que le concile de Florence reconnaît au souverain pontife le pouvoir de les commettre à cet effet pour des causes graves, pourvu qu'ils se servent du chrême consacré par l'évêque, on prononça, non pas simplement que l'évêque seul est le ministre de la confirmation, mais qu'il en est le seul ministre ordinaire.

Le concile passe ensuite au décret de réformation, en ces termes : « Le même saint concile, les mêmes légats y présidant, voulant poursuivre, à la gloire de Dieu et à l'accroissement de la religion chrétienne, ce qu'il a commencé au sujet de la résidence et de la réformation, a jugé à propos d'établir ce qui suit, sauf toujours en tout l'autorité du Siége apostolique. »

Cette clause est remarquable : elle indique le bon esprit du concile et une sagesse pratique du gouvernement. Les lois ne se font que pour ce qui arrive d'ordinaire ; il n'y a pas de loi possible pour tous les cas particuliers; partant, il n'y a pas de loi sans exception. Bon gré, mal gré, il faut que l'autorité souveraine ait le droit d'interpréter la loi ou d'en dispenser dans des cas semblables.

Ce petit préambule est suivi de quinze chapitres de réformation.

« I. Qui est capable de gouverner les églises cathédrales? Nul ne sera élevé au gouvernement des églises cathédrales, qu'il ne soit né en légitime mariage, qu'il ne soit d'un âge mûr, grave, de bonnes mœurs et habile dans les lettres, suivant la constitution d'Alexandre III, qui commence : *Cùm in cunctis*, publiée au concile de Latran.

» II. Ordre à ceux qui possèdent plusieurs églises cathédrales de s'en défaire, à l'exception d'une, dans six mois, si elles sont à la libre disposition du Siége apostolique; dans un an, si elles n'y sont point, autrement ces églises seront censées vacantes par là même, à l'exception de celle qui aura été obtenue la dernière.

» III. Les autres bénéfices inférieurs seront conférés à des sujets dignes et capables : toute collation ou provision faite autrement sera nulle.

» IV. Celui qui retient plusieurs bénéfices contre les canons doit en être privé.

» V. Ceux qui ont plusieurs bénéfices ayant charge d'âmes doivent exhiber leurs dispenses à l'ordinaire, qui pourvoira à ces églises par des vicaires, en leur assignant une partie convenable des revenus.

» VI. Quelles unions de bénéfices sont valides.

» VII. Les bénéfices unis doivent être visités et desservis par des vicaires même perpétuels, auxquels on assigne une portion du revenu, même sur un fonds certain.

» VIII. Les ordinaires sont obligés de visiter les églises tous les ans et de pourvoir à leur entretien.

» IX. Les prélats sont tenus de se faire sacrer dans le temps prescrit par le droit. »

Le chapitre X est conçu en ces termes : « Pendant la vacance du Siége, les chapitres, dans le cours de la première année, ne pourront donner la permission de conférer les ordres ni donner de lettres dimissoriales, si ce n'est en faveur de quelque sujet pressé à l'occasion d'un bénéfice qu'il aurait obtenu ou qu'il serait près d'obtenir. Autrement, le chapitre qui aura contrevenu sera soumis à l'interdit ecclésiastique, et ceux qui auront été ordonnés de la sorte, s'ils ont reçu les ordres mineurs, ne jouiront d'aucun privilège de la cléricature, principalement dans les affaires criminelles; s'ils ont reçu les ordres majeurs, ils seront de droit suspens des fonctions de leur ordre, tant qu'il plaira au prélat qui sera élevé sur ce siége.

» XI. Les facultés pour être promu ne doivent servir à personne sans une raison légitime.

» XII. Toute dispense pour les ordres ne doit point excéder une année.

» XIII. Ceux qui sont présentés seront examinés et approuvés par l'ordinaire, excepté ceux qui sont présentés, élus ou nommés par les universités ou collèges en plein exercice pour toutes les sciences.

» XIV. Quelles sont les causes civiles des exempts, dont les évêques peuvent connaître.

» XV. Les ordinaires auront soin que tous les hôpitaux, même ceux qui sont exempts, soient fidèlement gouvernés par leurs administrateurs. »

Après ces règlements de discipline, le concile termina la septième session en indiquant la huitième au 22 avril de la même année 1547. On la tint dès le 11 mars, mais pour transférer le concile à Bologne, à cause d'une maladie pestilentielle qui s'était déclarée à Trente et de laquelle plusieurs membres de l'assemblée étaient morts. On tint la neuvième session à Bologne le 21 avril, mais pour proroger au 2 juin; et ce dernier jour, on la différa au 15 septembre. Le concile fut interrompu pendant trois ans; voici pourquoi.

§ II.

Événements contemporains en Europe, en Amérique et au Japon.

La translation de Trente à Bologne s'était faite régulièrement. Les légats en avaient le pouvoir par une bulle du 22 février 1544. Ils ne la décrétèrent point de leur chef, mais avec la très-grande majorité des Pères. La cause n'était que trop réelle : la peste avait été constatée juridiquement par les médecins du concile; plusieurs personnes, même de la suite des légats, avaient succombé, d'autres s'étaient retirés de Trente pour sauver leur vie. Mais l'empereur Charles-Quint trouva mauvais que la peste fût venue à Trente, plus mauvais encore qu'on y eût peur de la peste, enfin très-mauvais que par un pareil motif on eût transféré le concile à Bologne. Il ordonna aux évêques espagnols de demeurer à Trente, ce qui exposait l'Eglise à un schisme : heureusement que ces évêques, tout en demeurant à Trente, eurent la sagesse de ne point s'ériger en concile et de ne point tenir de séance. Charles-Quint, qu'on eût pris en ce moment pour un empereur de Byzance, en voulait beaucoup aux présidents du saint concile; il en voulait plus encore au Pape, qu'il traitait de vieil obstiné, qui voulait perdre l'Eglise; mais, ajouta-t-il, on ne manquera pas de concile qui satisfasse à tout et remédie à tout.

Le nonce Véralli, auquel il adressa ces paroles, le pria de considérer qu'on ne pouvait appeler obstiné un Pape qui avait si souvent, et en matières si graves, obtempéré aux vues de l'empereur; que, parce qu'il était vieux, il prévoyait les événements et ne voulait pas permettre que l'Eglise tombât en ruine de son règne. Mais rien ne piqua plus l'empereur que ce raisonnement du nonce : « Les évêques qui sont allés à Bologne y sont allés de leur propre mouvement, ceux au contraire qui sont restés à Trente, y demeurent par ordre de Votre Majesté; ce sont donc ceux-ci et non ceux-là qui manquent de liberté. » L'empereur, qui avait accusé le Pape de violenter les évêques du concile, s'écria de dépit : « Allez, nonce, je ne veux point discuter là-dessus, parlez à l'évêque d'Arras. » C'était le fameux Granvelle, depuis cardinal.

Sous cette mauvaise humeur impériale, se cachait un calcul politique et financier. Pour empêcher la ligue protestante de Smalcalde de bouleverser l'empire et l'Eglise, le Pape avait conclu avec l'empereur une ligue catholique, mais qui ne devait durer que six mois. Après les succès que nous avons vus, l'empereur aurait voulu que cette ligue durât plus longtemps : les motifs en étaient assez naturels. Paul III avait fourni, sous le commandement d'un cardinal de sa famille, un corps de troupes assez considérable, pour qu'il en périt neuf mille dans la guerre pourtant heureuse dont nous avons vu les résultats. De plus, il fournissait à l'empereur des subsides non moins considérables que les troupes. L'empereur aurait donc voulu, chose naturelle à tout homme, que cette ligue durât plus de six mois, que le Pape lui fournît plus longtemps et ses troupes et son argent, d'autant plus que l'empereur, d'un jour à l'autre, pouvait avoir la guerre avec la France. Et certainement c'était une chose fort commode à un empereur d'Allemagne, défenseur armé de l'Eglise romaine, de tirer de celle-ci des troupes et de l'argent, pour faire la guerre au fils aîné de cette même Eglise, au royaume très-chrétien, et lui attirer ainsi des inimitiés et des malheurs des deux côtés. Paul III, tout vieux qu'il était, ne jugea point à propos de donner dans ce piège, d'autant plus que l'empereur s'était arrangé avec les princes protestants, sans consulter le Pape, comme il s'y était engagé par un article de la ligue catholique. Aussi Charles-Quint se fâcha-t-il d'autant plus, qu'il avait plus tort; ce qui est dans la nature de l'homme, du moins dans la nature de certains hommes et de certains princes.

Pour se venger du Pape et du concile, qui avaient raison l'un et l'autre, Charles-Quint renouvela une de ces comédies impériales du Bas-Empire, qui ennuient si fort et l'historien et le lecteur. Le concile de Trente avait décidé ecclésiastiquement et définitivement des questions de foi et de discipline. Pour lui faire pièce, Charles-Quint entreprit de décider les mêmes questions laïquement et provisoirement. Ce qu'avaient prétendu les empereurs de Byzance, Zénon avec son *Hénotique*, Constant II avec son *Type*, Charles-Quint le prétendit avec son *Interim*, autrement sa religion provisoire de l'Allemagne. Comme nous avons déjà vu, il ne réussit pas mieux que ses devanciers. Il montra du moins que, si l'Eglise avait consenti, il se serait volontiers servi d'elle pour soumettre tout le monde, non pas à elle, mais à lui; et réaliser ainsi le rêve des césars allemands et même de beaucoup d'autres qui ne sont ni allemands ni césars; car il n'y a guère d'ambitieux qui, de proche en proche, n'aspire à être le monarque de l'univers et la loi vivante de tous les hommes.

Tandis que Charles-Quint, voulant dominer tout l'univers, se voyait dominé de plus en plus par la goutte, son rival, François Ier, mourut de la fièvre le 31 mars 1547, à l'âge de 53 ans. Il eut pour successeur dans le royaume et dans sa politique, son fils Henri II. Cette politique est la politique moderne, que Nicolas Machiavel de Florence a résumée en peu de mots : « Un prince, comme individu, peut avoir de la religion et de la conscience; mais, comme prince, il n'en a d'autre que son intérêt, pour lequel tous les moyens sont bons, même les moyens honnêtes. »

Ainsi nous voyons Henri II, comme son père, punir les hérétiques de France et faire alliance avec les hérétiques d'Allemagne contre leur souverain légitime et catholique : nous le voyons, comme son père, faire alliance avec les Turcs contre les chrétiens, joindre les flottes françaises aux flottes du sultan de Stamboul et des corsaires d'Afrique, pour ravager les côtes de la Sicile, de l'Italie, de la Sardaigne et de la Corse, incendier les églises et les cités, et livrer à l'esclavage des Turcs et des corsaires barbaresques, les populations chrétiennes : nous le voyons, sans scrupule, fomenter des révoltes, des trahisons, des meurtres, en Italie et ailleurs; prendre lui-même en trahison les villes de Metz, Toul et Verdun; faire la guerre aux peuples chrétiens de Flandre avec une cruauté de Vandale, égorgeant tout ce qui résiste, incendiant les maisons, rasant les villes : nous le voyons, comme son père, outre sa femme légitime, avoir une concubine en titre, qui passait même pour avoir été celle de son père (Sismondi, *Hist. des Français*, t. XVII). Cependant Henri II n'était pas un mauvais homme; mais tel était l'état des esprits, des idées et des mœurs en France, état qui eût fait verser des larmes amères à saint Louis sur la dégénération de ses descendants.

Cet état se montre dans deux écrivains français de l'époque, Marot et Rabelais : le premier, traducteur en vers des Psaumes et auteur de poésies licencieuses; le second, d'abord religieux franciscain, puis religieux bénédictin, puis prêtre séculier, enfin curé de Meudon, auteur de romans bouffons et obscènes. Deux écrivains dont La Bruyère a dit : « Marot et Rabelais sont inexcusables d'avoir semé l'ordure dans leurs écrits : tous deux avaient assez de génie et de naturel pour pouvoir s'en passer, même à l'égard de ceux qui cherchent moins à admirer qu'à rire dans un auteur. Rabelais surtout est incompréhensible. Son livre est une énigme, quoi qu'on veuille dire, inexplicable : c'est une chimère, c'est le visage d'une belle femme, avec des pieds et une queue de serpent, ou de quelque autre bête plus difforme : c'est un monstrueux assemblage d'une morale fine et ingénieuse, et d'une sale corruption. Où il est mauvais, il passe bien loin au delà du pire; c'est le charme de la canaille : où il est bon, il va jusqu'à l'exquis et à l'excellent; il peut être le mets des plus délicats (*Caract. de La Bruyère*, c. 1). »

Jusque-là le concile de Trente n'avait point éprouvé de contradictions en France, du moins à l'extérieur et sous les yeux du roi François Ier. Le nonce Dandino, qui résidait auprès de ce prince, mandait, le 14 février 1547, que les décrets de la sixième session avaient été bien reçus de l'Université de Paris, et que le roi voulait les faire publier dans le royaume; mais, pendant la maladie de François Ier, un notable changement s'était opéré dans les conseils du roi; les prélats, qui dominaient, étaient mécontents des dispositions faites à Trente contre la non-résidence des évêques et la pluralité des bénéfices à charge d'âmes; ils étaient presque tous extrêmement coupables dans ces deux points, et la réformation commencée par le concile leur paraissait d'une discipline onéreuse, qu'ils n'avaient nulle envie d'embrasser (L'abbé Dassance, *Essai hist. sur le conc. de Trente*).

Ainsi donc, la première opposition que rencontre en France le concile de Trente, lui vient de ceux-là mêmes qui avaient le plus besoin des réformations de ce concile; il en fut de même ailleurs. Et cela est naturel. Nous aimons bien qu'on réforme les autres, mais non pas nous-mêmes. En conséquence, les évêques voulaient bien qu'on réformât les papes, les cardinaux, les abbés, les prêtres et les moines; mais prétendre que des évêques de cour, au lieu d'avoir deux ou trois évêchés sans résider dans aucun, n'aient plus qu'un évêché et qu'ils y résident, c'est aller trop loin et blesser une des libertés de l'Eglise gallicane. De même les laïques, les princes, les rois voulaient bien qu'on réformât le clergé; mais quand le concile parlera de les réformer eux-mêmes, pour rendre la réforme du clergé plus complète et plus durable, en le dérobant à l'influence pernicieuse du siècle, tous les princes se récrieront. Parler de réformation aux princes mêmes, c'était bon du temps de Charlemagne et de saint Louis; mais sous leurs descendants au vingtième ou trentième degré, cela n'est plus de saison : toute la réformation qu'il leur faut se trouve résumée dans Nicolas Machiavel. Tels sont les obstacles et beaucoup d'autres contre lesquels l'Eglise catholique et le concile de Trente avaient et ont encore à lutter.

En Angleterre, l'auteur et le chef de l'apostasie anglicane, Henri VIII, était mort dans la nuit du 28 ou 29 janvier 1547. Comme l'Angleterre était un fief de l'Eglise romaine et que, d'après l'ancienne constitution de tous les royaumes chrétiens, nul hérétique ne pouvait être roi, le pape Paul III avait dressé contre lui une bulle d'excommunication et de déchéance, datée du 30 octobre 1535, mais qui ne fut point publiée (Raynald, an 1535, n. 18; an 1538, n. 46). D'ailleurs la sentence n'était pas définitive, mais conditionnelle, s'il ne se présentait et ne se justifiait dans un terme donné. Toutefois, chose remarquable, Henri VIII, malgré ses six femmes, apparaît comme un arbre frappé d'anathème. Sa race s'éteindra dès la première génération. Ce fait n'a point échappé au protestant Cobbet, qui termine ainsi sa sixième lettre sur l'*Histoire de la réforme en Angleterre* :

« Dans les dernières années de sa vie, les débauches habituelles de Henri l'avaient rendu d'une corpulence telle, qu'il ne pouvait se mouvoir qu'à l'aide de mécaniques qu'on inventait pour son usage particulier; mais il n'en conserva pas moins son ancienne férocité et sa passion pour le sang. Déjà il était étendu sur son lit de mort, que personne n'osait encore l'informer de son état; car la mort le plus prompte n'eût pas manqué de suivre cet avertissement. Il mourut donc avant d'avoir su qu'il arrivait au terme de sa vie, et laissant une foule de condamnations capitales qu'il n'eut pas le temps de signer.

» Ainsi expira en 1547, à l'âge de 56 ans, et dans la 38e année de son règne, le plus injuste, le plus vil et le plus sanguinaire des tyrans qui eussent encore désolé l'Angleterre. Ce pays, qu'à son avénement au trône il avait trouvé paisible, uni et heureux, il le laissa déchiré par les factions et les schismes, et ses habitants en proie à la misère et à la mendicité. Ce fut lui qui y introduisit cette immoralité, ces crimes, ces vices qui y produisirent de si horribles fruits sous le règne de ses enfants, avec lesquels s'éteignirent, quelques années après, son nom et sa maison. »

Voilà comment le protestant Cobbet résume le règne de Henri VIII, le premier pape de l'Eglise anglicane : voici comment il annonce le règne de son fils, Edouard VI, second pape de la même Eglise, et qui n'avait pas encore tout à fait dix ans :

« Nous avons vu le tyran mourir à la suite de ses débauches, l'âme tourmentée par ses basses et viles passions, et dans une vieillesse prématurée. Un des derniers actes de son pouvoir avait été un testament par lequel il désignait pour son successeur immédiat son fils encore enfant; et, en cas que celui-ci mourût sans postérité, transférait la couronne à Marie, sa fille, ou à Elisabeth, sa seconde fille, si l'aînée venait également à mourir sans enfants. Mes lecteurs n'ont sans doute pas oublié qu'il les avait cependant fait déclarer illégitimes par acte du parlement, et que cette dernière fille Elisabeth était née d'Anne de Boleyn et du vivant même de sa première femme, mère de Marie.

» Il choisit pour exécuter ce testament et pour gouverner le royaume jusqu'à ce qu'Edouard, alors âgé de dix ans, eût atteint sa dix-huitième année, seize exécuteurs testamentaires, parmi lesquels se trouvaient Seymour, comte de Herford, et l'*honnête*

Cranmer. Ces seize dignes personnages commencèrent par jurer de la manière la plus solennelle qu'ils exécuteraient scrupuleusement les dernières volontés de leur défunt maître. Le second acte fut de rétracter leur serment en nommant tuteur du roi, Herford, frère de Jeanne Seymour, mère du jeune prince, bien qu'un pouvoir égal eût été accordé par le testament du roi à chacun de ses exécuteurs testamentaires. Leur troisième acte politique fut de se distribuer entre eux de nouvelles créations de pairies; et leur quatrième, de faire avec l'argent du peuple d'abondantes largesses aux nouveaux pairs. Le cinquième consista dans l'omission d'un ancien usage des sacres des rois d'Angleterre, qui consistait à demander au peuple s'il acceptait le roi pour maître, et s'il promettait de lui obéir. Le sixième fut d'assister à la célébration solennelle d'une grand'messe; et le septième, de prendre tout aussitôt après une série de mesures tendant à l'anéantissement total de ce qui restait encore en Angleterre de la religion catholique, et propres à achever l'œuvre sanglante commencée par le vieil Henri (Cobbet, lettre 7). »

Le protestant Cobbet fait en ceci une remarque très-importante : c'est l'omission d'un ancien usage dans le sacre des rois, de demander au peuple s'il acceptait le roi pour maître et s'il promettait de lui obéir. Lingard fait la même observation. « Sous prétexte, dit-il, de respecter les lois et la constitution actuelle du royaume, on fit un changement important à la partie des formalités, imaginée par nos ancêtres saxons pour enseigner au nouveau souverain que le choix libre du peuple lui donnait seul la couronne. L'usage, jusqu'alors, avait voulu que l'archevêque reçût en premier lieu le serment du roi de protéger les libertés du royaume, et demandât ensuite au peuple s'il voulait l'accepter et lui obéir comme à son seigneur-lige. Mais on intervertit cet ordre; et non-seulement on s'adressa au peuple avant le serment du roi, mais encore on lui rappela que le roi tenait son sceptre par droit de naissance, et que son devoir était de se soumettre à sa volonté. « Messieurs, dit le métropolitain, je vous présente ici le roi Edouard, héritier légitime et incontestable, par les lois divines et humaines, de la dignité royale et de la couronne impériale de ce royaume. Tous les nobles et les pairs de cette contrée ont fixé ce jour pour sa consécration, son onction et son couronnement. Voulez-vous lui obéir désormais, et donner votre vœu et votre adhésion à ces consécration, onction et couronnement, ainsi que vous y êtes liés par votre devoir d'allégeance? » — Quand les acclamations des spectateurs eurent cessé, le jeune Edouard prêta le serment accoutumé, d'abord sur le Saint-Sacrement, et ensuite sur le livre des Évangiles. Il fut alors sacré selon les anciennes formes... Au lieu d'un sermon, Cranmer prononça une courte adresse au nouveau souverain, où il lui disait que les promesses qu'il venait de faire avec toute justice n'affectaient en rien son droit de porter le sceptre de son royaume; que son droit, comme celui de ses prédécesseurs, provenait de Dieu; d'où il suivait que ni l'évêque de Rome ni aucun autre évêque ne pouvait lui imposer des conditions à son couronnement, ni prétendre le dépouiller de sa couronne, sous prétexte qu'il aurait enfreint le serment de ce couronnement (Lingard, t. VII, p. 9-11, *Hist. d'Angleterre*). »

Nous voyons ici un fait bien grave et qui est comme le nœud de l'histoire moderne. Une foule de livres et de personnes imputent à l'Église catholique-romaine d'enseigner, de consacrer le despotisme des rois et l'asservissement des peuples. Or, c'est un préjugé non moins injuste qu'il est commun. Nous avons vu par tous les monuments de l'histoire que l'Église catholique-romaine n'enseigne et ne consacre point ce qu'on lui impute. Si elle a soutenu, si elle soutient encore des luttes si terribles contre les empereurs et les rois, c'est que ces empereurs et ces rois auraient voulu, c'est qu'ils voudraient encore lui faire enseigner, lui faire consacrer le despotisme des rois, l'asservissement des peuples, et qu'elle ne le veut pas et ne le peut pas. Ses docteurs enseignent que la puissance des rois leur vient de Dieu par les peuples; que le pacte entre les peuples et les rois oblige également les uns et les autres, et que l'Église catholique-romaine est juge de cette obligation : voilà ce que nous avons lu dans les chartes de Charlemagne et de Louis le Débonnaire, dans les constitutions des Visigoths et des Germains; voilà ce que l'Église a consacré en pratique par ses papes et ses conciles. Ce n'est donc pas elle, qui enseigne ni consacre le despotisme des rois et l'asservissement des peuples : ce sont les églises nationales, provinciales, municipales, que les rois, les princes, les bourgmestres voudraient fabriquer avec les lambeaux dépecés de l'Église universelle. Ainsi, par exemple, c'est le premier primat de son église nationale, et par là schismatique, qui prive l'Angleterre du droit d'élire ses rois, qui enseigne que le pouvoir de ceux-ci leur vient immédiatement de Dieu sans passer par le peuple, que leur pouvoir est irrésponsable et inamissible. Combien de catholiques français s'imaginent, dans leur simplicité, que cette doctrine est la doctrine ancienne que saint Louis, Charlemagne, les Francs et les Gaulois ont reçue de saint Pierre, tandis que c'est une marchandise toute moderne, de fabrique anglaise, mise en circulation par le schisme et l'hérésie, et prônée pour la première fois par un archevêque apostat et marié.

En considérant l'interruption du concile de Trente, l'apostasie des royaumes du Nord, d'une partie de l'Allemagne et de l'Angleterre, le mauvais vouloir ou les inconséquences des princes demeurés catholiques, bien des esprits faibles ou forts étaient tentés de conclure, avec Luther, Calvin et autres prophètes de ce genre, que l'Église catholique-romaine ne sortirait pas de ce péril, et que sa dernière heure avait sonné. Et, dans ce moment-là, cette même Église recevait dans son sein de nouveaux peuples, de nouveaux royaumes, de nouveaux empires, de nouveaux mondes.

Nous avons vu la découverte de l'Amérique par l'Italien Christophe Colomb, et les premiers établissements du christianisme dans ce nouvel hémisphère : nous allons voir la suite de ces découvertes et de ces établissements.

L'an 1485 naquit à Médelin, petite ville de l'Estramadure, *Fernand Cortez*, d'une famille noble, mais sans fortune, qui le destinait au barreau; il fut envoyé de bonne heure à l'Université de Salamanque. Le jeune Fernand se dégoûta bientôt d'un genre d'étude incompatible avec son génie ardent, et embrassa l'état militaire, espérant se signaler sous les ordres du célèbre Gonsalve de Cordoue; mais une maladie dangereuse l'empêcha de s'embarquer pour Naples. A peine fut-il rétabli, qu'il tourna ses regards vers les Indes occidentales; elles étaient alors une source de richesses et de gloire pour les Espagnols.

Fernand Cortèz partit en 1504 pour Saint-Domingue, où il fut accueilli par Ovando, son parent, qui en était gouverneur. Cortèz n'avait alors que dix-neuf ans, et se faisait remarquer par son adresse dans tous les exercices militaires; sa physionomie était gracieuse et sa taille élégante; à ces avantages extérieurs, il joignait un caractère aimable. Ovando lui confia successivement plusieurs emplois lucratifs et honorables. Ce fut en 1511 que Cortèz quitta Saint-Domingue pour accompagner Diégo Vélasquèz dans son expédition de l'île de Cuba; il y fut élevé à l'emploi d'alcade de San-Iago, et déploya des talents dans plusieurs circonstances difficiles. A la fougue qui avait marqué sa jeunesse, on voyait succéder une activité infatigable et ce sang-froid, cette prudence si nécessaires pour exécuter de grands desseins.

Grijalva, lieutenant de Vélasquèz, venait de découvrir l'empire du Mexique, mais sans oser s'y établir. Le gouverneur du Cuba, mécontent de Grijalva, en confia la conquête à Cortèz, qui hâta ses préparatifs. Il partit de San-Iago, le 18 novembre 1518, avec dix vaisseaux, six à sept cents Espagnols, dix-huit chevaux et quelques pièces de canon. C'était bien peu pour la conquête d'un empire; encore ne fut-ce pas le moindre obstacle. A peine a-t-il mis à la voile, que Vélasquèz, défiant et jaloux, se repentit de son choix; il craint que son lieutenant ne lui enlève la gloire et les richesses que promet cette grande entreprise; il révoque la commission qu'il lui a donnée, et même il ordonne son arrestation. Protégé par ses troupes, dont il est chéri, Cortèz déconcerte tous les desseins du gouverneur. Il débarque le 4 mars 1519 sur la côte du Mexique, s'avance le long du golfe, tantôt caressant les Indiens, tantôt répandant l'effroi par ses armes, et s'empare d'abord de la ville de Tabasco. Le bruit de l'artillerie, l'aspect des forteresses mouvantes qui apportent les Espagnols sur l'Océan, les chevaux sur lesquels ils combattent, tous ces objets, nouveaux pour les Indiens, leur causent un étonnement mêlé de terreur et d'admiration; ils regardent les Espagnols comme des dieux, et leur envoient des ambassadeurs et des présents. Cortèz apprend d'eux que le monarque indien se nomme Montézuma; qu'il règne sur un empire étendu, fondé depuis cent trente ans; que trente vassaux appelés *caciques* lui obéissent, que ses richesses sont immenses et son pouvoir absolu.

C'était Montézuma II qui, en 1502, à la mort de son grand-père Ahuitzotl, fut élu roi d'Anahuac ou du Mexique, de préférence à ses frères. Il était alors âgé d'environ vingt-six ans. Sa bravoure dans les combats, sa prudence dans les conseils, sa piété, le respect qu'inspirait son caractère de prêtre fixèrent sur lui le choix des grands. On dit qu'en apprenant la nouvelle de son élection, il se retira dans le temple pour se dérober aux honneurs qui l'attendaient, et qu'on le trouva balayant le pavé du sanctuaire. A son installation sur le trône, le prince qui le haranguait le félicita d'y arriver à l'époque où l'empire était parvenu au plus haut degré de splendeur. La cérémonie du couronnement surpassa en pompe et en éclat tout ce qu'on avait vu jusqu'alors : le nombre des victimes humaines sacrifiées à cette occasion fut immense; elles furent fournies par les prisonniers faits sur les Atlixtchès, qui s'étaient révoltés. Tant de grandeur devait bientôt s'évanouir. A peine en possession du pouvoir, Montézuma l'exerça de manière à s'aliéner l'affection d'une partie de ses sujets. Ses ancêtres accordaient les emplois à tous ceux qui s'en rendaient dignes : Montézuma ne les conféra qu'aux hommes distingués par leur naissance. Les représentations qui lui furent adressées, à cette occasion, par un vieillard chargé autrefois de son éducation, échouèrent contre sa volonté; il en recueillit plus tard des fruits bien amers. Il se montrait dur et arrogant envers ses vassaux, et très-rigoureux dans le châtiment des crimes; mais, en revanche, il punissait sans acception des personnes; il était ennemi de la fainéantise, et ne souffrait pas que qui que ce fût restât oisif dans son empire. Les historiens entrent là-dessus dans des détails singuliers. Ils ne causent pas moins d'étonnement quand ils parlent de la magnificence des anciens rois ou empereurs du Mexique, et notamment de Montézuma; ces récits paraîtraient incroyables, comme l'observe justement Clavigero, auteur mexicain d'origine, si ceux qui ont détruit cette magnificence n'avaient eux-mêmes pris soin de la décrire.

Montézuma était généreux; il fonda à Colhucan un hôpital destiné aux fonctionnaires publics et aux militaires invalides : cette humeur libérale l'aurait fait aimer du peuple, s'il eût été moins sévère. Généralement heureux dans ses guerres contre les Etats voisins, il en soumit plusieurs. Au mois de février 1506, ses troupes ayant remporté une grande victoire sur les Atlixtchès, ce fut une occasion de célébrer avec plus de pompe que sous Montézuma Ier, en 1464, la fête du renouvellement du feu, qui revenait tous les cinquante-deux ans : elle fut la plus solennelle et la dernière. Cependant les succès de son règne furent mêlés de quelques revers : le fils aîné de Montézuma avait été tué dans une guerre contre les Tlascaltèques, qui avaient repoussé les Mexicains; une famine désola l'empire en 1504; enfin une expédition malheureuse contre Amatla, et surtout l'apparition d'une comète, vers 1512, répandirent la consternation parmi les princes d'Anahuac. Montézuma, naturellement superstitieux, et dont l'abus des voluptés avait énervé le caractère, ne put voir un tel phénomène avec indifférence : il consulta ses astrologues, qui, incapables de le satisfaire, s'adressèrent au roi d'Acolhuacan. Celui-ci, très-habile dans l'art de la divination, assura que la comète annonçait à l'empire de grands désastres causés par l'arrivée d'un peuple étranger. Montézuma ne voulut pas d'abord ajouter foi à cette interprétation; mais des prodiges réitérés le forcèrent enfin d'y croire; et bientôt des bruits confus l'avertirent que des hommes tout différents de ceux qui peuplaient son pays et les contrées voisines, avaient paru sur des côtes lointaines.

Cependant il fit encore la guerre, et, par ses succès, porta, vers 1515, l'empire d'Anahuac à sa plus grande étendue. Mais à mesure que l'État s'agrandissait, le nombre des mécontents impatients de secouer le joug augmentait; il devenait impossible de conserver l'union nécessaire, au jour du danger qui était proche. Bientôt les bruits vagues se confirment; au mois d'avril 1519, les gouverneurs des provinces de la côte orientale de l'empire mandent à Montézuma que des étrangers viennent d'entrer dans ses États : ce qu'ils lui racontent des vaisseaux, des armes, de l'artillerie, des chevaux de ce peuple lui cause un trouble inexprimable. Il tient conseil avec ses principaux ministres. On décide, d'après une opinion généralement répandue parmi les Mexicains, que le chef des guerriers qui viennent de débarquer ne peut être que le dieu Quetzalcoatl, attendu depuis longtemps : Montézuma charge des ambassadeurs de féliciter les étrangers et de leur offrir des présents; mais en même temps il donne des ordres pour que l'on garde soigneusement la côte et que l'on soit attentif à observer les mouvements de ces étrangers (*Biogr. univ.*, t. XXIX).

Quant à l'état religieux et intellectuel du Nouveau Monde en général et du Mexique en particulier, nous l'avons vu lors de la découverte par Christophe Colomb. Nous ajouterons ici les observations suivantes :

Nul peuple sur la terre n'offrit aux démons autant de victimes humaines que les Américains, particulièrement les Mexicains. Ils immolaient généralement des prisonniers de guerre ou des esclaves. D'ordinaire ils s'y prenaient de cette façon. Un pontife, accompagné de cinq prêtres, conduisait au temple l'homme destiné au sacrifice. Alors il montrait aux assistants devant quelle idole il devait être immolé. On étendait l'homme sur un autel, dont le milieu était plus élevé, afin que la poitrine ressortît mieux. Quatre prêtres le tenaient par les bras et les jambes, un cinquième lui assurait la tête par un fer recourbé en faucille, qui lui saisissait le cou. Le pontife (et chaque divinité avait le sien), lui ouvrait la poitrine avec un couteau de pierre à feu, lui arrachait le cœur, l'élevait fumant vers le soleil, le brûlait, et en conservait la cendre avec respect. A certaines idoles colossales et creuses, il glissait le cœur sanglant avec une cuillère dans la bouche dans le cœur. Toujours on frottait avec le sang les lèvres de l'idole. On coupait la tête de la victime et on la conservait dans un ossuaire; on précipitait le tronc hors du temple du haut de l'escalier; le guerrier qui avait fait le prisonnier, le portait à sa maison, où il était apprêté pour le repas cruel de la famille et des amis. Ils ne mangeaient que les côtes, les bras et les jambes; on brûlait le reste, ou on le jetait aux bêtes féroces et aux oiseaux carnassiers des ménageries impériales. Le sacrifié était-il un esclave ? Son maître emportait le cadavre pour un usage pareil. D'autres victimes humaines étaient noyées ou condamnées à mourir de faim dans les antres des montagnes. A la fête de *Teteoïnan* (la mère des dieux), on coupait la tête à une femme sur les épaules d'une autre. A la fête qu'on appelait l'*Avénement des dieux* on brûlait des hommes. A *Tlatot* (dieu des eaux), on noyait dans le lac de tendres enfants, un petit garçon et une petite fille. A une autre fête, on enfermait dans une caverne des garçons de trois, six ou sept ans, pour y mourir de faim. Clavigero, historien originaire du Mexique, estime à vingt mille les victimes humaines qu'on offrait chaque année dans l'empire mexicain; nombre de beaucoup inférieur à celui que laisse supposer l'historien Acosta, quand il dit que bien souvent on offrait cinq mille victimes humaines, et en un certain jour vingt mille.

D'autres peuples de l'Amérique avaient des usages différents pour les sacrifices humains. Les Ottonites en vendaient la chair par lambeaux sur le marché. Les Zapotèques offraient aux dieux des hommes, aux déesses des femmes, et des enfants à une espèce de dieux nains. Les Tlascaltèques tuaient à coups de flèches des hommes pendus fort haut, ou les assommaient à coups de massue, attachés à un poteau. Tous les quatre ans, les Qualtiltèques célébraient, en l'honneur du dieu du feu, la fête suivante : la veille ils plantaient six grands arbres dans le parvis intérieur du temple, et immolaient deux esclaves. Ils arrachaient la peau du cadavre, et en prenaient les côtes. Le jour de la fête, deux prêtres d'un rang élevé se revêtaient de ces peaux sanglantes, prenaient les côtes à la main, et montaient solennellement, mais avec des hurlements effroyables, l'escalier du temple. Le peuple assemblé au bas s'écriait tout haut : Voici que nos dieux arrivent ! Ensuite les prêtres dansaient presque tout le jour dans un parvis, le peuple apportait des cailles pour le sacrifice; et le nombre en montait quelquefois à huit mille. Après ce sacrifice, les prêtres montaient sur ces arbres avec six prisonniers de guerre et les y liaient. A peine étaient-ils descendus, que tout le peuple tirait avec des flèches sur les victimes. Les prêtres montaient de nouveau sur les arbres, et en précipitaient les cadavres. On leur arrachait le cœur : on partageait les corps et les cailles entre les prêtres et les nobles, et ce festin terminait la fête (Clavigero, *Storia de Messico*, l. 2, c. 45-52; Stolberg, *Hist. de la religion de Jésus-Christ*, t. II, appendice).

Tel était donc en particulier l'état du Mexique, lorsque Fernand Cortèz entreprit d'en faire la conquête avec sept cents Espagnols. Il se prépare à y parvenir par la ruse et l'adresse autant que par la force et le courage. Il jette d'abord les fondements d'une ville, qu'il nomme *Vera-Cruz*, ou Vraie-Croix, parce qu'il y avait abordé le jour du vendredi saint, où les chrétiens adorent la croix : il se fait élire capitaine général de la colonie naissante, et brûle ensuite ses vaisseaux, pour faire entendre à ses soldats qu'il faut vaincre ou périr. Ensuite il pénètre dans l'intérieur du pays, attire dans son camp plusieurs caciques, ennemis de Montézuma, et voit ces Indiens mêmes faciliter ses progrès. La république de Tlascala s'y opposa seule : Cortèz défit trois fois ces Tlascaltèques, qui avaient résisté à toutes les forces de l'empire mexicain; il leur dicta la paix, et s'en fit de puissants auxiliaires.

A mesure qu'il avançait et s'attirait la confiance des Indiens, il s'efforçait de les détourner du culte des idoles et des sacrifices humains, pour les amener au christianisme. A Zempoala, ayant su que les habitants avaient immolé plusieurs hommes et qu'ils en vendaient la chair, il marcha droit au temple où s'était fait cet abominable sacrifice, fit abattre les idoles, nettoyer le temple, où l'on plaça une image de la sainte Vierge, et on chanta la messe. Au départ, un vieux soldat espagnol voulut demeurer seul au milieu de ce peuple mal soumis, afin d'avoir soin de la sainte image. Il se nommait *Jean de Torrès*; Cordoue était sa patrie : et l'action de ce soldat, où la valeur avait encore sa part, mérite de passer avec son nom à la postérité (Antoine de Solis, *Hist. de la conquête du Mexique*, t. I, l. 2, c. 12).

Lorsque les Espagnols sortirent de Tlascala pour se porter en avant, Cortèz laissa dans cette ville une croix de bois, qu'il avait fait planter sur un lieu élevé et très-découvert : cela s'était exécuté d'un commun consentement, le jour qu'il fit son entrée. Il ne put souffrir en sortant qu'on l'abattît, quelque censure qu'il eût essuyée sur les transports de son zèle. Il recommanda aux caciques de la garder avec respect; mais il était besoin sans doute d'une recommandation plus forte pour maintenir parmi ces infidèles la vénération qui lui était due. A peine les Espagnols étaient-ils hors de la ville, qu'une nuée miraculeuse, descendant du ciel, vint prendre, à la vue de tous les infidèles, la défense de la croix. Cette nuée était d'une blancheur éclatante et agréable : elle s'abaissa insensiblement, jusqu'à ce qu'ayant pris la forme d'une colonne, elle s'arrêta perpendiculairement sur la croix : elle y dura, plus ou moins visible, l'espace de quatre ans, que la conversion de cette province fut retardée par divers obstacles. Il sortait de cette nuée une douce lumière qui imprimait le respect et qui n'était point affaiblie par l'obscurité de la nuit. Ce prodige effraya d'abord les Indiens, sans qu'ils en pénétrassent le mystère; et depuis qu'ils y eurent fait attention, ils perdirent leur crainte, sans diminuer leur admiration. Ils disaient que ce signe vénérable renfermait en soi quelque divinité, et que ce n'était pas sans raison que les Espagnols, leurs bons amis, la révéraient. Sur quoi ils les imitaient, en se mettant à genoux, lorsqu'ils passaient devant la croix. Ils avaient recours à elle dans leurs nécessités, sans se souvenir de leurs idoles, dont les temples étaient beaucoup moins fréquentés; et cette dévotion imitative fit une si forte impression sur l'esprit des nobles et du peuple, que les sacrificateurs et les magiciens, poussés d'un zèle furieux pour leurs superstitions, tâchèrent à plusieurs reprises d'arracher la croix et de la mettre en pièces; mais ils en revinrent toujours dans une horrible consternation, dont ils n'osèrent parler, de peur de se décrier dans l'esprit du peuple. Ce miracle est rapporté par des auteurs dignes de foi; et c'est ainsi que le Ciel disposait l'esprit de ces infidèles à recevoir la doctrine de l'Evangile avec moins de résistance, comme le prudent laboureur, qui, avant de jeter la semence en terre, en facilite la production par le moyen de la culture (Antoine de Solis, t. I, l. 3, c. 5).

Comme les Espagnols avançaient toujours. Montézuma envoya contre eux plusieurs troupes de sorciers, pour les arrêter par leurs charmes. Le Père d'Acosta et d'autres auteurs dignes de foi rapportent que, lorsqu'ils furent arrivés au chemin de Chalco, par où s'avançait l'armée espagnole, et que ces magiciens commencèrent à faire leurs invocations et à tracer leurs cercles, le démon leur apparut sous la figure d'une de leurs idoles qu'ils appellent *Telcat-lepuca*, dieu malfaisant et redoutable, et qui, selon leur tradition, avait entre ses mains les pestes, les famines et les autres fléaux du ciel. Ce démon paraissait être au désespoir et dans une fureur horrible. Il avait sur ses ornements une corde qui lui serrait l'estomac à plusieurs tours, afin de marquer plus positivement son affliction et de leur faire comprendre qu'il était arrêté par une main invisible. Tous les sorciers se prosternèrent, pour l'adorer; mais lui, empruntant la voix de l'idole dont il imitait la figure, leur parla de cette manière : « Le temps est venu, misérables Mexicains, où vos conjurations vont perdre toute leur force. Maintenant tous vos pactes sont rompus. Rapportez à Montézuma que le ciel a résolu sa ruine, à cause de ses cruautés et de ses tyrannies, et afin que vous lui représentiez avec plus de vivacité la désolation de son empire, jetez les yeux sur cette malheureuse ville déjà abandonnée de vos dieux. » A ces mots, le démon disparut, et la ville de Mexico parut à ses ministres tout en feu (Antoine de Solis, t. I, l. 3, c. 8).

Cortèz, accompagné de ses Espagnols et de ses alliés, fit son entrée dans la ville de Mexico le 8 novembre 1519. Montézuma alla le recevoir avec toute sa cour, et lui assigna pour demeure un palais assez vaste pour loger toute son armée. Le soir même, il vint visiter les Espagnols, et dit entre autres à Cortèz : « On n'ignore pas parmi nous autres, et nous n'avons pas besoin de votre persuasion pour croire que le grand prince à qui vous obéissez descend de notre ancien Quezalcoal, seigneur des sept cavernes de Navatlaques et roi légitime de ces sept nations qui ont fondé l'empire du Mexique. Nous avons appris par une de ses prophéties que nous révérons comme une vérité infaillible, conformément à la tradition des siècles conservée dans nos annales, qu'il était sorti de ce pays-ci pour aller conquérir de nouvelles terres, du côté de l'Orient, et qu'il avait laissé des promesses certaines que, dans la suite des temps, ses descendants viendraient modérer nos lois et réformer notre gouvernement sur les règles de la raison. Ainsi, comme les caractères que vous portez ont du rapport à cette prophétie, et que le prince de l'Orient qui vous envoie fait éclater par vos exploits mêmes la grandeur d'un si illustre aïeul, nous avons déjà résolu de consacrer à son service tout ce que nous avons de pouvoir; et j'ai trouvé à propos de vous en avertir, afin que vos propositions ne soient point embarrassées par ce scrupule et que vous nous attribuiez l'excès de ma douceur à cette illustre origine. »

Cortèz dit à la fin de sa réponse : « Après cela, Seigneur, je dirai avec toute la soumission qui est due à Votre Majesté, que je viens la visiter en qualité d'ambassadeur du plus grand et du plus puissant monarque que le soleil éclaire aux lieux où il prend sa naissance. J'ai ordre de vous exposer en son nom qu'il souhaite être votre ami et votre allié, sans s'appuyer sur ces anciens droits dont vous avez parlé, et sans autre but que d'ouvrir le commerce entre les deux monarchies et d'obtenir par cette voie le plaisir de vous désabuser de vos erreurs. Et quoique, selon la tradition de vos histoires mêmes, il pût prétendre à une reconnaissance plus positive dans les terres de votre domaine, il ne veut néanmoins user de son autorité que pour gagner votre créance sur des choses entièrement à votre avantage; et afin de vous faire entendre que vous, seigneur, et vous autres, nobles Mexicains qui m'écoutez, vivez dans un abus terrible pour la religion que vous professez, en adorant des bois insensibles, ouvrages de vos mains et de votre caprice, puisqu'il n'y a véritablement qu'un seul Dieu, qui n'a ni commencement ni fin, et qui est le principe éternel de toutes choses. C'est lui dont la puissance infinie a créé de rien cet ouvrage admirable des cieux, le soleil qui nous éclaire, la terre qui nous fournit des aliments, et le premier homme de qui nous descendons, avec une égale obligation de reconnaître et d'adorer notre première cause. C'est cette même obligation qui est imprimée dans vos âmes, dont encore que vous reconnaissiez l'immortalité, vous la prostituez et la perdez, en rendant un culte d'adoration aux démons, esprits immondes que Dieu a créés, et qui, en punition de leur ingratitude et de leur rébellion contre lui, ont été précipités dans ce feu souterrain dont vous avez quelque représentation imparfaite dans l'horreur de vos volcans. La malice et l'envie, qui les rendent ennemis du genre humain, les obligent continuellement à solliciter votre perte en se faisant adorer sous la figure de ces idoles abominables. C'est leur voix que vous entendez quelquefois dans les réponses de vos oracles, et ils forment ces illusions que les erreurs de l'imagination introduisent en votre entendement.

» Mais, Seigneur, je connais que ce n'est pas ici le lieu de traiter des mystères d'une si haute doctrine. Ce même monarque, en qui vous reconnaissez une si ancienne supériorité, vous exhorte seulement à nous écouter sur ce point sans aucune préoccupation, afin que vous puissiez goûter le repos que votre esprit trouvera dans la vérité, et que vous appreniez combien de fois vous avez résisté à la raison naturelle, qui vous donnait des lumières capables de vous faire connaître votre aveuglement. C'est la première chose que le roi mon maître souhaite de Votre Majesté : c'est le principal article de ma proposition et le plus puissant moyen d'établir, avec une parfaite amitié, l'alliance des deux couronnes, sur les fondements inébranlables de la religion; qui, sans laisser aucune diversité dans les sentiments, unira les esprits par les liens d'une même volonté. »

Montézuma répondit à Cortèz : « Je reçois avec beaucoup de reconnaissance l'alliance et l'amitié que vous me proposez de la part du grand prince, descendant de Quezalcoal; mais je crois tous les dieux sont bons. Le vôtre peut être tel que vous le dites, sans faire tort aux miens. Ne songez maintenant qu'à vous reposer, puisque vous êtes chez vous et que vous y aurez tout le soin qui est dû à votre valeur et au grand prince qui vous envoie (Antoine de Solis, t. I, l. 3, c. 11). »

Dans une audience du lendemain, Montézuma s'applaudit encore de ce que la prophétie touchant les étrangers s'était accomplie sous son règne, après les promesses faites depuis tant de siècles à ses prédécesseurs. Cortèz amena le discours sur la religion, et, parmi les éclaircissements qu'il donnait à l'empereur sur les lois et les coutumes de l'Espagne, il insista sur les lois religieuses et morales qui obligent tous les chrétiens, afin que les vices et les abo-

minations de ses idoles parussent à Montézuma plus horribles par ce contraste. Il prit cette occasion de se récrier contre les sacrifices de sang humain et les repas de chair humaine jusque sur la table de l'empereur. Cette audience ne fut pas entièrement inutile : Montézuma bannit de sa table la chair humaine, mais il n'osa la défendre à ses sujets et soutint même les sacrifices humains.

Dans d'autres conversations, Cortèz et le Père Olmédo, dominicain, essayèrent vainement de lui faire reconnaître la vérité. Il avait assez de lumières pour reconnaître quelques avantages à la religion catholique et pour ne prétendre pas soutenir indifféremment tous les abus de la sienne; mais la crainte le retenait toujours dans cette fausse idée, que ses dieux étaient bons en son pays, comme celui des chrétiens dans le leur. Il y avait encore un autre obstacle : Montézuma, outre deux femmes du titre d'impératrices, avait trois mille concubines, que ses officiers lui amenaient de toutes les parties de son Empire, et qu'il mariait à d'autres quand il en était las.

Un jour il voulut montrer à Cortèz et au Père Olmédo, suivis de plusieurs capitaines, le plus magnifique de ses temples. A la vue de ces idoles monstrueuses et des cérémonies ridicules ou abominables que Montézuma leur expliquait en détail, les Espagnols ne purent s'empêcher de rire. Cortèz lui dit, plein de zèle : « Permettez-moi, Seigneur, de planter la croix de Jésus-Christ devant ces images du diable, et vous verrez si elles sont dignes d'adoration ou de mépris. » A ces mots, les sacrificateurs des idoles s'emportèrent de fureur. Après cette expérience et d'autres semblables, Cortèz résolut, de l'avis du Père Olmédo et du licencié Diaz, qui a écrit l'histoire de ces événements, de ne plus parler de religion pour le moment, et d'attendre un temps plus favorable.

Cependant il obtint de Montézuma la liberté de rendre au vrai Dieu un culte public. L'empereur lui-même envoya ses architectes, afin qu'on bâtît une église à ses dépens, ainsi que le souhaitait Cortèz. D'abord on nettoya un des principaux salons du palais, qui servait de logement aux Espagnols. Après l'avoir reblanchi, on y éleva un autel, où l'on mit un tableau de la très-sainte Vierge sur des gradins magnifiquement ornés. On dressa une grande croix devant la porte du salon, qui devint ainsi une chapelle fort propre, où on disait tous les jours la sainte messe, on faisait la prière du rosaire et plusieurs autres exercices de piété. Montézuma y assistait quelquefois, accompagné de ses princes et de ses ministres, qui louaient extrêmement la douceur de notre sacrifice, sans reconnaître l'inhumanité et l'abomination des leurs (Antoine de Solis, t. I, l. 3, c. 12).

Sur ces entrefaites, Cortèz reçut avis qu'un général de Montézuma, qui avait reçu des ordres secrets, venait d'attaquer la garnison de Vera-Cruz et de tuer quelques-uns de ses soldats. Cet événement détrompait les Mexicains, qui jusqu'alors avaient cru les Espagnols immortels, et renversait les principaux fondements de la politique de Cortèz. Frappé de la grandeur du péril, entouré d'ennemis, n'ayant qu'une poignée de soldats, il forme et exécute aussitôt le projet le plus hardi : il se rend avec ses officiers au palais de l'empereur, et, après un assez court préambule, lui déclare qu'il faut le suivre ou se résoudre à périr. Maître de la personne du monarque, il exige qu'on lui livre le général mexicain et les officiers qui ont attaqué les Espagnols, et il les fait brûler vifs aux portes du palais impérial. Pendant cette cruelle exécution, Cortèz entre chez Montézuma, lui fait mettre les fers aux mains, en expiation de l'ordre secret qu'il avait donné d'attaquer les Espagnols de Vera-Cruz : l'exécution finie, il fit ôter les fers à Montézuma. Ce prince se livra sur-le-champ à une joie indécente, et passa sans intervalle de l'excès du désespoir aux transports de la reconnaissance et de la tendresse envers ses libérateurs.

Durant six mois que Cortèz passa à Mexico, le monarque continua de rester dans le quartier des Espagnols, avec l'apparence de la tranquillité et de la satisfaction, comme si ce séjour eût été de son choix. Ses ministres et ses domestiques le servaient à leur manière accoutumée. Il prenait connaissance de toutes les affaires. Tous les ordres se donnaient en son nom. L'aspect du gouvernement paraissait le même, et comme toutes les formes anciennes subsistaient, la nation, qui ne s'apercevait d'aucun changement, continuait d'obéir au monarque avec la même soumission et le même respect. Les Espagnols avaient inspiré à Montézuma et à ses sujets tant de crainte ou de respect, qu'il ne se fit pas une seule tentative pour délivrer le souverain de sa prison : Cortèz même, se fiant à l'ascendant qu'il avait pris, permettait à Montézuma non-seulement d'aller aux temples, mais même de chasser au delà des lacs qui entouraient Mexico, accompagné d'une garde de quelques Espagnols, qui suffisait pour en imposer à la multitude et s'assurer du roi prisonnier (Robertson, *Hist. d'Amérique*, l. 5).

Ainsi Cortèz s'étant rendu maître de la personne de Montézuma, son heureuse témérité valut tout d'un coup aux Espagnols une autorité plus étendue dans l'empire du Mexique, qu'il ne leur eût été possible de l'acquérir avec beaucoup de temps à force ouverte; et ils exercèrent, sous le nom de l'empereur, un pouvoir bien plus absolu que celui dont ils auraient pu faire usage en leur nom propre.

Cortèz sut en profiter pour faire bien explorer toutes les provinces de l'empire, pour nommer, au nom de Montézuma, les officiers qu'il jugeait dignes, et construire deux vaisseaux européens sur les lacs qui entouraient la capitale, afin de s'y retirer en cas de besoin. Devenant toujours plus hardi, il pressa Montézuma, de se reconnaître vassal du roi d'Espagne, tenant sa couronne de lui, et de lui payer un tribut annuel. Montézuma se soumit encore à ce sacrifice. Les grands de l'empire furent appelés. Montézuma dans une harangue leur rappela les traditions et les prophéties qui annonçaient depuis longtemps l'arrivée d'un peuple de la même race qu'eux, et qui devait prendre possession du pouvoir suprême; il leur déclara qu'il croyait que les Espagnols étaient ce peuple, qu'il reconnaissait le droit de leur souverain sur le Mexique, qu'il voulait mettre sa couronne à ses pieds et être désormais son tributaire. A ces mots, l'assemblée fut frappée d'un muet étonnement, et bientôt après il s'éleva un murmure confus qui exprimait à la fois la douleur et l'indignation. Les Mexicains parurent vouloir se porter à quelque mouvement de violence. Cortèz le prévint à propos, en déclarant que les intentions de son maître n'étaient point de priver Montézuma de sa couronne, ni d'apporter aucune innovation dans la constitution et les lois de l'empire. Cette assurance, soutenue de la crainte qu'inspiraient les Espagnols et de l'exemple de soumission que donnait l'empereur lui-même, arracha à l'assemblée un consentement forcé. Cet acte de foi et hommage envers la couronne d'Espagne fut accompagné de toutes les solennités qu'il plut aux Espagnols de prescrire. Montézuma, sur la demande de Cortèz, y joignit un présent magnifique pour son nouveau suzerain; et ses sujets, à son exemple, fournirent aussi très-libéralement à une contribution. Cortèz trouva plus de résistance quand il voulut abattre les idoles et substituer dans les temples, aux crânes des infortunés qu'on y sacrifiait, les images de la Vierge et des saints.

D'autres périls vinrent le mettre à l'épreuve. Tout à coup il apprend le débarquement d'une armée espagnole commandée par Narvaèz, et envoyée par Vélasquez pour le contraindre à renoncer au généralat. Cortèz prend le parti le plus courageux. Il laisse deux cents hommes à Mexico, sous les ordres de son lieutenant, et, marchant à la rencontre de Narvaèz, il le fait prisonnier, et range sous ses drapeaux les soldats espagnols qui étaient venus le combattre. De retour dans la capitale, il trouve les Mexicains révoltés contre leur empereur et contre les Espagnols; il se voit bientôt lui-même exposé aux plus grands dangers. Montézuma, prisonnier des Espagnols, est tué par ses propres sujets, qu'il vient de haranguer du haut de la muraille; les Mexicains, après s'être donné un autre empereur, attaquèrent avec acharnement le quartier général de Cortèz. Malgré l'avantage des armes à feu, les Espagnols eussent succombé, si Cortèz n'eût ordonné la retraite : son arrière-garde fut taillée en pièces. Après six jours de marche, de fatigues et de désastres, il parvient jusqu'à la plaine d'Otumba, qu'il trouve couverte de Mexicains rangés en bataille pour lui couper la retraite. « Amis, dit-il à ses soldats, voici l'occasion de vaincre ou de périr glorieusement. » Il donne aussitôt le signal du combat et remporte, le 7 juillet 1520, une victoire décisive qui met son armée en sûreté. Arrivé le lendemain à Tlascala, il y trouve des alliés fidèles, rassemble aussitôt une armée d'Indiens auxiliaires, marche de nouveau vers la capitale du Mexique, soumet d'abord les provinces voisines, et apaise ses soldats qui s'étaient mutinés. « Rappelez-vous, leur dit-il, que nous cherchons de grands périls et de grandes richesses : celles-ci établissent la fortune, et les autres la réputation. »

Cortèz forme ses attaques, après avoir fait construire et lancer dans le lac des brigantins armés. Cependant Guatimozin, que les Mexicains avaient reconnu pour empereur, eut d'abord quelques succès, et, pendant trois mois, défendit sa capitale avec un courage digne d'un meilleur sort; mais il ne put tenir contre l'artillerie espagnole. Après plusieurs combats livrés sur le lac et sur la terre ferme, Cortèz reprit Mexico le 13 août 1521. L'empereur, son épouse, ses ministres et ses courtisans tombèrent au pouvoir du vainqueur, qui traita d'abord Guatimozin en roi. Sur la fin du siége, deux cent mille Indiens s'étaient rangés sous les drapeaux de Cortèz; de si étonnants succès n'étaient dus qu'à sa profonde politique.

La relation de ses victoires, qu'il envoya en Espagne, excita l'admiration de ses compatriotes. L'étendue et la valeur de ses conquêtes effacèrent le blâme qu'il avait encouru par l'irrégularité de ses opérations; la voix publique s'étant déclarée en sa faveur, Charles-Quint, sans égard pour les prétentions de Vélasquèz, le nomma gouverneur et capitaine-général du Mexique. Ce monarque lui fit en outre présent de la vallée de Guaxaca, qui fut érigée en marquisat, avec un revenu de cent cinquante mille livres. Dès que le conquérant du Mexique vit son pouvoir consacré par l'autorité royale, il s'occupa avec plus d'ardeur encore à affermir sa conquête. Il organisa la colonie, fonda plusieurs villes, fit sortir Mexico de ses ruines, et la rebâtit dans le goût des capitales de l'Europe.

Il forma plusieurs entreprises qui devaient encore faire éclater son génie; mais il se vit contrarié par les agents de la cour d'Espagne. Lui-même équipa une nouvelle flotte, dont il prit le commandement. Après des dangers et des fatigues incroyables, il découvrit, en 1536, la grande péninsule de la Californie, et reconnut une partie du golfe qui la sépare de la Nouvelle-Espagne; mais cette découverte ne pouvait rien ajouter à sa gloire. Rebuté, las de lutter contre des adversaires indignes de lui, et que la cour envoyait à dessein, il retourna pour la seconde fois en Espagne, espérant y confondre ses ennemis. Charles-Quint le reçut froidement. Cortèz dissimula, redoubla d'assiduité auprès de l'empereur, le suivit dans son expédition d'Alger en 1541, combattit comme volontaire, et eut un cheval tué sous lui : ce fut sa dernière action militaire. Négligé depuis, traité avec peu de considération, à peine put-il obtenir audience. Un jour on le vit fendre la presse qui entourait la voiture du monarque, et monter sur l'étrier de la portière; Charles-Quint étonné lui demanda : Qui êtes-vous? — Je suis un homme, répondit fièrement le vainqueur des Indes, qui vous a donné plus de provinces que vos pères ne vous ont laissé de villes. — Cette noble fierté devait déplaire à un prince enivré des faveurs de la fortune. Cortèz, abreuvé de dégoût dans sa patrie, passa le reste de ses jours dans la solitude, et mourut le 2 décembre 1554, près de Séville, dans la 63ᵉ année de son âge, envié par ses compatriotes et abandonné par son souverain (*Biographie universelle*, t. X).

Une vie encore plus aventureuse que celle de Cortèz, fut la suivante. Vers l'an 1490, un enfant bâtard était occupé à garder les pourceaux dans une campagne de son père, qui était gentilhomme. L'enfant était né l'an 1475, à Truxillo, dans l'Estramadure. Un jour donc, ayant égaré un des pourceaux, il n'osa plus rentrer dans la maison paternelle, il prit la fuite et alla s'embarquer pour les Indes espagnoles, où il deviendra le conquérant d'un nouvel empire. Il se nommait *François Pizarre*. Actif, plein de courage, doué d'une âme forte, d'un esprit pénétrant, il se distingua, l'an 1513, sous Nugnèz de Balboa, qui découvrit la mer du Sud.

Animé lui-même de la passion des découvertes, il projeta de pénétrer dans le Pérou et de le conquérir, s'associa Diégo d'Almagro, enfant trouvé, partit de Panama le 14 septembre 1524, avec un vaisseau, et découvrit la côte de l'empire péruvien. Arrêté par les fatigues et les maladies, abandonné de ses compagnons, rappelé par le gouvernement espagnol, Pizarre refusa opiniâtrément de regagner l'isthme et préféra rester dans une île déserte, n'ayant plus avec lui que treize soldats fidèles.

Il s'y croyait oublié, lorsqu'il aperçut enfin un petit navire expédié pour le tirer de cet affreux séjour. Au lieu de revenir sur ses pas, Pizarre fit route au sud-est, reconnut de nouveau la côte du Pérou, aborda à Tumbèz en 1526 et rentra ensuite à Panama avec beaucoup d'or. La vue de ces richesses irrita la cupidité de ses associés, mais ne détermina point le gouverneur à fournir des soldats et des vaisseaux, afin de poursuivre la découverte. Rien ne peut arrêter Pizarre : il vole en Europe, se présente devant Charles-Quint avec assurance et obtient de ce monarque le titre de gouverneur de tout le pays qu'il avait découvert et qu'il pourrait découvrir. De retour en Amérique avec ses frères, il équipa trois vaisseaux, montés de cent quarante-quatre fantassins et de trente-six cavaliers, mit à la voile en février 1531, s'empara de l'île de Puna, qui facilitait l'entrée du Pérou, et, usant de sa victoire en politique habile, il traita les Indiens avec douceur, malgré leur vive résistance.

A cette époque, l'empire des Incas (*seigneurs*) était déchiré par la guerre civile. Deux frères rivaux, Huascar et Atahualpa, se disputaient le trône les armes à la main. Pizarre profita de cet heureux concours d'événements pour reconnaître librement la côte et s'y établir. Déjà même la renommée avait exagéré la force, les exploits des Espagnols et le mérite de leur chef. Un envoyé d'Huascar vint lui demander, au nom de ce prince, des secours contre Atahualpa, qu'il lui dépeignait comme rebelle et usurpateur. Pizarre prévit à l'instant tous les avantages qu'il pourrait tirer de cette guerre intestine, et se dirigea vers le centre du Pérou. A peine était-il en marche qu'Huascar fut défait par Atahualpa; celui-ci dépêcha deux ambassadeurs à Pizarre avec des présents magnifiques. Frappés de l'arrivée soudaine d'hommes barbus, portant le tonnerre et conduisant avec eux des animaux formidables, les Péruviens regardaient les Espagnols comme des êtres d'une intelligence supérieure. Après une sorte de négociation, l'Inca consentit à recevoir Pizarre en qualité d'ambassadeur du roi d'Espagne. Le jour de l'ouverture, fixée à Caxamarxa, le 16 novembre 1523, Pizarre, qui se rappelait tous les avantages que Cortèz avait su tirer de la prise de Montézuma, fondit sur les Péruviens qui escortaient l'empereur et se saisit de ce prince, après avoir massacré ses gardes. Peu de temps après, il le fit condamner à mort, comme usurpateur et comme ayant donné des ordres secrets pour faire exterminer les Espagnols. La plupart des historiens attribuent cette action violente et cruelle aux instigations d'Almagro, qui était venu joindre Pizarre avec un renfort de troupes. Quoi qu'il en soit, la mort de l'empereur ayant augmenté la confusion et l'anarchie, facilita l'entière réduction du Pérou. Tandis que Pizarre jetait, en 1535, les fondements de la ville de Lima, Almagro entreprenait la découverte et la conquête du Chili.

Cependant les Péruviens se soulevèrent; Pizarre, séparé de ses frères, qui étaient assiégés dans Cusco, eut lui-même à soutenir plusieurs attaques à Lima : il déploya pendant cette crise beaucoup d'activité, toute l'énergie de son caractère, et parvint à dissiper tous les dangers. Les prétentions d'Almagro, à son retour du Chili, ayant semé la discorde et allumé la guerre civile entre les conquérants du Pérou, ils en vinrent aux mains sous les murs de Cusco en 1538 : le parti de Pizarre resta le maître, et abusa de la victoire. Cependant les trésors envoyés en Espagne avaient assuré à ce chef la faveur de Charles-Quint, qui lui conféra le gouvernement général du Pérou, l'ordre de Saint-Jacques, le créa marquis de Las Charcas, et lui accorda des priviléges étendus.

Chargé de gouverner cette vaste possession, Pizarre partagea le Pérou en plusieurs districts, établit des magistrats, régla l'administration, la perception des impôts, l'exploitation des mines, le traitement des Indiens, et pourvut à la sûreté intérieure. Ses officiers, ses amis, ses frères reçurent en partage les plus riches districts et un grand nombre d'esclaves indiens. Mais les anciens partisans d'Almagro, toujours mécontents, furent écartés des emplois, et n'eurent aucune part à la distribution des terres. Opprimés, persécutés, ils avaient juré la perte de Pizarre, pour venger la mort de leur chef. Le 19 juin 1541, ils forcent en plein jour le palais de Pizarre, à Lima, et le tuent à coups d'épée.

Telle fut la fin de cet homme extraordinaire, qui, après avoir vécu longtemps en aventurier, gouverna pendant plusieurs années, en monarque, un empire qu'il avait découvert et subjugué. Doué de ce jugement sain, de cette pénétration rare qui peuvent suppléer à tous les avantages de l'éducation, car on dit qu'il ne savait pas lire, nul homme ne suivit un plan avec plus de constance : sobre, infatigable, courageux, il fut conquérant, et ne fut point dévastateur; s'occupant au contraire, sans relâche, de bâtir des villes, de fonder des colonies, d'introduire au Pérou l'industrie et les manufactures d'Europe : ne montrant point cette ardente cupidité qui dévorait ses compatriotes, il ne se servit des richesses qu'il eut dans ses mains, que comme d'instruments utiles à ses desseins et à son ambition; et on le trouva pauvre après sa mort (*Biogr. univ.*, t. XXXIV). Finalement, sauf son amour pour le jeu et les femmes, et certains actes de cruauté pendant la conquête, le gardeur de porcs de Truxillo était un héros accompli; même avec ses défauts, la Grèce homérique en eût fait, ainsi que de Fernand Cortèz, des dieux pour son grand Olympe, ou du moins des demi-dieux.

De nos jours, bien des écrivains en ont fait de misérables aventuriers, sans trop savoir pourquoi. Car ni la politique moderne, ni aucune religion ou philosophie moderne ne peut condamner Cortèz ni Pizarre sans se condamner avant tout soi-même. La politique moderne, résumée par Machiavel et pratiquée par tous les gouvernements du siècle, ne pose-t-elle pas en principe, que tout prince, petit ou grand, surtout s'il est nouveau, n'a d'autre règle que son intérêt, et que tous les moyens sont légitimes, dès qu'ils mènent à ce but? N'est-ce point par cette raison que les politiques français excusent ou même félicitent François Ier de ses alliances avec les protestants contre les catholiques, avec les Turcs contre les chrétiens? N'est-ce point par cette même raison qu'ils félicitent son fils, Henri II, d'avoir, par suite des mêmes alliances, pris en trahison les villes de Toul, Metz et Verdun, incendié, détruit, avec leurs habitants, des villes de la Flandre espagnole? Ce qu'on loue dans François Ier et dans Henri II, comment peut-on politiquement le blâmer dans leurs contemporains Fernand Cortèz ou Pizarre? De même, les religions modernes, les philosophies modernes, de Luther, de Calvin, de Rousseau, de Voltaire, ne posent-elles pas en principe que chacun n'a d'autre règle ni d'autre juge que soi-même? N'est-ce pas en vertu de ce principe et pour l'avoir établi, que les protestants excusent ou félicitent Luther d'avoir rempli l'Allemagne de feu et de sang, Henri VIII d'avoir éventré des milliers de catholiques, sa fille Elisabeth d'avoir coupé la tête à sa bonne sœur Marie d'Ecosse? Après cela, comment blâmer Cortèz ou Pizarre? N'ont-ils pas fait ce qu'ils ont jugé à propos de faire? Mais au fond, pourquoi les protestants les blâment-ils? n'est-ce point parce qu'au lieu de prêcher l'anarchie universelle, comme Luther et Calvin, ils annonçaient la grande loi de l'ordre universel, la foi catholique?

En effet, quels que fussent les vices ou les écarts personnels de ces aventureux conquérants, toujours ils commençaient par proclamer officiellement l'unité de Dieu, la divinité de Jésus-Christ, la primauté universelle de son vicaire, le Pape, la recommandation faite par celui-ci au roi d'Espagne de protéger et de propager la foi catholique par toute la terre, notamment dans les îles de l'Océan et dans le Nouveau Monde. Nous avons vu en son entier l'une de ces proclamations, lors de la découverte de l'Amérique. On en trouve une semblable, faite devant les chefs du Pérou, par un prêtre qui accompagnait Pizarre. Le protestant écossais et ministre presbytérien Robertson (*Histoire de l'Amérique*, l. 6) traite cela de fanatisme. En effet, comme nous l'avons déjà remarqué, il y a bien plus de raison et de religion véritable d'aller avec les Anglais porter le fer et le feu dans l'Inde et dans la Chine, pour du jus de pavots.

Quant à la conduite des missionnaires catholiques dans le Nouveau Monde, nous avons le témoignage non suspect du même presbytérien Robertson. Après avoir montré que la dépopulation de l'Amérique ne devait pas s'attribuer à une politique calculée de la cour d'Espagne, il ajoute :

« C'est avec plus d'injustice encore que beaucoup d'écrivains ont attribué à l'esprit d'intolérance de la religion romaine, la destruction des Américains, et accusé les ecclésiastiques espagnols d'avoir excité leurs compatriotes à massacrer ces peuples innocents, comme des idolâtres et des ennemis de Dieu. Les premiers missionnaires de l'Amérique, quoique simples et sans lettres, étaient des hommes pieux. Ils épousèrent de bonne heure la cause des Indiens, et défendirent ce peuple contre les calomnies dont s'efforçaient de le noircir les conquérants, qui le représentaient comme incapable de se former jamais à la vie sociale et de comprendre les principes de la religion, et comme une espèce imparfaite d'hommes que la nature avait marqués du sceau de la servitude. Ce que j'ai dit du zèle constant des missionnaires espagnols pour la défense et la protection du troupeau commis à leurs soins, les montre sous un point de vue digne de leurs fonctions. Ils furent des ministres de paix pour les Indiens, et s'efforcèrent toujours d'arracher la verge de fer de la main de leurs oppresseurs. C'est à leur puissante médiation que les Américains durent tous les règlements qui tendaient à adoucir la rigueur de leur sort. Les Indiens regardent encore les ecclésiastiques, tant réguliers que séculiers, dans les établissements espagnols, comme leurs défenseurs naturels et c'est à eux qu'ils ont recours pour repousser les exactions et les violences auxquelles ils sont souvent exposés (Robertson, *Hist. de l'Amérique*, l. 8).

» Le tiers du septième titre du premier livre de la *Recopilacion*, qui contient les règlements touchant les pouvoirs et les fonctions des archevêques et des évêques, roule sur la charge qui leur est imposée comme protecteurs des Indiens, et parle de tous les cas où il est de leur devoir de les protéger contre l'oppression, tant dans leurs propriétés que dans leurs personnes. Non-seulement ils sont chargés par les lois de cette fonction, aussi humaine qu'honorable, mais ils l'exercent en effet.

» Je pourrais en citer des preuves sans nombre tirées des auteurs espagnols; mais je préfère m'en rapporter à Gage, qui était peu disposé à accorder au clergé romain un mérite auquel il n'aurait pas eu droit de prétendre. Henri Hawks, négociant anglais, qui pendant cinq ans a résidé dans la Nouvelle-Espagne, avant l'année 1572, rend le même témoignage favorable au clergé romain. Une loi donnée par Charles-Quint autorise non-seulement les évêques, mais tous les ecclésiastiques en général, à informer et avertir le magistrat civil dans le cas où quelque Indien serait privé de sa liberté et de ses droits; ce qui les constituait protecteurs en titre des Indiens. Il y a eu des ecclésiastiques espagnols qui ont refusé l'absolution à ceux de leurs compatriotes qui possédaient des *encomienda* et regardaient les Indiens comme esclaves, ou qui les employaient à l'exploitation des mines (*Ibid.*, note 71).

L'an 1524 eut lieu le premier synode américain à Mexico : il fut présidé par le bienheureux frère Martin de Valence, légat apostolique, qui venait d'arriver avec douze missionnaires franciscains. Au synode se trouvèrent dix-neuf prêtres religieux, cinq autres clercs, six laïques lettrés, parmi lesquels Fernand Cortèz, qui avait provoqué l'arrivée des missionnaires. Frère Martin fut célèbre par la sainteté de sa vie et l'éclat des miracles. De son côté, le conquérant du Mexique, Fernand Cortèz, vénérait tellement les prêtres, qu'il ne leur parlait jamais que la tête découverte et un genou en terre, les recevant avec les plus grands honneurs, tant par esprit de religion que pour attirer les Mexicains par son exemple.

Et de fait ces peuples, qui le regardaient comme un dieu, étaient excessivement émerveillés de lui voir tant de respect pour les religieux, et ils les respectèrent de même. Cortèz ordonna de plus aux Espagnols de faire d'abondantes aumônes, pour racheter leurs péchés et obtenir la conversion des Mexicains.

Dans le synode, il fut question de savoir laquelle de leurs femmes les néophytes devraient garder. On décida qu'ils épouseraient chrétiennement celle qu'ils voudraient, et renverraient les autres. On ôtait les idoles des temples, on les remplaçait par la croix de Jésus-Christ et par l'image de la sainte Vierge ; le bienheureux frère Martin et ses douze collègues célébraient le saint sacrifice de la messe, montraient l'Eucharistie aux peuples, et leur enseignaient l'Evangile dans toute sa pureté. Il y en eut un si grand nombre pour recevoir le baptême, que dans peu d'années on les compta par millions. On lisait dans les archives de Charles-Quint, qu'un certain prêtre en avait baptisé sept cent mille, un autre trois cent mille, un troisième cent mille, les uns plus, les autres moins. On vit quelquefois, dans une procession, jusqu'à cent mille hommes se donner la discipline à la manière des chrétiens (Raynald; an 1524, n. 112, et *Surius in comment.*, an 1558). Finalement, les progrès de la religion furent tels en Amérique, par la prédication de quelques pauvres religieux, notamment de Saint-François, que, dans l'espace de quarante ans, on y établit jusqu'à six mille monastères et six cents évêchés (*Ibid.*, an 1532, n. 97).

Le nombre des fidèles s'étant considérablement augmenté dans l'empire du Pérou, la ville capitale, Cusco, fut érigée en évêché, l'an 1536, par le pape Paul III, qui institua pour premier évêque Vincent de Valverde, de l'ordre des frères Prêcheurs (*Ibid.*, an 1536, n. 48). L'évêché de Mexico fut érigé en archevêché, l'an 1546, par le même pape, qui lui donna pour premier archevêque Jean de Zurmaga (*Ibid.*, an 1546, n. 156). L'an 1551, le pape Jules III érigea en évêché la ville de San-Salvador au Brésil, royaume dont les indigènes passaient pour les plus féroces du Nouveau Monde (*Ibid.*, an 1551, n. 79).

Parmi les religieux, Franciscains, Dominicains, Jésuites, qui contribuèrent le plus à la conversion des peuples de l'Amérique, on distingue le Dominicain saint *Louis Bertrand*. Il était fils de Jean-Louis Bertrand, notaire à Valence en Espagne, et il naquit dans cette ville le 1er janvier 1526. Il était l'aîné de neuf enfants, qui se rendirent tous recommandables par leur piété. Louis, dès ses premières années, se proposa d'imiter saint Vincent Ferrier, son parent : il aimait singulièrement la retraite, faisait ses prières avec ferveur, et pratiquait des austérités beaucoup au-dessus de son âge. Il était extrêmement sobre dans ses repas; les amusements et les plaisirs lui étaient à charge, et lorsqu'il pouvait tromper la vigilance de sa mère, il couchait sur la terre nue. On le trouvait souvent à genoux dans quelque lieu secret de la maison. Quant il allait aux écoles publiques, il redoublait de vigilance sur lui-même, de peur que le commerce qu'il avait avec le monde n'affaiblît en lui les sentiments de piété dont il voulait toujours être animé. Jamais il ne perdait de vue la présence de Dieu, et comme il cherchait le Seigneur dans la simplicité de son cœur, il méritait d'entendre sa voix dans les pieuses lectures et dans les prières, qui faisaient ses plus chères délices. On ne l'appelait que le petit saint. Lui, au contraire, aspirant à une plus haute perfection, quitta la maison paternelle, pour se retirer dans un désert et n'être connu que de Dieu. Mais ses parents firent courir après lui, et on le ramena de sept lieues de Valence.

A l'âge de quinze ans, pour mieux imiter saint Vincent Ferrier, il témoigna un grand désir de prendre l'habit chez les Dominicains de Valence; mais son père lui représenta que son tempérament n'était point encore formé, et le prieur même des Dominicains lui dit d'examiner encore sa vocation. Ces délais ne firent qu'augmenter le désir du pieux postulant. Quelque temps après, le gouvernement de la maison des Dominicains de Valence fut confié au célèbre Père Jean Micon. Il avait dans sa jeunesse gardé les troupeaux, et dans cet emploi, vil aux yeux du monde, il avait appris à contempler les perfections divines dans les œuvres de la création. Il répétait à ses compagnons les instructions qu'il puisait dans ses lectures et dans les sermons qu'il entendait, et par là il vint à bout d'en engager plusieurs à mener un genre de vie très-parfait. Il entra depuis dans l'ordre des Dominicains, où il introduisit une réforme, se fit une grande réputation par ses prédications, et retira de l'infidélité une partie des Maures d'Espagne. Il composa plusieurs ouvrages de piété, entre autres, des méditations qui annoncent un homme très-consommé dans la science des saints. Ce fut ce grand serviteur de Dieu qui fit prendre l'habit de son ordre à Louis Bertrand. Il lui servit lui-même de guide dans les voies intérieures de la perfection; il lui apprit à aimer les croix et les humiliations, à mépriser toutes les choses créées, à pratiquer les vertus convenables à sa vocation. Il lui répétait souvent que la patience dans les sécheresses et les privations contribue souvent plus à la sainteté d'une âme, que les consolations et les autres faveurs surnaturelles.

Lorsque Louis Bertrand eût été ordonné prêtre en 1547, il se fit un devoir de dire la messe tous les jours. Il se préparait à cette grande action par des prières longues et ferventes; souvent il se purifiait par le sacrement de pénitence des moindres souillures. On ne pouvait le voir à l'autel sans se sentir pénétré des sentiments d'amour et de respect dont il était animé et qui rejaillissaient jusque sur son extérieur. En 1551, on le fit maître de novices. Il enseignait par ses discours et ses exemples, à ceux qui lui étaient confiés, de quelle manière ils devaient renoncer au monde et à leur volonté, et s'unir à Dieu par l'exercice de la prière. Il ne paraissait pas d'abord avoir de talent pour la chaire; mais il vainquit toutes ces difficultés et prêcha avec beaucoup de fruit parce qu'il avait toutes les vertus nécessaires pour réussir dans le ministère de la parole. Le royaume de Valence ayant été affligé de la peste en 1557, il se montra supérieur à la crainte qu'inspire ce redoutable fléau; il vola au secours des pestiférés, et après les avoir aidés à mourir saintement, il leur rendait les derniers devoirs. Dieu lui ayant conservé la vie, il demanda à ses supérieurs d'aller prêcher l'Evangile aux sauvages de l'Amérique.

Il s'embarqua à Séville en 1562, avec un religieux de son ordre. Durant le voyage, il faisait des instructions aux personnes qui étaient dans le vaisseau, pour les exhorter à conformer leur vie aux maximes de l'Evangile. Ayant abordé dans la Castille-d'Or, province de l'Amérique méridionale, il y répara le couvent des Dominicains qu'il trouva en fort mauvais état, et il se prépara par le jeûne et la prière à l'ouverture de sa mission. Malgré les fatigues du ministère, il ne prenait presque aucun repos; il couchait souvent à l'air, et ordinairement sur la terre nue ou sur des pièces de bois. Il ne portait point de provisions comme les autres missionnaires, ce qui l'exposait à souffrir de la faim, et plusieurs autres incommodités. On lit dans l'histoire authentique de sa vie et dans la bulle de sa canonisation, que Dieu lui communiqua le don des langues avec celui des miracles. Dans l'espace de trois ans, il convertit plus de six mille âmes dans l'isthme de Panama, dans l'île de Tabago et dans la province de Carthagène, il baptisa les habitants de la ville de Tubara et plusieurs autres lieux adjacents. Ses prédications produisirent le même fruit à Cipagoa. Les sauvages de Paluato, encore plus attachés à leurs infâmes passions qu'à leurs idoles, refusèrent d'abord d'ouvrir les yeux à la lumière du christianisme. Mais les prières, les larmes et les mortifications que Louis Bertrand offrit pour leur conversion, leur obtinrent miséricorde, et ils reçurent enfin l'Evangile avec une grande docilité. Le saint entreprit ensuite une mission chez les Caraïbes, qui passent pour le peuple le plus grossier et le plus barbare que l'on connaisse; il alla les chercher dans leurs forêts et sur leurs montagnes. La semence de la parole divine fructifia parmi eux, et il y en eut un grand nombre qui se convertirent. Les habitants des montagnes de Sainte-Marthe le reçurent comme un ange envoyé du ciel, et il en baptisa environ quinze cents. Beaucoup d'Indiens de Paluato vinrent le trouver pour lui demander le baptême, qu'il leur administra après les avoir instruits avec ses compagnons. Il eut le même succès dans le pays de Montpaïa et dans l'île de Saint-Thomas. Tous les barbares, à la conversion desquels il travailla, attentèrent souvent à sa vie; mais Dieu le délivra de tous les dangers auxquels il fut exposé.

L'avarice et la cruauté de plusieurs aventuriers espagnols, qui ne pouvaient que rendre le christianisme odieux à des peuples qui ne le connaissaient à peine, lui inspirèrent de vifs sentiments de douleur. Voyant qu'il ne pouvait remédier aux maux sur lesquels il gémissait, il résolut de retourner en Espagne, où ses supérieurs le rappelèrent vers le même temps. Il arriva à Séville en 1569, et prit la route de Valence. Ayant été élu successivement prieur de deux maisons de son ordre, il y fit revivre l'esprit primitif de la règle.

Aux dons surnaturels dont nous avons parlé, Louis Bertrand joignait celui de prophétie. Il prédit que Jean Adorno, noble Génois, deviendrait un grand serviteur de Dieu, et qu'il instituerait une nouvelle congrégation religieuse : ce qui fut vérifié dans l'institution de l'ordre des Clercs réguliers, appelés Mineurs, qu'Adorno fonda dans la suite. Sainte Thérèse l'ayant consulté sur plusieurs difficultés, elle reçut de ses avis autant de lumières que de consolation. Il fit la réponse suivante à la lettre qu'elle lui avait écrite au sujet de la réforme qu'elle projetait d'établir parmi les Carmes : « Comme il s'agit de la gloire de Dieu dans votre entreprise, j'ai pris quelque temps pour la lui recommander dans mes faibles prières, et c'est ce qui m'a empêché de vous répondre plus tôt. Vous devez prendre courage au nom du Seigneur, qui favorisera votre entreprise. De sa part je vous assure que votre réformation se fera dans l'espace de cinq ans, et qu'elle deviendra un des plus beaux ornements de l'Église.

Louis Bertrand prêcha pendant douze ans, avec autant de zèle que de fruit, dans plusieurs diocèses d'Espagne : il forma en même temps d'excellents prédicateurs, qui lui succédèrent dans le ministère de la parole, et qui eurent le même succès : il leur recommandait surtout l'humilité et l'amour de la prière. « Les paroles, disait-il, sans les œuvres, ne touchent ni ne changent les cœurs; il faut que l'esprit de prière les anime : c'est de là qu'elles tirent leur force et leur efficacité, autrement elles ne seront qu'un vain son. Quand un prédicateur ne sent rien, il ne remue point ses auditeurs, quoiqu'il flatte les oreilles par son éloquence. Ceux qui ne recherchent que les applaudissements révoltent par leur affectation ou par leur vanité ceux qui les écoutent, mais on ne résiste guère au langage du cœur. On ne doit, ajoutait-il, juger du fruit d'un sermon que par les larmes et le changement des auditeurs. On a réussi quand on a détruit les inimitiés, inspiré l'horreur du péché, ôté la cause des scandales, réformé les vices; encore faut-il dans ces occasions, rapporter à Dieu seul le bien dont on a été l'instrument, et se regarder comme un serviteur inutile. » Au reste, il ne recommandait rien aux autres, qu'il ne le pratiquât le premier. On admirait surtout son humilité au milieu des plus grands honneurs. Il se préservait du venin de la vaine gloire par la pensée des jugements de Dieu. Sans cesse il conjurait le ciel de bénir les travaux de son zèle, et il exhortait toutes les personnes pieuses à demander avec lui la conversion des pécheurs. Il invitait toutes les créatures à se joindre à lui, à unir leurs cris aux siens, afin de toucher la divine miséricorde en faveur de tant d'âmes qui sont sur le bord du précipice, sans penser aux dangers qu'elles courent. Rien ne lui paraissait pénible dès qu'il s'agissait de concourir à leur salut. Il trouvait un sujet de joie dans les croix les plus pesantes et dans les plus rigoureuses austérités. Les deux dernières années de sa vie, il fut affligé de diverses maladies; et on l'entendait souvent répéter avec saint Augustin : « Coupez, brûlez, Seigneur, ne m'épargnez point sur la terre, pourvu que vous me fassiez miséricorde dans l'éternité! » Il ne diminuait rien pour cela de sa pénitence ni de ses travaux.

En 1580, il prêcha encore l'Avent à Xativa, et le Carême dans la cathédrale de Valence; mais il se trouva mal dans la chaire de cette dernière ville, et on fut obligé de l'emporter chez lui. Sa maladie étant devenue dangereuse, tous ses amis, fondant en larmes, s'empressaient de le visiter. Il voyait arriver tranquillement le jour de sa mort, et il l'avait prédit un an auparavant à quelques-uns de ses amis, entre autres à l'archevêque de Valence et au prieur des Chartreux. L'archevêque le servait lui-même, et il ne le quitta point tant qu'il vécut. Enfin Dieu l'appela à lui le 9 octobre 1580, dans la 55ᵉ année de son âge. Plusieurs guérisons miraculeuses attestèrent sa sainteté. Paul V le béatifia en 1608, et Clément X le canonisa en 1671 (Godescard, 9 oct.; Touron, *Hommes illustres de l'ordre de Saint-Dominique*, tome IV, p. 485; Bulle de canonisation).

Ainsi, dans le temps même où l'Église de Dieu était attaquée avec le plus de fureur en Europe, et où ses ennemis la croyaient près de sa tombe, elle envoyait des apôtres vers l'Occident, lui conquérir les peuples innombrables du Nouveau Monde; elle envoyait des apôtres vers l'Orient, lui ramener ou lui conquérir les peuples de l'Éthiopie, de l'Inde, du Japon, de la Chine, de la Corée.

Nous avons vu saint François Xavier, après avoir converti à Goa un seigneur japonais avec ses deux domestiques, former, en 1548, le projet d'aller prêcher l'Évangile au Japon. En attendant que la navigation devînt libre, il s'appliqua particulièrement aux exercices de la vie spirituelle, comme pour reprendre de nouvelles forces après ses travaux passés : c'est la coutume des hommes apostoliques, qui, dans le commerce qu'ils ont avec Dieu, se délassent des fatigues qu'ils prennent pour le prochain. C'était alors que dans le jardin du collège de Sainte-Foi, tantôt se promenant, tantôt retiré dans un petit ermitage qu'on y avait bâti, il s'écriait : « C'est assez, Seigneur, c'est assez! » Quelquefois il ouvrait sa soutane devant la poitrine, parce qu'il ne pouvait soutenir l'abondance des consolations célestes; il faisait entendre tout à la fois, qu'il aimait mieux souffrir beaucoup de tourments pour le service de Dieu que de goûter tant de douceurs; il priait le Seigneur de lui réserver les plaisirs pour l'autre vie, et de ne lui épargner aucune peine en celle-ci. Mais ces occupations intérieures ne l'empêchaient pas de travailler au salut des âmes, ou de soulager les malheureux dans les hôpitaux et dans les prisons; au contraire, plus l'amour de Dieu était vif et ardent en lui, plus il désirait de l'allumer dans les autres. La charité le faisait souvent renoncer au repos de la solitude et aux délices de l'oraison.

Dans le même temps, le Père Gaspar Barzée et quatre autres Jésuites arrivèrent de l'Europe. Xavier leur désigna leur emploi, et leur donna les instructions dont ils avaient besoin pour le remplir fidèlement. Il partit ensuite pour Malacca, dans la vue de passer de là au Japon. Il supporta toutes les difficultés qu'on lui opposa pour empêcher ce voyage. Une chose surtout acheva de l'y déterminer.

On reçut alors même des nouvelles du Japon; et quelques lettres portaient qu'un des rois de l'île demandait des prédicateurs évangéliques au gouverneur portugais des Indes par une ambassade expresse; que ce roi avait appris quelque chose de la loi chrétienne, et qu'un événement merveilleux lui avait fait naître le désir d'en apprendre davantage. L'événement était contenu dans les lettres, et se racontait de la sorte.

Des marchands portugais ayant abordé au port de la ville capitale d'un des royaumes du Japon, furent logés par l'ordre du roi dans une maison déserte qu'on croyait infestée de malins esprits : l'opinion populaire n'était pas mal fondée, et les Portugais s'aperçurent bientôt que leur logement était incommode. Ils entendaient la nuit un horrible tintamarre; ils se sentaient tirer de leurs lits et frapper durant leur sommeil, sans voir néanmoins personne. Une nuit, s'étant éveillés aux cris d'un de leurs valets, et ayant couru avec leurs armes vers l'endroit d'où venait le bruit, ils trouvèrent le valet étendu par terre et tremblant de peur. On lui demanda ce qu'il avait eu à crier et pourquoi il tremblait si fort. Il répondit qu'il avait vu un spectre effroyable, tel que les peintres représentent les démons. Comme ce n'était pas un esprit faible ni un menteur que ce valet, les Portugais ne doutèrent pas de la cause du vacarme qui se faisait régulièrement toutes les nuits. Pour y remédier, ils semèrent de croix toute la maison, et depuis ils n'entendirent plus rien.

Les Japonais furent très-surpris quand ils surent comment la maison était devenue tranquille. Le roi même, à qui les Portugais dirent que la croix des chrétiens faisait fuir les malins esprits, admira un effet si merveilleux et fit planter des croix partout, jusque dans ses maisons royales et sur les chemins publics. Il voulut ensuite savoir d'où la croix tirait sa vertu et pourquoi les démons la craignaient tant : ainsi il descendit peu à peu dans les mystères de la foi. Mais comme les Japonais sont extrêmement curieux, non content d'être instruit par des marchands et par des soldats, il eut la pensée de faire venir des prédicateurs, et il envoya pour cela un ambassadeur aux Indes (Bouhours, *Vie de saint François Xavier*, l. 4).

Sur ces heureuses nouvelles, saint François Xavier s'embarqua le 24 juin 1549, avec le seigneur japonais Paul de Sainte-Foi et ses deux domestiques, qui avaient été baptisés à Goa : ils arrivèrent le 15 août de la même année à Cangoxima, dans le royaume de Saxuma au Japon.

Paul de Sainte-Foi, qui était né dans la ville même où l'on venait d'aborder, alla rendre ses devoirs au roi de Saxuma, de qui Cangoxima relevait, et dont le palais n'était éloigné que de six lieues. Ce prince, qui lui avait témoigné autrefois beaucoup de bonté, le reçut très-humainement, et avec d'autant plus de joie, qu'on le croyait mort. Un si favorable accueil fit que Paul de Sainte-Foi commença par demander sa grâce au roi pour l'action qui l'avait obligé de se retirer, et il n'eut pas de peine à l'obtenir.

Le roi, qui était curieux comme sont tous les Japonais, l'interrogea fort sur les Indes; quelle était la nature du pays et l'humeur des peuples; si les Portugais étaient aussi braves et aussi puissants qu'on disait. Après que Paul eût satisfait le roi là-dessus, le discours tomba sur les différentes religions des Indiens et particulièrement sur le christianisme, que les Européens avaient introduit aux Indes.

Paul expliqua assez au long les mystères de la foi, et, voyant qu'on prenait plaisir à l'écouter, il produisit un tableau de la sainte Vierge tenant l'enfant Jésus entre ses bras : le tableau était très-bien fait, et Xavier l'avait donné au Japonais, afin qu'il le montrât dans l'occasion. La seule vue d'une si belle peinture frappa tellement le roi, que, touché d'un sentiment de piété et de vénération, il se mit à genoux avec tous ses courtisans, pour honorer celle qui était peinte et qui lui semblait avoir un air plus qu'humain.

Il voulut qu'on portât le tableau à la reine, sa mère. Elle en fut charmée de son côté et se prosterna par un même instinct avec toutes les dames de sa suite, pour saluer la Mère et le Fils. Mais les Japonaises ont encore plus de curiosité que les Japonais; elle fit mille questions sur la sainte Vierge et sur Jésus-Christ. Cela donna lieu à Paul de raconter toute la vie de Notre Seigneur; et ce récit plut tant à la reine, que, peu de jours après, quand il fut de retour à Cangoxima, elle lui envoya un de ses officiers pour avoir une copie du tableau qu'elle avait vu; mais il ne se trouva point de peintre qui pût faire ce que désirait la princesse. Elle demanda qu'au moins on lui écrivît en abrégé les principaux points de la religion chrétienne, et Paul la contenta là-dessus.

Saint François Xavier avait appris les premiers éléments de la langue japonaise de Paul, durant son voyage. Il continua cette étude pendant les quarante jours qu'il passa à Cangoxima. Il logeait dans la maison de Paul, dont il convertit et baptisa toute la famille. Il n'y avait qu'une langue au Japon, mais qu'on modifiait par les accents et la prononciation, suivant la qualité des personnes à qui l'on parlait. Le saint y fit de tels progrès, qu'il fut en état de traduire en japonais le Symbole des apôtres, avec l'explication qu'il en avait faite autrefois. Il apprit ensuite cette traduction par cœur et commença à prêcher Jésus-Christ.

Il était déjà connu du roi de Saxuma. Paul avait parlé à la cour de son zèle, de ses vertus et de ses miracles. Il crut que l'utilité de la religion demandait qu'il vît le roi, et il se chargea de lui procurer une audience. Le prince fit à Xavier un accueil aussi gracieux qu'honorable, et lui permit d'annoncer la foi à ses sujets. Le saint missionnaire fit un grand nombre de conversions. Sa joie aurait été complète s'il avait pu gagner les bonzes; il employa pour y réussir tous les moyens que sa charité put lui suggérer; mais ses efforts furent inutiles; il éprouva même divers obstacles de la part de ces prêtres idolâtres. La connaissance qu'il avait de la langue japonaise contribua beaucoup à étendre le christianisme. Il distribua aux nouveaux convertis des copies de sa traduction du Symbole et de l'explication des articles qui le composent. De nouveaux miracles confirmèrent la doctrine qu'il enseignait.

Le saint, se promenant un jour sur le bord de la mer, rencontra des pêcheurs qui étendaient leur filet vide et qui se plaignaient de leur mauvaise fortune. Il eut pitié d'eux, et, après avoir fait un peu de prières, il leur conseilla de pêcher tout de nouveau. Ils le firent sur sa parole, et ils prirent tant de poissons et de tant de sortes, qu'à peine purent-ils tirer le filet. Ils continuèrent leur pêche les jours suivants avec le même succès; et ce qui parut plus étrange, la mer de Cangoxima, qui n'était guère poissonneuse, le fut depuis extrêmement.

Une femme qui ouït parler des guérisons que l'apôtre avait faites aux Indes, lui apporta son petit enfant qu'une enflure de tout le corps rendait très-difforme. Xavier prit l'enfant entre ses bras, le regarda avec des yeux de pitié et prononça sur lui trois fois ces paroles : Dieu te bénisse! après quoi il le rendit à sa mère si sain et si beau, qu'elle en demeura toute hors d'elle-même.

Ce miracle éclata dans la ville et fit espérer à un lépreux la guérison qu'il cherchait en vain depuis plusieurs années. N'osant paraître en public à cause de son mal, qui le séparait du commerce des autres hommes et qui le rendait odieux à tout le monde, il fait appeler le Père. Xavier, qui était alors fort occupé, ne pouvant aller chez cet homme, y envoya un de ses compagnons, avec ordre de demander trois fois au malade s'il croirait en Jésus-Christ au cas qu'on le guérît de sa lèpre, et de faire trois fois le signe de la croix sur lui, s'il promettait d'embrasser la foi. Tout se passa comme Xavier l'avait ordonné. Le lépreux donna sa parole qu'il se ferait chrétien s'il recouvrait la santé, et on n'eut pas plus tôt fait sur lui trois signes de croix, que tout à coup son corps devint net, comme s'il n'avait jamais eu de lèpre. Sa guérison si subite lui fit croire sans peine en Jésus-Christ, et sa foi vive hâta son baptême.

Mais le plus illustre miracle qu'opéra Xavier dans Cangoxima, fut la résurrection d'une fille de qualité. Elle mourut en la fleur de son âge, et son père, qui l'aimait tendrement, en pensa perdre la raison. Comme il était idolâtre, il n'avait nulle ressource dans son affliction, et ses amis, qui venaient le consoler, ne faisaient qu'aigrir sa douleur. Deux néophytes, qui vinrent le voir avant qu'on fît les funérailles de celle qu'il pleurait jour et nuit, lui conseillèrent de chercher du secours auprès du saint homme qui faisait de si grandes choses, et de lui demander avec confiance la vie de sa fille. Le païen va trouver le Père François, se jette à ses pieds et le conjure, les larmes aux yeux, de ressusciter une fille unique qu'il venait de perdre, en ajoutant que ce serait lui rendre la vie à lui-même. Xavier, touché de la foi et de l'affliction du païen, se retire avec son compagnon Fernandèz pour prier Dieu. Etant revenu peu de temps après : Allez, dit-il à ce père désolé, votre fille est en vie. L'idolâtre crut qu'on se moquait de lui et s'en alla mécontent ; mais à peine eut-il fait quelques pas, qu'il vit un de ses domestiques qui, tout transporté de joie, lui cria, de loin que sa fille était vivante. Il la rencontra bientôt elle-même, qui venait au devant de lui. La fille conta à son père que, dès qu'elle eût rendu l'âme, deux démons horribles s'étaient saisis d'elle et avaient voulu la précipiter dans un abîme de feu ; mais que deux hommes inconnus, d'un aspect auguste et modeste, l'avaient arrachée des mains de ces deux bourreaux et lui avaient rendu la vie, sans qu'elle eût pu dire comment cela s'était fait. Le Japonais comprit que c'étaient ces deux hommes, et il la mena droit à Xavier, pour lui rendre des actions de grâces telles qu'en méritait une si grande faveur. Elle n'eut pas plus tôt aperçu le saint avec son compagnon Fernandèz, qu'elle s'écria : Voilà mes deux libérateurs ! et au même instant la fille et le père demandèrent le baptême (Bouhours, l. 5).

Xavier, après un an de séjour à Cangoxima, en partit en septembre 1550, pour aller à Firando, capitale d'un autre petit royaume. Il ne pouvait plus exercer son ministère parmi les Cangoximains : le roi de Saxuma, poussé par les bonzes et irrité de ce que les Portugais abandonnaient ses Etats pour transporter leur commerce à Firando, lui avait retiré la permission d'instruire ses sujets ; il commença même à persécuter les chrétiens. Mais ceux-ci restèrent fidèles à la grâce qu'ils avaient reçue et déclarèrent qu'ils souffriraient plutôt l'exil et la mort que de renoncer à la foi. Le saint, non content de les avoir recommandés à Paul de Sainte-Foi, leur laissa une ample explication du Symbole, avec une vie de Jésus-Christ qu'il avait tirée des évangélistes, et fait imprimer en langue et caractères japonais. Il emmena avec lui les deux Jésuites qui l'avaient accompagné, et partit emportant sur son dos, selon sa coutume, tout ce qui était nécessaire pour la célébration du saint sacrifice de la messe.

En allant à Firando, il prêcha dans la forteresse d'un prince nommé Ekandono et vassal du roi de Saxuma. Plusieurs idolâtres crurent en Jésus-Christ. De ce nombre fut l'intendant du prince. C'était un homme âgé, qui joignait une grande prudence au zèle pour la religion qu'il avait embrassée. Xavier, en partant, lui recommanda d'avoir soin des autres chrétiens : il les assemblait tous les jours dans sa maison, pour réciter avec eux différentes prières. Il leur lisait, les dimanches, l'explication de la doctrine chrétienne. La conduite de ces fidèles était si édifiante, qu'elle convertit plusieurs autres idolâtres. Le roi de Saxuma lui-même redevint favorable au christianisme et s'en déclara le protecteur.

Un de ces néophytes composa élégamment en sa langue l'histoire de la rédemption du genre humain, depuis le péché d'Adam jusqu'à la descente du Saint-Esprit, et c'est lui qui, étant un jour interrogé sur ce qu'il répondrait au roi s'il leur commandait de renoncer à la loi de Jésus-Christ : « Je lui répondrais hardiment, dit-il : Seigneur, vous voulez sans doute qu'étant né votre sujet, je vous sois fidèle ; vous me voulez dans vos intérêts, prêt à vivre et mourir pour votre service ; vous voulez encore que je sois modéré avec mes égaux, doux à mes inférieurs, soumis à mes maîtres, équitable envers tout le monde : commandez-moi donc d'être chrétien ; car un chrétien est obligé d'être tout cela. Que si vous me défendez la profession du christianisme, je deviens en même temps violent, dur, orgueilleux, rebelle, injuste, scélérat, et je ne puis plus répondre de moi. »

Enfin le saint missionnaire arriva à Firando. Il fut bien reçu du prince, qui lui permit d'annoncer la loi de Jésus-Christ dans ses Etats. Le fruit de ses prédications fut extraordinaire ; il baptisa plus d'idolâtres à Firando en vingt jours, qu'il n'avait fait à Cangoxima en une année entière. Il laissa cette chrétienté sous la conduite de l'un des deux Jésuites qui l'accompagnaient, et il partit pour Méaco avec l'autre et deux chrétiens japonais. Ils allèrent par mer à Facata, où ils s'embarquèrent pour Amanguchi, capitale du royaume de Naugato, renommé pour les plus abondantes mines d'argent du Japon. Il régnait dans cette ville une effroyable corruption de mœurs. Le saint y prêcha en public, devant le roi et sa cour ; mais ses prédications y produisirent peu de fruits, ou plutôt il n'en retira guère que des insultes et des affronts. Après un mois de séjour à Amanguchi, il continua sa route vers Méaco, avec ses trois compagnons. On était alors à la fin de décembre 1550. Les pluies avaient rendu les chemins impraticables ; la terre était couverte de neige et le froid très-piquant. On rencontrait de toutes parts des torrents impétueux, des rochers escarpés ou des forêts immenses. Cependant les serviteurs de Dieu voulurent faire la route nu-pieds. S'ils passaient par des bourgs et des villages, Xavier y prêchait et lisait au peuple quelque chose de son catéchisme. Comme la langue japonaise n'avait point de mot propre à exprimer la souveraine divinité, il craignait que les idolâtres ne confondissent le vrai Dieu avec leurs idoles. Il leur dit donc que n'ayant jamais connu ce Dieu, il n'était pas surprenant qu'ils ne pussent exprimer son nom, mais que les Portugais l'appelaient *Déos*. Il répétait souvent ce mot, et il le prononçait avec une action et un ton de voix qui inspiraient aux païens mêmes de la vénération pour le saint nom de Dieu. Il parla dans deux bourgs avec tant de force contre les prétendues divinités du pays, que le peuple s'attroupa pour le lapider, et il eut beaucoup de peine à s'échapper du danger qui le menaçait. Enfin il arriva à Méaco avec ses compagnons, au mois de février de l'année 1551.

Méaco est l'ancienne capitale du Japon, Jeddo la nouvelle. En 1551, le *dairi*, le *cubosama* et le *saço* tenaient leur cour à Méaco. Le dairi est l'empereur ecclésiastique du Japon, le cubosama l'empereur séculier, et le saço le grand-prêtre. Les dairis étaient pour les Japonais ce qu'étaient les califes pour les Mahométans : dans l'origine, ils réunissaient tous les pouvoirs, spirituel et temporel, les cubos n'étaient que leurs généraux ou lieutenants, comme les sultans l'étaient des califes : avec le temps, les cubos, comme les sultans, se rendirent maîtres absolus, mais en gardant toujours une apparence de soumission envers l'empereur ecclésiastique, duquel ils recevaient leurs investitures. Les divers rois étaient vassaux de l'un et de l'autre.

L'empire du Japon, situé dans la partie la plus orientale de l'Asie, est composé d'un amas d'îles dont la principale est appelée *Niphon* dans le pays. Ce mot, en japonais, signifie Orient ou origine du soleil. Du nom chinois *Gepuanque*, qui veut dire royaume du soleil levant, les Européens ont formé le mot *Japon*. Il y a deux autres îles considérables, appelées : l'une, *Saikokf* ou *Bungo*, l'autre, *Takoesy* ou *Sikof*. La ville de Méaco est célèbre par ses manufactures de toiles peintes, par ses vernis, ses peintures, ses ouvrages en or, en cuivre, en acier, etc. On y comptait, en 1691, au rapport du voyageur Kæmpfer, trois mille huit cent quatre-vingt-treize *tira* ou temples de divinités étrangères, deux mille cent dix-sept *mia* ou temples d'anciennes divinités du Japon, cent trente-sept palais, quatre-vingt-sept ponts, treize mille huit cent soixante-dix-neuf maisons, cinquante-deux mille cent soixante-neuf bonzes ou religieux, et quatre cent soixante-dix-sept mille cinq cent cinquante-sept laïques, sans parler des officiers du *dairi* et d'un grand nombre d'étrangers qui ne sont jamais compris dans l'*artama* ou registre annuel. Jeddo, située dans la même île, est présentement la plus grande ville de l'empire; mais elle est bâtie d'une manière fort irrégulière. C'est là que le *cubo* ou empereur séculier fait sa résidence. La ville d'Oozacca dans l'île de Niphon, et celle de Nagasaki dans l'île de Bungo, sont les principales places de commerce.

Il y a au Japon douze sectes d'idolâtres. Les deux principales sont celles des *sintoïstes* ou *camis*, et des *budsdos* ou *bouddhistes*. La secte des camis est la religion dominante. Ceux qui la professent adorent sept dieux appelés camis et cinq demi-dieux. On prétend que les uns et les autres ont régné au Japon plusieurs millions d'années, et c'est ce qui forme la première et la seconde dynastie de l'empire. La troisième commence à Symnu, six cents ans avant Jésus-Christ, commencement des temps historiques pour le Japon. Les temples de ces dieux et demi-dieux sont riches, remplis d'ornements en or, en argent, en cuivre, et décorés de magnifiques piliers de cèdre. Tensio Daï-Dsin est le principal camis, le père et le fondateur de la nation. Son temple d'Izo, dans la province de ce nom, est fameux par des pèlerinages dont personne n'est exempt, excepté le dairi. Les *jammabus* sont des religieux qui mènent une vie austère, mais qui s'abandonnent à des impuretés contre nature. Ils sont aussi soldats dans la cause de leurs dieux.

La seconde religion des Japonais est celle de *Budsdo* ou *Bouddha*, dont nous avons déjà vu assez au long l'histoire fabuleuse ou la fable historique, avec ses noms divers et son culte, dans le vingtième livre de cet ouvrage (Voir tome Ier).

Saint François Xavier, arrivé à Méaco, fit inutilement demander audience au dairi, au cubosama et au saço ou grand-prêtre; on ne le flatta même de voir le saço qu'autant qu'il paierait cent mille caixes, qui font six cents écus de France, somme qu'il n'était pas en état de donner. Les troubles occasionnés par des guerres civiles empêchèrent qu'on ne l'écoutât, et il vit que les esprits n'étaient pas encore disposés à ouvrir les yeux à la vérité. Il sortit de Méaco au bout de quinze jours, pour retourner à Amanguchi. La pauvreté de son extérieur l'empêchant d'être reçu à la cour, il crut devoir s'accommoder aux préjugés du pays. Il se présenta donc avec un appareil et un cortége capables d'en imposer, et il fit quelques présents au roi. Il lui donna, entre autres choses, une horloge sonnante. Par là il obtint la protection du prince avec la permission de prêcher l'Evangile. Il baptisa trois mille païens dans la ville d'Amanguchi. Ce succès le remplit de la plus grande consolation, et il l'écrivit depuis aux Jésuites d'Europe.

« Quoique je sois déjà tout blanc, leur dit-il, je suis plus vigoureux et plus robuste que je n'ai jamais été; car les fatigues qu'on prend pour cultiver une nation raisonnable qui aime la vérité et qui désire son propre salut, donnent bien de la joie. Je n'ai en toute ma vie goûté tant de consolation qu'à Amanguchi, où une grande multitude de gens venaient m'entendre avec la permission du roi. Je voyais l'orgueil des bonzes abattu, et les plus fiers ennemis du nom chrétien soumis à l'humilité de l'Evangile. Je voyais les transports de joie de ces nouveaux chrétiens, quand, après avoir vaincu les bonzes dans la dispute, ils retournaient tout triomphants. Je n'étais pas moins ravi de voir la peine qu'ils se donnaient à l'envi l'un de l'autre pour convaincre les gentils, et le plaisir qu'ils avaient à raconter leurs conquêtes; par quelles manières ils se rendaient maîtres des esprits, et comment ils exterminaient les superstitions païennes : tout cela me causait une telle joie, que j'en perdais le sentiment de mes propres maux. Ah! plût à Dieu que, comme je me ressouviens des consolations que j'ai reçues de la Miséricorde divine au milieu de mes travaux, je pusse non-seulement en faire le récit, mais en donner l'expérience, et les faire un peu sentir à nos académies de l'Europe! Je suis assuré que plusieurs des jeunes gens qui y étudient, viendraient employer à la conversion d'un peuple idolâtre ce qu'ils ont d'esprit et de force, s'ils avaient une fois goûté les douceurs célestes qui accompagnent nos fatigues (Bouhours, l. 5). »

Lorsque le saint était à Amanguchi, Dieu le favorisa de nouveau du don des langues. Il se faisait entendre des Chinois que le commerce attirait dans cette ville, quoiqu'ils ne sussent que leur langue; et que lui ne l'eût jamais apprise; mais sa sainteté, sa douceur et son humilité touchèrent plus souvent que ses miracles. Les païens les plus opiniâtres ne pouvaient y résister. Un trait arrivé à Fernandèz, un de ses compagnons, contribua aussi beaucoup à faire respecter la religion chrétienne. Un jour qu'il prêchait dans la ville, un homme de la lie du peuple s'approcha comme pour lui parler, et lui cracha au visage. Le Père, sans dire un seul mot, ni sans faire paraître aucune émotion, prit son mouchoir pour s'essuyer, et continua tranquillement son discours. Chacun fut surpris d'une modération aussi héroïque. Ceux qu'une telle insulte avait d'abord fait rire, furent saisis d'admiration. Un des plus savants docteurs de la ville, qui était présent, se dit à lui-même qu'une loi qui inspirait un tel courage, une telle grandeur d'âme, et qui faisait remporter sur soi-même une victoire si complète, ne pouvait venir que du ciel. Le sermon achevé, il confessa que la vertu du prédicateur l'avait touché. Il demanda le baptême, et le reçut solennellement. Cette illustre conversion fut suivie d'un grand nombre d'autres.

Xavier, après avoir recommandé les nouveaux chrétiens aux deux Jésuites qu'il laissait à Amanguchi, partit de cette ville vers la mi-septembre 1551. Suivi de deux chrétiens japonais, qui avaient sacrifié tous leurs biens pour embrasser l'Evangile, il se rendit à pied à Fucheo; c'était là que le roi de Bungo faisait sa résidence. Il avait entendu parler du Père François Xavier, et il désirait ardemment le voir. Aussi le reçut-il de la manière la plus honorable. Le saint, dans des conférences publiques, confondit les bonzes, qui, par des motifs d'intérêt, cherchaient partout à le traverser. Il en convertit cependant quelques-uns. Ses prédications et ses entretiens particuliers touchèrent le peuple, et on venait en foule lui demander le baptême. Le roi lui-même fut convaincu de la vérité du christianisme, et renonça à des impuretés contre nature auxquelles il s'abandonnait; mais un attachement criminel à quelques plaisirs sensuels l'empêcha de se convertir. Il se rappela depuis les instructions que le saint lui avait données : il quitta ses désordres et reçut le baptême. Xavier ayant pris congé du roi, s'embarqua pour retourner dans l'Inde, le 20 novembre 1551. Il était resté au Japon deux ans et quatre mois. Comme il fallait veiller à la conservation de cette chrétienté naissante, il y envoya trois Jésuites que d'autres suivirent bientôt après.

On lui avait souvent objecté que les sages et les savants de la Chine n'avaient point embrassé la foi. Il conçut le projet de faire connaître Jésus-Christ dans ce vaste empire, et il s'occupait des moyens de l'exécuter en quittant le Japon. Les accidents qui lui arrivèrent pendant son voyage ne ralentirent point son zèle. Le vaisseau qu'il montait fut assailli de la plus violente tempête; mais il le sauva par ses prières. On lui fut aussi redevable de la conservation de la chaloupe qu'un coup de vent avait séparée du vaisseau, et où étaient quinze personnes. Lorsqu'il fut arrivé à Malacca, les habitants de cette ville le reçurent avec les plus grandes démonstrations de joie. Il pensait toujours à la mission de la Chine; mais il ne savait comment passer dans cet empire. Indépendamment de la difficulté de l'entreprise, les Chinois n'aimaient pas les Portugais, et il était défendu aux étrangers d'entrer dans le pays, sous peine de mort ou de prison perpétuelle. Quelques marchands portugais y avaient passé secrètement pour trafiquer; on les découvrit, et quelques-uns d'entre eux perdirent la tête; ceux qu'on épargna furent chargés de fer et destinés à mourir en prison. Xavier s'entretint sur ces objets avec don Pedro de Sylva, l'ancien gouverneur de Malacca, et avec don Alvarèz d'Atayda, qui l'avait remplacé. Il fut arrêté qu'on pourrait envoyer à la Chine un ambassadeur au nom du roi de Portugal, pour demander la permission de faire le commerce dans cet empire, parce que, si on l'obtenait, les prédicateurs évangéliques n'éprouveraient plus les mêmes difficultés. Les choses en restèrent là pour le moment. Cependant le saint s'embarqua pour aller à Goa. Il arriva à Cochin le 24 janvier 1552. Il y trouva le roi des Maldives, que ses sujets révoltés avaient obligé de prendre la fuite et de se réfugier près des Portugais. Il baptisa ce prince, que le Père Hérédia avait instruit. Le roi des Maldives, désespérant de recouvrer jamais ses Etats, épousa une Portugaise, et mena une vie privée jusqu'à sa mort; heureux toutefois, en ce que la perte de sa couronne lui valut le don de la foi et la grâce du baptême.

Xavier arriva à Goa au commencement de février. Après avoir visité les hôpitaux, il se rendit au collège de Saint-Paul, où il guérit un malade agonisant. Il y trouva là plupart des missionnaires qu'il avait envoyés dans les Indes avant son départ pour le Japon, et qui avaient porté le flambeau de la foi chez différents peuples. Le Père Gaspar Barzée avait converti l'île et la ville d'Ormuz. Le christianisme était très-florissant sur la côte de la Pêcherie, et il avait fait de grands progrès à Cochin, à Coulan, à Bazaïn, à Méliapour, aux Moluques, dans les îles du More, etc. Le roi de Tanor, dont les Etats étaient sur la côte Malabar, avait reçu le baptême, ainsi que le roi de Trinquemale, un des souverains de Ceylan.

Mais si Xavier eut à se réjouir des progrès que faisait l'Evangile, il fut affligé de la conduite que tenait le Père Antoine Gomèz, recteur du collège de Goa. C'était un homme fort instruit et un habile prédicateur; mais il avait un attachement singulier à ses propres idées. Il gouvernait arbitrairement, et il avait introduit de telles innovations, que le saint fut obligé de le renvoyer de la Société. Il lui donna pour successeur le Père Gaspar Barzée, qu'il fit aussi vice-provincial. Il envoya en même temps de nouveaux prédicateurs dans toutes les missions de la presqu'île en deçà du Gange, et il obtint du vice-roi don Alphose de Norogna, une commission qui nommait Jacques Péregra pour l'ambassade de la Chine. Lorsqu'il eût mis ordre à tout, il fit les adieux les plus tendres à ses frères, et leur donna les instructions qu'il jugea leur être les plus nécessaires. Il partit de Goa le 15 avril 1552, et quand il eut abordé à Malacca, il trouva une ample matière à sa charité. Il régnait dans cette ville une maladie contagieuse, qui emportait beaucoup de monde, et qu'il avait prédite avant son arrivée.

Dès qu'il eut mis pied à terre, il alla chercher les malades. Il courait avec ses compagnons de rue en rue pour ramasser les pauvres qui languissaient sur le pavé sans aucun secours; il les portait aux hôpitaux et au collège de la Compagnie. Il fit construire le long de la mer des cabanes pour servir de logement au reste de ces malheureux; il leur procura ensuite les remèdes et les aliments dont ils avaient besoin. Ce fut dans le même temps qu'il ressuscita un jeune homme, nommé François Ciavos, qui depuis prit l'habit de la Compagnie. La contagion ayant presqu'entièrement cessé, il traita de l'ambassade de la Chine avec le gouverneur de Malacca, auquel don Alphonse de Noragna s'en rapportait sur cette affaire.

Don Alvarèz d'Atayda Gama avait alors le gouvernement de cette ville. Il avait succédé à don Pedro de Sylva Gama. Cet officier, mécontent de Pérégra, traversa le projet de l'ambassade. Xavier allégua inutilement l'autorité du roi et l'ordre du vice-roi. Alvarèz entra en fureur et le traita de la manière la plus outrageante. Le saint continua ses sollicitations pendant un mois, sans pouvoir rien obtenir. Enfin il menaça le gouverneur de l'excommunication, s'il persistait à s'opposer à la propagation de l'Evangile. Il produisit les brefs du pape Paul III, qui l'établissait nonce apostolique, et dont il n'avait rien dit par humilité, depuis son arrivée dans les Indes. Le gouverneur se moqua de ses menaces, en sorte que le grand-vicaire de l'évêque lança contre lui une sentence d'excommunication. Xavier voyant que le projet de l'ambassade ne pouvait avoir lieu, résolut de s'embarquer sur un vaisseau portugais qui partait pour l'île de Sancian près du Macao, sur la côte de la Chine. Le gouverneur fut depuis déposé pour ses extorsions et pour d'autres crimes, et conduit chargé de fers à Goa, par ordre du roi de Portugal.

Xavier, durant son voyage, opéra plusieurs miracles et convertit quelques passagers mahométans. Le vaisseau arriva à Sancian le vingt-troisième jour après son départ de Malacca. Les Portugais avaient la permission d'aborder à cette île, pour s'y pourvoir des choses qui leur étaient nécessaires.

Le projet de l'ambassade à la Chine ayant échoué, le saint avait envoyé au Japon les trois Jésuites qu'il avait pris pour l'accompagner. Il n'avait retenu qu'un jeune Indien et un frère de la Société qui était Chinois et qui avait pris l'habit à Goa. Il espérait trouver le moyen de passer secrètement avec eux à la Chine. Les marchands portugais de Sancian tâchèrent de le détourner de ce dessein. Ils lui représentèrent la rigueur des lois de l'empire chinois, la vigilance des officiers qui gardaient les ports, et qu'il était impossible de gagner; ils ajoutèrent qu'il devait s'attendre pour le moins à être battu cruellement, et condamné à une prison perpétuelle. Rien ne put ébranler sa résolution. Il répondit à toutes les objections qu'on lui fit, et déclara que les plus grandes difficultés ne l'empêcheraient point d'entreprendre l'œuvre de Dieu, et que la crainte seule de ces difficultés lui paraissait plus insupportable que tous les maux dont on le menaçait. Il prit donc des mesures pour le voyage de la Chine et commença par se procurer un bon interprète. Le Chinois qu'il avait amené avec lui de Goa n'entendait point la langue de la cour. Il avait même oublié en partie celle que parlait le peuple. Un marchand chinois s'offrit de conduire le saint pendant la nuit à un endroit de la côte éloigné des habitations maritimes, et il demanda pour récompense deux cents pardos : le pardo vaut vingt-sept sous, monnaie de France. Il exigea de plus que, dans le cas où Xavier serait arrêté, il lui promit de ne jamais découvrir le nom ni la maison de celui qui l'aurait débarqué.

Cependant les Portugais de Sancian, qui craignaient de devenir eux-mêmes les victimes des Chinois, mirent tout en œuvre pour empêcher le voyage que le saint méditait. Pendant ces délais, le serviteur de Dieu tomba malade. Tous les vaisseaux portugais étant partis, à l'exception d'un seul, il manquait des choses les plus nécessaires à la vie. D'un autre côté, l'interprète chinois rétracta la parole qu'il avait donnée. Xavier ne perdit pas courage et guérit de sa maladie. Ayant appris que le roi de Siam se préparait à envoyer une ambassade magnifique à l'empereur de la Chine, il résolut de faire tous ses efforts pour obtenir la permission d'accompagner l'ambassadeur siamois; mais Dieu se contenta de sa bonne volonté et voulut l'appeler à lui.

La fièvre le reprit le 20 novembre, et il eut en même temps une claire connaissance du jour et de l'heure de sa mort, comme il le déclara à un ami, qui l'attesta depuis par un serment solennel. Dès ce moment, il sentit un dégoût étrange pour toutes les choses de la terre et ne pensa qu'à la céleste patrie où Dieu l'appelait. Étant fort abattu de la fièvre, il se retira dans le vaisseau, qui était l'hôpital commun des malades, afin de mourir dans la pauvreté; mais comme l'agitation du vaisseau lui causait de grands maux de tête et l'empêchait d'être aussi appliqué à Dieu qu'il le désirait, il demanda le jour suivant à être remis à terre, ce qui lui fut accordé. On le laissa sur le rivage, exposé aux injures de l'air et surtout d'un vent du nord très-piquant qui soufflait alors. Georges Alvarèz, touché de compassion pour son état, le fit porter dans sa cabane, qui ne valait guère mieux que le rivage, parce qu'elle était ouverte de toutes parts. La maladie, accompagnée d'une douleur de côté fort aiguë et d'une oppression, faisait de jour en jour de nouveaux progrès. On saigna deux fois Xavier; mais le chirurgien, peu expérimenté dans son art, lui ayant piqué le tendon, il tomba en faiblesse et en convulsion. Il lui survint un dégoût horrible, en sorte qu'il ne pouvait rien prendre. Son visage était toujours serein et son esprit toujours calme. Tantôt il levait les yeux au ciel, tantôt il les fixait sur son crucifix. Il répétait souvent : *Jesu, fili David, miserere mei*, et ces paroles qui lui étaient si familières : *O sanctissima Trinitas*. Il disait aussi en invoquant la Reine du ciel : *Monstra te esse matrem*. Enfin, le 2 décembre 1552, qui était un vendredi, ayant les yeux baignés de pleurs et tendrement attachés sur son crucifix, il prononça ces paroles : *Seigneur, j'ai mis en vous mon espérance, je ne serai jamais confondu*; et en même temps, transporté d'une joie céleste qui parut sur son visage, il rendit doucement l'esprit. Il avait quarante-six ans, et il en avait passé dix et demi dans les Indes. Ses travaux continuels l'avaient fait blanchir de bonne heure, et il était presque tout blanc la dernière année de sa vie. On l'enterra le dimanche suivant. Son corps fut mis dans une caisse assez grande, à la manière des Chinois, et cette caisse fut remplie de chaux vive, afin que les chairs étant plus tôt consumées, on pût emporter les os à Goa.

Cependant Dieu manifesta dans le royaume de Navarre la sainteté de son serviteur par un événement miraculeux, ou plutôt par une cessation de miracle. En une petite chapelle du château de Xavier, il y avait un ancien crucifix fait de plâtre et de la hauteur d'un homme. La dernière année de la vie du saint, on vit ce crucifix suer du sang en abondance tous les vendredis; mais dès que Xavier fut mort, le sang cessa de couler. Le crucifix se voit encore aujourd'hui au même endroit, avec du sang caillé le long des bras et des cuisses, aux mains et au côté (1) (Bouhours, l. 6).

Deux mois et demi après la mort du saint homme, le navire qui était au port de Sancian étant sur le point de faire voile vers les Indes, on ouvrit le cercueil le 17 février 1553, pour voir si les chairs étaient consumées; mais lorsqu'on eut ôté la chaux de dessus le visage, on le trouva frais et vermeil comme celui d'un homme qui dort doucement. Le corps était aussi très-entier et sans aucune marque de corruption. On coupa, pour s'en assurer davantage, un peu de chair près du genou, et il coula du sang. La chaux n'avait point non plus endommagé les habits sacerdotaux avec lesquels on l'avait enterré. Le saint corps exhalait une odeur plus douce et plus agréable que celle des parfums les plus exquis. Il fut mis sur le vaisseau et porté à Malacca, où il aborda le 22 mars. Les habitants de cette ville le reçurent avec le plus grand respect. La peste, qui y faisait sentir ses ravages depuis quelques semaines, cessa tout à coup. Le corps du saint missionnaire fut enterré dans le cimetière commun. Ayant été trouvé frais et entier, le mois d'août suivant, on le transporta à Goa et on le déposa dans l'église du collège de Saint-Paul, le 15 mars 1554. Il s'opéra dans cette occasion plusieurs guérisons miraculeuses.

On dressa, par ordre de Jean III, roi de Portugal, des procès-verbaux de la vie et des miracles du serviteur de Dieu, non-seulement à Goa, mais dans d'autres contrées des Indes; et ces procès-verbaux furent dressés par des personnes éclairées, habiles et d'une probité reconnue. Le saint fut béatifié par le pape Paul V en 1619, et canonisé par Grégoire XV en 1621. L'an 1714, l'archevêque de Goa, accompagné du marquis de Castel-Nuovo, vice-roi des Indes, fit, par ordre de Jean V, roi de Portugal, la visite des reliques de saint François Xavier. Il trouva son corps parfaitement conservé, n'exhalant aucune mauvaise odeur et paraissant même environné d'une splendeur extraordinaire. Le visage, les mains, la poitrine et les pieds n'offrirent pas la moindre trace de corruption (1). En 1747, le même prince obtint de Benoît XIV un bref portant que le serviteur de Dieu serait honoré comme patron et protecteur de toutes les contrées des Indes orientales.

Mais ce qui est de plus admirable, les ennemis mêmes de Jésus-Christ le révéraient après sa mort, comme ils avaient fait pendant sa vie, et le nommaient l'homme de prodiges, l'ami du ciel, le maître de la nature, le dieu de la terre. Quelques-uns faisaient de très-longs voyages, et venaient à Goa exprès pour voir son corps exempt de corruption, et qui, au mouvement près, avait toutes les apparences de la vie. Il y eut des gentils qui parlèrent

---

(1) Xavier est aujourd'hui un petit village de dix-sept maisons et d'environ une centaine d'habitants. Situé dans la vallée d'Aibar que traverse la rivière Aragon, il a une petite église paroissiale desservie par un curé de seconde classe ou vicaire.

Le château est resté absolument tel qu'il était au temps de saint François. On y voit encore les créneaux, meurtrières, machicoulis, tout ce qui rappelle une forteresse du moyen-âge. L'entrée n'est pas au rez-de-chaussée, mais au premier étage. Le château est bâti sur le sommet d'un rocher, qui, s'élevant graduellement, forme une rampe par laquelle on monte jusqu'à l'entrée. Ce château appartient aujourd'hui au duc de Grenade d'Ega, par suite des alliances de sa famille avec celle de saint François.

Le crucifix miraculeux se conserve dans l'ancienne chapelle du château. Cette chapelle est petite : elle a une tribune qui peut contenir cinq ou six personnes, et un autel au-dessus duquel est placé le crucifix, dans une sorte de niche vitrée. Il porte tous les caractères d'une grande ancienneté..... Je l'ai examiné avec une scrupuleuse attention : de la tête aux pieds il y a des lignes noirâtres comme celles qu'aurait formées le sang coagulé. Dans quelques endroits ces lignes sont interrompues, la croûte de vernis ou couleur dont le crucifix en bois est peint; mais on peut néanmoins vérifier le cours que suivait le sang en ruisselant. Voilà ce que j'ai vu, *ce qu'on appelle vu*, de mes propres *yeux vu*.

Les fonts baptismaux sur lesquels saint François de Xavier fut baptisé existent encore dans l'église paroissiale du village: pendant la guerre d'Espagne, les soldats de Napoléon Ier en ont emporté les plaques d'argent qui les couvraient; on y voit les barres de fer ou de plomb qui les tenaient fixées au couvercle en pierre : ce couvercle existe encore. (Cf. R. P. Artola, *Pèlerinage de Xavier*, 1854.)

(1) *Procès-verbal de l'ouverture du tombeau de saint François de Xavier, le 12 octobre 1859.*

L'an mil huit cent cinquante-neuf de la naissance de Notre Seigneur Jésus-Christ, le douze octobre, à neuf heures du matin, dans l'église du Bon-Jésus, ancienne maison professe des prêtres de la Compagnie, située dans l'antique ville de Goa, où se trouvent le tombeau et le corps de saint François Xavier, ont comparu le très-illustre et excellentissime seigneur vicomte de Torres-Novas, gouverneur général de l'État de l'Inde; le gouverneur de l'archevêché de Goa, la cour de justice, la chambre municipale de l'arrondissement des Iles et les autres corporations, autorités et chefs des administrations de cet État, soussignés, lesquels avaient été invités pour assister à l'ouverture dudit tombeau, dans le but de connaître l'état où se trouve le corps du même saint, en vertu de l'autorisation concédée par Sa Majesté, par un décret du ministère de la marine et d'outre-mer, N° 100, du 11 septembre de l'année indiquée et transcrit ci-dessous. Et aussitôt les clés qui existaient dans la secrétairerie du gouvernement général, et qui ont été présentées pour cet acte; on a ouvert le coffre où est le corps du saint, et on l'a trouvé revêtu d'habillements sacerdotaux; puis, les médecins composant la commission sanitaire; le médecin en chef Edouardo de Freitas et Almeida, le chirurgien en chef Jozé Antonio d'Oliveira et le chirurgien de première classe Antonio Jozé da Gama, ayant procédé à l'examen du corps, ont trouvé le crâne revêtu, sur le côté droit, du cuir chevelu respectif, où se voient encore quelques rares cheveux, et complètement découvert du côté gauche. La face tout entière est revêtue d'une peau sèche et obscure avec une ouverture du côté droit communiquant avec le creux maxillaire du même côté, et qui paraît correspondre à l'endroit de la contusion dont parle le procès-verbal dressé le 1er janvier 1782; des dents visibles, il ne manque qu'une des incisives inférieures, les deux vieilles existent. Le bras droit manque, la main gauche est complète, y compris les ongles, ainsi qu'il est dit dans le procès-verbal de 1782; l'abdomen est couvert d'une peau sèche et tant soit peu obscure; le ventre ne contient pas les intestins; les pieds sont également couverts d'une peau sèche et obscure, laissant apercevoir la saillie des tendons; il manque au pied droit le quatrième et le cinquième doigt; mais, pourtant, il existe encore de l'un d'eux des restes de peau et des phalanges dans un état très-spongieux; conformément à cette vue, il a été décidé que le corps et les reliques du même saint sont dans un état tel, qu'ils peuvent être exposés à la vénération publique, afin d'exciter et d'augmenter la dévotion des peuples; et de tout ce qui a été dit, moi, Christorano Sebastiano de Xavier, grand officier de la secrétairerie du gouvernement général de cet État, j'ai rédigé ce procès-verbal, au bas duquel ont signé toutes les corporations et personnes ci-dessus mentionnées. Et moi, Joaquim Héliodoro da Cunha Rivera, secrétaire du gouvernement général, je l'ai fait écrire. — Vicomte de Torres-Novas. — Le gouverneur de l'archevêché; Gaetano Péres, etc..., suivent 57 signatures. (Cf. Daurignac, f° 276.)

de lui élever des autels; et quelques peuples de la secte de Mahomet lui dédièrent en effet une mosquée dans la côte occidentale de Comorin. Le roi de Travancor, mahométan, lui bâtit aussi un temple superbe, et les infidèles avaient une telle révérence pour ce lieu où le grand Père était honoré, qu'ils n'osaient y cracher à terre, si nous en croyons le témoignage des naturels du pays. Les païens avaient coutume, pour confirmer la vérité, de tenir à la main un fer chaud, et de pratiquer d'autres superstitions pareilles; mais depuis que le Père François fut en si grande vénération dans les Indes, ils juraient par son nom, et c'était entre eux la preuve la plus authentique qu'on disait vrai.

Aux païens et aux mahométans se joignent les hérétiques, pour rendre témoignage à la sainteté et aux miracles de l'apôtre des Indes.

Le protestant Baldeus parle de lui en ces termes dans son *Histoire des Indes* : « Si la religion de Xavier convenait avec la nôtre, nous le devrions estimer et honorer comme un autre saint Paul. Toutefois, nonobstant cette différence de religion, son zèle, sa vigilance et la sainteté de ses mœurs doivent exciter tous les gens de bien à ne point faire l'œuvre de Dieu négligemment; car les dons que Xavier avait reçus pour exercer la charge de ministre et d'ambassadeur de Jésus-Christ étaient si éminents, que mon esprit n'est pas capable de les exprimer. Si je considère la patience et la douceur avec lesquelles il a présenté aux grands et aux petits les eaux saintes et vives de l'Evangile; si je regarde le courage avec lequel il a souffert les injures et les affronts, je suis contraint de m'écrier avec l'Apôtre : *Qui est capable comme lui de ces choses merveilleuses?* » Baldeus finit l'éloge du saint par une apostrophe au saint même. « Plût à Dieu, dit-il, qu'ayant été ce que vous avez été, vous fussiez, ou vous eussiez été des nôtres (Baldeus, *Hist. des Indes*).

Richard Haklvit, aussi protestant, de plus ministre en Angleterre, loue Xavier sans aucune restriction. « Sancian, dit-il, est une des les confins de la Chine, et proche le port de Canton, fameuse par la mort de François Xavier, ce digne ouvrier évangélique, et ce divin maître des Indiens en ce qui concerne la religion, qui, après de grands travaux, après plusieurs injures et des croix infinies souffertes avec beaucoup de patience et de joie, mourut dans une cabane, sur une montagne déserte, le 2 décembre de l'année 1552, dépourvu de toutes les commodités de ce monde, mais comblé de toutes sortes de bénédictions spirituelles; ayant fait connaître auparavant Jésus-Christ à plusieurs milliers de ces Orientaux. Les histoires modernes des Indes sont remplies des excellentes vertus et des œuvres miraculeuses de ce saint homme (*Les principales navigations, etc., de la nation anglaise*, t. II, part. 2). »

Le voyageur protestant Tavernier, qui a toute la probité qu'on peut avoir hors de la vraie religion, enchérit sur ces deux historiens, et parle comme un catholique. « Saint François Xavier, dit-il, finit en ce lieu sa mission avec sa vie, après avoir établi la foi chrétienne avec des progrès admirables dans tous les lieux où il avait passé, non-seulement par son zèle, mais aussi par son exemple et par la sainteté de ses mœurs. Il n'a jamais été dans la Chine; néanmoins il y a beaucoup d'apparence que le christianisme qu'il avait établi dans l'île de Niphon s'étendit dans les pays voisins et se multiplia par les soins de ce saint homme, qu'on peut nommer à juste titre le saint Paul et le véritable apôtre des Indes (*Recueil de plusieurs révélations*, etc.) (1).

Au reste, conclurons-nous avec le biographe de notre saint, si Xavier a été doué de toutes les vertus apostoliques, ne s'ensuit-il pas que la religion qu'il prêchait était celle des apôtres? Y a-t-il la moindre apparence qu'un homme choisi de Dieu pour détruire l'idolâtrie et l'impiété dans le Nouveau Monde, fût un idolâtre et un impie, lorsqu'il adorait Jésus-Christ sur les autels, qu'il invoquait la sainte Vierge, qu'il s'engageait à Dieu par des vœux, qu'il demandait des indulgences au souverain Pontife, qu'il employait le signe de la croix et l'eau bénite à la guérison des malades, qu'il faisait des prières et disait des messes pour les morts? Peut-on croire enfin que ce saint homme, ce faiseur de miracles, ce nouvel apôtre, ce second saint Paul, ait été toute sa vie dans la voie de perdition, et qu'au lieu de jouir maintenant du bonheur des saints, il souffre les supplices des damnés? — Disons donc, pour finir cet ouvrage par où nous l'avons commencé, que la vie de saint François Xavier est un témoignage authentique de la vérité de l'Evangile, et qu'on ne saurait regarder de près ce que Dieu a fait par le ministère de son serviteur, sans tomber d'accord que l'Eglise catholique, apostolique et romaine est l'Eglise de Jésus-Christ. (Bouhours, *Vie de S. Fr. Xavier*, liv. 6, fin).

François Xavier, dont le cœur était aussi grand que le monde, eût bien voulu ressusciter d'abord en Chine la foi chrétienne que Jean de Mont-Corvin, archevêque catholique de Péking, y avait plantée deux siècles auparavant; puis en faire autant chez les Tartares, et revenir en Europe, en ramenant à l'Eglise les schismatiques de la Russie et les hérétiques de l'Allemagne. En un mot, il eût voulu reprendre dans tout son ensemble l'œuvre interrompue par le grand schisme d'Occident. La Providence disposait les peuples. En 1533, l'empereur d'Ethiopie envoie une ambassade au pape Clément VII, avec sa profession de foi, et lui demande des saintes images (Raynald, an 1533, n. 24 et seqq.). En 1542, les Arméniens demandent un évêque au pape Paul III, qui leur donne pour évêque de Nadchivan, frère Benoît, de l'ordre de Saint-Dominique (*Ibid.*, an 1542, n. 57). En 1545, le même Pape promet un nonce et des présents à Claude, roi d'Ethiopie, qui demandait l'union avec l'Eglise romaine (*Ibid.*, an 1545, n. 61). En 1553, Jules III, successeur de Paul, reçut les Assyriens à l'obéissance de l'Eglise romaine, et confirma leur patriarche Sulalla (*Ibid.*, an 1553, n. 42-45). L'année suivante, il institue un patriarche dans l'empire d'Ethiopie, et en loue l'empereur par ses lettres (*Ibid.*, an 1554, n. 26; an 1555, n. 10).

---

(1) Un autre anglican, mort il y a une dizaine d'années, Babington Maccaulay, ancien ministre de la guerre, en Angleterre, écrivait en 1842, dans l'*Edinburg Review*, à propos du noble enthousiasme, de l'abnégation rare et sublime des missionnaires de la Compagnie de Jésus : « Nous avons le fade enthousiasme de nos » faiseurs d'expériences dévotes, l'enthousiasme sentimental de » nos bazars de religion, l'enthousiasme rhéteur des tréteaux où » notre charité péroré, l'enthousiasme écrivassier de nos ascètes » bien rentés, mais en quoi tous ces enthousiasmes ressemblent- » ils à la ferveur intime, au frémissement divin, à la foi pleine de » transports, apanage de François Xavier! »

§ III.

Seconde reprise du concile de Trente : de 1550 à 1551. Sessions 11-16, sous Jules III.

Paul III était mort en 1549 : cardinal et pape exemplaire, si, comme Melchisédech, il n'avait pas eu de famille, ou ne l'avait trop aimée. Voici ce qu'en dit sur cet article la *Biographie universelle*. « Paul III avait été marié avant d'embrasser l'état ecclésiastique. Il lui restait un fils nommé Louis Farnèse et un petit-fils appelé Octave. Il avait donné à Louis, en apanage, les villes de Parme et de Plaisance, et attaché au Saint-Siége, à titre d'échange, les principautés de Camerino et de Népi, qu'il avait précédemment concédées à Octave. Cet arrangement déplut à Charles-Quint, qui refusa aux Farnèse l'investiture de Parme et de Plaisance, lesquels dépendaient du duché de Milan, comme fief de l'empire. Louis Farnèse ayant été assassiné à Parme, à cause de la haine qu'il s'était attirée par ses crimes et ses débauches, les troupes de l'empereur s'emparèrent de la ville, et le Pape ne put obtenir qu'elle lui fût rendue. Mais il obtint plus tard, pour son petit-fils Octave, la main de Marguerite d'Autriche, fille naturelle de Charles-Quint et veuve de Julien de Médicis, qui avait été assassiné à Florence. Paul III fut puni par où il avait péché. Il trouva dans le sein de sa famille des chagrins qui empoisonnèrent la fin de ses jours. Il avait comblé de biens ses parents, qui le payèrent sans ingratitude. Il mourut le 20 novembre 1549, dans la quatre-vingt-quatrième année de son âge et la seizième de son pontificat. Sentant sa fin approcher, il fit appeler les cardinaux et régla avec eux les affaires de l'Eglise. Les mauvais procédés de ses proches lui arrachèrent des regrets, et l'on prétend que, dans un mouvement de repentir, il répéta plusieurs fois avec douleur ces paroles du psaume 118e : « Si les miens ne m'avaient pas dominé, je serais sans tache et exempt d'un très-grand péché (*Biog. univ.*). »

Il eut pour successeur le cardinal del Monte, qui avait présidé le concile de Trente. Son nom de famille était Jean-Marie Giocchi. Il était né à Rome, mais d'une famille obscure. Son élection souffrit des lenteurs qui durèrent plus de deux mois. Trois partis divisaient le conclave, celui des Français, celui des impériaux et celui des créatures du dernier Pape, à la tête duquel se trouvait le cardinal Farnèse, neveu de Paul III. Ce fut à lui que del Monte dut principalement son exaltation. Le cardinal Polus fut une fois sur le point d'avoir toutes les voix. Enfin elles se réunirent, le 7 février 1550, en faveur du cardinal Jean del Monte, qui prit le nom de Jules III, en mémoire de Jules II, qui avait fait sa fortune en élevant son oncle au cardinalat. Il embrassa tous ceux qui avaient le plus traversé son élection ou qui l'avaient offensé personnellement au concile de Trente, et leur fit connaître, en leur accordant des grâces, qu'il n'en avait conservé aucun ressentiment.

Un des premiers actes du nouveau Pontife furent ses négociations avec l'empereur Charles-Quint et le roi de France Henri II, pour replacer et reprendre le concile œcuménique à Trente.

Avant de publier la bulle de convocation, il consulta les cardinaux et les évêques qui étaient à Rome; tous applaudirent à la résolution que le Pape avait prise de convoquer de nouveau le concile en la ville où il avait commencé. La bulle fut publiée le 14 novembre 1550, et envoyée à Charles-Quint, qui la fit examiner en son conseil. On en agit ainsi à cause des protestants, qui paraissaient disposés à accepter le concile; et effectivement, quelque temps après, l'empereur offrit au Pape leur soumission; il faut en excepter Maurice, électeur de Saxe, qui demandait un concile indépendant du Pape, et où ceux de la Confession d'Augsbourg eussent voix délibérative. L'événement montra que toutes ces protestations d'accepter le concile n'étaient qu'un artifice de la part des protestants pour amuser l'empereur, afin de mieux le tromper.

Le 4 mars 1551, Jules nomma pour présider le concile, en qualité de légat, le cardinal Marcel Grescencio, qui à une profonde érudition joignait beaucoup de prudence et d'habileté. Il ne lui donna point de collègues dans sa légation, mais il lui adjoignit, en qualité de présidents, Sébastien Pighin, archevêque de Manfredonia ou Siponte, et Louis Lippoman, évêque de Vérone. Il choisit exprès deux évêques, afin d'honorer l'épiscopat et de faire cesser les plaintes contre le choix des présidents de la première assemblée, qui tous trois étaient cardinaux. Il leur donna ses instructions de vive voix, avec une commission très-ample par écrit. Il ordonna des prières publiques le 14 avril, pour demander à Dieu de bénir une entreprise si importante pour la religion, et envoya à Trente tous les évêques qui étaient alors à Rome, au nombre de quatre-vingt-quatre. Le légat partit avec ses deux adjoints et quelques prélats, et arriva à Trente le 29 avril.

Le même jour François de Tolède, ambassadeur de l'empereur fit son entrée dans la même ville, et deux jours après, c'est-à-dire le 1er mai, on ouvrit le concile par la session onzième. Il n'y eut de particulier que le rang du cardinal Madruce, évêque de Trente, relativement aux deux évêques revêtus de la qualité de nonces et donnés pour adjoints en la présidence au légat apostolique. Le Pape fut consulté, et régla que ce cardinal précéderait les nonces dans toutes les fonctions qui ne regarderaient pas le concile, mais que dans les sessions, congrégations ou autres concours semblables, les trois présidents occuperaient les trois premières places, comme s'ils étaient tous cardinaux. Il assigna cependant à Madruce une place particulière, distincte de celle des autres évêques. Le secrétaire du concile fit lecture de la bulle de convocation, après laquelle on lut un décret où l'on déclarait que le concile était commencé de nouveau, et continuerait l'examen et la discussion des matières, et où l'on indiquait la session suivante au 1er septembre.

L'arrivée des évêques d'Allemagne, notamment des électeurs de Mayence et de Trèves, avait causé à Trente une joie extraordinaire; et on se prépara aussitôt à la douzième session, qui se tint le jour indiqué. L'évêque de Cagliari célébra la messe, après laquelle on lut un discours au nom des présidents, pour exhorter les Pères à ne rien négliger pour défendre l'Eglise catholique et condamner l'hérésie. Après cette exhortation, le secrétaire Massarel lut quelques avis sur la manière dont on devait se comporter dans le concile. Ensuite l'évêque de Cagliari monta au jubé, et fit lecture du décret qui indiquait la session suivante à vingt jours. Le concile annonce dans un décret que l'on traitera dans cette session du sacrement de la très-sainte Eucharistie, et exhorte tous les prélats à travailler à apaiser Dieu par le jeûne et par la prière, afin qu'il daigne ramener les hommes à la vraie foi, à l'unité de l'Eglise et à la véritable règle des mœurs.

Jacques Amyot, abbé de Bellozane, qui était alors à Venise avec le cardinal de Tournon, eut ordre de partir pour Trente, et d'y porter une lettre du roi de France aux Pères assemblés dans cette ville. Il parut au concile pendant la session, sans être attendu, et présenta au légat une lettre du roi, son maître, adressée *aux très-saints Pères en Jésus-Christ, de l'assemblée de Trente*. Les prélats espagnols ne voulaient pas qu'on la lût, parce que, dès le titre, Henri II ne donnait que le nom d'*assemblée* au concile. Amyot s'efforça de persuader que le terme *conventus*, dont son maître se servait, ne devait pas être pris en mauvaise part; que le secrétaire avait peut-être cru qu'il était plus latin que *concilium*. Après une longue dispute, on convint de lire la lettre *sans préjudice*. Le roi y déclare en substance que la guerre qu'il a avec le Pape et l'empereur l'empêche d'envoyer aucun évêque à Trente; mais en même temps il proteste de son attachement à la foi catholique et de son zèle contre les hérétiques. Sa lettre est datée de Fontainebleau, le 13 août 1551.

Amyot lut ensuite à haute voix le mémoire du roi. Ce prince y déclarait que la guerre allumée depuis peu par le Pape ne pouvait que nuire au concile et causer des maux infinis dans toute l'Europe; qu'on ne pouvait attribuer tous ces malheurs qu'au souverain Pontife, s'il persistait à entretenir la guerre; que tant qu'elle durerait, il ne pourrait envoyer aucun évêque de son royaume à Trente, et qu'ainsi le concile, dont il se voyait exclu malgré lui, ne pourrait être regardé comme œcuménique, mais comme un concile particulier. Ce mémoire n'était qu'une répétition de ce qui avait été développé fort au long par l'ambassadeur dans le consistoire; Amyot raconta plutôt ce qui s'était fait à Rome, qu'il ne signifia dans les termes la même chose aux Pères de Trente.

Ils répondirent aux écrits présentés par Amyot, et justifièrent le concile, qu'ils assuraient être très-éloigné d'épouser les querelles d'aucun prince particulier, et très-déterminé à poursuivre l'œuvre de Dieu malgré les contradictions.

Henri II avait menacé de rétablir la Pramagtique sanction, et le concile répondit qu'on ne pouvait croire ce prince capable de renouveler une jurisprudence dont ses ancêtres s'étaient départis avec tant de raison. Tout le reste de cette réponse, extrêmement modérée, ne présentait encore que des exhortations et des prières pour engager le roi à laisser partir ses évêques. On faisait sentir que, si la présence des Français devait faire beaucoup de plaisir aux Pères de Trente, leur absence ne pouvait empêcher que le concile ne fût toujours l'assemblée de l'Eglise universelle, puisque la convocation était générale, que le Saint-Siège l'appuyait de toute son autorité, et que le nombre des évêques y devenait plus grand de jour en jour.

Ces remontrances ne firent aucune impression sur l'esprit de Henri II, ou plutôt de ceux qui le menaient. Avant même la réponse du concile, il avait publié un édit où, parmi ses griefs contre la cour romaine, il accusait le Pape d'avoir voulu empêcher, par ses hostilités, *que l'Eglise gallicane, faisant une des plus notables parties de l'Eglise universelle*, n'assistât au concile. Cet acte défendait aussi tout transport d'argent à Rome, et la défense subsista jusqu'à la réconciliation des deux cours. Du reste, cette querelle, plus politique au fond qu'ecclésiastique, n'eut d'autre effet que d'empêcher les évêques de France d'assister à la seconde célébration du concile de Trente (L'abbé Dassance, *Essai historique sur le concile de Trente*).

Les vrais motifs de cette politique peu française et peu franche étaient de trois sortes. Henri II, à l'exemple de son père, venait de faire alliance avec les Turcs contre les chrétiens, et avec les hérétiques d'Allemagne contre les catholiques. Pour seconder les complots de ses alliés hérétiques contre leur souverain légitime, Charles-Quint, il suscita des guerres à celui-ci en Italie. En second lieu, Henri II avait marié une de ses filles bâtardes à Horace Farnèse, frère d'Octave. Jules avait fait rendre à ce dernier le duché de Parme, par considération pour leur aïeul, Paul III. Octave eût encore voulu Plaisance; Charles-Quint refusa d'y consentir. Octave s'en prit au pape, et, avec son frère Horace, se mit avec le roi de France contre le Pape et l'empereur. Enfin, nous l'avons déjà vu, les prélats de cour en France goûtaient fort peu les derniers décrets du concile de Trente qui les obligeaient à résider dans leur diocèse, et à n'en avoir qu'un. Tels étaient les vrais motifs de la guerre que le roi de France faisait au pape et à l'empereur. Cela sent fort les Grecs du Bas-Empire.

Mais revenons à Trente. On y tint, dans le cours du mois de septembre, plusieurs congrégations dans lesquelles on examina la question de l'Eucharistie, qui devait être décidée dans la prochaine session. Le légat demanda que les décisions fussent si bien mesurées, et que tous les termes en fussent si bien choisis, qu'ils ne donnassent aucune atteinte aux différents sentiments de l'école sur lesquels les théologiens catholiques étaient partagés. Il était en effet très-prudent de ne point susciter de nouveaux troubles dans l'Eglise et de tenir toutes ses forces réunies contre l'erreur : attention qui fit tellement choisir, peser, compasser les termes, que les définitions parurent rédigées avec une sorte de scrupule, et en même temps avec tant de sagacité, que partout l'hérésie est confondue, sans imprimer la moindre flétrissure à aucune des opinions adoptées par tant d'écoles orthodoxes qui se trouvaient partagées entre elles. Pendant que l'on discutait le dogme de l'Eucharistie et tout ce qui y a rapport, on examinait dans d'autres congrégations ce qui concernait la réformation, et l'on commença par la matière de la juridiction épiscopale.

Quand tout fut disposé pour la treizième session et que le légat eut encore pris, sur quelques points épineux, l'avis des Pères du concile, on se réunit au jour marqué, le 11 octobre 1551.

Cette auguste assemblée était composée, outre les trois présidents, du cardinal de Trente, de neuf archevêques, dont trois étaient princes électeurs de l'empire, de trente-quatre évêques, de trois abbés, d'un général d'ordre et de différents ambassadeurs, parmi lesquels se trouvaient ceux d'un prince protestant, l'électeur de Brandebourg. L'évêque de Majorque célébra la messe, et l'archevêque de Sassari en Sardaigne fit le sermon, dont le sujet était l'excellence de l'Eucharistie : ce fut lui aussi qui lut les décrets tout prêts à recevoir la sanction du concile. Ils contenaient en premier lieu les chapitres de doctrine, au nombre de huit, conçus en ces termes :

« Le saint concile de Trente, œcuménique et général, assemblé légitimement dans le Saint-Esprit, le même légat et les mêmes nonces du Saint-Siège y présidant : encore qu'il ait été convoqué par une impulsion et une protection particulières du Saint-Esprit, pour exposer la doctrine ancienne et véritable touchant la foi et les sacrements, et pour remédier à toutes les hérésies et à tous les autres grands désordres qui agitent de nos jours misérablement l'Eglise de Dieu et la divisent en plusieurs et différents partis ; il est vrai néanmoins que, dès le commencement, son grand désir a été d'arracher jusqu'à la racine de cette ivraie d'erreurs exécrables et de schismes, qu'en ce déplorable siècle l'ennemi a semée dans la doctrine de la foi, l'usage et le culte de la sainte Eucharistie, que Notre Seigneur a cependant laissée exprès dans son Eglise, comme le symbole et l'union de cette charité par laquelle il a voulu que tous les chrétiens fussent joints et unis ensemble. Le saint concile déclarant donc ici, touchant ce divin et auguste sacrement de l'Eucharistie, la doctrine saine et sincère, que l'Eglise catholique, instruite par Jésus-Christ et ses apôtres, enseignée par le Saint-Esprit, qui de jour en jour lui suggère toute vérité, a toujours conservée et qu'elle conservera jusqu'à la fin des siècles, interdit et défend à tous les fidèles de croire, d'enseigner et de prêcher touchant la très-sainte Eucharistie, une autre doctrine que celle qui est définie et expliquée dans le présent décret.

» CHAPITRE I. *De la présence réelle de Notre Seigneur Jésus-Christ dans le très-saint sacrement de l'Eucharistie*. — En premier lieu, le saint concile enseigne et reconnaît ouvertement et simplement que, dans l'auguste sacrement de l'Eucharistie, après la consécration du pain et du vin, Notre Seigneur Jésus-Christ, vrai Dieu et vrai homme, est contenu véritablement, réellement et substantiellement sous l'espèce de ces choses sensibles ; car il ne répugne pas que notre Sauveur soit assis à la droite du Père dans le ciel, selon la manière d'être naturelle, et que néanmoins il soit présent substantiellement en plusieurs autres lieux d'une manière sacramentelle, que notre esprit, éclairé par la foi, peut concevoir comme possible à Dieu, et que nous devons croire très-constamment, quoiqu'on puisse à peine l'exprimer par des paroles ; car c'est ainsi que tous nos prédécesseurs, qui ont appartenu à la véritable Eglise de Jésus-Christ, toutes les fois qu'ils ont parlé de cet auguste sacrement, ont reconnu et professé ouvertement que notre Rédempteur institua ce sacrement si admirable dans le dernier repas, lorsque, après avoir béni le pain et le vin, il attesta en termes clairs et formels qu'il leur donnait son propre corps et son propre sang. Et comme ces paroles rapportées par les saints évangélistes, et depuis répétées par saint Paul, portent en elles-mêmes cette signification propre et très-manifeste, selon laquelle elles ont été entendues par les Pères, certes, c'est un attentat horrible que des hommes opiniâtres et méchants osent les détourner, selon leur caprice et leur imagination, à un sens métaphorique par lequel la vérité de la chair et du sang de Jésus-Christ est niée, contre le sentiment universel de l'Eglise, qui, étant comme la colonne et l'appui de la vérité, a détesté ces inventions d'esprits impies comme sataniques, conservant toujours la mémoire et la reconnaissance d'un bienfait qu'elle regarde comme le plus excellent qu'elle ait reçu de Jésus-Christ.

» CHAPITRE II. *De la manière de l'institution de ce très-saint sacrement.* — En effet, notre Sauveur, étant près de quitter ce monde pour aller à son Père, institua ce sacrement, dans lequel il répandit, pour ainsi dire, toutes les richesses de son amour envers les hommes, perpétuant la mémoire de ses merveilles, et il nous commande d'honorer sa mémoire et d'annoncer sa mort en le recevant, jusqu'à ce qu'il vienne lui-même juger le monde. Il a voulu aussi que ce sacrement fût reçu comme la nourriture spirituelle des âmes qui les entretînt et les fortifiât, en les faisant vivre de la propre vie de celui qui a dit : *Celui qui me mange, vivra aussi pour moi*, et comme un antidote par lequel nous fussions délivrés de nos fautes journalières, et préservés des péchés mortels. Il a voulu, de plus, qu'il fût le gage de notre gloire future et de notre bonheur éternel, et enfin le symbole de l'unité de ce corps, dont il est lui-même la tête, et auquel il a voulu que nous fussions unis et attachés par le lien de la foi, de l'espérance et de la charité, comme des membres étroitement serrés et joints ensemble, afin qu'ayant tous un même langage, il n'y ait point de schisme parmi nous.

» CHAPITRE III. — *De l'excellence de la très-sainte Eucharistie par-dessus les autres sacrements.* — La très-sainte Eucharistie a cela de commun avec les autres sacrements, qu'elle est le symbole d'une chose sainte et le signe visible d'une grâce invisible ; mais ce qu'elle a de singulier et d'excellent, c'est que les autres sacrements n'ont ni la vertu ni la force de sanctifier que dans le moment de l'usage ; au lieu que l'Eucharistie contient l'Auteur même de la sainteté avant l'usage. Car les apôtres n'avaient pas encore reçu l'Eucharistie de la main du Seigneur, lorsque néanmoins il assurait lui-même avec vérité, que ce qu'il leur présentait était son corps. Et on a toujours cru dans l'Eglise de Dieu, qu'après la consécration, le véritable corps de Notre Seigneur et son véritable sang, avec son âme et sa divinité, sont sous l'espèce du pain et du vin ; c'est-à-dire son corps sous l'espèce du pain et son sang sous l'espèce du vin, par la force des paroles mêmes ; mais son corps aussi sous l'espèce du vin, et son sang sous l'espèce du pain, et son âme sous l'une et sous l'autre, en vertu de cette liaison naturelle et de cette concomitance par laquelle ces parties en Notre Seigneur, qui est ressuscité d'entre les morts pour ne plus mourir, sont unies entre elles : de même la divinité, à cause de son admirable union hypostatique avec le corps et l'âme de Notre Seigneur. C'est pourquoi il est très-véritable que l'une des deux espèces contient autant que toutes les deux ensemble; car Jésus-Christ est tout entier sous l'espèce du pain, et sous chaque partie de cette espèce; comme il est tout entier sous l'espèce du vin, et sous chacune de ses parties.

» CHAPITRE IV. *De la transsubstantiation.* — Et parce que Jésus-Christ, notre Rédempteur, a dit, parlant de ce qu'il présentait sous l'espèce du pain, que c'était véritablement son corps, c'est pour cela qu'on a toujours tenu pour certain dans l'Eglise de Dieu, et le saint concile le déclare encore de nouveau, que, par la consécration du pain et du vin, il se fait un changement de toute la substance du pain en la substance du corps de Notre Seigneur, et de toute la substance du vin en la substance de son sang : changement que la sainte Eglise catholique a appelé *transsubstantiation*, d'un nom propre et convenable à la chose.

CHAPITRE V. *Du culte et de la vénération qu'on doit rendre à ce très-saint sacrement.* — Il n'y a donc aucun lieu de douter que tous les fidèles chrétiens, suivant la coutume reçue de tout temps dans l'Eglise catholique, ne soient obligés de rendre au très-saint sacrement le culte de latrie, qui est dû au vrai Dieu. Car, pour avoir été institué par Notre Seigneur Jésus-Christ, afin qu'il fût reçu par les fidèles, nous ne devons pas moins l'adorer, puisque nous y croyons présent le même Dieu, dont le Père a dit, en l'introduisant dans le monde : *Et que tous les anges de Dieu l'adorent* (Psalm. 96; Hebr., 1); le même que les mages, se prosternant, ont adoré; le même enfin que les apôtres, selon le témoignage de l'Ecriture, ont adoré en Galilée.

» Le saint concile déclare de plus, que c'est une très-sainte et très-pieuse coutume établie dans l'Eglise, de destiner tous les ans un certain jour et une fête particulière pour honorer avec une vénération et une solennité singulières cet auguste et adorable sacrement, et pour le porter en procession avec respect et avec pompe par les rues et les places publiques. Car il est bien juste qu'il y ait certains jours de fête établis, auxquels tous les chrétiens témoignent par quelque démonstration solennelle de respect, leur gratitude et leur reconnaissance envers leur maître et leur commun rédempteur, pour un bienfait si ineffable et tout divin, par lequel la victoire et le triomphe de sa mort sont représentés. Et d'ailleurs, la vérité victorieuse devait triompher ainsi du mensonge et de l'hérésie, déconcerter et faire sécher de dépit ses ennemis à la vue de ce grand éclat et de cette joie universelle de l'Eglise, ou les ramener enfin de leur égarement par la confusion et la honte dont ils pourraient être touchés.

» CHAPITRE VI. — *De la coutume de conserver le sacrement de l'Eucharistie, et de le porter aux malades.* — La coutume de conserver dans un lieu sacré la sainte Eucharistie, est si ancienne, qu'elle était connue dès le siècle même du concile de Nicée (Nicen. 1, cap. 13). Et pour ce qui est de porter la sainte Eucharistie aux malades et de la conserver avec soin pour cet usage dans les églises, outre que c'est parfaitement conforme à la raison et à l'équité, on le trouve prescrit par plusieurs conciles, et observé très-anciennement dans l'Eglise catholique. C'est pourquoi le saint concile ordonne qu'il faut absolument retenir cette coutume si salutaire et si nécessaire.

» CHAPITRE VII. — *De la préparation qu'il faut apporter pour recevoir dignement la sainte Eucharistie.* — S'il ne convient à personne d'entrer dans l'exercice d'aucune fonction sainte sans une sainte préparation, il est certain que, plus l'homme chrétien reconnaît la sainteté et la divinité du sacrement céleste de l'Eucharistie, plus il doit être attentif à n'en approcher et à ne le recevoir qu'avec un grand respect et une grande sainteté, principalement quand l'Apôtre nous fait entendre ces paroles pleines de terreur : *Celui qui mange et qui boit indignement, mange et boit sa propre condamnation, ne faisant pas le discernement du corps du Seigneur*. Ainsi, celui qui voudra communier doit se rappeler ce précepte : *Que l'homme s'éprouve lui-même*. Or, la coutume de l'Eglise nous apprend que cette épreuve nécessaire consiste en ce qu'une personne qui se reconnaît coupable d'un péché mortel, quelque contrition qu'elle semble en avoir, ne doit point s'approcher de la sainte Eucharistie sans avoir fait précéder la confession sacramentelle. Ce que le saint concile ordonne devoir être perpétuellement observé par tous les chrétiens et même par les prêtres, qui sont obligés de célébrer, pourvu qu'ils ne manquent pas de confesseur. Si la nécessité oblige un prêtre de célébrer sans s'être confessé auparavant, qu'il le fasse au plus tôt.

CHAPITRE VIII. *De l'usage de cet admirable sacrement.* — Quant à l'usage de ce très-saint sacrement, nos pères ont bien et sagement distingué trois manières de le recevoir. Car ils ont enseigné que les uns ne le reçoivent que sacramentellement, et ce sont les pécheurs. Les autres seulement spirituellement, savoir ceux qui mangent par le désir ce pain céleste, en reçoivent l'utilité et le fruit, en vertu de leur foi vive, qui opère par la charité. Les troisièmes, sacramentellement et spirituellement tout ensemble; et ce sont ceux qui s'éprouvent et se préparent de telle manière, qu'ils s'approchent de cette table divine revêtus de la robe nuptiale. Or, dans cette réception sacramentelle, la coutume a toujours été dans l'Eglise que les laïques reçussent la communion des prêtres, et que les prêtres célébrants se communiassent eux-mêmes : et cette coutume doit être gardée avec justice et raison, comme descendant de la tradition des apôtres. Enfin le saint concile avertit avec une affection paternelle, exhorte, prie et conjure par les entrailles de la miséricorde de notre Dieu, tous ceux en général et en particulier qui portent le nom de chrétiens, qu'enfin pour une fois ils s'accordent et se réunissent dans ce signe de l'unité, dans ce lien de la charité et dans ce symbole de la concorde; et que, se souvenant d'une si grande majesté et de l'amour si excessif de Notre Seigneur Jésus-Christ, qui a livré son âme bien-aimée pour le prix de notre salut, et nous a donné sa chair à manger, ils croient les mystères sacrés de son Corps et de son Sang avec une telle constance et fermeté de foi, et les révèrent avec une telle piété, un tel respect et une dévotion telle qu'ils soient en état de recevoir souvent ce pain qui est au-dessus de toute substance, et que véritablement il soit la vie de leur âme et la santé perpétuelle de leur esprit : afin, qu'étant fortifiés par cette divine nourriture, ils passent du pèlerinage de cette misérable vie à la patrie céleste, pour y manger sans aucun voile le même pain des anges qu'ils mangent maintenant sous des voiles sacrés.

» Mais comme il ne suffit pas d'exposer la vérité, si on ne dévoile et si on ne réfute aussi les erreurs, le saint concile a trouvé bon d'ajouter les canons suivants, afin que tous, après avoir reconnu la doctrine catholique, sachent aussi quelles sont les hérésies dont ils doivent se garder et qu'ils doivent éviter.

» DU TRÈS-SAINT SACREMENT DE L'EUCHARISTIE.

» CANON I. Si quelqu'un nie que le Corps et le Sang de Notre Seigneur Jésus-Christ, avec son âme et sa divinité et par conséquent Jésus-Christ tout entier, soit contenu véritablement, réellement et substantiellement dans le sacrement de la très-sainte Eucharistie, et s'il dit au contraire qu'il y est seulement comme dans un signe, ou bien en figure ou en vertu : qu'il soit anathème.

» II. Si quelqu'un dit que la substance du pain et du vin reste au très-saint sacrement de l'eucharistie, ensemble avec le Corps et le Sang de Notre Seigneur Jésus-Christ, et qu'il nie ce changement admirable et singulier de toute la substance du pain au Corps et de toute la substance du vin au Sang du Seigneur, en sorte qu'il ne reste du pain et du vin que les espèces : changement que l'Eglise catholique appelle du nom très-propre de *transsubstantiation* : qu'il soit anathème.

» III. Si quelqu'un nie que, dans le vénérable sacrement de l'Eucharistie, Jésus-Christ tout entier soit contenu sous chaque espèce, et sous chacune des parties de chaque espèce après la séparation : qu'il soit anathème.

» IV. Si quelqu'un dit qu'après la consécration, le Corps et le Sang de Notre Seigneur Jésus-Christ ne sont pas dans l'admirable sacrement de l'Eucharistie, mais qu'ils y sont seulement dans l'usage, pendant qu'on les reçoit et non auparavant ni après, et que le vrai Corps du Seigneur ne demeure pas dans les hosties ou particules consacrées que l'on réserve, ou qui restent après la communion : qu'il soit anathème.

» V. Si quelqu'un dit, ou que le principal fruit de la très-sainte Eucharistie est la rémission des péchés, ou qu'elle ne produit point d'autres effets : qu'il soit anathème.

» VI. Si quelqu'un dit que Jésus-Christ, Fils unique de Dieu, ne doit pas être adoré au très-saint sacrement de l'Eucharistie du culte de latrie même extérieur, et que par conséquent on ne doit pas l'honorer par une fête solennelle et particulière, ni le porter solennellement en procession, selon la louable coutume et l'usage universel de la sainte Eglise, ou qu'il ne faut pas l'exposer publiquement au peuple pour être adoré, et que ceux qui l'adorent sont idolâtres : qu'il soit anathème.

» VII. Si quelqu'un dit qu'il n'est pas permis de conserver la sainte Eucharistie dans un lieu sacré, mais qu'aussitôt après la consécration il faut nécessairement la distribuer aux assistants, ou qu'il n'est pas permis de la porter avec honneur aux malades : qu'il soit anathème.

» VIII. Si quelqu'un dit que Jésus-Christ, présenté dans l'Eucharistie, n'est mangé que spirituellement, et qu'il ne l'est pas aussi sacramentellement que réellement : qu'il soit anathème.

» IX. Si quelqu'un nie que tous et chacun des fidèles chrétiens de l'un et de l'autre sexe, lorsqu'ils ont atteint l'âge de discrétion, soient obligés de communier tous les ans, au moins à Pâques, suivant le précepte de notre mère la sainte Eglise : qu'il soit anathème.

» X. Si quelqu'un dit qu'il n'est pas permis au prêtre qui célèbre de se communier soi-même : qu'il soit anathème.

» XI. Si quelqu'un dit que la foi seule est une préparation suffisante pour recevoir le sacrement de la très-sainte Eucharistie : qu'il soit anathème. Et de peur qu'un si grand sacrement ne soit reçu d'une manière indigne, et par conséquent à la mort et à la condamnation, le saint concile ordonne et déclare que ceux qui se sentent la conscience chargée de quelque péché mortel, quelque contrition qu'ils pensent avoir, sont absolument obligés, s'ils peuvent avoir un confesseur, de faire précéder la confession sacramentelle. Que si quelqu'un a la témérité d'enseigner, ou de prêcher, ou d'assurer opiniâtrement le contraire, soit même de le soutenir en dispute publique : qu'il soit dès là même excommunié. »

Tels sont les chapitres et les canons dogmatiques du concile de Trente sur le sacrement de l'Eucharistie. Après quoi viennent huit chapitres de réformation, dont nous verrons plus loin la suite et l'ensemble.

Il avait été question aussi, dans les congrégations, de l'usage du calice pour la communion des laïques, et du saint sacrifice de la messe; mais le comte de Montfort, l'un des ambassadeurs impériaux, ayant représenté que si l'on se pressait de prononcer sur des points si délicats pour les protestants, et surtout si l'usage du calice, à quoi ils étaient le plus attachés, était une fois réglé d'une façon contraire à leur désir, il fallait perdre toute espérance de jamais les ramener; on fit un décret pour renvoyer la décision de cet article à la quinzième session, qui ne devait se tenir que le 25 janvier de l'année suivante, et à laquelle ils pourraient commodément se trouver. Cependant on indiqua la session quatorzième pour le 25 novembre de l'année courante, et l'on déclara qu'on y prononcerait sur les sacrements de Pénitence et d'Extrême-Onction.

On expédia ensuite un sauf-conduit en faveur des protestants qui voudraient assister au concile. Il renfermait tout ce qu'ils pouvaient raisonnablement demander. La condescendance fut portée si loin, que les Pères crurent devoir protester d'avance que tout ce qu'ils allaient accorder ne pourrait tirer à conséquence pour l'avenir ni préjudicier aux droits ou à l'honneur du concile; qui n'avait tendu qu'à rétablir la paix et la concorde dans l'Eglise, par des voies insolites, quoique absolument permises. Néanmoins les protestants se retirèrent tous mécontents de ce sauf-conduit, dans lequel ils prétendaient qu'on aurait dû insérer, comme ils le demandaient, que leurs théologiens auraient voix délibérative et décisive; qu'on recommencerait à examiner les décrets précédemment faits; que la sainte Ecriture serait juge de toutes les controverses touchant la religion;

et enfin que le Pape se soumettrait au concile et délierait les évêques du serment qu'ils lui avaient prêté, afin de leur donner une entière liberté d'opiner. C'était demander, en d'autres termes, que le concile flétrît ses propres jugements et se dépouillât de sa plus divine prérogative : de l'infaillibilité ; que le souverain Pontife se dégradât de sa primauté, que l'on abandonnât les saints Pères, les anciens conciles, et que l'on brisât toute la chaîne de la tradition : en un mot, que l'on se fît protestant.

La quatorzième session, composée des mêmes personnes que les précédentes, à l'exception de Macaire d'Héraclée, qui s'y trouva au nom du patriarche de Constantinople, se tint au jour marqué, le 25 novembre 1551. Tout le temps qui s'était écoulé jusqu'à ce jour avait été employé à examiner et à proposer les matières qui devaient en être l'objet. Il fut réglé dans la première congrégation que l'on traiterait de la Pénitence et de l'Extrême-Onction. On réduisit la doctrine de Luther sur ces deux sacrements, à seize articles, douze sur le premier et quatre sur le second, et on les distribua à différents théologiens, à la tête desquels était l'évêque de Vérone. On fit la même chose pour les matières qui regardaient la discipline et la réformation. La session s'ouvrit par les prières et les cérémonies ordinaires. Après le discours latin que fit l'évêque de Saint-Marc, François Manrique, évêque d'Orense en Galice, qui avait célébré la messe, monta en chaire et lut les décrets suivants sur la foi :

« *DES TRÈS-SAINTS SACREMENTS DE PÉNITENCE ET D'EXTRÊME-ONCTION.*

» DOCTRINE DU SACREMENT DE PÉNITENCE.

» Le saint concile de Trente, œcuménique et général, assemblé légitimement dans le Saint-Esprit, le même légat et les mêmes nonces du Siège apostolique y présidant. Quoiqu'on ait déjà beaucoup parlé du sacrement de Pénitence dans le décret touchant la justification, l'affinité des sujets ayant exigé comme nécessaire ce mélange, toutefois, dans le grand nombre et la diversité des erreurs qui paraissent en ce temps sur cette matière, il ne sera pas d'une médiocre utilité pour le public d'en donner une définition plus exacte et plus entière, dans laquelle, après avoir découvert et détruit toutes les erreurs par l'assistance du Saint-Esprit, la vérité catholique paraisse dans toute son évidence et dans toute sa clarté. Le saint concile la propose ici à tous les chrétiens pour être observée à jamais.

» CHAPITRE I. *De la nécessité et de l'institution du sacrement de Pénitence.* — Si tous ceux qui sont régénérés par le baptême en conservaient une assez grande reconnaissance envers Dieu pour demeurer constamment dans la justice qu'ils y ont reçue par sa grâce et son bienfait, il n'aurait pas été besoin d'établir d'autre sacrement que le baptême pour la rémission des péchés ; mais Dieu, qui est riche en miséricorde, connaissant la fragilité de notre nature, a bien voulu encore établir un remède pour rendre la vie à ceux-mêmes qui, depuis le baptême, se seraient livrés à la servitude du péché et à la puissance du démon ; savoir le sacrement de Pénitence, par qui le bienfait de la mort de Jésus-Christ est appliqué à ceux qui sont tombés après le baptême.

» La pénitence a toujours été nécessaire en tout temps pour obtenir la grâce et la justice, généralement à tous les hommes qui s'étaient souillés par quelque péché mortel, et même à ceux qui demandaient à être lavés par le sacrement de baptême ; il a toujours été nécessaire que le pécheur renonçât à sa malice et qu'il s'en corrigeât, en détestant avec une sainte haine et une sincère douleur de cœur l'offense qu'il avait commise contre Dieu. D'où vient que le prophète dit : *Convertissez-vous et faites pénitence de toutes vos iniquités, et l'iniquité n'attirera point votre ruine* (Ezech., 18). Jésus-Christ aussi a dit : *Si vous ne faites pénitence, vous périrez tous également* (Luc., 13). Et saint Pierre, le prince des apôtres, recommandant la pénitence aux pécheurs qui devaient recevoir le baptême, leur disait : *Faites pénitence, et que chacun de vous soit baptisé* (Act., 2). La pénitence cependant n'était point un sacrement avant la venue de Jésus-Christ, et depuis son avénement, elle ne l'est pour personne avant le baptême.

» Or, Notre Seigneur Jésus-Christ a principalement institué le sacrement de Pénitence, lorsque, après sa résurrection, il souffla sur ses disciples, disant : *Recevez le Saint-Esprit ; les péchés seront remis à ceux à qui vous les remettrez, et ils seront retenus à ceux à qui vous les retiendrez* (Joan., 20). Par cette action si remarquable et des paroles si claires, tous les Pères, d'un consentement unanime, ont toujours entendu que la puissance de remettre et de retenir les péchés a été communiquée aux apôtres et à leurs légitimes successeurs, pour la réconciliation des fidèles tombés depuis le baptême. Et c'est avec beaucoup de raison que l'Eglise catholique a condamné autrefois et rejeté comme hérétiques les Novatiens, qui niaient opiniâtrément cette puissance de remettre les péchés. Aussi le saint concile, approuvant et recevant pour très-véritable le sens des paroles de Notre Seigneur, condamne les interprétations imaginaires de ceux qui, pour combattre l'institution de ce sacrement, détournent faussement ces paroles à la puissance de prêcher la parole de Dieu et d'annoncer l'Evangile de Jésus-Christ.

» CHAPITRE II. *En quoi la pénitence diffère du baptême.* — Au reste, il est évident que ce sacrement diffère en plusieurs manières du baptême ; car, outre qu'il est fort différent dans la matière et dans la forme qui constituent l'essence du sacrement, il est constant aussi qu'il n'appartient point au ministre du baptême d'être juge, l'Eglise n'exerçant juridiction sur personne qui ne soit premièrement entré dans son sein par la porte du baptême ; car, dit l'Apôtre : *Qu'ai-je à faire de juger ceux qui sont dehors* (1. Cor., 5). Il n'en est pas de même des domestiques de la foi, que Notre Seigneur Jésus-Christ a faits une fois membres de son corps par l'eau du baptême ; car pour eux, si dans la suite ils se souillent par quelque crime, il a voulu, non pas qu'ils fussent de nouveau lavés par le baptême reçu une seconde fois, cela n'étant en aucune façon permis dans l'Eglise catholique, mais qu'ils comparussent comme des coupables devant ce tribunal de la pénitence, afin que, par la sentence des prêtres, ils pussent être absous, non pas une seule fois, mais toutes les fois qu'ils y auraient recours avec un repentir sincère de leurs péchés. De plus, autre est le fruit du baptême, nous nous revêtons de Jésus-Christ, et nous devenons en lui une créature toute nouvelle, obtenant une pleine et entière rémission de tous nos péchés; mais par le sacrement de pénitence, nous ne pouvons du tout parvenir à ce renouvellement et à cette intégrité, qu'avec de grands gémissements et de grands travaux que la justice divine exige de nous; de sorte que c'est avec grande raison que la pénitence a été appelée par les saints Pères un *baptême laborieux*. Or, ce sacrement de Pénitence est aussi nécessaire au salut pour ceux qui sont tombés depuis le baptême, que le baptême l'est à ceux qui ne sont pas encore régénérés.

» Chapitre III. *Des parties et des effets de ce sacrement.* — Le saint concile déclare ensuite que la forme du sacrement de Pénitence, en laquelle consiste principalement sa force, est renfermée en ces paroles du ministre : *Je vous absous*, etc., auxquelles, à la vérité, selon la coutume de la sainte Eglise, on joint avec raison quelques autres prières; mais elles ne regardent nullement l'essence de la forme du sacrement et ne sont point nécessaires pour son administration. Les actes du pénitent même, savoir : la contrition, la confession et la satisfaction, sont comme la matière de ce sacrement. Et comme, d'institution divine, ils sont requis dans le pénitent pour l'intégrité du sacrement et pour la rémission pleine et parfaite des péchés, c'est pour cette raison qu'on les appelle les parties de la pénitence; mais, quant au fond et à l'effet du sacrement, en ce qui regarde sa vertu et son efficace, il consiste dans la réconciliation avec Dieu, laquelle, assez souvent, dans les personnes pieuses et qui reçoivent ce sacrement avec dévotion, a l'avantage d'être suivie d'une grande paix et tranquillité de conscience, avec une abondante consolation d'esprit. Le saint concile, expliquant de la sorte les parties et l'effet de ce sacrement, condamne en même temps les sentiments de ceux qui soutiennent que les terreurs qui agitent la conscience et la foi sont les parties de la pénitence.

» Chapitre IV. *De la contrition.* — La contrition, qui tient le premier rang entre les actes du pénitent dont on vient de parler, est une douleur intérieure et une détestation du péché commis, avec la résolution de ne plus pécher à l'avenir. Ce mouvement de contrition a été nécessaire en tout temps pour obtenir le pardon des péchés; et dans l'homme tombé depuis baptême, il sert de préparation pour la rémission des péchés, s'il se trouve joint à la confiance en la miséricorde divine et au désir de faire les autres choses qui sont requises pour recevoir comme il faut ce sacrement. Le saint concile déclare donc que cette contrition ne comprend pas seulement la cessation du péché et la résolution et le commencement d'une vie nouvelle, mais aussi la haine de la vie passée, suivant cette parole de l'Ecriture : *Rejetez loin de vous toutes vos iniquités par lesquelles vous avez violé ma loi, et faites-vous un esprit nouveau et un cœur nouveau* (Ezech., 18). Et certainement, qui considérera ces transports des saints : *J'ai péché contre vous seul et j'ai fait le mal devant vos yeux; je me suis épuisé à force de soupirer, j'ai baigné toutes les nuits mon lit de mes larmes; je repasserai devant vous toutes les années de ma vie dans l'amertume de mon âme.* (Psalm. 1 et 6; Isaï., 38); quiconque considérera ces expressions et autres semblables, comprendra aisément qu'elles procédaient d'une violente haine de la vie passée et d'une forte détestation des péchés.

» Le saint concile déclare encore que, quoi qu'il arrive quelquefois que cette contrition soit parfaite par le moyen de la charité, et qu'elle réconcilie l'homme à Dieu, avant qu'il ait reçu actuellement le sacrement de Pénitence, cependant il ne faut pas attribuer cette réconciliation à la contrition seulement, indépendamment de la volonté de recevoir les sacrements, laquelle y est enfermée.

» Et pour cette contrition imparfaite qu'on appelle *attrition*, parce qu'elle est conçue ordinairement ou par la considération de la laideur du péché, ou par la crainte de l'enfer et des peines éternelles : si, avec l'espérance du pardon, elle exclut la volonté de pécher, le saint concile déclare que, non-seulement elle ne rend pas l'homme hypocrite et plus grand pécheur, mais même qu'elle est un don de Dieu et une impulsion de l'Esprit-Saint, lequel, à la vérité, n'habite point encore dans lui, mais qui le meut seulement, et qui aide le pénitent à se préparer à la voie de la justice. Et quoiqu'elle ne puisse par elle-même, sans le sacrement de Pénitence, conduire le pécheur à la justification, elle le dispose néanmoins à obtenir la grâce de Dieu dans le sacrement de Pénitence. Car ce fut par cette crainte, dont ils furent utilement frappés à la prédication de Jonas, que les Ninivites firent une pénitence remplie de terreurs, et qu'ils obtinrent de Dieu miséricorde. Ainsi, c'est faussement que quelques-uns accusent les auteurs catholiques, comme s'ils avaient écrit que le sacrement de Pénitence confère la grâce, sans un bon mouvement de ceux qui le reçoivent : ce que l'Eglise de Dieu n'a jamais cru ni enseigné; et ils soutiennent aussi faussement que la contrition est un acte contraint et violent, et non libre et volontaire.

» Chapitre V. *De la confession.* — D'après l'institution du sacrement de Pénitence déjà expliquée, l'Eglise universelle a toujours entendu que la confession entière des péchés a aussi été instituée par Notre Seigneur, et qu'elle est nécessaire de droit divin à tous ceux qui sont tombés depuis le baptême. Car Notre Seigneur Jésus-Christ, sur le point de monter de la terre au ciel, a laissé les prêtres, ses vicaires, comme des présidents et des juges devant qui les fidèles doivent porter tous les péchés mortels dans lesquels ils seraient tombés, afin que, suivant la puissance des clés qui leur est donnée pour remettre ou retenir les péchés, ils prononcent la sentence. Il est en effet manifeste que les prêtres ne pourraient exercer cette juridiction sans connaissance de cause, ni garder l'équité dans l'imposition des peines, si les pénitents ne déclarent leurs péchés qu'en général, et non en particulier et en détail. Il suit de là que les pénitents doivent déclarer tous les péchés mortels dont ils se sentent coupables, après une exacte discussion de leur conscience, encore que ces péchés fussent très-cachés et commis seulement contre les deux derniers préceptes du Décalogue, ces sortes de péchés étant quelquefois plus dangereux et blessant l'âme plus mortellement que ceux qui se commettent à la vue du monde.

» Pour les véniels, par lesquels nous ne sommes

pas exclus de la grâce de Dieu, et dans lesquels nous tombons plus fréquemment, encore qu'il soit bon et utile, et hors de toute présomption de s'en confesser, comme la pratique des personnes pieuses le fait voir, on peut néanmoins les omettre sans faute, et les expier par plusieurs autres remèdes. Mais tous les péchés mortels, même ceux de pensée, rendant les hommes enfants de colère et ennemis de Dieu, il est nécessaire de rechercher le pardon de tous ces péchés auprès de Dieu, par une confession sincère et pleine de confusion. Aussi, quand les fidèles confessent tous les péchés qui se présentent à leur mémoire, ils les exposent sans doute à la miséricorde de Dieu pour en obtenir le pardon ; et ceux qui font autrement, et en retiennent sciemment quelques-uns, ne présentent rien à la bonté de Dieu qui puisse être remis par le prêtre. Car, si le malade a honte de découvrir la plaie au médecin, la médecine ne guérit pas ce qu'elle ignore.

» Il suit de plus qu'il faut aussi expliquer dans la confession les circonstances qui changent l'espèce du péché, parce que sans cela les péchés ne sont pas entièrement exposés par les pénitents, ni suffisamment connus aux juges, et qu'ils ne sauraient juger sans cela de l'énormité des crimes, ni imposer aux pénitents une peine qui soit proportionnée. C'est donc contredire la raison, de publier que ces circonstances ont été inventées par des hommes qui n'avaient rien à faire, ou qu'il suffit d'en déclarer une, par exemple, qu'on a péché contre son frère. Mais c'est une impiété d'ajouter que cette sorte de confession est impossible, ou de la nommer une tyrannie sur les consciences. Car il est constant que l'Eglise n'exige des pénitents autre chose sinon que chacun, après un sérieux examen et après avoir exploré tous les détours et les replis de sa conscience, confesse les péchés par lesquels il se souviendra d'avoir offensé mortellement son Seigneur et son Dieu. A l'égard des autres péchés qui ne reviennent pas à la mémoire après un sérieux examen, ils sont censés compris en général dans la même confession ; et c'est pour eux que nous disons avec confiance après le Prophète : *Purifiez-moi, Seigneur, de mes crimes cachés* (Ps. 18). Il faut avouer pourtant que la confession, par la difficulté qui s'y rencontre et surtout par la honte qu'il y a à découvrir ses péchés, pourrait paraître un joug pesant, s'il n'était rendu léger par les grands et nombreux avantages et consolations que reçoivent indubitablement par l'absolution tous ceux qui s'approchent dignement de ce sacrement.

» Quant à la manière de se confesser secrètement au prêtre seul, encore que Jésus-Christ n'ait pas défendu qu'on ne puisse, pour sa propre humiliation et pour se venger soi-même de ses crimes, les confesser publiquement, soit dans le dessein de donner bon exemple aux autres, ou d'édifier l'Eglise qu'on a offensée, néanmoins ce n'est pas une chose commandée par un précepte divin ; et il ne serait guère à propos d'ordonner par quelque loi humaine qu'on découvrît par une confession publique les péchés, particulièrement ceux qui sont secrets. Ainsi, comme le consentement général et unanime de tous les saints Pères les plus anciens a toujours autorisé la confession sacramentelle secrète, dont la sainte Eglise s'est servie dès le commencement et dont elle se sert encore aujourd'hui, on réfute manifestement la vaine calomnie de ceux qui ne craignent pas d'enseigner que ce n'est qu'une invention humaine, contraire au commandement de Dieu, introduite au temps du concile de Latran par les Pères qui y étaient assemblés. Car, l'Eglise, dans ce concile, n'a point établi le précepte de la confession pour les fidèles, sachant bien qu'elle était déjà tout établie et nécessaire de droit divin ; mais elle a seulement ordonné que tous et chacun des fidèles, quand ils seraient arrivés à l'âge de discrétion, satisferaient à ce précepte de la confession au moins une fois l'année. Aussi dans toute l'Eglise on observe, avec un grand fruit pour les âmes fidèles, cet usage salutaire de se confesser, principalement dans le saint et favorable temps du carême ; et le saint concile approuve extrêmement cet usage et l'embrasse, comme rempli de piété et digne d'être retenu.

» CHAPITRE VI. *Du ministre de ce sacrement et de l'absolution.* — A l'égard du ministre de ce sacrement, le saint concile déclare fausses et entièrement éloignées de la vérité de l'Evangile, toutes doctrines qui, par une erreur pernicieuse, étendent généralement à tous les hommes le ministère des clés qui n'appartient qu'aux évêques et aux prêtres, supposant, contrairement à l'institution de ce sacrement, que ces paroles de Notre Seigneur : *Tout ce que vous aurez lié sur la terre sera lié dans le ciel, et tout ce que vous aurez délié sur la terre sera délié dans le ciel* (Matth., 16 et 18); et ces autres : *Les péchés seront remis à qui vous les remettrez, et ils seront retenus à qui vous les retiendrez* (Joan., 20), ont été si indifféremment et si indistinctement adressées à tous les fidèles, que chacun a la puissance de remettre les péchés ; les publics, par la correction, si celui qui est repris acquiesce, et les péchés secrets par la confession volontaire à qui que ce soit.

» Le saint concile déclare aussi que les prêtres qui sont en péché mortel ne laissent pas, par la vertu du Saint-Esprit qu'ils ont reçue dans l'ordination, de remettre les péchés, en qualité de ministres de Jésus-Christ, et que ceux-là pensent mal, qui soutiennent que les mauvais prêtres perdent cette puissance.

» Or, quoique l'absolution du prêtre soit une dispensation du bienfait d'autrui, toutefois ce n'est pas un simple ministère, ou d'annoncer l'Evangile, ou de déclarer que les péchés sont remis, mais une sorte d'acte judiciaire par lequel le prêtre, comme juge, prononce la sentence. Et ainsi le pénitent ne doit pas tellement se reposer sur sa foi, qu'il pense que, même sans contrition de sa part et sans intention de la part du prêtre d'agir sérieusement et de l'absoudre véritablement, il soit néanmoins, par sa seule foi, véritablement absous devant Dieu : car la foi sans la pénitence ne produirait point la rémission des péchés ; et celui-là se montrerait très-négligent de son salut, qui, s'apercevant qu'un prêtre ne l'absout par jeu, n'en rechercherait pas un autre qui agît sérieusement.

» CHAPITRE VII. *Des cas réservés.* — Comme il est de l'ordre et de l'essence de tout jugement que nul ne prononce de sentence que sur ceux qui lui sont soumis, l'Eglise de Dieu a toujours été persuadée, et le saint concile confirme la même vérité, qu'elle est nulle l'absolution qu'un prêtre prononce sur une personne sur laquelle il n'a point de juridiction ordinaire ou subdéléguée.

» Aussi nos anciens Pères ont toujours regardé, comme d'une grande importance pour la bonne discipline du peuple chrétien, que certains crimes plus énormes et plus graves ne fussent pas absous indifféremment par tout prêtre, mais seulement par ceux du premier ordre. C'est pour cela que les souverains Pontifes, en vertu de la suprême puissance qui leur a été donnée dans l'Eglise universelle, ont pu avec raison réserver à leur jugement particulier la connaissance de certains crimes plus graves. Et comme tout ce qui vient de Dieu est bien réglé, on ne doit pas non plus révoquer en doute que tous les évêques, chacun dans son diocèse, n'aient la même autorité, pour l'édification cependant, et non pour la destruction; et cela en vertu de l'autorité qui leur a été donnée par dessus tous les autres prêtres inférieurs sur ceux qui leur sont soumis, principalement à l'égard des péchés qui emportent avec eux la censure de l'excommunication.

» Il est conforme à l'autorité divine que cette réserve des péchés, non-seulement ait son effet pour la police extérieure, mais aussi devant Dieu. Cependant, de peur qu'à cette occasion quelqu'un ne vînt à périr, il a toujours été observé dans la même Eglise de Dieu, par un pieux usage, qu'il n'y eût aucun cas réservé à l'article de la mort, et que tout prêtre pût absoudre tout pénitent des censures et de quelque péché que ce soit. Mais, hors ce cas, le prêtre n'ayant point de pouvoir pour les cas réservés, ils doivent seulement s'efforcer de persuader aux pénitents d'avoir recours aux juges supérieurs et légitimes pour recevoir l'absolution.

» CHAPITRE VIII. *De la nécessité et du fruit de la satisfaction.* — Enfin, à l'égard de la satisfaction, qui, de toutes les parties de la pénitence, bien qu'en tout temps recommandée aux chrétiens par les saints Pères, se trouve cependant seule plus que les autres combattue en ce siècle, sous un prétexte de piété, par des gens qui ont une apparence de piété, mais qui en ont renié la vertu, le saint concile déclare qu'il est entièrement faux et contraire à la parole de Dieu de dire que le Seigneur ne pardonne jamais la faute, qu'en même temps il ne remette toute la peine. Car, outre l'autorité de la tradition divine, il se trouve dans les saintes Ecritures des exemples illustres et convaincants, qui détruisent manifestement cette erreur.

» Il semble, en effet, que la justice de Dieu exige qu'il suive des règles différentes pour recevoir en sa grâce ceux qui, avant le baptême, ont péché par ignorance, et ceux qui, après avoir été une fois délivrés de la servitude du péché et du démon, et avoir reçu le don du Saint-Esprit, n'ont pas craint de profaner sciemment le temple de Dieu et de contrister le Saint-Esprit. D'ailleurs, il convient à la bonté de Dieu de ne pas nous dispenser totalement de lui faire satisfaction pour les péchés qu'il nous pardonne, de peur que, prenant de là occasion de les estimer légers, nous ne venions à tomber dans des crimes plus énormes, comme pour insulter et outrager le Saint-Esprit, amassant ainsi sur nos têtes un trésor de colère pour le jour de la colère. Car il est certain que ces peines qu'on impose pour la satisfaction, détournent beaucoup du péché, retenant les pénitents comme par un frein et les obligeant d'être à l'avenir plus vigilants et plus sur leur garde, outre qu'elles servent de remède à ce qui peut rester du péché, et détruisent par la pratique des vertus contraires les mauvaises habitudes contractées par une vie déréglée.

» Il est constant de plus que, dans l'Eglise de Dieu, jamais on n'a estimé qu'il y eût de voie plus assurée pour détourner les châtiments dont Dieu menace les hommes, que de pratiquer ces œuvres de pénitence. Ajoutez à cela que, pendant que nous souffrons pour nos péchés en satisfaisant, nous devenons conformes à Jésus-Christ, qui a satisfait lui-même pour nos péchés, de qui vient toute notre capacité de bien faire; et par là nous avons un gage très-assuré que, si nous souffrons avec lui, nous aurons part à sa gloire.

» Mais cette satisfaction par laquelle nous payons pour nos péchés n'est pas tellement nôtre qu'elle ne soit en même temps par Jésus-Christ; car nous, qui ne pouvons rien de nous comme de nous-mêmes, nous pouvons tout avec la coopération de celui qui nous fortifie. Ainsi l'homme n'a pas de quoi se glorifier; mais toute notre gloire est en Jésus-Christ, en qui nous vivons, en qui nous méritons, en qui nous satisfaisons, faisant de dignes fruits de pénitence, lesquels tirent de lui leur vertu, par lui sont présentés à son Père, et en lui sont agréés par son Père.

» Les prêtres du Seigneur doivent donc, autant que le Saint-Esprit et leur propre prudence le leur suggérera, enjoindre des satisfactions salutaires et convenables, selon la qualité des crimes et le pouvoir des pénitents, de peur que, les traitant avec trop d'indulgence et les flattant dans leurs péchés par des satisfactions légères pour des crimes considérables, ils ne se rendent eux-mêmes coupables des péchés d'autrui. Et ils doivent avoir en vue que la satisfaction qu'ils imposent, non-seulement puisse servir de remède à l'infirmité des pénitents et de préservatif pour conserver leur nouvelle vie, mais qu'elle soit aussi leur punition et le châtiment des péchés passés. Car les anciens Pères, que nous suivons, croient et enseignent que les clés ont été données aux prêtres non-seulement pour délier, mais encore pour lier. Ils n'ont cependant pas estimé que le sacrement de Pénitence fût pour cela un tribunal de colère ou de peines, comme jamais non plus catholique n'a pensé que ces sortes de satisfactions obscurcissent ou diminuent tant soit peu la vertu du mérite et de la satisfaction de Notre Seigneur Jésus-Christ. Mais les novateurs, ne le voulant point comprendre, enseignent que la bonne pénitence n'est autre chose que le changement de vie, et détruisent par là toute la force et tout l'usage de la satisfaction.

» CHAPITRE IX. *Des œuvres de satisfaction.* — Le saint concile déclare de plus que la bonté et la libéralité de Dieu sont si grandes, que nous pouvons, par Jésus-Christ, satisfaire à Dieu le Père, non-seulement par les peines que nous embrassons de nous-mêmes pour punir en nous le péché, ou qui nous sont imposées par le jugement du prêtre selon la mesure de nos fautes, mais encore, ce qui est la plus grande marque de son amour, par les afflictions temporelles qu'il nous envoie et que nous souffrons avec patience. »

« DU SACREMENT DE L'EXTRÊME-ONCTION.

» Le saint concile a jugé à propos d'ajouter à ce qui vient d'être dit de la pénitence, ce qui suit touchant le sacrement de l'Extrême-Onction, que les saints Pères ont regardé comme la consommation non-seulement de la pénitence, mais de toute la vie chrétienne, qui doit être une pénitence continuelle. Premièrement donc, à l'égard de son institution, il déclare et enseigne que comme notre Rédempteur infiniment bon, qui a voulu pourvoir en tout temps ses serviteurs de remèdes salutaires contre tous les traits de toutes sortes d'ennemis, a préparé dans les autres sacrements de puissants secours aux chrétiens pour pouvoir se garantir pendant leur vie des plus grands maux spirituels, aussi a-t-il voulu munir et fortifier la fin de leur course par le sacrement de l'Extrême-Onction, comme par une ferme et assurée défense. Car, encore que durant toute la vie notre adversaire cherche et épie les occasions de dévorer nos âmes par toutes sortes de moyens, il n'y a pourtant aucun temps où il emploie avec plus de force et plus d'attention ses ruses et ses efforts pour nous perdre entièrement et pour nous faire déchoir, s'il pouvait, de la confiance en la miséricorde de Dieu, que lorsqu'il nous voit près de quitter la vie.

» CHAPITRE I. *De l'institution du sacrement de l'Extrême-Onction.* — Cette onction sacrée des malades a été instituée par Notre Seigneur Jésus-Christ comme un sacrement propre et véritable du Nouveau Testament, insinué dans saint Marc (chap. 6), recommandé et promulgué aux fidèles par saint Jacques, apôtre et frère de Notre Seigneur. *Quelqu'un,* dit-il, *est-il malade parmi vous? qu'il fasse venir les prêtres de l'Eglise, et qu'ils prient sur lui, l'oignant d'huile au nom du Seigneur ; et la prière de la foi sauvera le malade, et le Seigneur le soulagera ; et s'il est en péché, ses péchés lui seront remis* (Jacob., 5). Par ces paroles, que l'Eglise a reçues comme de main en main de la tradition des apôtres, elle a appris elle-même et nous enseigne quelle est la matière, la forme, le ministre propre et l'effet de ce sacrement salutaire ; car pour la matière, l'Eglise a reconnu que c'était l'huile bénite par l'évêque, et en effet, l'onction représente très-bien la grâce du Saint-Esprit, dont l'âme du malade est ointe invisiblement ; et pour la forme, elle a reconnu qu'elle consistait dans ces paroles : *Par cette onction,* etc.

» CHAPITRE II. *De l'effet de ce sacrement.* — Quant à l'effet réel de ce sacrement, il est déclaré par ces paroles : *Et la prière de la foi sauvera le malade ; et le Seigneur le soulagera ; et s'il est en péché, ses péchés lui seront remis.* Car, de vrai, cet effet réel est la grâce du Saint-Esprit, dont l'onction efface les restes du péché et les péchés mêmes, s'il y en a quelqu'un à expier ; soulage et affermit l'âme du malade, excitant en lui une grande confiance en la miséricorde de Dieu : soutenu par elle, il supporte plus facilement les incommodités et les travaux de la maladie, il résiste plus aisément aux tentations du démon qui lui dresse des embûches en cette extrémité, et il obtient même quelquefois la santé du corps, lorsque cela est expédient au salut de l'âme.

» CHAPITRE III. *Du ministre de ce sacrement et du temps où il faut le donner.* — Quant à ce qui est de déterminer quels sont ceux qui doivent recevoir ce sacrement et ceux qui doivent l'administrer, les paroles citées nous l'apprennent aussi très-clairement. Car on y montre que les propres ministres de ce sacrement sont les prêtres de l'Eglise, dont le nom ne doit pas s'entendre en ce lieu des plus anciens en âge, ou des premiers en dignité d'entre le peuple, mais des évêques ou des prêtres ordonnés par eux selon le rite, par l'imposition des mains sacerdotales. On y déclare aussi qu'il faut faire cette onction aux malades, principalement à ceux qui sont attaqués si dangereusement, qu'ils paraissent être sur le point de quitter la vie ; d'où vient qu'on l'appelle aussi le sacrement des mourants. Que si les malades, après avoir reçu cette onction, reviennent en santé, ils pourront être aidés par le secours de ce sacrement, lorsqu'ils tomberont dans un autre pareil danger de mort.

» Il ne faut donc en aucune façon écouter ceux qui, contre le sentiment de l'apôtre saint Jacques, si clair et si manifeste, enseignent que cette onction est ou une innovation humaine ou un usage reçu des Pères, mais non un précepte de Dieu qui enferme quelque promesse de grâce ; ni ceux qui affirment que l'usage de cette onction a cessé, comme si elle devait se rapporter seulement à la grâce de guérir les maladies dont jouissait la primitive Eglise ; ni ceux qui disent que la coutume et la manière que la sainte Eglise romaine observe dans l'administration de ce sacrement répugnent au sentiment de l'apôtre saint Jacques et que pour cela il faut la changer en un autre ; ni enfin ceux qui assurent que cette onction dernière peut être méprisée sans péché par les fidèles ; car tout cela est en opposition formelle avec les paroles précises de ce grand apôtre. Et certainement, l'Eglise romaine, mère et maîtresse de toutes les autres, n'observe dans l'administration de cette onction, quant à ce qui constitue la substance de ce sacrement, que ce que saint Jacques en a prescrit. Et on ne pourrait pas mépriser un si grand sacrement sans un grand crime et sans faire injure au Saint-Esprit même.

» Voilà ce que le saint concile œcuménique professe et enseigne touchant le sacrement de pénitence et d'extrême-onction, et qu'il propose à croire et à tenir à tous les fidèles chrétiens. Il proposa aussi les canons suivants pour les garder inviolablement, prononçant condamnation et anathème perpétuels contre ceux qui soutiendraient le contraire.

» DU SACREMENT TRÈS-SAINT DE LA PÉNITENCE.

» CANON I. Si quelqu'un dit que, dans l'Eglise catholique, la pénitence n'est pas véritablement et proprement un sacrement institué par Notre Seigneur Jésus-Christ pour réconcilier à Dieu les fidèles, toutes les fois qu'ils tombent dans le péché depuis le baptême : qu'il soit anathème.

» II. Si quelqu'un, confondant les sacrements, dit que le baptême lui-même est le sacrement de pénitence, comme si ces deux sacrements n'étaient pas distingués, et qu'ainsi c'est mal à propos qu'on appelle la pénitence la seconde planche après le naufrage : qu'il soit anathème.

» III. Si quelqu'un dit que ces paroles du Sauveur : *Recevez le Saint-Esprit ; les péchés seront remis à ceux à qui vous les remettrez, et ils seront retenus à ceux à qui vous les retiendrez*, ne doivent pas s'entendre de la puissance de remettre et de retenir les péchés dans le sacrement de Pénitence, comme l'Eglise catholique les a toujours entendues dès le commencement; et que contre l'institution de ce sacrement, il détourne le sens de ces paroles pour l'appliquer au pouvoir de prêcher l'Evangile : qu'il soit anathème.

» IV. Si quelqu'un nie que, pour l'entière et parfaite rémission des péchés, trois actes, qui sont comme la matière du sacrement de pénitence, soient requis de la part du pénitent, savoir : la contrition la confession et la satisfaction, qu'on appelle les trois parties de la pénitence, ou s'il dit que la pénitence n'a que deux parties, savoir : les terreurs d'une conscience agitée à la vue du péché, et la foi conçue par l'Evangile par l'absolution, et qui nous fait croire que nos péchés nous sont remis par Jésus-Christ : qu'il soit anathème.

» V. Si quelqu'un dit que la contrition à laquelle on s'excite par la discussion, la recherche et la détestation de ses péchés, lorsque repassant les années de sa vie dans l'amertume de son âme, on pèse la griéveté, la multitude et la difformité de ses péchés, le danger de perdre le bonheur éternel et d'encourir la damnation éternelle, avec la résolution de mener une meilleure vie ; s'il dit qu'une telle contrition n'est pas une douleur véritable et utile, qu'elle ne prépare point à la grâce, mais qu'elle rend l'homme hypocrite et plus grand pécheur; enfin, que c'est une douleur forcée et non pas libre et volontaire : qu'il soit anathème.

» VI. Si quelqu'un nie que la confession sacramentelle soit ou instituée ou nécessaire au salut de droit divin, ou s'il dit que la manière de se confesser secrètement au prêtre seul, que l'Eglise catholique observe et a toujours observée dès le commencement, n'est pas conforme à l'institution et au précepte de Jésus-Christ, mais que c'est une invention humaine : qu'il soit anathème.

» VII. Si quelqu'un dit que, dans le sacrement de pénitence, il n'est pas nécessaire de droit divin de confesser tous et chacun des péchés mortels dont on peut se souvenir, après y avoir dûment et soigneusement pensé, même les péchés secrets et ceux qui sont contre les deux derniers préceptes du Décalogue, et les circonstances qui changent l'espèce du péché; mais qu'une telle confession est seulement utile pour l'instruction et la consolation du pénitent, et qu'autrefois elle n'était en usage qu'afin d'imposer une pénitence canonique; ou si quelqu'un dit que ceux qui s'attachent à confesser tous leurs péchés, ne veulent rien laisser à la divine miséricorde à pardonner, ou qu'enfin il n'est pas permis de confesser les péchés véniels : qu'il soit anathème.

» VIII. Si quelqu'un dit que la confession de tous les péchés, telle que l'observe l'Eglise, est impossible et n'est qu'une tradition humaine que les gens de bien doivent abolir; ou bien que tous et chacun des fidèles n'y sont pas obligés une fois l'an, conformément à l'institution du grand concile de Latran, et que pour cela il faut dissuader les fidèles de se confesser dans le temps de carême : qu'il soit anathème.

» IX. Si quelqu'un dit que l'absolution du prêtre n'est pas un acte judiciaire, mais un simple ministère qui ne consiste qu'à déclarer à celui qui se confesse que ses péchés lui sont remis, pourvu seulement qu'il se croie absous, encore que le prêtre ne l'absolve pas sérieusement, mais par manière de jeu; ou s'il dit que la confession du pénitent n'est pas requise, afin que le prêtre le puisse absoudre : qu'il soit anathème.

» X. Si quelqu'un dit que les prêtres qui sont en péché mortel n'ont pas la puissance de lier et de délier, ou que les prêtres ne sont pas les seuls ministres de l'absolution, mais que c'est à tous les fidèles et à chacun d'eux que ces paroles sont adressées : *Tout ce que vous aurez lié sur la terre sera aussi lié dans le ciel*; et celles-ci : *Les péchés seront remis à ceux à qui vous les remettrez, et ils seront retenus à ceux à qui vous les retiendrez*; de sorte qu'en vertu de ces paroles, chacun puisse absoudre des péchés publics par la correction seulement, si celui qui y est repris y défère, et des péchés secrets par la confession volontaire : qu'il soit anathème.

» XI. Si quelqu'un dit que les évêques n'ont pas le droit de se réserver des cas, si ce n'est quant à la police extérieure, et qu'ainsi cette réserve n'empêche pas que le prêtre ne puisse absoudre véritablement des cas réservés : qu'il soit anathème.

» XII. Si quelqu'un dit que Dieu remet toujours la peine avec la coulpe, et que la satisfaction des pénitents n'est autre chose que la foi par laquelle ils conçoivent que Jésus-Christ a satisfait pour eux : qu'il soit anathème.

» XIII. Si quelqu'un dit qu'on ne satisfait nullement à Dieu pour ses péchés, quant à la peine temporelle, en vertu des mérites de Jésus-Christ, par les peines que le Seigneur envoie et qu'on prend en patience, ou par celles que le prêtre enjoint; ni par celles qu'on s'impose à soi-même volontairement, comme sont les jeûnes, les prières, les aumônes; ni par aucune autre œuvre de piété : et qu'ainsi la bonne et véritable pénitence est seulement une nouvelle vie : qu'il soit anathème.

» XIV. Si quelqu'un dit que les satisfactions par lesquelles les pénitents rachètent leurs péchés par Jésus-Christ, n'entrent pas dans le culte de Dieu, mais sont des traditions humaines qui obscurcissent la doctrine de la grâce, le vrai culte de Dieu et le bienfait de la mort de Jésus-Christ : qu'il soit anathème.

» XV. Si quelqu'un dit que les clés n'ont été données à l'Eglise que pour délier, et non pas aussi pour lier, et que pour cela les prêtres agissent contre la destination des clés et contre l'institution de Jésus-Christ, lorsqu'ils imposent des pénitences à ceux qui se confessent; et que c'est une fiction de dire qu'après que la peine éternelle a été remise en vertu des clés, la peine temporelle reste encore le plus souvent à expier : qu'il soit anathème. »

« DU SACREMENT DE L'EXTRÊME-ONCTION.

» CANON I. Si quelqu'un dit que l'extrême-onction n'est pas vraiment et proprement un sacrement institué par Notre Seigneur Jésus-Christ et promulgué par l'apôtre saint Jacques, mais que ce n'est qu'une cérémonie reçue des Pères ou une invention humaine : qu'il soit anathème.

» II. Si quelqu'un dit que l'onction sacrée que l'on

donne aux malades ne confère pas la grâce, ne remet pas les péchés, ni ne soulage ces malades, et qu'à présent elle doit cesser, comme si ce n'avait été autrefois que le don de guérir les maladies : qu'il soit anathème.

» III. Si quelqu'un dit que le rite et l'usage de l'Extrême-Onction, tels que les observe la sainte Eglise romaine, répugnent au sentiment de l'apôtre saint Jacques ; que pour cela il faut les changer et que les chrétiens pourraient sans péché les mépriser : qu'il soit anathème.

» IV. Si quelqu'un dit que les prêtres de l'Eglise, que saint Jacques exhorte à appeler pour oindre le malade, ne sont pas les prêtres ordonnés par l'évêque, mais que ce sont les hommes avancés en âge dans chaque communauté, et que pour cela le ministre propre de l'Extrême-Onction n'est pas le seul prêtre : qu'il soit anathème. »

Voilà comment le saint concile de Trente expose et sanctionne la doctrine chrétienne sur les sacrements d'Eucharistie, de Pénitence et d'Extrême-Onction. Toutes les décisions sont fondées sur la sainte Ecriture, les traditions apostoliques, les conciles approuvés, les constitutions des souverains Pontifes et des saints Pères, et le consentement de l'Eglise. Dans les bonnes éditions des actes, toutes les sources sont indiquées en détail. C'est peut-être l'étude la plus utile et la plus importante au prêtre et même au laïque, qui veut saisir d'une manière nette et précise le fond même de la foi véritable, afin de la défendre avec sécurité contre les erreurs qui en prennent l'apparence. Avec le concile de Trente, résumé fidèle de seize siècles de christianisme, de soixante siècles de traditions prophétiques et patriarcales, le voyageur du temps peut scruter à son aise cet immense édifice de l'éternité : il y trouvera toutes les pierres, non-seulement bien unies, mais vivantes et parlantes, comme cela se doit dans une maison bâtie de la main de Dieu.

Après les dogmes, pierres fondamentales et charpente de l'édifice, viennent la discipline et les mœurs, qui sont comme la décoration du dedans et du dehors. Il y a des inspecteurs de l'œuvre, ce sont les évêques ; mais, pour inspecter, il faut être sur place. Donc, il faut que les évêques résident dans leur diocèse. Mais, disaient les inspecteurs : Que faire sur place ? on ne nous écoute pas : les ouvriers se prétendent dispensés ou exempts de nos ordres. — De là, pour la restauration de l'édifice, plein pouvoir aux évêques, comme délégués du Saint-Siège. C'est ce que nous avons vu faire au concile dans les premières sessions. — Mais le pouvoir judiciaire des évêques était entravé par des difficultés et des chicanes sans cesse renaissantes. Le concile, dans la session treizième et la quatorzième, élève leur pouvoir au-dessus des difficultés et des chicanes, par une suite de décrets tempérés de fermeté et de douceur.

Session treizième.

« CHAPITRE I. Les évêques doivent veiller avec prudence à la restauration des bonnes mœurs, et l'on ne doit pas appeler de leur sentence.

» Le même saint concile de Trente ayant dessein de faire quelques ordonnances touchant la juridiction des évêques, afin que, conformément au décret de la dernière session, ils se portent à résider d'autant plus volontiers dans leurs églises, qu'ils trouveront plus de facilité et de disposition à gouverner les personnes qui sont sous leur charge et à les contenir dans une vie honnête et réglée : il juge à propos de les avertir eux-mêmes les premiers de se souvenir qu'ils ont été établis pour paître leur troupeau, et non pour le maltraiter, et qu'ils doivent présider de telle sorte à leurs inférieurs, qu'ils ne prétendent pas les dominer ; mais qu'ils doivent les aimer comme leurs enfants et leurs frères, et tâcher de les détourner, par leurs exhortations et leurs bons avis, de tout ce qui leur est défendu, pour n'être pas obligés d'en venir aux châtiments nécessaires s'ils tombaient en quelque faute. Cependant, s'il arrivait qu'ils en eussent commis quelqu'une par fragilité humaine, les évêques doivent observer à leur égard le précepte de l'Apôtre, c'est-à-dire les reprendre, les supplier, les redresser avec toute sorte de bonté et de patience ; parce que les témoignages d'affection sont plus propres à corriger les pécheurs que la rigueur, l'exhortation plus que la menace ; et la charité plus que la force.

» Mais si la gravité de la faute exige qu'on use de la verge, alors il faut tempérer l'autorité par la douceur, la justice par la miséricorde, et la sévérité par la bonté ; et, sans faire paraître une dureté trop excessive, maintenir ainsi parmi les peuples la discipline qui est si utile et si nécessaire, afin que ceux qui auront été punis puissent se corriger, ou que, s'ils ne le veulent pas, les autres au moins soient détournés du vice par l'exemple salutaire de cette punition. En effet, il est du devoir d'un pasteur vigilant et charitable d'employer d'abord les remèdes les plus doux dans les maladies de ses brebis, pour en venir ensuite de plus forts, quand la grandeur du mal le demande. Et si enfin ceux-ci mêmes sont inutiles pour en arrêter le cours, il doit au moins, en les séparant, mettre à couvert les autres brebis du péril de la contagion.

» La coutume des accusés, en fait de crime, étant d'ordinaire de supposer des plaintes et des griefs, pour éviter les châtiments et se soustraire à la juridiction des évêques, pour arrêter, par des appellations qu'ils interjettent, le cours des procédures ordinaires, afin d'empêcher qu'à l'avenir ils n'abusent, pour la défense de l'iniquité, d'un remède qui a été établi pour la conservation de l'innocence et pour aller par ce moyen au devant de leurs chicanes et de leurs fuites, le saint concile déclare et ordonne ce qui suit :

» I. Dans les causes, qui regardent la visite et la correction, la capacité et l'incapacité des personnes, comme aussi dans les causes criminelles, on ne pourra appeler, avant la sentence définitive, d'aucun grief ni d'aucune sentence interlocutoire d'un évêque ou de son vicaire général au spirituel ; et l'évêque ou son vicaire ne seront point tenus de déférer à une telle appellation, qui doit être regardée comme frivole ; mais ils pourront passer outre, nonobstant toute sentence émanée du juge devant qui on aura appelé, et tout usage ou coutume contraire, même de temps immémorial. Si ce n'est que le grief fût tel qu'il ne pût être réparé par la sentence définitive, ou qu'il n'y eût pas moyen d'appeler de cette sentence définitive ; auquel cas, les ordonnances des saints et anciens canons demeureront en leur entier.

» II. Dans une cause criminelle, l'appellation se fait de l'évêque au métropolitain, et à l'un des évêques les plus proches, si le métropolitain est raisonnablement suspect, ou trop éloigné, ou si c'est de lui qu'on appelle.

» III. Les actes de la première instance seront fournis gratuitement à l'appelant, dans le terme de trente jours.

» IV. *De quelle manière il faut procéder à la déposition des clercs pour des crimes graves. Changement notable à l'ancien droit.* — Comme il se commet quelquefois, par des ecclésiastiques, des crimes si énormes et si atroces qu'on est obligé de les déposer des ordres sacrés et de les livrer à la justice séculière, et que pour cette procédure les saints canons demandent un certain nombre d'évêques, ce qui pourrait quelquefois retarder trop l'exécution du jugement par la difficulté de les assembler tous, ou interrompre leur résidence quand ils seraient disposés à y assister : c'est pourquoi le saint concile ordonne et déclare qu'un évêque, sans l'assistance d'autres évêques, peut par lui-même ou par son vicaire général au spirituel, procéder contre un clerc engagé dans les ordres sacrés, même dans la prêtrise, jusqu'à la condamnation et à la déposition verbale; il peut aussi par lui-même, sans autre évêque, procéder à la dégradation actuelle et solennelle desdits ordres et grades ecclésiastiques, dans les cas où la présence d'autres évêques est requise à un nombre certain, marqué par les canons; en se faisant néanmoins assister en leur place par un pareil nombre d'abbés, ayant droit de crosse et de mitre par privilége apostolique, s'il s'en peut trouver aisément dans le lieu ou dans le diocèse, et qu'on puisse commodément les assembler; sinon, et à leur défaut, en y appelant au moins d'autres personnes constituées en dignités ecclésiastiques et recommandables par leur âge, leur expérience et leur capacité en fait de droit. »

Pour prévenir les absolutions ou grâces subreptices que les délinquants pourraient surprendre à Rome sur de faux exposés, le chapitre V ordonne que l'évêque, comme délégué du Siége apostolique, connaîtra sommairement des grâces accordées pour l'absolution des péchés publics ou pour la remise des peines par lui imposées.

Les chapitres VI, VII et VIII statuent que l'évêque ne doit être assigné et cité à comparaître personnellement que lorsqu'il s'agit de le déposer ou de le priver de ses fonctions; qu'on ne doit admettre contre un évêque, en matière criminelle, que des témoins sans reproche; qu'enfin le souverain Pontife seul doit connaître des causes griéves contre les évêques. Ce dernier article est important; voici les paroles du concile :

« Les causes des évêques, quand elles sont de nature à les faire comparaître, seront portées devant le souverain Pontife et terminées par lui-même. » Voilà donc le saint et œcuménique concile de Trente qui ordonne de porter au souverain Pontife les causes criminelles des évêques; non-seulement en dernier ressort, mais en première instance : ce qui condamne les doléances en sens contraire, qui ne cessent de se reproduire dans Fleury et dans le janséniste Fabre, son continuateur. Il nous semble que ce décret du concile de Trente n'a point été assez remarqué. Les Pères comprenaient que leur force est dans leur union entre eux et avec leur chef.

Ce plan de réformation se développe et se poursuit dans la session quatorzième par quatorze chapitres, précédés de l'introduction suivante :

« C'est le devoir des évêques d'avertir de leurs devoirs ceux qui leur sont soumis, principalement ceux qui ont charge d'âmes.

» Le devoir des évêques étant proprement de reprendre les vices de tous ceux qui leur sont soumis, ils doivent avoir un soin particulier que les ecclésiastiques, surtout ceux qui ont charge d'âmes, soient sans reproches, et ne mènent point, par leur connivence, une vie déréglée; car s'ils tolèrent qu'ils soient de mœurs corrompues et dépravées, comment reprendront-ils de leurs vices les laïques, qui pourront d'un seul mot leur fermer la bouche, en leur disant qu'ils souffrent des ecclésiastiques plus criminels qu'eux?. Et de quel droit aussi les prêtres corrigeront-ils les laïques, quand leur propre conscience leur reprochera les mêmes crimes qu'ils reprennent? Les évêques avertiront donc les ecclésiastiques, de quelque rang qu'ils soient, de marcher devant le peuple qui leur est confié, par leur vie exemplaire, leurs paroles et leur doctrine, se souvenant de ce qui est écrit : *Soyez saints, parce que je suis saint* (Levit., 19), *et prenant garde aussi,* suivant la parole de l'Apôtre, *de ne donner à personne aucun sujet de scandale.* (2. Cor., 6), afin que leur ministère ne soit point déshonoré, mais qu'ils se montrent en toute chose tels que doivent être les ministres de Dieu, de peur que le mot du prophète ne s'accomplisse en eux : *Les prêtres de Dieu souillent les choses saintes et rejettent la loi* (Ezech., 22; Sophon., 3). Mais afin que les évêques s'acquittent plus aisément de cette obligation et qu'ils ne puissent en être empêchés par aucun prétexte, le même saint concile de Trente, œcuménique et général, le même légat et les mêmes nonces, du Siége apostolique y présidant, a jugé à propos et d'établir et de décréter les ordonnances suivantes :

» ARTICLE I. On punira ceux qui s'élèvent aux ordres, malgré la défense, l'interdit, ou la suspense de l'ordinaire.

» II. Défense aux évêques *in partibus* de donner aucun ordre à qui que ce soit, quand même il serait de leur maison, sans permission de son évêque, sous les peines portées contre les deux.

» III. Un évêque peut suspendre ses clercs promus sans droit par un autre, s'il les trouve incapables.

» IV. Aucun clerc n'est exempt de la correction de l'évêque, même hors de visite.

» V. On restreint les droits des conservateurs ou juges établis par le Pape pour conserver les droits ou les priviléges de certains corps ou de certaines personnes. Sont exceptés de cette restriction les universités, les colléges et les hôpitaux.

L'article VI décerne des peines contre les clercs qui, étant dans les ordres sacrés ou possédant des bénéfices, ne portent point un habit convenable à leur état. Il est conçu en ces termes :

« Quoique l'habit ne fasse pas le moine, il est nécessaire que les clercs portent toujours des habits convenables à leur propre état, afin de faire paraître, par la bienséance de leur habit, l'honnêteté, la droiture intérieure de leurs mœurs. Mais tels sont dans ce siècle le mépris de la religion et la témérité de quelques-uns, que, sans avoir égard à leur propre dignité et à l'honneur de la cléricature, ils n'ont point honte de porter publiquement des habits tout laïques, voulant mettre, pour ainsi dire, un pied dans les choses de Dieu et l'autre dans celles de la chair. Pour cette raison, tous ecclésiastiques, quelque exempts qu'ils soient, ou qui seront dans les ordres sacrés, ou qui posséderont quelques dignités, personnats, offices ou bénéfices ecclésiastiques, quels qu'ils puissent être, si après en avoir été avertis par leur évêque ou par son ordonnance publique, ils ne portent point l'habit clérical, honnête et convenable à leur ordre et dignité, conformément à l'ordonnance et au mandement de leur dit évêque, pourront et devront y être contraints par la suspension de leurs ordres, offices et bénéfices. Et même si, après avoir été une fois repris, ils retombent dans la même faute, ils seront privés de leurs offices et bénéfices, suivant la constitution de Clément V, publiée au concile de Vienne, qui commence par ce mot : *Quoniam*, que le présent concile renouvelle et amplifie. »

L'article VII défend de jamais promouvoir aux ordres sacrés les homicides volontaires, et règle comment il faut procéder à l'égard des homicides par accident.

« VIII. Nul ne peut punir les clercs d'un autre évêque, nonobstant tout privilége.

» IX. On ne doit, sous aucun prétexte, unir les bénéfices de différents diocèses.

» X. Il faut conférer les bénéfices réguliers aux réguliers.

» XI. Ceux qui passent d'un ordre dans un autre, doivent demeurer dans le cloître sous l'obéissance, et ils sont incapables de tout bénéfice séculier.

» XII. On ne peut obtenir droit de patronage, qu'en fondant ou dotant quelques bénéfices.

» XIII. La présentation doit se faire à l'évêque ordinaire du lieu, autrement la présentation et l'institution seront nulles. »

Après la lecture de tous les décrets de dogme et de discipline, on déclara que dans la session prochaine, ordonnée pour le 25 janvier 1552, outre le sacrifice de la messe et les autres matières déjà indiquées, on examinerait encore le sacrement de l'Ordre, et qu'on poursuivrait la réformation. Ce jour-là, en effet, on tint la quinzième session; on y lut un décret par lequel la décision des matières était différée jusqu'au 19 mars, en faveur des protestants, qui demandaient cette prorogation. On y lut aussi un nouveau sauf-conduit qu'on leur accordait, mais ils n'en furent encore contents, et se plaignirent, comme à l'ordinaire, qu'on leur manquait de parole. La session fut prorogée de nouveau jusqu'au 1er mai, tant à cause du départ soudain de trois archevêques électeurs, que pour de nouvelles espérances que donna l'empereur touchant l'arrivée des théologiens protestants.

Mais bientôt éclatèrent les projets des protestants contre l'empereur Charles-Quint. Leur armée ayant dirigé sa marche vers Inspruck, ville peu éloignée de Trente, une partie des prélats prirent la fuite.

Le cardinal Madruce, prévoyant que les vues des hérétiques pourraient bien être de se rendre maître de l'élite des évêques et des théologiens qui étaient à Trente, fit promptement avertir le Pape que cette ville n'était point à l'abri d'une irruption. Jules III suspendit le concile dans une congrégation consistoriale tenue le 15 avril 1551, et où l'affaire avait été mise en délibération. Les impériaux éclatèrent en menaces dès que cette résolution fut connue. Les deux évêques-présidents, qui étaient seuls, parce que le légat Crescenzio était dangereusement malade, n'osèrent effectuer la suspension. Ils voulaient d'ailleurs qu'elle fût résolue par le concile même. L'affaire ayant été mise en délibération dans la congrégation générale du 24 avril, la suspension y fut arrêtée pour deux ans, à la pluralité des voix, du consentement même d'une partie des impériaux et de l'ambassadeur du roi Ferdinand, frère de l'empereur. Cette résolution ayant été présentée dans la session tenue le 28, y fut confirmée. Douze Espagnols s'opposèrent au décret, en convenant toutefois de la nécessité où l'on se trouvait de proroger le concile. Ils agirent bientôt contre leur protestation, en pourvoyant à leur salut par la fuite.

§ IV.

De la deuxième suspension du concile de Trente (1551), à la mort de Paul IV (1559). — Suites de la révolution religieuse en Allemagne, en France et en Angleterre.

Retiré à Inspruck et perclus de la goutte, Charles-Quint s'occupait à diriger le concile. Il croyait n'avoir rien à craindre des protestants : dans cette confiance, il envoya successivement tous ses soldats espagnols et tout l'argent dont il pouvait disposer, ou en Italie, pour tenir tête aux Français, ou en Hongrie, pour s'opposer aux Turcs. Ce qui lui inspirait une si grande sécurité à l'égard des protestants, c'était le dévouement de Maurice, nouvel électeur de Saxe, qui effectivement lui en donnait des assurances continuelles. Cependant Maurice le trahissait et préparait contre lui une expédition formidable, de concert avec les autres protestants d'Allemagne et le roi de France. C'était dans la nuit du 22 au 23 mai 1552; la pluie tombait par torrents; l'empereur était au lit, souffrant cruellement de la goutte. Tout à coup on l'avertit que dans peu d'heures il va se trouver au pouvoir de Maurice et de l'armée protestante, qui vient d'enlever la dernière forteresse. Charles-Quint, perclus des mains et des pieds, sans armée ni argent, se fait transporter dans une litière, et, par des sentiers de montagne, se dirige sur Villach en Carinthie, éclairé par des flambeaux de paille, tandis que ses courtisans le suivent comme ils peuvent, sur de mauvais chevaux, des ânes ou à pied. Le 23 au matin, Maurice entre dans Inspruck avec son armée, et reconnaît que c'est trop tard de quelques heures. Il livre au pillage le palais de l'empereur, repart pour Passau, où il entre en conférences avec le roi Ferdinand, qui, l'année précédente, avait fait assassiner le cardinal Martinuzzi, évêque de Varadin, qu'il soupçonnait coupable de trahison, et dont on reconnut à sa mort la vertu et l'innocence. Ferdinand fut excommunié par le Pape, mais ensuite absous avec ses complices, à la prière de son frère Charles-Quint. En peu de temps, tous les complices périrent d'une mort funeste.

Les conférences de Passau eurent pour résultat ce qu'on appelle le *Traité de la paix publique*. Il portait que le landgrave de Hesse, prisonnier de l'empereur, serait immédiatement mis en liberté; qu'une diète serait assemblée dans six mois pour chercher le moyen d'assoupir toutes les discordes de religion, soit par un concile général ou national; soit par un colloque ou par une diète ordinaire; qu'elle agirait d'après l'avis d'une commission composée d'un nombre égal de membres des deux religions; l'hérésie et la foi ancienne. Jusqu'à leur conciliation; les deux religions; l'Erreur et la Vérité, devaient conserver tous leurs droits, une entière liberté pour leur culte, et une égalité parfaite en justice. La même diète devait se charger de ramener l'entière exécution de la bulle d'or et des anciennes constitutions de l'empire; Ferdinand et son fils Maximilien prenaient l'engagement de faire valoir toutes les plaintes de la nation germanique contre les violations de ses libertés. Toutes les troupes devaient être congédiées avant le 12 août suivant; toutes les offenses données et reçues de part et d'autre devaient être oubliées, et le roi de France, qui avait secondé le rétablissement de la liberté religieuse en Allemagne, c'est-à-dire le triomphe de l'hérésie, était invité à faire connaître ses griefs contre l'empereur, pour participer ensuite à la pacification générale. — Suivant le protestant Sismondi, le roi de France n'avait d'autre vue que de répandre l'anarchie en Allemagne, pour avoir plus d'avantages contre l'empereur (*Hist. des Français*; t. XVII, p. 472).

Au lieu de suivre la direction de l'Église de Dieu pour réprimer l'anarchie religieuse et intellectuelle qui allait diviser l'Allemagne pour des siècles, Charles-Quint prétendait diriger l'Église et le concile œcuménique par ses diètes et par ses conférences allemandes : et après toutes ces finesses, il se voit contraint à fuir devant un favori qui le joue, et à reconnaître à l'anarchie droit de naturalité en Allemagne. L'historien protestant Menzel est persuadé que, sans l'intervention astucieuse de ce favori, Maurice de Saxe, le concile de Trente, secondé par l'empereur, eût réuni de nouveau dans la même foi l'Allemagne et l'Europe divisée (Menzel, *Hist. moderne des Allemands*; t. III, p. 522 (en allemand). Maurice de Saxe périt en 1553, dans une bataille entre deux partis protestants.

Charles-Quint se vit encore déçu dans d'autres projets. Depuis longtemps son frère Ferdinand était roi des Romains, et par là même son successeur à l'empire. Mais Charles-Quint avait un fils unique, qui sera Philippe II, auquel il eût bien voulu céder tous ses Etats, et l'empire, et les Pays-Bas, et la Bourgogne, et le Milanais, et le royaume de Naples, et les royaumes d'Espagne, et le Nouveau Monde. Pour cela, il eût bien voulu que Ferdinand renonçât à son titre de roi des Romains. Mais Ferdinand ne voulut pas entendre de cette oreille, et il fallut renoncer à cette idée.

Henri II, roi de France, à la faveur de son alliance avec les protestants d'Allemagne, avait pris à l'empire les villes de Toul, Verdun et Metz. Charles-Quint voulut reprendre cette dernière sur le duc de Guise, mais n'y réussit pas. La fortune le trahissait aussi en Italie, où la révolte venait de lui faire perdre Sienne. Il se retira à Bruxelles, où il sentit vivement ses revers. Accablé par ses ennemis, tourmenté par les douleurs de la goutte, il devint sombre et mélancolique, et se déroba tellement à tous les regards pendant plusieurs mois, que le bruit de sa mort se répandit en Europe. La diète d'Augsbourg, en 1555, confirma le traité de Passau, et donna aux protestants des droits égaux à ceux des catholiques. Charles-Quint, voyant échouer tous ses projets et le nombre de ses ennemis s'augmenter chaque jour, prit la résolution de résigner à Philippe ses Etats héréditaires.

Les états des Pays-Bas s'étant assemblés à Louvain, au mois d'octobre 1555, il rappela dans une harangue pompeuse la vie agitée et pénible qu'il avait menée, ses fréquents voyages en Europe et même en Afrique, les guerres qu'il avait soutenues; il insista particulièrement sur le sacrifice qu'il avait fait de son temps, de ses plaisirs, de sa santé pour défendre la religion et travailler au repos public. « Tant que mes forces me l'ont permis, continua-t-il, j'ai rempli mes devoirs; aujourd'hui je me vois attaqué d'une maladie incurable, et mes infirmités m'ordonnent le repos. Le bonheur de mes peuples m'est plus cher que l'ambition de régner. Au lieu d'un vieillard près de descendre dans la tombe, je vous donne un prince dans la fleur de l'âge, un prince doué de sagacité, actif et entreprenant. Quant à moi, si j'ai commis quelques erreurs dans le cours d'un long règne, ne l'imputez qu'à ma faiblesse, et je vous prie de me le pardonner. Je conserverai à jamais une vive reconnaissance de votre fidélité, et votre bonheur sera le premier objet des vœux que j'adresserai au Dieu tout-puissant, à qui je consacre le reste de ma vie. »

Se tournant ensuite vers Philippe, qui s'était jeté à genoux et qui baisait la main de son père, il lui adressa des conseils paternels sur les devoirs d'un prince, et le conjura de travailler sans relâche au bonheur des peuples. Charles-Quint, en finissant son discours, donna sa bénédiction à son fils et le pressa fortement contre son sein; puis, épuisé de fatigue et vivement ému des larmes de l'assemblée, il retomba dans son siège. Dans cette première cérémonie, Charles-Quint ne céda à Philippe que la souveraineté des Pays-Bas; le 15 janvier de l'année suivante 1556, il lui transmit tous les royaumes d'Espagne; et le 27 août de la même année, il résigna l'empire à Ferdinand, son frère, en lui en envoyant le sceptre et la couronne par le prince d'Orange.

De ses immenses revenus, Charles-Quint ne se réserva qu'une pension de cent mille écus. Ayant résolu de passer le reste de ses jours en Espagne, il s'affligea de ce que les vents contraires arrêtaient l'exécution de son dernier projet; il employa le temps qu'il passa encore dans les Pays-Bas à négocier la paix entre son fils et la France, et réussit à faire adopter une trêve. S'étant embarqué en Zélande, il arriva sur les côtes de Biscaye. On dit qu'en sortant de son vaisseau il se prosterna et baisa la terre, en s'écriant : « Nu je suis sorti du sein de ma mère, et nu je retourne à toi, mère commune des hommes. »

Lorsqu'il arriva à Burgos, le peu d'empressement de la noblesse à le recevoir et le retard qu'on mit à lui payer sa pension durent lui faire sentir son nouvel état avec quelque amertume. Il s'était choisi une retraite au monastère de Saint-Just, près de Placentia, dans l'Estramadure. Ce fut là qu'il ensevelit, dans la solitude et le silence, sa grandeur, son ambition et tous ses vastes projets, qui, pendant la moitié d'un siècle, avaient rempli l'Europe d'agitations et d'alarmes ; ses amusements se bornaient à des promenades sur un petit cheval, le seul qu'il eût conservé, à la culture d'un jardin et à des ouvrages de mécanique. Il faisait des horloges, et, ayant éprouvé la difficulté d'en faire marcher deux extrêmement d'accord, on prétend qu'il réfléchit sur sa folie en se rappelant le temps où il avait voulu contraindre un grand nombre d'hommes à adopter une façon de penser uniforme.

Il assistait deux fois par jour au service divin, lisait des livres de dévotion, et particulièrement les œuvres de saint Augustin et de saint Bernard. La nouveauté de ce genre de vie, la douceur du climat, la satisfaction que Charles-Quint goûta d'être délivré des soins du gouvernement firent d'abord de sa retraite un séjour de délices ; mais bientôt de nouvelles attaques de goutte, et, si l'on en croit quelques historiens, le repentir d'avoir abandonné son trône le plongèrent dans des accès de mélancolie qui altérèrent les facultés de son esprit, ou plutôt le firent penser plus sérieusement à son heure dernière. Il renonça aux plaisirs les plus innocents de sa retraite et pratiqua dans toute leur rigueur les règles de la vie monastique. Dans la ferveur de sa dévotion, il résolut de célébrer ses propres obsèques. Enveloppé d'un linceul et précédé de ses domestiques vêtus de deuil, il s'avança vers une bière placée au milieu de l'église du couvent, et s'y étendit. On célébra l'office des morts, et le monarque mêla sa voix à celle des religieux qui priaient pour lui. Après la dernière aspersion, on se retira, et les portes de l'église se fermèrent. Charles-Quint, resté seul, se tint encore quelque temps dans le cercueil ; s'étant levé enfin, il alla se prosterner devant l'autel ; puis il rentra dans sa cellule, où il passa la nuit dans la plus profonde méditation. Il mourut de la fièvre quelque temps après, le 22 septembre 1558, dans la 59e année de son âge (*Biographie universelle*; Robertson).

Quant à l'esprit politique de l'Europe, voici comme on en peut résumer l'origine, le caractère et le développement. Les césars teutons, promptement dégénérés de Charlemagne, cet *humble défenseur de l'Église romaine*, ce *dévot auxiliaire du Siège apostolique en toutes choses*, prétendent disposer en maîtres de ce Siège et de cette Église, y créent des schismes par leurs anti-papes, et à quelle fin ? pour imposer à tout le monde ce *credo* politique : « L'empereur allemand est la loi vivante et souveraine de tous les peuples et de tous les rois, il est le propriétaire unique de tout l'univers, l'Église romaine n'existe que pour enseigner cela. » De leur côté, les rois de France, promptement dégénérés de saint Louis, leur glorieux ancêtre, au lieu de se dévouer comme lui au service de Dieu et de son Église, pré-

tendent mettre cette Église de Dieu à leur service, confisquer la papauté à leur profit, et amènent ainsi le grand schisme d'Occident. Cet esprit de révolution et d'anarchie princière se fait homme, en Allemagne dans Luther, en France dans Calvin, en Angleterre dans Henri VIII : trois volcans, trois incendies, communiquant entre eux d'un pays à l'autre, et qui dévoreront jusqu'à la racine de l'ordre social, si l'Église de Dieu ne le sauve contre cet océan de feu, malgré les princes de ce monde. Nous l'avons vu par Charles-Quint. Le Pape lui disait : Pour éteindre l'incendie de l'Allemagne, il faut y jeter de l'eau et encore de l'eau. — Pas tout à fait, répondait l'empereur, je m'y entends mieux que vous : il faut un mélange d'eau et d'huile. — Le Pape disait au roi de France : Le feu de l'Allemagne prend chez vous, jetez-y de l'eau pour l'éteindre. — Oui, Très-Saint-Père, j'y jette de l'eau chez moi, et de l'huile chez mon voisin d'Allemagne ; et de peur que l'incendie ne s'y éteigne, j'appelle sous main le Grand-Turc, pour l'attiser, même chez vous, s'il y avait moyen. Telle était la merveilleuse politique de l'empereur d'Allemagne et du roi de France, dans cet embrasement de l'Europe : politique et embrasement qui durent encore.

Autre échantillon. L'incendie d'Angleterre, allumé par Henri VIII, allait diminuant sous sa fille Marie. Le roi de France, Henri II, de peur que cet incendie ne vînt à s'éteindre : il suscita donc en Angleterre, il y soudoya même des conspirations, des insurrections hérétiques contre la reine catholique, Marie. En récompense, l'autre fille de Henri VIII, la protestante Élisabeth, suscitera, soudoiera des conspirations, des guerres civiles en Écosse, royaume allié de la France, et donnera aux siècles modernes le premier exemple du régicide, dans le meurtre juridique de la reine d'Écosse, sa cousine, Marie Stuart. Dans le même temps, au cœur de la France même, elle attisera et soudoiera la guerre civile, faisant tuer les Français par les Français, les princes par les princes, les peuples par les peuples. Parmi tous ses voisins couronnés, c'est à qui mettra le feu l'un à l'autre : telle est leur morale. Or, au milieu de cette anarchie incendiaire des peuples et des princes, c'est à l'Église de Dieu, c'est au concile de Trente à sauver la foi, le bon sens, les sentiments d'honneur, en Europe et dans tout le monde.

La tâche n'est pas médiocre : il s'agit de guérir les nations malades ; car le monde est un grand hôpital, où les malades sont des nations entières. Jésus-Christ, médecin, infirmier, remède par excellence, a établi une hiérarchie de médecins, d'infirmiers et de remèdes : c'est la hiérarchie catholique. Le chef visible des médecins et des infirmiers, c'est le Pape. Les principaux malades sont l'Allemagne, la France et l'Angleterre : depuis trois siècles, elles ont une grande fièvre. Par exemple, l'histoire religieuse de l'Angleterre, depuis trois siècles, ressemble aux rêves d'un malade en délire, qui outrage, qui frappe, qui tue ses infirmiers et ses médecins. Aujourd'hui cependant, après trois siècles, la fièvre se calme ; le malade recouvre assez de sens pour s'apercevoir de son état et regretter son antique santé : en relisant le journal de sa maladie, il commence à rougir de ses extravagances et ne sait comment se les expliquer.

En effet, la chose n'est pas facile à comprendre. Depuis neuf cents ans, l'Angleterre, convertie par les Papes, leur était unie et soumise, non-seulement au spirituel, mais encore un peu au temporel, comme à son suzerain volontairement choisi autrefois. Cette union paraissait plus intime que jamais, son chef venait de recevoir du Pape le glorieux titre de *défenseur de la foi catholique*. Et voilà tout à coup que la tête lui tourne, qu'il renie celui dont il vient de recevoir le titre glorieux de défenseur de la foi ; qu'il en usurpe lui-même la place, et cela pour faire de son lit nuptial un lieu d'adultères et de meurtres, de son trône un antre de vols et de sacriléges. Et tout à coup l'Angleterre, saisie du même vertige, renie ses neuf siècles de christianisme, renie le successeur de saint Pierre, l'auteur de sa civilisation, renie la communion de sa légion de saints qui peuplent le ciel et qui sont tous morts dans l'unité de l'Église romaine ; et cela pour enrichir quelques familles du vol des églises et des monastères, et réduire à la mendicité le tiers du peuple.

Ce n'est pas tout. Jésus-Christ a dit : *Il n'y aura qu'un bercail et qu'un pasteur*. Ce pasteur est Pierre, auquel il a dit : *Pais mes agneaux, pais mes brebis. Tu es Pierre, et sur cette pierre je bâtirai mon Église, et les portes de l'enfer ne prévaudront point contre elle. Et tout ce que tu lieras ou délieras sur la terre sera lié ou délié dans les cieux. J'ai prié pour toi afin que ta foi ne défaille point ; lors donc que tu seras converti, affermis tes frères.* Or, ce pasteur suprême et universel, divinement institué et divinement assisté, la nation anglaise, qui lui doit d'ailleurs tout ce qu'elle a de bon, le reconnaît, le vénère, lui obéit pendant plus de mille ans, avec toutes les nations catholiques ; et puis, tout à coup elle le renie, pour faire bande à part, hors du bercail unique, et se donner à un autre pasteur qui n'est pas le successeur de saint Pierre, mais le successeur d'Hérode, qui mit saint Pierre en prison ; mais le successeur de Néron, qui mit saint Pierre en croix, mais un de ces princes du siècle, devant qui le Sauveur nous prévient que nous serons traduits comme des criminels, pour lui rendre témoignage au milieu des tourments. Et les Anglais se soumettent à cet étrange pasteur, non pour conserver la foi de leurs pères, mais pour en changer du jour au lendemain, suivant les caprices du maître ; et ce maître sera souvent un enfant ou une femme : ce sera souvent une femme, un enfant qui apprendront aux Anglais, du jour au lendemain, ce qu'ils doivent croire ou ne croire plus, et cela sous peine d'être pillés, emprisonnés, exilés, brûlés ou pendus.

Ainsi, à la mort de leur premier pape national Henri VIII, ayant eu un jeune pape de dix ans, Edouard VI, les Anglais changèrent de religion comme de règne, et d'anglicans devinrent zwingliens, par ordre de leur jeune pape. La véritable cause, c'est que l'oncle du pape mineur était zwinglien dans l'âme et qu'il convoitait les calices et autres vases, et ornements d'or et d'argent qui se trouvaient encore dans les églises.

Pour préparer la voie à cette nouvelle réformation, on commença par reconnaître Edouard, comme on avait fait Henri, pour chef souverain de l'Église anglicane au spirituel et au temporel. La maxime qu'on avait établie dès le temps de Henri VIII était que le roi tenait la place du pape en Angleterre : ce sont les paroles de l'évêque anglican Burnet. Mais on donnait à cette nouvelle papauté des prérogatives auxquelles le Pape n'avait jamais prétendu. Les évêques prirent du jeune Edouard de nouvelles commissions, révocables à la volonté du roi, comme Henri l'avait déjà déclaré ; et on crut, suivant Burnet, que pour avancer la réformation, il fallait tenir les évêques sous le joug d'une puissance arbitraire. L'archevêque de Cantorbéry, primat d'Angleterre, le zwinglien Cranmer, fut le premier à baisser la tête sous ce joug honteux. Il ne faut pas s'en étonner : c'était lui qui inspirait ces sentiments ; les autres suivirent ce pernicieux exemple. On se relâcha un peu dans la suite, et les évêques furent obligés d'accepter comme une grâce que le roi *donnât les évêchés à vie*. On expliquait bien nettement dans leur commission, comme on avait fait sous Henri, selon la doctrine de Cranmer, que la puissance épiscopale, aussi bien que celle des magistrats séculiers, émanait de la royauté comme sa source ; que les évêques ne l'exerçaient que *précairement*, et qu'ils devaient l'*abandonner à la volonté du roi*, d'où elle leur était communiquée. Le roi-enfant leur donnait pouvoir « d'ordonner et de déposer les ministres, de se servir des censures ecclésiastiques contre les personnes scandaleuses ; et, en un mot, de faire tous les devoirs de la charge pastorale » : tout cela *au nom du roi et sous son autorité*. On reconnaissait en même temps que cette charge pastorale était établie par la parole de Dieu ; car il fallait bien nommer cette parole dont on voulait se faire honneur. Mais encore qu'on n'y trouvât rien pour la puissance royale, que ce qui regardait l'ordre des affaires du siècle, on ne laissa pas de l'étendre jusqu'à ce qu'il y a de plus sacré dans les pasteurs. On expédiait une commission du roi à qui on voulait pour sacrer un nouvel évêque. Ainsi, selon la nouvelle hiérarchie, comme l'évêque n'était sacré que par l'autorité royale, ce n'était que par la même autorité qu'il célébrait les ordinations. La forme même et les prières de l'ordination, tant des évêques que des prêtres, furent réglées au parlement. On en fit autant de la liturgie, ou du service public, et de toute l'administration des sacrements. En un mot, tout était soumis à la puissance royale, et en abolissant l'ancien droit, le parlement devait faire encore le nouveau corps de canons. Tous ces attentats étaient fondés sur la maxime dont le parlement d'Angleterre s'était fait un nouvel article de foi : « qu'il n'y avait point de juridiction, soit séculière, soit ecclésiastique, qui ne dût être rapportée à l'autorité royale comme à sa source (Bossuet, *Variat.*, l. 7 ; n. 76). »

Un peu après, le roi-pape de dix ans déclara qu'il allait faire la visite de son royaume, et défendait aux archevêques et à tous autres d'exercer aucune juridiction ecclésiastique tant que la visite durerait. Il y eut une ordonnance du roi-enfant, pour se faire recommander dans les prières publiques, comme souverain chef de l'Église anglicane ; et la violation de cette ordonnance emportait la suspension, la déposition et l'excommunication.

Ce n'est pas tout : quelque temps après, il y eut un édit qui défendait de prêcher sans la permission du roi ou sans celle de ses visiteurs, de l'archevêque de Cantorbéry ou de l'évêque diocésain. Ainsi le droit principal était au roi, et les évêques y avaient part avec sa permission seulement. Quelque temps plus tard, le conseil de régence permit de prêcher à ceux qui se sentiraient animés du Saint-Esprit. Le conseil avait changé d'avis. Après avoir fait dépendre la prédication de la puissance royale, on s'en remet à la discrétion de ceux qui s'imagineraient avoir en eux-mêmes le Saint-Esprit, et on y admet par ce moyen tous les fanatiques. Un an après, on changea encore. Il fallut ôter aux évêques le pouvoir d'autoriser les prédicateurs et le réserver au roi et à l'archevêque. Par ce moyen, il sera aisé de faire prêcher telle hérésie qu'on voudra. On remit au prince seul toute l'autorité de la parole. On poussa la chose si loin, qu'après avoir déclaré au peuple que le roi faisait travailler à ôter toutes les matières de controverses, on défendait, en attendant, généralement à tous les prédicateurs, de prêcher dans quelque assemblée que ce fût. Voilà donc la prédication suspendue par tout le royaume, la bouche fermée aux évêques par l'autorité du roi, et tous en attente de ce que le prince établirait sur la foi. On y joignait un avis de recevoir avec soumission les ordres qui seraient bientôt envoyés. C'est ainsi que s'est établie la réformation anglicane. Toute une nation, chrétienne depuis dix siècles, attend d'un enfant de dix ans à savoir ce que c'est que le christianisme. En vérité, cette nation était tombée en enfance.

Avec ces préparatifs, la réformation anglicane fut commencée par le duc de Sommerset et par Cranmer. Le duc de Sommerset était l'oncle du jeune prince. D'abord la puissance royale détruisait la foi que la puissance royale avait établie. Les six articles que Henri VIII avait publiés avec toute son autorité spirituelle et temporelle, furent abolis. C'étaient 1° la transsubstantiation; 2° la communion sous une espèce; 3° le célibat des prêtres, avec la peine de mort contre ceux qui y contreviendraient; 4° l'obligation de garder les vœux; 5° les messes particulières; 6° la nécessité de la confession auriculaire. Ces articles avaient été publiés par l'autorité de Henri VIII et du parlement, à peine de mort pour ceux qui les combattraient opiniâtrément, et de prison pour les autres, autant de temps qu'il plairait au roi. Malgré toutes ces précautions de Henri VIII, précautions renouvelées dans son testament, pour conserver ces précieux restes de la religion catholique, et peut-être pour la rétablir tout entière avec le temps, la doctrine zwinglienne, tant détestée par ce prince, gagna le dessus sous son fils Edouard.

Deux étrangers, Pierre Martyr, Florentin, et Bernardin Ochin, qui depuis fut l'ennemi déclaré de la divinité de Jésus-Christ, furent appelés pour commencer cette réforme. C'étaient deux moines apostats et mariés. Pierre Martyr était un pur zwinglien. La doctrine qu'il proposa sur l'Eucharistie en Angleterre, l'an 1549, se réduisait à ces trois thèses : 1° qu'il n'y avait point de transsubstantiation; 2° que le corps et le sang de Jésus-Christ n'étaient point corporellement dans l'Eucharistie ni sous les espèces; 3° qu'ils étaient unis sacramentellement, c'est-à-dire figurément, ou tout au plus en vertu, au pain et au vin.

Avec le secours de ces étrangers et d'autres, Cranmer compila un recueil officiel d'homélies et de paraphrases, un nouveau catéchisme, un nouveau rituel, un livre de prières communes; le tout pour insinuer de plus en plus l'hérésie des sacramentaires et s'éloigner de plus en plus de l'ancienne religion. Le roi recommanda la nouvelle liturgie et les nouvelles prières à l'approbation du parlement; car Dieu n'écoutait plus de prières, à moins qu'elles n'eussent le timbre du parlement anglais. On disait dans le préambule du bill que les commissaires nommés par le roi pour rédiger les prières communes, en avaient achevé l'ouvrage d'un consentement unanime et par l'assistance du Saint-Esprit. Le public fut étonné de cette expression; mais les réformateurs étrangers et autres surent bien répondre que cela ne s'entendait pas d'une assistance ou d'une inspiration surnaturelle, et qu'autrement il n'eût point été permis d'y faire des changements. Or, ils y en voulaient, ces réformateurs, et ils ne prétendaient pas former d'abord leur religion. En effet, on fit bientôt dans la liturgie des changements très-considérables, et ils allaient principalement à ôter toutes les traces de l'antiquité que l'on avait conservées (Bossuet, *Variations*, l. 7; Lingard, *Edouard VI*; Cobbet, lettre 7).

On avait retenu cette prière dans la consécration de l'Eucharistie : *Bénis, ô Dieu, et sanctifie ces présents et ces créatures de pain et de vin, afin qu'elles soient pour nous le corps et le sang de ton très-cher Fils, etc.* On avait voulu conserver dans cette prière quelque chose de la liturgie de l'Eglise romaine, que le moine saint Augustin avait portée aux Anglais avec le christianisme, lorsqu'il leur fut envoyé par le pape saint Grégoire. Mais bien qu'on l'eût affaiblie en y retranchant quelques termes, on trouva encore qu'*elle sentait trop la transsubstantiation, ou même la présence corporelle;* et on l'a depuis entièrement effacée.

Elle était pourtant encore bien plus forte, comme la disait l'Eglise anglicane lorsqu'elle reçut le christianisme; car, au lieu qu'on avait mis dans la liturgie réformée, *que ces présents soient pour nous le corps et le sang de Jésus-Christ*, il y a dans l'original, *que cette oblation nous soit* FAITE *le corps et le sang de Jésus-Christ.* Ce mot de *faite* signifie une action véritable du Saint-Esprit qui change ces dons, conformément à ce qui est dit dans les autres liturgies de l'antiquité : *Faites, ô Seigneur, de ce pain le propre corps et de ce vin le propre sang de votre Fils, les changeant par votre Esprit-Saint* (*Lit. de S. Bas.*, édit. Bened., app., t. II, p. 679 et 693). Et ces paroles, *nous soit faite le corps et le sang*, se disent dans le même esprit que celles-ci d'Isaïe : *Un petit enfant nous est né; un fils nous est donné* (Isaï., 9, 6), non pour dire que les dons sacrés ne sont faits le corps et le sang que lorsque nous les prenons, comme on l'a voulu entendre dans la Réforme, mais pour dire que c'est pour nous qu'ils sont faits tels dans l'Eucharistie, comme c'est pour nous qu'ils ont été formés dans le sein d'une Vierge. La réformation anglicane a corrigé toutes choses *qui ressentaient trop la transsubstantiation*. Le mot d'oblation eût aussi trop senti *le sacrifice*; on l'avait voulu rendre en quelque façon par le terme de *présents*. A la fin, on l'a ôté tout à fait, et l'Eglise anglicane n'a plus voulu entendre la sainte prière qu'elle entendit lorsqu'en sortant des eaux du baptême on lui donna pour la première fois le pain de vie.

La réformation anglicane avait conservé quelque chose de la prière pour les morts; car on *recommandait encore à la bonté infinie de Dieu les âmes des trépassés*. On demandait, comme nous faisons encore aujourd'hui dans les obsèques, pour l'âme qui venait de sortir du monde, *la rémission de ses péchés*. Mais tous ces restes de l'ancien esprit sont abolis : cette prière ressentait trop le purgatoire. Il est certain qu'on l'a dite dès les premiers temps en Orient et en Occident : n'importe, c'était la messe du Pape et de l'Eglise romaine; il la fallait bannir de l'Angleterre, et en tourner toutes les paroles dans le sens le plus odieux.

Tout ce que la réforme anglicane tirait de l'antiquité, elle l'altérait. La confirmation n'a plus été qu'un catéchisme pour faire renouveler les promesses du baptême. Mais, disaient les catholiques, les Pères dont nous la tenons par une tradition fondée sur les Actes des apôtres et aussi ancienne que l'Eglise, ne disent pas seulement un mot de cette idée de catéchisme. Il est vrai, et il le faut avouer, on ne laisse pas de tourner la confirmation en cette forme; autrement elle serait trop papistique. On en ôte le saint chrême que les Pères les plus anciens avaient appelé l'instrument du Saint-Esprit; l'onction même, à la fin, sera ôtée de l'extrême-onction, quoi qu'en puisse dire saint Jacques; et malgré le pape saint Innocent, qui parlait de cette onction au IVe siècle, on décidera que l'extrême-onction ne se trouve que dans le Xe (*Variat*., l. 7, n. 89).

Parmi ces altérations, trois choses sont demeurées : les cérémonies sacrées, les fêtes des saints, les abstinences et le carême. On a bien voulu que, dans le service, les prêtres eussent des habits mystérieux, symbole de la pureté et des autres dispositions que demande le culte divin. On regarde les cérémonies comme un langage mystique; et Calvin parut trop outré en les rejetant. On retint l'usage du signe de la croix, pour témoigner solennellement que la croix de Jésus-Christ ne nous fait point rougir. On voulait d'abord que « le sacrement du baptême, le service de la confirmation et la consécration de l'eucharistie fussent témoins du respect qu'on avait pour cette sainte cérémonie (*Ibid.*, n. 90). » A la fin néanmoins on la supprima dans la confirmation et dans la consécration, où saint Augustin, avec toute l'antiquité, témoigne qu'elle a toujours été pratiquée; et on ne sait pourquoi elle est demeurée seulement dans le baptême.

Quant au célibat des prêtres, on statua au parlement que, encore qu'il fût à désirer que le clergé observât une continence perpétuelle, comme plus conforme à son caractère évangélique, en le laissant tout entier à son ministère et en le délivrant des soins et des embarras du monde, cependant, comme il résultait beaucoup d'inconvénients d'une chasteté forcée, il semblait plus prudent de permettre à ceux qui ne pouvaient s'astreindre à la continence, de faire usage du mariage. En conséquence, le parlement arrêtait que dorénavant toutes les lois provenues des hommes seulement et qui défendaient le mariage aux ecclésiastiques, étaient révoquées et de nul effet (Lingard, t. VII, p. 46).

Mais ce qu'il y a de plus surprenant dans la réformation anglicane, c'est une maxime de Cranmer. Au lieu que, dans la vérité, le culte dépend du dogme et doit être réglé par là, Cranmer renversait cet ordre; et avant d'examiner la doctrine, il supprimait dans le culte ce qui lui déplaisait le plus. Selon le protestant Burnet, « l'opinion de la présence de Jésus-Christ dans chaque miette de pain a donné lieu au retranchement de la coupe. En effet, poursuit-il, si cette hypothèse est juste, la communion sous les deux espèces est inutile (*Variat*., l. 7, n. 93). » Ainsi la question de la nécessité des deux espèces dépendait de celle de la présence réelle. Or, en 1548, l'Angleterre croyait encore à la présence réelle, et le parlement déclara que, « le Corps du Seigneur était contenu dans chaque morceau, et dans les plus petites portions de pain. » Cependant on avait déjà établi la nécessité de la communion sous les deux espèces, c'est-à-dire qu'on avait tiré les conséquences avant de s'être bien assuré du principe.

L'année d'après, on voulut douter *de la présence réelle, et*, suivant Burnet, *la question n'était pas encore décidée*, quand on supprima par provision, l'adoration de Jésus-Christ dans le sacrement : de même que si on disait, en voyant le peuple dans un grand respect comme en présence du roi : Commençons par empêcher toutes ces honneurs; nous verrons après si le roi est là, et si ces respects lui sont agréables. On ôta de même l'oblation du corps et du sang, encore que cette oblation, dans le fond, ne soit autre chose que la consécration faite devant Dieu de ce corps et de ce sang comme réellement présents avant la manducation : et sans avoir examiné le principe, on en avait déjà renversé la suite infaillible.

La cause d'une conduite si irrégulière, c'est qu'on menait le peuple par le motif de la haine, et non par celui de la raison. Il était aisé d'exciter la haine contre certaines pratiques dont on ne montrait ni la source ni le droit usage, surtout lorsqu'il s'y était mêlé quelques abus : ainsi il était aisé de rendre odieux les prêtres qui abusaient de la messe pour un gain sordide; et la haine une fois échauffée contre eux, était tournée insensiblement par mille artifices contre le mystère qu'ils célébraient, et même contre la présence réelle qui en était le soutien.

On en usait de même sur les images, et une lettre française que Burnet nous a rapportée d'Edouard VI à son oncle le protecteur, nous le fait voir. Pour exercer le style de ce jeune prince, ses maîtres lui faisaient recueillir tous les passages où Dieu parle contre les idoles. « J'ai voulu, disait-il, en lisant la sainte Ecriture, noter plusieurs lieux qui défendent de n'adorer ni faire aucune image, non-seulement de dieux étrangers, mais aussi de ne former chose, pensant la faire semblable à la majesté de Dieu le Créateur. » Dans cet âge crédule, il avait cru simplement ce qu'on lui disait, que les catholiques faisaient des images, pensant *les faire semblables à la majesté de Dieu*; et ces grossières idées lui causaient de l'étonnement et de l'horreur. « Si m'ébahis, poursuit-il dans le langage du temps, vu que lui-même et son Saint-Esprit l'a si souvent défendu, que tant de gens ont osé commettre idolâtrie, en faisant et adorant les images. » Il attache toujours, comme on voit, la même haine à les faire qu'à les adorer; et il a raison, selon les idées qu'on lui donnait, puisque constamment il n'est pas permis de faire des images dans la pensée de faire quelque chose *de semblable à la majesté du Créateur*. « Car, comme ajoute ce prince, Dieu ne peut être vu en choses qui soient matérielles, mais veut être vu dans ses œuvres. » Voilà comme on abusait un jeune enfant : on excitait sa haine contre les images païennes, où on prétend représenter la divinité; on lui montrait que Dieu défend de faire de telles images, mais on n'avait garde de lui enseigner que celles des catholiques ne sont pas de ce genre, puisqu'on ne s'est encore avisé de dire qu'il soit défendu d'en faire de telles, ni de peindre Jésus-Christ et ses saints. Un enfant de dix à douze ans n'y prenait pas garde de si près : c'était assez qu'en général et confusément on lui décriât les images. Celles de l'Eglise, quoique d'un autre ordre et d'un autre dessein, passaient avec les autres : ébloui d'un raisonnement spécieux et de l'autorité de ses maîtres, tout était idole pour lui, et la haine qu'il avait contre l'idolâtrie se tournait aisément contre l'Eglise (*Variat.*, l. 7, n. 95).

Quatre évêques s'étant montrés contraires à ces innovations, furent emprisonnés et destitués : c'étaient Gardiner, évêque de Winchester; Bonner, évêque de Londres; Heath, évêque de Worcester, et Day, évêque de Chichester. Lors des innovations de Henri VIII, nous n'avons trouvé qu'un évêque fidèle, Fisher, évêque de Rochester; ici nous en voyons quatre. Ne désespérons pas de cette nation : c'est comme une armée, trahie et égarée par son général, qui a de la peine à se reconnaître, à reformer ses rangs, à reprendre sa place dans le camp de Dieu, l'Eglise universelle. Effectivement, d'après les historiens Lingard et Cobbet, les onze douzièmes de la nation conservaient un vif attachement à la croyance de leurs pères; on n'obéissait qu'à regret et avec négligence à l'ordre d'introduire la nouvelle liturgie : le clergé, généralement contraire à cette cause, ne cherchait qu'à se soustraire à la pénalité dont le menaçaient les statuts; la noblesse et la classe des propriétaires aisés dissimulaient leurs véritables sentiments, dans l'intention connue d'obtenir les faveurs de la cour, ou du moins d'échapper à son ressentiment (Lingard, t. VII, p. 90 et 91; Cobbet, lettre 7).

Quelle fut donc la cause de ces innovations, malgré le clergé et le peuple? Elle se découvre dans l'Evangile. *Or, Marie prit une livre de parfum précieux, la répandit sur les pieds de Jésus, les essuya de ses cheveux, et la maison fut remplie de l'odeur du parfum. Mais un de ses disciples dit (c'était Judas Iscarioth, qui devait le trahir): A quoi bon cette perte? pourquoi n'a-t-on pas vendu ce parfum trois cents deniers, pour le donner aux pauvres? Or, il parlait ainsi, non qu'il se souciât des pauvres, mais parce qu'il était voleur* (Joan., 12). Judas Iscarioth fut ainsi le premier réformateur dans l'Eglise. Certains barons d'Angleterre trouvèrent à propos de marcher sur ses traces. Henri VIII et ses courtisans avaient déjà volé les biens des monastères et les monastères eux-mêmes. Les courtisans d'Edouard VI eussent bien voulu en faire autant, mais où prendre? Le voici. Henri VIII avait conservé la messe et tout ce qui s'y rattache, autels, calices, ornements. Abolissons la messe, et nous aurons tout ce butin. On importa donc en Angleterre la doctrine helvétique de Zwingle, on la fit naturaliser par acte du parlement, et les barons se jetèrent sur les calices, vases sacrés, ornements d'or et d'argent. Voici comme en parle le protestant Cobbet, lettre 7 :

« On avait vu quelquefois, sous le règne qui venait de finir, un favori obtenir du roi la permission de rançonner tel ou tel évêché pour établir sa fortune. À la mort du vieux despote, le pillage devint général, et ce fut le *protecteur* lui-même qui se mit à la tête du mouvement : on volait tant dans un évêché, tant dans un autre; quelquefois même on le supprimait tout à fait, comme il arriva à celui de Westminster. Les pillards étaient trop nombreux pour ne pas trouver bientôt le champ du brigandage trop borné. Un acte du parlement ordonna en conséquence le pillage des *chantreries* et *chapelles libres*, propriétés particulières s'il en fut jamais, ainsi que des biens appartenant aux hôpitaux et confréries, lesquels étaient certainement des propriétés aussi sacrées que peuvent l'être aujourd'hui ceux d'une société philanthropique quelconque. »

Le *protecteur* ou régent était le comte d'Héréford, oncle du roi-enfant, qui le fit duc de Sommerset.

« Le *protecteur* Sommerset ne s'oublia point dans tout cela, poursuit le protestant Cobbet. Après avoir pillé quatre ou cinq évêchés, il lui prit fantaisie d'avoir à Londres un *palais*, que l'on construisit dans le Strand (rue de la Cité), et que l'on appela *Sommerset-House* (palais de Sommerset), nom que cet édifice a conservé jusqu'à ce jour. Il s'empara des maisons de ville de trois évêques et les fit abattre en même temps qu'une église paroissiale, pour avoir l'emplacement nécessaire au plan qu'il avait adopté. Les matériaux provenant de la démolition de ces édifices étant insuffisants pour la construction de son palais, il fit démolir une partie des bâtiments appartenant à la cathédrale de Saint-Paul; l'église Saint-Jean, près de Smithfield; Barking-Chapelle, près la Tour; l'église collégiale de Saint-Martin-le-Grand; l'église de Saint-Ewen, ainsi que les églises paroissiales de Saint-Nicolas et de Sainte-Marguerite de Westminster. » Mais, rapporte le docteur Heyleyn, à peine les ouvriers eurent-ils établi leurs échafaudages, qu'on vit accourir sur eux un grand nombre d'habitants de ces différentes paroisses, les uns armés d'arcs et de flèches, et les autres de bâtons et de fourches : ce qui répandit tellement l'effroi parmi les ouvriers, qu'ils se sauvèrent fort surpris, et qu'on ne put jamais les engager à reprendre leurs travaux. « Ainsi s'éleva *Sommerset-House*, qui, de nos jours, sert de temple au dieu du fisc. Ce palais fut construit, dans l'origine, avec les décombres des églises; il a toujours conservé le même nom, et c'est là que partent aujourd'hui ces ordres qui nous enlèvent le fruit de nos travaux pour acquitter les intérêts d'une *dette publique*, conséquence naturelle et immédiate de la *Réforme* (*Ibid.*). »

La grande masse du peuple anglais pensait comme ces paroissiens de Londres. « On se flattait que le livre de prières de Cranmer mettrait fin à toutes les dissensions; mais à son apparition et au commencement des spoliations qui en furent la conséquence nécessaire, une insurrection ouverte éclata dans plusieurs comtés. Elle fut suivie de plusieurs batailles et d'exécutions nombreuses. Quoique tout le royaume ressentît plus ou moins les secousses d'une aussi violente commotion, les comtés de Devon et de Norfolk furent les principaux foyers de l'insurrection. Les insurgés, supérieurs en nombre aux troupes qui leur étaient opposées, prirent bientôt une attitude menaçante et vinrent mettre le siège devant Exeter, ville du comté de Devon. Le gouvernement envoya contre eux lord Russel, qui les défit au moyen d'un renfort de *troupes allemandes* reçu à propos. On exécuta alors en masse ceux des insurgés dont on parvint à s'emparer, conformément aux lois militaires ; et le *brave* général se couvrit de gloire, en faisant pendre un vénérable prêtre au haut du clocher de son église. Dans le comté de Norfolk, l'insurrection, qui avait pris un caractère non moins alarmant, fut également réprimée par le secours des troupes étrangères ; et cette province devint à son tour le théâtre des plus sanglantes exécutions. Le docteur Heyleyn, théologien protestant, rapporte lui-même que les griefs allégués par la population du Devonshire étaient les altérations subies par la religion ; l'oppression à laquelle quelques membres de la noblesse prétendaient soumettre le tiers-état, né libre et indépendant ; l'abolition de la sainte liturgie observée par leurs pères, et l'établissement d'un nouveau culte étranger à leurs mœurs. Il ajoute qu'on demandait à grands cris le rétablissement de la messe et des couvents, et l'interdiction du mariage aux prêtres, comme avant la révolution. On entendait partout de pareilles plaintes et de semblables demandes ; mais le livre de prières de Cranmer et l'Eglise établie par la loi finirent cependant, grâce au secours des troupes étrangères, par triompher de tous ces obstacles (Cobbet, lettre 7). »

Tandis que les réformateurs anglais anathématisaient aujourd'hui ce qu'ils professaient hier, ils condamnaient au feu d'autres sectaires, comme hérétiques. De ce nombre fut une prêcheuse, nommée Jeanne Boker, de Kent. Durant le dernier règne, elle avait rendu des services marqués aux réformateurs, en colportant clandestinement les livres défendus, qu'elle faisait tenir aux dames de la cour par l'entremise d'Anne Askew. On la somma de comparaître devant les inquisiteurs Cranmer, Smith, Cook, Latimer et Lyell, et on l'accusa d'avoir prétendu que le Christ n'avait pas pris chair de l'homme extérieur de la Vierge, parce que l'homme extérieur était conçu dans le péché, mais avec le consentement de l'homme intérieur, qui était sans tache. Elle persévéra jusqu'à la fin dans cet inintelligible jargon ; et lorsque l'archevêque Cranmer l'excommunia comme hérétique et ordonna de la livrer au bras séculier, elle répondit : « Voici matière à méditer pour votre ignorance. Il n'y a pas longtemps que vous brûlâtes Anne Askew, pour un morceau de pain ; cependant vous en êtes bientôt venus à croire et à professer la doctrine même pour laquelle vous l'avez brûlée. Maintenant, vous voulez absolument me brûler, pour un peu de chair ; et, à la fin, vous en viendrez à croire comme moi, quand vous aurez lu les Ecritures et que vous les aurez entendues. » Les inquisiteurs réformés ne répliquèrent mot à cette poignante observation. Jeanne Boker fut livrée aux flammes, et dit au prédicant qui s'efforçait de la réfuter : Tais-toi, tu mens comme un chien, et tu ferais mieux de t'en retourner à ta maison étudier l'Ecriture (Lingard, t. VII, p. 113 ; Wilkins, *Concil. Britt.*, t. IV, p. 42 et 43).

D'autres personnes se voyaient cruellement poursuivies : c'étaient les pauvres. Les mendiants, qui recevaient autrefois des secours aux portes des monastères et des couvents, erraient alors par bandes à travers la contrée, et souvent, par leur nombre et leurs importunités, extorquaient des aumônes aux voyageurs intimidés. Pour arrêter ce désordre, on fit un statut qui, dit Lingard, rappellera au lecteur les barbares coutumes de nos ancêtres païens. Quiconque « vivait oisif et sans occupation pendant l'espace de trois jours » était classé parmi les vagabonds, et passible du châtiment que voici. Deux juges de paix lui faisaient imprimer, avec un fer chaud, sur la poitrine, la lettre V, et le livraient à son dénonciateur, qu'il devait servir comme esclave pendant deux ans. Ce nouveau maître était obligé de lui fournir du pain et de l'eau et de lui refuser toute autre nourriture. Il pouvait lui fixer un anneau de fer au cou, au bras ou à la jambe, et il était autorisé à le forcer à toute espèce de travail, quelque avilissant qu'il fût, en le frappant et en l'enchaînant, ou autrement. Si l'esclave s'absentait pendant quinze jours, on lui imprimait la lettre S sur la joue ou sur le front, et il devenait esclave pour la vie ; et, s'il retombait encore dans la même faute, sa fuite le soumettait au châtiment de la félonie (*Ibid.*, p. 35 et 36 ; statut 1, Edw., 6, 3).

Le roi-enfant, Edouard VI, avait deux oncles maternels : pour tuteur, le duc de Sommerset, et son frère, Thomas Seymour, grand-amiral. Celui-ci ayant voulu supplanter l'autre, fut accusé de haute trahison, condamné au dernier supplice et exécuté par la main du bourreau : la sentence de mort était signée de son frère et de son neveu. Son frère, le duc de Sommerset, eut son tour : supplanté par le comte de Warwick, il fut accusé, condamné et exécuté, comme son frère : sa sentence de mort était également signée de la main de son neveu, le roi-pape Edouard VI.

Le protestant Cobbet dit à ce sujet : « Warwick, devenu *protecteur* par la mort de Sommerset, se fit créer duc de Northumberland et s'adjugea les propriétés immenses qui avaient appartenu à l'antique famille dont il prenait le nom ; et qui depuis longtemps étaient tombées dans le domaine de la couronne. C'était peut-être un *protestant* plus zélé que son prédécesseur, c'est-à-dire qu'il était encore plus débauché, plus cruel et plus rapace.

» Le pillage et la dévastation des églises continuèrent sous son administration, jusqu'à ce qu'il ne restât plus rien à voler. On réunit alors un grand nombre de paroisses en une seule, que l'on fit desservir par un seul prêtre. Aussi bien ne restait-il dans le clergé aucun homme véritablement digne de ce nom. Tout ce qu'il y avait de savant et de vertueux dans ce corps avait été massacré ou réduit soit à périr de faim, soit à s'expatrier. Le règne de la terreur avait tellement diminué les revenus de ceux qui avaient sacrifié leur conscience à leur place, qu'ils étaient souvent obligés de travailler pour subvenir à leurs besoins, comme charpentiers, serruriers, maçons, etc., et même d'entrer comme domestiques au service des gentilshommes : de telle sorte que cette église d'Angleterre, établie par la loi et surtout par les troupes allemandes, devint en peu de temps l'objet du mépris général de la nation et des autres peuples d'Europe.

» Le roi, encore enfant et jouissant d'une santé extrêmement débile, semble n'avoir eu de distinctif dans son caractère que la haine vigoureuse qu'il portait aux catholiques et à leur culte : haine soigneusement entretenue par les leçons du *pieux* Cranmer. Comme on pouvait déjà présumer qu'il ne fournirait pas une longue carrière, Northumberland, son tuteur, songea aux moyens de faire passer la couronne dans sa famille : projet digne à coup sûr d'un héros de la Réforme. Il maria donc l'un de ses fils, lord Guilfort Dudley, à lady Jeanne Grey, héritière présomptive du trône après les princesses Marie et Elisabeth, et engagea le roi à faire un testament qui instituait cette même Jeanne Grey son héritière directe, à l'exclusion de ses deux sœurs.

» Dans cette occasion, les juges, le lord-chancelier, les secrétaires d'Etat et les membres du conseil privé, hésitèrent tous d'apposer leur signature au bas d'un acte qui disposait de la couronne d'une manière si étrange, en intervertissant entièrement l'ordre de successibilité. Les scrupules cependant disparurent peu à peu, surtout quand on vit Cranmer contre-signer hardiment le testament. Il avait pourtant juré de la manière la plus solennelle, en sa qualité d'exécuteur testamentaire de Henri VIII, d'exécuter ses dernières volontés, qui appelaient au trône les princesses Marie et Elisabeth, en cas qu'Edouard vînt à mourir sans postérité. Marie était donc de droit héritière du trône ; mais Cranmer n'avait pas oublié que c'était lui qui avait rédigé l'acte de divorce de la mère de cette princesse avec le feu roi ; il avait à redouter qu'elle ne l'eût pas oublié de son côté, et il n'ignorait pas en outre qu'elle était inébranlablement attachée à la religion catholique. Il lui était facile de prévoir que l'avènement de Marie au trône porterait un coup mortel à son pouvoir et à *son église* ; ces diverses circonstances, réunies à la crainte de perdre son évêché, le portèrent à commettre, sans hésiter, le plus grand crime qu'ait prévu notre législation.

» Abandonné à la discrétion de Northumberland et entouré des créatures de cet ambitieux, le jeune roi signa tout ce qu'on voulut ; et l'on prévit dès lors *qu'il ne lui restait plus longtemps à vivre.* Il mourut en effet le 6 juillet 1553, à l'âge de seize ans, dans la septième année de son règne. Ces sept années furent la période la plus fertile en calamités dont notre histoire nationale ait conservé le souvenir. On eût dit en vérité que le fanatisme et la friponnerie, l'hypocrisie et l'esprit de brigandage s'étaient partagé entre eux notre territoire, pour l'exploiter à leur profit. Ce que le peuple eut à souffrir à cette époque dépasse les bornes de l'imagination. Une misère excessive vint tout à coup remplacer cette abondance dans laquelle il avait toujours vécu dans les temps catholiques ; et le gouvernement, pour réprimer l'effrayante mendicité, conséquence naturelle de cette révolution, promulgua des lois d'une barbare sévérité qui interdisaient à tout indigent, fût-il même sur le point d'expirer de besoin, d'implorer la pitié publique. La nation déchut en outre sensiblement de cette haute considération dont elle avait joui jusqu'alors dans l'opinion des peuples étrangers ; c'est ainsi que Boulogne, conquis jadis par la valeur des Anglais *catholiques,* fut rendu aux Français par de lâches ministres protestants (Cobbet, lettre 7). »

« Le testament souscrit par le jeune roi avait été tenu secret ; on laissa ignorer sa mort au peuple pendant trois jours. Lorsque Northumberland eut vu qu'elle était imminente, il avait eu soin, de concert avec Cranmer et les autres membres du conseil, de faire venir les deux princesses Marie et Elisabeth dans les environs de Londres, sous prétexte de les rapprocher de leur frère malade. Le véritable but de cette démarche était d'avoir plus de facilités pour appréhender leur personne, et les jeter en prison aussitôt que le roi aurait rendu le dernier soupir. Mais les scélérats de toute espèce ont cela de commun entre eux, qu'ils sont toujours prêts à se trahir les uns les autres, dès qu'ils y trouvent leur avantage particulier ; et c'est ce qui arriva dans cette circonstance. Le comte d'Arundel, membre du conseil, et qui, comme Dudley et ses autres collègues, s'était rendu le 10 juillet près de lady Jeanne pour lui présenter ses hommages et la saluer reine, avait eu la précaution d'expédier, dans la nuit du 6, un courrier à Marie, pour la prévenir de la mort de son frère et lui dévoiler le complot formé contre son autorité. Sur cet avis, la princesse monte à cheval, accompagnée d'un petit nombre de serviteurs fidèles, et se dirige dans le comté de Norfolk et ensuite dans celui de Suffolk. De là elle envoya aux membres du conseil l'ordre de proclamer son avènement au trône, en leur donnant en même temps à entendre qu'elle était instruite de leurs perfides projets. Malheureusement pour nos conspirateurs, ils avaient fait proclamer le même jour lady Jeanne comme reine légitime d'Angleterre. Ils avaient pris d'ailleurs toutes les précautions possibles pour assurer le succès de leur entreprise. L'armée, la flotte, le trésor et toute la force administrative se trouvaient entre leurs mains. Leur réponse à Marie fut un ordre de se soumettre, en fidèle et loyale sujette, à sa reine légitime ; le nom de Cranmer était le premier de ceux qu'on apercevait au bas de cet acte étrange.

» Tout homme ayant le cœur droit et aimant sincèrement la justice, ajoute le protestant Cobbet, éprouvera sans doute une véritable satisfaction à considérer l'embarras cruel où fut réduite quelques heures après cette bande d'audacieux scélérats. La noblesse et la bourgeoisie étaient spontanément accourues se ranger sous les étendards de Marie ; et le peuple de Londres lui-même, quoique infecté depuis longtemps des doctrines pestiférées apportées en Angleterre par des vagabonds étrangers, avait encore assez de droiture dans ses sentiments pour désapprouver hautement l'injustice qu'on voulait faire souffrir à cette princesse. Ridley, évêque protestant de cette capitale, prononça, dans l'église de Saint-Paul, en présence du lord-maire et d'une nombreuse assistance, un sermon dans lequel il engagea de la manière la plus pressante ses auditeurs à prendre les armes pour défendre la cause de lady Jeanne. L'auditoire resta muet. Le 13 juillet, Northumberland sortit de Londres, à la tête de quel-

LIVRE LXXXV. — § IV. SUITÉS DE LA RÉVOLUTION RELIGIEUSE.

ques troupes, pour aller attaquer la reine, qui était déjà escortée par plus de vingt mille hommes, tous *volontaires*, et refusant de recevoir une *solde quelconque*. Northumberland n'était pas encore arrivé à Bury-Saint-Edmond, que déjà il désespérait du succès de ses entreprises. De là il se dirigea sur Cambridge, d'où il écrivit à ses complices pour en recevoir des renforts. L'épouvante et la trahison se manifestèrent bientôt parmi les siens, et les mêmes hommes qui, quelques jours auparavant, avaient juré de défendre lady Jeanne, lui ordonnèrent de licencier ses troupes, et proclamèrent Marie reine d'Angleterre, aux applaudissements d'une multitude ivre de joie.

» Le chef de la conspiration licencia son armée, ou plutôt ses soldats l'abandonnèrent avant qu'ils n'en eussent reçu l'ordre; c'était alors, comme on se le rappelle, le siècle de la *réforme* ou de la bassesse. On ne devra donc pas être étonné de voir Northumberland s'avancer sur la place publique de Cambridge, et là annoncer l'avénement de Marie au trône, en agitant, à ce que rapporte Stowe, son chapeau dans l'air, en signe de sa *joie* et de sa *satisfaction*. Il fut arrêté néanmoins quelques heures plus tard, sur un ordre de la reine, et par son complice, ce même comte d'Arundel, qui avait été *un des premiers à saluer reine lady Jeanne*. Non, jamais, dans aucun pays et sous aucun règne, on ne vit, je crois, une hypocrisie, une bassesse et une perfidie semblables à celles des hommes qui détruisirent en Angleterre la religion catholique et y fondèrent l'Eglise protestante. (Cobbet, lettre 7) ! »

La reine Marie se trouvait à Hamlingham, dans le comté de Suffolk, au moment où s'opérait si facilement l'heureuse révolution qui la remettait en possession de ses droits légitimes. Elle partit immédiatement pour Londres, et y arriva le 13 juillet 1553, saluée sur tous les points de son passage par les acclamations de la multitude. A mesure qu'elle approchait de la capitale, la foule des personnes qui accouraient au devant d'elle augmentait; et Elisabeth, qui jusque-là avait cru prudent de garder le silence, vint elle-même grossir son cortège. Les deux sœurs firent à cheval leur entrée dans la cité, dont toutes les maisons étaient décorées et les rues jonchées de fleurs. Quand elles entrèrent à la Tour ou citadelle, elles trouvèrent à genoux dans la cour, les prisonniers d'État, la duchesse de Sommerset, le duc de Norfolk, le fils du feu marquis d'Exeter, et Gardiner, évêque destitué de Winchester. Ce prélat lui adressa une courte allocution pour la féliciter. Marie, touchée jusqu'aux larmes, les appela ses prisonniers, les fit lever, et, les embrassant, leur rendit la liberté. Le même jour, elle fit une distribution d'argent à tous les pauvres chefs de famille de la cité (*Ibid.*, lettre 8; Lingard, *Marie*).

La reine se fit ensuite sacrer suivant le rituel catholique; ce fut Gardiner qui célébra cette imposante cérémonie. La joie du peuple était sans bornes; jamais on n'avait vu de couronnement aussi magnifique, et de réjouissances aussi vives et aussi sincères. Tous les historiens sont d'accord sur ce point, dit le protestant Cobbet, et l'on ne sait, en vérité, comment qualifier les assertions de Hume, qui prétend que les principes de la reine étaient odieux au peuple. Quand bien même l'irréfragable témoignage de l'histoire ne serait pas là pour corroborer mes assertions, le simple raisonnement ne suffirait-il pas pour en démontrer la vraisemblance? N'était-il pas naturel, en effet, qu'une population qui, trois années auparavant, s'était soulevée en masse sur plusieurs points du royaume contre la nouvelle Eglise, vît avec joie l'avénement au trône d'une princesse dont elle connaissait l'aversion décidée pour les innovations religieuses des deux règnes précédents?

Des actes de justice et de bienfaisance signalèrent l'aurore du règne de Marie, qu'un généreux oubli d'elle-même et de ses besoins les plus impérieux engagea à retirer de la circulation les monnaies falsifiées par son père et surtout par son frère. Elle acquitta ensuite intégralement toutes les dettes de la couronne, et opéra en même temps une forte réduction dans les impôts (Cobbet, lettre 8).

La punition des traîtres paraissant nécessaire à la sécurité des trônes, le gouvernement en défera sept des principaux à la justice. Jamais la reine ne voulut y comprendre Jeanne Grey, la regardant plutôt comme jouet que complice des conspirateurs. Les sept accusés se reconnurent coupables de haute trahison et furent condamnés à mort; mais on n'en exécuta que trois, dont le principal était Northumberland, autrement Dudley ou Warwick. Encore l'évêque Gardiner obtenait-il leur grâce, si la majorité du conseil ne s'y fût opposée. Sur l'échafaud, Northumberland reconnut la justice de son châtiment, mais il déclara qu'il n'était pas le premier auteur de la trahison : il prit les assistants à témoin qu'il ne voulait de mal à personne; qu'il mourait dans la foi de ses pères, quoique l'ambition l'eût conduit à se conformer en pratique à la nouvelle religion qu'il condamnait dans son cœur, et que sa dernière prière était pour le retour de ses concitoyens à l'Eglise catholique, de laquelle il avait contribué à les séparer. Les deux autres suppliciés exprimèrent les mêmes sentiments et sollicitèrent les prières des spectateurs (Cobbet et Lingard).

Peu de temps après son avénement au trône, le parlement avait engagé la reine, par une adresse respectueuse, à se choisir un époux, exprimant en même temps le désir qu'éprouvait la nation de ne pas voir un étranger obtenir sa main. Sur quoi l'anglican Cobbet fait cette remarque : « Les choses ont bien changé depuis, grâce à cette foule d'aventuriers étrangers de tout rang et de tout métier, accourus de tous les coins de l'Europe pour vivre à nos dépens et jeter les fondements de ce glorieux édifice connu sous la désignation de *dette nationale* (Cobbet, lettre 8, note). » Après de longues et mûres délibérations, la reine jugea à propos d'épouser Philippe, fils aîné et héritier de l'empereur Charles-Quint. Ce prince, quoique déjà veuf d'une première femme et père de plusieurs enfants, était encore beaucoup plus jeune que Marie. Elle avait alors, juillet 1554, trente-neuf ans, et Philippe n'en avait que vingt-sept. Les flottes combinées d'Espagne, d'Angleterre et de Hollande l'escortèrent pendant sa traversée d'Espagne en Angleterre. Le 25 juillet 1554, fête de Saint-Jacques, le patron de l'Espagne, le mariage fut célébré dans la cathédrale de Winchester, devant un concours immense de gentilshommes de toutes les parties de la chrétienté, et avec une magnificence que l'on a rarement surpassée. Immédiatement avant la cérémonie, Figueroa, conseiller impérial, présenta à Gardiner, prélat officiant, deux actes, desquels il paraissait que son souverain, pensant qu'il était au-dessous de la dignité d'une si grande reine d'épouser un homme qui n'était pas roi, avait résigné à son fils le royaume de Naples et le duché de Milan. Déjà précédemment il lui avait résigné les Pays-Bas et la Bourgogne. L'évêque, avant de procéder à la cérémonie du mariage, lut à haute voix ces concessions et les articles du traité matrimonial.

Ces articles portaient que, bien que Philippe dût avoir le titre de roi d'Angleterre, l'administration du royaume resterait exclusivement entre les mains de la reine; qu'aucun étranger ne serait admissible aux charges et emplois du royaume; qu'on n'opérerait aucun changement dans les lois, coutumes et priviléges du peuple anglais; qu'un préciput de soixante mille livres sterling (un million sterling aujourd'hui), serait constitué en faveur de la reine par l'Espagne, en cas qu'elle survécût à son mari; que l'enfant mâle issu de ce mariage hériterait, avec l'Angleterre, du duché de Bourgogne et des Pays-Bas; et que, si don Carlos, fils de Philippe, d'un précédent mariage, mourait sans postérité, l'enfant de Marie hériterait de l'Espagne, de la Sicile, du Milanais et de toutes les autres possessions de Philippe en Europe et dans les Indes. Ce mariage pouvait ainsi réunir sous la même domination la plus grande partie de l'univers chrétien, outre qu'un membre de la même famille possédait l'empire d'Allemagne, avec les royaumes de Hongrie et de Bohême. Un autre mariage contrebalançait celui-ci. Marie Stuart, reine d'Ecosse, avait épousé le dauphin de France : Marie Stuart, cousine de Marie et d'Elisabeth Tudor, était leur plus proche héritière : quelques-uns même prétendaient que Marie Stuart, fille de la sœur aînée de Henri VIII, devait hériter avant Marie et Elisabeth Tudor, que leur propre père avait déclarées et fait légalement déclarer bâtardes. Ce second mariage pouvait ainsi réunir sous la même domination l'Ecosse, l'Irlande, l'Angleterre et la France.

L'ambassadeur français à Londres, Noailles, mit donc tout en œuvre pour empêcher le mariage de Philippe et de Marie : non-seulement il intrigua pour faire prévaloir l'opinion dont il vient d'être parlé, mais il conspira; il excita sous main, il fomenta des émeutes, des insurrections : chose peu honorable, suivant la morale vulgaire; chose très-permise, suivant la politique moderne, résumée par Machiavel. Ainsi, vers la fin de l'année 1553, quand on connut officiellement le futur mariage entre Philippe et Marie, il y avait des révoltes ouvertes, excitées par les intrigues déloyales de l'ambassadeur, encouragées par l'argent et les promesses du roi de France; révoltes qui tendaient à détrôner la reine Marie, pour lui substituer sa sœur, Elisabeth ou Jeanne Grey, déjà pardonnée une première fois. La rébellion fut vaincue, Jeanne Grey et son mari exécutés, avec quatre autres conspirateurs : Elisabeth obtint sa grâce par la médiation de l'évêque Gardiner.

Une chose que la reine Marie avait encore plus à cœur que son mariage, c'était le rétablissement de cette antique religion qui, pendant tant de siècles, dit le protestant Cobbett, avait fait le bonheur et la puissance de l'Angleterre, et dont la destruction a été pour le pays le signal de l'invasion, de la discorde, de la misère et de tous les genres de calamités. Elle avait à surmonter de puissants obstacles; car si les pernicieux principes des réformateurs allemands, suisses et hollandais n'avaient encore fait que peu de progrès parmi le peuple, restait toujours la tourbe des pillards, dont l'attitude était menaçante. Ils étaient si nombreux et si influents, il y avait si peu de grandes familles dont quelque membre ne fût pas compris dans le pillage des églises et la spoliation des biens ecclésiastiques, que l'entreprise de la reine paraissait presque impraticable. La destruction de l'église créée par Cranmer et établie par la loi présentait moins de difficultés; et si l'on ne pouvait restituer l'or et l'argent volés aux églises pendant le règne d'Edouard, les murs de ces antiques édifices étaient encore restés debout, et rien n'était plus aisé que de les rendre à leur destination primitive. Aussi les tables qu'on avait substituées aux autels et les prêtres mariés en disparurent-ils presque aussitôt, à la grande satisfaction du peuple, qui se souvenait encore d'avoir été impitoyablement sabré par les troupes allemandes, pour avoir demandé dans le temps que le célibat leur fût prescrit comme par le passé. On rétablit dans leurs sièges les évêques qui en avaient été dépouillés par Cranmer, bientôt après honteusement expulsé de celui qu'il avait occupé, et même jeté en prison sous le poids d'une accusation de haute trahison, juste punition de tous les crimes commis par ce scélérat. Le sacrifice de la messe fut de nouveau célébré sur tous les points du royaume; on ne vit plus marquer du sceau de l'infamie et condamner à l'esclavage, les malheureux coupables d'avoir demandé l'aumône. On crut, en un mot, que l'abîme des révolutions qui venaient de bouleverser l'Angleterre était comblé, et chacun espéra dès lors voir renaître l'antique prospérité de la terre par excellence de l'hospitalité et de la charité.

Le protestant Cobbett poursuit : « Mes lecteurs, sans doute impatients de connaître le résultat des négociations avec les pillards, vont être témoins d'une scène qu'ils regarderaient comme une pure fiction, si elle n'était pas aussi avérée.

» Le même parlement qui avait légalisé le divorce de Catherine prononcé par Cranmer et qui avait déclaré bâtarde Marie, la reconnut de la manière la plus solennelle pour légitime héritière du trône d'Angleterre. Après avoir proscrit la religion catholique pour élever sur ses débris le culte protestant, cette assemblée brisa son propre ouvrage et consacra de nouveau la foi catholique, en la rendant obligatoire pour tous les sujets anglais. Tant de versatilité d'un corps délibérant surprendrait à coup sûr, si l'on n'avait soin de remarquer que dans cette circonstance il lui était impossible de suivre une autre ligne de conduite; il avait, en effet, tout à craindre du peuple, qui se prononçait d'une manière décidée sur cette importante matière, et secondait puissamment les intentions de la reine. Au reste, rien de plus admirable que la promptitude et la célérité déployée dans ces circonstances.

» Edouard VI était mort dans le courant de juillet; à cette époque, la révolution religieuse commencée par son père et ses ministres avait atteint son plus haut degré de force, et cependant il suffit de moins de cinq mois pour renverser ce frêle échafaudage élevé par l'esprit de révolte et de mensonge. Le mois de novembre de la même année n'était pas encore entièrement écoulé, que déjà les actes de procédure du procès de divorce intenté par Cranmer à la vertueuse Catherine étaient annulés, et que le culte imposé à la nation existait seulement pour mémoire. Quoique le parlement eût dans le temps sanctionné ces mesures politiques, il s'empressa de les rapporter par deux bills, dont l'un légitimait de nouveau le mariage de Henri VIII avec Catherine, sa première femme, et déversait tout l'odieux du divorce sur Cranmer, en le désignant même personnellement comme le principal auteur de cette intrigue. L'autre bill déclarait que l'église établie par la loi n'était qu'une innovation produite par les bizarres opinions de quelques individus isolés, sans s'embarrasser le moins du monde de l'étrange contradiction que présentait cette déclaration avec celle par laquelle, quelques années auparavant, le parlement avait reconnu que la nouvelle église provenait directement du Saint-Esprit. Cranmer, dont le génie *sublime* avait conçu et créé cette *grande* institution, n'eut pas du moins la douleur d'être témoin de la ruine de son propre ouvrage. Lorsque les deux lois dont nous venons de parler furent promulguées, il se trouvait renfermé à la Tour de Londres, par suite d'une déclaration incendiaire qu'il avait publiée, en apprenant, du fond de son palais de Lambeth, que le sacrifice expiatoire de l'Agneau sans tache avait été de nouveau célébré dans son église cathédrale. Observons, au reste, qu'il n'était nullement besoin d'un acte législatif pour détruire la nouvelle église, puisque depuis longtemps l'opinion publique avait fait tacitement justice de cette monstrueuse création. On l'avait imposée à la nation, la nation la repoussa; elle tomba d'elle-même et de son propre poids, tandis que pour en opérer le rétablissement, il fallut, sous le règne d'Elisabeth, verser des flots de sang...

» Les pillards réformateurs, qu'on avait jusqu'alors laissés fort tranquilles, tremblèrent pour la conservation de leur butin, quand le gouvernement de la reine s'occupa de savoir s'il convenait de rétablir la suprématie du Saint-Siége abolie sous le règne de Henri VIII. En effet, le rapt des biens de l'Eglise étant un quasi-sacrilège, il était possible que, si le Pape ressaisissait son ancienne influence, il en exigeât la restitution. Depuis dix-huit années que la majeure partie des propriétés ecclésiastiques avait été arrachée à ses légitimes propriétaires, elles avaient été divisées et subdivisées à l'infini, et, dans beaucoup d'endroits, la classe commune du peuple était devenue dépendante des nouveaux propriétaires, soit en affermant leurs terres, soit par l'établissement insensible d'autres rapports directs d'intérêt. Le peuple d'ailleurs ne pouvait pas concevoir aussi aisément comment la pureté de sa foi était intéressée à la reconnaissance de la suprématie du Pape, qu'il saisissait entre la liaison intime existant entre la conservation de la foi et la célébration de la messe, ainsi que l'observation des préceptes et des doctrines catholiques. Quelque vif donc que fût le désir de la reine d'éviter toute occasion de sanctionner directement ou indirectement les brigandages de la Réforme, il lui fallait, ou risquer une guerre civile pour la suprématie du Saint-Siége, ou ne point réconcilier son peuple avec le vicaire de Jésus-Christ, et garder alors le titre odieux de chef de l'église, ou bien encore entrer en arrangement avec les pillards. Elle choisit cette dernière alternative, quoiqu'il ne soit rien moins que certain que la guerre civile eût été moins avantageuse au pays, en supposant même qu'elle eût tourné en faveur des réformés, chose d'ailleurs peu probable. »

Toutes ces réflexions du protestant Cobbett (lettre 8) sont bien remarquables, surtout les dernières. Il continue :

« Néanmoins, comme la reine, dont le zèle égalait la pureté d'intention, avait à cœur le rétablissement de la religion, l'arrangement *à l'amiable* passé avec les pillards produisit encore des résultats assez avantageux. Ainsi le monde entier put se convaincre dans cette occasion, et notre nation en particulier vit alors clairement que la soif du pillage avait été le seul motif de cette prétendue réforme; que toutes les vociférations des réformateurs contre l'autorité du Pape; toutes leurs accusations contre les institutions monastiques et les prétendus abus de l'Eglise catholique, toutes leurs confiscations et tous leurs massacres ; tous leurs crimes, en un mot, n'avaient en d'autre motif et d'autre but que le pillage. On vit alors en effet ce même parlement, qui, trois ou quatre années auparavant, avait, par son vote législatif, consacré l'église *inventée* par Cranmer, qui l'avait déclarée l'*œuvre du Saint-Esprit*; on vit, dis-je, ces pieux réformateurs, après avoir préalablement passé un marché en vertu duquel ils conservaient ce qu'ils avaient volé, on les vit avouer qu'ils s'étaient rendus coupables envers la véritable Eglise d'une horrible défection, professer un sincère repentir de leurs fautes passées, et se déclarer prêts à rapporter toutes les lois qu'ils avaient rendues au préjudice de l'autorité du Saint-Siége. »

Le cardinal Polus, qui avait présidé en sa première période le concile de Trente, se trouvait encore sur le continent à l'époque de la mort d'Edouard VI. Le pape Jules III, jugeant qu'il pouvait désormais retourner en toute sûreté dans sa patrie, le nomma son légat en Angleterre.

« Convoquée pour le mois de novembre 1554, la session du parlement s'ouvrit par une procession solennelle des deux chambres, que le roi suivit à cheval et la reine en litière. Les travaux législatifs commencèrent par l'abrogation du décret de proscription, dont le cardinal Polus avait été frappé sous le règne du farouche Henri VIII. En même temps, un grand nombre de nobles se rendaient à sa rencontre à Bruxelles, pour le ramener en triomphe à Londres. Le cardinal fut accueilli à Douvres par les démonstrations de la joie la plus vive; avant d'arriver à Gravesend, d'où il s'embarqua pour se rendre à Westminster, les gentilshommes des environs étaient venus, au nombre de plus de deux mille cavaliers, grossir son cortège.

» Le 29 novembre, les deux chambres du parlement votèrent au roi et à la reine une adresse exprimant la sincérité et la vivacité des regrets qu'elles éprouvaient des torts dont elles s'étaient rendues coupables envers le Saint-Siége, et dans laquelle elles suppliaient Leurs Majestés, qui n'avaient point participé à ce péché, d'intercéder pour elles auprès du Saint-Père, afin d'en obtenir leur pardon et leur rentrée dans le bercail de Jésus-Christ. Le lendemain, l'évêque et grand-chancelier Gardiner lut cette adresse en présence de la reine, qui était assise sur son trône, ayant le roi à sa droite et le cardinal Polus à sa gauche. Le roi et la reine s'adressèrent alors au légat, qui, après avoir prononcé un discours assez étendu et analogue à la circonstance, donna, pour le Pape, aux deux chambres et à toute la nation, l'ABSOLUTION au nom du Père, et du Fils, et du Saint-Esprit; à quoi les membres du parlement, respectueusement agenouillés, répondirent : AMEN. C'est ainsi que l'Angleterre redevint une contrée catholique, et qu'elle rentra dans le bercail du Christ!

» Toutefois, avant de consentir à consacrer par son silence la spoliation des biens de l'Eglise, c'est-à-dire des moyens d'exercer la charité et l'hospitalité que possédait ce bercail, le pape Jules III avait longtemps hésité; le cardinal Polus, homme plein de droiture et de justice, avait encore hésité bien davantage; mais Gardiner, premier ministre de Marie, et tous les autres membres du conseil ne demandaient pas mieux que de transiger. Aussi nos *pieux diseurs d'Amen*, en même temps qu'ils confessaient avoir grièvement péché par *cette défection* en vertu de laquelle ils se trouvaient en possession des propriétés de l'Eglise et des pauvres; en même temps qu'ils adressaient au ciel de ferventes prières pour en obtenir *l'absolution*, qu'ils se joignaient à la reine pour entonner des *Te Deum* solennels d'actions de grâces, prenaient-ils soin de faire en sorte qu'on ne pût jamais les forcer à restituer leurs vols, et décrétaient-ils que tous ceux qui se trouvaient en possession des biens de l'Eglise, les *garderaient*, et que quiconque entreprendrait de les molester ou de les troubler dans leur possession, serait puni *conformément aux lois* (Cobbet, lettre 8). »

Le protestant Cobbet regarde cette transaction comme l'acte le plus blâmable du règne de Marie. « Hâtons-nous, au reste, de dire, ajoute-t-il, que si elle sanctionna imprudemment, par son silence, les spoliations des réformateurs, elle était bien résolue, pour ce qui la concernait personnellement, de ne rien garder du pillage. C'est ainsi qu'au mois de novembre 1555, elle restitua à l'Eglise les dixièmes et les premiers fruits de tous les bénéfices ecclésiastiques, qui, avec les dîmes dont ses prédécesseurs s'étaient également emparés, produisaient à la couronne un revenu net de plus de soixante-trois mille livres sterling, somme qui aujourd'hui représenterait environ vingt-cinq millions de francs. Elle renonça également à jouir d'une grande quantité de biens composant, à son avénement au trône, le domaine de la couronne, mais originairement acquis au préjudice de l'Eglise, des hospices ou de quelques particuliers. Les scrupules de conscience qui portèrent Marie à renoncer à ces divers revenus sont d'autant plus louables, qu'à cette époque la couronne elle-même, du produit de ses propres domaines, salariait tous ses officiers, comme ambassadeurs, juges ou autres, et fournissait les fonds nécessaires pour acquitter les pensions qu'elle accordait à d'anciens serviteurs. Marie régna d'ailleurs plus de deux ans et demi sans prélever sur son peuple un seul denier en taxes quelconques. L'abandon volontaire fait par cette princesse des dixièmes et des premiers fruits ne fut donc que le résultat de sa haute piété et de la générosité naturelle à son cœur. Elle agit en cela contrairement aux remontrances de son conseil, et le bill voté dans cette circonstance par le parlement éprouva dans les deux chambres la plus vive opposition. On craignait en effet, et avec raison, qu'il ne réveillât la haine et l'indignation du peuple contre les brigands de la Réforme.

» Marie ne borna point à cette mesure le cours de sa justice réparatrice : elle restitua bientôt après aux églises et aux couvents toutes celles de leurs terres et autres propriétés tombées depuis la révolution dans le domaine de la couronne. En général, son désir était de les rendre autant que possible à leurs destination primitive. Elle rétablit ainsi l'abbaye de Westminster, le couvent de Greenwich, les moines noirs de Londres, et une foule d'hôpitaux et d'hospices, qu'elle dota en outre fort richement. Comme l'exemple de la reine aurait naturellement produit beaucoup d'effet sur les esprits, il serait difficile de dire jusqu'à quel point la noblesse l'aurait imité, si elle avait vécu encore quelques années de plus. »

Cependant tous les écrivains protestants, observe Cobbet (lettre 8), seront réunis pour donner à Marie le surnom historique de *sanguinaire*, et parler de persécution et de martyrs sous son règne.

Persécution et *martyrs* sont deux mots dont il est bon de se bien rappeler le sens, surtout quand on écrit l'histoire, quand on se pose en témoin, juré et juge des faits et des personnages historiques. *Persécution* veut dire poursuite injuste et violente : injuste pour le fond, violente pour le mode. Les gendarmes, les officiers de justice qui poursuivent un voleur, un assassin, ne le persécutent pas ; le créancier qui poursuit son débiteur pour le paiement d'une dette, ne le persécute pas, si ce n'est qu'il excède dans le mode. Aussi le Sauveur a-t-il dit : *Bienheureux ceux qui sont poursuivis à cause de la justice, car le royaume du ciel est à eux* (Matthieu, 5). Il ne dit pas généralement : Bienheureux ceux qui sont poursuivis ; encore moins : Bienheureux ceux qui sont poursuivis à cause de l'injustice, mais : *Bienheureux ceux qui sont poursuivis à cause de la justice, de la justice véritable qu'ils pratiquent*. Saint Pierre, le premier pape, dit en conséquence dans sa première encyclique à tous les fidèles de l'univers : *Que personne d'entre vous n'ait à souffrir comme homicide, ou voleur, ou malfaiteur, ou convoitant le bien d'autrui. Si c'est comme chrétien, qu'il n'en rougisse pas, mais qu'il glorifie Dieu en ce nom* (1. Petr., 4). Ainsi un chrétien même, s'il est poursuivi pour le mal, n'est pas persécuté, mais seulement s'il est poursuivi pour le bien. C'est dans ce dernier cas seulement qu'il est appelé bienheureux par le Sauveur.

Martyr veut dire *témoin*. Jésus-Christ est le témoin ou martyr par excellence : il est venu du ciel sur la terre pour rendre témoignage à la vérité et la faire connaître. Il a établi son Eglise, Pierre et les apôtres, le pape et les évêques, pour être ses martyrs, ses témoins, pour prêcher la vérité et lui rendre témoignage jusqu'aux extrémités de la terre, jusqu'à la fin du monde. Ceux qui meurent pour ce témoignage, voilà les vrais martyrs. Aussi le principal martyr de l'Afrique, saint Cyprien, dit-il : « Ce n'est pas la peine, mais la cause, qui fait les martyrs ; hors de l'Eglise, on peut être tué, on ne saurait être couronné. » En effet, voyez les Juifs. A la vérité divine, attestée par Jésus-Christ et son Eglise, ils préfèrent leurs pensées humaines ; ils meurent pour ces pensées sous les débris fumants de Jérusalem et du Temple : au lieu de martyrs, on les appelle pécheurs impénitents, aveugles volontaires, coupables endurcis, comme les démons. Et de vrai, les démons sont les premiers hérétiques, les premiers apostats, les premiers qui, à la vérité manifestée de Dieu par son Verbe et sa milice fidèle, ont préféré leurs propres pensées. Aussi leur punition, leurs flammes, leur enfer, ne s'appelle-t-il pas un martyre : ce n'est que le supplice infâmant et éternel de la première hérésie, de la première apostasie.

En ceci, la justice séculière est conforme à la justice éternelle. Un guerrier meurt pour sa patrie, il meurt pour en conserver l'unité et l'indépendance, contre des traîtres qui la veulent démembrer, contre l'étranger qui la veut asservir. Aussitôt la patrie reconnaissante grave son image sur le marbre et l'airain, et plus encore dans les cœurs, elle lui élève des statues, son nom est une des gloires nationales ; mais le traître qui conspire pour la démembrer ou pour la réduire en servitude, elle met son crime avant les parricides, elle ne trouve point de supplice trop rigoureux pour le punir, elle voue son nom à une éternelle infamie. Et le monde entier trouve cela juste. Or, il y a eu un temps auquel, au-dessus de leur patrie nationale, les rois et les peuples avaient tous ensemble une patrie universelle, l'humanité chrétienne, l'Eglise catholique, une et indépendante. Pour être citoyen d'une patrie nationale, il fallait être citoyen de cette patrie universelle. Vouloir démembrer par l'hérésie ou trahir par l'apostasie cette patrie commune de tous, était à leurs yeux une plus haute trahison que de vouloir démembrer ou trahir sa patrie locale : ils la punissaient donc, afin de conserver l'unité et l'indépendance de l'humanité chrétienne, de la patrie catholique. Or, l'Angleterre étant rentrée légalement dans cette patrie, son gouvernement appliqua les lois existantes à quelques promoteurs d'anarchie religieuse et politique. Voici comme le protestant Cobbet expose et apprécie les faits :

« J'ai déjà remarqué autre part que la proclamation des principes de la Réforme avait été le signal de l'irruption en Angleterre d'une foule de religions et de sectes différentes, avec l'immoralité et les vices de tout genre, les haines et les discordes perpétuelles ; résultat inévitable de l'anarchie religieuse. On devait donc s'attendre que la reine mettrait toute sa sollicitude à détruire la source de ces dissensions intestines et des calamités publiques ; il était naturel qu'après avoir inutilement essayé de tous les autres moyens en son pouvoir, elle eût recours à ceux que plaçait en ses mains la sévère législation de l'époque. Alors, en effet, tous les traîtres, tous les mécontents, tous les rebelles affectaient de déguiser leurs criminels projets sous le voile du fanatisme religieux. Quoique leur nombre fût très-circonscrit, ils se subdivisaient en une foule d'affiliations ou sectes différentes, suppléant ainsi par leur malice au désavantage de leur position isolée au milieu de la nation, et faisant continuellement tous leurs efforts pour l'agiter et même pour faire périr la reine.

» Un tel état de choses était incompatible avec la sûreté du royaume et appelait toute l'attention du gouvernement. En décembre 1554, un an et demi après l'avénement de Marie au trône, le parlement comprit la nécessité de remettre en vigueur, par un nouvel acte législatif, les anciens statuts concernant le crime d'hérésie. Etablis sous le règne de Richard II et de Henri IV contre les Lollards, ces statuts condamnaient au supplice du feu les hérétiques obstinés : Henri VIII les avait modifiés de manière à s'en autoriser pour s'emparer des *biens* des hérétiques : Edouard VI les avait révoqués, non par humanité, mais parce qu'ils définissaient le crime d'hérésie, l'expression et la propagation de doctrines contraires à la foi catholique. Cette définition viciait radicalement les dispositions législatives dont on se proposait bien d'user largement. Elles furent donc abolies, et on déclara que le crime d'hérésie serait désormais punissable suivant la loi commune, en se gardant bien de préciser en quoi il consistait. Or, cette loi commune envoyait, tout comme auparavant, au bûcher les hérétiques obstinés. Il en périt un grand nombre pendant le règne du jeune prince ; c'étaient pour la plupart des *protestants* dissidents, que Cranmer envoyait aux flammes, dans la chaleur de son zèle pour l'église dont il était l'*inventeur*. La religion catholique étant redevenue celle de l'Etat, les anciens statuts furent tout naturellement remis en vigueur. Il n'y eut donc en cela rien d'innové. Il est bon d'ailleurs de remarquer que, lorsque l'astucieuse Elisabeth se fit protestante, elle ne les abolit de nouveau que pour y en substituer d'autres à son usage, et qu'elle ainsi que son successeur firent périr philosophiquement par le *feu* un grand nombre d'hérétiques. Ils avaient néanmoins tous deux, comme nous le verrons bientôt, une manière beaucoup plus expéditive et surtout moins bruyante de se défaire des hommes assez constants pour croire à la religion de leurs pères.

» Les exécutions ordonnées en vertu de ces statuts et sur un jugement rendu par une cour spirituelle présidée par Bonner, évêque de Londres, avaient lieu en la manière accoutumée. Des écrivains protestants se sont efforcés à cette occasion de charger la mémoire de Gardiner, grand-chancelier du royaume, des plus odieuses inculpations, sans les appuyer d'aucune preuve réelle. Nous savons que le cardinal Polus, récemment promu à l'archevêché de Cantorbéry, désapprouvait hautement les rigueurs déployées dans ces circonstances : et c'est un fait irrécusable, qu'un moine espagnol, confesseur de Philippe, prêchant un jour devant la reine, blâma énergiquement sa conduite peu modérée. Il est indubitable cependant que cette conduite lui était dictée par l'opinion publique ; et, bien que le gouvernement français n'ait cessé de fomenter des révoltes contre son autorité, on n'entendit jamais les rebelles mettre au nombre de leurs griefs les châtiments infligés aux hérétiques. Leurs plaintes n'avaient d'autre motif que les relations trop intimes avec l'Espagnol, et les bûchers de Smithfield (place où l'on exécutait les hérétiques) n'y entrèrent jamais pour rien, quoique, dans ces derniers temps, on ait réussi à nous faire croire que les insurrections qui troublèrent le règne de cette princesse n'eurent point d'autre cause. Et il est avéré que la plupart de ceux qui périrent de la sorte étaient des hommes du caractère le plus infâme; que presque tous avaient établi leurs repaires dans la capitale, et que le peuple les appelait par dérision : *Les évangélistes de Londres.*

» J'accorde cependant, continue le protestant Cobbet, que parmi les deux cent soixante-sept individus, c'est le nombre auquel Hume, d'après le martyrologe de Fox, évalue les victimes de Marie qui périrent par le feu comme coupables d'hérésie, il se trouvât quelques hommes sincères et vertueux, qui furent martyrs de leur attachement à leurs opinions religieuses; mais il serait important de défalquer sur ce nombre tous les individus qui existaient encore à l'époque où parut le livre de Fox, et qui protestèrent expressément contre l'honneur qu'il voulait bien leur faire de les immortaliser dans son martyrologe, et ensuite en compterait. Ce serait la meilleure manière de s'assurer de la véracité de Fox, et, par suite, du degré de croyance que méritent toutes les accusations banales de cruauté que, sur son autorité, on adresse encore journellement à Marie. On verrait alors que le plus grand nombre de ces prétendus martyrs étaient d'atroces scélérats, continuellement occupés à machiner la mort de la reine, et qui, sous le spécieux prétexte de la liberté de conscience, cherchaient à amener une nouvelle révolution qui leur donnât occasion de piller de nouveau la nation. C'étaient tous, sans exception, ou des *apostats*, ou des *parjures*, ou des *voleurs publics*. Faire une mention particulière de ces divers scélérats, serait une tâche aussi pénible que fastidieuse : je me bornerai à dire que l'on comptait parmi eux deux évêques de la façon de Cranmer, et Cranmer lui-même. Les trois autres, personnages les plus marquants étaient Hooper Latimer et Ridley, inférieurs, il est vrai, en scélératesse à leur digne chef, mais le cédant à bien peu d'autres.

» Ce Hooper était un moine flamand, qui, après avoir rompu son vœu de chasteté, avait épousé une Flamande. Instrument aveugle et docile du protecteur Sommerset, le dévouement dont il avait fait preuve dans le pillage des églises lui avait valu deux évêchés, quoiqu'il eût écrit lui-même contre le cumul des bénéfices. Il avait pris une part active à toutes les cruautés dont le peuple était victime sous le règne d'Edouard, et s'était particulièrement distingué par son zèle à recommander l'emploi des *troupes allemandes*, pour faire courber les têtes anglaises sous le joug du protestantisme.

» Latimer avait commencé sa carrière, non-seulement comme *prêtre catholique*, mais encore comme l'un des plus rudes adversaires de la prétendue religion réformée. Son zèle à défendre la foi apostolique et romaine lui avait valu de Henri VIII l'évêché de Worcester. Il avait ensuite *changé d'opinion*, mais s'était toutefois bien gardé de *résigner son évêché*. Au contraire, il l'avait gardé pendant vingt années consécutives, réprouvant intérieurement les principes de l'Eglise, et en vertu d'un *serment* qu'il avait prêté de s'opposer de tout son pouvoir aux dissidents de l'Eglise catholique. Pendant les règnes de Henri et d'Edouard, il avait fait brûler vifs des *catholiques* et des *protestants*, dont le crime était de avoir des opinions qu'il avait partagées, et qu'il partageait secrètement, alors même qu'il les envoyait au bûcher. Enfin il avait été l'instrument principal dont s'était servi le protecteur Sommerset pour envoyer son propre frère lord Thomas Sommerset à l'échafaud.

» Quant à Ridley, il avait été *évêque catholique* pendant le règne de Henri VIII, à l'époque où ce monarque envoyait indistinctement à l'échafaud les *protestants* qui refusaient de croire à la transsubstantiation. Sous Edouard, il s'était fait *évêque protestant* et avait renié lui-même le dogme de la transsubstantiation, envoyant au bûcher les protestants qui différaient de croyance avec Cranmer. Il obtint sous ce règne l'évêché de Londres, en souscrivant à l'abominable condition qu'on lui imposa, d'abandonner la majeure partie des biens de cet évêché aux ministres et aux courtisans rapaces de cette époque. Enfin il s'était rendu coupable de *haute trahison* envers la reine, en exhortant publiquement et du haut de la chaire le peuple à se ranger du côté de l'usurpatrice lady Jeanne, cherchant par là à exciter la guerre civile et à causer la mort de sa légitime souveraine, pour rester en possession d'un évêché qu'il n'avait obtenu que par la *simonie* et le *parjure*.

» En vérité, voilà un joli trio de *saints protestants*, tout à fait digne de *saint Martin Luther*, lequel, par parenthèse, rapporte lui-même, dans un de ses écrits, que ce fut à l'instigation du *démon* qu'il se fit protestant, de ce Luther, que son disciple Mélanchthon appelle un homme brutal, tout à fait dénué de piété et d'humanité, plutôt juif que chrétien, de ce fameux fondateur du protestantisme : religion *perfectionnée* qui a divisé l'univers en mille sectes différentes, toutes acharnées les unes contre les autres!

» Néanmoins, quelque scélérats qu'ils aient été, Cranmer les éclipse, aussitôt qu'on les met en comparaison avec lui. Où ma plume et ma langue trouveront-elles les couleurs et les expressions nécessaires pour le peindre? Sur les soixante-cinq années de son existence, vingt-neuf furent employées à commettre une série de crimes auxquels on ne saurait rien trouver de comparable dans les annales de l'infamie humaine. Lorsqu'il n'était encore qu'agrégé d'un collège de Cambridge, et ayant par suite fait en cette qualité serment de ne point se marier, il se maria secrètement et continua de jouir de son agrégat. Il reçut bientôt après l'ordre de la prêtrise, quoique *déjà mari*, et fit vœu de célibat perpétuel. Il alla ensuite en Allemagne, où il épousa *une seconde* femme, la fille d'un *saint* protestant, de sorte qu'il eut deux femmes à la fois, bien que ses vœux l'empêchassent d'en avoir aucune. Devenu plus tard archevêque de Cantorbéry, il tint la main à l'exécution rigoureuse de la loi concernant le célibat des prêtres, pendant que lui-même gardait sa *femme allemande* dans son palais archiépiscopal. En qualité de juge ecclésiastique, il prononça ensuite successivement le divorce de Henri VIII avec trois femmes, appuyant, dans deux de ces affaires, sa décision sur des motifs directement contraires à ceux qu'il avait lui-même mis en avant pour *légiti-*

mer *ces mariages.* Ainsi, dans l'affaire d'Anne de Boleyn, il déclara, en qualité de juge ecclésiastique, qu'Anne *n'avait jamais été la femme du roi*, et *vota sa mort* à la chambre des pairs, comme ayant été *adultère* et s'étant par là rendu coupable de *trahison* envers *son mari.* Élevé à la dignité d'archevêque par Henri, dignité qu'il reçut en prêtant de dessein prémédité un faux serment, il envoya au bûcher des hommes et des femmes dont le crime était de n'être pas *catholiques*, et des *catholiques* qui refusaient de reconnaître la suprématie du roi et d'imiter son parjure et son apostasie. Devenu protestant sous le règne d'Édouard, il se mit à professer les mêmes principes pour lesquels il avait fait brûler tant de ses semblables, et fit ensuite brûler ceux de ses coreligionnaires *protestants* dont les motifs de *protester* différaient des siens. Institué par son maître Henri exécuteur du testament par lequel celui-ci léguait sa couronne à ses filles Marie et Élisabeth, en cas que son fils Édouard mourût sans postérité, il se réunit à d'autres scélérats pour conspirer contre les droits légitimes de ces princesses, et donner la couronne à lady Jeanne, cette reine de neuf jours, qu'il fit proclamer à l'aide de ses complices. Relégué pour toute punition, malgré l'énormité de ses crimes, dans son palais épiscopal de Lambeth, il paya la magnanimité de la reine en conspirant avec les traîtres soudoyés par la France pour renverser son gouvernement. Jugé enfin et condamné comme hérétique, il déclara vouloir se rétracter. On lui donna six semaines de répit, pendant lesquelles il signa *six rétractations différentes* toutes plus absolues les unes que les autres. Ainsi, il déclara que la religion protestante était *fausse*, que la religion catholique était la *seule vraie* ; qu'il croyait sincèrement à tous les dogmes qu'elle enseignait, qu'il avait horriblement blasphémé contre les sacrements ; qu'il était indigne de pardon, qu'il priait le peuple, la reine et le pape d'avoir pitié de lui et de prier pour sa malheureuse âme, ajoutant qu'il avait fait et signé cette déclaration sans crainte et sans aucun espoir de pardon, uniquement pour soulager sa conscience et donner un bon exemple à son prochain.

» On mit en question au conseil de la reine, si on lui ferait grâce, comme on l'avait déjà fait à d'autres individus qui s'étaient rétractés ; mais on décida qu'il serait injuste de le soustraire au châtiment que méritaient ses crimes. On aurait encore pu ajouter, qu'il n'aurait été rien moins qu'honorable pour l'Église catholique, de voir un misérable chargé d'assassinats, de parjures, de vols et de trahisons, se réconcilier avec elle. Condamné à lire publiquement sa rétractation pendant qu'on le conduisait au supplice, et voyant que le bûcher était préparé et qu'il ne lui restait plus qu'à mourir, il retrouva encore assez de force dans sa scélératesse pour *rétracter sa rétractation*, pour étendre lui-même au milieu des flammes la main qui l'avait signée, et pour expirer de la sorte, en protestant de nouveau contre cette religion à laquelle, quelques heures auparavant, il s'était encore déclaré fermement attaché, prenant Dieu à témoin *de la sincérité de ses sentiments* (Cobbet, lettre 8). »

« Le terme fixé par la divine Providence pour le règne de Marie approchait, et le peu de jours qu'elle avait encore à vivre devaient être des jours d'amertume et d'affliction. La faiblesse naturelle de sa santé, que minaient continuellement des inquiétudes et des soucis sans nombre, faisait chaque jour pressentir davantage combien sa fin était prochaine ; et la sûreté de son autorité était en outre incessamment compromise par les conspirations permanentes d'une faction aussi haineuse que perfide.

» En 1557, la reine se trouvait engagée dans une guerre formidable contre la France, par suite des machinations perpétuelles ourdies par cette puissance contre la sûreté de son trône. Philippe, auquel son père Charles-Quint venait d'abandonner ses vastes possessions, avait également rompu avec cette cour perfide, et c'était dans les Pays-Bas et dans les provinces septentrionales de la France, théâtre naturel de la guerre, que cette grande querelle se décidait. Une armée anglaise vint se joindre à celle de Philippe, qui pénétra bientôt dans le cœur de la France, et y remporta des avantages signalés, notamment la fameuse bataille de Saint-Quentin. Toutefois, les Français, commandés par le duc de Guise, profitant d'un instant où Calais était sans défense, s'emparèrent par un hardi coup de main de cette place importante, qui depuis deux cents ans avait toujours été sous la domination de l'Angleterre.

» La nouvelle de cet échec affecta profondément la reine, et porta même un coup funeste à sa santé déjà chancelante. Il lui fut impossible d'y survivre ; sentant de jour en jour sa fin approcher, elle répétait souvent aux personnes qui l'entouraient : « En faisant l'autopsie de mon corps, les médecins trouveront infailliblement le nom de Calais au fond de mon cœur. » Marie expira le 17 novembre 1558, à l'âge de quarante-deux ans, après en avoir régné sept. Scrupuleusement fidèle à sa parole, sincère dans ses relations, patiente et résignée dans les contrariétés et l'adversité, généreuse et magnifique dans la prospérité, reconnaissante envers tous ceux qui l'obligeaient, elle léguait à sa sœur Élisabeth, avec le trône, un admirable exemple de pureté d'actions, d'intentions et de paroles, que celle-ci se garda bien d'imiter (Cobbet, lettre 9). »

C'est ainsi que le protestant anglais William Cobbet, membre du parlement, juge la catholique Marie, reine d'Angleterre. Ce jugement non suspect peut servir de correctif aux déclamations calomnieuses d'autres écrivains protestants, et même aux déclamations routinières de certains écrivains catholiques, entre autres, de Lingard.

Le grand chancelier du royaume, Gardiner, évêque de Winchester, était mort trois ans avant la reine, le 12 novembre 1555. Sa mort fut vivement regrettée par Marie, qui perdit en lui un serviteur habile, fidèle et zélé ; mais elle fut vue avec joie par l'ambassadeur français, par les factieux et les réformateurs, qui le regardaient comme l'une des colonnes du gouvernement. Durant sa maladie, il édifia tous ceux qui l'entouraient, par sa piété et sa résignation, disant bien des fois : « J'ai péché avec Pierre, mais je n'ai pas encore pleuré aussi amèrement que Pierre. » Dans son testament, il légua tout son bien à la reine, la priant de payer ses dettes et d'avoir soin de ses serviteurs. Il ne laissa qu'une somme très-médiocre, quoique ses ennemis l'aient accusé d'avoir accumulé trente à quarante mille livres sterling (Lingard, t. VII, p. 330).

La reine Marie était morte le 17 novembre 1558 : son parent, le cardinal Polus, archevêque de Cantorbéry et légat apostolique en Angleterre, mourut le lendemain. Polus possédait éminemment les talents d'un homme d'État et les vertus d'un grand évêque. Sa haute naissance et ses qualités personnelles, dit le protestant Colliers, lui auraient ouvert le chemin de la fortune et la carrière de l'ambition, si la délicatesse de sa conscience lui eût permis de se prêter aux changements qui eurent lieu sous Henri VIII et Edouard VI. Il eut des adversaires, mais point d'ennemis. Il était d'un accès facile et gracieux, d'une conversation agréable et instructive, d'un caractère aimable et ouvert, qui lui attirait la confiance de ceux mêmes dont il se croyait obligé de combattre les opinions. Le cruel supplice de sa mère, qu'il aimait tendrement, et celui de son jeune frère, immolés au ressentiment de Henri VIII, l'affligèrent vivement; mais il ne laissa échapper aucun sentiment de vengeance contre le tyran qui les avait ordonnés. Il obtint la grâce, ou du moins un adoucissement à la punition des émissaires que son persécuteur avait envoyés à Viterbe pour l'assassiner. L'évêque protestant Burnet attribue le supplice de Cranmer à l'impatience de Polus pour occuper le siège de Cantorbéry; mais Colliers, autre historien protestant, l'en justifie pleinement. Il prouve que le légat avait écrit deux lettres très-pressantes à cet hérésiarque, dans sa prison, pour l'engager à se rétracter de ses erreurs, et par conséquent à se soustraire au supplice; que Cranmer avait déjà été déclaré coupable de haute trahison dans l'affaire de Jeanne Grey, avant l'arrivée du cardinal en Angleterre, ce qui le rendait incapable de conserver son siège, lequel avait été conféré à Polus, par une bulle du 11 décembre précédent. On sait d'ailleurs que les voies de rigueur répugnaient extrêmement à son caractère, et qu'il opina toujours dans le conseil privé pour celles d'indulgence.

Du reste, Burnet même lui rend la justice qu'il fut illustre, non-seulement par son savoir, mais encore par sa modestie, son humilité, son excellent caractère; et il convient que si les autres évêques eussent agi selon ses maximes et gardé la même modération, la réconciliation de l'Angleterre avec le Saint-Siège aurait été consommée sans retour. Quoique très-modeste pour sa personne, Polus tenait un grand état de maison et se montrait avec magnificence dans les occasions où il était obligé de paraître avec tout l'éclat de sa dignité. Généreux, libéral, hospitalier, il avait établi le plus grand ordre dans son domestique. Il trouvait, par une sage économie, les moyens d'exercer son immense charité envers les pauvres. Les bénéfices et les grâces qui dépendaient de sa légation étaient donnés gratuitement, et il ne souffrait pas que les personnes attachées à son service reçussent aucun présent, sous quelque prétexte que ce fût.

Dans son diocèse de Cantorbéry, Polus suspendit l'exécution des anciennes lois contre les hérétiques et procéda plus par douceur. Les évêques et les prêtres, qui, quoique adhérant au schisme de Henri VIII, ne s'étaient point prêtés aux innovations religieuses d'Édouard VI, furent maintenus dans leurs bénéfices et dans leurs fonctions : les autres n'y furent réintégrés qu'après avoir subi des épreuves sur leur capacité et sur leur conduite. On répara les défauts des ordinations faites selon le nouveau rituel. On obligea les prêtres mariés à se séparer de leurs femmes et à s'abstenir des fonctions sacerdotales, sans toutefois les destituer de leurs places. Le cardinal était entièrement livré au rétablissement de la discipline ecclésiastique, soit dans les assemblées du clergé de sa métropole, soit dans un concile national qu'il tint à cet effet, et où il fit rédiger d'utiles règlements, tels que les circonstances pouvaient les comporter. Au milieu de ces travaux il éprouva de violents accès de fièvre quarte, qui le conduisirent au tombeau, le 18 novembre 1558, le lendemain de la mort de la reine Marie. Il prévit les suites funestes de ce triste événement pour la religion, et il en exprima toute son affliction par les dernières paroles qu'il prononça en embrassant son crucifix : « Seigneur, sauvez-nous, nous périssons! Sauveur du monde, sauvez votre Eglise! » Son corps fut porté à Cantorbéry et enterré dans la chapelle de Saint-Thomas, qu'il avait fait bâtir, avec cette simple épitaphe : *Depositum cardinalis Poli* : Dépôt du cardinal Polus.

Comme écrivain, on s'aperçoit que Polus a voulu imiter le style de Cicéron; mais, à cet égard, il est inférieur à Bembo et à Sadolet, ses amis. Ses traités dogmatiques sont écrits avec méthode et netteté, les autres avec une certaine éloquence. On a de lui : 1° *Pour l'unité de l'Eglise*, à *Henri VIII*. Polus s'y élève fortement contre le schisme de ce roi. 2° *Défense de l'unité de l'Eglise*, insérée dans le tome XVIII de la *Bibliotheca maxima pontificia*. 3° *Discours de la Paix, à Charles-Quint*. 4° *Du concile*, composé lors de sa légation au concile de Trente. 5° *De l'office et du pouvoir du souverain Pontife*. Il soutient dans ces deux derniers traités que les conciles généraux reçoivent leur autorité du Pontife romain : doctrine que nous avons vue professée par les conciles œcuméniques d'Ephèse et de Chalcédoine. 6° *Réformation de l'Angleterre*. C'est un recueil des statuts qu'il fit pendant sa légation en ce royaume, 7° *Traité de la justification*. 8° *Du baptême de l'empereur Constantin*. 9° Divers discours prononcés soit au parlement, soit devant l'empereur, ou adressés au pape Jules III. 10° Le Missel, le Bréviaire et le Rituel de Sarum ou Salisbury, revus et publiés par lui.

Le pape Jules III, auparavant cardinal del Monte, avec qui le cardinal Polus présida la première période du concile de Trente, était mort dès 1555. Ce fut lui, comme pape, qui envoya Polus légat en Angleterre et contribua au retour de ce royaume. En 1553, il accorda des indulgences aux fidèles qui prieraient pour la conversion et la paix de l'Angleterre. Ce pays étant revenu à l'unité de l'Eglise, il publia, en 1554, un jubilé pour tout l'univers chrétien (Raynald, an 1553, n. 34; an 1554, n. 14).

Cependant, sur le Saint-Siège, il ne justifia point les hautes espérances qu'il avait fait concevoir, en présidant le concile de Trente. Il négligea les grandes affaires de l'Eglise pour se livrer aux plaisirs de la table ou à des occupations frivoles, comme de cultiver une vigne. Ce qui lui fit le plus de tort, fut la nomination de son premier cardinal. Pendant qu'il gouvernait Plaisance en qualité de légat, il avait remarqué beaucoup d'intelligence dans un petit enfant trouvé. Il le prit en affection, le fit étudier, le fit même adopter par son frère, Baudouin del Monte. Devenu pape, il nomma cardinal ce jeune homme, qui avait alors dix-huit ans, qui, dans la suite, le paya d'ingratitude et se déshonora par sa mauvaise conduite. Le luthérien Sleidan et ses copistes ont supposé à cette affection indiscrète de Jules III un motif des plus infâmes : ce qui prouve, non pas précisément ce qu'il y avait dans le cœur du pontife, mais dans l'imagination de ses détracteurs (Pallavicin, l. 11, c. 7, avec la note de l'édition Migne). Jules III mourut peu regretté, le 23 mars 1555, dans la soixante-quatrième année de son âge, et dans la sixième de son pontificat. En 1553, le prince des Moscovites lui fit des ouvertures pour quitter le schisme. La même année, il reçut les Assyriens à l'obéissance de l'Eglise romaine, et confirma leur patriarche Simon Sullala (Raynald, an 1553, n. 40-45). En 1554, il établit un patriarche dans l'empire d'Ethiopie, et en salua l'empereur par ses lettres (Ibid., an 1554, n. 26).

Jules III eut pour successeur dans le Saint-Siége, son collègue dans la présidence du concile de Trente, le cardinal Marcel Cervin, élu à l'unanimité le 9 avril 1555. Le lendemain, il fut consacré, et le 11, qui était le jeudi saint, il reçut la couronne pontificale. Il garda son nom de baptême, et s'appela Marcel II. Tout le monde, et avec raison, se promettait en lui un pape excellent sous tous les rapports. Effectivement, Marcel II avait un grand désir de rétablir le concile suspendu depuis 1552, et un zèle ardent pour la réformation; mais tandis qu'il était tout occupé des mesures à prendre pour extirper les vices et les hérésies, apaiser les guerres et les divisions des princes, retrancher les abus, il fut saisi, le 30 avril, d'une apoplexie qui l'emporta la nuit suivante, n'ayant tenu le Saint-Siége que vingt et un jours.

Il eut pour successeur le cardinal Jean-Pierre Caraffe, évêque de Théate, premier supérieur général des Théatins, fondés par saint Gaëtan de Thienne. Il fut élu pape le 23 mai 1555, couronné le 26, et prit le nom de Paul IV. Il était âgé de près de quatre-vingt-neuf ans, tint le Saint-Siége quatre ans trois mois moins cinq jours, et mourut le 18 août 1559.

C'était un homme vertueux et de mœurs austères : il avait un grand zèle et de bonnes intentions, mais ces intentions n'avaient pas toute la simplicité de la colombe; il ne parut pas, comme Melchisédech, sans père, sans mère, sans généalogie, uniquement pontife du Très-Haut; il eut des cardinaux-neveux, qui abusèrent de son affection et de sa confiance, lui firent faire de fausses démarches, et qu'il finit par chasser d'auprès de sa personne et même de la ville de Rome. Il n'avait pas non plus toute la prudence du serpent, mais quelque chose de la raideur du bélier.

Lorsque le Fils de Dieu fait homme envoya Pierre et ses onze collègues faire leur noviciat d'apôtres dans la Judée, pour les préparer à la conversion de tout l'univers, il leur dit, entre autres : *Voici ! je vous envoie comme des brebis au milieu des loups. Soyez donc prudents comme des serpents, et simples comme des colombes* (Matth., 10, 16). Dans ces paroles, Jésus-Christ recommande à Pierre et aux autres apôtres, au pape et aux évêques, et même à tous les fidèles, deux choses qu'il semble difficile de concilier : la simplicité et la prudence. Considérons bien ce qu'il en est. Qu'est-ce que la simplicité qu'il veut que nous ayons ? Une chose est simple, lorsqu'elle n'est pas double : par exemple, un vêtement est simple, lorsqu'il n'est pas de plusieurs étoffes, de plusieurs couleurs, de plusieurs façons, mais d'une seule. Ainsi un cœur est simple, lorsqu'il n'a pas plusieurs volontés, plusieurs vues, plusieurs intentions, mais une seule, qui est de plaire à Dieu et de procurer sa gloire. Un cœur parfaitement simple est avec Dieu comme un petit enfant avec sa mère, humble, modeste, sans prétention, sans malice, avouant volontiers ses fautes, porté à toujours estimer les autres plus que soi, ne connaissant, ne regardant pour ainsi dire qu'une chose, Dieu, sa volonté, son bon plaisir.

Mais la simplicité n'empêche-t-elle pas la prudence ? Non pas. D'abord, le même Jésus qui nous commande d'être simples comme des colombes, nous recommande aussi d'être prudents comme des serpents. Soyons donc à la fois simples et prudents, parce que Dieu veut que nous soyons l'un et l'autre. Et alors nous serons prudents par simplicité, parce que nous le serons pour plaire à Dieu. Mais comment allier la simplicité avec la prudence ? Le voici. La simplicité est dans l'intention, et regarde la fin qu'on se propose; la prudence est dans l'exécution, et s'occupe des moyens de parvenir à la fin proposée. Par exemple, gouverner l'Eglise, le diocèse, la paroisse pour la gloire de Dieu et le salut des âmes, c'est la fin que se propose un pape, un évêque, un prêtre ; la simplicité consiste principalement à ce qu'il ne s'en propose pas d'autre. Mais, pour parvenir à cette fin, la pureté d'intention ne suffit pas; il faut entre la prudence. Non-seulement il faut savoir les choses qui peuvent procurer la gloire de Dieu et le salut des âmes, mais encore la manière, suivant les temps, les lieux, les personnes, les circonstances. Saint Paul peut nous servir de modèle. Il agissait en tout avec la simplicité la plus parfaite, ne cherchant qu'à plaire à Dieu. Cependant, pour gagner à Dieu et les Juifs et les païens, il employait tous les pieux artifices que son industrieuse charité lui suggérait; il se montrait avec les Juifs comme Juif, avec les païens comme païen, faible avec les faibles; en un mot, il se faisait tout à tous, pour les gagner tous à Jésus-Christ.

Non-seulement la simplicité recommandée par Notre Seigneur et pratiquée par saint Paul n'empêche pas la véritable prudence, la prudence chrétienne, elle en est le premier fondement. Suivant la comparaison de Jésus-Christ, ce que notre œil est à notre corps, notre intention l'est à nos œuvres. Si notre œil est bien net, tout notre corps sera éclairé; si notre intention est bien pure, toutes nos œuvres seront saintes et faites par là même avec la véritable prudence. Si notre œil est trouble, notre corps sera comme dans l'ombre; si notre intention n'est pas bien pure, nos œuvres perdront beaucoup de leur mérite. Si notre œil s'obscurcit tout à fait, tout notre corps sera dans de profondes ténèbres; si notre intention est mauvaise, toutes nos œuvres seront des péchés. Ainsi le méchant emploie beaucoup de prudence, de ruses, d'artifices pour arriver à ses fins; mais comme ses fins sont mauvaises, il ne réussit qu'à se perdre éternellement : sa prudence est de la folie. Des chrétiens du monde voudraient tout ensemble servir Dieu et les richesses, au lieu de se servir des richesses pour servir Dieu ; leur intention n'est pas simple, mais double. Que leur arrive-t-il ? Si tant est qu'ils se sauvent, ils perdront bien des œuvres devant Dieu. Faute de simplicité, leur prudence est à moitié folie.

Or, telle était la prudence du siècle ou la politique moderne : sans Dieu, sans foi ni loi, ne cherchant que ses propres intérêts aux dépens des autres, mettant le feu chez son voisin, bien loin de l'éteindre. La moins mauvaise, au lieu de chercher avant tout le royaume de Dieu et sa justice, et d'obtenir le reste par surcroît, cherchait avant tout le royaume de la terre, et puis le royaume céleste. Or, c'est à travers ces pirateries de la politique humaine que le Pape devait conduire le vaisseau de l'Eglise, avec le trésor de la foi, de la morale et du bon sens. Quelle prudence surhumaine ne lui était donc pas nécessaire !

La première chose qu'eut à faire le nouveau pape, Paul IV, couronné le 26 mai 1555, fut de recevoir l'obédience de l'Angleterre, qui lui envoyait en ambassade un évêque et deux seigneurs, au nom du roi Philippe, de la reine Marie et de toute la nation anglaise. Le cardinal Polus, archevêque de Cantorbéry, avait prévu que le titre de roi et de reine d'Irlande, que venaient de prendre Philippe et Marie, à l'exemple de Henri et d'Edouard, pouvait faire surgir quelque difficulté à Rome; et, par cette raison, il avait demandé que le Pape érigeât l'Irlande en royaume avant l'arrivée des ambassadeurs (Poli, *epist.*, l. 5, *epist.* 5). Les Irlandais soutenaient effectivement que les rois d'Angleterre ne tenaient l'Irlande que de la donation du pape Adrien IV, et qu'ils l'avaient perdue par leur défection d'avec l'Eglise romaine. Paul IV publia donc une bulle le 7 juin, par laquelle, à la requête de Philippe et de Marie, il érigeait en royaume la seigneurie d'Irlande. Les ambassadeurs attendirent cet acte hors de la ville. Trois jours après, on les introduisit publiquement; ils reconnurent le Pontife romain comme chef de l'Eglise universelle, lui présentèrent une copie de l'acte législatif qui rétablissait son autorité, et le sollicitèrent de ratifier l'absolution prononcée par le légat, et de confirmer les évêchés érigés durant le schisme. Paul IV reçut les ambassadeurs avec amitié et leur accorda leurs demandes (Lingard, *Marie*, c. 2, fin).

Cependant le nouveau pontife, autrefois cardinal Caraffe, n'avait pas une grande sympathie pour le cardinal Polus, légat apostolique en Angleterre. Après la mort de Paul III, le cardinal Polus allait avoir toutes les voix du conclave : le cardinal Caraffe y mit opposition en l'accusant d'être suspect sur la foi. Devenu Paul IV, il finit par revenir aux mêmes préventions; manda le cardinal Polus à Rome, et voulut le remplacer dans sa légation d'Angleterre; mais le roi Philippe et la reine Marie s'y opposèrent, et Polus mourut à Cantorbéry, comme nous avons vu.

Dans ce temps, la France commença de subir une série de crises et de châtiments terribles, dont elle n'est pas encore complètement remise après trois siècles. Nous avons vu la France de Charlemagne et de saint Louis se montrer en tout sens la première des nations chrétiennes, marcher à la tête de la chrétienté, pour la défendre contre les infidèles au dehors et contre les hérésies au dedans. Nous avons vu la France de Philippe le Bel, dégénérée d'elle-même, laissant envahir l'Europe chrétienne par les Turcs au dehors, la divisant elle-même au dedans par le schisme et par des guerres civiles : nous avons vu cette France aveugle et coupable, trahie et vendue à l'étranger par ses propres princes, sur le point de devenir une province anglaise, ne devoir son salut qu'à une vierge de Lorraine. Nous voyons la France de François Ier et de Henri II, dégénérant toujours davantage, bien loin de défendre l'Eglise de Dieu au dedans et au dehors, se liguer avec les infidèles, avec les Turcs contre les chrétiens, avec les hérétiques contre les catholiques ; nous la voyons attisant le feu de la discorde religieuse et politique en Allemagne et en Angleterre, jusqu'à ce qu'il éclate chez elle et la couvre de sang et de ruines : nous verrons des princes français, même des enfants dégénérés et apostats de saint Louis, traîtres à leur patrie et à leur nom, appeler l'étranger, l'étranger hérétique, l'appeler d'Angleterre et de Germanie, pour violenter la France, lui faire apostasier le Dieu de ses pères, le Dieu de saint Louis et de Charlemagne, et la forcer d'adorer un autre dieu, un dieu étranger, nouvellement venu d'Allemagne ou d'Angleterre. Car le dieu de Luther et de Calvin, cet être pire que le démon, qui nous punit, suivant eux, non-seulement du mal que nous n'avons pu éviter et que lui-même opère en nous, mais encore du bien que nous faisons de notre mieux, toutes nos bonnes œuvres étant pour lui des péchés : certainement ce dieu-là n'est pas le Dieu de saint Louis et de Charlemagne, le Dieu des saints et des martyrs, le Dieu des chrétiens. Et après trois siècles, la France est encore à comprendre cela, tant son intelligence est déchue.

Le 24 avril 1558, le roi Henri II célèbre le mariage de François, son fils aîné, avec Marie Stuart, reine d'Ecosse et nièce des princes de Lorraine. En 1559, il marie sa fille aînée au roi d'Espagne, sa fille cadette au duc Charles de Lorraine, sa sœur au duc de Savoie, et meurt au milieu des fêtes nuptiales, à la fin d'un tournoi, par suite d'un éclat de lance qui lui entre dans l'œil, le 10 juillet 1559; âgé de quarante ans. François II, son fils, âgé de quinze ans et demi, lui succéda, pour mourir dix-sept mois après, le 5 décembre 1560. Il a pour successeur son frère Charles IX, âgé de dix ans, qui meurt en 1574, à l'âge de vingt-quatre ans, et laisse le trône à son frère Henri III, en qui finit, l'an 1589, la branche régnante, pour faire place à une autre qui règne encore (1).

Marie Stuart ou de Lorraine, veuve à vingt ans de François II, dut retourner dans son royaume

(1) Les Bourbons ont remplacé les Valois! Mais sur le sol mouvant de notre France, aucune dynastie ne peut se promettre l'immortalité. Quelques années après que le grave auteur écrivait ces lignes, la révolution de 1848 venait briser le trône de Henri IV et de Louis XIV, tout en faisant surgir un autre Napoléon, lequel a su, pendant dix-huit années, rajeunir à son profit la politique de Machiavel. Dieu l'a jeté bas!
L'avenir est à Dieu !... **B. H.**

d'Écosse, où l'hérésie fomentée par l'Angleterre lui préparait une destinée cruelle. Portant le deuil de son jeune époux, elle s'embarqua à Calais le 15 août 1561; elle vit périr un vaisseau en sortant du port. Appuyée sur la poupe de sa galère et les yeux attachés au rivage, elle fondit en larmes quand la terre s'éloigna; elle demeura cinq heures entières dans cette attitude, répétant sans cesse : *Adieu! France! Adieu! France!* Lorsque la nuit fut venue : *Adieu donc, ma chère France, que je perds de vue,* se disait-elle, *je ne vous verrai jamais plus!* Elle refusa de descendre dans la chambre de la galère; on étendit un tapis sur le château de poupe, elle s'y coucha sans prendre aucune nourriture. Elle commanda au timonier de l'éveiller au point du jour, si l'on apercevait encore les côtes de France. En effet, la terre restait visible au lever de l'aurore, et Marie Stuart la salua de ces derniers mots : *Adieu la France! c'en est fait; adieu la France! je pense ne vous revoir jamais plus!*

Sous les règnes assez courts des jeunes rois François II et Charles IX, une grande influence dans le gouvernement échut à leur mère, Catherine de Médicis, nièce du pape Clément VII. Sous François Ier, son beau-père, qui lui préférait sa concubine, la duchesse d'Étampes, et sous Henri II, son époux, qui lui préférait sa concubine, Diane de Poitiers, elle avait été négligée et sans crédit, et supporta sa position avec patience. Comme sous le règne de ses trois fils, François II, Charles IX et Henri III, il y eut bien des troubles en France, beaucoup d'écrivains supposent qu'elle en fut la cause principale par sa mauvaise politique. Mais, tous les reproches que lui font ces écrivains, fussent-ils vrais, le plus coupable ne serait pas elle, mais eux; car la politique de Catherine n'eût été que la politique moderne, adoptée par ces mêmes écrivains et pratiquée par tous les gouvernements depuis Philippe le Bel jusqu'à nos jours, politique sans foi ni loi que son intérêt. Comment peut-on, sans une criante injustice, blâmer dans une personne ce qu'on approuve dans les autres et en soi-même? D'ailleurs, ces mêmes écrivains qui représentent Catherine de Médicis comme la cause principale des troubles de la France, ignorent ou dissimulent la ligue honteuse de François Ier et de Henri II avec les Turcs contre les chrétiens, avec les protestants contre les catholiques, pour diviser toute l'Europe, en particulier l'Allemagne et l'Angleterre : conduite aussi imprudente qu'impie. Car c'était donner aux seigneurs de France l'idée et l'exemple de n'avoir pas plus d'honneur ni de probité, et de trahir et déchirer de même leur patrie.

La France se divisa en trois parties, sous trois familles principales : les Bourbons, les Montmorency, les princes de Lorraine. Les Bourbons descendaient de Robert de France, comte de Clermont, cinquième fils de saint Louis. Le chef de la famille était Antoine de Bourbon, roi de Navarre et duc de Vendôme, époux de Jeanne d'Albret, reine de Navarre, dont il eut Henri IV. Il avait un frère cardinal, Charles de Bourbon, archevêque de Rouen et légat d'Avignon. Un autre frère était Louis de Bourbon, prince de Condé. Au commencement du XVIe siècle, les Bourbons parurent dégénérer de leur glorieux ancêtre, saint Louis, et comme chrétiens et comme Français.

Nous avons vu le connétable de Bourbon, traître à la France, conduire une armée de Luthériens contre Rome, et périr dans l'assaut. Antoine de Bourbon, roi de Navarre, était un prince doux, faible, voluptueux, irrésolu, qui flotta longtemps entre la foi de ses pères, la foi de saint Louis et de Charlemagne, l'antique religion des Francs, et la nouvelle religion d'Allemagne, fabriquée en Saxe par Luther, raffinée en Suisse par Zwingle et Calvin, et adoptée par sa femme, Jeanne d'Albret; cependant il finit par se déclarer catholique. Son frère, le cardinal de Bourbon, paraît avoir été un prélat exemplaire; car on ne trouve aucun soupçon ni sur sa foi, ni sur ses mœurs. Il n'en fut pas de même du prince de Condé : il se déclara ouvertement pour la religion germanico-helvétique, dont les sectateurs français prirent même le nom allemand et suisse des huguenots, *eidguenos*, qui veut dire *confédérés, conjurés*. C'était en effet une confédération, une conjuration de Français contre la France, pour lui faire renier la religion dans laquelle elle était née, la religion de Clovis, de Charlemagne, de saint Louis, de Godefroi de Bouillon, de Tancrède, de Duguesclin, de Bayard, la religion universelle que tout l'Orient appelle la religion des Francs, la religion d'Europe, et lui faire embrasser de force la religion d'un moine allemand. C'est pour dégrader ainsi la France, que cette confédération anti-française y allumera la guerre civile, et y appellera les baïonnettes étrangères et d'Angleterre et d'Allemagne.

La famille des Montmorency, premiers barons chrétiens, est une gloire de la France et même de l'Église catholique, par sa fidélité héréditaire à Dieu, à son Église et à la France. Les Montmorency prennent les titres de *premier chrétien, premier baron de France*. Suivant de vieilles traditions, certains écrivains leur donnent pour auteur Lisoie, un des plus puissants seigneurs de France, qui reçut le baptême avec Clovis; d'autres, remontant encore plus haut, lui donnent pour ancêtres Lisbius ou Lisbieus, qui exerça l'hospitalité envers saint Denys, fut converti par l'apôtre au christianisme, et partagea avec lui la palme du martyre. Quoi qu'il en soit de ces premiers commencements, toujours est-il que la maison des Montmorency est une des plus anciennes de l'Europe. Cette antiquité ne serait pour elle qu'une gloire médiocre, si depuis les temps les plus reculés, elle n'avait été relevée par les alliances les plus brillantes, par l'exercice des charges les plus importantes de l'État, par de grands talents, des vertus éclatantes et des services éminents rendus aux rois et à la patrie. C'est cette véritable grandeur, attachée pendant tant de siècles à cette famille, qui fit dire à Henri IV, que, si la maison de Bourbon venait à périr en France, nulle n'était plus digne de la remplacer que celle de Montmorency. Elle a donné à la France six connétables, onze maréchaux, sans compter les autres dignitaires. *Anne de Montmorency*, connétable de France sous François Ier, Henri II, Charles IX, naquit à Chantilly l'an 1493 : la reine Anne de Bretagne, femme de Louis XII, fut sa marraine et lui donna son nom. De mœurs austères, d'une valeur indomptable, grand capitaine, grand diplomate, grand ministre, Anne de Montmorency était en même temps un fidèle chrétien. Il ne manquait jamais de dire ses prières à la tête de ses troupes, et si le prévôt de l'armée venait dans ce moment lui rendre compte de quelque délit, il ne s'interrompait que pour lui prescrire des peines sévères, reprenant ensuite son *pater* ou son *credo* avec la plus grande tranquillité, ce qui faisait souvent répéter à ses soldats : *Dieu nous garde des patenôtres de monsieur le connétable.* Satisfait d'inspirer la crainte et le respect, il sembla toujours dédaigner de se faire des amis : dès sa première jeunesse, il se glorifiait du surnom de *Caton*, qui lui avait été donné de si bonne heure au sein de la brillante cour de François Ier; sa présence y imposait plus que celle du roi lui-même, et le plus grand silence régnait devant lui. Une chose ne lui ferait pas honneur, supposé qu'il eût pu l'empêcher, c'est l'alliance honteuse de la France avec les Turcs contre les chrétiens, et avec les protestants contre les catholiques. Ce qui lui fit moins d'honneur encore, c'est la conduite de ses trois neveux, fils de sa sœur Louise et de Gaspard de Coligny-Châtillon, mort lieutenant-général l'an 1522. Anne de Montmorency prit soin de ces trois orphelins en bas âge, mais ils déshonorèrent tous les trois le sang de Montmorency : tous les trois ils renièrent la foi de leurs pères, la foi de la France, pour l'hérésie importée de Suisse et d'Allemagne. L'un d'eux, Odet de Coligny, cardinal de Châtillon et évêque de Beauvais, par le crédit de son oncle, non-seulement devint apostat de sa religion et de son ordre, mais prit publiquement une femme. Son apostasie avait été précédée et provoquée par celle de son frère, François de Coligny, plus connu sous le nom de Dandelot. Elle fut suivie de l'apostasie de leur frère aîné, Gaspard de Coligny, amiral de France. Tous les trois se liguèrent avec le prince de Condé, chef des huguenots, pour introduire en France la religion étrangère au moyen de la guerre civile et des armes étrangères. Quant à ce qui est du connétable Anne de Montmorency, il devint le chef d'un autre parti, qu'on nomma *les politiques*, nom qui par lui seul en indique assez le caractère.

Restait le troisième parti, soutenu de la masse du clergé, des parlements et de la nation : celui des princes de Lorraine, distingués en deux branches, *Lorraine* et *Guise.* Le chef de la première était Charles III, duc de Lorraine, arrière-petit-fils de René II, qui défit Charles le Téméraire devant Nancy; petit-fils d'Antoine de Lorraine, qui battit, en 1525, les rustauds ou paysans luthériens venant ravager la Lorraine et la France; fils de François Ier de Lorraine, qui mourut après un an de règne. Charles III épousa, l'an 1559, Claude de France, fille de Henri II. Il agrandit Nancy, établit l'Université de Pont-à-Mousson, eut un règne long et heureux de soixante-trois ans, de 1545 à 1608, pendant lesquels, tandis que l'Allemagne, la France et l'Angleterre nageaient dans le sang des guerres civiles et religieuses, la Lorraine, augmentée du Barrois, jouissait de la paix et du bonheur. La postérité de Charles de Lorraine continue à régner sur les trônes d'Autriche, de Hongrie et de Bohême.

Le chef de la seconde branche était François de Lorraine, duc de Guise, fils aîné de Claude de Lorraine, qui fut le fils puîné de René II. François de Lorraine, né en 1519, montra dès sa plus tendre jeunesse tant d'ardeur pour la gloire, tant d'intrépidité, de prudence et de sang-froid dans les moments les plus périlleux, qu'on augura dès lors qu'il deviendrait un illustre guerrier. Le soin qu'il prenait de s'attacher par des bienfaits les hommes chez lesquels il remarquait des talents, sa libéralité envers les soldats, son affabilité avec les officiers; un port majestueux, un front toujours serein et plus ennobli que défiguré par la cicatrice d'un coup de lance qui lui avait percé la tête, en 1545, au siège de Boulogne, où il combattit presque seul un bataillon anglais : tant d'avantages réunis ne pouvaient manquer de lui concilier l'amour et la vénération des gens de guerre; mais, comme il n'eut d'abord plus d'occasions de se distinguer dans le conseil qu'à l'armée, il avait atteint l'âge de trente-trois ans, qu'il ne possédait encore d'autre grade militaire que le commandement d'une compagnie de gendarmerie.

Nommé, en 1552, lieutenant-général dans les Trois-Évêchés, il soutint, contre une armée de cent mille hommes, ce mémorable siège de Metz que Charles-Quint fut contraint de lever après deux mois d'attaque et la perte d'un tiers de ses troupes. Si la France, à cette époque, fut délivrée d'une invasion qui s'annonçait de la manière la plus terrible, elle le dut au héros lorrain. Il ajouta encore à l'éclat de la victoire, par les soins qu'il prit des malades de l'ennemi laissés dans son camp, et par les ordres qu'il donna pour que les chariots chargés de ceux que l'armée impériale ramenait en Allemagne, ne fussent point attaqués. Un officier espagnol lui ayant fait demander un esclave qui, pendant le siège, s'était sauvé dans la ville avec le cheval de son maître, Guise fit racheter le cheval et le renvoya sans perdre un instant. Quant à l'esclave : « Cet homme, dit-il, est devenu libre en mettant le pied sur les terres de France. Le rendre pour qu'il retrouve ses fers, ce serait violer les lois du royaume. »

Ce fut l'ombrage que le crédit de Guise faisait aux Montmorency qui lui valut, en 1557, le commandement de l'armée envoyée en Italie, à la sollicitation de Paul IV, pour entreprendre la conquête du royaume de Naples. On le vit traverser, avec une poignée d'hommes, cette contrée fameuse alors par nos désastres, et qu'on appelait *le tombeau des Français;* on le vit aller défier, jusqu'au cœur du royaume, le duc d'Albe, le plus célèbre général qu'eût alors l'Espagne. N'ayant pu l'attirer au combat, trahi et arrêté dans toutes ses opérations par ces mêmes Caraffe qui avaient imploré son secours, il sut se garantir de leurs pièges, conserver son armée entière, enfin la ramener plus forte encore et plus nombreuse qu'il ne l'avait conduite au delà des monts.

C'était après la malheureuse journée de Saint-Quentin (1557), où le connétable de Montmorency avait été fait prisonnier, lorsque toute la France le rappelait à grands cris, regardant ce désastre comme une suite de ce qu'on l'avait éloigné des conseils du roi. A son approche, l'armée ennemie, qui menaçait la capitale, se retira dans les Pays-Bas; l'incendie, près de dévorer les provinces méridionales par l'irruption du duc de Savoie, se dissipa en fumée. Guise fut déclaré lieutenant-général des armées au dedans et au dehors du royaume. Les lettres qui lui accordaient ce titre avec un pouvoir presque illimité, furent enregistrées sans la moindre restriction dans tous les parlements, et publiées aux applaudissements de tous les ordres de citoyens. Il répondit bientôt à la confiance de son souverain et à l'enthousiasme des Français, en s'emparant de Calais, seul point que les Anglais eussent gardé de leurs anciens triomphes, et d'où ils bravaient encore la France. Toutes les richesses de cette ville, unique entrepôt du commerce entre l'Angleterre et les Pays-Bas, furent employées par le vainqueur en gratifications considérables aux officiers, ou livrées au pillage des soldats : Guise ne se réserva rien pour lui. Cette conquête, suivie de celles de Guines et de Ham, toutes trois faites en moins d'un mois au cœur de l'hiver, quoique ces places fussent jugées imprenables, le rendit l'idole de la France et le héros de l'Europe. La prise de Thionville sur les Espagnols se fit avec la même rapidité, et les succès de ce grand capitaine ne furent suspendus que par la paix désastreuse de Cateau-Cambresis, conclue contre son avis.

L'autorité du duc de Guise, balancée sous Henri II par la faveur des Montmorency, n'eut aucun contrepoids pendant le règne de François II, dont la femme, Marie Stuart, était sa nièce; mais loin de faire servir à sa fortune un pouvoir presque absolu, il augmenta beaucoup ses dettes. Ce pouvoir et cette faveur étaient tels, que le connétable Anne de Montmorency lui donnait du *monseigneur*, et se disait *son très-humble et très-obéissant serviteur*, tandis que Guise ne l'appelait que *monsieur le connétable*, et signait, en écrivant soit à lui, soit au parlement : *Votre bien bon ami*. On sait que la cour fut en proie aux intrigues et le royaume aux factions; mais le duc triompha de tous ses ennemis en déjouant la conjuration d'Amboise, tramée pour le perdre, ainsi que le cardinal, son frère, Charles de Lorraine; conjuration qui forçait Catherine de Médicis, effrayée, de venir avec son fils se jeter dans les bras du prince lorrain (*Biographie univ.*, t. XIX).

La conjuration d'Amboise, avec les guerres civiles qui s'ensuivirent, était une restitution de l'Angleterre à la France. Sous le règne de Marie d'Angleterre, nous avons vu le gouvernement français y exciter des conspirations et des révoltes. Marie étant morte en 1558, fut remplacée par sa sœur Elisabeth, dont le protestant Cobbet parle en ces termes :

« Nous avons vu Elisabeth fervente protestante pendant le règne d'Edouard; quand sa sœur monta sur le trône, elle avait édifié tout le monde par son zèle pour la religion catholique; et quand Marie mourut, elle allait non-seulement à la messe, mais elle avait encore dans l'intérieur de ses appartements une chapelle ornée avec pompe et desservie par un prêtre catholique romain; un confesseur était même officiellement attaché à sa personne. Cependant Marie avait toujours douté de la sincérité de ces démonstrations extérieures; et à l'article de la mort, elle avait poussé la sollicitude jusqu'à implorer de sa part un libre et franc aveu de ses opinions religieuses. L'hypocrite Elisabeth n'avait répondu à cette preuve si touchante d'attachement qu'en priant Dieu tout-puissant de permettre que la terre s'entr'ouvrît et l'ensevelît aussitôt, si elle n'était pas invariablement attachée de cœur et d'âme à la religion *catholique, apostolique et romaine*. Elle renouvela encore cette protestation au duc de Féria, ambassadeur d'Espagne; et ce seigneur fut tellement dupe de sa duplicité, qu'il manda au roi Philippe, dans ses dépêches, qu'en montant sur le trône, la nouvelle reine *n'apporterait aucun changement à l'état de la religion en Angleterre*. Néanmoins, peu de temps après, elle faisait pendre, écarteler et éventrer ceux de ses malheureux sujets qui avaient le courage de ne pas renier la foi de leurs pères (Cobbet, lettre 9). »

Un de ses premiers soins fut de notifier aux cours étrangères son avénement à la couronne par droit de naissance et du consentement de la nation. Elle fit secrètement connaître au roi de Danemarck, au duc de Holstein et aux princes luthériens d'Allemagne son attachement à la religion réformée, et son désir de cimenter une union entre tous ceux qui la professaient (Cambden, 1, 28). On n'a sans doute pas oublié que le mariage de la mère d'Elisabeth avait été juridiquement déclaré nul et non avenu par le parlement, par le roi et par le pape; la naissance de cette princesse se trouvait donc illégitime aux yeux de toutes les lois. L'ambassadeur anglais à Rome reçut ordre d'annoncer à Paul IV qu'elle avait succédé à sa sœur par droit héréditaire, et qu'elle était déterminée à ne faire aucune violence aux consciences de ses sujets, quelle que fût leur croyance religieuse. Paul avait été prévenu par l'ambassadeur français, qui lui avait donné à entendre que, s'il admettait l'avénement d'Elisabeth, il approuverait le prétendu mariage de Henri VIII avec Anne de Boulen, il annulerait les décisions de Clément VII et de Paul III, repousserait sans examen les réclamations de la véritable et légitime héritière, Marie Stuart, reine d'Ecosse, et offenserait le roi de France, qui était résolu à soutenir les droits de sa belle-fille de toute la puissance de son royaume. Paul IV répondit donc à l'ambassadeur anglais qu'il ne pouvait reconnaître le droit héréditaire d'une princesse qui n'était pas née en légitime mariage; que la reine d'Ecosse réclamait la couronne, comme la plus proche parente légitime de Henri VIII; mais que, si Elisabeth voulait soumettre la discussion à son arbitrage, il la traiterait avec toute l'indulgence que lui commanderait l'équité (Lingard, Pallavicin).

Par ses confidences aux princes luthériens, on voit que la fille d'Anne de Boulen était décidée à une nouvelle apostasie. Elle ne la diffère que pour y préparer la nation même. Dans cette vue, ses ministres lui soumirent le projet suivant : 1º De défendre toute espèce de sermons, afin que les prédicateurs n'excitassent pas leurs auditeurs à la résistance; 2º d'intimider le clergé par des procès de *præmunire* ou d'autres lois pénales; 3º d'avilir aux yeux du peuple tous ceux qui avaient eu l'autorité sous le dernier règne, par de rigoureuses informations sur leur conduite, et en les dévouant, autant que possible, à la censure des lois; 4º de destituer les magistrats actuels, et d'en nommer d'autres moins riches et plus jeunes, mais plus attachés aux doctrines protestantes; 5º de former un comité secret pour reviser et corriger la liturgie publiée par Edouard VI (Strype, *Annal.*, mém. 4).

En attendant, apostate dans le cœur, Elisabeth continua d'assister, et quelquefois de communier à la messe : elle inhuma sa sœur avec toute la solennité du rite catholique. Elle ordonna un service solennel et une messe de *Requiem* pour l'âme de l'empereur Charles-Quint. Mais si toutes ces choses contribuaient à diminuer les appréhensions des catholiques, beaucoup d'autres flattaient l'espoir des sectaires. Les prisonniers pour cause de religion furent mis en liberté, sous promesse de se représenter dès qu'ils seraient appelés : les théologiens protestants revinrent de l'exil, et reparurent publiquement à la cour; et Oglethorpe, évêque de Carlisle, se préparant à célébrer la messe dans la chapelle de la reine, reçut l'ordre, auquel il refusa d'obéir, de ne point élever l'hostie en présence de la reine (Cambden, 32, 33).

Le secret de l'apostasie transpira par degrés. Les évêques virent avec surprise que White, évêque de Winchester, avait été emprisonné pour son sermon aux obsèques de Marie, et que Bonner, évêque de Londres, était cité pour rendre compte de diverses amendes payées par ordonnance de son tribunal durant le dernier règne. L'archevêque de Cantorbéry, Heath, reçut l'avis, ou peut-être crut-il prudent de résigner les sceaux, qui furent donnés à Nicolas Bacon, jurisconsulte, enrichi comme beaucoup d'autres de la dépouille des monastères. Mais ce qui leva tous les doutes, ce fut une proclamation qui défendait au clergé de prêcher, et qui ordonnait d'observer le culte établi, « jusqu'à ce qu'une consultation eût lieu, dans le parlement, entre la reine et les trois États (Wilkins, *Concil. Brit.*, t. IV, p. 180). » Alarmés de cette clause, les évêques se rassemblèrent à Londres, et se consultèrent pour savoir s'ils pouvaient en conscience officier au couronnement d'une princesse qui, selon toute probabilité, s'opposerait à quelque portion du culte, comme impie et superstitieuse; et qui, si elle ne refusait pas de prêter cette partie du serment qui obligeait une souveraine à maintenir les libertés de l'Église catholique, avait certainement l'intention de la violer. La question fut posée; elle fut unanimement résolue par la négative.

Cette détermination imprévue des prélats causa un embarras extrême. On attachait beaucoup d'importance à ce couronnement. On croyait nécessaire que la cérémonie fût accomplie avant que la reine présidât son parlement, et on craignait que le peuple ne la considérât point comme valide, à moins qu'elle ne fût faite par un prélat catholique. On chercha des expédients pour écarter ou surmonter cette difficulté; enfin l'évêque de Carlisle se sépara de ses collègues. Mais si l'on obtint de lui qu'il couronnât la reine, elle fut de son côté obligée de prêter le serment accoutumé, et de se conformer à tous les rites du pontifical romain. La cour et les citoyens n'épargnèrent aucune dépense; mais l'absence des évêques jeta des nuages sur l'assemblée. Leur exemple fut suivi par le duc de Féria, l'ambassadeur espagnol, qui fut invité, mais refusa d'y paraître (Cambden, 33 ; Lingard).

Le parlement qui suivit laissa subsister dans le livre des statuts l'acte qui déclarait nul dès l'origine le mariage de Henri VIII et d'Anne de Boulen, et celui qui condamnait Anne pour cause d'inceste, d'adultère et de trahison : ce qui confirmait sur le front d'Elisabeth la flétrissure de bâtardise. Mais ce qui occupa le parlement davantage, ce fut la consommation de l'apostasie. Dans cette vue, on révoqua les statuts votés sous le dernier règne, pour rétablir l'ancienne croyance : la croyance des grands et saints rois Ethelbert, Edwin, Oswald, Oswin, Sebbi, Richard, Ethelbert, Edmond, Alfred, Edouard le martyr, Edouard le confesseur; la croyance des grands et saints pontifes anglais, Augustin, Laurent, Mellit, Juste, Honorius, Théodore, Britwald, Odon, Dunstan, Elphège, Lanfranc, Anselme, Thomas, Edmond, primats de Cantorbéry; les saints Paulin, Wilfrid, Oswald, Guillaume, archevêques d'York; les saints Mellit, Cedde, Erkonwald, évêques de Londres; la croyance de tant d'autres saints évêques, prêtres, religieux, laïques, qui avaient fait surnommer l'Angleterre l'*île des saints*. La reine Marie et son parlement avaient rétabli cette ancienne croyance de leurs glorieux ancêtres, comme ne faisant avec eux qu'une même famille, une même nation, une même Église catholique. Elisabeth et son parlement rétablirent la scission, la rupture de l'Angleterre d'avec elle-même, comme des enfants qui renieraient leurs père et mère : on fit revivre la plupart des actes schismatiques de Henri VIII, qui dérogeaient à l'autorité du successeur de saint Pierre, et rompaient ainsi, non-seulement avec l'Église, mais avec tout le reste de l'humanité chrétienne, mais avec les mille ans de l'Angleterre catholique : on fit revivre aussi les actes d'Edouard VI en faveur du nouveau culte, importé de Suisse et d'Allemagne. Le parlement arrêta que le livre de *Commune prière*, avec certaines additions et corrections, serait seul employé par les ministres du culte dans toutes les églises, sous peine de confiscation, de déposition et de mort; qu'on abolirait entièrement l'autorité spirituelle de tous les prélats étrangers dans le royaume; que la juridiction nécessaire pour la répression des erreurs, hérésies, schismes et abus, appartiendrait à la couronne, ainsi que le pouvoir de déléguer cette juridiction à quelque personne que ce fût, au gré de la souveraine; que la pénalité de ceux qui maintiendraient l'autorité du Pontife romain s'élèverait, selon la récidive, de la confiscation des propriétés domaniales et mobilières, à l'emprisonnement perpétuel, et de l'emprisonnement perpétuel à la mort, telle qu'on l'infligeait dans les cas de haute trahison; que tout ecclésiastique recevant les ordres ou possédant un bénéfice, tout magistrat et officier inférieur tenant des gages ou appointements de la couronne, tout laïque sollicitant la mise en possession de ses terres, ou avant de faire hommage à la reine, devraient, sous peine de destitution ou d'incapacité de prêter serment, la reconnaître comme suprême directrice de toutes les choses ou causes ecclésiastiques et spirituelles, comme du temporel; et renoncer à toute juridiction étrangère, ecclésiastique ou spirituelle, ou toute autorité sur le royaume.

Nous avons vu, dans cette Histoire, que quand Jéroboam, fils de Nabat, voulu faire prévariquer le royaume d'Israël, lui faire abandonner le culte du vrai Dieu et le sacerdoce divinement institué d'Aaron, il érigea deux nouveaux dieux, les veaux d'or, et s'en fit lui-même le grand-prêtre. Ici nous voyons une femme ériger un nouveau culte, et s'en constituer elle-même la papesse.

LIVRE LXXXV. — § IV. SUITES DE LA RÉVOLUTION RELIGIEUSE.

Le clergé anglais opposa à ces ordonnances séculières une opposition qui l'honore, et qui donna lieu d'espérer que Dieu se ressouviendrait un jour de ses anciennes miséricordes pour l'Angleterre. Il présenta à la chambre des lords une déclaration de sa croyance à la présence réelle, à la transsubstantiation, au sacrifice de la messe, à la primauté du Pape; il protesta en même temps, que ce n'était pas à une assemblée de laïques, mais aux pasteurs légitimes de l'Eglise, à prononcer sur la doctrine, les sacrements et la discipline (Wilkins, *Conc.*, t. IV, p. 179). Les deux universités de Cambridge et d'Oxford signèrent la profession de foi du clergé; et les évêques, d'un concours unanime, saisirent toutes les occasions de parler et de voter contre cette mesure. On a les discours de l'archevêque d'York, de l'évêque de Chester et de Feckenham, abbé de Westminster (Strype, 1, mém. 7 et suiv.).

Pour rompre ou paralyser cette opposition, les ministres de l'apostasie s'avisèrent d'un expédient que nous avons déjà vu prendre à Julien l'apostat, aux empereurs sophistes de Byzance et même aux Vandales d'Afrique. Ordre de la reine à cinq évêques et trois docteurs catholiques de disputer publiquement contre huit théologiens protestants venus de Suisse ou d'ailleurs, sur tels et tels articles de controverse, sous la présidence du garde-des-sceaux, qui en jugerait comme vicaire général de la nouvelle papesse. Ordre aux catholiques de commencer chaque jour; et aux prétendus réformés de répondre. Les évêques s'opposèrent à un arrangement qui donnait un avantage si palpable à leurs adversaires, et, sur le refus du garde-des-sceaux d'écouter leurs remontrances, déclarèrent la conférence rompue. Les ministres de l'apostasie envoyèrent aussitôt en prison les évêques de Winchester et de Lincoln, et forcèrent les six autres à comparaître tous les jours, jusqu'à ce que le garde-des-sceaux eût prononcé le jugement, qui fut de les condamner à une forte amende. Les ministres de l'apostasie avaient un autre but encore : c'était d'empêcher ces évêques d'asister et de voter à la chambre des pairs, où le livre d'apostasie, le nouveau livre de prière commune, ne fut adopté qu'à une majorité de trois voix (Lingard, *Elisabeth*).

Peu après la dissolution du parlement, la papesse Elisabeth, parjure à son serment de maintenir les libertés de l'Eglise catholique, fit venir les évêques, les requit de se conformer aux nouveaux statuts; et, sur leur refus, elle les chassa de sa présence avec des expressions de mépris et de colère. L'apostasie espérait toujours que leur fermeté céderait devant les rigueurs nouvellement décrétées. Elle se trompa. On demanda successivement à chacun d'eux le serment de suprématie ou d'apostasie; mais tous sacrifièrent leur dignité et leur liberté, pour rester fidèles à Dieu et à son Eglise, fidèles aux exemples des saints de la vieille Angleterre. Dans tout leur nombre, il n'y eut qu'un seul renégat, l'évêque de Landaff. Chose remarquable! à la première tentation, sous Henri VIII, il n'y eut qu'un seul évêque qui tint ferme, l'évêque de Rochester : à la troisième tentation, sous Elisabeth, il n'y a qu'un seul évêque qui succombe. Espérons bien pour l'Angleterre : tôt ou tard elle reviendra.

Ces évêques fidèles non-seulement furent chassés de leurs sièges, mais se virent en butte à la persécution tant qu'ils vécurent. Tous furent mis en surveillance; durant l'hiver 1559, les ministres de l'apostasie prononcèrent une sentence prétendue d'excommunication contre Heath, archevêque légitime et fidèle de Cantorbéry, et contre Thirlby, évêque légitime et fidèle d'Ely; durant l'été, contre Bonner, évêque légitime et fidèle de Londres. A cette époque, Tunstal de Durham, Morgan de Saint-David, Ogilthorp de Carlisle, White de Winchester et Baines de Coventry moururent victimes de la maladie qui régnait; pareils aux confesseurs que les Vandales ariens exilaient dans les déserts de la Mauritanie, Scot de Chester, Goldwell de Saint-Asaph et Pate de Worchester parvinrent à se retirer sur le continent. Des sept autres qui restaient, Heath, archevêque de Cantorbéry, après deux ou trois emprisonnements à la Tour de Londres, reçut seul la permission de vivre dans une de ses propriétés. Bonner, évêque de Londres, mourut en prison après y avoir langui dix ans; Waston de Lincoln y mourut de même, après une détention de trente-trois ans; Thirlby, évêque d'Ely, fut placé sous la surveillance de l'archevêque intrus et schismatique Parker; Bourne de Bath et Wells sous celle de Carew, doyen schismatique d'Exeter. Tuberville, évêque d'Exeter et Paul de Peterborough eurent la permission de résider dans des maisons à eux, mais à condition qu'ils n'en sortiraient pas sans autorisation spéciale. Feckenham, abbé de Westminster, passa la Tour sous la surveillance de l'évêque intrus et schismatique de Londres, ensuite sous celle de l'évêque intrus et schismatique de Winchester, et fut enfin renfermé dans une forteresse (Lingard, t. VII, p. 558, note H).

La plus grande partie du haut clergé et les principaux membres des Universités de Cambridge et d'Oxford suivirent le bel exemple de ces généreux évêques. Mais dans la classe inférieure il s'en trouva plusieurs qui prêtèrent le serment de schisme à la papesse Elisabeth : les uns par attachement aux doctrines hérétiques, d'autres par crainte de la pauvreté, d'autres encore dans l'espérance de voir, dans peu, une nouvelle révolution religieuse. Leur nombre cependant ne fut guère considérable. Car la multitude des places demeurées vides par suite de la persécution exercée contre les pasteurs fidèles, obligea l'apostasie de créer un nouvel ordre de ministres, composé d'artisans, de tailleurs, de maçons, qui obtinrent la permission de lire la liturgie dans l'Eglise, mais auxquels il était défendu d'administrer les sacrements. Nouveau trait de ressemblance avec Jéroboam, fils de Nabat, qui, ne pouvant séduire les enfants de Lévi, transforma en prêtres les derniers du peuple; et aussi avec Jézabel, qui avait ses prêtres, autres que ceux du vrai Dieu.

Mais à ce clergé intrus et schismatique, il fallait un primat de même espèce, un archevêque de Cantorbéry, succédant non point à saint Augustin, à saint Dunstan, à saint Anselme, à saint Thomas, mais au parjure et apostat Cranmer, pour consommer l'apostasie de l'Angleterre. Ce fut Matthieu Parker, chapelain d'Anne de Boulen et de Henri VIII, puis doyen de Lincoln sous Edouard VI. Il avait écrit en faveur du mariage des prêtres, étant lui-même prêtre marié. Mais il s'écoula plusieurs mois avant que cet intrus et ses collègues pussent entrer en fonction, et plusieurs autres avant qu'ils obtinssent la possession de leur temporel. Le premier obstacle vint du refus des évêques catholiques de sacrer cet usurpateur, qui fut obligé de s'en tenir à Barlow et à Scory, deux évêques protestants du règne d'Edouard VI. Comme ils le sacrèrent d'après le rituel de ce prince, c'est une grande question de savoir s'ils reçurent effectivement, lui et ses collègues, le caractère épiscopal. Le second obstacle à leur installation vint de la rapacité des ministres de la nouvelle papesse, qui employèrent cet intervalle pour s'enrichir aux dépens des églises, eux et leurs créatures (Lingard).

Quant au gouvernement pontifical de la reine-papesse, voici comme en parle le protestant Cobbet : « Elisabeth comprenait que le sang de ses sujets était nécessaire à la consolidation de son pouvoir; elle le fit couler par torrents. L'esprit du catholicisme répugnait à consacrer une usurpation; la religion catholique ne convenait plus dès lors à ses peuples, et elle en conjura la ruine. Une législation spéciale, qu'on dirait faite par le bourreau, fut introduite à cet effet, et servit à augmenter le nombre de ces héros de la foi chrétienne qui, dans les jours de persécution, s'estimaient heureux de payer de leur mort leur vie éternelle. Après avoir prescrit à tous ses sujets le serment de suprématie en les plaçant dans l'alternative du supplice ou de l'apostasie, la digne fille de Henri VIII poussa bientôt sa frénésie antireligieuse jusqu'à faire déclarer punissable de mort tout prêtre catholique qui célébrerait la messe dans l'étendue de ses Etats. Les bourreaux manquèrent bientôt aux victimes, et ma plume s'échappe de mes mains au moment où je me dispose à faire le récit de toutes les atrocités qui épouvantèrent alors l'univers. Comme pour mettre le comble à tant de forfaits, Elisabeth voulait encore violenter les malheureux catholiques jusque dans leur conscience, et elle leur imposa, sous des peines terribles, l'obligation de fréquenter les temples de la nouvelle religion, où des tables en bois blanc tenaient lieu d'autels. Quel ingénieux moyen pour ajouter aux vexations de toutes espèces dont les catholiques étaient victimes, eux qui, continuellement inquiétés ou tourmentés, ne pouvaient qu'en s'expatriant échapper à la mort qu'ils encouraient en refusant de se soumettre aux tyranniques ordonnances de la reine (Cobbet, lettre 9). »

Voilà comme le protestant anglais, William Cobbet, nous crayonne, dans son gouvernement spirituel, la reine-papesse de l'Angleterre protestante. Bientôt elle fit sentir les effets de sa sollicitude pastorale à la France et à l'Ecosse; elle finira par couper la tête à une reine d'Ecosse et de France, à sa cousine Marie Stuart.

En France, le roi Henri II, suivant la politique de son père, avait conspiré avec les Turcs contre les chrétiens, avec les hérétiques d'Allemagne et d'Angleterre contre les catholiques; il avait même protesté contre le concile de Trente, qui travaillait à réprimer et à guérir radicalement cette anarchie révolutionnaire et dans la société spirituelle et dans les sociétés matérielles. Après avoir ainsi fomenté l'anarchie religieuse et intellectuelle par sa politique et son exemple, tout en punissant quelques sectaires de bas étage, ce roi fut fort étonné de la voir aboutir à des émeutes et des séditions. C'était comme le jardinier qui, après avoir planté et arrosé un buisson, tout en y retranchant quelques brindilles, s'étonnerait de lui voir produire des épines, et non pas des raisins.

Bien des auteurs français disent et répètent que, pour couper la racine du mal, Henri II voulut introduire en France l'inquisition espagnole, et la confier aux Dominicains, comme ils l'avaient en Espagne, mais que le parlement de Paris s'y opposa fortement, et demanda que le jugement des hérétiques fût entre les mains des évêques. En parlant ainsi, ces auteurs confondent deux choses très-distinctes : l'inquisition ecclésiastique, qui existait depuis longtemps en France, et l'inquisition royale, qui existait en Espagne seulement. L'inquisition ecclésiastique, confiée aux Dominicains, nous l'avons vue en France au temps de Jeanne d'Arc, et tout récemment dans la vie de saint Ignace de Loyola. Nous avons vu aussi que l'inquisition d'Espagne n'était pas une juridiction ecclésiastique, mais royale, composée en très-grande partie de juges séculiers, et n'ayant parmi les conseillers ecclésiastiques que deux religieux, dont un seul dominicain. Quant au bien ou au mal qu'a fait à l'Espagne sa royale inquisition, il est un fait notoire : pendant que l'Allemagne, la France, l'Angleterre, qui n'avaient pas l'inquisition espagnole, se déchiraient, se déshonoraient par des guerres civiles, des meurtres, des incendies, des régicides, l'Espagne jouit de la paix, cultive avec succès les lettres et les arts, porte ses conquêtes et sa gloire, avec la civilisation chrétienne, jusqu'aux extrémités des deux mondes. Et pour que nous ayons la contre-épreuve : l'Espagne abolit son inquisition, aussitôt elle perd sa gloire, ses conquêtes, sa paix, et entre dans la carrière sanglante des révolutions.

Il y eut cependant un grand inquisiteur en France : ce fut le peuple Français, peuple qui se montra plus chrétien et plus français que les Montmorency et les Bourbons, peuple qui empêcha la France de se renier elle-même, peuple qui obligea les descendants de saint Louis à rejeter la religion étrangère et à reprendre la foi éminemment française de saint Louis et de Charlemagne, peuple qui obligea les Bourbons à conserver l'honneur de la France et l'honneur de leur race.

Ainsi les Luthériens de Paris, car ils prenaient encore le nom de leur premier père, s'étant assemblés le 4 septembre 1557, nuitamment, dans une maison de la rue Saint-Jacques, le peuple du quartier s'ameuta autour de la maison. A la sortie des Luthériens, il y eut un combat à coups de pierres et à coups d'épées, la force publique survint et arrêta plusieurs sectaires, parmi lesquels on découvrit plusieurs seigneurs et dames de la cour. La justice n'osa poursuivre ces derniers, et se contenta de punir quelques individus de condition médiocre. Chose remarquable! cette anarchie révolutionnaire qui menace de broyer les trônes et les grandeurs humaines comme une poussière que le vent emporte, cette anarchie révolutionnaire est partie d'auprès des trônes, ses plus puissants propagateurs ont été de grands seigneurs et de grandes dames, et c'est le peuple Français qui s'y est opposé le plus énergiquement.

Parmi les seigneurs apostats de France, les premiers furent un descendant de saint Louis et un neveu du connétable de Montmorency. Les sectaires en devinrent plus hardis. Dans les soirées du printemps 1558, il se forma dans le Pré-aux-Clercs, à Paris, des rassemblements de cinq à six mille Luthériens ou huguenots, chantant ensemble les psaumes de Marot, qu'ils avaient adoptés pour leur culte. Antoine de Bourbon, roi de Navarre, par complaisance pour sa femme, se trouvait souvent à ces assemblées. Louis de Bourbon, prince de Condé, et François de Châtillon, surnommé Dandelot, avaient aussi embrassé la secte. Ce dernier fit même prêcher l'hérésie de Calvin dans ses terres, en Bretagne. Le roi lui en fit de vifs reproches et le mit aux arrêts quelque temps (Sismondi, *Hist. des Français*, t. XVIII, p. 75).

L'année suivante, ayant fait la paix avec Philippe d'Espagne, Henri songea tout de bon à réprimer l'hérésie avec plus de suite et d'ensemble. Le 14 juin 1559, comme le parlement délibérait sur les moyens de rétablir l'uniformité dans le châtiment des hérétiques, le roi s'y rendit inopinément, accompagné des princes de Bourbon et de Lorraine. Il fit continuer la délibération. Le président Minard et le premier président Lemaître votèrent pour la stricte exécution des lois contre les hérétiques, comme au temps de Philippe-Auguste. Quelques conseillers, au contraire, un surtout, Luthérien dans l'âme, s'emportèrent contre la cour de Rome et prirent le parti des hérétiques. Le plus violent fut un prêtre apostat, Anne Dubourg. Le roi le fit arrêter. Le prisonnier fut interrogé trois jours après sur sa religion ; l'évêque de Paris le déclara hérétique, le dégrada du sacerdoce et le livra au bras séculier, c'est-à-dire au juge royal, pour être puni. Dubourg appela de cette sentence à l'archevêque de Sens, métropolitain de Paris. Henri II mourut dans cet intervalle ; mais son fils, François II, guidé par ses oncles, les princes de Lorraine, fit continuer le procès. Entre les juges était le président Minard ; Anne Dubourg le récusait ; et, sur son refus de s'abstenir, lui dit d'un ton de prophète qu'il ne serait point de ses juges. Les protestants surent bien accomplir la prophétie, et le président fut massacré sur le soir en rentrant dans sa maison. On sut depuis que Lemaître et le maréchal Saint-André, très-opposés au nouvel évangile, auraient eu le même sort s'ils étaient venus au palais. Trois jours après, le prêtre apostat, Anne Dubourg, fut condamné à mort, pendu et brûlé (*Variat.*, l. 10, n, 51 ; *Biogr. univ.*, t. V).

Ce fut alors que les Luthériens de France se préparèrent à la révolte : Elisabeth d'Angleterre les favorisait secrètement, ainsi que l'atteste l'évêque anglican Burnet. De son côté, Théodore de Bèze, bras droit de Calvin, après avoir raconté l'exécution d'Anne Dubourg, ajoute aussitôt l'histoire de la conjuration d'Amboise. A la tête des motifs qui la firent naître, il met « ces façons de faire ouvertement tyranniques, et les menaces dont on usait à cette occasion envers les plus grands du royaume » comme le prince de Condé et les Châtillon. C'est alors, dit-il, « que plusieurs seigneurs se réveillèrent comme d'un profond sommeil : d'autant plus, continue cet historien, qu'ils considéraient que les rois François et Henri n'avaient jamais voulu attenter à la personne des gens d'État (c'est-à-dire des gens de qualité), se contentant de battre le chien devant le loup ; et qu'on faisait tout le contraire alors : qu'on devait pour le moins à cause de la multitude, user de remèdes moins corrosifs et n'ouvrir pas la porte à un million de séditions (Bèze, *Hist. eccl.*, l. 3). »

En vérité, l'aveu est sincère. Tant qu'on ne punit que la lie du peuple, les seigneurs du parti ne s'émurent pas et les laissèrent traîner au supplice. Lorsqu'ils se virent menacer comme les autres, ils songèrent à prendre les armes, ou, comme parle l'auteur, « chacun fut contraint de penser à son particulier, et commencèrent plusieurs à se rallier ensemble, pour regarder à quelque juste défense, pour remettre sus l'ancien et légitime gouvernement du royaume. » Il fallait bien ajouter ce mot pour couvrir le reste (*Variat.*, l. 10, n. 28).

On avait bien prévu que les nouveaux sectaires de France ne tarderaient pas à prendre les armes contre leur prince et leur patrie. Pour ne point rappeler ici les guerres des Albigeois, les séditions des Wicléfites en Angleterre et les fureurs des Taborites en Bohême, on n'avait que trop vu à quoi avaient abouti toutes les belles protestations des Luthériens en Allemagne. Les ligues et les guerres, au commencement détestées, aussitôt que les protestants se sentirent, devinrent permises, et Luther ajouta cet article à son évangile. Les ministres des Vaudois avaient encore tout nouvellement enseigné cette doctrine, et la guerre fut entreprise dans les Vallées contre les ducs de Savoie, qui en étaient les souverains. Les nouveaux réformés de France ne tardèrent pas à suivre ces exemples : ils se déclarèrent peu à peu dans le même temps que la réformation anglicane prit sa forme sous la reine-papesse. Après environ trente ans, les Luthériens français se lassèrent de tirer leur gloire de leur souffrance : leur patience n'alla pas plus loin. Ils cessèrent aussi d'exagérer aux rois de France leur soumission. Cette soumission ne dura guère qu'autant que les rois furent en état de les contenir. Sous des règnes faibles, ils produisirent bien vite contre toutes leurs déclarations et protestations précédentes, la nouvelle doctrine, qu'il est permis de prendre les armes contre son prince et sa patrie pour la cause d'une religion nouvelle, inventée en Saxe par un moine apostat et raffinée en Suisse par un prêtre marié.

Pour la conjuration d'Amboise, les historiens témoignent que les sectaires de France y furent engagés par leurs prédicants, et Bèze même en est d'accord dans son *Histoire ecclésiastique*. Ce fut sur l'avis des docteurs luthériens ou calvinistes, que le prince de Condé se crut innocent, ou fit semblant de le croire, quoiqu'un si grand attentat eût été entrepris sous ses ordres. On résolut dans le parti de lui fournir *homme et argent*, afin que *la force lui demeurât* : de sorte qu'il ne s'agissait de rien moins, après l'enlèvement violent des deux Guise dans le propre château d'Amboise où le roi était ; que d'allumer dès lors dans tout le royaume le feu de la guerre civile (Thuan., an 1560, t. I, l. 24, p. 752 ; La Poplinière, l. 6 ; Bèze, l. 3, p. 250, 254, 270). Tout le gros de la réforme entra dans ce dessein, et la province de Saintonge est louée par Bèze en cette occasion, *d'avoir fait son devoir comme les autres* (Bèze, l. 3, p. 313). Le même Bèze témoigne un regret extrême de ce qu'une si juste entreprise a manqué, et en attribue le mauvais succès à la déloyauté de quelques-uns.

L'agent de la conspiration protestante fut un seigneur de la Renaudie, gentilhomme du Périgord. Jean du Tillet, greffier du parlement de Paris, ayant eu occasion d'examiner les titres de cette famille, trouva que la Renaudie possédait illicitement un riche bénéfice, et l'en fit dépouiller pour le donner à son frère. La Renaudie appela de cette décision au parlement de Bourgogne. Dans le cours du procès, il altéra son titre de possession, dont on lui avait fait apercevoir le vice. Il fut poursuivi alors comme faussaire par du Tillet, et il aurait couru risque de la vie, si le duc de Guise, François de Lorraine, gouverneur de Bourgogne, ne l'eût fait évader le jour de la Fête-Dieu. Il s'enfuit à Genève, y embrassa le calvinisme, ourdit une trame avec les réfugiés français pour rentrer dans leur patrie, en liant leur cause à celle des grands seigneurs que l'ambition et la jalousie éloignaient de la cour, et qui soupiraient après une révolution pour se mettre à la place des autres. Mais pour bien concerter toute l'affaire, il fallait pouvoir circuler en France. La Renaudie recourut donc au même duc de Guise, dont il avait éprouvé la bienveillance; il obtint, par son crédit, des lettres de révision, et put revenir en France sans être inquiété. Mais au lieu de s'occuper de son procès, il s'occupait uniquement de son projet de renverser ces mêmes Guise, et avec eux l'ancienne religion de la France, et par là même son ancienne constitution. Ce fut lui qui colporta de côté et d'autre la consultation des théologues protestants, qui canonisaient son entreprise. Le 1er février 1560, ayant tout concerté dans une assemblée des conjurés à Nantes, il vint à Paris, pour en rendre compte au prince de Condé, fils apostat de saint Louis et de la France, et pour conférer avec les meneurs de la secte protestante sur la somme qu'elle fournirait pour le succès de la conjuration. Il alla loger chez un avocat nommé Pierre des Avenelles, qui tenait un hôtel garni, fréquenté par les huguenots que leurs affaires appelaient à Paris. Avenelles, étonné de l'affluence des étrangers qui venaient dans sa maison le jour et la nuit, les observa plus attentivement, et devina qu'il se tramait quelque chose d'extraordinaire. Il fit part de ses soupçons à la Renaudie, qui crut pouvoir sans danger lui révéler une partie de son plan; Avenelles, huguenot zélé, reçut avec joie cette confidence; mais bientôt, poussé par la crainte ou le remords, il alla révéler ce qu'il venait d'apprendre au duc de Guise, François de Lorraine, et à son frère le cardinal, lesquels soupçonnaient déjà quelque chose.

La cour faisait alors son séjour ordinaire à Blois, ville qu'une simple muraille ne mettait pas à l'abri d'un coup de main. Dès qu'il connut avec certitude l'existence et le plan de la conjuration, le duc de Guise fit conduire la famille royale au château d'Amboise, qui pouvait offrir quelque résistance. Les conjurés, quoique contrariés par cette manœuvre, se rendent par petits détachements au lieu que la Renaudie leur a désigné; mais à mesure qu'ils arrivent, ils sont enlevés par les troupes royales, conduits aux prisons d'Amboise, si l'on en espère des révélations, ou pendus aux créneaux du château. La Renaudie, instruit de ces désastres, cherchait à rassembler ses différentes bandes pour attaquer Amboise et l'emporter de vive force, lorsqu'il est rencontré par un de ses cousins, le jeune Pardaillan, fidèle au roi, qui le tue, le 17 mars 1560. Son cadavre fut apporté dans Amboise, et attaché à une potence avec cette inscription: *La Renaudie, dit Laforêt, chef des rebelles*. La Bigne, son secrétaire, fut pris avec son chiffre et ses papiers, et révéla toute la conjuration. Il déclara que le véritable chef en était le prince de Condé; que les Guise devaient être massacrés les premiers, et qu'on n'aurait point épargné le roi.

On a voulu infirmer cette déposition, en disant que cet homme n'avait parlé de la sorte que pour racheter sa vie; mais Brantôme et l'historien Belleforest nous apprennent que longtemps après, et lorsqu'il n'y avait plus aucun intérêt, il leur confirma sa première déclaration. Aussi le parlement de Paris, informé par le gouvernement de ce qui s'était passé, donna-t-il au duc de Guise, François de Lorraine, le titre de Conservateur de la patrie.

Cependant les huguenots de France, traîtres à Dieu et au prochain, eussent bien voulu donner des noms aux princes de Lorraine, qu'ils traitaient d'étrangers. Les princes lorrains étaient étrangers à la France, comme Jeanne d'Arc, dont ils achevaient l'ouvrage. Sous Charles VI et Charles VIII, les princes leurs parents abusent de la démence de l'un et de la jeunesse de l'autre, pour déchirer la France par des guerres civiles et la vendre à l'étranger, aux Anglais. Lorsqu'il n'y a plus d'espoir, Jeanne d'Arc arrive de Lorraine, et chasse les Anglais de devant Orléans, conduit le roi pour être sacré à Reims, et redonne la France aux Français. Sous Henri II, lorsque des princes français complotent d'imposer à la France une religion étrangère et de la rendre étrangère à elle-même, François de Lorraine, enfermé dans Metz, défend la France contre toutes les forces de l'empire, puis enlève aux Anglais le dernier pied à terre qu'ils avaient sur les terres françaises, et enfin, malgré certains princes français, il rend et conserve, la France une et entière; à peu près comme une autre famille, sortie de la même contrée, l'Austrasien Charles-Martel, l'Austrasien Charlemagne, rendirent et conservèrent l'Europe une et entière.

Pour demeurer ou redevenir une et entière à son tour, il aurait fallu à l'Allemagne un ou deux hommes semblables: Charles-Quint croyait en avoir trouvé un dans son favori, Maurice de Saxe; mais ce favori joua son bienfaiteur, et rendit la division humainement irrémédiable par la pacification de Passau, consommée à la diète d'Augsbourg en 1555. L'Allemagne, au lieu de rester une et entière, se reconnut divisée en deux, les catholiques et les protestants: l'Allemagne protestante l'est encore en deux, les Luthériens et les Calvinistes ou Sacramentaires, qui pendant plus d'un siècle s'anathématiseront, se traiteront réciproquement d'hérétiques, et même se condamneront au dernier supplice lorsqu'ils en auront le pouvoir. Et, chose singulière! ces deux partis ennemis dans le protestantisme reconnaissent pour leurs chefs indigènes le maître et le disciple, Luther et Mélanchthon. Enfin, les difficultés, les frottements, les collisions entre les protestants et les catholiques aboutiront à une guerre civile de trente ans, dans laquelle les bons Allemands, ne se croyant point assez forts, tout seuls, pour ruiner leur pays en tous sens et s'égorger les uns les autres, appelleront à leur aide les Français, les Espagnols, les Anglais, les Suédois, et finalement les Russes et les Cosaques; leur ancienne bonhomie continuera d'écrire dans les protocoles ces grands mots : LE SAINT EMPIRE ROMAIN; mais il ne sera plus ni saint, ni empire, ni romain, si ce n'est, comme en use Luther pour le libre arbitre de l'homme, qu'on donne le nom d'une maison, d'une cité à ses ruines et à ses décombres.

Effectivement, depuis cette époque, l'Allemagne, surtout l'Allemagne protestante, ne présente plus un peuple, une grande communauté d'hommes ayant un passé, un présent et un avenir, ayant une religion certaine et constante qui lie entre elles ces trois phases de son existence nationale, et lui donne ainsi l'idée et la force de conserver tous ses anciens droits, même temporels; mais des troupeaux d'hommes, renégats de la seule religion certaine et constante, et par suite privés de leurs anciens droits politiques, à qui leurs conducteurs ont dit jusqu'à présent : Aujourd'hui vous serez Luthériens, demain Calvinistes, après-demain autre chose; et ce, sous peine d'être bâtonnés, pendus, fusillés, suivant notre bon plaisir. Et jusqu'à présent, il a été fait comme il est dit. Voilà ce que montre l'histoire de l'Allemagne protestante à qui sait lire; voilà surtout ce qui est bien présenté dans la *Nouvelle histoire des Allemands, depuis la réformation jusqu'à l'acte d'alliance, par le protestant Menzel*. Nous ne ferons le plus souvent que résumer la substance de ce travail, aussi neuf que remarquable en soi-même.

Les membres du clergé allemand qui poussèrent à la défection d'avec Rome croyaient travailler pour eux-mêmes; ils comptaient marcher dorénavant de pair avec les papes, les cardinaux, ou tout au moins les évêques. Les populations allemandes qui se laissèrent entraîner à la défection croyaient travailler pour elles-mêmes, secouer le joug des princes comme celui du Pape. Les apostats du clergé allemand se trompaient, les populations allemandes se trompaient : bien loin de secouer le joug temporel des princes, ils n'ont fait que le rendre plus dur, en y joignant forcément le pouvoir spirituel enlevé au Pape et aux évêques. Parmi les auteurs et ouvriers de cette révolution, plusieurs ne l'entendaient pas ainsi et prétendaient sérieusement mener les peuples : tels Osiandre à Kœnigsberg, Flaccius Illyricus à Magdebourg. Les troubles qui suivirent hâtèrent l'asservissement général. Les théologues du luthéranisme, convoqués à Naûmbourg sur la Saale, en mai 1554, par l'électeur de Saxe, ne trouvèrent d'autre moyen, pour arrêter la confusion et l'anarchie, que de conjurer les princes de remplacer les évêques, pour maintenir dans leurs églises l'unité de la doctrine, l'ordre de la discipline et du culte. Mélanchthon, qui était du nombre de ces théologues, gémissait sur la manière dont les affaires religieuses étaient traitées dans les cours; mais les menées des anarchistes et des démagogues théologiques, dit le protestant Menzel, ne lui laissèrent, non plus qu'aux autres modérés, d'autre choix que de chercher tout salut auprès des cours.

Pour justifier cet asservissement de la religion aux princes, ils alléguaient deux passages de l'Ecriture : l'un d'Isaïe, où il est dit que *les rois seraient les nourriciers des églises* (Is., 49, 23); mais, observe Menzel, supposé qu'on applique ce passage à l'Eglise, il y est dit en même temps que les rois se prosterneraient devant elle et baiseraient la poussière de ses pieds : aussi les docteurs protestants n'eurent-ils garde de citer tout le passage. L'autre citation est encore plus étrange de la part de ces docteurs : ce sont quatre mots d'un psaume, non suivant l'hébreu ni la traduction de Luther, mais suivant la Vulgate latine : *Attollite portas, principes, vestras : Levez vos portes, ô princes;* tandis que dans l'hébreu et dans la traduction de Luther il y a : *O portes, levez vos têtes.* L'auteur s'étonne avec raison de cette manière d'agir, surtout après qu'on eût tant déclamé contre la Vulgate et contre l'abus qu'on pouvait en faire (Menzel, t. III, p. 530-536).

Ce que les docteurs protestants avaient conseillé à Naûmbourg, en 1554, fut définitivement décrété à la diète d'Augsbourg de l'année suivante, dans la pacification conclue entre les princes protestants et Ferdinand, roi des Romains. Le protestant Menzel dit à ce sujet : « Ce qu'il y a sans doute de plus remarquable dans cette pacification religieuse, c'est que chez les protestants la religion et l'église, après avoir été enlevées à l'autorité spirituelle dont elles dépendaient jusqu'alors, furent mises sous la dépendance des princes et des Etats, qui venaient de conclure cet accord pour le nouveau parti avec les adhérents de l'ancien. Ceux qui firent la paix avec les adversaires, ce ne furent ni le peuple ni le clergé, du milieu desquels cependant était sortie cette religion et église nouvelle, mais les princes qui en avaient pris la protection; et les premiers n'y trouvaient d'avantage qu'autant que les princes et les autorités demeuraient fidèles aux convictions où ils étaient lors de la pacification. Ces convictions changeaient-elles et se retournaient-elles vers l'ancienne Eglise, aussitôt la croyance des sujets perdait tous les droits acquis par la paix. Il était clair comme le jour que ces rapports étaient très-défavorables, et que la forme religieuse, pour laquelle on avait tant combattu, était abandonnée à l'arbitraire et à l'inconstance des puissants (*Ibid.*, p. 576 et 577). »

L'auteur en cite un exemple. Les électeurs palatins, en vertu du droit de réformation que la pacification religieuse établissait de fait et que la paix de Westphalie déclara un droit originaire de l'empire, contraignirent leurs sujets à passer d'abord du catholicisme au luthéranisme, ensuite du luthéranisme au calvinisme, puis du calvinisme au luthéranisme, puis de nouveau au calvinisme, et enfin les voulurent faire revenir au catholicisme (*Ibid.*, t. III, préface, p. 14).

Quant aux rapports des protestants entre eux, le duc Jean-Frédéric de Saxe-Weimar voulut un strict luthéranisme. Les théologiens de ce parti étaient Amsdorf, le même que Luther avait prétendu sacrer évêque de Naûmbourg, et Mathias Flaccius Illyricus; ce dernier établit à Magdebourg un bureau d'histoire ecclésiastique, pour recueillir tout ce qu'il pouvait y avoir de défavorable à l'Eglise romaine : c'est ce qu'on appelle les *centuriateurs de Magdebourg*. Les ecclésiastiques ou prédicants opposés à ce parti furent destitués par l'autorité séculière. Georges Major ayant enseigné la nécessité des bonnes œuvres pour le salut, fut chassé pour cela de Mansfeld, et anathématisé par Illyricus et Amsdorf. Justus Menius, prédicant de Gotha, eut le même sort. Amsdorf enseigna, au contraire, que les bonnes œuvres sont nuisibles au salut. L'autre parti, dont le siége était à Wittemberg, avait pour chef Mélanchthon, qui était revenu de quelques excès de Luther sur le libre arbitre; il reconnaissait enfin que le libre arbitre n'est pas anéanti, et qu'il coopère à l'œuvre du salut. Amsdorf et Illyricus l'attaquèrent là-dessus : il y eut une guerre entre Wittemberg et Iéna sur la coopération du libre arbitre (Menzel, t. IV, c. 3). Les deux maisons de Saxe, le duc et l'électeur, se divisèrent pour et contre. En 1556, le Palatinat et le Wurtemberg envoient une ambassade à Weimar, négocier la paix entre les deux partis, avec une amnistie théologique. Le duc de Weimar pose pour première condition que l'on condamnera toutes les opinions qui s'écartent du strict luthéranisme. Mélanchthon et Illyricus ont en vain des conférences à Coswig pour s'entendre. En 1557, diète théologique à Francfort-sur-le-Mein, afin de remédier à l'anarchie; on y propose de créer un pape luthérien pour l'Allemagne : cela n'est pas du goût des princes, qui se bornent à nommer un vicaire général au spirituel pour leurs principautés. Les théologiens s'entendent seulement à dire qu'on est d'accord des deux côtés sur les points principaux et sur la doctrine; mais les zélateurs, notamment Illyricus, y contredisent avec véhémence; le duc de Weimar donne des instructions dans ce sens pour le colloque de Worms, sous la présidence de l'évêque catholique de Naumbourg. Le colloque devait avoir lieu entre les catholiques et les protestants sur la Confession d'Augsbourg, pour essayer si l'on n'arriverait pas à quelque rapprochement. Les deux partis luthériens s'y disputent avec violence. Les catholiques demandent que les uns et les autres expliquent nettement ce qu'ils entendent par la Confession d'Augsbourg; le parti d'Illyricus appuie la proposition des catholiques, les prend même pour juges de son différend avec l'autre parti, puis se retire de Worms : ce qui rompt la conférence et envenime la division parmi les Luthériens.

Les deux partis se tranchaient de plus en plus : du côté de la Saxe électorale, avec les deux Universités de Wittemberg et de Leipsick, tenaient le Palatinat, le Wurtemberg, la Hesse et Anhalt : du parti des Thuringiens et de l'Université d'Iéna, étaient la Basse-Saxe, particulièrement Magdebourg et Brunswick, Mansfeld et Ratisbonne. Les chefs du premier étaient Mélanchthon et Brentius; à la tête du second, se trouvait Illyricus avec le vieux Amsdorf. Le premier parti était accusé par l'autre d'avoir abandonné la Confession d'Augsbourg, dont les adhérents étaient seuls compris dans la pacification générale, et en revendiquaient les droits. Les princes du premier parti sentirent bien vite le préjudice que cette accusation pouvait leur faire. C'est pourquoi, en mars 1558, les trois électeurs de Saxe, du Palatinat et de Brandebourg, avec les princes de Wurtemberg, de Hesse et de Deux-Ponts, publièrent une déclaration, rédigée par Mélanchthon, de manière à dissiper la mauvaise renommée et se rapprocher le plus possible du parti contraire. Mais le duc de Weimar, Jean-Frédéric de Saxe, la repoussa formellement, et en publia une *Réfutation* officielle par les théologiens de Weimar (Menzel, t. IV, c. 4).

L'animosité de la dispute vint à son comble sur l'eucharistie. Luther admettait la présence réelle, Zwingle et Calvin seulement la figure. Du vivant déjà de Luther, Mélanchthon penchait au calvinisme; après la mort de son maître, il s'y décida tout à fait. Mais comme l'électeur de Saxe était contre, il n'osa se déclarer, et dissimula tant qu'il put : il cherchait même à sortir du pays, afin de manifester librement sa pensée. Dans les années 1559 et suivante, un prédicant de Hambourg, Joachim Westphal, lança deux libelles contre l'hérésie des Sacramentaires, signalant aux vrais Luthériens les ravages que cette hérésie faisait dans leurs propres rangs. Calvin répondit de la manière insultante que nous avons vu ailleurs, puis se retira de la mêlée. La guerre continua plus vive en Saxe. Les Luthériens se réunirent contre les partisans de Mélanchthon. A Brême, un prédicant luthérien anathématisa le prédicant Hardenberg, ami de Mélanchthon, comme secrètement calviniste. Hardenberg refusa de souscrire d'une manière absolue à la Confession d'Augsbourg. Plusieurs villes et princes luthériens se coalisent contre Brême. Tileman Hesshus chasse Hardenberg de cette ville. Le parti luthérien y prend le dessus. Simon Musée s'efforce de rendre au clergé luthérien le droit d'excommunication : le bourgmestre renverse le luthéranisme par un coup d'Etat. Vainement les luthériens font-ils une croisade contre Brême : le calvinisme y triomphe (*Ibid.*, c. 5).

En 1558, l'électeur Otton du Palatinat appela Hesshus à Heidelberg, et le fit surintendant général de ses églises. Nous avons vu le patriarche de Constantinople prendre le titre de patriarche œcuménique : le prédicant luthérien de Heidelberg prit celui de généralissime de tous les superintendants du Palatinat. Il se conduisait en pape infaillible et supérieur au concile. Mais l'électeur mourut et fut remplacé par un autre. Le généralissime des superintendants se vit attaquer par le prédicant Klébitz : ils s'anathématisèrent bientôt l'un l'autre du haut de la chaire. Tout le pays s'en émut : pour faire cesser le trouble, le nouvel électeur, Frédéric III, les destitua tous les deux. Il consulta Mélanchthon, et par suite fit passer le Palatinat au calvinisme. Le duc Jean-Frédéric de Saxe-Weimar vint à Heidelberg avec ses théologiens, pour soutenir la cause du luthéranisme : il y eut une conférence publique, mais sans résultat : le culte suisse envahit tout le Palatinat. Le catéchisme de Heidelberg fut rédigé dans ce sens. Cette défection du luthéranisme au calvinisme ne fit pas moins de sensation parmi les Luthériens, que leur première séparation d'avec l'Eglise catholique. Ils se coalisèrent pour s'opposer aux progrès de la doctrine calvinienne. L'an 1559, par ordre du duc de Wurtemberg, il y eut à Stuttgard un synode luthérien, présidé par Brentius, où l'on condamna les innovations du Palatinat, et où l'on érigea l'ubiquité en dogme, c'est-à-dire cette opinion que le corps, la nature humaine de Notre Seigneur, sont non-seulement dans l'eucharistie, mais partout, dans toutes les créatures; opinion monstrueuse qui tend à confondre les deux natures. Malgré tout cela, elle fut érigée en article de foi, souscrite par le duc et tous les prédicants, avec la décision que nul n'obtiendrait un emploi sans l'avoir approuvé par sa souscription.

Mais les rigides luthériens eux-mêmes se divisèrent à Iéna sur la coopération de la volonté humaine au salut : le professeur Striegel soutenait que le libre arbitre y coopérait pour quelque chose, Illyricus pour rien du tout. Les théologiens de Thuringe, assemblés à Weimar condamnèrent l'opinion de Striegel. Mais celui-ci en appelle au duc de Weimar. Pour toute réponse, d'après un ordre envoyé par le prince, le 24 mars 1559, Striegel et son ami Hugel, superintendant à Iéna, sont arrêtés nuitamment dans leur lit, placés demi-nus sur une voiture, et, au milieu de mauvais traitements, emmenés dans une forteresse. Dix compagnies de mousquetaires tenaient en respect les étudiants de la ville. Sur les remontrances de plusieurs princes, même du roi des Romains, Maximilien II, le duc de Weimar remit les deux captifs en liberté, mais ordonna une conférence publique entre les deux partis. Elle eut lieu à Weimar, sous la présidence du duc, et roula sur le péché originel et sur le libre arbitre. Illyricus, qui avait renforcé son parti de deux prédicants de Magdebourg, Wigand et Judex, et qui même avait entrepris d'excommunier le juriste Wesenbeck, soutint effrontément que le péché originel était devenu la substance même de la nature humaine. Il exigea que les notaires inscrivissent sa doctrine en ces termes : « Dans les choses spirituelles, l'homme n'est pas seulement comme un bloc et une statue, mais encore plus misérable; car un bloc et une statue n'offensent personne, et ne haïssent point Dieu. Il est plus misérable que la lune, car celle-ci accepte au moins la lumière; mais l'homme est entièrement mort pour le bien. La substance originelle de son corps, et encore plus de son âme, est entièrement ruinée par la chute, elle est devenue une pure ombre, l'image de Dieu a été changée en l'image du diable, de même que le feu change l'or en scorie, et les épices en fade résidu. » Illyricus croyait, par cette déclaration, atterrer son adversaire. Celui-ci voulait comparer l'homme à un malade qui conserve encore assez de force pour ouvrir la bouche afin de recevoir le remède. Mais Illyricus répliqua que ce malade avait la bouche close et que le remède devait lui être administré de force. Le duc, sans prononcer de jugement, suspendit la conférence, sauf à la reprendre plus tard. De retour à Iéna, Illyricus et les siens y exercèrent une tyrannie toujours plus violente, excommuniant tous leurs adversaires, sans distinction de personnes. Le duc de Weimar leur ayant recommandé la modération, ils prirent envers lui le ton des Papes à l'égard des princes coupables. Mais le vent changea bientôt à la cour de Weimar. On y conçoit le projet d'un consistoire dont le duc serait le maître, et qui aurait la décision des affaires ecclésiastiques, et seul le droit de censure pour les personnes et les livres : pas un professeur ni prédicant d'Iéna n'en est nommé membre. Ceux-ci jettent feu et flammes, réclamant la liberté de l'é-

glise : la cour leur répond en interdisant la prédication aux professeurs de théologie.

Ce fut au milieu de ces animosités que Mélanchthon mourut à Wittemberg, le 19 avril 1560, en la 64ᵉ année de son âge, dans la plus profonde douleur sur le triste état de cette église qu'il avait fondée avec Luther et dont les chefs actuels luttaient à qui récompenserait mieux ses travaux pour elle par des outrages et des anathèmes (Menzel, t. IV, c. 7).

En janvier 1561, grande assemblée des princes protestants à Naumbourg, pour savoir quelle position prendre vis-à-vis du concile de Trente qui allait se réunir de nouveau, en même temps pour calmer les divisions entre les Luthériens rigides et les Luthériens modérés ou calvinistes, et enfin pour renouveler leur adhésion à la Confession d'Augsbourg. L'électeur de Saxe disait, dans sa lettre de convocation, qu'on regarderait comme non avenues toutes les condamnations par lesquelles un parti reprochait à l'autre d'avoir corrompu la doctrine luthérienne et de faire secte. Ceci tombait directement sur le duc Jean-Frédéric de Saxe-Weimar, qui avait publié une réfutation et condamnation officielle d'une déclaration théologique des autres princes. Le duc vint à l'assemblée et demanda que l'on souscrivît non-seulement à la Confession d'Augsbourg, mais encore aux articles de Smalcalde, qui étaient plus rigides contre les Sacramentaires. La majorité fut d'avis qu'on ne souscrirait que la Confession d'Augsbourg. Mais aussitôt on demanda quelle édition? Les deux électeurs de Saxe et du Palatinat opinèrent pour la plus récente ; c'est qu'elle était plus favorable aux Sacramentaires. Les autres princes votèrent pour l'édition de 1530, qu'on avait présentée à l'empereur. Sur quoi les princes résolurent d'examiner les deux par eux-mêmes. A la lecture de la plus ancienne, qui reconnaissait la présence réelle et le sacrifice de la messe, l'électeur palatin, calviniste depuis peu, protesta qu'il ne pourrait la souscrire : toutefois il se rendit à l'avis de la majorité, et signa la première édition, à laquelle on joignit une préface pour dire qu'on ne rejetait point pour cela les autres. Le duc Jean-Frédéric de Saxe-Weimar refusa constamment d'y souscrire, à moins qu'on n'y condamnât d'une manière plus expresse l'erreur des Sacramentaires, et présenta une protestation dans ce sens.

Tous les Etats de l'assemblée s'engagèrent finalement à obliger leurs superintendants, prédicants et professeurs, à se conformer, dans tous les articles de la foi chrétienne, à l'Ecriture sainte et à la confession nouvellement souscrite, de n'employer aucune locution jusqu'à présent inusitée dans les églises luthériennes; de ne publier absolument rien par la presse, sans l'examen préalable des censeurs, si c'était conforme à la Confession d'Augsbourg, non-seulement quant au fond, mais encore quant à la forme et aux expressions. Difficilement, dit le protestant Menzel, aurait-on pu imaginer une plus grande servitude que cette soumission de l'esprit humain à l'autorité d'un écrit confessionnel. La liberté d'écrire et de penser, moyennant laquelle avait été opérée la réformation, eut alors en ceci, comme plus tard sous d'autres rapports, la destinée d'être mise aux fers par ceux-là mêmes qu'elle avait aidés à l'emporter sur leurs antagonistes. Ces fers furent forgés avec les mêmes armes par lesquelles on avait combattu le Pape (Menzel, t. IV, c. 9).

Les Illyriciens d'Iéna ou Luthériens rigides, favoris autrefois du duc de Saxe-Weimar, lui adressèrent les plaintes les plus vives contre les restrictions de la liberté d'écrire et d'enseigner. Dans une remontrance sur la liberté de la presse, contre la censure que le duc venait d'établir, ils lui écrivaient : « Les princes ne doivent pas s'imaginer, parce qu'ils ont envahi les biens ecclésiastiques et les droits de vocation, qu'ils ont à commander aux théologiens et aux prédicants comme à leurs vassaux, parce qu'ils leur paient leur solde du trésor de l'Etat. Les séculiers peuvent ordonner les choses séculières, mais les ministres du Christ ne sont soumis qu'au Christ. Autant un prince trouverait mauvais que son ambassadeur reçoive et exécute des ordres d'un autre que de lui, autant le Fils de Dieu trouve-t-il mauvais si ses envoyés et ses ambassadeurs se laissent prescrire quelque chose par des séculiers. Par conséquent, on ne pouvait leur défendre d'imprimer, du moins à l'étranger. » Leurs plaintes furent encore plus véhémentes, lorsque le duc mit en fonction son consistoire. Ils développèrent au long, dans plusieurs écrits, que l'établissement de ce tribunal eût dû être délibéré en synode, attendu qu'un prince n'est ni l'Eglise ni son chef, et qu'il n'appartient pas à des séculiers de décider les choses ecclésiastiques d'après les formes des juristes. Un évêque même ne pouvait rien décider dans son chapitre. Ceci était la papauté impériale, prédite par Luther. La différence entre la papauté de Rome et le consistoire de Weimar consiste uniquement en ce que celle-là est une monarchie, et celui-ci une oligarchie de neuf personnes; ou plutôt, comme le duc s'arrogeait lui-même le vote définitif et qu'il n'était pas mentionné qu'on pût appeler du consistoire à un synode, c'était une dictature et une tyrannie où l'on ne s'entendait plus : Dites-le à l'église, mais dites-le à la cour.

Pour toute réponse, on les appela des théologiens hypocrites, indociles et turbulents. Musœus se rendit à Brême. Les autres, poussant toujours plus loin, accusèrent d'hérésie tant le duc de Weimar que tout le pays. Ils finirent par être destitués. Illyricus prit la fuite, pour éviter un sort plus fâcheux. Un étudiant d'Iéna fut condamné à la peine de mort, que le duc voulut bien commuer en bannissement perpétuel. Le duc fut obligé de demander des professeurs à Wittemberg, pour établir l'Université d'Iéna, complètement déchue par suite de ces troubles (*Ibid.*, c. 11).

Plusieurs des partisans fugitifs d'Illyricus se réfugièrent à Magdebourg, auprès de leur ami Hesshus, que le magistrat de la ville avait loué pour trois ans pasteur d'une paroisse. Hesshus travaillait à se faire une position plus sortable, en rétablissant à Magdebourg la hiérarchie luthérienne, qui avait échoué à Brême et à Heidelberg. Il profita pour cet effet de la présence des nouveaux venus. Comme les magistrats et les bourgeois ne voulaient pas entendre de cette oreille, Hesshus les fit excommunier secrètement. Sur cela, les magistrats lui payèrent les deux années de louage qui restaient encore et lui ordonnèrent de déguerpir. Sur son refus, la bourgeoisie prit les armes, entoura la maison au milieu de la nuit, le plaça dans une charrette couverte et l'emmena hors du territoire (Menzel, t. IV, c. 11). Après plusieurs autres querelles et aventures, qu'il s'attira par son esprit turbulent, Hesshus fut appelé à Kœnigsberg pour être évêque de Samland, où il procura à son ami Wigand l'évêché de Poméranie.

Kœnigsberg, capitale de la Prusse, était alors une arène de querelles théologiques, comme il n'y en avait point d'autre dans toute l'Allemagne. Le souverain du pays était Albert de Brandebourg, ce moine apostat de l'ordre des religieux militaires de Sainte-Marie, plus connus sous le nom de chevaliers Teutoniques. Elu supérieur général de l'ordre, il fut parjure à ses trois vœux et à son serment : à son serment, en trahissant son ordre par l'apostasie; à son vœu d'obéissance, en foulant aux pieds tous les statuts de l'ordre; à son vœu de pauvreté, en lui enlevant le duché de Prusse pour se le donner à lui-même; à son vœu de chasteté, en prenant une femme.

Ainsi devenu duc de Prusse, l'ex-moine fonda une Université à Kœnigsberg, où il appela les plus hardis sectaires. Le principal fut Osiandre, que déjà nous avons appris à connaître. Il introduisait parmi les Luthériens une nouvelle opinion sur la justification. Il ne voulait pas qu'elle se fît, comme tous les autres protestants le soutenaient, par l'imputation de la justice de Jésus-Christ, mais par l'intime union de la justice substantielle de Dieu avec nos âmes, fondée sur cette parole souvent répétée en Isaïe et en Jérémie : *Le Seigneur est notre justice;* car de même que, selon lui, nous vivions par la vie substantielle de Dieu et que nous aimions par l'amour essentiel qu'il a pour lui-même, ainsi nous étions justes par sa justice essentielle, qui nous était communiquée; à quoi il fallait ajouter la substance du Verbe incarné, qui était en nous par la foi, par la parole et par les sacrements (*Variat.*, l. 8, n. 11). Comme Osiandre était en faveur auprès d'Albert de Brandebourg, sa doctrine fut vivement attaquée par les autres professeurs. Merlin, prédicant réfugié de Brunswick, qui, sur l'invitation d'Albert, s'offrit comme médiateur, fut tellement irrité de la violence d'Osiandre, qu'il devint son plus véhément adversaire. La fureur des partis monta à un point dont on ne se fait pas d'idée. D'après un témoin oculaire, l'amitié disparaissait entre le père et le fils, la mère et la fille, le frère et la sœur, comme s'ils ne s'étaient jamais connus; même entre époux s'allumait la plus extrême désunion, le bon voisinage était détruit, le repos public, les égards, la politesse, tellement violés, qu'on passait à côté l'un de l'autre, non-seulement sans se saluer, mais en se conspuant, en se poursuivant de cris, et qu'on ne voulait ni vendre ni acheter à quiconque allait au prêche d'Osiandre. Les plus grossières injures retentissaient dans les chaires. Merlin maudissait son antagoniste jusqu'au fond des enfers, et Osiandre ne demeurait pas en reste. Merlin prêchait : « La justice d'Osiandre est un rêve, et je voudrais bien savoir si c'est par derrière ou par en haut qu'il faut l'entonner avec un feutre. Une telle justice n'est ni au ciel ni sur la terre. Fi de toi! noir démon, avec ta justice! Te précipite Dieu dans l'abîme des enfers! Le diable emporte ta justice; car je ne la veux pas emporter. Si on te demande : Est-ce Dieu le Père, ta justice? Dis : Non. Est-ce le Saint-Esprit, ta justice? Dis :

Non. Qu'est-ce donc qui est ta justice? Uniquement la sanglante sueur et la mort ignominieuse de Jésus-Christ; car le Christ n'est notre justice ni selon sa nature divine ni selon la nature humaine, mais uniquement dans son office, lorsqu'il meurt et souffre. » Merlin ne disconvient pas d'avoir prêché ainsi, mais il justifie son zèle sur le zèle d'Elie (Menzel, t. IV, c. 12, p. 319).

Merlin soutenait même qu'Osiandre avait dit qu'il fallait empoigner les lances et les bâtons. Et si l'on peut en croire d'autres rapports, qu'Osiandre et ses partisans allaient non-seulement par les rues à main armée, mais même au sénat académique, avec des fusils chargés sous leurs manteaux et des sabres à leurs côtés : cette précaution n'était pas superflue avec de pareils adversaires. Vainement le duc commandait la paix. Les adversaires d'Osiandre, fiers de leur prépondérance, réclamaient un synode, et notifièrent au duc qu'ils ne pouvaient plus reconnaître pour président de l'évêché un homme qui soutenait une opinion visiblement erronée et hérétique, et qui par là s'était déposé lui-même de son office et rendu incapable d'exercer les fonctions épiscopales.

Ils ne s'en tinrent pas là; mais Merlin fit en sorte, par son influence sur la noblesse et sur le conseil de la ville, que les candidats à l'office de prédicants n'étaient plus présentés à Osiandre, mais à lui-même, pour l'examen et l'ordination, et sous les yeux d'Osiandre il en remplissait toutes les fonctions, comme évêque intérimaire. Le duc, dans un rescrit sévère aux ecclésiastiques, leur ayant demandé compte et leur ayant envoyé au même temps une confession manuscrite d'Osiandre pour l'examiner, ils lui renvoyèrent cette dernière pièce sans la décacheter, avec la déclaration qu'ils ne voulaient plus avoir aucun rapport avec Osiandre. Ils n'avaient non plus besoin de réclamer le jugement de l'Église contre lui; car ils avaient la parole de Dieu, par laquelle l'Église doit se laisser juger. Le duc lui-même n'avait-il pas reçu l'Evangile sans consulter auparavant l'Eglise ; eux cependant n'entendaient préjudicier à l'Église en rien. Quant au reproche que, par la déposition d'Osiandre, ils avaient commencé le procès par l'exécution, ils ne le méritaient point; car depuis longtemps cet homme était convaincu de son erreur par la parole de Dieu, et eux ne pourraient s'excuser devant Dieu et l'Eglise, s'ils voulaient reconnaître plus longtemps un tel loup pour évêque. En outre, Merlin exclut de la cène plusieurs membres de sa communauté, qu'il tenait pour des partisans d'Osiandre, et annonça formellement du haut de la chaire qu'il ne recevrait personne au confessionnal ni aux fonts de baptême, qui fréquentât les prêches d'Osiandre.

Intervint une nouvelle réprimande plus sévère de la part du duc. Il doit savoir, lui disait-on, que le duc ne veut accorder à aucun pasteur d'excommunier arbitrairement dans son pays. Merlin répondit à cette réprimande dans un prêche qu'il tint le dimanche suivant. « Tenez bon, chers enfants, et ne souffrez pas plus longtemps cette abomination dans le pays. Tenez bon, non pour vous, mais pour les petits enfants encore au berceau, mais pour ceux que vous portez encore dans les reins, afin qu'ils ne soient pas empoisonnés par cette hérésie satanique!

Il vous serait mille fois plus avantageux de marcher dans le sang jusque par-dessus les genoux, de voir le Turc aux portes de la ville et vous égorger tous; oui, il vous serait même plus avantageux que vous fussiez Juifs et païens, que de souffrir cela; car, avec cette doctrine, vous serez aussi bien damnés que les païens. Je veux que vous soyez avertis, du moins qui veut encore l'être. Qui ne le veut pas, qu'il s'en aille au diable. Je n'ai pas besoin de les lui donner, ils sont au diable déjà tous ceux qui reçoivent cette doctrine. Et j'annonce de nouveau que je n'admettrai au sacrement aucun qui reçoit la doctrine d'Osiandre ou fréquente son prêche; ils iront courir où ils voudront. Vous ne devez pas non plus les saluer, n'avoir aucune communication avec eux; mais les fuir, comme s'ils étaient le diable en personne. » Ainsi déclamait le prédicant Merlin.

L'ex-moine et duc Albert de Brandebourg n'y sut d'autre remède que de consulter les théologiens étrangers sur la doctrine d'Osiandre. La plupart n'y furent point favorables. Osiandre s'emporta contre eux avec fureur, particulièrement contre Mélanchthon et ceux de Wittemberg. L'embarras du duc devint ainsi extrême, lorsque, le 17 octobre 1552, Osiandre mourut subitement d'apoplexie. Le parti contraire répandit aussitôt le bruit que le diable lui avait tordu le cou, et ce bruit trouva tant de crédit, que le duc crut nécessaire de faire visiter le cadavre et en dresser le procès-verbal. Pour braver l'opinion populaire, le duc et la duchesse, avec toute la cour, accompagnèrent le corps au cimetière; et, dans l'oraison funèbre, le prédicateur de la cour dit que jamais la terre n'avait vu son pareil ni ne le verrait probablement, et que le premier il avait apporté en Prusse la connaissance de la vraie parole de Dieu. Ce prédicateur était gendre du moine et se nommait Funck.

Le duc rendit un arrêté pour ordonner la paix et le silence. Merlin continua la lutte contre le parti de la cour. Il fut banni. Vainement quatre cents dames notables de la ville, avec leurs demoiselles et leurs petits enfants, firent-elles une espèce d'assaut au palais pour obtenir le rappel de Merlin : le duc fut inexorable. Funck succéda dans la faveur du prince à son beau-père Osiandre, et se vit le maître des affaires. La duchesse tenait également pour lui, et, pour gagner le peuple, s'habillait en bourgeoise. Mais la noblesse, qui pouvait n'avoir pas grand respect pour un moine apostat et sa femme, tenait pour le parti de Merlin. En 1563, après onze ans de roueries politiques, le duc voulut frapper un coup d'Etat pour briser le parti de l'opposition. Le frère de sa femme, Henri de Brunswick, devait amener une armée de quinze mille hommes, sous prétexte d'aller au secours du roi de Pologne; mais, au moment d'entrer en Prusse, l'armée se débanda. Dans l'intervalle, le parti de la noblesse réclama l'intervention du roi de Pologne, suzerain de la Prusse, et demanda des commissaires pour faire une enquête sur les troubles du pays. Une diète fut indiquée à Kœnigsberg pour le 1er août 1566.

Le duc prit des mesures en sens contraire : il fit recruter à Dantzick mille hommes de cavalerie, sous prétexte de faire la guerre aux Moscovites, mais dans la réalité pour la faire aux Etats de Prusse qui allaient se réunir dans la capitale. De plus, il fit commencer une galerie souterraine du château à une église voisine, comme pour abréger le chemin, mais en effet pour se ménager un moyen de fuir en cas de besoin. Les orateurs de la diète réclamèrent contre la présence des troupes étrangères ; le duc finit par céder, assurant être peiné de voir qu'on avait pour lui de la défiance. Que le diable emporte mon âme à l'heure même, s'écria-t-il, si jamais j'ai eu la pensée de faire tort à un de mes sujets ! » Les commissaires polonais arrivèrent le 23 août. Résultat final : le duc fut contraint de congédier les cavaliers étrangers, son prédicant favori, Funck, et deux autres, furent condamnés à mort et exécutés le 28 octobre, et cela avec l'agrément forcé du duc en pleurs. Pendant leur exécution sur la grande place, le peuple chantait dévotement des cantiques. D'autres prédicants furent bannis ou déclarés hors la loi. Le nombre des victimes eût été vraisemblablement beaucoup plus considérable, si, peu auparavant, les principaux des Osiandristes n'avaient pris la fuite. Pour quelques expressions offensantes envers le grand-maître de la diète, la duchesse fut obligée de lui faire amende honorable en personne et d'en donner acte ; ce qui la chagrina tellement, qu'elle se confina pour toujours dans un de ses châteaux.

Le duc, ex-moine, Albert de Brandebourg, réduit à envoyer jusqu'à deux ambassades au prédicant démagogue Merlin, devenu superintendant de Brunswick, pour le supplier de vouloir bien, avec son collègue Chemnitz, revenir à Kœnigsberg et reprendre l'évêché de Samland. Ils daignèrent revenir en automne 1567, et rédigèrent une nouvelle constitution pour l'église prussienne, qui fut adoptée dans un synode. Le duc, ex-moine, Albert de Brandebourg, mourut le 20 mars 1568. Les dernières paroles de son agonie furent : « Ne me retenez pas captif ! Rendez-moi à la liberté ! » Etait-ce un accomplissement funeste de cette exécration prononcée contre lui-même : « Que le diable emporte mon âme, si jamais j'ai eu la pensée de faire du mal à aucun de mes sujets. »

Son fils, Albert-Frédéric, âgé de quinze ans, ne fut jamais duc que de nom : même lorsqu'il fut plus avancé en âge, les conseillers de régence le réduisaient à leur volonté par des menaces et des coups. Ce traitement exaspéra au dernier point le jeune prince. Bien des fois il disait en pleurant : « Ils ont chagriné et tourmenté mon père jusque dans la tombe, ils me font de même. Que Dieu les punisse jusqu'à la troisième et quatrième génération ! » Il conçut le soupçon qu'on voulait l'empoisonner ; et de fait, les remèdes qu'on employa pour vaincre sa répugnance au mariage affaiblirent son esprit sans atteindre le but qu'on se proposait. Comme il refusait de s'y prêter, le jour fixé pour ses noces avec la princesse Marie-Eléonore de Clèves, un des conseillers du gouvernement lui dit : « Si votre princière Grâce ne veut pas obéir, on ne dira plus : Gracieux seigneur ! mais bien : Ah ! damoiseau. Qu'on le tire sous la table, et qu'on le rosse comme il faut ! » Le mariage s'accomplit, mais le prince tomba complètement en démence. Les enfants qui naquirent de cette union expirèrent tous en bas âge (Menzel, t. IV, c. 12). Tel fut le sort du moine apostat Albert de Brandebourg et de sa race. Le duché de Prusse, qu'il avait volé par l'apostasie, appartenait de droit à l'ordre des religieux militaires de Sainte-Marie, ou chevaliers Teutoniques, sous la suzeraineté du Pontife romain. En vertu de la politique moderne, ce prix de l'apostasie et du parjure, ce nouvel *haceldama*, fut adjugé à la maison de Brandebourg, qui en a même étendu le nom à tous ses domaines.

Merlin mourut en 1571 ; il eut pour successeur Hesshus, qui procura l'évêché de Pomésanie à son ami Wigand, lequel, en 1577, fit déposer Hesshus de celui de Samland comme hérétique, en sorte qu'il fut obligé d'aller mourir à l'Université de Helmstadt, où il avait fini par devenir un très-souple courtisan. Mathias Flacius Illyricus eut un sort encore plus triste. Après avoir été chassé d'Iéna, il vécut plusieurs années à Ratisbonne avec sa nombreuse famille, sans aucun revenu certain. L'an 1566, pendant les troubles des Pays-Bas, il fut appelé comme prédicant luthérien dans la ville d'Anvers ; mais cette ville s'étant soumise aux Espagnols dès l'année suivante, il se trouva de nouveau sur le pavé. Son idée fixe était que le péché originel est devenu la nature même de l'homme. L'ayant reproduite dans un ouvrage, *Clé de l'Ecriture*, il fut stigmatisé comme manichéen par Hesshus et Wigand, et décrié de telle sorte, que parmi les Luthériens rigides il ne trouva plus une demeure permanente. Il erra pendant bien des années comme aventurier théologue et chevalier du péché originel à travers l'Allemagne, disputa en divers lieux, appela à un concile général, à quoi personne ne voulut entendre, souffrit avec sa nombreuse famille la faim et le chagrin, la maladie et le besoin, et succomba finalement à sa misère, le 11 mars 1575, à Francfort-sur-le-Mein. A peine ses anciens collègues lui accordèrent-ils une sépulture convenable (Menzel ; t. IV, c. 12).

Le duc de Saxe-Weimar, Jean-Frédéric, eut son tour. Un baron luthérien de Franconie, Wilhem Grumbach, ayant un procès avec l'évêque de Wurtzbourg, Melchior Zobel, envoya des gens qui le tuèrent, le 15 avril 1558. Grumbach s'enfuit en France, y recruta des troupes. On lui fit espérer que le nouvel évêque lui donnerait satisfaction quant au procès. Le conseil épiscopal répondit : « Si on s'était garé des gros oiseaux, on n'aurait pas maintenant à craindre les petits. » L'instigateur du meurtre commis sur un évêque n'est point à récompenser, mais à punir. » Grumbach s'associa des nobles de son caractère, pour se venger du nouvel évêque de Wurtzbourg, et montrer à la noblesse allemande que l'épée l'emportait sur la crosse des évêques et la plume des juristes impériaux. L'important pour lui était de gagner le duc Jean-Frédéric de Saxe, et son chancelier Bruck, dont le père avait été le principal ressort politique du luthéranisme. Grumbach leur promit des secours de France et d'Angleterre pour exécuter prochainement leur dessein contre la Saxe électorale, et affermit son influence sur l'esprit faible du duc par le moyen d'un jeune visionnaire.

C'était Jean Mille-Fois-Beau, que le duc avait pris à sa cour, parce qu'il prétendait que des anges, grands comme des enfants de trois ans, avec des habits couleur de cendre, des chapeaux noirs et des bâtons, le visitaient et lui faisaient voir des choses merveilleuses. Un jour, sur leur commandement, il les suivit à la cave, d'où ils venaient à lui, et là il vit son père et ses grands-pères ; plus tard le jeune homme persista dans les tortures à soutenir ses visions d'anges. Au duc fut montré dans un cristal, dit-on, le sceptre de l'empire : lui-même rappelle dans un mémoire justificatif, publié plus tard, qu'il vit un aigle sans tête, mais qu'il ne savait pas si cela signifiait l'empereur ; les anges avaient aussi parlé d'un grand trésor, qu'il lui était réservé de découvrir. — En attendant, se fiant un peu plus sur son épée que sur les promesses de ses petits anges, Grumbach rassembla des troupes, et, le 4 octobre 1563, surprit la ville de Wurtzbourg et força l'évêque et le chapitre à souscrire toutes les conditions voulues. Mais l'empereur défendit à l'évêque de les accomplir, déclara au ban de l'empire l'auteur et les complices de cet attentat contre la paix publique, et manda itérativement au duc de ne pas tenir plus longtemps chez lui les coupables. Le duc n'en tint compte, quitta Weimar, et se retira dans la forteresse de Gotha, résolu d'y braver la justice de l'empire.

Un jour cependant, il chancela et exprima des doutes, parce qu'une promesse des anges que tel jour s'ouvrirait à son profit une mine, ne s'était pas réalisée. Grumbach lui écrivit aussitôt que ces indications tiraient quelquefois en longueur sans qu'on pût savoir pourquoi Dieu le permettait. L'affaire des anges, disait-il, est au-dessus de mon esprit, qui suis un laïque ; mais le jeune garçon a dit récemment qu'on ne devait pas entretenir de doutes ni s'affliger, attendu que Dieu accorderait abondamment ce qu'il a promis. Au fond, moi-même je trouve tout véritable, et j'y ai été confirmé encore davantage, lorsque je me suis fait lire le 22° chapitre, que le docteur Martin Luther a écrit dans son *Explication des bons et des mauvais anges*. En outre, ces angelots révélèrent encore la manière dont il fallait préparer le breuvage de vin blanc et de vin rouge, avec du gingembre pilé et un peu de pain d'épices ou de laurier, que le duc devait boire en compagnie des chevaliers, avant d'aller dormir.

En conséquence, le duc de Saxe-Weimar répondit d'une manière évasive à tous les mandements de l'empereur, qui était Maximilien II. Même lorsque, le 13 mai 1566, la diète d'Augsbourg eut mis juridiquement Grumbach au ban de l'empire, le duc répondit absolument qu'il n'abandonnerait pas un innocent persécuté. Enfin, après d'autres instances inutiles, le duc lui-même fut mis au ban de l'empire, le 12 décembre de la même année. Son parent, l'électeur de Saxe, Auguste, fut chargé de l'exécution : son propre frère, le duc Jean-Guillaume, eut ordre d'y prendre part. Le duc proscrit, Jean-Frédéric ne s'en émut pas : au contraire il prit dès lors sur ses monnaies, et fit après en public, le titre d'*électeur-né*. Nous avons vu son père dépouillé de la dignité électorale par Charles-Quint, qui la transféra au duc Maurice de Saxe. De là une haine profonde entre les deux branches de Dresde et de Weimar.

Cependant les moyens ne répondaient point à la confiance de Jean-Frédéric : dès la fin de décembre, il se vit bloqué par les troupes de l'électeur et de son propre frère, qui les commandait en personne. Les secours promis n'arrivaient point, les assiégeants surent faire connaître aux assiégés le véritable état des choses : le quatrième mois du siége, comme on ne payait pas les troupes de la forteresse, elles se mutinèrent. Le commandant, voulant les calmer par des menaces, fit empirer le mal. La multitude le fit prisonnier, envahit le château, et, malgré les supplications du prince, se saisit du bachelier Bruck et des autres partisans de Grumbach. Grumbach lui-même fut tiré de la couchette où il était malade, placé sur une civière et porté à l'hôtel-de-ville, aux cris de : *Nous avons la mariée!* Le 13 avril 1567, la ville se rendit à l'électeur. La bourgeoisie demanda pardon, et fit serment de fidélité au duc Jean-Guillaume comme à son nouveau maître. Le duc Jean-Frédéric fut réservé à la discrétion de l'empereur. Il y avait vingt ans juste, jour pour jour, que son père avait perdu la bataille de Mühlberg. Le fils, ayant ainsi perdu au même jour la souveraineté et la liberté, fut conduit en Autriche, où il demeura en prison le reste de sa vie.

Les autres prisonniers furent jugés à Gotha. L'électeur Auguste et le duc Jean-Guillaume assistèrent à la question derrière un rideau de soie. Lorsque Grumbach fut étendu sur l'échelle, il cria malheur sur le chancelier, qui avait persuadé au duc de le rappeler à Gotha, lorsqu'il était déjà sur la route de France. Il avait assuré vouloir le défendre devant tout l'empire romain. Le chancelier Bruck se jeta aux pieds du comte de Schwartbourg, et le supplia de s'intéresser pour lui auprès des princes, afin de lui obtenir la vie, ou du moins qu'il pérît par le glaive, sans être mis à la torture. Le comte répondit : « Misérable! tu as voulu me priver du mien ; qu'on te fasse grâce comme tu le mérites! » Ensuite le malheureux s'adressa au docteur Cracow, dont il avait été professeur en droit à Wittemberg, le lui rappela, ainsi que le souvenir de son père qui avait tant fait pour la maison de Saxe et pour l'Église évangélique, et le supplia par tous ces motifs d'intercéder pour lui auprès de l'électeur. Le docteur luthérien ne répondit que par des injures : « Si j'ai appris de toi quelque chose, je te l'ai bien payé ; si ton père a été un honnête homme, tu devais suivre son exemple. » Le chancelier fut donc, malgré ses pleurs, appliqué à la torture.

Voici le résultat principal des aveux. Le plan était de lever huit mille chevaux et trois régiments d'infanterie, de surprendre d'abord la ville d'Erfurt, puis, avec la moitié des troupes, envahir les évêchés sur le Mein et sur le Rhin ; avec l'autre moitié et les troupes auxiliaires, chasser l'électeur, proclamer le duc Jean-Frédéric non-seulement électeur de Saxe, mais empereur. Deux jours après les interrogatoires, on prononça le jugement. Grumbach et Bruck furent condamnés à être coupés en quatre morceaux, tout vivants ; Jean Beyer et le visionnaire des anges, à être pendus.

Le 18 avril, un échafaud ayant été dressé sur le marché de Gotha, on apporta sur une mauvaise chaise le sexagénaire Grumbach, qui ne pouvait marcher à cause de sa maladie ; huit trompettes font retentir à ses oreilles le son de la mort, on le dépouille de ses vêtements, on le jette sur l'échafaud, on l'y cloue vivant, le bourreau lui arrache le cœur, l'en frappe au visage, avec ces mots : Vois, Grumbach, ton cœur perfide! puis il le coupe en quatre morceaux, tout vivant. Le mourant lui dit : « Tu écorches un vautour bien maigre. » Le chancelier Bruch endura le même supplice. Sur l'échafaud, il témoigna son repentir de ce qu'il avait fait. Jeté sur la fatale planche, il supplia qu'on lui coupât la tête avant de l'écarteler. Le bourreau lui répliqua : « Il te sera fait comme Sa Grâce électorale a ordonné. » Quand on lui eut ouvert le corps et arraché le cœur, on l'entendit crier tout haut : « Dieu de miséricorde, ayez pitié de moi ! » Les lambeaux des suppliciés furent suspendus le long des routes. Nous ne nous souvenons pas d'avoir rencontré dans l'histoire une exécution aussi atroce. Ce n'est pas tout : un homme de la campagne acheta l'échafaud sanglant, et en employa les planches à former la chambre où il se tenait avec sa famille. L'électeur de Saxe se glorifia de cette exécution dans une médaille portant cette légende : *Enfin la bonne cause triomphe*. Les hommes et les théologiens le préconisèrent toute sa vie, comme le héros de l'Allemagne. Au contraire, l'empereur Maximilien écrivit, sur le rapport qu'on lui adressa : *Le remède a passé la mesure* (Menzel, t. IV, c. 13).

Plus d'un lecteur s'étonnera peut-être comment les protestants d'Allemagne ne rougissent pas de cette barbarie ramenée parmi leurs ancêtres par la révolution luthérienne. Le protestant Menzel nous en révèle la cause. Pour rougir de ce qui est honteux, il faut en avoir une idée. Or, les savants d'Allemagne connaîtront fort bien l'histoire d'Athènes, de Rome, de Byzance, de la cour de Louis XIV, mais ils ignorent complètement l'histoire de leur pays, l'histoire de cette période révolutionnaire qui a brisé leur unité nationale (T. IV, préface). Le même auteur nous signale encore d'autres faits dont on ne se doute guère. C'est la mode de dire que la réformation de Luther fut le réveil de la philosophie, des sciences, lettres et arts, en un mot, de la civilisation. Erreur que tout cela. Le protestant Menzel atteste et fait voir à qui a des yeux, que la réformation de Luther a été l'époque et la cause de la décadence, de la chute même de la philosophie, des sciences, lettres et arts, en un mot, de la civilisation entière, notamment de la langue latine et de la langue allemande ; que cette décadence a duré deux cents ans ; que pendant ces deux cents ans les savants d'Allemagne n'ont parlé qu'un latin et un allemand barbares ; que la poésie y était nulle et impossible (T. IV, c. 1). C'est encore la mode de dire que la réformation de Luther a donné naissance aux libertés publiques, aux droits politiques des individus, des communes, des provinces, des nations. Erreur que tout cela. Le protestant Menzel observe que c'est précisément le contraire qu'il faut dire ; par suite de la réformation de Luther, les libertés publiques, les diètes provinciales et nationales ont disparu peu à peu ; les princes, rendus maîtres de tout le spirituel, se sont, à plus forte raison et bien vite, rendus maîtres de tout le temporel ; enfin tout en Allemagne a tourné au despotisme d'une part, et au servilisme de l'autre (T. IV, préface, et p. 426 et 427 ; t. III, p. 576 ; t. V, p. 1-7, 225).

Ces excès et ces mauvaises suites de la prétendue réformation ouvrirent dès lors les yeux à quelques-uns de ses partisans et les ramenèrent à l'unité de l'ancienne Eglise.

Un des premiers fut Georges Wicelius, né dans une petite ville de la Hesse. En 1520, il eut pendant deux mois Luther et Mélanchthon pour professeurs à Wittemberg, se fit ordonner prêtre par l'évêque de Mersebourg, et fut nommé vicaire dans son endroit natal ; mais bientôt, par divers motifs, entre autres par suite de ses lectures d'Erasme, il embrassa les nouvelles doctrines. Il prêcha dès lors avec ardeur contre l'Eglise romaine, et se maria ; car ce paraissait dès lors une marque certaine d'un ecclésiastique bon luthérien. Il perdit naturellement sa place, mais reçut, en 1525, celle de prédicant en Thuringe, puis, sur la recommandation de Luther, devint pasteur à Niemeck, dans le voisinage de Wittemberg. Il y travailla plusieurs années avec zèle, appliqué aux études théologiques ; mais il s'aperçut que la réformation de Luther n'était guère conforme à la primitive Eglise, il publia des écrits à ce sujet, l'un desquels est adressé à Mélanchthon. Ce qui le choquait surtout dans la doctrine luthérienne, c'est que les bonnes œuvres n'eussent aucune part à la justification devant Dieu : ce fut le principal motif de son retour. Il quitta donc, en 1531, et son emploi et la nouvelle église, écrivit contre elle et contre Luther, dès l'année suivante, avec d'autant plus de véhémence qu'il les avait connus de plus près. L'an 1533, un comte catholique de Mansfeld l'appela comme prédicateur à Islèbe ; sa position y fut pénible, au milieu d'une population presque toute luthérienne. En 1538, le duc Georges de Saxe, zélé catholique, le fit venir à sa cour et se servit beaucoup de lui pour travailler à la réunion des protestants avec les catholiques. Ce prince étant mort en 1539, et l'hérésie ayant prévalu dans son duché, Wicelius se rendit en Bohême : il fut protégé successivement par l'évêque de Misnie, l'abbé de Fulde, l'électeur de Mayence, et mourut en cette dernière ville l'an 1573. Comme il avait été marié trois fois, il n'y eut pas moyen de lui confier des fonctions ecclésiastiques : de là peut-être, dans ses écrits, une certaine rancune contre le célibat religieux. Il rédigea dans sa vie plusieurs projets pour la réunion de tous les partis (Schroeckh, t. I et IV ; Menzel, t. II).

Un autre savant luthérien se convertit une dizaine d'années après Wicelius. Vitus Amerbach, né en Bavière, était devenu professeur de philosophie à Wittemberg, où il avait fait ses études sous Luther et Mélanchthon. En 1542, il conçut des doutes sur l'opinion de Luther, érigée en dogme, que la foi seule justifie : doutes qui s'étendirent bientôt à d'autres points, fondés sur ce premier. Il est impossible, se disait-il, que l'Eglise ait pu errer dans des articles aussi importants que la justification, la messe, les vœux, la primauté du Pape, et comme là-dessus elle a toujours enseigné autrement que Luther, nécessairement les assertions de celui-ci sont fausses.

Or, les protestants n'étaient pas moins attentifs que les catholiques aux écarts dans la doctrine, seulement l'hérésie consistait pour ceux-là dans l'antiquité, pour ceux-ci dans la nouveauté. Le chancelier Bruck ayant donc su les propos suspects d'Amerbach, Mélanchthon eut ordre de l'entreprendre ; mais il ne put lui faire changer de sentiments. Il quitta donc Wittemberg, retourna en Bavière, rentra au sein de l'Eglise catholique, devint professeur de philosophie à Ingolstadt, et y mourut vers l'an 1557, auteur de plusieurs opuscules de philosophie et de littérature (Menzel, t. IV, c. 2; *Biogr. univ.*, t. II).

Une troisième conversion fut celle de Frédéric Staphilus, professeur de théologie à Kœnigsberg. Il s'était trouvé longtemps à Wittemberg dans la confiance de Luther et de Mélanchthon : il avait pris part, à Kœnigsberg, dans l'affaire d'Osiandre. L'an 1553, il renonça à la théologie protestante et se déclara pour l'Eglise catholique. Le roi Ferdinand et le duc Albert de Bavière lui firent les offres les plus avantageuses pour l'attirer à leur service; ayant accepté celles du dernier, il fut nommé inspecteur dans l'Université d'Ingolstadt, et le Pape lui permit d'enseigner la théologie et le droit canon, quoiqu'il fût marié. Il y écrivit plusieurs ouvrages pour réfuter les erreurs qu'il avait quittées (*Ibid.*).

Vers le même temps se convertit Théobald Thamer, de Rosheim en Alsace. Il avait étudié à Wittemberg, et, en 1543, le landgrave Philippe de Hesse le nomma professeur de théologie et pasteur à Marbourg. Il accompagna le landgrave dans la guerre de Smalcalde en qualité de prédicant militaire. Comme il s'efforçait de porter remède à la vie dissolue et aux excès sauvages de la soldatesque protestante, les uns le maudirent, les autres se moquèrent de lui, d'autres enfin lui répliquèrent : « Mais vous nous enseignez que l'homme ne peut rien faire de bon pour subsister devant Dieu et devenir juste. C'est pourquoi nous devons être sauvés et devenir enfants de Dieu UNIQUEMENT par le mérite du Christ qui nous est appliqué par la foi; pourquoi donc vouloir nous tourmenter à vos bonnes œuvres? Si nous pouvions faire quelque chose de bon et par nos œuvres devenir justes, à quel propos Christ serait-il mort pour nous? » Ces objections firent une profonde impression sur Thamer; à force d'y penser et de considérer l'état moral du peuple, il tomba d'abord dans une grande tristesse. Il résolut enfin de combattre dans ses sermons la doctrine de Luther sur la justification par la foi seule. Ce qui lui attira des disputes avec les autres prédicants et théologiens; par suite de quoi le gouvernement de Hesse lui donna son congé l'an 1549. Thamer allait trouver le landgrave prisonnier dans les Pays-Bas, lorsque dans Anvers il rencontra Billik, provincial des Carmes, qui le recommanda à l'archevêque-électeur de Mayence. Sur quoi Thamer rentra dans l'Eglise catholique, devint prédicateur à Francfort, plus tard à Minden, obtint un canonicat à Mayence, et mourut l'an 1569 professeur à Fribourg. Il publia plusieurs écrits, tant pour justifier sa conversion que pour réfuter les erreurs protestantes (Menzel, t. IV, p. 292, note).

Ce qui ramenait à l'Eglise, ce n'était pas seulement les excès de ses ennemis, mais encore et surtout les lumières, les vertus, le zèle de ses fidèles enfants. Parmi eux tous se distinguaient la Compagnie de Jésus, fondée et recrutée par saint Ignace de Loyola; et dans cette Compagnie se distinguait l'apôtre de l'Allemagne, *Pierre Canisius*, que l'Eglise catholique, n'en doutons pas, comptera un jour au nombre des saints.

Il naquit à Nimègue, capitale du duché de Gueldres, le 8 mai 1521. Son père, Jacques Canisius, distingué par ses vertus et ses connaissances, fut appelé en Lorraine par la duchesse Philippine de Gueldres, épouse de René II, pour y être gouverneur des princes, ses enfants; il remplit avec succès plusieurs ambassades. Sa mère, Gilette Houvingane, d'une tendre piété, exacte à tous ses devoirs, s'en faisait un particulier de l'éducation de cet enfant, qui était aussi toute sa joie; mais il la perdit de bonne heure. Son père s'étant remarié, la sœur de sa nouvelle femme prit le jeune Pierre tellement en affection, que sa propre mère n'eût pu lui en témoigner davantage. Cette demoiselle, retirée chez son beau-frère, y vivait dans la retraite avec toute la régularité qu'elle eût pu faire paraître dans le silence du cloître le plus austère; là, uniquement occupée du désir de plaire à Dieu, elle crut ne pouvoir rien faire qui lui fût plus agréable que de cultiver les bonnes dispositions de cet enfant, et de travailler à les faire servir aux desseins que le ciel avait sur lui. Soit inclination, soit inspiration qui la fît agir, elle ne se trompa point : Canisius croissait en perfection à mesure qu'il avançait en âge; il était doux, honnête, respectueux, et porté merveilleusement à remplir ses devoirs. Pour l'esprit, il l'avait excellent, une mémoire heureuse, une pénétration vive, une ardeur extraordinaire, jointe à une facilité surprenante : tout cela faisait l'étonnement de ses maîtres. Mais ce qui charmait ses parents, c'était une inclination comme naturelle qu'ils lui voyaient à la piété; tous ses plaisirs étaient d'orner de petits oratoires, de représenter les cérémonies de l'Eglise; d'imiter les prêtres à l'autel et dans la chaire. Ces petites choses, qu'on ne regarde souvent que comme de légers amusements de l'âge, sont quelquefois des présages de celles qui doivent être un jour les plus importantes dans la vie d'un serviteur de Dieu, ainsi que Canisius le remarque lui-même en rapportant ce qui faisait le divertissement de son enfance.

Ce qui suit est moins équivoque et paraîtra plus merveilleux. Il avait dès les plus tendres années un attrait singulier à la prière; afin d'y vaquer avec plus de recueillement, il cherchait les lieux les plus retirés; il retranchait de son sommeil pour y donner encore une partie de la nuit; il mortifiait même son corps innocent par le cilice. On n'a jamais pu savoir qui lui avait inspiré de si bonne heure cette sainte haine de soi-même, qu'il a conservée jusqu'à la mort. Enfin, comme si Notre Seigneur eût voulu faire connaître par avance son zèle futur pour réprimer l'impiété des libertins durant les derniers jours du carnaval, selon l'esprit de la Compagnie à laquelle il le destinait, il ajoutait dans ces mêmes jours à de plus longues prières une austérité encore plus grande, ne touchant point aux viandes les plus exquises qu'on lui servait, et se passant même de vin.

On voit par là que Notre Seigneur avait déjà pris possession de son cœur; qu'il se plaisait à y répandre ses dons avec abondance, et que cet enfant, par sa fidélité à suivre les mouvements du Saint-Esprit, se rendait digne d'en recevoir tous les jours de nouvelles grâces. C'est ce qu'il reconnaît lui-même dans le livre de ses *Confessions*, écrit à l'imitation de saint Augustin. Voici comme il y parle : « Tout enfant que j'étais, ô mon Dieu! mais mûr au-dessus de mon âge, par un effet de votre miséricorde, j'avais assez de lumières pour connaître que je devais m'adresser à vous pour ce qui concernait mon salut. Ainsi, je ne puis oublier la grâce que vous me fîtes dès lors, quand, prosterné au pied de vos autels dans l'église de Saint-Etienne de Nimègue, j'y adorais votre divine Majesté dans le sacrement de votre amour; car autant que je puis m'en souvenir, l'esprit agité et inquiet, j'invoquais votre saint nom avec beaucoup de larmes, et je vous exposais tous mes désirs et toutes mes peines, à la vue des terribles dangers qui paraissent inévitables au temps de la jeunesse. Dans cet état, je vous priais, ô mon Dieu! d'avoir égard à ma faiblesse, et il me semble que je vous adressais ces paroles de votre prophète, ou du moins quelques autres qui avaient le même sens : *Découvrez-moi vos voies, Seigneur, enseignez-moi par quelle route vous voulez que j'aille à vous; parce que vous êtes mon Dieu et mon Sauveur.* Je suis convaincu, dit-il un peu plus bas, que c'était vous uniquement qui produisiez en moi cet esprit de crainte. C'est ce même esprit qui, par un effet particulier de votre grâce, retenait mon cœur sur le penchant du plaisir, dans un âge si dangereux, et dans lequel il est si difficile de ne pas s'y laisser aller; car vous perciez dès lors ma chair de votre crainte, afin que je commençasse à redouter vos jugements.

En même temps que Dieu faisait sentir intérieurement à Canisius qu'il le voulait entièrement à lui, il lui fit encore connaître quelque chose de plus particulier touchant l'état auquel il le destinait, par le moyen de quelques saintes âmes qu'il favorisait de plusieurs grâces extraordinaires.

Il y avait à Arnheim, ville à deux lieues de Nimègue, une parente de Canisius : elle y vivait dans une haute réputation de sainteté, et il plaisait au Seigneur de lui révéler plusieurs choses. Comme il lui eut un jour fait connaître les troubles que l'hérésie allait exciter en Allemagne, en France et dans les Pays-Bas, et les services qu'il prétendait tirer d'un nouvel ordre de prêtres qui était près de paraître dans l'Eglise, elle s'en expliqua d'un air inspiré en présence de ses parents, qui l'étaient venus visiter. Le petit Canisius était de la compagnie. Cette bonne veuve, se tournant tout à coup vers lui et le touchant doucement de la main : « Voyez-vous cet enfant, dit-elle ? il sera de cette société des prêtres de Jésus, et travaillera beaucoup pour réparer les désordres que l'hérésie s'efforcera de causer dans l'Eglise de Jésus-Christ. — Courage, mon fils, ajouta-t-elle, s'adressant à lui; soutenez-vous par cette espérance; car vous ne serez pas longtemps sans jouir de l'avantage qu'il vous a destiné. » Ce qu'il y eut de plus singulier dans cet événement, c'est qu'il arriva la même année que saint Ignace se consacra à Notre Seigneur dans la chapelle de Montmartre, à Paris, où il jetait, avec ses premiers compagnons, les fondements de cette Compagnie dont Canisius devait être un jour un des plus illustres sujets.

A l'âge de treize ans, il fut envoyé à l'Université de Cologne. Outre les dangers ordinaires parmi la jeunesse, il y avait de plus à craindre les séductions de l'hérésie, qui se glissait partout. Le ciel préparait au jeune Canisius un préservatif contre tous ces périls, en la personne d'un saint prêtre, Nicolas Eskius, auquel les parents du jeune étudiant avaient confié sa conduite. Il était un des professeurs du collège où l'on avait mis cet enfant. Sous la direction de ce sage ecclésiastique, le jeune Pierre fit des progrès dans les lettres humaines, au delà même de ce qu'on pouvait attendre d'un esprit mûr, solide et appliqué. Avec cela, l'étude ne nuisait point à ses exercices de piété : il purifiait souvent son cœur par le sacrement de pénitence, ce qui était assez rare en ce temps-là; il donnait tous les jours un temps réglé à la prière et à la lecture spirituelle; la Vie des saints en faisait d'ordinaire le sujet, et il avouait qu'il se sentait merveilleusement excité à la piété par les grands exemples qu'il tirait de cette lecture. Il lisait encore chaque jour, par le conseil de son directeur, un chapitre de l'Evangile, il en apprenait par cœur quelque trait, pour se pouvoir l'imprimer plus facilement par la méditation. Uniquement occupé des exercices de l'esprit, il négligeait assez le soin de son corps, il aimait à être vêtu simplement; ennemi du jeu et des plaisirs propres à son âge, il employait à faire l'aumône, ou à acheter de bons livres, l'argent que ses parents lui donnaient pour ses divertissements. Ainsi, il s'appliquait de telle sorte à devenir savant, que rien ne l'empêcha de devenir saint.

Cependant son père, apprenant tous les jours des nouvelles de son mérite, lui procura un mariage très-avantageux dans le monde. Le fils avait d'autres pensées, et se consacra sans retour à Dieu par le vœu de chasteté, dans la vingtième année de son âge. Son père, voyant qu'il penchait pour l'état ecclésiastique, lui conseilla l'étude de la jurisprudence, nécessaire pour les hautes fonctions : le fils y joignit par goût l'étude de la théologie.

Il ne parut pas plus tôt sur les bancs, qu'il attira sur lui les yeux de toute l'Université. C'était, pour un homme de son âge, une pénétration, une facilité qui allaient jusqu'au prodige. Mais ce qui est beaucoup plus admirable, c'est qu'il était aussi petit à ses yeux qu'il paraissait grand aux yeux des autres : la science qui enfle, n'eut point cet effet sur lui; il s'avançait également dans les connaissances sublimes de la théologie et dans l'humble science de la croix. « Ignorer toutes choses, mais connaître parfaitement Jésus-Christ, c'est, disait-il avec son cher maître Eskius, c'est tout savoir; tout le reste n'est que tromperie et vanité. » On dit même, et c'est ce que d'anciennes estampes justifient, que, pour se précautionner contre la vanité, qui se glisse imperceptiblement dans l'esprit des gens d'étude dont le cœur n'est pas solidement humble, il avait toujours une tête de mort sur sa table lorsqu'il étudiait : c'était là un livre qui ne le flattait pas; il consultait à tout moment, et il en tirait ces grandes maximes de vertu qui, tout le reste de sa vie, le garantirent de la vaine gloire, au milieu des applaudissements. Parmi ses amis d'étude, était Laurent Surius, qui d'après ses conseils, entra dans l'ordre des Chartreux et s'y rendit célèbre par ses vertus et ses écrits.

Lui-même cependant priait Dieu de lui faire connaître sa vocation propre : Dieu la lui fit connaître en la manière qui suit :

Le Père Lefèvre, premier compagnon de saint Ignace, allant de Spire au concile de Trente, se vit obligé de séjourner à Mayence plus longtemps qu'il ne s'y attendait, à cause des hostilités entre Charles-Quint et François Iᵉʳ. En attendant, le cardinal-archevêque de Mayence le pria d'expliquer l'Ecriture sainte dans son Université. Il s'acquitta de cet emploi avec un succès qui répondit à l'attente qu'on avait conçue de sa haute réputation. Mais son zèle ne put se contenir dans des bornes si étroites : il se répandit encore avec bien plus d'éclat dans la chaire et dans la conversation, dans les conférences particulières avec les nouveaux hérétiques; mais surtout dans les retraites qu'il faisait faire, selon la méthode de saint Ignace, à toutes sortes de personnes, qui s'empressaient de se mettre sous sa conduite, pour arriver à une plus haute perfection.

Le bruit de ces changements merveilleux étant passé jusqu'à Cologne, Canisius en fut vivement frappé. Il conçut que ce pouvait bien là être l'homme que Dieu lui destinait pour guide dans sa vocation. Il part aussitôt pour Mayence, et vient loger chez un ecclésiastique nommé Contade, qui, plein de cet esprit de ferveur reçu dans la retraite, faisait autant d'honneur à son caractère par la vie nouvelle qu'il menait, qu'il l'avait déshonoré auparavant par une vie toute déréglée.

Canisius, reçu dans la Compagnie de Jésus par Lefèvre, revint à Cologne avec d'autres jeunes Jésuites qui devaient y achever leurs études. On le vit s'occuper à toutes les œuvres de miséricorde et d'humilité, avec une ferveur et une joie que la grâce seule peut donner; il instruisait les ignorants, soulageait la misère des pauvres par les charités qu'il leur procurait, consolait les affligés, visitait les hôpitaux, et s'abaissait jusqu'à rendre aux malades les services les plus vils et les plus dégoûtants. Son père, tombé dangereusement malade, ayant témoigné le désir de le voir une dernière fois, il se rendit à Nimègue : le pauvre père fut si touché de sa venue, qu'il expira subitement. Cette mort soudaine jeta Canisius dans une cruelle inquiétude, parce que son père avait passé une grande partie de sa vie dans les affaires du monde; il craignait pour son salut et passa toute la nuit en prière. Dieu daigna lui faire connaître que son père et sa mère étaient sauvés; sa tristesse se changea aussitôt en joie, et, dans sa reconnaissance, il distribua tous ses biens aux pauvres et reprit le chemin de Cologne.

Sur sa route, il fut rejoint par trois jeunes hommes. Marchant avec eux, il leur parla de Dieu avec tant d'onction et de force, qu'ils prirent la résolution de tout quitter pour se consacrer à son service. Ils furent fidèles à leur vocation : deux, aussitôt après leur arrivée à Cologne, se firent Chartreux, le troisième entra dans la Compagnie de Jésus. Pierre Canisius n'était encore que novice.

Ayant été admis à la profession, il reprit ses études avec plus d'application que jamais. Non-seulement il brillait dans les exercices de l'école, mais au collège Montan il faisait régulièrement des leçons sur l'Evangile, en même temps qu'il s'acquittait d'une pareille fonction dans l'Université, où il expliquait les épîtres de saint Paul à Timothée. Infatigable dans le travail, il s'appliquait encore à la lecture des Pères. C'est à ses soins et à ses veilles que l'on doit une traduction plus correcte de saint Cyrille, en deux volumes : il dédia le premier à l'archevêque de Mayence, et le second aux théologiens qui étudiaient avec lui dans cette même Université. Ce fut encore en ce temps-là qu'il donna les œuvres du grand saint Léon, exactement corrigées.

On ne concevait pas qu'un homme de son âge pût suffire seul à tant de choses différentes. Quand il eut atteint celui qui est nécessaire pour entrer dans les ordres sacrés, il fut ordonné par les mains d'un évêque catholique. C'est ce qu'il rapporte lui-même, regardant cela comme une grâce singulière du ciel, dans un temps où la foi de quelques prélats d'Allemagne commençait à devenir suspecte. Revêtu de ce nouveau caractère qui lui donnait plus d'autorité, il était de toutes les bonnes œuvres de la ville. Et, comme si tout ce que nous venons de rapporter n'eût pas suffi pour l'occuper ou pour contenter son zèle, il trouvait encore du temps pour catéchiser, instruire, prêcher, et pour agiter et décider plusieurs points controversés entre les catholiques et les hérétiques; enfin il s'appliquait à porter tout le monde à la vertu, par tous les moyens qu'un zèle ardent et éclairé peut suggérer à celui qui en est entièrement pénétré.

Nous avons vu déjà la conduite déplorable de l'archevêque Herman de Cologne, qui, manquant de science et de caractère, se laissa circonvenir par les novateurs, à tel point que Bucer et Mélanchthon prêchèrent hautement le luthéranisme dans son diocèse. Tout ce qu'il y eut de gens de bien frémit à la vue d'un tel scandale; le clergé, l'université, les magistrats, le peuple, tout s'émut. Le célèbre docteur Jean Gropper, qui, par ses belles ordonnances insérées dans le premier concile de Cologne, avait fait tant d'honneur aux premières années de l'épiscopat de Herman, voyant qu'il n'y avait plus rien à ménager, se déclara hautement contre les hérétiques, et de vive voix et par écrit, avec une vigueur d'apôtre.

Canisius et ses frères, animés par l'exemple de ce grand homme et soutenus de l'autorité du nonce apostolique, firent paraître un pareil zèle et eurent un succès qui donna autant de joie aux catholiques que de dépit aux hérétiques. Ceux-ci conçurent bien que, partout où il s'agirait de la doctrine de l'Eglise romaine, ils trouveraient toujours les Jésuites en leur chemin, et qu'ainsi le plus court était de les écarter et de s'en défaire. Insultes, menaces, calomnies, rien ne fut épargné. Mais tout cela ne fut qu'un prélude des accusations que l'on intenta contre eux dans les formes. On ne prétendait pas moins que les chasser de Cologne. Enfin, par les intrigues de certaines personnes qui se sentaient appuyées, en conséquence d'un ancien décret de la ville défendant tout nouvel établissement, on obtint du magistrat un arrêt par lequel les Jésuites étaient obligés de sortir incessamment de Cologne, ou du moins de quitter leur maison, de vivre séparément les uns des autres en différents logis, et de s'abstenir dans leurs fonctions de tout ce qui paraîtrait avoir quelque air de communauté. L'arrêt leur fut intimé, ils s'y soumirent avec respect. Si leurs adversaires n'avaient pas tout ce qu'ils avaient prétendu par leur requête, ils eurent du moins et la joie de voir les Jésuites humiliés, et l'espérance que les incommodités inséparables de l'état où ils les réduisaient pouvaient les dégoûter, ralentir leur zèle et les déterminer enfin à se retirer de Cologne.

Mais ces Pères ne prirent pas le change, résolus de tout souffrir plutôt que d'abandonner la cause de l'Église dans un danger si pressant. Ils ne doutèrent point que Dieu, qui fait tout servir au bien de ses serviteurs, ne tirât sa gloire et leur propre avantage de cette petite disgrâce.

En effet, l'obligation de vivre séparément ne servit qu'à les unir davantage en l'esprit de charité : par là, ils se virent plus à portée de découvrir et de déconcerter les desseins des novateurs dans tous les différents quartiers où ils étaient répandus. La patience avec laquelle ces Pères s'élevaient au-dessus de la passion, qu'on remarquait dans ceux qui les poussaient si vivement, contribua fort à leur attirer la compassion, l'estime, l'affection, un désir sincère de les soulager. Les Jésuites seraient les plus ingrats de tous les hommes, dit le Père Dorigny, biographe français de Canisius, s'ils oubliaient jamais la charité que les Révérends Pères Chartreux firent paraître pour eux en cette occasion. Ces saints solitaires en reçurent quelques-uns dans leur maison, contribuèrent par leurs aumônes à en entretenir d'autres en différents endroits de la ville, où on les avait obligés de se retirer; enfin ils les assistèrent tous par leurs prières auprès de Dieu, et par leur crédit auprès des magistrats. Les magistrats eux-mêmes, le premier feu de cette émotion s'étant ralenti, en revinrent à l'égard des Jésuites; ils leur permirent de rentrer dans leur maison, et, quelque temps après, d'y vivre à leur manière et d'y exercer toutes leurs fonctions. On n'en resta pas là : du consentement unanime du clergé et de l'université, Canisius fut député vers le prince-évêque de Liége et vers l'empereur Charles-Quint, pour les prier de venir en aide aux catholiques de Cologne; et il réussit dans sa double ambassade.

Envoyé par le cardinal d'Augsbourg au concile de Trente, il se rendit de là à Rome, d'où saint Ignace, pour éprouver son obéissance, l'envoya professer la rhétorique à Messine en Sicile. Voici comme l'humble religieux s'en expliqua dans un écrit que l'on conserve encore : « Ayant examiné devant Dieu ce que le Père Ignace, mon vénérable père et maître en Jésus-Christ, m'a proposé : 1° Je me sens également porté soit à demeurer ici pour toujours, soit à aller en Sicile, aux Indes, et partout ailleurs où il jugera à propos de m'envoyer. 2° S'il me faut aller en Sicile, je proteste que, quelque emploi qu'on me donne, soit de cuisinier, soit de jardinier et de portier, d'écolier ou de professeur, en quelque Faculté que ce soit, quand elle me serait jusqu'ici entièrement inconnue, ce me sera une chose très-agréable de m'y appliquer. » Il ajoute ces paroles, qui marquent bien la solidité de sa vertu : « Je m'engage par un vœu exprès, que je fais à mon Dieu sans nul retour, sans nulle réserve, de ne jamais me procurer rien qui puisse contribuer à ma commodité, soit dans les emplois, soit dans les lieux de ma demeure; laissant une bonne fois et pour toujours ce droit à mon père en Jésus-Christ, le Père Ignace, auquel, pour la conduite de mon âme et pour le soin de mon corps, je me remets entièrement de tout, lui soumettant et lui abandonnant en Notre Seigneur mon jugement et ma volonté, avec une humble et parfaite connaissance. Ce 5° février 1548 (Dorigny, *Vie du P. Canisius*, l. 1). »

Cependant Guillaume, duc de Bavière, voyait avec douleur les progrès que l'hérésie faisait dans tous les États de l'empire, et que, malgré toutes ses précautions, elle avait trouvé moyen de se glisser jusque dans l'Université d'Ingolstadt; surtout depuis la mort du docteur Jean Eckius, que ses fréquentes disputes avec Luther, Carlostadt, Mélanchthon et les nouveaux sectaires ont rendu si célèbre en Allemagne. Pour remédier à un si grand mal, le prince demanda du secours au Pape et au général des Jésuites. Saint Ignace, sur l'ordre du pontife, envoya trois de ses religieux : Lejay, Salmeron et Canisius. Lejay reçut ordre du Pape de se rendre à la diète d'Augsbourg : les deux autres s'arrêtèrent à Ingolstadt. Salmeron expliquait les Épîtres de saint Paul; Canisius, qui n'était resté qu'un an à Messine, commentait saint Thomas. De leurs chaires, ils passaient aux hôpitaux. Après avoir révélé aux esprits germaniques la profondeur de la théologie et des livres sacrés, ils allaient dans l'école des enfants, ils se faisaient petits comme eux, ignorants comme eux.

En 1550, Canisius est, d'un consentement unanime, nommé recteur de l'Université. On l'avait forcé d'accepter ces fonctions; il en prend les charges, en abandonne aux pauvres tous les bénéfices et s'occupe aussitôt des réformes dont elle a besoin. Avec le secours d'un certain Père Gaudanus, qui fut souvent depuis le compagnon de ses travaux apostoliques, il rétablit dans la philosophie l'exercice de la dispute, qui languissait depuis quelques années, soit par la nonchalance des professeurs, soit par la malignité des novateurs; car ceux-ci, comme on l'a souvent remarqué, ne s'accommodent pas trop de cette manière de raisonner, que l'on tire de la dialectique. Ses soins s'étendirent jusqu'aux dernières classes de la grammaire : lui-même traduisit les rudiments de Codret et y ajouta un petit abrégé de la doctrine chrétienne, afin que les enfants, avec les éléments des sciences profanes, apprissent insensiblement ceux de la doctrine de Jésus-Christ. Il introduisit encore dans l'Académie quelques pratiques de piété, qui attiraient la bénédiction sur les professeurs et les élèves. Il faisait souvent pour cela des sermons à ces derniers, pour leur inspirer l'horreur du vice et l'amour de la vertu. Enfin, agissant de concert avec l'évêque d'Eichstedt, chancelier-né de l'Université, il n'omit rien pour y rétablir la discipline et la piété, qui se ressentaient beaucoup du libertinage des prétendus réformateurs.

Notre Seigneur bénit le travail de son serviteur. L'Université changea de face en peu de temps. C'est ce qu'elle-même a cru devoir marquer dans ses archives, comme un témoignage authentique de sa reconnaissance. Là, après des éloges extraordinaires qu'elle fait de l'esprit, de la doctrine et de la vertu de l'*incomparable* Canisius, c'est le terme dont elle se sert, elle reconnaît de bonne foi qu'elle lui doit aussi bien qu'à ses frères le rétablissement de sa gloire et la conservation de la sainte doctrine.

Le duc Guillaume mourut; mais en mourant il

recommande à son fils Albert de continuer aux Jésuites l'affection qu'il leur porte. Albert exauça le vœu de son père.

Canisius a renouvelé Ingolstadt. Il va répondre aux prières des évêques de Naümbourg, de Frising et d'Eichstedt, et aux chanoines de Strasbourg; mais le duc Albert le retient. Le roi Ferdinand, son beau-père, s'adresse à saint Ignace; Canisius est nécessaire dans la capitale de l'Autriche. Ignace écrit au duc de Bavière qu'il ne fait que prêter Canisius au roi des Romains, et sur cette assurance, Albert se sépare du Jésuite. En 1551, il est à Vienne; Ferdinand désire y créer un collège de la Compagnie. Sur ses instances, le général lui envoie dix coadjuteurs, dont Nicolas de Lannoy est le chef, sous l'inspiration de Lejay. Lejay meurt le 6 août 1552, laissant à Canisius le soin d'achever tout ce que sa vie, consumée dans l'apostolat, lui permit d'entreprendre.

On ne peut mieux juger de ce qu'il eut à souffrir dans cette nouvelle mission, que par la vue des désordres que l'hérésie avait causés dans l'Autriche, quelque soin que les princes de cette maison eussent apporté pour en arrêter les progrès.

C'était un sentiment commun dans ce temps-là, qu'à peine y avait-il la vingtième partie, dans un pays si catholique, qui eût pu se garantir de la contagion. Elle s'était répandue dans tous les ordres de l'État, les écoles publiques en étaient infectées: la piété, jusque dans les cloîtres, n'était pas hors de ses atteintes: plusieurs monastères étaient abandonnés; la profession religieuse était dans le dernier mépris; de l'ecclésiastique n'était guère moins décrié; de sorte que, selon la remarque de l'évêque de Labach, confesseur du roi Ferdinand, depuis près de vingt ans, personne de la ville de Vienne n'avait été promu aux ordres sacrés. Par le même principe, plusieurs paroisses manquaient de pasteurs, ou, ce qui n'était pas moins déplorable, des sujets les plus indignes, qui s'y étaient ingérés sans vocation, y vivaient de la manière la plus scandaleuse, et faisaient voir l'abomination dans le lieu saint. Les catholiques, que par dérision l'on traitait de papistes, avaient honte de paraître ce qu'ils étaient; l'usage des sacrements était rare parmi eux, et souvent même défectueux; les prédicateurs, par une lâche complaisance pour les nouveaux hérétiques, faisaient sonner bien haut dans la chaire l'excellence de la foi et les mérites de Jésus-Christ, et gardaient un profond silence sur la nécessité des bonnes œuvres; les livres de ces mêmes hérétiques, étaient impunément entre les mains de tout le monde: c'était dans ces sources empoisonnées que les parents puisaient l'instruction pour leurs enfants : en un mot, il n'était guère de parties dans tout le corps de l'État, qui fussent exemptes de la corruption générale.

Canisius, dans sa chaire de l'Université, répandait parmi ses auditeurs la semence catholique; il inspirait aux docteurs la crainte des innovations; il avait des conférences avec les hérétiques, en ramenait un grand nombre, entre autres un ministre, qui entra dans la Compagnie de Jésus. Mais les progrès étaient trop lents à son gré. Il fallait commencer l'œuvre par la base. Il choisit donc cinquante jeunes gens; il les réunit dans une maison voisine du collège, et là il les fit élever dans les principes que saint Ignace a prescrits. C'était son séminaire.

L'empire germanique n'avait pas seulement les Luthériens pour ennemis : les Turcs envahissaient la Hongrie; ils menaçaient les frontières d'Autriche. La bataille de Temeswar leur en ouvrait les portes. L'armée impériale était vaincue, et à la honte de la défaite s'ajoutait le spectacle de la peste. Vienne se voyait dans une position horrible. Le Père de Lannoy et ses compagnons se dévouent pour les pestiférés; ils apprennent à leurs élèves ce que c'est que la charité chrétienne, et tandis que la mort frappait à toutes les portes, tenues fermées par l'effroi, elle respecta celle des Jésuites, qui resta toujours ouverte aux malades et aux mourants (Crétineau-Joly, *Hist. de la Compagnie de Jésus*, t. I, p. 326).

Canisius évangélisait les pauvres de la campagne. Plus de trois cents paroisses de l'Autriche, faute de pasteurs, se voyaient depuis quelque temps destituées de tout secours spirituel. Sur une invitation du roi Ferdinand, de l'année 1553, Canisius, aidé de ses frères, courut après ces brebis délaissées, instruisant, catéchisant, prêchant, confessant, administrant les sacrements, consolant les catholiques, les précautionnant contre les surprises des hérétiques, qui, dans l'absence des pasteurs, trouvaient l'entrée libre dans la bergerie et désolaient le troupeau.

Sur ces entrefaites, Frédéric Nauséa, évêque de Vienne, étant mort, le roi des Romains désigne Canisius pour lui succéder : déjà précédemment il avait nommé Lefèvre pour l'évêché de Trieste, mais sans y réussir. Canisius en écrit à saint Ignace : celui-ci détourne encore de la tête d'un des siens ces honneurs qui le surprenaient au milieu de ses travaux; et Ferdinand, une seconde fois trompé dans ses espérances, exige pour satisfaction ce que l'on verra dans la lettre suivante, du 15 janvier 1554, adressée à saint Ignace.

« Honorable, religieux, cher et dévoué ami. Nous avons appris que les hérésies et les dogmes pervers qui, dans ce siècle, se glissent et se disséminent dans toute la république chrétienne, se sont propagés en Allemagne et y ont jeté dans les esprits de profondes racines. La principale raison en est, que les docteurs de mensonge et les hérétiques, ont résumé en quelques courts articles leurs erreurs, et qu'ils les répandent dans le public. Nos pasteurs en Allemagne s'endorment quelquefois au grand détriment du troupeau orthodoxe, non-seulement une foule de ces résumés plus ou moins étendus, mais encore des catéchismes, des lieux communs et autres libelles composés par les hérétiques en latin et en allemand, sont, à cause de leur brièveté, vendus à vil prix et facilement confiés à la mémoire, et n'en sont pour cela même que plus goûtés et plus recherchés du peuple.

» Considérant donc attentivement par quels remèdes on pourrait arrêter cette peste, il nous a semblé qu'il n'y en avait pas de plus efficace et de plus aisé que d'employer, pour arracher les hérésies, les mêmes industries dont se servent les schismatiques pour les répandre, à savoir : que nos prélats et nos théologiens orthodoxes rédigent un abrégé de théologie qui puisse servir de règle à tous, tant ecclésiastiques que séculiers, et que tous puissent se procurer à bas prix;

» Nous avions donc pris la résolution de charger de ce travail quelques-uns des docteurs et des frères de votre ordre qui sont dans notre Académie de Vienne; mais nous avons reconnu qu'ils sont d'ailleurs si occupés dans la vigne du Seigneur, soit par les travaux des classes, soit par la prédication, qu'ils ne pourraient pas se livrer à ce nouveau travail sans que leurs disciples et les fidèles en souffrissent. Mais comme nous ne doutons pas que vous n'ayez à Rome grand nombre d'hommes très-doctes de votre ordre que vous pourriez charger d'une œuvre si pieuse et si nécessaire, et qui auraient plus de temps pour l'entreprendre et l'exécuter, et que nous sommes d'ailleurs convaincu de votre bon vouloir, nous vous conjurons et supplions, moins par égard pour nous qu'en vue du bien et du salut de la chrétienté tout entière, de charger quelques-uns de ces hommes savants qui sont près de vous, de commencer cet abrégé de théologie et de nous l'envoyer quand il sera terminé.

» Nous aurons soin de le faire imprimer aussitôt et de le faire expliquer et enseigner, non-seulement dans notre Académie de Vienne, mais de le faire également imprimer et enseigner, et même, autant que nous le pourrons avec l'aide du Seigneur, mettre en pratique dans tous nos royaumes et nos autres provinces. Nous veillerons surtout à ce que les curés et les autres qui ont charge d'âmes s'en servent. Du reste, sachez que vous et ceux aussi qui se consacrent à ce travail, vous ferez non-seulement une œuvre qui me sera agréable, mais que par-là vous mériterez bien de nos provinces et de tout l'univers chrétien. Le Seigneur, de la gloire duquel il s'agit ici principalement, vous accordera, à vous et à eux, en vue de vos fatigues, quelque grandes qu'elles puissent être, une digne récompense, je veux dire une couronne qui ne se flétrira jamais. Pour nous, nous n'oublierons pas un si grand bienfait, et nous le reconnaîtrons par notre bienveillance envers vous et envers votre sainte société.

» Donné en notre ville de Vienne, le 15 janvier 1554, l'an vingt-quatrième de notre règne romain et vingt-huitième des autres règnes. »

Ce que le frère de l'empereur Charles-Quint, le roi, depuis empereur Ferdinand, demande avec tant d'instances à saint Ignace, c'est un catéchisme, c'est-à-dire un abrégé de la doctrine chrétienne, par demandes et par réponses, dans un style familier et facile à comprendre, contenant ainsi, mise à la portée du peuple et de l'enfance même, la substance de la sainte Écriture, de la tradition, des conciles, des Pères, des docteurs, de la théologie, de la philosophie et de l'histoire humaine; contenant ainsi, mise à la portée du peuple et de l'enfance même, toutes les vérités fondamentales sur lesquelles reposent la religion, la morale, la société spirituelle et temporelle. — De nos jours on parle beaucoup des chartes constitutionnelles de telle ou telle nation. La charte constitutionnelle de l'humanité chrétienne, c'est le catéchisme; c'est ce que demandait par écrit le roi Ferdinand.

Canisius avait refusé l'évêché de Vienne. A la prière du roi des Romains, saint Ignace lui ordonna d'accepter les fonctions d'administrateur de ce siège, mais sans jamais toucher aux riches revenus qui y sont attachés. Canisius obéit, et, fort de l'autorité dont il est investi, il ne s'occupe qu'à réaliser le bien qui est dans son âme.

Une autre chose que lui ordonna saint Ignace, fut la composition du catéchisme, que lui avait demandé le roi des Romains.

Depuis environ vingt ans, Luther en avait composé deux, un petit et un grand, pour populariser plus facilement ses erreurs. Les protestants en ont fait une telle estime, qu'ils les ont rangés parmi leurs livres symboliques, et que, dans quelques éditions, ils les ont placés immédiatement après les trois Symboles des Apôtres, de Nicée et de saint Athanase, et avant la Confession d'Augsbourg. Un auteur protestant appelle ces deux catéchismes la Bible des laïques. Ce n'est qu'une explication luthérienne, plus ou moins longue, du Décalogue, du *Pater*, du *Credo* et des deux sacrements de Baptême et d'Eucharistie. La différence du petit au grand, outre la longueur, c'est qu'il y a quelques interrogations dans le premier, et pas une dans le second. L'un et l'autre ont des préfaces, dans lesquelles Luther nous donne, en 1529, une pauvre idée des pasteurs et des peuples du nouvel évangile. Dans la préface du petit catéchisme, il nous apprend que les gens du commun ne savaient ni *Pater*, ni *Credo*, ni Décalogue; qu'ils vivaient comme des brutes, comme des pourceaux; et que depuis que le nouvel évangile leur était advenu, ils n'avaient bien appris qu'une chose, c'était d'abuser en maîtres de toute espèce de liberté (Walch, t. X, p. 2, n. 1). Dans la préface du grand, il ne donne pas une meilleure idée des pasteurs que des ouailles. A l'entendre, et on peut l'en croire, bon nombre d'entre eux sont des gloutons et des serviteurs de leur ventre, qui devraient plutôt être gardeurs de porcs ou valets de chiens, que gardiens d'âmes et pasteurs de paroisses. Depuis qu'on les a débarrassés des sept heures canoniales, ils ne lisent pas une page du catéchisme, ni du Nouveau Testament, ne disent pas un *Pater* ni pour eux ni pour leurs paroissiens; ils devraient au moins rougir un peu, conclut-il, de n'avoir retenu de l'Évangile, comme des pourceaux et des chiens, qu'une liberté paresseuse, pernicieuse, honteuse et charnelle (*Ibid.*, p. 26 et 27, n. 2 et 3). C'est à ces pasteurs qu'il recommande, pour bien instruire les gens du peuple, de conserver exactement, d'une année à l'autre, le même texte, la même formule, la même doctrine; autrement, si on a l'air de vouloir corriger, le peuple ne sait plus à quoi s'en tenir, on perd absolument avec lui son temps et sa peine. Les Pères l'ont bien vu: aussi, dans les choses que doit savoir le peuple, ont-ils eu soin de retenir les mêmes mots; nous devons faire de même, et ne pas y déranger une syllabe, d'une année à l'autre (Walch, t. X, p. 2 et 3, n. 3 et 4). Cette observation de Luther est bien remarquable: elle donne lieu de conclure que la réformation luthérienne, étant de sa nature une innovation perpétuelle et sans règle, ne peut de sa nature que ruiner la religion dans l'esprit des peuples.

Il en est tout autrement du catéchisme de Canisius. Avec l'utile uniformité des prières communes et publiques, on y trouve l'unité toujours vivante de l'esprit et de la doctrine. Son catéchisme est un résumé substantiel de l'Écriture et des Pères, sur tout ce qu'un chrétien est obligé de connaître et de pratiquer : résumé fidèle, non-seulement quant à la lettre de l'Ecriture et des Pères, mais encore et surtout quant à l'esprit qui inspire et les Pères et l'Ecriture. Le texte en soi, par demandes et par réponses, n'est pas long; mais dans les éditions qui suivirent la première, l'auteur indique à la marge les endroits de l'Ecriture et des Pères dont la réponse est la substance. Dans des éditions subséquentes, il ajouta ces passages tout au long, ce qui rendit l'ouvrage volumineux et en fit une théologie complète, du moins pour les besoins d'alors. Cet ouvrage nous parait tel et pour le fonds et pour la forme, que nous ne craignons pas, autant qu'il est en nous, de ranger Pierre Canisius de Nimègue parmi les Pères de l'Eglise. En voici l'ensemble :

La doctrine chrétienne embrasse la sagesse et la justice. A la sagesse chrétienne, on peut rapporter les chapitres suivants : I. De la Foi et du Symbole. — II. De l'Espérance et de l'Oraison dominicale, avec la Salutation angélique. — III. De la Charité, et des dix Commandements de Dieu, ainsi que des Commandements de l'Eglise.—IV. Des Sacrements. — La justice chrétienne comprend deux parties : 1º Le mal qu'il faut éviter; 2º le bien qu'il faut faire.

CHAPITRE Iᵉʳ. *De la Foi et du Symbole.* — *Demande* : Qui est-ce qui doit être appelé chrétien ? — *Réponse* : Celui qui, ayant reçu le baptême, professe la doctrine de Jésus-Christ dans son Eglise. Par conséquent, tous les cultes et toutes les sectes qui se trouvent, n'importe où, hors de la doctrine et de l'Eglise du Christ, comme la secte judaïque, païenne, mahométane, hérétique, le vrai chrétien, celui qui est fermement attaché à la doctrine du Christ les condamne et les déteste absolument.

Canisius justifie cette réponse par les Actes des apôtres, par la première épître de saint Pierre, par des témoignages de saint Athanase, de saint Ignace d'Antioche, de saint Augustin, de Tertullien, de saint Ephrem et de saint Cyprien, lequel dit : « Qui et quel il soit, celui-là n'est pas chrétien, qui n'est pas dans l'Eglise du Christ. » Et encore : « Celui-là n'appartient pas aux récompenses du Christ, qui abandonne l'Eglise. C'est un étranger, c'est un profane, c'est un ennemi. Il ne peut avoir Dieu pour père, celui qui n'a pas l'Eglise pour mère. »

A la quatrième question : Qu'est-ce qu'on entend par la foi ? il reprend : C'est un don de Dieu et une lumière par laquelle l'homme étant éclairé, il donne un assentiment et une adhésion ferme aux choses que Dieu a révélées et que l'Eglise nous propose à croire. Par exemple : Que Dieu est trine et un, que le monde a été créé de rien, que Dieu s'est fait homme, etc., et d'autres mystères augustes de notre religion, lesquels, révélés divinement, ne peuvent être compris par l'intelligence humaine, mais seulement perçus par la foi. C'est pourquoi le Prophète dit (selon les Septante) : « Si vous ne croyez, vous ne comprendrez pas; car la foi ne regarde pas l'ordre de la nature, ne se fie point à l'expérience des sens, ne s'appuie point sur la puissance ou la raison humaine, mais sur la vertu et l'autorité divines, tenant pour souverainement certain que cette souveraine et éternelle vérité, qui est Dieu, ne saurait jamais ni se tromper ni nous tromper. — Parmi les témoignages des Pères à l'appui de cette réponse, se trouve ce mot de saint Augustin : Quant à moi, je ne croirais pas à l'Evangile, si l'autorité de l'Eglise catholique ne me le persuadait.

A la question douzième : D'où vient l'usage et quelle est l'utilité de former avec les doigts la croix de Jésus-Christ et d'en marquer notre front ? — *Réponse* : Ce rite nous est recommandé par la piété des anciens et par la coutume constante de l'Eglise. Par là nous sommes excités à la reconnaissance pour ce souverain mystère et bienfait qui s'est accompli pour nous sur la croix. Ensuite cela nous provoque à mettre la vraie et sainte gloire et l'ancre de tout notre salut dans la croix de Notre Seigneur. C'est de plus un témoignage que nous n'avons rien de commun avec les ennemis de la croix de Jésus-Christ, les Juifs et les païens, mais que, contre eux tous, nous professons librement celui que nous adorons, le Seigneur Jésus, et le Seigneur Jésus crucifié. Ce signe nous incite aussi à l'étude de la patience, afin que si nous désirons la gloire éternelle, nous le devons tous, nous embrassons sans répugnance la croix que nous adorons, et le chemin de la croix sous la conduite de Jésus-Christ. Nous n'y trouvons pas moins des armes victorieuses contre Satan, abattu jadis par la vertu de la croix, ou plutôt nous sommes fortifiés par là contre tous les ennemis de notre salut. Enfin, pour commencer quelque chose sous de plus heureux auspices et obtenir un plus grand succès dans nos entreprises, nous saisissons ce trophée de la croix, et, sûrs de vaincre par ce signe, nous n'hésitons pas à dire souvent : Au nom du Père, et du Fils, et du Saint-Esprit.

Parmi les nombreux Pères de l'Eglise qu'il cite au long pour cette réponse, le premier est Tertullien, qui dit ces paroles si connues : A chaque progrès et promotion, à chaque entrée et sortie, à l'habillement et à la chaussure, en nous lavant, en nous mettant à table, au lit, en prenant un siége, enfin à quoi que nous fassions dans la vie, nous marquons notre front du sceau de la croix.

La dix-huitième question sur la Foi et le Symbole est la suivante : Qu'ajoute à cela le neuvième article : Je crois la sainte Eglise catholique ? — *Réponse.* Il nous montre l'Eglise, c'est-à-dire la congrégation visible de tous les fidèles du Christ, congrégation pour laquelle le Fils de Dieu, ayant pris la nature de l'homme, a tout fait et souffert. Il enseigne d'abord qu'elle est une et unanime dans la foi et dans la doctrine de la foi, et dans l'administration des sacrements, cette Eglise qui est régie et conservée dans l'unité, sous son unique chef, le Christ, et sous l'unique vice-gérant du Christ sur terre, le souverain Pontife. Ensuite il annonce qu'elle est sainte, parce que toujours le Christ la sanctifie par l'Esprit-Saint; en sorte qu'elle ne manque jamais de saints hommes ni de saintes lois. Et hors de sa communion, nul ne peut participer à la sainteté. Troisièmement, qu'elle est catholique, c'est-à-dire universelle; de telle sorte que tous les hommes de tous les temps, de tous les lieux et de toutes les nations, pourvu qu'ils s'accordent avec elle dans la foi et la doctrine de Jésus-Christ, elle les reçoit, les enferme et les sauve dans l'unité de son sein maternel. Quatrièmement, que dans cette même Eglise est la communion des saints; en sorte que ceux qui demeurent dans l'Eglise, comme dans la maison et la famille de Dieu, conservent une certaine société et union indivisible; et, comme les membres d'un même corps, ils s'assistent les uns les autres par des offices, des mérités et des oraisons mutuelles. C'est auprès d'eux qu'est l'unité de la foi, l'unanimité de la doctrine, l'usage uniforme des sacrements; de plus, quelques erreurs ou dissensions qui surviennent de la part de quelques-uns, ils sont soigneux de conserver l'unité de l'esprit dans le lien de la paix. Dans cette communion sont compris non-seulement les saints de l'Eglise militante faisant encore leur pèlerinage sur la terre, mais encore tous les bienheureux de l'Eglise triomphante avec Jésus-Christ dans le ciel, et enfin les âmes des chrétiens pieux qui sont sortis de cette vie, mais n'ont pas encore obtenu cette félicité des bienheureux. Hors de cette communion des saints, comme hors de l'arche de Noé, la perte est certaine, et nul salut pour les mortels, ni pour les Juifs, ni pour les païens, qui n'ont jamais reçu la foi de l'Eglise; ni pour les hérétiques, qui, après l'avoir reçue, l'ont abandonnée ou corrompue; ni pour les schismatiques, qui ont déserté la paix et l'unité de l'Eglise; ni enfin pour les excommuniés, qui, pour toute autre cause grave, ont mérité d'être retranchés et séparés du corps de l'Eglise, comme des membres pernicieux et pourris. Tous ceux-là, n'appartenant point à l'Eglise et à sa sainte communion, ne peuvent être participants de la grâce divine et du salut éternel, s'ils ne sont d'abord réconciliés et restitués à l'Eglise, de laquelle ils ont été une fois détachés par leur faute; car elle est certaine la règle de saint Cyprien et de saint Augustin : « Il ne saurait avoir Dieu pour père, celui qui ne veut pas avoir l'Eglise pour mère. »

Sur cet article, Canisius accumule les témoignages de toute la Tradition : c'est un magasin bien approvisionné, que les théologiens consulteront avec fruit.

Question dix-neuvième : Qu'est-ce que propose le dixième article du Symbole? — *Réponse.* La rémission des péchés, sans laquelle nul ne peut être juste ni sauvé. Ce riche trésor, Jésus-Christ nous l'a acquis par sa cruelle mort et son précieux sang, afin que tout le monde fût délivré des péchés et de leurs peines éternelles. A ce trésor ne deviennent participants par la grâce du Christ, que ceux qui s'adjoignent à l'Eglise du Christ par la foi et le baptême, et qui persistent dans son unité et son obéissance : ensuite ceux qui font sérieusement pénitence des péchés commis après le baptême et qui usent convenablement, contre les péchés, des remèdes qu'a institués Jésus-Christ, c'est-à-dire des sacrements. A cela se rapporte la puissance des clés, comme on l'appelle, que Jésus-Christ, pour la rémission des péchés, a confiée aux ministres de l'Eglise, principalement à l'apôtre Pierre et à ses légitimes successeurs, comme étant les suprêmes pasteurs de l'Eglise.

Canisius termine les témoignages de la Tradition sur cet article, par la définition du concile œcuménique de Florence sur la primauté du Pontife romain.

Vingt-deuxième et dernière question sur la foi : Suffit-il à un chrétien de croire cela seulement qui est contenu dans le Symbole? — *Réponse.* Chacun doit croire d'abord et souverainement, et professer ouvertement les choses qui sont contenues dans le Symbole des apôtres. Elles deviennent plus claires, quand on les compare soit avec le Symbole des Pères, soit avec celui qui porte le nom de saint Athanase. En second lieu, il est nécessaire que le chrétien croie tout ce qui est contenu dans l'Ecriture divine ou canonique. Et il n'est permis de répéter d'ailleurs que d'après le jugement et l'autorité de l'Eglise, les livres certains et légitimes de l'Ecriture. Troisièmement, il faut encore croire les choses qui se déduisent nécessairement, partie des articles du Symbole, partie des Ecritures, comme de sources divines. Quatrièmement enfin, on doit tenir pour saint et sacré, et embrasser d'une foi très-ferme ce que l'Esprit-Saint nous révèle et nous propose à croire par l'Eglise, que cela nous soit recommandé par écrit ou par une tradition de vive voix; mais on traitera de ceci plus commodément après.

Dans le second chapitre, sur *l'Espérance, l'Oraison dominicale et la Salutation angélique*, il cite dans le texte même, article dix-neuf, les témoignages suivants des saints Pères touchant la sainte Vierge. — Saint Irénée : « Comme Eve a été séduite pour désobéir à Dieu, ainsi Marie a été persuadée de lui obéir, afin que la vierge Marie devînt l'avocate de la vierge Eve; et comme le genre humain a été astreint à la mort par une vierge, il en soit délivré par une vierge, la virginale désobéissance étant compensée par l'obéissance virginale. » — Saint Chrysostome dans sa liturgie : « Il est vraiment digne et juste, ô Mère de Dieu, de vous glorifier comme toujours bienheureuse, comme la Mère immaculée de notre Dieu, plus élevée en honneur que les chérubins, incomparablement plus glorieuse que les séraphins, qui avez enfanté Dieu sans corruption. Nous vous glorifions comme étant vraiment Mère de Dieu : *Je vous salue, Marie, pleine de grâce, le Seigneur est avec vous, vous êtes bénie entre toutes les femmes, et béni est le fruit de vos entrailles, parce que vous avez enfanté le Sauveur de nos âmes.* »

Dans le troisième chapitre, de la *Charité, des commandements de Dieu et de l'Eglise*, la huitième question est importante avec les protestants.

Demande : Comment, outre Dieu, honorons-nous et invoquons-nous les saints? — *Réponse* : Ici nous ne parlons pas de tous les saints, c'est-à-dire de tous ceux qui ont été sanctifiés et régénérés dans le Christ, sens dans lequel saint Paul applique souvent ce nom à tous les chrétiens; mais nous entendons ceux qui ont obtenu dans le ciel les véritables récompenses de leur sainteté. Saint Paul atteste de ceux-là que par la foi ils ont vaincu les royaumes, opéré la justice et obtenu les promesses. Ceux-ci, vraiment saints et immaculés, sans tache ni ride, sont les membres les plus excellents de l'Eglise et les organes absolument élus de l'Esprit-Saint, sur lesquels aucun péché ni mal n'a plus de prise. Ces saints se recrutent partie de la nature angélique, partie de la nature humaine, et sont de toutes les créatures les plus nobles et les plus heureuses; car il leur est donné de jouir des biens suprêmes et éternels dans les cieux, et de vivre toujours dans l'union plus intime avec Notre Seigneur Jésus-Christ.

Ils peuvent donc, par sa grâce, savoir ce qui se passe parmi nous sur la terre, et parce qu'ils brûlent d'une charité parfaite pour leurs frères mêmes absents, ils sont touchés de sollicitude pour notre salut, nous favorisent constamment et nous souhaitent tout ce qui nous est salutaire ; ils plaident notre cause avec d'autant plus de soin, qu'ils ont moins de sollicitude pour eux-mêmes et qu'ils exercent continuellement dans une plus grande perfection et la charité et toutes les vertus qui conviennent aux malheureux. Ce n'est donc pas sans motif que nous vénérons ces lumières du ciel, ces firmaments de l'Eglise, et après Dieu ses plus grands ornements ; ce n'est pas sans motif que nous estimons, prêchons, imitons et aimons ces saints par-dessus les autres mortels, si excellents qu'ils soient ; ce n'est pas sans motif que, les voyant déjà rehaussés d'une telle dignité, nous leur rendons les plus grands honneurs, suivant notre petit pouvoir ; enfin ce n'est pas sans motif que nous les implorons et les invoquons, non pas pour qu'ils nous accordent par eux-mêmes, mais pour qu'ils prient avec nous Dieu, le distributeur de tout bien, et qu'ils soient pour nous, lors même que nous ne le méritons pas, des intercesseurs favorables et efficaces. Ce culte et cette invocation, si on les fait bien, savoir, de manière à ne porter aucune atteinte au culte suprême de latrie que nous devons à Dieu, n'ont aucun inconvénient et ne sont point en opposition avec l'Ecriture, mais autorisés par les témoignages certains de l'Eglise, et apportent beaucoup d'avantage.

En honorant ainsi les saints et en les invoquant avec l'Eglise, bien loin d'obscurcir la gloire de notre Sauveur Jésus-Christ, c'est au contraire l'étendre et l'augmenter. Car la vertu et la gloire incomparables du Christ Rédempteur resplendissent ici d'autant plus, qu'il apparaît puissant, glorieux, admirable, non-seulement en lui-même, mais encore dans ses saints ; il les honore lui-même, et il veut qu'on les honore extrêmement au ciel et sur la terre ; par eux et à cause d'eux, il accorde beaucoup de grâces, et pardonne souvent à des coupables. On voit par les saintes lettres qu'Abraham, Isaac, Jacob, David, Jérémie, quoique défunts, ont cependant beaucoup profité aux vivants. C'est pourquoi les Pères, en parlant des saints, les appellent souvent nos *suffragateurs*, nos intercesseurs et nos patrons. Et ce n'est pas sans raison ; car l'expérience prouve que les suffrages des saints, implorés avec humilité et piété au nom de Jésus-Christ, portent secours à un grand nombre. Aussi a-t-on condamné les sectateurs de Vigilance, qui privent les saints et leurs reliques des honneurs que leur rend l'Eglise orthodoxe.

Il ne faut pas non plus écouter ces calomniateurs, qui feignent de croire que l'honneur divin est ainsi transporté à des hommes, que les catholiques adorent les saints comme des dieux, et égalent la créature au Créateur. Car, qu'il en soit bien autrement, outre beaucoup d'autres preuves, cela est attesté par cette ancienne et solennelle supplication, qu'on appelle *litanie*, où Dieu et les personnes divines sont révérées et invoquées d'abord, et d'une manière bien plus sublime que tous les ordres des saints et des saintes. De là ces fêtes des saints, dont saint Augustin prend ainsi la défense contre le manichéen Fauste : Le peuple chrétien célèbre avec une religieuse solennité les mémoires des martyrs, afin de s'exciter à les imiter, s'associer à leurs mérites, et être assisté de leurs prières.

Canisius appuie sa réponse d'un si grand nombre de témoignages de l'Ecriture et des Pères, que cela peut passer pour un traité complet.

La question neuvième en est une suite. — *Demande* : L'usage reçu des images de Jésus-Christ et des saints est-il contraire au premier commandement ? — *Réponse* : Nullement ; car nous ne faisons pas comme les païens, nous n'adorons pas les sculptures, le bois, la pierre, comme si c'étaient des dieux, ce qui est principalement défendu par ce commandement : mais nous révérons chrétiennement et pieusement le Christ lui-même et les saints, là où ils nous sont représentés par des images. C'est ainsi qu'enseigne d'un parfait consentement l'Eglise tant ancienne que présente, en nous recommandant les pieuses et vénérables images, dont nous trouvons que l'usage nous est même recommandé par la tradition apostolique, et approuvé par le très-saint concile des Pères. Il y a plus : Dieu a donné des images, même à l'ancienne Synagogue. C'est pour cela qu'a été condamnée l'erreur des iconoclastes, parce qu'ils ne mettaient aucune différence entre les simulacres des dieux et les images du Christ et des saints, et qu'ils ne tenaient nul compte du temps de la grâce et de la nouvelle loi, où Dieu fait homme a revêtu son image et sa ressemblance créée par lui dans l'origine, et s'y est représenté à nous. Et ce n'est pas seulement une ignorance grossière, mais encore une fureur exécrable, comme font les novateurs, de jeter hors des lieux sacrés les images, y compris la croix du Sauveur, et de démolir les temples, de leurs sacrilèges mains, où ils peuvent.

Le paragraphe sur les *Commandements de l'Eglise* est singulièrement utile, même de nos jours.

Première demande : Outre le Décalogue, y a-t-il encore d'autres préceptes que les chrétiens doivent observer ? — *Réponse* : Oui ; car notre législateur et maître Jésus-Christ a non-seulement enseigné les dix commandements, mais encore en général d'obéir aux préceptes des Apôtres et de l'Eglise. De là ces paroles de l'Evangile : *Comme le Père m'a envoyé, ainsi je vous envoie. Qui vous écoute, m'écoute ; et qui vous méprise, me méprise. S'il ne les écoute pas, dites-le à l'Eglise, que s'il n'écoute pas l'Eglise, qu'il vous soit comme un païen et un publicain.* Par où le Christ défère et ordonne de déférer le jugement souverain et définitif à l'Eglise, c'est-à-dire aux préposés et recteurs de l'Eglise, comme l'interprète saint Chrysostome et comme le déclarent et le prouvent les paroles subséquentes de l'Evangile. Ce n'est donc pas en vain qu'il est écrit de l'apôtre saint Paul : « Il parcourut la Syrie et la Cilicie, confirmant les Eglises, ordonnant de garder les commandements des apôtres et des anciens. »

2e *D.* Quels sont les commandements des apôtres et des anciens, que Paul ordonne de garder ? — *R.* Denys l'aréopagite, disciple de l'apôtre, atteste qu'ils sont de deux genres, les uns écrits, les autres non écrits. A l'un et à l'autre genre appartient, ce qu'affirme saint Jean l'évangéliste : Qui connaît Dieu, nous écoute ; qui n'est pas de Dieu, ne nous écoute pas : c'est en cela que nous connaissons l'esprit de vérité, et l'esprit d'erreur. Le premier genre, confié aux lettres et composé de lois écrites, est assez connu, parce qu'il est renfermé dans les livres canoniques. Le second renferme les préceptes et les institutions, qu'on a coutume de comprendre sous le seul nom de *tradition*, ou *tradition des Pères*. Car ils sont transmis, non par écrit, mais de vive voix, comme de main en main jusqu'à nous, et se retiennent par la recommandation qui en a été faite à l'Eglise.

3° D. Est-il nécessaire d'observer ces deux genres de préceptes ? — R. Cela est tout à fait nécessaire, si nous suivons le docteur Paul qui ordonne ainsi : « Soyez fermes et gardez les traditions que vous avez apprises, soit par notre discours, soit par notre épître. » Aussi loue-t-il les Corinthiens, de ce qu'ils gardaient soigneusement les préceptes apostoliques, déjà reçus de vive voix. Et il avertit les Thessaloniciens de s'éloigner de tout frère qui se conduit d'une manière désordonnée, et non suivant la tradition reçue des Apôtres. Et c'est ce que le saint concile de Nicée, d'accord avec les divines Ecritures, a exprimé si nettement : « Il nous faut observer unanimement et inviolablement les traditions ecclésiastiques retenues dans l'Eglise, soit par écrit, soit par la coutume. » Nous lisons en saint Cyprien, que ce que les apôtres ont transmis sous la dictée de l'Esprit-Saint n'est pas moins authentique que ce qu'a transmis le Christ lui-même. Car comme la divinité est également à l'Esprit-Saint et au Christ, ainsi sont égales l'autorité et la puissance de l'un et de l'autre, dans ce qu'ils ont institué.

7° D. Que faut-il penser de ceux qui rejettent les traditions de l'Eglise et les comptent pour rien ? — R. Ils sont réfutés et condamnés par la parole de Dieu, puisqu'elle ordonne d'observer les traditions, d'écouter l'Eglise, de garder les ordonnances des apôtres et des anciens. C'est la parole de Dieu qui nous soumet aux magistrats, soit politiques, soit ecclésiastiques, modérés ou méchants, et cela par principe de conscience : elle veut qu'on ait pour leurs lois beaucoup de respect et d'obéissance. Obéissez à vos préposés, dit-elle, et soyez-leur soumis : tout ce qu'ils vous disent, gardez-le et le mettez en pratique, mais ne faites pas suivant leurs œuvres. Enfin telle est l'ordonnance divine, qui ne saurait être abolie par aucune autorité humaine, que l'Eglise soit gouvernée, les dogmes conservés, la religion vengée, la concorde entretenue, et la discipline retenue par certaines lois, les unes écrites, les autres non écrites, que nous recommande la tradition apostolique.

8° D. Qu'est-ce que les Pères ont pensé sur cet article ? — R. Origène, auteur célèbre et très-ancien, a écrit ces paroles : Nous devons regarder comme hérétique quiconque, professant croire au Christ, croit de la vérité chrétienne autre chose que ne porte la définition ecclésiastique. Et encore : Il ne faut croire de vérité, que celle qui ne s'écarte en rien de la tradition ecclésiastique. C'est une parole de saint Jérôme : Je crois devoir vous avertir en peu de mots, qu'il faut observer les traditions ecclésiastiques, surtout en ce qui ne nuit pas à la foi, comme elles ont été transmises par les anciens. Saint Augustin enseigne de la sorte : Si l'autorité de la divine Ecriture prescrit quelque chose, il n'y a pas de doute qu'il faut le faire comme nous lisons : il en est de même de ce que l'Eglise observe par tout l'univers.

Disputer s'il faut faire cela, est de la folie la plus insensée. Et encore : Dans les choses sur lesquelles l'Ecriture divine n'a rien statué de certain, il faut regarder comme loi la coutume du peuple de Dieu ou les institutions des ancêtres. Et comme il faut réprimer les prévaricateurs des lois divines, ainsi faut-il réprimer les contempteurs de coutumes ecclésiastiques. Enfin Tertullien, écrivain très-docte et très-ancien de l'Eglise, dispute dans tout un livre contre ceux qui n'admettent que ce qui est exprimé dans les saintes lettres ; il soutient fortement, qu'il y a certaines traditions et observances non écrites de l'Eglise, qui ne peuvent être rejetées que par des hérétiques. Que si quelqu'un paraît aimer la contention, pour parler avec saint Paul, nous n'avons pas cette coutume, non plus que l'Eglise de Dieu.

9° D. Mais qu'est-ce que l'Eglise ? — R. L'Eglise est l'universalité de tous ceux qui professent la foi et la doctrine du Christ ; universalité que le Christ, prince des pasteurs, a commise à paître et à gouverner à l'apôtre Pierre et à ses successeurs. Ils ne méritent donc pas le nom d'Eglise, mais se l'arrogent faussement, les hérétiques et les schismatiques sans exception, qui, encore qu'ils paraissent professer la foi et la doctrine du Christ, refusent néanmoins d'être les brebis du souverain pasteur et pontife, que le Christ a préposé au bercail de son Eglise à sa place, et conservé par une perpétuelle succession dans l'Eglise romaine. Ceux qui nient et attaquent cette chaire de Pierre, cette primauté de l'Eglise, ceux-là d'abord ne comprennent pas les magnifiques promesses du Christ à saint Pierre, ni les clés mystiques du royaume céleste confiées à lui seul, ni beaucoup d'autres choses écrites sur Pierre, le prince, la bouche, et le chef des apôtres. Ensuite ils troublent manifestement l'ordre et la paix certaine de l'Eglise, laquelle, sans un suprême pontife et son autorité suréminente, ne pourrait ni être convenablement gouvernée, ni être contenue longtemps dans l'unité et dans la solidité nécessaires contre les portes de l'enfer. Enfin ils insultent impudemment aux Pères, à leurs conciles et à leurs écrits, qui sont d'accord sur cette note illustre de l'Eglise, ou plutôt ils insultent à la voix unanime de tout l'univers chrétien. Jérome a reconnu cette Eglise et sa dignité, lui dont on connaît ces paroles : « Quiconque est uni à la chaire de Pierre, il est des miens. » Optat d'Afrique l'a reconnue, lui qui proclame la chaire de Pierre comme la première entre les vraies notes ou marques de l'Eglise. Elle a été reconnue d'Augustin, qui écrit ouvertement que la principauté de la chaire apostolique a toujours subsisté en vigueur dans l'Eglise romaine. Elle a été reconnue de Cyprien, qui établit que la cause de toutes les hérésies et de tous les schismes, est en ce qu'on n'obéit pas à l'unique et souverain pontife et juge à la place du Christ. Elle a été reconnue par Ambroise, qui proteste vouloir suivre en tout l'Eglise romaine. Plus ancien que tous ceux-ci, voisin du temps des apôtres et homme vraiment apostolique, Irénée donne à l'Eglise romaine cet éloge : « Avec cette Eglise, à cause de sa plus puissante principauté, il est nécessaire que s'accorde toute l'Eglise ; c'est-à-dire tous les fidèles de l'univers : c'est en elle que les fidèles de tous les lieux ont conservé la tradition qui vient des apôtres. »

10° *D.* Quelles sont la dignité et l'autorité de l'Eglise? — *R.* Dieu, qui n'a rien de plus cher en ce monde, illustre son Église de nombreux et merveilleux avantages, promesses et bienfaits. Toujours il l'orne, la conserve, la défend, la venge. Il l'a établie sa maison, dans laquelle tous les enfants de Dieu sont entretenus, enseignés et exercés. Il a voulu qu'elle fût la colonne et le firmament de la vérité, afin que nous ne doutions pas de sa doctrine, puisque, comme maîtresse, gardienne et interprète de la vérité, elle a reçu une autorité fidèle et inviolable. De plus, il a décrété qu'elle fût fondée sur la pierre ferme, afin que nous fussions certains qu'elle demeure immobile et inébranlable, et qu'elle prévaut inexpugnable, même contre les portes de l'enfer, c'est-à-dire contre les plus fortes attaques des adversaires. Enfin il veut qu'elle soit une très-sainte cité, placée sur la montagne, visible à tout le monde et d'un accès facile, afin que personne, la laissant de côté, n'aille chercher les pestilentielles cavernes et cachettes des hérétiques, et frappé peut-être par leurs fausses paroles : Le Christ est ici, il est là, ne s'éloigne d'elle ou ne s'en laisse détacher. C'est là, telle que l'Ecriture nous la propose et la recommande, cette amie, cette sœur, cette épouse unique du Christ, pour laquelle racheter, purifier, sanctifier, rassembler et s'unir intimement, le Fils de Dieu a tout fait et tout souffert, et c'est qu'il n'a pas hésité à livrer son corps et son sang adorables pour l'amour d'elle. C'est pour elle qu'il a prié et obtenu que sa foi, son unité et sa fermeté ne défaillissent jamais. C'est à elle qu'il a promis et fidèlement transmis et laissé pour docteur, président et recteur l'Esprit-Saint. C'est lui, dit-il, qui vous enseignera tout et qui vous suggérera tout ce que je vous aurai dit; il demeurera avec vous éternellement; il vous enseignera toute la vérité.

11° *D.* Par qui enfin l'Esprit nous enseigne-t-il la vérité dans l'Eglise? — *R.* Par ceux-là certainement que l'Apôtre atteste avoir été constitués par l'Esprit-Saint pour gouverner l'Eglise, qu'il appelle évêques, préposés, pasteurs et docteurs. Et, depuis les apôtres, ceux-là ont toujours été et sont encore les principaux ministres de Dieu et de l'Eglise, et les souverains dispensateurs des mystères de Dieu. Leur autorité se voit surtout dans les conciles, où ils peuvent non-seulement définir certaines choses touchant la foi et la religion, mais encore, en vertu de leur droit et de leur autorité apostoliques, assurer et dire : *Il a semblé bon au Saint-Esprit et à nous*, comme cela est constant par les actes du premier concile célébré à Jérusalem. Autrefois c'était un crime, puni du dernier supplice, de ne pas obtempérer au jugement du grand-prêtre qui occupait la chaire de Moïse. Or, l'Eglise n'a pas une autorité moindre que n'avait la Synagogue pour gouverner, juger, décider. L'obligation est la même chez les chrétiens qu'elle fut chez les Juifs, de recevoir, d'approuver et d'observer les jugements des premiers pontifes dans ce qui regarde la religion. Ceux-là donc se rendent coupables d'un crime, qui respectent si peu l'autorité des magistrats ecclésiastiques, qu'ils osent ébranler et attaquer, tantôt les saints décrets des souverains Pontifes qui ont toujours eu la puissance suprême de définir les choses saintes, tantôt les vénérables constitutions des conciles généraux, dont l'autorité, dit saint Augustin, est très-salutaire dans l'Eglise; enfin les sentences certaines des Pères touchant la foi, eux dont le sentiment commun et le consentement est un ferme témoignage de la vérité chrétienne. Les pieux empereurs ont dit avec raison : « Celui-là fait injure au jugement du concile, qui prétend remettre en question et en dispute publique ce qui a été jugé une fois et bien disposé. »

12° *D.* Quel est le but de cette ordonnance divine pour la conservation des pasteurs et des docteurs dans l'Eglise? — *R.* Elle ne nous est pas peu utile et salutaire cette ordonnance divine par laquelle la puissance et hiérarchie ecclésiastiques l'emportent de beaucoup sur tous les magistrats politiques; car c'est par cette puissance spirituelle que le peuple chrétien est surtout promu à obtenir les biens spirituels et éternels. Elle est utile d'abord, pour parler avec saint Paul, *à la consommation des saints*, c'est-à-dire pour que ceux qui sont revêtus de cette puissance rendent tout homme parfait en Jésus-Christ, comme dit ailleurs le même Paul, et que par leur zèle ils amènent les fidèles à la perfection de la sainteté à laquelle ils sont appelés. Elle est utile aussi *pour l'œuvre du ministère*, afin que ceux qui sont et s'appellent les principaux (en grec, *les prêtres* (Act., 20, 17) de l'Eglise aient de quoi veiller et soigner sans cesse, à raison de la souveraine charge qui leur a été confiée. Elle est utile de plus pour *l'édification* du corps du Christ, afin que ces spirituels et sages architectes sachent bien qu'ils doivent s'occuper continuellement du corps mystique du Christ, dont l'édification exige une application singulière, afin que tantôt ils jettent et affermissent les fondements de la vraie foi, et que tantôt ils bâtissent par-dessus, ce qui est nécessaire aux fidèles pour la justice parfaite. Elle est utile enfin *pour que nous ne soyons pas comme des enfants flottants, portés çà et là, à tout vent de doctrine, dans la malice des hommes*. C'est-à-dire, à cause des faibles, qui sont toujours en grand nombre dans l'Eglise, l'autorité des supérieurs ecclésiastiques est nécessaire, surtout lorsque les vents des hérésies et les orages des persécutions assaillent la maison de l'Eglise. Car c'est alors qu'il est besoin du secours présent de ceux qui, par leur autorité, veulent et peuvent écarter les loups, défendre les brebis, extirper l'ivraie, et confirmer les saines doctrines, de peur que les simples ne soient égarés de la grande route de la vérité, par les paroles, les écrits et les exemples d'hommes fallacieux et perdus : que tous, au contraire, non-seulement connaissant la vérité, mais la mettant en pratique, grandissent et profitent dans leur chef, qui est Jésus-Christ, comme ajoute le même Paul.

16° *D.* En quoi l'autorité de l'Eglise nous est-elle nécessaire? — *R.* 1° Pour discerner avec certitude les Ecritures canoniques et vraies d'avec celles qui sont fausses ou falsifiées. Aussi saint Jérôme dit-il : Nous recevons l'Ancien et le Nouveau Testament au nombre des livres que nous transmet l'autorité de l'Eglise catholique. Et saint Augustin : Je ne croirais pas même à l'Evangile, si l'autorité de l'Eglise catholique ne me le persuadait. 2° Afin que l'on soit sûr du sens et de la vraie interprétation de l'Ecriture; de peur que nous ne soyons sans cesse à douter et à disputer du sens des paroles. Car, comme dit le même Augustin, tous les hérétiques s'efforcent de soutenir par les Ecritures leurs fausses et fallacieuses opinions. Or, suivant Jérôme, les Ecritures ne consistent pas dans la lecture, mais dans l'intelligence. 3° Afin que dans les questions et les controverses graves sur la foi, qui peuvent se présenter, il y ait un juge et qu'il s'interpose une légitime autorité. Car, comme ce que saint Epiphane enseigne contre les hérésies est vrai, qu'on ne peut tout recevoir de l'Ecriture; de même saint Augustin a bien raison de dire : Il est évident que, dans une chose douteuse, l'autorité de l'Eglise catholique a la plus grande force pour la foi et la certitude. Car l'Esprit-Saint ne peut manquer à l'Eglise, pour la conduire dans toute vérité, comme le Christ lui-même a promis. 4° Afin qu'à raison des personnes, des lieux et des temps, on établisse des canons, on conserve la discipline entière, et on rende la justice. Car Dieu a donné cette puissance à l'Eglise pour l'édification et non pour la destruction. 5° Afin que la puissance de réprimer et d'excommunier, que le Christ a instituée et dont a usé saint Paul, se fasse sentir aux opiniâtres, qu'elle les réprime et les corrige.

Dans tout cela, sans parler du reste, il est constant que l'autorité de l'Eglise n'est pas seulement utile, mais nécessaire; sans quoi la république chrétienne serait la confusion de Babylone. C'est pourquoi, comme nous croyons et accordons une très-grande autorité à l'Ecriture, à cause du témoignage de l'Esprit divin qui parle en elle : de même nous devons à l'Eglise créance, respect, obéissance, parce que Jésus-Christ, son chef et son époux, l'a dotée du même Esprit, afin qu'elle soit vraiment ce que Paul l'appelle : la colonne et l'affermissement de la vérité.

Dans le quatrième chapitre, *des Sacrements*, nous remarquons les réponses suivantes sur la confession.

5° *D.* La confession est-elle nécessaire? — *R.* Sans aucun doute; non-seulement, comme quelques-uns s'imaginent faussement, cette confession qu'il faut faire chaque jour devant Dieu, à l'exemple de David : *J'ai dit, je confesserai contre moi mon injustice au Seigneur*; mais encore cette confession extérieure qui se fait au prêtre, de tous les crimes que l'homme se rappelle, après avoir examiné soigneusement sa conscience. C'est ainsi qu'il est écrit des hommes de la primitive Eglise : *Beaucoup d'entre les croyants venaient, confessant et publiant ce qu'ils avaient fait.* Que cette manière de se confesser soit nécessaire, non-seulement le droit canonique de l'Eglise et les écrits des Pères le confirment, mais les paroles du Christ le concluent et le déclarent, quand il dit : *Les péchés seront remis à ceux à qui vous les remettrez, et retenus à ceux à qui vous les retiendrez.* Or, comme de remettre ou de retenir les péchés est un office de juge, aucun prêtre ne peut les remettre ou les retenir, si auparavant il ne connaît bien la cause du pécheur qu'il doit juger. Or, il ne peut avoir cette connaissance que quand celui qui se présente à lui comme à son juge et à son médecin, lui découvre en détail, par une confession volontaire, les plaies de son âme, afin que le prêtre puisse voir distinctement quand il faut lier ou délier les péchés.

6° *D.* Comment les Pères parlent-ils de la confession? — *R.* Non-seulement ils nous recommandent et nous prouvent, d'un grand accord, l'utilité et l'usage de se confesser, qui a toujours été dans l'Eglise, mais encore le droit et la nécessité. Pour ne citer d'un si grand nombre que quelques témoins des plus autorisés, le grand saint Basile s'exprime ainsi : On voit qu'il est nécessaire de confesser ses péchés à ceux à qui a été confiée la dispensation des mystères de Dieu; car on trouve qu'anciennement les pénitents confessaient ainsi leurs péchés aux saints. — Mes frères, dit saint Cyprien, que chacun de vous confesse sa faute, pendant que celui qui l'a commise est encore en ce monde, que sa confession peut être reçue, que la satisfaction de chacun et la rémission faite par le prêtre, est agréable à Dieu. — Joignez-y cet enseignement de saint Augustin : Faites pénitence comme on le fait dans l'Eglise, afin que l'Eglise prie pour vous. Que personne ne dise à soi-même : Je fais pénitence en secret auprès de Dieu; Dieu, qui me pardonne, sait que je fais pénitence dans mon cœur. C'est donc en vain qu'il a été dit : *Tout ce que vous délierez sur la terre sera délié dans le ciel?* C'est donc en vain que les clés ont été données à l'Eglise de Dieu? Nous frustrons l'Evangile de Dieu? Nous frustrons les paroles du Christ? Nous promettons ce que le Christ dénie? N'est-ce pas vous tromper?

9° *D.* Y a-t-il encore lieu à satisfaction après la mort? — *R.* Pour expliquer ceci, il faut distinguer les diverses conditions des morts. Les uns conservent jusqu'à la fin la grâce de Dieu et l'innocence de la vie. A ceux-là s'applique ce que dit Manassès dans sa prière : La pénitence n'est point faite pour les justes et pour ceux qui n'ont point péché, comme Abraham, Isaac et Jacob. D'autres ont péché et sont déchus de la grâce de Dieu, mais ont expié leurs crimes par de dignes fruits de pénitence en cette vie, comme David, Ezéchias, Pierre, Madeleine. Ces deux genres de défunts n'ont pas besoin de satisfaction, mais en sont tout à fait exempts. Mais le bien plus grand nombre de ceux qui meurent sont d'un certain milieu, pas très-méchants, comme remarque saint Augustin, qui n'ont pas fait une pénitence complète de leurs péchés; c'est pourquoi ils seront sauvés par le feu, afin que ce qui manque à leur satisfaction en cette vie soit payé à la justice divine dans l'autre; *car rien de souillé n'entrera dans la cité sainte.*

Pour donc répondre à la question, les défunts de cette sorte auront à subir après la mort une certaine satisfaction, qui, sans aucun doute, est grave. Dieu cependant, dans son infinie clémence, a coutume de la diminuer sur la pieuse intercession des vivants, en sorte que les défunts, aidés par les suffrages de leurs frères et membres dans l'Eglise, sont soulagés de leurs péchés et des peines de ces péchés. Et c'est à quoi revient ce que nous apprend l'autorité de la sainte Ecriture : *C'est une sainte et salutaire pensée, de prier pour les défunts, afin qu'ils soient déliés de leurs péchés.* Voilà pourquoi Judas Machabée est loué, pour avoir eu le soin et la piété de faire offrir pour les péchés des morts, non-seulement des prières, mais encore un sacrifice. A ce sentiment s'accordent les saints conciles et les Pères, qui ont enseigné la vraie doctrine de l'Eglise. Un seul, mais témoin très-digne de foi, saint Augustin, tiendra lieu de la multitude. Nous lisons dans les livres des Machabées qu'on offrit un sacrifice pour les morts; mais quand nous ne le lirions nulle part dans les anciennes Écritures, l'autorité de l'Eglise universelle, dont la coutume en ceci se voit manifestement, n'est pas médiocre, puisque dans les prières que les prêtres adressent à Dieu à l'autel, la recommandation des morts trouve lieu. Et encore ailleurs : Il ne faut pas croire qu'il y aura aucune peine du purgatoire, si ce n'est avant le dernier et terrible jugement. Et qu'y a-t-il de plus clair que les paroles suivantes? Par les prières de la sainte Eglise, par le sacrifice salutaire et par les aumônes qu'on fait pour les esprits des défunts; il ne faut pas avoir de doute que les morts ne soient soulagés, en sorte que le Seigneur agisse plus miséricordieusement avec eux que n'ont mérité leurs péchés; car ceci a été transmis par les Pères, et toute l'Eglise l'observe. Voilà comme parlait saint Augustin, il y a plus de douze cents ans; pour ne rien dire maintenant de plus ancien encore, ainsi que Cyprien, Origène, Denys, Clément, qui sont d'accord avec lui en cette doctrine.

Aussi saint Chrysostome nous exhorte-t-il ouvertement à aider les morts tant que nous pouvons, et à avertir les autres de prier pour eux; car ce n'est pas témérairement qu'il a été ordonné par les apôtres de faire mémoire des défunts dans le redoutable mystère. Ils savent en effet qu'il leur en provient un grand profit, une grande utilité. Ainsi parle saint Chrysostome.

Enfin voilà ce que l'Eglise, fidèle interprète de l'Ecriture, a toujours enseigné contre les Ariens : Qu'il y a un certain feu purgatoire, ou *émendatoire*, comme l'appelle saint Augustin ; et que les fidèles décédés dans le Christ y doivent subir et expier les peines des péchés, que la pénitence n'a pas parfaitement expiés ici; si ce n'est, comme dit Augustin, qu'ils soient soulagés par ceux d'entre les leurs qui vivent encore.

Sur le *sacrement de l'Ordre*, Canisius se fait cette demande : Est-ce que tous les chrétiens ne sont pas également prêtres ? — R. On le peut dire en ce sens, que, comme les prêtres ont coutume d'offrir certains sacrifices extérieurs et d'exercer des ministères sacrés; ainsi tous ceux qui sont régénérés en Jésus-Christ peuvent et doivent chaque jour offrir et pratiquer avec ardeur certains sacrifices spirituels, savoir : des oraisons, des louanges, des actions de grâces, la mortification de la chair, et autres choses de ce genre; en sorte que sous ce rapport ils sont dits, dans l'Ecriture, prêtres spirituels devant Dieu, et lui offrant des hosties spirituelles.

Mais si nous prenons ce nom de prêtrise dans son sens propre, tous ne sont pas indistinctement prêtres, mais ceux-là seulement à qui l'autorité de l'Eglise a donné charge d'être les ministres propres des sacrements, et à qui elle a conféré le droit de consacrer, d'offrir, de dispenser la sainte eucharistie, de remettre et de retenir les péchés. De ces prêtres de la nouvelle loi, saint Paul dit : « Les prêtres qui président bien sont dignes d'un double honneur, principalement ceux qui travaillent à la parole et à la doctrine. Ce qui certainement ne peut s'appliquer aux femmes, à qui le même Apôtre défend d'enseigner dans l'Eglise, et commande de se taire; cela ne convient pas non plus aux gens du peuple, dont le propre est d'être conduits dans les pâturages comme des brebis, non pas d'y conduire; d'être régis, non pas de régir; non pas de se préférer aux préposés; mais de leur être soumis, et d'écouter, d'observer et de faire tout ce que diront ceux qui sont assis sur la chaire, qu'ils soient bons ou mauvais, comme nous le voyons ordonné dans la parole de Dieu. C'est pourquoi, comme dans l'Eglise triomphante, il y a des anges différents d'ordre et de puissance, qui remplissent et exécutent fidèlement, en observant une certaine disposition harmonique, les offices qui leur sont enjoints : de même l'Eglise militante, qui est la maison de Dieu et rangée comme une armée en bataille, a des ministres spéciaux, distincts des autres chrétiens, et disposés entre eux dans un bel ordre, pour remplir sur la terre les ministères publics et communs de l'Eglise : à savoir, pour que, dans ce qui regarde Dieu et le salut des âmes, ils prêtent au peuple chrétien leur intervention par état et suivant leur charge.

3° D. En quel lieu l'Ecriture rend-elle témoignage à ce sacrement ? — R. Là où elle dit des apôtres, que dans l'élection, l'institution et l'ordination des ministres, ils se sont servis de l'imposition des mains; car ce sacrement nous est recommandé par cela, comme par un symbole certain et efficace de la grâce présente, qui est conférée et reçue dans la collation des ordres. C'est pourquoi saint Paul, écrivant à Timothée qu'il avait créé évêque, et lui rappelant la grâce reçue dans ce sacrement : *Ne veuillez pas*, dit-il, *négliger la grâce qui est en vous, qui vous a été donnée par prophétie, avec l'imposition des mains du sacerdoce*. Mais parce qu'il importe extrêmement quels hommes sont préposés aux différentes charges dans l'Eglise et reçoivent la puissance ecclésiastique par ce sacrement, il est dit à tout évêque : *N'imposez promptement les mains à personne, et ne communiquez point aux péchés d'autrui.*

5° D. Comment les Pères parlent-ils de ce sacrement dans leurs écrits ? — R. Saint Augustin, docteur vraiment catholique, expose ainsi clairement sa doctrine et celle de l'Eglise : Quand le Seigneur, peu de jours après sa résurrection, a soufflé sur ses disciples et qu'il leur a dit : *Recevez le Saint-Esprit*, on entend qu'il conféra la puissance ecclésiastique. Comme dans la tradition du Seigneur tout se fait par l'Esprit-Saint, c'est pourquoi, en leur donnant la règle et la forme de cette discipline, il leur dit : *Recevez le Saint-Esprit*. Et comme ceci appartient au droit ecclésiastique, aussitôt il ajoute : *Ceux dont vous retiendrez les péchés, ils leur seront retenus, et ceux à qui vous les remettrez, ils leur seront remis.* Cette inspiration par le souffle est une certaine grâce infuse aux ordinands par la Tradition, et par laquelle ils sont plus autorisés. D'où l'Apôtre dit à Timothée : *Ne veuillez pas négliger la grâce qui est en vous, qui vous a été donnée par l'imposition des mains du sacerdoce.*

Canisius cite ensuite les canons des apôtres, le pape Caïus, saint Cyprien, saint Denys, saint Ignace. Parmi la foule innombrable d'autorités qu'il produit, il en est quelques-unes qui, quoique très-anciennes et par là seul probantes, ne sont pas toujours des auteurs dont elles portaient les noms.

La question septième, sur cette matière, est la suivante : Que faut-il penser des mauvais prêtres ? — R. C'est une ordonnance divine, qui ne peut être abolie, que non-seulement les bons prêtres, mais encore les mauvais doivent être honorés dans l'Eglise. Car il veut être reconnu, reçu, écouté, respecté dans ses ministres, celui qui a dit : *Les scribes et les pharisiens sont assis sur la chaire de Moïse. Observez donc et faites tout ce qu'ils vous disent; mais ne faites pas selon leurs œuvres; car ils disent et ne font pas.* Au reste, il faut distinguer entre les mauvais, afin de comprendre que, quant à la charge et à l'autorité d'enseigner, nous devons foi et obéissance à ceux-là seulement qui, ordonnés et envoyés légitimement par les évêques, professent la saine doctrine de l'Eglise, et que nous devons nous garder soigneusement des autres comme d'ennemis et de pestes.

Sur le Mariage. Canisius demande en la quatrième question : Le mariage est-il permis à tout le monde ? — Nullement, répond-il ; car les saints apôtres ont enseigné, comme le dit Epiphane, que c'est un péché, après le vœu de virginité, de convoler à des noces. Et suivant Jérôme, c'est un péché si énorme, qu'il dit que les vierges qui se marient après leur consécration ne sont pas tant adultères qu'incestueuses. Augustin dit de son côté : La simple vierge, qui, si elle se mariait, ne se pécherait pas, une fois consacrée à Dieu, si elle se marie, est réputée adultère au Christ. Car elle a regardé en arrière, du lieu dont elle s'est approchée. C'est pourquoi cette parole de l'Apôtre : *Il vaut mieux se marier que brûler*, ainsi que l'explique formellement saint Ambroise, regarde celle qui ne s'est pas encore engagée, qui n'est pas encore voilée. Quant à celle qui s'est engagée à Dieu et qui a reçu le saint voile, elle est déjà mariée, elle est unie à l'Epoux immortel, et, si elle veut se marier, suivant la loi commune du mariage, elle commet un adultère, elle devient servante de la mort. Ainsi parle saint Ambroise. Aussi a-t-on toujours loué ce rescrit de l'empereur Jovinien, inséré dans le code : « Si quelqu'un ose, je » ne dis pas ravir, mais seulement tenter de joindre » des vierges sacrées pour le mariage, il sera puni » de la peine capitale. »

Quant aux moines et aux clercs initiés dans les ordres, c'est absolument la même raison et le même jugement ; car ils ont leur condamnation, dès que, lâchant la bride à la passion, ils trompent, ou, comme dit l'Apôtre, ils rompent la première foi qu'ils ont donnée à Dieu et à l'Eglise. Ils ont renoncé volontairement au mariage lorsqu'ils ont promis et juré, au moins tacitement, en recevant les ordres sacrés, de garder perpétuellement le célibat. Qu'ils écoutent donc la parole de Dieu : *Si vous avez voué à Dieu quelque chose, ne différez pas de l'accomplir. Tout ce que vous avez voué, exécutez-le. Faites des vœux et rendez-les au Seigneur votre Dieu.* Le Christ lui-même enseigne : *Quiconque, après avoir mis la main à la charrue, regarde derrière soi, n'est pas propre au royaume de Dieu.*

La question suivante, ou la cinquième, ne mérite pas moins d'attention. — L'Eglise force-t-elle donc quelques-uns au célibat ? — R. Cette pieuse et prévoyante mère n'y force pas, puisqu'elle n'impose la loi du célibat à personne ; mais elle exige de ceux qui ont reçu volontairement cette loi, de ne pas violer et rompre le pacte qu'ils ont saintement contracté avec le Christ et son Eglise. On les presse donc avec raison de tenir leurs promesses et d'observer le conseil évangélique qu'ils ont une fois embrassé librement. Paul dit là-dessus : *Celui qui marie sa fille vierge fait bien* (quand elle n'est pas astreinte au célibat par un vœu), *et celui qui ne la marie pas fait mieux*. Et encore : *Il est avantageux à l'homme de ne pas toucher à une femme.* Aussi Jésus-Christ et son Eglise donnent-ils de grandes louanges à ceux qui se font volontairement et spirituellement eunuques, pour être saints de corps et d'esprit, et pour servir Dieu dans la chair comme s'ils n'avaient point de chair.

En quoi il faut soigneusement éviter deux erreurs : l'une, de ceux qui, avec Jovinien, exaltent tellement le mariage, qu'ils l'égalent ou même le préfèrent au célibat et à la virginité, quoique saint Paul et tous les Pères proclament le contraire ; l'autre erreur est de ceux qui feignent que les chrétiens peuvent à peine garder la continence et le célibat, et pour cela prétendent que nul ne doit facilement s'y engager ni le promettre saintement. Ceux-là ne comprennent pas l'abondance de la grâce évangélique que depuis tant de siècles le Christ donne avec tant de libéralité à ceux qui croient, qui demandent, qui cherchent, qui frappent à la porte, qu'ils trouvent le joug du Seigneur plein de douceur et la voie de la continence non moins commode que salutaire. Entre lesquels étaient saint Paul, qui affirme tout haut : *Dieu est fidèle, qui ne souffrira pas que vous soyez tenté au-dessus de ce que vous pouvez*, mais *vous fera profiter même avec la tentation.* C'est pourquoi saint Augustin, expliquant ces paroles du psaume : *Faites des vœux et rendez-les au Seigneur votre Dieu*, s'exprime en ces termes : « Ne soyez point paresseux à faire des vœux ; car ce n'est point par vos forces que vous les accomplirez. Vous y manquerez, si vous présumez de vous-mêmes ; mais si vous comptez sur Celui à qui vous faites des vœux, faites-en ; vous les accomplirez sûrement. » Et le même ailleurs : « Heureuse nécessité, qui nous pousse à ce qui est meilleur. »

Une dernière question, que nous citerons de Canisius, c'est la cinquième, *sur le Jeûne.*

D. Que répondre à ceux qui attaquent et méprisent la loi du jeûne ecclésiastique ? — R. Il faut d'abord les avertir de ne pas attribuer aux catholiques ce que l'Apôtre déteste et ce que l'Eglise a toujours condamné dans les Juifs, les Manichéens et les Priscillianistes, savoir : « Que c'est ou par obéissance à la loi de Moïse, ou par superstition, qu'ils s'abstiennent de certaines viandes ; car, ainsi que saint Augustin répond au manichéen Fauste, si les catholiques s'abstiennent de manger de la chair, ils le font pour dompter le corps et pour affranchir l'âme davantage des mouvements irraisonnables, et non pas qu'ils croient la chair immonde. Ils s'abstiennent, non-seulement de la chair, mais encore de certains fruits, soit toujours, comme le font un petit nombre, soit dans certains jours ou temps, comme presque tous pendant le carême. » Ainsi parle saint Augustin. Avant lui, saint Epiphane enseigne la même chose, quand il réfute l'hérésie d'Arius, qui prétend que chacun est libre d'observer ou non les jeûnes fixés par l'Eglise, et que personne n'y est obligé. Que si dans les jeûnes publics, comme dans les prières et les fêtes, on observe des époques de temps, cela confirme, rehausse et favorise l'ordre et la concorde publique dans l'Eglise. Enfin, il n'y en a guère qui s'imposeraient des jeûnes, empêchés qu'ils en sont par l'amour naturel de la chair. Or, qu'il soit d'une grande importance et d'un mérite certain d'embrasser avec respect les jeûnes de cette sorte et de les observer fidèlement, saint Jérôme le démontre si clairement contre Jovinien, qu'il ne peut y avoir aucun doute. A quoi l'on peut ajouter ce que nous avons dit touchant l'observation des préceptes ecclésiastiques, et cela pour éviter le scandale et maintenir la discipline publique, non-seulement par crainte du châtiment, mais encore par conscience, comme dit l'Apôtre.

Or, il est certain, comme le prouvent les écrivains de tous les âges que c'est et a toujours été, depuis l'origine, la discipline, la coutume, tradition et ordonnance constantes de l'Eglise, qu'on observât ce jeûne ecclésiastique en certains jours, principalement du carême. Ainsi l'enseignent les canons des apôtres et les saints conciles. Celui de Gangres frappe d'anathème ceux qui méprisent les jeûnes communs de toute l'Eglise, et celui de Tolède prive de la communion ceux qui, sans une inévitable nécessité et une maladie évidente, mangent de la chair en carême. Et les Pères ont une ardeur spéciale à recommander, à presser, à exiger le jeûne, particulièrement celui du carême, qu'ils veulent avoir été institué par les apôtres. Bien étrangers à cet esprit des Pères sont ceux qui relâchent la loi du jeûne pour eux et pour les autres, et qui se font les patrons de la licence de la chair, et non de la liberté évangélique. Ceux-là ne veulent pas crucifier la chair avec ses vices et ses convoitises, et conséquemment ils ne goûtent pas les choses de l'esprit, ils éteignent plutôt l'esprit, contrairement à la doctrine de l'Apôtre. Et puis ils résistent ouvertement à l'Eglise, leur mère, ou plutôt à Jésus-Christ même, qui parle et commande par son Eglise : de là ils s'attirent une condamnation certaine, lorsqu'ils abrogent ou rejettent la sainte et salutaire institution du jeûne, que l'Eglise nous a toujours recommandée.

On peut voir par ces extraits avec quelle érudition, quelle solidité et en même temps quelle sagesse, l'apôtre de l'Allemagne oppose aux erreurs incohérentes de Luther, la doctrine chrétienne de tous les lieux et de tous les temps. Le style est fort bon, d'une latinité remarquable et vraiment digne d'un Père de l'Eglise. Entre tous les hommes, c'est à Pierre Canisius et à ses frères que l'Allemagne doit d'avoir conservé la foi catholique, et avec elle le bon sens et les beaux-arts. Elle sut bien le reconnaître alors : partout elle appelait les Jésuites à son secours. Le vaivode de Transylvanie en réclamait pour ses Etats; l'archevêque de Strigonie les appelait en Hongrie; l'évêque de Breslau sollicitait de pareils ouvriers pour la Silésie; l'historien polonais Crommer, ministre du roi Sigismond à Vienne, priait Canisius d'écouter favorablement les vœux de la Pologne et les siens propres. Le Père était le docteur de l'Allemagne; l'Allemagne catholique venait donc aux Jésuites, comme des naufragés à des nau-

tonniers sauveurs. Cette lumière que Canisius projetait, il fallait la répandre; les forces d'un seul homme n'y suffisaient pas. Pour continuer son œuvre, il pensa qu'il n'existait pas de moyen plus efficace que de créer des colléges. Celui de Vienne prospérait; en 1555, il en établit un autre à Prague.

Il y avait sur les bords de la Moldau un grand nombre de Juifs et de Hussites. Ces différentes sectes, jointes aux Luthériens, formaient une masse toujours compacte contre l'Eglise catholique, toujours prête à l'attaquer avec les armes que la passion lui fournissait. Canisius avait voulu que le collége de Prague fût ouvert aux enfants catholiques et aux ennemis de la foi. Cette facilité qu'on accordait à leurs fils de suivre les cours, exaspéra quelques hommes. Des menaces sont adressées aux Jésuites; on les poursuit dans leurs personnes, on les poursuit dans leurs élèves. L'orage s'apaise enfin, et Canisius triomphe dans sa patiente énergie (Crétineau-Joly, t. I). Il contribua à la fondation des colléges de Trèves et de Mayence.

Le cardinal d'Augsbourg avait pour lui la plus profonde vénération. Un jour que Canisius revenait de ses courses apostoliques, le pieux cardinal se prosterne à ses pieds et lui proteste qu'il ne se relèvera point qu'il ne les lui ait lavés. On ne saurait dire quelle fut la confusion de l'humble serviteur de Dieu, voyant le cardinal à ses pieds, en disposition de les lui laver, ni ce qu'il dit et ce qu'il fit pour le détourner de cette action; mais tout fut inutile. » Vous le voulez, Monseigneur, dit-il enfin, et je ne puis, à l'exemple de saint Pierre, mon patron, que me soumettre aux ordres de celui qui me représente la personne de Jésus-Christ; mais je vous supplie de croire que, si en ce point vous emportez devant Dieu et devant les hommes la gloire d'être plus humble que moi, j'aurai du moins l'avantage d'être plus humilié que vous (Dorigny, *Vie de Canisius*). »

La foi de l'humble cardinal eut sa récompense. Malgré tous les efforts de son zèle, la ville d'Augsbourg était dans un état déplorable; l'hérésie y avait fait de si grands progrès, qu'à peine y avait-il la dixième partie des catholiques qui ne fût infectée de sa contagion, lorsque le prélat nomma Canisius pour prêcher en sa cathédrale. C'était le seul prédicateur qui soutint les intérêts de la religion véritable pendant que douze ministres protestants y débitaient impunément leurs erreurs dans la chair de pestilence. Par un effet de l'ascendant que le parti des hérétiques avait pris sur celui des catholiques, les pratiques de l'Eglise y étaient terriblement décriées, la plupart des anciennes cérémonies abolies, le service des autels négligé. Et comme les mœurs se corrompent à mesure que la foi se perd, le libertinage s'était répandu dans toutes les conditions, sans que la piété pût presque trouver un asile dans le cloître, tant était grande l'erreur que l'esprit de l'hérésie inspirait pour la perfection chrétienne et les conseils évangéliques. C'était le champ que cet ouvrier apostolique avait à défricher et où il devait jeter la semence de la parole. Voici comme il s'y prit.

Il avait affaire aux hérétiques et aux catholiques. Il fallait ramener les premiers à l'ancienne créance de l'Eglise, y retenir les seconds, et retirer les uns et les autres des désordres que l'erreur, le mauvais exemple et le malheur des temps avaient causés. Il fit pour cela des sermons de controverse et de morale. Il commença par la controverse. L'idée qu'on avait de sa capacité y attira un monde extraordinaire. Le propre des hérétiques est de faire sonner fort haut la parole de Dieu, qu'ils s'imaginent leur avoir été confiée préférablement aux autres. Canisius les attaqua par cet endroit. Il leur exposa d'une manière claire et solide les marques auxquelles on doit reconnaître cette divine parole; de sorte que plusieurs, ne trouvant point ces marques dans ce que leurs ministres leur débitaient, conçurent une mauvaise opinion de la nouvelle secte et y renoncèrent tout à fait.

Quelques-uns, attirés par le bruit de sa réputation, vinrent du milieu de la Saxe à Augsbourg, pour l'entendre et conférer avec lui. L'homme de Dieu dissipa leurs préventions, leur fit connaître la vérité : ils l'embrassèrent avec joie et retournèrent en leur pays, glorifiant Dieu de la grâce qu'il leur avait faite, par le ministère de son serviteur.

Ces premiers succès relevèrent le courage aux catholiques, déconcertèrent les hérétiques, et tous avouèrent que Canisius était le plus grand obstacle aux progrès du nouvel évangile dans Augsbourg. Il n'y a pas moyen de résister à la vérité que cet homme nous annonce, s'écria un jour un protestant, l'entendant prêcher, tant la vérité a quelquefois de force sur les esprits les plus prévenus !

Si les sermons de controverse firent ouvrir les yeux, les sermons de morale remuèrent fortement les cœurs. Canisius crut devoir les commencer par quelque chose de propre à pénétrer l'âme de cette crainte salutaire qui dispose à la justification. Il fit pour cela plusieurs discours sur le jugement dernier. « On ne peut, disait-il, revenir assez sur ces sortes de matières. Quand le cœur serait aussi dur que le fer, à force de le frapper, s'il une fois pénétré de la frayeur qu'inspirent ces grandes vérités, il s'amollit, il devient maniable, on en fait ce qu'on veut. » C'est ce qu'il eut le bonheur d'éprouver. Le feu du Saint-Esprit animant ses paroles, elles firent de grandes impressions sur les cœurs : on ne se souvenait point d'avoir jamais rien vu de pareil dans Augsbourg. Il se fit un changement sensible dans les mœurs des catholiques : il passa jusqu'aux hérétiques. On en vit surtout un exemple admirable en la personne de deux dames de la première qualité.

La première fut Ursule, de l'illustre maison de Lichtenstein, femme du comte Georges Fugger, convertie par Canisius. Par les soins qu'il prit de la former aux exercices de la plus haute vertu, elle devint un modèle de sainteté, qu'on put proposer à toutes les dames chrétiennes. Mais la conversion de sa belle-sœur, Sybille d'Eberstein, qui avait épousé le comte Marc Fugger, frère du comte Georges, a quelque chose encore de plus singulier.

Cette dame, élevée dans l'hérésie, ne pouvait souffrir ni la vue, ni l'entretien des Jésuites, tant la peinture qu'on lui avait faite de ces religieux était affreuse ! Ce fut cependant d'un Jésuite que Notre Seigneur voulut se servir pour la remettre dans le bon chemin, et ce Jésuite fut le Père Canisius. Voici comme la chose se passa.

Une nuit qu'elle dormait, il lui sembla le voir en songe, qui l'exhortait sérieusement à penser à son salut et à rentrer dans la religion de ses pères, l'unique voie qui pût l'y conduire. Le changement qui se fit dans son cœur, à son réveil, lui fut une preuve bien forte que ce songe n'était point un effet de l'imagination, et que le Ciel, qui, comme on le voit dans l'Ecriture, s'explique quelquefois dans les songes, n'avait point permis celui-ci sans dessein. Prévenue de cette pensée, elle donne ordre dès le lendemain qu'on lui fasse venir Canisius. On l'avertit, il vient aussitôt. Son compagnon, par hasard, avait paru devant cette dame pendant que Canisius, arrêté par le comte, son mari, s'avançait plus lentement. Ce n'est pas celui-ci que j'ai vu, dit-elle ; c'est le Père Canisius que je demande. Il n'était pas loin, il entre. Elle ne l'eut pas plus tôt aperçu, que le reconnaissant distinctement : Voilà, dit-elle, celui que j'ai vu pendant mon sommeil ! Puis, lui adressant la parole : C'est vous que Notre Seigneur m'ordonne d'écouter ; c'est à vous, mon Père, de m'instruire. Il ne fut pas difficile de le faire. Le voile de la prévention dans laquelle elle avait été jusque là, étant levé, elle découvrit aisément les lumières de la vérité, que la grâce lui présentait par le ministère de Canisius.

Que ne firent pas les protestants pour empêcher ce coup, qu'ils prévoyaient devoir être si fatal au parti, dont cette dame avait fait jusque-là tout l'honneur. Le consistoire s'assembla ; on y ordonna des prières publiques pour elle, on lui députa les plus habiles d'entre les ministres, pour la détourner d'une résolution qui allait causer un si grand scandale. Prières, promesses, menaces, tout fut employé, mais inutilement. Elle fit son abjuration avec d'autant plus de joie, qu'aucune considération humaine n'y avait eu part. « Je loue Dieu, disait-elle, de ce que, insensible jusqu'à présent aux prières de mon beau-frère et de mon époux, qui me pressaient d'embrasser la religion romaine, on ne pourra pas dire que l'éclat de l'or et des pierreries m'ait éblouie, et que la chair et le sang m'aient fait trahir ma foi pour un lâche intérêt : par la grâce du Seigneur, je me sens bien à l'épreuve des remords de ma conscience de ce côté-là. »

Sa conduite subséquente justifia bien cette première démarche. Après s'être instruite de tous les devoirs de la religion, elle résolut, à l'exemple de sa belle-sœur, de s'avancer dans les voies les plus élevées de la perfection. Elle fit, comme elle, les exercices spirituels de saint Ignace, sous la conduite de Canisius. Le premier effet de sa retraite fut de purger sa maison du vieux levain de l'erreur, renvoyant tous ses domestiques qui en étaient infectés, puis de communiquer à certaines personnes le trésor qu'elle avait eu le bonheur de trouver. Ensuite, pour réparer autant qu'elle pouvait l'outrage qu'elle avait fait à Jésus-Christ dans la sainte eucharistie, elle consacra ses précieux habits au service et à la décoration des autels. Dans le désir de procurer de bons ministres à la religion, elle fournissait à l'entretien de plusieurs pauvres écoliers, qu'elle faisait étudier dans cette vue. On ne peut dire avec quelle ferveur elle se porta à la pratique de toutes sortes de vertus. C'était un modèle de régularité dans son domestique, de charité à l'égard des pauvres, de modestie et de dévotion dans les églises : elle y faisait de longues prières, et régulièrement tous les huit jours elle y participait aux saints mystères. Enfin, pour rendre les effets de son zèle et de sa piété plus durables, elle ne contribua pas peu à porter le comte, son mari, à fonder un collége de Jésuites dans Augsbourg (Dorigny, *Vie de Canisius*, 1. 3).

Pour compléter et couronner cette régénération de l'Allemagne, saint Ignace fonde à Rome le collége Germanique. Il savait par expérience qu'il est plus aisé de former jeunes gens, que de façonner un homme mûr ou un vieillard à des études ou à des mœurs nouvelles. Il lui venait bien des auxiliaires d'Italie, d'Espagne, de France et même d'outre-Rhin; mais ces auxiliaires, déjà prêtres pour la plupart, ne se pliaient que difficilement au joug. Ignace aspirait à mieux; il lui fallait des prêtres qui, pleins de vie et d'ardeur, pussent reporter dans leur patrie le zèle dont il les aurait animés. A ces prêtres indigènes, que l'excellence de leurs vertus ferait missionnaires, que la perfection de leurs études rendrait théologiens et prédicateurs, il attacha le salut de l'Allemagne.

En effet, ces prêtres étant du pays, sans être d'aucun ordre religieux, donnaient moins de prétextes aux calomnies des hérétiques et aux préventions de certains catholiques mêmes. Cette grande idée de saint Ignace est applicable à tous les pays du monde. Pour établir solidement le christianisme chez une nation quelconque, ou l'y régénérer, il importe de former à cette nation, le plus tôt possible, un bon clergé indigène. Ainsi, au reste, ont fait les apôtres.

Le cardinal Moroni ou Moron avait vu de près les misères de l'Eglise catholique en Allemagne : Ignace s'adresse à lui et lui fait part de ses plans. Moroni les approuve; le cardinal Marcel Cervini s'y intéresse. Tous deux parlent au souverain Pontife, Jules III, de l'importance de ce projet. « Mais, qui soutiendra les dépenses? s'écria le Pape, effrayé de la grandeur du dessein. La guerre de Parme a épuisé le trésor public; nous sommes obérés. J'offre à l'instant même une partie de mes revenus annuels; mais cet argent ne suffira pas pour faire sortir de terre le collége. — Ce qui manquera, Très-Saint-Père, répond Moroni, sera fourni par les cardinaux; Votre Béatitude donne l'exemple. Des hommes de ce caractère ne voudront pas rester en arrière. Votre Sainteté s'impose des sacrifices pour venir au secours de l'Allemagne; il est du devoir des princes de l'Eglise de marcher sur les traces de leur chef. » Cervini tint le même langage. Jules III les charge de consulter leurs collègues : tous se montrèrent favorables à l'entreprise d'Ignace; tous s'empressent de s'y associer. Dans un consistoire tenu à ce sujet, Moroni en développe la pensée fondamentale : il fait sentir les avantages et la nécessité d'un collége fondé à Rome, dans lequel on élèverait sous les yeux du souverain Pontife des prêtres allemands, destinés à entretenir la religion au cœur de l'Allemagne par leur piété et par leur doctrine. Le cardinal Cervini soutient la proposition. Les trente-trois cardinaux qui assistaient au consistoire déclarèrent à l'unanimité que l'établissement du collége conçu par Ignace était la seule chose praticable, la seule utile. — Jules III descend de son trône et il écrit : « Pour une œuvre si pieuse, si » saint et si louable, nous donnerons tous les ans » cinq cents écus d'or. » Les cardinaux s'empressent d'apposer leurs signatures à la suite de celle du Pape. Dans l'espace de quelques minutes, la somme des souscriptions annuelles s'éleva à trois mille soixante-cinq écus d'or. Dans le nombre des cardinaux, il y en a quatre français : le cardinal d'Armagnac, pour soixante écus; le cardinal de Tournon, pour quatre-vingts; Jean du Bellay, cardinal de Paris, pour cent cinquante; le cardinal de Lorraine, pour deux cent quarante, la plus forte cotisation après celle du Pape.

La veille des calendes de septembre, 30 août 1552, Jules III publie la bulle d'érection du collége Germanique : cette bulle lui accorde de nombreux privilèges; elle confère au recteur le droit de créer docteurs ceux des élèves qui, par leur science, seront jugés dignes de cet honneur. Saint Ignace est chargé par le Pape de la direction à donner aux études. A peine a-t-il une somme assurée pour les premiers besoins, qu'il se hâte d'écrire à Vienne et à Cologne; il faut qu'on lui envoie des jeunes gens tels qu'il les demande. Il établit des règles que plus tard Grégoire XIII adoptera; il choisit pour premier recteur le Père Frusis, qu'il regarde comme le plus propre à diriger cette maison naissante. Avec le latin, le grec et l'hébreu, on y enseigne la philosophie, la théologie, l'Ecriture sainte, afin que les jeunes gens aient sous la main tous les éléments d'une forte éducation. Au mois d'octobre 1552, Ignace y réunissait dix-huit élèves; l'année suivante, il en comptait cinquante-quatre. Dès les premiers jours de leur entrée, on les examinait avec soin, pour voir s'ils étaient aptes au travail dont ils allaient être chargés; après l'examen, on les revêtait d'une robe rouge avec une ceinture noire, et ils signaient un formulaire de foi. Au bout de quelque temps d'épreuves, ils s'engageaient sous serment à se conformer aux intentions du souverain Pontife, aussi bien pendant leur séjour dans le collége qu'à leur sortie.

En apprenant que cet établissement est non-seulement en voie de fondation, mais que déjà il menace de prospérité, les hérétiques ne purent retenir leur colère. Kemnitius, l'un de leurs chefs, s'écria : « Il ne manquait plus que cela : Ignace n'a donc pas assez avec sa Compagnie? Il ne se contente pas de nous faire attaquer par des étrangers, le voilà qui nous jette sur les bras nos compatriotes eux-mêmes! » Ces plaintes étaient motivées, et elles prouvent qu'Ignace avait saisi l'hérésie au vif. L'initiative était prise : il ne restait plus aux catholiques qu'à s'y associer. Le duc de Bavière envoie à Rome son secrétaire, pour ériger une maison semblable en faveur de ses sujets. Le roi des Romains choisit à Prague, à Ingolstadt et dans ses autres Universités, les jeunes gens qui font concevoir les plus brillantes espérances, et il les dirige sur Rome à ses frais. Ce séminaire était organisé et administré avec un ordre si parfait, que, sur la proposition du cardinal Moroni, légat du Pape à Trente, le concile adopta la plus grande partie de son règlement pour rédiger le décret relatif aux séminaires épiscopaux.

Jules III et Marcel II étant morts, Paul IV refusa toute espèce de secours au collége. Le mauvais vouloir du pontife ne découragea point Ignace. Les sectaires profitent de cette occasion pour répandre le bruit dans les provinces rhénanes que les élèves meurent de faim à Rome, et que les Jésuites, pour qui ils sont devenus un surcroît d'embarras, les traitent avec des rigueurs inouïes. Ignace apprend ces rumeurs, il charge Canisius de les démentir; mais ce n'était pas assez. La guerre suscitée entre Paul IV et Philippe II laissait à peu près sans ressource le collège Germanique. Le général, privé des dons annuels qui soutenaient son établissement, en dissémine les écoliers dans les différentes maisons de sa Compagnie. Son ami, Othon de Truchsèz, cardinal d'Augsbourg, lui conseille de renoncer à l'entreprise. Plusieurs autres personnes lui font entendre le même langage. Ignace ne se laisse point ébranler. « Si on abandonne cette œuvre, disait-il, je m'en chargerai tout seul; si je ne puis réussir par les moyens ordinaires, je me vendrai plutôt que de renvoyer mes Allemands. » Sa confiance était si entière, que les difficultés mêmes semblaient la ranimer. « Il viendra un pontife, répétait-il souvent, qui établira ce collège avec une munificence digne du chef de l'Église, et qui en assurera la perpétuité. » Quelques années s'écoulèrent dans ces alternatives; mais ce que le Jésuite n'avait fait qu'espérer avec une foi toute prophétique, Grégoire XIII se plut à le réaliser. Ignace mourut, et sur l'autel qui lui est consacré dans l'église de l'Apollinaire, on lit encore : « A saint Ignace, fondateur de la Compagnie de Jésus et du collège Germanique, le collège Germanique a élevé ce monument. » Et chaque année, au réfectoire de cette maison, lorsque, à la veille de la fête d'Ignace, son nom est prononcé dans le Martyrologe, tous se lèvent et découvrent leur tête en signe de reconnaissante vénération.

La mort de Frusis suivit de près celle d'Ignace; mais Laynèz, nouveau général, avait hérité de tous les sentiments de son prédécesseur pour le collège Germanique. Usmar succède à Frusis; il essaie d'intéresser le pape Paul IV à ce séminaire; il parle, il fait parler : Paul IV reste sourd. Usmar s'adresse au sacré collège. Le sacré collège se réunit sous la présidence de Jean du Bellay, cardinal de Paris, son doyen; il s'engage à fournir autant d'écus d'or chaque mois qu'il y a dans ce moment de cardinaux à Rome : cette cotisation produisit un revenu annuel de quatre cents écus. Jean du Bellay fit mieux : à sa mort, il légua, pour l'entretien des Germaniques, un fonds de terre, que, plus tard, les travaux entrepris par Sixte-Quint dans les Marais-Pontins couvrirent d'eau et rendirent improductif.

Ces secours permirent aux étudiants de retourner à Rome; ils y revinrent, et avec eux un grand nombre d'autres, sollicitant la faveur d'y être reçus. Pie IV, qui prenait le contre-pied de son prédécesseur, se montra le protecteur du collège. A la mort de Pie IV, en 1572, vingt ans s'étaient écoulés depuis sa fondation, et plus de cent soixante élèves étaient sortis de cet établissement : la plupart se signalaient déjà par leur zèle.

L'Allemagne fournissait des jeunes gens au collège Germanique; elle en retirait des prêtres instruits, vertueux et dont rien ne faisait chanceler la foi. A leur retour dans la patrie, ils communiquaient à leurs familles, à leurs amis, le fruit des leçons reçues. Les novateurs ne cessaient de reprocher au clergé ses mœurs déréglées. En présence de la chasteté de ces ecclésiastiques, le reproche n'était plus possible. Le célibat des prêtres avait toujours été pour les sectaires un formidable argument dont ils exagéraient la portée aux oreilles de la foule. La pudeur des élèves du collège Germanique, leur attitude aussi modeste que réservée rendaient impossible la calomnie. On accusait, et non sans motifs, le clergé séculier et régulier de célébrer les offices avec une indifférence qui allait jusqu'au mépris ou à l'incrédulité. Les élèves du collège Germanique se montraient si pieux à l'autel, que leur vue seule vengeait les saints mystères du discrédit dans lequel les avait faits tomber l'irrévérence des prêtres. On disait, on prouvait que le clergé était avide; qu'avant tout et par-dessus tout, il n'aspirait qu'à s'enrichir pour vivre dans l'abondance. La sobriété et le désintéressement des élèves du collège Germanique s'élevaient enfin contre l'intolérable situation que le clergé s'était faite et qu'il se résignait à accepter. Les prêtres étaient soupçonnés d'ignorance. En Allemagne, il se rencontrait des hérétiques qui, en torturant les textes de la Bible ou des saints Pères, se préparaient un triomphe facile. Ils argumentaient contre la religion, et publiquement ils défiaient les prêtres d'y répondre. Les prêtres se taisaient, et la foule les abandonnait pour courir aux Luthériens, dont la parole avait un vernis d'érudition. Les premiers élèves du collège Germanique dissipèrent ces bruits. On les avait nourris du lait de la science. Le peuple les entendait confondre la dialectique des sectaires; il savait qu'ils venaient de Rome, la source de toute doctrine : il les adopta comme savants.

Les Allemands se prirent d'affection pour ces jeunes gens qui, afin de les conduire dans les sentiers du devoir, s'éloignaient de leur patrie et allaient sous d'autres cieux demander des leçons et des exemples qu'ils ne trouvaient pas dans le sein de la famille allemande. Leur âge même excitait l'intérêt. Ignace avait conçu l'idée de l'établissement. Les papes avaient tous les moyens nécessaires pour développer cette idée; ils le firent, et, aujourd'hui encore, il est impossible d'apprécier les services de tout genre que la religion catholique a retirés de leur ministère. Les plus grandes maisons de l'empire y ont eu des représentants à chaque année scolaire. Sur les listes des élèves qui passèrent dans cette maison, on lit les noms les plus illustres de l'Allemagne, de l'Italie et de diverses autres contrées. On y voit figurer des Ferdinand de Bavière, des comtes de Harach, des Dietrichstein, des Furstenberg, des Chimay, des Sotern, des Collowrat, des Metternich, des Esterhasy, des Firmian, des Frankenberg, des Waldstein, des Reinach, des margraves de Bade, des Holstein, des Orsini, des Conti, des Aldobrandini, des Justiniani, des Ximenès.

A la fin du XVIIIe siècle, on comptait déjà vingt-quatre cardinaux et le pape Grégoire XV, six électeurs du saint empire, dix-neuf princes, vingt et un archevêques et prélats, cent vingt et un évêques titulaires, cent évêques *in partibus infidelium*, quarante-six abbés ou généraux d'ordre, onze martyrs pour la foi, treize martyrs de la charité, qui s'étaient assis sur les bancs du collège et qui avaient été formés dans cette école dont saint Ignace avait laissé le germe (Crétineau-Joly, t. I, c. 6).

Non content de fonder à Rome le collège Germanique, Ignace y fonda un collège de l'univers entier sous le nom de collège Romain; en voici l'histoire.

Le 16 février 1550, treize scholastiques ou écoliers jésuites, conduits par le Père Pelletier, se transportaient de la maison professe à une petite demeure que le saint venait de prendre à bail au pied du Capitole. L'habitation était étroite. Ces treize scholastiques y vivaient d'une somme d'argent qu'avait donnée François de Borgia, duc de Gandie. A peine les classes furent-elles ouvertes dans ce collège improvisé, dont, selon le vœu du général, l'accès était libre à tout venant désireux de s'instruire gratuitement, que l'on se vit forcé de chercher une demeure plus commode. Près de la Minerve il s'en offrit une qui avait appartenu à la famille Frangipani. Il la prit, et, afin de la disposer selon ses vues, il commença par y dépenser l'argent que le duc de Gandie avait affecté pour le futur collège Romain. La maison était vaste. Ignace, comptant sur la Providence, aurait encore voulu l'agrandir pour y faire entrer tous ceux qui se présentaient. Elle était pauvre; mais à cette croix d'indigence, une autre, plus difficile à porter, s'ajoutait en ce temps-là.

Les professeurs étaient jésuites. Ils ne prélevaient aucun impôt sur l'éducation qu'ils dispensaient; ils ne consentaient même pas à recevoir de leurs élèves le pain qui, parfois, manquait à leurs besoins. Ce désintéressement, offrant tant d'avantages aux familles, ne devait pas plaire aux autres docteurs, qui, par la comparaison seule, comprenaient aisément que leurs cours seraient bientôt déserts. C'était tout à la fois pour eux une affaire de spéculation et d'amour-propre. La guerre entre les nouveaux religieux et les universitaires de Rome commença donc avec le collège Romain.

On calomnia les Pères de la Société; on tourna en ridicule leur maintien; on les insulta; on les couvrit de toutes sortes d'injures. Les accusations de mauvaise foi et d'hérésie précédèrent même celle d'ignorance. Il était impossible de persuader à la foule que les membres de l'Institut étaient sectaires; on se plaça sur un meilleur terrain : ils ne furent plus que des professeurs incapables. Ignace apprit ces accusations, et il se contenta de répondre : « Nous ne prétendons pas être des savants; mais, le peu que nous avons appris, nous le communiquons volontiers à tous pour l'amour de Dieu. »

Aux querelles suscitées par la jalousie des universitaires, les hérétiques, qui avaient toujours l'œil sur Rome et sur la Compagnie de Jésus, dont ils ressentaient si cruellement les efforts, vinrent dès l'année 1452, ajouter leurs propres machinations. Philippe Mélanchthon envoya un des siens dans le camp ennemi. Homme déjà fait, habile dans l'art de la parole et surtout dans la connaissance des saintes Ecritures, il se glissa au cœur de la société pour y faire germer ses doctrines. Il fut découvert et livré à l'inquisition. D'autres tentatives furent faites : la vigilance les rendit inutiles.

En 1553, le collège Romain commence à enseigner la théologie scholastique. Martin Olave occupe le premier cette chaire. Carlat tient celle de théologie morale; Frusis explique l'Ecriture sainte; Ruggieri, Boilet et Turrian sont chargés des autres cours. Ignace avait apprécié l'excellence de la méthode dont l'Université de Paris se servait; il l'adopta, et, pour mieux la faire comprendre aux Italiens, il eut soin que tous les chefs de son collège fussent tirés de cette Université. C'est un hommage dont elle n'a pas osé savoir gré au général des Jésuites.

Avec de pareils maîtres, la science devenait facile aux élèves; mais cette facilité même était un embarras pécuniaire de plus. A toutes les représentations que l'on faisait à Ignace sur le nombre toujours croissant des élèves et sur la pénurie proportionnée qui en était la conséquence, il répondait : Allez, allez, le ciel pourvoira à tous les besoins. Et dans la disette des choses les plus nécessaires à la vie, les professeurs livraient leurs disciples à toute l'ardeur des discussions scientifiques. Ce n'était pas seulement un séminaire pour la Compagnie que l'Ignace avait créé, c'était une maison où tout enfant, où tout homme acquérait le droit de recevoir l'instruction et de suivre les cours.

Le pape Jules III, témoin du bien réalisé, avait promis à Ignace une dotation annuelle de deux mille écus d'or; mais il mourut avant de pouvoir donner à sa volonté une forme légale. Paul IV connaissait cette volonté de son prédécesseur : il annonça aux Jésuites qu'il était disposé même à aller au delà. En 1555, les cent premiers élèves se disséminèrent dans les différents Etats de l'Europe; deux cents autres vinrent prendre leur place. Ils ne possédaient rien, mais Ignace avait foi en la Providence, et il achetait près des thermes de l'empereur Antonin une villa où les convalescents devaient aller respirer un air pur. En 1556, Paul IV accorde à cette maison tous les privilèges dont jouissaient les Universités.

L'an 1557, les écoliers du collège Romain représentèrent un drame. On avait jugé utiles ces jeux de la scène pour former le corps et développer l'intelligence. Le recteur du collège était alors Natal. Emmanuel Sa, Polanque et Ledesma figuraient parmi les docteurs. On comptait parmi les écoliers des Italiens, des Portugais, des Espagnols, des Français, des Grecs, des Illyriens, des Belges, des Ecossais et des Hongrois. Ces écoliers ou scholastiques, venus de tant de points différents, suivaient tous la même règle. Ils parlaient tantôt dans la langue de leur patrie, tantôt en latin, quelquefois en grec et en hébreu. Les dimanches et les jours de fête, ils consacraient les heures de récréation à la visite des hôpitaux, des prisons et des malades. Ils se faisaient prédicateurs sur les places publiques; ils demandaient l'aumône pour la maison professe; puis aux vacances de Pâques et d'automne, leur zèle s'étendait sur un plus vaste théâtre. Ils se livraient à des excursions dans la Sabine et dans l'ancien Latium; mais ces excursions, que l'étude pouvait rendre agréables, avaient un but pieux chrétien. Ils évangélisaient, ils confessaient, ils catéchisaient. Tout dans leur vie, le plaisir le plus innocent lui-même, était rapporté à Dieu.

Ces succès n'étaient encore que des éventualités. Rien de fixe ne se préparait ni pour l'établissement ni pour sa dotation. Il vivait de bienfaits venus par hasard. Une position aussi précaire ne pouvait durer longtemps. On voyait entrer dans cette école des jeunes gens pleins d'avenir, tels que Possevin, Bellarmin et Aquaviva. On y entendait des hommes comme Jacques Avillaneda et Tolet. Les Jésuites, qui s'étaient formés sous ces grands maîtres, se répandaient dans le monde. Tout cela n'empêchait pas la misère de pénétrer à la suite de l'éloquence. Le pape Pie IV accordait bien chaque année des aumônes considérables, mais les besoins suivaient la même progression que l'accroissement.

En 1560, le souverain Pontife charge les cardinaux Moroni, Savelli, Hippolyte d'Este et Alexandre Farnèse, de pourvoir aux nécessités du collège et de l'établir d'une manière stable. Du palais Salviati, il est transféré tout à côté, dans un couvent que des religieuses avaient abandonné. La marquise de la Tolfa, nièce de Paul, était propriétaire de ce couvent : elle l'offrit aux Jésuites. On commença par construire la chapelle; ils en furent les architectes et les maçons; on y travailla pendant sept années.

Benoit Pérez et Perpinien donnaient à leurs cours un retentissement extraordinaire. Les cardinaux, les docteurs, les universitaires mêmes de Rome se pressaient autour de leurs chaires. S'ils avaient des paroles à la hauteur de cet imposant auditoire, d'autres Jésuites s'insinuaient aussi habilement dans le cœur des enfants. Le Père Jean Lion, afin d'augmenter leur ferveur, établissait pour les classes inférieures une petite confrérie qui a été la confrérie de la sainte Vierge, maintenant répandue dans tout l'univers.

L'empereur Ferdinand Ier écrivait à Pie IV, le 6 mars 1560, en lui adressant des secours pour le collège Romain : « De cette maison, disait-il, grand nombre d'hommes d'une vertu et d'une science signalées, ont été envoyés les années précédentes, non-seulement dans nos royaumes, mais encore dans tous les Etats d'Italie, en France, en Belgique; et dans les autres royaumes de la chrétienté, et même jusqu'aux Indes. Il n'est point d'année qu'il n'en sorte plusieurs sujets qui, disséminés dans les différentes parties du monde, propagent la vérité, défendent la religion et raniment la foi antique. »

L'année suivante, le 24 novembre 1561, ce n'était plus un prince séculier qui faisait l'éloge du collège Romain, mais le souverain Pontife lui-même. Philippe II avait défendu de laisser sortir d'Espagne l'argent destiné à cet établissement, et Pie IV, à cette occasion, lui adressant un bref dont voici quelques fragments : « Entre tous les ordres, dit le Pape, la Société de Jésus mérite une spéciale protection du Siége apostolique. Quoique arrivés les derniers de tous et à la neuvième heure pour cultiver la vigne du Seigneur, ces laborieux ouvriers non-seulement en ont arraché les ronces et les épines, mais ils l'ont étendue et propagée dans d'autres contrées. Nous avons dans cette ville le premier collége de cet ordre : il est comme la pépinière de tous les autres qui s'établissent en Italie, en Allemagne et en France. De ce séminaire fécond, le Siége apostolique tire des ministres choisis et capables, comme autant de plantes pleines de sève et abondantes en fruits, pour les jeter dans les lieux où les besoins sont les plus grands. Ils ne refusent jamais quelque travail que ce soit, pour l'honneur de Dieu et pour le service de ce Siége apostolique; ils vont sans crainte partout où ils sont envoyés, même dans les pays les plus hérétiques et les plus infidèles, et jusqu'aux extrémités des Indes. Nous devons donc beaucoup à ce collége, qui a si bien mérité et qui continue à bien mériter de la religion catholique, et qui est si dévoué au service de Notre Seigneur Jésus-Christ et de la Chaire de saint Pierre. Mais afin que, placé dans cette ville comme dans la citadelle de la religion chrétienne et le centre de l'Eglise catholique, il puisse être utile à tous ses membres; il convient que non-seulement nous le soutenions et nous ne manquions pas à ce devoir, mais il réclame aussi les secours de tous les chrétiens pieux; il a surtout besoin du vôtre et de votre protection. Nous avons donc voulu par ces lettres vous faire connaître le fruit très-grand et si opportun que l'Eglise universelle en tire. »

Le collége Romain croissait, comme Jésus enfant, en piété et en science. Alde Manuce, le savant éditeur de Salluste, publiait en tête du nouvrage l'éloge de cette maison, qu'il était venu visiter. Le cardinal Charles Borromée l'encourageait de sa présence et de ses conseils. Le cardinal Marc-Antoine Colonne, archevêque de Tarente, demandait à subir ses examens pour le grade de docteur devant les maîtres du collége Romain. Pie IV, recommandant au roi de France les Pères de Paris, lui cite pour exemple du bien qu'ils peuvent faire par l'éducation, cet établissement qui, peu d'années après la mort du pontife, s'ouvrait à plus de mille écoliers.

Les Jésuites n'avaient pas seulement le don de rendre l'instruction aimable, ils recherchaient aussi les moyens propres à exciter l'émulation. Dans la dernière année de sa vie, en 1564, Laynez inventa à Rome la distribution publique des prix, solennité si douce au cœur des mères, si magique dans la vie des enfants et même dans les souvenirs de l'âge mûr. Le cardinal Farnèse s'associa à cette pensée; il fit les frais des ouvrages que les professeurs distribuèrent aux plus dignes. La splendeur de la cérémonie et ses heureux effets sur les études la rendirent populaire dans toutes les maisons de la Compagnie; plus tard elle fut adoptée partout comme une récompense et un stimulant : le monde littéraire marcha sur les traces du collége Romain.

En 1576, le Père Bellarmin y commença ses célèbres controverses. Les cardinaux Charles Borromée et de Lorraine avaient pris la maison sous leur protection spéciale; ils fournissaient, ainsi que les Papes, aux plus pressants besoins. Lorsque, dans la quatrième congrégation, les Jésuites assemblés supplièrent Grégoire XIII de donner au collége une base plus durable, le souverain Pontife consulta le cardinal Contarelli. « Saint-Père, lui répond ce dernier, vos prédécesseurs et vous-même avez fait une statue semblable à celle de Nabuchodonosor : le collége Germanique est sa tête d'or, le collége Anglais sa poitrine d'argent; mais le collége Romain, qui sert d'appui à cette statue et qui soutient tous les autres, a des pieds d'argile. Affermissez-le donc, afin qu'un jour tant de dépenses utiles ne soient pas perdues. » Le Pape comprit que cette situation devait avoir un terme. Ordre est donné de construire l'immense édifice que saint Ignace avait entrevu dans ses prophétiques espérances. Des revenus fixes et suffisants sont assignés pour payer les dettes contractées et pour entretenir les professeurs.

Le registre des élèves, pour l'an 1584, porte le chiffre de deux mille cent sept. Jusqu'en l'année 1591, ce chiffre ne varia guère. La famine et la peste envahissaient l'Italie; le collège ouvrit ses portes à tous les orphelins. Les écoliers les reçurent comme des frères. Louis de Gonzague, devenu par la sainteté de sa vie le patron de la jeunesse, mourait cette année-là même dans le collège Romain, où il étudiait la philosophie. Le Père Tucci, poète, orateur, historien, philosophe et canoniste, expirait, lui aussi, dans cette même maison, dont il fut l'une des gloires littéraires.

Le pape Grégoire XIII mérite donc, après saint Ignace, le titre de fondateur de l'établissement; à sa mort, en 1623, un élève de ce collège lui succéda sous le nom d'Urbain VIII. Depuis cette époque, le collège Romain n'a pas cessé de produire des hommes distingués, soit dans les lettres, soit dans la politique, soit dans les sciences, soit dans la sainteté. Sept autres papes, Innocent X, Clément IX, Clément X, Innocent XII, Clément XI, Innocent XIII et Clément XII, qui marquent avec tant d'éclat dans les annales de l'Eglise, sortirent de cette maison. Elle avait d'illustres élèves, mais ses professeurs n'étaient pas moins célèbres; on vit tour à tour dans ses chaires, Sacchini, Maffei, Clavio, Mariana, Maldonat, Suarez, Azorio, Vasquez, Cornélius à Lapide, Pallavicini, Conti, Kircher, Martinez et Casati. On y formait des savants, on y élevait des saints, tels que Jean Berchmans, saint Camille de Lellis, le bienheureux Léonard de Saint-Maurice et le vénérable Pierre Berna, martyr.

Ce n'était plus le collège des Jésuites, il devenait le collège du monde entier; car tous les autres établissements de Rome se faisaient honneur de n'être qu'une de ses succursales. Rome avait la suprématie de l'éducation; on prétendait que l'Eglise catholique était ennemie des lumières, et, dans cette seule ville, il existait quatorze écoles qui, en dehors de leurs cours particuliers, suivaient ceux des Jésuites. Par la simple nomenclature de leurs noms, on verra de quelle manière le Saint-Siége répondait au reproche d'obscurantisme et d'ignorance, que la mauvaise foi lui a si souvent jeté : le collège des Anglais, des Grecs, des Ecossais, des Maronites, des Irlandais et des Néophytes; les collèges Capranica, Fuccioli, Mattei, Pamphili, Salviati, Ghislieri, le collège Germanique et le collège Gymnasio formaient cette brillante pléiade (Crétineau-Joly, t. I, c. 6).

Saint Ignace, qui donnait le branle à toutes ces grandes choses, ne sortit que deux fois de Rome pendant son généralat; la première fois pour aller, par ordre du Pape, rétablir la paix entre les habitants de Tivoli et leurs voisins de San-Angelo; la seconde, pour réconcilier à Naples le duc Ascagne Colonne et Jeanne d'Aragon, sa femme. De la ville éternelle, Ignace gouvernait tous les ouvriers de l'Evangile disséminés dans le monde. Il prenait part à leurs combats; il s'associait aux maux de l'Eglise, il cherchait à réparer ses pertes; il excitait la ferveur des princes chrétiens; il correspondait avec Jean III de Portugal, avec le roi des Romains, avec le cardinal Henri, infant de Portugal; avec Hercule d'Este, duc de Ferrare; avec Albert de Bavière et Philippe d'Espagne. Il dirigeait Marguerite d'Autriche, fille de Charles-Quint; il veillait avec la même sollicitude aux imperfections les plus légères du dernier novice et aux plus grands intérêts sur lesquels les puissances de l'Europe lui demandaient conseil. Il envoyait Jean Nugnez et Louis Gonzalès racheter ou confirmer dans la foi les chrétiens que les corsaires de Fez et de Maroc gardaient en esclavage.

Ignace ne s'occupait pas seulement des royaumes de l'Europe et des missions du Nouveau Monde, il avait appris la situation dans laquelle l'île de Corse languissait. Chrétienne de nom, mais retombée dans une espèce de barbarie à la suite des tourments qui la désolèrent, cette île ne savait ni obéir ni commander. Le joug des Génois lui était odieux, et elle n'avait fait de sa liberté qu'une violence continue. A la faveur de ces éternels conflits, rendant les esprits encore plus mobiles que les flots dont est battu le rivage de la Corse, la dépravation et l'ignorance s'étaient répandues partout. Les populations n'étaient plus catholiques; à peine les prêtres se croyaient-ils chrétiens. La république de Gênes possédait alors ce pays, qui naguère avait envoyé des députés à Charles-Quint pour lui annoncer que l'île se soumettait à son empire. « Nos citoyens, lui dirent-ils, se donnent à Votre Majesté Impériale. — Et moi, reprit l'empereur, je les donne tous au diable ! »

La mission de saint Ignace n'était pas celle-là. Les Corses étaient ingouvernables. La république de Gênes ne savait quel moyen employer pour les réduire. En ouvrant l'île aux Jésuites, elle crut avoir trouvé le remède cherché pendant si longtemps. Silvestre Landini et Emmanuel de Monte-Mayor y pénétrèrent comme visiteurs apostoliques, au commencement de l'année 1553. Rien ne leur parut impossible : ils parcoururent les villages, les bois, les montagnes, où vivent dans la superstition, dans la polygamie ou dans l'inceste, ces peuplades que les haines de famille à famille empêchent même de se réunir en société. Ils éclairent par leurs discours, ils édifient par leur conduite, ils instruisent par leur patience. Une révolution s'opère dans ces natures incultes, et peu à peu la Corse apprend à connaître les bienfaits de la civilisation (Crétineau-Joly, t. I, p. 323).

Quand les Portugais découvrirent cette partie de l'Ethiopie qui forme le royaume des Abyssins, le roi ou empereur de ce pays était un jeune prince appelé David, naturellement sage et vertueux. Il fut instruit par les Portugais des mystères de la foi, et il ouvrit tellement les yeux à la vérité, que, ne voulant plus reconnaître le patriarche schismatique d'Alexandrie, il écrivit au pape Clément VII et lui rendit obéissance par une ambassade solennelle, dans l'assemblée de Bologne, en présence de Charles-Quint, qui venait d'être couronné empereur.

David étant mort, son fils et son successeur, nommé Claude, qui avait été élevé dans la religion romaine et qui était homme de bon sens, crut que la foi ne pourrait s'étendre ni s'affermir en son royaume, si le Pape n'y envoyait un patriarche et des évêques. Comme il avait fait amitié avec le roi de Portugal, Jean III, qui l'avait assisté de troupes et d'argent contre le roi de Ceylan, Gradamète, il le pria de lui procurer ces secours spirituels du côté de Rome. Jean III entreprit l'affaire avec beaucoup de chaleur; mais les troubles de l'Église en retardèrent toujours l'exécution, et ce ne fut que sous le pontificat de Jules III que la chose se fit de la manière que voici.

Le roi de Portugal écrivit à saint Ignace et lui demanda des hommes qu'il pût proposer au Pape pour le patriarcat et pour les évêchés d'Éthiopie. Le seul titre de patriarche et d'évêques fit trembler le saint; mais ayant fait réflexion qu'un patriarcat et des évêchés de cette nature étaient plutôt des croix que des dignités, et que cela n'avait point de conséquence, il se rassura et consentit même à tout ce que le prince voulait. Il lui nomma trois Pères d'une capacité profonde et d'une vertu éminente : Jean Nugnèz, André Oviédo et Melchior Carnero. Nugnèz était le même qui avait travaillé plusieurs années en Afrique à la rédemption des captifs, et qui se trouvait actuellement en Portugal pour réunir de l'argent dans ce but. Dès qu'il sut la nouvelle qui le regardait, il écrivit fortement à Rome, pour rompre les mesures qu'on avait prises sans le consulter. Il mandait à Ignace qu'il ne refusait pas la mission d'Éthiopie, mais qu'il ne pouvait se résoudre d'y aller avec une mitre, et qu'il aimerait beaucoup mieux être le reste de ses jours à la chaîne parmi les esclaves de Barbarie. Il le conjurait ensuite, par les plaies de Jésus crucifié, de ménager sa faiblesse et de ne pas le charger d'un fardeau qui serait peut-être la cause de sa damnation. Nugnèz ajoutait que, si son bon Père ne voulait pas se relâcher, il lui envoyât du moins sa volonté par écrit, afin qu'un ordre signé de sa main le consolât et le soutînt dans les rencontres. Carnero et Oviédo manifestèrent des sentiments semblables. Ignace loua leur modestie et fut bien aise de voir que tous trois eussent besoin en cette occasion d'un commandement absolu du vicaire de Jésus-Christ. Il leur fit néanmoins entendre que tout l'honneur, tout le revenu de ces prélatures consistait dans de grands travaux, dans des périls continuels par terre et par mer, dans la pauvreté et peut-être dans le martyre. Jules III fut si touché de la conduite du père et de celle des enfants, qu'il dit publiquement devant tous les cardinaux : Qu'on voyait enfin ce que les Jésuites prétendaient en ce monde, puisque d'un côté ils renonçaient aux mitres qui étaient plus éclatantes qu'onéreuses, et que d'un autre ils acceptaient celles qui n'avaient pour apanage que le travail et la souffrance.

Quoique saint Ignace ne crût aucun des trois Pères capables d'abuser de l'autorité patriarcale, il lui sembla que, pour engager celui qui serait patriarche à faire mieux son devoir, il fallait qu'un commissaire apostolique résidât à Goa, et qu'il visitât le patriarche de temps en temps, pour observer sa conduite de plus près. D'après ses vues, le Pape nomma Nugnèz patriarche d'Éthiopie, avec des droits et des pouvoirs absolus, non-seulement dans l'Éthiopie même, mais aussi dans toutes les provinces circonvoisines. Il fit Eviédo évêque de Nicée, Carnero évêque de Hiérapolis, et déclara l'un et l'autre successeurs du patriarche. Enfin il donna le titre et l'autorité de commissaire apostolique au Père Gaspard Barzée, qui était alors recteur du collège de Goa. Ignace donna au patriarche et aux deux évêques dix compagnons bien choisis, avec une lettre au roi des Abyssins, datée de Rome le 28 février 1555 (Bouhours, *Vie de saint Ignace*, l. 5).

Pendant la suspension du concile de Trente, Ignace avait rappelé à Padoue le Père Laynèz, qui avait paru avec distinction dans cette sainte assemblée, comme théologien du Saint-Siége. Pasquier-Brouet, premier provincial d'Italie, est envoyé en France, afin d'y hâter les progrès de l'Institut. Ignace lui choisit Laynèz pour successeur. Pour bien commander, Laynèz croit qu'il ne sait pas encore assez obéir : il refuse. Ignace lui fait violence morale; mais à peine a-t-il pris le gouvernement de cette province, qu'il s'étonne qu'on attire à Rome les Jésuites les plus distingués. Il se plaint par lettres de voir les colléges d'Italie dénués de savants professeurs. Ignace lui réplique qu'à Rome se trouve le foyer de l'ordre, et que c'est là qu'il doit briller dans toute sa splendeur, puisque c'est de la ville pontificale que sortent la plupart des Pères. Sans tenir compte de cette explication, Laynèz, qui peut-être avait eu raison de dire qu'il ne savait pas assez obéir, écrit encore au général touchant le même sujet. Il était l'ami de cœur d'Ignace, son bras droit, une des gloires de la Compagnie. Le sacré collége le désirait pour cardinal; mais Ignace ne tient aucun compte de toutes ces considérations, et il lui mande : « Réfléchissez sur votre procédé. Annoncez-moi si vous reconnaissez avoir failli; et, au cas que vous vous jugiez coupable, faites-moi savoir quelle peine vous êtes prêt à subir pour votre faute. »

Laynèz répond de Florence : « Mon Père, quand la lettre de Votre Révérence me fut rendue, je me mis à prier Dieu; et, ayant fait ma prière avec beaucoup de pleurs, ce qui m'arrive rarement, voici le parti que j'ai pris et que je prends encore aujourd'hui, les larmes aux yeux. Je souhaite que Votre Révérence, entre les mains de laquelle je me remets et je m'abandonne tout à fait; je souhaite, dis-je, et je demande par les entrailles de Notre Seigneur Jésus-Christ, que, pour punir mes péchés et pour dompter mes passions mal réglées, qui en sont la source, Elle me retire du gouvernement, de la prédication et de l'étude, jusqu'à ne me laisser pour tout livre que mon Bréviaire; qu'Elle me fasse venir à Rome, demandant l'aumône, et que là Elle m'occupe jusqu'à la mort dans les plus bas offices de la maison, ou, si je n'y suis point propre, qu'Elle me commande de passer le reste de mes jours à enseigner les premiers éléments de la grammaire, n'ayant nul égard à moi et ne me regardant jamais que comme l'ordure du monde. C'est là ce que je choisis tout d'abord pour ma pénitence. »

Saint Ignace se garda bien d'interdire l'étude à Laynèz : c'était sa vie. Il lui ordonna de composer une *Somme de théologie*, et, pour l'aider dans la visite des colléges, il lui adjoignit les Pères Viole et Martin Olave.

Comme nous avons vu, Jules III et Marcel II n'avaient fait que passer sur le trône pontifical. Le 23 mai 1555, le cardinal Caraffe était élu et prenait le nom de Paul IV. Il avait près de quatre-vingts ans, mais comme son nom de fondateur des Théatins s'était souvent mêlé aux destinées de la Compagnie de Jésus, les Pères de Rome furent tous alarmés de son élévation. Ignace seul ne perd pas courage. A la première audience, il se rend au palais. Pierre Caraffe n'était plus théatin, plus cardinal; il devenait le chef de l'Eglise. Il n'avait plus qu'à récompenser les services que la Société des Jésuites rendait à la chrétienté. La première pensée de Paul IV fut de revêtir Laynèz de la pourpre romaine. A la nouvelle de cette promotion, Laynèz se trouble. Ignace, toujours calme, le rassure; il lui dit que le Pape est trop juste pour l'arracher à son humilité. Paul IV, cependant, désirait triompher de leur résistance; pour accoutumer Laynèz aux honneurs du Vatican, il lui ordonna d'y prendre un appartement afin de veiller à la réforme de la Daterie. C'est un tribunal chargé, à Rome, de tout ce qui regarde la collation des bénéfices ecclésiastiques, des évêchés et des abbayes. C'est aussi ce tribunal que se distribuent les dispenses pour les mariages. Des désordres de plus d'un genre s'étaient glissés dans cette branche d'administration, la plus compliquée et la plus importante du Saint-Siège. Laynèz en étudie les vices; il les saisit, il les dénonce, et il y applique les remèdes efficaces. Mais, sentant que ce travail n'était qu'une amorce pour le retenir au Vatican, il s'échappe un jour du palais et va se réfugier à la maison professe. Le Pape comprit qu'il ne fallait pas user de son autorité pour forcer Laynèz à recevoir le chapeau de cardinal. Il renonça donc à ce projet.

Depuis longtemps la santé de saint Ignace, minée par des travaux non interrompus, menaçait ruine. Il voyait sa fin approcher, et ne cessait de s'occuper des soins que réclamait la Compagnie; enfin le mal fut plus fort même que son courage. Laynèz, plus jeune, mais aussi affaibli que son maître, était lui-même dans un état à peu près désespéré. Dans cette situation, Ignace crut opportun de s'associer un Père qui veillerait pour lui. Il ne voulut pas faire ce choix lui-même; il assembla tous les prêtres de la Société résidant à Rome, et il leur demanda de lui donner un vice-gérant. Le Père Jérôme Natal fut indiqué.

Ignace se déchargea sur lui du soin des affaires : il se réserva seulement celui des malades, ne croyant pas pouvoir en conscience s'en reposer sur personne, et jugeant qu'un supérieur était obligé de pourvoir lui-même aux besoins de ceux qui le reconnaissaient pour leur père. Ainsi toute son application se réduisit là, et on ne peut s'imaginer combien sa tendresse paternelle le rendit sensible aux moindres incommodités de ses enfants. Il disait que c'était par un ordre particulier de la Providence qu'il avait peu de santé; que les différentes indispositions auxquelles il était sujet, lui faisaient ressentir davantage les maux d'autrui et lui donnaient de la compassion pour toutes sortes d'infirmes. Mais quelque peine qu'il prît à consoler et à soulager ceux qui se portaient mal, il n'était jamais content là-dessus, et il dit un jour que le soin des malades le faisait trembler, quand il pensait aux obligations d'un bon supérieur.

Quoique ses infirmités, qui augmentaient tous les jours avec l'âge, ne lui permissent pas d'agir au dehors, il voulait qu'on lui rendît compte des bonnes œuvres d'éclat qui se faisaient en Italie et ailleurs. Il apprit un jour que des jeunes gens de Macérata ayant préparé une comédie peu honnête pour les réjouissances du carnaval, les Pères qui y étaient allés en mission de Lorette, avaient exposé le Saint-Sacrement dans une chapelle magnifiquement parée, qu'on y avait fait la prière des Quarante-Heures durant les trois jours qui précèdent le mercredi des Cendres, et que le peuple, attiré par une cérémonie toute nouvelle, avait quitté le théâtre pour venir adorer Jésus-Christ sur les autels. Cette dévotion plut tant à Ignace qu'il voulut qu'elle se pratiquât toutes les années dans les maisons de la Compagnie. Et c'est à lui que nous devons ces prières solennelles qui se font aujourd'hui partout, pendant les derniers jours du carnaval, pour retirer les fidèles des débauches et des folies de la saison.

Se sentant un jour plus faible que de coutume, et considérant que l'obéissance était l'âme et le caractère de son ordre, il fit appeler le compagnon de son secrétaire, et après lui avoir fait entendre qu'il ne pouvait plus vivre longtemps : « Ecrivez, dit-il. Je désire que la Compagnie sache mes dernières pensées sur la vertu d'obéissance; » il lui dicta ce qui suit :

« 1° Dès que je serai entré en religion, mon premier soin sera de m'abandonner entièrement à la conduite de mon supérieur. — 2° Il serait à souhaiter que je tombasse entre les mains d'un supérieur qui entreprît de dompter mon jugement et qui s'y attachât tout à fait. — 3° Dans toutes les choses où il n'y a point de péché, il faut que je suive le jugement de mon supérieur, et non pas le mien. — 4° Il y a trois manières d'obéir. La première, quand nous faisons ce qu'on nous commande en vertu de l'obéissance, et cette manière est bonne; la seconde, qui est meilleure, quand nous obéissons à de simples ordres; la troisième et la plus parfaite de toutes, quand nous n'attendons pas l'ordre du supérieur, mais que nous prévenons et que nous devinons sa volonté. — 5° Il me faut obéir indifféremment à toutes sortes de supérieurs, sans distinguer le premier d'avec le second, ni même d'avec le dernier; mais je dois regarder en tous également Notre Seigneur, dont ils tiennent tous la place, et me souvenir que l'autorité se communique au dernier, par ceux qui sont au-dessus de lui. — 6° Si le supérieur juge que ce qu'il me commande est bon, et que je crois ne pouvoir obéir sans offenser Dieu, à moins que cela ne me soit évident, il faudra que j'obéisse. Si néanmoins j'y ai de la peine par quelque scrupule, je consulterai deux ou trois personnes de bon sens et je m'en tiendrai à ce qu'elles me diront : que si je ne me rends pas après cela, je suis bien éloigné de la perfection que l'excellence de l'état religieux demande. — 7° Enfin, je ne dois point être à moi, mais à mon Créateur et à Celui sous la conduite duquel il m'a mis. Je dois être entre les mains de mon supérieur comme une cire molle, qui prend la forme qu'on veut, et faire tout ce qui lui plaît : par exemple, écrire des lettres ou n'en écrire point, parler à une personne ou ne lui parler pas, et autres choses semblables. — 8° Je dois me regarder comme un corps mort, qui n'a de lui-même aucun mouvement, et comme le bâton dont se sert un vieillard, qu'il prend ou qu'il quitte selon sa commodité; en sorte que la religion se sert de moi, suivant qu'elle jugera que je lui serai utile.

— 9° Je ne dois point prier le supérieur qu'il me mette en un tel lieu, ou qu'il me donne un tel emploi : je puis néanmoins lui déclarer ma pensée et mon inclination, pourvu que je me remette à lui de tout, et que ce qu'il ordonne me paraisse le meilleur. — 10° Cela n'empêche pas qu'on ne demande des choses qui ne sont pas de conséquence, comme serait de visiter les églises, ou de faire d'autres dévotions pour obtenir de Dieu quelque grâce; à la charge toutefois que nous serons dans une égale situation d'esprit, soit que le supérieur nous accorde ou nous refuse ce que nous lui aurons demandé. — 11° Je dois dépendre surtout du supérieur en ce qui regarde la pauvreté, n'ayant rien de propre et usant de tout, comme une statue qu'on peut dépouiller sans qu'elle s'y oppose, ni qu'elle s'en plaigne. »

Tel est le testament de saint Ignace de Loyola, qui mourut le vendredi 31 juillet 1556, à cinq heures du matin, en prononçant le nom de Jésus. Il était âgé de 65 ans. Il avait désiré trois choses sur la terre : voir les souverains Pontifes confirmer son Institut, les entendre approuver le livre des *Exercices spirituels*, et savoir que les constitutions de l'ordre étaient promulguées partout où travaillait un de ses disciples. Ses trois souhaits étaient accomplis : Ignace mourait heureux. Il fut béatifié en 1609 par Paul V, et canonisé en 1622 par Grégoire XV. On enterra saint Ignace dans la petite église des Jésuites, dédiée sous l'invocation de la Mère de Dieu. En 1587, on transporta son corps dans l'église de la maison professe, nommée *il Giesu*, que le cardinal Alexandre Farnèse avait fait bâtir; on le mit en 1637 sous l'autel de la chapelle qui porte le nom de saint Ignace. Il est renfermé dans une châsse extrêmement précieuse.

Le premier supérieur général des Jésuites étant mort, Jacques Laynèz, quoique malade, fut choisi comme vicaire général pendant la vacance, et la congrégation générale indiquée pour le mois de novembre 1556. La congrégation générale, en qui réside le pouvoir suprême et législatif, a seule droit d'élection. Elle est composée des assistants, des provinciaux et de deux profès de chaque province. Elle se tient à la maison-mère, au Gésu. Le général est nommé à la majorité absolue et par scrutin secret. Douze provinces formaient, au 31 juillet 1556, la Compagnie de Jésus. Ces provinces étaient ainsi distribuées : le Portugal, l'Italie, la Sicile, la Germanie supérieure et inférieure, la France, l'Aragon, la Castille, l'Andalousie, les Indes, l'Ethiopie et le Brésil. Cinq des premiers compagnons d'Ignace vivaient encore. Outre ces profès, il n'y en avait pas plus de trente-cinq dans l'Institut, tant Ignace s'était montré réservé ou sévère pour les admissions. Cependant on comptait déjà plus de mille Jésuites répandus sur le globe, et l'ordre possédait cent maisons ou collèges.

La guerre entre le pape Paul IV et Philippe II d'Espagne venait d'éclater; deux neveux du Pape en sont la principale cause, ils le paieront cher. Cette guerre rendait impossible le concours des Jésuites espagnols à la nomination du général. Laynèz l'ajourna au mois d'avril 1557. La paix s'étant rétablie entre le Saint-Siège et l'Espagne, la congrégation générale s'ouvrit le 19 juin 1558 : elle n'était composée que de vingt électeurs. Les provinciaux, avec deux profès choisis dans la congrégation provinciale, devaient y assister; mais en France, en Sicile et ailleurs il n'y avait pas encore deux profès. Les autres, comme François de Borgia, comme les missionnaires au delà des mers, étaient malades ou trop éloignés. Les cinq premiers disciples de saint Ignace, Laynèz, Salmeron, Bobadilla, Rodriguèz et Pasquier-Brouet, s'y trouvaient avec Canisius, Natal, Polanque, Turrian, Domenech, Miron, Viole, Jean de Parme, Nicolas de Lannoy, Louis Gonzalès, Everard Mercurian, Michel de Torrèz, Gonsalve Vas, Godin et Jean de Plaza. Le 2 juillet 1558, jour où se fit l'élection, Jacques Laynèz fut élu à la majorité de treize voix sur vingt.

Quand les constitutions avaient été promulguées, saint Ignace, qui voulait laisser à son successeur et à la congrégation générale le droit de modifier ce qui, dans la pratique, aurait paru trop absolu, avait décidé qu'elles seraient examinées de nouveau. Il avait en outre demandé que, pour acquérir force de loi, elles fussent approuvées par cette même congrégation. Un décret les admit telles que saint Ignace les avait faites.

Le souverain Pontife intervint alors. Il avait chassé de Rome, il avait même puni en prince irrité ses neveux, dont les crimes passaient toute mesure. Cette sévérité prouvait les bonnes intentions de ce vieillard toujours impétueux; mais elle ne réparait qu'à demi les désordres qui, à l'abri de tant de déportements, s'étaient glissés dans l'administration ecclésiastique. Le Pape sentait que, pour faire respecter son autorité compromise, il importait de donner de grands exemples. Les vices pullulaient dans le clergé séculier et régulier. La préoccupation de Paul IV était d'en triompher. Pour réussir dans son dessein, il prend à partie la Société de Jésus, innocente de ses désespoirs de famille, plus innocente encore des malheurs de l'Eglise. La société, par sa congrégation générale, acceptait les constitutions de saint Ignace; le Pontife désire mettre des entraves à cette acceptation. Il exigeait que la Compagnie de Jésus fît les offices du chœur comme les autres ordres, et que le général fût élu que pour un temps déterminé : pour trois ans, par exemple. Cependant, le jour même de l'élection, il leur avait fait déclarer par un cardinal qu'il jugeait plus convenable que le général fût élu perpétuel et non pour un certain nombre d'années seulement. Les Jésuites le lui rappelèrent dans un mémoire très-court et très-respectueux, signé de tous les Pères. Paul IV, qui cédait à des suggestions étrangères au Saint-Siège, persista dans son idée. Laynèz ayant été élu comme général perpétuel, s'offrit à donner sa démission : Paul IV ne le voulut pas, et ajouta même qu'après trois ans il pourrait prolonger. Le Pape était octogénaire : les Jésuites attendirent. Pour l'autre point, ils donnèrent aussitôt l'exemple de la soumission, et, le 29 septembre de la même année 1558, les offices du chœur commencèrent.

Paul IV eut aussi des différends avec le roi Ferdinand, devenu empereur par l'abdication de son frère Charles-Quint. La querelle indiquait une révolution entière, elle a été régularisée de nos jours. Nous avons vu que ce fut le pape saint Léon III qui rétablit l'empire d'Occident dans la personne de

Charlemagne ; nous avons vu que l'empereur d'Occident, comme tel, était essentiellement le défenseur armé de l'Eglise romaine; qu'en conséquence le Pape avait et devait avoir naturellement une part principale à son élection, soit en la faisant lui-même, soit en l'approuvant faite par d'autres : depuis plusieurs siècles les électeurs étaient au nombre de sept; mais suivant les anciennes constitutions de l'empire, constitutions communes à toutes les nations chrétiennes, ils devaient être catholiques et en communion avec le successeur de saint Pierre. Or, Charles-Quint avait bien abdiqué l'empire, mais son abdication n'avait pas été ratifiée par le Pape, comme elle devait l'être; l'empire n'était pas canoniquement vacant, et Ferdinand ne pouvait donc y prétendre. L'abdication de Charles et l'accession de son frère avaient été ratifiées par les sept électeurs; mais, outre que cela ne suffisait pas, trois de ces électeurs étaient hérétiques, et, d'après l'ancienne constitution du *saint empire romain*, avaient perdu leur droit d'électeurs. Lors donc que l'ambassadeur de Ferdinand se présenta pour notifier son avénement à l'empire et demander la couronne impériale, le pape Paul IV, de concert avec les cardinaux, lui opposa les difficultés que nous venons de déduire, ajoutant que l'unique remède était que Ferdinand s'en remît au Saint-Siège, qui suppléerait par son autorité aux défauts intervenus. Après d'assez longues négociations, Ferdinand retira son ambassadeur, résolu à se passer de recevoir la couronne impériale de la main du vicaire de Jésus-Christ, en quoi il a été imité par ses successeurs. Ce fut la fin réelle du *saint empire romain* en Occident, il n'en restait plus que le nom pour mémoire : il n'y eut plus en réalité que l'empire séculier d'Allemagne. Encore est-ce trop dire; car l'Allemagne n'était plus une. Et lorsqu'en 1809, un soldat corse, devenu empereur des Français, viendra détruire jusqu'au nom de saint empire romain et même d'empire d'Allemagne, et diviser toute cette race d'hommes entre un empereur d'Autriche et une dizaine de rois ou d'autres princes souverains; lorsque le soldat corse, devenu l'empereur des Français, fractionna ainsi l'Allemagne, il ne fit que constater officiellement ce que l'Allemagne avait fait elle-même par la révolution luthérienne, et notifier à tout l'univers que cette race d'hommes était désormais une proie facile, soit à un nouveau Napoléon venu de France, soit à un nouvel Attila venu de Russie.

Le pape Paul IV ayant chassé de Rome ses propres neveux, s'appliqua fortement à réparer les fautes qu'ils lui avaient fait commettre. Il institua un tribunal de cardinaux, pour juger avec lui une fois chaque semaine tous les différends qui naîtraient dans les Etats de l'Eglise. Il redoubla de vigueur dans les mesures contre les hérésies et les hérétiques, non-seulement en Italie, mais dans d'autres pays de la chrétienté. A la tête de l'inquisition à Rome, il mit un saint personnage que nous verrons pape sous le nom de Pie V. Il établit plusieurs évêchés dans les Indes et treize dans les Pays-Bas, où il n'y en avait que deux, Cambrai et Utrecht, avec deux du côté de la France, Arras et Tournai, ce qui facilitait singulièrement à l'hérésie la perversion de la Hollande. A la requête du roi d'Espagne, souverain des Pays-Bas, Paul IV érigea en archevêchés les évêchés de Cambrai et d'Utrecht, institua un archevêché à Malines et treize nouveaux évêchés répartis sous ces trois métropoles : sous celle de Cambrai, Saint-Omer, Arras, Tournai et Namur; sous celle de Malines, Anvers, Gand, Bruges, Bois-le-Duc, Ypres et Ruremonde; sous Utrecht, Harlem, Deventer, Middelbourg, Lewarden et Groningue.

A Rome, pour soulager la misère du peuple, Paul acheta pour cinquante mille écus de blé, à huit écus la mesure, pour ne la vendre qu'à cinq. Cependant, lorsqu'il mourut, 18 août 1559, dans sa 84e année, le peuple était encore si exaspéré de ce qu'il avait souffert sous le gouvernement de ses neveux, qu'il renversa et brisa la statue du Pape, abattit les armes des Caraffe partout où elles paraissaient, brûla la prison de l'inquisition et commit d'autres désordres jusqu'au 1er septembre. Le corps du Pape fut enterré sans pompe. A part les défauts qu'on a pu remarquer, Paul IV avait de grandes qualités, était d'une vie exemplaire et avait beaucoup de zèle pour conserver dans toute sa pureté la foi catholique. Il avait composé quelques traités, entre autres un du Symbole, un autre de la réformation de l'Eglise, adressé à Paul III, et les règles des Théatins, dont il fut le fondateur avec saint Gaëtan de Thienne, et le premier supérieur. Sa dernière parole fut : « J'ai été réjoui de ce qu'on m'a dit : Nous irons dans la maison du Seigneur. »

§ V.

Promotion de Pie IV. — Troisième reprise et fin du concile de Trente.

Paul IV eut pour successeur Pie IV, élu le 25 décembre 1559. Un des premiers actes de son autorité fut le procès des Caraffe, neveux de son prédécesseur. On a prétendu, sans aucune preuve, dit la *Biographie universelle*, que Pie IV avait des obligations aux Caraffe dans son élévation au pontificat, et qu'il se rendit coupable en les livrant à la justice. Cette accusation est hors de toute vraisemblance. Les Caraffe, proscrits par leur oncle même, chargés de la haine publique, ne pouvaient rendre aucun service dans le conclave, où ils présentèrent même des lettres d'abolition. Pie IV fut porté à les poursuivre par l'indignation générale et par l'animosité particulière de l'Espagne. Le 7 juin 1560, il fit arrêter les deux cardinaux Caraffe, Charles et Alphonse, ainsi que Jean Caraffe, comte de Montorio; un procès fut intenté contre eux, soit pour les abus dont ils s'étaient rendus coupables dans leur administration, soit pour le meurtre de la comtesse de Montorio, que son mari avait fait assassiner. Philippe II pressait leur condamnation pour se venger des Caraffe; le Pape lui-même désirait donner un exemple aux favoris et aux neveux des pontifes à venir. Le procès fut lu aux cardinaux, en plein consistoire, le 3 mars 1561, en suite de quoi Charles Caraffe, cardinal, fut dégradé et condamné à mort : il fut étranglé dans sa prison, la nuit suivante. Jean Caraffe, comte de Montorio, eut la tête tranchée le même jour, avec le comte d'Alife et Léonard de Cardine, qui l'avaient assisté dans le meurtre de sa femme; son neveu, le cardinal Alphonse Caraffe, fils du marquis de Montebello, fut relâché, après avoir été soumis à une amende de cent mille écus, et se retira dans son archevêché de Naples, où il mourut de chagrin en 1565, âgé de vingt-cinq ans. Mais après Pie IV, Pie V, créature de Paul IV, fut élevé en 1566 au pontificat; ce nouveau pape fit revoir le procès intenté aux Caraffe; la sentence prononcée contre eux fut déclarée injuste : le juge rapporteur, Alexandre Pallentière, eut la tête tranchée, et la maison Caraffe fut restituée dans les honneurs qu'elle tenait de ses ancêtres et qu'elle a conservés jusqu'à nos jours (*Biographie univers.*, t. XXXIV, art. PIE IV; t. VII, art. CARAFFE Charles, Jean et Antoine).

Le nouveau pape, né à Milan le jour de Pâques 1499, et nommé Jean-Ange, était le second des quatorze enfants de Bernardin Médici ou Médichino. Son frère, marquis de Marignan, s'étant extraordinairement distingué comme homme de guerre, Cosme de Médicis, duc de Toscane, les reconnut pour une branche de sa famille. Jean-Ange Médici étudia, tant à Pavie qu'à Bologne, la philosophie, la médecine et le droit, dans lequel il fut reçu docteur. Revenu à Milan, il s'y livra quelque temps au barreau. Venu à Rome, il fut nommé successivement par Paul III, protonotaire apostolique, gouverneur de plusieurs villes, commissaire ou trésorier général des troupes pontificales, vice-légat de Bologne et cardinal. Paul IV lui fut si peu favorable, qu'il lui reprocha publiquement d'avoir gouverné l'archevêque de Milan par de mauvaises voies. Sous ce pontificat, il se retira dans sa ville natale, s'y livra non-seulement avec ardeur à la culture des sciences, mais se montra si libéral envers les malheureux, qu'on le nommait *le père des pauvres*. En général, il se distinguait singulièrement de son prédécesseur par une grande douceur de caractère. Il rétablit la bonne intelligence entre le Saint-Siège et Ferdinand, en reconnaissant celui-ci pour empereur légitime. Son pontificat fut une époque de conciliation et de paix (Pallatio, *Gesta Pontific.*, t. III).

Parmi les neveux de Pie IV, était saint Charles Borromée, le modèle des évêques et le restaurateur effectif de la discipline ecclésiastique. Charles était fils de Gilbert Borromée, comte d'Arone, et de Marguerite de Médicis, sœur du marquis de Marignan et de Pie IV. La famille des Borromée, une des plus anciennes de la Lombardie, a produit plusieurs hommes célèbres dans l'Eglise et dans l'Etat. Le père et la mère du saint se rendaient surtout recommandables par leurs vertus.

Le comte Gilbert se conduisit avec tant de sagesse pendant les guerres des Français et des Espagnols dans la Lombardie, qu'il sut se concilier l'estime des deux cours; et lorsque l'empereur Charles-Quint fut paisible possesseur du duché de Milan, il lui confia des emplois très-importants. Il avait une piété éminente et il communiait tous les dimanches. Chaque jour il récitait à genoux l'office de l'Eglise : souvent il allait se renfermer dans une petite chapelle du château d'Arone, où il se revêtait d'un habit de pénitent, et passait plusieurs heures de suite à s'entretenir avec Dieu dans l'oraison. Comme il priait habituellement à genoux, il s'y était formé une espèce de calus. Ses fermiers et ses vassaux le regardaient comme leur père; il prenait soin de tous les orphelins et il distribuait des aumônes si abondantes, que ses amis l'accusaient de faire tort à ses enfants. Mais il avait coutume de leur répondre que, s'il avait soin des pauvres, ses enfants trouveraient en Dieu un père qui pourvoirait à leurs besoins. Jamais il ne se mettait à table, qu'il n'eût fait quelque aumône. Son amour pour la mortification égalait sa charité pour les pauvres. La comtesse Marguerite était de son côté le modèle de toutes les dames de qualité de Milan. Elle s'abstenait de toute visite dangereuse ou inutile; et elle ne sortait presque jamais que pour aller à l'église ou dans quelque monastère.

De ce mariage naquirent six enfants, deux garçons et quatre filles : le comte Frédéric, qui épousa depuis la sœur du duc d'Urbin, et Charles dont il est question; Isabelle, qui se fit religieuse dans le monastère des Vierges, à Milan; Camille, qui fut mariée à César Gonzague, prince de Malfetto; Jéronime, qui épousa le fils aîné du prince de Vénosa; et Anne, qui fut mariée à Fabricio, fils aîné de Marc-Antoine Colonne, prince romain et vice-roi de Sicile. Tous ces enfants furent les imitateurs de la vertu de leur père et de leur mère; mais on distinguait entre eux Anne et Charles, qu'un goût décidé pour la piété avait singulièrement unis. Ils avaient une sainte émulation pour les austérités de la pénitence. Anne, quoique engagée dans le monde, priait avec un recueillement qui étonnait tous ceux de sa connaissance. Pour être en état d'assister les pauvres avec plus de libéralité, elle retranchait sur les dépenses de sa table, de ses habits et son entretien. Ses vertus et la sainte éducation qu'elle donna à ses enfants la rendirent l'admiration de la Sicile et de toute l'Italie. Elle mourut à Palerme en 1582.

Charles, son frère, était né le 2 octobre 1538, dans le château d'Arone, sur les bords du lac Majeur, à quatorze milles de Milan. Dès son enfance, il donna des preuves certaines de la sainteté à laquelle un jour il désirait un jour de parvenir. Il aimait les exercices de piété; il s'appliquait à l'étude et ses amusements mêmes ne respiraient que l'amour du service de Dieu. Des inclinations si heureuses firent juger à ses parents qu'il était né pour l'état ecclésiastique, et il reçut la tonsure dès son âge put le lui permettre. Le père cependant ne se détermina que d'après le choix de son fils; il respectait trop les lois de l'Eglise, pour imiter ces parents qui décident de la vocation de leurs enfans sans consulter la volonté de Dieu et qui ne se conduisent dans une affaire aussi importante que par des vues purement temporelles, ou par le propre intérêt de leur famille. Charles, malgré son extrême jeunesse, annonçait sa modestie et par là simplicité de ses habits, qu'il connaissait la sainteté de l'état qu'il avait embrassé.

Il n'avait encore que douze ans, lorsque Jules-César Borromée, son oncle, lui résigna l'abbaye de Saint-Gratinien et de Saint-Félin. Cette riche abbaye, de l'ordre de Saint-Benoît, était dans le territoire d'Arone, et depuis longtemps possédée en commende par des ecclésiastiques de la maison de Borromée. Charles, qui connaissait déjà les règles, représenta respectueusement à son père, qu'après avoir pris sur ses revenus de quoi fournir à son éducation et au service de l'Eglise, le reste appartenait aux pauvres, et que tout autre usage serait illégitime. Le comte pleura de joie en voyant de tels sentiments dans son fils. Il se chargea de l'administration des biens de l'abbaye, pendant la minorité de Charles; mais il tenait un compte exact de toute la dépense et lui laissait la liberté d'employer le surplus en aumônes.

Charles apprit la grammaire et les humanités à Milan. Son père l'envoya ensuite à l'Université de Pavie, où il étudia le droit civil et canonique, sous François Alciat. C'était un canoniste célèbre que le saint fit élever depuis au cardinalat. Il remplissait la chaire d'André Alciat, son prédécesseur, qui, dit-on, bannit le style barbare des écoles et des écrits des juristes. On sait combien l'étude du droit canonique est utile; les articles de la foi et la condamnation des hérésies y sont expliqués; souvent on y trouve, mieux que dans certains traités de morale, la décision des cas pratiques, et le développement des devoirs du christianisme. Rien de plus respectable que les autorités qui y sont citées : ce sont l'Ecriture, la tradition, les canons des conciles, la loi naturelle. Cette étude, qui suppose une certaine connaissance du droit civil, est d'une grande importance pour ceux qui sont chargés de la conduite des âmes, et surtout pour les premiers pasteurs.

Comme Charles avait de la difficulté à parler, et que d'ailleurs il aimait à garder le silence, quelques personnes crurent qu'il avait peu de dispositions pour l'étude du droit. Il y fit cependant de rapides progrès, parce qu'il joignait la solidité du jugement à une application soutenue. Il était, par sa piété, sa prudence et la régularité de toute sa conduite, le modèle des étudiants de l'Université de Pavie. Une vigilance continuelle sur lui-même le préserva de tous les écueils. Plusieurs fois on tendit des pièges à son innocence; mais la retraite et la prière le firent triompher des attraits du vice. Il communiait toutes les semaines, à l'exemple de son père; il évitait les liaisons ou les visites qui auraient pu troubler ou déranger ses exercices de religion. Cet amour de la retraite ne l'empêchait pas cependant de recevoir avec beaucoup d'affabilité ceux qui désiraient lui parler. La mort de son père l'ayant fait revenir à Milan l'année 1558, il mit ordre aux affaires de sa famille avec une sagesse surprenante, et retourna à Pavie. Son cours de droit achevé, il prit le grade de docteur vers la fin de l'année suivante.

Quelque temps auparavant, le cardinal de Médicis, son oncle, lui résigna une seconde abbaye avec un prieuré. Il n'augmenta point pour cela sa dépense; il n'y eut que les pauvres qui gagnèrent à l'accroissement de sa fortune. Il n'avait même accepté ces bénéfices que dans la vue de fonder un collège à Pavie. Lorsqu'il eut pris le grade de docteur, il revint à Milan. Ce fut dans cette ville qu'il reçut la nouvelle de l'élévation du cardinal de Médicis, son oncle, à la papauté. Comme le nouveau pape était patricien de Milan, il y eut de grandes réjouissances dans la ville et l'on vint en cérémonie complimenter ses deux neveux. Charles ne donna aucun signe de joie extraordinaire en cette occasion. Il persuada même au comte Frédéric, son frère, de s'approcher avec lui des sacrements de pénitence et d'eucharistie. Le comte fit le voyage de Rome, pour aller complimenter son oncle. Mais Charles resta à Milan, où il continua le même genre de vie.

Cependant le Pape lui manda de venir à Rome, et le retint dans cette capitale. Il le fit cardinal le dernier jour de la même année 1559, et, le 8 février suivant, il le nomma archevêque de Milan, quoiqu'il ne fût que dans sa 23e année. Il le créa en même temps protonotaire et le chargea du soin de rapporter les affaires de l'une et l'autre signature. Le saint mit tout en œuvre pour ne point accepter ces dignités, et il refusa constamment celle de camerlingue, qui est la seconde et la plus lucrative de la cour romaine. Le Pape le chargea encore de la légation de Bologne, de la Romagne et de la Marche d'Ancône; il le fit de plus protecteur de la couronne de Portugal, des Pays-Bas, des cantons catholiques de Suisse, des ordres religieux de Saint-François et des Carmes, des chevaliers de Malte, etc. La confiance que son oncle avait en lui était sans bornes, et il gouvernait en quelque sorte l'Eglise sous son nom. Mais s'il recevait de lui tant de marques d'affection et de tendresse, il les payait par un juste retour; il donnait aux affaires la plus grande attention, il les suivait avec zèle, il les discutait avec sagesse et il en rendait la décision facile; en un mot, il était la consolation et l'appui du souverain Pontife dans toutes les peines et les difficultés qu'entraîne le gouvernement de l'Eglise.

La gloire de Dieu était la fin principale que Charles se proposait dans chacune de ses actions et de ses entreprises. On ne pouvait s'empêcher d'admirer son parfait désintéressement. Son impartialité n'était pas moins admirable; les considérations les plus puissantes n'influaient jamais sur ses jugements. Comme il est très facile de tomber dans l'erreur, il avait toujours auprès de lui des personnes d'une prudence et d'une vertu reconnues, qu'il écoutait avec docilité et sans l'avis desquelles il ne prenait aucun parti. L'Etat ecclésiastique le regardait comme son père; les provisions y furent toujours abondantes et à un prix qui ne grevait point les indigents. La justice s'y administrait avec autant de promptitude que d'intégrité. Les contradictions ne le rebutaient point; il écoutait toutes les plaintes et rendait à chacun ce qui lui était dû. La multiplicité des affaires ne l'empêchait point de les expédier, parce qu'il était infatigable, qu'il s'abstenait des amusements inutiles et qu'il savait distribuer son temps avec sagesse. Il en trouvait encore pour la prière, pour l'étude et pour la lecture des livres de piété. Il aimait aussi à lire les anciens philosophes, et il avoua depuis qu'il avait beaucoup profité du manuel d'Epictète.

Les gens de lettres, qui rapportaient leurs connaissances à l'utilité publique, trouvaient en lui un protecteur zélé; il excitait parmi eux l'amour des sciences relatives à la religion. Pour remplir cet objet et pour bannir en même temps l'oisiveté de la cour du Pape, il établit au Vatican une Académie composée d'ecclésiastiques et de laïques. Il s'y tenait de fréquentes conférences, dont le but était d'animer à la pratique de la vertu et de favoriser les progrès des bonnes études. Ces conférences furent imprimées à Venise, en 1748, sous le titre de *Nuits ticanes*. Le saint leur donna lui-même ce titre, parce qu'il les tenait la nuit, à cause de la multiplicité des affaires publiques qui l'occupaient tout le jour. Dans les premières années, on y discuta plusieurs points de littérature, de philosophie et d'histoire naturelle. Mais saint Charles voulut, après la mort du comte Frédéric, son frère, qu'elles n'eussent plus pour objet que des matières de religion. Il sortit de cette Académie des évêques, des cardinaux et un pape, qui fut Grégoire XIII. Ce fut là que le saint vainquit à la longue la difficulté qu'il avait de parler; il acquit même l'habitude de s'exprimer avec facilité, ce qui le rendit propre à prêcher la parole de Dieu avec fruit et dignité, ce qu'il avait toujours désiré. Il perfectionna son style en lisant les ouvrages philosophiques de Cicéron, qu'il aimait beaucoup.

Charles, pour se conformer à l'usage de la cour de Rome, se logea dans un beau palais qu'il fit meubler magnifiquement. Il prit un équipage somptueux et eut une table et un train proportionnés à son rang. Mais son cœur ne tenait point à cette pompe extérieure; ses sens étaient mortifiés au milieu du faste de la grandeur, sa douceur et son humilité n'en souffraient aucune atteinte. Il ne vit que des dangers dans le crédit dont il jouissait et dans les honneurs qui l'environnaient. Attentif à veiller sur lui-même, il ne cherchait en tout que l'établissement du règne de Jésus-Christ. Il soupirait sans cesse après la liberté des saints, et il n'y avait que l'obéissance au chef de l'Église qui pût le retenir à Rome.

Comme il ne lui était pas possible de gouverner par lui-même le diocèse de Milan, il demanda pour évêque suffragant Jérôme Ferragata, afin qu'il fît en son nom les visites nécessaires et qu'il exerçât les fonctions épiscopales. Il nomma aussi vicaire général un ecclésiastique de grande expérience et qui joignait le savoir à la piété. C'était Nicolas Ormanetto, qui avait déjà été vicaire général de Vérone et qui avait depuis accompagné le cardinal Polus dans sa légation d'Angleterre. De retour en Italie, il n'avait voulu d'autre place que celle de simple curé dans le diocèse de Vérone. Le saint archevêque, malgré toutes ses précautions, avait toujours des inquiétudes sur l'article de la résidence; il ne pouvait parfaitement se tranquilliser, quoique son éloignement de Milan ne fût point volontaire et que ses occupations habituelles eussent pour objet le bien de l'Église universelle (Godescard, 4 nov.).

Le bien le plus considérable fut l'heureuse conclusion du concile de Trente. Pie IV, à peine sur le trône pontifical, reprit les négociations pour le rétablissement de cette sainte assemblée dans la ville où elle avait commencé. Ces négociations ne souffrirent pas grandes difficultés de la part des princes catholiques : seulement l'empereur et le roi de France désiraient qu'on se relâchât en quelque chose de l'ancienne forme des conciles, pour se rapprocher un peu plus des idées des protestants. Ils espéraient que par là on ramènerait plus facilement les hérétiques.

On évita donc le terme de *continuation*; mais on usa des termes équivalents, en disant qu'il s'était fait plusieurs décrets à Trente, d'abord sous Paul III, puis dans le rétablissement de ce concile sous Jules III, et qu'ensuite était arrivée une suspension qu'on levait enfin. C'était déclarer formellement qu'on attribuait aux décrets déjà portés toute la force et la vigueur que pouvaient avoir ceux d'un concile toujours subsistant depuis sa première ouverture. Cependant le roi d'Espagne incidenta longtemps sur cet énoncé et représenta comme un déguisement pernicieux, ce qui n'était qu'un ménagement sage et dans le fond sans conséquence. Enfin tous les catholiques s'accordèrent pour remettre le concile à Trente. La bulle d'indiction fut publiée le 29 novembre 1560; elle portait qu'on reprenait le concile à Pâques prochain, toute suspension levée.

Le Pape fit partir des nonces pour la porter aux princes catholiques et aux princes hérétiques. Ils essuyèrent de grandes difficultés et même des avanies de la part de quelques protestants. On écrivit depuis aux patriarches d'Orient, de Moscovie, et jusqu'aux chrétiens d'Éthiopie, pour les inviter au concile. En un mot, on ne négligea rien pour rendre l'assemblée aussi nombreuse que possible. Pie IV, sur les instances de son neveu, saint Charles Borromée, avait déjà nommé pour légats pour présider en son nom au concile œcuménique, savoir : les cardinaux de Mantoue, Hercule de Gonzague et Jacques du Puy; auxquels il associa bientôt Séripand, Napolitain, général des Augustins et archevêque de Salerne; Hosius, Polonais, évêque de Culm et ensuite de Warmie, et Simonette, Milanais, évêque de Pésaro, dans le duché d'Urbin, lesquels trois il venait de décorer de la pourpre romaine. Quand le temps approcha d'ouvrir le concile, comme le dépérissement de la santé du cardinal du Puy l'empêcha de s'y rendre, le Pape nomma pour sixième légat son neveu, le cardinal Marc Sitique d'Altemps, évêque de Constance. Celui-ci n'avait ni l'expérience ni la capacité de ses collègues; mais, outre sa qualité de cardinal-neveu, par sa naissance, qu'il tirait d'une des meilleures maisons de l'empire, il avait beaucoup d'avantages pour traiter avec les Allemands.

Comme Pie IV était avancé en âge et encore plus infirme, il publia dans un consistoire, à l'exemple de ce qui s'était fait en pareille rencontre, un décret portant que si le Saint-Siège venait à vaquer pendant la tenue du concile, l'élection du souverain Pontife serait dévolue au sacré collège et non pas à l'assemblée des Pères. Il ajouta deux autres décrets, dont l'un déclarait qu'il n'est pas permis au Pape de se choisir un successeur ni un coadjuteur pour lui succéder, quand bien même tous les cardinaux y consentiraient; et l'autre, tout relatif au concile, portait que le droit de suffrage ne serait accordé qu'aux évêques qui s'y trouveraient en personne. Paul III avait usé de la même précaution. Ce décret fut cause qu'on ne vit point d'évêques polonais au concile; il n'en vint que deux, qui se retirèrent, voyant qu'on ne leur accorderait pas de donner autant de voix qu'ils avaient de procurations de leurs confrères, comme ils s'en étaient flattés.

Le 18 janvier 1562, tous les prélats, qui étaient au nombre de cent douze, et tous ceux qui avaient droit d'assister au concile, s'assemblèrent dans l'église de Saint-Pierre, d'où ils allèrent processionnellement à la cathédrale. Le cardinal de Mantoue y chanta la messe du Saint-Esprit, et le cardinal de Reggio en Calabre y prêcha sur l'autorité de l'Église et l'obligation d'imiter les apôtres. Après qu'on eut chanté le *Veni Creator* et fait les autres prières, Ange Massarel, évêque de Télèze dans l'Abruzze et secrétaire du concile, lut la bulle de convocation, et l'archevêque de Reggio un décret pour la continuation du concile, que tous les Pères approuvèrent, excepté quatre évêques espagnols, qui s'opposèrent fortement à ces mots : *Les légats président et proposant*; mais la clause passa malgré leur opposition. On lut ensuite un second décret pour fixer la session suivante au 26 février, et un troisième pour régler le rang que les primats auraient dans le concile.

Après cette dix-septième session, le premier légat indiqua une congrégation générale pour le 27 janvier, dans son palais, afin de délibérer sur les matières qu'on devait définir : Les disputes sur la préséance entre les ambassadeurs qui arrivèrent dans cet intervalle, les anciennes difficultés sur le titre du concile, renouvelées par les Espagnols, et la délicatesse de l'affaire des livres défendus, proposée, ainsi que le sauf-conduit des protestants, pour objet de cette session, toutes ces discussions remplirent les congrégations préliminaires, qu'on tint, selon la coutume pour la rendre tranquille.

On ouvrit donc, le 26 février, la dix-huitième session, qui était la seconde sous Pie IV. Les Pères s'assemblèrent dès le matin dans la grande église; Antoine Elius, patriarche de Jérusalem, célébra la messe, et le sermon fut prononcé en latin par l'archevêque de Patras, nommé à l'archevêché de Corfou. Il s'étendit sur les efforts que faisaient les hérétiques pour accréditer et augmenter leur secte ; il exhorta les Pères à s'y opposer. Après les prières accoutumées, on lut les lettres de créance et les pouvoirs des ambassadeurs ; on fit aussi lecture de différentes lettres du Pape, qui laissaient au concile le soin de dresser le catalogue des livres défendus, et d'un bref qui réglait le rang des évêques suivant leur ordination, sans avoir égard aux priviléges des primats. Le patriarche de Jérusalem lut ensuite un décret touchant l'examen des livres qui devaient être prohibés. On décida aussi qu'on pourrait accorder, dans une congrégation générale, un sauf-conduit aux protestants et qu'il aurait la même force que s'il avait été donné dans une session solennelle et publique. Enfin, on lut le décret qui indiquait la session suivante au 14 mai, jour de l'Octave de l'Ascension. Ces deux décrets furent approuvés de tous les Pères, à l'exception de l'archevêque de Grenade, qui renouvela la dispute sur le titre du concile, voulant qu'on y ajoutât ces mots : *Représentant l'Eglise universelle*.

Aussitôt après la session, les légats chargèrent quatre évêques de dresser le sauf-conduit, et ils en accordèrent un conçu dans les mêmes termes et tel absolument qu'il avait été dressé autrefois dans la quinzième session, sous Jules III, c'est-à-dire sans aucune restriction et sans ombre d'équivoque. Mais comme il n'avait été fait alors que pour les Allemands, on l'étendit en général à toutes les nations, et sans les nommer en particulier, pour ne pas paraître les taxer d'hérésie. Le cardinal Séripand fut ensuite chargé de travailler à la réformation, avec plusieurs évêques des plus vertueux et des plus zélés. Le cardinal Simonette, comme très-habile dans le droit canonique, eut ordre de rédiger les matières. Séripand proposa de commencer d'abord par ce qui concernait la cour de Rome, afin d'établir la réformation sur un fondement solide et d'arrêter les langues médisantes, qui reprochaient si souvent au clergé ses désordres et ses dérèglements.

Cet avis fut fortement appuyé par le célèbre dom Barthélemy des Martyrs, archevêque de Brague; d'autres Pères, sans être opposés à la réformation du clergé et de la cour de Rome, voulaient avec raison qu'on attendît, pour traiter ce point si important, qu'il y eût à Trente un plus grand nombre d'évêques, et qu'il en fût arrivé au moins de la France et de l'Allemagne. Parmi les prélats qui entendirent fort diversement le discours de l'archevêque de Brague, quelques-uns avaient dit que le respect ne leur permettait pas de croire que les Révérendissimes et les Illustrissimes cardinaux eussent besoin d'être réformés. « Et moi, reprit l'archevêque, je crois que les très-illustres cardinaux ont besoin d'une très-illustre réforme; car il me semble que la vénération dont je les honore serait plus humaine que divine, et plus apparente que véritable, si je ne souhaitais que leur conduite et leur réputation fussent aussi inviolables que leur dignité est éminente. Comme ils sont des fontaines dont les autres doivent boire, ils doivent d'autant plus prendre garde qu'il n'en sorte que des eaux très-pures; et la première chose que je souhaiterais qu'ils daignassent changer, est la manière dont ils traitent aujourd'hui les évêques. » Ce discours de dom Barthélemy des Martyrs, qui n'était pas exempt de quelque amertume, surprit beaucoup de personnes dans l'assemblée; mais on connaissait la profonde piété de l'illustre prélat, et on était persuadé qu'il n'avait ainsi parlé que par zèle pour la gloire de Dieu et l'utilité de l'Eglise. Les cardinaux eux-mêmes écoutèrent ses remontrances sans témoigner la moindre marque de mécontentement et d'émotion, et lui marquèrent la même estime, la même confiance dans la suite. Son avis toutefois ne fut pas suivi, et on commença par les matières qui semblaient les moins prêter aux débats. On discuta avec beaucoup d'exactitude, dans les congrégations suivantes, plusieurs articles importants de réformation, concernant surtout la résidence, la collation des ordres, l'union des bénéfices, l'administration des curés, la visite épiscopale, les bénéfices en commende et les mariages clandestins.

Tout le reste du mois fut employé en cérémonies pour la réception de quelques ambassadeurs. On reprit au commencement d'avril l'examen des articles de la réforme, et dans plusieurs congrégations on agita de nouveau, mais sans rien conclure, la question de savoir si la résidence des évêques était de droit divin. Pendant cette discussion, il arrivait toujours à Trente des ambassadeurs et des prélats, et on attendait aussi ceux de France. On avait reçu quelque temps auparavant la copie d'une lettre écrite par Charles IX à son ambassadeur à Rome, dans laquelle ce prince marquait, entre autres choses, que son dessein était de remettre au concile la décision de toutes les disputes qui s'étaient élevées dans son royaume au sujet de la religion, ce qui causa une grande joie à tous les Pères (Dassance, *Essai hist. sur le conc. de Trente*).

Pour sentir bien les motifs de cette joie, il faut se rappeler certains faits. Pendant la seconde tenue du concile de Trente, le roi de France, Henri II, ne permit point aux évêques français d'y assister. Les causes secrètes de cette opposition venaient les unes du roi, les autres des évêques. Le roi, à l'exemple de son père, François Ier, venait de faire alliance avec les Turcs contre les chrétiens; et avec les hérétiques d'Allemagne contre les catholiques : pour seconder ses alliés hérétiques contre l'empereur Charles-Quint, il fit à celui-ci la guerre en Italie, accusa officiellement le pape Jules III de tout le mal, en particulier de ce que les évêques français ne pouvaient aller au concile à cause de ces guerres. De leur côté, les évêques français de cour voulaient bien qu'on réformât les moines, les prêtres, voire même le pape et les cardinaux; mais quand ils surent que le concile s'était permis de prescrire la résidence aux évêques mêmes, ils en furent singulièrement scandalisés et secondèrent par leur rancune l'alliance impie avec les Turcs et les hérétiques, pour empêcher la réforme du clergé et du peuple par le Pape et le concile. Par suite, il se forma trois partis en France : les apostats sous le nom de *Huguenots*; les francs catholiques, ayant pour chef les princes de Lorraine; enfin les entredeux ou les politiques. Ces derniers proposèrent un concile national, qui aboutit au colloque de Poissy entre les huguenots et les catholiques, ce colloque aux conférences de Saint-Denys, et ces conférences à zéro : à zéro pour le bien, mais non pour le mal. Car cette dissidence d'avec le concile œcuménique et cette condescendance pour les apostats donnèrent à ceux-ci une consistance et une audace qu'ils n'avaient pas jusqu'alors. Si le mal ne devint pas plus grand, la France le dut à la prudente intervention du Saint-Siège. Par ses remontrances, soit directes, soit indirectes, il empêcha d'abord le concile national. Quand le colloque de Poissy dut se tenir, il envoya un légat avec le Père Laynez, général des Jésuites.

Le colloque s'ouvrit le 31 juillet 1561. C'était une imitation des diètes si infructueuses de l'Allemagne. La reine-mère, régente du royaume, y assistait avec le roi mineur, Charles IX. Ce colloque ou concile avorté avait pour président le cardinal de Tournon. Les cardinaux d'Armagnac, de Bourbon, de Lorraine, de Châtillon et de Guise, quarante archevêques et évêques, un grand nombre de docteurs ou de canonistes prenaient part aux discussions. Le cardinal de Châtillon était secrètement apostat. Le chancelier de l'Hôpital portait la parole au nom de la couronne; le roi de Navarre, Antoine de Bourbon, et le prince de Condé représentaient les Huguenots ou Français apostats, que les actes du colloque nomment les *Dévoyés de l'Eglise*. Les principaux ministres calvinistes étaient le débauché Théodore de Bèze et Pierre Vermigli dit Martyr, moine apostat de Florence. Le 9 septembre, ces prédicants et leurs compagnons furent introduits dans l'assemblée; huit jours après, le légat du Saint-Siège, accompagné de Laynez et de Polanque, admoniteur du général des Jésuites, y prit place.

Dans ce colloque, on fit des harangues sur le dogme et sur la réformation. La principale controverse du dogme roula sur la cène. Bèze avait écrit dans un de ses livres que Jésus-Christ n'était pas plus dans la cène que dans la boue, *non magis in cœnâ quàm in cœno*. Le cardinal de Lorraine ayant relevé cette proposition, Bèze lui-même la rejeta comme impie et comme détestée de tout le parti calviniste; puis, au milieu de ce colloque, il avança l'équivalent. Car étant tombé sur la cène, il dit dans la chaleur du discours, qu'eu égard au lieu et à la présence de Jésus-Christ considéré selon la nature humaine, son corps était autant éloigné de la cène que les plus hauts cieux le sont de la terre. A ces mots, toute l'assemblée frémit. On se ressouvint de l'horreur avec laquelle il avait parlé de la proposition qui excluait Jésus-Christ de la cène comme de la boue. Maintenant il y retombait sans que personne l'en pressât. Ce qui montre combien il était franc dans sa créance et dans son langage.

Quant à la réformation, l'évêque Montluc de Valence, secrètement huguenot et négociateur de l'alliance avec les Turcs contre les chrétiens, discourut admirablement à son ordinaire contre les abus et sur les obligations des évêques, principalement sur celle de la résidence, qu'il gardait moins que personne. En récompense, il ne dit mot de l'exacte observation du célibat, que les Pères nous ont toujours proposé comme le plus bel ornement de l'ordre ecclésiastique. Il n'avait pas craint de le violer malgré les canons par un mariage ou plutôt un concubinage secret : et d'ailleurs un historien protestant, l'évêque anglican Burnet, qui en fait un grand homme, convient toutefois qu'il avait certains défauts : c'est de s'être efforcé de corrompre la fille d'un seigneur d'Irlande qui l'avait reçu dans sa maison; c'est d'avoir eu avec lui une courtisane anglaise qu'il entretenait; c'est que cette malheureuse ayant bu sans réflexion le précieux baume dont Soliman avait fait présent à ce prélat, il en fut outré dans un tel excès, que ses cris réveillèrent tout le monde dans la maison, où l'on fut aussi témoin de ses emportements et de son incontinence (*Variat.*, l. 7, c. 7; l. 9, c. 99, 95). Tel était un de ces parleurs de réforme en France, un des orateurs de cette antipathie gallicane contre le concile de Trente et le Saint-Siège.

Le cardinal de Lorraine parla bien et éloquemment : un homme parla mieux encore, le Jésuite Laynez. Le moine apostat de Florence, dit Pierre Martyr, ayant adressé un discours italien à la reine-mère, Catherine de Médicis, qui était également de Florence, le général des Jésuites prononça le discours suivant :

« Madame, sans doute il ne convient pas à un étranger de se mêler des affaires publiques d'un pays autre que le sien; cependant, comme la foi n'est pas de quelques royaumes seulement, mais de tous les temps et de tous les lieux, il ne me paraît pas déplacé d'exposer à Votre Majesté quelques considérations qui s'offrent ici à mon esprit. Je parlerai en général sur ce qui se traite dans cette assemblée, et je répondrai en particulier à quelques objections de frère Pierre Martyr et de son collègue.

» Quant au premier point, si je me rappelle ce que j'ai lu, si je consulte les leçons de l'expérience, il me semble très-dangereux de traiter avec ceux qui sont hors de l'Eglise. Il ne faudrait pas même les écouter; car, comme dit très-bien le Sage, au livre de l'*Ecclésiastique* : « L'enchanteur mordu par un serpent et ceux qui s'approchent de trop près des bêtes féroces, ont-ils droit à notre compassion

(Eccli, 12, 13)? » Pour nous apprendre à nous garder de ceux qui se sont séparés de l'Eglise, l'Ecriture les traite de serpents, et, sans doute à cause de leurs perfides artifices, elle les appelle loups cachés sous la peau de brebis; elle les appelle encore renards. Telle a été en effet la conduite ordinaire des hérétiques. Les Pélagiens, par exemple, niaient la nécessité de la grâce de Dieu et reconnaissaient dans la nature des forces qu'elle n'a pas; mais, pressés par les supérieurs ecclésiastiques, ils avouaient en leur présence que la grâce était nécessaire au salut. Ce qui ne les empêchait pas de dire secrètement à leurs disciples que la grâce n'était autre chose que la nature, dont le Seigneur nous avait fait un don purement gratuit. D'autres sectaires niaient la résurrection des corps; ils prétendaient que c'est l'âme seule qui ressuscite quand elle est justifiée. Etaient-ils interrogés publiquement sur leur croyance touchant la résurrection, et plus explicitement sur la résurrection de la chair, ils répondaient d'une manière orthodoxe; mais en particulier et devant leurs adeptes, ils affirmaient avoir voulu dire seulement que c'est l'âme qui ressuscite dans la chair au moment où elle est justifiée.

» Il en a été ainsi de la plupart des hérétiques. Cependant toutes les sectes s'accordent en général à reconnaître une Eglise catholique, des ministres légitimes, l'autorité des livres de l'Ecriture sainte, au moins de quelques-uns. Il est vrai qu'elles se constituent elles-mêmes Eglise catholique, leurs ministres en sont les prêtres légitimes, l'interprétation qu'ils font de l'Ecriture est l'interprétation véritable et orthodoxe; mais, s'il faut dire la vérité, ils ne présentent qu'une ombre, qu'un fantôme de l'Eglise catholique, de son sacerdoce sacré et de l'autorité infaillible qu'elle a pour expliquer et proposer le vrai sens des divines Ecritures.

» Il est donc bien nécessaire que celui qui les écoute se mette en garde contre la séduction. Dans ce dessein, je dois, madame, indiquer à Votre Majesté deux moyens, dont l'un me semble tout à fait bon et l'autre ne me parait pas absolument mauvais.

» Le premier moyen que je propose pour se défendre des séductions de l'hérésie, c'est de bien comprendre qu'il n'appartient ni à Votre Majesté ni à aucun autre prince temporel de traiter de choses qui regardent la foi, parce qu'ils n'ont pas le pouvoir de décider ces sortes de questions et parce que d'ailleurs ils ne sont point exercés à approfondir ces matières subtiles et abstraites. Et s'il est juste, comme dit le proverbe, de laisser son art à l'artisan, il faut aussi laisser aux prêtres le droit de s'occuper des affaires de la religion; il faut surtout laisser au souverain Pontife et au concile général à prononcer sur les causes majeures, qui sont exclusivement de leur ressort. Maintenant donc qu'un concile général est ouvert, il ne me parait ni légitime ni convenable de tenir des assemblées particulières. Ce fut pour cette raison que les Pères du concile de Bâle défendirent que, pendant leur réunion et même six mois auparavant, on convoquât aucun concile provincial.

» Voici donc le premier moyen que j'ai à proposer à Votre Majesté, moyen de tous le meilleur et le plus concluant : ce serait d'envoyer à Trente les prélats, les théologiens et tous les religionnaires ici présents. Ce concile est le rendez-vous des savants de tous les pays. Il a un droit certain à l'assistance infaillible du Saint-Esprit; ce que, certes, on ne peut se promettre dans ces séances particulières. Les docteurs de la nouvelle religion, si toutefois, comme ils s'en vantent, ils ont la volonté sincère de connaître la vérité, peuvent s'y rendre avec une entière sécurité. Le souverain Pontife leur donnera les saufs-conduits et toutes les assurances nécessaires. Quoique, à vrai dire, je ne pense pas qu'ils désirent d'être instruits, mais bien plutôt d'instruire ou de redresser les autres et de répandre partout le venin de leurs préceptes. En effet, au lieu d'écouter les oracles et les pasteurs de l'Eglise, nous les voyons empressés de prêcher eux-mêmes et de prononcer d'interminables harangues.

» Quant au second moyen, qui, sans être bon, n'est pas mauvais, le voici. Puisque Votre Majesté, par indulgence pour les modernes sectaires et pour essayer de les gagner, a bien voulu permettre des conférences, je demanderai qu'elles se tiennent seulement en présence de gens instruits, parce que, pour ces personnes, il n'y aurait point danger de perversion et qu'elles seraient même capables de convaincre et d'éclairer les esprits plutôt entraînés par l'erreur que par l'entêtement de l'orgueil. Il y aurait encore cet avantage, qu'on épargnerait à Votre Majesté et à ces très-honorables seigneurs l'ennui de discussions longues et embrouillées. »

Le Père Laynez ayant ensuite répondu à quelques objections du moine apostat, conclut en ces termes :

« Enfin, puisque frère Pierre Martyr a exhorté ses auditeurs à confesser leur foi, moi aussi, madame, je confesse tout ce que j'ai dit de la présence réelle de Jésus-Christ dans l'Eucharistie en mémoire de sa passion. Je confesse que c'est une vérité de la foi catholique pour laquelle, avec la grâce du Seigneur, je suis prêt à mourir. Je supplie donc Votre Majesté de défendre et de professer toujours la vérité catholique, ainsi qu'elle le fait, et de redouter plus Dieu que les hommes. Alors ce souverain Maître vous protégera, vous et votre fils le roi très-chrétien; il vous conservera votre royaume temporel et vous donnera l'éternel. Si, au contraire, vous faisiez moins de cas de la crainte de Dieu, de son amour et de la foi en lui, que de la crainte et de l'amour des hommes, ne vous exposeriez-vous pas au danger de perdre le royaume spirituel avec celui de la terre? J'espère de Dieu, Notre Seigneur, que cette calamité ne vous frappera point. J'attends au contraire de sa bonté, qu'il vous accorde, ainsi qu'à votre fils, la grâce de persévérer. Il ne permettra pas qu'une noblesse comme celle qui est ici réunie, qu'un royaume très-chrétien et qui a servi d'exemple et de règle aux autres, abandonne la religion catholique. Il ne faut pas que ce royaume et cette noblesse se laissent souiller par la contagion des nouvelles sectes et des erreurs modernes (Crétineau-Joly, t. I, c. 8). »

Catherine de Médicis ne s'attendait point à l'énergie de ce langage. L'impression que Laynez produisit sur elle fut si forte, qu'elle ne put retenir ses larmes. Ni elle, ni le roi, ni les seigneurs n'assistèrent plus aux séances, qui ne furent désormais que des conférences entre les évêques et les théologiens.

L'assemblée fut dissoute le 14 octobre 1561, et le roi résolut d'envoyer les évêques à Trente.

Calvin n'avait pas jugé à propos de venir au colloque; mais de Genève, il suivait toutes les évolutions de ses disciples. Il savait leur défaite, il connaissait les dissensions qui s'étaient fait jour parmi eux, les jalousies qui avaient éclaté; les hésitations de Bèze, et il sentait le besoin de rendre aux siens le courage. Il adressa donc, le 30 septembre 1561, au marquis de Poët, chef des protestants du Midi de la France, une lettre où on lit ces paroles : « Monseigneur, qu'avez-vous jugé du colloque de Poissy? Nous avons conduit fièrement notre affaire... Vous n'épargnez ni conseils ni soins..... Nous savons la récompense de tant d'espérance. Surtout ne faites faute de défaire le pays de ces zélés faquins qui exhortent les peuples par leurs discours à se bander contre nous, noircissent notre conduite et veulent faire passer pour rêveries notre croyance. Pareils monstres doivent être étouffés, comme je fis en l'exécution de Michel Servet, Espagnol (Crétineau-Joly, t. I, p. 422). »

Ces zélés faquins dont il faut défaire le pays, ces monstres qu'il faut étouffer, au dire de l'hérésiarque de Genève, ce sont les Jésuites, avec les zélés catholiques, clercs et séculiers, qui s'unissaient à eux.

La mort de Henri II avait enhardi les protestants. Robert de Pellevé, évêque de Pamiers, a, dès l'année 1559, appelé les Jésuites dans son diocèse pour opposer leur logique à l'entraînement des Calvinistes. Les Calvinistes, qui, en demandant la liberté pour eux, n'accordaient aux autres que l'esclavage, tel que leur maître de Genève l'entendait, se révoltent à la seule idée qu'ils vont rencontrer dans les montagnes de l'Ariége des adversaires que le bruit n'intimidera pas. L'évêque Robert de Pellevé devint le but de leurs insultes, mais sur ce théâtre de leurs luttes acharnées, parait le Père *Edmond Auger*.

Il était de l'école même de saint Ignace. Né en 1531, dans un village près de Sézanne en Brie, il entra au noviciat de la Compagnie à Rome. Vif, impétueux, ce jeune homme, avec ses saillies toutes françaises et son enjouement poétique, dont la religion ne parvenait pas à étouffer les éclats, tourmentait la patience des Italiens. Il mettait leur gravité à de rudes épreuves; mais Ignace, qui, mieux que les Pères romains, avait compris tout ce que ce caractère si communicatif renfermait d'énergie et d'application, semblait l'avoir adopté comme un fils. Il espérait de l'excellence de son cœur triompherait des étourderies de la jeunesse, et, lorsque Auger eut achevé son noviciat, le général lui donna la chaire de poésie au collège Romain. Il la remplit avec distinction, ainsi que d'autres emplois analogues; puis, après la mort de Henri II de France, Laynez, à la demande de plusieurs évêques, le renvoya dans ce royaume. Il y arriva avec les Pères Jean Roger et Pelletier.

Les voilà à Pamiers, au mois d'octobre 1559; l'évêque était absent : ils ne trouvent point de protecteurs, point d'amis dans la ville, mais des huguenots tout prêts d'avance à rendre inutiles leurs efforts, ou des hommes indifférents qui font cause commune avec les sectaires. Auger et ses compagnons ne se découragent point. Les Calvinistes les accusent d'être dévoués au Pape de Rome : les Jésuites acceptent l'accusation, ils s'en font gloire, et, malgré les répulsions dont ils se savent l'objet, malgré les dangers qui les environnent, ils montent en chaire. Leur conviction avait quelque chose de si profond, que bientôt les catholiques ne consentent plus à subir la loi dictée par les protestants. La réaction s'opère. L'évêque de Pamiers avait appelé Edmond Auger et Pelletier pour fonder un collège : le collège est établi. Les jeunes gens y accourent; mais ils apportent avec eux les Psaumes de Marot, quelques chansons impures et le catéchisme de Calvin, seuls livres mis à leur disposition. Les Jésuites avaient des auditeurs, il ne leur restait plus qu'à en faire des chrétiens. Pelletier et Edmond ne reculent pas devant la tâche qui leur est préparée : ils prêchent, ils enseignent; la jeunesse qui les écoute se montre docile à leurs instructions.

Le comté de Foix était en même temps une autre contrée ouverte à leur zèle : le calvinisme y faisait de rapides progrès; il pénétrait partout, amenant à sa suite les sacrilèges et la profanation. A Toulouse, la sédition se coalisait avec l'hérésie. Pelletier accourt; il s'adresse à ces imaginations méridionales; pendant tout le carême, il fait passer sous les yeux les leçons les plus frappantes de la religion. Sa parole vive avec onction au cœur des Toulousains, et l'hérésie comprit enfin que cette ville n'était plus tenable pour elle.

Pelletier et Auger s'étaient révélés les adversaires du calvinisme. Le cardinal de Tournon les appelle à lui. Il avait, en 1542, fondé un collège dans la ville dont il portait le nom; mais ce collège, placé sous les auspices d'un prince de l'Eglise, était tombé entre les mains de professeurs qui, à l'aide des belles-lettres, faisaient couler le venin de l'erreur dans l'âme de leurs élèves. Le cardinal sentit le besoin de remédier à ces excès; il cherchait des hommes dignes de sa confiance, quand Pierre de Villars, évêque de Mirepoix, lui conseilla d'introduire les Jésuites à Tournon, dans cette province du Vivarais où déjà Calvin comptait tant de sectateurs. Le conseil fut suivi : Edmond Auger reçut ordre de combattre sur ce terrain.

Dans l'année 1559, la ville d'Annecy devient la proie des novateurs : le Père Louis Codret s'y présente, il fait entendre les vérités du salut à des chrétiens, que l'aimable piété de saint François de Sales maintiendra plus tard dans la foi de l'Eglise. Il triomphe de tous les empêchements; puis, après avoir préservé Annecy de la contagion calviniste, Codret offre un nouvel aliment à son ardeur.

En 1560, le protestantisme, gardé dans quelques familles comme un secret, et, par cette espèce de mystère, attirant à sa cause de plus nombreux prosélytes, n'invoquait plus la tolérance; il l'imposait par ses prédicateurs, il menaçait même de l'imposer par les armes. A Marseille, à Avignon et dans la plupart des villes du Midi, aujourd'hui si catholiques, tout était en feu. Les provinces du Nord se voyaient aussi agitées; mais dans ce changement de culte, qui est une révolution, il surnage un fait qu'il ne faut pas oublier. Partout où les Jésuites purent pénétrer, en Auvergne, en Languedoc, par les villes de Billom, de Mauriac, de Rhodez, de Toulouse, de Pamiers et de Tournon, l'action protestante fut beaucoup moins décisive. Elle trouvait là des contradicteurs dont l'éloquence, dont les vertus ne laissaient guère de prise aux sophismes ou à des reproches mérités (Crétineau-Joly, t. I, c. 7).

Pour faire plus de bien en France, il importait de pénétrer au centre. Les Jésuites firent donc leur possible pour s'établir à Paris. Ils trouvèrent à cela trois sortes d'adversaires : le parlement, dont plusieurs membres étaient infectés de la nouvelle hérésie; l'Université, qui redoutait la concurrence des Jésuites pour l'enseignement; enfin, le cardinal de Châtillon, apostat dans le cœur, et, ce qu'on ne devait guère attendre, l'évêque de Paris, Eustache du Bellay. Cependant ce dernier s'adoucit quelque peu et consentit à leur admission dans son diocèse, à condition qu'ils renonceraient, comme ils avaient offert, à tous leurs priviléges. Le décret suivant en fut dressé et promulgué trois jours avant l'arrivée de Laynez à Poissy.

« L'assemblée, suivant le renvoi de ladite cour de Paris, a reçu et reçoit, approuvé et approuve ladite Société et Compagnie par forme de société et de collége, et non de religion nouvellement instituée; à la charge qu'ils seront tenus de prendre un autre titre que de Société de Jésus ou Jésuites, et que sur icelle dite société ou collége, l'évêque diocésain aura toute superintendance, juridiction et correction de chasser et ôter de ladite Compagnie les forfaiteurs et malvivants : n'entreprendront les frères d'icelle Compagnie et ne feront, ni en spirituel, ni en temporel, aucune chose au préjudice des évêques, chapitres, curés, paroisses et Universités, ni des autres religions; ainsi seront tenus de se conformer entièrement à ladite disposition du droit commun, sans qu'ils aient droit ni juridiction aucune, et renonçant au préalable, et par après, à tous priviléges portés par leurs bulles aux choses susdites contraires. Autrement, à faute de ce faire, ou que pour l'advenir ils en obtiennent d'autres, les présentes demeureront nulles et de nul effet et vertu, sauf le droit de ladite assemblée et d'autrui en toutes choses. Donné en l'assemblée de l'Eglise gallicane, tenue par le commandement du roi à Poissy..., le 15e jour de septembre 1561 (*Ibid.*, c. 8). » Cet acte fut entériné au parlement de Paris, le 13 janvier 1562. D'après cet arrêt, les Jésuites devaient prendre le nom de *prêtres du collége de Clermont* : c'est le collége de Paris qu'on appelle aujourd'hui *Louis-le-Grand* (1).

Quant à leur enseignement, voici quel en fut le succès, d'après le témoignage non suspect de du Boulay, greffier et historien de l'Université. « Admis par l'assemblée de Poissy à certaines conditions, dit-il, et reçus par le parlement sous les mêmes conditions, les Jésuites commencèrent à enseigner, mais gratuitement, ce qui plut à beaucoup de gens. L'opposition de l'Université, à qui s'étaient joints l'évêque et le clergé de Paris, la ville et les ordres mendiants, ne servit de rien. Leurs classes sont aussitôt fréquentées par un grand nombre d'écoliers, et celles de l'Université se trouvent désertes. L'éclat dont celles-ci jouissaient avant eux a beaucoup souffert, mais la religion catholique y a beaucoup gagné,

de l'aveu même de ceux qui se sont élevés avec plus de violence contre les Jésuites; car on ne saurait dire combien cet ordre s'est accru en peu de temps et comment tout à coup il a été accueilli partout d'un consentement presque unanime, avec quel fruit il s'est appliqué à convertir à Dieu et au christianisme les nations barbares, et à ramener des hérétiques à la foi catholique (Du Boulay, *Hist. de l'Univ. de Paris*, t. VI, p. 916, édit. 1673). »

Un homme qui a marqué dans la science et dans le philosophisme du XVIIIe siècle, d'Alembert, auteur d'un ouvrage sur la *Destruction des Jésuites*, destruction à laquelle il avait contribué d'une manière si active, enregistre néanmoins les mêmes aveux. Il écrit : « A peine la Compagnie de Jésus commença-t-elle à se montrer en France, qu'elle essuya des difficultés sans nombre pour s'y établir. Les Universités surtout firent les plus grands efforts pour écarter ces nouveaux venus; il est difficile de décider si cette opposition fait l'éloge ou la condamnation des Jésuites qui l'éprouvèrent. Ils s'annoncèrent pour enseigner gratuitement; ils comptaient déjà parmi eux des hommes savants et célèbres, supérieurs peut-être à ceux dont les Universités pouvaient se glorifier; l'intérêt et la vanité pouvaient donc suffire à leurs adversaires, au moins dans les premiers moments, pour chercher à les exclure. On se rappelle les contradictions semblables que les ordres mendiants essuyèrent de ces mêmes Universités quand ils voulurent s'y introduire. »

Le protestant Ranke vient, de nos jours, confirmer les paroles de du Boulay et de d'Alembert. Il dit : « Les succès des Jésuites sous le rapport de l'enseignement furent prodigieux. On observa que la jeunesse apprenait chez eux beaucoup plus en six mois que chez les autres en deux ans. Des protestants mêmes rappelèrent leurs enfants des gymnases éloignés, pour les confier aux Jésuites (Ranke, *Hist. de la Papauté*, t. III, p. 41, édit. 1838). »

Les Pères du concile de Trente ayant donc appris en même temps l'établissement des Jésuites à Paris, la dissolution du colloque de Poissy et le dessein du roi de remettre au concile la décision de toutes les disputes, en ressentirent une extrême joie.

Effectivement, dès la fin de février 1562, le roi Charles IX avait nommé Saint-Gelais, seigneur de Lansac, son ambassadeur au concile. On lui donna pour collègue Arnaud du Ferrier, président aux enquêtes du parlement de Paris, et Gui du Faur de Pibrac, alors président au parlement de Toulouse et depuis avocat général au parlement de Paris. Quelques jours avant son départ, de Lansac écrivit au premier légat qu'il se rendrait à Trente le plus tôt possible; mais que, s'il ne pouvait arriver avant le jour marqué pour la session, il priait les Pères de la différer de quelques jours. Le roi aurait même souhaité qu'elle fût différée jusqu'au commencement de l'hiver, afin de donner le temps aux évêques du royaume de se rendre au concile, le triste état de leurs diocèses ne leur permettant pas de partir aussitôt qu'ils auraient voulu. La plupart des Pères croyaient qu'il était juste de déférer à la demande de l'ambassadeur de France; mais les Espagnols s'y étant fortement opposés, on prit un tempérament, qui fut de tenir la session au jour marqué, d'y lire seulement les lettres de créance des ambassadeurs

---

(1) En 1848, après la révolution de Février, ce collége prit le nom de *Lycée Descartes*; en 1852, sous le second Empire, on lui rendit son nom de *Louis-le-Grand*; enfin, en 1871, après la chute de cet Empire, l'administration de M. Thiers vient de lui rendre son nom de *Lycée Descartes*.

et de remettre la publication des décrets à une autre session, qu'on tiendrait huit jours après.

La dix-neuvième session se tint le 14 mai 1562, avec les cérémonies accoutumées. On n'y fit autre chose que de lire les pouvoirs des ambassadeurs, et un décret qui différait la décision des articles et la publication des décrets jusqu'à la session suivante, que l'on assigna au 4 juin, fête du Saint-Sacrement. Quatre jours après la session, on vit arriver à Trente, de Lansac, ambassadeur de France; il y fut reçu avec la distinction la plus honorable, comme il le témoigne dans la lettre qu'il écrivit aussitôt à de Lisle, ambassadeur français à Rome. C'est dans cette lettre qu'il le prie d'employer tous ses soins auprès du Pape, pour engager Sa Sainteté à laisser libres les propositions, vœux et délibérations du concile, pour ne pas donner lieu de dire que *ceux qui président au concile font venir de Rome le Saint-Esprit dans une valise*: expression aussi impie que de mauvais goût, qu'il tenait de l'un des ambassadeurs de Ferdinand, mais qui n'en déshonore pas moins le copiste que l'auteur.

Les légats indiquèrent une congrégation au 26 mai, pour y recevoir les ambassadeurs de France, qui présentèrent leurs pouvoirs et leurs lettres de créance; elles étaient adressées aux très-saints et très-révérends Pères du concile de Trente. Après la lecture de ces lettres, Pibrac, un des trois ambassadeurs, fit un discours qui fut blâmé généralement. Les évêques espagnols trouvèrent fort à redire qu'il eût avancé que le concile tenu sous Paul III et sous Jules III avait été dissous sans avoir rien fait de bon, ou, selon d'autres exemplaires, sans avoir rien fait d'éclatant. Le concile n'examina point en rigueur de pareilles incartades, et dans la vingtième session, où la réception de ces ambassadeurs se fit avec solennité, il n'applaudit pas seulement au zèle du roi, leur maître, mais au choix qu'il avait fait de ministres d'une rare prudence, d'une foi intègre et d'une religion éclairée, pour assister en son nom et rendre au saint concile l'obéissance qui lui était due. Les ambassadeurs de plusieurs autres princes arrivèrent et furent reçus dans le même temps que ceux de France.

Deux jours après la session, les Pères s'assemblèrent en congrégation générale, et l'on proposa quelques articles sur le sacrement de l'Eucharistie. A la même époque, Charles Visconti, évêque de Vintimille, fut envoyé de Rome à Trente par le Pape, dont il était parent, pour être son nonce secret au concile et son ministre de confiance, avec promesse de récompenser sa fidélité par le cardinalat. Il avait ordre de s'éclairer à fond de tout ce qui pouvait avancer ou reculer ce grand ouvrage, et d'en rendre un compte exact au saint cardinal Charles Borromée, neveu du Pape. Il lui était ordonné de rendre les plus grands honneurs au cardinal de Mantoue, mais de se lier plus intimement avec Simonette. Il devait aussi témoigner aux cardinaux Hosius et Simonette que le Pape était content de leur conduite, et aux cardinaux Séripand et de Mantoue, les sujets de plainte qui s'étaient élevés contre eux. Le Pape chargeait aussi son nonce d'examiner les rapports des légats entre eux, la conduite des évêques, l'état des affaires, et de lui en faire une relation exacte et prompte. Visconti arriva à Trente au commencement de juillet; et se donna tout entier au ministère dont il était chargé, comme on le voit par ses lettres, qui donnent une grande idée de sa capacité pour les affaires de gouvernement.

Après le départ de Visconti pour Trente, le Pape se plaignit à de Lisle des ambassadeurs de France, et surtout de Lansac, qui ne lui paraissait pas être un ambassadeur du roi très-chrétien, quand il demandait que la reine d'Angleterre, les Suisses protestants, les électeurs de Saxe et le duc de Wurtemberg fussent attendus au concile, quoiqu'ils fussent autant d'ennemis et de rebelles qui ne cherchaient qu'à rendre le concile huguenot, tandis que le roi de France voulait le conserver catholique. Les plaintes du Pape n'étaient pas sans fondement; car un des ambassadeurs français, du Ferrier, finira par se déclarer calviniste. On fit courir en même temps le bruit à Trente que le Pape était tellement irrité contre le cardinal de Mantoue, qu'il avait ordonné qu'on ne lui adresserait plus les dépêches, désormais envoyées directement au cardinal Simonette, et que le cardinal de Gonzague, neveu de celui de Mantoue, avait été exclu de la congrégation établie à Rome pour les affaires du concile. Mais le saint cardinal Borromée manda à Visconti que ces bruits étaient faux, et que ce qui avait pu y donner lieu était que depuis quelques jours on n'avait point eu occasion d'envoyer de lettres communes aux légats, mais de particulières à Simonette; qu'on n'avait point tenu non plus de congrégation de cardinaux sur les affaires du concile, mais simplement sur celles de l'inquisition, où Gonzague n'assistait pas: ce qui avait fait croire à son éloignement.

Lansac, informé par l'ambassadeur de France à Rome des plaintes que le Pape faisait de lui, écrivit à ce ministre pour se justifier. Déjà, par l'avis du cardinal de Mantoue, il avait écrit au Pape pour le même objet; Pie IV fut touché de sa lettre et s'adoucit beaucoup. Il quitta aussi les préventions qu'il avait contre le cardinal de Mantoue, sur une lettre que le saint cardinal Borromée reçut de Visconti, qui faisait l'éloge de ce légat, relevant surtout sa sagesse et sa modération, et ajoutant que sa retraite serait un grand malheur, tant à cause de la profonde vénération que tous les Pères avaient pour lui, qu'à cause de l'estime que les princes faisaient de sa prudence. Cette lettre fit une grande impression sur le Pape, qui changea entièrement de disposition à l'égard du cardinal de Mantoue, lui écrivit en termes très-honorables, et exigea que les autres légats suivissent en tout ses avis. Il déclara qu'il voulait que le concile fût libre, qu'on y évitât tout ce qui était contraire à la dignité d'un concile général et qu'il ne s'opposait en aucune sorte à ce qu'on discutât la question de la résidence; mais qu'il fallait laisser aux esprits le temps de se calmer et n'avoir d'autre but que la gloire de Dieu et les intérêts de l'Eglise.

Le 16 juin, les ambassadeurs de l'empereur avaient présenté aux légats le mémoire des articles dont ce prince demandait la réformation; les légats avaient refusé d'en référer au concile: ils en écrivirent à l'empereur, qui se rendit à leurs raisons et abandonna le tout à leur prudence. On examina dans une congrégation générale, pour matière de la session suivante, une suite d'articles concernant l'usage de la communion. Quand ils eurent été discutés à fond dans un grand nombre de congrégations et de savantes conférences, les ambassadeurs de France et ceux de l'empire, qui, de concert et sans fruit, s'étaient efforcés d'abord d'obtenir l'usage du calice, puis d'empêcher qu'on ne touchât à une matière si délicate pour les deux nations, demandèrent avec de vives instances, deux jours avant la session, qu'on n'y décidât rien et qu'on remît tout à la suivante, comme on avait déjà fait deux fois. Ce fut cette raison-là même qui les fit refuser : on leur répondit que si, après avoir tenu deux sessions sans rien faire, on en tenait une troisième aussi infructueusement, on ferait tomber le concile dans un discrédit irréparable. Comme on voulait donner une forme exacte aux canons et faire une exposition préliminaire de la doctrine, on avait partagé ce travail. Le cardinal Simonette fut chargé de dresser les canons, avec quelques théologiens et le général des Dominicains, et on laissa le soin des chapitres de la doctrine aux cardinaux Hosius et Séripand, avec Eustache du Bellay, évêque de Paris, deux autres prélats et le général des Augustins. On tint d'autres congrégations, où l'on continua de discuter les points de doctrine qui devaient être décidés dans la prochaine session, qui était la vingt et unième. Elle se tint le 16 juillet 1562 (Dassance, *Essai hist.*, etc.).

Outre les cinq cardinaux-légats qui présidaient le concile, il y eut à cette séance trois patriarches, dix-neuf archevêques, cent cinquante-huit évêques, trois abbés, six généraux d'ordres, trois jurisconsultes, vingt-trois théologiens séculiers et soixante-onze réguliers. Marc Cornaro, archevêque de Spalatro en Dalmatie, chanta la messe solennelle, et André Dudith, évêque de Tininia en Hongrie, prononça le discours latin, où il insista indirectement sur la concession du calice, fort désirée dans son pays. Les ambassadeurs de l'empereur, appuyés des ambassadeurs de France, avaient vivement demandé la même chose : les Pères du concile se trouvèrent fort partagés à cet égard, les uns refusant, les autres accordant, un grand nombre renvoyant l'affaire au Pape. Dans la session publique, on se réduisit à décider que cela n'était pas nécessaire en ces termes :

« DOCTRINE DE LA COMMUNION SOUS LES DEUX ESPÈCES, ET DE CELLE DES PETITS ENFANTS.

» Le très-saint concile de Trente, œcuménique et général, légitimement assemblé dans le Saint-Esprit, les mêmes légats du Siége apostolique y présidant : comme, au sujet du redoutable et très-saint sacrement de l'Eucharistie, divers monstres d'erreurs se répandent en plusieurs endroits par la malice du démon, et qu'ils semblent dans plusieurs provinces avoir fait séparer plusieurs personnes de la foi et obéissance de l'Eglise catholique, il a jugé à propos d'exposer ici ce qui regarde la communion sous les deux espèces et celle des petits enfants ; c'est pourquoi il interdit et défend à tous les fidèles chrétiens d'être assez téméraires que de croire, ou enseigner, ou prêcher autre chose à l'avenir que ce qui a été expliqué et défini dans ces décrets.

» CHAPITRE I. *Que les laïques, ni les ecclésiastiques, quand ils ne consacrent pas, ne sont pas obligés de droit divin à la communion sous les deux espèces.* — Le saint concile donc, instruit par le Saint-Esprit, qui est l'esprit de sagesse et d'intelligence, l'esprit de conseil et de piété, et, suivant le jugement et l'usage de l'Eglise même, déclare et enseigne que les laïques et les clercs qui ne célèbrent pas, ne sont obligés par aucun précepte divin à recevoir le sacrement de l'Eucharistie sous les deux espèces ; et qu'on ne peut en aucune manière douter, sans blesser la foi, que la communion sous l'une des espèces ne suffise à leur salut. Car, quoique Notre Seigneur Jésus-Christ ait institué dans la dernière cène et ait donné à ses apôtres ce vénérable sacrement sous les espèces du pain et du vin, néanmoins, pour l'avoir institué et donné de la sorte, ce n'est pas à dire que tous les fidèles chrétiens soient tenus et obligés, par l'ordonnance de Notre Seigneur, à recevoir l'une et l'autre espèce. On ne peut pas non plus inférer des paroles de Notre Seigneur au chapitre sixième de saint Jean, de quelque façon qu'elles soient entendues suivant les diverses interprétations des saints Pères et des docteurs, qu'il ait fait un précepte de la communion sous les deux espèces ; car celui qui a dit : *Si vous ne mangez la chair du Fils de l'homme et si vous ne buvez son sang, vous n'aurez point la vie en vous,* a dit aussi : *Si quelqu'un mange de ce pain, il vivra éternellement.* Et celui qui a dit : *Celui qui mange ma chair et boit mon sang, a la vie éternelle,* a dit aussi : *Le pain que je donnerai est ma chair pour la vie du monde.* Enfin le même qui a dit : *Celui qui mange ma chair et boit mon sang, demeure en moi et moi en lui,* n'a pas moins dit : *Celui qui mange ce pain vivra éternellement.*

» CHAPITRE II. *De la puissance de l'Eglise dans la dispensation du sacrement de l'Eucharistie.* — Le saint concile déclare aussi qu'il y a toujours eu dans l'Eglise, par rapport à la dispensation, cette puissance d'établir ou même de changer, sans toucher à leur substance, ce qu'elle a jugé de plus à propos pour le respect dû aux sacrements mêmes, ou pour l'utilité de ceux qui les reçoivent, selon la diversité des temps, des lieux et des conjonctures. Et c'est ce que l'Apôtre a semblé insinuer assez clairement, quand il a dit : *On doit nous regarder comme les ministres de Dieu, et comme les dispensateurs des mystères de Dieu.* Il paraît en effet qu'il a fait usage de ce pouvoir en plusieurs occasions et particulièrement à l'égard de ce sacrement même, lorsque, ayant réglé certaines choses sur la manière d'en user, il ajoute : *Je réglerai le reste, quand je serai arrivé.* C'est ainsi que notre mère la sainte Eglise, connaissant cette autorité qu'elle a dans l'administration des sacrements, quoique l'usage de ces deux espèces fût assez ordinaire dans les premiers temps du christianisme, néanmoins dans la suite des temps cet usage se trouvant changé en plusieurs endroits, elle s'est portée et déterminée, pour de justes et fortes raisons, à approuver cette dernière coutume de communier sous une seule espèce, et en a fait une loi qu'il n'est pas permis de rejeter, ni de changer arbitrairement, sans l'autorité de cette Eglise.

» CHAPITRE III. *Qu'on reçoit sous l'une ou l'autre de ces espèces Jésus-Christ tout entier et le véritable sacrement.* — Le saint concile déclare de plus que, encore que notre Rédempteur, comme on l'a déjà dit, ait institué et donné aux apôtres, dans la dernière cène, ce sacrement sous les deux espèces, il faut néanmoins confesser que sous l'une des espèces on reçoit Jésus-Christ tout entier et le véritable sacrement, et ainsi ceux qui ne reçoivent qu'une de ces espèces ne sont privés, quant à l'effet, d'aucune grâce nécessaire au salut.

» CHAPITRE IV. *Que les petits enfants ne sont point obligés à la communion sacramentelle.* — Enfin, le même saint concile déclare et prononce que les petits enfants qui n'ont pas encore l'usage de la raison, ne sont nullement obligés à la communion sacramentelle de l'eucharistie, puisqu'étant régénérés par l'eau du baptême et incorporés à Jésus-Christ, ils ne peuvent perdre en cet âge la grâce déjà acquise d'enfants de Dieu. On ne condamne pas néanmoins pour cela l'antiquité, qui a suivi cette coutume en quelques endroits; car, comme les saints Pères ont eu dans leur temps quelque cause raisonnable de le faire, aussi doit-on croire fermement et sans difficulté qu'ils ne l'ont fait nullement à raison de quelque nécessité pour le salut. »

« DE LA COMMUNION SOUS LES DEUX ESPÈCES, ET DE CELLE DES PETITS ENFANTS.

» CANON I. Si quelqu'un dit que tous et chacun des fidèles chrétiens sont obligés, de précepte divin ou de nécessité de salut, à recevoir le très-saint sacrement de l'Eucharistie sous l'une et l'autre espèce : qu'il soit anathème.

» II. Si quelqu'un dit que la sainte Église n'a pas eu de causes justes et raisonnables pour donner la communion sous la seule espèce du pain aux laïques et même aux ecclésiastiques, lorsqu'ils ne consacrent pas, ou qu'en cela elle a erré : qu'il soit anathème.

» III. Si quelqu'un nie que Jésus-Christ, la source et l'auteur de toutes les grâces, soit reçu tout entier sous la seule espèce du pain, parce qu'il n'est pas reçu, comme quelques-uns le soutiennent faussement, selon l'institution de Jésus-Christ, sous l'une et l'autre espèce : qu'il soit anathème.

» IV. Si quelqu'un dit que la communion de l'eucharistie est nécessaire aux petits enfants, avant qu'ils aient atteint l'âge de discrétion : qu'il soit anathème. »

Quant aux deux articles qui ont été autrefois proposés et n'ont pas encore été examinés, savoir : si les raisons qui ont porté la sainte Église catholique à donner la communion aux laïques et même aux prêtres qui ne célèbrent pas, sous la seule espèce du pain, sont telles qu'on ne doive en aucune façon permettre à personne l'usage du calice; et, supposé qu'on jugeât à propos, pour des causes raisonnables et fondées sur la charité chrétienne, d'accorder l'usage du calice à quelque nation ou à quelque royaume, savoir s'il faudrait l'accorder avec quelques conditions, et quelles elles devraient être : le même saint concile réserve à un autre temps et à la première occasion qui s'en présentera, d'en faire l'examen et d'en prononcer.

On ménageait ainsi les ambassadeurs de l'empire, qui demandaient cette permission pour leur nation; le roi de France, qui communie sous les deux espèces le jour de son sacre; et surtout on ne détournait point les protestants de venir au concile, dont ils n'eussent plus rien attendu de favorable après un jugement de rigueur sur cet objet. Toute la décision qu'on donna là-dessus par la suite, ce fut de renvoyer l'affaire au Pape, comme plus propre qu'un tribunal moins fixe à régler ce qui conviendrait selon les temps et les conjonctures.

Après les décrets sur le dogme, viennent neuf chapitres de réformation, que nous joindrons à ceux des deux sessions suivantes, afin d'en saisir mieux l'ensemble.

Le lendemain de la vingt et unième session, l'ambassadeur d'Espagne reçut une lettre du roi, dans laquelle il mandait aux évêques de son royaume, qu'il savait toutes les instances introduites par eux pour faire déclarer la résidence de droit divin, et qu'il louait leur zèle et leurs bonnes intentions; mais cette déclaration ne lui paraissant point nécessaire actuellement; il leur défendait de la poursuivre davantage. On tint le même jour, 17 juillet, une congrégation générale, dans laquelle on donna aux théologiens treize articles à examiner sur le sacrifice de la messe. Dans une autre congrégation, qui se tint le lendemain, l'archevêque de Grenade et l'évêque de Cinq-Églises demandèrent qu'on joignît le sacrement de l'Ordre au sacrifice de la messe, dans le dessein de faire décider la question de la résidence; mais les légats ne les écoutèrent point.

Toutes les congrégations suivantes, jusqu'à la fin du mois d'août, furent employées à l'examen de la matière du sacrifice. Celle du 21 juillet fut très-nombreuse; outre les légats, qui s'y trouvèrent tous, on y compta cent cinquante-sept prélats, environ cent théologiens et près de deux mille autres personnes, sans parler des ambassadeurs de l'empereur, du roi de France et de la république de Venise, qui y assistèrent. On y proposa quelques règlements pour traiter les matières par ordre et avec bienséance. Un de ces règlements portait que chaque théologien ne parlerait pas plus d'une demi-heure, après quoi le maître des cérémonies l'avertirait de cesser. Les théologiens du Pape refusèrent de consentir à ces règlements et voulurent surtout qu'on leur laissât la liberté de parler aussi longtemps qu'ils jugeraient convenable à la matière proposée; et le Jésuite Salmeron, le premier de ces théologiens, remplit seul toute la séance, où il parla sur le sacrifice de la messe, qu'on avait donné à examiner. Vers la fin de la congrégation du 11 août, on proposa la question de la communion sous les deux espèces, pour les laïques. Cette question fut agitée de nouveau vers la fin du mois d'août, et le résultat de cette longue dispute, comme nous l'avons déjà dit, fut de renvoyer cette affaire au Pape (Dassance, *Essai hist.*, etc.).

Dans la dernière congrégation ainsi que dans la session subséquente, les légats firent donner lecture d'une lettre venue de Rome, qui dut grandement réjouir tous les Pères. Le cardinal Amulius, de la part du pape Pie IV, faisait savoir aux légats que Sa Sainteté avait présenté au consistoire un religieux de Saint-Antoine, ermite, nommé Abd-Isu. Il avait été élu patriarche de l'Assyrie orientale, près du Tigre, par le consentement du clergé et du peuple. C'était un homme très-instruit, noble, riche parmi ceux de sa nation, âgé de soixante ans. Parmi les nombreuses traverses et les mauvais traitements de la part des Turcs, il était venu à Rome, porté par son zèle à visiter les sanctuaires des apôtres et à baiser les pieds au vicaire de Jésus-Christ. Son intention était de s'instruire dans les observances de l'Eglise romaine et de se faire confirmer dans son patriarcat par l'autorité du Siége apostolique. Après plusieurs mois de séjour à Rome, bien informé des rites dans lesquels il ne s'accordait pas avec les catholiques, quoique la différence ne fût pas notable, il avait juré l'obéissance au Pontife romain et l'observance de tous les conciles et notamment de celui de Trente. De tout cela il présentait des certificats authentiques. Le Pape lui avait donné la confirmation du patriarcat et de quoi fournir aux frais du voyage pour son retour en Assyrie. Le bon vieillard, si son âge et le besoin de ses peuples, c'est-à-dire près de deux cent mille personnes, partie soumise aux Turcs ou aux Perses, ne lui avaient pas fait un devoir de retourner chez lui, aurait volontiers assisté aux sessions du concile. Amulius ajoutait que le patriarche, interrogé sur les livres de l'Ecriture admis par les Assyriens et sur les rites usités parmi eux, avait mis au nombre des livres canoniques plusieurs de ceux que les hérétiques rejettent. Parmi les rites, avec quelque petite diversité, il avait nommé les sacrements de l'Eglise et en particulier la confession auriculaire, comme aussi la vénération des saintes images. Son rapport semblait fournir un fort argument contre les hérétiques qui les méprisent comme des inventions modernes; car il est certain que ces peuples, dont jusqu'alors on savait à peine le nom et qui n'étaient connus que par des relations mal assurées, n'ont pu apprendre ces choses que par d'anciennes traditions, et ces traditions ne pouvaient être que la suite des prédications des apôtres saint Thomas et saint Jude, et de Marc, leur disciple. Amulius ajoutait dans sa lettre que c'étaient là ses propres idées, mais que les légats sentiraient mieux que lui la force de ses raisons. Pour lui, il n'était chargé, de la part du Saint-Père, que de leur envoyer cette confession de foi du patriarche assyrien et la promesse d'obéissance qu'il avait faite au concile (Pallavicin, l. 18, c. 9, n. 5).

Voici la dernière pièce, certifiée authentique par le cardinal Amulius et quatre autres prélats.

« Moi Abd-Isu, fils de Jean, de la ville de Gézir sur le Tigre, autrefois moine de Saint-Antoine, du monastère des saints Raha et Jean frères; maintenant, par la grâce de Dieu et du Siége apostolique, primat ou patriarche de la cité de Muzal (Mossul), dans l'Assyrie orientale, sous la juridiction de laquelle sont compris beaucoup de métropolitains et d'évêques, savoir : Arbéles, métropole; Sirava, Hancava, évêchés; la métropole de Cheptiam, avec les évêchés de Caramleys et d'Achusc; la métropole de Nisibe, avec les évêchés Macchazzin, Tallescani et Mardin; la métropole de Scëert, avec l'évêché d'Azzeu; la métropole d'Elchessen, avec les évêchés de Zuch et de Mesciara; la métropole de Gurgel, avec l'évêché d'Esci; la métropole d'Amed, avec les évêchés Chiarruchia, Hayn et Tannur, lesquels pays sont tous sous l'empire des Turcs. La métropole d'Ormi supérieure, avec les évêchés d'Ulcismi et de Cuchia; la métropole d'Ormi inférieure, avec les évêchés de Durasoldos et d'Escinuch; la métropole d'Espurgan, avec les évêchés de Naré et de Giennum; la métropole de Selmas, avec les évêchés de Baumar, de Sciabathan et de Vasthan, tous sujets du roi de Perse, appelé vulgairement Sophi. Dans l'Inde soumise aux Portugais, les métropoles de Cochin, de Cananor et de Goa, avec l'évêché de Calicut, auquel est soumise la ville de Caronongol, encore occupée par les idolâtres et les payens.

» Je jure et promets, ne pouvant aller au saint concile de Trente et étant obligé de me rendre dans mon patriarcat, qui a besoin de mon secours, et qui, en mon absence, n'a point de gardien; car le devoir d'un pontife de l'Eglise est d'instruire chaque jour dans la sainte foi chrétienne les âmes qui lui sont soumises, de les confirmer dans la foi par les mœurs et par l'intégrité de la vie, de peur que le troupeau qui lui a été confié, n'étant pas gouverné par le pasteur, ne tombe en diverses maladies. Ce qui peut arriver d'autant plus facilement à mon troupeau, qu'étant sous la tyrannie des infidèles, il y en a encore beaucoup de faibles dans la foi chrétienne, et que chaque jour, par mes soins et la grâce de Dieu, ce troupeau peut s'augmenter. Et comme il est difficile que mes frères les métropolitains et les évêques, étant si éloignés, puissent être convoqués à ce saint concile de Trente : moi, tant en mon nom qu'au nom d'eux tous qui assurément tiennent pour Rome, acquiesçant au serment de fidélité que j'ai rédigé et prêté; je jure, dis-je, et je promets que nous tenons et croyons tout ce qui a été fait jusqu'à présent dans les sacrés conciles œcuméniques, et je promets que nous élèverons tous nos enfants suivant leurs décrets et principalement dans ce qui sera décidé par le très-saint concile œcuménique de Trente. De cette légitime assemblée je n'ai pas le moindre doute; mais tant en mon nom qu'au nom de mes dits frères, je m'y soumets respectueusement et humblement, et, quand je serai appelé, je viendrai volontiers avec mes frères, soit à ce concile, soit à un autre. Ainsi Dieu me soit en aide, et ces saints Evangiles (Raynald, an 1562). »

Ces nouvelles émurent profondément les Pères de Trente. Ils voyaient une partie de l'Allemagne, de la France et de l'Angleterre faire des efforts impies pour rompre l'unité chrétienne et se jeter dans les voies sanglantes d'une interminable anarchie; et, dans ce moment-là même, les restes déplorables des antiques églises de Mésopotamie et de Chaldée, tristement assis sur les fleuves du Tigre et de l'Euphrate, au milieu des ruines inconnues de Ninive et de Babylone, et gémissant sous le bâton des Turcs, envoyaient leur patriarche au vicaire de Jésus-Christ, au successeur de saint Pierre, pour rentrer plus intimement dans l'unité catholique et y puiser la vie et la force qu'ils avaient perdues par leur éloignement. Et dans ce moment-là même, Pie IV venait d'ériger de nouveaux évêchés dans l'Amérique et dans l'Inde, pour recevoir les nouveaux peuples qui se pressaient aux portes de l'Eglise (*Ibid.*, an 1561, n. 70); et dans ce moment-là même le Japon ouvrait les yeux à la foi, et la Chine attendait un apôtre.

La vingt-deuxième session se tint au jour indiqué, 17 septembre 1562, quelques instances qu'eussent faites les ambassadeurs de l'empire et de la France pour la faire proroger. L'empereur se flattait toujours que dans la diète qu'il devait tenir à Francfort, il pourrait engager les protestants à venir au concile; mais ses efforts furent inutiles. Les Français voulaient qu'on attendît le cardinal de Lorraine, qui devait venir toujours incessamment à la tête des prélats français, et qu'on attendait en vain depuis une année entière. Outre les cinq cardinaux présidents, il y eut à cette session un cardinal, trois patriarches, vingt archevêques, cent quarante-deux évêques, un abbé et sept généraux d'ordres. Après la messe et les prières accoutumées, l'évêque de Vintimille, nonce spécial du Pape, prêcha sur l'utilité des conciles œcuméniques et légitimes, et exhorta vivement tous les Pères à unir leurs efforts pour ramener les brebis égarées (Raynald, an 1562, n. 101). Ensuite on publia les décrets suivants sur la foi.

« EXPOSITION DE LA DOCTRINE TOUCHANT LE SACRIFICE DE LA MESSE.

» Le saint concile de Trente, œcuménique et général, légitimement assemblé dans le Saint-Esprit, les mêmes légats du Siége apostolique y présidant : afin que dans la sainte Église catholique la doctrine et la foi anciennes touchant le grand mystère de l'eucharistie se maintiennent entières et parfaites dans toutes leurs parties et se conservent dans leur pureté, en bannissant toutes les erreurs et toutes les hérésies; ce concile, instruit par la lumière du Saint-Esprit sur l'Eucharistie, considérée comme véritable et unique sacrifice, enseigne, déclare et ordonne qu'il faut prêcher aux peuples fidèles ce qui suit :

» CHAPITRE Ier. *De l'institution du saint sacrifice de la messe.* — Parce que sous l'Ancien Testament, selon le témoignage de l'apôtre saint Paul, il n'y avait rien de parfait ni d'accompli à cause de la faiblesse et de l'impuissance du sacerdoce lévitique, il a fallu, Dieu le Père des miséricordes l'ordonnant ainsi, qu'il se levât un autre prêtre selon l'ordre de Melchisédech, Notre Seigneur Jésus-Christ, lequel pût consommer et mener au degré tous ceux qui devaient être sanctifiés. Or, quoique Notre Seigneur Dieu dût une fois s'offrir lui-même à Dieu son Père, en mourant sur l'autel de la croix pour y opérer une rédemption éternelle : néanmoins, parce que son sacerdoce ne devait pas être éteint par sa mort; pour laisser à l'Église, sa chère épouse, un sacrifice visible, tel que la nature des hommes le demande; sacrifice qui représentât le sacrifice sanglant qui devait s'accomplir une fois sur la croix, qui en conservât la mémoire jusqu'à la fin du monde et qui en appliquât la vertu salutaire pour la rémission des péchés que nous commettons tous les jours : dans la dernière cène, la nuit même qu'il fut livré, montrant qu'il était établi prêtre pour l'éternité selon l'ordre de Melchisédech, il offrit à Dieu le Père son corps et son sang sous les espèces du pain et du vin, et sous les mêmes symboles les donna à prendre à ses apôtres, qu'il établissait alors prêtres du Nouveau Testament. Et par ces paroles : *Faites ceci en mémoire de moi*, il leur ordonna, à eux et à leurs successeurs dans le sacerdoce, de les offrir, comme l'Église catholique l'a toujours entendu et enseigné. Car après avoir célébré l'ancienne Pâque, que les enfants d'Israël immolaient en mémoire de la sortie d'Égypte, il établit la Pâque nouvelle, se donnant lui-même pour être immolé par les prêtres au nom de l'Église sous des signes visibles, en mémoire de son passage de ce monde à son Père; lorsque, nous ayant rachetés par l'effusion de son sang, il nous arracha de la puissance des ténèbres et nous transféra dans son royaume. C'est cette offrande pure, qui ne peut être souillée par l'indignité ni par la malice de ceux qui l'offrent, que le Seigneur a prédit par Malachie *devoir être en tout lieu offerte à son nom, qui serait grand parmi les nations.* C'est la même que l'apôtre saint Paul, écrivant aux Corinthiens, a marquée assez clairement quand il a dit : *Que ceux qui sont souillés par la participation de la table des démons ne peuvent être participants de la table du Seigneur;* entendant en l'un et en l'autre lieu par la table, l'autel. C'est elle enfin qui, au temps de la nature et de la loi, était figurée par diverses similitudes de sacrifices, comme renfermant tous les biens qui n'étaient que signifiés par les autres, dont elle était la consommation et la perfection.

» CHAPITRE II. *Que le sacrifice de la messe est propitiatoire, tant pour les vivants que pour les morts.* — Et parce que dans ce divin sacrifice qui s'accomplit à la messe, le même Jésus-Christ qui s'est offert une fois lui-même sur la croix avec effusion de son sang est contenu et immolé d'une manière non sanglante; le saint concile enseigne que ce sacrifice est vraiment propitiatoire, et que par lui nous obtenons miséricorde et trouvons grâce dans le temps opportun, si nous approchons de Dieu contrits et pénitents, avec un cœur sincère, une vraie foi et dans un esprit de crainte et de respect. Car le Seigneur, apaisé par cette oblation et accordant la grâce et le don de pénitence, remet les crimes et les péchés, même les plus grands. C'est en effet une seule et même hostie, et le même s'offre aujourd'hui par le ministère des prêtres, qui s'offrit autrefois sur la croix, sans qu'il y ait de différence que dans la manière d'offrir. Et par cette oblation non sanglante, on reçoit des fruits très-abondants de celle qui s'est faite avec effusion de sang; tant s'en faut que par elle on déroge à celle-ci. C'est pourquoi, selon la tradition des apôtres, elle est offerte non-seulement pour les péchés, les peines, les satisfactions et les autres nécessités des fidèles encore vivants, mais aussi pour ceux qui sont morts en Jésus-Christ et qui ne sont pas encore entièrement purifiés.

» CHAPITRE III. *Des messes qui se disent en l'honneur des saints.* — Quoique l'Église ait coutume de célébrer quelquefois des messes en l'honneur et en la mémoire des saints, elle n'enseigne pourtant pas que le sacrifice leur soit offert, mais bien à Dieu seul qui les a couronnés. Aussi le prêtre ne dit-il pas : Pierre ou Paul, je vous offre ce sacrifice; mais, rendant grâces à Dieu de leur victoire, il implore leur assistance, afin que ceux dont nous faisons mémoire sur la terre daignent intercéder pour nous dans le ciel.

» CHAPITRE IV. *Du canon de la messe.* — Comme il convient que les choses saintes soient administrées saintement, et que ce sacrifice est de toutes choses la plus sainte : afin qu'il fût offert et reçu avec dignité et respect, l'Église catholique, depuis plusieurs siècles, a établi un saint canon, si exempt de toute erreur, qu'il n'y a rien dedans qui ne ressente tout à fait la sainteté et je ne sais quelle piété, et qui n'élève à Dieu l'esprit de ceux qui offrent le sacrifice. Car il est composé des paroles mêmes de Notre Seigneur, des traditions des Apôtres et des pieuses institutions des saints Pontifes.

» CHAPITRE V. *Des cérémonies solennelles du sacrifice de la messe.* — La nature de l'homme étant telle qu'il ne peut aisément et sans quelques secours extérieurs s'élever à la méditation des choses divines : l'Eglise, comme une bonne mère, a établi certains usages, comme de prononcer à la messe des choses à voix basse, d'autres d'un ton plus haut. Elle a également introduit, suivant la discipline et la tradition des Apôtres, des cérémonies; comme les bénédictions mystiques, les lumières, les encensements, les ornements et plusieurs autres choses semblables, pour rendre par là plus recommandable la majesté d'un si grand sacrifice et pour exciter les esprits des fidèles, par ces signes sensibles de piété et de religion, à la contemplation des grandes choses qui sont cachées dans ce sacrifice.

» CHAPITRE VI. *Des messes auxquelles le prêtre seul communie.* — Le saint concile souhaiterait, à la vérité, qu'à chaque messe tous les fidèles qui y assistent communiassent, non-seulement spirituellement et par des sentiments intérieurs de dévotion, mais aussi par la réception sacramentelle de l'Eucharistie ; afin qu'ils retirassent des fruits plus abondants de ce très-saint sacrifice. Cependant, encore que cela ne se pratique pas toujours ainsi, il ne condamne pas pour cela, comme privées et illicites, les messes où le prêtre seul communie. Bien loin de là, il les approuve et les autorise; car ces messes mêmes doivent être regardées comme véritablement communes; soit parce que le peuple y communie spirituellement, soit parce qu'elles sont célébrées par un ministre public de l'Eglise, non-seulement pour lui, mais aussi pour tous les fidèles, qui appartiennent au corps de Jésus-Christ.

» CHAPITRE VII. *De l'eau qu'il faut mêler avec le vin dans le calice qu'on doit offrir.* — Le saint concile avertit ensuite l'Eglise a ordonné aux prêtres de mêler de l'eau au vin qui doit être offert dans le calice; tant parce qu'on croit que Notre Seigneur Jésus-Christ a ainsi fait; que parce qu'aussi de l'eau sortit de son côté avec le sang. On renouvelle la mémoire de ce mystère par ce mélange; et comme les peuples sont appelés des eaux dans l'Apocalypse de saint Jean, on représente l'union du peuple fidèle avec son chef, Jésus-Christ.

» CHAPITRE VIII. *Qu'il ne faut pas célébrer la messe partout en langue vulgaire.* — Quoique la messe contienne de grandes instructions pour le peuple fidèle, les Pères n'ont cependant pas jugé à propos qu'elle fût célébrée partout en langue vulgaire. C'est pourquoi chaque Eglise retenant en chaque lieu l'ancien usage qu'elle a pratiqué et qui a été approuvé par la sainte Eglise romaine, la mère et la maîtresse de toutes les Eglises; afin pourtant que les brebis de Jésus-Christ ne souffrent point la faim et que les petits enfants ne demandent pas du pain sans trouver personne qui leur en rompe ; le saint concile ordonne aux pasteurs et à tous ceux qui ont charge d'âmes, d'expliquer souvent dans la célébration du sacrifice, ou de faire expliquer par d'autres, quelque chose entre ce qui se lit à la messe, et de faire entendre entre autres choses quelqu'un des mystères de ce très-saint sacrifice, surtout les jours de dimanches et de fêtes.

» CHAPITRE IX. *Prolégomène des canons suivants.* — Comme on a dans ce temps-ci semé plusieurs erreurs contre cette ancienne croyance fondée sur le saint Evangile, sur la tradition des Apôtres, sur la doctrine des saints Pères, et que plusieurs enseignent et soutiennent diverses choses contraires; le saint concile, après avoir souvent, gravement et mûrement traité de ces choses, a résolu, du consentement unanime de tous les Pères, de condamner et de bannir de la sainte Eglise, par les canons suivants, ce qui est contraire à la pureté de cette croyance et de cette sainte doctrine.

» DU SACRIFICE DE LA MESSE.

» CANON I. Si quelqu'un dit qu'à la messe on n'offre pas à Dieu un sacrifice véritable et proprement dit, ou qu'offrir n'est rien autre chose que nous donner Jésus-Christ à manger : qu'il soit anathème.

» II. Si quelqu'un dit que par ces paroles : *Faites ceci en mémoire de moi,* Jésus-Christ n'a point institué les apôtres prêtres, ou qu'il n'a point ordonné qu'eux et les autres prêtres offrissent son corps et son sang : qu'il soit anathème.

» III. Si quelqu'un dit que le sacrifice de la messe est seulement un sacrifice de louanges et d'action de grâces, ou une simple mémoire du sacrifice accompli sur la croix; mais qu'il n'est pas propitiatoire ou qu'il n'est profitable qu'à celui qui le reçoit, et qu'il ne doit pas être offert pour les vivants et pour les morts, pour les péchés, les peines, les satisfactions et les autres nécessités : qu'il soit anathème.

» IV. Si quelqu'un dit que, par le sacrifice de la messe, on commet un blasphème contre le très-saint sacrifice de Jésus-Christ consommé sur la croix, ou qu'on y déroge : qu'il soit anathème.

» V. Si quelqu'un dit que c'est une imposture que de célébrer des messes en l'honneur des saints et pour obtenir leur intercession auprès de Dieu, comme c'est l'intention de l'Eglise : qu'il soit anathème.

» VI. Si quelqu'un dit que le canon de la messe contient des erreurs, et que pour cela il faut l'abroger : qu'il soit anathème.

» VII. Si quelqu'un dit que les cérémonies, les ornements et les signes extérieurs employés par l'Eglise catholique dans la célébration de la messe, sont plus propres à faire naître l'impiété qu'à nourrir la dévotion : qu'il soit anathème.

» VIII. Si quelqu'un dit que les messes où le prêtre seul communie sacramentellement sont illicites, et que pour cela il faut les abolir : qu'il soit anathème.

» IX. Si quelqu'un dit que le rite de l'Eglise romaine, selon lequel on prononce à voix basse une partie du canon et les paroles de la consécration, doit être condamné, ou qu'on ne doit célébrer la messe qu'en langue vulgaire, ou qu'il ne faut point mêler d'eau avec le vin qui doit être offert dans le calice, parce que cela est contre l'institution de Jésus-Christ : qu'il soit anathème. »

« DÉCRET TOUCHANT LES CHOSES QU'IL FAUT OBSERVER ET ÉVITER DANS LA CÉLÉBRATION DE LA MESSE.

» Chacun peut facilement juger quel soin il faut apporter pour célébrer le très-saint sacrifice de la messe, avec tout le respect et toute la vénération dont on doit user dans les choses de religion : quand on se rappelle que celui qui fait l'œuvre de Dieu négligemment, est appelé maudit dans les saintes Ecritures. Car, si nous sommes obligés d'avouer que les fidèles ne peuvent exercer aucune œuvre si sainte ni si divine que l'est ce redoutable mystère, dans lequel cette hostie vivifiante par laquelle nous avons été réconciliés à Dieu le Père, est tous les jours immolée sur l'autel par les prêtres; il paraît assez qu'il faut mettre tout son soin et toute son application pour faire cette action avec la plus grande netteté et pureté intérieure de cœur, et la plus grande piété et dévotion extérieure qu'il est possible.

» Mais comme il semble que, soit par relâchement des temps, soit par la corruption et la négligence des hommes, il se soit glissé bien des abus fort contraires à la dignité d'un aussi auguste sacrifice : pour rétablir l'honneur et le culte qui lui sont dus, à la gloire de Dieu et à l'édification des fidèles, le saint concile ordonne que les évêques soient très-attentifs ; chacun dans son diocèse, à défendre et abolir tout ce qui s'est introduit, ou par l'avarice, dont le vice est une idolâtrie, ou par l'irrévérence, peu différente de l'impiété, ou par la superstition, qui est la fausse imitatrice de la véritable piété.

» Et pour renfermer beaucoup de choses en peu de mots : premièrement, quant à l'avarice, ils défendront absolument toutes conventions et pactes pour quelque salaire que ce soit ; et tout ce qu'on donne lors de la célébration des premières messes ; comme aussi ces demandes d'aumônes si pressantes et si messéantes, qu'on les doit plutôt appeler exactions, et toutes les autres choses pareilles, qui sont peu éloignées de la simonie, ou au moins d'un gain sordide et honteux.

» En second lieu, pour éviter l'irrévérence, chacun doit défendre dans son diocèse de laisser dire la messe à aucun prêtre vagabond et inconnu ; ne jamais permettre que personne serve au saint autel ou assiste au saint mystère, qui soit publiquement et notoirement prévenu de crime ; ne point souffrir que le saint sacrifice soit offert par quelques prêtres que ce soit, séculiers ou réguliers, dans des maisons particulières, ni en aucune façon hors des églises et des chapelles dédiées uniquement au culte divin, et que les évêques diocésains doivent diriger et visiter ; et à condition encore que ceux qui y assisteront feront connaître par leur modestie et leur extérieur, qu'ils sont présents non-seulement de corps, mais encore d'esprit et avec les dispositions d'un cœur vraiment pieux. Ils banniront aussi de leurs églises toutes sortes de musiques dans lesquelles, soit sur l'orgue ou dans le simple chant, il se mêle quelque chose de lascif ou d'impur, aussi bien que toutes les actions séculières et entretiens vains et profanes, promenades, bruits, clameurs ; afin que la maison de Dieu puisse paraître et être appelée véritablement une maison de prière.

» Enfin, pour ne laisser aucun lieu à la superstition, ils ordonneront par des mandements exprès et sous des peines qu'ils jugeront efficaces, que les prêtres ne disent la messe qu'aux heures convenables et qu'ils n'admettent dans la célébration des messes ni pratiques, ni cérémonies, ni prières, autres que celles qui ont été approuvées par l'Eglise et reçues par un usage louable et fréquent. Ils aboliront aussi entièrement dans leurs églises l'observation d'un certain nombre de messes et de luminaires, qui a été inventée par une manière de superstition, plutôt que par un esprit de véritable piété. Ils apprendront au peuple quel est, et principalement de qui vient le fruit si précieux et tout céleste de ce très-saint sacrifice. Ils les avertiront aussi d'aller souvent à leurs paroisses, au moins les dimanches et les grandes fêtes.

» Or, tout ce qui vient d'être sommairement énuméré, est proposé de telle sorte à tous les ordinaires des lieux, que, par la puissance qui leur est donnée par le saint concile et même comme délégués du Saint-Siége apostolique, non-seulement ils puissent défendre, ordonner, réformer et établir toutes ces choses, mais aussi tout ce qui leur paraîtra y avoir rapport. Ils obligeront les fidèles à les observer inviolablement, par censures ecclésiastiques et autres peines qu'ils jugeront à propos d'établir, nonobstant tous priviléges, exemptions, coutumes et appellations quelconques. »

Tels sont les chapitres, canons et décrets du concile de Trente sur le saint sacrifice de la messe. Les onze chapitres de réformation, que nous joindrons à ceux de la prochaine session, sont suivis d'un décret sur la demande du calice, conçu en ces termes :

« De plus, le même concile ayant, dans la dernière session, réservé à examiner et à décider dans un autre temps, quand l'occasion s'en présenterait, deux articles qui avaient été autrefois proposés et qui ne furent pas alors discutés, savoir : s'il faut s'en tenir tellement aux raisons qui ont porté l'Eglise catholique à donner la communion aux laïques, et aux prêtres, même quand ils ne célèbrent pas, sous la seule espèce du pain, que l'usage du calice ne doive jamais, pour aucune raison, être permis à personne ; et, supposé que, pour des raisons justes et fondées sur la charité chrétienne, on jugeât à propos d'accorder l'usage du calice à quelque nation ou à quelque royaume, savoir si on doit l'accorder sous quelques conditions, et quelles elles doivent être : voulant maintenant pourvoir au salut de ceux pour qui il est demandé, le concile a ordonné que l'affaire entière soit remise, comme par le présent il la remet, à notre Très-Saint-Père, lequel, par sa prudence singulière, en usera selon qu'il le jugera utile à la chrétienté et salutaire à ceux qui demandent l'usage du calice. »

La nouvelle de la prochaine arrivée du cardinal de Lorraine et des prélats français, engagea les Pères à consentir à la prorogation demandée par les ambassadeurs de France pour la session suivante, et même à suspendre les congrégations. On était dans un moment de crise. A l'occasion du sacrement de l'Ordre, on traitait de l'institution des évêques : il s'agissait de déterminer si cette institution est divine, ou si les évêques tiennent leur mission du Pape ; autrement, si leur institution est immédiatement de Dieu, ou de Dieu par le Pape. Jamais article ne fut plus fortement débattu, jamais les avis ne furent proposés et soutenus avec plus de vivacité. Cet orage fut si violent, que peu s'en fallut, dit le cardinal Pallavicin, que l'espérance qu'on avait conçue du rétablissement de la république chrétienne ne se changeât en désespoir. Il fallut toute l'habileté et toute la vertu du saint cardinal Borromée, sa longanimité, sa douceur et sa fermeté tout ensemble, son ascendant sur l'esprit du Pape, son oncle, son talent d'insinuation auprès des légats et des Pères du concile, pour ramener enfin les partis contraires à un accord raisonnable.

Quoiqu'on eût appréhendé à Rome que le cardinal de Lorraine ne se joignît aux Allemands et aux Espagnols pour s'opposer aux Italiens, il fut cependant reçu par les légats comme un ange de paix que Dieu leur envoyait pour réparer les brèches que la discorde ne peut manquer de produire dans des assemblées aussi nombreuses qu'était le concile : ce sont leurs termes. Tous les Pères allèrent au devant de lui; il fut reçu le 23 décembre dans une congrégation générale où se trouvèrent tous les prélats, au nombre de deux cent dix-huit, tous les ambassadeurs et une infinité de personnes que la nouveauté du spectacle avait attirées : son discours fut vif et éloquent, mais général; il n'entra dans la discussion d'aucune des matières propres à émouvoir les esprits. On reprit dans le concile les questions de l'institution des évêques et de la résidence. Il y eut des discussions très-vives, orageuses même. Tout le monde était d'accord que, quant aux évêques, le pouvoir de l'Ordre leur vient immédiatement de Jésus-Christ ou de Dieu. On se divisait sur l'origine immédiate de leur juridiction. Tout le monde convenait qu'elle leur vient originairement de Dieu ou de Jésus-Christ : mais est-ce immédiatement, sans aucun intermédiaire, ou bien est-ce par le canal du Pape? C'est sur quoi l'on se divisait, moins encore pour la pratique que pour la théorie. Car ceux qui prétendaient, comme généralement les Espagnols, que la juridiction leur vient immédiatement de Jésus-Christ, convenaient toutefois que c'est au Pape à leur assigner la matière, le troupeau, le diocèse, sur quoi exercer leur juridiction. Ce qui, dans la pratique, revenait, mais avec un certain embarras, au sentiment plus net et plus conséquent avec lui-même, qui entendait de la juridiction immédiate ces paroles des anciens Pères de l'Église : « Pierre seul a reçu les clés du royaume des cieux, pour les communiquer aux autres. » Au milieu de ces discussions, plusieurs Pères du concile, et de leur nombre fut le cardinal de Lorraine, observèrent très à propos qu'il fallait avant tout repousser l'ennemi au lieu de discuter entre soi des différends de famille. « Les hérétiques avancent, disaient-ils, que les prélats institués par le Pape ne sont pas de vrais et légitimes évêques : voilà précisément ce qu'il faut condamner, sans prendre le change ni s'échauffer sur des questions ultérieures. » C'était le parti le plus sage; aussi finit-il par l'emporter dans le concile.

Au commencement de l'année 1563, les ambassadeurs français présentèrent aux légats et rendirent public le mémoire des articles de la réformation demandée par la France. Les légats les communiquèrent au Pape, qui en écrivit au roi avec éloge, mais en demandant une modification sur plusieurs de ces articles. On célébra à Trente une messe d'actions de grâces, en mémoire de la victoire du roi de France à Dreux, et un service solennel pour les catholiques tués en cette bataille.

Pie IV écrivit au président du concile, que le dépérissement de sa santé lui rendant la mort continuellement présente, sa principale occupation pour se préparer à ce passage formidable, était de réformer l'Église que le Seigneur lui avait tout particulièrement confiée; qu'il n'avait pas dessein de créer de nouveaux cardinaux, et que, si la pensée lui en venait, il les choisirait tels qu'on les pourrait demander; il sentait toute la nécessité de la résidence, dans un temps surtout où les ouailles avaient un besoin si pressant de l'assistance des pasteurs contre les efforts de l'hérésie, soit qu'on la déclarât de droit divin ou de droit humain, il la ferait inviolablement observer par les cardinaux chargés de quelques églises, aussi bien que par les évêques ordinaires; en toute chose il voulait le concile parfaitement libre et il n'avait jamais défendu d'y rien décider sans qu'on l'eût consulté; s'il était survenu des questions difficiles, sur lesquelles on lui avait demandé son avis, cela n'était contraire ni à la liberté ni à l'usage de la sainte antiquité, où il était assez ordinaire que les conciles recourussent à la Chaire de Pierre, comme au premier siège de l'Église et au centre de la vérité; le concile et le Pape, son chef, ne forment pas plus deux corps, que la tête et les membres dans le corps humain ne composent deux hommes; par la même raison, il n'était pas contraire à la liberté que le Pape, consulté par ses légats, consultât à son tour des cardinaux savants, dans la seule vue d'éclaircir les doutes, sans s'obliger à suivre leurs décisions.

La mort du cardinal de Mantoue, premier légat, qui survint au mois de mars 1563, fut un nouveau contre-temps pour les opérations du concile. Séripand manda cette mort au Pape et le pria d'envoyer à Trente un autre légat, qui fût ancien dans le sacré collège et qui pût être à la tête du concile.

Les impériaux jetèrent aussitôt les yeux sur le cardinal de Lorraine, et publièrent que, si on le choisissait pour remplir cette place, il contenterait les princes et les nations, qui avaient beaucoup de confiance en lui, et que par là on pourrait terminer glorieusement le concile; mais le Pape prévint toutes leurs sollicitations, en se hâtant de nommer les cardinaux Jean Moron et Bernard Navagero. Ces deux cardinaux étaient distingués par leur prudence, leur expérience dans les affaires, et ils étaient profondément dévoués aux intérêts du Saint-Siège.

Le 17 mars, le concile perdit encore un de ses légats, le cardinal Séripand, qui mourut à Trente, âgé de 70 ans. Lorsqu'on lui apporta le saint viatique, il se leva et se mit à genoux pour le recevoir; après qu'on l'eût recouché, il fit un discours latin rempli de piété et d'onction, en présence de cinq prélats, des secrétaires de l'ambassade de Venise et de Florence et de tous ses domestiques. Quelques heures avant sa mort, il entendit murmurer quelques évêques disant, qu'il avait fait paraître dans les congrégations des sentiments particuliers touchant le péché originel et la justification : aussitôt il les appelle et fait devant eux sa confession de foi, entièrement conforme à la créance de l'Eglise. Il parla ensuite des bonnes œuvres et de la résurrection des morts, et il recommanda aux légats et au cardinal de Lorraine les affaires du concile. Il voulut continuer, mais sa faiblesse ne le permit pas; toute l'assemblée fondait en larmes : « Pourquoi vous affligez-vous, leur dit-il avec saint Paul, comme les personnes qui sont sans espérance? » et il expire.

Le 20 mars, les légats crurent devoir suspendre les affaires du concile jusqu'à l'arrivée de leurs nouveaux collègues; on fut néanmoins obligé de tenir une congrégation générale le 20 avril, pour y ordonner la prorogation de la session, qui avait été indiquée pour le 22. Mais comme on ne se trouvait pas en état de fixer le jour, on remit à le faire au 20 mai et ensuite au 10 juin. Ce qu'il y eut de plus remarquable, après que les deux nouveaux légats eurent paru dans le concile, fut la contestation sur la préséance entre l'ambassadeur de France et celui d'Espagne. Cette question dura longtemps et augmenta les troubles et les embarras du concile. Le marquis de Pescaire, premier ambassadeur de Philippe II, avait évité cette dispute, en s'absentant, sous divers prétextes, à l'arrivée des ambassadeurs de France. Le comte de Lune lui ayant succédé en même temps que le cardinal de Lorraine arrivait à Trente, il fut quarante jours sans assister à aucune assemblée du concile et à dresser ses batteries pour satisfaire les prétentions de Philippe. Enfin il se réduisit à demander une place hors du rang des ambassadeurs, afin de laisser la préséance indécise. Le cardinal approuva même d'abord cet arrangement; mais les ministres de France dirent que leur devoir était de ne point laisser révoquer en doute la préséance que le roi de France avait sur celui d'Espagne : ce qui arriverait néanmoins, si l'on donnait à l'ambassadeur d'Espagne une autre place que celle qui est immédiatement après l'ambassadeur de France.

Comme le temps de la session approchait, on tint de fréquentes congrégations où l'on disputa beaucoup sans rien conclure. Le cardinal de Lorraine parla en faveur de la supériorité du concile sur le Pape, d'autres soutinrent le sentiment contraire. Le Père Laynez, général des Jésuites, se distinguait par-dessus tous les autres par la profondeur et la netteté avec lesquelles il traitait les questions les plus ardues. Cependant les légats dressèrent les deux chapitres de l'institution et de la résidence en termes si généraux, que la plupart des Pères parurent contents. On parla ensuite de la réformation des cardinaux, mais la plupart des cardinaux aimèrent mieux que cette réformation fût faite par le Pape. Toutefois, au moment même où l'on s'efforçait de prendre tous les moyens de tenir tranquillement la session, les contestations se renouvelèrent au sujet de la préséance entre les ambassadeurs de France et d'Espagne.

Les présidents du concile firent tous leurs efforts pour aplanir cette nouvelle difficulté. Il fut conclu, et les parties intéressées y consentirent, que l'on garderait au jour de la session le même ordre qu'on avait observé à la fête de saint Pierre; et que dans les autres jours solennels, les ambassadeurs de France et d'Espagne conviendraient entre eux qui des deux se trouverait aux cérémonies, en sorte que, l'un y assistant, l'autre n'y paraîtrait point. Lorsque le Pape reçut la nouvelle de cet accommodement, il en témoigna sa joie au légat et au cardinal de Lorraine, et les remercia des soins qu'ils s'étaient donnés pour éteindre l'incendie qu'une pareille contestation pouvait allumer dans l'Eglise, et pour les exhorter à terminer promptement le concile.

Le 14 juillet, les légats convoquèrent une congrégation générale, où le cardinal Moron proposa les décrets sur la doctrine et sur la réformation. On recueillit les suffrages, et il y en eut cent quatre-vingt-douze de favorables à ce qui avait été réglé, et vingt-huit prélats seulement, presque tous espagnols, ne s'unirent point avec les autres par différents motifs. Ainsi le cardinal Moron conclut à la célébration de la vingt-troisième session pour le lendemain 15 juillet 1563, jour pour lequel elle avait été indiquée. Ensuite il remercia les Pères qui avaient accepté les décrets, et conjura les autres de s'unir à eux. Quoiqu'il fût assuré du succès de la session, il voyait cependant avec peine qu'une grande nation tout entière n'adhérait point aux autres; il pria instamment le comte de Lune, qui n'avait pas moins de religion que d'esprit et de capacité, d'employer tout son crédit pour empêcher les suites d'une scission si dangereuse. Sa confiance ne fut point trompée; le comte fit si bien par ses instances, qu'il fléchit enfin les prélats de sa nation.

L'assemblée était composée des légats Moron, Hosius, Simonette et Navagero, des cardinaux de Lorraine, archevêque de Reims, et Madruce, évêque de Trente, de trois ambassadeurs de l'empereur; on y voyait aussi les deux du roi de France, celui du roi d'Espagne, ceux des rois de Pologne et de Portugal, deux de la république de Venise, un du duc de Savoie, deux cent huit évêques, sans compter les généraux d'ordres, les abbés et la multitude des docteurs.

La session commença à neuf heures du matin, et dura jusqu'à quatre heures après midi. Du Bellay, évêque de Paris, célébra la messe du Saint-Esprit, après laquelle l'évêque d'Alise monta en chaire et prêcha en latin; son discours offensa fort les Français et les Vénitiens, qui s'en plaignirent aux légats et leur demandèrent avec instance qu'il ne fût point inscrit dans les actes, parce que l'orateur avait nommé le roi d'Espagne avant celui de France, et le duc de Savoie avant la république de Venise; mais on reconnut qu'il l'avait fait sans dessein et par pure inattention. L'évêque de Castellaneta fit la fonction de secrétaire en la place de Massarel, qui était malade. Il lut la bulle du Pape pour l'élection des deux derniers légats, les pouvoirs des ambassadeurs arrivés depuis la dernière session, et plusieurs lettres reçues de différents princes.

Après toutes ces lectures, l'évêque de Paris, qui avait officié, monta dans la tribune et lut à haute voix le décret sur la doctrine, conçu en ces termes :

« DOCTRINE VÉRITABLE ET CATHOLIQUE TOUCHANT LE SACREMENT DE L'ORDRE, DÉFINIE ET PUBLIÉE PAR LE SAINT CONCILE DE TRENTE DANS LA SEPTIÈME SESSION, POUR LA CONDAMNATION DES ERREURS DE NOTRE TEMPS.

» CHAPITRE I. *De l'institution du sacerdoce de la nouvelle loi.* — Le sacrifice et le sacerdoce sont tellement liés par la disposition de Dieu, que l'un et l'autre ont existé dans toute loi. Ainsi, comme dans le Nouveau Testament, l'Eglise catholique a reçu l'institution de Notre Seigneur le sacrifice visible de la sainte Eucharistie, il faut aussi reconnaître que dans la même Eglise il y a un nouveau sacerdoce, visible et extérieur, dans lequel l'ancien a été transféré. Les saintes Ecritures nous montrent, et la tradition de l'Eglise catholique nous a toujours enseigné, que ce sacerdoce a été institué par le même Seigneur notre Sauveur, et qu'il a donné aux apôtres et à leurs successeurs dans le sacerdoce, la puissance de consacrer, offrir et administrer son corps et son sang, ainsi que de remettre et de retenir les péchés.

» CHAPITRE II. *Des sept ordres.* — Or, comme la fonction d'un sacerdoce si saint est une chose toute divine, afin qu'elle pût être exercée avec plus de dignité et de respect, il a été bien convenable que, dans une si belle ordonnance de toutes choses dans l'Eglise, il y eût plusieurs et divers ordres de ministres, qui par office fussent appliqués à l'autel ; de sorte que les clercs marqués de la tonsure montassent ensuite aux ordres majeurs, en passant par les moindres. Car les saintes Ecritures parlent non-seulement très-clairement des prêtres, mais encore des diacres; et elles marquent en termes formels ce qu'il faut surtout observer dans leur ordination. Quant aux ordres suivants, savoir : de sous-diacres, d'acolytes, d'exorcistes, de lecteurs et de portiers, on voit que, dès l'établissement de l'Eglise, les noms et les fonctions propres à chacun d'eux étaient en usage, mais dans des degrés différents : car les Pères et les saints conciles mettent au rang des ordres majeurs le sous-diaconat, et ils parlent souvent des autres ordres inférieurs.

» CHAPITRE III. *Que l'ordre est véritablement et proprement un sacrement.* — Comme il est clair et manifeste, par le témoignage de l'Ecriture, par la tradition des apôtres et par le consentement unanime des Pères, que la grâce est conférée par la sainte ordination, qui s'accomplit par des paroles et par des signes extérieurs; personne ne peut douter que l'Ordre ne soit véritablement et proprement un des sept sacrements de la sainte Eglise. Car l'Apôtre dit : « Je vous avertis de ressusciter la grâce de Dieu qui est en vous par l'imposition de mes mains; car Dieu ne nous a pas donné un esprit de crainte, mais de vertu, de dilection et de sobriété. »

« CHAPITRE IV. *De la hiérarchie ecclésiastique et du pouvoir d'ordonner.* — Parce que le sacrement de l'Ordre imprime, comme le Baptême, un caractère qui ne peut être ni effacé ni ôté; c'est avec raison que le saint concile condamne le sentiment de ceux qui soutiennent que les prêtres du Nouveau Testament n'ont qu'une puissance temporaire, et que, même légitimement ordonnés, ils peuvent redevenir laïques, s'ils cessent d'exercer le ministère de la parole de Dieu. Si on prétend encore que tous les chrétiens sans distinction sont prêtres du Nouveau Testament ou qu'ils ont tous entre eux une égale puissance spirituelle, il est clair que c'est confondre la hiérarchie ecclésiastique, qui est comparée à une armée rangée en bataille : comme si, contre la doctrine de saint Paul, tous étaient apôtres, tous prophètes, tous évangélistes, tous pasteurs, tous docteurs. C'est pourquoi le saint concile déclare que, outre les autres degrés ecclésiastiques, les évêques qui ont succédé aux apôtres appartiennent principalement à cet ordre hiérarchique; qu'ils ont été établis, comme dit l'Apôtre, par le Saint-Esprit, pour gouverner l'Eglise de Dieu; qu'ils sont supérieurs aux prêtres et qu'ils confèrent le sacrement de Confirmation, ordonnent les ministres de l'Eglise, et qu'ils peuvent faire plusieurs autres fonctions que ceux d'un ordre inférieur n'ont aucun pouvoir d'exercer. Le saint concile déclare de plus que, pour la promotion des évêques, des prêtres et des autres ordres, le consentement et l'intervention ou l'autorité, soit du peuple, soit du magistrat, ou de quelque autre puissance séculière que ce soit, ne sont pas tellement nécessaires que sans cela l'ordination soit nulle. Mais, au contraire, il prononce que ceux qui, n'étant choisis et établis que par le peuple seulement, ou par quelque autre magistrat ou puissance séculière, s'ingèrent d'exercer ces ministères, et ceux qui entreprennent d'eux-mêmes témérairement de le faire, ne doivent point être tenus pour de vrais ministres de l'Eglise, mais doivent tous être regardés comme des voleurs et des larrons, qui ne sont point entrés par la porte. Voilà ce qu'en général le saint concile a trouvé bon de faire entendre aux fidèles chrétiens, touchant le sacrement de l'Ordre. Et pareillement il a résolu de prononcer condamnation contre tout ce qui y est contraire, par des canons exprès, en la forme qui suit; afin que tous, avec l'assistance de Jésus-Christ, usant de la règle de la foi, puissent plus aisément reconnaître et conserver la vérité de la créance catholique, au milieu des ténèbres de tant d'erreurs. »

« DU SACREMENT DE L'ORDRE.

» CANON I. Si quelqu'un dit que, dans le Testament nouveau, il n'est point de sacerdoce visible et extérieur; ou qu'il n'y a pas une certaine puissance de consacrer et d'offrir le vrai corps et le vrai sang du Seigneur et de remettre et de retenir les péchés; mais que tout se réduit à une commission et au simple ministère de prêcher l'Evangile, ou que ceux qui ne prêchent pas ne sont aucunement prêtres : qu'il soit anathème.

» II. Si quelqu'un dit que, outre le sacerdoce, il n'y a point, dans l'Eglise catholique, d'autres ordres majeurs et mineurs, par lesquels, comme par certains degrés, on monte au sacerdoce : qu'il soit anathème.

» III. Si quelqu'un dit que l'Ordre ou l'ordination sacrée n'est pas véritablement et proprement un sacrement institué par Notre Seigneur Jésus-Christ; ou que c'est une invention humaine, imaginée par des gens qui ignoraient les choses ecclésiastiques; ou bien que c'est uniquement une cérémonie, employée dans le choix des ministres de la parole de Dieu et des sacrements : qu'il soit anathème.

» IV. Si quelqu'un dit que le Saint-Esprit n'est pas donné par l'ordination sacrée, et qu'ainsi vainement les évêques disent : *Recevez le Saint-Esprit;* ou que par cette ordination il ne s'imprime point de caractère; ou bien que celui qui une fois a été prêtre, peut de nouveau devenir laïque : qu'il soit anathème.

» V. Si quelqu'un dit que l'onction sacrée dont

use l'Eglise dans la sainte ordination, non-seulement n'y est pas requise, mais qu'elle doit être rejetée et qu'elle est pernicieuse, aussi bien que les autres cérémonies de l'Ordre : qu'il soit anathème.

» VI. Si quelqu'un dit que dans l'Eglise catholique il n'y a pas une hiérarchie établie par l'ordre de Dieu, laquelle est composée d'évêques, de prêtres et de ministres : qu'il soit anathème.

» VII. Si quelqu'un dit que les évêques ne sont pas supérieurs aux prêtres, ou n'ont pas la puissance de conférer la Confirmation et les Ordres; ou que celle qu'ils ont leur est commune avec les prêtres ; ou que les Ordres qu'ils confèrent sans le consentement ou l'intervention du peuple, ou de la puissance séculière, sont nuls, ou que ceux qui ne sont ni ordonnés ni envoyés légitimement par la puissance ecclésiastique et canonique, mais qui viennent d'ailleurs, sont néanmoins des ministres légitimes de la parole et des sacrements : qu'il soit anathème.

» VIII. Si quelqu'un dit que les évêques qui sont établis par l'autorité du Pontife romain ne sont pas de vrais et légitimes évêques, mais que c'est une invention humaine : qu'il soit anathème. »

Voilà comme la sainte Eglise de Dieu, toujours vivante, depuis saint Pierre jusqu'à Pie IV, depuis Moïse jusqu'à saint Pierre, depuis Noé jusqu'à Moïse, depuis Adam et Abel jusqu'à Noé ; voilà comme cette Eglise, résumant en elle tous les siècles, toutes les générations, tous les patriarches, tous les prophètes, tous les justes, toutes les lois, toutes les promesses, toutes les vérités, toutes les grâces ; voilà comme cette Eglise vraiment universelle, après avoir professé solennellement sa foi au concile de Trente par ses pontifes, en présence du ciel, de la terre et des enfers, comme autrefois devant Néron par ses martyrs, devant Antiochus par ses Machabées, devant Nabuchodonosor par ses enfants dans la fournaise : voilà comme cette Eglise proclame et confirme sa doctrine héréditaire sur les livres divins, sur la tradition, sur le péché originel, sur le rétablissement de l'homme dans la divine justice, sur les sacrements, le baptême, la confirmation, la pénitence, l'eucharistie, la communion, le sacrifice de la messe, le sacerdoce, l'ordination sacrée. Par là cette Eglise affermit et ranime, dans les fondations mêmes de l'édifice, des principes toujours vivants et toujours efficaces de restauration et de réformation spontanées. Vouloir commencer par la réformation sans le dogme, c'est vouloir couvrir une maison avant d'en avoir assuré les fondements, avant de savoir si ce sera un palais ou une masure. Supposé, avec Luther et Calvin, que l'homme n'a point de libre arbitre, que c'est une brute, une machine; supposé, avec Luther et Calvin, que Dieu opère en nous le mal comme le bien, que nos bonnes œuvres mêmes sont des péchés, que le sacrifice de la messe n'est rien : à quoi bon la morale, la vertu, la religion, les prêtres? y aura-t-il une différence entre le pâtre et le pasteur, entre le gardeur de brebis et le gardien des âmes? à quoi bon même alors la justice humaine, l'autorité temporelle?

Bien des gens, surtout parmi les soi-disant politiques, ne comprendront pas le premier mot de ceci. Cependant, il y a bien quarante ans, un illustre protestant d'Angleterre, lord Fitz-William, dans une suite de lettres aux souverains de l'Europe, leur signalait cette connexion intime entre les vérités catholiques et le bon état de la société temporelle. Voici comment lui-même résume ses idées (*Lettres d'Atticus*) :

« La vertu, la justice, la morale doivent servir de base à tous les gouvernements.

» *Il est impossible d'établir la vertu, la justice, la morale, sur des bases tant soit peu solides, sans le tribunal de la pénitence;* parce que ce tribunal, le plus redoutable de tous les tribunaux, s'empare de la conscience des hommes, et la dirige d'une manière plus efficace qu'aucun autre tribunal. Or, ce tribunal appartient exclusivement aux catholiques romains.

» *Il est impossible d'établir le tribunal de la pénitence sans la croyance à la présence réelle, principale base de la foi catholique romaine;* parce que sans cette croyance le sacrement de la communion perd sa valeur et sa considération. Les protestants approchent de la sainte table sans crainte, parce qu'ils n'y reçoivent que le signe commémoratif du corps de Jésus-Christ ; les catholiques, au contraire, n'en approchent qu'en tremblant, parce qu'ils y reçoivent le corps même de leur Sauveur. Aussi, partout où cette croyance fut détruite, le tribunal de la pénitence cessa avec elle. La confession devint inutile, comme partout où cette croyance existe la confession devient nécessaire; et ce tribunal, qui se trouve ainsi nécessairement établi avec elle, rend indispensable l'exercice de la vertu, de la justice, de la morale.

» Donc, comme je l'ai déjà dit :

» *Il est impossible de former un système de gouvernement quelconque, qui puisse être permanent ou avantageux, à moins qu'il ne soit appuyé sur la religion catholique romaine.*

» Voilà donc la solution de la question la plus importante, après celle de l'immortalité de l'âme, qui puisse être présentée aux hommes : *Quel est le meilleur des gouvernements?* Plus on l'étudiera, plus on verra que cette croyance à la présence réelle s'étend non-seulement sur tous les gouvernements, mais sur toutes les considérations humaines; qu'elle en est comme le *diapason*; et qu'elle est, par rapport au monde moral, ce qu'est le soleil par rapport au monde physique : *Illuminans omnes homines.* »

D'après ces conclusions du politique anglais et anglican, le concile de Trente, en proclamant les dogmes catholiques sur la Pénitence, l'Eucharistie, le Sacrifice de la messe, le Sacerdoce, a proclamé les seuls vrais principes d'une bonne réforme, d'une restauration salutaire, non-seulement pour le clergé, mais pour le peuple, mais pour les gouvernements, mais pour l'univers entier; non-seulement dans l'ordre religieux et moral, mais encore dans l'ordre politique. Puissent tous les catholiques avoir la vue aussi perspicace et les vues aussi élevées que cet honnête protestant!

Comme les évêques catholiques, unis et soumis au Pape, sont les instruments divinement institués de cette restauration universelle, le concile de Trente, dans ses décrets de réformation, s'attache surtout à ce que leur élection et leur vie puissent servir de modèle, et que leur action pour le bien soit continue, régulière et toute-puissante. Nous l'avons vu dans les premières sessions, nous le voyons dans les trois dernières.

Le *décret de réformation* de la session vingt et unième contient neuf chapitres. Le premier ordonne aux évêques de conférer les Ordres et de donner les dimissoires et les lettres d'attestation gratuitement, et taxe le salaire de leurs officiers. Le second veut que personne ne soit admis aux ordres sacrés sans titre ecclésiastique ou patrimonial, qui lui donne de quoi vivre. Le troisième, que dans les églises cathédrales ou collégiales il soit fait distraction au moins de la troisième partie de tous les fruits, produits et revenus des dignités et des prébendes, pour être convertie en distributions journalières et divisée entre les seuls dignitaires et chanoines qui assisteront au service divin. Le quatrième et le cinquième accordent aux évêques le pouvoir de faire, en cas de nécessité, des créations de nouvelles paroisses et unions de bénéfices, sans préjudice pourtant de ceux qui s'en trouveraient pourvus. Le sixième ordonne de mettre des vicaires en la place des curés qui n'ont pas la science et la capacité requises, et de priver de leurs bénéfices ceux qui vivent dans le désordre. Par le septième, les évêques pourront transférer dans les églises-mères le service des églises ou chapelles ruinées, et faire rétablir les églises paroissiales. Le huitième leur donne le droit de faire la visite de toutes les églises dans leur diocèse, même de celles qui sont exemptes. Dans tous les cas de réformation où on leur opposerait des exemptions ou d'autres privilèges, ils pourront agir comme délégués du Siége apostolique, afin de couper court à toutes les difficultés. Le neuvième chapitre porte l'abolition du nom et de la fonction des quêteurs, et ordonne que les indulgences et grâces spirituelles seront publiées par les ordinaires, assistés de deux membres du chapitre, qui recueilleront les aumônes.

Dans la session vingt-deuxième, le *décret de réformation* contient onze chapitres, dont le premier renouvelle les anciens canons touchant la bonne conduite et l'honnêteté de vie des ecclésiastiques. Il est conçu en ces termes :

« Il n'y a rien qui instruise ni qui porte plus continuellement les hommes à la piété et au culte de Dieu, que la vie et l'exemple de ceux qui se sont consacrés au divin ministère : car, comme on les voit élevés des choses du siècle à un lieu plus éminent, tous les autres jettent les yeux sur eux comme sur un miroir, et prennent d'eux ce qu'ils doivent imiter. C'est pourquoi les ecclésiastiques, appelés à avoir le Seigneur pour partage, doivent tellement régler leur vie et toute leur conduite, que, dans leurs habits, leur maintien extérieur, leur démarche, leurs discours, et dans tout le reste, ils ne montrent rien qui ne soit plein de gravité, de modération et de religion ; évitant même les fautes légères, qui en eux seraient très-grandes, afin que leurs actions impriment à tous le respect. Or, comme il est juste d'apporter en ceci d'autant plus de précaution que l'Église en tire plus d'honneur et plus d'avantage : le saint concile ordonne que tout ce que les souverains Pontifes et les saints conciles ont déjà suffisamment et utilement établi touchant la conduite, l'honnêteté, les habits et la science des clercs, de même que sur le luxe, les festins, les danses, les jeux de hasard et autres, même sur toute sorte de crimes et sur l'embarras des affaires séculières qu'ils doivent éviter, soit à l'avenir observé sous les mêmes peines ou même sous de plus grandes, selon que les ordinaires trouveront à propos de les imposer ; sans que l'exécution de ce qui regarde la correction des mœurs puisse être suspendue par aucun appel. Et si les évêques s'aperçoivent de quelque relâchement dans la discipline sur quelqu'un de ces points, ils n'oublieront rien pour les remettre en usage et pour les faire observer exactement et universellement, nonobstant toutes coutumes contraires ; de peur que Dieu ne leur fasse subir à eux-mêmes les peines qu'ils mériteraient pour avoir négligé la correction de ceux qui leur étaient soumis. »

Le deuxième chapitre prescrit des règles touchant les qualités de ceux qui doivent être choisis pour les églises cathédrales. Le troisième établit plus en détail les distributions journalières sur le tiers de tous les revenus : à qui reviendra la part des absents ; et les exceptions de certains cas. Le quatrième porte qu'il faut être au moins sous-diacre pour avoir voix au chapitre dans les cathédrales ou collégiales. Le cinquième, que les dispenses expédiées hors de la cour de Rome seront commises à l'évêque et examinées par lui. Le sixième, qu'il faut changer avec circonspection les dispositions testamentaires. Le septième rappelle les formes à observer pour recevoir les appellations. Par le huitième et le neuvième, les évêques sont constitués exécuteurs de toutes les dispositions pieuses, et visiteurs des hôpitaux qui ne sont pas sous la protection immédiate des rois ; et les administrateurs des lieux de piété doivent rendre compte à ces prélats, à moins qu'il n'en soit autrement ordonné dans la fondation. Le dixième leur attribue le pouvoir d'examiner et même d'interdire les notaires royaux, quant aux fonctions qui regardent les matières ecclésiastiques.

Le onzième et dernier, décerne les peines suivantes contre ceux qui usurpent ou retiennent les biens d'une église ou d'un lieu de piété quelconque.

« Si quelque ecclésiastique ou laïque, de quelque dignité qu'il soit revêtu, fût-il même empereur ou roi, a le cœur assez rempli d'avarice, qui est la racine de tous les maux, pour oser convertir à son propre usage et usurper par soi-même ou par autrui, par force ou par menace, même par le moyen de personnes interposées, soit ecclésiastiques, soit laïques, par quelque artifice et sous quelque couleur ou prétexte que ce puisse être, les juridictions, biens, cens et droits, même féodaux et emphytéotiques, fruits, émoluments, et quelques revenus que ce soit, de quelque église ou quelque bénéfice séculier ou régulier, monts-de-piété et d'autres lieux de dévotion, qui doivent être employés aux nécessités des pauvres et de ceux qui les desservent, ou pour empêcher par les mêmes voies que lesdits biens ne soient perçus par ceux auxquels de droit ils appartiennent : il sera soumis à l'anathème, jusqu'à ce qu'il ait entièrement rendu et restitué à l'Église et à son administrateur ou au bénéficier, lesdites juridictions, biens, effets, droits, fruits et revenus dont il se sera emparé ou qui lui seront advenus, de quelque manière que ce soit, même par donation de personnes supposées ; et jusqu'à ce qu'il ait obtenu l'absolution du souverain Pontife. Que s'il est patron de ladite église, il sera privé par le fait même, outre les susdites peines, du droit de patronage. Et tout ecclésiastique qui aura consenti ou adhéré à une telle usurpation, sera soumis aux mêmes peines, privé de tous bénéfices, et rendu inhabile à quelques autres que ce soit; et même, après l'entière absolution et satisfaction, il sera suspens de la fonction de son ordre, tant qu'il plaira à son ordinaire. »

Le *décret de réformation* de la session vingt-troisième embrasse dix-huit chapitres.

Le Ier, sur la résidence, contient une extension de celui fait sous Paul III sur cette même matière; il comprend nommément les cardinaux, et fixe le temps de l'absence à deux ou trois mois au plus, en leur supposant même pour cela des causes raisonnables.

Le IIe enjoint aux évêques nommés, de se faire sacrer dans trois mois.

Le IIIe, de conférer eux-mêmes les Ordres dans leurs diocèses.

Le IVe et le Ve, qui on doit tonsurer, et de quoi doivent être munis ceux qui se présentent aux Ordres. Il est statué dans le VIe que nul clerc tonsuré, quand même il aurait les quatre moindres, ne sera pourvu d'aucun bénéfice avant l'âge de quatorze ans.

VII. Ceux qui se présentent aux Ordres doivent être examinés par des hommes versés dans le droit divin et humain.

VIII. Comment et par qui chacun doit être ordonné.

IX. Sous quelles conditions un évêque peut ordonner son domestique, qui n'est pas de son même diocèse.

X. Les prélats inférieurs aux évêques ne pourront donner la tonsure ni les ordres mineurs qu'aux réguliers qui leur sont soumis : ni eux ni quelques chapitres que ce soit ne pourront donner de dimissoire : peines établies contre ceux qui pèchent contre ce décret.

XI. Des interstices, et de quelques autres observations touchant les Ordres mineurs.

XII. De l'âge requis pour les Ordres majeurs : vingt-deux ans pour le sous-diaconat, vingt-trois pour le diaconat, vingt-cinq pour la prêtrise; il faut admettre seulement ceux qui en sont dignes.

XIII. Ce qui doit s'observer dans l'ordination des diacres et des sous-diacres : on ne doit conférer à personne deux Ordres sacrés en un même jour.

XIV. De ceux qui doivent être élevés à l'Ordre de prêtrise : fonctions de ceux qui sont admis.

XV. Nul ne pourra entendre les confessions, sans être approuvé par l'ordinaire.

Le XVIe chapitre remet en vigueur le canon de Chalcédoine contre les ecclésiastiques vagabonds, et veut qu'à l'avenir aucun ne soit reçu aux Ordres, sans être appliqué en même temps au service de l'Eglise, dans un poste fixe, qu'il ne pourra quitter qu'avec la permission de l'évêque.

On rétablit par le XVIIe les fonctions des Ordres inférieurs à la prêtrise; et l'on ajoute que, s'il ne se trouve pas sur les lieux, des clercs dans le célibat pour faire les fonctions des quatre Ordres mineurs, on pourra y employer des hommes mariés : pourvu qu'ils ne soient pas bigames, qu'ils aient la tonsure et qu'ils portent l'habit clérical dans l'église.

Enfin le XVIIIe et dernier, le plus important de tous, ordonne l'établissement des séminaires dans chaque diocèse : institution jugée dès lors si salutaire, que les prélats s'écrièrent de toutes parts qu'ils se croiraient amplement dédommagés de tous leurs travaux, quand ils ne tireraient point d'autres fruits du concile. Le Pape fut le premier à donner l'exemple, en fondant le séminaire Romain, qu'il mit entre les mains des Jésuites. Les décrets étaient à peine parvenus à Rome, que le saint cardinal Charles Borromée instruisit les légats des desseins de Pie IV au sujet de cet établissement.

Voici ce chapitre mémorable, qu'on peut regarder comme le résumé vivant et pratique du saint concile de Trente, comme la réformation perpétuelle de l'Eglise par elle-même :

« Comme les jeunes gens, s'ils ne sont bien élevés, sont enclins à suivre les voluptés du monde; et comme, sans une protection de Dieu très-puissante et toute particulière, ils ne peuvent constamment s'entretenir et persévérer dans la discipline ecclésiastique, si dès leurs tendres années ils n'ont été formés à la piété et à la religion avant que les habitudes des vices les possèdent entièrement : le saint concile ordonne que toutes les églises cathédrales, métropolitaines et autres supérieures à celles-ci, chacune selon la mesure de ses facultés et l'étendue de son diocèse, seront tenues et obligées de nourrir, d'élever dans la piété et d'instruire dans la discipline ecclésiastique, un certain nombre d'enfants de leur ville et diocèse ou de leur province, si dans le lieu il ne s'en trouve pas suffisamment, en un collège que l'évêque choisira près des églises mêmes, ou en un autre lieu convenable.

» On ne recevra dans ce collège aucun enfant qui n'ait au moins douze ans, qui ne soit né de légitime mariage, qui ne sache passablement lire et écrire, et dont le bon naturel et les bonnes inclinations ne donnent lieu d'espérer qu'il s'emploiera toujours au service de l'Eglise. Le saint concile veut qu'on choisisse principalement les enfants des pauvres; il n'exclut pourtant pas ceux des riches, pourvu qu'ils s'y entretiennent à leurs dépens, et qu'ils témoignent désir et affection pour le service de Dieu et de l'Eglise.

» L'évêque après avoir réparti ces enfants en autant de classes qu'il trouvera bon, suivant leur nombre, leur âge et leurs progrès dans la discipline ecclésiastique, en appliquera une partie au service des églises, lorsqu'il le jugera à propos; et retiendra les autres pour être instruits dans le collège, en remettant toujours d'autres en la place de ceux qu'il en aura tirés : de manière que ce collège soit un perpétuel séminaire pour le service de Dieu.

» Et afin qu'ils soient plus aisément élevés dans la discipline ecclésiastique, ils porteront toujours dès leur entrée la tonsure et l'habit clérical. Ils y apprendront la grammaire, le chant ecclésiastique, le calcul et tout ce qui regarde les belles-lettres. Ils s'appliqueront à l'étude de l'Ecriture sainte, des livres ecclésiastiques, des homélies des saints, des formes et des manières d'administrer les sacrements, principalement celles qui seront propres à les rendre capables d'entendre les confessions, enfin de toute autre coutume et cérémonie de l'Eglise. L'évêque aura soin qu'ils assistent tous les jours au sacrifice de la messe, qu'ils se confessent au moins tous les mois; et qu'ils reçoivent, de l'avis de leur confesseur, le corps de Notre Seigneur Jésus-Christ, servant les jours de fête dans l'église cathédrale ou dans les autres églises du lieu.

» Toutes ces choses, et autres nécessaires et opportunes à cet effet, seront réglées par les évêques, assistés du conseil de deux chanoines des plus anciens et des plus expérimentés, et choisis par les évêques mêmes, selon que le Saint-Esprit le leur inspirera; et, par leurs fréquentes visites, ils auront soin que tout ceci soit toujours bien observé. Ils châtieront sévèrement les mutins, les incorrigibles, et ceux qui sèmeront parmi les autres le vice; les chassant même, s'il en est besoin. Enfin ils ôteront tous empêchements, et entretiendront tous les moyens qu'ils jugeront propres à conserver et à affermir un établissement si saint et si pieux.

» Et comme quelques revenus fixes seront nécessaires pour le bâtiment du collège, pour les gages des maîtres et des domestiques, pour la nourriture de la jeunesse et pour les autres dépenses : outre les revenus déjà destinés en certaines églises et autres lieux à l'instruction et entretien des enfants, qui seront censés dès là même réellement appliqués au nouveau séminaire par les soins de l'évêque du lieu; les mêmes évêques, assistés du conseil de deux membres du chapitre, dont l'un sera choisi par l'évêque, l'autre par le chapitre même, et de deux autres ecclésiastiques de la ville, dont l'un sera pareillement nommé par l'évêque et l'autre par le clergé du lieu, feront distraction d'une certaine portion de tous les revenus épiscopaux du chapitre, et de toutes les dignités, abbayes et prieurés...; et généralement de tous bénéfices, même réguliers...; ensemble des fabriques des églises et autres lieux...; comme aussi des revenus de tous les monastères... : et ils appliqueront et incorporeront audit collège ladite part et portion de tous les susdits revenus ainsi distraite. Même on y pourra joindre et unir quelques bénéfices simples, de quelque qualité et dignité qu'ils soient, aussi bien que des prestimonies ou portions prestimoniales, ainsi qu'on les appelle, avant même qu'ils viennent à vaquer; sans préjudice toutefois du service divin et des intérêts de ceux qui les posséderont. Ce qui aura lieu, encore que les bénéfices soient réservés ou affectés; sans que l'effet desdites unions et applications desdits bénéfices puisse être empêché ou retardé par la résignation qui pourrait en être faite, ni par quelque autre voie que ce soit; mais elles subsisteront et auront lieu, de quelque manière que les bénéfices puissent vaquer, même en cour de Rome, nonobstant toute constitution contraire. »

Le concile entre dans un plus grand détail encore, pour faciliter à l'évêque l'érection d'une si bonne œuvre, et lui fournir les moyens de vaincre tous les obstacles. Il ajoute :

« Que si les prélats des cathédrales et autres églises supérieures étaient négligents à établir et à maintenir de tels séminaires, ou refusaient de payer leur portion : ce sera à l'archevêque de reprendre vivement l'évêque, et au synode provincial de reprendre l'archevêque et les autres supérieurs, et de les obliger à tout ce que dessus; et enfin d'avoir un soin particulier de procurer et avancer au plus tôt et partout où il pourra, un ouvrage si saint et si pieux. L'évêque devra recevoir tous les ans le compte des revenus dudit séminaire, en présence de deux députés du chapitre et de deux autres du clergé de la ville.

» Ensuite, afin qu'on puisse avec moins de dépense pourvoir à l'établissement de telles écoles; le saint concile ordonne que les évêques, archevêques, primats et autres ordinaires des lieux obligeront ceux qui sont pourvus de la dignité d'écolâtre et tous autres qui tiennent des places auxquelles est attachée l'obligation de faire des leçons et d'enseigner; ils les contraindront même par la soustraction de leurs fruits d'en faire les fonctions dans lesdites écoles et d'y instruire par eux-mêmes, s'ils en sont capables, les enfants qui y seront : sinon, de mettre en leur place des gens qui s'en acquitteront comme il faut, qu'ils choisiront eux-mêmes et qui seront approuvés par les ordinaires. Que si ceux qu'ils auront choisis ne sont pas jugés capables par l'évêque, ils en nommeront quelque autre qui le soit, sans qu'il y ait lieu à aucune appellation; et s'ils négligent de le faire, l'évêque même y pourvoira.

» Il appartiendra aussi à l'évêque de leur prescrire ce qu'ils devront enseigner dans lesdites écoles, selon qu'il le jugera à propos. Et à l'avenir, ces sortes d'offices ou de dignités d'écolâtre, comme on les nomme, ne seront données qu'à des docteurs ou maîtres, ou à des licenciés en théologie ou en droit canon, ou à d'autres personnes capables, qui puissent s'acquitter par eux-mêmes de cet emploi; autrement, la provision sera nulle et sans effet, nonobstant tout privilège et coutume, même de temps immémorial.

» Or, si en quelque province les églises se trouvent en une si grande pauvreté que l'on ne puisse établir de collèges en quelques-unes, le synode provincial ou le métropolitain, avec deux des plus anciens suffragants, aura soin d'établir dans son église métropolitaine ou dans quelque autre église de la province plus commode, un ou plusieurs collèges, selon qu'il le jugera à propos, du revenu de deux ou plusieurs desdites églises, qui ne peuvent commodément suffire à entretenir chacune un collège : et là seront instruits les enfants de ces églises.

» Mais dans les églises qui ont de grands diocèses, l'évêque pourra avoir en divers lieux un ou plusieurs séminaires, selon qu'il le jugera à propos : toutefois, ils seront entièrement dépendants de celui qui sera érigé et établi dans la ville épiscopale.

» Enfin, si au sujet de ces unions ou de cette taxe, assignation et incorporation de ces portions, ou par quelque autre moyen que ce soit, il survenait quelque difficulté qui empêchât l'établissement de ce séminaire ou qui le troublât dans la suite; l'évêque, avec les députés ci-dessus nommés, ou le synode provincial, selon l'usage du pays, pourra, ayant égard à l'état des églises et des bénéfices, régler et ordonner toutes les choses en général et en particulier, qui paraîtront nécessaires et utiles pour l'heureux progrès du séminaire, modérer même ou augmenter, s'il en est besoin, ce qui a été dit ci-dessus. »

Dans tout ce chapitre, on voit avec quel soin,

quelle tendresse, quelles précautions l'Eglise de Dieu travaille à l'œuvre des séminaires. On dirait une mère qui prépare le berceau du fils qu'elle va mettre au monde. A travers les douleurs et les larmes, son cœur bondit de joie. Effectivement, ce va être une création nouvelle de l'Esprit de Dieu dans l'Eglise et par l'Eglise : création spirituelle, qui renouvellera la face de la terre : création merveilleuse, où l'Eglise même renouvellera sa jeunesse comme l'aigle, et renaîtra sans cesse, toujours ancienne et toujours nouvelle. Avec le temps et l'expérience, en combinant les divers degrés de séminaires avec les autres écoles chrétiennes, elle pourra organiser chaque diocèse en académie chrétienne, en université catholique, où toutes les connaissances serviront à la gloire de Dieu; les sciences naturelles, à la faire admirer dans un insecte, dans un brin d'herbe; aussi bien que dans le soleil et les étoiles; les sciences littéraires, pour annoncer avec plus de dignité sa parole, chanter avec plus d'harmonie ses louanges; l'étude des langues saintes, pour entendre de mieux en mieux les mystères de sa parole écrite; et aplanir les voies du retour aux peuples qui parlent ou estiment ces langues; la lecture méditée des Pères et des Docteurs, pour y puiser de plus en plus cet esprit de foi, de piété, de zèle, d'intelligence, qu'ils ont reçu eux-mêmes de plus haut : ainsi de toutes les sciences possibles. Car cette œuvre des séminaires, dont l'idée seule faisait tressaillir de joie le concile de Trente, contient en germe tous les biens désirables. Après plus de deux siècles, on est encore loin d'avoir mis à profit partout et complètement ce don de Dieu. Il y a cinquante ans, nous avons vu tous les séminaires de France ensevelis sous les ruines des églises et du royaume de France : et peu après, nous voyons ces mêmes églises ressuscitées à la voix du successeur de Pierre, reconstruire sur le plan perfectionné du concile de Trente, non-seulement des séminaires pour disposer les lévites prochainement au sacerdoce par l'étude de la théologie, mais encore des séminaires pour les y préparer de loin par les études littéraires. Ensemble de régénération qui réjouit le ciel et la terre, par les apôtres et les martyrs qu'il leur envoie par le Tonquin, la Chine, la Corée, les forêts de l'Amérique et les îles de l'Océan.

Après l'heureux succès de la vingt-troisième session, il y avait lieu de croire que le concile pourrait être bientôt terminé : c'était le vœu de tout le monde; aussi ne négligea-t-on rien pour l'examen des points de doctrine sur lesquels le concile n'avait pas encore prononcé. On nomma dix théologiens pour travailler sur la matière des indulgences, des vœux des religieux, de l'invocation des saints, du culte des images et du purgatoire, et l'on tint un grand nombre de congrégations sur le sacrement de mariage et sur les abus qui y avaient rapport. Les sentiments des prélats et des théologiens furent très-partagés au sujet des mariages clandestins et de ceux qui étaient contractés par les enfants de famille, sans le consentement de leurs parents. La question était de savoir si ces sortes de mariages, surtout les clandestins, qui, jusqu'alors avaient été regardés seulement comme illicites, devaient être déclarés nuls par le concile, lorsqu'il s'en contracterait dans la suite.

On avait aussi préparé un canon avec anathème contre celui qui dirait que les mariages consommés étaient dissous par l'adultère. Mais les ambassadeurs de Venise représentèrent que, si on laissait cet anathème dans le canon projeté sur ce sujet, on offenserait beaucoup les peuples de l'Eglise orientale, principalement ceux qui habitaient les îles sous la domination de la république, comme celles de Candie, de Chypre, de Corfou, de Zante et de Céphalonie, et beaucoup d'autres, dont le repos étant troublé, causerait du dommage dans l'Eglise catholique. Encore que l'Eglise grecque ne pensât pas en tout comme Rome, il n'y avait pas à désespérer qu'elle ne se réunît un jour, puisque les Grecs qui habitaient les pays sujets à la république, quoiqu'ils vécussent selon leurs rites, ne laissaient pas d'obéir aux évêques nommés par le souverain Pontife. Ils étaient donc obligés, pour remplir leurs fonctions d'ambassadeurs, de représenter au concile qu'il ne devait point frapper ces peuples d'anathème; ce qui les irriterait et les obligerait à se séparer entièrement du Saint-Siège. Il paraissait assez que la coutume de ces Grecs de répudier leurs femmes pour cause d'adultère et d'en épouser d'autres était très-ancienne chez eux, et qu'ils n'avaient jamais été ni condamnés ni excommuniés par aucun concile œcuménique, quoique l'Eglise romaine et universelle n'eût aucunement ignoré cette pratique. Il était d'ailleurs facile d'adoucir le décret sans blesser la dignité de l'Eglise, et peut-être sans s'écarter du respect dû aux sentiments de plusieurs docteurs, en le donnant en ces termes :

« Anathème à quiconque dira que la sainte Eglise catholique, apostolique et romaine, qui est la mère et la maîtresse des autres, a erré ou erre, lorsqu'elle a enseigné et qu'elle enseigne que le mariage ne peut être dissous par l'adultère de l'un des deux époux; que ni l'un ni l'autre, ou même la partie innocente qui n'a point donné cause à l'adultère, ne doit contracter un nouveau mariage; et que celui-là commet un adultère, qui, ayant répudié sa femme pour ce crime, en épouse une autre, et celle qui, ayant quitté son mari adultère, en épouse un autre. »

Le plus grand nombre des Pères du concile fut d'avis de faire droit à la réquisition des ambassadeurs vénitiens, et il fut conclu qu'on ne prononcerait d'anathème que contre celui qui dirait que *l'Eglise a erré ou erre*, en enseignant que le nœud du mariage n'est pas rompu par l'adultère.

On était en même temps fort occupé des articles de la réformation : les légats en avaient proposé un grand nombre, parmi lesquels s'en trouvaient plusieurs qui regardaient la réforme des princes séculiers. La chose en soi était naturelle. Depuis des siècles, tout le monde, les princes surtout, demandaient la réformation de l'Eglise dans son chef et dans ses membres. Or, les princes étaient membres de l'Eglise, et des membres principaux. La réformation les réclamait donc plus que beaucoup d'autres. D'ailleurs, tout s'y prêtait on ne peut mieux : pape, cardinaux, évêques, tout le concile.

Le Pape, dit le cardinal Pallavicin, n'était pas fâché que le concile réglât ce qui concernait les princes séculiers, et cela pour deux fins, qui se résolvaient en une seule. La première, parce que, occupés à défendre leurs propres intérêts, ils le seraient moins à opprimer la cour romaine; la seconde, parce qu'ils sauraient que partout il y a des abus, que partout on en parle, et que, s'ils entendaient faire de grandes plaintes contre les Pontifes romains, les Pontifes romains en entendaient aussi faire de grandes contre eux; que, si de part et d'autre elles étaient injustes et mal fondées sous plusieurs rapports, il fallait convenir aussi qu'il y en avait d'occasionnées par des maux véritables, mais en partie incurables, même avec les meilleures lois, si Dieu ne remédiait à l'imperfection des hommes; et d'autres en partie susceptibles de guérison et dignes pour cela de l'attention et des soins de l'un et l'autre pouvoir. C'est pourquoi le saint cardinal Borromée, dès le mois de juin, écrivait de cette sorte aux présidents du concile : « Puisque chacun tombe sur nous dans cette bénite réforme, et qu'il semble que tous les coups soient dirigés contre le Saint-Siège et contre nous autres cardinaux, qui en sommes membres, Sa Sainteté est d'avis que, pour l'amour de Dieu, vous laissiez ou fassiez chanter encore sur l'air de la réforme des princes, sans avoir égard à rien, en ce qui est juste et raisonnable. Vous ferez aussi en sorte qu'on ne croie pas que la chose vienne de nous (*Lettre en chiffres du card. Borromée*, 26 juin 1563; Pallavic., l. 22, c. 9). »

On chanta donc sur l'air de *la réforme des princes*. Tout le monde y prit plaisir, excepté pourtant les princes. L'empereur trouva détestable et l'air et la chanson : le roi de France fut tout à fait de l'avis de l'empereur, ainsi que le roi d'Espagne : c'était la première fois, depuis le commencement du concile, que les trois princes se trouvèrent si bien d'accord. On retira donc la chanson ou les articles de la réforme des princes, au grand déplaisir des évêques. Dans le cours de cette Histoire, nous avons vu plus d'un prince, plus d'un roi, plus d'un empereur, solliciter les sévères admonitions de l'Eglise, pour corriger ce qui était à corriger dans leur gouvernement; mais c'étaient des souverains du moyen-âge qui prenaient pour règle l'évangile du Christ interprété par l'Eglise du Christ. Les princes du XVIe siècle n'en étaient plus là : ils prenaient pour règle l'évangile de Machiavel, interprété par eux-mêmes ou leurs courtisans. Donc ils ne furent réformés ni par le concile ni par le Pape. Si donc depuis ce temps ils n'ont pas fait mieux, si même on en a vu assassinant et assassinés, on ne peut s'en prendre ni au Pape ni à l'Eglise. Comme ils s'étaient mis, en tant que rois, hors la loi du Christ, l'Eglise du Christ ne pouvait plus en répondre : car, à l'impossible nul n'est tenu. Ils échappèrent donc à la réformation du concile et du Pape; mais ils n'échapperont point à la réformation un peu plus sévère des peuples, qui se dispenseront de la loi chrétienne, comme eux. Nous avons donc vu bien des rois, bien des dynasties même, réformés de nos jours, c'est-à-dire mis à la réforme, mis sur le pavé, comme des valets que l'on congédie. Puissent-ils profiter de la leçon!

Les légats proposèrent également un grand nombre d'articles de réformation pour les ecclésiastiques : les princes n'eurent garde cette fois de faire opposition. L'ambassadeur de France dit même au Pape dans une conversation familière, que le cardinal de Lorraine avait ordre de sa cour de presser la publication d'un décret sévère contre la pluralité des bénéfices: « En vérité, dit le Saint-Père en souriant; il était difficile de choisir un personnage plus propre à ce genre de réforme que le cardinal de Lorraine, archevêque de Reims; évêque de Metz, abbé de Fécamp, possesseur d'un assez grand nombre de bénéfices pour former plus de cent mille écus de rente. Quant à moi ; je suis désintéressé dans cette affaire; je n'ai qu'un seul bénéfice, et l'on pense bien que je m'en contente. » Le cardinal de Lorraine fut effectivement un des plus ardents à solliciter le décret de l'unité des bénéfices à charge d'âmes; et à déclamer contre la pluralité, dont il pouvait sentir l'abus mieux que personne. Quelques-uns disaient plaisamment que le cardinal de Lorraine prêchait le jeûne, après avoir bien mangé.

Enfin, la vingt-quatrième session, fixée d'abord au 16 septembre 1563, se tint le 11 novembre suivant, auquel elle avait été remise. Elle s'ouvrit vers huit heures du matin, et dura sans discontinuer jusqu'à sept heures du soir. Georges Cornaro, évêque de Trévise, célébra la messe du Saint-Esprit. On fit ensuite la lecture de l'Evangile qui commence par ces mots : *Il se fit des noces à Cana, en Galilée*, choisi à dessein pour son rapport avec le dogme qui allait être décidé; et François Richard, évêque d'Arras, fit un sermon latin sur cet évangile. Après, on lut les lettres de Marguerite d'Autriche, gouvernante de Flandre, dont les évêques venaient d'arriver; puis les mandats de l'ambassadeur de Florence et de l'ambassadeur de Malte, suivant l'ordre de leur arrivée à Trente. Enfin on promulgua les canons sur le mariage en ces termes :

« DOCTRINE TOUCHANT LE SACREMENT DE MARIAGE.

» Le premier père du genre humain, par l'inspiration du Saint-Esprit, a déclaré le lien du mariage perpétuel et indissoluble, quand il a dit : *Ceci est maintenant l'os de mes os, et la chair de ma chair. C'est pourquoi l'homme quittera son père et sa mère, s'attachera à sa femme, et ils seront deux dans la même chair.*

» Mais Notre Seigneur Jésus-Christ nous a enseigné plus ouvertement que ce lien ne devait unir et joindre ensemble que deux personnes, lorsque, rapportant ces dernières paroles comme prononcées de Dieu même, il a dit : *Donc ils ne sont plus deux, mais une seule chair*. Et incontinent il confirme la fermeté de ce lien, déclarée par Adam si longtemps auparavant, en disant : *Que l'homme donc ne sépare pas ce que Dieu a conjoint.*

» Or, le même Jésus-Christ, l'auteur et le consommateur de tous les augustes sacrements, nous a mérité, par sa passion, la grâce qui perfectionne cet amour naturel, affermit cette union indissoluble et sanctifie les conjoints. C'est aussi ce que nous insinue saint Paul, en disant : *Maris, aimez vos femmes, comme Jésus-Christ a aimé l'Eglise et s'est livré lui-même pour elle*; ajoutant incontinent après : *Ce sacrement est grand, je dis en Jésus-Christ et en l'Eglise.*

» Le mariage, dans la loi évangélique, étant donc plus excellent que les mariages anciens, à cause de la grâce qu'il confère par Jésus-Christ : c'est avec raison que nos saints Pères, les conciles et la tradition universelle de l'Eglise ont de tout temps enseigné qu'il doit être mis au rang des sacrements de la nouvelle loi. Cependant des hommes de ce siècle, portant leur rage et leur impiété contre une autorité si vénérable, non-seulement ont eu une opinion erronée de cet auguste sacrement; mais, sous prétexte de l'Evangile, introduisant selon leur coutume une liberté charnelle, ils ont affirmé de parole et par écrit, au grand détriment des fidèles, plusieurs choses fort éloignées du sens de l'Eglise catholique et de l'usage approuvé depuis le temps des apôtres. C'est pourquoi le saint concile universel, voulant obvier à leur témérité et empêcher que plusieurs autres ne soient encore attirés par une si pernicieuse contagion, a jugé à propos de foudroyer les hérésies et les erreurs les plus remarquables de ces schismatiques, prononçant les anathèmes suivants contre les hérétiques mêmes et contre les erreurs. »

« DU SACREMENT DE MARIAGE.

» CANON I. Si quelqu'un dit que le mariage n'est pas véritablement et proprement un des sept sacrements de la loi évangélique, institué par Notre Seigneur Jésus-Christ, mais qu'il a été inventé dans l'Eglise par des hommes, et qu'il ne confère pas la grâce : qu'il soit anathème.

» II. Si quelqu'un dit qu'il est permis aux chrétiens d'avoir plusieurs femmes en même temps, et que cela n'est défendu par aucune loi divine : qu'il soit anathème.

» III. Si quelqu'un dit qu'il n'y a que les seuls degrés de consanguinité et d'affinité marqués dans le *Lévitique*, qui puissent empêcher de contracter mariage ou qui puissent le rompre quand il est contracté; et que l'Eglise ne peut pas donner dispense en quelques-uns de ces degrés, ou établir un plus grand nombre de degrés qui empêchent et rompent le mariage : qu'il soit anathème.

» IV. Si quelqu'un dit que l'Eglise n'a pas pu établir des empêchements dirimants du mariage, ou qu'elle a erré en les établissant : qu'il soit anathème.

» V. Si quelqu'un dit que le lien du mariage peut être rompu pour cause d'hérésie ou de cohabitation fâcheuse, ou d'absence affectée de l'un des deux époux : qu'il soit anathème.

» VI. Si quelqu'un dit que le mariage contracté et non consommé, n'est pas annulé par la profession solennelle de religion que fait l'une des parties : qu'il soit anathème.

» VII. Si quelqu'un dit que l'Eglise est dans l'erreur quand elle enseigne, comme elle a enseigné, selon la doctrine de l'Evangile et des Apôtres, que le lien du mariage ne peut être dissous, pour le péché d'adultère de l'une des parties ; et que ni l'une, ni l'autre, non pas même la partie innocente, qui n'a pas donné sujet à l'adultère, ne saurait contracter un autre mariage du vivant de l'autre partie; et que le mari, qui, ayant quitté la femme adultère, en épouse une autre, commet lui-même un adultère ; ainsi que la femme, qui, ayant quitté son mari adultère, en épouserait un autre : qu'il soit anathème.

» VIII. Si quelqu'un dit que l'Eglise est dans l'erreur quand elle déclare que, pour plusieurs causes, il se peut faire séparation quant à la couche ou quant à la cohabitation, entre le mari et la femme, pour un temps déterminé ou non déterminé : qu'il soit anathème.

» IX. Si quelqu'un dit que les clercs revêtus des Ordres sacrés, ou les réguliers qui ont fait profession solennelle de chasteté, peuvent contracter mariage, et qu'étant ainsi contracté, il est valide, malgré la loi de l'Eglise et leur propre vœu; que soutenir le contraire, ce n'est autre chose que condamner le mariage, et que tous ceux qui ne se sentent pas pourvus du don de chasteté, quoiqu'ils en aient fait le vœu, peuvent contracter mariage : qu'il soit anathème. Car Dieu ne refuse pas ce don à ceux qui le demandent comme il faut, et ne permet pas que nous soyons tentés au delà de nos forces.

» X. Si quelqu'un dit que l'état du mariage est préférable à l'état de la virginité ou du célibat, et que demeurer dans la virginité ou le célibat, ce n'est pas quelque chose de meilleur ou de plus heureux que de se marier : qu'il soit anathème.

» XI. Si quelqu'un dit que la défense de solenniser les noces en certains temps de l'année, est une superstition tyrannique, provenue de la superstition des païens ; ou s'il condamne les bénédictions et les autres cérémonies que l'Eglise pratique dans leur célébration : qu'il soit anathème.

» XII. Si quelqu'un dit que les causes qui concernent le mariage n'appartiennent pas aux juges ecclésiastiques : qu'il soit anathème. »

Ces canons sont suivis de dix chapitres de réformation concernant le mariage.

« CHAPITRE I. *On renouvelle la forme prescrite dans le concile de Latran pour contracter solennellement le mariage ; l'évêque peut dispenser des bans. Celui qui contracte autrement qu'en présence du curé et de deux autres témoins, ne fait rien.* — Quoiqu'il ne faille pas douter que les mariages clandestins, faits par le libre consentement des parties contractantes, ne soient de vrais et valides mariages, tant que l'Eglise ne les a pas rendus invalides ; et que par conséquent il faille condamner, comme le saint concile les frappe d'anathème, ceux qui nient que ces mariages soient vrais et valides ; et ceux qui assurent faussement que les mariages contractés par les enfants de famille sans le consentement de leurs parents, sont nuls, et que les pères et les mères ont le pouvoir de les rendre ou valides ou nuls : néanmoins la sainte Eglise, pour de très-justes causes, les a toujours détestés et défendus.

» Mais le saint concile, s'apercevant que ces défenses sont devenues inutiles par la désobéissance des hommes; et considérant les péchés énormes que causent ces mariages clandestins; surtout par rapport à ceux qui demeurent en état de damnation, lorsque, ayant quitté la première femme avec laquelle ils avaient contracté mariage en secret, ils se marient publiquement avec une autre, et vivent avec elle en perpétuel adultère : auquel désordre l'Eglise, qui ne juge pas des choses cachées, ne peut apporter de remède, si elle ne recourt à quelque moyen plus efficace : c'est pourquoi ledit saint concile, conformément à celui de Latran, tenu sous Innocent III, ordonne qu'à l'avenir, avant que l'on contracte mariage, le propre curé des parties contractantes dénoncera publiquement dans l'église, à la grand'messe, par trois jours de fête consécutifs, les noms de ceux entre qui doit être contracté le mariage. Et ces publications étant faites, si l'on n'y forme aucun empêchement légitime, il sera procédé à la célébration du mariage en face de l'église; où le curé, après avoir interrogé l'époux et l'épouse, et avoir pris leur mutuel consentement, dira : Je vous unis ensemble par le lien du mariage, au nom du Père, et du Fils, et du Saint-Esprit; ou bien il se servira d'autres paroles, suivant l'usage reçu en chaque pays.

» Mais s'il arrivait qu'il y eût soupçon probable que le mariage pût être malicieusement empêché, s'il se faisait tant de publications auparavant; alors, ou il ne s'en fera qu'une seulement, ou même le mariage se fera sans aucune, en présence au moins du curé et de deux ou trois témoins. Puis, avant qu'il soit consommé, les publications se feront dans l'église, afin que, s'il y a quelques empêchements cachés, ils se découvrent plus aisément : si ce n'est que l'ordinaire juge lui-même plus à propos que lesdites publications soient omises : ce que le saint concile laisse à son jugement et à sa prudence.

» Quant à ceux qui entreprendraient de contracter mariage autrement qu'en présence du curé, ou de quelque autre prêtre, avec permission dudit curé ou de l'ordinaire, et avec deux ou trois témoins : le saint concile les rend absolument inhabiles à contracter de la sorte, et ordonne que de tels contrats soient nuls et invalides, comme par le présent décret il les rend nuls et invalides.

» De plus, il veut et ordonne que le curé, ou autre prêtre, qui aura été présent à un tel contrat, avec un moindre nombre de témoins qu'il n'est prescrit, et que les témoins qui auront assisté sans le curé ou autre prêtre, et aussi les parties contractantes, soient punis sévèrement, à la discrétion de l'ordinaire.

» Le même saint concile exhorte encore l'époux et l'épouse à ne point demeurer ensemble dans une même maison, avant d'avoir reçu dans l'église la bénédiction du prêtre. Il veut aussi et ordonne que la bénédiction soit donnée par le propre curé, et que nul autre que le curé ou l'ordinaire ne puisse accorder à un autre prêtre la permission de donner cette bénédiction; nonobstant tout privilége et toute coutume, qu'on doit plutôt appeler un abus qu'une coutume. Que si quelque curé ou autre prêtre, soit régulier, soit séculier, osait marier ceux qui sont d'une paroisse, ou leur donner la bénédiction nuptiale, sans la permission de leur curé, quand même il alléguerait pour cela quelque privilége particulier, ou une coutume immémoriale; il demeurera suspens de droit, jusqu'à ce qu'il soit absous par l'ordinaire du curé qui devait être présent au mariage ou qui devait donner la bénédiction.

» Le curé aura un registre qu'il conservera chez lui soigneusement, et dans lequel il inscrira le jour et le lieu du mariage contracté, avec les noms des parties et des témoins.

» Enfin le saint concile exhorte ceux qui doivent se marier à se confesser avec soin et à recevoir avec dévotion le saint sacrement de l'Eucharistie avant la célébration du mariage, ou au moins trois jours avant la consommation.

» Si dans quelque province il y a encore d'autres cérémonies et louables coutumes, le saint concile souhaite avec ardeur qu'on les garde et qu'on les conserve entièrement.

» Et afin que personne n'ignore de si salutaires ordonnances, le saint concile enjoint à tous les ordinaires d'avoir soin de faire publier au plus tôt et expliquer ce décret au peuple, dans chaque église paroissiale de leur diocèse; et de faire réitérer très-souvent cette publication la première année, et dans la suite toutes les fois qu'ils le jugeront à propos. De plus, il ordonne que le présent décret commencera d'avoir force dans chaque paroisse, trente jours après que la première publication y aura été faite. »

Le IIe chapitre restreint l'empêchement de l'affinité spirituelle; le IIIe, l'empêchement de l'honnêteté publique; le IVe, celui de l'affinité par fornication. Le Ve ordonne que ceux qui auront sciemment contracté mariage dans les degrés défendus, seront séparés sans plus d'espoir de dispense; et qu'on n'en accordera jamais pour le second degré, si ce n'est en faveur des grands princes et relativement au bien public. Le VIe prononce qu'il ne peut y avoir de mariage entre le ravisseur et la personne enlevée, tant que celle-ci demeure en la puissance du premier. Le VIIe explique les précautions qu'il faut prendre pour le mariage des vagabonds, que les curés doivent au moins n'y admettre qu'après avoir consulté l'ordinaire. Le VIIIe prononce excommunication contre les concubinaires, qui, après trois monitions de l'évêque, négligeront de se séparer. Le IXe prononce la même peine contre les seigneurs temporels et les magistrats, qui empêcheraient leurs justiciables de se marier en liberté. Le Xe, enfin, prescrit d'observer les anciennes défenses des noces solennelles, depuis l'Avent jusqu'à l'Epiphanie, et depuis les Cendres jusqu'à l'octave de Pâques inclusivement.

On publia dans la même session, sur différents objets de réforme, vingt et un chapitres, dont le Ier expose ce qu'il faut observer dans la création des évêques et des cardinaux. Il y est marqué qu'il est nécessaire que le Pape s'applique à n'admettre au sacré collège que des sujets dignes et choisis, autant qu'il se pourra, de toutes les nations de la chrétienté.

Chapitre II. Que les synodes provinciaux doivent se tenir tous les trois ans, les diocésains tous les ans : quels sont ceux qui doivent les convoquer, et doivent y assister.

III. Comment les évêques doivent faire la visite de leurs diocèses.

IV. Qui et quand on doit s'acquitter du devoir de la prédication : qu'il faut aller à l'église paroissiale pour entendre la parole de Dieu : que personne ne doit prêcher malgré l'évêque.

V. Que la connaissance des causes criminelles grièves contre les évêques appartient au seul souverain Pontife, et celle des autres au concile provincial.

VI. Du pouvoir des évêques pour la dispense des irrégularités et des suspenses, et pour l'absolution des crimes.

VII. Que les évêques et les curés doivent expliquer au peuple la vertu des sacrements, avant de les administrer : que les saintes Écritures doivent aussi être expliquées pendant la solennité des messes.

VIII. Que les pécheurs publics doivent faire une pénitence publique, si l'évêque n'en juge autrement : qu'il faut établir un pénitencier dans chaque cathédrale.

IX. Par qui doivent être visitées les églises séculières qui ne sont d'aucun diocèse.

X. Que l'effet de la visite ne peut être suspendu par aucun sujet inférieur.

XI. Que les titres d'honneur ou les privilèges particuliers n'ôtent rien aux droits des évêques.

XII. Des qualités de ceux qui doivent être promus aux dignités et aux canonicats des églises cathédrales; et quelles sont leurs obligations.

XIII. Comment il faut pourvoir aux églises cathédrales et paroissiales qui sont faibles en revenus; qu'il faut assigner des limites certaines aux paroisses.

XIV. Qu'il ne faut admettre personne à la prise de possession d'un bénéfice ou aux distributions, si les fruits qu'on distribue ne doivent pas être employés à de pieux usages.

XV. De la manière d'augmenter les revenus des prébendes faibles, dans les cathédrales et collégiales considérables.

Le chapitre XVI° traite *des devoirs du chapitre pendant la vacance du siége*; il est conçu en ces termes : « Quand le siège sera vacant, le chapitre, dans les lieux où il a la charge de percevoir les fruits, établira un ou plusieurs économes fidèles et vigilants, qui aient soin du bien et du revenu ecclésiastique, pour en rendre compte à qui il appartiendra. Il sera tenu aussi expressément, dans les huit jours après la mort de l'évêque, de nommer un official ou vicaire, ou de confirmer celui qui est établi; lequel sera au moins docteur en droit canon ou licencié, ou autrement le plus capable qui se pourra. Si on en use autrement, la faculté d'y pourvoir sera dévolue au métropolitain. Et si cette Eglise est elle-même métropolitaine, ou qu'elle soit exempte, et que le chapitre, comme il a été dit, ait été négligent; alors le plus ancien évêque entre les suffragants à l'égard de l'église métropolitaine, et l'évêque le plus proche à l'égard de celle qui se trouve exempte, aura le pouvoir d'établir un économe et un vicaire capables. Ensuite, l'évêque promu à la même Eglise vacante se fera rendre compte par lesdits économe et vicaire, et par tous autres officiers et administrateurs qui, pendant la vacance du siège, auront été établis par le chapitre ou par d'autres en sa place, quand ils seraient même du corps du chapitre, de toutes les choses qui le regardent, de toutes leurs fonctions, emplois, juridictions, gestions et administrations quelconques; et il pourra punir ceux qui auront malversé, quand même les susdits officiers auraient déjà rendu leurs comptes et obtenu quittance et décharge du chapitre ou des commissaires par lui députés. Le chapitre sera aussi tenu de rendre compte au même évêque des papiers appartenant à l'Église, s'il en est tombé quelques-uns entre ses mains. »

Le chapitre XVII règle la manière de conférer les bénéfices et les cas où l'on peut en retenir plus d'un.

XVIII. Que l'évêque doit incontinent nommer un vicaire pour desservir les cures vacantes : de quelle manière on doit procéder au choix et à l'examen des curés.

XIX. On abroge les grâces expectatives et autres choses de ce genre.

XX. De la manière de traiter les causes qui appartiennent au for ecclésiastique.

Le XXI° et dernier chapitre porte une déclaration du saint concile sur certaines expressions de la première session, par lesquelles on n'a pas entendu changer la manière de traiter les affaires dans les conciles œcuméniques.

Enfin le concile ordonne que la prochaine session se tiendra le 9 décembre suivant, et qu'il y sera traité des articles de réformation qui avaient déjà été présentés, mais qui avaient été remis à un autre temps.

La longueur du concile en faisait désirer la fin ; plusieurs Pères mêmes l'avaient déjà quitté sans congé : le Pape, qui entretenait à ses dépens les prélats pauvres, paraissait la désirer aussi. On n'espérait plus rien des protestants, depuis que l'empereur, après une assemblée des Etats de l'empire, avait mandé qu'il lui était impossible de les faire adhérer ni même assister au concile. Bien plus, ils s'étaient nouvellement emparés de Wurtzbourg et faisaient craindre que leur fureur ne se portât jusqu'à Trente; mais ce qui engagea principalement à terminer plus tôt, ce fut la nouvelle qu'on y reçut d'une maladie fort dangereuse dont le Pape fut attaqué dans ces circonstances. On appréhendait que sa mort n'occasionnât un schisme, à cause de la division qui naîtrait aussitôt entre le sacré collége et le concile, touchant le droit d'élire un pape. Toutes ces raisons firent qu'on tint dès le 3 décembre de cette année 1563, la vingt-cinquième session, qui fut la dernière, et qui n'avait été indiquée que pour le 9 de ce mois.

La messe solennelle fut célébrée par Zambeccari, évêque de Sulmone. Après la messe, Jérôme Ragazzoni, Vénitien, évêque de Nazianze, et alors coadjuteur de Famagouste en Chypre, prononça en latin le discours suivant, qui résume admirablement bien tous les travaux du concile.

« Ecoutez, nations ; prêtez l'oreille, vous tous qui habitez la terre. Commencé depuis longtemps, plusieurs fois interrompu, disjoint et séparé, le concile de Trente s'est réuni et s'achève enfin par un bienfait singulier de la toute-puissance de Dieu et par le concours et le zèle admirable de tous les ordres et de toutes les nations. Il a brillé enfin ce jour de bonheur pour le peuple chrétien, où le temple du Seigneur, si souvent abattu et dispersé, est rétabli et achevé; où ce navire, le seul qui porte les bons, échappé à la violence de longues tempêtes, à toute la fureur des flots, repose à l'abri du port. Et plût à Dieu que ceux pour qui nous avons entrepris cette périlleuse navigation, eussent voulu s'embarquer avec nous! plût à Dieu qu'ils nous eussent aidés à construire cet édifice, eux qui nous l'ont fait élever ! nous aurions maintenant bien plus sujet de nous réjouir; mais certes, ce n'est pas à nous qu'il faut en imputer la faute.

» Nous avons choisi cette ville à l'entrée de l'Allemagne, c'est-à-dire presque aux portes de leurs pays; nous n'avons appelé aucune garde autour de nous, afin de leur épargner toute crainte pour leur liberté; nous leur avons accordé ce sauf-conduit qu'ils avaient dicté eux-mêmes, nous les avons longtemps attendus, et jamais nous n'avons cessé de les exhorter, de les prier de s'unir à nous pour connaître la lumière de la vérité. Même malgré leur absence, nous avons, je pense, assez ménagé leurs intérêts. Il fallait en effet porter remède au double mal qui travaillait ces esprits malades et infirmes. Pour l'un, on a expliqué et affermi la doctrine de la foi catholique et vraiment évangélique dans tous les points qu'ils révoquent en doute, et selon qu'il semblait utile pour ce temps, en écartant et en dissipant toutes les ténèbres des erreurs; pour l'autre on a rétabli la discipline ecclésiastique, dont le relâchement, à les entendre, avait été la principale cause de leur schisme : nous avons parfaitement rempli ce double devoir, autant qu'il a été en nous, et ayant égard au temps.

» Au commencement, ce saint concile, après avoir fait, suivant la louable coutume de nos pères, sa profession de foi, comme pour poser une certaine base à ce qu'il entreprendrait dans la suite, et montrer sur quels témoignages et quels secours il fallait s'appuyer dans la sanction des dogmes, a, par une pieuse sagesse, à l'exemple des anciens conciles les plus vénérés, énuméré les livres de l'Ancien et du Nouveau Testament, que l'on doit admettre sans aucun doute; et afin qu'il ne pût pas même s'élever de difficultés sur les mots par suite de versions différentes, il a consacré une traduction certaine et invariable des livres grecs et des livres hébreux. Après cela, attaquant toutes les hérésies dans leur fort et dans leur principal retranchement, il a établi sur la corruption originelle de la nature humaine, ce que la vérité elle-même déciderait, si elle pouvait parler. Quant à la justification, cette vérité si importante, et que les hérétiques d'autrefois, comme ceux de nos jours, ont attaquée avec un acharnement incroyable; il a donné des définitions telles, qu'elles préviennent les opinions les plus dangereuses sur ce sujet, et la vraie foi y est démontrée avec un ordre et une sagesse si admirables, que l'on y aperçoit facilement l'Esprit de Dieu. Par ce décret, le plus important dont les hommes conservent le souvenir, toutes les hérésies sont étouffées; elles sont chassées et dissipées, comme les ténèbres par le soleil; et telle est cette clarté, cette splendeur de vérité, que personne ne peut plus s'en dissimuler l'éclat.

» On a traité ensuite des sept divins sacrements de l'Eglise : d'abord de tous à la fois, puis de chacun en particulier. Et ici, qui ne voit avec quelle netteté, quelle évidence, quelle abondance, quelle clarté, et, ce qui est le point capital, avec quelle exactitude, toute l'essence de ces célestes mystères y est comprise? Dans cette doctrine si importante et si variée, qui peut encore demander ce qu'il doit suivre ou éviter? qui y trouvera un sujet ou une occasion de tomber dans l'erreur? enfin qui doutera désormais de la force et de la vertu de ces sacrements, quand nous voyons que la grâce qui en découle, comme par certains canaux, se répand sur nous avec tant d'abondance? Viennent ensuite les décrets sur le saint sacrifice de la messe et sur la communion sous les deux espèces et celle des petits enfants; et telle est leur sainteté et leur utilité, qu'ils semblent être descendus du ciel et ne pas être l'œuvre des hommes. Nous pouvons y ajouter une doctrine aujourd'hui sur les indulgences, le purgatoire, le culte, l'invocation, les images et les reliques des saints, propre non-seulement à déjouer les fraudes et les calomnies des hérétiques, mais à satisfaire pleinement la conscience des pieux catholiques.

» Ces décisions, qui se rapportent à notre salut, et que l'on appelle *dogmes*, ont été achevées avec succès et bonheur; et désormais nous n'aurons plus, pour le temps où nous sommes, à y ajouter quoi que ce soit dans le même genre.

» Comme quelques abus s'étaient glissés dans l'administration des choses saintes, et qu'on n'y observait point les usages et les rites sacrés, vous avez veillé, Révérends Pères, à ce qu'elles fussent administrées avec une entière pureté et suivant la coutume établie par nos pères. Ainsi vous avez détruit toute superstition, tout gain, et, comme ils disent, toute irrévérence de la divine célébration de la messe; vous avez défendu aux prêtres vagabonds, inconnus et criminels, d'offrir ce saint sacrifice. Cet auguste sacrifice était célébré dans des maisons particulières et profanes; vous l'avez rappelé dans les lieux sacrés et religieux. Vous avez banni du temple du Seigneur les chants efféminés et les symphonies, les promenades, les entretiens, les trafics. En prescrivant des lois à chaque grade ecclésiastique, vous avez fait en sorte qu'il n'y eût plus lieu d'abuser des saints ordres que Dieu même confère. Ainsi vous avez aboli certains empêchements de mariages, qui donnaient en quelque sorte un prétexte de violer les règles de l'Eglise. Vous avez rendu moins facile le pardon des unions illégitimes. Rappellerai-je les mariages clandestins et ténébreux? N'y eût-il eu que ce seul motif de convoquer le concile, et il y en avait de nombreux et d'importants; pour cela seul, selon moi, on eût dû l'assembler. Car comme cette question intéresse tous les hommes, et qu'il n'est pas dans l'univers un seul coin que cette peste n'ait infecté; c'est avec raison qu'il aurait fallu remédier à ce mal général par une délibération unanime. Vos décrets d'une sagesse si admirable et presque divine, Très-Saints Pères, ont détruit entièrement cette cause d'une infinité de délits et de crimes affreux; votre prudence a su parfaitement pourvoir au gouvernement de la chrétienté. Ajoutez à cela les abus nombreux que vous avez ôtés dans ce qui concerne le purgatoire, le culte et l'invocation des saints, les images, les reliques et les indulgences; lesquels paraissaient y déshonorer et souiller honteusement l'éclat si pur en lui-même de la foi et de la pratique sainte.

» Quant à l'autre partie dans laquelle nous avions à traiter du raffermissement de la discipline ecclésiastique déjà chancelante et presque tombée, vous l'avez terminée et complétée avec une égale exactitude. Désormais les honneurs ecclésiastiques seront l'apanage de la vertu et non de l'ambition des hommes; on y cherchera moins ses propres intérêts que ceux du peuple, et on sera plus flatté de l'honneur de leur être utile, que de celui de leur commander. On annoncera, on expliquera plus souvent et avec plus de soin la parole de Dieu, plus pénétrante que le glaive à double tranchant.

» Les évêques et tous ceux à qui le soin des âmes a été confié, seront avec leurs troupeaux et veilleront sur eux; on ne les verra point errer loin du dépôt commis à leur garde. Les priviléges ne serviront à personne pour mener une vie impure et scandaleuse, ou pour enseigner des doctrines mauvaises et dangereuses. Nul crime ne sera sans châtiment, nulle vertu sans récompense. Vous avez sagement pourvu à la vie matérielle des prêtres pauvres et indigents. Chacun d'eux sera maintenant attaché à une église, et on lui affectera un service qui puisse fournir à ses besoins.

» L'avarice, de tous les vices le plus affreux, surtout dans la maison du Seigneur, en sera bannie à jamais, et tous les sacrements seront, comme il convient, administrés gratuitement. D'une seule église on en formera plusieurs, et de plusieurs une seule, comme l'intérêt du peuple et la raison le demanderont. Par un bonheur très-grand pour nous, les quêteurs d'aumônes, comme on les appelle, qui, plus occupés de leurs biens que de ceux de Jésus-Christ, étaient pour notre religion un sujet de perte et de honte, seront bannis pour toujours du souvenir des hommes. C'est là l'origine du mal qui nous afflige; de cette source, un mal infini se répandait insensiblement parmi nous, et chaque jour étendait au loin ses ravages; toute la prudence, toutes les précautions d'une foule de conciles n'ont pu réussir à y remédier. Aussi, qui n'avouera qu'une haute sagesse ordonnait de retrancher un membre dont on avait essayé la guérison si souvent et avec si peu de succès, dans la crainte qu'il ne nuisît au reste du corps?

» On rendra à Dieu un culte plus saint et plus parfait; ainsi ceux qui portent les vases du Seigneur seront purs, afin que leur exemple porte les autres à les imiter. Par une mesure d'une admirable prévoyance, vous avez établi que ceux qui doivent être initiés aux fonctions saintes seraient, dans chaque église et dès le premier âge, formés aux bonnes mœurs et aux belles-lettres, afin d'y établir en quelque sorte comme une pépinière de toutes les vertus. Ajoutez encore les synodes provinciaux rétablis; les visites remises en usage, pour l'utilité et non le malheur et la ruine des peuples; la faculté procurée aux pasteurs de gouverner et paître leurs troupeaux plus commodément; la pénitence publique remise en vigueur; l'hospitalité ordonnée et aux hommes d'église et dans les lieux pieux; une mesure mémorable et presque divine établie pour conférer les cures; la pluralité des bénéfices, pour employer l'expression vulgaire, détruite; la possession héréditaire du sanctuaire interdite; une règle imposée et déterminée aux excommunications; les premiers jugements assignés dans les lieux où s'élèvent les différends; les combats singuliers défendus; une espèce de frein invincible imposé à la luxure, à la cupidité et à la licence de tous les hommes, et surtout des hommes d'église; les rois et les princes avertis avec soin de leur devoir; les autres questions de cette nature traitées avec une extrême sagesse.

» A la vue de ces travaux, qui ne sent, Révérends Pères, avec quelle conscience vous avez de même en ceci rempli votre devoir? On s'est occupé souvent dans les conciles précédents d'expliquer notre foi, de corriger les mœurs; mais je ne sais si jamais on l'a fait avec plus de zèle et de clarté. Dans cette assemblée, et surtout dans ces deux dernières années, nous avons eu non-seulement des Pères, mais des orateurs de tous les peuples et de toutes les nations qui reconnaissent la vérité de la religion catholique. Et quels hommes! Considérez-vous leur science? ils sont les plus instruits; leur expérience? ils sont les plus habiles; leur esprit? ils sont les plus pénétrants; leur piété? ils sont les plus religieux; leur vie? ils sont les plus saints. Le nombre des assistants a été tel, que, si l'on jette un coup d'œil sur les bornes actuelles du monde chrétien, ce concile apparaît comme le plus nombreux de tous ceux qui ont été réunis jusqu'à présent. Ici toutes les blessures ont été mises à nu, les mœurs exposées au grand jour, on n'a rien caché. On a mis une telle impartialité à peser les arguments et les raisons de nos adversaires, qu'il semblait que ce fût leur cause et non la nôtre que l'on défendît. Quelques-uns ont été discutés trois et même quatre fois; souvent on a combattu avec beaucoup de chaleur, afin que, comme l'or par le feu, la force et la puissance de la vérité fussent éprouvées par ces sortes de luttes. Car quelle discorde peut régner entre ceux qui ont la même foi et aspirent au même but?

» Ainsi, quoiqu'il eût été à désirer, comme je le disais au commencement de ce discours, que nous eussions discuté ces questions avec ceux mêmes pour qui nous les avons surtout traitées; cependant, malgré leur absence, vous avez si bien pourvu aux moyens d'assurer leurs droits et leur salut, que même, eussent-ils été présents, il ne semble pas qu'il eût été possible d'y pourvoir autrement. Qu'ils lisent, comme il convient à un chrétien, avec humilité, ce que nous avons décidé touchant la foi : et, si quelque lumière vient à leur luire, qu'ils ne détournent pas le visage : et, s'ils entendent la voix du Seigneur, qu'ils n'endurcissent point leurs cœurs. S'ils veulent rentrer dans le sein commun de l'Eglise dont ils se sont séparés, qu'ils ne doutent point qu'ils n'y trouvent entier pardon et miséricorde.

» Mais, voici, Révérends Pères, le vrai moyen de ramener les esprits des dissidents, de retenir les fidèles dans la foi et dans le devoir : c'est de pratiquer dans nos églises les règles que nous avons établies dans cette assemblée par nos paroles. Quelque parfaites que soient les lois, c'est toujours une parole muette. Ont-elles servi au peuple hébreu, ces lois sorties de la bouche de Dieu même? De quelle utilité ont été pour les Lacédémoniens les lois de Lycurgue, pour les Athéniens les lois de Solon? leur ont-elles garanti cette liberté qu'elles devaient leur assurer? Mais pourquoi recourir à des choses étrangères et trop reculées? Quelles règles, quels préceptes pour mener une vie pieuse et sainte, pouvons-nous ou devons-nous désirer encore après la vie et la doctrine de notre seul Seigneur Jésus-Christ? Est-il rien qui fût nécessaire à une foi saine, à une vie pure, et que nos ancêtres aient oublié? Il est vrai, nous avons un remède salutaire, composé et préparé depuis longtemps; mais doit-il chasser le mal, il faut le prendre et l'infiltrer dans toutes les veines du corps. Enivrons-nous les premiers, mes très-chers frères, de cette coupe de salut, soyons des lois vivantes et parlantes; soyons comme un modèle et une mesure qui règle les actions et les soins des autres : persuadons-nous qu'il n'arrivera rien d'heureux ni de glorieux pour la chrétienté, si chacun de nous n'y met tout le zèle dont il est capable.

» Déjà nous avons eu à travailler dans ce but; il nous faudra dans la suite faire encore plus d'efforts. Car si, à l'exemple de notre Maître et Sauveur, nous devions pratiquer avant d'enseigner; maintenant que nous avons enseigné, quelle pourrait être notre excuse, si nous ne pratiquions point? Qui pourrait nous tolérer et nous souffrir : si, après avoir prouvé qu'il ne faut pas voler ni commettre d'adultères, nous nous rendions coupables de vols et d'adultères? Non, il ne convient nullement que nous nous montrions désormais autres que saints, suivant nos pieux conseils; innocents et intègres, suivant les préceptes de l'intégrité et de l'innocence; fermes dans la foi et pleins de constance, après que nous avons affermi la doctrine de notre foi. C'est là ce que nos peuples attendent de nous, ces peuples qui désirent depuis si longtemps notre retour, et se consolent en pensant qu'une fois avec eux nous réparerons par un plus grand zèle le temps de notre absence. Vous vous empresserez de répondre à leur attente, j'en ai la ferme espérance, Très-Saints Pères; et chez vous, comme dans cette assemblée, vous satisferez Dieu et les hommes.

» Maintenant, et c'est là notre devoir présent, rendons et offrons des actions de grâces infinies et immortelles au Dieu lui-même infini et immortel : qui, loin de nous traiter suivant les péchés que nous avons commis et selon nos iniquités, nous a accordé dans sa grande miséricorde, non-seulement de voir (ce que tant d'autres ont désiré en vain de voir avant nous), mais aussi de célébrer ce jour de bonheur, au milieu de l'assentiment et de l'approbation universelle du peuple chrétien. Nous devons ensuite particulièrement d'éternelles et singulières actions de grâces à Pie IV, notre souverain et pieux Pontife : à peine monté sur la chaire du bienheureux Pierre, enflammé du désir d'assembler ce concile, il concentre sur ce but tous ses soins et toutes ses pensées. Il envoie aussitôt les hommes les plus recommandables comme nonces, pour indiquer ce concile aux nations et aux provinces, que l'on voulait surtout sauver en les convoquant. Ces nonces parcourent presque toutes les parties de l'Aquilon ; ils demandent, ils prient, ils conjurent; ils promettent toute sûreté et amitié; ils vont même jusqu'à passer en Angleterre. Comme le pontife ne peut assister à ce concile, et satisfaire ainsi le plus cher de ses désirs, il envoie ici des légats illustres par leur piété et leur science : et il veut que deux d'entre eux, dont la mémoire est en bénédiction, fussent rendus dans cette ville au jour fixé, bien qu'il n'y eût encore que quelques évêques de réunis. Ces légats, et celui qui leur fut adjoint peu de temps après, restent plus de neuf mois dans cette ville sans rien faire, attendant un nombre suffisant d'évêques pour ouvrir le concile. Cependant le pontife lui-même n'avait d'autre pensée, d'autre but, que de réunir le plus grand nombre possible d'évêques dans le plus court délai; de déterminer les rois et les princes du nom chrétien à envoyer ici leurs ambassadeurs; en un mot, de faire en sorte que cette cause qui intéresse tous les hommes, et qui est la plus grave et la plus importante de toutes,

fût traitée d'après les vœux et le conseil de tous. Ses soins, sa sollicitude, sa générosité ont-ils dans la suite oublié rien de ce qui semblait toucher en quelque sorte à la grandeur, à la liberté ou à l'intérêt de ce concile? Ô piété et prudence admirables de notre pasteur et de notre père! ô félicité suprême du pontife, qui voit s'achever en paix, sous son autorité et sous ses auspices, ce concile agité et tourmenté si longtemps! Je vous prends à témoins, vous Paul III et Jules III, dont nous pleurons la mort pendant combien de temps, avec quelle ardeur vous avez désiré voir ce que nous voyons aujourd'hui! Que de dépenses, que d'efforts n'avez-point faits pour parvenir à ce but ! C'est pourquoi, très-saint et très-heureux Pie, nous vous félicitons vraiment et de cœur, de ce que le Seigneur vous a réservé une telle joie et à votre nom un tel honneur. Oui, c'est là la preuve la plus éclatante de la bonté de Dieu envers nous, de ce Dieu que nous supplions humblement de vous rendre bientôt sain et sauf à nos vœux, et de vous conserver le plus longtemps possible pour l'intérêt et la gloire de son Eglise.

» La reconnaissance nous fait ici un devoir de remercier le sérénissime empereur. Rappelant le zèle des très-puissants césars dont il tient la place et qu'animait un admirable désir de propager la foi chrétienne, il a conservé cette ville libre de tout danger : sa vigilance nous a assuré la tranquillité et la paix, et, par la présence continuelle de ses trois ambassadeurs, ces illustres personnages, il a donné à nos âmes comme un gage de sécurité. Enfin, son admirable piété le rendait merveilleusement inquiet sur toutes les affaires qui nous occupaient. Nous l'avons vu s'efforcer d'arracher les dissidents des ténèbres les plus obscures où ils se cachent, et de les produire à la vue de l'éclatante lumière de ce saint concile. — Nous devons encore nous rappeler avec reconnaissance le zèle si pieux des rois et des princes chrétiens, qui ont ajouté à l'éclat de ce concile en y envoyant d'illustres députations, et ont abaissé leur puissance devant votre autorité.

» Or, quel est maintenant l'homme, illustres légats et cardinaux, qui n'avoue pas tout ce qu'il vous doit? Vous avez en effet été les guides, les modérateurs de cette entreprise; vous avez veillé avec une patience et un zèle incroyables à ce que la liberté de nos paroles et de nos résolutions ne parût pas même être violée en quoi que ce soit. Vous n'avez épargné aucune fatigue à votre corps, aucun travail à votre esprit; afin que cette entreprise, où tant d'autres hommes semblables à vous avaient échoué, parvînt le plus tôt possible au résultat désiré. A ce sujet, très-illustre et très-glorieux Moron, vous devez entre tous les autres éprouver une joie qui vous est pour ainsi dire personnelle : vous qui, après avoir, il y a vingt ans, posé la première pierre de ce magnifique édifice, auquel ont travaillé tant d'autres architectes, allez, avec la sagesse admirable et presque divine qui vous appartient, y mettre heureusement la dernière main. Les louanges éternelles de tous les hommes célébreront cette action si belle et si éclatante, et nul siècle ne gardera le silence sur votre gloire.

» Et comment vous exprimerais-je, Très-Saints

Pères, tout ce que vous avez fait pour la chrétienté par tous vos illustres travaux ? Que d'honneur s'attachera à vos noms, que de gloire vous donnera tout le peuple chrétien ! Tous vous reconnaîtront, tous vous nommeront comme leurs vrais pères, leurs vrais pasteurs, tous s'empresseront de vous rapporter leur vie et leur salut. Ô jour de joie et de bonheur, où nos peuples nous reverront enfin, où ils embrasseront leurs pasteurs, revenant d'élever le temple du Seigneur.

» Mais vous, ô Seigneur notre Dieu, faites que nous répondions par la dignité de nos actions à cette opinion si flatteuse que l'on conçoit de nous : faites que le grain que nous avons semé dans votre champ rapporte des fruits abondants : que votre parole coule comme la rosée ! Daignez faire voir à notre temps, les effets de cette promesse que vous avez juré de réaliser : faites qu'il n'y ait qu'un troupeau et qu'un pasteur, que ce pasteur soit surtout Pie IV, pour la gloire éternelle de votre nom. *Amen* (Dassance, *Le concile de Trente*, t. II, p. 483 et seqq.). »

Après ce discours de l'évêque de Nazianze, coadjuteur de Famagouste en Chypre, l'évêque de Sulmone, qui avait chanté la messe, monta dans la tribune, et lut à haute voix les décrets suivants :

« DÉCRET TOUCHANT LE PURGATOIRE.

» L'Église catholique, instruite par le Saint-Esprit, ayant toujours enseigné, suivant les saintes Écritures et la doctrine ancienne des Pères, dans les saints conciles précédents, et depuis peu encore dans ce concile général, qu'il y a un purgatoire, et que les âmes qui y sont détenues sont soulagées par les suffrages des fidèles et particulièrement par le sacrifice de l'autel, si digne d'être agréé de Dieu : le saint concile ordonne aux évêques d'avoir un soin particulier que la bonne et saine doctrine du purgatoire, qui vient des saints Pères et des conciles, soit crue, tenue, enseignée, et partout prêchée aux fidèles. Qu'ils bannissent des prédications publiques, qui se font devant le peuple ignorant et grossier, les questions difficiles et trop subtiles sur cette matière, qui ne servent de rien pour l'édification et dont la piété ne retire d'ordinaire aucun avantage. Qu'ils ne permettent pas non plus qu'on avance ni qu'on agite sur ce sujet des choses incertaines et qui ont une apparence de fausseté. Qu'ils défendent, comme un sujet de scandale et de mauvaise édification pour les fidèles, tout ce qui tient à quelque curiosité ou superstition, ou qui ressent un profit sordide. Mais que les évêques aient soin que les suffrages des fidèles vivants, comme les messes, les prières, les aumônes et les autres œuvres de piété que l'on a coutume d'offrir pour les autres fidèles qui sont morts, soient accomplies avec piété et dévotion, selon l'usage de l'Église ; et que ce qu'on leur doit par fondation testamentaire ou autrement, soit acquitté avec soin et exactitude, et non par manière d'acquit, par les prêtres et les ministres de l'Église et autres qui y sont tenus. »

« DE L'INVOCATION, DE LA VÉNÉRATION, ET DES RELIQUES DES SAINTS, ET DES SAINTES IMAGES.

» Le saint concile enjoint à tous les évêques, et à tous autres qui sont chargés du soin et de la fonction d'enseigner les fidèles, que, suivant l'usage de l'Église catholique et apostolique, reçu dès les premiers temps de la religion chrétienne, conformément aussi au sentiment unanime des saints Pères et aux décrets des saints conciles, ils soient attentifs à instruire sur toutes choses les fidèles, touchant l'intercession et l'invocation des saints, l'honneur dû aux reliques et l'usage légitime des images : en leur enseignant que les saints qui règnent avec Jésus-Christ offrent à Dieu leurs prières pour les hommes ; qu'il est bon et utile de les invoquer d'une manière suppliante, et d'avoir recours à leurs prières, à leur aide et à leur assistance, pour obtenir de Dieu ses bienfaits par son Fils Notre Seigneur Jésus-Christ, qui seul est notre Rédempteur et notre Sauveur : qu'il est impie de nier qu'on doive invoquer les saints qui jouissent dans le ciel d'une félicité éternelle ; ou de soutenir que les saints ne prient pas Dieu pour les hommes, qu'en les invoquant, afin qu'ils prient même pour chacun de nous en particulier, on se rend coupable d'idolâtrie, ou que c'est une chose qui répugne à la parole de Dieu, et qui est contraire à l'honneur qu'on doit à Jésus-Christ, seul et unique médiateur entre Dieu et les hommes ; ou même que c'est une pure folie de prier de pensée ou de parole les saints qui règnent dans le ciel.

» Ils enseigneront que les fidèles doivent également porter respect aux corps saints des martyrs et des autres saints qui vivent avec Jésus-Christ ; ces corps ayant été autrefois les membres vivants de Jésus-Christ et le temple du Saint-Esprit, qui doit un jour les ressusciter pour la vie éternelle et les revêtir de la gloire, et Dieu faisant beaucoup de bien aux hommes par leur moyen : de manière que ceux qui soutiennent qu'on ne doit point d'honneur ni de vénération aux reliques des saints, ou que c'est inutilement que les fidèles leur portent respect, ainsi qu'aux autres monuments sacrés, et que c'est en vain qu'on fréquente les lieux consacrés à leur mémoire pour en obtenir secours, doivent être absolument condamnés, comme l'Église les a déjà autrefois condamnés et comme elle les condamne encore présentement.

» On doit avoir et conserver, principalement dans les églises, les images de Jésus-Christ, de la Vierge mère de Dieu et des autres saints, et il faut leur rendre l'honneur et la vénération qui leur sont dus. Ce n'est pas que nous croyions qu'il y ait en elles aucune divinité ou aucune vertu pour laquelle on doive les révérer, ni leur demander aucune grâce, ni mettre en elles aucune confiance, comme faisaient les païens, qui mettaient leur espérance dans leurs idoles, mais parce que l'honneur qu'on leur rend se rapporte aux originaux qu'elles représentent. En sorte que, par les images que nous baisons et devant lesquelles nous nous découvrons et nous nous prosternons, nous adorons Jésus-Christ et honorons les saints dont elles portent la ressemblance ; comme il a été défini et prononcé par les décrets des conciles, et particulièrement du second concile de Nicée, contre ceux qui attaquaient les images.

» Or, les évêques doivent s'appliquer à faire entendre que les histoires des mystères de notre rédemption, exprimées par la peinture ou autrement, sont pour instruire le peuple et pour l'affermir dans le souvenir continuel des articles de notre foi : que l'on tire encore un avantage considérable de toutes les saintes images, non-seulement en ce qu'elles rappellent au peuple des bienfaits et des grâces qu'il a reçus de Jésus-Christ, mais encore parce qu'elles exposent aux yeux des fidèles les miracles que Dieu a opérés et les exemples salutaires qu'ils nous a donnés par les saints, afin qu'ils lui en rendent grâce et qu'ils soient excités par la vue de ces objets à imiter les exemples des saints, à adorer et aimer Dieu et à vivre dans la piété. Si quelqu'un enseigne quelque chose de contraire à ces décrets ou qu'il ait d'autres sentiments, qu'il soit anathème.

» Que s'il s'est glissé quelques abus parmi ces observations si saintes et si salutaires, le saint concile souhaite extrêmement qu'ils soient entièrement abolis; de manière qu'on n'expose aucune image qui puisse induire à quelque fausse doctrine, ou donner occasion aux personnes grossières de tomber dans quelque erreur dangereuse. Et s'il arrive quelquefois qu'on fasse faire quelque tableau des histoires tirées de la sainte Ecriture, selon qu'on le jugera utile pour l'instruction du simple peuple, on aura soin de lui bien faire entendre qu'on ne prétend pas par là représenter la Divinité, comme si elle pouvait être vue des yeux du corps ou exprimée par des traits et par des couleurs.

» Dans l'invocation des saints, la vénération des reliques et le saint usage des images, on bannira aussi toute sorte de superstition; on éloignera tout gain sordide; on évitera enfin tout ce qui n'est pas conforme à l'honnêteté : de sorte que, dans la peinture et l'ornement des images, on n'emploie point d'agréments ni d'ajustements profanes ni affectés; et qu'on n'abuse point de la solennité des fêtes des saints, ni des voyages qu'on entreprend à dessein d'honorer leurs reliques, pour se laisser aller aux excès et à l'ivrognerie; comme si l'honneur qu'on leur rend les jours de leurs fêtes consistait à les passer dans la débauche et le dérèglement.

» Enfin, en tout ceci les évêques apporteront tant de soin et tant d'application, qu'il n'y paraisse ni désordre, ni tumulte, ni emportement, rien de profane, ni de déshonnête; puisque la sainteté convient à la maison de Dieu.

» Or, afin que ces choses s'observent plus exactement, le saint concile ordonne qu'il ne soit permis à personne de mettre ou de faire mettre aucune image extraordinaire ou nouvelle, dans aucun lieu ou église, quelque privilégiée qu'elle puisse être, sans l'approbation de l'évêque.

» Il défend aussi d'admettre de nouveaux miracles et de recevoir de nouvelles reliques, si ce n'est après que l'évêque les aura examinées et approuvées, et dès qu'il en sera informé, il prendra avis de théologiens et autres personnes de piété, et il fera ensuite ce qu'il jugera conforme à la vérité et à la piété. Que s'il faut déraciner un abus douteux ou invétéré, ou qu'il s'élève quelque question importante sur ces mêmes matières, l'évêque ne décidera rien, qu'il n'ait pris le sentiment du métropolitain et des autres évêques de la même province, dans un concile provincial : en sorte néanmoins qu'on ne déterminera rien de nouveau, ou d'inusité jusqu'à présent dans l'Eglise, sans avoir auparavant consulté le très-saint Pontife romain. »

Après ces articles de doctrine, on publia deux décrets de réformation, l'un touchant les religieux et les religieuses, et l'autre pour une réformation générale.

Le premier est divisé en vingt-deux chapitres.

I. Que tous les réguliers doivent vivre chacun conformément à sa règle, et que les supérieurs y doivent tenir la main.

II. Défense à tous réguliers de rien posséder en propre.

III. Tous les monastères qui ne sont pas ici prohibés peuvent posséder des biens immeubles. Règlement sur le nombre de ceux qu'on doit recevoir, eu égard aux revenus ou aux aumônes : permission de l'évêque, nécessaire pour les nouveaux établissements.

IV. Que nul régulier ne doit, sans la permission de son supérieur, se donner au service de qui que ce soit, ni s'éloigner de son couvent : que ceux qui sont absents pour étudier doivent demeurer dans un couvent.

V. On pourvoit à la clôture des religieuses, et principalement de celles qui demeurent hors des villes.

VI. De la manière d'élire les supérieurs.

VII. Qui on peut et comment on doit élire pour abbesses ou pour supérieures, sous quelque nom que ce soit : qu'aucune ne peut commander à deux monastères.

VIII. Règlement touchant les monastères qui n'ont point de visiteurs réguliers ordinaires.

IX. Les monastères des religieuses soumis immédiatement au Siège apostolique devront être gouvernés par les évêques, comme ses délégués.

X. Les religieuses doivent se confesser et communier tous les mois; l'évêque doit leur donner des confesseurs extraordinaires : elles ne doivent point garder chez elles l'eucharistie, hors de l'église extérieure.

XI. Les monastères où il y a charge d'âmes de personnes séculières et autres que les domestiques, doivent être visités par l'évêque, et il doit examiner ceux qui doivent exercer cette charge.

XII. Les réguliers sont tenus de se conformer aux séculiers dans l'observation des censures épiscopales et des fêtes du diocèse.

XIII. L'évêque doit accommoder tous les démêlés pour la préséance; et les exempts qui ne vivent pas dans une clôture étroite, sont obligés de se rendre aux processions.

XIV. Comment on doit procéder au châtiment des réguliers scandaleux.

XV. On ne pourra faire profession qu'à seize ans passés, et après un an au moins de noviciat.

XVI. Toute renonciation faite plus de deux mois avant la profession est nulle. Après le temps de la probation, les novices sont reçus ou mis dehors. Par cette ordonnance néanmoins, ajoutent les Pères, le saint concile n'entend pas innover quelque chose, ni défendre que les religieux de la Société de Jésus, selon leur pieux institut, approuvé par le Saint-Siège apostolique, ne puissent servir Dieu et son Eglise.

XVII. Toute fille qui, ayant plus de douze ans, voudra prendre l'habit, devra être examinée par l'ordinaire, et de nouveau avant la profession.

XVIII. Personne ne doit contraindre une femme à entrer dans un monastère, ou empêcher celle qui veut y entrer; les constitutions des pénitentes ou converties doivent être observées.

XIX. Comment il faut procéder à l'égard de ceux qui veulent sortir de religion.

XX. Les supérieurs d'ordres qui ne sont point soumis aux évêques, doivent visiter et corriger les monastères qui dépendent d'eux, même ceux qui sont en commende.

XXI. Que les monastères soient conférés à des réguliers : que les premières charges d'ordres ne soient plus à l'avenir données à personne en commende.

XXII. Que tout ce qui a été ordonné ci-dessus touchant la réforme des réguliers, doit être observé sans délai.

Le second décret, concernant la réformation générale, contient vingt et un chapitres.

I. Les cardinaux et tous les prélats des églises doivent avoir une table et des meubles modestes : ils ne doivent pas enrichir leurs parents ou domestiques des biens de l'Église.

II. Qui doit nommément recevoir et enseigner avec solennité les décrets du concile.

III. Il ne faut pas se servir témérairement du glaive de l'excommunication : il faut s'abtenir des censures, là où l'exécution réelle ou personnelle pourra avoir lieu : il est défendu aux magistrats civils de s'immiscer dans ces causes.

IV. Les évêques, abbés et généraux d'ordres doivent faire les règlements qu'ils jugeront à propos, pour les lieux où les rétributions des messes sont trop nombreuses.

V. Dans les choses bien établies, et auxquelles on a imposé certaines charges, il ne faut rien déroger.

VI. De quelle manière les évêques doivent en user à l'égard des chapitres exempts.

VII. Les accès et les degrés aux bénéfices sont défendus : comment, pour quelle cause et à qui on peut accorder un coadjuteur.

VIII. Devoir de ceux qui ont l'administration des hospices : par qui et par quel moyen leur négligence doit être réprimée.

IX. Comment on peut prouver le droit de patronage; à qui il faut le déférer. Fonctions des patrons.

X. Le synode doit désigner des juges qui puissent être délégués par le Siége apostolique : lesquels, ainsi que les ordinaires, termineront brièvement les affaires.

XI. On défend de donner à ferme des biens d'église : on annule quelques contrats de location.

XII. Du paiement entier des dîmes : que ceux qui les soustraient doivent être excommuniés; qu'il faut subvenir pieusement à l'entretien des pasteurs dont le revenu est faible.

XIII. De la quatrième partie des funérailles, qui doit revenir aux églises cathédrales ou paroissiales.

XIV. De la manière de procéder contre les clercs concubinaires.

XV. Les enfants illégitimes des clercs sont exclus de certains bénéfices.

XVI. Les évêques doivent conserver leur dignité par la gravité de leurs mœurs, et ils ne doivent pas agir d'une manière servile et indécente avec les ministres des rois, les gouverneurs ou barons.

XVIII. Tous les décrets doivent être exactement observés : que si quelquefois il faut user de dispense, il faut y procéder avec connaissance de cause, une mûre délibération et gratuitement.

Le chapitre XIX porte les peines suivantes contre le duel :

« L'usage détestable des duels, introduit par l'artifice du démon, pour profiter de la perte des âmes par la mort sanglante des corps, sera entièrement banni de la chrétienté. L'empereur, les rois, les ducs, princes, marquis, comtes et seigneurs temporels, de quelque autre nom qu'on les appelle, qui accorderont sur leurs terres un lieu pour le combat singulier entre les chrétiens, seront par là même excommuniés, et censés privés de la juridiction et du domaine de la ville, forteresse ou place dans laquelle ou auprès de laquelle ils auront permis le duel, s'ils tiennent ledit lieu de l'Eglise; et si ce sont des fiefs, incontinent ils seront acquis aux seigneurs directs.

» Pour ceux qui se seront battus, et ceux qu'on appelle leurs parrains, ils encourront la peine de l'excommunication, de la confiscation de tous leurs biens et d'une perpétuelle infamie; et ils seront punis comme homicides, suivant les saints canons; et s'ils meurent dans le conflit même, ils seront privés à jamais de la sépulture ecclésiastique.

» Ceux aussi qui auront donné conseil pour le fait ou pour le droit en matière de duel, ou qui l'auront conseillé à quelqu'un en quelque manière que ce soit, aussi bien que les spectateurs, seront excommuniés et soumis à une perpétuelle malédiction; nonobstant quelque privilége que ce soit, ou mauvaise coutume, même de temps immémorial. »

Les princes s'étant opposés, comme nous avons vu, à ce qu'on fît des chapitres particuliers de réformation pour eux, le concile leur adresse un chapitre général, le XXe, où il leur recommande ce qui est du droit ecclésiastique. Il est conçu en ces termes :

« Le saint concile, désirant que la discipline ecclésiastique non-seulement soit rétablie parmi le peuple chrétien, mais aussi qu'elle soit toujours conservée dans son entier et à couvert de toute entreprise; outre ce qu'il a ordonné des personnes ecclésiastiques, a jugé à propos d'avertir aussi les princes séculiers de leur devoir, se confiant qu'en qualité de catholiques et comme établis de Dieu pour être les protecteurs de la sainte foi et de l'Eglise, non-seulement ils donneront les mains pour qu'elle soit rétablie dans ses droits, mais porteront même tous leurs sujets à rendre le respect qu'ils doivent au clergé, aux curés et aux ordres supérieurs; et qu'ils ne souffriront point que leurs officiers ou les magistrats inférieurs violent par intérêt ou par quelque autre passion, les immunités de l'Église et des personnes ecclésiastiques établies par l'ordre de Dieu et par les ordonnances canoniques; mais les obligeront, leur en donnant eux-mêmes l'exemple, à porter honneur et déférence aux constitutions des souverains pontifes et des conciles.

» Le saint concile ordonne donc et enjoint à tous généralement, qu'ils doivent observer exactement les saints canons, tous les conciles généraux et les autres ordonnances apostoliques faites en faveur des personnes ecclésiastiques et de la liberté de l'Eglise, et contre ceux qui les violent; toutes choses qu'il renouvelle, même par le présent décret. Pour cela, il avertit l'empereur, les rois, les républiques, les princes et tous autres en général et en particulier, de quelque état et dignité qu'ils soient : que, plus ils sont supérieurs aux autres en biens temporels et en puissance sur les peuples, plus ils doivent vénérer les choses qui sont du droit ecclésiastique, comme appartenant principalement à Dieu et couvertes de sa protection; et qu'ils ne souffrent point qu'aucun baron, écuyer, gouverneur ou autre seigneur temporel ou magistrat, et surtout qu'aucun de leurs propres officiers, y donnent aucune atteinte : mais qu'ils punissent sévèrement tous ceux qui entreprendraient contre sa liberté, ses immunités et sa juridiction; leur donnant eux-mêmes l'exemple dans toutes les actions de piété et de religion et dans la protection des églises : à l'imitation des princes, leurs prédécesseurs, si bons et si religieux, qui, non contents de la mettre à couvert des entreprises étrangères, ont particulièrement contribué par leur autorité et leur libéralité à procurer ces avantages. Et, enfin, que chacun en cela fasse si bien son devoir, que Dieu puisse être servi saintement, et que les prélats et autres ecclésiastiques puissent demeurer paisiblement et sans empêchement dans les lieux de leur résidence avec fruit et édification du peuple. »

Ce que le concile proclame dans le XXIe et dernier chapitre, est surtout remarquable, savoir : *Qu'en toutes choses l'autorité du Siége apostolique demeure en son entier.* « Finalement, disent les saints Pères, le saint concile déclare que toutes les choses en général et en particulier, qui, sous quelques termes et sous quelques clauses que ce soit, ont été établies touchant la réformation des mœurs et la discipline ecclésiastique dans le présent saint concile, tant sous les souverains Pontifes Paul III et Jules III d'heureuse mémoire, que sous le Très-Saint-Père Pie IV, ont été tellement ordonnées, qu'à cet égard l'autorité du Siége apostolique soit et s'entende toujours être sans atteinte. »

Les Pères avaient encore plusieurs choses à déterminer dans cette session, mais la nuit les sépara. Ils se rassemblèrent le lendemain, 4 décembre, pour la continuer, et ils publièrent encore vingt cinq décrets. Le premier est sur les indulgences, et dit :

« Jésus-Christ ayant conféré à son Eglise le pouvoir d'accorder des indulgences, et l'Eglise ayant dès les premiers temps fait usage de ce pouvoir qu'elle a reçu d'en-haut; le saint concile enseigne et ordonne que l'on conserve dans l'Eglise cette pratique très-salutaire au peuple chrétien, et confirmée par l'autorité des saints conciles; et il frappe en même temps d'anathème tous ceux qui assurent que les indulgences sont inutiles, ou qui nient que l'Eglise ait le pouvoir d'en accorder. Il désire néanmoins que, suivant la coutume ancienne et approuvée dans l'Eglise, on use de ce pouvoir avec modération et réserve, de peur que la discipline ecclésiastique ne soit énervée par trop de facilité.

» Mais à l'égard des abus qui s'y sont glissés, et à l'occasion desquels ce beau nom d'indulgences est blasphémé par les hérétiques, le saint concile, souhaitant extrêmement qu'ils soient réformés et corrigés, ordonne en général par le présent décret : que tous profits criminels pour les obtenir soient entièrement abolis, comme ayant été la cause de plusieurs abus qui se sont répandus parmi le peuple chrétien. Pour les autres abus qui sont venus, ou de superstition, ou d'ignorance, ou d'irrévérence, ou de quelque autre cause que ce soit : attendu qu'ils ne peuvent pas être aisément spécifiés en détail, à cause de la grande variété de désordres et de corruptions qui se commettent à cet égard, selon la diversité des lieux et des provinces, il ordonne à tous les évêques de recueillir chacun dans son diocèse ces sortes d'abus et d'en faire le rapport dans le premier synode provincial, afin qu'après qu'ils auront été reconnus aussi par le sentiment des autres évêques, ils soient incontinent renvoyés au souverain Pontife romain, qui, par son autorité et sa prudence, réglera ce qui sera expédient à l'Eglise universelle : afin que par ce moyen le trésor des saintes indulgences soit dispensé à tous les fidèles, avec piété, sainteté et sans corruption. »

« DU CHOIX DES VIANDES, DES JEUNES ET DES FÊTES.

» Le saint concile exhorte de plus et conjure tous les pasteurs, par le très-saint avénement de Notre Seigneur et Sauveur, que, comme de braves combattants, ils recommandent diligemment à tous les fidèles, tout ce que la sainte Eglise romaine, la mère et maîtresse de toutes les Eglises, a ordonné, ainsi que ce qui a été ordonné et décidé, tant dans le présent concile que dans les autres œcuméniques; et qu'ils apportent toutes sortes de soins pour obliger le peuple à y obéir, et principalement à ce qui sert à mortifier la chair, comme le choix des nourritures et les jeûnes; ou ce qui contribue à augmenter la piété, comme la célébration dévote et religieuse des jours de fêtes : les avertissant souvent d'obéir à ceux qui sont préposés à leur conduite; puisque ceux qui les écoutent, écouteront Dieu le rémunérateur; et ceux qui les méprisent, éprouveront un Dieu vengeur. »

« DU CATALOGUE DES LIVRES, DU CATÉCHISME, DU BRÉVIAIRE ET DU MISSEL.

» Le saint concile, dans la seconde session tenue sous notre Très-Saint Père Pie IV, avait donné commission à quelques Pères choisis exprès, d'examiner ce qu'il y avait à faire à l'égard de diverses censures et de plusieurs livres suspects et pernicieux, et d'en faire le rapport au saint concile. Comme il apprend maintenant qu'ils ont mis la dernière main à ce travail, et que cependant la multitude et la variété des livres ne permet pas au saint concile d'en faire aisément pour l'heure le discernement : il ordonne que tout leur travail soit porté au très-saint Pontife romain; afin qu'il soit terminé et mis en lumière, selon qu'il le jugera à propos et sous son autorité. Il ordonne que la même chose soit faite à l'égard du Catéchisme, du Missel et du Bréviaire, par les Pères qui en avaient été chargés.

Vient ensuite une déclaration du concile que, par la place assignée aux ambassadeurs dans les séances, il n'avait été fait aucun préjudice à personne, mais que les droits antérieurs de tous restaient en leur entier.

Suit le décret sur la réception et l'observation des décrets du concile, se terminant par ces mots :

« Que s'il s'élève quelque difficulté dans cette réception, ou qu'il survienne quelque chose (ce qu'il ne croit pourtant pas) qui demande explication ou définition : outre les autres moyens établis par la présente assemblée, le saint concile a cette confiance que le bienheureux Pontife romain aura soin, pour la gloire de Dieu et pour la tranquillité de l'Eglise, de pourvoir aux besoins particuliers des provinces ; soit en appelant à lui, des lieux particulièrement où la difficulté se sera élevée, ceux qu'il jugera à propos pour traiter de l'affaire ; soit même en assemblant un concile général, s'il le trouve nécessaire, ou en toute manière qui lui semblera la plus commode. »

Ce décret fut suivi d'une nouvelle lecture de tous ceux qui avaient été faits sous Paul III et Jules III.

Après cette lecture, le secrétaire qui l'avait faite vint au milieu de l'assemblée, et dit : « Illustrissimes Seigneurs et Révérendissimes Pères, vous plaît-il que, à la louange de Dieu tout-puissant, on mette fin à ce saint concile œcuménique? et que la confirmation de toutes les choses et de chacune des choses qui ont été ordonnées et définies, tant sous les souverains Pontifes Paul III et Jules III d'heureuse mémoire, que sous notre Très-Saint Père Pie IV, soit demandée au nom de ce saint concile par les présidents et légats du Siége apostolique au bienheureux Pontife romain ? » — Ils répondirent : Il nous plaît.

Ensuite l'Illustrissime et Révérendissime cardinal Moron, le premier des légats et présidents, donnant la bénédiction au saint concile, dit : « Après avoir rendu grâces à Dieu, Révérendissimes Pères, allez en paix ! — Ils répondirent : Ainsi soit-il.

La plupart pleuraient de joie de se voir enfin au comble de leurs désirs : et ceux qui avaient conservé quelque froideur ou quelque animosité entre eux, s'embrassèrent de tout leur cœur et se félicitèrent mutuellement d'avoir mis la dernière main à ce grand ouvrage, commencé depuis dix-huit ans et continué au milieu de tant d'embarras et de difficulté. Les acclamations retentissaient de toutes parts, comme dans les anciens conciles. Mais pour y observer quelque ordre, le cardinal de Lorraine en composa lui-même et les prononça à haute voix en ces termes :

« A notre Très-Saint-Père le pape Pie, pontife de l'Eglise sainte et universelle, longues années et mémoire éternelle ! » — *Réponse des Pères* : Seigneur Dieu, conservez pendant de très-longues années le Très-Saint-Père à votre Eglise !

« Paix du Seigneur, gloire éternelle et félicité dans la lumière des saints, aux âmes des bienheureux souverains Pontifes, Paul III et Jules III, par l'autorité desquels a été commencé ce saint concile général ! » — *Réponse des Pères* : Leur mémoire soit en bénédiction !

« La mémoire de l'empereur Charles-Quint et des rois sérénissimes, qui ont promu et protégé ce saint concile universel, soit en bénédiction ! » — *Les Pères* : Ainsi soit-il ! Ainsi soit-il !

« Au sérénissime empereur Ferdinand, toujours auguste, orthodoxe et pacifique, et à tous nos rois, républiques et princes, longues années ! » — *Les Pères* : Seigneur, conservez l'empereur religieux et chrétien ! Empereur du ciel, gardez les rois de la terre, conservateurs de la vraie foi !

« Aux légats du Siége apostolique de Rome, présidents en ce concile, grandes actions de grâces, avec longues années ! » — *Les Pères* : Grandes actions de grâces ! Le Seigneur les récompense !

« Aux révérendissimes cardinaux, et aux illustres ambassadeurs ! » — *Les Pères* : Grandes actions de grâces, longues années !

« Aux très-saints évêques, vie et heureux retour à leurs églises ! » — *Les Pères* : Aux hérauts de la vérité, mémoire perpétuelle ! au sénat orthodoxe, longues années !

« Le saint et sacré concile œcuménique de Trente ! Confessons sa foi, gardons à jamais ses décrets ! » — *Les Pères* : Confessons-la toujours ! gardons-les toujours !

« Nous croyons tous ainsi, nous pensons tous de même, nous souscrivons tous d'un commun accord et d'une commune affection. C'est la foi de saint Pierre et des apôtres ! c'est la foi des Pères ! c'est la foi des orthodoxes ! » — *Les Pères* : Nous croyons ainsi, nous pensons ainsi, ainsi nous souscrivons.

« Nous attachant à ces décrets, rendons-nous dignes des miséricordes et de la grâce du premier et du grand prêtre souverain, Jésus-Christ, qui est Dieu ; par l'intercession de notre Dame, la sainte Mère de Dieu, toujours vierge, et de tous les saints ! » — *Les Pères* : Qu'il en soit ainsi ! qu'il en soit ainsi ! Amen ! Amen !

« Anathème à tous les hérétiques ! » — *Les Pères* : Anathème ! anathème !

Après cela il fut ordonné, sous peine d'excommunication, par les légats et présidents, à tous les Pères de souscrire de leur propre main, avant de quitter la ville de Trente, aux décrets du concile, ou de les approuver par un acte public. Tous ensuite y souscrivirent et se trouvèrent en tout deux cent cinquante-cinq, savoir : quatre légats, deux cardinaux, trois patriarches, vingt-cinq archevêques, cent soixante-huit évêques, sept abbés, trente-neuf procureurs d'absents avec commission légitime, sept généraux d'ordres. Sur quoi les secrétaires du concile terminent les actes par ces mots : LOUANGE A DIEU !

LIVRE QUATRE-VINGT-SIXIÈME.

Heureux effets du concile de Trente par toute l'Eglise. — Grand nombre de saints en Italie et en Espagne. — Funestes suites de l'apostasie protestante en Angleterre, en France et en Allemagne.

(De l'an 1564, fin du concile de Trente, à l'an 1605, mort du pape Clément VIII).

L'Église catholique, dans tout son ensemble, avons-nous dit au commencement de cette histoire, est la société de Dieu avec les anges et les hommes fidèles. De toute éternité elle subsistait en Dieu, ou plutôt était Dieu lui-même : société ineffable de trois personnes dans une même essence. Maintenant elle traverse les siècles, passe sur la terre, pour nous associer à cette unité sainte, universelle et perpétuelle, et s'en retourner avec nous dans l'éternité d'où elle est sortie. En attendant de l'y voir et de l'y admirer un jour, nous redisons ce que nous avons appris de son voyage dans le temps.

Les premiers qui furent appelés à cette union divine sont les anges. Créés bons, mais libres, Dieu les mit à l'épreuve comme nous. Dès lors il y eut schisme et hérésie. Au lieu de prendre pour règle unique le Verbe divin, plusieurs se prirent pour règle eux-mêmes. Ils furent exclus de la communion de Dieu, mais non de sa providence.

Divisés en neuf chœurs, subordonnés l'un à l'autre, les anges demeurés fidèles forment une armée invincible. Leur nombre est incalculable. Quand le Très-Haut est assis sur son trône, mille fois mille le servent, et dix mille fois cent mille forment sa cour (Daniel, 7). Lui-même s'appelle *le Dieu des dieux*. Il en est qui sont préposés au gouvernement des astres, des éléments, des royaumes, des provinces; d'autres à la conduite des individus.

Les anges apostats, éternisant leur crime, continuent la guerre contre Dieu. Dieu se sert de leur malice pour éprouver les hommes en ce monde et punir les méchants dans l'autre. De ces esprits malins, les uns habitent le lieu des supplices éternels, les autres sont répandus sur la terre et dans les airs. Autant les bons anges sont à honorer et à invoquer, autant les mauvais sont à craindre. La croyance aux bons et aux mauvais anges se retrouve, sous un nom ou sous un autre, chez tous les peuples.

Pour remplir dans son Eglise la place des anges déchus, Dieu créa l'homme. Il le fit à son image et à sa ressemblance. Il n'en créa d'abord qu'un, pour marquer l'unité. A ce premier homme, il unit une compagne formée de sa chair même et de ses os. « Il leur donna le conseil, une langue, des yeux, des oreilles et un cœur pour entendre; les remplit de la science de l'intelligence; leur montra les biens et les maux, fixa son regard sur leurs cœurs pour leur manifester la grandeur de ses œuvres, afin qu'ils célébrassent la sainteté de son nom, le glorifiant dans ses merveilles et racontant la magnificence de ses œuvres. Il leur donna encore des préceptes et les fit héritiers d'une loi de vie; il établit avec eux une alliance éternelle et leur apprit ses jugements. Leurs yeux virent les merveilles de sa gloire, leurs oreilles entendirent sa voix; il leur dit : *Gardez-vous de tout ce qui est inique, et il leur ordonna à chacun de s'intéresser à son prochain* (Eccli., 17). »

A ces deux ancêtres du genre humain, Dieu révéla ce qu'il leur était bon de savoir de l'origine du monde. Un de leurs descendants au vingt-cinquième degré, mais qui n'était séparé d'eux que par six personnes intermédiaires, dont chacune avait vécu un grand nombre d'années avec la précédente, nous en a conservé l'histoire écrite. Les antiques traditions des peuples s'y accordent et s'y trouvent leur ensemble. Cet homme, à qui la race humaine doit de connaître avec certitude sa véritable histoire, qui a constitué, pour en être le dépositaire, un peuple tel qu'après trente-quatre siècles il est toujours là, survivant à tous ses vainqueurs, survivant à lui-même; qui a prédit et figuré dans sa personne le Christ que nous adorons, et dans le peuple hébreu la société ou Eglise catholique dont nous faisons partie, cet homme est Moïse.

Nous avons écouté ce qu'il nous dit de la part de Dieu et de nos premiers ancêtres. Nous avons vu notre chute commune dans notre ancêtre commun; tous les hommes condamnés à mort dans leur premier père et leur première mère : en sorte que la peine de mort qu'inflige la justice humaine ne consiste qu'à devancer de quelques jours l'exécution naturelle de la sentence prononcée dès le commencement par la justice divine. Nous avons vu la miséricorde du Seigneur plus grande que sa justice : nous avons vu le Seigneur s'annonçant lui-même pour Rédempteur à l'homme coupable, s'annonçant lui-même comme devant naître de la femme, pour écraser la tête au serpent, à l'auteur du mal, qui est maudit et frappé d'un éternel anathème. Nous avons vu le sacrifice et la mort d'Abel, le premier juste, tué par son frère Caïn, qui pour ce crime est excommunié de Dieu et des hommes. Un autre juste, Seth, est suscité de Dieu avec sa race, à la place d'Abel. Le juste Hénoch, ancêtre encore vivant de tous les hommes, est enlevé de Dieu par le mérite de sa foi, pour venir à la fin du monde chrétien, comme représentant du monde primitif, avec Elie représentant du monde judaïque, rendre témoignage au Christ contre son ennemi capital. Le juste Noé, figure du Christ, bâtit l'arche, figure de l'Eglise, et s'y sauve avec le nouveau genre humain, tandis que l'ancien périt dans le déluge. Dieu bénit Noé et ses trois fils, il fait alliance avec eux, leur donne droit de vie et de mort sur les homicides. Malédiction de Noé sur Chanaan, qu'il condamne à l'esclavage : bénédiction de Noé sur Sem et Japhet, principalement sur Sem; de lui naîtra le Christ. Les hommes se bâtissent une ville et une tour : Dieu y confond leur langue : la ville est nommée *Babel* ou *confusion* : c'est Babylone, première capitale de l'empire de l'homme sur les hommes, de l'empire universel de la force, dont Rome païenne sera la dernière : Babylone, ville d'idoles, ainsi que Rome païenne, où le Christ écrasera la tête au serpent et réunira tous les peuples autour de sa croix victorieuse, pour leur donner à tous un même esprit, un même cœur, une même âme.

Pour préparer le monde à ce grand dessein, le Fils de Dieu appelle du milieu de l'idolâtrie un ancêtre dont il descendra comme Fils de l'homme : c'est Abraham, en qui seront bénies toutes les nations de la terre : Abraham, qui est béni par un plus grand que lui, par le roi de justice et de la paix, par Melchisédech, pontife du Très-Haut et figure du Pontife éternel, le Fils de Dieu fait homme : Abraham qui immole son fils unique sur la montagne de Moriah, plus tard montagne du Calvaire, et qui récupère ce fils vivant : Isaac, fils de la promesse, persécuté par Ismaël, fils de la servante, qui est chassé de la maison : promesse transférée à Jacob, non à Esaü, qui le persécute; puis à Juda, non à ses trois premiers frères : Juda, de qui naîtra le Messie, le Christ, à qui se réuniront et obéiront tous les peuples.

Le Christ se forme, se rachète un peuple particulier, pour être un levain de salut à tous les peuples. Il le forme et le rachète par Moïse et Aaron, par le sang de l'Agneau pascal, par des miracles, par la mer entr'ouverte, par le voyage du désert, par la loi et l'alliance sur le mont Sinaï, par le pain du ciel et l'eau du rocher, par des épreuves nombreuses et des guerres, enfin par la victoire sous Josué ou Jésus, lequel, et non par Moïse, l'introduit dans la terre coulante de lait et de miel, et en expulse la race de Chanaan.

Un enfant naît à Bethléhem, qui gardera les brebis de son père en bon pasteur, étouffant entre ses bras les ours et les lions; qui défendra son peuple comme ses brebis, par la défaite de Goliath : David, roi, prophète, ancêtre du Messie, son Seigneur et son fils, dont il voit, dont il chante dans ses psaumes la génération éternelle, la génération temporelle, la royauté, le sacerdoce, le sacrifice, la passion, la mort, la résurrection, son triomphe final au ciel et sur la terre, dont le règne n'aura point de fin et dont la gloire retentira toujours dans la grande assemblée des peuples, dans l'Eglise universelle.

Ce sont les quatre prophètes et les douze qui écrivent encore plus en détail l'histoire future du Messie : l'époque et le lieu de sa naissance, sa fuite en Egypte, sa vie obscure, sa vie publique, ses miracles de puissance et de miséricorde, ses prédications plus merveilleuses encore, ses souffrances, ses opprobres, sa mort ignominieuse, la gloire de son sépulcre, toutes les nations accourant sous son étendard. C'est en particulier Daniel qui nous montre l'empire universel de l'homme, passant des Assyriens aux Perses, des Perses aux Grecs, des Grecs aux Romains, pour ramener de force tous les peuples à une certaine unité matérielle, et les préparer ainsi à l'unité spirituelle et volontaire, l'empire universel du Christ. Lorsque les Romains ont broyé ensemble, comme une pâte, l'Europe, l'Afrique et l'Asie occidentale, leur empire touche à la mer Caspienne, où il rencontre l'empire de la Chine, tenant sous ses lois toute l'Asie orientale. Là, les deux empires s'arrêtent, l'arme au bras, en silence, pour assister à la venue du Désiré des nations.

Et des pasteurs étaient dans la région de Bethléhem, qui paissaient la nuit dans les champs et qui veillaient tour à tour sur leur troupeau. Et voici que l'ange du Seigneur parut auprès d'eux, et la clarté de Dieu les environna et ils furent saisis d'une grande crainte. Et l'ange leur dit : Ne craignez point, car voici que je vous annonce une grande joie, laquelle sera pour tout le peuple, parce qu'il vous est né aujourd'hui un Sauveur, qui est le Christ Seigneur, dans la cité de David. Et voici le signe auquel vous le reconnaîtrez : Vous trouverez un enfant enveloppé de langes et couché dans une crèche. Et au même instant se joignit à l'ange une grande troupe de l'armée céleste, qui louait Dieu et disait : Gloire à Dieu au plus haut des cieux, et paix sur la terre aux hommes de bonne volonté (Luc., 2, 8-14).

Et c'était là le Sauveur du monde promis à Adam, figuré dans Abel, Noé, Abraham, Melchisédech, Isaac, Jacob, Joseph, Moïse, Aaron, Josué, David et Salomon; annoncé par tous les prophètes, et désiré de toutes les nations : c'était là cette pierre détachée de la montagne sans aucune main, qui brisera au pied le colosse de l'empire des hommes, le réduira en poudre et deviendra elle-même une grande montagne, remplissant toute la terre.

Cependant il n'y a guère d'apparence. Ce Rédempteur, qui vient racheter le monde, il faut qu'on le rachète lui-même au temple de Jérusalem, avec deux tourterelles ou deux petits de colombes. Ce Sauveur du monde, il faut qu'on le sauve de Judée en Egypte, pour le soustraire au glaive d'Hérode; qui, pour ne le manquer pas, fait égorger tous les petits enfants de Bethléhem et des environs. Hérode était un roi de la politique moderne, connaissant la raison d'Etat, l'intérêt de sa personne et de sa dynastie. Il dut s'applaudir de sa finesse : le reste de sa vie, il n'entendit plus parler du roi nouveau-né des Juifs, et mourut en paix de ce côté.

Sous un de ses fils, nommé pareillement Hérode, il y eut bien un certain Jean, venu du désert, qui disait sur les bords du Jourdain que le royaume de Dieu était proche, et que le Messie était au milieu des Juifs, et que c'était un certain Jésus de Nazareth. Mais le nouvel Hérode, pour des raisons d'Etat, emprisonne le diseur de nouvelles et lui coupe la tête : c'était, dans le fond, pour faire plaisir à une danseuse et à sa mère; car ce Jean disait à Hérode : Il ne vous est pas permis d'avoir la femme de votre frère. Telles sont bien souvent les profondes raisons d'Etat, anciennes et modernes. Cependant ce même Hérode entend dire qu'un certain Jésus fait des miracles; il ne sait qu'en penser : Est-ce ce Jean à qui j'ai coupé la tête, ou bien est-ce un autre? demandait-il à ses courtisans; et il désirait grandement le voir. Un jour, l'esclave de Tibère qui gouvernait la Judée et se nommait Pilate, lui envoie le personnage, abandonné des siens, accusé par les chefs et les savants du peuple, chargé de fers, pour en user à sa discrétion. Hérode ne se possède pas de joie : il adresse toutes sortes de questions à Jésus, qui ne répond à aucune, et ne fait aucun miracle. Aussi Hérode le méprise-t-il avec ses ministres et ses conseillers d'Etat, et le renvoie à Pilate. Le prisonnier est frappé de verges, couronné d'épines, pendu à une croix, et expire entre deux larrons. Tout le résultat politique fut de réconcilier Hérode et Pilate, auparavant ennemis, mais que leur courtoisie réciproque à se renvoyer l'accusé rendit amis. Le grand-prêtre Caïphe, avec les Sadducéens, les Pharisiens et les Scribes, ne s'applaudissaient pas moins de la fin ignominieuse de l'imposteur et du pendu, comme ils l'appelaient.

Et, pourtant, ce pendu était le Roi d'Israël, le Fils de David et le Fils d'Abraham, le Fils de Dieu et le Fils de l'homme, le Sauveur du monde; promis à Adam et aux patriarches, annoncé par les prophètes, désiré de toutes les nations : et pourtant cet homme de douleurs, ce jouet des rois et de la populace, était le Roi des rois, le Seigneur des seigneurs, le Dieu des dieux, qui, pour montrer mieux sa puissance, a voulu vaincre le monde et l'enfer, non par la force, mais par la faiblesse, non par la gloire, mais par l'ignominie, non par la vie, mais par la mort, non sur le trône, mais dans la tombe. Telle est la politique de notre Dieu.

De ses douze apôtres, futures colonnes de son empire, le chef l'a renié, le ministre des finances l'a trahi et s'est pendu, tous l'ont abandonné. Après sa mort, il rassemble les fuyards, leur renouvelle ses ordres, disparaît à leurs yeux, et remonte d'où il est descendu. Et dix jours après sa disparition, les douze apparaissent dans la place de Jérusalem, sortant de la cachette où la peur les avait tenus enfermés : Pierre, qui a tremblé à la voix d'une servante, annonce hardiment à tous les peuples de la terre, à chacun dans sa langue, que le Crucifié est ressuscité d'entre les morts, qu'il est le Fils du Dieu vivant, le Sauveur du monde, le Juge des vivants et des morts, et qu'il n'y a de salut qu'en son nom. Et trois mille, et cinq mille se convertissent et adorent Celui qu'ils ont pendu à une croix. Un nouvel Hérode coupe la tête à un des douze, et emprisonne le chef pour lui en faire autant. Mais, malgré les gardes et les serrures, Pierre a disparu de la prison, il parcourt la Syrie, l'Asie Mineure, la Grèce, convertissant partout des peuples et fondant des églises : il est à Rome, arborant l'étendard de la croix au haut du Capitole et y conviant tous les peuples de la terre. Néron le pend à cette croix, et commence contre le Christ et son Eglise une guerre à mort de trois siècles : guerre que continuent les hérésies, les schismes, les invasions des Barbares, la grande hérésie de Mahomet, les oppositions de la politique mondaine, enfin l'apostasie de Luther et de Calvin. Et au milieu de cette guerre, commencée par Lucifer dans le ciel et continuée sur la terre, que devient le chef des apôtres? où est Pierre? — Des nations disparaissent, des trônes s'écroulent, l'empire romain est mis en lambeaux par les Barbares, l'empire grec par les Turcs : et Pierre est toujours vivant dans les pontifes romains qui lui succèdent sans interruption, depuis Lin et Clément jusqu'à Pie IV; et Pierre préside toujours l'Eglise universelle, depuis le concile de Jérusalem jusqu'au concile de Trente; toujours il est le pasteur *un* de ce bercail *un*, qui est tout le monde : le centre d'unité pour la race humaine, pour toutes les nations entre elles, et pour chacune avec elle-même. Car toute nation chrétienne qui rompt avec ce centre, rompt avec soi-même, avec son passé qu'elle renie, avec son présent qu'elle déchire, avec son avenir qu'elle jette au vent.

Et d'où vient à ces douze hommes ignorants et faibles, cette science et cette force, plus grandes que le monde? Et à ce Pierre, tremblant autrefois devant une servante, d'où lui vient cet intrépide courage devant Hérode, Caïphe, Néron? D'où lui vient ce courage perpétuel dans ses successeurs? Tout cela vient de ce Crucifié, dont se moquaient les docteurs de la Synagogue, les courtisans d'Hérode, les politiques de Pilate et de Néron. Ce Crucifié a dit après sa mort : *Il m'a été donné toute puissance au ciel et sur la terre. Allez donc, enseignez toutes les nations, les baptisant au nom du Père, et du Fils, et du Saint-Esprit; leur apprenant à observer tout ce que je vous ai recommandé. Et voici, je suis avec vous tous les jours, jusqu'à la consommation des siècles.* Il avait dit à Pierre en particulier : *Tu es heureux, Simon, fils de Jona; car ce n'est pas la chair et le sang qui t'ont révélé ce que tu viens de dire, mais mon Père, qui est aux cieux. Et moi je te dis : Tu es Pierre, et sur cette pierre je bâtirai mon Eglise, et les portes de l'enfer ne prévaudront point contre elle. Et je te donnerai les clés du royaume des cieux; et tout ce que tu lieras sur la terre sera lié dans les cieux, et tout ce que tu délieras sur la terre sera délié dans les cieux.* — *Simon, Simon! voici que Satan vous a demandés à cribler comme du froment. Mais moi, j'ai prié pour toi, afin que ta foi ne défaille point. Lors donc que tu seras converti, affermis tes frères.* — Enfin, après sa mort et sa résurrection : *Simon, fils de Jean, pais mes agneaux, pais mes brebis.*

Voilà d'où vient l'unité et la force de l'Eglise catholique. « Car, dit Tertullien, le Seigneur a donné les clés à Pierre, et par lui à l'Eglise. » Et saint Optat de Milève : « Pierre seul a reçu les clés du royaume des cieux, pour les communiquer aux autres. » Et saint Grégoire de Nysse : « Jésus-Christ a donné par Pierre aux évêques les clés du royaume céleste. » Et saint Léon : « Tout ce que Jésus-Christ a donné aux autres évêques, il le leur a donné par Pierre. »

Pierre, voilà donc le centre d'où incessamment tout rayonne, et où incessamment il faut que tout revienne. Nous l'avons vu à travers tous les siècles : aux conciles de Nicée, d'Ephèse, de Chalcédoine, comme au concile de Trente : partout Pierre préside et confirme ses frères. Ceux de Trente lui demandent cette confirmation dans la personne de son successeur Pie IV.

Déjà le Pape, instruit de la conclusion du concile, avait assemblé les cardinaux pour leur en faire part, et il avait ordonné que le lendemain, 13 décembre 1563, on fît une procession en actions de grâces depuis l'église Saint-Pierre jusqu'à celle de la Minerve, accordant des indulgences à tous ceux qui y assisteraient. Dans le consistoire du 26 janvier 1564, il approuva et confirma les décrets du concile, après avoir pris, selon la coutume, l'avis du sacré collège. La bulle fut signée de tous les cardinaux : elle oblige tous les ecclésiastiques à observer le concile et à le faire observer. « Mandons au surplus, dit le vicaire du Christ, en vertu de la sainte obéissance et sous les peines établies par les saints canons et autres plus grièves, même de privation et telles qu'il nous plaira de les décerner, à tous et chacun de nos vénérables frères, les patriarches, archevèques, évêques, et quelques autres prélats de l'Eglise que ce soit, de quelque état, degré, rang et dignité qu'ils puissent être, quand ils seraient honorés de la qualité de cardinal : qu'ils aient à observer lesdits décrets, statuts, dans les églises, villes et diocèses, soit en jugement, soit hors de jugement ; et qu'ils aient soin de les faire observer inviolablement, chacun par ceux qui leur sont soumis, en ce qui pourra les regarder : y contraignant les rebelles et tous ceux qui y contreviendront, par sentences, par les censures mêmes et les autres peines ecclésiastiques portées dans lesdits décrets, sans égard à appellation, et implorant même pour cela, s'il en est besoin, l'assistance du bras séculier. »

Le concile même a une ordonnance semblable, conçue en ces termes : *Qui doit nommément recevoir et enseigner avec solennité les décrets du concile.* « Le malheur du temps et la malignité des hérésies qui se fortifient, dit cette sainte assemblée, oblige à ne rien négliger de ce qui peut paraître utile à l'édification des peuples et à la défense de la foi catholique. C'est pourquoi le saint concile enjoint à tous patriarches, primats, archevèques, évèques, et à tous autres qui de droit ou par coutume doivent assister aux conciles provinciaux : que, dans le premier synode provincial après la clôture du présent concile, ils reçoivent publiquement toutes et chacune des choses qui ont été définies et ordonnées par ce concile ; qu'ils promettent et professent une véritable obéissance au souverain Pontife romain ; qu'ils détestent et anathématisent toutes les hérésies, condamnées par les saints canons et les conciles généraux, et particulièrement par celui-ci. Et à l'avenir, tous ceux qui seront élevés à la dignité de patriarches, primats, archevèques et évèques, observeront entièrement la même chose, dans le premier synode provincial où ils seront présents. Que si quelqu'un d'entre eux, ce qu'à Dieu ne plaise, refusait de le faire : les évèques comprovinciaux seront tenus d'en avertir incontinent le souverain Pontife, sous peine de l'indignation de Dieu, et pendant ce temps ils s'abstiendront de sa communion.

» Tous les autres qui ont présentement des bénéfices ecclésiastiques, ou qui en auront à l'avenir, et qui doivent se trouver au Synode du diocèse, feront et observeront aussi la même chose dans le premier synode qui se tiendra en son temps : autrement ils seront punis selon la forme des saints canons.

» Tous ceux qui sont chargés de la conduite, visite et réforme des Universités et études générales, auront un soin particulier : que les canons et décrets de ce concile soient entièrement reçus par ces mêmes Universités, et qu'en s'y conformant, les maîtres, docteurs et autres dans les mêmes Universités, interprètent et enseignent ce qui est de foi catholique, et qu'ils s'obligent par un serment solennel, au commencement de chaque année, à suivre ce règlement. Et si dans ces Universités il se trouve quelque chose qui ait besoin de correction et de réforme, ceux à qui il appartient y apporteront le remède et l'ordre nécessaire pour l'accroissement de la religion et de la discipline ecclésiastique. A l'égard des Universités qui sont sous la protection immédiate du souverain Pontife et soumises à sa visite, Sa Sainteté donnera ordre qu'elles soient salutairement visitées et réformées par ses délégués, en la manière ci-dessus et selon qu'il lui semblera utile (*Conc. Trid.*, sess. 25, c. 2 de la *Réformation générale*). »

Ainsi parle le concile de Trente. Nous voyons le Pape exécuter l'ordonnance. Nous ne voyons pas pourquoi, aujourd'hui même, de bons évêques, avec leurs prêtres, ne feraient pas ce que leur commandent si expressément et le concile et le Pape : de recevoir solennellement les décrets du concile œcuménique, et de s'y soumettre à la face des autels. Dieu bénirait certainement une action si sainte. Ce serait d'ailleurs un moyen simple et naturel de réveiller l'étude, avec la pratique, du droit canon et de la discipline, qui se trouvent principalement dans le concile de Trente. Cela semblerait surtout à propos dans les pays où la religion catholique n'est pas ou n'est plus ce qu'on appelle une loi de l'État : c'est une gêne de moins pour les individus et les églises, de se montrer catholiques purement et simplement.

Quant aux princes temporels, voici comme Pie IV leur parle dans sa bulle de confirmation : « Avertissons pareillement et conjurons, par les entrailles de la miséricorde de Notre Seigneur Jésus-Christ, notre cher fils l'empereur élu, et tous les autres rois, républiques et princes de la chrétienté : qu'avec la même piété qu'ils ont favorisé le concile par la présence de leurs ambassadeurs, et avec la même affection pour la gloire de Dieu et pour le salut de leurs peuples, par le respect aussi qui est dû au Siége apostolique et au saint concile, ils veulent appuyer de leurs secours et assistance les prélats qui en auront besoin pour exécuter et faire observer les décrets dudit concile : sans permettre que les opinions contraires à la doctrine saine et salutaire du concile s'introduisent parmi les peuples de leurs provinces, mais les interdisant absolument. » — Circonstance à remarquer. Dans ce paragraphe, le vicaire de Jésus-Christ conjure les princes de faire exécuter les décrets du concile de Trente ; dans le paragraphe précédent, il le commande aux évèques en vertu de la sainte obéissance. Le refus ou la négligence des princes à écouter les prières, n'excuserait ni ne dispenserait les évèques d'écouter les ordres.

Le Pape ajoute : « Au reste, pour éviter le désordre et la confusion qui pourraient naître, s'il était permis à chacun de mettre au jour des commentaires et des interprétations tels qu'il lui plairait sur les décrets du concile : faisons expresse défense, de l'autorité apostolique, à toutes personnes, tant ecclésiastiques que séculières, de quelque rang, dignité, condition, puissance ou autorité qu'elles soient; aux prélats, sous peine d'interdiction de l'entrée de l'église, et à tous les autres quels qu'ils soient, sous peine d'excommunication encourue par le fait, d'entreprendre sans notre autorité, de mettre en lumière, de quelque manière que ce soit, aucun commentaire, glose, annotation, remarque, ni généralement aucune sorte d'interprétation sur les décrets dudit concile, ni de rien statuer à ce sujet, à quelque titre que ce soit; quand ce serait sous prétexte de donner plus de force auxdits décrets, de favoriser leur exécution, ou sous quelque autre couleur que ce soit.

» Que s'il y a quelque chose qui paraisse obscur à quelqu'un, soit dans le terme, soit dans le sens des ordonnances, et qui lui semble pour cela avoir besoin de quelque interprétation ou décision : il aura recours au lieu que le Seigneur a choisi, c'est-à-dire au Siége apostolique, d'où tous les fidèles doivent tirer leur instruction, et dont le saint concile a reconnu avec tant de respect l'autorité. Si donc, au sujet desdits décrets, il s'élève quelques difficultés et quelques questions : nous nous en réservons l'éclaircissement et la décision, ainsi que le saint concile lui-même l'a ordonné; et nous sommes prêt, comme il se l'est promis de nous avec justice, à pourvoir aux besoins de toutes les provinces, en la manière qu'il nous paraîtra le plus commode : déclarant nul et de nul effet, tout ce qui pourrait être fait et entrepris contre la teneur des présentes, par qui que ce soit et par quelque autorité que ce puisse être, avec connaissance ou par ignorance.

En exécution de cette bulle, Pie IV nomma une congrégation de huit cardinaux pour l'exécution et l'interprétation du concile de Trente : parmi ces cardinaux interprètes fut saint Charles Borromée. Rien de plus sage ni même de plus nécessaire. Nulle part l'interprétation et l'application des lois ne sont abandonnées à l'arbitraire des plaideurs ni des juges subalternes : il y a des cours d'appel, une cour de cassation dont la jurisprudence fixe les doutes et les incertitudes. Il en est ainsi à plus forte raison dans l'Eglise. C'est à quoi ne songent point assez certains théologiens modernes, qui non-seulement se permettent d'interpréter sans autorité les décrets du concile de Trente, mais encore les interprètent dans un sens contraire à l'interprétation authentique des cardinaux et même du chef de l'Eglise; et cela, non sur de simples points de discipline ou de peu de conséquence, mais sur des points de dogme tels, que les attaquer c'est attaquer l'indépendance même de l'Eglise : nous voulons parler du pouvoir exclusif que l'Eglise s'attribue sur le contrat matrimonial comme matière du sacrement de mariage, et sur les empêchements dirimants de ce contrat. Or, malgré la déclaration des cardinaux interprètes et la doctrine bien connue du Saint-Siége, ces théologiens, plus civils qu'ecclésiastiques, contestent à l'Eglise le pouvoir qu'elle s'attribue, et cela dans des ouvrages de théologie élémentaire, comme pour préparer le clergé à une nouvelle constitution civile et asservir l'Eglise catholique à chaque souverain temporel, jusque dans la matière des sacrements. En quoi la conduite de ces théologiens nous paraît d'autant plus téméraire, que le chef de l'Eglise, Sixte-Quint, s'est réservé à lui-même l'interprétation des décrets du concile qui concernent les dogmes de la foi (*Bullarium magnum*, t. II; *Pie IV, cons.* 1, 81, p. 119; *Sixte V*, 74, p. 760).

Le bon pasteur ne se contente pas d'indiquer aux brebis spirituelles les bons pâturages, pour qu'elles les fréquentent : il leur signale encore les mauvais pour qu'elles les évitent. C'est ce que Pie IV eut soin de faire avec le concile de Trente. Le Pape avait fait élaborer un index ou catalogue des livres mauvais ou dangereux : il envoya le travail au concile pour y mettre la dernière main. Une congrégation particulière, dont les membres étaient pris de toutes les nations, y travailla sans relâche, et l'ouvrage fut terminé. Mais le concile voulut qu'il fût renvoyé au Pape, pour être vu de nouveau, et paraître avec l'approbation apostolique. Pie IV, par une constitution du 24 mars 1564, approuva tant le catalogue ou l'index, que les règles qui se trouvent en tête, au nombre de dix.

I. Tous les livres que les souverains Pontifes ou les conciles œcuméniques ont condamnés avant l'année 1517 et qui ne se trouvent pas dans cet index, doivent être censés condamnés de la même manière qu'ils l'ont été autrefois.

II. Les livres des hérésiarques, tant de ceux qui depuis la susdite année ont inventé ou suscité des hérésies, que de ceux qui ont été chefs d'hérétiques, tels que Luther, Zwingle, Calvin, Schwenckfeld et autres semblables; ces livres-là, quelque nom qu'ils portent et quelque matière qu'ils traitent, sont absolument prohibés. Quant aux livres des autres hérétiques, qui traitent expressément de religion, lorsque, sur l'ordre des évêques et des inquisiteurs, ils auront été examinés et approuvés par des théologiens catholiques, on les permettra. Egalement les livres catholiques composés, soit par des auteurs qui sont ensuite tombés dans l'hérésie, soit par ceux qui, après leur chute, sont revenus au giron de l'Eglise, pourront être permis, lorsqu'ils ont été approuvés par la Faculté de théologie d'une université catholique ou par l'inquisition générale.

III. Les versions des écrivains ecclésiastiques, faites jusqu'à présent par des auteurs condamnés, pourvu qu'elles ne renferment rien contre la saine doctrine, seront permises. Mais de semblables versions de l'Ancien Testament ne pourront s'accorder, au jugement de l'évêque, qu'à des hommes doctes et pieux : pourvu qu'ils se servent de ces versions comme d'éclaircissement à la Vulgate, mais non comme de texte sacré. Les versions du Nouveau Testament faites par des auteurs de la première classe de cet index, ne seront permises à personne : parce que la lecture en est peu utile, et le plus souvent dangereuse. Pour les annotations qui accompagneraient ces versions ou même la Vulgate, quand une Faculté catholique de théologie ou l'inquisition générale aura effacé les endroits suspects, on pourra les permettre aux mêmes que les versions. A ces conditions, on pourra accorder à des hommes pieux et doctes, ce qu'on appelle la *Bible de Vatable*, soit en totalité, soit en partie. De la Bible d'Isidore Clarius de Brixen, on retranchera le prologue et les prolégomènes ; mais personne ne doit s'imaginer que le texte de cet auteur est celui de la Vulgate.

IV. Comme il est d'expérience que, si l'on permet indifféremment et sans discrétion la Bible en langue vulgaire, il en résulte plus de mal que de bien, à cause de la témérité des hommes, on s'en tiendra sur cet article au jugement de l'évêque ou de l'inquisiteur : en sorte que, de l'avis du curé ou du confesseur, ils pourront accorder la lecture de la Bible traduite en langue vulgaire par des auteurs catholiques, aux personnes qu'ils jugeront pouvoir tirer de cette lecture non aucun préjudice, mais une augmentation de foi et de piété : elles auront cette faculté par écrit. Celui qui aura la présomption de les lire sans cette faculté, ne pourra être absous de ses péchés, qu'il n'ait rendu la Bible à l'évêque. Quant aux libraires qui vendront ou procureront d'une autre manière des Bibles en langue vulgaire à des personnes qui n'ont pas la permission susdite, ils en perdront le prix, qui sera converti par l'évêque en œuvres pies, et subiront d'autres peines au jugement de l'évêque suivant la gravité du délit. Les réguliers ne pourront en acheter ni lire, sans avoir la permission de leurs prélats.

V. Les livres publiés par des auteurs hérétiques, où ils ne mettent rien ou peu du leur, mais recueillent les paroles d'autrui ; comme lexiques, concordances, apophthegmes, similitudes et autres de cette nature : les évêques et les inquisiteurs les permettront, après en avoir ôté ou corrigé, avec le conseil des théologiens, ce qui aurait besoin de correction.

VI. Les livres en langue vulgaire sur les controverses entre les catholiques et les hérétiques de notre temps, ne seront pas permis indifféremment à tout le monde ; mais on suivra là-dessus la même règle que pour les Bibles en langue vulgaire. Les livres en langue vulgaire sur la bonne manière de vivre, de faire oraison, de se confesser, et autres sujets semblables, s'ils contiennent une saine doctrine, il n'y a pas de raison pour les prohiber ; non plus que les sermons en langue du peuple. Que si dans quelque royaume ou province on a prohibé certains livres, parce qu'ils contenaient certaines choses qu'il n'était pas expédient de laisser lire sans choix à tout le monde, si les auteurs en sont catholiques, l'évêque et l'inquisiteur pourront en permettre la lecture, après qu'ils auront été corrigés.

VII. Quant aux livres qui traitent, racontent ou enseignent *ex professo* des choses lascives ou obscènes : comme il faut veiller non-seulement à la foi, mais encore aux mœurs, qui se corrompent facilement par de semblables lectures, on les défend absolument ; et ceux qui auront de ces livres, seront sévèrement punis par les évêques. Pour les anciens ouvrages écrits par les païens, on les permettra, en considération de l'élégance et de la propriété des termes ; mais jamais on n'en fera de leçon aux jeunes gens.

VIII. Les livres dont le principal argument est bon, mais où se trouvent insérées en passant certaines choses qui regardent l'hérésie ou l'impiété, la divination ou la superstition, pourront être permis, quand ils ont été expurgés par des théologiens catholiques, sur l'autorisation de l'inquisiteur général. Il en sera de même pour les prologues, les sommaires ou annotations ajoutés par des auteurs condamnés à des livres qui ne le sont pas ; mais dans la suite on ne les réimprimera que corrigés.

IX. Tous les livres et écrits de géomancie, hydromancie, aéromancie, pyromancie, onomancie, chiromancie, nécromancie, ou qui contiennent des sortiléges, des maléfices, des augures, des auspices, des enchantements de l'art magique, sont absolument rejetés. Les évêques pourvoiront diligemment, qu'on ne lise ou ne garde des livres, traités, tables d'astrologie judiciaire, qui, sur les futurs contingents, les événements et les cas fortuits, ou les actions qui dépendent de la volonté humaine, osent affirmer que telle ou telle chose arrivera certainement. Mais on permet les jugements et les observations naturelles, qui s'écrivent pour aider à la navigation, l'agriculture et la médecine.

X. Dans l'impression des livres et autres écrits, on observera ce qui a été statué en la dixième session du concile de Latran, sous Léon X. Si donc à Rome on veut imprimer un livre, il sera examiné auparavant par le vicaire du souverain Pontife et le maître du sacré palais, ou par des commissaires du Pape. Dans les autres lieux, l'approbation et l'examen appartiendront à l'évêque ou à un député de sa part ayant la science de l'ouvrage à imprimer, ou bien à l'inquisiteur du lieu de l'impression : ils donneront l'approbation gratuitement, sans délai et par écrit, sous les peines portées dans le décret : à condition qu'un manuscrit authentique du livre, signé de l'auteur, demeurera chez l'examinateur. Ceux qui publient des libelles manuscrits, avant qu'ils soient examinés et approuvés, sont soumis aux mêmes peines que les imprimeurs, et les détenteurs tenus pour auteurs s'ils ne font connaître ces derniers. L'approbation sera mise à la tête. Des commissaires de l'évêque ou de l'inquisiteur visiteront souvent les imprimeries et les librairies, pour qu'il ne s'y imprime et ne s'y vende rien de prohibé. Tous les libraires auront un catalogue des livres en vente, signé des commissaires, et ils n'en vendront aucun sans leur permission, sous peine de perdre les livres et d'encourir d'autres peines au jugement de l'évêque. La commission du concile de Trente ajoute quelques détails analogues, et termine par ces deux sentences : Quiconque lit ou garde des livres d'hérétiques, ou des ouvrages condamnés pour hérésie ou suspicion de faux dogme, il encourt aussitôt l'excommunication. Celui qui lit ou garde des livres prohibés pour d'autres motifs, outre qu'il se rend coupable de péché mortel, doit encore être sévèrement puni par les évêques (Labbe, t. XIV).

Pie IV approuva donc tout ce règlement, le 24 mars 1564. Vingt-quatre ans plus tard, en 1588, Sixte-Quint, complétant cette mesure, érigea une congrégation de l'Index, composée de cardinaux, pour dresser les catalogues des livres prohibés, expurger de leurs erreurs les ouvrages d'ailleurs utiles, et exciter à ce travail les universités catholiques (*Bull. mag.*, t. II, p. 669). Les anciens appelaient une bibliothèque, *la pharmacie de l'âme* : l'idée est aussi juste que belle. Mais comme les gouvernements de la terre veillent sur les pharmacies du corps, de peur qu'on n'y vende des poisons, de même et à plus forte raison l'Église doit-elle veiller sur les pharmacies des âmes. Il n'y a guère que les vendeurs de mauvaises drogues qui puissent crier contre cette vigilance de l'autorité.

C'est encore dans le même but, pour la conservation de la santé publique dans les âmes, que fut instituée par Paul III, confirmée par Pie IV, et complétée par Sixte-Quint, la congrégation du Saint-Office ou de la sainte Inquisition, également composée de cardinaux. Un gouvernement veille avec soin, non-seulement sur les pharmacies, mais bien plus encore sur les colporteurs de substances vénéneuses sous apparence de sucreries. Or, la vie et la santé des âmes, c'est la foi catholique. La congrégation du Saint-Office est instituée pour veiller à la pureté de cette foi contre les tentatives de l'hérésie pour la corrompre. La condamner ou la blâmer, c'est blâmer la police qui veille à ce qu'on ne nous vende pas des poisons pour des aliments.

Enfin, pour couronner toutes ces mesures, Pie IV dressa la profession de foi que doivent faire les docteurs, les chanoines, les prélats, les bénéficiers, en recevant leur dignité ou leur bénéfice : c'est là même que font ceux qui rentrent au sein de l'Eglise. Elle est conçue en ces termes :

« Je crois d'une foi ferme, tant en général qu'en particulier, tous les articles contenus au Symbole de la foi, dont se sert la sainte Eglise romaine, savoir : Je crois en un seul Dieu, le Père tout-puissant, qui a fait le ciel et la terre, et toutes les choses visibles et les invisibles : et en un seul Seigneur Jésus-Christ, Fils unique de Dieu, qui est né du Père avant tous les siècles; Dieu de Dieu, lumière de lumière, vrai Dieu du vrai Dieu; qui n'a pas été fait, mais engendré; consubstantiel au Père; par lequel toutes choses ont été faites; qui est descendu des cieux pour nous hommes misérables, et pour notre salut; et a été incarné de la vierge Marie, par l'opération du Saint-Esprit, et a été fait homme; qui a été aussi crucifié pour nous sous Ponce-Pilate; qui a souffert et qui a été mis dans le sépulcre; qui est ressuscité le troisième jour selon les Ecritures; qui est monté au ciel, qui est assis à la droite du Père, qui viendra de nouveau juger les vivants et les morts et dont le règne n'aura point de fin. Je crois au Saint-Esprit, qui est aussi Seigneur et qui donne la vie; qui procède du Père et du Fils, qui est adoré et glorifié conjointement avec le Père et le Fils, qui a parlé par les prophètes. Je crois l'Eglise, qui est une, sainte, catholique et apostolique. Je confesse qu'il y a un baptême pour la rémission des péchés, et j'attends la résurrection des morts, et la vie du siècle à venir. Ainsi soit-il. »

« Je reçois et embrasse très-fermement les traditions apostoliques et ecclésiastiques, et toutes les autres observances et constitutions de la même Eglise. Je reçois aussi la sainte Ecriture, selon le sens qu'a tenu et que tient l'Eglise notre sainte mère, à laquelle appartient de juger du vrai sens et de l'interprétation des Ecritures saintes, et je ne la prendrai ni interpréterai jamais que selon le consentement unanime des Pères.

» Je professe encore qu'il y a sept sacrements de la loi nouvelle, vraiment et proprement ainsi appelés, institués par Notre Seigneur Jésus-Christ et nécessaires au salut du genre humain, quoiqu'ils ne le soient pas tous pour chaque homme en particulier; savoir, le Baptême, la Confirmation, l'Eucharistie, la Pénitence, l'Extrême-Onction, l'Ordre et le Mariage : qu'ils confèrent la grâce, et que, dans ce nombre, le Baptême, la Confirmation et l'Ordre ne peuvent se réitérer sans sacrilège. Je reçois aussi et admets les rites de l'Eglise catholique, reçus et approuvés dans l'administration solennelle de tous ces sacrements. J'embrasse et je reçois tout ce qui a été défini et déclaré par le saint concile de Trente, touchant le péché originel et la justification. Je reconnais aussi dans la messe on offre à Dieu un sacrifice véritable, proprement dit, et propitiatoire pour les vivants et pour les morts; et que le corps et le sang, avec l'âme et la divinité de Notre Seigneur Jésus-Christ, sont vraiment, réellement et substantiellement au très-saint sacrement de l'Eucharistie; et qu'il s'y fait un changement de toute la substance du pain au corps, et de toute la substance du vin au sang : changement que l'Eglise catholique appelle *transsubstantiation*. Je confesse aussi que, sous une seule des deux espèces, on reçoit Jésus-Christ tout entier; et qu'en la recevant ainsi, on reçoit un vrai sacrement.

» Je crois fermement qu'il y a un purgatoire, et que les âmes y détenues sont soulagées par les suffrages des fidèles. Je tiens aussi que les saints qui règnent avec Jésus-Christ sont à honorer et à invoquer; qu'ils offrent à Dieu leurs prières pour nous; et que leurs reliques sont à vénérer. Je tiens aussi fermement que les images de Jésus-Christ et de la Mère de Dieu toujours Vierge, et des autres saints, sont à avoir et à retenir, et qu'il faut leur rendre l'honneur et la vénération qui leur sont dus. Je confesse que Jésus-Christ a laissé dans son Eglise le pouvoir de donner des indulgences, et que l'usage en est très-salutaire au peuple chrétien.

» Je reconnais que l'Eglise romaine est sainte, catholique et apostolique, et qu'elle est mère et maîtresse de toutes les églises. Et je promets et jure une vraie obéissance au Pape, successeur de saint Pierre, prince des apôtres et vicaire de Jésus-Christ. Je reçois aussi, sans aucun doute, et professe toutes les autres choses qui nous ont été données, définies et déclarées par les sacrés canons et par les conciles œcuméniques et principalement par le saint concile de Trente; et en même temps je condamne aussi, je rejette et j'anathématise tout ce qui leur est contraire, et toutes les hérésies que l'Eglise a condamnées, rejetées et anathématisées (*Bull. mag.*, t. II, p. 147). »

Ce que la profession de foi de Pie IV résume en peu de mots, un ouvrage qu'on travaillait alors devait l'expliquer assez en détail ; c'est le *Catéchisme du Concile de Trente*, commencé dans le concile même, continué à Rome, et publié enfin l'année 1566 par le pape Pie V. C'est un excellent abrégé de théologie pour les curés. On y travailla deux ans dans le concile, trois ans à Rome, où trois Pères du concile furent appelés par le Pape : Léonard Marin, archevêque de Lanciano, Ægidius Foscarari, évêque de Modène, et François de la Foret, théologien du roi de Portugal à Trente. Saint Charles Borromée revoyait le tout avec eux, en faisait même retoucher le style par les plus habiles littérateurs, afin que ce fût un ouvrage accompli. Pie V voulut enfin qu'il fût imprimé par le plus habile typographe du temps,

Paul Manuce. Le *Catéchisme des Curés* ou *du Concile de Trente* a quatre parties : *le Symbole*, *les Sacrements*, *le Décalogue*, *la Prière*. Chaque partie est expliquée en détail avec beaucoup d'ordre : les explications sont tirées de l'Ecriture sainte et des saints Pères; on y rappelle au pasteur son devoir spécial sur les divers points de doctrine. Le tout est précédé d'une table des évangiles pour chaque dimanche, avec des plans de prône sur chacun, et l'indication des développements dans l'ouvrage même. En sorte que, pour un curé, ce petit livre est à la fois, non-seulement un excellent catéchisme, mais un cours de théologie, un cours de prônes, et même un cours de méditation.

Le Saint-Siége, toujours le premier à remplir les vœux du concile de Trente, travaillait à la réformation du Bréviaire et du Missel. Le Bréviaire est le livre des prières pour les sept heures canoniales, que les ecclésiastiques dans les ordres sacrés et les religieux doivent réciter chaque jour au nom de toute l'Eglise. Sept fois par jour, tous les prêtres, tous les religieux, toutes les religieuses adressent ces prières à Dieu pour le salut du monde. Le Bréviaire romain, composé par les souverains Pontifes, particulièrement par saint Gélase et saint Grégoire le Grand, avait été réformé d'abord et abrégé par saint Grégoire VII, pour la chapelle papale. Le nouveau Bréviaire, sans être obligatoire, fut adopté par beaucoup d'ordres religieux et d'églises, en y ajoutant les saints qui leur étaient propres. D'autres gardèrent l'ancien office romain, première cause de diversité. Ensuite, l'imprimerie manquant pour multiplier des exemplaires uniformes, la divergence augmentait sans cesse entre les manuscrits, qui recevaient même quelquefois des additions peu convenables. Avec le temps, plus d'un évêque voulut avoir un Bréviaire particulier à son diocèse. Ce qui rompait de plus en plus la majestueuse unité du culte divin. Sous Léon X, Clément VII, Paul III, on y porta un remède qui augmenta le mal. D'après l'inspiration de ces pontifes, le Franciscain Guignonez, cardinal de Sainte-Croix, composa un Bréviaire bien plus court, dédié à Paul III, qui accordait volontiers la permission de s'en servir. Il en résulta une confusion dans l'office divin, laquelle dans plus d'un endroit scandalisa les peuples. Les hérésiarques de Wittemberg et de Genève achevèrent d'y tout renverser, sous le nom de *réforme*. Le pape Paul IV entreprit de remédier efficacement au désordre, en réformant lui-même le Bréviaire dans l'esprit des saints Pères : la mort, qui vint l'enlever en 1559, l'empêcha d'y mettre la dernière main. Pie IV envoya son travail au concile de Trente, qui, n'ayant pu le terminer non plus, en remit l'achèvement au Pontife romain, ainsi que la réforme ou l'épuration du Missel et du Rituel. Les commissaires du concile furent appelés à Rome, où Pie IV leur adjoignit de nouveaux membres, pour hâter la consommation de l'œuvre. Cette consommation n'eut lieu que sous Pie V, qui, le 9 juillet 1568, donna une constitution qui porte abolition générale du Bréviaire de Guignonez, interdit tous les Bréviaires particuliers ayant moins de deux cents ans de date, établit en tous lieux la forme d'office contenue au Bréviaire romain, sans y astreindre cependant les églises qui sont depuis deux siècles en possession d'un Bréviaire particulier leur laissant toutefois la faculté de passer au nouveau Bréviaire, moyennant certaines formalités. Rome ne pouvait pas appliquer au grand mal de l'anarchie liturgique un remède à la fois plus efficace et plus discret (*Bull. mag.*, t. II, p. 278).

Restait encore à publier une portion non moins importante de la liturgie réformée par le Saint-Siége; le Bréviaire ne pouvait être utile sans un Missel pareillement corrigé, qui lui fût conforme. La commission romaine y avait simultanément donné ses soins, et deux ans après la publication du Bréviaire, en 1570, Pie V fut en mesure de promulguer le nouveau Missel. Il était accompagné d'une constitution du 14 juillet, où le saint Pape dit entre autres :

« Ce Missel ayant donc été reconnu et corrigé avec un grand soin, afin de mettre tout le monde à même de recueillir les fruits de ce travail, nous avons donné ordre qu'on l'imprimât et qu'on le publiât au plus tôt à Rome; pour que les prêtres connussent quelles prières, quels rites et quelles cérémonies ils doivent désormais retenir dans la célébration des messes. Afin donc que tous embrassent et observent en tous lieux les traditions de la sainte Eglise romaine, mère et maîtresse des autres églises, nous défendons, pour l'avenir et à perpétuité, que l'on chante ou récite la messe autrement que suivant la forme du Missel par nous publié, dans toutes les églises ou chapelles du monde chrétien, patriarcales, cathédrales, collégiales, paroissiales, tant séculières que régulières : à moins qu'en vertu d'une première institution ou d'une coutume, antérieures l'une et l'autre à deux cents ans, on ait gardé assidûment dans les mêmes églises un usage particulier dans la célébration des messes; en sorte que, de même que nous n'entendons pas leur enlever le droit ou la coutume de célébrer ainsi, de même nous permettons que, s'il leur plaît davantage, ils puissent, du consentement toutefois de l'évêque ou prélat, et du chapitre entier, célébrer les messes selon le Missel que nous publions par les présentes : quant à toutes les autres églises susdites, nous ôtons et rejetons entièrement et absolument l'usage des Missels dont elles se servent.

» Statuons et ordonnons, sous la peine de notre indignation, en vertu de cette constitution qui doit valoir à perpétuité, qu'on ne pourra rien ajouter, retrancher ou changer au Missel que nous publions, mandant et commandant en vertu de la sainte obéissance, à tous et chacun des patriarches et administrateurs desdites églises, et autres personnes honorées d'une dignité ecclésiastique quelconque, même cardinaux de la sainte Eglise romaine, ou de quelque autre degré et prééminence qu'ils soient, de chanter et lire désormais la messe, selon les rites, mode et règle que nous publions dans ce Missel, en ayant soin d'omettre et de rejeter entièrement, à l'avenir, toutes autres manières et rites observés jusqu'ici d'après d'autres Missels même anciens; en sorte qu'ils n'aient pas la hardiesse d'ajouter d'autres cérémonies ni de réciter d'autres prières dans la célébration de la messe que celles contenues dans ce Missel. De plus, nous concédons et accordons d'autorité apostolique, par la teneur des présentes, que l'on puisse se servir librement et licitement de ce

Missel, pour les messes tant chantées que récitées, dans quelques églises que ce soit, sans aucun scrupule de conscience et sans pouvoir encourir aucune peine, sentence ou censure ; déclarant aussi que nul prélat, administrateur, chanoine, chapelain et autre prêtre de quelque nom que ce soit, séculier ou régulier, ne pourra être tenu à célébrer la messe autrement qu'en la forme par nous statuée, ni contraint et forcé à changer l'ordre de ce Missel (*Bull. mag.*, t. II; Guéranger, *Institut. liturg.*, t. I.) »

Puissent ces graves paroles du saint pape Pie V être sérieusement prises en considération par certains membres du clergé, d'ailleurs estimables, qui se permettent quelquefois de faire à la liturgie sacrée des changements en opposition flagrante avec les prescriptions du vicaire de Jésus-Christ, à qui cependant il a été dit : *Tout ce que tu lieras sur la terre sera lié dans les cieux*. Ainsi, dans un diocèse de France, l'évêque charge un respectable ecclésiastique de faire une nouvelle édition du Missel; il nomme une commission pour examiner son travail; sur le rapport de cette commission, il approuve l'édition, qui est publiée. Or, malgré ces formalités officielles, il s'y trouve des innovations inouïes et inattendues. On y a supprimé les exorcismes de l'eau bénite et on les a remplacés par des oraisons de fabrique nouvelle. Informé de ce fait incroyable, nous en écrivons à l'auteur même, sans recevoir de réponse : nous signalons le fait à l'administration diocésaine, qui promet de faire mettre un carton : la promesse ne s'exécutant pas, nous déférons l'affaire directement à l'évêque, qui ordonne d'y mettre un carton sans délai : ce délai se prolongeant outre mesure, nous déclarons à l'administration diocésaine que, si l'on n'exécute pas promptement les ordres de l'évêque, nous signalerons le tout à Rome. Ce n'est qu'alors qu'on y met, non pas un carton, mais une nouvelle feuille, offrant aux amateurs, à côté de la nouveauté récente, la vieille formule de l'Église universelle, et montrant aux siècles à venir avec quelle sollicitude on veillait au dépôt de la foi et de la tradition.

Mais revenons à Rome, centre de la réforme liturgique, et considérons encore les grandes œuvres accomplies dans ce but par les Pontifes romains. L'état du chant et de la musique ecclésiastique appelait tous leurs soins. Dans la plupart des églises, le chant grégorien avait disparu presque complétement; une musique toute profane, bruyante, entortillée, farcie de réminiscences mondaines, et sous laquelle il n'était plus question du sens des paroles, avait envahi les plus augustes basiliques. La voix humaine n'y paraissait plus que comme un instrument à produire des sons plus ou moins habiles.

Le pape Marcel II, un des présidents du concile de Trente, choqué d'un tel abus, songea à bannir entièrement la musique des églises : cette résolution trop sévère, qui eût privé la liturgie d'un de ses plus grands moyens, ne fut cependant pas mise à exécution. La Providence avait préparé, dans Rome même, pour désarmer le rigide pontife, un homme d'un génie profondément liturgique et dont les ressources étaient à la hauteur de sa mission. Louis Palestrina, proclamé plus tard *le prince de la musique*, chantre de la chapelle papale, obtint la permission de faire entendre au pontife une messe de sa composition. Il se mit donc à l'œuvre avec l'ardeur la plus vive et la plus fervente. Il sentait qu'il s'agissait, pour la musique religieuse, de la vie ou de la mort. On a trouvé sur son manuscrit ces mots : *Seigneur, aidez-moi!* Son travail étant achevé, il fit exécuter sa messe en présence de Marcel II. Le Pape fut ravi de la simplicité, de l'onction, de la richesse que Palestrina avait déployées dans cette composition. Le sens du texte était exprimé avec une précision et une clarté que rien ne pouvait surpasser. L'anathème préparé contre la musique fut révoqué, et cette messe garda le nom de *Messe du pape Marcel*. Toutefois, tel était le zèle de la réforme dans les pontifes du XVIe siècle, que l'idée de proscrire la musique fut encore mise en avant à Rome, par plusieurs personnes zélées. Pie IV nomma, à cet effet, une commission parmi les membres de laquelle se trouvait son austère neveu, saint Charles Borromée. Il fut encore réservé à Palestrina de désarmer les ennemis de la musique sacrée. Il montra, par les faits mêmes, non-seulement que le génie musical pouvait créer encore des merveilles dans les régions mystiques de la liturgie, mais que les mélodies grégoriennes étaient susceptibles de s'enrichir en majesté, en onction, développées par de nouveaux moyens puisés dans les mêmes inspirations. Aussi a-t-on reconnu qu'il est difficile de prononcer lequel est le plus admirable, de Palestrina, agrandissant par un développement analogue les effets de la phrase de saint Grégoire, ou du même Palestrina, composant avec une originalité simple et grandiose ces admirables productions dont il n'a pris l'idée qu'en lui-même. Ce grand musicien du catholicisme fut créé, par Pie V, maître de la chapelle papale, et mourut en 1591.

Le concile de Trente avait partagé les sévères préoccupations des Pontifes romains au sujet de la musique, et il songeait aussi à l'éliminer des églises. Les réclamations de l'empereur Ferdinand tempérèrent la rigueur de cette sainte et grave assemblée. On se contenta de prohiber les airs lascifs et mondains, tant sur l'orgue que dans le chant proprement dit. En décrétant la fondation des séminaires, il plaça parmi les exercices auxquels on doit appliquer les jeunes clercs, l'étude du chant ecclésiastique. Les conciles du XVIe siècle qui suivirent le concile de Trente, ne parlèrent pas moins énergiquement contre les abus qui s'étaient introduits dans la musique d'église; ils réclamèrent expressément contre les mélodies mondaines, qui n'étaient que trop en usage, et firent des règlements contre ceux qui ensevelissaient le sens des paroles sous le fracas des voix. Ce sont les paroles du concile de Tolède en 1566.

Après avoir assuré la pureté du Missel et du Bréviaire, et sauvé la tradition de l'Église sur la musique sacrée, une grande œuvre, à la fois liturgique et sociale, appelait la sollicitude des Pontifes romains. Le calendrier, fondement de la liturgie, comme il l'est des relations des hommes entre eux, était tombé dans un désordre complet. Le soin de le réformer appartenait aux Pontifes romains, puisque, dès l'origine de l'Église, nous les voyons chargés de faire parvenir aux églises la date pascale, centre de l'année chrétienne, et que cette date devenait de plus en plus incertaine.

Le mot *calendrier* vient de celui de *calendes*, lequel dérive à son tour du mot latin *calare*, que les Romains avaient tiré d'un mot grec qui signifie *appeler*. Cette dénomination, dans son origine, était relative à ce qui se passait dans l'ancienne Rome le jour des calendes. On appelait le peuple au Capitole pour lui annoncer à chaque mois la première apparition de la lune et le quantième des nones. Le premier jour de chaque mois était celui des calendes. C'étaient des jours célèbres par l'échéance des paiements et par les époques des contrats. De là vient le nom de *calendrier*, pour signifier en général la distribution qui fut faite du temps, des saisons, des foires et des jours de solennités. Ce nom s'est perpétué jusqu'à nous, quoique l'usage des calendes soit devenu à peu près inutile.

La nécessité d'un calendrier a été sentie par tous les peuples. Mais il ne suffisait pas de sentir cette nécessité, il fallait des siècles d'observation, il fallait beaucoup de calculs pour parvenir enfin à rédiger un calendrier qui eût quelque mérite. Bien peu de personnes sont en état d'apprécier ce qu'a coûté de travail celui dont nous nous servons. Rome reçut son premier calendrier de Romulus et de Numa; mais ce calendrier était rempli de défauts. Jules César le rendit moins imparfait. Il ne put cependant lui donner assez d'exactitude pour le mettre à l'abri d'une nouvelle réforme. L'erreur qu'il laissa subsister dans le principal élément du calcul provenait de ce que l'astronome Sosigène, que César avait consulté, s'était trompé dans la mesure de l'année. Il avait pris pour base de ses calculs que le soleil parcourait l'écliptique en trois cent soixante-cinq jours et six heures; au lieu que les astronomes du XVIe siècle trouvèrent que cette révolution se faisait en trois cent soixante-cinq jours cinq heures quarante-neuf minutes. Sosigène supposait donc chaque année trop longue de onze minutes, ce qui faisait un jour d'erreur tous les cent trente-quatre ans; de là vient que depuis le concile de Nicée, en 325, jusqu'à la réforme du calendrier, en 1582, il s'était glissé dix jours de trop dans les éphémérides; en sorte que l'équinoxe du printemps, qui, en 325, avait été fixé au 21 mars, arrivait le 11 en 1582, quoique le calendrier l'annonçât toujours au 21.

L'erreur qui résultait de ces onze minutes de trop par an fut le principal motif qui détermina le pape Grégoire XIII à réformer le calendrier. Il s'entoura pour cela de toutes les lumières, forma une commission des hommes les plus célèbres dans les études astronomiques; parmi eux on doit distinguer les deux qui eurent le plus d'influence sur les résultats, le cardinal Sirlet et le Jésuite allemand Christophe Clavius. Un médecin italien, Louis Lilio, bien qu'il fût déjà mort à l'époque même de la conclusion de cette grande affaire, y eut peut-être la part principale, au moyen d'un mémoire spécial qu'il laissa après lui et dans lequel il indiquait la méthode la plus facile et la plus sûre pour la correction tant désirée. Grégoire XIII voulut aussi consulter plusieurs autres astronomes étrangers, entre autres François de Foix de Candale, seigneur français, et quand il eut recueilli toutes les notions nécessaires pour une réforme éclairée et légitime, il la déclara à l'Église et l'établit formellement par une bulle du 24 février 1582.

Pour le passé, il était facile de corriger l'erreur des onze minutes. Il ne s'agissait que de remettre l'équinoxe du printemps au 21 mars, comme il y était en 325; et pour cela il n'y avait qu'à compter pour le 21e jour de ce mois celui qui, en suivant le calendrier, n'eût été compté que pour le onzième. On aurait pu sans doute attendre le mois de mars 1583 pour faire cette suppression; mais le Pape aima mieux la faire dans le mois d'octobre précédent, le lendemain de la fête de saint François, parce qu'il y avait, à compter de ce jour jusqu'au 15, moins de fêtes que dans les autres mois.

Quant à la correction pour l'avenir, on s'y prit de cette manière. Puisque la précession des équinoxes venait de ces onze minutes de trop qui s'accumulaient tous les ans, il devait en résulter un jour d'erreur tous les cent trente-quatre ans. Ainsi quatre cent deux ans suffisaient pour introduire une erreur de trois jours; et en conséquence il fut décidé que l'on supprimerait désormais trois jours tous les quatre cents ans. Si l'on ne tint aucun compte des deux années de plus, c'est qu'elles ne pouvaient amener un jour d'erreur qu'au bout de vingt-six mille huit cents ans. A la rigueur, c'est un défaut du nouveau calendrier; mais, outre qu'il est bien léger, rien ne sera plus facile que d'y remédier, au cas que l'on voie la fin de cette longue révolution de siècles. Voilà donc la suppression de ces trois jours reconnue nécessaire à chaque époque de quatre cent deux ans; mais il restait à savoir sur quelles années on l'exécuterait. Il fut convenu qu'elle aurait lieu les trois premières années séculaires de chaque époque de quatre cents ans. Par là, ces années, qui devraient toutes être *bissextiles*, ne sont que des années communes. L'an 1700 est le premier qui ait souffert de cette réduction, l'an 1800 ensuite, et l'an 1900 aura le même sort; mais l'an 2000 sera *bissextil*; puis l'an 2100 sera commun, et ainsi de suite. Depuis 1582 jusqu'en 1700, l'ancien calendrier n'était en retard sur le nouveau que de dix jours. La suppression d'un jour, faite en 1700, est cause que depuis le commencement du XVIIIe siècle les deux calendriers diffèrent de onze jours. On appelle *vieux style*, l'ancienne manière de compter les jours; celle que le pape Grégoire XIII a introduite s'appelle *le nouveau style*. Les états catholiques l'adoptèrent presque aussitôt qu'elle fut en usage à Rome, les nations protestantes différèrent plus ou moins à accepter ce service rendu à la société, parce qu'il venait d'un Pape; néanmoins elles finirent par se rendre; mais l'Angleterre seulement au siècle dernier. Il ne reste plus aujourd'hui en Europe que la Russie qui tienne à l'ancien style; et cela afin que les hommes voient dans tout son jour cette vérité historique, que le schisme est encore plus haineux et plus aveugle que l'hérésie elle-même. Mieux valurent à l'Afrique chrétienne les Ariens eux-mêmes que les Donatistes.

Grégoire XIII eut bientôt à accomplir une œuvre intimement liée à la réforme du calendrier, savoir, la publication du Martyrologe romain. Il avait déjà été imprimé plusieurs fois en Italie et notamment à Rome; mais il appelait une correction. L'illustre cardinal Baronius eut charge d'y travailler, et une nouvelle édition fut publiée par l'autorité de Grégoire XIII. Le bref de promulgation est du 14 février 1584, et porte obligation pour tous les patriarches, archevêques, évêques, abbés et autres supérieurs des églises, monastères, couvents ou ordres, tant séculiers que réguliers, de s'y conformer dans l'office du chœur. Quant aux saints dont on a coutume de célébrer la fête dans certaines églises ou localités, on ne les insérera pas au corps du Martyrologe romain : mais on écrira leurs noms sur un livre à part, pour les placer ensuite aux lieu et ordre prescrits dans les règles dudit Martyrologe.

La publication du Bréviaire, du Missel, du Calendrier, du Martyrologe, ne satisfaisait pas encore, il est vrai, à tous les besoins de la liturgie : restaient à réformer le Pontifical, le Cérémonial et le Rituel. Toutefois il n'importait pas moins que des mesures fussent prises pour maintenir la pureté des règles que Rome venait d'établir. L'idée d'un tribunal spécial pour dirimer toutes les difficultés, pour répondre à toutes les consultations sur la matière des rites sacrés, appartient à Sixte-Quint, successeur de Grégoire XIII. Dans sa fameuse bulle du 22 janvier 1588, par laquelle il établit quinze congrégations de cardinaux pour l'expédition des affaires ecclésiastiques et le gouvernement particulier de l'État romain, le pontife en érige une spéciale sous le titre de *Congrégation des sacrés Rites*. Voici les paroles remarquables par lesquelles Sixte-Quint déclare cette érection :

« Attendu que les sacrés rites et cérémonies dont l'Église, instruite par la tradition et la règle apostoliques, use dans l'administration des sacrements, dans les offices divins et dans tout ce qui tient au culte de Dieu et des saints, renferment une grande instruction pour le peuple chrétien et une protestation de la vraie foi; qu'ils sont propres à élever les âmes des fidèles à la méditation des choses les plus sublimes et à enflammer leurs cœurs du feu de la dévotion; désirant augmenter de plus en plus la piété des enfants de Dieu et le culte divin, par la conservation et restauration de ces sacrés rites et cérémonies; nous choisissons cinq cardinaux dont la charge principale sera de veiller à ce que les anciens rites sacrés soient observés avec soin par toutes sortes de personnes, en quelques lieux que ce soit, dans toutes les églises de la ville et du monde entier, même dans notre chapelle papale, tant aux messes et aux divins offices que dans l'administration des sacrements et autres choses appartenant au culte divin. Si ces cérémonies tombent en désuétude, il leur appartiendra de les rétablir; si elles s'altèrent, de les réformer. Ils corrigeront et restitueront, suivant le besoin, les livres qui traitent des rites sacrés et des cérémonies, principalement le Pontifical, le Rituel et le Cérémonial; ils examineront les offices divins des saints patrons, et en concéderont l'usage, après nous avoir consulté. Ils porteront aussi leurs soins, avec diligence, sur la canonisation des saints et la célébration des jours de fête; afin que toutes choses se fassent convenablement et suivant la règle, d'après la tradition des Pères. Ils pourvoiront soigneusement à ce que les rois et princes, leurs ambassadeurs et toutes autres personnes qui viennent à la ville et cour de Rome, soient reçus honorablement, suivant la coutume des anciens, d'une manière conforme à la dignité et munificence du Siége apostolique. Ils connaîtront de toutes les controverses sur la préséance dans les processions et ailleurs, ainsi que de toutes les autres difficultés que présenteront les sacrés rites et cérémonies, et les termineront et régleront d'une manière définitive (*Bull. m.*, t. II). » Depuis Sixte-Quint, le nombre des cardinaux membres de la congrégation des Rites a été porté à vingt-quatre.

Clément VIII, qui monta sur le Saint-Siége en 1592, et dont le glorieux pontificat se prolongea jusqu'à l'an 1605, continua avec un soin infatigable l'œuvre de la réforme liturgique. Ses premiers soins se portèrent sur le Pontifical. Ce livre, si indispensable pour l'exercice des fonctions épiscopales, avait été imprimé plusieurs fois, tant en Italie qu'en France; mais il renfermait plusieurs incorrections, et le soin de les faire disparaître et de ramener l'unité dans des rites si importants, ne pouvait appartenir qu'au Pontife romain. Clément VIII, par un bref du 10 février 1596, supprime tous les autres pontificaux qui seraient en usage en quelques lieux que ce soit, et enjoint à tous patriarches, archevêques, évêques, abbés et autres prélats de recevoir ce Pontifical réformé et d'en faire usage; avec défense d'y faire aucun changement, addition ou retranchement (*Ibid.*, t. III, p. 59).

Quatre ans après, en 1600, le même pontife publia, par un bref du 14 juillet, l'édition réformée du Cérémonial des évêques. Enfin, il publia une révision, en 1602, du Bréviaire romain, et, en 1604, du Missel. La commission qu'il avait chargée de ce travail, comptait parmi ses membres les cardinaux Baronius et Bellarmin. Voilà comme les souverains Pontifes, à partir de Pie IV, déployèrent un zèle actif et constant à faire exécuter les décrets et les vœux du concile de Trente.

Pie IV, en particulier, rendit, l'an 1564, deux constitutions, plus sévère l'une que l'autre, pour obliger les évêques à la résidence, ainsi que les autres bénéficiers ayant charge d'âmes. L'année suivante, 1565, le 17 février, il publia une constitution fameuse, qui révoquait, annulait, sans réserve, tous les privilèges, exemptions, induits, contraires aux décrets du concile de Trente. Le 12 mars, il créa vingt-trois cardinaux, tous hommes distingués, et dont la plupart avaient rendu d'éminents services dans le concile : entre autres, Hugues Boncompagni, de Bologne, qui fut pape, sous le nom de Grégoire XIII; Jean-François Commendon, de Venise; Guillaume Sirlet, de Calabre; Gabriel Paliotti, de Bologne, illustres tous les quatre par leur doctrine et leurs vertus. Une des dernières actions de Pie IV fut de donner une bulle pour le rétablissement de l'ordre de Saint-Lazare de Jérusalem, que les chrétiens avaient fondé dans la Palestine. Depuis ce moment, sa santé ne fit que s'affaiblir. Il appela près de lui son neveu, saint Charles Borromée, qui, assisté de saint Philippe de Néri, lui administra les derniers sacrements; après quoi il expira tranquillement, en disant le cantique : *C'est maintenant, Seigneur, que vous renverrez votre serviteur en paix!* C'était dans la nuit du 8 au 9 décembre 1565, à l'âge de soixante-six ans huit mois et neuf jours, après avoir tenu le Saint-Siége six ans moins dix-sept jours. Bon pape, il eut pour successeur un pape meilleur encore, saint Pie V.

Michel Ghisleri naquit le 27 janvier 1504, dans la petite ville de Bosco, près d'Alexandrie, en Piémont, d'une famille noble et ancienne de Bologne, mais tombée dans la pauvreté par les guerres civiles du XIVe siècle. Ses parents, ne pouvant faire plus, le destinaient à un art mécanique. Mais l'enfant aspirait à quelque chose de plus intellectuel. Les Dominicains du voisinage, frappés de sa piété, de son esprit et de son jugement précoce, lui enseignèrent les éléments de la grammaire. Ses progrès furent si rapides dans les études et la vertu, qu'à peine âgé de quatorze ans, il fut reçu dans l'ordre de Saint-Dominique, dont il devait être la gloire. On ne lui connut jamais d'autre émulation que celle des saints: une volonté constante de tenir la dernière place dans la maison du Seigneur, de travailler cependant à imiter les plus parfaits, à les surpasser en humilité, en modestie, obéissance et mortification. Novice, profès, supérieur, évêque, cardinal, pape, il fut toujours le même: toujours l'étude fit son occupation; la prière, ses délices; les veilles, les jeûnes, les bonnes œuvres, ses moyens pour s'unir plus étroitement à Dieu; après le travail du jour, il se reposait dans la méditation des divines Ecritures, ou dans les larmes qu'il répandait devant les saints autels. Ce fut dans ces dispositions qu'il reçut la prêtrise, en 1528. Il comptait dire sa première messe à Bosco; mais les Français, qui faisaient la guerre en Italie, ayant incendié une partie de la ville avec l'église, il fut obligé de la dire dans un village voisin.

Depuis ce temps, il fut employé près de seize années à instruire les jeunes religieux dans les écoles, à les former à la piété et à la vie monastique. Etabli supérieur dans plusieurs maisons, il en bannit le relâchement, corrigea les abus, maintint la discipline, encore plus par son exemple que par ses discours. On croyait voir ressuscités en lui les Pacôme et les Hilarion; partout où il se trouva, il fit revivre l'esprit de saint Dominique dans toute sa pureté et sa ferveur. Il était remarquable par son assiduité aux exercices du cloître et aux offices divins, par son amour de la retraite, du silence, de la pauvreté, de la mortification; par son humilité sincère, par son zèle contre les hérésies de son temps. C'est ce qui le fit établir inquisiteur de la foi à Côme, pour le Milanais et la Lombardie. Il s'acquitta de cet emploi avec autant de prudence que de force, et souvent il y courut risque de la vie. Les fruits de sa vigilance et de ses prédications furent principalement dans la Valteline et le comté de Chiavenne, où le voisinage des Suisses avait communiqué le poison de l'hérésie. A Côme, les novateurs, ayant surpris le grand-vicaire et le chapitre, ameutèrent les grands et le peuple contre le saint homme, qui s'opposait à la circulation des ballots de livres hérétiques ou suspects qu'il avait arrêtés à la douane. Mais rien ne put l'intimider. Envoyé à Coire pour juger un homme accusé d'hérésie, qui prétendait à un canonicat, on lui conseilla de changer de costume pour n'être point insulté par les hérétiques qui se trouvaient là fort nombreux. Il répondit que, quand il s'agissait de faire son devoir, il ne connaissait point de péril, et que, quand il plairait à Dieu, il mourrait volontiers dans l'habit de son ordre. Les hérétiques mêmes l'admirèrent comme un homme de courage, et le respectèrent comme un saint. Le canonicat fut adjugé à un sujet plus digne. L'Eglise de Bergame dut son salut au même Père. Elle avait pour pasteur un loup couvert de la peau de brebis, pour évêque un calviniste déguisé. Malgré les oppositions de toute espèce, le saint inquisiteur sut démasquer le loup, et le faire chasser du bercail par l'autorité de Rome.

Nommé l'an 1551 commissaire général du Saint-Office, Ghisleri montra de plus en plus l'heureux accord du zèle, de la prudence, de la charité, de la douceur et de la force. Il visitait assidûment les prisons, travaillait et réussissait souvent à convertir les plus opiniâtres. Parmi les coupables, se trouvait un Juif, qui, devenu chrétien, était tombé deux fois dans l'hérésie : il était condamné au feu. Le charitable inquisiteur entreprit de lui sauver la vie de l'âme et celle du corps : et il en vint à bout. Voici l'histoire de cet homme.

Sixte de Sienne, ainsi nommé du lieu de sa naissance, naquit en 1520, de parents juifs, qui l'élevèrent dans le judaïsme. Les qualités dont il était doué le rendirent cher à sa famille et en firent l'ornement de la synagogue; mais dans un âge encore tendre, il embrassa la religion chrétienne, et se présenta de lui-même à l'église, malgré ses parents, pour recevoir le baptême. Bientôt il entra dans l'ordre de Saint-François, où il apprit les saintes lettres sous le docteur Catharin, son compatriote. De l'âge de vingt ans à celui de trente, il exerça dans les principales villes d'Italie le ministère de la prédication avec beaucoup d'éclat; enseignant, sur la prédestination, les opinions de son maître, qu'il abandonna dans la suite, pour s'attacher aux principes de saint Augustin et de saint Thomas. Enflé par les louanges et les applaudissements des hommes, Sixte de Sienne tomba dans des erreurs qu'il est maintenant difficile de déterminer, mais que l'on croit des erreurs judaïques. Il en fit une abjuration publique, et néanmoins il eut le malheur d'y retomber. Cette fois il fut arrêté comme relaps, enfermé à Rome dans les prisons du Saint-Office, convaincu, jugé et condamné au feu, lorsque le commissaire général de l'inquisition vint le voir. Touché de sa jeunesse, de son esprit, de ses talents et des rares qualités de son cœur, Ghisleri s'efforce de le ramener à la vérité; il ne parvient qu'avec beaucoup de peine à vaincre son obstination, et surtout le point d'honneur qui lui faisait préférer la mort à une vie traînée dans l'opprobre. Aussitôt qu'il est certain du repentir de Sixte, l'inquisiteur va se jeter aux pieds du pape Jules III, pour obtenir, non-seulement la révocation de la sentence de mort et la délivrance du prisonnier, mais encore la permission de le recevoir dans l'ordre de Saint-Dominique. Le souverain Pontife se rend à la prière de l'inquisiteur et lui accorde tout ce qu'il demandait.

Sixte, devenu libre et frère Prêcheur, cultiva la langue grecque, la langue hébraïque, l'histoire, la philosophie et la théologie. Sa conversion parut tellement sincère à ses supérieurs, qu'ils lui ordonnèrent de reprendre les exercices du saint ministère, et d'annoncer la parole de Dieu, comme s'il n'avait jamais fait de chute. Sixte s'en acquitta à la satisfaction de tout le monde, et répandit partout la bonne odeur de Jésus-Christ. Le Jésuite Possevin, qui avait entendu quelques-uns de ses sermons, lui rendit l'honorable témoignage qu'il prêchait l'Evangile sans déguisement, qu'il instruisait et édifiait les peuples tout à la fois, qu'il faisait connaître et aimer la vertu, et attaquait toujours avec succès l'erreur et le vice.

Ghisleri, devenu cardinal et inquisiteur général de la foi, employa Sixte avec avantage dans la conversion des Juifs. Les partisans de l'hérésie avaient rassemblé à Crémone un grand nombre d'ouvrages pernicieux, qu'ils mettaient entre les mains des simples fidèles pour les séduire et les entraîner dans l'erreur. Le zélé Ghisleri chargea Sixte de Sienne de se transporter dans cette ville, et d'examiner tous les livres qui y circulaient et qu'il avait la faculté de se faire présenter. Le judicieux Dominicain obéit, et sépara soigneusement les ouvrages qui ne pouvaient être d'aucune utilité réelle pour les sciences, d'avec ceux que les savants pouvaient lire avec fruit, comme le Talmud, et quelques autres qu'il a décrits dans le quatrième livre de sa *Bibliothèque sainte*. Il nous assure lui-même qu'il en sauva au moins deux mille exemplaires, que les soldats espagnols avaient déjà destinés aux flammes. Le travail assidu de la prédication et la composition, joint à de grandes austérités, altéra sa santé et avança sa mort : elle arriva vers la fin de 1569, dans le couvent de Sainte-Marie-du-Château, à Gênes. Il était âgé de quarante-neuf ans.

Nous avons de Sixte de Sienne la *Bibliothèque sainte*, en huit livres. Le 1er traite de la division et de l'autorité des livres saints. Le 2e est comme un dictionnaire historique et alphabétique des auteurs et des livres ou autres écrits dont il est fait mention dans quelque endroit de la Bible. Le 3e est de l'art d'expliquer l'Ecriture sainte. Le 4e fait connaître tous les interprètes qui ont écrit sur les livres sacrés, depuis trois siècles avant Jésus-Christ, jusqu'au milieu du XVIe après. Le 5e est un recueil de notes sur tout l'Ancien Testament; le 6e, sur tout le Nouveau. Le 7e et le 8e sont contre tous ceux qui ont attaqué l'autorité des livres de l'Ancien et du Nouveau Testament. Sixte de Sienne ne se contente pas de faire mention de tous les hérétiques, anciens et modernes, qui ont rejeté ou combattu quelque partie de l'Ecriture sainte, il réfute encore leurs erreurs, se proposant les objections qu'ils ont faites ou pu faire contre ces livres, et les résolvant avec plus de solidité que d'étendue. Cet ouvrage est justement estimé et des catholiques et des protestants. Sixte de Sienne en avait encore composé beaucoup d'autres, qu'il fit jeter au feu dans sa dernière maladie : heureusement que sa *Bibliothèque sainte* était déjà imprimée (Touron, *Hommes illust. de l'ordre de S. Domin.*, t. IV; *Biogr. univ.* t. XLII).

En 1556, le Père Ghisleri, fut nommé évêque des diocèses unis de Népi et de Sutri : en 1557, le même Paul IV le créa cardinal. Tout le sacré collége remercia le Pontife de leur avoir donné un si digne collègue, qui fut nommé le cardinal Alexandrin. Le Pape le créa de plus inquisiteur général de toute la chrétienté. Cette élévation ne changea rein à sa manière de vie. Il ne quitta point la robe dominicaine, observa ses jeûnes et ses austérités habituelles, et vécut en tout avec la simplicité du cloître. Il écrivit à sa nièce, Pauline Ghisleri, le 26 mars 1558 :

« Ma chère nièce, j'ai appris avec joie, par votre lettre du 26 février, la bonne union que vous entretenez avec votre mari, qui est un honnête homme, et que vous vivez ensemble dans la crainte et l'amour de Dieu, comme de vrais chrétiens. Gardez-vous bien de vous en faire accroire pour être la nièce d'un cardinal. Le rang que je tiens dans l'Eglise vous doit être un motif d'actions de grâces à Dieu et une nouvelle obligation dans la vertu. Demandez pour moi la grâce de soutenir par une vertu sainte ce rang où le Vicaire de Jésus-Christ m'a élevé. Vous ne devez pas souhaiter que Dieu m'élève davantage en ce monde. Vous ne voyez que l'éclat de ma nouvelle dignité, et vous ignorez quels sont les soins, les inquiétudes, les chagrins où elle m'engage, et dont j'étais heureusement affranchi dans le cloître.... Pour ce que vous me mandez touchant l'affaire de votre beau-frère, sachez, ma chère nièce, que les bénéfices ne se donnent point à la chair et au sang, mais à la vertu et au mérite. Jusqu'à présent, Dieu m'a fait la grâce de ne pas me mêler de cet infâme commerce ; ne pensez donc pas que, sur mes vieux jours, je veuille charger ma conscience de ces intrigues criminelles (Touron, *Hommes illustres de l'ordre de Saint-Dominique*, t. IV; *Biogr. universelle*, t. XLII). »

Sa maison ne fut composée que des personnes dont il ne pouvait se passer avec bienséance. Il avait soin de les instruire lui-même de leurs devoirs, et, avant de les prendre à son service, les avertissait qu'ils ne pensassent pas entrer dans le palais d'un cardinal, mais s'engager dans un couvent. Ces conditions remplies leur assuraient toutes sortes de bontés de sa part. Non-seulement il ne les surchargeait pas de fatigue, mais il ne les appelait jamais durant leur repas ou leur sommeil, poussant le ménagement jusqu'à ouvrir lui-même la porte de son antichambre. La plus grande salle de son palais était érigée en infirmerie, pour les serviteurs qui tombaient malades. Quant à son affabilité, signe égal de charité et de modestie, elle était constamment la même envers tous ceux qui venaient traiter d'affaires avec lui ou l'importuner de sollicitations. Personne n'éprouva jamais un refus d'audience, et l'ensemble de sa conduite, comme ses moindres démarches, faisaient comprendre que Dieu l'avait élevé de jour en jour, afin que de cette hauteur il pût servir, instruire et édifier plus de monde.

Tel était le cardinal Alexandrin, lorsque Pie IV le transféra à l'évêché de Montréal ou Mondovi en Piémont. Personne ne lui avait paru plus digne de gouverner un diocèse que les ravages de la guerre avaient réduit à l'état le plus déplorable. Le saint se hâta d'aller joindre son troupeau. Ses travaux et ses exemples furent si efficaces, qu'il rétablit partout l'union et la paix. Il réforma aussi les divers abus qui s'étaient glissés dans son église, et lui rendit son ancienne splendeur. Rappelé à Rome, il se montra toujours plein de zèle pour l'observation des lois et de la discipline. Pie IV voulant agréger au sacré collége Ferdinand de Médicis, qui n'avait que treize ans, notre saint représenta que la dignité de cardinal ne pouvait être conférée à un enfant, et il parla avec tant de zèle et de sagesse, qu'il s'attira l'admiration de tout le consistoire. Il en fut de même lorsque Maximilien II demanda le mariage des prêtres, pour ramener plus facilement les sectaires, ou plutôt pour s'y réunir ; car il avait assez de penchant pour eux. Nul ne repoussa plus fortement cette sottise impériale, que le cardinal Alexandrin.

A la mort de Pie IV, son neveu, le saint cardinal Charles Borromée proposa au conclave deux sujets du plus grand mérite, le cardinal Moron et le cardinal Sirlet. Y ayant trouvé des obstacles, il proposa le cardinal le plus pauvre de tous et qui ne tenait à aucun parti, le cardinal Alexandrin, Michel Ghisleri, qui réunit aussitôt toutes les voix. La difficulté fut d'obtenir son consentement. Il eut recours aux prières et aux larmes pour échapper à ce fardeau redoutable. Mais toujours on lui répondait qu'il ne pouvait refuser ses services à l'Église sans résister à l'Esprit-Saint qui l'avait élu. On le tira de sa cellule pour le conduire à la chapelle, où on a coutume de faire la première adoration. Tout le sacré collège renouvela ses instances pour lui faire proférer ces deux paroles : *Nous acceptons;* et le saint renouvelait avec la même ardeur ses humbles prières, pour engager les cardinaux à faire un autre choix. Enfin, voyant l'inutilité de ses efforts et de sa résistance, il adora en tremblant les ordres du ciel, et accepta le 7 janvier 1566. A la prière de saint Charles Borromée, il prit le nom de Pie (1) V, pour honorer la mémoire de son prédécesseur.

Pie V profita de la solennité de son exaltation pour manifester l'esprit qui allait désormais diriger tous les actes du Saint-Siège. A leur avènement, les Papes avaient coutume de gratifier le menu peuple de largesses répandues en profusion sur les places publiques, au risque de jeter l'argent aux indignes et d'en priver les pauvres infirmes, qui se trouvaient souvent écrasés dans la foule. Pie V voulut que la somme consacrée à cet usage fût distribuée régulièrement et partagée dans les réduits les plus reculés, entre les indigents honteux. On destinait également mille écus romains à fêter les ambassadeurs qui assistaient au couronnement. Il envoya ces mille écus aux monastères les plus pauvres, et, comme on lui dit que plusieurs personnages trouvaient cela mauvais, il répondit : Dieu ne me punira pas d'avoir dérobé un festin aux envoyés des princes, mais il me fera rendre compte des nécessiteux qui sont ses propres membres ; — et il s'appliqua sans relâche à faire comprendre ainsi que les prodigalités du faste seraient remplacées dorénavant par les magnificences de la charité.

Ami du pape Paul IV et un instant disgracié par Pie IV, il voulut témoigner hautement que les mêmes sentiments l'animaient envers ses deux prédécesseurs, et que leur mémoire avait droit au même respect. Il régla généreusement un démêlé délicat qui concernait le comte Altemps, l'un des neveux de Pie IV, et en même temps il s'occupa de la réhabilitation des Caraffe, neveux de Paul.

Du reste, il ne dissimula pas que la réforme générale qu'il méditait devait commencer par la réforme de sa propre cour et de sa capitale. Il jeûna et pria extraordinairement, se recommanda aux communautés religieuses et publia un jubilé, afin d'attirer sur lui les grâces dont il avait besoin. Réunissant tous les dignitaires et tous les domestiques de sa maison, il leur prescrivit des règles de conduite, leur déclara ce qu'il attendait d'eux, selon leur état, et les avertit qu'il ne souffrirait sous ses yeux aucune infraction aux principes d'une piété exemplaire. Une lecture spirituelle se faisait trois fois par semaine, à haute voix, dans le palais. La prière du soir commençait publiquement à une heure déterminée ; le pontife ne manquait jamais d'y assister, et, lorsqu'il se retirait, les portes du palais restaient closes.

Mais la règle que Pie V s'appliquait à lui-même était bien autrement sévère. Lui qui dispensait les trésors et les pardons de l'Église, il ne voulait les gagner que par la mortification. La tunique monacale de laine ne le quitta jamais, ni sous les habits pontificaux, ni sur la dure paillasse qui lui servait de lit. Toutes les nuits, en outre, il se relevait de cette misérable couche, descendait dans l'église de Saint-Pierre et y faisait la visite des sept autels. Souvent il parlait plus à Dieu par ses larmes que par ses prières, et, dans les conjonctures importantes, passait des nuits presque entières à genoux, consultant Dieu sur ses desseins, comme Moïse dans l'ancien tabernacle. Non-seulement les jeûnes ordinaires de l'Église étaient rigoureusement observés, mais telle était sa frugalité, que la dépense journalière de sa table s'élevait à peine, selon un auteur contemporain, à un *testone* d'Italie, c'est-à-dire dix-sept sous de la monnaie de France. Le vin lui ayant été rigoureusement prescrit par les médecins, il permit seulement qu'on en mêlât quelques gouttes à son eau et s'imposa de ne boire que trois fois à chaque repas.

Son cachet portait, au lieu d'armoiries, ce verset d'un psaume : « *Utinàm dirigantur viœ meœ ad custodiendas justificationes tuas : — Puissent mes voies être dirigées à garder vos justices!* » Et pour ne se détacher jamais des souffrances de Jésus, il avait toujours devant lui, sur sa table, une image de notre Sauveur en croix, autour de laquelle étaient écrites ces paroles de saint Paul : « *Absit mihi gloriari, nisi in cruce Domini nostri Jesu Christi : — Loin de moi de me glorifier, si ce n'est en la croix de Notre Seigneur Jésus-Christ.* » De là vient que les portraits de cette époque le représentent d'ordinaire avec un crucifix sous les yeux et ces mêmes mots pour légende.

S'adressant aux cardinaux et au corps de la prélature, dans de paternelles exhortations, il tint un consistoire exprès pour leur représenter que le plus sûr moyen d'apaiser la colère de Dieu, d'arrêter les hérétiques qui attaquaient l'Église, et les Musulmans qui, sur ses ruines, étendaient l'empire de la barbarie, c'était d'abord de régler sa conscience et sa maison. « C'est à vous, s'écria-t-il, que Jésus-Christ adresse ces paroles : *Vous êtes la lumière du monde ; vous êtes le sel de la terre.* » Les biens des cardinaux, qui avaient joui jusque-là d'immunités complètes, furent dès lors assujétis aux hypothèques et à la saisie.

Le premier soin, celui d'édifier par l'exemple, étant accompli, restait encore bien des vices à combattre, bien des scandales à détruire dans les mœurs des peuples.

Rome était publiquement dévorée par les courtisanes et les Juifs. Pie V, publiant un édit très-rigou-

---

(1) Ce nom de Pie (*Pius*) remonte au IIe siècle de l'Église. Il avait été décerné comme qualification de la plus haute piété, au successeur de saint Hygin, élu pape en l'année 142, et canonisé sous le nom de saint Pie Ier (De Falloux, *Vie de saint Pie V*, Sagnier, 1851).

reux contre les courtisanes, les bannit de Rome et des Etats pontificaux. Quelques magistrats vinrent aussitôt lui représenter les suites fâcheuses que ne pouvait manquer d'entraîner une telle mesure. Le Pape, maîtrisant à peine son indignation, leur répondit : « Vous devriez rougir de vous rendre avocats de ces pestes de la république ; ou, si vous préférez demeurer avec ces abandonnées, c'est moi qui me retirerai de Rome et porterai mon siége ailleurs. » — Cette fermeté effraya les plus riches et les plus fameuses de ces femmes, qui se réfugièrent dans d'autres capitales de l'Italie. Celles qui restaient furent reléguées dans un quartier de la ville fort désert, avec défense d'en sortir, sous peine du fouet et du bannissement. Celles qui mouraient dans leur infâme commerce étaient jetées à la voirie. La menace de ce dernier châtiment en retira beaucoup de leur mauvaise vie, et le Pape pourvut aussitôt par de larges aumônes à ce que la misère ne les y fît pas retomber.

Quant aux Juifs, qui faisaient métier de tirer les horoscopes, de pénétrer dans les familles pour y favoriser tous les libertinages ou en précipiter la ruine par l'usure, le Pape les bannit des terres de l'Eglise, excepté de Rome et d'Ancône, où on les jugeait encore indispensables pour entretenir le commerce du Levant. Mais, afin d'enlever néanmoins toute facilité à leurs pratiques criminelles, un quartier à part leur fut également assigné, avec défense d'en sortir sans un chapeau de couleur orange qui les signalât, ni d'entrer à la nuit close dans la maison d'un chrétien.

Inflexible dans les principes, mais toujours affectueux envers les individus, Pie V, n'étant que cardinal, avait pressé d'embrasser le christianisme plusieurs Juifs célèbres : un rabbin nommé Elie Carcossi, croyant se défaire à jamais de ses sollicitations, lui répondit : « Je me ferai chrétien, quand on vous fera pape. » — Cet engagement dérisoire était oublié, lorsqu'il se vit mandé au palais du souverain Pontife, et amicalement sommé de tenir parole. Elie, n'osant nier la vérité, s'en retourna fort triste et fort irrésolu. Durant la nuit, le Pape pria la sainte Vierge avec ardeur pour cette conversion ; et le lendemain, Elie et ses trois enfants imploraient la grâce du baptême. Pie V voulut le leur administrer lui-même ; la cérémonie eut lieu en présence d'une multitude de spectateurs, et Elie reçut du Pape son propre nom de Michel. La conversion de ce rabbin, qui jouissait d'une grande influence parmi ses frères, en ayant déterminé beaucoup d'autres, Pie V fonda aussitôt une maison pour recevoir les catéchumènes, et les y faire instruire amplement.

Les assassinats, les brigandages qui se commettaient dans les Etats de l'Eglise, et jusqu'au milieu des rues de Rome, ne pouvaient échapper à sa vigilance. Une convention fut conclue avec les vice-rois de Naples et avec la Toscane, afin que tous les malfaiteurs fussent saisis et subissent leur peine, sans acception des différentes souverainetés, ni de territoire. Cette mesure rigoureuse, qui ôtait aux bandits leur principale chance d'impunité, délivra promptement l'Etat ecclésiastique. Cependant le chef de bande le plus redoutable, Marian d'Ascoli, échappait encore à toutes les poursuites, lorsqu'un homme de la campagne, demandant à parler au Saint-Père, promit, moyennant récompense, de livrer le capitaine fugitif. — Et comment ferez-vous, demanda le Pape ? — Il a l'habitude de se fier à moi, répondit le montagnard, et je l'attirerai facilement dans ma maison. — Jamais nous n'autoriserons une pareille perfidie, s'écria Pie V ; Dieu fera naître quelque occasion de châtier ce brigand, sans qu'on abuse ainsi de la bonne foi et de l'amitié. » — Marian d'Ascoli, ayant appris la réponse, se retira aussitôt de ses Etats et n'y reparut jamais.

Pie V avait pris la résolution de n'élever aucun de ses parents aux honneurs ecclésiastiques. Le sacré collége lui désigna cependant pour le cardinalat Michel Bonelli, non comme son neveu, mais comme un sujet dont on avait lieu d'attendre d'éminents services. Bonelli, qui était entré dans l'ordre de Saint-Dominique, fut donc promu par son oncle, et reçut du public le titre de cardinal Alexandrin. Pie V dota chacun de ses neveux de cinq cents écus de rente, et refusa ses nièces aux seigneurs qui les demandaient avec empressement. La plus riche alliance qu'il leur procura fut celle de l'aînée, qui épousa un modeste habitant de Bosco, nommé Albert Bastone. Ce Bastone étant homme de mérite, il lui donna en même temps la place de gouverneur du château Saint-Ange. Un de ses neveux fut également marié par sa protection à la fille de son secrétaire ; mais voulant apprendre tout de suite à cette jeune femme avec quel esprit elle devait entrer dans sa famille, il lui envoya un mulet chargé d'un bât et de deux paniers, lui recommandant bien de ne point prendre d'autre équipage pour arriver de Fano à Rome. Un autre de ses neveux, après avoir vaillamment combattu contre les Turcs, fut pris et réduit en esclavage. Pie V se hâta de le faire racheter, lui rendit des armes et un cheval, et le nomma capitaine dans ses troupes. Mais ce jeune homme, ayant commis une faute grave dans son nouvel emploi, perdit à l'instant la protection du souverain Pontife, qui, montrant une bougie allumée sur la table, lui ordonna de sortir de Rome avant qu'elle eût fini de brûler.

Les séductions les plus ingénieuses étaient repoussées avec non moins d'énergie. Le marquis de Maine, seigneur de Bosco, vint lui présenter en personne les félicitations de son pays natal, au sujet de son exaltation, et imagina de lui faire présent de la seigneurie de Bosco. — « Que voulez-vous que je fasse de cette terre, demanda le Pape ? — Votre Sainteté, répondit le marquis, a une famille qu'elle en gratifiera. — Il est vrai, répliqua Pie V, j'ai un grand nombre de neveux et de nièces ; mais jamais, de mon vivant, ils ne porteront de titres plus relevés que ceux qu'ils ont reçus de leurs pères. Remarquez aussi qu'après avoir reçu ce témoignage de générosité, je serais obligé par la bienséance à vous en rendre un plus considérable ; et cela n'est plus en mon pouvoir, puisque je viens, par une récente ordonnance, de lier mes mains, aussi bien que celles de mes successeurs. » — C'est quand, sur la demande du sacré collége, il nomma cardinal un de ses neveux, il publia un décret solennel pour rendre à jamais impossible l'un des principaux abus du népotisme, en interdisant toute aliénation des domaines pontificaux. Cette bulle, du 2 avril 1567, oblige par serment les cardinaux à la garder, et à s'opposer de toutes leurs forces au Pape qui voudrait l'enfreindre : tout cardinal doit jurer, en outre, de ne demander jamais l'absolution de son serment, ni même d'accepter la dispense que le Pape lui en offrirait.

Pie V accepta toutefois un hommage, mais voici en quelles circonstances. Dans ses jeunes années, il avait prêté son secours enfantin à l'un de ses amis qui plantait une vigne ; puis, la journée achevée, il dit : « Nous avons perdu notre temps ; jamais personne ne boira de ce vin. » — Michel Ghisleri étant devenu pape, son compagnon d'enfance, propriétaire de la vigne, s'en vint à Rome, se présente en costume de villageois au palais pontifical, la tête chargée d'un petit baril : il se nomme, il est introduit. Pie V l'accueille avec une joyeuse affabilité, et le compatriote s'écrie, en lui offrant son vin : « Ah ! Très-Saint-Père, convenez du moins qu'en ce temps-là vous n'étiez pas infaillible (De Falloux, *Hist. de saint Pie V*, t. I, p. 113).

Ce désintéressement éclatant, cette simplicité évangélique qu'attestaient à la fois le suzerain et l'obscur habitant de Bosco, ne désarmèrent pourtant pas la malignité romaine. Peu de jours après la promotion du cardinal Alexandrin, on lisait sur les murailles de la ville le nom de Pie V écrit en gros caractères, et, au-dessous, ces mots : *Homo factus est* : Il est devenu homme. Le gouverneur de Rome étant parvenu à découvrir l'auteur de cette censure, clerc espagnol, rebuté par le Pape dans l'injuste demande d'un canonicat, se hâta de le faire arrêter. Pie V manda le coupable devant lui, exigea l'aveu de sa faute, puis le congédia en disant : « Mon ami, quand vous remarquerez quelque défaut en ma personne, je vous prie de m'avertir, je m'en corrigerai. »

Le naturel de Pie V, si sensible à l'amour du bien, le portait à témoigner avec une grande vivacité son horreur du mal, et quelquefois il craignait de laisser échapper des mouvements de colère. Ce léger emportement, aussitôt réprimé, lui laissait alors l'oppression d'un insupportable remords, et il ne trouvait le repos qu'après avoir réparé par des témoignages d'affection ou de faveur une offense souvent imaginaire ; aussi entendait-on courir dans le public la maxime, qu'il suffisait de désobliger le Saint-Père pour provoquer infailliblement ses bonnes grâces. Un ambassadeur en eut la preuve. A la première audience, le Pape reconnut en lui un homme qui l'avait menacé autrefois, n'étant que moine, de le jeter dans un puits : il ne put s'empêcher de lui en rappeler la circonstance. Mais aussitôt, voyant le trouble de l'ambassadeur, il l'embrassa cordialement, et le traita toujours avec une distinction particulière. Dans l'âme de Pie V, le ressentiment laissait la place à la reconnaissance.

Un pauvre garçon, au service d'un gentilhomme milanais, suivant un jour son maître à cheval, rencontra proche de Soncino un moine harassé de fatigue, qui portait un sac sur ses épaules, par un temps d'excessive chaleur. Il en eut compassion, et offrit au religieux la croupe de son cheval. Celui-ci accepta seulement d'y déposer son fardeau, et ils cheminèrent côte à côte jusqu'à une rivière, où le pauvre garçon voulut absolument, pour achever sa charité, payer le passage au batelier, et ne restituer le sac qu'au lieu même de sa destination. Bien des années s'étaient écoulées, lorsque ce bon serviteur, à sa grande surprise, se vit appelé à Rome, pour occuper un office honorable dans le palais pontifical : le moine inconnu était devenu le pape Pie V (De Falloux, t. II, p. 180).

Mais au moins la ville de Rome se montrait-elle digne d'un tel Pontife ? Voici ce qu'en dit un témoin oculaire, venu du fond de l'Allemagne pour s'en assurer. C'est un seigneur allemand, écrivant de Rome, le 9 avril 1566, à un prince de la même nation.

« J'ai souvent entendu dire, je l'avoue, et j'ai lu dans les écrits des ennemis de Jésus-Christ et de son corps mystique, qui est la sainte Église, des particularités très-mauvaises et dont on ne peut parler sans horreur, sur la ville de Rome. J'en étais venu au point de croire que la piété, la religion et toute honnêteté en étaient bannies, pendant que l'impiété, l'impudicité et les autres vices de tout genre y marchaient impunément tête levée. J'ai donc souvent demandé à Dieu, que, soutenu par sa grâce, il me fût permis d'aller moi-même visiter ces lieux, pour reconnaître la vérité, et juger si les choses étaient ou non telles qu'on le disait. Celui qui est toujours près de ceux qui l'invoquent, a bien voulu exaucer ma prière, et il m'a offert cette occasion si favorable de tout voir par moi-même. Combien les choses sont différentes, dans la réalité, de ce qu'elles sont dans la bouche des impies qui ne cessent de vociférer la calomnie ! Je m'en suis assuré, illustre prince. Certes, si je ne savais que la modération plaît à Votre Altesse, je dirais que c'est de cette espèce d'hommes que le prophète Isaïe a parlé, lorsqu'au chapitre 28, il dit : *Nous avons placé notre espérance dans le mensonge, et nous avons été protégés par lui.*

» En effet, pour rendre hommage à la vérité, et pourquoi dissimuler ce que les murs, les carrefours, les maisons, les temples de cette auguste cité, témoins de ce que je dis, crient si haut ? Je dois déclarer que, depuis le premier moment de mon séjour à Rome, je vois, non sans étonnement et sans admiration, tous les fidèles de l'un et de l'autre sexe merveilleusement adonnés aux exercices de la piété. Pendant tout le temps du dernier carême, l'observation du jeûne était si exacte, la prière de ceux qui s'approchaient de l'autel si fervente, le zèle religieux qui porte à visiter successivement les différentes églises de la ville, si ardent ; la multitude de ceux qui confessaient aux prêtres leurs péchés, de ceux qui en étaient vivement contrits et qui satisfaisaient à la justice divine, si grande, que l'on ne pouvait rien voir au-dessus. Mais c'est surtout dans cette semaine qu'à juste titre nous nommons sainte, parce qu'on y remet sous nos yeux la passion de Jésus-Christ, que tous, avec un soin plus grand encore qu'auparavant, se livrèrent aux pratiques pieuses qui ont l'efficacité de modérer nos désirs et de détourner notre esprit de toute sollicitude pour les choses terrestres. Non, je n'ai pas d'expressions pour vous peindre ce que j'ai vu, ce que j'ai entendu dire des exercices si multipliés de pénitence et de piété auxquels on s'y livrait. Le sommeil pris sur la dure, les mortifications corporelles, les veilles, les prières, les jeûnes observés avec la plus rigoureuse exactitude ; enfin, pour me servir des paroles d'un saint Père, tous les saints artifices de la pénitence étaient mis en œuvre pour y trouver les biens de l'âme..... Oui, la ville de Rome m'a paru, pendant toute cette semaine, tellement étrangère à toutes les affaires du siècle, tellement absorbée dans la contemplation de Jésus-Christ s'immolant sur la croix comme prêtre et victime, que je ne puis me garantir d'une juste indignation contre ceux qui ne rougissent pas de défigurer ainsi la ville de Rome, ni m'empêcher de détester au fond du cœur leur impiété.....

» Mais quand le vicaire de Jésus-Christ lui-même, le jeudi saint, jour de la dernière cène, se montra au public, Dieu immortel! quelle majesté dans sa démarche et dans sa contenance! A ses côtés se tenaient ceux des cardinaux dont la piété et la science sont les plus estimées... Sur l'immense place qui se déploie devant la basilique de Saint-Pierre, se pressait la multitude la plus variée, accourue de toutes les régions du monde chrétien. Là, dans une attitude suppliante et respectueuse, elle ne lève les yeux que pour vénérer celui en qui une inébranlable foi lui montre le représentant de Jésus-Christ sur la terre. Pénétrée de crainte et d'émotion, elle écoute la sentence d'excommunication que lisent en latin et en italien, d'une voix assez haute pour être entendue de tous les assistants, deux cardinaux spécialement désignés, entre lesquels se trouve le souverain Pontife. A cette terrible sentence succède, comme l'éclat du tonnerre, le bruit du canon des forts, des palais et du château Saint-Ange. En vérité, illustre prince, je me crus à ce grand jour du Seigneur, jour de colère et de désastre, qui ébranlera le ciel et la terre, et auquel le Seigneur, accompagné de ses anges, viendra dans sa majesté pour juger le monde, tandis que les hommes de tous les pays et de tous les âges, réunis devant sa face, attendront la récompense ou le châtiment.

» Le même jour, au soir, je vis une longue file de pénitents, marchant avec ordre, lesquels, dans la contrition de leurs péchés, dans la profonde douleur d'avoir eux-mêmes causé la passion, le crucifiement et la mort de Jésus-Christ, d'être eux-mêmes la verge qui déchira son corps et le crime qui lui arracha la vie, se déchirèrent les épaules par tant de coups et d'une manière si lamentable, que le sang en coulait jusqu'à terre. Ces associations de flagellants sont fort nombreuses. Lorsqu'elles furent arrivées à la basilique de Saint-Pierre, on leur offrit à contempler la lance dont Longin perça le côté du Sauveur, et le voile qui reproduit les traits sacrés du visage de Jésus. J'aurais cent langues et cent bouches, que je ne pourrais redire les sanglots, les cris, les prières que poussèrent à haute voix, en se prosternant, tant les flagellants eux-mêmes que la foule immense qui était accourue en les accompagnant. Je ne me tairai pas cependant, et tant que je vivrai, à la honte de Satan et à la confusion de tous ses ministres, j'attesterai de vive voix et par écrit, publiquement et à la face du monde entier, que j'y ai vu dans ce temps les œuvres les plus éclatantes de la piété et de la pénitence (*Apud* Bzovium, an 1566, p. 34 et 263). »

Et dans cette lettre et dans une autre du 9 novembre de la même année, le seigneur allemand fait un éloge complet de Pie V. Ce saint Pape avait pour confesseur un religieux franciscain nommé Félix Peretti, que nous verrons pape sous le nom de Sixte-Quint. Outre le souverain Pontife, Rome et l'Italie avaient alors un grand nombre de saints, parmi lesquels un prophète et un thaumaturge du plus aimable caractère.

C'est saint *Philippe de Néri*, né à Florence, le 22 juillet 1515, de François de Néri, avocat, et de Lucrèce Soldi. A l'âge de cinq ans, il récitait des prières et des psaumes avec sa sœur Elisabeth, lorsque Catherine, leur aînée, vint les déranger : il la repoussa de la main. Son père le réprimanda comme d'une chose inconvenante. Le jeune enfant se mit à verser des larmes de repentir : ce fut le seul reproche que son père eut à lui faire durant sa vie. Sa mère étant morte, il eut une marâtre, mais qui le prit en telle affection, qu'elle fut inconsolable de le voir partir de Florence, et qu'elle pensait continuellement à lui. En effet, on ne pouvait rien voir de plus doux et de plus aimable, il semblait ne pas connaître la colère. On l'appelait par abréviation le *Bon Lippe*; plus tard le *Bon Philippe*. A l'âge de huit ans, il faillit périr. Un âne revenait à la maison, chargé de pommes : l'enfant était monté dessus : il tomba avec l'animal du haut d'un chemin au fond d'une cave, et se trouva tellement dessous, qu'on ne voyait qu'un bras. On le croyait perdu : il n'eut point de mal, et ne cessa d'en remercier Dieu toute sa vie. Quand il perdait quelque chose, il se mettait en prière et le retrouvait toujours. Il aimait beaucoup à entendre les sermons et à visiter les églises, particulièrement celle des Dominicains de Florence, dont les bons exemples lui inspirèrent une affectueuse vénération : il y apprit l'amour de la patience et le mépris du monde. Après ses premières études, il fut envoyé à l'âge de dix-huit ans, auprès d'un oncle, riche marchand, dont il devait hériter. Mais il se sentit appelé à une vie plus parfaite et quitta tout pour aller à Rome. Un gentilhomme l'y prit dans sa maison et le chargea de l'éducation de ses deux fils, auxquels il enseigna la vertu non moins que les lettres. Il y menait la vie d'ermite, et tout le monde prédisait que ce serait un saint. Il étudiait en même temps la philosophie et la théologie : il s'était même exercé à la poésie, tant en latin qu'en italien. Mais sa science des choses saintes était plus le don du Saint-Esprit que le fruit de l'étude. Comme Philippe avait l'air bon et simple, on était tout émerveillé de lui entendre traiter avec profondeur et exactitude, et sur-le-champ, les matières les plus difficiles et les plus délicates. Le bienheureux Alexandre Sauli, apôtre de la Corse, l'ayant entendu parler ainsi dans un entretien particulier, reconnut, à sa grande surprise, qu'il n'était pas moins admirable par sa doctrine que par sa piété. Mais Philippe s'appliqua surtout à la science des saints, ne voulant savoir que Jésus crucifié : il vendit même ses livres, en donna le prix aux pauvres, aima la pauvreté comme sa sœur, se donna tout entier à la contemplation des choses divines avec tant de plaisir, qu'il y persévérait des quarante heures de suite. Dans ces moments, l'amour divin enflammait tellement son cœur, que bien des fois il était contraint de se jeter par terre, d'entr'ouvrir ses vêtements, de découvrir sa poitrine et de faire d'autres choses semblables pour tempérer les ardeurs qui le consumaient. Dormant peu, couché sur la dure, il prenait presque chaque jour la discipline avec de petites chaînes de fer. Pour mener la vie d'ermite au milieu de Rome même, il visitait chaque nuit les sept principales églises et se retirait dans le cimetière de Calixte, autrement les catacombes de Saint-Sébastien. On dit qu'il passa ainsi dix ans les nuits dans les catacombes. Quand il trouvait les églises fermées, il faisait sa station sous les portiques, et on le rencontra plus d'une fois y lisant au clair de la lune; car il aimait tellement la pauvreté, qu'il se refusait le service d'une lampe. Dans ces pèlerinages nocturnes, il s'unissait à Dieu par l'oraison, et Dieu le prévenait de tant de douceur, l'inondait de tant de délices, qu'il s'écriait souvent : « C'est assez, Seigneur, c'est assez ! Arrêtez, Seigneur, arrêtez, je vous en prie les flots de votre grâce ! » Aussi avait-il coutume de dire à ses enfants : « Pour ceux qui aiment Dieu, il n'y a rien de plus fâcheux en cette vie, que la vie même. »

A l'âge de vingt-neuf ans, le jour de la Pentecôte, ce qu'il faisait d'ailleurs tous les jours, il suppliait ardemment l'Esprit-Saint de vouloir bien lui accorder ses dons. Tout à coup il sent son cœur tellement embrasé de l'amour divin, que, ne pouvant plus se tenir debout, il se jette par terre et entr'ouvre ses vêtements sur la poitrine, afin de trouver quelque rafraîchissement. Cette ardeur impétueuse s'étant un peu calmée, il se leva ; tout son corps tressaillait. Ayant porté la main à sa poitrine, il sentit qu'elle s'était soulevée de la hauteur d'un poing au-dessus du cœur, sans que, ni alors ni depuis, il en éprouvât aucune douleur. Ce ne fut que cinquante ans après, à sa mort, qu'on découvrit la cause. Son corps ayant été ouvert par les médecins, on vit les deux fausses côtes au-dessus du cœur, la quatrième et la cinquième, complètement rompues par le milieu, en sorte que les deux bouts étaient assez éloignés l'un de l'autre pour qu'ils n'eussent pu se recoller dans cinquante ans. Depuis cette bienheureuse Pentecôte, Philippe éprouvait une continuelle palpitation de cœur et un tressaillement de corps, mais seulement quand il était occupé de choses divines; encore dépendait-il de lui d'arrêter ou de suspendre ce mouvement, rien que par la pensée. Dans la prière, ses joies surnaturelles étaient si grandes, qu'il était près d'en mourir et qu'il disait : « Eloignez-vous, Seigneur, éloignez-vous ; car la faiblesse mortelle ne peut soutenir une si grande somme de joie. Voilà que je meurs, si vous ne venez à mon aide. » Et le Seigneur, touché de ses prières, tempéra l'incendie de son cœur ; en sorte que Philippe disait sur la fin de sa vie qu'il avait eu plus de dévotion en sa jeunesse qu'il n'en avait alors.

Après cette effusion de l'Esprit-Saint, Philippe sortit de sa retraite, se répandit dans les écoles, dans les boutiques, sur les places et les lieux les plus fréquentés, pour gagner plus d'âmes à Dieu. Son amabilité naturelle, perfectionnée encore par la grâce divine, donnait un charme irrésistible à ses paroles. Il gagna ainsi un grand nombre de personnes, parmi lesquelles Henri Lapierre, de Plaisance, qui, ayant quitté le commerce et reçu la prêtrise, fut le premier mis à la tête d'une association de pieux fidèles, qui se dévouaient, suivant le décret du concile de Trente, à faire le catéchisme aux enfants et au peuple : institution des plus recommandables, qui, de Rome, se propagea ailleurs, et à laquelle Philippe ne contribua pas peu par ses exhortations et ses conseils.

Parmi ceux qu'il gagnait ainsi à la vie parfaite, beaucoup entrèrent dans des ordres religieux, quoique lui-même restât laïque. Aussi saint Ignace, qui le connaissait et l'aimait singulièrement, le comparait à une cloche, qui appelle le peuple à l'église, quoiqu'elle-même demeure dans la tour : ainsi Philippe amenait-il les autres en religion, sans sortir lui-même du siècle. Il visitait assidûment les hôpitaux, servait affectueusement les malades, leur apprenant surtout à sanctifier leurs souffrances. Son exemple fut suivi d'un si grand nombre de personnes, clercs et laïques, qu'un de ses disciples, saint Camille de Lellis, en prit occasion de fonder la *Congrégation des clercs réguliers pour le service des malades*. Ce que saint Philippe approuva si fort, qu'un jour, exhortant ces religieux à remplir avec zèle leur office de charité, il leur dit : « J'ai vu les anges suggérant à deux d'entre vous les paroles, pendant que vous exhortiez les moribonds et recommandiez leurs âmes à Dieu. »

Ce fut cette même charité pour le prochain qui porta Philippe, avec un saint prêtre, Persian Rosa, son confesseur, à fonder, pour les pèlerins et les convalescents, l'hôpital de la Sainte-Trinité, qui aujourd'hui encore est un des plus florissants et des mieux tenus dans l'univers chrétien. Il le commença le jour de Saint-Roch, 16 août 1548, dans l'église de Saint-Sauveul *del Campo*. Voici comment. Philippe et une quinzaine de pieux fidèles, qui le suivaient et l'aimaient comme leur père, s'y réunissaient pour communier ensemble et s'exciter à la vertu par des entretiens spirituels. Le premier dimanche du mois, on y faisait les prières des quarante heures ; Philippe y prêchait plusieurs fois dans la journée, et avec tant de zèle, qu'il convertissait grand nombre de pécheurs, entre autres trente jeunes libertins à la fois. Parmi ses bonnes œuvres, la pieuse confrérie se proposa de servir les pauvres pèlerins, notamment dans le jubilé de 1550, qui était proche. Elle y joignit encore de servir les pauvres convalescents, qui, sortant des hôpitaux, n'avaient ni retraite ni nourriture convenable pour se rétablir tout à fait. On commença par louer une petite maison, puis une plus grande, et l'on finit par le magnifique hôpital de la Sainte-Trinité, qui, au jubilé de 1600, donna l'hospitalité pendant trois jours à quatre cent quarante-quatre mille cinq cents hommes et vingt-cinq mille femmes. On y a vu plus d'une fois des souverains Pontifes laver les pieds des pauvres. Aujourd'hui encore, on y voit tous les soirs plusieurs personnes, même des cardinaux et des princes, que la dévotion attire. Il s'y en est quelquefois trouvé jusqu'à six cents dans un jour. Ces pieux chrétiens lavent les pieds des pèlerins ; ils servent ensuite avec affection, ainsi que les malades. Les dames rendent le même service aux pauvres de leur sexe, qui sont dans un autre hôpital.

Saint Philippe de Néri reçut la prêtrise au mois de juin 1551, à l'âge de trente-six ans, par ordre de son confesseur, qui voulait ainsi le mettre en état de rendre encore plus de services à l'Eglise. Il se retira dans la communauté des prêtres de saint Jérôme, qui jouissait d'une grande réputation de vertu. C'est là que vivait son confesseur Persian Rosa. Chaque prêtre mangeait en son particulier, et pratiquait les jeûnes proportionnés à sa dévotion et à ses forces. Philippe s'appliqua d'une manière spéciale, et par obéissance, à entendre les confessions, et y fit des fruits incalculables. Comme on parlait alors beaucoup des merveilles que faisait la Compagnie de Jésus dans les Indes pour la conversion des infidèles, Philippe ressentit un grand désir de se consacrer à la même œuvre avec une vingtaine de ses compagnons. Pour connaître d'une manière plus certaine la volonté de Dieu, il consulta un saint religieux de l'ordre de Citeaux, qui, aux lettres divines et humaines, joignait l'esprit prophétique. Augustin Chettino, c'était le nom du religieux, ayant lui-même consulté Dieu dans la prière, reçut pour réponse : Que Philippe ne devait chercher les Indes qu'à Rome, et que c'était là que Dieu le destinait, lui et ses fils, à sauver les âmes.

Philippe embrassa cette mission avec une ardeur qui allait toujours croissant. Quand il rencontrait des Juifs, il était profondément ému et versait souvent des larmes. Allant un jour à l'église de Latran avec un patricien milanais, ils se prosternèrent devant le Saint-Sacrement et l'adorèrent. Un individu qui accompagnait le patricien resta debout et la tête couverte : c'était un Juif. Ce que voyant, le saint lui dit : « Brave homme ! adore Dieu et dis-lui : Si tu es le Christ, vrai Fils de Dieu, éclaire mon âme, afin que je devienne chrétien. — Je ne puis pas faire cela, répondit l'autre, parce qu'il m'est pas permis de douter de ma religion. » Philippe se tournant vers le patricien et les autres, leur dit : « Allons, mes frères, aidons cet homme par nos prières ; car certainement il sera chrétien. » Et de fait, peu de jours après, il reçut le baptême. Le saint convertit pareillement toute une famille de Juifs. Mais pendant qu'on les préparait au baptême, un des enfants tomba si dangereusement malade, que les médecins en désespéraient. Philippe vint le voir, lui imposa la main et dit : « Je ne veux pas que tu meures maintenant ; car les Juifs diraient que les chrétiens t'ont fait mourir. Fais-moi rappeler demain de prier pour toi à la messe. » La chose eut lieu ; et le jeune homme se leva complètement guéri (*Vita* 2, c. 5). Le saint convertit également un grand nombre d'hérétiques.

Un de ses plus puissants moyens pour gagner les âmes étaient les conférences spirituelles. Il fit les premières dans sa chambre : il n'y eut d'abord que six ou sept personnes ; mais bientôt il fallut un local plus vaste. On lui en donna un au-dessus de l'église Saint-Jérôme, qui fut transformé en oratoire, d'où sortit bientôt la *Congrégation des prêtres de l'Oratoire de saint Philippe de Néri*. Comme le nombre des assistants augmentait de jour en jour, il s'associa quelques-uns de ses enfants spirituels pour l'aider dans ses conférences. Un des premiers fut César de Baron, né l'an 1538 à Sora, dans la Terre de Labour, et plus connu sous le nom latinisé de *Baronius*.

Outre les conférences et les autres exercices qui s'y pratiquaient, le saint fondateur ordonna que l'Oratoire serait ouvert tous les soirs à six heures en été, et à cinq heures en hiver ; que le dimanche, mardi, jeudi et samedi, on ferait une demi-heure d'oraison mentale, après quoi on réciterait les litanies de la sainte Vierge ; et que les autres jours de la semaine on prendrait la discipline. Quelque temps après, il changea la méthode qu'il avait tenue. En attendant que les confrères fussent assemblés, il faisait faire une lecture spirituelle par quelques-uns de ceux qui étaient arrivés les premiers. Celui qui présidait interrogeait deux ou trois des assistants sur la lecture qui venait d'être faite. Après leurs réponses, il faisait une récapitulation de tout ce qui avait été dit, et concluait toujours par quelques réflexions qui portaient les auditeurs à l'amour de Dieu, au mépris du monde et à la pratique des vertus. On s'instruisait aussi de l'histoire ecclésiastique, et l'assemblée se terminait par des prières et des hymnes qu'on chantait à la gloire de Dieu.

Le saint fondateur allait ensuite visiter plusieurs églises, où il était suivi par un grand nombre de ses disciples, qui y assistaient aux offices tant de nuit que de jour, avec une piété et une dévotion qui les rendaient la bonne odeur de Jésus-Christ. Il y en avait trente ou quarante choisis entre tous les autres et qu'il distribua en trois bandes, pour aller aux hôpitaux de la ville assister les malades. Certains jours de l'année, principalement pendant les jours de carnaval, il assemblait le plus de monde qu'il pouvait, pour aller visiter les sept églises, afin que, ne pouvant arracher au démon toutes les conquêtes qu'il fait dans ces temps de folies et de libertinage, il en diminuât au moins le nombre. Ces exercices furent déférés au vicaire pontifical, qui se laissa prévenir contre le serviteur de Dieu, jusqu'à lui interdire le confessional pendant quinze jours. Philippe répondit humblement : « C'est pour la gloire de Dieu que j'ai commencé ces exercices ; pour la gloire de Dieu je les cesserai. » Le vicaire mourut dans la quinzaine, et le pape Paul IV, ayant connu l'innocence et la sainteté de Philippe, lui envoya ordre de reprendre ses exercices accoutumés et de prier pour lui. En 1570, Pie V reçut aussi des plaintes sur ses conférences. Le saint Pape envoya séparément, à l'insu l'un de l'autre, deux docteurs habiles, pour bien examiner et écouter tout ce qui s'y faisait. Ils revinrent tous deux aussi émerveillés de la science de Philippe, qu'édifiés de sa sainteté.

L'an 1564, les Florentins domiciliés à Rome prièrent leur compatriote saint Philippe de vouloir bien desservir leur église de Saint-Jean-Baptiste qu'ils venaient de bâtir. Il s'en chargea par ordre du Pape, et y envoyait tous les jours trois ou quatre de ses prêtres, dont le premier était Baronius. En 1574, les Florentins le prièrent d'y transférer ses conférences, et lui bâtirent pour ce sujet un oratoire fort ample. Mais les fidèles y accourant toujours en plus grand nombre, le saint fondateur et ses compagnons jugèrent à propos d'avoir une maison qui leur appartînt, afin d'y pouvoir faire leurs exercices avec plus de liberté. On leur offrit deux églises. Pour faire un choix, saint Philippe consulta le pape Grégoire XIII, qui lui conseilla de prendre l'église de la *Vallicella*, au milieu de la ville, et où s'établit définitivement la congrégation des prêtres de l'Oratoire. Ils y vivaient dans l'union la plus parfaite, distribuaient entre eux les offices de la maison, les remplissaient tour à tour, trois fois la semaine, ou pour un temps plus considérable. Ils servaient à table, avaient soin des provisions et faisaient la cuisine. Ce qu'ils tenaient à un si grand honneur, que Baronius, étant à la cuisine et ambitionnant d'avoir toujours cette fonction, écrivit sur la cheminée en gros caractères : *Baronius, cuisinier perpétuel*. Souvent, les grands seigneurs et les gens de lettres qui recherchaient la conversation de ce grand homme, le trouvaient ceint d'un tablier, récurant les chaudrons et lavant la vaisselle (Hélyot, *Hist. des ordres religieux*, t. VI).

L'Esprit de Dieu qui avait empêché Philippe d'aller se fixer à Rome, étendait de là son zèle plus loin que les Indes mêmes. Sous la conduite de cet Esprit divin, le concile de Trente avait opposé à l'hérésie nouvelle l'ancienne doctrine de l'Eglise, fidèlement résumée de l'Ecriture sainte et de la Tradition. Le principal était fait, mais non pas le tout. Née en 1517, l'hérésie n'avait ni ancêtres, ni histoire : elle se voyait condamnée par la seule présence de cette Eglise qui embrasse tous les siècles, qui remonte de nous jusqu'à Jésus-Christ, et de Jésus-Christ, par les prophètes et les patriarches, jusqu'à notre premier père, qui fut de Dieu, notre Père qui est au ciel. Mais comme le vieux serpent abusa de la parole de Dieu pour séduire nos premiers parents, pour tenter le Sauveur lui-même : ainsi l'hérésie luthérienne, enfant adultérin, mais reconnu du serpent, abusa-t-elle de la parole de Dieu et de l'histoire de l'Eglise, pour calomnier l'Eglise de Dieu et séduire les peuples. Tels sont l'esprit et le but des *Centuries de Magdebourg*, histoire ecclésiastique composée par centuries ou siècles à Magdebourg, par les principaux docteurs du rigide luthéranisme. Comme c'est de l'enfer que sortent toutes les hérésies, comme elles sont elles-mêmes de ces portes de l'enfer qui s'efforcent de prévaloir contre l'Eglise bâtie par le Christ sur Pierre, il était naturel que l'hérésie luthérienne prît la défense de toutes ses sœurs devancières contre l'Eglise du Christ et enfin contre le Christ lui-même. Telle est la marche progressive des histoires luthériennes ou protestantes, depuis les centuriateurs de Magdebourg jusqu'aux protestants de nos jours qui écrivent des histoires, tantôt pour nier la réalité historique du Christ, tantôt pour dénier à la raison humaine une réalité quelconque. Voilà l'ennemi, tel est son plan de campagne.

Saint Philippe de Néri, éclairé et fortifié d'en haut, vit le mal très-distinctement, et s'occupa tout de suite à y porter remède. Aux bandes nombreuses et diverses des rebelles et des déserteurs, il opposa une armée compacte et fidèle : cette armée se composait d'un seul homme, et cet homme était *Baronius*.

Comme on faisait tous les jours des conférences à l'Oratoire, Philippe décida qu'un de ceux qui s'y employaient reprendrait toute l'histoire de l'Eglise, depuis Jésus-Christ jusqu'au temps actuel, en résumant les anciennes histoires, les actes des martyrs, les vies des saints, les écrits des Pères, la succession des Pontifes, les ordonnances des conciles, année par année, afin de dissiper les fables de Magdebourg. Il exhorta Baronius à faire cette besogne. Baronius fut épouvanté ; mais Philippe, n'écoutant ni ses prières ni ses excuses, le pressait toujours davantage : il finit par lui ordonner expressément de s'appliquer tout entier à explorer l'histoire ecclésiastique, à la raconter dans les entretiens spirituels, et enfin à l'écrire. Baronius hésitait perplexe entre le commandement d'un Père et l'énormité de l'entreprise. On ne manquait pas d'hommes plus savants et plus capables. Il y avait en particulier le savant Augustin, Onuphre Panvinio, éminemment versé dans les antiquités ecclésiastiques et qui venait de commencer, disait-on, une histoire de l'Eglise. Philippe n'écouta rien : « Faites ce qui vous est ordonné, répliqua-t-il, laissez le reste. L'ouvrage vous paraît difficile ? Espérez en Dieu, et lui-même le fera. » Au milieu de ces inquiétudes, il sembla une nuit à Baronius qu'il était allé trouver Onuphre Panvinio, pour le supplier de continuer l'*Histoire ecclésiastique* qu'il avait commencée ; mais que l'autre se refusait à toutes ses instances. Tout à coup une voix retentit : « Cessez, Baronius ; ce n'est pas Panvinio, mais vous-même qui devez écrire les annales de l'Eglise. » Baronius resta si convaincu que c'était la voix de Philippe, qu'il alla le trouver de grand matin, pour lui déclarer qu'il était prêt à tout.

Il entreprit donc toute l'histoire de l'Eglise depuis Jésus-Christ. Dans l'espace de trente ans, il la raconta sept fois d'un bout à l'autre dans les conférences spirituelles à l'Oratoire. Il la rédigeait au même temps par écrit, année par année, d'où le nom d'*Annales*, et publia les douze premiers siècles en douze volumes in-folio, de 1588 à 1607 qu'il mourut. Cet immense travail fut continué jusqu'en 1565 par Odoric Raynald, et jusqu'en 1572 par Jacques Laderchi, tous deux de la même congrégation de l'Oratoire. Le Dominicain polonais, Abraham Bzovius, continuait Baronius de son côté jusqu'en 1572 ; le Français Henri de Sponde, évêque de Pamiers, jusqu'en 1640, outre un abrégé de Baronius tout entier. Les deux religieux français, Antoine et François Pagi, de l'ordre de Saint-François, publièrent, sous le nom de *Critique de Baronius*, quatre volumes in-folio, beaucoup moins de corrections que d'additions ; et ce serait une grande erreur de croire ou de dire que la critique de Pagi ne consiste qu'à relever des erreurs. La meilleure édition des *Annales* de Baronius, avec leur continuation par ses deux confrères, est celle de Mansi, archevêque de Lucques, qui y joint, année par année, les corrections et additions des Pagi, avec ses propres observations : le tout en trente-huit volumes in-folio, qui parurent à Lucques de 1738 à 1756. L'esprit qui règne dans cette gigantesque histoire, y compris Bzovius et Sponde, y compris les histoires des ordres religieux et des églises particulières, comme la *Gaule chrétienne* des Bénédictins, l'*Italie sacrée* d'Ughelli n'est pas l'esprit de tel ou tel homme, de telle ou telle nation, mais véritablement l'esprit de l'Eglise une, sainte, catholique, apostolique et romaine. On y sent un même Dieu, une même foi, une même Eglise, un même bercail, un même pasteur. Malgré les imperfections de l'homme, il faut qu'on dise avec Jacob : C'est ici le camp de Dieu ! Oui, Jésus-Christ a tenu parole : *Voici que je suis avec vous tous les jours jusqu'à la consommation des siècles*. A ces *Annales ecclésiastiques* de Baronius et de ses continuateurs, pour les siècles depuis la venue de Jésus-Christ, si l'on joint les *Annales sacrées* d'Augustin Tornielli, Barnabite de Novare, pour les siècles qui annonçaient et attendaient cette venue, on aura une histoire vraiment universelle, l'histoire de Dieu et de l'homme, dans laquelle tous les temps, tous les lieux, tous les événements, tous les peuples concourent vers un même centre, savoir : Jésus-Christ, l'*alpha* et l'*oméga*, le commencement et la fin; Jésus-Christ, qui fut hier, qui est aujourd'hui, qui sera dans tous les siècles.

Cet immense travail, provoqué par saint Philippe de Néri, en provoqua et coordonna beaucoup d'autres. Suivant saint Paul, le Christ a établi la hiérarchie de son Eglise, *pour la consommation des saints, pour l'œuvre du ministère, pour l'édification du corps du Christ* (Ephes., 4, 12). C'est donc là ce que l'histoire de cette Eglise doit faire ressortir principalement, et non pas précisément les misères humaines, que tout le monde sait par avance et que chacun retrouve en soi. *La consommation des saints*, voilà ce que le Christ se propose avant tout dans son Eglise ; voilà ce qu'il demanda à son Père, lorsqu'il venait d'offrir le sacrifice de la messe, d'y ordonner prêtres ses apôtres, de leur donner la sainte communion, et qu'il allait consommer le sacrifice de la croix : *Père saint! conservez en votre nom ceux qui vous m'avez donnés, afin qu'ils soient un comme nous.... Sanctifiez-les dans la vérité! Votre parole est vérité. Comme vous m'avez envoyé dans le monde, ainsi je les ai envoyés dans le monde. Et pour eux je me sanctifie moi-même, afin qu'eux-mêmes soient sanctifiés en vérité* (Joan., 17, 11, 17, 18 et 19).

Or, ce que Jésus-Christ, l'auteur de toute sainteté, s'est proposé dans son Eglise ; ce qu'il a demandé à son Père pour ses apôtres et pour ceux qui croiraient en lui à leur parole ; l'Eglise a eu soin de le constater par les effets, dans les Martyrologes et les Vies des saints. Le Martyrologe romain est à la tête. Baronius en publia une édition avec des annotations considérables : ce fut le premier fruit de son étude de l'histoire ecclésiastique. Quant aux actes des martyrs, nous les avons vus écrits, tantôt par les Eglises particulières, comme les Actes des martyrs lyonnais; tantôt par les compagnons du martyr, comme les Actes de saint Ignace d'Antioche; tantôt par les greffiers du tribunal, comme les Actes des saints Taraque, Probus et Andronic; tantôt par les martyrs eux-mêmes, comme les Actes de sainte Perpétue. Eusèbe de Césarée fit une collection de ceux d'Orient : Siméon Métaphraste en fit une nouvelle, à laquelle il ajouta les vies d'un grand nombre d'autres saints. Depuis bien des siècles, l'Orient ne produit pas plus de saints qu'il ne s'empresse d'en recueillir les vies. La source de la sainteté y est tarie, et avec elle le désir d'en connaître les merveilles.

Il n'en est pas de même en Occident, au sein de l'Eglise romaine. Là, comme de la pierre d'Horeb, jaillit continuellement cette source d'eau vive qui s'élance jusque dans la vie éternelle. Là, toujours nous avons vu et toujours nous voyons des personnes et des œuvres saintes, qu'on décrit et qu'on lit avec amour. Outre le Martyrologe romain, on en a une foule d'autres. Quant aux grandes collections des Actes ou des Vies de saints, Pierre des Noëls, évêque d'Equilie dans la république de Venise, commença au XVe siècle par dresser un immense catalogue de leurs noms, avec un abrégé de leur vie, et une indication des sources d'où il l'avait tiré. L'invention de l'imprimerie ayant prodigieusement facilité cette sorte de publications, elles se succédèrent toujours plus volumineuses. Bonin Mombritius, de Milan, publia au commencement du XVIe siècle, en deux énormes volumes, les Actes des saints qu'il avait trouvés manuscrits. Le Fèvre d'Etaples publia, l'an 1525, un volume d'Actes des martyrs, uniquement pour le mois de janvier. Louis Lippoman, évêque de Vérone, que nous avons vu présider au concile de Trente, donna successivement huit volumes, qui parurent de 1551 à 1560. Mais tous ces collecteurs furent surpassés par *Laurent Surius*.

Né à Lubeck en 1522, il étudia à Francfort-sur-l'Oder et à Cologne, où il se lia d'amitié avec Canisius : l'an 1542, il entra dans l'ordre des Chartreux et y mena une très-sainte vie. Il s'appliqua de tout son pouvoir à exciter les autres à la piété chrétienne, ou à les préserver des profanes nouveautés de l'hérésie. Dans cette vue, il traduisit d'allemand en latin et des livres ascétiques pour favoriser la piété, et des traités polémiques pour défendre la foi contre les novateurs : il publia ainsi les ouvrages de Tauler, de Rusbrock, de Florent Batave, de Harphius, de Suron, de Michel, évêque de Mersebourg; de Jean Faber, évêque de Vienne; de Jean Gropper, docteur de Cologne; de Martin Eisengrin, de François Staphylus. Il rassembla les actes des conciles en quatre tomes. Mais surtout il publia dans un meilleur ordre, en six volumes, les Vies des saints déjà connues, auxquelles il joignit plusieurs nouvelles. Il préparait une nouvelle édition, lorsqu'il mourut saintement le 23 mai 1578. L'édition fut continuée, et une troisième eut lieu par les soins de son confrère Jacques Mosander.

L'an 1607, le jésuite Rosweide, d'Utrecht, ayant publié les *Fastes des saints*, dont les vies se trouvaient dans les bibliothèques de la Belgique, conçut et promit une collection des vies des saints en seize volumes in-folio, avec des observations de plus d'un genre. Son confrère, le cardinal Bellarmin, ayant lu ses promesses, demanda quel âge il avait. — Quarante ans, lui dit-on. — Mais, répliqua-t-il, est-il assuré de vivre deux cents ans? car il n'en faut pas moins pour exécuter convenablement une telle entreprise. Rosweide mourut à l'âge de soixante ans, au moment qu'il se disposait à publier un volume chaque année. Mais ce qu'un Jésuite ne put faire, des Jésuites le feront. Le chef de l'entreprise fut Jean Bollandus, de Tirlemont, d'où les collecteurs et la collection sont appelés communément *les Bollandistes*. Il a paru cinquante-trois volumes in-folio, qui vont jusqu'à la mi-octobre. En y joignant ce qu'il faudrait pour finir l'année, avec les vies nouvellement découvertes et les vies des saints nouveaux, la collection entière monterait bien à quatre-vingts volumes. Parmi les nouvelles découvertes, les plus importantes, sont les actes des martyrs et des saints d'Orient, retrouvés dans les monastères de Syrie et d'Egypte, par les savants Maronites Assémani, et publiés à Rome l'an 1748. Ajoutez à tout cela les actes des saints de l'ordre de Saint-

Benoit, les collections semblables d'autres ordres, enfin les vies de tant de personnages éminemment vertueux et qui cependant ne sont pas honorés du titre de saints, et vous aurez plus de cent volumes in-folio, pour vous faire voir en détail que, si Jésus-Christ a établi la hiérarchie de son Eglise *pour la consommation des saints*, ce n'a pas été sans effet.

Il en est de même *pour l'œuvre du ministère :* témoin les collections des conciles, des décrets des pontifes, qui règlent cette œuvre. Les conciles rassemblés en quatre volumes par le Chartreux Surius, le furent en dix par le chanoine Binius de Cologne, en douze par le Jésuite Hardouin, en dix-sept par les jésuites Labbe et Cossart, auxquels il faut joindre six volumes de suppléments par Mansi, qui les a aussi intercalés dans une édition de Labbe, mais que la mort ne lui a permis de pousser que jusqu'au volume trente et unième et à l'année 1440, y compris le concile de Florence. A ces collections générales, ajoutez les collections particulières : les conciles d'Allemagne par le prêtre séculier Schannat, les Jésuites Hartzheim et Scholle; les anciens conciles des Gaules, par le Jésuite Sirmond; les conciles d'Angleterre, par l'anglican Wilkins; les conciles d'Espagne et du Nouveau Monde, par le cardinal d'Aguire : vous aurez bien la valeur de cinquante à soixante volumes in-folio. Ajoutez-y encore les collections de droit canon, les décrétales des anciens Papes qui en font la base; les constitutions des Papes plus modernes, contenues dans les grands Bullaires de quinze à vingt volumes; les décisions des congrégations sur les rites, sur les évêques et les réguliers, sur l'observation et l'interprétation du concile de Trente, etc. : tout cela imprimé, pour régulariser et faciliter l'œuvre du ministère, par tout l'univers et dans tous les détails.

Enfin, *pour l'édification du corps de Jésus-Christ,* qui pourrait dire tout ce qui a été publié depuis le concile de Trente? les magnifiques éditions des saints Pères, par les Bénédictins, par les Jésuites, par d'autres prêtres et religieux? Chacun de ces Pères, au moins des principaux, imprimé soigneusement à part; les Pères moins considérables réunis en des collections, telles que *la Grande Bibliothèque des Pères,* de Paris et de Lyon, en vingt-huit volumes in-folio; *la Bibliothèque des anciens Pères,* par le prêtre vénitien Galland, en quatorze volumes énormes. Ajoutez à cela les *Monuments liturgiques,* publiés par les Bénédictins Martène et Mabillon, expliqués par Bona, Muratori, Gretzer, Benoit XIV et beaucoup d'autres; en sorte qu'il n'y a pas la moindre cérémonie dans l'Eglise qui n'ait sa justification. Ajoutez-y encore les Pères et les Docteurs de l'école, à commencer par saint Thomas, saint Bonaventure, jusqu'à Bellarmin, Suarèz et leurs successeurs : tout cela imprimé et réimprimé, et dans tout cela un même esprit, l'esprit de l'Eglise catholique, apostolique et romaine, l'Esprit de Jésus-Christ, l'Esprit de Dieu.

Depuis assez longtemps les écrivains français n'ont pas voulu recevoir cet esprit dans sa plénitude, mais seulement ce qui s'en pouvait accommoder avec l'esprit du parlement de Paris et de la cour de France. Aussi leurs travaux, fort utiles pour les détails, n'offrent-ils nulle part un ensemble bien complet et bien d'accord avec lui-même; encore moins un ensemble qui satisfasse la piété chrétienne. Enfin, chose bien remarquable! depuis ce temps, la France reste des siècles entiers sans produire de saints, tandis qu'auparavant elle ne cessait d'en produire, et que l'Italie n'a pas cessé encore.

Quant au protestantisme, comme son essence est de protester contre la doctrine des saints et contre les œuvres saintes, il n'a publié aucune collection de saints Pères, aucune collection de vies de saints, ni même aucune histoire proprement dite, aucun ensemble dans la vie du genre humain, aucune liaison entre le passé, le présent et l'avenir. Les *Centuries de Magdebourg*, son unique travail en ce genre, ne sont qu'un plan d'attaque, une ligne de batteries dressées contre l'Eglise avec les démolitions de l'histoire, comme on attaque une cité de dessus les démolitions des faubourgs. Mosheim et Schroeck n'ont fait que raccourcir ou mettre en allemand les batteries historiques des centuriateurs, sans transformer pour cela les démolitions en édifice. Luther disait : « La volonté de l'homme est libre, dans le sens qu'elle l'a été; comme une mesure est un palais, dans le sens qu'elle l'a été. » C'est dans le même sens que l'histoire, traitée par les protestants et à la protestante, est encore l'histoire. Comme dans une maison en ruine avec son parterre, on remarque avec intérêt un pan de mur qui rappelle la forme de l'ensemble qui n'est plus, un précieux arbuste qui perce à travers les décombres, et qu'on admire ces restes d'autant plus qu'on les trouve dans une ruine, ainsi en est-il du protestantisme, d'un ouvrage protestant, d'une âme protestante : il peut y avoir de beaux restes, mais toujours l'ensemble est une ruine.

Le catholicisme, au contraire, soit dans son ensemble de tous les siècles, soit en particulier dans une âme sainte, c'est comme l'univers que Dieu a créé, comme le jardin qu'il a planté dans Eden. Dieu y prodigue tellement ses merveilles, qu'on ne se donne pas la peine d'y regarder. Le cèdre y croit naturellement avec la violette, les pensées les plus hautes avec les plus humbles vertus. Par exemple, en voyant Philippe de Néri commander et Baronius entreprendre seul l'œuvre gigantesque que nous avons vue, se serait-on imaginé que ces deux hommes étaient la bonté, l'humilité même? Et cependant cela était : nous avons vu Baronius faire à son tour la cuisine et ambitionner l'honneur de cuisinier perpétuel. Souvent, Philippe lui faisait porter la croix aux enterrements des pauvres. Il l'envoya tous les jours, pendant neuf ans, servir les malades à l'hôpital : bien des fois Baronius y allait avec la fièvre et revenait guéri. Un jour, après avoir assisté Philippe dans une de ses maladies, Baronius fut pris lui-même d'une fièvre très-forte. Philippe lui envoya dire : Je ne veux pas que vous soyez malade; dites à la fièvre de s'en aller. Baronius obéit et dit : O fièvre, je te le commande au nom de Philippe, va-t-en. Et la fièvre s'en alla; et Baronius se leva aussitôt et alla bien portant à la basilique de Saint-Pierre. L'an 1572, il tomba malade à la mort, reçut les derniers sacrements, et l'on s'attendait à le voir expirer d'un moment à l'autre. Philippe se mit en prière : Baronius s'endormit aussitôt d'un doux sommeil et le vit prosterné aux pieds du Sauveur et de sa sainte Mère, leur demandant sa santé en ces termes : Seigneur, donnez-moi Baronius, rendez-le-moi : je le désire, je le veux. Comme le Christ refusait, il se tourna vers sa Mère, qui, ayant intercédé pour lui, il connut à l'instant qu'il était exaucé. Au moment même Baronius se réveilla, bien convaincu qu'il ne mourrait pas de cette maladie. Et de fait, il se rétablit le même jour, et ne manque pas, dans ses *Annales*, de rapporter à son bien-aimé Père et sa doctrine et sa vie (*Acta Sanct.*, 26 mai; *Vita* 1, n. 102; *Vita* 2, n. 483).

Mais si aimable que soit saint Philippe de Néri, nous ne pouvons pas tout dire : d'autres saints nous attendent, qui aimaient Philippe et que Philippe aimait. Un jour qu'il traversait le Quirinal, un bon religieux accourut se jeter à ses pieds et lui demander sa bénédiction. Philippe le serra sur son cœur. Ils se tinrent embrassés assez longtemps sans proférer une parole, puis se quittèrent pleins de joie, comme autrefois saint Louis, roi de France, et le bienheureux Gilles, compagnon de saint François et de saint Bonaventure : leurs cœurs s'étaient parlé (*Ibid.*, *Vita* 2, n. 511).

Cet ami du bon Philippe était saint *Félix de Cantalice*, que nous aurions aimé également. Il était né l'an 1513, à Cantalice, près Citta-Ducale, dans l'État ecclésiastique, de parents pauvres, mais remplis de vertu. Or, qui n'aimerait le petit Félix, si pieux dès sa première enfance, que dès lors on lui donnait le surnom de *saint* ! Mais qui ne l'aimerait petit berger, taillant une croix dans l'écorce d'un arbre et priant au pied des heures entières ! Il récitait d'abord avec ferveur l'Oraison Dominicale, la Salutation Angélique, le Symbole des apôtres, le *Gloria Patri* et autres prières connues. Mais bientôt, Dieu lui ayant accordé la grâce de la contemplation, toutes ses pensées étaient comme une prière. Devenu garçon laboureur, il méditait pendant son travail : tout ce qu'il voyait, tout ce qu'il entendait réveillait en lui de pieuses affections. Mais rien ne le touchait plus tendrement que le souvenir des souffrances de Jésus-Christ. Quand on lui demandait s'il savait lire, il répondait : « Je ne sais que six lettres, cinq rouges et une blanche : les rouges, ce sont les cinq plaies de notre Sauveur ; la lettre blanche, c'est la sainte Vierge. » A une humilité profonde, il joignait un fonds inaltérable de gaîté, de douceur et de charité envers les autres. Quand quelqu'un l'insultait, il avait coutume de lui répondre : Dieu veuille faire de vous un saint ! Tel était le jeune Félix.

Cependant ce petit laboureur n'en croyait pas faire assez. Ayant entendu lire la Vie des Pères, il conçut un grand désir de les imiter. Un incident l'y détermina sans retard. Un jour qu'il labourait, son maître s'étant présenté tout à coup en habit noir, les jeunes bœufs qu'il conduisait eurent peur, se jetèrent de côté, renversèrent Félix et lui firent passer le soc de la charrue sur le corps. On le croyait perdu : il se releva sans autre mal que ses vêtements déchirés, remercia Dieu de tout son cœur, dit adieu à son maître, qui le vit partir avec bien du regret. C'était vers l'an 1540. Félix se présenta au couvent des Capucins de Citta-Ducale et demanda à y être reçu en qualité de frère convers. Le supérieur, en lui donnant l'habit, lui montra un crucifix; ensuite, après lui avoir expliqué ce que le Sauveur avait souffert pour nous, lui dit de quelle manière un religieux devait imiter ce divin modèle par une vie de renoncements et d'humiliation. Félix, attendri jusqu'aux larmes, se sentit animé d'un ardent désir de retracer en lui les souffrances de Jésus-Christ, et de crucifier par la mortification le vieil homme avec toutes ses convoitises. Pendant son noviciat, il parut déjà tout pénétré de l'esprit de son ordre, qui est un esprit de pauvreté, de pénitence et d'humilité. Souvent il se jetait aux pieds du maître des novices, pour le prier de doubler ses mortifications et de le traiter avec plus de rigueur que les autres, qui étaient, à l'entendre, plus dociles que lui et plus portés à la vertu. Par ce profond mépris de lui-même, il parvint bientôt à une éminente perfection. Il fit ses vœux en 1545.

Félix était si intimement lié à Dieu, que, même dans le monde, lorsqu'il allait faire la quête, rien ne pouvait le distraire. Un frère lui ayant demandé un jour comment il pouvait s'entretenir dans un recueillement aussi parfait, il lui répondit : « Toutes les créatures servent à nous élever à Dieu, quand nous les regardons de bon œil. » Ses supérieurs lui permirent de distribuer aux pauvres une partie de sa quête. Cette permission s'accordait merveilleusement avec sa charité. On le voyait visiter les pauvres malades et leur rendre les services les plus humbles. Les pécheurs ne pouvaient entendre ses exhortations sans être attendris; il avait surtout une onction admirable lorsqu'il disposait quelque moribond à paraître devant Dieu. Par une exacte vigilance sur lui-même, Félix conserva jusqu'à la mort une pureté inviolable. Il joignait à cette vigilance de grandes austérités corporelles. Toujours il marchait nu-pieds et portait un rude cilice garni de pointes aiguës. Lorsqu'il n'avait point à craindre de la singularité, il jeûnait au pain et à l'eau. Les trois derniers jours du carême, il ne prenait aucune nourriture. Il passait en prières une grande partie des nuits et ne dormait que deux ou trois heures; encore prenait-il ce peu de repos à genoux, la tête appuyée sur un paquet de branches ; s'il se couchait, c'était sur des planches ou des sarments. Il mettait tout en œuvre pour cacher les faveurs extraordinaires qu'il recevait de Dieu. Il employait divers prétextes pour déguiser ses mortifications; il s'excusait, par exemple, de ne point porter de sandales, en disant qu'il marchait ainsi avec plus de facilité.

Pressé par l'amour divin, il composa des cantiques spirituels dans un style simple, mais plein d'une onction admirable. Jamais il ne les chantait qu'il ne fût dans une espèce d'extase et tout absorbé en Dieu. Il avait une vive dévotion au nom de Jésus et le prononçait fréquemment avec tendresse, ainsi que le mot *Deo gratias*, pour remercier Dieu continuellement de ses bienfaits. Quand il rencontrait de jeunes enfants, il les engageait à prononcer dévotement avec lui ces paroles. Bientôt les enfants accouraient à son aspect, pour dire *Jésus* et *Deo gratias* : à quoi Félix répondait avec des larmes de joie. On avait pour cet humble religieux une si grande vénération dans Rome, que quand il passait dans la rue, les princes se découvraient pour le saluer, les cardinaux faisaient arrêter leurs carosses. Enfin, lorsqu'il mourut, suivant sa prédiction, le 18 mai 1587, on fut plusieurs jours avant de pouvoir l'enterrer, à cause de la multitude infinie du peuple, qui, trouvant les portes fermées, escalada les murs du couvent, remplissait les cours, les salles, les rues, les places de l'église. Saint Félix de Cantalice fut béatifié en 1625 par Urbain VIII, et canonisé en 1712 par Clément XI (*Acta Sanct.*, 18 mai ; Godescard, 21 mai).

Quand nous avons vu Félix courir au devant de saint Philippe de Néri sur le Quirinal, il était accompagné d'un autre frère capucin, le bienheureux *Raynier*, né en Toscane, à San-Sepolcro, obligé d'abord de se marier, mais entré dans l'ordre des Capucins après la mort de sa femme, et fidèle imitateur des vertus de saint Félix de Cantalice. Il mourut en 1580, dans de grands transports de piété, et son culte a été autorisé par Pie VII. Il est honoré le 5 novembre (Godescard, 5 nov.)

Les Capucins sont une nouvelle branche de l'arbre si fécond de Saint-François. Cette réforme fut établie en Toscane l'an 1525, par *Matthieu Baschi*, d'Urbain. On ne peut, comme l'ont fait quelques auteurs, l'attribuer à Bernardin Ochin, qui n'entra dans l'ordre qu'en l'année 1534. Celui-ci devint un célèbre prédicateur et fut élu général de son ordre ; mais il apostasia depuis et embrassa le luthéranisme. Il prêcha la polygamie par ses discours et son exemple, et mourut misérablement en Pologne, après s'être rendu l'objet de l'indignation publique par l'horrible corruption de ses mœurs.

Si la nombreuse famille de saint François vit un Judas sortir de ses rangs au XVIe siècle, elle eut d'un autre côté la gloire d'enfanter au ciel un grand nombre de saints, parmi lesquels plusieurs martyrs. Déjà nous avons appris à connaître saint Pierre d'Alcantara, mort en 1562, et que l'Eglise honore le 19 octobre. Elle honore le 18 mars le bienheureux Sauveur, frère convers, né en Catalogne l'an 1520, et mort en Sardaigne le 18 mars 1567, après avoir fait une foule de miracles, mais sans qu'on ait des détails sur les actions particulières de sa vie (*Acta Sanct.*, et Godescard, 18 mars). Parmi les dix-neuf martyrs, tous religieux ou prêtres séculiers, mis à mort par les Calvinistes de Hollande, le 9 juillet 1572, il y avait onze religieux de Saint-François, de la congrégation ou réforme des Récollets, savoir : Nicolas Pic, Jérôme de Werden, Thierry d'Embden, Nicaise Johnson, Wilhade de Danemarck, Godefroi de Merveille, Antoine de Werden, Antoine de Hornaire, François Rodes de Bruxelles, Pierre d'Asca en Brabant, et Corneille de Dorestate au territoire d'Utrecht. Les deux derniers étaient frères convers. Nicolas Pic était un homme de trente-huit ans, célèbre par le fruit de ses prédications et universellement respecté par son exactitude à vivre d'une manière conforme à l'esprit de sa règle. On admirait surtout en lui l'amour de la pauvreté et de la mortification. Il craignait excessivement la superfluité en toutes choses, et principalement dans la nourriture. Je crains, disait-il souvent, que si saint François revenait sur la terre, il n'approuvât pas telle ou telle chose. Il tâchait d'entretenir le même esprit parmi ses frères, et sa maxime était que l'amour du superflu perdait l'état religieux. Une sainte gaîté, qui ne se démentait jamais, rendait aimables aux autres la piété et la pénitence. On l'entendait souvent répéter que nous devons servir Dieu avec joie. Toujours il avait témoigné un ardent désir de donner sa vie pour Jésus-Christ, quoique en même temps il se jugeât indigne d'un tel honneur.

Les autres martyrs de Gorcum étaient Jean, Dominicain de la province de Cologne et curé de Hornaire ; Adrien de Hilvarenbeck, prémontré, de Middelbourg, qui desservait la paroisse du village de Munster, près de l'embouchure de la Meuse ; Jacques Lacop, religieux du même ordre et du même monastère, qui travaillait dans une paroisse voisine de Munster ; André, prêtre séculier, mais qui avait été curé de Heinort, près de Dort ; Jean Ostervican, chanoine régulier de Saint-Augustin, directeur d'un couvent de religieuses de son ordre à Gorcum. Il était fort âgé, et avait souvent demandé à Dieu la grâce du martyre. Enfin deux autres curés. Léonard Wichel, qui avait étudié la théologie avec beaucoup de succès sous le célèbre Ruard Tapper, professeur de Louvain. Ayant été chargé de conduire une paroisse à Gorcum, il s'acquitta de ses devoirs avec autant de zèle que de savoir et de piété. La conduite qu'il tenait dans les circonstances difficiles servait de règle aux curés du pays, et ses décisions étaient regardées comme des oracles, même par l'Université de Louvain. Il employait tous ses revenus au soulagement des pauvres de ceux surtout qui étaient malades. Il reprenait le vice, sans faire acception des personnes ; sa douceur et sa patience gagnèrent à la longue plusieurs pécheurs qui avaient été longtemps sourds à ses remontrances et qui n'y avaient répondu que par des insultes et des outrages. Nicolas Poppel, autre curé à Gorcum, n'avait pas des talents aussi distingués que Léonard, mais il ne lui était point inférieur du côté du zèle pour le salut des âmes. Leurs compagnons s'étaient pareillement préparés au martyre par une vie pleine de bonnes œuvres ; plusieurs miracles ayant été opérés par leur intercession, ils furent tous déclarés martyrs et béatifiés par Clément X en 1674 (*Acta Sanct.*, et Godescard, 9 juillet).

Un autre martyr de la famille de saint François fut Guillaume Tappers, né à Gouda en Hollande. C'était un homme d'une grande instruction et d'une brillante éloquence ; mais sa vertu l'ornait encore davantage. Il avait fait ses études à Louvain, au couvent des Récollets, où il célébra sa première messe en 1565. Envoyé en Hollande, il prêcha avec beaucoup de succès la parole de Dieu à Dordrecht ; mais, après la prise de cette ville, en 1572, ayant perdu tout espoir d'y recueillir de nouveaux fruits, et voyant s'élever la persécution contre les prêtres et les religieux catholiques, il se rendit, à travers de nombreux dangers, à Bréda, où il enseigna, pendant une année, avec son zèle accoutumé, la foi catholique. De là il fut appelé à Bois-le-Duc. Quelques bourgeois notables de Geertruydenberg en ayant été informés, prièrent Guillaume de s'arrêter chez eux, pour les affermir dans la vérité. Il se rendit volontiers à leur demande : il fit deux sermons, dans lesquels il exhorta énergiquement les habitants de cette ville à rester fidèles à leur foi.

Cependant la ville de Geertruydenberg fut prise par les Calvinistes en 1573, le dernier jour du mois d'août, avant le lever du soleil. Guillaume fut un de leurs principaux prisonniers. Les soldats lui lièrent les mains derrière le dos et demandèrent à leur capitaine la permission de le pendre sur-le-champ. Guillaume lui-même répondit qu'il était prêt à mourir à l'instant pour la religion catholique. Ces paroles, dictées par la piété chrétienne, les irritèrent tellement, qu'après lui avoir fait souffrir divers tourments, ils le menèrent dans une prison, où on lui mit aussitôt les fers. Il y avait dans le même lieu un autre prisonnier nommé Jean Vogelsang, récollet et confesseur d'un couvent de religieuses. Ces deux hommes pieux, lorsqu'ils se virent seuls dans leur prison, se confessèrent l'un à l'autre, afin d'aller au combat avec une conscience pure. Ils demandèrent ardemment à Dieu la grâce de la fermeté; ils s'encouragèrent en outre par les exemples de Jésus-Christ et des martyrs, par l'espérance d'une compensation dans une autre vie; enfin, ils s'exhortèrent mutuellement à supporter avec courage tout ce qu'ils auraient à souffrir d'une soldatesque cruelle et livrée à la licence.

Après avoir été trois jours en prison, ils virent arriver un apostat de l'ordre de Saint-Augustin, qui chercha par des sophismes et des menaces à les détacher de leur foi. Mais les réponses aussi douces qu'énergiques de Guillaume le couvrirent d'une telle confusion, qu'il sortit en criant aux généreux prisonniers : Moines indignes, demain vous mourrez! En effet, le lendemain, dès le matin, on vint annoncer à Guillaume qu'il allait tout de suite être pendu. Il reçut avec joie sa condamnation, se mit en prières et rendit grâces au Seigneur. Il prit congé de son compagnon Jean Vogelsang, en se recommandant à ses prières, et fut conduit à la potence. Il pressa son guide de se hâter, en disant que Jésus-Christ l'attendait.

On pendit avant Guillaume un soldat, qu'il fortifia par une courte, mais énergique exhortation. Cela fait, on lui passa la corde au cou, et lorsqu'il se vit au haut de l'échelle, il s'écria à haute voix : « Bons et bien-aimés citoyens, écoutez mon dernier vœu; demeurez fidèles à la foi catholique, que je vous ai constamment enseignée dans mes sermons, et que je suis prêt en ce moment à confirmer de mon sang. » — A l'exemple de son divin Maître, il pria pour ses ennemis, et, voyant approcher la fin de son combat, il s'écria deux ou trois fois : *Seigneur, je remets mon âme entre vos mains!* Lorsqu'il fut suspendu, les soldats crièrent au bourreau de ne pas trop lui serrer la corde, afin que, pouvant respirer plus longtemps, ses tourments en fussent plus longs. Au milieu de ces cris, le martyr rendit son âme le 4 septembre 1573; il était dans sa trente-deuxième année. Son corps fut jeté dans le fossé de la forteresse, près de ceux du chanoine Vangalen et des soldats. Cette courageuse mort inspira du repentir à plusieurs hérétiques, qui rentrèrent dans le sein de l'Eglise (*Acta Sanct.*, et Godescard, 4 septembre).

La jeunesse du bienheureux *Simon de Lipnicza* fut un modèle de piété et d'innocence. Il faisait ses études à l'Université de Cracovie, dans le temps que saint Jean de Capistran y prêchait avec tant de succès, et il fut un de ceux qui résolurent dès lors d'abandonner le monde pour se consacrer entièrement à Dieu. Il choisit l'ordre de Saint-François, parce que c'était le plus humble, le plus mortifié et le plus dévoué au salut du prochain. Tous les religieux de sa communauté l'aimaient tendrement et le respectaient, à cause de sa vertu douce et modeste. L'ardeur de sa charité était si grande, que souvent on l'entendait répéter ces paroles de saint Bernard : « La nourriture qu'on donne à mon âme me paraît fade, dès qu'elle n'est pas assaisonnée du doux nom de Jésus. » Le bienheureux Simon entreprit par dévotion le pèlerinage des lieux saints, et de retour en Pologne, sa patrie, il eut encore de nombreuses occasions d'exercer son zèle et sa charité, particulièrement dans une peste qui ravagea ces contrées. Il mourut en odeur de sainteté, le 18 juillet 1582, et devint bientôt l'objet de la vénération des fidèles. Le Saint-Siège a confirmé le culte qu'on lui a toujours rendu (*Acta Sanct.*, et Godescard, 18 juillet).

Le bienheureux *Nicolas Factor* vit le jour à Valence, en Espagne, le 29 juin 1520, et entra l'an 1537, au couvent des frères Mineurs de l'étroite observance. Elevé au sacerdoce, il s'adonna à la prédication et ramena une infinité de chrétiens de leurs égarements. Ses mortifications étaient extrêmes et lui attiraient le respect de tout le monde. La confiance que ses vertus inspiraient le fit appeler à Madrid, où il dirigea, avec une rare prudence, par ordre de Philippe II, un monastère de religieuses. Les saints personnages Pascal Baylon, Louis Bertrand, et plusieurs autres qui édifiaient alors l'Espagne par leurs vertus, lui témoignaient la plus grande vénération. Le tribunal de l'inquisition, choqué de plusieurs pratiques de dévotion qu'il affectionnait, le cita à comparaître pour en rendre compte; mais il reconnut publiquement sa sainteté et ne l'inquiéta plus. Nicolas alla recevoir dans le ciel la récompense de ses travaux, le 23 décembre 1583, âgé de 63 ans. Pie VI l'a béatifié le 26 août 1786.

Saint *Pascal Baylon*, dont il vient d'être parlé, naquit, l'an 1540, à Torre-Hermosa, petit bourg du royaume d'Aragon. Ses parents, qui gagnaient leur vie à cultiver la terre, étaient extrêmement vertueux. Il marcha sur leurs traces, et parut avoir sucé avec le lait les maximes de la piété. La fortune de sa famille était trop bornée pour qu'il pût être envoyé aux écoles; le pieux enfant y suppléa de la manière suivante. Il portait un livre avec lui lorsqu'il allait garder les troupeaux dans les champs, et il priait tous ceux qu'il rencontrait d'avoir la charité de lui apprendre à connaître ses lettres. Le désir qu'il avait de s'instruire fut si vif et son attention si grande, qu'il sut bientôt parfaitement lire et écrire. Il ne se servit de cet avantage que pour se perfectionner dans la connaissance de la religion. Les livres d'amusement lui paraissaient insipides; il n'aimait que ceux qui lui rappelaient les principales circonstances de la vie de Jésus-Christ, et les actions de ceux qui avaient imité son exemple. Malgré son extrême jeunesse, il ne trouvait de plaisir qu'à ce qui était sérieux et solide.

Lorsqu'il fut sorti du premier âge, il se loua en qualité de berger. La vie tranquille et innocente qu'il se promettait de mener dans cet état, lui offrait toutes sortes de charmes. Chaque objet qui se présentait à ses yeux servait à exciter sa foi et sa dévotion. Sans cesse il lisait dans le grand livre de la nature, et par là il s'élevait jusqu'à Dieu, qu'il contemplait et bénissait dans toutes ses œuvres. Il s'aidait encore de la lecture des livres propres à l'éclairer sur ses devoirs et à lui en inspirer l'amour.

Son maître, qui avait de la piété, lui marqua la joie qu'il ressentait de lui voir mener une vie si édifiante; il lui proposa même de l'adopter pour son fils et de le faire son héritier. Mais Pascal Baylon, qui ne soupirait qu'après les biens du ciel, craignit que ceux de la terre ne fussent un obstacle à sa félicité; il refusa donc avec modestie la faveur qu'on lui offrait, aimant mieux rester dans son premier état. Il croyait par là acquérir plus de conformité avec le Sauveur, qui était venu sur la terre, non pour être servi, mais pour servir.

On le voyait souvent prier à genoux, sous quelque arbre, à l'écart, tandis que son troupeau paissait sur les montagnes. Ce fut dans ces entretiens secrets avec Dieu, ainsi que par la pratique de l'humilité et par une attention extrême à purifier toutes les actions de son âme, qu'il acquit cette expérience consommée dans les choses spirituelles; expérience dont les plus parfaits mêmes étaient ravis en admiration. Personne n'avait plus sujet que lui de dire avec David : *Heureux celui que vous instruisez vous-même, ô mon Dieu!* Quand il parlait de Dieu et de la vertu, il le faisait avec cette onction, cette lumière et cette ferveur de sentiment, que l'Esprit-Saint communique aux âmes entièrement détachées des choses terrestres, et brûlantes du feu de l'amour divin.

Plus d'une fois il lui arriva d'avoir des ravissements dans la prière, et souvent il ne pouvait dérober aux yeux des hommes la véhémence de l'amour sacré qui le transportait et qui faisait en quelque sorte fondre son âme par l'excès des douceurs célestes. Il éprouvait en lui-même ce que rapportent plusieurs contemplatifs, savoir : que la consolation qui est communiquée aux âmes pieuses par le Saint-Esprit, est infiniment plus grande que tous les plaisirs du monde, fussent-ils réunis dans un seul et même homme. Elle fait, pour ainsi dire, dissoudre le cœur par un vif sentiment de joie, qu'il n'est pas capable de contenir (Ruisbroch, *Spirit. nupt.*, l. 2, c. 19). C'était alors que le serviteur de Dieu chantait avec le Roi-Prophète : *Mon âme se réjouira dans le Seigneur, et elle triomphera de sa délivrance. Tous mes os s'écrieront : Seigneur, qui est semblable à vous* (Ps. 34)? Quoique la vertu ne doive avoir sa récompense que dans le ciel, elle ne laisse pas d'en recevoir sur la terre comme un avant-goût qui la soutient dans ses combats. Dieu, dans cette vallée de larmes, changera ses déserts en un lieu de délices, et sa solitude en un jardin du Seigneur. On y verra partout la joie et l'allégresse; on y entendra les actions de grâces et les cantiques de louanges à la gloire de l'Éternel (Is., 51, 3).

On juge bien que Pascal Baylon, ne recevait tant de grâces extraordinaires, que comme le prix de sa patience dans les épreuves intérieures, d'une abnégation continuelle et d'un parfait crucifiement de sa chair. La rosée des consolations célestes ne tombe jamais sur une âme immortifiée et qui recherche les joies du monde.

Le saint ne se crut pas dispensé de l'aumône dans sa pauvreté; il la faisait autant qu'il était en lui, et prenait, pour assister les malheureux, sur ce qu'on lui fournissait pour sa subsistance. Il leur donnait une partie des petites provisions qu'on lui envoyait dans les champs.

Quelque amour qu'il eût pour sa profession, il ne laissa pas d'y trouver des difficultés qui l'en dégoûtèrent peu à peu. Il ne pouvait, malgré toute sa vigilance, empêcher les chèvres qu'il gardait d'aller quelquefois sur le terrain d'autrui : cela fut cause qu'il en abandonna le soin. Il prit un autre troupeau; mais il trouva en même temps de nouveaux sujets de peines. Quelques-uns de ses compagnons étaient dans l'habitude de jurer, de se quereller et de se battre. Il avait beau leur faire des remontrances sur l'indignité de leur conduite, ils ne voulaient pas l'écouter, et persistaient dans leurs désordres, il forma donc le projet de les quitter pour ne pas participer à leurs crimes. Avant de choisir un état de vie, il redoubla ses prières, ses jeûnes et ses autres austérités : il se disposait ainsi à connaître la volonté de Dieu. Quelque temps après, il se crut appelé à l'état religieux. Les personnes auxquelles il s'en ouvrit, lui indiquèrent des couvents richement dotés; mais ce n'était pas ces sortes de maisons qu'il désirait. Je suis né pauvre, disait-il, et je suis résolu de vivre et de mourir dans la pauvreté et la pénitence.

A l'âge de vingt ans, il quitta son maître et sa patrie, et se rendit dans le royaume de Valence, où il y avait un couvent de Franciscains déchaussés, que l'on appelait *Soccolants*, à cause d'une espèce de socques ou sandales qu'ils portaient. Ce couvent était situé dans un désert, à quelque distance de la ville de Montfort. Il s'adressa aux religieux de cette maison, pour les consulter sur la vraie manière de servir Dieu; après quoi il entra au service des fermiers du voisinage, pour garder leurs troupeaux. Sa vie retirée et pénitente l'eût bientôt fait reconnaître. On ne parlait de lui que sous le nom du *saint berger*. Enfin, il résolut de rompre tout commerce avec le monde. Il alla se présenter au couvent des Franciscains et demanda d'y être reçu en qualité de frère convers, ce qui lui fut accordé en 1564. On lui offrit inutilement de le mettre au nombre des religieux de chœur : son humilité lui fit refuser cette offre.

Sa ferveur ne finit point avec le noviciat, comme il n'arrive que trop souvent; elle se soutint, et même augmenta de jour en jour. Son amour pour la mortification lui faisait ajouter de nouvelles austérités à celles de la règle; mais il agissait en ceci avec une grande simplicité de cœur et n'avait pas le moindre attachement à sa volonté propre. S'il arrivait que ses supérieurs l'avertissent qu'il portait les choses trop loin, il déférait à leurs avertissements et s'en tenait à la lettre de la règle. Il recherchait toujours les plus bas emplois de la communauté. Quand il changeait de couvent, conformément à la coutume de son ordre, qui, par ces changements, voulait prévenir les attachements secrets du cœur, on ne l'entendait jamais faire de plaintes; il ne donnait pas même à entendre qu'il trouvât quelque chose de plus gracieux dans une maison que dans une autre, parce qu'il était entièrement mort au monde et qu'il ne cherchait que Dieu en tout. Jamais il ne se permettait de repos entre les devoirs de l'église et ceux du cloître; il priait toujours, même pendant son travail. Il n'avait qu'un habit, encore était-il vieux et tout usé. Il marchait sans sandales dans la neige et dans les chemins les plus raboteux. En quelque lieu, en quelque saison qu'il fût, il était toujours le même, gai, doux, affable et respectueux envers tout le monde. S'il se présentait une occasion de rendre à quelqu'un des services humiliants et pénibles, il la saisissait avec empressement et s'en tenait fort honoré.

Le général de son ordre, Christophe de Cheffontaines, d'une ancienne famille de Bretagne, étant à Paris, saint Pascal fut député vers lui pour les affaires de sa province. Il partit pour la France, sans se laisser effrayer à la vue des dangers sans nombre qu'il aurait à essuyer de la part des Huguenots, maîtres de presque toutes les villes par lesquelles il fallait passer. Il fit le voyage nu-pieds et avec l'habit de Franciscain, ce qui l'exposait encore plus à la fureur des hérétiques. Ceux-ci le poursuivirent souvent à coups de pierres et de bâton. Pascal reçut même à l'épaule une blessure dont il resta estropié le reste de sa vie. Deux fois on l'arrêta comme espion; mais Dieu sut le délivrer de tout danger.

Lorsqu'il se fut acquitté de sa commission auprès de son général, il quitta la France pour retourner en Espagne. Le jour même de son arrivée, il reprit, quoique fatigué par le voyage, ses travaux et fonctions ordinaires. On ne l'entendit jamais parler de tous les dangers qu'il avait courus. Il se contentait de répondre en peu de mots aux diverses questions qu'on lui faisait; encore avait-il soin de supprimer tout ce qui aurait été capable de lui attirer des louanges. Il avait une tendre dévotion pour la divine Eucharistie, ainsi que pour la passion du Sauveur. Dans les dernières années de sa vie, il passait une bonne partie de la nuit au pied des autels, tantôt à genoux, tantôt prosterné contre terre. Il honorait aussi spécialement la Mère de Dieu et ne cessait de demander, par son intercession, la pureté de l'âme. Saint Pascal Baylon mourut à Villaréal, près de Valence, le 17 mai 1592, à l'âge de cinquante-deux ans. Pendant les trois jours que son corps fut exposé, il s'opéra un grand nombre de miracles. Il fut béatifié l'an 1618 par Paul V, et canonisé l'an 1690 par Alexandre VIII (*Acta Sanct.*, et Godescard, 17 mai).

Dans ce temps, l'Ethiopie même donnait un saint à l'ordre des frères Mineurs et à l'Eglise, saint *Benoit* de Philadelphe. Il vit le jour en 1526, au village de Saint-Philadelphe, diocèse de Messine en Sicile, de parents éthiopiens et esclaves, et qu'à cause de leur couleur et de leur origine on avait surnommés les Maures. Benoit fut élevé dans la religion catholique, et montra dès sa première jeunesse les dispositions les plus marquées pour la piété. A l'âge de douze ans, il entra dans un institut de solitaires récemment établi; mais cet institut ayant été supprimé peu de temps après par le pape Pie IV, et Sa Sainteté ayant ordonné aux membres qui le composaient d'entrer dans quelque ordre religieux approuvé, Benoit choisit celui des frères Mineurs de l'observance, à Palerme. Il y fit profession en qualité de frère lai et s'acquitta avec une ferveur extraordinaire de tous les devoirs attachés à son état. Il s'abstenait de viande pendant toute l'année,

dormait peu et toujours sur le plancher de sa cellule, portait les vêtements les plus grossiers et priait continuellement. Il possédait à un degré éminent le don de contemplation. — Benoît s'acquit une telle réputation de piété, que, bien que simple frère lai, il fut nommé supérieur d'un monastère. Après soixante ans de vertus et de mérites, il mourut saintement, le 4 avril 1589. Trois ans après sa mort, son cercueil ayant été ouvert, on trouva son corps en état de conservation parfaite et exhalant une odeur très-agréable. Béatifié par le pape Benoît XIV en 1743, il a été canonisé par Pie VII en 1807 (Godescard, 4 avril).

Un autre saint frère de la même observance fut le bienheureux *Sébastien d'Apparitio*. Il naquit à Gudina, dans le royaume de Galice en Espagne, l'an 1502, de Jean d'Apparitio, garçon laboureur, et de Thérèse, son épouse. Il passa ses premières années dans un travail pénible, mais qu'il sanctifia par une grande piété. Il alla depuis à Salamanque, où il vécut pendant quelque temps presque dans le même état, content de son sort, parfaitement fidèle à ceux qui l'employaient, exact à remplir tous ses devoirs et remettant toutes ses épargnes à ses pauvres parents. Il s'embarqua ensuite pour la Nouvelle-Espagne et y arriva l'an 1533. Il resta quelque temps dans le port où il avait débarqué, puis il se rendit à Mexico. Là il mit à profit ses connaissances en agriculture et acquit des richesses assez considérables. Plus tard, il s'engagea dans le commerce et y réussit; mais, craignant les tentations qui suivent d'ordinaire l'acquisition et la possession des biens de la terre, il abandonna les entreprises commerciales et reprit ses travaux de labourage. Il fut marié deux fois, et dans ces deux mariages, du consentement de son épouse, il observa la continence. Il était doux envers tout le monde, charitable pour les pauvres, fervent dans ses devoirs de religion, ponctuel dans ses pratiques de piété. « La Providence, dit le décret de sa béatification, ne l'envoya pas en Amérique pour y cultiver les sciences ou la littérature, qui lui étaient absolument étrangères, mais pour exciter les nouveaux chrétiens, par son exemple, à la pratique d'une humilité profonde et de la perfection. Car, à l'âge avancé de soixante-dix ans, il renonça aux richesses qu'il avait en abondance, les distribua parmi les fidèles; et, ainsi dépouillé de tout bien terrestre, il entra dans un couvent de Franciscains de l'étroite observance. Là, oubliant ce qu'il avait laissé dans le monde, il fit profession comme frère lai. Depuis ce temps, il persista dans la pratique invariable d'une pénitence merveilleuse, de la simplicité de cœur, de la prière, de la foi, des œuvres de miséricorde spirituelle et corporelle, jusqu'à l'âge de quatre-vingt-dix-huit ans. Alors il recueillit le fruit de sa coopération à la grâce et du fidèle et laborieux accomplissement de ses devoirs de religion. Quoique entré dans la vigne à la dernière heure de la journée, il reçut la récompense entière que le père de famille a promise à ceux qui entrent aux premières heures. »

Le bienheureux Sébastien d'Apparitio mourut le 25 février 1600, et fut béatifié par Pie VI le 12 septembre 1786. Le bref de sa béatification parle des dons surnaturels qui lui furent accordés, et de plusieurs miracles opérés pendant sa vie ou obtenus depuis par son intercession (Godesc., 25 février).

Un troisième saint de la même observance est le bienheureux *André Hibernon*, né à Alcantarilla en Espagne, d'une famille noble et ancienne, l'an 1534. Formé dans le bien par sa pieuse mère, que ses vertus avaient fait surnommer la *bonne Marie*, il acquit avec les années l'amour de la piété chrétienne et du travail, et fut placé auprès d'un de ses oncles pour le servir. Là, destinant à la dot de sa sœur les petites sommes qu'il gagnait, à l'âge de vingt ans, il quitta son oncle pour aller remettre à son père le fruit de ses épargnes, lorsqu'il fut volé par des brigands. Cet accident fit sur lui une vive impression, et, le portant à réfléchir sur la vanité des choses humaines, lui fit prendre la résolution de quitter le monde et d'embrasser l'ordre de Saint-François. Il passa d'abord quelque temps dans une maison de conventuels; mais attiré par la régularité qui régnait dans les monastères réformés par saint Pierre d'Alcantara, il entra dans un couvent où l'observance était ramenée à sa première austérité, et prononça ses vœux. Il resta simple frère lai, et pratiqua, dans une des positions les plus humbles de la vie monastique, les plus héroïques vertus. Sa vie était partagée entre la prière et le travail. Vingt ans se passèrent ainsi dans l'exercice de fonctions souvent très-pénibles selon la nature, mais qu'André savait relever par l'esprit qui les animait. Sous les dehors de la plus grande simplicité, il cachait l'âme la plus grande et alliait d'une manière admirable les distractions de la vie active aux douceurs de la vie contemplative. Son livre était la croix de Jésus-Christ, au pied de laquelle il étudiait et acquérait cette science sublime qui devint souvent l'objet de l'admiration publique. Il parlait de Dieu et des choses de la religion avec une telle élévation, que l'on ne pouvait se lasser de l'entendre. Quoiqu'il ne fût point dans les ordres sacrés, il travaillait avec zèle à la conversion des Maures. Souvent il passait une partie des nuits à prier, et y trouvait d'ineffables délices. Envoyé successivement dans plusieurs provinces d'Espagne pour soutenir dans les couvents la régularité qu'il prêchait si bien par ses exemples, André, toujours humble, manifesta partout sa sainteté par d'éclatants miracles et par le don de prophétie. Une pleurésie l'enleva du monastère de Gaudée, le 18 avril 1602, à l'âge de quatre-vingt-huit ans. Le pape Pie VII le béatifia le 22 mai 1791 (Godescard, 18 avril).

En 1604, mourut un autre saint frère de la famille de saint François, savoir : saint *Séraphin*, du Mont-Granario. Né en 1540, d'une famille obscure, il eut le bonheur d'être formé au bien par une mère vertueuse. Après la mort de ses parents, qu'il perdit de bonne heure, il entra chez les Capucins du Mont-Granario, près d'Ascoli en Italie. Quoique sans études et simple frère lai, il sut acquérir au plus haut degré la seule science nécessaire, et pratiqua avec héroïsme les vertus les plus difficiles. Sa simplicité ne fit d'abord pas augurer beaucoup de lui ; il fut même l'objet du mépris de quelques religieux, qui ne découvrirent pas le trésor caché sous des dehors si grossiers ; mais enfin les préventions tombèrent. Bientôt il devint l'oracle de toute la ville et fut consulté par des personnages du rang le plus élevé. Il aurait bien voulu se dérober aux louanges qu'on lui donnait sans cesse ; mais plus il était humble à ses propres yeux, plus il devenait grand aux yeux du Seigneur. Souvent il visitait les hôpitaux, partageait avec les pauvres le peu qu'on lui avait donné pour lui-même, et s'imposait les plus grandes privations afin de soulager les malheureux. A tout moment on le rencontrait escorté d'une foule de pauvres qui le nommaient leur père et lui témoignaient la plus profonde vénération. Il fut enlevé à l'amour de ses confrères en 1604, dans sa soixante-onzième année. Ses nombreux miracles l'ont fait insérer au nombre des saints. Le pape Clément XIII le canonisa l'an 1767 (Godescard, 12 octobre).

L'ordre de Saint-François n'était pas le seul qui édifiât l'Église et peuplât le ciel. Le Carmel refleurissait alors, comme un jardin de Dieu, par les vertus de sainte Thérèse, de saint Jean de la Croix, de la bienheureuse Catherine de Cardone, de sainte Marie-Madeleine de Pazzi. Tous les quatre avaient leur conversation dans le ciel. Dans tous les quatre, la grâce, perfectionnant la nature, opérait des merveilles, des extases, des ravissements. Dans tous les quatre, ce n'étaient plus eux qui vivaient, mais Jésus-Christ en eux.

Thérèse surtout apparaît à la fois comme sainte, thaumaturge, prophète, réformatrice du Carmel, écrivain distingué et docteur de l'Église. Nous avons vu ses commencements, décrits par elle-même : nous avons vu sa doctrine expérimentale sur les quatre degrés d'oraison. Comme elle manquait d'un guide assez savant dans ces voies surnaturelles, elle eut beaucoup à souffrir : ses amis, son confesseur même lui faisaient craindre bien des fois que les grâces extraordinaires qu'elle recevait de Dieu ne fussent des illusions. Saint François de Borgia, saint Pierre d'Alcantara vinrent plus d'une fois à son secours et la rassurèrent ; mais, comme ils n'étaient pas toujours auprès d'elle, ses perplexités recommençaient avec celles de ses amis : l'humilité et l'obéissance furent sa règle au milieu de ces peines. Certains livres même la jetèrent dans une erreur qu'elle expose de cette sorte :

« Je remarquerai ici une chose qui me paraît importante et qui pourra servir d'un avis utile à quelques personnes. C'est que l'on voit dans certains livres qui traitent de l'oraison, que, encore qu'une âme ne puisse par elle-même arriver à l'état dont j'ai parlé, parce que c'est une chose surnaturelle et que Dieu seul opère en elle, elle pourra néanmoins y contribuer en élevant avec humilité son esprit au-dessus de toutes les choses créées, après avoir passé plusieurs années dans la vie purgative et s'être avancée dans l'illuminative, qui est un mot que je n'entends pas bien, si ce n'est qu'il signifie que l'âme ait fait des progrès dans la vertu. Ces livres recommandent expressément de ne rien imaginer de corporel et de contempler seulement la divinité ; parce que, disent-ils, l'humanité même de Jésus-Christ embarrasse ceux qui sont déjà si avancés dans l'oraison et les empêche d'arriver à une contemplation plus parfaite. Ils alléguent sur cela les paroles de Jésus-Christ à ses apôtres, lors de son ascension dans le ciel, avant la venue du Saint-Esprit. Mais il me semble que si les apôtres avaient cru dès lors aussi fermement qu'ils le crurent après la descente du Saint-Esprit, que Jésus-Christ était Dieu et homme tout ensemble, la vue de son humanité n'aurait pu servir d'obstacle à leur sublime contemplation, puisqu'il n'a rien dit de cela à sa sainte Mère, quoiqu'elle l'aimât plus qu'eux tous. Ce qui fait entrer ces contemplatifs dans ce sentiment, c'est qu'il leur semble que, comme la contemplation est une chose toute spirituelle, la représentation des corporelles ne saurait qu'y nuire; et que tout ce qu'on doit tâcher de faire, est de se considérer comme environné de toutes parts et tout abîmé en lui. Cette dernière pensée se peut, à mon avis, pratiquer quelquefois utilement; mais, quant à se séparer de Jésus-Christ, en séparant de la vue de sa sacrée humanité, et à la mettre ainsi au rang de nos misérables corps et du reste des choses créées, c'est ce que je ne saurais du tout souffrir, et je le prie de me faire la grâce de bien m'expliquer sur ce sujet. Je ne prétends pas disputer contre les auteurs de ces livres; je sais qu'ils sont savants et spirituels, qu'ils ne parlent pas sans savoir sur quoi ils se fondent, et que Dieu se sert de divers moyens pour attirer des âmes à lui, comme il lui a plu d'attirer la mienne. Sans m'engager donc à parler de tout le reste, je veux seulement rapporter le péril où je me trouvai pour avoir voulu pratiquer sur ce sujet ce que je trouvais dans ces livres. Je n'ai pas de peine à croire que celui qui sera arrivé à l'oraison d'union sans passer aux ravissements, aux visions et aux autres grâces extraordinaires que Dieu fait à quelques âmes, estimera ne pouvoir rien faire de mieux que de suivre l'avis porté dans ces livres, ainsi que j'en étais persuadée. Mais si j'en fusse demeurée là et n'eusse point changé de sentiment, je ne serais jamais arrivée à l'état où il a plu à Dieu de me mettre, parce que, à mon avis, il y a en cela de la tromperie. Peut-être me trompé-je moi-même, et on en pourra juger par ce que je vais dire.

» N'ayant point alors de directeur, je croyais que la lecture de ces livres pourrait peu à peu m'instruire; mais je connus dans la suite que, si Dieu ne m'eût donné lui-même de l'intelligence, ils ne m'auraient guère servi, parce que ce qu'ils m'apprenaient, n'était presque rien, jusqu'à ce que Dieu me l'eût fait comprendre par ma propre expérience. Ainsi, je ne savais ce que je faisais; et, quand je commençais à entrer un peu dans l'oraison de quiétude, je tâchais d'éloigner de ma pensée toutes les choses corporelles, et n'osais élever mon âme à Dieu parce que, étant toujours si imparfaite, je croyais qu'il y aurait en cela trop de hardiesse. Je sentais néanmoins, ce me semblait, la présence de Dieu; en quoi je ne me trompais pas, et faisais tout ce que je pouvais pour ne pas m'éloigner de lui. Comme la satisfaction et l'avantage que l'on croit trouver dans cette manière d'oraison la rendent très-agréable, rien n'aurait été capable de me faire arrêter mes pensées à l'humanité de notre Seigneur, parce qu'il me paraissait que ce m'aurait été un obstacle au contentement dont je jouissais. « O Dieu de mon âme, Jésus crucifié, qui êtes mon souverain bien, je ne me souviens jamais sans douleur de cette folle imagination que j'avais alors, parce que je ne puis la considérer que comme une grande trahison que je vous faisais, quoique ce ne fût que par ignorance. »

» Lorsque ceci m'arriva, Dieu ne m'avait point encore donné de ravissement ni de visions, et j'avais toujours eu auparavant une grande dévotion à cette humanité sacrée de Notre Seigneur. Je ne demeurai guère dans cette erreur, et n'ai jamais cessé depuis de ressentir une grande joie d'être en présence de Jésus-Christ, principalement quand je communie; et je voudrais alors toujours avoir quelqu'une de ses images devant les yeux, afin de l'imprimer encore plus fortement dans mon âme. « Est-il possible, ô mon Sauveur, qu'il me soit entré dans l'esprit, seulement une seule heure, que vous m'auriez été un obstacle pour m'avancer dans la piété! et quel bien ai-je reçu, si ce n'est par vous, qui êtes la source éternelle de tous les biens? Je ne veux pas croire que j'ai péché en cela; ce me serait une trop grande douleur. Je suis persuadée de n'avoir failli que par ignorance, et qu'ainsi vous voulûtes y remédier par votre bonté, en faisant que l'on me tirât de cette erreur, et en vous montrant depuis tant de fois à moi, comme je le dirai dans la suite, afin de me faire encore mieux connaître la grandeur de mon aveuglement, et qu'après l'avoir dit, comme j'ai fait, à tant de personnes, je le déclarasse encore ici. J'attribue à cette cause ce que la plupart de ceux qui arrivent jusqu'à l'oraison d'union, ne passent pas plus avant et ne jouissent pas d'une grande liberté d'esprit (*Vie de sainte Thérèse*, par elle-même, c. 22). »

Sainte Thérèse parle ensuite de plusieurs visions où Notre Seigneur se montra à elle dans sa sainte humanité, et de la joie inénarrable qu'elle en ressentit. « O Jésus, mon Sauveur! s'écrie-t-elle, qui serait capable d'exprimer quelle est cette majesté qui fait connaître à l'âme que vous n'êtes pas seulement le monarque absolu du monde, mais que, quand vous en auriez créé encore une infinité d'autres, ils ne mériteraient pas tous ensemble que vous daignassiez vous en dire le maître : tant tout ce qu'on peut s'imaginer est infiniment au-dessous de vous! On connaît clairement alors, ô mon Sauveur, combien méprisable est le pouvoir des démons en comparaison du vôtre, et que, pourvu que l'on vous contente, on peut fouler aux pieds tout l'enfer. On connaît la raison qu'eurent ces esprits de ténèbres d'être si effrayés, quand vous descendîtes dans les limbes, qu'ils auraient souhaité un enfer infiniment plus profond que celui auquel vous les avez condamnés pour s'y précipiter, afin de s'éloigner encore davantage d'une majesté qui leur est si redoutable : tant est grand le pouvoir de votre sacrée humanité jointe à la divinité! On connaît combien sera terrible le jugement où votre suprême majesté exercera en sa colère sa juste vengeance contre les méchants. Et enfin, l'âme connaît de telle sorte sa misère, elle entre dans une si profonde humilité, que, encore que vous lui témoigniez de l'amour, elle se trouve dans une telle confusion et est touchée d'un si vif repentir de ses péchés, qu'elle ne sait que devenir (*Vie de sainte Thérèse*, par elle-même, c. 28). »

« Quoique les anges m'apparaissent souvent, dit-elle plus loin, c'est presque toujours sans les voir; mais il a plu quelquefois à Notre Seigneur que j'en aie vu un à mon côté gauche, dans une forme corporelle. Il était petit, d'une merveilleuse beauté, et son visage étincelait de tant de lumière, qu'il me paraissait un de ceux de ce premier ordre qui sont tout embrasés de l'amour de Dieu, et que l'on nomme séraphins; car ils ne me disaient point leur nom, mais j'ai bien vu qu'il y a entre eux, dans le ciel, une très-grande différence. Cet ange avait en la main un dard qui était d'or, dont la pointe était fort large, et qui me paraissait à l'extrémité avoir un peu de feu. Il me semble qu'il l'enfonça diverses fois dans mon cœur, et que, toutes les fois qu'il l'en retirait, m'arrachait les entrailles et me laissait toute brûlante d'un si grand amour de Dieu, que la violence de ce feu me faisait jeter des cris, mais des cris mêlés d'une si extrême joie, que je ne pouvais désirer d'être délivrée d'une douleur si agréable, ni trouver de repos et de contentement qu'en Dieu seul (*Vie de sainte Thérèse*, c. 29). »

Elle vit aussi plus d'une fois le démon qui lui livrait des assauts. « Etant un jour dans un oratoire, dit-elle, il m'apparut à mon côté gauche, dans une forme épouvantable, et parce qu'il me parla, je remarquai particulièrement que sa bouche était horrible. Il en sortait une grande flamme sans mélange d'aucune ombre; et il me dit d'une manière à me faire trembler, que je m'étais échappée de ses mains, mais qu'il saurait bien me reprendre. Mon effroi fut extrême; je fis le signe de la croix comme je pus, et il disparut; mais il revint aussitôt, et je ne savais que faire; enfin je jetai de l'eau bénite sur la place où il était, et il n'y est jamais revenu depuis. Une autre fois il me tourmenta, durant cinq heures, par des peines et des douleurs tant intérieures qu'extérieures, si terribles que je ne croyais pas pouvoir plus longtemps y résister. Les personnes avec qui j'étais en furent épouvantées, et ne savaient où elles en étaient non plus que moi. J'ai l'habitude, dans ces rencontres, de demander à Dieu du fond de mon cœur que, s'il lui plaît que cela continue, il me donne la force de le supporter; ou que, si sa volonté est que je demeure en cet état, il m'y laisse jusque la fin du monde.

» Lorsqu'une fois entre autres je tâchais en cette manière de trouver du soulagement dans de si rudes atteintes, il plut à Notre Seigneur de me faire connaître que ce que je souffrais venait du démon. J'aperçus auprès de moi un petit nègre d'une figure horrible, qui grinçait les dents de rage, parce qu'il perdait au lieu de gagner au tourment qu'il me donnait. Je me mis à rire et n'eus point de peur, parce que quelques-unes des sœurs étaient présentes, et elles ne savaient que faire, ni comment me soulager dans une si grande souffrance; et elle était telle, que je ne pouvais m'empêcher de me donner de grands coups de la tête, des bras et de tout le reste du corps, sans que le trouble intérieur que je ressentais, et qui m'était encore beaucoup plus pénible, me laissât un seul moment de repos : et je n'osais demander de l'eau bénite, de peur d'effrayer ces bonnes filles et de leur faire connaître d'où cela venait.

» J'ai éprouvé diverses fois qu'il n'y a rien qui chasse plus tôt les démons que l'eau bénite, et qui les empêche davantage de revenir. Le signe de la croix les met en fuite, mais ils retournent aussitôt. Ainsi, il doit y avoir une grande vertu dans cette eau; et j'en reçois tant de soulagement; qu'elle me donne une consolation sensible et si grande, que je ne saurais assez bien expliquer de quelle sorte le plaisir que j'en ressens se répand dans toute mon âme et la fortifie. Ceci n'est point une imagination; je l'ai très-souvent éprouvé, et, après y avoir fait beaucoup de réflexion, il me semble que c'est comme si, dans une excessive chaleur et une extrême soif, on buvait un grand verre d'eau froide qui rafraîchit tout le corps. Je connais par là, avec grand plaisir, qu'il n'y a rien de ce que l'Eglise ordonne qui ne soit digne d'admiration, puisque de si simples paroles impriment une telle vertu dans l'eau, qu'il se rencontre une si merveilleuse différence entre celle qui est bénite et celle qui ne l'est pas. — Comme le tourment que j'endurais dans l'occasion dont je parle ne cessait point, je dis à mes sœurs que, si je ne craignais qu'elles se moquassent de moi, je les prierais de m'apporter de l'eau bénite. Elles allèrent en chercher aussitôt, et en jetèrent sur moi, sans que je m'en trouvasse soulagée; mais en ayant jeté moi-même à l'endroit où cet esprit infernal m'apparaissait, il s'enfuit à l'instant, et je me trouvai sans aucune douleur, mais aussi lasse et aussi abattue que si l'on m'eût donné plusieurs coups de bâton (*Sainte Thérèse*, c. 31). »

« Longtemps après, dit plus loin sainte Thérèse, étant un jour en oraison, il me sembla que je me trouvai en un moment dans l'enfer, sans savoir de quelle manière j'y avais été portée. Je compris seulement que Dieu voulait que je visse le lieu que les démons m'avaient préparé et que mes péchés méritaient. Cela dura très-peu; mais quand je vivrais plusieurs années, je ne crois pas qu'il me fût possible d'en perdre le souvenir.

» L'entrée me parut être comme l'une de ces petites rues longues et étroites qui sont fermées par un bout, et telle que serait celle d'un four fort bas, fort serré et fort obscur. Le terrain me semblait être comme de la boue très-sale, d'une odeur insupportable, et plein d'un très-grand nombre de reptiles venimeux. Au bout de cette petite rue était un creux, fait dans la muraille en forme de niche, où je me vis logée très-étroitement; et bien que tout ce que je viens de dire fût encore plus affreux que je ne le représente, il pouvait passer pour agréable, en comparaison de ce que je souffris lorsque je fus dans cette espèce de niche. Ce tourment était si terrible, que tout ce qu'on en peut dire ne saurait en représenter la moindre partie. Je sentis mon âme brûler dans un si horrible feu, qu'à grand'peine je pourrais le décrire tel qu'il était, puisque je ne saurais même le concevoir. J'ai éprouvé les douleurs les plus insupportables, au rapport des médecins, que l'on puisse endurer dans cette vie, tant par cette contraction de nerfs qu'en plusieurs autres manières, par d'autres maux que les démons m'ont causés; mais toutes ces douleurs ne sont rien en comparaison de ce que je souffris alors, joint à l'horreur que j'avais de voir que ces peines étaient éternelles : et cela même est encore peu, si on le compare à l'agonie où se trouve l'âme. Il lui semble qu'on l'étouffe, qu'on l'étrangle; et son affliction et son désespoir vont jusqu'à un tel excès, que j'entreprendrais en vain de les rapporter. C'est peu de dire qu'il lui paraît qu'on la déchire sans cesse, parce que ce serait ainsi une violence étrangère qui voudrait lui ôter la vie; au lieu que c'est elle-même qui se l'arrache et se met en pièces. Quant à ce feu et ce désespoir qui sont le comble de tant d'horribles tourments, j'avoue pouvoir encore moins les représenter. Je ne savais qui me les faisait endurer; mais je me sentais brûler et comme hacher en mille pièces, et ils me semblaient être les plus horribles de toutes les peines.

» Dans un lieu si épouvantable, il ne reste pas la moindre espérance de recevoir quelque consolation, et il n'y a pas seulement assez de place pour s'asseoir ou se coucher. J'étais comme dans un trou fait dans la muraille, et ces horribles murailles, contre l'ordre de la nature, serrent et pressent ce qu'elles enferment. Tout étouffe en ce lieu-là : ce ne sont qu'épaisses ténèbres sans aucun mélange de lumière, et je ne comprends pas comment il peut se faire que, encore qu'il n'y ait point de clarté, on y voit tout ce qui peut être le plus pénible à la vue.

» Notre Seigneur ne voulut pas me donner alors une plus grande connaissance de l'enfer; et il m'a fait voir depuis, en d'autres visions, des châtiments encore plus épouvantables de certains péchés; mais comme je n'en souffrais point la peine, elles ne me pénétrèrent pas autant que celle que j'eus dans la vision dont je viens de parler, en laquelle Notre Seigneur voulut me faire éprouver en esprit ces tourments, aussi réellement et aussi véritablement que si mon corps les eût soufferts. Je ne pouvais rien comprendre à la manière dont cela se passait; mais je comprenais bien que c'était une grande grâce que Dieu me faisait, de vouloir que je visse ainsi de quel abîme son infinie miséricorde m'avait tirée. Car tout ce que j'ai jamais lu ou entendu dire, ou me suis imaginé, n'est pas moins différent de la vérité qu'une copie l'est de son original; et brûler en ce monde, n'est rien en comparaison de brûler dans l'autre.

» Quoiqu'il y ait environ six ans que ce que je viens de rapporter se soit passé, j'en suis encore épouvantée en l'écrivant, et il me semble que mon sang se glace de peur dans mes veines. Ainsi, quelques maux et quelques douleurs que j'éprouve, je ne puis me souvenir de tout ce que je souffris alors, que tout ce que l'on peut endurer ici-bas ne me paraisse méprisable. Il me semble que nous nous plaignons sans sujet, et je considère comme l'une des plus grandes grâces que Dieu m'ait faites, une chose aussi terrible que celle que j'ai rapportée, quand je considère combien elle m'a été utile, tant pour m'empêcher d'appréhender les afflictions de cette vie, que pour m'obliger à les souffrir avec patience, et à rendre grâce à Dieu de ce que j'ai sujet de croire qu'il veut me délivrer de ces terribles et épouvantables peines, dont la durée sera éternelle.

» Depuis cette vision, il n'y a point de si grands maux qui ne me paraissent faciles à supporter, en comparaison de ce que je souffris alors; et je ne puis assez m'étonner de ce que, ayant auparavant lu tant de livres qui parlent des peines de l'enfer, je n'en étais point effrayée, ne me les imaginant point telles qu'elles sont, et comment je pouvais trouver du plaisir et du repos en des choses qui me conduisaient dans un si horrible précipice. Soyez à jamais béni, mon Dieu, d'avoir fait voir que vous m'aimez beaucoup plus que je ne m'aime moi-même, en me délivrant tant de fois de cette affreuse prison dans laquelle je rentrais contre votre volonté.

» Cette même vision m'a causé l'incroyable peine que je souffre de voir tant de Luthériens, que le baptême avait rendus membres de l'Eglise, se perdre malheureusement; et ma passion pour leur salut est si violente, que je crois certainement que, si j'avais plusieurs vies, je les donnerais toutes de très-bon cœur pour délivrer une seule de ces âmes de tant d'horribles tourments.

» En suite de cette vision, et après qu'il eut plu à Dieu de me révéler d'autres secrets touchant la gloire préparée aux justes et les peines que souffriront les méchants, je fus touchée du désir de faire pénitence de mes péchés, afin de pouvoir espérer de jouir d'une si grande félicité, et, pour ce sujet, de fuir entièrement le monde. Mon esprit ne laissait pas d'être dans l'agitation, mais une agitation si tranquille et si agréable, qu'elle ne me causait aucune inquiétude. Il est évident qu'elle procédait de Dieu, et qu'il donnait à mon âme comme une chaleur nouvelle, pour la rendre capable de digérer des viandes plus solides que celles dont elle s'était nourrie jusqu'alors. Me trouvant dans cette disposition, je pensais à ce que je pourrais faire pour servir Dieu; et il me sembla que je devais commencer par satisfaire aux devoirs de ma vocation, en accomplissant ma règle le plus parfaitement que je pourrais (*Sainte Thérèse*, c. 32). »

Ce fut alors que la Providence lui fit entreprendre la réforme du Carmel, à commencer par les Carmélites et à finir par les Carmes. Sainte Thérèse était dans le monastère de l'Incarnation d'Avila. On n'y observait plus la première rigueur; c'était seulement une règle mitigée, en vertu d'une bulle du Pape, ainsi que dans tout le reste de l'ordre. Une personne vint dire un jour à Thérèse et à quelques-unes de ses sœurs, que, si elles étaient dans la disposition de vivre comme des religieuses déchaussées, on pourrait fonder un monastère. Une pieuse veuve, que Thérèse consulta, fut du même avis et commença aussitôt à travailler aux moyens de fonder ce monastère et de lui assurer un revenu. On convint de recommander beaucoup l'affaire à Dieu. « Un jour, dit Thérèse, après avoir communié, Dieu me commanda expressément de m'employer de tout mon pouvoir à l'établissement de ce monastère; m'assura qu'il réussirait et qu'il y serait beaucoup servi; il me dit qu'il voulait qu'on lui donnât le nom de saint Joseph; que ce saint veillerait pour notre garde à l'une des portes, la sainte Vierge à une autre, et que Jésus-Christ ne nous abandonnerait point; que cette maison serait comme une étoile resplendissante; et quoique les religions fussent relâchées, je ne devais pas croire qu'il n'y fût point servi; car, que serait-ce que le monde, s'il n'y avait point de religieux? que je rapportasse cela à mon confesseur et lui disse de sa part de ne s'y point opposer et de ne point m'en détourner. »

Thérèse consulta son confesseur, mais seulement après que Dieu lui eût réitéré plusieurs fois les mêmes ordres. Le confesseur, n'osant décider, la renvoie au provincial des Carmes, qui approuve l'entreprise, ainsi que saint Pierre d'Alcantara. « Mais, ajoute la sainte, le bruit de notre dessein ne commença pas plus tôt à se répandre, que je n'aurais jamais fait, si je voulais rapporter toutes les particularités de la persécution qui s'éleva contre nous. Nous étions le sujet de la risée de tout le monde : on me faisait passer pour une extravagante, qui ne pouvait rester dans un monastère où elle était si à son aise, et l'on ne traitait pas moins indignement ma compagne. Elle avait peine à le supporter, et je ne savais que faire non plus qu'elle, parce qu'il me semblait qu'ils avaient quelque raison. J'eus recours à Dieu pour le prier de m'assister; il me consola, me fortifia et me dit : Que je devais connaître par là ce que les saints ont souffert pour fonder les religions; que les traverses que j'avais rencontrées jusqu'alors n'étaient rien en comparaison de celles auxquelles je devais me préparer; mais que je n'en fusse point en peine et que je fisse entendre à ma compagne certaine chose qu'il m'ordonna de lui dire. Ces paroles furent suivies des effets, et je ne pus voir sans étonnement avec quelle promptitude nous nous trouvâmes consolées de tout le passé et dans la résolution de résister avec courage à toutes les oppositions qui se rencontreraient dans l'exécution de notre entreprise : quoiqu'il n'y eût presque personne dans la ville, sans en exempter même ceux qui passaient pour de gens d'oraison, qui non-seulement ne nous fût contraire, mais qui ne considérât notre dessein comme une extravagance et une folie. »

Un Père Dominicain, consulté de la part de Thérèse, fut d'abord contraire à l'entreprise; mais quand il fut question d'écrire sa réponse, il se sentit déterminé pour et exhorta Thérèse à ne pas perdre de temps. D'ailleurs, plusieurs personnes vertueuses, d'abord très-opposées, commençaient à s'adoucir; d'autres priaient pour la réussite. On acheta donc une maison. Elle était commode, mais fort petite, aussi bien que le revenu; mais Thérèse ne s'en mettait point en peine, parce que Notre Seigneur lui avait dit de s'établir comme elle pourrait, et qu'elle verrait ensuite ce qu'il ferait. L'affaire étant prête à se conclure, le contrat devait se passer le lendemain. Mais les bruits et le trouble que cette affaire causa dans l'ancien monastère de l'Incarnation furent si grands, que le provincial, ne croyant pas que l'on dût s'opposer à tout le monde, changea d'avis et ne voulut plus consentir à la nouvelle fondation. Il dit à Thérèse que le revenu que l'on proposait de donner ne suffirait pas, et que l'opposition que l'on faisait à cet établissement était trop grande pour pouvoir la surmonter. « Je crois bien, conclut la sainte, que ce fut par un mouvement de Dieu, comme les suites me l'ont fait voir, et que son infinie bonté, touchée de tant de prières que l'on faisait pour ce sujet, voulut rendre cet établissement plus parfait, en le faisant réussir d'une autre manière. Notre supérieur ne voulut donc plus l'approuver; mon confesseur (qui était un Jésuite) me commanda de ne pas penser davantage à cette affaire; et Dieu sait avec quelle peine je l'avais conduite jusqu'à ce point.

» On dit alors plus que jamais que c'était une rêverie de femme : les murmures s'augmentèrent contre moi, quoique je n'eusse rien fait que par l'ordre de mon provincial, et tout le monastère me voulait mal d'avoir entrepris d'en établir un où l'observance fût plus étroite. Les sœurs disaient que c'était un affront que je leur faisais; que rien ne m'empêchait d'y servir Dieu, comme faisaient tant d'autres meilleures que moi; qu'il paraissait bien que je n'avais point d'affection pour la maison, et que j'aurais mieux fait d'y procurer du revenu que de le vouloir porter ailleurs. Quelques-unes ajoutaient qu'il me fallait mettre en prison, et le nombre de celles qui m'excusaient, en quelque sorte, était très-petit. Je demeurais d'accord qu'elles avaient raison en plusieurs choses, et leur rendais quelquefois compte de ma conduite; mais je n'osais leur dire le principal, qui était que je n'avais fait qu'obéir au commandement de Dieu; et ainsi je demeurais le plus souvent en silence. »

Les choses restèrent en cet état durant cinq ou six mois. « Au bout de ce temps, dit la sainte, le recteur de la Compagnie de Jésus s'en étant allé, Notre Seigneur permit que celui qui le remplaça fût un homme d'un bon esprit, fort spirituel, savant et courageux; ce qui vint fort à propos, parce que mon confesseur n'étant pas supérieur et n'y ayant point de compagnie où les supérieurs soient si absolus que dans celle-là, quoiqu'il connût mes dispositions et qu'il eût un grand désir de mon avancement, il n'osait en plusieurs rencontres suivre ses lumières pour le procurer, et ce ne m'était pas une petite peine de le voir gêné de la sorte; mais je ne laissais pas de lui obéir ponctuellement. »

Le recteur et le confesseur ayant de nouveau entendu Thérèse, n'osèrent l'un ni l'autre l'empêcher de poursuivre. Elle fit acheter et accommoder la maison par une de ses sœurs, qui ne demeurait pas dans la ville. Elle eut bien de la peine à trouver l'argent nécessaire : saint Joseph lui apparut et lui dit de ne pas craindre; et Notre Seigneur y pourvut d'une manière qui étonna ceux qui le surent. « La maison me paraissait trop petite; en effet, elle l'était tellement, que je ne voyais pas que l'on pût y trouver la place d'une église. J'aurais bien voulu en acheter une autre petite qui la joignait, mais l'argent me manquait. Lorsque, après avoir communié, j'étais dans cette peine, Dieu me dit : Ne vous ai-je pas déjà dit d'entrer comme vous pourrez? et il ajouta d'une manière d'exclamation : O délicatesse des créatures! combien de fois ai-je couché à découvert, faute de savoir où me retirer! — Je demeurai épouvantée, je connus ma faute, je m'en allai à la maison, j'y marquai la place d'une église, quoique très-petite; et, sans plus penser à acheter une autre maison, je fis travailler grossièrement à celle-là, me contentant que l'on y pût vivre et qu'elle ne fût pas malsaine; ce qui est une chose à quoi l'on doit toujours prendre garde.

» Le jour de Sainte-Claire, lorsque j'allais communier, elle m'apparut tout éclatante de beauté, me dit de prendre courage pour achever ce que j'ai commencé, et qu'elle m'assistera. Je conçus une grande dévotion pour elle, et ses promesses ont été suivies des effets. Car un monastère de son ordre, qui est proche du nôtre, nous aide à vivre; et, ce qui est encore beaucoup plus important, elle a peu à peu tant contribué à l'accomplissement de mon désir, que l'on pratique dans cette maison la pauvreté que l'on observe dans les siennes. Nous ne vivons que d'aumônes; et j'ai eu beaucoup de peine à faire confirmer cela de telle sorte, par l'autorité du Pape, que l'on ne puisse jamais y apporter de changement et nous donner du revenu. Nous devons même peut-être aux prières de cette grande sainte la grâce que Dieu nous fait de pourvoir à nos besoins, sans que nous demandions rien à personne. Qu'il soit béni à jamais !

» Etant, vers ce même temps, en prière, le jour de l'Assomption de la sainte Vierge, dans un monastère de Saint-Dominique, où j'avais fait autrefois une confession générale, je me représentai tous mes péchés et j'entrai aussitôt dans un si grand ravissement, que je me trouvai presque hors de moi-même; je m'assis et ne pus, ce semble, entendre la messe ni voir lever la sainte hostie, ce qui me donna depuis du scrupule. Lorsque j'étais en cet état, il me sembla qu'on me revêtait d'une robe très-blanche et très-éclatante, sans que je susse d'abord qui me la mettait; mais je vis après la sainte Vierge à mon côté droit et saint Joseph à mon côté gauche, et l'on me fit entendre que j'étais purifiée de mes péchés. Après m'être vue, avec tant de joie et de gloire, revêtue de cette robe, il sembla que la très-sainte Vierge me prit par la main, me dit qu'elle était très-satisfaite de la dévotion que j'avais pour saint Joseph, que je ne doutasse point de l'établissement de mon monastère, mais que l'obéissance me ferait souffrir quelque peine; que je ne craignisse rien néanmoins, puisque elle et saint Joseph nous protégeraient, et que son Fils avait promis de ne point nous abandonner. Que, pour marque de la vérité de ces promesses, elle m'en donnait ce gage : et il me sembla qu'en achevant ces paroles, elle me mit au cou une chaîne d'or, à laquelle une croix de très-grande valeur était attachée (C. 33). »

Des obstacles de tout genre vinrent traverser l'entreprise. Un jour que les ouvriers travaillaient à élever la nouvelle maison, un des murs s'écroula tout à coup et enveloppa sous ses ruines le plus jeune des fils de Jeanne d'Athumade, sœur de Thérèse. L'enfant avait cinq ans, et se nommait Gonzalès. On le porta mort à sa tante, qui le prit aussitôt dans ses bras, et, pour le rappeler à la vie, poussa vers le ciel des soupirs ardents. Elle ne tarda pas à éprouver l'effet de ses prières; au bout de quelques minutes, elle rendit à sa mère, l'enfant plein de vigueur et de santé. Ce fait fut vérifié dans le temps et inséré dans le procès de canonisation. Le jeune Gonzalès disait depuis à sa tante, que, puisqu'elle l'avait empêché dès son enfance d'aller jouir du bonheur du ciel, elle devait en conscience lui assurer son salut par ses conseils et ses prières. Il mourut peu de temps après elle, dans les plus tendres sentiments de piété : une vie pure l'avait préparé à une sainte mort. La chute de cette première muraille fut suivie de celle d'une autre qu'on venait de finir; ce qui porta le découragement dans l'esprit de plusieurs personnes. Thérèse n'en fut point ébranlée; elle assura que tous ces revers étaient des effets impuissants de la rage du démon. On remit donc la main à l'œuvre, et le bâtiment fut achevé.

Enfin, après d'autres incidents providentiels, sainte Thérèse revenait de Tolède à Avila le jour même qu'y arrivèrent aussi les dépêches de Rome et le bref pour l'établissement du nouveau monastère. Dieu voulut qu'elle y trouvât réunis, et l'évêque du diocèse, et saint Pierre d'Alcantara, et le pieux gentilhomme François de Salsède, qui logeait tous les serviteurs de Dieu et secondait la sainte de tout son pouvoir. L'évêque donna le consentement nécessaire. « Toutes choses étant donc disposées, conclut Thérèse, il plut à Notre Seigneur que le jour de Saint-Barthélemy de l'année 1562, le monastère de notre glorieux père saint Joseph fût enfin établi. Le Saint-Sacrement y fut mis avec toute l'autorité et l'approbation requises, et en même temps quelques filles y prirent l'habit : j'en fis la cérémonie avec d'autres religieuses de notre couvent. »

A peine les cérémonies étaient-elles terminées, que le démon fit éprouver à la sainte une violente tentation de trouble et d'inquiétude, sur les motifs qui l'avaient fait agir et sur les inconvénients qui pouvaient en résulter. Ce fut comme une espèce d'agonie. Avec la grâce de Dieu, elle triompha du tentateur. Elle eut un autre combat à soutenir au couvent de l'Incarnation, devant les sœurs non réformées et devant le provincial : elle lui expliqua ses raisons avec tant de calme et de modestie, qu'on ne la condamna point, et que le provincial promit même de la laisser retourner au nouveau couvent de Saint-Joseph, dès que l'émotion publique serait apaisée. Car ce fut là un troisième combat. Les autorités municipales d'Avila s'assemblèrent à plusieurs reprises, les têtes se montaient, il fut conclu dans une séance qu'il fallait sur-le-champ supprimer le nouveau monastère. Cependant, sur les observations d'un des membres, on convint de ne pas aller si vite, et de rapporter l'affaire au conseil du roi. Deux ans se passèrent en discussions et négociations. Dans l'intervalle, Thérèse obtint du provincial des Carmes la permission de passer du couvent de l'Incarnation à celui de Saint-Joseph. Elle y fut suivie de quatre autres religieuses, qui se joignirent à elle pour faire l'office et instruire les novices qui y étaient déjà. On en reçut d'autres; et bientôt après, la ville fut tellement édifiée de leur piété, qu'elle se désista pour toujours de ses demandes. Ceux mêmes qui avaient été les plus ardents à poursuivre la suppression du nouveau couvent, en devinrent les protecteurs et les bienfaiteurs. Peu après, Thérèse eut une vision où Notre Seigneur lui mit à la tête une couronne d'or, et la sainte Vierge la couvrit d'un manteau blanc, elle et ses religieuses (C. 36).

Voilà comme eut lieu la fondation du premier monastère réformé par sainte Thérèse. Cela donne une idée de ce qu'elle dut avoir à souffrir pour en fonder ou réformer une quinzaine d'autres. On peut en voir le détail dans l'histoire de ces fondations, écrite par elle-même, d'après l'ordre de ses confesseurs. C'est un recueil éminemment utile aux personnes que Dieu appelle à des œuvres semblables. Voici comme la sainte fut amenée à continuer la réforme du Carmel.

Il y avait près de quatre ans que le couvent de Saint-Joseph était bâti, lorsque le général des Carmes fit un voyage en Espagne. C'était un homme rempli de mérite. Il se nommait Rubéo de Ravenne. Sur la grande réputation qu'avait déjà Thérèse, il fut curieux de la voir et de converser avec elle. Les entretiens qu'ils eurent ensemble, et la visite qu'il fit du couvent de Saint-Joseph, le pénétrèrent d'estime et d'admiration pour la sainte. Il fut si content de sa prudence et si touché de son zèle, qu'il lui permit en partant de fonder d'autres monastères sur le même plan. Il lui remit en même temps des patentes qui l'autorisaient à en fonder deux pour les hommes.

Ce fut pendant ces quatre ans que, sur l'ordre de son confesseur et à la demande de ses religieuses, elle écrivit *Le Chemin de la Perfection*, pour aider les âmes ferventes à éviter certains défauts, à surmonter certaines tentations, qui souvent les arrêtent ou les retardent dans le chemin de la perfection religieuse. Au premier chapitre, elle expose les raisons qui l'ont portée à établir une observance si étroite dans le monastère de Saint-Joseph d'Avila, comme de n'y avoir aucun revenu. La France catholique sera touchée de ces raisons : elle verra peut-être avec un pieux étonnement qu'elle doit son salut à sainte Thérèse.

« Ayant appris les troubles de France, dit-elle, le ravage qu'y faisaient les hérétiques, et combien cette malheureuse secte s'y fortifiait de jour en jour, j'en fus si vivement touchée, que, comme si j'eusse pu quelque chose ou j'eusse moi-même été quelque chose, je pleurais en la présence de Dieu, et le priais de remédier à un si grand mal. Il me semblait que j'aurais donné mille vies pour sauver une seule de ce grand nombre d'âmes qui se perdaient dans ce royaume. Mais voyant que je n'étais qu'une femme, et encore si mauvaise et très-incapable de rendre à mon Dieu le service que je désirais, je crus, comme je le crois encore, que, puisqu'il a tant d'ennemis et si peu d'amis, je devais travailler de tout mon pouvoir à faire que ces derniers fussent bons.

» Ainsi je me résolus de faire ce qui dépendait de moi pour pratiquer les conseils évangéliques avec la plus grande perfection que je pourrais, et tâcher de porter ce petit nombre de religieuses qui sont ici à faire la même chose. Dans ce dessein, je me confiais en la grande bonté de Dieu, qui ne manque jamais d'assister ceux qui renoncent à tout pour l'amour de lui; j'espérai que ces bonnes filles étant telles que mon désir se les figurait, mes défauts seraient couverts par leurs vertus, et je crus que nous pourrions contenter Dieu en quelque chose, en nous occupant toutes à prier pour les prédicateurs, pour les défenseurs de l'Église, et pour les hommes savants qui soutiennent sa querelle, puisque ainsi nous ferions ce qui serait en notre puissance pour secourir notre maître, que ces traîtres qui lui sont redevables de tant de bienfaits traitent avec une telle indignité, qu'il semble qu'ils le voudraient crucifier encore et ne lui laisser aucun lieu où il puisse reposer sa tête (*Le Chemin de la Perfection*, c. 1). »

Sainte Thérèse était tellement pénétrée de cette charité apostolique, qu'elle a un chapitre tout entier pour y porter de plus en plus ses religieuses. « Pour retourner au principal sujet qui nous a assemblées en cette maison, leur dit-elle, et pour lequel je souhaiterais que nous puissions faire quelque chose qui fût agréable à Dieu, je dis que, voyant l'hérésie s'élever en ce siècle comme un feu dévorant qui fait toujours de nouveaux progrès, et le pouvoir des hommes incapable de l'arrêter, il me semble que nous devons agir comme ferait un prince qui, voyant ses ennemis ravager tout le pays, et son infériorité pour leur résister en campagne, se retirerait avec quelques troupes choisies dans une place extrêmement fortifiée; d'où il ferait contre eux, avec ce petit bataillon, des sorties qui les incommoderaient beaucoup plus que ne pourraient faire de grandes troupes mal aguerries; car il arrive souvent que par ce moyen on demeure victorieux, et au pis-aller on ne saurait périr que par la famine, puisqu'il n'y a point de traîtres parmi ces gens-là. Or, ici, mes sœurs, la famine peut bien nous presser, mais non pas nous contraindre de nous rendre.

» Pourquoi vous dis-je ceci? C'est pour vous faire connaître que ce que nous devons demander à Dieu, est qu'il ne permette pas que dans cette place où les bons chrétiens se sont retirés, il s'en trouve qui s'aillent jeter du côté des ennemis; mais qu'il fortifie la vertu et le courage des prédicateurs et des théologiens qui sont comme les chefs de ses troupes, et fasse que les religieux qui composent le plus grand nombre de ces soldats s'avancent de jour en jour dans la perfection que demande une vocation si sainte. Car cela importe de tout, puisque c'est des forces ecclésiastiques, et non pas des séculières, que nous devons attendre notre secours.

» Puisque nous sommes incapables de rendre dans cette occasion du service à notre roi, efforçons-nous au moins d'être telles, que nos prières puissent aider ceux de ses serviteurs qui, n'ayant pas moins de doctrine que de vertu, travaillent avec tant de courage pour son service. Que si vous me demandez pourquoi j'insiste tant sur ce sujet, et vous exhorte d'assister ceux qui sont beaucoup meilleurs que nous, je réponds que c'est parce que je crois que vous ne comprenez pas encore assez quelle est l'obligation que vous avez à Dieu de vous avoir conduites en un lieu où vous êtes affranchies des affaires, des engagements et des conversations du monde. Cette faveur est bien plus grande que vous ne sauriez croire, et ceux dont je vous parle sont bien loin d'en jouir. Il ne serait pas même à propos qu'ils en jouissent, principalement en ce temps, puisque c'est à eux de fortifier les faibles et d'encourager les timides. Car, à quoi seraient bons des soldats qui manqueraient de capitaines. Il faut donc qu'ils vivent parmi les hommes, et qu'entrant dans les palais des grands et des rois, ils y paraissent quelquefois, pour ce qui est de l'extérieur, semblables aux autres hommes (C. 3). »

Dans cet ouvrage, sainte Thérèse fait voir, entre autres, combien il importe que les confesseurs soient savants, et en quels cas les religieuses peuvent ou doivent en changer (C. 4 et 5). Du chapitre seizième au quarante-deuxième et dernier, elle parle de l'oraison, et finit par de fort belles méditations sur l'Oraison dominicale. Dans le chapitre dix-neuvième, elle nous apprend que l'union de l'âme avec Dieu peut devenir si intime, qu'elle sépare l'âme du corps. C'est là, comme déjà nous l'avons dit, c'est là mourir, non pas de mort, mais de vie. Voici les paroles de sainte Thérèse : « Entre les propriétés de l'eau, je me souviens qu'il y en a trois qui reviennent à mon sujet. La première est de rafraîchir... La seconde est de nettoyer ce qui est impur... La troisième est d'éteindre notre soif. Or, la soif, à mon avis, n'est que le désir d'une chose dont nous avons un si grand besoin, que nous ne saurions, sans mourir, en être privés entièrement. Et certes, il est étrange que l'eau soit d'une telle nature, que sa privation nous ôte la mort et sa trop grande abondance nous ôte la vie, comme on le voit par ceux qui se noient. — O mon Sauveur! qui serait si heureux de se voir submergé dans cette eau vive, jusqu'à y perdre la vie? Cela n'est pas impossible, parce que notre amour pour Dieu et le désir de le posséder, peuvent croître jusqu'à un tel point, que notre corps ne pourra le supporter; et ainsi il y a eu des personnes qui sont mortes de cette manière. J'en connais une à qui Notre Seigneur donnait une si grande abondance de cette eau, que, s'il ne l'eût bientôt secourue, le ravissement où elle entrait l'aurait presque fait sortir d'elle-même. Je dis qu'elle serait presque sortie d'elle-même, parce que l'extrême peine qu'elle avait de souffrir le monde la faisant presque mourir, il semblait qu'en même temps elle ressuscitait en Dieu dans un admirable repos, et que sa divine majesté, en la ravissant en lui, la rendait capable d'un bonheur dont elle n'aurait pu jouir sans perdre la vie, si elle fût demeurée en elle-même. (C. 19).

Après avoir exploré *Le Chemin de la Perfection*, sainte Thérèse arrive au palais où ce chemin aboutit. De là un autre ouvrage, *Le Château de l'Ame*, dont elle indique ainsi l'occasion :

« De toutes les choses que l'obéissance m'oblige de faire, il y en a peu qui m'aient paru si difficiles que d'écrire sur l'oraison, tant parce que Notre Seigneur ne m'a pas donné assez d'esprit pour m'en bien acquitter, et que je n'avais pas dessein de l'entreprendre, que parce que je sens depuis trois mois un bruit continuel dans la tête, et une si grande faiblesse, que je ne saurais, sans beaucoup de peine, écrire pour les affaires les plus importantes et les plus pressées. Mais, comme je sais que l'obéissance peut rendre possible ce qui paraît impossible, je m'y engage avec joie, malgré la résistance de la nature, que j'avoue s'y opposer, parce que je n'ai pas assez de vertu pour souffrir des maladies continuelles, et me trouver en même temps accablée de mille diverses occupations. Ainsi, c'est de la seule bonté de Dieu que j'attends la même assistance qu'il me donne en d'autres occasions encore plus difficiles.

» Je ne vois pas ce que je pourrais ajouter à ce que j'ai déjà écrit touchant l'oraison, pour satisfaire au commandement que j'en avais reçu, et je crains que ce que j'en dirai ne soit presque que ce que j'en ai dit. Je suis comme ces oiseaux à qui l'on apprend à parler, et qui, ne sachant que ce qu'on leur montre, redisent toujours les mêmes mots. Que si Notre Seigneur veut que j'y ajoute quelque chose, il me l'inspirera, s'il lui plaît, ou rappellera dans ma mémoire ce que j'en ai écrit. Ce ne sera pas peu pour moi, parce que je l'ai si mauvaise, que je m'estimerais heureuse de me souvenir de certains endroits que l'on disait n'être pas mal, en cas qu'il ne s'en trouve plus de copie. Mais quand je ne recevrais point cette grâce, et qu'après m'être tourmentée inutilement à écrire des choses qui ne pourraient profiter à personne, je n'aurais fait qu'augmenter mon mal de tête, je ne laisserais pas d'en tirer un grand avantage, puisque j'aurais satisfait à l'obéissance.

» Je vais donc commencer en ce jour de la Très-Sainte-Trinité de l'année 1577, dans le monastère de Saint-Joseph de Tolède, où je me trouve maintenant. Je soumets tout ce que je dirai au jugement de ceux qui m'ont commandé d'écrire, qui sont des personnes très-éclairées; et si j'avance quelque chose qui ne soit pas conforme à la créance de l'Eglise romaine, ce ne sera pas à dessein, mais par ignorance, puisque j'ai toujours été et serai toujours, avec la grâce de Dieu, entièrement soumise à cette sainte épouse de Jésus-Christ. Qu'il soit loué et glorifié à jamais! Ainsi soit-il.

» Puisque ceux qui m'ont commandé d'écrire ceci m'ont dit que, les religieuses de notre ordre ayant besoin d'être éclaircies de quelques doutes touchant l'oraison, ils croient qu'elles entendront mieux le langage d'une femme, et que l'affection qu'elles ont pour moi leur en fera tirer profit, je leur adresse ce discours, qui pourrait passer pour extravagant dans l'esprit des autres personnes. Dieu me fera une grande grâce, s'il sert à quelqu'une d'elles pour le mieux louer, et il sait que c'est tout ce que je désire. Que si j'en rencontre en quelques endroits, elles ne doivent pas me l'attribuer, puisque je suis par moi-même si incapable de parler de sujets si élevés, que je n'en ai d'intelligence qu'autant qu'il plaît à Dieu de m'en donner par un effet de sa bonté, dont je suis indigne. »

Après cet avant-propos, la sainte entre ainsi en matière. « Lorsque je priais Notre Seigneur de m'inspirer ce que je devais écrire, parce que je ne savais par où commencer pour obéir au commandement que j'en ai reçu, il m'est venu dans l'esprit que ce que je vais dire doit être le fondement de ce discours. C'est de considérer notre âme ainsi qu'un château bâti d'un seul diamant ou d'un cristal admirable, dans lequel il y a, comme dans le ciel, diverses demeures. Car si nous y prenons bien garde, mes sœurs, l'âme juste est un véritable paradis où Dieu, qui y règne, trouve ses délices. Quelle doit donc être la beauté de cette âme, qu'un monarque si puissant, si sage, si riche et si magnifique veut choisir pour sa demeure? Je ne vois rien ici-bas à quoi je puisse la comparer. Et comment l'esprit le plus élevé serait-il capable de comprendre toutes ces perfections, puisque Dieu, qui est incompréhensible, a dit de sa propre bouche qu'il l'a créée à son image, et imprimé en elle sa ressemblance? »

Nous devons donc considérer que ce château enferme diverses demeures; les unes en haut, les autres en bas, les autres aux côtés, et une dans le milieu, qui est comme le centre et la principale de toutes, dans laquelle se passe ce qu'il y a de plus secret entre Dieu et l'âme. — La porte pour entrer dans ce château, c'est l'oraison. — La première demeure est la connaissance de soi-même et de Dieu. — La seconde, le renoncement aux occupations non nécessaires. — La troisième, la crainte de Dieu. — La quatrième, le recueillement surnaturel, oraison de quiétude. — La cinquième, l'oraison d'union avec Dieu, dont la preuve est l'amour du prochain. — La sixième, l'oraison d'amour et de ravissement. Sur quoi elle fait les réflexions suivantes, qui montrent combien elle était éloignée des faux mystiques anciens et modernes.

« Il vous semblera peut-être, mes filles, que lorsqu'on est favorisé de ces grâces si sublimes, on ne s'arrête pas à méditer les mystères de la très-sacrée humanité de Notre Seigneur Jésus-Christ, parce que l'on ne pense qu'à l'aimer. J'ai traité amplement ce sujet en un autre lieu. Quoique l'on ne soit pas demeuré d'accord de ce que j'en ai dit, mais qu'on ait voulu me faire croire qu'après qu'une âme est fort avancée, il lui est plus avantageux de ne s'occuper que de ce qui regarde la divinité, sans plus penser à rien de corporel, on ne me persuadera jamais qu'il faille marcher par ce chemin. Il se peut faire que je m'abuse, et que ce n'est faute que de bien nous entendre que nous ne sommes pas d'accord; mais j'ai éprouvé que le diable me voulait tromper par cette voie; et l'expérience que j'en ai me fait répéter ce que j'ai dit tant de fois, que l'on doit en cela se tenir extrêmement sur ses gardes. J'ose même ajouter que, qui que ce soit qui vous dise le contraire, vous ne devez point le croire. Je tâcherai de me faire mieux entendre ici que je n'ai fait ailleurs, parce que, si quelqu'un en a écrit, il ne se sera pas peut-être assez bien expliqué, et qu'il est fort dangereux de ne traiter qu'en général de choses si difficiles à entendre.

» D'autres personnes s'imagineront qu'il ne faut point penser à la passion de Notre Seigneur, et encore moins à la très-sainte Vierge et aux actions des saints, quoique cela nous puisse être si utile et nous tant animer à servir Dieu. J'avoue ne pouvoir comprendre à quoi ils pensent, de vouloir ainsi que nous détournions nos yeux de tous les objets corporels; comme si nous étions des anges toujours embrasés d'amour, et non pas des créatures engagées dans un corps mortel, qui nous oblige à nous représenter les actions héroïques faites par ces grands saints pour le service de Dieu, lorsqu'ils étaient encore sur la terre comme nous y sommes maintenant : au lieu que, tenir cette autre conduite, ce serait nous priver volontairement du souverain remède de nos maux, qui est la très-sacrée humanité de Notre Seigneur, en quoi toute notre espérance consiste. En vérité, je ne saurais croire que ces personnes s'entendent elles-mêmes, et elles peuvent beaucoup se nuire et aux autres. Au moins puis-je hardiment assurer qu'elles n'entreront jamais dans les dernières demeures, parce que, n'ayant plus pour guide Jésus-Christ, qui seul les y peut conduire, elles n'en sauraient trouver le chemin. Ce sera beaucoup si elles demeurent en sûreté dans les premières demeures. Car, n'a-t-il pas dit de sa propre bouche : *Qu'il est le chemin et la lumière; que l'on ne peut que par lui aller à son Père; que celui qui le voit, voit son Père?* Et si l'on dit que ces paroles ne doivent pas s'entendre de la sorte, je réponds que je n'y ai jamais trouvé d'autre sens; que celui-là me paraît être le véritable, et que je me suis très-bien trouvée de l'avoir suivi.

» J'ai connu plusieurs personnes qui, après que Dieu les a élevées à une contemplation parfaite, voudraient toujours y demeurer; mais cela ne se peut, et il arrive qu'en agissant de la sorte, elles ne sauraient plus méditer sur les mystères de la vie et de la passion de Jésus-Christ, comme elles faisaient auparavant. Je ne sais qui en est cause; je sais seulement qu'il est assez ordinaire que leur entendement demeure par ce moyen incapable de méditer. Ce qui vient, à mon avis, de ce que le but que l'on se propose dans la méditation étant de chercher Dieu, lorsque l'âme l'a une fois trouvé, elle s'accoutume à ne le plus chercher que par l'opération de la volonté, qui, étant la plus généreuse de toutes les puissances, voudrait, dans le grand amour qu'elle a pour Dieu, se passer de l'entendement; mais elle ne le peut, jusqu'à ce qu'elle soit arrivée à ces dernières demeures, parce qu'elle a souvent besoin de lui pour s'enflammer. »

La septième et dernière demeure, c'est l'union de Dieu avec l'âme, comme de l'époux avec l'épouse, en sorte que Jésus-Christ vit en elle, et elle en Jésus-Christ, et que la sainte Trinité se manifeste à elle, sans qu'on puisse néanmoins s'assurer de ne point commettre de péché. Sainte Thérèse traite encore de cette dernière demeure dans une espèce de commentaire sur le Cantique des cantiques, qui lui-même semble un commentaire de cette parole du Sauveur : *Qui mange ma chair et boit mon sang, demeure en moi et moi en lui.*

Un coopérateur de sainte Thérèse dans la réforme du Carmel fut saint *Jean de la Croix*. Il naquit l'an 1542, à Fontibère, près d'Avila dans la Vieille-Castille. Il était le plus jeune des enfants de Gonsalès d'Yepèz. Sa mère lui inspira de bonne heure une tendre dévotion pour la sainte Vierge : aussi mérita-t-il d'être délivré de plusieurs dangers, par une protection visible de celle qu'il invoquait avec tant de ferveur. Sa mère, devenue veuve, resta sans secours, chargée de trois enfants en bas âge : elle se retira avec eux à Médina. Jean fut envoyé au collège, pour y apprendre les premiers éléments de la grammaire. Peu de temps après, l'administrateur de l'hôpital, qui avait été témoin de sa piété extraordinaire, le prit avec lui, dans la vue de l'employer au service des malades. Jean s'acquitta de cet emploi avec un zèle bien au-dessus de son âge : sa charité éclatait surtout dans les exhortations qu'il faisait aux malades, pour leur inspirer les sentiments dont ils devaient être pénétrés. Il pratiquait en secret des austérités incroyables, et continuait en même temps ses études au collège des Jésuites.

Lorsqu'il eut atteint sa vingt et unième année, il prit l'habit chez les Carmes, à Médina, et ce fut sa dévotion pour la sainte Vierge qui détermina sa préférence pour cet ordre religieux. Jamais novice ne montra plus de soumission, d'humilité, de ferveur et d'amour de la croix. Son zèle, loin de diminuer après le noviciat, ne cessa de prendre de nouveaux accroissements. Ayant été envoyé à Salamanque pour faire sa théologie, il continua d'y pratiquer des austérités extraordinaires. Il voulut loger dans une cellule étroite et obscure qui était au fond du dortoir. Un ais creusé, qui ressemblait à un cercueil, lui servait de lit. Il portait un cilice si rude, que le moindre mouvement mettait tout son corps en sang. Ses jeûnes et ses autres mortifications avaient quelque chose d'incroyable. Tels furent les moyens qu'il employa pour mourir au monde et à lui-même. Mais en même temps, l'exercice continuel de la prière, auquel il se livrait dans le silence et la retraite, faisait prendre l'essor à son âme. La maxime fondamentale de la perfection dont il faisait la règle de sa conduite et qu'il établit depuis dans ses écrits, était que celui qui veut être parfait doit commencer par faire toutes ses actions en union avec celles de Jésus-Christ, désirant de l'imiter et de se revêtir de son esprit. Il doit, en second lieu, mortifier ses sens en toutes choses et leur refuser tout ce qui ne peut point être rapporté à la gloire de Dieu. Il aurait voulu n'être que frère convers; mais ses supérieurs refusèrent d'y consentir.

Son cours de théologie, qu'il avait fait avec succès, étant achevé, il fut ordonné prêtre. Il avait alors vingt-cinq ans. Il se prépara à la célébration de sa première messe par de nouvelles mortifications, par de ferventes prières et par de longues méditations sur les souffrances de Jésus-Christ, afin d'imprimer dans son cœur les plaies précieuses du Sauveur et d'unir au sacrifice de l'Homme-Dieu celui de sa volonté, de ses actions et de toute sa personne. Les grâces qu'il reçut de cette première célébration des saints mystères augmentèrent encore en lui l'amour de la solitude. Il délibéra sur la pensée qui lui était venue d'entrer dans l'ordre des Chartreux.

Nous avons vu sainte Thérèse autorisée par le général des Carmes à fonder deux monastères réformés pour les hommes de son ordre. La sainte était bien éloignée de penser que ce projet pût avoir lieu : il lui eût fallu au moins un coopérateur plein de zèle, qui consentît à se mettre à la tête d'une entreprise aussi difficile; et ce coopérateur lui manquait alors. « D'ailleurs, dit-elle, je n'avais point de maison, ni d'argent pour en acheter une : tellement, que tout se trouvait réduit à une pauvre Carmélite déchaussée, chargée de patentes et pleine de bons désirs, mais sans moyens pour les exécuter et sans aucune assistance que Dieu seul. Le courage ne me manquait pourtant pas : j'espérais toujours que Notre Seigneur achèverait ce qu'il avait commencé; tout me paraissait possible, et ainsi je mis la main à l'œuvre. » Mais, en attendant, elle passa cinq années de suite dans le couvent de Saint-Joseph d'Avila.

Dans le mois d'août de l'année 1567, elle se rendit à Médina del Campo, pour y fonder un nouveau monastère de Carmélites déchaussées. Durant le séjour qu'elle y fit, elle songeait continuellement à la réforme des religieux du même ordre; mais elle n'avait personne pour l'aider dans ce nouveau dessein. Ainsi, ne sachant que faire, elle résolut de confier ce secret au prieur des Carmes de Sainte-Anne de Médina, pour voir ce qu'il lui conseillerait. Il lui en témoigna beaucoup de joie et lui promit qu'il serait le premier qui embrasserait cette réforme. « Je crus, dit Thérèse, qu'il se moquait, parce que, encore qu'il eût toujours été un bon religieux, recueilli, studieux et ami de la retraite, il me semblait que, étant d'une complexion délicate et peu accoutumée aux austérités, il n'était pas propre pour jeter les fondements d'une manière de vie si rude. Je lui dis tout franchement ma pensée, et il me rassura, en me répondant qu'il y avait déjà longtemps que Notre Seigneur l'appelait à une vie plus laborieuse; qu'il avait résolu de se faire Chartreux, et qu'on lui avait promis de le recevoir. Cette réponse me donna de la joie, mais ne me rassura pas entièrement; je le priai de différer l'exécution de son dessein et de s'exercer cependant aux austérités auxquelles il voulait s'engager. Il le fit, et il se passa ainsi une année, durant laquelle il eut beaucoup à souffrir, et le souffrit avec grande vertu (*Fondation de Médina del Campo*). »

Peu de temps après vint dans la même ville Jean de la Croix. Thérèse lui parla, et apprit qu'il voulait, comme le prieur de Sainte-Anne, se faire Chartreux. Elle lui communiqua pareillement son dessein et le pria instamment de différer jusqu'à ce que Dieu leur eût donné un monastère, lui représentant que, puisqu'il voulait embrasser une règle si étroite, il lui rendrait un plus grand service de la garder dans son ordre que dans un autre. Il le lui promit, pourvu que ce retard ne fût pas grand. Une pauvre maison leur fut donnée dans le hameau de Durvelle : les deux religieux s'y établirent comme ils purent et y renouvelèrent leur profession le premier dimanche de l'Avent 1568. Le galetas, qui était au milieu du logis, servit de chapelle et de chœur, et l'on pouvait y faire l'office; mais il fallait se baisser bien bas pour y entrer et pour entendre la messe. Il y avait aux deux côtés de la chapelle deux petits réduits où l'on ne pouvait demeurer qu'assis ou couché. Il y faisait si froid, qu'il avait fallu y mettre quantité de foin. Le plancher en était si bas, qu'on y touchait presque de la tête, et deux petites fenêtres regardaient sur l'autel. Ces bons Pères n'avaient pour chevet que des pierres, au-dessous desquelles étaient des croix et des têtes de morts. Depuis matines jusqu'à prime ils demeuraient en oraison, Dieu leur faisant la grâce de beaucoup s'y occuper; et lorsqu'ils allaient dire prime, leurs habits étaient souvent tout couverts de neige, sans qu'ils s'en aperçussent. Ils allaient prêcher dans les lieux circonvoisins qui manquaient d'instruction : ils allaient jusqu'à deux lieues, marchant les pieds nus sur la neige et sur la glace; et, après avoir passé presque tout le jour à prêcher et à confesser, ils s'en retournaient sans avoir mangé et sans que ce travail, quelque extraordinaire qu'il fût, leur parût considérable. Ce monastère fut depuis transféré en un autre lieu nommé *Mancera*. Telle fut l'origine des Carmes déchaussés, dont l'institut fut approuvé par Pie V et confirmé en 1580 par Grégoire XIII. Les austérités de ces premiers Carmes réformés étaient portées si loin, que sainte Thérèse crut nécessaire de leur prescrire une mitigation. L'odeur de leur sainteté se répandit bientôt dans toute l'Espagne. Sainte Thérèse fut obligée de fonder deux autres monastères, le premier à Pastrane, le second à Alcala.

L'exemple et les exhortations de Jean de la Croix inspiraient aux autres religieux l'esprit de retraite, d'humilité et de mortification. Son amour pour la croix éclatait dans toutes ses actions, et il l'augmentait tous les jours, en méditant sur les souffrances de Jésus-Christ. Il travaillait sans cesse à former en lui une ressemblance parfaite avec Jésus crucifié. Pour purifier entièrement son cœur, Dieu le fit passer par les plus rigoureuses épreuves, tant intérieures qu'extérieures; et c'est la conduite qu'il tient ordinairement à l'égard des âmes destinées à une sainteté éminente et qu'il veut combler de grâces extraordinaires.

Le saint, après avoir goûté les douceurs de la contemplation, se vit privé de toute dévotion sensible. Cette sécheresse spirituelle fut suivie du trouble intérieur de l'âme, de scrupules et du dégoût des exercices de piété, que le serviteur de Dieu n'abandonna cependant jamais. En même temps, les démons l'assaillirent par les plus violentes tentations, et les hommes le persécutèrent par la calomnie; mais les scrupules et la désolation intérieure furent les plus terribles de toutes ses peines. Il semblait au saint voir l'enfer ouvert et prêt à l'engloutir. On trouve dans son livre, intitulé *La nuit obscure*, une description admirable des angoisses que cet état fait éprouver. Elles sont connues plus ou moins des âmes contemplatives; cette épreuve a coutume de précéder la communication des grâces spéciales que Dieu leur accorde. Ce fut par là que Jean de la Croix parvint à ce dénûment, à cette pauvreté d'esprit, à ce renoncement à toutes les affections terrestres, à cette entière conformité à la volonté de Dieu qui est fondée sur la destruction de la volonté propre, à cette patience héroïque, à cette courageuse persévérance. Les rayons de la lumière divine percèrent enfin les ténèbres dont le saint religieux était environné, et il se trouva comme transporté dans un paradis de délices. Mais de nouvelles ténèbres succédèrent aux premières; les peines intérieures et les tentations qui les accompagnèrent furent si violentes, que Dieu parut avoir abandonné son serviteur et être devenu insensible à ses soupirs et à ses larmes. Il tomba dans une tristesse si profonde, qu'il serait mort de douleur, si la grâce ne l'eût soutenu. Le calme revint et fut suivi de consolations. Jean de la Croix sentit alors plus que jamais l'avantage des souffrances et surtout des épreuves intérieures; il comprit combien elles servaient à purifier l'âme de ses imperfections; toujours recueilli, parce qu'il était toujours en la présence de Dieu, son cœur brûlait du feu de la divine charité : il était enflammé d'un ardent désir d'imiter Jésus souffrant, de porter sa croix, de partager ses humiliations, de servir le prochain pour l'amour de lui; rien ne lui paraissait devoir résister à son courage : il jouissait d'une paix inaltérable, et souvent il était élevé dans les transports d'amour à l'union divine, ce qui est le plus sublime degré de la contemplation. Quelquefois les douceurs de cet amour faisaient sur son âme une impression si vive, qu'elle était comme plongée dans un torrent de délices, sans cesser cependant d'éprouver la peine qu'il appelle la blessure de l'amour. Il explique ceci lui-même, en disant qu'il paraît à l'âme, dans cet état, qu'elle est blessée par des traits de feu qui la laissent se consumer tout entière d'amour; et elle est si enflammée, qu'il lui semble qu'elle sort d'elle-même, et qu'elle commence à devenir une nouvelle créature.

Sainte Thérèse se servit utilement de ce grand serviteur de Dieu pour le succès de sa réforme, même parmi les Carmélites. Elle éprouvait de grandes difficultés de la part du couvent d'Avila, où elle avait fait sa première profession. L'évêque de cette ville crut qu'il était nécessaire qu'elle en fût prieure, du moins pour retrancher les fréquentes visites des séculiers. Il y envoya Jean de la Croix, et l'en fit directeur en 1576. Il eut bientôt engagé les religieuses à renoncer au parloir, et à corriger tous les abus que doit proscrire une vie de retraite et de pénitence. Il prêchait avec tant d'onction, qu'on venait de toutes parts l'entendre avec empressement. Plusieurs personnes du monde lui confièrent la direction de leur conscience.

Mais Dieu l'affligea par de nouvelles peines, en permettant qu'il trouvât des persécuteurs dans ses propres frères. Les anciens Carmes s'opposaient à la réforme; et quoiqu'elle eût été entreprise par sainte Thérèse de l'agrément et avec l'approbation du général, ils la traitaient de rébellion contre l'ordre. Aussi, dans leur chapitre à Placentia, condamnèrent-ils Jean de la Croix comme un fugitif et un apostat. Les officiers de justice, venus de leur part, l'enlevèrent tumultueusement du couvent, et le traînèrent en prison. Mais connaissant la vénération dont le peuple d'Avila était pénétré pour lui, ils le firent conduire à Tolède, où il fut renfermé dans une cellule qui ne recevait le jour que par une ouverture très-étroite. Pendant les neuf mois qu'il y resta, on ne lui donna pour nourriture que du pain, de l'eau et quelques petits poissons. Il recouvra cependant la liberté par le crédit de sainte Thérèse, et par une protection visible de la Mère de Dieu. Il fut favorisé, durant sa captivité, des plus abondantes consolations du ciel, ce qui lui faisait dire depuis : « Ne soyez pas étonné si je montre tant d'amour pour les souffrances; Dieu m'a donné une haute idée de leur mérite et de leur valeur, lorsque j'étais en prison à Tolède. »

A peine eut-il été mis en liberté, qu'il fut établi supérieur du petit couvent du Calvaire, situé dans un désert. En 1579, il fonda celui de Baëza. Deux ans après, on lui confia la conduite du couvent de Grenade. On l'élut en 1585, vicaire provincial d'Andalousie, et premier définiteur de l'ordre, en 1588. Ce fut dans le même temps qu'il fonda le couvent de Ségovie. Les divers emplois qu'il exerça ne lui firent jamais rien diminuer de ses austérités. Il ne dormait que deux ou trois heures chaque nuit, et passait le reste en prière devant le Saint-Sacrement. On ne se lassait point d'admirer son humilité, son amour pour l'abjection, sa ferveur et son zèle dans tous les exercices, et un désir insatiable de souffrir. « Nous voyons, disait-il ordinairement, par l'exemple de Jésus-Christ et des martyrs, que souffrir pour Dieu est le caractère distinctif de l'amour divin. Les persécutions sont des moyens pour parvenir à la connaissance du mystère de la croix, une condition nécessaire pour comprendre la sagesse de Dieu et son amour. » Ayant un jour entendu Jésus-Christ lui demander quelle récompense il désirait de ses travaux : « Seigneur, répondit-il, je n'en veux point d'autre que de souffrir et d'être méprisé pour vous. » Le nom seul de croix le fit tomber en extase, en présence de la mère Anne de Jésus. Il y avait trois choses qu'il demandait souvent à Dieu : la première, de ne passer aucun jour de sa vie sans souffrir quelque chose; la seconde, de ne point mourir supérieur; la troisième, de finir sa vie dans l'humiliation, la disgrâce et le mépris. La vue seule d'un crucifix suffisait pour lui donner des ravissements d'amour, et le faire fondre en larmes. La passion du Sauveur était le sujet ordinaire de ses méditations, et il recommande fortement cette pratique dans ses écrits. Sa confiance en Dieu lui fit donner plusieurs fois aux pauvres ce qui lui était nécessaire à lui-même, et il en fut récompensé par des grâces miraculeuses. Il appelait cette confiance en Dieu, le patrimoine des pauvres, et surtout des personnes religieuses.

Le feu de l'amour divin brûlait tellement son cœur, que ses paroles en embrasaient ceux qui l'écoutaient. Tout absorbé en Dieu, il fallait qu'il se fît violence pour s'entretenir d'affaires temporelles, et quelquefois il était incapable de le faire lorsqu'il venait de prier. Alors il s'écriait comme hors de lui-même : « Prenons l'essor, élevons-nous en haut; que faisons-nous ici, mes chers frères ? Allons à la vie éternelle. » Son amour pour Dieu se manifestait en certaines occasions, par des traits de lumière qui éclataient sur son visage. Une personne de distinction en fut un jour si frappée, qu'elle prit sur-le-champ la résolution de quitter le monde pour entrer dans l'ordre de Saint-Dominique. Une dame qui se confessait à lui éprouva la même impression pour la même cause; elle renonça tout à coup aux parures mondaines, et se consacra à Dieu dans la retraite, au grand étonnement de toute la ville de Ségovie. Son cœur était comme une immense fournaise d'amour qu'il ne pouvait contenir en lui-même, et qui éclatait au dehors par des signes extérieurs dont il n'était pas le maître. On n'admirait pas moins son amour pour le prochain, surtout pour les pauvres, les malades et les pécheurs; il était rempli d'affection et de tendresse pour ses ennemis, et il leur rendait toujours le bien pour le mal; il était rigide observateur de la pauvreté, afin de se préserver de tout attachement aux choses terrestres. Tout l'ameublement de sa cellule consistait en une image de papier, une croix faite de jonc et un lit très-grossier. Il choisissait le Bréviaire et l'habit le plus usé. Le profond sentiment pour la religion, dont il était pénétré, lui inspirait un respect extrême pour tout ce qui appartenait au culte divin. Par le même motif, il tâchait de sanctifier toutes ses actions. Il passait la plus grande partie du jour et de la nuit en prière, et souvent devant le Saint-Sacrement. Enfin il pratiquait la vraie dévotion dont il a lui-même tracé le caractère, en disant qu'elle est humble et ennemie de l'éclat; qu'elle aime le silence et fuit l'activité; qu'elle se défait de tout attachement; qu'elle hait la singularité ou la présomption; qu'elle se défie d'elle-même; qu'elle suit avec ardeur les règles saintes et communes. L'expérience dans les choses spirituelles, et plus encore la lumière du Saint-Esprit, lui avaient communiqué le don de discerner les esprits, et il n'aurait pas été facile de lui en imposer sur ce qui venait ou ne venait pas de Dieu. Il découvrit plus d'une fois que de prétendues visions sur lesquelles on l'avait consulté, n'étaient que des illusions.

Dans le chapitre de l'ordre, tenu à Madrid en 1591, Jean de la Croix dit avec liberté son avis contre les abus que quelques-uns des chefs toléraient ou voulaient introduire. Il n'en fallut pas davantage pour réveiller les mauvaises dispositions où l'on était à son égard. On le dépouilla de tous les emplois qu'il avait dans l'ordre. Le saint se vit avec joie réduit à l'état de simple religieux. Il se retira dans le couvent de Pegnuela, situé dans les montagnes de Sierra-Moréna, et fort solitaire.

Il plut à Dieu de consommer la vertu de son serviteur par une seconde épreuve qui lui vint encore de la part de ses propres frères. Jean de la Croix regardait comme un bonheur son exil à Pegnuela. Il excusait les auteurs de sa disgrâce, et il empêchait ses amis d'écrire au vicaire général, pour lui faire connaître les injustices dont il était la victime. Il avait pour principaux ennemis deux religieux de l'ordre, d'un grand crédit et d'autant plus redoutables, qu'ils cachaient leurs mauvaises dispositions sous l'apparence du zèle. Enflés d'orgueil à cause de leur savoir et des applaudissements qu'ils s'attiraient par leurs sermons, ils avaient secoué le joug de la règle et ne remplissaient plus leurs devoirs. Jean de la Croix étant provincial d'Andalousie, les reprit souvent de ce désordre. Voyant l'inutilité de ses représentations, il usa de son autorité; il leur défendit de prêcher et de sortir de leur couvent. Mais au lieu de se soumettre avec docilité, ils conçurent une haine implacable contre leur supérieur. Ils regardaient le traitement qu'ils subissaient à juste titre comme l'effet de l'injustice. Ils se plaignirent hautement des entraves qu'on mettait à leur zèle, affectant d'ignorer que Dieu ne bénit les fonctions du saint ministère qu'autant qu'elles sont accompagnées de la défiance de soi-même et d'une humilité profonde. Cette présomption les précipita dans d'autres excès plus criminels encore, et qu'ils tâchaient de pallier sous le nom de vertu.

Un d'entre eux, profitant de la disgrâce actuelle du saint, publia dans toute la province, qu'il avait des raisons suffisantes pour le faire chasser de l'ordre, et il peignait sa conduite sous les couleurs les plus odieuses. Jean de la Croix ne répondit autre chose aux accusations intentées contre lui, sinon qu'il souffrirait avec joie les peines qu'on lui infligerait. On l'abandonna bientôt. Tous craignaient de paraître avoir quelque commerce avec lui, pour ne pas être enveloppés dans la même disgrâce. Il n'avait d'autre consolation que la prière, où il puisait les grâces qui lui faisaient supporter les souffrances avec patience et même avec joie. La vérité cependant se fit jour, et l'innocence triompha. Le saint, pendant cette épreuve, reçut du ciel les faveurs les plus signalées : il comprit, par sa propre expérience, qu'une âme qui sert Dieu est toujours dans la joie, et qu'elle ne cesse de chanter, avec une nouvelle ardeur et un nouveau plaisir, de nouveaux cantiques d'amour et de jubilation.

Il se livra tout entier dans sa retraite à la pratique des austérités et à l'exercice de la contemplation. Enfin il tomba malade, et il ne put cacher plus longtemps son état. Comme il ne trouvait point de secours à Pegnuela, son provincial lui proposa de quitter cette maison, et lui laissa la liberté de se retirer soit à Baëza, soit à Ubéda. Il semblait naturel qu'il choisît le couvent de Baëza, parce qu'il y aurait été fort commodément, et parce que le prieur était son ami intime. Il préféra cependant celui d'Ubéda, qui était pauvre et que gouvernait un des deux religieux dont nous avons parlé. Ce fut l'amour des souffrances qui détermina son choix. La fatigue du voyage augmenta considérablement l'inflammation qu'il avait à une jambe, et qui fut bientôt accompagnée d'ulcères. Il fallut en venir à des opérations douloureuses, qu'il supporta sans se plaindre et même sans pousser un soupir. La fièvre d'ailleurs ne lui permettait pas de goûter un moment de repos. Au fort de ses peines, il baisait son crucifix et le pressait sur son cœur. Le prieur, oubliant à son égard tout sentiment d'humanité, le traitait de la manière la plus indigne : il défendait aux autres religieux d'aller le voir. Il changea l'infirmier, parce qu'il le servait avec charité; il le renferma dans une petite cellule et ne lui parlait que pour l'accabler de reproches outrageants. Il ne lui fournissait que ce qui était absolument nécessaire pour ne pas mourir, et lui refusait les adoucissements qu'on lui envoyait du dehors. Jean de la Croix souffrit ce barbare traitement avec joie. Pour perfectionner son sacrifice, Dieu l'abandonna quelque temps à cet état de désolation intérieure qu'il avait autrefois éprouvé; mais son amour et sa patience n'en devinrent que plus héroïques.

Le provincial étant venu au convent d'Ubéda, apprit avec indignation ce qui se passait. Il fit ouvrir la porte de la cellule où était le serviteur de Dieu, en disant qu'un pareil modèle de vertu ne devait pas seulement être connu de ses frères, mais du monde entier. Le prieur d'Ubéda reconnut l'indignité de sa conduite, demanda pardon au saint, reçut avec docilité ses instructions et ne cessa de déplorer depuis ses égarements passés.

Quant à Jean de la Croix, on ne peut mieux peindre ce qu'il éprouva dans ses derniers moments qu'en rapportant ce qu'il dit de la mort d'un saint. « Le parfait amour de Dieu rend la mort agréable et y fait trouver les plus grandes douceurs. Ceux qui aiment ainsi meurent avec de brûlantes ardeurs et quittent ce monde avec un vol impétueux, par la véhémence du désir qu'ils ont de se réunir à leur bien-aimé. Les fleuves d'amour qui sont dans leur cœur sont prêts à déborder pour entrer dans l'océan d'amour. Ils sont si vastes et si tranquilles, qu'ils paraissent être alors des mers calmes. L'âme est inondée d'un torrent de délices, à l'approche du moment où elle va jouir de la pleine possession de Dieu. Sur le point d'être affranchie de la prison du corps presque entièrement brisé, il lui semble qu'elle contemple déjà la gloire céleste, et que tout ce qui est en elle se transforme en amour (*Vive flamme d'amour*). » Deux heures avant sa mort, notre saint récita tout haut le psaume *Miserere* avec ses frères. Il se fit lire ensuite une partie du Cantique des cantiques, et, pendant cette lecture, il ressentait les plus vifs transports de joie. A la fin il s'écria : *Gloire à Dieu!* puis, pressant le crucifix sur son cœur, il dit : *Seigneur, je remets mon âme entre vos mains*, et expira tranquillement le 14 décembre 1591, à l'âge de 49 ans, après en avoir passé 28 dans la vie religieuse. Il a été canonisé en 1726 par Benoît XIII, qui a fixé sa fête au 24 novembre (Godescard).

Nous avons de saint Jean de la Croix plusieurs traités mystiques : 1° *De la nuit obscure;* 2° *De la montée du Carmel;* 3° *Cantique du divin amour entre l'âme et Jésus-Christ, son époux;* 4° *La vive flamme d'amour;* 5° *Poésies sacrées, conseils spirituels et lettres spirituelles* : le tout écrit originairement en espagnol.

Ce qu'il y a de plus difficile à comprendre dans ces œuvres, ce sont les deux livres *De la nuit obscure*. Voici quel nous en paraît être le fond. L'homme de la chair, l'homme plongé tout entier dans la vie animale, un ivrogne, par exemple, ne conçoit rien au-dessus du boire et du manger, rien au-dessus du corps et de ce qui le flatte. Tout ce qui est intellectuel, science, poésie, beautés morales, lui est folie. L'homme de la raison ou le philosophe, plongé tout entier dans la nature, ne conçoit rien au-dessus des idées naturelles, rien au-dessus de la raison humaine. Tout ce qui est surnaturel, divin, la foi, la grâce, lui est folie. Il est au chrétien ce que l'ivrogne est au philosophe. Mais l'homme de la chair a beau méconnaître ou nier l'ordre intellectuel, cet ordre n'en existe pas moins. De même l'homme de la nature a beau méconnaître ou nier l'ordre surnaturel, l'ordre de la grâce, cet ordre n'en existe pas moins. Pour s'élever à l'ordre intellectuel, l'homme de la chair est obligé de mourir en quelque sorte à soi-même, pour entrer dans une nouvelle existence, dans un monde nouveau qui lui paraît d'abord une nuit obscure, non pas que les ténèbres y soient réelles, mais parce que ses yeux ne sont pas habitués à une si grande lumière. Pour s'élever à l'ordre surnaturel, à l'ordre de la grâce et de la foi, l'homme de la nature est obligé de mourir en quelque sorte à soi-même, pour entrer dans une existence nouvelle, dans un nouveau monde, qu'il n'avait pas même soupçonné, qui lui paraît d'abord une nuit obscure, non pas que les ténèbres y soient réelles, mais parce que ses yeux ne sont pas habitués à une si grande lumière. Ce sont là les nuits obscures de saint Jean de la Croix. L'homme de la chair, en devenant l'homme de la raison, ne cesse pas d'être homme, mais il le devient plus et mieux. L'homme de la raison, en devenant l'homme de la foi, ne cesse pas d'être l'homme de la raison humaine, mais il devient de plus l'homme de la raison divine.

Voici une belle parole de saint Thomas : « La grâce ne détruit point la nature, mais elle la présuppose et la perfectionne (*Summa* 1, q. 1, a. 8, ad 2; q. 2, a. 2, ad 1). » Ainsi la grâce, en soumettant la raison à la foi, ne détruit point la raison, mais la présuppose; elle ne l'abaisse point, elle l'élève au contraire au-dessus d'elle-même. Pour se soumettre immédiatement à qui est égal ou inférieur à soi, il faut s'abaisser; mais pour se soumettre immédiatement à qui est infiniment au-dessus de soi, à Dieu tel qu'il est en son essence, il faut s'élever infiniment. Ainsi la grâce de la foi élève la raison infiniment au-dessus d'elle-même. Pareillement, qui soumet ses sens à la raison ne les détruit point, mais les présuppose; il ne les dégrade point, il les élève, au contraire il les perfectionne, il les spiritualise, il rend leur ministère plus profitable. Le grand point est d'établir la subordination entre les sens et la raison, entre la raison et la foi. Il ne faut captiver que ce qu'il y a de rebelle et d'hostile en nous, qu'on appelle le vieil homme, la nature corrompue ou simplement la nature. Il est bon de savoir au juste le sens véritable de ces expressions, afin de garder en tout la discrétion et la mesure convenables. Au fond, il ne s'agit que de subordonner les sens à la raison, et la raison à la grâce ou à la foi. Quand Jésus-Christ dit : *Si quelqu'un veut venir après moi, il faut qu'il se renonce soi-même* (Matth., 16, 24), il entend principalement ce nous-même qui est rebelle et corrompu. En un sens aussi, il faut nous renoncer tout entiers, afin de nous donner tout entiers à Jésus-Christ et nous recevoir ensuite nous-mêmes de lui, tels qu'il voudra bien nous réformer par sa grâce.

Ainsi, dans tout ce que Dieu fait, soit nature, soit grâce, tout se tient, tout se lie, tout ne fait qu'un grand ensemble; la grâce ne détruit point la nature, mais la présuppose et la perfectionne. Aussi quelqu'un a dit : « Certes, nous devons avoir une si grande estime et un si grand attachement pour les lumières de la raison et de l'Evangile, que, si nous entendions intérieurement quelques paroles surnaturelles, soit malgré nous, soit de notre consentement, il ne faudrait pas y consentir ni les agréer, à moins qu'elles ne s'accordassent avec l'Evangile et la raison. Et ce quelqu'un qui parle de la sorte est un des plus fameux mystiques, saint Jean de la Croix. (T. I de ses *Œuvres*, p. 334. Avignon, 1828). »

Le même, examinant pourquoi il n'est pas permis en la loi nouvelle de consulter Dieu par voie surnaturelle, telle que songe, vision, comme on faisait en la loi ancienne, répond d'abord que, Dieu nous ayant dit par son Fils tout ce qui était nécessaire, il n'y a plus à l'interroger par des révélations, puis il ajoute : « Au reste, les Juifs étaient obligés de croire que ce qu'ils apprenaient en ces occasions, de la bouche de leurs prêtres et de leurs prophètes, était la parole de Dieu, et ils en devaient juger selon cette règle, et non selon leur propre sentiment. Si bien que les prêtres et les prophètes devaient approuver les choses que Dieu disait, et qui, sans cette approbation, n'avaient aucune autorité et n'imposaient aucune obligation d'y ajouter foi. Le souverain du monde veut si absolument que la conduite spirituelle d'un homme dépende d'un autre homme semblable à lui, qu'il n'exige pas de nous que nous croyions tout à fait ce qu'il révèle ni que nous y déférions entièrement, à moins qu'il ne vienne à nous par le canal des hommes (*Œuvres*, etc., t. I, p. 349). »

Ainsi que nous l'avons déjà observé, on serait tenté de croire que la vie dans l'ordre surnaturel rend indifférent à la connaissance des choses de l'ordre naturel. C'est une erreur. Témoin Job, familiarisé avec toutes les merveilles de la grâce et chantant en poète toutes les merveilles de la nature; témoin David, cet homme selon le cœur de Dieu, qui s'élève de toutes les créatures pour le bénir; témoin saint Basile et saint Ambroise, avec leurs magnifiques commentaires sur l'œuvre des six jours; témoin sainte Thérèse, qui, dans ses extases, composait des stances poétiques, et saint Jean de la Croix, qui, dans ses *Cantiques spirituels*, a les choses les plus élevées sur la beauté de la création, entre autres cette pensée et cette parole-ci : « Dieu a communiqué aussi aux créatures, par son Fils, l'être surnaturel, lorsqu'il a gravé le caractère de son image dans l'homme, qu'il a élevé jusqu'à sa ressemblance. Car toutes les créatures étant renfermées dans l'homme, partagent avec lui cet honneur. C'est pourquoi Jésus-Christ dit que, lorsqu'il sera élevé de terre, il attirera toutes choses à lui. De sorte que Dieu le Père a revêtu de gloire toutes les créatures dans le mystère de l'incarnation et de la résurrection de son Fils (*Ibid.*, t. III, p. 172). »

Nous avons vu que, pour convertir à Dieu la philosophie grecque et la philosophie romaine, les meilleurs guides sont les premiers Pères de l'Eglise. Quant à la philosophie indienne et à l'égyptienne, qui paraissent la même, où les créatures semblent émaner de la Divinité comme des diminutifs de sa substance, pour s'y réunir un jour de manière à n'être à peu près plus; les meilleurs guides pour apprécier ce qu'il y a de vrai, de faux, d'explicable, sont les auteurs ascétiques ou mystiques autorisés par l'Eglise : saint Thomas, saint Bonaventure, sainte Thérèse, saint Jean de la Croix. Ils connaissent le mieux, par expérience, la distinction de la nature et de la grâce, jusqu'où peut aller l'union avec Dieu, comment les créatures viennent de Dieu. Leur langage peut servir de règle.

Sur ces deux vers d'un de ses cantiques, le quatrième,

Avec combien de douceur et d'amour
Vous éveillez-vous dans mon sein!

Jean de la Croix fait cette glose. : « Le réveil que le Fils de Dieu fait en l'âme n'est autre chose que le mouvement qu'il excite au fond de l'âme. — Il semble que tous les royaumes de la terre et toutes les puissances du ciel se remuent pour concourir à ce mouvement ; parce, comme dit saint Jean, que toutes *sont vie en lui*; et, selon l'expression de l'Apôtre, *elles vivent et se meuvent en lui*. — Il fait connaître à l'âme, dans ce mouvement, de quelles manières toutes les créatures, supérieures ou inférieures, ont en lui leur vie, leur force, leur durée. Elle comprend ce qu'il dit lui-même : *Que c'est par lui que les rois règnent, que les législateurs font des lois justes, que les princes commandent et que les puissants rendent la justice* (Prov., 8, 15 et 16). Et quoiqu'elle sache très-bien que toutes ces choses, n'ayant qu'un être créé et fini, sont distinctes de Dieu, qui est sans commencement et sans fin, quoiqu'elle les connaisse en lui avec toutes leurs forces et leurs qualités : néanmoins, elle les connaît mieux en son essence, à cause de son éminence infinie, qu'en elles-mêmes et qu'en leur nature. De sorte qu'elle puise des plaisirs infinis dans cette féconde source ; je veux dire dans la connaissance des effets par leur cause, des créatures par leur principe. Elle reçoit de Dieu du changement et du mouvement, et, dans ce nouvel état, elle connaît en lui cette vie divine, elle y voit cette essence et cette harmonie de toutes les créatures : elle connaît comment Dieu produit ces effets et fait ce changement, en faisant passer du néant à l'être (*Œuvres*, etc., t. II, p. 122). ».

Nous croyons donc que la philosophie chrétienne et la poésie chrétienne pourraient encore apprendre, dans les auteurs mystiques, bien des merveilles dont elles ne se doutent guère. Qui s'imaginerait, par exemple, que dans un des couvents les plus austères du Carmel, celui de Séville, les Carmélites réformées, prieure et religieuses, qui eurent à souffrir bien des traverses, des persécutions même, passaient leurs heures de récréation à composer en vers des cantiques spirituels, qu'elles envoyaient à sainte Thérèse ? Rien cependant n'est plus vrai. La sainte écrit à la prieure en 1577 : « Vous êtes, en vérité, bien plaisante, de me dire avec un air dédaigneux : *Les sœurs vous envoient ces couplets de vers*, comme si vous-même n'aviez pas tout inventé. Puisque, de là, vous n'avez personne pour vous faire la correction, je ne ferai point mal, pour vous empêcher de vous évanouir, de vous dire ici vos vérités. Je suis bien assurée, du moins, que vous n'êtes pas d'humeur à dire des bagatelles ni à faire quelque chose qui ne paraisse bon. Plaise au Seigneur que nous n'ayons d'autre vue que de le bien servir! c'est le moyen que tout ceci ne soit pas mauvais. Je ris de ma conduite; je suis chargée de répondre à une infinité de lettres, et je m'amuse tranquillement à écrire des impertinences... Les poésies qu'on m'envoie de chez vous m'ont fait beaucoup de plaisir. J'ai envoyé les premières à mon frère, avec quelques-unes de celles que j'ai reçues depuis, parce que les vers n'en étaient pas assez arrangés. Vous pouviez, ce me semble, en donner communication au saint vieillard, et lui dire que vous passez le temps de la récréation à de pareilles choses. Tout cela est le langage de la perfection; car il n'y a rien que de juste dans des entretiens où il s'agit de divertir une personne à qui ses grandes charités nous rendent si redevables; je ne les saurais assez admirer (*Lettre de sainte Thérèse à la Mère Marie de Saint-Joseph, prieure de Séville*, lettre 95 de l'édition de Migne). »

La même année, Thérèse écrivait à son frère Laurent de Cépède : « On m'a envoyé ici (à Tolède) vos lettres, qui ont beaucoup diverti nos sœurs, aussi bien que moi; elles les ont lues à la récréation. Qui voudrait vous interdire la plaisanterie, mon cher frère, ce serait vous ôter la vie; mais comme c'est à des saintes que vous avez affaire, vous n'y prenez pas garde de si près. Vous avez bien raison. Ce sont de véritables saintes que nos sœurs. Elles me jettent à chaque instant dans la confusion.

» C'était hier la fête du Nom de Jésus, et nous eûmes grande réjouissance au couvent. Dieu vous rende votre présent! je ne sais comment reconnaître tous vos bienfaits, à moins que vous ne vouliez accepter en échange ces couplets que j'ai faits par ordre de mon confesseur, pour réjouir nos sœurs, avec qui j'ai passé tous ces jours-ci la récréation du soir. L'air en est fort beau, et je voudrais que le petit François pût apprendre à les chanter. Ne voilà-t-il pas du temps bien employé? Avec tout cela Dieu n'a pas laissé de me faire bien des grâces ces jours-ci...

» Je comptais que vous nous enverriez vos couplets. Ceux-ci n'ont ni pied ni tête, mais on ne laisse pas de les chanter. En voici d'autres qui me viennent à l'esprit et que je fis un jour que j'étais bien absorbée en oraison. Il me semblait, à mesure que je les composais, qu'une douce paix s'introduisait dans mon âme. Je ne sais si je m'en souviendrai. C'est seulement pour vous montrer que d'ici même je cherche à vous procurer quelque délassement.

Vous triomphez, ô beauté sans seconde!
Pour vous j'éprouve un tourment enchanteur;
Et vos attraits me détachent du monde,
Sans qu'il en coûte un soupir à mon cœur.

Qu'il est puissant ce nœud qui joint ensemble
Les deux sujets le moins faits pour s'unir!
Tant que ce nœud par vos soins les assemble,
Les plus grands maux se changent en plaisir.

Le RIEN s'unit à l'ÊTRE par essence
Et l'immortel me paraît expirant;
L'indigne objet de votre complaisance
A peine existe, et vous le rendez grand.

» Le reste ne me revient pas. Quelle cervelle de fondatrice! Cependant je vous dirai que je croyais être fort sensée quand je fis ces vers. Dieu vous pardonne le temps que vous me faites perdre! J'imagine que ces couplets pourront vous attendrir et augmenter votre dévotion. N'en dites rien à personne (Lettre 24, édit. Migne). »

Dans une lettre suivante, Thérèse explique un de ces couplets à son frère. « Je ne sais trop que vous dire sur ce que vous me marquez qui vous est arrivé. Ce n'est pas chose qui soit à votre portée pour le présent; mais ce sera pour vous une source de biens, à moins que vous ne les perdiez par votre faute : j'ai éprouvé moi-même cette sorte d'oraison. Elle laisse une grande paix dans l'âme et la porte quelquefois à des exercices de pénitence; surtout si le mouvement a été impétueux. L'âme alors ne peut se souffrir elle-même, si elle ne fait quelque chose pour Dieu. C'est un coup d'amour que Dieu lui donne; et cet état si désirable vous donnera avec le temps, si vous y faites du progrès, l'intelligence de l'endroit de mes couplets que vous dites n'avoir point compris. C'est précisément dans cet état que l'âme ressent une grande peine, une douleur bien vive, sans savoir d'où cela vient; peine et douleur qui sont cependant pleines de délices. C'est dans cet état qu'elle se sent véritablement blessée de l'amour de Dieu, sans pouvoir dire ni où, ni comment, ni même si c'est une blessure qu'elle a reçue. C'est alors que, partagée entre la douleur et la joie, elle se plaint amoureusement, en disant :

Pour vous j'éprouve un tourment enchanteur;
Et vos attraits me détachent du monde,
Sans qu'il en coûte un soupir à mon cœur.

» En effet, quand l'âme vient à être véritablement frappée de l'amour de Dieu, elle ne sent pas la moindre peine à renoncer aux créatures, quelque attachée qu'elle leur fût auparavant; mais, ôtez l'amour divin, plus l'âme est attachée aux créatures, plus elle a de peines; et cette peine devient bien plus grande, lorsqu'il faut les quitter. Enfin, lorsque Dieu s'empare de l'âme, il la rend supérieure à tout ce qui est créé (Lettre 25, édit. Migne). »

Thérèse entendit un jour dans son intérieur, la voix de Dieu qui disait à l'âme : *Cherche-toi en moi*. Elle fit part de ce secret à son frère. L'évêque d'Avila en ayant eu connaissance, voulut que ces paroles fissent le sujet d'une récréation spirituelle et profitable, et chargea quatre personnes d'en donner chacun son interprétation par écrit : c'étaient Laurent, frère de la sainte, le pieux gentilhomme François de Salsède, le prêtre Julien d'Avila, et Jean de la Croix. L'évêque ayant reçu leurs ouvrages, les remit à Thérèse avec ordre d'en faire la critique; ce qu'elle fit par la lettre suivante.

« Monseigneur, si l'obéissance ne m'y forçait, certainement je n'accepterais pas la qualité de juge dont vous voulez m'honorer, et je ne manquerais pas de raison pour la refuser. Ce ne serait pourtant pas, comme le disent, nos sœurs, parce que mon frère est du nombre des contendants; ce qui pourrait faire soupçonner que, par amitié pour lui, je ne donnasse en sa faveur une entorse à la justice. Non; ces messieurs me sont tous quatre également chers, m'ayant tous aidée à supporter mes travaux. Je conviendrai même que mon frère est venu le dernier, comme nous achevions de boire le calice des souffrances; mais il en a eu sa part, et il en aura encore par la suite une meilleure, moyennant la grâce de Dieu.

« Que Dieu me fasse aussi celle de ne rien dire qui mérite qu'on me dénonce à l'Inquisition; car franchement je me sens la tête bien affaiblie par la quantité de lettres et d'autres choses qu'il m'a fallu écrire depuis hier au soir. Mais l'obéissance peut tout sur moi. Ainsi, bien ou mal, je vais faire ce que vous m'ordonnez. J'aurais voulu seulement me réjouir un peu par la lecture de ces ouvrages; mais vous ne permettez pas que je m'en tienne là. Il faut vous obéir.

« D'abord, à ce qu'il paraît, les paroles dont il est question sont de l'Époux de nos âmes, qui leur dit : *Cherche-toi en moi.* Je n'en veux pas davantage pour conclure que M. Salsède a pris à gauche, en disant que cela signifie que Dieu est en toutes choses. Voyez un peu la belle découverte ! — Il parle aussi beaucoup d'entendement et d'union. Mais qui ne sait que dans l'union l'entendement n'agit pas? Or, s'il n'agit plus, comment pourrait-il chercher? J'ai été fort contente de ce verset de David : *J'écouterai ce que dit en moi le Seigneur;* et certainement on doit faire grand cas de cette paix dans les puissances de notre âme, qui sont appelées *peuple* par le prophète; mais, comme je me suis fait un plan de ne rien approuver de tout ce qui m'a été dit, je soutiens que ce verset ne vient point à propos, par la raison que les paroles en question ne disent point *écoute*, mais *cherche-toi.* — Mais voici bien le pis, c'est que si M. de Salsède ne se dédit pas, je le dénoncerai à l'Inquisition, qui est ma voisine. Y pense-t-il? Tout le long de son écrit, il ne cesse de dire et de répéter : *Ceci est de saint Paul; C'est le Saint-Esprit lui-même qui s'exprime de cette façon.* Et après cela il finit par dire que son écrit n'est plein que de sottises. Oh! qu'il se rétracte tout présentement, sinon il verra beau jeu.

» Pour le Père Julien d'Avila, il commence bien et finit mal; ainsi il ne mérite aucune préférence sur ses concurrents. On ne lui demande pas ici qu'il nous explique comment la lumière incréée et la lumière créée s'animent ensemble, mais comment nous devons nous chercher en Dieu. On ne lui demande pas non plus qu'il nous dise ce que sent une âme lorsqu'elle est parfaitement unie à son Créateur, et si dans cet état elle diffère ou non de ce divin objet. Je ne pense point du tout que les paroles dont il s'agit doivent donner lieu à de pareilles questions, puisque, pour les résoudre, il faudrait que l'homme pût connaître la différence qu'il y a du Créateur à la créature. — Que veut-il dire encore par cette expression : *Quand l'âme est épurée?* Pour moi, je crois que les vertus et l'épurement ne suffisent point ici, parce qu'il s'agit d'un état surnaturel et d'un don que Dieu fait à qui il lui plaît; et si quelque chose y pouvait disposer, ce serait l'amour.

Mais je lui pardonne ces écarts, en considération de ce qu'il a été moins long que le Père Jean de la Croix.

» La doctrine de celui-ci pourrait être bonne à qui voudrait faire les exercices de la Compagnie de Jésus; mais elle est ici absolument déplacée. Nous serions bien à plaindre, si nous ne pouvions chercher Dieu qu'après que nous serions morts au monde. Eh quoi! la Madeleine, la Samaritaine et la Cananée étaient-elles déjà mortes au monde, quand elles trouvèrent Dieu! Il débite encore quantité de belles réflexions sur la nécessité de s'unir à Dieu, pour ne faire qu'une seule et même chose avec lui. Mais quand cela arrive, quand l'âme a reçu de Dieu cette faveur signalée, il ne peut plus lui dire de le chercher, puisqu'elle l'a déjà trouvé. — Dieu me délivre de ces gens si spiritualisés, qui veulent, sans examen et sans choix, ramener tout à la contemplation parfaite! Avec tout cela il faut pourtant lui savoir gré de nous avoir si bien expliqué ce que nous ne lui demandions pas. Voilà ce qu'on gagne à parler de Dieu; on en tire souvent tel profit auquel on ne s'attendait pas du tout.

» Quant au pauvre M. de Cépède (à qui nous sommes cependant bien obligés de ses vers et de sa réponse), il en a dit plus qu'il n'en savait, mais en faveur de la petite récréation qu'il nous a donnée, nous lui pardonnons volontiers son peu d'humilité d'avoir voulu traiter de matières si fort au-dessus de sa portée, comme il en convient lui-même. Ce n'est pas pourtant qu'il ne méritât la correction pour le bon conseil qu'il donne aux âmes dévotes de pratiquer l'oraison de quiétude; comme si la chose dépendait d'elles. Dieu veuille qu'il tire quelque profit de sa témérité! Son ouvrage n'a pas laissé de me faire plaisir, quoique au fond je trouve qu'il a eu grande raison d'en être un peu honteux.

» Enfin, Monseigneur, on ne peut décider lequel de tous ces écrits est le meilleur, puisque, sans leur faire tort, aucun n'est exempt de faute. Dites donc à ces messieurs qu'ils se corrigent, et peut-être ne ferai-je pas mal de me corriger moi-même, pour ne pas ressembler à mon frère dans son peu d'humilité. Il faut pourtant convenir que ces messieurs sont tous de très-habiles gens, et qu'ils n'ont perdu que pour avoir trop beau jeu; car (comme je l'ai observé) à une personne qui aurait obtenu la grâce de tenir son âme unie à Dieu, il ne lui dirait pas de le chercher, puisqu'elle le posséderait déjà. Pour ne vous pas ennuyer davantage, Monseigneur, de mes extravagances, je ne répondrai pas, pour le présent, à la lettre que vous m'avez fait l'honneur de m'écrire; je me contenterai de vous en remercier très-humblement, et de vous renouveler les assurances du profond respect avec lequel je suis, Monseigneur, de Votre Grandeur, l'indigne et très-soumise servante, Thérèse de Jésus (Lettre 23, édit. Migne). »

Ces lettres furent écrites en 1577, où mourut dans un monastère du Carmel une sainte personne avec qui Thérèse était en correspondance et qu'elle nous fait connaître. Elle se nommait *Catherine*, était née à Naples, en 1519, des ducs de Cardone. A l'âge de quarante ans, elle fut appelée en Espagne, pour veiller à la première éducation de l'infant don Carlos, fils du roi Philippe II. Mais, dit sainte Thérèse, dès le temps que cette fille vivait dans le monde avec des personnes de sa qualité, elle veillait très-soigneusement sur elle-même, faisait beaucoup d'austérités, et désirait de plus en plus se retirer en quelque lieu solitaire, pour ne s'occuper que de Dieu seul et à des actions de pénitence, sans qu'on pût l'en détourner. Elle le disait à ses confesseurs; mais ils ne l'approuvaient pas, considérant cette pensée comme une folie : parce que le monde est si plein de discrétion, qu'à peine se souvient-on des faveurs si extraordinaires que Dieu a faites aux saints et aux saintes ayant tout abandonné pour aller le servir dans les déserts. Mais comme il ne manque jamais de favoriser les véritables désirs qu'on a de lui plaire, il permit que cette bienheureuse fille se confessât à un saint religieux de Saint-François, nommé le Père François de Torrèz, qui lui dit que, au lieu de perdre courage, elle devait répondre à la vocation de Dieu.

Elle découvrit son dessein à un ermite d'Alcala, le pria de l'accompagner pour l'exécuter, et le conjura de lui garder un secret inviolable. Ils s'allèrent ensemble à un lieu nommé Ville-Neuve; et ayant trouvé une caverne si petite, que cette grande servante de Dieu pouvait à peine s'y tenir, ce bon ermite l'y laissa et s'en retourna. Après avoir mangé trois pains que l'ermite lui avait laissés, Catherine passa plus de huit ans dans cette caverne, sans autre nourriture que des herbes et des racines qui croissaient dans ce désert. Dans la suite un petit berger qui la rencontra, lui apportait du pain et de la farine, dont elle faisait de petits tourteaux qu'elle mangeait de trois jours en trois jours. Les disciplines qu'elle se donnait avec une grande chaîne, duraient souvent une heure et demie et quelquefois deux heures. Et ses cilices étaient si rudes, qu'une femme revenant avec elle d'un pèlerinage, et ayant la nuit fait semblant de dormir, elle lui vit ôter et nettoyer son cilice qui était tout plein de sang. Mais ce qu'elle souffrait de la part des démons était encore beaucoup plus pénible. Car elle dit à nos sœurs qu'ils lui apparaissaient comme de grands dogues qui lui sautaient sur les épaules, ou comme des couleuvres, sans que, quelques tourments qu'ils lui fissent, elle en eût peur. Même après avoir fondé le monastère de Ville-Neuve pour les Carmes déchaussés, elle ne laissait pas de coucher dans sa caverne, excepté quand elle allait à l'office divin. Avant qu'il fût bâti, elle entendait la messe chez les religieux de la Merci, à un quart de lieue de là, et faisait quelquefois ce chemin à genoux. Son vêtement, qu'on aurait pris pour celui d'un homme, était de bure, et sa tunique de gros drap.

Quand elle eut passé quelques années dans une si étrange solitude, Dieu permit que le bruit de sa vertu se répandît, et l'on commença d'avoir tant de vénération pour elle, qu'on ne pouvait empêcher qu'un très-grand nombre de gens vinssent la voir. Ceux qui lui pouvaient parler s'estimaient heureux; et cela augmentant toujours, elle en était si lasse et si ennuyée, qu'elle disait qu'ils la faisaient mourir. Presque aussitôt que le monastère fut bâti, il y avait des jours où la campagne était couverte de voitures, et ses religieux ne trouvaient autre moyen pour la soulager, que de la faire monter sur un lieu élevé, d'où elle priait Dieu de bénir ce peuple, et s'en délivrait ainsi. Après huit ans passés dans cette caverne, agrandie par les visiteurs, elle tomba dans une maladie si grande, qu'il n'y avait pas d'apparence qu'elle en revînt, sans que néanmoins elle pût se résoudre à sortir d'une si affreuse demeure.

Elle commença alors à être touchée d'un grand désir de fonder, près de cet endroit, un monastère de religieux. Mais assez longtemps elle demeura sans savoir de quel ordre elle les choisirait. Étant en oraison devant un crucifix qu'elle portait toujours sur elle, Notre Seigneur lui fit voir un manteau blanc, et connaître qu'elle devait choisir l'ordre des Carmes déchaussés, dont elle n'avait point entendu parler ni ne savait pas seulement qu'il y en eût dans le monde; et il n'y avait encore que ceux de Mancera et de Pastrane. Elle s'en informa; et ayant appris qu'il y en avait un à Pastrane, dont la ville appartenait à la princesse d'Eboly, femme du prince Ruy de Gomèz de Sylva, son ancienne amie, elle y alla travailler à exécuter sa résolution. Y étant arrivée, elle prit l'habit de la sainte Vierge, dans l'église de Saint-Pierre, mais sans dessein de se faire religieuse, n'y ayant jamais eu d'inclination, parce que Dieu la conduisait par une autre voie, et qu'elle appréhendait qu'on ne l'obligeât par obéissance à modérer ses austérités et à quitter sa solitude.

Ce fut donc en ce lieu de Pastrane que cette sainte fille commença à traiter de la fondation de son monastère; elle alla ensuite pour ce sujet à la cour, qu'elle avait quittée avec tant de joie. Ce ne lui fut pas une petite mortification, parce qu'elle ne sortait pas plus tôt du logis qu'elle se trouvait environnée d'une grande multitude de gens, dont les uns coupaient des morceaux de son habit, et les autres des morceaux de son manteau. De là, continue toujours sainte Thérèse, elle fut à Tolède, où elle vit nos religieuses; et toutes m'ont assuré qu'il sortait d'elle une odeur si agréable et si grande, qu'il n'y avait pas jusqu'à son habit et à sa ceinture, qu'elles lui ôtèrent pour lui en donner une autre, qui n'en fussent parfumés; et plus on s'approchait d'elle, plus on sentait cette bonne odeur, quoique l'étoffe de ses vêtements et l'extrême chaleur qu'il faisait alors dussent produire un effet contraire. Cette marque qui paraissait en son corps de la grâce que Dieu répandait dans son âme, leur donna une grande dévotion; et je suis très-assurée que ces bonnes filles ne voudraient, pour quoi que ce soit, dire un mensonge. Cette sainte obtint à la cour et ailleurs tout ce qu'elle désirait pour l'établissement de ce monastère, et il fut fondé en suite de la permission qu'elle en eut.

L'église fut bâtie au même lieu où était sa caverne, et on lui en fit une autre assez proche où il y avait un sépulcre. Elle y passa la plus grande partie du jour et de la nuit, durant les cinq ans et demi qu'elle vécut encore. Et l'on a considéré comme une chose surnaturelle, que des austérités aussi extraordinaires qu'étaient les siennes, n'aient pas plus tôt fini ses jours. Elle mourut en l'année 1577, et on l'enterra avec une très-grande solennité. Sainte Thérèse, qui venait de fonder un monastère de Carmélites dans les environs, se réjouissait beaucoup de la voir, lorsqu'elle apprit la nouvelle de sa mort. Elle visita l'église de Ville-Neuve bâtie au lieu de sa caverne. « Après avoir communié dans cette église, dit-elle, j'entrai dans un ravissement, et cette sainte fille, accompagnée de quelques anges, m'apparut d'une manière intellectuelle, telle qu'un corps glorieux. Elle me dit de ne point me lasser de fonder des monastères; et je compris, quoiqu'elle ne me le dit pas, qu'elle m'assistait auprès de Dieu. Elle ajouta d'autres choses qui ne peuvent s'écrire, dont je demeurai fort consolée, et avec un grand désir de travailler pour le service de Dieu. Ainsi j'espère de sa bonté et des prières de cette sainte, que je pourrai réussir en quelque sorte (Sainte Thérèse, *Fondation du monastère de Villeneuve de la Xare*; Godesc., 12 mai).

Un saint personnage aux lumières de qui sainte Thérèse recourut plus d'une fois, fut le vénérable *Jean d'Avila*, l'apôtre de l'Andalousie, qu'on peut appeler le père d'un si grand nombre de saints qui parurent en Espagne dans le XVIe siècle. Il naquit au diocèse de Tolède, de parents à la fois riches et pieux, qui n'avaient que lui d'enfant. Il fut envoyé à Salamanque, à l'âge de quatorze ans, pour y étudier le droit. On le vit, dès son enfance, se porter avec la plus grande ferveur à tous les exercices de piété. Bientôt Dieu l'appela d'une manière spéciale à son service. Il quitta l'étude du droit et retourna chez son père, qu'il pria de lui permettre de demeurer dans une chambre séparée du reste de la maison. Là il se fit une petite cellule, où il mena une vie très-pauvre et très-austère; car il ne couchait que sur des fagots de sarments, il pratiquait une très-étroite abstinence, portait le cilice, prenait souvent la discipline, et avait une si grande dévotion pour le Saint-Sacrement, qu'il demeurait plusieurs heures en sa présence. Un religieux de Saint-François, admirant une si grande piété dans une si grande jeunesse, conseilla aux parents de l'envoyer étudier à l'Université d'Alcala ou de Complut. Il y eut pour professeur le célèbre Dominique Soto, Dominicain, qui conçut pour lui une tendre affection et une haute estime; il déclara même plus d'une fois que son disciple était destiné à être un jour un grand homme, ce qui fut confirmé par l'événement. Pierre Guerrera, depuis archevêque de Grenade, était un des principaux admirateurs de Jean d'Avila, et ils se lièrent d'une amitié qui ne fit que s'accroître avec le temps.

Pendant que d'Avila continuait ses études, il perdit son père et sa mère: il ne pensa plus qu'à se disposer à recevoir les saints ordres. Le jour où il célébra sa première messe au lieu de sa naissance, il habilla douze pauvres, leur donna à dîner et les servit de ses propres mains. Appelé spécialement au ministère apostolique de la prédication, il s'y prépara comme les apôtres, en particulier saint Paul, qu'il se proposa pour patron et pour modèle. La première chose fut de distribuer tout son bien aux pauvres, sans se réserver qu'un habit tout simple, d'une vile étoffe; et il demeura toute sa vie dans cette pauvreté volontaire, pour accomplir exactement ce que Jésus-Christ recommande à ses disciples, lorsqu'il les envoie prêcher l'Evangile. Il ne refusa pas seulement tous les bénéfices qu'on lui offrit, mais encore les moindres présents; excepté quelques livres et des ornements nécessaires pour dire la messe. Mais il avait autant de charité pour les pauvres, qu'il aimait la pauvreté pour lui-même:

ce fut par son moyen qu'on fonda un grand hôpital à Grenade. Sa maxime était que la science ne servait qu'autant qu'elle est jointe à une piété solide. Un jeune ecclésiastique l'ayant consulté sur les moyens de prêcher avec fruit, il répondit qu'il n'en savait pas de meilleur que d'aimer beaucoup Jésus-Christ. Son exemple était une preuve sensible de la sagesse et de la vérité de sa réponse.

Jean d'Avila récitait son office et disait la messe avec une ferveur vraiment angélique. Il avait la plus haute idée de l'adorable sacrifice. Apprenant qu'un jeune prêtre venait de mourir après sa première messe: C'en est assez, dit-il, pour avoir un compte rigoureux à rendre au tribunal de Jésus-Christ. Lui-même ne montait à l'autel qu'après s'y être longtemps préparé: il donnait aussi beaucoup de temps à son action de grâces. Outre cela, il faisait quatre heures de méditation par jour, deux le matin et deux le soir. Il se couchait à onze heures et se levait à trois. Sur la fin de sa vie, ses infirmités l'ayant rendu incapable d'exercer les fonctions du ministère, il consacrait presque tout son temps à la prière. Il fut toujours pauvre dans ses habits et sa nourriture, et ne voulut jamais avoir de domestique. Il prêcha avec le plus grand succès à Séville, à Cordoue, à Grenade et dans toute l'Andalousie. Par ses instructions, il porta à la vertu la plus éminente plusieurs personnages de l'un et de l'autre sexe; entre autres, saint Jean de Dieu, saint François de Borgia, sainte Thérèse, à laquelle nous avons une lettre de sa main, sur un livre qu'elle lui avait envoyé à examiner, et sur les règles de prudence à suivre dans les visions. Il avait un talent singulier pour la direction des âmes. Il inculquait d'abord la nécessité de connaître Dieu et de se connaître soi-même, cette double connaissance étant la base et le fondement de la perfection chrétienne. Mais lui-même a exposé l'ensemble de sa doctrine spirituelle dans un ouvrage, dont voici l'occasion.

Dona Sancha de Carille, fille de don Louis Fernandèz de Cordoue, laquelle joignait de grandes vertus à une rare beauté, était sur le point d'aller à la cour d'Espagne et de s'attacher à la reine en qualité de dame d'honneur. Déjà tout était prêt pour son voyage; mais elle voulut, avant de partir, se confesser à Jean d'Avila. A son retour de l'Eglise, on ne la reconnut plus, tant était merveilleux le changement qui s'était fait en elle. Tous les avantages du monde ne furent plus à ses yeux que des vanités indignes de fixer un cœur chrétien; elle y renonça, et prit le parti de rester dans la maison paternelle, où elle mena jusqu'à sa mort la vie la plus édifiante. Ce fut pour son instruction que le saint prêtre composa le traité qui a pour titre: *Audi, filia, et Vide*, et qui n'est qu'une explication de ces paroles du psaume quarante-quatrième: « Ecoutez, ma fille; ouvrez les yeux et prêtez l'oreille: oubliez votre nation et la maison de votre père; et alors le roi concevra de l'amour pour votre beauté. »

L'ouvrage est en cent treize chapitres, avec les divisions suivantes. Il y a trois langages que le péché a introduits, et que l'âme ne doit pas écouter: le langage du monde, faux honneurs; le langage de la chair, faux plaisirs; le langage du démon, orgueil ou désespoir. Ce qu'il faut écouter, c'est la voix de Dieu, nous parlant par la foi catholique. Précautions à prendre touchant les fausses révélations. Voilà pour la première partie du titre et de l'ouvrage : *Audi, filia : Ecoutez, ma fille.* Pour la seconde, *Et vide, et voyez*, il traite de la connaissance de soi-même, de l'oraison et de la méditation, comment Jésus-Christ nous écoute et nous regarde; de l'amour du prochain; qu'il faut renoncer à notre volonté; que l'âme recouvre sa beauté par Jésus-Christ.

Jean d'Avila montre dans deux chapitres, le 65e et le suivant, que la connaissance de l'être surnaturel que nous donne la grâce peut servir à acquérir l'humilité. Voici comme il concilie le libre arbitre et la grâce dans le mérite des bonnes œuvres. Après avoir cité cette parole de saint Paul : *C'est Dieu qui opère en nous, comme il lui plaît, le vouloir et le parfaire*, il ajoute : « Mais ne vous imaginez pas néanmoins que notre libre arbitre n'ait point de part à nos bonnes œuvres. Car ce serait non-seulement une ignorance, mais une erreur. Cela veut dire seulement que Dieu opère le vouloir et le parfaire, qu'il est le principal agent dans l'âme du justifié, parce qu'il meut doucement notre libre arbitre, et fait qu'il coopère avec lui, selon ces paroles de saint Paul : *Nous sommes les coopérateurs de Dieu;* ce qu'il fait, en nous excitant et en nous aidant à donner librement notre consentement aux bonnes œuvres que nous faisons. Ainsi il est vrai de dire que l'homme opère en cela, puisque c'est avec sa propre et libre volonté qu'il veut ce qu'il veut et opère ce qu'il opère, en sorte qu'il est en lui de ne le faire pas. Mais Dieu opère en cela principalement, puisqu'il produit la bonne œuvre, et qu'il aide notre libre arbitre à la produire aussi tellement, que la gloire de l'un et de l'autre est due à Dieu seul (C. 66). »

Nous avons encore du vénérable Jean d'Avila deux discours aux prêtres, touchant le sacerdoce et la sainteté qu'il demande; de plus, cent soixante-deux lettres à différentes personnes, et divisées en quatre livres : 1° à des prélats et autres ecclésiastiques; 2° à des religieuses et à des demoiselles; 3° à des femmes et à des veuves; 4° à des seigneurs, des juges, des amis et des disciples. La première du dernier est un opuscule en récompense au gouverneur de Séville, et divisé en six chapitres : « I. Des qualités nécessaires pour bien gouverner; et que, encore qu'on les ait, c'est se rendre indigne des charges que de les désirer. — II. Des qualités d'un bon gouverneur, et particulièrement de la fermeté qu'il doit avoir pour rendre la justice; et du soin qu'il doit prendre de se bien examiner touchant sa capacité. — III. De la manière dont on doit châtier les crimes, avec compassion, avec douleur et en priant pour les coupables. — IV. Des moyens de bien gouverner; du choix des juges; et avis sur ce sujet. — V. Des faux serments de plusieurs autres abus, et des remèdes que l'on y peut apporter. — VI. Divers avis touchant plusieurs autres désordres. Par cette lettre ou ce traité, on voit que Jean d'Avila était capable de gouverner un royaume. » A notre avis, ce saint et savant personnage mérite d'être compté parmi les Pères et les Docteurs de l'Eglise.

Pour perfectionner son serviteur, Dieu le mit à plus d'une épreuve. Quoiqu'il n'eût jamais prêché que la morale de l'Evangile, on ne laissa pas de l'accuser d'un rigorisme outré, qui lui faisait exclure les riches du royaume des cieux. L'accusation était destituée de toute vraisemblance : il fut cependant arrêté à Séville, et mis dans les prisons de l'inquisition. Il souffrit les mauvais traitements de ses persécuteurs avec une patience et une douceur admirable; et lorsque son innocence eut été reconnue, il porta l'héroïsme jusqu'à remercier ceux qui avaient voulu le perdre. Il fut affligé de diverses infirmités à l'âge de cinquante ans. Au milieu des douleurs aiguës qu'il ressentait, on l'entendait répéter souvent cette prière : « Seigneur, augmentez mes souffrances, mais accordez-moi la patience. » Enfin, après avoir souffert durant dix-sept ans au delà de tout ce qu'on peut imaginer, il mourut le 10 mai 1569 (Godescard, 8 mars; *Œuvres de Jean d'Avila*).

La vie de Jean d'Avila fut écrite par son disciple, *Louis de Grenade*, né dans cette ville l'an 1505, de parents d'une condition obscure, et redevable de son éducation au marquis de Mondéjar. En 1524, il prit l'habit religieux dans le couvent des Dominicains de Grande, fondé depuis peu par le roi Ferdinand. Le fervent novice ne se proposait en tout que la gloire de Dieu. Il partageait son temps entre la prière et les autres devoirs de son état. Par son recueillement et son attention à marcher en la présence de Dieu, il faisait, pour ainsi dire, une prière continuelle de l'étude et des fonctions extérieures. Il parlait peu et méditait beaucoup : quoiqu'il lût tous les bons auteurs pour se composer un trésor de ce qu'il y trouvait de beau, de solide et d'utile, il s'appliquait principalement à digérer ses lectures et à mettre dans ses idées de l'ordre, de la clarté et de la justesse. Son premier soin était de faire tout servir à la piété. Il étudia la théologie à Valladolid. De retour à Grenade en 1534, le développement et l'étendue de ses connaissances dans les lettres divines et les lettres humaines en firent bientôt un prédicateur excellent, doué d'une instruction égale à sa piété et de toutes les qualités qui distinguent à la fois l'orateur et l'écrivain. Sous ces rapports, l'emporte de beaucoup sur son maître spirituel, le bienheureux Jean d'Avila. La réputation d'estime qu'il s'était acquise, le fit proposer, en 1544, au couvent de *Scala-Cœli*, près de Cordoue. Là, il partagea son temps entre le ministère de la prédication dans cette ville, et le recueillement de la méditation dans la solitude. Il fut chargé, en 1554, de présider une nouvelle maison à Badajoz. La renommée de son mérite et de ses vertus se répandit à la cour de Portugal, où il fut mandé par le cardinal-infant, don Henri, frère de Jean III. Il se rendit à Evora, et, par le vœu des nationaux eux-mêmes, y fut élu provincial de son ordre. Catherine, devenue veuve de Jean III et régente du Portugal, appela Louis de Grenade à Lisbonne et le choisit pour son directeur et son conseil. Elle lui offrit l'archevêché de Brague, qu'il se défendit d'accepter. Invité à désigner un sujet plus capable, il proposa son émule en zèle et en science, le Père Barthélemy des Martyrs, comme le plus propre à cette dignité et le plus en état de servir l'Eglise. Aussi la bonté de ce choix fut-elle pleinement justifiée. Il refusa encore le cardinalat, et il se démit même, après quelques années, de toute fonction, afin de vaquer plus librement à la composition et à la prédication, sans cesser pourtant de satisfaire aux désirs des personnages les plus éminents, qui le consultaient. Depuis cette époque, nul ne distribua plus régulièrement l'emploi de son temps : il priait, méditait, lisait, dictait et écrivait à des heures réglées. C'est en suivant constamment ce régime qu'il conserva une tête saine et qu'il mourut de la mort des justes, le 31 décembre, à l'âge de 84 ans.

Dans le cours d'une vie si bien remplie, Louis de Grenade a produit un grand nombre d'ouvrages, tous estimés, qui lui ont mérité en Espagne le rang d'auteur classique, et lui méritent dans l'Église entière une place distinguée parmi les Pères et les Docteurs. Les principaux sont : 1° *Des Sermons pour toute l'année*, cités fréquemment par saint Charles Borromée; ils réunissent à la force de la raison celle de l'éloquence; et le critique Baillet dit que Grenade est peut-être, de tous les prédicateurs, celui dont les sermons ont conservé à la lecture le plus de ce feu qui les animait dans la chaire. Ils ont été traduits, du vivant même de l'auteur, en italien et en français. 2° *Œuvres dogmatiques*. L'ouvrage le plus considérable en ce genre est son Catéchisme, ou Introduction au Symbole de la foi, en cinq parties : la dernière est l'abrégé des quatre autres. La méthode, la clarté, la justesse caractérisent cette œuvre théologique, qui a été traduite en différentes langues, et même en persan. Dans la cinquième partie, en prouvant la vérité de la religion chrétienne par la constance des martyrs, il retrace les souffrances de plusieurs prêtres et religieux, martyrisés à Londres l'an 1582, pour la foi de l'Église. 3° *Œuvres morales*. Traité de l'Oraison et de la Méditation; Mémorial de la vie chrétienne; Guide des pécheurs. Le Traité de l'Oraison est le premier ouvrage composé par Grenade, dans sa solitude de Cordoue. C'est un des livres les plus faits pour être médités utilement par ceux qui pratiquent les voies de la piété intérieure. La Guide des pécheurs était regardé par l'auteur même comme le meilleur de ses écrits. 4° *Plusieurs vies*, entre autres celles de Jean d'Avila et de don Barthélemy des Martyrs. 5° *Des traductions*, dont les principales sont : l'*Echelle* de saint Jean Climaque, et l'*Imitation de Jésus-Christ*, en espagnol; la dernière passe pour l'une des meilleures qui existent dans aucune langue.

Quant à l'utilité chrétienne des œuvres de Grenade, écoutons un bon juge, saint François de Sales. Le 3 juin 1603, il écrivait à un évêque de ses amis : « Ayez, je vous prie, ayez Grenade tout entier; et avec lui point de second bréviaire. Le cardinal Borromée n'avait point d'autre théologie pour prêcher, que celle-là; et néanmoins il prêchait très-bien. Mais ce n'est pas là son principal usage : c'est qu'il formera votre esprit à l'amour de la vraie dévotion et à tous les exercices spirituels qui vous sont nécessaires. Mon opinion serait que vous commençassiez à le lire par le *Grand Guide des pécheurs*; puis que vous passiez au *Mémorial*; et enfin que vous le lussiez tout. Mais pour le lire fructueusement, il ne faut pas le parcourir à la hâte : il faut le peser et l'approfondir, et, chapitre par chapitre, le ruminer et appliquer à l'âme, avec beaucoup de considération et de prières à Dieu. Il faut le lire avec révérence et dévotion, comme un livre qui contient les plus utiles inspirations que l'homme peut recevoir d'en-haut, et par là réformer toutes les puissances de l'âme, etc. » A ce jugement du saint évêque de Genève, on peut joindre celui du pape Grégoire XIII, qui, par un bref du 21 juillet 1582, félicita Louis de Grenade des grands fruits de ses prédications et de ses ouvrages (Touron, t. IV; *Biogr. univ.*, t. XVIII).

Barthélemy des Martyrs, dont Louis de Grenade écrivit la vie de son vivant, est ainsi surnommé de l'église dans laquelle il reçut le baptême. Il naquit à Lisbonne, en 1514 : ses parents étaient recommandables par leur piété et par leur charité pour les pauvres. Leur économie leur fournissait un fonds toujours subsistant pour soulager les malheureux, quoique leur fortune fût médiocre. Barthélemy, dès son enfance, devint le dépositaire des bonnes œuvres de sa mère; c'était lui qui portait les aumônes qu'elle envoyait secrètement, surtout aux familles précipitées par accident de l'opulence dans la misère. A l'âge de quinze ans et demi, il fit ses vœux chez les Dominicains de Lisbonne. Il n'avait d'autre volonté que celle de ses supérieurs, et l'esprit de prières lui mérita l'acquisition de toutes les vertus de son état. Il se fit une si grande réputation de science et de piété, que les seigneurs les plus qualifiés de la cour de Portugal s'empressaient de le connaître et de se lier avec lui. Dans les emplois qu'il exerça, il sut toujours marcher en la présence de Dieu; pratique qu'il avait soin d'inculquer à ceux qui se mettaient sous sa conduite. Il disait que les vertus extérieures qu'elles avaient leur principe dans les affections de l'âme et que, si celles-ci étaient bien réglées, l'extérieur le serait aussi. Son désintéressement, son mépris pour le monde, son zèle pour le salut des âmes le disposèrent aux plus pénibles fonctions de la vie apostolique.

Louis de Grenade ayant été nommé à l'archevêché de Brague, son ami Barthélemy des Martyrs lui remontra dans une lettre les dangers d'une dignité pareille. Il ne se doutait guère de ce qui l'attendait lui-même. Louis, comme nous l'avons vu, le fit nommer à sa place. A cette nouvelle inattendue, Barthélemy fut saisi d'un tremblement universel : il refusa constamment. Louis, qui était son supérieur, comme provincial, employa d'abord les raisons pour lui persuader d'accepter, et finit par le lui commander en vertu de la sainte obéissance. Barthélemy se résigna, mais avec tant de douleur, qu'il en fit une maladie dangereuse. La vie pauvre et austère qu'il mena étant archevêque, la sage distribution de son temps, le bon ordre de sa maison, la conduite modeste et édifiante de tous ceux qui composaient son domestique, ses abondantes aumônes, son zèle pour la sanctification de son diocèse lui attirèrent une admiration universelle. Nous l'avons vu paraître avec éclat au concile de Trente, où il insista fortement sur la résidence des évêques. Il rappelait à ce sujet l'exemple d'un petit pâtre. Faisant la visite de son diocèse, il vit un jour dans les champs un jeune berger qui ne quittait point son troupeau au milieu d'un violent orage : il eût pu se mettre à l'abri dans une caverne voisine; mais il ne voulut point s'éloigner, de peur que le loup ou les autres bêtes ne profitassent de son absence. Barthélemy fut singulièrement touché de ce qu'il voyait. « Quelle leçon, dit-il, pour un pasteur des âmes ! Avec quel soin ne doit-il pas veiller pour les garantir des piéges du démon ! »

Arrivé à Rome, il ne put obtenir de Pie IV la permission de quitter son archevêché de Brague, et se lia d'une étroite amitié avec saint Charles Borromée. Comme il repassait par la Provence, pour retourner en Portugal, le vice-légat d'Avignon lui raconta la particularité suivante : « Deux évêques de cette province étaient allés à Trente avec un attachement secret au luthéranisme et dans le dessein de combattre les décrets du concile. Mais après avoir assisté aux conférences et aux délibérations, ils sentirent l'extrême différence qu'il y avait entre le procédé des prétendus réformateurs et celui des catholiques : les premiers soumettant les articles de la foi à la décision de leur esprit particulier, de leur caprice ou de leur imagination; les seconds pesant chaque chose dans la balance du sanctuaire, et recherchant avec la plus scrupuleuse attention ce que l'Eglise avait cru de tout temps, pour mettre la doctrine de Jésus-Christ dans son vrai jour. Ils renoncèrent tous deux à leurs préjugés, et l'un d'eux travailla depuis avec autant de zèle que de succès à la conversion des Calvinistes et des autres sectaires. »

— L'archevêque de Brague étendait sa sollicitude pastorale à toutes les parties de son diocèse. Son courage le fit triompher de divers obstacles qu'on lui opposa. Il réforma les abus et fit exécuter les décrets du concile de Trente, entre autres par la fondation d'un séminaire. Nous ne finirions pas, si nous voulions rapporter les fruits de son zèle et de sa piété ; ainsi que les exemples frappants qu'il donna de toutes les vertus.

En 1578, Sébastien, roi de Portugal, passa en Afrique avec treize mille hommes d'infanterie et quinze cents hommes de cavalerie, dans le dessein de rétablir Mahomet, roi de Maroc, détrôné par Muley-Moluc, son oncle. Mais trois rois périrent dans ce même combat. Sébastien fut tué dans l'action, après avoir fait des prodiges de valeur pendant six heures; Muley-Moluc mourut de maladie en donnant ses derniers ordres; Mahomet se noya en prenant la fuite. Le cardinal Henri, oncle de Sébastien, âgé de soixante-quatre ans, monta sur le trône de Portugal : il mourut au commencement de l'année 1580, sans avoir soutenu la réputation qu'il s'était acquise dans la vie privée. Philippe II, roi d'Espagne, prit possession de la couronne de Portugal, qu'il prétendait lui appartenir. Peu de temps après cette révolution, Barthélemy des Martyrs obtint du pape Grégoire XIII la permission de quitter l'archevêché de Brague. Il se retira dans un couvent de son ordre, à Viane, et y mourut saintement le 18 juillet 1590, après une maladie longue et douloureuse. Il s'opéra plusieurs miracles par son intercession. Sa vie, commencée par Louis de Grenade, fut complétée et continuée par trois autres écrivains du temps (Touron, t. IV, *Vie de dom Barthélemy des Martyrs*).

L'Espagne et le Portugal, comme on voit, étaient une terre bénie, produisant toutes sortes de fleurs et de fruits pour le ciel. Parmi tant de saints personnages brillait sainte Thérèse, comme la principale étoile d'une céleste constellation. Et ce qui fait l'éloge de la nation espagnole, ses populations aimaient et vénéraient tous ces saints et toutes ces saintes. Ainsi, lorsqu'on savait la route que devait tenir sainte Thérèse dans ses fréquents voyages, le peuple accourait des campagnes pour la voir passer, et lui demander sa bénédiction. Le bruit de son arrivée la devançait d'un lieu à un autre, et on se disputait l'honneur de la loger. Elle était confuse de cet empressement universel ; elle aurait voulu pouvoir s'y soustraire. Les marques de vénération qu'on lui donnait lui paraissant un jour plus insupportables que le froid et l'obscurité de la nuit, elle partit trois ou quatre heures avant le lever du soleil, d'un bourg où il était venu un peuple immense qui l'avait déjà reçue avec acclamation et qui se disposait à l'accompagner de même. Une autre fois cependant elle ne put se défendre de paraître sensible à ce qu'un laboureur fit pour la bien recevoir. Ce pauvre homme ayant appris qu'elle devait passer par son village, lui fit préparer à dîner le mieux qu'il put; il assembla dans sa maison toute sa famille, qui était nombreuse; et ordonna que l'on fit venir ses troupeaux, afin que tout ce qui lui appartenait fut béni par la sainte. Mais Thérèse n'ayant pas voulu s'arrêter, le laboureur vint à elle avec ses enfants et ses troupeaux pour lui demander sa bénédiction : ce spectacle l'attendrit ; elle recommanda au Seigneur toute cette famille (*Vie de sainte Thérèse*, par Villefore, l. 5).

Aux fatigues des voyages se joignaient de grandes infirmités; mais son courage lui faisait tout supporter gaîment. Elle eut grand besoin de cette force d'âme qui lui était propre, lorsqu'il fallut endurer les douleurs excessives qu'on lui causa pour remettre son bras gauche. Elle se le cassa deux fois : la première à Avila, en 1578, l'autre, à Ville-Neuve de la Xare, en 1580. Elle resta même estropiée le reste de ses jours, des suites du premier accident, arrivé par une chute considérable du haut d'un escalier. On avait cherché pendant longtemps une personne capable de remédier à cette fracture; et lorsque la prieure de Médina lui envoya une femme exercée dans ces sortes d'opérations, le bras se trouva déjà noué.

Thérèse venait de terminer, en 1592, la fondation du couvent de Burgos, et déjà elle s'était mise en route pour Avila, lorsqu'elle reçut une invitation très-pressante de la duchesse d'Albe, qui la priait en grâce de l'aller voir en passant. Toute malade qu'elle était de ses anciennes infirmités, et quoique attaquée alors d'une espèce de paralysie, jointe à des vomissements fréquents, elle se rendit le 20 septembre à Albe, avec le Père Antoine de Jésus, qui était venu la chercher à Médina. Elle passa plusieurs heures à converser avec la duchesse, et la quitta ensuite pour aller dans le couvent de son ordre. Sa lassitude était extrême, et ses maux empirant de jour en jour, elle comprit que sa fin était proche. Le 30 septembre, elle eut un flux de sang qui fut suivi des plus fâcheux symptômes. Cependant elle assista encore à la messe ce jour-là, et communia avec une nouvelle ferveur. Depuis ce moment, elle garda le lit jusqu'à la mort. La duchesse d'Albe allait la voir très-souvent, et la servait elle-même avec la plus tendre affection. La sœur Anne de Saint-Barthélemy, sa compagne chérie, et qui plus tard fonda un des premiers couvents de Carmélites en France, ne la quittait ni jour ni nuit.

Le 1er octobre, ayant passé presque toute la nuit en prières, elle fit appeler le Père Antoine de Jésus pour se confesser. Quand elle eut fini sa confession, ce saint religieux l'exhorta à demander au Seigneur qu'il ne la retirât point encore de ce monde. Thérèse répondit humblement qu'elle ne pouvait être d'aucune utilité sur la terre; et dès ce moment elle fit ses adieux à ses religieuses, leur donnant chaque jour de nouvelles marques de tendresse par l'effusion de cœur dont elle accompagnait ses derniers avis. « Je vous conjure, leur disait-elle, pour l'amour de Dieu, d'observer exactement la règle et les constitutions, et de ne pas choisir pour modèle cette indigne pécheresse qui va mourir. Pensez plutôt à lui pardonner. » Les sœurs, fondant en larmes, ne lui répondaient que par leurs sanglots.

Le troisième jour d'octobre, Thérèse se sentit plus faible que jamais; elle demanda les sacrements, et on les lui apporta. Aussitôt qu'elle aperçut le saint viatique, ses forces parurent se ranimer; son visage s'enflamma, et l'ardeur de sa foi se peignit dans ses yeux. Elle les tourna vers Jésus-Christ, et s'étant mise sur son séant pour le recevoir avec plus de respect, elle s'écria dans un saint transport : « O mon Seigneur et mon époux, la voilà donc arrivée cette heure que je désirais si ardemment! Je touche au moment de ma délivrance..... Que votre volonté soit faite! L'heure est enfin venue où je sortirai de mon exil, et où mon âme trouvera dans votre présence le bonheur après lequel elle soupire depuis si longtemps. »

Vers neuf heures du soir, elle demanda l'Extrême-Onction, qu'elle reçut avec la plus tendre piété. Peu de temps après, le Père Antoine lui ayant demandé si elle désirait être enterrée dans le couvent d'Avila, elle lui répondit : « Eh quoi! y a-t-il rien en ce monde qui m'appartienne? et ne m'accordera-t-on pas ici un peu de terre? » Sa ferveur s'animait de plus en plus, à mesure que ses forces l'abandonnaient. On l'entendit répéter souvent des versets du psaume *Miserere*, et surtout celui-ci : *Mon Dieu, vous ne rejetterez pas un cœur contrit et humilié;* elle le répéta jusqu'au moment où elle perdit l'usage de la parole. Les douleurs de son agonie se prolongèrent jusqu'au lendemain matin. Succombant alors sous le poids de ses maux, elle pencha la tête sur le bras de la sœur Anne de Saint-Barthélemy, et resta paisiblement dans cette situation jusqu'à neuf heures du soir, les yeux toujours fixés sur un crucifix qu'elle avait à la main. Le sommeil des justes couronna ses travaux et ses vertus, la nuit du 4 au 5 octobre 1582. C'était la nuit même où Grégoire XIII réforma le calendrier, en supprimant tout à coup dix jours, pour les raisons que nous avons vues; et par cette suppression, le jour qui suivit la mort de sainte Thérèse fut compté pour le 15 octobre, quoique ce ne fût que le 5.

La sainte mourut dans la 68e année de son âge, après avoir passé vingt-sept ans dans le couvent de l'Incarnation, et vingt autres dans les divers couvents de la réforme. Loin que les horreurs de la mort fussent imprimées sur son front, les rides de la vieillesse disparurent sur son visage, et ses membres conservèrent la même flexibilité qu'ils avaient pendant sa vie. Son corps fut enterré dans le chœur inférieur des Carmélites d'Albe, et y resta jusqu'en 1585, que le chapitre général des Carmes déchaussés le fit transporter au couvent de Saint-Joseph d'Avila, chef-lieu de la réforme. Cette translation ne put être si secrète que la famille du duc d'Albe n'en fût instruite. Elle s'en plaignit à Rome, et obtint, l'année suivante, un ordre du Pape pour faire restituer au couvent d'Albe les dépouilles mortelles de la sainte fondatrice. On les y reporta le 25 août 1585, et elles y sont encore aujourd'hui sous un beau mausolée. La corruption les a même respectées. Les vérifications faites dans le temps de cette double translation firent connaître cette merveille. On trouva le corps aussi entier, aussi flexible et aussi sain qu'au moment même de sa mort; et on assure qu'il est encore dans le même état.

Rien de plus authentique que les actes dressés pour servir de base à la canonisation de Thérèse. Ils furent signés par une foule de personnes respectables, dont la plupart avaient été témoins des faits qu'ils attestent. Paul V nomma pour le vérifier sur les lieux mêmes, l'archevêque de Tolède, l'évêque d'Avila et celui de Salamanque. Quand la vérification fut faite, on envoya le procès-verbal à Rome, où trois auditeurs choisis discutèrent tous ces faits avec soin, avant que les cardinaux de la congrégation des Rites les soumissent à un nouvel examen. Paul V étant mort sur ces entrefaites, Grégoire XV lui succéda; et d'après les suffrages unanimes de tous les consulteurs, il autorisa le culte rendu à sainte Thérèse, par une bulle du mois de mars 1621. Les actes de sa canonisation contiennent les détails de plusieurs miracles opérés par la vertu de ses reliques ou par son intercession. Le saint évêque de Taragone, Didace Yépèz, en a inséré le récit dans son ouvrage sur la sainte (*Acta Sanct.*, et Godescard, 15 oct.).

Mais, si fertile en saints que fût l'Espagne à cette époque, elle était peut-être encore surpassée par l'Italie. Nous y en avons déjà vu beaucoup, nous y en verrons encore d'autres. A Florence, une Carmélite reproduisait les vertus, les souffrances, les extases de sainte Thérèse en Espagne. Elle sortait de deux illustres familles, des *Pazzi* par son père, des Buondelmonti par sa mère : la famille de son père était alliée à la maison souveraine des Médicis. Elle naquit le 11 avril 1566, et reçut au baptême le nom de *Catherine*, en l'honneur de Catherine de Sienne. Avant sa naissance, elle n'avait occasionné aucune douleur à sa mère; après sa naissance, elle ne causa aucune peine aux personnes qui avaient soin d'elle, se faisant une joie de leur obéir. Affable envers tout le monde, elle évitait néanmoins les jeux d'enfants. Son plaisir était d'entendre des discours de piété. Se trouvait-elle avec un ecclésiastique, elle l'interrogeait touchant le salut de l'âme, principalement sur le mystère de la sainte Trinité, à laquelle elle avait une dévotion singulière. Ayant trouvé un jour le Symbole de saint Athanase, non-seulement elle le lut avec empressement, mais elle le porta joyeuse à sa mère comme une chose du plus grand prix. Dès l'âge de sept ans, elle partageait avec les prisonniers et les pauvres ce qu'on lui donnait pour son déjeuner et son goûter à l'école. Sa récréation la plus heureuse était d'apprendre aux autres enfants l'Oraison dominicale, la Salutation angélique, le Symbole des apôtres et d'autres petites prières. Elle se livrait à cet exercice surtout à la campagne, où elle instruisait avec une charité merveilleuse les pauvres petites paysannes. Un jour, comme il fallait revenir à la ville, elle se mit à pleurer à chaudes larmes, parce qu'elle n'avait pu achever l'instruction d'une petite fille : pour la consoler, le père emmena l'une et l'autre à Florence.

Catherine de Pazzi, plus connue sous son nom de Carmélite Marie-Madeleine, fut formée à l'oraison mentale, dès l'âge de sept ou huit ans, par l'Esprit-Saint lui-même, et avant qu'elle eût rien appris là-dessus d'aucun homme ni d'aucun livre. Elle se mettait à genoux, disait dévotement le *Veni, Sancte Spiritus*, puis le *Confiteor*, se livrant à de saintes pensées et de saintes affections. Quand elle se croyait seule, elle se retirait dans un coin de la maison paternelle, pour vaquer à ce pieux exercice avec plus de liberté. Un jour, après l'avoir cherchée longtemps, on la trouva derrière un lit, tellement plongée dans la méditation, qu'elle n'entendait ni ne sentait plus rien. Son amour pour Dieu était dès lors si sensible, que, quand elle entendait une parole offensant son infinie Majesté, elle en ressentait une douleur si grande, qu'une fois elle passa la nuit entière à pleurer, tout en excusant les défauts des autres. Instruite par son confesseur à l'âge de neuf ans sur la manière de faire oraison, elle s'y appliquait suivant son conseil chaque jour une demi-heure; mais bien des fois cela durait des heures entières.

Dès son bas âge, elle eut un ardent désir de la sainte communion : comme on ne lui permettait pas encore d'y participer, sa plus douce consolation était de voir communier les autres; elle passait quelquefois trois et quatre heures à contempler ce religieux spectacle. Quand sa mère revenait de la sainte table, ce qui arrivait souvent, l'enfant ne la quittait pas de la journée, se tenait le plus près d'elle que possible, s'asseyait sur ses vêtements. Sa mère, étonnée, lui en ayant demandé la raison : C'est, répondit la pieuse enfant, c'est que vous sentez Jésus! car elle percevait l'odeur de ce divin sacrement que sa mère avait reçu le matin. Son confesseur lui ayant permis de communier à l'âge de dix ans, elle le fit pour la première fois le jour de l'Annonciation 1573, avec une ferveur indicible : elle avait coutume de dire depuis, que jamais dans sa vie elle n'éprouva rien de si délicieux. Son confesseur, voyant sa dévotion toujours croissante, lui permit de communier chaque semaine : Catherine comptait dès lors les jours et les heures; le bonheur de la communion la faisait fondre en larmes. Le jour du jeudi saint, considérant l'amour immense de Jésus pour elle et comment elle pourrait y répondre, elle se donna pour toujours à lui par le vœu de perpétuelle virginité. Dès lors elle n'aspirait qu'à devenir semblable à son divin Epoux, dormait le plus souvent sur la dure, prenait de rudes disciplines : une fois même elle s'attacha une couronne d'épines autour de la tête et passa ainsi la nuit avec des douleurs poignantes, mais se réjouissant d'imiter Jésus-Christ. Elle ne prenait de nourriture que le nécessaire, et inventait sans cesse de nouveaux moyens pour plaire à son Epoux. La vue de toutes les créatures, le ciel, la terre, les champs, élevait son âme vers le Créateur et l'embrasait de son amour. A l'âge de douze ans, le jour de Saint-André, comme elle se promenait avec sa mère dans une belle prairie, l'amour divin la ravit en extase, de manière qu'elle parut morte, sans pouvoir parler ni remuer.

En 1580, à l'âge de quatorze ans, Catherine fut mise en qualité de pensionnaire chez les religieuses de Saint-Jean, parce que son père venait d'être nommé gouverneur de Cortone. Chaque jour elle donnait à l'oraison deux heures le matin et une le soir : elle avait encore d'autres moments pour la prière. Comme son lit était dans la chambre de sa gouvernante, elle s'en dérobait secrètement la nuit pour prier. Souvent elle assistait la nuit au chœur avec les religieuses. Elle employait beaucoup de temps à lire des livres spirituels, principalement les *Evangiles*, les *Méditations*, le *Manuel* et les *Soliloques* de saint Augustin : elle exhortait les religieuses à communier plus souvent, ne se mêlait point avec les pensionnaires, mais visitait les religieuses infirmes, à qui elle faisait de pieuses lectures, suggérait de saintes pensées. Amie du silence et de la solitude, elle parlait peu, et toujours de Dieu, avec grande modestie envers tout le monde. Elle aimait à balayer la maison, à faire les lits et d'autres actions humbles, suivant que sa gouvernante le lui permettait. Elle se jugeait indigne de demeurer avec des religieuses et de leur parler, parce que les religieuses sont les épouses de Jésus-Christ, tandis qu'elle ne l'était pas, quoiqu'elle le désirât beaucoup. Les religieuses, au contraire, disaient entre elles : « Ce sera une sainte Gertrude, ce sera une sainte Catherine de Sienne. Quelques-unes la révéraient dès lors comme une sainte, et, malgré leur désir de lui parler fréquemment, n'osaient s'approcher d'elle par respect. Toutes souhaitaient ardemment qu'elle voulût se faire religieuse dans leur monastère, espérant qu'elle y rétablirait l'observance parfaite de la vie commune. Plusieurs même lui en firent la proposition. Elle se contenta de les exhorter à prier Dieu, pour qu'il l'éclairât : quant à elle, elle aimait mieux entrer où la parfaite observance était déjà introduite, que là où il fallait l'introduire, parce que, se reconnaissant plus faible que toutes les autres, elle devait prendre la voie la plus sûre. C'est le témoignage que lui rendirent trois religieuses du monastère dans le procès de sa canonisation, ajoutant : « Et nous avons regretté, et nous regrettons, et nous regretterons toujours qu'elle ne soit pas demeurée avec nous. »

Son père étant revenu de Cortone, pensait à la marier. Catherine, s'en étant aperçue, saisit une occasion favorable pour lui dire : « Cher père, si vous pensez faire de moi autre chose que ce que j'ai promis à mon Jésus, sachez que je donnerai plutôt ma tête à couper, que de recevoir un autre époux ou de ne pas entrer en religion. » Le père demeura stupéfait à des paroles si déterminées : fondant en larmes devant sa fille, il ne put lui répondre un mot; mais, comme il était craignant Dieu, il ne voulut pas lui faire de peine, et ne pensa plus à la marier. Il fallut plus de temps pour obtenir le consentement de la mère, qui aimait tendrement sa fille, la seule qu'elle eût. Pour la préparer insensiblement à la séparation, Catherine usa d'une sainte astuce : elle évitait la compagnie de sa mère autant qu'elle pouvait, et employa d'autres moyens semblables. Enfin elle obtint ce qu'elle désirait, et entra chez les Carmélites de Saint-Fidrien, la veille de l'Assomption 1582, mais seulement pour une quinzaine de jours, suivant l'usage, comme essai. Ramenée dans la maison paternelle, elle y fut retenue trois mois, mais y vécut comme dans un cloître. Enfin sa mère, ne pouvant douter de sa vocation, la reconduisit, avec d'autres dames, chez les Carmélites, le 1er décembre 1582. Deux de ces dames dirent à la prieure en particulier : « Ayez grand soin de cette enfant ; car nous croyons bien que, jusqu'à présent, elle n'a point fait de péché. » Catherine, alors dans ses dix-sept ans, ne se possédait pas de joie et ne pouvait assez remercier Dieu de l'avoir tirée du siècle. Sa mère s'en retourna triste, comme si elle avait perdu quelque précieux trésor. Interrogée par une de ses amies sur ce qui était arrivé à son ange, elle répondit en pleurant : « Il ne convient pas à une mère de le dire ; c'est comme un séraphin en ce lieu, elle jubile de joie, ayant obtenu ce qu'elle désirait si ardemment. »

Elle prit l'habit de Carmélite et le nom de Marie-Madeleine, le 30 janvier 1583. A la vêture, le prêtre lui mit en main le crucifix, pendant que les religieuses chantaient : « A Dieu ne plaise que je me glorifie en autre chose, sinon dans la croix de Notre Seigneur Jésus-Christ. » La nouvelle épouse du Sauveur, au comble de ses vœux, en ressentait une joie indicible, et lui protesta de ne jamais désirer que lui-même, et lui crucifié. Marie-Madeleine fut le modèle des novices : sa principale étude était l'observance parfaite de la vie commune, qu'elle préférait aux dévotions particulières. Elle excellait par la promptitude de son obéissance, non-seulement envers la maîtresse des novices, mais envers tout le monde. Elle exhortait ses compagnes à bien observer la lettre et l'esprit de la règle. La maîtresse des novices disait : « Sœur Marie-Madeleine mérite plutôt d'être ma maîtresse que ma disciple, et je me soumettrais volontiers à sa direction. » Ses compagnes avaient en elle une si grande confiance, qu'avant de se retirer le soir, elles lui demandaient quelque avis salutaire, que plusieurs d'entre elles mettaient aussitôt par écrit dans leurs cellules. Marie-Madeleine éprouva des extases d'amour divin, comme autrefois dans la prairie avec sa mère. Cette pensée-ci faisait fondre son cœur : *Dieu est amour, et il n'est point aimé!* Elle endura pendant trois mois une maladie extraordinaire, et fit profession dans son lit, après quoi elle eut une extase de deux heures. Chose plus merveilleuse encore : elle eut quarante jours de suite ces mêmes ravissements après la communion. Voici comme elle décrit une de ces extases, par obéissance envers ses supérieurs.

« Je ne savais si j'étais vivante ou morte, hors de mon corps ou dedans ; mais je voyais Dieu seul, glorieux en lui-même, s'aimant lui-même, se connaissant intimement lui-même, se comprenant seul lui-même infiniment ; aimant les créatures d'un amour très-pur et infini ; et dans l'union de l'unique et indivisible Trinité, un seul Dieu subsistant, d'un amour infini, d'une bonté souveraine, incompréhensible, inscrutable. Placée ainsi en Dieu, je ne sentais rien de moi, je me voyais seulement en lui ; regardant, non pas moi, mais Dieu même, autant qu'une créature peut le regarder, encore revêtue de cette chair mortelle, lorsqu'elle est bien disposée et enflammée de l'amour divin. Je demeurai dans cette considération quasi une heure, comme je m'en aperçus quand je repris mes sens. Ce que j'ai goûté dans cette abstraction, je ne saurais l'exprimer par aucunes paroles, parce que, à cause de mon imbécillité, je n'ai pu comprendre ce qu'il me fut alors donné de voir et de concevoir. J'ai connu ensuite qu'au jugement dernier Dieu élèverait nos corps à une telle sublimité, que je ne pourrais jamais ni le dire, ni même le comprendre pleinement. Je sentais qu'on me disait intérieurement ces paroles de saint Paul : Que l'œil n'a pas vu, que l'oreille n'a point entendu, que le cœur de l'homme n'a point compris, ce que Dieu prépare à ceux qui l'aiment. Je demeurai quelque temps dans cette considération, repassant l'amour immense que Dieu porte aux créatures, lesquelles je recommandai toutes à Jésus, et revins à mes sens (*Vita* 1ª, c. 2, n. 22 ; *Acta Sanct.*, 25 mai). »

Dans une de ces extases, le Sauveur lui prescrivit les règles suivantes de perfection :

I. Je veux que, dans toutes tes actions, intérieures et extérieures, tu regardes toujours cette pureté que je t'ai fait voir : pense que chacune de tes actions et paroles doit être la dernière.

II. Tu auras soin, suivant ton pouvoir et la grâce que je te donnerai, d'avoir autant d'yeux que je t'accorderai d'âmes.

III. Tu ne donneras jamais de conseil ni d'ordre, encore que cela te soit permis, que tu ne me l'aies fait connaître attaché à la croix.

IV. Tu ne noteras le défaut d'aucune créature mortelle, sans t'être assuré auparavant qu'il est de cette créature.

V. Que tes paroles soient sincères, vraies, graves et éloignées de toute adulation : toujours tu me citeras en exemple des œuvres que les créatures doivent faire.

VI. Tu te garderas bien, en conversant avec des compagnes, que ton affabilité ne l'emporte sur la gravité, ni la gravité sur l'humilité et la mansuétude.

VII. Que toutes tes œuvres se fassent avec tant de mansuétude et d'humilité, qu'elles soient comme un aimant pour attirer à moi les âmes ; et avec tant de prudence, qu'elles soient une règle à mes membres, c'est-à-dire aux âmes religieuses et à vos proches.

VIII. Nuit et jour tu seras altérée, comme un cerf, pour exercer la charité envers mes membres, estimant la débilité et la lassitude de ton corps comme la terre dont tu as été formée.

IX. Tu t'efforceras, autant que je te l'accorderai, d'être la nourriture de ceux qui ont faim, le breuvage de ceux qui ont soif, le vêtement de ceux qui sont nus, le jardin des prisonniers et le soulagement des affligés.

X. Avec ceux que je laisse sur la mer de ce monde, tu seras prudente comme un serpent ; et avec mes élus, simple comme une colombe : craignant ceux-là comme la face du dragon, aimant ceux-ci comme le temple de l'Esprit-Saint.

XI. Sois maîtresse de tes passions, me demandant cette grâce, à moi le maître de toutes les créatures.

XII. Tu condescendras à mes créatures, comme j'en usais avec une souveraine charité, en conversant dans le monde; ayant toujours dans les oreilles cette sentence de mon Apôtre : *Qui est-ce qui est malade, sans que je le sois avec lui?*

XIII. Tu ne priveras personne d'aucune chose, quand tu pourras acquiescer à une demande : tu ne priveras non plus aucune créature de ce qui lui a été accordé, si tu n'as considéré auparavant que je suis le scrutateur des cœurs et que je dois te juger avec puissance et majesté.

XIV. Tu estimeras ta règle et ses constitutions, avec les vœux, au même prix que je veux que tu m'estimes moi-même : t'appliquant à inscrire dans tous les cœurs l'amour de la vocation à laquelle je les ai appelés, et de la religion.

XV. Tu désireras ardemment d'être soumise à tout le monde, et auras en horreur d'être préférée à personne.

XVI. Tu ne croiras pas qu'il y ait rafraîchissement, repos et consolation ailleurs que dans le mépris et l'humilité.

XVII. En ce jour, tu cesseras de faire que les créatures connaissent tes désirs et mes volontés, si ce n'est autant que je t'accorderai, et mon christ, ton confesseur.

XVIII. Tu persévéreras dans une continuelle oblation de tous tes désirs et œuvres, avec mes membres, au dedans de moi.

XIX. Depuis l'heure où j'ai quitté ma mère très-pure, qui est la vingt-deuxième, jusqu'à celle où tu me recevras, tu demeureras dans la continuelle oblation de ma passion, de toi-même et de mes créatures, à mon père éternel; et cela te servira de préparation à me recevoir sacramentellement : et dans le jour et la nuit, tu visiteras mon corps et mon sang trente-trois fois (autant que la charité et l'obéissance ne l'empêcheront pas).

XX. La dernière règle est que, dans toutes les actions, tant extérieures qu'intérieures, que je te permettrai, tu sois transformée en moi (*Vita* 1a, c. 3, n. 27).

La sainte apprit encore dans une de ces extases qu'elle devait subir une nouvelle probation de cinq ans, où elle serait jetée dans la fosse aux lions, exposée à la rage des démons; attendu que c'était, pour elle, le seul moyen de secourir le prochain, de procurer la conversion des pécheurs et des hérétiques. Cette terrible probation commença le jour de la sainte Trinité, 16 juin 1585, après une extase continuelle de huit jours. Elle perdit le sentiment et le goût de la grâce intérieure, vit paraître une multitude de démons sous les formes les plus horribles, qui lui montraient les crimes sans nombre des hommes, la tourmentaient même extérieurement, comme autrefois saint Antoine, quelquefois quatre ou cinq heures de suite. Elle éprouva toutes les tentations de l'enfer, tentations contre la foi, tentations d'orgueil, tentations impures, tentations de désespoir, tentations de gourmandise, et d'autres à l'infini. En l'année 1586, depuis la Sainte-Marguerite, 20 juillet, jusqu'au mois d'octobre, le Seigneur lui accorda une espèce de suspension durant laquelle elle reçut plusieurs grâces extraordinaires, fit des miracles et prédit des choses à venir. La lutte ayant recommencé avec l'enfer, elle éprouva des tentations, des aridités, des douleurs, des maladies intolérables, entremêlées de grâces et de faveurs spirituelles. Enfin, la 5e année, 1590, étant à matines le jour de la Pentecôte, elle eut une extase pendant le *Te Deum*. Après l'office, on remarqua sur son visage et dans ses paroles une joie extraordinaire. Elle serra la main de la prieure et de la maîtresse des novices, en disant : « L'orage est passé, aidez-moi à remercier Dieu! » Les quatorze saints et saintes à qui elle avait une dévotion spéciale, lui apparurent pour la féliciter de sa victoire : saint Thomas et sainte Agnès, saint Jean l'évangéliste et sainte Marie-Madeleine, saint Jean-Baptiste et sainte Catherine, vierge et martyre, saint Etienne et sainte Catherine de Sienne, saint François et sainte Claire, saint Augustin et saint Ange, Carme et martyr; saint Michel Archange et son Ange gardien. Jésus lui-même se montra à elle dans ses trois âges, d'enfant, d'adolescent et d'homme fait.

L'impression dominante qui lui resta de cette lutte et de cette victoire fut un désir immense et insatiable de travailler et de souffrir pour la gloire de Dieu et le salut des âmes. « Oh! s'écriait-elle, s'il m'était permis d'aller aux Indes ou parmi les Turcs, je prendrais leurs petites filles, je leur apprendrais avec tant d'affection les mystères de la foi chrétienne, que les plus grands travaux me seraient la plus grande consolation. Offrons à Dieu, disait-elle à ses sœurs, offrons-lui à cette fin tout ce que nous ferons aujourd'hui. Demandons à Dieu autant d'âmes que nous ferons de pas dans le monastère; autant que nous ferons de points dans la couture; autant que nous mettrons de fois nos mains dans l'eau pour laver la lessive : prenant occasion de toute espèce d'exercice pour leur suggérer de ces demandes. Son cœur ressentait une douleur extrême d'entendre dire que les hérésies se multipliaient. Nos âmes devraient être des tourterelles, pour gémir sans cesse sur l'aveuglement de tant d'âmes. Elle ne priait pas moins pour la conversion des pécheurs dans l'Eglise. »

Voilà ce qui domina dans la sainte Carmélite tout le reste de sa vie, et pendant qu'elle fut maîtresse des novices, et pendant qu'elle fut sous-prieure, et au milieu des douleurs qu'elle souffrit presque continuellement jusqu'à sa bienheureuse mort, arrivée le 25 mai 1607, à l'âge de 41 ans 1 mois et 24 jours. Sainte Marie-Madeleine de Pazzi a été béatifiée en 1626 par Urbain VIII, et canonisée en 1669 par Alexandre VII (*Acta Sanct.*, et Godescard, 25 mai).

Dans la sainte Carmélite de Florence, comme en sainte Thérèse, nous voyons le mystère de la communion des saints : les membres les plus parfaits du Corps mystique de Jésus-Christ, à l'exemple de Jésus-Christ même et en union avec lui, souffrir volontairement et amoureusement les peines et les douleurs les plus cruelles, pour les membres malades, pour les pécheurs, afin de leur mériter la vie et la santé. C'est ce mystère que saint Paul accomplissait en sa personne, quand il disait aux Colossiens (1, 24) : *Je me réjouis dans mes souffrances pour vous, et j'accomplis ce qui manque aux souffrances du Christ dans ma chair, pour son corps, qui est l'Eglise*. C'est ce même mystère que ne cessent d'accomplir les âmes ferventes, par leurs prières, leurs jeûnes, leurs mortifications volontaires; par les persécutions, les calomnies, les outrages, les tentations, les maladies qu'elles endurent pour l'amour de Jésus et de son corps mystique. C'est de là que vient à l'Eglise, au milieu de ses plus profonds abaissements, cette vie, cette résurrection, cette force invincible, où le monde ne conçoit rien et qui le confondent.

Outre Marie-Madeleine de Pazzi, l'heureuse ville de Florence admirait encore une autre âme d'élite, sainte *Catherine de Ricci*. Elle naquit en cette ville l'an 1522. Pierre de Ricci, son père, et Catherine Bonza, sa mère, étaient de familles très-distinguées dans la Toscane. Nommée Alexandrine au baptême, elle prit le nom de Catherine en se faisant religieuse. Ayant perdu sa mère en bas âge, elle fut élevée par une pieuse marraine. De même que Catherine de Pazzi, ce fut une enfant de bénédiction, que Dieu prévint toute jeune de ses faveurs les plus signalées, lumières surnaturelles dans l'esprit, amour ineffable dans le cœur, attrait pour l'oraison et les autres exercices de piété. A l'âge de six à sept ans, son père la mit en pension dans le couvent de Monticelli, où Louise de Ricci, sa tante, était religieuse; et ensuite dans celui de Saint-Vincent de Prato, dont le Père Timothée Ricci, son oncle, était directeur. Ce fut pour la jeune enfant un lieu de délices. Son père l'ayant fait revenir, lui proposa un parti avantageux dans le monde; mais elle ne voulut d'autre époux que celui de son âme : son père finit par y consentir, et elle entra au monastère de Prato, sous la règle de Saint-Dominique, à l'âge de quatorze ans.

Son noviciat fut celui d'un ange, par la piété, l'humilité, la douceur, la modestie, l'obéissance. Encore très-jeune, elle fut élue maîtresse des novices, puis sous-prieure, et enfin prieure perpétuelle à l'âge de vingt-cinq ans, tant on avait une haute idée de sa vertu et de sa prudence. Elle aspirait continuellement à la perfection. Ce qui dominait dans son cœur, comme dans celui de Thérèse et de Madeleine de Pazzi, c'était l'amour divin, qui la ravissait en extase, souvent des heures, des journées entières. Son amour pour le prochain était semblable. Ce qu'elle ne put par elle-même, elle le fit par ses exhortations charitables : secourir les pauvres, les malades, les veuves, les orphelins, les vieillards, dans toute la Toscane. Les misères spirituelles du prochain émouvaient sa charité beaucoup plus encore. Pour obtenir la conversion des âmes, elle se condamnait elle-même aux jeûnes, aux veilles, aux cilices, aux mortifications de tout genre : elle conjura de plus le Seigneur, pour l'expiation de ses péchés et de ceux d'autrui, de l'affliger de maladies et de douleurs : en quoi elle fut exaucée. Mais plus elle souffrait, plus elle recevait de nouvelles grâces, y compris le don des miracles et l'esprit de prophétie. Sa conformité à Jésus souffrant, qui se montra plus d'une fois à elle, était si grande, qu'elle reçut les stigmates de la passion, non-seulement comme François d'Assise, aux pieds, aux mains et au côté, mais encore un diadème d'épines sur la tête, et les traces profondes de la croix sur les épaules. On vit même quelquefois son visage transformé en la ressemblance du Fils de Dieu, tant son union avec lui était intime. Nous avons déjà vu la même chose en sainte Catherine de Sienne. Catherine de Ricci fut éprouvée, et par les contradictions et les calomnies, et par les louanges et l'admiration universelle; les plus grands personnages, des princes mêmes venaient la voir; elle était en relation de lettres avec saint Philippe de Néri, qui fut un jour transporté auprès d'elle par l'esprit de Dieu, comme le diacre Philippe le fut auprès de l'eunuque d'Ethiopie. Catherine demeura toujours humble et abjecte à ses propres yeux : elle pria tant son divin Epoux de modérer ses faveurs, ou du moins de les cacher aux yeux des hommes, qu'elle finit par l'obtenir. Elle rendit son âme à Dieu le 11 février 1589, au milieu du concert des anges, que les assistants mêmes entendirent. Marie-Madeleine de Pazzi, ravie en extase, la vit monter au ciel au milieu d'une troupe d'esprits célestes. Béatifiée par Clément XII le 1er octobre 1734, elle fut canonisée par Benoît XIV le 29 juin 1746. C'est de la bulle de sa canonisation que nous avons tiré ces quelques traits de sa vie (*Bullarium Benedicti XIV*); Godescard, 13 février).

Madeleine de Pazzi, dans une autre extase, vit encore la gloire d'une autre religieuse dominicaine, et fut même guérie à son tombeau. *Marie-Barthélémie Bagnési* naquit également à Florence, au commencement du XVIe siècle, d'une famille noble. Elle songea dès ses premières années à se consacrer à Dieu, et souvent on la vit verser des larmes abondantes, lorsque quelqu'un faisait semblant d'élever des doutes sur le succès des vœux qu'elle formait à cet égard. Elle perdit sa mère de bonne heure, et chargée dès lors du soin de la maison paternelle, elle s'en acquittait avec un zèle et une prudence au-dessus de son âge. Tous ses moments étaient distribués de manière que les devoirs envers sa famille ne nuisaient en rien à ses exercices de piété et à son amour pour la prière.

Marie-Barthélémie, douée d'un extérieur agréable et jouissant d'une santé parfaite, ne songeait qu'à bientôt embrasser la vie religieuse, lorsque son père voulut l'engager dans les liens du mariage. A cette annonce inattendue, elle fut saisie d'un tremblement universel, et depuis ce moment elle eut pendant quarante-cinq ans à souffrir des ardeurs de la fièvre, des contractions violentes de nerfs et des douleurs dans tous les membres. Mais cet état, si pénible pour la nature, ne servit qu'à faire éclater davantage la vertu de cette sainte fille.

Cependant ses souffrances étant un peu calmées, à l'âge de trente ans, elle obtint une grâce qu'elle désirait depuis si longtemps : d'entrer dans le tiers-ordre de Saint-Dominique, établi tout exprès pour les personnes qui veulent, au milieu du monde, participer aux avantages de la vie religieuse. Mais sa santé revint bientôt à un état plus fâcheux encore que celui d'où elle avait semblé sortir pendant un court intervalle. Elle passa presque tout le reste de sa vie dans son lit, attirant auprès d'elle, par l'édification de ses vertus et sa réputation de sainteté, une infinité de personnes de toutes les conditions, qui venaient chercher des consolations et des conseils. Plusieurs malades furent même guéris par le secours de ses prières.

Outre sa patience héroïque, on remarquait en elle

une charité ardente dont elle aurait voulu embraser les cœurs de tous ceux qui l'approchaient, une vive horreur des louanges qu'on lui donnait souvent, un soin particulier à cacher les faveurs célestes dont elle était l'objet. Le nom seul du péché mortel lui inspirait une telle crainte et la faisait tellement trembler, que son lit était agité. Quoique accablée de maux, elle s'imposait encore des jeûnes et des mortifications corporelles, comme si elle eût été la plus grande pécheresse. Sur la fin de sa vie, on lui permit de faire célébrer la messe dans ses appartements, afin de lui faciliter la sainte communion qu'elle recevait fréquemment. Fidèle à l'esprit de l'ordre de Saint-Dominique, elle faisait profession d'une dévotion particulière à la sainte Vierge. Elle avait aussi une grande émulation à imiter sainte Catherine de Sienne, dont elle retraçait la patience et l'obéissance d'une manière admirable. Morte en odeur de sainteté le 28 mai 1577, elle a été béatifiée en 1802 par Pie VII, qui permit à l'ordre des Dominicains et au clergé de Florence de réciter son office et de célébrer la messe en son honneur. Son corps, conservé miraculeusement sans aucune trace de corruption, a toujours été l'objet d'une grande vénération de la part des fidèles (Godescard, 28 mai).

L'île de Majorque produisit dans ce siècle une autre sainte *Catherine*, née le 10 avril 1533, dans le petit village de Valdemusa. Ayant perdu de bonne heure son père, Jacques Thomas, et sa mère, Marca Gallart, elle fut élevée par un oncle maternel. Toutes les semences de vertu germèrent comme d'elles-mêmes dans le cœur de cette sainte fille. L'amour du travail et la prière, l'assistance aux offices de l'Église et à la prédication de la parole de Dieu, une réserve et une modestie extrême, qui allaient jusqu'à dissimuler et à cacher, autant qu'elle pouvait, les avantages extérieurs qu'elle avait reçus de la nature à un degré extraordinaire, la fuite du monde et de toutes les occasions qui auraient pu la séduire : voilà ce qu'elle pratiqua constamment dans la maison de son oncle, uniquement dirigée par l'inspiration de la grâce et le goût de la piété qui lui était naturel. Mais ce qui contribua plus que tout le reste à augmenter son mérite devant Dieu, ce fut la conduite de cet oncle qui devait lui tenir lieu de père, et qui la traitait le plus souvent en barbare. Catherine supportait sans se plaindre, avec une patience angélique, et les mauvais traitements et le surcroît de travail qu'il lui imposait. Au milieu de toutes ces épreuves, elle était d'une douceur et d'une paix inaltérables.

On lui avait confié la garde des troupeaux. Catherine trouva, en remplissant cette pénible fonction, le temps et les moyens de se livrer à l'élan de sa fervente piété. Pour mieux se rappeler la présence de Dieu, elle éleva sous un olivier un petit autel, qu'elle décora d'un crucifix grossièrement sculpté et de quelques fleurs champêtres. C'est là qu'elle se retirait pour prier à genoux et goûter en silence les douceurs de la contemplation, après avoir pris soin de son troupeau et s'être assurée qu'elle pouvait s'en éloigner quelques instants sans danger. Son oncle, s'étant rendu un jour au lieu du pâturage, trouva sa nièce à genoux sous l'olivier, tellement absorbée dans la contemplation, qu'elle ne s'aperçut pas même de sa venue. Il la frappe rudement d'une verge qu'il tenait à la main et l'accable de reproches : la pauvre fille, sans se troubler, conduit son oncle vers les troupeaux, et les lui montre dans le meilleur état.

Au milieu de cette vie pénible et laborieuse, Dieu la comblait de consolations et de grâces extraordinaires. Ce bonheur était souvent troublé par les tracasseries de la famille où elle vivait. Tantôt son oncle tournait en ridicule sa dévotion, tantôt il feignait de n'y voir que de l'hypocrisie, et il allait jusqu'à lui défendre de fréquenter les églises, de se confesser, de faire ses prières accoutumées. Quelquefois sa tante joignait ses remontrances à celles de son mari; elle lui reprochait avec dureté sa simplicité et la modestie de ses habillements, son éloignement pour le monde, son goût pour la retraite. Autorisés par ces exemples, les domestiques de la maison se permettaient de la blâmer, de la maltraiter même. Mais, toujours calme, toujours paisible, la jeune Catherine redoublait de soumission et d'égards pour ceux qui se montraient si injustes envers elle, et priait pour ceux qui la faisaient souffrir.

Parvenue à l'âge de seize ans, elle quitta la maison de son oncle, et entra chez les chanoinesses régulières de Saint-Augustin, à Palma. Bientôt ces pieuses filles surent apprécier le trésor qu'elles possédaient en elle, et lui témoignèrent par toutes sortes d'égards l'affection et l'estime qu'elle leur inspirait. Mais Catherine, pénétrée d'humilité et confuse de ces marques d'attention qu'elle croyait ne pas mériter, imagina, pour s'y soustraire, de contrefaire l'insensée, parlant d'une manière singulière, faisant parfois des questions ridicules, et imitant la naïve grossièreté des gens de la campagne. D'abord on fut dupe de cette pieuse fraude, qui du reste ne tarda pas à être découverte. On en démêla les motifs, et elle n'en devint que plus chère à ses compagnes.

Le mépris d'elle-même et l'abnégation de sa propre volonté sont les deux vertus qui distinguèrent principalement la fervente religieuse pendant tout le cours de sa vie et jusqu'à son dernier soupir. Une sœur s'oublia un jour jusqu'à lui dire qu'elle ne serait jamais qu'à charge à la communauté. La bienheureuse remercia sa compagne de l'avis qu'elle en recevait, et promit de faire tous ses efforts pour se rendre plus utile à l'avenir. Elle avait su si bien se plier à une stricte obéissance, qu'il ne lui fallait qu'un signe de ses supérieures pour exécuter sur-le-champ leurs ordres. Lorsque les nombreuses infirmités la dispensèrent des diverses occupations de la maison, elle n'en fut pas moins exacte aux offices et à toutes les assemblées, et à donner l'exemple de la ponctualité. Elle s'appuyait sur des crosses, se glissait le long des murs, et si souvent elle arrivait la dernière au lieu de la réunion, ce n'était pas à la tiédeur de son zèle qu'il fallait l'attribuer.

Ses compagnes, pleines d'admiration pour elle, l'élurent supérieure de leur maison. Mais Catherine, se croyant indigne d'exercer les fonctions de cette charge, fit tant d'instances auprès de l'évêque diocésain, qu'il donna ordre d'élire une autre abbesse. Quoique jeune encore, elle soupirait ardemment après un monde meilleur. Elle fut exaucée, et mourut le 5 avril 1574, à l'âge de quarante et un ans. Plusieurs miracles ont attesté sa sainteté: et elle a été inscrite au nombre des bienheureux, par le pape Pie VI, le 3 août 1792 (Godescard, 5 avril).

On voit que si l'Allemagne, l'Angleterre et la France produisaient des hérésiarques et des impies, le Portugal, l'Espagne et l'Italie ne cessaient de produire des saints dans toutes les conditions. Et nous sommes loin de les avoir encore énumérés tous. A la même époque, l'ordre des Théatins, fondé par saint Gaëtan de Thienne, présentait trois saints personnages : le bienheureux Jean Marinon, saint André Avellin, le bienheureux Paul d'Arezzo, archevêque de Naples. Semblables tous les trois par l'amour et la pratique de la pauvreté, chasteté et obéissance religieuse, voici ce qu'ils ont de particulier.

Marinon, né à Venise le 25 décembre 1490, reçut au baptême le nom de François, mais prit celui de Jean lorsqu'il se donna tout à Dieu. Il montra tant de piété dès ses premières années, qu'on lui fit faire sa première communion vers l'âge de sept ans. Il se distinguait des autres enfants par sa docilité et son obéissance. Il ne perdait presque point Dieu de vue; il aimait à fréquenter les églises, à y adorer le Saint-Sacrement, et surtout à entendre la messe. A l'Université de Padoue, il eut pour condisciple et ami Louis Lippoman, le pieux et savant évêque, que nous avons vu présider au concile de Trente. Marinon unissait toujours la piété à l'étude. Devenu prêtre et supérieur d'un hôpital, il y déploya une charité héroïque dans une peste, l'an 1528. La même année, il quitta un canonicat de Saint-Marc, et embrassa la pauvreté religieuse dans la congrégation de Saint-Gaëtan. Les pauvres eurent toujours sa prédilection. Il prêchait en apôtre, et pour prévenir les fidèles contre les erreurs d'alors, et pour les porter à la perfection chrétienne. A Naples, il fonda un mont-de-piété, pour secourir les familles prêtes à tomber dans l'indigence, et refusa l'archevêché de cette ville. Il mourut saintement le 13 décembre 1562, assisté par deux saints qu'il avait reçus dans son ordre, saint *André Avellin* et le bienheureux *Paul d'Arezzo* (Ibid., 13 déc.).

Né en 1521 à Castronuovo, petite ville du royaume de Naples, André fit paraître dès son enfance les plus heureuses dispositions à la vertu. Une physionomie heureuse exposa sa chasteté à de grands périls; il en triompha par la prière, la vigilance sur lui-même et la fuite des compagnies dangereuses. Ne désirant vivre que pour Dieu, il embrassa l'état ecclésiastique, fut reçu docteur en droit canon, avant son sacerdoce. Une faute où il tomba lui fit entièrement quitter le monde. Un jour qu'il plaidait devant la cour ecclésiastique, il lui échappa de dire un mensonge, dans un point toutefois qui n'était pas de grande importance. La lecture de ces paroles de l'Ecriture : *La bouche qui profère le mensonge donne la mort à l'âme*, fit sur lui une telle impression, qu'il renonça pour toujours à la profession d'avocat, pour se consacrer uniquement à la pénitence et au saint ministère. Chargé par l'archevêque de Naples de réformer et de diriger un monastère de religieuses, il eut bien des contradictions à essuyer. Il se vit même en butte à la fureur de quelques personnes qu'il avait fait exclure des parloirs. Il échappa une fois à la mort dont il avait été menacé; une autre fois il reçut trois coups au visage. Il souffrit sans se plaindre, et il aurait fait volontiers le sacrifice de sa vie pour la gloire de Dieu et le salut des âmes.

Entré l'an 1556 dans la congrégation des Théatins, il quitta son nom de Lancelot pour celui d'André. Voulant se mettre dans la sainte nécessité de devenir parfait, il fit, avec la permission de ses directeurs, deux vœux particuliers : le premier, de combattre toujours sa volonté ; le second, de tendre toujours, le plus qu'il serait en lui, à la perfection. Le reste de sa vie répondit à cet engagement extraordinaire. Il supporta, sans le moindre trouble, l'assassinat d'un de ses neveux; et non content d'empêcher qu'on ne poursuivît le meurtrier, il sollicita sa grâce avec les plus vives instances. Saint lui-même, il en forma plusieurs autres; en particulier Laurent Scupoli, le pieux auteur du *Combat spirituel*. Il fut l'ami de saint Charles, et l'aida beaucoup dans la réformation du clergé. Dieu l'honora du don de prophétie et de miracles. Le 19 décembre 1608, à l'âge de quatre-vingt-huit ans, épuisé de travaux et cassé de vieillesse, saint André Avellin était au pied de l'autel pour dire la messe. Il répéta trois fois ces paroles : *Introibo ad altare Dei*, mais ne put aller plus loin. Il tomba en apoplexie, reçut les derniers sacrements avec la piété la plus tendre, et expira tranquillement. Canonisé en 1712 par Clément XI, la Sicile et la ville de Naples l'ont choisi pour un de leurs patrons (Godescard, 10 nov.).

Le bienheureux Paul d'Arezzo, pareillement né dans le royaume de Naples, en 1511, à Itri, petite ville au diocèse de Gaëte, docteur en droit à l'Université de Bologne, se distingua longtemps à Naples comme avocat et conseiller royal. A l'âge de quarante ans il renonça aux espérances qu'il avait de s'avancer dans le monde, entra chez les Théatins, fit son noviciat avec saint André, sous le bienheureux Marinon, et devint supérieur de la maison de Naples. On fit d'inutiles efforts pour le tirer de sa retraite : on lui offrit deux évêchés, qu'il refusa constamment. Il n'accepta une ambassade en Espagne, que sur l'ordre formel du Pape, transmis par saint Charles Borromée. Pie V l'obligea d'accepter l'évêché de Plaisance. Il s'y rendit immédiatement après son sacre. Il eut la douleur de voir qu'on n'y approchait presque plus des sacrements, qu'on y négligeait les pratiques de piété, que la corruption avait pénétré jusque dans le sanctuaire. Pour remédier à ces abus, il employa tous les moyens que peut suggérer un zèle éclairé. Mais parmi ces moyens, le plus efficace fut son exemple. Sa ferveur, sa modestie, son affabilité, sa douceur, son amour pour la simplicité, la rigueur et la continuité de sa pénitence, ses aumônes, lui méritèrent la confiance et la vénération de tous ses diocésains.

Créé cardinal par Pie V, il eut part à la promotion de Grégoire XIII, qui le consulta souvent, ainsi que son prédécesseur, sur les affaires les plus importantes. Il assista au troisième concile provincial de saint Charles Borromée, et appuya de son suffrage les utiles règlements qui y furent faits. Il fit à Plaisance divers établissements, y fonda entre autres deux maisons, l'une pour les orphelines, et l'autre pour les filles ou femmes pénitentes. Il tint deux synodes, où il publia des règlements qui seront un monument éternel de son zèle pour la discipline ecclésiastique. Transféré de Plaisance à Naples, par

Grégoire XIII, il y continua ses œuvres de réforme et d'édification, et mourut saintement le 17 juin 1578, à la suite d'un accident qui lui avait fracturé la cuisse. Il était âgé d'environ soixante-sept ans, et chéri de tous les saints de son époque, particulièrement de saint Charles Borromée et de saint Philippe de Néri (Godescard, 17 juin).

Un autre ami de saint Charles fut le bienheureux *Alexandre Sauli*, né à Milan même, d'une des plus illustres familles de Lombardie. La piété et le zèle étaient nés avec lui. Un jour que le peuple de Milan était assemblé autour d'une troupe de comédiens, le jeune Alexandre s'avança un crucifix à la main, et fit un discours si pathétique, que les comédiens prirent la fuite. Le peuple entra dans les sentiments d'une vive componction, et se retira les larmes aux yeux. Quelque temps après, Alexandre se consacra sans réserve au service de Dieu dans la congrégation des Barnabites. Il endurcit son corps à la fatigue par les travaux et les veilles, se livrant avec zèle au ministère de la parole et de la réconciliation. Il avait un talent particulier pour toucher et convertir les pécheurs. Il continua de pratiquer ces œuvres de zèle, même lorsqu'il eut été chargé d'enseigner la philosophie et la théologie dans l'Université de Pavie. On vit des communautés entières se mettre sous sa conduite, afin d'apprendre de lui les moyens de parvenir à la perfection de leur état. Ayant été invité à prêcher dans la cathédrale de Milan, par ses sermons il produisit des fruits merveilleux. Saint Charles félicita l'Eglise d'avoir un pareil ministre, et versa des larmes de joie à la vue des succès de son zèle apostolique.

Alexandre n'avait encore que trente-deux ans, lorsqu'il fut élu supérieur général de son ordre. Il remplit cette place avec une capacité qui donna un nouvel éclat à sa congrégation; mais Dieu ne l'avait pas destiné à vivre renfermé dans la retraite. L'an 1571, le saint pape Pie V le nomma évêque d'Aléria en Corse, afin qu'il fût l'apôtre de tout le pays. Sacré par saint Charles, le nouvel évêque part sans délai avec trois prêtres de son ordre. Son père mourant ne fut point capable de le retenir: il n'entend que les gémissements de son église désolée. Il n'est pas non plus arrêté par la vue de l'esclavage qu'il avait à craindre de la part des corsaires mahométans, infestant toutes les côtes de l'île de Corse; il s'embarqua plein de confiance en Dieu, et la navigation fut heureuse. Il ressentit une vive douleur en voyant que Dieu était partout méconnu. Aléria n'avait plus que le titre d'église. A peine y avait-il, dans toute l'étendue du diocèse, un lieu où l'on pût faire décemment l'office divin. Les bourgades, à l'exception de trois ou quatre, étaient inhabitées. Les peuples étaient dispersés dans les bois et les montagnes. Plongés dans une grossière ignorance, ils ne savaient pas même les premiers éléments de la religion. Le clergé n'avait pas moins besoin d'être instruit que le peuple.

Le saint évêque, sans église et même sans maison, fixa d'abord sa demeure à Talone. C'était une espèce de bourgade située à quatre lieues des ruines d'Aléria. Il y tint un synode sur le modèle de ceux qui se tenaient à Milan sous saint Charles, et y fit de sages règlements pour commencer de remédier aux abus: il entreprit ensuite la visite de tout son diocèse.

Il alla dans les hameaux les plus écartés, et pénétra jusqu'aux endroits les plus inaccessibles. La vue d'un pasteur si charitable attendrissait les plus sauvages; ils venaient tous se jeter à ses pieds, bien résolus de lui obéir, même avant de l'avoir entendu. Ses paroles portaient la lumière de la foi dans les esprits, et le feu de la charité dans les cœurs. Partout il lui fallut réformer d'anciens abus, abolir des coutumes scandaleuses, fonder des églises ou relever celles qui étaient ruinées, et pourvoir à la décence du culte divin. Il établit des collèges et des séminaires où l'on pût former la jeunesse.

Les coopérateurs qu'il avait amenés avec lui étant morts de fatigues sous ses yeux, il se trouva dans un très-grand embarras: il ne se découragea cependant pas; il redoubla ses travaux, sans craindre d'épuiser sa santé. La continuité de ses occupations ne l'empêcha point non plus de s'assujétir à des jeûnes continuels et à une rigoureuse abstinence. Quoiqu'il eût très-peu de revenus, il ne laissa pas de faire des aumônes abondantes. Les déprédations des corsaires l'obligèrent souvent à changer de demeure. On le vit transporter son séminaire et son clergé de Talone, situé sur la côte orientale de l'île, à Algagliala, qui était sur la côte occidentale, et de cette ville à Corte, dans le centre de l'île, puis à Cervione. Ce fut dans cette dernière ville qu'il bâtit sa cathédrale et qu'il fonda un chapitre de chanoines. Il avait un rare talent pour réunir les esprits et les cœurs divisés: aussi lui donna-t-on dans toute la Corse le surnom d'*Ange de paix*.

Le bienheureux Alexandre Sauli adressa de sages *avertissements* à son clergé. Il s'y proposait d'instruire les ministres tant sur la conduite qu'ils devaient tenir, que sur la manière dont ils devaient diriger les âmes confiées à leurs soins; il composa aussi des *Entretiens*, dans lesquels il expliqua la doctrine de l'Eglise avec beaucoup de précision et de netteté. Saint François de Sales estimait singulièrement cet ouvrage, et disait que la matière y était épuisée.

Le saint prélat allait de temps en temps à Rome, ainsi que les autres évêques d'Italie; mais il y allait comme au centre de l'apostolat, et avec tant de dévotion, qu'il y éprouvait en lui-même ce que dit saint Chrysostome, que l'esprit apostolique y vit toujours, et que des tombeaux des apôtres et de leurs cendres, tout inanimées qu'elles sont, sortent encore des étincelles du feu sacré dont ils embrasèrent la terre. Tous ses voyages furent comme autant de missions par les grands fruits que produisirent partout ses prédications, ses conseils et ses exemples. C'est de quoi les villes de Gênes, de Milan et de Rome ont plusieurs fois fourni des témoignages qui ont été confirmés par quatre souverains Pontifes. Grégoire XIII, l'un d'eux, fut extrêmement frappé lorsqu'il l'entendit prêcher. Saint Philippe de Néri l'honorait aussi beaucoup à cause de ses talents et de son éminente sainteté. Les ennemis de la religion eux-mêmes ne pouvaient résister à la force et à l'onction de ses discours. Ayant eu une conférence avec un calviniste de Genève, qui était venu dogmatiser en Corse, il lui fit ouvrir les yeux à la vérité et le ramena au sein de l'Eglise. A Rome, un seul de ses sermons enleva à la synagogue des Juifs quatre de ses plus fermes soutiens.

La vénération que l'on avait pour le saint apôtre de la Corse porta les villes de Tortone et de Gênes à le demander pour pasteur; mais il ne voulut point quitter sa première épouse, à laquelle il était tendrement attaché. Ce ne fut que par obéissance aux ordres du pape Grégoire XIV qu'il accepta l'évêché de Pavie en 1591. Il ne fut pas plus tôt arrivé dans son nouveau diocèse, qu'il entreprit d'en faire la visite. Toutes les fêtes solennelles, il revenait à Pavie. Etant tombé malade à Calozzo, dans le comté d'Asti, il fut attaqué de la maladie qui l'enleva de ce monde. Il mourut le 23 avril 1592. Sa sainteté fut attestée par plusieurs miracles. La cérémonie de sa béatification se fit à Rome en 1742 (Godescard, 24 avril).

Saint *Charles Borromée*, l'ami de tous ces saints, et dont la vie est le meilleur manuel de tous les évêques, saint Charles était comme l'incarnation du concile de Trente. A la conclusion de cette assemblée, il eût bien voulu se rendre en son diocèse de Milan, pour y en faire exécuter les décrets par lui-même; mais son oncle, Pie IV, le retint encore à Rome pour les affaires générales de l'Eglise. Afin de suppléer autant que possible à son absence, il envoya une colonie de Jésuites à Milan, avec ordre à son vicaire, Ormanetto, d'établir des séminaires, de tenir des synodes, de faire la visite des églises et des monastères. Le vicaire général fit de son mieux, mais manda bientôt qu'il rencontrait des obstacles et des abus auxquels l'archevêque seul pouvait porter remède. Charles, sur de nouvelles instances, obtint enfin de son oncle la permission si longtemps sollicitée, et partit de Rome le 1er septembre 1565, avec la qualité de légat *à latere* pour toute l'Italie. Il ouvrit son premier concile provincial, où il se trouva deux cardinaux étrangers et onze suffragants de Milan. On comptait parmi ceux-ci le célèbre Jérôme Vida, et Nicolas Sfondrate, évêque de Crémone, depuis pape sous le nom de Grégoire XIV. Les suffragants qui ne purent venir envoyèrent des députés. Tout le monde fut surpris de la dignité et de la piété avec lesquelles le concile fut célébré par un jeune cardinal qui n'avait que vingt-six ans. On ne le fut pas moins de la sagesse des règlements qui s'y firent, et qui avaient principalement pour objet la réception et l'observation du concile de Trente, la réformation du clergé, la célébration de l'office divin, l'administration des sacrements, la manière de faire le catéchisme, les dimanches et les fêtes, dans toutes les églises paroissiales. Le concile terminé, il entreprit la visite de son diocèse; lorsqu'il apprit que le Pape était dangereusement malade, il partit aussitôt pour Rome. La maladie étant mortelle, il conjura son oncle de lui accorder une faveur au-dessus de toutes celles qu'il avait jamais reçues. Le Pontife répondit qu'il lui accorderait tout ce qui serait en son pouvoir. Ce que je vous demande, répliqua le saint, c'est que vous mettiez à profit le peu de temps qui vous reste à vivre; que vous ne pensiez plus aux choses de ce monde; que vous ne vous occupiez plus que de l'affaire de votre salut, et que vous vous prépariez, le mieux qu'il vous sera possible, au passage de l'éternité. Le Pape profita de l'avis avec reconnaissance, et, comme nous avons vu, mourut saintement entre les bras de deux saints, son neveu Charles et saint Philippe de Néri.

Comme nous avons vu encore, Charles contribua puissamment à faire monter sur la chaire apostolique un saint pontife, Pie V, de qui, après quelque temps, il obtint la permission de retourner dans son diocèse. C'est alors qu'il commença tout de bon la réformation de sa personne, de son clergé, de son peuple. Sa vie, déjà si sainte et si pénitente, devint de plus en plus la vie d'un anachorète de la Thébaïde, de la Chartreuse, de la Trappe. Plusieurs années avant sa mort, il se fit une loi de jeûner tous les jours au pain et à l'eau, excepté les dimanches et les jours de fêtes, qu'il ajoutait quelques légumes ou quelques fruits. Il s'était interdit l'usage de la viande, du poisson, des œufs et du vin. En carême, il ne mangeait point de pain : il ne vivait que de fèves bouillies et de figues sèches. Son abstinence était encore plus rigoureuse dans la semaine sainte. Pendant toute l'année, il ne faisait qu'un repas par jour. Du fond de l'Espagne, l'archevêque de Valence et Louis de Grenade le pressèrent, ainsi que le pape Grégoire XIII, de modérer ses austérités, principalement à raison des fatigues épiscopales. Le saint répondit que son abstinence l'avait guéri, sans aucun remède, d'un mal qui l'avait fait souffrir longtemps. Cependant il se modéra quelque peu par obéissance envers le Pape.

Mais ces pratiques dont nous venons de parler ne suffisaient pas encore à son zèle pour la mortification. Il portait continuellement un rude cilice; il dormait très-peu, et cela sur une chaise ou sur un lit fort dur, sans quitter ses habits. Sa patience à supporter le froid et les autres rigueurs des saisons est incroyable. Un jour qu'on voulait lui bassiner un lit, il dit en souriant : « Le meilleur moyen de ne pas trouver le lit froid, c'est de se coucher plus froid que n'est le lit. » De cet amour de la mortification, naissait une humilité profonde, une douceur inaltérable, un parfait détachement de toutes les choses de la terre. Charles avait un tel mépris de soi-même, que les dignités éminentes dont il jouissait sous le pontificat de son oncle, ne lui inspirèrent jamais le moindre sentiment de vanité; il ne les regardait que comme un fardeau pesant, et, s'il les accepta, ce ne fut que dans la vue de les faire servir à l'utilité de l'Eglise et au salut de son âme. Dans le succès de ses entreprises, il voulait qu'on ne lui attribuât que les fautes qu'il avait pu commettre.

Il se déchargea du soin du temporel sur des économes d'une probité reconnue, et il examinait leurs comptes une fois l'année. Son désintéressement lui faisait même condamner les évêques qui n'étaient pas animés du même esprit. Il rappelait, à cette occasion, la prière de saint Augustin, qui demandait à Dieu d'ôter de son cœur l'amour des richesses, incompatible avec l'amour de Dieu et qui détourne de la pratique des exercices spirituels. Quand on lui parlait de jardins ou de palais, sa réponse était qu'un évêque ne doit penser qu'à se bâtir une demeure éternelle dans le ciel.

Son abnégation de lui-même parut notamment en cette rencontre. L'an 1562, il n'était pas encore dans les ordres sacrés, lorsqu'il perdit son frère unique, le comte Frédéric de Borromée, qui lui laissait la plus brillante fortune. Ses amis, le Pape lui-même, le pressèrent de quitter l'état ecclésiastique et de se marier, pour être le soutien et la consolation de sa famille. Charles s'y refusa, et reçut la prêtrise avant la fin de la même année. L'immense fortune qui lui revenait, il la distribua aux pauvres ou en d'autres bonnes œuvres, surtout quand il fut revenu à Milan.

Son attention à veiller sur ses paroles était singulière; il parlait peu et s'observait pour ne rien dire d'inutile. Il n'était pas moins attentif à l'emploi du temps, il le donnait tout entier à des occupations sérieuses. Il se faisait lire à table quelques livres de piété, ou dictait des lettres et des instructions pendant ce temps-là. Lorsqu'il prenait ses repas en particulier, il mangeait et lisait tout à la fois, et il se tenait à genoux quand il lisait l'Ecriture. Après le dîner, il donnait audience à ses curés et à ses vicaires forains. Ces vicaires étaient au nombre de soixante; et leurs pouvoirs étaient fixés par une commission particulière; ils étaient pour la plupart des doyens ruraux. Ils tenaient des conférences fréquentes, et avaient inspection sur la conduite des curés de leur district, qu'ils avertissaient de leurs fautes; ils en référaient, si les circonstances l'exigeaient, à l'archevêque ou à son vicaire général.

Lorsqu'il était en voyage, il priait ou il étudiait sur la route. Il n'avait d'autre récréation que celle que donne la diversité des occupations. Comme on lui représentait qu'un directeur pieux et éclairé voulait qu'on prît généralement sept heures de repos dans la nuit, il répondit qu'un évêque devait être excepté. Quelques personnes l'exhortant à donner au moins quelques instants à la lecture des papiers publics, où il puiserait des connaissances qui pourraient lui être utiles dans l'occasion, il dit que l'esprit et le cœur d'un évêque devaient être uniquement employés à méditer la loi de Dieu, ce qu'il ne pourrait faire, s'il remplissait son âme des vaines curiosités du monde, et que, plus on les évitait, plus on était à Dieu.

Il se confessait tous les matins, avant de célébrer la messe, et faisait tous les ans deux retraites avec une confession générale dans chacune. Il eut pour confesseurs à Milan, le Père Adorno, Jésuite de Gênes, et le bienheureux Alexandre Sauli, général des Barnabites : son confesseur ordinaire était un prêtre anglais, chanoine et théologal de la cathédrale. — Un jour qu'il donnait la communion, il laissa tomber une hostie par la faute de celui qui l'assistait; il eut tant de douleur de cet accident, qu'il se condamna à un jeûne rigoureux de huit jours et qu'il en passa quatre sans dire la messe. Si on excepte cette occasion, il ne manqua jamais de célébrer la messe tous les jours, même en voyage et au milieu des plus grandes occupations. Lorsque la maladie l'en empêchait, il se faisait donner la communion. Par respect pour Jésus-Christ présent dans l'eucharistie, il gardait le silence depuis le soir jusqu'au lendemain matin après son action de grâces. Il se préparait à offrir le sacrifice, non-seulement par la confession, mais encore par la prière et la méditation, et il avait coutume de dire qu'un prêtre ne doit point s'occuper d'affaires temporelles avant d'avoir rempli une obligation aussi importante.

Il récitait l'office divin à genoux et nu-tête. Il disait, autant qu'il lui était possible, chaque heure canoniale à l'heure du jour à laquelle elle répondait. Les dimanches et les fêtes, il assistait à tout l'office de la cathédrale; et ces jours-là il passait un temps considérable à prier à genoux devant quelque autel particulier. Il avait une grande dévotion pour saint Ambroise, pour les saints honorés dans son église, et surtout pour la sainte Vierge, sous la protection de laquelle il avait mis ses collèges. Il était aussi rempli de vénération pour les reliques des saints. Il portait toujours un morceau de la vraie croix, enchâssé dans une croix d'or, avec une petite image de saint Ambroise. Il conservait aussi un petit portrait de l'évêque Fisher, mis à mort pour la religion, sous Henri VIII, roi d'Angleterre. La passion de Jésus-Christ était le plus cher objet de sa piété. On l'entendait dire quelquefois que le centre de ses délices était d'être au pied de l'autel. Une des pratiques qu'il recommandait le plus était la présence de Dieu.

Toute sa maison était réglée comme une communauté religieuse ou un séminaire. Cette communauté donna douze évêques à l'Église, plusieurs nonces et d'autres sujets en état de remplir les premières dignités ecclésiastiques. Ormanetto, vicaire général de Milan, avait deux assistants également vicaires généraux. Ils étaient à la tête du conseil que saint Charles avait établi pour la décision des affaires importantes. Cette forme d'administration fut depuis adoptée par d'autres évêques.

Le diocèse de Milan lorsque Charles y arriva, était dans l'état le plus déplorable, et pour le clergé, et pour les monastères, et pour le peuple. Pour réformer le tout, il tint six conciles provinciaux et onze synodes diocésains, où l'on fit d'utiles règlements pour la réformation générale. Il publia aussi pour le même objet des mandements et des instructions pastorales, que les pasteurs zélés ont depuis regardés comme des modèles accomplis en ce genre, et dont ils ont fait la règle de leur conduite. Saint Charles recueillit en un volume la première partie de ces conciles, qu'il fit paraître sous le titre d'*Actes de l'Église de Milan*. Le reste, qui forme un second volume, ne fut publié qu'après sa mort. La publication de ces décrets ne coûta guère, mais l'exécution. Le chapitre collégial de Sainte-Marie de la Scala regimba fortement contre la réforme que le saint voulait y introduire. Le sénat, les juges, prirent le parti des chanoines contre l'archevêque, qui fut dénoncé à la cour d'Espagne, dont le Milanais dépendait alors. Avec le temps et la patience, Charles parvint à son but et introduisit la réforme.

Dans cette œuvre de restauration, il fut exposé à plus d'une avanie. Le 26 octobre 1569, il faisait la prière du soir avec sa maison. On chantait une antienne, et on en était à ces mots : *Que votre cœur ne se trouble point et ne craigne rien.* Le saint était à genoux devant l'autel. Tout à coup un assassin, éloigné seulement de cinq à six pas, lui tire un coup d'arquebuse chargé à balle. Au bruit de l'instrument meurtrier, le chant cessa et la consternation devint générale. Charles, sans changer de place, fait signe à tous de se mettre à genoux, et finit sa prière avec autant de tranquillité que s'il ne fût rien arrivé. L'assassin profite de ce moment pour s'échapper. Le saint qui se croit blessé mortellement lève les mains et les yeux au ciel, pour offrir à Dieu le sacrifice de sa vie. Mais s'étant levé après la prière, il se trouva que la balle qu'on lui avait tirée dans le dos était tombée à ses pieds, après avoir noirci son rochet. Cependant quelques grains de plomb percèrent ses vêtements, et pénétrèrent jusqu'à la peau. Lorsqu'il se fut retiré dans sa chambre, on visita la partie blessée, et il s'y trouva une légère contusion avec une petite tumeur qui dura toute sa vie. Ce qui prouva que Dieu avait visiblement protégé son serviteur, c'est qu'un autre plomb perça une table épaisse d'un pouce qui était auprès de lui, et frappa la muraille avec beaucoup de force et de bruit.

L'assassin était un moine de l'ordre dégénéré des *Humiliés*, parmi lesquels saint Charles travaillait à introduire la réforme. Le meurtre était la suite d'un complot. Le duc d'Albuquerque, gouverneur de Milan, pressa le saint de lui permettre de faire des recherches dans son propre palais, afin de voir s'il ne découvrirait pas le coupable. Mais Charles ne voulut jamais y consentir. Les coupables se trahirent eux-mêmes par quelques mots échappés. Ils furent découverts et convaincus, et avouèrent leur crime avec les marques d'un sincère repentir. Malgré l'intercession du saint, quatre d'entre eux furent mis à mort et un cinquième condamné aux galères. Pie V, pour marquer l'horreur que lui causait un crime aussi atroce, supprima l'ordre des Humiliés, et employa leurs revenus à des usages pieux.

En compensation, saint Charles institua, l'an 1578, la congrégation des *Oblats de saint Ambroise*. C'étaient des prêtres séculiers qu'on appelait ainsi parce qu'ils s'offraient volontairement à l'évêque pour travailler sous ses ordres, et qu'ils s'engageaient, par un vœu simple d'obéissance, à exercer toutes les fonctions auxquelles on voudrait les appliquer pour le salut des âmes. Saint Charles leur donna des règlements pleins de sagesse, tant pour les conférences qu'ils faisaient dans les différentes parties du diocèse de Milan, que pour leur gouvernement particulier et pour les exercices concernant leur propre conduite. Il leur céda l'église du Saint-Sépulcre, et les logea dans un bâtiment contigu qui était commode. Plusieurs d'entre eux y faisaient leur résidence ordinaire, et on les appelait quand il se présentait quelque œuvre particulière qui intéressât la gloire de Dieu. Charles choisissait aussi parmi les Oblats de bons curés et de bons vicaires, et en employait d'autres à faire des missions. Il leur confia la conduite de son grand séminaire, que lui remirent les Jésuites auxquels il l'avait d'abord donné.

Saint Charles fit deux fois la visite de son vaste diocèse, qui s'étendait jusque dans les Alpes, au mont Saint-Gothard, dans les vallées suisses de Léventine, Bregno et Risparie, soumises aux cantons catholiques de Schwitz, d'Uri et d'Unterwald. Bon pasteur, il voulut voir toutes ses ouailles. Mais pour ne point donner ombrage aux magistrats, il les pria de lui indiquer un député qui l'accompagnerait dans leurs territoires respectifs; ce qu'ils firent d'une manière très-obligeante. Les vallées dont il s'agit avaient été jusque-là fort négligées; le désordre y régnait de toutes parts, et les prêtres étaient encore plus corrompus que le peuple. Charles traversa les neiges et les torrents, et gravit les rochers les plus inaccessibles, s'estimant heureux de souffrir pour Jésus-Christ le froid, la faim, la soif et des fatigues continuelles. Il prêcha ou catéchisa partout. Il déplaça les prêtres ignorants ou scandaleux, et leur en substitua d'autres, qui, par leur zèle et leurs lumières, fussent capables de rétablir la pureté des mœurs et la pratique de la religion. L'hérésie des Zwingliens avait pénétré dans quelques parties de son diocèse; il en convertit plusieurs qu'il réconcilia à l'Église, et ne les quitta qu'après avoir pris de sages mesures pour rendre durable le triomphe de la foi.

Quelquefois le bon pasteur ne trouvait pas toute la docilité désirable dans son peuple de Milan même et dans ses magistrats. L'an 1576, il ouvrit le jubilé de Grégoire XIII. Malgré tout son zèle, les Milanais ne profitaient guère. Il leur annonça le plus redoutable fléau du ciel : on n'en tint compte. C'est qu'un prince passait à Milan; pour lui faire honneur, on célébra des réjouissances publiques. Tout à coup une sinistre nouvelle se répand; la peste s'était manifestée dans deux endroits de la ville. Aussitôt le prince se retire avec précipitation, suivi du gouverneur, d'une grande partie de la noblesse et des magistrats. Il ne resta finalement dans la ville que le peuple et les pauvres, avec un petit nombre de magistrats et quelques bons ecclésiastiques ou religieux, dans une frayeur et une désolation inexprimables. Leur saint archevêque Charles était allé administrer les derniers sacrements à un évêque de sa province. Il revint aussitôt au milieu de son peuple consterné, qui s'attroupe autour de lui en criant : *Miséricorde, Seigneur, miséricorde!* La peste dura près de six mois. Charles fut le sauveur de son peuple. Secondé par les prêtres et les religieux, qu'il anima de sa charité, il pourvut aux besoins corporels et spirituels des malades, les visitant et leur administrant lui-même les sacrements. Pour les nourrir et les habiller, il vendit et donna tout ce qu'il avait, jusqu'à son lit, se réduisant à coucher sur des planches. Il s'appliqua surtout à désarmer la colère de Dieu par ses prières, ses jeûnes, s'offrant lui-même pour le salut de tous (*Vie de saint Charles*, par Guissano; Godescard, 4 nov.).

Nous avons vu, en 1543, l'hérésiarque Calvin se faire défendre, et ses satellites se faire excuser par le conseil municipal de Genève, d'assister les malheureux attaqués de la peste. De Calvin à saint Charles, la distance est du loup au bon pasteur. On le voit encore par la manière dont ils entendent réformer l'Église : Luther et Calvin, par l'hérésie, l'impiété, le blasphème, la violence, la calomnie, le meurtre, le scandale, l'anarchie et la révolte; saint Charles, par la foi, l'espérance, la charité, la patience, la pauvreté, l'humilité, le sacrifice de soi-même. Les deux apostats ne cessaient d'outrager l'Église de Dieu, qu'ils appelaient la prostituée de Babylone. Pour toute réponse, l'Église enfantait à Dieu des milliers de saints et de martyrs, dans toutes les conditions et dans tous les pays, jusque dans les régions lointaines du Japon.

En Italie encore, au moment où saint Charles se dévouait pour son peuple, vivaient et mouraient deux jeunes saints, dont on sait la vie par cœur dans bien des écoles chrétiennes : *Stanislas Kostka* et *Louis de Gonzague*, novices dans la Compagnie de Jésus. Déjà dans le monde, c'étaient deux saints. Stanislas était fils d'un sénateur polonais. Sa mère lui inspira de bonne heure de tendres sentiments de piété. Le premier usage qu'il fit de sa raison, fut de se consacrer à Dieu avec une ferveur au-dessus de son âge. Sa vertu fut mise à une rude épreuve. Pendant qu'il faisait saintement ses études, son frère et le précepteur qu'on leur avait donné à tous deux mirent tout en usage, même les injures et les mauvais traitements, pour le détourner de la vie sainte qu'il menait. Dans une maladie dangereuse, ils lui refusèrent même la consolation de recevoir le saint viatique. Stanislas, et avant sa maladie et après, n'en devenait que plus fervent. Il fut inspiré d'entrer dans la Compagnie de Jésus. Mais on n'osa l'y recevoir en Allemagne : on y craignait trop la colère et la puissance de son père. Il se rendit à Rome, où il fut reçu novice par saint François de Borgia, troisième général des Jésuites. Sa principale attention était de faire chacune de ses actions de la manière la plus parfaite, de remplir avec la plus exacte fidélité la volonté de Dieu, et de ne manquer à aucun point de la règle. Il ne mettait d'autres bornes à ses mortifications que celles que lui prescrivait l'obéissance. Consommé dans la perfection en peu de jours, et ayant ainsi rempli une longue carrière, il mourut le 10ᵉ mois de son noviciat, âgé de 18 ans, le jour de l'Assomption 1568 (Godescard, 13 nov.).

Vingt ans plus tard, saint Louis de Gonzague fit admirer les mêmes vertus. Fils d'un prince d'Italie, mais élevé saintement par une pieuse mère, et ayant vécu saintement depuis son enfance, il renonça au monde à l'âge de 18 ans, et avec la permission de son père, qu'il obtint à grand'peine, entra au noviciat de Rome en 1585. Le saint novice se fût accusé de lâcheté, s'il n'eût fait tous les efforts pour surpasser ses compagnons en ferveur. Il avait pour tous un tendre respect, et se regardait comme le dernier d'entre eux. C'était une grande joie pour lui d'être employé aux plus vils ministères. Après son noviciat, il fit ses études de théologie aussi saintement. En 1591, une maladie épidémique faisant de grands ravages à Rome, Louis instruisait et exhortait les malades, leur lavait les pieds, faisait leurs lits, et leur rendait les services les plus dégoûtants. Frappé de la contagion lui-même, il mourut dans ce ministère de charité le jour de l'octave de la Fête-Dieu, 21 juin, à l'âge de 23 ans. Sa mère vivait encore, lorsqu'il fut béatifié l'an 1621, et qu'elle put l'invoquer sur les autels. Heureuse mère (*Acta Sanct.*, et Godescard, 21 juin)!

Une marque peut-être plus étonnante encore des miséricordes de Dieu sur son Église, c'est, dans la postérité de Rodrigue Lenzuoli, que nous avons vu pape sous le nom d'Alexandre VI, de voir un seigneur à la fleur de l'âge renoncer à toutes les grandeurs du monde, à l'amitié de l'empereur et des princes, embrasser l'abnégation religieuse, renoncer même aux honneurs de l'Église, pour pratiquer plus parfaitement la pauvreté, l'humilité, l'obéissance dans la Compagnie de Jésus : c'est de le voir devenir le troisième général de cette compagnie d'élite, édifiant Rome et l'univers autant que son bisaïeul avait pu les scandaliser. Nous parlons de saint *François de Borgia, duc de Gandie*, né en 1510 et mort en 1572. Il descendait, par sa mère, de Ferdinand V, roi d'Aragon. Cette pieuse mère, nommée Jeanne d'Aragon, avait une grande dévotion à saint François d'Assise, et fit vœu si elle mettait heureusement un fils au monde, il en porterait le nom. De là le nom de François donné à l'enfant. Ce fils pouvait à peine articuler quelques sons, qu'elle lui apprit à prononcer les noms de Jésus et de Marie. Dès l'âge de cinq ans, il connaissait les premiers principes de la religion, et paraissait déjà pénétré de la sainteté du christianisme. Il se montrait doux, modeste, affable, reconnaissant et généreux envers tout le monde. Il fit de rapides progrès dans les lettres et la vertu. Il avait surtout une tendre dévotion pour les souffrances de Jésus-Christ, qu'il honorait chaque jour par certaines pratiques. Sa pieuse mère étant tombée dangereusement malade, il allait souvent se renfermer dans sa chambre, quoiqu'il n'eût que dix ans; et là, il priait pour elle avec beaucoup de larmes, après quoi il prenait une rude discipline. Il ne quitta plus dans la suite cette pratique de mortification. Dieu permit cependant que la duchesse de Gandie ne relevât point de sa maladie; elle mourut en 1520. Cette perte fut extrêmement sensible à François; mais la foi surmonta la nature, il modéra sa douleur et se soumit avec résignation à la volonté divine. Il se rappelait sans cesse les sages conseils que sa mère lui avait donnés, et il forma la résolution d'en faire toujours la règle de sa conduite : il tint parole.

Il acheva son éducation en grande partie auprès de son oncle maternel, Jean d'Aragon, archevêque de Sarragosse. A l'âge de dix-huit ans, il se sentit une forte inclination pour l'état religieux, et il l'aurait suivie, s'il eût été maître de disposer de sa liberté. Vers le même temps, il fut tourmenté par de violentes tentations d'impureté ; mais il en triompha par l'usage fréquent de la confession, par des prières ferventes, par des lectures pieuses, par la pratique de la mortification et de l'humilité, par la défiance de soi-même et par une ferme confiance en Dieu, qui seul peut accorder le trésor inestimable de la chasteté. Son père et son oncle, qui voulaient le distraire du dessein où il était de se faire religieux, l'envoyèrent à la cour de Charles-Quint en 1528 : ils espéraient que le nouveau genre de vie qu'il allait mener lui donnerait d'autres pensées.

François fit paraître à la cour une prudence qu'on remarquait à peine dans les personnes les plus âgées. Son assiduité à ses devoirs, relevée par l'éclat de sa vertu, l'eût bientôt distingué. Il avait le cœur noble, généreux et reconnaissant. Il honorait Dieu dans le prince, et c'était au Seigneur qu'il rapportait ses actions et les marques de faveur qui étaient la récompense de ses services. Il faisait observer le plus bel ordre dans son domestique. Chaque jour il entendait la messe, et il avait ses heures réglées pour la lecture et la prière. L'empereur avait pour lui une telle vénération, qu'il l'appelait *le miracle* des princes. L'impératrice Elisabeth ou Isabelle de Portugal avait pour lui les mêmes sentiments : aussi forma-t-elle le dessein de lui faire épouser Éléonore de Castro, qu'elle avait amenée avec elle de Portugal, l'honorant de toute sa confiance, et qui réunissait à une naissance illustre une rare piété, avec toutes les qualités de l'esprit et du cœur. L'empereur approuva ce dessein, et le fit approuver au duc de Gandie. François et Éléonore se marièrent comme autrefois Tobie et Sara. L'empereur donna au saint, dans cette occasion, une nouvelle marque de son estime, en le faisant marquis de Lombay et grand-écuyer de l'impératrice. Comme il connaissait sa prudence et sa fidélité, il l'admit dans son conseil, et conférait souvent avec lui sur les affaires les plus importantes de l'État.

L'an 1537, François perdit sa grand'mère, dona Maria Henriquèz, qui, restée veuve à l'âge de dix-neuf ans, avec Jean, père du saint, et Isabelle, qui devint abbesse des Clarisses de Gandie, embrassa le même institut à l'âge de trente-quatre ans, et vécut trente-trois ans sous la conduite de sa propre fille. Les vertus qu'elle avait pratiquées lui donnèrent tant de consolations dans sa dernière maladie, qu'elle pria ses sœurs de lui chanter le *Te Deum* immédiatement après sa mort, en actions de grâces de son heureux passage à l'éternité.

En la même année 1537, saint François de Borgia fit encore une perte sensible, par la mort du poète Garcilaso de la Véga, son ami intime. Car c'est une chose bien remarquable : dans le temps que le Portugal, l'Espagne et l'Italie produisaient de grands saints, ils produisaient de grands poètes : l'Espagne, *Garcilaso de la Véga*; le Portugal, *Louis Camoëns*; l'Italie, *Le Tasse*. Le premier, né à Tolède en 1503, passa la plus grande partie de sa vie dans les camps, où il se distingua comme militaire, mais beaucoup encore comme poète lyrique et bucolique. Il fut tué à l'assaut d'une tour en Provence, où il accompagnait Charles-Quint : il n'avait que trente-trois ans, et fut vivement regretté de tout le monde, particulièrement de son saint ami François de Borgia.

Louis Camoëns, le plus célèbre des poètes portugais, naquit à Lisbonne en 1517, eut une vie pleine d'aventures et de traverses, composait des vers au milieu des batailles; et, tour à tour, les périls de la guerre animaient sa verve poétique, et la verve poétique exaltait son courage militaire. Oublié de sa patrie, retiré dans les Indes, exilé par le vice-roi de Goa, il compose un poème épique, *La Lusiade*, à la gloire de la nation portugaise. Le sujet en est l'expédition de Vasco de Gama dans les Indes, l'intrépidité de cette navigation qui n'avait pas été tentée jusqu'alors. En 1569, Louis Camoëns revenait à Lisbonne avec son poème, qu'il avait sauvé à la nage au milieu des naufrages et des tempêtes. Le roi Sébastien en accepte la dédicace; mais il est tué devant Maroc, en 1578 : la famille royale s'éteint avec lui, et le Portugal perd son indépendance. Camoëns se trouve de nouveau sans ressource. Sa pauvreté était telle, que, pendant la nuit, un esclave qu'il avait amené de l'Inde mendiait dans les rues pour fournir à sa subsistance. Dans cet état, il composait encore des chants lyriques, et les plus belles de ses pièces de vers détachées contiennent des complaintes sur ses misères. Enfin, le héros de la littérature portugaise, le seul dont la gloire soit à la fois nationale et européenne, mourut à l'hôpital en 1579, dans la 62e année de son âge. C'est probablement à son poème que le Portugal doit la résurrection de sa nationalité (*Biographie universelle*, t. VI).

Le Tasse, en italien, *Torquato Tasso*, le plus grand poète de l'Italie moderne, naquit à Sorrente, le 11 mars 1544. Son père Bernard fut déjà un poète distingué. Le fils l'ayant suivi dans l'exil par suite des guerres de Charles-Quint, étudiait les lois à l'Université de Padoue, lorsqu'au moins d'une année il termina un poème romanesque, *Renaud*, dans le genre de celui de l'Arioste. Cet essai d'un écolier fut regardé comme l'ouvrage d'un grand maître : il se répandit bientôt en Italie, où il excita l'enthousiasme général. Le Tasse seul en parut mécontent; et ce fut au milieu des applaudissements dont on le comblait, qu'il entreprit un poème d'un sujet plus grand que la vengeance d'une famille, ou l'*Iliade*, plus grand même que la fondation d'un empire, ou l'*Énéide*, le triomphe de l'humanité chrétienne sur la barbarie mahométane, ou la *Jérusalem délivrée*. Commençant à l'âge de vingt ans, Le Tasse travailla son œuvre de longues années, au milieu des cours, des voyages, de la faveur, de la disgrâce, de la prospérité, de l'infortune, de la santé, de la maladie : ce qui ne l'empêchait pas de faire et de publier par surcroît une foule de poésies diverses qui auraient suffi pour immortaliser tout autre. Tant de travaux, auxquels se joignaient souvent des peines morales, rendirent quelquefois son esprit malade. Alphonse d'Este, duc de Ferrare, dont il a illustré la maison dans ses vers, n'eut pas toujours les égards convenables pour l'état moral du poète. En 1579, il le fit enfermer ignominieusement dans un hôpital de fous. C'était l'année même où le Camoëns mourait à Lisbonne dans un hôpital de pauvres. La raison du Tasse succombe par intervalle à un pareil traitement; mais dans cet état là même il chante encore. Souvent on lui retirait le papier et les plumes, pour l'empêcher d'ajouter quelques pages à ses ouvrages immortels. Il nous reste un sonnet, dans lequel il supplie un chat de lui prêter l'éclat de ses yeux pour remplacer la lumière qu'on avait la cruauté de lui refuser. Le sonnet est un chef-d'œuvre de poésie : on n'a jamais été plus sublime en plaisantant. De nouvelles calamités vinrent fondre sur sa tête affaiblie, au moment où il allait mettre la dernière main à sa *Jérusalem*. Il apprit que ce poème venait de paraître à Venise, d'après une copie informe, que la négligence d'un ami avait laissée tomber entre les mains d'un spéculateur. Dans son indignation, il allait porter ses plaintes au sénat de la république, lorsque les presses de l'Italie et de la France multiplièrent à l'envi son ouvrage. Aussitôt il se répandit dans toute l'Europe; les libraires ne purent suffire à l'impatience du public. Des hommages aussi flatteurs, loin d'adoucir le sort du Tasse, l'exposèrent aux traits de l'envie, et furent le signal d'une longue polémique dans laquelle on vit figurer tous les littérateurs. Le Tasse répondit à ses détracteurs avec beaucoup de calme et de raison.

Mais cet effort acheva de ruiner sa santé physique et morale. Exténué par de longues privations, il retombait dans des accès de folie, qui peuplaient sa prison de spectres et de fantômes. Il se plaignait surtout d'un *esprit follet*, qui venait tous les jours lui ravir son argent, emporter son dîner, déranger ses papiers. Des bruits sourds, des apparitions nocturnes, des tintements prolongés de cloches et d'horloges le réveillaient en sursaut et le glaçaient d'épouvante. « Je n'en puis plus, disait-il, je succombe; j'ai mal dans tous les membres, et les vomissements, la fièvre, la dyssenterie m'ôtent la force de me plaindre; des étincelles brûlantes sortent de mes yeux, des sifflements horribles déchirent mes oreilles; je me suis cru frappé d'épilepsie, et j'aurais craint la perte de la vue, si je n'avais aperçu distinctement l'image de la glorieuse Vierge Marie, tenant son fils entre ses bras, entourée d'un cercle resplendissant des plus vives couleurs. » Cette vision fut célébrée par un sonnet, où l'on ne sait ce qu'il faut admirer le plus, de l'élévation des pensées ou du charme des expressions.

Cependant le succès de la *Jérusalem* réveilla le zèle de nouveaux et de plus puissants protecteurs. La ville de Bergame, les ducs d'Urbin, de Mantoue, de Toscane, et le Pape lui-même, réclamèrent la délivrance d'un aussi illustre captif. Le duc de Ferrare lui rendit enfin la liberté au mois de juillet 1586. Depuis cette époque jusqu'en 1594, Le Tasse eut une vie assez disparate, étudiant tour à tour la théologie et travaillant à des poésies romanesques, admiré pour sa *Jérusalem délivrée* et composant une autre épopée pour en tenir place, fêté à la cour des princes et quelquefois manquant de pain. En 1594, il est arrêté par une bande de brigands, lorsque le chef le reconnaît et lui donne une escorte. Peu après, il apprend qu'on lui a décerné à Rome les honneurs du triomphe. « C'est un cercueil qu'il faut me préparer, » s'écrie le poète. Sur les instances du cardinal Aldobrandini, neveu du Pape, il vient à Rome, où son entrée a déjà l'aspect d'un triomphe. Le peuple, les nobles, les prélats, les cardinaux, les neveux du Pontife se portèrent à sa rencontre, et le ramenèrent au Vatican, faisant retentir l'air des plus vives acclamations. Le saint pape Clément VIII, en le voyant, lui dit avec une grâce particulière : Venez honorer cette couronne, qui a honoré tous ceux qui l'ont portée avant vous.

En attendant, les apprêts de la cérémonie se poursuivent avec la plus grande activité : Le Tasse allait enfin recevoir la récompense la plus flatteuse à laquelle puisse aspirer un poète, lorsque, atteint d'une maladie mortelle, il sollicita comme une faveur d'être transféré au couvent de Saint-Onufre, pour y finir ses jours dans le recueillement et la prière. Là, sans regret pour les vanités de ce monde, il ordonne la destruction de ses ouvrages, et expire tranquillement au milieu du deuil public. La nouvelle de sa mort, 25 avril 1595, plongea Rome dans la douleur la plus profonde. Le peuple accourut en foule sur le Janicule, pour honorer les funérailles du grand homme dont il se préparait à célébrer le triomphe. Il se prosterna devant Le Tasse, dans une attitude respectueuse; et il en accompagna les restes jusqu'au pied du Capitole, montrant, les larmes aux yeux, un cadavre revêtu de la toge romaine et le front ombragé du laurier poétique (*Biogr. univers.*, t. XLV).

Mais revenons en Espagne et à saint François de Borgia. Deux ans après qu'il eût perdu son ami, le poète Garcilaso de la Véga, il vit mourir l'impératrice Isabelle, et fut chargé de conduire le corps à Grenade, où il devait être enterré. Arrivé dans cette ville, on ouvrit le cercueil, pour que François jurât que c'était réellement le corps de l'impératrice. Mais ce visage était si défiguré, qu'il ne fut pas possible de le reconnaître; le cadavre, d'ailleurs, exhalait une odeur si infecte, que personne ne pouvait le supporter. Ce hideux spectacle fit sur François une impression aussi durable que la vie. Il passa la nuit suivante sans dormir. Prosterné dans sa chambre et fondant en larmes, il se disait à lui-même : « O mon âme! que puis-je chercher dans le monde? Jusqu'à quand poursuivrai-je une ombre vaine? Qu'est devenue cette princesse qui nous paraissait si belle, si grande, si digne de nos respects? La mort, qui a traité de la sorte le diadème impérial, est toute prête à me frapper? N'est-il pas de la sagesse de prévenir ses coups, en mourant au monde dès ce moment, afin qu'à ma mort je puisse vivre en Dieu? » Le lendemain il entendit le vénérable Jean d'Avila faire une oraison funèbre qui acheva de le convertir. De l'avis de ce saint homme, il résolut de quitter la cour, et s'engagea même par vœu à entrer dans quelque ordre religieux, s'il survivait à sa femme.

Mais l'empereur, loin de consentir à sa retraite, le nomma vice-roi de Catalogne. Dans ce nouveau poste, François remplit tout ensemble les devoirs d'un gouverneur accompli et d'un fervent religieux. Il donnait les matins quatre à cinq heures à la prière ou à la méditation. Chaque jour il récitait l'office divin, et chaque heure était suivie d'une méditation sur quelque point de la passion. Il récitait aussi le rosaire tous les jours, et méditait sur les vertus et les principaux mystères de la vie de la sainte Vierge. Ses austérités étaient incroyables. Il se priva du souper pour toujours, afin d'avoir plus de temps pour la prière. Après avoir passé deux carêmes sans autre nourriture qu'un plat de légumes et un verre d'eau qu'il prenait chaque jour, il forma le projet de jeûner de la sorte pendant toute l'année. Ce n'était pas que sa table ne fût servie d'une manière convenable à son rang : il intéressait ses convives par une conversation fort agréable, afin que personne ne l'observât, et il détournait, autant qu'il lui était possible, le discours sur des objets de piété. Il communiait toutes les semaines, observant d'employer les trois jours précédents à s'y préparer, et les trois suivants en actions de grâces. Ayant appris à connaître la Compagnie de Jésus, il mit tout en œuvre pour la répandre.

Sur ces entrefaites, il perdit son père, Jean, duc de Gandie, et sa femme, Eléonore de Castro, qui moururent tous deux dans les plus vifs sentiments de piété. C'était en 1546. Veuf et duc de Gandie à l'âge de trente-six ans, François fit une retraite sous la conduite du Jésuite Lefèvre, conformément aux exercices spirituels de saint Ignace. Ils convinrent ensemble des moyens d'exécuter le projet qu'il avait conçu de fonder un collège de Jésuites à Gandie même. François, pour conserver le fruit qu'il avait retiré de ses entretiens avec ce premier compagnon de saint Ignace, composa plusieurs petits traités de piété. Deux ont pour but les moyens d'acquérir une parfaite connaissance de soi-même, et une véritable humilité. Il résolut en même temps d'exécuter la résolution déjà prise de se consacrer à Dieu dans quelque congrégation religieuse. Il se détermina pour la Compagnie de Jésus, dont la règle lui parut mieux convenir aux vues de zèle qui l'animaient, et à l'éloignement qu'il se sentait pour les dignités ecclésiastiques. Il eût désiré que la chose eût lieu aussitôt. Mais saint Ignace lui manda de différer jusqu'à ce qu'il eût pourvu à l'établissement de ses enfants, et qu'il eût achevé les fondations qu'il avait commencées; il lui conseilla au même temps de faire un cours réglé de théologie à Gandie, et d'y prendre le degré de docteur en cette science. Le duc obéit avec la plus parfaite ponctualité.

Les affaires qui le retenaient dans le monde ayant été terminées dès l'an 1549, il partit pour Rome, où il arriva à la fin d'août 1550. Sur le bruit que le pape Jules III songeait à le faire cardinal, il en sortit après quatre mois de séjour, et s'enfuit secrètement en Espagne, où il se retira chez les Jésuites d'Ognate, à quatre lieues du château de Loyola. Il s'y regardait comme le dernier de tous, et recherchait les plus vils emplois de la maison. Il aimait surtout à aller demander l'aumône de porte en porte dans les bourgades voisines. Souvent il parcourait les villages une sonnette à la main, afin d'appeler les enfants pour les catéchiser, et leur apprendre à faire leurs prières. Il instruisait les personnes de tout état; mais il s'attachait principalement aux pauvres. Saint Ignace l'oblige d'aller prêcher dans les différentes parties de l'Espagne, où l'on désirait l'entendre depuis longtemps. Le succès répond à l'espérance qu'on avait conçue. Plusieurs personnes de la première qualité se mettent sous sa conduite, et l'on voit des familles entières suivre le plan de vie qu'il leur a tracé. Après avoir opéré des prodiges de zèle dans la Castille et l'Andalousie, il passe en Portugal, où il paraît encore se surpasser, surtout à Évora et à Lisbonne. Les provinces de la Société s'étant multipliées en Espagne, François en fut établi supérieur général. Les Jésuites du Portugal et des Indes orientales lui furent aussi soumis. Mais comme ses austérités faisaient craindre pour sa vie, saint Ignace lui ordonna d'obéir sur ce point à un autre : cette précaution parut nécessaire pour modérer la ferveur de son zèle.

Que si la Compagnie de Jésus avait tant de succès en Espagne, ce n'est pas qu'elle n'y rencontrât des contradictions; car il faut que le bien soit contredit, éprouvé, épuré, dût-ce être par des hommes de bien. Ainsi, tandis que, le 10 décembre 1548, le général des Dominicains adressait à tous ses religieux une lettre en faveur des Jésuites, le célèbre Dominicain Melchior Cano en prononçait violemment contre eux, et les tenait en échec à Salamanque. Mais en 1552, Melchior est nommé évêque aux îles Canaries. La même année, don Antoine de Cordoue, recteur de l'Université de Salamanque, va être revêtu de la pourpre romaine, à la demande de l'empereur, quand tout à coup une pensée d'abnégation pénètre dans son âme. Cet homme n'a que vingt-trois ans; mais ses talents le grandissent assez aux yeux de Rome pour être placé parmi les princes de l'Église. Jeune, riche, favori de Charles-Quint, il ne veut plus entendre parler des honneurs qu'il a mérités. Il renonce aux dignités ecclésiastiques pour se faire Jésuite. Le lendemain, le futur cardinal n'était qu'un simple novice (Crétineau-Joly).

Le Père Laynèz, second général des Jésuites, étant mort en 1565, François fut élu pour lui succéder, le 2 juillet de la même année. On avait su déconcerter les précautions qu'il avait prises pour empêcher son élection. Il fit de tendres exhortations aux Pères qui composaient l'assemblée générale, et voulut leur baiser les pieds avant qu'ils se séparassent. Son premier soin fut de fonder à Rome une maison pour le noviciat. Il soutint avec tant de succès les intérêts de la Société dans toutes les parties du monde, qu'on peut l'en regarder comme le second fondateur. Il montra tant de zèle à étendre les missions et à former les ouvriers évangéliques, qu'il eut devant Dieu beaucoup de part au mérite des prédicateurs qui annoncèrent la foi dans les pays les plus éloignés. Il n'en avait pas moins pour former ceux des Pères qui étaient destinés à rester en Europe, et pour les pénétrer de l'esprit de leur institut, dont l'objet est la réformation des mœurs des chrétiens. La prédication étant le principal moyen dont Dieu se sert pour la conversion des âmes, il recommandait fortement de s'appliquer à ce genre de ministère, et il traça lui même les règles qu'il fallait suivre pour y réussir.

De toutes les contrées de l'Europe on vit affluer des jeunes gens à la maison de Rome. Saint Stanislas Kostka fut de ce nombre. Claude Aquaviva, frère du duc d'Atria qui lui réservait les plus hautes dignités, se sentit également attiré dans cette école d'humilité, et y puisa cet esprit de sagesse et de piété qui rendit si glorieux le généralat dont il fut revêtu dans la suite. Rodolphe Aquaviva, son neveu et fils du duc d'Atria, renonça également aux priviléges de sa naissance, entra dans la Compagnie de Jésus, porta les lumières de la foi au Mogol et aux Indes, où il obtint, avec plusieurs autres Pères, la couronne du martyre, après avoir souffert des maux inexprimables.

La Compagnie de Jésus avait alors trois théologiens justement célèbres : Bellarmin, Suarèz, Tolet.

Robert Bellarmin, neveu du pape Marcel II, né le 4 octobre 1542, à Monte-Pulciano, en Toscane, entra chez les Jésuites en 1560. Les talents que ses supérieurs reconnurent en lui les engagèrent à le faire prêcher avant même qu'il eût l'âge pour la prêtrise. Les chaires de Mondovi, de Florence, de Padoue, de Louvain, retentirent de ses sermons; les protestants mêmes, attirés par sa réputation, accouraient pour l'entendre. Il fut le premier Jésuite qui professa la théologie dans l'Université de Louvain; il joignit à l'étude de la scholastique celle de l'hébreu, des conciles, des saints Pères, de l'histoire et du droit canon. Revenu à Rome en 1576, Grégoire XIII le chargea d'enseigner la controverse dans le nouveau collège que ce Pontife avait fondé. Sixte V voulut qu'il accompagnât le cardinal Cajétan, légat en France, afin qu'il disputât avec les protestants, si l'occasion s'en présentait. Clément VIII le fit cardinal en 1598, et archevêque de Capoue en 1601; mais il se démit de ce siège quatre ans après, lorsque Paul V le fixa à Rome par la place de bibliothécaire du Vatican. Il mourut le 17 septembre 1621, à l'âge de 79 ans, avec la réputation d'un des plus vertueux membres du conclave, et des plus puissants controversistes de l'Église. Il était naturellement pacifique, et avait coutume de répéter ces paroles si édifiantes dans la bouche d'un controversiste de profession : « Qu'une once de paix valait mieux qu'une livre de victoire. » Il a été question plusieurs fois de le canoniser (1).

Le principal ouvrage de Bellarmin est son *Corps de controverse*, immense arsenal où sont rangées avec méthode toutes les armes nécessaires pour défendre la foi de l'Eglise et battre l'hérésie; armes d'autant plus sûres, qu'elles sont trempées dans les doctrines purement et simplement catholiques romaines, sans aucune mixtion d'alliage national. On a encore de Bellarmin : 1° Une *grammaire hébraïque*; 2° un *Commentaire sur les psaumes*, le meilleur peut-être qui existe; 3° *Des écrivains ecclésiastiques*; 4° *En quel sens le concile de Trente a défini que la Vulgate est authentique*; 5° *Traité du devoir des évêques*, ouvrage excellent que le cardinal Passionci a fait réimprimer en 1719; 6° un *Catéchisme ou Doctrine chrétienne* : aucun livre n'a peut-être été traduit en autant de langues, si on en excepte la Bible et l'Imitation de Jésus-Christ; 7° quelques ouvrages ascétiques, entre autres : *De l'ascension de l'esprit vers Dieu par l'échelle des choses créées; Le gémissement de la Colombe*. Ces pieux opuscules paraissent être le fruit des retraites spirituelles que l'illustre cardinal faisait tous les ans.

François Suarez naquit à Grenade, le 5 janvier 1548, d'une famille noble. Il achevait son cours de droit à l'Académie de Salamanque, quand, par les conseils de son directeur, il prit l'habit de saint Ignace. La difficulté qu'il éprouvait à concevoir les principes de la philosophie tels qu'on les enseignait alors dans les écoles, fit juger à ses maîtres qu'il ne serait jamais qu'un sujet médiocre; et lui-même en était persuadé le premier. Il pria donc le recteur de le dispenser de suivre ce cours; mais celui-ci parvint à lui rendre la confiance dont il avait besoin; et, peu après, ayant été placé sous la conduite du célèbre Père Rodriguez, auteur du traité si connu *De la Perfection chrétienne*, il sut, par la rapidité de ses progrès, réparer le temps perdu, et acheva ses études de la manière la plus brillante. Chargé d'enseigner la philosophie à Ségovie, il occupa ensuite successivement les chaires de théologie à Valladolid, Rome, Alcala, Salamanque; et partout ses leçons furent suivies par un grand concours d'auditeurs. La première chaire de l'Université de Coïmbre étant venue à vaquer, le roi d'Espagne, Philippe II, la lui conféra, sur la représentation des chefs de cette Académie. Avant d'en prendre possession, le Père Suarez se fit recevoir docteur à l'Académie d'Evora. Doué d'une ardeur infatigable et d'une mémoire qui tenait du prodige, il passait au milieu de ses livres tout le temps qu'il ne consacrait pas à de pieux exercices, et n'oubliait rien de ce qu'il avait lu. Les succès qu'il obtint à Coïmbre accrurent encore sa réputation. Il mourut à Lisbonne, le 25 septembre 1617. Quelques instants avant d'expirer, il dit à ceux qui l'entouraient : Je ne croyais pas qu'il fût si agréable de mourir. Les ouvrages de cet illustre théologien forment vingt-trois volumes in-folio et présentent, comme ceux de Bellarmin, la doctrine catholique-romaine, sans aucun mélange de préventions nationales.

François Tolet, né à Cordoue l'an 1532, d'une basse extraction, fit ses études dans l'Université de Salamanque. Dominique Soto, un de ses maîtres, l'appelait *un prodige* d'esprit. A l'âge de quinze ans, il s'était déjà fait une si grande réputation, qu'il fut nommé à une chaire de philosophie. Il entra ensuite dans la Compagnie de Jésus. Ses supérieurs l'envoyèrent à Rome, où il professa la philosophie et la théologie avec beaucoup d'éclat. Nommé prédicateur de Pie V, il exerça les mêmes fonctions sous les pontificats de Grégoire XIII, de Sixte V et d'Urbain VII. En 1579, Grégoire XIII le députa à l'Université de Louvain, pour y faire recevoir sa bulle contre Baïus; commission dont Tolet s'acquitta à la satisfaction commune des parties intéressées. Vers 1584, le même pontife lui adressa un bref très-honorable, par lequel il le faisait juge et censeur de ses propres ouvrages. Il posséda l'estime et la confiance de Grégoire XIV, d'Innocent IX et de Clément VIII, qui lui donnèrent l'emploi de théologien ordinaire et lui conférent des missions importantes. Il accompagna le cardinal Jean-François Commendon dans sa légation d'Allemagne, où il s'agissait de former avec l'empereur Maximilien et Sigismond, roi de Pologne, une ligue contre les Turcs. Tolet fit voir qu'il était aussi habile négociateur que profond théologien, et qu'il avait à cœur les intérêts de l'Europe civilisée contre les ennemis de la religion chrétienne et des sciences. En 1593, le pape Clément VIII récompensa son mérite et les services qu'il avait rendus au Saint-Siége, en lui accordant la dignité de cardinal. C'est le premier Jésuite qui ait été décoré de la pourpre. Le cardinal Tolet contribua puissamment à l'absolution de Henri IV et à la pacification de la France. Aussi ce prince donna-t-il des marques publiques de regret et d'affliction, quand il apprit sa mort, arrivée au mois de juin 1596. Nous avons de Tolet de savants commentaires sur l'Ecriture sainte et des ouvrages de théologie, entre autres, une *Somme de conscience, ou Instruction des prêtres*, dont Bossuet a recommandé la lecture. Sa doctrine est, comme celle de Bellarmin et Suarez, sans aucun préjugé national (*Biographie universelle*).

L'hérésie disait que Dieu avait manqué à sa parole, qu'il avait abandonné son Eglise, et que l'enfer prévalait contre elle. Pour démentir ce blasphème, le Christ, par la bouche de son Eglise, frappe l'hérésie d'un anathème irrévocable : il suscitera, dans le sein de son Eglise, des saints et des martyrs sans nombre, il lui donnera des pasteurs selon son cœur, de nouveaux apôtres; enfin il élèvera sur le Siége de saint Pierre une suite non interrompue de pontifes irréprochables, aux yeux de l'hérésie; merveille qui dure depuis trois siècles, et ne s'est jamais vue sur aucun trône de la terre.

Le saint pape Pie V, élu en 1566, mort en 1572, aura pour succcesseurs jusqu'à la fin du XVIe siècle :

---

(1) Il est probable que le principal motif qui empêcha cette canonisation fut la préface qu'il ajouta à l'édition Clémentine de la *Vulgate*, dans laquelle il dit « que les fautes de l'édition Sixtine ne sont que des fautes d'impression, » et les mots par lesquels il désigna, sur le second titre, l'édition Clémentine comme publiée et corrigée par ordre de Sixte-Quint: *Jussu Sixti V recognita atque edita*.

Il fut question pour la dernière fois de cette canonisation sous Benoît XIV, qui, comme cardinal, s'y était très-ardemment intéressé; mais l'orage que souleva précisément alors contre les Jésuites la maison de Bourbon ne permit pas de poursuivre ce procès, parce que la cour des Bourbons aurait considéré la canonisation d'un Jésuite comme un outrage dirigé avec intention contre elle. (Cf. *Dictionnaire encyclop.* de Goschler, art. BELLARMIN).

Grégoire XIII, de 1572 à 1585 ; Sixte V, de 1585 à 1590 ; Urbain VII, pendant treize jours ; Grégoire XIV, de 1590 à 1591 ; Innocent IX, pendant deux mois ; Clément VIII, de 1592 à 1605. Or, pour ce qui est des mœurs, aucun de ces Papes n'a laissé de tache à sa mémoire.

Grégoire XIII, auparavant Hugues Buoncompagno, évêque de Vesti, cardinal., né à Bologne l'an 1502, fut élu pape le 13 mai 1572, et couronné le 25, jour de la Pentecôte. La coutume était de jeter quinze mille écus d'or au peuple dans cette cérémonie ; Grégoire les fit distribuer aux pauvres : il en ordonna de même des vingt mille écus qu'on donnait aux conclavistes, disant qu'ils avaient trop peu souffert pendant le dernier conclave pour mériter une telle récompense : il n'avait duré que trois jours. Grégoire, comme nous l'avons vu, corrigea le calendrier, ensuite le décret de Gratien. En 1585, il reçut à Rome, le 22 mars, une célèbre ambassade du Japon : ayant entendu la lecture des lettres dont les envoyés étaient chargés, il répandit des larmes et dit ces paroles du saint vieillard Siméon : *C'est maintenant, Seigneur, que vous laisserez mourir en paix votre serviteur.* Il mourut effectivement peu après, le 10 avril de la même année, à l'âge de quatre-vingt-trois ans. Grégoire fut un pape charitable ; ses aumônes montèrent à deux millions d'écus d'or : magnifique, il orna quantité d'églises, bâtit plusieurs beaux édifices dans Rome : zélé pour l'accroissement de la foi, la réformation des mœurs et le rétablissement de la discipline ; les fondations qu'il fit de divers collèges à Rome, et les sommes qu'il donna pour établir un grand nombre de séminaires en différentes provinces en fournissent la preuve (*Art de vérifier les dates*).

Son successeur, Sixte-Quint, Félix Peretti, est devenu un personnage presque fabuleux, tant on a débité de fables sur son compte ; aucune cependant qui inculpe ses mœurs. Le principal auteur de ces fables est le romancier satirique Grégorio Léti, né à Milan dans l'année 1630, qui, après avoir dissipé son patrimoine en débauches, se fit calviniste à Genève et vécut du produit de ses romans satiriques ou licencieux, qu'il intitulait *Histoires.* C'est ainsi qu'il a fait la *Vie de Sixte-Quint.* Lui-même rapporte dans une de ses lettres, que la dauphine de France lui ayant demandé si tout ce qu'il avait écrit dans ce livre était vrai, il lui avait répondu qu'une chose bien imaginée faisait beaucoup plus de plaisir que la vérité, quand elle n'était pas mise dans un beau jour (*Biogr. univ.*, t. XXIV ; Grégorio Léti). C'est cependant ce romancier qui sert de guide à presque tous les historiens. Le Père Tempesti, Cordelier, a composé une autre histoire sur des documents authentiques recueillis avec des soins infinis, et publiée à Rome, 1754, en deux volumes in-4º (*Ibid.*, t. XLII).

D'après ces documents, la famille Peretti, forcée de quitter la Dalmatie, où elle tenait un rang distingué, lorsque Amurat II envahit cette province vers la fin du XVᵉ siècle, était venue s'établir au château de Montalte, dans la Marche d'Ancône. Peretti ayant vu ses domaines ravagés, en 1518, pendant la guerre de Léon X et du duc d'Urbin, se réfugia au village des Grottes, sur le bord de la mer, et ce fut là que naquit Félix, le 13 décembre 1521. Un oncle paternel, Franciscain dans le couvent de Montalte, se chargea de son éducation et l'habitua de bonne heure à des mœurs sévères. Dès l'an 1532, il entra dans le même ordre de Saint-François, et depuis ce temps étudia la philosophie et la théologie avec grand succès, à Montalte, Pesaro, Iési, Rocca-Gontrada, Ferrare et Bologne. En 1544, il fut nommé lui-même professeur de droit canon à Rimini, et deux ans après à Sienne. Bientôt on l'ordonna prêtre, on lui conféra le grade de docteur en théologie et on l'envoya en différentes villes, tantôt pour professer les sciences, tantôt comme prédicateur. Dans ce dernier emploi surtout, il eut une grande vogue : quelques cardinaux le retinrent une année à Rome, pour expliquer publiquement l'épître de saint Paul aux Romains. C'est alors que, pour augmenter la dévotion envers la sainte Eucharistie, il y fonda la confrérie du Très-Saint-Sacrement. Par le moyen de cette confrérie, il provoqua aussi la fondation de la *Maison pie*, couvent de religieuses où vivaient les filles pauvres, jusqu'à ce qu'elles fussent mariées ou qu'elles prissent le voile. Là, il écrivit encore un ouvrage de la théologie mystique, et travailla à un extrait de ce qu'il y avait de plus remarquable dans les écrits d'Aristote et d'Averroës. En 1556, il vint à Venise comme directeur de l'école du couvent ; des moines déréglés, qu'il traita sévèrement et avec mépris, formèrent contre lui un parti puissant, et il crut devoir s'éloigner de la ville. Comme on le raillait sur cette espèce de fuite, il répondit plaisamment : Qu'ayant fait vœu d'être pape à Rome ; il n'avais pas cru devoir se faire pendre à Venise. Toutefois, dès l'année suivante 1559, il retourna dans la dernière ville avec une autorité bien plus grande, comme inquisiteur général de toute la Vénétie. Les oppositions qu'il éprouva pour la réformation de son monastère l'obligèrent encore une fois de se retirer. Mais en 1560, il dut reprendre de nouveau sa charge d'inquisiteur. De nouveaux différends étant survenus, Pie IV, à la demande même du gouvernement vénitien, le rappela à Rome, où il le nomma conseiller ou assesseur de l'inquisition générale, théologien du Pape au concile de Trente et professeur à la *Sapience* ou Université de Rome. Peu après, il devint procureur général de son ordre, mais perdit cette charge, parce que le général lui était hostile. En revanche, le cardinal Buoncompagno, depuis Grégoire XIII, l'emmena comme théologien dans sa légation d'Espagne, où il plut extraordinairement au roi comme prédicateur. Un événement plus favorable encore fut l'exaltation de son ami et disciple, Pie V, qui, devenu pape, le fit élire général des Franciscains, le choisit pour son confesseur, lui donna l'évêché de Sainte-Agathe, puis l'archevêché de Fermo, le revêtit de la pourpre romaine, le nomma président des trois congrégations pontificales, des Evêques, du Concile de Trente et de l'Index. Le cardinal de Montalte, car c'est le nom qu'il prit, avait travaillé, comme général de son ordre, à la correction du décret de Gratien ; il travailla, comme cardinal, à une édition correcte, de saint Ambroise. Enfin, à la mort de Grégoire XIII, il fut élu en cette manière, d'après le témoignage d'un auteur contemporain, Antoine Cicarella, docteur en théologie à Foligno, dans sa *Vie de Sixte-Quint.*

« Il y avait au conclave quarante-deux cardinaux divisés en six classes, ayant pour chefs : la première, le cardinal Farnèse ; la seconde, le cardinal d'Este ; la troisième, le cardinal Alexandrin ; la quatrième, le cardinal de Médicis ; la cinquième, le cardinal d'Altemps ; la sixième, qui était la plus nombreuse, le cardinal de Saint-Sixte, neveu de Grégoire XIII. Dans le nombre, il y en avait quatorze que l'on jugeait dignes du pontificat, parmi eux, le cardinal de Montalte. On mit d'abord en avant les cardinaux Albani, Sirlet, de la Torre, Castagni et Farnèse ; mais il se rencontra plus ou moins de difficultés.

» Au contraire, les cardinaux d'Este, de Médicis et d'Alexandrie pensèrent que la cause de Montalte serait très-facile. C'était un homme docte, tranquille, agréable à tout le monde, ne dépendant de personne, ayant une parenté médiocre ; car ses plus proches étaient deux enfants de sa sœur, trop jeunes encore pour être capables d'aucun office ou dignité. De plus, il aimait beaucoup le culte divin, avait un zèle très-ardent pour la religion, était bénin et aimable de sa nature. Les effets de cette bonté furent tels dans le cours de son pontificat, qu'ils réjouirent un grand nombre, et affligèrent un grand nombre aussi. Une chose encore facilitait l'affaire, c'est que toujours, avec une dextérité souveraine, Montalte s'était assuré la bienveillance de tous les cardinaux, les honorant, les louant, amplifiant leur autorité, et leur souhaitant toute sorte de prospérité. Il avait mené une vie paisible, éloignée de tout le tumulte du monde, dans une vigne où il habitait, près Sainte-Marie-Majeure, avec une extrême humilité et une modeste famille. Que s'il descendait quelquefois dans l'assemblée pour délibérer sur des choses difficiles, il n'était pas contentieux, et ne cherchait pas beaucoup à faire prévaloir son avis : au contraire, quand la chose se rencontrait, il souffrait paisiblement d'être vaincu par d'autres. Il dissimulait volontiers et supportait sans amertume les injures et les outrages ; tellement que lorsque parfois en consistoire des cardinaux l'appelaient *l'âne de la Marche d'Ancône*, il feignait de ne pas entendre, ou témoignait même le prendre comme une amicale plaisanterie. Il y a plus : le lendemain de la nuit où son neveu fut tué, il ne montra en plein consistoire aucun indice de trouble, ne demanda aucune vengeance de ce crime ni au Pontife ni à personne autre. Tellement que, si on n'avait pas su qu'il aimait tendrement tous ses proches, principalement ses neveux, on aurait pu croire qu'il y était insensible. Mais il le supporta patiemment pour ne pas se rendre odieux, et dissimula volontiers ce fait pour ne pas perdre la faveur. Si quelquefois il était question des princes et de leurs affaires, toujours il les défendait et les excusait : sauf cependant toujours la dignité du Saint-Siège et sa juridiction, dont il se professait le défenseur et le protecteur. Il savait user de politesse, non toutefois envers ceux de sa maison, mais envers les étrangers. Il avait coutume de dire fréquemment, et en public et en particulier, et cela de la manière la plus affectueuse, qu'il était infiniment obligé au cardinal Alexandrin ; que quand il aurait mille mondes, il ne pourrait néanmoins reconnaître la moindre partie de ce qu'il lui devait, à cause des honneurs et des bienfaits infinis qu'il avait reçus de Pie V, par sa bienveillante intervention.

» Par ces vertus et d'autres qu'il avait, il n'était pas difficile de lui frayer la voie au pontificat. Ce qui y contribuait encore, c'est qu'aucun des cardinaux n'ignorait que le roi d'Espagne l'estimait et l'aimait, comme un cardinal orné de grands talents et de beaucoup de vertus. Ce qui ne servait pas moins, c'est qu'il ne paraissait en lui aucun signe manifeste d'ambition, mais qu'il s'était toujours concilié la grâce et la faveur des cardinaux par des offices honnêtes. Une seule chose semblait pouvoir rendre l'affaire difficile : c'était que le cardinal de Saint-Sixte, chef des Grégoriens, lui paraissait trop peu favorable pour consentir à son élection ; car une certaine aigreur s'était élevée autrefois entre lui et Grégoire, oncle de Saint-Sixte, parce que Grégoire lui avait retiré la pension accordée aux cardinaux pauvres. Ce fait de Grégoire semblait pouvoir déplaire à Montalte d'autant plus qu'il avait dédié à Grégoire ses immenses travaux pour l'édition de saint Ambroise. Mais comme le cardinal de Saint-Sixte n'était pas obstiné dans ses idées, il fut facile aux cardinaux Alexandrin et Riario de le tourner en faveur de Montalte par de bonnes raisons.

» Les quatre chefs de cette élection, les cardinaux d'Este, de Médicis, d'Alexandrie et de Saint-Sixte, ayant avec eux la majorité du sacré collège, créèrent Montalte pontife. — L'élection eut lieu le mercredi 24 avril 1585. Il prit le nom de Sixte, tant pour faire plaisir au cardinal de Saint-Sixte, que pour renouveler la mémoire de Sixte IV, religieux du même ordre. Il fut couronné le 1er mai (Cicarella, *De vitâ Sixti V, apud Platinam*). »

Voilà comme parle de l'élection de Sixte-Quint, un auteur du temps et du pays, il ne se doutait pas encore des historiettes inventées ou brodées à Genève, par l'apostat Léti, près d'un siècle plus tard, et qui, jusqu'à présent, continuent à traîner dans les almanachs, dans les recueils d'anecdotes, et les éléments d'histoire qu'on enseigne à la jeunesse, peut-être même dans les petits séminaires, non moins que dans les établissements de l'État : tant nous avons raison de nous appeler *siècle des lumières*.

Le cardinal de Montalte, devenu Sixte-Quint à soixante-quatre ans, se montra tout à la fois souverain plein de vigueur, et pontife plein de zèle. Son premier soin fut de rétablir la sûreté publique, troublée sans cesse à Rome, dans l'État ecclésiastique et dans toute l'Italie, par une foule de bandits, reste des guerres entre les Guelfes et les Gibelins, et enhardis par la débonnaireté de son prédécesseur. Grégoire XIII, pour réprimer les bandits, avait distribué des troupes nombreuses, avec huit cents Corses : tout le résultat fut des escarmouches insignifiantes. Sixte-Quint congédia toutes ses troupes, diminua même de moitié les employés de la justice : la crainte qu'il inspirait et la prompte exécution des lois devaient faire plus que tout le reste. Même avant son couronnement, il fit pendre deux frères qui portaient des armes prohibées. Un prélat considérable lui avait fait beaucoup de bien, pendant qu'il n'était que cardinal ; mais il menait une vie si peu régulière, que sa maison de campagne près de Rome s'appelait *la demeure des bandits*, à cause de l'asile qu'ils y trouvaient. Sixte-

Quint le fit venir, lui accorda la vie pour en commencer une meilleure; mais sa campagne fut rasée, une potence élevée en place, et l'on pendit trois malfaiteurs qui avaient trouvé là une retraite. Il y eut défense aux cardinaux d'intercéder pour un coupable. Il annonça aux magistrats et aux juges que c'était Sixte et non plus Grégoire qui régnait; et ce mot devint bientôt un proverbe des Romains. Dans l'espace d'un an, la sûreté fut aussi parfaitement rétablie dans toute sa domination, que si elle n'avait jamais été troublée. L'Italie entière lui dut le même bienfait, en ce qu'il prit avec les autres Etats les mesures les plus sévères contre les bandits. Il rendit contre eux une bulle dont les prescriptions rigoureuses devaient amener leur destruction partout. Philippe II la fit observer exactement dans le royaume de Naples (Schroeckh, *Hist. ecclésiastique depuis la réformation*, t. III, p. 290).

En travaillant à rétablir la sécurité dans Rome, il travaillait en même temps à l'embellir. Cette capitale vit sortir du milieu des décombres où il était enfoui, ce fameux obélisque de granit de plus de cent pieds de hauteur, que Caligula avait fait transporter d'Egypte. Jules II et Paul III avaient échoué dans cette entreprise. Sixte V, en quatre mois et dix jours, le fit placer sur son piédestal au milieu de la place de Saint-Pierre, surmonté de la croix. Nous avons vu que dans les hiéroglyphes de l'ancienne Egypte, la croix signifiait la vie divine. L'emblème convenait à Rome, capitale de l'univers chrétien, de l'univers ressuscité à la vie divine par la croix. Dans cette croix triomphale, Sixte-Quint fit mettre un morceau de la croix même du Sauveur, avec indulgence de plusieurs jours pour les passants qui la salueraient par une prière. D'autres monuments de la même espèce furent retirés de dessous des débris pour décorer des places et des églises : entre autres la colonne de Trajan et celle de Marc-Aurèle, qui reçurent à leur sommet les statues de saint Pierre et de saint Paul, les deux triomphateurs des empereurs et des idoles.

En même temps qu'il rétablissait des aqueducs, le pontife fit construire à grands frais, dans Sainte-Marie-Majeure, une superbe chapelle de marbre blanc, ornée de deux beaux mausolées, l'un pour lui, l'autre pour Pie V, son bienfaiteur. Le terrain du village où il avait reçu le jour ne pouvant se prêter à l'établissement d'une ville, il en exécuta le projet à Montalte, dans le voisinage, et y érigea un évêché. Il fit aussi travailler beaucoup au desséchement des marais Pontins, dont Léon X avait commencé à s'occuper : un canal encore existant y a conservé le nom de *Sixte*. Les sciences et les belles-lettres n'eurent pas moins de part à sa munificence. L'Université de Bologne lui doit la fondation d'un collège avec cinquante bourses. Mais un des plus beaux monuments de son pontificat, est un magnifique édifice qu'il fit élever dans la partie du Vatican appelée *Belvédère*, pour y placer la célèbre bibliothèque de ce nom. Les murs en furent décorés par de très-belles peintures, qui représentaient les principaux événements de son règne, les conciles généraux et les plus fameuses bibliothèques de l'antiquité. On grava, sur des tables de marbre placées à l'entrée de ce vaste dépôt, de sages règlements pour empêcher que les livres et les manuscrits ne fussent dissipés. Près de là fut établie une célèbre imprimerie destinée à faire des éditions correctes et exactes, en toutes sortes de langues, pour rétablir dans leur intégrité les livres de l'Ecriture, des Pères et de la liturgie, corrompus ou altérés par la succession des temps, la négligence des hommes ou la mauvaise foi des hérétiques. Sixte appela, dans ce dessein, tout ce qu'il put découvrir d'habiles gens dans l'art de l'imprimerie, et il n'épargna rien pour la perfection d'une si belle entreprise. C'est de là que sortirent, entre autres monuments curieux, les premiers beaux ouvrages imprimés en arabe; le texte des Septantes, revu sur le fameux manuscrit d'Alexandrie; une édition de la Vulgate, également revue sur les textes originaux, les anciennes versions et les passages cités par les saints Pères. Sixte travailla lui-même à cette révision, et se chargea d'en revoir les épreuves.

Tant de superbes monuments, par lesquels il rénouvela Rome, furent l'ouvrage d'un règne de cinq ans; et malgré les dépenses énormes qu'ils durent exiger, Sixte V, à sa mort, laissa dans le château Saint-Ange plus de vingt millions, monnaie de France, somme immense pour ce temps-là. Son infatigable activité s'étendait sur tous les points du gouvernement. Comme nous avons déjà vu, il établit ou réforma quinze congrégations ou commissions permanentes, soit pour l'administration temporelle de ses Etats, soit pour le gouvernement général de l'Eglise catholique. Il fixa le nombre des cardinaux à soixante-dix, et les divisa en trois ordres, six évêques, cinquante prêtres et quatorze diacres, ayant chacun pour titre une église de Rome : on ne s'est point écarté depuis de cet arrangement. Il publia une infinité de bulles pour la discipline des ordres religieux, qui avaient grand besoin de réforme, pour celle de toute l'Eglise, et pour la police de ses propres domaines. Il était lié avec saint Charles Borromée, avec saint Philippe de Néri et les autres saints personnages de son temps. Après s'être livré pendant le jour aux affaires, il donnait une partie de la nuit à l'étude. Quoiqu'il fût d'une complexion robuste, le travail excessif que demandaient ses fonctions ruina insensiblement sa santé. Il y succomba le 17 août 1590, à l'âge de soixante-dix ans, ayant gouverné l'Eglise pendant cinq ans quatre mois et seize jours.

Son successeur, Urbain VII, Jean-Baptiste Castagna, cardinal de Saint-Marcel, fut élu pape le 15 septembre de la même année 1590. La joie universelle que causa cette élection fut bientôt changée en tristesse. Dieu, ne voulant que montrer à son Eglise ce saint Pape, le retira de ce monde treize jours après son élection, le 27 septembre. Il mourut dans de grands sentiments de piété, remerciant Dieu de la grâce qu'il lui faisait de le préserver, par la mort, des fautes qu'il aurait faites, s'il eût vécu plus longtemps dans cette dignité (*Art de vérifier les dates*).

Grégoire XIV, élu pape le 5 décembre 1590, après deux mois de conclave, et mort le 15 octobre 1591, après dix mois et dix jours de pontificat, avait pareillement d'excellentes qualités. Il était originaire de Milan, né l'an 1535, s'appelait de son nom de famille Nicolas Sfondrate, fut nonce apostolique au concile de Trente, puis évêque-cardinal de Crémone. Son successeur, Innocent IX, élu le

29 octobre 1591, auparavant cardinal Jean-Antoine Facchinetti, né à Bologne en 1519, mourut encore plus vite le 30 décembre de la même année, n'ayant tenu le Saint-Siége que deux mois (Sponde).

Le 30 janvier 1592, on élut le cardinal Hippolyte Aldobrandini, né à Fano, d'une famille originaire de Florence. Lorsqu'il s'entendit proclamer, il se prosterna en terre, conjurant Dieu avec larmes de lui ôter la vie, si son élection ne devait pas être avantageuse à l'Eglise. Il avait étudié successivement à Rome, à Ferrare et à Bologne, où il fut reçu docteur en droit. Son frère Jean étant devenu cardinal, il lui succéda comme auditeur de rote, accompagna le cardinal Alexandrin dans sa légation d'Espagne, fut fait cardinal par Sixte-Quint, grand-pénitencier, légat en Pologne, et enfin pape à l'âge de cinquante-six ans. Il avait toujours été un modèle de vertu, il le fut encore plus sur le Saint-Siège. Son premier soin fut de faire la visite pastorale de toutes les églises, de tous les monastères et des lieux de piété à Rome : il adressa particulièrement, de vive voix et par écrit, des exhortations touchantes aux élèves du séminaire romain.

Il était uni de l'amitié la plus tendre avec saint Philippe de Néri, qui avait prédit sa promotion à la papauté, et lui rendit un jour la santé en cette manière. Le Pape souffrait si cruellement de la goutte aux mains, qu'il ne pouvait même supporter l'attouchement d'un linge. Voyant donc entrer le saint, que chaque fois il embrassait avec tendresse, il lui ordonne de n'approcher pas. Philippe entrant néanmoins dans le cabinet, le Pape lui crie : « Au moins ne me touchez pas ! — Ne craignez pas, Saint-Père, » répliqua le saint; au même instant il lui saisit la main droite qui souffrait le plus et la serre fortement. Au premier contact, le Pontife lui dit : « Continuez à toucher, car je sens un soulagement extrême. » La goutte avait disparu. Aussi Clément avait-il coutume de dire quand il était malade : Je vois bien que Père Philippe oublie de prier pour moi. Il essaya plus d'une fois, aussi bien que Grégoire XIV, de lui faire accepter la dignité de cardinal; mais Philippe tourna toujours la chose en plaisanterie, sans qu'il y eût moyen de l'y amener. Un jour Philippe étant malade lui-même, écrivit à Clément la supplique suivante :

« Très-Saint-Père, qui suis-je, pour que les cardinaux viennent chez moi ? surtout, hier au soir, le cardinal de Cusa et celui de Médicis.. Ce dernier, comme j'avais besoin d'un peu de manne, m'en fit donner deux onces de l'hôpital du Saint-Esprit, auquel il en a procuré une quantité très-considérable. Il resta chez moi jusqu'à la seconde heure de la nuit, disant tant de bien de Votre Sainteté, qu'il me semble avoir certainement outre-passé la mesure; car, à mon avis, un souverain Pontife doit être transformé en l'humilité même. A la septième heure de la nuit, le Christ est venu à moi, et m'a restauré par le sacrement de son corps. Vous, au contraire, vous n'avez pas daigné une seule fois venir à notre église. Le Christ est Dieu et homme; cependant chaque fois que je veux, il vient à moi. Vous, au contraire, vous êtes seulement homme. Vous êtes né d'un homme saint et probe; lui, d'un Père Dieu : vous d'Agnésine, très-sainte femme; lui, de la Vierge des vierges. J'aurais encore beaucoup à dire, si je voulais m'abandonner à la colère. J'ordonne à Votre Sainteté de condescendre à ce que je veux : qu'il me soit permis par vous d'agréger aux religieuses de la Tour-des-Miroirs la fille de Claude Néri, à qui vous avez promis depuis longtemps d'avoir soin de ses enfants. Or, il est d'un souverain Pontife de garder sa parole. C'est pourquoi renvoyez-moi toute cette affaire, afin que, s'il en était besoin, je puisse user de votre autorité : d'autant plus que je connais avec certitude la vocation de la fille, et que je me prosterne très-humblement aux pieds de Votre Sainteté. »

Clément récrivit, de sa main sur la même page : « Le Pontife dit que la première partie du billet sent un peu l'esprit d'ambition, puisque vous y faites parade des fréquentes visites que vous recevez des cardinaux; à moins que ce ne soit pour insinuer que ce sont des hommes pieux, ce dont personne ne doute. Que s'il n'est pas venu lui-même, c'est votre faute; car vous ne l'avez pas mérité, ayant refusé tant de fois la dignité de cardinal. Quant à ce que vous commandez, il y consent; que vous grondiez ces bonnes mères, comme vous avez coutume, fortement et d'autorité, si elles n'obéissent au premier mot. Par contre, il vous ordonne de nouveau de soigner votre santé, et de ne pas vous remettre, sans son avis, à entendre les confessions; enfin, quand vous recevrez le Seigneur, de le prier tant pour lui que pour les nécessités permanentes de la république chrétienne (*Vita* 2, *Philipp. Ner.*, c. 22; *Acta Sanct.*, 26 mai). »

On ne sera pas étonné de voir Clément VIII si tendrement aimé d'un saint, quand on saura combien sa vie à lui-même était sainte. Pieux, libéral, charitable, tout son temps était consacré à Dieu et à son Eglise. A la vue des maux de la chrétienté, il ne cessait de prier, de gémir, de verser des larmes. Tous les jours, lorsqu'il n'était point empêché par la maladie, il offrait le saint sacrifice de la messe. Il jeûnait le mercredi, ne prenait le samedi que du pain et de l'eau rougie, portait le cilice, couchait sur la paille, visitait souvent les églises nu-pieds, surtout quand il s'agit de pacifier les troubles de France. L'année du jubilé séculaire 1600, il distribua trois cent mille écus en aumônes. Chaque jour il nourrissait des pauvres à sa table, dont il augmentait chaque année le nombre : il leur donnait lui-même à laver les mains, bénissait la table, et, après leur avoir versé à boire, s'asseyait lui-même à la sienne, d'où il leur envoyait ce qu'il y avait de meilleur. Il mourut comme il avait vécu, en saint, le 7 mars 1605, après un pontificat de treize ans, un mois et quatre jours (Pallat., *Gesta Pontif. rom.*, t. III; *Clem. VIII*, n. 19).

Tels sont les souverains Pontifes que Dieu donne à son Eglise, depuis le concile de Trente jusqu'à la fin du XVIe et au commencement du XVIIe siècle. Longtemps les rois, les évêques, les peuples avaient demandé la réformation de l'Eglise dans son chef et dans ses membres. Nul n'exécute cette réformation plus généreusement en lui-même que le chef. Nul n'en presse l'exécution plus constamment dans les autres que le chef. Le saint et œcuménique concile de Trente s'est comme incarné et perpétué dans le Saint-Siège, dans les Papes, dans le collège des cardinaux, dans l'Eglise romaine. Ce que le saint concile a voulu, défendre la chrétienté au dehors, la pacifier et là réformer au dedans, en propager la foi jusqu'aux extrémités de la terre, les Papes le font : ils le font bien souvent sans les rois et les peuples, et quelquefois malgré eux.

Ainsi, en 1565, à l'issue du concile de Trente, lorsque Soliman II menaça la chrétienté d'une ruine entière, en lui enlevant son dernier boulevard, ni l'empereur d'Allemagne, ni le roi de France, ni le gouvernement d'Angleterre n'envoyèrent un homme ou un écu au secours de la chrétienté menacée. Elle ne dut son salut qu'aux Papes et à des moines. Ces Papes furent Pie IV et Pie V : ces moines, les religieux militaires de Saint-Jean de Jérusalem, nommés depuis chevaliers de Rhodes, et enfin chevaliers de Malte, gouvernés par frère Jean Parisot de Lavalette. Le 18 mars 1585, la flotte des Turcs parut devant Malte. Elle était composée de cent cinquante-neuf vaisseaux de guerre chargés de trente mille janissaires, la plupart chrétiens apostats, et suivis d'un grand nombre de bâtiments qui portaient la grosse artillerie et les munitions. Frère Lavalette avait reçu de Pie IV un secours d'argent considérable. Philippe II, roi d'Espagne, avait promis des troupes du royaume de Naples; mais ces troupes n'arrivaient pas. A l'armée formidable des Turcs, qui s'augmentait encore de jour en jour par des renforts, frère Jean Lavalette avait à opposer sept cents religieux de son ordre, plus les frères servants et huit mille cinq cents hommes, tant soldats de profession qu'habitants enrégimentés. A la vue du péril, qu'il ne leur dissimulait pas, il engage ses frères à renouveler avec lui leurs vœux au pied des autels, et à puiser à la sainte table un généreux mépris pour la mort. Fortifiés de cette manne céleste comme les premiers martyrs, les nouveaux Machabées abjurent toute faiblesse, toute division, toute haine particulière, et se dévouent au secours de la chrétienté. Le siége, les attaques, les canonnades, les assauts durèrent cinq mois, depuis le 18 mai jusqu'à la mi-septembre. La descente des Turcs se fit le 20 mai, la tranchée s'ouvre devant le fort Saint-Elme quatre jours après, et dure jusqu'au 23 juin. Frère Lavalette y avait placé cent trente de ses religieux. Deux fois des braves, voyant leur petit fort foudroyé par l'artillerie turque, mandent à leur général que la place n'est plus tenable. Mais un religieux, de la famille de Scander-beg, soutient qu'on peut encore y tenir, et s'offre au grand-maître pour la défendre. Lavalette agrée cette proposition courageuse : de concert avec l'évêque de Malte, il avance de son argent les sommes nécessaires pour faire de nouvelles levées dans l'île. Une foule de Maltais s'enrôlent à l'envi. Le grand-maître écrit alors aux réfractaires que, pour un chevalier qui paraissait rebuté de soutenir plus longtemps le siége, dix braves demandaient à s'enfermer dans le fort. « Revenez au couvent, mes frères, ajouta-t-il, vous y serez plus en sûreté, et de notre côté nous serons plus tranquilles sur la conservation d'une place d'où dépend le salut de l'île et de tout notre ordre. » Les chevaliers confus s'écrièrent tous d'une voix : Comment soutiendrons-nous la vue du grand-maître et les reproches de nos frères? Tous, ils jurent de se faire tuer jusqu'au dernier, plutôt que de céder leur poste à une milice nouvelle; et, dans une lettre respectueuse, ils témoignent à leur héroïque et vénérable chef tout leur repentir. Lavalette leur accorda comme une grâce la permission de continuer à défendre le fort. Il y eut de la part des Turcs des assauts plus terribles les uns que les autres. La plupart des chevaliers et de leurs soldats se firent tuer sur la brèche. Enfin, le 23 juin, après avoir perdu huit mille hommes, les Turcs entrèrent dans le fort Saint-Elme. Mustapha, leur général, pour intimider les chrétiens, fit arracher le cœur aux chevaliers qui respiraient encore. Par une dérision sacrilége, les infidèles fendirent en croix le corps de ces héroïques martyrs; puis, après les avoir liés sur des planches, on les jeta à la mer, dont les flots les transportèrent au pied du château Saint-Ange. Par représailles, le grand-maître lança dans le camp de Mustapha les têtes des prisonniers turcs, et ordonna de ne plus faire de quartier à l'avenir.

Le 18 août, les Turcs entraient dans un autre fort, celui de Castille; déjà ils ont arboré leurs enseignes sur un pan de muraille. On engage le grand-maître à se retirer dans le château Saint-Ange; mais l'intrépide vieillard, sans se donner le temps de mettre sa cuirasse, s'avance fièrement, la pique à la main, au devant des infidèles : suivi des chevaliers, il les charge avec fureur; ceux-ci, voyant une foule d'habitants venir au secours du grand-maître, commencent à se retirer, sans ralentir leur feu. Tous les chevaliers tremblent des périls auxquels s'expose Lavalette : plusieurs se jettent à genoux et le conjurent de ne pas compromettre davantage une vie si précieuse. Le héros, montrant les enseignes des Turcs, répond qu'il ne se retirera qu'après les avoir abattus. Le combat s'engage avec une nouvelle fureur, les étendards sont renversés et les Turcs s'éloignent en désordre. Le grand-maître, convaincu que leurs chefs les ramèneront bientôt au combat, témoigne la résolution de passer la nuit au poste où il avait si vaillamment combattu. Les chevaliers lui représentent combien cet endroit est exposé à l'artillerie ennemis. « Puis-je, leur répondit Lavalette, à l'âge de soixante et onze ans, finir ma vie plus glorieusement qu'avec mes frères, pour le service de Dieu et la défense de notre sainte religion ? »

Le lendemain, dans un nouvel assaut, le grand-maître reçut une blessure à la jambe; mais, dissimulant ses souffrances, il ne cessa de donner l'exemple aux plus braves. Le 23, les Turcs renouvelèrent leurs attaques sur tous les points : on combattit jusqu'à la nuit, et le grand-maître, malgré toutes ses batteries, ne put les empêcher de se loger sur la brèche. Le conseil de l'ordre était d'avis d'abandonner ce poste, après en avoir fait sauter les fortifications; mais Lavalette rejeta cet avis avec indignation. « C'est ici, mes chers frères, dit-il, qu'il faut que nous mourions tous ensemble ou que nous chassions nos ennemis; » et, pour prouver aux chevaliers combien il était éloigné de se retirer au château Saint-Ange, il passa toute la nuit avec la garnison à construire de nouveaux retranchements. Lui-même conduisit ces ouvrages avec tant d'art et de capacité, qu'on fut en état de tenir encore sur ce point.

Enfin, le 7 septembre, le secours espagnol si longtemps attendu parut devant Malte, sous la conduite du vice-roi de Naples, don Garcie de Tolède. Après avoir présidé au débarquement, qui se fit dans un endroit opposé à celui que les infidèles gardaient avec vigilance, le vice-roi se remit aussitôt en mer pour aller chercher encore quatre mille soldats; mais ce nouveau renfort ne fut pas nécessaire. Les généraux turcs, craignant de voir fondre sur eux les principales forces de la chrétienté, levèrent le siège et se rembarquèrent avec précipitation. Lavalette ne vit pas plus tôt les Turcs s'éloigner, qu'il fit combler leurs tranchées et ruiner leurs ouvrages; et sa prévoyance préserva l'île d'un nouveau siège. En effet, informé par un esclave que le secours qui avait fait fuir seize mille Ottomans n'était composé que de six mille hommes accablés de fatigues, Mustapha revint de sa terreur panique; il remit son armée à terre et alla au devant des troupes auxiliaires de Sicile; mais les Turcs, qu'il avait fallu forcer à coups de bâton de quitter leurs vaisseaux, combattirent sans courage et livrèrent aux chrétiens une facile victoire. Mustapha, abandonné de ses soldats, fut réduit à fuir comme eux, après avoir perdu trente mille hommes à ce siège (*Biogr. univers.*, t. XLVII, art. LAVALETTE).

La nouvelle de la délivrance de Malte répandit la joie dans toute la chrétienté. Le nom de Lavalette fut célébré dans toute l'Europe. Le pape Pie IV lui offrit le chapeau de cardinal. Soliman, au contraire, outré de cet échec, se prépare à revenir en personne, l'année suivante 1566, contre Malte. Il fait construire une nouvelle flotte pendant l'hiver. Le grand-maître trouve moyen de faire mettre le feu dans l'arsenal et les chantiers du sultan. En même temps, il forma le dessein de bâtir une ville nouvelle sur l'emplacement du fort Saint-Elme. Le Pape, c'était Pie V, les rois d'Espagne et de Portugal, fournirent des sommes considérables pour un si grand ouvrage. La première pierre de la ville nouvelle, appelée la *Cité Valette*, fut posée le 18 mars 1566; et pour qu'elle fût plus tôt achevée, Pie V permit qu'on y travaillât, même les jours de fête. Et voilà comme un supérieur de moines, secondé par le Pape, sauva l'Europe chrétienne.

Soliman II, l'empereur le plus fameux des Ottomans, mourut de la fièvre le 14 septembre 1566, et eut pour successeur son fils, Sélim II, surnommé l'Ivrogne, dont la vie et la mort justifièrent le surnom. L'empire turc se soutint néanmoins sous son règne, non par la force ou le génie des Turcs, mais des renégats ou chrétiens apostats, les mêmes qui, sous le règne de son père, l'avaient porté au plus haut point de sa puissance. C'était, au pied de la lettre, l'empire de l'apostasie. Les premiers généraux et ministres de Soliman et de Sélim furent des renégats. Sur dix grands-vizirs de cette époque, il y en eut huit : Ibrahim et l'eunuque Soliman étaient Grecs; Ajas, Lutsi et Ahmed, Albanais ; Ali le Gros, de Herzogwine, ainsi que Pertew, Hersekogli et Dukaginogli; Albanais et Croates, Rustan et son frère Sinan, les vizirs Ferhad, Ahmed, Daud, conquérant de l'Yémen, et Sinanpacha; Bosniaques, le grand-vizir Mohamed Sokolli, le vizir Mustapha, Chosrewpacha, la famille Jajaoghli, Jailak Mustapha, Sal Mohammed, Maktul Mohammedbeg, Baltaschi Ahmed, Dshenabi Ahmed, Temerrud-Ali et Sophi Alipacha; Russes, Hasanpacha, gouverneur de l'Yémen, et l'eunuque Dchaaferpacha. Les chefs de la marine et des corsaires turcs étaient : Salipacha, renégat grec des plaines de Troie ; le renégat hongrois ou croate, Pialipacha; le renégat calabrais, Ochiali; enfin, le fameux roi des forbans, Barberousse, était Grec d'origine. La plupart des femmes du harem étaient des filles chrétiennes, emmenées captives; plusieurs des eunuques du sérail, plusieurs des adolescents prostitués à la sodomie des sultans étaient de jeunes chrétiens emmenés en esclavage. Le plus funeste de ces renégats fut un Juif relaps, Joseph Nassy : de juif devenu chrétien en Portugal, de chrétien redevenu juif à Constantinople, il s'était insinué dans les bonnes grâces de Sélim, encore prince héréditaire, en lui fournissant des ducats de Venise et des vins de Chypre. Dès lors il représentait au futur sultan que, par la conquête de Chypre, il aurait l'un et l'autre en abondance. Un jour, dans l'ivresse, Sélim l'embrassa et lui dit : « En vérité, si mes vœux s'accomplissent, tu seras roi de Chypre! et le Juif fit peindre en sa maison les armes de ce royaume, avec cette inscription : *Joseph, roi de Chypre*. Sélim, devenu sultan, le nomma duc de Naxos et des Cyclades. Mais le royaume de Chypre tenait encore plus au cœur du Juif. Il est vrai, les Vénitiens en étaient paisibles possesseurs depuis quatre-vingts ans, il est vrai que Sélim venait de confirmer la paix conclue avec les Vénitiens par son père; mais un Juif, directeur de la conscience d'un sultan, ne s'arrêtait guère à ces scrupules. D'autant que Sélim venait de conclure la paix pour huit ans avec l'empereur d'Allemagne : ainsi, rien à craindre de ce côté. De plus, l'arsenal maritime de Venise venait d'être incendié, peut-être par les émissaires du Juif. Le moment était favorable. D'ailleurs, le mufti répondit en ces termes à la consultation de Sélim : « Le prince de l'islamisme ne peut légitimement conclure la paix avec les infidèles que quand il résulte utilité et avantage pour l'universalité des Musulmans. Si l'utilité générale n'est pas atteinte, la paix n'est pas légitime. Dès qu'il se présente une utilité, soit durable, soit passagère, on doit, en temps opportun, rompre la paix. Ainsi le prophète conclut la paix avec les infidèles dans la sixième année de l'hégire jusqu'à la dixième, et Ali en rédigea le traité ; cependant il trouva plus avantageux de rompre la paix l'année suivante, d'attaquer les infidèles en la huitième année de l'hégire et de s'emparer de la Mecque (De Hammer, *Hist. des Ottomans*, t. III, liv. 36, p. 566, en allemand).

Comme on voit, ce fetfa du mufti de Constantinople exprime très-clairement la politique moderne, que l'on se plaît à nommer *machiavélisme* : l'intérêt y est seul la règle. Toute la différence qu'il y a, c'est que la politique ottomane s'exprimait avec une franchise turque, tandis que la diplomatie européenne y met généralement plus de mode et de circonlocution. Elle voudrait bien vous enlacer et vous étrangler avec une cordon de soie. Il fut donc notifié à la république de Venise que, si elle voulait la continuation de la paix avec le sultan, elle devait lui céder le royaume de Chypre, attendu que cette île appartenait autrefois à l'Egypte, dont le sultan était maître. C'est par le même droit que certains empereurs Teutoniques prétendaient à la souveraineté de tous les royaumes, attendu que César-Auguste était maître de tout l'univers connu. La république de Venise s'y étant refusée, la conquête de Chypre fut résolue, et le renégat de Bosnie, Mohammed pacha, chargé de l'entreprise.

La ville de Nicosie, après un siége de sept semaines, fut prise d'assaut le 9 septembre 1570 : les habitants se prosternèrent à genoux, en demandant la vie; ils furent tous massacrés. La garnison, avec le commandant et les autres magistrats, s'était retirée dans le palais : le pacha leur offrit la vie sauve, s'ils mettaient bas les armes; ils le firent, et furent hachés en morceaux. Vingt mille victimes furent égorgées par les conquérants : deux mille esclaves de l'un et de l'autre sexe réservés à leurs plaisirs. Des mères tuèrent leurs enfants et elles-mêmes, pour ne pas devenir le jouet de leurs brutales passions. Une femme se vengea, elle et sa patrie, d'une manière moins désespérée. Le renégat Mohammed, grand-vizir, avait chargé trois vaisseaux de ce qu'il y avait de plus précieux dans le butin, entre autres mille personnes du sexe réduites en esclavage. Une d'elles mit le feu au magasin de poudre, le vaisseau principal sauta en l'air, et mit le feu aux deux autres (De Hammer, t. III, liv. 36).

La prise de Famagouste fut encore plus horrible (1). Tant le blocus que le siége durèrent onze mois, depuis le 18 septembre 1570 jusqu'au 1er août 1571. En ce jour, n'ayant plus que sept barils de poudre, les assiégés demandèrent à capituler. Leur demande fut accordée le jour même. Libre à eux de se retirer avec leurs biens, cinq canons, et les trois chevaux des trois principaux chefs : à ceux qui voudraient demeurer, sécurité pleine et entière pour leur honneur, leurs biens et leur vie : quarante navires reçurent les émigrants pour les transporter; il ne restait à terre que les principaux commandants. Le 5 août, le gouverneur vénitien Bragadino, accompagné de trois commandants, se présente devant Mustapha, pour lui remettre les clés. Il est reçu d'une manière amicale. Mais tout à coup Mustapha exige plus qu'il n'est porté dans la capitulation. Bragadino s'y refuse : aussitôt Mustapha fait égorger les trois commandants Baglioni,

(1) Deux mois avant la prise de Nicosie, au moment où le débarquement des Turcs répandait partout la terreur, Bragadino avait fait dresser un autel sur la grande place de Famagouste, et invité les habitants à se joindre à la garnison pour assister à la célébration du saint sacrifice. L'attente d'un immense danger ajoutait à la solennité de la cérémonie et au recueillement des fidèles. Au moment de la communion, les guerriers, précédés de leur chef, et revêtus, comme lui, de leur armure, s'avancèrent humblement pour recevoir le pain des forts, et après une courte allocution du saint évêque Regazzoni, Bragadino, prenant la parole à son tour, jura de sacrifier toutes les extrémités et la mort même pour défendre la religion chrétienne et la république, et pour sauver le peuple généreux qui l'écoutait et qu'il prenait à témoin de son serment. « Je le jure, s'écria-t-il, avec un accent » qui fit tressaillir tous les cœurs, je le jure par la très-sainte » Trinité, par les quatre évangélistes, par cette sainte croix du » Christ que vous voyez sur ma bannière, et par la sainte Eucha- » ristie que nous venons de recevoir; tout aussi avec nous, » frères d'armes, de ceux que vous voyez devant vous, et de ceux » que vous ne pouvez apercevoir de la voix; jurez aussi avec nous, » braves habitants de Salamine, de verser votre sang, s'il le faut, » je ne dis pas seulement pour Dieu et pour la patrie, mais pour » vos pères, vos femmes et vos enfants, menacés par un ennemi » qui en veut à vos biens, à votre honneur et à votre foi. »

Avant que l'orateur eût achevé, un cri d'enthousiasme avait couvert sa voix; les femmes et même les enfants en bas âge levaient la main comme les hommes, et répétaient à l'envi le mot sacramentel qui fut bientôt dans toutes les bouches, non-seulement sur la place publique, mais dans toutes les rues, sous tous les portiques et jusqu'aux fenêtres des maisons. Nous avons vu comment cet engagement réciproque fut rempli (Cf. *Les quatre Martyrs*, par A.-F. Rio, page 228).   E. H.

Martinengo et Bragadino, couper le nez et les oreilles au gouverneur. Dix jours après, il le fit hisser aux vergues d'un navire, et plonger dans la mer; il le contraint de porter de la terre pour construire deux bastions; enfin, il le traîne sur la place principale, et le fait égorger vivant. Au milieu de ce cruel supplice, Bragadino ne proféra pas une plainte : il priait, il récitait tout haut le *Miserere*. Quand il dit ces paroles : *O Dieu, créez en moi un cœur pur*, il rendit son âme à Dieu. Trois cents chrétiens, qui se trouvaient dans le camp, furent égorgés. Ceux qui avaient été embarqués d'après la capitulation, furent traînés en esclavage. Non content de la mort ignominieuse de Bragadino, il fit couper son corps en quatre, et clouer les quartiers à l'affût des plus gros canons. Quant à sa peau (1), il la fit remplir de paille, et promener par le camp et par la ville, avec une image de la Passion, également remplie de paille, et attachée sur le dos d'une vache. Enfin, il envoya l'un et l'autre au sultan, avec les têtes salées de Bragadino et de ses trois collègues. A Constantinople, la peau du martyr fut suspendue en spectacle aux esclaves chrétiens du bagne (De Hammer, t. III) (2).

Tel est le sort que les renégats de Constantinople firent éprouver aux chrétiens de Chypre. Tel est le sort qu'ils préparaient aux chrétiens d'Allemagne, de France et d'Angleterre; d'autant plus que d'autres renégats y faisaient déjà endurer des traitements

(1) Restait la dernière épreuve, la plus terrible de toutes, mais aussi la plus décisive pour caractériser le sacrifice de Bragadino et pour changer sa couronne civique en couronne du martyre. Au milieu de la grande place était planté un poteau, au sommet duquel flottait, au lieu du drapeau de la république, maintenant remplacé par le croissant : ce fut là, sous cet emblème odieux d'un triomphe insolent, que Bragadino, après avoir été dépouillé du dernier de ses vêtements, fut attaché comme à un ignoble carcan, pour être écorché vif, pendant que le féroce Mustapha, placé sur un balcon en face, pour jouir de son supplice ou de son apostasie, cherchait à ébranler sa constance en lui criant à plusieurs reprises : Fais-toi Turc, et tu auras la vie sauve. Mais la victime, sans rien répondre à ces paroles, tenait toujours les yeux fixés vers le ciel, comme si la vision céleste, qui ravit jadis saint Étienne lapidé par les Juifs, lui eût aussi apparu dans ce moment suprême. L'affreuse opération, commencée par les reins et continuée par les épaules, au lieu de lui arracher des cris ou des contorsions, comme on s'y était attendu, fut supportée avec une force d'âme dont on ne donne qu'une faible idée en l'appelant héroïque. Chaque fois que le couteau de l'exécuteur tranchait plus énergiquement dans le vif, le supplicié, que nous pouvions désormais appeler le martyr, accentuait plus fortement une formule de résignation, de confiance ou d'amour, empruntée soit aux psaumes, soit à la liturgie de l'Église, comme si à chaque élancement de douleur avait répondu un élancement de l'âme vers son Dieu. Quand deux de ses bourreaux, confondus dans la foule, l'eurent entendu répéter deux fois : *In manus tuas, Domine, commendo spiritum meum*, ils crurent que ces paroles, prononcées d'une voix presque expirante, seraient les dernières; mais non, il y en avait de plus sublimes et qui étaient encore plus dignes d'une pareille fin; et celles-là, il les emprunta même, comme si toutes ses autres réminiscences avaient été effacées : *Pardonnez-leur, Seigneur, parce qu'ils ne savent ce qu'ils font.* Après ce dernier trait de ressemblance avec son divin Modèle, il laissa tomber sa tête sur sa poitrine et rendit l'esprit (Cf. *Les quatre Martyrs*, par A.-F. Rio, page 273).   E. H.

(2) La peau du martyr de Famagouste resta dans l'arsenal de Constantinople, et la patrie qu'il avait si généreusement servie ne l'aurait jamais recouvrée, sans le dévouement d'un esclave chrétien, qui fut racheté par tous les genres de tortures et souffrit tous les tourments que la cruauté musulmane peut inventer, pour avoir soustrait à la vigilance des gardiens de cette prison une victoire qui avait tant coûté! Cet esclave était de Vérone et s'appelait Polidoro; il fut racheté par Antoine Bragadino, frère du martyr, et obtint, dans ses vieux jours, une pension de la république. Quand les Vénitiens eurent enfin sous les yeux le fruit de cet héroïque larcin, ils se souvinrent des services de Bragadino, et le modeste monument qu'on voit encore aujourd'hui dans l'église de Saint-Jean-et-Paul, surmonté de l'urne qui contient la précieuse relique, fut un hommage assez tardif rendu à la mémoire du héros-martyr, qu'on pourrait appeler le dernier des croisés, au même titre que Brutus et Cassius furent appelés les derniers des Romains (Cf. *Les quatre Martyrs*, par A.-F. Rio, p. 278).   E. H.

semblables à quiconque ne voulait pas, comme eux, renier la foi de leurs pères.

Qui donc empêchera les renégats de l'Orient de se joindre aux renégats de l'Occident, pour étouffer le christianisme et l'humanité dans toute l'Europe, dans tout le monde? C'est un moine, un moine dominicain, assis sur le siége de saint Pierre, sous le nom de Pie V.

Les Vénitiens, ainsi menacés par l'empire des apostats, en informèrent le chef de l'Eglise, le suppliant de venir à leurs secours et d'y exciter les autres princes. Pie V fit de grand cœur l'un et l'autre. Il dispose sa flotte sous le commandement de Marc-Antoine Colonne pour renforcer celle de Venise. Il envoie des légats aux rois d'Espagne, de Portugal, de France, de Pologne, aux princes d'Italie, à l'empereur d'Allemagne, au souverain de Moscou; il leur représente que ce n'est pas seulement le royaume de Chypre qui est en péril, mais tous les royaumes de l'Occident; il leur propose une sainte ligue contre les Turcs, pour la défense commune de la chrétienté; les rois de Portugal, de France, de Pologne, l'empereur d'Allemagne, s'en excusent sous divers prétextes; seuls, le roi d'Espagne et les princes d'Italie concluent avec le Pape et les Vénitiens une ligue sainte, une croisade, pour le salut commun de l'Europe chrétienne, avec invitation aux autres souverains d'y prendre part. Pour maintenir la bonne intelligence parmi les confédérés, le Pape fut déclaré chef de la ligue. Pie V nomma généralissime des troupes, don Juan d'Autriche, fils naturel de Charles-Quint et frère de Philippe II, roi d'Espagne, lequel avait déployé de grands talents militaires en plusieurs occasions. Il reçut à Naples, de la main du cardinal de Granvelle, l'étendard envoyé par le Pape. On y avait brodé en or et en argent le Sauveur crucifié; et au bas, les armes du Pontife; dans le milieu, celles du roi Philippe à droite, celles du sénat de Venise à gauche, avec celles du généralissime suspendues à de petites chaines. Marc-Antoine Colonne, général des galères pontificales, avait reçu du Pape même son étendard, représentant le Sauveur en croix, avec les images de saint Pierre et de saint Paul, et cette inscription : *Tu vaincras par ce signe.*

Pendant les lenteurs des négociations et des préparatifs, on apprit les désastres de Nicosie et de Famagouste, et le ravage d'autres îles par les Turcs. Pie V n'en pressa que plus vivement l'expédition, à laquelle il donna pour rendez-vous général le port de Messine. Il manda au généralissime que l'unique moyen de salut était une bataille; il lui prédisait la victoire, mais en lui recommandant de s'y préparer chrétiennement, et de renvoyer de son armée tous les gens de mauvaise vie. Tous les chefs suivirent les conseils du Pape et résolurent d'aller chercher l'ennemi. Aussitôt, le 8 septembre 1571, Nativité de la sainte Vierge, on indique un jeûne de trois jours; toute l'armée se confesse, communie, et reçoit les indulgences du vicaire de Jésus-Christ : les ennemis se réconcilient, et ne songent plus qu'à vaincre ou à mourir ensemble. D'excellents prêtres et religieux, distribués parmi la flotte, y entretenaient le bon ordre et la piété, et distribuèrent aux soldats des chapelets et des *Agnus-Dei* bénits par le saint Pontife. D'ailleurs, Juan d'Autriche tenait sévèrement à la discipline. Deux misérables ayant été convaincus d'avoir proféré des blasphèmes, il les fit pendre tous deux : ce qui répandit une crainte salutaire dans toute l'armée.

Enfin, s'étant embarqués à Messine le 16 septembre, ils arrivèrent le samedi 7 octobre, à une heure et demie après midi, dans le golfe de Lépante, à la vue des Turcs, disposés au combat. C'était dans les mêmes parages qu'avait eu lieu la bataille d'Actium, entre Octave et Antoine. La flotte des Turcs comptait trois cents vaisseaux de guerre, celle des chrétiens deux cent neuf. Don Juan d'Autriche se plaça au centre, ayant à sa droite Marc-Antoine Colonne, amiral du Pape; à sa gauche, Sébastien Veniero, amiral de Venise; l'aile droite était commandée par André Doria, amiral génois, l'aile gauche, par le Vénitien Barbarigo : le marquis de Santa-Cruz commandait la réserve. Juan d'Autriche parcourut toute la ligne dans un esquif, tenant à la main un crucifix, et exhortant du geste et de la voix les chefs et les soldats à faire leur devoir. Au même temps les prêtres, le crucifix à la main, entendaient brièvement les confessions, donnaient l'absolution générale, avec l'indulgence plénière du Pape. Enfin, au signal donné par le généralissime, les trompettes sonnèrent : tous les chrétiens, à haute voix, invoquèrent la Sainte-Trinité, et saluèrent la sainte Vierge. Pie V l'avait ainsi ordonné.

Les deux armées restèrent quelque temps à se considérer l'une l'autre, avec une admiration réciproque. L'amiral turc rompit le silence par un coup de canon, don Juan y répondit par un autre; la bataille commença sur toute la ligne. C'était vers quatre heures après midi. Les chrétiens avaient le le soleil, le vent et la fumée dans les yeux, ce qui donnait aux Turcs un double avantage, outre leur plus grand nombre. Peu à peu le soleil donna dans les yeux des infidèles; le vent, changé tout à coup, leur envoyait la fumée de l'artillerie. Vers quatre heures et demie, l'amiral turc s'élança entre le vaisseau amiral de don Juan et celui de Colonne, un autre pacha entre don Juan et l'amiral Veniero. On se battit avec acharnement, corps à corps, pendant une heure entière : enfin un boulet blessa l'amiral turc; un soldat espagnol monté à l'abordage lui coupa la tête et la mit au bout d'une lance. La défaite des Turcs fut générale : ils perdirent trente mille hommes, deux cent vingt-quatre vaisseaux, dont quatre-vingt-quatorze furent poussés contre la côte et brûlés : ils ne purent sauver que quarante galères. Mais ils perdirent bien plus que tous les navires, savoir, la réputation d'être invincibles sur mer : depuis cette époque, leur empire comme leur renommée a toujours été en décadence. Les chrétiens victorieux firent trois mille quatre cent soixante-huit prisonniers, mais surtout ils rompirent les chaînes de quinze mille chrétiens réduits en esclavage. Ils eurent à regretter la perte de quinze galères et de huit mille braves, parmi lesquels l'amiral vénitien Barbarigo, qui mourut le troisième jour de ses blessures. Michel Cervantes, écrivain célèbre d'Espagne, combattait à Lépante, et eut le bras gauche emporté. Dans le butin se trouvèrent cent dix-sept gros canons et deux cent cinquante-six plus petits, avec les étendards des pachas, les fanaux d'or, et les pavillons de pourpre, avec des inscriptions d'or et d'argent, des étoiles et des croissants (De Hammer, t. III, liv. 36, p. 766).

Cependant le saint pontife Pie V multipliait ses austérités et ses aumônes. Il avait organisé des prières perpétuelles dans les maisons religieuses de Rome. Lui-même persévérait nuit et jour dans l'oraison, et, lorsque la nécessité du repos ou des affaires l'en empêchait, il confiait à des hommes d'une dévotion exemplaire le soin de prier à sa place. Un jour, le trésorier, nommé Bussoti, vint l'entretenir au Vatican, selon le devoir de sa charge; et lui soumettre, en présence de plusieurs prélats, un travail important. Tout d'un coup Pie V lui impose silence de la main, il se lève brusquement, se dirige vers la fenêtre, l'ouvre, et y demeure quelques minutes dans une profonde contemplation. Son visage, son attitude décelaient une profonde émotion; puis, se tournant transporté, il s'écrie : « Ne parlons plus d'affaire; ce n'en est pas le temps! Courez rendre grâces à Dieu dans son église, notre armée remporte la victoire! Ces mots à peine achevés, il congédia les assistants grandement surpris, et ils n'étaient pas encore sortis, que le saint Pontife se précipitait, baigné de larmes, à genoux dans son oratoire. Bussoti et les prélats, témoins privilégiés de ce miracle, allèrent le confier aux cardinaux les plus considérés dans Rome, et aux personnes les plus éminentes en piété. Tous ensemble notèrent le jour et l'heure de la vision du Saint-Père : 7 octobre, cinquième heure après midi. C'était bien le jour et l'heure où triomphait la Croix dans le golfe de Lépante.

En reconnaissance de cette victoire, le saint Pape voulut que l'on célébrât la fête du Rosaire le 1er dimanche d'octobre, et inséra dans les litanies de la sainte Vierge cette invocation : *Auxilium christianorum : Secours des chrétiens, priez pour nous!* Les prisonniers détenus pour une dette au-dessous de cent vingt ducats, furent mis en liberté aux frais du trésor pontifical. Enfin, les Romains furent autorisés à décerner les anciens honneurs du triomphe au commandant de la flotte pontificale, Marc-Antoine Colonne (*Vita S. Pii V*, l. 4 et 5; *Acta Sancti*, 5 mai; de Falloux, t. II, c. 25 et 26).

L'année suivante, Pie V se préparait à profiter de la victoire remportée sur les infidèles, lorsqu'il mourut de la pierre, le 1er mai 1572. Il était âgé de 68 ans 3 mois et 15 jours. Il fut béatifié par Clément X en 1672, et canonisé par Clément XI en 1712. Son corps est dans l'église de Sainte-Marie-Majeure. La mort de Pie V fut pleurée à Rome et dans toute la chrétienté : les Turcs en firent des réjouissances à Constantinople.

Saint François de Borgia, supérieur général des Jésuites, qui avait accompagné le légat apostolique en Espagne, en Portugal et en France, pour la négociation de la sainte ligue contre les Turcs, revint mourir à Rome quelques mois après Pie V. Il termina sa sainte vie dans la nuit du 30 septembre au 1er octobre 1572, dans la soixante-deuxième année de son âge. On l'enterra dans l'ancienne église de la maison professe; mais, en 1617, le cardinal duc de Lerme, son petit-fils, premier ministre de Philippe III, roi d'Espagne, fit transporter son corps dans l'église de la maison professe des Jésuites de Madrid. François de Borgia, béatifié par Urbain VIII en 1624, fut canonisé par Clément IX en 1570. Innocent XI fixa sa fête au 10 octobre, en 1683 (*Acta Sanct.*, et Godescard, 10 oct.).

La défense de Malte et la victoire de Lépante, frère Lavalette et don Juan, terminaient sous un rapport l'œuvre des croisades, l'œuvre de Charles-Martel, de Charlemagne, de Godefroi de Bouillon, de Tancrède, de saint Louis : la défense de l'humanité chrétienne, de la société universelle ou catholique, contre la barbarie mahométane. Mais l'Eglise de Dieu avait encore bien d'autres combats à soutenir, pour sauver, rétablir, conserver la société, la civilisation, le christianisme en Occident même, en Angleterre, en France, en Allemagne. Il n'y a de société qu'entre les intelligences. Où donc les intelligences ne sont pas unies entre elles sous une règle commune, il n'y a plus de société : ce n'est qu'une juxtaposition de cadavres qui se putréfient l'un à côté de l'autre. Or, il n'y a de règle pour unir toutes les intelligences de l'univers que dans l'unité de l'Eglise catholique ou universelle, embrassant tous les lieux et tous les temps, depuis les enseignements de Dieu à nos premiers parents dans le paradis terrestre, jusqu'à ses enseignements dans le concile de Trente et depuis. Rompre avec elle, c'est rompre avec la société humaine; c'est se constituer renégat ou apostat de l'humanité intellectuelle, de l'humanité chrétienne.

Or, une apostasie de cette nature divisait une grande partie de l'Europe. L'Angleterre n'était plus une, mais deux. Il y avait l'Angleterre fidèle à elle-même, fidèle à la foi de ses pères, à la foi de ses saints pontifes et de ses saints rois, à la foi reçue à l'origine du successeur de saint Pierre, saint Pierre de Jésus-Christ, Jésus-Christ de Dieu son Père : il y avait cette vieille Angleterre, toujours une avec elle-même, dans le passé, dans le présent et dans l'avenir; toujours une avec l'Eglise catholique, avec l'humanité chrétienne. Il y avait aussi depuis quelque temps une Angleterre schismatique, rompant avec elle-même et avec tout l'univers chrétien; rompant avec elle-même, ruinant la société de ses pères, la société de ses saints pontifes et de ses saints rois; rompant avec toute l'humanité chrétienne, en rompant avec le centre de cette humanité, avec le successeur de saint Pierre, le vicaire de Jésus-Christ, pour se donner un pape national, c'est-à-dire un pape schismatique, un chef d'apostasie, comme les anges apostats s'en firent un de Lucifer.

Durant la seconde moitié du XVIe siècle, le pape ou antipape de l'Angleterre apostate ou schismatique fut une papesse, nommée Elisabeth, que le protestant Cobbet se permet d'appeler Jésabel. Son propre père, premier pape des Anglais renégats, l'avait déclarée solennellement fille bâtarde, incapable de succéder au trône, et cela dans un de ses infaillibles décrets qu'il fallait croire sous peine de trahison, et qui fut effectivement converti en loi de l'Etat et de l'Eglise par les deux chambres de son concile œcuménique ou de son parlement. Lors donc que le Pape universel, le Pape de l'univers catholique, y compris la vieille Angleterre, l'Angleterre demeurée fidèle à elle-même, prononcera la même chose, les Anglais renégats eux-mêmes ne pourront pas le trouver mauvais.

Cette papesse Elisabeth exprima le désir que l'on gravât sur sa tombe le titre de *reine-vierge*. L'histoire remarque en effet qu'elle n'a pas eu un mari, mais plus d'un : Lingard en nomme jusqu'à huit (Lingard, t. VIII, p. 554). Le protestant Cobbet nous apprend un fait plus curieux encore : « Dans la seizième année de son règne, dit-il, elle fit rendre une loi qui assurait la couronne à ses *enfants naturels*, quel que fût leur père; un paragraphe de cette étrange loi déclarait coupable du crime de haute trahison, quiconque oserait révoquer en doute que des *bâtards* pussent légitimement hériter de la couronné. Cet acte, qui existe encore dans le livre des *Statuts* (13. Elis., ch. 1, p. 2), est un monument qui atteste jusqu'où une femme perdue de débauches peut pousser le cynisme; et je m'étonne qu'un acte législatif, aussi infâme et aussi honteux pour toute une nation, se trouve encore confondu avec les diverses lois qui composent le corps de notre droit civil et politique (Cobbet, *Hist. de la Réforme en Angleterre*, lettre 9). »

La douceur de la papesse Elisabeth égalait sa pureté virginale. « Sous le rapport du caractère, dit Lingard, Elisabeth semblait avoir hérité de l'irritabilité de son père. La moindre inattention, la plus légère provocation la mettait en colère. Dans tous les temps, ses discours étaient semés de juremens; dans les saillies de sa fureur, ils abondaient en imprécations et en injures grossières. Elle ne se contentait pas de paroles; non-seulement les dames qui entouraient sa personne, mais ses courtisans et ses plus grands officiers d'Etat connaissaient le poids de ses mains. Elle prit au collet Hatton (le garde-des-sceaux); elle donna un soufflet au comte-maréchal, et elle cracha sur sir Matheov, qui l'avait offensée par l'excessive recherche de sa parure (*Ubi suprà*, p. 533). » Il fallait tomber à genoux sur son passage. Il y a plus : un voyageur, ayant pénétré dans la salle du banquet où elle devait dîner, fut témoin du cérémonial suivant. Deux gentilshommes entrèrent pour mettre la nappe; deux pour apporter l'assiette, le sel et le pain de la reine. Tous, avant d'approcher de la table, et lorsqu'ils s'en éloignaient, faisaient trois génuflexions (*Ibid*., p. 548).

Nous avons vu Henri VIII imposer tous ses caprices comme des lois à son servile parlement. Sa fille Elisabeth s'arrogeait de même une autorité absolue et sans contrôle; d'autant plus que nous avons vu l'archevêque apostat Cranmer supprimer l'élection du peuple dans le couronnement d'Edouard VI. Elle avait pour maxime que, si la reine consultait les deux chambres, c'était par goût et non par nécessité, afin que ses lois parussent plus agréables à son peuple, et non pour qu'elles acquissent plus de force par leur approbation. Dans son opinion, le principal objet des parlemens était d'accorder de l'argent, de régler les minuties du commerce et de faire des lois pour des intérêts locaux et individuels. Elle accordait à la chambre basse la liberté des débats, mais une liberté décente, la liberté de dire oui ou non : et ceux qui transgressaient cette règle étaient exposés à éprouver le poids de sa royale colère (*Ibid*., p. 555).

Mais où elle s'arrogeait surtout une puissance sans bornes, c'est en sa qualité de papesse. Tous ses sujets furent requis, sous les peines les plus sévères, la prison même et la mort, d'avoir à se soumettre à son infaillibilité pontificale, et de pratiquer le culte religieux qu'elle pratiquait elle-même. Quand on demanda comment une femme pouvait remplir les fonctions papales, ou exercer la juridiction ecclésiastique, le parlement rénégat résolut la difficulté, en lui donnant ce qu'il n'avait pas lui-même, la faculté de se servir de vicaires généraux. Elle les arma des plus formidables pouvoirs de l'inquisition espagnole. Elle les autorisa à rechercher, sous le serment de la personne accusée et ceux des témoins, toutes les doctrines hérétiques, erronées ou dangereuses, l'absence de l'office public et la fréquentation des conventicules particuliers, les livres séditieux et les libelles contre la reine, ses magistrats ou ses ministres; et l'adultère et la fornication, et tous les autres délits du ressort des cours ecclésiastiques; et à punir les délinquants par les censures spirituelles, l'amende, l'emprisonnement et la destitution (*Hist. de la Réf. d'Angl*., p. 97 et 98).

Maintenant, avec son peuple, son clergé et son parlement d'apostats, avec sa législation et son inquisition d'apostasie, qu'est-ce que la première papesse anglicane a fait de plus mémorable dans un règne de près de cinquante ans ? — Ce qu'il y a de plus sacré parmi les hommes, ce sont les liens du sang, le droit de l'hospitalité, la majesté royale, surtout quand elle est rehaussée par l'éclat du malheur. — Or, l'acte le plus mémorable du règne de la papesse Elisabeth, fut de violer tout cela; l'acte le plus mémorable du règne de la papesse Elisabeth, fut un régicide! régicide sur une proche parente, sur une reine malheureuse à qui elle avait offert l'hospitalité! régicide préparé et prémédité pendant vingt ans! régicide dont l'Angleterre apostate fit vœu et serment! régicide approuvé, applaudi, canonisé par le parlement des renégats! régicide en haine de la vieille religion de l'Angleterre, de l'Ecosse, de l'Irlande et de tout l'univers! Voici l'histoire de cette immense tache de sang sur le front de l'Angleterre protestante.

Nous avons vu Marie Stuart, reine d'Ecosse dès le berceau, reine douairière de France à l'âge de dix-huit ans, s'en retourner dans son premier royaume en 1561. Elle y était née le 7 décembre 1542, de Jacques V, roi d'Ecosse, et de Marie de Lorraine. Elle perdit son père sept jours après sa naissance, et fut dès lors proclamée reine. Henri VIII la convoitait pour son fils Edouard VI, afin de réunir l'Ecosse à l'Angleterre. Marie de Lorraine, pour soustraire sa fille à l'auteur funeste de l'apostasie anglicane, la fit élever dans une île, au milieu d'un lac. Un monastère, le seul édifice qui existât dans ce lieu, servit d'asile à la royale enfant : quatre jeunes filles de son âge, appartenant aux premières familles d'Ecosse, et toutes les quatre nommées *Marie* comme elle, lui furent données pour compagnes. Associées aux jeux de son enfance, elles ne devaient plus la quitter, et elles devaient être partout les témoins de sa gloire et de ses malheurs. Marie Stuart, venue avec elles en France pour y épouser le dauphin, ne tarda pas à répondre de la manière la plus brillante aux soins que l'on prit de son éducation. Parée de tous les talents qui rehaussent les grâces de son sexe, elle voulut encore y réunir les connaissances solides qui semblent être l'apanage exclusif de l'autre. Elle n'avait pas encore quatorze ans, lorsque, dans une salle du Louvre, en présence de Henri II et de toute la cour, elle prononça un discours latin de sa composition, où elle soutenait qu'il sied aux femmes de cultiver les lettres, et que le savoir est chez elles un charme de plus. Devenue reine de France en 1559, elle perdit l'année suivante tout à la fois et le roi son époux, François II, et la reine sa mère, Marie de Lorraine : à dix-huit ans, elle se vit tout ensemble orpheline et veuve.

Elle avait bien un frère en Ecosse et une cousine en Angleterre; mais ce frère, le comte Jacques de Murray, était un frère bâtard de toutes les manières. Ecclésiastique par la soutane, prieur de Saint-André en Ecosse, sollicitant un évêché en France, mais apostat dans le cœur, il travaillait à importer en Ecosse l'apostasie de Genève et de Berne, pour supplanter sa sœur catholique sur le trône. Leur cousine bâtarde d'Angleterre, la papesse Elisabeth, aidait de tout son pouvoir à ce complot régicide. Lorsque, le 15 août 1561, Marie Stuart s'embarquait en France pour l'Ecosse, la cousine avait beaucoup de vaisseaux en mer pour la prendre; le frère lui avait donné avis du départ. Malgré les embûches du frère et de la cousine, Marie parvint en Ecosse; mais l'Ecosse n'était plus une ni la même, mais divisée. Comme parmi les Juifs au temps des prophètes, un petit nombre restait fidèle à la foi de ses pères; à la foi de saint Pallade, apôtre de l'Ecosse; à la foi de ses saints évêques Blaan, Nathalan, Kessoge, Kentigern, Baldrède, Vimin, Boniface, Molock, Macaire, Glastien, Blanc, Maing, Gilbert, Duthac; à la foi du pieux et vaillant roi Malcolm, de la sainte reine Marguerite. Le surplus de la nation, se reniant elle-même, persécutait la foi de ses pères, pour embrasser le nouveau culte importé par Jean Knox, de Genève. Une chose surtout avait facilité cette apostasie de l'Ecosse; depuis longtemps les plus hautes dignités de l'Eglise y étaient généralement occupées par les enfants bâtards des rois et des grands seigneurs. Le clergé, abâtardi de cette sorte en plus d'un sens, au lieu de précautionner le peuple contre l'apostasie, lui en donnait quelquefois l'exemple, comme le frère même de la reine. Arrivant donc en Ecosse, Marie Stuart y trouva deux peuples au lieu d'un : un peuple fidèle et un peuple renégat, ce dernier secrètement gouverné par les espions et l'or de l'Angleterre. Veuve à l'âge de dix-huit ans, Marie pensait à de secondes noces. Elle eut la candeur de consulter à cet égard sa bonne sœur d'Angleterre, et, d'après ses désirs, refusa tous les prétendants étrangers : l'infant d'Espagne, l'archiduc d'Autriche, le prince de Condé, les ducs de Ferrare, d'Anjou, d'Orléans et de Nemours. Quand elle eut demandé à sa bonne sœur et cousine quel mari donc elle lui conseillait, la papesse Elisabeth lui offrit un de ses sept ou huit maris sans titre, le comte de Leicester, qui s'était débarrassé de sa femme légitime pour mieux plaire à la reine soi-disant vierge. Marie ne voulut point d'un mari pareil et lui préféra Henri Darnley, de la famille des Stuarts, qui, par son père, descendait des anciens rois d'Ecosse, et, par sa mère, de ceux d'Angleterre. Après quelque temps, elle reconnut dans son nouvel époux des défauts bien graves : il était capricieux par caractère, violent dans ses passions, implacable dans ses ressentiments et sujet à des excès d'ivrognerie. De là des querelles de ménage. Un des secrétaires de la reine, le Piémontais Riccio, prenait son parti contre le roi. Riccio était catholique : la reine avait convoqué le parlement pour assurer à ses sujets catholiques la liberté de leur culte et pour condamner les plus coupables des rebelles fugitifs : son époux était catholique jusqu'alors, mais ambitionnait de partager l'autorité souveraine. Pour y parvenir, il se ligua secrètement avec le frère apostat de la reine et avec les autres qui avaient conspiré contre elle. On se promit avec serment de tuer tout ce qui s'opposerait à la réussite du complot. Le 9 mars 1566, entre sept et huit heures du soir, la reine, qui était dans le septième mois de sa grossesse, soupait dans son cabinet avec deux personnes de sa famille, le service se faisant par le capitaine des gardes, par le grand-maître de la maison et par le secrétaire Riccio. Tout à coup le roi entre et peu après lui d'autres seigneurs en armes : l'un menace la reine de son poignard, un autre lui place un pistolet sous la gorge, un troisième prend la dague du roi, et, par-dessus les épaules de la reine, l'enfonce dans le dos de Riccio, qui s'était réfugié derrière elle : on avait eu soin de le représenter au public comme un agent secret du Pape, dont l'existence mettait en danger le nouvel Evangile.

La première consolation que reçut la reine dans cette terrible conjoncture, furent les paroles amicales de son frère apostat, qui n'eut garde de lui apprendre qu'il était complice. Bientôt huit mille fidèles Ecossais accoururent à la défense de leur souveraine. Le roi protesta publiquement n'avoir point eu de part à la conspiration : Marie voulut bien avoir l'air d'y croire. Quelques-uns des meurtriers furent punis; elle pardonna aux autres, et accoucha quelque temps après d'un fils. Elisabeth, qui avait été informée du complot, qui avait même envoyé de l'argent aux conspirateurs, félicita néanmoins sa bonne sœur d'Ecosse d'avoir échappé, et voulut être marraine de l'enfant, qui fut Jacques Ier, roi d'Ecosse et d'Angleterre.

Le meurtre de Riccio avait détruit les espérances de Darnley. Au lieu d'obtenir la couronne de sa femme, et avec elle l'autorité souveraine, il resta sans pouvoir et sans influence, objet de mépris pour les uns et de haine pour les autres. Marie avait pardonné, mais elle ne pouvait oublier l'outrage qu'elle en avait reçu. Sans s'occuper de ses avis, elle forma une nouvelle administration, dans laquelle elle adjoignit à Huntley, qu'elle avait nommé chancelier, et à Bothwell, amiral héréditaire d'Ecosse, son frère Murray, et Argyle, qui avait épousé la sœur de Murray. L'imprudent Darnley menaça, dans sa colère, de tuer Murray qu'il accusait d'avoir voulu l'assassiner, s'absenta de la cour, et forma même le projet de quitter le royaume. Le comte de Lennox, son père, ainsi que la reine, cherchèrent vainement à l'en dissuader. Alors Marie le conduisit devant le conseil royal, et, le tenant par la main, l'engagea à détailler ses plaintes, et à ne pas l'épargner, si elle pouvait l'avoir offensé. Dans sa réponse, il la déclara exempte de tout blâme. Peu après il lui apprit par une lettre que ses griefs se réduisaient à deux points : il était sans autorité, et dédaigné de la noblesse. Elle répondit, sur le premier article, qu'il ne devait s'en prendre qu'à sa propre faute, puisqu'il avait employé contre elle-même l'autorité qu'elle lui avait d'abord confiée; et qu'il ne pouvait s'attendre à ce que la noblesse aimât et honorât un prince qui n'avait jamais cherché à mériter son affection ou son respect.

La reine et les lords du conseil se rendirent à Jedbourg le 8 octobre 1566, pour y tenir une cour de justice. Le 17, la reine fut saisie d'une fièvre si dangereuse, qu'on désespéra de la sauver. Durant les intervalles entre les accès, elle édifia les assistants par sa piété, son air serein et sa résignation. Le neuvième jour cependant elle commença d'aller mieux. Le roi ne vint la voir que le 28, et repartit le lendemain. Ses principaux ennemis étaient Murray, frère bâtard et apostat de la reine, et Maitland, secrétaire du conseil : il accusait le premier d'avoir voulu le tuer, et menaça de le tuer lui-même; il exigeait le renvoi du second pour prix de son retour à la cour. Ces deux formèrent donc le projet de se soustraire à son inimitié en portant la reine à s'en séparer par le divorce. Dans cette vue, ils s'en ouvrirent aux autres membres du conseil, Huntley, Argyle et Bothwell : tous les cinq allèrent trouver Marie, et la conjurèrent de consentir au divorce. Elle leur demanda s'il ne serait pas plus sage qu'elle s'éloignât pour quelque temps, et qu'elle allât demeurer avec ses parents en France : peut-être Darnley, abandonné à lui-même, apprendrait alors à se corriger; enfin elle conclut par ces mots : « Je veux que vous ne fassiez rien qui puisse entacher mon honneur ou ma conscience; et par conséquent, je vous prie de laisser plutôt les choses dans l'état où elles sont, jusqu'à ce qu'il plaise à Dieu, dans sa bonté, d'y apporter remède. » On ne peut mettre en doute cette conversation. Elle fut mise en avant par Huntley et Argyle, pour prouver que Murray avait été le premier instigateur du projet de se débarrasser de Darnley. Il n'y fit aucune réponse, et par son silence en reconnut la vérité (Lingard, t. VII, p. 533; *Biogr. univ.*, t. XXX, art. MURRAY).

Cette réponse de la reine coupa court au divorce, et les lords du conseil en revinrent au premier projet qu'ils avaient agité, celui de l'assassinat. Tous avaient renié la foi de leurs pères, la foi catholique, tous étaient des renégats ou réformés calvinistes. Bothwell prit sur lui l'exécution du crime, et les autres se chargèrent de le préserver des conséquences. En janvier 1567, Darnley fut attaqué de la petite vérole à Glascow. La reine alla promptement l'y trouver; leur affection sembla renaître, et ils se promirent mutuellement d'oublier tout ce qui s'était passé. Dès que son mari fut en état de voyager, elle revint avec lui à Edimbourg, et l'établit, afin qu'il pût jouir du grand air, dans une maison hors des murs, appelée communément l'*Eglise-du-Champ*. La reine visitait son mari tous les jours, lui donnait des témoignages répétés de son affection, et couchait fréquemment dans une salle au-dessous de sa chambre à coucher. Elle avait promis d'assister le 9 février à un bal, en l'honneur du mariage de deux de ses serviteurs. Ce jour-là, elle vint comme à l'ordinaire à l'Eglise-du-Champ avec un nombreux cortége, resta près de Darnley depuis six heures du soir jusqu'à près de onze heures, l'embrassa en partant, et, tirant un anneau de son doigt, le passa au sien. Elle revint au palais, à la lumière des flambeaux : à la fin du bal, un peu après minuit, elle se retira dans sa chambre; et, vers deux heures, 10 février, le palais et la ville éprouvèrent une commotion terrible. La maison où logeait le roi convalescent, ayant été minée par les conspirateurs, venait de sauter en l'air : le corps du roi et celui de son page gisaient dans le jardin, et ceux de trois hommes et d'un enfant se trouvaient ensevelis dans les ruines.

Marie déplora le sort de son époux, avec qui elle venait de se réconcilier. Elle exprima le soupçon qu'on avait voulu l'envelopper dans la même destruction; et elle annonça, à diverses reprises, sa résolution de tirer une vengeance éclatante des auteurs de cet horrible crime. Sa chambre fut tendue de noir : elle en bannit la lumière du jour, et, dans la solitude et l'obscurité, elle ne reçut qu'un petit nombre de personnes, admises à lui offrir leurs respects et leurs condoléances. Elle écrivit aux cours étrangères des lettres qui racontaient comment le meurtre s'était commis, qui rapportaient le triste état de son esprit, et faisaient part des mesures qu'elle prenait afin de poursuivre les coupables. Le 12 février, elle publia une proclamation qui offrait des récompenses en argent et en terres pour la découverte et l'arrestation des meurtriers, et qui accordait une grâce entière à tous ceux qui dénonceraient leurs complices.

Mais ces meurtriers et ces complices étaient précisément les renégats qui formaient le conseil de la reine, qui ne laissaient arriver auprès d'elle ou partir d'auprès d'elle que les renseignements ou les ordres à leur convenance, et qui dans leurs régicides complots, pour circonvenir une reine jeune et délaissée, se voyaient secrètement secondés par les perfides intrigues de l'Angleterre. Bothwell fut accusé du crime par Lennox, père du roi tué. Mais le jour du jugement, l'accusateur ne parut pas. Bothwell se rendit devant le tribunal, entouré de deux cents soldats et de quatre mille gentilshommes. Maitland, un des conspirateurs, était à cheval à ses côtés. Un autre, le comte d'Argyle, présidait le tribunal, comme justicier héréditaire d'Ecosse. Le jury acquitta l'accusé, qui afficha immédiatement un placard dans lequel il affirma de nouveau son innocence, et offrit de combattre en combat singulier contre tout Ecossais, Français ou Anglais qui oserait le charger de cet assassinat.

Le parlement s'ouvrit deux jours après, et donna lieu à connaître le but réel des régicides. Quoique Marie n'eût régné que fort peu de temps, elle avait déjà donné, à l'instigation de ses ministres, les deux tiers des propriétés de la couronne à eux et à leurs partisans. Ces possessions toutefois n'étaient que précaires, attendu que la loi d'Ecosse donnait au souverain le pouvoir de révoquer, à toute époque, toutes ses concessions, avant qu'il eût atteint l'âge de vingt-cinq ans. On n'ignorait pas que le dernier roi s'était quelquefois exprimé avec chaleur contre l'imprévoyante bonté de son épouse. Au mois d'avril précédent, Marie avait fait une révocation partielle; et comme cette année était la dernière pendant laquelle elle pouvait exercer ce droit, on ne doutait nullement que Darnley, s'il eût vécu, ne l'eût engagée à publier un acte de reprise. Le grand objet des lords était de détourner la possibilité même d'une telle mesure. Dans le court espace de trois jours, les terres confisquées sur Huntley lui furent rendues, les donations faites à Murray, Bothwel, Maitland et autres, furent confirmées, et le pouvoir révocateur enlevé à la reine et à ses successeurs. En outre, l'acte qui abolissait la juridiction du Pape, et qui avait été fait par la convention de 1560, mais qui n'avait jamais reçu l'approbation royale, fut alors ratifié.

Les nobles seigneurs d'Ecosse s'étaient assuré le salaire du régicide. Cependant celui qui l'avait exécuté méritait quelque chose de plus que les autres. Aussi Bothwel, pour prix de ses services, paraît-il avoir demandé d'épouser la veuve. En conséquence, le 20 avril, jour qui suivit la dissolution du parlement, vingt-quatre des principaux pairs, ceux que leur loyauté distinguait, comme ceux qui avaient si souvent pris les armes contre leur souveraine, s'assemblèrent et signèrent un nouveau pacte. Ils y affirmaient leur conviction de l'innocence de Bothwel; ils s'obligeaient à le défendre contre tous les calomniateurs, de corps, d'héritage et de biens; et ils promettaient sur leur conscience, et comme s'ils devaient en répondre au Dieu éternel, d'engager la reine à l'épouser dès que la loi le permettrait, et qu'elle-même le croirait dans l'ordre des convenances; et, à cet effet, de l'aider de leurs voix, de leurs bras et de leurs biens, contre tous ses ennemis, quels qu'ils fussent. Jamais, dit l'historien Lingard, jamais association plus honteuse n'a souillé les pages de l'histoire. Les signataires de cet acte étaient tous les évêques qui se trouvaient au parlement, excepté un; tous les comtes, moins deux; et tous les lords, à l'exception de cinq (Lingard, t. VII, p. 545 et seqq.).

Le lendemain, Marie se rendit à Stirling, afin d'embrasser le prince son fils, que, pour plus grande sûreté, elle avait confié au comte de Marr. A son retour, le 24 avril, étant à une demi-lieue du château d'Edimbourg, elle rencontra Bothwel à la tête de huit cents cavaliers, qui seize cents disent trois mille. Déjà il lui avait fait connaître le désir de l'épouser, mais en avait reçu une réponse si ferme, qu'il dut employer la force. La reine était accompagnée de Huntley et de Maitland, deux conspirateurs régicides, et d'un fidèle serviteur, Melville. Il n'y avait pas moyen de résister : elle fut donc menée avec sa suite au château de Dunbar. Le lendemain, Huntley et Maitland furent mis en liberté, mais non la reine. Bothwell lui montra le pacte signé par les lords : Marie en fut effrayée, mais sans déguiser sa répugnance. Non qu'elle soupçonnât Bothwel coupable du meurtre de Darnley, tous ceux qui l'entouraient lui ayant appris que l'accusation était sans fondement et vexatoire; mais elle regardait ce mariage comme au-dessous d'elle, et la proposition comme prématurée; et elle voulait, avant de contracter un second mariage, prendre conseil de ses amis à l'intérieur et à l'étranger. Elle espérait d'ailleurs qu'une armée de loyaux sujets viendrait l'arracher de sa prison : pas une épée ne fut tirée pour sa cause. Bothwel prit un ton plus impérieux, et ne la quitta que lorsque par ses insinuations et ses instances importunes, accompagnées de violences, il l'eut amenée au but qu'il se proposait. Ces violences furent celles d'Amnon sur Thamar, d'après l'aveu même des ennemis de la reine. Enfin, après d'autres incidents analogues, qui ne font pas plus d'honneur à la nation écossaise, Marie Stuart épousa Jacques Bothwel le 15 mai 1567. Elle n'en resta pas moins prisonnière : on la surprit souvent dans les larmes; et ce n'était encore que le commencement de ses douleurs.

Pour épouser la reine, Bothwel avait divorcé avec sa propre femme. Un mois n'était pas révolu, que ses complices du régicide avaient formé contre lui une confédération avec d'autres seigneurs et lancé une proclamation où ils l'accusaient du meurtre de Darnley, de la détention et du mariage de la reine par trahison, et de l'intention de s'emparer du prince royal, qu'il pouvait tuer, comme il avait tué son père. A la suite d'une négociation, on décida que Bothwel se retirerait sans être inquiété, que la reine rentrerait dans sa capitale et que les lords confédérés lui rendraient les honneurs et l'obéissance qu'ils devaient à leur souveraine. Marie s'étant rendue parmi eux, se vit aussitôt emprisonnée. Les confédérés ou les traîtres concertent avec les émissaires anglais trois actes que la reine devait signer : la résignation de la couronne en faveur de son fils, la régence de Murray, un conseil pour le remplacer en cas de mort ou d'absence. Le 24 juillet 1567, lord Lindsay lui ordonna de les signer ou de se préparer à la mort, comme complice du meurtre de son mari. La malheureuse reine, qui était enceinte, fondit en larmes et signa sans lire. Le 15 août, elle reçut la visite de son frère bâtard, l'apostat Murray, qui l'accabla de reproches, lui recommanda le repentir et la patience, et lui fit entrevoir le tribunal et l'échafaud. Elle embrassa son frère, lui prodigua des caresses et le conjura d'accepter la régence, afin de sauver sa vie et celle de son fils. Le seul but de cette visite avait été de provoquer cette demande. Il y consentit, après plusieurs refus.

Marie Stuart trouva moyen de s'échapper de sa prison le 2 mai 1568, par l'assistance d'un orphelin de seize ans, nommé le petit Douglas. Le lendemain, elle révoqua sa résignation de la couronne. Bientôt elle se vit entourée d'une armée de royalistes, et apprit pour la première fois l'histoire réelle du meurtre de Darnley et du crime de Bothwell. Ses troupes ayant été battues par celles de son frère Murray, elle résolut, malgré les représentations de ses amis, de chercher un asile à la cour de sa bonne sœur, la reine d'Angleterre : elle se confiait aux protestations qu'elle en avait reçues, en particulier à un anneau de diamants qui en était le gage.

Au lieu du secours qu'elle espérait, sa bonne sœur Elisabeth ne lui permit pas même d'en chercher ailleurs, la retint prisonnière et finit par lui couper la tête après dix-neuf ans de captivité. Ce long intervalle fut employé à la déshonorer, s'il y avait moyen, aux yeux de l'Europe et dans l'esprit de la postérité. Le 1er décembre 1568, son bon frère Murray l'accusa devant sa bonne sœur Elisabeth d'avoir commandé d'assassiner son mari, d'avoir destiné le même sort à son fils, pour transférer la couronne à leur meurtrier. Or, comme nous avons vu, l'apostat Murray était le premier auteur du meurtre. Pour en rejeter l'infamie sur la reine sa sœur, il présenta à la papesse Elisabeth et à ses ministres une masse de lettres supposées écrites par Marie, mais dont on ne voulut jamais montrer ni original ni copie à l'accusée (Lingard, t. VIII, c. 1). Autre perfidie de l'apostat Murray. Il excita le duc de Norfolk, chef de la noblesse anglaise, à épouser Marie captive; Bothwell, retiré en Danemarck, consentant au divorce: en même temps il informait Elisabeth de toute l'intrigue. Le résultat fut que la papesse Elisabeth fit couper la tête au chef de la noblesse anglaise.

Cette exécution, ainsi que plusieurs autres, furent un prélude à l'exécution de la reine d'Ecosse. Jamais on ne se ferait une idée des moyens perfides que la papesse Elisabeth mettait en œuvre pour déshonorer et perdre sa victime. Elle avait des émissaires qui allaient étudier dans les séminaires catholiques anglais du continent, y recevaient les ordres, excitaient les catholiques à faire des tentatives pour délivrer Marie et à s'insurger contre Elisabeth, qu'ils tenaient au courant de toutes leurs menées (*Ibid.*, p. 280 et seqq.). Ayant ainsi préparé l'esprit de l'Angleterre protestante, la papesse Elisabeth se décide à faire mourir sa bonne sœur Marie d'Ecosse. Par son ordre, Walsingham, un de ses ministres, engagea formellement le geôlier Paulet à faire égorger sa prisonnière. Ce gardien était un homme dur et féroce : il refusa toutefois de devenir un assassin. La papesse Elisabeth demanda donc à son conseil de quelle manière on la débarrasserait de sa rivale. Son amant Leicester vota pour le poison ; la plupart des autres furent pour un assassinat juridique. Une commission régicide de trente-six membres vint donc au château de Fotheringay, pour juger Marie. Elle refusa énergiquement de reconnaître leur autorité. Cette autorité dérive de la reine d'Angleterre. Mais la reine d'Angleterre n'est point ma supérieure : je suis princesse indépendante; et jamais je ne déshonorerai la couronne d'Ecosse, en consentant à paraître comme criminelle à la barre d'un tribunal anglais.

Marie Stuart se trouvait seule et sans ami, sans connaissance des lois, sans habitude des formes judiciaires, sans notes, sans témoins, sans conseil, vis-à-vis d'un tribunal d'ennemis, et non pas de juges.

Les chefs d'accusation furent, non sa prétendue complicité au meurtre de son mari, mais ses prétendues conspirations pour l'invasion de l'Angleterre et pour la mort de la reine. Elle nia constamment l'un et l'autre chef, traitant le premier de frivole, et repoussant le second avec larmes et véhémence. On lui objecte que ses secrétaires ont parlé : on répond que la torture leur a fait dire ce que l'on voulait qu'ils disent; et elle ne se trompait pas. On lui représente des lettres en chiffres : « Ce n'est pas la première fois, dit-elle, que l'on prétend m'attribuer des lettres supposées. » Et elle disait encore vrai. Malgré tout cela, la commission régicide d'Anglais apostats la condamna secrètement à la peine de mort dans le courant d'octobre 1586.

Dès ce moment, la vie et la mort de Marie Stuart étaient entre les mains de sa cousine Elisabeth. Les pairs et les communes de l'Angleterre protestante présentèrent ensemble une pétition à leur papesse, pour solliciter la prompte exécution de la condamnée. Des associations se formèrent parmi les Anglais protestants, qui s'obligeaient par serment à tuer la reine d'Ecosse (*Ibid.*, p. 303). Quand l'arrêt de sa mort fut proclamé à Londres, les cloches sonnèrent durant vingt-quatre heures; des feux de joie brillèrent dans les rues, et les citoyens parurent ivres de joie. Pendant ce temps, la papesse Elisabeth jouait la comédie avec les rois de l'Europe, en leur témoignant ses vifs regrets de l'obligation où elle était de répandre le sang d'une parente aussi proche. Devant ses propres sujets, elle se plaignait de ce qu'aucun d'eux ne lui épargnait la nécessité de tremper ses mains dans le sang d'une reine. Le roi d'Ecosse, fils de Marie Stuart, négociait ostensiblement pour sa mère ; mais ses ambassadeurs conseillaient secrètement une prompte exécution (Lingard). La papesse Elisabeth en donnait l'ordre, puis le suspendait. Elle aurait voulu que quelqu'un de ses officiers prît sur lui l'infamie du régicide. Le 2 février 1567, une lettre ministérielle avertissait les deux gardiens de Marie Stuart que la reine les accusait de peu de zèle pour son service ; autrement ils auraient depuis longtemps abrégé la vie de leur captive : d'autant plus que, comme membres de l'association, ils avaient fait serment de la tuer. Enfin, le 7 février, deux comtes arrivèrent au château de Fotheringay, avec l'ordre de l'exécution, qui fut lu à haute voix à la prisonnière. Marie l'écouta sans manifester la plus légère émotion. Faisant alors le signe de la croix, elle salua les assistants : elle leur dit que le jour qu'elle désirait depuis si longtemps était enfin arrivé; qu'elle languissait en prison depuis près de vingt ans, inutile aux autres et à charge à elle-même; qu'elle ne pouvait terminer une telle vie d'une manière plus heureuse et plus honorable qu'en versant son sang pour sa religion. Ensuite elle rappela les maux qu'elle avait soufferts, les offres qu'elle avait faites, les artifices et les fourberies employés par ses ennemis ; enfin, posant la main sur une Bible placée sur la table : « Quant à la mort de la reine, votre souveraine, dit-elle, je prends Dieu à témoin que jamais je n'en ai formé le dessein, que jamais je ne l'ai demandée, et que je n'y ai jamais consenti. »

Le comte de Kent, renégat fanatique, la pressa de renoncer à toute superstition papiste, et à écouter le prédicant envoyé par la reine. Marie demanda pour toute grâce l'assistance de son aumônier. On la lui refusa durement. Enfin elle demanda quand elle subirait son supplice. La réponse fut : « Demain matin, à huit heures. »

Marie entendit son arrêt de mort avec un calme et une dignité dans son maintien qui frappèrent de respect et d'attendrissement tous ceux qui étaient présents. Au moment où les comtes se retirèrent, les gens de sa maison éclatèrent en gémissements et en larmes. Mais elle leur imposa silence, en disant : « Ce n'est pas le moment de pleurer, mais de se réjouir. Dans peu d'heures, vous verrez la fin de mes infortunes. Mes ennemis peuvent maintenant dire ce qui leur plaît ; mais le comte de Kent a trahi le secret : c'est ma religion qui est cause de ma mort. Résignez-vous donc, et laissez-moi à mes dévotions. »

Après une longue et fervente prière, la reine fut appelée pour le souper. Elle mangea peu ; et avant de sortir de table, elle but à tous ses domestiques, qui lui firent raison à genoux, et la prièrent de leur pardonner les fautes qu'ils avaient commises à son service. Elle le fit de grand cœur, leur demandant en même temps de lui pardonner, si jamais elle avait dit ou fait quelque chose de désobligeant pour eux; et elle termina par quelques mots de conseil pour leur conduite future dans la vie.

Elle divisa en trois parties cette nuit importante, la dernière qui lui restât. Elle employa la première et la plus longue à régler ses affaires domestiques, à écrire son testament, et trois lettres, à son confesseur, à son cousin de Guise et au roi de France. Déjà précédemment elle avait écrit à l'archevêque de Saint-André en Ecosse, et au saint pape Pie V. Elle passa toute la seconde en exercices de dévotion. Retirée dans son cabinet, avec ses deux filles, Jeanne Kennedy et Elspeth Curle, elle pria et lut alternativement, cherchant sa force et sa consolation dans la lecture de la passion de Jésus-Christ, et dans un sermon sur la mort du larron repentant. Vers les quatre heures, elle se retira pour se reposer; mais on observa qu'elle ne dormit point. Ses lèvres étaient dans un mouvement continuel, et son esprit semblait absorbé par la prière.

Dès la pointe du jour, toute sa maison s'assembla autour d'elle. Elle leur lut son testament, leur partagea ses habits et son argent, et leur dit adieu, embrassant les femmes et donnant aux hommes sa main à baiser. Ils la suivirent, en pleurant, jusque dans son oratoire, où elle prit place en face de l'autel; ils s'agenouillèrent et prièrent derrière elle. — A huit heures, l'officier de justice étant arrivé, Marie se leva, prenant le crucifix de l'autel de sa main droite, et portant son livre de prières dans sa gauche. Une chaîne de boules odorantes, avec une croix d'or, descendait de son cou, et deux rosaires étaient suspendus à sa ceinture. On défendit à ses serviteurs de la suivre : ils insistèrent; mais la reine les engagea à se résigner, et, se tournant vers eux, elle leur donna sa bénédiction. Ils la reçurent à genoux, les uns baisant ses mains, et les autres son manteau. La porte se ferma, et la salle retentit de leurs cris de douleur.

Marie fut alors rejointe par les comtes et ses gardiens; en descendant, elle trouva au pied de l'escalier son vieux serviteur Melville, que, depuis plusieurs semaines, on avait exclu de sa présence. Tombé à genoux, il se tordait les mains, commençait des paroles et ne pouvait achever, tant sa douleur était grande. « Bon Melville, lui dit Marie, cesse de te désoler, tu as plus sujet de te réjouir que de pleurer; car tu verras finir les peines de Marie Stuart. Ce monde n'est que vanité, sujet à plus de chagrins que n'en pourrait racheter un océan de larmes; mais je te prie de rapporter que je meurs fidèle à ma religion, à l'Ecosse et à la France. Puisse Dieu pardonner à ceux qui ont été longtemps altérés de mon sang, comme le cerf de l'eau du ruisseau. O Dieu, tu es l'auteur de la vérité, et la vérité elle-même! Tu connais les replis les plus secrets de mes pensées, et tu sais que j'ai toujours désiré l'union de l'Angleterre et de l'Ecosse. Rappelle-moi à mon fils, et dis-lui que je n'ai rien fait de préjudiciable à la dignité ou à l'indépendance de sa couronne, ou de favorable à la suzeraineté prétendue de nos ennemis. » Alors, fondant en larmes, elle dit : « Adieu, bon Melville! adieu, prie pour ta maîtresse et ta reine! »

Elle demanda alors pour dernière grâce, et obtint avec peine, que six de ses gens, quatre hommes et deux femmes, fussent présents à sa mort. Elle soutint, sans faiblesse, les regards des spectateurs et la vue de l'échafaud, du billot et de l'exécuteur. On fit lecture de la sentence, et Marie, d'une voix sonore, harangua l'assemblée. Elle avait à leur rappeler, disait-elle, « qu'elle était princesse souveraine, non sujette à la juridiction du parlement d'Angleterre, mais entraînée dans ces lieux pour y tomber victime de l'injustice et de la violence. » Le prédicant d'Elisabeth l'interrompit, l'accabla d'imprécations et d'outrages, et lui montra l'enfer prêt à l'engloutir, si elle mourait dans la foi catholique. Elle répondit avec douceur : « Je meurs dans la foi de mes pères, » se mit à prier, répétant à haute voix, en latin, de longs passages des psaumes. Ensuite elle pria en anglais pour l'Eglise persécutée du Christ, pour son fils Jacques et pour la reine Elisabeth. Elle protesta de nouveau de son innocence, renonçant, en présence de Dieu, à toute espérance de salut, si jamais elle avait conspiré la mort de la reine ou donné consentement, conseil ou secours à aucun conspirateur. En terminant, elle éleva le crucifix, et s'écria : « Ainsi que tes bras, ô mon Dieu! furent étendus sur la croix, reçois-moi dans ceux de ta miséricorde, et pardonne-moi mes péchés! »

Le bourreau se présenta pour lui ôter sa robe: « Je n'ai point coutume, dit-elle en souriant, de me servir de tels valets de chambre, et de me déshabiller devant tout le monde. » Une de ses femmes, Kennedy, lui banda les yeux avec un mouchoir qu'elle avait réservé pour cet usage. Alors, se mettant à genoux, et s'inclinant sur le billot, elle répéta plusieurs fois d'une voix ferme : « Seigneur, je recommande mon âme entre vos mains! » Le bourreau la frappa de sa hache, mais si maladroitement qu'il ne lui abattit la tête qu'au troisième coup. Le prédicant de l'anglicanisme s'écria : « Ainsi périssent tous les ennemis d'Elisabeth! » Un seul homme répondit : *Amen!* ce fut le barbare comte de Kent. Les autres commissaires et tous les spectateurs, quoique Anglais et protestants, fondaient en larmes.

Ainsi mourut sur un échafaud Marie Stuart, par la perfidie d'un frère, l'apostat Murray; par la perfidie d'une cousine, l'apostate Elisabeth; par la perfidie de deux nations, l'Ecosse et l'Angleterre protestantes. La première s'est effacée du rang des nations par l'apostasie et le régicide; la seconde, redevenue loyale et catholique, grâce au sang de ses martyrs, se réconciliera Dieu et les hommes, comme l'enfant prodigue. Mais il faudra que l'Angleterre fidèle, l'Angleterre demeurée catholique, soit encore criblée, battue, foulée pendant deux siècles, comme une précieuse semence de régénération.

Marie Stuart fut exécutée, non pas le dix-huit février comme il est imprimé dans bien des livres, mais le huit. La nouvelle en vint à Londres le 9 : on sonna les cloches pendant le jour, et à l'approche de la nuit on alluma des feux de joie. Dès le matin, Elisabeth avait reçu une missive du comte-maréchal qui avait présidé à l'exécution. Elle dissimula pendant quatre jours : c'était une comédie. Sa haine était satisfaite, mais restait la honte du régicide; elle espérait y échapper par une feinte ignorance. Lors donc que le 14 février on vint à parler devant elle de l'exécution de Marie Stuart, elle affecta la plus grande surprise, protesta qu'elle croyait l'ordre qu'elle en avait donné, toujours entre les mains de l'officier Davison : elle fondit en larmes, fit de grandes lamentations; et, quand l'excès de son chagrin fut un peu calmé, elle menaça de sa vengeance les ministres qui avaient abusé de sa confiance, qui avaient usurpé son autorité, et, à son insu ou sans son consentement, avaient mis à mort sa bonne sœur la reine d'Ecosse. Elle les disgracia en effet, mais uniquement pour terminer cette atroce comédie; car ils rentrèrent bientôt en faveur l'un après l'autre. Nous l'avons vue faire au geôlier Paulet la proposition de tuer secrètement sa prisonnière : si donc elle s'affligea, ce ne fut point de ce que Marie avait péri, mais de ce qu'elle avait été exécutée en public, en vertu d'un arrêt signé de sa main (1).

Marie Stuart, reine d'Ecosse, mourut ainsi le 8 février 1587. Don Juan d'Autriche, le héros de Lépante, était mort près de Namur, le 1er octobre 1578. Deux gentilshommes anglais, Ratcliffe et Gray, précédemment disgraciés par la reine Elisasabeth, furent accusés d'avoir procuré la mort au vainqueur de Lépante. Mis à la torture, ils avouèrent que Walsingham, ministre d'Elisabeth, leur avait obtenu leur grâce, à condition qu'ils assassineraient don Juan. Ils renouvelèrent leur aveu sur l'échafaud, au moment d'être décapités à Namur (Lingard, t. VIII, p. 155, note, 2e édit. Paris, 1834; Strada, *De Bello Belgico*, an 1578). Walsingham était ce ministre de la papesse Elisabeth qui soudoyait partout les espions et des traîtres, jusque dans les séminaires catholiques. Il y avait une raison particulière d'en avoir alors en Belgique, à cause de la révolte des Pays-Bas, qui entraîna dans l'apostasie une partie de la Hollande. Comme Juan d'Autriche soutenait l'ancien ordre et l'ancienne religion, l'apostasie avait intérêt à s'en défaire.

Quant au sort des Anglais fidèles à la foi de leurs pères et qui forment ainsi l'unité et la gloire de l'Angleterre ancienne et moderne, voici comme en parle le protestant Cobbet :

« Il serait impossible d'énumérer ici toutes les souffrances que les catholiques eurent à endurer pendant ce règne de sang. Avoir entendu la messe, avoir donné l'hospitalité à un prêtre, reconnaître la suprématie du Pape, rejeter celle de la reine, suffisait pour faire périr un de ces malheureux dans les plus horribles tourments. Le plus cruel des actes d'Elisabeth, parce qu'il produisit en résultat une masse de souffrances bien plus générales, ce fut la législation pénale qu'elle établit pour imposer d'énormes amendes à ceux qui négligeaient de fréquenter avec assiduité les temples de l'église qu'elle avait inventée et fondée. Ainsi la loi déclarait coupable non-seulement celui qui ne reconnaissait pas solennellement la nouvelle religion comme la seule véritable, et qui continuait à pratiquer la religion dans laquelle ses pères, lui et ses enfants étaient nés, mais encore celui qui ne se rendait pas avec exactitude aux nouvelles assemblées, pour y observer des pratiques qu'il ne pouvait considérer que comme un acte public d'apostasie et comme un horrible blasphème. Vit-on jamais, je le demande, une tyrannie plus odieuse et plus épouvantable?

» Les amendes étaient si exorbitantes, et le paiement en était exigé avec tant de rigueur, qu'il devint évident que le projet des hommes du pouvoir était de placer désormais les catholiques entre leur conscience et la ruine complète de leurs familles. Dans la vingtième année du règne de la *bonne* Elisabeth, ceux des prêtres catholiques qui n'avaient point quitté le royaume et qui avaient été ordonnés sous le règne précédent, n'étaient plus qu'en très-petit nombre, parce que la loi défendait, *sous peine de mort*, d'en ordonner de nouveaux, et que d'ailleurs il n'y existait plus de hiérarchie ecclésiastique. Comme il y avait en outre *peine de mort* pour tout prêtre venant de l'étranger en Angleterre, *peine de mort* pour celui qui lui donnait l'hospitalité, *peine de mort* pour le prêtre catholique qui exerçait les fonctions de son ministère sur le territoire anglais, *peine de mort* pour les personnes qui allaient à confesse, il semblait que rien ne s'opposerait désormais à ce que la reine réussît dans son projet de détruire complètement en Angleterre cette antique et vénérable religion qui, pendant tant de siècles, avait fait le bonheur et la gloire de la nation : cette religion d'hospitalité et de charité, qui, tant qu'elle avait subsisté dans le pays, avait empêché qu'on y connût ce que c'est qu'un *pauvre* : cette noble et grande religion aux inspirations de laquelle on était redevable de la construction de toutes ces magnifiques églises, de toutes ces imposantes cathédrales qui décoraient l'Angleterre : enfin cette religion de véritable liberté, qui avait consacré tous les actes glorieux de notre législation. Mais heureusement il se rencontra un homme dont le zèle et les talents entravèrent l'exécution de cet infernal projet.

» Il se nommait Guillaume Allen ou Alan : né en 1532, à Rossal, dans le comté de Lancastre, d'une famille respectable, il avait été ordonné prêtre à l'Université d'Oxford et était venu après la révolution fonder à Douai en Flandre un séminaire pour l'éducation et l'instruction des prêtres anglais. Il avait été aidé dans cette œuvre charitable par quelques hommes de bien et de talent; et c'était de cette école que sortaient tous les jeunes prêtres anglais qui revenaient dans leur pays, exposer leur vie pour remplir les devoirs de leur sacré ministère. On conçoit facilement que la reine eût voulu, pour tout au monde, détruire ce précieux établissement; mais la mer se trouvait entre elle et Guillaume Allen, et celui-ci pouvait défier en sûreté les instruments de tortures et de supplices. C'est ainsi qu'en dépit de cette foule d'espions et de bourreaux qui couvraient le sol de l'Angleterre, il s'y conserva toujours quelques débris du naufrage que la religion catholique y avait essuyé. Elisabeth eut recours à tout pour détruire le séminaire d'Allen, qui fut plus tard promu au cardinalat, et dont on ne saurait prononcer le nom sans attendrissement et sans admiration. Enfin elle réussit, en fermant ses ports aux vaisseaux insurgés hollandais et flamands, contre la teneur expresse des traités signés avec eux, à engager le gouvernement espagnol à fermer le séminaire de Douai. Mais Allen vint se réfugier en France, et trouva aide et protection auprès des Guise, qui, malgré toutes les réclamations d'Elisa-

---

(1) Lingard, t. VIII, p. 331; Sevelinges, *Hist. de Marie Stuart*, rédigée d'après des actes authentiques et enrichie de pièces inédites. — *Biographie universelle*, ar. MURRAY et MARIE STUART.

beth, l'établirent à Reims avec son séminaire.

» Ainsi trompée dans tous ses projets, Elisabeth ne crut pouvoir se venger d'une manière digne d'elle qu'en persécutant les catholiques avec plus de fureur que jamais. *Célébrer* la messe, *entendre* la messe, aller à *confesse*, *enseigner* la religion catholique ou la *pratiquer* furent pour les bourreaux qu'elle revêtait du titre de juges, des crimes dignes de toute la sévérité des lois, et que le gibet, la potence, la roue et toutes les espèces de tortures imaginables pouvaient seuls expier. Celui qui négligeait de fréquenter son église était passible d'une amende de vingt livres sterlings par mois lunaire, ce qui, en monnaie actuelle, fait plus de trois mille six cents francs. Comme il y avait des milliers d'individus qui refusaient de sacrifier leur conscience à une amende qui, au bout de l'année, s'élevait pourtant à environ soixante-dix-huit mille francs, le fisc ne tarda pas à s'emparer d'une multitude de propriétés qui jusque-là avaient échappé à l'avidité des pillards.

» Au reste, il paraît que tous ces édits atroces ne suffisaient pas pour satisfaire la haine des persécuteurs du catholicisme, et qu'ils avaient encore recours à toutes les insultes, à toutes les avanies que pouvait leur suggérer leur infernale imagination. Quiconque était connu pour catholique ou soupçonné de l'être, n'avait plus de sécurité ni un moment de repos. A toute heure, mais particulièrement la nuit, il était exposé à voir les émissaires du gouvernement pénétrer de vive force dans son domicile, en briser les portes, se répandre ensuite par bandes dans les divers appartements de sa maison, forcer les serrures de ses meubles, de ses cabinets, fureter partout, jusque dans les lits, pour voir s'ils n'y trouveraient point cachés des prêtres catholiques, des livres, des ornements, des croix et d'autres objets nécessaires à la célébration du culte catholique. On les forçait à vendre leurs propriétés pour payer les amendes énormes qu'on leur infligeait; et dans certains cas la loi décernait contre eux la contrainte par corps, et la saisie préalable des deux tiers de leurs biens. Quelquefois, il est vrai, on leur accordait, comme une grâce particulière, la faveur de racheter par une redevance fixe, l'obligation d'apostasie qu'on leur imposait; mais toutes les fois que, poursuivie et tourmentée plus que de coutume par les remords qui l'agitaient incessamment, la reine croyait avoir plus à craindre pour ses jours, les *amendes* et les *accommodements* ne suffisaient plus à ses terreurs, et elle faisait arrêter les catholiques, les renfermant tantôt chez les protestants, tantôt dans les prisons publiques, ou bien elle les faisait déporter. Il n'était plus de sécurité à espérer pour le gentilhomme catholique; il avait à redouter l'indiscrétion de ses enfants, la malice et la haine de ses ennemis, la vengeance de ses fermiers et enfin la violence de ces hommes si nombreux qui, pour quelque argent, sont toujours prêts à commettre tous les parjures et tous les crimes.

» Quant aux catholiques incapables de payer les amendes qu'on leur infligeait pour ne pas avoir fréquenté les temples protestants, on les entassait dans les prisons locales, à tel point que dans certains comtés les autorités municipales s'adressaient par voie de pétition au gouvernement pour être déchargées du soin de pourvoir à leur entretien. Force alors était aux persécuteurs de relâcher ces malheureux; mais on avait soin auparavant de les fustiger publiquement et de leur percer les oreilles avec *un fer rouge!* Plus tard, intervint un acte législatif qui condamnait tout catholique *obstiné*, ne possédant pas par devers lui un revenu fixe de vingt marcs d'argent par année, à quitter le pays trois mois après son jugement, et à la mort, s'il osait ensuite remettre le pied sur le territoire anglais. Mais la vieille Elisabeth s'était trompée en faisant sanctionner par son parlement cette épouvantable loi de proscription : elle ne put atteindre le but qu'elle se proposait, parce que les juges reconnurent bientôt que, malgré les ordres formels de la reine, elle était inapplicable. Il se contentait donc de vexer et de taxer comme par le passé les malheureux catholiques, pour leur faire expier le crime qu'ils commettaient en s'abstenant de l'apostasie et de la profanation.

» Néanmoins les catholiques conservèrent encore pendant quelque temps l'espérance de voir alléger leurs maux. Une pétition fut rédigée dans les termes les plus respectueux pour exposer leurs principes, leurs souffrances et leurs prières; le difficile était de trouver un homme assez courageux pour aller la déposer au pied du trône; car on n'ignorait pas qu'on s'adressait à un être pour lequel la vérité, la justice, la piété et l'humanité n'avaient jamais été que de vains mots. Un certain Richard Schelley, de Michel-Grave dans le comté de Sussex, offrit de se dévouer pour ses coreligionnaires et de se charger de présenter leur supplique. Elisabeth, qui, dans aucune occasion de sa vie, ne démentit son odieux caractère, ne répondit aux plaintes de cet homme courageux que par les échos d'une infecte prison, où bientôt après il expira martyr de sa foi et victime de la cruauté du monstre qui régnait sur son pays. »

Voilà comme le protestant Cobbet résume les souffrances que les catholiques anglais endurèrent sous le règne d'Elisabeth. Et cependant, quelle était leur conduite à son égard? Le même auteur protestant va nous l'apprendre.

« Philippe II, depuis longtemps provoqué par les outrages d'Elisabeth, avait résolu de faire une descente en Angleterre. Il était alors le monarque le plus puissant de la chrétienté, et ses flottes, ainsi que ses armées, étaient de beaucoup supérieures à celles de la reine. Bien que le danger imminent auquel l'Angleterre se trouvait exposée n'eût d'autre cause que la malice, la perfidie et la mauvaise foi d'Elisabeth, les Anglais n'envisagèrent que le salut de la patrie, et tous prirent la défense de leur souveraine. Les catholiques, dans cette occasion comme dans toutes celles où un appel fut fait à leur patriotisme, prouvèrent qu'il n'était point d'oppression qui pût jamais leur faire oublier leurs devoirs de sujets et de citoyens. Aussi Hume lui-même est-il obligé d'avouer que les gentilshommes catholiques, quoique déshérités de tous leurs droits politiques, « prirent du service dans l'armée et dans la flotte en qualité de simples volontaires; il y en eut même qui équipèrent à leurs propres frais des vaisseaux, dont ils confièrent le commandement à des officiers protestants; d'autres firent tout pour exciter leurs fermiers, leurs vassaux, leurs voisins à voler au secours de leur patrie en danger; et tous, sans distinction de rang, oubliant dans cette circonstance les injustices des partis, se préparèrent avec autant d'ordre que d'énergie à repousser l'invasion. »

» Une horrible tempête qui dispersa et détruisit la moitié de la flotte espagnole, célèbre dans l'histoire sous le nom d'*invincible armada*, que lui avait donné d'avance le roi d'Espagne, fut cause que la descente projetée ne put avoir lieu. Il est même plus que probable qu'elle eût échoué, quand bien même elle n'eût pas été contrariée par un accident de force majeure. On ne saurait nier toutefois qu'une semblable expédition ne plaçât l'Angleterre dans une situation très-critique, et qu'il n'eût dépendu que des catholiques d'en augmenter le danger, s'ils avaient voulu écouter leur juste ressentiment. Leur conduite loyale et généreuse dans cette occurrence semblait donc devoir mériter quelque allégement au joug de fer qu'on leur faisait porter. Leur attente fut trompée; on redoubla au contraire de cruauté et de barbarie à leur égard, et on les soumit à une inquisition mille fois plus terrible que n'a jamais été celle d'Espagne. Un simple soupçon suffisait pour les faire emprisonner, torturer et mettre à mort.

» Les propriétés de l'Eglise et des ordres religieux avaient été confisquées en Irlande de la même manière qu'en Angleterre. Eloignée du foyer du pouvoir, de l'apostasie et du fanatisme, il avait été plus difficile d'y emporter des *conversions* à coups de fusil et avec des échafauds ambulants. On y avait donc envoyé successivement des mignons de la reine, pour pousser le peuple à la révolte par leurs affreuses exactions, et préparer ainsi des prétextes à des confiscations nouvelles. Dans ce malheureux pays, plus que partout ailleurs, on vit bien que la prétendue *réforme* n'était que le pillage systématiquement organisé. Elisabeth le perfectionna encore par des massacres en masse; c'est elle qui y envoya ces prédicants dont les successeurs prélèvent encore de nos jours, à la pointe de la baïonnette, les dîmes exorbitantes qui enrichissent aux dépens des malheureux un clergé sans ouailles. C'est elle qui préluda à toutes les mesures tyranniques et atroces qui ont fait de l'Irlande un pays à part. » Ainsi parle le protestant Cobbet (lettre 11) de la reconnaissance d'Elisabeth pour la fidélité des catholiques anglais et irlandais.

Quant aux divers genres de supplices qu'elle leur faisait endurer, en voici un qu'elle fit souffrir à une mère de famille. Le 25 mars 1586, Marguerite Middleton, femme de Clithereo, riche habitant d'York, avait logé chez elle un prêtre en qualité d'instituteur de ses enfants. Traduite pour ce fait devant les tribunaux de la papesse Elisabeth, elle ne voulut ni se défendre ni s'excuser, mais garda le silence. Elle fut exécutée de la manière suivante, à quelque distance de la prison. Après qu'elle eût fait sa prière, un des juges ordonna aux bourreaux de lui ôter ses vêtements. Elle le supplia alors à genoux, ainsi que les quatre femmes qui l'accompagnaient, que, pour l'honneur de l'humanité, on ne la déshabillât pas; mais sa demande ne lui fut point accordée. Elle lui demanda alors à être déshabillée par ses femmes, et qu'on voulût bien détourner les yeux d'elle pendant ce temps. Les femmes lui ôtèrent ses vêtements et la revêtirent de sa longue robe de toile. Ensuite elle s'étendit très-paisiblement par terre, le visage couvert d'un mouchoir et la plus grande partie de son corps de la robe de toile. On posa sur elle une porte, et sur la porte des poids énormes pour l'écraser; elle joignit aussitôt ses mains sur son visage. Mais le juge lui dit : Non, il faut qu'on vous lie les mains. Alors deux sergents s'approchèrent, lui séparèrent les mains et les attachèrent à deux poteaux. On lui attacha les pieds. Ensuite on posa un poids sur son corps; dès qu'elle le sentit, elle s'écria : Jésus, Jésus, Jésus, ayez pitié de moi! Ce furent les dernières paroles qu'on lui entendit prononcer. Elle fut environ un quart d'heure avant de mourir. On lui avait mis sous le dos une pierre aiguë, n'ayant pas plus d'épaisseur que le poing d'un homme. On posa sur elle des poids de sept à huit cents livres, et qui, en lui brisant les côtes, les firent sortir à travers la peau (Lingard, t. VIII).

Eusèbe de Césarée recueillit autrefois les actes des martyrs de Palestine, sous les persécuteurs Dioclétien, Galérius, Maximin Daïa. Il serait bien à souhaiter que quelqu'un recueillît de même les actes des martyrs d'Angleterre, sous les persécuteurs Henri VIII, Edouard VI, Elisabeth et leurs semblables. On y verrait des exemples non moins merveilleux que dans les martyrs de Palestine et d'Egypte. Le saint et savant cardinal Baronius s'écriait à cette époque-là même, en parlant de saint Thomas de Cantorbéry, dans ses notes sur le *Martyrologe romain* : « Notre siècle, en cela le plus fortuné, a mérité de voir un grand nombre de Thomas : de très-saints prêtres et d'autres très-nobles hommes d'Angleterre, couronnés, si je puis parler ainsi, d'un plus ample martyre et honorés d'un double titre de gloire, puisqu'ils ont succombé par une héroïque mort, non-seulement pour défendre la liberté de l'Eglise, comme saint Thomas de Cantorbéry, mais encore pour soutenir, pour rétablir et pour accroître la foi catholique. Il a vu, entre autres, ceux que, dans son bercail, la sainte Compagnie de Jésus, par de saintes instructions, a engraissés pour le martyre, comme d'innocents agneaux, victimes agréables à Dieu; ceux que les colléges de Rome et de Reims, ces asiles sacrés, ces tours élevées contre l'Aquilon, ces puissants boulevards de l'Evangile, ont envoyés au triomphe et conduits jusqu'à leur couronne. Courage! courage! jeunes Anglais, qui avez donné votre nom à une si illustre milice, et qui avez fait vœu de verser votre sang. Certes, vous m'enflammez d'une sainte émulation, lorsque je vous vois choisis pour le martyre, destinés à en revêtir la pourpre resplendissante, et je me sens heureux de dire : Que mon âme meure de la mort des justes et que mes derniers moments ressemblent aux leurs! (Baron., *Martyr. rom.*, 29 déc.) »

Or, ce qui a si saintement enthousiasmé la foi des vénérables Baronius et Louis de Grenade, nous voudrions que quelques pieux et savants Anglais de nos jours le missent bien en lumière : les actes des martyrs anglais depuis trois siècles, l'histoire détaillée de l'Angleterre religieusement militante, souffrante et triomphante, le martyre trois fois séculaire de l'Angleterre catholique : le tout écrit avec la foi, la piété, le calme et le bon sens du premier historien de l'Angleterre chrétienne, le vénérable Bède. Cet ouvrage ne serait-il pas réservé à quelqu'un ou à quelques-uns de ces pieux et savants néophytes et frères, que la miséricordieuse providence de Dieu nous amène des Universités d'Oxford et de Cambridge : ces savants si humbles, qui commencent par pleurer amèrement le grand péché que l'Angleterre protestante a commis en abandonnant la communion de l'Eglise romaine, et qui regardent la réforme anglaise comme la révolution la plus détestable dans l'Eglise après celle de l'arianisme (1). Ne serait-ce pas contribuer à la gloire de Dieu, en montrant que'au tribunal de sa justice et de sa miséricorde la défection de l'Angleterre protestante a pu être compensée par le long martyre de l'Angleterre demeurée fidèle ?

L'Angleterre protestante s'est rendue coupable non-seulement de sa propre défection, mais encore de beaucoup d'autres. Partout où il y avait une révolte contre l'Eglise de Dieu et contre l'autorité légitime, en Ecosse, en France, dans les Pays-Bas, la papesse anglicane soutenait les rebelles : partout elle trempait ses mains dans le sang des guerres civiles et religieuses : partout elle apprenait aux peuples que même une minorité factieuse peut prendre les armes contre l'autorité temporelle et spirituelle, même pour renverser l'ancien ordre, l'ancienne religion. Les chefs de l'hérésie protestante, Calvin, Bèze, Zwingle, Knox, Luther et les théologiens de Magdebourg enseignaient la même chose dans leurs écrits, ainsi que tous les protestants par leur exemple. D'où l'inflexible logique conclura toujours : Donc, à plus forte raison, les catholiques avaient-ils le droit de prendre les armes contre une puissance protestante et anarchique, pour soutenir ou rétablir l'ordre social, qui ne peut subsister que par l'union des intelligences. Cependant les catholiques anglais n'usèrent pas du droit que leur donnaient la doctrine et l'exemple des protestants anglais, parmi lesquels nous avons vu des congrégations assermentées pour tuer la reine d'Ecosse. Les Anglais catholiques, qui n'étaient pas d'hier et qui résumaient en eux la vieille Angleterre, avaient une autre règle aussi ancienne que leur monarchie et dont l'application se voit aux principales époques de leur histoire.

L'ancienne Angleterre n'était pas un peuple sans foi ni loi, sa politique ne consistait pas précisément à poursuivre son intérêt matériel aux dépens de son honneur ou du droit des autres ; elle ne croyait pas que l'utilité fût la règle suprême des nations et de leurs chefs ; que le seul tort dans une entreprise quelconque est de ne pas réussir, et que, pour ce qu'on appelle conscience, chacun n'a de juge que soi-même : non, elle croyait, avec tous les hommes, que l'ordre politique est fondé sur l'ordre religieux et moral, autrement sur la loi de Dieu ; elle croyait, avec tous les chrétiens, que l'interprète définitif de cette loi était, non pas chaque individu, surtout dans sa propre cause, mais l'Eglise de Dieu, qui a promis d'être avec elle tous les jours jusqu'à la consommation des siècles : elle croyait donc que c'est à l'Eglise et à son chef à décider en dernier ressort les cas de conscience qui s'élevaient entre les rois et les peuples, les peuples et les peuples, les peuples et les rois. Et ce qu'elle croyait, elle le mettait en pratique. Au temps de Charlemagne, nous l'avons vue recevoir du pape Adrien Ier le fond de sa constitution politique, qui reconnaissait l'élection du peuple à la royauté et excluait du trône les enfants illégitimes ; articles que les Anglais de nos jours trouvent encore très-bons. Nous l'avons vue, cette primitive Angleterre et ses rois, soumettre leurs différends au successeur de saint Pierre, le reconnaître même pour leur suzerain temporel. L'Angleterre catholique du XVIe siècle n'imita donc point l'Angleterre protestante, elle ne forma point d'association régicide, elle ne trempa ses mains dans aucun sang de roi ni de reine. Pour la direction de sa conscience politique dans des conjonctures si délicates, elle attendit la décision du vicaire de Jésus-Christ, qui, d'après l'ancien droit, était en même temps le suzerain du pays. Les papes Pie V et Sixte V en rendirent une qui déclarait Elisabeth exclue du trône, et comme enfant bâtard, et comme hérétique. Les deux parties de la bulle pontificale ont été approuvées pour le fond par l'Angleterre protestante : la bâtardise d'Elisabeth et son exclusion du trône pour cette raison avait été prononcée par son propre père et par le parlement. Qu'une nation chrétienne ne puisse être gouvernée par un souverain hérétique, l'Angleterre protestante le reconnaît avec toutes les nations chrétiennes du moyen-âge ; seulement elle l'appliquera en faveur de l'erreur contre la vérité, en faveur de l'hérésie contre la foi ancienne de l'univers chrétien. Ainsi les bulles des deux pontifes étaient en soi irréprochables. En outre, d'après une déclaration de Grégoire XIII, elles ne devenaient obligatoires pour les catholiques anglais qu'après qu'elles auraient eu un commencement d'exécution (Lingard, t. VIII, p. 576 et seqq.) : ce qui n'ayant pas eu lieu, elles sont demeurées une protestation historique de l'autorité spirituelle en faveur de la vérité et du droit.

S'il y a eu des insurrections, Elisabeth même reconnaît que les chefs n'y affichaient la religion que comme un prétexte, et que le but réel était de délivrer la reine d'Ecosse et de la faire reconnaître comme l'héritière légitime d'Elisabeth (*Ibid.*, p. 59 et seqq., surtout p. 565-567, note Q) ; ce qui en soi était juste. Lors donc qu'elle persécute les catholiques, ce n'est qu'en haine de leur religion, qui est celle de la vieille Angleterre. Nous avons vu avec quelle générosité ils prirent les armes pour la défense du royaume, lorsqu'il était menacé de l'invasion espagnole, et combien ils acquièrent de droits à être traités plus humainement. Or, observe l'historien Lingard, depuis cette époque jusqu'à la mort d'Elisabeth, durant l'espace de quatorze ans, les catholiques gémirent sous le poids d'une persécution continuelle : soixante et un ecclésiastiques, quarante-sept laïques et deux femmes nobles subirent la peine capitale pour différents délits religieux ou de trahison récemment inventés. Généralement la cour se dispensait d'interroger les témoins : par des questions adroites et captieuses, on faisait avouer au prisonnier, ou qu'il s'était réconcilié à l'Eglise, ou qu'il avait donné l'hospitalité à un prêtre, ou qu'il avait reçu les Ordres au delà de la mer, ou encore qu'il avait reconnu la suprématie

---

(1) Voir *Idéal d'une Eglise chrétienne*, par M. Vard, de l'Université d'Oxford, 1844.

ecclésiastique du Pape et rejeté celle de la reine. Il est vrai qu'on offrait toujours la vie, à condition d'embrasser la religion de la reine et du parlement; mais cette proposition repoussée, la mort suivait le refus, et la victime, à peu d'exceptions près, était égorgée, lorsqu'elle avait encore l'usage de tous ses sens (Lingard, p. 394). Cependant, comme nous avons vu, le fort de la persécution tendait à réduire la population par les confiscations et les amendes.

Parmi les plus illustres martyrs des persécutions d'Élisabeth, on distingue Henri Perci, comte de Northumberland, son fils, le comte d'Arundel, les premiers pairs du royaume. Mais nulle classe d'hommes n'était plus exposée que les missionnaires, c'est-à-dire les prêtres qui venaient remplir les fonctions d'apôtres. La première victime fut Cuthbert Maine, prêtre de Cornouaille, accusé d'avoir obtenu une bulle de Rome, d'avoir méconnu la suprématie de la reine, et dit la messe dans la maison d'un seigneur catholique nommé Tréguian. Le missionnaire subit le barbare supplice des traîtres, le 29 novembre 1577 : le gentilhomme fut dépouillé de toute sa fortune et mourut en prison. On rechercha dès lors les réfractaires avec plus d'activité, les geôles du royaume ne comptaient plus que des prisonniers pour cause de religion; dans un seul jour, plus de vingt catholiques, distingués par leur fortune et leur rang, périrent d'une maladie pestilentielle au château d'York, le 3 février 1578. Le même jour, Neslon, prêtre, et Sherwood, laïque, qui, par l'excès des tortures ou par des questions insidieuses, avaient été conduits à nier la suprématie de la reine, furent traînés sur la claie, pendus et mis en quartiers.

Le martyre de ces premiers missionnaires fut un attrait pour d'autres à venir les remplacer. Le docteur Allen, fondateur du collège Anglais de Douai, puis de Reims, demanda au général des Jésuites des apôtres et des martyrs pour l'Angleterre. Le général, sur l'ordre du Saint-Siège, créa cette nouvelle mission en 1579. Voici comme l'annonce en fut accueillie. « Du moment, dit le docteur Allen, où il fut connu parmi les Pères de la Société que quelques-uns d'entre eux seraient envoyés en Angleterre, on aura de la peine à le croire, et pourtant que Dieu me soit témoin de la vérité de ce que j'écris! des Jésuites d'un grand savoir, anglais et autres, se jetèrent aux pieds de leurs supérieurs. Ils demandèrent, les larmes aux yeux, la permission d'aller se mesurer avec les protestants dans leurs Universités, ou la grâce de mourir en confessant la foi de Jésus-Christ (Crétineau-Joly, t. II, p. 255). » On fut résolu de n'envoyer que des Anglais : ils furent au nombre de douze. Les chefs de la mission étaient les Pères Edmond Campian, né à Londres, et Robert Persons, tous deux gradués dans l'Université d'Oxford. Ils étaient accompagnés d'Emerson, coadjuteur temporel, de Rodolphe Sherwin, de Luc Kirby et d'Édouard Risthon, prêtres du collège Anglais, en outre de quatre autres prêtres et deux jeunes gens encore laïques de la même nation. Le pape Grégoire XIII, à la sollicitation des Jésuites, fit une déclaration explicative de la bulle de son prédécesseur Pie V, et manda aux catholiques d'Angleterre de reconnaître Élisabeth pour leur souveraine, et de lui obéir « en tant que l'obéissance est due à un prince temporel. » Le général joignit ses avis aux conseils du Pape, et recommanda, non-seulement de ne jamais s'immiscer dans quelque chose ayant trait à la politique, mais encore de ne pas écouter les personnes qui voudraient en discourir avec eux (Crétineau-Joly, t. II, p. 257).

Ces douze hommes firent à pied tout le trajet de Rome à la mer d'Angleterre. A Milan, saint Charles Borromée les accueillit avec respect; à Genève, ils allèrent, à la faveur d'un déguisement, proposer à Théodore de Bèze des arguments auxquels il ne put répondre; à Reims, ils se reposèrent des fatigues passées, dans le sein de leurs frères. En Angleterre, un cruel et glorieux martyre attendait la plupart d'entre eux, surtout Campian et Persons. Mais ceux qui mouraient étaient aussitôt remplacés par d'autres. Le récit de leurs supplices retentissait dans toute l'Europe, y excitait l'admiration pour leur constance et l'horreur pour leurs bourreaux. Élisabeth et ses ministres, voyant que plus ils en tuaient plus il en venait, commencèrent à tuer moins, à déporter et à confisquer plus. Dans le même temps, l'Angleterre protestante faisait encore deux choses : elle employait ses plus habiles marins, Hawkins, Drake, Cavendish, à exercer la piraterie sur les populations catholiques de l'Espagne et du Nouveau Monde, puis à acheter et à vendre les nègres d'Afrique comme esclaves; trafic qui était défendu par l'Espagne. Et ce qu'il y a de plus remarquable, c'est qu'en 1567, sur six vaisseaux anglais destinés à ce trafic inhumain, les deux plus grands appartenaient à la reine-papesse Élisabeth (Lingard, t. VIII, p. 341; Cambden, 158). Nous invitons l'Angleterre si humaine et si généreuse du XIXe siècle à juger l'Angleterre protestante du XVIe.

Pareillement, la France de 1550 à 1600 aurait bien besoin que son histoire contemporaine fût revue par des juges compétents et d'après une loi certaine et connue. De graves événements y eurent lieu dans cette période : huit à dix guerres civiles, des meurtres de princes, des exécutions en masse, des ligues formidables l'une contre l'autre, une tourmente effroyable d'un demi-siècle, d'où la France, plus heureuse que l'Angleterre, ressort toujours semblable à elle-même, la première des nations chrétiennes, la France de Clovis, de Charlemagne et de saint Louis. De toutes ces choses, à qui et dans quelle mesure appartient le blâme ou la louange ? Dieu seul le sait au juste : lui seul est le juge suprême, comme le maître souverain. Cependant il nous a donné sa loi, avec un interprète infaillible; et d'après cette loi, lui-même jugera définitivement les individus, les nations, les rois, l'humanité tout entière. Un vrai historien exerce le jugement de Dieu en première instance et d'après sa loi. S'il ignore la loi qu'il doit appliquer, il ne saurait être juge : s'il ne l'applique pas avec une courageuse impartialité, il est prévaricateur.

Or, en ce qui regarde les nations et les rois, voici la substance de cette loi suprême, dont Dieu a gravé les éléments dans tous les cœurs, mais dont il a consigné le développement dans son Écriture sainte et dans la tradition vivante de son Église.

Au septième livre de cette Histoire, nous avons vu les trois représentants de l'antique sagesse : Confucius, Platon, Cicéron, professant de concert que

Dieu seul est le vrai souverain des hommes ; qu'il n'est point de puissance qui ne vienne de lui ; que sa raison est la loi souveraine et normale de toutes les autres ; que ce que les princes, les juges et les peuples décrètent de contraire à cette règle suprême, n'est rien moins qu'une loi ; qu'il viendrait un temps où le *Saint* par excellence, le Verbe, la Raison même de Dieu, se manifestant d'une manière sensible, donnerait à tous les peuples la même loi, et ferait de tout le genre humain un seul empire dont Dieu serait le seul maître commun et le souverain monarque.

Nous avons vu, dans le livre dix-neuvième, que cette antique doctrine de la sagesse humaine est comme un lointain écho de la Sagesse divine ; et que, en joignant l'une à l'autre, on peut établir les articles suivants du gouvernement divin de l'humanité.

Article I. Dieu seul est proprement souverain.

Article II. Le Fils de Dieu fait homme, le Christ ou Messie, a été investi par son Père de cette puissance souveraine.

Article III. Parmi les hommes, il n'y a aucune puissance ou droit de commander, si ce n'est de Dieu et par son Verbe.

Article IV. La puissance est de Dieu, mais non pas toujours l'homme qui l'exerce ni l'usage qu'il en fait.

Article V. Et la souveraineté et le souverain, et l'usage qu'il fait de sa puissance, et les hommes sur lesquels il l'exerce, sont également subordonnés à la loi de Dieu.

Article VI. L'interprète infaillible de la loi divine est l'Eglise catholique. De là ces conséquences.

Donc, pour tout ce qui regarde la loi de Dieu, la conscience, le salut éternel, tout le monde, nations et individus, souverains et sujets sont subordonnés au pouvoir de l'Eglise et de son chef. — Donc encore, dans tout ce qui intéresse la conscience, la législation civile est subordonnée à la législation de l'Eglise catholique. Aussi le premier axiome que pose un prélat français, M. de Marca, dans son livre *de la Concorde du sacerdoce et de l'Empire*, c'est que les constitutions des princes et les lois temporelles, contraires aux canons, sont nulles de plein droit (1).

Pour échapper à cette conséquence, il faut de deux choses l'une : ou refuser à l'Eglise catholique le droit de décider en dernier ressort les doutes concernant la loi divine, la conscience, le salut ; ou bien dire que la soumission à la puissance et à la loi temporelles n'est pas une chose qui concerne la loi de Dieu, le salut, la conscience. Des deux côtés on arrive à l'anarchie, à un état où il n'y a plus ni droit ni devoir connu ; car si ce n'est pas à l'Eglise catholique, autorité incontestablement la plus haute qui soit sur la terre, à interpréter définitivement la loi divine, ce droit n'appartient à personne. En effet, qui le refuse à l'autorité la plus grande ne peut l'accorder à aucune, pas plus au prince ou à la nation, qu'au dernier des individus. S'il est permis, dans ce cas, au prince et à la nation de se moquer de l'Eglise et de son chef, il est permis au dernier des individus de se moquer de la nation et du prince. Cette divine loi, unique source du devoir, sera pour l'homme comme si elle n'était pas. Que si la soumission à la puissance et à la loi temporelles n'est pas une chose qui intéresse la conscience, le salut, il n'y a plus de devoir de s'y soumettre, il n'y a plus de droit, il n'y a plus de société. Finalement, point de milieu : ou bien la société temporelle est nulle de plein droit, ou bien elle est subordonnée à l'Eglise catholique, apostolique et romaine.

Mais, comme nous avons vu, c'est là une vérité bien dure. Quel roi pourra l'entendre ? Elle révolta les empereurs idolâtres de Rome païenne, eux qui se prétendaient non-seulement empereurs, mais encore souverains pontifes et dieux. Trois siècles durant, ils firent la guerre à l'Eternel et à son Christ, pour repousser le joug de lui Christ et de son Eglise. Mais l'Eternel s'est ri d'eux ; mais son Christ les a brisés, eux et leur empire, comme un vase d'argile sous les pieds des Barbares.

Cette subordination au royaume de Dieu sur la terre déplut généralement aux empereurs grecs de Constantinople. Peu s'y soumirent avec sincérité, la plupart ne le firent que d'une manière astucieuse, ou s'y refusèrent ouvertement, se prétendant eux-mêmes, sinon dieux, au moins souverains pontifes. Nous avons vu l'empereur Nicéphore, pour justifier son mariage adultère, faire déclarer par un conciliabule de prélats courtisans, que l'empereur était au-dessus des lois divines. Les Grecs de Constantinople ont été de nom et de fait le bas-empire, jusqu'à ce que cet empire disparût sous le cimeterre des Mahométans.

En Allemagne, Frédéric Barberousse et les empereurs de sa race et de son caractère se prétendaient la loi vivante et souveraine, de qui émanent tous les droits particuliers des peuples et des rois. En conséquence, ils ne voulaient point de la loi divine, interprétée par l'Eglise de Dieu. Par leur force, leur adresse et leur activité, ils comptaient prévaloir contre cette Eglise et contre la pierre sur laquelle elle est bâtie. Ils ont fini par se briser contre cette pierre, eux et toute leur race. Tels sont les jugements de Dieu, dont nous avons été témoins.

En France, nous avons vu un petit-fils de saint Louis, oubliant les leçons et les exemples de son aïeul, oubliant surtout les leçons et les exemples de Charlemagne, qui se disait et se montrait le dévot défenseur de la sainte Eglise et l'auxiliaire du Siège apostolique en toutes choses ; nous avons vu Philippe le Bel, marchant sur les traces des Allemands et des Grecs du Bas-Empire, insulter l'Eglise dans son chef. Et nous avons vu en peu d'années Philippe le Bel disparaître avec toute sa postérité. Et la France qui, au lieu d'expier l'iniquité de son roi, en augmenta les suites funestes, nous l'avons vue livrée aux Anglais et sur le point de devenir province anglaise, lorsque Dieu, dans sa miséricorde, envoya une vierge de Lorraine, qui rendit la France aux Français.

Ce qui, entre autres, égara et perdit Frédéric Barberousse et Philippe le Bel, ce furent ce qu'on appelle des légistes, des hommes qui étudient les lois, mais les lois purement humaines, surtout les lois de Rome païenne, où les césars étaient à la fois empereurs, souverains pontifes et dieux, et par suite la loi unique et suprême. Plus ou moins imbus de cette idolâtrie politique, les légistes faisaient enten-

---

(1) *Primum est (axioma) constitutiones principum canonibus et decretis receptis contrarias nullas esse jure ipso. Certa est regula, non subsistere leges canonibus contrarias* (Prolegom., p. 10, col. 2, édit. *Baluzii*).

dre à chaque prince, qu'au lieu d'être soumis à la loi de Dieu interprétée par l'Eglise, il était lui-même la loi vivante et souveraine des autres ; regardant ainsi comme non avenues, et l'autorité de l'Eglise catholique, et la souveraineté du Christ sur la terre ; ramenant ainsi et justifiant en principe, tout à la fois, et la plus effroyable tyrannie et la plus effroyable anarchie. Car, si la loi de Dieu, si l'Eglise du Christ qui l'interprète, n'est rien pour les rois, elle ne sera rien pour les peuples, elle ne sera rien pour personne : chacun n'aura d'autre loi que soi-même.

Aussi peut-on remarquer dès lors, parmi les légistes et leurs semblables, un certain bas-empire des intelligences ; bas pour les idées et les sentiments ; ne voyant que la matière, que l'individu, que le roi, tout au plus un peuple particulier, mais point l'humanité entière, l'humanité régénérée en Dieu par le christianisme, et s'avançant dans l'Eglise catholique vers l'humanité parfaite et triomphante au ciel. On ne voit rien, on ne veut rien voir de tout cela ; on ne veut pas même le laisser voir aux autres. Pour cela on altère, on déguise les faits, on les fausse par des interprétations malignes. On dissimule le bien, on relève et on exagère le mal. On dirait que le bas-empire des Grecs, avec sa bassesse d'idées et de sentiments, avec son esprit de chicane, de duplicité, mais surtout d'antipathie contre l'Eglise romaine, a passé de Constantinople en Occident ; et s'y est comme naturalisé parmi les écrivains des trois derniers siècles. C'est comme une invasion de barbarie savante, qui ne laisse apparaître dans l'histoire que des querelles, des guerres, des ruines, sans rien qui console ou édifie l'âme du lecteur chrétien ; dans l'ensemble des idées humaines, que confusion, inconséquences, contradictions, incertitude : confusion pire que celle de Babel. Dans la confusion des langues, on n'entendait plus son voisin : dans la confusion des idées qui embrouillent depuis trois siècles l'Europe littéraire, on ne s'entend plus soi-même. On ne veut pas que la politique soit subordonnée à la loi de Dieu interprétée par l'Eglise de Dieu, mais qu'elle soit sa règle à elle-même ; et, après avoir ainsi endoctriné les rois, les reines, les princes, on trouve mauvais qu'ils agissent en conséquence ; que, politiquement, ils n'aient de loi, de morale que leur intérêt. Et, ce qu'il y a de plus étrange, on s'en prend à l'Eglise de ce que les rois ne sont pas meilleurs, on veut qu'elle soit responsable de leurs excès, elle à qui on n'a pas voulu permettre, au concile de Trente, de procéder à leur réforme, comme à celle des papes et des évêques. On déclame contre la théorie politique de Machiavel, et après tout on n'en a point d'autre ; on ne diffère qu'en ceci : Machiavel sait au moins ce qu'il dit et ce qu'il pense. La vue de cette baisse générale dans les intelligences françaises et de cette incohérence dans leurs idées, inspire une immense pitié pour les hommes et les écrits de cette époque. Quand on voit François Ier et Henri II, qui n'étaient pas de mauvais hommes, conspirer avec les Mahométans contre les chrétiens, avec les protestants contre les catholiques, pendant qu'ils punissaient les hérétiques chez eux, on est tenté de dire : « Mon Dieu pardonnez-leur, car ils ne savent ce qu'ils font, non plus que ceux qui les conseillent. »

La division de la France au sujet d'une religion nouvelle, importée de Zurich, par Berne et Genève, n'accuse pas moins de baisse ou de bassesse dans les esprits et les caractères. Depuis quinze à seize siècles, la gloire de la Gaule, la gloire de la France par dessus les autres nations, c'est la constance de sa foi. Cette foi immortelle, elle l'a reçue de saint Pierre, saint Pierre du Fils de Dieu, et le Fils du Père. Cette foi divine, elle la professe avec éclat dès le second siècle, par la lettre et le sang de ses martyrs de Lyon, par les écrits et le sang de son saint Irénée ; dans le cinquième, par son saint Hilaire de Poitiers ; et successivement par ses saint Sulpice Sévère, saint Vincent de Lérins, saint Hilaire et saint Césaire d'Arles, saint Eucher de Lyon, saint Prosper d'Aquitaine, saint Sidoine Apollinaire, saint Avit de Vienne, et, pour ne pas les nommer tous, par saint Bernard, l'amour et la gloire de son siècle, et même de tous les siècles et peuples chrétiens. C'est dans cette foi héréditaire des saints et venue de Dieu par son Fils, que saint Remi de Reims engendre à Dieu et à elle-même la nation française, en l'incorporant à la Gaule déjà chrétienne et à l'univers déjà chrétien, pour en être le bras droit, ainsi que Rome en est la tête. C'est dans cette foi et par cette foi catholique que la France chrétienne vient au monde, se développe, grandit, et prend sa place à la tête des nations, avec Clovis, Charles-Martel, Pépin, Charlemagne, Godefroi de Bouillon, Tancrède, saint Louis.

Conçoit-on maintenant qu'un Français puisse se mettre dans la tête et dans le cœur de renier cette patrie née de Dieu, de la renier avec sa longue existence d'honneur et de gloire, pour lui préférer, quoi ? une religion suisse, fabriquée à Zurich l'an 1517, estampillée par les municipaux de Berne l'an 1527, introduite de force à Genève l'an 1535. Et encore, cette nouvelle religion, qu'est-ce qu'elle nous apporte de nouveau ? Ecoutez le premier article, et vous n'aurez besoin d'un second. — Quelle chose est Dieu, demanda saint Louis au sire de Joinville ? — Dieu, répondit le sénéchal, ce est chose si bonne, que meilleure ne peut être. — Vraiment, dit le roi, c'est bien répondu. — Demandez maintenant à la nouvelle religion de Suisse ou d'Allemagne : Quelle chose est Dieu ? elle vous répond par la bouche de Zwingle, Luther et Calvin : Dieu, ce est chose si mauvaise, que pire ne peut être. Car il nous punit du mal que nous ne pouvons éviter, du mal qu'il opère lui-même en nous ; il est même capable de nous punir du bien que nous faisons de notre mieux. — Conçoit-on qu'un Français puisse se mettre dans la tête et dans le cœur d'imposer une religion pareille à la France, pour la rendre semblable à un pareil dieu et la transporter de la tête des nations à la queue, même à la queue des Grecs du Bas-Empire ?

C'est pourtant ce que voulaient, par le fer et le feu, les Français renégats, connus sous le nom suisse de *Huguenots*, ayant à leur tête la famille des Bourbons, enfants dégénérés de saint Louis. — En parlant de la canonisation du saint roi, Joinville ajoute : « Dont grande joie fut et doit être à tout le royaume de France, et grand honneur à ceux de sa lignée qui voudront lui ressembler de bien faire, grand déshonneur à tous ceux de son lignage qui mal voudront faire ; car on les montrera au doigt, et l'on dira que le saint roi dont ils sont issus

LIVRE LXXXVI. — FUNESTES SUITES DE L'APOSTASIE EN FRANCE.

rend plus odieuse une telle mauvaiseté (*Apud Scrip. rer. Fr.*, t. XX, p. 303). » Saint Louis lui-même disait à son fils : « Je te prie que tu te fasses aimer du peuple de ton royaume ; car vraiment j'aimerais mieux qu'un Ecossais vînt d'Ecosse ou quelque autre lointain étranger, qui gouvernât bien et loyaument, que tu le gouvernasses mal à point et en reproches (Joinville, *Sub initio*). — Saint Louis lui-même a défendu, les armes à la main, la France catholique contre les Manichéens, l'Europe chrétienne contre les Mahométans, qui, les uns et les autres, faisaient Dieu auteur du péché. Qu'aurait-il dit, en voyant ses propres descendants, au lieu de marcher sur ses traces, faire alliance avec les Manichéens contre les catholiques, avec les Mahométans contre les chrétiens ?

Un second parti, n'ayant en vue que ses propres intérêts, se forma sous le nom de *Politiques*, qui le fait assez connaître : il avait à sa tête la famille historique de Montmorency, dont plusieurs membres figuraient parmi les chefs du parti huguenot ou renégat ; tache que nous voyons avec un profond regret s'imprimer à un nom et à une famille jusqu'alors si purs.

Restait un troisième parti, celui des *Catholiques*, qui n'en était pas un ; car c'était toute la masse de la nation française, qui, malgré les enfants dégénérés de saint Louis, malgré ses nobles égoïstes ou renégats, ne voulut point se renier elle-même, mais demeurer la France de Clovis, de Charlemagne, de saint Louis, la première des nations chrétiennes ; regardant comme des traîtres ceux qui voulaient lui imposer la prétendue religion fabriquée à Zurich, estampillée à Berne, raffinée à Genève, avec son Dieu, non pas du ciel, mais de l'enfer. Ce fait capital pour l'honneur de la nation française, le protestant Sismondi le constate dans son *Histoire des Français*. Au commencement du tome XIXe, sur l'année 1568, il dit dans la table : « L'expérience avait appris aux religionnaires que la masse du peuple les repoussait ; » et dans le texte : « Les religionnaires ne pouvaient plus croire qu'ils étaient les plus nombreux, et que la crainte seule contenait les masses dans une uniformité apparente avec l'Eglise romaine... toute la populace des villes et de beaucoup la plus grande partie des habitants des campagnes s'étaient déclarés contre la réforme avec un sentiment de fureur (Sismondi, t. XIX, c. 20). »

On trouve ici la réponse à des questions bien importantes pour cette époque de l'histoire. *Première question :* De quel côté était alors la France ? On voit par le protestant Sismondi qu'elle était parmi les catholiques. *Seconde question :* Qui est-ce qui a empêché la France de s'apostasier elle-même ? Suivant le protestant Sismondi, ce n'est pas la majorité de la noblesse française, qui, assure-t-il, penchait pour le parti renégat ; c'est le peuple français, c'est le peuple des villes et des campagnes. Ce peuple fera plus : il ramènera à la foi de saint Louis les enfants dégénérés de saint Louis, les Bourbons, et leur donnera lieu de mériter que Dieu les fasse régner sur plusieurs trônes. Honneur à la nation française !

Sous le règne et la minorité de François II et de Charles IX, la France catholique avait à sa tête les princes de Guise, seconde branche de la maison de Lorraine, implantée en France et alliée à la famille royale. Le chef de cette seconde branche était François de Lorraine, duc de Guise, qui, en 1552, défendit Metz contre une armée de cent mille hommes commandées par Charles-Quint ; en 1557, enleva Calais aux Anglais, Thionville aux Espagnols ; en 1560, sauva le roi et le royaume contre la conjuration protestante d'Amboise. Cette conjuration devait être le signal de la guerre civile dans les provinces. Les Français renégats ou huguenots s'étaient réunis en armes autour de leurs chefs, malgré les ordres du gouvernement de courir sus à toutes les troupes de mécontents qui paraîtraient en armes : une bande de huguenots, commandés par un des leurs échappé d'Amboise, tenta de s'emparer de Lyon, mais fut obligée de battre en retraite. Dans le Dauphiné, dit Sismondi, les protestants se sentaient assez nombreux pour se mettre au-dessus des lois ; ils se rendaient armés à leurs assemblées, et ils se conduisaient en maîtres dans les deux villes de Valence et de Montélimart (Sismondi, t. XVIII, p. 169). Sismondi trouve mauvais qu'un officier du roi, nommé Maugiron, envoyé par le duc de Guise, lieutenant-général du royaume, n'ait pas laissé faire des religionnaires qui se mettaient au-dessus des lois, et d'avoir eu l'audace d'en punir quelques-uns. Au reste, l'esprit général de son *Histoire des Français* peut se résumer en cette formule : « Le tort et le malheur de la nation française furent de n'avoir pas voulu se renier elle-même, pour complaire à une poignée de Français renégats dits *huguenots*. Ainsi, il trouve naturel que trois chefs de bandes protestantes fassent la guerre aux sujets du roi et résistent à ses troupes, et appelle *massacre* la juste punition de l'un d'eux : les deux autres se réfugièrent à Genève. La main ferme et vigilante de François de Lorraine continuait à réprimer les complots des renégats, lorsque François II mourut, le 5 décembre 1560, et eut pour successeur son frère, Charles IX, âgé de dix ans.

« L'apostasie parut triompher à la cour, sous la minorité du nouveau roi. Sa nourrice était une huguenote : sa mère Catherine de Médicis, régente du royaume, donnait sa confiance à des dames dévouées aux huguenots ; le principal confident de la régente était le chancelier Michel de l'Hôpital, catholique équivoque, dont la femme et toute la famille étaient protestantes ; après le chancelier, un de ses conseillers les plus intimes était Jean de Montluc, évêque de Valence, secrètement marié, et digne par les désordres de sa vie d'appartenir à la prétendue réforme : le prince de Condé, complice de la conjuration d'Amboise, fut déclaré innocent et rentra dans le conseil du roi : Gaspar de Coligny montrait à la régente les biens du clergé comme une proie facile pour combler les vides du trésor : Antoine de Bourbon, roi de Navarre, homme irrésolu, mais dont la femme était huguenote opiniâtre, fut déclaré lieutenant-général du royaume : le culte étranger se pratiquait jusque dans le palais du roi. Cet état de choses réveilla la conscience du premier baron chrétien, le vieux connétable de Montmorency : il ne voulut point démentir son nom ni son titre héréditaire. Pendant la semaine sainte, il rencontra chaque jour le duc de Guise presque seul à la chapelle catholique du château, tandis que la foule des courtisans suivait le prêche des huguenots. Les deux chrétiens se rapprochèrent. Ils communièrent ensemble le jour de Pâques, 6 avril 1561 ; après quoi une intime alliance pour la défense de la religion catholique, et par là même pour le maintien de l'unité nationale dans le passé, le présent et l'avenir, fut jurée entre le connétable de Montmorency, le duc de Guise et le maréchal de Saint-André : on la nomma le *triumvirat* (Sismondi, t. XVIII, p. 211). »

De toutes parts les protestants, assurés de la faveur de la cour, s'assemblaient publiquement pour leur culte, et dans plusieurs villes, dit Sismondi, ils s'étaient emparés de force des églises des catholiques. A Paris, pendant les fêtes de Noël, le 27 décembre, ils envoyèrent deux députés aux catholiques réunis pour les vêpres à Saint-Médard, demander qu'on cessât le son des cloches, parce qu'elles les empêchaient d'entendre leur prêche dans le voisinage. Les catholiques s'étant refusés à la demande, un des députés tira son couteau contre eux : il paya de la vie son insolence. Mais les huguenots accoururent en grand nombre, enfoncent les portes, et font main basse sur les catholiques dans l'église même. Cette violence exaspéra terriblement la population de Paris, qui était très-attachée à la foi de ses pères (De Thou, l. 28). Les chefs des catholiques n'étaient pas moins irrités de voir la reine accorder une faveur toujours croissante aux protestants, fermer les yeux sur les violences des huguenots, ordonner dans les grandes villes le désarmement de la bourgeoisie, pour empêcher que le peuple ne se fît justice à lui-même, enfin se préparer à consommer l'apostasie de la France. Le connétable de Montmorency, le duc de Guise, le maréchal de Saint-André se retirèrent de la cour; le clergé implora le secours du Pape : on sollicita même les bons offices de Philippe II, roi d'Espagne, gendre de Catherine de Médicis. Par suite de ces efforts, le roi de Navarre, Antoine de Bourbon, se ressouvenant peut-être qu'il était fils de saint Louis, se déclara pour la religion de saint Louis et de Charlemagne, pour la religion de la France et de l'univers chrétien.

Cependant la reine-mère et le chancelier de l'Hôpital firent passer, le 17 janvier 1562, un édit plus favorable aux protestants que celui du 19 juillet de l'année précédente, qui ne tolérait le culte huguenot que dans l'intérieur des maisons. Par le nouvel édit, l'obligation fut imposée aux protestants de rendre au culte catholique toutes les églises qu'ils lui avaient enlevées, et de laisser le clergé dans la jouissance de ses revenus et de ses dîmes. La peine de mort fut dénoncée contre ceux qui le troubleraient à l'avenir par des violences ou des profanations. Le culte protestant fut interdit dans les villes ; mais les protestants furent autorisés à s'assembler dans les campagnes, et ils y furent mis sous la protection de la loi. Pour garantir que rien ne se ferait de contraire à l'ordre public ni dans leurs prêches ni dans leurs synodes, il leur fut imposé l'obligation d'y admettre en tout temps les autorités locales. La reine, le chancelier, les politiques se flattaient d'avoir prévenu la guerre civile : ils ne firent que l'allumer plus furieuse. Le parlement de Paris, qui en avait le pressentiment, refusa longtemps d'enregistrer l'édit. Il représenta que les rois François Ier et Henri II avaient, par leur sévérité, contenu l'hérésie, tandis qu'elle n'avait éclaté partout que depuis qu'on avait accordé aux sectaires les premières lettres d'abolition. Il accusait le gouvernement de s'être montré plus indulgent encore qu'il ne l'avait promis dans ses édits, et d'avoir empêché les bourgeois de Paris, en les désarmant, de se faire justice de ces novateurs, qui n'étaient qu'une poignée de mutins. Effectivement, le protestant Sismondi l'avoue : dans tout Paris il y avait à peine huit à dix mille huguenots, encore étaient-ils pour la plupart étrangers à la bourgeoisie (Sismondi, t. XVIII, p. 256). Cependant, pour cette poignée de sectaires étrangers et de Français renégats, le prince de Condé, fils dégénéré de saint Louis, accompagnait les ministres de l'apostasie à leur prêche, avec quinze cents hommes en armes.

Dans les provinces, les huguenots ne se gênaient pas plus que dans la capitale. Sur les frontières de Champagne était la petite ville de Vassy, entourée de hautes murailles, où par conséquent, même d'après le dernier édit, il était défendu aux huguenots d'avoir un prêche. Ils y en avaient toutefois un dans une grange, au mépris des ordonnances royales, en dépit de la population catholique, des autorités locales et de l'évêque diocésain de Châlons. Ils n'avaient pas encore de prédicant fixe, mais en faisaient venir un de Troyes, dont l'évêque, qui était apostat, ne demandait pas mieux que de propager l'apostasie. Au 1er mars 1562, ils avaient un prédicant envoyé de Genève. Or, voici ce qui advint, d'après l'historien de Thou (l. 29), auteur du parti des politiques, et constamment plus favorable aux protestants qu'aux catholiques. Le duc de Guise vint à y passer le 1er mars, qui était le mercredi des Cendres, et non pas un dimanche, comme on le dit dans bien des livres. Son dessein, suivant de Thou, n'était pas de faire du mal à qui que ce fût en particulier, mais de dissiper par sa présence ces sortes d'assemblées, d'ailleurs illégales. En approchant de la ville, il entendit sonner une cloche, à une heure où l'on n'avait pas coutume de l'entendre. Il demanda à des passants ce que signifiait cette sonnerie extraordinaire. Ils lui répondirent que c'était pour annoncer l'assemblée des protestants. Le duc entra dans Vassy, pour y prendre environ soixante chevau-légers de sa compagnie, et les conduire vers la capitale, où l'appelaient les autres triumvirs. Le prévôt, le curé et le prieur l'arrêtèrent dans la place et le prièrent instamment de quitter le chemin d'Esclaron, où il devait dîner, et de passer par celui qui conduisait au lieu où se tenait l'assemblée. Dans l'intervalle, une partie de ses gens, ayant pris les devants, se prirent de querelle avec les huguenots assemblés dans la grange. Des injures on en vint aux coups. La duchesse de Guise, qui avait suivi le droit chemin, était déjà assez loin, lorsqu'elle entendit le tumulte : se doutant de ce qui était arrivé, elle dépêcha un exprès au duc son mari, pour le prier d'épargner le sang de ces malheureux. Le courrier trouva le duc à la porte de la grange. Il y était accouru pour faire cesser l'émeute. Mais comme en entrant il avait reçu une blessure à la joue, ceux qui l'accompagnaient, voyant couler le sang de sa bouche, ne purent maîtriser leur colère, et tombèrent sur les huguenots à coups d'épée. Rien ne pouvait les arrêter, ni les menaces, ni les prières du duc, qui criait de toutes ses forces, et leur ordonnait de cesser. Il périt dans cette rencontre près de soixante personnes, tuées, étouffées ou mortes de leurs blessures : plus de deux cents furent blessées, mais moins grièvement. A ces faits, de Thou ajoute : Quoique tout ceci fût arrivé contre l'intention et la volonté du duc de Guise, cependant, pour se justifier, lui et les siens, il fit venir plusieurs des principaux protestants qui avaient été pris, et il leur fit une vive réprimande de ce qu'ils avaient donné occasion à l'émeute, par des assemblées illicites et défendues. Il traita plus durement que les autres celui qui commandait dans la place, au nom de Marie, reine d'Ecosse ; car on avait donné à cette princesse l'usufruit de Vassy et du Bassigny. Il lui reprocha d'être la cause de cet accident, par la permission qu'il donnait à des factieux de s'assembler et de tenir leurs prêches. Puis, sans perdre de temps, il fit faire des informations qui constataient que la sédition avait commencé par les protestants. Voilà ce que dit cet historien si favorable aux huguenots. Le protestant La Poplinière convient également que ce qu'on appelle *le massacre de Vassy*, fut une rencontre fortuite (L. 7, p. 283).

Les chefs des huguenots y supposèrent de la préméditation, et en prirent prétexte de commencer la guerre civile. Le prince de Condé, selon Sismondi (t. XVIII, p. 272), s'y décida le premier. L'amiral de Coligny hésita pendant deux jours à prendre les armes contre sa patrie : il y fut décidé par les raisons et les pleurs de sa femme. Le jour de Pâques, 29 mars 1562, après avoir fait la cène à Meaux, le prince de Condé en partit avec l'armée huguenote, pour aller s'emparer du roi, qui était à Fontainebleau (*Ibid.*, p. 276). Le surlendemain, 31, il annonçait son secret à l'armée, lorsqu'il apprit que c'était trop tard. Son frère, le roi de Navarre, lieutenant-général du royaume; le connétable de Montmorency, chef de l'armée française; le duc de Guise, grand-maître et gardien du palais, et le maréchal Saint-André avaient éventé le complot. Ce jour-là même, 31 mars, le roi de Navarre, Antoine de Bourbon, vint annoncer à Catherine de Médicis qu'il savait que son frère, avec les protestants, avait résolu d'enlever le roi; qu'il ne voulait pas l'exposer à cette insulte dans une place ouverte comme Fontainebleau ; qu'il venait de donner l'ordre qu'on pliât les bagages pour le conduire à Melun; mais que, pour elle, il la laisserait faire ce qu'elle voudrait. En effet, il fit monter le jeune roi en voiture; la reine suivit (*Ibid.*, p. 273), et rentra dans Paris, avec le roi, le 3 avril. Le prince de Condé, se voyant frustré dans le principal de ses desseins, alla surprendre Orléans, dont il fit sa place d'armes, et où, le 21 avril, pendant la nuit, les temples catholiques furent forcés, les images brisées, les orgues détruites, les trésors de l'Eglise mis sous le séquestre, et employés à la guerre contre elle (*Ibid.*, p. 281). Le chef de la rébellion, Condé, s'empara des villes les plus prochaines sur la Loire, telles que Meung, Beaugency, Gergeau, Tours, Blois, Chinon : Cléry fut ruiné. Il envoya des commandants en Normandie, où les protestants s'étaient emparés de la plupart des places. Antoine de Bourbon, lieutenant général du royaume, et le connétable de Montmorency marchèrent alors contre les rebelles, avec l'armée royale. Catherine de Médicis ménagea une entrevue en présence des deux armées : cette entrevue n'eut d'autre résultat que de montrer à tout le monde que la reine n'était pas prisonnière, comme les huguenots le disaient partout; car, libre de rester avec eux, elle s'en retourna dans l'armée royale. Une autre négociation fit encore sentir mieux leur manque de bonne foi. Le prince de Condé était convenu de se retirer de son côté, si les triumvirs se retiraient du leur : aussitôt les triumvirs quittèrent la cour et l'armée : sommés alors par Catherine de Médicis de tenir leur parole, Condé et les autres chefs des huguenots s'y refusèrent (Sismondi, t. XVIII, p. 291). Ils essayèrent de surprendre le roi de Navarre, lieutenant général du royaume; mais leur coup manqua. Alors, se montrant ouvertement traîtres à leur roi et à leur patrie, comme à la religion de leurs pères, ils envoyèrent demander du secours à Élisabeth d'Angleterre et aux Luthériens d'Allemagne. Dans l'intervalle, le parlement de Paris, tenu au courant des négociations par la reine et le lieutenant général du royaume, avait autorisé le prévôt des marchands et les échevins à lever des troupes; il s'était engagé à contribuer à leur entretien, et il avait chassé de la ville tous ceux dont la religion était suspecte, sous peine de les traiter en rebelles. Lorsque les hostilités eurent commencé, il déclara les huguenots proscrits, et exhorta tous les catholiques à s'armer dans les villages, et à leur courir sus. Chaque dimanche les curés lisaient cet arrêt au prône à leurs paroissiens. Alors, observe Sismondi, on peut se convaincre que, si la noblesse et la bourgeoisie avaient embrassé la réforme, la grande masse des paysans était demeurée fidèle à l'ancien culte (*Ibid.*, p. 295).

Maintenant, de quelle manière se conduisent les nouveaux sectaires? Dans les premiers jours des troubles, les protestants avaient montré du respect pour la discipline et l'ordre public : ils saisissaient, il est vrai, pour les frais de la guerre, soit l'argent du roi dans les coffres des receveurs, soit l'argenterie des églises; mais ils en faisaient dresser l'inventaire par des officiers publics, et ils en donnaient des reçus. Bientôt toutefois les fanatiques s'exhortèrent les uns les autres, dans le langage de l'Ancien Testament, à détruire l'idolâtrie; ils commencèrent alors à briser les images, à profaner les autels et à traîner dans la boue les ornements d'église. Ce furent ces outrages qui excitèrent surtout la fureur des paysans catholiques (*Ibid.*). A Poitiers, des écoliers, des enfants, excités par les huguenots qui traversaient la ville pour rejoindre Condé, commencèrent à crier à l'idolâtrie, à abattre des images et des croix, à démolir des chapelles. Leurs pères les exhortaient à demeurer tranquilles, et cependant les laissaient faire, persuadés que c'était l'œuvre de Dieu; bientôt la profanation fut universelle : une image miraculeuse de la Vierge, un crucifix de Saint-Hilaire, une image de sainte Radegonde, qui étaient en vénération dans tout le Poitou, furent brûlés avec outrage ; les reliquaires, les trésors des églises furent fondus, après qu'on en eût détourné une grande partie (*Ibid.*, p. 399). A

Bourges, les catholiques furent désarmés ; plus de mille coups d'arquebuse furent tirés contre le portail de Saint-Étienne, parce qu'il était revêtu de figures sculptées. Une image de Notre-Dame de Selles fut promenée dans la ville avec de grandes huées, et ensuite brûlée (Sismondi, t. XVIII, p. 302). Les protestants s'étaient crus supérieurs à leurs adversaires; et lorsque le prince de Condé s'était emparé d'Orléans, ils s'étaient presque partout assemblés tumultuairement en avril et en mai ; ils s'étaient rendus maîtres des villes et de leurs temples, et, s'animant à détruire ce qu'ils nommaient *les symboles de l'idolâtrie*, ils avaient profané les autels et traîné les images et les reliques dans la boue (*Ibid.*, p. 306).

Dans l'année 1551, mais surtout dans l'intervalle entre l'édit de juillet et l'édit de janvier, le Midi avait été livré à des convulsions continuelles. Dans presque toutes les villes du Languedoc, les protestants se trouvant en majorité, s'étaient mis à main armée en possession des principales églises. Ils s'étaient encouragés par les dénonciations de l'Ancien Testament contre l'idolâtrie, et, répétant qu'il valait mieux obéir à Dieu qu'aux hommes, ils avaient détruit les images, les habits sacerdotaux et tous les ornements d'église ; ils avaient traîné dans la boue ou brûlé sur la place publique les reliques, les ciboires, les hosties, et dansé souvent autour des flammes, avec les cris les plus insultants pour les catholiques. A Montauban, à Castres, à Béziers, à Nîmes et à Montpellier, où ils étaient de beaucoup plus forts, ils n'avaient plus permis l'exercice d'aucun culte catholique, ils avaient arraché les religieuses de leurs couvents, ils les avaient conduites de force au prêche, et ils en avaient engagé plusieurs à se marier (*Ibid.*, p. 314). A Valence, les nobles renégats du Dauphiné assiégèrent le commandant du roi dans sa maison, le tuèrent, le pendirent aux fenêtres et choisirent unanimement pour leur chef le baron des Adrets. Ce nom seul rappelle tout ce qu'il y a de plus atroce. Personne n'ignore sa conduite à Montbrison, lorsqu'il prit cette ville, le 16 juillet 1562. Suivant sa coutume, il condamna toute la garnison à périr. Il réserva seulement un certain nombre de prisonniers pour se donner le plaisir, après son dîner et par manière de récréation, de les faire sauter les uns après les autres du haut d'une tour. L'un d'eux, après avoir pris sa course, s'arrêta par deux fois au bord du mur. « Tu as bien de la peine à faire le saut, lui dit des Adrets. — Monseigneur, je vous le donne en dix. » Le barbare sourit et lui fit grâce de la vie. Cependant cet homme finit par se repentir de sa cruauté envers ses semblables et de sa trahison envers son roi et sa patrie : aussitôt que les huguenots s'en aperçurent, ils le jetèrent en prison, où il resta jusqu'à la paix (*Ibid.*, p. 327, 331, 349).

Condé et Coligny n'eurent pas de ces regrets. Nous avons vu le duc de Guise, l'an 1558, enlever Calais à l'Angleterre et le rendre à la France. Au mois d'octobre 1562, Condé et Coligny livrèrent Calais aux Anglais, en attendant de leur livrer Rouen et la Normandie. Ils n'en eurent pas le temps. Rouen se vit assiégée par l'armée royale, que commandait Antoine de Bourbon, roi de Navarre, ayant pour lieutenant le duc de Guise. Le roi fut blessé dangereusement pendant le siège, et mourut quelque temps après, laissant en Béarn un fils âgé de neuf ans, nommé Henri. Le duc de Guise, chargé du siège de Rouen, faillit être poignardé par un gentilhomme huguenot. L'assassin, ayant été arrêté, déclara qu'il n'avait consulté dans cette entreprise que l'intérêt de sa religion. « Or çà, dit le prince de Lorraine, je vous veux montrer combien la religion que je soutiens est plus douce que celle dont vous faites profession. La vôtre vous a conseillé de me tuer, sans m'ouïr, n'ayant reçu de moi aucune offense ; et la mienne me commande de vous pardonner, tout convaincu que vous êtes de m'avoir voulu tuer sans raison. » Quelque temps après cette réponse magnanime, François de Lorraine, en dépit des traîtres et des Anglais, emporta d'assaut la ville de Rouen et la rendit à la France et à son roi (*Biogr. univ.*, t. XIX). Le 19 décembre de la même année 1562, près de Dreux, eut lieu une grande bataille entre l'armée royale, commandée par le connétable de Montmorency, le maréchal Saint-André, le duc de Guise, et l'armée des rebelles, commandée par le prince de Condé et l'amiral de Coligny. Le connétable fut pris, le maréchal tué, l'armée royale était mise en déroute, lorsque François de Lorraine, qui ne commandait qu'un corps de réserve de six cents hommes, rétablit le combat, défit les rebelles, et fit prisonnier le prince de Condé. Ce prince avait répandu contre lui des libelles qui représentaient sa vie publique et privée sous les plus noires couleurs. Guise l'introduisit dans sa tente, le fit souper avec lui comme un ami malheureux, lui offrit de partager le seul lit qui lui restât, et dormit à ses côtés d'un profond sommeil, tandis que Condé ne put fermer l'œil.

Guise, nommé lieutenant général du royaume, allait porter le dernier coup au parti des rebelles par la prise d'Orléans, leur place d'armes. Déjà il s'était emparé de deux faubourgs, et comptait se rendre maître de la ville le 19 février 1563, lorsqu'il fut assassiné d'un coup de pistolet par un gentilhomme huguenot, nommé Poltrot de Mercy, et mourut en héros chrétien le 24 du même mois, laissant un fils nommé Henri.

Jean Poltrot se croyait appelé de Dieu à faire ce qu'il fit. Dans la journée du 18 février, il se prépara par la prière à l'assassinat. Le soir, ayant en main un cheval d'Espagne, qu'il avait acheté avec l'argent que Coligny lui avait donné pour cela, il ajusta le duc de Guise à six pas de distance. Aussitôt il s'élança sur son cheval et se déroba au travers du bois voisin. Mais il s'égara la nuit, et fut pris le lendemain. Interrogé devant la reine, en présence du cardinal de Bourbon et de plusieurs autres seigneurs, il répondit que l'amiral de Coligny l'avait sollicité de tuer le duc de Guise ; que, persuadé par Théodore de Bèze, il y avait consenti, après avoir refusé d'abord ; qu'ayant reçu l'argent de Coligny, il était venu vers le duc de Guise au camp, comme s'il eût abandonné le parti du prince de Condé pour servir le roi ; que, touché de repentir, il était venu à Orléans trouver l'amiral, pour s'excuser de commettre le crime ; que Bèze l'avait encore une fois persuadé, et qu'enfin il avait assassiné en la manière qu'il a été dit. Le lendemain, après

LIVRE LXXXVI. — FUNESTES SUITES DE L'APOSTASIE EN FRANCE.

avoir juré de dire la vérité, il confessa toutes les mêmes choses; on mit ses réponses par écrit, et il les signa. Plus tard, 18 mars, jour de son supplice, ayant été mis à la question par les juges du parlement, il varia dans ses réponses, mais chargea finalement Coligny, au moment même d'expirer (De Thou, l. 34).

Quant à la complicité de l'amiral de Coligny, alors chef des huguenots, le protestant Sismondi l'avoue en la manière suivante. Les catholiques nommaient le meurtre du duc de Guise un assassinat; les huguenots, un tyrannicide. Théodore de Bèze, dans son apologie, déclarait qu'il y reconnaissait un juste jugement de Dieu, menaçant de semblable ou plus grande punition tous les ennemis jurés de son saint Évangile. Poltrot, dans sa déposition, avait formellement accusé Coligny de l'avoir sollicité de commettre ce meurtre, et de lui avoir fourni de l'argent dans ce but. Dans nos idées actuelles nous ne pouvons concevoir qu'un grand homme, un des hommes les plus vertueux et les plus religieux qu'ait eus la France, fût descendu à une action si basse et si criminelle. Lacretelle déclare que l'histoire ne doit pas hésiter de l'en absoudre (*Hist. des guerres de relig.*, t. II, l. 5); une connaissance plus intime de l'esprit des temps ne confirme pas cette décision. La guerre privée était, autant que la guerre publique, dans les habitudes du gentilhomme. Le meurtre était une des actions auxquelles il se croyait appelé par état, et qui ne lui inspirait point de répugnance. Coligny, dans sa réponse, article par article, à la déposition de Poltrot, veut bien établir qu'il ne l'a pas séduit, qu'il ne lui a pas donné la commission de l'assassinat, qu'il ne l'a pas payé pour le commettre; mais il laisse comprendre qu'il connaissait les menaces de Poltrot, qu'il l'a mis à portée de les accomplir, et qu'il n'en ressentait point d'horreur (Sismondi, t. XVIII; *Mém. de Condé*, t. IV). Voilà, suivant le protestant genevois Sismondi, quel était le plus vertueux et le plus religieux des protestants français.

Ils auraient pu ajouter l'un et l'autre, que, pour tout protestant sincère, l'action de Poltrot était une action plus que vertueuse. D'après la doctrine de Wittemberg et de Genève, de Luther et de Calvin, Dieu lui-même opère en l'homme le mal comme le bien, la trahison de Judas comme le repentir de saint Pierre. Donc l'action de Poltrot est une action divine. D'ailleurs, la règle fondamentale du protestantisme n'est-elle pas que chacun n'a d'autre règle ni d'autre juge que soi-même? Ceux donc qui approuvent le protestantisme et qui blâment Poltrot, ne savent ce qu'ils disent; car tout homme sensé, admettant le principe, doit admettre la conséquence.

Le 19 mars 1563, la reine publia l'édit de pacification d'Amboise, négocié entre le prince de Condé et le connétable de Montmorency. Par cet édit, l'exercice libre du huguenotisme était permis aux seigneurs hauts justiciers dans toute l'étendue de leurs seigneuries. Le même culte était permis aux nobles dans leurs maisons, mais pourvu qu'ils y admissent seulement ceux qui appartenaient à leur famille. Quant aux bourgeois, on stipula en leur faveur la liberté, non de culte, mais de conscience, avec la faculté de conserver dans chaque bailliage une ville où le culte huguenot serait célébré, et où ils pourraient se rendre pour y participer. Le culte huguenot devait de plus être maintenu dans toutes les villes dont les protestants se trouvaient les maîtres le 7 mars 1563. Le traité excita le mécontentement de Coligny, mais surtout des prédicants calvinistes : ils prétendaient à bien davantage. On vendit des biens d'église pour payer les troupes luthériennes que les rebelles avaient fait venir d'Allemagne. Le 28 juillet, le connétable de Montmorency reprend le Hâvre aux Anglais, malgré certains huguenots français qui s'étaient jetés dans la place. Charles IX est déclaré majeur à l'âge de treize ans révolus. Dandelot, frère de Coligny, fait assassiner Jacques Prévôt de Charri, capitaine des gardes du roi.

En 1567, les huguenots, encouragés par les événements d'Ecosse, reprennent les armes : ce sont les paroles du protestant Sismondi (t. XVIII, p. 554). Ces événements d'Ecosse étaient le meurtre du roi Henri Darnley comme nous l'avons vu, et la révolte des huguenots écossais contre la reine Marie Stuart. Le protestant Sismondi ajoute, en parlant de ceux de France : « Ils se déterminent à enlever le roi et la reine-mère par surprise. » Ce qu'il explique ainsi en détail. « La guerre fut résolue; mais la manière de la conduire présentait des difficultés à résoudre. Les uns proposaient de faire soulever à la fois toutes les provinces, comme en 1562; mais Coligny rappela qu'à cette époque, s'ils se rendirent maîtres de cent villes dans les premières semaines, à peine il leur en restait encore dix à la fin de la guerre, et il annonça qu'à recommencer ils éprouveraient le même sort. D'autres proposèrent de concentrer toutes leurs forces à Orléans et dans quelques villes rapprochées; mais Coligny objecta de nouveau qu'elles seraient bientôt assiégées par les catholiques et reprises, s'ils n'avaient point ailleurs une armée qui pût s'approcher pour faire lever le siège. Il annonça enfin son propre projet; c'était de s'emparer par surprise du roi et de la reine-mère; dès lors ils pourraient les faire parler comme ils voudraient, et ils se couvriraient, aux yeux de la nation, de l'apparence de la légalité et de l'autorité royale (*Ibid.*, p. 496). » Telle était la loyauté du plus vertueux et du plus religieux des huguenots français. Dans le même temps, une troupe armée de huguenots du Lyonnais et du Dauphiné se présenta devant Metz, comme troupes royales, pour relever la garnison : déjà quelques compagnies étaient reçues dans la ville, lorsque l'indiscrétion d'un soldat apprit au gouverneur qu'elles venaient de Genève, et conserva la place au roi (*Ibid.*, p. 497).

L'autre extrémité de la France était en feu. « Le prince de Condé et les Châtillon ou Coligny, au moment où ils se déterminèrent à prendre les armes, à la fin de septembre 1567, eurent soin d'en donner avis à tous les religionnaires du Midi; et en effet, presque en un même jour les huguenots se rendirent maîtres des villes de Montauban, Castres, Montpellier, Nîmes, Viviers, Saint-Pons, Usèz, le Pont-Saint-Esprit et Bagnols. Partout ils chassèrent des couvents et des églises les prêtres, les moines et les religieuses; ils dépouillèrent les sanctuaires de leurs ornements, et quelquefois ils démolirent les édifices sacrés. A Nîmes, où ils s'emparèrent des portes le mardi 30 septembre, ils assiégèrent et pillèrent l'évêché, ils rassemblèrent un grand nombre de prisonniers catholiques et les amenèrent pendant la nuit dans la cour de ce même palais; ils en égorgèrent soixante-douze qu'ils jetèrent successivement dans le puits de l'évêque. Les massacres continuèrent le lendemain dans les campagnes voisines, où quarante-huit catholiques furent encore immolés sans résistance. De même à Alais, les huguenots massacrèrent sept chanoines, deux cordeliers et plusieurs autres ecclésiastiques (Sismondi, p. 516 et 517). »

Pendant que les huguenots des provinces méridionales se signalaient de la sorte, les chefs s'entouraient secrètement des plus déterminés, pour surprendre le roi et la reine-mère. L'entreprise paraissait facile, la cour étant alors établie sans défiance au petit château de Monceau, appartenant à la reine. Divers avis qu'on y reçut de la conjuration, déterminèrent à conduire le jeune roi à Meaux, où l'on ne tarda pas d'apprendre que les huguenots s'approchaient pour en faire le siège. D'après le conseil du duc de Nemours, qui avait épousé la veuve du duc de Guise, on résolut de conduire le roi dans la capitale. Mais il n'avait pour escorte que huit à neuf cents courtisans à cheval : c'était dans la nuit du 27 au 28 septembre. Heureusement, à minuit, six mille fantassins suisses arrivèrent après une marche longue et fatigante; à trois heures du matin, ils se déclarèrent prêts à repartir. Ils se formèrent en bataillon carré, le roi se mit au centre avec la reine, et à quatre heures ils s'acheminèrent vers Paris. Ils avaient déjà fait quatre lieues, lorsqu'ils rencontrèrent le prince de Condé, qui, à la tête d'un gros de cavalerie, leur barra le chemin, déclarant qu'il voulait parler au roi pour lui présenter une pétition des huguenots. Les Suisses jurèrent qu'il n'en ferait rien, et ils baisèrent la terre comme ils avaient coutume de faire lorsqu'ils se préparaient à un combat général. Ils avancèrent la pique basse, sans cesse inquiétés en tête, en flanc, par derrière. Les huguenots, qui voltigeaient autour d'eux, leur tuaient quelques hommes, sans pouvoir jamais rompre leurs rangs, retarder leur marche, ou jeter le moindre désordre dans leur colonne. Charles IX entra vers quatre heures à Paris, pour y déjeûner et dîner tout ensemble, car il était encore à jeûn. Il garda un vif ressentiment contre les huguenots, et disait depuis : « Sans monsieur de Nemours et mes bons compères les Suisses, ma vie et ma liberté étaient en très-grand danger. »

Les rebelles, non contents d'avoir réduit à fuir le souverain légitime, tentèrent d'affamer la capitale. Le roi leur envoya ordre de poser les armes; ils s'y refusèrent. Une bataille eut lieu à Saint-Denys : les rebelles eurent le dessous; mais le chef de l'armée royale, le vieux connétable de Montmorency, fut blessé à mort, et le roi donna le commandement général des troupes à son frère Henri, duc d'Anjou, alors âgé de seize ans, et qui fut depuis Henri III. Cette seconde guerre se termina l'an 1568, par la paix boiteuse ou mal assise, ainsi nommée de deux négociateurs, dont l'un s'appelait Malassise et l'autre était boiteux (Ib., t. XVIII, c. 19).

La paix avait été signée à Lonjumeau le 23 mars : la guerre avait recommencé avant la fin de l'année. Les protestants, dit Sismondi, ne se regardaient pas plus que les catholiques comme liés par les traités; c'était, au milieu de la paix qu'ils avaient tenté la surprise de Meaux par laquelle avait commencé la seconde guerre civile; ils étaient prêts à se conduire de même, si l'occasion s'en présentait, et ils savaient bien qu'ils ne devaient point attendre plus de loyauté de leurs ennemis (Sismondi, t. XIX, p. 6). Ils cherchèrent donc des prétextes pour ne pas rendre, suivant le traité, toutes les villes dont ils étaient les maîtres. Montauban, Sancerre, Castres, Cahors, Milhaud, Vézelay refusèrent d'ouvrir leurs portes aux lieutenants du roi. La Rochelle surtout insistait pour ne point admettre de soldats, se fondant sur ses priviléges, qui attribuaient aux seuls bourgeois la garde de cette ville (Ibid., p. 24). Les chefs des huguenots, Condé et Coligny, se retirent, le 18 septembre 1568, à la Rochelle, où ils sont rejoints par Jeanne d'Albret, reine de Navarre, accompagnée de son jeune fils, Henri de Béarn. Le 28, le roi publia un édit enregistré au parlement, pour interdire dans tout son royaume, sous peine de mort et de confiscation des biens, l'exercice de toute autre religion que de la catholique-romaine; il ordonnait aux ministres de sortir du royaume dans quinze jours, et il accordait seulement aux huguenots le pardon de leurs erreurs passées, sous condition qu'ils les abandonnassent aussitôt. Le roi déclarait dans cet édit que c'était contre son gré et en cédant à la force, qu'il avait consenti précédemment à la tolérance; mais qu'il avait toujours eu la ferme volonté d'en revenir dès que les circonstances le permettraient (Davila, l. 4).

Mais déjà les huguenots avaient surpris les principales villes de l'Ouest : Niort, Fontenay, Saint-Maixent, Xaintes; Saint-Jean-d'Angély, Pons, Cognac, Blaye et Angoulême. Dans ces premiers combats, dit Sismondi, les protestants usèrent à toute rigueur et abusèrent souvent du droit de la guerre. Sans trésors, sans paie pour les soldats, ils ne pouvaient maintenir leur armée que par le pillage; en même temps le sentiment de leur danger et leur rancune les portèrent à la cruauté : à Melle, à Fontenay, où les assiégés s'étaient rendus à discrétion, ils les passèrent au fil de l'épée; Coligny, Dandelot s'efforçaient de retenir leurs soldats, de leur inspirer plus d'humanité, mais inutilement (Sismondi, t. XIX, p. 33). Ainsi commença la troisième guerre civile.

La papesse Elisabeth d'Angleterre fournissait de l'argent aux rebelles de France. Les habitants de la Rochelle offrirent des ressources pécuniaires plus abondantes et plus considérables par la guerre maritime. Celle-ci, on ne peut se le dissimuler, dit le protestant Sismondi, était un vrai brigandage; ils allaient en course également sur tous les catholiques, Espagnols, Portugais, Flamands, Italiens et Français. Enfin Condé essaya de mettre en vente les biens ecclésiastiques dans les provinces où les protestants dominaient, et il trouva quelques acheteurs (Ibid., p. 39). Le 13 mars 1569, Henri, duc d'Anjou, frère du roi, remporte sur les huguenots la bataille de Jarnac, où Condé, fils rénégat de saint Louis, est tué. Le rénégat Dandelot meurt de la peste le 27 mai. Son frère, le rénégat Coligny, devient le chef réel des huguenots, sous l'autorité nominale de Henri de Béarn et de Henri, nouveau prince de Condé, l'un dans sa 16e année, l'autre dans sa 17e.

LIVRE LXXXVI. — FUNESTES SUITES DE L'APOSTASIE EN FRANCE.

La première entreprise de Coligny fut sur Poitiers, défendu par le jeune duc de Guise; il fut obligé d'en lever le siége, après des pertes considérables. Le 19 mars 1569, le parlement de Paris rendit un arrêt qui le condamnait à mort, comme traître au roi et à la patrie, confisquait ses biens, et ordonnait que ses châteaux seraient rasés. Un nouvel arrêt du 13 septembre promit cinquante mille écus à qui le livrerait mort ou vif. Le 3 octobre, il est battu à Moncontour par le duc d'Anjou, commandant l'armée royale : Coligny fut blessé, dix mille hommes restèrent sur le champ de bataille. Cette guerre se termina le 8 août 1570, par une paix qui, outre les concessions précédentes, accordait aux huguenots, pour deux ans, quatre places de sûreté : la Rochelle, Montauban, Cognac et la Charité.

La paix était rétablie entre les huguenots et les catholiques ; mais, observe le protestant Sismondi, ces deux partis s'étaient combattus durant la troisième guerre civile avec trop d'acharnement, pour que la cessation des hostilités produisît entre eux une réconciliation. Les huguenots avaient été forcés de reconnaître combien leurs adversaires leur étaient supérieurs en nombre ; ils avaient dû renoncer à l'espérance de gagner ou le roi, ou les parlements, ou le peuple, et de faire prévaloir la réforme dans tout le royaume, qu'ils avaient senti qu'ils avaient également contre eux, et l'autorité des chefs de la nation, et la force brutale de la populace (Sismondi, t. XIX, p. 85). Autant les protestants sentaient leur faiblesse, autant les catholiques avaient pris confiance en leurs forces ; ils s'étaient comptés, ils ne ressentaient plus d'inquiétudes ; mais leur haine était redoublée par les échecs mêmes qu'ils avaient éprouvés, par la profanation de leurs églises, par la ruine et la mort d'un grand nombre d'entre eux, par la résistance opiniâtre qu'une faible minorité leur avait opposée, par les humiliations qu'ils avaient subies (*Ibid.*, p. 86 et 87).

Ces aveux et autres du protestant Sismondi, sont remarquables. On y voit que les huguenots, c'est-à-dire les Français renégats de la foi de leurs pères, de la foi de leur patrie, de la foi de Clovis, de Charlemagne et de saint Louis, étaient une faible minorité qui prétendait, par tous les moyens quelconques, guerres, trahisons, assassinats, imposer son apostasie au roi, aux magistrats et à la nation entière. Reste à conclure que tout le sang versé, tous les crimes commis ou qui le seront encore de part et d'autre, dans toutes ces guerres civiles, doivent retomber sur la tête des huguenots. Dire avec le protestant Sismondi que telle était leur religion, ce n'est pas les justifier. Il y a dans l'Inde la secte des *étrangleurs*, dont la religion est le meurtre de l'homme. Il se peut donc que telle religion soit elle-même un crime.

Dans l'année 1570, à Orange et à Paris, plusieurs catholiques sont pendus ou tués par ordre du gouvernement, pour s'être vengés des huguenots, contrairement à l'édit de pacification. (*Ibid.*, p. 103 et 104). La cour n'est occupée que de mariages et de fêtes. En 1570, le roi Charles IX épouse Élisabeth d'Autriche, seconde fille de l'empereur Maximilien II : le nouveau duc de Guise, Henri le Balafré, épouse Catherine de Clèves ; la sœur du duc épouse Louis de Bourbon, duc de Montpensier. En 1571, Coligny épouse Jacqueline d'Entremont ; le nouveau prince de Condé, la marquise de Lille, sœur de la duchesse de Guise. En 1572, le prince Henri de Béarn épouse Marguerite de Valois, sœur de Charles IX, et devient roi de Navarre par la mort de sa mère, pour devenir plus tard Henri IV, roi de France. Durant ces fêtes nuptiales, Charles de Lorraine, duc de Mayenne, frère puîné du duc Henri de Guise, faisait la guerre contre les Turcs, et recevait de Venise reconnaissante le titre de noble vénitien. Le duc Henri lui-même, à l'âge de seize ans, avait fait ses premières armes contre les Turcs en Hongrie. Chose remarquable, jamais on ne voit huguenot avoir un instinct pareil.

L'oncle des deux princes, le cardinal de Lorraine, était encore à Rome, à la suite du conclave où fut élu Grégoire XIII, lorsque le 6 septembre 1572 on y apprit la nouvelle officielle que le roi de France, Charles IX, venait d'échapper, lui et sa famille, à une nouvelle conjuration de huguenots ; que les auteurs et les complices avaient été arrêtés et punis. Le Pape, suivi des cardinaux et des ambassadeurs, alla publiquement remercier Dieu de cet événement, et envoya un légat pour en féliciter le roi, sa famille et la France entière. La joie fut d'autant plus grande à Rome, qu'on y célébrait encore les réjouissances publiques pour la victoire de Lépante. Le Pape accorda un jubilé, tant pour ces deux faits, que pour obtenir de Dieu un roi catholique à la Pologne. Un mois après, il reçut des lettres du jeune roi Henri de Navarre, du jeune prince de Condé, où ils témoignaient l'un et l'autre une douleur extrême d'avoir été imbus dès leur enfance d'une doctrine erronée, et d'avoir été séparés de la communion de l'Église, bien moins par la faute de leurs pères que par celle des faux docteurs qui les avaient séduits. Mais ayant reconnu leur égarement par les avis du roi et de la reine, sa mère, par ceux des ducs d'Anjou et d'Alençon, du cardinal de Bourbon et du duc de Montpensier, ils l'avaient détesté de tout leur cœur et avaient fait leur profession en présence du ministre de Sa Sainteté. Le souverain Pontife étant le vicaire de Jésus-Christ sur la terre et le dispensateur général des grâces que le ciel répand sur tout cet univers, et portant tous les hommes en son sein paternel, ils se confiaient pleinement en sa bonté et avaient recours en sa miséricorde, suppliant de vouloir bien les recevoir à sa communion ; de leur accorder la dispense pour les degrés de parenté qui sont entre eux et leurs femmes, afin qu'il ne restât aucun empêchement, et que les mariages et les enfants qui en naîtraient fussent tenus pour légitimes.

Le 1er novembre, le Pape répondit à leurs lettres avec de grandes marques d'amitié : après avoir loué leur piété et approuvé leur foi, il leur accorda la dispense qu'ils demandaient, et confirma par cette grâce le mariage qu'ils avaient contracté avant de la recevoir. Le roi Henri de Navarre, qui achevait sa 19e année, donna un édit le 16 octobre, par lequel, de l'avis de la reine, sa belle-mère, de la reine, son épouse, et du cardinal de Bourbon, son oncle, il ordonne que la religion catholique, abolie depuis quelques années dans tout le Béarn par une ordonnance de son père et de l'avis des États, soit rétablie dans cette principauté et dans tous les autres lieux qui lui appartiennent; que tous les biens enlevés au clergé lui soient rendus; que l'exercice de la religion protestante y soit aboli, et que les ministres sortent du pays, à moins qu'ils ne se convertissent (De Thou, l. 53). Telles étaient les nouvelles qui arrivaient officiellement à Rome. Il est tout naturel qu'on y en eût de la joie. Quant à l'événement principal, on ne le connaissait que par les relations officielles : aujourd'hui même, après trois siècles, on n'en connaît peut-être pas bien encore la vraie histoire.

Cet événement eut lieu à Paris dans la nuit du samedi 23 au dimanche 24 août 1572. Par ordre du roi, de concert avec les magistrats et le peuple de la capitale, on mit à mort, chez eux, l'amiral Coligny et les autres chefs des Huguenots. Le mardi suivant, 26, le roi se rendit au parlement, où il tint un lit de justice, menant avec lui tous les princes du sang, et notamment le roi de Navarre. Il y déclara que Coligny, mille fois coupable de révoltes et d'attentats contre son souverain, et mille fois pardonné, avait voulu mettre le comble à ses crimes, en formant la résolution d'exterminer le roi et toute la famille royale, à l'exception du prince de Condé, dont il aurait fait un fantôme de souverain pour gouverner à sa place, pour faire régner l'hérésie dans le royaume et y détruire jusqu'aux moindres vestiges de la religion catholique. Il finit en disant que, nonobstant des crimes aussi énormes qui avaient attiré sur la tête des coupables de si justes châtiments, son intention était de ne gêner la conscience de personne et de faire observer les édits de pacification, à la réserve de la profession publique du calvinisme, qu'il était absolument déterminé à ne point souffrir. Le président de Thou, père de l'historien, loua la prudence du roi dans cette grave circonstance, reconnaissant, d'après l'exposé que Sa Majesté venait d'en faire, qu'Elle avait pris le seul moyen possible d'arrêter les effets d'une conjuration qui avait menacé à la fois et sa personne sacrée, et la famille royale, et le salut de l'Etat. Gui de Pibrac, avocat général, ayant alors requis que l'on informât contre l'amiral et ses complices, le parlement fit instruire leur procès, et rendit un arrêt par lequel Coligny fut déclaré criminel de lèse-majesté, perturbateur du repos public, chef de conspiration contre le roi et l'Etat. Il fut ordonné que son corps ou son effigie serait traîné sur la claie par le bourreau, attaché à une potence en place de Grève, et de là porté à Montfaucon; que sa mémoire serait condamnée, sa maison de Châtillon-sur-Loing rasée; et que, tous les ans, on ferait une procession générale dans Paris, pour remercier Dieu de la découverte de cette conspiration. Tel fut le jugement du parlement de Paris en cette affaire (Saint-Victor, *Tableau hist. de Paris*, t. XIII, p. 210, 2e édit., Paris).

On frappa des médailles d'or et d'argent que l'on présenta au roi le 3 septembre, avec cette inscription : *Virtus in Rebelles* : Courage contre les Rebelles; et sur le revers, deux colonnes qui étaient la devise du roi avec ces mots : *Pietas excitavit justitiam* : La piété a excité la justice. On en fit d'autres, où d'un côté était la tête du roi avec cette inscription française : *Charles IX, vainqueur des Rebelles*; et sur le revers, un hercule tenant un flambeau d'une main et une massue de l'autre, et combattant contre l'hydre (De Thou, l. 35).

Mais ce coup d'Etat, connu sous le nom de *Massacre de la Saint-Barthélemy*, était-il prémédité ? Les uns disent oui, les autres non. Le plus probable nous paraît oui et non : oui, quant à une pensée vague et intermittente; non, quant à un plan suivi et combiné. Il est naturel que le roi et la reine-mère, se voyant menacés dans leur liberté et dans leur vie par la conjuration d'Amboise, se voyant obligés de fuir devant la conjuration de Meaux, aient eu la pensée et le désir de rendre la pareille à des traîtres et des rebelles. Mais que, au milieu des vicissitudes des pacifications et des guerres, il y ait eu un projet suivi et préparé constamment pendant plusieurs années, surtout de la part du jeune roi, dont la passion dominante était la chasse, où il sonnait du cor jusqu'à se rompre les veines, cela n'est guère croyable. Aussi les auteurs qui supposent cette longue préméditation, sont-ils ou des étrangers ou des huguenots, qui soupçonnent plus qu'ils ne savent, tandis que ceux qui étaient dans le secret de l'affaire, comme le duc d'Anjou et le maréchal de Tavannes, disent tous que la résolution n'en fut prise que peu de jours avant l'événement, et que même elle ne fut définitivement arrêtée que la veille. « L'amiral, dit le président Bellièvre, menaçait à tout propos le roi et la reine d'une nouvelle guerre civile, pour peu que Sa Majesté se rendît difficile à lui accorder ses demandes, tout injuste et déraisonnables qu'elles fussent; lorsque le roi ne voulut point selon son avis rompre la paix avec le roi d'Espagne pour lui faire la guerre en Flandre, il n'eut point honte de lui dire en plein conseil, et avec une incroyable arrogance, que si Sa Majesté ne voulait pas consentir à faire la guerre en Flandre, elle se pouvait assurer de l'*avoir bientôt en France entre ses propres sujets*. Il n'y a pas deux mois que Sa Majesté, se ressouvenant d'une telle arrogance, disait à aucuns siens serviteurs entre lesquels j'étais, que, quand il se voyait ainsi menacé, les cheveux lui dressaient sur la tête (*Harangue de Bellièvre*). » — « Les huguenots, dit Tavannes, ne peuvent oublier le mot qui leur coûta si cher le 24 août 1572 : Faites la guerre aux Espagnols, Sire, *ou nous serons contraints de vous la faire* (*Mémoires de Tavannes*, p. 407). »

Autre question : Est-il bien vrai, comme plusieurs disent, que Charles IX envoya ordre aux gouverneurs des provinces de tomber sur les huguenots de leurs gouvernements, en la même manière et au même jour qu'on le devait faire à Paris? Il n'y paraît pas. Il y a deux messages du roi aux gouverneurs : l'un, du 22 août, où Coligny fut blessé d'un coup de feu; l'autre, du 24, après l'exécution générale. Dans le premier, il leur rendait compte de l'événement, et déclarait son intention de faire *bonne, briève et rigoureuse justice*. Il ne savait pas encore que les véritables auteurs de ce coup étaient la reine sa mère, et son frère le duc d'Anjou, qui furent alors obligés de le mettre au courant de tout et l'entraînèrent à la mesure générale du 24. Ce jour, il rendit compte aux gouverneurs de ce second événement, le rejetant sur l'inimitié entre les Guise et les Châtillon. Voici sa lettre au gouverneur du Languedoc :

« M. de Joyeuse, vous avez entendu ce que je vous écrivis avant-hier de la blessure de l'amiral, et que j'étais après à faire tout ce qui m'était possible pour la vérification du fait et châtiment des coupables, à quoi il ne s'est rien oublié. Depuis il est advenu que ceux de la maison de Guise, et les autres seigneurs et gentilshommes leurs adhérents, et n'ont pas petite part en cette ville, comme chacun sait, ayant su que certainement les amis dudit amiral voulaient poursuivre la vengeance de cette blessure, pour les soupçonner, à cette cause et occasion se sont si fort émus cette nuit passée, que entre les uns et les autres a été passée une grande et lamentable sédition, ayant été forcé le corps-de-garde qui avait été ordonné à l'entour de la maison dudit amiral, lui tué avec quelques gentilshommes, comme il été aussi massacré d'autres en plusieurs endroits de la ville. Ce qui a été mené avec une telle furie, qu'il n'a été possible d'y mettre le remède tel qu'on eût pu désirer, ayant eu assez à faire à employer mes gardes et autres forces pour me tenir la plus fort en ce château du Louvre pour après faire donner ordre par toute la ville à l'apaisement de la sédition, qui est à cette heure amortie, grâce à Dieu : étant advenue par la querelle particulière qui est, de longtemps y a, entre ces deux maisons; de laquelle ayant toujours prévu qu'il succéderait quelque mauvais effet, j'avais fait cidevant tout ce qui m'était possible pour l'apaiser, ainsi que chacun sait : n'y ayant en ceci rien de *la rompure de l'édit de pacification*, lequel je veux être entretenu autant que jamais. Et d'autant qu'il est grandement à craindre qu'une telle exécution *ne soulève mes sujets les uns contre les autres* et *ne se fassent de grands massacres* par les villes de mon royaume, de quoi j'aurais *un merveilleux regret*, je vous prie faire publier et entendre *par tous les lieux et endroits de votre gouvernement*, que chacun ait *à demeurer en repos* et se contenir en sa maison, ne prendre les armes *ni s'offenser les uns les autres, sur peine de la vie;* et faisant garder et soigneusement observer mon édit de pacification. A ces fins, et pour faire punir les contrevenants, et *courir sur ceux qui se voudraient émouvoir* et *contrevenir à ma volonté*, vous pouvez, tant de vos amis de mes ordonnances qu'autres, avertissant les capitaines et gouverneurs des villes et châteaux de votre gouvernement, prendre garde à la conservation et sûreté de leurs places, de telle sorte qu'il n'en advienne faute; m'avertissant au plus tôt de l'ordre que vous y aurez donné, et comme toutes choses se passeront en l'étendue de votre gouvernement (St-Victor, t. III, p. 198-200). »

Telle est la lettre que Charles IX écrivit le 24 août au gouverneur du Languedoc. On en trouve deux autres à peu près pareilles au gouverneur de Bourgogne et au sénéchal de Poitou. On y voit, non pas ordre, mais défense de massacre, et défense sur peine de la vie; toutes les injonctions ont pour but de prévenir le soulèvement des sujets les uns contre les autres. Il y a donc lieu de croire que les massacres qui se firent dans quelques villes de province furent une réaction populaire contre les excès que les huguenots y avaient commis. Effectivement elle eut lieu à des jours très-divers, et uniquement dans des villes où les huguenots avaient dominé : à Meaux, le lundi 25 août; à la Charité, le 26; à Orléans, le 27; à Saumur et à Angers, le 29; à Lyon, le 30; à Troyes, le 2 septembre; à Bourges, le 11 de ce même mois; à Rouen, le 17; à Romans, le 30; à Toulouse, le 23; à Bordeaux, le 3 octobre.

Maintenant, quel est le nombre des personnes qui périrent, tant à Paris que dans les provinces, par suite de ce coup d'Etat ? Parmi les auteurs contemporains, le nombre varie de dix mille à cent mille. Celui d'entre eux qui mérite une attention particulière, c'est l'auteur du *Martyrologe des huguenots*, imprimé en 1582. Le but de ce martyrographe était de recueillir les noms et de conserver la mémoire de tous ceux qui avaient péri pour la cause du *pur* évangile de Calvin; sans aucun doute, il y aura mis tous ses soins; il a dû recevoir de toutes parts des documents, et le zèle des uns et la vanité des autres, tous les intérêts communs et particuliers ont dû se réunir pour lui fournir les matériaux les plus nombreux et les plus exacts. Il avait lui-même le plus grand intérêt à ne rien omettre, et on peut lui supposer quelque propension à exagérer, plutôt qu'à rester au-dessous du vrai. On remarque donc que, parlant en général du nombre des victimes par toute la France, il le porte à *trente mille*; entrant ensuite dans un plus grand détail, il n'en trouve que *quinze mille cent soixante-huit;* enfin, quand il faut en venir à les désigner par leurs noms, le dirons-nous? il n'en peut nommer que *sept cent quatre-vingt-six*. Voici le tableau tout entier.

Nombre des Calvinistes qui ont péri à la Saint-Barthélemy, extrait du Martyrologe des Huguenots, imprimé en 1582 (St-Victor, t. III, p. 201).

			En détail, 468.		Nommément, 152.
A Paris, en bloc,	10,000.				
A Meaux,	—	225.	—	»	— 30.
A Troyes,	—	37.	—	»	— 37.
A Orléans,	—	1,830.	—	»	— 156.
A Bourges,	—	23.	—	»	— 23.
A la Charité,	—	20.	—	»	— 10.
A Lyon,	—	1,800.	—	»	— 144.
A Saumur et Angers,	26.		—	»	— 8.
A Romans,	—	7.	—	»	— ».
A Rouen,	—	600.	—	»	— 212.
A Toulouse,	—	306.	—	»	— ».
A Bordeaux,	—	274.	—	»	— 7.
Total, en bloc,	15,168.			D'après les noms,	786.

Nous avons vu que, dans le premier moment, Charles IX rejeta le tout sur l'inimitié entre les Guise et les Châtillon. Mais enfin, quelle fut la part des Guise en cette affaire? Ils étaient absents de la cour pendant qu'elle combinait ce coup d'Etat. Le roi les y fit revenir, donna ordre au duc de tuer Coligny, le meurtrier de son père, et le duc exécuta par ses gens les ordres du roi touchant Coligny, mais sauva la vie à plusieurs autres. C'est le témoignage que lui rend La Popelinière, l'un des chefs des huguenots, dans sa *Vraie et entière histoire des derniers troubles* et dans son *Histoire de France*. « Entre les seigneurs français, dit-il, qui furent remarqués avoir garanti la vie à plus de *confédérés*, les ducs de Guise, d'Aumale, Biron, Bellièvre et Walsingham, ambassadeur anglais, les obligèrent plus....; après même qu'on eût fait entendre au peuple que les huguenots, *pour tuer le roi*, avaient voulu *forcer les corps-de-garde*, et que déjà ils avaient tué plus de vingt soldats catholiques. Alors ce peuple, guidé d'un désir de religion, joint à l'affection qu'il porte à son prince, en eût montré *beaucoup davantage*, si quelques seigneurs, *contents de la mort des chefs*, ne l'eussent *souvent détourné*; plusieurs Italiens mêmes, courant montés et armés par les rues, tant de la ville que des faubourgs, *avaient ouvert leurs maisons à la seule retraite des plus heureux*. (*Hist. de France*, p. 67, 1581). »

On suppose encore dans bien des livres que Charles IX, placé à une des fenêtres du Louvre, tirait avec une carabine sur les Calvinistes essayant, en traversant la rivière, de se sauver au faubourg Saint-Germain; mais ce fait ne repose que sur l'autorité en soi très-légère de Brantôme, qui n'était point à Paris, et qui encore ne le rapporte que comme un *oui-dire*. L'historien de Thou n'en dit rien, et sans doute, il n'y a pas dans son silence quelque intention de ménager Charles IX, qu'il appelle un enragé. On suppose encore souvent que le massacre de Paris dura trois jours : le huguenot La Popelinière nous apprend qu'il cessa dans la journée même. « Le roi, vers le soir du dimanche, dit-il, fit faire défense à son de trompe, que ceux de la garde et des officiers de la ville ne prissent les armes ni prisonnier, *sur sa vie*; ains que tous fussent mis ès-mains de la justice, et qu'ils se retirassent en leurs maisons closes : ce qui devait apaiser la fureur du peuple et *donner loisir à plusieurs de se retirer hors de là* (La Popelinière, l. 29, p. 67). »

Mais la religion et le clergé ont-ils eu quelque part à cette funeste tragédie? Un poète moderne, Chénier, qui vota la mort de Louis XVI, dans une tragédie de sa façon, nous représente le cardinal de Lorraine bénissant les poignards destinés au massacre de la Saint-Barthélemy. Or, dans ce temps-là même, le cardinal de Lorraine se trouvait à Rome, où il était allé au conclave. L'histoire ne parle que d'un seul ecclésiastique mêlé au massacre : il se nommait Jean Rouillard, chanoine de Notre-Dame, et fut tué dans son lit, comme huguenot (St-Victor, t. III, p. 190, note). Voilà toute la part qu'y eurent le clergé et la religion. Un poète, Voltaire, dira néanmoins :

> Mais ce que l'avenir aura peine à comprendre,
> Ce que vous-même encore à peine vous croirez,
> Ces monstres furieux, de carnage altérés,
> Excités par la voix des *prêtres sanguinaires*,
> Invoquaient le Seigneur en *égorgeant leurs frères*;
> Et le bras tout souillé du sang des innocents,
> Osaient *offrir à Dieu cet exécrable encens*.

Et voilà comme ce poète impie travestit l'histoire d'un bout à l'autre dans sa *Henriade*.

Mais, après tout, quel jugement porter sur ce coup d'État en lui-même ? Cela dépend des principes qu'on prend pour règle de ses jugements. D'après la politique moderne, qui n'a d'autre principe que l'intérêt, c'est un coup d'État comme un autre. — D'après la croyance des huguenots et de leurs patriarches Luther et Calvin, que Dieu opère en nous le mal comme le bien, c'est une opération divine qui mérite nos respects et notre admiration. — D'après le principe fondamental du protestantisme, que chacun n'a d'autre règle ni d'autre juge que soi-même, Charles IX avait droit de faire ce qu'il a fait, non-seulement comme roi, mais encore comme particulier; et à chacun il est permis d'en faire autant, dès qu'il en a l'envie et la puissance. Si donc, plus tard, Charles IX en a eu du regret, ce n'a pu être l'effet que de son papisme.

Et de vrai, la seule Eglise de Dieu, condamnant tous les mauvais principes, a droit de condamner toutes les mauvaises actions qui en découlent. Elle seule condamne cette politique athée qui dispense les gouvernements, d'avoir ni foi, ni loi, ni conscience, ni remords, et, partant, d'aller à confesse. Elle seule condamne cette impiété de Luther et de Calvin, qui fait Dieu auteur du péché, et divinise ainsi tous les crimes. Elle seule condamne le faux principe du protestantisme, que chacun n'a de règle que soi, principe de l'anarchie et de la démoralisation universelle. Et elle condamne les mauvais principes encore plus que les mauvaises actions, la racine du mal plus que les branches. Car ce sont les mauvais principes, autrement les hérésies, qui faussent les idées, pervertissent l'esprit humain et produisent les mauvaises actions : et, lorsque les faux sages, qui sèment et cultivent ces principes du mal, blâment les rois ou les peuples d'en cueillir les fruits naturels, les actions mauvaises, l'anarchie intellectuelle arrive à son comble; les rois et les peuples ne savent plus où ils en sont, et marchent au hasard : les plus nobles caractères se dégradent, les meilleurs esprits avortent. On le voyait alors : on n'a cessé de le voir depuis; ou plutôt on ne le voyait pas, et ce par la raison que les oiseaux nocturnes ne peuvent voir ce qu'il y a de plus clair.

Il y avait alors ensemble trois jeunes rois de la même famille, de la famille de saint Louis : Charles IX, roi de France; son frère Henri, duc d'Anjou, élu roi de Pologne en 1573; leur beau-frère Henri, roi de Navarre, chef de la branche des Bourbons. A une bravoure naturelle, ils joignaient tous les trois de l'esprit et une certaine aménité de caractère. Supposé maintenant qu'ils eussent été élevés, comme leur glorieux ancêtre, par une Blanche de Castille, dans la crainte et l'amour de Dieu; que, comme saint Louis, ils consacrassent leur bravoure, leur esprit, leur activité, à procurer la gloire de Dieu et de l'humanité chrétienne; que l'un en France, l'autre en Pologne, l'autre en Navarre, employassent l'exubérance belliqueuse de leur nation respective, de concert avec l'Autriche et l'Espagne, sous la direction du chef de l'Eglise universelle, à repousser les Turcs d'où ils étaient venus, à purger la mer des pirates musulmans et autres, à faire la conquête de l'Afrique pour y implanter la civilisation chrétienne, aussi bien que dans le Nouveau Monde, dans l'Inde et dans la Chine : quels n'eussent pas été la gloire de leur nom et le bonheur de leurs royaumes! car Dieu ne manque jamais de récompenser au centuple ce que les rois et les nations font sincèrement pour lui et pour son Eglise.

— L'atmosphère politique que respirent ces trois monarques ne leur laissera pas même concevoir l'idée de ces grandes choses. Charles IX n'ambitionnera que la gloire de chasser les bêtes fauves et de sonner du cor, jusqu'à se ruiner la santé.

Henri de Pologne, ensuite Henri III de France, étouffera sa gloire naissante dans un horrible mélange d'infâmes débauches et de dévotions fantasques. Henri de Navarre, puis en France Henri IV, se rendra particulièrement fameux par le triple talent *de boire* comme un ivrogne, *de se battre* comme un chef d'aventuriers, *et d'être un vert galant* pour corrompre les filles et les femmes de ses sujets, et profaner le trône de saint Louis par l'adultère. Quant à la politique, le plus haut qu'il s'élèvera, même dans sa maturité, sera de faire la guerre à l'Autriche catholique en faveur de l'Allemagne protestante, en un mot, d'entretenir la guerre civile dans la chrétienté. Un trait suffira pour peindre les trois princes dans leur jeunesse.

Ce fut le 9 septembre 1573 que Henri d'Anjou prêta serment devant les ambassadeurs, comme roi de Pologne ; le décret d'élection de la diète de Varsovie fut lu dans la grande salle du palais : Henri fit, comme roi de Pologne, une entrée solennelle à Paris, et dès lors la cour fut toujours en fêtes, jusqu'au moment où le nouveau roi se mit en route pour son royaume lointain. On voyait alors à Paris, dit le protestant Sismondi, trois jeunes rois, également avides de plaisirs et de débauches : Charles IX, âgé de vingt-trois ans ; Henri, roi de Pologne, âgé de vingt-deux ans ; et Henri, roi de Navarre, âgé de vingt ans. Ils se nommaient frères, ils partageaient volontiers leurs divertissements et leurs excès ; chacun nourrissait cependant une secrète haine contre les deux autres. A cette époque même, une de leurs parties de débauches pensa leur coûter cher. Le seigneur de Nantouillet, Antoine Duprat, petit-fils du chancelier de ce nom, avait été sollicité d'épouser une maîtresse du duc d'Anjou, dont ce prince voulait ce débarrasser. Il avait répondu qu'il n'était pas homme à donner son honneur pour payer les plaisirs d'un autre. Ce propos avait été rapporté à Henri, et communiqué par lui à son frère et à son beau-frère. Il les irrita tous trois également : aux yeux des trois rois, le courtisan qui osait opposer son honneur à leurs plaisirs ou à leurs caprices n'était pas pardonnable. Au milieu de la nuit, ils entrèrent dans la maison de Nantouillet, avec quelques seigneurs ; ils l'accablèrent d'outrages, ils enlevèrent tout ce qu'ils trouvèrent dans sa chambre, et mirent son lit et sa tapisserie en pièces. En même temps les gens de leur suite enfonçaient les coffres et emportaient tout l'argent et toute la vaisselle. Ils ne savaient pas que pendant ce temps même, Guillaume de Vittaux, frère de Nantouillet, était enfermé dans la chambre voisine, avec quatre bandits déterminés qu'il avait armés pour assassiner un de ses ennemis. Au tumulte que ceux-ci entendirent de toutes parts autour d'eux, ils crurent qu'on venait les arrêter, et se plaçant derrière leur porte, le pistolet à la main, ils attendirent qu'on l'enfonçât pour faire feu. Si les trois rois l'avaient tenté, ils auraient probablement été tués : leur bonheur voulut qu'ils se dirigeassent d'un autre côté (Sismondi, t. XIX, p. 643).

A la suite de la Saint-Barthélemy, les huguenots avaient repris les armes dans le Languedoc, dans les Cévennes, mais surtout à la Rochelle. Le duc d'Anjou, accompagné du roi de Navarre, assiégeait cette ville depuis assez longtemps, lorsqu'il reçut la nouvelle de son élection au trône de Pologne. Cet événement donna lieu à une paix qui fut signée à la Rochelle le 6 juillet 1573, et qui termina la quatrième guerre civile. La cinquième commence, et les protestants reprennent les armes, le mardi gras, 23 février 1574. Charles IX meurt le 29 mai. Henri III revient de Pologne en France. Les huguenots, alliés aux politiques, voient à leur tête Montmorency, le duc de Damville ; le duc d'Alençon, frère du roi ; le prince de Condé, et enfin le roi de Navarre. Cinquième paix, signée le 6 mai 1576. Henri III accordait aux huguenots le libre exercice de leur religion par tout le royaume, excepté à Paris, à la cour et à deux lieues à la ronde. Il rendait une entière liberté à leurs écoles, leurs synodes, leurs consistoires ; il reconnaissait la légalité du mariage des prêtres apostats ; il établissait dans tous les parlements des chambres mi-parties, pour leur assurer des juges impartiaux ; tous les arrêts rendus contre eux étaient annulés ; les plus illustres victimes de leur parti étaient nominativement réhabilitées ; les enfants de ceux qui avaient péri à la Saint-Barthélemy étaient pour six ans exemptés d'impôts ; de nombreuses villes de sûreté leur étaient données en Languedoc, en Guyenne, en Auvergne, en Provence et en Dauphiné ; enfin le roi s'engageait à convoquer pour le 15 novembre suivant les États généraux à Blois, afin de mettre la dernière main à la paix publique ; et pour que les députés jouissent à Blois d'une plus grande liberté, cette ville devait être démantelée avant de les recevoir. Le roi tint un lit de justice le 14 mai, pour faire enregistrer cet édit au parlement de Paris ; mais le sentiment d'humiliation qu'éprouvait le peuple pour de telles conditions fut si vif, qu'il ne permit jamais qu'on chantât le *Te Deum* pour la paix (Sismondi, t. XIX, p. 363 et 364).

Nous avons vu la France, déchirée et trahie par ses princes, sous un roi en démence, Charles VI, être sur le point de devenir province anglaise. En 1576, nous la voyons dans une position plus critique encore, trahie par ses princes, déchirée par une poignée de renégats, sous un roi efféminé, au moment de se renier elle-même, de n'être plus la France chrétienne de Clovis, de Charlemagne et de saint Louis, pour devenir une colonne semi-musulmane de Zurich et de Genève. Les Français renégats ou les huguenots ne formaient que le dixième de la population française : c'est le protestant Sismondi lui-même qui nous l'apprend (*Ibid.*, t. XX, p. 93). Or, déjà cette poignée marche à l'égale de la France entière ; bientôt elle la dominera pour l'entraîner dans son apostasie. Le roi Henri de Navarre et le prince de Condé s'étaient déclarés catholiques en 1572, lors du coup d'État de la Saint-Barthélemy. Ils se montrèrent tels pendant quatre ans. Henri interdit même le huguenotisme en Béarn. Le 20 février 1576, il s'échappe de la cour de France, reste trois mois sans professer aucune religion (*Ibid.*, t. XIX, p. 361), puis renie la foi catholique, la foi de son ancêtre saint Louis, en déclarant qu'il n'avait abjuré le protestantisme que par force, et sans jamais y renoncer dans son cœur (*Ibid.*, p. 372) : en sorte que ses quatre ans de catholicisme étaient quatre ans d'hypocrisie. Il était âgé de vingt-quatre ans, lorsqu'il fit cette déclaration. Plus tard, le 8 mars 1588, apprenant la mort du prince de Condé, il écrivit confidemment à une de ses concubines : *Si je n'étais huguenot, je me ferais Turc* (*L'Esprit de Henri IV*, lettre 19, de Nérac) : mot bien mémorable, qui nous apprend une fois de plus que *huguenot* et *Turc* revient au même, et ensuite où en était Henri IV pour la religion à l'âge de trente-cinq ans. Or, cet homme qui se faisait Turc s'il n'était huguenot, devait monter prochainement sur le trône de saint Louis, par l'extinction de la branche des Valois. Le 10 juin 1584, Henri III vit mourir son dernier frère, ci-devant duc d'Alençon, méprisé de tout le monde. Lui-même, digne du trône tant qu'il n'y fut pas, ne s'y montrait guère plus estimable que son frère. Avec de la bravoure et de l'esprit naturel, ce ne fut qu'un prince mou et efféminé. Sa principale affaire, c'étaient ses débauches, non avec des femmes, mais avec des hommes appelés ses *mignons*, qui le suivaient partout comme un harem masculin, et auxquels il prodiguait les trésors et les dignités du royaume (Sismondi, t. XIX, p. 316, 383). Son occupation la plus sérieuse après celle-là, était de s'amuser avec ses petits chiens, ses perroquets, ses guenons ou son bilboquet, qu'il inventa ou qui fut inventé de son temps. Plus ces chiens étaient petits, plus il en raffolait et les payait cher. Un des buts de son voyage à Lyon pendant l'été 1586, fut d'y faire l'emplette de petits chiens dont cette ville fournissait alors une race particulière. Il dépensait chaque année plus de cent mille écus pour ses chiens, et il avait accordé de gros appointements à une multitude d'hommes et de femmes qui n'avaient d'autre emploi que de les garder et de les nourrir. Il dépensait aussi de grandes sommes en singes, en perroquets et en autres animaux des pays nouvellement découverts; quelquefois il s'en dégoûtait et les donnait tous, puis la passion pour ces animaux renaissait, et il fallait en trouver à quelque prix que ce fût. Il avait aussi un goût puéril pour les miniatures qui ornaient d'anciens missels; il achetait à tout prix ces livres de prières; mais aussitôt il en découpait les lettres enluminées, et les collait aux murailles de ses chapelles, détruisant ainsi les précieux monuments d'un art qu'il semblait aimer (De Thou, l. 85). Le vainqueur de Jarnac et de Moncontour n'avait plus que les habitudes et les goûts d'une femmelette; l'arrangement de ses joyaux et de sa parure pouvait l'occuper tout un jour; ses petits chiens ou ses perroquets le ravissaient par leurs gentillesses : lorsqu'ils dormaient sur lui, il restait des heures immobile de crainte de les réveiller (Sismondi, t. XIX et XX). Au milieu de ces occupations honteuses et frivoles, il lui prenait des accès de dévotion fantasque : faisant des pèlerinages, des processions en habit de pénitent, s'y flagellant en public avec ses mignons; sauf à recommencer avec eux, quelquefois le même jour, ses scènes de crapule et de débauche. La France nobiliaire se ressentait funestement de cette corruption de la foi et des mœurs. Parmi les quatre fils du feu connétable de Montmorency, les deux derniers étaient huguenots, le premier tenté de l'être; le second, duc de Damville, était catholique déclaré, mais le chef des politiques, qui mettaient leur intérêt avant tout. Telle était la dégradation universelle de la noblesse, que l'an 1580, la septième guerre civile fut entreprise par les nobles de la cour de Navarre, uniquement pour plaire aux dames dont ils étaient amoureux (Sismondi, t. XIX, c. 25).

Cependant, au milieu de cette désorganisation générale, les huguenots s'étaient constitués en fédération ou ligue régulière. Dès le 16 décembre 1573, les huguenots de Languedoc s'étaient assemblés à Milhaud pour la seconde fois. Là, dit le protestant Sismondi, ils se lièrent par un nouveau serment à « une union, association et fraternité plus intime, avec tous ceux qui professent la religion réformée, dans tout le royaume et ses enclaves; » et ils instituèrent une forme de gouvernement qui tendait toujours plus ouvertement à la république. Ce n'étaient plus des princes qui devaient avoir la souveraine autorité dans le parti, mais les Etats généraux assemblés tous les six mois et composés par égales parts de députés de la noblesse, de la bourgeoisie et de la magistrature, élus dans chaque généralité. Des Etats provinciaux devaient aussi s'assembler tous les trois mois, et nommer le capitaine de la province avec son conseil (La Popelinière, l. 36; Sismondi, t. XIX, p. 258). D'ailleurs, des principes nouveaux de liberté commençaient à se répandre au moyen d'un grand nombre d'écrits; on avait réimprimé le livre *De la Servitude volontaire* de la Boëtie; François Hotman, jurisconsulte protestant, publia sa *Franco-Gallia*, dans laquelle il maintenait le droit des Etats généraux de déposer les mauvais rois et de leur nommer des successeurs; un livre plus hardi encore, mais dont l'auteur avait gardé l'anonyme, *Junius Brutus*, traçait les bornes de l'obéissance que les sujets doivent aux rois (*Ibid.*, p. 556).

Les huguenots, dit encore Sismondi sur l'année 1584, avaient divisé la France, sous le rapport de la religion, en seize provinces. Cette division était également observée dans les assemblées politiques des huguenots, qui se composaient des trois ordres. Ainsi le parti réformé, gouverné par des assemblées populaires, accoutumé aux délibérations, et soumis à l'influence de l'opinion publique, était dès lors organisé en république presque aussi complètement que les provinces unies des Pays-Bas (*Ibid.*, t. XX, p. 98).

Voilà donc bien nettement un état dans un Etat, un état huguenot dans la France catholique : le premier a pour chef Henri de Navarre qui a une tête, le second a pour chef Henri de Valois qui n'a point de tête. Qui donc sauvera la France, la France de Clovis, de Charlemagne, de saint Louis? Comme nous l'avons déjà dit, après Dieu, c'est la France elle-même, c'est la population française. Après Dieu, honneur à elle!

Les huguenots ou Français renégats s'étaient ligués dès 1573 pour la perversion de la France entière. Trois ans après, les Français fidèles ou catholiques commencèrent une sainte ligue, une sainte union de la France avec elle-même, pour la conservation de son antique foi. La Picardie fut la première à donner l'exemple. En 1576, Jacques d'Humières, gouverneur de Péronne et zélé catholique, proposa aux catholiques de cette province de former une sainte ligue entre eux; les Jésuites en dressèrent le manifeste, un jeune gentilhomme se chargea de la faire signer. Par cet acte, les prélats, seigneurs, gentilshommes et bons habitants de la Picardie, tous confrères et associés, déclaraient qu'ils ne s'étaient unis que pour maintenir les lois et la religion antiques de la monarchie. Tous ceux qui signaient s'engageaient en même temps à l'obéissance et au secret; ils se trouvaient répartis dans la seule province de Picardie, en dix ou douze cantons, à chacun desquels des chefs étaient assignés. En peu de temps, la sainte ligue comprit tous les seigneurs catholiques de la province, la magistrature des villes, et presque tous les bourgeois (Sismondi, t. XIX).

A Paris, le premier promoteur de *la sainte ligue* fut Pierre Hennequin, président au parlement. Mais pour faire circuler les listes et recueillir des signatures parmi la bourgeoisie, il employa de préférence deux hommes d'une condition inférieure, Pierre La Bruyère, parfumeur, et son fils Matthieu La Bruyère, conseiller au Châtelet. Ils commençaient par lire au ligueur récipiendaire un manifeste tel à peu près que celui qui avait circulé en Picardie. Cet écrit portait que le but de la ligue était de rétablir le service de Dieu selon la forme de l'Eglise catholique; de maintenir au roi son autorité et l'obéissance de ses sujets, mais sous la réserve des engagements qu'il avait pris lui-même à son sacre, de rendre aux provinces du royaume toutes les libertés dont elles jouissaient au temps de Clovis, premier roi chrétien, ou de meilleures encore si elles se pouvaient inventer. Le roi Henri III signa lui-même la ligue aux Etats généraux de Blois, en 1477, où les trois ordres demandèrent la suppression du huguenotisme en France. Il manqua dès la même année à ses engagements, en accordant aux huguenots des conditions qui y étaient contraires : aussi mit-il dans le traité de pacification un article pour abolir l'une et l'autre ligue, celle des catholiques comme celle des huguenots (*Ibid.*, p. 456).

La confédération protestante, dit Sismondi, et les alliances qu'elle contractait avec les étrangers étaient sans doute contraires à la paix du royaume et à l'exercice de l'autorité royale. Néanmoins elle continua malgré la défense du roi. La défiance des protestants, dit encore le même auteur, résultant du sentiment de l'infériorité de leurs forces et de la haine à laquelle ils se sentaient en butte, les forçait à demeurer unis; ils avaient des intérêts communs à traiter, des obligations communes à remplir, et le gouvernement ne s'opposa point à des réunions périodiques des députés des églises. Leur exemple, cependant, autorisait les catholiques à faire de même, et l'association de la sainte ligue, si elle évita quelque temps de se mettre en évidence, ne fut cependant point suspendue (*Ibid.*).

Elle se maintenait en secret par tout le royaume, sous la direction des Guise et de la maison de Lorraine. Tous ceux qui étaient attachés de cœur à la religion catholique voyaient avec alarme l'indolence et les vices du roi, l'extinction prochaine des Valois, le droit de succession dévolu à un hérétique, et les révolutions inévitables qui menaçaient la France dans un prochain avenir. Le droit de succession que revendiquaient les Bourbons, c'est toujours le protestant Sismondi qui parle, n'aurait point été reconnu par les lois civiles pour l'héritage d'un particulier, parce qu'il fallait remonter jusqu'au delà du septième degré. La loi qu'on nommait Salique, depuis les guerres de succession avec les Anglais, ne trouvait point, comme toute loi de succession au trône, de contradicteur en temps ordinaire, lorsque, selon la loi civile, il n'y aurait point eu matière à procès; mais qu'il s'élevait quelque doute, quelque contestation, on s'apercevait combien peu elle faisait dogme dans l'esprit des Français, et combien chacun était disposé à l'interpréter selon son intérêt, sans se soucier de son esprit. Lors de la succession de Philippe de Valois, la France avait versé des torrents de sang pour repousser la succession d'une femme, par haine pour un prétendant anglais : à présent elle paraissait disposée à prodiguer également son sang pour faire monter sur le trône un fils d'une sœur de Valois, de Claude de Lorraine, plutôt que de remonter à trois cent cinquante ans en arrière, afin de retrouver un agnat de la race royale, dès que cet agnat, plus odieux encore pour elle qu'un Anglais, était huguenot. Ceux au contraire qui portaient jusqu'à la superstition le culte de l'antiquité, préféraient encore aux Bourbons cette même maison de Lorraine qui se prétendait issue de Charlemagne. Cette opinion gagnait même tant de faveur, que le huguenot Duplessis-Mornay fut engagé à écrire un mémoire pour la réfuter, et pour établir que la maison de Lorraine ne tenait que par des femmes à la race des Carlovingiens. Les partisans des Guise n'oubliaient point de faire valoir l'avantage que recueillerait la France, si elle appelait leur maison à la couronne, puisqu'elle y gagnerait la Lorraine (Sismondi, t. XX, p. 59-61).

A la mort du duc d'Alençon, Henri de Navarre devenait le plus proche héritier de Henri III. Ce dernier, qui était en même temps son beau-frère, lui envoya, l'an 1582, le duc d'Epernon, son favori, pour le presser de nouveau de revenir à la religion de ses pères. Le roi de Navarre, observe Sismondi, était vivement tenté; le choix d'une religion n'était pour lui une affaire ni de cœur, ni de conscience, mais de politique (*Ibid.*, p. 106). Après bien des délibérations, il refusa. Cependant, pour se frayer le chemin au trône, il changea dès lors de principes politiques; il en prit et en fit soutenir dans des écrits de tout contraires à ceux des huguenots. Pour assurer sa succession, il lui importait d'établir le droit illimité, indestructible du sang royal, en opposition à toute loi, à toute condition, à tout intérêt populaire; il fallait que la France reconnût qu'un monarque étranger, même en guerre avec la patrie, même proscrit ou condamné pour rébellion, même excommunié comme hérétique ou relaps, conservait son droit entier à la couronne, s'il était le plus proche par le sang. En même temps, il lui convenait d'ébranler la confiance dans les Etats généraux, et de leur disputer toute part à la souveraineté; car les Etats de Blois s'étaient prononcés contre la réforme; ils avaient demandé au roi de réduire tout son royaume à la seule religion catholique, et il était facile de prévoir que, si on les consultait de nouveau, ils déclareraient qu'un hérétique ne pouvait hériter de la couronne. Aussi, comme Sismondi le remarque, dans les écrits publiés pour le roi de Navarre, commençait-on à dire « que toute égalité dans la monarchie en dérègle et démet les accords; que les immodérés accroissements des grands d'ébranler jusqu'en ses fondements; que s'il était loisible à un peuple de n'endurer la domination d'un prince hérétique, il lui serait loisible aussi de procéder à nouvelle élection de celui qui serait trouvé plus digne et agréable (Sismondi, t. XX). » — Nous avons déjà vu l'archevêque apostat de Cantorbéry, Cranmer, supprimer l'élection du peuple anglais dans le sacre d'Edouard VI.

D'un autre côté, Henri III avait promis son secours aux calvinistes des Pays-Bas, et plus encore à la ville de Genève, le foyer de l'hérésie, l'école d'où les ministres huguenots se répandaient dans toute la France. Tout cela était loin de rassurer les catholiques. Comment était-il possible, disait le duc de Guise, de croire le roi de bonne foi dans le zèle qu'il affectait pour la religion, tandis qu'il s'engageait à maintenir à grands frais l'indépendance de la Rome des protestants, de la ville qui ne paraissait occupée qu'à pervertir ses propres sujets? Quel respect montrait-il pour la religion de ses pères ou la majesté royale, tandis qu'il était toujours prêt à donner des secours aux hérétiques des Pays-Bas, rebelles à Dieu et à leur roi? Quelle garantie pourraient trouver les sujets de Henri dans ces processions de flagellants qu'ils lui voyaient conduire, la rougeur sur le front, tandis que, malgré ces simagrées de dévotion, il méditait d'assurer son héritage à un hérétique relaps, tel que l'était son beau-frère (De Thou, l. 68)?

Henri, duc de Guise, que les Parisiens nommaient avec amour le *Balafré*, était à leurs yeux, et à ceux de presque tous les Français, le champion de l'Eglise et de l'honneur national, le vrai chef du parti catholique. Il était âgé de trente-quatre ans; sa brillante valeur, la justesse et la promptitude de son esprit, l'art avec lequel il maniait la parole, persuadant, étonnant, enchaînant avec un égal succès les hommes de tout ordre et de tout état, le rendaient évidemment propre au rôle de chef de parti. Sa taille était haute, ses traits réguliers, son regard doux, quoique perçant, ses manières polies et insinuantes. Tous ces princes lorrains, disait la maréchale de Retz, avaient si bonne mine, qu'auprès d'eux les autres princes paraissaient peuple. Le duc de Mayenne, son frère, passait pour avoir moins de hardiesse et de décision dans l'esprit : aussi Guise accordait-il surtout sa confiance à Louis, cardinal de Lorraine, son troisième frère, et à Catherine, sa sœur, alors âgée de trente-deux ans, et veuve du duc de Montpensier, mort en 1582. Leur mère, Anne d'Este, petite-fille de Louis XII, s'était remariée en 1566, avec Jacques de Savoie, duc de Nemours, de qui elle eut deux fils, le duc de Nemours et le marquis de Saint-Sorlin, qui se montrèrent entièrement dévoués au duc de Guise, leur frère maternel. Tout le reste de la maison de Lorraine était soumis à la même influence : les ducs d'Aumale et d'Elbœuf, petits-fils du premier duc de Guise, le duc de Mercœur, le cardinal de Vaudémont et le marquis de Muy, frères de la reine, et petits-fils d'Antoine, duc de Lorraine, étaient autant de suppôts de cette puissante faction (Davila, l. 7). Les huguenots, dit Sismondi, dont nous ne faisons que citer les paroles, les huguenots ont représenté sous des couleurs odieuses tous ces princes lorrains, et l'historien de Thou ne les a pas épargnés non plus. A les en croire, ce n'étaient que des ambitieux qui se couvraient du manteau de la religion et qui n'avaient pour but que leur grandeur personnelle. Il ne faut point oublier cependant que ce portrait a été tracé non-seulement par des ennemis demeurés victorieux, mais par des ennemis qui avaient le plus grand intérêt à faire prendre le change à l'opinion publique. Nous sommes bien plus disposés à croire que, dans un siècle où toutes les croyances religieuses se changeaient en passions, les Guise étaient de bonne foi dans leur zèle fanatique (C'est un protestant qui parle). Ils croyaient tout bon catholique obligé en conscience à travailler de toutes ses forces à l'extermination de l'hérésie; c'était alors l'erreur de leur Eglise tout entière et non la leur; ils ne se départiront jamais de leurs principes, et leur conduite montre souvent non moins de générosité que de constance. Le caractère de Henri III leur inspirait, et à juste titre, une horreur et un dégoût qu'il aurait souvent fallu dissimuler. Mais ils voulurent avant tout que l'opinion ne pût jamais les confondre avec cet homme; ils ne le ménagèrent point, et ils s'attirèrent de sa part plus d'inimitié encore que les huguenots (Sismondi, t. XX).

Cependant la famille des Bourbons avait un membre catholique, Charles de Bourbon, cardinal et archevêque de Rouen, oncle de Henri de Navarre et du prince de Condé. Il fut reconnu héritier présomptif de la couronne de France, par un acte signé à Joinville le 31 décembre 1584, entre un envoyé des Guise et l'ambassadeur du roi d'Espagne. On y déclare s'unir pour la seule défense de la religion catholique et l'extirpation de toutes les hérésies de la France et des Pays-Bas. On s'engage à faire déclarer le cardinal successeur à la couronne, après la mort de Henri III, comme prince catholique le plus proche du sang royal, en excluant pour jamais tous les princes du sang de France, à présent hérétiques et relaps, sans que nul puisse jamais régner qui soit hérétique ou qui permette, étant roi, impunité publique aux hérétiques (*Ibid.*). La sainte ligue fut bientôt nombreuse et puissante : elle avait son comité directeur à Paris, ses agents auprès de chaque corporation, ses prédicateurs à Paris et dans les provinces; le peuple des campagnes lui était entièrement dévoué. Au printemps de 1585, comme Henri III négociait avec les calvinistes de Hollande, toute la ligue se soulève et prend les armes : le cardinal de Bourbon, premier prince du sang, publie son manifeste du 1er avril; la ligue s'assure de Lyon, de Toul et de Verdun : trouble de Henri III; il négocie en même temps avec la ligue et avec le Navarrais, qui proteste contre la dénomination d'*hérétique* et de *relaps*, et laisse entrevoir le désir de se rapprocher de l'Eglise romaine. La ligue, secondée par toute l'Europe catholique est approuvée de vive voix par le pape Grégoire XIII. Le 7 juillet 1585, Henri III signe un traité avec la ligue et révoque les édits favorables aux huguenots. Le 9 septembre, Sixte V excommunie Henri de Navarre et le prince de Condé, comme hérétiques relaps et impénitents, et comme tels les déclare déchus de leurs domaines et inhabiles à succéder à aucun autre.

De 1585 à 1587, huitième guerre civile, nommée *la guerre des trois Henri*, savoir : Henri III de

France, Henri de Navarre, Henri de Guise. Le meurtre de Marie Stuart par l'Angleterre protestante rend le courage aux protestants de France, qui appellent à leur secours les protestants d'Allemagne. Le 1er janvier 1587, Henri III renouvelle le serment de ne point souffrir d'hérétiques dans son royaume. Le 19 octobre, Henri de Navarre remporte la victoire de Coutras sur le duc de Joyeuse, mais ne sait en profiter. Le duc de Guise, avec quinze mille hommes, harcelle l'armée allemande forte de quarante mille protestants, la surprend jusqu'à deux fois et en réduit les restes déplorables à lui remettre leurs enseignes. Le 17 décembre 1587, la Sorbonne décrète qu'on pouvait ôter le gouvernement aux princes qu'on ne trouvait pas tels qu'il fallait, comme l'administration au tuteur qu'on avait pour suspect. En janvier 1588, assemblée des princes de la ligue à Nancy : ils demandent au roi, avant tout, la publication en France du concile de Trente; chose que la ligue ne cessait de demander dans tous ses traités et requêtes. Henri III reçoit les articles comme s'il était disposé à les agréer. A Paris, les chefs des Seize quartiers composent d'eux-mêmes un conseil, nommé *des Seize*, et se mettent à la tête de la ligue : un traître parmi eux révèle leurs projets au roi. Les seize organisent une garde nationale d'au moins trente mille hommes, sous cinq colonels nommés par le duc de Guise. Le 9 mai 1588, entrée de Guise à Paris; enthousiasme du peuple. Réception de Guise par la reine-mère; elle le conduit au roi. Henri III songe à le faire tuer dans son cabinet; il hésite, et Guise se retire. Le 12, toute la ville est barricadée jusqu'à trente pas du Louvre : les troupes royales sont forcées de poser leurs armes. Pendant que la reine-mère négocie avec Guise, le roi s'échappe de Paris et jure de n'y rentrer que par la brèche : la capitale nomme le duc de Guise lieutenant général du royaume. Négociation entre le roi et la ligue. Le 17 mai, députation des Seize; leur roi leur promet les États généraux. Le 19 juillet, édit d'union; réconciliation du roi avec la ligue. Le roi s'engage à poursuivre les hérétiques et à les éloigner à jamais du trône : amnistie pour les barricades. Le 14 août, le duc de Guise est nommé par le roi lieutenant-général du royaume : triomphe de la ligue, qui se met à sa tête. Septembre et mois suivants, étatsgénéraux de Blois; l'édit d'union est déclaré, par le roi et les États, loi fondamentale du royaume. Le 23 décembre, Henri III fait assassiner le duc de Guise à l'entrée de son cabinet; le duc n'eut que le temps de s'écrier : « Je suis mort; mon Dieu, ayez pitié de moi; pardonnez-moi mes péchés ! » Le lendemain, un officier du roi vint dire à son oncle, le cardinal de Guise, qu'il fallait se préparer à la mort. Le cardinal se mit à genoux, fit une courte prière, se couvrit la tête de son manteau et fut tué à coups d'arquebuses par quatre soldats. Le roi fit arrêter le cardinal de Bourbon, l'archevêque de Lyon, le fils et les autres parents du duc de Guise, ainsi que plusieurs membres des États généraux, entre autres le président du tiers-état. Il croyait avoir fait merveille, lorsque, par la mort de sa mère, arrivée le 5 janvier 1589, il se trouva sans conseil sur le bord d'un abîme.

Quelque affligé que fût Henri III, il n'eut point le temps de pleurer sa mère; son royaume lui échappait en effet; son existence même était en danger. Le peuple, dit le protestant Sismondi, n'examinait pas si le monarque avait eu le droit de faire tuer les Guise sans jugement; ce n'était pas un abus de pouvoir qu'il lui reprochait, mais une attaque perfide contre la religion. Dès longtemps, Henri III s'était rendu suspect de ménagements pour les hérétiques, en faveur desquels il avait signé plusieurs édits de tolérance; il avait formé ce parti odieux des *politiques*, auquel le peuple ne pouvait pardonner sa tiédeur dans ce qu'on nommait la cause de Dieu. Il venait enfin de se démasquer en faisant tuer les champions de l'Église, les Guise, qui ne voulaient point de pacte avec l'hérésie. Sans doute il voulait permettre de nouveau un culte sacrilège; mais, par son attentat contre le favori du peuple et contre le prince de l'Église, il avait rompu tout lien entre la France catholique et lui; désormais il y aurait autant de honte que de crime et de danger à lui obéir davantage.

Par un malheur signalé, tous les princes, seigneurs et villes de la ligue reçurent les nouvelles de ce qui s'était passé à Blois, avant les officiers du roi, qui auraient pu parer au désordre. Rossieux, serviteur du duc de Mayenne, arriva de Blois à Orléans, sa ville natale, le soir même du 23 décembre; il fit assembler le peuple à la maison de ville, il le souleva en lui contant le meurtre du duc, commis le matin même, et le conduisit à l'attaque de la citadelle, où d'Entragues venait d'entrer par ordre du roi. Chartres s'était également soulevée dans le même jour. A Paris, la même nouvelle fut apportée le soir du 24 décembre, veille de Noël. A l'instant on ferma partout les boutiques, comme si on s'attendait à un pillage; les bourgeois, s'appelant les uns les autres et se répétant la triste nouvelle, se précipitèrent en foule vers l'hôtel de Guise, pour exprimer leur douleur aux deux duchesses et demander leur conseil. Catherine de Clèves, duchesse de Guise, était, depuis peu de jours, revenue de Blois à Paris, pour y faire ses couches, et ce fut dans ce moment de désolation que la ville lui offrit d'être marraine de son enfant, comme elle le fut un mois plus tard. La duchesse de Montpensier, sœur des Guise, que les Parisiens nommaient *la sainte veuve*, ne le cédait à ses frères ni en audace ni en haine et en mépris pour le roi. Elle était alors malade et forcée de garder le lit; elle fit cependant entrer dans sa chambre plusieurs chefs de la multitude; elle les échauffa par ses discours et les invita à rappeler de la Chartreuse, où il était allé faire ses dévotions, Charles de Lorraine, duc d'Aumale, son cousin, pour le nommer gouverneur de Paris. Deux seuls échevins étaient restés à Paris; les deux autres, avec le prévôt, étaient prisonniers à Blois. Dès minuit, les premiers, au bureau de la ville, écrivirent des circulaires aux princes de la maison de Lorraine et aux villes de l'union, les invitant à se tenir prêts pour la défense de la religion; en même temps ils ordonnèrent, pour le lendemain, un service funèbre en l'honneur des Guise, puis une assemblée en l'hôtel-de-ville, où les bourgeois remplacèrent leurs magistrats captifs (Sismondi, t. XX).

Lincestre, curé de Saint-Gervais, osa le premier annoncer au peuple, dans son sermon du 29 décembre, qu'il ne devait plus regarder comme son roi

Henri de Valois, que par l'anagramme de son nom il appelait le vilain Hérode. Le nouveau prévôt des marchands et les échevins de la ville de Paris s'adressèrent, au nom de tous les citoyens catholiques de cette cité, à la Faculté de théologie ou la Sorbonne, pour connaître quels étaient les droits du peuple vis-à-vis du roi. Et le 7 janvier 1589, la Sorbonne, assemblée au nombre de soixante-dix docteurs, prononce : premièrement, que le peuple français est délié du serment de fidélité envers le roi Henri ; ensuite, qu'il peut en sûreté de conscience s'unir et prendre les armes pour la défense de l'Eglise apostolique et romaine contre les mauvais conseils et efforts dudit roi et de ses adhérents, depuis qu'il a violé la foi publique, ainsi que la naturelle liberté des trois ordres du royaume. Le 16 janvier, les Seize éliminèrent du parlement de Paris un certain nombre de membres, suspects d'être plus politiques que catholiques. Le 30, ce même parlement, composé de cent soixante conseillers, prêta le serment de la ligue et confirma le décret de la Sorbonne sur la déchéance du roi. Les autres parlements imitèrent celui de Paris. Le parlement de Rouen fut des premiers à se déclarer pour la ligue. Presque toutes les provinces se soulevèrent en même temps. A ces nouvelles, Henri III demande aux Etats généraux une loi plus complète sur le crime de lèse-majesté ; il éprouve un refus et congédie les états. Le 15 février, le duc de Mayenne, venu de son gouvernement de Bourgogne, entre à Paris avec une petite armée ; il établit un conseil général de l'union, qui le nomme lieutenant général du royaume.

Le pape Sixte V refuse à Henri III d'abolir le décret de la Sorbonne sur sa déchéance, et le menace de l'excommunication si sa soumission n'est pas entière. Henri III se rapproche de Henri de Navarre : les deux rois, avec une armée considérable de Français et de Suisses, marchent contre Paris. Henri III déploie une cruauté bien imprudente. Abusant de sa force, il traita sans miséricorde ceux qui lui résistaient dans les places les plus faibles. Il prit Gergeau, fit pendre le commandant et passer au fil de l'épée quiconque avait des armes en mains ; il prit Pithiviers, qu'il livra au pillage, avec un grand massacre des habitants ; Etampes fut également prise et pillée, et le baron de Saint-Germain, qui y fut arrêté, eut la tête tranchée ; plusieurs magistrats furent pendus. Ces cruautés étaient d'autant moins provoquées, qu'à la prise de toutes ces villes le roi n'avait pas perdu un homme. A Saint-Cloud, voyant sa ville de Paris, il disait : « C'est le cœur de la ligue, c'est droit au cœur qu'il faut frapper : Ce serait grand dommage de ruiner une si belle et bonne ville : toutefois, il faut que j'aie raison des rebelles qui sont dedans et qui m'en ont ignominieusement chassé. Dans peu de jours il n'y aura plus là ni murs ni maisons, mais les ruines seules de Paris. » Il avait annoncé un assaut général pour le 2 août, lorsqu'il fut tué la veille par Jacques Clément, né au village de Sorbonne, près de Sens, élevé au couvent des Dominicains de cette ville, et alors âgé de vingt-deux ans. Les assistants le mirent en pièces sur l'heure même. Il s'était porté à ce crime sur de prétendues révélations. D'après le principe fondamental du protestantisme, que chacun n'a de règle et de juge pour sa conscience que soi-même, Clément avait droit de faire ce qu'il a fait. D'après cet autre principe de Calvin et de Luther, que Dieu opère en nous le mal comme le bien, le régicide de Jacques Clément était une action divine. Il est criminel, comme catholique, d'avoir agi en huguenot, pour mettre la main, lui particulier, sur un roi, sur le chef d'une nation, sans le jugement ni l'ordre d'aucun tribunal supérieur à ce roi et à cette nation.

Au premier examen de la blessure du roi, les chirurgiens ne la jugèrent pas très-grave : Henri III fit écrire en ce sens à tous les princes et à tous les gouverneurs. Il écrivit lui-même à sa femme, qui était à Chinon : « J'espère que je me porterai très-bien : priez Dieu pour moi, et ne bougez de là. » Le même jour, Henri de Navarre vint le voir de Meudon. Suivant les *Mémoires* de Sully, les médecins avaient encore bonne opinion du malade, qui dit lui-même à son beau-frère qu'il espérait que ce ne serait rien et que Dieu le préserverait encore, pour lui faire paraître combien il l'aimait. Suivant d'autres historiens, qui lui font tenir de longs discours, par lesquels, n'espérant plus de vivre, il recommanda le royaume à son beau-frère, le déclara son successeur légitime, mais en l'avertissant qu'il ne serait jamais roi de France s'il ne se faisait catholique. Après cette visite, qui eut lieu dans la matinée, les deux princes ne se revirent plus.

On avait élevé dans la chambre du roi, et vis-à-vis de son lit, un autel sur lequel son chapelain dit la messe. Il se joignit avec beaucoup de dévotion aux prières de l'Eglise, il parla avec résignation de sa mort, si telle était la volonté de Dieu. Les princes et les grands de la cour ne quittaient point sa chambre ; il s'entretenait avec eux, presque sans discontinuer, ou de religion, ou des circonstances de son assassinat, ou des affaires d'Etat. Selon toute apparence, il envenima ainsi sa blessure et provoqua la grosse fièvre, avec de fréquentes défaillances, qui se déclara dans l'après-midi. Les chirurgiens ayant de nouveau examiné la plaie, annoncèrent que le roi n'avait plus que peu d'heures à vivre. Il se confessa : son chapelain lui ayant rappelé le monitoire que le Pape avait lancé contre lui, il confessa s'y soumettre et prêt à donner, quant à ses prisonniers, la satisfaction que le pontife exigeait de lui. Il reçut alors l'absolution et le saint viatique ; après quoi il fit ouvrir toutes les portes de sa chambre et introduire la noblesse. Il dit à haute voix qu'il ne regrettait point la vie, mais qu'il s'affligeait de laisser le royaume dans un tel état de désolation ; qu'il ne désirait point qu'on vengeât sa mort, car il avait appris de Jésus-Christ à pardonner les injures ; qu'il exhortait toute la noblesse à reconnaître le roi de Navarre, auquel le trône revenait de droit, sans s'arrêter à la différence de religion ; car ce roi était d'un naturel trop sincère et trop noble pour ne pas rentrer finalement dans le sein de l'Eglise. Puis, ayant récité le Symbole et commencé le *Miserere*, il expira doucement le 2 août, entre deux et trois heures du matin, en prononçant les paroles : *Redde mihi lætitiam*. Il s'en fallait de six semaines qu'il eût accompli trente-huit ans ; il en avait régné quinze et deux mois (Sismondi, t. XX, c. 31 ; Capefigue, t. V, p. 297).

Le dernier des Valois venait d'expirer, lorsque le chef des Bourbons, Henri de Navarre, averti de son danger, accourait pour le voir une dernière fois. Plusieurs seigneurs allèrent à sa rencontre et le saluèrent du nom de Henri IV, roi de France ; mais à dix pas de lui, il leur échappa de dire : « Plutôt se rendre à toutes sortes d'ennemis que de souffrir un roi huguenot (Sismondi, t. XX, p. 545). » Un des compagnons du roi, le protestant d'Aubigné, ajoute : « Au lieu des acclamations et du *Vive le roi* accoutumé en de tels accidents, Henri IV voyait en même chambre le corps mort de son prédécesseur, deux Minimes aux pieds, avec des cierges, observant leur liturgie, Clermont d'Entragues tenant le menton ; mais tout le reste, parmi les hurlements, enfonçant leurs chapeaux ou les jetant par terre, fermant le poing, complotant, se touchant la main, faisant des vœux et des promesses desquels on entendait pour conclusion : *Plutôt mourir de mille morts* (*Ibid.*, t. XXI, p. 6). »

Au milieu de l'effroi qu'avait causé l'assassinat, du danger que chacun prévoyait pour la monarchie, de l'incertitude que chacun ressentait sur son avenir, de la componction enfin qu'excitait même chez les plus corrompus une si funeste catastrophe, et qui engagea plusieurs à se jeter à genoux auprès du lit de leur maître et à y faire à haute voix d'étranges confessions que le duc de Longueville avait peine à arrêter, un sentiment dominait dans cette cour et commençait à se manifester tout d'une voix, celui de ne pas obéir à un roi hérétique. Dampierre, premier maréchal-de-camp, fut le premier à le proclamer, et tandis que Henri IV, troublé de cette fermentation, s'était retiré avec La Force et d'Aubigné dans un cabinet voisin, les autres, se sentant en liberté, convinrent de déclarer au Béarnais, à son retour, que, s'il voulait être roi de France, il lui fallait être catholique (Sismondi, t. XXI, p. 6 et 7).

L'un d'eux, des anciens mignons du roi défunt, se présenta donc à Henri, accompagné par toute la noblesse rassemblée à Saint-Cloud ; il lui déclara que le moment était venu de choisir entre les misères d'un roi de Navarre et la haute condition d'un roi de France ; que celle-ci ne pouvait être obtenue qu'avec l'approbation des princes de son sang, des pairs de France, des officiers de la couronne, enfin des trois Etats du royaume ; qu'il lui suffisait de regarder autour de lui pour reconnaître à quelle religion tous les princes et les grands étaient attachés ; mais qu'il se chargeaient d'ajouter qu'il n'y en avait pas un seul qui ne préférât s'être jeté sur son épée plutôt que de se prêter à la ruine de l'Eglise catholique. Le roi, ayant pâli de colère ou de crainte, répondit que ce n'était pas le moment ni la manière de lui faire cette espèce d'injonction ; il fut interrompu par un incident qui mit fin à ces fâcheux discours. Le même jour au soir, les seigneurs catholiques convinrent de lui demander une audience privée, et trouvèrent Henri disposé à leur donner des espérances bien plus positives. Il leur dit que, comme il l'avait toujours annoncé, il ne demandait pas mieux que de se faire instruire ; qu'il avait toujours été prêt à confesser ses erreurs dès qu'il les aurait reconnues ; que dans six mois il assemblerait un concile national ou provincial, pour procéder à cette instruction ; qu'en même temps il assemblerait les Etats du royaume, pour établir une paix de religion. Jusqu'à cette époque, il promettait de maintenir exclusivement l'exercice de la religion catholique partout, excepté dans les lieux où le culte huguenot avait été permis par le traité d'avril de cette année ; de ne donner qu'à des catholiques les gouvernements qui viendraient à vaquer, où ceux des villes dont il se rendrait maître ; de conserver enfin tous les serviteurs du feu roi dans leurs charges et emplois. Ces espérances données par le roi furent rédigées en forme de déclaration authentique ; il les promit et jura en foi et parole de roi, et les signa de sa main le 4 août 1589, au camp de Saint-Cloud. Et en retour, les princes du sang, ducs, pairs, officiers de la couronne, seigneurs, gentilshommes et autres signataires de la même déclaration, qui étaient demeurés fidèles au roi Henri III, « reconnurent pour leur roi et prince naturel, Henri IV, roi de France et de Navarre, lui promettant tout service et obéissance, sur le serment et la promesse ci-dessus écrite qu'il leur a faite. » Ce contrat réciproque, qui, bien plus que le droit de sa naissance, constituait la royauté nouvelle de Henri IV, fut lu, publié et enregistré le 14 août au parlement de Tours. Les serviteurs du nouveau roi eurent soin d'en répandre des copies dans toutes les parties du royaume (Sismondi, t. XXI, p. 12-14).

Henri IV se voyait à la tête de quarante-deux mille hommes devant Paris, où le duc de Mayenne n'en avait que huit mille. Cependant les grands abandonnent Henri IV, les soldats désertent son étendard pour celui de la ligue, le pouvoir lui échappe ; il est obligé de dissoudre son armée et de reculer devant l'adversaire qu'il se croyait sur le point d'écraser. Et pourquoi ? parce que Henri IV, malgré toutes ses promesses, est encore huguenot.

La mort de Henri III répandit une joie frénétique parmi les Parisiens. Le duc de Mayenne, naturellement modéré, repoussa toute responsabilité du régicide. Il écrivit aux villes de la ligue qu'elles ne devaient point voir dans cet événement l'œuvre d'aucun conseil humain, mais une intervention de la Providence, qui les protégeait d'une manière éclatante ; il invita les catholiques qui avaient suivi le feu roi, à se réunir à lui pour la défense de leur religion. Henri IV cherchait à le gagner par des négociations secrètes. En même temps, il s'efforçait de plaire à tout le monde et de se concilier la bienveillance de chacun, par la vivacité de son esprit, la promptitude de ses reparties, l'aisance de ses paroles et la familiarité de sa conversation. Il faisait plus le compagnon que le prince, et il suppléait à la pauvreté de ses moyens par la prodigalité de ses promesses. A chacun tour à tour il protestait que c'était à lui seul qu'il devait la couronne, et que la grandeur des récompenses serait proportionnée à la grandeur des services qu'il confessait. Aux huguenots, il protestait qu'il leur ouvrait son cœur et leur confiait ses sentiments les plus intimes, comme à ceux sur qui il fondait ses plus solides espérances ; aux catholiques, il témoignait toutes les déférences extérieures ; il leur parlait avec une singulière vénération du souverain Pontife et du Siège apostolique. Avec eux il laissait percer tant d'inclination pour la religion romaine, qu'il leur faisait prévoir une prompte et indubitable conversion. Il mangeait en public, il admettait chacun à parcourir ses plus secrets appartements; il ne cachait point sa pénurie actuelle, et il tournait en plaisanterie tout ce qu'il ne pouvait faire passer par des propos sérieux (Davila, l. 10).

Les manières de Mayenne étaient plus dignes et plus contenues. Le plus calme et le plus modéré des Guise, c'était le meurtre seul de ses frères qui avait pu faire de lui un chef de parti. Les habitudes mêmes de son corps semblaient mettre obstacle à son activité. Il était fort gros, il avait besoin de beaucoup de sommeil, de repas abondants; et Sixte-Quint disait de lui qu'il était impossible qu'il tînt tête à Henri IV; car il demeurait aussi longtemps à table que ce roi demeurait au lit. Même en repoussant les ouvertures du Béarnais, il lui avait fait répondre que, loin d'avoir contre lui aucune inimitié privée, il l'honorait et le respectait; mais que sa conscience ne pouvait lui permettre de laisser libres les abords du trône à un prince ennemi de la religion de son pays. D'ailleurs, il devait poursuivre la ligne de conduite qui lui avait été tracée par ses frères; il manquerait à leur mémoire comme à son serment, s'il reconnaissait un autre roi en France que le cardinal de Bourbon, au nom duquel il exerçait la lieutenance du royaume. Et de fait, il refusa de se faire proclamer roi lui-même, et proclama roi le cardinal de Bourbon sous le nom de Charles X, invitant tous les Français à lui prêter obéissance (Sismondi, t. XXI, p. 17-23).

Le 1er septembre 1589, Mayenne sort de Paris avec une puissante armée pour attaquer Henri IV, qui faillit être pris en Normandie. A son tour, renforcé par des troupes anglaises, Henri IV vint, le 31 octobre, se présenter à l'improviste, avec une armée formidable, devant Paris, en l'absence de Mayenne. Malgré cette surprise et l'absence de leur chef, les Parisiens ne se déconcertèrent pas. Les bourgeois furent appelés aux armes, et ils vinrent occuper avec empressement les mêmes remparts que trois mois auparavant ils avaient défendus contre Henri III. Les religieux de tous les couvents s'armèrent en même temps et vinrent se joindre à la milice. Toutefois la plus grande partie de cette milice demeura pour garder l'enceinte de la ville. Les faubourgs, à peine susceptibles de défense, furent emportés par les troupes royales et livrés au pillage pendant trois jours. Neuf cents bourgeois furent tués dans cet assaut, et quatre cents demeurèrent prisonniers. Parmi ces derniers, les royalistes reconnurent le Père Edouard Bourgoin, prieur de ce couvent des Dominicains d'où était sorti Jacques Clément. L'arrivée du duc de Mayenne obligea Henri IV de se retirer à Tours, où il avait établi la fraction *politique* du parlement de Paris, la fraction plus parlementaire que catholique.

On avait présenté au nouveau roi une requête de la part de la reine douairière, qui se recommandait à lui pour qu'il eût à tirer vengeance de l'assassinat de Henri III, son mari. Le malheureux Père Bourgoin, qui avait été fait prisonnier à la prise des faubourgs de Paris, fut victime de cette requête. « On l'accusait, nous citons les paroles du protestant Sismondi et nous les recommandons à plus d'un historien catholique, on l'accusait d'être prieur du couvent d'où était sorti Jacques Clément, et on le soupçonnait de l'avoir encouragé à son attentat. Il fut traduit devant le parlement de Tours, toutes les chambres assemblées. Il nia toujours d'avoir eu aucune connaissance des desseins du meurtrier; mais des témoins déposèrent qu'ils l'avaient publiquement entendu louer en chaire l'action de Clément; et sur ce témoignage le parlement le condamna, le 23 février 1590, à être tiré à quatre chevaux, puis brûlé et ses cendres jetées au vent. Il supporta d'abord la question, puis ce supplice atroce, avec une admirable constance, en protestant jusqu'à la fin de son innocence (Sismondi, t. XX, p. 42). »

Le 14 mars 1590, Henri IV remporte sur le duc de Mayenne la bataille d'Ivry. A Paris, un prédicateur annonça cette défaite du haut de la chaire: ses auditeurs, bien loin de se décourager, jurèrent tous avec lui qu'ils affronteraient la faim et tous les dangers, pour maintenir la sainte ville de Paris dans sa fidélité au service de Dieu. Et ils tinrent parole. Le 29 mars, Henri attaque les environs de Paris: le 8 mai, il se montre devant les murs de cette capitale, et tire le canon sur elle. Les Parisiens avaient soumis à la Sorbonne des questions auxquelles cette Faculté répondit par un décret du 7 mai, qui fut aussitôt publié dans la ville. Elle décidait qu'il est expressément défendu aux catholiques d'accepter pour roi un hérétique, un fauteur d'hérésie, bien plus un relaps; et lors même que celui-ci se convertirait et se ferait absoudre, il demeurerait entaché d'un tel soupçon de feintise et de perfidie, que le devoir de tout bon chrétien serait de continuer à le repousser de toutes ses forces. Mais c'étaient surtout les prédicateurs qui entretenaient et échauffaient sans cesse l'enthousiasme du peuple. Ils communiquaient à leur auditoire, dit Sismondi, une exaltation, un dévouement, un héroïsme que l'éloquence humaine ne saurait atteindre. Aux sermons, ils joignaient l'exaltation produite par les processions et les litanies. Le 14 mai, le 30 mai, le 4 juin, le légat du Pape conduisit des processions solennelles dans lesquelles on vit tous les prélats, les prêtres et les moines, revêtus de corselets et armés d'arquebuses, d'épées et de pertuisanes, se rendre à Sainte-Geneviève, à la tête de toute la milice bourgeoise; ils y firent solennellement le vœu de défendre la cité jusqu'à la mort, et de se soumettre à toutes les privations, toutes les souffrances, plutôt que de traiter avec un prince hérétique. Ces processions de moines armés furent pour les royalistes un grand objet de ridicule. Mais quand on vit ensuite ces moines monter joyeusement aux remparts, et s'exposer au feu de l'ennemi; quand on vit les bourgeois supporter toutes les horreurs de la famine plutôt que de se rendre, on dut reconnaître qu'un sentiment sérieux et élevé pouvait s'unir à un fanatisme intolérant et à des haines souvent farouches (*Ibid.*, p. 68). C'est un protestant qui parle.

Henri IV comptait réduire Paris par la famine. Malgré un grand nombre d'habitants, surtout d'enfants et de femmes, qui étaient sortis de cette capitale, il y restait encore, le 26 mai, deux cent vingt mille âmes. Il n'y avait de blé que pour un mois. Tous les grands personnages attachés à la ligue contribuèrent avec générosité pour venir au secours des pauvres; mais ils avaient beau donner de l'argent, ils n'augmentaient point aussi la quantité de vivres qui pouvaient arriver au marché. Les soldats de Henri en vendaient quelquefois par contrebande, ou en faisaient passer à leurs amis; mais c'était une goutte d'eau pour éteindre un incendie. Le cardinal de Gondi, évêque de Paris, ordonna la vente de toute l'argenterie des églises, pour l'employer à des aumônes, sous la condition que la ville en restituerait la valeur quand elle serait sortie de sa détresse actuelle; le cardinal-légat obtint cinquante mille écus des mains du Pape, qu'il distribua en aumônes, et il y joignit la valeur de toute son argenterie qu'il fit fondre; l'ambassadeur d'Espagne fit faire chaque jour une distribution pour la valeur de cent vingt écus de pain, tant qu'il en put trouver, puis ensuite d'autres substances alimentaires. Toutes les dames et tous les seigneurs de la ligue se taxèrent de même à des aumônes journalières; tout luxe, toutes autres dépenses étaient supprimés (Sismondi, t. XX, p. 70 et 71).

Le 17 juin, Mayenne eut l'adresse de faire entrer à Paris un convoi de vivres; mais ce ne fut qu'un soulagement momentané. Le froment commençait à manquer absolument dans les magasins de la ville. Il restait de l'avoine que l'on distribuait aux soldats pour la manger en soupe. Quant à la viande, on ne trouvait plus dans les boucheries que la chair des chiens, des chevaux et des ânes. D'ailleurs le pauvre ne pouvait atteindre à aucune de ces substances, qui se vendaient à des prix excessifs. Le plus souvent il se contentait des herbes qu'il arrachait dans les rues et les cours, et qu'il faisait bouillir; ou bien il essayait de réduire en poudre tous les vieux ossements d'animaux et même d'hommes qu'il pouvait découvrir; mais au lieu d'en extraire une gélatine qui aurait été substantielle, comme cette poudre était blanche, il croyait y voir de la farine et pouvoir en faire du pain, et il s'exposait ainsi à d'horribles maladies. Il faisait bouillir encore toutes les peaux, tous les cuirs qui avaient précédemment été destinés à l'habillement et à l'ameublement. On ne voyait plus dans les rues qu'une population hâve et décharnée; les maladies causées par des aliments si malsains et les morts se multipliaient avec une effrayante rapidité; mais à mesure que les maisons se vidaient, on s'empressait de les démolir pour brûler les bois de charpente, car le combustible commençait aussi à manquer. Une souffrance si excessive abattait le courage de quelques-uns. Plus d'une fois, pendant la nuit, des attroupements se formèrent dans les rues, qui les parcouraient en criant : *Du pain ou la paix!* Mais le chevalier d'Aumale, et le duc de Nemours, qui commandaient dans la ville, faisaient des patrouilles continuelles pour les dissiper. Dans toutes les chaires, les prédicateurs exhortaient les chrétiens à se sacrifier pour le triomphe du Christ, et annonçaient au peuple que le martyre de la faim n'était pas moins méritoire aux yeux de Dieu que celui de l'épée. Et le peuple reprenait courage (*Ibid.*, p. 76).

La misère devint encore plus extrême lorsque Henri IV eût repris et livré de nouveau au pillage tous les faubourgs. Alors Nemours et Aumale établirent au coin de toutes les rues des cuisines pour le peuple; on les nommait *les chaudières d'Espagne*; on y préparait tout ce qu'on croyait pouvoir servir d'aliments, en l'assaisonnant surtout avec du suif; on tentait chaque jour quelque nouvelle sortie à la campagne, pour couper des blés, pour recueillir des végétaux de tout genre. Enfin, on ouvrit des négociations pour la paix. Le 15 juin, Henri IV adressa une lettre aux manants et habitants de Paris, pour les engager à la soumission; mais cette lettre, mal écrite, longue, diffuse, obscure, ne semblait point dictée par le cœur, et ne fit aucune impression sur le peuple. Le cardinal de Gondi et l'archevêque de Lyon, qui eurent une conférence avec le roi, ne purent arriver à ouvrir des négociations régulières.

Cependant le duc de Parme, gouverneur des Pays-Bas espagnols, venait joindre le duc de Mayenne pour secourir Paris, réduit aux dernières extrémités. Henri IV espérait se rendre maître d'un jour à l'autre; mais la résignation des Parisiens, en proie aux plus horribles souffrances, l'emporta sur la constance du roi. Dans ces derniers moments aussi il ne put se résoudre à faire exécuter avec rigueur les lois barbares de la guerre. Jusqu'alors il avait refusé le passage aux vieillards, aux femmes, aux enfants, que les ligueurs voulaient faire sortir de Paris comme bouches inutiles; mais il ne put s'endurcir contre leur désespoir, et les laisser périr sous ses yeux d'une mort affreuse. Le 20 août, il accorda un sauf-conduit pour en faire sortir trois mille de la ville; si ses soldats n'avaient pas repoussé les autres, il en serait sorti bien davantage. Tous les historiens s'accordent à louer à cette occasion sa générosité; toutefois, observe Sismondi, la pénurie était déjà si effroyable dans Paris, que Henri, en les retenant, aurait bien pu causer leur mort, mais non forcer ceux qui restaient à partager avec eux leurs vivres (Sismondi, t. XX, p. 84).

Cependant, le 30 août, Henri IV leva le siège, pour aller au devant de Parme et de Mayenne, et n'être pas assiégé lui-même. Au point du jour, les sentinelles qui étaient sur les remparts ne virent plus l'armée à ses postes accoutumés, et donnèrent avis aux habitants par des cris de joie : bientôt après, des paysans, profitant de ce que les passages étaient demeurés libres, se présentèrent aux portes avec tous les vivres qu'ils avaient pu recueillir dans le plus prochain rayon, et les cris de joie et de délivrance redoublèrent dans toutes les rues; la population courut tout entière aux remparts pour voir les quartiers que les ennemis venaient d'abandonner. Bientôt le légat, l'archevêque de Lyon, le duc de Nemours se mirent à la tête d'une procession qui vint à Notre-Dame remercier Dieu d'avoir mis fin à tant de misère.

Cependant, comme les rivières étaient toujours fermées, les vivres étaient toujours rares et chers dans la capitale. Le duc de Parme sut la débloquer complètement. Henri IV employait tous les moyens pour l'amener à une bataille : Parme, beaucoup plus habile général, sut toujours l'éviter; puis, tout d'un coup, à la barbe du roi, qui ne s'était pas aperçu de sa manœuvre, il s'empara de Lagny-sur-Marne, où il y avait beaucoup de provisions, rendit ainsi libre la navigation de cette rivière, et décida la campagne. C'était le 6 septembre. Henri se retira à Saint-Denys. Mais dès le lendemain, supposant les Parisiens livrés à la joie et peu sur leurs gardes, il vint au milieu de la nuit sous les murs pour tenter l'escalade. Deux échelles furent appliquées en silence contre le mur du faubourg Saint-Marceau. L'endroit semblait bien choisi : il n'avait pour sentinelle qu'un moine, un Jésuite. Eh bien! ce fut ce moine qui sauva Paris. Ce Jésuite donna l'alarme : il renversa l'une des échelles; il arrêta bravement les assaillants qui montaient par l'autre, tandis qu'il appelait du secours par ses cris. Bientôt la muraille fut garnie de défenseurs, et les royalistes se retirèrent. Quelques heures plus tard, Henri tenta une seconde surprise tout aussi inutilement. Il fut obligé de dissoudre son armée. Le duc de Parme s'empara de Corbeil, pour ouvrir la navigation de la Seine, puis ramena son armée en Flandre, sans que le roi pût jamais réussir à l'entamer. Tout cela nuisit beaucoup à la renommée militaire de Henri IV. Ce n'était plus, disait-on alors, qu'un carabin opposé à un capitaine accompli (Sismondi, t. XX, p. 91-97).

Après le départ du duc de Parme, Henri ne fit que la petite guerre durant toute l'année 1591. Le 20 janvier, il travestit un certain nombre de ses plus braves en marchands de farine, afin de s'emparer de la porte Saint-Honoré, et lui donner moyen de surprendre la ville. Son stratagème fut éventé, et il faillit y être pris lui-même. De cette guerre d'espiègleries entre le roi et la capitale, il n'est resté dans l'histoire que *la journée des farines*. Henri IV voyait son parti se diviser en trois : les huguenots; les politiques ou catholiques pour leur intérêt propre; le tiers-parti, formé des partisans catholiques du nouveau cardinal de Bourbon. L'ancien, oncle de Henri IV, et nommé le roi Charles X, était mort le 9 mai 1590. Son neveu, le cardinal de Vendôme, prit alors le nom de cardinal de Bourbon, et s'offrit pour chef au tiers-parti. C'était le quatrième des fils de Louis Ier, prince de Condé; fort jeune à la Saint-Barthélemy, il avait été dès lors élevé dans la religion catholique. Il se regardait comme le successeur légitime à la couronne, si Henri IV était définitivement écarté comme hérétique et relaps. Les deux frères aînés étaient demeurés attachés à la prétendue réforme : l'un, Condé, était mort et n'avait laissé qu'un fils en bas âge; l'autre, Conti, était sourd, ne parlait qu'avec difficulté et passait presque pour imbécille; un troisième n'avait pas vécu; lui-même était âgé de vingt-neuf ans, et son plus jeune frère, le comte de Soissons, n'en avait que vingt-cinq. Soissons, Montpensier, le duc de Longueville et son frère, le comte de Saint-Paul, irrités de ce que toute leur famille était repoussée du trône à cause de l'obstination de son chef dans l'hérésie, lui auraient volontiers substitué le nouveau cardinal de Bourbon. Ils étaient encore secondés par tous ces courtisans de Henri III qui se trouvaient engagés avec Henri IV, sans avoir pour lui aucune affection, ni pouvoir obtenir son estime (*Ibid.*, p. 108 et seqq.). L'âme de ce parti était un prêtre, Jacques-Davi Du Perron, depuis cardinal, fils d'un médecin huguenot réfugié dans le canton de Berne. Il avait eu de brillants succès dans les études, avait infiniment d'esprit, s'était fait catholique, et fut lecteur de Henri III. Devenu le favori du nouveau cardinal de Bourbon, il lui fit entamer une correspondance avec la cour de Rome, et représenter au Pape que le vrai moyen d'écraser les huguenots et de terminer la guerre civile, sans faire triompher ni la ligue ni l'Espagne, c'était de porter sur le trône de France un Bourbon vraiment catholique. Henri IV se ligua, de son côté, avec la papesse Elisabeth d'Angleterre et avec les protestants de Hollande, qui lui procurèrent une armée allemande pour conquérir la France. Le pape Grégoire XIV lança contre lui un monitoire, que les parlements *politiques* de Tours et de Châlons firent brûler par la main du bourreau, tandis que leurs arrêts furent brûlés par le parlement catholique de Paris.

Le duc de Mayenne éprouvait des difficultés semblables dans le parti de la ligue. Le nouveau duc de Guise, fils du Balafré, s'échappa du donjon de Tours, où il était détenu depuis le massacre de son père : on voulut l'opposer à Mayenne; mais ils eurent l'esprit de s'entendre pour le bien de la cause. Les princes étrangers, le duc de Savoie et le roi d'Espagne, qui aidaient la ligue de leurs troupes et de leur argent, visaient à un démembrement de la France : Mayenne s'y opposa toujours. Les Seize profitaient de l'absence de Mayenne pour dominer dans Paris, mettre à mort trois membres du parlement, destituer d'autres magistrats, et offrir la couronne de France au roi d'Espagne. Mayenne, revenu à Paris et aidé de la bourgeoisie, rétablit l'ordre, fait pendre les quatre plus séditieux d'entre les Seize, et donne au parlement une influence qu'il n'avait pas encore eue dans la ligue.

Cependant, vers la fin de 1591, Henri IV se présente devant Rouen et la somme de se rendre. On lui répond que tous les habitants sont déterminés à s'ensevelir sous les murs de leur ville, plutôt que de reconnaître pour roi de France un prince hérétique. Aussitôt commença le siège, qui devint fameux. Le gouverneur de la ville était le fils de Mayenne, Henri de Lorraine, ayant avec lui le chevalier de Villars-Brancas, un des plus habiles généraux, qui se chargea de la défense. Henri IV attaquait la ville avec une armée formidable de Français, d'Anglais et d'Allemands. Le duc de Parme vint encore une fois, avec Mayenne, faire avorter son entreprise. Henri, qui était allé au devant d'eux, se laissa emporter à son imprudente bravoure, fut blessé et sur le point d'être pris : Villars fit une sortie terrible sur celles des troupes royales qui restaient devant la ville. Enfin, grâce aux habiles manœuvres du duc de Parme, Henri IV, qui ne sut ni les prévoir ni les déjouer, fut contraint de lever le siège de Rouen comme celui de Paris.

Toutefois, Mayenne avait ouvert des négociations avec Henri. Quant à l'abjuration du roi, condition première et principale, il s'en rapportait au jugement du pape, qui était alors Clément VIII. Il fut convenu que le cardinal de Gondi serait envoyé pour en informer le Saint-Père. En attendant, on devait ouvrir des conférences sur les moyens d'assurer la religion, le parti de la ligue et les particuliers, sans plus remettre les choses après la conversion du roi. Les nouvelles de ces négociations s'étant répandues à Paris, le parti des Seize se récria, tandis que le reste inclinait à la paix. D'après tout cela, Mayenne se détermina enfin, comme l'Espagne le lui faisait demander sans cesse, à convoquer les Etats généraux à Paris, pour le 17 janvier 1593, afin d'y procéder à l'élection d'un roi. Le 5 de ce mois, Mayenne publia un long manifeste, dans lequel il exposait les motifs qui avaient forcé les catholiques à prendre les armes pour le maintien de leur religion. Il le faisait avec modération, repoussant toute participation dans l'assassinat de Henri III, parlant du roi de Navarre en termes convenables, indiquant le désir que les catholiques avaient eu de se réconcilier avec lui, pourvu qu'il revint auparavant à la religion de ses pères. Il s'adressait enfin aux catholiques qui suivaient le roi; il leur montrait les dangers qu'ils faisaient courir à l'Eglise, et il les invitait à se réunir à lui et à se rendre aux Etats généraux.

Comme les actes de cette assemblée ont été anéantis plus tard, on connaît peu le détail de ce qui s'y passa. Le fait principal, c'est que, quand le roi d'Espagne eut proposé pour le trône de France un prince de sa famille et enfin sa fille propre, il éprouva une répulsion universelle. L'un des plus ardents prédicateurs de la ligue, Rose, évêque de Senlis, s'opposa publiquement aux prétentions de l'Espagne, et protesta que jamais la nation ne consentirait à laisser porter la couronne à des femmes et à s'exposer ainsi à la domination des étrangers. Le duc de Mayenne se fit faire des remontrances publiques, dans le même sens, par le parlement de Paris, auquel lui-même et sa sœur, la duchesse de Montpensier, en avaient secrètement suggéré l'idée (Sismondi, t. XXI, p. 196).

De son côté, Henri IV tenta des négociations indirectes avec la cour de Rome. Il fit agir d'abord les Vénitiens et le grand-duc de Toscane, Ferdinand de Médicis, qui tous deux sentaient que toute indépendance était perdue pour les princes italiens, si la puissance de la France cessait de balancer celle de l'Espagne. Il engagea en même temps Vivonne, marquis de Pisani, ancien ambassadeur de Henri III à Rome, et le cardinal de Gondi, à se rendre auprès du Pape comme pour leurs affaires privées, mais dans le fait pour s'assurer si Henri IV, en abjurant le protestantisme, obtiendrait l'absolution, et si le Saint-Siége révoquerait la sentence qui l'excluait à jamais du trône. Clément VIII, qui avait à ménager Philippe II, roi d'Espagne, le plus ferme appui du catholicisme à cette époque, se refusa d'abord ostensiblement à la négociation.

Il fallait cependant arriver à une décision quelconque. Henri IV voyait se développer, parmi ceux qui jusqu'alors l'avaient servi, le tiers-parti qui voulait un roi catholique, qui songeait au cardinal de Bourbon, au comte de Soissons, au duc de Montpensier même, à l'un ou à l'autre desquels on aurait fait épouser l'infante d'Espagne; Henri IV s'apercevait qu'entre tous ses anciens partisans, c'étaient ses parents, les Bourbons, dont il devait le plus se défier, parce qu'ils commençaient à prétendre au trône pour eux-mêmes (*Ibid.*, p. 168).

Le 28 avril 1593, surlendemain de l'ouverture des Etats, un trompette aux armes du roi se présente aux portes de Paris, et déclare avoir une dépêche à remettre au gouverneur : c'était une déclaration des catholiques attachés au parti du roi, qui protestaient du désir ardent qu'ils avaient de rendre la paix à la patrie; qui remontraient que les Etats convoqués dans la capitale ne représentaient qu'un seul parti; que, pour arriver à la paix, il fallait les consulter tous les deux, et qui proposaient, en conséquence, une conférence entre les catholiques du parti du roi et ceux du parti de la ligue. Ils offraient, pour cela, de choisir un lieu entre Paris et Saint-Denys. Le duc de Mayenne accepta la conférence, qui s'ouvrit à Suresne le 29 avril (Sismondi, t. XXI, p. 184 et 186). Pour que des deux parts on pût s'y rendre avec plus de sûreté, il fut convenu, le 3 mai, qu'il y aurait, entre les parties belligérantes, une trêve qui s'étendrait jusqu'à quatre lieues tout autour de Paris. L'archevêque de Bourges, pour les royalistes et l'archevêque de Lyon pour les ligueurs, conféraient en public, par des discours de théologie et de raisonnement; mais les affaires réelles se traitaient dans des conférences plus secrètes. Henri IV consultait Du Perron, depuis évêque d'Evreux, qui s'introduisait chaque jour plus avant dans sa faveur. Il arriva une particularité remarquable. L'archevêque de Bourges ayant proposé aux deux partis catholiques de se réunir pour engager le roi à se convertir, les députés de la ligue repoussèrent cette proposition, en déclarant que la conversion ne pouvait être que l'ouvrage du Saint-Esprit, et que, si elle était obtenue par des sommations et des protestations, ou par aucune considération politique, elle ne leur inspirerait point de confiance (*Ibid.*, p. 188). Bientôt le même archevêque de Bourges annonça la conversion du roi comme prochaine et certaine, et offrit une trêve qui s'étendrait à tout le royaume, pour donner aux divers partis le temps d'assurer la religion et de conclure la paix.

Henri IV savait que dans ces conférences de Suresne qu'il avait autorisées, les catholiques, qui jusqu'alors lui avaient été attachés, mettaient en délibération, s'il ne vaudrait pas mieux l'abandonner, afin d'avoir la paix; dans ses appartements mêmes il entendait souvent les discours de ceux qui maudissaient leur propre aveuglement, lorsqu'ils exposaient leur vie et leurs biens pour un roi qui paraissait avoir résolu d'établir l'hérésie en France : ils se demandaient comment, après les espérances d'une prochaine conversion que le Béarnais leur avait données à la mort de son beau-frère, et qu'il avait toutes déçues, ils pouvaient encore se fier à lui (*Ibid.*, p. 197).

Henri IV convoqua donc à Mantes, pour le 22 juillet 1593, une assemblée de théologiens, dont un archevêque, cinq évêques et deux curés de Paris. Il avait encore été au prêche à Mantes le 18 juillet. Dans la conférence du 22, il dit aux théologiens rassemblés qu'il avait déjà reçu quelque instruction sur la foi catholique, mais qu'il désirait de plus grands éclaircissements sur les points controversés. Le lendemain, après un discours de cinq heures par l'archevêque de Bourges, il se déclara pleinement satisfait et débarrassé de tous ses doutes, il signa la confession de foi qui lui fut présentée, et il convint que, dès le prochain dimanche 25 juillet, il se présenterait à l'église de Saint-Denys pour y ouïr la messe. L'archevêque de Bourges prit sur lui de lui accorder une absolution provisionnelle (1), en raison

(1) Cette absolution précipitée et sans condition, dit M. Ségretain, laissait sans garanties les intérêts du catholicisme en France,

du danger de mort subite auquel il était particulièrement exposé pendant la guerre, sous condition qu'il recourrait au Pape, sitôt que commodément faire se pourrait, pour le reconnaître et promettre obéir aux commandements justes et raisonnables de l'Eglise (Sismondi, t. XXI, p. 201).

En effet, le 25 juillet, à neuf heures du matin, Henri, précédé des gardes suisses, écossaises et françaises, et entouré d'un grand nombre de princes, officiers de la couronne et gentilshommes, se présenta aux portes du temple de Saint-Denys qu'il trouva fermées. Le grand-chancelier frappa à la plus grande porte, qui fut ouverte aussitôt. L'archevêque de Bourges parut alors assis dans la chaire pontificale, et entouré d'un grand nombre de prélats: Il demanda au roi qui il était et ce qu'il voulait. Celui-ci répondit qu'il était Henri, roi de France et de Navarre, et qu'il demandait à être admis dans le sein de l'Eglise catholique. — Est-ce du fond du cœur? reprit l'archevêque, et êtes-vous vraiment repentant de vos erreurs passées? — A ces mots, le roi se jeta à genoux; il déclara qu'il était profondément affligé de ses erreurs, qu'il les abjurait et détestait, et qu'il désirait désormais vivre et mourir dans la profession de la foi catholique, qu'il défendrait au péril de sa vie. Il récita à haute voix la confession de foi qu'on avait préparée pour lui: par elle il abjura l'une après l'autre toutes les erreurs de la prétendue réforme. Ensuite de quoi il fut admis dans le temple, au milieu des acclamations de la foule et au bruit des décharges de l'artillerie. Il s'agenouilla devant le grand autel et y récita ses oraisons: il passa dans le confessionnal, où l'archevêque de Bourges lui donna l'absolution; enfin, il revint prendre place sous le baldaquin, et il assista à la messe solennelle que célébra l'évêque de Nantes (*Ibid.*, p. 202).

Ainsi se terminait cette grande lutte entre la France et son roi: lutte merveilleuse, où la France dut conquérir son roi, le conquérir à la foi de ses pères, à la foi de Clovis, de Charlemagne et de saint Louis, à la foi originelle et vitale de la France, afin que cette France demeurât toujours la même, toujours la première des nations chrétiennes, de qui le trône, comme celui de saint Pierre, n'a jamais été profané par l'hérésie. Pour compléter et canoniser ce glorieux triomphe de la France sur son roi et de son roi sur lui-même, il ne manquait plus que la ratification du chef de l'Eglise catholique, du vicaire de Jésus-Christ. La réunion de la France avec elle-même ne pouvait être mieux consolidée que par un attachement plus intime au centre de l'unité universelle. Aussi fut-ce la condition première, convenue de part et d'autre, dans les premières négociations entre Henri IV et Mayenne.

Avant de nommer une ambassade solennelle pour rendre hommage au Pape, Henri IV eut soin d'entretenir à Rome des agents secrets pour s'y préparer les voies. Le premier de ceux-ci était Arnauld d'Ossat, né au diocèse d'Auch, en Gascogne, qui s'était attaché à la famille de l'ambassadeur français, Paul de Foix, et ensuite à celle du cardinal d'Este. Cet homme savant et adroit fut chargé par la reine Louise de Vaudémont d'obtenir pour elle-même et pour les couvents quelques grâces spirituelles. Ce lui fut une occasion de traiter avec le Pape sans être remarqué. Bientôt il fut secondé par La Clielle, maître-d'hôtel du roi; autre agent secret qu'avait envoyé Henri IV. Clément VIII, après avoir beaucoup protesté qu'il ne voulait avoir aucune communication avec le prince de Béarn, consentit cependant à ce que La Clielle fût conduit secrètement dans son cabinet; et tandis qu'il s'attachait à se montrer à lui austère et implacable, il lui fit donner avis par un de ses confidents de ne se rebuter pour aucun obstacle qu'il trouverait sur son chemin; car le moment n'était pas éloigné où le Pape s'abandonnerait à son penchant secret, et ouvrirait son sein à l'enfant égaré qui revenait à lui (Sismondi, t. XXI, p. 219). On s'étonnera probablement de cette innocente duplicité du saint pape Clément VIII. C'est qu'il se souvenait de ce qui était arrivé à son prédécesseur Clément VII. Ce dernier, s'étant prononcé sans assez de précaution pour la France, vit Rome assiégée et saccagée par l'armée espagnole, italienne et allemande de Charles-Quint, commandée par le connétable de Bourbon; il se vit assiégé lui-même dans le château Saint-Ange, et contraint à payer une immense rançon pour la délivrance de Rome et de sa personne. Or, le fils de Charles-Quint, Philippe II, n'était pas moins puissant en Italie et ailleurs: il avait soutenu de son argent et de ses troupes la France catholique contre son roi huguenot, recevoir précipitamment celui-ci au sein de l'Eglise, pouvait avoir pour Clément VIII, de la part du fils, les mêmes inconvénients que Clément VII avait éprouvés de la part du père. D'ailleurs, il fallait ménager la ligue, où il y avait du bon (1), mais où tout n'était pas excellent, et lui laisser le temps de se calmer peu à peu: une mer, soulevée par la tempête, ne s'apaise pas tout à coup, à moins d'un miracle.

Le 27 février 1594, comme la ville de Reims était, encore aux mains de la ligue, Henri IV se fit sacrer à Chartres, par Nicolas de Thou, évêque de cette ville. Le lendemain, il se fit décorer solennellement du collier du Saint-Esprit, et prononça ces paroles dans son serment: En outre je tâcherai à mon pouvoir, en bonne foi, de chasser de ma juridiction et terres de ma sujétion tous hérétiques dénoncés par l'Eglise (*Ibid.*, p. 250 et 251). Le 22 mars, le

---

et les livrait à la merci d'un prince qui devait trop aux huguenots pour n'être pas forcé de les payer aux dépens de ses coreligionnaires. L'édit de Nantes le fit bien voir, et, quoique le pardon du souverain Pontife ait été absolument nécessaire pour ranger le roi parmi les souverains catholiques, la réconciliation anticipée de Saint-Denys ayant suffi pour lui remettre la meilleure partie de la France entre les mains, il craignait peu de se refuser à presque toutes les réparations que le Pape exigeait de lui, dans l'intérêt de la religion, et même de ne pas accomplir les promesses les plus solennellement jurées (Cf. SIXTE-QUINT ET HENRI IV. *Revue du monde catholique*, 1862). E. H.

(1) La ligue fut l'organisation irrésistible et spontanée de la France, résolue à se défendre contre l'invasion du protestantisme. Aussi la ligue s'appelle-t-elle aussi l'*Union*.
Les paroles de Luther décomposèrent la chrétienté. Le glaive de Dieu pénétra à la racine des nations: Il fallut choisir entre Luther et Jésus-Christ, entre Luther et l'Eucharistie. Vers le déclin du XVIe siècle, la royauté de France est représentée par Henri III, qui a la foi sans la pureté. Aussi, malgré son désir de défendre la foi, ne peut-il la défendre. L'épée tombe de ses mains impures. Il ne songe pas à secouer le joug de la foi pour mettre en liberté ses passions. Il essaie de concilier sa foi et ses passions, et s'offre à défendre la foi qu'il outrage. Son impureté le paralyse.
La France lui arrache des mains, non pas le sceptre, mais l'épée: voilà la Ligue, l'Union. Il n'y a pas là de calcul; mais l'explosion spontanée de la vie nationale, qui a cessé de trouver dans la royauté son expression (Cf. SIXTE-QUINT ET HENRI IV, par Georges Seigneur, *Revue du monde catholique*, 1862). E. H.

LIVRE LXXXVI. — FUNESTES SUITES DE L'APOSTASIE EN FRANCE.

comte de Brissac, nommé gouverneur de Paris par Mayenne, en ouvre l'entrée à Henri IV.

La masse du peuple, si ardent pour la ligue contre le roi huguenot, se tourna vers le roi, dès qu'elle le vit catholique. Mais la ligue avait son écume: L'an 1593, un espion du grand-duc de Toscane signala au roi Pierre Barrière, comme cherchant à l'assassiner. Barrière fut arrêté à Melun au mois d'août. Il avait déjà été, à plusieurs reprises, soit à Saint-Denys, soit à Melun, assez près du roi pour pouvoir le frapper; mais le courage lui avait manqué, ou bien, comme il le disait, il avait renoncé à son dessein depuis qu'il avait su que le roi s'était fait catholique; on lui représenta un couteau à deux tranchants trouvé chez lui, qu'il assura être celui dont il se servait pour couper son pain. Il n'y avait, contre lui que la dénonciation d'un complot qui n'avait eu aucun commencement d'exécution, et dont on n'avait eu aucune espèce de preuve. Il fut condamné cependant à être rompu vif le 31 août. Un juge, touché de son repentir, le fit étrangler avant qu'il eût subi toutes les horreurs de son supplice. Voilà, comme le protestant Sismondi juge ce fait. (Sismondi, t. XXI, p. 223);

L'année suivante 1595, le 27 décembre, le roi, à peine descendu de cheval à son retour de Saint-Germain, entra dans une salle du Louvre, où il était entouré des chevaliers du Saint-Esprit, qui devaient l'accompagner à la procession du premier de l'an. Un jeune homme de dix-neuf ans, nommé Jean Chastel, s'était glissé parmi eux; c'était le fils d'un marchand de Paris. Au moment où les chevaliers de Ragni et de Montigni saluaient le roi, Chastel lui porta un coup de couteau qu'il destinait à la gorge; mais le roi s'était baissé pour les embrasser en sorte, que le couteau frappa à la lèvre, et fut arrêté par les dents. La blessure fut si légère, que le roi crut que c'était sa folle Mathurine qui l'avait atteint. Chastel avait à l'instant laissé tomber le couteau, et s'était perdu dans la foule; il fut cependant reconnu et arrêté. Il fut mis à la torture, et, d'après ses aveux, on prétendit qu'il avait été élevé dans l'école des Jésuites, et qu'il avait été encouragé au meurtre du roi par le curé de Saint-André, comme expiation de désordres honteux auxquels il avait été adonné; d'autres affirmèrent, au contraire, que par sa confession il déchargea absolument les Jésuites de tout blâme. Le surlendemain, jeudi 29 décembre, il eut le poing coupé, puis il fut tenaillé et tiré à quatre chevaux, en sorte, à la place de Grève, ses membres furent jetés au feu, et ses cendres dispersées au vent. — Le protestant Sismondi continue.

La tentative de Chastel fournit au parlement le prétexte qu'il cherchait pour sévir contre les Jésuites. Cet ordre, qui prétendait l'emporter sur tous les autres dans son zèle pour l'Eglise, et qui faisait vœu d'une obéissance plus explicite que le reste du clergé à la cour de Rome, avait excité le ressentiment, et la jalousie des autres ordres monastiques. Dès le commencement de cette année, il était en procès avec l'Université; il avait aussi une querelle avec les curés de Paris, et le parlement le regardait avec une extrême défaveur. De Thou rapporte avec complaisance toutes les accusations qui circulaient alors contre les Jésuites, et les autres historiens s'en montrent également avides. Le jour même du supplice de Chastel, le parlement rendit un arrêt ordonnant « que les prêtres du collége de Clermont, leurs disciples, et en général tous les membres de la Société de Jésus, sortiraient de Paris et de toutes les villes où ils auraient des colléges, trois jours après que cet arrêt leur aurait été signifié, et dans quinze jours hors du royaume, comme corrupteurs de la jeunesse, perturbateurs du repos public et ennemis du roi et de l'Etat. » En cas de désobéissance, ils devaient être traités comme criminels de lèsemajesté. Le dimanche, 8 janvier, on les vit en effet, au nombre de trente-sept, les uns dans trois charettes, les autres à pied, sortir de Paris, conduits par un huissier de la cour. Le Père Guéret, Jésuite, sous lequel Jean Chastel avait fait son cours de philosophie, fut mis à la question, aussi bien que le Père Alexandre Haym, Ecossais; mais on ne put rien tirer de l'un ou de l'autre. Le Père Guignard, autre Jésuite, homme docte et régent dans leur collége, fut, le 7 janvier, « pendu et étranglé, dit l'Estoile, en la place de Grève à Paris, et son corps réduit en cendres, après avoir fait amende honorable en chemise, devant la grande église Notre-Dame. Et ce, par arrêt de la cour du parlement, pour réparation des écrits injurieux et diffamatoires contre l'honneur du feu roi et de celui-ci, trouvés dans son étude, écrits de sa main et faits par lui. Ce qu'il auroit confessé et toutefois soutenu qu'il les avoit faits pendant la guerre et avant la conversion du roi... Et sur ce qu'il lui fut remontré pourquoi, depuis la conversion du roi et réduction de Paris, il n'avoit brûlé lesdits écrits, ains les avoit gardés, répondit qu'il n'en avoit tenu autrement compte, pour que tout cela avoit été pardonné par le roi. (*Journal de l'Estoile*, t. III, p. 108-112). »

On ne sait, conclut le protestant Sismondi, ce qu'on doit regarder comme plus déplorable, du fanatisme qui armait un assassin contre le roi... ou de la cruauté, de la précipitation, de la lâche servilité du premier corps de la magistrature, qui ne se contentait pas de faire périr dans d'atroces tourments le jeune coupable, mais qui étendait les châtiments jusqu'aux hommes innocents, jusqu'aux hommes dont les anciennes offenses étaient pardonnées; qui ne se donnait pas le temps de reconnaître la vérité et qui condamnait en masse, en quarante-huit heures, à un exil déshonorant, une nombreuse société religieuse qui n'avait été ni écoutée, ni défendue, pour une tentative de régicide à laquelle elle n'avait eu aucune part. Ce n'était pas seulement une scandaleuse iniquité, c'était un grand acte de lâcheté politique, car le parlement qui condamnait l'ordre entier des Jésuites, d'après quelques doctrines contraires à l'autorité royale qui se trouvaient exprimées dans les écrits de quelques-uns de ces religieux, était le même corps qui, l'année précédente encore, sanctionnait la révolte, et donnait une adhésion tout au moins tacite à l'assassinat commis par Jacques Clément. En effet, toute sa sévérité n'avait qu'un but, celui de faire excuser sa précédente opposition à l'autorité royale (Sismondi, t. XXI, p. 319-323).

L'esprit de la ligue ne se peut mieux connaître que par l'esprit de ses chefs et du peuple qui en faisait la masse. Le peuple se tournait de plus en plus vers le roi, depuis qu'il le voyait catholique : s'il y eut encore quelque hésitation, c'est qu'on attendait la ratification du chef de l'Eglise. Quant aux chefs de la ligue même, la plupart des princes lorrains s'étaient réconciliés avec le roi dès l'année 1594 : d'abord le duc de Lorraine, Charles III; puis le duc de Guise, à qui Henri IV donna le gouvernement de Provence, où le duc lui rendit les plus éminents services, en ramenant à son obéissance, et les villes qui tenaient encore pour la ligue, et la partie de la Provence où le duc d'Epernon voulait se maintenir avec le secours du roi d'Espagne, et la ville de Marseille que d'Epernon voulait livrer aux Espagnols. Le duc de Mayenne attendait encore la ratification du Pape pour traiter de sa soumission avec Henri IV : dès le 28 juin 1595, il fit livrer au roi la citadelle de Dijon, comme condition préliminaire.

Le pape Clément VIII, qui sentait tout le poids de la domination des Espagnols sur l'Italie, se réjouissait de tous les succès du roi de France, comme nourrissant son espoir de rétablir l'équilibre de l'Europe. De son côté, Henri IV attachait une grande importance à son absolution; elle lui paraissait nécessaire pour le réhabiliter entièrement aux yeux du monde catholique, pour ôter tout prétexte aux ligueurs, et pour lui faire acheter à plus bas prix l'adhésion des chefs insurgés, qu'il réconciliait les uns après les autres à la couronne. Aussi n'avait-il pas cessé d'entretenir auprès du Saint-Siége des négociateurs, tels que La Clielle, d'Ossat, le cardinal de Gondi et Du Perron.

On fit honneur à ces négociateurs de leur adresse, tandis qu'au fond ils n'obtinrent que ce que le Pape désirait ardemment leur donner. Clément VIII avertit l'ambassadeur d'Espagne qu'il se croyait obligé, en conscience, à ne pas refuser davantage une réconciliation qui lui était demandée par un grand roi et un grand peuple, et que le moment était venu pour lui de consulter ses cardinaux. L'ambassadeur, qui se croyait sûr du sacré collège, dont la majorité était sous la dépendance de l'Espagne, donna son assentiment. Aussitôt le Pape déclara que, dans une mesure de cette importance, il ne lui suffisait point d'obtenir le vote du consistoire; que c'était seulement dans des conférences secrètes avec chacun des cardinaux qu'il sonderait réellement leur conscience et qu'il éclairerait la sienne. Il les appela effectivement les uns après les autres auprès de lui. Pendant plusieurs semaines, la cour pontificale fut occupée de ces conférences : personne cependant ne pouvait en connaître les résultats ou compter les suffrages. Enfin il assembla le sacré collège, et lui annonça que, d'après ses consultations secrètes, il s'était assuré que les deux tiers des cardinaux opinaient pour que le roi fût absous des censures, et reçu dans le sein de l'Eglise. Le cardinal Colonne voulut élever quelques objections; mais le Pape lui imposa silence et déclara qu'il ne souffrirait pas de nouvelles délibérations.

Enfin, le 16 septembre 1595, le pape Clément VIII, accompagné de tous les cardinaux, à la réserve de deux, vint s'asseoir sur le trône qui lui avait été préparé sous le portique de Saint-Pierre. Les négociateurs français, d'Ossat et Du Perron, en habit de simples prêtres, tenant en main la procuration du roi, présentèrent au secrétaire du Saint-Office la supplique que Henri IV adressait au Pape; elle fut lue publiquement. Le secrétaire d'Etat qui était assis au pied du trône, se levant alors, lut le décret du Pontife. Celui-ci ordonnait que Henri de Bourbon, roi de France et de Navarre, après avoir abjuré toutes les hérésies qu'il professait autrefois, avoir accepté la pénitence publique qui lui serait imposée, et avoir accompli les conditions que lui dictait Sa Sainteté, serait absous des censures prononcées contre lui, et admis dans le sein de l'Eglise. Les principales de ces conditions étaient : le rétablissement du culte catholique dans la principauté de Béarn; la fondation d'un certain nombre de monastères; la publication dans toute la France du concile de Trente, à l'exception cependant de celles de ses dispositions qui pourraient causer du trouble, et dont le Pape le dispenserait; la consignation du jeune prince de Condé, héritier présomptif de la couronne, entre les mains des catholiques, pour être élevé par eux; la restitution au clergé de ses biens, l'exclusion des hérétiques de tous les emplois; enfin l'obligation que prenait le roi de ne les tolérer qu'autant que, pour les exterminer, il ne serait pas obligé de recommencer la guerre. A ces conditions politiques étaient jointes aussi des pénitences toutes spirituelles, en grand nombre (1). Les procureurs du roi, d'Ossat et Du Perron, acceptèrent ces conditions par acte notarié ; puis, se mettant à genoux devant la basilique, ils abjurèrent à haute voix, au nom du roi, l'hérésie des huguenots, selon la formule qui leur fut présentée. Alors le grand-pénitencier toucha leurs têtes de sa baguette, en signe d'affranchissement, comme font encore les pénitenciers romains pour tous les pénitents qu'ils absolvent; leur absolution fut prononcée, les portes de la basilique furent ouvertes au son de toute l'artillerie et d'un bruyant orchestre, et les procureurs du roi, ayant revêtu leurs habits de prélat, assistèrent à la messe dans le banc habituellement réservé aux ambassadeurs de France (Sismondi, t. XXI, p. 342-346).

Enfin, le 24 janvier 1596, le duc de Mayenne, chef de la ligue, fit sa paix avec le roi Henri IV : le reste de la ligue se soumit avec son chef. Le 31 du même mois, Mayenne vint voir Henri IV, accompagné de six gentilshommes seulement. Il mit un genou en terre pour lui baiser les pieds; mais le roi, d'une face riante, le releva, l'embrassa, et lui dit : Mon cousin, est-ce vous ou un songe que je vois? Ensuite, le prenant par la main, il se mit à le promener à fort grands pas dans son parc de Monceaux, lui montrant les allées, et lui contant ses projets d'embellissements. Mayenne, qui était fort gros, et de plus incommodé d'une sciatique, le suivait comme il pouvait, mais d'assez loin. Henri, après lui avoir fait convenir qu'il n'en pouvait plus, lui frappa sur l'épaule, et lui dit en riant : Touchez là, mon cousin; car, par Dieu, voilà tout le mal et le déplaisir que vous recevrez jamais de moi. En effet, observe le protestant Sismondi, tous deux furent fidèles à leurs promesses de réconciliation;

(1) Le roy, s'il n'a légitime empeschement, dira tous les jours le chapelet de Nostre-Dame, et le mercredy les litanies, et le samedy le rosaire de Nostre-Dame, laquelle il prendra pour son advocate ès cieux; et gardera les jeusnes et autres commandements de l'Eglise; oiera la messe tous les jours, et les jours de feste messe haute; il se confessera et communiera en public pour le moins quatre fois par chacun an (Extrait de *l'acte d'absolution donné par Clément VIII*).

Mayenne servit dès lors Henri IV avec loyauté, et Henri ne garda aucun ressentiment contre le chef de parti qu'il avait eu tant de peine à soumettre (Sismondi, t. XXI, p. 411). Voltaire termine également sa *Henriade* par ces vers :

> .... Justement désarmée,
> Rome adopta Bourbon, Rome s'en vit aimée.
> La discorde rentra dans l'éternelle nuit.
> A reconnaître un roi, Mayenne fut réduit;
> Et soumettant enfin son cœur et ses provinces,
> Fut le meilleur sujet du plus juste des princes.

Ces conclusions du protestant Sismondi et de l'impie Voltaire, deux juges non suspects, fournissent la décision de l'histoire. Faisant l'éloge du chef de la ligue ils font l'éloge de la ligue même; car un corps ne pense pas autrement que la tête. Il est donc constant que, sitôt que Henri IV fut reconnu catholique par le chef de la catholicité, la ligue et son chef, c'est-à-dire la France éminemment catholique le reconnut pour son roi et lui fut sincèrement dévouée. Elle avait atteint son but, de demeurer ce qu'elle était, une et la même, la première des nations chrétiennes, la France de Clovis, de Charlemagne et de saint Louis.

Il en fut autrement des huguenots : ils voulurent former une nation dans la nation, un état dans l'état, une république genevoise dans le royaume très-chrétien, avec des villes et des gouverneurs à eux : ce que Henri IV fut contraint de leur accorder par l'édit de Nantes, 13 avril 1598.

Les politiques, autrement les catholiques qui préféraient plus ou moins le roi à la religion et eux-mêmes au roi, se montrèrent aussi tels qu'ils étaient. Leurs chefs se proposèrent avec les huguenots de se partager la France en duchés indépendants. Le maréchal de Biron, l'un d'eux, fut condamné comme traître et puni du dernier supplice. Henri IV, dont le Pape avait déclaré nul le mariage avec Marguerite de Valois, épouse Marie de Médicis, qui, le 27 septembre 1601, lui donne un fils, depuis Louis XIII. Avec plus de sérieux dans le caractère, plus de justesse dans la politique, moins de passion pour la chasse, le jeu et les femmes, Henri IV aurait pu être un digne fils de saint Louis et régénérer la France.

Cette œuvre était réservée à deux hommes qui n'étaient ni rois ni princes : l'un se nommait François, l'autre Vincent. Le premier naquit le 21 août 1567, dans les environs de Genève, trois ans après que l'hérésiarque Calvin y fût mort le 27 mai, en proie à une maladie honteuse, dont le désespoir fut le terme (Audin, *Hist. de Calvin*, t. II, p. 473). Il sera évêque de Genève et combattra la triste hérésie de Calvin, plus encore par son aimable sainteté que par ses doctes ouvrages. Le second, simple prêtre, né l'an 1576, dans les environs des Pyrénées, sera le père des pauvres, le régénérateur du clergé et du peuple, par des institutions qui vivent et s'étendent comme la charité même. Ces deux hommes, tout le monde les connaît et les aime sous les noms de saint *François de Sales* et de saint *Vincent de Paul*.

Avec la religion de l'univers chrétien et avec son unité nationale, la France conserva son rang parmi les nations, tandis que l'Allemagne perdit le sien, avec son unité nationale, en perdant l'unité de la religion chrétienne. Jusqu'alors son chef, élu par ses princes et sacré par le vicaire du Christ, marchait à la tête des rois chrétiens, comme défenseur armé de la chrétienté entière, particulièrement de l'Eglise romaine. Maintenant divisée d'avec elle-même par sa séparation d'avec le centre de l'unité catholique, elle ne peut plus prétendre au premier rang, comme saint empire romain, ni son chef au titre d'empereur d'Occident; elle ne peut même plus prétendre au titre de nation, n'étant plus une, mais divisée contre elle-même en deux et trois fractions hostiles (Menzel, *Nouvelle hist. des Allemands depuis la réformation*, t. IV, p. 212).

Pendant la seconde moitié du XVIe siècle, cette division était moins violente entre les catholiques et les protestants qu'entre les protestants eux-mêmes, Luthériens et Calvinistes. Comme corporation politique, le luthéranisme, sous la direction de la Saxe et du Brandebourg, tenait à l'ancienne constitution de l'empire et à la maison d'Autriche; le calvinisme, sous la direction de l'électeur palatin, était en opposition avec l'Autriche et l'empire, et s'appuyait sur des alliances avec l'Angleterre et la Hollande. De là, au commencement du XVIIe siècle, nous verrons sortir la guerre civile de trente ans (*Ibid.*, t. V, préface, et p. 279). Une preuve de cette opposition violente entre les Luthériens et les Calvinistes d'Allemagne, c'est que les premiers approuvèrent le massacre de la Saint-Barthélemy comme une juste punition de sujets rebelles (*Ibid.*, t. IV, p. 515; t. V, p. 40). De plus, dès l'an 1568, le duc luthérien Guillaume de Saxe conduisit une armée au roi Charles IX contre les huguenots, et le calviniste Jean Casimir, comte palatin, une armée aux huguenots contre le roi.

Ce qui augmenta la haine des Luthériens contre les Calvinistes, c'était la tendance de ces derniers au mahométisme. Luther et Calvin rejetèrent certaines doctrines de l'Eglise catholique en vertu de leur jugement privé; leurs disciples, en vertu du même principe, allèrent plus loin. Plusieurs prédicants du palatinat conclurent donc à rejeter la trinité des personnes divines et la divinité de Jésus-Christ. Longtemps ils cachèrent ce mystère d'iniquité, que Socin semait de son côté en Hongrie et en Pologne. En 1570, ils en communiquèrent avec un ambassadeur de Transylvanie, qui était dans les mêmes sentiments, mais qui, par indiscrétion, fit connaître leur mystère et leurs écrits. Quatre d'entre eux, Neuser, Sylvain, Suter et Vèhe, furent arrêtés au mois d'août. On trouva dans leurs papiers des écrits furieux contre les mystères de la Trinité et de l'Incarnation. Les auteurs, non contents de cela, mais persuadés que leur doctrine trouverait un appui dans les Turcs, avaient déclaré la religion de ceux-ci meilleure et plus vraie que la religion chrétienne. Neuser avait même minuté une lettre au sultan des Turcs, où il le pressait de surprendre l'Allemagne pendant que les princes étaient divisés entre eux pour cause de religion et que les peuples étaient tellement épuisés et exaspérés par des impôts exorbitants, qu'ils recevraient le sultan avec joie comme leur seigneur et leur libérateur. Par ordre de l'électeur palatin, qui pourtant était calviniste, Suter et Vèhe furent condamnés à l'abjuration et au bannissement : Sylvain fut décapité à Heidelberg le 24 décembre 1572, en présence du conseil et du juge de la ville.

Neuser s'était échappé de prison et réfugié en Transylvanie, d'où il adressa effectivement à Sélim II, une lettre où il soutenait que le vrai sens de la doctrine du Christ s'accorde avec l'Alcoran, et assurait au sultan que si les chrétiens étaient d'abord instruits que la doctrine de Mahomet est fondée sur l'Evangile, et que l'empire turc est celui dont Daniel a prédit, aux chapitres deuxième et septième, qu'il embrasserait toute la terre et dominerait sur tous les empereurs et rois, ils ne voudraient point faire la guerre à Dieu, mais se donner à lui de bon cœur. Si le sultan veut amener les chrétiens idolâtres à la connaissance du Dieu éternel, étendre son empire et répandre la gloire du Dieu unique par tout l'univers, c'était alors le temps, le clergé étant divisé d'avec lui-même et le peuple tellement fourvoyé, qu'il tenait pour incertain et pour mensonger tout ce que lui enseignaient ses prêtres. Il s'offrait à y coopérer par ses écrits et ses prédications, et promettait de donner sur l'Allemagne tous les renseignements que le sultan demandait; en même temps, il demandait, pour lui et pour ses enfants d'être reçus à Constantinople, avec l'assurance qu'il embrassait l'Alcoran avec une pleine conviction et se soumettait volontairement à ses lois. Sur quoi il se rendit effectivement à Constantinople, y reçut la circoncision et y vécut comme un mahométan jusqu'à sa mort. On trouva ces mots écrits de sa main : « Tous les ariens que j'ai connus ont été calvinistes. Quiconque ne veut pas tomber dans l'arianisme, doit se garder du calvinisme (Menzel, t. IV, p. 401-405). »

Le calvinisme allemand était le luthéranisme mitigé par Mélanchthon, disciple favori de Luther. Après la mort du maître et sous l'influence du disciple, Wittemberg devint une pépinière de calvinisme. A la mort de Mélanchthon, son gendre, Peucer, fut le chef de la nouvelle école. Peucer était professeur de mathématiques et de médecine à l'Université de Wittemberg, mais, comme tous les savants d'alors, se mêlait de théologie. Il jouissait de la faveur d'Auguste, électeur de Saxe, qui le nomma son médecin et le faisait manger à sa table chaque fois qu'il venait à Dresde. Peucer fut élu recteur de l'Université, puis inspecteur. Cette Université devint tellement calviniste, qu'elle ne s'en cachait plus. Dès l'an 1559, elle avait publié à Leipsick les principaux ouvrages de Mélanchthon sous le titre de *Corps misnien de doctrine*. En 1566, l'électeur défendit sous des peines sévères d'attaquer les opinions des Mélanchthoniens ou Saxons calvinistes. En 1569, il ordonna de s'en tenir au *Corps de doctrine* et d'éviter comme une peste l'erreur des Illyriciens, qui étaient les Luthériens rigides. Les prédicants rebelles furent, sans forme de procès, déposés et bannis. Parut alors un théologue du Wurtemberg, Jacques-André Schmidelin, qui, sous le nom de *pacification générale*, cherchait à établir une dictature dans les églises protestantes. Il se promettait d'être lui-même le dictateur. Les princes, dont chacun se promettait la même chose, écoutèrent volontiers ses plans. L'Université calviniste de Wittemberg n'entendit pas de cette oreille : elle opposa son *Corps misnien de doctrine*. Ensuite parut en 1571, à Wittemberg même, un catéchisme qui supprimait la doctrine de Luther sur l'eucharistie, pour y substituer la calvinienne. Grande rumeur chez les Illyriciens ou Luthériens rigides d'Iéna et de Saxe-Weimar : ils jetèrent de si hauts cris, qu'ils arrivèrent jusqu'à l'électeur Auguste, qui au fond était rigide luthérien, mais qui en fait de théologie ne distinguait pas toujours le blanc du noir. Donc, moyennant certaines équivoques et restrictions mentales, les Mélanchthoniens ou Calvinistes l'apaisèrent. L'assemblée des théologues de Saxe dressa une nouvelle profession de foi, nommée l'*Accord de Dresde*. Les Mélanchthoniens triomphaient. Par surcroît de bonheur, le duc de Saxe-Weimar mourut en 1573 : l'électeur de Saxe, devenu tuteur de son fils, expulsa du duché cent onze prédicants luthériens, qui ne voulurent pas souscrire à l'*Accord de Dresde* (Menzel, t. IV, c. 16).

Les Mélanchthoniens ou Calvinistes de Wittemberg, soutenus par Cracow, chancelier de l'électeur, et par deux prédicants de la cour, se déclarèrent ouvertement pour le calvinisme. En 1574 parut une nouvelle profession de foi sous le nom d'*Explication claire de la controverse sur la cène du Seigneur*, où l'on présentait la doctrine de Luther sur la présence réelle comme inadmissible et absolument à rejeter. L'*Explication* était sans nom d'auteur ni d'imprimeur ; mais on sut bientôt qu'elle venait des théologues de Wittemberg, qui ne cessaient de la recommander et d'en répandre des exemplaires de toutes parts. A ce coup, l'électeur, luthérien rigide, se réveilla d'autant plus irrité qu'il avait été joué plus longtemps. Le chancelier Cracow, le médecin Peucer, le conseiller ecclésiastique Stoessel, et le prédicant Schutz furent incarcérés au mois d'avril 1574. Les autres théologues, suspects des mêmes opinions, furent amenés par troupes à Torgau, où ils durent répondre par oui ou non aux quatre articles suivants : 1° Admettez-vous de cœur toutes les doctrines sur l'eucharistie contenues dans la présente déclaration ? — 2° Condamnez-vous sincèrement toutes les erreurs des sacramentaires anciens et nouveaux ? — 3° Reconnaissez-vous tout ce qui est contenu dans les écrits de Luther pour la sincère, unique et éternelle vérité de Dieu ? — 4° Détestez-vous la scandaleuse *Explication* comme un livre sacramentaire ? — La plupart des prédicants répondirent *oui* sans beaucoup de peine. Les plus récalcitrants finirent par se soumettre, au moins d'une manière équivoque, et furent bannis. Les quatre premiers eurent un sort plus dur. L'ex-chancelier Cracow, mis à la torture, essaya de se couper la gorge avec un couteau, puis s'abstint de manger pendant quinze jours et fut trouvé mort sur sa couche de paille, le 17 mars 1575. Stoessel fut torturé jusqu'à en mourir, au mois de mai 1576. Peucer resta longues années dans un cachot : vainement l'empereur Maximilien II pria l'électeur de lui rendre la liberté pour en faire son médecin, l'électeur répondit : « J'ai besoin moi-même de son assistance. — Mais alors pourquoi le retenir en prison, puisqu'il ne saurait ainsi vous assister ? — Parce que je ne veux employer que des serviteurs qui, en religion, croient et professent ce que je crois et professe, et qui entre eux aient la même esprit et la même créance. » — Pour éterniser le triomphe du luthéranisme sur l'école mélanchthonienne, l'électeur fit frapper une médaille. Il y paraissait lui-même armé, tenant d'une main l'épée électorale, de l'autre une balance, avec l'image de la Trinité au-dessus. Dans le bassin qui descendait, se voyait l'enfant Jésus, avec cette légende : *La toute-puissance*. Dans l'autre bassin, qui montait, comme trop léger, paraissaient les quatre théologiens de Wittemberg, faisant de vains efforts, avec le diable au-dessus de leurs têtes, pour faire descendre le bassin, qui avait pour légende : *La raison*. L'idée de cette médaille et la vogue qu'elle eut parmi les contemporains montrent mieux que de longues dissertations quel esprit et quel goût dominaient alors en Allemagne (Menzel, t. IV, c. 18).

Par ses articles de Torgau, qui parurent sous le titre de *Confession approuvée*, l'électeur Auguste se flattait d'avoir mis d'accord tous les protestants : il se vit bien loin de son compte. Son *credo* électoral fut blâmé en sens contraire. Nouvelle assemblée, en 1576, à Torgau, de théologiens saxons, pour rédiger un formulaire de concorde sous le nom de *Livre de Torgau*, mais qui ne fit que provoquer des discordes nouvelles (*Ibid.*, c. 19). Autre assemblée au monastère de Berg, en 1577, pour compléter le travail précédent, sous le titre de *Formule de concorde*. Un des rédacteurs et signataires, Chytrée, en parle dans les termes suivants : « Plusieurs comparent ces misérables collègues de Berg, si mal unis entre eux, à la bande aristotélicienne de huit larrons, dans laquelle les contredisants furent égorgés l'un après l'autre, d'abord quatre par quatre, puis deux par deux, enfin un par un (*Ibid.*, c. 20, p. 491). « L'électeur nomma une commission pour faire souscrire par toute la Saxe cette concorde discordante, déposer et bannir les réfractaires. Quant aux autres pays protestants, elle fut reçue dans les uns, rejetée dans les autres ; le roi de Danemarck la jeta au feu.

L'électeur Auguste étant mort subitement le 11 février 1586, eut pour successeur son fils Christian Ier, qui était favorable au calvinisme. Il prit pour conseiller intime et chancelier Nicolas Crell, un des chefs de l'école mélanchthonienne. Crell refusa de signer la *Formule de concorde*, et fit revivre une ancienne ordonnance de l'électeur Auguste, contraire aux Luthériens rigides, qui se virent traités fort sévèrement. (*Ibid.*, t. V, c. 15). Le parti calviniste rêvait un âge d'or, lorsque l'électeur Christian mourut soudain le 25 septembre 1591, et sous la minorité de son fils, le gouvernement de la Saxe tomba aux mains du duc Guillaume d'Altenbourg, très-zélé pour le rigide luthéranisme. Le chancelier Crell fut incarcéré, ainsi que le prédicant Gunderman de Leipsick. Celui-ci, après cinq mois de détention, souscrivit ce qu'on voulut, afin de revoir sa femme qu'il avait laissée enceinte. A peine eut-il signé, qu'il apprit que sa femme s'était pendue de désespoir : il en perdit la raison. D'autres prédicants du calvinisme eurent un sort à peu près semblable. A Leipsick, en 1593, le peuple luthérien mit le feu aux maisons des calvinistes, qui furent réduits à quitter la ville. (*Ibid.*, c. 16). Il en usa de même en Silésie (*Ibid.*, c. 17). Le 22 septembre 1601, après une détention de dix ans, le chancelier Crell fut condamné à mort et décapité le 9 octobre (*Ibid.*, c. 18).

A Brunswick se passèrent des choses plus cruelles encore. En 1603, les prédicants luthériens excommunièrent le capitaine de la bourgeoisie, nommé Brabant : en 1604, le bruit se répandit qu'il avait un pacte avec le diable, et qu'on avait vu celui-ci le poursuivre sous la forme d'un corbeau. Brabant dut se sauver par la fuite, mais se cassa la jambe. Il fut ramené le 5 octobre, au milieu des huées de la population, qui le maudissait comme traître et magicien. Dès le lendemain, commença son interrogatoire. Trois fois, il fut mis à la plus cruelle torture. Un de ses bras sortit de sa place. Pour se délivrer de ces tourments, il promet de dire *oui* à toutes les questions. Ses compagnons d'infortune ne furent pas traités mieux. Pendant que Zacharie Druseman était pendu par les bras à la torture, messieurs les juges s'en allèrent dans une chambre au-dessus, souper du vin et des confitures. Il conjura l'exécuteur, par les plaies de Jésus-Christ, de le descendre un instant, et de desserrer tant soit peu les vis de ses pieds ; l'autre protesta qu'il ne lui était pas permis de le faire avant le retour et l'ordre de messieurs les juges. Lorsque ceux-ci complètement ivres, revinrent après une heure, Druseman était mort, pendu en la torture. Le supplice de Brabant eut lieu le 17 septembre en la manière suivante. On lui coupa d'abord deux doigts de la main droite ; ensuite on lui déchiqueta les bras et la poitrine avec des tenailles ardentes ; puis, on l'étendit tout nu sur la table du supplice, on lui coupa le membre viril, on lui brisa lentement la poitrine avec un maillet de bois, on lui ouvrit le corps, on lui arracha le cœur avec les entrailles, et on lui en frappa le visage. Pour que ce malheureux ne devînt pas trop tôt insensible à ces horribles tourments, on avait l'attention de lui présenter des eaux cordiales. Son cadavre fut coupé en cinq parts, et pendu aux cinq portes de la ville. Le jour de la Saint-Michel, à la demande du conseil de la ville, les prédicants luthériens prirent sur eux de justifier du haut de la chaire ces exécutions, qui ne cessaient pas encore, et le 9 décembre on célébra un service d'actions de grâces dans toutes les églises (Menzel, t. V, c. 19).

C'est ainsi, dit le protestant Menzel à qui nous empruntons tous ces faits, c'est ainsi que commença le XVIIe siècle, le plus sombre de la vie allemande, depuis que la nation a une histoire. La langue et la littérature se trouvaient dans la plus profonde décadence. Non-seulement l'imagination et l'esprit, la poésie, l'histoire et la philosophie avaient cédé la place aux insipides productions de la fureur de sectes ; mais l'éloquence et même la grammaire tombèrent dans une telle barbarie, qu'elles laissaient à peine reconnaître encore que les Allemands appartenaient aux peuples civilisés. Et cette barbarie intellectuelle donnait la main au plus despotique arbitraire dans le gouvernement civil et ecclésiastique. Tout fonctionnaire qui ne se pliait pas sans réplique aux ordonnances du prince en matière religieuse, était destitué et souvent frappé d'autres peines encore (*Ibid.*, p. 225).

Le même auteur remarque en particulier combien la prétendue réforme est naturellement antipathique à une étude approfondie et impartiale de l'histoire. Comme le protestantisme, dit-il, ne pouvait ou ne voulait trouver la doctrine du salut que dans l'Ecriture, et la vraie forme de l'Eglise que dans le christianisme primitif, et regardait tout le reste comme des additions inutiles ou funestes, il se trouvait dans une opposition rétrécissante avec la base historique de la vie des peuples et empires chrétiens ; vie qui, pendant plus de mille ans, avait été intimement liée à l'ancienne Église, et avait reçu de sa bouche la foi, de ses mains la constitution et la culture, la science et les arts. La haine avec laquelle on envisageait la papauté, s'étendait à tout ce qui avait quelque parenté avec l'Église romaine ou était le produit de sa sollicitude. L'histoire apparut comme complice de l'astuce antichrétienne que l'on imputait aux hommes revêtus de la puissance spirituelle. Toutes ces études historiques se bornaient à recueillir avec un soin inquiet des exemples et des preuves pour soutenir qu'entre le Ve siècle et le VIe, de profondes ténèbres couvraient les peuples, et qu'il ne s'était conservé que chez quelques témoins de la vérité une maigre étincelle de la lumière chrétienne (Menzel, t. V, p. 93, c. 8). L'imagination dessécha la source de sa vie propre avec l'affectueux attachement au passé de la patrie, et à la place de cette source se forma autour des cœurs une écorce glaciale d'idées théologiques et de formules scholastiques. Toute l'atmosphère nationale fut refroidie lorsque les sentiments religieux et les idées du peuple se fixèrent à cette écorce de glace, et que la corruption scientifique de la religion, en méconnaissant le caractère symbolique de ses dogmes et de ses mystères, étouffa la plénitude vitale du christianisme sous une masse d'abstractions mortes. La poésie et la littérature nationales, à qui la réformation avait promis d'abord un beau printemps, furent saisies de ce froid comme le reste, et leur fleur fut perdue pour les protestants non moins que pour les catholiques. Le même auteur protestant ajoute que, si l'état intellectuel et religieux de la nation allemande était si triste vers la fin du XVIe siècle, la barbarie de ses mœurs et de ses lois présente un tableau plus triste encore. Luther même se plaignait déjà qu'avec le nouvel évangile, le monde était devenu plus mauvais. Plus tard, un historien, qui était ministre du nouvel évangile, a rassemblé, sur la corruption des mœurs parmi les protestants, surtout dans la seconde moitié du XVIe siècle, les principaux traits pour un tableau qui excite l'horreur et l'épouvante (Arnold, *Histoire de l'Église et des hérésies*, part. 2, liv. 17, c. 15). Le prix exclusif donné à la foi, qui au fond n'était que la croyance à la parole de Luther, la doctrine de celui-ci contre le mérite des bonnes œuvres, durent naturellement porter ses sectateurs à négliger les vertus chrétiennes, et fermer leurs cœurs de plus en plus aux sentiments d'humanité.

Aussi les juristes d'État et les hommes d'État avaient-ils soin de transformer la terre en un théâtre de scènes infernales. Dans les annales des provinces et des villes, on voit toujours plus souvent que des femmes ont été noyées, enterrées ou brûlées vivantes, bien des fois après qu'on leur eût coupé les seins ; que des hommes, aux quatre coins du marché, avaient été déchirés avec des tenailles ardentes, qu'on leur avait coupé la main devant leur maison ; qu'ils avaient été roués et étendus vivants sur la roue, ou bien qu'après une mutilation honteuse, on les avait fait mourir lentement par la fumée. Il ne se trouvait pas facilement une ville dont l'autorité n'eût constaté annuellement son droit de vie et de mort par quelques individus brûlés, roués, pendus et décapités. Dans la seule principauté d'Anspach, qui alors ne contenait peut-être pas cent mille âmes, dans une période de vingt-neuf ans, de 1575 à 1603, plus de quatorze cent quarante et un hommes souffrirent le supplice de la torture, trois cent neuf la peine du carcan et du fouet, sans compter les autres cruelles mutilations d'oreilles, de mains et de doigts ; quatre cent soixante-quatorze subirent la mort par le glaive, la potence, la roue et le feu. De ceux qui périrent de ce dernier supplice, la plupart furent victimes de la croyance aux sorciers, croyance qui n'éprouvait aucune contradiction depuis que les réformateurs l'avaient confirmée par leur autorité et leurs convictions propres. Le duc Henri de Brunswick fit brûler un si grand nombre de sorcières dans le voisinage de Wolfenbuttel, que les poteaux auxquels on attachait ces malheureuses prirent l'apparence d'une forêt. Ce qui, plus encore que le nombre des suppliciés, montre la barbarie du siècle et du pays, c'était la complaisance et la volupté avec lesquelles des autorités luthériennes exerçaient l'art des tourments. Nous avons vu comment l'électeur Auguste de Saxe fit écarteler vivants le capitaine Grumbach et le chancelier Bruck, ce dernier uniquement parce qu'il était resté fidèle à son prince dans le malheur.

Les inquisiteurs de la justice traitaient la torture de science, et se faisaient gloire d'en bien posséder les expressions techniques. Dans les actes judiciaires, on faisait des bons mots avec ce qu'il y a de plus atroce : on appelait la fustigation *une première consécration à la potence*, et d'autres termes semblables : dans le dispositif des arrêts, on donnait au bourreau des dénominations atrocement comiques ; on lui ordonnait de couper la tête au patient et puis de le laisser courir : on lui recommandait, à la torture, de lui apprendre à bien jouer du violon : dans les descriptions du supplice, on s'attachait surtout à faire de l'esprit. Lors même qu'ils avaient déjà prononcé la sentence, les juges se donnaient encore la jouissance de la torture, en sorte que le criminel arrivait brisé et rompu au lieu de l'exécution. Nous avons vu le supplice du capitaine Brabant, à Brunswick, en 1604 : il ne fut pas le seul. On ordonnait à chaque prévenu de répondre *oui* à toutes les questions. Hésitait-il, on lui liait les mains derrière le dos avec des cordes de boyaux, si cruellement, que le sang ruisselait des entailles et de dessous les ongles. On l'interrogeait une seconde fois. Ses réponses n'étaient-elles pas encore satisfaisantes ? on enfonçait un crochet dans la ligature de ses mains, et on le hissait en l'air avec une poulie. Comme alors il tombait ordinairement en pâmoison et ne pouvait répondre, son silence était traité d'endurcissement, et on lui mettait ce qu'on appelait *les bottes espagnoles*, et on les serrait si étroitement avec des vis de cuivre, que non-seulement les chairs étaient foulées, mais encore les os broyés. Le patient se réveillait alors, et criait qu'il voulait répondre *oui* à toutes les questions. Un tel interrogatoire était une fête pour les juges. Ils étaient assis sur des coussins verts autour d'une table verte, et se gorgeaient si libéralement de vin et de confitures aux dépens de la commune, qu'ils devenaient furieux ou s'endormaient ivres, tandis que le supplicié demandait, par les plaies du Sauveur, une goutte d'eau ou un instant de relâche. Souvent il restait six, huit, et même neuf heures, suspendu aux poulies, jusqu'à ce que messieurs les juges fussent revenus de leur festin, ou pendant qu'on lui lisait les longs articles de l'interrogation. Cet interrogatoire était-il fini et le bourreau lui avait-il remis les os de l'épaule, on lui demandait s'il voulait affirmer de nouveau avec serment ses réponses. Se rétractait-il, on renouvelait la torture avec tant de sévérité, que le corps disloqué était arrosé de soufre, ou qu'on mettait des torches ardentes sous la plante des pieds (Arnold, c. 11, avec les notes).

On voit que les hommes les plus sanguinaires de la Révolution française à la fin du XVIIIe siècle, Marat et Robespierre, comparés aux magistrats ordinaires du protestantisme allemand à la fin du XVIe, sont comme de modestes apprentis à leurs maîtres, et que dans l'Allemagne protestante du XVIe et du XVIIe siècle, ils auraient passé pour des modèles d'humanité, pour des anges de douceur.

Maintenant, à qui la révolution religieuse de l'Allemagne, suivie de la dissolution de l'empire, a-t-elle profité? Le protestant Menzel fait voir que ce n'est ni à l'Allemagne, ni à l'empire, ni au peuple, ni au nouveau clergé, mais uniquement aux princes et à la noblesse héréditaire. Dans l'ancienne constitution de l'empire allemand, le sacerdoce, avec ses principautés ecclésiastiques, était le lien, le médiateur entre tous les ordres de la société, entre les grands et les petits, les riches et les pauvres, les souverains et les sujets. Se recrutant dans toutes les classes, toutes les classes avaient en lui leur centre. Le sacerdoce, avec ses richesses et ses prérogatives, était un legs immense de gloire et d'honneur en faveur du peuple. En lui et par lui, celui qui était né dans la position sociale la plus infime avait accès à la plus haute. Il n'était pas inouï de voir les fils du paysan et de l'artisan devenir abbés, évêques, même papes, et marcher de pair avec les seigneurs, les princes et les rois, ou même les précéder. Les réformateurs vinrent anéantir ce patrimoine séculaire du peuple. Ayant déchiré l'Allemagne en deux fractions, ils détruisirent le sacerdoce dans l'une et l'affaiblirent dans l'autre : aussitôt les princes séculiers confisquèrent le patrimoine du peuple à leur profit, les biens de l'Eglise au profit de leur trésor, l'autorité de l'Eglise au profit de leur despotisme. La médiation entre les classes supérieures et inférieures cessa dès lors, quelques ministres de la nouvelle église ayant vainement tenté de fonder une nouvelle hiérarchie démocratique. Les plus entreprenants furent destitués et bannis, les plus accommodants gagnés par des faveurs et des emplois paisibles, la foule des aspirants s'habitua bientôt à borner ses vœux à une place pour le lit nuptial : le sacerdoce, qui autrefois se tenait à côté et au-dessus du trône des princes, devint un instrument servile de la puissance gouvernementale, et bientôt un des membres les moins estimés de cette chaîne avec laquelle un nouvel ordre de choses enlaça la nation (Menzel, t. V, c. 1). Ces considérations, si remarquables en elles-mêmes, le sont encore bien plus de la part d'un protestant.

La confiscation des biens de l'Eglise et de l'autorité de l'Eglise au profit des princes luthériens et au préjudice du peuple, fut une tentation pour des princes catholiques. Ainsi l'empereur Ferdinand, qui mourut le 25 juillet 1564, regardait la concession du calice et du mariage des prêtres comme le meilleur moyen de réunir tous les partis. Le Pape se montra disposé à céder sur le premier article, non sur l'autre : c'eût été, comme nous venons de voir, transformer la hiérarchie catholique, qui a sauvé le monde, en une régie d'employés serviles pour la dégradation des peuples au profit des princes. La tentation fut plus forte encore pour le successeur de Ferdinand, son fils Maximilien II, né l'an 1527, roi de Bohême l'an 1562, de Hongrie l'an 1563, empereur l'an 1564, et mort l'an 1576. Il pencha d'abord vers le protestantisme. Il fut ramené à de meilleurs sentiments par le nonce apostolique, Stanislas Hosius, évêque d'Ermeland ou Warmie, que le pape Pie IV envoya principalement dans ce but à la cour impériale. Hosius représenta au jeune prince les difficultés de la justification luthérienne par la foi seule, les dissensions des protestants entre eux, les condamnations prononcées par les théologiens de la Saxe électorale contre ceux de Wittemberg et de Leipsick, ce qui rendait la foi incertaine. L'innovation, commencée par de petits changements, continuée par l'abolition du sacerdoce et du sacrifice, mettait maintenant en doute la présence réelle, pour finir par nier la divinité de Jésus-Christ et la Trinité des personnes divines. Les protestants s'étaient vantés d'avoir secoué le joug du Pape; maintenant, Mélanchthon lui-même se trouvait sous le joug de beaucoup de papes, d'Illyricus, de Gallus, de Wigand et d'autres, et souhaitait n'avoir qu'un pape, qui pût commander la paix. Difficilement le Pape lui a fait autant de peine que ses propres disciples. Les sacramentaires disaient sans détour que le joug du Pape avait été de bois, mais que le joug des Luthériens était de fer. Le Pape ne décidait jamais rien sans la participation d'un concile ou des personnages les plus doctes et les plus pieux : les Luthériens, au contraire, s'imposaient de force leurs doctrines les unes aux autres, et, comme il en fallait toujours un qui demeurât maître du champ de bataille, ils convenaient tacitement qu'il n'y avait qu'un pape. Certainement, conclut le protestant Menzel, le triste état de l'Eglise évangélique facilitait beaucoup la mission de l'évêque Hosius (Menzel, t. IV, p. 295 et seqq.).

Ce qui put confirmer Maximilien II dans la foi de ses pères, lorsqu'il parvint à l'empire, en 1564, c'est qu'il était trop tard pour confisquer les biens de l'Eglise au profit du trésor impérial; les princes luthériens, qui avaient déjà mis la main dessus chez eux, n'étaient pas d'humeur à lui céder leur proie : le reste ne valait guère la peine. D'ailleurs, en reniant la foi de ses pères, il se retranchait lui-même de l'Europe catholique et de sa propre famille, et ne se trouvait plus que le premier ou le dernier d'une bande de renégats. La révolution religieuse prévalait plus ou moins dans la Bohême, la Silésie, la Lusace et même une partie de l'Autriche. D'après une ordonnance de l'empereur Ferdinand, les docteurs et professeurs des universités devaient affirmer par serment qu'ils étaient attachés à l'Eglise *catholique-romaine*. Le 5 septembre 1564, Maximilien réduisit le serment à jurer qu'on était *catho-*

lique et qu'on tenait à la sainte mère l'Eglise, sans qu'on fût obligé d'ajouter *romaine*. Cependant, lorsqu'en 1556 les protestants lui demandèrent la libre pratique de leur culte, ils reçurent cette réponse : « L'empereur n'a pas l'intention de gêner la conscience de personne. S'ils avaient peine à professer la même religion que lui, ils étaient libres de vendre leurs biens et de sortir de l'Autriche. » Mais en 1568, le besoin d'argent pour faire la guerre aux Turcs le fit départir de cette résolution. D'ailleurs la cour impériale agissait elle-même d'après les principes du protestantisme, pour usurper l'administration des affaires de l'Eglise catholique. Le salut de l'Autriche fut principalement l'œuvre de l'impératrice Marie, fille de Charles-Quint. Elle assura au Pape qu'elle sacrifierait volontiers sa propre vie, pour remédier aux maux de l'Eglise catholique dans ce pays. C'est dans ces dispositions qu'elle éleva sa nombreuse famille de quinze enfants qu'elle eut de Maximilien. Grâce à elle, la dynastie de Rodolphe de Habsbourg demeura fidèle à elle-même, en demeurant fidèle à la foi de ses pères (Menzel, t. V, c. 2).

Maximilien II mourut inopinément le 12 octobre 1576, dans la cinquantième année de son âge. Il avait écrit sur sa table les sentences suivantes, qu'il affectionnait le plus et qui font assez voir son caractère. — *Dieu pourvoira.* — *Si Dieu est pour nous, qui sera contre nous?* — *Écoutez, voyez, taisez-vous, si vous voulez vivre en paix.* — *Vanité des vanités et tout est vanité.* — *Le Seigneur l'avait donné, le Seigneur l'a ôté.* — *Il a été fait comme il a plu au Seigneur. Que le nom du Seigneur soit béni.* — *Si nous avons reçu les biens de la main du Seigneur, pourquoi ne supporterions-nous pas les maux?* — *Regardez bien à la vie des hommes et à leurs mœurs, ils inculpent les autres, mais nul ne vit sans péché.* — *Si vous perdez tout, souvenez-vous de conserver la réputation.* — *Mais préférez le salut de votre âme, le reste est vanité. Car tout passe, hormis aimer Dieu.* — *C'est en vain que me servent ceux qui enseignent des commandements d'hommes* (Ibid., p. 62 et 63).

Son fils Rodolphe II, né l'an 1552, roi de Hongrie l'an 1572, de Bohême l'an 1575, élu la même année roi des Romains, mena sur le trône une vie privée, s'occupant de sciences et d'arts bien plus que de gouvernement : absorbé soit à examiner les métaux qu'il faisait fondre dans son fourneau de chimiste, soit à étudier les constellations dans son observatoire, soit à calculer avec les astronomes Tycho Brahé et Kepler les tables astronomiques appelées de son nom *Rodolphines*, il oubliait l'empire et ses affaires. Se retirant à Prague, il laissa pour lieutenant impérial en Autriche son frère, l'archiduc Ernest, qui prit des mesures efficaces pour y rétablir le catholicisme : il obligea les docteurs et professeurs de Vienne à jurer la profession de foi du concile de Trente. Il était imité dans son zèle par le duc Albert III de Bavière, et par son fils Guillaume II, qui, en 1598, remit le gouvernement à son fils Maximilien, pour se consacrer à la retraite, où il passa vingt-neuf ans dans les œuvres de piété. Maximilien Ier, électeur de Bavière, surnommé le Grand et le Salomon de l'Allemagne, commença son règne par un pèlerinage à Notre-Dame d'Oetting, et par s'inscrire avec son sang comme serviteur de la sainte Vierge : ce qui, ajoute le protestant Menzel, ne l'empêcha point, comme prince, par la profondeur de ses vues et sa fermeté constante, de fonder la puissance et la grandeur de ses Etats ; et, par l'ordre de son économie politique, son gouvernement sage et juste, comme par le sévère accomplissement des devoirs, d'offrir à son siècle un modèle de vertu et d'activité princière. La sévérité de ses mœurs, sa tempérance, son goût pour les sciences et les arts couvraient de honte les trois frères de Saxe, Christian II, Jean-Georges et Auguste, qui tous trois mettaient leur principale jouissance dans l'ivrognerie et la chasse (Menzel, t. V, c. 25).

Un émule de ses vertus et de son zèle religieux fut son cousin Ferdinand, archiduc de Styrie, de Carinthie et de Crain. Lorsqu'en 1596, à l'âge de dix-huit ans, il prit le gouvernement de ses Etats, il fit un voyage en Italie, se rendit en pèlerinage à Notre-Dame-de-Lorette, et reçut à Rome la bénédiction du pape Clément VIII. Si jeune encore, il sut rétablir partout le culte catholique dans les trois principautés, et en bannir l'hérésie, sans verser une goutte de sang, tant ses mesures étaient sages et fermes. Il avait été élevé par les Jésuites, aussi bien que son cousin Maximilien de Bavière et son oncle Ernest d'Autriche. Les deux cousins appelèrent d'autres religieux pour achever la conversion de leurs peuples : c'étaient les Capucins. Voici comme en parle le protestant Menzel. « Persécutés par la haine de leurs frères dégénérés, les Capucins se distinguaient par une grande pureté de mœurs, par une activité désintéressée pour le salut des âmes et par l'austérité de leur vie. Le peuple, pour qui les Jésuites étaient trop loin avec leur science étrangère et leur grande politique, le peuple se sentait attiré vers les Capucins, qui allaient à pied d'un endroit et d'un pays dans un autre ; qui étaient comme chez eux dans les plus basses chaumières, et qui rendaient évidente pour les pauvres cette sentence de l'Evangile, que le royaume du ciel est à eux, en ce qu'ils renonçaient à toutes les jouissances et commodités de la vie terrestre. Dans la bouche d'un moine barbu et pieds nus, qui hors sa robe n'avait pas même une chemise sur le corps, et qui couchait sur le plancher, la doctrine, que le chrétien doit crucifier sa chair et ne porter son regard que vers la patrie céleste, parce qu'il est un étranger et pèlerin sur la terre, paraissait beaucoup plus convaincante ; la consolation, que les souffrances de ce temps ne sont pas dignes de la gloire future, faisait une impression bien plus profonde que dans la bouche d'un riche prélat ou d'un Jésuite à la prudence mondaine. De là, la faveur que Ferdinand montrait aux Capucins, et le grand nombre de couvents qu'il leur bâtit étaient très-utiles pour ses plans de conversion (*Ibid.*, p. 324). »

Ce qui excita le zèle des catholiques pour le bien, ce fut le zèle des protestants pour le mal. Quand les princes catholiques accordaient quelques concessions à leurs sujets protestants, ceux-ci allaient toujours au delà, jusqu'à opprimer leurs compatriotes catholiques. De leur côté, les princes protestants ne laissaient jamais à leurs sujets catholiques la liberté qu'ils devaient, d'après les lois et les diètes de l'empire. Un article de la pacification générale portait, que tout ecclésiastique qui changeait de religion, perdait par là même son bénéfice. En conséquence, pour ne pas échapper l'archevêché de Magdebourg, l'évêché de Havelberg et d'autres, les électeurs de Brandebourg avaient toujours quelque membre de leur famille pour les occuper sous une apparence de catholicisme, jusqu'à ce qu'ils pussent les voler ouvertement et en francs larrons. Ce qui augmenta l'indignation parmi les catholiques, ce fut l'apostasie de deux archevêques de Cologne, qui se marièrent l'un après l'autre : le premier eut au moins la pudeur de quitter son église, mais le second voulut s'y maintenir pour lui faire partager son apostasie, et il fallut les armes des princes catholiques pour l'en chasser et mettre en place un vrai pasteur.

Un autre fait dut fixer l'attention des fidèles enfants de l'Eglise. Dans l'Université de Louvain, qui avait condamné si pleinement les erreurs de Luther, il se trouva un docteur qui en reproduisit le venin le plus subtil. Ce fut Michel Baïus ou de Bay, dont soixante-seize propositions furent condamnées, d'abord en 1576 par le saint pape Pie V, puis en 1579 par Grégoire XIII. Nous verrons plus en détail l'ensemble de ces erreurs, lorsque renouvelées par Jansénius et Quesnel, elles fatigueront l'Eglise par des troubles, fausseront les idées et les esprits, et prépareront la voie aux schismes et aux révolutions. Le fond de ces erreurs, à quoi aujourd'hui même on ne fait pas assez d'attention, c'est la confusion de la grâce et de la nature. Suivant Baïus comme suivant Luther, la gloire ou la vision intuitive de Dieu en lui-même n'est pas une fin surnaturelle à l'homme, ni la grâce un don surnaturel, un moyen surnaturel pour y parvenir ; l'une et l'autre sont une partie intégrante de la nature humaine, comme d'être composée d'un corps et d'une âme, d'avoir des yeux et des oreilles. Suivant Baïus comme suivant Luther, l'homme déchu ne peut plus faire de lui-même que le mal, toutes les œuvres des infidèles sont des péchés, etc.

Dès l'an 1552, Ruard Tapper, Josse Ravestin et d'autres docteurs de Louvain s'élevèrent contre Baïus et son ami Hessels, qui répandaient les premières semences de leurs opinions. En 1560, deux gardiens des Cordeliers de France en déférèrent dix-huit articles à la Faculté de théologie de Paris, qui les condamna le 27 juin de la même année. En 1567 parut la bulle de Pie V, du 1er octobre, portant condamnation de seize propositions qu'elle censurait *in globo*, mais sans nommer Baïus. Le cardinal de Granvelle, chargé de l'exécution de ce décret, l'envoya à son vicaire général, qui la présenta, le 29 décembre 1567, à l'Université de Louvain. La bulle fut reçue avec respect, et Baïus parut d'abord s'y soumettre ; mais ensuite il écrivit une longue apologie de sa doctrine, qu'il adressa au Pape, avec une lettre du 8 janvier 1569. Pie V, après un mûr examen, confirma, le 13 mai suivant, son premier jugement, et écrivit un bref à Baïus, pour l'engager à se soumettre sans tergiversation. Baïus hésita quelque temps et se soumit enfin, en donnant au vicaire général une révocation des propositions condamnées. Mais après la mort de Josse Ravestin, arrivée l'an 1570, Baïus et ses disciples remuèrent de nouveau. Grégoire XIII, pour mettre fin à ces troubles, donna une bulle du 29 janvier 1579, en confirmation de celle de Pie V, son prédécesseur, et choisit, pour la faire accepter par l'Université de Louvain, François Tolet, Jésuite, et depuis cardinal. Alors Baïus rétracta ses propositions, et de vive voix et par un écrit signé de sa main, daté du 24 mars 1580. Dans les huit années suivantes jusqu'à la mort de Baïus, les contestations se réveillèrent, et ne furent assoupies que par un corps de doctrine dressé par les théologiens de Louvain, et adopté par ceux de Douai (Bergier, *Dictionnaire théologique*, art. Baïus).

Au milieu des efforts de l'enfer pour prévaloir contre l'Eglise de Dieu, en Allemagne, en Hongrie, en Pologne, en Bohème, en Belgique et en Hollande, le principal instrument dont Dieu voulut bien se servir pour y maintenir la foi catholique, y former des princes et des peuples fidèles, faire servir à ce but les sciences et les arts, ce fut la sainte Compagnie de Jésus, sous la main du Pape et de ses nonces. Les protestants eux-mêmes ne peuvent s'empêcher de le reconnaître. Voici, entre autres, comme parle le protestant Léopold Ranke, en exposant la restauration catholique en Pologne et en d'autres contrées.

« De tous les ambassadeurs étrangers qui se trouvaient en Pologne, les nonces du Pape avaient seuls le droit de s'entretenir avec le roi, sans la présence d'un sénateur. On connaît ces nonces, ils étaient assez prudents et adroits pour profiter de l'intimité de ces relations. Au commencement de l'année 1580, le cardinal Bolognetto, étant nonce en Pologne, se plaignit de l'âpreté du climat, du froid doublement sensible pour un Italien, etc. ; malgré tous ces désagréments, il n'hésita pas à accompagner le roi Etienne (Bathori) à travers tout le royaume, de Varsovie à Cracovie, de Wilna à Lublin ; quelquefois il tombait dans des accès un peu mélancoliques, mais il n'en était pas moins infatigable. Pendant les expéditions militaires, il entretenait une correspondance avec le roi, et se servait de cette intimité pour défendre les intérêts de Rome... Les collèges des Jésuites de Cracovie, de Grodno, de Pultusk, furent élevés par la protection spéciale du roi : le nouveau calendrier fut introduit sans difficulté, la plus grande partie des décrets du concile de Trente mis à exécution. Mais ce qu'il y eut de plus important, ce fut la résolution du roi de ne plus donner, à l'avenir, les évêchés qu'à des catholiques. Des protestants s'étaient glissés dans ces hautes dignités ecclésiastiques : on accorda au nonce le droit de les traduire à son tribunal et de les destituer ; concession d'autant plus significative, qu'à la dignité épiscopale était en même temps attaché le droit de siéger et de voter au sénat. Le nonce chercha surtout à mettre à profit ce caractère politique de l'institution ecclésiastique. Il engagea les évêques à prendre dans les diètes des déterminations communes ; et il leur en indiqua plusieurs. Il avait personnellement noué des relations très-intimes et qui, dans la suite, lui devinrent extrêmement favorables, avec quelques-uns des plus puissants évêques, entre autres avec l'archevêque de Gnésen et l'évêque de Cracovie ; il réussit à raviver dans tout le clergé un nouveau zèle, et à obtenir une grande influence sur les affaires temporelles.

Disons enfin que le catholicisme finit par se rétablir entièrement sous le règne du roi Étienne.

» Cette restauration devint un fait d'autant plus grave, que le parti le plus redoutable du pays, la faction Zamoïski, qui avait obtenu de la faveur royale presque toutes les places les plus importantes, prit aussi une direction catholique, et que ce fut ce parti qui, après la mort du roi Étienne, l'emporta dans les luttes électorales. Les Zamoïski élevèrent sur le trône ce prince suédois que Catherine Jagellon avait enfanté dans la prison, et qui, dès sa tendre enfance, avait été maintenu inébranlablement dans la foi catholique, au milieu d'un pays protestant... Ce prince était Sigismond III, dont les idées et les sentiments suivirent avec ardeur l'impulsion catholique qui mettait alors l'Europe en mouvement.

» Le pape Clément VIII dit dans une de ses instructions qu'étant encore cardinal et légat en Pologne, il avait donné à ce prince le conseil de n'accorder tous les emplois publics qu'à des catholiques. Déjà ce conseil avait été souvent donné par Paul IV, par le cardinal Hosius et par Bolognetto. Sigismond III se montra promptement déterminé à exécuter ce que l'on n'avait pu obtenir ni de Sigismond-Auguste, ni d'Étienne... Dans l'origine, les villes et la noblesse de la Pologne prussienne avaient adopté le protestantisme : à cette époque, la noblesse revint au catholicisme : l'exemple des Kostka, des Dzianlinski, des Konopat, devenus tout-puissants parce qu'ils avaient abjuré l'hérésie, excita la rivalité des autres. Les écoles des Jésuites étaient fréquentées principalement par la jeune noblesse : bientôt nous voyons ces disciples des Jésuites entreprendre la conversion de la jeunesse bourgeoise dans les villes restées protestantes. Mais le catholicisme fit surtout sentir son influence aux gentilshommes. Le collège de Pultusk comptait quatre cents élèves, tous de la noblesse. L'impulsion générale qui était dans l'esprit du temps, l'enseignement des Jésuites, le zèle récemment réveillé dans tout le clergé, les faveurs de la cour, tout concourut à disposer la noblesse polonaise à rentrer dans le sein de l'Église.

» Mais les catholiques ne se contentèrent pas de combattre les protestants, ils jetèrent les yeux sur les Grecs. Dans cette lutte nouvelle qui allait s'engager, le roi et le Pape unirent leurs efforts; la mesure la plus décisive fut la menace d'exclure les évêques du droit de séance et de vote au sénat : il suffit de dire que le Wladika de Wladimir et quelques autres évêques grecs se décidèrent, en 1595, à se réunir à l'Église romaine, selon les règles du concile de Florence. Leurs représentants se rendirent à Rome; des missionnaires furent envoyés par le Pape et le roi dans la province : un Jésuite, confesseur du roi, excita leur foi dans un sermon plein d'enthousiasme; là aussi on rendit quelques églises aux catholiques. — En un petit nombre d'années, ce mouvement prit un essor extraordinaire : Il y a peu de temps, s'écriait un nonce du Pape, en 1598, on avait cru que l'hérésie achèverait de détruire le catholicisme en Pologne; aujourd'hui le catholicisme enterre l'hérésie (Ranke, *Hist. de la papauté pendant les XVI⁵ et XVII⁵ siècles*, traduite en français. Paris, an 1838, t. IV, - 1, § 1). »

Une insurrection protestante eut lieu, mais elle fut domptée. Le roi se montra inébranlable à l'heure du danger; il disait : « Ma cause est juste, et je mets ma confiance en Dieu. » Au mois de juillet 1607, une bataille décisive fut engagée. Les troupes royales attaquèrent l'ennemi en poussant le cri de *Jésus-Marie*, et restèrent victorieuses. Chez les Polonais, la sainte Vierge a le titre de Reine de Pologne.

« Le nonce veilla dès lors à ce que les sièges des tribunaux suprêmes fussent occupés par des catholiques, et à ce qu'il fût rigoureusement procédé suivant les textes des saints décrets canoniques. Les mariages devaient particulièrement fixer l'attention. Le tribunal suprême ne voulut reconnaître pour valables que ceux conclus devant le curé et plusieurs témoins; mais les curés se refusaient à bénir ces mariages : c'est pourquoi un grand nombre de personnes se soumirent au rite catholique, dans l'intérêt de leurs enfants. D'autres furent déterminés à cette soumission, parce qu'on disputait aux protestants le droit de nommer aux bénéfices ecclésiastiques. Un gouvernement possède mille moyens de favoriser une opinion qu'il préfère : aussi furent-ils tous employés par Sigismond, en s'abstenant autant que possible de recourir à la force. Le changement de religion finit donc par s'accomplir d'une manière presque insensible, mais constante et progressive.

» Les nonces, par leur sévérité et leur vigueur dans l'administration des affaires ecclésiastiques, eurent une grande part dans le rétablissement du catholicisme. Ils tenaient à ce que les évêchés ne fussent occupés que par des hommes très-capables : ils inspectaient les couvents et ne souffraient pas que des membres désobéissants et mutins, dont on voulait se débarrasser ailleurs, fussent envoyés en Pologne, comme on avait commencé à le faire; ils portaient aussi leur attention sur les cures, cherchant à y introduire les cantiques et les catéchismes, et insistant sur l'institution des séminaires épiscopaux.

» Les Jésuites travaillaient alors particulièrement sous leur direction. Leur activité s'étendait dans toutes les provinces : parmi les peuples dociles des Livoniens; en Lithuanie, où ils avaient encore à combattre l'ancien culte des serpents; parmi les Grecs, où souvent des Jésuites furent les seuls prêtres catholiques; quelquefois ils avaient à donner le baptême à des jeunes gens de dix-huit ans, et ils rencontraient des vieillards qui n'avaient jamais communié; mais leur zèle s'exerçait surtout dans la Pologne proprement dite, où, suivant l'éloge d'un de leurs membres, des centaines d'hommes de la Compagnie de Jésus, savants, orthodoxes, se consacrèrent à Dieu pour détruire les erreurs et faire revivre la foi catholique par les écoles, par la prédication et par leurs écrits (Ranke, § 4). ».

« En Allemagne, les princes ecclésiastiques se regardèrent comme spécialement obligés à ramener leurs sujets au catholicisme. Les Jésuites se mirent aussitôt à l'œuvre. Jean-Adam de Bickem, prince électoral de Mayence, de 1601 à 1604, était un élève du collège Germanique de Rome. Un jour il entendit, au château de Kœnigstein, les chants avec lesquels la communauté luthérienne de ce lieu enterrait son ministre défunt. — Qu'elle enterre honnêtement

LIVRE LXXXVI. — FUNESTES SUITES DE L'APOSTASIE EN ALLEMAGNE. 449

sa synagogue ! s'écria-t-il. Et le dimanche suivant, un Jésuite monta en chaire ; depuis cette époque, on ne vit plus jamais paraître de prédicant luthérien dans cette localité : partout les choses se passèrent de la même manière (Serrasius ; *Res moguntinæ*, p. 973). Ce que Bikem avait laissé inachevé, Jean Schweikard, son successeur, le continua avec ardeur. C'était un homme un peu trop porté aux plaisirs de la table, mais qui, malgré ce défaut, savait remplir les devoirs de sa dignité avec un rare talent. Il réussit à renverser la prétendue réforme dans tout son diocèse, même à Eichsfeld. Il envoya à Heiligenstadt une commission qui ramena au catholicisme, dans l'espace de deux ans, deux cents bourgeois, dont plusieurs avaient vieilli dans la créance protestante. Il en restait encore un petit nombre ; il les prêcha personnellement comme leur père et leur pasteur, suivant ses propres expressions, du fond de son cœur fidèle, et il parvint à les faire abjurer. Quel bonheur indicible il éprouva, en voyant revenir au catholicisme une ville qui, quarante ans auparavant, avait été complètement protestante !

» C'est ainsi que procédèrent également Ernest et Ferdinand de Cologne, tous deux princes bavarois (et succédant à deux apostats). Le prince électoral de Trèves, Lothaire, de la maison de Metternich, distingué par d'éminentes qualités, doué d'un esprit pénétrant et d'un talent remarquable pour vaincre les difficultés qui se présentaient à lui, prompt à rendre la justice, vigilant, plein de zèle pour les intérêts de son pays et de sa famille, du reste affable et pas très-sévère, si ce n'est pour les actes concernant la religion ; ce prince ne souffrait point de protestants à sa cour. Neithard de Thueng, évêque de Bamberg, s'associa à ces grands personnages. Lorsqu'il prit possession de sa capitale, il trouva tout le conseil composé de protestants, à l'exception de deux membres. Déjà il avait assisté l'évêque Jules à Wurtzbourg : il résolut de réaliser à Bamberg les mesures que celui-ci avait prises. Il publia un édit de réforme à Noël de l'année 1595 : il ordonna de choisir entre la communion selon le rite catholique ou l'émigration ; et, malgré la résistance du chapitre, de la noblesse et de la province, malgré les pressantes remontrances de ses voisins, les édits de réforme furent renouvelés pendant toutes les années suivantes et exécutés dans toutes leurs prescriptions (Jaeck, *Hist. de Bamberg*). Théodore de Furstemberg, à Paderborn, rivalisa dans la Basse-Allemagne avec le prince ecclésiastique de Bamberg. En 1596, il fit mettre en prison tous les prêtres de son diocèse qui donnaient la communion sous les deux espèces. Il se brouilla, à ce sujet, avec la noblesse de son pays ; alors nous voyons l'évêque et les nobles s'enlever réciproquement leurs troupeaux, leurs haras. Il entra aussi en lutte ouverte avec la ville. Il s'éleva au milieu d'elle, et pour son malheur, un démagogue fanatique qui n'était pas à la hauteur de la position qu'il voulait prendre. En 1604, Paderborn fut forcée de prêter de nouveau le serment de fidélité. Le collége des Jésuites fut ensuite doté de la manière la plus brillante, et il parut bientôt un édit qui ne laissait de choix aux protestants qu'entre la messe et l'émigration : Bamberg et Paderborn devinrent donc entièrement catholiques (Strunck, *Annales de Paderborn*, l. 22, p. 720).

» Le changement rapide et cependant si durable qui eut lieu dans le pays, est extrêmement remarquable. Doit-on en conclure que le protestantisme n'avait pas encore bien pris racine dans les masses ; ou doit-on attribuer cette révolution à l'habile propagande des Jésuites ? Du moins ils ne manquèrent ni de zèle ni de prudence. Vous les voyez s'étendre successivement dans tous les lieux qui les environnent, séduire et enchaîner les masses ; leurs églises sont les plus fréquentées. Se trouve-t-il quelque part un luthérien versé dans la Bible, dont le jugement exerce de l'empire sur ses voisins ? ils emploient tous les moyens pour le convertir, et presque toujours ils réussissent, tant ils sont habitués à la controverse. Ils se montrent charitables, guérissant les malades, cherchant à réconcilier les inimitiés, engageant par des serments sacrés ceux qu'ils ont ramenés à la foi ; on voit les fidèles se rendre sous leurs bannières à tous les pèlerinages, et des hommes qui, il y a un instant encore, étaient d'ardents protestants, se mêler à ces processions (Ranke, t. IV, § 5). »

« En Suisse, l'indépendance des divers territoires de la confédération avait été réalisée depuis longtemps ; il n'était pas permis aux diètes de s'occuper des matières religieuses. Au commencement du XVIIe siècle, on ne nourrissait pas même du côté des catholiques l'espoir de vaincre les protestants ; ils étaient non-seulement plus puissants et plus riches, mais ils avaient à leur tête des hommes plus habiles et mieux exercés dans les affaires.

» Les nonces qui avaient établi leur siège à Lucerne, ne se firent pas d'illusion. Eux-mêmes ont décrit cet état de choses ; et cependant, malgré ces limites apportées à leur sphère d'action au milieu des catholiques, ils parvinrent encore à prendre une position très-importante. Leur but principal était d'astreindre les évêques à remplir leurs devoirs. Les évêques de nation allemande aimaient volontiers à ne se considérer que comme des princes temporels ; les nonces au contraire, ne cessaient de leur représenter qu'ils ne l'étaient qu'à cause de leur vocation ecclésiastique, et tâchaient de les bien pénétrer de cette vocation. Nous voyons en effet s'opérer beaucoup de changements dans l'Église suisse. On fit des inspections, on établit des synodes, on réforma des couvents, on fonda des séminaires. Les nonces cherchaient à maintenir la bonne intelligence entre le pouvoir spirituel et le pouvoir temporel ; ils réussirent par la douceur et la persuasion. Ils parvinrent à empêcher l'introduction des écrits protestants, quoiqu'ils fussent obligés de consentir à laisser entre les mains des fidèles leur Bible et leurs livres de prières allemandes. Les Jésuites et les Capucins travaillèrent avec un grand succès. Des confréries de Marie furent fondées, elles embrassaient dans leur association les jeunes et les vieux ; les sermons et les confessions étaient fréquentés avec zèle ; les pèlerinages aux images miraculeuses recommencent de nouveau, et parfois même on est obligé d'adoucir la sévérité des pénitences que ces pécheurs s'imposent. Les nonces ne peuvent pas assez louer les services que leur rendent particulièrement les Capucins italiens.

» Et alors se présentent les conversions. Les nonces reçoivent chez eux les convertis, les prote-

Tome X. — 29

gent et les recommandent à la charité de leurs frères ; ils cherchent à fonder des caisses de secours en leur faveur, avec les contributions des fidèles, et sous la surveillance des prélats. Ils réussissent quelquefois à reconquérir des paroisses qu'ils croyaient à jamais perdues, en se hâtant aussitôt d'y rétablir la messe. L'évêque de Bâle et l'abbé de Saint-Gall se signalent surtout par l'ardeur de leur zèle (Ranke, t. IV, § 6). »

Un autre personnage à qui la Suisse catholique doit et garde une reconnaisssance particulière, c'est l'apôtre de l'Allemagne, le vénérable Pierre Canisius, que déjà nous avons appris à connaître. L'évêque de Verceil, nonce apostolique en Allemagne, ayant reçu ordre du Saint-Siège de visiter les cantons catholiques de l'Helvétie, prit avec lui le Père Canisius, alors âgé de soixante ans. Le nonce, grand ami de saint Charles, ayant tout examiné, manda au Pape que le meilleur moyen de préserver la Suisse catholique contre les séductions de l'hérésie qui l'environnaient, serait de fonder un collége de Jésuites à Fribourg, afin que la jeunesse ne fût plus exposée à se laisser pervertir dans les écoles publiques de Bâle, de Lausanne et de Genève. Grégoire XIII approuva fort ce projet. Mais au seul nom de Jésuites, ce fut grande rumeur dans toute la Suisse. Les protestants en faisaient un portrait épouvantable ; les catholiques qui n'en avaient jamais vu, ne savaient que penser. Pour dissiper toutes les préventions et les craintes, le nonce mena le Père Canisius avec lui à Fribourg, et dit aux magistrats et aux habitants : « Voici un homme qui doit vous être bien cher ; vous ne sauriez le garder assez précieusement : c'est un saint dont vous devez vous faire honneur d'avoir les reliques dans votre ville. » Ces paroles furent comme une prophétie. A peine eut-on vu Canisius durant quelques jours ; que les habitants disaient : « Ce n'est pas sur le témoignage du nonce que nous l'estimons, mais sur ce que nous voyons nous-mêmes de nos yeux. » Ils le respectaient comme leur maître, ils l'aimaient comme leur père, ils le révéraient comme leur apôtre et leur patriarche : c'est l'éloge qu'ils gravèrent sur son tombeau après sa mort.

Il passa au milieu d'eux les dix-sept dernières années de sa vie, fonda leur collége, ranima la foi et la piété par ses prédications, ses catéchismes, ses instructions familières, tant à la ville que dans les campagnes, qu'il parcourait un bâton à la main. Il continua ces travaux apostoliques jusqu'à l'âge de soixante-huit ans. Une attaque d'apoplexie, dont il se remit cependant peu à peu, le mit alors hors d'état de continuer le même genre de vie. Il commença à prêcher d'une autre manière. Il composa dans la langue du peuple de petits livres de piété, et la vie des principaux saints du pays : ce qui fit un bien incalculable et peut servir d'exemple. Il mourut saintement le 21 décembre 1597, à l'âge de 77 ans, et n'a cessé d'être vénéré comme un saint par les peuples d'Allemagne, vénération qui a été autorisée par un grand nombre de miracles. Sa canonisation, sollicitée plusieurs fois, vient d'être reprise de nos jours.

Un trait de sa vie est surtout propre à nous le faire connaître. Pie IV l'avait envoyé nonce apostolique en Allemagne. Dans le cours de sa nonciature, il vint à Nimègue, sa ville natale. Ce fut une grande joie pour tout le monde, mais principalement pour les catholiques. Ses parents qui étaient fort nombreux, s'empressèrent à l'envi l'un de l'autre de le loger et de le régaler durant son séjour. Pour les contenter tous, ou plutôt pour ne mécontenter personne, il ne logea chez aucun. Quant à l'invitation de manger avec eux, voici le moyen qu'il prit de les satisfaire tous à la fois : « Eh bien ! leur dit-il un jour, il faut vous contenter, et je veux bien accepter l'honneur que vous voulez me faire ; mais je vous prie que ce soit à l'hôpital, afin que les pauvres, qui sont nos frères en Jésus-Christ, puissent participer à cette fête. Je prétends bien aussi vous y régaler à mon tour, et j'espère, avant que de vous quitter, avoir la consolation de vous voir tous réunis à la table sainte, où je vous y servir le mets le plus exquis et le plus délicieux, en vous y donnant le corps adorable de Jésus-Christ. » Tous, avec grande joie, se conforment à son invitation. Ils envoient à l'hôpital ce qu'ils ont préparé pour le festin, et se disposent à venir à celui que leur saint parent souhaitait si fort leur donner. Au jour et à l'heure marqués, ils se rendent à l'hôpital, ils y entendent sa messe, ils y communient tous de sa main. Au sortir de l'église, ils trouvent plusieurs tables que Canisius avait fait dresser pour y recevoir toute sa famille, qui était fort nombreuse. Il prit place au milieu d'eux, comme Notre Seigneur au milieu de ses disciples. Jamais on ne vit une agape plus sainte ni plus cordiale. Canisius les entretenait d'une manière également édifiante et agréable : ce que l'on on desservait était pour les pauvres. Il termina la fête par une touchante exhortation, où il les conjura tous d'être fidèles à Dieu et à leur religion, de tenir ferme contre les nouveautés qui avaient ravagé tant de pays, et qui menaçaient leur province. L'impression de ses paroles fut si vive dans leurs cœurs, que tous, levant la main, lui promirent avec serment de quitter plutôt la vie que la religion de leurs pères (Dorigny, *Vie du P. Canisius*, l. 4).

Voilà donc l'Eglise de Dieu, dont l'hérésie avait chanté d'avance la mort et les funérailles, se montrait plus vivante et plus active que jamais. Et ce que nous avons vu n'est pas tout encore : portons nos regards sur les missions lointaines de l'Amérique et de l'Asie. Ecoutons un protestant, l'historien *de la Papauté pendant le XVIe et le XVIIe siècle.*

« Tout en considérant ces brillants progrès du catholicisme en Europe, dirigeons aussi nos regards vers ces contrées plus éloignées, au milieu desquelles il avait dû pénétrer et s'étendre par la force des mêmes impulsions. La première pensée qui amena les découvertes et les conquêtes des Espagnols et des Portugais renfermait un élément religieux ; il les suivit et les anima toujours dans leurs expéditions, et se manifesta avec une irrésistible énergie à l'orient et à l'occident des royaumes conquis. Au commencement du XVIIe siècle, le majestueux édifice de l'Eglise catholique se trouvait complètement élevé dans l'Amérique méridionale. Il y avait cinq archevêchés, vingt-sept évêchés, quatre cents couvents, et des paroisses innombrables (Herrera, *Descripcion de las Indias*, p. 80). Des cathédrales magnifiques furent construites. Les Jésuites enseignaient la grammaire et les arts libéraux; un séminaire avait été ajouté à leur collége de Saint-Hildefonse, à Mexico. Toutes les parties de la théologie étaient enseignées dans les Universités de Mexico et de Lima. Les Américains d'origine européenne se distinguaient par une sagacité particulière; ils regrettaient seulement de se voir trop éloignés de la faveur royale pour pouvoir être récompensés chacun selon son mérite. Les ordres mendiants commencèrent à propager avec succès le christianisme sur le continent de l'Amérique méridionale. La conquête s'était transformée en mission, la mission était devenue civilisatrice : les frères de ces ordres enseignaient en même temps à ensemencer les terres, à faire les récoltes, à planter les arbres, à construire des maisons, à lire et à chanter. La reconnaissance pour tant de bienfaits ne leur manquait pas, on éprouvait pour eux la vénération la plus entière, le dévouement le plus profond. Quand le curé arrivait dans sa paroisse, il était reçu au son des cloches et de la musique; des fleurs étaient répandues sur son chemin; les femmes lui présentaient leurs enfants et lui demandaient sa bénédiction. Les Indiens trouvaient le plus grand attrait aux cérémonies du service divin. Ils ne se lassaient pas de servir la messe, de chanter les vêpres, d'assister à l'office du chœur. Ils étaient doués d'un certain talent musical; c'était pour eux une joie innocente que d'orner une église; car tout ce qui est simple et merveilleux produisait sur eux la plus grande impression. Dans leurs songes, ils rêvaient les délices du paradis. La Reine du ciel apparaissait dans toute sa magnificence aux malades, entourée de jeunes et charmantes vierges qui leur apportaient les rafraîchissements propres à calmer leurs douleurs; quelquefois aussi Marie se montrait seule, venant apprendre à ses plus fidèles adorateurs le cantique de son fils crucifié, dont la tête est penchée comme se penche l'épi jauni.

» Ici nous voyons en action les forces intimes du catholicisme. Les moines se plaignaient seulement de ce que le mauvais exemple des Espagnols et leurs violences corrompaient les indigènes et mettaient obstacle aux progrès des conversions.

» Dans les Indes orientales, partout où s'étendait la domination des Portugais, les choses se passèrent à peu près de la même manière. Le catholicisme conquit une contrée immense à Goa; des milliers d'individus furent convertis d'année en année; l'an 1565, on comptait déjà près de trois cent mille nouveaux chrétiens autour de Goa, dans les montagnes de Cochin et près du cap Comorin (Muffei, *De rebus Indicis*, p. 21). Mais les missionnaires ne rencontrèrent pas partout le même succès. Il existait au sein de ces populations une masse restée indomptable. Des religions extrêmement anciennes, dont le culte enchaînait le cœur et l'esprit, et qui étaient parfaitement assimilées aux idées, aux mœurs et aux usages de ces peuples, résistèrent à la force des armes et aux lumières de la prédication. Il appartenait au catholicisme de vaincre aussi ces éléments plus vivaces d'idolâtrie. Tel fut le but essentiel de saint François Xavier, qui arriva, l'an 1542, dans les Indes orientales. Il les parcourut dans tous les sens. Il pria sur le tombeau de l'apôtre Thomas à Méliapour, prêcha du haut d'un arbre devant la population de Travancor, fit chanter dans les Moluques des cantiques spirituels qui furent ensuite répétés sur les marchés et par les pêcheurs sur la mer; cependant il n'était pas destiné à voir l'accomplissement de son œuvre; sa parole favorite était : Encore plus, encore plus! Son zèle pour la conversion se trouvait mêlé d'un certain goût pour les voyages; à peine arrivé au Japon, il songeait aux moyens de rechercher en Chine le foyer et l'origine des croyances qui s'opposaient à la sienne. Il y a dans la nature des hommes quelque chose qui les pousse et les excite à vaincre les difficultés; et l'exemple de saint Xavier, plutôt de les détourner de cette vie périlleuse des missionnaires, avait un certain charme qui encourageait à l'imiter. Au commencement du XVIIe siècle, l'activité religieuse la plus énergique régnait en Orient.

» On se rappelle que les anciens khans du Mongol, les conquérants de l'Asie, avaient pris depuis longtemps une position réellement indécise entre les diverses religions qui partageaient le monde. Il paraît que l'empereur Akbar partageait cette même hésitation. En appelant les Jésuites auprès de lui, il leur déclara qu'il avait cherché à connaître toutes les religions de la terre, et qu'il désirait aussi connaître la religion chrétienne, à l'aide des Pères qu'il estimait et qu'il révérait. Jérôme Xavier, neveu de saint François Xavier, s'établit le premier à sa cour l'an 1595 : les révoltes des Mahométans contribuèrent à disposer favorablement l'empereur pour les chrétiens. L'an 1599, on célébra de la manière la plus solennelle la fête de Noël à Lahore; la crèche du Sauveur fut exposée pendant vingt jours; de nombreux catéchumènes, portant des rameaux dans les mains, se rendirent à l'église et reçurent le baptême. L'empereur lut avec beaucoup d'émotion une vie du Christ, rédigée en langue persane; il fit apporter dans son palais une image de la Mère de Dieu, faite suivant le modèle de la *Madone du peuple* à Rome, pour la montrer à ses femmes. Les chrétiens augurèrent de ces bonnes dispositions beaucoup plus de succès qu'il n'était permis d'en espérer; néanmoins ils firent de très-grands progrès. Après la mort d'Akbar, qui eut lieu l'an 1610, trois princes de la famille impériale reçurent solennellement le baptême. Ils se rendirent à l'église, montés sur des éléphants blancs; le Père Jérôme les reçut au son des trompettes et des timbales. Insensiblement on crut pouvoir définitivement consolider en ce pays le christianisme. En 1621, on fonda un collége à Agra et une station à Patna. L'empereur Dchehangir faisait concevoir, l'an 1625, l'espérance de se convertir lui-même.

» A la même époque, les Jésuites avaient aussi pénétré dans la Chine. Ils cherchèrent à trouver accès, par les sciences et les découvertes de l'Occident, auprès de la population industrieuse, savante et lettrée de cet empire. Ricci, le premier, y parvint en enseignant les mathématiques, en apprenant et récitant des passages d'une inspiration religieuse très-remarquable, extraits des écrits de Confucius. Ce qui lui procura l'entrée de Pékin, ce fut une pendule à sonnerie, dont il fit présent à l'empereur; rien surtout ne l'éleva autant dans ses grâces et ses faveurs qu'une carte géographique qu'il lui traça, et qui était bien supérieure à tous les essais faits dans ce genre par les Chinois. Lorsque l'empereur fit peindre sur soie dix de ces cartes et les fit suspendre dans ses appartements, Ricci saisit cette occasion de tenter un effort pour le christianisme; et il intercala des symboles et des sentences de la religion chrétienne dans les espaces intermédiaires de la carte géographique. Voici quelle était en général sa manière d'enseigner : Il commençait ordinairement par les mathématiques, et finissait par la religion, ses talents scientifiques inspirèrent une grande confiance dans son enseignement religieux. Non-seulement ses élèves furent gagnés à la foi catholique, mais plusieurs mandarins, dont il avait adopté le costume, se convertirent; une confrérie de Marie fut fondée à Pékin, l'an 1605 (Ranke, t. IV, c. 2). »

Quant au Japon, à cette époque-là il envoyait au ciel une armée innombrable de martyrs. En considérant cet ensemble de l'Eglise catholique, le protestant Ranke s'écrie, comme autrefois Balaam à la vue du camp d'Israël : « Quelle activité immense ! embrassant le monde entier, pénétrant en même temps dans les Andes et dans les Alpes, envoyant ses représentants et ses défenseurs au Thibet et en Scandinavie, partout s'attachant le pouvoir de l'Etat, en Angleterre comme en Chine ! Et sur cette scène illimitée, partout encore vous la voyez jeune, énergique, infatigable ! L'impulsion qui agissait au centre se faisait sentir peut-être avec plus d'exaltation et de force entraînante sur les travailleurs des pays lointains (*Ibid.*) ! »

Mais le centre universel d'où partaient tous ces mouvements divers, était-il lui-même ce qu'il devait être ? Rome avait-elle franchement exécuté sur elle-même cette réformation si longtemps réclamée, cette réformation de l'Eglise dans son chef et dans ses membres ? Ecoutons l'historien protestant parler ainsi de la cour romaine.

« Si tous les éléments de la vie et de l'intelligence à cette époque étaient saisis et entraînés, comme nous venons de le voir, dans la direction de l'Eglise, la cour de Rome elle-même, chez laquelle se rencontraient tous ces éléments, devait nécessairement se trouver transformée. Déjà sous Paul IV, on s'en était aperçu. Mais l'exemple de Pie V produisit surtout un effet extraordinaire; et sous Grégoire XIII, tout le monde le citait et le prenait pour modèle. Aussi, comme le disait si bien Tiepolo en 1576 : « Rien n'a fait autant de bien à l'Eglise que cette succession de plusieurs Papes dont la vie a été irréprochable. Tous ceux qui ont suivis en sont devenus meilleurs, ou du moins ont senti la nécessité de le paraître. Les cardinaux et les prélats fréquentent la messe avec zèle, et cherchent avec soin à éviter tout scandale dans la tenue de leur maison. La ville entière s'efforce de sortir de la déconsidération où elle était tombée, et elle est devenue plus chrétienne dans ses mœurs et sa manière de vivre. On pourrait enfin ajouter que Rome, en matière de religion, approche de la perfection, dans les limites imposées à la nature humaine. »

Le protestant Ranke ajoute : « Bien loin de vouloir supposer que la cour papale ne renfermât alors que des bigots et des hypocrites, nous aimons à reconnaître au contraire qu'elle était composée d'hommes distingués qui pratiquaient à un haut degré toute l'austérité religieuse de leur époque. Si nous nous représentons la cour romaine comme elle était du temps de Sixte V, nous voyons parmi les cardinaux plusieurs personnages qui avaient pris une grande part aux affaires du monde catholique : Gallio de Como, qui, ayant dirigé comme premier ministre le gouvernement de deux pontificats avec une admirable flexibilité, se faisait remarquer encore par l'application de ses grands revenus à des fondations ecclésiastiques. Rusticucci, déjà puissant sous Pie V, et non sans influence sous Sixte, était un homme plein de perspicacité et de bonté de cœur ; laborieux, et d'autant plus irréprochable et circonspect dans sa conduite qu'il espérait arriver au pontificat. Salviati, qui s'est rendu célèbre par son administration de Bologne, simple, irréprochable, et non-seulement sérieux, mais sévère. Santorio, cardinal de San-Severina, l'homme de l'inquisition, possédant depuis longtemps une influence active dans toutes les affaires spirituelles, opiniâtre dans ses opinions, sévère envers ses serviteurs, plein de dureté envers ses parents, et à plus forte raison envers les étrangers, enfin inaccessible pour tout le monde. On peut placer près de lui, comme contraste, Madruzzi, qui avait toujours le mot de la politique de la maison d'Autriche, de la ligne espagnole aussi bien que de la ligne allemande, et que l'on appelait le Caton du collège, sous le rapport de l'érudition et de la pureté des mœurs, et non de la présomption à tout censurer; car c'était la modestie même. Sirlet vivait encore, Sirlet, le plus savant, et en même temps le plus grand philosophe de tous les cardinaux de son temps ; véritable bibliothèque vivante, disait Muret, et qui n'abandonnait ses livres que pour appeler près de lui les jeunes garçons qui, pendant l'hiver, apportaient leurs fagots au marché ; puis il les instruisait dans les mystères de la foi et leur achetait ensuite leur bois; il était plein de bonté et de charité. L'exemple de Charles Borromée, dont la mémoire est honorée comme celle d'un saint, exerçait une immense influence ; Frédéric Borromée était naturellement irritable et violent ; mais à l'exemple de son oncle, il mena une vie très-chrétienne, et ne se laissa pas décourager par les mortifications qu'il éprouvait trop souvent. Augustin Valieri se faisait particulièrement remarquer ; c'était un homme de la plus pure et de la plus noble nature, et d'une extraordinaire érudition : il n'écoutait jamais que la voix de sa conscience, et, dans un âge avancé, il présentait l'image vénérable d'un évêque des premiers siècles.

» Tous les autres prélats, placés dans les congrégations à côté des cardinaux et destinés à leur succéder un jour, se formaient à leur exemple. Parmi les membres du tribunal suprême, les auditeurs de rote, deux hommes se distinguaient, à la vérité d'un caractère très-opposé. Mantica ne vivait qu'au milieu des actes et des livres, ses ouvrages de jurisprudence servaient à la fois le forum et l'école ; il avait l'habitude de s'exprimer brièvement et sans détour. Arigone, au contraire, loin de consacrer autant de temps aux livres, suivait le monde, la cour et les affaires, montrait du jugement et de la souplesse, et s'efforçait d'obtenir le renom d'un homme irréprochable et religieux. Parmi les évêques qui demeuraient à la cour, on remarquait avant tout ceux qui s'étaient distingués dans les nonciatures : Torrès, qui avait eu une grande part à la conclusion de la ligue de Pie V contre les Turcs; Malaspina, qui avait veillé aux intérêts de l'Eglise catholique en Allemagne et dans le Nord; Bolognetti, à qui fut confiée la visite difficile des églises vénitiennes. Tous ces hommes n'étaient parvenus que par l'habileté de leur esprit et leur zèle pour la religion.

» Les savants occupaient aussi un rang très-important. Bellarmin, professeur, grammairien, le plus habile controversiste de l'Eglise catholique, auquel on rend la justice de dire que nul ne mena une vie plus apostolique; un autre Jésuite nommé Mafféi, qui a composé, phrase par phrase, avec une lenteur réfléchie et une élégance calculée, le récit des conquêtes des Portugais dans les Indes, principalement au point de vue de la propagation du christianisme dans le Sud et l'Est, puis la vie de Loyola. On voyait aussi des étrangers : Clavius, qui joignait un savoir profond à une vie pleine d'innocence, et qui jouissait de la vénération générale; Muret, un Français, le meilleur latiniste du temps, qui expliqua les *Pandectes* d'une manière à la fois originale et classique, aussi éloquent que spirituel : devenu prêtre dans sa vieillesse, il se consacra aux études théologiques et disait tous les jours la messe; le canoniste espagnol Azpilcueta, dont les *réponses* étaient regardées comme des oracles, non-seulement à la cour, mais dans tout le monde catholique : on voyait souvent le pape Grégoire XIII s'arrêter devant sa maison, et s'entretenir avec lui des heures entières; mais ce qui était plus touchant que toute sa science, c'était son humilité et sa charité, qui le portaient à remplir les dernières fonctions dans les hôpitaux.

» Parmi ces personnages remarquables, on distinguait saint Philippe de Néri, fondateur de la congrégation de l'Oratoire, grand confesseur et pasteur des âmes, qui s'acquit une vaste et profonde influence. Il était bon, d'humeur badine, sévère pour les choses essentielles, indulgent pour celles qui n'étaient qu'accessoires. Jamais il ne commandait, et se bornait à conseiller, priant pour ainsi dire ceux qui s'attendaient à recevoir ses ordres. Il n'enseignait pas, mais s'entretenait, possédant la perspicacité nécessaire pour distinguer la direction spéciale de chaque esprit. Son Oratoire s'étendit par les visites qu'on lui faisait, par l'attachement de quelques hommes plus jeunes qui se regardaient comme ses élèves et désiraient vivre avec lui; le plus célèbre fut l'annaliste de l'Eglise, César Baronius. Philippe de Néri reconnut son talent, et l'astreignit à enseigner l'histoire ecclésiastique dans l'Oratoire, bien que, dans le commencement, il n'y eût pas un grand penchant, ce qui ne l'a pas empêché de continuer ce travail pendant trente ans : et même, devenu cardinal, il ne manquait jamais de se lever avant le jour, pour s'occuper de son histoire. Il mangeait régulièrement avec ses domestiques, à une seule et même table; jamais il ne laissa apercevoir en lui qu'humilité et résignation à la volonté de Dieu. Etant à l'Oratoire, il s'était intimement lié avec Tarugi, qui s'était acquis une grande réputation comme prédicateur et confesseur,

et montrait une grande crainte de Dieu, à côté de la plus innocente vie. Ils eurent le bonheur de voir leur amitié se conserver inaltérable jusqu'à la mort; ils furent enterrés l'un à côté de l'autre. Un troisième disciple de saint Philippe était Sylvio Antoniano, qui, avec une tendance littéraire plus libre, s'occupa de travaux poétiques; il fut chargé par le Pape de la rédaction de ses brefs, et s'en tira avec la plus grande habileté. Ses mœurs étaient douces, il était humble, affable, et n'avait en son cœur que bonté et religion.

» On peut dire, au surplus, que tout ce qui s'éleva dans cette cour, hommes de politique, d'administration, de poésie, d'art, d'érudition, tous avaient le même caractère d'austérité religieuse.

» Quelle différence de la cour de cette époque avec celle du commencement du siècle où les cardinaux faisaient la guerre aux Papes; où les Papes ceignaient les armes; où la ville et la cour repoussaient tout ce qui rappelait leur destination chrétienne ! Comme les cardinaux maintenant menaient avec persévérance une vie paisible et religieuse ! Si le cardinal Tosco, qui avait de grandes et prochaines chances pour devenir pape, ne le fut pas, c'est qu'il était habitué à prononcer quelques proverbes lombards qui scandalisaient les Romains. L'esprit public, exclusif dans la nouvelle voie où l'on était entré, s'inquiétait et s'offensait facilement (Ranke, t. IV, l. 4, § 10). »

Telle était, suivant le protestant Léopold Ranke, la cour romaine à la fin du XVIe siècle et au commencement du XVIIe. Quant au pape Clément VIII, qui termina l'un et inaugura l'autre, et mourut, suivant son épitaphe, aux nones de mars 1605, autrement le 7 mars, voici le portrait qu'en trace le même historien protestant :

« Le nouveau Pape apporta dans l'exercice de sa dignité l'activité la plus exemplaire. Les séances commençaient de bon matin; les audiences après midi : toutes les informations étaient reçues et examinées, toutes les dépêches lues et discutées; les raisons de droit étaient recherchées, les cas antérieurs comparés : le Pape se montrait souvent mieux instruit que les référendaires qui faisaient les rapports : il travaillait avec autant d'assiduité qu'auparavant, lorsqu'il était encore simple auditeur de rote : il ne consacrait pas moins d'attention aux détails de l'administration intérieure de l'Etat, aux relations personnelles, qu'à la politique européenne ou aux grands intérêts du pouvoir spirituel. On lui demandait où il trouvait son plaisir, il répondait : *A tout ou à rien.*

» Malgré toutes ces graves préoccupations, il ne se serait pas rendu coupable de la plus légère négligence dans l'accomplissement de ses devoirs religieux. Tous les soirs, Baronius entendait sa confession : tous les matins, il célébrait lui-même la messe. Dans les premières années de son pontificat, douze pauvres mangeaient toujours à midi avec lui, dans un de ses appartements, et il n'y avait pas à songer aux plaisirs de la table; de plus, il jeûnait le vendredi et le samedi. Quand il avait travaillé pendant toute la semaine, sa récréation du dimanche consistait à faire venir quelques moines pieux ou les Pères de la *Vaticella*, afin de converser avec eux sur quelques profondes questions religieuses. La renommée de vertu, de piété, de vie exemplaire dont il avait joui jusqu'à ce jour, s'accrut extraordinairement par ces austères habitudes, conservées même sous la tiare. Il le savait et il le voulait. C'est cette renommée même qui augmentait la considération de son pontificat. En tout, ce Pape procédait avec une circonspection très-éclairée. Il aimait le travail, et c'était précisément une de ces natures qui acquièrent de nouvelles forces par le travail. Lui aussi, pouvait quelquefois se laisser emporter à des violences et à des reproches acerbes; cependant, quand il voyait qu'on restait silencieux devant la majesté de la papauté, et quand il lisait sur la physionomie la réponse muette et le chagrin des interlocuteurs, il rentrait aussitôt en lui-même et cherchait à réparer ses torts. On ne remarquait jamais dans sa personne que la plus parfaite convenance des sentiments et des manières, qui toujours s'accordaient avec l'idée d'un homme bon, pieux et sage.

» Quelques Papes avaient pu, dans les siècles précédents, se croire au-dessus de toutes les lois et songer à exploiter pour leurs jouissances l'administration de leur dignité suprême; mais l'esprit de cette époque ne permettait plus un tel abus. Les habitudes individuelles étaient forcées de se réformer et de s'harmoniser avec la sainteté de la mission papale : l'accomplissement de cette mission devait être tout pour celui qui en était chargé; il n'eut été possible ni de l'obtenir, ni de la conserver, sans une conduite qui répondît à la haute idée que le monde chrétien en avait (Ranke, t. III, liv. 6, § 5). »

Voilà comme parle cet historien protestant. D'après son témoignage non suspect, depuis le concile de Trente, non-seulement les Papes sont irréprochables, mais il est devenu comme impossible qu'ils ne le soient pas. — Gloire à Dieu dans les siècles des siècles !

LIVRE QUATRE-VINGT-SEPTIÈME.

Le monde et l'Eglise pendant le dix-septième siècle. — Ce que c'est qu'un prêtre.

(De l'an 1605, mort du pape Clément VIII, pacification de la France, à l'an 1650, pacification de l'Allemagne par le traité de Westphalie, et à l'an 1660, mort de saint Vincent de Paul.)

§ Ier.

Ce que c'est que le monde. — Souffrances de l'Eglise au Japon. Elle envoie des missionnaires jésuites en Chine.

Qu'est-ce que le monde? Un sénateur romain, le païen Tacite, a répondu : *Corrompre et se laisser corrompre, c'est ce qu'on appelle le monde* (1). En quoi l'historien des césars, sans qu'il s'en doute, n'est que l'écho de l'Evangile.

Le Sauveur du monde dit à ses apôtres la veille de sa mort : *Si vous m'aimez, gardez mes commandements; et je prierai mon Père, et il vous donnera un autre consolateur, pour demeurer éternellement en vous : l'Esprit de vérité, que le monde ne peut recevoir, parce qu'il ne le voit pas et ne le connaît pas* (Joan., 14, 15-17). Sur quoi un évêque français qui connaissait le monde et la cour, Bossuet, fait ce commentaire :

« C'est cet Esprit qui est venu enflammer l'Eglise de l'amour de Jésus-Christ et à l'enchaîner à la pratique de ses préceptes... *L'Esprit de vérité* : Quelle est la consolation de l'homme parmi les travaux et les erreurs, si ce n'est la vérité? L'Esprit de vérité est donc notre véritable consolateur, en mettant la vérité à la place de la séduction du monde et de l'illusion de nos sens. — *Que le monde ne peut recevoir* : Le monde est tout faux. Qu'est-ce que le monde? sinon *la concupiscence de la chair, la concupiscence des yeux et l'orgueil de la vie* (1. Joan., 2, 16). La concupiscence de la chair nous livre à des plaisirs qui nous aveuglent. La concupiscence des yeux, l'esprit de curiosité, nous mène à des connaissances, à des épreuves inutiles : on cherche toujours, et on ne trouve jamais, ou bien on trouve le mal. L'orgueil de la vie, qui, dans les hommes du monde en fait tout le soutien, nous impose par de pompeuses vanités. Le faux est partout dans le monde, et l'Esprit de vérité n'y peut entrer. On est pris par la vanité; on ne peut ouvrir les yeux à la vérité. — *Que le monde ne peut recevoir, parce qu'il ne le voit pas et ne le connaît pas*; parce qu'il ne veut ni le voir ni le connaître; il est livré, il est séduit. *Le monde est tout dans la malignité* (Ibid., 5, 19), est tout plongé dans le mal. Le monde pense mal de tout; il ne veut pas croire qu'il y ait de véritables vertus, parce qu'il n'en veut point avoir, ni qu'il y ait d'autres motifs des choses humaines que le plaisir et l'intérêt, ni qu'il y ait de bien solide que dans les choses corporelles. *Jouissons*, dit-il, *des biens qui sont* (Sap., 2, 6); tout le reste n'est qu'idée, imagination, pâture des esprits creux : tout ce qui est, c'est ce qu'on sent, c'est ce qu'on touche, c'est ce qui échappe continuellement des mains qui le serrent. Plus on serre les choses glissantes, plus elles échappent. La nature du monde est de glisser, de passer vite, d'aller en fumée, en néant. Comment donc pourra-t-il connaître l'Esprit de vérité? et comment pourra-t-il le recevoir? — *Le monde ne peut pas le recevoir*. Il y a l'Esprit de vérité et l'esprit d'erreur. Qui est possédé de l'un ne peut pas recevoir l'autre. *L'homme sensuel ne peut pas entendre ce qui est de l'Esprit de Dieu; ce lui est folie, et il ne peut pas l'entendre, parce qu'il le faut examiner par l'esprit* (1. Cor., 2, 14); et son esprit est tout plongé dans les sens; il fait quelque effort, et il ne le peut pas, et il retombe toujours dans son sens charnel (Bossuet, *Méditations sur l'Evangile*, 90e jour). »

Le même évêque dit de plus : « Le monde établit des maximes : elles ont toutes leur fondement sur nos inclinations corrompues; mais le monde leur donne une certaine autorité, ou plutôt leur attribue une tyrannie contre laquelle les chrétiens n'ont pas le courage de s'élever : ce sont comme des jugements arrêtés et qui passent en force de choses jugées. — Jésus-Christ veut condamner ces maximes, et la manière de les condamner est nouvelle et inouïe : il se laisse juger par le monde, et, par l'iniquité de ce jugement, il infirme toutes ses sentences. De là il se voit que le monde n'a pas le principe de droiture; et c'est pourquoi ses jugements 1° sont pleins de bizarreries; 2° n'ont point de stabilité ni de consistance. Mais vous direz que le peuple emporté : voyons ce que le monde juge dans les formes; écoutons le jugement des pontifes et le jugement de Pilate, ceux qu'on appelle les honnêtes gens. Pilate condamne un innocent, afin d'être ami de César : il s'est trompé; sa disgrâce sera marquée dans l'histoire, et il y aura une tour qui deviendra fameuse par son exil. Voilà pourtant les honnêtes gens, ceux qui ont de grandes vues pour la cour et pour la fortune : ils ont mal jugé du Fils de Dieu, et leur ambition les a corrompus, pour leur faire tremper les mains dans le sang du juste. — Mais les prêtres et les pontifes ont encore un but plus haut : ils songent à sauver l'Etat et l'autorité de la nation : *Ut non tota gens pereat* (Joan., 11, 50); sur cela ils sacrifient Jésus-

---

(1) *Corrumpere et corrumpi, sæculum vocatur* (*Germania*, n. 19).

Christ à une chimère d'intérêt public. Mais ce sang qu'ils ont répandu, est sur eux et sur leurs enfants, selon leur parole : il les poursuit, il les accable, comme Jésus-Christ le leur avait annoncé : *Ut veniat super eos omnis sanguis justus, qui effusus est super terram* (Matth., 23, 35) : ils mettent le comble au crime et à la vengeance par le dernier trait de leur jugement. Ainsi, en jugeant Jésus-Christ, tout le monde s'est trompé. Il s'est laissé juger, et l'extravagance de ce jugement criminel et insensé a fait paraître que le monde ne sait pas juger. Jésus s'est mis au-dessus de tous les jugements humains, regardé comme un homme, non encore comme Fils de Dieu ; et c'est ce qui lui donne une autorité suprême au-dessus de tous les jugements du monde (*Sermon pour le samedi de la semaine de la Passion*, t. XIII, p. 268, édit. de Versailles).»

Bossuet ajoute enfin : « Si nous en croyons l'Evangile, rien de plus opposé que Jésus-Christ et le monde ; et de ce monde, messieurs, la partie la plus éclatante et par conséquent la plus dangereuse, chacun sait assez que c'est la cour. Comme elle est le principe et le centre de toutes les affaires du monde, l'ennemi du genre humain y jette tous ses appâts, y étale toute sa pompe (*Panégyrique de saint Sulpice*, t. XVI, p. 9). »

Quant au chef de cette opposition à Jésus-Christ et à son Eglise, son nom est Satan, c'est-à-dire l'opposant, l'adversaire. Le Fils de Dieu l'appelle *le prince de ce monde* (Joan., 14, 30), et l'Apôtre, avec plus d'énergie encore, *le dieu de ce siècle* (Ephes., 6, 12).

Ecoutons le même évêque, parlant ainsi de la vérité et de l'Eglise à des personnes revenues de l'hérésie :

« Les hommes haïssent la vérité qui les reprend : ils ne veulent pas la connaître, de crainte qu'elle ne les juge ; mais elle ne perd point son droit, et ils la perdent elle-même. Ceux qui nous reprennent nous signifient la sentence de Dieu contre nos vices. La loi qui est en Dieu la prononce ; les hommes qui nous reprennent la signifient ; la lumière de la conscience la veut mettre à exécution. — Deux moyens de connaître la vérité : premièrement, en elle-même ; secondement, par l'autorité, sur la foi d'autrui. Dans le premier, point de soumission. C'est à Dieu seul de faire connaître la vérité en l'une et l'autre manière, parce que « c'est lui qui éclaire tout homme venant en ce monde : *Illuminat omnem hominem venientem in hunc mundum* (Joan., 1, 9). » Il ne peut ni tromper ni être trompé. Quand les hommes attestent quelque point, leur témoignage ne produit qu'opinion et doute : au contraire, quand Dieu parle, la foi et la conviction résultent de son témoignage. Or, il est juste que Dieu soit adoré en ces deux manières. La vérité qui se découvre et l'autorité qui fléchit doivent dominer la raison et la captiver. La vue claire de la vérité est réservée pour l'autre vie, la foi et la soumission sont pour la terre. Il faut que la vérité soit découverte ; en attendant, pour s'y préparer, que son autorité soit révérée. Vous perdez quelque chose du vôtre, le droit de juger, qui nous est si cher, que nous voulons nous mêler de juger de tout, même des choses les plus cachées : et c'est là faire à Dieu le sacrifice qui lui est le plus agréable, le plus capable de l'honorer, c'est-à-dire le sacrifice non-seulement des sens, mais de la raison même.

» De l'Eglise. On cherche vainement dans la médecine un remède unique et universel qui remette tellement la nature dans sa véritable constitution qu'il soit capable de la guérir de toutes ses maladies. Ce qui ne se trouve pas dans la médecine se trouve dans la science sacrée. Elle fournit à chaque hérésie son remède particulier ; mais elle prescrit aussi un remède général contre toutes les hérésies, dans l'amour de l'Eglise, qui rétablit si heureusement le principe de la religion, qu'il renferme entièrement en lui-même la condamnation de toutes les erreurs, la détestation de tous les schismes, l'antidote de tous les poisons, enfin la guérison infaillible de toutes les maladies.

» Ce jour-là, mes très-chères sœurs, auquel Dieu vous ouvrant les yeux sur l'égarement de vos voies, vous fit connaître son Eglise et vous inspira d'y rentrer, vous doit être plus cher et plus mémorable que votre propre naissance, plus cher même que votre baptême. C'est la marque de son efficace, qu'il ne perde pas sa vertu, même dans des mains sacrilèges. Mais que sert le baptême, si on n'en conserve pas la grâce et si on demeure séparé de l'Eglise ? La marque de la milice dans les troupes est une marque d'honneur ; en un soldat fugitif, c'est le témoignage de sa désertion. Ainsi le baptême, qui est la marque de la milice chrétienne, dans l'Eglise est une marque d'honneur ; dans le schisme, une conviction de la révolte. Plaise à Dieu non-seulement de rappeler à votre souvenir le jour que vous vous êtes données à l'Eglise, mais encore de renouveler votre première ferveur ! Pour cela, je vous dirai ce que c'est que la sainte Eglise ; je vous montrerai d'abord ce qu'elle est à Jésus-Christ et à ses enfants, et je vous ferai voir ensuite ce qu'elle est en elle-même dans la société de ses membres. Par le premier, vous apprendrez ce que nous lui sommes ; par le second, comment et en quel esprit nous y devons vivre.

» Qu'est-ce que l'Eglise ! C'est l'assemblée des enfants de Dieu, l'armée du Dieu vivant, son royaume, sa cité, son temple, son trône, son sanctuaire, son tabernacle. Disons quelque chose de plus profond : l'Eglise, c'est Jésus-Christ ; mais Jésus-Christ répandu et communiqué. — Jésus-Christ est à nous en deux manières : par sa foi, qu'il nous engage ; par son esprit, qu'il nous donne : les noms d'épouse et celui de corps sont destinés à représenter ces deux choses. — L'Eglise est mère et nourrice tout ensemble : mère, contre ceux qui disent qu'elle n'était plus lorsqu'ils ont paru dans le monde. Si elle n'était plus, d'où sont-ils nés et qui les a engendrés à Jésus-Christ ? L'Eglise est aussi nourrice ; car elle a du lait pour nourrir ses enfants et leur procurer l'accroissement dans la vie spirituelle.

» Manière de rechercher la vérité des hérétiques et des catholiques : ceux-là par l'esprit particulier. C'est ce qui les a divisés de l'Eglise ; c'est ce qui les divise entre eux. Cet esprit particulier, c'est le glaive de division qu'ils ont pris en main pour se séparer de l'Eglise ; par le même, ils se sont divisés entre eux. Les catholiques cherchent au contraire la vérité avec l'unité, parce qu'ils suivent l'autorité de l'Eglise : « *Il a semblé bon au Saint-Esprit et à nous* (Act., 15, 28). — Pour être filles de l'Eglise, il faut aimer sa doctrine, aimer ses cérémonies ; rien à dédaigner quand on voit que le Saint-Esprit a admiré jusqu'aux franges de son habit (Ps. 44, 15) ; que l'époux a été charmé même d'un de ses cheveux (Cant., 4, 9). Tout ce qui est dans l'Eglise respire un saint amour, qui blesse d'un pareil trait le cœur de l'époux. — Venez être membres vivants ; venez à l'épouse, soyez épouses. Venez à l'épouse par la foi, soyez épouses par l'amour. Les sociétés hérétiques se vantent d'être l'épouse ; mais écoutez les noms qu'elles portent : Zwingliens, Luthériens, Calvinistes. Ce n'est pas le nom de l'époux ; ce sont des épouses infidèles qui, ayant quitté l'époux véritable, ont pris les noms de leurs adultères. — *Je vis un ciel nouveau et une terre nouvelle* (Apoc., 21, 1). Renouvellement de toutes choses par l'Eglise : relation de toutes choses à l'Eglise et de l'Eglise à toutes choses. Hors de l'Eglise, la lumière éblouit ; dans l'Eglise, l'obscurité illumine, parce que Dieu, qui aveugle avec la lumière, éclaire, quand il lui plaît, avec de la boue (Bossuet, *Pensées chrétiennes et morales*, t. XV). » Comme il fit à l'aveugle-né.

Voilà donc, d'après l'illustre prélat français du XVIIe siècle, ce que c'est que l'Eglise et le monde, l'esprit de l'un et l'esprit de l'autre : nous en avons vu l'opposition et la lutte dans tous les siècles ; cette lutte ne cessera point dans le XVIIe et les suivants. C'est même là le véritable secret de l'histoire.

Au concile de Trente, l'Eglise de Dieu avait expliqué et sanctionné la règle de la foi contre toutes les erreurs, la règle des mœurs et de la discipline contre tous les abus, non pour s'en tenir à une stérile spéculation, mais pour s'en faire une application pratique à elle-même, dans son chef et dans ses membres. L'Eglise romaine s'est si bien approprié et identifié les règlements du concile de Trente, que, depuis cette époque, il est devenu impossible, suivant l'historien protestant de la papauté pendant le XVIe et le XVIIe siècle, d'obtenir le pontificat suprême, ni de le conserver, sans une conduite en rapport avec la haute idée que le monde chrétien en a (Ranke, t. III, p. 292).

L'excellent pape Clément VIII, mort le 7 mars 1605, eut pour successeur Léon XI, auparavant cardinal de Florence. Il fut le quatrième pape de la famille de Médicis. Né dans l'année 1535 ou 1536, nommé au baptême Alexandre-Octavien, il montra de bonne heure beaucoup d'inclination pour l'étude, pour la vertu et pour l'état ecclésiastique. Empêché par sa mère de suivre sa vocation, il s'engagea dans la milice séculière. Sa mère étant morte, il revint à son premier penchant, reçut la prêtrise, et vécut dans la retraite, occupé d'études et de prières. Cosme de Médicis, grand-duc de Toscane, l'envoya comme ambassadeur près de Pie V. Grégoire XIII le nomma évêque de Pistoie, puis archevêque de Florence, enfin cardinal. Il était fort connu et estimé de saint Philippe de Néri et de sainte Madeleine de Pazzi ; tous deux prédirent qu'il serait pape, mais pour fort peu de temps. L'année 1596, il fut envoyé par Clément VIII légat en France, près de Henri IV, pour recevoir de la bouche de ce prince la ratification de toutes les promesses que ses ambassadeurs avaient faites à Rome lors de son absolution. Il fut reçu en France avec les plus grands honneurs. Le roi lui-même alla au devant de lui jusqu'à huit lieues, accompagné d'une foule de princes, en particulier du duc de Mayenne, pour montrer avec quelle confiance il en usait avec l'ancien chef de la ligue. A l'approche de Paris, il fut reçu par le jeune prince de Condé et les autres seigneurs de France ; au faubourg Saint-Jacques, par le parlement et les autres corps de l'Etat ; toutes ses bulles furent enregistrées sans aucune clause ni réserve. Il reçut l'abjuration de la mère du prince de Condé. En 1598, il concilia la paix de Vervins entre la France et l'Espagne. Au conclave qui suivit la mort de Clément VIII, les voix se portaient sur le cardinal Baronius, lorsque l'ambassadeur d'Espagne lui donna l'exclusion, parce que, dans ses *Annales*, il attaquait les prétentions du roi de Naples sur le gouvernement ecclésiastique de la Sicile. Baronius répondit par ces paroles du Sauveur : *Bienheureux ceux qui souffrent persécution à cause de la justice.* A sa place on élut le cardinal de Florence, qui prit le nom de Léon XI, en mémoire de Léon X, son grand-oncle. C'était le 1er avril 1605. A l'heure même qu'il fut couronné, son petit-neveu, Lélius, prenait l'habit de Carme déchaussé. Le nouveau Pape le voyant arriver à son audience pieds nus, en fut touché jusqu'aux larmes, et dit : Voici mon cardinal ! Ce fut en effet le seul qu'il créa ; car étant tombé malade avant la fin du mois, les cardinaux, les ambassadeurs le prièrent vainement de donner la pourpre à un neveu qu'il avait élevé lui-même, qu'il aimait beaucoup, et qui en était digne par sa modestie. Il y a plus : son confesseur lui ayant parlé dans le même sens, il renvoya son confesseur, en prit un autre, et mourut saintement entre ses mains, à l'âge de soixante-dix ans, le vingt-septième jour de son exaltation, vivement regretté de tout le monde (Sponde, an 1596, 1598 et 1605 ; Pallat., *Gesta pontif. Leo XI*).

Il eut pour successeur Paul V, qui, comme autrefois le roi Saül, surpassait de la tête les autres hommes. Il se nommait Camille Borghèse, né à Rome, en 1552, d'Antoine Borghèse, émigré de Sienne à Rome, où il se distingua tellement par sa vertu et par la science du droit, qu'on l'appelait communément *l'avocat*, et que Paul III le consultait souvent sur les affaires les plus graves. Son fils Camille suça la piété avec le lait, et étudia la philosophie à Pérouse, la jurisprudence à Padoue, eut toujours une si grande dévotion pour la mère de Dieu et pour la virginité, qu'on croit bien qu'il mourut vierge lui-même. Honoré de diverses fonctions sous Grégoire XIII, Sixte V, Urbain VII et Grégoire XIV, il s'en acquitta de manière à augmenter toujours la haute estime qu'on avait de son mérite. Clément VIII l'envoya comme légat en Espagne, pour obtenir des secours à l'empereur Rodolphe contre les Turcs, et aux catholiques de France contre les huguenots. Il y fut singulièrement aimé du prince royal, depuis Philippe III. Nommé cardinal en 1596, et vicaire de Rome, il reçut, en 1600, l'abjuration de cinquante hérétiques, entre lesquels Etienne Calvin, parent de l'hérésiarque, qui entra chez les Carmes déchaussés et y mourut saintement. Après la mort de Léon XI, les voix du conclave se portaient sur le cardinal Tosco de Mantoue, lorsque

Baronius observa qu'il n'était point assez réservé dans ses paroles, et qu'il en employait quelquefois de peu convenables. Les voix se portèrent alors sur Baronius lui-même; mais il résista de toutes ses forces. Enfin on élut à l'unanimité le cardinal Borghèse, qui ne s'y attendait guère, n'étant âgé que de 53 ans.

Paul V embellit Rome d'un grand nombre d'édifices, et acheva la basilique de Saint-Pierre. Ses aumônes étaient immenses; il en fournissait de secrètes tous les mois pour nourrir les enfants trouvés, secourir les filles nubiles et les femmes honnêtes que la misère aurait pu exposer au déshonneur. Chaque année il distribuait un million d'écus d'or aux pèlerins pauvres, un million et demi aux autres nécessiteux. Il subvenait à la pénurie de ses sujets par du blé, des habits et de l'argent. Il retint dans la foi catholique les réfugiés d'Ecosse, d'Angleterre et de l'Irlande, en leur assignant des revenus annuels. Il érigea un séminaire, sous le nom de Saint-Paul, dans le couvent des Carmes déchaussés, à Rome, pour la conversion des hérétiques; il en convertit lui-même plusieurs par sa seule vue. Il ordonna, dans les collèges des religieux, d'enseigner le grec, l'hébreu et l'arabe, pour procurer plus facilement le salut des infidèles. C'est pourquoi il fit graver des caractères chaldaïques, et imprimer un Bréviaire chaldéen. Il envoya des livres, des missels, des calices, des ornements sacerdotaux aux Maronites du mont Liban, qui, en reconnaissance, lui érigèrent une statue dans leur église patriarcale. Il envoya des missionnaires aux Indes, à la Chine, en Perse, au Congo et en d'autres régions lointaines. Il reçut les ambassadeurs d'un roi du Japon, du roi de Perse, du roi de Congo : l'ambassadeur de ce dernier, qui venait offrir son royaume au Siége apostolique, étant mort à Rome, Paul V, qui l'avait visité dans sa maladie et lui avait donné sa bénédiction, lui érigea un monument funèbre l'an 1608.

Au commencement de son pontificat, comme le jeudi saint il lavait les pieds d'un certain nombre de pèlerins et les servait à table, il se trouva parmi eux des pèlerins d'Orient, infectés de diverses erreurs. De retour dans leur pays, ils parlèrent avec admiration de la piété et de la charité du Pape. Emerveillé et touché de leurs discours, le patriarche de Babylone, nommé Elie, envoya aussitôt à Rome des nonces avec le recueil des lois chaldéennes, suppliant le Pape que, comme les Chaldéens s'avouaient soumis à l'Eglise romaine, il voulût bien expurger leurs lois de ce qu'il pouvait y avoir d'erreurs. Le Pape en donna la commission à Pierre Strozzi et André Justiniani, qui instruisirent le nonce patriarcal, nommé Adam, archimandrite des moines Chaldéens; il publia lui-même de petits traités en langue vulgaire : *De la primauté du Siége apostolique; de la Trinité; de la génération éternelle du Verbe de Dieu; de l'Incarnation; des deux volontés et des deux opérations en Jésus-Christ; de ceux qui sont en dissentiment avec l'Eglise romaine*. Et ces traités, Paul V ne les jugea pas indignes d'être joints à la profession de foi et aux lettres pontificales. Le patriarche Elie assembla dans la ville d'Ahmed un concile où se trouvèrent des archevêques, des évêques, les moines, le clergé et le peuple. On y lut les lettres du Pape; tous les assistants s'en remirent au Siége apostolique, abjurèrent leurs erreurs par serment, avec cette clause : « Et s'il y a quelque chose qui vous déplaise dans ce que nous envoyons, nous ferons comme il vous plaira. » La lettre était souscrite du patriarche et de cinq archevêques (Pallat., *Paul V*).

Il vint aussi des nonces de Melchisédech, patriarche d'Arménie. Paul V les reçut avec bonté, recommanda au patriarche de mêler de l'eau avec le vin dans le saint sacrifice, de souscrire au concile de Chalcédoine, de professer la foi suivant le formulaire transcrit en arabe, de lire assidûment les conciles, et dans les doutes consulter l'Eglise romaine, mère et maîtresse de toutes les Eglises. Il recommanda le même patriarche et tous les chrétiens d'Arménie au roi de Perse. De là s'établit entre le Pape et le patriarche une amitié si intime, qu'après trois ans il y eut une nouvelle légation (*Ibid.*, et Bzov., *in Paul. V*).

D'un autre côté, Paul V aida l'empereur Ferdinand II à dompter les hérétiques révoltés de Hongrie et de Bohême : à cet effet, il imposa des décimes pendant six ans au clergé de tout l'Etat pontifical, pour servir de solde aux troupes, auxquelles il comptait, chaque année, trente mille écus d'or. Pour repousser la tyrannie des Turcs, qui ravageaient toute la Hongrie, il indiqua d'abord des prières publiques à Rome, dont il suivit à pied les exercices avec le peuple romain; puis, ayant étendu le jubilé à toute la chrétienté, il excita contre les Turcs tous les rois chrétiens, même le roi de Perse; enfin il envoya au secours de l'empereur Rodolphe un corps de six mille hommes, aux dépens du Siége apostolique. Et afin d'avoir à sa disposition des troupes indigènes pour les besoins de la république chrétienne, il fit le recensement de tous les sujets des Etats ecclésiastiques, restaura l'arsenal, établit des lois militaires, joignit le glaive matériel au glaive spirituel, pour la défense de la chrétienté (*Ibid.*).

Tout ce qu'on pourrait blâmer en Paul V, c'est que, grand et magnifique en tout, il le fut aussi envers ses parents. Ceux-ci du moins ne s'en montrèrent pas indignes; car la famille Borghèse n'a point encore cessé d'être une des gloires de Rome, par son zèle héréditaire pour les beaux-arts et pour les œuvres de la piété chrétienne.

Paul V canonisa saint Charles Borromée et sainte Françoise, dame romaine, qui tirait son origine de la famille Borghèse. Il béatifia de plus saint Ignace de Loyola, saint François Xavier, saint Philippe de Néri, sainte Thérèse, saint Louis Bertrand, saint Thomas de Villeneuve, saint Isidore, laboureur, saint Joachim de Sienne. Pour se rappeler à lui-même le souvenir de la mort au milieu de tant d'affaires, il visitait de temps en temps son sépulcre. Le 24 janvier 1621, il dit encore la messe : le 28, il éprouva une petite léthargie, reçut les derniers sacrements, et expira. Pendant que le prêtre lui faisait les saintes onctions, il répondit à toutes les prières, récita le Symbole de la foi, répétant ces paroles de saint Paul : *Je désire ma dissolution, pour être avec Jésus-Christ*.

Le 9 février 1621, on élut à sa place le cardinal Alexandre Ludovisio, âgé de 67 ans, qui prit le nom de Grégoire XV. Il avait été successivement archevêque de Bologne, où sa famille était des plus illustres; et nonce en Espagne et en France, pour concilier les démêlés du duc de Savoie avec ces deux royaumes. Dans tous les emplois, il avait montré une grande droiture, de la candeur, de la piété, et une vive inclination à faire le bien. Pendant sa nonciature en France, il eut plusieurs entretiens avec le maréchal de Lesdiguières, alors principal chef des huguenots, et le pressa de se convertir. Le maréchal lui répondit agréablement qu'il se ferait catholique et se prosternerait aux pieds du Pape, lorsque ce pape serait Alexandre Ludovisio. Ludovisio, devenu Grégoire XV, rappela sa promesse à Lesdiguières, qui tint parole, et reçut de Louis XIII l'épée de connétable.

Comme son prédécesseur, Grégoire XV contribua puissamment et avec beaucoup de zèle à la guerre que le roi de Pologne et l'empereur soutenaient, le premier contre les Turcs et le second contre les hérétiques d'Allemagne. Il a fait surtout deux constitutions pour le bien général de l'Eglise : l'une, du 15 novembre 1641, sur l'élection du pape; l'autre, du 22 juin 1622, sur la propagation de la foi.

Dans la première, Grégoire XV rappelle l'exemple de Jésus-Christ. Quoiqu'il fût Dieu et qu'il connût toutes choses, néanmoins, quand il fut question de choisir les douze apôtres, il passa la nuit en prières; et quand il voulut confier à saint Pierre le soin de ses brebis, il l'interrogea trois fois, et exigea jusqu'à trois fois la profession de son amour. Par où il nous apprend avec quelle attention nous devons procéder au choix de tous les pasteurs, mais principalement du pasteur des pasteurs; car, quand il est question du chef, il s'agit du salut, non pas d'un membre seul, mais de tout le corps. Les Papes et les saints Pères ont pourvu, par divers règlements, à ce que cette élection se fasse bien; que la chair et le sang n'y dominent pas, non plus que la sagesse humaine, qui est folie auprès de Dieu, mais que tout y soit dirigé par la grâce de l'Esprit-Saint. Toutefois l'expérience a fait connaître qu'on pouvait y joindre un remède plus salutaire encore. En conséquence, de l'avis de ses frères les cardinaux, le Pape statue, décrète et déclare que, pour l'avenir, l'élection du pontife romain ne pourra se faire que dans le conclave, et dans le conclave fermé, et après qu'on y aura célébré le premier jour la messe, à laquelle tous les cardinaux ont accoutumé de communier : cette élection se fera par les suffrages secrets des deux tiers des cardinaux présents, si ce n'est que tous ces cardinaux, sans exception, commettent l'élection à un ou plusieurs d'entre eux, ou que tous, sans concert préalable, mais comme par inspiration, s'accordent à élire la même personne. A chaque scrutin, avant de mettre son bulletin dans le calice, chaque cardinal, à haute et intelligible voix, prêtera le serment qui suit : « Je prends à témoin Notre Seigneur Jésus-Christ, qui me jugera, que j'élis celui que, selon Dieu, je crois devoir être élu, et que je ferai de même dans l'accession. » — L'accession a lieu, lorsque le premier scrutin n'ayant donné les deux tiers des voix à aucun des candidats, on procède à un second, également secret, où les électeurs peuvent *accéder* à l'un des candidats pour lequel ils n'auraient pas voté d'abord, et compléter ainsi le nombre nécessaire de suffrages. — La constitution de Grégoire XV entre sur tout cela dans beaucoup de détails : elle est souscrite du Pape, puis de tous les cardinaux, qui ajoutent à leur souscription : « Je le promets, j'en fais vœu, et je le jure. » Le 12 mars de l'année suivante, Grégoire publia une autre constitution, approuvant et fixant le cérémonial du conclave, les usages qu'on doit y observer, jusqu'à la manière dont les bulletins doivent être pliés et cachetés (*Bullar. magn.*, t. III). L'une et l'autre constitution seront confirmées par Urbain VIII, successeur de Grégoire XV. Cette législation de l'Eglise catholique pour l'élection de son chef, pourrait servir de modèle aux élections dans les gouvernements représentatifs.

Une constitution également mémorable de Grégoire XV est celle du 22 juin 1622, par laquelle il établit la congrégation de la Propagande, c'est-à-dire une congrégation de cardinaux et de prélats pour la propagation de la foi catholique par tout l'univers. Pour sauver le monde, Dieu a livré son Fils unique : ce Fils, la splendeur de sa gloire, l'empreinte de sa substance, s'est anéanti lui-même, a pris la forme d'esclave, s'est rendu obéissant jusqu'à la mort, et jusqu'à la mort de la croix, afin de racheter par son sang de méchants esclaves, lui le souverain Seigneur. Tous les chrétiens doivent imiter cette immense charité du Christ; combien plus les pasteurs des églises, principalement le successeur de Pierre, à qui seul le Sauveur a dit : *Pais mes brebis*; à qui seul a été montrée cette nappe mystérieuse, renfermant toute sorte d'animaux immondes, qu'il lui est ordonné d'immoler et de manger; toute sorte de nations infidèles, qu'il lui est ordonné de consacrer à Dieu, et d'incorporer à l'Eglise dont il est le chef. Combien n'y a-t-il pas encore de ces nations ou brebis errantes, ou qui n'ont jamais connu le bercail du Christ, ou qui l'ont abandonné. En Orient, combien de nations autrefois célèbres par les dons du ciel, ont été abruties depuis tant de siècles par l'extravagance impure des enfants d'Agar. Et dans le nombre, s'il y en a qui soient encore chrétiennes, la plupart sont infectées d'anciennes hérésies, en sorte qu'il y en a très-peu qui reconnaissent la vérité tout entière. Et depuis que, par suite de nos péchés, l'homme ennemi a semé l'ivraie dans les parties du septentrion, il a dérobé au Christ des provinces et des royaumes. Combien d'âmes qui périssent pour l'éternité ! Afin de perfectionner l'ensemble des moyens employés par les Papes antérieurs, pour porter remède à un si grand mal et envoyer des ouvriers dans cette moisson immense, Grégoire XV établit donc, le 22 juin 1622, une congrégation de dix-huit cardinaux et de quelques prélats : *Congrégation de la Propagande* (*Bullar. magn.*, t. III). Voici comme en parle l'historien protestant de la papauté, dans le XVIe et le XVIIe siècle.

« A vrai dire, l'origine de la Propagande se trouve déjà dans une ordonnance de Grégoire XIII, par laquelle quelques cardinaux furent chargés de la direction des missions dans l'Orient, et qui décréta aussi l'impression de catéchismes dans les langues les moins connues. Cependant cette institution n'était ni solidement fondée, ni pourvue de moyens nécessaires, ni assez vaste. Alors (sous Grégoire XV) florissait à Rome un grand prédicateur, Girolamo de Narni, qui, par la sainteté de sa vie, mérita la vénération générale et la réputation d'un saint; il parut en chaire avec une grandeur de pensées, une pureté d'expressions, une majesté d'exposition qui entraînaient tous ses auditeurs. Bellarmin venant un jour d'entendre un de ses sermons, disait : « Je crois que, des trois souhaits de saint Augustin, il m'en a été accordé un, savoir : celui d'entendre saint Paul. » Le cardinal Ludovisio, neveu de Grégoire XV, fut son protecteur; il se chargea des frais d'impression de ses sermons. Ce Capucin conçut la pensée d'étendre cette institution de la Propagande. Suivant son conseil, une congrégation fut fondée, afin de s'occuper, dans des séances régulières, de la direction des missions dans toutes les parties du monde; elle devait s'assembler au moins une fois par mois, en présence du Pape. Grégoire XV assigna les premiers fonds nécessaires pour cette institution; son neveu y contribua de ses propres biens, et comme elle répondait à un besoin réel et profondément senti, elle prospéra de jour en jour d'une manière plus brillante. Qui ne connaît les services immenses que la Propagande a rendus à la philosophie générale ou à la connaissance générale des langues? Mais elle s'est surtout appliquée à remplir avec énergie et grandeur sa mission principale, celle de la propagation catholique; et, dans les premiers temps, elle réalisa les plus magnifiques résultats (Ranke, t. IV, p. 115). » Ainsi parle cet historien protestant.

L'institution de *la Propagande* fut achevée par le successeur de Grégoire XV, par Urbain VIII, qui, l'an 1628, y réunit le collège ou séminaire de la Propagation de la foi, simple institution préparatoire où se formaient les missionnaires. On y voit une bibliothèque renfermant des livres en trente-six langues différentes, autant de presses pour imprimer les ouvrages, autant d'églises où l'on prêche l'Evangile dans ces mêmes langues. C'est une continuation, par la charité, du don des langues communiqué à l'Eglise, en la première Pentecôte chrétienne. Un ministre protestant termine ses réflexions à ce sujet par ces paroles : « Ainsi, Rome moderne a pour but unique de glorifier Dieu, de bannir de la société les vices qui la corrompent, de prêcher des doctrines célestes de paix et d'amour (Pierre de Joux, *Lettres sur l'Italie*, lettre 20). »

Grégoire XV mourut le 8 juillet 1623, à l'âge de 69 ans, après avoir tenu le Saint-Siège deux ans quatre mois et vingt-neuf jours. Comme il était vieux, consumé de travaux, quoique l'esprit toujours vif, son neveu, le cardinal Ludovisio, gouvernait la plupart des affaires, pour laisser à son oncle le loisir de se récréer dans des conférences académiques avec des savants; car il aimait beaucoup les sciences. Le neveu en profita pour enrichir sa famille, mais sans nuire à l'Etat; car il sut y maintenir une exacte justice, avec l'abondance des vivres, même dans un temps de disette. Grégoire XV, sentant à la défaillance de ses forces que Dieu l'appelait, se déclara prêt à mourir, fit une confession générale de sa vie, et reçut les derniers sacrements. Son neveu le pressait de compléter le nombre des cardinaux : il s'y refusa, espérant un successeur qui remédierait aux maux de la république chrétienne. Car, disait-il souvent, on n'en peut élire aucun, qui ne soit plus digne que moi du pontificat. Il avait canonisé saint Isidore de Madrid, saint Ignace, saint François Xavier, saint Philippe de Néri et sainte Thérèse (Pallat., *Greg. XV*).

Son successeur fut Urbain VIII : Maffeo Barberini, d'une famille ancienne et noble de Florence, où elle avait occupé des places considérables. Né l'an 1568, il perdit de bonne heure son père et sa mère, et fut élevé par les soins d'un oncle. Il étudia les premiers éléments de littérature à Florence, la philosophie au collège Romain, la jurisprudence à Pise, où il reçut le grade de docteur à l'âge de vingt ans. A l'âge de dix-neuf ans, il fut fait prélat. Sixte-Quint le nomma référendaire. Clément VIII lui donna le gouvernement de Fano, à l'âge de vingt-quatre ans; ensuite la charge de protonotaire apostolique, et depuis l'archevêché de Nazareth; enfin Paul V le nomma cardinal. Il fut envoyé nonce en France, pour complimenter Henri IV sur la naissance du dauphin, depuis Louis XIII.

Urbain VIII ou Maffeo Barberini entendait si bien le grec qu'on l'appelait l'*Abeille attique*. Il eut de grands succès dans la poésie latine. Il corrigea les hymnes de l'Eglise. Ses vers latins ont été imprimés à Paris, au Louvre, en 1642, in-folio, avec beaucoup d'élégance, sous ce titre : *Maffei Barberini Poemata*. Les pièces les plus considérables sont : 1º Des paraphrases sur quelques psaumes et cantiques de l'Ancien Testament; 2º des hymnes et des odes sur les fêtes de Notre Seigneur, de la sainte Vierge et de plusieurs saints : ses odes surtout sont très-estimées; 3º des épigrammes sur divers hommes illustres. On a de lui des poésies italiennes, qui se composent de soixante-dix sonnets, deux hymnes et une ode. Sa douceur et sa facilité à pardonner les injures ont fait chérir sa mémoire (*Biogr. univ.*, t. XLVII).

A la mort de Grégoire XV, les cardinaux se trouvèrent au conclave au nombre de cinquante-quatre. On croyait qu'ils s'accorderaient difficilement à l'élection d'un pontife, à cause du secret des suffrages récemment ordonné, et que d'ailleurs ils paraissaient fort divisés entre eux. Cependant, dès le premier jour, à la suite de l'accession, toutes les voix se réunirent sur le cardinal Barberini. Mais en vérifiant les bulletins, il s'en trouva un de moins, sans qu'on pût savoir ce qu'il était devenu. Le cardinal Farnèse opina qu'il fallait le tenir pour opposé, et ratifier l'élection, qui subsistait sans cela. Mais Barberini, pour prévenir toutes les difficultés, voulut qu'on réparât cette erreur, et qu'on recommençât le scrutin, suivant la teneur de la bulle. Le nouveau scrutin donna la même unanimité. Le nouveau Pape se prosterna au pied de l'autel, et pria Dieu avec larmes de ne pas le laisser sortir vivant du lieu, s'il prévoyait que son pontificat ne dût pas être utile à l'Eglise. C'était le 6 août 1623, fête de la Transfiguration de Notre Seigneur. Ce jour-là même, le nouveau Pape tomba malade; il ne fut couronné que le 29 septembre, fête de saint Michel archange, qu'il honora toujours d'une manière particulière. Il avait 55 ans, une santé robuste et un aspect vénérable.

Il visita, tant par lui-même que par ses vicaires,

toutes les églises, monastères, hôpitaux, colléges, et renvoya les évêques résider dans leurs diocèses. Le 24 décembre 1624, il ouvrit en personne le jubilé de 1625, visita plusieurs fois les églises, ainsi que l'hôpital de la Sainte-Trinité, où il lavait les pieds des pèlerins. Pendant toute l'année, il défraya libéralement les évêques et les prêtres pauvres qui vinrent en pèlerinage à Rome. Il reçut et logea magnifiquement au Vatican même, le prince de Pologne, Ladislas, fils de Sigismond, et l'archiduc Léopold d'Autriche, frère de l'empereur Ferdinand II : il les communia de sa main, eux et leur suite. Il restaura, embellit, agrandit une foule de monuments à Rome. Pour assurer la tranquillité de ses sujets, il bâtit plusieurs forteresses dans les États romains, auxquels il ajouta le duché d'Urbin et quelques autres domaines. Il rétablit à Lorette le collège Illyrien, pour servir de séminaire d'Illyrie. Il béatifia ou canonisa plusieurs saints personnages, consola par ses lettres les chrétiens du Japon, alors violemment persécutés, et mourut lui-même le 29 juillet 1644, après 22 ans moins 8 jours de pontificat (Pallat. et Sponde).

Innocent X fut élu le 15 septembre 1644. Il se nommait le cardinal Pamphili, était Romain de naissance, d'une famille noble et ancienne : il avait été successivement avocat consistorial, auditeur de rote, nonce à Naples, attaché à la légation du cardinal François Barberini en France et en Espagne, et enfin nommé cardinal, en 1629, par Urbain VIII. Dans ces diverses fonctions, il s'était montré actif, irréprochable et loyal; devenu pape, il conserva cette réputation. On trouvait son zèle d'autant plus extraordinaire, qu'il comptait déjà 72 ans lorsqu'il fut élu; « malgré cela, disait-on, le travail ne le fatigue point; après le travail, il est aussi libre et aussi frais qu'auparavant : il parle avec plaisir aux gens, et laisse chacun s'expliquer. » Il opposa un abord facile et une humeur gaie à la fierté de la vie retirée d'Urbain VIII. Il prit particulièrement à cœur de procurer l'ordre et la tranquillité à la ville de Rome. Il mit son ambition à maintenir le respect de la propriété et des personnes, pendant le jour et la nuit; à ne permettre aucun mauvais traitement aux inférieurs par les supérieurs, aux faibles par les puissants. Il força les barons à payer leurs dettes (Ranke, t. IV, p. 316).

Parmi ses parents, il y avait sa belle-sœur Olympie, veuve de son frère, femme très-capable, à laquelle il confia le gouvernement de sa famille. Avec les affaires domestiques, elle prétendit encore gouverner les affaires publiques. Il avait un neveu marié, fils d'Olympie, mais dont la femme avait des prétentions semblables. De là, entre la bru et la belle-mère, des brouilleries qui ne tournaient pas à l'honneur du Pape. On cite à cet égard bien des anecdoctes, mais qui, suivant la remarque d'un historien protestant (Schroeckh, *Hist. ecclés. depuis la réformat.*, t. III, p. 393), ne reposent guère que sur l'autorité fort suspecte de Grégorio Léti, plus romancier qu'historien. Quoi qu'il en soit, Innocent X fut le dernier Pape dont le népotisme fit de l'éclat. Cette prédilection pour les siens diminua notablement sous le successeur immédiat, pour disparaître entièrement sous les autres : en sorte que, depuis bientôt deux siècles, il n'en est plus question. Ce qui n'est pas une preuve médiocre que l'Église catholique est vraiment animée de l'Esprit de Dieu; car, suivant l'esprit du monde, le népotisme, la prédilection pour les siens est la première des vertus, le premier des devoirs.

L'an 1649, comme le peuple romain souffrait de la disette de blé et d'une inondation du Tibre, Innocent X visita lui-même les magasins des boulangers, fit venir du blé de Sicile et même de Pologne, ouvrit le palais de Latran, distribua des vivres suffisants à tout le monde, assigna une certaine quantité de pain par semaine aux artisans et aux citoyens surchargés de famille, sans rien diminuer des cent mille écus d'or que les pontifes romains distribuent chaque année aux pauvres. L'année suivante, qui fut l'année du jubilé, il approvisionna Rome d'une grande abondance de blé et de vin, et en fixa le prix, de peur que les hôteliers et les marchands ne vinssent à tracasser les pèlerins. La piété d'Innocent parut avec éclat dans cette année sainte, distribuant des aumônes immenses, lavant les pieds des pèlerins, les servant à table : touchés de son exemple, les princes romains prêtèrent leurs maisons pour loger les étrangers, ou donnèrent de l'argent. Il avait une dévotion particulière à la sainte Vierge, et, malgré ses occupations, ne passait point de jour sans lui adresser des prières réglées.

Dans la vue de procurer la restauration des mœurs, il voulait des prédicateurs recommandables, mais parlant avec liberté : il assistait souvent à leurs sermons, notamment à ceux d'Aloyse Albrizzi et de Paul, deux Jésuites qu'il affectionnait d'autant plus qu'il leur voyait plus d'éloquence et d'énergie à reprendre les mœurs de la cour romaine. On en a un exemple dans les sermons qu'ils prononcèrent dans le palais apostolique; il y règne une liberté telle qu'ils ne seraient peut-être pas sans inconvénient pour le commun du peuple (Pallat., *Inn. X*, n. 18).

Innocent X mourut dans la nuit du 6 au 7 janvier 1655, après avoir tenu le Saint-Siège 10 ans 3 mois et 22 jours. Dans sa dernière maladie, il appela près de lui son prédicateur, Paul Oliva, lui ordonnant de ne plus le quitter, mais de lui apprendre à bien mourir, et de l'aider à réciter alternativement des prières. Il lui donna trois cents écus d'or pour dire des messes, et fit distribuer plusieurs milliers d'écus aux pauvres. Ayant reçu les sacrements, il fit venir les cardinaux, leur demanda pardon de n'avoir pas mieux gouverné, et se recommanda à leurs prières. Il récitèrent aussitôt les litanies de la sainte Vierge (*Ibid.*, n. 21). C'est dans ces dispositions que mourut Innocent X.

Son successeur fut Alexandre VII, né à Sienne le 12 février 1599, appelé Fabius ou Fabio Chigi, et de l'illustre famille de ce nom. Naturellement porté à l'étude, il apprit avec avidité le latin, la poésie, la philosophie, la théologie, la jurisprudence, au point de mériter, assez jeune, le grade de docteur en ces trois dernières sciences. On a de lui un recueil de poésies non méprisables, qu'il composa dans sa jeunesse, lorsqu'il était membre de l'Académie des Philomathes de Sienne. Sa piété égalait son amour pour les sciences. Dès le premier âge, il aimait à lire les livres saints, et macérait son corps par le jeûne et le cilice. Sa mère, le voyant si avide de lecture, lui insinua que, s'il traduisait le livre de l'*Imitation* de l'italien en latin pour l'utilité des peuples d'au delà des monts, il en retirerait lui-même un grand profit pour se procurer d'autres livres. Il entreprit ce travail avec une ardeur incroyable, et l'acheva dans peu de temps, s'apercevant assez tard que c'était une pieuse ruse de sa mère pour lui faire goûter ce bon livre plus à fond. Il admirait spécialement les vertus et les écrits de saint François de Sales, et les prenait pour règle. Venu à Rome sous Urbain VIII, il fut successivement référendaire de l'une et l'autre signature, pro-légat de Ferrare, inquisiteur à Malte, évêque d'Imola, légat en Allemagne, où il prit part aux conférences de Munster pour la paix de Westphalie, et, par sa science, sa vertu et sa conduite pleine de dignité, s'attira l'estime, non-seulement des catholiques, mais des hérétiques eux-mêmes. Revenu à Rome et nommé cardinal, il eut grande part à la confiance d'Innocent X, qui voulut l'avoir près de lui à son lit de mort. Il fut élu pape à l'unanimité, le 7 avril 1655, quatre-vingtième jour du conclave, au grand étonnement et à la grande joie de tout le monde. Le frère d'un roi hérétique, se trouvant à Rome pendant la vacance du Siège, disait publiquement : « Si le cardinal Chigi était élevé à la papauté, la moitié du royaume de mon frère reviendrait à l'Eglise romaine. » D'autres hérétiques disaient des cardinaux qui invoquaient l'Esprit-Saint pour la future élection : « A quoi bon fatiguer l'Esprit-Saint? Vous avez Chigi, que le Saint-Esprit demande (Pallavicin, *Hist. du conc. de Trente*, l. 24, c. dernier; Pallat., *Alexandre VII*). »

Nul n'entra mieux ni plus saintement dans le pontificat. Le maître des cérémonies ayant placé son siège, suivant la coutume, au milieu de l'autel, il se retira du côté de l'épître, protestant qu'il ne s'asseoirait point au lieu où se consacraient le Corps et le Sang du Christ. Il se fit préparer un sarcophage, qu'il plaça dans sa chambre, pour se rappeler sans cesse le souvenir de la mort. La coupe où il buvait était en forme de crâne, avec des sentences sur l'éternité. Il dit que ses parents étaient les pauvres, et que, comme le Christ, il n'en avait pas de plus proches. Son frère Marius, ses neveux Flavius et Augustin s'étaient mis en route pour Rome, lorsqu'il leur défendit d'y venir. Cependant, au bout d'une année, fléchi par les instances des ambassadeurs, de quelques cardinaux et même de son confesseur Pallavicin, il permit à ces trois parents de venir à la cour, et leur donna des charges (Pallat., *Alexandre VII*, n. 5, 6, 8). La Providence sut l'en châtier. C'est à l'occasion de ses parents, et sans qu'il y eût de leur faute, qu'il lui faudra subir, de la part d'un roi, des affronts cruels et non mérités. Ce qui réduira peu à peu la perfection de l'Evangile en loi pratique pour les Papes : de renoncer à la prédilection naturelle de leurs proches; car, ainsi en juge le monde même, ce qui est vertu dans un empereur, un roi, un prince du siècle, est défaut dans le pontife romain. Et ce n'est que pour lui que le monde est si sévère. C'est que lui seul est le vicaire du Christ, le successeur de saint Pierre, le chef de la hiérarchie vraiment sacerdotale. Ce qui n'est pas lui ou avec lui, le monde même sent que ce n'est qu'une chose humaine, de qui on ne peut rien attendre au-dessus de l'homme. Et ce qui est vrai du Pape, l'est à proportion de l'évêque, du prêtre et du simple fidèle, dans l'Eglise catholique.

La lutte entre l'Eglise et le monde se voyait alors par tout l'univers, notamment au Japon. Cet empire est formé de plusieurs îles considérables; la principale est appelée par les Japonais *Niphon*, qui veut dire *Lever du soleil*, et elle donne son nom à tout l'empire. Japon vient du mot chinois *Zipon* ou *Gepuen*, qui signifie *Pays où le soleil se lève*. C'est le Zipangri ou Cipangu de Marc-Paul, que cherchait Christophe Colomb, quand il a trouvé l'Amérique. L'histoire japonaise ne commence d'avoir quelque certitude qu'au XVIe siècle avant l'ère chrétienne. La principale secte religieuse du Japon est celle de *Budso* ou *Bouddha*, nommé aussi *Sacka* ou *Chaka* par suite de son incarnation. Nous avons vu que le Bouddhisme primitif paraît une altération du christianisme prophétique ou même évangélique. Il fut introduit au Japon soixante-dix ans après la naissance du Sauveur. Le gouvernement de cet empire était héréditaire [dans la famille de Syn-mu, qui fonda cette monarchie l'an 660 avant notre ère. Vers le milieu du XIIe siècle, le 76e daïri ou empereur héréditaire, voyant les gouverneurs des provinces s'ériger en rois indépendants, nomma un généralissime des armées de l'empire pour les réduire à la soumission; mais ce général, qui rappelle le connétable de France et eut le nom du *cubo* ou *cubosama*, se servit de son pouvoir pour se rendre indépendant lui-même. Depuis, il y a deux empereurs au Japon, le daïri, empereur ecclésiastique, résidant à Méaco; le cubosama, résidant à Jeddo, empereur séculier, vicaire nominal du premier pour le temporel, mais ayant toute la force réelle, et ne laissant à son suzerain qu'une ombre de pouvoir : il y avait de plus, un grand nombre de gouverneurs ou rois, plus ou moins indépendants, ce qui occasionnait souvent des guerres et des révolutions. Tel était le Japon vers la fin du XIIIe siècle, lorsque les Tartares, maîtres de la Chine sous leur empereur Koubilaï, parurent sur les côtes et furent dispersés par la tempête : tel était encore le Japon, au milieu du XVIe siècle, lorsque saint François Xavier vint y porter la lumière de l'Evangile. Les Japonais sont d'un beau naturel, d'un esprit vif, d'un cœur sensible. Voici un trait arrivé l'an 1604, et dont le premier historien fut témoin oculaire.

Une femme était restée veuve avec trois garçons, et ne subsistait que de leur travail; or, comme ces jeunes gens ne pouvaient pas gagner suffisamment pour entretenir toute la famille, ils prirent, pour mettre leur mère à son aise, une étrange résolution. On avait publié depuis peu que, quiconque livrerait un voleur à la justice, toucherait une somme assez considérable. Les trois frères s'accordent entre eux qu'un des trois passera pour voleur, et que les deux autres le mèneront au juge : ils tirent au sort, pour savoir qui sera la victime de l'amour filial, et le sort tombe sur le plus jeune, qui se laisse lier et conduire comme un criminel. Le magistrat l'interroge, il répond qu'il a volé : on l'envoie en prison, et ceux qui l'ont livré touchent la somme promise. Leur cœur s'attendrit alors sur le danger que courait leur frère; ils trouvèrent moyen d'entrer dans la prison, et, croyant n'être vus de personne, ils l'embrassèrent tendrement et l'arrosèrent de leurs larmes. Le magistrat, qui par hasard les aperçut, fut extrêmement surpris d'un spectacle si nouveau : il appelle un de ses gens, lui ordonne de suivre les deux délateurs, et lui enjoint expressément de ne les point perdre de vue, qu'il n'ait découvert de quoi lui éclaircir un fait si singulier. Le domestique s'acquitta parfaitement de sa commission, et rapporta que, ayant vu entrer ces deux jeunes gens dans une maison, il s'en était approché, et les avait entendus raconter à leur mère tout ce que nous venons de dire; que la pauvre femme, à ce récit, avait jeté des cris lamentables, et qu'elle avait ordonné à ses enfants de reporter l'argent qu'on leur avait donné, disant qu'elle aimait mieux mourir de faim que de se conserver la vie au prix de celle de son fils. Le magistrat, surpris au point qu'on peut imaginer, fait venir son prisonnier, l'interroge de nouveau sur ses prétendus vols, lui fait diverses questions à dessein de l'obliger à se couper; et, n'en pouvant venir à bout, il lui déclare enfin qu'il sait tout. Ensuite, après l'avoir tendrement embrassé, il alla faire son rapport au cubosama, qui, charmé d'une action si héroïque, voulut voir les trois frères, les combla de caresses, assigna au plus jeune quinze cents écus de rente, et cinq cents à chacun des deux autres (Charlevoix, *Hist. du Japon*, livre prélim., c. 5).

On conçoit que la parole de Dieu, tombée de la bouche de François Xavier dans une si bonne terre, dut produire des fruits au centuple. Le saint apôtre avait quitté le Japon le 20 novembre 1551 : il était mort le 2 décembre 1552, à la vue de la Chine où il aspirait. L'œuvre sainte du Japon ne se ralentit ni par son départ ni par sa mort. De 1552 à 1582, pendant l'espace de trente ans, les chrétiens se multiplièrent dans toutes les classes, sans essuyer aucune persécution déclarée. Les nouveaux fidèles devenaient missionnaires à leur tour, et Dieu donnait tant de bénédiction à leur zèle, qu'en 1554 on comptait jusqu'à quinze cents personnes baptisées dans le royaume d'Arima, où aucun missionnaire n'avait encore pénétré. Il était très-ordinaire de voir des familles entières recevoir le baptême en un même jour. Naytondono, gouverneur d'Amanguchi, ayant embrassé le christianisme, plus de trois cents personnes, ses alliés ou ses vassaux, suivirent aussitôt son exemple. Mais rien ne contribua davantage à faire entrer un grand nombre d'idolâtres dans le sein de l'Église, que ce qui arriva vers ce même temps dans le Bungo, à deux bonzes fort célèbres dans tout l'empire.

Ils étaient venus exprès de Méaco à Fuchéo pour voir les docteurs portugais, dont on parlait fort diversement dans le Japon, et pour s'assurer par eux-mêmes si ce qu'on avait publié de leur sainteté et de leur doctrine n'était point exagéré. Ils se donnèrent tout le loisir d'examiner leur conduite et celle des nouveaux chrétiens; ils se rendirent très-assidus aux instructions que les Jésuites faisaient tous les jours en public, et comme ils étaient sans passion et sans préjugés, et qu'ils avaient un désir sincère de connaître la vérité, ils conçurent bientôt une très-grande estime pour notre religion. Ils ne laissèrent pas d'entrer souvent en dispute avec le Père Gago; mais ils les firent toujours avec une modération qui les fit regarder au missionnaire comme gens peu éloignés du royaume de Dieu : il espéra même bientôt qu'ils seraient un jour les défenseurs d'une religion qu'ils ne paraissaient combattre que pour mieux s'instruire.

Enfin, un jour qu'il prêchait dans une place de la ville, les deux bonzes vinrent à leur ordinaire lui proposer de très-bonnes difficultés; il y répondit d'une manière qui les satisfit parfaitement. Après quoi, continuant son discours, comme il eût cité un passage de saint Paul, un des deux docteurs lui demanda qui était ce Paul, sur l'autorité duquel il s'appuyait si fort? Le Père commença par lui raconter en peu de mots l'histoire de l'apôtre des Gentils; et il avait à peine fini, que le bonze prenant la parole et se tournant vers l'assistance, s'écria : « Écoutez, Japonais, je suis chrétien ! et puisque j'ai imité Paul en combattant contre la doctrine de Jésus-Christ, je veux l'imiter en la prêchant aux infidèles. Et vous, mon cher compagnon, ajouta-t-il en s'adressant à l'autre bonze, suivez mon exemple; et comme nous avons enseigné l'erreur de compagnie, il faut que nous allions ensemble annoncer la vérité à ceux qui ne la connaissent pas. » Ils se jetèrent aussitôt l'un et l'autre aux pieds du prédicateur et le supplièrent de les baptiser au plus tôt. Le Père ne crut pas devoir différer de leur accorder cette grâce, et il donna au premier le nom de Paul, et au second celui de Barnabé, comme ils l'en avaient eux-mêmes prié. Ils furent bientôt en état de travailler au salut des âmes, et ils tinrent exactement la parole qu'ils en avaient publiquement donnée. Paul surtout s'étudia tellement à se former sur son saint patron, qu'on peut dire qu'il était une copie vivante du Docteur des nations. Tout ce que la pénitence a de plus austère n'était pas trop rigoureux pour lui; on le voyait sans cesse avec Barnabé, parcourant les bourgs et les villages, et semant le grain de la parole divine avec des fruits d'autant plus abondants que le ciel y concourut plus d'une fois par des prodiges (Charlevoix, *Hist. du Japon*, Paris, 1754, in-12, t. II, l. 2, p. 113-115).

Dans le royaume de Firando, un prince de la maison royale fut baptisé avec sa femme et un de ses frères : il reçut au baptême le nom d'Antoine. Il était seigneur de deux îles; aussitôt après son baptême, il y mena un missionnaire, et l'y seconda si bien, prêchant lui-même et ne dédaignant aucune des fonctions du ministère évangélique, qu'en moins de deux mois on y compta jusqu'à quatorze cents chrétiens et plusieurs églises bâties à ses frais. Le bonze Paul eut grande part à ces succès; mais il ne ménagea point assez ses forces, et il fut bientôt la victime de son zèle. Il tomba malade, et jugeant que Dieu le voulait appeler à lui, il témoigna qu'il souhaitait mourir entre les bras du Père de Torrès. Il n'y avait encore, à ce qu'il paraissait, aucun danger à lui accorder cette consolation, et il y aurait eu de la dureté à le lui refuser : on l'embarqua sur un bâtiment qui allait à Fuchéo : à peine y fut-il arrivé, que les médecins l'avertirent de sa mort prochaine. Il en témoigna une joie qui ne se peut exprimer; il reçut les derniers sacrements de l'Église avec des transports d'amour dont les saints sont seuls capables; et peu de temps après, il alla recevoir dans le ciel la récompense due à ses travaux et à son éminente vertu, que Dieu avait autorisée par plus d'un événement miraculeux.

Cette mort et le départ du Père Gago, qui avait été appelé dans le Chicugen, avaient laissé Fernandès seul dans le Firando. Le Père Gaspar Viléla fut envoyé à son secours et trouva cette chrétienté dans une situation à faire espérer que le royaume entier allait se déclarer pour Jésus-Christ. Tous les néophytes étaient catéchistes, et l'on ne pouvait suffire à baptiser ceux qu'ils gagnaient à l'Evangile. Le père Viléla, passant un jour dans une rue de Firando, aperçut un enfant qui accourait pour lui parler; il l'attendit, et dès que l'enfant fut à portée de se faire entendre, il demanda le baptême. Le Père lui répondit qu'il le baptiserait dès qu'il serait suffisamment instruit. — « Ce sera donc tout à l'heure, dit l'enfant; car je sais tout ce qu'il faut savoir pour cela. » Le Père l'interrogea et trouva qu'il disait vrai : il voulait pourtant le remettre au lendemain; mais l'enfant protesta qu'il ne bougerait point de la place qu'il n'eût obtenu ce qu'il souhaitait, et il fallut le contenter. Quelques jours après, le Père Viléla fut fort étonné de voir son petit néophyte qui lui amenait son père, sa mère, ses frères et ses sœurs, qu'il avait convertis et parfaitement instruits de nos mystères.

Le premier martyr du Japon fut une pauvre femme. Les chrétiens de Firando avaient dressé une nouvelle croix à quelque distance d'une des portes de la ville, et ils y allaient tous en commun faire leurs prières à certaines heures. Une femme esclave, dont le maître était idolâtre zélé, y allait fort régulièrement, quoique son maître le lui eût défendu. Un jour ayant appris qu'elle y était retournée, il s'emporta fort contre elle et lui jura qu'il lui coûterait la vie si elle continuait dans sa désobéissance; elle lui répondit que la mort ne faisait pas peur aux chrétiens, qu'elle continuerait à le servir avec la même fidélité dont elle lui avait donné jusque-là des preuves certaines; mais qu'elle ne devait pas manquer à celle qu'elle devait à Dieu, son premier maître; et dès le lendemain elle se rendit comme les autres à la croix. L'idolâtre entra en fureur dès qu'il le sut, et courut après elle; il n'était pas encore bien loin, qu'il l'aperçut revenant; il tira aussitôt son sabre et l'attendit. La généreuse chrétienne s'approcha de lui sans s'émouvoir, se mit à genoux et lui présenta sa tête, que le barbare lui abattit d'un seul coup. Les chrétiens enlevèrent son corps et lui donnèrent une sépulture honorable, en rendant grâces à Dieu de la constance qu'il lui avait inspirée et s'animant à imiter son exemple (Charlevoix, *Hist. du Japon*).

Par suite d'une révolution politique dans la province ou le royaume de Chicugen, les missionnaires furent obligés d'en sortir et de se retirer dans celui de Bungo. Sur le chemin, ils rencontrèrent un grand nombre de chrétiens qui accouraient les délivrer et leur apporter les choses nécessaires. Quand ils furent à cinq ou six lieues de Fuchéo, ils commencèrent à rencontrer des troupes nombreuses de fidèles qui venaient au devant d'eux, et à chaque fois il fallait entrer dans des tentes, que ces bonnes gens avaient dressées à côté du grand chemin, et s'y rafraîchir ou s'y reposer. Plus ils approchaient, et plus la foule grossissait; on aurait dit qu'il n'était resté personne dans la ville, et toutes les campagnes retentissaient de cris de joie et d'actions de grâces au Seigneur Dieu, qui sait délivrer ses serviteurs des plus grands dangers, par des voies qui ne sont connues que de lui. Les missionnaires entrèrent ainsi dans Fuchéo comme en triomphe; et parce qu'on savait qu'ils avaient tout perdu, il n'y eut pas un chrétien qui ne leur offrît son présent. Les uns leur apportaient de l'argent, les autres de l'étoffe et du linge, ceux-ci de la vaisselle de porcelaine, ceux-là de petits meubles à leur usage; il n'est pas concevable jusqu'où on portait l'attention; mais rien ne les touchait comme l'affection avec laquelle tout cela se faisait (Charlevoix, *Hist. du Japon*).

En 1560, le *cubosama* ou empereur séculier ayant permis de prêcher l'Evangile, quinze bonzes des plus célèbres demandèrent le baptême. Les néophytes composent un traité de la supériorité de la religion chrétienne sur les sectes du Japon. En 1562, le prince d'Omura reçoit le baptême avec trente gentilshommes; son exemple est suivi par sa femme (*Ibid.*, l. 2). En 1564, un orage s'élève à Méaco contre la religion chrétienne : l'empereur nomme deux bonzes hostiles pour l'examiner et pour la proscrire, s'ils la trouvent mauvaise. Les deux examinateurs se nommaient, l'un Ximaxidono, et l'autre Cicondono : le grand-juge de la ville impériale, Daxandono, devait rendre l'édit sur leur rapport.

Or, un pauvre chrétien de la campagne, nommé Jacques, était allé demander justice à Daxandono contre un idolâtre à qui il avait prêté une somme d'argent et qui refusait de la lui rendre. Ximaxidono, un des deux commissaires, entra dans le moment que ce bonhomme plaidait lui-même sa cause, et le reconnaissant pour chrétien à un chapelet qu'il portait sur lui : « Tu es donc, lui dit-il en l'interrompant, de la religion des Européens? — Oui, grâce au ciel, répond le paysan, j'en suis. — Et qu'enseigne de bon votre loi? reprend le bonze. — Je ne suis pas assez savant pour vous le dire, réplique le chrétien, mais je puis vous assurer qu'elle n'enseigne rien que de bon. » Ximaxidono ne laissa pas de le questionner sur bien des articles, et le Seigneur, qui dénoue, quand il lui plaît, la langue des enfants pour en tirer sa gloire, éclaira tellement en cette occasion le villageois, qu'il parla sur l'existence et les attributs de Dieu, sur le culte qu'il exige des hommes, sur l'immortalité de nos âmes et sur nos divins mystères, d'une manière si éloquente et même en si bons termes, qu'il ravissait tous les assistants en admiration. Le bonze surtout l'écouta fort attentivement; il fut ensuite quelque temps sans rien dire, puis, comme s'il se fût éveillé d'un profond sommeil : « Allez, dit-il, au chrétien, faites-moi venir votre docteur; si les disciples sont si savants, que sera-ce du maître? » Quand le Père Viléla revint à Méaco, de Sacai, où il s'était retiré, il trouva que le premier commissaire avait converti le second, et tous deux un grand seigneur de la cour. Les deux bonzes composèrent ensemble un traité de la religion chrétienne qui produisit partout des fruits merveilleux. Leur exemple fut suivi par Tacayama, grand homme de guerre, qui reçut le baptême avec toute sa famille, entre autres son fils Juste Ucondono, illustre par ses grandes actions, qui lui ont donné une place distinguée parmi les héros du Japon, plus illustre encore par ses vertus et par ses souffrances pour la cause de Dieu. Ainsi se termina pour le moment cet orage (Charlevoix, t. II, l. 3, p. 224 et seqq.).

De 1565 à 1575, nouvelle révolution politique au Japon. Le cubosama ou empereur séculier est mis à mort avec sa femme et sa mère : les rebelles n'épargnent qu'un de ses frères, qui s'échappe de leurs mains, est mis sur le trône par Vatadono, frère de Tacayama, et par Nobunanga, roi de Voari. Le nouveau cubosama se déclare en faveur des missionnaires, le daïri contre eux : le christianisme fait des progrès, éprouve des persécutions locales, suivant les provinces. Le prince de Xéqui apostasia et se fit persécuteur : ailleurs, de petits enfants donnaient l'exemple de la constance. L'an 1570, un des fils du seigneur d'Amacusa rencontra dans une rue de la ville un enfant, qu'il reconnut pour chrétien ; il lui fit mille questions, qu'il entremêla de blasphèmes horribles contre Jésus-Christ. L'enfant l'avertit de prendre garde à ce qu'il disait ; que le Dieu des chrétiens n'est pas un Dieu sourd et impuissant comme ceux du Japon, et qu'il est terrible dans ses vengeances. Le prince, choqué de cette hardiesse ou feignant de l'être, tire son sabre, et regardant d'un œil courroucé l'enfant, qui continuait toujours à lui parler sur le même ton : « Blasphémer ainsi en ma présence les dieux que j'adore, lui dit-il, et manquer à ce point au respect qui m'est dû, ce sont des crimes qui ne se pardonnent point ; tu mourras. » Le petit néophyte, sans se troubler, repartit : « Vous aurez, seigneur, beaucoup de gloire d'ôter la vie à un enfant désarmé ; mais quel mal me ferez-vous en me coupant la tête ? Vous ne sauriez nuire à mon âme, qui ne sera pas plus tôt séparée de mon corps, qu'elle recevra une couronne immortelle et sera éternellement placée dans le sein de Dieu même, le Roi des rois et le Seigneur des seigneurs. » En disant cela, il se jette à genoux, abat sa robe et se met en posture de recevoir le coup de la mort. Ce spectacle étonna le prince et l'attendrit ; il releva l'enfant, lui fit mille caresses et se retira (Ibid., l. 4, p. 346).

Le seigneur d'Amacusa, qui était une île, finit par embrasser lui-même la foi chrétienne, et reçut le nom de Michel. Il fut ensuite l'apôtre de ses sujets. La conquête qui lui donna le plus de peine, fut celle de la princesse son épouse, qui seule arrêtait le progrès de l'Évangile. Le Japon n'avait peut-être pas un plus bel esprit que cette princesse, ni personne qui eût une plus parfaite connaissance de toutes les sectes qui avaient cours dans l'empire ; les bonzes les plus habiles ne se croyaient point déshonorés en la consultant sur les points les plus difficiles de la théologie japonaise. Ce ne fut qu'après six années d'un travail qui aurait rebuté tout autre que son époux, qu'elle se rendit. Elle fut baptisée avec ses deux fils, dont l'aîné, qui reçut au baptême le nom de Jean, a illustré ce nom par ses vertus et surtout par son héroïque fermeté à soutenir la foi dans les temps les plus difficiles. La princesse sa mère fut nommée Grâce, et répara avec usure le temps qu'elle avait perdu par sa résistance. Elle se donna de grands mouvements pour la conversion des bonzes, et après qu'elle en eut gagné le plus grand nombre et les principaux, elle obligea le reste à sortir de l'île. Enfin, à la mort du prince Michel, qui arriva l'an 1582, onze ans après son baptême, il ne restait plus dans ses Etats aucun vestige d'idolâtrie (Charlevoix, l. 4, p. 348).

Le prince d'Omura, nommé Sumitanda, avait rendu presque toute sa principauté chrétienne. Le roi de Gotto, nommé Louis, travaillait à procurer le même bonheur à tout son royaume. On le voyait sans cesse aller de bourgade en bourgade, parcourir les montagnes et les bois, pénétrer dans les plus inaccessibles retraites, tantôt pour assister un moribond ou pour ensevelir un mort, tantôt pour baptiser les adultes, instruire les prosélytes, exhorter les infidèles, faire le catéchisme aux enfants, et les prières publiques, partout où il se trouvait. Rien ne lui paraissait petit, lorsqu'il s'agissait de gagner une âme à Jésus-Christ : aussi ne rencontrait-il nulle part aucun obstacle. Ces insulaires, accoutumés à regarder leurs souverains comme des divinités bien plus inabordables que les dieux mêmes qu'ils adoraient, ne pouvaient résister aux discours pleins de bonté et d'onction de ce vertueux prince, et se trouvaient même déjà convertis par ses exemples, avant qu'il leur parlât. Il lui restait bien peu de chose à faire pour achever l'entière réduction de ses Etats sous le joug de la foi, lorsqu'après trois ans de règne, Dieu l'appela, dans l'année 1579, pour lui faire porter dans le ciel une couronne beaucoup plus précieuse que celle qu'il portait sur la terre.

Le christianisme ne florissait pas moins alors à Méaco, capitale de l'empire, et dans les provinces voisines, par le crédit que lui donnait la faveur constante de Nobununga, grand ennemi des bonzes, et par le zèle de quelques seigneurs, parmi lesquels se distinguaient toujours le brave et vertueux Tacayama, et à son exemple Juste Ucondono, son fils. Toute l'occupation du père était de faire des prosélytes, et le premier jour de l'année 1575, on compta jusqu'à soixante-dix gentilshommes, qu'il avait amenés au Père Froëz pour être baptisés, et qui se trouvèrent parfaitement instruits. Peu de jours après, il en amena encore trente-cinq, et on ne peut dire jusqu'où allait son attention à profiter de tout ce qui pouvait contribuer à avancer l'œuvre de Dieu. Bientôt même il ne put se résoudre à partager ses soins entre Dieu et le monde, et pour n'avoir plus rien qui l'empêchât de se consacrer tout entier à la propagation et à l'affermissement de la foi, il se déchargea du gouvernement de son petit Etat sur son fils, se retira auprès d'une église qu'il avait fait bâtir avec une grande magnificence, et n'y voulut plus entendre parler que de ce qui concernait le service de Dieu.

Quand il n'avait point chez lui de missionnaire, il en faisait lui-même toutes les fonctions qui pouvaient lui convenir. Il présidait aux prières et aux exercices de pénitence qui se faisaient toujours en commun, et tous les ans il choisissait parmi les principaux chrétiens quatre des plus distingués par leur vertu, et les chargeait de veiller à ce que les infidèles fussent instruits, les pauvres secourus, les malades visités et soulagés dans leurs besoins spirituels et temporels ; qu'on exerçât l'hospitalité envers les étrangers ; en un mot, qu'on n'omît rien de toutes les bonnes œuvres qui se présentaient à faire.

Lui-même était de tout, et par son affabilité, il s'était tellement attaché les cœurs, qu'il n'y avait personne qui ne le regardât comme son père. Il avait coutume de dire à la princesse Marie, son épouse, pour l'engager à entrer toujours, comme elle faisait, dans toutes ses vues, qu'il n'y avait point de vraie vertu dans le christianisme qui ne fût accompagnée d'une charité tendre et compatissante envers les malheureux; mais ses soins les plus empressés étaient pour les veuves et pour les enfants de ceux qui étaient morts à son service, et il est vrai de dire qu'ils retrouvaient en lui toute la tendresse d'un père et d'un époux. Enfin, il n'y avait rien dont il ne s'avisât pour mettre en honneur et en crédit la religion chrétienne, surtout pour gagner les bonzes à Jésus-Christ, et il en gagna effectivement un grand nombre. Plusieurs autres seigneurs travaillaient avec le même zèle et avec le même succès dans leurs terres, et les missionnaires pouvaient à peine suffire à baptiser ceux qui se présentaient, et à leur administrer les autres sacrements de l'Église (Charlevoix, t. III, l. 5, p. 33 et seqq.).

Dans les premiers siècles du christianisme, dans les siècles apostoliques, on eût contraint ces bons seigneurs japonais à recevoir la prêtrise et même l'épiscopat, à devenir les pasteurs de ceux dont ils avaient été les gouverneurs et les rois, comme on fit pour saint Denys de l'Aréopage, Synésius de Ptolémaïde, saint Ambroise de Milan, saint Germain d'Auxerre.

L'an 1581, l'empereur du Japon, ses fils et presque tous les rois des provinces se seraient faits chrétiens, si on leur avait permis d'avoir à la fois plusieurs femmes. Au commencement de 1582, les rois chrétiens de Bungo et d'Arima, avec le prince chrétien d'Omura, députèrent une ambassade solennelle à Rome, où elle arriva sur la fin du règne de Grégoire XIII et en partit sous Sixte V. Elle fut reçue avec les plus grands honneurs par l'un et l'autre pontife, à qui elle présenta les lettres des trois princes. La lettre du roi de Bungo était conçue en ces termes :

« A celui qui doit être adoré et qui tient la place du Roi du ciel, le grand et saint Pape.

» Plein de confiance en la grâce du Dieu suprême et tout-puissant, j'écris à Votre Sainteté avec toute la soumission possible. Le Seigneur qui gouverne le ciel et la terre, qui tient sous son empire le soleil et toute la milice céleste, a fait luire sa clarté sur moi, qui étais plongé dans l'ignorance et enseveli dans de profondes ténèbres; il y a plus de trente-quatre ans que ce Maître souverain de la nature, déployant tous les trésors de sa miséricorde en faveur des habitants de ces contrées, y envoya les Pères de la Compagnie de Jésus, qui ont semé le grain de la parole divine dans ces royaumes du Japon; et il a plu à sa bonté infinie d'en faire tomber une partie dans mon cœur : grâce singulière dont je me crois redevable, Très-Saint-Père de tous les fidèles, aussi bien que de plusieurs autres, aux prières et aux mérites de Votre Sainteté. Si les guerres que j'ai à soutenir, ma vieillesse et mes infirmités ne m'avaient retenu, j'aurais été moi-même visiter les saints lieux que vous habitez, et vous rendre en personne l'obéissance que je vous dois; j'aurais dévotement baisé les pieds de Votre Sainteté, je les aurais mis sur ma tête, et je vous aurais supplié de faire de votre main sacrée l'auguste signe de la croix sur mon cœur. Contraint par les raisons que j'ai dites de me priver d'une si douce consolation, j'avais eu dessein d'envoyer à ma place Jérôme, fils du roi de Fiunga, et mon petit-fils; mais comme il était trop éloigné de ma cour, et que le Père visiteur ne pouvait différer son départ, je lui ai substitué Mancio, son cousin-germain et mon petit-neveu. J'aurai une obligation infinie à Votre Sainteté, qui tient sur la terre la place de Dieu même, si elle continue de répandre ses faveurs sur moi, sur tous les chrétiens, et sur cette petite portion du troupeau qui est commis à mes soins. J'ai reçu des mains du Père visiteur le reliquaire dont Votre Sainteté m'a honoré, et je l'ai mis sur ma tête avec beaucoup de respect. Je n'ai point d'expressions pour vous exprimer la reconnaissance dont je me sens pénétré pour un don si précieux. Je ne ferai pas cette lettre plus longue, parce que le Père visiteur et mon ambassadeur instruiront plus amplement Votre Sainteté de tout ce qui regarde ma personne et mon royaume. Je vous adore en vérité, Très-Saint-Père, et je vous écris la présente, saisi d'une crainte respectueuse. Le onzième jour de janvier de cette année 1582, depuis la venue de Notre Seigneur. — François, roi de Bungo, prosterné aux pieds de Votre Sainteté. » Les lettres des deux autres princes expriment les mêmes sentiments. (*Hist. du Japon*, t. III, l. 6).

Les ambassadeurs japonais furent bien affligés de la mort de Grégoire XIII, qui les avait si bien reçus, d'autant plus que l'on disait ce bon vieillard mort de joie de les voir venus de si loin : et de fait, dans l'audience publique qu'il leur donna, son visage fut continuellement inondé de larmes. Tout le monde leur dit de n'avoir pas d'inquiétude, parce que le nouveau Pape, qui ne tarderait pas à être élu, aurait pour eux la même tendresse. En effet, Sixte-Quint les assura, dès la première audience, qu'ils obtiendraient de lui autant et peut-être plus, pour eux et pour l'Église du Japon, qu'ils n'avaient espéré du pape Grégoire. Ils se trouvèrent à son couronnement, et ils y tinrent leur place comme ambassadeurs de rois; ils y portèrent le dais, et ils donnèrent à laver à Sa Sainteté, lorsqu'elle dit la messe. Enfin, la veille de l'Ascension, au sortir de la chapelle, ils furent faits publiquement, et en présence de presque toute la noblesse romaine, chevaliers aux éperons d'or. Le Pape leur mit lui-même le ceinturon et l'épée, fit chausser les éperons aux deux princes par les ambassadeurs de France et de Venise et aux deux seigneurs par le marquis Altemps. Il les fit ensuite venir en sa présence tout armés, leur mit à chacun une chaîne d'or, et sa médaille d'or au cou, puis les embrassa. Le prince de Fiunga répondit au nom de tous, qu'en qualité de chevaliers chrétiens, ils se croyaient dans l'obligation de combattre les ennemis de la foi partout où ils se trouveraient, mais que leur joie serait complète, s'ils avaient l'honneur de répandre leur sang pour Jésus-Christ. Le lendemain, le Pape les communia de sa main, leur accorda beaucoup plus qu'ils ne demandaient, leur remit pour leurs souverains les lettres les plus affectueuses, avec des présents. La dernière visite des ambassadeurs fut au Capitole, où le sénateur et les conservateurs s'étaient assemblés pour les recevoir en qualité de patrices romains. Ils partirent de Rome le 3 juillet 1585, et laissèrent toute la ville charmée de leur modestie, de leur bonne grâce, de leur esprit, et surtout de leur piété, dont ils donnèrent des marques si solides, qu'on les regardait comme des saints, et qu'ils soutinrent parfaitement l'opinion conçue depuis longtemps de la haute vertu des chrétiens japonais (T. III, l. 6).

Pendant que les ambassadeurs chrétiens du Japon étaient ainsi accueillis avec honneur et amour, et à Rome et dans tous les pays chrétiens, comme étant les enfants de cette grande famille dont Dieu est le père et l'Eglise la mère, il se passait au Japon un spectacle bien différent. Un homme, précurseur de l'antechrist, s'élevant au-dessus de tout ce qu'on appelle dieu ou qu'on adore, se plaçait dans le temple de Dieu, s'y faisait adorer comme dieu, et ensuite périssait dans les flammes. Nobununga, roi provincial de Mino et de Voari, n'était ni daïri (empereur ecclésiastique), ni cubosama (empereur séculier); mais il avait aidé à replacer celui-ci sur le trône : il lui avait bâti, à Méaco, un palais magnifique, et un second à lui-même, avec les débris des monastères des bonzes et des temples de leurs dieux; comme les matériaux n'arrivaient point assez vite, il y employait les idoles en pierre, qu'il faisait enlever des temples et traîner par les chemins la corde au cou : au fond, il ne reconnaissait d'autre dieu que lui-même. Comme, dans les guerres civiles, il avait trouvé les bonzes de la parti de l'opposition, il en massacra un grand nombre, et livra aux flammes plusieurs de leurs monastères. Brouillé avec l'empereur séculier, il marche contre lui, le force à la paix, le laisse sur le trône, mais se rend maître de l'empire (T. II, table, art. Nobununga). En 1580, deux sectes ennemies de bonzes le prirent pour arbitre de leur dispute; il y consentit, mais à condition de couper la tête à ceux qui seraient vaincus : on souscrivit à la condition, et il ne manqua pas de l'exécuter (T. III, l. 5, p. 77). Il avait fondé une nouvelle ville, nommée *Anzuquiama*. L'an 1582, il y fit construire un superbe temple sur une belle colline, avec un nouveau chemin allant jusqu'à Méaco. Ensuite il ordonne qu'on apporte dans son temple toutes les plus belles idoles qu'on pourrait trouver dans le Japon, et l'on plaça par son ordre, dans le lieu le plus apparent du temple, une pierre, nommée Xantai, où étaient gravées ses armes avec quantité de devises. Après quoi, comme Nabuchodonosor de Babylone, il publia un édit qui suspendait tout culte religieux dans l'empire, et ordonnait, sous des peines très-graves, à quiconque de venir adorer le Xantai, et lui demander tous ses besoins, avec promesse de les obtenir. On se moqua de ses promesses, mais on craignit ses menaces. Le concours fut si extraordinaire, que dans la ville et dans toute la campagne on ne pouvait se tourner, et que le lac même était couvert de bateaux. Le fils aîné de Nobununga fut son premier adorateur, et tout l'empire suivit son exemple, si on en excepte les chrétiens, dont aucun ne parut à cette fête. Nobununga, qui s'y était attendu, ne fit pas semblant de s'en apercevoir. S'il pensait s'en venger, il n'en eut pas le temps.

Il était toujours en guerre contre Morindono, roi de Naugato, et il avait enfin résolu de faire un dernier effort pour le réduire, soumettre tout le Japon, tourner ensuite ses armes victorieuses contre la Corée et la Chine. Il avait deux généraux de confiance, Faxiba et Aquéchi, tous deux d'une naissance obscure, mais dont il avait deviné le talent, ou qu'il avait principalement élevés pour humilier les autres. Le premier, employé d'abord chez un gentilhomme à couper du bois dans la forêt et à l'apporter sur ses épaules dans la ville, commandait les armées impériales contre le roi de Naugato; le second, par une fortune semblable, était devenu roi de Tango et de Tamba. En 1582, Faxiba mande à son maître que, s'il avait trente mille hommes de plus, il aurait conquis dans peu tous les Etats de son ennemi. Nobununga les lui envoie sous le commandement d'Aquéchi, sans se réserver aucune troupe pour sa propre défense. Il eut lieu de s'en repentir. A peine sorti de Méaco, Aquéchi y rentre avec ses trente mille hommes, comme ayant reçu contre-ordre, et entoure le palais. Nobununga met la tête à la fenêtre, et demande ce que cela veut dire. Pour toute réponse, Aquéchi lui tire une flèche, qui le blesse au côté; un coup de mousquet lui casse le bras : on met le feu aux quatre coins du palais, Nobununga y expire au milieu des flammes, avec son fils aîné, son premier adorateur. C'était le 20 juin 1582.

Le rebelle Aquéchi fut défait par le prince chrétien Ucondono et tué par des paysans. Faxiba, nommé aussi Fide Jos, s'empare de l'empire, sous prétexte de le conserver au petit-fils de Nobununga, qu'il dépouille même de son royaume provincial. Il épouse une fille du daïri et se fait reconnaître empereur. En 1592, il prend le titre de *Taïcosama*, qui veut dire *très-haut* et *souverain seigneur*. En 1587, il avait rendu un édit de bannissement contre les missionnaires : ceux-ci se bornèrent à se retirer chez les princes chrétiens. L'attente d'une persécution répandait la joie parmi les fidèles et augmentait le nombre des conversions, bien loin de la diminuer. En 1590, les ambassadeurs chrétiens envoyés à Rome furent de retour au Japon, eurent une audience de Taïcosama, puis entrèrent tous les quatre dans la Compagnie de Jésus.

Ce qui eût été bien à désirer pour les chrétiens du Japon, c'étaient des évêques et des prêtres de leur pays; c'était un clergé indigène. Les apôtres et leurs successeurs en usèrent ainsi pour la conversion de la Syrie, de l'Egypte, de l'Asie Mineure, de la Grèce, de l'Italie et de tout l'Occident. Il est dit de saint Paul et de saint Barnabé qu'en repassant à Lystre, Icône et Antioche, ils ordonnèrent des prêtres dans chaque église (Act., 14, 20-22). Et nous avons vu saint Paul écrire à Tite, son disciple : *Je vous ai laissé en Crète, afin que vous corrigiez ce qui manque et que vous établissiez des prêtres dans chaque ville, suivant la règle que je vous en ai donnée* (Tit., 1, 5). Cette règle concerne les qualités que doit avoir un évêque, car c'est d'évêques qu'il est question. Or, il n'y est pas dit que l'évêque doive être étranger : au contraire, il doit avoir un bon témoignage de ceux mêmes qui sont hors de l'Eglise (1. Tim., 3, 7), c'est-à-dire des infidèles; ce qui suppose un homme du pays, soit par sa naissance, soit par une longue demeure. La règle dit bien que ce ne doit pas être un néophyte, un homme nouvellement converti, de peur qu'il ne s'enfle d'orgueil. Or, depuis trente et quarante ans, le christianisme florissait au Japon, il dominait dans plusieurs provinces ou royaumes, les chrétiens japonais montraient une intelligence et une vertu admirables. Saint Paul et saint Barnabé en eussent choisi plus d'un, pour les ordonner prêtres dans les villes et dans les églises. De plus, conformément au concile de Trente, il eût été facile, dans l'espace de quarante ans, d'établir quelque séminaire pour former à la cléricature ces merveilleux enfants que nous avons vus se faire les apôtres de leurs familles et que nous verrons courant au martyre comme à une fête. Cependant, il ne paraît pas même qu'on y ait pensé. Dans l'*Histoire du Japon*, par le Père Charlevoix, il est bien question de deux séminaires, mais ce sont des séminaires ou plutôt des collèges de nobles : de séminaire clérical, il n'y a pas trace, si ce n'est dans le discours d'obédience des ambassadeurs japonais à Grégoire XIII, où il est dit que ce pontife avait fondé au Japon des séminaires, pour former un grand nombre de prédicateurs indigènes, vu que les habitants de ces îles ont beaucoup de lumière et d'esprit (*Hist. du Japon*, t. III). On ne voit pas non plus que, dans l'espace de quarante à cinquante ans, on ait établi un prêtre à demeure, un propre pasteur, dans aucune église, dans aucune ville, dans aucune province.

Dès l'année 1566, le pape Pie V, pressé par le roi de Portugal de donner un chef à la chrétienté du Japon, afin qu'on y pût ordonner des prêtres, en avait nommé évêque le patriarche d'Ethiopie, André Oviédo ; mais ce saint pontife ne voulut point se séparer de son troupeau indocile : son coadjuteur pour le Japon, Melchior Carnero, évêque de Nicée, mourut à Macao, sans voir l'église à laquelle il était destiné. Les ambassadeurs japonais, arrivés à Rome en 1585, firent de nouvelles instances pour avoir un évêque. Sixte-Quint en laissa la nomination au roi d'Espagne, Philippe II, comme roi de Portugal, qui nomma le Jésuite Sébastien de Moralèz ; mais le nouvel évêque du Japon mourut dans le voyage, en arrivant au Mozambique. Un quatrième fut nommé en 1591, et arriva au Japon au mois d'août 1596 : c'était le Jésuite Pierre Martinèz, ayant pour coadjuteur le Jésuite Louis Serquieyra, tous deux Portugais de naissance (*Ibid.*, t. IV).

En 1579, le Jésuite Valegnani, arrivé au Japon en qualité de visiteur, et voyant un si grand nombre d'églises sans missionnaires, proposa d'appeler au secours de la mission quelques religieux des autres ordres. Les avis furent partagés. Le général des Jésuites en référa au Pape, qui consulta le roi de Portugal. La chose resta indécise jusqu'en 1585, où, sur l'avis de Philippe II, roi d'Espagne, devenu aussi roi de Portugal, le pape Grégoire XIII, vieux et infirme, mais dont le tout-puissant neveu avait été élevé chez les Jésuites, rendit une bulle du 28 janvier, qui défendait à tout autre religieux qu'aux Jésuites de mettre le pied au Japon pour y prêcher l'Evangile. Et le Jésuite Charlevoix observe que cette bulle fut expédiée tout juste deux mois avant l'arrivée des ambassadeurs japonais à Rome (*Ibid.*, t. III).

Ce système d'évangéliser et de gouverner les chrétiens du Japon par des hommes d'une seule congrégation religieuse, tirés d'une seule domination temporelle, avait l'avantage de mettre plus d'unité et d'uniformité dans l'administration, tant que cette domination temporelle seconderait cette congrégation religieuse. Mais en cas de mésintelligence, il en résultait de terribles inconvénients, et d'un jour à l'autre les chrétiens du Japon pouvaient se voir délaissés, comme des brebis sans pasteur. Ce n'est pas tout. Supposons même que la Compagnie de Jésus soit toujours bien vue et bien secondée par le roi d'Espagne et de Portugal, qu'est-ce qui empêche les marchands de la Hollande et de l'Angleterre protestante d'aller dire à l'empereur du Japon que les Jésuites espagnols et portugais ne sont que l'avant-garde du roi d'Espagne pour lui confisquer son empire ; que pour cela le roi d'Espagne nomme les évêques du Japon, que pour cela il n'y envoie que des Jésuites, non pas d'autres religieux ; et des Jésuites de sa domination, et non d'une autre ; que pour cela on n'y forme point de clergé indigène : eux, Hollandais et Anglais, connaissent la politique du roi d'Espagne. Les premiers, pour conserver leurs droits, les seconds, pour maintenir leur indépendance nationale, n'ont pas craint de lui faire la guerre, d'expulser ou d'égorger les Jésuites, et même de fouler aux pieds la croix. Le Japon n'a qu'à faire de même, pour ne pas devenir une province espagnole, comme l'Amérique. Supposons que les marchands hérétiques de la Hollande et de l'Angleterre viennent tenir ces propos à l'empereur du Japon, la raison d'Etat ne lui fera-t-elle pas conclure que cela est vrai, qu'il faut chasser les Jésuites, exterminer du Japon le christianisme espagnol : chose d'autant plus facile que le Japon n'a pas de clergé indigène et qu'il est fermé de tous côtés par une mer orageuse.

Les Jésuites croyaient bien faire. Ils auraient mieux fait de suivre l'exemple de leur fondateur. Nous avons vu saint Ignace entreprendre toute sorte de bonnes œuvres, les mettre sur un bon pied, puis en laisser la direction à d'autres, pour en commencer de nouvelles. Faire toujours de même, eût valu à ses religieux beaucoup moins de critiques devant les hommes, et beaucoup plus de mérite devant Dieu. Nous voyons, par le discours d'obédience des ambassadeurs japonais, que Grégoire XIII avait ordonné chez eux l'établissement de séminaires pour la formation d'un clergé indigène : les Jésuites auraient peut-être mieux fait d'exécuter réellement l'ordre du Pape, que de donner simplement le nom de séminaires à des académies de nobles. Ils auraient également mieux fait, adoptant le conseil de leur confrère Valegnani, d'appeler à leur secours des religieux d'autres ordres, que de les leur faire défendre. En suivant le conseil de leur confrère, l'exemple de leur fondateur et l'ordre du Pape, ils auraient doublement mérité de Dieu et des hommes : au mérite d'avoir planté l'Evangile au Japon, ils auraient joint celui de l'y enraciner pour toujours. Trop de prudence leur fit tort. Tant de précautions pour empêcher la venue d'autres religieux aigrit les esprits, fit naître des soupçons, accrédita des bruits fâcheux. Les Espagnols des Philippines, quoique sujets du même roi que les Portugais, étaient jaloux du commerce exclusif que ceux-ci faisaient au Japon, et où les Jésuites pas-

LIVRE LXXXVII. — § I. SOUFFRANCES DE L'EGLISE AU JAPON.

saient pour avoir part. L'an 1592, le gouverneur espagnol des Philippines envoie une ambassade à Taïcosama, pour desservir les Portugais et les supplanter dans leur commerce (*Hist. du Japon*, t. III, p. 410). L'année suivante, le bruit se répandit aux Philippines que tous les missionnaires du Japon étaient en fuite, que généralement tous les chrétiens y avaient apostasié. Le gouverneur espagnol envoie au Japon quatre religieux de Saint-François en qualité d'ambassadeurs. Leur chef était le Père Pierre-Baptiste, commissaire des Franciscains. Il n'accepta cette commission qu'après avoir consulté un grand nombre de théologiens, pour mettre sa conscience en sûreté au sujet du bref de Grégoire XIII; tous lui répondirent unanimement, non-seulement qu'il pouvait, mais qu'il devait même aller au secours de l'Eglise du Japon, d'autant plus que son ordre avait reçu, depuis peu, un autre bref de Sixte-Quint, postérieur à celui de Grégoire, et en vertu duquel tous les Franciscains pouvaient aller librement prêcher l'Evangile dans toutes les Indes (*Ibid.*, p. 444). En 1600, d'autres religieux arrivèrent, parmi eux des Dominicains et des Augustins, le pape Clément VIII ayant permis aux religieux de tous les ordres d'y aller au secours des Jésuites, qui ne pouvaient suffire à toutes les demandes qu'on leur faisait de missionnaires (*Ib.*, t. IV, p. 48 et 160).

En 1596 commença une persécution. Un galion espagnol, allant des Philippines à la Nouvelle-Espagne, et richement chargé, fut battu d'une grosse tempête sur les côtes du Japon. Le roi ou gouverneur japonais de Tosa invita le capitaine du navire à se réfugier dans son port, où le navire toucha et fut confisqué au profit de l'empereur Taïcosama. Le pilote du navire voulut faire peur aux Japonais de la puissance du roi d'Espagne. Ayant aperçu une mappemonde, il leur montra toutes les régions de l'un et l'autre hémisphère qui obéissaient aux Espagnols. Tous les assistants parurent extrêmement surpris qu'un seul homme fût le maître de presque la moitié du monde, et un ministre de l'empereur demanda au pilote de quels moyens on s'était servi pour former une si vaste monarchie. « Rien de plus aisé, répondit le malheureux; nos rois commencent par envoyer dans les pays des religieux qui engagent les peuples à embrasser notre religion, et quand ils ont fait des progrès considérables, on envoie des troupes, qui se joignent aux nouveaux chrétiens et n'ont pas beaucoup de peine à venir à bout du reste. »

Au récit de cette forfanterie, aussi fausse qu'imprudente, Taïcosama entra en fureur. Le 9 décembre 1596, neuf religieux de Méaco et d'Ozaca furent arrêtés : trois Jésuites et six Franciscains. Les premiers, tous trois Japonais de naissance, s'appelaient Paul Miki, fils d'un seigneur de la cour de Nobununga, et qui prêchait avec grand fruit depuis plusieurs années. Jean Soan ou de Gotto, né l'an 1578, de parents chrétiens, demeurait chez les Jésuites d'Ozaca, lorsqu'on leur donna des gardes; il ne tenait qu'à lui de se retirer : il demanda au contraire à être reçu dans la Compagnie, ce qui lui fut accordé. Diégo ou Jacques Kisaï était un bon artisan, qui avait reçu le baptême dans sa jeunesse, et s'était retiré chez les Jésuites, où il faisait les fonctions de catéchiste.

Les Pères de Saint-François se rencontrèrent au nombre de six, dans les villes d'Ozaca et de Méaco; à savoir : trois prêtres, un clerc et deux laïques. Les trois prêtres étaient les Pères Pierre Baptiste, Martin d'Aguire ou de l'Ascension, et François Blanco. Le clerc se nommait Philippe de las Casas ou de Jésus. Les deux laïques avaient nom François du Parilha ou de Saint-Michel, et Gonzalès Garcia.

Le Père Pierre Baptiste était de Castel-San-Stephano, dans le diocèse d'Avila; il entra jeune en religion, et après y avoir passé par plusieurs charges, il fut envoyé aux Philippines : on le fit d'abord custode à Manille, puis commissaire. Il se démit quelque temps après de cet emploi, pour vaquer à la contemplation dans la solitude; mais on l'engagea à le reprendre pour aller l'exercer au Japon. Parmi plusieurs choses merveilleuses que l'on rapporte de ce grand religieux, on assure qu'un jour de la Pentecôte, il guérit une fille japonaise toute couverte de lèpre, et qu'en même temps il parut comme des langues de feu sur la tête de tous ceux qui étaient présents à ce miracle; la plupart eurent depuis l'honneur de confesser Jésus-Christ, les uns, par la perte de leurs biens ou de leur patrie, les autres, par celle de leur vie.

Le Père de l'Ascension était natif, suivant les uns, de Vergara, dans la province de Guiposcoa; suivant d'autres, de Varenguéla, en Biscaye. Il savait assez bien la langue du Japon et prêchait avec un grand zèle et beaucoup de fruit. Le Père Blanco était de Monterey, en Galice. Ils étaient tous deux fort jeunes, quoique le premier eût enseigné la théologie avant de passer au Japon.

Philippe de Jésus était né à Mexico, de parents espagnols; sa conduite, pendant les premières années de sa jeunesse, ne donna pas lieu d'espérer qu'un jour il serait saint. Il les passa dans un si grand libertinage, qu'il s'attira la haine de sa famille. Les marques qu'elle lui en donna le firent rentrer en lui-même, il changea de vie et prit l'habit de Saint-François. Il ne le porta pas longtemps, et rentra dans le siècle. Ses parents, pour n'avoir pas devant les yeux un objet qui leur causait tant de chagrins, l'envoyèrent trafiquer en Chine; mais Philippe ne se vit pas plus tôt abandonné à lui-même, dans un pays où il pouvait avoir tant d'occasions de satisfaire son penchant pour le plaisir, que le danger où était son salut l'effraya. Il se rappela en même temps les grands exemples de vertu dont il avait été si souvent témoin dans le cloître; et tout cela fit une si vive impression sur son cœur, qu'il résolut de reprendre le saint habit qu'il avait si lâchement quitté. Sur ces entrefaites, il fut obligé de se transporter à Manille pour quelques affaires concernant apparemment son commerce; et il ne les eut pas plus tôt terminées, qu'il entra au monastère des Anges, occupé par les Franciscains réformés de Saint-Pierre d'Alcantara. Cette nouvelle ayant été portée au Mexique, les parents de Philippe en conçurent une joie extrême, et prièrent instamment le commissaire général de cette congrégation, qui se trouvait alors dans la Nouvelle Espagne, de leur donner la consolation de voir leur fils, puisqu'il était rentré dans la voie de la sainteté, l'unique chose qu'ils avaient toujours souhaitée pour lui. Philippe reçut donc ordre de profiter de la première occasion pour revenir au Mexique : il se trouvait pour cela sur le galion espagnol qui fut confisqué dans un port du Japon : Philippe fut envoyé à Méaco, et s'y trouvait au moment qu'on mit des gardes au couvent de son ordre.

Gonzalès Garcia était né à Bazain, dans les Indes orientales, de parents portugais; il avait longtemps trafiqué au Japon. Dans un voyage aux Philippines, ayant eu connaissance des Franciscains réformés, il conçut un si grand mépris des biens de la terre, qu'il renonça aux grandes richesses par lui amassées, et embrassa la pauvreté évangélique. Il soutint cette démarche avec tant de ferveur, que le Père Baptiste le choisit pour l'accompagner au Japon, où Dieu lui préparait quelque chose de plus précieux que ce qu'il avait négocié d'abord. Taïcosama fut, dit-on, extrêmement édifié en apprenant que ce pauvre religieux avait été un riche commerçant, il le prit en affection et le voyait volontiers.

François de Saint-Michel était Castillan, de Padilha, au diocèse de Palencia. Il entra d'abord chez les Cordeliers, parmi lesquels il vécut quelque temps dans une grande réputation de sainteté : ensuite le désir d'une plus grande perfection le fit passer dans une province où l'on gardait l'étroite observance. Après quelques années, il fut envoyé aux Philippines, où Dieu récompensa son éminente vertu du don des miracles. Il rencontra un jour une femme indienne qui était près d'expirer, et qui avait déjà perdu la parole; il ne fit autre chose que le signe de la croix sur la bouche de la malade, et dans le moment elle recouvra la parole : le premier usage qu'elle en fit fut de demander le baptême, qu'on lui accorda. Un indien avait été mordu à la jambe, d'un serpent, dont la morsure passe pour être incurable; le saint religieux fit le signe de la croix sur la plaie, et la jambe, qui était déjà excessivement enflée, revint à son état naturel. Dieu avait encore favorisé son serviteur d'une oraison continuelle et d'un zèle très-ardent pour le salut des âmes (*Hist. du Japon*, t. IV, l. 10).

Voilà quels étaient les neuf religieux arrêtés en vertu des ordres de Taïcosama. Ce prince avait encore commandé qu'on dressât une liste de tous les chrétiens qui fréquentaient les églises de Méaco et d'Ozaca, et le nombre en monta si haut, que le ministre chargé de cette affaire en fut effrayé : aussi la fit-il supprimer, disant que l'intention de l'empereur n'était pas de dépeupler son empire, en faisant mourir tous les chrétiens, mais seulement de punir les religieux venus des Philippines, qui contrevenaient ouvertement à ses ordres. Le bruit ne laissa point de se répandre partout qu'on allait faire main basse sur tous les chrétiens qu'on trouverait dans les églises ou avec un missionnaire; et cette nouvelle excita dans tous les cœurs des fidèles une joie et un désir du martyre qui causèrent l'admiration des idolâtres.

Le premier qui donna ce merveilleux exemple fut un général d'armée, Juste Ucondono, fils de Tacayama. Quelques mois auparavant, il avait vu son illustre père mourir entre ses bras, en louant le Seigneur jusqu'au dernier soupir et le remerciant de ce qu'il l'avait jugé digne de mourir confesseur de Jésus-Christ. Ucondono était chez son ami, le roi de Canga, lorsque, sur la nouvelle de la persécution, il vint à Méaco, auprès du Père Gnecchi, Jésuite, afin de mourir avec ce religieux, dont il respectait fort la vertu. Pendant qu'il y était, il y vit arriver dans le même but les deux fils du viceroi de Tense, grand-maître de la maison de l'empereur.

Un seigneur fort riche et fort puissant, mais baptisé depuis peu, fit publier dans ses terres qu'il punirait sévèrement quiconque, étant interrogé par ordre de l'empereur si son maître était chrétien, dissimulerait la vérité. Un autre, appréhendant qu'on n'osât point venir chez lui pour se saisir de sa personne, alla sans suite avec son épouse, le père conduisant un petit garçon de dix ans, et la mère portant entre ses bras une petite fille qui ne pouvait encore marcher, se présenter à un de ceux qui commandaient à Méaco. Un parent de Taïcosama, à qui ce prince avait donné trois royaumes, alla s'enfermer avec quelques Jésuites pour ne pas perdre l'occasion de mourir avec eux. On trouva un jour l'illustre reine de Tango, nommée Grâce au baptême, qui travaillait elle-même avec ses filles à se faire des habits magnifiques, pour paraître avec plus de pompe au jour de leur triomphe, ainsi qu'elles s'exprimaient. Partout on ne rencontrait que gens de tous les ordres, uniquement attentifs à ne pas laisser échapper le moment favorable de confesser Jésus-Christ devant les officiers de l'empereur. Les femmes de qualité se réunissaient dans les maisons où elles croyaient pouvoir être le plus aisément découvertes, et il y eut à Méaco une jeune dame qui pria ses amies que, si elles la voyaient trembler ou reculer, elles la traînassent par force au lieu du supplice. En un mot, les moyens de se procurer l'honneur du martyre était la grande occupation des fidèles de tout âge, de tout sexe et de toute condition.

Ongasayara, gentilhomme du Bungo, ayant su qu'on dressait des listes des chrétiens, dit publiquement qu'on ne pouvait lui disputer l'honneur d'y être inscrit des premiers. On fit ce qu'il souhaitait, et il travailla ensuite à procurer à sa famille le bonheur qu'il croyait s'être assuré à lui-même. Toutefois, pour son vieux père, âgé de quatre-vingts ans et qui n'était baptisé que depuis six mois, il crut plus sage de l'engager à se retirer dans quelque maison de campagne, où l'on ne s'aviserait pas de l'aller chercher. Mais, malgré toutes les représentations, jamais le vieillard ne voulut entendre parler de retraite; il voulait absolument mourir pour Dieu, mais mourir les armes à la main, comme il convenait à un vieux militaire. Il entre ainsi plein d'émotion dans l'appartement de sa bru et la trouve occupée à se faire des habits fort propres; il voit en même temps les domestiques, et jusqu'aux enfants, qui s'empressaient à préparer, l'un son reliquaire, l'autre son chapelet, d'autres leur crucifix; il demande la cause de tout ce mouvement et on lui répond que l'on se dispose au combat. — Quelles armes, et quelle espèce de combat! s'écrie-t-il. — Il s'approche de la jeune femme. Que faites-vous là, ma fille, lui demande-t-il ? — J'ajuste ma robe, répond-elle, pour être plus décemment lorsqu'on me mettra en croix; car on assure qu'on y va mettre tous les chrétiens. Elle dit cela d'un air si doux, si tranquille, si content,

LIVRE LXXXVII. — § I. SOUFFRANCES DE L'ÉGLISE AU JAPON.

qu'elle déconcerta son beau-père. Il demeura quelque temps à la regarder en silence; puis, comme s'il fût revenu d'une profonde léthargie, il quitta ses armes, tira son chapelet et le tenant entre les mains : C'en est fait, dit-il, je veux aussi me laisser crucifier avec vous.

Les premiers martyrs de cette persécution furent deux filles esclaves, que leurs maîtres égorgèrent en haine du christianisme. L'âge le plus tendre donna des exemples du courage le plus héroïque. Un père, après avoir lâchement abjuré sa foi, entreprit d'engager son fils, enfant de dix ans, dans l'apostasie. Il trouva une résistance, à laquelle il ne s'était pas attendu; mais il fut encore bien plus surpris, lorsque l'enfant, fatigué de ses discours, lui parla en ces termes : « Un père qui est homme d'honneur ne doit avoir rien plus à cœur que de porter ses enfants à la pratique de la vertu. Il est bien surprenant, mon cher père, qu'après avoir, par une insigne lâcheté, renoncé au culte du vrai Dieu, vous preniez à tâche de rendre votre fils complice d'une si grande infidélité. Vous devriez bien plutôt songer à rentrer vous-même dans le sein de l'Église qu'à vouloir m'en faire sortir. Mais vous ferez par rapport à vous tout ce qu'il vous plaira : il n'y a point de loi qui ordonne à un enfant d'être l'imitateur de la perfidie de son père, et j'espère que Dieu me fera la grâce de lui être fidèle jusqu'au bout, malgré tous vos efforts. » Cette déclaration irrita extrêmement le père apostat, et dans le premier mouvement de sa colère, il chassa son fils de chez lui. L'enfant sortit fort content, et, se regardant comme orphelin, sans aucune ressource de la part de ceux qui lui avaient donné le jour, il se jeta entre les bras de l'Église, qui lui servit de mère, un missionnaire s'étant chargé de lui. Quantité d'autres enfants firent paraître la même fermeté, la même ardeur, pour être inscrits sur les listes, ce qui jeta tout le monde dans l'admiration.

Toutefois, grâce à divers incidents, ce grand mouvement s'apaisa. Le nombre des prisonniers fut réduit à quinze, puis porté à dix-sept : cinq religieux de Saint-François et douze laïques, la plupart domestiques ou catéchistes de ces Pères. Comme on appelait ceux-ci à divers noms, il se trouva que l'un d'eux, nommé Mathias, était allé faire des emplettes pour la maison. Un bon artisan du voisinage entendant l'officier qui criait : Où donc est Mathias? s'approcha et lui dit : Je me nomme Mathias; je ne suis point, apparemment, celui que vous demandez, mais je suis chrétien aussi bien que lui et fort disposé à mourir pour le Dieu que j'adore. Cela suffit, dit l'officier; peu m'importe; pourvu que ma liste soit remplie. Le martyr Mathias fut donc ajouté aux seize, et l'apôtre saint Mathias fut ajouté aux onze. Le 31 décembre, on leur adjoignit encore sept autres : les trois Jésuites, un religieux de Saint-François et trois séculiers, ce qui portait leur nombre à vingt-quatre.

Parmi ces chrétiens condamnés à mourir, il y avait trois enfants, dont la ferveur et la constance étonnèrent les infidèles et attirèrent sur toute la troupe la compassion de la multitude. L'un se nommait Louis et n'avait que douze ans; les deux autres avaient nom Antoine et Thomas, et n'en avaient pas plus de quinze : ils servaient à l'autel chez les Pères de Saint-François et avaient été mis des premiers sur la liste. Il n'avait tenu qu'à eux de n'y être pas; on avait même refusé d'abord d'y mettre le petit Louis; mais il fit tant par ses pleurs et par ses prières, qu'on lui donna cette satisfaction. Il refusa dans la suite un moyen qu'on lui suggéra de s'évader, et ils soutinrent tous trois jusqu'au bout de la carrière ce grand courage qui les y avait fait entrer.

Le 3 janvier 1597, sur une place de Méaco, on devait couper le nez et les oreilles aux martyrs. Le gouverneur, qui était humain, leur fit seulement couper une partie de l'oreille gauche. On les promena ensuite, couverts de leur sang, sur des charrettes, de ville en ville, jusqu'à Nangazaqui, où ils devaient être crucifiés. Le but de cette exposition était d'intimider les chrétiens; elle fit un effet contraire : la vue des trois enfants toucha même les infidèles, et plusieurs se convertirent. Deux chrétiens, Pierre Cosaqui et François Dauto, qui portaient toujours des rafraîchissements aux martyrs, furent mis avec eux par les gardes, ce qui porta leur nombre à vingt-six. Leur martyre eut lieu à Nangazaqui, le 5 février 1597 : ils purent se confesser encore tous auparavant. Quand on vint leur dire que le commandant les attendait sur la colline où ils devaient consommer leur sacrifice, ils s'y rendirent aussitôt, suivis d'un peuple infini. Les chrétiens qui se trouvaient sur leur passage se prosternaient devant eux, et, les yeux baignés de larmes, se recommandaient à leurs prières : ils arrivèrent enfin au pied de la colline, et du plus loin qu'ils aperçurent leurs croix, ils coururent les embrasser, ce qui causa un nouvel étonnement aux infidèles.

Les croix du Japon ont vers le bas une pièce de bois en travers, sur laquelle les patients ont les pieds posés, et au milieu une espèce de billot sur lequel ils sont assis. On les attache avec des cordes par les bras, par le milieu du corps, par les cuisses et par les pieds, qui sont un peu écartés. On y ajouta un collier de fer, qui tenait aux martyrs le cou fort raide. Quand ils sont ainsi liés, on élève la croix et on la place dans son trou. Ensuite le bourreau prend une manière de lance et en perce de telle manière le crucifié, qu'il la fait entrer par le côté et sortir par l'épaule; quelquefois cela se fait en même temps des deux côtés, et si le patient respire encore, on redouble sur-le-champ, de sorte qu'on ne languit point dans ce supplice.

On allait commencer l'exécution, lorsque le Jésuite Jean de Gotto aperçut son père, qui était venu pour lui dire un dernier adieu. « Vous voyez, mon cher père, lui dit le saint novice, qu'il n'y a rien qu'on ne doive sacrifier pour son salut. — Je le sais, mon fils, répondit le vertueux père, je remercie Dieu de la grâce qu'il vous a faite, et je le prie de tout mon cœur de vous continuer jusqu'au bout ce sentiment si digne de votre état. Soyez persuadé que votre mère et moi sommes très-disposés à imiter votre exemple, et plût au ciel que nous eussions eu l'occasion de vous le donner! » On attacha ensuite le martyr à la croix, au pied de laquelle, dès qu'elle fut dressée, le père eut le courage de se tenir. Il y reçut une partie du sang de son fils sur lui, et ne se retira que quand il l'eut vu expirer, faisant connaître, par la joie qui éclatait sur son visage, qu'il était bien plus charmé d'avoir un fils martyr que s'il l'eût vu élever à la plus brillante fortune.

Presque tous étaient attachés à leurs croix et prêts à être frappés du coup mortel, lorsque le Père franciscain Baptiste, qui se trouva placé au milieu de la troupe rangée sur une même ligne, entonna le cantique de Zacharie, que tous les autres achevèrent avec un courage et une piété qui en inspirèrent aux chrétiens et attendrirent les infidèles. Quand il eut fini, le petit Antoine, qui était à côté du Père, l'invita à chanter avec lui le psaume : *Laudate pueri Dominum*. Le saint religieux, qui était absorbé dans une profonde contemplation, ne lui répondant rien, l'enfant le commença seul; mais ayant, quelques instants après, reçu le coup de la mort, il alla l'achever dans le ciel avec les anges. Le premier qui mourut fut Philippe de Jésus, et le Père Baptiste fut le dernier. Paul Miki prêcha de dessus sa croix avec une éloquence toute divine, et finit par une fervente prière pour ses bourreaux : tous firent éclater leur zèle et leur joie, et ces grands exemples excitèrent dans le cœur des fidèles qui en furent les témoins une merveilleuse ardeur pour le martyre.

Dès qu'ils eurent tous expiré, les gardes ne furent plus les maîtres, et quoiqu'ils se fussent d'abord mis en devoir d'écarter à grands coups de bâton la foule du peuple, ils furent contraints de céder pour quelque temps et de s'éloigner. Ils laissèrent donc les chrétiens contenter leur dévotion et recueillir tout ce qu'ils purent du sang dont la terre était teinte : les idolâtres mêmes témoignèrent une grande estime pour une religion qui inspirait tant de joie à ceux qui en étaient les victimes, et une si sainte jalousie à ceux qui en étaient les spectateurs. Sur le soir, l'évêque du Japon, à qui le commandant n'avait pas voulu permettre d'assister les martyrs à la mort, vint avec tous les Jésuites de Nangazaqui se prosterner au pied de leurs croix. La sainte colline devint un lieu de pèlerinage, où les chrétiens ne cessaient d'affluer de toutes les provinces. Il s'opéra un grand nombre de miracles, qui furent constatés juridiquement. Urbain VIII décerna les honneurs des saints martyrs à ces vingt-six chrétiens du Japon, et, en attendant une canonisation plus solennelle (1), permit d'en faire l'office dans toutes les églises de la Compagnie de Jésus pour les trois Jésuites, et pour les vingt-trois autres dans celles de l'ordre de Saint-François, parce que les séculiers étaient du tiers-ordre (*Hist. du Japon*, t. IV, l. 10).

La même année, Taïcosama proscrivit les missionnaires : plusieurs se retirèrent effectivement, entre autres l'évêque du Japon, qui mourut en retournant aux Indes : plusieurs demeurèrent, même un peu au su de l'empereur, qui tomba malade et mourut l'année suivante 1598. Soldat parvenu à l'empire, il se croyait parvenu à la divinité. De son vivant, il se fit bâtir des temples, un principal à Méaco, où il se faisait adorer sous le nom de *Xin-Fachiman*, qui veut dire *nouveau Fachiman*; c'est le nom que l'on donne à un *cami* ou dieu japonais qui passe pour le dieu de la guerre. On le voit, c'est partout le même esprit, la même politique; la politique de Nemrod, de Nabuchodonosor, de Caligula, de Néron : la divinité, la religion, la justice, ce n'est que la force. On dit au christianisme, comme on a dit au Christ : « Je vous donnerai tout cela, si vous vous prosternez devant moi et m'adorez ! » Et parce que le christianisme ne veut pas se prosterner, non plus que le Christ, on le persécute, on le crucifie, au Japon comme ailleurs, ailleurs comme au Japon. De là cette opposition incessante qu'il rencontre partout.

Le prétendu dieu Taïcosama laissait un fils âgé de six ans, nommé Fide Jory : il lui donna pour tuteur Gixasu, nommé Daï-su-Sama ou grand gouverneur, et dont il lui fit épouser la fille, âgée de deux ans. En quoi le prétendu dieu ne montra guère de prévoyance, car la principale sollicitude de Daï-su-Sama fut à dépouiller son pupille et son gendre, pour se mettre à sa place. De là des guerres civiles qui se terminèrent en 1615 par une sanglante bataille à Ozaca, après laquelle on n'entendit plus parler de Fide Jory, et Daï-su-Sama mourut l'année suivante, laissant l'empire à son fils Fide Tadda, qui en fit un dieu suivant ses ordres.

Dans cette période de dix-sept ans, il y eut des persécutions contre les chrétiens en plusieurs provinces, et les choses se disposaient à une persécution générale. L'empereur du Japon y était excité par de nouveaux venus. Les protestants de Hollande et d'Angleterre, qui avaient renié chez eux la foi de leurs pères pour s'emparer du bien des églises, continuaient leurs négoces de Judas par tout le monde. Afin de supplanter mieux les Portugais et les Espagnols catholiques dans leur commerce avec les Japonais, ils pousseront ceux-ci à déclarer une guerre d'extermination à tous les chrétiens de leur empire. Faudra-t-il, pour gagner quelques pièces d'argent, marcher sur la croix? eux qui se font gloire de la fouler aux pieds chez eux, n'auront garde de s'en faire scrupule à l'extrémité de l'Orient. Pour les chrétiens, c'est une marque d'apostasie; pour les protestants, c'est une profession de leur culte.

En 1599, le roi de Firango commença la persécution dans son royaume : son fils, chargé de l'exécution, trouva la première victime dans sa vertueuse épouse : elle était fille de Sumitanda, le premier des princes du Japon, qui avait embrassé le christianisme, pour lequel il avait souvent risqué sa vie et ses États, le prince d'Omura, que nous avons vu envoyer une ambassade au Pape. Sa fille représenta donc à son époux qu'elle ne pouvait dégénérer de son père et qu'elle aimerait mieux mendier son pain que de voir tous les jours sa foi exposée à de nouvelles attaques. Elle se retira effectivement chez le prince d'Omura, son frère. Mais son époux, qui l'aimait éperdûment, n'eut pas plus tôt connu sa retraite, qu'il courut la chercher, lui protestant avec serment que de sa vie il ne l'inquiéterait sur la religion. Parmi le reste du peuple, six princes, avec leurs familles entières, et six cents chrétiens parti-

---

(1) Après la définition de l'Immaculée Conception, un autre acte solennel qui a signalé le pontificat de Pie IX, étonné le monde par sa hardiesse et son succès, attesté la foi inébranlable de l'Église et sa persévérance dans ses traditions, fut celui de la canonisation des martyrs du Japon, auquel il convia tous les évêques de la chrétienté. Les évêques arrivèrent en effet de toutes les contrées. La France, l'Angleterre, l'Allemagne, la Hollande, l'Amérique, l'Afrique, l'Asie, se rencontrèrent au seuil du Vatican. La Russie elle-même laissa partir quelques évêques et quelques religieux. Depuis cent ans aucun ecclésiastique n'était venu de ces contrées à Rome, avec un passeport moscovite. Deux nations seulement n'étaient pas représentées par leur épiscopat : le Piémont et le Portugal. Le jour de la Pentecôte 1862, il y eut, dans la basilique de Saint-Pierre, cinquante mille prêtres et fidèles, autour de trois cents évêques !   E. H.

rent volontairement pour l'exil, contre l'attente du roi, qui s'apaisa peu à peu et les fit revenir.

L'apothéose de Taïcosama, qui fut célébrée vers ce temps avec une pompe extraordinaire, ne contribua pas peu à inspirer aux peuples et aux grands un retour d'estime pour le christianisme, et à leur faire concevoir du mépris pour les sectes du Japon. Aussi y eut-il tant d'infidèles qui se convertirent alors, qu'on en compta soixante-dix mille cette année 1599, et vingt-cinq mille dans les seuls Etats du roi de Fingo. Ce prince, qui se nommait Augustin, y avait été autant contribué que les missionnaires. Le roi de Mino, petit-fils de Nobununga, ne travaillait ni avec moins de zèle ni avec moins de succès dans son royaume.

Le roi si chrétien de Fingo ayant péri dans une guerre civile entre Daï-su-Sama et les autres régents de l'empire, son royaume fut donné à un roi idolâtre, qui voulut obliger tous les chrétiens à reconnaître les mêmes idoles que lui. Sur leur refus, il commença par deux des principaux : l'un se nommait Jean Minami, et l'autre Simon Taquenda. Il n'est rien dont les amis que ces deux chrétiens avaient parmi les idolâtres ne s'avisassent pour les engager à donner au moins quelque légère marque, quelque signe équivoque de soumission aux volontés du roi. Ce qui les choquait le plus, c'est que les femmes de ces deux gentilshommes et la mère de Taquenda étaient les premières à les exhorter à se tenir fermes dans la foi qu'ils avaient embrassée. Ils en informèrent le roi, qui ordonna sur-le-champ que les deux chrétiens fussent conduits à une bourgade voisine, nommée Cunamoto, pour y avoir la tête tranchée, et que les trois femmes fussent mises en croix.

Minami n'eut pas plus tôt avis de cet ordre, que, sans attendre qu'on le lui signifiât, il partit pour Cunamoto. Il alla droit en arrivant chez le gouverneur, qui était son ami, et qui fit encore bien des efforts pour ébranler sa constance; mais ils furent inutiles : ce qui affligea sensiblement cet officier. Il invita son ami à dîner, et, après le repas, l'ayant tiré à quartier, il lui montra l'arrêt de sa condamnation, signé de la main du roi même. Vous pouvez encore conjurer l'orage, ajouta-t-il, mais il n'y a pas un moment à perdre. Minami lui répondit qu'il aurait bien souhaité que le roi, son seigneur, mît sa fidélité à une autre épreuve, qu'il était prêt à sacrifier ses biens et sa vie même pour son service; mais que son premier maître était Dieu, qu'il lui devait l'obéissance préférablement à tous, et qu'il regardait comme le plus grand bonheur qui lui pût arriver, de répandre son sang pour la confession de son nom. Le gouverneur comprit qu'il insisterait en vain; il fit conduire son ami dans une chambre, où il lui fit couper la tête. Ce généreux chrétien mourut le 8 décembre 1602, n'étant que dans sa trente-cinquième année.

Le même jour, le gouverneur partit pour Jateuxiro, après avoir fait savoir à Taquenda qu'il allait le trouver, et qu'il serait bien aise d'avoir avec lui un entretien en présence de sa mère et de sa femme. Il se rendit en effet chez lui, et dès qu'il l'aperçut, les larmes lui vinrent aux yeux. Taquenda, attendri, ne put retenir les siennes, et ils demeurèrent quelque temps sans pouvoir se parler.

La mère de Taquenda, qui avait reçu au baptême le nom de Jeanne, étant survenue : — « Madame, lui dit le gouverneur, je dois aller incessamment trouver le roi, et lui rendre compte de la disposition où j'aurai laissé votre fils; je compte assez sur votre prudence pour me tenir assuré que vous lui donnerez les avis salutaires dont il a besoin, et que vous viendrez à bout de vaincre son obstination à persister dans des sentiments que le prince réprouve. — Monsieur, reprit la vertueuse dame, je n'ai rien autre chose à dire à mon fils, sinon qu'on ne peut acheter trop cher un bonheur éternel. — Mais, repartit le gouverneur, s'il n'obéit au roi, vous aurez le chagrin de lui voir trancher la tête. — Plût au Dieu que j'adore, répliqua la vertueuse mère, que je mêle mon sang avec le sien! Si vous voulez bien, monsieur, vous employer pour me procurer cet avantage, vous me rendrez le plus grand service que je puisse recevoir du meilleur de mes amis. »

Le gouverneur, fort surpris de cette réponse, s'imagina qu'il viendrait plus aisément à bout de réduire son ami, s'il le séparait d'avec cette femme; il le fit conduire chez un païen, où on lui livra les plus violents combats, mais ce fut inutilement. Enfin le gouverneur lui envoya sur le soir un de ses parents, pour lui signifier l'arrêt de sa mort, et pour en être lui-même l'exécuteur. Taquenda reçut la sentence en homme qui l'attendait avec la plus vive impatience : il se retira un moment pour prier; il passa ensuite dans l'appartement de sa mère, puis dans celui de sa femme, qui avait nom Agnès, pour leur faire part de l'heureuse nouvelle qu'il venait de recevoir. Ces deux héroïnes, qui étaient au lit, se levèrent sur l'heure, et, sans qu'il parût sur leur visage la moindre émotion, se mirent à préparer elles-mêmes toutes choses pour l'exécution dont elles devaient être témoins, suivant l'arrêt. Taquenda, de son côté, mettait ordre à ses affaires domestiques avec la même tranquillité, et ce dont on se serait le moins douté, si l'on fût alors entré dans cette maison, c'eût été la scène tragique qui allait s'y passer.

Tout étant prêt, Agnès s'approcha de son époux, se jeta à ses pieds et le conjura de lui couper les cheveux, sa résolution étant prise, disait-elle, si on ne la faisait point mourir après lui, de renoncer au monde. Taquenda en fit quelque difficulté; mais sa mère le pria de donner cette dernière satisfaction à son épouse, et il le fit. Quelques moments après, un gentilhomme nommé Figida, qui avait depuis peu renoncé au christianisme, entra chez Taquenda sur le bruit de sa condamnation, et comme il n'avait jamais bien connu combien il est doux de mourir pour son Dieu, il fut extrêmement surpris de la joie qui éclatait partout dans une maison qu'il avait cru trouver dans le deuil et dans les larmes; mais bientôt son étonnement fit place à des impressions plus salutaires pour lui. Il ne put voir sans être ému jusqu'au fond de l'âme, des femmes en prières, des domestiques en mouvement, des chrétiens occupés à consoler ceux qui croyaient avoir perdu toute espérance de mourir pour Jésus-Christ, et à féliciter les autres de se trouver au comble de leurs vœux, et Taquenda se disposant au supplice comme à un véritable triomphe. Il courut embrasser ce généreux confesseur, il loua son courage, se reprocha son infidélité et promit de la réparer, quoi qu'il lui en dût coûter. Le saint martyr remercia le Seigneur de lui avoir donné cette consolation avant sa mort, et, après avoir achevé ses prières, embrassé sa mère et sa femme, congédié et récompensé ses domestiques et s'être recueilli quelques moments au pied d'un crucifix, il présenta sa tête à l'exécuteur, qui la lui trancha d'un seul coup, le 9 décembre, deux heures avant le jour.

Les deux dames, qui avaient eu le courage d'être jusqu'au bout spectatrices de cette sanglante tragédie, eurent encore la force de prendre entre leurs mains la tête du martyr, de l'embrasser, et, en la présentant au ciel, de conjurer le Seigneur, par les mérites d'une mort aussi précieuse, d'agréer aussi le sacrifice de leur vie. Elles passèrent ensuite dans un cabinet, où elles employèrent tout le jour en prières, pour demander à Dieu la grâce du martyre. Sur le soir, elles furent agréablement surprises de voir entrer chez elles la veuve de Minami, qui se nommait Madeleine, avec un enfant de sept à huit ans, nommé Louis, fils de son frère, qu'elle et son mari avaient adopté, parce qu'ils étaient sans héritier et sans espérance d'en avoir jamais. Madeleine, en abordant les deux dames, leur dit qu'elles devaient être toutes trois crucifiées cette nuit-là même, et l'enfant aussi; ce qui les jeta dans des transports de joie si extraordinaires, qu'elles en furent quelque temps hors d'elles-mêmes. Revenues de cette espèce de ravissement, elles éclatèrent en actions de grâces; c'était à qui relèverait davantage la gloire du martyre. Le petit Louis était dans un contentement qui rejaillissait sur son visage, et la grâce suppléant à la raison, cet enfant parlait d'une manière ravissante du bonheur qu'il y a de répandre son sang pour Jésus-Christ.

On attendit, pour les mener au supplice, que le jour fût entièrement baissé, et alors on les mit dans des litières, pour leur épargner la peine du voyage et la honte d'être exposées aux insultes de la populace. C'était peut-être la première fois qu'on punissait de ce supplice des personnes de cette qualité; mais les servantes de Jésus-Christ ne se plaignirent que des ménagements qu'on eut pour elles, et la mère de Taquenda demanda en grâce qu'on la clouât à la croix, pour être, disait-elle, plus semblable à son divin Sauveur; mais les bourreaux lui répondirent qu'ils n'en avaient point d'ordre, et que cela ne dépendait pas d'eux. Ils se contentèrent donc de la lier, selon la coutume, et ils commencèrent par elle; ils l'élevèrent ensuite, et cette illustre matrone, voyant devant elle un assez grand peuple qui, malgré l'obscurité de la nuit, était accouru à ce spectacle, parla avec beaucoup de force sur la fausseté des sectes du Japon. Elle n'avait point encore fini, lorsqu'on lui porta un grand coup de lance, qui la blessa, mais légèrement; le bourreau redoubla sur-le-champ, et lui perça le cœur.

Louis et sa mère furent ensuite liés et élevés vis-à-vis l'un de l'autre. Tandis que Madeleine exhortait son fils, en qui on ne remarquait d'autre mouvement que ceux d'une piété angélique, un bourreau, le voulant percer, le manqua aussi, le fer n'ayant fait que glisser. Dans l'appréhension où fut sa mère qu'il ne s'effrayât, elle lui cria d'invoquer Jésus et Marie. Louis, aussi tranquille que si rien ne fût arrivé, fit ce que sa mère lui suggérait: aussitôt il reçut un second coup, dont il expira à l'instant; et le soldat n'eut pas plus tôt retiré le fer de la plaie qu'il avait faite au fils, qu'il l'alla plonger dans le sein de la mère.

La vertueuse Agnès restait seule; sa jeunesse, sa beauté, qui était ravissante, sa douceur et son innocence attendrirent jusqu'aux exécuteurs. Elle était à genoux en oraison au pied de sa croix, et personne ne se présenta pour l'y attacher; elle s'en aperçut, et, pour engager les soldats à lui rendre ce service, elle s'ajusta elle-même sur ce bois fatal le mieux qu'il lui fut possible; mais la grâce et la modestie qu'elle fit paraître dans cette action achevèrent de percer les cœurs les plus insensibles. Enfin, quelques misérables, poussés par l'esprit du gain, lui servirent de bourreaux; et comme ils ne savaient pas bien manier la lance, ils lui portèrent quantité de coups avant que de la blesser à mort. Tout le monde souffrait à la vue de cette boucherie, et peu s'en fallut qu'on ne se jetât sur ces malheureux pour les mettre en pièces. Elle seule paraissait insensible, et elle ne cessa de bénir le ciel et de prononcer les noms salutaires de Jésus et de Marie, qu'au moment qu'elle fut atteinte au cœur.

Le nouveau roi de Fingo s'était persuadé que de si sanglantes exécutions auraient disposé les chrétiens à déférer à ses volontés; il s'aperçut bientôt qu'elles avaient produit un effet tout contraire. Mais ce qui le chagrina davantage, ce fut que le parent de Taquenda, qui avait décollé ce généreux martyr, fut si touché de ce qu'il avait vu, qu'il demanda et reçut le baptême; il porta ensuite à l'évêque du Japon le sabre qu'il avait teint du sang du martyr, et lui protesta que son unique désir était de subir un pareil sort. On demanda au roi la permission d'enterrer les quatre corps qui étaient restés sur les croix, et il la refusa; de sorte qu'on fut obligé d'en recueillir les ossements à mesure qu'ils tombaient: on les mit dans des caisses séparées et on les envoya à Nangazaqui, où l'on leur rendit, par ordre de l'évêque, tous les honneurs qui leur étaient dus. Le prélat fit aussi dresser des actes juridiques de ce martyre, et les envoya au souverain Pontife (*Hist. du Japon*, l. 11).

Il y eut encore d'autres martyrs, et dans le Fingo, et dans le royaume de Naugato. Le premier de ces rois était un apostat; il y en eut encore d'autres qui suivirent son exemple. Mais ce qu'il y eut de plus extraordinaire, Joscimon, roi de Bungo, deux fois apostat et premier persécuteur de l'Église du Japon, finit par se convertir, faire pénitence et mourir en saint, l'an 1605. Il fut suivi de près à la gloire par une de ses nièces, qui nous est représentée, dans les mémoires de cette année, comme un aussi grand prodige d'innocence que son oncle l'avait été de pénitence chrétienne, et comme une de ces âmes précieuses que le Seigneur prend plaisir de montrer de temps en temps à la terre, pour faire éclater en elle toutes les richesses de sa grâce. Cette jeune princesse portait le nom de Maxence, qu'une de ses tantes avait déjà rendu cher et respectable aux fidèles du Japon. Prévenue des plus abondantes bénédictions du ciel dès sa plus tendre enfance, elle avait conçu dès lors que Dieu voulait seul posséder son cœur, et elle le lui avait consacré par le vœu de virginité. Sa fidélité à se conserver pure des moindres défauts l'avait élevée à la plus éminente sainteté, et l'exemple de ses vertus contribuait merveilleusement à animer la piété des fidèles. Sa mort, qui arriva dans la fleur de son âge, répondit à sa vie, et fut avancée par ses pénitences. Dans sa dernière maladie, la joie de se voir sur le point d'être réunie à son céleste Époux lui faisait oublier ses douleurs, quoique vives et longues, et le dernier moment fut pour elle un avant-goût de ces torrents de délices que le Seigneur réserve à ceux qui n'ont point mis de bornes à leur amour pour lui (*Hist. du Japon*, l. 12).

A la fin de 1605, on comptait au Japon dix-huit cent mille chrétiens, et ce nombre augmentait tous les jours. L'année suivante, l'évêque du Japon, Louis Serqueyra, eut une audience favorable du tuteur impérial, Gixasu, qui avait alors le titre de *cubosama*. Il visita les provinces où il y avait un plus grand nombre de chrétiens. Les païens mêmes semblèrent le disputer à ceux-ci, dans les marques qu'ils lui donnèrent de leur affection pour le christianisme et de leur estime pour sa personne; mais nul ne se distingua davantage que le nouveau roi de Buygen, qui pourtant avait eu la faiblesse d'apostasier. Ayant su que le prélat devait passer par Cocura, sa capitale, il s'y trouva avec une nombreuse cour, et l'évêque lui ayant rendu de très-humbles actions de grâces de la protection constante qu'il donnait aux chrétiens et aux missionnaires : « Cela ne mérite pas un remerciment, dit le roi, je ne fais que suivre mon inclination; car je me regarde moi-même toujours comme chrétien, et je vous supplie de croire que je le suis de cœur et d'inclination. » En l'année 1607, l'évêque parcourut les églises de la grande île de Ximo. Comme il ne lui était pas possible de voir tout par lui-même, il s'était fait accompagner dans cette visite par un grand nombre de missionnaires, qu'il envoyait dans les provinces trop éloignées de sa route. Celui qui visita le royaume de Saxuma rencontra une dame fort âgée, dont le père avait été un des plus riches seigneurs du pays : elle avait été baptisée par saint François Xavier, et le défaut de secours spirituels, dont elle était privée depuis très-longtemps, n'avait rien diminué de sa ferveur.

Dans un autre canton, il trouva un vieillard qui, l'ayant abordé avec une joie inconcevable, commença par lui rendre compte de sa conscience, après quoi il lui parla en ces termes: « Mon père étant au lit de la mort, m'appela, et, m'ayant donné sa bénédiction, me montra un chapelet avec un petit vase où il y avait de l'eau bénite, en me disant que je gardasse bien l'un et l'autre comme la plus précieuse portion de l'héritage qu'il me laissait. Il m'ajouta qu'il les tenait d'un saint homme, qu'on nommait le père François, lequel étant venu d'un pays fort éloigné, pour apprendre aux Japonais le chemin du ciel, avait logé chez lui, l'avait baptisé, et lui avait laissé ce chapelet et cette eau, comme un remède souverain contre toutes les maladies; qu'il en avait fait plusieurs fois l'épreuve, et qu'en effet rien jusque-là n'avait résisté à la vertu divine, renfermée dans ces choses si viles en apparence. Depuis la mort de mon père, continua le chrétien, je n'ai point manqué de faire ce qu'il m'avait recommandé, et j'ai vu peu de malades que je n'aie guéris en leur appliquant mon chapelet, ou en versant sur eux un peu de l'eau bénite. — Mais, reprit le missionnaire, quand toute votre eau est épuisée, comment faites-vous pour en avoir d'autre ? — Quand je m'aperçois, répondit le vieillard, qu'il ne m'en reste plus que quelques gouttes, je remplis le vase d'eau commune, et cette nouvelle eau participe à la bénédiction de l'ancienne (*Hist. du Japon*, l. 12, p. 220). »

L'an 1608, le nouveau roi de Fingo recommença la persécution. Il y avait trois ou quatre ans qu'il retenait dans ses prisons trois gentilshommes, qu'une éminente vertu, de grands travaux entrepris pour la gloire de Dieu avaient mis à la tête de cette chrétienté affligée. Ils se nommaient Michel Faciemon, Joachim Girozayémon, et Jean Tingoro; ils avaient la direction d'une confrérie érigée dans ce royaume sous le titre de *la Miséricorde*. La prison et la nourriture étaient si malsaines, que Girozayémon mourut de misère. Un officier ayant parlé au roi en faveur des deux autres, le roi lui ordonna de leur couper la tête et à leurs enfants. La nouvelle en fut portée sur l'heure aux prisonniers, qui en firent paraître une joie incroyable. Ils ajoutèrent même qu'il ne leur restait plus rien à désirer, sinon que, avant que de les exécuter, on leur fit souffrir tous les tourments dont les bourreaux pourraient s'aviser. Le commandement du roi pressait, parce que ce prince ne voulait pas donner au peuple le temps de s'attrouper. Ainsi, dès qu'on eut signifié aux confesseurs l'arrêt de leur mort, on les conduisit, la corde au cou, hors de la ville de Jateuxiro, et deux soldats furent détachés pour aller chercher leurs enfants. Ils avaient chacun un fils : celui de Faciémon était âgé d'environ douze ans, et se nommait Thomas; celui de Tingoro n'avait que sept ans, et avait reçu au baptême le nom de Pierre. Le premier semblait n'avoir apporté en naissant d'autre passion que le désir du martyre, et dès le berceau il ne fallait, dit-on, pour l'apaiser quand il pleurait, que le menacer de n'être point martyr. Au premier bruit qui se répandit de sa condamnation, sans attendre qu'on le vint saisir, il courut, paré de ses plus beaux habits, au devant de ceux qui le cherchaient, et, ayant rencontré son père à la porte de la ville, il se jeta à son cou et l'embrassa avec des transports de joie qui pénétrèrent ce généreux chrétien de la plus vive consolation qu'il eût jamais ressentie.

Arrivés au lieu du supplice, les confesseurs attendirent longtemps l'autre enfant; mais, comme il tardait trop, l'officier qui était chargé de l'exécution les fit décapiter à l'endroit même où ils étaient arrêtés. L'enfant arriva un moment après : on l'avait trouvé chez son père, et il dormait encore; on l'éveilla, et on lui dit qu'il fallait aller mourir avec son père, à qui on allait couper la tête pour le nom de Jésus-Christ. Il répondit d'un ton assuré qu'il en était très-aise; on l'habilla fort proprement et on le livra au soldat, qui, le prenant par la main, le mena au lieu du supplice. Le peuple suivait en foule, et la plupart ne pouvaient retenir leurs larmes. Il arriva; et, sans paraître étonné du sanglant spectacle qui s'offrit à ses yeux, il se mit à genoux auprès du corps de son père, abaissa lui-même sa robe, joignit ses petites mains et attendit tranquillement le coup de la mort. A cette vue, il s'éleva un bruit confus et mêlé de sanglots et de soupirs; le bourreau, saisi, jette son sabre et se retire en pleurant; deux autres s'avancent successivement pour prendre sa place, et se retirent de même : il fallut avoir recours à un esclave coréen, lequel, après avoir déchargé plusieurs coups sur la tête et les épaules de ce petit agneau, qui ne jeta pas un cri, le hacha en pièces avant que de lui abattre la tête. — L'écriteau de la sentence fut envoyé à Rome.

En 1609, les Hollandais firent leur premier établissement au Japon. En 1611, le christianisme florissait à Méaco. Le goût que la cour d'Ozaca avait pris aux mathématiques fit juger aux Jésuites de cette capitale, et surtout au Père Spinola, qui avait enseigné ces sciences en Italie avec honneur, que l'on pouvait s'attacher les grands, et les rendre ou dociles pour le royaume de Dieu, ou du moins favorables aux prédicateurs de l'Évangile, en les occupant de ces belles connaissances. Ils établirent donc une espèce d'académie composée de tout ce qu'il y avait à Méaco de personnes distinguées par leur mérite et leurs emplois; ils les assemblaient souvent; et, en leur expliquant le cours des astres et les plus beaux secrets de la nature, ils avaient soin d'élever leurs esprits jusqu'à l'Être invisible qui a créé le ciel et la terre, et qui en conserve l'admirable harmonie. L'effet que produisit cette institution fit voir que Dieu même en avait inspiré le dessein. On disait publiquement à Méaco, comme on l'avait déjà dit à Ozaca, que des hommes aussi éclairés sur ce que la nature a de plus merveilleux ne pouvaient, que par la plus déraisonnable prévention, être accusés d'ignorance ou d'erreur sur le fait de la religion; et on ne saurait croire le nombre de seigneurs et de personnes en place qui furent baptisés dans le peu de temps que dura cette académie. Le peuple suivit bientôt l'exemple des grands, et on compta jusqu'à huit mille adultes baptisés en une seule année dans Méaco.

Tout paraissait assez tranquille; mais un certain pressentiment, trop universel pour n'être fondé que sur de vaines conjectures et des craintes frivoles, faisait juger à tout le monde que ce calme cachait un grand orage. Il fut encore confirmé par la découverte miraculeuse de deux croix dans l'intérieur d'un arbre, et qui furent aussi les instruments de plusieurs merveilles. Aux causes précédentes de persécution, vint se joindre, en 1612, l'arrivée au Japon des Anglais, qui, de concert avec les Hollandais, aigrirent de plus en plus le cubosama ou empereur de fait contre les Portugais et les Espagnols (*Hist. du Japon*, l. 12).

Donc, en 1613, cet empereur assembla quatorze seigneurs chrétiens de sa cour, et leur fit entendre qu'ils eussent à renoncer au christianisme, pour adorer les divinités impériales. Ils répondirent qu'ils ne pouvaient reconnaître des dieux qu'ils savaient avoir été des hommes, et souvent des hommes corrompus : ils avaient toujours fidèlement servi l'empereur; mais Dieu était leur premier maître. Ils furent exilés et dépouillés. Deux pages chrétiens, ne se voyant pas de leur nombre, réclamèrent l'honneur d'être exilés avec eux. On les vit tous, avec leurs femmes et leurs enfants, errer dans les bois et les déserts, sans autre ressource que la Providence. Leur courage fut imité par plusieurs dames de la cour, notamment Julie Ota. Elle était Coréenne, d'une naissance illustre, d'un mérite distingué et très-estimée du cubosama, qui s'était fait un point d'honneur d'en faire le parti le plus considérable de sa cour. Cette courageuse fille ne vit pas plus tôt l'orage prêt à éclater, que, pour attirer sur elle les grâces du Seigneur, elle fit vœu de chasteté perpétuelle. Devenue par ce lien sacré l'épouse de Jésus-Christ, elle se sentit une force toute divine, et rien en effet ne fut capable de l'ébranler. Le prince, qui ne pouvait supporter de se voir vaincu par une fille étrangère qu'il avait comblée de biens, lui livra les plus rudes assauts; mais ils ne servirent qu'à relever sa gloire. Enfin il la mit entre les mains d'une compagnie de soldats, qui la menèrent d'île en île avec ses deux compagnes, Lucie et Clara, et la laissèrent seule dans une, où il n'y avait que quelques misérables pêcheurs logés dans des cabanes. A peine put-elle en obtenir un endroit où elle fût à couvert, et elle y vécut quarante ans, sans aucune consolation de la part des hommes, mais comblée des faveurs du ciel, qui lui firent trouver un vrai paradis dans ce désert. Elle eut d'abord quelque chagrin de n'avoir pas, disait-elle, été jugée digne de donner son sang pour la foi; mais le Père Pasio, jésuite, à qui elle en écrivit, lui ayant fait réponse que l'Église reconnaissait pour martyrs plusieurs saints qui n'avaient souffert que le bannissement, elle ne ressentit plus aucune peine (*Hist. du Japon*, l. 13).

Il y eut des martyrs dans le royaume d'Arima. Deux frères, Thomas et Mathias, Marthe, leur mère, leurs enfants Jacques et Juste furent décapités le 28 janvier 1613. Le 27 avril, deux jeunes frères du roi furent égorgés dans leur lit que par un ordre. Le 5 octobre, le même roi condamna au feu trois seigneurs chrétiens avec leurs familles, en tout huit personnes. Leurs noms étaient Adrien Tacafati Mondo; Jeanne, sa femme; sa fille Marie-Madeleine, qui avait fait vœu de virginité, et Jacques, son fils, âgé d'environ douze ans; Léon Faiuxida Luguyémon, et sa femme appelée Marthe; enfin Léon Taquendomi Cuniémon, et son fils Paul, âgé de vingt-sept ans. Quand la nouvelle s'en fut répandue à la campagne, il en arriva jusqu'à vingt mille chrétiens vers la ville pour s'offrir au martyre avec eux. Cela fit un effet si merveilleux, que les courtisans qui avaient dissimulé ou renié leur foi, pour plaire au prince, firent pénitence publique de leur faute, demandèrent à être joints aux martyrs, et, sur le refus qu'on leur en fit, ils s'exilèrent eux-mêmes avec leurs familles.

Le 7 octobre au matin, les confesseurs de Jésus-Christ apprirent que l'arrêt de leur condamnation était signé, et peu de temps après on vint leur en faire lecture. Leur joie fut grande; il y manquait cependant quelque chose, le bonheur de communier auparavant : ce bonheur leur fut accordé. Enfin, le moment de leur sacrifice approchant, on vit commencer une espèce de triomphe qui n'avait peut-être point eu d'exemple depuis la naissance de l'Église.

Les vingt mille chrétiens de la campagne, au signal qu'ils en reçurent, entrèrent dans la ville en très-bel ordre, la tête couronnée de guirlandes et tenant leur chapelet à la main. Ceux de la ville, qui étaient à peu près en même nombre, couronnés aussi de guirlandes et ayant un cierge à la main, les attendaient; et dans l'instant que les confesseurs parurent, tous se mirent en marche dans le rang qui avait été marqué à chacun. Les huit martyrs étaient au milieu; ils n'étaient point liés, mais leurs bourreaux les suivaient avec une compagnie de soldats; faible défense contre quarante mille hommes, mais inutile précaution contre quarante mille chrétiens, dont l'unique regret était de ne pouvoir mourir avec ceux qu'ils accompagnaient au lieu de leur supplice. Ceux qui se trouvaient les plus proches des prisonniers étaient occupés à se conjouir avec eux du bonheur qu'ils avaient de donner leur sang pour Jésus-Christ. D'autres levaient les mains au ciel pour leur obtenir la grâce de la persévérance; le plus grand nombre publiaient les louanges du Seigneur, et les campagnes retentissaient de leurs chants d'allégresse.

Quand on fut arrivé au lieu où se devait faire l'exécution, chacun prit sa place sans confusion et avec une promptitude qu'on aurait admirée dans les troupes les mieux disciplinées. Pour les martyrs, dès qu'ils eurent aperçu leurs poteaux, ils coururent les embrasser. Ces poteaux étaient huit colonnes qui soutenaient un toit de charpente, et cette espèce d'édifice était dressée au milieu d'une grande esplanade, sous les fenêtres du palais. Tandis que tout se disposait pour le dernier acte de cette sanglante tragédie, Léon Cuniémon monta sur le toit que portaient les colonnes, et qui n'était pas fort élevé, et, ayant fait faire silence de la main, parla de la sorte : « Mes frères, admirez la force de la foi dans de faibles créatures; les préparatifs d'un supplice affreux, vous le voyez, ne nous inspirent que de la joie, et j'espère que cette joie redoublera au milieu des flammes. Je laisse aux infidèles à conclure quelles doivent être la sainteté et la supériorité d'une religion qui nous élève si fort au-dessus de l'humanité. Pour vous, mes frères en Jésus-Christ, que ces feux ne vous effrayent point, leur activité ne fera qu'accélérer notre victoire, ou plutôt celle de la grâce, qui nous fait combattre, et quelques moments de douleur nous procureront un poids immense de gloire qui durera autant que l'éternité. » A ces mots, il fut interrompu par les applaudissements des fidèles; et comme il vit qu'on ne l'écoutait plus, il descendit et alla se ranger à sa colonne, où il fut lié.

Les autres l'étaient déjà, et dans l'instant on mit le feu au bois, qui était éloigné de trois pieds des martyrs. Un chrétien, qui s'était placé exprès le plus proche du bûcher, leur fit alors une courte, mais pathétique exhortation, et, élevant une bannière qu'il portait et où était l'image du Sauveur attaché comme eux à la colonne, il les avertit de jeter souvent les yeux sur ce divin modèle, et de se souvenir qu'un Dieu avait fait le premier pour eux ce qu'ils allaient faire pour lui. La flamme parut dans le moment avec une fumée si épaisse, qu'on fut quelque temps sans rien voir. Elle se dissipa enfin, et alors la vue de ces illustres mourants occupa de telle sorte toute cette nombreuse assemblée, qu'il s'y fit un très-grand silence. Les martyrs témoignèrent jusqu'à la fin une constance vraiment héroïque, et nul ne donna la moindre marque de faiblesse; mais, la plupart étant morts ou sur le point d'expirer, il arriva deux choses qui causèrent bien de l'admiration.

Les liens qui attachaient le fils d'Adrien Mondo, le petit Jacques, étaient brûlés, et il semblait que le feu n'eût pas encore touché cet enfant, lorsqu'on l'aperçut qui courait au travers des flammes et des brasiers. On crut d'abord que, ne pouvant plus supporter l'ardeur de cette horrible fournaise, il cherchait à s'échapper; et on lui cria d'avoir bon courage. Mais on cessa de craindre, lorsqu'on le vit tourner du côté où était sa mère, et, après l'avoir jointe, la tenir étroitement serrée, comme pour mourir entre ses bras. Cette sainte dame, qui depuis quelque temps ne donnait plus aucun signe de vie, sembla se réveiller en ce moment; elle oublia ses propres douleurs, et ne parut plus occupée que du soin d'exhorter son fils à consommer son sacrifice avec le même courage qu'il avait montré jusque-là. L'enfant tomba enfin à ses pieds; un moment après elle tomba elle-même sur lui, et ils expirèrent ainsi tous les deux presque en même temps.

La fille de cette héroïque mère, la sœur de ce jeune martyr, la vierge Marie-Madeleine, âgée de dix-neuf ans, donnait de son côté un spectacle plus étonnant encore. Elle restait seule debout, et, quoique tout embrasée, elle paraissait encore pleine de vie et de force. A la voir immobile et les yeux doucement élevés vers le ciel, on eût dit qu'elle était tout à fait insensible ou dans une profonde contemplation qui lui causait une extase complète, lorsque tout à coup on l'aperçut qui ramassait des charbons allumés, les portait sur sa tête et s'en formait une couronne. Il semblait que, sentant approcher sa fin, elle voulait se parer pour aller au devant de son céleste Epoux. Cependant elle se consumait peu à peu; mais à mesure que son corps s'affaiblissait, sa ferveur paraissait se ranimer, et on ne cessa de l'entendre louer les miséricordes du Seigneur que quand on la vit couler doucement le long de sa colonne, se coucher sur les charbons ardents, aussi tranquillement qu'elle eût fait sur un lit, et rendre les derniers soupirs.

Alors les soldats, qui gardaient une espèce de barrière qu'on avait faite autour du bûcher, n'en furent plus les maîtres, et les chrétiens emportèrent sans résistance les corps des martyrs, qui furent trouvés entiers et sans aucune odeur. On enleva jusqu'aux charbons sur lesquels ces sacrées reliques étaient étendues, et aux colonnes où elles avaient été attachées. Le corps de l'illustre Marie-Madeleine fut d'abord porté à Conzura par ceux de cette bourgade qui avaient assisté à l'exécution; mais on les obligea de le restituer, et tous furent mis dans des caisses d'un bois précieux, garnies de velours en dedans, et transportés à Nangazaqui, où on les présenta à l'évêque du Japon avec les actes de ce martyre, signés d'un grand nombre de témoins oculaires. Le prélat les examina avec soin, entendit de nouveau les témoins, dressa un procès-verbal de toutes les formalités prescrites par l'Église, et déclara par provision que ces huit personnes étaient véritablement martyrs de Jésus-Christ, et en conséquence fit rendre à leurs sacrés corps tous les honneurs qui leur étaient dus. Il envoya ensuite à Rome toutes les pièces du procès, et le procès même avec les reliques des nouveaux martyrs.

Le pape Urbain VIII, dans le temps de la béatification de sainte Marie-Madeleine de Pazzi, envoya une croix aux Carmélites de Florence. Ce présent était accompagné d'un bref, dans lequel le pontife déclare qu'il a mis au haut de la croix une parcelle de la vraie croix de Notre Seigneur; au bras droit, des reliques de sainte Marie-Madeleine, l'amante de Jésus-Christ, lesquelles lui avaient été envoyées de Provence; et au bras gauche, « un ossement de la main de la bienheureuse Marie-Madeleine, vierge japonaise, qui a souffert le martyre du feu pour la foi de Jésus-Christ, et qui, tandis qu'elle était consumée par les flammes, ayant pris des charbons ardents et les ayant mis sur sa tête, les yeux élevés vers le ciel, rendit ainsi son âme à Dieu (*Hist. du Japon*, t. IV). » Dans ces paroles d'Urbain VIII, il y a une espèce de béatification de la vierge japonaise.

L'évêque du Japon, Louis Serqueyra, mourut au commencement de l'année 1614. Comme il n'avait point de coadjuteur sur les lieux, point de clergé indigène fortement organisé, et qu'on était à la veille d'une persécution générale, sa mort fut un grand malheur. Le Pape lui donna bien pour successeur un autre Jésuite, Diégo Valens, mais qui ne dépassa point Macao, et ne put jamais visiter son Eglise du Japon. A la mort de son prédécesseur, les missionnaires se trouvèrent en désaccord sur la juridiction ecclésiastique. Le provincial des Jésuites se porta pour administrateur de l'évêché, en vertu d'un bref apostolique; le supérieur des Franciscains envoyés au Japon par le métropolitain, l'archevêque de Manille, se prétendit administrateur de son côté; le clergé séculier, qui n'était composé que de sept prêtres, finit par se déclarer pour le supérieur des Franciscains, et publia un mandement en conséquence (*Ibid.*, l. 13, p. 344). Cette division dura jusqu'à ce que l'archevêque de Goa, en sa qualité de primat, eut déclaré le provincial des Jésuites et ses successeurs à l'avenir seuls administrateurs de l'évêché du Japon, toutes les fois que le siège serait vacant: cette sentence fut confirmée en 1618 par Paul V, et en 1632 par Urbain VIII. Un remède plus simple et plus radical c'eût été, depuis soixante ans de christianisme, d'exécuter franchement les ordres du Siège apostolique, de fonder au Japon de vrais séminaires, d'y créer un clergé indigène, canoniquement organisé. Qu'après soixante ans de prospérité religieuse, le clergé indigène du Japon se borne à sept prêtres séculiers, sans aucun titre ecclésiastique pour faire autorité en cas de besoin, c'est là une faute énorme. Quiconque s'en est rendu coupable, peut s'attribuer la ruine du christianisme au Japon. Cette négligence à former un clergé indigène accrédita singulièrement les insinuations des marchands hollandais auprès du cubosama, que les missionnaires étrangers n'étaient que des émissaires du roi d'Espagne, pour lui préparer la conquête du Japon, comme de tant d'autres pays.

Le cubosama publia donc, en 1614, un édit qui bannissait tous les missionnaires, prescrivait la démolition de toutes les églises, ordonnait à tous les Japonais qui avaient embrassé le christianisme d'y renoncer sous peine de mort. Un grand nombre des plus considérables familles chrétiennes de Méaco, de Sacai et d'Ozaca sont exilées dans le nord du Japon, avec soixante-treize seigneurs ou gentilshommes, parmi lesquels on trouve un frère du martyr Paul Miki et un roi d'Ava. Dans la suite, le nombre des bannis augmenta considérablement, et tout un canton, nommé Tsugaru, jusqu'alors entièrement désert, en fut peuplé. On y voyait des personnes du plus haut rang habiter dans les cabanes qu'elles étaient obligées de se bâtir elles-mêmes, défricher à force de bras un terrain stérile, et n'avoir pour soutenir une vie languissante que ce qu'une terre ingrate, cultivée par des mains peu accoutumées à ce pénible travail, pouvait leur fournir. Tsugaru devint une autre Thébaïde, mais habitée par des confesseurs, dont plusieurs versèrent leur sang pour la foi. Elle se peuplait de jour en jour de chrétiens de tout âge et de tout sexe, qu'on y envoyait de toutes les provinces de l'empire; et leur ferveur croissait avec leur nombre. Ils étaient presque nus, et seraient bientôt morts de froid, de faim et des autres misères qu'ils enduraient, sans les secours que leurs frères du Japon avaient soin de leur faire tenir de temps en temps. Les missionnaires, notamment les Jésuites Jérôme de Angelis, Diégo Carvailho et Jacques Yuki, qui ont été tous trois martyrs, les secouraient spirituellement avec des dangers et des fatigues extrêmes, mais dont ils se croyaient bien dédommagés par la consolation qu'ils ressentaient à la vue de ces véritables chrétiens, dont la patience et la sainteté faisaient l'admiration des infidèles mêmes et le plus bel ornement de cette Eglise. Tout le temps que leur laissait libre la nécessité où ils étaient de pourvoir par eux-mêmes à leur subsistance, ils le donnaient à la prière, et ils ajoutaient des jeûnes très-rigoureux et de rudes pénitences aux incommodités d'une vie si pénible d'elle-même. On voyait des personnes élevées dans l'opulence, des femmes délicatement nourries, des enfants et des vieillards caducs, à qui la ferveur inspirait une force que le plus bel âge ne donne pas toujours; des courtisans et des guerriers, qui n'avaient conservé de leur premier état que la noblesse des sentiments, qu'ils savaient parfaitement allier avec l'humilité et l'abnégation que prescrit l'Evangile; ils étaient tous occupés sans relâche, ou à bénir et remercier le Seigneur de leur avoir fait part de sa croix, ou à fertiliser par un travail opiniâtre une terre sauvage et stérile, plutôt pour avoir de quoi prolonger leurs souffrances que pour se procurer de quoi se conserver la vie (*Hist. du Japon*, t. IV, p. 359 et 452; t. V, p. 38).

La même année 1614 parut un autre édit du cubosama, qui priva l'Eglise du Japon de presque tout ce qui lui restait de personnes de la plus haute noblesse. Il portait que Juste Ucundono, fils du vertueux Tacayama, ainsi que l'ancien roi de Tamba, Jean Naytadono, le prince Thomas, son fils, la princesse Julie, sa sœur, Thomas Uquinda, un des plus grands seigneurs du royaume de Buygen, et quantité d'autres personnes qualifiées, en un mot tout ce qu'il y avait dans l'empire de chrétiens qui fissent quelque figure ou pussent donner de l'ombrage, seraient conduits à Méaco, et livrés par le gouverneur de cette capitale à celui de Nangazaqui, pour être ensuite embarqués et transportés hors des terres du Japon.

On connaît les dispositions de ces confesseurs de la foi, par ce que le saint roi de Tamba écrivit à un Père de la Compagnie de Jésus. « La persécution va toujours croissant, et, par la miséricorde du Seigneur, nous sommes en fort grand nombre disposés à donner tout notre sang pour la cause de Dieu. Je crois que ceci ne finira pas si tôt, et je me flatte que le divin Sauveur veut que nous ayons quelque part à ses souffrances. Si cela arrive, nous aurons la consolation de marcher sur les pas de ces anciens martyrs qui ont fait la gloire de l'Eglise dans ses plus beaux jours, et qui l'ont cimentée de leur sang. Priez pour moi, mon cher Père, et conjurez l'Auteur de tout bien de nous accorder la grâce de persévérer jusqu'à la fin. Qui l'eût cru que notre chère patrie dût être assez heureuse pour donner des martyrs à Jésus-Christ, et que de misérables pécheurs, comme nous, dussions être choisis pour entrer des premiers dans la lice ! Cette seule pensée me remplit d'une joie inexprimable et me fait verser des larmes en abondance, au souvenir des bontés de Dieu à mon égard.

Deux lettres, qu'on nous a conservées du prince Thomas, font voir que le fils ne le cédait pas à son père pour le zèle et les sentiments. Voici la seconde, qu'il écrivit aux fidèles de Cumamoto, tandis qu'il était enfermé dans une forteresse du Fingo, où l'on mettait sa foi aux plus rudes épreuves. « J'eus bien du chagrin, mes très-chers frères, lorsque j'appris dernièrement que la persécution avait fait quelques infidèles ; mais la fidélité du plus grand nombre me console. Ah ! que j'aurais de joie d'être auprès d'eux, s'ils ont le bonheur de mourir martyrs ! Je baiserais le sang qu'ils verseraient pour Jésus-Christ, et je les conjurerais de demander à mon divin Sauveur la même grâce pour moi. Je vous fais à tous cette même prière, mes très-chers frères, et c'est avec d'autant plus de confiance, que je reconnais plus visiblement mon indignité. Je suis ravi que ces généreux confesseurs aient renoncé à tout ce qu'ils possédaient sur la terre, mais je n'en suis nullement surpris. Peut-il y avoir des hommes assez insensés pour préférer de vaines richesses à un Dieu dont les trésors sont inépuisables, et qui ne se laisse jamais vaincre en générosité ? Que ceux qui les dépouillent de ces faux biens leur rendent un grand service ! Car, enfin, que peuvent-ils leur ôter, qu'il ne leur faille quitter un jour ? D'ailleurs, n'est-il pas constant que ce sont ces biens périssables qui sont le plus grand obstacle à notre salut ? J'ai toujours regardé ceux qui les sacrifient pour acquérir les trésors du ciel comme de sages usuriers qui donnent de la boue pour recevoir de l'or. Autrefois je tâchais de m'exercer dans ce saint trafic, en m'occupant tout entier de la prière et de la fréquentation des sacrements ; mais j'ai tout gâté depuis par ma tiédeur. Aujourd'hui j'ai quelque espérance de suppléer à ce défaut par le martyre. Quelques-uns disent que vous n'êtes pas assez fervents pour mériter que Dieu vous fasse la grâce de confesser son saint nom au péril de votre vie ; que sera-ce donc de moi, qui suis bien plus lâche que vous dans son service ? J'ai néanmoins un secret pressentiment que le Seigneur ne rejettera point mes désirs, et que j'aurai l'honneur de verser mon sang pour lui.

» Ce n'est pas à moi à vous donner des avis ; mais je vous conjure comme mes frères et nos chers fils en la foi, de mettre sous les pieds tout ce qui est terrestre. Vous pouvez bien vous souvenir de ce que nous avons souvent dit dans nos conférences spirituelles, que négliger les biens du ciel pour courir après ceux de la terre, c'est renverser l'ordre naturel des choses.... Songez aussi que nous voici au temps de l'épreuve : c'est à coups de ciseaux que d'une pierre brute on fait une pierre propre à bâtir, et par le moyen du feu et du marteau on donne au fer la forme qu'on veut lui faire prendre ; Jésus-Christ, pour construire l'édifice spirituel de son Eglise, en a usé de la même manière : il a commencé par lui-même, qui en devait être la pierre angulaire ; et c'est par le feu des tribulations qu'il a éprouvé et sanctifié ceux qu'il a voulu y faire servir de base et de fondement. Montrons-nous dignes d'être traités de la même manière que l'ont été ses disciples les plus chéris : il n'aurait point permis que nous fussions attaqués, s'il n'avait eu dessein de nous couronner. Quant à ce qui me regarde, on ne peut avoir plus d'assauts à essuyer que j'en eus depuis que je suis ici. On me représentait ma jeunesse, ma naissance, mes services, ce que je devais à mes enfants, les affreux périls auxquels je m'exposais : jugez si, n'ayant personne avec moi pour m'animer et me fortifier, je n'ai pas eu besoin d'une assistance toute particulière du ciel pour me soutenir. Depuis quelque temps on me laisse un peu en repos, et je vois bien qu'on désespère de me gagner. Aussi ne tient-il qu'à nous d'être invincibles, assistés que nous sommes du bras du Tout-Puissant. Mais ce n'est pas assez d'être sorti une ou deux fois victorieux du combat ; la récompense n'est donnée qu'à celui qui persévérera jusqu'à la fin : ne vous lassez point de demander pour vous et pour moi une grâce si nécessaire. »

Tels étaient les sentiments des confesseurs du Japon. On y respire le même esprit que dans les épîtres des Apôtres, que dans les lettres de saint Ignace d'Antioche, de saint Polycarpe de Smyrne, de sainte Perpétue de Carthage, des saints martyrs de Lyon. L'Eglise de Dieu est toujours la même : l'Esprit de Dieu demeure avec elle éternellement.

La troupe sainte des confesseurs japonais, qui montait à plus de mille, y compris Ucundono, le roi et le prince de Tamba, avec toutes leurs familles, tous les religieux de Saint-Augustin, de Saint-Dominique et de Saint-François, et vingt-trois Jésuites, furent déportés à Manille, capitale des Philippines. Ils y furent reçus par l'archevêque et par le gouverneur, par le clergé et par le peuple, comme des confesseurs de la foi, au bruit du canon, au son des cloches, en procession, avec la croix et les bannières : ce fut une joie publique. Cette joie durait encore, lorsque le plus illustre de ces confesseurs, Juste Ucundono, tomba dangereusement malade. Aussitôt il fit appeler son confesseur, et, après lui avoir témoigné le plaisir qu'il ressentait de mourir exilé pour Jésus-Christ, il lui ajouta : « Je ne recommande ma famille à personne ; ils ont l'honneur, aussi bien que moi, d'être proscrits pour la religion : cela leur doit tenir lieu de tout. » Il parla sur le même ton à ses enfants : « Quelle comparaison, leur dit-il, du service des hommes au service de

Dieu! J'ai, dès l'enfance et jusqu'à mon premier exil, fait la guerre pour mes seigneurs et mes empereurs. Pendant tout ce temps-là, j'ai plus souvent endossé la cuirasse que je n'ai vêtu la robe de soie; j'ai blanchi sous le casque, et mon épée n'est pas demeurée dans le fourreau tant que j'ai eu les ennemis de l'Etat à combattre; j'ai cent fois risqué ma vie pour mes souverains; quel fruit en ai-je retiré? Vous le voyez. Mais, au défaut des hommes, Dieu ne m'a point manqué. Dans le temps de ma plus brillante fortune, me suis-je vu plus honoré et dans une plus grande abondance de tout, que je le suis ici? Et qu'est-ce encore que cette prospérité passagère, au prix de la récompense que j'attends au ciel? Que je ne voie donc point couler de larmes, si ce n'est de joie; vous avez bien plus de raison de me féliciter que de me plaindre; et quant à ce qui vous touche, je ne saurais vous croire malheureux, puisque je vous laisse à la garde de Dieu, dont la bonté et la puissance n'ont point de bornes. Continuez à lui être fidèles, et soyez assurés qu'il ne vous abandonnera point. »

Le malade fit ensuite son testament, qui fut assez semblable à celui du saint homme Tobie; aussi n'avait-il, comme cet autre chef d'une famille exilée, que des vertus et de grands exemples à laisser à ses héritiers. Il conclut tout ce qu'il avait à leur dire par déclarer qu'il désavouait pour son sang quiconque d'entre eux se démentirait dans la suite de ce qu'ils avaient fait paraître jusqu'alors de piété et de religion. Il mourut dans ces sentiments le 5 février 1615, après avoir reçu les sacrements de l'Eglise avec une dévotion et dans des transports de ferveur dignes d'un héros chrétien et d'un confesseur de Jésus-Christ. Sa mort, qui fut annoncée par le son des cloches de toute la ville, mit également en deuil les Japonais et les Espagnols : il semblait que chaque particulier eût perdu son père, et on n'entendait de tous côtés que des gens qui se disaient les uns aux autres en gémissant : Le saint est donc mort! Ah! nous n'étions pas dignes de le posséder (*Hist. du Japon*, t. IV, l. 13, *sub fine*).

Au Japon, le cubosama Gixasu suivait toujours son premier plan, qui était de ne point répandre le sang des fidèles, mais de les priver des plus considérables d'entre eux, surtout de leurs pasteurs, puis de les anéantir par des vexations de détail. A Méaco, un officier fit tourmenter cruellement plusieurs confesseurs de la foi : l'un d'eux étant près de rendre l'âme, il le fit jeter à la voirie. Les chrétiens l'enlevèrent, et, l'ayant trouvé qui respirait encore, ils le firent panser avec tant de soin et de bonheur, qu'il guérit parfaitement. Les confesseurs étant sortis victorieux de ce premier combat, on songea à leur en livrer un second beaucoup plus dangereux. On choisit parmi leurs femmes douze des plus jeunes et des plus belles, et on les envoya à ceux qui tenaient des lieux publics de débauche. Ceux-ci firent d'abord quelque difficulté de les recevoir, disant qu'elles se tueraient plutôt que de se laisser déshonorer; mais on leur répondit que la religion chrétienne, dont elles faisaient profession, défendait d'attenter à sa vie sous quelque prétexte que ce fût; et sur cette assurance ils les acceptèrent. A peine ces ferventes chrétiennes se virent-elles enfermées dans ce lieu d'horreur, qu'elles demandèrent la permission de se couper les cheveux : on la leur accorda sans peine et on leur donna des ciseaux; mais, au lieu d'en faire l'usage qu'elles avaient dit, elles s'en tailladèrent tout le visage et se défigurèrent tellement, que de jeunes débauchés qui les attendaient en furent effrayés et se retirèrent d'abord. Ceux qui les avaient achetées appelèrent aussitôt des chrétiens, et les prièrent de reconduire ces femmes à leurs maris, en qui leur difformité ne fit qu'augmenter l'amour qu'ils leur portaient; ils les firent si bien panser, qu'aux cicatrices près, marques glorieuses de leur vertu, elles furent très-bien guéries.

Le stratagème diabolique de tenter les fidèles par la prostitution de leurs femmes eut plus de succès dans le royaume de Buygen; il y fit plusieurs apostats dont la lâcheté se vit confondue par ce qui paraissait le plus faible. Il y avait près de la capitale un hôpital de lépreux : le roi leur fit dire qu'il prétendait que désormais ils adorassent les dieux de l'empire. Ils répondirent tous unanimement qu'en tout ce qui leur serait ordonné de la part de leur souverain, et qui ne serait point contraire à la loi de Dieu, ils obéiraient sans peine, dût-il leur en coûter la vie; mais qu'ils devaient encore plus de fidélité à Celui dont ils avaient reçu l'être et tout ce qu'ils étaient. On les menaça de les brûler dans leur hôpital, et l'on fit même semblant d'en venir à l'exécution : ils protestèrent qu'ils n'en sortiraient point, de peur qu'on ne prît leur fuite pour un signe d'apostasie. On rendit compte au roi de leur résistance, et ce prince, bien loin d'en être irrité, la trouva digne des plus grands éloges et voulut qu'on les laissât en repos (*Hist. du Japon*, t. IV, l. 13, *sub fine*).

Dans sa politique envers les chrétiens, le cubosama Gixasu avait probablement encore autre chose en vue : c'était de dépouiller de l'empire son ancien pupille, l'empereur séculier Fide Jory. Il prévoyait sans doute que, dans le cas d'une guerre, les seigneurs chrétiens se déclareraient plutôt pour le fils de Taïcosama que pour un nouvel usurpateur. Il exila donc prudemment les plus braves d'entre les Japonais, surtout le fameux Ucundono, dont il disait lui-même qu'il valait lui seul une armée entière.

La guerre éclata effectivement entre le tuteur et le pupille; après quelques combats, il y eut une paix simulée, suivie d'une bataille sanglante, à la suite de laquelle l'empereur Fide Jory disparut, et le cubosama Quixasu se trouva le seul maître du Japon. Ce dernier mourut vers le commencement du mois de juin 1615, en recommandant à son fils et successeur, par dessus toutes choses, d'arracher de ses Etats jusqu'à la dernière racine de la religion chrétienne, et à tenir surtout la main à ce qu'il n'y restât aucun docteur européen (*Ibid.*, l. 14).

Parmi les missionnaires, plusieurs étaient demeurés au Japon, d'autres y rentraient sous divers déguisements; la position des chrétiens y devenait de jour en jour plus périlleuse; le nouvel empereur Xogun-Sama, fils et successeur de Quixasu, publia, l'an 1616, un nouvel édit de persécution. Une multitude considérable de chrétiens, dont plusieurs missionnaires, endurèrent le martyre, les uns par le glaive, les autres par le feu. Le nouvel empereur, arrivant à Méaco l'an 1619, apprit que les prisons étaient pleines de chrétiens; il ordonna sur-le-champ que, sans aucune distinction d'âge ni de sexe, ils fussent tous brûlés vifs; il ne voulut pas même permettre de différer le supplice d'une dame de qualité qui était tout près d'accoucher. Le jour marqué pour l'exécution étant venu, on fit entrer les confesseurs au nombre de cinquante, dans une cour, où ils furent liés; on les conduisit ensuite dans la place publique, où ils trouvèrent neuf charrettes, sur lesquelles on les fit monter, les hommes dans la première et la dernière, les femmes et les enfants, dont quelques-uns étaient encore à la mamelle, dans celles du milieu. Un trompette allait devant, et, à chaque bout de rue, publiait que l'empereur avait condamné ces gens-là au feu, parce qu'ils étaient chrétiens. Les martyrs, de leur côté, ajoutaient : *Il est vrai, nous allons mourir pour Celui qui a lui-même donné sa vie pour nous*, et de temps en temps ils s'écriaient tous ensemble : *Vive Jésus!* Ils disaient ensuite des choses si tendres, et témoignaient un contentement si parfait, que les assistants ne pouvaient retenir leurs larmes. Les bûchers étaient dressés dans la place d'un faubourg; les confesseurs y étant arrivés, aperçurent des croix plantées, autour desquelles on avait fait de grands amas de bois : leur joie redoubla à cette vue, et ils la firent paraître par leur promptitude à sauter en bas des charrettes. On les lia deux à deux à chaque croix par le milieu du corps, et la face tournée l'un contre l'autre. Les hommes étaient ensemble, et les femmes de même; mais les plus petits enfants étaient à côté de leurs mères. La fumée devait d'abord étouffer les patients. Mais quand elle fut dissipée et la nuit survenue, on vit distinctement les martyrs, qui, les yeux élevés vers le ciel et le corps immobile, semblaient goûter au milieu de cette fournaise ardente toutes les joies du paradis. Quelque temps après, on les entendit qui chantaient tous ensemble les louanges du Seigneur : ce qui, joint aux cris des assistants et aux hurlements des bourreaux, formait un bruit confus qui inspirait tantôt la terreur et tantôt la compassion. Mais ce qui attendrit jusqu'aux plus insensibles, ce fut de voir les pauvres mères, qui, toutes occupées de leurs enfants, semblaient oublier leurs propres douleurs pour soulager celles de ces petits innocents, leur passant continuellement la main sur le visage, afin de leur diminuer le sentiment du feu; les caressant, les baisant, essuyant leurs larmes, étouffant leurs cris, et les encourageant par les paroles les plus tendres à souffrir quelques moments un supplice qui allait finir, et qui leur procurerait un bonheur sans bornes et sans fin. Ils expirèrent enfin tous les uns après les autres, et à mesure qu'ils rendaient l'âme, les soupirs et les sanglots redoublaient dans l'assemblée.

Les plus considérables de cette illustre et nombreuse troupe de confesseurs étaient Jean Faximoto Tafloye, un des plus grands seigneurs de la cour impériale et sa femme : celle-là même dont le cruel empereur n'avait pas voulu qu'on attendît les couches pour la faire mourir. Ils avaient six enfants; l'aîné des garçons fut sauvé malgré le père et la mère, qui avaient fort souhaité pouvoir se présenter devant la cour céleste avec toute leur famille. Les cinq autres étaient deux filles de douze et de trois ans, et trois garçons de onze, de huit et de six; tous se montrèrent jusqu'au dernier soupir dignes de tels parents. Après leur mort, on trouva la plus petite des filles tellement collée contre le sein de sa mère, que ces deux corps semblaient n'en faire qu'un (*Hist. du Japon*, t. IV, l. 14).

Ce que l'inquisition japonaise traquait avec le plus de soin, c'étaient les missionnaires. Dans cette chasse aux prêtres de la religion d'Europe, elle trouva d'empressés auxiliaires dans les Hollandais et dans les Anglais. L'an 1621, un navire hollandais ou anglais, nommé *Elisabeth*, captura un petit bâtiment japonais monté par des chrétiens, entre lesquels se trouvaient deux religieux déguisés en marchands : l'un était un Père Augustin, nommé Pierre de Zugnica; l'autre était un Père Dominicain, nommé Louis Florez : le premier était Espagnol, le second Flamand; le père du premier, marquis de Villa Manrique, avait été vice-roi du Mexique. Grâce à l'inquisition et aux poursuites des Anglais et des Hollandais, continuées une année entière, les deux religieux furent brûlés vifs, le 10 août 1622, avec le capitaine du navire; le reste de l'équipage eut la tête tranchée. On offrit la vie à tous, s'ils voulaient adorer les divinités impériales du Japon : il n'y eut pas un seul apostat (*Ibid.*, t. V, l. 15).

Parmi les missionnaires qui souffrirent le martyre, le plus illustre fut le Père Charles Spinola, d'une noble famille de Gênes. Il s'était fait Jésuite à Nole, dans le temps que le cardinal Spinola, son oncle, était évêque de cette ville. Le désir qu'il avait de verser son sang pour la foi, lui fit demander d'être associé aux travaux des missionnaires du Japon : ce qui lui fut accordé. Il partit donc, et arriva l'an 1602. Il travailla au salut des âmes avec une ardeur infatigable, et convertit un grand nombre d'infidèles, surtout par sa douceur. Les fatigues qu'il avait à essuyer ne l'empêchaient pas de mener une vie très-austère. Les Japonais l'enfermèrent dans une prison où il eut beaucoup à souffrir de l'inhumanité de ses gardes, qui lui refusaient jusqu'à un verre d'eau pour étancher sa soif occasionnée par une fièvre brûlante; mais Dieu, qui n'abandonne jamais les siens, adoucissait les maux de son serviteur par l'onction de sa grâce, et lui faisait trouver des consolations ineffables au milieu des fers. Voici comme il s'explique à ce sujet dans une lettre qu'il écrivit de sa prison :

« Qu'il m'est doux de souffrir pour Jésus-Christ ! Je ne peux trouver de paroles assez énergiques pour rendre tout ce que je sens, surtout depuis que nous sommes dans ces cachots, où nous vivons dans un jeûne continuel. Les forces de mon corps m'abandonnent, mais ma joie augmente à mesure que je vois approcher la mort. Quel bonheur pour moi, s'il m'était permis, à Pâques prochain, de chanter dans le ciel, avec les bienheureux, le cantique d'allégresse ! Si vous aviez goûté, dit-il dans une lettre à Maximilien Spinola, son cousin, les ineffables douceurs que Dieu verse dans les âmes de ses serviteurs, vous n'auriez plus que du mépris pour toutes les choses du monde. Je commence à être disciple de Jésus-Christ depuis que je souffre en prison pour son amour. Je me suis trouvé amplement dédommagé des rigueurs de la faim par la douceur des consolations dont mon cœur a été comme inondé ; et quand je serais plusieurs années en prison, ce temps me paraîtrait court, tant je désire souffrir pour celui qui me récompense si libéralement de mes peines. Entre autres maladies, j'ai eu une fièvre qui a duré cent jours, sans qu'il me fût possible d'avoir aucun remède convenable à ma situation. Durant tout ce temps-là, j'ai ressenti une joie dont je tâcherais inutilement de vous donner une idée. Je ne me possédais plus, et je me croyais déjà dans le paradis. »

Le Père Spinola ayant été condamné à être brûlé, il en apprit la nouvelle avec les sentiments de la joie la plus vive. Dès ce moment, il ne cessa plus de remercier Dieu d'une si grande grâce dont il se jugeait indigne. On le conduisit d'Omura, où il était en prison, à Nangazaqui. Il fut exécuté sur une montagne proche de cette ville, avec quarante-neuf autres chrétiens, dont neuf étaient Jésuites, quatre Franciscains et six Dominicains ; tous les autres étaient laïques. On en brûla vingt-cinq, et l'on décapita le reste. Parmi ces derniers, le Père Spinola reconnut tout près de lui Isabelle Fernandèz, veuve de Dominique Georges, chez lequel il avait été arrêté quatre ans auparavant, et dont il avait baptisé un nouveau-né sous le nom d'Ignace. L'enfant était derrière sa mère, et le saint homme ne le voyait point ; il craignit qu'on ne l'eût caché pour le soustraire à la mort. Où est mon petit Ignace, s'écriat-il en s'adressant à Isabelle ? qu'en avez-vous fait ?

— Le voici, répondit la mère, le prenant entre ses bras, je n'ai eu garde de le priver du seul bonheur que je sois en état de lui procurer. — Puis elle dit à l'enfant : Mon fils, voilà votre père ; priez-le qu'il vous bénisse. — Aussitôt ce petit innocent se mit à genoux, joignit ses mains et demanda au Père sa bénédiction. Il fit cela d'un air si touchant, que, comme l'action de la mère avait attiré de ce côté-là les yeux des spectateurs, il s'éleva tout à coup un bruit confus de cris et de gémissements dont on appréhenda les suites. On se hâta donc de finir cette première exécution, et dans l'instant on vit voler deux ou trois têtes, qui allèrent tomber aux pieds du petit Ignace. Il n'en fut pas étonné ; on vint à sa mère : il ne vit aussi tomber sa tête sans changer de couleur ; enfin, avec une intrépidité que cet âge ne peut feindre et dont il n'est pas capable naturellement, il reçut le coup de la mort.

Dès que cette première bande eut consommé son sacrifice, on plaça les têtes vis-à-vis de ceux qui devaient être brûlés, et on alluma le feu. Il était éloigné de vingt-cinq pieds des poteaux, et le bois tellement disposé, que le feu ne pouvait gagner que lentement ; on eut même soin de l'éteindre toutes les fois qu'on s'aperçut qu'il gagnait trop vite. Tout étant ainsi disposé, le Père Spinola donna une dernière absolution à Lucie Fraïtez, qui se trouva attachée à côté de lui, comme elle l'avait désiré. Puis se tournant vers le président, il lui dit d'une voix assez ferme qu'il le voyait bien que les religieux d'Europe venaient chercher au Japon, et que leur joie au milieu d'un si affreux supplice devait lever pour toujours les soupçons dont on s'était laissé prévenir contre eux. Il fit ensuite une courte exhortation à l'assemblée : « Ce feu qui va nous brûler, dit-il, n'est que l'ombre de celui dont le vrai Dieu punira éternellement ceux qui auront refusé de le reconnaître, ou qui, après l'avoir reconnu et adoré, n'auront pas vécu d'une manière conforme à la sainteté de sa loi. » Le Père Spinola n'expira qu'après deux heures de martyre, à l'âge de cinquante-huit ans : c'était le 2 septembre 1622 (*Hist. du Japon*, t. V, l. 16 ; Godescard, 5 fév.).

Les bûchers de la persécution japonaise, allumés ou attisés par la Hollande et l'Angleterre protestantes, ne s'éteindront que quand il n'y aura plus de chrétiens à brûler au Japon. C'est une marque, une flétrissure que ces deux nations porteront dans l'histoire, jusqu'à ce que, revenues de leurs égarements, elles l'aient noblement effacée, et devant Dieu et devant les hommes, par leur zèle à propager la civilisation véritable, le christianisme total, et au Japon et ailleurs.

En attendant, la Providence ouvrait aux missionnaires catholiques les portes de la Chine, où une armée anglaise viendra dans le XIXe siècle leur faciliter leurs travaux. Quelques personnes ont pensé que la conversion des Chinois au christianisme avait été commencée par saint Thomas. On s'est fondé, pour ce fait, sur la mention qu'on en trouve dans le Bréviaire chaldéen de l'Eglise du Malabar. Le canon du patriarche Théodose parle du métropolitain de la Chine ; et cette qualité faisait partie du titre du patriarche qui gouvernait les chrétiens de Cochin quand les Portugais abordèrent à la côte de Malabar. Arnobe, auteur du IIIe siècle, compte les Sères ou Chinois parmi les peuples qui, de son temps, avaient embrassé la foi. Enfin, on pourrait faire remonter l'introduction du christianisme à la Chine jusqu'au milieu du Ier siècle de notre ère, si l'on voulait croire, comme de Guignes, que les Chinois ont confondu Fo avec Jésus-Christ, et les prêtres syriens avec les religieux de l'Indostan. Mais le premier fait de ce genre, attesté par les monuments, c'est l'arrivée d'Olopen à Siganfou, en 635, avec d'autres missionnaires de Syrie, et l'histoire du christianisme en Chine depuis cette époque jusqu'en 781. Plus tard, grâce à l'impulsion universelle donnée par les croisades, nous avons vu des prédicateurs, des envoyés apostoliques pénétrer dans la Perse, dans la Tartarie, dans l'Inde, dans la Chine ; nous avons vu les ambassadeurs des Tartares au concile général de Lyon, les empereurs de la Tartarie et de la Chine en relation amicale avec les Pontifes de Rome, un archevêque catholique à Péking au commencement du XIVe siècle. Grâce à cette même impulsion des croisades, on découvrit le Nouveau Monde, avec la route maritime de l'Inde, de la Chine et du Japon. Nous avons vu l'apôtre de l'Inde, saint François Xavier, mourir à la vue de la Chine, où il aspirait.

Le premier qui y pénètre vers la fin du XVIe siècle, est un de ses frères de la Compagnie de Jésus (Abel Rémusat, *Nouv. mélanges asiat.*, t. II ; Ricci).

Le Père Matthieu Ricci naquit à Macerata, dans la Marche d'Ancône, en 1552. On l'avait destiné à l'étude du droit ; il préféra la vie religieuse, et entra dans la Compagnie de Jésus en 1571. Celui qui le dirigea dans son noviciat fut le Père Alexandre Valignan, missionnaire célèbre qu'un prince de Portugal appelait l'*apôtre de l'Orient*. Ricci conçut bientôt l'idée de le suivre aux Indes, et ne s'arrêta en Europe que le temps qu'il fallait pour faire les études nécessaires à une semblable entreprise. Il vint même achever son cours de théologie à Goa, où il arriva l'an 1578. Le Père Valignan s'était déjà rendu à Macao, où il prenait des mesures pour ouvrir à ses collègues les portes de la Chine. Le choix de ceux qui se lanceraient les premiers dans cette nouvelle carrière était d'une grande importance. Il tomba sur les Pères Roger, Pasio et Ricci, tous trois Italiens. Le premier devoir qu'ils eurent à remplir, fut d'apprendre la langue du pays; et l'on doit convenir qu'à cette époque, et avec le peu de secours qu'on avait alors, ce n'était pas une entreprise facile. Après quelque temps d'études, les missionnaires profitèrent de la faculté que les Portugais de Macao avaient obtenue de se rendre à Canton pour trafiquer, et ils les y accompagnèrent chacun à son tour. Ricci y alla le dernier, et ses premiers efforts ne parurent pas d'abord plus efficaces que n'avaient été ceux du Père Roger. Tous deux se virent obligés de revenir à Macao. Ce ne fut qu'en 1583 que, le gouvernement de la province de Canton ayant été confié à un nouveau vice-roi, les Pères eurent la permission de s'établir à Tchao-king-fou.

Ricci, qui avait eu le temps de connaître le génie de la nation à convertir, sentit dès lors que le meilleur moyen de s'assurer l'estime des Chinois était de montrer, dans les prédicateurs de l'Evangile, des hommes éclairés, voués à l'étude des sciences, et bien différents en cela des bonzes, avec lesquels ces peuples ont toujours été disposés à les confondre. Ce fut dès ce temps que Ricci, qui avait appris la géographie à Rome sous le célèbre Clavius, fit pour les Chinois une mappemonde, dans laquelle il se conforma aux habitudes de ces peuples, en plaçant la Chine dans le centre de la carte, et en disposant les autres pays autour du *royaume du milieu*. Il composa aussi un petit catéchisme en langue chinoise, lequel fut, dit-on, reçu avec de grands applaudissements par les gens du pays. Depuis 1589, il était chargé seul de la mission du Tchao-king, ses compagnons ayant été conduits ailleurs par le désir de multiplier les moyens de convertir les Chinois au christianisme. Il eut souvent à souffrir des difficultés que lui suscitaient les gouverneurs de la province, et même il se vit forcé de quitter l'établissement qu'il avait formé à grand'peine dans la ville de Tchao-king, et de venir résider à Tchao-tcheou. Dans ce dernier lieu, un Chinois, nommé Tchin-tai-so, pria le Père Ricci de lui apprendre la chimie et les mathématiques. Le missionnaire se prêta volontiers à ce désir, et son disciple devint par la suite l'un de ses premiers catéchumènes.

Ricci avait formé depuis longtemps le projet de se rendre à la cour, persuadé que les moindres succès qu'il pourrait y obtenir serviraient plus efficacement la cause qu'il avait embrassée que tous les efforts tentés dans les provinces. Jusque-là, les missionnaires avaient porté l'habit des religieux de la Chine, que les relations nomment *bonzes*; mais, pour se montrer dans la capitale, il fallait renoncer à ce costume, qui n'était propre qu'à les faire mépriser des Chinois. De l'avis du visiteur et de l'évêque du Japon, qui résidait à Macao, Ricci et ses compagnons adoptèrent l'habit des gens de lettres. On a fait de ce changement un sujet de reproche aux Jésuites de la Chine; mais il était indispensable dans un empire où la considération n'est accordée qu'à la culture des lettres. Ricci résolut d'exécuter son dessein l'an 1595, et il partit effectivement à la suite d'un magistrat qui allait à Péking. Mais diverses circonstances le contraignirent de s'arrêter à Nan-tchang-fou, capitale de la province de Kiang-si. Ce fut là qu'il composa un traité de la mémoire artificielle, et un dialogue sur l'amitié, à l'imitation de celui de Cicéron. On assure que ce livre fut regardé par les Chinois comme un modèle que les plus habiles lettrés auraient peine à surpasser. A cette époque, le bruit s'était répandu à la Chine que Taïkosama, empereur du Japon, projetait une irruption en Corée et jusque dans l'empire. La crainte qu'il inspirait avait encore augmenté la défiance que les Chinois ont naturellement pour les étrangers. Ricci et quelques-uns de ses néophytes s'étant rendus successivement à Nanking et à Péking, y furent pris pour des Japonais, et personne ne consentit à se charger de les présenter à la cour. Ils se virent donc obligés de revenir sur leurs pas. Le seul avantage que produisit cette course, fut l'assurance acquise par Ricci que Péking était bien la célèbre Cambalu de Marc-Pol, et la Chine, le royaume de Catai, dont on parlait tant en Europe sans en connaître la véritable situation. Le missionnaire fit ensuite quelque séjour à Nanking, où sa réputation d'homme savant s'accrut considérablement.

Les Portugais lui ayant fait passer des présents destinés à l'empereur, il obtint des magistrats la permission de venir à la cour pour les offrir lui-même en qualité d'ambassadeur. Il se mit en chemin, au mois de mai 1600, accompagné du Père Pantoja, Espagnol, et de deux jeunes catéchumènes. Malgré quelques traverses qu'il rencontra dans son voyage, il parvint à être admis dans le palais de l'empereur Chin-tsong ou Van-Lié, qui lui fit faire un bon accueil, et vit avec curiosité plusieurs de ses présents, notamment une horloge et une montre à sonnerie, deux objets encore nouveaux à la Chine dans ce temps-là. La faveur impériale une fois déclarée pour lui, le Père Ricci n'eut plus qu'à s'occuper des soins qu'exigeaient les intérêts de la mission. Plusieurs conversions éclatantes furent le fruit de ces soins (Abel Rémusat, t. II; Ricci, *Biogr. univ.*, t. XXXVII). Dans le nombre, on cite Lig-Osun, Fumocham et Li, le plus célèbre mandarin de ce siècle. Ils n'embrassèrent pas seulement le christianisme, ils en pratiquaient les préceptes avec une si parfaite docilité, que ce changement de croyance et de mœurs produisit la plus vive impression sur le peuple. Le peuple voulut à son tour connaître une religion que ses mandarins se faisaient une gloire de professer, et qui était si puissante sur leurs cœurs, qu'elle les forçait à devenir chastes. Un des principaux dignitaires de l'Etat se chargea de prêcher lui-même la foi qu'il avait reçue : c'était Paul Sin, dont le nom est aussi illustre dans les annales de l'empire que dans celles de l'Eglise. Sin se fit missionnaire à Nanking, et, forts de l'appui que le Père Ricci trouvait auprès de Van-Lié, ses compagnons, répandus dans les provinces, virent peu à peu fructifier leur apostolat. Les Pères Cataneo, Pantoya, François Martinèz, Emmanuel Diaz et le savant Longobardi jetèrent à Canton et dans d'autres cités les semences de la foi. La multitude se pressait à leurs discours, elle s'y montrait attentive. Les mandarins virent d'un œil jaloux cette égalité devant Dieu ; par un bizarre caprice de l'orgueil, ils accusèrent les Jésuites de prêcher au peuple une loi que le Seigneur du ciel n'avait réservée qu'aux lettrés et aux chefs du royaume. Les magistrats, se rangeant à l'avis des doctes, prirent parti contre les classes inférieures, qu'il importait, selon eux, de tenir dans une dépendance absolue. Le christianisme tendait à les émanciper : la politique conseillait de ne jamais les initier à de pareils préceptes. Les Jésuites reçurent ordre d'abandonner le peuple à ses passions et à sa superstitieuse ignorance. Ricci ne cherchait point à briser l'esprit de caste; mais, dans sa pensée, le salut d'un enfant du peuple étant aussi précieux que celui d'un mandarin, il tenta d'apaiser l'irritation. Il réussit, et put ainsi continuer à distribuer à tous la parole de vie et de liberté.

En 1606, cependant, cette Eglise naissante fut en butte à la persécution; elle ne vint pas des Chinois, mais de l'autorité ecclésiastique. Un différend s'était élevé entre le vicaire général de Macao et un religieux de l'ordre de Saint-François. Le recteur des Jésuites fut choisi pour arbitre : il donna gain de cause au Franciscain. Le vicaire général, indigné de voir que ses injustices n'étaient pas sanctionnées, lance l'interdit sur les Franciscains, sur les Jésuites et sur le gouverneur : la cité elle-même est soumise à cette peine. De graves incidents pouvaient naître d'une pareille complication : les Jésuites les prévinrent. Ils avaient concilié tous les intérêts; on se servit de leur intervention pour persuader aux Chinois résidant à Macao que les Pères étaient des ambitieux et qu'ils n'aspiraient à rien moins qu'à poser sur la tête d'un des leurs le diadème impérial. Les Jésuites s'étaient construit des habitations sur les points les plus élevés : ces demeures se transforment en citadelles. Une flotte hollandaise était signalée à la côte; cette flotte, à laquelle les Japonais devaient joindre leur armée, louvoie, disait-on, pour leur offrir son concours. Les Chinois de Macao donnent avis de ces nouvelles aux magistrats de Canton : elles sèment la consternation dans les provinces; les uns s'empressent de répudier le christianisme, les autres se proposent d'égorger les Pères. François Martinèz arrivait ce jour-là même à Canton; un apostat le dénonce : il est saisi et expire dans les tourments.

Le sang qu'ils ont versé, le courage qu'a déployé Martinèz, proclamant jusqu'à la mort son innocence et celle de ses frères, produisent une heureuse réaction sur ces esprits toujours timides et qui prennent ombrage de la démonstration la plus inoffensive. Ils rougissent de l'erreur dans laquelle ils sont tombés, ils la réparent, et cette tempête est apaisée par ceux mêmes qui étaient destinés à en périr victimes. Ricci fut le conciliateur universel; son nom avait acquis dans la capitale et au fond des provinces une telle célébrité, que les Chinois le comparaient à leur Confucius. La gloire lui venait avec la puissance. Mais ce n'était pas pour ces avantages terrestres que le Jésuite avait voué son existence à la propagation de l'Evangile. Il n'ambitionnait qu'une chose : c'était d'affermir l'œuvre si péniblement ébauchée. Un noviciat fut établi à Péking; il y reçut les jeunes Chinois, il les forma à la pratique des vertus, à la connaissance des lettres, à l'étude des mathématiques; puis, comme si tant de travaux n'étaient qu'un jeu pour sa vieillesse, il écrivait la relation des événements qui se passaient sous ses yeux; il ne cessait de recevoir les mandarins et les grands que la curiosité ou l'amour de la science conduisaient vers lui. En dehors de ses occupations si diverses, Ricci composait en langue chinoise des ouvrages de morale religieuse, des traités de géométrie; il expliquait la doctrine de Dieu et les six premiers livres d'Euclide. La mort le surprit au milieu de ces travaux; le Père expira le 11 mai 1610, à l'âge de 58 ans, laissant aux Chinois le souvenir d'un homme qu'ils respectent encore, et aux Jésuites un modèle de fermeté et de sagesse (Crétineau-Joly, t. III, c. 3).

Le Père Ricci avait pris en chinois le nom de *Li*, représentant la première syllabe de son nom de famille, de la seule manière que les Chinois puissent l'articuler, et le surnom de *Ma-teou* (Matthieu). Il avait aussi reçu le nom de *Si-thaï*. Il est ainsi désigné dans les annales de l'empire sous le nom de *Li-ma-teou*. D'après son exemple, les autres missionnaires ont tous pris des noms chinois, formés généralement de la même manière.

Les funérailles de Ricci, le premier étranger qui obtint cet honneur dans la capitale, furent aussi solennelles que le deuil était profond. Les mandarins et le peuple accoururent dans une douloureuse admiration pour saluer les restes mortels du Jésuite; puis, escorté par les chrétiens que précédait la croix, le corps de Ricci fut déposé, selon l'ordre de l'empereur, dans un temple que l'on consacra au vrai Dieu. — Les Chinois aimaient la morale de l'Evangile; elle plaisait à leur raison et à leur cœur, mais il répugnait à leurs préjugés d'adorer un Dieu mort sur le Calvaire. La croix renfermait un mystère d'humilité qui accablait leur intelligence, qui froissait leur orgueil. L'emblème du christianisme n'avait encore paru que sur l'autel ou dans les cérémonies privées; la mort du Père Matthieu le fit sortir de cette obscurité, et, placé pour ainsi dire sous la sauvegarde d'un cadavre vénéré, il lui fut permis de traverser toute la ville.

Ce trépas inattendu exposait à des variations le bien que Ricci avait eu tant de peine à préparer. Les Jésuites, cependant, ne se découragèrent point. Mais, en 1617, un mandarin idolâtre, nommé Chin, ne crut pas devoir rester spectateur indifférent des progrès que faisait le christianisme. Il commandait dans la ville de Nanking; il usa de tout son pouvoir pour persécuter les fidèles. Afin de disperser le troupeau, il avait compris qu'il fallait s'attaquer aux pasteurs. Ce fut donc sur les Pères qu'il fit peser son courroux et sa vengeance. On les battit de verges, on les exila, on les emprisonna, enfin on les rejeta sur les rivages de Macao.

Trois ans après, en 1620, l'empereur Van-Lié mourait, et ses derniers regards étaient attristés par un cruel spectacle. Thienmin, roi des Tartares, avait envahi ses Etats, vaincu son armée et tiré les

Chinois de cette immobilité traditionnelle qui semblait être pour eux la condition d'existence. Tien-Ki, petit-fils de Van-Lié, était appelé à réparer ces désastres. Il prit des mesures pour s'opposer à l'armée tartare. Les mandarins chrétiens lui conseillèrent de s'adresser aux Portugais et de leur demander des officiers, afin que le service de l'armée fût mieux dirigé; mais, ajoutèrent-ils, les Portugais n'accorderont leur concours que si les Jésuites, ignominieusement expulsés, trouvent enfin justice auprès de l'empereur. Tien-Ki annula l'édit de bannissement que Van-Lié avait porté, et il rétablit les Pères.

La victoire couronna les efforts de Tien-Ki, comme la foi couronnait alors ceux des missionnaires. Ils avaient affaire à un peuple qui paraissait encore plus attaché à ses idées qu'à ses passions et qui n'acceptait la doctrine chrétienne qu'après l'avoir discutée et approfondie. Tout était difficile pour les Jésuites, jusqu'à la définition de Dieu. Afin de la présenter claire et précise, une réunion des Pères les plus expérimentés fut indiquée en 1628. Ils étaient disséminés sur l'étendue de l'empire; il y en eut qui, pour se rendre à la voix de leurs chefs, se virent forcés de faire à pied plus de huit cents lieues. Le doute naissait presque à chaque pas; la crainte de se tromper tourmentait les bonnes intentions, car il fallait de longues études pour apprécier ce qu'il importait de tolérer ou de défendre.

Ce fut sous ces entrefaites que le Père Adam Schall de Bell, né à Cologne en 1591, arriva à Péking. Profond mathématicien, grand astronome, il avait déjà conquis dans les provinces de la Chine une réputation d'homme universel, lorsque Xum-Chin, successeur de Tien-Ki, le chargea de corriger le calendrier de l'empire. Le Jésuite était en faveur, il en profita pour supprimer les jours fastes et néfastes, comme entachés de superstition, et pour donner plus d'extension au christianisme. A Siganfou, il avait décidé les païens eux-mêmes à construire une église; à Péking, il sut obtenir de l'empereur un décret par lequel il était permis aux Jésuites d'annoncer l'Évangile dans tous ses Etats. Des hommes d'élite, des savants seuls étaient destinés à cette mission. S'y consacrer, c'était presque de l'héroïsme; car ces mers lointaines n'avaient pas encore été explorées par les navigateurs, et elles étaient fécondes en naufrages. Aussi le Père Diaz écrivait-il, dans le mois d'avril 1635, au général de la Compagnie, en demandant vingt missionnaires par année : « Ce ne serait pas trop, si tous, par une bénédiction spéciale du Ciel, pouvaient arriver vivants à Macao; mais il n'est pas rare qu'il en meure la moitié en route, plus ou moins. Il convient donc d'en faire partir vingt par an, pour compter sur dix (Crétineau-Joly, t. III, c. 3). »

§ II.

Le catholicisme produit de saints personnages et de saintes œuvres en Amérique et en Espagne.

Sous plus d'un rapport, l'Amérique était plus heureuse que la Chine et le Japon : dans l'île de Cuba, dans l'empire du Mexique et dans celui du Pérou, elle avait une hiérarchie canoniquement instituée, tenant des conciles et des synodes et s'appliquant avec succès les règlements du concile de Trente. Parmi les premiers martyrs du Japon, nous avons vu Philippe de Jésus, né à Mexico. Lima, capitale du Pérou, avait au même temps un saint pour archevêque.

Saint *Toribio* ou *Turibe*, second fils du seigneur de Mogrobeyo, diocèse de Léon, en Espagne, naquit le 16 novembre 1538. Il fit connaître dès son enfance un goût décidé pour la vertu et une extrême horreur du péché. Ayant un jour rencontré une pauvre femme transportée de colère à l'occasion d'une perte qu'elle venait de faire, il lui parla de la manière la plus touchante sur la faute qu'elle commettait, et lui donna, pour l'apaiser, la valeur de la chose qu'elle avait perdue. Il avait une tendre dévotion à la sainte Vierge; chaque jour il récitait son office avec le rosaire, et il jeûnait tous les samedis en son honneur. Pendant qu'il fréquentait les écoles publiques, il se retranchait une partie de son dîner, quoique très-frugal, pour en assister les pauvres. Il portait si loin les austérités de la mortification, qu'on était obligé de modérer son zèle. Il commença ses hautes études à Valladolid, et alla les achever à Salamanque. Le roi Philippe II, qui le connut de bonne heure, en faisait un cas particulier. Il récompensa son mérite par des places distinguées, et le fit président ou premier magistrat de Grenade. Le saint remplit cette charge durant l'espace de cinq ans avec une intégrité, une prudence et une vertu qui lui acquirent l'estime générale. C'était ainsi que Dieu préparait les voies à son élévation dans l'Église.

Le Pérou avait été conquis par des aventuriers d'Espagne, d'autres aventuriers étaient venus s'y établir : de là bien des maux, auxquels la religion devait porter remède. L'archevêché de Lima était vacant; saint Turibe y fut nommé par le roi. Jamais peut-être on ne vit de choix plus universellement approuvé. On regardait Turibe comme le seul homme capable de guérir les maux de cette Église. Le saint fut consterné en apprenant la nouvelle de sa nomination : il se jeta au pied de son crucifix, et là, fondant en larmes, il pria Dieu de ne pas permettre qu'on lui imposât un fardeau qui ne pouvait manquer de l'écraser. Il écrivit au conseil du roi des lettres où il représentait son incapacité sous les couleurs les plus fortes; il allégua ensuite les canons de l'Église, qui défendent expressément d'élever des laïques à l'épiscopat. Mais on n'eut point égard à sa lettre, et il fallut qu'il donnât son consentement. Son humilité, toutefois, ne resta pas sans récompense; elle fut pour lui la source de ces grâces abondantes dont l'effet se manifesta depuis dans l'exercice de son ministère.

Turibe voulut recevoir les quatre ordres mineurs en quatre dimanches différents, afin d'avoir le temps d'en faire les fonctions; il reçut ensuite les autres ordres, puis fut sacré évêque. Il s'embarqua sans délai pour le Pérou et prit terre près de Lima, en 1581. Il était à la quarante-troisième année de son âge. Le diocèse de Lima a cent trente lieues d'étendue le long des côtes, et comprend, outre plusieurs villes, une multitude innombrable de villages et de hameaux dispersés sur la double chaîne des Andes, qui passent pour les plus hautes montagnes de l'univers. Le saint archevêque ne désespéra point à la vue de cette immense région, qu'embarrassaient bien des ronces et des épines. Une prudence consommée, jointe à un zèle actif et vigoureux, lui aplanit toutes les difficultés. Peu à peu il vint à bout d'extirper les scandales publics et d'établir le règne de la piété sur les ruines du vice. Immédiatement après son arrivée, il entreprit la visite de son vaste diocèse. Il ne serait pas possible de donner une juste idée des fatigues et des dangers qu'il eut à essuyer. On le voyait gravir des montagnes escarpées, couvertes de glace ou de neige, afin de porter des paroles de consolation et de vie dans les pauvres cabanes des Indiens. Presque toujours il voyageait à pied, et comme les travaux apostoliques ne fructifient qu'autant que Dieu les seconde, il priait et jeûnait sans cesse pour attirer la miséricorde divine sur les âmes confiées à ses soins. Il mettait partout des pasteurs savants et zélés, et procurait le secours de l'instruction et des sacrements à ceux qui habitaient les rochers les plus inaccessibles. Persuadé que le maintien de la discipline influe beaucoup sur les mœurs, il en fit un des objets les plus importants de sa sollicitude. Conformément au concile de Trente et à un bref de Grégoire XIII, il régla qu'à l'avenir on tiendrait tous les deux ans des synodes diocésains, et des conciles provinciaux tous les sept ans. Il était inflexible par rapport aux scandales du clergé, surtout lorsqu'il s'agissait de l'avarice. Dès que les droits de Dieu ou du prochain étaient lésés, il en prenait la défense sans avoir égard à la qualité des personnes : il se montrait tout à la fois et le fléau des pécheurs publics et le protecteur des opprimés. La fermeté de son zèle lui suscita des persécutions de la part des gouverneurs du Pérou, gens qui, avant l'arrivée du vertueux vice-roi François de Tolède, ne rougissaient pas de tout sacrifier à leurs passions et à leurs intérêts particuliers. Il ne leur opposa que la douceur et la patience, sans toutefois rien relâcher de la sainteté des règles ; et comme quelques mauvais chrétiens donnaient à la loi de Dieu une interprétation qui favorisait les penchants déréglés de la nature, il leur représenta d'après Tertullien, que Jésus-Christ s'appelait la *Vérité* et non pas la *Coutume*, et qu'à son tribunal nos actions seraient pesées, non dans la fausse balance du monde, mais dans la balance du sanctuaire. Avec une telle conduite, le saint archevêque ne pouvait manquer d'extirper les abus les plus invétérés : aussi les vit-on disparaître presque tous. Les maximes de l'Évangile prirent le dessus, et on les pratiquait avec une ferveur digne des premiers siècles du christianisme.

Turibe, pour étendre et pour perpétuer l'ouvrage de son zèle, se conforma en tout au concile de Trente, fonda des séminaires, des églises, des hôpitaux, sans vouloir que son nom fût inséré dans les actes de fondation. Lorsqu'il était à Lima, il visitait tous les jours les pauvres malades des hôpitaux ; il les consolait avec une bonté paternelle et leur administrait lui-même les sacrements. La peste ayant attaqué une partie de son diocèse, il se priva de son nécessaire, afin de pourvoir aux besoins des malheureux. Il recommanda la pénitence comme le seul moyen d'apaiser le ciel irrité ; il assista aux processions fondant en larmes, et, les yeux fixés sur un crucifix, il s'offrit à Dieu pour la conservation de son troupeau. A ces actes de religion, il joignit des prières, des veilles et des jeûnes extraordinaires, qu'il continua tant que la peste fit sentir ses ravages.

Il affrontait les plus grands périls, quand il était question de procurer à une âme le plus petit avantage spirituel. Il eût voulu donner sa vie pour son troupeau, et il était sans cesse dans la disposition de tout souffrir pour l'amour de Celui qui a racheté les hommes par l'effusion de son sang. Lorsqu'il apprenait que de pauvres Indiens erraient sur les montagnes et dans les déserts, il entrait dans les sentiments du bon pasteur et allait chercher ces brebis égarées. L'espérance de les ramener au bercail le soutenait au milieu des fatigues et des dangers qu'il était obligé d'essuyer. On le voyait parcourir sans crainte d'affreuses solitudes, habitées par les lions et les tigres. Il fit trois fois la visite de son diocèse. La première de ses visites dura sept ans, la seconde cinq et la troisième un peu moins. La conversion d'une multitude innombrable d'infidèles en fut le fruit. Le saint, étant en route, s'occupait ou à prier ou à s'entretenir de choses spirituelles. Son premier soin, en arrivant quelque part, était d'aller à l'église répandre son cœur au pied des autels. L'instruction des pauvres le retenait quelquefois deux ou trois jours dans le même endroit, quoiqu'il y manquât des choses les plus nécessaires à la vie. Les lieux les plus inaccessibles étaient honorés de sa présence. En vain lui représentait-on les dangers auxquels il exposait sa vie, il répondait que Jésus-Christ étant descendu du ciel pour le salut des hommes, un pasteur devait être disposé à tout souffrir pour sa gloire. Il prêchait et catéchisait avec un zèle infatigable, et ce fut pour se mettre en état de mieux remplir cette importante fonction qu'il apprit, dans un âge fort avancé, les différentes langues que parlaient les sauvages du Pérou. Il disait tous les jours la messe avec une piété angélique, faisant une longue méditation avant et après cette grande action. Il se confessait ordinairement tous les matins, pour se purifier plus parfaitement des moindres souillures. La gloire de Dieu était la fin de toutes ses paroles et de toutes ses actions, ce qui rendait sa prière continuelle. Néanmoins il avait encore des heures marquées pour prier ; alors il se retirait en son particulier et traitait avec Dieu de ses besoins, ainsi que de ceux de son troupeau. Dans ces moments, un certain éclat extérieur brillait sur son visage. Son humilité ne le cédait point à ses autres vertus : de là ce soin extrême à cacher ses mortifications et ses autres bonnes œuvres. Sa charité pour les pauvres était immense ; sa libéralité les embrassait tous indistinctement. Il s'intéressait cependant d'une manière particulière aux besoins des pauvres honteux.

Saint Turibe tomba malade à Santa, ville qui est à cent dix lieues de Lima : il était alors occupé à faire la visite de son diocèse. Il prédit sa mort et promit une récompense à qui lui apprendrait que les médecins désespéraient de sa vie. Il donna à ses domestiques tout ce qui servait à son usage ; le reste de ses biens fut légué aux pauvres. Il voulut être porté à l'église pour y recevoir le saint viatique ;

mais il fut obligé de recevoir l'extrême-onction dans son lit. Il répétait continuellement ces paroles de saint Paul : *Je désire d'être affranchi des liens du corps, pour me réunir à Jésus-Christ.* Dans ses derniers moments, il fit chanter par ceux qui étaient autour de son lit ces autres paroles : *Je me suis réjoui à cause de ce qui m'a été dit : Nous irons dans la maison du Seigneur.* Il mourut le 23 mars 1606, en disant avec le Prophète : *Seigneur, je remets mon âme entre vos mains.* L'année suivante, on transporta son corps à Lima, et il fut trouvé sans corruption. L'auteur de sa vie et les actes de sa canonisation rapportent que de son vivant il ressuscita un mort et guérit plusieurs malades. Après sa mort, il s'opéra plusieurs miracles par la vertu de son intercession. Turibe fut béatifié l'an 1679, par Innocent XI, et canonisé l'an 1726, par Benoît XIII (Godescard, 23 mars).

Dans son épiscopat de vingt-cinq ou vingt-six ans, saint Turibe tint trois conciles provinciaux avec les évêques de cette partie de l'Amérique, et treize ou quatorze synodes diocésains avec les principaux ecclésiastiques de son archevêché. Ces conciles et ces synodes du Nouveau Monde peuvent servir de modèle à l'ancien. Saint Turibe de Lima, comme saint Charles de Milan, s'y efforce d'appliquer au clergé et au peuple les remèdes salutaires du concile de Trente, et cela dans l'esprit du concile et avec l'approbation du Saint-Siége. Le concile œcuménique ordonne de tenir celui de la province tous les trois ans, celui du diocèse chaque année : à cause de la grande distance des lieux, le pape Grégoire XIII permit à saint Turibe de ne tenir celui de son diocèse que tous les deux ans, et celui de sa province tous les sept ans. Dès l'an 1552, il y eut un premier concile provincial à Lima, un second en 1567, où fut reçu le concile de Trente : le premier sous saint Turibe est ainsi le troisième. Sa première session eut lieu dans la cathédrale de Lima, le jour de l'Assomption de la sainte Vierge, 15 août 1582; la cinquième et dernière, le 18 octobre 1583 : il dura ainsi plus de quatorze mois. Dans la première session, il y eut, avec le saint archevêque de Lima, Antoine de Saint-Michel, évêque d'Impériali; Sébastien Lartaun, évêque de Cusco; Diégo de Medellin, évêque de San-Yago de Chili ; Alphonse Guerra, évêque du Rio de la Plata. Dans l'intervalle de la première session à la seconde, arriva l'évêque de Quito, Pierre Pegna, qui prit séance dans quelques congrégations, puis mourut de maladie et de vieillesse au mois de mars 1583. Dans le même temps arrivèrent François Victoire, évêque de Tucuman, et Alphonse Granier de Avalos, évêque de Plata, qui assistèrent à la seconde session, le 15 août 1583. L'évêque de Cusco mourut le 9 octobre de la même année.

Dans la première session, on lut le décret du concile œcuménique de Trente touchant la tenue des conciles provinciaux ; les évêques firent leur profession de foi et écoutèrent les règlements du concile de Tolède sur la manière de se comporter en ces saintes assemblées. De cette première session à la seconde, les Pères tinrent chaque jour deux congrégations dans le chapitre de la cathédrale, avec les députés des églises, les théologiens et les jurisconsultes les plus habiles : le vice-roi, Martin Henriquèz, y assistait souvent, mais il mourut au mois de mars 1583. En la seconde session, on lut quarante-quatre chapitres ou canons; la plupart se rapportent à l'instruction et au salut des Indiens, anciens habitants du pays, dont quelques-uns étaient encore sauvages. Le concile publia un catéchisme en leur langue, avec défense à leurs curés de les obliger à en apprendre un autre. Il en fit même un abrégé, pour faciliter l'instruction des plus ignorants. Il recommande vivement aux curés les écoles des jeunes Indiens, mais défend d'abuser de leurs services ou travaux, et en ce cas oblige à restitution. Il défend expressément de recevoir quoi que ce soit des Indiens pour l'administration des sacrements, même ce qui était d'usage parmi les Espagnols. Il veut même qu'on leur donne quelquefois des confesseurs extraordinaires, de peur qu'ils ne soient trop gênés avec leurs pasteurs habituels (C. 3, 4, 5, 6, 38, 43 ; D'Aguirre, *Collectio max. Conc. omnium Hispaniæ et novi orbis. Romæ*, 1755, t. VI). Le concile a une tendresse de mère pour les Indiens, même pour les nègres esclaves. Il défend aux maîtres d'empêcher leurs esclaves noirs de contracter des mariages ou d'user de ceux qu'ils ont contractés, ni de séparer les époux en des lieux si divers, qu'ils ne puissent plus se revoir ou du moins de longtemps; car la loi humaine de la servitude ne doit point déroger à la loi naturelle du mariage (C. 36).

Le dixième chapitre ou canon contient sur cette matière une décision importante, d'autant plus que, ayant été examinée à Rome, on n'y a rien trouvé à redire. Le concile se demande : Que faut-il faire lorsque, de deux époux infidèles, l'un se convertit? Il répond : Quant à ceux qui, étant déjà mariés, se convertissent à la foi, tandis que leur conjoint demeure encore infidèle, le précédent concile y a sagement pourvu en décrétant que : Si la partie infidèle montre une espérance prochaine de conversion, le chrétien ne doit nullement passer à d'autres noces, ainsi qu'il a été défini par les saints canons, mais attendre à gagner son conjoint dans le Seigneur ; s'il diffère sa conversion, sans toutefois être dangereux pour le conjoint déjà baptisé, en le détournant de la foi ou en l'entraînant au péché (car, dans ce cas, les saints canons veulent absolument qu'on les sépare et accordent au chrétien la puissance de contracter un nouveau mariage), alors il faudrait encore attendre six mois et l'exhorter fréquemment à se convertir. Mais comme il faut prévenir le péril du néophyte, en demeurant longtemps en la couche de l'infidèle, de perdre la foi du Christ, en voulant garder la foi à l'homme ; comme il faut en même temps pourvoir à sa liberté, de peur de forcer au célibat celui qui brûle, nous ordonnons que, passé les six mois, l'affaire sera déférée à l'évêque, qui, ayant bien examiné la chose, déclarera au fidèle qu'il peut contracter un nouveau mariage, à cause du scandale de la foi ou de la charité qu'il souffre ; que s'il ne voit aucun péril dans la cohabitation, il ordonnera d'attendre l'infidèle ou conseillera de cohabiter, s'il le croit utile, suivant le conseil de l'apôtre saint Paul. Car on ne saurait prescrire la même loi à tous les néophytes, à cause de la diversité des circonstances et parce que la position n'est pas la même pour tous les infidèles.

C'est pourquoi, dans le doute, il faut, pour éviter une grave erreur, consulter la prudence de l'évêque et décider, lorsqu'il y a lieu, suivant le chapitre du droit : *Quanto, De divortiis*.

Le dernier canon s'occupe de la fondation des séminaires, et la session troisième, de la bonne vie et des obligations des évêques et des prêtres. On défend tout négoce aux ecclésiastiques, surtout aux curés des Indiens. Partout où il y a deux ou trois cents Indiens agglomérés, ils auront un propre prêtre, ainsi que ceux qui travaillent dans les mines, dans les plantations de sucre et autres établissements de cette espèce. La quatrième session s'occupe principalement de la visite des paroisses, notamment de celles des Indiens. Il faut traiter ceux-ci avec beaucoup de douceur, comme de petits enfants, ne les punir qu'avec une grande modération. Le concile donne partout l'exemple de cette tendresse maternelle : pour les fêtes d'obligation, il en impose beaucoup moins aux Indiens qu'aux Espagnols. « Cependant ajoute-t-il, si les Indiens en veulent fêter un plus grand nombre avec nous et s'y abstenir d'œuvre servile, il leur sera libre de le faire par dévotion, et personne ne les forcera d'aucune manière à travailler. » Au chapitre quatrième de la cinquième session, il est dit : « Comme la vie chrétienne et divine qu'enseigne la foi de l'Evangile, exige des habitudes qui ne soient pas indignes de la raison naturelle et de l'homme, et comme, suivant l'Apôtre, il y a d'abord ce qui est animal, ensuite ce qui est spirituel, nous recommandons extrêmement à tous les curés et aux autres que regarde le soin des Indiens, de mettre tout en œuvre pour que, déposant les mœurs farouches et agrestes, ils s'accoutument aux institutions humaines et polies. Par exemple, qu'ils viennent dans les temples, non pas sales et mal arrangés, mais lavés, peignés et propres ; que les femmes se couvrent la tête de quelque voile, suivant la recommandation de l'Apôtre ; qu'à la maison ils aient des tables pour manger, des lits pour dormir ; que les maisons mêmes, par l'ordre, la propreté, la beauté, rappellent, non des étables d'animaux, mais une habitation d'hommes : ainsi des autres choses semblables, qu'il faut réaliser, non avec un violent et odieux empire, mais plutôt avec une sollicitude et une gravité paternelles. Enfin, est-il dit dans le cinquième et dernier chapitre ou canon, puisqu'il est d'expérience que la nation indienne est attirée à la connaissance et à la vénération du Dieu suprême, au delà de ce qu'on peut dire, par les cérémonies extérieures et par la splendeur du culte divin, les évêques auront grand soin, ainsi que les curés, que tout ce qui appartient au culte de Dieu se fasse avec toute l'attention et la majesté possibles. On n'y négligera nullement l'étude de la musique, soit pour former des chantres, soit pour l'emploi des flûtes et autres instruments. Les évêques l'établiront dans l'ordre, de la manière et aux lieux qu'ils le jugeront opportun pour la gloire de Dieu et le salut des âmes. »

Les actes du concile de Lima ayant été envoyés au roi Philippe II, le conseil d'Espagne n'y trouva rien à reprendre ; le roi envoya les actes au pape Sixte-Quint, pour qu'ils fussent approuvés ou modifiés par l'autorité apostolique ; la congrégation des cardinaux pour l'interprétation du concile de Trente y donna son approbation, après avoir modéré quelques sanctions pénales qui lui parurent trop sévères : le tout ayant été ainsi autorisé par le Saint-Siége, le roi d'Espagne fit imprimer les actes à Madrid, et, le 18 septembre 1591, adressa une ordonnance au vice-roi du Pérou, qui rendait le concile civilement exécutoire dans tout le royaume (D'Aguirre, t. VI, p. 53 et seqq.).

Outre le grand et le petit catéchisme, les Pères du concile de Lima dressèrent encore plusieurs autres pièces, notamment des formules pour procéder à la visite des églises, des questions qu'il fallait y faire, parmi lesquelles se trouvent les deux suivantes : « Sait-on que quelque clerc ait maltraité les Indiens, en les contraignant à quelque chose qu'ils n'étaient pas obligés de faire, ou d'une autre manière quelconque, ou en usant de leur service malgré eux et sans leur donner le salaire convenable ? Sait-on que quelque personne ait pris quelque chose des vaisseaux naufragés, ce qui est défendu, sous peine d'excommunication apostolique, dans la bulle *In cœna Domini* (Ibid., p. 58) ? » A la fin du catéchisme se trouvaient les priviléges accordés aux Indiens par les Papes. Par exemple, ils n'étaient obligés à jeûner que les vendredis de carême, le samedi saint et la veille de Noël. En carême, ils pouvaient manger des mêmes viandes que ceux qui avaient une bulle de la croisade. Ils pouvaient se marier dans le troisième et le quatrième degré de consanguinité, et dans tous les temps de l'année. L'Indien converti, ayant plusieurs femmes, pouvait garder celle qui se convertissait la première. Leurs curés pouvaient les absoudre de tous les péchés, même de ceux réservés au Pape. Les enfants illégitimes d'un Espagnol et d'une Indienne, s'ils demeurent en Amérique, peuvent être initiés à tous les ordres, pourvu qu'ils sachent bien la langue indienne et qu'ils aient d'ailleurs toutes les qualités requises par le concile de Trente (Ibid., p. 61).

A la suite du second concile de Lima sous saint Turibe, en 1591, se trouve le *Coutumier* ou *Cérémonial* de cette église métropolitaine, publié par le saint archevêque. Il mérite d'être consulté ; tout y est réglé avec détail, jusqu'au son des cloches, aux fonctions de l'organiste et des enfants de chœur. Vient ensuite un bref de Paul V, donné le 2 décembre 1605, qui accorde des indulgences à une très-aimable dévotion des Péruviens envers la sainte Mère de Dieu. Tous les samedis soir, Indiens et Espagnols s'assemblent à l'église, à la fin des complies, pour chanter ou entendre chanter le *Salve Regina* et les litanies de la sainte Vierge, litanies plus longues, plus variées et, à notre avis, plus pieuses encore que celles de Lorette. Elles nous ont paru si belles, que nous les reproduisons *in extenso* :

LITANIES PÉRUVIENNES DE LA SAINTE VIERGE,

approuvées pour les églises du Pérou par le pape Paul V.

INCIPIT LITANIA IN LAUDEM BEATISSIMÆ VIRGINIS MARIÆ APUD PERUVIAM.

Ave, Maria, ora pro nobis.
Ave, filia Dei Patris, ora.
Ave, mater Dei Filii, ora.
Ave, Sponsa Spiritus Sancti, ora.
Ave, templum Trinitatis, ora.
Sancta Maria, ora.
Sancta Dei Genitrix, ora.
Sancta Virgo virginum, ora.
Sancta Mater Christi, ora.
Quem tu peperisti, ora.
Mater purissima, ora.
Mater castissima, ora.
Mater inviolata, ora.
Mater intemerata, ora.

Mater charitatis, ora.
Mater veritatis, ora.
Mater amabilis, ora.
Mater admirabilis, ora.
Mater divinæ gratiæ, ora.
Mater sanctæ spei, ora.
Mater dilectionis, ora.
Mater pulchritudinis, ora.
Mater viventium, ora.
Filia Patris luminum, ora.
Virgo fidelis, ora.
Dulcior favo mellis, ora.
Virgo prudentissima, ora.
Virgo clementissima, ora.
Virgo singularis, ora.
Stella maris, ora.
Virgo sancta, ora.
Fructifera planta, ora.
Virgo speciosa, ora.
Pulchra velut rosa, ora.
Speculum justitiæ, ora.
Causa nostræ lætitiæ, ora.
Gloria Hierusalem, ora.
Altare thymiamatis, ora.
Civitas Dei, ora.
Luminare cœli, ora.
Vas spirituale, ora.
Vas honorabile, ora.
Vas insigne devotionis, ora.
Thronus Salomonis, ora.
Favus Samsonis, ora.
Vellus Gedeonis, ora.
Pulchra ut luna, ora.
Inter omnes una, ora.
Ut sol electa, ora.
Deo dilecta, ora.
Stella matutina, ora.
Ægris medicina, ora.
Cœlorum regina, ora.
Rosa sine spina, ora.
Rutilans aurora, ora.
Valde decora, ora.
Lux meridiana, ora.
Flos virginitatis, ora.
Lilium castitatis, ora.
Rosa puritatis, ora.
Vena sanctitatis, ora.
Cedrus fragrans, ora.
Myrrha conservans, ora.
Balsamum distillans, ora.
Terebinthus gloriæ, ora.
Palma virens gratiæ, ora.
Virga florens, ora.
Gemma refulgens, ora.
Oliva speciosa, ora.
Columba formosa, ora.
Vitis fructificans, ora.
Navis abundans, ora.
Navis institoris, ora.
Mater Redemptoris, ora.
Hortus conclusus, ora.
Rubus incombustus, ora.

Gloria sæculi, ora.
Nutrix parvuli, ora.
Radix gratiarum, ora.
Levamen molestiarum, ora.
Puteo viventium aquarum, ora.
Mater orphanorum, ora.
Auxilium Christianorum, ora.
Salus infirmorum, ora.
Refugium peccatorum, ora.
Consolatrix afflictorum, ora.
Mater pia minorum, ora.
Regina Angelorum, ora.
Regina Seraphim, ora.
Regina Cherubim, ora.
Regina Patriarcharum, ora.
Regina Prophetarum, ora.
Regina Apostolorum, ora.
Regina Martyrum, ora.
Regina Confessorum, ora.
Regina Virginum, ora.
Regina Sanctorum omnium, ora.
Ab omni malo et peccato, libera nos, Domina.
A cunctis periculis, libera.
Nunc et in hora mortis nostræ, libera.
Per immaculatam Conceptionem tuam, libera.
Per sanctam Nativitatem tuam, libera.
Per Præsentationem tuam, liber.
Per cœlestem vitam tuam, libera.
Per admirabilem Annuntiationem tuam, libera.
Per Visitationem tuam, libera.
Per felicem partum tuum, libera.
Per Purificationem tuam, libera.
Per dolorem de Christi passione, libera.
Per gaudium de illius Resurrectione, libera.
Per gloriosam Assumptionem tuam, libera.
Per Coronationem tuam, libera.
Peccatores, te rogamus audi nos.
Ut illos tuos misericordes oculos ad nos convertere digneris, te rogamus.
Ut veram pœnitentiam nobis impetrare digneris, te rogamus.
Ut cuncto populo christiano pacem et salutem impetrare digneris, te rogamus.
Ut omnibus fidelibus defunctis requiem æternam impetrare digneris, te rogamus.
Ut nos exaudire digneris, te rog.
Mater Dei, te rogamus.
Genitrix Dei, te rogamus.
Ave de cœlis alma, sucurre nobis, Domina.
Ave de cœlis pia, fer opem nobis, Domina.
Ave de cœlis dulcis, intercede pro nobis, Domina.

ANTIPHONA.

Recordare, Virgo Mater, dum steteris in conspectu filii, ut loquaris pro nobis, et ut avertas indignationem suam a nobis.
℣. Ora pro nobis, sancta Dei Genitrix.
℟. Ut digni efficiamur promissionibus Christi.

OREMUS.

Preces nostras, quæsumus, Domine, apud tuam sanctissimam clementiam, Dei Genitricis semperque Virginis Mariæ, commendet oratio, quam idcirco de præsenti sæculo transtulisti, ut pro peccatis nostris apud te fiducialiter intercedat.
Cordibus nostris, quæsumus, Domine, benedictionis tuæ rorem, meritis et intercessione beatæ Barbaræ Virginis et Martyris tuæ, benignus infunde; ut ejus imploramus auxilium, tuæ propitiationis sentiamus effectum; per Christum Dominum nostrum qui tecum vivit et regnat, Deus, per omnia sæcula sæculorum. Amen.
℣. Dominus vobiscum.
℟. Et cum spiritu tuo.
℣. Benedicamus Domino.
℟. Deo gratias.

Le troisième concile provincial de Lima fut célébré le 2 avril 1601. L'évêque du Paraguay s'était mis en route pour venir, lorsqu'il mourut; l'évêque de Tucuman fut pris de la dyssenterie en chemin, et ne put arriver à Lima. Il n'y eut avec le saint archevêque que l'évêque de Quito, Louis Lopèz, et l'évêque de Panama, Antoine Calderon. Ils renouvelèrent généralement les décrets des conciles précédents, et envoyèrent à Rome une série de questions à faire aux évêques nommés pour le Nouveau Monde. Dans les synodes diocésains que saint Turibe tint régulièrement tous les deux ans, suivant l'indult de Grégoire XIII, sa principale application fut de faire exécuter dans son vaste diocèse les règlements du concile œcuménique de Trente et des conciles provinciaux du Pérou.

L'an 1585, fut célébré dans la ville de Mexico un concile provincial de tout le royaume, où l'on cite deux autres tenus antérieurement, mais qu'on ne connaît pas d'ailleurs. Celui de 1585 fut présidé par l'archevêque Pierre Moya de Contreras, qui était en même temps vice-roi du royaume et président du sénat. Outre le président, il s'y trouva six évêques : de Guatimala, de Méchoacan, de Tlascala, de Yucatan, de la Nouvelle Gallice et d'Antequera. De tous les conciles provinciaux, c'est peut-être le plus remarquable qui se soit tenu dans l'Eglise. Ses décrets, divisés en cinq livres, chaque livre en plusieurs titres, suivis d'un recueil de statuts ecclésiastiques, forment un corps complet de droit canon, conforme au concile de Trente, et applicable aux besoins spirituels du Nouveau Monde. Approuvé à Rome le 27 octobre 1589, il fut imprimé à Mexico l'an 1621, et se trouve dans le dernier tome de la collection de Labbe. L'esprit y est le même que dans les conciles du saint archevêque de Lima.

Tandis que les deux métropolitains du Nouveau Monde lui donnaient ainsi les règles et l'exemple de la sainteté, la ville de Mexico admirait un saint homme, nommé Grégoire Lopèz, que tous ceux qui ont pu le connaître ou lire sa vie représentent comme un prodige de vertu, digne d'être canonisé. Lima, de son côté, admirait la sainte Rose, la première du Nouveau Monde à qui l'Eglise ait décerné un culte public.

Elle était d'extraction espagnole, et naquit à Lima dans l'année 1586. Elle reçut au baptême le nom d'Isabelle, mais les couleurs délicates de son visage lui firent donner celui de Rose. Elle montra dès ses premières années une grande patience dans les souffrances et un amour extraordinaire pour la mortification. Encore enfant, elle jeûnait trois jours de la semaine au pain et à l'eau, et ne vivait les autres jours que d'herbes et de racines mal assaisonnées. Sainte Catherine de Sienne fut le modèle qu'elle se proposa dans ses exercices. Elle avait en horreur tout ce qui était capable de la porter à l'orgueil et à la sensualité, et se faisait un instrument de pénitence de toutes les choses qui auraient pu communiquer à son âme le poison des vices. Les éloges que l'on donnait continuellement à sa beauté lui faisaient craindre de devenir pour les autres une occasion de chute; aussi, lorsqu'elle devait paraître en public, elle se frottait le visage et les mains avec l'écorce et la poudre du poivre des Indes, qui, par sa qualité corrosive, altérait la fraîcheur de sa peau. Elle triompha de l'amour-propre par une humilité profonde et par un renoncement parfait à sa propre volonté. Elle obéissait à ses parents dans les plus petites choses, et tout le monde était étonné de la docilité et de la patience qu'elle montrait dans tout ce qui lui arrivait.

Ses parents étant tombés d'un état d'opulence dans une grande misère, elle entra dans la maison du trésorier Gonsalvo, et pourvut à leurs besoins en travaillant presque nuit et jour. Mais, malgré la continuité de son travail, elle n'interrompit jamais le commerce intime qu'elle entretenait avec Dieu. Peut-être n'eût-elle pas pensé à changer d'état, si ses amis ne l'eussent pressée de se marier. Pour se délivrer de leurs sollicitations et pour accomplir plus facilement le vœu qu'elle avait fait de rester vierge, elle entra chez les religieuses du tiers-ordre de Saint-Dominique. Son amour pour la solitude lui fit choisir une petite cellule écartée. Elle y pratiqua tout ce que la pénitence a de plus rigoureux. Elle portait sur sa tête un cercle garni en dedans de pointes aiguës, à l'imitation de la couronne d'épines que le Sauveur avait portée. Cet instrument de pénitence lui rappelait le mystère de la passion, qu'elle ne voulait jamais perdre de vue. A l'entendre parler d'elle-même, elle n'était qu'une misérable pécheresse qui ne méritait pas de respirer l'air, de voir la lumière du jour et de marcher sur la terre : de là ce zèle à louer la divine Miséricorde, dont elle éprouvait si particulièrement les effets. Lorsqu'elle parlait de Dieu, elle était comme hors d'elle-même, et le feu qui la brûlait intérieurement rejaillissait jusque sur son visage. C'est ce qu'on remarquait surtout quand elle était devant le Saint-Sacrement, et qu'elle avait le bonheur de communier. Une ferveur aussi grande et aussi soutenue lui mérita plusieurs grâces extraordinaires.

Elle fut éprouvée, pendant quinze ans, par de violentes persécutions de la part des personnes du dehors, ainsi que par des sécheresses, des aridités et beaucoup d'autres peines intérieures. Mais Dieu, qui ne permettait ces épreuves que pour perfectionner sa vertu, la soutenait et la consolait par l'onction de sa grâce. Une maladie longue et douloureuse lui fournit une nouvelle occasion de pratiquer la patience. « Seigneur, disait-elle souvent alors, augmentez mes souffrances, pourvu qu'en même temps vous augmentiez votre amour dans mon cœur. » Enfin elle entra dans la bienheureuse éternité, le 24 août 1617, dans la trente et unième année de son âge. L'archevêque de Lima assista à ses funérailles; le chapitre, le sénat, et les compagnies de la ville se firent un honneur de porter tour à tour son corps au tombeau. Plusieurs miracles opérés par son intercession ayant été examinés juridiquement par les commissaires apostoliques et attestés par plus de cent témoins, Clément X la canonisa l'an 1671, et fixa sa fête au 30 août (Godescard).

En 1610, la capitale du Pérou avait vu un autre saint personnage passer de la terre au ciel. Saint *François Solano*, né dans le diocèse de Cordoue en 1549, fit ses études chez les Jésuites. A l'âge de vingt et un ans, il fit sa profession religieuse dans le couvent des Franciscains de Montilia en Andalousie. Il s'y attira bientôt l'admiration de ses frères par son humilité, son obéissance, sa douceur, son recueillement, son amour pour le silence, la prière et la mortification. Souvent il passait les nuits entières en contemplation devant le Saint-Sacrement. Dès qu'il eût été ordonné prêtre, il résolut de suivre toute l'ardeur du zèle dont il était brûlé pour le salut des âmes. Il partagea son temps entre la retraite et le ministère de la prédication. Ses discours, quoique destitués de tous les ornements d'une éloquence étudiée, avaient une force singulière pour retirer les hommes du vice et les porter à l'amour de la vertu. Son mérite le fit passer par les différentes charges de son ordre. Il fut maître des novices, premièrement, dans le couvent d'Arizava, qui est à deux milles de Cordoue, puis dans celui de Monte; on l'élut ensuite gardien dans celui de Grenade.

Toute sa vie n'était qu'une suite d'actions de zèle sanctifiées par une prière non interrompue. Détaché des choses créées, il laissait remplir par Jésus-Christ toute la capacité de son cœur. Il n'usait des biens de la terre que pour les nécessités indispensables de la nature. L'humilité perfectionnait encore son détachement. Par ses austérités, il soumettait ses sens et acquérait cette heureuse liberté qui est le caractère des enfants de Dieu. La peste ayant fait sentir ses ravages à Grenade, il vola promptement au secours de cette ville. On le vit se dévouer généreusement au service des pestiférés, et s'il ne mourut pas victime de sa charité, c'est que Dieu le réservait à de grands travaux pour sa gloire. En 1589, il passa en Amérique pour s'y consacrer aux missions. Le Pérou fut le principal théâtre de son zèle. Il employa les cinq dernières années de sa vie à prêcher l'Evangile, surtout à Lima. Il sut engager les habitants de cette grande ville à concevoir de vifs sentiments de douleur de leurs péchés, qui avaient allumé la colère céleste. Divers miracles qu'il opéra ajoutèrent encore à la haute idée que l'on avait déjà conçue de sa sainteté. Les louanges qu'on lui donnait de toutes parts ne l'empêchaient pas de se regarder comme le dernier des hommes; il vivait dans la retraite, et ne paraissait jamais en public que quand la gloire de Dieu l'y obligeait.

Le feu sacré qui consumait son cœur éclatait au dehors, malgré lui, et se manifestait d'une manière toute merveilleuse. Il lui causa plusieurs ravissements dans la prière. Voyant un jour bouillir un vase plein d'eau, il s'écria tout hors de lui-même : Qui peut empêcher nos âmes de brûler du feu de la divine charité? Pourquoi sa flamme ne s'allume-t-elle point en nous? — S'il voyait quelqu'un d'une grande ferveur, il lui disait : Essayons qui de nous deux peut aimer avec plus d'ardeur Jésus-Christ, l'époux de nos âmes, et qui lui donnera, cette semaine, de plus fortes preuves de son amour.

Quelque temps avant sa mort, il fut attaqué d'une maladie de langueur, par laquelle Dieu acheva de purifier son âme. Dans ses derniers moments, on l'entendit souvent répéter ces paroles du Psalmiste : *Je me réjouis dans les choses qui m'ont été dites; nous irons dans la maison du Seigneur.* Il mourut à Lima, le 14 juillet 1610, en prononçant cette aspiration qui lui était familière : Dieu soit loué! On lui fit des funérailles magnifiques, auxquelles assistèrent le vice-roi du Pérou et l'archevêque de Lima. Il fut béatifié par Clément X, et canonisé par Benoît XIII en 1726. Sa fête a été fixée au 24 juillet. C'est aussi sous ce jour qu'on lit son nom dans le Martyrologe romain, publié par Benoît XIV (Godescard, 24 juillet).

Une nouveauté plus merveilleuse encore que présentait alors le Nouveau Monde, c'étaient les peuplades entières de Sauvages transformées en peuples de saints. Voici comme Chateaubriand résume cette

merveille, après avoir été lui-même sur les lieux :
« C'était une coutume généralement adoptée dans l'Amérique espagnole, de réduire les Indiens en *commande*, et de les sacrifier aux travaux des mines. En vain le clergé séculier et régulier avait réclamé contre cet usage, aussi impolitique que barbare. Les tribunaux du Mexique et du Pérou, la cour de Madrid retentissaient des plaintes des missionnaires. « Nous ne prétendons pas, disaient-ils aux colons, nous opposer aux profits que vous pouvez faire avec les Indiens par des voies légitimes; mais vous savez que l'intention du roi n'a jamais été que vous les regardiez comme des esclaves, et que la loi de Dieu vous le défend..... Nous ne croyons pas qu'il soit permis d'attenter à leur liberté, à laquelle ils ont un droit naturel que rien n'autorise à leur contester (Charlevoix, *Hist. du Paraguay*, an 1744). »

Il restait encore au pied des Cordillères, vers le côté qui regarde l'Atlantique, entre l'*Orénoque* et *Rio de la Plata*, un pays rempli de Sauvages, où les Espagnols n'avaient point porté la dévastation. Ce fut dans ces forêts que les missionnaires entreprirent de former une république chrétienne, et de donner, du moins à un petit nombre d'Indiens, le bonheur qu'ils n'avaient pu procurer à tous. — Ils commencèrent par obtenir de la cour d'Espagne la liberté des Sauvages qu'ils parviendraient à réunir. A cette nouvelle, les colons se soulevèrent : ce ne fut qu'à force d'esprit et d'adresse que les Jésuites surprirent, pour ainsi dire, la permission de verser leur sang dans les déserts du Nouveau Monde. Enfin, ayant triomphé de la cupidité et de la malice humaines, méditant un des plus nobles desseins qu'ait jamais conçus un cœur d'homme, ils s'embarquèrent pour *Rio de la Plata*.

C'est dans ce fleuve que vient se perdre l'autre fleuve qui a donné son nom au pays et aux missions dont nous retraçons l'histoire. *Paraguay*, dans la langue des Sauvages, signifie *le fleuve couronné*, parce qu'il prend sa source dans le lac *Xarayès*, qui lui sert comme de couronne. Avant d'aller grossir *Rio de la Plata*, il reçoit les eaux du *Parama* et de l'*Uraguay*. Des forêts qui renferment dans leur sein d'autres forêts tombées de vieillesse, des marais et des plaines entièrement inondées dans la saison des pluies, des montagnes qui élèvent des déserts sur des déserts, forment une partie des régions que le Paraguay arrose. Le gibier de toute espèce y abonde, ainsi que les tigres et les ours. Les bois sont remplis d'abeilles, qui font une cire fort blanche et un miel très-parfumé. On y voit des oiseaux d'un plumage éclatant, et qui ressemblent à de grandes fleurs rouges et bleues, sur la verdure des arbres. Un missionnaire français, qui s'était égaré dans ces solitudes, en fait la peinture suivante :

« Je continuai ma route sans savoir à quel terme elle devait aboutir, et sans qu'il y eût personne qui pût me l'enseigner. Je trouvais quelquefois au milieu des bois des endroits enchantés. Tout ce que l'étude et l'industrie des hommes ont pu imaginer pour rendre un lieu agréable n'approche point de ce que la simple nature y avait rassemblé de beautés. Ces lieux charmants me rappelèrent les idées que j'avais eues autrefois en lisant les vies des anciens solitaires de la Thébaïde. Il me vint en pensée de passer le reste de mes jours dans ces forêts, où la Providence m'avait conduit, pour y vaquer uniquement à l'affaire de mon salut, loin de tout commerce avec les hommes; mais, comme je n'étais pas le maître de ma destinée, et que les ordres du Seigneur m'étaient certainement marqués par ceux de mes supérieurs, je rejetai cette pensée comme une illusion (*Lettres édifiantes*, t. VIII, p. 381). »

Les Indiens que l'on rencontrait dans ces retraites ne leur ressemblaient que par le côté affreux. Race indolente, stupide et féroce, elle montrait dans toute sa laideur l'homme primitif dégradé par sa chute. Rien ne prouve davantage la dégénération de la nature humaine que la petitesse du Sauvage dans la grandeur du désert.

Arrivés à Buenos-Ayres, les missionnaires remontèrent Rio de la Plata, et, entrant dans les eaux du Paraguay, se dispersèrent dans les bois. Les anciennes relations nous les représentent avec un bréviaire sous le bras gauche, une grande croix à la main droite, et sans autre provision que leur confiance en Dieu. Elles nous les peignent se faisant jour à travers les forêts, marchant dans les terres marécageuses, où ils avaient de l'eau jusqu'à la ceinture, gravissant des roches escarpées, et furetant dans les antres et les précipices, au risque d'y trouver des serpents et des bêtes féroces, au lieu des hommes qu'ils y cherchaient. Plusieurs d'entre eux y moururent de faim et de fatigue, d'autres furent massacrés et dévorés par les Sauvages. Le Père Lizardi fut trouvé percé de flèches sur un rocher; son corps était à demi-déchiré par les oiseaux de proie, et son bréviaire était ouvert, auprès de lui, à l'office des morts. Quand un missionnaire rencontrait ainsi les restes d'un de ses compagnons, il s'empressait de leur rendre les honneurs funèbres, et, plein d'une grande joie, il chantait un *Te Deum* solitaire sur le tombeau du martyr.

De pareilles scènes, renouvelées à chaque instant, étonnaient les hordes barbares. Quelquefois elles s'arrêtaient autour du prêtre inconnu qui leur parlait de Dieu, et elles regardaient le ciel que l'apôtre leur montrait; quelquefois elles le fuyaient comme un enchanteur, et se sentaient saisies d'une frayeur étrange : le religieux les suivait en leur tendant les mains au nom de Jésus-Christ. S'il ne pouvait les arrêter, il plantait sa croix dans un lieu découvert, et s'allait cacher dans les bois. Les Sauvages s'approchaient peu à peu pour examiner l'étendard de paix élevé dans la solitude : un aimant secret semblait les attirer à ce signe de leur salut. Alors le missionnaire, sortant tout à coup de son embuscade et profitant de la surprise des Barbares, les invitait à quitter une vie misérable pour jouir des douceurs de la société.

Quand les Jésuites se furent attachés quelques Indiens, ils eurent recours à un autre moyen pour gagner des âmes. Ils avaient remarqué que les Sauvages de ces bords étaient fort sensibles à la musique : on dit même que les eaux du Paraguay rendent la voix plus belle. Les missionnaires s'embarquèrent donc sur des pirogues avec les nouveaux catéchumènes; ils remontèrent les fleuves en chantant des cantiques. Les néophytes répétaient les airs, comme des oiseaux privés chantent pour attirer dans les rets de l'oiseleur les oiseaux sauvages.

Les Indiens ne manquèrent point de se venir prendre au doux piège. Ils descendaient de leurs montagnes et accouraient au bord des fleuves pour mieux écouter leurs accents : plusieurs d'entre eux se jetaient dans les ondes, et suivaient à la nage la nacelle enchantée. L'arc et la flèche échappaient de la main du Sauvage : l'avant-goût des vertus sociales et les premières douceurs de l'humanité entraient dans son âme confuse ; il voyait sa femme et son enfant pleurer d'une joie inconnue ; bientôt, subjugué par un attrait irrésistible, il tombait au pied de la croix, et mêlait ses larmes aux eaux régénératrices qui coulaient sur sa tête.

Ainsi la religion chrétienne réalisait dans les forêts de l'Amérique ce que la fable raconte des Amphion et des Orphée ; réflexion si naturelle, qu'elle s'est présentée même aux missionnaires : tant il est certain qu'on ne dit ici que la vérité, en ayant l'air de raconter une fiction.

Les premiers Sauvages qui se rassemblèrent à la voix des Jésuites furent les *Guaranis*, peuples répandus sur les bords du *Paranapané*, du *Pirapé* et de l'*Uraguay*. Ils composèrent une bourgade sous la direction des Pères Maceta et Cataldino, dont il est juste de conserver les noms parmi ceux des bienfaiteurs des hommes. Cette bourgade fut appelée *Lorette*; et, dans la suite, à mesure que les églises indiennes s'élevèrent, elles furent comprises sous le nom général de *Réduction*. On en compta jusqu'à trente en peu d'années, et elles formèrent entre elles cette *république chrétienne* qui semblait un reste de l'antiquité découvert au Nouveau Monde. Elles ont confirmé sous nos yeux cette vérité connue de Rome et de la Grèce, que c'est avec la religion, et non avec des principes abstraits de philosophie, qu'on civilise les hommes et qu'on fonde les empires.

Chaque bourgade était gouvernée par deux missionnaires, qui dirigeaient les affaires spirituelles et temporelles des petites républiques. Aucun étranger ne pouvait y demeurer plus de trois jours ; et pour éviter toute intimité qui eût pu corrompre les mœurs des nouveaux chrétiens, il était défendu d'apprendre à parler la langue espagnole ; mais les néophytes savaient la lire et l'écrire correctement.

— Dans chaque *Réduction* il y avait deux écoles : l'une pour les premiers éléments des lettres, l'autre pour la danse et la musique. Ce dernier art, qui servait aussi de fondement aux lois des anciennes républiques, était particulièrement cultivé par les *Guaranis*. Ils savaient faire eux-mêmes des orgues, des harpes, des flûtes, des guitares et des instruments guerriers.

Dès qu'un enfant avait atteint l'âge de sept ans, les deux religieux étudiaient son caractère. S'il paraissait propre aux emplois mécaniques, on le fixait dans un des ateliers de la *Réduction*, et dans celui-là même où son inclination le portait. Il devenait orfèvre, doreur, horloger, serrurier, charpentier, menuisier, tisserand, fondeur. Ces ateliers avaient eu pour instituteurs les Jésuites eux-mêmes. Ces Pères avaient appris exprès les arts utiles pour les enseigner à leurs Indiens, sans être obligés de recourir à des étrangers. Les jeunes gens qui préféraient l'agriculture étaient enrôlés dans la tribu des laboureurs, et ceux qui retenaient quelque humeur vagabonde de leur première vie erraient avec les troupeaux. Les femmes travaillaient, séparées des hommes, dans l'intérieur de leurs ménages. Au commencement de chaque semaine, on leur distribuait une certaine quantité de laine et de coton, qu'elles devaient rendre le samedi au soir, toute prête à être mise en œuvre, elles s'employaient aussi à des soins champêtres, qui occupaient leurs loisirs sans surpasser leurs forces.

Il n'y avait point de marchés publics dans les bourgades : à certains jours fixes, on donnait à chaque famille les choses nécessaires à la vie. Un des deux missionnaires veillait à ce que les parts fussent proportionnées au nombre d'individus qui se trouvaient dans chaque cabane. Les travaux commençaient et cessaient au son de la cloche. Elle se faisait entendre au premier rayon de l'aurore. Aussitôt les enfants s'assemblaient à l'église, où leur concert matinal durait, comme celui des petits oiseaux, jusqu'au lever du soleil. Les hommes et les femmes assistaient ensuite à la messe, d'où ils se rendaient à leurs travaux. A la chute du jour, la cloche rappelait les nouveaux citoyens à l'autel, et l'on chantait la prière du soir à deux parties et en grande musique.

La terre était divisée en plusieurs lots, et chaque famille cultivait un de ces lots pour ses besoins. Il y avait en outre un champ public appelé *la Possession de Dieu*. Les fruits de ces terres communales étaient destinés à suppléer aux mauvaises récoltes et à entretenir les veuves, les orphelins et les infirmes. Ils servaient encore de fonds pour la guerre ; s'il restait quelque chose du trésor public au bout de l'année, on appliquait ce superflu aux dépenses du culte et à la décharge du tribut de l'écu d'or que chaque famille payait au roi d'Espagne.

Un *cacique* ou chef de guerre, un *corrégidor* pour l'administration de la justice, des *régidores* et des *alcades* pour la police et la direction des travaux publics formaient le corps militaire, civil et politique des *Réductions*. Ces magistrats étaient nommés par l'assemblée générale des citoyens ; mais il paraît qu'on ne pouvait choisir qu'entre les sujets proposés par les missionnaires : c'était une loi empruntée du sénat et du peuple romain. Il y avait en outre un chef nommé *fiscal*, espèce de censeur public élu par les vieillards. Il tenait un registre des hommes en âge de porter les armes. Un *teniente* veillait sur les enfants ; il les conduisait à l'église et les accompagnait aux écoles, en tenant une longue baguette à la main ; il rendait compte aux missionnaires des observations qu'il avait faites sur les mœurs, le caractère, les qualités et les défauts de ses élèves.

Enfin, la bourgade était divisée en plusieurs quartiers, et chaque quartier avait un surveillant. Comme les Indiens sont naturellement indolents et sans prévoyance, un chef d'agriculture était chargé de visiter les charrues et d'obliger les chefs de familles à ensemencer leurs terres.

En cas d'infraction aux lois, la première faute était punie par une réprimande secrète des missionnaires ; la seconde, par une pénitence publique à la porte de l'église, comme chez les premiers fidèles ; la troisième, par la peine du fouet. Mais, pendant un siècle et demi qu'a duré cette république, on trouve à peine un exemple d'un Indien qui ait mérité ce dernier châtiment. « Toutes leurs fautes sont des fautes d'enfants, dit le Père Charlevoix : ils le sont toute leur vie en bien des choses, et ils en ont d'ailleurs toutes les bonnes qualités. » Les paresseux étaient condamnés à cultiver une plus grande portion du champ commun; ainsi une sage économie avait fait tourner les défauts mêmes de ces hommes innocents au profit de la prospérité publique.

On avait soin de marier les jeunes gens de bonne heure, pour éviter le libertinage. Les femmes qui n'avaient pas d'enfants se retiraient, pendant l'absence de leurs maris, à une maison particulière, appelée *Maison de refuge*. Les deux sexes étaient à peu près séparés, comme dans les républiques grecques; ils avaient des bancs distincts à l'église, et des portes différentes par où ils sortaient sans se confondre. Tout était réglé, jusqu'à l'habillement, qui convenait à la modestie sans nuire aux grâces. Les femmes portaient une tunique blanche, rattachée par une ceinture; leurs bras et leurs jambes étaient nus; elles laissaient flotter leurs cheveux, qui leur servaient de voile. Les hommes étaient vêtus comme les anciens Castillans. Lorsqu'ils allaient au travail, ils couvraient ce noble habit d'un sarrau de toile blanche. Ceux qui s'étaient distingués par des traits de courage ou de vertu portaient un sarrau couleur de pourpre.

Les Espagnols, et surtout les Portugais du Brésil, faisaient des courses sur les terres de la *République chrétienne*, et enlevaient souvent des malheureux qu'ils réduisaient en servitude. Résolus de mettre fin à ce brigandage, les Jésuites, à force d'habileté, obtinrent de la cour de Madrid la permission d'armer leurs néophytes. Ils se procurèrent des matières premières, établirent des fonderies de canons, des manufactures de poudre, et dressèrent à la guerre ceux qu'on ne voulait pas laisser en paix. Une milice régulière s'assembla tous les lundis pour manœuvrer et passer la revue devant un cacique. Il y avait des prix pour les archers, les porte-lances, les frondeurs, les artilleurs, les mousquetaires. Quand les Portugais revinrent, au lieu de quelques laboureurs timides et dispersés, ils trouvèrent des bataillons qui les taillèrent en pièces et les chassèrent jusqu'au pied de leurs forts. On remarqua que la nouvelle troupe ne reculait jamais, et qu'elle se ralliait, sans confusion, sous le feu de l'ennemi. Elle avait même une telle ardeur, qu'elle s'emportait dans ses exercices militaires, et on était souvent obligé de les interrompre, de peur de quelque malheur.

On voyait ainsi au Paraguay un état qui n'avait ni les dangers d'une constitution toute guerrière, comme celle des Lacédémoniens, ni les inconvénients d'une société toute pacifique, comme la fraternité des Quakers. Le problème politique était résolu : l'agriculture qui fonde, et les armes qui conservent, se trouvaient réunies. Les *Guaranis* étaient cultivateurs sans avoir d'esclaves, et guerriers sans être féroces : immenses et sublimes avantages qu'ils devaient à la religion chrétienne, et dont n'avaient pu jouir, sous le polythéisme, ni les Grecs ni les Romains.

Ce sage milieu était partout observé : la *République chrétienne* n'était point absolument agricole, ni tout à fait tournée à la guerre, ni privée entièrement des lettres et du commerce; elle avait un peu de tout, mais surtout des fêtes en abondance. Elle n'était ni morose comme Sparte, ni frivole comme Athènes; le citoyen n'était ni accablé par le travail ni enchaîné par le plaisir. Enfin les missionnaires, en bornant la foule aux premières nécessités de la vie, avaient su distinguer dans le troupeau les enfants que la nature avait marqués pour de plus hautes destinées. Ils avaient, ainsi que le conseille Platon, mis à part ceux qui annonçaient du génie, afin de les initier dans les sciences et les lettres. Ces enfants choisis s'appelaient *la Congrégation*; ils étaient élevés dans une espèce de séminaire, et soumis à la rigidité du silence, de la retraite et des études des disciples de Pythagore. Il régnait entre eux une si grande émulation, que la seule menace d'être renvoyé aux écoles communes jetait un élève dans le désespoir. C'était de cette troupe excellente que devaient sortir un jour les prêtres, les magistrats et les héros de la patrie.

Les bourgades des *Réductions* occupaient un assez grand terrain, généralement au bord d'un fleuve et sur un beau site. Les maisons étaient uniformes, à un seul étage, et bâties en pierres; les rues étaient larges et tirées au cordeau. Au centre de la bourgade se trouvait la place publique, formée par l'église, la maison des Pères, l'arsenal, le grenier commun, la maison de refuge, et l'hospice pour les étrangers. Les églises étaient fort belles et fort ornées; des tableaux, séparés par des festons de verdure naturelle, couvraient les murs. Les jours de fête, on répandait des eaux de senteur dans la nef, et le sanctuaire était jonché de fleurs de lianes effeuillées.

Le cimetière, placé derrière le temple, formait un carré long environné de murs à hauteur d'appui; une allée de palmiers et de cyprès régnait tout autour, et il était coupé dans sa longueur par d'autres allées de citronniers et d'orangers : celle du milieu conduisait à une chapelle où on célébrait tous les lundis une messe pour les morts. Des avenues des plus beaux et des plus grands arbres partaient de l'extrémité des rues du hameau et allaient aboutir à d'autres chapelles bâties dans la campagne, et que l'on voyait en perspective. Ces monuments religieux servaient de termes aux processions les jours de grandes solennités. Le dimanche, après la messe, ou faisait les fiançailles et les mariages, et le soir on baptisait les catéchumènes et les enfants. Ces baptêmes se faisaient, comme dans la primitive Eglise, par trois immersions, les chants et le vêtement de lin.

Les principales fêtes de la religion s'annonçaient par une pompe extraordinaire. La veille, on allumait des feux de joie; les rues étaient illuminées, et les enfants dansaient sur la place publique. Le lendemain, à la pointe du jour, la milice paraissait en armes. Le cacique de guerre, qui la précédait, était monté sur un cheval superbe, et marchait sous un dais que deux cavaliers portaient à ses côtés. A midi, après l'office divin, on faisait un festin aux étrangers, s'il s'en trouvait quelques-uns dans la République, et on avait permission de boire un peu de vin. Le soir, il y avait des courses de bagues, où les deux Pères assistaient pour distribuer les prix aux vainqueurs. A l'entrée de la nuit, ils donnaient le signal de la retraite, et les familles, heureuses et paisibles, allaient goûter les douceurs du sommeil.

Au centre de ces forêts sauvages, au milieu de ce petit peuple antique, la fête du Saint-Sacrement présentait surtout un spectacle extraordinaire. Les Jésuites y avaient introduit les danses, à la manière des Grecs, parce qu'il n'y avait rien à craindre pour les mœurs chez des chrétiens d'une si grande innocence. Nous ne changerons rien à la description que le Père Charlevoix en a faite :

« J'ai dit qu'on ne voyait rien de précieux à cette fête ; toutes les beautés de la simple nature sont ménagées avec une variété qui la représente dans son lustre ; elle y est même, si j'ose ainsi parler, toute vivante ; car sur les fleurs et les branches des arbres qui composent les arcs de triomphe sous lesquels le Saint-Sacrement passe, on voit voltiger des oiseaux de toutes les couleurs, qui sont attachés par les pattes à des fils si longs, qu'ils paraissaient avoir toute leur liberté, et être venus d'eux-mêmes pour mêler leur gazouillement au chant des musiciens et de tout le peuple, et bénir à leur manière Celui dont la providence ne leur manque jamais.... D'espace en espace, on voit des tigres et des lions bien enchaînés, afin qu'ils ne troublent point la fête, et de très-beaux poissons qui se jouent dans de grands bassins remplis d'eau : en un mot, toutes les espèces de créatures vivantes y assistent, comme par députation, pour y rendre hommage à l'Homme-Dieu dans son auguste sacrement.

» On fait entrer aussi dans cette décoration toutes les choses dont on se régale dans les grandes réjouissances, les prémices de toutes les récoltes pour les offrir au Seigneur, et le grain qu'on doit semer, afin qu'il donne sa bénédiction. Le chant des oiseaux, le rugissement des lions, le frémissement des tigres, tout s'y fait entendre sans confusion et forme un concert unique..... Dès que le Saint-Sacrement est rentré dans l'église, on présente aux missionnaires toutes les choses comestibles qui ont été exposées sur son passage. Ils en font porter aux malades tout ce qu'il y a de meilleur ; le reste est partagé entre tous les habitants de la bourgade. Le soir, on tire un feu d'artifice, ce qui se pratique dans toutes les grandes solennités et au jour des réjouissances publiques. »

Avec un gouvernement si paternel et si analogue au génie simple et pompeux du Sauvage, il ne faut pas s'étonner que les nouveaux chrétiens fussent les plus purs et les plus heureux des hommes. Le changement de leurs mœurs était un miracle opéré à la vue du Nouveau Monde. Cet instinct de cruauté et de vengeance, cet abandon aux vices les plus grossiers, qui caractérisent les hordes indiennes, s'étaient transformés en un esprit de douceur, de patience et de chasteté. On jugera de leurs vertus par l'expression naïve de l'évêque de Buenos-Ayres. « Sire, écrivait-il à Philippe V, dans ces peuplades nombreuses, composées d'Indiens naturellement portés à toutes sortes de vices, il règne une si grande innocence, que je ne crois pas qu'il s'y commette un seul péché mortel. »

Chez ces Sauvages chrétiens, on ne voyait ni procès ni querelles : le *tien* et le *mien* n'y étaient pas même connus ; car, ainsi que l'observe Charlevoix, c'est n'avoir rien à soi que d'être toujours disposé à partager le peu qu'on a avec ceux qui sont dans le besoin. Abondamment pourvus des choses nécessaires à la vie ; gouvernés par les mêmes hommes qui les avaient tirés de la barbarie, et qu'ils regardaient, à juste titre, comme des espèces de divinités ; jouissant dans leurs familles et dans leur patrie des plus doux sentiments de la nature, connaissant les avantages de la vie civile sans avoir quitté le désert, et les charmes de la société sans avoir perdu ceux de la solitude, ces Indiens se pouvaient vanter de jouir d'un bonheur qui n'avait point eu d'exemple sur la terre. L'hospitalité, l'amitié, la justice et les tendres vertus découlaient naturellement de leurs cœurs à la parole de la religion, comme les oliviers laissent tomber leurs fruits mûrs au souffle des brises. Muratori a peint d'un seul mot cette république chrétienne, en intitulant la description qu'il en a faite : *Le christianisme heureux* (Chateaubriand, *Génie du christianisme*, *Missions du Paraguay*).

Muratori et Châteaubriand ne sont pas les seuls à célébrer les missions du Paraguay et les autres. Buffon écrira : « Les missions ont formé plus d'hommes dans les nations barbares que n'en ont détruit les armées victorieuses des princes qui les ont subjuguées. La douceur, la charité, le bon exemple, l'exercice de la vertu, constamment pratiqués chez les Jésuites ont touché les Sauvages et vaincu leur défiance et leur férocité. Ils sont venus d'eux-mêmes demander à connaître la loi qui rendait les hommes si parfaits, ils se sont soumis à cette loi et réunis en société. Rien n'a fait plus d'honneur à la religion que d'avoir civilisé ces nations et jeté les fondements d'un empire sans autres armes que celles de la vertu (Buffon, *Hist. nat.*, t. XX : *De l'homme*, p. 282, Paris, 1798). » Le protestant Robertson dira au fond de l'Ecosse : « C'est dans le Nouveau Monde que les Jésuites ont exercé leurs talents avec le plus d'éclat et de la manière la plus utile au bonheur de l'espèce humaine. Les conquérants de cette malheureuse partie du globe n'avaient eu d'autre objet que de dépouiller, d'enchaîner, d'exterminer ses habitants : les Jésuites seuls s'y sont établis dans des vues d'humanité (*Hist. de Charles-Quint*, t. II, p. 229, Amsterdam, 1771). » Enfin, Voltaire lui-même ne pourra s'empêcher de dire : « L'établissement dans le Paraguay par les seuls Jésuites espagnols paraît à quelques égards le triomphe de l'humanité (*Essai sur les mœurs*, t. X, p. 59, édit. de Genève). »

Le Nouveau Monde voyait alors une merveille peut-être plus étonnante encore que celle du Paraguay : ce fut un Jésuite, esclave des Nègres. Né à Verdu, en Catalogne, vers l'année 1581, *Pierre Claver* pouvait, par la noblesse de son origine, prétendre aux dignités de l'Eglise ou aux honneurs militaires. Il embrassa l'institut de Jésus et acheva ses études au collège de Majorque. Dans cette maison habitait alors un vieillard nommé *Alphonse Rodriguez*, qui, après avoir passé une partie de sa vie dans les affaires commerciales, s'était retiré du monde pour vivre plus intimement avec Dieu. Simple frère coadjuteur et portier du collège, Rodriguez, que le pape Léon XII a placé au rang des bienheureux, se lia d'une étroite amitié avec Claver. Il ne s'occupa point de révéler à son jeune disciple les mystères de la science ; il l'initia à ceux de la sainteté. Alphonse Rodriguez avait si bien disposé le novice aux vertus de l'apostolat, que les fatigues et les périls réservés aux missionnaires ne purent répondre à son amour sous les souffrances ni à l'immensité de son zèle. Claver croyait que sur la terre il existait une race d'hommes encore plus à plaindre que les Sauvages : ce fut à elle qu'il dévoua sa charité.

Dans le mois de novembre 1615, il arrive à Carthagène, l'une des villes les plus considérables de l'Amérique méridionale. Cette cité, dont le port était l'entrepôt du commerce de l'Europe, se trouvait le bazar général où l'on trafiquait des Noirs. On les vendait, on les achetait, on les surchargeait de travaux. On les faisait descendre au fond des mines, on les appliquait à toutes les tortures de la faim, de la soif, du froid et de la chaleur, pour accroître la source de ses richesses. Quand, sous ce soleil de plomb, sous ces tempêtes qui usent si vite les complexions les plus robustes, les pauvres esclaves avaient épuisé leurs forces pour fertiliser un sol ingrat, leurs maîtres les abandonnaient à de précoces infirmités ou au désespoir d'une vieillesse anticipée. Alors ils mouraient sans secours, comme ils avaient vécu sans espérance.

Le Père *de Sandoval* avait précédé Claver sur ce rivage, et, comme lui, né dans la grandeur, il s'était imposé le devoir de consoler, de soulager tant d'infortunes. Alphonse Rodriguez avait enseigné à Claver la théorie de l'abnégation chrétienne, Sandoval lui en fit connaître la pratique. A peine l'eut-il formé à la vie qu'il embrassait, à cette continuité de malheurs qu'il fallait endurer d'un côté, pour les adoucir de l'autre, que le Jésuite, vieilli dans les bonnes œuvres, sentit qu'il pouvait résigner aux mains de Claver son sceptre d'humiliation. Sandoval se mit à parcourir le désert, à fouiller les bois les plus épais pour annoncer aux Nègres libres la bonne nouvelle de Jésus-Christ; puis cet homme, dont la famille était si opulente, expira couvert d'ulcères volontairement conquis par la charité.

Quant à son successeur, voici quelle fut, pendant quarante ans, sa vie de chaque jour à Carthagène. Dès qu'un navire chargé de Nègres entrait au port, Claver accourait avec une provision de biscuits, de limons, d'eau-de-vie et de tabac. A ces esclaves abrutis par les supplices d'un long voyage et toujours sous le poids des menaces ou du bâton, il prodiguait ses caresses. Leurs parents ou leurs princes les avaient vendus : lui leur parlait d'un père et d'une patrie qu'ils avaient dans le ciel. Il recevait les malades entre ses bras, il baptisait les petits enfants, il fortifiait les valides, il se faisait leur serviteur, il leur disait, par signes, que partout, que toujours il serait à leurs ordres, prêt à partager leurs douleurs, disposé à les instruire, et ne reculant jamais, quand ils lui demanderaient le sacrifice de ses jours.

En présence des maux dont ils sortaient d'être assaillis, en face de ceux qui les attendaient, les Nègres, ne voyant que dédain ou impassibilité sur la physionomie des Blancs, se prenaient à avoir foi en cet homme, que leurs compatriotes, déjà habitués au joug européen, saluaient comme un ami. Claver s'était insinué dans leur confiance : il songea à introduire l'Evangile parmi eux; mais il fallait vaincre des obstacles de plus d'une sorte, trouver des interprètes, les payer et leur enseigner à devenir missionnaires par substitution. Claver se mit à mendier de porte en porte, à tendre la main sur les places publiques. Après avoir arraché aux colons l'autorisation de visiter les Noirs dans leurs cases ou dans les mines, on apercevait ce Jésuite, toujours les yeux chargés de fièvre, toujours pâle, toujours le corps exténué par d'inénarrables maladies, cheminer à travers champs pour porter aux esclaves l'espérance et le salut.

Un bâton à la main, un crucifix de bronze sur la poitrine, et les épaules pliées sous le faix des provisions qu'il va leur offrir, le Père parcourt d'un pas que la charité rend agile les routes brûlées par le soleil. Il franchit les fleuves, il affronte les pluies torrentielles ainsi que les âpres variations du climat. A peine parvenu à une case où l'agglomération des esclaves épaissit l'air déjà empesté par l'entassement de tant de corps infects, le Jésuite se présente au quartier des malades. Ils ont besoin de plus de secours, de plus de consolation que les autres; sa première visite leur appartient de droit. Là, il leur lave lui-même le visage, il panse leurs plaies, il leur distribue des médicaments et des conserves; il les exhorte à souffrir pour Dieu, qui est mort sur la croix afin de les racheter. Quand il a calmé toutes les peines du corps et de l'esprit, il réunit les esclaves autour d'un autel que ses mains ont dressé; il y suspend sur leurs têtes un tableau de Jésus-Christ au calvaire, de Jésus-Christ dont le sang coula pour les Nègres. Il place les hommes d'un côté, les femmes de l'autre, sur des sièges ou sur des nattes qu'il a disposés lui-même; et au milieu de ces êtres dégradés, sans vêtements, couverts de vermine, il commence d'un air radieux les enseignements qu'il sait mettre à la portée de leur abâtardissement intellectuel.

Outre les Noirs publiquement esclaves, il y en avait d'autres que la cupidité tenait cachés dans Carthagène, et que, pour ne pas payer la dîme due au roi d'Espagne, on vendait en secret à des marchands qui les destinaient aux sucreries. Ceux-là étaient, s'il est possible, encore plus misérables que les autres. Le gouvernement ne connaissait pas cette contrebande : Claver la pressentit. Ce ne fut pas pour la dénoncer; mais ces esclaves ne devaient pas être plus privés que leurs frères des bienfaits de l'Évangile. Claver jura le secret, à condition qu'il lui serait permis de les instruire et de les baptiser. Ce secret, il l'emporta dans la tombe.

Il ne suffisait pas au Jésuite d'avoir fait chrétiens tant d'infortunés, il essaya de leur inculquer les premiers principes de la morale. Quand il fut appelé à prononcer ses vœux solennels, il en ajouta un cinquième. La Compagnie de Jésus le créait esclave de Dieu, il voulut s'astreindre à un joug plus pesant, et il signa ainsi sa profession : *Pierre, esclave des Nègres pour toujours*. Claver se donnait tout entier à ces multitudes grossières; il ne s'en sépara plus. Il avait baptisé les moins stupides, il chercha à leur inspirer quelques sentiments humains. Ils étaient faibles, tremblants devant leurs maîtres : il aspira à les relever devant Dieu. Leurs maîtres fuyaient leur contact, car ce contact seul engendrait des exhalaisons fétides; mais ils étaient chrétiens. Claver exige que, dans l'église des Jésuites au moins, l'égalité règne comme au ciel ou dans la tombe.

Son zèle paraît outré : on menace de déserter le temple; Claver répond que, achetés par les hommes, les Nègres n'en sont pas moins enfants de Dieu; qu'il y a pour eux obligation de satisfaire aux commandements de l'Eglise, et que lui, leur pasteur, doit rompre le pain de la parole de vie. Les Noirs purent donc, comme les Blancs, venir prier dans le sanctuaire, et il leur fut permis de se mêler aux Européens.

De grands vices avaient germé au milieu de tant de désolation; la débauche y apparaissait sans voile, elle n'évoquait que de honteux plaisirs, que de plus honteuses maladies, et jamais un remords. La pudeur était un mot dont les Nègres n'avaient pas l'intelligence. Claver les conduisit par degré jusqu'à la connaissance, jusqu'à la pratique de la vertu. A force de tendresse et d'affectueuses leçons, il leur apprit à redevenir purs, chastes et sobres. Pendant quarante ans il se résigna à cette existence, dont nous n'avons esquissé qu'une journée; les lépreux, les pestiférés furent ses enfants de prédilection; mais ce vieillard, qui avait vu l'humanité sous tant de phases hideuses, ne tarda point à ressentir les douleurs qu'il avait si souvent apaisées. Il perdit peu à peu l'usage de ses jambes et de ses bras, puis enfin il expira le 8 septembre 1654.

Il avait confondu dans le même amour le colon et l'esclave, le Blanc et le Noir. On les vit se réunir tous dans un même sentiment d'admiration, de deuil et de piété autour de son tombeau. Les magistrats de Carthagène, le gouverneur, don Pédro de Zapata, à leur tête, sollicitèrent l'honneur de faire aux frais de la ville les obsèques de l'apôtre de l'humilité. Les Nègres, les marrons eux-mêmes ou esclaves fugitifs se joignirent à la pompe funèbre, et de chaque palais ainsi que de chaque case il ne s'échappa qu'un cri de vénération et de reconnaissance pour le Jésuite qui avait tant glorifié l'humanité. En 1747, Benoît XIV confirma le décret de la congrégation des Rites, qui déclare suffisantes les preuves du degré d'héroïsme dans lequel Pierre Claver a possédé toutes les vertus (Crétineau-Joly, t. III, c. 4).

Le bienheureux *Alphonse Rodriguèz*, qui fut son maître spirituel, exerça d'abord la profession de marchand drapier dans la ville de Ségovie, en Espagne, où il prit naissance le 25 juillet 1531. Mais Dieu, qui l'appelait à une vie plus parfaite, permit qu'il lui arrivât une suite d'épreuves pour le détacher entièrement du monde. Il essuya plusieurs pertes considérables dans son commerce, puis la mort vint lui enlever son épouse et une fille qu'il chérissait tendrement. Cependant il lui restait un fils, et c'était une puissante consolation pour son cœur si affligé; mais il mourut peu de temps après sa mère et sa sœur. Alphonse, adorant la main de Dieu qui le frappait, s'appliqua dès lors uniquement aux œuvres de la mortification chrétienne, et se livra aux plus grandes austérités. Il passa trois ans dans cet état, consultant Dieu et le priant de lui faire connaître sa volonté. C'est alors qu'il fit choix de la Compagnie de Jésus, dans laquelle il entra l'an 1569, et prononça ses derniers vœux le 5 avril 1585. Ses supérieurs lui conférèrent la charge de portier au collège de Majorque, et le saint religieux en remplit les humbles fonctions, jusqu'à la fin de sa vie, pendant un très-grand nombre d'années. C'est dans ce poste, en apparence si bas et si méprisable, qu'il s'éleva à la plus haute sainteté, ayant sans cesse la pensée de Dieu présente à l'esprit, vivant dans une mortification continuelle, obéissant avec une humilité parfaite à ses supérieurs, et montrant une charité sans bornes, une complaisance et une douceur inaltérables, soit envers ses frères, soit envers les écoliers et les étrangers qui fréquentaient le collège. Plusieurs fois on le vit ravi en extase dans ses oraisons; mais les dons de Dieu n'enflaient point son cœur : Alphonse Rodriguèz se regardait comme le plus grand des pécheurs, et les faveurs dont il était l'objet de la part du Seigneur ne servaient qu'à lui inspirer des sentiments d'un plus profond abaissement.

Ce saint religieux mourut le 31 octobre 1617, âgé de 86 ans, et fut dès lors l'objet d'une vénération toute particulière, tant de la part du peuple de ce pays que de la part de ses frères. Dès l'an 1627, le pape Urbain VIII fit informer sur ses vertus; mais il était réservé à Léon XII de l'inscrire sur le catalogue des bienheureux : c'est ce qui a eu lieu par un décret du 29 septembre 1824 (1).

L'ordre de la Trinité pour la rédemption des captifs continuait à donner en Espagne l'exemple de la charité. Le bienheureux *Simon de Roxas* naquit à Valladolid en 1552. Il reçut une éducation chrétienne et entra, très-jeune encore, dans l'institut de la Sainte-Trinité, où il se distingua par sa piété, par sa science et par son habileté à manier les affaires les plus difficiles. Il fut nommé confesseur de la reine Elisabeth, épouse de Philippe II, roi d'Espagne. Ce prince lui confia le soin de veiller sur ses deux fils, don Carlos et don Ferdinand, lorsqu'il alla prendre possession du trône de Portugal. Simon resta toujours le même, au milieu des grandeurs et des séductions de la cour. Une épidémie venait de se déclarer dans la ville où la cour résidait : Simon vole aussitôt au secours des malades. Alors le roi, qui craignait que le saint ne prît la maladie, lui défendit d'aller aux hôpitaux; mais Simon fit dire au monarque qu'il préférait les malades à la cour, et continua de donner les soins les plus empressés aux pauvres et aux malheureux. Cette conduite vraiment évangélique lui valut l'approbation des hommes les moins religieux. Il mourut dans des sentiments de piété extraordinaire, le 28 septembre 1624. Il a été béatifié par Clément XIII, le 13 mai 1766 (Godescard, 28 septembre).

A l'époque du bienheureux Simon de Roxas, il s'opéra une réforme dans l'ordre de la Trinité, pour reprendre la stricte observance de la règle primitive. Le fondateur en fut le bienheureux *Jean-Baptiste de la Conception*, né à Almodovar del Campo, près de Calatrava, diocèse de Tolède, le 10 juin 1561. Son père, Marc Garcia, appartenait à l'une des premières familles du pays et jouissait d'une fortune considérable; sa mère, Isabelle Lopez, était distinguée par ses vertus, et surtout par une piété fervente et une ardente charité. Ces deux époux vivaient entre eux dans une union parfaite. Dans tout le pays, la réputation de leurs vertus était si ré-

(1) Godescard, 31 oct. Les œuvres de ce saint ont été réimprimées bien des fois, et en dernier lieu, à Bar-le-Duc, par l'éditeur Contant-Laguerre.

pandue et si bien établie, que sainte Thérèse les avait choisis pour ses hôtes toutes les fois qu'elle passait par Almodovar del Campo.

Jean-Baptiste avait sept frères, mais, dès son bas âge il se distinguait de tous par une raison précoce et une tendre piété. Aussi sainte Thérèse le remarqua-t-elle, et un jour entre autres elle dit à sa mère, en le lui montrant : Vous avez là, madame, un fils qui doit devenir quelque jour un saint personnage, le directeur d'un grand nombre d'âmes et le réformateur d'une grande œuvre.

Dès sa dixième année, Jean-Baptiste pratiquait toutes sortes d'austérités et cherchait à prendre pour modèle les Pères du désert, en imitant leur silence, leurs jeûnes et leurs pénitences extraordinaires. Ni les remontrances de son père, ni les larmes de sa mère, qui l'un et l'autre craignaient pour sa santé dans un âge aussi tendre, ni les railleries de ses frères et de ses condisciples, qui traitaient sa conduite d'exagération et de folie, ne purent le décider à se relâcher de ces saintes pratiques. Il portait un cilice, faisait un usage fréquent de la discipline et dormait sur une planche, la tête appuyée sur une pierre qui lui servait d'oreiller. Les jours qu'il jeûnait, ce qui lui arrivait souvent, il ne prenait guère que du pain sec; plus tard, il se retrancha totalement l'usage du vin. Tel fut le genre de vie de Jean-Baptiste pendant treize ans; mais c'en était trop pour son âge et la faiblesse de sa complexion. L'état de souffrance dans lequel il tomba et demeura pendant deux ans, aurait fini par le conduire au tombeau, si Dieu n'eût miraculeusement récompensé sa piété et sa foi par une subite et complète guérison.

Cependant, au milieu de ses austérités, il n'avait pas négligé son éducation. Ses progrès mêmes avaient été si rapides, qu'à l'âge de quatorze ans il avait terminé ses humanités et sa philosophie, sous la direction des Carmes déchaussés, auxquels il avait été confié. De là, il fut envoyé par ses parents à l'Université de Baëza, pour s'y perfectionner encore dans la connaissance des sciences humaines. Là, Jean-Baptiste continua de s'adonner à l'étude avec ardeur, et, comme chez ses premiers maîtres, de brillants succès couronnèrent ses efforts. Mais le jeune homme mettait toujours, avant tous les autres, le soin de son salut et les devoirs de la piété. Il ne se laissa ni enfler par l'orgueil de la science, ni corrompre par les exemples contagieux de ses condisciples. Toujours il demeura humble, pur, modeste; toujours il sut conserver, au milieu des dangers de tout genre qui l'environnaient dans cet âge des erreurs et des passions, cette précieuse innocence, cette candeur de l'enfance, cet amour de la prière et des saintes pratiques qui lui avaient valu dès longtemps le surnom de *saint enfant*.

Ses études terminées, il retourna chez ses parents et songea sérieusement à l'affaire la plus importante qui puisse occuper un jeune homme, le choix de sa profession; et après de ferventes prières, aidé des lumières et soutenu par les encouragements des personnes expérimentées dont il rechercha les conseils, il résolut d'entrer dans l'ordre des Trinitaires. Pendant le cours de son noviciat, la conduite de Jean-Baptiste fut si fervente et si régulière, que les supérieurs le citaient pour modèle aux plus anciens religieux. Au bout d'un an, devenu profès et admis à la prêtrise, il fut presque aussitôt choisi pour remplir les fonctions importantes et difficiles de prédicateur et de directeur des âmes. Bientôt on accourut en foule à ses discours, et on vit une multitude de pécheurs, touchés par l'onction et la force de ses paroles, venir puiser à son tribunal la grâce du pardon et de la réconciliation. Quelqu'un lui demandant un jour d'où il tirait la matière de ses discours, si fréquents et toujours si pleins de doctrine et d'onction : « Le livre d'où je les tire, répondit-il, c'est Jésus-Christ et l'oraison. »

Déjà, depuis plusieurs années, la mésintelligence et l'esprit de discorde, et, à leur suite, le relâchement, l'insubordination et mille autres désordres s'étaient glissés dans la plupart des couvents de la Trinité. Pour chercher un remède à ces maux, les principaux membres de l'ordre en Castille, en Aragon et en Andalousie, s'assemblèrent en 1594 et prirent la résolution d'établir dans chaque province de l'ordre deux ou trois maisons dans lesquelles la stricte observance de la règle serait rigoureusement maintenue. Ces maisons devaient être ouvertes à tous les religieux de l'ordre, et tous même seraient tenus de les habiter pendant un certain temps, au bout duquel, toutefois, la faculté leur était accordée de rentrer dans leur monastère primitif.

Cette amélioration, tout insuffisante qu'elle était, ne fut exécutée que très-imparfaitement. A peine quelques monastères, parmi lesquels il faut compter au premier rang celui du Val-de-Pégnas, dans le diocèse de Tolède, furent organisés selon cette réforme. Jean-Baptiste de la Conception, c'est le nom que notre saint avait pris à sa profession, ne pouvait être des derniers à l'embrasser. Il se hâta d'entrer dans le monastère que nous venons de nommer. Il jouissait dès lors dans tout cet ordre, et en particulier dans la communauté dont il faisait partie, de la plus haute considération; ses talents, ses vertus, son zèle, l'y faisaient considérer comme l'un des plus fermes soutiens de la foi et de la pureté des mœurs. Son exemple produisit donc quelque effet, et des religieux des diverses parties de l'Espagne, attirés par la réputation de ses vertus, arrivèrent au couvent du Val-de-Pégnas, dont on lui avait confié la direction. Tous montraient d'abord beaucoup de ferveur et d'empressement à remplir leurs devoirs; mais ils se lassaient bientôt d'un genre de vie auquel ils n'étaient plus faits; et, au bout de quelques mois, ils ne demandaient plus qu'à retourner dans leur ancienne communauté, pour y reprendre leurs habitudes de relâchement. Jean, qui s'aperçut de ce refroidissement de zèle, et qui d'ailleurs ne tarda pas à voir diminuer considérablement le nombre de ses néophytes, en conçut un profond chagrin et résolut d'appliquer un remède énergique et radical au désordre dont il était témoin. Il comprit surtout que, tant qu'on accorderait aux religieux la faculté de quitter la vie austère à laquelle on voulait les habituer, pour retomber dans leur molle dissipation, il serait impossible de les déterminer à suivre de leur plein gré une règle qu'une longue habitude de relâchement leur faisait trouver plus rigoureuse qu'elle n'était en effet.

Pour exécuter ce qu'il méditait, il demanda et obtint de Clément VIII une bulle qui l'autorisait à faire revivre la règle des Trinitaires dans toute sa première austérité : c'était en 1598. Ainsi assuré de la bienveillance du Saint-Siège et appuyé de son autorité, le saint homme retourna à son monastère du Val-de-Pégnas et mit sur-le-champ la main à l'œuvre. Mais il ne tarda pas à éprouver tous les obstacles qu'il avait prévus. Les moines se soulevèrent contre lui, le calomnièrent, lui firent plus d'une fois subir de mauvais traitements, et parvinrent, par leurs menées, à indisposer contre lui la cour d'Espagne, qui lui suscita toutes sortes de difficultés. On raconte même qu'un jour ses ennemis, furieux de sa persévérance, envoyèrent des scélérats qui s'introduisirent dans le couvent, se saisirent de lui, le garrottèrent et le jetèrent dans une fosse pour l'y faire périr, ensuite pillèrent la maison et chassèrent tous les religieux fervents qui l'habitaient.

Cependant ces odieuses machinations tournèrent à la confusion de ses ennemis. Jean-Baptiste de la Conception poursuivit avec calme et patience une entreprise que Dieu favorisait, et il fut assez heureux pour établir en peu de temps, dans huit monastères, cette réforme qui fut ensuite adoptée dans un très-grand nombre de maisons. Les religieux reçurent le nom de *Trinitaires déchaussés*, parce qu'ils devaient aller nu-pieds, d'après le nouveau règlement tracé par le pieux réformateur.

Jean-Baptiste de la Conception, peu d'instants avant de mourir, parut plongé dans une profonde méditation, et on l'entendit se répéter à voix basse : « O mon Dieu, vous savez que j'ai fait tout ce que j'ai pu faire ! » Il mourut à Cordoue, le 14 février 1613. Il s'est opéré plusieurs miracles sur sa tombe, et le pape Pie VII l'a béatifié le 29 avril 1819 (Godescard, 14 fév.).

Un autre saint a illustré cette réforme des Trinitaires. Le bienheureux *Michel des Saints* fut prévenu dès son enfance des bénédictions du ciel. Ses parents, Henri Angemit et Marguerite de Mousserada, qui occupaient un rang distingué dans la ville de Vic, en Catalogne, le firent élever dans la piété, et il n'avait que six ans lorsqu'il leur annonça la résolution qu'il avait formée de quitter le monde pour se consacrer entièrement à Dieu. Il fit même dès ce moment le vœu de chasteté perpétuelle et s'astreignit en même temps à pratiquer tous les jeûnes et les abstinences de l'Eglise. Saint François d'Assise était pour lui l'objet d'une vénération particulière, et lorsqu'on lui demandait pourquoi, si jeune encore, il témoignait tant d'ardeur pour la prière et la mortification, il répondait : C'est pour imiter saint François et obtenir l'amour de Dieu.

Il eut le malheur de perdre ses parents de bonne heure; mais le Seigneur ne l'abandonna pas et prit soin lui-même de le conserver, au milieu des dangers et des distractions du monde. Un de ses oncles fut chargé de sa tutelle et le plaça chez un marchand. C'est là que cet enfant donna l'exemple des plus admirables vertus, au point d'exciter l'étonnement et l'admiration de tous ceux qui pouvaient être témoins de sa conduite. Fidèle et appliqué à tous les devoirs de son état, respectueux et soumis envers ses maîtres, il donnait à la prière et aux pratiques de piété tout le temps qu'il avait de libre, après avoir satisfait à ses autres obligations. Chaque jour il récitait le petit office de la sainte Vierge, pieux exercice qui nourrissait sa tendre dévotion envers la reine des anges, et toutes les fois qu'il pouvait le faire, il assistait à l'office divin qui se célébrait à l'église. Son goût pour la prière était tel, qu'il ne passait, pour ainsi dire, pas un instant sans élever son cœur à Dieu par de saintes aspirations, et lorsqu'il pouvait s'y livrer d'une manière plus particulière, son recueillement et sa dévotion auraient édifié les anges mêmes. Son maître était pénétré de respect pour lui et le donnait pour modèle à toute sa famille.

Cependant, le jeune Michel crut que le Seigneur l'appelait à un état plus parfait, et il informa son patron qu'il voulait embrasser l'état religieux. Dans ce dessein, il se présenta d'abord à Barcelone, dans un couvent de Trinitaires, où il fut admis, et, après trois ans d'épreuves, il prononça ses vœux dans une autre maison de l'ordre, à Sarragosse. Mais la ferveur du saint religieux n'était pas encore satisfaite, et il quitta bientôt sa communauté pour embrasser la réforme qui venait d'être établie chez les Trinitaires par le bienheureux Jean-Baptiste de la Conception. Il y prononça de nouveau ses vœux à Alcala, l'an 1617, âgé alors de vingt-huit ans; puis il fut envoyé à Baëza et à Salamanque, pour continuer et achever ses études. C'est dans cette dernière ville qu'il fut ordonné prêtre. Dès ce moment, le bienheureux Michel se livra tout entier à l'exercice du saint ministère, sans négliger les devoirs particuliers que lui imposait la règle sévère des Trinitaires déchaussés. Deux fois son mérite et ses vertus le firent élire supérieur du couvent de Valladolid, et son gouvernement s'y fit remarquer par un redoublement de ferveur et de piété de la part de tous les religieux. Ils l'aimaient comme un père et le respectaient comme un saint. Plusieurs fois ils furent témoins des révélations que le Seigneur lui faisait dans la prière et des miracles qu'il daignait opérer par l'entremise de son pieux serviteur. Une vertu si pure et si parfaite devait être bientôt mûre pour le ciel. Le bienheureux Michel des Saints mourut en 1625, âgé de 34 ans, et fut béatifié par Pie VI en 1779 (Godescard, 5 juillet).

L'ordre de Notre-Dame de la Merci pour la rédemption des captifs nous a fait la gloire de produire vers le même temps, et toujours en Espagne, une illustre sainte, la bienheureuse *Marie-Anne de Jésus*, née à Madrid en 1565, de parents distingués par leur noblesse et leur piété. Son père, qui avait une charge à la cour, se nommait Louis Navarre de Guerava, et sa mère Jeanne Romero. Dieu la combla de grâces extraordinaires dès son enfance. Aussi se consacra-t-elle à lui dès l'âge le plus tendre, et elle ne voulut avoir que lui pour partage. Elle sentit de bonne heure pour la sainte communion un empressement extrême, et avant d'y avoir été admise pour la première fois, elle la désirait ardemment. Son confesseur, pour l'éprouver, lui dit de s'y préparer; elle le fit par des jeûnes, des disciplines et d'autres actes de mortification dont peu d'enfants sont capables. Lorsqu'elle fut en âge de former un établissement, ses parents la pressèrent de s'engager dans le mariage; mais les instances qu'ils lui firent à ce sujet furent inutiles, et, malgré tous les combats qu'elle eut à soutenir dans cette occasion, malgré les mauvais traitements qu'elle éprouva, tant de la part de son père que de celle de la femme qu'il avait épousée en secondes noces, elle n'en fut pas moins constante dans son généreux dessein.

Ces rigueurs déterminèrent Marie-Anne à embrasser l'état religieux comme le moyen le plus propre à la mettre à l'abri des sollicitations importunes. Elle se présenta dans cette vue à plusieurs monastères de Madrid; mais on craignait tellement la disposition de ses parents, qu'on ne voulut la recevoir nulle part, et les autres tentatives de ce genre qu'elle fit ailleurs ne furent pas plus heureuses. Obligée donc de demeurer dans la maison paternelle, cette sainte fille, qui avait alors dix-neuf ans, y mena une vie retirée et pénitente, méditant chaque jour la passion de Jésus-Christ et pratiquant de grandes austérités. Dieu, qui la comblait de faveurs spirituelles, permit que son corps fût accablé d'infirmités et qu'elle fût en butte aux traits les plus envenimés des méchants; mais elle supporta avec une sainte joie ces pénibles épreuves, et c'était pour elle un bonheur d'acquérir ainsi quelque ressemblance avec son divin époux.

Marie-Anne, à l'âge de quarante-deux ans, ayant enfin obtenu de son père la permission d'entrer en religion, voulut embrasser la règle de l'ordre de Notre-Dame de la Merci. Les Pères de la Merci lui procurèrent un petit logement près de leur maison. C'est dans ce lieu qu'elle fit l'essai de la vie régulière, suivant tous les exercices des religieux, dont l'avertissait la cloche du couvent, et continuant de se livrer aux saintes rigueurs de la mortification qu'elle pratiquait depuis sa jeunesse.

Après avoir ainsi passé près de huit ans à se préparer au saint état qu'elle voulait embrasser, elle prit l'habit de Notre-Dame de la Merci avec le nom de Marie-Anne de Jésus, en 1613, et l'année suivante elle fit, entre les mains du Père général de l'ordre, les trois vœux essentiels de religion. A son exemple, une autre sainte fille, qui prit le nom de Marie de Jésus, se consacra au Seigneur par les mêmes vœux, et toutes deux donnèrent ainsi commencement au pieux institut des religieuses déchaussées de Notre-Dame de la Merci, qui s'étendit ensuite dans plusieurs parties de l'Espagne.

La reine d'Espagne, Elisabeth de France, lui témoignait une grande confiance. Un jour qu'elle sortait du cabinet de cette princesse, elle fut obligée de passer par un appartement dans lequel se trouvaient le roi et les princes ses fils; elle montra dans cette rencontre une si grande modestie, qu'elle excita leur admiration. Elle ne désirait rien tant que d'être méprisée et regardée comme une grande pécheresse. Les objets les plus particuliers de sa compassion étaient les pécheurs, les âmes du purgatoire et les chrétiens captifs en Afrique. Elle offrait à Dieu ses mortifications et ses prières pour la conversion des âmes engagées dans les liens du péché, pour la délivrance des fidèles défunts et pour la persévérance de ces pauvres esclaves qui, tombés au pouvoir de maîtres barbares, étaient à tout moment en danger de perdre le précieux trésor de la foi.

Une longue et douloureuse maladie, en achevant de purifier cette sainte fille, lui fournit l'occasion de pratiquer les plus héroïques vertus. Au commencement de l'année 1623, elle en éprouva les premières atteintes, et y succomba le 17 avril 1624, après avoir donné des exemples admirables de patience, de détachement et de soumission à la volonté divine : elle était âgée de cinquante-neuf ans. L'opinion qu'on avait de sa sainteté était si grande et si universellement répandue, que le peuple vint en foule vénérer son corps et l'honora comme une sainte. Des miracles opérés à son tombeau obligèrent bientôt l'autorité ecclésiastique à commencer le procès de sa béatification. Cette cause, plusieurs fois reprise, fut terminée par le pape Pie VI, qui plaça solennellement Marie-Anne de Jésus au nombre des bienheureux, le 25 mai 1783 (Godescard, 17 avril).

Les frères Mineurs d'Espagne, outre le bienheureux *François Solano*, que nous avons vu se sanctifier en Amérique, eurent encore la gloire de compter parmi eux un martyr, saint *Jean de Prado*. Né dans le royaume de Léon, il embrassa la règle austère des Franciscains déchaussés de l'étroite observance. L'éclat de ses vertus eut bientôt découvert l'obscurité de sa retraite. Il alla, par ordre de la Propagande, prêcher la foi dans les royaumes de Fez et de Maroc. Les fruits de son zèle l'exposèrent à toute la fureur des Mahométans, qui le mirent en prison et le chargèrent de fers. Le saint confesseur souffrit avec une patience inébranlable de cruelles bastonnades et plusieurs autres tortures. Enfin il consomma son sacrifice en 1634, le 24 mai, jour auquel Benoît XIV a inséré son nom dans le Martyrologe romain. Il fut solennellement béatifié par Benoît XIII en 1728 (*Ibid.*, 24 mai).

Le clergé séculier d'Espagne eut son saint à la même époque, le bienheureux *Jean de Ribera*, patriarche d'Antioche et archevêque de Valence. Il naquit à Séville, le 13 mars 1532. Son père, don Pédro de Ribera, duc d'Alcala, vice-roi de Naples, était un homme profondément religieux, et il donna les soins les plus assidus à l'éducation de son fils. Il voulait, avant tout, en faire un chrétien instruit et fervent. Le jeune Jean de Ribera répondit parfaitement aux vertueuses intentions de son père et montra de bonne heure une grande aptitude et beaucoup de zèle pour l'étude et pour les sciences. Aussi fut-il envoyé, dès l'âge le plus tendre, à l'Université de Salamanque, puis à celle de Séville, qui l'emportait momentanément sur la première, par le mérite de quelques professeurs. Il revint cependant achever ses études à Salamanque, où il reçut le bonnet de docteur en présence et au grand applaudissement d'un nombre considérable de jeunes gentilshommes que la réputation du candidat y avait attirés de différentes parties de l'Espagne.

Jean n'était pas moins remarquable par la pureté de ses mœurs et la sincérité de ses sentiments religieux, que par ses progrès dans les sciences. Ni l'exemple et les sarcasmes des libertins, toujours nombreux dans les écoles publiques où les jeunes gens sont abandonnés à eux-mêmes, ni la fougue de ses propres passions et l'inexpérience de son âge ne purent le faire dévier de ses devoirs. Aussi son père, étonné et touché d'une vertu si ferme et si solide dans un âge si faible et si inconstant, le vit avec plaisir diriger ses vues vers l'état ecclésiastique. Avec sa permission, Jean fit ses études théologiques, et eut le bonheur de recevoir la prêtrise le 7 mai 1557.

Pénétré de la sainteté des fonctions attachées au saint état qu'il venait d'embrasser, il s'en acquitta avec tout le zèle et toute la ferveur dont il était capable. Sa foi était si vive, qu'il lui semblait souvent voir Notre Seigneur Jésus-Christ présent dans le sacrifice de l'eucharistie, comme autrefois les apôtres l'avaient vu conversant avec eux sur la terre : aussi faisait-il ses délices de la célébration des saints mystères, pour lesquels sa dévotion ne cessa de devenir plus tendre et plus vive jusqu'à sa mort.

Déjà la réputation de sa science et de sa piété lui avait mérité l'estime générale. Philippe II le nomma bientôt au siége épiscopal de Badajoz, qui était venu à vaquer. Jean se défendit longtemps d'accepter un fardeau qui paraissait trop redoutable à son humilité; il fallut que le Pape et son propre père l'y contraignissent en quelque sorte. Il obéit donc, quoique avec répugnance; mais, pendant qu'il s'efforçait, par la retraite et la prière, d'attirer sur son sacre les bénédictions du ciel, il fut nommé simultanément patriarche d'Antioche *in partibus infidelium* par le Pape, et archevêque de Valence par le roi d'Espagne.

Le diocèse de Valence était alors dans un état bien propre à exciter le zèle d'un pasteur aussi plein de foi. Depuis l'expulsion entière des Maures par Ferdinand le Catholique, l'an 1492, il était resté dans les provinces possédées si longtemps par ces infidèles un grand nombre de familles musulmanes auxquelles divers traités garantissaient le libre exercice de leur culte. Valence surtout en comptait plusieurs dans ses murs. C'étaient même les plus riches et les plus puissantes de cette ville : les sciences, les arts, l'industrie, le commerce étaient presque entièrement entre leurs mains. On juge aisément que leur présence devait être pour les chrétiens fervents un objet de scandale, et pour les faibles une cause de séduction. Souvent même la haine qui existait entre les deux peuples occasionnait de graves désordres. On avait bien tenté, à diverses reprises, de les convertir au christianisme par les voies de persuasion; mais elles n'avaient pas réussi, et le roi n'osait ou ne voulait pas recourir à la force pour les chasser entièrement du royaume.

Ce fut dans ces conjonctures que Philippe II prit la détermination de confier le gouvernement spirituel du diocèse de Valence à Jean de Ribera. Le saint pontife Pie V, qui occupait alors la chaire de saint Pierre, applaudit au choix du monarque. Jean fut le seul qui se plaignit de la translation.

A peine arrivé dans son diocèse, il s'occupa de la réforme des abus, et surtout de la réparation des maux que la foi et la piété souffraient de la présence des infidèles. La pluralité des femmes, que leur religion autorisait, la dissolution de leurs mœurs, l'opulence dans laquelle ils vivaient presque tous, et l'habitude qu'ils avaient de faire travailler leurs esclaves le dimanche, tout cela avait introduit parmi les chrétiens beaucoup de relâchement et de désordre. Il est difficile de ne pas se laisser entraîner à des exemples si séduisants pour les passions.

Ribera opposa d'abord à la corruption générale tout ce qu'un zèle prudent et éclairé pouvait lui suggérer de plus efficace. Aumônes, jeûnes, macérations du corps, prières, instructions, visites pastorales, rien ne fut négligé dans l'intérêt de la cause de Dieu. Mais voyant qu'il n'en obtenait que de faibles résultats, et croyant que la conversion de quelques sectateurs de Mahomet à la foi de Jésus-Christ n'était pas un dédommagement suffisant de ses peines et de ses efforts, il crut que des mesures rigoureuses étaient nécessaires pour sauver la religion des dangers dont la menaçait la présence des infidèles. Plusieurs fois il demanda au conseil suprême de Castille l'expulsion totale des Maures, sans pouvoir l'obtenir. Des raisons d'État s'opposaient à ce qu'on entrât dans ses vues et qu'on se rendît à ses instances. Mais il y mit tant de persévérance et d'ardeur, que Philippe III accorda enfin ce que Philippe II avait toujours refusé; et le conseil de Castille, après une mûre délibération, rendit, au mois de janvier 1610, un décret qui ordonnait à tous les Maures de sortir des terres d'Espagne dans le délai de trente jours, à peine de mort pour les retardataires. Cette mesure fit sortir d'Espagne près de trois cent mille Musulmans, dont les familles y existaient depuis des siècles. L'archevêque adoucit, autant qu'il était en lui et par tous les moyens que sa charité pouvait lui suggérer, le sort des exilés. Aussi eut-il la consolation d'en voir un grand nombre, touchés de la générosité de ses procédés et de l'intérêt qu'il leur témoignait, abjurer leurs opiniâtres erreurs et embrasser enfin une religion qu'ils avaient jusque-là repoussée avec horreur.

Philippe III lui fit accepter malgré lui la charge de vice-roi de la province de Valence; et le saint évêque s'acquitta des devoirs difficiles qu'elle lui imposait avec un rare esprit de justice et de modération. La ville de Valence lui dut l'établissement d'un magnifique collège, dit *Corpus Christi*, dans l'enceinte duquel ont été formés plusieurs personnages distingués. Les pauvres trouvaient toujours en lui un père, les malheureux un consolateur, les veuves et les orphelins un protecteur, les fidèles de son diocèse un pasteur plein de tendresse pour ses ouailles. Sa charité embrassait, pour ainsi dire, l'humanité tout entière. Combien de fois on l'entendit s'écrier qu'il voudrait pouvoir verser son sang pour la conversion des Juifs, des hérétiques et des idolâtres! Malgré ses nombreuses occupations, il consacrait plusieurs heures par jour à la prière et à la méditation des saints mystères. Il n'est pas étonnant que le Seigneur l'eût favorisé du don des miracles et de prophétie. Les historiens lui attribuent plusieurs prédictions qu'il fit sur des événements importants, et entre autres celle du désastre de la fameuse expédition navale que Philippe II avait envoyée contre l'Angleterre, et qui fut, comme on sait, engloutie par les flots.

Ribera, chargé d'ans et de mérites, fut enlevé à son diocèse et à la chrétienté, le 6 janvier 1611, à l'âge de 90 ans, après une longue et pénible maladie. Les peuples de toute l'Espagne déplorèrent cette perte, et se rendirent en foule à son tombeau pour implorer son assistance. Il fut béatifié par Pie VI le 30 août 1796 (Godescard, 6 janv.)

L'Espagne procura même à l'Italie le fondateur d'une congrégation d'écoles chrétiennes, saint *Joseph Calasanz*. Né le 11 septembre 1556, à Pétralte, dans le royaume d'Aragon, il était d'une famille noble et riche. Dès ses plus tendres années, il donna des indices de sa charité future pour les enfants, et du soin qu'il prendrait un jour de leur éducation; car, étant encore tout petit, il les assemblait autour de lui, et leur apprenait les mystères de la foi ainsi que les prières. Devenu prêtre après de longues et fortes études, il évangélisa pendant huit ans, avec le zèle et le succès d'un apôtre, plusieurs provinces d'Espagne. Mais, d'après une inspiration particulière, il se rendit à Rome en 1592. Là, non content de macérer son corps par les jeûnes, les veilles et d'autres austérités, il s'occupait à instruire les enfants, à visiter et à consoler les malades, à soulager les pauvres les plus abandonnés, et s'associait à saint Camille de Lellis pour le service des pestiférés. Il fut ainsi vingt ans à étudier la volonté de Dieu et à s'y préparer.

Dieu lui ayant fait connaître qu'il était appelé à l'éducation des enfants, surtout des enfants pauvres, il établit, sous la protection spéciale de la sainte Vierge, une congrégation de religieux, dite *des Écoles-Pies* ou pieuses. L'objet de cette congrégation est d'apprendre aux enfants à lire, à écrire, à calculer, à tenir les livres chez les marchands et dans les bureaux, et d'enseigner les humanités, les langues savantes, la philosophie, les mathématiques et la théologie. Elle se répandit bientôt jusqu'en Espagne, en Autriche et en Pologne. Mais, pour la fonder et la propager, le saint instituteur supporta tant de travaux et souffrit tant de contradictions, et avec une si invincible patience, qu'on l'appelait un autre Job. Quoique supérieur général, il ne laissait pas d'instruire les petits enfants, surtout les plus pauvres, au point de balayer lui-même leurs salles et de les accompagner dans les rues. Malgré sa faible santé, il persévéra cinquante ans dans cet humble ministère. Aussi Dieu le favorisait-il du don de prophétie et de miracles. A l'âge de plus de quatre-vingts ans, il fut horriblement persécuté par trois membres de sa congrégation. Calomnié près de l'autorité, il fut traduit avec éclat devant un tribunal de Rome. Calomnié de nouveau, il fut déposé de sa charge de supérieur général, et obligé de subir le joug de son principal persécuteur. Le 25 août 1648, il mourut à Rome, dans la disgrâce, à l'âge de quatre-vingt-douze ans, après avoir prédit le rétablissement et l'accroissement de son ordre, qui, dans ce moment-là, était presque anéanti. La fête de saint Joseph Calasanz a été fixée au 27 août, et il y a dans le Bréviaire romain un office qui a été approuvé en 1769 (1).

Ainsi, à la fin du XVIe siècle et au commencement du XVIIe, la nation espagnole, après avoir reconquis sa vieille patrie sur les Mahométans, après leur avoir fait sentir la force de ses armes jusqu'en Afrique, après avoir découvert et conquis le Nouveau Monde, et d'autres grandes îles de l'Océan, la nation espagnole secondait efficacement l'Eglise de Dieu dans la conquête des âmes, par le zèle, la vertu, le dévouement héroïque de ses religieux et de ses missionnaires. Jusqu'alors aucune nation n'a fait de si grandes choses pour le bien. Ses rois se montraient dignes de cette glorieuse destinée. Après Charles-Quint, elle en eut successivement trois du nom de Philippe : Philippe II, de 1556 à 1598; Philippe III, de 1598 à 1621; Philippe IV, de 1621 à 1665. Tous les trois méritèrent le titre que leur a donné l'Eglise romaine, de rois catholiques. Tandis que la France, l'Angleterre et l'Allemagne se désunissaient d'avec elles-mêmes et se déchiraient les entrailles par l'hérésie, l'Espagne demeurait en paix et tranquille dans la foi de ses pères. Philippe II aida puissamment la ligue sainte à maintenir l'unité de la France, en y maintenant la foi de Charlemagne et de saint Louis sur le trône.

Personne mieux que Philippe II ne sut gouverner les hommes; son caractère convenait parfaitement à celui des Espagnols : fier et réservé, il s'attira surtout l'admiration des Castillans, qui trouvaient leurs propres traits réfléchis dans l'imposante gravité de leur souverain. Le courage et la constance qu'il sut leur inspirer, dans toutes les guerres où il se trouva engagé, attestent l'ascendant qu'il exerça sur ses sujets de la péninsule. Il s'attachait à entretenir parmi eux la paix, tout en soutenant la guerre chez ses voisins. Quoique sa sévérité inspirât plus de respect que d'amour, il fut vivement regretté. A beaucoup de zèle pour la religion il unissait une grande capacité dans les affaires : il se distinguait aussi par une héroïque fermeté dans l'infortune, et par une grande libéralité envers les savants et les artistes; car son règne, de même que celui de Charles-Quint, fut remarquable par une foule de grands hommes et d'habiles écrivains. Il fonda le fameux monastère de l'Escurial, qui sert de sépulture aux rois d'Espagne. Sa dernière maladie fut très-douloureuse : il la supporta avec une patience héroïque. Se sentant près de sa fin, il appela auprès de lui son fils et sa fille Isabelle, et leur fit un discours touchant sur la vanité des grandeurs humaines. Il donna ensuite des ordres pour ses funérailles, et fit apporter son cercueil dans sa chambre, le plus près possible de sa vue. Bientôt après il rendit le dernier soupir, le 13 septembre 1598, dans la 72e année de son âge, et la 43e de son règne.

Philippe III, son fils, n'eut pas son génie; mais il était humain, doux, de mœurs pures et d'une piété sincère; ainsi ce fut avec justice qu'il reçut le surnom de *Pieux*. Aucun prince ne l'a surpassé en zèle pour la foi catholique, ne s'est montré plus de libéralité pour la fondation des couvents et les œuvres pies. Philippe IV, s'il ne fut pas plus que son père un grand monarque, fut comme lui un prince humain, affable, bienfaisant, généreux même. Il parla quelquefois avec énergie et avec éloquence, aima les sciences et les arts; il composa lui-même une tragédie. Les travaux qu'il fit ajouter à l'Escurial donnent une haute idée de sa magnificence.

Le nom de Philippe IV, avec l'inquisition d'Espagne, réveille dans bien des esprits l'idée d'un despotisme sous lequel tout est réduit à trembler. Et, toutefois, jamais nation ne s'est amusée d'une manière plus noble, plus spirituelle ni plus variée que la nation espagnole, sous les trois Philippe et leur inquisition. On y vit tout ensemble trois auteurs fameux et inépuisables de comédies : *Lope de Véga*, *Calderon* et *Cervantes*. Le premier, né à Madrid en 1562, fit des vers dès sa plus tendre enfance, et manifesta son génie poétique en apprenant à écrire. Il se maria, devint veuf, puis entra dans l'état ec-

---

(1) Voir cet office; la vie du saint par Alexis de la Conception; le Père Héliot, *Hist. des ordres monast.*, t. IV, p. 281, et Godescard, 27 août.

clésiastique, devint chapelain et membre de la confrérie de Saint-François, et même un des familiers du Saint-Office. Sa dévotion parut donner un nouvel essor à sa verve poétique. On assure qu'il a composé dix-huit cents pièces de théâtre, ou même deux mille deux cents, toutes en vers, dont plusieurs pièces de dévotion pour les cérémonies de la Fête-Dieu et de Noël; et l'on évalue à vingt et un millions trois cent mille le nombre de ses vers imprimés. Enfin on a calculé qu'il a dû remplir trente-trois mille deux cent vingt-cinq feuilles de papier dans sa vie, et écrire neuf cents lignes de vers ou de prose par jour. Si ses œuvres étaient réunies, elles formeraient cinquante gros volumes in-4°; et ce n'est que le quart de ce qu'il a composé. Ce sont plutôt des improvisations que des pièces régulièrement compassées; mais, dans toutes, une imagination inépuisable a répandu des images et des idées aussi diversifiées que fleuries : elles présentent des tableaux d'un style riche et poétique et qui ont le charme d'une grande variété. Il n'ignorait pas certaines règles de l'art, décrétées en France, mais il écrivait pour amuser les Espagnols, qui n'étaient pas encore obligés de s'amuser à la française.

La nation espagnole conçut pour son poète une vénération qui se manifestait toutes les fois qu'il paraissait en public. Le clergé s'enorgueillissait d'avoir dans son sein un aussi grand écrivain. Le pape Urbain VIII, auquel il dédia son poème de la *Reine d'Ecosse*, lui écrivit une lettre de félicitations en lui envoyant le diplôme de docteur en théologie; enfin les théologiens le comblèrent d'éloges dans les approbations mises en tête de ses pièces de théâtre. On l'appelait le *Phénix de l'Espagne*; on venait de toutes les provinces du royaume, et même de l'Italie, pour le voir. Les grands ambitionnaient la faveur d'être ses Mécènes; le roi et le Pape l'accablaient de bénéfices et de titres. A la fin de sa vie, son esprit se tourna entièrement à la dévotion : il se soumit à un jeûne rigoureux, reprit l'exercice de la discipline, et mourut le 26 août 1635. Cette mort fut un sujet de deuil en Espagne. Ses obsèques durèrent neuf jours. La chaire retentit de ses éloges, et tous les poètes chantèrent son génie. On a recueilli en deux volumes les hommages funèbres qui lui furent rendus (*Biographie univers.*, t. XXV).

Pierre Calderon de la Barça naquit en 1600, et composa sa première pièce de théâtre avant l'âge de quatorze ans. Il en composa plus de quinze cents, outre un grand nombre de pièces de dévotion. Il fut fait chevalier de Saint-Jacques, en 1636, par Philippe IV, devint en 1652 prêtre et chanoine de Tolède, et mourut en 1687. De nos jours, les pièces de Véga et de Calderon excitent l'admiration de l'Allemagne littéraire, et y servent de modèle (*Ibid.*, t. VI).

Michel Cercantes, dont tout le monde connaît la longue comédie ou le roman de Don Quichotte, naquit l'an 1547, à Complut ou Alcala de Hénarès, d'une famille noble et peu favorisée de la fortune. Il cultiva la poésie de bonne heure, et conserva toute sa vie un penchant irrésistible pour les muses. Nous l'avons vu, en qualité de croisé, à la glorieuse bataille de Lépante, où il reçut une blessure au bras gauche, dont il demeura estropié le reste de sa vie. Il était encore au service en 1575, lorsque, retournant sur une galère de Naples en Espagne, il fut pris par le corsaire Arnaut-Mami, qui le conduisit à Alger et le retint parmi ses esclaves. C'est dans cette affreuse position que Cervantes déploya les ressources de son génie et la force de son caractère. Il exposa courageusement sa vie pour briser ses fers et ceux de plusieurs autres chrétiens qui se trouvaient avec lui. L'entreprise, conduite avec autant d'adresse que de persévérance, fut découverte au moment où elle touchait à sa fin. Une mort affreuse menaçait tous ces infortunés. Cervantes osa se charger de la responsabilité commune, et soutint qu'il était seul coupable. L'espoir d'une haute rançon, la sollicitude infatigable des Pères de la Trinité et d'autres circonstances heureuses sauvèrent ce généreux captif. Loin d'être découragé par l'idée du supplice qu'il avait vu de si près, il osa concevoir le projet de faire soulever tous les esclaves détenus dans Alger, et de s'emparer de la ville. Le dey, effrayé de l'audace de cet homme extraordinaire, exigea qu'il lui fût remis, et paya la somme de mille écus à son ancien maître. Dès ce moment, les chaînes de Cervantes s'appesantirent, et il fut soumis à une surveillance particulière. Après six ans de souffrances inouïes, il fut enfin racheté par les soins des Pères de la Trinité, qui ne cessèrent de prendre le plus vif intérêt à son sort. Aussi, quand il mourut à Madrid, l'an 1616, dans sa 79e année, voulut-il être enterré dans l'église des religieuses de la Trinité de cette ville (*Biographie univers.*, t. VII).

Il en est de la peinture comme de la poésie. Ecoutons un observateur de génie. « Toute l'Europe ignorait que l'Espagne eût une école de peinture; et quelle école! la première et la plus nombreuse de l'Europe, celle de Raphaël exceptée. Les armées de la révolution française, essentiellement athées, avaient dépouillé les églises étrangères de préférence aux palais et aux châteaux. Comme c'est à la religion que les artistes doivent leurs plus nobles inspirations, le musée de Paris contenait les chefs-d'œuvre que la catholicité avait produits depuis trois siècles. Les souverains, les grands, les riches, toute l'Europe enfin, ont eu à Paris deux célèbres rendez-vous en 1814 et 1815, et, dans ces nouveaux jeux olympiques, à quel tableau la couronne a-t-elle été décernée? A un tableau de *Zurbaran*, l'*Apothéose de saint Augustin*. Jamais l'enthousiasme de l'art ne créa rien d'aussi vivant; les hommes et les anges, la terre et l'air exprimaient toutes les beautés de la création; la vie de ce tableau, la transparence des lumières ne nuisent en rien à la noblesse de son ordonnance et la correction de son dessin. Qui venait ensuite? un tableau semi-circulaire, de Murillo : il exprimait un songe, et par sa poésie il échappe à l'analyse de l'art; il n'y eut qu'un cri d'admiration, et il fut arraché en présence de la *Transfiguration*, de Raphaël, et du *saint Jérôme*, du Dominiquin, et de tant d'autres chefs-d'œuvre (Rubichon, *De l'action du clergé dans les sociétés modernes*, c. 9).

Or, Zurbaran, l'auteur espagnol du tableau le plus parfait qui soit en Europe, n'est pas même mentionné dans les biographies universelles. *Murillo*, né à Séville le 1er janvier 1618, et mort en la même ville le 3 avril 1682, ne sortit jamais de l'Espagne, n'eut le plus souvent d'autre maître que lui-même, peignit d'abord des bannières et d'autres sujets de dévotion : ses principaux chefs-d'œuvre furent pour les Franciscains et les Capucins de sa ville natale.

Avec des poètes et des peintres, l'Espagne eut des historiens et des théologiens célèbres. *Jean Mariana*, né l'an 1537, à Talavéra, au diocèse de Tolède, entré chez les Jésuites à l'âge de dix-sept ans, a écrit en latin et traduit en espagnol une *Histoire d'Espagne* en trente livres. Elle est estimée pour le mérite des recherches, l'exactitude des faits, la sagesse des réflexions, et surtout pour l'agrément du style, à la fois simple et élégant, et qui approche beaucoup de celui de Tite-Live, que l'auteur avait pris pour modèle. — *François Suarès*, Jésuite, né à Grenade l'an 1548, mort à Lisbonne en 1617, a écrit, avec beaucoup d'ordre et de netteté, vingt-trois volumes in-folio sur la théologie. Mariana et Suarès ayant écrit en Espagne et sous l'inspection de l'inquisition royale, il était naturel de leur voir soutenir le pouvoir absolu, irresponsable et inamissible des rois, à l'exclusion de tout contrôle du peuple et de toute subordination quelconque à un autre pouvoir. Et pourtant ils enseignent ouvertement, avec le grand nombre des théologiens et des jurisconsultes, que le pouvoir des rois leur vient de Dieu par le peuple; que l'usage qu'ils en font est subordonné à la loi de Dieu interprétée par l'Eglise. Il y a plus : dans son ouvrage *Du roi et de son institution*, Mariana examine s'il est permis de tuer un tyran; et il penche pour l'affirmative, dans le cas où le prince renverse la religion et les lois publiques, sans égard pour les remontrances de la nation. L'édition originale de cet ouvrage se fit à Tolède, l'an 1599. Elle est revêtue de l'approbation des docteurs qui avaient visé ce livre, et du privilége pour l'impression, et elle put circuler librement dans toute l'Europe. Ce n'est pas tout. L'an 1613, Philippe III fit l'apologie des doctrines populaires de Suarès, contre le roi d'Angleterre, Jacques Stuart : ce qui certes ne prouve guère que les rois d'Espagne fussent des tyrans et des despotes, ou qu'ils eussent envie de l'être, ni que les Espagnols fussent un peuple servile. L'Espagne passe ainsi avec honneur et gloire du XVIe siècle au XVIIe.

L'Italie, comme nous l'avons vu de Paul V à Alexandre VII, continuait de donner de bons papes à l'Église. Elle vit au même temps des personnes et des œuvres saintes. Venu d'Espagne, saint Joseph Calasanz fondait à Rome la congrégation des Ecoles-Pies ou pieuses, pour l'instruction chrétienne de la jeunesse. Un saint d'Italie fondait une œuvre semblable à Florence.

Le bienheureux *Hippolyte Galanti* naquit à Florence même, le 12 octobre 1565, de parents dont la probité et la vertu étaient la principale richesse. Sa jeunesse fut si édifiante, que, à peine âgé de douze ans, il attira sur lui l'attention de l'archevêque de Florence, Alexandre de Médicis, depuis pape sous le nom de Léon XI, et fut chargé par ce prélat d'enseigner les premiers éléments de la religion à d'autres jeunes gens de son âge. Pendant de longues années, il partagea son temps entre le travail qu'exigeait sa profession (il était fabricant d'étoffes de soie), les œuvres de charité et le soin de sa propre sanctification.

On est étonné que, sans richesses, sans protecteurs, sans connaissances, il ait pu faire tant de bien dans une ville telle que Florence. Il fonda une congrégation uniquement occupée d'instruire des vérités de la religion et de former à la vertu les enfants des deux sexes, et même les personnes adultes qui vivaient dans l'ignorance de leurs devoirs et des premiers mystères de la religion. Le nombre des âmes qu'il retira par ce moyen de l'abîme de la perdition et du désespoir est presque infini.

Le zèle d'Hippolyte eut de nombreux imitateurs dans toute l'Italie, et en peu d'années il s'y établit, sous le nom d'*ordre de la doctrine chrétienne*, une multitude de congrégations qui se proposèrent le même but et suivirent la même règle qu'il avait donnée à la sienne. Il mourut en odeur de sainteté, le 20 mars 1619, âgé seulement de 55 ans. Il avait reçu plusieurs fois le don de prophétie. Son nom est encore aujourd'hui en grande vénération dans la Toscane et les provinces adjacentes. Il a été béatifié par Léon XII, le 15 mai 1825 (Godescard, 20 mars).

Dans le même temps, un autre saint fondait, à Rome encore, l'ordre des Clercs réguliers pour le service des malades.

Saint *Camille de Lellis* naquit en 1550, à Bacchianico, petite ville de l'Abruzze, au royaume de Naples. A peine fut-il né, qu'il perdit sa mère. Il n'avait encore que six ans, lorsque la mort lui enleva son père, qui avait servi en qualité d'officier dans les guerres d'Italie. Ayant appris à lire et à écrire, il embrassa aussi la profession des armes, à laquelle il renonça pour toujours en 1574. Il avait contracté une violente passion pour le jeu, et il fit des pertes considérables. Bientôt il fut ruiné et réduit à une telle misère, qu'il se vit obligé, pour vivre, de travailler comme aide-maçon à un bâtiment que faisaient faire les Capucins. Cependant la grâce parlait à son cœur. Le supérieur du couvent lui ayant fait un jour une exhortation touchante, il fondit en larmes et détesta sa vie passée. Agé alors de vingt-cinq ans, il entra successivement au noviciat chez les Capucins et les Cordeliers; mais on ne voulut pas le recevoir, à cause d'un ulcère qu'il avait à la jambe, et que les médecins jugèrent incurable. Alors il se rendit à Rome, et y servit l'espace de quatre ans les malades d'un hôpital, celui de Saint-Jacques. Il portait divers instruments de pénitence, et veillait jour et nuit auprès des pauvres, s'attachant surtout aux moribonds. Il tâchait de leur procurer tous les secours corporels et spirituels, et de leur suggérer tous les actes de vertu relatifs à leur situation. Sa prière était continuelle. Il choisit pour confesseur saint Philippe de Néri; il communiait tous les dimanches et toutes les fêtes. Sa charité, jointe à une rare prudence, le fit élire directeur de l'hôpital.

Camille était pénétré de douleur à la vue du peu de zèle des domestiques que l'on employait au service des malades. Il résolut de former une congrégation religieuse qui se dévouât à cette bonne œuvre. Pour se mettre lui-même en état d'assister plus utilement les malades et les mourants, il étudia la théologie et reçut la prêtrise. Des compagnons de charité lui étant venus, ils allaient tous les jours à l'hôpital du Saint-Esprit, où ils servaient les pauvres avec autant de zèle et de ferveur que si c'eût été Jésus-Christ en personne, faisant les lits des malades et exerçant à leur égard les fonctions les plus dégoûtantes. Ils s'engagèrent même par vœu à servir les pestiférés, les prisonniers et ceux mêmes qui mouraient dans leurs propres maisons. Leur principal soin était de secourir les âmes, en suggérant aux malades des actes de religion convenables à l'état où ils se trouvaient. Malgré de grands et nombreux obstacles, sa congrégation, approuvée et confirmée par les Papes, se répandit dans toute l'Italie; il envoya même de ses frères jusqu'en Hongrie et en d'autres lieux affligés de la peste. Il mourut, le 14 juillet 1614, doué du don de prophétie et de miracles. Sa charité pour les malades était d'autant plus admirable, qu'il fut lui-même souffrant toute sa vie, et souvent de plusieurs maladies à la fois. Il a été béatifié et canonisé par Benoît XIV (Godescard, 14 juillet).

L'Italie vit une sainte veuve fonder un nouvel ordre de religieuses, les *Annonciades célestes*. — *Marie-Victoire Fornari*, née à Gênes, l'an 1562, de parents nobles et vertueux, fut une enfant de bénédiction dès l'âge le plus tendre. Les jeux de son enfance étaient la prière, la retraite et l'étude de la loi divine. Elle obtint la guérison d'un de ses frères qui était à l'extrémité. A dix-sept ans, elle sentit de l'attrait pour la vie religieuse. Toutefois, pour obéir à son père, elle épousa un noble génois, Ange Strata, qui, bien loin de la contrarier dans ses œuvres de piété, lui en donnait lui-même l'exemple. Quand quelqu'un lui demandait pourquoi son épouse ne paraissait point dans les sociétés mondaines, il avait coutume de répondre : Ma femme n'est bonne qu'à prier Dieu et à prendre soin de sa famille. Dieu bénit leur union. Marie-Victoire eut six enfants, quatre garçons et deux filles, qu'elle consacra tous à la sainte Vierge dès le moment de leur naissance. Tous embrassèrent l'état religieux, et y vécurent dans la plus haute piété. Un seul, nommé Alexandre, mourut à l'âge de dix ans, après avoir supporté une longue maladie avec la plus admirable patience. Marie-Victoire perdit son vertueux époux et resta veuve à l'âge de vingt-cinq ans. Résignée, mais inconsolable, elle eut recours à la consolatrice des affligés. « Vierge sainte, lui dit-elle baignée de larmes, Vierge qui fûtes toujours pleine de compassion, prenez ces petits enfants que je vous présente; adoptez-les pour vos enfants, puisqu'ils n'ont plus de père, et qu'à mon égard ils peuvent se regarder comme orphelins, puisque je ne suis pas capable de leur servir de mère. » Cette prière touchante fut sur-le-champ exaucée. La sainte Vierge lui apparut et lui adressa ces paroles, que la pieuse veuve écrivit dans la suite par ordre de son confesseur : « Victoire, ma fille, aie bon courage! ne crains rien, parce que je veux mettre les enfants et la mère sous ma protection. Laisse-moi faire; c'est moi qui prendrai un soin particulier de ta maison. Vis contente, et n'aie plus d'inquiétude. La seule chose que je demande de toi, c'est que tu te reposes de tout sur ma bonté, et que tu ne t'occupes désormais que du soin d'aimer Dieu par-dessus toutes choses. »

La vision disparut, mais la consolation ne disparut pas avec elle. Marie-Victoire fit dès lors vœu de chasteté, et s'imposa la loi de vivre dans une retraite absolue. Le monde et l'enfer firent leurs efforts pour la détourner de la vie parfaite. Guidée par un directeur habile, protégée par la sainte Vierge et soutenue par la fréquente communion, elle rendit vaines et les tentations du démon et les séductions du monde. Elle renonça aux riches habits, aux meubles somptueux et à tout ce qui sentait l'opulence. Ses vêtements furent des plus simples et son lit très-pauvre. Quelques images de piété faisaient tout l'ornement de sa chambre, qui n'avait plus de tapisseries. Et ainsi elle se préparait à la pauvreté absolue qu'elle devait bientôt pratiquer dans l'état religieux. A ce détachement parfait, elle joignait une humilité profonde et une rigoureuse pénitence. Elle jeûnait au pain et à l'eau, non-seulement le carême entier, mais aussi tous les vendredis de l'année et toutes les vigiles d'obligation. Elle avait tellement gravé dans l'esprit le souvenir des souffrances de Jésus-Christ, qu'elle ne voulait pas vivre un instant sans pratiquer quelque mortification.

Favorisée si merveilleusement par la très-sainte Vierge, Marie-Victoire conçut un grand désir d'établir un ordre religieux spécialement consacré à son culte. Quand elle vit tous ses enfants voués à la profession religieuse, elle fit part de son projet à l'archevêque de Gênes. Il refusa d'abord son approbation : elle n'avait plus rien pour l'exécuter, ayant tout donné aux pauvres, et ne pouvant plus rien attendre de sa famille, mécontente de son genre de vie. Il finit toutefois par acquiescer à ses raisons et à ses instances. Aussitôt la sainte veuve donna la forme de monastère à une maison qu'elle avait achetée dans un quartier isolé de la ville de Gênes, et s'y enferma avec dix compagnes. Tels furent les commencements de l'ordre des Annonciades célestes, dont la fondation date de l'année 1604, et qui subsiste encore avec édification dans l'Église. L'objet de cette institution est de rendre à la sainte Vierge, particulièrement au mystère de son Annonciation, un culte spécial, et d'imiter surtout les vertus de sa vie cachée. C'est pour honorer la retraite de Marie à Nazareth que les religieuses de cet ordre observent une clôture très-étroite et n'ouvrent que trois fois l'année les grilles de leurs parloirs, encore n'est-ce qu'en faveur de leurs plus proches parents. Leur habillement consiste en une robe blanche, un scapulaire, une ceinture et un manteau bleus, qui leur rappellent la vie céleste qu'elles doivent mener pour répondre à leur vocation.

Dès que la communauté eut été formée, les nouvelles religieuses reçurent l'habit des mains de l'archevêque de Gênes. Le prélat établit aussitôt pour leur supérieure la sainte veuve, qui fit tous ses efforts pour éviter cette charge, mais qui y déploya une capacité si grande et des qualités si rares, qu'on vit bien qu'elle avait été instruite à l'école du Saint-Esprit. Sous sa conduite, la nouvelle communauté prospérait, lorsqu'un incident faillit faire échouer entièrement la pieuse entreprise. Un homme de bien qui prenait à cette maison un intérêt particulier, qui même avait sollicité et obtenu pour le nouvel institut l'approbation du pape Paul V, craignit qu'il ne pût se soutenir et persuada aux religieuses d'entrer dans un autre ordre. Tout était prêt pour l'exécution de ce dessein, à l'insu de la supérieure; mais la sainte Vierge, à qui Marie-Victoire eut recours dès qu'elle en fut instruite, déconcerta ce projet par sa protection et conserva ainsi une société qui lui est spécialement dévouée. Ce bienfait de Marie a paru depuis si grand aux Annonciades, qu'elles en célèbrent chaque année la mémoire par une fête solennelle fixée au 16 juin.

La sainte fondatrice ne tarda pas à voir ses filles revenir à leurs premiers sentiments, et cette consolation lui était due, car elle leur offrait, dans sa personne, un modèle accompli de toutes les vertus religieuses. Elle leur prêchait beaucoup plus encore par sa conduite que par ses discours, la patience, l'humilité, la prudence et l'esprit de pauvreté. Rien ne lui coûtait lorsqu'il s'agissait de rendre service à ses sœurs; elle se chargeait des travaux les plus pénibles du monastère. Avant que la maison eût une horloge, c'était elle qui prenait le soin d'avertir les converses des devoirs qu'elles avaient à remplir, et, pour ne pas troubler le sommeil des autres religieuses, elle marchait nu-pieds dans les corridors, même pendant un hiver très-rigoureux, quoiqu'elle nuisît ainsi à sa santé. Elle avait un soin extrême des malades, dont elle était tout à la fois le médecin et l'infirmière. Une charité si parfaite méritait de nouvelles faveurs du ciel; Marie-Victoire en obtint de signalées : elle eut le don des miracles, celui de prophétie et la connaissance du secret des cœurs. Son oraison était sublime, et on l'a vue plusieurs fois en extase; mais ces grâces extraordinaires n'altéraient en rien son humilité, qui fut rudement éprouvée, sans se démentir jamais, par plusieurs grandes contradictions qu'elle eut à supporter. Enfin, après avoir vécu pendant treize ans d'une manière parfaite dans l'état religieux, cette femme admirable rendit paisiblement son âme pure à son Créateur, en prononçant les noms sacrés de Jésus et de Marie, à l'âge de 55 ans, le 15 décembre 1617. Son corps fut inhumé dans son monastère et s'y conserve encore sans corruption.

L'opinion qu'on avait de la sainteté de la mère Marie-Victoire était si bien établie, que plusieurs personnes crurent pouvoir recourir à son intercession et en obtinrent diverses grâces. Louis XIII, roi de France, qui, à cette époque possédait Gênes, et Anne d'Autriche, son épouse, sollicitèrent dès lors sa canonisation auprès du Saint-Siége; mais elle n'a eu lieu qu'en 1828. Le pape Léon XII a placé la vénérable Marie-Victoire au rang des bienheureux par son décret du 2 septembre, et fixé sa fête au 12 du même mois (Godescard, 12 sept.).

Une autre sainte d'Italie dont la sanctification présente des particularités assez rares, est sainte *Hyacinthe Mariscotti*, vierge, du tiers-ordre de Saint-François.

Elle était fille de Marc-Antoine Mariscotti, comte de Vignanello, et d'Octavie Orsini. Elle vit le jour en 1588 et reçut au baptême le nom de Clarisse; qu'elle échangea contre celui d'Hyacinthe, lors de son entrée en religion. Elevée dans la crainte de Dieu, elle montra d'abord dans sa première jeunesse un attrait particulier pour la vertu; mais, en avançant en âge, elle prit goût pour la parure et les vanités du monde; quoique placée dans un couvent de religieuses pour y faire son éducation, elle était uniquement occupée de frivolités. Toute sa jeunesse s'écoula dans la dissipation. Elle désirait s'établir, et le mariage de sa sœur cadette avec le marquis Capizuochi lui causa beaucoup de dépit et d'envie. Il lui fit perdre sa gaîté, sa bonne humeur; elle devint capricieuse et d'un commerce fort difficile.

Son père l'engagea alors à se faire religieuse, et, quoiqu'elle ne sentît aucune vocation pour la vie monastique, elle céda néanmoins aux instances de sa famille et prit le voile dans le monastère de Saint-Bernardin de Viterbe, du tiers-ordre de Saint-François; mais ses goûts et son caractère ne changèrent pas avec son état. Elle ne fut pas plus tôt arrivée au couvent, qu'elle s'y fit construire une chambre particulière, la meubla avec luxe et la décora avec somptuosité. Pour les devoirs que la règle lui imposait, elle ne les remplissait qu'avec négligence et par manière d'acquit. Son unique occupation était de satisfaire les fantaisies de sa folle vanité. Ses défauts n'étaient cependant pas sans mélange de bonnes qualités. On pouvait louer en elle un amour particulier pour la pureté, un respect profond pour les mystères de la religion et une grande soumission à la volonté de ses parents, soumission qui seule l'avait amenée au couvent.

Hyacinthe avait passé près de dix ans au milieu des vierges du Seigneur, avec des habitudes contraires aux saints exemples dont elle était chaque jour témoin, lorsqu'elle fut atteinte d'une maladie assez sérieuse. Elle fit appeler le confesseur de la maison : c'était un respectable religieux de l'ordre de Saint-François, qui, surpris en entrant dans la chambre de la malade du luxe qui la décorait, refusa de l'entendre et lui dit d'un ton sévère « que le paradis n'était pas fait pour les personnes vaines et superbes. » Ces mots frappèrent Hyacinthe d'une salutaire frayeur. « Il n'y a donc plus de salut pour moi ! » s'écria-t-elle. Le confesseur lui répondit que le seul moyen de sauver son âme était de demander à Dieu pardon de sa vie passée, de réparer le scandale qu'elle avait donné à ses compagnes et de commencer une vie toute nouvelle. Hyacinthe le promit en versant un torrent de larmes; puis, obéissant sur-le-champ aux conseils du saint religieux, elle se rendit au réfectoire au moment où la communauté y était rassemblée. Là, fondant en larmes, elle se prosterna au milieu de la salle, reconnut ses torts à haute voix et demanda avec instances qu'on lui pardonnât les scandales qu'elle avait donnés. Ses compagnes, surprises et touchées d'un acte d'humilité si héroïque, s'empressèrent de lui témoigner toute la joie que sa conversion leur donnait, et lui promirent d'unir leurs prières aux siennes pour lui obtenir la grâce de consommer avec générosité le sacrifice qu'elle avait si heureusement commencé.

Le changement de sainte Hyacinthe ne fut pas toutefois bien rapide, et il fallut que de nouvelles infirmités vinssent l'avertir de sa fragilité pour qu'elle songeât à accomplir ses promesses dans toute leur étendue. Mais enfin, pressée de plus en plus par la grâce et par les remords de sa conscience, elle n'hésita plus. Elle commença par remettre à la supérieure de la maison tout ce qu'elle possédait en propre, et se livra à toutes les austérités d'une vie sincèrement pénitente. Un fagot de sarments devint son lit, une pierre son oreiller, une vieille tunique tombant en lambeaux son seul vêtement; elle marchait presque toujours nu-pieds, et l'on peut dire qu'elle n'avait d'autres exercices journaliers que des actes de macération. Les veilles et les privations qu'elle s'imposait n'avaient d'autres bornes que l'impossibilité d'aller plus avant sans mettre sa vie en danger. Ce qui la soutenait et l'animait dans ces saintes pratiques, c'étaient ses méditations fréquentes sur la passion de Jésus-Christ. Le récit des souffrances de son divin Epoux lui inspirait une telle horreur pour sa mollesse passée, qu'elle cherchait à en effacer jusqu'au souvenir par des austérités de tout genre. Elle n'éprouvait plus qu'un seul sentiment qui subjuguait son cœur et absorbait toutes ses autres affections, celui de l'amour de Dieu et du prochain.

Quoique renfermée dans son couvent, elle trouva moyen d'exercer sa charité au dehors. Pendant une épidémie qui désola Viterbe, elle fonda deux associations, dont l'une avait pour objet de recueillir des aumônes pour les convalescents, les pauvres honteux et les prisonniers; et l'autre, de placer dans un hôpital que l'on bâtit à cet effet, les personnes âgées et infirmes. Ces deux associations, qu'elle dirigeait et auxquelles elle donna le nom d'*Oblates de Marie*, subsistent encore à Viterbe, où elles font bénir le nom de leur sainte fondatrice.

Hyacinthe vécut ainsi plusieurs années, tout occupée du soin des malheureux, dont elle était la mère, favorisée des grâces les plus précieuses et du don de la plus sublime oraison. Elle n'avait que cinquante-cinq ans, lorsqu'elle fut subitement atteinte d'un mal aigu et violent qui la conduisit au tombeau en quelques heures. Malgré les vives douleurs auxquelles elle était en proie, elle reçut les sacrements dans les sentiments d'une grande piété, et s'endormit paisiblement dans le Seigneur, en prononçant les noms de Jésus et de Marie. Le cardinal Mariscotti, neveu d'Hyacinthe, sollicita sa béatification, qui fut prononcée en 1726, par le pape Benoît XIII, de la même famille. Le 24 mai 1807, Pie VII la plaça au rang des saintes (Godescard, 30 janv.).

Une autre branche de la famille de saint François, les Capucins, glorifiait Dieu par des fruits remarquables de sainteté.

Saint *Joseph de Léonissa*, naquit en 1556, dans la petite ville de Léonissa près d'Otricoli, dans l'Etat ecclésiastique. A l'âge de dix-huit ans, il fit profession au couvent que les Capucins avaient dans le lieu de sa naissance, et changea son nom d'Eufranius en celui de Joseph. Il fut toujours un modèle accompli de douceur, d'humilité, de patience, de chasteté et d'obéissance. Trois jours de la semaine, il ne prenait que du pain et de l'eau pour toute nourriture : il passa aussi plusieurs carêmes de la sorte, il couchait sur des planches, n'ayant qu'un tronc d'arbre pour chevet. Sa joie n'était jamais plus grande que lorsqu'il avait l'occasion de souffrir des injures et des mépris. Il se regardait comme le dernier des pécheurs et avait coutume de dire à ce sujet : « Il est vrai que, par la miséricorde de Dieu, je ne suis pas tombé dans des crimes énormes; mais j'ai si mal répondu à la grâce, que j'aurais mérité d'être abandonné plus qu'aucune autre créature. » Il avait une dévotion singulière à Jésus crucifié, et les souffrances de notre divin Sauveur étaient le sujet le plus ordinaire de ses méditations. Il prêchait ordinairement un crucifix à la main, et ses paroles, qui étaient toutes de feu, embrasaient de l'amour sacré les cœurs de son auditoire.

En 1587, ses supérieurs l'envoyèrent dans la Turquie, pour travailler, en qualité de missionnaire, à l'instruction des chrétiens de Péra, qui est un faubourg de Constantinople. Il se dévoua avec une charité vraiment héroïque au service des galériens, surtout pendant les ravages d'une peste horrible. Ayant été lui-même attaqué de cette cruelle maladie, Dieu lui rendit la santé pour le bien d'une grande multitude d'âmes. Il convertit plusieurs apostats, dont un pacha entre autres. Les Mahométans, furieux du succès de ses prédications, le firent mettre en prison par deux fois et le condamnèrent à mort. Ils le pendirent à un gibet par un pied et par une main, et le laissèrent longtemps en cet état. A la fin pourtant, on le détacha, et le sultan commua en exil la sentence de mort. Le Père Joseph s'étant embarqué pour l'Italie, prit terre à Venise et arriva à son couvent après une absence de deux ans. De retour dans sa patrie, il recommença ses travaux apostoliques, et le ciel continua de les bénir comme il l'avait déjà fait. Notre saint fut affligé, vers la fin de sa vie, d'un horrible cancer qui lui causa les plus vives douleurs. Il souffrit deux fois les opérations des chirurgiens, sans pousser le moindre soupir. Il tenait pendant tout ce temps-là un crucifix dans ses mains, et ne faisait entendre que ces paroles : *Sainte Marie, priez pour nous, misérables pécheurs*. Quelqu'un des assistants ayant proposé de le lier pendant l'opération, il dit en montrant le crucifix : « Voilà le plus fort de tous les liens; il me tiendra immobile beaucoup mieux que toutes les cordes. » Sa maladie étant sans remède, il mourut le 4 février 1612. Son nom se trouve en ce jour dans le Martyrologe romain que Benoît XIV a publié. Il fut béatifié par Clément XII en 1737, et canonisé en 1747 par Benoît XIV (Godescard, 4 février).

Saint *Fidèle*, capucin et martyr, naquit l'an 1577, à Sigmaring, petite ville d'Allemagne, dans la Souabe : son père se nommait Jean Rey. Il fit ses premières études dans l'Université de Fribourg, en Suisse; il s'appliqua surtout à la jurisprudence et passa docteur en droit. Il menait une vie très-mortifiée, ne buvait jamais de vin et portait toujours le cilice. Ses vertus, entre autres sa modestie et sa douceur, lui attiraient l'estime et la vénération de tous ceux qui le connaissaient.

En 1604, il partit avec trois jeunes gentilshommes qu'on envoyait voyager dans les différentes parties de l'Europe. Il s'attacha principalement à leur inspirer de vifs sentiments de religion. Sans cesse il leur donnait l'exemple de la piété la plus tendre. Il ne laissait passer aucune grande fête sans s'approcher de la sainte communion. Dans toutes les villes qui se rencontraient sur sa route, il visitait les églises et les hôpitaux, et assistait les pauvres selon ses facultés; il lui arriva même quelquefois de se dépouiller de ses habits pour les en revêtir.

Après ses voyages, il obtint à Colmar, en Alsace, une place de magistrature, qu'il exerça avec beaucoup de réputation. La justice et la religion faisaient la règle invariable de toute sa conduite. Il s'intéressait vivement en faveur des indigents, ce qui le fit surnommer l'*avocat des pauvres*. Quelques injustices qu'il ne pouvait empêcher lui inspirèrent du dégoût pour sa charge. Craignant donc de n'avoir pas la force de résister aux occasions du péché, il résolut de quitter le monde et de se retirer chez les Capucins de Fribourg, il y prit l'habit en 1612 et reçut de son supérieur le nom de *Fidèle*. Il donna son bien et sa bibliothèque au séminaire de l'évêque, afin de pourvoir à l'entretien et à l'instruction des jeunes clercs peu favorisés de la fortune; tous ses autres effets furent distribués aux pauvres.

Du moment qu'il fut religieux, il n'eut plus d'ardeur que pour les humiliations et les austérités de la pénitence. Il renonça à sa propre volonté, pour ne plus faire que celle de ses supérieurs. Les tentations dont il fut assailli ne le découragèrent point; il les vainquit en les découvrant à son directeur, dont il suivait les avis avec docilité. Les mortifications prescrites par la règle ne suffisaient point encore à sa ferveur. L'Avent, le Carême et les vigiles des fêtes, il ne vivait que de pain, d'eau et de fruits secs. Rien n'était capable d'interrompre le recueillement de son âme. Dans ses prières, il demandait surtout la grâce de ne tomber ni dans le péché ni dans la tiédeur.

Il n'eut pas plus tôt fini son cours de théologie, qu'on le chargea de prêcher la parole de Dieu et d'entendre les confessions; il remplit ce double ministère avec un très-grand succès. Devenu supérieur du couvent de Weltkirch, il opéra des prodiges de conversion dans cette ville et dans les lieux voisins : il dessilla aussi les yeux à plusieurs calvinistes. La nouvelle des fruits qui accompagnaient ses travaux apostoliques étant parvenue à Rome, la congrégation de la Propagande le nomma pour aller prêcher chez les Grisons. Il fut le premier missionnaire envoyé à ce peuple depuis qu'il avait embrassé le calvinisme. On lui associa huit religieux de son ordre, qui devaient travailler sous sa conduite. Il ne se laissa rebuter ni par les fatigues ni par les menaces qu'on lui fit de lui ôter la vie. Il convertit deux gentilshommes calvinistes dans ses premières conférences. En 1622, il pénétra dans le canton de Prétigout et y convertit beaucoup d'hérétiques, ce qu'on attribua moins à ses discours qu'à la ferveur et à la continuité de ses prières.

Tant de conversions firent entrer dans une étrange fureur les calvinistes qui avaient pris les armes contre l'empereur; ils résolurent d'en arrêter le cours, en se défaisant de celui qui en était le principal instrument. Le saint missionnaire, informé de leurs desseins, se prépara à tout événement. Le 24 avril 1622, il se confessa à un de ses compagnons, dit la messe et prêcha dans le bourg de Gruch; il prononça son sermon avec encore plus de feu qu'à l'ordinaire. Il prédit sa mort à plusieurs personnes, et depuis il signa toutes ses lettres : *Frère Fidèle, qui doit être bientôt la pâture des vers*. De Gruch, il alla prêcher à Sevis, où il exhorta fortement les catholiques à rester inviolablement attachés à leur foi. Un calviniste ayant tiré sur lui un coup de mousquet dans l'église, les fidèles le prièrent inutilement de se retirer; mais il leur répondit qu'il ne craignait point la mort, et qu'il était prêt à sacrifier sa vie pour la cause de Dieu.

Tandis que le saint retournait à Gruch, il tomba dans les mains d'une troupe de soldats calvinistes qui avaient un ministre à leur tête : ils le traitèrent de séducteur et voulurent le forcer à embrasser leur secte. « Que me proposez-vous là, répondit le Père Fidèle? Je suis venu parmi vous pour réfuter vos erreurs, et non pas pour les embrasser. La doctrine catholique est la foi de tous les siècles, je n'ai donc garde d'y renoncer. Au reste, sachez que je ne crains point la mort. » Un de la troupe l'ayant renversé par terre d'un coup d'estramaçon, il se releva sur les genoux et fit cette prière : « Seigneur, pardonnez à mes ennemis; aveuglés par la passion, ils ne savent ce qu'ils font. Seigneur Jésus, ayez pitié de moi! Sainte Marie, mère de Jésus, assistez-moi! » Cette prière finie, il reçut un second coup qui le jeta par terre baigné dans son sang. La fureur des soldats ne fut point encore satisfaite; on lui perça le corps avec des poignards et on lui coupa la jambe gauche. Sa bienheureuse mort arriva l'an 1622 : il était dans la quarante-quatrième année de son âge et la dixième de sa profession. Les catholiques l'enterrèrent le lendemain. Quelque temps après, les impériaux défirent les calvinistes, conformément à une prédiction du saint. Le ministre qui s'était mis à la tête des soldats fut si frappé de cette circonstance, qu'il se convertit et abjura publiquement l'hérésie.

Le corps du saint missionnaire est dans l'église des Capucins de Weltkirch; la tête et la jambe gauche, qui avaient été séparées du tronc, sont dans la cathédrale de Coire. La translation se fit avec beaucoup de solennité. Il s'est opéré un grand nombre de miracles par l'intercession du serviteur de Dieu. Il fut béatifié par Benoit XIII en 1729, et canonisé par Benoit XIV en 1746. Son nom a été inséré dans le Martyrologe romain sous le 24 avril (Godescard).

L'ordre des Capucins fut gouverné par un des plus grands et des plus saints hommes de son temps, le bienheureux *Laurent de Brindes*. Il naquit à Brindes même, le 22 juillet 1559, et reçut au baptême le nom de Jules-César. Ses parents, Guillaume de Rossi et Elisabeth Mafella, tous deux de familles distinguées, lui firent donner une éducation chrétienne et favorisèrent par tous les moyens l'attrait qu'il manifesta de bonne heure pour la vie religieuse. Conformément au désir qu'il lui en avait manifesté plusieurs fois, son père le revêtit de l'habit de Saint-François et le conduisit au monastère de Saint-Paul, de la ville de Brindes, où il le mit sous la direction du Père Giacono, célèbre prédicateur de l'ordre.

C'était l'usage à Brindes et dans quelques autres villes d'Italie, que les enfants prononçassent dans les églises des discours pieux et édifiants, auxquels assistaient un assez grand nombre de fidèles. Jules de Rossi s'acquitta de ce devoir avec tant de modestie, de gravité, et quelquefois de force et d'énergie, qu'il excita l'admiration générale et produisit souvent les effets les plus salutaires. Sur ces entrefaites, il perdit son père et fut obligé de quitter Brindes pour se retirer à Venise, chez un oncle qui voulait bien se charger de poursuivre son éducation. C'était un prêtre séculier d'une grande piété et d'un savoir profond, à qui on avait confié le soin de gouverner les jeunes gens qui fréquentaient le collége Saint-Marc. Ces étudiants portaient la soutanelle. Jules de Rossi adopta aussi ce costume et déposa l'habit de Saint-François; mais telle était déjà l'idée qu'on avait de sa sainteté, que quelques-uns de ses parents gardèrent son habit conventuel comme une relique. Venise connut bientôt le trésor qu'elle possédait dans cet excellent jeune homme, et on crut généralement que l'on devait à ses prières et à sa foi la cessation d'une tempête furieuse qui s'éleva sur l'Adriatique et qui pouvait occasionner les plus grands désastres.

Jules était trop parfait pour se plaire dans le monde; il lui fallait un état plus saint que les professions ordinaires, et il résolut d'embrasser l'institut des Capucins. Ce fut le 18 février 1575, à l'âge de seize ans, qu'il exécuta son pieux dessein à Vérone. Son année de noviciat étant terminée, il prononça ses vœux et prit le nom de Laurent, sous lequel il fut connu depuis. Aussitôt après, on l'envoya finir ses études à Padoue, contre l'usage ordinaire, qui voulait que le jeune profès fût encore pendant deux ou trois ans sous la surveillance d'un gardien, afin de se perfectionner et de s'affermir dans les vertus qu'il avait dû acquérir pendant son noviciat. Le latin, le grec et l'hébreu devinrent très-familiers à notre saint, par l'application extrême qu'il donnait à l'étude, et il relisait souvent dans l'original l'Ancien et le Nouveau Testament. Pendant cette lecture, il se tenait constamment à genoux et à découvert, comme si Dieu lui-même lui eût alors adressé directement la parole.

A peine était-il diacre, que ses supérieurs lui firent annoncer la parole de Dieu: leurs espérances ne furent pas trompées. Le Père Laurent s'attacha surtout à corriger les désordres qui régnaient parmi les jeunes gens qui fréquentaient l'Université de Padoue, alors la plus célèbre de l'Europe pour le droit civil et la médecine. Après un an de prédication, la ville ne se reconnaissait plus, tant la réformation des mœurs y avait été prompte et générale. Le bienheureux Laurent fit tous ses efforts pour ne point recevoir la prêtrise, à l'exemple de saint François; mais ses supérieurs le voulurent, et il obéit.

Clément VIII, informé de sa vertu et de ses succès dans la chaire, le fit venir à Rome pour travailler à la conversion des Juifs, œuvre qu'il avait fortement à cœur, et dont il s'occupait avec zèle depuis longtemps. Il y a un proverbe, que le paradis des Juifs sur la terre c'est Rome. Lorsqu'ils étaient poursuivis dans le reste de la chrétienté, ils vivaient tranquilles dans cette capitale. Habitant un quartier séparé, ils se livraient aux occupations de leur état, sans qu'ils fussent inquiétés d'aucune manière. La seule condition qu'on leur impose, c'est d'écouter, de temps à autre, une instruction sur la vérité de la religion chrétienne. Encore n'exige-t-on pas rigoureusement qu'ils y assistent; les jeunes filles en sont dispensées. Ceux qui veulent embrasser la religion chrétienne sont admis dans des maisons de catéchumènes des deux sexes, toujours ouvertes, et dans lesquelles ils sont nourris, logés et instruits pendant quarante jours. S'ils reçoivent le baptême,

ils y restent huit jours de plus. Les jeunes gens qui montrent des dispositions pour l'étude sont placés au collége des néophytes. On donne une dot aux filles qui se marient. Celles qui désirent embrasser la vie religieuse sont reçues sans frais dans un couvent de Dominicaines, connu sous le nom de *la petite Annonciation*. Si elles veulent vivre dans le célibat, sans entrer en religion, elles trouvent dans une maison qui leur est destinée un logement pour le reste de leurs jours.

Clément VIII ayant donc communiqué au Père Laurent son dessein pour la conversion des Juifs, le saint missionnaire s'y prépara par la prière, par la réflexion et en consultant des personnes expérimentées. Sa première démarche fut de se concilier l'affection de ceux qui allaient devenir les objets de son zèle. Il leur montrait beaucoup d'égards dans ses entretiens, et en même temps la plus grande politesse. Il s'efforçait de les convaincre que nul autre motif que le désir de leur salut et l'espoir de le procurer n'avait pu l'engager à se charger d'une pareille mission. Lorsqu'il montait en chaire, il avait avec lui une bible hébraïque, d'où il tirait les textes qu'il traduisait ensuite en hébreu rabbinique et en italien. Il invitait alors les rabbins à examiner et à vérifier l'exactitude des citations et des traductions, et la justesse des conséquences qu'il tirait de ces passages. Nul mot offensant pour ses auditeurs ne lui échappa jamais. Ses instructions, entremêlées de petits épisodes, qui tout à la fois plaisaient et soutenaient l'attention, se terminaient d'ordinaire par une exhortation vive et affectueuse, et elles produisirent beaucoup de conversions.

Outre ses prédications apostoliques, qu'il fit entendre et devant le Pape, et à Mantoue, à Padoue, à Vérone et à Venise, le Père Laurent de Brindes enseigna la théologie sur un plan que suivirent plus tard en France le Père Thomassin de l'Oratoire et le Père Pétau de la Compagnie de Jésus. Il ne montra pas moins de talents et d'habileté dans des fonctions d'un autre genre. Il fut successivement gardien de plusieurs maisons, provincial de Toscane et des Etats de Venise, enfin définiteur général, en 1596, à l'âge de 39 ans.

Sur ces entrefaites, Clément VIII, qui, de concert avec l'empereur Rodolphe II, s'occupait de l'établissement des Capucins dans les Etats impériaux de l'Allemagne et de la Bohême, jeta les yeux sur Laurent pour l'exécution de cette affaire. Onze prêtres de son ordre et deux frères lais se mirent en route sous sa direction, et furent accueillis à Vienne avec la plus grande distinction par l'archiduc Mathias, frère de l'empereur. Ils éprouvèrent bien quelque opposition de la part d'un petit nombre de courtisans qui étaient protestants; mais cela n'eut pas de suite, et le premier couvent de l'ordre en Allemagne fut fondé dans la capitale de l'Autriche avec beaucoup de solennité. Il y eut plus d'obstacles pour établir le couvent de Prague, capitale de la Bohême, et moins pour celui de Gratz, capitale de la Styrie.

L'empereur, ayant vu l'habileté du Père Laurent, l'employa dans une affaire bien différente et non moins difficile. Mahomet III, s'étant avancé vers le Danube, annonçait le projet d'envahir la Hongrie. Rodolphe leva une armée et invita tous les princes de l'Allemagne, tant catholiques que protestants, à venir se joindre à lui pour la défense de la chrétienté. Mais, craignant que ses invitations ne fussent point assez efficaces, il leur envoya de plus le Père Laurent. Le succès du pieux Capucin fut complet : tous les secours demandés furent envoyés avec célérité; et l'archiduc Mathias fut choisi pour généralissime de l'armée chrétienne. Mais là ne se devait point terminer encore la mission du bienheureux Laurent : le Seigneur lui réservait un triomphe d'un autre genre. A la demande de Mathias, du nonce et de plusieurs princes confédérés, le Pape lui ordonna de se rendre à l'armée, afin de contribuer au succès de la campagne par ses conseils et par ses prières. Il obéit sans résistance. Sitôt qu'il fut arrivé, on rangea devant lui l'armée en bataille. Le saint religieux, la croix à la main, harangua les soldats et les assura formellement d'une victoire certaine; ensuite il les prépara au combat par la prière et par la pénitence. Le jour de l'engagement, le chef des Turcs présenta quatre-vingt mille hommes en bataille rangée; le général des chrétiens n'en avait que dix-huit mille. Frappés de cette différence, quelques officiers de l'empereur, même des plus intrépides, conseillaient d'agir avec prudence et de se retirer dans l'intérieur du pays. L'archiduc ayant appelé le Père Laurent au conseil, il s'y rendit, prit connaissance de l'objet de la délibération, opina pour l'attaque; et, pour la seconde fois, il donna à l'assemblée l'assurance d'une victoire complète. Cette réponse ayant diminué les craintes, on résolut de commencer le combat sur-le-champ, et on rangea les soldats en bataille. Le Père Laurent, à cheval, se plaça à la première ligne, revêtu de son habit religieux. Alors, élevant un crucifix qu'il tenait à la main, il se tourna vers les troupes et leur parla avec tant de force, qu'elles ne voulurent pas attendre l'attaque des Turcs. Sur-le-champ elles s'élancèrent contre l'ennemi avec une valeur incroyable. Les Turcs, de leur côté, les reçurent avec fermeté, et le choc fut terrible. Le Père Laurent fut un moment entouré par les infidèles; mais les colonels Rosbourg et Altain, accourus pour le défendre, l'arrachèrent au péril et le conjurèrent de se retirer, lui disant que ce n'était pas là sa place. Vous vous trompez, leur répondit-il à haute voix; c'est ici que je dois être : avançons, avançons, et la victoire est à nous! — Les chrétiens recommencent la charge, et l'ennemi, frappé de terreur, s'enfuit dans toutes les directions.

Cette bataille se donna le 11 octobre 1611. Une seconde eut lieu le 14 du même mois, et fut suivie du même succès. Les Turcs se retirèrent au delà du Danube, après avoir perdu trente mille hommes. On ne saurait exprimer les sentiments d'admiration que le Père Laurent avait inspirés aux généraux et aux soldats. Le duc de Mercœur, qui commandait sous l'archiduc, déclara que ce saint religieux avait plus fait lui seul dans cette guerre que toutes les troupes ensemble, et qu'après Dieu et la sainte Vierge, c'était à lui qu'il fallait attribuer les deux victoires remportées sur les ennemis du nom chrétien. Lors de la cérémonie de la béatification du Père Laurent, cet événement mémorable fut représenté dans un tableau placé au-dessus de la principale porte du Vatican. Au-dessous, on lisait en lettres d'or une inscription latine, dont voici la traduction : « L'Autriche se trouvant dans la plus grande détresse, le bienheureux Laurent de Brindes, la croix à la main, épouvante et met en fuite les ennemis du nom chrétien. »

Revenu à Rome et élu à l'unanimité général de son ordre, le Père Laurent se mit à parcourir tous les pays où il existait des couvents de sa dépendance, le Milanais, la Flandre, l'Espagne, l'Allemagne et la France. Dans ses visites, il voulait, comme un bon père, voir tous ses enfants et connaître tous leurs besoins par lui-même. Il avait pour les anciens une grande considération, et montrait envers les jeunes beaucoup de douceur et d'indulgence. A tous il recommandait d'une manière particulière l'obéissance et l'humilité, regardant avec raison ces deux vertus comme les deux bases de la perfection religieuse. Lui-même il leur en donnait un exemple continuel; car il ne permettait pas qu'on le traitât avec la moindre distinction, et ne voulait pour sa nourriture que la portion ordinaire du réfectoire. La règle était pour lui un supérieur auquel il se soumettait en tout, sans restriction et sans réserve. Ses pieuses recommandations inspirèrent à tous ses religieux un tel amour et une telle estime de ces deux vertus, que tous refusaient les distinctions et les charges qu'on voulait leur conférer, et on fut obligé d'insérer dans les constitutions « que les religieux ne se montreraient pas trop difficiles à accepter les charges. » Laurent ne souffrait point d'ornements dans les bâtiments, ni de luxe même dans les églises. Lorsqu'on lui représentait que les travaux et les embellissements nourrissaient les pauvres et encourageaient les artistes, il répondait que ces travaux entretenaient aussi l'orgueil des propriétaires. Dans une de ses visites, il trouva un couvent de son ordre bâti magnifiquement, tandis que l'église était assez pauvre; il en témoigna tout son mécontentement, et prédit que le couvent tomberait bientôt en ruines. Les frères, effrayés de sa prédiction, voulaient abandonner la maison sans délai; mais il les rassura, en leur annonçant que, encore que le couvent dût tomber certainement, aucun d'eux ne serait blessé. A quelque temps de là, pendant que les religieux de cette maison se trouvaient à une procession générale, l'édifice fut renversé jusqu'aux fondements; l'église seule fut épargnée et resta intacte.

Le Père Laurent était à peine sorti de son généralat, lorsque le Pape, l'empereur et les princes catholiques d'Allemagne le forcèrent à prendre une part active dans un des événements les plus importants de l'histoire moderne.

La mort de Jean-Guillaume, dernier duc de Clèves, causa des contestations touchant sa succession, contestations qui se sont prolongées presque jusqu'à nos jours. Les princes protestants d'Allemagne se servirent de ce prétexte pour s'assembler à Halle et former *l'union protestante*, destinée, ainsi qu'ils l'annonçaient, à défendre leurs libertés et leur religion. Ils choisirent pour leur président l'électeur palatin, et le prince Christian d'Anhalt pour général en chef. L'électeur refusa de faire partie de cette ligue; mais Henri IV, roi de France, la favorisa. Pour s'opposer à cette coalition, les princes catholiques d'Allemagne formèrent une confédération dite *la Ligue catholique*, et placèrent à leur tête le duc de Bavière. Mais il fallait contre-balancer la puissante influence du roi de France en faveur de l'union, et ils résolurent d'envoyer des ambassadeurs aux autres princes catholiques pour les engager à se joindre à la confédération. On voulait surtout s'attacher le roi d'Espagne, et cette importante mission fut confiée au Père Laurent. Philippe III, qui gouvernait alors ce royaume, était plein d'estime pour ce saint religieux qui lui était député. Il lui fit la réception la plus flatteuse, et se détermina facilement, d'après ses conseils, à entrer dans la ligue. Il fut convenu cependant que le duc de Bavière resterait à la tête des affaires. Cette disposition était juste; car la maison de Bavière a toujours été regardée comme un des principaux soutiens de la cause catholique en Allemagne, tant par l'influence politique que lui donnent ses vastes domaines, que par son zèle et son attachement à la religion. L'union et la ligue dont nous parlons subsistèrent jusqu'au traité de Westphalie, auquel elles servirent de bases.

Peu après, Laurent de Brindes fut envoyé par le Pape en qualité de nonce auprès du duc de Bavière. En 1617, il concilia entre le duc de Savoie et le roi d'Espagne un différend, d'où il n'avait à craindre une guerre générale. Au milieu de tant de voyages, d'occupations et d'affaires d'une si haute importance, il ne cessa pas un seul instant d'être le religieux le plus humble, le plus mortifié, le plus régulier. Les honneurs dont il était environné, la distraction continuelle que ses missions semblaient lui donner, tout cela ne l'empêchait pas d'être intimement uni à Dieu, et de s'acquitter fidèlement de tous les exercices de piété qui étaient prescrits par sa règle. Il ne laissa jamais passer un jour sans offrir le saint sacrifice de nos autels, pour lequel il avait une dévotion toute particulière. Lorsqu'il célébrait en public, il n'y mettait pas plus d'une demi-heure; mais quand il le faisait en particulier, il s'abandonnait aux impressions de la grâce et de la joie intérieure qui, dans ce moment, remplissaient son âme. Ses larmes coulaient en abondance, et souvent il restait à l'autel jusqu'à six et huit heures de temps. Après l'office des matines, qui, chez les Capucins, est toujours à minuit, il ne se couchait pas, mais il passait le reste de la nuit en prière et en méditation. Il avait l'habitude de se confesser tous les jours avant de monter à l'autel. Sa dévotion envers la sainte Vierge fut aussi très-remarquable. Les papes Clément VIII et Paul V lui accordèrent la permission de dire la messe votive en son honneur tous les jours, excepté les grandes solennités. Tous les samedis et la veille de ses fêtes, il jeûnait dans la même intention.

La patience du bienheureux Laurent était admirable. Il souffrit beaucoup de la goutte, mais il souffrit en silence; et tandis que la violence de la douleur couvrait son front d'une sueur abondante, il conservait le calme et la sérénité de son âme, sans la moindre altération. N'omettons pas de rapporter ici un fait constant : c'est que, dans ses accès de goutte les plus forts et les plus durables, il cessa toujours de souffrir pendant tout le temps qu'il était à l'autel pour célébrer les saints mystères.

Avec des vertus si héroïques et si éclatantes, il ne faut pas être étonné que le saint religieux ait joui de la vénération publique au plus haut degré. Dès qu'on savait qu'il devait arriver quelque part, on allait en foule à sa rencontre, et l'on se prosternait devant lui pour obtenir sa bénédiction. Un jour qu'il était allé rendre visite au cardinal Borromée, frère et successeur de saint Charles sur le siège de Milan, ce prélat se jeta lui-même à ses pieds avec une foule de peuple qui était présent, et lui demanda avec instance de bénir le pasteur et le troupeau.

Au dernier retour du Père Laurent à Rome, il eut une révélation de sa mort prochaine, et il voulut se retirer à Brindes, sa patrie, pour y terminer paisiblement sa sainte carrière; mais Dieu en avait disposé autrement. Un ordre du Pape le fit partir de nouveau pour Naples, et de là pour l'Espagne, afin d'obtenir la révocation des pouvoirs du vice-roi, dont le gouvernement tyrannique et arbitraire excitait un mécontentement universel parmi la noblesse. Le roi le reçut de la manière la plus honorable et la plus distinguée, et révoqua le duc d'Ossone. Mais le bienheureux ne devait pas voir lui-même la fin de cette affaire, et le temps était arrivé pour lui d'aller recevoir la récompense de ses longs et glorieux travaux. Il fut attaqué de la dyssenterie peu après son arrivée au château de Bélem, près de Lisbonne, et, malgré les assurances contraires des médecins, il annonça que sa fin était prochaine. Le roi, les princes et la noblesse, tout le monde s'informait avec intérêt des progrès de sa maladie : la crainte de le perdre excitait une affliction générale. Le jour qui précéda sa mort, il fit venir auprès de lui deux religieux qui l'avaient accompagné, et il les pria d'aller, après sa mort, se prosterner aux pieds du général des Capucins, pour lui demander pardon de toutes les fautes qu'il avait commises, et le recommander à ses prières. Le lendemain, 22 juillet 1619, il mourut, en répétant jusqu'au dernier soupir le saint nom de Jésus.

Lorsque le duc de Bavière apprit sa mort, il s'écria : « J'ai perdu l'homme le plus capable de me donner de bons conseils, le plus sage directeur et l'ami le plus vrai que j'aie jamais eu. » — La réputation de sainteté dont jouissait le Père Laurent était si universelle et si bien établie, qu'aussitôt après sa mort on s'adressa au Saint-Siège pour obtenir sa canonisation. Le procès fut en effet commencé dès l'année 1624, par ordre d'Urbain VIII; mais il y eut ensuite une grande interruption, et le décret de béatification ne fut publié que le 1er. juin 1783, par le pape Pie VI. Ce décret rapporte un grand nombre de miracles authentiques opérés par le bienheureux Laurent, pendant sa vie et après sa mort. — On a de lui neuf ouvrages qui sont restés en manuscrits. Ce sont des sermons, des dissertations contre Luther, et une explication de la Genèse (Godescard, 7 juillet).

Vers le temps où mourut le bienheureux Laurent de Brindes, en Portugal, une région du Nord, la Lithuanie, eut son martyr, saint *Josaphat*, archevêque de Poloczk. C'était un moine de saint Basile. On le plaça sur le siège de Poloczk, en Lithuanie, sur les frontières de la Moscovie. Cette église suivait le rite grec. Josaphat employa tous les moyens que son zèle put lui inspirer pour réunir les schismatiques à l'Eglise romaine. Mais il n'eut pas tout le succès qu'il avait lieu d'espérer ; il lui en coûta même la vie, et les schismatiques le massacrèrent le 12 novembre 1623. La congrégation des Rites déclara par un décret, en 1642, que son martyre était évidemment prouvé, et sa sainteté confirmée par plusieurs miracles. Urbain VIII approuva un office et une messe en son honneur, pour tous les moines de l'ordre de Saint-Basile et pour toutes les églises du diocèse de Poloczk (Godescard, 12 nov.).

Ainsi, pendant que l'hérésie allait répétant par le monde que l'Eglise de Dieu était morte, cette Eglise se montrait vivante et féconde en saints par toute la terre, dans les Indes, au Japon, à la Chine, dans le Nouveau Monde, en Espagne, en Italie, en Allemagne, en Pologne. C'est comme une nouvelle effusion de cet Esprit de vérité et de charité, qui est toujours avec l'Eglise et qui a inspiré les décrets du concile de Trente. La France même, où depuis deux siècles, le XVe et le XVIe, nous n'avons vu canoniser qu'une seule personne, sainte Jeanne de Valois, la France, plus docile à l'Esprit-Saint, deviendra de nouveau une terre de bénédiction pour le ciel. Nous y voyons fleurir en même temps saint François de Sales, si français par l'esprit, la langue et le cœur ; saint François de Sales, avec sainte Chantal de Dijon, et leur pieuse congrégation de Sainte-Marie ; saint Vincent de Paul, l'apôtre et le consolateur de toutes les misères, avec ses deux congrégations, de prêtres apostoliques et de sœurs de charité ; saint François Régis, l'apôtre du Vivarais et des Cévennes ; la bienheureuse Marie de l'Incarnation, avec les ferventes Carmélites venues d'Espagne en France ; le bienheureux Pierre Fourier, avec sa congrégation de Notre-Dame pour l'éducation des jeunes filles. Voilà ce que nous voyons fleurir en France à la fin du XVIe et au commencement du XVIIe siècle, sans énumérer pour le moment d'autres œuvres et d'autres personnages, inspirés par le même esprit de Dieu et de l'Eglise.

§ III.

Saints personnages et saintes œuvres en France, particulièrement en Savoie, en Lorraine et en Bretagne.

Saint François de Sales. — Sainte Jeanne de Chantal. — La bienheureuse Marie de l'Incarnation. — Le bienheureux Pierre Fourier. — Saint François Régis, etc., etc.

FRANÇOIS DE SALES, si connu et si aimé de tout le monde, naquit le 21 août 1567, au château de Sales, à trois lieues d'Annecy. Il eut pour père, François, comte de Sales, et pour mère, Françoise de Sionas, tous deux d'une naissance également illustre, mais beaucoup moins recommandables encore par la noblesse de leur sang que par la piété dont ils faisaient profession. Dès les premiers mois de sa grossesse, la comtesse de Sales offrit au Seigneur l'enfant qu'elle portait, le priant, avec les sentiments de la dévotion la plus tendre, de le préserver de la corruption du siècle et de la priver plutôt du plaisir de se voir mère que de permettre qu'elle mît au monde un enfant qui fût assez malheureux pour devenir un jour son ennemi par le péché.

François vint au monde à sept mois, malgré toutes les précautions qu'avait pu prendre sa mère ; ce qui fit que dans ses premières années il fut extrêmement faible. On eut beaucoup de peine à l'élever, et les médecins désespérèrent plus d'une fois de sa vie. Il échappa cependant aux dangers de l'enfance et devint grand et robuste. On découvrit en lui, à mesure que les traits de son visage se formèrent, une beauté et des charmes qui ne permettaient pas qu'on le vît sans l'aimer. A ces dehors si avantageux, il alliait un naturel excellent, une grande pénétration d'esprit, une modestie rare, une douceur singulière et une soumission absolue à ses parents et à ses maîtres.

La comtesse, infiniment attentive à éloigner de son fils tout ce qui avait même l'apparence du vice, ne le perdait point de vue. Elle le menait à l'église et lui inspirait un profond respect pour la maison de Dieu et pour toutes les choses de la religion ; elle lui lisait la *Vie des Saints* et joignait à cette lecture des réflexions qui étaient à sa portée. Elle voulut même qu'il l'accompagnât lorsqu'elle faisait la visite des pauvres ; qu'il leur rendît les petits services dont il était capable et qu'il fût le distributeur de ses aumônes. Le jeune enfant répondit parfaitement aux soins que sa vertueuse mère prenait de le former aux exercices de la piété chrétienne. Il faisait ses prières avec un recueillement et une dévotion qui n'étaient point de son âge. Il aimait tendrement les pauvres, et quand il n'avait plus rien à leur donner, il sollicitait en leur faveur la libéralité de tous ses parents ; il se retranchait même une partie de sa nourriture pour les assister. Sa sincérité avait quelque chose d'extraordinaire ; toutes les fois qu'il lui arrivait de tomber dans ces fautes ordinaires aux enfants, il aimait mieux être châtié que d'éviter le châtiment par un mensonge.

La comtesse de Sales, qui appréhendait les dangers si communs dans les écoles publiques, eût bien voulu qu'on n'y envoyât point son fils et qu'on prît des maîtres capables de lui enseigner sous ses yeux les lettres humaines ; mais le comte, qui savait que l'émulation ne contribue pas peu à faire avancer les enfants dans les sciences, fut d'un avis différent et se persuada que Dieu conserverait des dispositions dont il était l'auteur. Le jeune comte n'ayant encore que six ans, fut envoyé au collège de la Roche, d'où il passa ensuite à celui d'Annecy. Ses progrès le distinguèrent bientôt entre ceux de son âge. Il joignait la plus grande application à une mémoire excellente, à une conception vive, à un jugement solide ; aussi les leçons de ses maîtres ne suffisaient-elles pas pour l'occuper, et il y suppléait par d'autres exercices propres à étendre ses connaissances ; mais son amour pour l'étude ne prenait rien sur les devoirs de la piété. Dans la distribution de ses moments, il savait ménager des intervalles pour nourrir son cœur par la lecture des bons livres, surtout par celle de la *Vie des Saints*. Des dispositions si rares dans un enfant firent juger au comte de Sales que son fils perdrait désormais son temps à Annecy ; il résolut donc, en 1578, de l'envoyer à Paris pour y achever ses études. François avait alors onze ans.

La comtesse, qui allait perdre son fils pour longtemps, redoubla de zèle pour l'affermir dans la vertu; elle lui recommandait surtout l'amour de Dieu et de la prière, la fuite du péché et des occasions qui y portent. Elle lui répétait souvent ces paroles que la reine Blanche avait coutume de dire à saint Louis : « Mon fils, j'aimerais mieux vous voir mort que d'apprendre que vous eussiez commis un seul péché mortel. » Le jour fixé pour son départ, il se rendit à Paris, sous la conduite d'un prêtre habile et vertueux. Il fit sa rhétorique et sa philosophie au collège des Jésuites avec le plus brillant succès; on l'envoya ensuite à l'Académie, afin qu'il apprît à monter à cheval, à faire des armes, à danser, et généralement tout ce qu'un gentilhomme de sa qualité ne pouvait ignorer. Il ne se sentait aucun goût pour ces différents exercices; mais, parce qu'il se faisait une loi inviolable d'exécuter la volonté de ses parents, il ne laissa pas d'y réussir et d'acquérir cet air aisé qu'il conserva toujours depuis. Comme il ne s'y appliquait que par manière de divertissement, il cultiva toujours ses premières études et apprit encore l'hébreu, le grec et la théologie positive sous Génébrard et sous le Père Maldonat, Jésuite, qui enseignait alors à Paris avec beaucoup de réputation. Six ans se passèrent de la sorte.

Cependant les études dont nous venons de parler ne faisaient pas la seule occupation de François; il donnait une partie considérable de son temps aux exercices de piété, afin d'animer toutes ses actions d'un esprit de christianisme. Son plus grand plaisir était de lire et de méditer l'Ecriture sainte; après ce livre divin, il n'y en avait point dont la lecture le charmât plus que celle du *Combat spirituel*, qu'il portait toujours sur lui. Il cherchait la compagnie des personnes vertueuses, et se plaisait surtout à celle du Père Ange de Joyeuse, qui, duc et maréchal de France, s'était fait Capucin. Les entretiens de ce saint homme sur la nécessité de la mortification portèrent le jeune comte à ajouter à ses dévotions ordinaires celle de porter le cilice trois fois la semaine. Il fit en même temps le vœu de chasteté perpétuelle dans l'église de Saint-Etienne-des-Grés, où il allait souvent prier, parce que c'était un lieu retiré et éloigné du tumulte; il se mit ensuite sous la protection particulière de la sainte Vierge, qu'il pria d'être son avocate auprès de Dieu, et de lui obtenir la grâce de la continence.

Mais le moment que Dieu avait marqué pour éprouver son serviteur arriva. D'épaisses ténèbres se répandirent sur son esprit, une agitation violente prit la place de cette paix profonde dont il avait joui jusqu'alors; il tomba dans une sécheresse et une mélancolie désespérantes; enfin, il se persuada que le Dieu qu'il aimait tant l'avait mis au nombre des réprouvés. Cette affreuse idée le jeta dans des frayeurs qui ne peuvent être connues que de ceux qui ont eu la même tentation. Il passait les jours et les nuits à pleurer et à se plaindre. Une jaunisse universelle se répandit sur son corps; il ne pouvait plus ni manger, ni boire, ni dormir. Son précepteur, qui l'aimait avec tendresse, était d'autant plus affligé de l'état où il le voyait réduit, qu'il en cherchait inutilement la cause. Mais Dieu fit enfin succéder le calme à l'orage. François étant retourné à l'église de Saint-Etienne-des-Grés, sentit ranimer sa confiance à la vue d'un tableau de la sainte Vierge. Il se prosterna devant la Mère de Dieu, et, se reconnaissant indigne de s'adresser directement au Père de toute consolation, il la conjura d'intercéder en sa faveur, et de lui obtenir au moins la grâce d'aimer de tout son cœur, sur la terre, un Dieu qu'il aurait le malheur de haïr éternellement après sa mort. Sa prière était à peine achevée, que le trouble disparut; il lui sembla qu'on lui ôtait un poids accablant de dessus le cœur, et il recouvra aussitôt la tranquillité dont il jouissait auparavant.

François, ayant achevé ses études académiques à l'âge de dix-sept ans, fut rappelé par son père, qui, en 1584, l'envoya étudier en droit à Padoue sous le célèbre Gui Pancirole. Il s'attacha dans cette ville au Père Antoine Possevin, qu'il chargea du soin de diriger sa conscience et ses études théologiques. Ce pieux et savant Jésuite lui expliquait la *Somme* de saint Thomas, et lisait avec lui les *Controverses* du cardinal Bellarmin; mais il cherchait bien moins à le rendre savant qu'à l'affermir dans les voies de la perfection où il marchait déjà à grands pas. François se fit un règlement de vie, qui nous a été conservé par son neveu; et on y remarque, entre autres choses, qu'il se tenait toujours en la présence de Dieu, faisait tout en vue de lui plaire, et implorait le secours de sa grâce au commencement de chacune de ses actions. Il sut conserver une chasteté inviolable au milieu de la corruption qui régnait à Padoue. Les pièges que les libertins tendirent à son innocence ne servirent qu'à multiplier ses triomphes à faire éclater la fidélité qu'il avait vouée au Seigneur.

Une maladie dangereuse, dont il fut attaqué dans la même ville, lui fournit l'occasion de montrer combien il était détaché du monde et soumis aux décrets de la divine Providence. On appela les médecins les plus habiles, qui, après avoir épuisé inutilement toutes les ressources de leur art, déclarèrent que le jeune comte ne pouvait guérir. Lui seul ne fut point alarmé de son état; il attendait avec résignation, et même avec joie, le moment où son âme, affranchie des liens du corps, irait s'abîmer dans le sein de la Divinité. Son précepteur, accablé de la douleur la plus amère, lui demanda, tout baigné de larmes, ce qu'il voulait qu'on fît de son corps après sa mort. « Qu'on le donne, dit-il, aux écoliers de médecine, pour être disséqué. Je m'estimerai heureux si, après avoir été inutile pendant ma vie, je suis de quelque utilité après ma mort; par là j'empêcherai encore quelques-unes des disputes qui s'élèvent entre les étudiants en médecine et les parents des morts qu'ils déterrent. » Mais Dieu, qui avait ses desseins sur son serviteur, lui rendit la santé contre toute espérance, et le mit bientôt en état de reprendre ses études. Son cours achevé, il reçut le bonnet de docteur, après s'être tiré des épreuves ordinaires avec une supériorité de talents qui le fit admirer de tout ce qu'il y avait de savants à Padoue.

Pendant que le jeune comte, alors âgé de vingt-quatre ans, se préparait à retourner dans sa famille, il reçut une lettre de son père, par laquelle il lui était ordonné de faire le voyage d'Italie. Il partit donc pour Ferrare, d'où il se rendit à Rome. Lorsqu'il se vit dans cette ville, son premier soin fut de visiter les saints lieux. Attendri à la vue du tombeau des martyrs, il ne pouvait retenir ses larmes. Les débris de la magnificence de l'ancienne Rome lui rappelaient le néant des grandeurs humaines, et resserraient de plus en plus les liens sacrés qui l'attachaient à Dieu. De Rome, il alla à Notre-Dame-de-Lorette, après quoi il parcourut les plus célèbres villes d'Italie. Enfin, son voyage étant achevé, il reprit la route de sa patrie. Toute sa famille le reçut avec les plus grandes démonstrations de joie; elle fondait sur lui les plus belles espérances, en le voyant réunir dans le degré le plus éminent toutes les qualités de l'esprit et du cœur. En effet, le jeune comte charmait tous ceux qui le voyaient. Claude de Granier, évêque de Genève, et Antoine Faure ou Fabre, qui fut depuis premier président du sénat de Chambéry, ne l'eurent pas plus tôt connu, qu'ils conçurent pour lui les sentiments de l'estime et de l'amitié les plus sincères; et, quoique notre saint ne fût encore que laïque, l'évêque le consultait, même sur des affaires ecclésiastiques.

Comme François était l'aîné de sa famille, son père lui avait ménagé un riche parti, et lui avait obtenu du duc de Savoie des provisions d'une charge de conseiller au sénat de Chambéry; mais il refusa l'un et l'autre, sans oser cependant déclarer le dessein qu'il avait d'entrer dans l'état ecclésiastique; il s'en ouvrit seulement à son précepteur, et le pria d'en conférer avec son père. Le maître ne voulut point se charger d'une mission aussi délicate; il employa même tout le crédit qu'il avait sur l'esprit de son élève pour lui faire quitter une telle résolution. François s'adressa donc à Louis de Sales, son cousin, chanoine de la cathédrale de Genève, pour avoir le consentement de son père; il le mit si bien dans ses intérêts, qu'il réussit, mais après de grandes difficultés.

La prévôté de l'Eglise de Genève étant alors vacante, Louis de Sales la demanda au Pape pour son parent, et l'obtint. Le jeune comte, qui avait entièrement ignoré les démarches de son cousin, reçut avec une grande surprise la nouvelle de sa nomination à cette dignité; il protesta qu'il ne l'accepterait pas, et ce ne fut qu'avec beaucoup de peine qu'on put le déterminer à prendre possession. Il n'eut pas plus tôt reçu le diaconat, que son évêque le chargea du ministère de la parole. Ses premiers sermons lui attirèrent beaucoup de réputation et produisirent les plus grands fruits. Effectivement, il possédait toutes les qualités requises pour réussir en ce genre : il avait l'air grave et modeste, la voix forte et agréable, l'action vive et animée, mais sans faste ni ostentation; il parlait avec une onction qui faisait bien voir qu'il donnait aux autres de l'abondance et de la plénitude de son cœur. Avant de prêcher, il avait soin de renouveler devant Dieu par des gémissements secrets et des prières ferventes. Il étudiait au pied du crucifix encore plus que dans les livres, persuadé qu'un prédicateur ne saurait faire du fruit, s'il n'est homme d'oraison.

Quand il vit approcher le jour où il allait être élevé au sacerdoce, il s'y prépara avec une ferveur toute céleste; aussi reçut-il, avec l'imposition des mains, la plénitude de l'esprit sacerdotal. Il se fit un devoir d'offrir tous les jours le saint sacrifice de la messe, et le faisait avec une piété vraiment angélique. On se sentait pénétré de la plus tendre dévotion en le voyant à l'autel; ses yeux et son visage s'enflammaient visiblement, tant était grande l'activité du feu divin qui embrasait son cœur. Après la messe, qu'il avait coutume de dire de grand matin, il entendait les confessions de toutes les personnes qui se présentaient. Il aimait à parcourir les villages, pour instruire cette portion du troupeau de Jésus-Christ qui vit d'ordinaire dans une profonde ignorance de ses devoirs; sa piété, son désintéressement, sa charité pour les malades et pour les pauvres, le faisaient chérir dans tous les lieux où il passait, et lui attiraient la confiance du peuple. Ces pauvres villageois, dont la grossièreté rebute les âmes communes, il les regardait comme ses enfants; il vivait avec eux comme leur père; il compatissait à leurs besoins, et se faisait tout à tous. Mais rien ne lui gagnait les cœurs comme sa douceur inaltérable. Il était né vif et colère. A force d'étudier la douceur à l'école de Jésus-Christ, il devint le plus doux des hommes. « Le remède le plus souverain que je connaisse contre les émotions subites d'impatience, dit-il, est un silence doux et sans fiel. Quelque peu de paroles que l'on dise, l'amour-propre s'y glisse, et il échappe des choses qui jettent le cœur dans l'amertume pour vingt-quatre heures. Lorsqu'on ne dit mot, et qu'on sourit de bon cœur, l'orage passe; on étonne la colère et l'indiscrétion, et l'on goûte une joie pure et durable. » C'est particulièrement par cette douceur surnaturelle qu'il convertit soixante-douze mille hérétiques.

Un an après qu'il eût été ordonné prêtre, il érigea dans Annecy la confrérie de la Croix. Les confrères s'engageaient à instruire les ignorants, à consoler les malades et les prisonniers, à éviter tous les procès. Un ministre calviniste en prit occasion d'écrire un libelle, sans nom d'auteur ni d'imprimeur, contre l'honneur que les catholiques rendent à la croix. François de Sales le réfuta par le premier de ses ouvrages, *L'étendard de la croix*, divisé en quatre livres — : De l'honneur et vertu de la croix, — De l'honneur et vertu de l'image de la croix, — De l'honneur et vertu du signe de la croix, — De la qualité de l'honneur que l'on doit à la croix. — Voici comment il termine l'ouvrage :

« Entre tous les novateurs et réformateurs, il n'en a point été, à mon avis, de si âpre, si hargneux et implacable que Jean Calvin. Il n'y en a point qui ait contredit la sainte Eglise avec tant de véhémence et chagrin que celui-là, ni qui en ait recherché plus curieusement les occasions; et surtout touchant le point des images. C'est pourquoi, ayant rencontré ses *Commentaires sur Josué* une grande et claire confession en faveur du juste usage des images, je l'ai voulu mettre en ce bout de livre, afin qu'on connaisse combien la vérité de la créance catholique est puissante, qui s'est échappée et levée des mains de ce grand et violent ennemi, qui la détenait en injustice. »

Le sujet du commentaire de Calvin est l'autel que les tribus de Ruben et de Gad, et la demi-tribu de Manassé, retournant en leur pays au delà du Jourdain, bâtirent sur le bord de ce fleuve, non pour y offrir des holocaustes, mais comme un monument de leur communion religieuse avec les autres tribus, et de leur droit à l'autel unique de l'Eternel, dont celui-ci n'était qu'un souvenir et une ressemblance. Les dix tribus, craignant que ce ne fût dans un esprit de schisme, leur firent des représentations par des députés ; mais, ayant su leurs bonnes intentions, ils s'apaisèrent et louèrent Dieu. Or, sur l'excuse des deux tribus et demie, Calvin fait ce commentaire : « Néanmoins si semble-t-il qu'il y a eu encore quelque faute en eux, parce que la loi défend de dresser des statues de quelque façon qu'elles soient ; mais l'excuse est facile, que la loi ne défend pas les images, sinon celles qui servent à représenter Dieu. Cependant d'élever un monceau de pierres, en signe de trophée, ou pour témoignage d'un miracle qui aura été fait, ou pour réduire en mémoire quelque bénéfice de Dieu excellent, la loi ne l'a jamais défendu en passage quelconque ; autrement, et Josué, et plusieurs saints, juges et rois, qui sont venus après lui, se fussent souillés en une nouveauté profane. »

Saint François de Sales, ayant observé que ce commentaire de Calvin est le dernier de ses ouvrages, en tire les conclusions suivantes, qui terminent le sien :

« Donc les deux tribus et demie d'une part furent recherchées comme suspectes de schisme, à cause de la ressemblance de l'autel de la loi qu'elles avaient érigé ; et nous de l'autre côté sommes chargés d'idolâtrie et accusés de superstitions, pour les images de l'autel de la croix, que nous dressons et élevons partout.

» Les accusations sont presque semblables. Mais I. Les accusés et accusateurs, de part et d'autre, sont extrêmement différents ; car les accusateurs des deux tribus et demie, ce furent les dix tribus d'Israël, desquelles, à l'égard des deux et demie, étaient : 1º le gros et le corps de l'Eglise, les deux et demie n'en étaient qu'un membre et portion ; 2º les dix étaient en vraie possession du tabernacle et autel ; les deux et demie n'en avaient que la communication ; 3º les tribus avaient en elles, et de leur côté, la chaire de Moïse, la dignité sacerdotale, l'autorité pastorale, la succession aaronique : les deux et demie n'étaient qu'un simple peuple, et parcelle de la bergerie. Tout cela était un grand droit apparent et solide aux tribus, pour entreprendre la correction du fait des deux tribus et demie, lesquelles, en multitude, dignité et prérogative, leur étaient de tout inférieures.

» Mais si nous considérons notre condition, de nous qui sommes catholiques, et des novateurs qui nous accusent si âprement, nous verrons que tout y va à contre-poids. Les catholiques qui sont les accusés sont : 1º la tige et le corps de l'Eglise : les novateurs ne sont que branches taillées et membres retranchés ; 2º les catholiques sont en ferme et indubitable possession du titre de vraie Eglise, tabernacle de Dieu avec les hommes, autel sur lequel seul l'odeur de suavité est agréable à Dieu : les novateurs qui ne font que naître de terre, comme potirons, n'en ont qu'une vaine et fade usurpation ; 3º les catholiques ont en eux et à leur faveur la chaire de saint Pierre, la dignité sacerdotale, l'autorité pastorale, la succession apostolique : leurs accusateurs sont nouveaux venus, sans autre chaire que celle qu'ils se sont faite eux-mêmes, sans aucune dignité sacerdotale, sans autorité pastorale, sans aucun droit de succession, ambassadeurs sans être envoyés, délégués sans délégation, messagers sans mission, enfants sans père, exécuteurs sans commission. Ce sont des points qui rendent non-seulement suspecte, mais convaincue d'attentat, toute la procédure des censures que les réformateurs font contre nous qui sommes catholiques, auxquels ils sont inférieurs en tant et tant de façons, et si notoirement.

» II. Il y a encore une autre différence entre le sujet de l'accusation faite contre les deux tribus et demie, par le reste d'Israël, et celle que les novateurs font contre nous, laquelle est bien remarquable. L'érection des remembrances et similitudes servit d'occasion à l'une et à l'autre accusation : à l'une, l'érection de la similitude de l'autel de la loi ; à l'autre, l'élévation de la remembrance de l'autel de la croix. Mais il y a cela à dire entre l'une et l'autre érection, que l'érection de la similitude de l'autel de la loi était une œuvre notoirement nouvelle, qui partant méritait bien d'être considérée, comme elle fut, avec un peu de soupçon, et que l'approbation d'icelle fût précédée d'un bon examen. Mais l'érection de la similitude de l'autel de la croix, pratiquée de tout temps en l'Eglise, portait, par son antiquité, une autre exemption de toute censure et accusation.

» III. De plus, il y eut encore une grande différence en la manière de procéder en l'accusation. 1º Les dix tribus, quoique supérieures aux deux et demie, ne se ruent pas de première volée à la guerre, mais envoient premièrement une honorable légation aux accusés, pour savoir leur intention touchant l'édification de leur autel nouveau ; et à cet effet, 2º ils emploient l'autorité sacrée de leur grand-prêtre et pasteur, et la civile de leurs principaux chefs ; 3º ne demandent pas absolument que l'autel, dont il était question, fût rasé et renversé, mais simplement que les deux tribus et demie, en édifiant un autre autel, ne fissent aucun schisme ou division en la religion ; 4º et n'allèguent point d'autre auteur de leur correction que l'Eglise : *Voici ce que dit toute la congrégation de l'Eternel* (Josué, 22, 16). O sainte et saine procédure !

» Tout au contraire, les réformateurs qui sont nos accusateurs, quoique notoirement inférieurs, 1º se sont de plein saut jetés aux foudres, tempêtes et grêles de calomnies, injures, reproches, diffamations, et ont armé leurs langues et leurs plumes de tous leurs plus poignants traits qu'ils ont su rencontrer entre les dépouilles de tous les anciens ennemis de l'Eglise, et tout aussitôt les ont dardés avec telle furie, que nous serions déjà perdus si la Vérité divine ne nous eût tenus à couvert sous son impénétrable écu. Je laisse à part la guerre temporelle suscitée par ces évangélistes empistolés partout où ils ont eu accès. 2º Et à leur prétendue réformation n'ont employé que la profane audace des brebis contre leurs pasteurs, des sujets contre leurs supérieurs, et le mépris de l'autorité du grand-prêtre évangélique lieutenant de Jésus-Christ. 3º Renversant, brisant et rompant de leur propre autorité les croix dressées, sans autre examen de la droite prétention, ni du droit prétendu de ceux qui les avaient élevées. 4º Contre le manifeste consentement de toute l'Eglise, contredisant ouvertement à toute la congrégation de l'Eternel, aux conciles généraux, au perpétuel usage des chrétiens.

» Ces si grandes différences entre nos accusateurs, leur sujet et manière de procéder d'une part, et les accusateurs, ou plutôt correcteurs, des deux tribus et demie, leur sujet et manière de procéder d'autre part, présupposent une autre quatrième différence, et en produisent une cinquième.

» IV. Elles présupposent une grande différence dans l'intention des uns et des autres, et les dix tribus n'avaient autre projet que d'empêcher le schisme et la division; ce fut la charité qui les poussa à cet office de correction. Qui pourra assez louer le zèle qu'ils font paraître en l'offre qu'ils font à ceux qu'ils veulent corriger ? « Que si la terre de votre possession est immonde, passez en la terre de la possession de l'Eternel, en laquelle le tabernacle a sa résidence, et ayez vos possessions entre nous, etc. (Josué, 5, 19). » C'est une offre digne de la congrégation de Dieu.

» Au contraire, toutes les poursuites des réformateurs contre nous ne respirent que sédition, haine et division; leurs offres ne sont que de leur quitter le gouvernement de l'Eglise, les laisser régenter et maîtriser, passer sous le bon plaisir de leur constitution; et quant au point particulier dont il est question, ils ont fait voir clairement qu'ils n'ont été portés d'autre affection au brisement et destruction des croix de pierre et de bois que pour ravir celles d'or et d'argent, renversant l'ancienne discipline chrétienne, qui ne donne prix à la croix que pour la figure, puisqu'ils ne la prisent que pour la matière.

» Mais enfin que s'est-il ensuivi de tant de diversités ? Certes, ce qu'on en devait attendre. De différentes causes différents effets. Les dix tribus, lesquelles par tant de prérogatives et raisons avaient le droit de correction, n'eurent pas si tôt ouï la déclaration de l'intention des deux tribus et demie, qu'ils la reçoivent amiablement, et, sans presser d'aucune réplique ni recharge la réponse et excuse des accusés, se reposent tout entièrement sur leur parole. La charité les pousse également à se formaliser sur l'érection de l'autel nouveau, et à recevoir l'excuse de ceux qui l'avaient érigé, le cas néanmoins était extrêmement chatouilleux en fait de religion. La séparation des habitations rendait le soupçon du schisme fort juste. *Mais la charité est toute patiente, elle est bénigne, elle ne pense point au mal, elle ne se plait point sur l'iniquité, mais se complait à la vérité, elle croit tout, elle espère tout* (1. Cor., 13).

» Au rebours, l'Eglise catholique, avec tant de signalés avantages et de si claires marques de son autorité et sainteté, ne peut trouver aucune excuse si sacrée; ni faire aucune si solennelle justification de son dessein, en l'érection et l'honneur des croix, que ses accusateurs ne tâchent de contourner en impiété et idolâtrie, tant ils sont accusateurs naturels des frères. Nous avons beau protester de la bonté de nos intentions et de la blancheur de notre but, ces nouveaux venus, ces Abirons, ces Micholistes méprisent tout, profanent tout. Il n'y a excuse qu'ils n'accusent, il n'y a raison qui les paie. On ne peut vivre avec eux, sinon les pieds et mains liés, pour se laisser traîner à tous les précipices de leurs opinions. Ils ne regardent qu'au travers de leurs desseins, tout ce qu'ils voient leur semble noir et renversé, et avoir métier de leur main réformatrice, tant ils sont éperdûment réformeurs. Nous gravons sur le fer et le cuivre, et protestons devant le ciel et la terre, que

> Ce n'est la pierre ou le bois
> Que le catholique adore;
> Mais Dieu, lequel, mort en croix,
> De son sang la croix honore.

Que nous ne faisons pas l'image de la croix pour représenter la Divinité, mais en signe de trophée, pour la victoire obtenue par notre Roi, pour témoignage du grand miracle par lequel la vie s'étant rendue mortelle, elle rendit la mort vivifiante, et pour réduire en mémoire l'incompréhensible bénéfice de notre rédemption.

» A Calvin, auquel ces occasions semblent légitimes pour dresser des représentations (nonobstant la rigueur des mots de la loi) quand il s'agit d'excuser les deux tribus et demie ; à Calvin, dis-je, et autres réformateurs, ce ne sont qu'hypocrisies, abus et abominations en nous. Pour déduire la drogue de leur réformation, ils tâchent à difformer et rendre suspectes les mieux formées intentions. Nos saintes excuses, ou plutôt nos saintes déclarations, qu'ils devraient recevoir pour le repos et tranquillité de leur tant inquiétée conscience, sans plus s'effrayer et trémousser en la vanité des songes qu'ils font sur la prétendue idolâtrie de la croix, c'est cela même qu'ils rejettent et abhorrent le plus, et l'appellent conscience endormie, par mépris et dédain.

» Ce sont ennemis implacables : leur cœur est de boue, la clarté l'endurcit ; il n'y a satisfaction qui les contente, si on ne se rend à la merci de leur impiteuse correction; la rage de leur mal-talent ne reçoit aucun remède. Que ferons-nous donc avec eux? cesserons-nous de nous employer à leur salut, puisqu'ils n'en veulent pas seulement voir la marque ? Mais comment pourrions-nous désespérer du salut d'aucun, parmi la considération de la vertu et honneur de la croix, arbre seul de notre espérance; duquel l'honneur plus reconnu et certain gît en la vertu qu'il a de guérir non-seulement les plaies incurables et mortelles, mais aussi de guérir la mort même, et la rendre plus précieuse et saine sous son ombre, que jamais la vie ne fut ailleurs (*L'étendard de la sainte croix*, l. 4, c. 14 et 15). »

Par cette conclusion de *L'étendard de la sainte croix*, on peut juger quel est le génie de François de Sales, quel est son style, avec quelle rare pénétration il saisit l'ensemble et le détail de chaque question, et avec quelle simple et naturelle vigueur il sait la rendre. Nous ignorons si, parmi les auteurs plus modernes, il y en a un qui le surpasse, ou même qui l'égale. — Et ce qu'il était en parole et sur le papier, il l'était en œuvre et sur le terrain.

Nous avons vu que l'apostasie fut introduite de force à Genève par les tyrans municipaux de Berne, et définitivement organisée par l'apostat de Noyon; nous avons vu les meilleures familles de Genève, pour rester fidèles à la foi de leurs pères, préférer l'exil à l'apostasie et à la servitude; nous avons vu la nouvelle population de Genève apostate se former du rebut de l'ancienne, et peut-être plus encore de l'engeance bâtarde des prêtres et des moines apostats, la pire espèce d'entre les mauvaises gens. La nouvelle Genève se nommait la *Rome protestante* : c'est comme si l'enfer se nommait le ciel à rebours.

Genève ayant apostasié par la peur de Berne, ces deux cantons profitèrent de la guerre entre François Ier et le duc Philibert de Savoie pour enlever à ce dernier le duché de Chablais, avec les trois bailliages de Gex, Terny et Gaillard, et pour en bannir la religion catholique. La paix ayant été rétablie sous Henri II avec le duc, les protestants furent obligés de rendre le Chablais et les trois bailliages, mais avec cette clause, que la religion catholique n'y pourrait être rétablie. A la mort de Philibert et à l'avénement de Charles-Emmanuel, son fils, les Suisses et les Genevois rompirent le traité, en tombant à l'improviste sur les pays en question. Le nouveau duc les leur reprit, et résolut d'y rétablir la religion catholique, n'étant plus tenu à un traité rompu par la partie adverse. Cependant il ne voulut point y procéder par la force, comme avaient fait Berne et Genève, mais commencer par la douceur.

Dans cette vue, il demanda à l'évêque de Genève, résidant à Annecy, des missionnaires capables, par leur vertu et leur doctrine, de ramener au sein de l'Eglise les populations du Chablais et des trois bailliages, égarées depuis soixante ans par l'hérésie. L'évêque, Claude de Granier, en parla éloquemment à son clergé, offrant de se mettre lui-même à la tête des missionnaires. Un seul se montra prêt, ce fut François de Sales, auquel s'adjoignit pour second Louis de Sales, son cousin. François fut déclaré le chef de la mission, tout le monde ayant été d'avis que le bon évêque, surtout à cause de son grand âge, ne devait point y paraître dans les commencements. Le comte de Sales, qui connaissait le caractère emporté des calvinistes, craignait pour la vie de son fils et mit tout en œuvre pour le détourner d'une pareille entreprise. François lui donna de si bonnes raisons, qu'il l'y fit consentir malgré lui. Aussitôt, prenant Louis de Sales par la main : « Allons, lui dit-il, où Dieu nous appelle. Il est plus d'un combat où l'on ne gagne la victoire que par la fuite. Un plus long séjour ne servirait qu'à nous affaiblir ; et d'autres, plus généreux que nous, pourraient bien gagner la couronne qui nous est préparée. »

Sur la frontière du Chablais, François se mit à genoux, et, fondant en larmes, pria Dieu de bénir leur entrée et leur séjour dans cette province. Puis, embrassant avec tendresse son cousin Louis : « Il me vient une pensée, dit-il ; nous entrons dans cette province pour y faire les fonctions des apôtres : si nous voulons y réussir, nous ne pouvons trop les imiter. Renvoyons nos chevaux, marchons à pied et contentons-nous comme eux du nécessaire. » Louis de Sales y ayant consenti, ils arrivèrent à pied aux Allinges, place forte sur le haut d'une petite montagne détachée de toutes les autres. Le baron d'Hermance, homme sage et ami du saint, y commandait pour le duc de Savoie. Il conduisit les deux missionnaires sur la plate-forme du château, d'où la vue s'étendait sur tout le pays. François y remarqua de tous côtés des églises abattues, des monastères ruinés, des croix renversées, des villes, des bourgs et des châteaux détruits, suites funestes de l'hérésie et de la guerre qu'elle avait attirée dans cette belle province. Pour réparer tant de désastres, on convint qu'il fallait commencer la mission par Thonon, capitale du Chablais, peu éloignée des Allinges, où il fallait revenir tous les soirs, Thonon, tout calviniste, n'offrant ni sûreté ni logement aux missionnaires.

François, accompagné de Louis de Sales et d'un seul domestique, se mit donc en route. Son équipage consistait en un sac où il n'y avait qu'une Bible et un Bréviaire, qu'il portait assez souvent lui-même ; il marchait à pied, un bâton à la main, et faisait tous les jours deux grandes lieues, par un pays fort rude, pour revenir coucher aux Allinges ; il n'en partait point sans avoir célébré la sainte messe et s'être nourri du pain des forts. Son habit était simple, mais n'avait rien d'affecté, et comme c'était l'usage de ce temps-là de porter des bottines, il s'en servait d'ordinaire ; de sorte que les cheveux courts et la barbe touffue étant pour lors à la mode, il était à l'extérieur fort peu différent des séculiers mêmes, qui se piquaient de quelque modestie. Cela servit à lui donner entrée chez quelques calvinistes, qu'il acquit enfin à l'Eglise. Par la même raison d'une charitable condescendance, il résolut de n'user jamais de termes injurieux en parlant des hérétiques et de leur doctrine, et de n'opposer à leurs outrages et à leurs mauvais traitements qu'une douceur et une patience invincibles.

Les magistrats de Thonon, tous calvinistes, promirent extérieurement d'obéir aux lettres du gouverneur, qui leur ordonnait de protéger les deux missionnaires ; mais dès le premier jour le peuple pensa se soulever : à Genève, qui n'en est qu'à quatre ou cinq lieues, on fut sur le point de prendre les armes. Louis de Sales fut ébranlé ; mais François le rassura, lui disant entre autres, que la coutume du peuple était de faire beaucoup de bruit ; mais que, quand on avait assez de fermeté pour ne pas s'en étonner, il s'accoutumait de lui-même aux choses qui lui avaient paru d'abord les plus étranges.

Le gouverneur ayant écrit de nouvelles lettres aux magistrats de Thonon, François y fut reçu avec plus d'égards ; mais il apprit bientôt qu'il y avait des défenses sévères d'aller l'entendre : en sorte qu'il s'y voyait seul, comme dans un désert. Il ne laissait pas d'y venir tous les jours des Allinges, et il partait souvent par des temps si rudes et si fâcheux, que les paysans les plus robustes n'osaient se mettre en chemin. La pluie, la neige, les glaces, les vents les plus terribles, la nuit même n'étaient pas capables de l'empêcher de se mettre en route. Le froid le saisissait quelquefois jusqu'à le rendre presque immobile et le mettre en danger de mourir ; mais rien n'était capable d'arrêter ni même de ralentir son zèle.

L'hiver de cette année fut si rigoureux et le froid si grand, que ses pieds et ses jambes en étaient tout crevassés. Un jour qu'il était parti plus tard que de coutume de Thonon pour s'en retourner aux Allinges, la nuit le surprit ; il s'égara, et, après avoir fait inutilement bien du chemin, il arriva fort tard dans un village dont toutes les maisons étaient fermées. La terre était couverte de neige et le froid si violent, que même pendant le jour les paysans étaient contraints de demeurer enfermés avec leurs troupeaux. Il frappa à toutes les portes, conjurant les habitants par tout ce qui était le plus capable de les toucher, de ne pas le laisser périr de froid; mais ils n'avaient garde de lui ouvrir, ils étaient tous calvinistes, et, par surcroît de malheur, son valet l'avait nommé, croyant leur donner de la considération. Mais Dieu qui n'abandonne jamais les siens, lui fit rencontrer dans cette extrémité le four du village, qui était encore chaud; ils s'y logèrent comme ils purent, et ce fut ce qui leur sauva la vie.

Il pensa périr encore une autre fois par la dureté des habitants d'un autre village. Il était arrivé de nuit par une pluie furieuse; mais il ne put jamais obtenir qu'on le mît à couvert, quelque prière qu'il en pût faire, et il fut contraint de passer la nuit exposé à la pluie, louant Dieu, comme les apôtres, de ce qu'il l'avait jugé digne de souffrir pour la gloire de son nom.

Un autre jour, à la sortie de Thonon, comme il se retirait aux Allinges, il rencontra un calviniste qui, touché de ses bons exemples et des peines incroyables qu'il se donnait tous les jours pour le salut d'un peuple jusqu'alors si peu reconnaissant, le conjurait pour l'amour de Dieu de l'instruire sans délai de la religion catholique. François l'entreprit aussitôt, malgré les remontrances de son cousin, qui le priait de le remettre au lendemain, parce que la nuit approchait et qu'il fallait traverser une forêt. Ce que Louis avait prévu arriva : François demeura si longtemps avec son calviniste, que la nuit les surprit à l'entrée de la forêt, et devint si obscure, qu'il fut impossible de trouver le chemin. Cependant, les hurlements des loups, les cris des ours et des autres bêtes sauvages descendues des montagnes voisines avaient quelque chose de si terrible, qu'il était impossible de n'en être pas effrayé; le domestique mourait de peur; Louis de Sales n'était guère plus assuré : le seul François, plein de confiance, les consolait et leur promettait, de la part de Dieu, qu'il les délivrerait de ce danger comme il avait délivré Daniel de la fosse aux lions. Dans ce moment même, la lune s'étant levée, il aperçut qu'ils n'étaient pas loin d'un bâtiment ruiné où il y avait encore quelque reste de voûte qui pouvait les abriter contre les injures du temps : ils y entrèrent et y passèrent le reste de la nuit. Mais François ne put fermer l'œil : il aperçut au clair de la lune que ces ruines étaient celles d'une église que les hérétiques avaient détruite. Il passa la nuit à gémir, comme le prophète sur les ruines de Jérusalem.

Cependant François ne voyait aucun résultat de ses travaux dans le Chablais, lorsque Dieu lui suscita des auxiliaires d'un nouveau genre. Les soldats de la garnison d'Allinges, touchés de ses vertus, se convertirent, quelques-uns du calvinisme à la foi catholique, et tous à une vie meilleure. Comme ils allaient fréquemment à Thonon, leur changement y fit une impression profonde et diminua singulièrement l'aversion qu'on avait pour l'homme apostolique. Celui-ci, voyant qu'on ne le fuyait plus si fort, se mit à rendre des visites à des particuliers dont il gagnait l'estime et l'affection par les charmes de sa douceur et de sa politesse, tandis que les ministres huguenots ne se distinguaient que par la morgue et la hauteur. Au même temps, François apprit que deux gentilshommes de sa connaissance se battaient en duel : aussitôt il y court, et, au péril de sa vie, il les sépare et les amène à s'embrasser. Dieu fit plus, il leur toucha le cœur; tous deux firent une confession générale et devinrent de fervents chrétiens. L'un d'eux, distingué dans la carrière des armes, habitait une maison de campagne dans le voisinage de Thonon. Comme les personnes considérables du pays lui rendaient de fréquentes visites, il leur parla du saint homme avec tant d'enthousiasme, qu'elles eurent un grand désir de le voir et de l'entretenir elles-mêmes. Le gentilhomme offrit sa maison pour cet effet. Il y eut dès lors des conférences réglées entre François de Sales et les principaux calvinistes du pays.

Il exposa sur les principaux points de controverse ce que l'Eglise catholique croyait et ce qu'elle rejetait. Les assistants furent émerveillés d'apprendre que l'Eglise catholique n'admettait nullement les énormités que lui imputaient les ministres huguenots dans leurs prêches, mais que sa doctrine était le bon sens et la modération même. Le bruit s'en étant répandu, les prédicants huguenots soutinrent que la doctrine catholique n'était pas telle que François l'avait exposée. Il la mit alors par écrit, dans les termes du concile de Trente, et offrit aux prédicants de les en éclaircir dans des conférences pacifiques, soit écrites, soit orales. Ils n'acceptèrent ni l'un ni l'autre; seulement ils résolurent de faire assassiner le gentilhomme catholique qui prêtait sa maison à François pour ses conférences. Un gentilhomme calviniste, parent du premier, se chargea de l'exécution. Il vint donc le trouver, comme pour se divertir. L'autre le conduisit exprès dans une promenade solitaire et lui dit : « Mon ami, je connais votre dessein, vous venez pour m'assassiner; cependant vous n'avez rien à craindre, car si votre religion vous porte à tuer vos amis et vos parents, la mienne m'oblige, à l'exemple de Jésus-Christ, de pardonner à mes plus cruels ennemis. » Puis il l'embrasse avec une cordiale amitié. Le calviniste demeure confondu, il avoue son crime, demande pardon et promet à son parent l'amitié la plus inviolable. Il n'en reste pas là : il demande lui-même des entretiens particuliers à François et devient un catholique aussi fervent qu'il avait été emporté calviniste.

La conversion de cet homme, l'exposition imprimée de la doctrine catholique, à laquelle nul prédicant n'osait répondre, firent une grande impression dans tout le pays : les calvinistes venaient toujours plus nombreux entendre François. Les prédicants se décidèrent alors à le tuer lui-même et gagnèrent pour cela deux assassins. Mais les catholiques en ayant été avertis, donnent une escorte à François pour s'en retourner aux Allinges. A peine furent-ils entrés dans un bois où il fallait nécessairement passer, que les deux assassins sortent d'entre les buissons où ils s'étaient cachés et viennent à lui l'épée à la main. François ne perd rien de sa fermeté ordinaire; il défend à ceux qui l'accompagnent de se servir de leurs armes, va au devant des assassins et leur dit avec son inaltérable douceur : Vous vous méprenez, mes amis; apparemment vous n'en voulez pas à un homme qui, bien loin de vous avoir offensés, donnerait de tout son cœur sa vie pour vous. Ce peu de paroles calme dans un moment la rage de ces furieux : ils demeurent quelque temps immobiles, puis se jetant à ses pieds, ils lui demandent pardon et lui protestent qu'à l'avenir il n'aurait pas de serviteurs plus fidèles ni plus disposés à le suivre partout. François les relève, les embrasse tendrement et leur conseille de s'éloigner pour éviter les poursuites du gouverneur de la province, qui n'aurait pas tant d'indulgence que lui, s'ils tombaient une fois entre ses mains.

En effet, le gouverneur prit des mesures pour atteindre les coupables : François eut bien de la peine à l'en empêcher. Le gouverneur voulait au moins lui donner une escorte de six soldats : François, au contraire, lui demanda la permission et finit par l'obtenir à force d'instances, d'aller demeurer à Thonon même, où il y avait alors plusieurs catholiques. Ceux-ci le reçurent avec une joie inexprimable, comme les premiers chrétiens recevaient les apôtres. François, de son côté, soutenait son ministère d'une manière digne de Dieu : rien n'échappait à sa charité et à ses soins ; il donnait les jours aux instructions et aux conférences, à la visite des pauvres et des malades ; et les nuits, à l'étude, à la prière et à la réconciliation des pécheurs. Sa vie soutenait ses prédications, et ses prédications achevaient ce que ses bons exemples avaient commencé.

Tant de vertus attiraient tous les jours à l'Eglise quelque nouveau fidèle, mais augmentaient en même temps la fureur des hérétiques. Que faisons-nous? disaient-ils : voici un homme qui gagne insensiblement l'estime du peuple ; on le regarde comme un apôtre, et nous perdons tous les jours de notre crédit. « Attendons-nous qu'il nous ait réduits à mendier notre pain et qu'il ait établi le papisme sur les ruines de nos temples? Si nous le laissons achever ce qu'il a commencé, le duc de Savoie viendra, et, se prévalant du petit nombre auquel nous allons être réduits, il établira son autorité sur la ruine de nos privilèges et nous réduira dans une triste servitude. » La conclusion fut celle du sanhédrin de Caïphe, qu'il fallait se défaire de cet homme. Et de fait, la nuit suivante, comme François en employait une partie à la prière, il entendit un bruit d'armes et ensuite celui de plusieurs personnes qui se parlaient bas. Jugeant aussitôt que sa maison était investie, il se cacha. A peine l'eut-il fait, que la porte est enfoncée et que les meurtriers entrent avec de grands cris et le cherchent partout. Ne le trouvant pas, ils s'imaginent qu'il est allé voir quelque malade et se retirent. Ayant su depuis qu'il était à la maison, ils l'accusèrent d'être sorcier. Un calviniste jura même qu'il l'avait vu au sabbat et qu'il y était fort considéré. François ayant su ce propos, n'en fit que sourire ; puis, faisant le signe de la croix : « Voilà, dit-il, tous les charmes dont je me sers ; c'est par ce signe que j'espère vaincre l'enfer, bien loin d'être d'intelligence avec lui. »

Cependant, sur ces tentatives réitérées d'assassinat, le président Faure, l'évêque de Genève même, mais surtout le comte de Sales, son père, écrivirent fortement à François pour l'obliger de quitter le Chablais et de revenir à Annecy, où son zèle ne manquerait pas d'occasion. Le père lui répétait ce qu'il avait déjà dit à l'évêque : « Je m'estimerais fort heureux d'avoir des saints dans ma maison, mais j'aimerais mieux que ce fussent des confesseurs que des martyrs. »

François avait d'autres pensées : il rassura ses amis et son père. Ces tentatives d'assassinat tournaient contre leurs auteurs ; on disait partout que si les prédicants de Thonon et de Genève étaient sûrs de leur doctrine, ils n'auraient pas recours à de pareilles violences, mais accepteraient les conférences que François ne cessait de leur proposer : on les sommait de le faire enfin. Malgré ces provocations, ils gardèrent le silence. Mais François ne le gardait pas : une seule de ses prédications convertit six cents personnes. Là-dessus les prédicants huguenots se réunirent en consistoire à Thonon, pour aviser au moyen d'arrêter les progrès de ce nouveau conquérant : on proposa trois ou quatre partis ; la conclusion fut qu'on n'en prit aucun. François ne fit pas de même : il les provoqua, et par plusieurs écrits, à une conférence publique. Ils furent enfin contraints de l'accepter. Mais au jour convenu, ils reculèrent, sous prétexte qu'il leur manquait l'autorisation du souverain, le duc de Savoie. François eut beau leur représenter que l'autorisation du gouverneur de la province suffisait et qu'il leur garantissait celle du souverain, rien n'y fit. Seulement un des prédicants, honteux de la reculade de ses confrères, accepta une conférence particulière avec François : le résultat fut qu'il abjura ses erreurs et se fit catholique. Les autres mirent tout en œuvre pour le ramener à eux : n'y ayant pu réussir, ils l'accusèrent, le firent condamner à mort et exécuter si promptement, que François n'eut pas le temps de demander sa grâce au duc de Savoie.

Cette violence fit horreur à tout le monde et augmenta les conversions, au lieu de les empêcher. L'avocat Poncet, renommé à Genève et dans toute la province, se déclara catholique, et son exemple fut suivi d'un grand nombre de personnes de tout rang. La conversion du baron d'Avully fut la plus éclatante : il était le chef du parti calviniste dans le Chablais. Il avait épousé une femme catholique, qu'il comptait amener au calvinisme ; mais il la trouva aussi instruite que vertueuse. Elle lui ménagea des conférences avec François de Sales : il s'aperçut bien vite que ce n'était pas son épouse, mais lui-même, qui était dans l'erreur. Les conférences qu'il eut avec François de Sales furent mises par écrit et envoyées aux prédicants de Genève et de Berne. Ni les uns ni les autres n'y firent de réponse. Le baron d'Avully voulut qu'on sût dans tout le pays, et à Genève même, le jour qu'il devait faire son abjuration ; il y invita tout autant de monde qu'il put, déclara publiquement les motifs de sa conversion et fut reçu à la communion catholique, en présence de tout le peuple de Thonon et d'un grand nombre de calvinistes de Genève.

C'était en 1596. François reçut alors des lettres de félicitations de toutes parts : le président Faure lui écrivit de la part du duc de Savoie, le nonce apostolique à Turin ; enfin le Pape même, qui était Clément VIII. Mais il perdit son ami, le baron d'Hermance, qui mourut entre ses bras, et dont la sagesse l'avait si bien secondé dans toutes ses œuvres. Son successeur, homme de mérite, avait des formes hautes et sévères. François évitait de recourir à son autorité, de peur de s'attirer l'aversion du peuple.

Ce fut pour cela que, n'osant pas encore dire la messe à Thonon, il allait tous les jours la dire dans une chapelle assez éloignée de la ville. L'hiver était des plus rudes, et un torrent qu'il lui fallait passer était extraordinairement enflé par la fonte des neiges, qui avait emporté tous les ponts. Il ne laissait pas de le passer et repasser sur une planche toute couverte de glace, en se glissant sur les mains et les genoux, au grand danger de sa vie.

François reçut à la fois deux lettres : l'une du duc de Savoie, qui le demandait à Turin pour délibérer sur les moyens de rétablir la religion catholique dans tout le Chablais; l'autre du Pape, qui le chargeait d'une commission particulière, que nous verrons plus loin. Il se rendit d'abord à Turin, à travers les Alpes, par le grand Saint-Bernard au plus fort de l'hiver. Il exposa au duc que le menu peuple du Chablais n'était attaché à la religion calviniste que parce qu'il n'en connaissait pas d'autre; que ceux d'un état médiocre, comme les marchands et les artisans, y étaient engagés d'assez bonne foi, mais qu'ils avaient bien plus d'aversion pour la religion catholique qu'ils n'avaient d'attachement à la calviniste; que cette aversion venait des peintures affreuses qu'on leur avait faites de la doctrine de l'Eglise et des erreurs qu'on lui attribuait faussement, qu'on pouvait gagner les uns et les autres en leur envoyant des pasteurs zélés qui fussent capables de les retirer de leurs préventions mal fondées et de réfuter les calomnies dont on s'efforçait tous les jours de noircir l'Eglise catholique; qu'il n'en était pas de même des ministres et des principaux du parti calviniste : le libertinage, l'indépendance et des intérêts purement humains étaient les véritables motifs qui les tenaient attachés à leur religion : il en donna des preuves sans nombre par leur conduite. Le duc l'écouta dans plusieurs audiences; il lui demanda même de résumer dans un mémoire les moyens qui lui semblaient les plus propres au rétablissement de la religion catholique dans le Chablais et les autres bailliages. François le lut en conseil d'Etat; il portait en substance : Pour en retrancher l'erreur, il fallait obliger les ministres calvinistes à sortir des Etats de Savoie, principalement celui de Thonon, plus emporté et plus séditieux que les autres; rechercher et proscrire les livres hérétiques, leur en substituer de bons, et pour cet effet établir un imprimeur catholique à Annecy; priver les hérétiques des charges, honneurs, emplois et dignités, et les donner à des catholiques. En retranchant ce qui pouvait favoriser l'erreur, il fallait rétablir ce qui pouvait maintenir la religion et les bonnes mœurs, savoir, les anciennes paroisses et les pasteurs, avec une existence suffisante : outre les pasteurs ordinaires, il faudrait, pendant quelques années, au moins huit prêtres choisis pour prêcher par toute la province : à Thonon, la capitale, rendre aux catholiques l'église de Saint-Hippolyte et y rétablir sans délai la sainte messe et l'office divin : ériger dans la même ville, le plus tôt possible, un collège de Jésuites, pour la bonne éducation de la jeunesse et pour soutenir la controverse vis-à-vis de Genève. François ayant lu son mémoire, le nonce apostolique l'appuya fortement; mais plusieurs conseillers d'Etat y contredirent. François ayant répliqué, le duc lui accorda sur-le-champ tout ce qu'il avait demandé, à l'exception de deux articles, dont il lui promit que l'exécution ne serait pas retardée longtemps. Le nonce promit en particulier au saint homme de l'appuyer auprès du Pape et du duc. Vous en aurez besoin, ajouta-t-il : le prince a de bonnes intentions, mais il a auprès de lui des conseillers timides ou gagnés par les hérétiques; tout leur fait peur, et ils n'épargneront rien pour le détourner de ses desseins. Mais il vous a donné sa parole, et je n'épargnerai rien pour l'obliger à la tenir.

François, revenu à Thonon au fort de l'hiver, alla voir tous les catholiques et leur communiqua les ordres qu'il avait reçus. Tous désiraient avec passion célébrer à Saint-Hippolyte la fête de Noël qui était proche. Le gouverneur y donnait les mains; mais les syndics de la ville n'eurent pas plus tôt reçu les lettres du duc ordonnant de remettre l'église aux catholiques, qu'ils excitèrent eux-mêmes la sédition. Les portes de la ville furent fermées, pour empêcher le gouverneur d'Allinges et les catholiques de la campagne de venir au secours de ceux du dedans; en même temps les calvinistes coururent aux armes : une partie investit l'église de Saint-Hippolyte, et l'autre, courant la ville, menace de faire main-basse sur tous les catholiques et de brûler vif François de Sales au milieu de la place. Les catholiques prennent les armes de leur côté, déclarent que la tête des syndics leur répondrait de celle de leur pasteur, et s'emparent avec beaucoup d'ordre des postes les plus avantageux. La nuit venue, les calvinistes se retirent de l'église Saint-Hippolyte pour prendre quelque repos; les catholiques l'occupent à l'instant même, et François, qui tenait des ouvriers tout prêts, commence de la faire réparer. A cette nouvelle, les calvinistes reprennent les armes, les deux partis sont sur le point d'en venir aux mains : François les harangue, il rappelle aux calvinistes les ordres du prince, et leur conseille de ne pas en empêcher l'exécution. Les syndics finissent par y acquiescer, mais sans préjudice de leurs protestations et réserves. Ainsi François se mit en possession de l'église, il la fit réparer et orner avec une diligence incroyable; et tout fut prêt pour la fête de Noël.

La nuit de cette grande solennité, 1596, les catholiques y étant accourus, non-seulement de la ville, mais encore des bourgs voisins, il célébra en leur présence les saints mystères, qui en avaient été bannis depuis près d'un siècle; huit cents personnes y communièrent de sa main, il y prêcha avec son zèle ordinaire; et toute la nuit se passa à louer Dieu, qui, après les avoir abandonnés si longtemps aux désirs de leurs cœurs, les avait enfin rappelés à son admirable lumière. Les fêtes suivantes, il continua les mêmes exercices de piété; et le ciel répandit une bénédiction si abondante sur ses travaux, que les habitants de trois bourgs voisins vinrent en corps abjurer publiquement l'hérésie.

La religion catholique faisant ainsi tous les jours de nouveaux progrès dans le pays, François s'occupa d'exécuter la commission du Pape, qui était de voir secrètement Théodore de Bèze, pour le ramener au sein de l'Eglise. Il le vit effectivement jusqu'à quatre fois dans la ville même de Genève. Dans une de ces conférences, qui se passèrent avec politesse et modération, Bèze lui fit cette réponse : Vous m'avez demandé si l'on pouvait faire son salut dans l'Eglise. Nous sommes seuls; je puis vous dire mes véritables sentiments : oui, je crois qu'on s'y peut sauver. Dans une autre, où assista le président Favre, il fut si fort ébranlé, qu'en prenant congé de François, dont la douceur l'avait charmé, il lui serra la main, et dit en levant les yeux au ciel avec un grand soupir : Si je ne suis pas dans le bon chemin, je prie Dieu tous les jours que, par son infinie miséricorde, il lui plaise de m'y mettre. François espérait d'achever cette bonne œuvre dans une nouvelle conférence; mais il n'y fut pas à temps. Ses fréquentes visites avaient donné de furieux ombrages à ceux de Genève; il apprit que, s'il y retournait, on avait résolu de se défaire de lui, et qu'on observait Bèze d'une manière à ne lui en plus permettre l'accès. Au surplus, il y avait encore en ceci un autre mystère d'iniquité. Nous avons vu Théodore de Bèze, jeune encore, préluder à son apostasie par des infamies de Sodome : il paraît que dans sa vieillesse même il n'était pas encore guéri de ces honteuses passions. Le sieur Deshayes, envoyé de Henri IV à Genève, s'étant lié d'amitié avec lui, à cause de leur conformité de caractère, lui demanda un jour dans l'intimité comment, homme d'esprit et d'une humeur si joviale, il avait pu s'attacher à un culte aussi triste que celui de Calvin. Bèze, pour toute réponse, ouvrit un cabinet, et dit en montrant une jeune fille qui servait à ses plaisirs : « Voilà ce qui me convainc le plus de ma religion. » Il mourut quelque temps après, en réclamant la présence de François de Sales. Cette satisfaction lui ayant été refusée, on assure qu'il se repentit d'avoir quitté l'Eglise catholique, et qu'il rétracta ses erreurs; mais, comme il est mort au pouvoir des calvinistes, il est difficile de savoir au juste ce qu'il en est.

François fut touché d'autant plus de la mort de Bèze, qu'il n'avait jamais désespéré de son retour à l'Eglise. Dieu l'en dédommagea d'un autre côté. Trois ministres et le premier syndic de Thonon furent reçus à la communion catholique, leur exemple fut suivi comme à l'envi par les autres habitants; de sorte que le nombre des catholiques étant devenu plus considérable que celui des calvinistes, le premier syndic prétendit que la ville devait passer pour catholique : sur quoi il écrivit au Pape, au nom de la ville, pour le prier d'en regarder les habitants comme ses enfants, et de lui rendre en cette qualité ce qu'on doit au père commun. Les succès n'étaient pas moindres dans le reste du Chablais et dans les bailliages; les paroisses en corps venaient abjurer l'hérésie, et l'on voyait tant de dispositions à une conversion générale, que l'évêque de Genève crut devoir y contribuer lui-même de sa présence et de ses soins. Il se rendit à Thonon, accompagné d'un bon nombre de savants Jésuites, de Capucins et d'ecclésiastiques destinés au gouvernement des paroisses qu'on ne pouvait plus différer d'établir.

Un étranger auxiliaire vint hâter la conclusion : la peste se mit à sévir dans certaines provinces de la Savoie, mais non dans le Chablais. Le cardinal de Médicis, qui venait de conclure la paix de Vervins entre la France et l'Espagne, ayant donc à retourner en Italie, prit son chemin par le Chablais, qui n'était nullement le chemin ordinaire. Le duc de Savoie, suivi de toute sa cour, vint à Thonon pour lui faire honneur, ainsi que l'évêque de Genève et d'autres évêques. On fit à Thonon les prières des Quarante-Heures et la procession du Saint-Sacrement avec une pompe et une piété merveilleuses. Neuf cents calvinistes se convertirent dans l'espace de trois jours; d'autres également nombreux suivirent leur exemple : le cardinal-légat lui-même en reçut plusieurs.

François de Sales profita habilement de la conjoncture pour déterminer le duc de Savoie, malgré la plupart de ses conseillers, à faire exécuter les articles tenus jusqu'alors en suspens, savoir, que les prédicants huguenots seraient chassés des Etats de Savoie; que les calvinistes seraient privés des charges qu'ils possédaient, et qu'elles seraient données aux catholiques; qu'on rendrait aux églises, pour l'entretien des paroisses, tous les bénéfices usurpés par l'hérésie; qu'on fonderait incessamment un collège de Jésuites à Thonon, et que, dans le Chablais et les bailliages, on ne souffrirait point d'autre exercice public que celui du catholicisme.

Après le départ du légat, le duc manda tous les calvinistes à l'hôtel-de-ville : il y alla lui-même, précédé de ses gardes et suivi de sa cour. Là, il rappelle ce qu'il a fait pour ramener tous les habitants, par les voies de la douceur, à la foi de leurs pères : le plus grand nombre a été docile; quant à la minorité rebelle, il lui annonce des mesures de rigueur : elle ne peut les trouver injustes. L'hérésie s'est introduite par une tyrannique violence, il est juste qu'elle soit expulsée par l'autorité légitime. C'est le moment de se déclarer : ceux qui veulent revenir à la foi de leurs pères et de leur prince passeront à sa droite, les autres à sa gauche. La plupart se rangèrent à la droite du prince, les autres furent chassés de sa présence; mais, avant la fin du jour, François en eut encore le plus grand nombre. Une portion très-minime passa la frontière; encore, lorsqu'ils virent que les huguenots de Suisse ne songeaient pas à prendre les armes en leur faveur, ils écrivirent à François pour se déclarer catholiques et rentrer en grâce auprès du duc avant son départ de Thonon. Ainsi se consomma le retour du Chablais à la foi de ses ancêtres. S'imaginer que François de Sales n'y employa que la simplicité sans la prudence, la douceur sans la fermeté, serait se tromper de beaucoup : il sut allier le tout ensemble.

En 1599, Claude de Granier, évêque de Genève, nomma François son coadjuteur. Le saint eut tant de peine à y consentir, qu'il en tomba dangereusement malade. Le bon évêque tomba malade, de son côté, de chagrin de lui avoir causé cette maladie; mais il persista dans son choix, où il était appuyé par le duc de Savoie et par le Pape même. François se rendit donc à Rome, où Clément VIII voulut l'examiner en personne, non pas que les évêques de Savoie y fussent obligés, mais par distinction et pour sa satisfaction particulière. Le Pape était accompagné de Baronius, de Bellarmin et de plusieurs autres cardinaux, évêques et prélats. François avait demandé à Dieu de le couvrir de confusion en manifestant son ignorance, s'il ne l'appelait pas à l'épiscopat. Il répondit si bien, que le Pape, se levant de son siège et l'embrassant avec tendresse, lui dit ces paroles de l'Ecriture : *Buvez, mon fils, des eaux de votre citerne et de la source de votre cœur, et faites que l'abondance de ces eaux se répande dans toutes les places publiques, afin que tout le monde en puisse boire et s'y désaltérer* (Prov. 5).

En 1601, après une guerre entre le roi de France et le duc de Savoie, au sujet du marquisat de Saluces, il y eut une paix qui donna le marquisat au duc, en échange des pays de Bresse, Bugey, Véromey, et de la baronnie de Gex. Ce dernier était du diocèse de Genève, et l'un des trois bailliages où la religion catholique avait fait le moins de progrès. Les hérétiques s'y prévalaient de leur union à la France : trente-cinq paroisses risquaient de retomber dans l'erreur. François se rendit à Paris, pour obtenir du gouvernement français l'autorisation d'agir dans ce bailliage comme dans les deux autres. La chose n'était pas sans difficulté : dans la guerre contre le duc de Savoie, Henri IV avait eu les hérétiques pour auxiliaires. François séjourna donc à Paris pendant neuf mois ; il y fit une mission apostolique, à peu près comme dans le Chablais.

La cour de France était remplie, non-seulement de calvinistes, mais d'impies et de libertins. François prêcha d'abord sur les vérités générales du salut d'une manière qui attira la foule des catholiques et des calvinistes ; puis il entreprit la controverse sur un seul point, en soutenant que le ministère des huguenots était sans autorité, et leurs ministres sans mission légitime. A cet effet, il prouva, par Théodore de Bèze, que toutes leurs églises avaient été établies par des laïques, comme celle de Méaux par des cardeurs et des foulons. Or, toujours l'Eglise a condamné les ordinations de cette nature, jamais aucune société chrétienne ne les approuva : reste donc aux huguenots à les justifier par l'Ecriture, seule règle de foi, suivant eux. François les défia publiquement de le faire. Ce discours jeta les ministres dans un terrible embarras ; ils se consultèrent longuement, mais ne purent convenir d'une réponse. Ce que voyant, la comtesse de Perdrieuville eut des conférences particulières avec François, et finit par se convertir avec toute sa famille, qui était des plus nombreuses. Sa conversion fut suivie de celle de l'illustre maison de Raconis, dont un membre entra même chez les Capucins, et y mena une vie exemplaire. D'autres discours de François convertirent un si grand nombre d'hérétiques des plus obstinés, que le cardinal Du Perron ne put s'empêcher de dire : « Je suis sûr de convaincre les calvinistes, mais pour les convertir, c'est un talent que Dieu a réservé à Monsieur de Genève.

Ce que François de Sales ne traita qu'en passant dans les chaires de Paris, la vraie et fausse mission dans les pasteurs de l'Eglise, les règles de la foi, la prééminence de saint Pierre et des Papes, il le développe dans une suite de quatre-vingts discours de controverses, dédiée à la ville de Thonon et à Messieurs de la religion prétendue réformée. Voici comme il procède dans le discours trente-neuvième, ayant pour titre : LES ÉLOGES, TITRES ET PRÉROGATIVES QUE LES ANCIENS PÈRES ET LES CONCILES ONT ATTRIBUÉS AUX PAPES DE ROME.

Or, pour confirmer ce que nous avons allégué des évêques de Rome, vous plaît-il, Messieurs, ouïr en peu de paroles ce que les anciens pensaient de leur succession, et en quel rang ils tenaient l'évêque romain ! Voici comme ils appellent le Siège de saint Pierre, son grade, son église, son évêque, sa dignité ; et tout cela revient en un.

La chaire de saint Pierre (*S. Cyprian., l. 1, ep. 3*).
L'Eglise principale (*Ibid., ep. 55 ad Cornel.*).
L'origine de l'unité sacerdotale (*Ibid., l. 3, ep. 2*).
L'Eglise où est le lien de l'unité (*Ibid., l. 4, ep. 2*).
Le sommet sublime du sacerdoce (*S. Irénée, l. 3, c. 3*).
L'Eglise où réside la plus puissante principauté (*Cyp., l. 3, ep. 8*).
L'Eglise racine et matrice des autres églises (*Anaclet. Pap. epist. ad univ. episcopos*).
Le Siège sur lequel est établie l'Eglise universelle (*Damas. Pap. ad univ. episcopos*).
Le Gond et le Chef de toutes les églises (*Marcellin. 1 Pap. ad episcopos Antiochenæ Ecclesiæ*).
Le Refuge et l'Appui des évêques (*Synod. Alexand.; epist. ad Felicem Pap.*).
Le Siège suprême apostolique (*S. Athanas.*).
Le Chef de l'honneur pastoral (*Prosper., l. De Ingratis*).
La Principauté de la Chaire apostolique (*S. August., ep. 162*).
La Dignité principale du sacerdoce apostolique (*Prosper., De Vocat. gent., l. 2, c. 6*).
Le Chef de toutes les églises (*Prosper., in præfat. concil. Chalcedon.*).
Le Chef de l'univers et de la religion du monde (*Imperator Valentinian*).
L'Eglise préposée et préférée à toutes les autres églises (*Victor Utic., l. De perfectione*).
L'Eglise présidente (*Vand., l. 2 Imp. Justinian., c. de summá Trinit.*).
Le Siège suprême qui ne peut être jugé par aucun autre (*S. Leo in Nat. SS. Apost.*).
Le Premier de tous les sièges (*S. Prosper., l. De ingratis*).
Le Port très-assuré de toute communion catholique (*Synod. Rom. sub Gelasio*).
La Fontaine apostolique (*S. Ignat., epist. ad Rom. in subscriptione*).
Au très-saint Evêque de l'Eglise catholique (*Synod. Sinuess. 300 episcoporum*).
Le très-saint et très-heureux Patriarche (*Ibid., t. VII Concil.*).
Le Patriarche universel (*S. Leo Pap., ep. 61*).
Le Chef du concile (*Hieron., ep. 16*).
Le Chef de l'Eglise du monde (*Innocent. ad Patr. conc. Milev.*).
Le très-heureux Seigneur (*S. Aug., ep. 9*).
L'Evêque élevé sur le sommet apostolique (*Cypr., l. 3, ep. 11*).
Le Père des pères (*Conc. Chalced., act. 3*).
Le souverain Pontife entre les prélats (*Ibid. in præfat.*).
Le souverain Prêtre (*Ibid., act. 16*).
Le Prince des prêtres (*Stephan. episc. Carthag.*).
Le Recteur de la maison de Dieu et le gardien de la vigne du Seigneur (*Conc. Carth., epist. ad Damas.*).
Le Vicaire de Jésus-Christ et le Confirmateur de la foi des chrétiens (*Hieron., præfat. in Evang. ad Damas.*).
Le Grand-Prêtre (*Valentinianus, et cum illo tota antiquitas*).

Le souverain Pontife et le Prince des évêques (*Concil. Chalced. ad Theodos. imperat.*).
L'héritier des apôtres (*Bernard., l. De Consid.*).
Abel en primauté (*Ibid.*).
Abraham en patriarcat (*Ambr. in* 1. *Tim.* 3).
Melchisédech en ordre (*Conc. Chalced., epist. ad Leonem*).
Aaron en dignité (*Cypr., l.* 1, *ep.* 3).
Moïse en autorité (*Bernard., ep.* 100).
Samuel en judicature (*Ibid., et* 1 *De Consid.*).
Pierre en puissance (*Ibid.*).
Christ en onction (*Ibid.*).
Le Pasteur de la bergerie de Jésus-Christ (*Ibid., l.* 2 *De Consid.*).
Le Porte-clé de la maison de Dieu (*Ibid.; c.* 8).
Le Pasteur de tous les pasteurs (*Ibid.*).
Le Pontife appelé en la plénitude de la puissance (*Ibid.*) (1).

Après avoir ainsi énuméré ces cinquante titres, François de Sales ajoute :

« Je n'aurais jamais fait, si je voulais entasser tous les titres d'excellence que les anciens ont donnés au Saint-Siége de Rome et à son évêque : ceci doit suffire, ce me semble, aux cerveaux mêmes les plus bizarres, pour faire voir la magnifique imposture que Bèze avance, après son Monsieur Jean Calvin, en son *Traité des marques de l'Eglise*, où il dit « que Phocas a été le premier qui a donné autorité à l'évêque de Rome sur tous les autres, et l'a mis en primauté. » Mais à quoi bon débiter un si gros mensonge? Phocas vivait au temps de saint Grégoire le Grand, et tous les auteurs que j'ai cités sont plus anciens que saint Grégoire, excepté saint Bernard, lequel j'ai allégué aux livres *De la Considération*, parce que Calvin les a tenus pour si authentiques, qu'il lui semble que la vérité même ait parlé par sa bouche. »

Le comte Joseph de Maistre, ayant représenté ce tableau, y joint les réflexions et les citations suivantes :

« La réunion de ses différentes expressions est tout à fait digne de l'esprit lumineux qui distinguait le grand évêque de Genève. On a vu plus haut quelle idée sublime il se formait de la suprématie romaine (LE PAPE ET L'ÉGLISE C'EST TOUT UN). Méditant sur les analogies multipliées des deux Testaments, il insistait sur l'autorité du grand-prêtre des Hébreux. « Le nôtre, dit saint François de Sales, porte aussi sur sa poitrine l'*urim* et le *thummim*; c'est-à-dire la *doctrine* et la *vérité*. Certes, tout ce qui fut accordé à la servante *Agar* a bien dû l'être, à plus forte raison, à l'épouse *Sara* (*Discours* 40). »

» Parcourant ensuite les différentes images qui ont pu représenter l'Eglise sous la plume des écrivains sacrés : « Est-ce une maison, dit-il? elle est fondée sur son rocher et sur son fondement ministériel, *qui est Pierre*. Vous la représentez-vous comme une *famille?* voyez Notre Seigneur, qui paie le tribut comme chef de la maison, et d'abord après lui saint Pierre, comme son représentant. L'Eglise est-elle une *barque?* saint Pierre en est le véritable patron, et c'est le Seigneur lui-même qui me l'enseigne. La réunion opérée par l'Eglise est-elle représentée par une *pêche?* saint Pierre s'y montre le premier, et les autres disciples ne pêchent qu'après lui. Veut-on comparer la doctrine qui nous est prêchée (pour nous tirer des *grandes eaux*) au *filet* d'un pêcheur? c'est saint Pierre qui le jette, c'est saint Pierre qui le retire : les autres disciples ne sont que ses aides; c'est saint Pierre qui présente les *poissons* à Notre Seigneur. Voulez-vous que l'Eglise soit représentée par une *ambassade?* saint Pierre est à la tête. Aimez-vous mieux que ce soit un *royaume?* saint Pierre en porte les clés. Voulez-vous enfin vous la représenter sous l'image d'un *bercail* d'agneaux et de *brebis?* saint Pierre en est le *berger* et le *pasteur général* sous Jésus-Christ (*Discours* 42). »

De Maistre conclut : « Je n'ai pu me refuser le plaisir de faire parler un instant ce grand et aimable saint, parce qu'il me fournit une de ces observations générales, si précieuses dans les ouvrages où les détails ne sont point permis. Examinez l'un après l'autre les grands docteurs de l'Eglise catholique; à mesure que le principe de sainteté a dominé chez eux, vous les trouverez toujours plus fervents envers le Saint-Siége, plus pénétrés de ses droits, plus attentifs à les défendre. C'est que le Saint-Siége n'a contre lui que l'orgueil, qui est immolé par la sainteté (*Du Pape*, c. 10).

Nous venons de voir comme l'ensemble des moyens qu'employait le saint évêque de Genève pour ramener les hérétiques au sein de l'Eglise, tant dans son diocèse qu'à Paris. En cette capitale, il ne fit pas moins de conversions parmi les catholiques mêmes, dont il amena une multitude innombrable à une vie plus chrétienne et plus fervente. Tous lui donnaient leur affection et leur confiance. Henri IV lui-même le consultait souvent, et sur les affaires les plus délicates; il disait de lui : Je l'aime, parce qu'il ne m'a jamais flatté. Il mit tout en œuvre pour le fixer en France et lui offrit le premier évêché vacant, avec une abbaye. François répondit que, Dieu l'ayant appelé à l'évêché de Genève, il croyait le devoir garder toute sa vie. Un ami commun du roi et du saint fut le sieur Deshayes. Un jour Henri IV le pressa de lui dire franchement lequel des deux il aimait le plus, de lui ou de l'évêque. Deshayes répondit : J'ai pour Votre Majesté toute la vénération et toute la tendresse dont je suis capable, mais j'aime bien l'évêque de Genève. Le roi reprit : Je ne trouve point à redire à vos sentiments, mais je vous prie tous deux qu'au moins je passe le tiers dans votre amitié. — On sent que si, dans sa jeunesse, ce prince avait eu pour précepteur un François de Sales qui eût tourné son cœur à l'amour de Dieu, il eût été un fils ressemblant de saint Louis. — Cependant, même François de Sales fut accusé de conspirer contre la vie de ce même roi, lequel y crut assez pour le faire observer de près par ses accusateurs mêmes. Le saint homme y mit plus de franchise. Sitôt qu'il en eut avis, il s'en expliqua nettement avec le roi, qui finit par l'embrasser et lui dit : Monsieur de Genève, je suis persuadé de ce que vous m'avez dit : soyons meilleurs amis que jamais. — Quelque temps après, ayant su que le revenu de l'évêché de Genève était fort médiocre, il lui fit offrir par leur ami commun Deshayes une pension de

---

(1) *Œuvres complètes*, t. IV, p. 96. Paris, 1845, in-8º. — Ces *Œuvres complètes* ont été réimprimées, à Bar-le-Duc, par l'éditeur Contant-Laguerre, 1re édition, en 10 volumes in-8º (1865), et 2e édition, en 6 volumes même format (1868).

mille écus. François, qui en avait déjà refusé une plus considérable, répondit à Deshayes : « Je vous prie, mon cher ami, de remercier pour moi Sa Majesté et de lui dire que ses présents me font trop d'honneur pour les refuser, mais que, comme je n'ai pas besoin d'argent à cette heure et que je ne sais pas le garder, je supplie Sa Majesté de trouver bon que cet argent demeure entre les mains du trésorier de l'épargne et que je le demande quand j'en aurai besoin. » Le roi vit bien que c'était un honnête refus; mais il le trouva si adroit, qu'il ne put s'empêcher de dire qu'il n'avait jamais donné de pension dont il eût été mieux remercié que de celle qu'il avait offerte à l'évêque de Genève. — A Paris, on lui donnait ce titre, quoiqu'il ne fût encore que coadjuteur.

A peine s'était-il mis en chemin pour revenir en Savoie, qu'il apprit la mort de Claude Granier, évêque réel de Genève, auquel il succédait dès ce moment. Il se rendit au château de Sales, y fit sa retraite pour son sacre, lequel eut lieu le 8 décembre 1602, dans l'église de Thorens, par les mains du métropolitain de Genève, l'archevêque de Vienne, assisté des évêques de Damas et de Saint-Paul-Trois-Châteaux. Dans cette retraite, qu'il fit sous la direction d'un Jésuite de Thonon, il se prescrivit un règlement de vie qui peut servir de modèle à d'autres prélats. Lui-même se proposait d'imiter saint Charles. Ce qu'il y eut de mieux dans son règlement, c'est qu'il le mit constamment en pratique. Il en fit de semblables pour son diocèse, dont il eut soin de faire la visite générale. Statuts synodaux en 1603 et 1606. On y intime et publie derechef les canons des anciens conciles, qui défendent aux ecclésiastiques de tenir dans leur logis aucune femme dont la demeure et le séjour avec eux puissent être justement suspects. Tous les curés enseigneront le catéchisme de Bellarmin, les dimanches et les fêtes de commandement, à l'heure qui sera jugée la plus propre selon l'exigence des lieux. Les curés feront vider les églises, et particulièrement les chœurs, des meubles profanes qui pendant la guerre y avaient été mis en sûreté, et ne permettront pas dans la suite que pareilles choses y soient déposées sans une évidente nécessité. Tous les ecclésiastiques suivront, en tout et partout les décrets du très-saint concile de Trente, et principalement en ce qui est de l'office divin et la célébration de la messe. Les tavernes et les cabarets leur sont interdits dans les lieux de leur résidence, sans aucune exception et sous quelque prétexte que ce soit, même d'accommoder des différends, et encore partout ailleurs, sinon dans le cas d'une évidente nécessité; auquel cas ils s'y comporteront avec toute sorte de modestie et de sobriété. Les jeux illicites leur sont défendus en tous lieux, et pour les récréations permises, ils ne les pourront prendre dans les places, carrefours, rues, chemins et autres lieux publics. Leur sont également défendus les foires et les marchés, sinon en cas de nécessité, ce qui arrive peu souvent; et ce cas ils se comporteront selon leur qualité de prêtres, et non en marchands et en négociants. Il est enjoint à tous ceux qui ont charge d'âmes, d'avoir en bon état des registres des baptêmes, des mariages et des enterrements, et d'en rapporter à chaque synode des copies signées dans notre greffe.

Parmi les opuscules du saint évêque, se voit un édit touchant la procession de la Fête-Dieu; une exhortation aux ecclésiastiques pour s'appliquer à l'étude, où on lit ces paroles : « Je puis vous dire avec vérité qu'il n'y a pas grande différence entre l'ignorance et la malice, quoique l'ignorance soit plus à craindre, si vous considérez qu'elle n'offense pas seulement soi-même, mais qu'elle passe jusqu'au mépris de l'état ecclésiastique. Pour cela, mes très-chers frères, je vous conjure de vaquer sérieusement à l'étude; car la science du prêtre c'est le huitième sacrement de la hiérarchie de l'Eglise, et son plus grand malheur est arrivé de ce que l'arche s'est trouvée en d'autres mains que celles des Lévites. — C'est par là que notre misérable Genève nous a surpris, lorsque s'apercevant de notre oisiveté, que nous n'étions pas sur nos gardes, et que nous, nous contentions simplement de dire notre bréviaire, sans penser à nous rendre plus savants, ils trompèrent la simplicité de nos pères et de ceux qui nous ont précédés, leur faisant croire que jusqu'alors on n'avait rien entendu à l'Ecriture sainte. — Ainsi tandis que nous dormions, l'homme ennemi sema l'ivraie dans le champ de l'Eglise, fit glisser l'erreur qui nous a divisés, et mit le feu par toute cette contrée, feu duquel vous et moi eussions été consumés avec beaucoup d'autres, si la bonté de notre Dieu n'eût miséricordieusement suscité ces puissants esprits, je veux dire les Révérends Pères Jésuites, qui s'opposèrent aux hérétiques, et nous font chanter glorieusement en notre siècle : *Misericordia Domini, quia non sumus consumpti* (*Œuvres complètes*, t. II, p. 704). »

Le saint évêque faisait lui-même le catéchisme, et donna par écrit la manière de le faire, avec plusieurs instructions et avertissements pour la confession, la communion, la sainte messe, pour bien employer son temps, bien sanctifier la journée. Rien n'échappait à sa vigilance et à son zèle.

Les peuples du Chablais étaient obligés d'avoir recours aux villes de Genève et de Lausanne, soit pour le commerce des choses nécessaires à la vie, soit pour faire apprendre des métiers à leurs enfants ou leur procurer des établissements, soit enfin pour les faire élever dans les études des sciences. François, encore prévôt de la cathédrale, observa bien vite que cela porterait un grand préjudice à leurs âmes et les éloignait de leur salut et de leur conversion. Le meilleur moyen, pour empêcher ce désordre, lui parut d'établir une université ou maison dans laquelle on enseignât tous les arts et toutes les sciences, principalement la théologie scholastique, la controverse, les cas de conscience, les traditions des saints Pères et les saintes Ecritures; cet établissement augmenterait la population et le commerce de la ville, qui n'aurait plus besoin de recourir aux hérétiques. Le projet ayant été mûrement examiné par l'évêque et un grand nombre de personnes de mérite, le pape Clément VIII érigea la sainte maison de Thonon, le 13 septembre 1599, avec tous les privilèges d'université, pour être gouvernée par un préfet et sept prêtres séculiers, qui seraient tenus d'observer la vie et l'institut de la congrégation de l'Oratoire de Rome. François de Sales en fut nommé le premier préfet, et Baronius, le premier cardinal protecteur. François dressa les constitutions pour la nouvelle communauté (*Œuvres complètes*, t. II, p. 667 et seqq.). N'étant encore que sous-diacre, il avait établi dans Annecy même, avec des statuts convenables, une confrérie des Pénitents de la Sainte-Croix, pour les personnes de l'un et de l'autre sexe (*Ibid.*, p. 662).

Pendant son épiscopat, il donna des constitutions aux ermites de la montagne de Voiron, des règlements de réforme à plusieurs monastères d'hommes et de femmes. Voici les avis du saint évêque à l'abbesse d'une de ces maisons réformées :

« Voulez-vous que je vous dise ce qu'il m'en semble, Madame ? L'humilité, la simplicité de cœur et d'affection, et la soumission d'esprit sont les solides fondements de la vie religieuse. J'aimerais mieux que les cloîtres fussent remplis de tous les vices que du péché d'orgueil et de vanité, parce que, avec les autres offenses, on peut se repentir et obtenir pardon ; mais l'âme superbe a dans soi les principes de tous les vices et ne fait jamais pénitence, s'estimant en bon état et méprisant tous les avis qu'on lui donne. On ne saurait rien faire d'un esprit vain et plein de l'esprit de soi-même ; il n'est bon ni à soi ni aux autres. — Il faut encore, pour faire un bon gouvernement, que les supérieurs ressemblent aux pasteurs qui paissent les agneaux, et qu'ils ne négligent pas le moindre exemple pour édifier le prochain ; parce que, tout ainsi qu'il n'y a si petit ruisseau qui ne mène à la mer, aussi n'y a-t-il trait qui ne conduise l'âme en ce grand océan des merveilles de la bonté de Dieu. — Madame, le soin que vous devez avoir de ce saint ouvrage doit être doux, gracieux, compatissant, simple et débonnaire. Et, croyez-moi, la conduite la plus parfaite est celle qui approche le plus près de l'ordre de Dieu sur nous, qui est plein de tranquillité, de quiétude et de repos, et qui, en sa grande activité, n'a pourtant aucune émotion et se fait à toutes choses.

» De plus, la diligence des supérieurs doit être grande pour remédier aux plus petits murmures de la communauté. Car, comme les grands orages se forment des vapeurs invisibles, de même, en religion, les plus grands troubles viennent de causes fort légères. Rien aussi ne perd tant les ordres que le peu de soins qu'on apporte à examiner les esprits de ceux qui se jettent aux cloîtres. On dit : Il est de bonne maison, c'est un grand esprit ; mais on oublie qu'il ne se soumettra qu'avec grande difficulté à la discipline religieuse. — Avant de les admettre, on doit leur représenter la vraie mortification et la soumission que la religion demande, et ne leur point figurer si avantageusement tant de consolations spirituelles. Car, tout ainsi que la pierre, encore que vous la jetiez en haut, retombe en bas de son propre mouvement, aussi plus une âme que Dieu veut à son service sera repoussée, plus elle s'élancera à ce que Dieu voudra d'elle. D'ailleurs, ceux qui prennent ce parti comme par dépit d'avoir un courage haut avec une basse fortune, apportent d'ordinaire bien plus de désordre dans les cloîtres que de bon ordre en eux (*Œuvres complètes*, t. II, p. 695). »

Outre son diocèse et des communautés religieuses, le saint évêque dirigeait plusieurs personnes du monde. Parmi elles était une dame de ses parents. Ne pouvant toujours l'entretenir de vive voix, il lui écrivit plusieurs lettres. Elle en fit une collection et les montra au Père Jésuite qui la dirigeait, le même qui avait dirigé François dans sa retraite pour son sacre. Le Père Fourier (c'était son nom) en fut émerveillé, et pressa l'auteur de revoir son travail et de le rendre public, pour la plus grande gloire de Dieu et l'utilité de tant d'âmes qui voudraient pratiquer la dévotion au milieu du monde, mais ne savaient comment. François hésitait encore, quand il reçut une lettre de son ami Deshayes, qui lui demandait la même chose de la part du roi Henri IV. Ce prince déplorait un jour devant cet ami le libertinage qui régnait à la cour, et dont il trouvait deux causes : parmi les gens du monde, les uns se persuadaient que Dieu ne faisait nulle attention aux actions des hommes ; les autres, que le service de Dieu était trop difficile et la piété impossible. Il lui sembla que, pour remédier à un si grand mal, il faudrait faire peur aux premiers, mais rassurer les seconds, en leur montrant le service de Dieu facile et la piété aimable, et que l'évêque de Genève était l'homme pour faire ce livre (*Vie de S. Fr. de Sales*, par Aug. de Sales, l. 7). Sur quoi le saint n'hésita plus, et fit l'*Introduction à la vie dévote*. Voici comme il en parle lui-même dans la préface.

« La bouquetière Glycera savait si proprement diversifier la disposition et le mélange des fleurs, qu'avec les mêmes fleurs elle faisait une grande variété de bouquets ; de sorte que le peintre Pausias demeura court, voulant contrefaire à l'envi cette diversité d'ouvrages ; car il ne sut changer sa peinture en tant de peintures, comme Glycera faisait ses bouquets. Ainsi le Saint-Esprit dispose et arrange avec tant de variété les enseignements de dévotion qu'il donne par les langues et les plumes de ses serviteurs, que la doctrine étant toujours une même, les discours néanmoins qui s'en font sont bien différents selon les diverses façons desquelles ils sont composés. Je ne puis certes, ni veux, ni dois écrire en cette *Introduction*, que ce qui a déjà été publié par nos prédécesseurs sur ce sujet. Ce sont les mêmes fleurs que je te présente, mon lecteur ; mais le bouquet que j'en ai fait sera différent des leurs, à raison de la diversité de l'agencement dont il est façonné.

» Ceux qui ont traité de la dévotion ont presque tous regardé l'instruction des personnes fort retirées du commerce du monde, ou au moins ont enseigné une sorte de dévotion qui conduit à cette entière retraite. Mon intention est d'instruire ceux qui vivent ès villes, ès ménages, à la cour, et qui par leur condition sont obligés de faire une vie commune, quant à l'extérieur... J'adresse mes paroles à Philothée, parce que voulant réduire à l'utilité commune de plusieurs âmes, ce que j'avais premièrement écrit pour une seule, je l'appelle du nom commun à toutes celles qui veulent être dévotes ; car Philothée veut dire amatrice ou amoureuse de Dieu.

» Regardant donc en tout ceci une âme qui, par le désir de la dévotion, aspire à l'amour de Dieu, j'ai fait cette *Introduction* de cinq parties, en la première desquelles je m'essaie, par quelques remontrances et exercices, de convertir le simple désir de Philothée en une entière résolution, qu'elle fait à la parfin, après sa confession générale, par une solide protestation, suivie de la très-sainte communion, en laquelle se donnant à son Sauveur et le recevant, elle entre heureusement en son saint amour. Cela fait, pour la conduire plus avant, je lui montre deux grands moyens de s'unir de plus en plus à sa divine Majesté : l'usage des sacrements, par lesquels ce bon Dieu vient à nous, et la sainte oraison, par laquelle il nous tire à soi. Et en ceci j'emploie la seconde partie. En la troisième, je lui fais voir comme elle se doit exercer en plusieurs vertus propres à son avancement, ne m'amusant pas sinon à certains avis particuliers, qu'elle n'eût pas su aisément prendre ailleurs ni d'elle-même. En la quatrième, je lui fais découvrir quelques embûches de ses ennemis et lui montre comme elle doit s'en démêler et passer outre. Et finalement, en la cinquième partie, je la fais retirer un peu à part soi, pour se rafraîchir, reprendre haleine et réparer ses forces, afin qu'elle puisse par après plus heureusement gagner pays et s'avancer en la vie dévote. »

Au commencement de la première partie, le saint évêque traite ces questions principales : *Qu'est-ce que la dévotion? — Quelle en est l'excellence? — A quelle profession convient-elle?* Questions importantes, sur lesquelles aujourd'hui même les chrétiens du monde n'ont pas toujours des idées nettes.

« La vraie et vivante dévotion, répond le saint évêque de Genève, présuppose l'amour : même elle n'est autre chose qu'un vrai amour de Dieu, mais non pas toutefois un amour tel quel. Car en tant que l'amour divin embellit notre âme, il s'appelle *grâce*, nous rendant agréable à sa divine Majesté ; en tant qu'il nous donne la force de bien faire, il s'appelle *charité*; mais quand il est parvenu jusqu'au degré de perfection, auquel il ne nous fait pas seulement bien faire, mais nous fait opérer soigneusement, fréquemment et promptement, alors il s'appelle *dévotion*... Bref, la dévotion n'est autre chose qu'une agilité et vivacité spirituelle, par le moyen de laquelle la charité fait ses actions en nous, ou nous par elle, promptement et affectionnément ; et comme il appartient à la charité de nous faire généralement et universellement pratiquer tous les commandements de Dieu, il appartient aussi à la dévotion de nous les faire faire promptement et diligemment. C'est pourquoi celui qui n'observe point tous les commandements de Dieu ne peut être estimé ni bon ni dévot, puisque, pour être bon, il faut avoir la charité, et, pour être dévot, il faut avoir, outre la charité, une grande vivacité et promptitude aux actions charitables.

» Croyez-moi, chère Philothée, la dévotion est la douceur des douceurs et la reine des vertus, c'est la perfection de la charité. Si la charité est un lait, la dévotion en est la crème ; si elle est une plante, la dévotion en est la fleur ; si elle est une pierre précieuse, la dévotion en est l'éclat ; si elle est un baume précieux, la dévotion en est l'odeur, et l'odeur de suavité qui conforte les hommes et réjouit les anges.

» Dieu commanda en la création aux plantes de porter leurs fruits chacune selon son genre ; ainsi commande-t-il aux chrétiens, qui sont les plantes vivantes de son Eglise, qu'ils produisent des fruits de dévotion, chacun selon sa qualité et sa vocation. La dévotion doit être différemment exercée par le gentilhomme, par l'artisan, par le valet, par le prince, par la veuve, par la fille, par la mariée : et non-seulement cela, mais il faut accommoder la pratique de la dévotion aux forces, aux affaires et aux devoirs de chaque particulier.

» C'est une erreur, même une hérésie, de vouloir bannir la vie dévote de la compagnie des soldats, de la boutique des artisans, de la cour des princes, du ménage des gens mariés. Il est vrai que la dévotion purement contemplative, monastique et religieuse, ne peut être exercée en ces vocations-là ; mais aussi, outre ces trois sortes de dévotion, il y en a plusieurs autres, propres à perfectionner ceux qui vivent ès-états séculiers. Abraham, Isaac et Jacob, David, Job, Tobie, Sara, Rebecca et Judith en font foi par l'Ancien Testament ; et quant au Nouveau, saint Joseph, Lydia et saint Crépin furent parfaitement dévots en leurs boutiques ; sainte Anne, sainte Marthe, sainte Monique, Aquila, Priscilla, en leurs ménages ; Cornélius, saint Sébastien, saint Maurice, parmi les armes ; Constantin, Hélène, saint Louis, le bienheureux Amé, saint Edouard, en leurs trônes. »

Dès le premier moment de sa publication, en 1608, l'*Introduction à la vie dévote* fut reçue avec un applaudissement universel ; on la traduisit dans toutes les langues de l'Europe. Henri IV avouait que l'auteur avait surpassé son attente. Son épouse, Marie de Médicis, en envoya un exemplaire magnifiquement relié et enrichi de pierreries à Jacques Stuart, roi d'Angleterre. Ce prince, tout ennemi qu'il était de l'Eglise romaine, éprouvait en le lisant une grande satisfaction ; il ne s'en cachait pas, jusque-là qu'il demandait aux évêques protestants pourquoi ils n'écrivaient pas avec la même onction. « Votre livre m'enchante, mandait à notre saint l'archevêque de Vienne, Pierre de Villars ; toutes les fois que je l'ouvre, je me sens enflammé et ravi hors de moi-même. » Le pape Alexandre VII étant encore nonce à Cologne, écrivait à son neveu en 1642 : « Je vous conjure une fois de faire vos délices et vos plus chères études des œuvres de Monsieur de Sales, d'être son lecteur assidu, son fils obéissant et son imitateur fidèle. C'est à sa Philotée, qui est la meilleure guide que l'on puisse prendre pour se conduire dans le chemin de la vertu, que je dois depuis vingt ans, après Dieu, la correction de mes mœurs ; et s'il y a quelque chose en moi exempt de vice, je lui en ai l'obligation. Je l'ai lue une infinité de fois, et je ne saurais me passer de la relire ; elle ne perd jamais pour moi la grâce de la nouveauté, et toutes les fois qu'elle repasse sous mes yeux, il me semble qu'elle me dit toujours quelque chose de plus que ce qu'elle m'avait dit auparavant (*Œuvres complètes*, t. I, p. 527). » Au milieu de ce concert d'éloges, il y eut cependant une critique outrageuse. Un prédicateur, d'un ordre sévère, déclama publiquement contre l'ouvrage et même le brûla devant son auditoire. Cet emportement perdit le prédicateur, mais non le livre. Le saint supporta cet outrage sans proférer un mot de plainte. « Je suis bien plus surpris, disait-il, de n'avoir eu qu'un censeur, que s'il s'en fût trouvé un plus grand nombre. »

En général, quand on venait lui dire que quelques-uns médisaient de lui et en disaient des choses étranges, il répondait avec douceur : « Ne disent-ils que cela? Oh! vraiment ils ne savent pas tout. Ils me flattent, ils m'épargnent; je vois bien qu'ils ont de moi plus de pitié que d'envie, et qu'ils me souhaitent meilleur que je ne suis. Eh bien! Dieu soit béni : il se faut corriger; si je ne mérite pas d'être repris en cela, je le mérite d'une autre façon; c'est toujours miséricorde que je le sois si bénignement. » — Quand on prenait sa défense et que l'on disait que cela était faux : « Eh bien! disait-il, c'est un avertissement, afin que je me garde de le rendre vrai. N'est-ce pas une grâce que l'on me fait de m'avertir que je me détourne de cet écueil? » — Quand il voyait qu'on s'irritait contre les médisants : « Hélas, disait-il, vous ai-je passé procuration de vous courroucer pour moi? Laissez-les dire, ce n'est qu'une croix de parole, une tribulation de vent, la mémoire en périt avec le son. Il faut être bien délicat pour ne pouvoir souffrir le bourdonnement d'une mouche. Qui nous a dit que nous soyons irrépréhensibles? Peut-être voient-ils mieux mes défauts que moi ni que ceux qui m'aiment. Nous appelons souvent des vérités du nom de médisance, quand elles ne nous plaisent pas. — Quel tort nous fait-on, quand on a mauvaise opinion de nous? Ne la devons-nous pas avoir telle de nous-mêmes? Telles gens ne sont pas nos adversaires, mais nos partisans, puisque avec nous ils entreprennent la destruction de notre amour-propre. Pourquoi nous fâcher contre ceux qui nous viennent en aide contre un si puissant ennemi. » — C'est ainsi qu'il se moquait des calomnies et des outrages, estimant que le silence et la modestie étaient capables d'y résister, sans employer la patience pour si peu de chose (*Esprit de S. Fr. de Sales*, l. 12, c. 4).

Nous avons vu le saint évêque de Genève travaillant à la conversion des hérétiques pour les ramener au sein de la vraie Eglise, hors de laquelle il n'y a point de salut; nous l'avons vu travaillant à la conversion des catholiques mêmes, pour les introduire dans les vertus et les douceurs de la vie dévote. Il portait ses vues encore plus loin : il travaillait à la perfection des âmes d'élite, pour les élever aux plus sublimes mystères de l'amour divin et de l'union avec Dieu. A cet effet, il fonda, comme nous verrons, une nouvelle congrégation de religieuses, dont le but principal est d'aimer Dieu et le prochain. Il leur fit en particulier plusieurs sermons et entretiens sur cette théologie ou l'oraison. « Car, dit-il, l'oraison et la théologie mystique ne sont qu'une même chose. Elle s'appelle *théologie*, parce que, comme la théologie spéculative a Dieu pour objet, celle-ci aussi ne parle que de Dieu, mais avec trois différences. Car, 1° celle-là traite de Dieu, en tant qu'il est Dieu, et celle-ci en parle, en tant qu'il est souverainement aimable; c'est-à-dire celle-là regarde la divinité de la suprême bonté, et celle-ci la suprême bonté de la divinité. 2° La spéculative traite de Dieu avec les hommes et entre les hommes, la mystique parle de Dieu avec Dieu et en Dieu même. 3° La spéculative tend à la connaissance de Dieu, et la mystique à l'amour de Dieu; de sorte que celle-là rend ses écoliers savants, doctes et théologiens, mais celle-ci rend les siens ardents, affectionnés, amateurs de Dieu, et Philothées ou Théophiles. Or, elle s'appelle *mystique*, parce que la conversation est toute secrète et qu'il ne s'y dit rien entre Dieu et l'âme que de cœur à cœur, par une communication incommunicable à tout autre qu'à ceux qui la font (*Traité de l'amour de Dieu*, l. 6, c. 1). Avec ces discours et entretiens spirituels, complétés par l'oraison et l'étude, le saint évêque fit, en douze livres, son *Traité de l'amour de Dieu*, dédié à la sainte Vierge et à saint Joseph, comme les plus parfaits modèles de l'amour divin.

Quel est l'ensemble, à partir de l'homme? Le saint répond : « L'homme est la perfection de l'univers; l'esprit est la perfection de l'homme; l'amour, celle de l'esprit; et la charité, celle de l'amour. C'est pourquoi l'amour de Dieu est la fin, la perfection et l'excellence de l'univers (*Ibid.*, l. 10, c. 1). Nous disons que l'œil voit, l'oreille entend, la langue parle, l'entendement discourt, la mémoire se ressouvient, et la volonté aime; mais nous savons toutefois que c'est l'homme, à proprement parler, qui, par ces diverses facultés et différents organes, fait toute cette variété d'opérations. C'est donc aussi l'homme qui, par la faculté affective, que nous appelons volonté, tend et se complaît au bien, et qui a vers ce bien cette grande convenance, laquelle est la source et l'origine de l'amour (*Ibid.*, l. 1, c. 8). Nous sommes créés à l'image et ressemblance de Dieu : qu'est-ce à dire cela, sinon que nous avons une extrême convenance avec sa divine Majesté. Notre âme est spirituelle, indivisible, immortelle, entend, veut, et veut librement, est capable de juger, discourir, savoir et avoir des vertus; en quoi elle ressemble à Dieu. Elle réside toute en tout son corps, et toute en chacune des parties d'icelui, comme la Divinité est toute en tout le monde, et toute en chaque partie du monde. L'homme se connaît et s'aime soi-même par des actes produits et exprimés de son entendement et de sa volonté, qui, procédant de l'entendement et de la volonté distingués l'un de l'autre, restent néanmoins et demeurent inséparablement unis en l'âme et ès facultés desquelles ils procèdent. Ainsi le Fils procède du Père, comme sa connaissance exprimée, et le Saint-Esprit, comme l'amour exprimé et produit du Père et du Fils; l'une et l'autre personne distinctes entre elles, et d'avec le Père; et néanmoins inséparables et unies, ou plutôt une même, seule, simple et très-unique indivisible Divinité.

» Mais, outre cette convenance de similitude, il y a une correspondance non-pareille entre Dieu et l'homme pour leur réciproque perfection; non que Dieu puisse recevoir aucune perfection de l'homme, mais parce que, comme l'homme ne peut être perfectionné que par la divine bonté, aussi la divine bonté ne peut bonnement si bien exercer sa perfection hors de soi qu'à l'endroit de notre humanité. L'un a grand besoin et grande capacité de recevoir du bien, et l'autre grande abondance et grande inclination pour en donner. Rien n'est si à propos pour l'indigence qu'une libérale affluence; rien si agréable à une libérale affluence qu'une nécessiteuse indigence : et plus le bien a d'affluence, plus l'inclination de se répandre et communiquer est forte. Plus l'indigent est nécessiteux, plus il est avide de recevoir, comme un vide de se remplir. C'est donc une douce et désirable rencontre, que celle de l'affluence et de l'indigence; et ne saurait-on presque dire qui a plus de contentement, ou le bien abondant à se répandre et communiquer, ou le bien défaillant et indigent à recevoir et tirer, si Notre Seigneur n'avait dit que c'est chose plus heureuse de donner que de recevoir. Or, où il y a plus de bonheur il y a plus de satisfaction : la divine bonté a donc plus de plaisir à donner ses grâces, que nous à les recevoir (*Traité de l'amour de Dieu*, l. 1, c. 15). »

Maintenant, quel est l'ensemble de ce même amour divin, à partir de Dieu? Voici sur cela les principes de saint François de Sales. Les perfections divines ne sont qu'une seule, mais infinie perfection : En Dieu il n'y a qu'un seul acte, qui est sa propre divinité; mais, pour en parler, nous autres mortels sommes obligés de distinguer ce qui est un, et d'y employer plusieurs noms et mots. « Nous disons donc que Dieu, ayant eu une éternelle et très-parfaite connaissance de l'art de faire le monde pour sa gloire, il disposa avant toutes choses, en son divin entendement, toutes les pièces principales de l'univers qui pouvaient lui rendre de l'honneur, c'est-à-dire la nature angélique et la nature humaine; et, en la nature angélique, la variété des hiérarchies et des ordres que l'Ecriture sainte et les sacrés Docteurs nous enseignent : comme aussi entre les hommes il disposa qu'il y aurait cette grande diversité que nous y voyons. Puis, en cette même éternité, il pourvut et fit état à part soi de tous les moyens requis aux hommes et aux anges pour parvenir à la fin à laquelle il les avait destinés, et fit ainsi l'acte de sa providence; et sans s'arrêter là, pour effectuer sa disposition, il a réellement créé les anges et les hommes, et, pour effectuer sa providence, il a fourni et fournit par son gouvernement tout ce qui est nécessaire aux créatures raisonnables pour parvenir à la gloire; tellement que, pour le dire en un mot, la providence souveraine n'est autre chose que l'acte par lequel Dieu veut fournir aux hommes et aux anges les moyens nécessaires ou utiles pour parvenir à leur fin. Mais, parce que ces moyens sont de diverses sortes, nous diversifions aussi le nom de la providence, et disons qu'il y a une providence naturelle, une autre surnaturelle; et celle-ci, qu'elle est ou générale, ou spéciale, ou particulière.

» Un mot de la providence naturelle. Dieu donc, voulant pourvoir l'homme des moyens naturels qui lui sont requis pour rendre gloire à sa divine bonté, il a produit en faveur de l'homme tous les autres animaux et les plantes; et pour pourvoir aux autres animaux et aux plantes, il a produit une variété de terroirs, de saisons, de fontaines, de vents, de pluies; et tant pour l'homme que pour les autres choses qui lui appartiennent, il a créé les éléments, le ciel et les astres; établissant, par un ordre admirable, que presque toutes les créatures servent les unes aux autres réciproquement : les chevaux nous portent, et nous les pansons; les brebis nous nourrissent et vêtent, et nous les paissons; la terre envoie des vapeurs à l'air, et l'air des pluies à la terre; la main sert au pied, et le pied porte la main. Oh ! qui verrait ce commerce et trafic général que les créatures font ensemble avec une si grande correspondance, de combien de passions amoureuses serait-il ému envers cette souveraine sagesse, pour s'écrier :

Votre providence, ô grand Père éternel, gouverne toutes choses (*Traité, etc.*, l. 2, c. 3).

» Tout ce que Dieu a fait est destiné au salut des hommes et des anges; mais voici l'ordre de sa providence pour ce regard, selon que, par l'attention aux saintes Écritures et à la doctrine des anciens, nous le pouvons découvrir, et que notre faiblesse nous permet d'en parler.

» Dieu connut éternellement qu'il pouvait faire une quantité innombrable de créatures en diverses perfections et qualités, auxquelles il pourrait se communiquer, et considérant qu'entre toutes les façons de se communiquer il n'y avait rien de si excellent que de se joindre à quelque nature créée, en telle sorte que la créature fût comme entée et insérée en la divinité, pour ne faire avec elle qu'une seule personne; son infinie bonté, qui de soi-même et par soi-même est portée à la communication, se résolut et détermina d'en faire une de cette manière, afin que, comme éternellement il y a une communication essentielle en Dieu, par laquelle le Père communique toute son infinie et indivisible divinité, au Fils en le produisant; et le Père et le Fils ensemble, produisant le Saint-Esprit, lui communiquent aussi leur propre et unique divinité; de même cette souveraine douceur fut aussi communiquée si parfaitement hors de soi à une créature, que la nature créée et la divinité, gardant chacune leurs propriétés, fussent néanmoins tellement unies ensemble, qu'elles ne fussent qu'une même personne.

» Or, entre toutes les créatures que cette souveraine toute-puissance pouvait produire, elle trouva bon de choisir la même humanité, qui depuis, par effet, fut jointe à la personne de Dieu le Fils, à laquelle elle destina cet honneur incomparable de l'union personnelle à sa divine majesté, afin qu'éternellement elle jouît par excellence des trésors de sa gloire infinie. Puis ayant ainsi préféré pour ce bonheur l'humanité sacrée de notre Sauveur, la suprême Providence disposa de ne point retenir sa bonté en la seule personne de ce Fils bien-aimé, mais la répandre en sa faveur sur plusieurs autres créatures; et sur le gros de cette innombrable quantité de choses qu'elle pouvait produire, elle fit choix de créer les hommes et les anges, comme pour tenir compagnie à son Fils, participer à ses grâces et à sa gloire, l'adorer et louer éternellement. Et parce que Dieu vit qu'il pouvait faire en plusieurs façons l'humanité de son Fils en le rendant vrai homme, comme, par exemple, le créant de rien, non-seulement quant à l'âme, mais aussi quant au corps; ou bien formant le corps de quelque matière précédente, comme il fit celui d'Adam et d'Ève; ou bien par voie de génération ordinaire d'homme et de femme, ou bien par génération extraordinaire d'une femme sans homme : il délibéra que la chose se ferait en cette dernière façon. Et entre toutes les femmes qu'il pouvait choisir à cette intention, il élut la très-sainte Vierge Notre-Dame, par l'entremise de laquelle le Sauveur de nos âmes serait non-seulement homme, mais enfant du genre humain.

» Outre cela, la sacrée Providence détermina de produire tout le reste des choses, tant naturelles que surnaturelles, en faveur du Sauveur, afin que les anges et les hommes pussent, en le servant, participer à sa gloire. Ensuite de quoi, bien que Dieu voulût créer tant les anges que les hommes avec le franc arbitre, libres d'une vraie liberté, pour choisir le bien et le mal, néanmoins, pour témoigner que de la part de la bonté divine ils étaient dédiés au bien et à la gloire, elle les créa tous en justice originelle, laquelle n'était autre chose qu'un amour très-suave qui les disposait, contournait et acheminait à la félicité éternelle.

» Mais parce que cette suprême sagesse avait délibéré de tellement mêler cet amour originel avec la volonté de ses créatures, que l'amour ne forçât point la volonté, mais lui laissât sa liberté, il prévit qu'une partie, mais la moindre, de la nature angélique, quittant volontairement le saint amour, perdrait par conséquent la gloire. Et parce que la nature angélique ne pourrait faire ce péché que par une malice expresse, sans tentation ni motif quelconque qui la pût excuser, et que d'ailleurs une beaucoup plus grande partie de cette même nature demeurerait ferme au service du Sauveur; partant, Dieu, qui avait si amplement glorifié sa miséricorde au dessein de la création des anges, voulut aussi magnifier sa justice, et, en la fureur de son indignation, résolut d'abandonner pour jamais cette triste et malheureuse troupe de perfides qui, en la furie de leur rébellion, l'avaient si vilainement abandonné.

» Il prévit bien aussi que le premier homme abuserait de sa liberté, et, quittant la grâce, perdrait la gloire. Mais il ne voulut pas traiter si rigoureusement la nature humaine, comme il délibéra de traiter l'angélique. C'était la nature humaine de laquelle il avait résolu de prendre une pièce bienheureuse pour l'unir à la divinité. Il vit que c'était une nature imbécille, *un vent qui va et ne revient pas* (Psalm. 77, 39, 139, 7), c'est-à-dire qui se dissipe en allant. Il eut égard à la surprise que Satan avait faite au premier homme et à la grandeur de la tentation qui le ruina. Il vit que toute la race des hommes périssait par la faute d'un seul : par ces raisons, il regarda notre nature en pitié, et se résolut de la prendre à merci.

» Mais afin que la douceur de sa miséricorde fût ornée de la beauté de sa justice, il délibéra de sauver l'homme par voie de rédemption rigoureuse, laquelle ne se pouvant bien faire que par son Fils, il établit que celui-ci rachèterait les hommes, non-seulement par une de ses actions amoureuses qui eût été plus que très-suffisante à racheter mille millions de mondes, mais encore par toutes les innombrables actions amoureuses et passions douloureuses qu'il ferait et souffrirait jusqu'à la mort, et la mort de la croix à laquelle il le destina, voulant qu'ainsi il se rendît compagnon de nos misères, pour nous rendre par après compagnons de sa gloire; montrant en cette sorte le bien faire de sa bonté, par cette rédemption copieuse, abondante, surabondante, magnifique et excessive, laquelle nous a acquis et comme reconquis tous les moyens nécessaires pour parvenir à la gloire ; de sorte que personne ne puisse jamais se plaindre, comme si la miséricorde divine manquait à quelqu'un (*Traité*, l. 2, c. 4). »

Dans cet ouvrage, saint François de Sales traite avec exactitude un grand nombre de questions difficiles, sur lesquelles, avant et après lui, des esprits moins sages se sont égarés. Ainsi est-il bien loin de supposer que par le péché originel ait péri en nous tout ce qu'il y avait de bon. Il enseigne au contraire que, même depuis notre chute, nous avons une inclination naturelle d'aimer Dieu sur toutes choses. « Or, dit-il, bien que l'état de notre nature humaine ne soit pas maintenant doué de la santé et droiture originelles que le premier homme avait en sa création, et qu'au contraire nous soyons grandement dépravés par le péché ; toutefois la sainte inclination d'aimer Dieu sur toutes choses nous est demeurée ; comme aussi la lumière naturelle, par laquelle nous connaissons que sa souveraine bonté est aimable sur toutes choses (*Traité*, l. 1, c. 16). » Il ajoute que, avec l'inclination naturelle d'aimer Dieu par-dessus toutes choses, nous n'en avons pas naturellement le pouvoir ; car le péché a beaucoup plus débilité la volonté humaine qu'il n'a offusqué l'entendement. Il le prouve par l'exemple des philosophes païens, qui ont bien connu Dieu, mais ne l'ont pas glorifié ni aimé comme ils devaient. « En somme, conclut-il, notre chétive nature, navrée par le péché, fait comme les palmiers que nous avons de deçà, qui font bien certaines productions imparfaites, et comme des essais de leurs fruits ; mais de porter des dattes entières, mûres et assaisonnées, cela est réservé pour des contrées plus chaudes. Car ainsi notre cœur humain produit bien naturellement certains commencements d'amour envers Dieu ; mais d'en venir jusqu'à l'aimer sur toutes choses, qui est la vraie maturité de l'amour dû à cette suprême bonté, cela n'appartient qu'aux cœurs animés et assistés de la grâce céleste, et qui sont en l'état de la sainte charité ; et ce petit amour imparfait, duquel la nature en elle-même sent les élans, ce n'est qu'un certain vouloir sans vouloir, un vouloir qui voudrait, mais qui ne veut pas, un vouloir stérile, qui ne produit point de vrais effets, un vouloir paralytique, qui voit la piscine salutaire du saint amour, mais qui n'a pas la force de s'y jeter ; et enfin ce vouloir est un avorton de la bonne volonté, qui n'a pas la vie de la généreuse vigueur requise pour en effet préférer Dieu à toutes choses, dont l'apôtre parlant en la personne du pécheur, s'écrie : *Le vouloir est bien en moi, mais je ne trouve pas le moyen de l'accomplir* (*Ibid.*, l. 1, c. 17). »

Cependant, suivant notre saint docteur, l'inclination naturelle que nous avons d'aimer Dieu n'est pas inutile. « Car, dit-il, encore que par la seule inclination naturelle nous ne puissions pas parvenir au bonheur d'aimer Dieu comme il faut, toutefois, si nous l'employions fidèlement, la douceur de la piété divine nous donnerait quelque secours, par le moyen duquel nous pourrions passer plus avant. Que si nous secondions ce premier secours, la bonté paternelle de Dieu nous en fournirait un autre plus grand et nous conduirait de bien en mieux, avec toute suavité, jusqu'au souverain amour, auquel notre inclination naturelle nous pousse ; puisque c'est chose certaine qu'à celui qui est fidèle en peu de chose et qui fait ce qui est en son pouvoir, la bénignité divine ne dénie jamais son assistance pour l'avancer de plus en plus. L'inclination donc d'aimer Dieu sur toutes choses que nous avons par nature, ne demeure pas pour néant dans nos cœurs ; car, quant à Dieu, il s'en sert comme d'une anse, pour nous pouvoir plus suavement prendre et retirer à soi ; et il semble que, par cette impression, la divine bonté tienne en quelque façon attachés nos cœurs comme de petits oiseaux par un filet, par lequel il nous puisse tirer quand il plaît à sa miséricorde d'avoir pitié de nous ; et, quant à nous, elle nous est un indice et mémorial de notre premier principe et créateur, à l'amour duquel elle nous incite, nous donnant un secret avertissement que nous appartenons à sa divine bonté (*Traité*, l. 1, c. 18). »

Le même saint fait voir dans un chapitre exprès que les attraits divins nous laissent en pleine liberté de les suivre ou de les repousser. « Mais, demande-t-il, quels sont donc les cordages ordinaires par lesquels la divine Providence a coutume de tirer nos cœurs à son amour ? Tels certes qu'elle-même les marque, décrivant les moyens dont elle usa pour tirer le peuple d'Israël de l'Egypte et du désert en la terre de promission. *Je le tirai*, dit-elle par Osée (11, 4), *avec des liens d'humanité, avec des liens de charité et d'amitié*. » Sans doute, nous ne sommes pas tirés à Dieu par des liens de fer, comme les taureaux et les buffles, mais par manière d'allèchements, d'attraits délicieux et de saintes inspirations, qui sont en somme les *liens d'Adam* et d'humanité, c'est-à-dire proportionnés et convenables au cœur humain, auquel la liberté est naturelle. Le propre lien de la volonté humaine, c'est la volupté et le plaisir. On montre des noix à un enfant, dit saint Augustin, et il est attiré en aimant ; il est attiré par le lien, non du corps, mais du cœur. Voyez donc comme le Père éternel nous tire : en nous enseignant, il nous délecte, non pas en nous imposant aucune nécessité ; il jette dans nos cœurs des délectations et plaisirs spirituels, comme des amorces sacrées par lesquelles il nous attire suavement à recevoir et goûter la douceur de sa doctrine. En cette sorte donc, notre franc arbitre n'est nullement forcé ni nécessité par la grâce ; mais, nonobstant la vigueur toute puissante de la main miséricordieuse de Dieu, qui touche, environne et lie l'âme de tant et tant d'inspirations, de semonces et d'attraits, cette volonté humaine demeure parfaitement libre, franche et exempte de toute sorte de contrainte et de nécessité..... En somme, si quelqu'un disait que notre franc arbitre ne coopère pas, consentant à la grâce dont Dieu le prévient, ou qu'il ne peut pas rejeter la grâce et lui refuser son consentement, il contredirait à toute l'Ecriture, à tous les anciens Pères, à l'expérience, et serait excommunié par le sacré concile de Trente (*Ibid.*, l. 2, c. 12). »

Enfin, dans un chapitre ayant pour titre : *Digression sur l'imperfection des vertus des païens*, il fait voir, comme le titre même l'annonce, que les vertus des païens étaient imparfaites ; mais il n'a garde de dire, avec Luther, Calvin et leurs échos, que toutes les actions des infidèles étaient des péchés (*Ibid.*, l. 11, c. 10).

Le *Traité de l'amour de Dieu* mit le comble à l'affection et à l'admiration que tout le monde avait pour saint François de Sales. Le général des Chartreux ayant lu l'*Introduction à la vie dévote*, lui avait conseillé de ne plus écrire, sous prétexte que sa plume ne pourrait rien produire de comparable à ce livre ; mais il n'eut pas plus tôt lu le *Traité de l'amour de Dieu*, qu'il lui conseilla de ne jamais cesser d'écrire, puisque ses derniers ouvrages effaçaient toujours les premiers. La lecture qu'en fit Jacques Ier, roi d'Angleterre, le toucha si vivement, qu'il marqua une grande envie de voir l'auteur. Dès que le saint en fut informé, il s'écria : « Qui me donnera les ailes de la colombe, pour voler dans cette île autrefois si féconde en saints, et aujourd'hui plongée dans les ténèbres de l'erreur. Oui, si le duc, mon souverain, veut me le permettre, j'irai à cette nouvelle Ninive, j'irai trouver le roi pour lui annoncer la parole de Dieu, au risque de ma propre vie. » Il aurait effectivement passé en Angleterre, si le duc de Savoie eût voulu y consentir.

Nous avons vu le roi d'Angleterre, parlant de l'*Introduction à la vie dévote*, demander à ses évêques anglicans pourquoi ils n'écrivaient pas de leur côté avec la même onction. Il put le leur demander bien plus encore à la vue du *Traité de l'amour de Dieu*. On peut faire cette demande à tout le protestantisme, Anglicans, Lutériens, Calvinistes : Pourquoi parmi vous, parmi tant d'écrivains et de prédicants, n'y a-t-il pas un traité de l'amour de Dieu, pas un opuscule ni un sermon qui porte à aimer Dieu et le prochain, tandis qu'on en compte des milliers parmi les catholiques ? Si la bouche parle de l'abondance du cœur, pourquoi votre bouche est-elle muette sur l'amour divin ? Ne serait-ce point parce que le Dieu de Luther et de Calvin n'est guère aimable ? En effet, comment aimer le dieu de Luther, qui opère en nous le mal comme le bien, et qui ensuite est capable, non-seulement de nous punir du mal que nous n'avons pu éviter et que lui-même a opéré en nous, mais encore du bien que nous aurons fait de notre mieux ? C'est un mystère auquel on ne fait pas assez d'attention.

Mais revenons à saint François de Sales. L'an 1604, à la demande du parlement de Bourgogne, il prêchait le carême à Dijon. Dans l'auditoire était son ami l'archevêque de Bourges : il y remarqua de plus une dame qui lui avait déjà été montrée dans une vision, comme devant l'aider dans l'établissement d'une œuvre sainte. Au sortir de la chaire, il demande à l'archevêque s'il connaît cette personne. Cet ami répond : C'est ma sœur, *la baronne de Chantal*. Effectivement, c'était elle.

Elle était fille de Bénigne Frémiot, président au parlement de Bourgogne, et de Marguerite de Berbizy. Sa sœur, Marguerite, épousa le comte d'Effran ; son frère, André, fut l'archevêque de Bourges. Elle-même naquit à Dijon, le 28 janvier 1572, reçut le nom de Jeanne au baptême et y ajouta celui de Françoise à la confirmation. Leur père, devenu veuf de bonne heure, eut grand soin de leur éducation : nul n'y répondit mieux que Jeanne ; aussi eut-il pour elle une tendresse particulière. Un hérétique s'étant permis devant elle de parler contre la sainte eucharistie, Jeanne, qui n'avait encore que cinq ans, le reprit avec force. Plus tard, elle refusa d'épouser un gentilhomme très-riche, uniquement parce qu'il était Calviniste. Quand elle eut atteint sa vingtième année, son père la maria au baron de Chantal, l'aîné de la maison de Rabutin. C'était un officier de vingt-sept ans, qui servait avec distinction et que Henri IV honorait de sa faveur. Peu après son mariage, il conduisit son épouse au château de Bourbilly, où il faisait sa résidence ordinaire, et lui donna le soin de sa maison. Le premier ordre qu'elle y mit, fut de faire dire tous les jours la messe, d'y faire assister tous ses domestiques, de les faire instruire avec soin, de les occuper avec discrétion et de les faire soulager avec charité dans leurs besoins. Elle mit dans ses affaires tout l'ordre que demandait une longue négligence antérieure. Les fêtes et les dimanches, elle entendait la messe de paroisse. Elle s'occupait à faire des ouvrages pour les autels et à lire de bons livres; mais l'œuvre de piété où elle a paru la plus attentive a été la charité envers les pauvres. Pendant les absences de son mari, qui était obligé de passer une partie de l'année à la guerre ou à la cour, elle ne sortait point de chez elle; il ne s'y parlait alors ni de jeux, ni de plaisirs, ni de bonne chère. Quand il était de retour, la joie de le revoir, la complaisance qu'elle avait pour lui, l'envie de lui plaire et de le réjouir, en attirant les compagnies chez elle, tout cela lui faisait insensiblement diminuer ses pratiques de dévotion, qu'elle reprenait à la première absence; mais enfin, l'an 1601, son mari étant allé à la cour, elle résolut fortement de ne se dispenser jamais de ses exercices de piété, et n'y manqua plus.

Le baron de Chantal, étant tombé malade à Paris, se fit amener à son château, où il fut à l'extrémité. Sa vertueuse épouse passait les jours au chevet de son lit, et les nuits à la chapelle. Comme il se rétablit heureusement, leur joie était parfaite. Un parent et ami du voisinage vint la partager. Il proposa une partie de chasse au baron, qui y alla par complaisance et endossa un habit couleur de biche. Son ami, le voyant au travers de quelques broussailles, le prit pour une bête fauve, tira dessus et lui rompit la cuisse. — Je suis mort! s'écria le baron en tombant; mon ami, mon cousin, tu as fait ce coup par imprudence, je te pardonne de tout mon cœur! Puis il envoie quatre de ses domestiques dans quatre paroisses différentes, pour avoir plus sûrement un prêtre. Cependant on le porte dans une maison du plus proche village, où sa femme accourt, quoiqu'elle fût accouchée depuis quinze jours. Dès qu'il la vit: Madame, lui dit-il, l'arrêt du ciel est juste, il le faut aimer et mourir! — Non, monsieur, il faut vivre. — Ah! madame, répliqua-t-il, respectons l'ordre de la Providence! — Puis, d'un esprit tranquille, il demande si quelque prêtre est venu; et ayant su qu'il y en avait un, il le fit venir et se confessa. Un moment après, voyant de loin celui qui l'avait blessé, qui lui parut au désespoir, il lui cria: Mon cousin, mon ami, ce coup m'est tiré du ciel avant qu'il partît de ta main; je te prie, ne pèche point, et prie Dieu pour moi.

Il mourut le neuvième jour, après avoir reçu les sacrements avec une piété singulière; il pria sa femme, commanda à son fils de ne jamais songer à venger sa mort, leur dit qu'il la pardonnait tout de nouveau à celui qui l'avait tué sans y penser, et fit écrire ce pardon dans les registres de la paroisse, avec l'ordre qu'il donnait à sa famille, pour retenir leurs ressentiments. Un moment après, il expira dans les bras de son épouse, dont la désolation fut inexprimable.

Demeurée veuve à vingt-huit ans, avec un fils et trois filles, elle sentit ce malheur jusqu'à l'excès; mais elle connut bientôt les desseins de Dieu sur elle, et y répondit avec tant de fidélité, que, dans ses plus grandes amertumes, elle disait ne pouvoir comprendre comment on pouvait être si contente et tant souffrir. En cet état de douleur et de joie, elle fit à Dieu le sacrifice d'elle-même, fit le vœu de chasteté et par une résignation si parfaite aux ordres du ciel, qu'elle ne pratiqua plus une vie humaine; et pour marquer publiquement le pardon qu'elle avait accordé à celui qui avait tué son mari, elle voulut tenir un de ses enfants sur les fonts de baptême. Elle vécut dès lors suivant les règles que saint Paul et les Pères ont tracées pour la sanctification des veuves. Elle passait une partie des nuits en prières, elle augmenta ses aumônes, elle distribua aux pauvres ses habits précieux, et fit vœu de n'en plus porter que de laine. Elle congédia la plupart de ses domestiques, après les avoir libéralement récompensés. Ses jeûnes étaient fréquents et rigoureux. Retirée du monde, elle partageait son temps entre la prière, le travail et l'éducation de ses enfants. Mais il lui manquait un directeur qui pût la conduire dans les voies où elle devait marcher. Elle ne cessait de le demander à Dieu avec beaucoup de larmes. Un jour, pendant la ferveur de son oraison, elle vit un homme en soutane noire, avec un rochet et un camail.

L'année de son deuil expirée, elle se rendit auprès de son père, à Dijon. Elle y continua le même genre de vie, et ne voulut recevoir de visites que de quelques dames vertueuses et avancées en âge. L'année suivante, des affaires de famille l'obligèrent de se retirer avec ses enfants auprès du vieux baron de Chantal, son beau-père, à Montelon, diocèse d'Autun. Elle eut beaucoup à souffrir de la mauvaise humeur du vieillard, ainsi que de celle d'une gouvernante qui le maîtrisait, et qui avait pris un tel ascendant sur son esprit, que toute la maison était forcée de lui obéir. La jeune baronne supporta cette épreuve avec patience: jamais on ne l'entendit se plaindre; elle ne donnait pas même le moindre signe de mécontentement. Elle se prêtait avec la plus grande complaisance à tout ce qui était agréable à son beau-père et à sa gouvernante. Elle consacrait à la piété la plus grande partie de son temps, et se rendait le dimanche à Autun pour y assister aux instructions des prédicateurs.

En 1604, elle se rendit à Dijon, auprès de son père, pour entendre prêcher saint François de Sales. Dès la première fois qu'elle le vit en chaire, elle crut reconnaître l'homme qui lui avait été montré dans l'oraison comme son père spirituel. Elle l'entretint plusieurs fois chez son père, où il venait souvent. Elle n'était pas moins émerveillée de ses conversations familières que de ses sermons. Elle mourait d'envie de lui découvrir son âme: le saint prélat lui inspirait toute confiance; mais elle n'osait, parce qu'un religieux qui la dirigeait lui avait fait promettre, même par vœu, de s'en rapporter à lui seul sur sa conduite spirituelle. D'un autre côté, les discours de l'évêque de Genève la touchaient vivement; elle se conformait à ses avis, même dans les plus petites choses, et sa docilité était toujours suivie de consolations extraordinaires.

Enfin elle lui découvrit la cause de ses perplexités: il fut décidé que le vœu qu'on lui avait fait faire était indiscret, et qu'elle pouvait en être dispensée. Alors elle se confessa au saint évêque de

Genève, et elle lui fit même une confession générale de toute sa vie. Mais bientôt la paix de son âme fut troublée par des désolations intérieures; elle eut des inquiétudes alarmantes sur sa conduite. François de Sales lui apprit à profiter de cette épreuve, en sorte que la lumière prit la place des ténèbres, et que le calme succéda à l'orage. Il lui apprit à régler tellement ses exercices de piété, que son extérieur parût dépendre de la volonté des autres, surtout lorsqu'elle était chez son père ou son beau-père. Sa conduite réunissait tous les suffrages, et ceux qui vivaient avec elle avaient coutume de dire : Madame prie à toutes les heures du jour, mais cela n'incommode personne.

Elle se levait à cinq heures, s'habillait seule et sans feu en toute saison, et faisait une heure d'oraison mentale. Ensuite elle faisait lever ses enfants, leur faisait faire, et à ses domestiques l'exercice du matin, allait souhaiter le bonjour à son beau-père, le menait à la messe; et les samedis elle en faisait encore dire une, qu'elle avait vouée à la sainte Vierge. Elle lisait après dîner, tous les jours, une demi-heure dans l'Ecriture sainte ; ensuite elle faisait le catéchisme à ses enfants, à ses gens et à ceux du village qui voulaient s'y trouver. Avant le souper elle faisait une petite retraite spirituelle d'un quart d'heure, et disait son chapelet. Le soir, elle se retirait à neuf heures, faisait l'examen et la prière avec ses enfants et ses domestiques, donnait à tous de l'eau bénite et sa bénédiction, et demeurait encore une demi-heure à prier seule, et enfin finissait la journée par la lecture de sa méditation pour le lendemain.

Elle s'était fait une habitude si grande de la présence de Dieu, que rien ne l'en pouvait détourner, et qu'elle conservait cette vue tranquille parmi la diversité des créatures et des événements. Après avoir réglé son intérieur, elle songea à réformer ce qui lui paraissait encore trop vain sur sa personne. Elle coupa ses cheveux, et ne porta plus que du linge épais et uni. Elle prit un grand soin de mortifier son goût, et faisait en sorte que les bons morceaux qu'elle laissait sur son assiette fussent donnés aux pauvres. Elle jeûnait les vendredis et les samedis, portait la haire les autres jours, prenait souvent la discipline, et acquit par la pratique de cette vie toute sainte un si grand ascendant sur ses passions, qu'elle ne ressemblait plus à une créature mortelle.

Tous les dimanches et fêtes, elle allait dans les lieux de la paroisse où elle savait des malades, faisait leur lit, et ne les laissait manquer ni de nourriture ni de remèdes. Elle avait toujours chez elle quelque pauvre couvert d'ulcères, qu'elle pansait souvent à genoux, toujours avec respect, regardant par une foi vive Jésus-Christ en leur personne. Elle les veillait dans leur extrémité, les assistait jusqu'à la mort, et les ensevelissait elle-même avec un courage qui étonnait tous ceux qui n'étaient pas, comme elle, animés d'une parfaite charité.

En 1606, elle fut obligée, pour l'intérêt de ses enfants, de faire un voyage à Bourbilly. Mais ses affaires ne l'empêchèrent pas, en y mettant tout l'ordre possible, de secourir les malades de sa terre, qui furent en si grand nombre, qu'elle en ensevelissait souvent quatre par jour, après les avoir assistés dans leurs maux, de ses soins, de sa bourse, de ses prières et de ses instructions. Mais, ne pouvant résister à tant de fatigues qu'elle se donna pendant sept semaines, elle tomba malade d'une dyssenterie dont elle fut à l'extrémité. En cet état, elle fit écrire à son père et à son beau-père pour leur demander leur bénédiction et pour leur recommander ses enfants. Le président était inconsolable, le baron de Chantal même fut fort affligé; car, malgré les peines qu'il lui avait faites, et les mauvais traitements qu'il lui avait souffert qu'elle reçût chez lui, elle y était regardée comme une sainte qui y apportait toute sorte de bénédictions. Dès qu'elle fut guérie, elle s'en revint à Montelon, où elle fut reçue de son beau-père et de ses enfants avec une joie proportionnée à la peur qu'ils avaient eue de la perdre.

A mesure qu'elle se détachait des créatures, l'envie d'être toute à Dieu augmentait dans son âme. Mais comme son saint directeur lui avait commandé de vivre saintement dans son état, sans songer à la vie religieuse, elle eut scrupule de l'avoir souhaitée, et en écrivit au saint évêque. Il lui répondit en ces termes : « Oh! non, ma fille, je ne vous avais pas dit que vous n'eussiez nulle espérance d'être religieuse, mais bien que vous ne vous y amusassiez pas, n'y ayant rien qui nous empêche tant de nous perfectionner dans notre état que d'aspirer à un autre. Les enfants d'Israël ne purent chanter en Babylone, parce qu'ils pensaient à leur pays ; mais moi je voudrais que nous chantassions partout. Je vois votre désir d'être religieuse. O doux Jésus! que vous dirai-je, ma très-chère fille! Sa bonté sait que j'ai souvent imploré sa grâce au saint sacrifice; non-seulement cela, mais j'ai employé la dévotion et les prières d'autres meilleurs que moi. Et qu'ai-je appris, ma fille, qu'un jour vous devez tout quitter; mais que ce soit pour entrer en religion, il ne m'est pas encore arrivé d'en être d'avis; le oui ne s'est point arrêté dans mon cœur, et le non s'y trouve avec beaucoup de fermeté; mais donnez-moi un peu le loisir pour prier et faire prier. »

Le jour de la Pentecôte, comme elle était venue à Annecy pour délibérer ensemble sur sa vocation, le saint prélat, pour éprouver sa soumission, lui proposa d'être religieuse de Sainte-Claire, puis sœur de l'hôpital de Beaume, et puis Carmélite. Elle consentit à chaque proposition avec une docilité que le saint évêque admira; enfin il lui fit part du projet qu'il avait formé d'établir une nouvelle congrégation sous le nom de la *Visitation de Sainte-Marie*. Elle fut comblée de joie à cette ouverture, et sentit un attrait de Dieu si puissant pour cette entreprise, qu'elle ne douta point que ce ne fût la volonté de Dieu. Ils prévoyaient bien tous deux de grands obstacles à ce dessein : le père, le beau-père et les enfants de la sainte veuve, les uns fort vieux, les autres fort jeunes; comment quitter tout cela pour aller s'établir hors du royaume ? Le saint évêque disait : « Je vois un chaos à tout ceci; mais la Providence saura le débrouiller quand il sera temps. » Cela ne tarda guère. La principale difficulté était l'éducation des enfants, pour laquelle il semblait nécessaire que la mère restât dans le monde. Le saint fit voir qu'il lui serait possible d'y veiller dans un cloître, et qu'elle le ferait même d'une manière plus utile pour eux. Cette difficulté levée, son père et son beau-père consentirent à sa retraite, non sans verser beaucoup de larmes. Comme elle avait le cœur très-sensible, elle eut de rudes combats à soutenir; mais l'amour divin l'éleva au-dessus des sentiments de la nature. Ses autres parents et ses amis cessèrent en même temps de s'opposer à sa résolution.

Avant de quitter le monde, la baronne de Chantal maria l'aînée de ses filles au baron de Thorens, neveu de l'évêque de Genève, et ce mariage eut l'approbation des deux familles. Elle emmena avec elle ses deux autres filles : l'une mourut peu de temps après ; l'autre épousa depuis le comte de Toulonjon, qui joignait à la naissance beaucoup de sagesse et de vertu. La mère elle-même avait refusé un parti considérable de Bourgogne, et, pour sceller de son sang la promesse qu'elle renouvela de n'être jamais qu'à Dieu seul, elle avait gravé elle-même sur son cœur le nom de Jésus. Quant au jeune baron de Chantal, alors âgé de quinze ans, le président Frémiot, son grand-père, se chargea d'achever son éducation, et l'administration de ses biens fut confiée à des tuteurs remplis d'intelligence et de probité. Ainsi la présence de la mère ne lui était plus nécessaire.

Le jour de son départ venu, la sainte veuve prit congé du baron de Chantal, son beau-père, se mit à genoux, lui demanda pardon, si elle lui avait déplu, le pria de lui donner sa bénédiction et lui recommanda son fils. Ce bon vieillard, âgé de quatre-vingt-six ans, parut inconsolable ; il embrassa tendrement sa belle-fille et lui souhaita toute sorte de bonheur. Les habitants de la terre de Montelon, surtout les pauvres, croyant tout perdre en la perdant, témoignaient leur douleur par leurs larmes et leurs cris. A Dijon, elle se fortifia de la sainte communion contre la faiblesse qu'elle prévoyait dans la séparation de ce qu'elle avait de plus cher. Enfin ce moment étant venu, elle dit adieu à tous ses proches avec constance ; puis, se jetant aux pieds de son père, le supplia de la bénir et d'avoir soin de son fils, qu'elle lui laissait. Le président eut le cœur si serré, qu'il faillit mourir de douleur ; tout baigné de larmes, il embrassa sa fille et dit : « O mon Dieu ! il ne m'appartient pas de trouver à redire à ce que vous avez ordonné ; il m'en coûtera la vie : cependant, Seigneur, je vous l'offre, cette chère enfant, recevez-la et consolez-moi ! » puis il la bénit et la releva. Le jeune Chantal, son fils, âgé de quinze ans, courut à elle, se jeta à son cou et ne la voulait point quitter, espérant l'attendrir et l'arrêter par tout ce qu'on peut dire de plus touchant pour cela. N'y pouvant réussir, il se couche au travers de la porte par où elle devait sortir et lui dit : « Je suis trop faible, madame, pour vous retenir ; mais au moins sera-t-il dit que vous aurez passé sur le corps de votre fils unique pour l'abandonner ! » La sainte veuve fut touchée et pleura amèrement en passant sur le corps de ce cher enfant ; mais un moment après, ayant peur qu'on n'attribuât sa douleur au repentir de son entreprise, elle se tourna vers la compagnie, et, avec un visage serein : « Il faut me pardonner ma faiblesse, leur dit-elle, je quitte mon père et mon fils pour jamais ; mais je trouverai Dieu partout. »

Le 6 juin 1610, jour de Saint-Claude, qui se trouva être celui de la Sainte-Trinité, madame de Chantal, avec mademoiselle Fabre, fille du président de Savoie, et mademoiselle de Bréchar, sous la direction du saint évêque de Genève, commencèrent à Annecy l'établissement de l'ordre de la Visitation, si utile au public par la réception qu'on y fait des veuves et des infirmes, et si honorable à l'Eglise par la ferveur avec laquelle se maintient la régularité dont ces saintes filles édifient encore aujourd'hui tout le monde. Dix autres femmes vinrent bientôt augmenter la communauté naissante. Le saint évêque pensait ne faire qu'une simple congrégation, où l'on ne fût obligé à la clôture que pendant l'année du noviciat, après quoi l'on pourrait sortir pour le service des malades. Mais le cardinal de Marquemont, archevêque de Lyon, ayant établi une de leurs maisons dans sa ville, écrivit au saint évêque de Genève et à la mère de Chantal, pour leur proposer d'ériger leur institut en titre de religion, d'y mettre la clôture et de faire faire à leurs filles des vœux solennels. Leur grande humilité les y fit répugner d'abord ; mais après d'instantes prières à Dieu de les éclairer, ils y consentirent, et le saint prélat en écrivit ainsi à la mère Fabre, supérieure de la communauté de Lyon : « Si monseigneur l'archevêque, ma chère fille, vous dit qu'il m'a écrit sur l'affaire de votre clôture et de vos vœux, vous lui direz que j'aurais eu une grande suavité pour le titre de simple congrégation, sous lequel il me semble que nos filles auraient eu moins de sujet d'amour-propre que sous un autre, et où la seule crainte et amour de l'Epoux sacré leur aurait servi de clôture et de vœux ; cependant, non-seulement ma volonté, mais encore mon jugement, est bien aise de rendre l'hommage qu'il doit au sentiment de ce grand et digne prélat. J'acquiesce donc de tout mon cœur que nous fassions une religion formelle ; car je ne prétends autre chose, ma fille, sinon que Dieu soit glorifié. Que ce soit par d'autres lumières que par les miennes, tant mieux, j'en serai plus à couvert de cet esprit d'orgueil qui gâte tout : notre bonne mère est dans les mêmes sentiments. Vive Jésus ! Ma fille, je suis en lui tout vôtre. »

Cette lettre respire tout l'esprit de la Visitation, esprit d'une profonde humilité envers Dieu et d'une grande douceur envers le prochain. C'est à cela que tendent et les règles, et les constitutions, et les entretiens spirituels que le saint évêque fit à ses pieuses filles. Le dernier de ces entretiens inculque cette maxime : *Ne rien demander, ne rien refuser*, s'entend pour les choses de la terre. Il se termine par ce résumé : : « Demandez-vous ce que je désire qui vous demeure le plus gravé dans l'esprit, afin de le mettre en pratique ? Eh ! que vous dirai-je, mes très-chères filles, sinon ces deux chères paroles que je vous ai déjà tant recommandées : *Ne désirez rien, ne refusez rien ?* En ces deux mots je dis tout ; car cette maxime comprend la pratique de la parfaite indifférence. Voyez le pauvre petit Jésus en la crèche : il reçoit la pauvreté, la nudité, la compagnie des animaux, toutes les injures du temps, le froid, et tout ce que son Père permet lui arriver. Il n'est pas écrit qu'il étendit jamais ses mains pour avoir les mamelles de sa mère ; il se laissait tout à fait à son soin et à sa prévoyance. Aussi ne refusait-il pas tous les petits soulagements qu'elle lui donnait. Il recevait les services de saint Joseph, les adorations des rois et des bergers, et le tout avec une égale indifférence. Ainsi nous ne devons rien désirer ni rien refuser, mais souffrir et recevoir également tout ce que la providence de Dieu permettra nous arriver. Dieu nous en fasse la grâce (*Entretiens* 21 et 22) ! »

Quelque temps après sa profession religieuse, la Mère de Chantal voulut s'engager par un vœu à faire toujours ce qu'elle jugerait être le plus parfait. Saint François de Sales, qu'elle consulta, le lui permit, parce qu'il connaissait sa ferveur et qu'il ne doutait pas qu'elle n'accomplît avec fidélité l'engagement qu'elle contractait. Souvent elle fut affligée de maladies douloureuses. Les médecins n'y voyaient point de cause naturelle : l'un d'eux, l'ayant observée plusieurs jours, dit tout haut : Elle est malade de l'amour de Dieu ; je ne sais point guérir ces maux-là. Elle parlait ainsi dans une de ses lettres à saint François de Sales : Le monde entier mourrait d'amour pour un Dieu si aimable, s'il connaissait la douceur que goûte une âme à l'aimer. Elle éprouva aussi quelque temps de grandes peines intérieures, qui étaient causées par une crainte excessive d'offenser Dieu. Mais elle nous apprend elle-même qu'au milieu de ces épreuves elle recevait fréquemment des consolations extraordinaires.

Après la mort de son père, elle fit un voyage à Dijon. Elle passa quelques mois dans cette ville pour arranger les affaires de son fils, avant de le mettre à l'Académie. Elle le maria depuis à Marie de Coulanges, qui réunissait une grande vertu à la naissance, aux richesses et à la beauté : de ce mariage vint une fille unique, qui fut la célèbre marquise de Sévigné. La Mère de Chantal fut encore obligée de quitter souvent Annecy, pour aller fonder des maisons de son ordre en différentes villes, notamment à Grenoble, à Bourges, à Dijon, à Moulins, à Nevers, à Orléans et à Paris. On excita contre elle une violente persécution dans cette dernière ville ; mais elle en triompha par sa confiance en Dieu. D'ailleurs, sa douceur et sa patience lui attirèrent l'admiration de ceux qui avaient été ses plus grands ennemis. Elle gouverna la maison qu'elle avait fondée à Paris, dans le faubourg Saint-Antoine, depuis l'année 1619 jusqu'à l'année 1622.

Dieu l'affligea d'une manière sensible par ceux qu'elle aimait le plus. En 1617, elle perdit son gendre, le baron de Thorens, colonel de cavalerie, qu'elle aimait tendrement. La jeune veuve, qui se trouvait alors près de sa sainte mère, fut inconsolable : elle prit tant sur elle pour supporter cette perte avec résignation, qu'au bout de cinq mois qu'elle avait passés près de sa mère, elle fut surprise d'un accouchement avant terme, et avec tant de violence, qu'on ne put la transporter hors du monastère. Son mal dura vingt-quatre heures ; les six dernières, dans l'excès de ses douleurs, elle se confessa, communia, prit l'habit de novice, reçut l'extrême-onction, fit profession, et chacune de ces actions avec une piété si parfaite, des actes d'amour de Dieu, de patience et de résignation si vifs et si touchants, que le saint prélat de Genève, qui l'assista à la mort, fut pénétré de douleur et d'admiration. Elle mourut entre les bras de sa sainte mère, à l'âge de dix-neuf ans, après avoir prononcé trois fois le nom de Jésus.

En 1622, une autre affliction vint surprendre la Mère de Chantal : Dieu lui enleva son bienheureux père, l'évêque de Genève. Cette perte fut suivie d'une autre. En 1627, le baron de Chantal fut tué en combattant contre les huguenots dans l'île de Rhé ; mais il s'était préparé à la bataille par la réception des sacrements. Il était dans la 31e année de son âge et laissait un fils qui n'avait pas encore un an. Quatre ans après, la sainte se vit enlever la baronne de Chantal, sa belle-fille. A peine eut-elle appris cette nouvelle, qu'on lui annonça la mort du comte de Toulonjon, son gendre, qu'elle aimait tendrement, et qui était gouverneur de Pignerol. Elle oublia sa douleur pour ne songer qu'à celle de la comtesse, sa fille, et elle mit tout en œuvre pour la consoler. C'est ainsi que Dieu éprouvait ces grandes âmes, pour les rendre plus semblables au modèle de son Fils (1).

Une âme de la même trempe, contemporaine et amie de sainte Chantal et du saint évêque de Genève, fut la bienheureuse *Marie de l'Incarnation*, religieuse carmélite. Elle naquit à Paris, le 1er février 1565, de Nicolas Avrillot et de Marie Lhuillier, tous deux de familles nobles, jouissant d'une grande fortune et distingués par leur piété. Fille unique, elle reçut au baptême le nom de Barbe. Prévenue dès le berceau des grâces et des bénédictions du Seigneur, elle se montra de bonne heure pleine de douceur, de modestie et d'obéissance. Placée à l'âge de onze ans chez les Clarisses de Longchamps, sous la direction de sa tante, elle y fit des progrès étonnants dans la pratique de toutes les vertus. Elle avait en particulier une attention constante à la présence de Dieu, et elle élevait presque continuellement son cœur vers lui par de saintes aspirations. Deux personnes principalement contribuèrent à lui faire contracter cette précieuse habitude : un pieux Franciscain, confesseur du couvent, et une sainte religieuse avec qui elle avait de fréquents entretiens. Elle se distinguait encore par une vive crainte d'offenser Dieu, par une application extrême à ne jamais faire de peine à personne, et, lorsqu'on lui adressait quelques reproches, elle y répondait par une soumission remplie d'humilité. Le moment de sa première communion étant arrivé, elle s'y prépara par des pénitences et des austérités qui auraient effrayé les religieuses les plus mortifiées. Aussi le Seigneur daigna la combler des sentiments de la joie la plus vive, quand elle eut le bonheur de le posséder pour la première fois dans son cœur ; dans la suite, lorsqu'elle se le rappelait, elle assurait qu'elle n'eût pas voulu l'échanger contre tout l'univers.

Marie de l'Incarnation rentra chez ses parents à quatorze ans, pour se conformer à leurs désirs et malgré l'inclination prononcée qu'elle avait pour la vie religieuse. Mais elle ne changea rien aux habitudes pieuses qu'elle avait contractées, et elle continua de s'adonner à la prière, aux lectures saintes et à la mortification chrétienne, autant que sa position pouvait le lui permettre. Cependant le monde

(1) *Vie de sainte Chantal*, par la marquise de Coligny, son arrière-petite-fille, et Godescard, 24 août.

était loin de lui plaire, et plus elle le voyait de près, plus elle concevait pour lui d'éloignement et d'aversion. Elle se détermina donc à demander à ses parents la permission d'entrer chez les hospitalières de l'hôtel-Dieu de Paris. Cette communauté lui plaisait davantage, à cause de la vie laborieuse et pénible de ces saintes filles et du soin qu'elles prenaient des malades. Mais ils étaient bien éloignés d'avoir de pareilles vues sur leur fille, et sa mère lui défendit de lui parler désormais d'une chose semblable, lui déclarant que jamais elle n'y consentirait. Marie se soumit, et reçut cette décision comme si elle fût venue de Dieu même. « Mes péchés, dit-elle, m'ont rendue indigne du titre d'épouse de Jésus-Christ; il faut bien que je me contente d'être sa servante dans un état inférieur. »

Sa mère, quoique chrétienne et pieuse, voyait avec peine qu'elle fût insensible aux plaisirs qui l'environnaient et qu'elle recherchât toujours des habillements trop simples pour sa condition. Elle la reprenait souvent avec sévérité, et même elle en vint une fois jusqu'à l'enfermer, au milieu de l'hiver, dans une chambre sans feu, humide, où elle la laissa plusieurs jours et plusieurs nuits; mais la sainte fille supportait tout avec une patience angélique et ne se permettait pas la moindre plainte contre la rigueur avec laquelle elle était traitée. Tant de vertus, accompagnées d'un esprit brillant et cultivé et de toutes les grâces extérieures, attirèrent à Barbe Avrillot l'estime universelle, et plusieurs partis se présentèrent pour la demander en mariage. En effet, entre dix-sept et dix-huit ans, elle épousa Pierre Acarie de Villemor, maître des comptes, homme d'une grande piété, d'une grande foi et d'une charité plus grande encore, qui consacra une partie de sa fortune au soulagement des catholiques anglais, forcés par les lois sanguinaires d'Elisabeth de fuir leur patrie et de s'exiler en France.

Le sieur Acarie lui-même, zélé partisan de la ligue, pour laquelle il avait contracté des dettes, fut exilé par Henri IV à dix-huit lieues de la capitale. Alors ses créanciers exigèrent leur remboursement, firent mettre le séquestre sur tous ses biens et poussèrent l'inhumanité jusqu'à saisir sur sa table les plats qui étaient servis pour son dîner; ils ôtèrent même à son épouse la chaise sur laquelle elle était assise. Elle les laissa faire sans montrer la moindre émotion. « Quand on a mis sa confiance en Dieu, dit-elle, on n'est troublé par aucun événement, et j'ai de grandes grâces à lui rendre de m'avoir détachée des biens temporels, avant de me les avoir ôtés réellement. » Par suite de cette saisie, elle se trouva dans un dénuement extrême, et souvent elle manquait du nécessaire. Un jour elle se jeta aux pieds d'un de ses parents, lui demandant du pain avec instances; elle fut repoussée d'une manière brutale, mais sa patience n'en fut pas altérée. Cependant son mari ayant été accusé de conspiration contre la vie du roi, elle entreprit elle-même sa défense, fournit les preuves de son innocence, rédigea les lettres et les mémoires, sollicita les juges et dirigea toutes les procédures. Ses efforts furent couronnés de succès, et le sieur Acarie ayant été déclaré innocent, il put faire avec ses créanciers des arrangements qui, tout en diminuant beaucoup sa fortune, lui laissèrent encore une position honorable dans la société. Dans le temps du plus grand embarras de ses affaires, on avait proposé à madame Acarie de se séparer de biens d'avec son mari; mais elle ne voulut jamais écouter cette proposition. Sa conduite envers lui fut toujours aussi tendre que respectueuse. Elle ne faisait rien sans le consulter et déférait toujours à son avis. Dans ses maladies, c'était elle qui voulait le veiller et lui prodiguer tous les soins que réclamait son état, fût-elle incommodée ou plus souffrante elle-même que lui.

Elle eut six enfants, trois filles et trois garçons, qu'elle éleva avec un soin extrême dans la crainte de Dieu et la pratique d'une solide piété. Ils se levaient de bonne heure, récitaient ensemble la prière du matin, faisaient une méditation et allaient ensuite entendre la messe : c'était l'exercice de tous les jours. Puis venait le travail, et ensuite les récréations. Madame Acarie présidait à tout, et les avait tellement accoutumés à être toujours avec elle, qu'ils ne pouvaient se passer de sa présence, même dans leurs divertissements, auxquels elle ne manquait jamais de prendre part. Elle leur inspirait une vive horreur pour le mensonge; elle ne voulait pas qu'ils se plaignissent ni de leur nourriture, extrêmement simple et frugale, ni de leurs habillements, dans lesquels il n'y avait jamais rien de recherché, ni des domestiques de sa maison, à qui elle leur ordonnait au contraire de parler avec égard et respect. Enfin, lorsqu'elle était plus satisfaite de leur conduite et de leurs progrès, elle leur donnait de l'argent pour le distribuer en aumônes aux pauvres qu'ils rencontraient, et les habituait à se faire un plaisir du soulagement des misérables. Dieu donna une ample bénédiction à une conduite si chrétienne. Ses trois filles se firent Carmélites, et ses trois fils, engagés dans les différentes carrières de la magistrature, du sacerdoce et du service militaire, conservèrent toujours dans leurs cœurs les sentiments que leur sainte mère s'était efforcée de leur inspirer. Saint François de Sales, qui les connaissait, écrivait à une de leurs sœurs, en 1619 : « J'ai eu le bien de les avoir tous revus à ce dernier voyage que j'ai fait en France, et le contentement d'avoir reconnu en leurs âmes de grandes marques du soin que le Saint-Esprit a d'eux. »

La conduite de madame Acarie envers ses domestiques devrait servir de modèle à toutes les femmes chrétiennes. Pleine de ces paroles de saint Paul, que *qui n'a pas soin de ses domestiques est pire qu'un infidèle*, elle voulut que les siens entendissent la messe tous les jours, et qu'ils approchassent des sacrements à toutes les grandes fêtes de l'Eglise. Mais en même temps elle exigeait une grande exactitude dans le service, et si quelques-uns commettaient quelques manquements, elle les reprenait avec une sévérité toujours mêlée de bonté et de charité. Lorsqu'ils étaient malades, elle les faisait soigner avec intérêt; et s'ils étaient en danger, c'était elle-même qui les veillait et qui remplissait auprès d'eux les fonctions les plus dégoûtantes. Touchés de ses vertus et de son esprit de renoncement, plusieurs de ses domestiques, hommes et femmes, entrèrent depuis en religion.

Sa charité pour tous les malheureux était immense, et sans cesse elle était occupée de chercher quelque nouveau moyen de faire du bien à son prochain. Elle aimait surtout à donner aux religieux qui se sont faits pauvres volontairement pour Jésus-Christ, aux gentilshommes ruinés, aux pauvres honteux, et particulièrement aux filles indigentes, pour les préserver des dangers auxquels pouvait les exposer leur indigence. Les personnes les plus élevées la chargèrent de distribuer leurs aumônes, et souvent Marie de Médicis et Henri IV se servirent d'elle pour venir au secours des infortunés qui leur étaient inconnus. La visite des prisons et des hôpitaux, ainsi que la conversion des protestants, étaient encore des œuvres de charité auxquelles s'exerçait continuellement madame Acarie. Elle excellait à consoler les malheureux. Quelque peine qu'on eût en l'abordant, on ne la quittait jamais sans avoir l'âme en paix. Un jour, en revenant de Luzarches, elle eut le malheur de tomber de cheval et de se casser la cuisse ; non-seulement cet accident ne lui arracha aucune plainte, mais encore elle garda un profond silence pendant que le chirurgien lui faisait l'opération : ce qui lui fit dire avec exclamation : Mais où êtes-vous donc, madame ! je vous fais souffrir des douleurs inouïes, et vous ne criez pas ! Êtes-vous morte ou en vie ? — En deux autres occasions, le même malheur lui étant encore arrivé, elle montra la même patience et le même courage.

Mais de toutes les œuvres de piété qu'entreprit madame Acarie, pendant qu'elle était encore dans les liens du mariage, la plus célèbre et la plus importante est l'établissement des Carmélites en France. Sainte Thérèse venait de réformer cet ordre en Espagne, et déjà de pieux personnages, parmi lesquels les abbés de Bérulle et de Bretigny, secondés par saint François de Sales, s'occupaient de l'introduire en France ; mais le succès de leurs efforts fut dû principalement à la coopération de madame Acarie. Le zèle, le talent, l'énergie et la prudence qu'elle y déploya lui firent donner le titre de fondatrice des Carmélites dans ce royaume. On fit donc venir à Paris des religieuses espagnoles, qui s'établirent au faubourg Saint-Jacques. En peu d'années, les établissements de ce genre se multiplièrent, et l'empressement pour y contribuer fut général parmi les personnes du plus haut rang.

Madame Acarie se multipliait elle-même dès qu'il s'agissait de coopérer à quelque bonne œuvre. En même temps qu'elle s'occupait de l'établissement des Carmélites dont nous venons de parler, elle réunissait, dans une maison près de Sainte-Geneviève, plusieurs jeunes personnes qui semblaient appelées à la vie religieuse, et qui s'y préparaient en effet comme si elles eussent été dans un noviciat, consacrant leur temps à la prière et à la mortification. Quelques-unes d'entre elles entrèrent plus tard chez les Carmélites, pendant que les autres fondaient la première maison d'Ursulines, dans le but de soigner l'éducation des filles. Madame Acarie regardait les travaux de ces dernières comme extrêmement précieux pour la réforme des mœurs. Elle savait que les mères de famille élevées dans de bons principes les transmettent soigneusement à leurs enfants, et que ceux-ci reviennent presque toujours, dans l'âge mûr, aux principes dont ils ont été imbus dans leur jeunesse, lors même qu'ils viendraient à s'en écarter à l'époque où les passions les entraînent. L'établissement des Oratoriens en France fut encore en partie le fruit du zèle de madame Acarie. « Il manque, disait-elle au Père Coton, confesseur de Henri IV, un ordre qui puisse donner aux évêques de bons vicaires et de bons curés. J'ai souvent pressé monsieur de Bérulle de le fonder ; mais il ne veut pas s'en occuper. Joignez-vous à moi pour le persuader. » — Monsieur de Bérulle, en effet, entra dans ces vues, et, secondé par cette sainte femme, ainsi que par monsieur de Marillac, garde-des-sceaux, il fut le fondateur de cette congrégation qui rendit à l'Église de grands et réels services.

Voilà une légère esquisse des travaux et des vertus de madame Acarie, pendant qu'elle était dans le monde, à la tête d'une nombreuse famille et sous le poids des devoirs multipliés qu'elle avait à remplir envers son mari et ses enfants. Fermement attachée à la foi de l'Église, qu'attaquaient de tous côtés les efforts des novateurs ; pleine de confiance en la Providence, à laquelle elle s'abandonnait dans tous ses besoins comme dans toutes ses entreprises ; cherchant Dieu en tout et avant tout, et consacrant sa vie entière à procurer sa gloire par tous les moyens ; toujours résignée et soumise à la volonté de Dieu dans les plus grandes épreuves ; humble, mortifiée, patiente, sans cesse occupée des infirmités et des besoins du prochain : c'est par toutes ces vertus, pratiquées avec une rare fidélité, qu'elle mérita le don de la plus sublime oraison et des faveurs surnaturelles semblables à celles dont sainte Thérèse, saint Jean de la Croix et plusieurs autres saints avaient été comblés.

Mais le moment approchait où elle devait mettre le comble à ses mérites par de nouveaux sacrifices. Son mari étant mort en 1613, elle se hâta de mettre ordre à ses affaires temporelles, en faisant elle-même à ses enfants le partage des biens qui leur revenaient. Alors, se retrouvant libre de tous les liens qui auraient pu la retenir dans le monde, elle résolut d'entrer chez les Carmélites en qualité de simple sœur converse, et demanda d'être envoyée dans la maison la plus pauvre. Elle se rendit donc au couvent d'Amiens, avec l'approbation de monsieur de Bérulle, alors directeur de ces pieuses filles ; et comme toute la communauté était assemblée pour la recevoir, la sainte veuve se jeta aux pieds de la prieure et lui dit : Je suis une pauvre mendiante, qui viens supplier la Miséricorde divine et me jeter entre les bras de la religion. Pendant son noviciat, elle demanda à être chargée des plus bas emplois de la cuisine, et le reste de sa vie n'eut pas d'autre occupation. Si ses infirmités l'obligeaient d'aller à l'infirmerie, alors elle regardait comme une grande grâce la permission de laver les vieux habits et les chiffons de la communauté. Enfin le temps de sa profession arriva, et comme elle se trouvait alors gravement malade, il fallut la porter couchée dans une chambre qui avait une fenêtre sur la chapelle. Elle prononça ainsi ses vœux le 7 avril 1615, et prit le nom de Marie de l'Incarnation. Elle pensa mourir de cette maladie, et fut même regardée quelque temps comme désespérée ; mais Dieu voulait l'éprouver encore et lui donner de nouvelles occasions d'embellir sa couronne.

L'office de prieure vint à vaquer sur ces entrefaites, et la communauté élut pour le remplir la sœur Marie de l'Incarnation, dont les vertus et les talents inspiraient la plus haute confiance; mais elle refusa avec tant d'humilité et de fermeté, qu'on ne voulut pas la contraindre. Une de ses filles fut choisie dans le même temps pour l'office de sous-prieure. Aussitôt la sœur Marie se jeta à ses pieds, et lui promit obéissance, comme toutes les autres converses, au grand étonnement et à l'édification de toute la communauté.

Cependant les affaires temporelles des Carmélites de Pontoise se trouvant dans une situation peu prospère, et la règle n'y étant pas observée avec assez de ponctualité, on y envoya la sœur Marie de l'Incarnation, qui, assistée de monsieur de Marillac, acquitta les dettes, agrandit les bâtiments, augmenta les ornements de l'église, et fit revivre parmi ses nouvelles compagnes le véritable esprit de sainte Thérèse. Elle demeura dans ce couvent jusqu'à sa mort, le 18 avril 1618, après une longue et douloureuse maladie. Au milieu des cruelles souffrances qu'elle endurait, elle était comme plongée et perdue dans les abîmes de l'amour divin, et souvent on lui entendait répéter ces paroles : Quelle miséricorde, Seigneur, quelle bonté à l'égard d'une pauvre créature! — La prieure lui ayant demandé de bénir toutes les religieuses, elle leva les mains au ciel en disant : « O Seigneur! je vous supplie de me pardonner tous les mauvais exemples que j'ai donnés. » Puis s'adressant à la communauté : « S'il plaît à Dieu de m'admettre au bonheur éternel, je le prierai de vous accorder la grâce que les desseins de son Fils s'accomplissent en vous. » Le médecin lui faisait un jour l'observation que ses douleurs devaient être extrêmement violentes. Elles le sont, en effet, répondit-elle; mais quand nous comprenons que nos souffrances nous viennent de Dieu, cette pensée suffit pour les adoucir et les rendre supportables.

Depuis son enfance, Marie de l'Incarnation avait conçu une haute idée de la vertu des cloîtres; mais elle n'en connut toute la sublimité qu'après avoir embrassé elle-même la vie religieuse. « J'ai toujours senti, disait-elle, que les religieuses possédaient une grande vertu; mais, avant d'avoir vécu avec elles, je n'avais pas compris à quel degré quelques-unes sont parvenues à s'élever. » Marie de l'Incarnation a été béatifiée le 29 mai 1791, par Pie VI. Ses reliques, échappées heureusement à la profanation pendant la révolution française, ont été solennellement réintégrées, en 1822, dans la chapelle des Carmélites de Pontoise (Godescard, 18 avril).

L'Esprit de Dieu soufflait partout, soit pour créer de nouvelles œuvres de sainteté, soit pour en renouveler d'anciennes. L'an 1626, la mère de Chantal vint à Pont-à-Mousson, en Lorraine, pour y établir une maison de son ordre, dont madame de Haraucourt voulut être la fondatrice. Il y avait un grand procès dans la famille de cette dame : la sainte mère réussit à l'accommoder et à mettre la paix dans tous les cœurs. D'un autre côté, elle reçut tant d'honneurs du duc et de la duchesse de Lorraine, et de tous les seigneurs et dames du pays, et tant d'applaudissements de tout le monde, qu'elle abrégea son séjour, disant à l'une des filles qu'elle avait amenées : « Sauvons-nous, mon enfant, on se méprend ici à moi, on ne connaît pas ce que je suis, et je pourrais bien l'oublier (Fr. de Sales, t. V, p. 21). »

En Lorraine, sainte Chantal connut un bon prêtre, dont elle disait : Il suffirait d'avoir envisagé le pieux curé de Mattaincourt et conversé avec lui, pour avoir de lui l'idée d'un saint, quand d'ailleurs on ne l'eût pas connu pour tel. De son côté, le cardinal de Bérulle, qui le vit à Nancy et s'entretint avec lui d'une fois, dit à ses disciples quand il fut de retour, que, s'ils voulaient d'un coup d'œil considérer toutes les vertus, ils devaient aller en Lorraine, et qu'ils les trouveraient réunies en la personne du Père de Mattaincourt. Le bienheureux PIERRE FOURIER, appelé vulgairement *le Bon Père de Mattaincourt*, fut en effet un de ces hommes puissants en œuvre et en parole, que l'Esprit de Dieu suscita dans l'Eglise pour y opérer la grande réforme du concile de Trente. Il fut à la fois l'instituteur d'une nouvelle congrégation religieuse, et le réformateur d'une ancienne.

A Mirecourt, ville de Lorraine, vivaient deux époux, Dominique Fourier et Anne Nacquart, de condition honorable, de fortune médiocre, d'une piété héréditaire. Ils eurent quatre enfants : trois fils, qui reçurent au baptême les noms des trois apôtres favoris du Sauveur, Pierre, Jacques et Jean, et une fille qui reçut le nom de Marie. Cette famille subsiste encore en Lorraine. Pierre naquit le 30 novembre 1564, l'année même où le pape Pie IV, oncle de saint Charles, venait de confirmer le concile de Trente. Les premiers mots que lui apprit sa pieuse mère furent les noms de Jésus et de Marie. Son premier amusement fut d'orner sa petite chapelle, d'y répéter les cérémonies de l'Eglise, d'y prêcher ses petits camarades. Sa plus chère compagnie était sa mère, qui le couvait de l'œil pour qu'il ne vît et n'entendît que des choses édifiantes. Elle le forma surtout à ne pas dire de mensonge, même à ne dire aucune parole inconvenante. Lui échappait-il par inadvertance quelque faute? il recourait à sa mère pour lui demander pénitence. Sa modestie était si grande, qu'il évitait jusqu'aux familiarités de sa petite sœur. D'ailleurs, son esprit était vif et fécond en aimables saillies. Placé aux écoles, il fut le modèle de ses condisciples, non-seulement pour l'application et le succès, mais encore pour l'aménité de caractère. L'un d'eux l'ayant frappé un jour dans la vivacité du jeu, les autres voulurent prendre son parti : Pierre protégea l'offenseur contre la juste indignation de ses amis.

A quinze ans, il fut envoyé à l'Université de Pont-à-Mousson, sous la surveillance de son parent, le Père Jean Fourier, de la Compagnie de Jésus, recteur de cette fameuse école. C'est le même que saint François de Sales prit plus tard pour directeur de sa retraite avant sa consécration épiscopale. Doué d'une mémoire heureuse, d'une rare pénétration d'esprit, Pierre Fourier eut des succès remarquables en humanités et en philosophie. La langue latine lui devint si familière, qu'il la parlait avec élégance, et composait facilement de petits poèmes en cette langue. Il posséda le grec assez bien pour lire les auteurs sans aucun interprète. On a longtemps conservé une édition grecque d'Aristote, avec des notes de sa main sur les mots les plus difficiles. Mais à quoi il s'appliquait avec plus de zèle encore, c'était à sanctifier toutes ses actions. Chaque jour il faisait l'oraison mentale, servait deux messes et visitait le Saint-Sacrement : deux fois par mois il s'approchait de la sainte table. Sa grande dévotion à la sainte Vierge lui inspira de s'associer à plusieurs élèves des plus fervents pour lui rendre un culte particulier. A cette fin, ils adressaient chaque jour à Marie une oraison particulière, et le dimanche ils se réunissaient pour l'invoquer en commun.

D'une beauté remarquable, il fut tenté comme Joseph; mais, comme Joseph, il se sauva par la fuite, et pria tant le Seigneur, que celle qui avait occasionné la tentation finit par rentrer en elle-même et se convertir. Pour vaincre plus sûrement ses passions, Fourier joignait à la prière et à une exacte vigilance sur lui-même le jeûne et la mortification. Il couchait sur la dure, ne buvait ni vin ni liqueur enivrante, et ne fit dès l'âge de dix-huit ans qu'un seul repas par jour.

L'an 1585, son père, tombé dangereusement malade, l'appela de Pont-à-Mousson à sa dernière heure, pour lui recommander sa fille encore jeune, et le constituer le soutien de sa famille et surtout de sa mère; puis, les ayant bénis, il mourut quelques moments après. Fourier, ayant resté à Mirecourt un temps convenable et mis ordre aux affaires, revint à l'Université pour terminer son cours de philosophie. Plusieurs personnes de distinction, qui avaient su apprécier son mérite, le prièrent alors de diriger leurs enfants dans leurs études. Il en fit une petite école, où les exercices étaient agréablement variés par l'étude des sciences, celle de la religion, et les récréations que demande le jeune âge. Il prenait un soin particulier de conserver leur innocence. Aussi veilla-t-il scrupuleusement sur lui-même, en sorte qu'il devint leur plus parfait modèle. L'un d'eux, devenu maire de Lunéville, disait un jour : Si à ma mort je trouve grâce devant Dieu, comme je l'espère, j'en attribue le bonheur à ce que j'ai été élevé, en ma première jeunesse, par les soins du bienheureux Pierre Fourier.

Cependant notre saint était en âge de choisir une carrière. Il se décida pour l'état religieux; et entre les divers ordres de cet état, pour celui des Chanoines réguliers; et entre les diverses maisons de cet ordre, pour celle de Chaumouzey, à quatre lieues de Mirecourt : ce qui étonna fort tous ceux qui le connaissaient; car, cet ordre, et particulièrement cette maison, étaient tombés dans un relâchement déplorable. On ne pouvait comprendre comment il allait chercher un asile à son innocence dans un lieu d'où elle semblait bannie depuis assez longtemps. Malgré les remontrances de ses amis, il y prit l'habit de religion sur la fin de 1586, y fit sa profession après une année de noviciat, et reçut la prêtrise à Trèves le 25 février 1589. L'humilité du nouveau prêtre l'empêcha de célébrer immédiatement les saints mystères : ce ne fut que le 24 juin, fête de Saint-Jean-Baptiste, patron de Chaumouzey, qu'il offrit les prémices de son sacerdoce, en célébrant solennellement la messe dans l'église de l'abbaye. Plusieurs entrevoyaient alors quelques desseins de la Miséricorde divine sur ce monastère et sur cet ordre.

L'an 1594, Pierre Fourier fut envoyé de nouveau à Pont-à-Mousson, pour y faire un cours régulier de théologie. Il s'y lia d'amitié avec deux saints personnages, Servais de Layruels ou Laruelle et Didier de Lacour, destinés l'un et l'autre à réformer en Lorraine deux congrégations célèbres, celle de Saint-Norbert et celle de Saint-Benoît (1).

Servais de Layruels, né dans le Hainaut en 1580, religieux profès de Saint-Paul de Verdun, puis abbé de Sainte-Marie-aux-Bois, près Pont-à-Mousson, y compléta la réforme, commencée par son prédécesseur Daniel Picart. Approuvée par Paul V, elle se répandit en France, dans les Pays-Bas, en Allemagne et jusqu'en Autriche. Layruels transféra l'abbaye à Pont-à-Mousson même, y bâtit une église et des lieux réguliers, qui subsistent encore et servent de petit séminaire au diocèse de Nancy. Le pieux réformateur, qui mourut saintement le 18 octobre 1631, a laissé un catéchisme des novices et une optique pour la règle de Saint-Augustin (Hélyot, t. II, et *Manuscrits du séminaire de Nancy*).

Didier de Lacour, né à Montzéville en 1550, était entré à dix-huit ans dans l'abbaye de Saint-Vannes de Verdun, ordre de Saint-Benoît. Le relâchement qui s'y était introduit, loin de refroidir son zèle, ne fit que l'animer davantage. Le jeune religieux, repoussant les mitigations qui semblaient autorisées par l'usage, pratiquait autant qu'il lui était possible la règle de Saint-Benoît dans toute sa sévérité. Seul à lutter contre le torrent des exemples contraires, sa constance et sa ferveur ne se démentirent point. Son zèle, sa douceur, sa patience au milieu des contradictions attirèrent enfin les bénédictions de Dieu sur son projet. Étant devenu prieur de l'abbaye de Saint-Vannes, en 1598, il commença l'année suivante l'établissement de la réforme dans cette maison, et y reçut quelques novices qu'il forma par son exemple à la stricte observance de la règle. L'évêque de Verdun, qui était en même temps abbé de Saint-Vannes, protégea son entreprise, et Clément VIII autorisa la réforme par un bref spécial. Les jeûnes, les veilles, le silence, le travail des mains, la méditation des choses saintes rappelaient les premiers disciples de saint Benoît; mais c'était surtout par les vertus intérieures que Didier de Lacour et ses premiers religieux se distinguaient. D'anciens Bénédictins, des jeunes gens, des hommes du monde vinrent se mettre sous sa conduite. Un de ceux qui le secondèrent avec le plus de zèle dans l'établissement de la réforme, fut Claude François, qui mourut, en 1632, victime de sa charité à soigner les malades dans un temps d'épidémie. Cette réforme prit le nom de *congrégation de Saint-Vannes et de Saint-Hydulphe*, et produisit, avec des écrivains distingués, de grands exemples; elle donna même naissance à une congrégation plus nombreuse et plus célèbre encore.

La réputation de la réforme de Saint-Vannes engagea successivement plusieurs abbayes de France à embrasser les mêmes observances. La première abbaye qui les adopta fut celle de Saint-Augustin de Limoges, et elle fut suivie des abbayes de Saint-Faron de Meaux, de Saint-Julien de Noaillé, de Saint-Pierre de Jumiéges et de Bernay. Didier de

---

(1) *Vie du bienheureux P. Fourier*, par Bédel, son confrère et contemporain. — *Le bon P. de Mattaincourt*, par Maurice Bailard. — *L'Esprit du bienheureux P. Fourier*, Lunéville, 1757. — *Conduite de la Providence dans l'établissement de la congrégation de Notre-Dame*, Toul, 1732. — *Histoire du B. P. Fourier*, par l'abbé Barthélemy (de Beauregard), Bar-le-Duc, 1864.

Lacour envoya quelques-uns de ses religieux dans différents monastères pour y introduire la pratique exacte de la règle primitive. Mais, comme il paraissait difficile de réunir toutes les maisons réformées sous l'autorité d'un supérieur résidant en pays étranger, en Lorraine, on prit le parti d'ériger en France même une congrégation dans le même esprit et sur le même pied que celle de Saint-Vannes, mais qui serait distincte et indépendante. Laurent Bénard, prieur du collège de Cluny à Paris, fut un des plus zélés pour ce projet. Il fit plusieurs fois le voyage de Lorraine pour y prendre l'esprit de la réforme de Saint-Vannes.

La nouvelle congrégation, confirmée l'an 1621 par une bulle du Pape, fut appelée la *congrégation de Saint-Maur*, du nom d'un des premiers disciples de saint Benoît. Elle fut adoptée successivement dans cent quatre-vingts abbayes ou prieurés conventuels. Les premiers religieux partageaient leur temps entre la prière et l'étude; on leur dut la restauration de plusieurs anciennes abbayes détruites par les guerres, et la construction de belles églises. Ils rendirent encore un autre genre de service : ils embrassèrent les différentes parties des sciences ecclésiastiques, et se livrèrent aux travaux de critique et d'érudition : ils ont enrichi la littérature de bonnes éditions d'un assez grand nombre de Pères de l'Église, et ont fait des recherches immenses sur l'histoire et les antiquités ecclésiastiques (Picot, *Essai historique sur l'influence de la religion en France pendant le XVIIe siècle*, t. I, p. 106 et 158).

Et ces utiles réformes des Prémontrés et des Bénédictins avaient pris leur source à Pont-à-Mousson, dans le pieux triumvirat de Layruels, Lacour et Fourier. Ce dernier venait d'être nommé administrateur de la paroisse de Saint-Martin de Pont-à-Mousson, lorsqu'il fut rappelé à Chaumouzey vers la fin d'août 1595. Le cardinal de Lorraine, légat du Saint-Siége, venait de proposer la réforme aux Chanoines réguliers des trois évêchés, Toul, Metz et Verdun. Il en avait convoqué à Nancy les abbés et les prieurs, pour essayer de les réunir en un corps de congrégation et de corriger les abus qui s'étaient glissés dans leur ordre. Il y a lieu de croire que l'abbé de Chaumouzey voulut s'appuyer des exemples du Père Fourier pour porter ses religieux à observer les règlements qu'on venait de dresser à Nancy. Si telle fut son attente, le succès n'y répondit guère. Le seul nom de réforme alarma et indisposa les esprits. La présence du Père Fourier, et plus encore les saints exemples qu'il leur donnait dans toute sa conduite, ne firent que les aigrir contre lui, au lieu de les toucher. Bientôt il trouva dans la plupart de ses confrères autant d'ennemis et de persécuteurs. Ils l'avaient déjà vu de très-mauvais œil pendant son noviciat; ce fut encore bien pis, lorsqu'ils le virent procureur de la maison et administrateur de la paroisse de Chaumouzey. Leur aversion alla si loin, qu'ils résolurent de s'en défaire par le poison, comme nous avons vu que de mauvais moines firent à saint Benoît.

Cependant on lui offrit la nomination à trois cures : Nomeny, Saint-Martin de Pont-à-Mousson et Mattaincourt. Il choisit la dernière, parce qu'elle était plus pauvre et qu'il y avait plus de travail. Il en prit possession l'an 1597. Cette paroisse était dans l'état le plus déplorable : l'irréligion ou l'hérésie en avait entièrement banni la piété. Il y entra le jour du Saint-Sacrement, et fit la procession. De retour à l'église, il fit un discours si pathétique, qu'il toucha les cœurs les plus endurcis et tira de tous les yeux des larmes abondantes. Il annonça à ses paroissiens qu'il venait uniquement pour travailler à leur salut, et que, s'il le fallait, il sacrifierait sa propre vie pour sauver leurs âmes. Et aussitôt il se mit à l'œuvre.

Pour renouveler sa paroisse, il rétablit les écoles pour les petits garçons et les petites filles, fit assidûment le catéchisme, y organisa des conférences avec des chœurs de chants. Dans l'origine, il visitait ses écoles chaque jour; il composait lui-même les conférences ou dialogues, et les faisait réciter aux enfants dans l'église : ce qui intéressait et attirait non-seulement les enfants, mais leurs familles entières. De même les pieux cantiques, chantés d'abord à l'église, retentirent bientôt dans les maisons et dans les ateliers, et bannirent les mauvaises chansons alors fort répandues. Le bon pasteur alla de plus visiter chaque famille, afin de mieux connaître toutes ses brebis et pouvoir les appeler chacune par son nom. Ce que les instructions, les bons exemples avaient commencé, il l'achevait au tribunal de la pénitence. Plus d'une fois on le vit se prosterner en larmes aux pieds de quelques pécheurs endurcis, et les conjurer par les entrailles de Jésus-Christ d'avoir pitié de leurs âmes; car tous ne répondaient pas tout d'abord aux vœux de son zèle. Afin de les gagner tous, il demanda et obtint un vicaire, et fournit à son entretien, quoique sa paroisse fût peu lucrative. Mais, disait-il, la frugalité est une banque de grand rapport.

Il avait remarqué que les plus opiniâtres profitaient de l'heure des offices divins pour se livrer plus librement aux désordres. Le curé de Mattaincourt était en même temps chef de la haute justice, et avait droit d'infliger des amendes et d'autres peines. Plus d'une fois donc il fit célébrer la messe de paroisse à son vicaire, pour aller lui-même dans les lieux de réunions publiques, en faire sortir ceux sur lesquels il avait juridiction. Au bout de deux ans, avec le commencement du siècle, 1600, la réunion de tous ces moyens avait complètement changé la paroisse.

On remarquait, avec non moins d'admiration que d'étonnement, une sainte émulation pour le bien chez ceux qui s'excitaient au mal; chacun s'animait à la vertu, chacun remplissait avec zèle les devoirs de sa condition; on vit alors régner parmi les fidèles de Mattaincourt une paix et une amitié sincères, bonheur qu'ils n'avaient point goûté pendant tout le cours de leurs désordres. Les pauvres trouvèrent dans la charité des riches une ressource contre leur misère; l'étranger y était aussi surpris qu'édifié de la prévenance et de la politesse aimable avec laquelle on lui accordait l'hospitalité. L'église, auparavant déserte pendant les offices de la paroisse, était remplie aux exercices pieux de surérogation; dans les solennités, le concours des fidèles était si grand, que l'église, d'ailleurs assez vaste, ne pouvait contenir la foule qui s'empressait à la suite et aux instructions du saint homme. L'assistance à la messe et la visite au Saint-Sacrement sanctifiaient chaque jour les instants de repos et de loisir d'un grand nombre d'âmes pieuses ; plusieurs, qu'animait une dévotion plus tendre encore, s'approchaient de la table sainte tous les jours ; un plus grand nombre encore chaque mois ; quelques-uns jeûnaient plusieurs jours de la semaine ; des époux gardèrent dès lors une continence perpétuelle ; la jeunesse s'interdit les divertissements bruyants et dangereux, qui semblaient auparavant faire toutes ses délices.

Pour maintenir et perpétuer cette ferveur, le Bon Père fonda plusieurs associations pieuses dans sa paroisse : une congrégation de filles en l'honneur de la sainte Vierge, sous le titre de son Immaculée Conception ; une congrégation de Saint-Sébastien, pour les hommes et les garçons ; enfin la confrérie du Rosaire, pour les dames. Une réputation sans tache était la première qualité qu'on exigeait pour devenir membre de ces associations ; et si quelqu'un devenait ensuite un sujet de scandale, il cessait aussitôt de faire partie de la congrégation. Aussi on tint à honneur d'appartenir à ces corps de pieux clients de Marie, et les jours d'assemblée plus de cent pères de famille, qu'imitaient un nombre plus considérable encore de jeunes gens, célébraient avec autant de dignité que d'harmonie les louanges de la Mère de Dieu. Les jeunes filles, enrôlées sous les bannières de cette Reine des vierges, lui consacraient leur cœur et leur voix, tandis que leurs mères parcouraient dévotement les grains d'un chapelet.

La charité du Bon Père n'était pas moins admirable que sa piété. Afin de mettre plus d'ordre dans la répartition de ses aumônes et les rendre plus profitables, il avait dressé une liste des plus nécessiteux de sa paroisse, qu'il réunissait deux fois par semaine, leur distribuant lui-même du pain pour trois jours ; pour les vieillards, il ajoutait un peu de viande et de vin, et aux principales fêtes il doublait ses aumônes. Sa bonté de cœur ne lui permit jamais de refuser les indigents des environs, qui souvent se mêlaient à ceux de Mattaincourt. Tout cédait à son exemple ; les bourgeois aisés du lieu imitèrent leur charitable pasteur, et, à jour fixe, firent aussi des distributions aux malheureux.

Un jour de Saint-Evre, patron de son église, Fourier, sachant que, par un abus des plus déplorables, la fête patronale est moins consacrée à la dévotion qu'aux plaisirs même les plus criminels, s'éleva avec force contre les divertissements profanes et dangereux ; puis il s'étendit sur l'excellence de l'aumône, engageant ses paroissiens à venir au secours de leurs concitoyens pauvres dans ces jours de fête. Quelle fut sa surprise, lorsqu'après son action de grâces, il vit ses paroissiens près de l'église, se querellant, pour ainsi dire, sur le nombre des indigents que chaque habitant aisé voulait posséder pendant la durée des fêtes ! Le Bon Père dut encore faire ce partage pour les mettre d'accord.

Comme sa charité était universelle, qu'elle embrassait non-seulement le salut, mais encore le bien-être temporel de ses enfants, elle lui suggéra de créer à Mattaincourt ce que, dans notre siècle, on nomme *caisse de prévoyance*, en faveur du commerce, qui à cette époque avait une grande extension dans cette bourgade. Il était arrivé plus d'une fois que des négociants de Mattaincourt avaient vu leurs affaires notablement dérangées par suite de revers ; et ce fut pour obvier à ces coups imprévus de la fortune qu'il établit cette caisse, qu'il nomma *bourse de Saint-Evre*, et qui, devenue importante par les legs et les donations dont on l'enrichit, eut les plus heureux résultats. Cette institution était dirigée par un conseil d'administration composé des notables négociants de la paroisse, et, lorsqu'il était suffisamment informé de la gêne d'un commerçant, il tirait de la bourse de Saint-Evre une somme d'argent proportionnée aux pertes éprouvées, afin de le mettre en situation de continuer son négoce. S'il faisait ensuite des profits considérables, seulement alors il restituait sa dette à la caisse de l'association.

Pour rendre les procès moins fréquents dans sa paroisse et ailleurs, il rédigea un autre projet d'association qu'il fit revêtir de l'approbation du duc de Lorraine. Tout consistait à former une réunion d'hommes francs, éclairés, charitables, judicieux et craignant Dieu. Deux d'entre eux, accompagnés d'autant d'avocats bénévoles, auraient tenu audience publique et gratuite, à certains jours fixes, pour vider à l'amiable les différends qui se seraient élevés entre les habitants du pays. S'il fût arrivé que l'une des parties se refusât à s'en tenir à la décision de ces arbitres désintéressés, on devait puiser dans une caisse commune, fondée à cet effet, l'argent nécessaire pour conduire l'opiniâtre par devant les tribunaux ordinaires, sans que l'autre partie s'en mêlât dès lors aucunement. Si les malheurs de la Lorraine mirent obstacle à la réalisation d'une pensée si chrétienne et si éminemment sociale, Fourier eut du moins à cœur d'en atteindre le but pour sa paroisse, en interposant ses bons offices. Tant de vertus et de bonnes œuvres furent cause qu'on ne l'appelait plus que *le Bon Père de Mattaincourt*.

Un autre projet encore occupait son esprit. Il s'était convaincu de bonne heure que ni la réformation de sa paroisse ni celle de l'Eglise et du monde ne pouvait être solide et durable, si ce n'est par la sainte éducation de la jeunesse la plus tendre. Ce fut ce qui le porta, dès son arrivée à Mattaincourt, à en faire l'objet principal de son zèle. Ses premières vues se borneraient d'abord à l'enceinte de sa paroisse. Quatre choses lui déplaisaient extrêmement dans la manière ordinaire de procéder à l'instruction de la jeunesse. La première était que les garçons et les filles se trouvassent rassemblés dans la même école. La seconde, que les filles y fussent instruites et corrigées par des hommes. La troisième, que quantité d'enfants s'en trouvassent exclus, faute de pouvoir payer leur maître. La quatrième enfin, que ces maîtres mercenaires se trouvassent ordinairement ou incapables ou peu soigneux d'inspirer à leurs élèves la religion et la piété chrétiennes. Pour remédier à ces inconvénients, il dressa le projet de deux nouvelles écoles, où la jeunesse de l'un et de l'autre sexe serait dès l'âge de quatre ou cinq ans instruite, séparément et gratuitement, par des maîtres et des maîtresses qui se dévoueraient à cette importante fonction, après y avoir été formés pendant quelque temps par lui-même. Dans cette vue, il rassembla chez lui deux ou trois jeunes hommes, qu'il s'efforça de mettre en état de seconder ses desseins pour les garçons, en même temps qu'il tâchait de le leur faire goûter. Mais cette entreprise ne réussit point : Dieu en réservait le succès à un autre saint prêtre, qui aura lui-même plus d'un imitateur.

Le bon pasteur réussit mieux du côté des filles. Dès le mois d'octobre 1597, Dieu lui en adressa deux, qui bientôt lui en amenèrent trois autres. La principale était *Alix Leclerc* de Remiremont. Le Bon Père les mit à diverses épreuves. Il leur proposa un règlement de vie uniforme et proportionné à leur état présent; il les appliqua à des exercices de charité, d'humilité et de mortification; il les rassemblait de temps en temps, pour les exhorter en commun à la persévérance; enfin, il fut si content de leur zèle et de leur constance, que, six semaines ou deux mois après leur première déclaration; il leur permit d'assister et de communier toutes ensemble à la messe de la nuit de Noël, revêtues d'un habit modeste et uniforme qui les distinguât des autres filles de sa paroisse. Tel fut le commencement de la *Congrégation de Notre-Dame* pour l'instruction chrétienne des jeunes filles. Le Bon Père cherchait une maison pour réunir ses novices, les former à la vie commune et à l'éducation de la jeunesse. N'en trouvant point à Mattaincourt, il s'adressa aux dames chanoinesses de Pozsais, aujourd'hui Poussey. Deux d'entre elles, les dames de Fresnel et d'Apremont, lui offrirent gracieusement, l'une sa maison, l'autre ses instructions pour la petite communauté. Les pieuses filles revinrent à Mattaincourt au mois de juillet 1599, et y ouvrirent une école, comme elles avaient fait à Poussey même. Le Bon Père, avec l'approbation de l'autorité épiscopale, leur donna des constitutions : Alix Leclerc est élue première supérieure (1). Elle mourut en odeur de sainteté l'an 1622. Malgré bien des obstacles et des traverses, la nouvelle congrégation se multiplie et s'étend, et reçoit l'approbation du pape Paul V. Aujourd'hui encore elle conserve l'esprit de son bienheureux Père et continue à servir Dieu dans l'éducation des enfants (2).

Une œuvre non moins difficile était la réforme des chanoines réguliers. Elle avait déjà été tentée par le cardinal de Lorraine, évêque de Toul et légat du Saint-Siége. Il avait voulu la faire en bloc, en réunissant en une seule congrégation tous les monastères des Trois-Evêchés, et en leur prescrivant des règlements pour corriger les abus. On acceptait les règlements pour la forme, et on ne faisait pas mieux. Le cardinal mourut sans avoir avancé d'un pas. Son successeur au siège de Toul, Jean des Porcelets de Maillane, reçut la même commission du Saint-Siége : il ne voulut rien entreprendre qu'il ne se fût donné pour adjoint le bienheureux Père de Mattaincourt. Ils s'y prirent d'une autre manière que le cardinal, savoir, par le menu, en réunissant les religieux de bonne volonté qui consentiraient à embrasser la réforme et à former une congrégation nouvelle. L'évêque, comme visiteur apostolique, parcourut toutes les maisons canoniales des Trois-Evêchés : il ne trouva que six chanoines disposés à la réforme. L'évêque était abbé commendataire du monastère canonial de Pierremont; il croyait y établir ses six novices, avec le curé de Mattaincourt pour père-maître. L'abbé et les religieux de Pierremont y opposèrent tant de résistance, qu'il fut obligé de recourir à l'abbé des Prémontrés à Pont-à-Mousson, Servais de Layruels; celui-ci voulut bien, au commencement de 1623, recevoir dans son monastère les six chanoines réguliers de la réforme, avec leur supérieur et maître des novices, son ami, le bienheureux Pierre Fourier. Peu après, le duc Charles de Lorraine, abbé commendataire de Saint-Remi de Lunéville, obligea les chanoines de cette abbaye à recevoir les novices de la réforme, qui y arrivèrent le 10 février de la même année : un de la maison se joignit à eux. Plusieurs autres vinrent de différents côtés augmenter leur nombre. Ils firent leur profession le 25 mars 1624, fête de l'Annonciation de la sainte Vierge. Aussitôt l'abbé et tous ses confrères se retirèrent où ils jugèrent à propos, moyennant une pension viagère qui leur fut assignée. La ré-

---

(1) La Congrégation de Notre-Dame comptait, en juillet 1864, vingt-quatre monastères en France et un en Algérie; trois à Paris, et les autres à Carentan, Câteau-Cambresis, Caudebec, Châlons-sur-Marne, Condé-sur-Noireau, Epinal, Etampes, Gray, Grisolle, Honfleur, Lunéville, Mattaincourt, Molsheim, Moulins, Orbec-sur-Auge, Reims, Saint-Pierre-Eglise, Strasbourg, Valognes, Verdun et Versailles. En Allemagne et dans les Pays-Bas, il y en a dix, qui sont : Essen, Luxembourg, Paderborn, Trèves, Cinq-Eglises, Kœsfeld, Offenbourg, Presbourg, Rastadt et Ratisbonne.

(2) Voici le texte du mémoire que le Bon Père donna aux deux religieuses envoyées aux Ursulines, à Paris. Il est extrait du tome II de l'*Histoire du B. Pierre Fourier*, par M. Barthélemy (de Beauregard), éditée en 1864 par Contant-Laguerre, libraire à Bar-le-Duc :

« Les deux filles envoyées à Paris, étant admises en la maison des Ursulines, tâcheront de prendre, pour la plus grande gloire et service de Dieu, connoissance, autant qu'il leur sera permis par les Dames de la, des règles, des personnes, des lieux, des exercices, des biens, de l'habit et gouvernement de ladite maison, pour en rapporter l'instruction et pratique en Lorraine.

Prendront copie de leurs règles tant communes que particulières, de leurs statuts ou constitutions, et des bulles et priviléges qu'elles ont obtenus de notre Saint Père et de Monseigneur l'évêque de Paris.

Sauront si par la fondation il y a un nombre limité de personnes, et quel.

A quel âge et de l'autorité et du consentement de qui on y reçoit les novices, sous quelles conditions, si avec dot limitée, et quelle; qui les examine, qui les instruit, qui les admet, retient ou renvoie; combien de temps elles demeurent au noviciat, et par quel moyen on les dresse, et prend-on expérience de leur vocation.

A quel âge se fait la profession, en quelle forme et termes, ès mains et de l'autorité de qui?

Combien de servantes, et quelles.

Combien d'officières en la maison, et combien de maîtresses pour les classes, et quelles; qui les établit, qui les change, et dispose; quels sont les règles et devoirs de chacune, combien de temps elles en sont en charge.

Quel titre a celle qui est la Mère; si elle est perpétuelle ou pour un temps et quel; qui la crée, qui la dépose, comment, sous quelles conditions et formes; qui l'assiste, qui l'instruit, qui la conseille, qui la gouverne.

Combien de confesseurs ordinaires, si séculiers, si réguliers, si salariés par les filles, et à combien; si logés par elles, où, par qui choisis et établis.

Combien de confesseurs extraordinaires, quels, et en quel temps ils sont présentés et par qui.

Les escolières, pensionnaires, quelles en âge, qualité, nombre; comment nourries et instruites, en quoi et par combien de maîtresses.

En tous lieux et chacun d'iceux, il faudra considérer la forme, longueur, largeur, hauteur, jour, situation et respect de chacun d'iceux à tous les autres, et ce qui se fait en chacun et notamment voir, en l'église, le chœur des Dames, leur chapelle, leur confessionnal, le lieu pour communier, la grille et la sacristie; quel respect et distance des unes aux autres, et du maître-autel.

Au dortoir, s'il est divisé en plusieurs chambres, à chacune Dame la sienne, ou s'il y a quelque distinction moindre et quelle. *Item* la forme de ..... lits et leur accoutrement;

Au réfectoire, cuisine, garde-manger, les meubles et quelles filles y employées, quand et comment;

En l'ouvroir, chauffoir, promenoir, la manière et les temps de s'y trouver et exercer;

A l'infirmerie, le nombre des chambres et des lits, manière d'y servir les malades, et par qui, commodité d'y entendre la messe;

Au parloir, si sont deux, où, à quelles personnes, affaires et saisons chacun d'iceux est destiné.

En lieux députés aux mêmes offices, quel et combien et à quoi chacun sert en particulier;

Au jardin, si chacun y a son quarreau à part, pour y travailler quelquefois, outre ce qui est du commun;

Les chambres à loger les pensionnaires, combien, où, par qui

forme des chanoines réguliers de Lorraine, sous le nom de *congrégation de Notre-Sauveur*, commença ainsi dans la maison de Lunéville, dont la demeure abbatiale forme actuellement la maison de cure. La même année, sur le refus du bienheureux Père de Mattaincourt, on y choisit pour prieur le Père Maretz. La réforme ayant été établie dans huit maisons, et confirmée à Rome, on assembla le chapitre général en 1629, à Lunéville, où, sur le refus du bienheureux Pierre Fourier, on élut pour supérieur général son ami et son disciple le Père Guinet. Celui-ci étant mort dès l'an 1632, encore fort jeune, le bienheureux Père fut contraint d'accepter la charge de supérieur général, à la suite de deux élections unanimes.

Il resta toute sa vie curé de Mattaincourt. Outre qu'il y avait toujours un vicaire, il s'y trouvait en personne aux principales époques de l'année, et toutes les fois que les besoins de la paroisse l'exigeaient. Ainsi, l'an 1631, par suite des guerres entre la France et la Lorraine, la peste et la famine s'étant fait sentir à Mattaincourt comme ailleurs, le bon pasteur demeura constamment au milieu de ses ouailles, pour leur procurer tous les secours spirituels et temporels en son pouvoir, et mourir avec elles et pour elles. Plusieurs de ses religieuses établies en France, notamment celles de Châlons, le priaient de venir les voir. Il leur répondit entre autres, le 31 mars 1636 : « Nos paroissiens meurent à moitié de faim; je n'ai rien cependant pour les aider du mien; mais ma présence, s'il faut que je me vante devant vous, y fait bien quelque chose..... Et je vous prie, ayant la crainte de Dieu et son amour si fort empreint au profond de vos bénites âmes, et étant filles très-chères de la Mère de miséricorde, pourriez-vous jamais me conseiller, curé que je suis, d'abandonner mon peuple, et ne pas vouloir mourir de faim avec eux, s'ils en meurent, et me tenir comme eux au milieu des craintes et des dangers de peste qui courent maintenant, pour les consoler, pour les repaître des saints sacrements et de la parole de Dieu, pour les exhorter à la patience, pour demander l'aumône pour eux auprès de ceux qui ont quelques moyens? Mes bonnes sœurs, si vous saviez ce que c'est que d'être curé, c'est-à-dire pasteur des peuples, père, mère, capitaine, guide, garde, sentinelle, médecin, avocat, procureur, entremetteur, nourricier, exemple, miroir, tout à tous, vous vous garderiez bien d'approuver ou de désirer ou de demander que je m'absente de ma paroisse durant cette saison. »

Le Bon Père ne s'absentait dans d'autres circonstances que pour un plus grand bien de l'Eglise, établir ces deux congrégations, faire des missions apostoliques dans les Vosges et ailleurs, toujours avec l'approbation ou même par les ordres de l'autorité ecclésiastique. C'est ainsi qu'il fit en 1625 la mission de Badonviller, chef-lieu du comté de Salm. L'hérésie y dominait. Le duc François de Lorraine, comte de Salm et de Vaudémont, désirant y rétablir la religion catholique, y avait envoyé cette année plusieurs missionnaires Jésuites, qui prêchèrent la controverse avec beaucoup de succès. Mais, comme ils n'y allaient que de temps à autre, eux-mêmes représentèrent au prince que, pour consolider et achever le bien, il y fallait un homme apostolique à demeure, et lui indiquèrent le Bon Père de Mattaincourt. Le prince eût bien voulu qu'il en acceptât la cure : tout ce qu'il put obtenir fut qu'il irait y passer quelques mois. Y étant arrivé, le saint homme trouva le presbytère en ruine, l'église déserte, l'ignorance chez les catholiques, la richesse chez les Calvinistes, et leur temple regorgeant de monde. Un état de choses si déplorable ne le décourage pas, mais anime son zèle. Dès le lendemain il est à l'œuvre. Il visite les malades, console les affligés, fait du bien aux pauvres, leur procure des maisons de ses deux congrégations ce qu'il y a de meilleur. Ayant ramassé les revenus de la cure, il rebâtit le presbytère. Il fortifie les catholiques par des sermons et

---

fréquentées, servies et gouvernées, si par religieuses professes ou autres, et par combien.
En écoles et classes, si elles sont séparées des externes des pensionnaires, combien, pour les unes et pour les autres;
Quelle séparation de ces écoles, et classes, et chambres entre elles, et d'elles toutes aux lieux réguliers.
Touchant les biens, meubles, quels en l'église et chacun des autres lieux, et pour chaque personne; quand, comment et par qui maniés, achetés, reçus, gardés, entretenus, dépensés, distribués, représentés et rapportés en compte; la forme de rendre compte.
Immeubles, en quoi consiste leur nature, et rapport annuel, par qui visités, entretenus, réparés, admodiés.
Entre les actions et exercices de piété, pour en imiter la pratique, se remarqueront:
Les vœux, quels et combien; si outre ceux de pauvreté, chasteté, obéissance, s'en fait quelqu'autre.
Si, en ces trois vœux ou quelques-uns d'iceux, se retrouve quelque point de pratique particulier à ces Dames, qui soit pour la perfection ou meilleure pratique d'iceux;
Communion, à quels jours;
Confession, à quel pour ordinaire et pour extraordinaire; quand les confessions générales, quand les particulières; quelle liberté pour le choix des confesseurs.
L'office divin, quel, à quelles heures, sous quelles cérémonies et révérences, voix, ton, pauses,
Quelles autres prières vocales;
Méditation, quelle, quand, durant combien de temps, ou prise ou bien par qui donnée;
Mortification extérieure, quelles ordinaires pour le manger, repos de la nuit;
Extraordinaires, quelles aussi, par qui et pourquoi elles s'ordonnent ou se permettent;
Mortifications extérieures, par qui et par quels moyens elles y sont aidées.
Prendre la réfection, à quelle heure, et comment; pour l'ordre et la forme de s'asseoir à table, la servir, y lire, servir.
Se récréer, comment, où, en quels exercices, combien de temps par jour, à quelles heures, si après le dîner, et après le souper.
Enseigner les pensionnaires, et les externes, qui, par qui, quoi, combien de temps avant le dîner, combien après, et comment pour la piété, pour la lecture et écriture, pour les ouvrages; sous quelles conditions et les unes et les autres sont admises, retenues, renvoyées, et notamment si l'école est gratuite pour les externes.
Donner les punitions, à quels jours, heures, et occasions, ou, par qui, comment, et quelles à chacune sorte de fautes.
Comment avec le prochain séculier; comment ès colloques, ès lettres reçues, ès devoirs, par la communauté, par les particulières, quand, par qui, pour quelles raisons, avec qui, sous quelles conditions, et en quel temps il est expressément défendu.
Quels autres moyens elles ont d'aider le prochain outre l'école.
La modestie extérieure et manière de converser les unes avec les autres par la maison en leur maintien, paroles et gestes.
L'ordre domestique pour toutes les heures et exercices de la maison par tout le jour.
L'habit des professes, des novices, des servantes, duquel faudra rapporter un patron; quel pour chacune d'icelles, la forme, longueur, largeur, couleur, étoffe; manière de le garder, distribuer, rendre distinctions d'icelui (s'il y en a), pour les jours ouvriers, et de fêtes, en hyver, en été, en l'église, ès écoles, ès ouvroirs.
Le gouvernement et conduite extérieure, quels; si elles sont sujettes à l'évêque seul ou encore à quelques autres sous lui, ou avec lui, en quoi et comment.
Qui visite et va voir si tout cela s'observe, et qui réforme en cas de nécessité; si l'évêque, si autre, sous son autorité, ou sans icelle; en quel temps, sous quelles conditions, comment, quel pouvoir.
Les filles mettront par écrit tout ce qu'elles auront appris et remarqué touchant les points ci-dessus, ou par adresse d'autrui.
Et mettront la différence qui se retrouve en chacun des sept chefs spécifiés, pour les saisons d'été, d'hyver, carême, d'après Pâques et autres. »

des exhortations fréquentes : aux Calvinistes, il donne ses prières, ses larmes et l'exemple d'une sainte vie. Ils ont beau l'examiner de près, de loin, en secret, en public, ils ne trouvent rien à reprendre, rien qui justifie la peinture que leurs prédicants leur faisaient du prêtre catholique. Malgré qu'ils en aient, ils le reconnaissent pour un des justes dont parle l'Ecriture, ils le vénèrent, ils l'aiment cordialement. Aussi, de son côté, les ménageait-il avec une maternelle tendresse ; jamais, dans ses instructions, un seul mot qui pût les désobliger : il ne les appelait pas même hérétiques, mais *étrangers*. Un jour, les voyant sortir du prêche en grand nombre, il s'arrêta tout court et se mit à pleurer si fort, qu'un des principaux de la ville accourut pour lui demander s'il n'était pas malade ou s'il lui manquait quelque chose, et lui offrir sa maison. Le bon Père le remercia et dit : « Je pleure, en voyant ces pauvres étrangers si malheureusement trompés, et des bourgeois de votre ville qui cherchent l'enfer avec tant de soin. » Dieu bénit les prières et les larmes du Bon Père. A la fin des six mois qu'il demeura dans cette paroisse, il eut la consolation de voir tous les hommes de Badonviller revenus à la foi de leurs pères, et le temple huguenot converti en église de la sainte Vierge (Bédel). Aujourd'hui encore on se souvient avec amour du Bon Père dans la contrée : on montre avec une religieuse vénération la pierre, la fontaine où il s'arrêtait en allant porter la parole divine d'un village à un autre ; le père, la mère racontent encore à leurs fils et à leurs filles les moindres circonstances de son séjour parmi eux.

La guerre, la peste et la famine qui ravageaient la pauvre Lorraine, mais surtout les persécutions politiques du cardinal de Richelieu, ne permirent point au Bon Père de Mattaincourt de mourir dans sa paroisse, ni même dans son pays natal. Pour se soustraire aux poursuites du cardinal-ministre, qui prétendait se servir de lui comme d'un instrument, pour annexer la Lorraine à la France (Baillard, c. 41), il se cacha d'abord en divers lieux, et enfin se retira l'an 1636 à Gray, en Bourgogne, sous la domination de l'Espagne. Il y passa deux ans à souffrir de la vieillesse, de la maladie, de la disette, mais surtout des souffrances de la Lorraine et de sa chère paroisse de Mattaincourt. Le duc Charles IV de Lorraine, qui était lui-même fort gêné dans ses affaires, ayant su la détresse où était réduit le Bon Père, lui écrivit familièrement la lettre suivante : « Mon Père, j'ai commandé à Gérard, mon maître-d'hôtel, de vous donner une misère pour vous ou pour vos religieuses, que l'on me mande n'être pas trop bien, dans le peu d'assistance que vous recevez, à cause de la pauvreté qui commence d'être par delà. Il me reste par delà quelques hardes, que j'ordonne audit Gérard de faire vendre plutôt que de vous laisser dans la nécessité. Je vous prie de ne pas faire comme du passé, et de l'avertir de ce qu'il pourra faire pour vous assister. Si votre gloire ordinaire vous empêche d'en demander, du moins permettez au Père Terrel ou à vos religieuses de le faire. Cependant il ne me faut pas oublier, car nous sommes en une saison où nous avons plus à faire de votre souvenir en vos prières que jamais. Il n'y faut rien oublier, étant certain que nous devons attendre tout de Dieu, et plus rien du monde. Bienheureux est celui qui en est démêlé, et en lieu où il n'y ait plus rien à faire que de dire son chapelet. J'espère que vous direz le vôtre pour moi, et que vous m'aimerez, étant de tout mon cœur, mon Père, votre plus affectionné ami. CHARLES DE LORRAINE. Ce 17 décembre 1639 (*Esprit du B. P. Fourier*). »

Cependant le bienheureux Père mettait la dernière main aux constitutions de sa congrégation de Notre-Dame. Il allait les finir un soir, lorsqu'il s'endormit sur sa table. Le feu y prit. A son réveil, il trouve papiers, livres, plumes réduits en cendres ; le livre *Des Constitutions* seul était intact. Enfin, attaqué de la maladie qui devait l'enlever de ce monde, il fit son testament, par lequel il laissa aux religieuses leurs constitutions, et aux chanoines réguliers des avis salutaires pour entretenir parmi eux l'esprit de la réforme qu'ils avaient embrassée. Il mourut saintement, dans la nuit du 9 au 10 décembre 1640, en la 76e année de son âge.

Les chanoines de sa réforme vinrent à Gray pour transporter son corps à Pont-à-Mousson, en la maison de leur séminaire, qu'il y avait fondé. Mais les habitants de Gray ne voulurent pas se dessaisir de ce précieux trésor. Il fallut recourir à la cour d'Espagne et à celle de Bruxelles. La décision, qui était favorable aux chanoines réguliers, n'arriva que vers Pâques de l'année suivante 1641. Encore les habitants de Gray firent-il de si vives instances, qu'on leur laissa le cœur du bienheureux Père, qui fut déposé dans l'église paroissiale. La translation de Gray en Lorraine fut comme un triomphe continuel. Chaque paroisse, le pasteur en tête, se porte à la rencontre du cortège ; on le suit de bourgade en bourgade ; plus d'une fois, au lieu de l'office funèbre, le peuple se met à chanter l'hymne d'un confesseur. Les chanoines ne comptaient pas s'arrêter à Mattaincourt : ils y sont forcés par la nuit, et déposent le saint corps à l'église. Le lendemain, quand ils viennent pour l'enlever, ils trouvent les portes remplies d'hommes et de femmes, qui s'y opposent et qui protestent qu'ils perdront la vie plutôt que leur Père, et qu'on ne l'emportera qu'en les foulant aux pieds et les mettant à mort. Les chanoines, n'ayant pu rien gagner par la persuasion, ont recours à l'autorité du duc de Lorraine, qui ordonne de leur remettre le corps de leur supérieur général. Les hommes de Mattaincourt répondent que, par respect pour les ordres du souverain, ils ne s'y opposeront plus ; et de fait, ils restent les bras croisés sur le cimetière. Mais, quand les chanoines veulent entrer dans l'église, ils la trouvent remplies de femmes et d'enfants, qui leur résistent de paroles et de fait, sans qu'il y ait moyen de les adoucir. Ces ferventes chrétiennes invoquent même contre lui les vues manifestes de la Providence. « Vous ne pensiez pas venir ici, leur disaient-elles, c'est Dieu qui vous y a contraints, pour nous faire ce présent ; et ne serions-nous pas bien malheureuses de le perdre par notre faute ? » Sur cette opposition inattendue, les chanoines recourent de nouveau au duc de Lorraine, qui, par arrêté du 4 juin 1641, met à leur disposition la maréchaussée et la garnison de Mirecourt, pour leur prêter main-forte. A Mattaincourt, cependant, une sentinelle veillait nuit et jour sur le haut du clocher. Dès qu'elle aperçoit venir la troupe, on sonne le tocsin, l'église est barricadée de chaînes et se remplit de femmes; les hommes l'entourent. Les femmes crient vengeance contre l'emploi des armes, elles invoquent à leur secours leur Bon Père; elles perdront volontiers la vie, dans l'espoir de conserver son corps à leurs enfants. Les hommes de leur côté, offrent aux chanoines leurs biens, leurs terres, leurs maisons, leurs personnes, pour leur bâtir dans la paroisse un beau monastère; ils consentent à dépendre d'eux, à être leurs serfs, pourvu qu'on leur laisse leur Bon Père. Au milieu de ces cris, de ces pleurs, de ces prières, le commandant de la troupe demanda s'il donnerait dans ce peuple. Mais qui l'aurait permis? On céda; et les pieux habitants de Mattaincourt conservèrent chez eux leur Bon Père, et après deux siècles il y est encore (Bédel).

Il a été béatifié par Benoît XIII le 29 janvier 1730. De nos jours, on a repris le procès de sa canonisation et on agrandit l'église où il repose. En Lorraine, on célèbre sa fête le 7 juillet (1).

Un autre instrument que le Saint-Esprit employait pour la gloire de Dieu et le salut des âmes, était la Compagnie de Jésus. Nous l'avons vue à l'œuvre, à la Chine, au Japon et en Amérique. Elle n'était pas moins active pour le bien en Europe, malgré ses épreuves intérieures et extérieures. Car, si bonne que cette Compagnie puisse être, elle n'est pas meilleure que les apôtres : *Des combats au dehors, des craintes au dedans* (2. Cor., 7, 5). Ainsi, vers la fin du XVIe siècle, 1592, elle n'éprouvait en Espagne aucune persécution du dehors, mais une insurrection sérieuse au dedans. Un nombre considérable et très-influent de Jésuites espagnols et portugais, parmi eux le célèbre *Mariana*, demandaient une section espagnole dans la Compagnie, un changement dans les constitutions, la mise en jugement du supérieur général Aquaviva, une assemblée générale pour le juger en effet. Ils obtinrent, par leur crédit auprès du roi d'Espagne, que le supérieur général fût momentanément éloigné de Rome, ensuite qu'il parût devant l'assemblée générale. La conduite du supérieur y fut approuvée, et les constitutions maintenues. Mais cela montre toujours quels germes d'esprit séculier fermentaient dans la Société des Jésuites. C'est ce qui fit écrire au même général Claude Aquaviva ses *Industries pour guérir les maladies de la société*, imprimées à Rome en 1616, où il dit entre autres : « La sécularité et la courtisanerie s'insinuant dans la familiarité et la faveur des étrangers, c'est dans la société une maladie dangereuse pour le dedans et pour le dehors; elle se glisse peu à peu, et presque sans qu'on s'en aperçoive, dans ceux qui l'éprouvent et dans nous (supérieurs). C'est, en apparence pour gagner les princes, les prélats, les grands, concilier ces sortes de personnes à notre société pour le service de Dieu, aider le prochain, mais, en réalité, nous nous cherchons quelquefois nous-mêmes, et nous dévions vers les choses du siècle (*Apud Menzel.*, t. IV, p. 58). » Par ces paroles et ces faits, on voit que dans l'institut des Jésuites, comme dans tous les ordres religieux, la règle est bonne, sainte, que l'esprit en est excellent, mais que les individus, étant hommes, ne l'observent pas toujours avec la même fidélité; qu'ils ont la pente commune au relâchement, et que tous et chacun, principale-

---

(1) Le pèlerinage de Mattaincourt est très-populaire aujourd'hui; nous croyons qu'il ne sera pas sans intérêt de reproduire les lignes suivantes, en partie extraites de l'ouvrage de M. Barthélemy, déjà cité.

Les fêtes magnifiques célébrées à Mattaincourt, à l'époque de la Béatification du Bon Père, augmentèrent encore le concours des fidèles à son tombeau. Les miracles continuaient, et l'on fit des principaux un recueil manuscrit qui est malheureusement perdu. A partir de 1741, la fête du Bienheureux, fixée au 8 juillet, fut transférée au dimanche longtemps; cela se fit ainsi jusqu'à la révolution qui passa sur l'Europe comme un ouragan terrible, balayant les demeures des grands de la terre, ébranlant les trônes, jetant pêle-mêle les rois, les reines, les prêtres, les religieux et les vierges saintes aux bourreaux, dans les prisons, ou sur des plages lointaines, renversant les autels, bouleversant les sanctuaires et dispersant les reliques des saints. Celles du Bon Père furent épargnées; grâce au zèle des habitants de Mattaincourt, elles reposèrent en paix dans leur châsse vénérée qui fut mise en lieu sûr.

La dévotion envers le Bon Père ne cessa point de se manifester, même durant les plus mauvais jours de *la Terreur*. Les pèlerins venaient, comme de coutume, à Mattaincourt, et ne pouvant approcher de ses restes sacrés, ils s'agenouillaient sur le cimetière autour de l'église, ou, passant le Madon, ils allaient accomplir leur pèlerinage sous un arbre antique qui l'avait abrité, et près d'une fontaine, qu'on appelait *l'arbre et la fontaine du Bon Père*. La fête se faisait en secret, pendant la nuit, et toujours il se trouvait, pour célébrer le saint sacrifice, quelque confesseur de la foi, caché au milieu des populations chrétiennes. Quel temps que celui où la raison en délire, personnifiée dans une fille de joie, avait des autels sur la terre de France, tandis que le Dieu de saint Louis, de Charlemagne et de Clovis n'en avait plus! Enfin, à l'heure marquée par la Providence, un grand homme s'étant levé pour chasser les reptiles gonflés du venin de l'impiété, les églises se rouvrirent et les reliques des saints reprirent leur place sur les autels; celles du Bon Père retrouvèrent leur place dans le chœur de son église. Il s'opéra de nouveaux miracles par l'intercession du Bon Père; malheureusement, on n'a pas mis le soin qu'il fallait pour les recueillir et les constater.

Le premier que nous trouvons consigné dans le *Pèlerin de Mattaincourt*, date de 1824. Il se fit en faveur d'une vertueuse fille de Mirecourt, nommée Marie Durant, qui était à peu près dans la 35e année de son âge. Elle était depuis trois ans, dans un état presque complet de paralysie; sa position empirait tous les jours; elle était sur le point de perdre l'usage de ses doigts, et par là même, tout moyen de gagner sa vie, en travaillant à la dentelle, quand la pensée lui vint de recourir à l'intercession du Bienheureux. Transportée non sans peine à Mattaincourt, et,

placée sur un banc en face du sanctuaire, elle récita cinq *Pater* et cinq *Ave*, après lesquels elle ressentit une commotion dans tous ses membres. Elle était guérie!

Le 30 août 1832 était l'anniversaire séculaire de la Béatification du Bon Père. On y touchait, et on résolut de le célébrer avec la plus grande solennité. La châsse fut remise à neuf, et il y eut un immense concours de prêtres et de fidèles, qui ne cessa point pendant huit jours. Chaque année, le 7 juillet, cette fête recommence avec octave solennelle, et pendant tout le temps, la foule se presse compacte au tombeau du Bienheureux. M. Hadol, curé de Mattaincourt, à qui on est redevable de la basilique nouvelle, a établi, pendant cette octave, une retraite qui est prêchée par des religieux. C'est un Clerc régulier, un enfant du Bon Père, qui la prêche......... Grâce à l'impulsion donnée au pèlerinage par ce pieux successeur du Bon Père, ce n'est pas seulement pour la fête, qui est devenue celle du pays tout entier, qu'on voit accourir les pèlerins; durant tout le cours de l'année, surtout dans les beaux jours, ils descendent par bandes des montagnes des Vosges, ou débouchent de la Franche-Comté, de la Lorraine et de la Champagne, vers le saint tombeau.

En 1832, décimés par le choléra, les habitants de Mattaincourt recoururent à leur saint protecteur, et virent le redoutable fléau cesser aussitôt ses ravages. En cette même année, eut lieu la guérison d'une jeune fille de Médonville, âgée de 15 ans. Cette jeune fille, nommée Marie-Thérèse Barrois, avait, depuis près de deux ans, une main si violemment contractée, qu'on avait été obligé d'y introduire de force un morceau de bois, pour empêcher les ongles des doigts de pénétrer dans les chairs. La médecine se déclarant impuissante, la pauvre enfant mit toute sa confiance dans l'intercession du Bon Père de Mattaincourt; elle en fut récompensée; un des jours de l'octave, au moment où elle touchait le reliquaire, ses muscles se détendirent et l'usage de sa main lui fut rendu. Plus de mille pèlerins furent témoins de ce miracle.

Deux ans plus tard, un même miracle s'opérait dans la personne de Thérèse Thyriot, de Fraie, près de Remiremont. Cette fille éprouvait depuis 21 ans, elle en avait alors 24, de fréquents accès d'épilepsie; elle ne voyait plus d'un œil et n'entendait plus d'une oreille; elle était de plus affligée d'une hernie au poumon, ce qui l'obligeait, pour prévenir la suffocation, d'avoir la poitrine constamment comprimée par un linge dont la pression avait occasionné deux larges plaies. Les médecins l'ayant depuis longtemps abandonnée, elle résolut de faire un pèlerinage à Mattaincourt; mais comment s'y transporter? quatre de ses compagnes se dévouent et la trainent sur un char à bras, jusqu'au tombeau du Bon Père, sur lequel elle est placée, sans quitter son lit, dans l'impossibilité de se mouvoir. Elle se confesse et communie, puis, au moment où elle pose ses lèvres sur la relique du Bienheureux, elle éprouve comme une commotion électrique, se lève, ment les supérieurs, doivent veiller les uns sur les autres, particulièrement sur eux-mêmes, afin de se maintenir dans la ferveur de l'Esprit de Dieu, et fermer la porte de leur cœur et de leur institut à l'esprit du monde.

En France, où la Compagnie de Jésus éprouvait quelquefois des persécutions du dehors, beaucoup plus à cause du bien qu'elle y faisait que pour d'autres motifs, deux de ses enfants renouvelaient les merveilles des apôtres, l'un dans la France méridionale, l'autre dans la Bretagne.

Saint *Jean-François Régis*, naquit le 31 janvier 1597, au village de Foncouverte, diocèse de Narbonne; il eut pour père Jean de Régis, et pour mère Madeleine d'Arces; il entra chez les Jésuites le 8 décembre 1616. Avant et pendant son noviciat, ce fut un autre Stanislas Kostka, un autre Louis de Gonzague. Devenu prêtre l'an 1630, il fut pour le Vivarais, le Velay et les Cévennes, ce que saint François Xavier avait été pour l'Inde et le Japon : un vénérable apôtre, convertissant des milliers d'hérétiques et de pécheurs par ses prédications et ses miracles, mais surtout par la sainte austérité de sa vie. Il ne donnait chaque nuit que trois heures au sommeil, et souvent qu'une seule; le reste était employé à la prière. Une simple planche, ou la terre nue, lui servait de lit. Il s'était interdit l'usage de la viande, du poisson, des œufs et du vin. Sa nourriture consistait en des légumes cuits à l'eau, sans assaisonnement. Aussi, étant mort à la Louvesc, en 1640, au milieu des travaux apostoliques, Dieu honora son tombeau par des miracles sans nombre. Vingt-deux prélats du Languedoc écrivaient à Clément XI : « Nous sommes témoins que, devant le tombeau du Père Jean-François Régis, les aveugles voient, les boiteux marchent, les sourds entendent, les muets parlent, et le bruit de ces étonnantes merveilles est répandu chez toutes les nations. » Voici quelques traits de cette vie admirable.

Pendant son cours de philosophie à Tournon, il s'essayait déjà au ministère évangélique. Il obtint comme une grâce, d'apprendre les vérités du salut aux domestiques de la maison et aux pauvres de la ville, qui, à certains jours, venaient recevoir les aumônes du collège. Les dimanches et les fêtes, il allait prêcher dans les villages d'alentour. Il rassemblait les enfants avec une clochette, puis il leur expliquait les premiers principes de la doctrine chrétienne. Après ces premiers essais de son zèle, il entreprit la sanctification du bourg d'Andace; il en eut bientôt renouvelé la face. L'ivrognerie, les jurements et l'impureté disparurent; le fréquent usage de la communion fut rétabli. Il y institua la confrérie du Saint-Sacrement et dressa lui-même les règlements de cette sainte pratique, qui depuis s'est répandue partout, mais dont il doit être regardé comme l'instituteur. Il n'avait alors que vingt-deux ou vingt-trois ans. Par son zèle et sa prudence, il vint à bout de régler les familles, d'accommoder les différends, de réformer les divers abus. Telle était l'autorité que lui donnait dès lors sa sainteté.

Chargé d'enseigner les humanités à Billom, à Auch, et enfin au Puy, il n'épargna aucune peine pour inspirer à ses écoliers l'application à l'étude et l'amour de la vertu. Il les aimait comme une mère

---

sent le linge qui la serre se détacher de lui-même, va se prosterner au pied de l'autel, et court ensuite se jeter dans les bras de son père. La guérison était complète et l'émotion des nombreux témoins, à son comble. Pendant quatre jours, d'autres témoins se succédèrent, accourant de Mirecourt et des villages d'alentour. L'autorité ecclésiastique a constaté ce miracle (A).

En 1836, eut lieu l'inauguration de la chapelle ronde bâtie avec les aumônes des pèlerins, près de la fontaine du Bon Père, à l'endroit où s'élevait le chêne sous lequel il allait prier. La même année, une novice du couvent *des Oiseaux*, à Paris, sœur Saint-François de Sales, fut guérie miraculeusement par son intercession. Maladive depuis son enfance, oppressée, fatiguée par une toux sèche et une fièvre qui la minait lentement, menacée enfin d'une phthysie pulmonaire, sans que les médicaments qu'on lui administrait fissent autre chose que de l'affaiblir toujours davantage, elle touchait à sa dernière heure; les médecins avaient déclaré qu'il était temps d'avertir sa famille qui, depuis longtemps du reste, l'obsédait en vain pour la faire renoncer au désir qu'elle avait de se consacrer à Dieu. Tout espoir étant perdu du côté des hommes, il fut convenu qu'on demanderait une neuvaine à Mattaincourt, tandis qu'on en ferait une autre à Paris. Le neuvième jour, la malade ne se sentant plus de mal, quitta son lit, s'habilla, monta quarante degrés, et alla recevoir la communion dans la chapelle. Elle déjeuna ensuite d'un bon appétit, tandis que, la veille encore, son estomac ne pouvait rien supporter; elle reprit le lendemain les exercices du noviciat, et continua de jouir d'une parfaite santé.

L'église actuelle, due aux soins infatigables du vénérable M. Hadol, digne successeur du Bon Père, est certainement ce qu'il y a de plus curieux à Mattaincourt. C'est un splendide monument d'architecture ogivale, dans le style pur de la fin du XIIIe siècle. On dirait une belle grande châsse de pierre habilement travaillée. Ce qui frappe d'abord les regards, c'est la haute tour, surmontée d'une flèche aérienne. Au-dessus du fronton, une fenêtre immense, haute de sept mètres et à trois baies, encadre une jolie rosace à douze lobes, au milieu de laquelle est placé le cadran de l'horloge. Plus haut montent, à une hauteur prodigieuse, les quatre fenêtres géminées du beffroi; aux quatre angles supérieurs de la tour, de jolis groupes de clochetons s'élèvent dans les airs, reliés par des galeries découpées en dentelle, et, du milieu de ces galeries, s'élance en pyramide la flèche qui porte à cent cinquante pieds dans les nues le signe glorieux de la rédemption. Sur le transept, directement au-dessus de la tombe du Bienheureux, s'élève un gracieux campanile taillé à jour, où l'on voit la cloche se balancer, quand elle appelle les fidèles dans le lieu saint.

Cette église, parfaitement orientée, a la même axe que l'ancienne, et forme, comme elle, une croix latine. En y entrant, on est frappé de la pureté des lignes, de l'élégance et de la légèreté des piliers; l'œil est charmé de l'harmonie de l'ensemble, et l'on se prend à admirer, sans rien imaginer de plus parfait. Les proportions sont si bien gardées, que l'édifice paraît beaucoup plus haut et plus vaste qu'il ne l'est. L'autel est un tombeau de marbre blanc très-pur, soutenu par des groupes de colonnettes; la cène y est représentée en relief; c'est un don du Gouvernement.

En avant de l'autel est la tombe vénérée du Bon Père, mais vide aujourd'hui de ses reliques qui reposent dans une châsse exposée au-dessus de son autel, dans la chapelle de droite qui lui est consacrée. Sur la pierre tombale élevée environ de quarante centimètres au-dessus du sol de l'avant-chœur, il est représenté en surplis et de grandeur naturelle, d'une main, bénissant ceux qui l'invoquent, et l'autre placée sur son cœur. Cette image, gravée dans la pierre, est à demi effacée par les baisers des pèlerins. Chose singulière! ceux-ci s'agenouillent de préférence autour de cette pierre tombale, tandis que les reliques du Bienheureux sont exposées, comme nous l'avons dit, dans la chapelle qui lui est consacrée.

Dans la nef principale, la chaire, à pinacles et à claire-voie, représentant le Sauveur et les évangélistes, s'harmonise avec les bancs en fonte couleur de chêne, qui sont disposés de manière à ne nuire en rien à la beauté générale. Dans les sept grandes fenêtres qui rayonnent autour du chœur, de splendides verrières renferment quarante-deux tableaux qui représentent les principales scènes de la vie du Bienheureux, et font, un effet vraiment pittoresque, quand le soleil levant vient les frapper de ses rayons. D'autres verrières se font également remarquer dans les chapelles latérales et dans les fenêtres qui éclairent la tribune. Pour se former une idée de ce gracieux édifice, il faut l'avoir vu, durant les grandes fêtes du pèlerinage, sa majestueuse enceinte parée de fleurs, remplie d'une foule recueillie et prosternée, inondée des rayons du soleil qui se jouent dans ses vitraux, et toute parfumée des flots d'encens qui montent vers les voûtes avec les chants et la prière. Les générations les plus reculées béniront la mémoire de M. Hadol qui, à l'aide de souscriptions péniblement recueillies, a pu élever ce magnifique monument à la gloire de son saint prédécesseur.

Cette belle église fut édifiée le 7 juillet 1853, par Son Émin. le cardinal-archevêque de Besançon, assisté des évêques de Saint-Dié, de Langres, de Nancy, de Metz, de Strasbourg et de Verdun. Le panégyrique du Bon Père prononcé par un des plus célèbres orateurs de l'époque, le R. P. Henri-Dominique Lacordaire, le restaurateur de l'ordre des Frères Prêcheurs en France.

(A) Mandement de l'évêque de Saint-Dié, 18 février 1835.

aime ses enfants, et eux, de leur côté, l'écoutaient et le révéraient comme un saint. Dans leurs maladies, il leur procurait tous les secours qui dépendaient de lui, et il obtint par ses prières la guérison de l'un d'entre eux dont la vie était désespérée; mais il était surtout extrêmement sensible à leurs infirmités spirituelles. Ayant appris qu'un de ses écoliers avait commis un péché grief, il en fut si vivement consterné, qu'il versa un torrent de larmes. Il se recueillit ensuite quelque temps, et il leur fit un discours si pathétique sur la sévérité des jugements de Dieu, qu'ils en furent saisis d'effroi; plusieurs ont avoué depuis qu'ils éprouvaient encore les mêmes sentiments lorsqu'ils se rappelaient ce qu'il leur avait dit en cette occasion. Il se fit toujours un devoir capital de les édifier par sa conduite. Un profond recueillement, un extérieur humble et modeste, un certain air de pénitence peint sur son visage, inspiraient l'amour de la vertu aux âmes les plus sensibles, et l'on reconnaissait partout les jeunes gens qui avaient été formés par ses mains. Pour intéresser le ciel au succès de ses travaux, il passait toujours quelque temps au pied des autels avant d'aller faire sa classe; il implorait aussi l'assistance des anges tutélaires de ses disciples, afin que, par leurs secours, ses peines et ses soins ne fussent pas inutiles. Tant de vertus avaient principalement leur principe dans l'union continuelle que Régis avait avec Dieu.

L'an 1631, il fut obligé d'aller à Foncouverte pour y régler quelques affaires de famille. En arrivant dans sa patrie, son premier soin fut de visiter les pauvres et les malades. Voici le genre de vie qu'il y mena. Le matin, il faisait le catéchisme aux enfants et il prêchait au peuple deux fois par jour. Il recueillait les aumônes des riches, qu'il distribuait ensuite à ceux qui étaient dans le besoin. Dans les rues, il était toujours environné d'une troupe d'enfants et de pauvres. Il rendait à ces derniers les services les plus humiliants, ce qui lui attira une fois les insultes des soldats en garnison à Foncouverte. Ses proches et ses amis lui firent à ce sujet de sévères réprimandes; mais Régis leur répondit que c'était par les humiliations de la croix qu'on devenait véritablement ministre de l'Évangile, puisque Dieu s'était servi de ce moyen pour l'établir. Le mépris qu'on avait d'abord conçu pour sa personne se changea en admiration. Il vivait au milieu de ses proches dans un parfait détachement de toutes les choses sensibles.

Ses supérieurs, voyant en lui une vocation marquée pour la vie apostolique, résolurent de l'appliquer uniquement aux missions, et il y consacra les dix dernières années de sa vie. Il les commença dans le Languedoc; il les continua dans le Vivarais et les termina dans le Velay, dont le Puy est la capitale. Il passait l'été dans les villes, parce que les habitants des campagnes sont alors occupés de leurs travaux. Pendant l'hiver, il prêchait dans les villages.

La ville de Montpellier fut le premier théâtre de son zèle. C'était au commencement de l'été 1631. Il s'attacha d'abord à l'instruction des enfants, et il prêchait au peuple les dimanches et les fêtes dans l'église du collège. Ses discours étaient simples et familiers. Après l'exposition claire et précise d'une vérité chrétienne qu'il avait prise pour son sujet, il en tirait des conséquences morales et pratiques sur lesquelles il insistait fortement. Il finissait par des mouvements vifs et tendres, toujours proportionnés à la portée de ses auditeurs et appropriés à la qualité du sujet qu'il avait entrepris de traiter. Il parlait avec tant de véhémence, que souvent la voix lui manquait avec les forces; et avec tant d'onction, que d'ordinaire le prédicateur et les auditeurs fondaient en larmes. Les personnes les plus qualifiées couraient à ses sermons, ainsi que les pauvres, et les pécheurs les plus endurcis en sortaient tout pénétrés des sentiments d'une vive componction.

Quoique le saint missionnaire ne refusât pas son ministère aux personnes riches, il avait pourtant une sorte de prédilection pour les pauvres, et son confessionnal était toujours environné de ceux-ci. Les gens de qualité, disait-il, ne manqueront pas de confesseurs; les pauvres, cette portion la plus abandonnée du troupeau de Jésus-Christ, doivent être mon partage. Il croyait ne devoir vivre que pour eux. Le matin, il prêchait et entendait les confessions; il employait l'après-midi à la visite des prisons et des hôpitaux. Souvent il oubliait ses propres besoins; et comme on lui demandait un soir pourquoi il n'avait pris aucune nourriture de tout le jour, il répondit avec simplicité qu'il n'y avait pas pensé. On le voyait aller de porte en porte pour solliciter des aumônes en faveur des pauvres; il leur procurait des médecins dans leurs maladies et les assistait en toutes les manières qui dépendaient de lui. Un jour, il traversa la rue chargé de bottes de paille qu'il avait mendiées, pour coucher un malade dépourvu de tout. A ce spectacle, les enfants s'attroupèrent autour de lui pour se divertir. Quelqu'un ayant voulu lui représenter qu'il s'était rendu ridicule en agissant de la sorte, il répondit : A la bonne heure! on gagne doublement lorsqu'on soulage ses frères au prix de sa propre humiliation. Il forma une association de trente dames des plus distinguées de la ville, dont la fin était d'assister les prisonniers et de les consoler dans leurs peines. Il convertit plusieurs hérétiques et retira du désordre un grand nombre de femmes de mauvaise vie. Quand on lui disait qu'il était rare que ces femmes se convertissent sincèrement, il avait coutume de répondre que ses travaux lui paraîtraient utilement employés s'il pouvait seulement empêcher un péché mortel (1).

En 1633, l'évêque de Viviers appela Régis dans son diocèse, qui, depuis cinquante ans, était le centre du calvinisme, le siège de la guerre et le théâtre des plus cruelles révolutions. Il le reçut avec

---

(1) Une œuvre des plus importantes pour le bien qu'elle produit en France, doit sa création et sa fécondité à saint Jean-François Régis :

Monsieur Gossin, conseiller à la cour royale de Paris, était devenu aveugle. Il demande à saint Régis de lui rendre la vue, et lui promet, s'il obtient ce miracle, de faire quelque chose à sa gloire. Le saint apôtre lui rend la vue, et lui inspire en même temps la pensée de créer une association pour la réhabilitation des mariages. On sait les immenses et consolants résultats de cette œuvre, placée sous le patronage de l'illustre Régis. Monsieur Gossin, mort il y a un peu plus de vingt ans, ébloui lui-même de ses merveilleux progrès, se plaisait à reconnaître que cette pensée ne venait pas de lui, mais lui avait été inspirée à la Louvesc, au tombeau du glorieux apôtre (F. Daurignac, *Hist. de saint Jean-François de Régis*, page 417).

De son côté, le gouvernement français, voyant tout le bien que cette belle œuvre serait appelée à faire dans le sein de la classe ouvrière, lui a accordé plusieurs franchises; le Saint-Siège l'a aussi enrichie de nombreuses indulgences.   E. H.

de grandes marques de vénération et voulut qu'il l'accompagnât dans ses visites. Le Père fit partout des missions qui produisirent des fruits surprenants. Le comte de la Mothe-Brion, qui avait vécu jusque-là comme les sages du monde, fut singulièrement touché de l'onction avec laquelle le saint homme annonçait la parole de Dieu ; il entra dans la carrière de la pénitence et se dévoua tout entier à la pratique des bonnes œuvres. Par son zèle et ses aumônes, il contribua beaucoup à la réussite des pieuses entreprises du saint missionnaire. Un autre gentilhomme, nommé de la Suchère, qui autrefois avait été disciple de Régis, fut aussi d'une grande utilité à l'homme apostolique, qu'il révérait comme un saint. Le Père Régis tourna ses principaux soins du côté de la réformation des curés qui ne remplissaient pas fidèlement leurs devoirs. L'expérience lui avait appris qu'il ne se fait jamais de bien dans une paroisse qu'autant que le pasteur se conduit d'une manière conforme à sa vocation. Il fut amplement dédommagé de ses peines par le succès qu'eurent ses travaux.

Vers le même temps, le ciel permit qu'il s'élevât un violent orage contre le saint missionnaire. On l'accusa de troubler le repos des familles par un zèle indiscret, de remplir ses discours de personnalités et d'invectives contraires à la décence. L'évêque de Viviers prit d'abord son parti ; mais à la fin il écouta les plaintes réitérées qu'on lui portait. Croyant qu'elles étaient au moins fondées en partie, il écrivit au supérieur des Jésuites, afin qu'il rappelât Régis. En même temps il envoya chercher celui-ci ; puis, après lui avoir fait de sévères réprimandes, il lui dit qu'il était obligé de le renvoyer. Régis n'eut recours à aucune des raisons qui auraient pu le justifier ; il se contenta de répondre qu'il n'était que trop coupable devant Dieu, et que, vu son peu de lumières, il lui était échappé sans doute bien des fautes. Au reste, ajouta-t-il, Dieu, qui voit le fond de mon cœur, sait que je n'ai eu d'autre fin que sa gloire. Le prélat, charmé d'une réponse si humble et si modeste, soupçonna qu'il pouvait avoir été trompé. Les éclaircissements qu'on lui donna ensuite le firent entièrement revenir de ses préjugés. Il rendit publiquement hommage à la vertu du Père Régis, jusqu'au commencement de l'année 1634, que celui-ci fut rappelé au Puy par ses supérieurs. Le prélat, en renvoyant le missionnaire, écrivit au provincial une lettre où il faisait de grands éloges de la vertu et de la prudence du digne ouvrier qui avait travaillé dans son diocèse.

Revenu l'année suivante 1635 dans le diocèse de Viviers, il s'y appliqua à la conversion des Calvinistes et à l'instruction des habitants de la petite ville de Cheylard, qui étaient plongés dans une ignorance grossière du christianisme. On ne saurait exprimer ce qu'il eut à souffrir dans ce pays à demi-sauvage et tout rempli de montagnes. Ayant été arrêté par la neige, qui l'empêchait de regagner Cheylarp, il demeura trois semaines logé dans une misérable cabane, dormant sur la terre, ne mangeant que du pain noir et ne buvant que de l'eau. Malgré les fatigues inséparables d'un tel genre de vie, il pratiquait diverses austérités volontaires, il jeûnait, portait le cilice et prenait la discipline quelquefois jusqu'au sang.

Appelé par l'évêque de Valence dans le bourg de Sainte-Aggrève, situé au milieu des montagnes et rempli de Calvinistes, il eut occasion d'y pratiquer plusieurs vertus héroïques. Ayant appris un dimanche, qu'il y avait dans une hôtellerie une troupe de libertins qui, échauffés par le vin, tenaient des discours impies et commettaient d'autres excès, il s'y transporta sur-le-champ pour essayer d'empêcher le désordre et le scandale. Ses discours furent méprisés ; il y en eut même un de la troupe qui lui donna un soufflet. Le saint homme, sans marquer la moindre émotion, lui présenta l'autre joue, en disant : Je vous remercie, mon frère, du traitement que vous me faites ; si vous me connaissiez, vous jugeriez que j'en mérite beaucoup davantage. — Cet exemple de patience charma tous ceux qui étaient présents, et ils se retirèrent pénétrés d'une confusion salutaire. — Le saint homme se rendit à Marhles, dans le Vivarais, vers la fin de l'année 1635. Une femme ayant pris son manteau pour le raccommoder, en garda deux morceaux, qu'elle conserva aussi précieusement que des reliques ; elle les appliqua depuis sur deux de ses enfants qui étaient malades, l'un d'une hydropisie formée, l'autre d'une fièvre continue, et ils recouvrèrent une santé parfaite. Les succès de Régis à Marhles furent aussi prodigieux que ses travaux.

Les quatre dernières années de sa vie furent employées à la sanctification du Velay. Il faisait la mission pendant les étés au Puy et pendant les hivers à la campagne. A la ville, son auditoire était pour l'ordinaire de quatre à cinq mille personnes. Son provincial l'ayant entendu un jour, ne fit que pleurer pendant tout le sermon. Par un effet de sa charité envers les pauvres, il forma une association de quelques dames vertueuses, afin de fournir des secours perpétuels à ceux qui seraient dans le besoin ; il en forma une seconde qui devait se dévouer à l'assistance des prisonniers. Il trouva le moyen d'avoir des sommes considérables qui le mettaient à portée de procurer du soulagement à tous les genres de malheureux. Dans un temps de disette, il multiplia trois fois miraculeusement les provisions qu'il avait amassées. On dressa des procès-verbaux de ces prodiges, et ils furent constatés par des informations juridiques faites devant les juges ecclésiastiques et séculiers. Quatorze témoins oculaires, dignes de foi, les confirmèrent dans les actes de sa canonisation. Régis volait avec une ardeur infatigable au secours des malades ; il avait un soin extrême du salut de leur âme et il en guérit plusieurs tout à coup par la vertu de ses prières.

On regarde aussi comme miraculeuse la conversion de plusieurs pécheurs désespérés. En voici des exemples. Un riche marchand qui vivait dans le libertinage haïssait Régis, sans autre raison de le haïr que parce qu'il faisait la guerre au scandale ; il noircissait même sa réputation par des calomnies atroces. Le saint homme, sachant qu'il était avide de gain, s'appliquait à favoriser son commerce et le débit de ses marchandises ; par ce pieux stratagème, il s'insinua peu à peu dans son esprit. Le trouvant plus traitable, il saisit une occasion qui se présenta de lui parler de son salut : « Quelle sera, lui dit-il, la fin de toutes vos peines ? La mort vous ravira en un moment le fruit de vos travaux. Que vous servira d'avoir entassé biens sur biens, si vous perdez votre âme? » Ces paroles frappèrent le marchand; il les eut présentes à l'esprit toute la nuit. Saisi d'une vive crainte, il alla trouver Régis dès le lendemain matin, pour lui faire part du trouble qui l'agitait. L'homme de Dieu l'entretint quelque temps de la sévérité du jugement dernier; puis, faisant succéder aux motifs de la crainte ceux de l'espérance et de l'amour, il lui inspira les sentiments d'une sincère pénitence; il entendit ensuite sa confession générale. Le marchand s'accusa de ses péchés avec une si grande abondance de larmes et avec de si vifs sentiments de componction, qu'il ne lui imposa qu'une pénitence légère. Celui-ci ayant demandé pourquoi il le traitait avec tant de ménagement, il lui répondit : « J'acquitterai moi-même le reste de vos dettes. » Cette douceur piqua le marchand d'une sainte émulation et ne servit qu'à exciter sa ferveur.

Un jeune homme, irrité de ce que Régis lui avait enlevé l'objet impur de sa passion, forma l'horrible projet de l'assassiner; il alla donc l'attendre dans un chemin écarté par où il savait qu'il devait passer. Régis connut par une lumière divine le dessein de ce misérable. « Mon frère, lui dit-il, pourquoi voulez-vous tant de mal à un homme qui vous veut tant de bien et qui voudrait, au prix de son sang, vous procurer le salut éternel, le plus grand de tous les biens? » Ce pêcheur ne put tenir contre une telle charité; il se jeta aux pieds de Régis, lui demanda pardon et rentra dans le sentier de la vertu. — Trois autres jeunes débauchés des premières familles du Puy avaient résolu de se venger du saint pour une semblable raison; ils allèrent à l'entrée de la nuit le demander au collége. Régis s'avança vers eux sans rien craindre et leur dit en les abordant : « Vous venez dans le dessein de m'ôter la vie. Ce qui me touche, ce n'est pas la mort, elle est l'objet de mes désirs; c'est l'état de damnation où vous êtes, et qui paraît vous affecter si peu. » Ils restèrent confus et déconcertés. Régis les embrassa avec la tendresse d'un père, et les exhorta à se réconcilier avec Dieu. Ils lui firent tous les trois la confession de leurs crimes, et menèrent toujours depuis une vie édifiante.

Plus d'une autre fois le zèle de Régis pensa lui coûter la vie. Il fut souvent insulté et accablé de coups. Plusieurs personnes censurèrent sa conduite avec aigreur, et firent de lui le portrait le plus désavantageux; il eut même la douleur de voir quelques-uns de ses confrères se joindre à ses ennemis pour le décrier; mais Dieu le vengea hautement par le succès extraordinaire dont il combla tous ses travaux, tant dans la ville du Puy que dans les campagnes.

Les paysans du Velay, ceux surtout qui demeuraient dans les montagnes, étaient fort grossiers et presque sauvages. Le calvinisme avait pénétré dans plusieurs endroits, et l'hérésie y avait produit l'ignorance, qu'accompagnent toujours les vices les plus opposés au christianisme. Ce fut à la sanctification de ces pauvres peuples que le Père Régis se consacra. Il parcourut, pendant les hivers des quatre dernières années de sa vie, les bourgs et les villages du Puy, de Vienne, de Valence et de Viviers, qui se trouvent dans le Velay.

La première mission fut dans la petite ville de Fay et dans les lieux voisins, au commencement de 1636. Il rendit la vue à un jeune homme de quatorze ans, aveugle depuis six mois par suite d'une maladie très-douloureuse; puis à un homme de quarante ans, aveugle depuis huit. Le premier, Claude Sourdon, chez le père duquel le saint homme avait accepté un logement, a rendu de lui ce témoignage juridique : « Tout en lui inspirait la sainteté. On ne pouvait le voir ni l'entendre sans se sentir embrasé de l'amour divin. Il célébrait les saints mystères avec une dévotion si tendre et si ardente, que l'on croyait voir à l'autel, non pas un homme, mais un ange. Je l'ai vu quelquefois, dans les entretiens familiers, se taire tout à coup, se recueillir et s'enflammer, après quoi il parlait des choses divines avec un feu et une véhémence qui marquaient que son cœur était transporté par une impulsion céleste. Il s'exprimait, dans ses instructions au peuple, avec une onction qui pénétrait tous ses auditeurs. Il passait le jour et une partie de la nuit à entendre les confessions, et il fallait lui faire une sorte de violence pour l'obliger à prendre un peu de nourriture. Jamais il ne se plaignait de la fatigue ni des manières dégoûtantes de ceux qui s'adressaient à lui. Après avoir travaillé avec une ardeur infatigable au salut des habitants de Fay, il se donna tout entier à celui des peuples voisins. Il partait tous les jours de grand matin pour aller visiter les paysans dispersés dans les bois et sur les montagnes. Les pluies, la neige et les autres rigueurs de la saison ne pouvaient le retenir. Pendant tout le jour il allait de chaumière en chaumière, et cela à pied et à jeun, si ce n'était que ma mère le forçait quelquefois à prendre une pomme qu'il mettait dans sa poche. Nous ne le revoyions qu'à la nuit, et alors toutes les fatigues du jour ne l'empêchaient pas de reprendre ses fonctions ordinaires; il ne se délassait du travail que par de nouveaux travaux. Les Calvinistes le suivaient avec autant d'empressement que les catholiques. »

Ayant fini la mission à Fay, il retourna au Puy, selon sa coutume, au commencement de l'été 1637. Au mois de novembre de la même année, il alla faire à Marlhes une seconde mission. Il fut attiré en cette paroisse par les vives instances du curé. Les chemins par où il fallait passer auraient effrayé les personnes les plus hardies. Il fallait tantôt grimper sur des rochers couverts de glace, tantôt descendre dans de profondes vallées remplies de neige, tantôt marcher à travers les ronces et les épines. Comme il grimpait avec beaucoup de peine sur une des plus hautes montagnes du Velay, n'ayant d'autre appui que des broussailles auxquelles il se tenait, la main et le pied lui manquèrent tout à coup; il tomba et se cassa une jambe. Cet accident ne l'empêcha point de continuer sa route avec sa tranquillité ordinaire, et de faire encore deux lieues appuyé sur son bâton et soutenu par celui qui l'accompagnait. Arrivé à Marlhes, il ne lui vint pas seulement dans l'esprit d'envoyer chercher un chirurgien. Il alla droit à l'église, où une grande multitude de peuple l'attendait, et y entendit les confessions pendant plusieurs heures. Le curé, averti par le compagnon de Régis de l'accident qui lui était arrivé, le pria, mais inutilement, de se retirer. Après que le saint eut satisfait pleinement sa charité, il laissa visiter sa jambe, qui se trouva parfaitement guérie.

Régis étant à Saint-Bonnet-le-Froid, le curé du lieu, qui s'aperçut que toutes les nuits il sortait secrètement de sa chambre, eut la curiosité d'examiner où il allait et ce qu'il faisait. Après l'avoir inutilement cherché dans la maison, il s'avança vers l'église, qui n'en était pas éloignée; il le trouva en prière devant la porte, à genoux, les mains jointes et la tête nue, malgré le froid qui était excessif. Il lui représenta le danger auquel il exposait sa santé; mais, le voyant déterminé à continuer ses entretiens avec Dieu, il lui donna la clé de l'église, afin qu'il y fût à couvert des injures de l'air. Le curé a souvent raconté ce fait, et il assurait que Régis ne cessa de passer les nuits dans l'église, quoique le froid fût intolérable cette année-là.

Ayant passé au Puy l'été de 1638, il reprit dans l'hiver ses missions de la campagne: il les commença par le bourg de Montregard. La rigueur de la saison fit qu'il ne put arriver que de nuit en ce lieu, à sept lieues de la ville du Puy. Il alla, selon sa coutume, droit à l'église, qu'il trouva fermée. Il se mit à genoux à la porte; il y pria si longtemps et avec un recueillement si profond, qu'il ne s'aperçut pas qu'il était tout couvert de la neige qui tombait en abondance. Des paysans, qui le virent en cet état, le pressèrent d'entrer dans une maison voisine pour y prendre un peu de nourriture.

Sa dernière mission fut à la Louvesc. Il l'avait annoncée dans les voisinages pour le dernier jour de l'Avent; mais, ayant connu par une lumière céleste qu'il approchait de sa fin, il alla faire une retraite au Puy pour se préparer à la mort. Au bout de trois jours, passés dans une entière solitude, il fit sa confession générale, comme s'il eût dû mourir ce jour-là. Il partit du Puy le 22 décembre 1640, afin de se trouver à la Louvesc pour la veille de Noël. Outre qu'il eut beaucoup à souffrir de la difficulté du chemin, il lui arriva encore de s'égarer le second jour. La nuit l'ayant surpris au milieu des bois, il marcha longtemps sans savoir où il allait. Enfin il se trouva près du village de Veirine. Accablé de fatigue, il se retira dans une maison abandonnée, qui était ouverte de tous côtés et qui tombait en ruines; il y passa la nuit, couché sur la terre et exposé à la violence d'une bise très-piquante. Il y était entré tout baigné de sueur. Le passage subit du chaud au froid lui donna une pleurésie, qui fut accompagnée d'une fièvre très-violente. Ses douleurs devinrent bientôt très-vives. La vue de la maison où il était couché lui rappelait l'étable de Bethléhem, et il s'estimait heureux de pouvoir imiter, dans la même saison, la pauvreté de son divin maître.

Le lendemain matin, il gagna la Louvesc avec beaucoup de peine, et y fit l'ouverture de la mission par un discours qui ne se ressentait nullement de la faiblesse de son corps. Il prêcha trois fois le jour de Noël et le jour de Saint-Étienne, et passa le reste du temps au confessionnal. Après le troisième sermon du jour de Saint-Étienne, il lui prit deux défaillances pendant qu'il entendait les confessions. Les médecins jugèrent que son mal était sans remède. Il recommença sa confession générale, puis demanda le saint viatique et l'extrême-onction, qu'il reçut en homme tout embrasé de l'amour divin.

Comme on lui présentait ensuite un bouillon, il le refusa en disant qu'il souhaitait être nourri de la même manière que les pauvres, et qu'on lui ferait plaisir de lui donner un peu de lait; il demanda ensuite, comme une grâce, qu'on le laissât seul. Il souffrait des douleurs violentes; mais la vue d'un crucifix, qu'il tenait entre ses mains et qu'il baisait continuellement, adoucissait ses souffrances. Son visage fut toujours tranquille, et on n'entendit sortir de sa bouche que des aspirations tendres et affectueuses, avec des soupirs ardents vers la céleste patrie. Il demanda à être porté dans une étable, afin d'avoir la consolation d'expirer dans un état semblable à celui de Jésus-Christ naissant sur la paille. On lui fit entendre que la faiblesse extrême où il était ne permettait pas de le transporter. Il remerciait Dieu sans cesse du bonheur qu'il avait de mourir au milieu des pauvres.

Il demeura tout le dernier jour de décembre dans une paix parfaite, les yeux tendrement attachés sur Jésus crucifié, qui seul occupait ses pensées. Sur le soir, il dit à son compagnon avec un transport extraordinaire: Ah! mon frère, quel bonheur! que je meurs content! Je vois Jésus et Marie qui daignent venir au devant de moi pour me conduire dans le séjour des saints. Un moment après, il joignit les mains, puis, levant les yeux au ciel, il prononça distinctement ces paroles: « Jésus-Christ, mon Sauveur, je vous recommande mon âme et la remets entre vos mains! » Et en les achevant, il rendit doucement l'esprit vers minuit du dernier jour de l'année 1640. Il avait près de quarante-quatre ans, et il en avait passé vingt-six dans la Compagnie de Jésus. Il fut enterré le 2 janvier dans l'église de la Louvesc, où ses reliques se trouvent encore. Il a été béatifié l'an 1716 par Clément XI, et canonisé le 5 avril 1735 par Clément XII. Sa fête a été fixée au 16 juin (Godescard).

Dans le temps où François Régis évangélisait les Cévennes, Dieu suscita dans la Bretagne une suite d'hommes apostoliques dont les saintes œuvres durent encore. Le premier fut *Michel Le Nobletz*, qui se donna pour successeur *Julien Maunoir*, comme autrefois Élie choisit Élisée. Michel naquit le 29 septembre 1577, au château de Kerodern, diocèse de Léon, d'une famille noble et ancienne. Il fut mis entre les mains d'une sainte nourrice. Ce fut surtout un enfant de prédilection de la sainte Vierge. Elle lui apparaissait visiblement dès sa première enfance, le conduisait à l'église et lui apprenait avec quelle dévotion il fallait prier Dieu. A l'âge de quatorze ans, Notre Seigneur lui apparut avec une beauté ravissante et une majesté ineffable, et imprima dans son cœur cette maxime, que, pour lui plaire, il faut haïr et mépriser le monde. Ce fut le caractère particulier de Michel. Il commença dès lors à pratiquer de grandes mortifications, et en même temps à s'essayer aux fonctions apostoliques, en catéchisant les paysans dans le cimetière, à la sortie de l'église, et dans tous les lieux où il les trouvait rassemblés; mais son zèle n'eut souvent d'autre récompense que les railleries, les injures, les menaces et les mauvais traitements. A Bordeaux, où il continuait ses études de droit avec ses frères, il faillit s'oublier. La fureur des duels régnait entre les écoliers: pour secourir un de ses frères, il fut sur le point de plonger son épée dans le corps d'un jeune homme, lorsque la sainte Vierge le retint et lui dit : « Arrête! arrête! obéis aux inspirations de Dieu, et suis mon Fils par le chemin de l'humilité, de la simplicité, de la pauvreté et du mépris du monde. » C'est lui-même qui rapporte ces apparitions dans son journal. Ce qui lui manquait à Bordeaux, c'étaient les secours spirituels pour avancer dans la perfection. Ayant appris que les Jésuites avaient un collège dans la ville d'Agen, il s'y rendit avec ses frères au mois d'octobre 1597; il y trouva tant de consolation dans l'alliance qu'il fit des lettres humaines avec la piété, qu'il appela toujours depuis, son *âge d'or*, le temps passé dans cette ville sous la conduite des Jésuites. Il réussit tellement dans les lettres humaines, qu'à l'âge de 62 ans il récitait encore par cœur un poème grec assez long, qu'il avait composé au collège d'Agen.

Ses progrès dans la ferveur n'étaient pas moindres. Il commença surtout à aimer et à soulager les pauvres. Ce qu'il avait le plus de peine à surmonter, ce fut la crainte du mépris. Il pria Dieu de l'en guérir, en l'exerçant aux affronts et aux opprobres qui lui seraient les plus sensibles. Il fut exaucé au delà de ses espérances, et sentit bien, par la douleur que lui causèrent les attaques de la calomnie, combien l'homme a peu de force en lui-même. Il eut recours à la prière, et, prosterné un soir devant son lit, il offrait à Dieu, avec confiance et simplicité, la croix dont il lui avait plu de le charger. Il s'adressait aussi à la Mère de miséricorde, et, baigné de larmes, il lui représentait son innocence et la suppliait de lui continuer sa protection. Dans ce moment, ces paroles s'imprimèrent dans son cœur comme si la sainte mère de Dieu les eût prononcées : « Mon cher enfant, ne craignez rien, puisque mon Fils vous défendra, je ne manquerai pas de vous assister. » Pénétré de reconnaissance, il monta dans son oratoire, qui était au haut de la maison, pour y passer la nuit à remercier sa divine bienfaitrice. Il lui sembla qu'elle se présentait visiblement à lui, avec trois couronnes qu'elle lui donnait : celle de la virginité, celle de maître de la vie spirituelle, et celle du mépris du monde; à quoi l'on doit ajouter le don de prophétie, qu'il reçut en même temps, et qu'il sentit toujours croître en lui pendant cinquante-deux ans qu'il vécut depuis.

Quant à sa vocation, il se sentit déterminé à l'état ecclésiastique, mais sans savoir d'abord s'il devait demeurer séculier ou se rendre religieux. Il étudia quatre ans la théologie à Bordeaux, s'attachant surtout à saint Thomas et aux conciles. Il sut par cœur presque toute la Bible en grec; plus tard il apprit encore l'hébreu, pour mieux pénétrer le sens des divines Écritures. De retour dans sa famille à l'âge de 29 ans, son père le pressa plus d'une fois de recevoir la prêtrise, afin d'occuper les bénéfices et les dignités qu'on lui offrait. Le fils lui répondit entre autres : « Je n'ai ni la capacité ni la vocation pour ce genre de vie; je ne me sens pas assez fort pour la charge des âmes, ni pour conserver quelque vertu dans les dignités ecclésiastiques. J'espère que Dieu me fera l'honneur de m'employer plus utilement et plus sûrement au salut des âmes dans les missions que je me propose de faire dans la Basse-Bretagne; enfin, je préfère conduire des troupeaux à l'obligation de conduire les peuples, et à toutes les dignités ecclésiastiques. »

Son père, irrité d'une pareille réponse, lui dit avec emportement : Puisque ta vocation est de conduire des bêtes, tu auras satisfaction : et il donna ordre qu'on le mît à mener un troupeau. Le saint homme se soumit humblement à ce vil emploi. Comme il refusait toujours les bénéfices et les dignités, il eut ordre de quitter la maison paternelle. Il se retira chez sa nourrice, femme très-vertueuse, mais aussi très-pauvre, et y vécut six mois dans une extrême disette et dans le dernier mépris. Au bout de ce temps, il se sentit inspiré d'aller à Paris consulter quelque habile directeur. Il pria donc son père d'agréer qu'il étudiât encore un peu de temps dans la capitale, avant de recevoir la prêtrise. Son père, qui au fond l'aimait plus que ses autres enfants, le pourvut avec joie de tout ce qui était nécessaire pour le voyage. Michel consulta le Père Coton, Jésuite, confesseur de Henri IV, qui le confirma dans tous ses bons desseins. Il reçut donc le sacerdoce, et revint célébrer sa première messe au sein de sa famille.

Pour se préparer au ministère apostolique, auquel Dieu l'appelait, il fit bâtir sur le bord de la mer une petite cellule couverte de paille, s'y enferma et y mena pendant un an une vie plus solitaire que celle des anciens ermites du désert. Il ne quitta point le cilice, et n'eut sur lui, durant tout ce temps-là, d'autre linge que le collet attaché à sa soutane. Il prenait tous les jours la discipline jusqu'au sang, n'avait point d'autre lit que la terre nue, ni d'autre chevet qu'une pierre. Il ne mangeait qu'une fois le jour, et sa nourriture était un peu de bouillie de farine d'orge, sans sel, sans beurre et sans lait, qu'un personnage du voisinage lui servait, dans un petit plat, par une fenêtre étroite. Il ne buvait que de l'eau, et encore en petite quantité. Pour le vin, il ne s'en servit toute cette année que pour le saint sacrifice de la messe. Dans cette profonde solitude, Michel Le Nobletz médita devant Dieu son plan d'instruction pour les peuples de la Basse-Bretagne, les peuples qui parlent encore le breton, langue des anciens Celtes ou Gaulois, la même qui se parle encore au pays de Galles, en Angleterre.

La Bretagne avait, dans le XVIe siècle, résisté à tous les efforts de l'hérésie et conservé la foi ; mais l'ignorance régnait dans les campagnes, et les mœurs y étaient peu réglées. Nulle part il n'y avait de petites écoles où les enfants pussent apprendre à lire et à réciter le catéchisme. Ce n'est même guère que depuis l'an 1820 que ces écoles ont commencé à devenir communes en Bretagne, depuis qu'un prêtre du pays, nommé *Jean-Marie de La Mennais*, complétant l'œuvre de Michel Le Nobletz et de Julien Maunoir, y a fondé et multiplié, non sans bien des croix et des traverses, les Frères de l'instruction chrétienne. Il y avait un autre inconvénient pour la Basse-Bretagne : plusieurs curés ne connaissaient pas la langue de leurs paroissiens, ni ceux-ci la langue de leur pasteur. Une chose y contribuait. Suivant l'ancien droit, le Pape avait la nomination aux bénéfices de Bretagne pendant huit mois de l'année. Des prêtres de la partie française obtenaient souvent des cures de la partie bretonne.

Benoît XIV fit cesser cet abus, et chargea les évêques de mettre au concours les cures qui viendraient à vaquer dans les mois réservés au Pape. Cette sage mesure, qui a été en vigueur jusqu'en 1791, excita une louable émulation parmi les membres du clergé, donna une nouvelle ardeur pour l'étude, et procura aux paroisses d'excellents pasteurs.

Dans sa retraite sur le bord de la mer, Michel Le Nobletz composa des cantiques en breton sur les principales vérités de la foi. Ces cantiques, appris par cœur et chantés dans les églises et dans les maisons, devaient servir de livre au peuple, qui n'en avait pas d'autre. Il dessina de plus des tableaux allégoriques, dont l'ensemble présentait une suite de prédications morales sur l'importance du salut et ses conséquences. Les Bretons, presque tous marins, étaient familiarisés avec la navigation. Il figura donc la mer, avec différents navires, dans des situations diverses. Voici le commencement de l'explication qu'il en donne lui-même.

« On vous représente dans ce tableau la vie de l'homme, les dangers qu'il doit éviter et les vertus qu'il faut pratiquer pour arriver au port de la vie éternelle. Cette grande mer, sur laquelle tant de vaisseaux font voile, afin d'arriver au port qui doit les introduire dans la terre de promission, où l'on rencontre un royaume de paix et de délices, n'est autre chose que la vie passagère et inconstante de ce monde. Ces navires-ci portent des chrétiens vertueux, et sont chargés de précieuses marchandises, c'est-à-dire de la grâce sanctifiante, des dons du Saint-Esprit et des vertus infuses qu'on reçoit avec le baptême, aussi bien que des grands mérites acquis depuis par les bonnes œuvres. Le port et le royaume où ils tendent tous, c'est le séjour des bienheureux.

» Près de ces riches vaisseaux, vous en voyez d'autres qui ont été entièrement pillés, et il n'y est demeuré qu'un miroir et qu'une ancre. Ces frégates ainsi en désordre sont celles des chrétiens qui ont perdu par le péché mortel la grâce du baptême, ou la grâce sanctifiante qu'ils avaient récupérée par une véritable contrition et par le sacrement de la pénitence. Du moins leur est-ce un bonheur extrême de n'avoir pas perdu la foi, qui est ce miroir où ils doivent considérer l'état pitoyable où ils sont réduits par leur faute, non plus que l'espérance, qui est l'ancre du salut.

» Jésus-Christ, notre Sauveur, est le pilote qui conduit ce vaisseau. On ne peut, sans lui, ni partir, ni trouver la véritable route, ni avancer, ni même subsister selon la grâce, ni selon la nature, puisqu'il est, comme il le dit lui-même, l'unique chemin, la vérité, la vie ; et tous les hommes ni toutes les créatures ne peuvent faire aucune chose que par son secours.

» Hélas ! que les quatre autres misérables navires, que vous voyez errer çà et là et prendre un chemin contraire aux premiers, sont à plaindre ! L'un est celui des païens, qui ne veulent pas reconnaître et adorer un seul Dieu. Le suivant est celui des Juifs, qui refusent de croire en Jésus-Christ. Le troisième est celui des hérétiques, qui ont abandonné la foi qu'ils avaient reçue au baptême. Et ces derniers sont les schismatiques, qui ne perdent leur route que faute de reconnaître le pape et de vouloir accepter pour pilote celui que Jésus-Christ leur a donné pour tenir sa place au gouvernail du vaisseau. »

Le saint missionnaire continuait son explication, avec un grand détail d'applications morales que chaque partie du navire rappelait naturellement à ses auditeurs. Il connut, par une lumière prophétique, que, de son vivant, les Jésuites seraient établis en Basse-Bretagne, et se serviraient des énigmes spirituelles et des instructions qu'il composait alors. Il fit aussi une revue de toutes ses études, afin de les rendre utiles à la sanctification des autres.

Il n'avait pas encore achevé tout le temps qu'il s'était proposé de passer dans cette solitude, quand il fut contraint d'en sortir par les persécutions violentes que lui suscita une personne dévote, mais qui en reconnut bientôt l'injustice. L'innocence du solitaire n'en devint que plus éclatante ; il a plu à Dieu de rendre son ermitage si célèbre par les œuvres merveilleuses de sa toute-puissance, qu'il y a eu ensuite peu de pèlerinages plus fréquentés que celui-là. Le saint homme commença le cours de ses prédications par son endroit natal de Plouguerneau. Comme l'ignorance du peuple y était extrême, il s'attacha non-seulement à prêcher en public contre les vices et les abus, mais encore à enseigner les premiers éléments de la foi et de la religion dans les églises, dans les chemins publics et dans les maisons particulières. Il convertit à Dieu un bon nombre de personnes ; mais la plupart des autres le regardèrent comme un homme qui avait perdu l'esprit, et ses parents les plus proches furent ses plus rudes persécuteurs. L'un d'eux, après l'avoir poursuivi deux fois l'épée à la main, se mit en posture de le tuer d'un coup de pistolet dans l'église. Le serviteur de Dieu, se jetant à genoux, présenta sa poitrine nue à l'assassin, qui, surpris de cette fermeté héroïque, laissa tomber l'arme meurtrière. Son propre père le poursuivit une fois pour le maltraiter à coups de bâton. Dès le lendemain, le saint prêtre monte en chaire, et fait un discours pathétique sur les devoirs réciproques des parents et des enfants. Son père, qui blâmait sa conduite, mais qui estimait ses discours, se trouvait parmi les auditeurs : il en fut touché. Le fils, qui s'en aperçut, alla lui rendre visite et lui parla si bien, que le bon gentilhomme finit par dire : Que faut-il que je fasse ! Son fils lui conseilla un plan de vie, qu'il suivit exactement : la mère commença également une vie plus parfaite.

Presque toutes les entreprises de Michel Le Nobletz furent ainsi semées de croix et d'opprobres. A Morlaix, pour avoir réformé un abus scandaleux, il fut maltraité de la manière la plus humiliante. Cela ne l'empêcha pas d'y revenir peu de jours après, et d'y catéchiser avec un grand concours de personnes de tout âge et de toute condition. Il gagna un grand nombre d'âmes, qui firent profession d'une vertu rare et constante, entre autres sa sœur Marguerite. Le Nobletz, qui se consacra pour le reste de sa vie à l'instruction des personnes ignorantes.

Les prêtres de la ville se plaignirent de lui à l'évêque de Tréguier, qui, ayant tout examiné, bien loin de lui interdire la chaire, le pria de partager avec lui les soins les plus pénibles de l'épiscopat, et lui donna pouvoir de faire des missions dans tout le diocèse. Le saint homme s'adjoignit un bon religieux de Saint-Dominique, le Père Quintin. Celui-ci prêchait ordinairement; Le Nobletz enseignait le catéchisme et expliquait les principaux mystères de la foi, non-seulement dans les églises, mais au milieu de la campagne et dans les grands chemins, auprès des croix, qu'on y rencontre en grand nombre dans toute la Basse-Bretagne. Ils évangélisèrent ainsi le diocèse pendant dix-huit ans.

Le Nobletz faisait en même temps des excursions apostoliques dans les diocèses voisins, surtout aux lieux les plus abandonnés, comme les îles d'Ouessant, Molesnes, Le Baz et Sizun. Cette dernière était privée depuis plusieurs années de tout secours spirituel. C'est une île fort basse, menacée chaque jour d'être couverte par la mer, et environnée des plus terribles écueils qui soient dans toute l'Europe. Il n'y a pas un arbre dans toute l'île; on ne s'y chauffe qu'avec du goëmon, dont la puanteur incommode plus que sa faible chaleur ne procure de soulagement. La terre n'y produit que de l'orge, qui suffit à peine pour nourrir les habitants pendant trois mois; ils ne vivent le reste de l'année que de racines et de poissons, sans huile et sans aucun autre assaisonnement. Ils n'ont de vin que ce que la mer leur en jette, par les fréquents naufrages de vaisseaux qui se brisent contre les écueils dont l'île est environnée. L'eau même qu'ils boivent est saumâtre, parce qu'ils ne la tirent que d'un puits trop voisin de la mer. Malgré cette vie misérable, les habitants de Sizun sont plus robustes et vivent plus longtemps que ceux de la terre ferme. Dès l'âge de sept à huit ans, ils passent les jours et les nuits à la pêche, au milieu des tempêtes et des rochers qui occupent cinq lieues de mer. Ils n'ont pour toute nourriture que du pain et de l'eau, et les voiles de leurs barques pour se mettre à couvert du froid. Leurs femmes et leurs filles, de leur côté, labourent la terre, réduisent en farine à force de bras l'orge qu'elles ont recueillie, et en font du pain qu'elles mettent cuire sous la cendre de goëmon. Avant que Michel Le Nobletz eût été dans leur île, leur naturel répondait à la barbarie du lieu, et on les appelait les *démons de la mer*, parce qu'ils avaient la malice d'allumer des feux sur leurs rochers, pour tromper les pilotes, faire périr les vaisseaux et profiter de leurs débris.

Cependant ces insulaires grossiers, barbares et terribles reçurent le saint missionnaire comme un ange du ciel, et apportèrent une assiduité et une docilité merveilleuses à ses instructions. Après les avoir prêchés et catéchisés quelque temps deux fois le jour il leur fit faire à tous des confessions générales, qui furent suivies d'un entier changement. Depuis cette heureuse époque, leur île devint aussi exempte de vices qu'elle l'est naturellement de bêtes venimeuses; car, sans parler des péchés scandaleux qui n'y sont point soufferts, on n'y connut presque plus ni la haine, ni l'envie, ni la médisance, ni les querelles. L'homme qui avait le plus de crédit à Sizun était un pêcheur nommé François Lesu; le missionnaire l'instruisait avec une attention toute particulière, et lui laissa des livres. Ce pêcheur, qui avait reçu de la nature un esprit discret et un cœur généreux, fut élu dans la suite capitaine de l'île; il y fit les fonctions de pasteur, autant qu'un laïque peut les remplir, quand l'île n'eut point de prêtre; plus tard, il en fut lui-même ordonné curé.

Les travaux et les succès de l'homme apostolique étaient toujours entremêlés de croix et de persécutions, souvent de la part des prêtres, mauvais ou prévenus. Le Nobletz regardait toutes ces épreuves comme des moyens pour attirer les miséricordes divines sur son ministère. D'un autre côté, Dieu augmentait en lui le don de prophétie et de miracles. On trouve dans sa vie, non-seulement plusieurs guérisons de malades, mais des résurrections de morts. Un jour, priant Dieu avec les instances les plus ferventes de lui donner un successeur qui pût cultiver ce qu'il avait si heureusement commencé, il eut révélation de la naissance de ce successeur. Il fit part de cette nouvelle à ses disciples; et, quelques années après, il s'arrêta au milieu d'une de ses exhortations, et dit : « Remercions Dieu de ce qu'il m'a donné un successeur. Il a sept ans; il est du diocèse de Rennes, et sera Jésuite. » La même année, c'est-à-dire en 1613, parlant avec beaucoup d'action pour expliquer ses peintures mystiques, il répondit à une personne qui l'exhortait à se ménager, que les Pères Jésuites viendraient bientôt s'établir à Quimper, qu'ils feraient des missionnaires dans toute la Basse-Bretagne, que les tableaux qu'il expliquait tomberaient entre leurs mains, et qu'ils en feraient le même usage que lui. Vers la fin de l'an 1630, une voix lui apprit que le successeur qu'il désirait n'était pas loin, qu'il le trouverait au collège des Jésuites de Quimper, et qu'il en était le plus jeune (*Vies des Saints de Bretagne*, t. IV, in-12).

Le saint prêtre partit à l'heure même, et se rendit avant sept heures au collège de Quimper. Il y demanda le maître de la cinquième, et, sans lui parler du dessein que la Providence avait sur lui, il ne l'entretint que de la vocation de saint André et de saint Pierre, de la grâce que le Sauveur leur fit de les appeler à son service, et de la fidélité avec laquelle ils quittèrent tout pour le suivre.

Ce régent de cinquième était Julien Maunoir, né le 1ᵉʳ octobre 1606, au bourg de Saint-Georges-de-Raintambault, dans le diocèse de Rennes. Son père et sa mère, qui étaient fort pieux et fort charitables, le vouèrent à Dieu dès sa naissance. Le Seigneur agréa l'offrande de leur fils, et le forma lui-même de bonne heure à l'apostolat. Le petit Maunoir, encore enfant, assemblait ses compagnons, les rangeait deux à deux, les conduisait à l'église, et là, montant en chaire, il récitait tout haut l'Oraison dominicale, la Salutation angélique et le Symbole des apôtres. Son père et sa mère, animés par de si heureux commencements, n'oublièrent rien pour lui donner une éducation chrétienne. Un prêtre de la paroisse, qui, l'ayant souvent observé, avait remarqué avec joie qu'il passait à l'église tout le temps que les enfants de son âge employaient ordinairement à jouer, lui donna ses soins, lui enseigna les premiers éléments de la langue latine, et le mit en état d'entrer au collège. On l'envoya étudier à Rennes, sous les Pères Jésuites, auxquels les habitants de cette ville et le parlement avaient depuis peu donné un établissement. Ses succès et sa vertu le firent admettre dans la congrégation des écoliers, où il montrait de plus en plus le zèle et les qualités d'un apôtre. Entendant parler du succès des Jésuites à la conversion des infidèles, et du petit nombre d'ouvriers pour une si grande moisson, il dit : « Faites-moi donc Jésuite, et envoyez-moi au secours des infidèles. » Lorsqu'il eut achevé ses classes, il demanda effectivement d'entrer dans la Compagnie de Jésus, et y fut reçu par le célèbre Père Coton, alors provincial de France. Après son noviciat et sa philosophie, ses supérieurs l'envoyèrent, en 1630, enseigner les basses classes au collège de Quimper. Il y trouva le Père Bernard, qui depuis longtemps priait Dieu d'envoyer quelqu'un au salut de tant d'âmes qui périssaient dans ces contrées. Soupçonnant que Maunoir était cet homme, il l'engageait à étudier le breton. Maunoir, ayant plus d'inclination pour les missions du Canada, restait indécis. Ce fut dans ces circonstances que Michel Le Nobletz vint lui rendre visite et lui parler de la vocation de saint André et de saint Pierre, marquant la sienne et celle du Père Bernard.

A un quart de lieue de Quimper, il y avait une chapelle dédiée à la sainte Vierge, où les professeurs du collège menaient tous les ans leurs écoliers en pèlerinage pour les mettre sous la protection de Marie. Maunoir, allant à cette chapelle, se trouva l'esprit uniquement occupé de tout ce que le Père Bernard lui avait dit du besoin qu'avait la Basse-Bretagne d'ouvriers évangéliques. Une vue intérieure lui représenta les diocèses de Quimper, de Tréguier, de Léon et de Saint-Brieuc comme une carrière ouverte à son zèle; et, dans le moment, il sentit se former dans son cœur la résolution d'apprendre la langue bretonne. Arrivé à la chapelle avec ces mouvements, qui lui faisaient une douce violence, il s'offrit à Dieu qui l'appelait, et le supplia, puisqu'il le destinait à l'instruction de ces peuples, de lui apprendre à parler leur langue. Il s'adressa ensuite à la sainte Vierge, et lui dit avec confiance : « Ma bonne Maîtresse! si vous daigniez m'apprendre vous-même le breton, je le saurais en peu de temps, et je serais bientôt en état de vous gagner des serviteurs! » Après cette prière, Maunoir rendit compte de ses dispositions au Père Bernard, et l'assura qu'il apprendrait la langue du pays aussitôt qu'il en aurait eu la permission. On la demanda pour lui; elle lui fut donnée le jour de la Pentecôte, jour auquel les apôtres avaient reçu le don des langues. Après huit jours seulement d'étude, il parla l'une des langues les plus difficiles du monde, assez bien pour pouvoir faire le catéchisme à la campagne, et au bout de quelques mois il s'exprimait en breton si parfaitement, qu'il prêchait en cette langue sans préparation. Il commença son ministère apostolique par faire le catéchisme en breton dans cette chapelle même, puis dans le voisinage; cependant il ne s'y dévoua complètement que l'an 1640, après avoir fait sa théologie et sa troisième année de noviciat, et avoir reçu du supérieur général la permission de se consacrer aux missions de la Basse-Bretagne. Il revint demeurer à Quimper.

Michel Le Nobletz, à qui ses infirmités ne permettaient pas de sortir de Conquet, port de mer où il s'était retiré, envoya saluer le Père, et le pria de venir lui faire visite. Maunoir y alla, et le vieillard vénérable, voyant son successeur, pleura de joie et dit comme Siméon : Seigneur! laissez maintenant votre serviteur aller en paix, puisque mes yeux ont vu celui que vous m'avez promis et que vous avez destiné pour éclairer cette nation! Ensuite, comme s'il n'eût plus eu qu'à se disposer à la mort, il fit une confession générale au Père; après quoi, la clochette à la main, il alla avertir tout le monde de se rassembler à l'église. Il y mena le Père, le déclara publiquement son successeur dans les missions de la Basse-Bretagne, et lui donna, par forme d'investiture, la clochette et les peintures énigmatiques dont il s'était servi pour expliquer les mystères et les devoirs de la religion. Il l'obligea sur l'heure à prendre possession de son nouvel emploi, et lui en fit faire ce jour-là tous les exercices en sa présence. Il le conduisit aussi chez les malades, afin qu'ils eussent la consolation de le voir et de l'entendre, et, l'ayant ramené chez lui, il passa ce soir et une partie du jour suivant à l'instruire à fond et des besoins de cette partie de la province et des moyens les plus propres à la sanctifier.

Il gagna d'abord la confiance de son disciple, en ouvrant un livre de théologie écrit à la main, et lui donnant à lire la page qui se présentait, où Maunoir fut bien surpris de trouver la décision d'une difficulté qui l'embarrassait, et sur laquelle il n'avait consulté personne. Persuadé que le saint homme connaissait toutes ses pensées, il se trouva d'autant plus porté à le consulter toujours depuis comme son oracle, et dès lors il l'écouta comme son directeur. Le Nobletz, parmi toutes les leçons qu'il lui donna, n'oublia pas de lui conseiller les cantiques spirituels et la mélodie, pour insinuer dans les cœurs, par les oreilles, les dogmes de la foi et les maximes de l'Évangile. Il lui mit entre les mains les règles qu'il avait suivies dans l'exercice de son emploi, et qui ne devaient pas être étrangères à son disciple, puisqu'elles étaient tirées de celles que saint Ignace a prescrites aux missionnaires de sa Compagnie. Il fortifia Maunoir contre les persécutions, en même temps qu'il lui prédit qu'elles ne lui manqueraient pas. Il lui communiqua aussi la vertu de faire des miracles; et l'éprouva lui-même sur-le-champ, en se faisant guérir d'une verrue qu'il avait au visage; elle disparut aussitôt que Maunoir l'eut touchée.

Le nouvel apôtre remplit son laborieux ministère pendant quarante-trois ans, de 1640 à 1683; d'abord avec le Père Bernard pour compagnon, puis avec plusieurs prêtres séculiers. Leurs premières missions furent dans les îles d'Ouessant, de Molesnes et de Sizun, dont les habitants les reçurent avec une joie extrême, que Dieu récompensa par la guérison miraculeuse de plusieurs malades.

Dans le cours des missions que l'évêque de Quimper leur fit faire dans son diocèse, il pria Maunoir d'aller consoler une fille extraordinaire, Marie-Amice Picard, née le 2 février 1599, de pauvres paysans, dans le diocèse de Léon. Elle n'avait que sept ans lorsqu'elle entendit un sermon sur le mérite de la virginité et du martyre. Elle demanda aussitôt à Dieu trois grâces : la première, de faire en tout sa volonté; la seconde, de vivre et de mourir vierge; la troisième, de souffrir les tourments des martyrs. Elle fut exaucée, et devint martyrologe vivant les vingt dernières années de sa vie; car la veille des saints martyrs, dont l'Église fait la fête, elle endurait des douleurs conformes aux genres de leurs supplices. Elle eut en même temps à souffrir des calomnies atroces. Elle offrait patiemment à Dieu toutes ces peines, pour la conversion des âmes, mourut saintement le 25 décembre 1652, et fut enterrée dans la cathédrale de Léon par l'évêque et tout le clergé (Tresvaux, t. IV, p. 127; t. V, p. 66). Michel Le Nobletz, qui avait toujours consolé et fortifié cette vertueuse fille, était mort l'année précédente entre les bras de son successeur Julien Maunoir.

Ces missions apostoliques en Bretagne y firent naître une autre œuvre de sanctification, qui subsiste encore après deux siècles, et qui contribue singulièrement à y maintenir l'esprit de foi et de piété. Ce sont des maisons de retraite, où chacun peut venir pendant huit jours, à des époques annoncées dans les paroisses, se recueillir devant Dieu, écouter des prédications suivies, faire la revue de sa conscience, pour y mettre ordre ou s'affermir dans le bien. La première fut établie à Vannes, pour les hommes, par Louis Eudes de Kerlivio, vicaire général du diocèse; une seconde, pour les femmes, par mademoiselle Catherine de Francheville. Le Père Huby, compagnon des travaux du Père Maunoir, propagea cette institution dans d'autres lieux. En 1846, il y avait dans les divers diocèses de Bretagne, près d'une vingtaine de ces maisons qui font un bien incalculable. Par exemple, dans la maison de Rennes, il y a tous les ans quatre retraites pour les femmes, deux pour les hommes. L'époque en est annoncée dans les paroisses du voisinage. Chacun y est logé et nourri, pendant les huit jours, pour une pension qui varie de trente sous à vingt francs, suivant qu'il veut être traité. On y a vu à la fois jusqu'à sept cents personnes. Il s'y est même formé une congrégation de religieuses pour le service de la maison et des retraites. Tout ce que nous pouvons souhaiter à cette salutaire institution de la Bretagne, c'est de la voir imitée ailleurs.

Quant au Père Julien Maunoir, un des fondateurs de ces saintes maisons, il mourut dans le bourg de Plevin, diocèse de Quimper, le 28 janvier 1683, à l'âge de 77 ans. Pour sa sépulture, il arriva comme pour celle du bienheureux Pierre Fourier. Le vicaire général de Quimper, d'après une délibération de l'évêque et du chapitre, arrive un soir à Plevin pour transporter le corps dans la cathédrale. Il descend au presbytère, trouve tout le peuple fort calme, et compte faire la translation le jour suivant. Mais, à son réveil, il aperçoit les paysans en armes, faisant la garde devant le presbytère, et disant tout haut : « Non, non, on ne nous enlèvera pas notre Bon Père. Si on l'enterrait à Quimper, ce serait comme le Père Bernard, il ne ferait point de miracles, et il en fera ici. » Le vicaire général eut recours au gouverneur de Carhaix, pour lui demander main-forte. Le gouverneur, jugeant dangereux de violenter des paysans bretons, n'employa que la persuasion. Mais tandis qu'il les pressait d'obéir aux ordres de l'évêque, sa femme leur persuadait le contraire. Le vicaire général finit par enterrer le corps dans l'église, sauf à l'enlever la nuit. Mais tandis qu'il était à dîner au château du gouverneur, les paysans entrèrent dans l'église, mirent sur la fosse une grande pierre en forme de tombe, et demeurèrent là, en armes, pour garder le sépulcre. Le saint corps demeura donc à Plevin, et on transporta seulement le cœur à Quimper. Le sépulcre de cet homme apostolique ne tarda guère à devenir glorieux par le concours d'un nombre infini de pèlerins, et par une multitude de guérisons obtenues dans presque toutes les paroisses de la Basse-Bretagne par l'intercession du Père (*Vie du P. Julien Maunoir*, Tresvaux, t. V).

Michel Le Nobletz et Julien Maunoir ne furent pas les seuls qui honorèrent alors leur province par la sainteté de leur vie et de leurs mœurs. On trouve encore soixante autres personnages semblables, pendant le XVIIe siècle, dans les *Vies des Saints de Bretagne*, collection tellement utile, que chaque province en devrait avoir une pareille. Alors on verrait mieux l'action du Saint-Esprit dans les différentes parties de l'Église. Ce que nous en avons déjà vu pour le XVIIe siècle est prodigieux; et cependant nous n'avons pas tout dit, et cependant nous n'avons peut-être pas encore vu le plus merveilleux.

§ IV.

Saint Vincent de Paul.

État de l'Angleterre et de la France, aux maux desquelles il porte remède.

Dans ce siècle-là, un saint dont s'honore l'Église de Jésus-Christ, mais surtout la France, c'est saint VINCENT DE PAUL. Depuis les apôtres, il n'y a peut-être pas d'homme qui ait rendu plus de services à l'Église catholique et à l'humanité entière. Pour contribuer à la sanctification du clergé et du peuple chrétien, il institue une congrégation de missionnaires, qui, aujourd'hui encore, est digne de son auteur et continue de propager la foi, et dans Constantinople, et dans la Syrie, et en Amérique, et en Chine. Pour la sanctification des prêtres et des fidèles, il établit des retraites spirituelles dont le salutaire usage s'est répandu partout. Pour former les jeunes ecclésiastiques à la sainteté de leur vocation, il établit des séminaires, et son exemple a été suivi dans tout le monde chrétien. Pour servir les pauvres malades, il institue la congrégation des filles de la charité, dont le dévouement admirable a provoqué l'établissement de plusieurs Congrégations semblables, et de nos jours ravit d'admiration les populations chrétiennes et mahométanes de Constantinople, de Smyrne et d'Alexandrie. Pour préserver de la mort les petits enfants qu'on exposait dans les rues, il fonde un hôpital des enfants trouvés, et maintenant, par suite de son exemple, il y a de ces hôpitaux dans toute la chrétienté. Et avec cela, il fondait encore des hôpitaux pour les insensés, pour les vieillards, pour les galériens, pour les mendiants; et avec cela, il envoyait des missionnaires consoler dans leur affliction les esclaves chrétiens; et avec cela, il nourrissait pendant de longues années des provinces entières, ravagées par la guerre, la famine et la peste, telles que la Lorraine, la Champagne et la Picardie.

Qui était donc cet homme? Fils d'un pauvre laboureur, il avait commencé par garder le troupeau de son père ; devenu prêtre, il avait été pris par des corsaires turcs et vendu comme esclave sur les côtes d'Afrique.

Vincent de Paul naquit le mardi de Pâques, 24 avril 1576, dans le petit village de Poy, près de Dax, aux confins des landes de Bordeaux, vers les Pyrénées. Son père se nommait Guillaume de Paul, sa mère Bertrande de Moras. Ils faisaient valoir par eux-mêmes une petite ferme qui leur appartenait en propre, et ils tiraient du travail de leurs mains de quoi subsister avec leur famille. Ils avaient six enfants, deux filles et quatre garçons. Vincent qui était le troisième, fut employé comme les autres à travailler, particulièrement à mener paître et à garder le troupeau de son père. Il montra de bonne heure une grande compassion pour les pauvres. Quand il revenait du moulin avec le sac de farine, il leur en donnait quelques poignées, lorsqu'il n'avait pas autre chose. Il partagea plus d'une fois avec eux son pain et ses vêtements. Ayant économisé jusqu'à trente sous, somme considérable pour son temps et pour son âge, il donna le tout à un pauvre qui lui parut plus abandonné.

Avec cette bonté de cœur. Il montrait une grande vivacité d'esprit. Son père résolut donc de le mettre aux études. La dépense l'effrayait, mais il espérait en être dédommagé un jour. Il voyait à sa porte un homme d'une condition assez semblable à la sienne, qui, étant devenu prêtre, et ensuite prieur, avait beaucoup avancé ses frères du revenu de son bénéfice. Il comptait que son fils en userait de même. Il le mit donc en pension chez les Cordeliers de Dax, moyennant soixante livres par an, selon la coutume du temps et du pays. Ce fut vers l'an 1588. Le jeune Vincent fit de tels progrès, que, au bout de quatre ans, sur le rapport avantageux du supérieur de ce monastère, le sieur de Commet, avocat de Dax, le prit chez lui pour faire l'éducation de ses deux fils, tout en continuant ses études chez les mêmes maîtres : ce qui dura cinq années encore. Alors le sieur de Commet, édifié de son bon esprit et de sa vertu, lui conseilla d'embrasser l'état ecclésiastique. Vincent, qui lui portait un grand respect et le regardait comme un second père, reçut la tonsure et les quatre ordres mineurs, le 20 décembre 1596, à l'âge de vingt ans, après en avoir employé neuf aux études d'humanités à Dax. Après quoi, du consentement de son père, qui vendit une paire de bœufs pour venir à son aide, il se rendit à Toulouse pour s'appliquer aux études de théologie, où il employa sept ans : ce qui fit seize ans d'études suivies. Durant son séjour à Toulouse, il alla étudier quelque temps à Sarragosse.

Pour n'être point à charge à sa famille, quoique son père, en mourant, eût ordonné de fournir à son entretien, il se retira dans la petite ville de Buset pendant les vacances et s'y chargea de l'éducation d'un nombre considérable d'enfants de condition. Les parents les confiaient avec plaisir à un homme dont la vertu et la capacité étaient publiquement reconnues. On lui en envoya même de Toulouse, comme il le manda par lettre à sa mère. Parmi ses élèves, il eut deux petits-neveux du célèbre Jean de la Valette, grand-maître de Malte, qui résista si glorieusement à toutes les forces ottomanes. Le duc d'Epernon, gouverneur de Guyenne, proche parent des deux jeunes seigneurs, apprit ainsi à connaître monsieur Vincent et conçut pour lui une estime particulière. Vincent retourna de Buset à Toulouse avec ses pensionnaires, et y acheva ses sept années de théologie. Après quoi il reçut le grade de bachelier et expliqua le second livre du Maître des sentences. Les auteurs de la *Gallia christiana* disent même qu'il fut reçu docteur en théologie ; mais on n'a pu en retrouver la preuve authentique.

Pendant ses études de théologie à Toulouse, Vincent reçut le sous-diaconat le 19 septembre 1598, le diaconat trois mois après, et enfin la prêtrise le 23 septembre 1600. Les grands-vicaires de Dax, le siège vacant, ne le surent pas plus tôt prêtre, qu'ils le nommèrent à la cure de Tilh ; mais elle lui fut contestée par un compétiteur qui l'avait obtenue en cour de Rome. Vincent, qui ne voulut pas plaider, continua ses études à Toulouse. D'ailleurs on lui faisait espérer un évêché, par l'entremise du duc d'Epernon. Il fit effectivement un voyage à Bordeaux, au commencement de 1605, eut une entrevue avec le duc, sans qu'on en sache le sujet. Seulement il dit dans une lettre de ce temps qu'il avait entrepris ce voyage pour une affaire qui demandait de grandes dépenses et qu'il ne pouvait déclarer sans témérité. La fortune semblait lui sourire. Revenu à Toulouse, il apprend qu'un ami l'a institué son héritier. Pour recueillir une partie de la succession, il dut aller à Marseille. Il comptait s'en revenir par terre, lorsqu'un gentilhomme de Languedoc avec lequel il était logé lui proposa de s'embarquer avec lui jusqu'à Narbonne. On était au mois de juillet, la saison ne pouvait être plus belle, le temps était tout propre à la navigation, et dès le jour même on arrivait au terme.

Vincent s'embarqua donc : le vent était si favorable, que tout le monde comptait arriver à Narbonne de bonne heure. C'était au commencement de la foire de Beaucaire, où les richesses de l'Orient viennent s'échanger contre celles de l'Europe. Les corsaires barbaresques croisaient dans le golfe de Lyon pour faire des captures. Trois brigantins turcs attaquèrent la barque où était Vincent : les Français se défendirent, malgré leur petit nombre, tuèrent un des chefs ennemis, avec quatre ou cinq forçats ; mais enfin, accablés par le nombre, ayant perdu deux ou trois d'entre eux et tous les autres étant blessés, ils furent obligés de se rendre. Les Turcs hachèrent le pilote en mille pièces et enchaînèrent les autres, après les avoir grossièrement pansés. Vincent avait reçu un coup de flèche, qui, écrivait-il deux ans après à un de ses anciens élèves, me servira d'horloge toute ma vie. Les corsaires poursuivirent leur pointe, faisant mille voleries, donnant néanmoins la liberté à ceux qui se rendaient sans combattre, après les avoir volés. « Enfin, continue Vincent dans sa lettre, chargés de marchandises, au bout de sept à huit jours, ils prirent la route de Barbarie, tanière et caverne de voleurs sans aveu du Grand-Turc, où étant arrivés, ils nous exposèrent en vente, avec un procès-verbal de notre capture, qu'ils disaient avoir été faite dans un navire espagnol, parce que, sans ce mensonge, nous aurions été délivrés par le consul que le roi tient en ce lieu-là pour rendre libre le commerce aux Français. Leur procédure à notre vente fut, qu'après qu'ils nous eurent dépouillés, ils nous donnèrent à chacun une paire de caleçons, un hoqueton de lin avec un petit bonnet, et nous promenèrent par la ville de Tunis, où ils étaient venus expressément pour nous vendre. Nous ayant fait faire cinq ou six tours par la ville, la chaîne au cou, ils nous ramenèrent au bateau, afin que les marchands vinssent voir qui pouvait bien manger et qui non, et pour montrer que nos plaies n'étaient pas mortelles. Cela fait, ils nous ramenèrent à la place, où les marchands nous vinrent visiter tout de même qu'on fait à l'achat d'un cheval ou d'un bœuf, nous faisant ouvrir la bouche pour voir nos dents, palpant nos côtés, sondant nos plaies, nous faisant cheminer le pas, trotter et courir, puis lever des fardeaux, et puis lutter pour voir la force de chacun, et mille autres sortes de brutalités. »

Vincent fut vendu à un pêcheur, qui, le voyant incapable de soutenir l'air de la mer, le revendit à un vieux médecin que Vincent appelle « souverain tireur de quintessences, homme fort humain et traitable, lequel, à ce qu'il me disait, avait travaillé l'espace de cinquante ans à la recherche de la pierre philosophale. Il m'aimait fort et se plaisait à me discourir de l'alchimie, et puis de sa loi, à laquelle il faisait tous ses efforts pour m'attirer, me promettant forces richesses et tout son savoir. Dieu opéra toujours en moi une croyance de délivrance par les assidues prières que je lui faisais, et à la Vierge Marie, par la seule intercession de laquelle je crois fermement avoir été délivré. L'espérance donc et la ferme croyance de vous revoir, monsieur, me fit être plus attentif à m'instruire du moyen de guérir de la gravelle, en quoi je lui voyais journellement faire des merveilles; ce qu'il m'enseigna, et même il me fit préparer et administrer les ingrédients. Oh!, combien de fois ai-je désiré depuis d'avoir été esclave avant la mort de votre frère! car je crois que si j'eusse su le secret que maintenant je vous envoie, il ne serait pas mort de ce mal-là. » — La lettre, qui est du 20 juillet 1607, est adressée au plus jeune des deux Commet, dont le saint avait été précepteur et dont l'aîné était mort. La lettre continue :

« Je fus donc avec ce vieillard depuis le mois de septembre 1605 jusqu'au mois d'août 1606, qu'il fut pris et mené au grand sultan pour travailler pour lui; mais en vain, car il mourut de regret par les chemins. Il me laissa à un sien neveu, vrai anthropomorphyte, qui me revendit bientôt après la mort de son oncle, parce qu'il ouït dire que monsieur de Brèves, ambassadeur pour le roi en Turquie, venait avec bonnes et expresses patentes du Grand-Turc pour recouvrer tous les esclaves chrétiens. Un renégat de Nice en Savoie, ennemi de nature, m'acheta et m'emmena en son témât. Ainsi s'appelle le bien que l'on tient comme métayer du grand-seigneur; car là le peuple n'a rien, tout est au sultan. Le témât de celui-ci était dans la montagne, où le pays est extrêmement chaud et désert. L'une des trois femmes qu'il avait était grecque chrétienne, mais schismatique; une autre était turque, qui servit d'instrument à l'immense miséricorde de Dieu pour retirer son mari de l'apostasie et le remettre au giron de l'Église, et me délivrer de mon esclavage. Curieuse qu'elle était de savoir notre façon de vivre, elle me venait voir tous les jours aux champs où je fossoyais, et un jour elle me commanda de chanter les louanges de mon Dieu. Le ressouvenir du *Quomodo cantabimus in terrâ alienâ*, des enfants d'Israël captifs à Babylone, me fit commencer, la larme à l'œil, le psaume *Super flumina Babylonis*, et puis le *Salve regina*, et plusieurs autres choses; en quoi elle prenait tant de plaisir, que c'était merveille. Elle ne manqua pas de dire à son mari, le soir, qu'il avait eu tort de quitter sa religion, qu'elle estimait extrêmement bonne, pour un récit que je lui avais fait de notre Dieu et quelques louanges que j'avais chantées en sa présence; en quoi elle disait avoir ressenti un tel plaisir, qu'elle ne croyait point que le paradis de ses pères, et celui qu'elle espérait, fût si glorieux ni accompagné de tant de joie que le contentement qu'elle avait ressenti pendant que je louais mon Dieu; concluant qu'il y avait en cela quelque merveille. Cette femme, comme un vrai Caïphe, ou comme l'ânesse de Balaam, fit tant par ses discours, que son mari me dit dès le lendemain qu'il ne tenait qu'à une commodité que nous ne nous sauvassions en France; mais qu'il y donnerait tel remède que dans peu de jours Dieu en serait loué. Ce peu de jours dura dix mois qu'il m'entretint dans cette espérance, au bout desquels nous nous sauvâmes sur un esquif et nous rendîmes à Aigues-Mortes, et tôt après à Avignon, où monsieur le vice-légat reçut publiquement le renégat, avec la larme à l'œil et le sanglot au cœur, dans l'église de Saint-Pierre, à l'honneur de Dieu et à l'édification des assistants. Mon dit seigneur nous a retenus tous deux pour nous mener à Rome, où il s'en va tout aussitôt que son successeur sera venu : il a promis au pénitent de le faire entrer à l'austère couvent des *Fateben-Fratelli*, où il s'est voué (Abelly, *Vie de S. Vincent de Paul*, l. 1, c. 4). »

C'est d'Avignon que saint Vincent de Paul écrivit cette lettre à son ancien élève. Elle ne fut découverte que cinquante ans après. On en adressa une copie au saint, croyant lui faire plaisir; il la jeta au feu, et demanda instamment l'original pour en faire autant. Mais, comme on s'en douta, on la fit tenir à un autre, qui n'eut garde de lui en parler, car il l'évitait, avant tout, de rien faire, ni dire, ni laisser paraître qui pût exciter l'intérêt ou l'estime pour sa personne.

Arrivé à Rome, Vincent y demeura jusque vers la fin de 1608, par l'assistance qu'il reçut du vice-légat, qui lui donnait sa table et de quoi s'entretenir. Il était touché jusqu'aux larmes de se voir dans cette ville maîtresse de la chrétienté, où est le chef de l'Église militante, où sont les corps de saint Pierre et de saint Paul, et de tant d'autres martyrs et saints personnages. Le temps qu'il ne donnait pas à la dévotion, il l'employait à repasser les études de théologie qu'il avait faites à Toulouse. Le vice-légat l'ayant fait connaître à l'ambassadeur de France, le cardinal d'Ossat, celui-ci le chargea d'une mission très-importante, mais secrète, près de Henri IV. Vincent revint ainsi en France vers le commencement de 1609, entretint le roi de l'affaire en question, puis se logea au faubourg Saint-Germain, près de l'hôpital de la Charité, et il y allait souvent servir et consoler les malades.

Henri IV avait vu et entretenu Vincent de Paul, mais paraît ne l'avoir pas connu. C'est que le saint évitait avec soin tout ce qui pouvait donner de lui quelque idée avantageuse. Jusqu'alors on l'avait appelé monsieur de Paul : c'était son nom de famille. En arrivant à Paris, il craignit que ce nom ne donnât sujet de penser qu'il fût d'une famille considérable; il se fit donc appeler monsieur Vincent, de son nom de baptême, et ce n'est presque que sous ce nom qu'il a été connu pendant sa vie. Au lieu de prendre le titre de licencié en théologie, il ne se disait qu'un pauvre écolier de quatrième. Cependant, quelque soin qu'il prît de cacher ses vertus, plusieurs personnes les découvrirent. On le fit connaître à la reine Marguerite, première femme de Henri IV, laquelle faisait alors profession de piété. Cette princesse voulut le voir; elle le mit sur l'état de sa maison et lui donna le titre de son aumônier ordinaire.

Il y avait à la cour de cette princesse un docteur qui avait toujours montré beaucoup de zèle pour la religion, et qui s'était rendu redoutable aux hérétiques et aux impies; mais Dieu, soit pour l'éprouver, soit pour le punir de quelques fautes, permit qu'il fût attaqué de violentes tentations contre la foi, avec des pensées horribles de blasphème contre Jésus-Christ, et même de désespoir. Il en fut réduit à une telle extrémité, qu'il fallut enfin l'exempter de réciter son bréviaire, de célébrer la sainte messe, et même de faire aucune prière; car lorsqu'il commençait seulement à réciter le *Pater*, il lui semblait voir mille spectres qui le jetaient dans le trouble et l'épouvante. Vincent de Paul, qui était de ses amis, lui conseilla cette pratique : toutes les fois qu'il tournerait la main ou un doigt du côté de Rome, ou de quelque église, il voudrait dire par ce mouvement qu'il croyait tout ce que croit l'Église romaine. Le docteur tomba dangereusement malade, les tentations redoublèrent. Vincent de Paul, craignant qu'il ne finît par succomber, implora pour lui la Miséricorde divine; il s'offrit même à Dieu en esprit de victime, et se chargea, pour dédommager sa justice, ou de subir une semblable épreuve ou telle autre peine qu'il plairait à Dieu de lui infliger. C'était imiter Celui qui a pris toutes nos iniquités sur lui-même. Sa prière fut exaucée dans toute son étendue : le docteur recouvra le calme, et fut entièrement délivré de la tentation; mais cette tentation resta à Vincent de Paul. Pour s'en délivrer, il eut recours à la prière et à la mortification. En vain le démon redoublait ses efforts, il ne perdait point courage, et mettait toujours en Dieu sa confiance. Enfin il fit deux choses : la première, d'écrire sa profession de foi et de l'appliquer sur son cœur; puis, faisant un désaveu général de toutes les pensées de mécréance, il convint avec Notre Seigneur que, toutes les fois qu'il toucherait l'endroit où était cette profession de foi, il serait censé la renouveler, et par conséquent renoncer à la tentation, quoiqu'il ne proférât aucune parole extérieure : par là il rendait inutiles les assauts de l'ennemi. Le second remède fut de faire tout le contraire de ce que la tentation lui suggérait, et de s'appliquer plus que jamais à honorer et servir Notre Seigneur Jésus-Christ dans la personne des pauvres et des malades. Quatre ans se passèrent dans ce rude exercice. Enfin un jour il s'avisa de prendre une résolution ferme et inviolable, pour honorer davantage Jésus-Christ et l'imiter plus parfaitement, de s'adonner toute sa vie, pour son amour, au service des pauvres. A peine eut-il formé cette résolution, que toutes les suggestions du malin esprit s'évanouirent; la paix remplit son âme avec une lumière si abondante, que, comme il l'avoua dans plus d'une occasion, il lui semblait voir les vérités de la foi avec une lumière particulière.

Vincent demeurait dans la même maison qu'un juge du village de Sore, situé dans les Landes et dans le district de Bordeaux. Celui-ci, étant sorti sans prendre les précautions nécessaires, trouva à son retour qu'on lui avait volé quatre cents écus. Il accusa Vincent du vol, et se mit à le décrier parmi toutes ses connaissances et ses amis. Le saint se contenta de nier le fait et de dire tranquillement : *Dieu sait la vérité*. Pendant les six années que dura la calomnie, il ne dit rien autre chose pour sa défense, et ne laissa jamais échapper la moindre plainte. Enfin le voleur, qui était aussi des environs de Bordeaux, fut arrêté pour quelque nouveau crime. Déchiré par les remords de sa conscience, il envoya chercher le juge de Sore, lui déclara qu'il était le voleur de son argent, et que le serviteur de Dieu était innocent du crime dont on l'avait accusé. Vincent raconta depuis cette histoire dans une conférence qu'il faisait à ses prêtres; mais il parla de lui en troisième personne, pour ne pas se faire honneur du mérite qui lui en revenait devant Dieu. Le but qu'il se proposait était d'apprendre à ses prêtres que la patience, la résignation et un humble silence sont en général la meilleure apologie des personnes que poursuit la calomnie; que par là on trouve le moyen de se sanctifier dans de pareilles épreuves, et que la Providence sait tôt ou tard nous justifier aux yeux des hommes, lorsque cela est expédient pour notre salut.

Ce qui était arrivé au docteur chez la reine Marguerite, et ce qu'il avait éprouvé lui-même dans la maison du juge de Sore, fit voir à Vincent combien le commerce des séculiers était dangereux à un ecclésiastique. Il se retira chez les Pères de l'Oratoire, que monsieur de Bérulle venait de fonder : ce n'était pas pour s'agréger à leur compagnie, mais pour vivre dans la retraite sous la direction de leur pieux instituteur. Il y resta deux ans. Dans l'intervalle, le curé de Clichy, à une lieue de Paris, nommé Bourgoing, quitta sa cure pour entrer dans l'Oratoire, où il succéda comme supérieur général au Père de Bérulle. Celui-ci porta Vincent de Paul à se charger de la cure vacante : ce qu'il fit en esprit d'obéissance. Il y remplit si bien tous les devoirs d'un bon pasteur, qu'il s'attira l'estime et l'affection, non-seulement de ses ouailles, mais encore des curés du voisinage. Il rebâtit à neuf l'église tout entière, la fournit des ornements convenables, y institua la confrérie du Rosaire, et engagea son successeur à y former de jeunes clercs pour les cérémonies du culte divin.

Ce qui le fit revenir à Paris, ce fut le conseil du Père de Bérulle, qui le détermina, vers l'an 1613, à accepter la charge de précepteur des enfants de Philippe-Emmanuel de Gondi, comte de Joigny, général des galères de France, et de Françoise-Marguerite de Silly, femme d'une excellente vertu. Il avait trois fils : le plus jeune mourut à l'âge de dix ou douze ans, l'aîné devint duc et pair, le second fut le fameux cardinal de Retz. Vincent de Paul demeura douze ans dans cette maison. Voici la conduite qu'il y tint.

Il se proposa d'abord d'honorer Jésus-Christ en la personne du seigneur de Gondi, la sainte Vierge en la personne de sa dame, et les disciples du Sauveur dans celle des officiers et domestiques. Jamais il ne se présentait devant le comte ou la comtesse qu'ils ne le fissent appeler. Il ne s'ingérait de lui-même en quoi que ce fût, sinon en ce qui regardait la charge qu'on lui avait confiée ; et, hors le temps destiné au service de ses trois élèves, il demeurait dans cette grande maison comme dans une chartreuse, et retiré en sa chambre comme dans une petite cellule. Seulement, quand il était question de rendre quelque bon office au prochain pour le bien de son âme, il quittait volontiers sa retraite ; on le voyait alors parler et s'entremettre avec grande charité, et faire tout le bien qu'il pouvait aux uns et aux autres : il apaisait les querelles et les dissensions, et procurait l'union et la concorde entre les domestiques ; il les allait visiter dans leurs chambres quand ils étaient malades, et, après les avoir consolés, leur rendait jusqu'aux moindres services. Aux approches des fêtes solennelles, il les assemblait tous pour les instruire et les disposer à la réception des sacrements ; il faisait couler de bons propos à table, pour en bannir les paroles inutiles ; et lorsque le père ou la mère le menaient à la campagne avec leurs enfants, tout son plaisir était d'employer ses heures libres à instruire et catéchiser les pauvres, à faire des exhortations et des prédications au peuple, ou administrer les sacrements, et particulièrement celui de la Pénitence, avec l'approbation des évêques et l'agrément des curés.

Étant ainsi, l'an 1616, au château de Folleville, diocèse d'Amiens, on le vint prier d'aller à Gannes, petit village éloigné d'environ deux lieues. Il s'agissait de confesser un paysan dangereusement malade, qui passait pour très-homme de bien, mais qui avait témoigné un grand désir de se confesser à monsieur Vincent. Le malade avait soixante ans. Le saint l'étant allé voir, eut la pensée de le porter à faire une confession générale. Elle fut aussi parfaitable qu'elle était nécessaire. Le malade dit tout haut à la comtesse, qui vint le visiter : « Ah ! madame, j'étais damné, si je n'eusse fait une confession générale, à cause de plusieurs gros péchés dont je n'avais osé me confesser. » Ces paroles émurent profondément la comtesse. S'adressant à Vincent de Paul, elle s'écria : « Ah ! monsieur, qu'est-ce que cela ? qu'est-ce que nous venons d'entendre ? Il est sans doute ainsi de la part de ces pauvres gens. Ah ! si cet homme, qui passait pour homme de bien, était en état de damnation, que sera-ce des autres qui vivent plus mal ? Ah ! monsieur Vincent, que d'âmes se perdent ! quel remède à cela ? » — C'était au mois de janvier 1617. Le 25 du mois, fête de la Conversion de saint Paul, elle pria Vincent de faire une prédication dans l'église de Folleville, pour exhorter les habitants à la confession générale et leur enseigner la manière de la bien faire. Dieu y donna une telle bénédiction, que toutes ces bonnes gens vinrent pour faire leur confession générale ; il fallut appeler au secours deux Jésuites d'Amiens, et tous les trois y pouvaient à peine suffire. Ils firent ensuite des missions semblables, et avec le même succès, dans les autres villages qui appartenaient à la maison de Gondi. Telle fut la première mission de Vincent de Paul : elle fut comme la mère et la source des missions sans nombre que lui et ses enfants n'ont cessé et ne cessent de faire par tout le monde.

Nous avons vu de quelle manière Vincent de Paul se comportait dans la maison de Gondi. Aussi le comte et la comtesse eurent-ils pour lui une estime et une confiance qui allaient toujours augmentant. Vincent n'en usait que pour le salut de l'un et de l'autre. Le comte devait un jour se battre en duel pour tirer vengeance d'un affront qu'il croyait avoir reçu d'un seigneur de la cour, Vincent l'en détourna de la manière suivante. Il célébra la sainte messe : le comte y assista et resta même à genoux dans la chapelle après que le monde se fût retiré. Alors le saint prêtre alla se jeter à ses pieds et lui dit : « Monsieur, permettez-moi, s'il vous plaît, qu'en toute humilité je vous dise un mot : je sais de bonne part que vous avez dessein de vous aller battre en duel ; mais je vous dis de la part de mon Sauveur, que je vous ai montré maintenant, et que vous venez d'adorer, que, si vous ne quittez ce mauvais dessein, il exercera sa justice sur vous et sur votre postérité. » Ayant parlé de la sorte, il se retira. Le comte fut profondément touché d'une remontrance faite avec tant de charité, de prudence et de discrétion. Il laissa la vengeance à Celui qui s'est réservé la vengeance.

Quant à la comtesse, elle avait pris le saint prêtre pour son père spirituel, et se conduisait en tout d'après ses avis. Elle eut à s'en féliciter sous tous les rapports, entre autres d'être guérie de ses inquiétudes et scrupules de conscience. Aussi sa reconnaissance pour le saint homme était-elle des plus vives, et craignait-elle beaucoup de le perdre. Elle le perdit à cause de cela même. Vincent eut peur de tant d'estime et de confiance qu'on lui témoignait, et quitta inopinément la maison de Gondi, qui le regardait comme son ange tutélaire. Il avait pour maxime, qu'il vaudrait mieux être livré aux insultes et à la rage de l'enfer, que de vivre sans croix et sans humiliation ; et il regardait comme exposé à un danger prochain de se perdre un homme à qui tout réussit, et qui n'a point de contradiction à essuyer. D'ailleurs ses élèves, les jeunes de Gondi, commençaient à grandir, et il ne se croyait pas les talents nécessaires pour leur donner une éducation proportionnée à leur naissance et aux charges qui les attendaient. Enfin, Paris et la cour, où la famille se trouvait une grande partie de l'année, étaient remplis de troubles et de factions par l'ambition des princes. Pour toutes ces causes, et de l'avis de monsieur de Bérulle, Vincent de Paul quitta la maison de Gondi l'an 1617, sous prétexte d'un voyage, et se retira dans la Bresse, à Châtillon-les-Dombes. Nous verrons à quel point monsieur et madame de Gondi en furent affligés, et les peines qu'ils se donnèrent pour le faire revenir auprès d'eux.

Châtillon était une paroisse comme abandonnée. Il y avait environ quarante ans qu'elle n'était possédée que par des bénéficiers de Lyon, qui n'y venaient que pour en retirer les revenus, et pour ne pas donner lieu à un dévolu. Ainsi, depuis près d'un demi-siècle, cette ville infortunée, composée de deux mille âmes, n'avait, à proprement parler, ni curé ni pasteur. Le chapitre de Lyon s'était adressé aux Pères de l'Oratoire pour avoir un homme capable de remédier à ce désordre. Monsieur de Bérulle en cherchait un, lorsque Vincent de Paul vint le consulter sur son projet de quitter la maison de Gondi : il lui proposa la paroisse de Châtillon, qui fut acceptée. Vincent y arriva pour le mois d'août 1617, avec un bon prêtre du pays, nommé Louis Girard. Comme la maison curiale était en ruine, ils se logèrent d'abord chez un calviniste, nommé Beynier, qui se convertit avec le temps. Voici l'ordre que Vincent y établit. On s'y levait à cinq heures, on y faisait ensuite une demi-heure d'oraison; l'office et la sainte messe se disaient à une heure marquée, et on ne s'en écartait point sans nécessité. Nos deux prêtres faisaient eux-mêmes leurs chambres; il n'y avait ni filles ni femmes qui servissent dans la maison. Vincent ne le voulut pas souffrir; et la belle-sœur de son hôte, pour ne pas troubler un si bel ordre, eut la générosité de s'y conformer la première.

Le nouveau pasteur visitait régulièrement deux fois par jour une partie de son troupeau. Le reste du temps était donné à l'étude ou au confessionnal. Le désir de se rendre également utile aux petits et aux grands lui fit faire une étude particulière de l'espèce de patois en usage chez le petit peuple. Il l'apprit en peu de temps, et s'en servait quelquefois pour faire les catéchismes. Il fit célébrer l'office divin avec toute la décence possible. Il bannit les danses et les excès scandaleux qui déshonoraient les fêtes, surtout celle de l'Ascension de Notre Seigneur. Il y avait dans la paroisse six vieux prêtres habitués, qui étaient loin de donner le bon exemple. Vincent les engagea tous à vivre en communauté, sous une règle. Il mania les esprits et les cœurs avec tant de force, de ménagement et d'adresse, que tout lui réussit. Toute la ville fut surprise et édifiée d'un changement si prompt et si parfait; les plus sages jugèrent qu'un homme à qui la réforme d'un clergé comme le sien avait si peu coûté, serait assez heureux pour gagner à Dieu sa paroisse tout entière.

Effectivement, quatre mois ne s'étaient pas écoulés, qu'on ne trouvait plus Châtillon dans Châtillon même, tant tout y était changé. Les plus grands pécheurs se présentaient en foule au tribunal de la pénitence; et comme le saint ne renvoyait jamais personne, on était obligé assez souvent de l'aller retirer du confessionnal, où, tout occupé du besoin spirituel de ses frères, il oubliait les plus pressants besoins de la nature. Il y eut des conversions éclatantes : celle de deux dames nobles, ne respirant que le monde, qui devinrent des modèles de piété et de charité, et se dévouèrent au soulagement des pauvres dans un temps de famine et de peste. Le comte de Rougemont, un des plus redoutables duellistes de France, se convertit si bien, qu'il vendit sa terre de Rougemont pour fonder des monastères et secourir l'indigence; qu'il fit du château où il demeurait un hospice pour les religieux et les pauvres, et qu'il fut jusqu'à la fin de sa vie un modèle de pénitence et de mortification. Enfin la conversion du sieur Beynier et de plusieurs autres calvinistes considérables, dont quelques-uns embrassèrent même la vie religieuse.

Un jour de fête, Vincent était prêt à monter en chaire, lorsqu'une des deux dames converties l'arrêta un moment, et le pria de recommander à la charité de ses paroissiens une famille extrêmement pauvre, dont la plupart des enfants et des domestiques étaient tombés malades dans une ferme éloignée d'une demi-lieue de Châtillon. Il le fit, et Dieu donna tant d'efficace à ses paroles, qu'un grand nombre de ses auditeurs s'en allèrent visiter ces pauvres gens : personne n'y alla les mains vides. Les uns leur portaient du pain, les autres du vin, de la viande et autres choses semblables. Vincent y alla lui-même après vêpres avec quelques habitants de Châtillon. Comme il ne savait pas que tant d'autres y eussent été avant lui, il fut fort surpris de rencontrer dans le chemin une multitude de personnes qui revenaient par troupes, et dont quelques-unes se reposaient sous des arbres, parce que la chaleur était excessive. Il loua leur zèle, mais il ne le trouva point assez sage. « Voilà, dit-il, une grande charité, mais elle n'est pas bien réglée. Ces malades auront trop de provisions à la fois, cette abondance même en rendra une partie inutile. Celles qui ne seront pas consommées sur-le-champ se gâteront et seront perdues, et ces pauvres malheureux retomberont bientôt après dans leur première nécessité. »

Cette première réflexion porta Vincent, qui avait un esprit d'arrangement et de système, à examiner par quel moyen on pourrait secourir avec ordre, non-seulement cette famille affligée, mais encore tous ceux qui se trouveraient dans une nécessité semblable. Il en conféra avec plusieurs femmes de sa paroisse qui avaient du bien et de la piété. On convint assez aisément de la manière dont il faudrait s'y prendre. Après avoir fait prier Dieu, Vincent dressa un projet de règlement, pour le mettre à l'essai avant d'en demander l'approbation à l'autorité ecclésiastique. Car telle était sa marche dans ce qu'il entreprenait : consulter Dieu, consulter les personnes sages, consulter l'expérience avant de prendre une résolution définitive. Voici les principaux points du règlement pour cette première confrérie de charité.

I. Les personnes qui s'uniront ensemble pour soulager les pauvres malades, se proposeront Jésus-Christ pour modèle. Elles se souviendront que ce divin Sauveur, qui est la charité même, n'a rien recommandé avec plus d'instance que la pratique des œuvres de miséricorde, et qu'il l'a proposée à tous les chrétiens par ces paroles : *Soyez miséricordieux, comme votre Père céleste est miséricordieux*. Et par celles-ci encore : *Venez, les bénis de mon Père, possédez le royaume qui vous a été préparé dès le commencement du monde; car j'ai eu faim, et vous m'avez donné à manger; j'ai été malade, et vous m'avez visité.*

II. On n'admettra à cet emploi de charité que des femmes et des filles dont la vertu et la sagesse sont reconnues. Les unes et les autres n'y seront reçues que du consentement des personnes dont elles dépendent. Elles n'auront d'autre nom que celui de *servantes des pauvres*, et elles se feront gloire de le porter. Pour prévenir la confusion qui naîtrait de la multitude, on n'en recevra qu'un certain nombre. Ce nombre fut fixé par Vincent à vingt-quatre pour la ville de Châtillon.

III. Pour établir l'ordre et une juste subordination entre ces différentes personnes, elles éliront, sous les yeux du curé de la paroisse, une supérieure et deux assistantes. La supérieure veillera à l'observation du règlement. Elle s'emploiera, autant qu'il lui sera possible, à faire en sorte que les pauvres soient nourris et soulagés. Elle ne les admettra aux charités de la confrérie que lorsqu'ils seront véritablement pauvres; elle les congédiera lorsqu'ils n'auront plus besoin de secours. En tout cela elle ne fera rien que de l'avis des autres officières, à moins qu'il ne se trouve des cas si pressants qu'elle ne puisse les consulter; et alors elle sera obligée de leur rendre au plus tôt compte des raisons qu'elle a eues d'agir sans leur participation. Chacune de celles qui composeront l'assemblée respectera et aimera très-sincèrement celle qui sera à leur tête. On lui obéira dans tout ce qui regarde les pauvres; et, pour le faire avec plus de facilité, on se souviendra que le Fils de Dieu a été obéissant jusqu'à la mort, et à la mort de la croix.

IV. La première assistante, qui sera en même temps la trésorière et le principal conseil de la supérieure, gardera l'argent de la confrérie dans un coffre à deux serrures, dont elle aura une clé, et la supérieure l'autre. Elle pourra cependant avoir entre les mains une somme peu considérable, pour être en état de fournir aux dépenses imprévues.

V. La seconde assistante, dont la supérieure prendra aussi les conseils, sera chargée de garder et d'entretenir le linge et les meubles qui seront destinés au service des malades. Lorsqu'ils en auront besoin, elle leur en fournira, après avoir consulté la supérieure, et elle aura soin de le retirer après la maladie.

VI. Outre ces trois officières, la confrérie élira pour procureur un homme pieux et affectionné au bien des pauvres, et qui puisse faire son capital de leurs intérêts. On ne prendra pour cet emploi qu'un homme de la paroisse, séculier ou ecclésiastique, n'importe, pourvu qu'il soit vertueux et charitable. Il aura soin d'écrire le produit des quêtes qui se feront à l'église ou dans les maisons; il gérera les affaires qui concerneront le fonds du temporel, après avoir pris l'avis du curé et des officières de la confrérie. Il proposera dans les assemblées ce qu'il jugera le plus propre au bien des pauvres, ce qu'il aura fait ou ce qu'il voudrait entreprendre pour leur service. Si la confrérie a une chapelle particulière, il veillera sur les ornements, fera acquitter les messes, etc. Il sera regardé comme membre de l'association; en cette qualité, il aura part aux indulgences qui lui seront accordées, et il aura voix dans les délibérations pendant qu'il exercera son office.

VII. Comme il est très-utile à une communauté que ceux qui la composent s'assemblent de temps en temps pour traiter de ce qui peut contribuer au bien et aux progrès du corps tout entier, et de chacun de ses membres, les servantes des pauvres s'assembleront tous les troisièmes dimanches de chaque mois. Elles se confesseront et communieront ce jour-là, s'il est possible; elles entendront après vêpres une courte exhortation, qui leur sera faite par le curé du lieu; on délibérera ensuite sur ce qui peut intéresser la confrérie. S'il est besoin de recueillir les suffrages, le curé sera chargé de le faire; il commencera par celles qui auront été reçues les dernières, et il continuera, en suivant le temps de la réception et remontant jusqu'au procureur, aux assistantes et à la supérieure.

VIII. Les officières ne pourront être en place que deux ans. Ce terme expiré, elles rendront leurs comptes en présence du curé et de tous ceux des habitants de la paroisse qui voudront s'y trouver. Ce sera le lundi d'après la Pentecôte qu'on procédera à une nouvelle élection. On conservera le procureur, si rien n'oblige à lui en substituer un autre. Si quelque personne de la confrérie vit d'une manière peu édifiante ou néglige le soin des pauvres, on l'avertira avec charité; si elle ne se corrige pas, elle sera congédiée.

IX. Les besoins spirituels des malades seront encore plus l'objet du zèle de la confrérie que leurs besoins temporels. On commencera donc par les premiers, qui sont plus intéressants que les autres. Ainsi on travaillera d'abord à porter les malades à faire une bonne confession. On leur représentera que rien n'est plus propre à sanctifier l'homme que les souffrances et les afflictions, quand on les reçoit comme il faut de la main de Dieu. Pour toucher plus leur cœur et les rendre plus attentifs, on leur mettra devant les yeux l'image du Fils de Dieu attaché à la croix. On leur apprendra à unir leurs peines à celles de ce divin Sauveur; on leur fera sentir que, si le bois vert a été si peu ménagé, un bois sec et aride, qui n'est bon à rien, mérite un traitement bien plus rigoureux. Lorsqu'on portera le saint viatique à quelqu'un de ceux dont la confrérie aura soin, celle qui servira ce jour-là nettoiera la maison du malade, et elle la parera autant qu'il lui sera possible pour recevoir avec décence la visite du Fils de Dieu. La confrérie assistera en corps à l'enterrement des pauvres qu'elle aura aussi assistés pendant leur maladie, et elle fera dire une messe pour le repos de leurs âmes. On rendra, à plus forte raison, à celle des sœurs dont Dieu disposera, les mêmes devoirs de charité.

X. Pour empêcher qu'une association, qui n'est assez souvent composée que de personnes obligées de vivre du travail de leurs mains, ne porte préjudice au ménage de celles qui seront jugées dignes d'y être reçues, les sœurs de la confrérie serviront tour à tour les malades pendant un jour seulement. La supérieure commencera, ses assistantes continueront, et après elles chacune des autres, selon l'ordre de sa réception. On préparera la nourriture des malades, et on les servira de ses propres mains. On en usera à leur égard comme une mère pleine de tendresse en use à l'égard de son fils unique. On leur dira quelque petit mot de Notre Seigneur, et on tâchera de les égayer et de les réjouir, s'ils paraissent trop frappés de leur mal (Collet, *V. de S. Vinc. de P.*).

Tel est en somme le règlement de la première confrérie, de la première société de dames de charité : institution qui, comme toutes celles de Vincent de Paul, s'est propagée avec le temps dans tous les pays chrétiens.

Quand il eut quitté la maison de Gondi pour aller à Châtillon, il en écrivit la nouvelle et les motifs au comte, qui était alors en Provence. Voici en quels termes ce seigneur en informa sa femme, par une lettre du mois de septembre 1617 : « Je suis au désespoir d'une lettre que m'a écrite monsieur Vincent, et que je vous envoie, pour voir s'il n'y aurait pas encore quelque remède au malheur que ce nous serait de le perdre. Je suis extrêmement étonné de ce qu'il ne vous a rien dit de sa résolution, et que vous n'en ayez point eu d'avis. Je vous prie d'employer toute sorte de moyens pour faire que nous ne le perdions pas..... Je crois qu'il n'y aura rien de plus puissant que monsieur de Bérulle. Dites-lui que, quand même monsieur Vincent n'aurait pas la méthode d'enseigner la jeunesse, il peut avoir un homme sous lui; mais qu'en toutes façons je désire passionnément qu'il revienne en ma maison, où il vivra comme il voudra, et moi un jour en homme de bien, pourvu qu'il ne m'abandonne pas. »

On employa donc tous les moyens possibles pour faire revenir monsieur Vincent. Le père, la mère, les enfants, les amis lui écrivirent les lettres les plus pressantes; on fit intervenir monsieur de Bérulle; on fit partir pour Châtillon les hommes en qui Vincent avait le plus de confiance : enfin il promit de s'en rapporter aux Oratoriens de Lyon, qui prononcèrent pour le retour. Il rentra donc dans la maison de Gondi la veille de Noël 1617.

Comme il n'eut plus qu'une inspection générale sur l'éducation des fils de la famille, il eut toute la facilité possible de suivre son attrait pour le salut des peuples de la campagne. Assisté de plusieurs vertueux prêtres, tant séculiers que religieux, il fit un grand nombre de missions dans les diocèses de Paris, de Beauvais, de Soissons et de Sens, où la maison de Gondi avait des terres. Ces missions, auxquelles la comtesse de Joigny travaillait à sa manière, en visitant les malades, en consolant les affligés, en terminant les procès, en répandant des aumônes, produisaient un bien immense et renouvelaient les paroisses. Plusieurs hérétiques s'y convertirent. L'un d'eux avait d'abord fait à Vincent de Paul cette difficulté : « Vous prétendez, monsieur, que l'Église de Rome est conduite par l'Esprit de Dieu. Mais c'est ce que je ne puis croire, parce que, d'un côté, on voit les catholiques de la campagne abandonnés à des pasteurs vicieux et ignorants, sans être instruits de leurs devoirs, sans que la plupart sachent seulement ce que c'est que la religion chrétienne; et que, de l'autre, on voit les villes pleines de prêtres et de moines qui ne font rien. » Le serviteur fut très-touché de cette objection, et conçut en son esprit une nouvelle impression du grand besoin spirituel des peuples de la campagne, qu'il ne connaissait déjà que trop par sa propre expérience. Il répondit néanmoins à cet homme qu'il était mal informé de ce dont il parlait; qu'il y avait en beaucoup de paroisses de bons curés et de bons vicaires; que parmi les ecclésiastiques et les religieux qui abondent dans les villes, il y en avait plusieurs qui allaient catéchiser et prêcher à la campagne; que d'autres étaient appliqués à prier Dieu et à chanter ses louanges de jour et de nuit; que d'autres servaient utilement le public par les livres qu'ils composent, par la doctrine qu'ils enseignent et par les sacrements qu'ils administrent; et que, s'il y en avait quelques-uns d'inutiles et qui ne s'acquittassent pas comme ils devaient, c'étaient des hommes particuliers, sujets à faillir, et qui ne sont pas l'Église; que lorsqu'on dit que l'Église catholique est conduite du Saint-Esprit, cela s'entend en général lorsqu'elle est assemblée dans les conciles, et encore en particulier quand les fidèles suivent les lumières de la foi et les règles de la justice chrétienne; mais quant à ceux qui s'en éloignent, ils résistent au Saint-Esprit, et, bien qu'ils soient membres de l'Église, ils sont néanmoins de ceux qui vivent selon la chair, comme parle saint Paul, et qui mourront.

La réponse de Vincent de Paul était juste; mais elle ne persuada pas l'hérétique. Les œuvres furent plus efficaces que les paroles. L'année suivante, lorsqu'on ne pensait plus à cet homme, il suivait assidûment tous les exercices des missions, examinait en détail le soin, la charité qu'on avait pour instruire les plus ignorants, les plus stupides, considérait les effets merveilleux que cela produisait dans le cœur des plus grands pécheurs; il en fut tellement ému, qu'il vint trouver le saint prêtre et lui dit : « C'est maintenant que je vois que le Saint-Esprit conduit l'Église romaine, puisqu'on y prend soin de l'instruction et du salut des pauvres villageois; je suis prêt à y entrer quand il vous plaira. »

Interrogé publiquement dans l'église de Montmirail, s'il persévérait dans la volonté d'abjurer l'hérésie, il répondit qu'il y persévérait, mais qu'il lui restait encore une difficulté qui venait de se former dans son esprit en regardant une image de pierre, assez mal façonnée, qui représentait la sainte Vierge : « C'est que je ne saurais croire qu'il y ait quelque puissance en cette pierre. » A quoi Vincent repartit que l'Église n'enseignait pas qu'il y eût aucune vertu dans ces images matérielles, si ce n'est quand il plaît à Dieu de la leur communiquer, comme il le peut faire, et comme il l'a fait autrefois à la verge de Moïse, qui faisait tant de miracles : ce que les enfants mêmes lui pourraient expliquer. Sur quoi, en ayant appelé un des mieux instruits, il lui demanda ce que nous devions croire touchant les saintes images. L'enfant répondit qu'il était bon d'en avoir et de leur rendre l'honneur qui leur est dû, non à cause de la matière dont elles sont faites, mais parce qu'elles nous représentent Notre Seigneur Jésus-Christ, sa glorieuse Mère et les autres saints du paradis, qui, ayant triomphé, nous exhortent, par ces figures muettes, à les suivre en leur foi et en leurs bonnes œuvres. — Cette réponse ayant été trouvée bien faite, l'hérétique avoua qu'il avait eu tort de s'arrêter à cette difficulté, après avoir été instruit sur cet article aussi bien que sur les autres. Il fit sa profession de foi quelques jours après, et y persévéra constamment.

Cette expérience et d'autres firent sentir de plus en plus, et à Vincent de Paul et à la comtesse de Joigny, l'importance et la nécessité des missions dans les campagnes. Dès 1617, la pieuse dame réserva un fonds de seize mille livres pour qu'on en fît tous les cinq ans dans ses terres. Elle pria son saint directeur de trouver quelque congrégation religieuse qui voulût accepter cette charge. Il s'adressa successivement, mais vainement, aux Jésuites, aux Oratoriens et à d'autres communautés. Alors il vint en pensée à la comtesse que Vincent de Paul lui-même devait accepter cette fondation, avec quelques-uns des vertueux prêtres qui se joignaient à lui dans les missions. L'acte en fut dressé le 17 avril 1625. Jean-François de Gondi, beau-frère de la comtesse et premier archevêque de Paris, donna le collège des Bons-Enfants pour loger la nouvelle communauté. Vincent en prit possession par Antoine Portail, un de ses premiers compagnons. Cette maison, connue depuis sous le nom de *séminaire de Saint-Firmin*, est devenue célèbre par le massacre de soixante-quinze prêtres fidèles, qui y périrent le 3 septembre 1792. Elle sert maintenant à loger les jeunes aveugles que le gouvernement y fait élever. On y montre encore la chambre habitée par saint Vincent de Paul.

La comtesse de Joigny étant morte quelques mois après, Vincent de Paul se retira au collège des Bons-Enfants; il y fut suivi par Antoine Portail, prêtre du diocèse d'Arles; ils s'en adjoignirent un troisième, et commencèrent à faire les missions. Voici comme, vingt ans plus tard, Vincent de Paul parlait de ces premiers commencements : « Nous allions tout bonnement et simplement, envoyés par nos seigneurs les évêques, évangéliser les pauvres, ainsi que Notre Seigneur avait fait : voilà ce que nous faisions, et Dieu faisait de son côté ce qu'il avait prévu de toute éternité. Il donna quelque bénédiction à nos travaux; ce que voyant d'autres bons ecclésiastiques, ils se joignirent à nous, non pas tous à la fois, mais en divers temps. O Sauveur! qui eût jamais pensé que cela fût venu en l'état où il est maintenant! Qui m'eût dit cela pour lors, j'aurais cru qu'il se serait moqué de moi; et néanmoins c'était par là que Dieu voulait donner commencement à la compagnie. Eh bien! appellerez-vous *humain* ce à quoi nul homme n'avait jamais pensé? car ni moi ni le pauvre monsieur Portail n'y pensions pas. Hélas! nous en étions bien éloignés! »

Louis XIII autorisa la nouvelle association par lettres patentes du mois de mai 1627. Le pape Urbain VIII l'érigea en congrégation, le 12 janvier 1632, sous le nom de *Prêtres de la congrégation de la Mission*. Ils continuèrent à évangéliser le peuple des campagnes, non-seulement en France, mais en Italie. On remédiait ainsi à bien des maux, mais on n'en guérissait pas encore la source.

Le clergé avait plus besoin de régénération que le pauvre peuple. Si le peuple était ignorant et vicieux, le clergé en était cause par sa négligence et son mauvais exemple. Un bon prélat manda un jour à Vincent de Paul qu'il travaillait avec ses grands-vicaires, autant qu'il pouvait, pour le bien de son diocèse; « mais, disait-il, c'est avec peu de succès pour le grand et inexplicable nombre de prêtres ignorants et vicieux qui composent mon clergé, et ne peuvent se corriger ni par paroles ni par exemples. J'ai horreur quand je pense que dans mon diocèse il y a presque sept mille prêtres ivrognes ou impudiques qui montent tous les jours à l'autel, et qui n'ont aucune vocation. » Un autre prélat lui écrivit, entre autres choses, ces paroles : « Excepté le chanoine théologal de mon église, je ne sache aucun prêtre, parmi tous ceux de mon diocèse, qui puisse s'acquitter d'aucune charge ecclésiastique : vous jugerez par là combien grande est la nécessité en laquelle nous sommes d'avoir des ouvriers. Je vous conjure de me laisser votre missionnaire pour nous aider en notre ordination (Abelly, l. 1, c. 32). »

Ce qui explique l'état déplorable du clergé français, c'est qu'il n'y avait alors ni grand ni petit séminaire, ni rien qui en approchât : c'est que les nobles jetaient leurs cadets, les princes leurs bâtards dans le clergé ou dans le cloître, pour en occuper les meilleurs bénéfices. Ainsi, un bâtard, un fils adultérin de Henri IV était à la fois évêque de Metz et abbé de cinq ou six monastères des plus riches, sans qu'il fût prêtre. Au lieu de secourir son diocèse dans l'effroyable calamité que nous verrons, il dépensait ses immenses revenus à la cour, et finit par se marier. Avec de pareils éléments, on conçoit que le clergé fût ce qu'il était.

La restauration commença par le diocèse de Beauvais. Son évêque, Augustin Potier de Gesvres, qui aimait beaucoup Vincent de Paul, lui demanda un jour ce qu'est-ce qu'il pourrait faire pour remédier aux dérèglements de son clergé et le remettre en l'état où il devait être. Le saint lui répondit qu'il était presque impossible de redresser les mauvais prêtres qui avaient vieilli dans leurs vices, et les curés mal réglés dans leur vie qui avaient pris un mauvais pli; mais que, pour travailler avec espérance de fruit à la réforme de son clergé, il fallait aller à la source du mal pour y appliquer le remède, et que, puisqu'on ne pouvait que très-difficilement convertir et changer les anciens prêtres, il fallait s'efforcer d'en former de bons pour l'avenir : ce qui se ferait, premièrement, en prenant la résolution de n'en plus admettre aux ordres qui n'eussent la science requise et les autres marques d'une véritable vocation; secondement, en travaillant sur ceux qu'on voudrait admettre, pour les rendre capables de leurs obligations et leur faire prendre l'esprit ecclésiastique. L'évêque de Beauvais goûta fort cette pensée. A quelque temps de là, au mois de juillet 1628, comme ils voyageaient ensemble, le bon prélat ferma les yeux, garda le silence et parut s'assoupir. Bientôt, ouvrant les yeux, il dit qu'il ne dormait pas, mais qu'il venait de penser quel serait le moyen le plus court et le plus assuré pour bien dresser et préparer les aspirants aux saints ordres : il lui avait semblé que ce serait de les faire venir chez lui, et de les y retenir quelques jours, pendant lesquels on leur ferait faire quelques exercices convenables, pour les instruire des choses qu'ils devaient savoir et des vertus qu'ils devaient pratiquer. Vincent s'écria aussitôt : « O monseigneur! voilà une pensée qui est de Dieu; voilà un excellent moyen pour remettre petit à petit tout le clergé de votre diocèse en bon ordre. » L'évêque le pria de venir lui-même faire ces exercices pour la prochaine ordination de septembre : ce que Vincent ne manqua pas de faire, étant, disait-il, plus assuré que Dieu demandait ce service de lui, l'ayant appris de la bouche d'un évêque, que s'il lui avait été révélé par un ange. L'évêque, après avoir examiné les ordinands, ouvrit lui-même les exercices de la retraite, qui furent continués par deux docteurs et Vincent de Paul, sur le plan que celui-ci en avait dressé. Vincent y expliqua le Décalogue, mais d'une manière si nette, si affective et si efficace, que les ordinands voulurent lui faire leur confession générale, et même un des docteurs.

L'archevêque de Paris, ayant entendu parler à l'évêque de Beauvais des merveilleux fruits de ces retraites, ordonna, par un mandement du 20 février 1631, que ceux qui seraient admis pour recevoir les ordres dans son diocèse seraient obligés de faire une retraite de dix jours pour s'y préparer. Le collège des Bons-Enfants fut choisi pour le lieu de cette retraite, et on y reçut les ordinands dès le carême de la même année. On en recevait à chaque ordination de soixante-dix à quatre-vingt-dix et plus; ils étaient logés, nourris, entretenus, de tout ce qui leur était nécessaire; on ne leur demandait pas un sou, afin qu'ils y vinssent plus volontiers, voyant qu'on n'épargnait rien pour les mettre en état de bien servir l'Eglise. On leur faisait tous les deux jours deux entretiens différents : celui du matin, sur les principaux chefs de la théologie morale et des choses de pratique dont la connaissance est plus nécessaire aux ecclésiastiques : les censures, le sacrement de pénitence, les lois divines et humaines, les péchés en général; le Décalogue, les sacrements en général, la Confirmation, l'Eucharistie comme sacrement et comme sacrifice, l'Extrême-Onction, le Mariage, le Symbole des apôtres. L'entretien du soir se faisait sur les vertus, qualités et fonctions propres à ceux qui sont dans les saints ordres : l'Oraison mentale, la vocation à l'état ecclésiastique, l'esprit ecclésiastique, les ordres en général et chacun en particulier, la vie ecclésiastique. Après chaque entretien, on les réunissait par douze ou quinze, à peu près de même capacité, pour conférer entre eux, et avec un prêtre de la maison, sur ce qui avait été dit de plus considérable, afin d'en conserver le souvenir et le fruit. On faisait de même après l'oraison mentale (Abelly, l. 1, c. 25).

On ne saurait se faire une idée de l'importance que Vincent de Paul attachait à ces exercices, et dans quels termes il en parlait aux siens. « S'employer pour faire de bons prêtres, leur disait-il un jour, et y concourir comme une cause seconde, efficiente, instrumentale, c'est faire l'office de Jésus-Christ, qui, pendant sa vie mortelle, semble avoir pris à tâche de faire douze bons prêtres, qui sont ses apôtres, ayant voulu, pour cet effet, demeurer plusieurs années avec eux pour les instruire et les former à ce divin ministère. »

Et un autre jour, faisant une conférence avec ceux de sa communauté sur le même sujet, après qu'il en eût fait parler plusieurs, il conclut en ces termes : « Béni soyez-vous, Seigneur, des bonnes choses qu'on vient de dire, et que vous avez inspirées à ceux qui ont parlé. Mais, mon Sauveur, tout cela ne servira de rien, si vous n'y mettez la main ; il faut que ce soit votre grâce qui opère tout ce qu'on a dit, et qui nous donne cet esprit sans lequel nous ne pouvons rien. Que savons-nous faire, nous qui sommes de pauvres misérables ? O Seigneur ! donnez-nous cet esprit de votre sacerdoce qu'avaient les apôtres et les premiers prêtres qui les ont suivis. Donnez-nous le véritable esprit de ce sacré caractère que vous avez mis en de pauvres pêcheurs, en des artisans, en de pauvres gens de ce temps-là, auxquels, par votre grâce, vous avez communiqué ce grand et divin esprit. Car, Seigneur, nous ne sommes aussi que de chétives gens, de pauvres laboureurs et paysans ; quelle proportion y a-t-il de nous, misérables, à un emploi si saint, si éminent et si céleste ? O messieurs et mes frères ! que nous devons bien prier Dieu pour cela, et faire quelque effort pour ce grand besoin de l'Eglise, qui s'en va ruinée en beaucoup de lieux par la mauvaise vie des prêtres ; car ce sont eux qui la perdent et qui la ruinent, et il n'est que trop vrai que la dépravation de l'état ecclésiastique est la cause principale de la ruine de l'Eglise de Dieu. J'étais ces jours passés dans une assemblée où il y avait sept prélats, lesquels, faisant réflexion sur les désordres qui se voient dans l'Eglise, disaient hautement que c'étaient les ecclésiastiques qui en étaient la principale cause.

» Ce sont donc les prêtres ; oui, nous sommes la cause de cette désolation qui ravage l'Eglise, de cette déplorable diminution qu'elle a soufferte en tant de lieux, ayant été presque entièrement ruinée dans l'Asie et dans l'Afrique, et même dans une grande partie de l'Europe, comme dans la Suède, dans le Danemarck, dans l'Angleterre, l'Ecosse, l'Irlande, la Hollande et autres provinces unies, et dans une grande partie de l'Allemagne : et combien voyons-nous d'hérétiques en France ? Et voilà la Pologne qui, étant déjà beaucoup infectée de l'hérésie, est présentement, par l'invasion du roi de Suède, en danger d'être tout à fait perdue pour la religion.

» .... Songeons donc à l'amendement de l'état ecclésiastique, puisque les méchants prêtres sont la cause de tous ces malheurs, et que ce sont eux qui les attirent sur l'Eglise. Ces bons prélats l'ont reconnu par leur propre expérience et l'ont avoué devant Dieu, et nous lui devons dire : Oui, Seigneur, c'est nous qui avons provoqué votre colère ; ce sont nos péchés qui ont attiré ces calamités. Oui, ce sont les clercs et ceux qui aspirent à l'état ecclésiastique, ce sont les sous-diacres, ce sont les diacres, ce sont les prêtres, nous qui sommes prêtres, qui avons fait cette désolation dans l'Eglise. Mais quoi ! Seigneur, que pouvons-nous faire maintenant, si ce n'est de nous en affliger devant vous, et nous proposer de changer de vie ? Oui, mon Sauveur, nous voulons contribuer en tout ce que nous pourrons pour satisfaire à nos fautes passées, et pour mettre en meilleur ordre l'état ecclésiastique ; c'est pour cela que nous sommes ici assemblés et que nous vous demandons cette grâce.

» Ah ! messieurs ! que ne devons-nous pas faire ? C'est à nous que Dieu a confié une si grande grâce que celle de contribuer à rétablir l'état ecclésiastique. Dieu ne s'est adressé pour cela ni aux docteurs ni à tant de communautés et religions pleines de science et de sainteté, mais il s'est adressé à cette chétive, pauvre et misérable compagnie, la dernière de toutes et la plus indigne. Qu'est-ce que Dieu a trouvé en nous pour un si grand emploi ? où sont nos beaux exploits ? où sont les actions illustres et éclatantes que nous avons faites ? où cette grande capacité ? Rien de tout cela : c'est à de pauvres misérables idiots que Dieu, par sa pure volonté, s'est adressé, pour essayer encore de réparer les brèches du royaume de son Fils et de l'état ecclésiastique. O messieurs, conservons bien cette grâce que Dieu nous a faite, par préférence à tant de personnes doctes et saintes, qui le méritaient mieux que nous; car si nous venons à la laisser inutile par notre négligence, Dieu la retirera de nous pour la donner à d'autres, et nous punir de notre infidélité. Hélas! qui sera-ce de nous qui sera la cause d'un si grand malheur, et qui privera l'Église d'un si grand bien? ne sera-ce point moi, misérable? Que chacun de nous mette la main sur sa conscience, et dise en lui-même : Ne serai-je point ce malheureux? Hélas! il n'en faut qu'un misérable tel que je suis, qui, par ses abominations, détourne les faveurs du ciel de toute une maison, et y fasse tomber la malédiction de Dieu. O Seigneur! qui me voyez tout couvert et tout rempli de péchés qui m'accablent, ne privez pas pour cela de vos grâces cette petite compagnie! Faites qu'elle continue à vous servir avec humilité et fidélité, et qu'elle coopère au dessein qu'il semble que vous avez de faire, par son ministère, un dernier effort pour contribuer à rétablir l'honneur de son Eglise (Abelly, l. 1, c. 26). »

Voilà comme pensait Vincent de Paul, voilà comme il parlait, voilà comme il agissait. Le chrétien ne s'étonnera pas qu'avec une humilité si parfaite et si active, Dieu l'ait béni dans toutes ses œuvres. Les retraites des ordinands, adoptées en France, en Italie et à Rome, où elles furent non-seulement approuvées, mais ordonnées par le Pape, produisirent partout les mêmes fruits de salut pour la régénération du sacerdoce.

Le collège des Bons-Enfants offrait peu d'espace pour les retraites, qui devenaient toujours plus nombreuses. La Providence y pourvut. Dès l'an 1630, on vint offrir à Vincent de Paul, pour lui et sa communauté, la maison seigneuriale de Saint-Lazare, une des plus considérables de Paris. C'était une ancienne léproserie, ayant droit de haute, moyenne et basse justice, avec un vaste enclos qui s'étendait dans la campagne. Cette maison était occupée par huit chanoines réguliers, dont le chef avait le titre de prieur, comme l'ancien chef de la léproserie. A la suite d'un différend qu'ils eurent entre eux, ils convinrent de céder la maison à Vincent de Paul, à la seule condition d'y terminer le reste de leur vie. Le prieur, nommé Adrien Lebon, accompagné d'un ami commun vint lui en faire les offres. Mais il se rencontra une difficulté presque insurmontable : c'était la répugnance de Vincent à accepter une maison si grande et si commode. Après une année de sollicitations et d'instances, on n'était pas plus avancé que le premier jour. A la fin, le prieur s'avisa de lui dire : « Monsieur, quel homme êtes-vous? Si vous ne voulez pas entendre à cette affaire, dites-nous au moins de qui vous prenez avis, en qui vous avez confiance, quel ami vous avez à Paris, à qui nous puissions nous adresser pour en convenir? car j'ai le consentement de tous mes religieux, et il ne me reste que le vôtre. Il n'y a personne qui veuille votre bien et qui ne vous conseille de recevoir celui que je vous présente. » Pour le coup, Vincent lui indiqua un saint homme, André Duval, docteur de Sorbonne, et dit : « Nous ferons ce qu'il nous conseillera. » Par suite, un concordat fut conclu le 7 janvier 1632, et le lendemain Vincent de Paul prit possession de la maison de Saint-Lazare, d'où les prêtres de sa congrégation ont été nommés *Lazaristes* (Abelly, l. 1, c. 30; Collet, l. 3).

Depuis la révolution française de 1793, la maison de Saint-Lazare n'appartient plus à la congrégation dont elle porte le nom. Son église a été détruite, son vaste enclos divisé, et les bâtiments qui subsistent encore ont été transformés en une prison de femmes. Les membres de la congrégation de la mission habitent maintenant l'hôtel de Lorges, dans la rue de Sèvres; c'est là que réside le supérieur général.

Mais revenons à Vincent de Paul. Comme les retraites spirituelles faisaient tant de bien sur les ecclésiastiques, on pensa qu'elles n'en feraient pas moins sur les séculiers. Vincent de Paul ouvrit donc sa maison à tout le monde, surtout depuis qu'il fut installé à Saint-Lazare. Voici le témoignage qu'en a rendu une personne qui y fit plusieurs retraites. « Comme Paris est l'abord de toutes sortes de personnes, aussi tous les misérables et les affligés, de quelque condition qu'ils fussent, étaient assurés de trouver un asile et une maison de secours et de consolation pour eux à Saint-Lazare, en la personne de Vincent et des siens; sa porte, sa table et toutes ses chambres en sont témoins. J'y ai vu tout à la fois diverses sortes d'ecclésiastiques et des religieux, avec des seigneurs et des magistrats, des soldats, des écoliers, des ermites et des paysans, et tout cela fort bien reçu et accueilli. Vincent ne voulant pas manquer à la consolation et à l'assistance spirituelle d'aucun, a voulu que sa maison fût une mission perpétuelle, un flux et un reflux d'exercices spirituels, de retraites, de pénitences et de confessions générales pour les pauvres pécheurs qui désireraient se convertir et changer de vie, et généralement pour toutes sortes de personnes, qui y sont reçues, logées et nourries pendant leur retraite, successivement et sans discontinuer pendant toute l'année; ce qui se fait de si bonne grâce et avec tant de charité, que les plus endurcis s'en retournent tout édifiés et changés, leur cœur étant touché et gagné par cette hospitalité, bénignité et douceur, comme aussi par tous les autres bons exemples qu'ils y voient. » — C'est ce premier exemple de Vincent de Paul qui donna naissance aux maisons de retraites que nous avons déjà vues et admirées en Bretagne. D'un bien en sortait toujours un autre.

Vincent de Paul cherchait un moyen de rendre durables les heureux effets que les retraites des ordinands produisaient dans le sacerdoce. Au moment qu'il en était le plus fortement occupé, un vertueux ecclésiastique, qui avait profité de ces retraites, vint lui proposer de rassembler de temps en temps, dans la maison de Saint-Lazare, ceux qui se trouveraient plus disposés à vouloir conserver la grâce reçue dans l'ordination. Une association de cette nature pouvait faire beaucoup de bien; ceux qui y entreraient se porteraient naturellement à vivre dans la régularité : conférant ensemble sur les vertus et les fonctions propres de leur ministère, ils seraient plus en état de se sanctifier eux-mêmes et de sanctifier les autres. C'était précisément à quoi pensait Vincent de Paul; il reçut donc cet avis comme venant de Dieu. La chose ayant été délibérée entre ceux qui voulurent y prendre part, on résolut de s'assembler à Saint-Lazare tous les mardis; on dressa un règlement dont la première partie regarde les conférences mêmes; la seconde prescrit la manière dont chacun emploierait le temps dans son particulier.

Quant aux conférences, Vincent de Paul y dit en substance : 1° Ceux qui y seront admis doivent avoir pour but d'honorer la vie du Fils de Dieu, son sacerdoce éternel, sa sainte famille et son amour envers les pauvres; pour arriver à cette fin, ils se proposeront sérieusement de conformer leur vie à la sienne, de procurer la gloire de Dieu dans l'état ecclésiastique, dans leurs familles et parmi les pauvres non-seulement de la ville, mais aussi de la campagne, selon la dévotion d'un chacun. 2° Cette compagnie ne sera composée que d'ecclésiastiques promus aux ordres sacrés; on n'y admettra que ceux dont la vie et les mœurs seront connues pour être hors de toute atteinte; ils commenceront, avant d'y entrer, par faire les exercices spirituels; ils tâcheront encore de les faire chaque année, autant qu'il leur sera possible. 3° Le but de ces conférences étant de soutenir et de fortifier dans la piété ceux qui y seront admis, elles n'auront communément pour matière que les vertus, les fonctions, les emplois qui conviennent à des hommes engagés au service des autels. 4° Tous ceux qui composeront l'assemblée ne s'uniront entre eux que pour être plus étroitement unis en Jésus-Christ. Pour resserrer davantage les liens de cette union et charité toute sainte, ils auront soin de se visiter et de se consoler mutuellement, surtout dans leurs afflictions et leurs maladies. L'affection qu'ils se porteront les uns aux autres paraîtra et pendant la vie et après la mort; pour cela, ils assisteront aux obsèques de ceux d'entre eux que Dieu appellera à lui, ils diront trois messes ou ils communieront à leur intention.

Quant à l'emploi de la journée, Vincent prescrivit à ces messieurs de se lever tous les jours à une heure réglée; de donner, tous les matins, au moins une demi-heure à l'oraison mentale; de célébrer la sainte messe et de lire ensuite, tête nue et à genoux, un chapitre du Nouveau Testament; d'en finir la lecture par ces trois actes intérieurs : adorer les vérités contenues dans le chapitre qu'on a lu, entrer dans les sentiments de ces mêmes vérités, former la résolution de mettre en pratique les choses qu'elles enseignent. Après cela, ils s'appliqueront à une étude convenable à leur condition : avant dîner, ils feront un examen particulier; ils emploieront quelque temps, l'après-midi, à la lecture d'un livre spirituel, et le reste du temps à quelques études ou exercices convenables à leur état.

On ne saurait s'imaginer le bien immense que produisirent ces conférences des mardis, ou assemblées de Saint-Lazare. La France y vit se former, la France en vit sortir les hommes les plus puissants en œuvre et en parole : Adrien Bourdoise, le grand zélateur de la discipline ecclésiastique, fondateur du séminaire de Saint-Nicolas du Chardonnet; Claude Bernard, dit *le pauvre prêtre*, fondateur du séminaire des Trente-Trois, pour les pauvres écoliers; Jean-Jacques Olier, fondateur du séminaire et de la congrégation de Saint-Sulpice; Jean Duval, évêque de Babylone, fondateur de la maison et congrégation des missions étrangères; Jacques-Bénigne Bossuet, évêque de Meaux, le premier des orateurs français. Voici comme ce dernier, sur ses vieux jours, parlait, au pape Clément XI, de Vincent de Paul, de ses conférences et de ses retraites pour les ordinands :

« Ses pieux entretiens et ses sages conseils n'ont pas peu contribué à nous inspirer du goût pour la vraie et solide piété, et de l'amour pour la discipline ecclésiastique. Dans cet âge avancé où nous sommes, nous ne pouvons nous en rappeler le souvenir sans une extrême joie. Elevé au sacerdoce, nous eûmes le bonheur d'être associé à cette compagnie de vertueux ecclésiastiques qui s'assemblaient toutes les semaines pour conférer ensemble des choses de Dieu. Vincent fut l'auteur de ces saintes assemblées, il en était l'âme. Jamais il n'y parlait que chacun de nous ne l'écoutât avec une insatiable avidité et ne sentît en son cœur une de ces hommes dont l'Apôtre a dit : *Si quelqu'un parle, que ce soit comme des discours de Dieu; si quelqu'un exerce un ministère, que ce soit comme par la vertu que Dieu communique* (1. Petr., 4, 11). La réputation et la piété du saint homme attiraient encore à ces conférences des prélats d'un mérite très-distingué. Outre leur édification, ils en retiraient un autre avantage; ils trouvaient dans les élèves de Vincent qui composaient cette assemblée des hommes excellents, en état de partager avec eux la sollicitude pastorale et leurs travaux apostoliques; de dignes ouvriers, dont les bons exemples n'étaient pas moins éloquents que les discours, prêts à aller porter le flambeau de l'Evangile dans toutes les parties de leurs diocèses. Nous avons eu nous-même l'honneur d'être associé à ces travaux, lorsque, tenant quelque rang dans le clergé de Metz, nous eûmes part à une mission qui s'y fit. Mais il faut avouer que Vincent eut la principale part au succès de cette mission, et par ses prières, et par ses conseils, et par le soin qu'il eut d'animer ceux qui y travaillaient. Lorsque nous fûmes promu au sacerdoce, ce fut à Vincent et aux siens que nous dûmes la préparation que nous y apportâmes. Il avait établi des retraites ecclésiastiques pour les ordinands; à sa prière, nous avons souvent fait pendant ces exercices des entretiens, guidé par les conseils, soutenu par les prières du saint homme (*Bossuet à Clément XI*, 2 août 1702). »

Vincent de Paul employait les ecclésiastiques de sa conférence à faire des missions, et à Paris, et dans les provinces. Celle de Metz eut lieu en 1658. Voici en quels termes Bossuet, alors grand-archidiacre de Metz, offre ses services au saint homme, dans une lettre du 12 janvier : « Pour ce qui me regarde, monsieur, je me reconnais fort incapable d'y rendre le service que je voudrais bien; mais j'espère de la bonté de Dieu que l'exemple de tant de saints ecclésiastiques et les leçons que j'ai autrefois apprises en la compagnie me donneront de la force pour agir avec de si bons ouvriers, si je ne puis rien de moi-même. Je vous demande la grâce d'en assurer la compagnie, que je salue de tout mon cœur en Notre Seigneur, et la prie de me faire part de ses oraisons et saints sacrifices. » Dans une autre lettre du 23 mai, où il parle au même saint des merveilleux fruits de la mission de Metz et du mérite des ouvriers qui y avaient travaillé, Bossuet ajoute : « Il a plu à Notre Seigneur d'établir ici, par leur moyen, une compagnie à peu près sur le modèle de la vôtre; Dieu ayant permis, par sa bonté, que les règlements s'en soient trouvés hier parmi les papiers de cet excellent serviteur de Dieu, M. de Blampignon. Elle se promet l'honneur de vous avoir pour supérieur, puisqu'on nous a fait espérer la grâce qu'elle sera associée à celle de Saint-Lazare et que vous et ces messieurs l'aurez agréable. J'ai charge, monsieur, de vous en prier, et je le fais de tout mon cœur. Dieu veuille, par sa miséricorde, nous donner à tous la persévérance dans les choses qui ont été si bien établies par la charité de ces messieurs (Lebel, *Œuvres complètes de Bossuet*, t. XXXVII, p. 19). »

Le cardinal de Richelieu ayant entendu parler de ces conférences de Saint-Lazare et du bien qu'elles produisaient, fit appeler Vincent pour s'en entretenir. Entre autres, il lui demanda les noms de ceux qui les fréquentaient, ceux que le saint prêtre croyait plus propres à l'épiscopat, et les écrivit lui-même. Il le pria de venir le voir de temps en temps. Lorsque le serviteur de Dieu se fut retiré, le cardinal dit à la duchesse d'Aiguillon, sa nièce : « J'avais déjà une grande idée de monsieur Vincent, mais je le regarde comme un tout autre homme depuis le dernier entretien que j'ai eu avec lui. »
Après la mort du cardinal, Louis XIII en usa de même pour connaître les hommes les plus capables des grandes charges dans l'Église. Vincent sut engager au secret et le ministre et le roi. Il le garda lui-même si inviolablement, qu'aucun de ces messieurs n'a jamais rien su des desseins que la cour avait sur eux. Dans le temps même que Vincent prévoyait qu'on les verrait bientôt à la tête des diocèses, il ne leur parlait que du bonheur de vivre et de mourir dans l'obscurité; il les exhortait sans cesse à fuir tout ce qui est éclatant, tout ce qui peut attirer les regards et l'estime des hommes. Il les appliquait souvent à faire le catéchisme, à prêcher dans les hôpitaux, dans les prisons, dans les missions de la campagne et à d'autres œuvres semblables, que des prêtres moins vertueux eussent dédaignées (Collet, l. 3).

Par les retraites des ordinands et les conférences, Vincent de Paul avait beaucoup fait pour la réformation du clergé; mais cela ne suffisait point encore. Un de ses amis, Adrien Bourdoise, déplorait depuis longtemps que l'on dressât des académies pour la noblesse, où les jeunes gentilshommes apprennent les exercices qui leur sont convenables; que chaque métier, si chétif qu'il puisse être, obligeât ceux qui en veulent faire profession à demeurer plusieurs années en apprentissage avant d'être passés maîtres; et qu'il n'y eût que l'état ecclésiastique, destiné à des fonctions très-importantes et à des ministères tout divins, dans lequel on entrât sans y apporter presque aucune préparation. Vincent pensait absolument de même. Pour remédier à ce mal, il institua d'abord à Saint-Lazare un séminaire ou noviciat ecclésiastique pour les prêtres de sa congrégation; puis, au collège des Bons-Enfants, un autre pour les ecclésiastiques du dehors. Dans celui-ci, pour se conformer plus exactement au concile de Trente, il n'admettait que des enfants d'une douzaine d'années. C'était ce qu'on appelle aujourd'hui *un petit séminaire*. Mais il voyait bien que les fruits de cette espèce de séminaire seraient fort tardifs, tandis que les besoins de l'Église étaient fort pressants. Se trouvant donc un jour chez le cardinal de Richelieu, il lui représenta que, pour la régénération du clergé, il n'y avait plus à désirer qu'une chose : savoir, l'établissement des séminaires dans les diocèses, non pas tant pour les jeunes clercs, dont les fruits étaient un peu tardifs, que pour ceux qui étaient déjà entrés ou dans la disposition prochaine d'entrer dans les saints ordres, afin d'y être exercés pendant un an ou deux à la vertu, à l'oraison, au service divin, aux cérémonies, au chant, à l'administration des sacrements, au catéchisme, à la prédication et aux autres fonctions ecclésiastiques, comme aussi pour y apprendre les cas de conscience et les autres parties plus nécessaires de la théologie; en un mot, pour être rendus capables, non-seulement de travailler à leur perfection particulière, mais aussi de conduire les âmes dans les voies de la justice et du salut. C'était ce qu'on appelle aujourd'hui *un grand séminaire*. Le cardinal goûta fort cette proposition : il exhorta beaucoup et aida le saint à l'exécuter lui-même. Vincent établit donc au collège des Bons-Enfants le premier grand séminaire et y reçut des ecclésiastiques pour y passer deux ans. Le nombre en devint bientôt si considérable, que Vincent fut obligé, non pas de supprimer son petit séminaire, mais de le transporter dans l'enclos de Saint-Lazare. Vincent de Paul fut aussi le premier en France, peut-être dans le monde entier, qui réalisa complètement toute la pensée du concile de Trente, en instituant à la fois un grand et un petit séminaire, comme la Providence l'a fait comprendre et exécuter généralement de nos jours. La nouvelle œuvre du saint homme se propagea bien vite, comme les autres. On établit des grands séminaires, non-seulement dans la plupart des diocèses de France, mais encore en Italie et dans d'autres pays étrangers. Où les fruits en parurent plus prompts et plus admirables, ce fut à Paris, en Bretagne et dans le Querci.

L'évêque de Cahors, grand ami de Vincent de Paul, lui écrivait en ces termes : « Vous seriez ravi de voir mon clergé, et vous béniriez Dieu mille fois, si vous saviez le bien que les vôtres ont fait dans mon séminaire, et qui s'est répandu par toute la province. » Cet évêque était Alain de Solminiac. Né au château de Belet, près de Périgueux, le 25 novembre 1593, ses pieux et nobles parents le destinaient au monde; lui-même aspirait à être chevalier de Malte. Il avait vingt-deux ans lorsque son oncle paternel, abbé de Chancelade, des chanoines réguliers de Saint-Augustin, lui résigna son abbaye. Alain, qui jusqu'alors avait pensé à autre chose, accepta néanmoins, fit son noviciat, prononça les trois vœux, conformément au concile de Trente. Le monastère était dans un état déplorable, et quant au matériel, et quant au spirituel; les bâtiments avaient été ruinés en grande partie par les huguenots : il n'y restait que trois chanoines, dont les principales occupations étaient le jeu et la chasse. Alain conçut la pensée d'y mettre la réforme. Pour s'en rendre capable, il fit ou recommença ses études, alla faire sa philosophie et sa théologie à Paris, où il eut pour ami et professeur le docteur Duval, l'ami et le conseil de Vincent de Paul. Il visita tous les monastères de chanoines réguliers où il y avait encore quelques vestiges de l'ancienne discipline. Ayant reçu la bénédiction abbatiale en 1622, il entreprit tout de bon d'introduire la réforme à Chancelade. Son oncle fut le plus ardent à s'y opposer : un seul des religieux s'y soumit volontairement, les autres eurent quelque prieuré pour retraite. L'an 1623, pendant que le bienheureux Pierre Fourier commençait la réforme des chanoines réguliers en Lorraine, Alain de Solminiac commença celle de Chancelade en Guyenne, dont il rebâtit les lieux réguliers et y reçut des novices. Cette réforme s'étendit bientôt à un grand nombre de monastères. En 1636, une lettre du cardinal de Richelieu informa le vertueux abbé que Louis XIII venait de le nommer à l'évêché de Lavaur : il refusa; mais une nouvelle lettre du cardinal le manda à la cour. Les archevêques d'Arles et de Bordeaux l'assuraient que cette volonté était de Dieu. Ni leurs instances, ni celles du cardinal ne purent vaincre son opposition. Arrivé à la cour, il se mit trois fois à genoux devant Louis XIII, le suppliant de nommer quelque autre à sa place, qui remplirait mieux que lui cette charge, dont il était incapable. Une demande si extraordinaire jeta toute la cour dans l'admiration, le roi leva les mains au ciel et s'écria tout haut : « Béni soit Dieu de ce que dans mon royaume il y a un abbé qui refuse des évêchés ! » Ravi de son humble générosité, il ne lui donna plus l'évêché de Lavaur, mais un autre plus considérable, celui de Cahors, l'un des plus grands du royaume. Alain pensait s'enfuir comme saint Ambroise, mais l'intérêt de la réforme qu'il avait commencée le retint : il sut d'ailleurs que le roi songeait à lui faire commander par le Pape d'accepter. Il se résigna donc et dit au roi pour tout remerciment : « Sire, vous ne m'avez pas donné un évêché, mais vous m'avez donné à un évêché. »

Il employa tout l'intervalle entre sa nomination et son sacre à étudier les devoirs de l'épiscopat, principalement dans le concile de Trente, consultant les plus vertueux prélats, entre autres le pieux cardinal de la Rochefoucault, que le Pape avait chargé de la réforme de tous les monastères de France. Sacré le 27 septembre 1637, Alain de Solminiac régla sa famille épiscopale à l'instar d'une communauté religieuse. Pour régler de même son diocèse, il fit imprimer d'abord le concile provincial de Bourges, confirmé par le pape Sixte V, l'an 1585, lequel contient plusieurs règlements très-utiles concernant le rétablissement du culte divin, l'administration des sacrements et la réformation tant du clergé que du peuple : il dressa ensuite des statuts synodaux. Pour former le clergé à l'observation de la règle, il fonda un séminaire qu'il confia aux prêtres de Vincent de Paul, nous avons vu avec quelle merveilleuse bénédiction. Aucun aspirant au sacerdoce ne fut dispensé de faire son temps de séminaire. Pour régénérer en même temps son peuple, le bon pasteur fit faire des missions fréquentes dans son diocèse : lui-même faisait continuellement la visite de toutes les paroisses. Afin de consolider le bien dans le clergé et le peuple, il partagea son diocèse en plusieurs congrégations ou conférences ecclésiastiques, avec un vicaire forain ou président : ces conférences se tenaient tous les mois, excepté au fort de l'hiver : il en indiquait lui-même le sujet, y assistait exactement dans ses visites et dans le voisinage de sa résidence. Quand il n'y était pas lui-même, le président était obligé de lui dénoncer ceux qui manquaient de s'y trouver : le prélat les faisait citer devant lui pour rendre raison de leur absence, et le suspendait pour un temps, s'ils n'avaient d'excuse légitime.

Son zèle pour la conversion des hérétiques n'était pas moins ardent. Au milieu d'un grand jubilé où les missions se succédaient sans relâche, il apprit que les ministres huguenots devaient se réunir en synode dans la ville de Caussade, au nombre de quatre-vingt-dix-huit. L'évêque y arrive deux jours avant eux avec ses missionnaires, et commence aussitôt les exercices du jubilé. On prêchait un sermon de morale dans l'église catholique, matin et soir; à neuf heures de la matinée, trois missionnaires et un habile controversiste allaient écouter le prêche du ministre huguenot, prenaient note de tout ce qu'il avançait d'hérétique; à une heure après dîner, l'évêque, le clergé, la noblesse, la magistrature, le peuple, catholiques et calvinistes, se rendaient sous la halle, où le controversiste, l'abbé des Isles, reprenait et réfutait, article par article, tout ce que le ministre avait dit de faux dans son prêche. On défia publiquement tout le synode des huguenots : quoiqu'ils fussent près de cent, pas un n'osa accepter le combat. Plusieurs religionnaires se convertirent pendant la mission même, d'autres suivirent leur exemple quelque temps après. Alain de Solminiac mourut en odeur de sainteté le 31 décembre 1659 : l'auteur de sa Vie, qui a vécu dans son intimité, rapporte un grand nombre de guérisons miraculeuses, opérées par la vertu de ses reliques; le clergé de France a demandé plusieurs fois au Saint-Siège que l'on informât sur les vertus de ce digne pontife (Chastenet; *Vie d'Alain de Solminiac;* Picot, *Essai sur l'infl.*, t. I).

Nous avons vu de quelle manière Vincent de Paul établit à Châtillon la première confrérie de charité, ou plus simplement la première charité, comme on disait alors. En 1623, il en fonda une autre à Mâcon. Passant par cette ville, il y trouva une multitude incroyable de pauvres. Avant de leur faire l'aumône, il les interrogea, suivant sa coutume, sur les mystères de la foi. Il reconnut qu'ils ignoraient les premiers principes de la religion, qu'ils n'entendaient jamais la messe, ne recevaient aucun sacrement, n'entraient dans les églises que pour demander l'aumône, vivant au reste dans le plus grossier libertinage. Il en eut pitié, comme le charitable samaritain, et s'arrêta pour porter remède à leur misère temporelle et spirituelle. L'entreprise n'était point aisée. Il fallait mettre l'ordre chez des gens qui ne l'aimaient pas, établir une exacte discipline parmi des hommes que leur multitude rendait insolents, et prendre des mesures si justes, qu'on écartât jusqu'à l'ombre d'une sédition. Aussi, quand ce projet eut été annoncé, le regarda-t-on comme une belle chimère. « Chacun se moquait de moi, dit Vincent lui-même dans une de ses lettres, on me montrait au doigt lorsque j'allais par les rues, et personne ne crut que je pusse réussir. » Il réussit cependant, et cela dans l'espace de quinze jours à trois semaines. Avec l'agrément de l'évêque, des chanoines et des magistrats, il fit un règlement qui portait qu'on ferait un catalogue de tous les pauvres de la ville qui voudraient s'y arrêter; qu'à ceux-là on donnerait l'aumône les premiers jours du mois où ils seraient obligés de se confesser; que si on les trouvait mendier dans les églises ou par les maisons, ils seraient punis de quelques peines, avec défense de leur rien donner; que les passants seraient logés pour une nuit et renvoyés le lendemain avec deux sous; que les pauvres honteux seraient assistés en leurs maladies et pourvus d'aliments et de remèdes convenables, comme dans les autres lieux où la charité était établie. Vincent établit ensuite, sous le nom de *Confrérie de Saint-Charles Borromée*, deux associations : l'une d'hommes, pour les hommes; l'autre de femmes, pour les personnes de leur sexe. Dans cette double confrérie, chacun avait son emploi. Les uns avaient soin des malades, les autres de ceux qui ne l'étaient pas; ceux-ci étaient chargés des pauvres de la ville, ceux-là des étrangers.

Cet ordre commença sans qu'il y eût des fonds communs; mais Vincent sut si bien ménager les grands et les petits, que chacun se porta volontairement à contribuer à une si bonne œuvre, les uns en argent, les autres en blé ou en d'autres denrées, selon leur pouvoir; de sorte que près de trois cents pauvres étaient logés, nourris et entretenus fort convenablement. Vincent donna la première aumône puis se retira; il se retira au plus tôt, sans dire adieu, et cela pour se dérober aux applaudissements des magistrats et de tout ce qu'il y avait de considérable dans le pays. Le plan de cette confrérie de Mâcon parut si beau à l'assemblée du clergé de France tenue à Pontoise en 1670, qu'elle exhorta tous les évêques du royaume à l'établir dans leurs diocèses. C'était en effet supprimer la mendicité d'une manière chrétienne, d'une manière également profitable et pour l'âme et pour le corps (Collet, l. 2; Abelly, I. 1, c. 16).

Les confréries de charité que Vincent de Paul eut occasion d'établir à Châtillon et à Mâcon lui donnèrent l'idée d'en établir de semblables dans les petites villes et dans les villages, où les pauvres malades sont généralement le plus abandonnés. Il en établissait facilement à la suite des missions; mais il fallait les visiter de temps à autre, surtout celles de la campagne, pour leur donner les avis nécessaires et les former au service des malades. Comme il était en peine de ce qu'il ferait pour maintenir et perfectionner ces nouvelles confréries, Dieu lui envoya en aide une sainte veuve, Louise de Marillac, veuve du sieur Legras, secrétaire de la reine-mère, Marie de Médicis. Faible de santé, mais forte de courage, elle sentait un attrait pour le service des pauvres. Vincent, qu'elle prit pour son père spirituel, lui proposa, l'an 1629, de faire la visite des confréries de charité. Elle s'y appliqua durant plusieurs années, dans les diocèses de Beauvais, de Paris, de Senlis, de Soissons, de Meaux, de Châlons en Champagne et de Chartres, avec des fruits et des bénédictions qui ne se peuvent concevoir. Elle faisait ordinairement quelque séjour dans chaque paroisse : elle relevait les confréries qui étaient déchues, encourageait les femmes qui les composaient, leur apprenait à servir les malades, leur distribuant du linge et des remèdes. En outre, avec l'agrément du curé, elle assemblait les jeunes filles dans quelque maison particulière, les catéchisait et les instruisait des devoirs de la vie chrétienne : s'il y avait une maîtresse d'école, elle lui enseignait charitablement à faire son office; s'il n'y en avait pas, elle tâchait d'y en faire mettre quelqu'une qui y fût propre, et pour la mieux former, elle-même commençait à faire l'école et instruire les petites filles en sa présence (Collet, l. 2; Abelly, l. 1, c. 29).

Vincent de Paul, ne pensait d'abord à établir ces confréries de charité que dans les petites villes et dans les villages, où les pauvres malades sont généralement le plus abandonnés. Leur utilité en fit bientôt établir dans les villes plus considérables, à Beauvais et à Paris même. Des dames d'un haut rang se firent honneur d'être les servantes des pauvres. Mais ce qui rendit ces confréries plus brillantes, contribua peu à peu à les rendre moins utiles. Quelques-unes de ces dames, à cause de l'opposition de leurs maris ou pour d'autres motifs, se faisaient remplacer auprès des malades par leurs domestiques. Celles-ci, bien souvent, n'avaient ni adresse ni affection pour se bien acquitter d'un semblable office. On sentit la nécessité d'avoir des servantes assez chrétiennes et assez habiles pour servir les malades convenablement. C'était en 1630. Vincent se rappela que dans les missions de village on rencontrait quelquefois de bonnes filles qui n'avaient pas de dispositions pour se marier ni le moyen d'être religieuses, et que dans le nombre il pourrait s'en trouver qui seraient bien aises de se donner pour l'amour de Dieu au service des pauvres malades. Il s'en trouva deux qui acceptèrent, puis quelques autres. On les plaça dans diverses paroisses de Paris; mais ces filles, venues de différents côtés, n'avaient entre elles aucune liaison : de plus, comme elles n'avaient pas été dressées à ce genre de service, elles ne donnaient pas toujours la satisfaction désirable. Vincent comprit bientôt qu'il fallait les former à deux choses : au service des malades, et encore plus à l'exercice de l'oraison mentale et de la vie spirituelle, car il jugeait impossible de persévérer longtemps en cette pénible vocation et de vaincre la répugnance que la nature y ressent, si on n'a un grand fonds de vertu. Il en choisit donc trois ou quatre qu'il jugea les plus propres et les mit entre les mains de la veuve Louise de Marillac, pour les rendre capables de correspondre aux desseins de la Providence divine sur elles. Cela se fit en 1633, seulement par manière d'essai. Dieu y donna bénédiction, le nombre des filles s'augmenta, il s'en forma une petite communauté qui est devenue la nombreuse et bénie Congrégation des filles ou sœurs de la Charité, servant les pauvres malades, instruisant les jeunes filles, dans l'ancien et le nouveau monde, notamment à Constantinople, Smyrne, Alexandrie, où les Turcs et les Arabes, émerveillés de leur charité surhumaine, et les prenant pour des anges, leur demandent sérieusement comment elles sont descendues du ciel sur la terre.

Voici en quels termes Vincent lui-même caractérise leur sainte vocation : « Une fille de charité, dit-il, a besoin de plus de vertu que les religieuses les plus austères. Il n'y a point de religion de filles qui ait tant d'emplois qu'elles en ont. Car les filles de la charité ont presque tous les emplois des religieuses, ayant premièrement à travailler à leur propre perfection, comme les religieuses Carmélites et autres semblables; secondement, au soin des malades, comme les religieuses de l'hôtel-Dieu de Paris et autres hospitalières; troisièmement, à l'instruction des pauvres filles, comme les Ursulines. »

Parmi les règles particulières qu'il donna aux sœurs des pauvres malades dans les paroisses, on lit entre autres : « Elles considéreront que, encore qu'elles ne soient pas dans une religion, cet état n'étant pas convenable aux emplois de leur vocation, néanmoins, parce qu'elles sont beaucoup plus exposées que les religieuses cloîtrées, n'ayant pour monastères que les maisons des malades; pour cellule, quelque pauvre chambre, et bien souvent de louage; pour chapelle, l'église paroissiale; pour cloître, les rues de la ville; pour clôture, l'obéissance; pour grille, la crainte de Dieu; et pour voile, la sainte modestie : pour toutes ces considérations, elles doivent avoir autant et plus de vertu que si elles étaient professes dans un ordre religieux.

» En servant les malades, elles ne doivent considérer que Dieu, et partant ne prendre non plus garde aux louanges qu'ils leur donnent qu'aux injures qu'ils leur disent, si ce n'est pour en faire un bon usage, rejetant intérieurement celles-là en se confondant dans leur néant, et agréant celles-ci pour honorer les mépris faits au Fils de Dieu en la croix par ceux mêmes qui avaient reçu de lui tant de faveurs et de grâces.

» Elles ne recevront aucun présent, tant petit soit-il, des pauvres qu'elles assistent, se gardant bien de penser qu'ils leur soient obligés pour les services qu'elles leur rendent, vu qu'au contraire elles leur en doivent de reste; puisque, pour une petite aumône qu'elles font, non de leurs biens propres, mais seulement d'un peu de leurs soins, elles se font des amis dans le ciel, qui ont droit de les recevoir un jour dans les tabernacles éternels; et, même dès cette vie, elles reçoivent, au sujet des pauvres qu'elles assistent, plus d'honneur et de vrai contentement qu'elles n'en eussent jamais osé espérer dans le monde; de quoi elles ne doivent pas abuser, mais plutôt entrer en confusion, dans la vue qu'elles en sont si indignes (Abelly, l. 2, c. 3). »

Entre la charité de Châtillon-les-Dombes et celle de Mâcon, Vincent en établit une autre à Paris, celle des galériens. Monsieur de Gondi, chez lequel il rentra l'année 1618, était commandant général des galères de France. Vincent de Paul se délassait de ses missions champêtres en visitant les prisons de la capitale. Il s'attachait aux plus malheureux, les criminels condamnés aux galères. Il les trouva dans un état bien déplorable. Ils étaient enfermés dans des cachots, où ils croupissaient quelquefois longtemps, mangés de vermine, affaiblis de langueur et de pauvreté, et entièrement négligés pour le corps et pour l'âme. Vincent en donna avis au général des galères, lui représenta que ces pauvres gens lui appartenaient, et proposa un moyen de les assister corporellement et spirituellement. Monsieur de Gondi lui ayant donné plein pouvoir, il loua une maison convenable au faubourg Saint-Honoré, et dès la même année 1618, les forçats, jusqu'alors dispersés dans les prisons de la ville, y furent tous réunis. Vincent de Paul les y visitait souvent; il les instruisait, il les disposait à faire de bonnes confessions générales, il leur administrait les sacrements, et, non content du soin qu'il prenait de leurs âmes, il pourvoyait encore au soulagement de leurs corps. Quelquefois il se retirait avec eux et y demeurait, pour leur rendre plus de service et leur donner plus de consolation : ce qu'il a fait même en des temps de maladies contagieuses, l'amour qu'il portait ainsi à ces pauvres affligés lui faisant oublier sa propre conservation pour se donner entièrement à eux. Quand il était obligé de s'absenter pour d'autres affaires, il en laissait le soin à deux vertueux ecclésiastiques de ses amis particuliers.

Monsieur de Gondi, voyant avec quelle bénédiction Vincent travaillait au salut des âmes les plus abandonnées, voulut lui fournir une occasion d'étendre sa charité à tous les forçats du royaume. Il en parla au roi Louis XIII, qui, sur sa proposition, nomma Vincent de Paul aumônier général de toutes les galères de France. Le brevet est du 8 février 1619. Le saint accepta cette charge qui lui donnait une ressemblance de plus avec le Sauveur du monde. Le monde entier était un immense bagne rempli de criminels enchaînés et condamnés à des galères vraiment perpétuelles. Le Fils de Dieu y vint, se fit comme l'un d'entre eux, prit sur lui la peine de leur crime, et, en subissant la peine, les délivra du crime et de la peine. Vincent, père des pauvres, désirait ardemment imiter le Sauveur. En 1622, il alla visiter les forçats de Marseille, afin de voir s'il ne pourrait pas faire pour ceux-là ce qu'il avait fait pour ceux de la capitale. Il arriva sans faire connaître son titre d'aumônier général, tant pour éviter les honneurs que pour mieux voir certaines choses par lui-même. Allant de côté et d'autre sur les galères, il aperçut un forçat, plus malheureux que coupable, qui se désespérait de sa condition, et qui surtout était inconsolable de ce que son absence réduisait sa femme et ses enfants à la dernière misère. Vincent de Paul fut si ému de compassion, qu'il fit pour ce malheureux ce que fit saint Paulin de Nole pour racheter de l'esclavage le fils d'une pauvre veuve. Il s'offrit pour subir à sa place le reste de sa peine. L'offre fut acceptée, et Vincent porta quelques semaines les fers du galérien, jusqu'à ce qu'on eût découvert que c'était l'aumônier général des galères.

Certains critiques ont voulu révoquer ce fait en doute. Mais il était si connu dans toute la ville de Marseille, que le supérieur des prêtres de la mission, qui y furent établis en 1643, témoigne l'avoir appris de plusieurs personnes. On trouve ce fait encore attesté dans un ancien manuscrit, par le sieur Dominique Beyrie, parent de notre saint, lequel s'étant trouvé en Provence quelques années après que Vincent en fût sorti, en reçut communication par un ecclésiastique, qui lui parla également de l'esclavage du serviteur de Dieu en Barbarie. Enfin, un des prêtres de Vincent de Paul lui ayant une fois demandé s'il était vrai qu'il se fût mis autrefois en la place d'un forçat, et si l'enflure de ses pieds ne venait pas de la chaîne dont il avait été chargé, le serviteur de Dieu détourna ce discours en souriant, sans donner aucune réponse à sa demande (Collet, l. 2, an 1622).

On conçoit, après cela, quelle dut être la charité

de Vincent pour consoler et assister les malheureux. Il écoutait leurs plaintes avec grande patience, il compatissait à leurs peines, il les embrassait, il baisait leurs chaînes, et s'employant autant qu'il pouvait, par prières et par remontrances envers les officiers, à ce qu'ils fussent traités plus humainement, s'insinuant ainsi dans leurs cœurs pour les gagner plus facilement à Dieu. Les galériens de Marseille ayant été amenés à Bordeaux l'année 1623, Vincent de Paul s'y rendit avec plusieurs bons religieux de divers ordres. S'étant partagés et mis à travailler deux dans chaque galère, ils y firent la mission et disposèrent ces pauvres gens à se réconcilier à Dieu par de bonnes confessions générales, et à se soumettre à toutes ses volontés, en acceptant leurs peines avec patience et pour satisfaction de leurs péchés. Un Turc, que Vincent convertit en cette occasion et qui fut nommé Louis au baptême, vivait encore, à Paris, quand Abelly publia la vie du saint (Abelly, l. 1, c. 15).

Vincent de Paul avait à peine réuni les premières filles de charité, quand la Providence lui donna une autre bonne œuvre à faire. Une dame de haut rang, la présidente Goussault, était demeurée veuve à la fleur de l'âge, avec beaucoup de fortune et de beauté : elle pouvait prétendre aux plus grands établissements dans le monde. Elle en fit le sacrifice à Jésus-Christ, pour s'employer uniquement à le servir en la personne des pauvres, particulièrement des malades. Ceux qu'elle voyait plus souvent étaient les malades de l'hôtel-Dieu de Paris. En 1634, elle vint donc représenter au saint prêtre, que beaucoup de force, que ce grand et vaste hôpital méritait une attention particulière, qu'il y passait tous les ans environ vingt-cinq mille personnes de tout âge, de tout sexe, de tout pays et de toute religion ; qu'on y ferait par conséquent une moisson infinie pour la gloire de Dieu, si les choses y allaient comme elles devaient y aller; qu'il s'en fallait de beaucoup que cela fût ainsi, et qu'elle savait, pour l'avoir vu, que les pauvres y manquaient de bien des secours spirituels et temporels.

Vincent répondit qu'il ne lui convenait pas de mettre la faux en la moisson d'autrui ; la maison dont on lui parlait était gouvernée au spirituel et au temporel par des directeurs et des administrateurs qu'il estimait très-sages; lui-même n'avait ni caractère ni autorité pour empêcher les abus, qui pouvaient se trouver là comme partout ailleurs; il fallait espérer que ceux qui étaient chargés du gouvernement de cette grande maison y apporteraient les remèdes nécessaires. La vertueuse dame, ayant continué longtemps et inutilement ses sollicitations, s'adressa finalement à l'archevêque de Paris, lequel fit savoir à Vincent qu'il lui ferait plaisir d'écouter la proposition de cette personne : c'était d'établir une compagnie de dames qui prissent un soin particulier des malades de l'hôtel-Dieu.

Vincent, ayant reçu cet ordre, mit la main à l'œuvre. Il assemble plusieurs dames, leur propose la bonne œuvre, la recommande à leurs prières : toutes prennent la résolution de se donner à Dieu pour cette entreprise. Des premières furent Elisabeth d'Aligre, chancelière de France; Marie Fouquet, mère du fameux surintendant des finances ; madame de Polaillon, qui allait de village en village, déguisée en paysanne, soulager les pauvres, visiter les malades, instruire les ignorants, consoler les affligés, remettre l'ordre et la paix dans les familles; qui, ensuite fonda un institut pour recueillir les femmes voulant se retirer du désordre. En peu d'années, cette nouvelle compagnie, dont la présidente Goussault fut élue première supérieure, compta plus de deux cents dames, parmi lesquelles des duchesses et des princesses, entre autres, la duchesse de Mantoue, depuis reine de Pologne.

Pour assister utilement les malades de l'hôtel-Dieu, il fallait gagner la confiance des religieuses qui les servaient. Vincent recommanda donc à ces bonnes dames : 1° d'invoquer tous les jours, en entrant dans l'hôtel-Dieu, l'assistance de Notre Seigneur, le vrai Père des pauvres, par l'entremise de la très-sainte Vierge et de saint Louis, fondateur de cette maison; 2° de se présenter ensuite aux religieuses qui ont le soin des malades, s'offrant de les servir avec elles pour participer au mérite de leurs bonnes œuvres ; 3° d'estimer et de respecter les mêmes religieuses comme des anges visibles, leur parlant avec douceur et humilité, et leur rendant une entière déférence; 4° s'il arrivait que ces bonnes filles ne prissent pas toujours en bonne part leur bonne volonté, qu'elles leur en fissent des excuses et tâchassent d'entrer dans leurs sentiments, sans jamais les contredire, ni les contrister, ni vouloir l'emporter sur elles. « Nous prétendons, leur disait-il, contribuer au salut et au soulagement des pauvres, et c'est chose qui ne se peut sans l'aide et l'agrément de ces bonnes religieuses qui les gouvernent. Il est donc juste de les prévenir d'honneur, comme leurs mères, et de les traiter comme les épouses de Notre Seigneur et les dames de la maison; car c'est le propre de l'Esprit de Dieu d'agir suavement, et c'est le moyen le plus assuré de réussir, que de l'imiter en cette manière d'agir. »

Voilà quel était l'esprit avec lequel Vincent entreprit cette sainte œuvre, et la prudente et sage conduite sous laquelle ces vertueuses dames commencèrent d'aller exercer leur charité envers les pauvres de l'hôtel-Dieu. Elles y trouvèrent un facile accès par cet abord amiable et respectueux envers les religieuses, dont elles gagnèrent incontinent les cœurs par les services et assistances qu'elles rendaient, non-seulement aux malades et aux convalescents, mais aussi aux parents des mêmes religieuses, lorsqu'elles les en sollicitaient pour quelques affaires de famille ; et, par ce moyen, elles eurent toute liberté d'aller, de salle en salle et de lit en lit, consoler les pauvres malades, leur parler de Dieu et les porter à faire un bon usage de leurs infirmités.

Pour leur faciliter leur exercice de charité sous un autre rapport, Vincent fit imprimer un petit livre qui contenait les points principaux dont il était plus nécessaire d'instruire les pauvres malades, et recommanda particulièrement quatre choses aux dames lorsqu'elles rempliraient cet office de charité :

1° De tenir ce livre en leurs mains lorsqu'elles parleraient à ces pauvres, afin qu'il ne semblât pas qu'elles voulussent leur faire des prédications, ni leur parler d'elles-mêmes, mais seulement selon ce qui était contenu et qu'elles apprenaient en ce livre. 2° De s'habiller le plus simplement qu'elles pourraient aux jours qu'elles iraient à l'hôtel-Dieu, afin de paraître, sinon pauvres avec les pauvres, au moins fort éloignées de la vanité et du luxe des habits, pour ne pas faire peine à ces pauvres infirmes, lesquels, voyant les excès et superfluités des personnes riches, se contristent ordinairement davantage de ce qu'ils n'ont pas pour eux les choses même nécessaires. 3° De se comporter envers les pauvres malades avec grande humilité, douceur, affabilité, leur parlant d'une manière familière et cordiale, pour les gagner plus facilement à Dieu. 4° Enfin, il leur marqua de quelle façon elles devaient leur parler de la confession générale. Par exemple :

« Ma bonne sœur, y a-t-il longtemps que vous ne vous êtes point confessée? N'auriez-vous point la dévotion de faire une confession générale, si l'on vous disait comme il faut la faire? On m'a dit à moi qu'il était important pour mon salut d'en faire une bonne avant de mourir, tant pour réparer les défauts des confessions ordinaires, que j'ai peut-être mal faites, que pour concevoir un plus grand regret de mes péchés, en me représentant les plus griefs que j'ai commis en ma vie, et la grande miséricorde avec laquelle Dieu m'a supportée, ne m'ayant pas condamnée ni envoyée au feu d'enfer lorsque je l'ai mérité, mais m'ayant attendue à pénitence pour me les pardonner, et pour me donner enfin le paradis, si je me convertissais à lui de tout mon cœur, comme j'ai un bon désir de faire avec le secours de sa grâce. Or, vous pouvez avoir les mêmes raisons que moi de faire cette confession générale, et de vous donner à Dieu pour bien vivre à l'avenir. Et si vous voulez savoir ce que vous avez à faire pour vous ressouvenir de vos péchés, et ensuite pour vous bien confesser, on m'a appris à moi-même à m'examiner comme je vais vous le dire, etc. On m'a aussi appris comment il fallait former en mon cœur une vraie contrition de mes péchés, et à en faire des actes en cette manière, etc. On m'a aussi enseigné à faire des actes de foi, d'espérance, d'amour de Dieu en cette manière, etc. »

Enfin, pour ne point faire cette visite des malades les mains vides, ces bonnes dames convinrent avec Vincent qu'il était expédient, outre les paroles de consolation et d'édification qu'on leur disait, de leur porter quelques douceurs par manière de collation entre le dîner et le souper. A cet effet, elles louèrent une chambre près l'hôtel-Dieu, pour y préparer et garder les confitures, fruits, linges, plats et autres ustensiles convenables. Il fut aussi résolu d'y mettre des filles de la charité, pour acheter et préparer toutes les choses nécessaires, et pour aider les dames à distribuer ces collations aux malades.

On ne saurait dire tout le bien que produisit cette sainte œuvre. Dès la première année, la bénédiction de Dieu y fut si abondante, qu'il y eut plus de sept cent soixante personnes dévoyées de la vraie foi, tant Luthériens, Calvinistes que Turcs, qui se convertirent et embrassèrent la religion catholique. Et cette grâce extraordinaire, que Dieu répandait sur les emplois et les soins charitables de ces dames, mit l'hôtel-Dieu en telle estime, qu'une honnête bourgeoise de Paris, étant malade, demanda d'y être reçue en payant sa dépense, et bien au delà, pour y être secourue et assistée spécialement comme les pauvres ; ce qui lui fut accordé (Abelly, l. 2, c. 4).

La charité de ces vertueuses dames ne s'est pas bornée à cette seule bonne œuvre, dit le premier biographe de Vincent de Paul ; mais par une grâce toute singulière qu'elles ont reçue de Dieu, par l'entremise de leur sage directeur, elles ont entrepris, sous sa conduite et par ses avis, plusieurs autres choses très-importantes pour la gloire de Dieu, pour le service de son Eglise et pour le salut des âmes. Car, outre ce qu'elles ont fait à l'hôtel-Dieu pour le service des malades et le bon ordre de la maison, elles ont encore pris le soin de la nourriture et de l'éducation des pauvres enfants trouvés de la ville et des faubourgs de Paris, qui étaient auparavant dans un étrange abandon, et qui sont obligés à leur charité, non-seulement de la vie qu'elles leur ont sauvée, mais aussi des autres assistances spirituelles qui leur sont données pour mener une vie chrétienne et pour faire leur salut. C'est par leur moyen que la maison des *Filles de la Providence* a été instituée pour y recevoir, instruire, occuper et mettre en assurance plusieurs honnêtes filles, qui, sans ce lieu de retraite, seraient en grand danger, pour n'avoir aucun établissement ni condition ou refuge dans Paris. Dieu s'est aussi voulu servir des mêmes dames pour poser comme les premiers fondements de l'hôpital général ; et celui qui a été établi à Sainte-Reine, où on exerce tant d'œuvres de miséricorde, est aussi beaucoup redevable à leur charité.

Elles ont encore notablement contribué à l'entreprise et à l'entretien de plusieurs missions dans les pays étrangers, comme aux îles Hébrides, à Madagascar, etc. ; et leur zèle a fait ressentir son ardeur jusque dans les régions les plus éloignées des Indes, où elles ont, par leurs bienfaits, facilité l'envoi de plusieurs missionnaires, et, outre cela, elles ont encore déployé leurs libéralités pour contribuer aux frais du voyage que les évêques d'Héliopolis, de Béryte et de Métellopolis ont entrepris, avec la permission du Saint-Siège apostolique, au Tonquin et à la Chine, pour aller en ces vastes provinces travailler à la conversion des infidèles et à l'accroissement du royaume de Jésus-Christ.

Enfin, elles se sont employées avec une charité infatigable, et avec des dépenses incroyables, à secourir et assister, pendant tout le temps des guerres passées, la Lorraine, la Champagne, la Picardie et quantité d'autres lieux qui ont été le plus affligés de ce fléau (*Ibid.*, c. 5).

Pour bien apprécier l'esprit et le cœur de Vincent de Paul, il est bon de connaître l'état de l'Allemagne, de la France et de l'Angleterre. Ces trois pays continuaient à se révolutionner l'un l'autre : l'Allemagne, par sa guerre de Trente ans, entre les catholiques et les protestants, où la France aida les protestants contre les catholiques : d'où le ravage de la Lorraine par les Français et les Suédois. L'Angleterre passait d'une révolution à une autre. Sa révolution ou réforme de Henri VIII, d'Edouard VI et d'Elisabeth, l'Angleterre protestante l'avait consacrée par le régicide, par le meurtre de Marie Stuart. En 1603, à la mort de la régicide Elisabeth, l'Angleterre protestante met sur son trône et dans son lit le propre fils de Marie Stuart, mais fils apostat d'une mère catholique et martyre, mais puritain ou calviniste en Écosse, anglican ou épiscopalien en Angleterre, Jacques Ier, que Sully, ambassadeur de Henri IV, appelle le plus sage fou de l'Europe, et que, suivant Lingard, la postérité à classé parmi les rois faibles et prodigues, et parmi les pédants vaniteux et bavards (Lingard, t. IX, p. 349 et 353). Comme il mourut en 1625, l'Angleterre protestante lui reconnut pour successeur son fils Charles Ier, à qui elle coupa la tête le 9 février 1649, pour se constituer en république jusqu'en 1653, se soumettre ensuite à un protecteur, le régicide Olivier Cromwel et son fils Richard, reprendre enfin, l'an 1660, sous le nom de *roi*, Charles II, fils de Charles Ier, lequel étant mort en 1685, elle reconnut Jacques II jusqu'en 1688, où elle l'exila avec son fils, et appela, pour trôner à sa place, son gendre, le Hollandais Guillaume : c'est ce qu'elle appelle sa glorieuse révolution ou troisième réforme. Le dernier des Stuarts est mort de nos jours, dans la capitale de la chrétienté, doyen du sacré collége, sous le nom du *cardinal d'York*.

Parmi les hommes qui ont contribué à expulser sa famille du trône d'Angleterre, il en est un qu'on ne soupçonnait guère jusqu'à présent. Châteaubriand (*Œuvres complètes*, t. II, p. 133, col. 2), dans ses *Quatre Stuarts*, article *Charles II*, s'exprime en ces termes : « La correspondance diplomatique nous apprend le rôle odieux que joua Louis XIV alors, et la funeste influence qu'il exerça sur la destinée de Charles et de Jacques; en même temps qu'il encourageait le souverain à l'arbitraire, il poussait ses sujets à l'indépendance, dans la petite vue de tout brouiller et de rendre l'Angleterre impuissante au dehors. Les ministres de Charles et les membres les plus remarquables de l'opposition du parlement étaient pensionnaires du grand roi. » Châteaubriand fait encore cette remarque sur la mort de Cromwell : « La plupart des souverains de l'Europe mirent des crêpes funèbres pour pleurer la mort d'un régicide : Louis XIV porta le deuil de Cromwell près de la veuve de Charles Ier (*Ibid.*, p. 127, col. 2). » Ce même roi de France fit bien d'autres galanteries à Cromwell vivant. Devenu maître de Dunkerque en 1658, par le bras de Turenne, Louis XIV en remit les clés, de sa propre main, à l'ambassadeur de Cromwell (Lingard, t. XI, p. 390). Dès 1655, pour complaire au régicide anglais, Louis XIV lui promit, et lui tint parole, d'exclure du royaume de France le fils et le frère du roi assassiné, fils qui, par sa mère, était pourtant le petit-fils de Henri IV, comme Louis XIV par son père (*Ibid.*, p. 306). Même avant le protectorat de Cromwell, toutes les puissances de l'Europe avaient reconnu la république anglaise (Châteaubriand, t. II, p. 119, col. 2). On ne lit pas qu'une seule ait fait mine de tirer l'épée pour venger le meurtre de Charles Ier, mais on connaît le nom de celle qui aida les révolutionnaires d'Écosse à préparer les voies à ce meurtre. Dans l'*Histoire des Français*, par Sismondi, on lit sur l'année 1638 : « Richelieu (principal ministre de Louis XIII) offrit dès lors son assistance aux puritains d'Écosse, qui, à cette époque, se confédéraient contre l'autorité royale par leur célèbre *Covenant*. La correspondance du comte d'Estrades, ambassadeur en Angleterre, fait foi que Richelieu fit exciter par lui les puritains, et qu'il leur envoya en Écosse un agent pour leur promettre son affection et sa protection. Sir William Temple fut informé plus tard que Richelieu leur fit passer dans ce but deux mille pistoles (Sismondi, t. XXIII, p. 364; Bazin, t. IV, p. 106; Le Vassor, t. V, p. 565). »

Comme roi d'Angleterre, Jacques Ier était le pape ou chef spirituel de l'apostasie anglicane; chef absolu, du moins, avec son parlement. Non content de cela, il se prétendait encore, au temporel, le maître absolu de l'Angleterre, de l'Écosse et de l'Irlande, même sans le parlement et malgré le parlement. A cet effet, il formula par écrit, et soutint, comme auteur, cette doctrine : « Que le roi tient son pouvoir *immédiatement* de Dieu, et non point *médiatement* par le peuple; que, par conséquent, il n'est tenu à aucune loi ni législature humaine, qu'autant qu'il le juge à propos (Lingard, t. IX, p. 134). » Sa doctrine de l'absolutisme royal fut réfutée, de la part des catholiques, par les Jésuites Suarez et Bellarmin, qui firent voir que, d'après l'enseignement commun des Pères, des docteurs, des théologiens et des jurisconsultes orthodoxes, le roi tient son pouvoir de Dieu, non pas *immédiatement*, mais *médiatement* par le peuple; que, par conséquent, il est tenu à son serment et aux lois fondamentales du royaume, et que, s'il les foule aux pieds, il peut être jugé par l'autorité compétente.

Quelle est cette autorité, particulièrement pour l'Angleterre, Bellarmin le montre au roi Jacques par le témoignage de ses prédécesseurs. L'an 1173, Henri II écrivait au pape Alexandre III en ces termes : « A son très-saint seigneur Alexandre, par la grâce de Dieu souverain Pontife de l'Eglise catholique, Henri, roi d'Angleterre, duc de Normandie et d'Aquitaine, comte d'Anjou et du Maine : salut, et obéissance d'une soumission dévouée. — Le royaume d'Angleterre est de votre juridiction; et quant à l'obligation du droit féodal, je me reconnais sujet qu'à vous. Que l'Angleterre apprenne ce que peut le Pontife romain; et puisqu'il n'use pas d'armes matérielles, qu'il défende par le glaive spirituel le patrimoine de saint Pierre (*Apud Baron.*, an 1173). » La reine Eléonore, mère de Richard Cœur-de-Lion, écrivait au pape Célestin III : « N'est-ce point l'apôtre Pierre, et vous dans sa personne, que Dieu a chargé de régir tout royaume et toute puissance? Béni soit Dieu d'avoir donné une puissance pareille aux hommes! Ni roi, ni empereur, ni duc n'est exempt du joug de votre autorité (Petr. Bles., *epist.* 145). Et dans une autre lettre : « Or, le prince des apôtres règne et commande encore dans le Siège apostolique. Il reste donc que vous, ô Père, vous tiriez contre les méchants le glaive de Pierre, qui a été établi pour cela sur les nations et sur les royaumes (*Epist.* 146). » Enfin, il existe une ambassade du roi Richard au Pontife romain en ces termes : « Saint Père, notre seigneur le roi Richard d'Angleterre salue Votre Excellence, et demande justice contre le duc d'Autriche (Matth. Paris, an 1195; Bellarmin, *Apologiæ*, c. 3). »

Jacques Ier et ses successeurs ne s'émurent pas beaucoup de l'ancienne doctrine des catholiques ni du témoignage des anciens rois d'Angleterre. La nouvelle doctrine de l'absolutisme royal, auquel l'apostat Cranmer avait préparé les voies en supprimant la part électorale du peuple dans l'inauguration d'Edouard VI, cette nouvelle doctrine fut solennellement décrétée le 21 juillet 1683, sous Charles II, par l'Université protestante d'Oxford. Ce jour-là, elle proscrivit à l'unanimité une série de vingt-sept propositions, dont voici les trois premières : 1° Toute autorité civile dérive originairement du peuple. 2° Il existe un pacte mutuel, tacite ou exprès, entre un prince et ses sujets; et si lui ne remplit pas ses obligations, eux sont déchargés des leurs. 3° Si des gouvernants légitimes deviennent tyrans, ou s'ils gouvernent autrement qu'ils ne doivent d'après les lois divines et humaines, ils perdent le droit qu'ils avaient à leur gouvernement. Ces trois propositions, citées entre autres de Bellarmin, chapitre *Des Conciles et du Pontife*, l'Université anglicane d'Oxford les déclare fausses, séditieuses et impies, contraires aux saintes Ecritures, décrets des conciles, écrits des Pères, à la foi de la primitive Eglise, et, de plus, destructives du gouvernement royal, de la sécurité de sa royale majesté, de la paix publique, des lois de la nature et des liens de la société humaine (Wilkins, t. IV, p. 610). Voilà ce que décrétèrent à l'unanimité les docteurs de l'Université protestante d'Oxford, cinq ans juste avant qu'ils envoyassent en exil leur roi légitime Jacques II, pour introniser à sa place l'usurpateur Guillaume de Hollande.

Jacques Iᵉʳ, comme roi d'Ecosse, n'était point le pape ou le chef spirituel de l'apostasie écossaise : le puritanisme ou calvinisme écossais ne reconnaissait ni pape ni évêques, mais simplement des prêtres, des ministres ou des anciens. Les apostats écossais disaient nettement : « Le gouvernement presbytérien est le sceptre du royaume du Christ, auquel les rois, aussi bien que les autres, sont obligés de se soumettre; et la suprématie du roi dans les affaires ecclésiastiques, soutenue par l'Eglise d'Angleterre, est injurieuse à Christ, le seul roi et chef de l'Eglise (*Ibid.*, p. 611, n. 20). » Les Ecossais n'admettaient pas davantage l'inamissibilité et l'inviolabilité de l'absolutisme royal. Ils disaient nettement : « Les mauvais rois et les tyrans doivent être mis à mort; et si les juges et les magistrats inférieurs ne veulent pas remplir leur office, la puissance du glaive passe au peuple. Si la majeure partie du peuple refuse d'exercer cette puissance, alors les ministres peuvent excommunier un tel roi; après quoi il est loisible à chacun de ses sujets de le tuer, comme le peuple fit Athalie, Jéhu et Jézabel (*Ibid.*, n. 23). » Telle était la doctrine des puritains ou calvinistes d'Ecosse, en particulier de Buchanan, précepteur de Jacques Iᵉʳ dans sa jeunesse. Le royal élève avait souvent remercié Dieu d'appartenir à la plus pure Eglise du monde; il avait déclaré publiquement qu'il en maintiendrait les principes aussi longtemps qu'il vivrait. Une fois sur le trône d'Angleterre, il se convertit à l'Eglise anglicane, et remercia Dieu de l'avoir conduit à la terre promise et de l'avoir placé dans un pays où la religion était dans toute sa pureté, et où il siégeait parmi des hommes graves, respectables et instruits : il n'était plus, disait-il, un roi sans Etat, sans dignité, sans subordination, et bravé en face par de jeunes gens imberbes sous l'habit de ministres (Lingard, t. IX, p. 30 et 31).

Jacques Iᵉʳ posa donc pour principe fondamental de sa politique, que là où il n'y avait point d'évêque (anglican) il n'y aurait bientôt plus de roi (absolu). En conséquence, il s'efforça d'introduire en Ecosse des évêques de sa fabrique : il y réussit à peu près; pour calmer les murmures des puritains, il leur permit de vexer plus librement les catholiques. En même temps, et au parlement d'Ecosse et au parlement d'Angleterre, il faisait entendre clairement que, par là seul qu'il était roi, il avait tout pouvoir, et que, s'il consultait les pairs et les députés, c'était pure condescendance. Nonobstant toute l'éloquence du roi, cette doctrine n'entrait guère dans l'oreille de l'Ecosse et de l'Angleterre, même protestante. Lui reconnaître, comme chef de l'Eglise anglicane, le droit de nous faire changer de croyance, de religion, de culte, d'un jour à l'autre, sous peine d'être pendus et éventrés, à la bonne heure; mais lui reconnaître le droit de mettre sa main dans notre poche, pour y prendre ce qu'il lui plaira, ceci est tout autre chose : ainsi raisonnaient les fortes têtes de l'Angleterre.

Quant aux mœurs de ce roi-pape et de sa cour, voici ce que l'histoire en conte. Ses principales vertus étaient l'inapplication aux affaires et l'amour pour la dissipation. Deux fois la semaine, Jacques Iᵉʳ passait son temps à voir des combats de coqs : le maître de ces coqs recevait un salaire annuel qui égalait celui de deux secrétaires d'Etat. Tous les jours, la chasse tenait le roi-pape à cheval du matin au soir. Les fatigues de cet exercice étaient remplacées par les plaisirs de la table, auxquels il se livrait avec excès. Les questions les plus importantes pour la nation restaient sans examen ni réponse; non-seulement les ambassadeurs étrangers, mais encore ses propres ministres, ne pouvaient, pendant plusieurs semaines, trouver l'instant de paraître en sa présence. Ils le supplièrent à genoux de donner plus d'attention aux affaires publiques : des lettres anonymes l'avertirent de son devoir. Une fois son dogue favori Jowler, qui avait été perdu, revint avec la lettre suivante à son cou : « Bon monsieur Jowler, nous vous prions de parler au roi (car il vous écoute tous les jours, et n'en fait pas autant pour nous), afin qu'il plaise à Sa Majesté de s'en aller à Londres; car toute la campagne s'est ruinée pour elle; toutes nos provisions sont mangées, et il ne nous est plus possible de l'entretenir. » Les comédiens ridiculisaient les faiblesses du roi-pape sur le théâtre, l'y représentaient pansant ses chiens et ses faucons, battant ses domestiques ou buvant jusqu'à l'ivresse. Le roi-pape ne fut nullement ému de tout cela. Il répondit qu'il n'entendait pas se rendre esclave; que sa santé, qui était la santé et le bien-être de tous, demandait de l'exercice et des récréations, et qu'il retournerait plutôt en Ecosse que de consentir à se claquemurer dans un cabinet ou à s'enchaîner à la table du conseil (Lingard, t. IX, p. 114 et 115).

Sa femme, la papesse, Anne de Danemarck, présidait aux bals et aux mascarades. Ces spectacles manquèrent plus d'une fois par l'ivresse des seigneurs et des dames qui devaient y figurer. En 1606, le roi de Danemarck étant venu voir sa sœur, on lui donna un grand festin et un bal masqué, dont un témoin oculaire parle en ces termes : « Après dîner, on donnait la représentation du *Temple de Salomon*. L'arrivée de la reine de Saba se fit, ou, pour mieux dire, devait se faire... La dame qui jouait le rôle de la reine apportait les dons les plus précieux à Leurs Majestés (danoise et anglaise); mais, oubliant les marches qui montaient sous le dais, elle jeta la cassette sur les genoux de Sa Majesté danoise et tomba à ses pieds, ou bien plutôt sur son visage. Il y eut beaucoup de bruit et de confusion. On se servit de nappes et de serviettes pour tout nettoyer. Sa Majesté alors se leva et voulut danser avec la reine de Saba; mais il tomba lui-même et s'humilia devant elle. On l'emporta dans une autre chambre et on le mit sur un lit de parade qui n'était pas peu gâté des présents de la reine. La fête et la parade continuèrent. Beaucoup de personnes qui portaient les présents allaient de travers et tombaient; car le vin leur était monté au cerveau. On vit enfin paraître, dans de riches habillements, l'Espérance, la Foi et la Charité. L'Espérance essaya de parler; mais elle avait tant bu, que ses efforts furent inutiles et qu'elle se retira. La Foi était alors toute seule, mais elle quitta la cour tout en chancelant. La Charité vint aux pieds du roi et parut vouloir couvrir la foule des péchés que ses sœurs avaient commis; elle fit la révérence et des présents. Elle revint alors vers l'Espérance et la Foi, qui étaient malades et vomissaient dans une salle basse (Lingard, t. IX, p. 117, note). » Telles étaient les édifiantes cérémonies à la cour apostolique du pape anglican Jacques Ier.

Cependant la prétention d'être roi absolu au temporel, pape absolu au spirituel fut une graine de révolution qui coûtera la vie à son successeur et le trône à sa dynastie. Le père soutenait cette doctrine, plus en théorie qu'en pratique, plus en auteur pédantesque qu'en souverain. Son fils et successeur, Charles Ier, en fit le premier article de son *Credo* héréditaire, la règle pratique de son gouvernement. Dès le début de son règne, il essaya d'imposer, de sa seule autorité, diverses taxes à l'Angleterre. Le parlement fit des plaintes et des oppositions : Charles Ier résolut de gouverner sans parlement. Son favori et principal ministre est assassiné en 1628 (*Ibid.*, c. 4). Le roi impose une taxe pour la marine : la plupart des juges décident qu'il en a le droit, d'autres pensent le contraire. En 1636, un gentilhomme de la campagne, nommé Hampden, refuse de payer une part de l'impôt, par la raison qu'il était illégal : la question est longuement et vivement débattue; la majorité des juges prononcèrent en faveur du roi, mais leurs arguments sont trouvés faibles par le peuple, qui se persuade qu'ils ont prononcé d'après leur intérêt plutôt que leur conscience.

Jacques Ier avait rétabli plus ou moins bien l'épiscopat en Ecosse. L'an 1633, Charles Ier proposa au parlement écossais, qu'il ouvrit en personne, de confirmer les statuts concernant la religion, et d'investir la couronne du pouvoir de régler le costume des ecclésiastiques; tous les membres s'y refusèrent avec fermeté, et repoussèrent la juridiction des évêques. Le roi leur ordonna sévèrement de voter, non de contester; et, leur montrant un papier qu'il tenait à la main, il s'écria : « Vos noms sont ici aujourd'hui, je verrai ceux qui veulent me servir. »

Le président affirma que la majorité s'était prononcée pour les deux bills; le contraire fut soutenu par les adversaires (Lingard, t. X, p. 3). En vertu de ces lois équivoques, le roi entreprit encore plus qu'elles ne lui accordaient.

Les puritains ou calvinistes d'Ecosse ne suivaient, dans leur service divin, aucune forme réglée d'avance : chaque ministre y prêchait, y priait, comme il se sentait inspiré, mêlant à ses prédications et prières enthousiastes toute espèce de sujets d'intérêt local, national ou politique. Le roi s'avisa de leur prescrire une liturgie plus régulière; elle fut adoptée par les évêques et le clergé épiscopal, mais repoussée avec énergie par les *saintes femmes* des puritains. Le 23 juillet 1635, l'évêque et le doyen d'Edimbourg, accompagnés des magistrats, pour inaugurer le nouveau service, se rendirent à la cathédrale. Elle était déjà remplie, principalement de femmes. De l'instant où le doyen commence l'office, on n'entend que des cris, des sifflets, des imprécations. Les femmes de tout rang se mettent à crier : On dit la messe! Baal est dans l'église! Elles apostrophent le ministre sous les noms les plus injurieux. Elles brandissent les tabourets sur lesquels elles avaient coutume de s'asseoir; quelques-uns même sont lancés dans la direction de la chaire. Le doyen, effrayé du tumulte, cède la place à l'évêque, dont la voix est aussitôt étouffée par les cris de : Renard! loup! ventru! Il était en effet d'une corpulence remarquable. Quelques moments après, un tabouret lancé par un bras vigoureux vint siffler à son oreille et l'avertir de faire une prompte retraite. Cependant les magistrats avaient fait sortir les plus mutins et fermer les portes; mais une grêle de pierres arriva de dehors avec les cris répétés : Au Pape! au Pape! à l'antechrist! lapidez-le! jetez-le dehors! L'office terminé, le prélat se hâta de gagner son logement, mais une foule de dévotes puritaines l'atteignirent, le renversèrent et le roulèrent dans la boue (*Ibid.*, p. 58).

C'étaient les prédicants calvinistes qui, du haut de la chaire, avaient allumé cette révolution de femmes. Ils eurent soin de la continuer. Trois d'entre eux adressèrent au roi une pétition contre l'ordre de lire le nouveau service. Comme on n'y répondait pas, le nombre s'en augmenta jusqu'à des milliers, accompagnées d'émeutes où le gouverneur d'Ecosse et deux évêques manquèrent de périr. Le roi fut obligé de céder, tantôt sur un article, tantôt sur un autre : il comptait revenir sur ses concessions plus tard. Mais les calvinistes, informés de ses intentions les plus secrètes, allaient toujours en avant. Ils s'organisèrent par toute l'Ecosse en comités de provinces, avec un comité général à Edimbourg, pour recueillir les opinions des autres et décider en dernier ressort. Enfin, le 1er mars 1638, ils jurèrent un nouveau covenant ou acte d'alliance entre Israël et Dieu, suivant leur langage. Le roi, après d'inutiles efforts pour annuler les comités, fit publier une proclamation, le 10 septembre, qui supprimait la nouvelle liturgie, exemptait les nouveaux prédicants du serment de suprématie royale, mais ordonnait de renoncer à la nouvelle alliance. Au lieu d'obéir, les covenantaires assemblés à Glasgow, maintinrent leur alliance, arrêtèrent qu'en matière spirituelle l'église est indépendante du pouvoir civil, condamnèrent la liturgie anglicane, abolirent l'épiscopat, excommunièrent ou destituèrent les évêques et leurs soutiens. Le roi cassa tous ces actes; mais les Ecossais les reçurent avec des transports de joie, et consacrèrent un jour de fête pour en remercier le ciel. Comme ils savaient que le roi se disposait à les réduire par la force des armes, ils se préparèrent à la guerre de leur côté. C'est dans ce moment qu'ils reçurent des encouragements et des secours du cardinal de Richelieu, principal ministre de Louis XIII (Lingard, t. X, p. 71). Les Ecossais commencèrent les hostilités; les deux armées se rencontrèrent, il y eut un accommodement. Le roi céda sur la plupart des articles, et remit la décision des autres à l'assemblée des prédicants, pour le spirituel; au parlement, pour le temporel. Il pensait ouvrir en personne l'un et l'autre, mais il eut peur des saintes femmes d'Ecosse, qui continuaient à insulter les premiers officiers de l'Etat. Son lieutenant ouvrit d'abord l'assemblée, qui confirma l'abolition de l'épiscopat en Ecosse. Le parlement demandait, en conséquence, que les évêques fussent exclus de son sein, lorsqu'il fut prorogé. En 1640, le parlement écossais s'assembla de lui-même, vota une taxe pour la guerre, nomma un conseil militaire, dont la moitié devait constamment résider à Edimbourg et l'autre moitié suivre les mouvements de l'armée. On se rencontra de nouveau, on négocia un nouvel accommodement.

En Angleterre, après plusieurs années d'interruption, le roi convoqua le parlement en 1640, pour avoir de l'argent et des troupes. Au lieu de lui en donner, le parlement se plaignit de la violation de ses priviléges, des innovations en matière de religion, et de l'envahissement des propriétés particulières. Le roi en prononça la dissolution, mais permit à l'assemblée du clergé anglican de continuer ses séances. On y ordonna entre autres que tout ecclésiastique, une fois tous les trois mois, instruirait ses paroissiens des droits divins du roi et du péché damnable de résister à son autorité (*Ibid.*, p. 93). Les circonstances devenant toujours plus difficiles, le roi fut contraint d'assembler d'abord la moitié de son parlement, les pairs, puis enfin le parlement tout entier. Il recommanda trois points à l'attention des deux chambres : la destruction des rebelles, le paiement de l'armée et la réforme des abus. Ces rebelles étaient les Ecossais en armes; mais les députés des communes fraternisaient avec les Ecossais : les puritains, les républicains même commençaient à se multiplier en Angleterre. Le parlement s'occupa donc uniquement de la réforme des abus, surtout de la taxe illégale pour la marine. Le comte de Strafford, principal ministre du roi, passait pour le principal auteur de tous les abus. Il fut accusé par la chambre des communes, condamné par cette même chambre et par celle des pairs, et décapité, l'an 1642, sur un ordre signé du roi. L'archevêque anglican de Cantorbéry, Laud, se voyait menacé d'un pareil sort : en attendant, il fut jeté en prison; on lui coupa la tête en 1645. L'Angleterre était en pleine révolution : le roi leva une armée, le parlement une autre. On se battait, on négociait; les secrets de chaque parti étaient vendus à l'autre. Les parlementaires anglais, que seconda jusqu'à sa mort le cardinal de Richelieu (Lingard, t. X, p. 245), se liguent avec les covenantaires d'Ecosse, qui envoient une armée à leur secours. Charles convoque un parlement royaliste à Oxford.

Dans l'armée parlementaire se distinguait Olivier Cromwell, né en 1599 et marié vingt-deux ans après. Il embrassa la secte des puritains, assista régulièrement à leurs assemblées, s'y distingua même par ce qu'ils appelaient les dons de la prière et de la prédication; car, ainsi que nous avons vu, ces calvinistes d'Ecosse n'avaient rien de régulier dans leur culte, tout y était abandonné à l'enthousiasme de chacun. En 1628, Cromwell fut élu membre du troisième parlement de Charles Ier, où il se signala par ses déclamations contre le papisme. Ce parlement ayant été dissous, il voulut passer dans la Nouvelle-Angleterre pour y faire fortune; mais une proclamation du roi défendit les émigrations. Au dernier parlement de 1641, Cromwell entra comme député de l'Université de Cambridge, où il avait fait ses études. Lorsque la guerre éclata entre le roi et le parlement, il leva un régiment de cavalerie, en obtint le commandement et déploya aussitôt les talents d'un grand capitaine. Il avait quarante-deux ans. Tour à tour, à la tête de sa troupe, il priait et prêchait en puritain fanatique, se battait, remportait la victoire en capitaine expérimenté. Il fut nommé lieutenant général de l'armée, sous le commandement en chef de lord Manchester, puis de lord Fairfax. Le roi, brouillé avec son parlement, avait sollicité l'intervention des officiers militaires. Cromwell profita de cette idée pour attirer aux troupes toute la force du gouvernement : il s'y établit comme deux chambres délibérantes, l'une d'officiers et de généraux, l'autre de sous-officiers et de soldats. Cromwell était l'âme de l'une et de l'autre chambre, non-seulement comme lieutenant général, mais comme prédicateur enthousiaste. En 1646, le roi se réfugie au milieu des Ecossais, ses compatriotes. Ceux-ci, au commencement de l'année suivante, le revendent pour huit cent mille livres sterling aux saints et aux puritains d'Angleterre, après que le parlement se fût reconnu le droit de le déposer. Les puritains se divisent : les presbytériens ne veulent souffrir que leur manière de culte; les indépendants, subdivisés en plusieurs sectes, inclinent à tolérer toute manière quelconque. Les presbytériens du parlement anglais en chassent les indépendants, qui sont rétablis par l'armée. Mais dans l'armée même se forme une secte nouvelle, ayant pour principe : « C'est à la multitude à se faire justice elle-même et à régler son culte comme elle l'entend, sans l'intervention d'évêques ni de roi. » Les niveleurs soupçonnent Cromwell de traiter secrètement avec le roi captif, et c'était vrai. Dans plus d'un régiment les soldats chassent leurs officiers : la subordination se rétablit avec peine par le courage de Cromwell, qui oublie dès lors son engagement avec le roi, pour se faire à lui-même des amis dans le parlement et dans l'armée (Lingard, t. X, p. 414).

Les principes des niveleurs sont embrassés par la majorité des soldats, et trouvent des prosélytes parmi les officiers. Ces fanatiques découvrent dans la Bible que le gouvernement des rois est odieux à Dieu, et ils prétendent que, dans le fait, Charles Stuart n'a plus de droit au sceptre. Cromwell invite les défenseurs de cette doctrine à se réunir dans sa maison, à la chambre haute de l'armée. La question y est débattue; mais il a grand soin, ainsi que ses collègues, de cacher ses véritables sentiments. Ils ne contredirent pas ouvertement les principes mis en avant par les niveleurs, mais ils affectèrent de douter qu'il fût possible de les mettre en pratique. Cromwell partit pour l'Écosse, où il battit les royalistes. Dans l'intervalle, les Calvinistes révolutionnaires découvrirent dans le livre des Nombres que le sang souille la terre et que la terre ne peut être purifiée du sang versé que par le sang de celui qui l'a répandu; d'où ils infèrent que Dieu leur a imposé le devoir de demander compte au roi de tout le sang versé pendant la guerre civile. Des pétitions militaires sont adressées en ce sens à la chambre des communes, dont la majorité les repousse. Le 30 novembre 1648, le conseil des officiers publie contre la chambre une déclaration menaçante. Elle accuse la majorité d'avoir abandonné ses anciens principes, et en appelle de leur autorité au jugement extraordinaire de Dieu et du bon peuple; elle invite les membres fidèles à protester contre la conduite passée de leurs collègues, et à se placer sous la protection de l'armée; elle soutient que, puisque Dieu a donné le pouvoir aux officiers, il leur a aussi fait un devoir de pourvoir à l'organisation du royaume et à la punition des coupables. En conséquence, quelques régiments entrent à Londres et purifient le parlement de telle manière, qu'il n'y reste qu'une cinquantaine de membres, qui furent baptisés du sobriquet de *Croupion*.

Les indépendants ou la faction militaire en obtiennent une ordonnance qui crée une cour de haute justice pour juger si Charles Stuart, roi d'Angleterre, n'est pas coupable de haute trahison envers le parlement et le royaume; mais la chambre des lords rejette l'ordonnance. Les indépendants obtiennent de celle des communes une déclaration que le peuple est l'origine de tout pouvoir légitime, et de cette vérité théorique, dit Lingard, ils déduisent deux erreurs de pratique. Comme si aucune portion de ce pouvoir n'eût jamais été déléguée au roi et aux lords, ils arrêtèrent que les communes d'Angleterre, assemblées en parlement, étant choisies par le peuple et le représentant, possédaient l'autorité suprême; et de là ils infèrent que tout ce qui est ordonné et déclaré loi par les communes en parlement, a force de loi et engage tout le peuple de la nation, même quand le roi et la chambre des lords n'y auraient pas donné leur consentement (Lingard, t. X, p. 455). Quant à Cromwell, lorsqu'il prenait la parole dans la chambre, c'était pour recommander la modération, pour exprimer les doutes dont son esprit était agité, et protester que, dans le cas où il donnerait son assentiment à des mesures sévères et rigoureuses, ce serait avec répugnance, et seulement pour obéir à la volonté du Très-Haut (*Ibid.*, p. 456).

Le roi Charles Ier, lorsqu'il eut été vendu par les Écossais aux Anglais, se vit prisonnier de la faction parlementaire, puis de la faction militaire. Deux fois il s'échappa, deux fois il fut repris. Il ne cessait de négocier avec ses adversaires : le parlement s'était déclaré satisfait des dernières conditions, lorsqu'il fut épuré par la faction militaire. Aucun roi ne fit de démarches pour sauver ce roi captif et menacé de l'échafaud. Il n'y eût pour intercéder en sa faveur que les ambassadeurs de la république de Hollande, où son fils avait trouvé un refuge. On ne leur donna audience que lorsque la sentence eut été prononcée (Lingard, t. X, p. 456).

Le 20 janvier 1649, les commissaires nommés par la chambre des communes se réunirent dans la salle de Westminster, au nombre de soixante-dix : l'avocat Bradshaw les présidait. Charles y comparut avec une contenance assurée, releva l'incompétence du tribunal, fut condamné le 27 et décapité le 30 janvier (vieux style), par deux officiers masqués en bourreaux.

Avant et pendant le procès, on essaya par toutes sortes de moyens d'échauffer l'esprit du peuple. Un prédicant calviniste annonça en chaire qu'il venait d'avoir une révélation; que pour assurer le bonheur du peuple, il était urgent d'abolir la monarchie; que le roi était visiblement Barabbas, et l'armée le Christ; qu'il ne fallait pas imiter les Juifs, délivrer le voleur au lieu du juste; que plus de cinq mille *saints* étaient dans l'armée, et des saints tels qu'il n'y en avait pas de plus grands dans le paradis; qu'ainsi justice devait être faite du grand Barabbas de Windsor.

John Cromwell, alors au service de Hollande, vint en Angleterre de la part du prince de Galles et du prince d'Orange, pour tâcher de sauver le roi. Introduit, avec beaucoup de peine, auprès d'Olivier, son cousin, il chercha à l'effrayer du crime prêt à se commettre; il lui rappela, à lui Olivier Cromwell, qu'il l'avait vu jadis dans des opinions plus loyales. Olivier répliqua que les temps avaient changé, qu'il avait jeûné et prié pour Charles, mais que le ciel n'avait pas encore donné de réponse. John s'emporta et alla fermer la porte; Olivier crut que son cousin le voulait poignarder. « Retournez à votre auberge, lui dit-il, et ne vous couchez qu'après avoir entendu parler de moi. » A une heure du matin, un messager vint dire à John que le conseil des officiers avait *cherché le Seigneur*, et que le Seigneur voulait que le roi mourût.

Cromwell apposa son nom à l'ordre d'exécution, avec les bouffonneries qu'il avait coutume de mêler aux actions les plus sérieuses. En signant, il barbouilla d'encre le visage de Henri Martyn, qui signait après lui; le régicide Martyn rendit jeu pour jeu à son camarade de forfait. Un colonel entre au moment de la signature : Cromwell le presse de signer comme les autres. Sur son refus, il le fait empoigner par ses collègues, lui met de force la plume entre les doigts, et, lui conduisant la main, au milieu de grands éclats de rire, le contraint de tracer son nom. Cromwell joua auprès de Fairfax une autre comédie : celui-ci voulait, avec son régiment, tenter de délivrer le roi. Cromwell, secondé de son gendre, Ireton, s'efforça de persuader à Fairfax que le Seigneur avait rejeté Charles. Ils l'engagèrent à implorer le ciel pour en obtenir un oracle, cachant toutefois à leur honorable dupe qu'ils avaient déjà signé l'ordre de l'exécution. Le colonel Harrison, aussi simple que Fairfax, mais dans d'autres idées que lui, fut laissé par le gendre et le beau-père auprès de Fairfax; il fit durer les prières jusqu'au moment où la nouvelle arriva que la tête du roi était tombée (Châteaubriand, *Les quatre Stuarts*).

Après la mort de Charles Ier, la confusion se répandit dans les trois royaumes. Chacun avait un plan de république et de religion. Les *millénaires*, ou les hommes de la cinquième monarchie, demandaient la loi agraire et l'abolition de toute forme de gouvernement, afin d'attendre le prochain gouvernement du Christ; il n'y avait, d'après eux, d'autre charte que l'Ecriture. Les *antinomiens* prétendaient que la loi morale était détruite, que chacun se devait conduire désormais par ses propres principes, et non plus d'après les anciennes notions de justice et d'humanité; ils réclamaient la liberté de tout faire; la fornication, l'ivrognerie, le blasphème sont, disaient-ils, selon les voies du Seigneur, puisque c'est le Seigneur qui parle en nous. Ils n'étaient pas loin de devenir Turcs, et se plaisaient à la lecture du Coran nouvellement traduit. Les *quakers* (trembleurs), et surtout les quakeresses, passaient aussi pour une secte mahométane. Des politiques, s'élevant contre toute espèce de culte, voulaient que le pouvoir ne reconnût aucune religion particulière; d'autres prétendaient refondre les lois civiles et effacer complètement le passé. Dépouillés de leurs biens et de leurs honneurs, les épiscopaux gémissaient dans l'oppression, et les presbytériens voyaient le fruit d'une révolution qu'ils avaient semée, recueilli par les indépendants, les agiteurs et les niveleurs.

Ces niveleurs étaient de plusieurs espèces : les uns, les *fouilleurs* et *déracineurs*, s'emparaient des bruyères et des champs en friche; les autres, les *guerriers* et les *turbulents*, soulevaient les soldats ou devenaient voleurs de grands chemins : tous demandaient la dissolution du long parlement et la convocation d'un parlement nouveau. Dans cette désorganisation complète de la société, au milieu de la potence et des échafauds qui s'élevaient pour punir le crime et la vertu, on n'avait aucun parti arrêté; par une sorte de bonne foi que l'anarchie laissait libre, il était très-commun d'entendre des républicains parler de mettre Charles II à la tête de la république, et des royalistes déclarer qu'une république était peut-être ce qu'il y avait de mieux.

Il restait cependant à Londres deux principes de gouvernement et d'administration : le *croupion* et le conseil des officiers qui avaient déjà subjugué le *croupion*. On examina d'abord si la chambre des pairs faisait partie intégrante du pouvoir législatif; malgré l'opinion de Cromwel, qui, dans ses intérêts, voulait garder la pairie, il fut décidé que la chambre héréditaire était inutile et dangereuse; sa suppression décrétée. La monarchie éprouva le même sort : le maire de Londres refusa de proclamer l'acte d'abolition de la royauté. Le royaume d'Angleterre se trouvant transformé en république, un nouveau grand sceau fut gravé; il représentait d'un côté la chambre des communes, avec cette inscription : *Le grand sceau de la république d'Angleterre*; sur le revers on voyait une croix et une harpe, armes de l'Angleterre et de l'Irlande, avec ces mots : *Dieu avec nous*; dans l'exergue on lisait : *L'an premier de la liberté, par la grâce de Dieu*, 1649 (Châteaubriand, *Les quatre Stuarts*).

Cependant l'Irlande s'était soulevée en faveur du roi. Cromwel fut nommé au gouvernement civil et militaire d'Irlande. Il partit accompagné d'Ireton, son gendre, après avoir *cherché le Seigneur* devant Harrison et expliqué les Ecritures. Il aborde à l'île dévouée avec dix-sept mille vétérans et une garde particulière de quatre-vingts hommes, tous officiers. Trédall est emporté d'assaut; Cromwel monte lui-même à la brèche : tout périt du côté des Irlandais. Wexford est saccagé, Goran rendu par les soldats; les officiers sont fusillés. D'autres places se soumettent. Cromwel et Ireton portent à l'Irlande, comme ils l'avaient annoncé, l'extermination et l'enfer.

Cromwel, au milieu de ses victoires, est rappelé pour repousser les Ecossais : ceux-ci s'étaient décidés à reconnaître les droits de Charles II, mais à la charge pour lui de publier cette déclaration déshonorante : « Que son père avait péché en prenant femme dans une famille idolâtre; que le sang versé dans les dernières guerres devait être imputé à son père; qu'il avait une profonde douleur de la mauvaise éducation qu'on lui avait donnée, et des préjugés qu'on lui avait inspirés contre la cause de Dieu, et dont il reconnaissait à présent l'injustice; que toute sa vie précédente n'avait été qu'un cours suivi d'inimitié contre l'œuvre de Dieu : qu'il se repentait de la commission donnée à Montrose (officier royaliste pendu par les Ecossais), et de toutes les actions qui avaient pu scandaliser; qu'il protestait devant Dieu qu'il était à présent sincère dans sa déclaration, et qu'il s'y tiendrait jusqu'à son dernier soupir, tant en Ecosse qu'en Angleterre et en Irlande. »

Cromwell marcha contre les Ecossais à la tête de dix-huit mille hommes. Il les attaqua à Dunbar, et les défit le 3 septembre 1650. L'année suivante, après avoir conquis une partie de l'Ecosse, il s'attacha aux pas de Charles II, qui s'était avancé en Angleterre avec une armée; il l'atteignit à Worcester. Le combat se livre le 3 septembre 1651, jour anniversaire de la bataille de Dunbar : deux mille royalistes sont tués; huit mille prisonniers sont encore vendus comme esclaves. On trouve cette habitude de trafiquer des hommes jusque sous Jacques II.

Le jeune roi fuit seul, et, à travers mille déguisements et aventures, débarque sain et sauf en Normandie. Cromwell revint triompher à Londres. Le parlement envoya une députation au devant de lui. Le général fit présent à chaque commissaire d'un cheval et de deux prisonniers : toujours même mépris des hommes parmi ces républicains. Les historiens n'ont pas remarqué ce trait de mœurs qui distingue les Anglais d'alors de tous les peuples chrétiens de l'Europe civilisée, et les rapproche des peuples d'Orient. Monck, laissé en Ecosse par Cromwell, acheva de la soumettre. Le royaume de Marie Stuart fut réuni, par acte du *croupion*, à l'Angleterre : ce que n'avaient pu faire les plus puissants monarques de la Grande-Bretagne.

Toutes les puissances de l'Europe, et l'Espagne la première, avaient reconnu la république. L'Irlande était domptée, l'Ecosse soumise et réunie à l'Angleterre; une flotte, commandée par Robert Blake, gardait les mers autour des Iles Britanniques; une autre croisait sur les côtes du Portugal. Les Indes occidentales, les Barbades et la Virginie, soulevées d'abord, furent réduites à l'obéissance. Le fameux acte de navigation proposé par le conseil d'Etat au parlement en 1651, rendu exécutoire le 1er décembre de cette même année, n'est point, comme on l'a écrit mille fois, l'ouvrage de l'administration de Cromwell, mais de la république avant l'établissement du protectorat.

Cromwell s'aperçut que ce reste d'assemblée, nommé le *croupion*, soumis d'abord et humilié, commençait à être jaloux du pouvoir que lui, Cromwell, avait acquis. Le futur usurpateur de l'autorité légale avait manœuvré longtemps entre les divers partis, tour à tour presbytérien, niveleur et même royaliste, mais s'appuyant toujours sur l'armée où l'esprit républicain dominait, autant que cet esprit peut exister au milieu des armes. Ayant donc repris son siège au parlement (16 septembre 1651), il passa la rédaction d'un bill pour mettre fin à ce parlement interminable : il ne le put obtenir qu'à la majorité de deux voix, quarante-neuf contre quarante-sept ; encore l'exécution du bill fut-elle remise au 3 novembre 1654.

Le rusé général avait eu l'adresse de remplir toutes les places de ses créatures : les soldats lui étaient dévoués. Depuis la bataille de Worcester, qu'il appelle, dans sa lettre au parlement, la *victoire couronnante*, il dissimulait à peine ses projets. La modération, besoin de tout homme qui, près d'arriver au pouvoir, s'y veut maintenir, était devenue l'arme de Cromwell : il avait fait publier une amnistie générale, et se montrait favorable aux royalistes. Il présidait à des assemblées, à des colloques, à des traités entre les partis, et trompait tout le monde. Le colonel Harrison, franc républicain, mais aveugle d'esprit, prétendait toujours que le général, loin de se vouloir faire roi, ne songeait qu'à préparer le règne de Jésus. « Que Jésus vienne donc vite, répondit le major Streater, ou il arrivera trop tard. » Cromwell, de son côté, déclarait que le psaume 110e l'encourageait à mettre la nation en république ; et, à cette fin, il engageait le comité d'officiers à présenter des pétitions qui devaient amener, par l'opposition des parlementaires, la destruction de la république. Une de ces pétitions demandait le paiement des arrérages de l'armée et la réforme des abus ; une autre sollicitait la dissolution immédiate du parlement et la nomination d'un conseil pour gouverner l'Etat jusqu'à la prochaine convocation du parlement nouveau. Emportées par leur ressentiment, les communes déclarèrent que quiconque présenterait à l'avenir de pareilles doléances serait coupable de haute trahison. On vint apprendre cette nouvelle à Cromwell, qui s'y attendait. Il s'écria, animé d'une feinte colère, au milieu des officiers : « Major général Vermont ! je me vois forcé de faire une chose qui me fait dresser les cheveux sur la tête. » Il prend trois cents soldats, marche à Westminster, laisse les trois cents soldats en dehors et pénètre seul dans la chambre : il était député.

Il écoute un moment en silence la délibération ; puis, appelant Harrison, membre comme lui de l'assemblée, il lui dit à l'oreille : « Il est temps de dissoudre le parlement. » Harrison répondit : « C'est une dangereuse affaire, songez-y bien. » — Cromwell attend encore ; puis, se levant tout à coup, il accable les communes d'outrages, les accuse de servitude, de cruauté, d'injustice : « Cédez la place, s'écrie-t-il en fureur ; le Seigneur en a fini avec vous ! il a choisi d'autres instruments de ses œuvres. » Un membre veut répondre ; Cromwell l'interrompt : « Je ferai cesser ce bavardage. Vous n'êtes pas un parlement ; je vous dis que vous n'êtes pas un parlement. » — Le général frappe du pied : les portes s'ouvrent ; deux files de mousquetaires entrent dans la chambre et se placent à droite et à gauche de leur chef. Le député Vane veut élever la voix : « O sir Henry Vane ! sir Henry Vane ! dit Cromwell ; le Seigneur me délivre de sir Henry Vane ! » Désignant alors tour à tour quelques-uns des membres présents : « Toi, dit-il, tu es un ivrogne ; toi, un débauché (c'était Martyn, ce régicide dont il avait barbouillé le visage d'encre) ; toi, un adultère ; toi, un voleur. » Ce qui était vrai. Harrison fait descendre le président de son fauteuil en lui tendant la main. Le troupeau épouvanté sort pêle-mêle ; tous ces hommes s'enfuient sans oser tirer l'épée, que la plupart portaient au côté. « Vous m'avez forcé à cela, disait Cromwell ; j'avais prié le Seigneur nuit et jour de me faire mourir plutôt que de me charger de cette commission. » — Alors, montrant du doigt aux soldats la masse d'armes : « Emportez cette marotte. » Il sort le dernier, fait fermer les portes, met les clés dans sa poche et se retira au palais de Whitehall. Le lendemain, on trouva suspendu à la porte de la chambre des communes un écriteau ainsi conçu : *Chambre à louer, non meublée* (Châteaubriand, *Les quatre Stuarts*).

Il était facile à Cromwell de convoquer un parlement libre ; il ne le voulut pas : il cherchait le pouvoir, non la liberté. L'Angleterre, d'ailleurs, était lasse de parlements ; après l'anarchie, on respirait pour le despotisme. Le conseil des officiers qui avait présenté la pétition décisive s'arrogea le droit d'élection ; il choisit (toujours à la suggestion de Cromwell) dans le parti millénaire les hommes les plus obscurs, les plus ignorants, les plus fanatiques : cent quarante-quatre personnages, ainsi triés, furent revêtus du pouvoir souverain. Harrison, sectaire de la *cinquième monarchie*, prêtait les mains à toutes ces violences ; il demandait seulement que le nouveau conseil fût composé de soixante-dix membres, pour mieux ressembler au sanhédrin des Juifs. Dans le club législatif des cent quarante-quatre *saints*, il fallait avoir de longs noms composés et tirés de l'Ecriture. Des deux frères Barebone, l'un, le corroyeur, s'appelait *Loue-Dieu* ; l'autre, *Si Christ n'était pas mort pour vous, vous seriez damné, Barebone*. Ce Barebone, dont le nom signifie en français *décharné*, donna son nom aux cent quarante-quatre ; au parlement *croupion* succéda le parlement *damné Barebone*, ou le *damné décharné*.

Lorsque ces *saints* entraient en séance à Westminster, ils récitaient des prières, cherchaient le Seigneur des journées entières, et expliquaient l'Ecriture ; cela fait ils s'occupaient des affaires dont ils se croyaient saisis. Cromwell ouvrit la session des *décharnés* par un discours qu'il accompagna de pieuses larmes, remerciant le ciel d'avoir assez vécu pour assister au commencement du règne des *saints* sur la terre. — Cinq mois s'étaient à peine écoulés, lorsque ces cent quarante-quatre *saints*, ne pouvant plus gouverner au milieu de la risée publique, chargèrent leur président, créature de Cromwell, de remettre l'autorité entre les mains de celui qui les en avait revêtus. Cromwell l'avait prévu; il accepta en gémissant le poids de l'autorité souveraine. Quelques pauvres d'esprit, qui n'étaient pas de la faction militaire, s'obstinèrent à siéger malgré la désertion du président et du sergent qui avait emporté la masse. Le capitaine White entra dans la chambre et demande à ces *saints* entêtés ce qu'ils faisaient là (12 décembre 1653). — Nous cherchons le Seigneur, répondirent-ils. — Allez donc ailleurs, s'écria White; le Seigneur n'a pas fréquenté le lieu depuis longues années (Châteaubriand, *Les quatre Stuarts*).

Le conseil des officiers militaires brocha une nouvelle constitution, qui plaçait la puissance législative dans un parlement et un *protecteur*. On supplia Cromwell d'accepter le protectorat de la république : il s'y résigna, le 26 décembre 1653, non sans un air convenable de répugnance. Il assembla plusieurs parlements, les cassa quand ils n'étaient point assez dociles, rétablit les deux chambres au lieu d'une, gouverna l'Angleterre avec intelligence, fermeté et gloire au dedans et au dehors, se vit recherché de toutes les puissances étrangères, notamment de Louis XIV, et mourut tranquillement de la fièvre, dans son lit, le 13 septembre 1658, à l'âge de 58 ans.

Sa tranquillité était fondée sur les premiers principes du calvinisme. — Dites-moi, demanda-t-il à Sterry, un de ses chapelains, est-il possible de déchoir de l'état de grâce? — Cela n'est pas possible, répondit le ministre. — Alors, s'écria le mourant, je suis en sûreté, car je sais que j'ai été une fois en état de grâce. — Dans cette conviction, il pria, non pour lui-même, mais pour le peuple de Dieu : « Seigneur, dit-il, quoique je ne sois qu'une misérable créature, je suis en relation avec toi par le moyen de ta grâce, et je puis et je dois approcher de toi pour ton peuple. Tu as fait de moi un humble instrument pour leur faire quelque bien et travailler à ton service. Beaucoup d'entre eux m'ont estimé plus que je ne valais, quoiqu'il y en ait d'autres qui se réjouiraient de ma mort. Seigneur, de quelque manière que tu disposes de moi, continue et ne cesse de leur faire du bien. Enseigne à ceux qui considèrent trop tes instruments, à compter davantage sur toi; et pardonne à ceux qui désirent fouler aux pieds la poussière d'un pauvre ver de terre, car ils sont aussi ton peuple. » Quand il eut rendu le dernier soupir, le chapelain Sterry s'écria : Cessez de pleurer, vous devez plutôt vous réjouir. Il était votre protecteur ici-bas, il sera un protecteur encore plus puissant, à présent qu'il est avec le Christ, à la droite du Père. » Un autre personnage plus grave annonça cet événement au gouverneur d'Irlande, avec la même confiance dans la sainteté de Cromwell : « Il est monté au ciel embaumé dans les larmes de son peuple, et porté sur les ailes des prières des saints (Lingard, t. XI, p. 400-402). »

Le lendemain, 14 septembre, Richard Cromwell, fils aîné du défunt, est proclamé *protecteur*. C'était un homme commun; il ne sut que faire de la gloire et des crimes de son père. L'armée, depuis longtemps domptée par son chef, reprit l'empire. L'oncle de Richard et son beau-frère se mirent, avec le général Lambert, à la tête des officiers, et forcèrent le faible protecteur de dissoudre le parlement, qui seul le soutenait. Chaque jour amenait un nouvel embarras, une nouvelle peine; Richard, qui s'oubliait et qu'on oubliait, qui détestait le joug militaire et qui n'avait pas la force de le rompre, qui n'était ni républicain ni royaliste, qui ne se souciait de rien, qui laissait les gardes lui dérober son dîner et l'Angleterre aller toute seule, Richard abdiqua le protectorat le 22 avril 1659. De tous les soucis du trône, le plus grand pour lui fut de sortir de Whitehall, non qu'il tînt au palais, mais parce qu'il fallait faire un mouvement pour en sortir. Il n'emporta que deux grandes malles remplies des *adresses* et des *congratulations* qu'on lui avait présentées pendant son petit règne; on lui disait dans ces félicitations que Dieu lui *avait donné*, à lui Richard, *l'autorité pour le bonheur des trois royaumes*. Quelques amis lui demandèrent ce que ses malles renfermaient de si précieux : « Le bonheur du peuple anglais, » répondit-il en riant.

Le conseil des officiers, demeuré maître, rappela le parlement *croupion*, et dans le jargon des partis, les principes de ce parlement se nommèrent *la vieille bonne cause*. Il ne se trouva qu'une quarantaine de députés à la première réunion, encore fallut-il aller chercher en prison deux de ces législateurs enfermés pour dettes. Cette momie estropiée, arrachée de son tombeau, crut un moment qu'elle était puissante, parce qu'elle se souvenait d'avoir fait juger un roi. A peine ressuscitée, elle attaqua l'autorité militaire qui lui avait rendu la vie; mais le *croupion* était sans force, car il était placé entre les royalistes unis aux presbytériens, qui voulaient le retour de la monarchie légitime, et les officiers indociles au joug de l'autorité civile.

A la suite d'autres incidents, où le général Monck parut en première ligne, le long parlement, après avoir ordonné des élections générales, prononça sa propre dissolution. Le peuple brûla en réjouissance, sur les places publiques, des monceaux de croupions de divers animaux. Le nouveau parlement, divisé, selon l'ancienne forme, en deux chambres, s'assembla le 25 avril 1660. Monck s'était déclaré républicain et l'ennemi des Stuarts, mais, en secret, il se concertait avec Charles II pour le faire monter sur le trône. Sur les insinuations de Monck, les deux chambres rappelèrent le roi, qui était en Hollande. Deux députés, dont un royaliste, demandèrent que de part et d'autre, on fixât les prérogatives de la couronne et les droits du parlement, afin d'éviter les collisions qui avaient eu lieu et qui pouvaient se renouveler encore. Monck s'opposa à cette mesure de conciliation, tout resta dans le vague : ce fut un malheur. Car, comme l'observe Châteaubriand, la déclaration royale de Charles ne promettait rien; ce n'était pas une charte. Charles ne faisait ni la part aux conquêtes du temps, ni les concessions nécessaires aux mœurs, aux idées, à la possession et aux droits acquis; dès lors une seconde révolution devenait inévitable, et le prince légataire du trône déshéritait sa famille (*Les Stuarts* : LE PROTECTORAT).

Charles II fit son entrée dans Londres le 29 mai 1660, trentième anniversaire de sa naissance, et mourut le 16 février 1685, dans la cinquante-cinquième année de son âge. Sa grande affaire pendant tout son règne furent ses plaisirs. Il ne laissa pas un enfant légitime, mais une foule de bâtards adultérins, qu'il honora de grands titres. L'exemple du roi fut imité par la cour : l'immoralité devint publique. « Les *cavaliers* ou anciens royalistes, dit Lingard, pour célébrer leur triomphe, se livrèrent à la débauche et à l'ivrognerie ; et les nouveaux royalistes, pour prouver la sincérité de leur conversion, s'efforcèrent de surpasser les *cavaliers* en licence (Lingard, t. XII, 95). » La débauche était le plus sûr moyen de parvenir, dit la *Biographie universelle*. On raconte que Charles II dit un jour à un de ses ministres, Shaftesbury, dans un moment de gaîté : « Je crois que tu es le plus mauvais sujet de mes Etats. — Votre Majesté a raison, répliqua le ministre, si elle entend parler seulement de ses sujets (*Biogr. univ.*, t. XLII, art. SHAFTESBURY). » — Enfin, Châteaubriand conclut : « S'il était possible de supposer que la corruption des mœurs répandue par Charles II en Angleterre fût un calcul de sa politique, il faudrait ranger ce prince au nombre des plus abominables monarques ; mais il est probable qu'il ne suivit que le penchant de ses inclinations et la légèreté de son caractère (*Les Stuarts*, CHARLES II). »

Dans les premiers jours de la restauration, on cherchait comment on pourrait jamais être assez esclave pour expier le crime d'indépendance : c'était une émulation domestique qui débarrassait le maître des actes de rigueur ; le clergé et le parlement se chargeaient de tout. Les communes passèrent un acte afin d'établir ou de rétablir la doctrine de l'obéissance passive. Le bill des convocations triennales fut aboli ; une espèce de long parlement royal dura dix-sept années pour la corruption, l'impiété et la servitude, comme le long parlement républicain en avait existé vingt pour le rigorisme, le fanatisme et la liberté. Tout prit le caractère d'une monarchie absolue dans une monarchie représentative ; les intérêts publics furent traités comme des intérêts privés ; ce ne furent plus les révolutions, mais les intrigues qui élevèrent les échafauds (*Ibid.*).

Un des premiers actes de Charles II fut de punir les meurtriers de son père. Tous les régicides furent déclarés coupables, et condamnés à mort. Dix furent exécutés aussitôt. Le langage de ces hommes devant la cour et après leur condamnation, dit Lingard, offrit quelques traits du fanatisme le plus exalté. Pour prouver la justice de leur cause, ils en appelèrent aux victoires que le Seigneur avait données à leurs épées ; à leurs Bibles, où il était enjoint de répandre le sang de qui a versé celui de ses semblables ; à l'Esprit de Dieu, qui avait témoigné à leur esprit que le supplice de Charles Stuart était un acte nécessaire de justice, une action glorieuse, dont le bruit s'était répandu parmi la plupart des nations, et une reconnaissance solennelle de la haute suprématie que le Roi du ciel exerce sur les rois de la terre. Des sentiments semblables les animèrent et les soutinrent sur l'échafaud. Lorsqu'on leur dit de se repentir, ils répondirent qu'ils s'étaient déjà repentis de leurs péchés, et qu'ils étaient sûrs du pardon ; mais qu'ils n'osaient pas se repentir de la part qu'ils avaient eue à la mort du feu roi, car se repentir d'une bonne action serait offenser Dieu ; qu'ils étaient fiers de mourir pour une aussi bonne cause ; que leur martyre serait le spectacle le plus glorieux que le monde eût jamais vu depuis la mort du Christ ; mais que leurs persécuteurs devaient trembler : que la main du Seigneur était déjà levée pour venger leur sang innocent, et que, dans peu de temps, la cause de la royauté serait abattue devant celle de l'indépendance. Ils prononcèrent cette prédiction avec la confiance des prophètes, et se soumirent à leur sort avec la constance des martyrs (Lingard, t. XII, p. 21 et 22).

Certainement, aux yeux de tout catholique, comme aux yeux de l'historien Lingard, ce langage respire le fanatisme le plus exalté. Mais il n'en est pas même des protestants de toute espèce, qui savent ce qu'ils sont et ce qu'ils disent. Ceux-là, au lieu d'un fanatisme exalté, ne verront dans le langage des régicides anglais que l'application calme et raisonnée des premiers principes du protestantisme, des premiers principes de Luther, Calvin et Wiclef. Calvin ne soutient-il pas, contre l'Eglise catholique, que la grâce de Dieu, une fois reçue, ne peut jamais se perdre ? De là, le régicide Cromwell n'avait-il pas raison de conclure : « Or, je suis sûr d'avoir été une fois en état de grâce ; donc j'y suis encore ! » — Et ses admirateurs n'avaient-ils pas *calvinistement* raison de l'appeler un saint ? — Et les royalistes, qui, sous Charles II, déterrèrent son cadavre et l'attachèrent à une potence, n'ont-ils pas commis une profanation sacrilège ?

Luther et Calvin ne soutiennent-ils pas, contre l'Eglise catholique, que Dieu opère en nous le mal comme le bien ; que la trahison de Judas n'est pas moins l'œuvre de Dieu que le repentir de saint Pierre ? De là Cromwell et ses collègues n'avaient-ils pas *calvinistement* raison de conclure que leurs trahisons, leur régicide étaient des actions divines et adorables ? Luther, Calvin, tous les protestants ne soutiennent-ils pas, contre l'Eglise catholique, que ce n'est pas à elle que l'Esprit de Dieu atteste le vrai sens des Ecritures, mais à l'esprit de chacun ? De là, Cromwell et ses collègues n'ont-ils pas eu raison de conclure que, d'après le témoignage de l'Esprit de Dieu à leur esprit, le supplice de Charles Stuart était un acte nécessaire de justice, une action glorieuse ?

Si les disciples de Luther et de Calvin n'ont pas toujours parlé et agi de même, il n'y a pas de quoi s'en étonner. — Penser ce que l'on veut et agir en conséquence, voilà le fond du protestantisme. — Ce qu'un protestant dit aujourd'hui ne l'engage pas pour demain. — Il peut, sans inconséquence, reconnaître un jour l'indépendance absolue des rois, et le lendemain les déclarer déchus, les envoyer même à l'échafaud ; octroyer à Henri VIII le privilège d'être un tyran, et couper la tête à Charles Ier, parce qu'il ne l'est pas. Ses variations sur ce point ne sont que des conséquences naturelles d'un principe invariable. — Quoi qu'il dise, en quelque forme qu'il proteste, toujours est-il qu'en vertu du principe fondamental du protestantisme, le souverain temporel est nécessairement sujet au libre examen, à la juridiction spirituelle, inaliénable, imprescriptible, suprême, de chaque individu.

Ce qui est vrai du souverain, l'est également de la loi et de toute autorité quelconque. En effet, si chaque individu est à lui-même sa règle souveraine, personne n'a rien à lui dire, de quelque manière qu'il pense, qu'il raisonne, qu'il conclue, et que, par suite, il agisse. Lors donc qu'un individu conclut qu'il est dégagé de son serment de fidélité, qu'il ne doit plus obéir à son prince, qu'il peut ôter à son prochain ses biens et sa vie même, et qu'il exécute son jugement privé, il est absurde de le blâmer, tyrannique de le punir. — De là diverses conséquences.

I. Tout gouvernement protestant est, de sa nature, une absurdité et une tyrannie. D'un côté, il proclame chacun juge souverain de ce qui est vrai, de ce qui est juste, de ce qui est droit, de ce qui est devoir; chacun maître souverain de réformer aujourd'hui ce qu'il a décidé hier, et demain ce qu'il décide aujourd'hui. C'est même là sa loi fondamentale. Mais, après cela, n'est-il pas absurde de vouloir imposer à ce juge souverain des lois qu'il n'a pas faites? absurde de vouloir qu'il les approuve deux jours de suite? absurde de vouloir qu'il les observe quand il ne le juge plus à propos? tyrannique de le punir de quoi qu'il fasse? car n'est-ce pas violer à son égard la loi fondamentale du protestantisme, le droit inviolable, imprescriptible du libre examen?

II. Tout souverain, par là seul qu'il est protestant, se dépose lui-même de la souveraineté, délie lui-même ses sujets de tout devoir. En effet, par là seul qu'il est protestant, il déclare chacun de ses sujets maître de penser comme il veut, et d'agir comme il pense. Lors donc que ses sujets lui obéissent encore, il doit le prendre comme une pure complaisance de leur part; et quand ils jugent à propos de ne plus lui obéir, il ne peut y voir qu'un légitime usage de leurs droits. Bref, ce que dit l'Apôtre de l'homme hérétique est vrai du souverain hérétique: *Il s'est renversé lui-même par un crime, et condamné par son propre jugement* (Tit. 3).

III. Nul sujet, nul peuple protestant ne peut, sans inconséquence, blâmer son souverain de quoi qu'il se permette. Dans les principes du protestantisme, le souverain, comme tout autre individu, est le juge suprême de son droit et de son devoir. Si donc le souverain se croit obligé d'employer la ruse ou la violence pour écraser ses sujets, non-seulement il le peut, mais il le doit. Bref, le peuple hérétique, comme le souverain hérétique, s'est renversé par un crime, et condamné par son propre jugement.

IV. Le protestantisme ne peut commander, sans se contredire, ni l'obéissance ni la résistance à personne. S'il commande l'obéissance envers l'individu *souverain*, il viole, contre ses propres principes, l'indépendance mentale de l'individu *sujet*; s'il commande la résistance, il viole, contre ses propres principes encore, l'indépendance mentale de l'individu *souverain*.

V. Le protestantisme anéantit, par le fait, toute obligation morale entre le souverain et le sujet. Il accorde au second une autorité égale à celle du premier. Ces deux autorités, en conflit, se détruisent réciproquement. Il ne reste, pour différence, que le plus ou moins de ruse ou de force. — En résumé, pour le protestantisme, le droit du plus fort est non-seulement le meilleur, mais le seul.

Comme on voit, tout souverain protestant, tout peuple protestant, et en général tout souverain, tout peuple hérétique pose l'anarchie en principe, en dogme, en loi fondamentale. Les auteurs qui ont avancé que l'état naturel du genre humain est la guerre de tous contre tous, ont raisonné très-juste comme protestants, comme hérétiques. Loi, ordre, justice, société, sont en effet pour le protestantisme des choses contre nature: les tribunaux, une tyrannie monstrueuse. Comme protestant, vous autorisez nécessairement tous les crimes; et puis, comme souverain, comme juge, vous les punissez du dernier supplice. Ainsi, en enfer, Satan et les siens, les premiers qui *protestèrent*, autorisent par leur exemple et leurs maximes d'indépendance tous les crimes, y sollicitent les hommes nuit et jour, puis les en punissent par des supplices éternels. Si donc le protestantisme n'avait point rencontré d'obstacle, s'il avait pu librement produire toutes ses conséquences, la société humaine, au nom de la Bible, serait retombée dans le chaos, la terre ne serait plus qu'une région de calamités et de ténèbres, couverte des ombres de la mort, où n'habiterait nul ordre, mais une éternelle horreur.

Exemples et échantillons de ce retour au chaos des idées, à la confusion des langues, sont généralement tous les écrivains protestants, notamment *François Bacon*, fils de Nicolas Bacon, garde-des-sceaux sous Élisabeth, et lui-même grand-chancelier sous Jacques. Tout le monde convient que, pour le cœur et le caractère, François Bacon fut un des hommes les plus vils et les plus méprisables. Le comte d'Essex, son insigne bienfaiteur, étant impliqué dans un procès politique qui le conduisit à l'échafaud, non-seulement Bacon l'abandonna dans sa disgrâce, mais encore plaida contre lui, sans qu'il y fût obligé d'aucune manière. Devenu par de tels moyens grand-chancelier d'Angleterre, il s'y montra juge corrompu et vénal, trafiquant de la justice; à tel point que, accusé devant la chambre des pairs, dont il était président, il se reconnut lui-même coupable sur presque tous les chefs, fut condamné à une amende énorme, et déclaré incapable d'occuper aucun emploi ou office public, de siéger au parlement, et d'approcher même du lieu où résiderait la cour. Mais si Bacon fut un homme vil, on a prétendu, dans un temps, que c'était un écrivain du premier ordre, un génie incomparable. Il est vrai, aucun fondateur des sciences ne l'a connu ou ne s'est appuyé de lui. Mais Voltaire, Diderot, d'Alembert le célébrèrent à l'envi, quoique ce dernier avoue que les ouvrages du philosophe anglais sont très-peu lus. De nos jours, Cabanis en a fait le panégyrique dans son cours de matérialisme intitulé: *Rapport du physique et du moral de l'homme*. « Bacon, dit-il, vint tout à coup, au milieu des ténèbres et des cris barbares de l'école, ouvrir de nouvelles routes à l'esprit humain...... Hobbes fut conduit à la véritable origine de nos connaissances. Mais c'était Locke, successeur de Bacon, qui devait pour la première fois, etc. Helvétius a résumé la doctrine de Locke... Condillac l'a développée et étendue... *Condillac autem genuit Lancelin*. Vient ensuite Volney, habitué aux analyses profondes, etc. » Il n'y a rien de si précieux, observe le comte de Maistre, que cette généalogie. On y voit que Locke est *successeur* de Bacon, on y voit que Locke, à son tour, engendra Helvétius, et que tous ces ennemis réunis du genre humain, y compris Cabanis lui-même, descendent de Bacon (Joseph de Maistre,

Examen de la philosophie de Bacon, tome II, c. 8). Les principaux ouvrages de ce dernier sont : 1° *De la dignité et de l'accroissement des sciences*; 2° *Nouvel instrument, ou indices vrais sur l'interprétation de la nature*; 3° *Forêt des Forêts, ou histoire naturelle*; 4° *Parascève* (préparation) *à l'histoire naturelle et expérimentale*; 5° *Histoire des vents*; 6° *Sermons fidèles, ou l'intérieur des choses*; 7° *Boutades, ou élans philosophiques*, etc. Ces divers ouvrages, avec leurs titres plus ou moins bizarres, forment une espèce de jardin anglais, où il y a quelques fleurs innocentes et beaucoup de vénéneuses. Voltaire, Diderot et d'Alembert ont mis à profit le venin pour corrompre leur siècle; l'abbé Emery, comme une industrieuse abeille, laissant de côté le venin, en a retiré quelque peu de miel dans son *Christianisme de Bacon* (t. I); un homme de nos jours, qui, dans la série des Pères de l'Église, tiendra le même rang que les illustres Boèce et Cassiodore, le comte Joseph de Maistre, a fait l'étude et l'anatomie complète de Bacon et de ses œuvres dans son *Examen de la philosophie de Bacon*. Voici la conclusion de son *Examen* :

« Tout lecteur est maintenant en état d'apprécier les éloges qui ont été prodigués à Bacon, et surtout à ses deux principaux ouvrages. Il a plu à d'Alembert de nous dire que Bacon, dans son ouvrage sur « *La dignité et l'accroissement des sciences*, » *examine ce qu'on savait déjà sur chacun des objets de toutes les sciences naturelles, et qu'il fait le catalogue immense de ce qui reste à découvrir.*

» Mais, de bonne foi, comment celui qui ne sait rien peut-il faire le catalogue de ce qu'on sait et de ce qu'on ne sait pas? S'il y a quelque chose de démontré, c'est la profonde ignorance de Bacon sur tous les objets des sciences naturelles : c'est sur quoi il ne peut rester aucun doute dans l'esprit de tout homme de bon sens qui aura pris la peine de lire cet ouvrage. Absolument étranger à tout ce qu'avaient écrit sur ces sciences tous les grands hommes qui furent ses prédécesseurs ou ses contemporains, et n'étant pas même en état de comprendre leurs écrits, de quel droit venait-il donner follement la carte d'un pays où il n'avait jamais voyagé; et qu'aurait-il pensé lui-même d'un homme qui, sans être jurisconsulte, aurait publié un livre sur les avantages et les désavantages de la législation anglaise?

» Le livre *De la dignité et de l'accroissement des sciences* est donc un ouvrage parfaitement nul et méprisable, 1° parce que l'auteur est tout à fait *incompétent*, pour parler de lui un peu plus justement qu'il n'a parlé du microscope; 2° parce que tous ses *desiderata* portent des signes manifestes d'une imagination malade et d'une tête altérée; 3° enfin, parce que les moyens qu'il donne pour arriver à la vérité paraissent avoir été inventés pour produire l'effet contraire et nous égarer sans retour.

» Quant au *Novum organum* (nouvel organe, nouvel instrument), il est bien plus condamnable encore, puisque, indépendamment des erreurs particulières dont il fourmille, le but général le rend digne d'un *Bedlam* (maison d'aliénés). C'est ici où la force des préjugés se montre dans tout son jour. Interrogez les panégyristes de Bacon : tous vous diront que le « *Novum organum* » est *l'échafaud dont on s'est servi pour élever l'édifice des sciences*; que Bacon *y fait connaître la nécessité de la physique expérimentale*, etc. Mais personne ne dira que le but général de ce bel ouvrage est de faire mépriser toutes les sciences, toutes les méthodes, toutes les expériences connues à cette époque et suivies déjà avec une ardeur infatigable, pour y substituer une théorie insensée, destinée, dans les folles conceptions de son auteur, à *donner des menottes à Protée, pour le forcer à prendre toutes les formes imaginables sous la main de son nouveau maître*, c'est-à-dire, en style vulgaire, *à découvrir les essences pour s'en emparer et les transmuer à volonté*; nouvelle alchimie également stupide et stérile que Bacon voulait substituer à celle qui pouvait au moins, par sa bonne foi, par sa piété et par les découvertes utiles dont elle avait fait présent aux hommes, se faire pardonner ses espérances trompées et même ses espérances trompeuses.

» Tout est dit sur Bacon, et désormais sa réputation ne saurait plus en imposer qu'aux aveugles volontaires. Sa philosophie entière est une aberration continuelle. Il se trompe également dans l'objet et dans les moyens; il n'a rien vu de ce qu'il avait la prétention de découvrir, et il n'a rien vu, non parce qu'il n'a pas regardé, non par suite de l'interposition des corps opaques, mais par le vice intrinsèque de l'œil, qui est tout à la fois faible, faux et distrait. Bacon se trompe sur la logique, sur la métaphysique, sur la physique, sur l'histoire naturelle, sur l'astronomie, sur les mathématiques, sur la chimie, sur la médecine, sur toutes les choses enfin dont il a osé parler dans la vaste étendue de la philosophie naturelle. Il se trompe, non point comme les autres hommes, mais d'une manière qui n'appartient qu'à lui et qui part d'une certaine impuissance radicale telle, qu'il n'a pas indiqué une seule route qui ne conduise à l'erreur, à commencer par l'expérience, dont il a perverti le caractère et l'usage, de façon qu'il égare lors même qu'il indique un but vrai ou un moyen légitime. Il se trompe dans les masses et les généralités, en troublant l'ordre et la hiérarchie des sciences, en leur donnant de faux noms et des buts imaginaires; il se trompe dans les détails, en niant ce qui est, en expliquant ce qui n'est pas, en couvrant ses pages d'expériences insignifiantes, d'observations enfantines, d'explications ridicules. Le nombre immense de ses vues et de ses tentatives est précisément ce qui l'accuse, en excluant toute louange de supposition, puisque Bacon ayant parlé de tout s'est trompé sur tout. Il se trompe lorsqu'il affirme, il se trompe lorsqu'il nie, il se trompe lorsqu'il doute, il se trompe de toutes les manières dont il est possible de se tromper. Sa philosophie ressemble à sa religion, qui *proteste* continuellement; elle est entièrement négative et ne songe qu'à contredire. En se livrant sans mesure à ce penchant naturel, il finit par se contredire lui-même sans s'en apercevoir, et par insulter chez les autres ses traits les plus caractéristiques. Ainsi, il blâme sans relâche les abstractions, et il ne fait que des abstractions, en recourant toujours à ses axiomes moyens, généraux, généralissimes, et soutenant que les individus ne méritent pas l'attention d'un philosophe; il ne cesse d'invectiver contre la science des mots, et il ne fait que des mots; il bouleverse toutes les nomenclatures reçues, pour leur en substituer de nouvelles, ou baroques, ou poétiques, ou l'une et l'autre. Le néologisme est chez lui une véritable maladie, et toujours il croit avoir acquis une idée lorsqu'il a inventé un mot. Il regarde en pitié l'alchimie toute opérative de son temps, et toute sa physique n'est qu'une autre alchimie toute babillarde et tout à fait semblable aux enfants *qui parlent beaucoup et ne produisent rien*, comme il l'a très-bien et très-mal à propos dit des anciens Grecs.

» La nature l'avait créé bel esprit, moraliste sensé et ingénieux, écrivain élégant, avec je ne sais quelle veine poétique qui lui fournit sans cesse une foule d'images extrêmement heureuses, de manière que ses écrits, comme fables, sont encore très-amusants. Tel est son mérite réel, qu'il faut bien se garder de méconnaître; mais dès qu'il sort du cercle assez rétréci de ses véritables talents, c'est l'esprit le plus faux, le plus détestable raisonneur, le plus terrible ennemi de la science qui ait jamais existé. Que si on veut louer en lui un amant passionné des sciences, j'y consens encore; mais c'est *l'eunuque amoureux* (*Christianisme de Bacon*, t. I, p. 359 et seqq.).

On n'a cessé de nous répéter pendant le dernier siècle, le XVIIIe, que Bacon avait rendu le plus grand service aux sciences en substituant l'induction au syllogisme. Un Écossais est allé jusqu'à dire : « Le genre humain s'étant fatigué pendant deux mille ans à chercher la vérité à l'aide du syllogisme, Bacon proposa l'induction comme un instrument efficace. Son nouvel instrument donna aux pensées et aux travaux des chercheurs un tour plus remarquable et plus utile que ne l'avait fait l'instrument aristotélique, et on peut le considérer comme la seconde grande ère des progrès de la raison humaine (Reid). » L'induction est en effet ce que Bacon appelle le nouvel organe, le nouvel instrument, comme qui dirait la nouvelle jambe pour entrer dans le domaine de la vérité, le nouveau compas pour en bien mesurer les dimensions. Or, ce nouvel organe est déjà fort vieux. Aristote disait : Ἐπαγωγὴ δὴ ἡ ἀπὸ τῶν καθέκαστα ἐπὶ τὰ καθόλου ἔφοδος (Top., 1, 10) : *L'induction est le sentier qui nous conduit du particulier au général.* Cet instrument, si différent du syllogisme, est un syllogisme. Aristote disait : *L'induction est un syllogisme sans moyen terme* (*Analyt. prior.*, 2, 12).

Tout le monde sait que le syllogisme est le raisonnement dans sa forme complète de trois propositions et de trois termes. Il est rare que ces propositions soient exprimées toutes les trois; d'ordinaire il y en a une de sous-entendue. Alors le syllogisme prend le nom d'*enthymème*, d'*induction*, etc. Par exemple, ce sera un syllogisme de dire : Toutes les mers sont salées, si chacune l'est. Or, la mer Adriatique est salée, la mer Baltique l'est, la mer Morte, etc. Donc toutes les mers sont salées. Ce sera une induction de sous-entendre la première proposition et de dire simplement : La mer Adriatique est salée, la mer Baltique, ainsi que la mer Morte, etc. Donc toutes les mers sont salées. Par où l'on voit à quoi se réduit toute cette théorie de l'induction dont on a fait tant de bruit : c'est un syllogisme contracté ou abrégé, et rien de plus. Ainsi, lorsqu'on nous dit que Bacon a substitué l'induction au syllogisme, c'est tout comme si l'on disait qu'il a substitué le syllogisme au syllogisme, ou le raisonnement au raisonnement (De Maistre, t. I, c. 1).

Bodley, célèbre restaurateur de la bibliothèque d'Oxford, écrivit à Bacon sur sa chimère fondamentale : « Permettez-moi de vous le dire franchement, je ne puis comprendre vos plaintes. Jamais on ne vit plus d'ardeur pour les sciences que de nos jours. Vous reprochez aux hommes de négliger les expériences, et sur le globe entier on ne fait que des expériences (*Ibid.*, p. 5). » Effectivement, pour ne parler que d'une seule science, l'astronomie, le prêtre Copernic venait de retrouver le véritable système du monde; Képler venait d'en découvrir les lois sur les observations de Tycho-Brahé. Galilée poussait plus avant ces découvertes; d'autres avec eux confirmaient ou rectifiaient les résultats par des calculs mathématiques. Bacon, à qui les mathématiques faisaient mal au cœur, se moquait de toutes ces découvertes et de tous ces calculs. Voici le résumé du jugement qu'il en porte :

« Quant à l'hypothèse de Copernic, qui exige une discussion particulière, elle n'a pu appartenir qu'à un homme capable de tout imaginer dans la nature, pourvu que ses calculs y trouvassent leur compte; il séduisit d'abord, parce qu'il ne répugne pas aux phénomènes, et parce qu'on ne peut le réfuter par des arguments astronomiques; il sert à faire des tables, mais il ne tient pas devant les principes de la philosophie naturelle bien posés.

» Le système de Copernic entraîne cinq inconvénients qui auraient dû le faire rejeter universellement : 1° il attribue trois mouvements à la terre, et c'est un grand embarras; 2° il chasse le soleil du rang des planètes, avec lesquelles cependant il a tant de qualités communes; 3° il introduit trop de repos dans l'univers, et il l'attribue surtout aux corps les plus lumineux, ce qui n'est pas probable; 4° il fait de la lune un satellite de la terre (tandis qu'elle n'est, comme nous l'avons vu, qu'une flamme ou un feu follet concentré); 5° enfin il suppose que les planètes accélèrent leur course à mesure qu'elles s'approchent de la *nature immobile* (la terre), ce qui est le comble de l'absurdité. Plutôt que d'accorder le mouvement à la terre et de regarder le soleil comme le centre de notre système, j'aimerais mieux, dit Bacon, nier toute espèce de système et supposer les corps célestes jetés au hasard dans l'espace, comme l'ont pensé quelques philosophes de l'antiquité.

» Si Copernic avait réfléchi sur ces grandes analogies, il n'aurait pas inventé son système, qui n'est au fond qu'un véritable *libertinage d'esprit*, qui n'a pas le moindre fondement raisonnable, et qui nous est démontré faux. Mais Copernic était un de ces hommes capables d'imaginer les plus grandes extravagances, dès qu'elles s'accordaient avec ses calculs; car ceux qui inventent ces sortes de systèmes s'embarrassent fort peu qu'ils soient vrais, pourvu qu'ils leur servent à construire des tables.

» L'astronomie que nous a donnée Copernic joue à l'intelligence humaine le même tour que Prométhée joua jadis à Jupiter, lorsqu'il lui présenta pour victime, au lieu d'un bœuf, la peau d'un bœuf habilement *bourrée* de paille, d'osiers et de feuillage. L'astronomie, de même, nous présente assez bien la partie extérieure du grand objet qui l'occupe, je veux dire le nombre, le lieu, les révolutions et les temps périodiques des astres; tout cela n'est, pour m'exprimer ainsi, que la *peau du ciel*. Elle est belle sans doute et très-habilement préparée pour le système; mais *les entrailles manquent*; c'est-à-dire les raisons physiques qui peuvent seules établir une théorie en supportant les hypothèses. Le génie en peut imaginer plusieurs, qui toutes expliquent les phénomènes. La bonne astronomie est celle qui nous enseigne *la substance, le mouvement et l'influence* des corps célestes selon leur véritable essence. Il faut, au lieu de s'amuser à des calculs stériles, étudier *les mouvements cosmiques, les passions catholiques et les désirs de la matière*, tant dans la terre que dans le ciel; alors on saura ce qui est et ce qui peut être.

» Telle est l'astronomie de Bacon, conclut le comte de Maistre, qui cite toujours la page et souvent les paroles. Quant à la nôtre, il la trouve assez bien fondée sur les phénomènes, mais cependant très-peu solide, et même VILE, parce qu'elle s'occupe de distances, de lieux, de temps périodiques, etc., et surtout parce qu'elle est toute mathématique et qu'elle s'amuse à faire des tables, au lieu d'étudier *les substances, les influences, les mouvements cosmiques et les passions catholiques* (*Examen de la philosophie de Bacon*, t. I, c. 5). »

Aussi le comte de Maistre trouve-t-il parfaitement fondé l'éloge que fait de Bacon le principal de ses traducteurs français. *Bacon*, dit M. Lasalle, *n'avait guère observé que le ciel de son lit* (*Ibid.*, p. 148). Le même traducteur fait des remarques non moins curieuses sur ces problèmes physiques de l'auteur : « Pourquoi la salamandre éteint-elle le feu? *Parce qu'elle est douée d'une faculté* extinctive, *dont l'effet naturel est d'éteindre le feu*. — A quoi le traducteur ajoute : *Comme notre auteur aurait une vertu explicative, s'il nous montrait bien nettement la raison de celle-là* (*Ibid.*, p. 245). — Autre problème de Bacon : *Qu'on recherche si deux poids parfaitement égaux étant mis en équilibre dans une balance, et l'un des bras étant allongé, elle inclinera de côté* par cela seule raison. Le traducteur écrit sous ce magnifique problème : *Voyez surtout si une baleine pèse plus qu'un goujon* (*Ibid.*, p. 251). »

Galilée, contemporain de Bacon, était un bien autre homme. Né à Pise, l'an 1564, il montra dès sa plus tendre enfance une aptitude singulière pour les inventions mécaniques. Écrivain classique pour le style, mathématicien du premier rang, il fut surtout un génie observateur. A l'âge de dix-huit ou vingt ans, il fit la première et l'une des plus belles de ses découvertes. Se trouvant un jour dans l'église métropolitaine de Pise, il remarqua le mouvement réglé et périodique d'une lampe suspendue au haut de la voûte. Il reconnut l'égale durée de ses oscillations, et la confirma par des expériences réitérées. Il en profita pour construire une horloge destinée aux observations astronomiques. Parmi d'autres découvertes, il inventa les thermomètres vers l'an 1597. En 1609, comme il enseignait à Venise, le bruit s'y répandit qu'un Hollandais avait présenté au comte Maurice de Nassau un instrument au moyen duquel les objets éloignés paraissaient comme s'ils étaient voisins : on n'en sut pas davantage. Sur cela seul, Galilée inventa le télescope ou lunette à longue vue, et en montra l'usage et les conséquences au sénat de la république. Il inventa aussi un microscope; mais surtout il perfectionna le télescope, et le mit enfin en état d'être tourné vers le ciel. Il vit alors ce que jusque-là n'avait vu nul mortel : la surface de la lune, semblable à une terre hérissée de hautes montagnes, et sillonnée par des vallées profondes; Vénus, présentant comme elle des phases qui prouvent sa rondeur; Jupiter, environné de quatre satellites qui l'accompagnent dans son cours. Il découvrit encore des taches mobiles sur le globe du soleil, et il n'hésita pas à en conclure la rotation de cet astre.

Nous avons vu dans le cours de cette histoire, et Tiraboschi a démontré dans trois dissertations intéressantes, que les souverains pontifes, loin de retarder la connaissance du véritable système du monde, l'avaient au contraire grandement avancée, et que, pendant deux siècles entiers, trois papes et trois cardinaux avaient successivement soutenu, encouragé, récompensé et Copernic lui-même et les différents astronomes précurseurs plus ou moins heureux de ce grand homme; en sorte que c'est en grande partie à l'Eglise romaine que l'on doit la véritable connaissance du système du monde. Nous avons vu que le chanoine Copernic dédia son fameux livre des *Révolutions célestes* au grand pape Paul III, protecteur éclairé de toutes les sciences.

Dans le vingtième livre de cette Histoire, nous avons vu les idées d'Aristote sur ces matières. On distinguait trois cieux au temps de ce philosophe : le ciel atmosphérique avec ce qu'il renferme; le ciel du soleil, de la lune et des planètes; le ciel ultérieur, limite de l'univers et comprenant toute la création. Au delà de ce dernier ciel, suivant Aristote, il n'y a ni lieu, ni vide, ni temps. C'est là qu'habite la Divinité, immuable, éternelle, se suffisant souverainement à elle-même, et communiquant de là le mouvement et la vie à tout le reste (*De cœlo*, l. 1, c. 9). Tous les anciens disaient que ce ciel, qui sert comme de trône à la Divinité, avait été physiquement produit, aussi bien que les deux autres; mais plusieurs prétendaient qu'avec cela il était éternel et incorruptible. Aristote prouve, contre ceux-ci, que si ce ciel a été produit comme le sont généralement les corps, il n'est ni incorruptible ni éternel. Lui pense qu'il est à la fois l'un et l'autre, mais aussi qu'il n'a pas été produit comme le reste (*Ibid.*, l. 1, c. 10; l. 2, c. 1). Ce n'était cependant pour lui qu'une espèce de probabilité; car il dit formellement ailleurs : « Il est des problèmes si grands et si ardus, que nous ne pouvons rien en décider, tant il est difficile d'en expliquer la cause; par exemple, le monde est-il éternel ou non (*Top.*, l. 1, c. 9)? » Dans Aristote, les noms de *ciel* et de *monde* sont synonymes. Ce philosophe rappelle et examine également les opinions des anciens touchant la terre. Les uns, tels que les Pythagoriciens, pensaient qu'elle était ronde et qu'elle se mouvait autour d'un centre; les autres pensaient différemment. Aristote croit qu'elle est ronde, mais immobile (*De cœlo*, l. 2, c. 14).

Enfin, quant à la physique générale du ciel et de la terre, la science moderne a trouvé qu'Aristote s'est trompé plus d'une fois, parce que les faits qui servaient de base à ses raisonnements n'avaient été observés ni assez exactement ni en assez grand nombre. Les savants ont eu le tort, à une certaine époque, de s'attacher là-dessus à Aristote, au point de ne pas observer, ni voir par eux-mêmes ; en quoi ils allaient et contre l'exemple et contre les principes de leur maître. Aristote ne recevait point aveuglément les opinions des philosophes antérieurs : il les examinait toutes. Il ne disait pas que les sciences naturelles reposassent sur l'autorité d'aucun d'eux, ni non plus sur la sienne, mais sur des expériences nombreuses et bien faites (*Métaph.*, l. 1, c. 1). Ils auraient dû suivre l'exemple des théologiens catholiques. Quelle que fût l'estime de ceux-ci pour le philosophe de Stagire, quel que fût l'empressement avec lequel ils adoptèrent sa méthode, son ordre, sa clarté, sa précision, ils ne le prirent pas néanmoins pour règle de la doctrine chrétienne; c'est d'après celle-ci, au contraire, qu'ils admettaient, rectifiaient ou rejetaient ses opinions particulières. Les physiciens auraient dû faire toujours de même, ne jamais s'en tenir à l'opinion d'Aristote comme à quelque chose d'infaillible, mais la confronter avec la grande règle des sciences physiques, d'après Aristote lui-même, l'observation exacte et multipliée des faits.

Quant à l'histoire naturelle des animaux, science qu'Aristote a créée pour ainsi dire à lui seul, tout y est d'observation. L'anatomie du corps humain y sert de point de comparaison. A chaque partie de ce corps, il compare la partie correspondante du corps des divers animaux, en y entremêlant des remarques curieuses sur leurs mœurs. Alexandre avait donné des ordres et fait des dépenses considérables pour rassembler des animaux de tous les pays, afin que le philosophe pût bien les observer. Aussi, après vingt-deux siècles, ce grand ouvrage du philosophe est-il encore admiré comme un chef-d'œuvre que rien n'a surpassé, ni même égalé. Tel est le jugement de Cuvier, l'Aristote français pour l'histoire naturelle.

Si Alexandre eût pu amener à son précepteur le soleil, la lune et les planètes, aussi bien que les animaux de l'Egypte, de la Syrie et de l'Inde, Aristote n'eût pas manqué de découvrir le vrai système planétaire, comme il a découvert le vrai système de zoologie. Ce qu'Alexandre n'a pu, le télescope l'a fait. C'est là, vraiment, un nouvel organe, un nouvel instrument qui introduit l'homme dans un nouveau monde, tandis que le nouvel organe, le nouvel instrument de Bacon est une vieillerie qui traîne depuis deux mille ans dans les magasins d'Aristote. Copernic, Galilée, Kepler ont fait avec le télescope ce qu'Aristote n'eût pas manqué de faire; ils ont bien observé le ciel : Bacon s'est moqué d'eux et de leurs découvertes. Quelques théologiens d'Italie ne furent pas plus sages que Bacon. Galilée enseignait ses découvertes à Pise, à Venise, à Florence; elles lui attirèrent une grande célébrité, mais aussi beaucoup d'envieux : les uns traitaient ses découvertes astronomiques de pures visions, les autres soutenaient que le système de Copernic sur le mouvement de la terre était contraire aux Ecritures. Galilée, dans une lettre de 1616 à la grande duchesse de Toscane, entreprit de prouver théologiquement, et par des raisons tirées des Pères, que les termes de l'Ecriture pouvaient se concilier avec ses nouvelles découvertes sur la constitution de l'univers. Ses adversaires le dénoncèrent à Rome comme soutenant lui-même une opinion erronée dans la foi. Une assemblée de théologiens, nommée par le Pape, condamna deux propositions : 1° comme hérétique : que le soleil occupe le centre du monde et qu'il n'a aucun mouvement local; 2° comme erronée dans la foi : que la terre n'est pas le centre du monde et qu'elle a un mouvement quotidien. Ces propositions présentaient plus d'un sens. La terre est vraiment le centre du monde pour l'homme, pour les desseins de la Providence sur l'humanité, surtout en ce qui regarde l'ordre de la grâce et de la gloire. Dire indiscrètement au peuple que la terre n'est pas le centre du monde, mais que c'est le soleil, c'était l'exposer à de graves erreurs. Aujourd'hui, l'astronomie nous enseigne que le soleil n'est pas même le centre du monde sidéral, mais simplement de notre système planétaire, qui probablement tourne lui-même, avec notre soleil, autour de quelqu'une de ces étoiles que nous appelons fixes et qui paraissent ne l'être pas. Les deux propositions étaient en outre qualifiées de *fausses* et d'*absurdes* en philosophie : elles l'étaient effectivement pour la philosophie dominante d'alors. Il aurait fallu, entre savants, bien distinguer ces sens divers, et adopter à l'égard du peuple un langage discret, pour ne pas le jeter dans de fausses idées. Mais, de part et d'autre, on n'était point assez calme. Comme Galilée se montrait un peu trop récalcitrant à la décision, le tribunal du Saint-Office lui fit personnellement défense de professer désormais l'opinion qui venait d'être condamnée; condamnée, non par le Pape ni par un concile, mais par une assemblée de théologiens.

Galilée revint donc à Florence l'an 1617, où il vécut seize ans fort tranquille. Cependant il composait, avec beaucoup d'art et d'esprit, des dialogues italiens entre trois personnages, pour démontrer le mouvement de la terre, en ayant l'air de le combattre. Pour obtenir la permission de l'imprimer, il se rend à Rome l'an 1630, va trouver le maître du sacré palais, lui présente son ouvrage comme le recueil de quelques nouvelles fantaisies scientifiques, le prie de vouloir bien l'examiner avec scrupule, d'en retrancher tout ce qui lui paraîtrait suspect, enfin de le censurer avec la plus grande sévérité. Le prélat, ne se doutant de rien, lit l'ouvrage, le relit encore, le donne à juger à un de ses collègues, et, n'y voyant rien à reprendre, y mit de sa propre main une ample approbation. D'ailleurs, dix années auparavant, en 1620, la congrégation du Saint-Office avait fait connaître publiquement les passages du livre de Copernic, qui, mal interprétés, pouvaient être dangereux, et elle permit d'enseigner le système *comme hypothèse*, *mais non pas comme thèse*. Ladite approbation suffisait pour Rome, mais Galilée voulait imprimer à Florence. Alors le maître du sacré palais redemanda son approbation, indiqua un nouveau censeur, et l'ouvrage parut à Florence en 1632, avec l'approbation du censeur de cette ville. Galilée présentait ses dialogues comme une apologie du jugement des théologiens qui avaient condamné le système de Copernic. « On a, dit-il, avancé en pays étranger que ce jugement avait été rendu par des gens ignorants et passionnés; mais moi, qui ai eu l'occasion de connaître à fond les motifs de cette détermination prudente, je crois devoir rendre ici témoignage à la vérité. Je me trouvais à Rome à cette époque; j'ai obtenu non-seulement des audiences, mais même des applaudissements à ce sujet des premiers prélats, et si le jugement a été rendu, ce n'a pas été sans m'avoir demandé auparavant plusieurs informations : c'est pourquoi j'ai voulu, par ce nouvel écrit, montrer aux étrangers qu'on en sait autant qu'eux en Italie sur ces matières et que l'on n'en juge qu'avec connaissance de cause. » Certes, dans une plaidoirie pareille, il peut y avoir de l'esprit, mais pas de bonne foi.

Cette ironique apologie de ses adversaires les indisposa plus que jamais. Vainement Galilée essaya d'échapper, en alléguant qu'il avait soumis son livre au jugement du Saint-Siége; vainement, pour dernière ressource, il protesta qu'il avait seulement voulu exposer les deux systèmes de Ptolémée et de Copernic d'une manière philosophique, sans prétendre adopter l'un plutôt que l'autre. Ses dialogues furent déférés à l'inquisition, et lui-même assigné à comparaître devant ce tribunal. C'était en 1633, et il avait soixante-neuf ans. « J'arrivai à Rome, dit-il dans une de ses lettres, le 10 février, et je fus remis à la clémence de l'inquisition et du souverain Pontife, Urbain VIII, qui avait pour moi quelque estime. Je fus mis en arrestation dans le délicieux palais de la Trinité-du-Mont, séjour de l'ambassadeur de Toscane. » Pendant les débats, sa prison fut l'habitation commode du fiscal du Saint-Office, et il n'y resta que pendant quinze jours, après lesquels on lui permit de retourner chez l'ambassadeur. On lui intima sa sentence le 22 juin; elle portait qu'il devait être emprisonné pendant un temps qu'on laissa à la détermination du Saint-Office, et on l'obligea de rétracter et de condamner ses erreurs, en s'engageant avec serment à ne plus les enseigner.

Il est certain, par les lettres de l'ambassadeur toscan, dit la *Biographie universelle*, que Galilée ne fut point jeté dans les cachots du Saint-Office, quoique le jugement le dise : on lui donna pour prison le logement même d'un des officiers supérieurs du tribunal, avec la permission de se promener dans tout le palais. On lui laissa son domestique : il ne fut pas même mis au secret, et il put, tant qu'il le voulut, recevoir des visites et écrire à ses amis; c'est ce que confirment de nombreuses lettres de lui, datées de cette époque, et que l'on a conservées. S'il ne recouvra pas d'abord une entière liberté, du moins sa captivité fut aussi douce qu'elle pouvait l'être, puisqu'il eut pour prison le palais même de l'archevêque de Sienne, Piccolomini, son ami et son élève, palais magnifique et entouré de superbes jardins. Enfin, au commencement de décembre 1633, le Pape lui donna la permission de venir librement résider à la campagne près de Florence, et plus tard l'entrée de cette ville lui fut accordée quand ses infirmités l'exigeaient (*Biogr. univers.*, t. XVI).

Après tout, conclut de Maistre, jamais l'Église réunie, jamais les Papes, en leur qualité de chefs de l'Église, n'ont prononcé un mot ni contre le système de Copernic en général, ni contre Galilée en particulier. Galilée fut condamné par l'inquisition, c'est-à-dire par un tribunal qui pouvait se tromper comme un autre, et qui se trompa en effet sur le fond de la question; mais Galilée se donna tous les torts envers le tribunal, et il dut enfin à ses imprudences multipliées une mortification qu'il aurait pu éviter avec la plus grande aisance et sans se compromettre aucunement. Il n'y a plus de doute sur ces faits. Nous avons les dépêches du grand-duc à Rome, qui déplore les torts de Galilée. S'il s'était abstenu d'écrire, comme il en avait donné sa parole ; s'il ne s'était pas obstiné à vouloir prouver le système de Copernic par l'Écriture sainte ; s'il avait seulement écrit en langue latine, au lieu d'échauffer les esprits en langue vulgaire, il ne lui serait rien arrivé. Dans l'année même qui vit la condamnation de Galilée, la cour de Rome n'oublia rien pour amener dans l'Université de Bologne ce fameux Képler, qui non-seulement avait embrassé l'opinion de Galilée sur le mouvement de la terre, mais qui prêtait de plus un poids immense à cette opinion par l'autorité de ses immortelles découvertes (De Maistre, t. II, c. 7). Enfin, le pape Urbain VIII avait fait des vers pour célébrer les découvertes astronomiques de Galilée.

Quant à la comparaison entre Galilée et Bacon, voici le jugement de l'Anglais Hume : « Si Bacon est considéré simplement comme auteur et comme philosophe, quoique très-estimable sous ce point de vue, il est fort inférieur à Galilée, son contemporain. Bacon a montré de loin la route de la vraie philosophie; Galilée l'a non-seulement montrée, mais il y a marché à grands pas. L'Anglais n'avait aucune connaissance des mathématiques; le Florentin y excellait, et il est le premier qui les ait appliquées aux expériences et à la philosophie naturelle. Le premier a rejeté dédaigneusement le système de Copernic; l'autre l'a fortifié de nouvelles preuves empruntées de la raison et des sens. Le style de Bacon est dur et empesé. Son esprit, quoique brillant par intervalles, est peu naturel et semble avoir ouvert le chemin à ces comparaisons alambiquées qui distinguent les auteurs anglais. Galilée, au contraire, est vif, agréable, quoique un peu prolixe. Mais l'Italie, n'étant pas unie sous un seul gouvernement, et rassasiée peut-être de cette gloire littéraire qu'elle a possédée dans les temps anciens et les modernes a trop négligé l'honneur d'avoir donné naissance à un si grand homme, au lieu que l'esprit national qui domine parmi les Anglais leur fait prodiguer à leurs éminents écrivains, entre lesquels ils comptent Bacon, des louanges et des acclamations qui peuvent souvent paraître partiales ou excessives (*Biogr. univ.*, t. XVI, art. GALILÉE).

Quant au but et à la tendance finale de Bacon dans ses œuvres, voici comme son traducteur français le fait parler :

« Parlant à un roi théologien et dévot (Jacques Ier), devant des prêtres tyranniques et soupçonneux (le clergé anglican), je ne pourrai manifester entièrement mes opinions; elles heurteraient trop les préjugés dominants. Obligé souvent de m'envelopper dans des expressions générales, vagues et même obscures, je ne serai pas d'abord entendu, mais j'aurai soin de poser des principes dont ces vérités, que je n'oserai dire, seront les conséquences éloignées, et tôt ou tard ces conséquences seront tirées. Ainsi, sans attaquer directement le trône ni l'autel, qui, aujourd'hui appuyés l'un sur l'autre, et reposant tous deux sur la triple base d'une longue ignorance, d'une longue terreur et d'une longue habitude, me paraissent inébranlables, tout en les respectant verbalement, je minerai l'un et l'autre par mes principes; car le plus sûr moyen de tuer du même coup et le sacerdoce et la royauté, sans égorger aucun individu, c'est de travailler en éclairant les hommes à rendre à jamais inutiles les rois et les prêtres, leurs flatteurs et leurs complices, quand ils désespèrent de devenir leurs maîtres. Ce sont des espèces de tuteurs nécessaires au peuple, tant qu'il est enfant et mineur. Un jour finira cette longue minorité, et alors, rompant lui-même ses lisières, il se tirera de cette insidieuse tutelle; mais gardons-nous d'émanciper trop tôt l'enfant robuste, et tenons-lui les bras liés jusqu'à ce qu'il ait appris à faire usage de ses forces, de peur qu'il n'emploie sa main gauche à couper sa main droite, ou ses deux mains à se couper la tête (Lasalle, *Traduct. des œuvres de Bacon*, préface générale, p. 44). »

Le comte de Maistre, ayant cité ce passage dans son *Examen de la philosophie de Bacon*, ajoute: « Le tome second de cet ouvrage justifie complétement la vérité de cette prosopopée. J'espère avoir rendu les ténèbres de Bacon visibles. J'ai forcé ce Sphinx à parler clair, et ses énigmes ne feront plus désormais que des dupes volontaires (*Ibid.*, t. II, p. 307). »

Cependant, nous l'avons vu, cette tendance à la confusion et à l'anarchie tient moins à l'individu protestant qu'à l'essence même du protestantisme. La preuve s'en trouve jusque dans la poésie. Dans le XIVe siècle, le poète catholique, Dante Alighieri, chante dans une trine épopée tout l'ensemble des œuvres divines. Engagé dans une forêt obscure, le poète, après quelques incidents, arrive avec son guide à la porte de l'enfer, sur laquelle on lit cette inscription: « Par moi, on va dans la cité des larmes; par moi, on va dans l'abîme des douleurs; par moi, on va parmi les races criminelles et proscrites. La justice anima mon sublime créateur; je suis l'ouvrage de la divine puissance, de la suprême sagesse et du premier amour. Rien ne fut créé avant moi, que les choses éternelles; et moi, je dure éternellement. O vous qui entrez, laissez toute espérance! » La Providence, pour qui tous les morts vivent, lui envoie pour guide le poète de Mantoue, qui le dirige par les neuf enceintes de l'enfer jusqu'aux dernières du purgatoire, où une âme pure qu'il aima sur la terre, et dont le souvenir l'avait ramené à la vertu, le conduit jusqu'aux sphères les plus élevées du ciel, où saint Bernard, par la théologie de saint Thomas et de saint Bonaventure, le fait monter jusqu'au plus haut des cieux, et, par l'intercession de la sainte Vierge, lui fait entrevoir la gloire infinie de l'adorable Trinité annoncée par l'inscription même de l'enfer. On ne peut rien de plus grand ni de plus élevé. Ce terme du poème est le terme final de toutes choses. A côté de ce poème italien du XIVe siècle, plaçons le poème anglais du XVIIe, l'épopée de *Milton*, secrétaire de la république anglaise et du protecteur Cromwell. *Le Paradis perdu*, comme le protestantisme tout entier, se réduit à dire: « Dieu a créé le monde avec une admirable sagesse; cependant, à peine ce monde est-il créé, que tout s'y dérange par la révolte de l'ange et de l'homme. Un Sauveur est annoncé, qui réparera tout: ce Sauveur est le fils de Dieu, il enseigne, il se conduit avec une sagesse divine. Cependant, à peine n'y est-il plus, que son œuvre se détraque, que sa religion va se corrompant de siècle en siècle, surtout en Angleterre, jusqu'à ce qu'enfin les puritains d'Ecosse y viennent raccommoder pour toujours le chef-d'œuvre de Dieu et de son Fils, en apprenant à tout le monde que chacun n'a d'autre règle que soi-même. » Telle était en effet l'unique règle du puritain Milton, qui justifia sur ce principe le régicide de son patron Cromwell.

Quant à sa créance ou *mécréance* religieuse, voici ce qu'en dit Châteaubriand, son traducteur: « Il résulte d'une lecture attentive du *Paradis perdu*, que Milton flottait entre mille systèmes. Dès le début de son poème, il se déclare socinien, par l'expression fameuse *un plus grand homme* (rachètera le premier). Il ne parle point du Saint-Esprit; il ne parle jamais de la Trinité; il ne dit jamais que le Fils est égal au Père. Le Fils n'est point engendré de toute éternité; le poète place même sa création après celle des anges. Milton est arien, s'il est quelque chose; il n'admet point la *création* proprement dite; il suppose une matière préexistante, coéternelle avec l'Esprit. La création particulière n'est à ses yeux qu'un petit coin du chaos arrangé, et toujours prêt à retomber dans le désordre. Toutes les théories philosophiques connues du poète ont pris plus ou moins de place dans ses croyances: tantôt c'est Platon avec les exemplaires des idées, ou Pythagore avec l'harmonie des sphères; tantôt c'est Epicure ou Lucrèce avec son matérialisme, comme quand il montre les animaux à moitié formés sortant de la terre. Il est fataliste lorsqu'il fait dire à l'ange rebelle que lui, *Satan*, naquit *de lui-même* dans le ciel, *le cercle fatal amenant l'heure de sa création*. Milton est encore panthéiste ou spinosiste. Cependant, au milieu de cette confusion de principes, le poète reste biblique et chrétien; il redit la chute et la rédemption. Puritain d'abord, ensuite indépendant, anabaptiste, il devient *saint*, quiétiste et enthousiaste; ce n'est plus qu'une voix qui chante l'Éternel. Milton n'allait plus au temple, ne donnait plus aucun signe de religion; dans le *Paradis perdu*, il déclare que la prière est le seul culte agréable à Dieu (Châteaubriand, t. V, *Essai sur la littérature anglaise*, p. 113 et 114).

Ainsi donc, les hommes que l'Angleterre protestante regarde comme ses plus puissants génies la poussaient puissamment à l'irréligion, à l'anarchie, au chaos. Qui donc la retiendra sur le bord de l'abîme? qui donc l'empêchera de rompre complétement avec cette Eglise catholique, qui, dans les vues de Dieu, est le principe, le milieu, la fin de toutes choses? Ce sera une divine réserve d'hommes, de femmes, d'enfants fidèles à la vieille Angleterre, à l'Angleterre des saints rois et des saints pontifes, à l'Angleterre de saint Grégoire le Grand. Ces martyrs de la foi de leurs pères seront persécutés, immolés par leurs frères apostats, et obtiendront à leur patrie la grâce du retour: jusqu'à cet heureux moment, dont nous voyons les indices, les catholiques d'Angleterre auront à souffrir sous tous les règnes. A la mort d'Elisabeth, ils espéraient quelque adoucissement à leur sort sous Jacques Ier : ils avaient beaucoup souffert pour la cause de sa mère, Marie Stuart ; ils l'avaient aidé lui-même à monter sur le trône anglais ; il leur avait fait des promesses, il en avait fait au Pape, qui se déclara dé ses amis et recommanda fortement aux catholiques de ne prendre part à aucune conspiration. Jacques, une fois sur le trône, ne se souvint guère de ses promesses. Les catholiques qui se refusaient à fréquenter le prêche de l'hérésie étaient condamnés à une amende de cinq cents francs par mois lunaire. Jacques Ier fit payer même les arrérages, ce qui réduisit plusieurs familles à la mendicité. Il ruinait ainsi les Anglais catholiques pour enrichir ses favoris d'Ecosse. Un gentilhomme anglais, nommé Catesby, ne put le supporter : de lui-même, ou par instigation étrangère, il forma le complot, avec douze autres individus, de faire sauter la salle de Westminster, avec des barils de poudre, au moment que le roi y ouvrirait le parlement : les membres catholiques y devaient périr avec les autres. La chose devait avoir lieu le 5 novembre 1605. Le complot fut découvert ce jour-là même. Le protestant Cobbet donne, comme un fait avéré, que Cécil, principal ministre de Jacques Ier, après l'avoir été d'Elisabeth, connaissait le complot depuis longtemps et encourageait secrètement les conspirateurs ; mais il ne lui paraît pas suffisamment prouvé qu'il en fut le premier instigateur, comme il l'a été, avec Elisabeth, du projet infernal de faire assassiner le roi Henri Stuart d'Ecosse, et d'en rejeter le crime sur sa femme Marie Stuart. Quoi qu'il en soit de la première origine de la *conspiration des poudres*, le roi et le parlement en profitèrent pour accabler les catholiques de nouvelles vexations. Le Jésuite Garnet fut supplicié de la manière la plus cruelle, bien qu'il fût totalement étranger au complot : seulement, il en avait eu connaissance par la voie de la confession sacramentelle, et avait fait d'ailleurs tout ce qui dépendait de lui pour en empêcher l'exécution (Cobbet, lettre 12).

Le parlement proposa, le roi sanctionna un nouveau code pénal contre les Anglais fidèles à la foi de la vieille Angleterre. Il y avait plus de soixante-dix articles, qui leur infligeaient des peines suivant leur condition de maîtres, domestiques, époux, parents, enfants, héritiers, patrons, avocats et médecins. 1º Il fut défendu aux catholiques réfractaires, sous des peines particulières, de paraître à la cour, de demeurer en dedans des barrières ou à dix milles des limites de la cité de Londres, ou de s'éloigner en aucune circonstance de plus de cinq milles de leur habitation, sans un permis spécial signé de quatre magistrats du voisinage. 2º On les déclara incapables de pratiquer la chirurgie ou la médecine, de faire les fonctions de jurisconsultes, d'exercer celles de juges, de secrétaires ou d'officiers dans aucune cour ou corporation quelconque, ou de présenter des sujets pour les bénéfices, les écoles, les hôpitaux, où ils auraient des places à donner, ou de remplir les charges d'administrateurs, d'exécuteurs testamentaires ou de tuteurs. 3º A moins qu'ils ne fussent mariés par un ministre protestant, les deux conjoints encouraient la confiscation de tous les bénéfices auxquels leur eût donné droit la propriété de l'un ou de l'autre ; si leurs enfants n'étaient pas baptisés par un ministre protestant, un mois après leur naissance, cette omission les assujétissait à une amende de deux mille cinq cents francs ; et si leurs morts n'étaient pas enterrés dans un cimetière protestant, les exécuteurs testamentaires étaient passibles d'une amende de vingt francs pour chaque corps : tout enfant, envoyé outre-mer pour son éducation, était, de ce moment, privé de tout legs, héritages ou donations, à moins qu'il ne revînt se soumettre à l'église établie, et la loi substituait à ses droits son plus proche héritier protestant. 4º Tout réfractaire, c'est-à-dire tout catholique qui refusait d'assister au prêche de l'hérésie, était placé dans la même position que s'il eût été excommunié nominativement : sa maison pouvait être visitée ; ses livres ou papiers ou meubles, que l'on croyait avoir quelque rapport à son culte ou à sa religion, pouvaient être brûlés, et, sur un ordre des magistrats voisins, il était obligé de livrer ses armes et ses chevaux. 5º Toutes les peines existantes pour absence du prêche furent conservées, avec deux dispositions additionnelles : 1º on laissa au roi le choix de prendre l'amende de vingt livres sterling par mois lunaire, ou, à sa place, toute la propriété personnelle et les deux tiers des terres ; 2º chaque tenancier propriétaire, quelle que fût sa religion, s'il recevait des visiteurs catholiques, ou conservait des domestiques catholiques, fut assujéti à payer dix livres sterling pour chaque individu et par mois lunaire (Lingard, t. IX, p. 102).

A ce code tyrannique et barbare, on ajouta une mesure astucieuse, un nouveau serment de fidélité. Il y en avait déjà deux, le serment de suprématie et le serment de fidélité purement civile. Par le premier, les anglicans reniaient la primauté spirituelle donnée par Jésus-Christ à saint Pierre, et l'attribuaient à leur roi ou reine : c'était proprement un serment d'apostasie, que les catholiques repoussaient avec horreur. Le serment de fidélité purement civile, tel qu'on le prêtait dans tous les royaumes chrétiens, les catholiques anglais, avec l'approbation du Saint-Siège, l'avaient prêté à Elisabeth et à Jacques. Ce dernier voulut quelque chose de plus ; quelque chose d'équivoque, et qui pût amener tout doucement au serment de suprématie. Nous avons vu, par tout le cours de cette histoire, que le Pape a le pouvoir d'excommunier un roi hérétique, de dissoudre ou de déclarer dissous le serment de fidélité, lorsque le roi s'opiniâtre dans l'hérésie ou l'excommunication ; nous avons vu en particulier que, même au temporel, le Pape était suzerain du royaume d'Angleterre. Or, Jacques Ier voulut contraindre ses sujets catholiques, dans leur serment de fidélité, à rejeter avec horreur ces trois faits historiques et religieux. Ce n'était plus un serment de fidélité purement civile, mais un serment de théologie royale et parlementaire, sur ce que pouvait ou ne pouvait pas le Pontife romain. Paul V le condamna par un bref du 22 septembre 1606, et par un autre du 22 septembre de l'année suivante. Un archiprêtre d'Angleterre crut pouvoir prêter ce serment, malgré la condamnation du Pape : le cardinal Bellarmin écrivit à l'archiprêtre pour déplorer sa conduite; le roi Jacques publia un manifeste théologique pour justifier l'archiprêtre, qu'il n'en laissa pas moins mourir en prison; Bellarmin réfuta le pamphlet du roi, qui se vit blâmé de sa manie de théologue, même par ses collègues en royauté. Un des plus forts arguments pour le serment royal, c'est que ceux qui se refusaient à le prêter étaient condamnés à un emprisonnement perpétuel, à la confiscation de leurs propriétés personnelles et des revenus de leurs terres durant leur vie; ou, si c'étaient des femmes mariées, à l'emprisonnement dans une geôle commune, jusqu'à ce qu'elles se repentissent de leur obstination et se soumissent à prêter le serment théologique. Quant aux prêtres, ils étaient condamnés à mort (Bellarmin, *Responsio;* Lingard, t. IX, p. 111).

Sous le règne de Charles Ier, les Anglais catholiques se déclarèrent pour la cause de cet infortuné monarque, et eurent à souffrir des Anglais protestants, qui lui coupèrent la tête. En 1645, le parlement ordonna que les deux tiers de tous les domaines et biens, meubles et immeubles de chaque papiste fussent saisis et vendus au profit de la nation, et que, sous la dénomination de *papiste,* on comprît toutes les personnes qui, durant un certain temps, auraient logé chez elles des prêtres, auraient été convaincues de n'avoir pas assisté au prêche, auraient entendu la messe, souffert que leurs enfants fussent élevés dans la foi catholique, ou refusé de faire le serment nouvellement inventé, par lequel on renonçait aux principaux dogmes de la foi catholique (*Ibid.*, t. X, p. 281).

Sous la république et sous Cromwell, les souffrances des catholiques augmentèrent en Irlande. Les commissaires du gouvernement ordonnèrent, par une proclamation du 6 janvier 1653, à tous les prêtres catholiques de quitter l'Irlande dans un délai de vingt jours, sous peine d'être traités comme coupables de haute trahison, et défendirent à toute personne de donner asile à aucun membre du clergé, sous peine de mort. D'autres mesures furent successivement ajoutées dans le même but. Quiconque connaissait le lieu de la retraite d'un prêtre et ne le révélait pas aux autorités, devait être fouetté publiquement et avoir les oreilles coupées. On imposait une amende à ceux qui manquaient le dimanche au prêche de l'hérésie; on autorisait les magistrats à enlever les enfants des catholiques, pour être élevés en Angleterre; à proposer le serment d'apostasie à tous les individus âgés de vingt et un ans; en cas de refus, à les assujétir à un emprisonnement dont la durée était arbitraire, ainsi qu'à la confiscation des deux tiers de leurs propriétés réelles et personnelles. On découvrit et on pendit plusieurs prêtres qui continuaient à rester dans le pays. Ceux qui échappaient aux recherches se cachaient dans les cavernes des montagnes, ou dans les cabanes solitaires élevées au milieu des marais, d'où ils sortaient la nuit pour aller porter les consolations de la religion dans les huttes de leurs compatriotes souffrants et opprimés (*Ibid.*, p. 157 et 158).

Sous le règne de Charles II, la condition des catholiques anglais continua d'empirer. En 1673, il prescrivit le serment du test ou de protestation contre le catholicisme. Tout individu qui refusait de prêter le serment d'allégeance et de suprématie, et de recevoir la communion selon les rites de l'Eglise anglicane, était déclaré inhabile à occuper aucune charge, civile ou militaire. On exigea que toutes les personnes en place, non-seulement fissent les serments et reçussent le sacrement à l'anglicane, mais en outre qu'elles signassent une déclaration contre la *transsubstantiation,* sous peine d'une amende de cinq cents livres sterling et d'être déclarées incapables de poursuivre dans aucune cour de justice ou d'équité, d'être tuteurs d'un enfant ou exécuteurs testamentaires de qui que ce soit, de recevoir aucun legs ou acte de donation, et de remplir aucune charge publique (Lingard, t. XII, p. 336).

Les Anglais protestants, après avoir coupé la tête à Charles Ier, accusèrent les catholiques de vouloir couper la tête à Charles II. Tout le monde convient aujourd'hui que c'est la plus grossière imposture qui se rencontre dans l'histoire. Cependant cette imposture si grossière échauffa tellement l'Angleterre protestante, qu'elle en perdit, pendant cent cinquante ans, toute lueur de raison, de justice et d'humanité à l'égard de la vieille Angleterre, l'Angleterre catholique; et c'est seulement de nos jours que ce délire séculaire commence à se calmer.

Le premier auteur ou instrument de cette longue mystification fut Titus Oates, faiseur de rubans, puis ministre anabaptiste sous Cromwell, puis ministre anglican sous Charles II, mais, chassé de tous ses emplois pour son inconduite, pour ses inclinations contre nature, pour deux faux témoignages dont il fut convaincu en justice. Sans feu ni lieu, il se mit aux gages d'un ministre anglican nommé Tonge, pour faire l'espion parmi les catholiques, et lui fournir matière à des déclamations périodiques contre eux. Oates feignit donc de se convertir au catholicisme, et obtint une place dans un collège sous l'administration de Jésuites anglais, à Valladolid en Espagne. Il en fut chassé, pour indiscipline, au bout de cinq mois. Par l'avis de Tonge, il s'adressa de nouveau aux Jésuites, et obtint, par ses larmes et ses promesses, d'être reçu au collège de Saint-Omer. Comme il ne put dompter son humeur déréglée, ni cacher tout à fait son hypocrisie, il fut encore chassé. Il revint auprès de Tonge, sans pouvoir lui rapporter quelque chose qui en valût la peine. Seulement il avait appris que, le 4 avril 1678, quelques Jésuites s'étaient réunis à Londres pour leur chapitre triennal. D'un fait aussi simple, les deux imposteurs font une conspiration épouvantable, où ils font entrer tous les Jésuites dont Oates avait retenu les noms, bien ou mal, entre autres le Père Lachaise, confesseur de Louis XIV, qu'il appelait *Leshée.* Ils fabriquaient des lettres, des correspondances : le roi Charles II devait être assassiné; son frère, le duc d'York, mis à sa place; la religion protestante abolie; ils avaient nommé de nouveaux ministres, de nouveaux généraux, de nouveaux gouverneurs, dont plusieurs, par leur âge et leurs infirmités, étaient notoirement incapables de remplir les emplois assignés. Aux deux premiers imposteurs s'en joignit un troisième, Bedloe, puni en divers pays pour escroquerie et inconduite, condamné à mort pour vol en Normandie, sorti récemment de prison à Londres. La déclaration de Bedloe et d'Oates était tellement absurde, qu'il est impossible d'imaginer aujourd'hui comment des hommes sensés y ajoutèrent la moindre confiance.

Nous avons vu que sous Charles II l'Angleterre était déchirée en deux factions, celle de la cour et celle des révolutionnaires, l'une et l'autre soudoyées par le roi de France, Louis XIV. Les révolutionnaires, ayant à leur tête le comte de Shaflesbury, ministre du roi, travaillaient à exclure du trône le duc d'York, frère du roi, et porté pour l'ancienne religion, et à lui substituer le duc de Monmouth, un des bâtards de Charles II. L'imposture d'Oates et compagnie leur vint fort à propos. Shaflesbury aida les imposteurs à mettre un peu plus de vraisemblance dans leurs mensonges, il ameuta la partie révolutionnaire du parlement et du peuple, l'Angleterre protestante devint folle; cinquante mille hommes étaient sous les armes à Londres, et les chaînes prêtes à être tendues, pour arrêter les papistes qui venaient égorger le roi et la nation : en attendant, les catholiques étaient mis hors la loi, traqués, emprisonnés, pendus pour une conspiration imaginaire; ils ne purent siéger dans aucune des chambres ni de législature ni de justice, sans faire le serment d'apostasie, sans abjurer la suprématie spirituelle du Pape pour la reconnaître au roi, sans déclarer que la religion catholique était une idolâtrie : en un mot, les fidèles héritiers de la vieille Angleterre furent traités par les Anglais renégats et novateurs comme des parias, des ilotes, des esclaves; et ce n'est que de nos jours que les noms si catholiques et si anglais de Norfolk, de Talbot, d'Arundel, de Clifford ont pu rentrer à la chambre des pairs (Lingard, t. XIII).

Et pendant que les catholiques d'Ecosse, d'Irlande et d'Angleterre se voyaient ainsi délaissés, dépouillés, expatriés, emprisonnés, pendus, décapités, éventrés, sous les rois, sous la république, sous Cromwell, quelqu'un venait-il à leur secours ? — Un homme, principalement, saint Vincent de Paul.

En 1646, le pape Innocent X lui ayant témoigné le désir de voir quelques-uns de ses missionnaires en Irlande, Vincent y en envoya huit, auxquels il dit entre autres : « Soyez unis et Dieu vous bénira; mais que ce soit par la charité de Jésus-Christ, car toute autre union qui n'est point cimentée par le sang de ce divin Sauveur, ne peut subsister. » Il les exhorta aussi grandement à se comporter comme véritables enfants d'obéissance envers le souverain Pontife, qui est le vicaire de Jésus-Christ, parce qu'ils allaient dans un pays où il se trouvait plusieurs du clergé qui manquaient en ce point et qui ne donnaient pas bon exemple aux autres catholiques. Le voyage même de ces huit prêtres fut une mission. Arrivés en Irlande, les uns allèrent dans le diocèse de Limerik, les autres dans celui de Cassel. Ils commencèrent par les catéchismes, puis ajoutèrent les exhortations simples, claires et pathétiques, parce que Vincent leur avait recommandé de s'attacher particulièrement à ces instructions familières, pour bien informer les peuples des vérités de la foi et des obligations du christianisme, et ensuite les porter à vivre selon ces connaissances, en renonçant au péché par la pénitence, et embrassant la pratique des vertus propres à leur condition. Cette manière d'instruire et de prêcher attirait le peuple de tous côtés. La foule était si grande pour faire des confessions générales, que plusieurs attendirent des semaines entières pour pouvoir approcher. Les ecclésiastiques du pays donnaient eux-mêmes l'exemple de cette pratique salutaire; ils apprirent surtout la méthode de catéchiser et de prêcher, et s'en servirent pour maintenir le fruit des missions dans leurs paroisses. Sous la persécution de Cromwell, pas un de ces curés ne quitta ses ouailles; tous demeurèrent constamment pour les assister et les défendre, jusqu'à ce qu'ils furent mis à mort ou bannis pour la foi. La mission de Limerik fut des plus merveilleuses : les nobles, les riches n'en profitèrent pas moins que le pauvre peuple. Il y avait près de vingt mille communiants dans la ville, tous firent leur confession générale : le bon évêque y travaillait avec les autres missionnaires. Le maire de Limerik, nommé Thomas Strik, souffrit plus tard le martyre avec trois des plus notables habitants. Le jour qu'il fut élu maire et reçut les clés de la ville, il alla solennellement à l'église, les remettre aux mains de la sainte Vierge; puis, au retour, encouragea toute l'assemblée à une fidélité inviolable envers Dieu, envers l'Eglise et envers le roi, offrant de donner sa propre vie pour une cause si juste (Abelly, l. 4, c. 8).

Au nord de l'Ecosse, sous un climat froid, qui les rend fort stériles, il y a de petites îles en grand nombre, qu'on appelle Hébrides. Les habitants y sont si pauvres, que ceux qui passent pour nobles et pour les mieux accommodés sont réduits au pain d'avoine, et la plupart n'ont pour tout meuble que de la paille, qui leur sert de lit et de table, et à quelques-uns de nappes et de serviettes. Les prêtres catholiques ayant donc été chassés, les ministres de l'hérésie vinrent prendre leur place, mais ne purent y séjourner à cause de la misère. Ce pauvre peuple était donc abandonné sans aucune instruction religieuse : des vieillards de quatre-vingts ans n'avaient pas reçu le baptême; ils ne savaient s'ils étaient catholiques ou autre chose. Vincent de Paul eut pitié d'eux; il leur envoya trois missionnaires. A peine arrivés en Ecosse, ils sont reconnus par un prêtre apostat, qui s'était fait ministre de l'hérésie, et qui les signale aussitôt à tout le royaume. Mais Dieu frappe ce malheureux de douleurs si extraordinaires, qu'il finit par rentrer en lui-même et par venir se jeter aux pieds d'un des missionnaires, pour lui demander la pénitence et la réconciliation avec l'Eglise. L'un des prêtres de Vincent de Paul resta dans les montagnes de l'Ecosse; l'autre, nommé Duiguin, parcourut les Hébrides pendant plusieurs années. Ses travaux, ses fatigues furent extrêmes; mais les bénédictions du ciel et la bonne volonté de ces pauvres insulaires l'en dédommagèrent amplement. Parmi les plus fervents d'entre les néophytes, on admirait le fils d'un ministre puritain. Dieu opéra plusieurs choses merveilleuses, les unes par l'eau bénite, les autres par la sainte communion. Trois fidèles ayant communié sans les dispositions nécessaires, ne purent retirer la langue, jusqu'à ce qu'ils eussent réparé leur faute; ce qui inspira une crainte salutaire pour cet adorable sacrement. C'est ce que manda monsieur Duiguin à saint Vincent de Paul, dans une lettre du mois d'avril 1654.

L'autre missionnaire, monsieur Lunsden, écrivait d'Ecosse au saint la même année : « Quant à la mission que nous faisons ici dans le plat pays, Dieu y donne une très-grande bénédiction, et je puis dire que tous les habitants, tant riches que pauvres, n'ont jamais été, depuis le temps qu'ils sont tombés dans l'hérésie, si bien disposés à reconnaître la vérité pour se convertir à notre sainte foi. Nous en recevons tous les jours plusieurs qui viennent abjurer leurs erreurs, et quelques-uns même de très-grande qualité ; avec cela nous travaillons à confirmer les catholiques par la parole de Dieu et par l'administration des sacrements. Le jour de Pâques, j'étais dans la maison d'un seigneur, où il y eut plus de cinquante personnes qui communièrent, parmi lesquelles il y en avait de nouvellement converties. »

Le troisième missionnaire, nommé Leblanc, évangélisait les montagnes d'Ecosse, lorsqu'il fut pris par les Anglais hérétiques, et jeté dans les prisons d'Aberdeen, sous Cromwell. Vincent de Paul ayant appris cette nouvelle, félicita sa compagnie de l'honneur que Dieu lui faisait de souffrir les chaînes pour le nom de Jésus-Christ dans un de ses membres. « Considérons, disait-il, comment Dieu le traite, après avoir fait quantité de bonnes choses en sa mission. En voici une merveilleuse, à laquelle quelques-uns voulaient donner le nom de miracle. C'est qu'une certaine intempérie de l'air étant arrivée il y a quelque temps, qui rendait la pêche fort stérile et réduisait le peuple à une très-grande nécessité, il fut sollicité de faire quelque prière et de jeter de l'eau bénite sur la mer, parce qu'on s'imaginait que cette malignité de l'air était causée par quelques maléfices ; il le fit donc, et Dieu voulut qu'aussitôt la sérénité revint et que la pêche fût abondante ; c'est lui-même qui me l'a ainsi écrit. D'autres m'ont aussi mandé les grands travaux qu'il souffrait dans ces montagnes pour affermir les catholiques et convertir les hérétiques, les dangers continuels auxquels il s'exposait et la disette qu'il y souffrait, ne mangeant que du pain d'avoine. » — Le zélé missionnaire étant sorti de prison au bout de six mois, Vincent en fit part à sa communauté en ces termes : « Nous remercierons Dieu d'avoir ainsi délivré l'innocent, et de ce que parmi nous, il s'est trouvé une personne qui a souffert tout cela pour l'amour de son Sauveur. Ce bon prêtre n'a pas laissé, pour la crainte de la mort, de s'en retourner aux montagnes d'Ecosse, et d'y travailler comme auparavant. Oh ! quel sujet n'avons-nous point de rendre grâces à Notre Seigneur d'avoir donné à cette compagnie l'esprit du martyre ! cette lumière, dis-je, et cette grâce qui lui fait voir quelque chose de grand, de lumineux, d'éclatant et de divin à mourir pour le prochain, à l'imitation de Notre Seigneur. Nous en remercierons Dieu et nous le prierons qu'il donne à chacun de nous cette même grâce de souffrir et de donner sa vie pour le salut des âmes (Abelly, l. 4, c. 11). »

Les persécutions de l'Angleterre protestante contre l'Angleterre catholique, notamment sous Cromwell, firent refluer en France beaucoup de nobles anglais. C'était dans le temps que la noblesse lorraine, fuyant une patrie dévastée par les armées protestantes d'Allemagne, se réfugiait à Paris. Les uns et les autres se trouvaient dans une misère d'autant plus poignante, qu'ils y étaient moins habitués. Une personne en informa Vincent de Paul, et lui proposa de les assister. *O monsieur*, s'écria le saint homme, *ô monsieur, que vous me faites plaisir ! Oui, il est juste d'assister et de soulager cette pauvre noblesse, pour honorer Notre Seigneur, qui était très-noble et très-pauvre tout ensemble.* Et aussitôt, à l'instar des dames de charité, il forma une association de seigneurs français, dont le baron de Renti était l'âme et le mobile. Et nobles Anglais et nobles Lorrains furent assistés, avec tous les égards imaginables, pendant vingt-trois ans, par un pauvre prêtre (Collet, l. 4).

Dieu et l'humanité, unis en Jésus-Christ et dans son Eglise, voilà l'esprit, le cœur, la politique, l'âme, la vie entière de Vincent de Paul. C'est dans cet ensemble qu'il considère tous les événements : les calamités, pour y compatir et y porter remède, mais surtout pour en ôter les causes ; les guerres, avec les crimes qui les amènent et qu'elles amènent. Dans ce dessein, il alla un jour trouver le cardinal de Richelieu, et, après lui avoir exposé avec toute sorte de respect la souffrance extrême du pauvre peuple et tous les autres désordres et péchés causés par la guerre, il se jeta à ses pieds en lui disant : « Monseigneur, donnez-nous la paix ; ayez pitié de nous : donnez la paix à la France ! » Ce qu'il dit avec tant de sentiment, que le formidable ministre en fut touché. Il prit en bonne part la remontrance, lui assura qu'il travaillait à la paix, mais qu'elle ne dépendait pas de lui seul. Le saint homme fit une démarche semblable en faveur de l'Irlande. Voici comme lui-même en parle : « Je fus un jour chargé de prier monsieur le cardinal de Richelieu d'assister la pauvre Hibernie ; c'était du temps que l'Angleterre avait la guerre avec son roi ; ce qu'ayant fait : Ah ! monsieur Vincent, me dit-il, le roi a trop d'affaires pour le pouvoir exécuter. Je lui dis que le Pape le seconderait et qu'il offrait cent mille écus. Cent mille écus, répliqua-t-il, ne sont rien pour une armée ; il faut tant de soldats, tant d'équipages, tant d'armes et tant de convois partout ! c'est une grande machine qu'une armée, qui ne se remue que malaisément (Abelly, l. 2, c. 10). »

Si Vincent de Paul avait eu affaire à saint Louis, *le sergent de Notre Seigneur Jésus-Christ*, ou à Charlemagne, *l'humble défenseur de l'Eglise de Dieu et le dévot auxiliaire du Siége apostolique en toutes choses*, Vincent de Paul eût été compris et écouté ; mais sous les descendants dégénérés de saint Louis et de Charlemagne, la règle souveraine de la politique n'est plus Dieu et l'humanité, unis en Jésus-Christ et dans son Eglise, et unissant les rois et les peuples, le ciel et la terre dans une même famille : sous les descendants dégénérés de saint Louis et de Charlemagne, la règle souveraine des souverains, c'est l'intérêt ou le plaisir momentané de chacun, c'est-à-dire le principe même des révolutions et de l'anarchie. L'histoire moderne consiste principalement à voir et à signaler, d'une part, les progrès naturels de cette anarchie princière dans les idées et les faits vers la destruction des sociétés humaines ; de l'autre, les soins continuels de l'Eglise de Dieu pour conserver et propager la vérité, la justice, la charité, l'union, la société chrétienne, à travers les chutes et les débris des royaumes et des empires.

Nous avons vu les Francs et les Français, dévoués à l'Eglise et à la défense de la chrétienté contre les Mahométans, recevoir en récompense l'empire d'Occident, en la personne de Charlemagne; le royaume de Jérusalem, en la personne de Godefroi de Bouillon; le royaume de Chypre, en la personne de Guy de Lusignan; le royaume d'Arménie, dans un membre de la même famille; l'empire de Constantinople, dans Baudouin de Flandre. Nous avons vu aussi les Français, devenus infidèles à cette vocation dans la personne de Philippe le Bel, au lieu de se mettre au service de l'Eglise de Dieu, comme Charlemagne, vouloir la réduire à leur service, comme les empereurs byzantins ou tudesques; au lieu de se soumettre politiquement à la loi divine, faire de leur politique séculière la loi suprême; au lieu d'avoir principalement en vue, comme leur saint roi Louis, la gloire de Dieu et le salut de la chrétienté, ne regarder en tout, non plus que le Juif, l'Arabe ou le Sauvage, que leur intérêt du moment.

Nous avons vu que cette politique si moderne est plus vieille qu'elle ne pense. Nous avons entendu les impies se disant au temps de Salomon : *Que notre force soit la loi de justice; car ce qui est faible est inutile. Ainsi donc, circonvenons le juste, parce qu'il nous est inutile; contraire à nos œuvres, qu'il nous reproche les péchés de la loi et signale contre nous les péchés de notre conduite* (Sap., 2, 11 et 12). Nous avons vu, en conséquence de cette loi, les hommes politiques et le gouvernement du peuple juif condamner à mort le Juste par excellence. Nous avons vu, en vertu de cette loi, les césars de Rome païenne, à la fois empereurs, souverains pontifes et dieux, condamner le christianisme à mort pendant trois siècles. Nous avons vu, en vertu de cette loi, les césars de Byzance vexer, persécuter et enfin déchirer l'Eglise de Dieu. Nous avons vu, en vertu de cette loi, les césars de Germanie se proclamer la loi vivante et suprême, les seuls propriétaires et arbitres du monde, et persécuter les Pontifes romains qui ne voulaient point sanctionner cette politique athée. Et nous avons vu cette politique du siècle finalement aboutir à la ruine de Jérusalem, de son temple et de son peuple, à la ruine et au démembrement de l'empire romain, à la ruine de l'empire grec, à la ruine des dynasties persécutantes d'Allemagne.

Philippe le Bel adopta cette politique comme une prérogative de la couronne de France; elle porta bien vite ses fruits naturels. Si le roi, comme roi, est au-dessus de la loi de Dieu interprétée par l'Eglise de Dieu; si le roi, comme roi, est au-dessus de la conscience; si le roi, comme roi, n'a de règle que son intérêt du moment, il sera des princes comme du roi, des seigneurs comme des princes, des pères de famille comme des seigneurs, de la nation entière comme de son chef, de tous et de chacun comme d'un seul. Nous en verrons les conséquences se développer avec le temps par des révolutions souvent terribles, jusqu'à ce que les sociétés temporelles s'écroulent, ou peu s'en faut. Les princes commenceront dans les palais, les goujats finiront dans les rues. Quelque temps après Philippe le Bel, nous avons vu les princes français se dispenser d'avoir ni foi ni loi, se tuer, se trahir les uns les autres et placer la France à deux doigts de sa perte. Une jeune fille, suscitée de la Providence, la sauve des mains de l'étranger. Mais ses princes ne sont pas encore revenus de leur politique nouvelle, que, comme princes, ils ne sont pas soumis à la loi de Dieu interprétée par son Eglise. Au mépris de la subordination féodale, au mépris de leurs serments, ils conspirent les uns contre les autres, ils conspirent les uns et les autres contre le roi et plus encore contre le royaume, soit pour le démembrer, soit pour le vendre à l'étranger, soit pour s'en emparer eux-mêmes. Quelle confusion tout cela ne dut-il pas produire dans les idées, et par suite dans les choses ?

Pour augmenter encore cette anarchie de principes, les enfants dégénérés de saint Louis, les rois *très-chrétiens* font alliance avec les Mahométans contre les chrétiens, avec les protestants d'Allemagne contre les catholiques, tandis qu'ils punissent suivant les lois les huguenots ou protestants de France. La dégénération croissant toujours, il faudra que le peuple français se ligue saintement pour conserver l'unité de la France avec elle-même, contre l'apostasie des enfants de saint Louis, Bourbon et Condé, qui renient la France catholique, la France de saint Louis, de Charlemagne et de Clovis, pour en faire une colonie huguenote de Genève, de Berne ou de Wittemberg. Il faudra que le peuple catholique de France, pour demeurer toujours un avec soi-même, le premier des peuples chrétiens, contraigne le fils renégat de saint Louis, Henri IV, de revenir à la foi de ses pères, à la foi originelle de la France, de l'Europe et du monde. Cependant le peuple catholique de France ne triomphera pas complètement de l'anarchie princière. Les Français renégats, connus sous le nom suisse *de huguenots*, obtiendront le privilége de rompre l'unité de la France et d'y établir un gouvernement autre que le sien. Les Français équivoques, connus sous le nom de *politiques*, conspirent encore sous Henri IV, pour démembrer la France et s'en partager les lambeaux : le duc de Biron, leur chef, est convaincu et décapité l'an 1602. Les catholiques ont toujours demandé la publication civilement légale du concile de Trente, comme règle fondamentale pour réformer les abus dans le clergé et dans le peuple : cette publication n'a lieu que dans le dernier parlement de la ligue; ailleurs elle rencontre l'opposition des politiques, qui vivent des abus. La ligue même ne fut pas complètement ce qu'elle devait être; formée pour conserver la France dans la foi et dans l'unité de l'Eglise catholique, elle devait naturellement reconnaître pour son chef le chef même de l'Eglise, et lui réserver la décision des affaires majeures, comme faisaient les ligues catholiques d'Allemagne sous les empereurs schismatiques ou excommuniés. La ligue française reconnut bien le Pape pour allié, mais non pour chef, et laissa la décision des questions les plus importantes errer à l'aventure, au jugement variable de quelques docteurs ou de quelques mauvaises têtes : ainsi le meurtre des rois Henri III et Henri IV fut-il successivement provoqué, loué, blâmé, justifié par la même Faculté de Sorbonne, chose qu'on ne vit jamais dans les ligues catholiques d'Allemagne, lors des grandes luttes entre les empereurs et les pontifes romains.

Quant à Henri IV, il revint à la foi de saint Louis, mais il n'en prit ni les mœurs ni la politique. « Henri IV, dit Sismondi, ne donnait pas plus de deux heures chaque jour aux affaires; accoutumé à la vie active, comme aussi à la grossièreté, souvent à la débauche des corps-de-garde, il avait besoin d'être fortement excité. Il passait une partie de ses journées à la chasse, et, comme il était jaloux de cet exercice, ses ordonnances pour la conservation du gibier étaient non-seulement vexatoires, mais cruelles. Les délinquants devaient être mis à l'amende, et de plus battus de verges jusqu'à effusion de sang; et les récidives les exposaient aux galères, ou même à la mort. » Quant aux marchands, artisans, laboureurs, paysans et autres telles sortes de gens roturiers, « non-seulement la chasse leur était interdite, ils ne pouvaient point posséder des arquebuses et autres armes, et les officiers des chasses coupaient les jarrets de derrière à leurs chiens. — A son retour de la chasse, le roi passait les soirées au jeu; il s'y livrait avec passion, en homme qui avait éprouvé les émotions fortes de la guerre, et qui aimait à tenter la fortune. Il y perdait des sommes très-considérables; et l'exemple qu'il donnait était plus fâcheux encore, outre qu'il le mettait en relation avec des gens indignes de l'approcher. Mais la passion qui entraînait Henri plus que la chasse et le jeu, c'était son goût pour les femmes : il oubliait avec elles toute prudence, toute dignité, tout soin de ses intérêts, et même toute loyauté envers ses amis; car il rapportait immédiatement à ses maîtresses les avis qu'on lui avait donnés sur elles, puis il les servait dans leur ressentiment. Il était cependant arrivé à un âge qui aurait dû lui inspirer de la retenue. Il grisonnait, les rides couvraient son front et ses joues étaient amaigries; le nez et le menton se mêlaient l'un à l'autre; enfin sa peau avait une odeur repoussante (Sismondi, *Hist. des Français*, t. XXII, p. 26-28). »

Le mariage de Henri IV avec Marie de Médicis en 1600, la naissance du dauphin Louis XIII en 1601, n'arrêtèrent ni n'interrompirent le scandale de ces adultères qui déshonoraient le trône de saint Louis. La cour et le plus grand nombre des gentilshommes se plongeaient avec une ardeur nouvelle dans tous les genres de dérèglements. La corruption des mœurs était universelle; les exemples de Henri III n'étaient point oubliés parmi des seigneurs dont les plus orgueilleux ou les plus à la mode lui devaient leur élévation; le langage était d'un cynisme rebutant, et Henri IV, alors âgé de cinquante ans, et de qui on aurait pu attendre plus de gravité et de sagesse, était celui qui contribuait le plus au désordre (*Ibid.*, p. 87-88). »

Une de ses grandes affaires, pour laquelle il sollicita plus d'une fois l'intervention de Sully, son principal ministre, ce fut d'apaiser les rivalités entre son épouse légitime et une demi-douzaine de femmes adultères, qui se prostituaient à lui par avarice ou ambition, et à d'autres par luxure (*Ibid.*, p. 141). On dit même qu'un des motifs de la dernière guerre qu'il entreprit fut d'enlever au prince de Condé sa femme, de la faire divorcer, puis de l'épouser à la place de la reine, qu'il eût répudiée de son côté (*Ib.*, p. 154, 155, 170, 174). Pour placer tous ses enfants adultérins, l'un fut fait évêque de Metz, une autre abbesse de Fontevrault, une autre abbesse de Chelles. Singulière façon de réformer le royaume et l'Eglise.

Quant à sa politique, un seul fait suffira. L'an 1610, il avait préparé une expédition formidable qui allait mettre en feu toute l'Europe; le Pape l'en blâmait fortement : le but de cette expédition était d'aller en Allemagne soutenir le parti protestant contre le parti catholique, sous prétexte qu'il fallait abaisser la maison d'Autriche, soutien du catholicisme. Et, de l'aveu des protestants Sismondi et Menzel, la maison d'Autriche était tombée si bas, qu'elle ne devait plus inspirer aucune crainte. Un autre but de cette guerre, comme nous avons vu, était d'enlever sa femme au prince de Condé, prince que Henri IV disait être son propre fils à lui (*Hist. des Français*, t. XXII, p. 85 et seqq.). Telle était la politique de Henri IV dans sa dernière guerre, lorsque, après avoir nommé sa femme régente et l'avoir fait couronner reine, sur le point de se mettre en campagne, il fut assassiné par Ravaillac, le 14 mai 1610, dans la 58e année de son âge.

François Ravaillac était né à Angoulême d'un père que la perte d'un procès avait réduit à l'aumône. Il se fit clerc et valet de chambre d'un juge, travailla chez des procureurs, et devint en même temps praticien, solliciteur de procès et maître d'école. Il fut longtemps détenu pour dettes à Angoulême. Il eut dans sa prison, comme il le témoigna lui-même, des visions comme des sentiments de feu, et de soufre et d'encens. Dans un de ses voyages à Paris, il prit l'habit de frère convers chez les Feuillants, et fut renvoyé, six semaines après, comme visionnaire. Un jour il pria le sieur de la Force de vouloir le faire parler au roi : « afin de déclarer à Sa Majesté les intentions où il était depuis longtemps de le tuer, n'osant le déclarer à aucun prêtre ni à aucun autre, parce que, l'ayant dit à Sa Majesté, il se serait désisté tout à fait de cette mauvaise volonté. » Il tua le roi dans son carrosse, arrêté pour un embarras de charrettes, il le tua de deux coups de couteau, au milieu de sept seigneurs et officiers, qui ne s'en aperçurent pas. Il aurait pu s'esquiver dans le premier trouble, il se laissa prendre tenant le couteau à la main. Il soutint constamment, dans les quatre interrogatoires qu'il subit, qu'il n'avait été induit par personne à entreprendre cet attentat; qu'il avait éprouvé des tentations de tuer le roi; que quelquefois il y cédait, et d'autres non; qu'enfin il n'avait été mu que par sa volonté seule, et qu'il ne l'avait déclarée à personne. Le 27 mai, il fut déclaré par le parlement criminel de lèse-majesté divine et humaine au premier chef; condamné à être tenaillé, avec versement, dans les plaies, de plomb fondu, d'huile bouillante, etc.; à avoir la main droite, tenant le couteau parricide, brûlée du feu de soufre; à être ensuite écartelé, avoir les membres réduits en cendres, et les cendres jetées au vent. Il fut ordonné par le même arrêt que la maison où il était né serait démolie; que son père et sa mère sortiraient, dans quinzaine, du royaume, avec défense d'y rentrer, sous peine d'être pendus et étranglés; enfin, que ses frères, sœurs, oncles, etc., quitteraient le nom de Ravaillac pour en prendre un autre, à quoi ils seraient tenus sur les mêmes peines.

Deux célèbres docteurs de Sorbonne, Filesac et Gamaches, l'assistèrent dans ses derniers moments. Lorsqu'ils eurent commencé, à haute voix, le *Salve regina*, la foule s'écria qu'il ne fallait pas prier pour le méchant damné, et contraignit les docteurs de cesser. Ravaillac dit alors : « Si j'eusse pensé voir ce que je vois, et un peuple si affectionné à son roi, je n'eusse jamais entrepris le coup que j'ai fait, et m'en repens de bon cœur; mais je m'étais fortement persuadé, vu ce que j'en entendais dire, que je ferais un sacrifice agréable au public, et que le public m'en aurait de l'obligation, tandis que je vois au contraire que c'est lui qui fournit les chevaux pour me déchirer. » Il demanda l'absolution au docteur Filesac, qui répondit : Il nous est défendu de la donner, en crime de lèse-majesté, à moins que le coupable ne révèle ses fauteurs et ses complices. — Je n'en ai point; il n'y a que moi qui l'aie fait; donnez-moi l'absolution à condition, et vous ne pouvez ainsi la refuser. — Eh bien! je vous la donne en ce cas, reprit le confesseur; mais si le contraire était vrai, au lieu de l'absolution, je vous prononce votre damnation éternelle; et pensez-y, si vous voulez. — Je reçois l'absolution à cette condition. — Ce furent les dernières paroles de Ravaillac (*Biogr. univ.*, t. XXXVII).

On le voit, il croyait en catholique, mais avait agi en protestant. Il croyait, du moins implicitement, que, dans les choses extraordinaires, l'individu ne doit point s'en rapporter à lui-même, mais au jugement de l'Eglise. Pour tuer Henri IV, il agit comme Luther pour révolutionner l'Allemagne, comme Calvin pour révolutionner la France, comme Cromwell et les autres huguenots d'Angleterre et d'Ecosse pour couper la tête à Charles I*er* et d'après les visions de sa tête. Un seul point où il s'éloigne de Cromwell, de Luther et de Calvin, c'est qu'il se repent de son crime. A la place de Ravaillac, ceux-ci auraient dit : « Je suis sûr d'avoir été une fois dans la grâce de Dieu, donc j'y suis encore. Dieu opère en nous le mal comme le bien; donc je suis innocent; donc le poignardement de Henri IV est une action divine. Il ne faut écouter que soi, et non l'Eglise; donc je suis en règle. »

Quant aux sentiments personnels de Henri IV sur la religion, voici ce qu'on lit dans la vie de son confesseur, le Père Coton : « Henri avait des moments de dévotion admirables. Il fondait en larmes aux pieds de son confesseur, et cette grande âme, qui ne savait point feindre, paraissait si touchée de Dieu, qu'elle ne laissait aucun lieu de douter de la sincérité de sa pénitence. Il fit d'abord une confession générale de toute sa vie avec une exactitude extrême, et il expérimenta dans cette action, pour la consolation qu'il en reçut, ce que tant d'autres ont avoué depuis lui, qu'il n'y a rien de plus injuste que d'appeler la confession, comme ont fait Luther et Calvin, *le supplice et la torture des âmes*. Il passait quelquefois des jours entiers dans les exercices de piété, ne traitant et ne parlant que de Dieu et des choses du salut. Jamais il n'avait fait paraître de si grands sentiments de piété et un plus grand désir de se sauver, que la dernière année de sa vie. Dans les fêtes mêmes et dans les lieux de réjouissances, il pensait aux vérités du salut. Etant à Saint-Denys au couronnement de la reine, qui fut la veille de sa mort, il fit monter le Père Coton dans une tribune vitrée, qu'il s'était fait faire pour voir la cérémonie sans être vu. Là, considérant le grand nombre qui occupait le chœur de l'église sur des amphithéâtres qui touchaient aux voûtes, il tira le Père à quartier, et lui faisant remarquer cette multitude de gens entassés les uns sur les autres : *Vous ne savez pas*, lui dit-il, *à quoi je pensais tout à l'heure en voyant cette grande assemblée? je pensais au jugement dernier, et au compte que nous y devons rendre à Dieu* (*Vie du P. Coton*, par le P. d'Orléans, p. 144). »

Nous avons vu quelle amitié régnait entre Henri IV, saint François de Sales et le sieur Deshayes. Le 27 mai 1610, le second écrivit au troisième en ces termes : « Ah! monsieur mon ami, il est vrai, l'Europe ne pouvait avoir aucune mort plus lamentable que celle du grand Henri IV. Mais qui n'admirerait avec vous l'inconstance, la vanité et la perfidie des grandeurs de ce monde? Ce prince ayant été si grand en son extraction, si grand en la valeur guerrière, si grand en victoires, si grand en triomphes, si grand en bonheur, si grand en paix, si grand en réputation, si grand en toutes sortes de grandeurs, hé! qui n'eût dit, à proprement parler, que la grandeur était inséparablement liée et collée à sa vie; et que lui ayant juré une inviolable fidélité, elle éclaterait en un feu d'applaudissements à tout le monde, par son dernier moment, qui le terminerait en une glorieuse mort? Non certes, monsieur, il semblait bien qu'une si grande vie ne devait finir que sur les dépouilles du Levant, après une finale ruine de l'hérésie et du turkisme. Ces quinze ou dix-huit ans que sa forte complexion et sa santé, et que tous les vœux de la France et de plusieurs gens de bien hors de France, lui promettaient encore de vie vigoureuse, eussent été suffisants pour cela : et voilà qu'une si grande suite de grandeurs aboutit à une mort qui n'a rien de grand que d'avoir été grandement funeste, lamentable, misérable et déplorable : et celui que l'on eût jugé presque immortel, puisqu'il n'avait pu mourir parmi tant de hasards, desquels il avait si longuement fendu la presse pour arriver à l'heureuse paix de laquelle il avait été jouissant ces dix années dernières, le voilà mort d'un contemptible coup de couteau, et par la main d'un jeune homme inconnu, au milieu d'une rue! *Enfants des hommes, jusques à quand serez-vous si pesants de cœur! Pourquoi chérissez-vous la vanité, et pourquoi pourchassez-vous le mensonge* (Ps. 43)?.... Au demeurant, le plus grand bonheur de ce grand roi défunt fut celui par lequel, se rendant enfant de l'Eglise il se rendit père de la France; se rendant brebis du grand Pasteur, il se rendit pasteur de tant de peuples; et convertissant son cœur à Dieu, il convertit celui de tous les bons catholiques à soi. C'est ce seul bonheur qui me fait espérer que la douce et miséricordieuse providence du Père céleste aura insensiblement mis dans ce cœur royal, en ce dernier article de sa vie, la contrition nécessaire pour une heureuse mort. Ainsi priai-je cette souveraine bonté qu'elle soit pitoyable à celui qui le fut à tant de gens; qu'elle pardonne à celui qui pardonna à tant d'ennemis, et qu'elle reçoive cette âme réconciliée à sa gloire, qui en reçut tant en sa grâce après leur réconciliation (*Œuvres complètes de saint Fr. de Sales*, nouvelle édition (1868). »

De son côté, le pape Paul V dit au cardinal d'Ossat, ambassadeur de France à Rome : Vous avez perdu un bon maître, et moi mon bras droit.

Henri IV eut pour successeur son fils Louis XIII, âgé de huit ans et demi, sous la tutelle de la reine, sa mère, Marie de Médicis, qui, le jour même de la mort de son époux, 14 mai 1610, fut déclarée régente du royaume par le parlement de Paris. Louis XIII fut sacré à Reims le 17 octobre de la même année; déclaré majeur en 1614, épousa Anne d'Autriche en 1615; en eut, l'an 1638, un fils, Louis XIV; mit la même année son royaume sous la protection de la sainte Vierge, et mourut le 14 mai 1643, entre les bras de saint Vincent de Paul. Il était essentiellement juste et religieux; ses intentions étaient pures, son esprit droit, et il ne manquait pas de discernement. Quand il jugeait d'après lui, il jugeait bien, et on ne le gouvernait guère qu'en le persuadant. Sobre, chaste, ennemi du faste, il ne se permettait guère d'autres amusements que la chasse, pour laquelle il était passionné, sans que cependant elle l'entraînât jamais à oublier ses devoirs de roi. Sa piété était sincère, même timorée. En 1638, il choisit le 15 août, fête de l'Assomption, pour mettre sa personne, sa couronne et la France sous la protection spéciale de la Mère de Dieu, et il ordonna, par une déclaration du 10 février suivant, que tous les ans on fît une procession solennelle à Notre-Dame de Paris et dans tout le royaume, en mémoire de cette consécration : c'était pour remercier la sainte Vierge, comme ayant conservé la France au milieu des troubles dont elle avait été agitée.

Nous l'avons vu par saint François de Sales, les bons catholiques s'attendaient à ce que Henri IV, revenu à la foi et monté sur le trône de saint Louis, reprendrait et achèverait la grande entreprise de saint Louis et de Charlemagne, le triomphe de la chrétienté catholique sur l'hérésie et le mahométisme; qu'il ferait de la Méditerranée un lac français; que, sur les bords de ce lac, on verrait le peuple de saint Louis et de Charlemagne propageant la civilisation chrétienne en Afrique par Alger et Tunis, en Grèce par Thessalonique et Constantinople, en Egypte par Alexandrie et le Caire, en Syrie par Jérusalem, Tyr et Damas; et puis donnant la main, par-dessus le Danube, à l'Autriche, par-dessus le Tigre et l'Euphrate, à l'Espagne et au Portugal de l'Inde, pour ruiner finalement l'hérésie et le turkisme, le despotisme d'un chacun et le despotisme d'un seul, et faire désirer partout le gouvernement chrétien de saint Louis et de Charlemagne. C'est sur les dépouilles de l'Orient, ainsi vaincu et régénéré, que François de Sales et les bons catholiques s'attendaient à voir s'endormir Henri IV.

La seule application à une si glorieuse entreprise lui eût fait un bien immense : elle eût occupé dignement toutes les puissances de son âme et de son génie; elle eût brisé ces honteux liens qui l'enchaînaient aux pieds de quelques femmes adultères; elle en eût fait le héros-modèle de sa famille, de son peuple, de l'univers; il eût transformé les guerres intestines de la France et de l'Europe en une sainte croisade, en consacrant à la gloire de Dieu et de l'humanité l'exubérance guerrière des princes et des peuples. Mais ces grandes idées n'apparaissent que dans François de Sales, on n'en découvre pas une trace dans Henri IV ni ses ministres. Aussi verrons-nous les princes français se ruiner les uns les autres et fatiguer la France par des intrigues de cour, des troubles, des guerres civiles; le plus haut que s'élèvera leur politique, sera de faire la guerre à une autre nation chrétienne, au profit de l'hérésie et du turkisme, au profit du despotisme d'un chacun et du despotisme d'un seul.

Il n'y avait ni l'un ni l'autre dans les siècles du moyen-âge. L'Allemagne avait son empereur élu par les princes; puis ses princes plus ou moins héréditaires, ses villes libres, ses diètes ou Etats généraux, chacun avec ses droits ou privilèges. S'élevait-il une difficulté sérieuse entre l'empereur et l'empire? elle était déférée au chef de la chrétienté entière, qui intervenait comme médiateur et comme juge spirituel des consciences. A la révolution de Luther, bien des populations et des villes d'Allemagne s'imaginèrent qu'en déniant au Pape cette intervention traditionnelle dans leurs affaires, pour ne reconnaître que l'autorité des princes, elles jouiraient de bien plus de liberté. Comme l'a remarqué le protestant Menzel, ce fut de leur part une illusion grossière. Bientôt elles se virent privées de leurs anciens droits et franchises, de leur constitution représentative, et parquées comme des troupeaux sous le despotisme spirituel et temporel d'un seul.

Dans l'Angleterre catholique du moyen-âge, il n'y avait également ni despotisme d'un seul, ni despotisme d'un chacun. C'était une constitution fondamentale dont nous avons vu les principaux articles proposés par le pape Adrien Ier et acceptés par les asssemblées de la nation : c'étaient des rois plus ou moins électifs, plus ou moins héréditaires, avec deux chambres représentatives, qui avaient plus ou moins de part à la confection des lois et au vote des impôts publics. S'élevait-il quelque difficulté sérieuse entre le roi et son peuple, ou entre l'Angleterre et une autre nation? nous avons vu recourir au Pape, non-seulement comme au pasteur suprême de tous les chrétiens, mais encore comme au suzerain spécial de l'Angleterre. Jacques Stuart, successeur d'Elisabeth, crut faire merveille, non-seulement de dénier au Pape sa primatie spirituelle et sa suzeraineté temporelle, mais de s'attribuer à lui-même la primatie spirituelle, avec l'absolutisme royal, comme tenant la souveraineté immédiatement de Dieu, et non pas de Dieu par le peuple. Il essaya, lui et son successeur, de gouverner d'après ces principes. Mais les populations d'Angleterre ne furent pas si endurantes que celles d'Allemagne; Charles Ier paya son absolutisme de la tête, et sa dynastie du trône.

En France, depuis que France il y a, il n'existait ni hérésie ni turkisme, ni despotisme de chacun, ni despotisme d'un seul. Sous les deux premières races, voici quels étaient les rapports de la nation avec son chef ou avec ses chefs. Childéric, père de Clovis, nous a dit saint Grégoire de Tours, régnait sur la nation des Francs, lorsqu'il se mit à déshonorer leurs filles. Eux, indignés de cela, le chassent du royaume. Enfin, après l'avoir chassé, ils choisissent unanimement pour roi le Romain Egidius, commandant des troupes de l'empire, qui régna sur eux pendant huit ans. Au bout de ces huit années, Childéric, qui s'était réfugié dans la Thuringe, revient à la prière des Francs, et est rétabli dans la royauté de telle sorte qu'il régna conjointement avec Egidius (Grég. de Tours, *Hist. Franc.*, l. 2, c. 12). — Ainsi donc, au commencement de la première dynastie, la royauté des Francs n'était ni héréditaire, ni inamissible. Les Francs expulsent du trône et du royaume Childéric, parce qu'il se conduit mal, et ils élisent à sa place, non pas un homme de sa famille, non pas un homme de la nation, mais un étranger, mais un Romain qui commandait dans ces quartiers les troupes impériales ; et quand, après huit ans de déposition et de bannissement, ils veulent bien rappeler Childéric, ils partagent la royauté entre ces deux : *His ergo regnantibus simul* (*Ibid.*).

Sous la seconde dynastie, non pas lorsqu'elle commence, mais lorsqu'elle est bien affermie sur le trône, par exemple sous Charlemagne, nous avons vu une charte de 806 pour partager l'empire des Francs entre ses trois fils Charles, Louis et Pepin. Cette charte, jurée par les grands de l'empire, est envoyée au pape Léon III, afin qu'il la confirme de son autorité apostolique. Le Pape, l'ayant lue, y donne son assentiment et la souscrit de sa main. L'article 5 de cette charte est conçu en ces termes : « Si l'un des trois frères laisse un fils que le peuple veuille élire pour succéder à son père dans l'héritage du royaume, nous voulons que les oncles de l'enfant y consentent, et qu'ils laissent régner le fils de leur frère dans la portion du royaume qu'a eue leur frère, son père (Baluze, *Cap. reg. Fr.*, t. I, col. 442). Cet article est, comme on voit, une preuve authentique qu'au temps et dans l'esprit de Charlemagne, les fils d'un roi ne succédaient point de droit à leur père, ni par ordre de primogéniture, mais qu'il dépendait du peuple d'en choisir un. Il ne faut pas oublier que cet article si libéral et si populaire est de la main de Charlemagne, qui pourtant s'entendait à régner.

Mais nous avons vu quelque chose de bien plus curieux et de plus complet : c'est une charte constitutionnelle dans toutes les règles ; une charte constitutionnelle du fils de Charlemagne, de Louis le Débonnaire, mais de Louis le Débonnaire tranquille sur son trône, respecté et obéi de tout le monde ; une charte constitutionnelle proposée, délibérée, consentie, jurée en 817 ; relue, confirmée et jurée de nouveau en 821 ; envoyée enfin à Rome, et ratifiée par le pape Pascal.

Oui, en 817, l'empereur Louis le Débonnaire convoqua à Aix-la-Chapelle *la généralité de son peuple*, suivant son expression, afin de partager l'empire des Francs entre ses trois fils, Lothaire, Louis et Pepin ; d'en élever un à la dignité d'empereur, pour maintenir l'unité de l'empire ; de régler les rapports entre le nouvel empereur et les deux rois ses frères ; de fixer la part d'autorité qu'aurait l'assemblée de la nation pour juger leurs différends et pour élire des rois parmi leurs descendants. Et, afin que tout cela se fît, non par une présomption humaine, mais par la volonté divine, on indiqua et on observa religieusement, comme disposition préalable, trois jours de prières, de jeûnes et d'aumônes (*Ibid.*, col. 573).

Louis le Débonnaire déclare donc dans le préambule de cette charte, que son suffrage et les suffrages de tout le peuple s'étant portés sur son fils Lothaire pour la dignité impériale, cette unanimité fut regardée comme un signe manifeste de la volonté divine, et Lothaire associé en conséquence à l'empire.

Le dixième article de cette charte est surtout remarquable. Il est dit : « Si quelqu'un d'entre eux (les trois frères), ce qu'à Dieu ne plaise, devenait oppresseur des églises et des pauvres, ou exerçait la tyrannie, qui renferme toute cruauté, ses deux frères, suivant le précepte du Seigneur, l'avertiront secrètement jusqu'à trois fois de se corriger. S'il résiste, ils le feront venir en leur présence, et le réprimanderont avec un amour paternel et fraternel. Que s'il méprise absolument cette salutaire admonition, la sentence commune de tous décernera ce qu'il faut faire de lui, afin que, si une admonition salutaire n'a pu le rappeler de ses excès, il soit réprimé par la puissance impériale et la commune sentence de tous (Baluze, *Capit. reg. Fr.*, t. I, col. 576). » Tel est le dixième article. On y voit que, dans l'esprit et dans la législation des Français du IXᵉ siècle, leurs rois n'étaient pas irresponsables devant les hommes, mais justiciables de l'assemblée nationale.

Le quatorzième article ne mérite pas moins d'attention : « Si l'un d'eux laisse en mourant des enfants légitimes, la puissance ne sera point divisée entre eux, mais le peuple assemblé en choisira celui qu'il plaira au Seigneur, et l'empereur le traitera comme un frère et un fils, et, l'ayant élevé à la dignité de son père, il observera en tout point cette constitution à son égard. Quant aux autres enfants, on les traitera avec une tendre affection, suivant la coutume de nos parents. Que si l'un d'eux, ajoute l'article quinzième, meurt sans laisser d'enfants légitimes, sa puissance retournera au frère aîné ; c'est-à-dire à l'empereur. S'il laisse des enfants illégitimes, nous recommandons d'user envers eux de miséricorde. » Le dix-huitième et dernier article porte : « Si celui de nos fils qui, par la volonté divine, doit nous succéder, meurt sans enfants légitimes, nous recommandons à tout notre peuple fidèle, pour le salut de tous, pour la tranquillité de l'Eglise et pour l'unité de l'empire, de choisir l'un de nos fils survivants, en la même manière que nous avons choisi le premier, afin qu'il soit constitué, non par la volonté humaine, mais par la volonté divine (Art. 14, col. 577 ; art. 15 et 18, col. 578). »

Tels sont les principaux articles de la charte de partage et de constitution, proposée, délibérée, consentie et jurée en 817 dans l'assemblée nationale d'Aix-la-Chapelle ; relue, jurée et confirmée de nouveau l'an 821 dans l'assemblée nationale de Nimègue ; portée enfin à Rome par l'empereur Lothaire d'après les ordres de son père, et confirmée par le chef de l'Eglise universelle. Ces articles sont certainement curieux et importants ; car, suivant qu'ils sont appréciés ou méconnus, ils donnent un sens tout différent à toute l'histoire de France, ancienne et moderne.

Par exemple, pour nous en tenir à ce qu'il y a de plus général dans cette charte de 817, Louis le Débonnaire déclare que son fils Lothaire a été élevé à l'empire, non par la volonté humaine, mais par la volonté divine ; et la preuve qu'il en donne, c'est qu'après avoir consulté Dieu par la prière, le jeûne et l'aumône, tous les suffrages se sont réunis sur Lothaire. Ainsi, dans l'idée de Louis et de son époque, la volonté divine se manifestait par la volonté calme, unanime et chrétiennement réfléchie de la nation : le droit divin et le droit national ne s'excluaient pas, comme on l'a niaisement supposé de nos jours, mais ils rentraient l'un dans l'autre. Les théologiens et les jurisconsultes du moyen-âge, résumés par les jésuites Bellarmin et Suarèz, ont pensé de même; ils ont généralement regardé Dieu comme la source de la souveraineté, et le peuple comme le canal ordinaire.

Or, au commencement du XVIIe siècle, telle était l'ignorance des légistes français, qu'ils condamnaient, lacéraient, brûlaient par la main du bourreau les écrits de Bellarmin et de Suarèz, parce que ces deux jésuites, de concert avec les théologiens et les jurisconsultes du moyen-âge, y enseignaient l'ancien droit français : que la souveraineté vient de Dieu par le peuple; que les rois ne sont pas irresponsables devant les hommes; que leur puissance peut se perdre et leurs sujets être déliés du serment de fidélité; que, dans le doute, c'est au chef de l'Eglise universelle à décider ce qui regarde la conscience.

Aux Etats généraux de 1614, quelques-uns de ces légistes suggérèrent au tiers-état l'idée d'ériger en loi fondamentale du royaume et en dogme national : « Que le roi tient sa puissance immédiatement de Dieu seul; qu'il ne peut en être privé, ni ses sujets dégagés de son obéissance, dans aucun cas, ni par aucune puissance quelconque sur la terre. » — Ces légistes parlementaires, mais surtout les députés du tiers-état qui s'en laissèrent endoctriner, ne savaient trop ce qu'ils faisaient. Ils avaient sans doute intention de donner de l'importance aux parlements et aux Etats généraux. Mais si le roi tient son pouvoir immédiatement de Dieu seul, et non pas de Dieu par le peuple, si, toujours et en tous cas, les sujets doivent lui obéir, sans que nulle autorité puisse jamais s'entremettre, quel besoin aura-t-il d'Etats généraux et de parlements, si ce n'est pour exécuter ses ordres? Ne pourra-t-il, ne devra-t-il pas dire : *L'Etat, c'est moi*; non pas moi et les états généraux, non pas moi, le clergé, la noblesse et le peuple, non pas moi et les deux chambres, non pas moi et le parlement : moi seul, et point d'autre. — Et, de fait, les Etats généraux de 1614, seront les derniers pendant près de deux siècles : on n'en reverra qu'en 1789, qui provoqueront des révolutions fondamentales et sanglantes, non-seulement en France, mais dans toute l'Europe, jusqu'à ce qu'on érige en dogme national, non pas l'adulation parlementaire de 1614, mais la doctrine des jésuites Bellarmin et Suarèz, la doctrine des théologiens et des jurisconsultes du moyen-âge : que le roi tient son pouvoir de Dieu par le peuple; qu'il n'en est pas irresponsable devant les hommes; qu'il peut en être privé, et son peuple délié du serment de fidélité; que, dans le doute, c'est l'Eglise et son chef qui prononcent pour la conscience des catholiques.

L'adulation parlementaire de 1614 n'était pas d'origine française, mais anglicane. Nous avons vu l'apostat Cranmer supprimer le droit électoral du peuple anglais dans l'inauguration d'Edouard VI; nous avons vu le dogme de la royauté absolue et inamissible, à la suite de la papauté royale, monter sur le trône d'Angleterre avec les Stuarts; nous avons vu cette nouveauté politique provoquer le meurtre d'un Stuart, et l'expulsion de sa dynastie. En France, le dogme anglican de la royauté absolue et inamissible montera sur le trône avec les Bourbons, et, à la quatrième génération, produira des effets semblables. Ce qui montre qu'en France les rois ont été aussi sages que les parlements.

En 1614, le clergé français sut se garantir de cet anglicanisme. La chambre du tiers avait envoyé une députation à celle de la noblesse pour lui demander son adjonction au sujet de l'article. La noblesse répondit que, comme cet article touchait aux matières de foi, elle croyait convenable, avant de rien statuer à cet égard, avant même d'en délibérer, de prendre avis de la chambre ecclésiastique. Celle-ci demanda communication de l'article : le tiers se refusa d'abord à cette demande, prétendant que l'article ne touchait en rien aux matières de foi; mais, enfin, sur une seconde instance, la communication fut accordée. La chambre ecclésiastique demanda que l'article fût retiré, et députa le cardinal Du Perron vers la chambre de la noblesse et du tiers pour y exposer les motifs de sa réclamation. La noblesse répliqua qu'éclairée comme elle l'avait été par le discours du cardinal, elle s'en remettait entièrement à la décision du clergé sur cette matière, comme sur toutes les matières de foi. Mais il n'en fut pas de même de la part du tiers, qui se refusa opiniâtrément à toute concession. D'un autre côté, le parlement, de qui venait originairement l'article, le confirma par un arrêt; et ce ne fut qu'après de longues et difficiles négociations, que le clergé parvint à surmonter toutes les résistances. Enfin l'affaire fut évoquée au roi, qui ordonna de retirer l'article. Peu à peu on cessa d'en parler et il n'en fut plus question.

La harangue du cardinal Du Perron est importante, et en soi, et en ce qu'elle expose les sentiments du clergé de France à cette époque. Il distingue trois choses mêlées ensemble dans l'article du tiers-état. 1° Il condamne comme hérétique et impie, à la suite du concile de Constance, cette doctrine qu'il est loisible à tout individu de tuer un roi dès qu'il est tyran; 2° il reconnaît que le roi de France n'a point de supérieur temporel sur la terre, comme c'était le cas de quelques autres; 3° le point litigieux, savoir : Le roi tient son pouvoir tellement de Dieu, qu'il ne peut en être privé, ni son peuple absous du serment de fidélité, dans aucun cas, ni par aucune autorité quelconque. Le cardinal fait voir que prétendre ériger cette proposition en loi et dogme, et déclarer le contraire impie et détestable, comme faisait le tiers-état, c'est tomber en quatre manifestes et graves inconvénients. 1° C'est forcer les âmes et jeter des pièges aux consciences, en les obligeant de croire et de jurer, comme doctrine de foi et conforme à la parole de Dieu, une doctrine dont le contraire est tenu pour vrai par toutes les autres parties de l'Eglise catholique et l'a été jusqu'ici par leurs propres prédécesseurs. 2° C'est renverser de fond en comble l'autorité de l'Eglise et ouvrir la porte à toutes sortes d'hérésies, que de vouloir que les laïques, sans être guidés ni précédés d'aucun concile œcuménique, ni d'aucune sentence ecclésiastique, osent entreprendre de la juger de foi, décider des parties d'une controverse, et prononcer que l'une est conforme à la parole de Dieu, et l'autre impie et détestable. 3° C'est nous précipiter en un schisme évident et inévitable ; car tous les autres peuples catholiques tenant cette doctrine, nous ne pouvons la déclarer contraire à la parole divine, impie et détestable, sans renoncer à la communion du chef et des autres parties de l'Eglise, et sans confesser que l'Eglise a été depuis tant de siècles, non l'Eglise de Dieu, mais la synagogue de Satan, non l'épouse du Christ, mais l'épouse du diable. 4° C'est non-seulement rendre le remède que l'on veut apporter au péril des rois inutile en infirmant par le mélange d'une chose contredite ce qui est tenu pour certain et indubitable, mais même, au lieu d'assurer la vie et l'état de nos rois, c'est mettre en plus grand péril l'un et l'autre, par la suite des guerres et autres discordes et malheurs que les schismes ont accoutumé d'attirer après eux.

Du Perron démontre ces quatre points, surtout le premier, avec une érudition prodigieuse et bien ordonnée. Dans le premier, il montre deux choses : l'une, que non-seulement toutes les autres parties de l'Eglise tiennent qu'en cas de princes hérétiques ou apostats, les sujets peuvent être absous du serment fait à eux ou à leurs prédécesseurs; mais même que, depuis onze cents ans, il n'y a eu siècle auquel en diverses nations cette doctrine n'ait été crue et pratiquée. L'autre chose, que cette doctrine a été constamment tenue en France, où nos rois, et particulièrement ceux de la dernière race, l'ont protégée par leur autorité et par leurs armes; où nos conciles l'ont appuyée et maintenue; où tous nos évêques et docteurs scholastiques, depuis que l'école de la théologie est instituée jusqu'à nos jours, l'ont écrite, prêchée et enseignée ; et où finalement tous nos magistrats, officiers et jurisconsultes l'ont suivie et favorisée, même souvent pour des crimes de religion plus légers que l'hérésie et l'apostasie. Voilà ce que le cardinal Du Perron avance, soutient et prouve au long, avec l'approbation du clergé de France et de la noblesse.

Ce discours abonde en observations frappantes et quelquefois poignantes de justesse. Il dit au tiers-état : « Il n'y a que vingt-cinq ans, ceux de votre ordre, emportés par le trouble des temps, voulurent établir en pleins états une loi fondamentale d'Etat, toute contraire à celle de votre article (1). » Pour refuser à l'Eglise et à son chef le pouvoir d'absoudre du serment de fidélité, les partisans de l'article s'appuyaient beaucoup sur Barclay, auteur catholique d'Angleterre. Du Perron leur fait voir que Barclay admet quelque chose de bien autrement dangereux, savoir : que les peuples peuvent secouer le joug des rois et s'armer contre eux, en deux cas : lorsque le roi tend à ruiner le royaume ou la république, ou quand il veut rendre le royaume feudataire d'un autre (*Remontrances*, etc., col. 377). Or, chacun voit que, le peuple étant ainsi juge dans sa propre cause, le sort des rois est bien autrement en péril que quand le jugement appartient à l'Eglise et à son chef. Cependant Barclay était un des écrivains qu'on célébrait et que l'on chérissait.

« Car, ajoute le cardinal, pourvu qu'un auteur dise quelque chose contre le Pape, qu'il mette tant qu'il voudra le salut des rois sous les pieds du peuple, il est embrassé, chéri et adoré. Et de cela il n'en faut point de meilleure preuve que l'édition de Gerson ; ceux mêmes qui ont été les premiers auteurs de l'article qu'on nous propose maintenant l'ont fait réimprimer depuis huit ans, avec inscriptions, images et éloges, parce qu'il leur semble avoir écrit contre le Pape; car en son sermon, prononcé devant le roi Charles VII, au nom de l'Université de Paris, après avoir fait parler la Sédition, qui veut que l'on use indifféremment et sans exception de cette règle de Sénèque : *Il n'y a point de sacrifice plus agréable à Dieu que l'occision des tyrans*, et qu'on l'emploie contre toutes sortes de personnes accusées de tyrannies, et sur toutes sortes de soupçons et de libelles diffamatoires; et la Dissimulation, qui veut au contraire que l'on n'en use jamais, mais que l'on endure tout des tyrans : il introduit la Discrétion, qui enseigne quand il faut en user, en ces mots : — *Concluons de plus que, si le chef ou quelque autre membre de la république encourait un tel inconvénient, qu'il voulût avaler le venin mortel de la tyrannie, chaque membre en son lieu s'y devrait opposer de tout son pouvoir, par les moyens expédients, et tels qu'il ne s'ensuivit pas pis ; car il n'est pas à propos, si la tête est affligée d'une petite douleur, que la main la frappe, attendu que cela serait folie ; ni ne faut pas la couper ou séparer incontinent d'avec tout le corps, mais la médiciner doucement, tant par bonnes paroles qu'autrement, à l'exemple des prudents médecins. Il n'y aurait rien de plus déraisonnable et de plus cruel, que de vouloir exclure la tyrannie par une sédition. J'appelle sédition, une rébellion populaire sans cause et sans raison, qui est souvent pire que la tyrannie, etc. Il est besoin d'une grande et singulière discrétion, prudence et tempérance, pour expulser la tyrannie. Et partant il faut ouïr et ajouter foi aux philosophes, jurisconsultes, légistes, théologiens, aux hommes de bonne vie, de bonne et naturelle prudence et de grande expérience, dont il est dit : Ès vieillards se trouve l'expérience ; car un seigneur, pour être pécheur en plusieurs cas, ne doit pas être incontinent jugé tyran* (Gerson, *Sermo ad reg. Franc. nom. Univ. Paris.*).

Et en l'œuvre des dix *Considérations contre les flatteurs des rois*, où il récapitule une partie des discours de son sermon : *C'est erreur*, dit-il, *de croire qu'un prince terrien ne soit obligé en rien durant sa domination à ses sujets; car, selon le droit divin et la naturelle équité et la fin de la vraie domination, comme les sujets doivent foi, aide et service à leur seigneur, ainsi le seigneur doit à ses sujets foi et protection. Et si le prince les poursuit manifestement et avec obstination, en injure et de fait, alors cette règle naturelle* : « *Il est licite de repousser la force par la force*, » *et cette sentence de Sénèque* : « *On ne peut immoler de victime plus agréable à Dieu qu'un tyran*, » ont lieu (Gerson, consid. 7, contr. adulat.).

» Et encore, reprend Du Perron, ce qui est plus étrange, c'est que ceux qui l'ont fait réimprimer n'ont daigné mettre, ni au commencement de ses œuvres ni à la marge de ces paroles, aucune note pour les censurer et avertir le lecteur de s'en donner

---

(1) *Recueil des actes, titres et mémoires concernant les affaires du clergé de France*. Paris, 1740; in-folio. — *Remontrances du cardinal Du Perron*, col. 304.

de-garde. Mais comment l'eussent-ils fait sans se condamner eux-mêmes, eux qui, durant les orages de ces derniers troubles, avaient été les porte-enseignes, ou plutôt porte-flambeaux de cette pernicieuse doctrine, et l'avaient soutenue et publiée contre le roi Henri III par thèses disputées et imprimées? Car voici leurs mots : *Il est très-certain que de droit divin et naturel les Etats sont par-dessus les rois.* Et de rechef : *Il a été licite à tous les peuples de France de prendre très-justement les armes contre le tyran,* c'est-à-dire contre le roi Henri III. Et un peu après : *Ceux qui considèrent diligemment les choses jugeront que les ennemis éternels de la religion et de la patrie doivent être poursuivis, non-seulement par les armes publiques, mais même par le fer et les embûches des particuliers; et que Jacques Clément, Dominicain, n'a été enflammé d'autre désir que de l'amour des lois de sa patrie et de zèle de la discipline ecclésiastique, par lequel ce restaurateur de notre liberté a imposé à son propre chef la grâce, et à notre col les carquois d'or et colliers célestes de l'Eglise.* Ce que je dis, non point pour les scandaliser, car je cèle leurs noms, ni pour leur reprocher ce que la bonté et la clémence du roi a enseveli, mais pour montrer qu'ils se devraient contenter de vaquer le reste de leurs jours à laver et effacer leur offense avec leurs larmes, et non pas se mêler de faire des leçons du service des rois à ceux qui les ont toujours bien et fidèlement servis, voire lors même qu'ils les persécutaient. Mais ce sont des esprits violents, qui, s'étant portés à une extrémité et ne pouvant demeurer au milieu, ont cru que le moyen de se justifier était de passer à l'autre, et de se mettre à écrire et combattre contre le Pape (*Recueil,* etc., col. 378 et seqq.). »

Aux Etats généraux de 1614 parut comme député du Poitou, l'évêque de Luçon, depuis cardinal de Richelieu. Il harangua même Louis XIII, au nom du clergé, le jour de la clôture. Il signale entre autres l'abus de donner des abbayes à des laïques, même à des huguenots. Comme la présentation à la plus grande partie des cures de France était annexée à ces abbayes, il était comme impossible qu'elles fussent pourvues de bons pasteurs. Richelieu demande la réforme de ces abus.

Quant à la réformation générale du clergé de France, voici comme il s'exprime :

« Je sais bien qu'on peut dire que le dérèglement de nos mœurs est la principale cause de nos maux ; et que par conséquent notre guérison dépend plus de nous que de tout autre. Nous le confessons avec larmes. Mais il faut considérer que les maux de l'Eglise sont divers; qu'il y en a de deux natures : les uns qui tirent leur être de nos fautes, et les autres qui viennent d'autrui. A ceux-ci Votre Majesté seule peut apporter remède, et c'est à nous principalement de travailler à la guérison des autres. Aussi sommes-nous résolus de reprendre notre première pureté; et le désir que nous en avons fait que nous supplions très-humblement Votre Majesté de nous donner un aiguillon nouveau pour nous porter plus fortement à cette fin, et une règle pour nous y conduire.

» Un aiguillon, faisant telle estime de ceux qui s'acquitteront de leur devoir, et méprisant en telle sorte ceux qui, le négligeant, feront gloire de leur honte, qu'au lieu d'un seul motif que nous avons maintenant pour nous porter au bien, nous en ayons deux : la gloire de Dieu et l'honneur du monde.

» Une règle, nous accordant le saint et sacré concile de Trente, si utile pour la réformation des mœurs. Je pourrais m'étendre sur ce sujet, et mon dessein était de le faire; mais, pressé du temps, je me contenterai de faire voir en peu de mots à Votre Majesté que toutes sortes de considérations la convient à recevoir et faire publier ce saint concile : la bonté de la chose, l'autorité de la cause, la sainteté de sa fin, le fruit que produisent ses constitutions, le mal que nous cause le délai de sa réception, l'exemple des princes chrétiens, et la parole du feu roi, son père.

» La bonté de la chose : nous offrons à justifier qu'il n'y a rien en ce concile qui ne soit très-saint. — L'autorité de sa cause : puisqu'il est fait par l'Eglise universelle, dont l'autorité est si grande, que sans elle saint Augustin ne veut pas croire à l'Evangile. — La sainteté de sa fin : puisqu'elle n'est autre que la conservation de la religion, et l'établissement d'une vraie discipline en l'Eglise. — Le fruit que produisent ses constitutions : puisqu'en tous les pays qui l'observent, l'Eglise subsiste avec règle. — Le mal que nous cause le délai de sa réception : puisqu'à ce sujet beaucoup font mauvais jugement de notre créance, estimant que, n'admettant pas ce concile, nous en rejetons la doctrine, que nous sommes obligés de professer sous peine d'hérésie. — L'exemple des princes chrétiens : puisque l'Espagne, l'Italie, la Pologne, la Flandre et la plus grande partie de l'Allemagne l'ont reçu. — La parole du feu roi, son père : puisque c'est une des conditions auxquelles il s'obligea solennellement lorsque l'Eglise le reçut entre ses bras.

» La moindre de ces considérations est suffisante pour porter Votre Majesté à nous accorder cette requête, d'autant plus raisonnable, que, s'il y a quelques articles en ce concile qui, bons en eux-mêmes, semblent moins utiles à ce royaume, pour être répugnants à ses anciennes usances, nous nous soumettons très-volontiers à en demander modification (*Recueil,* etc., col. 407 et 408). »

A la suite de ce discours, Richelieu fut nommé aumônier de la reine, puis, en 1616, secrétaire d'Etat de la guerre et des affaires étrangères, cardinal en 1622, enfin premier ministre jusqu'en 1642, où il mourut le 4 décembre. Le système politique de Richelieu se compose de trois résolutions, suivies avec constance pendant dix-huit années : priver le calvinisme d'une existence offensive ; contraindre les grands à devenir humbles sujets du roi; rehausser, au préjudice de la maison d'Autriche, la considération extérieure de la France : telle fut la tâche qu'entreprit le ministre. Renvoyer une partie du moins de ces vastes projets à des temps tranquilles, eût été permis. Les exécuter au milieu des révoltes de la cour, révoltes appuyées des princes du sang, malgré la faiblesse du roi, l'opposition de la reine-mère, les cabales sans fin du frère du roi, le duc d'Orléans, ce fut certainement l'ouvrage d'un homme supérieur. Avec cela, il fonda l'Académie française, et rebâtit magnifiquement le collège de la Sorbonne, où est son tombeau.

Grâce au calvinisme, ainsi que nous l'avons vu, la France n'était plus une : les huguenots la partageaient avec le roi ; ils avaient leur gouvernement, leurs finances, leurs villes, leurs arsenaux, leurs troupes, leur flotte à part ; ils se liguaient avec l'étranger contre la France et son roi. En 1615, le duc de Rohan fit prendre les armes au parti huguenot.(Sismondi, *Hist. des Franç.*, t. XXII, p. 349). Henri IV avait ordonné le rétablissement de la religion catholique dans le Béarn : les huguenots s'y opposèrent. En 1617, Louis XIII ordonna l'exécution des ordres de Henri IV : les huguenots s'y opposèrent encore. Le 15 octobre 1620, Louis XIII, accompagné du connétable de Luynes, se transporte lui-même à Pau, y fait enregistrer son édit, rend les biens de l'Eglise aux catholiques, et réunit la Navarre à la France. Malgré la défense du roi, les huguenots s'assemblent à la Rochelle, se décident à lui faire la guerre, nomment des généraux, dont les principaux furent les deux frères, ducs de Rohan et de Soubise. Louis XIII marche contre eux, en 1621, avec le connétable de Luynes : toutes les villes protestantes du Poitou se soumettent ; Saumur est rendu par Duplessis Mornay ; Saint-Jean-d'Angély est pris de force sur le duc de Soubise, et ses fortifications rasées. Louis a le même succès en Guienne, excepté devant Montauban, dont il est obligé de lever le siège par suite d'une maladie qui s'était mise dans l'armée, et qui emporta le connétable de Luynes. Le duc de Mayenne, ancien chef de la ligue, fut tué dans un assaut, le 17 septembre, vivement regretté de l'armée, et plus encore de Paris, où le jeune roi revint en triomphe. L'année suivante, 1622, accompagné du prince de Condé, Louis XIII fait une seconde campagne contre les huguenots dans le midi de la France, leur enlève les villes, les unes par composition ; les autres par force ; celles-ci sont traitées avec rigueur. Le 20 octobre, après un assez long siège, le roi entre par capitulation dans Montpellier : il accorde la paix aux huguenots, mais ils perdent le droit de tenir des assemblées politiques, leurs fortifications seront démolies, ils ne conservent de places de sûreté que la Rochelle et Montauban. Ils perdirent encore plus : leurs principaux chefs se soumirent au roi ; le maréchal de Lesdiguières, gouverneur du Dauphiné, se déclara catholique et reçut l'épée de connétable. La même année, l'évêque de Luçon, Richelieu, fut nommé cardinal par Grégoire XV, et commença de l'emporter dans les conseils du roi ; il achèvera contre les huguenots ce qui avait été commencé par le connétable de Luynes (Sismondi, *Hist. des Franç.*, t. XXII, p. 315 et seqq.).

En 1625, les huguenots recommencent la guerre civile : le duc de Soubise s'empare de l'île de Rhé, puis surprend et capture la flotte du roi dans le port de Blavet, en Bretagne ; son frère le duc de Rohan, lève l'étendard de la rébellion dans le Languedoc ; une partie des huguenots refusent d'y prendre part : Soubise est défait ; un accommodement intervient au mois de janvier 1626 (*Ibid.*, p. 561 et seqq.).

L'année suivante, les huguenots traitent avec l'Angleterre : une flotte anglaise paraît devant l'île de Rhé ; la Rochelle lève l'étendard de la révolte et de la guerre civile : c'était la capitale des Français renégats, autrement huguenots, et un repaire semblable à Tunis et Alger, d'où les corsaires huguenots infestaient les pays catholiques. Louis XIII marche contre la ville rebelle, accompagné de Richelieu : le cardinal, dont la première vocation avait été les armes, se montre général accompli ; il chasse les Anglais de l'île de Rhé, assiége la Rochelle, construit au milieu de l'hiver une digue immense pour fermer le port, repousse deux nouvelles flottes anglaises, et réduit la ville à se rendre le 29 octobre 1628. Le lendemain, les troupes royales y entrent par des rues encombrées de cadavres, que les assiégés n'avaient plus eu la force d'enterrer. Les soldats, qui portaient chacun un pain sur leur havresac, s'empressèrent de le partager avec des malheureux qui n'en avaient pas goûté depuis cinq mois. Le roi donna ordre aux vivandiers d'amener des vivres et de les vendre au prix ordinaire. En même temps, on nettoyait les rues, les places, les maisons ; on purifiait les églises, qu'on voulait rendre au culte catholique, et le cardinal de Richelieu, ainsi que Henri de Sourdis, archevêque de Bordeaux, commandant de la flotte française, y célébrèrent la messe dès le lendemain. Enfin, le 10 novembre, une déclaration du roi fixa la condition future de la Rochelle. L'exercice de la religion catholique y fut rétabli, les églises restituées, les ecclésiastiques et les hôpitaux remis en possession de leurs biens. Les crimes des habitants furent abolis, et l'exercice de leur religion leur fut permis en un lieu qui serait déterminé plus tard, celui dont ils s'étaient servi jusque-là devant être changé en une église cathédrale, que le Pape serait prié d'ériger en évêché.(Sismondi, *Hist. des Franç.*, t. XXIII, c. 15).

Le duc de Rohan, qui avait traité avec l'Espagne, continuait la guerre civile en Languedoc. Louis XIII marche contre lui en 1629, prend de force la ville de Privas et la livre aux flammes. A ce coup, le duc de Rohan conseille aux huguenots de se soumettre, et leur en donne l'exemple. Montauban ouvre ses portes le 18 août ; Richelieu y entre le 20, fait commencer sous ses yeux la démolition des fortifications, et dit la première messe dans l'église, qui fut rendue au culte catholique (*Ibid.*, c. 16).

La France avait recouvré l'unité politique, mais pas encore l'union. Depuis longtemps nous avons vu la discorde des princes amener les guerres civiles et diviser la France d'avec elle-même. Au commencement du règne de Louis XIII, les choses n'étaient pas changées. Les grands se conduisaient comme ils n'étaient pas sujets du roi, et les plus puissants gouverneurs des provinces, comme s'ils eussent été souverains en leurs charges. Au lieu de l'ancienne subordination féodale, c'étaient des officiers nommés par le roi, qui abusaient de leur office contre le roi même. Pour eux, la grande, l'unique règle était l'intérêt. Richelieu entreprit de réprimer ce désordre.

A la tête des princes était le frère du roi, Gaston, duc d'Orléans, père de la grande Mademoiselle, si fameuse sous Louis XIV ; le prince de Condé, chef de la seconde branche des Bourbons, et qui eût succédé à Henri IV, dans le cas que celui-ci n'eût pas laissé de fils légitimes ; les duc et prieur de Vendôme, frères bâtards de Louis XIII ; venaient ensuite les Montmorency, dont une fille était princesse de Condé; enfin la reine-mère, Marie de Médicis, et un peu aussi la reine régnante, Anne d'Autriche, fille de Philippe III, roi d'Espagne. Pendant tout le règne de Louis XIII, ce fut un flux et reflux continuel de cabales, de ligues, de complots, de troubles, de guerres civiles et de raccommodements. En 1616, Condé est mis à la Bastille; en 1617, le maréchal d'Ancre, Concino Concini, favori de la reine-mère, est assassiné publiquement, et sa femme, Léonore Galigaï, condamnée à avoir la tête tranchée. Brouilleries entre le roi et sa mère, laquelle finit par quitter la France, et par mourir l'an 1642 à Cologne. Complots de plusieurs courtisans contre la vie de Richelieu; ils sont punis. Gaston commence la guerre civile dans le midi de la France, de concert avec l'Espagne et avec le maréchal duc de Montmorency, qui entraîne à la révolte les Etats du Languedoc : Montmorency est pris et décapité en 1632. Deux ans après, une commission de quatorze magistrats condamne au feu Urbain Grandier, curé de Loudun, comme convaincu du crime de magie, maléfice et possession, arrivés par son fait sur plusieurs religieuses ursulines. Urbain Grandier, d'une conduite peu régulière, de mœurs peu édifiantes, avait été interdit par son évêque, et absous par son métropolitain, qui cependant lui conseilla de quitter le pays après un tel éclat. Urbain Grandier revint à Loudun en triomphe, une branche de laurier à la main, pour braver ses adversaires. Des Ursulines d'un couvent de la ville, se croyant possédées du diable, en accusèrent Urbain Grandier. Le métropolitain, c'était l'archevêque de Bordeaux, donna des ordres qui assoupirent un peu cette affaire. Mais un conseiller d'Etat, Laubardemont, dont la supérieure des Ursulines était parente, vint à Loudun avec une commission royale, en 1633, pour instruire le procès, qui eut le résultat que nous avons vu. On prétendit qu'il y avait à tout cela une cause politique, et que Richelieu voulait punir Grandier d'un libelle publié contre lui, et attribué à ce personnage; mais la chose n'est pas certaine ni même probable (*Biogr. univ.*, t. XVIII).

En 1642, Gaston, frère du roi; Cinq-Mars, favori du roi; le duc de Bouillon, frère aîné du vicomte de Turenne; de Thou, fils de l'historien de ce nom, forment le projet d'assassiner le cardinal de Richelieu. Le complot est découvert : Gaston est réduit à dénoncer ses complices, le duc de Bouillon obtient sa grâce, Cinq-Mars et de Thou périssent sur l'échafaud. La reine-mère, Marie de Médicis, était morte le 3 juillet de la même année, à Cologne, dans l'indigence; le cardinal de Richelieu mourut à Paris le 4 décembre suivant, et Louis XIII le 14 mai 1643. Tous ces divers personnages, même ceux qui périrent sur l'échafaud, firent une mort chrétienne.

Les complots et autres délits de ce genre qu'on leur peut reprocher, étaient peut-être chez eux moins les produits d'un mauvais cœur que les conséquences naturelles de la politique moderne, politique que les gouvernements et les écrivains ne cessent encore de suivre et de prôner. Si les devoirs des princes sont subordonnés à leur intérêt, les princes de France devaient susciter des troubles, supposé que leur intérêt fût tel. Ainsi se trouvent justifiées toutes leurs guerres civiles et sous Louis XIII et sous la minorité de Louis XIV. On explique de même la conduite de ces deux rois et de leurs ministres. Nous avons vu Louis XIII et le cardinal de Richelieu, Louis XIV et le cardinal Mazarin, fomenter les révolutions d'Angleterre, et contribuer au régicide de Charles Ier et à l'expulsion de sa dynastie. Ils en usèrent de même avec l'Allemagne : ils se liguèrent avec les protestants contre les catholiques, pour une guerre barbare de trente ans, et cela pour élever la maison de France aux dépens de la maison d'Autriche, et accaparer la dignité impériale pour Louis XIII et Louis XIV (Lemontey, *Monarchie de Louis XIV: Pièces justificatives*, p. 210 et seqq., t. V).

Entre la France et l'Allemagne est un petit pays, autrefois plus grand, d'où sont sortis Charles Martel, Charlemagne, Godefroi de Bouillon, Jeanne d'Arc, les ducs de Guise, qui ont sauvé la France contre les Mahométans, contre les Anglais, contre elle-même. Suivant son instinct originel, ce petit pays se dévoue à sauver l'Allemagne catholique contre les Turcs à l'Orient, et contre les hérétiques au Nord. Les fils dégénérés de saint Louis le trouveront mauvais, ils se ligueront avec les hérétiques du Nord pour accabler ce petit pays pendant soixante-six ans, de telle manière que, quand le souverain légitime y revint en 1698, les châteaux de la noblesse étaient rasés, des villages entiers avaient disparu, leurs ruines servaient de retraite aux bêtes fauves, les chemins étaient couverts d'épines, les lieux les plus peuplés autrefois n'étaient plus que de vastes solitudes (*Biogr. univ.*, t. XXV, art. LORRAINE [Léopold Ier, duc de]). De nos jours, l'Europe s'indigne de la cruauté avec laquelle les Russes traitent la pauvre Pologne, cet antique boulevard de la chrétienté contre les Turcs. Les Français de Louis XIII et de Louis XIV traitèrent de même la pauvre Lorraine, durant le XVIIe siècle, parce que ses ducs Charles IV et Charles V se joignaient aux catholiques d'Allemagne et à la Pologne de Sobieski, pour repousser les Turcs de devant Vienne, leur enlever Bude, Belgrade, la Transylvanie, les réduire à demander la paix et à se ranger désormais parmi les peuples humains (De Hammer, *Hist. des Ottomans*, t. V, VI et VII). Encore n'a-t-on pas dit que les Russes fassent en Pologne ce que les Français firent en Lorraine. L'histoire nous apprend qu'en l'année 1677, les officiers et soldats de Louis XIV confisquèrent les biens, rasèrent les maisons des pères et mères, des femmes même dont les enfants ou les maris étaient à la suite de leur souverain légitime, le duc Charles V, à son service ou à celui de l'empereur, contre les protestants et les Turcs (Calmet, *Hist. de Lorraine*, t. IV, in-folio). Autre échantillon. Le 1er juillet 1645, la ville lorraine de La Mothe se rendit aux Français par capitulation, dont l'article quinzième portait expressément que les bourgeois de La Mothe demeureraient à leur volonté en cette ville ou ailleurs, comme bon leur semblerait, et seraient conservés dans leurs vies, libertés et biens, dans quelques lieux qu'ils pussent être situés, comme anciennement, sans qu'il soit fait aucun tort à leurs personnes, femmes, enfants et familles, non plus qu'à leurs biens, meubles et immeubles, etc. Or, deux ou trois jours après la reddition de la place, il y eut ordre du roi Louis XIV de ruiner non-seuement les fortifications de la ville, mais encore les églises et les maisons; et cela fut exécuté sans délai par les soldats français, et par quinze ou seize cents paysans commandés des villes et des villages des environs. Aujourd'hui il n'en reste pas même les ruines. On n'a pas encore dit que les Russes en aient fait autant en Pologne.

Il est vrai, Louis XIV n'avait alors que sept ans, et cette déloyauté barbare doit être imputée à son conseil, particulièrement au cardinal Mazarin. Mais, après cinquante ou soixante ans de règne, Louis XIV transmettra la même politique à son successeur. Il dira dans ses *Instructions au dauphin* : « En se dispensant d'observer les traités à la rigueur, on n'y contrevient pas, parce qu'on n'a point pris à la lettre les paroles des traités, quoiqu'on ne puisse employer que celles-là; comme il se fait dans le monde pour celles des compliments, absolument nécessaires pour vivre ensemble, et qui n'ont qu'une signification bien au-dessous de ce qu'elles sonnent (*Instruct. pour le dauphin*, t. I, p. 68). Plus les clauses par où les Espagnols me défendaient d'assister le Portugal étaient extraordinaires, réitérées et pleines de précautions, plus elles marquaient qu'on n'avait pas cru que je dusse m'en abstenir (*Ibid.*, p. 66). » L'histoire nous montre encore Louis XIV conspirant à Londres avec les restes d'une faction régicide contre Charles II, contre cet allié complaisant qui lui vendait par lambeaux les intérêts du peuple anglais. Et pour qu'on ne s'avisât pas de l'excuser sur ce que la chose s'était faite pendant sa jeunesse, il dira dans les mêmes *Instructions* à son successeur : « Je ménageais les restes de la faction de Cromwell, pour exciter par leur crédit quelque nouveau trouble dans Londres (*Ibid.*, t. II, p. 203). »

Une telle politique, comparée à celle de saint Louis, est sans doute fort étrange. Nous avons vu saint Louis gardant fidèlement les traités, même envers les Arabes et les Bédouins qui ne les gardaient pas. Ici nous voyons les fils de saint Louis, selon la chair, poser en principe et mettre en œuvre la politique des Bédouins et des Arabes, et se montrer fils d'Ismaël, selon l'esprit. C'est la politique moderne, c'est l'esprit du monde.

Mais la France chrétienne avait un autre esprit, dont le représentant était Vincent de Paul. Tandis que la France politique, personnifiée en Richelieu et Mazarin, et assistée de ses alliés, les luthériens de Suède, ruinait la Lorraine par la guerre, la peste et la famine : la France chrétienne, personnifiée en Vincent de Paul, secourait la Lorraine expirante, la secourait pour le corps et pour l'âme. Le saint prêtre avait de ses missionnaires établis à Toul : c'est par là qu'il sut et soulagea les souffrances des villes et des campagnes, notamment des villes de Metz, Toul, Verdun, Nancy, Bar-le-Duc, Pont-à-Mousson, Saint-Mihiel, Lunéville, Château-Salins, Dieuze, Vic, Moyenvic, Marsal, Epinal, Remiremont, Mirecourt, Châtel, Neufchâteau, Stenay, Rambervillers. Car, sous la main des Français et des Suédois, la Lorraine était une victime où, des pieds à la tête, tout n'était qu'une plaie. Le duc de Weimar, commandant des Suédois, portait dans ses étendards, dit-on, la malheureuse Lorraine sous la figure d'une femme, hachée en deux depuis la tête jusqu'aux pieds, et environnée de soldats, qui d'une main tenaient une épée tranchante, et de l'autre un flambeau allumé. Cet emblème du massacre et de l'incendie, figure assez bien la réalité : on voit encore des traces de celle-ci dans l'église de Saint-Nicolas-du-Port, dont l'une des tours, comme un tison demi-brûlé, porte encore les marques de l'incendie allumé par les Français ou par les Suédois, peut-être par les uns et les autres; car on ne sait point au juste à qui appartient cet honneur.

La ville de Toul fut la première qui éprouva les bontés de Vincent de Paul. Il en existe entre autres un certificat du mois de décembre 1639, et conçu en ces termes : « Jean Midot, docteur en théologie, grand-archidiacre, chanoine et vicaire général de Toul, le siège épiscopal vacant, certifions et faisons foi que les prêtres de la Mission résidant en cette ville continuent, depuis environ deux ans, avec beaucoup d'édification et de charité, d'y soulager, vêtir, nourrir et médicamenter les pauvres : premièrement les malades, desquels ils en ont retiré soixante dans leur maison, et une centaine qui sont logés dans les faubourgs; secondement, quantité d'autres pauvres honteux, réduits à une grande nécessité et réfugiés en cette ville, auxquels ils font l'aumône; et en troisième lieu, à plusieurs pauvres soldats retournant des armées du roi, blessés et malades, qui se retirent aussi en la maison desdits prêtres de la Mission, et en l'hôpital de la Charité, où ils les font nourrir et traiter (Abelly, l. 2, c. 10). »

Les mêmes assistances furent rendues à la ville de Metz, qui était une des plus affligées. Le concours des pauvres qui l'assiégeaient au dedans et au dehors avait quelque chose de terrible. C'était comme une armée de malheureux de tout âge et de tout sexe, qui montait quelquefois jusqu'à quatre et cinq mille personnes. Tous les matins on en trouvait dix ou douze de morts, sans compter ceux qui, surpris à l'écart, étaient souvent la proie des bêtes carnassières; car les loups, habitués à se nourrir de cadavres, attaquaient en plein jour les femmes et les enfants. Les bourgs et les villages en étaient infestés à toute heure; ils entraient même la nuit dans les villes par les brèches des murailles, et enlevaient tout ce qu'ils pouvaient attraper. Telle était la situation de Metz : encore n'était-ce qu'une partie de ses disgrâces. L'honneur de ses vierges les plus pures était en danger. La faim était sur le point de porter plusieurs communautés à rompre leurs clôtures, dans un temps où les plus fortes murailles étaient un trop faible rempart contre la licence. Toutes les ressources étaient fermées. Le parlement s'était retiré à Toul dès 1638. L'évêque de Metz, sans être prêtre, était un bâtard de Henri IV, qui consumait à Paris et à la cour les revenus de son évêché et de six abbayes, tandis que son peuple mourait de faim. Ce peuple abandonné trouva un pasteur et un père dans Vincent de Paul, comme on le voit par une lettre que lui écrivirent les magistrats de Metz au mois d'octobre 1640.

Les missionnaires envoyés à Verdun et qui y séjournèrent au moins trois ans, mandèrent au saint homme en 1641, que, pendant tout ce temps, ils avaient chaque jour donné du pain à cinq ou six cents pauvres, « et pour le moins à quatre cents, qu'ils fournissaient tous les jours du potage et de la viande à cinquante ou soixante malades, et à quelques-uns de l'argent pour d'autres nécessités; qu'ils assistaient environ trente pauvres honteux; qu'ils donnaient à toute heure du pain à quantité de gens de la campagne et d'autres passants qui venaient leur demander l'aumône; qu'enfin ils fournissaient des habits à ceux qui n'en avaient point. Un de ces missionnaires mandait un jour à Vincent, que ce qui les avait grandement édifiés et consolés, c'était la patience admirable et la résignation incroyable qu'ils trouvaient aux malades et en ceux qui mouraient : « O monsieur, disait-il, que d'âmes vont en paradis par la pauvreté ! Depuis que je suis en Lorraine, j'ai assisté plus de mille pauvres à la mort, qui paraissaient tous y être parfaitement disposés : voilà bien des intercesseurs au ciel pour leurs bienfaiteurs! »

Les missionnaires à qui la ville de Nancy était échue en partage n'y étaient ni moins saintement ni moins continuellement occupés. Ils donnaient tous les jours du pain et du potage à quatre ou cinq cents pauvres, qui, quoique bien portants, ne pouvaient gagner de quoi vivre, parce qu'il n'y avait plus ni moissons, ni moissonneurs. Ils les rassemblaient chaque jour pour leur faire des instructions touchantes; et la vue d'une multitude de morts et de mourants les rendit si efficaces, que plusieurs d'entre eux se confessaient et communiaient presque tous les mois. A l'égard des malades, ils en firent recevoir un bon nombre à l'hôpital Saint-Julien auquel ils donnèrent du linge et de l'argent, parce qu'il n'était pas en état de fournir à la dépense. Ils prirent dans leur propre maison ceux qui ne pouvaient trouver de place à l'hôpital; ils les nourrirent avec soin, ils pansèrent leurs plaies et leurs ulcères. Comme il y avait communément trente, quarante et cinquante autres malades logés çà et là dans la ville, ils leur firent distribuer chaque jour du pain, du potage et de la viande. Ils assistaient deux sortes de pauvres honteux : les uns, au nombre d'environ cinquante, étaient d'une condition médiocre; les autres, au nombre de trente, étaient des gens de qualité, partie ecclésiastiques, partie séculiers. On donnait aux premiers une certaine quantité de pain par semaine; on donnait aux autres de l'argent tous les mois, à proportion de leur naissance et de leur besoin. Ayant été avertis qu'il y avait dans la ville un grand nombre de pauvres mères dont les enfants, encore à la mamelle, se trouvaient en danger de périr, ils en prirent un soin particulier; ils leur donnèrent non-seulement du pain et du potage comme aux autres pauvres, mais encore de l'argent et de la farine.

D'un autre côté, les magistrats de Lunéville écrivirent à saint Vincent de Paul, en l'année 1642 : « Monsieur, depuis plusieurs années que cette pauvre ville est affligée de peste, de guerre et de famine, qui l'ont réduite au point de l'extrémité où elle est à présent, au lieu de consolation, nous n'avons reçu que des rigueurs de la part de nos créanciers, et de la cruauté du côté des soldats, qui nous ont enlevé par force le peu de pain que nous avions, en sorte que le ciel semblait n'avoir plus que de la rigueur pour nous, lorsqu'un de vos enfants en Notre Seigneur étant arrivé ici chargé d'aumônes, a grandement tempéré l'excès de nos maux et relevé notre espérance en la miséricorde du Bon Dieu. Puisque nos péchés ont provoqué sa colère, nous baisons humblement la main qui les punit, et recevons aussi les effets de sa divine douceur avec des ressentiments de reconnaissance extraordinaires. Nous bénissons les instruments de son infinie clémence, tant ceux qui nous soulagent de leurs charités si opportunes, que ceux qui nous les procurent et distribuent; et vous particulièrement, monsieur, que nous croyons être, après Dieu, le principal auteur d'un si grand bien. De vous dire qu'il soit bien appliqué en ce pauvre lieu, où les principaux sont réduits au néant, c'est ce que le missionnaire envoyé vous déduira avec non moins d'intérêt que nous, il a vu notre désolation, et vous verrez devant Dieu l'éternelle obligation que nous vous avons de nous avoir secourus dans cet état (Abelly, l. 2, c. 10; Collet, l. 4). »

Les premiers prêtres de la mission qui allèrent à Pont-à-Mousson, au mois de mai 1640, mandèrent à Vincent qu'ils y avaient fait l'aumône à quatre ou cinq cents pauvres si défigurés, que jamais ils n'en avaient vu de plus dignes de compassion ; la plupart étaient de la campagne, si exténués et si languissants, qu'ils mouraient même en mangeant; les quatre curés de la ville leur avaient donné une liste des malades et des pauvres honteux les plus misérables; ils avaient visité les malades, et en avaient trouvé plusieurs agonisants ; il y avait des religieuses fort nécessiteuses; en quelques bourgades, aux environs de la ville, les loups dévoraient les personnes : ce qui empêchait plusieurs d'y venir chercher du pain, particulièrement les enfants de dix à douze ans ; un bon et charitable curé s'étant offert de leur porter quelques aumônes, ils lui avaient donné de l'argent pour les nourrir.

Enfin, au mois de décembre 1640, les magistrats de Pont-à-Mousson écrivirent à saint Vincent de Paul une lettre pleine de reconnaissance de ces aumônes, et de raisons pressantes pour en obtenir la continuation : « L'appréhension, disent-ils, de nous voir en peu de temps privés des charités qu'il a plu à votre bonté de faire départir à nos pauvres, fait que nous recourons à vous, monsieur, afin de leur procurer, s'il vous plaît, avec autant de zèle que ci-devant, les mêmes secours, puisque la nécessité y est au même degré qu'elle a jamais été. Il y a deux ans que la récolte a manqué, les troupes ont fait manger nos blés en herbes, les garnisons continuelles ne nous ont laissé que des objets de compassion; ceux qui étaient accommodés sont réduits à la mendicité : ce sont des motifs aussi puissants que véritables pour animer la tendresse de votre cœur, déjà plein d'amour et de pitié, à continuer ses bénignes influences sur cinq cents pauvres qui mourraient en peu d'heures, si par malheur cette douceur venait à leur défaillir. »

Vers ce temps-là, un des missionnaires étant allé en la ville de Saint-Mihiel, voici en quels termes il écrivit à Vincent : « J'ai commencé, en arrivant, à faire l'aumône : je trouve une si grande quantité de pauvres, que je ne saurais donner à tous; il y en a plus de trois cents dans une très-grande nécessité, et plus de trois cents autres à l'extrémité. Monsieur, je vous le dis en vérité, il y en a plus de cent qui semblent des squelettes couverts de peau, et si affreux que, si Notre Seigneur ne me fortifiait, je n'oserais les regarder. Ils ont la peau comme du marbre basané, et tellement retirée que les dents leur paraissent toutes sèches et découvertes, et les yeux et le visage tout refrognés; enfin c'est la chose la plus épouvantable qui se puisse jamais voir : ils cherchent aux champs de certaines racines, qu'ils font cuire, et les mangent. J'ai bien voulu recommander ces grandes calamités aux prières de notre compagnie. Il y a plusieurs demoiselles (filles nobles) qui périssent de faim, et entre elles il y en a de jeunes, et j'appréhende que le désespoir ne les fasse tomber dans une plus grande misère que la temporelle. »

Par une autre lettre du mois de mars de la même année 1640, il mande à Vincent : « Il s'est trouvé à la dernière distribution de pain que nous avons faite, onze cent trente-deux pauvres, sans les malades, qui sont en grand nombre, et que nous assistons de nourriture et de remèdes propres. Ils prient tous pour leurs bienfaiteurs, avec tant de sentiment de reconnaissance, que plusieurs en pleurent de tendresse, même des riches, qui sont touchés de ces choses. Je ne crois pas que ces personnes, pour qui l'on offre tant et si fréquentes prières, puissent périr. Messieurs de la ville louent grandement ces charités, disant hautement que plusieurs fussent morts sans ce secours, et publiant l'obligation qu'ils vous ont. Un pauvre suisse abjura ces jours passés son hérésie de Luther, et, après avoir reçu les sacrements, mourut fort chrétiennement. »

Vincent ayant envoyé, dès la même année 1640, un des plus anciens et des principaux prêtres de sa compagnie, pour visiter tous les missionnaires employés à faire les distributions en Lorraine, tant afin de reconnaître l'ordre et l'emploi des aumônes et des instructions, que pour remarquer les villes qui auraient le plus besoin d'assistance, voici ce que ce visiteur lui manda de Saint-Mihiel : « Je vous dirai, monsieur, des choses admirables de cette ville, qui sembleraient incroyables si nous ne les avions vues. Outre tous les pauvres mendiants dont j'ai parlé, la plus grande partie des habitants de la ville, et surtout de la noblesse, endurent tant de faim, que cela ne se peut exprimer et imaginer; et, ce qui est le plus déplorable, c'est qu'ils n'osent demander. Il y en a quelques-uns qui s'enhardissent, mais d'autres mourraient plutôt; et j'ai moi-même parlé à des personnes de condition qui ne font incessamment que pleurer pour cette occasion. — Voici une autre chose bien plus étrange. Une femme veuve n'ayant plus rien ni pour elle ni pour ses trois enfants, et se voyant réduite à mourir de faim, elle écorcha une couleuvre et la mit sur des charbons pour la rôtir et la manger, ne pouvant avoir autre chose. Notre confrère qui réside ici, en ayant été averti, y accourut, et ayant vu cela, y mit remède. — Il ne meurt aucun cheval dans la ville, de quelque maladie que ce soit, qu'on ne ravisse incontinent pour le manger; et il n'y a que trois ou quatre jours qu'il se trouva une femme à l'aumône publique qui avait de la chair infecte plein son devantier, qu'elle donnait aux autres pauvres pour de petits morceaux de pain. — Une jeune demoiselle a été pendant plusieurs jours dans la délibération de vendre ce qu'elle avait de plus cher au monde pour avoir un peu de pain, et en a même cherché plusieurs fois les occasions; Dieu soit loué et remercié de ce qu'elle ne les a pas trouvées, et qu'elle est à présent hors de danger! — Un autre cas fort déplorable est que les prêtres, qui sont tous, Dieu merci, de vie exemplaire, souffrent la même nécessité et n'ont pas du pain à manger; jusque-là, qu'un curé, qui est à une demi-lieue de la ville, s'est réduit à tirer la charrue, étant attelé avec ses paroissiens à la place des chevaux. Cela n'est-il pas déplorable, monsieur, de voir un prêtre, et un curé, réduit en cet état? Il ne faut plus aller en Turquie pour voir les prêtres condamnés à labourer la terre, puisqu'ils s'y réduisent eux-mêmes à nos portes, y étant contraints par la nécessité.

» Au reste, monsieur, Notre Seigneur est si bon, qu'il semble avoir privilégié Saint-Mihiel de l'esprit de dévotion et de patience; car, parmi l'indigence extrême des biens temporels, ils sont si avides des spirituels, qu'il se trouve au catéchisme jusqu'à deux mille personnes pour l'entendre; c'est beaucoup pour une petite ville où la plupart des grandes maisons sont désertes. Les pauvres mêmes sont fort soigneux d'y assister et de se présenter aux sacrements; tous généralement font une estime non-pareille du missionnaire qui est ici, qui les instruit et les soulage; et tel s'estime heureux de lui avoir parlé une fois : aussi s'emploie-t-il avec grande charité et beaucoup de travail à ces frontières; il s'est même laissé tellement accabler de confessions générales et du défaut de nourriture, qu'il en est tombé malade (Abelly, l. 2, c. 10; Collet, l. 4). »

Les pauvres de Bar-le-Duc, ancienne capitale du Barrois, tant habitants que réfugiés, au nombre de huit cents ou environ, furent aussi toujours bien assistés pour le corps et pour l'âme; ce qui soulagea beaucoup tout le pays, et particulièrement cette ville, où l'on voyait auparavant grand nombre de pauvres couchés sur le pavé, dans les carrefours, aux portes des églises, et des bourgeois mourant de faim, de froid, de maladie et de misère.

Des deux missionnaires qui assistaient les pauvres de Bar-le-Duc, l'un mourut dans le travail, l'autre fut grièvement malade. Le supérieur des Jésuites, chez lesquels ils logeaient, en écrivit en ces termes à saint Vincent de Paul : « Vous avez appris la mort de monsieur de Montevit, que vous avez envoyé ici. Il a beaucoup souffert en sa maladie, qui a été longue, et je puis dire, sans mensonge, que je n'ai jamais vu une patience plus forte et plus résignée que la sienne : nous ne lui avons jamais ouï dire aucune parole qui fût une marque de la moindre impatience; tous ses discours ressentaient une piété peu commune. Le médecin nous a dit fort souvent qu'il n'avait jamais traité de malade plus obéissant et plus simple. Il a communié fort souvent dans sa maladie, outre les deux fois qu'il a communié en forme de viatique. Son délire de huit jours ne l'empêcha pas de recevoir en bon sens l'extrême-onction; il le quitta quand on lui donna ce sacrement, et le reprit incontinent après qu'on le lui eût donné. Enfin, il est mort comme je désire et comme je demande à Dieu de mourir. Les deux chapitres de Bar honorèrent son convoi, comme aussi les Pères Augustins; mais ce qui honora le plus son enterrement, ce furent six à sept cents pauvres qui accompagnèrent son corps, chacun un cierge à la main, et qui pleuraient aussi fort que s'ils eussent été au convoi de leur père. Les pauvres lui devaient bien cette reconnaissance : il avait pris cette maladie en guérissant leurs maux et en soulageant leur pauvreté ; il était toujours parmi eux et ne respirait point d'autre air que leur puanteur. Il entendait leurs confessions avec tant d'assiduité, et le matin et l'après-dîner, que je n'ai jamais pu gagner sur lui qu'il prît une seule fois le relâche d'une promenade. Nous l'avons fait enterrer auprès du confessionnal où il a pris sa maladie, et où il a fait le beau recueil des mérites dont il jouit maintenant dans le ciel. Deux jours avant qu'il mourût, son compagnon tomba malade d'une fièvre continue, qui l'a tenu dans le danger de la mort l'espace de huit jours ; il se porte bien maintenant. Sa maladie a été l'effet d'un trop grand travail et d'une trop grande assiduité parmi les pauvres. La veille de Noël, il fut vingt-quatre heures sans manger et sans dormir ; il ne quitta le confessionnal que pour dire la messe. Vos messieurs sont souples et dociles en tout, hormis dans les avis qu'on leur donne de prendre un peu de repos. Ils croient que leurs corps ne sont pas de chair, ou que leur vie ne doit durer qu'un an. »

Ce qui augmentait les travaux et les dépenses des missionnaires à Bar-le-Duc, c'est que leurs confrères qui étaient à Nancy, à Toul et en d'autres lieux, leur adressaient fort souvent des troupes de pauvres qui étaient la porte de la Lorraine, et ils leur fournissaient leur nourriture et quelque argent pour leur voyage.

Le missionnaire qui portait l'argent de Paris en Lorraine représentait à Vincent, et Vincent aux dames de la Charité, que grand nombre de filles de condition et autres, qui n'avaient aucune industrie, ni biens, ni parents qui pussent les aider à subsister, étaient grandement exposées à l'insolence des officiers des garnisons ; ce qui fit résoudre Vincent avec ces dames d'ordonner à ce missionnaire d'amener à Paris toutes les filles qui voudraient éviter le grand danger où elles étaient. Le missionnaire l'ayant fait savoir dans les villes où il allait, il s'en présenta un très-grand nombre ; ayant choisi celles qui étaient en plus grand péril, il en emmena, à diverses fois, cent soixante, qu'il défraya pendant tout le chemin, sans compter un grand nombre de petits garçons qui, étant arrivés à Paris, furent reçus à Saint-Lazare, et ensuite placés pour servir ; et les filles, menées par ordre de Vincent chez la veuve Legras, qui les logea dans sa maison, où quantité de dames étant venues les voir, on en donnèrent avis à toutes les familles de Paris, afin que celles où l'on aurait besoin de filles de chambre ou de servantes s'adressassent à cette vertueuse dame : par ce moyen, ces filles furent mises en d'honnêtes conditions et garanties des malheurs où elles étaient exposées par la nécessité.

Parmi les autres émigrants de Lorraine, hommes et femmes, qui s'en allaient en France gagner leur vie, la plupart s'en venaient par troupe à Paris, où ils étaient accueillis et assistés par Vincent, non-seulement corporellement, mais encore spirituellement ; car, pour les préparer à une bonne confession générale et à vivre chrétiennement, il les fit assembler au village de La Chapelle, à une demi-lieue de Paris, où il leur fit faire une mission en l'année 1641 ; à d'autres troupes venues l'année suivante, on fit encore une semblable mission ; et les uns et les autres furent pourvus pour servir ou pour travailler de leurs métiers.

Entre ces gens qui furent ainsi mis à couvert, était le frère d'un chanoine de Verdun ; celui-ci lui manda qu'il avait quitté la résidence de son église, parce qu'elle ne lui apportait plus que du pain de douleur ; il s'était mis à labourer la terre pour avoir de quoi vivre, mais enfin le grand travail et le peu de nourriture l'avaient rendu si infirme, qu'il ne pouvait plus rien faire ni éviter la mort, s'il ne recevait bientôt quelque assistance ; et il conclut sa lettre en ces termes : « En vérité, je ne sais où trouver ce secours qu'auprès de vous, mon frère, qui avez eu le bonheur d'être reçu et favorisé d'un des plus saints et des plus charitables personnages de notre siècle infortuné ; c'est donc par vous, que j'espère ce bonheur de M. Vincent. » Son espérance ne fut pas vaine, car le charitable père des pauvres lui fit donner l'assistance nécessaire pour le tirer de cette extrême nécessité.

Parmi tout ce peuple qui se réfugia à Paris, il se trouva un grand nombre de personnes nobles et d'autres de qualité considérable, même des familles entièrement ruinées, qui, n'étant pas accoutumées à gagner leur vie, et encore moins à la demander, ne pouvaient subsister aucunement. Vincent entreprit de les secourir, non des aumônes destinées pour la Lorraine, lesquelles il envoyait exactement pour tant de milliers de pauvres qui y étaient restés, mais par une autre invention que Dieu lui inspira, qui fut de réunir en assemblée de charité non plus seulement les dames, mais les messieurs et les nobles, dont le principal, comme nous avons vu, était le baron de Renty.

Un missionnaire ayant trouvé à Saint-Mihiel quatorze religieuses bénédictines qui y étaient venues de Rambervillers pour s'y établir, et n'y pouvaient subsister à cause de la disette extrême du pays, il les mena à Paris par l'avis de Vincent et des dames de la Charité, pour y être assistées ; et Dieu a permis qu'avec le temps elles ont été établies dans le faubourg Saint-Germain, où elles ont toujours, depuis ce temps-là, répandu la bonne odeur de leur sainte vie, et donné grande édification, non-seulement à ce faubourg, mais à toute la ville de Paris. Elles ont pris le nom de *Religieuses du Saint-Sacrement*.

Les distributions de pain, de potage et de viande ayant cessé en Lorraine l'an 1643, Vincent en rappela la plupart des missionnaires qu'il y avait envoyés, parce qu'il n'y restait plus que peu de malades, et que les pauvres gens ayant un peu de relâche du côté des soldats, se mirent à travailler pour gagner leur vie. Les aumônes pourtant ne cessèrent pas pour cela, on les continua encore cinq ou six ans depuis, pour le soulagement des plus misérables, et Vincent fit en sorte qu'on les étendît dans presque toutes les villes de Lorraine. Par ce moyen, on assista non-seulement un grand nombre de pauvres honteux, de bourgeois ruinés et de familles nobles qui, ne pouvant faire valoir leur bien, étaient dans un état déplorable, mais on fit encore subsister toutes les communautés religieuses, tant d'hommes que de filles, auxquelles on distribua tous les ans des aumônes considérables, qui étaient réglées selon la nécessité des maisons.

Le missionnaire chargé de transporter l'argent des aumônes en Lorraine en estima la somme totale à deux millions de son temps, ce qui vaudrait cinq ou six millions de nos jours (Collet, l. 4, p. 318, note O).

Outre cette somme si considérable, Vincent fit porter aux villes ruinées du pays environ quatorze mille aunes de draperies de plusieurs sortes, en diverses fois, dont il faisait acheter la plus grande partie à Paris, pour revêtir tous les pauvres religieux et religieuses, la pauvre noblesse, quantité d'autres personnes d'honnête condition et des familles entières qui n'avaient que des habits déchirés; la reine même fut si touchée de compassion, qu'elle leur envoya toutes ses tapisseries et lits de deuil, après la mort de Louis XIII; la duchesse d'Aiguillon, nièce du cardinal de Richelieu, fit de même.

Le missionnaire chargé de porter l'argent en Lorraine, était frère Matthieu Renard, de Brienne, au diocèse de Troyes, et mort à Saint-Lazare le 5 octobre 1669. Il fit plus de cent cinquante voyages, en chacun desquels il était chargé de vingt-cinq ou trente mille livres en or. Par une protection particulière de Dieu, jamais il ne fut volé, quoiqu'il passât à travers les soldats qui couvraient tout le pays et de plusieurs voleurs qu'il rencontra souvent. Il arriva même quelquefois que, s'étant mis avec des convois qui furent attaqués et pris, il trouva toujours moyen de s'échapper. D'autres fois, faisant voyage avec quelques personnes particulières et s'étant ensuite séparé d'elles par un ordre secret de la Providence, les autres étaient aussitôt volées, et lui ne faisait aucune mauvaise rencontre. Quelquefois aussi, passant par des bois remplis de voleurs ou de soldats débandés, sitôt qu'il les entendait ou apercevait, il jetait dans quelque buisson ou dans la boue sa bourse, qu'il portait ordinairement dans une besace déchirée, à la façon des gueux, et puis s'en allait droit à eux comme un homme qui ne les craignait pas; ils le fouillaient quelquefois, et, ne lui trouvant rien, le laissaient aller sans lui faire de mal : lorsqu'ils s'étaient écartés, frère Matthieu retournait sur ses pas pour reprendre sa bourse. Un soir, ayant rencontré des voleurs, ils le menèrent dans un bois pour lui faire peur : n'ayant rien trouvé sur lui de ce qu'ils cherchaient, ils lui demandèrent s'il ne paierait pas bien cinquante pistoles de rançon ; à quoi frère Matthieu ayant répondu que, s'il avait cinquante vies, il ne pourrait pas les racheter d'un gros de Lorraine, ils le laissèrent aller. Chargé un jour de trente-quatre mille livres, il se vit tout à coup assailli par un homme bien monté, qui, le pistolet à la main, le fit marcher devant lui pour le fouiller à l'écart. Matthieu, qui l'observait de temps en temps lui ayant vu tourner la tête, laissa tomber sa bourse. Cent pas plus loin, il se mit à faire au cavalier de grandes révérences qui, fortement imprimées dans une terre de labour, pussent lui servir à retrouver son trésor. Il le retrouva en effet, après avoir essuyé une visite rigoureuse sur le bord d'un précipice. Une autre fois, il découvrit des Croates en rase campagne : il n'eut que le temps de décharger sa besace, de la couvrir de quelques herbes, laissant un petit bâton à trois ou quatre pas pour lui servir de marque, et puis de passer au milieu des soldats : il revint sur la place durant la nuit et retrouva son trésor à la pointe du jour. Lorsqu'il fut de retour à Paris, la reine voulut le voir plusieurs fois. Elle entendit avec un plaisir infini le récit des stratagèmes dont il se servait, et qu'il variait à propos, quand les premiers étaient usés. Pour lui, il fut bien persuadé et il répéta souvent qu'une protection si visible était un effet de la foi et des prières du saint homme qui l'envoyait (Abelly, l. 2, c. 11; Collet, l. 4).

Par suite de la politique que nous avons vue, la France eut la guerre avec l'Espagne et avec l'Allemagne catholique, jusqu'en 1648, sous la minorité de Louis XIV, la régence de sa mère, Anne d'Autriche, et le ministère du cardinal Jules Mazarin : celui-ci, Sicilien d'origine, né à Rome, versé dans la connaissance du droit, dans l'art militaire, dans la diplomatie, puis devenu ecclésiastique, vice-légat d'Avignon, nonce extraordinaire en France, où il gagna l'estime et la confiance de Richelieu et de Louis XIII, qui le firent nommer cardinal, et dont le premier le recommanda au second sur son lit de mort. Dans cette guerre de 1643 à 1648 se distinguèrent deux fameux capitaines, le duc d'Enghien, ensuite prince de Condé, et le vicomte de Turenne : les vieilles bandes espagnoles furent détruites.

A peine la France eut-elle, en 1648, terminé la guerre avec l'Allemagne par le traité de Westphalie, qu'elle eut la guerre avec elle-même jusqu'en 1660, outre la guerre continuée avec l'Espagne. Cette guerre civile est ce qu'on appelle *la Fronde*, lutte entre le parlement de Paris et les princes d'une part; le ministre Mazarin, la régente, le roi, de l'autre. Un des chefs, sinon le chef de la Fronde, fut un élève de saint Vincent de Paul, Jean-François-Paul de Gondi, coadjuteur, puis archevêque de Paris, et cardinal de Retz, entré dans le clergé par la destination de son père et non par sa propre inclination. Doué d'une capacité pour les affaires, d'un talent d'écrivain et d'orateur, d'un courage et d'une force de caractère, d'une finesse d'esprit et d'une souplesse qu'aucun homme en France n'égalait, il avait toutes les qualités du plus redoutable chef de parti, et c'était en même temps toute son ambition de le devenir. Il ne voulait pour la France ni du despotisme qu'avait fondé Richelieu, ni de l'indépendance provinciale que voulaient recouvrer les grands, ni du pouvoir populaire qui renversait toute autorité; il voulait les contenir les uns par les autres, et donner à sa patrie une constitution libre et balancée (*Cardinal de Retz*, p. 266). Mais ce n'était cependant là pour lui qu'un but secondaire : ce qu'il voulait, avant tout, c'était intriguer et jouer un rôle. Sa famille, arrivée en France avec Catherine de Médicis, possédait le duché de Retz et l'archevêché de Paris presque à titre héréditaire : c'est ce qui le fit entrer dans le clergé, avec des mœurs assez peu cléricales. Cependant il sauva toujours la décence publique, se distingua par son talent pour la chaire, par ses aumônes, et finit sa vie par être un modèle de régularité, de piété, de désintéressement et de bienfaisance. Dans les troubles de la Fronde, comme son caractère d'évêque ne lui permettait pas de se mettre trop en avant, il eut pour bras droit le duc de Beaufort, petit-fils adultérin de Henri IV, proclamé *roi de la halle*, à cause de ses façons populacières. En 1649, la régente sort de Paris avec le jeune roi : le prince de Condé tient pour eux ; mais son frère, le prince de Conti, est nommé généralissime des troupes du parlement, avec d'autres princes sous ses ordres : Turenne lui-même passe dans ce parti et y veut entraîner son armée, qui l'abandonne. Après une espèce d'accommodement, les princes de Condé, Conti et Longueville sont arrêtés et emprisonnés à Vincennes ; leurs femmes poussent la noblesse à la guerre civile : on se bat en Guienne : nouvel accommodement et amnistie (1650). Mazarin quitte la cour et la France, après avoir mis les premiers en liberté : le prince de Condé à la tête de la noblesse, contre le parlement, le duc d'Orléans et le coadjuteur. Majorité de Louis XIV (1651). Condé et d'autres princes, déterminés par les femmes, commencent la guerre contre le roi. Condé songe à réveiller le parti protestant ; il offre à Cromwell d'embrasser la Réforme, dans l'espoir d'obtenir le secours des Anglais. Cromwell dédaigne son apostasie : il savait par le témoignage unanime des protestants de France, qu'ils étaient très-satisfaits du gouvernement ; que les édits en leur faveur étaient scrupuleusement observés, tandis qu'ils n'avaient aucune confiance dans Condé, dont l'impiété et l'immoralité les révoltent (Sismondi, *Hist. des Français*, t. XXIV). Turenne pour le roi ; Condé, ligué avec l'Espagne, déclaré par le roi criminel de lèse-majesté ; Mazarin rentre en France avec une armée ; Turenne sauve le roi, que Condé était sur le point d'enlever ; Condé attaque et prend Saint-Denys ; bataille du faubourg Saint-Antoine, entre Condé et Turenne ; Mademoiselle, fille du duc d'Orléans, oncle du roi, fait tirer par le canon de la Bastille sur les troupes royales ; siège et prise de l'Hôtel-de-Ville par le parti des princes ; le coadjuteur, devenu cardinal de Retz, invite le roi à rentrer dans la capitale, Mazarin étant retourné à Sedan ; rentrée du roi, le 21 octobre 1652, tout pouvoir politique interdit au parlement ; dissolution finale de la Fronde ; Condé déclaré criminel de lèse-majesté ; le cardinal de Retz conduit à Vincennes.

Mazarin retourne à Paris, le 3 février 1653. Condé, demeuré chef de la révolte, n'est plus qu'un émigré au service de l'Espagne, est condamné à mort en 1654, par le parlement de Paris ; guerres de Flandre, Champagne et Picardie, par Turenne et Condé, qui aspirait à mettre la couronne de Louis XIV sur sa propre tête (Lemontey). Louis XIV entre au parlement avec ses bottes de chasse et un fouet à la main. Louis XIV et Mazarin font alliance avec Cromwell contre l'Espagne, et renvoient Charles II avec ses frères (1655). Louis XIV envoie à Cromwell (1657) une magnifique épée enrichie de diamants. En 1658, Turenne prend la ville de Dunkerque ; Louis XIV la remet à Cromwell, qui meurt la même année, et Louis XIV en porte le deuil. L'année 1659 voit la paix des Pyrénées entre la France et l'Espagne ; Louis XIV épouse la princesse de Castille, Marie-Thérèse d'Autriche ; le prince de Condé rentre en grâce ; le cardinal Mazarin meurt en 1661.

Ces guerres de la Fronde et des princes causèrent une misère extrême parmi les soldats et parmi le peuple, particulièrement sur les frontières de la Champagne et de la Picardie. En 1653, comme les royalistes assiégeaient Sainte-Ménehould, Louis XIV s'y rendit pour avoir l'honneur de prendre la ville. Voici ce que dit à cette occasion son valet de chambre, témoin oculaire : « Outre la misère des soldats, celle du peuple était épouvantable ; et dans tous les lieux où la cour passait, les pauvres paysans s'y jetaient, pensant y être en sûreté, parce que l'armée désolait la campagne. Ils y amenaient leurs bestiaux, qui mouraient de faim aussitôt, n'osant sortir pour les mener paître. Quand leurs bestiaux étaient morts, ils mouraient eux-mêmes incontinent après ; car ils n'avaient plus rien que les charités de la cour, qui étaient fort médiocres, chacun se considérant le premier. Ils n'avaient de couvert contre les grandes chaleurs du jour et les fraîcheurs de la nuit, que le dessous des auvents, des charrettes et des chariots qui étaient dans les rues. Quand les mères étaient mortes, les enfants mouraient bientôt après ; et j'ai vu sur le pont de Melun trois enfants sur leur mère morte, l'un desquels la tétait encore (*Mémoires de La Porte*). »

Après les armées des rois et des princes, qui pillaient et saccageaient, en venait une autre, peu nombreuse, mais qui avait des entrailles de miséricorde : c'étaient les missionnaires de saint Vincent de Paul, c'étaient les sœurs et les dames de la Charité. En 1650, sur la première nouvelle que les environs de la ville de Guise avaient été désolés par les ennemis, Vincent fit partir aussitôt deux de ses missionnaires avec un cheval chargé de vivres, et une certaine somme d'argent. Ils trouvent un si grand nombre de malheureux, couchés le long des haies et sur les grands chemins, languissants et mourants, que leurs provisions sont bien vite épuisées. Ils courent aux villes pour en acheter d'autres : la désolation n'y est pas moins grande qu'à la campagne. Ils s'empressent d'en informer leur Père. Aussitôt, par ses soins, les prédicateurs de la capitale exhortent les fidèles à secourir les habitants infortunés de la Champagne et de la Picardie ; un écrit répandu dans le public expose leur misère : de nouveaux missionnaires partent sans cesse avec de nouveaux secours. Ils écrivent entre autres de Saint-Quentin :

« Quel moyen de subvenir à sept ou huit mille pauvres qui périssent de faim, à douze cents réfugiés, à trois cent cinquante malades qui ne se peuvent nourrir qu'avec des potages et de la viande ; à trois cents familles honteuses tant de la ville que des champs, qu'il faut assister secrètement, pour tirer plusieurs filles du dernier naufrage, et éviter ce qui pensa arriver l'autre jour à un jeune homme, lequel, pressé de la nécessité, se voulut tuer avec un couteau et aurait commis ce crime, si l'on n'eût couru pour l'empêcher ; à cinquante prêtres qu'il faut nourrir préférablement à tous autres. On en trouva un de la ville, l'autre jour, mort dans son lit, et on a découvert que c'était pour n'avoir osé demander sa vie. — La souffrance des pauvres ne se peut exprimer. Si la cruauté des soldats leur a fait chercher les bois, la faim les en a fait sortir ; ils se sont réfugiés ici. Il y est venu près de quatre cents malades, et la ville, qui ne pouvait les assister, en a fait sortir la moitié, qui sont morts peu à peu étendus sur les grands chemins; et ceux qui nous sont demeurés sont en telle nudité, qu'ils n'osent se lever de dessus leur paille pourrie pour nous venir trouver. La famine est telle, que nous voyons les hommes mangeant la terre, broutant l'herbe, arrachant l'écorce des arbres, déchirant les méchants haillons dont ils sont couverts, pour les avaler; mais ce que nous n'oserions dire, si nous ne l'avions vu, et qui fait horreur, ils se mangent les bras et les mains, et meurent dans ce désespoir (Abelly, l. 2, c. 32; Collet, l. 5). »

Tel était, et tel fut pendant près de dix ans, jusqu'à la paix des Pyrénées, l'état de deux grandes provinces et des quatre ou cinq diocèses qui y sont renfermés. Les endroits qui éprouvèrent le plus la charité de Vincent de Paul et des dames de son assemblée, sont les villes de Guise, de Laon, de Noyon, de Chauny, de la Fère, de Riblemont, de Ham, Marles, Vervins, Rosay, Plomyon, Orson, Aubenton, Montcornet, et autres de la Tiérache; celles d'Arras, d'Amiens, de Péronne, de Saint-Quentin, du Catelet, et quelque cent trente villages des environs. Il y faut joindre Basoches, Brenne, Fisme, et près de trente villages de la même vallée. Pour ce qui est de la Champagne, on y secourut particulièrement Reims, Réthel, Château-Porcien, Neufchâtel, Lude, Somme-Py, Saint-Etienne, Vaudy, Saint-Souplet, Rocroy, Mézières, Charleville, Donchery, Sedan, Vaucouleurs et un grand nombre de bourgs et villages qui sont aux environs de ces lieux et qui tous étaient dans la dernière misère.

Le lieutenant général de Saint-Quentin écrivait à Vincent de Paul : « Les charités qui sont, par la grâce de Dieu et par vos soins, envoyées en cette province, et si justement distribuées par ceux qu'il vous a plu y commettre, ont donné la vie à des millions de personnes réduites par le malheur des guerres à la dernière extrémité, et je suis obligé de vous témoigner les très-humbles reconnaissances que tous ces peuples en ont. Nous avons vu, la semaine passée, durant le passage des troupes, jusqu'à quatorze cents pauvres réfugiés en cette ville, qui ont été nourris chaque jour de vos aumônes; et il y en a encore dans la ville plus de mille, outre ceux de la campagne, qui ne peuvent avoir d'autre nourriture que celle qui leur est donnée par votre charité. La misère est si grande, qu'il ne reste plus d'habitants dans les villages qui aient seulement de la paille pour se coucher, et les plus qualifiés du pays n'ont pas de quoi subsister; il y en a même qui possèdent pour plus de vingt mille écus de bien, et qui, à présent, n'ont pas un morceau de pain, et ont été deux jours sans manger. C'est ce qui m'oblige, dans le rang que je tiens et la connaissance que j'en ai, de vous supplier d'être encore le père de cette patrie, pour conserver la vie à tant et tant de pauvres moribonds et languissants que vos prêtres assistent, et qui s'en acquittent très-dignement.

Outre la Lorraine, la Champagne et la Picardie, la guerre amena la misère aux environs de Paris et dans Paris même. La miséricorde de Vincent de Paul sut encore suffire à cette nouvelle misère. Ses filles et ses dames de charité allaient partout, comme des anges consolateurs, réparer les maux de la discorde civile. Plus d'une fois, à la suite d'une bataille, les champs restaient jonchés de cadavres, qui infectaient l'air et servaient de pâture aux bêtes féroces. Vincent envoyait des missionnaires avec de l'argent, pour leur faire donner la sépulture. Plusieurs régiments d'Irlandais catholiques, au service de France, se trouvèrent dans le même dénuement que les pauvres peuples de la Champagne et de la Picardie : Vincent de Paul sut encore venir à leur secours et corporellement et spirituellement, en leur envoyant des missionnaires qui les prêchaient en leur langue.

Déjà précédemment, en 1636, à la demande de Louis XIII, Vincent de Paul avait envoyé de ses prêtres faire des missions dans l'armée française. Les Espagnols ayant fait irruption en Picardie et pris quelques villes, Paris eut peur d'être assiégé. On y leva une armée de vingt mille hommes, la plupart laquais ou apprentis. La maison de Saint-Lazare servit de place d'armes, où l'on forma aux exercices militaires les soldats nouvellement enrôlés. Le hallier, les salles, les cours, l'ancien cloître des religieux, tout était plein de gens de guerre. « Ce saint jour de l'Assomption, dit Vincent dans une de ses lettres, n'est pas exempt de ces embarras tumultueux. Le tambour commence d'y battre, quoiqu'il ne soit encore que sept heures du matin; de sorte que depuis huit jours il s'est dressé céans soixante-douze compagnies. Or, quoique les choses soient en cet état, toute notre compagnie ne laisse pas de faire sa retraite, trois ou quatre exceptés, qui sont sur le point de partir et de s'en aller au loin. » Le roi demanda vingt prêtres pour faire la mission dans ses troupes; Vincent ne put en envoyer que quinze, auxquels il donna ce règlement :

« Les prêtres de la Mission qui sont à l'armée se souviendront que Notre Seigneur les a appelés à ce saint emploi, 1° pour offrir leurs prières et sacrifices à Dieu pour l'heureux succès des bons desseins du roi et pour la conservation de son armée; 2° pour aider les gens de guerre qui sont dans le péché à s'en retirer, et ceux qui sont en état de grâce à s'y conserver; et enfin pour faire leur possible que ceux qui mourront sortent de ce monde en état de salut. — Ils auront pour cet effet une particulière dévotion au nom que Dieu prend dans l'Ecriture, de *Dieu des armées*, et au sentiment qu'avait Notre Seigneur quand il disait : *Je ne suis pas venu pour envoyer la paix, mais le glaive*, et pour nous donner la paix, qui est la fin de la guerre.

» Ils considéreront que, bien qu'ils ne puissent ôter tous les péchés de l'armée, Dieu leur fera peut-être la grâce d'en diminuer le nombre : c'est comme si l'on disait que Notre Seigneur, qui devait encore être crucifié cent fois, ne le sera peut-être que quatre-vingt-dix; et que, sur mille âmes qui seraient perdues par leurs mauvaises dispositions, on en sauvera quelques-unes par la miséricorde de Dieu. » Le reste du règlement prescrit les moyens de parvenir à ce but. Dieu y répandit sa bénédiction : peu après, quatre mille soldats avaient fait leur devoir au tribunal de la pénitence, avec grande effusion de larmes (Abelly, l. 2, c. 6). Vincent de Paul rendit un service semblable à l'ordre de Malte et au commandeur de Sillery, homme de grande vertu, en leur aidant à ranimer le zèle des prêtres et des curés qui dépendaient de l'ordre.

Dans le même temps, Vincent de Paul continuait à diriger les religieuses de la Visitation à Paris et à Saint-Denys. François de Sales le connut dès 1619 : une tendre charité unit l'un à l'autre. Vincent avoua que la douceur, la majesté, la modestie et tout l'extérieur de François de Sales lui retraçaient une vive image du Fils de Dieu conversant parmi les hommes. François de Sales publiait à son tour que Vincent était un des plus saints prêtres qu'il eût jamais connus, et qu'il n'en savait aucun dans Paris qui eût plus de religion, plus de prudence, plus de ces talents rares nécessaires pour conduire les âmes à une haute et solide piété. De concert avec sainte Jeanne-Françoise de Chantal, il le choisit pour premier supérieur général des Visitandines de la capitale : il fallut un ordre de l'évêque de Paris pour lui faire accepter cette charge, qu'il remplit pendant quarante ans.

Ce qui donna occasion aux deux saints de se connaître, c'est qu'en 1619 le saint évêque de Genève fut chargé d'accompagner à Paris le cardinal de Savoie, qui allait demander en mariage, pour le prince de Piémont, Christine de France, sœur de Louis XIII. Son zèle ne put rester oisif dans cette grande ville : il prêcha le carême à Saint-André-des-Arts. Tout le monde courut à ses sermons, et la foule y fut si grande, que les personnes les plus qualifiées avaient peine à y trouver place. Les hérétiques et les libertins rentraient en eux-mêmes après l'avoir entendu, et lui demandaient des conférences particulières pour achever d'éclaircir leurs doutes. Souvent il lui arriva de prêcher deux fois par jour. Un de ses amis lui ayant représenté qu'il devait ménager un peu plus sa santé, il répondit, en souriant, qu'il lui en coûtait moins de donner un sermon que de trouver des excuses pour s'en dispenser. « D'ailleurs, ajoutait-il, j'ai été établi pasteur et prédicateur : ne faut-il pas que chacun exerce sa profession ? Mais je suis surpris que les Parisiens courent à mes sermons avec un tel empressement, d'autant plus qu'il n'y a ni noblesse dans mon style, ni élévation dans mes pensées, ni beauté dans mes discours. — Croyez-vous donc, lui repartit son ami, qu'ils aillent chercher l'éloquence dans vos discours ? Il leur suffit de vous voir en chaire. Votre cœur parle par votre visage et par vos yeux, ne fissiez-vous que dire *Notre Père*. Les expressions les plus communes deviennent toutes de feu dans votre bouche, et vont allumer les flammes du divin amour ; et voilà pourquoi chacune de vos paroles a tant de poids et pénètre jusqu'au cœur. Vous avez déjà tout dit, même quand vous croyez n'avoir rien dit encore ; vous avez une espèce de rhétorique à part, dont les effets sont merveilleux. » — Le saint évêque se mit à sourire et changea de conversation.

Le mariage du prince de Piémont avec Christine de France ayant été conclu, la princesse choisit l'évêque de Genève pour son premier aumônier. Son dessein était de l'attacher spécialement à sa personne, et de lui confier la direction de sa conscience ; mais le saint refusa cette charge, alléguant pour raison qu'elle lui paraissait incompatible avec la résidence dont il ne se croyait pas dispensé, quoiqu'il eût un coadjuteur depuis l'année 1618, son frère Jean-François de Sales, évêque de Chalcédoine ; et, s'il se rendit à la fin aux instances réitérées de la princesse, ce ne fut qu'à deux conditions : l'une, qu'il résiderait dans son diocèse ; l'autre, que, quand il n'exercerait point sa charge, il ne recevrait point le revenu qui y était attaché. Christine, comme pour lui donner l'investiture de sa nouvelle dignité, lui fit présent d'un très-beau diamant qu'elle lui recommanda de garder pour l'amour d'elle. Madame, dit le saint, je vous le promets, tant que les pauvres n'en auront pas besoin. En ce cas-là, répondit la princesse, contentez-vous de l'engager, et je le dégagerai. Madame, répliqua l'évêque de Genève, je craindrais que cela n'arrivât trop souvent, et que je n'abusasse de votre bonté. La princesse l'ayant vu depuis à Turin sans le diamant, il lui fut aisé de deviner ce qu'il était devenu. Elle lui en donna un autre d'un plus grand prix encore, mais en lui recommandant bien de n'en pas faire comme du premier. Madame, dit le saint prélat, je ne vous en réponds pas ; je suis peu propre à garder les choses précieuses. Comme la princesse parlait un jour de ce diamant, un gentilhomme lui dit qu'il était toujours engagé pour les pauvres, et qu'il était moins à l'évêque de Genève qu'à tous les gueux d'Annecy. Effectivement, notre saint avait une si grande tendresse pour les pauvres, qu'il ne pouvait rien leur refuser ; il leur donnait jusqu'à des pièces d'argenterie de sa chapelle, et jusqu'à ses propres habits.

Cependant sa santé dépérissait tous les jours. Il vit bien lui-même que sa mort n'était pas éloignée : aussi ne manqua-t-il pas d'avertir ses amis qu'ils ne le reverraient plus, lorsqu'il partit pour Avignon en 1622. Le duc de Savoie lui avait mandé de le joindre dans cette ville, où il devait aller saluer Louis XIII, qui venait de soumettre les huguenots du Languedoc. Il s'interdit, par esprit de mortification, la vue de la pompe avec laquelle le roi fit son entrée dans Avignon, et passa en prières tout le temps que dura la cérémonie. Ayant été obligé de suivre la cour à Lyon, l'intendant de la province et plusieurs autres personnes de marque se disputèrent l'honneur de le loger ; mais il trouva moyen de les refuser honnêtement, et logea dans la chambre du jardinier de la Visitation, afin d'imiter, autant qu'il était en lui, la pauvreté de Jésus-Christ. Cet éloignement des distinctions, lequel avait l'humilité pour base, augmenta encore la haute idée que l'on avait de son éminente sainteté. Le roi et la reine-mère lui donnèrent plusieurs fois des preuves publiques de leur estime, ainsi que les princes et les seigneurs les plus qualifiés de la cour.

Quoique la santé du saint évêque fût dans un état déplorable, il ne laissa point de suivre les mouvements de son zèle ; il prêcha la veille et le jour de Noël. Le lendemain, il s'aperçut que sa vue et ses forces diminuaient ; et il se trouva si mal l'après-midi, qu'il fallut le mettre au lit. On découvrit bientôt tous les symptômes d'une apoplexie. Comme le saint était toujours en pleine connaissance, il demanda l'extrême-onction, et elle lui fut administrée. Il ne reçut point le saint viatique, parce qu'il avait dit la messe le matin, et que d'ailleurs il avait de fréquents vomissements ; ensuite il ne pensa plus qu'à produire les actes convenables aux mourants. On l'entendait répéter avec une ferveur tout angélique plusieurs passages de l'Ecriture, et ceux-ci entre autres : « Mon cœur et ma chair se sont réjouis dans le Dieu vivant. Je chanterai éternellement les miséricordes du Seigneur. Quand paraîtrai-je devant sa face! » Cependant, comme l'apoplexie se formait insensiblement, on lui mit les vésicatoires, on lui appliqua le fer chaud sur la nuque du cou, et le fer sur le haut de la tête, qui en fut brûlée jusqu'à l'os. Au milieu des larmes qui lui étaient arrachées par la douleur, il répétait souvent ces paroles : « Lavez-moi, Seigneur, de mes iniquités; ôtez-moi mon péché, purifiez-moi toujours de plus en plus. Que fais-je ici, ô mon Dieu! éloigné, séparé de vous ? » Puis, adressant la parole aux assistants, qui fondaient en larmes : « Ne pleurez point, mes enfants; ne faut-il pas que la volonté de Dieu s'accomplisse? » Quelqu'un l'ayant exhorté à dire avec saint Martin : « Seigneur, si je suis encore nécessaire à votre peuple, je ne refuse pas le travail, » il parut blessé de ce qu'on le comparait à un si grand saint, et répondit qu'il était un serviteur inutile, dont Dieu ni son peuple n'avaient besoin. Enfin, l'apoplexie allant toujours croissant, il perdit la parole, et mourut le 28 décembre 1622, à huit heures du soir. Il était à la 56e année de son âge, et à la 20e de son épiscopat.

Quand on fut assuré de sa mort, on l'ouvrit pour l'embaumer. On porta son cœur, enfermé dans une boîte de plomb, à l'église de la Visitation de Bellecour, à Lyon; on le mit ensuite dans un reliquaire d'argent, puis dans un reliquaire d'or donné par Louis XIII. Comme le saint avait choisi Annecy pour lieu de sa sépulture, on y transporta solennellement son corps, qui fut enterré dans une chapelle à côté du sanctuaire de l'église du premier monastère de la Visitation. Alexandre VII ayant béatifié le serviteur de Dieu en 1661, on exhuma son corps pour le placer sous le grand autel dans une belle châsse d'argent. Le même Pape canonisa le bienheureux évêque de Genève en 1665, et fixa sa fête au 29 janvier, jour auquel son corps avait été porté à Annecy.

La bulle de sa canonisation rapporte par écrit miracles des plus authentiques, opérés par son intercession et par la vertu de ses reliques. Ces miracles sont la résurrection de deux morts, les guérisons d'un aveugle-né, d'un paralytique et de trois perclus. Le pape Alexandre VII, les rois Louis XIII et Louis XIV, ainsi que plusieurs autres personnes, furent toute leur vie persuadés qu'ils avaient été guéris de maladies dangereuses par l'intercession du saint évêque de Genève (Godescard, 29 janvier).

Sa coopératrice dans le bien, sainte Jeanne-Françoise de Chantal, mourut vingt ans après lui. En 1638, la duchesse de Savoie, Christine de France, la pria instamment de venir à Turin établir un couvent de la Visitation. Elle le fit, et réussit de plus à établir les missionnaires de Vincent de Paul dans le diocèse de Genève. Elle perdit coup sur coup deux amis intimes, son frère l'archevêque de Bourges, et le vertueux commandeur de Sillery, qui était devenu prêtre. Obligée d'aller à Moulins pour les affaires de son ordre, elle s'y lia d'une étroite amitié avec la duchesse de Montmorency, princesse des Ursins, veuve du duc Henri de Montmorency, décapité sous Louis XIII pour avoir suivi le parti du duc d'Orléans, frère du roi. La princesse, entièrement adonnée aux bonnes œuvres, finit par entrer dans l'ordre de la Visitation, refusa d'y être supérieure, et vécut comme la plus humble des religieuses. De Moulins, sainte Chantal fut appelée à Paris par la reine Anne d'Autriche, qui l'honora de sa confiance. Arrivée le 4 octobre, la sainte repartit le 11 novembre, effrayée de l'estime et des applaudissements dont elle se voyait l'objet. Revenue à Moulins, elle fut prise de la fièvre, et mourut saintement le 13 décembre 1641, après une rude agonie, et en prononçant le nom de Jésus. Avant de recevoir le saint viatique, elle pria son confesseur d'écrire, comme ses dernières volontés, les recommandations suivantes à ses religieuses : « Je prie nos sœurs qu'elles observent leurs règles, parce qu'elles sont leurs règles, et non parce qu'elles pourraient être selon leurs goûts. — Qu'elles vivent en grande union entre elles, avec simplicité, droiture et humilité; que nul désir des charges ne leur gâte l'esprit; qu'elles aient un grand respect pour leurs supérieures, et une parfaite soumission et obéissance. — Que la confiance en Dieu ne leur laisse aucun souci que celui de lui plaire; et enfin, que les supérieures gouvernent selon l'esprit de la règle, qui est toute douceur et charité. »

Sainte Chantal fut assistée dans ses derniers moments par le Père Claude de Lingendes, Jésuite célèbre par ses prédications, qu'on a publiées en trois volumes. Plusieurs miracles opérés par l'intercession de la sainte ayant été constatés juridiquement, elle fut béatifiée par Benoît XIV en 1751, et canonisée en 1767 par Clément XIII, qui fixa sa fête au 21 août (Godescard, 21 août, et diverses Vies de la sainte).

Voici le témoignage que Vincent de Paul rendit de sa vie et de sa mort :

« Nous, Vincent de Paul, supérieur général très-indigne de la congrégation de la Mission, certifions qu'il y a environ vingt ans que Dieu nous a fait la grâce d'être connu de défunte notre très-digne mère de Chantal, fondatrice du saint ordre de la Visitation Sainte-Marie, par de fréquentes communications de paroles et par écrit qu'il a plu à Dieu que j'aie eues avec elle, tant au premier voyage qu'elle fit en cette ville, il y a environ vingt ans, qu'aux autres qu'elle y a faits depuis, en tous lesquels elle m'a honoré de la confiance de me communiquer son intérieur; qu'il m'a toujours paru qu'elle était accomplie en toutes sortes de vertus, particulièrement qu'elle était pleine de foi, quoiqu'elle ait été toute sa vie tentée de pensées contraires; qu'elle avait une très-grande confiance en Dieu et un amour souverain de sa divine bonté; qu'elle avait l'esprit juste, prudent, tempéré et fort, en un degré très-éminent; que l'humilité, la mortification, l'obéissance, le zèle de la sanctification de son saint ordre et du salut des âmes du pauvre peuple était en elle en un souverain degré; en un mot, que je n'ai jamais remarqué en elle aucune imperfection, mais un exercice continuel de toutes sortes de vertus, et que, quoiqu'elle ait joui en apparence de la paix et tranquillité d'esprit dont jouissent les âmes parvenues à un haut degré de vertu, elle a néanmoins souffert des peines intérieures très-grandes; elle m'a dit et écrit plusieurs fois qu'elle avait l'esprit si plein de toute sorte de tentations et d'abominations, que son exercice continuel était de se détourner du regard de son intérieur, ne pouvant se supporter elle-même en la vue de son âme si pleine d'horreur, qu'elle lui semblait l'image de l'enfer; et que, quoiqu'elle souffrît de la sorte, elle n'a jamais perdu la sérénité de son visage ni ne s'est relâchée de la fidélité que Dieu demandait d'elle dans l'exercice des vertus chrétiennes et religieuses, ni dans la sollicitude prodigieuse qu'elle avait de son saint ordre; de là vient que c'est une des plus saintes âmes que j'aie jamais connues sur la terre, et qu'elle est maintenant bienheureuse au ciel. Je ne fais pas de doute que Dieu ne manifeste un jour sa sainteté, comme j'apprends qu'il fait déjà en plusieurs endroits du royaume, en plusieurs manières, dont en voici une qui est arrivée à une personne digne de foi, laquelle j'assure qu'elle aimerait mieux mourir que de mentir (C'est de lui-même qu'il parle).

» Cette personne ayant eu nouvelle de l'extrémité de la maladie de notre défunte, se mit à genoux pour prier Dieu pour elle, et la première pensée qui lui vint à l'esprit fut de faire un acte de contrition des péchés qu'elle avait commis et qu'elle commet ordinairement; et, immédiatement après, il lui parut un petit globe, comme de feu, qui s'élevait de terre, et s'alla joindre, en la supérieure région de l'air, à un autre globe plus grand et plus lumineux, et les deux, réduits en un, s'élevèrent plus haut, entrèrent et se répandirent dans un autre globe infiniment plus grand et plus lumineux que les autres; et il lui fut dit intérieurement que ce premier globe était l'âme de notre digne mère, le deuxième, de notre bienheureux père, et l'autre, de l'essence divine; que l'âme de notre digne mère s'était réunie à celle de notre bienheureux père, et les deux à Dieu, leur souverain principe.

» De plus, la même personne, qui est un prêtre, célébrant la sainte messe pour notre digne mère, incontinent après qu'il eût appris la nouvelle de son heureux trépas, et étant au second *Memento*, où l'on prie pour les morts, il pensa qu'il ferait bien de prier pour elle; que peut-être elle était dans le purgatoire, à cause de certaines paroles qu'elle avait dites il y avait quelque temps, qui semblaient tenir du péché véniel; et en même temps il vit derechef la même vision, les mêmes globes et leur union; et il lui resta un sentiment intérieur que cette âme était bienheureuse, qu'elle n'avait pas besoin de prières: ce qui est demeuré si bien imprimé dans l'esprit de ce prêtre, qu'il lui semble la voir en cet état toutes les fois qu'il pense à elle.

» Ce qui pourrait faire douter de cette vision, est que cette personne a une si grande estime de la sainteté de cette âme bienheureuse, qu'il ne lit jamais ses réponses sans pleurer, dans l'opinion qu'il a que c'est Dieu qui lui a inspiré ce qu'elles contiennent; et que cette vision, par conséquent, est un effet de son imagination; mais ce qui fait penser que c'est une vraie vision, est qu'il n'est point sujet à en avoir et n'a jamais eu que celle-ci. En foi de quoi j'ai signé la présente de ma main et scellé de notre sceau (Abelly, l. 2, c. 14). »

De leur côté, les religieuses de la Visitation de Paris et de Saint-Denys rendirent témoignage à Vincent de Paul. « Nous pouvons assurer avec certitude, disent entre autres celles de la capitale, que plusieurs fois il nous est arrivé des choses presque miraculeuses, dans le temps de ses visites ou bientôt après. Dès le commencement qu'il nous rendit ce charitable office, il délivra presque en un instant une de nos sœurs d'une peine d'esprit si violente, qu'elle rejaillissait sur son corps et la rendait incapable de rendre aucun service au monastère, ce qui faisait grande compassion à ceux qui la voyaient; et néanmoins, depuis sa guérison, elle a exercé avec grande bénédiction les charges de maîtresse des novices et de supérieure durant plusieurs années; et enfin, par la grâce de Dieu, elle est morte saintement... Sa charité pour le soulagement du prochain lui donnait une sensible peine, quand ses propres infirmités ne lui permettaient pas d'aller voir et consoler les religieuses malades qui le souhaitaient. Il ne se contentait pas de compatir aux personnes souffrantes de corps ou d'esprit, mais il faisait tous ses efforts pour les soulager. Un jour une bonne sœur domestique de laquelle il estimait beaucoup la vertu, étant fort malade et avec une grosse fièvre, lui dit qu'elle eût été bien aise de mourir. O ma sœur, répliqua-t-il, il n'est pas encore temps, et s'approchant d'elle, il lui mit une croix de son pouce sur le front, et à l'instant la malade se sentit guérie; depuis, elle n'eut ni fièvre ni douleur.

» Comme il avait expérimenté en lui tous les états de la vie humaine, d'infirmités, d'humiliations et de tentations, pour consoler ceux qui étaient inquiétés de quelques peines semblables, il leur disait pour l'ordinaire qu'il en avait eu de pareilles, que Dieu l'en avait délivré et qu'il leur ferait la même grâce. « Ayez patience, leur disait-il, conformez-vous au bon plaisir de Dieu et usez de tel et tel remède. » Une bonne sœur domestique lui disant un jour qu'elle avait l'esprit trop grossier pour s'appliquer aux choses spirituelles, parce qu'étant en son pays elle avait été employée à garder les bestiaux de son père, il lui répondit : « Ma sœur, c'est là le premier métier que j'ai fait : j'ai gardé les pourceaux; mais pourvu que cela serve à nous humilier, nous en serons plus propres au service de Dieu : courage!... » Il avait en même temps une adresse merveilleuse pour humilier les âmes hautaines, et cela comme en se récréant et sans qu'elles y pensassent; mais où il montrait un zèle plus vigoureux, c'était contre celles qui avaient désobéi en chose d'importance; car il les reprenait d'une manière si humiliante, que cela les anéantissait et leur faisait penser ce que ce serait quand Dieu les reprendrait au jour de son redoutable jugement, puisque la parole d'un homme les abattait et humiliait si puissamment (Abelly, l. 2, c. 14).

Vincent de Paul était avec les rois comme avec les bonnes religieuses. Lorsque Louis XIII l'eut fait venir pour l'assister en sa dernière maladie, Vincent lui dit en l'abordant, ces paroles de l'Ecclésiastique (1, 13) : Sire, *timenti Dominum bene erit in extremis* (celui qui craint Dieu s'en trouvera bien dans les derniers moments). A quoi le roi répondit en achevant le verset : *Et in die defunctionis suæ benedicetur* (et il sera béni au jour de sa mort). Un autre jour, comme le saint homme l'entretenait du bon usage des grâces de Dieu, le roi lui dit : « O monsieur Vincent, si je retournais en santé, les évêques seraient trois ans chez vous; voulant dire : Je ne nommerais personne à l'épiscopat qui n'ait passé trois ans avec vous. Les trois derniers jours, Vincent demeura presque toujours en sa présence, pour l'aider à mourir en chrétien. Le médecin ayant déclaré qu'il n'avait plus que très-peu de temps à vivre, il joignit les mains, tourna les yeux vers le ciel, et dit : « Eh bien! mon Dieu, j'y consens, et de bon cœur. » Quelques minutes après, il expira entre les bras de notre saint. C'était le 14 mai 1643, jour auquel trente-trois ans auparavant il était monté sur le trône.

Anne d'Autriche, veuve de Louis XIII, mère de Louis XIV et régente du royaume, établit un conseil de conscience pour ne disposer que d'après ses avis des bénéfices ecclésiastiques à la nomination du roi. Ce conseil était composé de quatre personnes : le cardinal Mazarin, le chancelier Séguier, Charton, grand-pénitencier de Paris, et Vincent de Paul; ce dernier en fut établi le chef. Vincent fit tout ce qu'il put pour éviter cette charge, mais ne put y réussir. Le prince de Condé ayant voulu le faire asseoir auprès de lui : Votre Altesse, lui dit-il, me fait trop d'honneur de vouloir bien me souffrir en sa présence, ignore-t-elle donc que je suis le fils d'un pauvre villageois? Le prince répliqua : *Moribus et vitâ nobilitatur homo* (les mœurs et la bonne vie sont la vraie noblesse de l'homme). Il ajouta que ce n'était pas d'aujourd'hui que l'on connaissait son mérite. Cependant pour en juger mieux, il fit tomber la conversation sur quelque point de controverse. Vincent en parla avec tant de netteté et de précision, que le prince s'écria : Eh quoi! monsieur Vincent, vous dites, vous prêchez partout que vous êtes un ignorant, et cependant vous résolvez en deux mots une des plus grandes difficultés qui nous soient proposées par les religionnaires! Il lui demanda ensuite l'éclaircissement de quelques doutes qui regardaient le droit canonique; et ayant été aussi content de lui sur cette matière qu'il l'avait été sur l'autre, il passa dans l'appartement de la reine, et la félicita du choix qu'elle avait fait d'un homme si capable de l'aider en ce qui regardait les biens et les matières ecclésiastiques.

Entré dans le conseil, Vincent y proposa et fit adopter une série de résolutions pour servir de règle dans les nominations royales aux évêchés et aux abbayes, en écarter les sujets indignes ou incapables, et continuer la réforme des monastères commencée par le cardinal de la Rochefoucauld, commis à cet effet par Grégoire XV pour toute la France. Ces résolutions eussent pu régénérer la France entière; mais le cardinal Mazarin se permit plus d'une fois d'y manquer. Aussi Fénelon écrivit-il plus tard à Clément XI : « Si les autres conseillers de la reine avaient été mieux d'accord avec Vincent, on eût écarté bien loin de l'épiscopat certains hommes qui ont depuis excité de grands troubles (Lettre du 20 avril 1706). » Malgré cela, Fléchier, évêque de Nîmes, écrivait dans le même temps : « C'est à Vincent de Paul que le clergé de France doit sa splendeur et sa gloire (Lettre du 13 octobre 1705). » Ne pouvant tout faire, Vincent faisait ce qu'il pouvait, et le faisait avec une prudence et un courage dont on n'a guère d'idée. Un jour, sans prendre l'avis du conseil, Mazarin, ayant nommé à un évêché le fils d'un seigneur, écrivit au saint homme d'aller donner au nouvel évêque les instructions convenables. Vincent alla trouver le seigneur, lui représenta que son fils n'ayant pas les qualités nécessaires pour bien gouverner un diocèse, sa nomination pourrait avoir des suites funestes. Le seigneur, qui avait de la piété, eut de rudes combats à soutenir avec lui-même. Il s'excusa finalement sur les besoins de sa famille et sur ce que son fils aurait des ecclésiastiques capables de gouverner à sa place. A peine le fils eût-il été sacré évêque que Dieu le retira de ce monde (Abelly, l. 2, c. 20; Collet, l. 4).

Il est impossible de dire ni même de savoir tous les services que Vincent rendit à l'épiscopat et aux monastères dans la position où la Providence l'avait placé. Ses conseils n'étaient pas les moindres de ses services.

Louis Abelly, celui-là même qui a écrit la vie du saint, le consulta un jour de la part de l'évêque de Bayonne, dont il était official, sur la conduite à tenir envers certains religieux peu édifiants. Dans sa réponse, pleine d'humilité, Vincent est d'avis : Qu'en général il faudrait traiter avec les religieux déréglés comme Jésus-Christ a traité avec les pécheurs de son temps; qu'un évêque et un prêtre, obligés comme tels d'être plus parfaits qu'un religieux considéré purement comme religieux, doivent pendant un temps considérable n'agir que par la voie du bon exemple, et se souvenir que le fils de Dieu n'en suivit pas d'autre pendant trente ans; qu'il faut après cela parler d'abord avec charité et douceur, ensuite avec force et fermeté, sans cependant user encore ni d'interdit, ni de suspense, ni d'excommunication, censures terribles que le Sauveur du monde n'employa jamais.

« Je crois bien, monsieur, continue le saint homme, que ce que je vous dis vous surprendra un peu; mais que voulez-vous? ce sentiment est en moi l'effet de celui que j'ai touchant les vérités que Notre Seigneur nous a enseignées de parole et d'exemple. J'ai toujours remarqué que ce qui se fait selon cette règle réussit parfaitement bien. C'est en la suivant que le bienheureux évêque de Genève, et à son exemple feu monsieur de Comminges, se sont sanctifiés et ont été la cause de la sanctification de tant de milliers d'âmes. Vous me direz, sans doute, qu'on méprisera un prélat qui agira de la sorte. Cela sera vrai pour un temps, et cela est même nécessaire, afin que nous honorions la vie du Fils de Dieu en tous ses états par nos personnes, comme nous l'honorons par la condition de notre ministère. Mais il est vrai aussi qu'après avoir souffert quelque temps, et autant qu'il plaît à Notre Seigneur, et avec Notre Seigneur, il nous fait plus faire de bien en trois ans que nous n'en ferions en trente. Certes, monsieur, je ne pense pas qu'on puisse réussir autrement. On fera de beaux règlements, on usera de censures, on retranchera tous les pouvoirs; mais corrigera-t-on? Il n'y a guère d'apparence. Ces moyens n'étendront ni ne conserveront l'empire de Jésus-Christ dans les cœurs. Dieu a autrefois armé le ciel et la terre contre l'homme; est-ce par là qu'il l'a converti? Hé! n'a-t-il pas fallu enfin qu'il se soit abaissé et humilié devant lui, pour lui faire agréer son joug et sa conduite? Ce qu'un Dieu n'a pas fait avec sa toute-puissance, comment un prélat le fera-t-il avec la sienne. Selon ces principes, je crois que monseigneur de Bayonne a raison de ne pas fulminer l'excommunication contre ces religieux propriétaires, ni même d'empêcher si tôt ceux qu'il a examinés et approuvés une fois de prêcher les Avents et les Carêmes dans les paroisses de la campagne, où il n'y a point de station désignée..... Que si quelqu'un abuse du ministère, votre sage conduite y saura bien remédier (Collet, l. 4). »

Tant de soins et de travaux firent enfin succomber Vincent de Paul en 1644. Il tomba malade à la mort : son ami intime, le Père Saint-Jure, Jésuite célèbre par ses ouvrages de piété, étant venu le voir, le trouva dans un violent délire. Toutefois, Vincent répondit à ses exhortations par ces paroles de l'Ecriture : « *In Spiritu humilitatis, et in animo contrito suscipiamur à te, Domine* : Daignez, ô Seigneur, me mettre et me recevoir dans les sentiments d'une vraie humilité et d'un cœur contrit. » Les enfants du saint prêtre, accablés de tristesse, ne savaient quel parti prendre. Les uns s'abandonnaient aux larmes et aux gémissements, les autres firent pour lui un vœu à Notre-Dame de Chartres. Un jeune missionnaire, Antoine Dufour, lui-même malade, apprenant que le saint vieillard était en danger de mort, pria Dieu d'accepter sa vie en échange. Dès lors Vincent commence à se mieux porter, et le jeune prêtre à baisser d'une manière si sensible, qu'il meurt peu après. Il était environ minuit quand il rendit les derniers soupirs. Au moment même, ceux qui veillaient dans la chambre du saint entendirent frapper trois coups à sa porte ; on court l'ouvrir, mais on ne trouve personne. Vincent, à qui on n'avait point encore appris la mort de Dufour, ordonne de commencer l'office des morts : on ne douta point qu'il n'en eût été instruit par une voie surnaturelle (*Ibid.*, p. 405 et 406).

A peine Vincent est-il rétabli, que le pape Urbain VIII lui demande des ouvriers apostoliques pour Babylone et les Indes orientales. Il se disposait à les envoyer, quand la mort du Pape suspendit cette entreprise. On a conservé des entretiens du saint homme avec ses premières sœurs de la Charité, où il leur annonce que Dieu les destine à servir un jour les pauvres de l'Orient et de l'Inde. Aujourd'hui nous les voyons à Constantinople, à Smyrne et dans Alexandrie, et les prêtres de la Mission au Liban et à la Chine.

La congrégation romaine pour la propagation de la foi demande à Vincent de Paul des missionnaires pour l'île de Madagascar. Malgré les troubles de la France, les tempêtes et les naufrages de l'Océan, les dangers du pays, Vincent envoya successivement plusieurs colonies d'hommes apostoliques, qui moururent tous victimes de leur dévouement. Vincent ne se décourageait point, il répondait que l'Eglise universelle a été établie par la mort du Fils de Dieu, affermie par celle des apôtres, des souverains Pontifes et des évêques martyrisés ; qu'elle s'était multipliée par la persécution, et que le sang des martyrs avait été la semence des chrétiens ; que Dieu a coutume d'éprouver les siens lorsqu'il a quelque grand dessein sur eux ; qu'il accorde souvent à la persévérance des succès qu'il a refusés aux premiers efforts (*Ibid.*, l. 5).

Une autre charité occupait encore Vincent de Paul : les esclaves chrétiens d'Afrique ou de Barbarie. Il avait été du nombre, il ne pouvait les oublier. Les religieux pour la rédemption des captifs y allaient bien de temps en temps en racheter quelques-uns ; mais il n'y avait pas de prêtres à demeure pour consoler et soutenir habituellement les autres. Vincent entreprit cette œuvre de miséricorde. La difficulté était d'obtenir des gouvernements barbaresques la permission d'y avoir des prêtres. La Providence y pourvut. Il y avait à Tunis un consul français, qui l'était pour plusieurs pays chrétiens : il avait droit à un chapelain. Vincent lui envoya un zélé missionnaire, Louis Guérin, puis un autre, Jean le Vacher : le premier mourut victime de la charité dans une peste ; le second, après avoir travaillé pendant plus de trente-trois ans au salut des esclaves, et des Turcs mêmes de Tunis et d'Alger, eut enfin le bonheur d'être mis à la bouche du canon et de répandre son sang pour la foi de Jésus-Christ. On a les vies de plus de vingt de leurs compagnons et successeurs, qui restent manuscrites dans les archives de Saint-Lazare.

Quant à l'état général des esclaves chrétiens, ces deux premiers prêtres nous le font assez connaître. Louis Guérin écrivait à Vincent de Paul : « Nous attendons une grande quantité de malades au retour des galères. Si ces pauvres gens souffrent beaucoup dans leurs courses sur mer, ceux qui demeurent ici ne souffrent pas moins. On les fait travailler tous les jours à scier le marbre, exposés aux ardeurs du soleil, qui sont telles, que je ne puis mieux les comparer qu'à une fournaise ardente. C'est chose étonnante que le travail et la chaleur excessive qu'ils endurent ; elle serait capable de faire mourir des chevaux, et néanmoins ces pauvres chrétiens ne laissent pas de subsister, ne perdant que la peau exposée à ces ardeurs dévorantes. On leur voit tirer la langue comme à des chiens, à cause du chaud insupportable dans lequel il leur faut respirer. Hier, un pauvre esclave fort âgé, se trouvant accablé de mal et n'en pouvant presque plus, demanda la permission de se retirer ; mais il n'eut d'autre réponse, sinon que, dût-il crever sur la pierre, il fallait qu'il travaillât. Je vous laisse à penser combien ces cruautés nous touchent sensiblement le cœur et me donnent d'affliction. Cependant ces pauvres esclaves souffrent leurs maux avec une patience incroyable ; ils bénissent Dieu parmi toutes les cruautés qu'on exerce sur eux, et je puis dire avec vérité que nos Français l'emportent en bonté et en vertu sur toutes les autres nations. Nous en avons deux malades à l'extrémité, et qui, selon toutes les apparences, n'en peuvent revenir, auxquels nous avons administré tous les sacrements ; et la semaine passée il en mourut deux autres en parfaits chrétiens, et dont on peut dire que leur mort a été précieuse aux yeux du Seigneur. La compassion que j'ai pour ces pauvres affligés, qui travaillent à scier le marbre, me force à leur distribuer une partie des rafraîchissements que je n'ai destinés qu'aux malades. »

Telle était généralement la position des esclaves chrétiens de Tunis, au nombre de cinq à six mille ; quelques-uns, ayant des patrons moins barbares, se trouvaient un peu mieux, mais d'un jour à l'autre pouvaient être vendus au maître le plus cruel. Les esclaves de Biserte, l'ancienne Utique, mais surtout ceux d'Alger, étaient traités encore bien plus mal que ceux de Tunis. Dans ces trois lieux on comptait de vingt-cinq à trente mille. Il ne faut pas oublier que c'étaient des chrétiens, hommes, femmes, enfants, pris sur mer ou enlevés sur les côtes, et vendus comme des bêtes par les corsaires musulmans. Avant l'arrivée des missionnaires de Vincent de Paul, ces infortunés captifs ne pouvaient pas même donner de nouvelles à leurs familles, qui, ignorant leur sort, ne songeaient pas à leur délivrance.

Le second des missionnaires, *Jean le Vacher*, ayant été obligé d'aller à Biserte, autrement Utique, en écrivit en ces termes à Vincent : « L'esclavage est si fertile en maux, que la fin des uns est le commencement des autres. Entre les esclaves de ce lieu, outre ceux des bagnes, j'en ai trouvé quarante enfermés dans une étable, si petite et si étroite, qu'à peine s'y pouvaient-ils remuer. Ils n'y recevaient l'air que par un soupirail fermé d'une grille de fer, qui est sur le haut de la voûte. Tous sont enchaînés deux à deux et perpétuellement enfermés, et néanmoins ils travaillent à moudre du blé dans un petit moulin à bras, avec obligation d'en rendre chaque jour une quantité réglée qui passe leurs forces. Certes, ces pauvres gens sont vraiment nourris du pain de douleur, et ils peuvent bien dire qu'ils le mangent à la sueur de leurs corps dans ce lieu étouffé, et avec un travail si excessif.

» Quelque peu de temps après que j'y fus entré pour les visiter, comme je les embrassais dans ce pitoyable état, j'entendis des cris confus de femmes et d'enfants, entremêlés de gémissements et de pleurs ; j'appris que c'étaient cinq pauvres jeunes femmes chrétiennes, esclaves, dont trois avaient chacune un petit enfant, et qui étaient toutes dans une extrême nécessité. Comme elles avaient entendu le bruit de notre salutation mutuelle, elles étaient accourues au soupirail pour savoir ce que c'était ; et ayant aperçu que j'étais prêtre, la douleur pressante qui leur serrait le cœur se vait fait éclater en cris et fondre en larmes pour obtenir de moi quelque part de la consolation que je tâchais de donner aux prisonniers que j'étais venu visiter. »

A Alger, le consul lui-même fut plus d'une fois exposé aux mauvais traitements des Turcs. Quant aux esclaves, plusieurs se tuaient de désespoir, d'autres reniaient la foi. A l'arrivée des missionnaires, grâce à leurs paroles de consolation, à leurs aumônes, à la vertu des sacrements, les choses peu à peu changent de face. Il se forme une nouvelle Eglise d'Afrique. Chaque esclave dans les fers devient un confesseur de la foi ; il y eut même plus d'un martyr. L'appareil extérieur de la religion, son chant et ses cérémonies n'y manquent pas. Vingt-cinq bagnes ou environ, qui sont à Alger, à Tunis et à Biserte, deviennent, par la dévotion libre et les épargnes volontaires des pauvres captifs, autant de petits temples où les chrétiens affligés ont la consolation d'entendre la messe et de participer aux divins mystères. Jésus-Christ y est nuit et jour avec ses membres souffrants. Le tabernacle où il repose n'est jamais sans une lampe allumée. Quand on le porte à un malade dans les bagnes, on l'accompagne du flambeau ou du cierge à la main. Chaque année, le jour de la Fête-Dieu et pendant toute l'octave, il est exposé à la vénération publique ; on le porte même en procession dans ces chapelles, et il y est suivi par une foule de gens dont les liens et les haillons lui font souvent plus d'honneur que la pourpre et le diadème.

Quelle joie pour Vincent de Paul, déjà plus que septuagénaire, de voir tant de bien opéré par ses prêtres ! mais quel plaisir pour lui d'apprendre d'eux que le service divin se faisait à Tunis et à Alger avec autant de solennité que dans les paroisses de Paris ! que les grand'-messes et les divins offices y étaient célébrés tous les dimanches et fêtes ! qu'il se faisait souvent de pieuses fondations dans ces chapelles, et que les confréries d'usage en Europe, soit pour honorer la sainte Vierge, soit pour procurer des secours spirituels aux mourants ou aux morts, y étaient établies !

A ces pratiques usuelles de dévotion, qui nourrissent la piété d'un nombre de pieux esclaves, succèdent quelquefois d'autres plus extraordinaires, dont Dieu se sert pour attirer à lui ceux à qui les voies communes ne suffisent pas. Les Quarante-Heures et surtout les jubilés font en Barbarie, comme ailleurs, des effets admirables. On a vu dans ces jours de salut des hommes endurcis, qui avaient passé des dix, des vingt et des trente années sans penser à leur conscience, rentrer en eux-mêmes, se juger dans toute la sévérité de l'Evangile, et devenir enfin des modèles de pénitence. On a même vu, ce qui est plus surprenant encore, des déserteurs de la foi, des renégats français, espagnols, italiens, détester leur apostasie, la pleurer d'abord en secret, puis courir les risques de l'évasion, pour la pleurer en liberté dans le sein de leur patrie (Collet, l. 8 ; Abelly, l. 4).

Chose non moins merveilleuse ! le consul de France à Alger, missionnaire, mais non dans les ordres, fut jeté en prison, frappé à coups de bâton sous la plante des pieds, et enfin condamné à mort par le dey ; celui-ci voulait le contraindre à payer sur l'heure la banqueroute d'un marchand de Marseille, se montant à douze mille livres, et le consul, nommé Barreau, n'en avait que trois cents. Il allait donc être égorgé, lorsqu'il fut racheté par les esclaves mêmes pour le service desquels il avait quitté sa patrie, et qui sacrifièrent toutes leurs petites épargnes pour faire la somme entière. Nous ne savons s'il y a quelque chose de plus beau dans l'histoire humaine. Vincent de Paul fit rendre à ces charitables captifs au delà de ce qu'ils avaient déboursé, et lorsque le consul Barreau revint en France l'an 1661, il y en ramena soixante-dix dont il avait aidé à briser les fers. Quant à Vincent de Paul, il en racheta jusqu'à douze cents, et dépensa, tant pour eux que pour les autres, jusqu'à douze cent mille livres, qui feraient bien trois millions de nos jours.

Parmi les martyrs que la nouvelle Eglise d'Afrique envoya au ciel, du milieu des chaînes et des bagnes, on connaît les suivants. Au mois d'août 1646, le premier missionnaire écrivait de Tunis à Vincent de Paul : « Je crois être obligé de vous faire savoir que, le jour de Sainte-Anne, un second Joseph fut sacrifié en cette ville pour la conservation de sa chasteté, après avoir résisté plus d'un an aux sollicitations de son impudique maîtresse, et avoir reçu plus de cinq cents coups de bâton, à cause des faux rapports que cette louve furieuse faisait de lui. Enfin il a remporté la victoire en mourant glorieusement pour n'avoir pas voulu offenser son Dieu. Il fut trois jours attaché à une grosse chaîne, où je l'allais visiter, afin de le consoler et de l'exhorter à souffrir plutôt tous les tourments du monde que de contrevenir à la fidélité qu'il devait à Dieu. Il se confessa et communia, et il me dit après : « Monsieur, qu'on me fasse mourir tant qu'on voudra, je veux mourir chrétien. » Quand on le vint prendre pour le conduire au supplice, il se confessa encore une fois ; et Dieu voulut, pour sa consolation, qu'il nous fût permis de l'assister à la mort : ce qui n'avait jamais été accordé par ce peuple inhumain. La dernière parole qu'il dit en levant les mains au ciel, fut celle-ci : « O mon Dieu, je meurs innocent !.... » Ce saint jeune homme était Portugais, et âgé de vingt-deux ans. J'invoque son secours : comme il nous aimait sur la terre, j'espère qu'il continuera à nous aimer dans le ciel. »

Il arriva, peu de temps après, quelque chose de semblable dans la même ville et dans celle d'Alger. Deux jeunes esclaves, sollicités plus honteusement encore que celui dont nous venons de parler, finirent leurs jours dans les tourments, pour n'avoir pas voulu se prêter à une passion abominable. Le premier, qui était Français, fut empalé à Tunis. Il fit paraître tant d'intrépidité aux approches de ce cruel et honteux supplice, que, de ses bourreaux, les uns prirent la fuite, les autres en l'exécutant tremblaient comme une feuille ; ce sont les termes du missionnaire, qui était présent. L'autre esclave, dont nous ignorons la patrie, mourut à Alger. Il y avait longtemps qu'il repoussait les assauts de son infâme patron : un jour que celui-ci voulait lui faire violence, il arriva, par accident, qu'il en fut blessé au visage. Le patron l'accusa d'avoir voulu le tuer, et le fit brûler vif. Ce genre de mort si terrible n'effraya point l'héroïque esclave : digne athlète de Jésus-Christ, il édifia jusqu'au dernier soupir.

Il y avait à Tunis deux enfants d'une quinzaine d'années, l'un de France, l'autre d'Angleterre. Tous deux avaient été enlevés de leur pays, et vendus comme esclaves à deux maîtres qui demeuraient assez près l'un de l'autre. Ils contractèrent ensemble une amitié si étroite, que deux frères ne s'aiment pas davantage. L'Anglais était luthérien ; le Français, qui était bon catholique, lui donna des doutes sur sa religion. Le missionnaire acheva de le convaincre. Il abjura ses erreurs, il se réunit à la sainte Eglise romaine. Son petit compagnon sut si bien le confirmer dans la foi, que, quelques marchands anglais et hérétiques étant venus à Tunis pour racheter des esclaves de leur pays et de leur secte, et l'ayant voulu mettre de ce nombre, il déclara hautement qu'il était catholique par la miséricorde de Dieu, et qu'il aimait mieux demeurer toute sa vie esclave, en professant la vraie religion, que de renoncer à un si grand bien pour recouvrer sa liberté.

Ces deux tendres amis se voyaient le plus souvent qu'il leur était possible. Leurs conversations roulaient d'ordinaire sur le bonheur d'être fidèle à Dieu et à son Eglise, d'en faire une profession solennelle, et de souffrir plutôt mille morts que d'y renoncer jamais. La Providence les préparait au combat comme de généreux athlètes. Leurs patrons se mirent en tête de leur faire renier Jésus-Christ. Le jeune Français fut un jour assommé de coups, et laissé pour mort sur la place ; son compagnon, qui se dérobait souvent pour se consoler ensemble, le trouva dans cet état. Il l'appelle par son nom, pour savoir s'il vivait encore. A la voix connue de son ami, le jeune Français revient à lui-même et répond : « Je suis chrétien pour la vie ! » A ces mots, le petit Anglais se jette à ses pieds meurtris et sanglants, et les baise avec tendresse. Aux Turcs, qui s'étonnent, il dit : « J'honore les membres qui viennent de souffrir pour Jésus-Christ, mon sauveur et mon Dieu ! » Les Turcs le chassèrent avec injures.

Quand le Français fut guéri de ses plaies, il alla visiter son ami, mais le trouva dans l'état où peu auparavant il s'était trouvé lui-même : couché sur une natte, à demi-mort des coups qu'il avait reçus, et environné de Turcs qui se repaissent de ses douleurs. A cette vue, le courage du jeune Français se ranime, il s'approche de son ami et lui demande, en présence des infidèles, qui des deux il aime plus, Jésus-Christ ou Mahomet. Jésus-Christ ! s'écrie le petit Anglais ; je suis chrétien, et chrétien je veux mourir. Désespéré de ce discours, un Turc menace le Français de lui couper les oreilles, et s'avance pour exécuter la menace. Le jeune Français lui enlève le couteau, se coupe une oreille lui-même, puis demande à ces barbares s'ils veulent qu'il se coupe encore l'autre. Les barbares, vaincus par tant de constance, laissèrent à ces jeunes enfants une pleine liberté de suivre les mouvements de leur conscience, et ne leur parlèrent plus ni de Mahomet ni de l'Alcoran. Dieu, qu'ils avaient confessé avec tant de courage, acheva de les purifier dès l'année 1648, par une maladie contagieuse qui les enleva de la terre au ciel.

Dans les archives de Saint-Lazare, il y a les actes de plusieurs autres martyrs, qu'il serait à souhaiter qu'on publiât pour la gloire de Dieu et de ses saints. Ce sont des pierres précieuses de la pauvre Eglise d'Afrique, ressuscitée par la grâce de Dieu au milieu des chaînes et des bagnes. Parmi les captifs, il y avait souvent des prêtres et des religieux ; quand les missionnaires de Vincent de Paul ne pouvaient pas leur procurer une délivrance entière, ils tâchaient de leur obtenir au moins un adoucissement tel, qu'ils pussent servir de pasteurs à leurs compagnons d'infortune. La hiérarchie catholique, dont le chef siégeait à Rome, à la tête de l'univers chrétien, étendait ainsi ses organes et ses bienfaits jusque dans les bagnes de Tunis et d'Alger.

La même hiérarchie commençait alors, dans les rues de Paris, par la main de Vincent de Paul, une œuvre semblable, qu'elle continue de nos jours dans les rues de Péking et des autres villes de la Chine : arracher de tout jeunes captifs à la mort, à la mort temporelle et éternelle. Nous avons vu le Pharaon de l'Egypte commander à son peuple de noyer dans le Nil tous les enfants mâles nouvellement nés parmi les Hébreux ; nous avons vu la législation de la Grèce et de Rome païenne, non-seulement permettre, mais ordonner au père et à la mère de noyer, d'égorger, de tuer d'une manière quelconque, parmi leurs enfants nouveau-nés, tous les mâles et femelles qu'il leur plairait, surtout quand ils ne leur paraissaient point assez robustes ; en un mot, nous avons vu la législation *humaine* punir le meurtre de l'homme fait qui pouvait se défendre, mais permettre ou commander même le meurtre de l'innocence et de la faiblesse : aujourd'hui encore, dans la Chine idolâtre, le père et la mère jettent leur petit enfant parmi les immondices de la rue, dans le bourbier voisin, ou dans l'auge des porcs. Il n'y a que la législation *divine* qui ait défendu ces meurtres *humains*, *paternels* et *maternels* de l'innocence et de la faiblesse sans défense. Nous avons entendu le Dieu fait homme, le Dieu fait enfant. Ses disciples lui demandaient : *Maître, qui croyez-vous qui sera le plus grand dans le royaume des cieux? Jésus prit un petit enfant, et, l'ayant embrassé, il le mit au milieu d'eux et leur dit : En vérité, je vous le dis, si vous ne vous convertissez, et ne devenez comme de petits enfants, vous n'entrerez pas dans le royaume des cieux. Quiconque donc s'humiliera soi-même comme ce petit enfant-ci, celui-là sera le plus grand dans le royaume des cieux. Et quiconque reçoit en mon nom un enfant de cette sorte, c'est moi-même qu'il reçoit. Prenez donc garde à ne mépriser aucun de ces petits, car, je vous le dis, leurs anges dans le ciel voient sans cesse la face de mon Père, qui est dans les cieux. Car le Fils de l'homme est venu sauver ce qui était perdu.*

Avant Jésus-Christ, les enfants abandonnés par leurs père et mère étaient des enfants *perdus*; depuis Jésus-Christ, ce sont des enfants *trouvés*, trouvés à la porte de sa maison, à la porte des églises, à la porte des maisons-Dieu, des hôtels-Dieu, où ils étaient abandonnés par le crime ou la misère, trouvés et adoptés par la charité.

Quelquefois, après que des personnes charitables avaient élevé ces pauvres orphelins, le père et la mère venaient les réclamer, et priver ainsi les parents adoptifs de leur récompense : ce qui tendait à faire manquer la bonne œuvre. Pour y porter remède, nous avons vu le premier empereur chrétien déclarer par une loi, que les enfants exposés appartenaient, ou comme enfants propres ou comme esclaves, à ceux qui les avaient nourris (*Cod. Theod. lex 1 de exposit.*) Nous avons vu le concile de Vaison, un peu avant le milieu du Ve siècle, renouveler la même ordonnance.

Dans les paroisses chrétiennes de la campagne, il n'y a point d'enfant *trouvé*, parce qu'il n'y a point d'enfant abandonné ni perdu. Il n'en est pas de même dans les grandes villes, surtout à la suite des révolutions qui corrompent la foi et les mœurs des peuples. Ainsi, à Paris, à la suite de l'anarchie religieuse, intellectuelle et morale de Luther et de Calvin, les enfants exposés à la porte des églises ou dans les places publiques étaient en grand nombre. Des commissaires les enlevaient par ordre de la police. On les portait chez une veuve de la rue Saint-Landri, qui, avec deux servantes, se chargeait du soin de leur nourriture. Mais, comme le nombre de ces enfants était grand et les charités médiocres, cette veuve ne pouvait ni entretenir assez de nourrices pour les allaiter, ni élever ceux qui étaient sevrés. La plupart mouraient ainsi de langueur. Souvent même les servantes, afin de se délivrer de l'importunité de leurs cris, leur faisaient prendre, pour les endormir, un breuvage qui abrégeait leurs jours. Ceux qui échappaient à ce danger étaient donnés à ceux qui les voulaient prendre, ou vendus à si bas prix, qu'il y en a eu pour lesquels on n'a payé que vingt sous. Du reste, ceux qui s'en chargeaient ne le faisaient pas par un motif de compassion : les uns leur faisaient téter des femmes gâtées, dont le lait leur communiquait la contagion et la mort; d'autres les substituaient aux vrais enfants de famille, qui quelquefois étaient morts par leur faute. On a même su que plusieurs avaient été égorgés pour servir, soit à des opérations magiques, soit à ces bains sanglants que la fureur de vivre a quelquefois inventés. Ce qui était plus déplorable, c'est que ceux qui n'avaient pas reçu le baptême mouraient sans le recevoir, la veuve de Saint-Landri ayant avoué qu'elle n'en avait jamais baptisé ni fait baptiser aucun.

Un tel désordre toucha sensiblement le cœur de Vincent de Paul. Il convia quelques dames de charité à aller quelquefois dans cette maison, non pas tant pour découvrir le mal, que pour voir s'il n'y aurait point quelque moyen d'y porter remède. La vue de ces petits innocents, abandonnés à la mort par leurs propres mères, leur parut un spectacle plus lamentable que le massacre de Bethléem par Hérode.

Pressées d'une immense compassion, mais ne pouvant se charger de toute la multitude, elles eurent la pensée d'en sauver au moins quelques-uns. Elles se résolurent d'abord d'en nourrir douze; et, pour honorer la Providence divine, dont elles ignoraient les desseins sur ces petites créatures, elles les tirèrent au sort. En 1638, on loua une maison à la porte Saint-Victor, pour les loger; et la veuve Legras en prit soin avec les filles de la Charité. On essaya d'abord de les nourrir avec du lait de chèvre ou de vache; mais dans la suite on leur donna des nourrices.

A ces premiers enfants adoptifs, les vertueuses dames en joignaient de temps en temps quelques autres, selon la dévotion et les moyens qu'elles en avaient : toujours elles les tiraient au sort. On eût bien voulu faire quelque chose de plus, on était fâché de n'en pouvoir élever qu'un si petit nombre. La différence qui se trouva bientôt entre ceux de la porte Saint-Victor et ceux qui restaient à la rue Saint-Landri, attendrissait en faveur des derniers; mais il n'était pas possible de les adopter tous. Cependant on priait Dieu, et on se consultait ensemble. Enfin, au commencement de 1640, on tint une assemblée générale. Vincent y représenta l'importance et la nécessité de cette bonne œuvre, le grand service qu'on y pouvait rendre à Dieu. Les dames prirent la résolution généreuse et générale de se charger du soin de ces pauvres enfants. Toutefois, d'après l'avis de leur saint directeur, elles ne le firent que par manière d'essai et sans s'y obliger. Il n'y avait encore d'assuré qu'un revenu de douze à quatorze cents livres par an. Vincent leur obtint du roi une rente de douze mille livres sur les cinq grosses fermes. Avec ce secours, l'établissement se soutint pendant quelques années. Mais les besoins survenus en Lorraine, la crainte d'une révolution dans l'État, la Fronde, le nombre de ces enfants qui croissait tous les jours, et dont l'entretien allait au delà de quarante mille livres, toutes ces considérations amortirent enfin le courage des dames de la Charité. Elles dirent hautement qu'une si excessive dépense passait leurs forces et qu'elles ne pouvaient plus la soutenir.

Ce fut pour prendre un dernier parti sur une affaire aussi importante, que Vincent indiqua, l'an 1648, une autre assemblée générale. Les dames de Marillac, de Traversai, de Miramion, et tous ces noms respectables que Dieu a écrits au livre de vie, s'y trouvèrent. Le saint y mit en délibération, si on continuerait la bonne œuvre commencée. Il proposa les raisons pour et contre. D'un côté, on n'avait pris aucun engagement, l'assemblée était libre de statuer ce qu'elle jugerait de plus convenable. De l'autre côté, il fit voir que, par ses soins charitables, cette même assemblée avait jusqu'alors conservé la vie à un très-grand nombre d'enfants qui, sans ce secours, l'auraient perdue pour le temps et peut-être pour l'éternité ; que ces innocentes créatures, en apprenant à parler, avaient appris à connaître et à servir le Créateur ; que quelques-uns d'entre eux commençaient à travailler et à se mettre en état de n'être plus à charge à personne, et que de si heureux commencements présageaient des suites encore plus heureuses. Enfin, élevant un peu la voix, il conclut par ces paroles : « Or sus, mesdames, la compassion et la charité vous ont fait adopter ces petites créatures pour vos enfants ; vous avez été leurs mères selon la grâce, depuis que leurs mères selon la nature les ont abandonnés : voyez maintenant si vous voulez aussi les abandonner. Cessez d'être leurs mères, pour devenir à présent leurs juges : leur vie et leur mort sont entre vos mains ; je m'en vais prendre les voix et les suffrages : il est temps de prononcer leur arrêt et de savoir si vous ne voulez plus avoir de miséricorde pour eux. Ils vivront si vous continuez d'en prendre un charitable soin ; et, au contraire, ils mourront et périront infailliblement si vous les abandonnez : l'expérience ne vous permet pas d'en douter. »

Vincent ayant prononcé ces paroles avec un ton de voix qui faisait assez connaître quel était son sentiment, ces dames en furent si touchées, que toutes unanimement conclurent qu'il fallait soutenir, à quelque prix que ce fût, cette entreprise de charité ; et, pour cela, elles délibérèrent entre elles sur les moyens de la faire subsister. Pour loger les enfants, quand ils étaient sevrés, elles obtinrent du roi le château de Bicêtre ; mais l'air y ayant paru trop vif, on les ramena au faubourg Saint-Lazare, où dix à douze sœurs de la Charité se chargèrent de leur éducation. On leur acheta dans la suite deux maisons. Avec le temps, cette œuvre de Vincent de Paul a été imitée dans tous les pays chrétiens. Chaque année, en Europe et en Amérique, Vincent de Paul est le père et le sauveur de plus d'un million d'enfants qui lui doivent la vie et l'éducation.

Un enfant abandonné de l'Europe, auquel s'intéressa spécialement Vincent de Paul, mais que les voisins finiront par couper en trois, fut la pauvre Pologne. Ses rois furent, pendant le XVIIe siècle : Sigismond III, de 1587 à 1632 ; son fils Uladislas VII, de 1632 à 1648 ; Jean-Casimir V, de 1648 à 1668 ; Michel Coribut, de 1669 à 1673 ; Jean Sobieski, de 1674 à 1696. Quand Uladislas fut monté sur le trône, il envoya demander à la reine de France, Anne d'Autriche, une épouse de sa main. Elle lui envoya Marie-Louise de Gonzague, duchesse de Mantoue, que Vincent de Paul vit plus d'une fois parmi ses dames de charité. Uladislas étant mort en 1648, son frère, Jean-Casimir, Jésuite, puis cardinal, fut élu roi de Pologne, et, avec la dispense du Saint-Siège, épousa la veuve de son frère. Sous ces deux rois, la Pologne, peu unie au dedans, fut attaquée au dehors par les Cosaques, les Russes et les Suédois, suivis de la peste. L'an 1651, Jean-Casimir, à la tête de cent mille hommes, bat trois cent mille Cosaques et Tartares en Volhynie. L'an 1655, Charles-Gustave, roi de Suède, entre à main armée en Pologne, et, obligé, par ses progrès, Jean-Casimir à se retirer en Silésie. Retour de celui-ci en Pologne la même année. L'an 1656, bataille de trois jours entre les Polonais et les Suédois. L'an 1660, paix entre la Pologne et la Suède. L'an 1668, Jean-Casimir, voyant la noblesse polonaise soulevée contre lui depuis plusieurs années, abdique le 16 septembre dans la diète de Varsovie, après avoir fait aux Polonais la prédiction suivante : « Je prévois les malheurs qui menacent notre patrie ; et plût à Dieu que je fusse faux prophète ! Le Moscovite et le Cosaque se joindront au peuple qui parle la même langue qu'eux, et s'approprieront le grand-duché de Lithuanie. Les confins de la grande Pologne seront ouverts au Brandebourg, et la Prusse elle-même fera valoir les traités ou le droit des armes pour envahir notre territoire. Au milieu de ce démembrement de nos États, la maison d'Autriche ne laissera pas échapper l'occasion de porter ses vues sur Cracovie, etc. » Après son abdication, Jean-Casimir vint en France, choisit sa retraite dans l'abbaye de Saint-Germain-des-Prés ; il en devint abbé, ainsi que de Saint-Martin, de Nevers. Il ne voulut jamais souffrir qu'on lui donnât le titre de *majesté*, et mourut à Nevers, le 16 décembre 1672.

Au plus fort de la guerre avec les Cosaques, en 1651, la reine de Pologne demande à Vincent de Paul des prêtres de sa congrégation et des sœurs de la Charité pour ce lointain royaume. Vincent envoya quelques-uns de ses prêtres, leur donnant pour supérieur son assistant, son ami intime, nommé Lambert. Arrivés en Pologne, leur première occupation fut de se dévouer pour le pauvre peuple de Varsovie, abandonné des nobles et des magistrats, mais visité par la peste et la famine. Avec les aumônes du roi et de la reine, Lambert organisa un service régulier pour les pauvres, les malades, et même pour les morts, qui restaient auparavant sans sépulture : il mourut quelque temps après, victime de son zèle. Il fut remplacé par d'autres missionnaires et par les sœurs de la Charité. Vincent de Paul avait pour la Pologne une tendresse de père et de mère, d'autant plus qu'il la voyait non-seulement ravagée par la peste et la famine, mais encore menacée dans sa religion, d'un côté par le schisme des Moscovites, de l'autre par l'hérésie des Suédois. Avant de mourir, il eut la consolation d'apprendre que la Pologne, fidèle à la foi de ses pères, triomphait de tous ses ennemis (Collet, l. 5 et 8).

FIN DU TOME DIXIÈME.

TABLE DES MATIÈRES DU TOME DIXIÈME.

LIVRE QUATRE-VINGT-QUATRIÈME.

De 1517, commencement de l'anarchie religieuse intellectuelle en Allemagne, à 1545, commencement du concile œcuménique de Trente.

(Suite).

§ IV.

Mort de Léon X. — Adrien VI, François Ier, Charles-Quint. — Leur caractère et leur conduite à l'égard de la chrétienté menacée par les Turcs, qui s'emparent de Belgrade et de Rhodes.

Mort de Léon X. Regrets du peuple romain, page 1.
Portrait du pape Léon X par son historien protestant, l'Anglais Roscoë, et par le catholique Audin, 1.
La prétendue approbation des poésies de Louis Arioste, réduite à sa juste valeur par le protestant Roscoë, 3.
Reproche à Léon X d'aimer trop la chasse, 3.
Comment le protestant Roscoë juge et justifie la conduite politique de Léon X envers les princes, 3.
Court pontificat d'Adrien VI, 4.
Promotion de Clément VII, 5.
François Ier et sa mère Louise de Savoie, 5.
Grandes choses que le roi de France aurait pu faire, et que François Ier ne fait pas. Ce qu'il fait en place, dominé par les femmes, les courtisans et la politique héritée de Philippe le Bel, 7.
Vie et mort du chevalier Bayard, 8.
Mort de la pieuse reine de France. Conduite indigne de son mari, 8.
François Ier perd la bataille de Pavie et y est fait prisonnier. Ce qu'il en est du billet : *Madame, tout est perdu, fors l'honneur*, 9.
Négociations pour la paix. Manière peu loyale dont François Ier la signe, 9.
Nouvellement marié, il prend pour concubine publique la femme d'un autre et en fait une duchesse, 10.
Conduite peu honorable de François Ier dans l'exécution du traité de Madrid, 10.
Les généraux de l'empereur Charles-Quint, notamment le connétable de Bourbon, violent la trêve de huit mois qu'ils viennent de signer avec le pape Clément VII ; surprennent et saccagent Rome pendant neuf mois, avec bien plus de barbarie que n'avaient fait pendant six jours les Goths d'Alaric ; ils assiègent le Pape dans le château Saint-Ange, et Charles-Quint, au lieu de blâmer ses généraux sans honneur, condamne le Pape à une énorme rançon. Et tout cela prouvé par des auteurs protestants, 11.
Mort de Nicolas Machiavel. Sa dernière lettre, 14.
Ce que l'empereur des Turcs, Soliman II, pensait de la conduite des princes chrétiens envers le Pape, 15.
Les chrétiens de Belgrade, les chevaliers de Rhodes, ne recevant aucun secours des princes d'Europe, se voient réduits, après des prodiges de valeur, à capituler avec les Turcs, 15.
La première ambassade que François Ier envoie à Constantinople est pour supplier l'empereur des Turcs de faire la guerre aux chrétiens, 16.
En conséquence, Soliman II ravage la Hongrie, qui se divise contre elle-même, 17.
Siège de Vienne par Soliman, qui est obligé de le lever, 17.
Mort du vizir, l'apostat Ibrahim, 18.
François Ier fait alliance avec les Turcs, pour leur livrer l'Italie. Le pape Paul III prévient ce malheur par son entrevue à Nice entre François Ier et Charles-Quint, 18.
François Ier continue à conspirer contre les chrétiens, avec les Turcs de Constantinople et les corsaires de Barbarie, qui s'en viennent avec les Français ravager les côtes de l'Italie et de la France même. Tableau qu'en fait le protestant Sismondi, 19.
Fin de Soliman II. Sa législation et ses exemples, 21.

§ V.

Affinité entre le mahométisme et le luthéranisme. — Le moine apostat Luther se marie avec une religieuse apostate, pendant que l'Allemagne nage dans le sang des paysans et des anabaptistes. — Division entre Luther, Carlostadt et Zwingle, le faux prophète et séducteur de la Suisse. Belle conduite des petits cantons primitifs.

Amitié de Soliman pour Luther. Fraternité entre le luthéranisme et le mahométisme, démontrée par les doctrines et les faits, 21.
Ignoble impiété avec laquelle Luther parle de Dieu, du Christ, de Moïse, de la prière, de l'Ecriture sainte, qu'il mutile à son gré, 22.
Il y a eu beaucoup de versions allemandes dans la Bible avant Luther, 24.
Quel fut l'état général du luthéranisme sur les mœurs des populations allemandes, d'après le témoignage des prédicants luthériens Jacques Schmidel, Gaspar Faber et André Musculus, 25.
Anarchie intellectuelle entre Luther et Carlostadt. Leur défi à l'auberge de l'Ourse-Noire à Orlemonde, 25.
Toutes les têtes semblaient vouloir se mettre à l'envers, 26.
Conférence théologique de Luther avec les municipaux et les cordonniers d'Orlemonde, 26.
Les femmes se mettent à prêcher, et les nonnes à s'échapper de leurs couvents, 27.
Histoire de la nonne fugitive, Catherine de Bore, que le moine Luther prend pour sa femme. Quelques-uns de leurs entretiens familiers. Leur exemple, précédé et suivi par d'autres, 27.
Apostasie et mariage du moine Albert de Brandebourg, qui vole le duché de Prusse à l'ordre de Sainte-Marie, 27.
Dispute de Luther avec Storck et Muncer, chef des anabaptistes. Guerre effroyable entre anabaptistes et des paysans. Luther, qui les y a poussés par sa doctrine, pousse ensuite les nobles à les exterminer, 29.
Commencements de l'hérésiarque Zwingle à Zurich. Sa ressemblance avec l'hérésiarque de Wittemberg, 31.
Son monstrueux paradis, 32.
L'apostat Zwingle, instruit dans un entretien nocturne par un esprit blanc et noir, s'efforce, avec les apostats Carlostadt, Œcolampade, Bucer et Capiton, de nier et de combattre la présence réelle de Jésus-Christ dans l'eucharistie, 33.
Luther combat les zwingliens ou sacramentaires, 34.
Les deux sectes prouvent l'une contre l'autre que l'Eglise catholique possède seule la vérité toute entière, 34.
Accablement de Luther, déploré par Mélanchthon. Variations irrémédiables des sectaires. Fermeté immuable de la foi catholique, 35.
En 1523, la municipalité zurichoise ordonne à ses administrés de ne plus croire ce qu'on avait cru jusqu'alors, 36.
Conférence de Baden, où les catholiques restent vainqueurs, 36.
Histoire de l'apostasie de Berne, 37.
Etat épouvantable de la Suisse, divisée contre elle-même. Guerre civile ; bataille de Cappel, où Zwingle est tué, et les catholiques remportent la victoire dont ils usent très-modérément, 42.
Incohérences astucieuses du synode et des ordonnances municipales de Berne, 44.
Le canton de Soleure expulse les nouvelles hérésies et rétablit la foi de ses pères, 46.
Belle conduite en tout ceci des cinq cantons primitifs, 47.

§ VI.

La Suède, le Danemarck et la Norwége, entraînées dans l'apostasie par les rois et les nobles. Efforts des papes Adrien VI et Clément VII pour empêcher l'apostasie de l'Allemagne, qui se brouille et se divise de plus en plus. — Confession d'Augsbourg. — Luther et Mélanchthon conseillent la bigamie au roi d'Angleterre et la permettent au landgrave de Hesse. — Royaume des anabaptistes à Munster. Ils sont condamnés à l'extermination par les docteurs du protestantisme.

Etat de la Scandinavie jusqu'au commencement du XVIe siècle, 47.
Christiern II, surnommé le Néron du Nord, commence l'apostasie du Danemarck, qui est achevée par son oncle Frédéric et par son neveu Christiern III, 48.
La Suède, jusqu'alors catholique et libre, perd tout ensemble sa foi et sa liberté, par la ruse et la violence de l'usurpateur Gustave Ericson, 49.
Olaüs Magnus, archevêque d'Upsal, fidèle catholique, est auteur d'une *Histoire des Goths et des Suédois*, 50.
Négociations infructueuses d'Adrien VI pour ramener les protestants d'Allemagne. Suivant Palavicin et Menzel, l'un catholique, l'autre protestant, ses instructions au nonce Chérégat étaient peu discrètes, 51.
Conduite plus prudente du cardinal Commendon à la nouvelle diète de Nuremberg en 1524; diète qui se termine par un décret absurde, contre lequel s'élèvent tout ensemble et le légat du Pape, et l'ambassadeur de l'empereur, et Luther. L'Europe paraît sur le point de retomber dans le chaos, 55.
Premiers symptômes de convalescence. Le Pape et l'empereur se réconcilient; les princes catholiques d'Allemagne se concertent pour maintenir l'ancienne foi et législation de l'empire. Par contre-coup, les princes apostats se liguent formellement, en faveur des nouvelles hérésies, contre l'empereur et contre les lois de l'empire. Ils refusent de marcher contre les Turcs au secours de la Hongrie, 56.
Variations de Luther au sujet de la guerre contre les Turcs, 57.
La diète de Spire de 1529 décrète le *statu quo* jusqu'à la décision du concile. Six princes luthériens protestent contre : d'où le nom de *protestants*, 58.
A quoi se réduit la profession générale du protestantisme, et quelles en sont les conséquences, 58.
Unité discordante des protestants à la conférence de Marbourg en 1529, 59.
Ouverture de la diète d'Augsbourg de 1530. Scrupule des princes luthériens. Quels étaient ces princes, 60.
Discordance des protestants, lorsqu'il leur fallut confesser publiquement leur créance, 60.
La confession d'Augsbourg, rédigée tout d'abord de quatre façons différentes sur la présence réelle. Division entre les luthériens et les sacramentaires. Variations incessantes des uns et des autres avec eux-mêmes sur ce même article, 61.
Sur plusieurs autres, et dans la Confession, et dans l'Apologie, les protestants reviennent des excès de Luther et se rapprochent des catholiques, notamment sur l'autorité des évêques et du Pape. Mélanchthon se serait rapproché davantage encore, s'il avait été libre, 63.
La diète ordonne de s'en tenir à l'ancienne constitution de l'empire. Les princes protestants se liguent à Smalcalde pour détruire cette constitution. Fureur avec laquelle Luther les pousse à la révolte, 65.
Restriction de Mélanchthon en faveur du pape et des évêques. Le landgrave de Hesse demande à Luther et aux autres docteurs du protestantisme, et ceux-ci lui accordent, d'avoir deux femmes à la fois, 66.
Nouvelle guerre des anabaptistes. Histoire de leur royaume de Munster et de leur roi Bockels, 68.
Synode luthérien de Hambourg contre les anabaptistes, qu'il ordonne d'exterminer, 70.
En condamnant les anabaptistes, les protestants se condamnent eux-mêmes et justifient toutes les rigueurs de l'Eglise catholique contre eux, 72.

§ VII.

L'Angleterre entraînée dans le schisme et l'hérésie par les passions impures et cruelles de son roi, et par la bassesse de son parlement.

Réponses de Luther au roi d'Angleterre, 72.
Science et vertus de Jean Fisher, évêque de Rochester, 73.
Grandes qualités de Thomas Morus, chancelier d'Angleterre, 73.
Henri VIII écrit aux princes d'Allemagne sur les emportements de Luther, 73.
Lettre artificieuse d'excuse de Luther au roi d'Angleterre, 74.
Henri VIII répond par une réfutation solide des principales erreurs et assertions de l'hérésiarque, 75.
Henri VIII, dominé par une passion, cherche à faire rompre son mariage avec Catherine d'Aragon, pour épouser Anne de Boulen. Circonstances inconnues du temps de Bossuet, 77.
Position difficile du pape Clément VII, 78.
Histoire du cardinal Wolsey, 78.
Henri VIII sollicite des réponses favorables dans les Universités, 80.
Henri VIII, désespérant de vaincre les difficultés, est tiré d'embarras par Thomas Cromwell, qui lui propose de se déclarer chef de l'Eglise d'Angleterre. Quel était ce patriarche de l'Eglise anglicane, 80.
Licous législatifs et nœuds coulants administratifs que Thomas Cromwell prépare au clergé anglais, 81.
Tunstall, évêque de Durham, et Guillaume de Warbam, archevêque de Cantorbéry, s'aperçoivent du piège et protestent contre. Le dernier meurt, à la vue de la prochaine apostasie de l'Angleterre, 81.
Henri VIII épouse secrètement Anne de Boulen, en assurant au prêtre que le Pape venait de prononcer en sa faveur, 82.
Thomas Cranmer, ayant une seconde femme et luthérien dans le cœur, est fait archevêque de Cantorbéry, 82.
Avec quelle hypocrisie Cranmer prononce le divorce entre Catherine d'Aragon et Henri VIII, déjà marié à une autre, 82.
Le collège des cardinaux, consulté par Clément VII, se prononce à la presque unanimité sur la validité du mariage de Catherine. Sur quoi le Pape prononce une sentence définitive, mais qui ne doit être publiée que plus tard, 83.
Avant qu'on pût savoir à Londres ce qui avait eu lieu à Rome, l'apostasie de l'Angleterre était consommée par la bassesse de son parlement, 83.
Dernières actions et martyre de Thomas Morus, 83.
Martyre du cardinal Fisher, évêque de Rochester, 84.
Réflexions du protestant Cobbet. Courage de deux Franciscains, Peyto et Elstow, 84.
Martyre de plusieurs Chartreux, 85.
Le roi-pape Henri VIII déclare le laïque Thomas Cromwell son vicaire général, sous qui le clergé anglais s'avilit toujours davantage, 85.
Bassesse du parlement pour satisfaire l'avarice du roi, 85.
Ce qu'étaient les monastères anglais suivant Tanner, évêque protestant. Déloyauté de Hume qui le cite, 86.
Moyens employés par le pape anglican et son vicaire pour voler les couvents anglais; et quelles en ont été les suites, 88.
Ce que c'est que le paupérisme, 89.
Ménage du premier pape anglican, 89.
Après la mort de la reine Catherine d'Aragon, le premier pape anglican fait couper la tête à la première papesse anglicane, Anne de Boulen, comme convaincue d'adultère, quoique son mariage fût déclaré nul, 90.
La troisième femme de Henri lui donne un fils en mourant. En conséquence, il déclare illégitimes ses deux filles Marie et Elisabeth, 90.
Supplice de la comtesse de Salisbury, mère du cardinal Polus, 91.
Henri VIII, premier pape anglican, épouse une quatrième femme, Anne de Clèves; la répudie, parce qu'elle n'est pas à son gré, et en épouse une cinquième, Catherine Howard, 91.
Chute et exécution de Thomas Cromwell, 91.
Henri VIII s'occupe à réglementer la foi des Anglais, et fait périr dans les supplices quiconque ne reconnaît pas son infaillibilité, 91.
Il n'épargne pas même les morts, et fait le procès à saint Thomas de Cantorbéry, pour s'emparer des richesses de son église et de son tombeau, 92.
Henri VIII coupe la tête à sa cinquième femme, et en épouse une sixième, qui faillit avoir le même sort, 93.
Tableau de son règne et de ses dernières années par Cobbet et Lingard, 93.
Parallèle, d'après le protestant Cobbet, entre l'Angleterre catholique au XVe siècle, et l'Angleterre protestante depuis Henri VIII, sous le rapport du bien-être matériel, 94.

§ VIII.

Efforts de l'hérésie luthérienne pour pervertir la France. Ce qui sauve ce royaume. — Genève forcé à l'apostasie par Berne. — Commencements de Calvin, ses hérésies, son gouvernement à Genève. Conséquences.

Dangers de la France de la part de deux femmes d'une foi suspecte et de mœurs scandaleuses, 95.
Ce qui sauva la nation française, ce fut, après Dieu, la nation française : clergé, parlement et peuple, 95.

Erreurs opiniâtres et punition de Louis Berquin, 96.
Profanations sacriléges des luthériens iconoclastes. Réparation publique faite par le roi François Ier et le peuple de Paris, 96.
Progrès de l'hérésie dans la ville de Meaux, par l'imprudence de l'évêque, 97.
L'hérésie commence de s'insinuer à Metz, 98.
Décrets remarquablement sages du concile de Sens contre les nouvelles erreurs, 98.
Tentatives des hérétiques en plusieurs lieux de France, 101.
Ils reçoivent surtout accueil en Béarn, de la reine de Navarre, Marguerite de Valois, sœur de François Ier, qu'elle voudrait circonvenir lui-même. Les écoliers de l'Université de Paris la jouent sur leur théâtre, 101.
Commencements de Jean Cauvin dit Calvin, 102.
Révélations sur les mœurs de ce patriarche du protestantisme français, 103.
Quelles étaient les mœurs de Théodore de Bèze, 103.
Calvin, le patriarche du protestantisme français, se fait connaître par la manière dont il parle des apôtres et des fidèles du protestantisme allemand, 104.
Dans une peste, Calvin et les siens se font défendre ou dispenser par les magistrats d'aller voir les malades. Les prêtres catholiques s'y dévouent, parmi eux le savant Gabriel de Saconay, 104.
Quels furent, d'après Calvin lui-même, les causes et les fruits de sa réforme, 105.
Les principes de ces funestes résultats, y compris l'athéisme, se trouvent dans les écrits de Luther et de Calvin, particulièrement dans l'*Institution chrétienne* de ce dernier, 106.
Suite de la biographie de Calvin, jusqu'au moment où il arrive à Genève, quand l'apostasie y est consommée, 106.
Histoire et état politique de Genève, jusqu'au commencement du XVIe siècle, 107.
Principales phases de l'apostasie introduite à Genève par la tyrannie de Berne, jusqu'à l'arrivée de Calvin, en 1536, 109.
Calvin est expulsé de Genève avec Farel, puis rappelé en 1540, 113.
Calvin, chargé de fabriquer un gouvernement ecclésiastique à Genève, ne trouve rien de mieux que l'inquisition d'Espagne, mais plus mesquine et plus tracassière, 113.
Calvin voue à la mort ceux qui lui sont contraires, 114.
Vie, erreurs et supplice de Michel Servet, 115.
Les Eglises protestantes approuvent le supplice de Michel Servet. Conséquences qui résultent de là, 115.

§ IX.

Fin d'Érasme. — Lieux théologiques *de Melchior Canus.* — Saint Thomas de Villeneuve. — Saint Ignace de Loyola. Sa Compagnie de Jésus. — *Premiers travaux et miracles de saint François Xavier dans l'Inde.*

Erasme, bel esprit, superficiel, mauvais plaisant, d'une littérature plus païenne que chrétienne, n'a jamais rien compris au fond de la théologie dont il se raille, surtout à la distinction entre la grâce et la nature, ne peut être consulté avec quelque fruit que comme un dictionnaire de synonymes latins dans leur acception païenne, 116.
Melchior Canus. Mérite, substance et parties principales de son livre *Des lieux théologiques*, 118.
Vie de saint Thomas de Villeneuve, religieux augustin et archevêque de Valence. Ses vertus, ses extases, ses pieuses industries pour réformer le clergé et le peuple, sa sainte mort, 123-129.
Vie de saint Ignace de Loyola, depuis sa conversion jusqu'à son départ de Manrèse pour le pèlerinage de la terre sainte. Ses *Exercices spirituels*, 129-137.
Histoire de son pèlerinage, 137.
Ses études, ses bonnes œuvres, ses épreuves à Barcelone, Alcala et Salamanque, 138.
Ses études à Paris. Epreuves à laquelle il est exposé, 140.
Il recrute six compagnons : Pierre Lefèvre, François Xavier, Jacques Laynez, Alphonse Salmeron, Nicolas Alphonse, surnommé Bobadilla, et Simon Rodriguez, avec lesquels il jette les fondements de la Compagnie de Jésus, le 15 août 1534, 141.
Autres œuvres du zèle de saint Ignace, 143.
Après avoir donné Venise pour rendez-vous à ses compagnons, il va en Espagne. Fruits de salut qu'il y opère, 145.
Voyage de ses compagnons de Paris à Venise. Ce qui leur arrive près de Constance. Leur occupation à Venise, avec saint François Xavier et saint Ignace, 145.
Ils vont tous à Rome se présenter à Paul III. Comment ils sont calomniés en son absence et justifiés à son retour. Leur Compagnie est approuvée. Simon Rodriguez et François Xavier partent pour l'Inde et le Japon. Le premier reste en Portugal, le second s'en va tout seul, 148.

Election de saint Ignace comme supérieur général de la Compagnie de Jésus. Ses occupations à Rome. Son esprit, 152.
Il écrit les constitutions de son ordre. Comment. Quels en sont l'esprit, le but et l'ensemble, 152.
On y voit tout l'opposé de Luther et de Calvin, 155.
Raisons de l'autorité du général. Précautions pour qu'il n'en abuse, 155.
Heureux tempérament de la vie active et de la vie contemplative. Discrétion dans le reste, 156.
Les six états dans la Compagnie, 157.
Le prodigieux égarement de Luther fait voir combien il faut être sur ses gardes pour n'être pas la dupe de l'esprit de ténèbres, 157.
Importance des exercices et des règles spirituelles de saint Ignace, 158.
Sagesse des règles de saint Ignace sur l'enseignement de la théologie, 159.
Plus encore sur l'enseignement de la philosophie. On n'y fait pas assez attention, 159.
Premiers collèges établis par la Compagnie de Jésus, 160.
Elle envoie des missionnaires par tout l'univers, 161.
Principaux saints qu'il y avait alors dans l'Eglise, 161.
Voyage de saint François Xavier, de Rome, par Lisbonne, à Goa, 161.
Ses travaux apostoliques à Goa même, 162.
Ses travaux, ses succès, ses miracles parmi les Paravas, sur la côte de la Pêcherie. Endurcissement des brahmes, 163.
Ses voyages, ses travaux, ses miracles dans le royaume de Travancor, dans l'île de Ceylan, à Méliapor et en d'autres lieux, 165.
Il convertit un Japonais et forme le projet d'aller prêcher l'Evangile au Japon, 167.

LIVRE QUATRE-VINGT-CINQUIÈME

Concile œcuménique de Trente, de l'an 1545 à l'an 1564.

§ Ier.

Les dix premières sessions, de 1545 à 1549, sous le pape Paul III.

Ouverture du concile de Trente, 169.
Ce que c'est que le Pape, 169.
Ce qu'il a fait, 171.
Historiens du concile de Trente : Fra Paolo et Pallavicin, 172.
Négociations de Clément VII pour l'ouverture du concile, 173.
Négociations plus heureuses de Paul III pour le même sujet, 173.
Discours préliminaire de Dominique Soto, 174.
Séance d'ouverture. Discours de l'évêque de Bitonto. Observation sur certaines critiques qu'on en a faites, 174.
Sermon de frère Antoine, Carme, 175.
Seconde session. Discours de l'évêque de Saint-Marc, 175.
Exhortation des légats. Décrets sur la manière de vivre dans le concile. Deux oppositions à ce décret, 176.
Discussions sur le titre de *représentant l'Eglise universelle*, 178.
Discussion si l'on commencerait par le dogme ou par la réforme. On décide de traiter à la fois les deux choses, 178.
Troisième session. Discours du Dominicain Antoine Polite. Profession de foi de tout le concile, 179.
Dernières actions et mort de Luther; de Georges Spalatin et de Justus Jonas, 180.
Caractère de Luther suivant Pallavicin, 182.
Caractère de la nation allemande, 182.
Après avoir promis de se soumettre au concile, les Luthériens font la guerre à l'empereur. *Intérim* de Charles-Quint, 183.
Variations et contradictions de Bucer, d'Osiandre et de Flaccius Illyricus, 184.
L'Eglise catholique au concile de Trente, 185.
Quatrième session. Décret sur l'Ecriture sainte, 185.
Décret sur la réformation. De l'établissement et entretien des lecteurs en théologie et maîtres ès-arts libéraux, 186.
Décret sur la prédication, 187.
Le concile partagé en trois congrégations. Affaire de Vergério 188.
Insinuation mensongère de Fra Paolo, 189.
Marc-Jérôme Vida, évêque de Crémone, 189.
Louis Lippoman, évêque de Vérone, 190.
Cinquième session. Décret sur le péché originel. Réflexions à cet égard, 190.
Guerre civile en Allemagne. Victoires de Charles-Quint sur les protestants, 191.

Vivacité extrême d'un évêque à Trente, 192.
Sixième session. Décret et canons sur la justification, 192.
Différence de Luther au concile, 198.
Chapitres de réformation sur la résidence ecclésiastique, 199.
Sagesse pratique du Pape et du concile, 200.
Septième session. Doctrine et canons sur les sacrements en général, sur le Baptême et la Confirmation, 200.
Décrets de réformation ou de discipline, avec une clause remarquable. Translation et interruption du concile, 202.

§ II.

Événements contemporains en Europe, en Amérique et au Japon.

Conduite de Charles-Quint envers le Pape et le concile, 202.
Politique peu honorable de la France, 203.
Reflet de la France dans Marot et Rabelais, 203.
Première cause de l'opposition que le concile de Trente rencontre en France. Le protestant Cobbet sur la mort de Henri VIII et l'avènement d'Édouard, 204.
Omission d'une cérémonie importante dans l'inauguration d'Édouard VI. Origine anglicane de l'absolutisme royal ou du despotisme, 205.
Fernand Cortez fait la conquête du Mexique et y remplace le sacrifice humain par la civilisation chrétienne, 206.
Conquête du Pérou par François Pizarre, 211.
Si aucune politique, philosophie ou religion moderne peut blâmer ces conquérants aventureux, 212.
Témoignage du protestant Robertson sur la conduite des missionnaires catholiques dans le Nouveau Monde, 212.
Premier synode du Mexique. Propagation de la foi, érection d'évêchés au Mexique, au Pérou, au Brésil, 213.
Saint Louis Bertrand, de l'ordre de Saint-Dominique, apôtre du Nouveau Monde, 213.
Travaux apostoliques de saint François Xavier au Japon, 215.
Il entreprend le voyage et la conversion de la Chine, meurt dans l'île de Sancian, 219.
Miracles qu'il opère après sa mort. Sa canonisation, 221.
Le crucifix miraculeux de saint François Xavier est encore conservé dans la chapelle du château, note, 221.
Procès-verbal de l'ouverture du tombeau de saint François Xavier, le 12 octobre 1859, note, 221.
Respect qu'il inspire aux Mahométans, et aux païens. Témoignages que lui rendent les protestants. Qu'en conclure? 222.
Projet du saint. La Providence y dispose les peuples, 222.

§ III.

De 1550 à 1551. Seconde reprise du concile de Trente, Sessions 11-16, sous Jules III.

Mort et caractère de Paul III, 223.
Élection de Jules III. Ses soins pour la reprise du concile, 223.
Politique peu française et peu franche du roi Henri II envers le concile et le Pape, 224.
Treizième session. Décrets et canons dogmatiques sur le sacrement de l'Eucharistie, 225.
Sauf-conduit pour les protestants, 227.
Quatorzième session. Doctrine et canons sur le sacrement de Pénitence et d'Extrême-Onction, 228.
Décrets disciplinaires du concile pour élever le pouvoir des évêques au-dessus des difficultés et des chicanes, dans la restauration ecclésiastique. Les causes graves des évêques sont réservées directement au Pape, 234.
Seconde suspension du concile, 236.

§ IV.

De la seconde suspension du concile de Trente, 1551, à la mort de Paul IV, 1559. — Suite de la révolution religieuse en Allemagne, en France et en Angleterre.

Charles-Quint, trahi par son favori Maurice de Saxe, délaissé de la fortune, vaincu de la goutte, déçu dans tous ses projets, cède l'empire à son frère Ferdinand, ses États héréditaires avec le Nouveau Monde à son fils Philippe II, et se retire au monastère de Saint-Just, où il célèbre ses propres obsèques, et meurt, 236.
Quel était l'esprit politique de l'Europe. Tâche difficile de l'Église. À quoi ressemble l'histoire religieuse de l'Angleterre depuis trois siècles, 238.
Variations religieuses de l'Angleterre à la mort de Henri VIII et sous le règne d'Édouard VI, 239.
Quatre évêques fidèles, 242.

Vraie cause de ces innovations, malgré le clergé et le peuple, 242.
Les novateurs brûlent une dissidente, 243.
Persécution contre les pauvres, 243.
Le pape-roi Édouard VI signe la mort de ses deux oncles, 243.
Ce que le protestant Cobbet dit à ce sujet. Mort d'Édouard VI, 243.
Avènement de la reine Marie, 244.
Elle épouse le prince d'Espagne, Philippe II, 245.
Rétablissement de la religion catholique en Angleterre. Légation du cardinal Polus, 247.
Ce que signifie au juste: *Persécution et martyr*, 248.
Poursuites légales de la reine Marie contre certains hérétiques entre lesquels Latimer et Cranmer, d'après le protestant Cobbet 249.
Mort de la reine Marie, 251.
Mort de l'évêque et chancelier Gardiner, 251.
Mort du cardinal Polus. Ses vertus et ses ouvrages, 252.
Mort de Jules III. Il ne répond pas à la haute idée qu'il avait fait concevoir étant cardinal, 252.
Court pontificat de Marcel II, 253.
Avènement de Paul IV. Ses vertus, ses défauts, 253.
Accord de la prudence et de la simplicité chrétiennes, 253.
Paul IV reçoit l'obédience de l'Angleterre, 254.
État critique de la France. Mort de Henri II. Trois partis : les huguenots sous les Bourbons, les politiques sous les Montmorency, les catholiques sous les princes de Lorraine, 254.
François de Lorraine, duc de Guise, lieutenant-général du royaume, 256.
Apostasie d'Élisabeth d'Angleterre et de son parlement. Fidélité des évêques anglais, hormis un seul, 257.
Nouveau clergé intrus et schismatique, 259.
Gouvernement pontifical de la reine-papesse, d'après le protestant Cobbet, 260.
Suites funestes en France de la politique française. Français renégats ou huguenots. Assassinat du président Minard. Exécution du prêtre apostat Dubourg. Les huguenots s'engagent à la révolte par le conseil de leurs prédicants. Leur conjuration d'Amboise réprimée par le duc de Guise, 261.
Variations sanglantes et serviles de l'Allemagne protestante entre le parti luthérien et le parti calviniste, notamment en Prusse, sous le moine apostat Albert de Brandebourg. Exécutions atroces, 268.
Pourquoi les protestants d'Allemagne ne rougissent pas de cette partie de leur histoire, 270.
Conversion de plusieurs protestants instruits : Georges Wicélius, Vitus Amerbach, Frédéric Staphilus, Théobald Thamer, 270.
Commencements, vertus, travaux littéraires et apostoliques du Jésuite Canisius, apôtre de l'Allemagne, 271.
L'empereur Ferdinand lui demande un catéchisme, 275.
Extraits de ce chef-d'œuvre, où est réfutée avec ensemble toute la prétendue réforme, 277.
Succès de Canisius à Augsbourg, 285.
Fondation du collège Germanique à Rome par saint Ignace, 287.
Fondation par saint Ignace du collège Romain, pour l'univers entier, 289.
Saint Ignace procure des missionnaires à l'Église dans toutes les parties du monde, notamment en Corse et en Éthiopie, où le Pape institue un Jésuite patriarche, et deux autres évêques, 291.
Le Jésuite Laynez, 292.
Dernières actions et mort de saint Ignace. On lui donne Laynez pour successeur, 293.
Dernières actions et mort du pape Paul IV, 294.

§ V.

Promotion de Pie IV. — Troisième reprise et fin du concile de Trente.

Élection de Pie IV. Procès des neveux de son prédécesseur, 295.
Commencements de Pie IV, 295.
Famille et commencements de saint Charles Borromée, 296.
Négociations du nouveau Pape pour la reprise du concile de Trente, 298.
Dix-septième et dix-huitième session, 298.
Insistance de l'archevêque de Brague pour la réformation des cardinaux, 299.
Réception des ambassadeurs. Joie du concile au sujet de la France, 299.
Colloque de Poissy. Sage conduite et excellent discours du Jésuite Laynez, 300.
Paroles sanguinaires de Calvin à ce propos, 302.
Le Père Edmond Auger et d'autres Jésuites en France, 302.
Les Jésuites établissent un collège à Paris. Leur succès dans l'enseignement, d'après l'historien de l'Université du Boulay, d'Alembert et le protestant Ranke, 302.
Arrivée des ambassadeurs français à Trente. Dix-neuvième et

vingtième session. Discours et demande des ambassadeurs français et de ceux de l'empereur. Les Français donnent lieu à des plaintes, 303.
Vingt et unième session. Doctrine et canons touchant la communion sous les deux espèces et celle des enfants, 305.
Congrégations préparatoires à la session suivante, 306.
L'Assyrie orientale, dans la personne de son patriarche Abd-Isu, se joumet au pape Pie IV, qui érige de nouveaux évêchés dans l'Amérique et dans l'Inde, 307.
Vingt-deuxième session. Doctrine et canons touchant le saint sacrifice de la messe, 308.
Décret touchant les choses qu'il faut observer et éviter, dans la célébration de la messe. Le concile réserve au Pape de permettre ou non l'usage du calice aux laïques, 310.
Arrivée du cardinal de Lorraine et des évêques français. Discussions sur l'origine immédiate de la juridiction épiscopale, 311.
Mort du cardinal de Mantoue et du cardinal Séripand, présidents du concile, 311.
Difficulté sur la préséance entre les ambassadeurs, 312.
Vingt-troisième session. Doctrine et canons touchant le sacrement de l'Ordre, 312.
Universalité historique et doctrinale de l'Eglise de Dieu, 314.
Conséquence que tire de là un politique anglais, 314.
Décrets des sessions vingt et unième, vingt-deuxième et vingt-troisième pour la réformation ecclésiastique, 315.
Décret mémorable pour l'établissement des séminaires. Réflexion à ce sujet, 316.
Discussions au sujet des mariages, 318.
On propose la réformation des princes. Ils ne veulent pas entendre de cette oreille. Ce qui est à conclure de là, 318.
Mot du Pape sur la pluralité des bénéfices, 319.
Vingt-quatrième session. Doctrine et canons touchant le sacrement de Mariage, 319.
Dix chapitres de réformation concernant le mariage, 320.
Vingt et un autres chapitres sur différents objets de réforme. Le seizième sur les devoirs du chapitre pendant la vacance du Siége, 321.
Vingt-cinquième et dernière session. Excellent résumé des travaux du concile par l'évêque de Nazianze, coadjuteur de Famagouste, 322.
Décret touchant le purgatoire, 326.
De l'invocation, de la vénération et des reliques des saints et des saintes images, 326.
Décret de réformation touchant les religieux et les religieuses, 327.
Décret concernant la réformation générale, 328.
Chapitre contre le duel, 328.
Chapitre et exhortation aux princes, 328.
Le dernier chapitre porte : *Qu'en toutes choses l'autorité du Siége apostolique demeure en son entier,* 329.
Décret sur les indulgences, 329.
Du choix des viandes, des jeûnes et des fêtes, 329.
Du catalogue des livres prohibés, du Catéchisme, du Bréviaire et du Missel, 329.
Le concile réserve au Pape les difficultés qui pourraient survenir touchant la réception et l'interprétation de ses décrets. Le concile demande au Pape la confirmation de ses décrets, 330.
Joie des Pères du concile d'en voir la fin. Leurs acclamations et leurs souscriptions, 330.

LIVRE QUATRE-VINGT-SIXIÈME.

Heureux effets du concile de Trente par toute l'Eglise. — Grand nombre de saints en Italie et en Espagne. — Funestes suites de l'apostasie protestante en Angleterre, en France et en Allemagne.

De 1564, fin du concile de Trente, à 1605, mort du pape Clément VIII.

D'où viennent l'unité et la force de l'Eglise catholique, 331.
Pie IV confirme solennellement le concile de Trente. Il ordonne, ainsi que le concile lui-même, d'en recevoir et exécuter les décrets. Bien des catholiques ne font peut-être point assez attention à cette double ordonnance, 334.
Pour l'exécution et l'interprétation du concile, le Pape établit une congrégation permanente de huit cardinaux. Certains théologiens modernes ne respectent point assez ce tribunal canonique de l'Eglise, 335.
Pour précautionner les fidèles contre les mauvaises doctrines, Pie IV approuve le catalogue ou index des livres prohibés, avec les dix règles à suivre en cette matière. Sixte-Quint complète la mesure en instituant la congrégation de l'Index, 335.

Pour conserver la santé publique dans les âmes, Pie IV confirme et Sixte-Quint complète la congrégation du Saint-Office ou de la Sainte-Inquisition, 336.
Pour couronner toutes ces mesures, Pie IV dresse la profession de foi, 337.
Cette profession de foi est expliquée dans le Catéchisme du concile de Trente, publié par Pie V, 337.
Correction du Bréviaire et du Missel, achevée sous Pie V. Ordonnance du saint Pape à ce sujet. On n'y pense point assez sérieusement, 338.
Chant ecclésiastique. Travaux de Palestrina, 339.
Réformation du calendrier, achevé sous Grégoire XIII, 339.
Correction du Martyrologe romain par Baronius, 340.
Sixte-Quint complète toutes ces mesures, en instituant la congrégation des Rites, 341.
Correction du Pontifical romain et du Cérémonial des évêques, achevée sous Clément VIII, 341.
Dernières actions de Pie IV, qui meurt entre les bras de saint Charles Borromée et de saint Philippe de Néri, 341.
Le saint pape Pie V, Michel Ghisleri, de l'ordre de Saint-Dominique. Ses commencements, 341.
Commissaire général du Saint-Office ; il convertit Sixte de Sienne. Ouvrages de ce savant, 342.
Conduite de Michel Ghisleri, comme évêque et cardinal, 343.
Saint Charles détermine son élection. Il résiste longtemps, 344.
Ses premiers actes comme pape. Règlement de sa maison, 344.
Ses édits contre les courtisanes et les Juifs usuriers, 345.
Il convertit un rabbin, 345.
Ses mesures pour réprimer le brigandage, 345.
Son désintéressement. Hommage unique qu'il accepte, 346.
Comment il punit l'auteur d'une pasquinade sur son compte, 346.
Sa bonté pour ceux qui l'avaient obligé et même pour ceux qui l'avaient désobligé, 346.
Eloge de Pie V et de la population romaine, par un seigneur allemand de ce temps-là, 346.
Saint Philippe de Néri, 347.
Il aide saint Camille de Lellis à fonder la congrégation des Clercs réguliers pour le service des malades, 348.
Il fonde l'hopital de la Trinité, 349.
Ses travaux apostoliques à Rome, accompagnés de miracles, 349.
Ses conférences spirituelles dans un oratoire. D'où naît sa congrégation de l'Oratoire, 350.
Pour réfuter les centuriateurs de Magdebourg, il fait entreprendre à Baronius les *Annales de l'Eglise.* Suite et complément de cet ouvrage, 350.
Collections des Vies des saints ; en particulier la collection du Chartreux Surius, et celle des Jésuites ou Bollandistes, 351.
Diverses collections des conciles, 352.
Edition des saints Pères et des Docteurs : le tout dans un même esprit, 352.
Les écrivains français ne voulant plus recevoir cet esprit dans sa plénitude, la France devient stérile en saints, 352.
Le protestantisme n'a produit aucune de ces œuvres : ce n'est qu'une entreprise de démolition, 352.
Esprit de foi dans Philippe de Néri et Baronius, 352.
Saint Félix de Cantalice, frère capucin, 353.
Le bienheureux Raynier, frère capucin. D'où vient cette nouvelle branche de la famille de saint François, 354.
Martyrs de Gorcum, en Hollande, 354.
Le B. Simon de Lipnicza, Franciscain, 355.
Le B. Nicolas Factor, frère Mineur de l'étroite observance, 355.
Saint Pascal Baylon, berger, puis Franciscain, 355.
Saint Benoît de Philadelphe, Franciscain, 357.
Le bienheureux Sébastien d'Apparitio, Franciscain, 357.
Le bienheureux André Hibernon, Franciscain, 358.
Saint Séraphin, du Mont-Granario, Franciscain, 358.
Suite de la vie de sainte Thérèse, écrite par elle-même. Son jugement contre certains livres de fausse spiritualité, 358.
Elle voit la sainte humanité de Notre Seigneur, les anges, les démons. Rien ne chasse ces derniers si efficacement que l'eau bénite, 359.
Sa vision de l'enfer. Conséquences qu'elle en tire, 360.
Elle entreprend la réforme du Carmel. Fondation du premier monastère des Carmélites déchaussées. Miracle qu'elle y opère, 361.
Elle écrit *le Chemin de la Perfection* et *le Château de l'Ame.* Occasion et substance de ces écrits, 365.
Saint Jean de la Croix, coopérateur de sainte Thérèse dans la réforme des Carmes. Epreuves et travaux qu'il endure. Ses ouvrages. La philosophie et la poésie pourraient y apprendre plus d'une merveille dont elles ne se doutent guère, 366.
Goût poétique et engouement littéraire de sainte Thérèse, 371.
La bienheureuse Catherine de Cardone, 373.
Le vénérable Jean d'Avila. Ses travaux, ses écrits. Sa manière d'accorder le libre arbitre avec la grâce, 375.

Louis de Grenade, Dominicain. Ses œuvres. Estime qu'en faisait saint François de Sales, 376.
Barthélemy des Martyrs, archevêque de Brague, 377.
Dernières actions et mort de sainte Thérèse, 378.
Saints d'Italie. Sainte Marie-Madeleine de Pazzi, 379.
Sainte Catherine de Ricci, à Florence, 383.
La bienheureuse Marie-Barthélemi Bagnési, à Florence, 383.
La bienheureuse Catherine, de Palma, Ile de Majorque, 384.
Le bienheureux Jean Marinon, Théatin, 385.
Saint André Avellin, Théatin, 385.
Le B. Paul d'Arezzo, Théatin, archevêque de Naples, 385.
Le B. Alexandre Sauli, Barnabite, apôtre de la Corse, 386.
Saint Charles Borromée, à Milan. Ses austérités, ses vertus. Ses travaux apostoliques. Il échappe miraculeusement à la mort. Il institue les *Oblats de Saint-Ambroise*. Sa charité dans la peste de Milan, 387.
Saint Stanislas Kostka, 389.
Saint Louis de Gonzague, 390.
Saint François de Borgia. Ses commencements, 390.
Son ami, le poète Garcilaso de la Véga, 391.
Louis Camoëns, poète du Portugal, 391.
Le Tasse. Sa *Jérusalem délivrée*. Ses peines, son triomphe et sa mort, 391.
François de Borgia quitte le monde, se fait Jésuite, et devient supérieur général de la Compagnie, 392.
Le cardinal Bellarmin. Ses ouvrages, 393.
Le jésuite Suarèz. Ses œuvres de théologie, 394.
Le Jésuite et cardinal Tolet, et ses ouvrages, 394
Succession non interrompue de Pontifes irréprochables, aux yeux mêmes de l'hérésie, 395.
Grégoire XIII, 395.
Sixte-Quint. Vraie histoire de sa vie et de son pontificat, 395.
Court pontificat d'Urbain VII, 397.
Pontificat peu long de Grégoire XIV et d'Innocent IX, 397.
Clément VIII, modèle de vertu. Sa cordiale amitié avec saint Philippe de Néri, 398.
Le concile de Trente s'est comme incarné dans le Pape et les cardinaux, pour la réforme de la chrétienté au dedans et sa défense au dehors, 399.
Les religieux militaires de Saint-Jean-de-Jérusalem, commandés par frère Lavalette et encouragés par le Pape, défendent glorieusement au siège de Malte l'Europe chrétienne contre toutes les forces mahométanes, 399.
L'empire turc se soutient par les renégats ou chrétiens apostats. Horrible traitement qu'ils font éprouver au royaume de Chypre, et qu'ils préparent à toute l'Europe, 400.
L'Europe est sauvée par Pie V. Victoire de Lépante, 400.
Mort de Pie V, 402.
Mort de saint François de Borgia, 403.
L'Eglise unit et défend l'humanité chrétienne. L'hérésie la divise et la dissout, 403.
Suites de l'apostasie de l'Angleterre. Sa papesse Elisabeth, avec ses amis et ses bâtards, ses emportements et sa tyrannie, 403.
Le fait le plus mémorable du règne d'Elisabeth, c'est un régicide, c'est le meurtre de Marie Stuart, reine d'Ecosse, 404.
Histoire de ce long régicide, commis avec préméditation par l'Angleterre protestante, 404.
Ce que, de l'aveu du protestant Cobbett, l'Angleterre protestante fit souffrir à l'Angleterre catholique, sous la papesse Elisabeth, 410.
Services rendus par les catholiques anglais à Elisabeth. Sa reconnaissance, d'après Cobbett, 411.
Supplice de Marguerite Middleton, pour avoir gardé un prêtre catholique comme instituteur de ses enfants, 412.
Religieuse confiance du cardinal Baronius au retour de l'Angleterre à la vue de ses généreux martyrs. Accomplissement de cette confiance prophétique. Désir qu'on forme une collection de ces martyrs anglais du seizième et du dix-septième siècle, 412.
Conduite respective de l'Angleterre catholique et de l'Angleterre protestante, 413.
Martyre des missionnaires catholiques en Angleterre, 414.
Traite des noirs par l'Angleterre protestante et sa papesse Elisabeth, 414.
Principes généraux pour juger l'histoire et la politique moderne, 414.
Bas-empire des intelligences en Europe, notamment en France. — Les Français renégats ou huguenots, ayant à leur tête la famille des Bourbons, 416.
Les Français *politiques*, ayant à leur tête la famille des Montmorency, 417.
La France catholique, ayant à sa tête la famille de Lorraine. Solution à des questions bien importantes, 417.
Situation critique de la cour de France après la mort de François II et sous la minorité de Charles IX. Michel de l'Hôpital, chancelier, catholique équivoque. Jean de Montluc, évêque secrètement apostat, 418.

Triumvirat catholique du connétable Anne de Montmorency, du duc de Guise et du maréchal de Saint-André. La cour favorise les huguenots, 419.
Rencontre fortuite de Vassy entre les catholiques et les protestants, d'après les protestants mêmes, 418.
Les protestants, Condé et Coligny, prennent les armes contre leur patrie et pour s'emparer de la personne du roi. Leur complot est déjoué, 419.
Excès des huguenots à Poitiers et ailleurs, 419.
Le baron des Adrets se repent de ses atrocités. Ni Condé ni Coligny n'en font autant, 420.
Réponse du duc de Guise, François de Lorraine, à un protestant qui cherchait à l'assassiner. Bataille de Dreux, gagnée par le duc de Guise. Il est assassiné par le protestant Poltrot, à la connaissance et avec l'assistance du protestant Coligny, à l'aveu du protestant Sismondi, conformément aux principes du protestantisme, 420.
Pacification d'Amboise en 1563. Les huguenots reprennent les armes en 1567 pour enlever le roi Charles IX et la reine sa mère, qui ne doivent leur salut qu'à la fidélité des Suisses, 421.
Paix boiteuse de Lonjumeau. La guerre civile recommence. La papesse Elisabeth d'Angleterre envoie des secours aux Français renégats. Coligny est repoussé devant Poitiers par le jeune duc de Guise. Nouvelle paix en 1570, 422.
Histoire du coup d'Etat de la Saint-Barthélemy. S'il y a eu préméditation. Si Charles IX l'ordonna dans les provinces. Nombre des victimes. — Quelle part le clergé catholique y a eue. — Qui est-ce qui peut condamner ou non ce coup d'Etat, 424.
Caractère des trois jeunes rois : Charles IX, Henri de Pologne, depuis Henri III, et Henri de Béarn, depuis Henri IV, 426.
Quatrième et cinquième guerre civile des huguenots, 426.
Etat critique de la France. Henri de Béarn abandonne le catholicisme, reste quelque temps sans aucune religion, puis redevient huguenot, 428.
Henri III se rend méprisable par ses goûts frivoles et son inconduite, 428.
Ligue formelle des Français renégats ou des huguenots en 1573, pour la perversion de la France entière, 428.
Trois ans après, ligue sainte des Français fidèles ou catholiques, pour la conservation de la France et de son ancienne foi, 428.
Henri de Navarre, devenu plus proche héritier de Henri III, change de principes politiques et adopte l'absolutisme anglican, 429.
Le nouveau duc de Guise, Henri le Balafré, et sa famille, 430.
Le cardinal de Bourbon est reconnu héritier présomptif de la couronne. Henri de Navarre est excommunié comme hérétique par Sixte-Quint, 430.
Guerre des trois Henri. Etats de Blois. Henri III y fait assassiner le duc Henri de Guise et son frère le cardinal de Lorraine, 430.
La Sorbonne et le parlement de Paris prononcent la déchéance de Henri III, qui s'aliène de plus en plus la confiance des Français fidèles. A la veille de livrer un assaut général à la ville de Paris, il est tué par Jacques Clément. Les protestants ne peuvent blâmer ce régicide, 431.
Mort de Henri III, 432.
Les seigneurs catholiques de la cour et de l'armée disposés à mourir plutôt que de reconnaître un roi huguenot. Engagements et promesses de Henri de Navarre, autrement Henri IV, 433.
Le duc de Mayenne, frère du duc de Guise, chef de la ligue, est sur le point de prendre Henri IV, 434.
Supplice du Père Bourgoin, 434.
Guerre entre le duc de Mayenne et Henri IV, qui assiège Paris, saccage les faubourgs, est repoussé plusieurs fois, et obligé par le duc de Parme à lever le siège. Constance merveilleuse des Parisiens, 434.
Négociations secrètes. Henri IV obligé de lever le siège de Rouen. Etats généraux de la ligue à Paris. Fermeté de Mayenne pour conserver à la France son unité, avec une dynastie française, 436.
Conférence de Suresne entre les catholiques des deux partis. Henri IV fait profession de la foi catholique à Saint-Denys. Fin de la lutte entre la France et son roi, 437.
Négociations de Henri IV avec le Pape, pour obtenir la ratification de son absolution provisionnelle, 438.
Il est sacré à Chartres, 438.
Exécution de Barrière, accusé, et de Jean Chastel, convaincu d'avoir voulu assassiner Henri IV, 439.
Lâche cruauté que, de l'aveu du protestant Sismondi, le parlement de Paris exerça à ce propos contre les Jésuites, 439.
Véritable esprit de la ligue, se manifestant dans ses chefs et dans la masse du peuple, 439.
Le pape Clément VIII reçoit solennellement Henri IV au sein de l'Eglise, en la personne de ses plénipotentiaires d'Ossat et Du Perron, 440.

TABLE DES MATIÈRES.

Soumission et fidélité du duc de Mayenne. Conclusion, 440.
Conduite différente des huguenots et des *politiques*, 441.
Ce qui manquait à Henri IV pour régénérer la France. Œuvre réservée à deux autres hommes, 441.
L'Allemagne n'est plus une. Sa division plus violente entre les Luthériens et les Calvinistes, qu'entre les catholiques et les protestants, 441.
Tendance des Calvinistes au mahométisme, 442.
Lutte entre le luthéranisme et le calvinisme en Allemagne. — Décadence complète des sciences et des lettres. — Scènes de barbarie légale comme on n'en a pas vu en France sous Marat et Robespierre, 443.
A qui a profité la révolution religieuse de l'Allemagne, 445.
Fluctuation de l'empereur Maximilien II. Ce qui le confirme dans la foi de ses pères. Sa mort. Ses maximes, 445.
Son fils Rodolphe II, 446.
L'archiduc Ernest, l'archiduc Ferdinand, le duc Maximilien de Bavière, trois princes très-catholiques, 446.
Eloge des Capucins par le protestant Menzel, 446.
Le zèle des protestants pour le mal excite le zèle des catholiques pour le bien, 446.
Erreurs de Baïus et leur condamnation, 447.
Les Jésuites aident efficacement à la restauration du catholicisme en Pologne, 447.
— à Mayence, à Cologne, à Paderborn, etc., 448.
— en Suisse. Dernières actions et mort du Père Canisius. Son repas avec sa famille, 449.
Activité générale de l'Eglise catholique, d'après le protestant Ranke : en Amérique, dans l'Inde, chez les Mongols, en Chine, au Japon, 450.
Etat moral de la ville de Rome et de la cour romaine, d'après le même auteur protestant, 452.
Portrait, par le même protestant, du pape Clément VIII, et en général de la papauté moderne, 453.

LIVRE QUATRE-VINGT-SEPTIÈME.

Le monde et l'Eglise pendant le XVIIe siècle. — Ce que c'est qu'un prêtre.

De 1605, mort du pape Clément VIII, pacification de la France, à 1650, pacification de l'Allemagne par le traité de Westphalie, et à 1660, mort de saint Vincent de Paul.

§ Ier.

Ce que c'est que le monde. — Souffrances de l'Eglise au Japon. Elle envoie des missionnaires Jésuites en Chine.

Qu'est-ce que le monde? 455.
Qu'est-ce que l'Eglise? 456.
Court pontificat de Léon XI, 457.
Sommaire du pontificat de Paul V. Il envoie des missionnaires et reçoit des ambassades de tous côtés, en particulier de la Chaldée et de l'Arménie, 457.
Pontificat de Grégoire XV. Ses constitutions pour le conclave et pour la Propagande, 459.
Pontificat d'Urbain VIII, 460.
Pontificat d'Innocent X. Népotisme, vice dans les Papes, vertu dans les princes : pourquoi, 461.
Alexandre VII. Ses vertus, 461.
Notice sur le Japon et le caractère de ses habitants, 462.
Histoire du christianisme au Japon depuis saint François Xavier. Conversion merveilleuse de plusieurs Japonais, 463.
Femme esclave, premier martyr du Japon, 464.
Conversion et zèle apostolique de plusieurs princes et autres Japonais au milieu des révolutions politiques : on aurait pu en faire des prêtres et des évêques, 464.
Lettres et ambassade de deux rois et d'un prince chrétien du Japon au pape Grégoire XIII, 466.
Nouvelles révolutions politiques. Annonce d'une persécution. Réflexions sur ce qu'on aurait pu faire et qu'on n'a pas fait, pour consolider le christianisme au Japon, 467.
La persécution déclarée par l'empereur Taïcosama, qui se fait lui-même adorer comme dieu. Arrestation de neuf religieux, trois Jésuites, six Franciscains. Empressement des chrétiens, même des enfants, à se préparer au martyre, 469.
Martyre de vingt-six chrétiens du Japon, parmi eux trois enfants, 471.
Le persécuteur Taïcosama, qui s'était bâti des temples à lui-même, meurt en 1598. Ses successeurs, excités à la persécution par les protestants de Hollande et d'Angleterre. Les Japonais se convertissent par milliers, 472.

Martyre de deux seigneurs japonais, Jean Minami, Simon Taquenda, avec la femme et le jeune fils de Minami, la mère et la femme de Taquenda. Leur exécuteur lui-même se convertit, 473.
Conversion d'un roi deux fois apostat. Sainteté d'une de ses nièces, 474.
Nombre des chrétiens en 1605; ils se multiplient de jour en jour. Persévérance merveilleuse de plusieurs Japonais qui, depuis longtemps, n'avaient pas eu de prêtres, 475.
Martyre de deux gentilshommes et de leurs deux fils, l'un de douze, l'autre de sept ans, 475.
Les protestants de Hollande et d'Angleterre font recommencer la persécution dans le Japon. Constance d'une dame coréenne, 476.
En 1613, martyre de huit chrétiens par le feu. La vierge Madeleine, 477.
En 1614, difficulté sur la juridiction ecclésiastique après la mort de l'évêque du Japon. Remède qu'on aurait pu y apporter, 478.
En 1614, l'usurpateur Quixasu bannit tous les missionnaires, fait démolir les églises, et ordonne à tous les chrétiens du Japon d'apostasier sous peine de mort. Les déserts se peuplent de seigneurs et de nobles chrétiens. Le général Ucundono arrive aux Philippines avec plus de mille exilés, 478.
Lettres admirables du roi de Tamba et du prince Thomas. Martyre de plusieurs chrétiens japonais, ainsi que du Père Spinola, missionnaire, 479.
La Providence rouvre la Chine aux missionnaires. Les Jésuites y entrent les premiers. Les Pères Ricci et Adam Schall, 482.

§ II.

Le catholicisme produit de saints personnages et de saintes œuvres en Amérique et en Espagne.

Saint Turibe, archevêque de Lima. Il se conforme en tout au concile de Trente, fonde des séminaires, tient lui-même des synodes et des conciles provinciaux. Substance de leurs décrets, 485.
Litanies péruviennes de la sainte Vierge, 488.
Sainte Rose de Lima, 489.
Conversion et civilisation chrétiennes des sauvages du Paraguay par les Jésuites. Les réductions ou villages chrétiens, 491.
Le Jésuite Claver, apôtre et serviteur des nègres esclaves, 494.
Le bienheureux Simon de Roxas, religieux trinitaire, 496.
Le bienheureux Jean-Baptiste de la Conception opère une réforme dans cet ordre, sous le nom de Trinitaires déchaussés, 496.
Le bienheureux Michel des Saints, de la même réforme, 498.
La bienheureuse Marie-Anne de Jésus, de l'ordre de la Merci, 498.
Saint Jean de Prado, martyr, Franciscain déchaussé de l'étroite observance, 499.
Le bienheureux Jean de Ribera, archevêque de Valence, 499.
Saint Joseph Casalanz, fondateur des écoles chrétiennes, 500.
Gouvernement et caractère des rois Philippe II, Philippe III, Philippe IV, 501.
Le poète Lope de Véga, devenu prêtre et fonctionnaire de l'inquisition, ne cesse pas d'être le poète chéri de la nation espagnole, qui s'amuse noblement avec lui, ainsi qu'avec les poètes Calderon et Michel Cervantes, 501.
Les peintres espagnols Zurbaran et Murillo obtiennent le prix sur tous les peintres de l'Europe, 502.
Avec des poètes et des peintres, l'Espagne a des historiens célèbres, 503.
En Italie, saint Hippolyte Galanti, 503.
Saint Camille de Lellis, fondateur d'un ordre des Clercs réguliers pour le service des malades, 503.
La bienheureuse Marie-Victoire Fornari, fondatrice des Annonciades célestes, 504.
Sainte Hyacinthe Mariscotti, vierge, du tiers-ordre de Saint-François, 505.
Saint Joseph de Léonissa, Capucin, 506.
Saint Fidèle de Sigmaring, Capucin et martyr, 506.
Le bienheureux Laurent de Brindes, supérieur général des Capucins, et négociateur diplomatique, 507.
Martyre de saint Josaphat, archevêque de Polotsk, 510.

§ III.

Saints personnages et saintes œuvres en France, particulièrement en Savoie, en Lorraine et en Bretagne. — Saint François de Sales, Pierre Fourier, etc.

Commencements de S. François de Sales, jusqu'à sa prêtrise, 511.
Son premier ouvrage, l'*Etendard de la Croix*, 513.
Il entreprend la conversion des protestants du Chablais et y réussit. Ses relations avec Théodore de Bèze, 516.

TABLE DES MATIÈRES.

Épiscopat de saint François de Sales. Ses quatre-vingts discours de controverse. Son trente-neuvième sur les prérogatives du Pape, avec les réflexions du comte de Maistre, 521.

Son amitié pour le roi Henri IV et le seigneur Deshayes, 522.

Ses ordonnances épiscopales. Il érige l'Université de Thonon, donne des constitutions aux ermites de la montagne de Voiron, 523.

Son *Introduction à la vie dévote*. Comment elle fut reçue, et comment le saint parle de ses détracteurs, 525.

Son *Traité de l'amour de Dieu*. Ensemble de cet ouvrage, 526.

Commencements de sainte Françoise de Chantal, jusqu'au moment où elle quitte le monde, 529.

Fondation de l'ordre de la Visitation par le saint évêque de Genève et sainte Françoise de Chantal, 531.

La bienheureuse Marie de l'Incarnation. Ses vertus dans l'état du mariage. Elle introduit les Carmélites en France, et embrasse elle-même leur ordre, 533.

Le bienheureux Pierre Fourier, curé de Mattaincourt, instituteur des religieuses de la congrégation de Notre-Dame, et réformateur des Chanoines réguliers en Lorraine, 536.

Ses amis, Servais de Layruels, réformateur des Prémontrés, et Didier de Lacour, réformateur des Bénédictins en Lorraine, 537.

État général de la Compagnie de Jésus, 543.

Saint François Régis, Jésuite, 544.

Michel le Nobletz, missionnaire en Bretagne, 548.

Il désigne pour son successeur le Jésuite Julien Maunoir. Vie et travaux de ce dernier. Établissement de maisons pour les retraites, 550.

§ IV.

Saint Vincent de Paul. — État de l'Angleterre et de la France, aux maux desquels il porte remède.

Commencements de saint Vincent de Paul. Son esclavage en Afrique, sa délivrance, 553.

Son séjour à Paris. Il entre comme précepteur dans la maison de Gondi. Ses premières missions dans les campagnes, 556.

Il devient curé de Châtillon en Bresse. Sa première confrérie de charité. Règlement qu'il lui prescrit, 557.

Il entre dans la maison de Gondi, et puis fonde la congrégation des Prêtres de la mission, 560.

Il commence les retraites des ordinands, 561.

On lui cède malgré lui la maison de Saint-Lazare, 563.

Il établit les conférences ecclésiastiques pour continuer le bien des retraites. Grands fruits qui en proviennent, 563.

Il établit un grand et un petit séminaire, 565.

Son ami, l'évêque de Cahors, Alain de Solminiac, 565.

Il établit une confrérie de charité à Mâcon, puis en beaucoup d'endroits, 566.

Il charge une pieuse veuve, Louise de Marillac, de visiter et de perfectionner ces confréries, lui associe pour cet effet quelques vertueuses filles : d'où naît la congrégation des Sœurs de la Charité, 567.

Vincent de Paul, aumônier général des galères, prend la place d'un forçat sans se faire connaître. Certitude de ce fait, 568.

Il établit des associations de dames de Charité pour la visite des malades dans l'hôtel-Dieu de Paris. Bien que font ces dames, 569.

État général de l'Angleterre sous les Stuarts. Jusqu'à quel point le gouvernement français contribue à leur expulsion, 570.

Controverse du roi Jacques Ier avec le Jésuite Bellarmin sur l'origine de la souveraineté. D'où vient la doctrine de l'absolutisme royal, 571.

Doctrines gouvernementales des calvinistes d'Écosse, opposées à celles de leur compatriote Jacques Ier, 572.

Mœurs de Jacques Ier et de sa cour. Conséquences de sa prétention à être roi absolu au temporel et pape absolu au spirituel, 572.

Règne de son fils Charles Ier. Révolution en Écosse et en Angleterre. Olivier Cromwell. Le parlement fait couper la tête au roi, 575.

Confusion en Angleterre et république après la mort de Charles Ier, 576.

L'Irlande catholique dévastée par Cromwell, parce qu'elle reste fidèle aux Stuarts protestants. L'Écosse protestante, patrie des Stuarts, impose à leur héritier une déclaration déshonorante.

Cromwell fait vendre huit mille prisonniers comme esclaves, 576.

Gouvernement de Cromwell et de son fils Richard, 577.

Charles II, fils de Charles Ier, remonte sur le trône de son père. Son gouvernement, 578.

D'après les premiers principes du protestantisme, peut-on blâmer Cromwell et les autres régicides? Conséquences naturelles de ces principes, 579.

Le chancelier François Bacon. Examen de sa philosophie par Joseph de Maistre, 580.

L'italien Galilée, contemporain de Bacon, 582.

Comparaison entre Galilée et Bacon par Hume, 585.

Tendance finale de Bacon dans ses œuvres, 585.

Parallèle entre le Dante et Milton, 586.

Comment les Anglais fidèles à l'ancienne foi de la vieille Angleterre, autrement les catholiques, furent traités durant cette période par les Anglais infidèles à la foi de la vieille Angleterre, autrement par les protestants, 587.

Saint Vincent de Paul vient au secours des catholiques d'Écosse, d'Irlande et d'Angleterre, et par ses missionnaires, et par ses aumônes, et chez eux et en France, où ils se réfugient, 589.

Quelle était la politique des rois de France depuis Philippe le Bel. Conséquences qui sortent de là, 590.

Quelles furent en particulier la politique et la conduite de Henri IV, 591.

Les protestants peuvent-ils, d'après leurs principes, blâmer le régicide Ravaillac? 593.

Piété personnelle de Henri IV. Ce que S. François de Sales pensait de la vocation providentielle de ce prince et de sa mort, 593.

Caractère de Louis XIII, 594.

Ce que Henri IV eût été et eût fait avec la politique de saint Louis et de Charlemagne, 594.

Au moyen âge, il n'y avait ni despotisme d'un chacun ni despotisme d'un seul. Preuves par l'histoire de France, 594.

Au commencement du XVIIe siècle, les légistes français ignorent tellement cet ancien droit français, qu'ils le condamnent dans les Jésuites Bellarmin et Suarèz, et qu'ils adoptent l'absolutisme nouvellement inventé par l'Angleterre protestante, 596.

Le clergé français sut se garantir de cet anglicanisme politique. Le cardinal Du Perron en expose les vrais sentiments dans sa célèbre harangue aux États généraux de 1614, 596.

Comment, dans les mêmes États généraux, l'évêque de Luçon, depuis cardinal de Richelieu, s'exprime sur la réformation générale du clergé de France. Ministère de Richelieu, 598.

Guerres civiles en France, suite naturelle de l'hérésie protestante et aussi de la politique gouvernementale. Prise de la Rochelle sur les huguenots. Affaire de Loudun, 599.

De quelle manière les Français font la guerre en Lorraine. Politique de Louis XIV à cet égard, 600.

Saint Vincent de Paul, sauveur de la Lorraine contre la guerre, la peste et la famine, 601.

Les guerres de la Fronde dévastent la Champagne et la Picardie. Saint Vincent de Paul vient au secours de ces provinces. Il envoie des missionnaires enterrer les morts sur les champs de bataille, et faire des missions parmi les soldats, 606.

Liaison de saint Vincent de Paul et de saint François de Sales. Dernières actions et sainte mort de François, 603.

Derniers moments et mort de sainte Jeanne-Françoise de Chantal, 609.

Témoignage que lui rend Vincent de Paul, et que rendent à Vincent les religieuses de la Visitation, 609.

Saint Vincent de Paul assiste Louis XIII à la mort, 610.

Le saint est établi membre et même chef du conseil de conscience. Services qu'il rend à la religion, 611.

Il tombe malade à la mort, et guérit par le dévouement d'un de ses missionnaires, 612.

Prédictions de Vincent de Paul touchant l'Orient et l'Inde. Il envoie des missionnaires à Madagascar, 612.

Il envoie des missionnaires aux esclaves chrétiens de Barbarie, et ressuscite l'Église d'Afrique au milieu des bagnes. Traits héroïques de plusieurs de ces esclaves, en particulier de quelques enfants, 612.

Vincent de Paul devient le père et la mère des enfants trouvés, et communique sa charité à tout le monde, 615.

Sa charité pour la Pologne, 616.

FIN DE LA TABLE DES MATIÈRES DU TOME DIXIÈME.

NOTES RECTIFICATIVES ET COMPLÉMENTAIRES

ADRIEN VI (p. 4).

Regardé comme un pape médiocre par Guichardin, tenu pour tel par Pallavicini, Rohrbacher, Héfélé, mieux jugé par les protestants Burman et Ranke, Adrien VI a été mis en pleine lumière par la publication de la *Correspondance de Charles-Quint et d'Adrien VI*, faite en 1859 par M. Gachard. D'après ces documents officiels et d'après les historiographes contemporains, reproduits en 1727, par Burman, dans ses *Analecta historica*, M. le chanoine Claesens arrive à ces conclusions qu'en Belgique, le docteur Adrien d'Utrecht, fils d'un charpentier de navire, a été l'une des gloires les plus pures de l'Université de Louvain; que tour à tour ambassadeur et vice-roi en Espagne, il a su se faire vénérer d'une nation qui n'avait que de l'aversion pour les autres fonctionnaires flamands; qu'il a conservé ainsi la couronne de Navarre à Charles-Quint; qu'à Rome, sur le trône de saint Pierre, où il ne siégea que treize mois, il s'est montré un pontife digne des plus beaux âges de l'Eglise (1). M. Claesens rappelle, au sujet des écrits d'Adrien, le travail de M. Reusens (2), et il montre le pape prenant résolument l'initative de réformes urgentes, lesquelles devaient ôter aux déclamations des novateurs un prétexte habilement saisi. Il retrace ses efforts pour étouffer l'insurrection religieuse de l'Allemagne et réconcilier entre eux les princes européens. Adrien VI, tout en notant que la spoliation des biens ecclésiastiques fut pour les princes le véritable motif de leur apostasie, ne craint pas de proclamer qu'« il fera tout ce qui dépendra de lui pour réformer la curie romaine, source peut-être des désordres que tous déplorent. Il reconnaît que le mal est invétéré, compliqué, multiple, mais qu'il faut aller avec prudence de peur que, en voulant tout refaire à la fois on ne mette le trouble partout. » Sans doute si Adrien VI eût vécu, le protestantisme n'eût point été étouffé dans son germe, car la réforme de la discipline n'était qu'un prétexte, mais il ressort du moins de l'étude des faits qu'Adrien VI a été à la hauteur de la situation.

(1) *Revue catholique de Louvain*, liv. des 15 oct., 15 nov. et 15 déc. 1875.
(2) *Syntagma doctrinæ theologicæ Adriani VI*. Louvain 1862. La publication à Heidelberg de l'ouvrage malveillant du pasteur Bauer sur Adrien VI, rend très opportun le travail publié par M. le chanoine P. Claessens dans la *Revue catholique* de Louvain, livr. des 15 oct., 15 nov. et 15 déc. 1875.

ADRIEN VI ET FRANÇOIS Ier (p. 5, col. 1.)

A propos des rapports d'Adrien VI et de François Ier, nous mentionnerons un document inédit, ignoré jusqu'alors des historiens (1). Se trouvant en présence d'un pape allemand peu favorablement disposé pour la France, et à la veille d'entamer de nouvelles luttes avec Charles-Quint, François Ier voulut rappeler au souverain Pontife les titres de son royaume à la bienveillance et à la gratitude de la cour de Rome, et il le fit dans un mémoire sous forme de lettre, où sont énumérés les « grans secours que la maison de France a fait à son prédécesseur et siège apostolique. » Le roi y expose ensuite ses plaintes et doléances en un langage un peu vif pour le *fils aîné de l'Église*.

TOUT EST PERDU, FORS L'HONNEUR (p. 9, col. 1).

On n'a jamais retrouvé l'original de la lettre par laquelle François Ier mande à Louise de Savoie, sa mère, la nouvelle du désastre de Pavie; on a mis en doute qu'elle ait jamais existé. Cependant le texte amplifié qu'en donne Rohrbacher, d'après Sismondi, a bien substantiellement tous les caractères de véracité. En voici une nouvelle reproduction, sur une copie indiscutable, puisque non seulement elle est du temps, mais encore la copie même produite devant la Cour du Parlement à Paris, copie dont les registres ont conservé la teneur.

Du mardy, 7 mars 1524

« Ce jour a esté lue au bureau de la Cour le double ou copie d'une lettre missive escrite et envoyée par le roy a madame, sa mère, de laquelle la teneur est telle :

« Pour vous faire sçavoir, madame, comment se porte le reste de mon infortune, de toutes choses ne m'est resté *que l'honneur et ma vie qui est sayne*; et pour ce que en adversité ceste nouvelle vous sera quelque peu de reconfort ay prié qu'on me laissast escrire ceste lettre, qui m'a ayséement esté accordé : vous suppliant ne vouloir prendre l'extrémité en vous mesme en usant de vos accoustumées prudences, car j'ay espérance à la

(1) Voir *Remontrances de François I au pape Adrien VI*, dans le *Cabinet historique*, livr. de mars 1867.

fin que Dieu ne m'abandonnera point ; vous recommandant vos petits enfants et les myens et vous supplie faire donner le passage pour aller et retourner en Espagne au porteur, car il va vers l'empereur pour sçavoir comment il vouldra que je sois traité. — Et sur ce me recommande à vôtre bonne grâce. — De Pavye, le lendemain de saint Mathieu.

,Votre très obéissant fils,

« FRANÇOIS. »

Au dos : Lettre du roy François Ier à Madame, sa mère, quand il fut prins prisonnier (1).

LE SIÈGE DE VIENNE PAR LES TURCS EN 1529 (p. 17, col. 1).

Nous nous bornerons à signaler ici une source nouvelle d'informations sur cet important événement, dans l'ouvrage publié par M. Henri Kabdebo, sous ce titre *Bibliographie zur geschichte der beiden Turkenbelagerungen Wiens 1529 und 1663*. Vienne 1876.

HENRI VIII ET LES AFFAIRES D'ALLEMAGNE (p. 17, col. 2).

Des agents spéciaux étaient chargés de tenir le gouvernement anglais au courant de ce qui se passait en Allemagne : en 1526, John Wallop était l'agent d'Henri VIII à Cologne. Nous avons trouvé au Musée Britannique l'original anglais d'une lettre de Wallop, datée du 16 octobre 1526. Il y informe le roi d'Angleterre que les princes électeurs, douze des principaux seigneurs de l'empire et les dignitaires ecclésiastiques étaient convoqués à Esslingen, siège du conseil suprême de l'empire, dans le duché de Wurtemberg, pour le premier décembre suivant. Ils devaient aviser aux moyens d'arrêter les progrès des Turcs qui avançaient toujours ; Wallop ajoutait que, d'après les bruits qui couraient, ceux-ci s'étaient même rendu maîtres de Vienne, bruits heureusement faux, et Rohrbacher fait parfaitement ressortir que la victoire remportée par les héroïques Viennois sur Soliman, le 14 octobre 1529, sauva l'Europe de l'islamisme.

Le conseil de l'empire devait également délibérer sur les mesures à prendre contre les Luthériens, décidés, de leur côté, à profiter des circonstances pour s'étendre et s'affermir. Ce fait, consigné par Wallop, confirme pleinement ce que dit notre auteur de l'entente, et même de l'amitié qui existait entre Luther et Soliman (2).

---

(1) *Cabinet historique*, t. XVII, 149.
(2) On trouvera la lettre de Wallop dans la *Bibl. Cotton.* Vitell. B XXI, fol. 8.

SOLLICITUDE DE LA PAPAUTÉ POUR LE SALUT DE L'EUROPE (p. 18, col. 2).

Au milieu des anxiétés, si justement justifiées, qui étreignaient l'Europe en 1537, une voix se faisait entendre, une voix que le despotisme royal allait bientôt réduire à l'impuissance, mais à laquelle nul pouvoir ne devait imposer silence : la voix de la papauté. En effet, au moment où Barberousse, suivi de soixante-dix galères, débarquait dans la terre d'Otrante, s'emparait du port de Castro dont il réduisait tous les habitants en esclavage ; au moment où, après ces désastres, il allait joindre ses forces à celles de Soliman, qui attaquait Corfou, Paul III adressa un appel suprême à l'empereur Charles-Quint.

« Comme nous l'avons toujours craint et prévu, dit-il, dans sa lettre datée de Rome, 16 juin 1537, vos démêlés avec le roi très chrétien tournent à la perte de la chrétienté entière ; *aujourd'hui* nous voyons avec douleur approcher le moment où l'ennemi sera à nos portes. Votre Majesté ne peut ignorer que déjà l'ennemi menace nos provinces et les siennes dans le royaume de Naples et que sa flotte fort nombreuse, armée et équipée, est à l'ancre devant les côtes de l'Apulie. Et plût à Dieu qu'au moment où Votre Majesté lira ces lignes la flotte ottomane ne fasse déjà voile vers l'Italie ! Rien ne l'arrête ou plutôt tout l'encourage à aller en avant, vu que vos armées et celles du roi très chrétien, qui pourraient conjurer ce malheur, sont prêtes à se heurter pour leur perte commune et ouvrent ainsi la voie à l'ennemi juré de Dieu et de la religion. Nous donc, nous sommes dans la plus grande anxiété à l'approche de ces ennemis, et notre âme est remplie de douleur, non pas tant parce que nous sommes les premiers exposés au danger que parce que nos prières, nos lettres, nos démarches si souvent répétées n'ont pu arriver à calmer les discordes qui vous divisent.

« Nos prédécesseurs, plus heureux que nous, n'ont eu qu'à vouloir pour éteindre les haines qui divisaient les princes chrétiens ; quant à nous, qui n'avons porté préjudice à aucun, nous sommes indigné d'être écouté dans ce péril extrême. Mais, malgré tous les refus que nous avons essuyés, nous ne cesserons d'élever la voix ; comme le prophète nous appellerons au secours jusqu'au dernier moment : nous ne voulons rien avoir à nous reprocher dans ce désastre immense.

« C'est pourquoi, très cher fils, nous vous conjurons, comme nous conjurons par d'autres lettres le roi très chrétien, de vous rendre à notre prière ; nous vous supplions, au nom de Jésus-Christ notre Seigneur et par l'autorité qu'il nous a conférée dans saint Pierre, de déléguer en toute diligence un de vos conseillers intimes, muni des pouvoirs nécessaires pour aplanir les difficultés qui vous séparent du roi très chrétien et pour prendre un parti tel que l'exigent les liens et la charité qui doivent unir les chrétiens. Vos dissensions se trouvant alors calmées ou leur solution ajournée, nous pourrons songer au péril extrême qui nous menace et nous concerter pour le salut de la chrétienté en danger, ainsi que, du reste, la chose vous sera plus longuement détaillée par le nonce que nous vous envoyons et dans lequel nous vous prions d'avoir la confiance accoutumée.

MORT DE CLÉMENT VII (p. 18, col. 2).

Il n'y a rien dans Rohrbacher sur la mort de ce pape. Luther a écrit : « Sous Charles-Quint vingt mille soldats périrent en Italie, les Italiens ayant empoisonné les fontaines et les puits. Philippe Melanchthon raconta les détails suivants qu'il tenait d'un italien qui avait rempli des fonctions importantes à la Cour de Clément VII : « Chaque jour, aussitôt que le pape avait dîné ou soupé, son échanson et ses cuisiniers étaient mis en prison ; deux heures après, lorsque nul symptôme d'empoisonnement ne s'était déclaré, ils étaient relâchés. Le docteur Luther dit : « N'est-ce pas là un genre de vie bien misérable ? Tel que celui qu'a dépeint Moïse, lorsqu'il dit, au chap. XXVIII du *Deutéronome* : « Ta vie sera comme un serpent devant toi et tu seras en effroi nuit et jour, et tu ne seras point assuré de la vie. Tu diras au matin : qui me fera voir le soir ? et au soir : qui me fera voir le matin ? » Le pape Clément était fort versé dans la science des poisons ; aussi ne négligeait-il rien pour se préserver ; il mourut toutefois empoisonné. »

Clément VII ne mourut pas empoisonné ; du moins aucun historien, pas même le protestant Brueys, n'en dit mot (1). Que croire après cela de l'anecdote de Melanchthon, si ce n'est qu'elle mérite autant de croyance que le prétendu empoisonnement du pape ?

Luther n'en a pas moins soutenu qu'il n'y a jamais eu sur la terre de plus grand coquin que Clément VII (2).

LES ÉTUDES BIBLIQUES AU MOYEN AGE (p. 24, col. 1).

Ainsi que Rohrbacher (3), Mœhler réfute justement l'opinion « des hommes ignorants du passé ou volontairement aveuglés qui ont attribué à Luther l'honneur d'avoir remis la Bible en lumière. » Rien n'est plus faux : d'immenses travaux sur la Bible apparaissent à chaque instant au moyen âge, et à peine l'imprimerie est-elle établie qu'on en voit de nombreuses traductions. Depuis 1460 jusqu'à la première version de Luther en 1521, l'Allemagne en vit paraître au moins seize en haut allemand et cinq en allemand vulgaire. Et ce n'est pas en Allemagne seulement que la Bible fut traduite ; elle le fut plusieurs fois en Italie dès 1471, et en France on signale neuf éditions françaises jusqu'en 1524. L'Espagne ne resta pas non plus en arrière.

CARLOSTADT (p. 25).

André Bodenstein, surnommé Carlostadt, du lieu de sa naissance, dans le Wurtemberg, fut associé à la défaite de Luther, dans la dispute de Leipzig. Il était l'adversaire de Mélanchthon et n'hésitait pas à exhorter les candidats en théologie à apprendre un métier plutôt que de s'appliquer à l'étude, afin de ne point se charger l'esprit d'un fardeau inutile. Renonçant lui-même à ses recherches sur l'Ecriture Sainte, il alla demander aux artisans, ces hommes simples à qui Dieu a révélé ses mystères, tandis qu'il les a cachés aux sages du monde, « de l'initier aux profondeurs de la Bible (1). »

Voici le portrait de Carlostadt tracé par le modéré Mélanchthon : « C'était, dit-il, un homme brutal, sans esprit, sans science, sans aucune lumière du sens commun, qui, bien loin d'avoir quelque marque de l'esprit de Dieu, n'a jamais su ni pratiquer aucun des devoirs de la civilité humaine. Il paraissait en lui des marques évidentes d'impiété. Toute sa doctrine était ou judaïque ou séditieuse. Il condamnait toutes les lois faites par les païens. Il voulait que l'on jugeât selon la loi de Moïse, parce qu'il ne connaissait point la nature de la liberté chrétienne. Il embrassa la doctrine fanatique des anabaptistes aussitôt que Nicolas Stork commença à la répandre... Une partie de l'Allemagne peut rendre témoignage que je ne dis rien en cela que de véritable.

« Il fut le premier prêtre de la réforme qui se maria, et, dans la messe de nouvelle fabrique qui fut composée pour son mariage, ses fanatiques partisans allèrent jusqu'au point de qualifier de bienheureux cet homme qui portait des marques évidentes d'impiété. L'oraison de cette messe était ainsi conçue : *Deus, qui post tam longam et impiam sacerdotum cœcitatem, Beatum Andream Carlostadium ea gratia donare dogmatus es, ut primus, nulla habita ratione papistici juris, uxorem ducere ausus fuerit : da, quæsumus, ut omnes sacerdotes, recepta sana mente, ejus vestigia sequentes, ejectis concubinis aut eisdem auctis ad legitimi consortium thori convertantur ; per Dom. nost.*, etc. »

« On ne peut nier, disent les luthériens, que Carlostädt n'ait été étranglé par le diable, vu tant de témoins qui le rapportent, tant d'auteurs qui l'ont écrit et les lettres mêmes des pasteurs de Bâle. Il laissa un fils, Hans Carlostädt, qui, détaché des erreurs de son père, se rangea à l'Eglise catholique (2). »

CONTRADICTIONS DE LA RÉFORME (pp. 25 et 26).

Rohrbacher dit avec beaucoup de raison qu'à l'époque de la prétendue réforme toutes les têtes semblaient vouloir se mettre à l'envers et que l'anarchie intellectuelle et religieuse était extrême : il cite à ce propos les querelles survenues entre Carlostadt qui avait renversé les images, et Luther qui voulait les maintenir. La réforme vérifiait ainsi l'oracle divin : *Mentita est iniquitas sibi* (3).

L'invocation des saints est un des points qui ont le plus profondément divisé les soi-disant réformateurs, et leurs contradictions à ce sujet sont vraiment incroyables ; nous allons en montrer quelques-unes :

---

(1) G. Brunet, *Propos de table de Luther*. Paris, 1844, p. 152.
(2) *Propos de table*, p. 115.
(3) *Histoire de l'Eglise*, t. III. Paris, 1869.

(1) Consulter sur Carlostadt, J.-E. Füesslin, *Andreas Bodenstein's Lebensgeschichte*. Erfurt, 1776 ; O. F. Jaëger, *Andreas Bodenstein von Carlstadt*. Stuttgard, 1856.
(2) De Trevern. *Discussion amicale*. Appendice II.
(3) Ps. XXVI, 12.

LUTHER.

Pour moi je ne donnerais pas un sou de tous les mérites de Pierre. De quel secours me seraient-ils, quand ils n'ont été d'aucun secours pour lui-même? Paul affecte, ce semble, par mépris pour la mère de Dieu, de ne l'appeler que femme. Je ne puis souffrir d'entendre dire à Marie : « Mon espérance et ma vie. »

LUTHER.

Les saints peuvent tout, et, par eux, Dieu vous accorde autant que vous croyez que vous en recevrez. Je n'ai jamais nié que nous fussions secourus par les mérites et les prières des saints, comme des misérables s'efforcent malicieusement de me l'imputer. Par cela seul que Marie est devenue Mère de Dieu elle a été comblée de dons si admirables qu'ils passent toute intelligence. Ce qui fait sa gloire et son bonheur, c'est qu'une personne unique du genre humain l'emporte sur toutes les autres, qu'elle n'ait point de pareille, et qu'elle ait eu pour fils celui qui l'était déjà du Père Céleste.

THÉODORE DE BÈZE.

L'invocation des saints trépassés n'est pas seulement chose vaine et sotte, elle est même tout à fait impie.

ŒCOLAMPADE.

Je ne voudrais pas nier que les saints ne prient pour nous ; je ne voudrais pas assurer non plus que ce fut une impiété et une idolâtrie d'implorer leur protection. Les saints sont tous embrasés de charité dans le ciel, ils ne cessent de prier pour nous. Quel mal y a-t-il donc de leur demander qu'ils fassent ce que nous croyons que Dieu a pour agréable, quoiqu'il ne nous ait pas commandé de le faire? — C'est ce qu'ont fait Chrysostôme, et Grégoire de Nazianze dans son panégyrique de Saint-Cyprien : c'est ce qu'ont fait presque toutes les Eglises de l'Orient et de l'Occident.

ŒCOLAMPADE.

La vénération de Marie n'est rien qu'un culte d'idoles.

ŒCOLAMPADE.

Je ne voudrais pas qu'on diminuât la moindre chose au culte de Marie. Jamais, Dieu m'en garde, on n'entendra de moi que j'ai quelque éloignement pour elle, moi qui regarde comme un signe certain de réprobation, de ne pas lui porter l'affection qui lui est due. Eh ! comment n'aimerais-je pas celle que Dieu a aimée, qui a donné au monde son Sauveur, celle que les anges et les archanges vénèrent, qui est devenue l'avocate du genre humain, et qui est appelée Reine des miséricordes? O clémence divine ! O bonté immense de Dieu ! qui a donné une mère si sainte à son fils, et à nous une protectrice si puissante en toutes choses.

CONFESSION D'AUGSBOURG.

Il faut absolument éliminer de l'Eglise l'usage d'invoquer les saints qui sont morts, et nous jugeons qu'il faut l'abolir.

MOLANUS (LUTHÉRIEN).

Quant à l'invocation des saints, le danger que croient y voir les réformés s'évanouira bientôt, pourvu que ceux de l'Eglise romaine déclarent qu'ils ne prétendent demander aux saints qui sont avec Dieu, de prier pour eux, qu'au sens et dans le même esprit qu'on le demandent aux saints qui sont sur la terre, et qu'en quelques termes que soit conçue cette prière, elle s'entende toujours par manière d'intercession ; qu'ainsi ces paroles : « Sainte Marie, délivrez-nous à l'heure de la mort » signifient : « Sainte Marie, intercédez pour moi auprès de votre fils, afin qu'il me délivre à l'heure de la mort. »

ZWINGLE.

Je sais que j'ai provoqué contre moi la haine de certains personnages, parce que j'accorde moins que les autres à l'intercession des saints, et que j'ai même été le premier à la rejeter.

LUTHER.

Sur l'intercession des saints, je pense avec toute l'Eglise chrétienne, et je juge que les saints doivent être honorés et invoqués par nous. Qui pourrait contredire les choses miraculeuses que Dieu opère de nos jours en eux, à leurs tombeaux? J'ai dit, j'en conviens, qu'il n'était pas d'un chrétien de demander leurs suffrages pour les intérêts de ce monde, plutôt que pour ceux du ciel ; il faut donc les invoquer de manière que le Seigneur puisse l'être par eux.

CONFESSION ARMINIENNE.

L'invocation des saints doit absolument être rejetée, sinon comme ressentant l'idolâtrie, du moins comme futile et vainement imaginée.

ne leur en arrive aucune.

GROTIUS (ARMINIEN).

J'imagine que tout lecteur, non emporté par le préjugé, verra qu'il est bien plus raisonnable de croire qu'il parvient aux martyrs quelque connaissance de nos affaires, que de penser qu'il

MÉLANCHTHON.

C'est une manifeste idolomanie que l'invocation des morts, ainsi qu'elle se pratique dans l'invocation des saints.

LUTHER.

Mon sentiment n'a jamais été que les invocations faites aux saints fussent vicieuses, même pour les choses temporelles ; cela sent l'hérésie de nos Picards et de nos Bohêmes. Que le malade à l'article de la mort ne cesse d'invoquer la bienheureuse Vierge, les Anges, son apôtre, et tous les Saints, afin qu'ils intercèdent pour lui auprès du Seigneur.

CONFESSION ANGLICANE.

L'invocation des saints doit être rangée au nombre de ces objets d'une douce et trompeuse illusion, vainement imaginés par l'Eglise Romaine, sans aucun fondement dans les Ecritures, et même plutôt en opposition avec la parole de Dieu.

MONTAGNE (ÉVÊQUE ANGLICAN)

Je suis loin de nier que les saints soient des médiateurs de prières et d'intercessions, comme on dit. Ils s'interposent auprès de Dieu par leurs prières, et se rendent intermédiaires par des supplications..... Telle est l'opinion ou la voix commune, l'assentiment général, sans la moindre contradiction, de la vénérable et savante antiquité, autant qu'il m'a été possible de la connaître par mes lectures et mes études ; et je ne vois pour moi cause ni raison de penser autrement sur cette espèce d'intercession... Certes, j'en conviens, il n'y a rien d'injurieux à la médiation de Jésus-Christ ; il n'y a nulle impiété à dire, comme ceux de l'Eglise Romaine : « Sainte Marie, priez pour moi ; Saint Pierre, priez pour moi. » — S'il m'était donné de pouvoir arriver jusqu'à eux, ou les informer avec certitude de mon état, je ne balancerais pas un instant, je leur dirais sur le champ de bon cœur : « Saint Pierre, bienheureux Paul, priez pour moi, recommandez-moi à Notre-Seigneur Jésus-Christ. » S'ils étaient avec moi, ou à ma portée, je volerais vers eux à bras ouverts, je tomberais à genoux devant eux et je les conjurerais affectueusement de prier pour moi.... Je ne vois ni absurdité en soi-même, ni dissonance avec l'analogie de la foi, ni répugnance à la Sainte-Ecriture, bien moins encore aucune espèce d'impiété à ce que vous ou moi nous disions : « Saint ange gardien, priez pour moi (1). »

CALVIN.

Calvin traite les saints d'ombres, de fantômes, de mânes, de cadavres pourris, etc. Il admire la simplicité de ceux qui croient que les Saints ont des oreilles assez longues pour nous entendre.

LUTHER.

Quelqu'un pourrait demander ici de quel usage seront pour nous les saints. Servez-vous d'eux comme vous le faites de votre prochain. Vous dites à celui-ci : « Priez Dieu pour moi ; » dites-leur : « Saint Pierre, priez pour moi. » Vous ne péchez pas en leur demandant de prier pour vous, et en ne leur faisant pas cette demande, vous ne péchez pas non plus.

___

(1) Cf. de Trevern, *Discussion amicale*, t. II, lettre XIII.

CATHERINE DE BORA (p. 27, col. 2).

L'apostasie ne porta point bonheur à Catherine de Bora. Elle survécut sept ans environ à Luther. Après la mort de celui-ci, elle et ses enfants furent secourus de divers côtés; Chrétien III de Danemark lui fit une pension annuelle de 50 thalers. Pendant la guerre de Schmalcade elle prit la fuite avec ses enfants; mais elle revint au pays, dès que les émigrés purent rentrer : la misère l'y attendait. L'électeur n'étant plus en état de la secourir, elle perdit sa pension du Danemark et fut réduite à emprunter et à donner ses bijoux en gage. Sa maison, louée à des pensionnaires, ne lui fournissait qu'une existence chétive. Mélanchthon et Bugenhagen s'intéressèrent en sa faveur auprès du roi Chrétien III, et cette démarche n'ayant point eu de succès, elle écrivit elle-même, le 6 octobre 1550, puis le 8 janvier 1552. Sa supplique fut appuyée par Bugenhagen (11 janvier). Il paraît qu'elle fut enfin exaucée, car nous voyons de son fils Jean Luther une lettre de remerciement en date du 28 janvier 1553 (1). La peste ayant éclaté à Wittenberg en 1552, Catherine s'enfuit à Torgau. Pendant le voyage, les chevaux s'effrayèrent et Catherine sauta de la voiture. Attaquée d'une violente maladie, qui dégénéra bientôt en phthisie, elle mourut dans sa maison de Torgau, le 20 décembre 1552 (2).

GUERRE DES PAYSANS DE 1525 (p. 28, col. 2).

La guerre des paysans de 1525, assez peu connue jusque dans ces derniers temps, a été spécialement étudiée par M. le Dr F. L. Baumann, archiviste à Donaueschingen. Il a successivement publié sur cette matière : *Sources de l'histoire de la guerre des paysans en Souabe supérieure* (3), *Les Paysans en Souabe supérieure au mois de mars 1525, et les douze articles* (4); *Documents concernant la guerre des paysans en 1525, recueillis dans les archives et bibliothèques de la Souabe supérieure* (5). Dans la préface de ce dernier ouvrage, M. Baumann développe son opinion sur la grande révolution allemande de 1525. Celui qui veut connaître l'histoire de l'Allemagne au XVIe siècle, doit se familiariser avec les événements des années 1524 et 1525, que nous avons l'habitude de désigner sous le nom bien insuffisant de guerre des paysans

---

(1) C. G. Ruhmer, *Ueber die Vernlagensumstaende Luthers und insbesondere seiner Willwe*. Leipzig, 1791.
(2) J.-A. Mœhler, t. III, p. 140. On peut consulter sur Catherine de Bora : J. Fr. Mayeri, *De Catharina Lutheri conj. dissert.* Hamb., 1698 et ailleurs ; D. Richter, *Genealogia lutherorum*. Berl., 1738, 1 vol. in-8 ; C. W. F. Walch, *Wahrhaftige Geschichte der Seligpuen Frau Catharina von Bora*. Hall, 1752; M. Beste. *Die Geschichte Katharina's von Bora*. Hall. 1843 ; F. G. Hofmann, *Katharina von Bora oder Luther als Gatte und Vater*; Nobbe. *Der Stamm baum der Familie Dr. M. Luther*. Grimma, 1846. Eusebi Engelhardi (E. M. Kuen). *Lucifer Wittb. ou Der güldena Morgenstern*, par W. 2 part., 1747-1749.
(3) *Quellen zur Geschichte des Bauern Krieges in Oberschwaben.* Vol. 129 de la *Bibliothek des literarischen Vereins in Stuttgart*.
(4) *Die oberschwabischen Bauern in Mars 1525, und die zwölf Artikel*. Kempher, 1871.
(5) *Acten zur Geschichten der Deutschen Bauernkrieges in Oberschwaben*. Fribourg, 1877.

---

allemands. L'éditeur compare le mouvement d'alors avec la grande révolution française de 1789, et fait remarquer que la guerre des paysans ne forme point un épisode détaché du temps de la prétendue réformation. Le grand mouvement de 1525 ne fut pas une révolution religieuse, mais une révolution sociale. Quoique cette guerre des paysans soit de la plus haute importance, la plupart des sources historiques sur cet événement n'ont pas encore été publiées. M. Baumann, prenant l'initiative, publie les documents inédits conservés dans les archives et les bibliothèques de la Souabe supérieure. Ces documents sont au nombre de 449, dont un date de 1523; 57 de 1524 et presque tous les autres de l'année 1525. L'éditeur tire ces papiers des archives de Kempten (maintenant à Munich), de Memmingen, de Ravensbourg, de Wolfegg, d'Isny, de Lentkirch, de Donaueschingen, d'Innsbruck, de Calsruhe, de Stuttgart, etc. Toutes ces pièces, sauf cinq, étaient inconnues. M. Baumann publie aussi les *articles* des paysans du lac de Constance, de Kempten, de Memmingen, de Kislegg, de Schellenberg. de Stechlingen, etc. On trouve beaucoup de lettres du roi Ferdinand I dans cette collection. Les documents les plus importants sont ceux de Memmingen et de Wolfegg, les protocoles sur les assemblées des paysans à Obergünzburg, enfin une instruction pour quelques députés au Parlement des paysans à Memmingen. Les renseignements que l'éditeur donne sur l'origine des *douze articles* ont aussi un grand prix. Nous citerons un passage de la chronique de Saint-Gall de Fridolin Sicher (p. 287), qui caractérise très bien la prétendue réformation. Fridolin Sicher écrit : « Non seulement l'anabaptisme commença à se répandre, mais aussi on s'opposa à toute obéissance. Il y eut plusieurs prêtres qui prêchèrent, d'après le bon plaisir des paysans, qu'ils n'étaient plus obligés de payer ni intérêts ni dîmes. Les prêtres leur prêchèrent que ce n'était pas agir chrétiennement que de demander un tribut de son voisin. Cela plut beaucoup aux paysans, qui dirent : « Voilà le vrai évangile. Comme les anciens prêtres (c'est-à-dire ceux de l'ancienne religion catholique) nous ont trompés ! Il faudrait assommer tous ces drôles-là ! » Les prêtres qui ne prêchèrent pas selon les idées des paysans furent insultés; c'est pourquoi plusieurs prêchèrent par peur d'après le goût des paysans. Mais ceux-ci ne jouirent pas longtemps de la faveur des paysans. Tous les les malheurs furent mis sur le compte des prêtres. C'est ainsi que la haine contre les prêtres augmenta toujours davantage; plusieurs prêtres prirent des femmes et les religieuses des maris. »

ŒCOLAMPADE (p. 33).

Œcolampade (lampe domestique) était né à Weinsberg, en 1482. Après avoir fait ses premières études à Heilbronn et Heidelberg, Œcolampade alla étudier le droit à Bologne, la théologie à Heidelberg, l'hébreu à Stuttgart, auprès de Jean Reuchlin. En 1515, il fut nommé prédicateur à Bâle, où il fit la connaissance d'Erasme; en 1518, il devint prédicateur de la cathédrale d'Augsbourg, professa à Bâle depuis 1522, et y remplit les fonctions de curé à partir de 1524. Pour faire ressortir son contraste avec Zwingle, on le comparait souvent à Mélanchthon. Distingué par ses connaissances dans les belles-lettres et la théologie, ce n'était, comme Zwingle lui-même, qu'un esprit superficiel (1).

Bâle fut « réformée » par Œcolampade, aidé de François Farel, de 1524 à 1530 (2). Erasme, qui se trouvait alors à Bâle, où il publiait ses écrits, en sortit pour jamais, plein d'un profond dégoût. Une poignée de gens, grâce à une énergie soutenue par le fanatisme, imposait la loi à une immense majorité; rien ne résistait à la fougue des réformateurs, et les catholiques cédaient le terrain. Œcolampade mourut en 1531 (3).

Les luthériens ont écrit, dans l'apologie de leur cène, qu'Œcolampade, fauteur de l'opinion sacramentaire, parlant un jour au landgrave, lui dit : « J'aimerais mieux qu'on m'eût coupé la main, que de n'avoir rien écrit contre l'opinion de Luther, en ce qui regarde la cène. » Ces paroles, rapportées à Luther par un homme qui les avait entendues, parurent adoucir un instant la haine du patriarche de la réforme; il s'écria en apprenant sa mort : « Ah! misérable et infortuné Œcolampade, tu as été le prophète de ton malheur, quand tu appelas Dieu à prendre vengeance de toi si tu enseignais une mauvaise doctrine. Dieu te pardonne, si tu es en tel état qu'il te puisse pardonner! »

Pendant que les habitants de Bâle plaçaient dans leur cathédrale cette épitaphe sur son tombeau : « Jean Œcolampade, théologien, premier auteur de la doctrine évangélique dans cette ville, et véritable évêque de ce peuple, » Luther écrivait de son côté : « Le diable, duquel Œcolampade se servait, l'étrangla la nuit dans son lit. » — « C'est ce bon maître, dit-il encore, qui lui avait appris qu'en l'Ecriture, il y avait des contradictions. Voyez à quoi Satan réduit les hommes savants (4) ! »

FRANÇOIS, DUC D'ALENÇON ET D'ANJOU (p. 42).

M. de Martonne, qui a publié le testament du duc d'Alençon, donne quelques extraits intéressants sur le duc d'Alençon que nous retrouvons ici à la tête des Reiters, que le comte Jean Casimir, palatin, avait conduits en France. Le duc venait de quitter la cour, après qu'on lui eût refusé la lieutenance générale du royaume. Lorsque la paix fut conclue à Sens, il alla deux fois en Angleterre et deux fois en Hollande, où il perdit un grand nombre de français par ses imprudences. Comme tous les conspirateurs et les brouillons, le duc d'Anjou cacha sous le grand nom du bien public ses desseins ambitieux et ses efforts personnels pour gagner le pouvoir suprême. Son frère Henri III eut une faiblesse extrême pour son cadet. Il le fit sortir de prison à son retour de Pologne et ne cessa de le combler de terres et d'argent. Charles IX avait déjà usé des mêmes moyens de conciliation, il avait donné en apanage à François, par lettres de Moulins, 8 février 1566, le duché d'Alençon (Henri III était alors duc d'Anjou), et les seigneuries de Château-Thierry, Châtillon-sur-Marne et Epernay, érigées en duché sous le premier nom; les comtés du Perche, de Gisors, de Mantes et de Meulan, avec la seigneurie de Vernon, pour tenir le tout en titre de pairie. Henri III augmenta cet apanage par le duché d'Anjou, et de ceux de Touraine et de Berry; enfin du comté d'Evreux, également érigé en duché. François fut donc un riche et puissant seigneur, un vrai fils de roi par la fortune. En résumé il possédait sept duchés et sept comtés, et malgré cette fortune immense, le duc d'Alençon en fut réduit à demander que son frère payât ses dettes, prière qui ne fut pas exaucée; quoique les fréquents voyages du prince, les aventures diverses et le désordre de sa vie aient été pour beaucoup dans cette mauvaise situation financière, il n'en est pas moins vrai qu'en ce temps la plupart des princes étaient dans ces habitudes de gestion, peut-être nées de la force des choses, du trouble général des affaires. M. l'abbé C. Chevalier ne nous montre-t-il pas Catherine de Médicis décédant insolvable et un roi renonçant à la succession de sa mère (1) ?

Le duc d'Alençon proteste dans son testament de son amour pour son frère (auquel il porta toujours, en effet, une secrète jalousie, née de l'infériorité physique; il reconnaît que Catherine lui *a été toujours une bonne mère*, ce qui se trouve vérifié par l'histoire. Les pardons ne furent pas épargnés au fils ingrat, chaque fois qu'il était rebelle, la *Royne Mère* se mettait en voyage, voyait vers Monsieur, avait des entretiens avec lui, apaisait ses folles visées et revenait triomphante à la cour.

Il n'est fait point mention dans le testament, même par allusion, du mariage manqué avec la reine d'Angleterre, projet dont l'exécution aurait singulièrement compliqué les affaires de la France. Il paraît qu'Elisabeth avait d'abord été séduite par les manières élégantes du fils de Catherine, quoiqu'ayant souffert de la petite vérole fort jeune, il en fût demeuré *tout gâté* (comme dit un historien) et aussi mal fait de visage que d'esprit. Mais Elisabeth craignait un maître dans un époux et fit au moins sagement de repousser celui-ci, dont le caractère léger n'offrait de garantie à aucun point de vue.

LE PROTESTANTISME EN SUÈDE (p. 51, col. 1).

En Suède, comme ailleurs, dit Alzog (2), avec la doctrine s'étaient altérées les mœurs. Gustave crut

---

(1) J.-A. Mohler, t. III, p. 173.
(2) Kirchhofer, *Leben Wilh. Farel's*, 2 vol. Zurich 1831; Ch. Schmidt, *Etudes sur Farel*. Strasb. 1834. — Ch. Chenevière, *Farel Froment, Viret, reformat. religieux*. Genève, 1835. — C. Schmidt. *Farel und Viret*. Elberf., 1860.
(3) Cf. sur Œcolampade : Grynaeus et Capito, *De vita et obitu Œcolamp*; S. Hess. *Lebensgeschichte Joh. Œc*. Zurich. 1793; J.-J. Herzog, *Das Leben Joh. Œcolampad's und die Reformation zu Basil*. Bâle. 1843 (1853), 2 vol.; Hagenbach, *J. Œcolampad's Leben u. ausgew. Schriften*. Elbf. 1859; *J. Æcolampad und die Reformation in Basel*, dans *Hist. polit. Blätter*, t. XIII, p. 705-746, 810-836; t. XIV, 129-147, 273-291, 377-392.
(4) De Trevern. *Discussion amicale*. App. endice II.

(1) *Debtes et créanciers de Catherine de Médicis*.
(2) T. III, p. 113 et suiv.

reconnaître un châtiment du ciel dans une affreuse tempête qui éclata sur la Suède, et, en sa qualité de chef suprême de l'Eglise, il ordonna un jeûne de huit jours (8 juin 1544). L'archevêque d'Upsal renouvela le même ordre en 1558 : « Car, disait-il, bien des gens, sous prétexte de la liberté évangélique, se permettent de prêcher, comme si telle était la fin de l'Evangile que nous annonçons, comme si la liberté chrétienne consistait à autoriser le pécheur à faire ce que bon lui semble. Sachons bien que nous avons mérité les calamités qui nous visitent, en abusant de la miséricorde divine qui nous appelle à la pénitence. » Telles furent les justes plaintes qui retentirent aux oreilles de Gustave mourant (30 septembre 1560), comme fruit de ses efforts pour établir l'Eglise luthérienne.

Après la mort de Gustave, son fils Eric (XIV) monta sur le trône, mais il en fut bientôt chassé par ses frères Jean et Charles. Le sceptre échut à Jean (III), qui eut pour successeur son fils Sigismond. Celui-ci devint aussi roi de Pologne et embrassa la foi catholique. Il n'en fallut pas davantage pour le rendre entièrement suspect. Son oncle Charles se mit à la tête des luthériens et parvint à faire décider, à la réunion des Etats d'Upsal, que les catholiques seraient à l'avenir incapables de remplir quelque emploi en Suède, et ne pourraient pratiquer publiquement leur culte. Le roi, dit Ranke (1), s'était déclaré satisfait si l'on tolérait seulement les catholiques, mais les protestants suédois furent inflexibles. Ils exigèrent que l'on n'enseignât que la confession d'Augsbourg dans les églises et les écoles, et Sigismond fut obligé de leur faire cette concession. Les luthériens ne se déclarèrent point encore satisfaits. Il fut décidé, à la diète tenue à Suederkoping, en 1595, que quiconque n'appartenait point à l'Eglise évangélique devait quitter le royaume dans les six semaines. Le dernier reste du catholicisme suédois, le couvent de Wadstena, fut alors entièrement détruit, et le petit nombre de religieuses qui avaient survécu s'enfuirent à Dantzig. On ordonna une visite générale des églises, pour effacer les derniers vestiges de la papauté. Dans cette circonstance, le nouvel archevêque luthérien, Abraham Augermann, employa des moyens qui prouvent assez avec quelle tyrannie la nouvelle hiérarchie luthérienne usa du pouvoir qu'elle avait arraché à l'épiscopat catholique. Il se fit accompagner dans cette visite par quelques étudiants robustes, qui, sous les yeux de l'archevêque, fustigeaient ceux qui étaient infidèles au culte évangélique. Pour introduire sa nouvelle discipline, cet archevêque eut aussi recours au supplice de l'eau froide, et à l'emprisonnement au pain et à l'eau (2). Tout ce qui avait encore le moindre rapport avec l'antique loi catholique fut alors aboli, et le luthéranisme le plus intolérant et le plus insupportable fut la seule religion tolérée en Suède.

L'histoire des règnes d'Eric XIV, de Jean III et de Sigismond — l'un luthérien, les deux autres catholiques — a nécessairement dû servir de thème à quelques mensonges contre le catholicisme ; cette fois encore, c'est Voltaire qui a pris en main la cause des ennemis de la religion.

« Les rois de Suède, dit-il, n'étaient pas plus despotiques qu'en Danemarck. Quatre Etats, composés de mille gentilshommes, de cent ecclésiastiques, de cent cinquante bourgeois, et d'environ deux cent cinquante paysans, faisaient les lois du royaume. Eric (XIV), fils et successeur de Gustave Vasa, était bien loin de régner avec un pouvoir absolu ; et il laissa au monde un nouvel exemple des malheurs qui peuvent suivre le désir d'être despotique et l'incapacité de l'être. Le fils du restaurateur de la Suède fut accusé de plusieurs crimes devant les Etats assemblés et dépossédé par une sentence unanime. On le condamna à une prison perpétuelle, et on donna la couronne à Jean III, son frère.

« Il faut savoir que ce roi Jean, qui était catholique, craignant que les partisans de son frère ne le remissent sur le trône, lui envoya publiquement du poison, comme le sultan envoie un cordeau. Le jésuite Possevin, nonce du pape, imposa au roi Jean, pour pénitence de cet empoisonnement, de ne faire qu'un repas, pénitence tournée en ridicule. Les crimes d'Eric furent bien plus rigoureusement punis. Ni ce prince, ni le nonce Possevin, ne purent réussir à faire accepter la religion catholique en Suède.

« Sigismond, fils du roi Jean, fut élu roi de Pologne huit ans avant la mort de son père (1). La Suède pouvait alors devenir très puissante. Sigismond pouvait conquérir toute la Moscovie. Mais ce prince était catholique, et la Suède luthérienne, il ne conquit rien, et perdit la couronne de Suède. Les mêmes Etats qui avaient dépossédé son oncle Eric le déposèrent aussi, et déclarèrent roi un autre de ses oncles, qui fut Charles IX, père du grand Gustave-Adolphe. Charles IX n'était regardé que comme un usurpateur par les princes alliés de Sigismond ; mais en Suède, il était roi légitime. »

« Voilà, dit Nonotte, l'infidèle récit que fait Voltaire de la dernière révolution de la religion en Suède. Nous allons en opposer un véritable. Nous suivrons principalement Pufendorff. Cet écrivain était historiographe de Suède : il était luthérien. On doit le regarder comme un homme instruit, et comme n'étant pas prévenu pour les catholiques.

« Eric, selon Pufendorff, a été peut-être le plus extravagant de tous les princes, le plus imbécile, le plus cruel. D'abord il voulut épouser toutes les princesses de l'Europe dont il entendait parler. Il fit des demandes et envoya des ambassadeurs, tantôt à la reine Elisabeth, tantôt à la reine d'Ecosse, tantôt à la cour de Hesse-Cassel, tantôt à celle de Lorraine. Quelquefois il traitait de mariage en plusieurs cours en même temps ; enfin ce chercheur infatigable de princesses finit par épouser une simple paysanne de Suède.

« Sa conduite, dans le gouvernement de son royaume, répondait parfaitement à celle qu'il tenait dans ses amours ; il prit pour premier ministre et

---

(1) *Die romische Pabste in XVI u. XVII Jahrhundert*, t. II, p. 368.
(2) Geyer, t. II, p. 297. Cfr. Ranke, t. II, p. 379.

(1) Voltaire se trompe de trois ans, Sigismond fut élu en 1597, et son père mourut en 1582. (Nonotte).

donna toute sa confiance à Joram Peerson, un des plus grands scélérats qui fût en Suède et qu'on fit mourir ensuite dans les tourments. Son frère, Jean, duc de Finlande, ayant épousé Catherine Jagellon, fille du roi de Pologne, Éric se saisit de sa personne, les confina dans une étroite prison, lui et la duchesse sa femme, alla plusieurs fois dans sa prison pour l'égorger de sa propre main, fit tous ses efforts pour lui enlever sa femme, et la faire épouser au duc de Moscovie qui la demandait! Il poignarda lui-même quelques seigneurs dont il était mécontent, et fit mourir ceux qui lui représentaient que de pareilles actions étaient indignes d'un roi; enfin, n'ayant pu réussir à dépouiller ses frères de leurs apanages, il résolut de les faire mourir dans un festin. Les princes, qui avaient été avertis, se gardèrent bien de s'y trouver; ils prirent les armes, poussèrent Eric jusqu'à Stockfolm, où ils l'assiégèrent et le firent prisonnier. Voltaire ne dit rien de la conduite du roi Eric : c'est que ce roi était luthérien.

« Dès que le roi Jean fut monté sur le trône, Charles, son frère, fâché de ne pas partager avec lui l'autorité souveraine, commença à remuer; il s'opposa continuellement à toutes les vues et à tous les desseins du roi : ce fut la première origine des troubles; ils augmentèrent pendant la guerre qu'il fallut soutenir contre le Danemarck, et par les intrigues du duc de Moscovie, qui soutenait toujours Eric. Jean, pour se délivrer de ces inquiétudes, donna ordre à ceux qui avaient la garde du roi détrôné de le faire mourir s'il tentait de s'évader; et comme les intrigues continuaient, il lui fit donner la communion, et, deux jours après, il le condamna au même genre de mort que les Athéniens ordonnèrent pour Socrate. L'arrêt était doux pour tant de crimes, mais il était odieux, étant mané d'un frère.

« Le nonce Possevin imposa pour pénitence au roi Jean de jeûner pendant toute sa vie le mercredi, qui était le jour auquel il avait fait mourir le roi son frère. Le luthérien Pufendorff dit que Jean accomplit exactement cette pénitence jusqu'à la fin de ses jours, et qu'il fit de grandes aumônes. Le catholique Voltaire tourne en ridicule cette pénitence. Ne croirait-on pas que c'est Pufendorff qui est catholique et que c'est Voltaire qui est luthérien?

« Dès l'instant de la mort du roi Jean, Charles, son frère, songea à se mettre la couronne de Suède sur la tête; il profita de l'absence de son neveu Sigismond, qui était alors en Pologne, pour gagner les troupes, changer les commandements des places, bannir ceux qui étaient catholiques; il chassa du royaume, ou força de s'en retirer, tous les sénateurs qui étaient attachés au roi, s'empara des vaisseaux de guerre, des ports, des arsenaux, et poussa la guerre jusqu'à ce qu'enfin il se fit déclarer roi. Voltaire méprise et blâme le roi Sigismond de n'avoir pas conquis la Moscovie, et il lave le rebelle Charles, son oncle, qui, par ses révoltes continuelles, l'en avait toujours empêché.

« Charles, après avoir dévasté la Suède par douze ans de guerres civiles; après en avoir chassé ou fait périr par la main des bourreaux les gentilshommes fidèles au roi, après s'être rendu maître de toutes les forces du royaume, Charles assembla les Etats, comme Cromwell assemblait le parlement d'Angleterre et se fit déclarer roi.

« C'est sur les suffrages d'une telle assemblée que Voltaire ose prononcer que Charles était en Suède roi légitime. Les usurpateurs et les rebelles, qui sont en même temps ennemis des catholiques, sont toujours sûrs de trouver grâce devant lui (1). »

On connaît aujourd'hui les tristes résultats de la révolution religieuse accomplie en Suède au XVIe siècle, et dont les successeurs de Charles IX ont conservé les principes : nous aurons occasion de reprendre ce sujet dans une note subséquente (2).

PROJET DE RESTAURATION DU CATHOLICISME EN SUÈDE (p. 51, col. 2).

Comme en Angleterre, il y eut en Suède, après l'établissement du protestantisme, une tentative de restauration du catholicisme que Rohrbacher a omis de signaler. C'est à l'instigation de Catherine, sa noble épouse, que Jean III, prince d'ailleurs irrésolu et capricieux, entreprit de relever l'ancienne religion violemment renversée par Gustave Wasa et qui avait toujours de profondes racines dans le peuple. La mort de Catherine fit malheureusement échouer ce projet.

LES ANABAPTISTES DE MUNSTER (p. 69).

Munster, dit M. J. Danglard, fut, on le sait, le volcan principal par où la fermentation anabaptiste fit éruption. Tout le nord-ouest de l'Allemagne contribua à la formation de la communauté du Christ à Munster, mais « les Hollandais et les Frisons étaient, dit Fresbeck, les vrais fripons, » et ils jouèrent presque toujours le premier rôle. M. C. A. Cornelius démontre que c'est bien cependant le nord-ouest de l'Allemagne qui est le plus étroitement lié à l'histoire du siège de Munster (3). Tandis que l'évêque, chassé par les révoltés, réunit des forces pour bloquer la ville, les *fidèles* font appel à leurs adhérents et les invitent à venir au secours de la nouvelle Jérusalem pour défendre la *Cité des saints.* L'endroit et l'heure du rendez-

(1) *Les erreurs de Voltaire*, t. I, p. 376-383.
(2) Pour le protestantisme en Suède on peut consulter : Muelertz, *De causis propagatæ celeriter in Dania reformat.* Hafn, 1817; P.-E.Thyselius, *Handlingar till Sverges Reformations... och Kyrkohistoria onder Gustav I.* Stockh, 1841-1845; R.-C. Rœmer, *De Gust. I rerum sacrarum instaurator.*Troj. ad Rh., 1840; W. E. Sœdelius, *Gustav.I.* Lund. 1859; Geijer, *Geschichte Swedens*, t. II, 1834; A. Theiner, *Schweden und seine Stellung zum heil. Stuhle*, 2 part. Augsb. 1838-1899; Munter, *Dænische Reformationsgeschichte.* Leipz. 1833; Baaz; *Inventarium eccl. Sueco-Gothor.* Lincop, 1642; Messenius, *Scandia illustrato.* Stockh, 1700; Fr. Rühs, *Hist. de la Suéde.* Halle, 1805-1814; Ter Haar, *Histoire de la Réforme en tableaux*, 2e partie; Muxens, *Le catholicisme dans ses rapports avec la civilisation en Europe* (en Holl.). Amsterdam, 1858.Cf. *La Vérité Historique* t. II, p. 5 et suiv.

(3) *Die Niederlandischen Wiedertaufer wahrend der Belagerung Munster.* 1534 *bis* 1595 3, dans les *Abhandlungen* de l'Académie de Bavière, t. XI et XII.

vous sont marqués. Quiconque y manquera, la vengeance du ciel le frappera. En effet, au jour dit, la terre parut comme ébranlée par un tremblement, des gens se rassemblèrent de tous les pays. Ils étaient en armes, mais sans ordre, sans discipline, sans chef, et on put facilement les disperser : vingt et un bateaux qui portaient trois mille personnes de tout âge et de tout sexe furent arrêtés en Hollande. Le gouvernement hollandais se montra miséricordieux pour ces égarés, mais il n'en fut pas de même à Bruxelles. Cependant les choses avaient changé à Munster; à un état de communisme pacifique avait succédé une théocratie guerrière; la polygamie avait été introduite. Vingt-huit apôtres sortirent de la ville assiégée pour aller annoncer à tous les peuples de la terre l'avènement du roi de Sion qui devait régner sur l'univers entier. En même temps il n'était bruit que de ses miracles. Les apôtres furent accueillis chaleureusement en quelques endroits, mais la plupart furent saisis et jetés en prison. Cet échec ruina l'influence de la communauté de Munster. Alors fut composé, pour relever les courages, le livre de *La Vengeance*, qui exhorte les frères à se résigner en attendant le jugement de Dieu. Le 24 décembre 1534, quatre hommes quittaient Munster, chargés d'argent et de mille exemplaires de *La Vengeance*. Jan Van Geel, le plus notable d'entre eux, travailla énergiquement à soulever les anabaptistes de Hollande et des Pays-Bas, mais ici encore le manque de chefs fit échouer l'entreprise. La trompette divine ne résonnait pas, et parmi les vingt-huit apôtres il y eut un Judas, Henri Graiss, ci-devant maître d'école à Bosken, qui s'était laissé gagner par l'évêque de Munster. Ses révélations firent arrêter beaucoup de coupables qui expièrent durement leur folie. Quarante anabaptistes tentèrent encore un coup de main sur Amsterdam, *promis par le Christ à ses fidèles*. Ils se rendirent maîtres de l'hôtel de ville et tuèrent plus de trente citoyens, mais ils furent enfin enveloppés; on leur coupa la tête, et après leur avoir arraché le cœur on les écartela. Leur entreprise paraîtra moins insensée, si l'on considère qu'ils avaient compté sur les melchiorites qui accoururent en effet, mais ne purent les rejoindre. Il paraît d'ailleurs que Jan Van Geel lui-même avait trahi la cause et qu'il était en relation avec la cour de Bruxelles. Ce coup d'audace raviva naturellement les rigueurs contre les anabaptistes, mais la prise de Munster au bout de dix mois de siège, amena seule la pacification. Les débris du *royaume de Sion* se dispersèrent et formèrent depuis plusieurs sectes distinctes.

LE CARDINAL CAMPÈGE (p. 78, col. 1).

La faveur dont Campège jouissait à la cour de Henri VIII, faveur du reste justement acquise, lui créa plus d'un ennemi parmi les religionnaires anglais. Burnet, entre autres, le calomnie indignement, quand il écrit que le cardinal se livrait à la volupté; qu'il menait une vie de débordements; qu'il passait les jours à la chasse et les nuits à des divertissements honteux; qu'il avait amené avec lui en Angleterre un de ses bâtards qu'Henri VIII fit chevalier.

C'est une calomnie que réfutent et Henri VIII et la vie du cardinal. Le roi avait beaucoup de confiance dans Campège; il l'estimait et plus d'une fois il eut recours à lui dans la malheureuse affaire du divorce. Il lui écrivit quelques lettres à ce sujet, entre autres une du 10 février 1528, dont nous avons retrouvé la minute latine au Musée Britannique (1). En voici la traduction :

« Nous usons avec d'autant plus de confiance de votre concours dans nos affaires, que de jour en jour nous avons des preuves de plus en plus évidentes de votre bonne foi et de votre désir tout particulier de nous être agréable. Vous nous en avez déjà fourni des preuves irrécusables en toute occasion; mais dans ces derniers temps vous leur avez donné une force nouvelle; vous avez répondu à notre attente en employant, comme nous l'avons appris avec beaucoup de joie du révérend Terdon, vos bons offices à avancer et élucider notre cause, dont le caractère droit, honnête et urgent nous préoccupe surtout, cause de la solution de laquelle dépend la tranquillité de notre règne, cause qui décidera de la continuation de notre race, cause enfin dont dépend le salut de notre âme. Cette affaire est tellement importante qu'elle ne saurait plus souffrir de retard, et tellement juste qu'elle ne doit pas en éprouver de la part de ceux qui la connaissent. Nous apprécions votre habileté et votre influence, nous savons la prudence, l'adresse et le zèle que vous mettez à diriger les affaires; nous vous demandons de consacrer le tout à notre service et nous vous prions ardemment d'employer le tout au succès de notre cause, de concentrer sur ce point toute la confiance et la bienveillance que vous nous avez si souvent montrées. Fort de votre appui, nous sommes certain du succès, à moins que, ce que nous ne croyons pas, nous ne soyons rejeté et forcé de suivre une autre voie. L'état de notre cause, sa justice et son urgence, vous seront amplement démontrés par le révérend Terdon et par nos bien aimés agents Étienne Gardiner et Edouard Hox, auxquels vous pourrez ajouter la même foi qu'à nous. »

Du reste il est beaucoup plus aisé de vilipender un adversaire que de se donner la peine d'examiner les faits : l'infâme calomnie de Burnet sur le compte de Campège en fournit la preuve. Campège était cardinal; or il est interdit à un cardinal de se marier, donc il ne saurait avoir que des bâtards.

En 1581, Charles Sigonius publia à Bologne la vie de Campège, dans laquelle il nous apprend que cet homme, aussi distingué par ses vertus que par sa science, avait épousé, en 1500, Françoise Vastavillani, qui lui donna trois garçons et deux filles. L'aîné fut évêque de Bologne et cardinal; le deuxième, — celui qui accompagna son père en Angleterre en 1528, — suivit la carrière des armes et mourut au service de la république de Venise; le troisième fut évêque de Majorque, fonctions auxquelles il renonça pour se consacrer exclusivement aux bonnes œuvres et à l'étude des belles-lettres qu'il aimait passionnément.

Campège perdit sa femme en 1509; cet événement l'affecta vivement, et le décida à embrasser la carrière ecclésiastique, dont il parcourut tous les degrés avant d'arriver au cardinalat. Il fut gouverneur de Parme et de Plaisance, légat en Angleterre et en Allemagne et présida au Concile de Trente.

(1) Bibl. Cott. Vitellius, B X, fol. 75.

Voilà les faits : quelle place laissent-ils aux désordres et aux bâtards de Campège ?

LE CARDINAL WOLSEY (p. 79, col. 2).

Spelman, dans son *Abrégé de l'histoire des fatalités des sacrilèges*, est beaucoup plus sévère pour le cardinal Wolsey que la *Biographie universelle* et Lingard, sur lesquels s'appuie Rohrbacher.

« Avant le grand sacrifice d'Henri VIII, dit Spelman, le cardinal Wolsey avait demandé à Rome la suppression de quarante petits monastères, pour l'érection de deux collégiales. Cinq individus qu'il employa principalement à cette œuvre, périrent misérablement. Le premier périt assassiné par le second qui fut pendu. Le troisième se noya dans un puits. Le quatrième, de riche qu'il était, se vit réduit à la dernière misère, et le cinquième fut cruellement mutilé.

« L'indigne Wolsey, ce fils de boucher, qui avait amassé des richesses immenses, et qui, par ses perfides conseils, perdit Henri VIII et la religion en Angleterre, se vit bientôt méprisé par les grands, haï du peuple, accablé d'une foule d'accusations, d'opprobres et de malheurs, et saisi comme coupable de haute trahison. On le conduisit à la tour de Londres, mais il mourut en chemin. On prétend qu'il s'empoisonna.

« Le pape Clément VII, qui, à ce qu'on croit, avait trop légèrement autorisé ces suppressions, n'eut que des infortunes à dévorer. Il vit Rome indignement saccagée ; il fut lui-même assiégé dans le château Saint-Ange, fait prisonnier et soumis aux conditions du vainqueur..... Or, qui sait, ajoute Spelman, si ces malheurs ne lui arrivèrent pas en punition de ce qu'il avait consenti sans raison à ces suppressions pour favoriser l'érection de deux collèges qu'on devait fonder à Oxon et à Ipswich, et dont l'un ne fut jamais achevé, et l'autre fut d'abord démoli, ayant eu tous les deux le sort du collège du roi à Cambridge, qui avait aussi été élevé sur les ruines de plusieurs prieurés ? »

LE DIVORCE DE HENRI VIII (p. 80).

Henri VIII, l'homme que ses passions rendirent schismatique et qui, devenu schismatique, s'intitulait officiellement « Rex Angliæ et *Franciæ, fidei defensor et in terris Ecclesiæ Anglicanæ immediate sub Christo caput*, » Henri VIII soudoyait partout des agents pour soutenir son divorce : à Rome surtout il avait des émissaires salariés dans ce but, entre autres un nommé Grégoire Casale. Nous avons rencontré au Musée Britannique (1) le texte latin d'une lettre adressée à cet individu sous la date du 4 janvier 1532. On y voit que le roi aux six femmes a appris, par la lettre de Casale du 17 décembre et celle écrite, à la même date, par un autre agent du nom de Karne, les manœuvres — comme il dit — employées par ses adversaires pour le faire échouer dans son instance en divorce ; il loue Casale de son zèle dans cette circonstance et l'engage à continuer ; il a soin d'ajouter qu'il a chargé un négociant de Venise de lui fournir l'argent dont il pourrait avoir besoin, et il termine en informant Casale qu'il saurait le récompenser de ses services. »

En deux mots : argent et corruption, tels sont les moyens mis en œuvre par Henri VIII pour arriver à ses fins criminelles. (1).

HENRI VIII ET LES BIENS DES ÉGLISES (p. 87).

Si la mort n'était venue en 1547, délivrer l'Angleterre de l'odieuse existence de Henri VIII, on conjecture aisément qu'il aurait envahi les biens des chapitres et des églises, comme il avait confisqué ceux des couvents. Il avait déjà commencé à les entamer par des échanges forcés, qui augmentèrent de beaucoup ses revenus, comme on peut le voir dans le 33e statut, chapitre XVI. Dès la 27e année de son règne, il avait enlevé à l'évêque de Norwich toutes les bonnes terres qui appartenaient à son église et ne lui avait donné en échange que des fonds arides et stériles. Il en avait successivement agi de même à l'égard d'autres évêques, et enfin à l'égard de celui de Londres, la 37e année de son règne. Faut-il être surpris dès lors que des milliers de pauvres, que les aumônes des monastères et du clergé faisaient subsister, furent réduits à une extrême misère ?

LE BILL DE 1536 (p. 88, col. 1).

L'auteur de l'ouvrage anglais cité par Cobbet et publié par le chevalier Henri Spelman, gentilhomme anglican, sous le titre d'*Abrégé de l'histoire des fatalités des sacrilèges*, qui écrivait dans les premières années du XVIIe siècle, rapporte, ainsi qu'il suit, le vote du bill spoliateur des couvents anglais.

Le roi ayant fait assembler les communes dans sa galerie, les fit attendre dès le grand matin jusque bien tard après midi. Il parut enfin dans l'assemblée et, après avoir fait quelques tours dans la place, en lançant à droite et à gauche des regards menaçants, il prononça ce peu de mots d'un ton foudroyant : « J'apprends que mon bill ne passera pas ; mais, moi, je prétends qu'il passe, ou je m'en vengerai sur vos têtes ! » Et, sans autre explication, il passa dans son cabinet et les laissa saisis d'une frayeur

---

(1) *Bibliot. Cotton*. Vitellius, B XIII, fol. 145.

(1) Sur cette question du divorce d'Henri VIII, qui a donné lieu au schisme d'Angleterre on peut consulter principalement : Pocock, *Records of the Réformation. The Divorce*, 1527-1533, Oxford, 1870; Brewer, *Letters and Papers, Foreign and Domestic, of the Reign of Henri VIII, etc.*, Londres, 1876, t. IV. (Ces pièces sur le divorce de Catherine d'Aragon confirment de tous points l'exposé de cette affaire par Lingard et placent le caractère de Wolsey dans son véritable jour) ; Abl. Dubois, *Catherine d'Aragon et les origines du schisme anglican*. Paris 1880. Sur l'établissement du protestantisme en Angleterre voir : Dixon, *History of the Church of England from the abolition of the Roman Juridiction*. Londres, 1878. (L'auteur quoique *clergyman* fait voir que le clergé anglais montra à l'origine un esprit d'indépendance et de patriotisme qui contraste avec le servilisme de la Chambre des Communes).

humaine qui l'emporta sur la crainte de Dieu et sur la voix de la conscience. Le bill sortit et tout ce que désirait Henri VIII lui fit accordé.

Il y a cependant une chose à observer, continue Spelman, c'est qu'en abandonnant au roi les maisons religieuses, le parlement n'entendait pas qu'elles fussent démolies ou employées à des usages profanes. Il comptait plutôt sur la conscience et les promesses du roi qui, dans une adresse aux membres du parlement, les remercia de la confiance qu'ils lui témoignaient, en laissant à sa disposition l'usage des cantuaires, des collèges, des hôpitaux et des églises, *dans la juste persuasion où ils étaient qu'il réglerait tout à la plus grande gloire de Dieu et à l'avantage de la chose publique*. Si contre toute attente, ajouta-t-il, je permettais que les ministres de l'Église tombassent dans l'avilissement et dans la misère, ou que les sciences et les belles-lettres vinssent à en souffrir, et que les pauvres se trouvassent abandonnés et sans ressources, vous pourriez dire alors à juste titre que j'ai abusé de votre confiance, et que je n'ai pas agi en frère charitable, en ami fidèle. Vous pourriez me reprocher que le bien public m'est indifférent, et que je n'ai pas la crainte de Dieu, à qui nous aurons à répondre de nos actions et même de nos intentions. Mais ne doutez pas que votre juste attente ne soit remplie au-delà de tout ce que vous pourriez vous-même désirer. »

Ce n'était là que de vaines paroles et de fausses promesses. Tant de belles assurances furent sans effets. Le pic et la hache détruisirent les plus beaux monuments du royaume, et la désolation se répandit dans toutes les provinces.

HENRI VIII ET LES COUVENTS (p. 88, col. 2).

Partout où l'on a voulu persécuter la religion catholique, partout où l'on a voulu ôter au peuple le frein de la morale et le respect de l'autorité, on a porté les premiers coups contre les couvents. Mais ce qui est assurément singulier, et ce qui n'a pas été assez remarqué, c'est que tous les destructeurs de couvents ont recouvré de leurs actes, tous ont voulu couvrir leurs déprédations d'un semblant de justice. Henri VIII fit au préalable *visiter* les cloîtres; le ci-devant défenseur de la foi se rappelait les *visites* épiscopales. Quoiqu'il choisît pour visiteurs les créatures de lord Thomas Cromwell, il parvint encore à tromper les gens de bonne foi, en modelant ses instructions sur celles que donnaient les évêques en pareil cas, de sorte, dit Lingard, que ceux qui n'étaient pas initiés au secret, croyaient qu'il ne s'agissait pas d'abolir les monastères, mais de les protéger.

Aux instructions avouées, Henri VIII ajouta des ordres secrets qui avaient pour but de forcer les religieux à livrer leurs biens au roi, et, en cas de résistance, de chercher contre eux des griefs qui motivassent leur suppression.

Le bill de 1536 sacrifia d'abord les petits couvents; cette mesure inique ne tarda pas à soulever une violente opposition dans les comtés du Nord, « où le peuple conservait un profond attachement aux anciennes doctrines, et où le clergé, plus éloigné de l'influence de la Cour, semblait moins disposé à abjurer ses opinions, selon la volonté du souverain. Chaque innovation successive avait aggravé leur mécontentement; mais quand ils virent la destruction des établissements qu'ils révéraient depuis leur enfance, les moines chassés de leurs maisons, et, en plusieurs lieux, forcés de mendier leur pain, et les pauvres, jadis nourris aux portes des couvents, actuellement abandonnés et sans secours, ils écoutèrent les déclamations des démagogues, déployèrent l'étendard de la révolte, et, les armes à la main, demandèrent le redressement des abus. »

Cette entreprise, le *pèlerinage de grâce*, fut noyée dans le sang de ses chefs, et accéléra la ruine des monastères restés intacts.

On renouvela contre les couvents les accusations qui servent encore aujourd'hui de thème aux déclamations injustes des ennemis de l'Église; les cloîtres, disait-on dès lors, sont inutiles, et les moines des paresseux, à charge à la société.

Ces calomnies, cent fois répétées depuis lors et cent fois réfutées, ne méritent plus les honneurs de la discussion; aussi suffit-il de leur opposer ici un aveu pris au hasard dans les documents de l'époque.

On sait quels hommes Henri VIII avait chargés de procéder à la prétendue visite des couvents : des agents infâmes, perdus de mœurs et de réputation, des créatures avilies qui ne respectaient rien et ne connaissaient d'autre but que celui de satisfaire la cupidité royale et la leur; ruses, mensonges, calomnies, tous les moyens leur étaient bons, pourvu qu'ils réussissent. Eh bien! ces hommes, quel que fût le degré d'abaissement où ils fussent descendus, se virent contraints de rendre hommage aux vertus et à la régularité qui régnaient dans les maisons religieuses, qu'Henri VIII convoitait. Voici comment s'exprime l'un d'eux, dans une lettre adressée à leur chef.

« Très honorable seigneur, nous vous présentons nos humbles saluts, et vous écrivons pour vous informer que nous avons mis à exécution les commissions que le roi nous a confiées, en commençant par Chacumbe, où nous avons accompli toutes choses selon notre mission. De là nous nous sommes rendus à Assteby, qu'une maladie nous força de quitter après un court séjour. Nous nous sommes ensuite dirigés vers Catesby, où nous avons accompli la commission du roi, selon son haut commandement et d'après nos pauvres moyens.

« Nous avons trouvé la maison de Catesby dans un ordre complet; la prieure, femme forte, sage, discrète et très religieuse, est à la tête de neuf sœurs aussi pieuses et aussi dévotes qu'elle, pratiquant l'obéissance comme nous l'avons vu dans ces temps passés et aussi bien que nous pourrions jamais le voir.

« La maison de Catesby est située dans un quartier où elle peut venir au soulagement du peuple du roi, et des pauvres sujets de Sa Grâce, qui sont également aidés, comme nous l'ont déclaré diverses personnes honorables, demeurant près de ce couvent, ainsi que d'autres témoins. C'est pourquoi, s'il plaisait à son altesse le roi de vouloir bien laisser subsister une telle maison, nous croyons que Sa Grâce n'en trouverait aucune plus digne de fournir au roi l'occasion de montrer sa gracieuse charité et piété. Nous vous avertissons de plus que, quant à ses devoirs envers le roi dans cette présente affaire, de même que pour le bon entretien de nous, ses commissaires, et de notre compagnie, nous n'avons jamais trouvé de religieuses et nous n'en trouverons probablement pas à l'avenir, dont la conduite soit plus sage et plus discrète (1). »

Tels étaient les établissements qui ont fait place aux ignobles workhous ! Catesby ne formait pas exception ; sa charité et sa piété, son dévouement étaient ceux de l'immense majorité des couvents anglais. Mais cela importait fort peu à Henri VIII ; ces couvents possédaient et c'était là leur crime.

L'insurrection du nord seconda pleinement l'exécution des perfides desseins du roi : « On accusa les moines d'avoir engagé leurs tenanciers à se joindre au pèlerinage de grâce ; et l'on créa une commission, sous la présidence du comte de Sussex, pour rechercher leur conduite. Je citerai, comme un échantillon de sa façon de procéder, la saisie du grand monastère de Furness. Tous les membres de la communauté, ainsi que les tenanciers et les domestiques, furent successivement interrogés en particulier, et le résultat d'un examen prolongé, bien que l'on envoyât deux moines comme prisonniers au château de Lancaster, ne produisit aucune incrimination contre l'abbé ou le reste des frères. Les commissaires se rendirent à Whalley, et de nouvelles citations appelèrent devant eux l'abbé de Furness. On recommença les recherches et le résultat fut le même. « Dans ces circonstances, dit le comte à Henri, dans une lettre qui existe encore, devisant avec moi-même, sur la voie qu'il faudrait prendre, comment et par quels moyens on pourrait renvoyer les dits moines de la dite abbaye, et la remettre conséquemment à votre gracieux plaisir, je me suis déterminé à essayer, comme de moi-même, à découvrir si l'abbé serait content de remettre le dit monastère en présent et donation, pour vous, vos héritiers et substituts : et cette ouverture étant faite poliment à l'abbé, nous l'avons trouvé d'un esprit très-facile et tout prêt à suivre mon avis, en la considération de votre grâce. »

En conséquence, le 15 avril 1537, on proposa à l'abbé de signer un acte par lequel, ayant reconnu le *désordre et le déréglement envers Dieu et le roi, des frères de la dite abbaye*, l'abbé, pour l'acquit de sa conscience, donnait et remettait à Henri tous les droits et avantages qu'il possédait au monastère de Furness, ses terres et ses revenus. On envoya immédiatement des officiers pour en prendre possession au nom du roi, les commissaires les suivirent chez l'abbé, et, en peu de jours, toute la communauté ratifia l'acte de son supérieur.

L'histoire de Furneress est l'histoire de Whalley et des autres grandes abbayes du nord : on les visita sous le prétexte de la dernière rébellion, on parvint à en dépouiller leurs possesseurs, et à les transférer à la couronne (2).

On procéda à peu près de la même manière dans le midi. On recourait d'abord à la persuasion, et quand ce moyen n'avait pas de succès, on recourait à la violence. Voici comment on s'y prenait :

1° Le supérieur et ses moines, les tenanciers et les domestiques et les voisins, étaient assujettis à une surveillance minutieuse et vexatoire ; on engageait chacun d'eux à accuser les autres, ou on leur ordonnait ; et de méchantes insinuations, des fables sans fondement, étaient soigneusement recueillies et enregistrées.

2° Les commissaires se faisaient représenter les comptes de la maison, comparaient la dépense aux recettes, scrutaient chaque article avec l'air du soupçon et le désir d'y trouver à reprendre, et demandaient la représentation de l'argent monnayé, de l'argenterie et des joyaux.

3° Ils faisaient des recherches dans les bibliothèques et les chambres particulières, et examinaient les livres et les papiers ; et la découverte de quelque opinion ou traité en faveur de la suprématie papale, ou de la validité du premier mariage de Henri, était regardée comme une preuve suffisante d'attachement aux ennemis du roi et de désobéissance aux statuts du royaume.

A l'appui de ces détails, Lingard cite une lettre dans laquelle Catherine Bulkeley, abbesse de Godstow, écrit à Cromwell :

« Le docteur London est soudainement venu chez moi, amenant une suite nombreuse avec lui et me menaçant ainsi que mes sœurs, prétendant avoir commission du roi de supprimer cette maison en dépit de mes droits. Quand je lui ai dit nettement que je ne remettrais jamais l'abbaye entre ses mains, parce que c'est un ancien ennemi, il commença alors à me solliciter, et il trompa mes sœurs l'une après l'autre, de telle manière que je n'ai jamais entendu dire que des sujets du roi aient été ainsi tourmentés : il loge ici, et il y reste à mes grands frais et dépens, et ne veut pas se charger de ma réponse, qui est que je ne ferai remise de mon abbaye jusqu'à ce que je connaisse le gracieux commandement du roi et de votre seigneurie..... Ce docteur London, qui n'est qu'un homme sans foi, a aussi informé votre seigneurie que j'étais une prodigue et une voleuse : votre seigneurie sait bien que le contraire seul est la vérité, car je n'ai pas touché à un seul sou des biens de ce monastère, meubles et immeubles (1) »

Fuller et Strype nous apprennent que l'abbesse de Godstow n'exagérait rien au sujet du docteur London ; ils rapportent en effet que ce prétendu *visiteur* de couvents n'était en rien saint, puisqu'il fut accusé de parjures et de débauches, et condamné d'abord à parcourir à cheval Windsor et Ockingham, la tête tournée vers la queue, et ensuite à faire pénitence publique à Oxford. Bedyl, Layton et Lée, autres *visiteurs*, n'étaient également que des scélérats. Ce Bedyl joua un rôle dans la destruction de la Chartreuse de Londres, au sujet de laquelle Hall dit dans sa chronique :

« Le 19 juin 1537, trois moines de la Chartreuse furent pendus et écartelés à Tybourne, et leurs membres exposés aux environs de Londres, pour avoir nié que le roi était chef suprême de l'Église. » — On sait ce que valait cette accusation.

« Ces moines s'appelaient Exmeuve, Myddle-

---

(1) H. Ellis, *Original letters illustrative of English history*. Londres, 1845, t. II.
(2) Voir les pièces originales au *British Museum*, Cleop. E, IV, 111, 244, 246

(1) Cleop. E iv, p. 233.

more et Nudigate. Lorsqu'ils furent mis en jugement à Westminster, ils se conduisirent en opiniâtres et en entêtés. En effet, à la lecture de l'acte d'accusation qui dévoilait de quelle manière traîtresse ils avaient parlé contre la majesté du roi, contre sa couronne et contre sa dignité, ils ne rougirent pas de leur conduite et n'en eurent nulle honte. Au contraire, ils avouèrent leur crime sans chercher à se défendre, car plusieurs questions leur ayant été posées, ils n'y répondirent que par un malicieux silence. Et il appert des interrogatoires qu'ils subirent à la Tour de Londres, qu'ils regardaient comme hérétiques et indignes de réponse, lord Cromwell et les autres qui devaient les juger. »

Ce récit du protestant Hall se résume ainsi : les trois moines en question restèrent fidèles à leur foi, et en imitant leur divin maître, ils méritèrent la palme du martyre.

Il restait à Newgate d'autres chartreux : c'est d'eux que l'infâme Bedyl écrivait au non moins méprisable Cromwell :

« Mon très cher lord, après mes très sincères compliments, il plaira à votre Seigneurie d'apprendre que les moines de la Chartreuse de Londres, qui ont été enfermés à Newgate à cause de la conduite traîtresse qu'ils ont tenue depuis longtemps envers le roi, sont punis de la main de Dieu, comme vous le verrez par la pièce ci-incluse. Je n'en suis pas fâché, quand je considère leur manière d'agir, et je voudrais que tous ceux qui n'aiment pas le roi et son honneur temporel fussent dans le même cas (1)..... »

Or, par suite d'injustes et iniques tortures, cinq moines étaient morts, deux sur le point d'expirer et deux malades; un seul était en santé.

L'abbaye de Glastonbury fut traitée avec une violence et une cruauté non moins barbares. Les bâtiments de cette abbaye formaient un ensemble plein de grandeur et de magnificence; l'église surtout était un vrai chef-d'œuvre auquel peu de cathédrales pouvaient être comparées. Glastonbury était fait, en un mot, pour attirer les regards avides d'un monarque spoliateur. Aussi Richard Whiting, qui était alors abbé de ce monastère et qui le gouvernait depuis de longues années avec toute la sagesse et la prudence possibles, ne trouva-t-il nulle merci auprès du tyran, malgré son grand âge, ses vertus et sa parfaite probité.

« Le couvent, dit Pugin (2), avait de grandes richesses, et c'était là son crime, bien que ses revenus fussent dépensés en bonnes œuvres. On reprochait à l'abbé son grand train de maison, mais c'était dans les mœurs du temps. Pour couvrir ses vexations du voile d'une hypocrite légalité, Henri avait jugé à propos de prescrire de ne procéder, hors le cas de félonie et de trahison, à la destruction des communautés religieuses qu'après que leurs chefs spirituels y eussent donné leur consentement. Or, le vénérable Whiting s'étant énergiquement refusé à donner le sien, il fallut bien, pour vaincre sa résistance, inventer quelque crime à

(1) Ellis, *Original letters*, l. c.
(2) A. W. Pugin, *Types d'architecture gothique*, trad. par L. De Lobel, Liége, t. II, p. 86 et 87.

sa charge, et ce fut ce que s'empressèrent de faire les *visiteurs*.

« Whiting fut donc arrêté dans son manoir de Sharptam près de Glastonbury, et emmené prisonnier à la Tour de Londres, où il eut à subir un interrogatoire devant les suppôts de ce Thomas Cromwell, qui était à la fois vicaire général du roi en matière spirituelle, premier ministre et le plus fougueux, le plus impitoyable promoteur de la ruine des établissements religieux (2).

« Le vénérable abbé fut bientôt mis en liberté avec injonction de rejoindre son couvent et d'y attendre les ordres du roi. Mais à peine arrivé à Wells, il fut cité à comparaître en justice et y être jugé, suivant la loi, du chef de haute trahison et de vol : ses persécuteurs, en effet, l'accusaient d'avoir dérobé de la vaisselle de son église et d'avoir caché dans sa demeure un livre que les *visiteurs* y avaient découvert, et qui était une critique du divorce du roi (3). Malgré la fausseté et la niaiserie de ces accusations, le digne vieillard n'en fut pas moins condamné à la prison des traîtres (4).

« Arrêté le lendemain au milieu de son couvent, on ne lui accorda même pas, bien qu'il la demandât en versant des larmes, la faveur de dire un dernier adieu à ses frères ; on le jeta ignominieusement sur une claie, et c'est ainsi qu'on le traîna à Torr-Hill où il fut pendu et écartelé en compagnie de deux autres moines, Roger Jacob et John Thorne, condamnés au même supplice, comme complices de leur abbé. »

Lord John Russell écrivit aussitôt à lord Cromwell :

« Mylord, je vous adresse cette lettre pour vous informer que le 13 de ce mois (novembre), l'abbé de Glastonburye a été cité en justice, et le jour suivant exécuté avec deux de ses moines, pour avoir volé l'Église de Glastonbury, sur la montagne de Glaston. Le corps du dit abbé a été divisé en quatre parties et la tête coupée : un des quartiers est à Wells, un à Bath, un à Ylchester, et le reste à Bridgewater. Sa tête a été placée au-dessus de la porte de l'abbaye de Glaston (1). »

Quelques lignes plus loin, John Russell n'a pas honte de faire l'éloge du jury qui avait condamné Whiting, en le proclamant rempli de *la meilleure volonté pour servir le roi*. Quant à sa volonté de rendre la justice, il n'en est pas le moins du monde question.

Inutile d'ajouter que Glastonbury fut immédiatement envahi par les officiers du roi, que les

(1) Dans le recueil d'Ellis se trouvent plusieurs extraits du memorandum ou agenda que Thomas Cromwell tenait lui-même de ses propres faits et pensées, lesquels extraits suffisent à prouver la profonde immoralité et la cruauté de ce personnage. Mais heureusement pour la moralité de l'histoire, ses crimes ne restèrent pas impunis, car il avait à peine achevé son œuvre de destruction, qu'il fut à son tour accusé de haute trahison et d'hérésie, et décapité, sans nulle forme de procès, le 20 juillet 1540, c'est-à-dire trois mois environ après son élévation à la dignité de comte d'Essex.
(2) Voir, à ce sujet, dans l'*Histoire de la réformation*, par Burnet, t. III, 2ᵉ partie, p. 211, éd. d'Oxford, 1822, la lettre de dénonciation adressée par les *visiteurs* au lord-garde du sceau privé.
(3) L'acte ou formule de la condamnation à mort du chef de haute trahison se trouve reproduit dans un article du *Gentleman's Magazine* (mois de mars 1834, p. 268), sur le jugement et l'exécution d'Édouard, duc de Buckingham, en 1521. Il n'y a pas longtemps que ce monument de barbarie a disparu de l'arsenal des lois criminelles anglaises, bien que l'application en fût tombée en désuétude depuis de longues années.
(4) Ellis, t. II, p. 98.

moines en furent ignominieusement expulsés, et que les constructions, orgueil de l'art, disparurent bientôt sous le marteau de ces nouveaux iconoclastes. En qualifiant ainsi les agents de Henri VIII, nous ne faisons que leur rendre justice, car les saintes images excitaient leur fureur sacrilège et dévastatrice, autant que le courage des catholiques fidèles à leur foi. Ellis donne, relativement à un acte de vandalisme de cette espèce, une lettre de ce même London, si bien caractérisé par l'abbesse de Godston; on y voit percer à chaque ligne l'impiété, la bassesse et la rapacité, amplement partagées avec Cromwell, auquel s'adresse le prétendu *visiteur*.

« Je me recommande très humblement à votre Seigneurie, écrit-il, et l'informe que j'ai fait enlever l'image de Notre-Dame de Caversham, où il y avait un grand pèlerinage. Cette image est recouverte d'argent, je l'ai mise dans une caisse bien fermée et clouée, qui sera apportée à votre Seigneurie par le premier canot allant de Reading à Londres.

« J'ai aussi fait abattre l'autel sur lequel cette image était posée, ôter les objets servant à son culte, tels que les chandelles, les nappes, les croix et les images de cire appendues autour de la chapelle, et j'ai détruit tout ce qui pouvait servir à son entretien.

« La chapelle en question appartenait à l'abbaye de Notley ; un chanoine de ce monastère que l'on nommait le gardien de Caversham, venait y chanter et recevoir des offrandes pour sa subsistance. Il avait l'habitude de montrer plusieurs belles reliques, au nombre desquelles se trouvaient, disait-il, le saint dard qui perça le roi Henri, et le saint couteau qui tua le roi Édouard. Lesquelles reliques et mainte autre, ainsi que les habits de la statue, son bonnet et ses cheveux, seront remis cette semaine à votre Seigneurie par mon domestique, avec l'acquiescement (?) des frères et sous le sceau du couvent.

« J'ai envoyé le chanoine chez lui ; j'ai fermé les portes de la chapelle qui est entièrement couverte de plomb, et, si c'est le bon plaisir de votre Seigneurie, je m'en assurerai pour le service de sa gracieuse Majesté. Si j'eusse agi autrement, la chapelle, restée ouverte, eût été dépouillée de ce plomb pendant la nuit, tandis que l'on m'hébergeait chez les frères. En effet, aussitôt que j'eus le consentement de ces derniers, la multitude des pauvres de la ville se rua sur la chapelle, et vola tout ce qu'il y avait, si bien que l'on emporta même une partie de la cloche...

« A Caversham, il y a un logement convenable habité par le chanoine, et auquel sont annexés un jardin et un cimetière, *dont votre Seigneurie pourrait doter un de ses amis dans les environs*, car le chanoine n'avait rien à faire là qu'à desservir la chapelle et à recevoir les offrandes. »

Caversham devint un workhouse, puis une maison de correction; tant il est vrai que la morale publique est une des premières victimes de la suppression des couvents !

L'histoire d'une autre statue, celle de Darvell Gathern, se termina d'une manière tragique. Apportée à Londres au mois de mai 1538, elle servit à rehausser le supplice d'un moine de Greenwich, appelé le frère Forest. Ce religieux avait été accusé de trahison et d'hérésie, — comme c'était la coutume à l'égard de ceux dont on voulait se défaire. « L'on usa, dit le protestant Hall, de tous les moyens de douceur pour gagner ce frère, mais plus les magistrats étaient cléments, plus il s'obstinait à ne vouloir controverser ni répondre; ce fût donc avec justice qu'on le condamna.

« On prépara, à Smithfield, un gibet auquel le coupable fut pendu par des chaînes passées sous les aisselles; on alluma ensuite un grand feu qui devait dévorer le frère. On avait préparé autour du lieu d'exécution une immense estrade, sur laquelle avaient pris place des nobles du royaume et le conseil du roi, uniquement pour pardonner à cette misérable créature, si elle eût montré l'ombre d'un repentir. Il y avait aussi une chaire, où l'évêque de Worcester, nommé Latimer, remontra au coupable ses erreurs, et le confondit ouvertement et évidemment par l'Écriture de Dieu; il exhorta le frère au repentir, mais telle fut la perversité de cet homme qu'il ne voulut rien entendre et garda le silence. Un peu avant l'exécution, on apporta une très grande image, qui fut pendue à la potence, et brûlée avec le frère Forest.... Cette image était appelée Dorvell Gathern. »

Ces simples récits, pris au hasard entre mille, prouvent que la Réforme, — si souvent exaltée comme point de départ des lumières et de la tolérance, — a donné à l'Angleterre des Néron et des supplices dignes de la Rome antique. Mais la réforme a heureusement donné aussi à l'Angleterre ses confesseurs et ses martyrs, nobles émules des héros de la primitive Église. Comme ceux-ci, ils prient Dieu dans le ciel pour la conversion de leurs frères ici-bas. Cette œuvre marche à grands pas, et lorsqu'elle sera achevée, l'influence de l'Angleterre sur le monde sera aussi salutaire qu'elle est funeste aujourd'hui.

RÉSULTATS DE LA SPOLIATION DES MONASTÈRES ANGLAIS (p. 89).

Henri VIII avait trouvé des sommes immenses dans les coffres de son père. Ce roi avare lui avait laissé plus de deux millions de livres sterling. Le produit des monastères, dont le fils s'appropria les biens, lui rapporta au moins quatre fois au delà des revenus de la couronne, sans y comprendre des trésors d'argent monnayé, de vases sacrés, de vaisselles, de pierreries, d'*ex-voto*, tirés des dépouilles des monastères. En ajoutant à tout cela les annates et les dîmes, on ne comprend pas comment cet amas de richesses pût être dissipé en si peu d'années et dans un temps de paix. Il est hors de doute que la malédiction de Dieu s'appesantit sur toutes ces déprédations, quand on réfléchit que, quatre ans après qu'Henri eût détruit et dépouillé trois cent soixante-seize monastères, et fait rentrer toute leur substance dans les trésors, il se trouva tellement à sec que le Parlement, vaincu par ses importunités, dut lui abandonner dans son trente et unième statut les monastères qui restaient, au nombre de six cent quarante-cinq. Mais cette ressource sacrilège fût épuisée en moins d'une année, et il fallut y ajouter de nouveaux subsides. Enfin, tout s'évanouissant entré dans les mains de ce dissipateur, on lui accorda les grands revenus des chevaliers de Saint-Jean de Jérusalem, tant en Angleterre qu'en Irlande.

Qui eût cru qu'après l'invasion de mille vingt et un couvents, de quatre-vingt-six collèges, de cent dix-huit hôpitaux religieux, de deux mille trois cent soixante-quatorze cantuaires et chapelles, dont les fonds, les rentes, les épargnes et les meubles montaient à une somme inestimable, l'usurpateur verrait jamais la fin de tant de richesses et de trésors accumulés? Rien cependant de plus certain, puisque, l'année après la saisie des biens de l'ordre de Malte, on fut dans le cas, pour subvenir aux besoins de l'Etat, de lui passer *un grand subside*, car c'est ainsi qu'il est qualifié au Livre des Statuts.

Enfin, ne trouvant plus moyen de fournir aux dépenses publiques, l'an 36ᵉ de son règne, Henri VIII eut recours à un expédient également injuste et honteux : ce fut d'augmenter la valeur des espèces d'or et d'argent, et de faire battre une monnaie à laquelle il attribua une valeur idéale, c'est-à-dire qu'Henri VIII, après avoir pillé et assassiné, comme un voleur de grands chemins, se fit faux monnayeur. Mais rien ne pouvait remplir le gouffre de ses dissipations, le Parlement se vit encore obligé, la 37ᵉ année de son règne, de faire un nouvel effort pour l'honneur de la couronne, en lui accordant deux subsides à la fois et quatre quinzièmes, à cause de la guerre qu'il avait contre la France, et des dépenses où il l'avait engagé le siège de Boulogne, dont il s'était rendu maître l'année précédente, en faisant détruire la grande église de Sainte-Marie, pour y élever une batterie propre à se défendre en cas de siège...

En somme, les odieuses déprédations d'Henri VIII, loin d'enrichir la couronne, l'appauvrirent considérablement, et les revenus ecclésiastiques, en se fondant dans ses mains, amenèrent la perte d'une grande partie des biens domaniaux.

La première partie de l'énorme dette publique de l'Angleterre remonte aussi au temps de la prétendue réforme, et figure encore aujourd'hui au budget pour dix-sept milliards.

WYATT ET PAUL III (pp. 90 et 91).

Nous avons trouvé au *British Museum* (1) l'original de la lettre du 12 octobre 1537, par laquelle Cromwell informe Thomas Wyatt, ambassadeur de Henri VIII auprès de Charles-Quint, de la naissance d'Edouard VI. Cette lettre se trouve parmi les papiers de Wyatt, qui avait été envoyé en Espagne pour préparer une réconciliation entre l'empereur et François Iᵉʳ. Les pièces de ce dossier historique portent à chaque page les preuves de la haine basse et acharnée de Henri VIII contre le pape et contre le cardinal Pôle. Wyatt échoua. Paul III reprit la négociation, mais avec l'espérance d'être plus heureux : il donna rendez-vous aux deux monarques à Nice. Trois grandes têtes couronnées se trouvèrent dans cette ville au mois de juin 1538. Le roi de France logeait à l'extrémité de la ville et Charles-Quint sur une des hauteurs qui dominent la mer, sans qu'ils cherchassent ni l'un ni l'autre à se rencontrer; le pape habitait le palais du gouverneur. Si Paul essaya vainement de terminer les différends qui divisaient les deux rivaux, il obtint du moins de l'un et de l'autre un consentement à une trêve de dix ans (1).

(1) *Harl. ms.* 282, fol. 211.

LE CARDINAL PÔLE (pp. 90, col. 2, et 252).

Henri VIII se servit de Cranmer dans ses desseins antireligieux, mais il rencontra l'opposition de Pôle. C'était un adversaire rude et convaincu que ce cardinal anglais. Henri n'aurait certainement pas été fâché de faire exécuter à Fotheringay ou ailleurs, son parent Pôle, catholique vrai, ennemi déclaré du scandaleux divorce, qui sert de premier fondement à l'anglicanisme.

Henri VIII regardait Pôle comme l'implacable ennemi des Tudors, comme l'instigateur de toutes les machinations qu'on ourdissait contre la sûreté de l'Angleterre. En réalité le cardinal portait un des plus beaux noms littéraires du XVIᵉ siècle. Son origine était illustre; il était né bien près du trône et c'est peut-être la raison pour laquelle Henri le redoutait si fort (2).

Le pape Paul III lui donna les insignes du cardinalat pour le récompenser de sa noble intrépidité.

Pour répondre à cet acte du souverain pontife de Rome, le pape de Greenwich mit à prix la tête du nouveau cardinal et promit 50,000 couronnes à quiconque la lui apporterait.

Le cardinal Pôle échappa.

Cranmer fut moins heureux, malgré ses complaisances pour le roi : il perdit la vie sur le bûcher, en 1556. Parker, Fox et Burnet ont essayé de faire de cet archevêque un gentilhomme : l'apostat n'en eût été que plus coupable. Ce que Cranmer n'eut certainement jamais, ce fut la noblesse des sentiments, et Pôle le lui fit bien sentir, lorsqu'il lui écrivit :

Je vous ai allégué toutes ces raisons afin que vous voyez ce que vous avez fait, de quelle manière vous avez vécu, par quelle voies vous vous êtes instruit pour gouverner le troupeau de Jésus-Christ, si vous êtes entré par la porte ou par la fenêtre. Que si vous trouvez que vous n'avez été appelé que pour contenter une passion honteuse, la couvrir de quelque apparence de droit et de justice, on ne peut douter que vous ne soyez entré par la porte ; car on sait que vous n'avez été fait archevêque que pour ce seul objet. Peu de gens vous connaissaient auparavant et vous étiez moins connu de celui qui vous conféra cette dignité que de personne. Bien loin que l'on songeât à vous pour vous mettre à la tête du clergé d'Angleterre, vous n'y pensiez pas vous-même, si vous n'eussiez trouvé cette voie pour vous introduire dans le bercail de Jésus-Christ. Peut-on après cela douter que vous ne soyez entré par la fenêtre et non par la porte, ou plutôt que vous ne soyez glissé par des chemins couverts comme un voleur et un larron ?.

C'est cet homme que Burnet a transformé en personnage historique, digne d'estime et de vénération !

Thomas Cromwell fut le principal agent de la

(1) Rapin de Thoyras, t. VI, p. 414; Karl Lanz, *Correspondenz Kaisers Karl V*, Leipzig, 1844, t. II, p. 283 nᵒ 457.
(2) On peut consulter sur les œuvres du cardinal et les écrits pour et contre lui, les ouvrages cités par Robert Watt, dans sa *Bibliotheca Britannica*, t. IV, 8 H. Cfr. surtout la vie de Polus par Francis de Maucroix et par Beccatelli.

persécution dirigée contre le cardinal Pôle. Il écrivait, le 8 juillet 1537, à Thomas Wyatt, ambassadeur d'Angleterre près la cour de Charles-Quint, une lettre (1) dans laquelle nous lisons ce passage : « Concerning the news of this royaulme, nothing is succeded sythens my last wryting, but for Good quiet and peace daily to better and better. »

Et veut-on savoir quelles étaient cette paix et cette tranquillité? Pour l'apprendre nous n'avons qu'à continuer la lecture de la lettre citée et nous voyons « que les traîtres » (lisez les catholiques adversaires du divorce) ont été exécutés; lord Darcy pendu à Tower Hill, lord Husey pendu au donjon du château d'Yorck; sir Robert Constable pendu à Hull; que le menu fretin — the residue — a été expédié à Thifburn.

Ce Néron au petit pied était l'ennemi personnel de Pôle : on peut se figurer, dès lors, quelles durent être, sous une telle influence, les instructions qu'Henri VIII envoya, le 13 février 1538, à Thomas Wyatt, relativement au cardinal (2). Ce document qui, au point de vue de l'histoire, a une importance réelle, se trouve résumé dans la lettre suivante (3) que l'ambassadeur anglais était en même temps chargé de remettre à l'empereur : « Ayant puisnagères en credible advertissement que le cardinal Pôle a prins son chemin pour aller vers vous, la cause pourquoy et ainsi qu'entendons pour nul bien, mais pour semer discorde et dissention où amytié et concorde est. Sa nature ainsi qu'avons esprouvé, est si très ingrate que n'en pourroit sortir aulcun bien; en plourant larmes de crocodile, il respendra, s'il peut, le venyn de sa nature viperine; non seulement nous vous avons, par ces présentes, voulu signifier qu'il nous est très ingrat, rebelle et traytre, et que depuis qu'il a receu le chapeau rouge et devant, il a avecques plusieurs aultres traytres de son allyance conspiré la destruction de nostre personne, de prince Edward, nostre filz, et de dame Marie et dame Elisabeth nos filles, comme de ce il a esté par les lois de nostre royaulme indicté et trouvé coupable. Mais aussi par cestes noz lettres, vous prions et requérons que veu que pour certain il nous est ingrat, rebelle et traytre, vous ne luy faictes, ny monstrez aulcune faveur, support ne confort, ains que comme personne à tous princes contagieuse, selon que l'ancyenne amytié et allyance d'entre nous et les traictés de paix le requièrent, vous le luy veuillez refuser, l'envoyer et bannir hors de voz dominions, et aultrement traicter comme nostre traytre, accordant aux susdits traictés, et comme vous vouldriez que en pareil cas nous fissions pour vous; nous avons donné charge à nostre féal et très ami conseiller, sieur Th. Wyatt, nostre ambassadeur lez vous résidant, de vous signifier et déclarer ce que dessus, vous prier et requérir de ainsi le faire, et si aussi le requérez, de vous déclarer son ingratitude et les conspirations que constre nostre dicte personne et enfans, il avait practicé avec ses complices, il vous playra les considérer et montrer par effect mutuelle correspondance de bonne affection et vraye amytié vers nous, ainsi qu'espoirons vous le vouldrez faire, qui nous sera très-acceptable plaisir d'entendre, lequel et aultres, en tout ce que où vous sçaurons faire plaisir, gratuité et honneur, nous employerons à recognoistre de très-bon cueur, comme cognoist nostre benoist Créateur, qui vous ait, très-hault, très-excellent et très-puissant prince nostre très-cher et très amé-frère, cousin et perpétuel allyé, en sa très-sainte et très-digne garde. Escript à nostre palais de Werstminster, le XIIIe de febvrier, l'an de Nostre Seigneur XVe, XXXVIIIe, et de nostre règne le XXXe. »

LE SORT DES PERSÉCUTEURS EN ANGLETERRE
(p. 91, col. 2).

Spelman, que nous avons cité, regarde la fin tragique de Cromwell comme la juste punition de ses crimes et surtout du concours actif qu'il prêta à Henri VIII, dans la spoliation des couvents. L'auteur recherche en même temps quel fut le sort de la plupart de ceux qui prêtèrent les mains à cette œuvre impie et sacrilège. Commençant par Henri VIII lui-même, Spelman fait remarquer que, des cinq enfants de ce roi persécuteur, deux moururent en bas-âge et que les trois autres — Edouard, Marie et Elisabeth — succédèrent au trône, mais ne laissèrent pas de postérité. Son fils naturel, le duc de Richemont, mourut aussi sans enfants, tellement que la race de ce prince sacrilège fut éteinte comme celle du destructeur du Temple de Jérusalem, et que son royaume passa à une nation étrangère et dans une autre maison, soixante-huit ans après qu'il eut pillé et saccagé les églises et les monastères.

La malédiction divine poursuivit Cromwell au delà de la tombe : son petit-fils dissipa toute sa succession, et il ne lui resta pas plus de terre en Angleterre, que son aïeul n'en avait laissé aux religieux.

Quant à ceux qui votèrent le bill de 1536, d'une vingtaine d'évêques et d'archevêques, que Spelman désigne par leur nom de famille et par celui de leurs sièges, quelques-uns eurent une fin déplorable; mais il suppose que la plupart s'opposèrent ouvertement à l'usurpation et que le bill ne passa qu'à la pluralité des voix des lords séculiers; c'est ce qu'il remarque, après avoir donné la liste des lords spirituels qui furent présents au Parlement, lorsque le bill, pour assurer les monastères au roi, fut dressé; car il fait observer que dans d'autres actes, où le bill passa unanimement, il est dit : *nemine dissentiente*, et que cette note ne se trouve point dans celui-ci. Cette réticence semble insinuer — ce qui est vraisemblable — que le parti des séculiers l'emporta par le nombre sur celui des ecclésiastiques.

Les lords séculiers qui assistèrent au Parlement de la 31e année d'Henri VIII, étaient au nombre de dix-sept, tous désignés par leurs noms et leurs titres. L'auteur observe que presque tous périrent par la main du bourreau ou dans la Tour; que plusieurs furent emportés par des accidents funestes;

---

(1) La minute se trouve au musée Britannique, *Bibl. Harl.* Ms, 282, fol. 205.
(2) Musée Brit. *Bibl. Harl.* Ms. 282 fol. 47.
(3) Ibid. Ms. 282 fol. 67.

enfin que peu d'entre eux laissèrent de postérité, et que cette postérité fut éteinte avant la quatrième génération. Les barons de ce même Parlement étaient au nombre de vingt-cinq en tout. Leur sort fut analogue à celui des lords.

Ce que Spelman déplore plus amèrement que la punition des dévastateurs, c'est la destruction universelle des bibliothèques. Leland, bibliothécaire d'Henri VIII, et qui avait mis à profit pour son maître la dépouille des maisons religieuses, et d'autres témoins oculaires racontent que l'on comptait 1700 manuscrits à Péterborough; que la bibliothèque des moines gris, à Londres, avait 129 pieds de long sur 31 de large et était très bien fournie (*Well filled with books*); qu'à Wells, la salle occupée par les livres avait vingt-cinq fenêtres de chaque côté. Tous ces riches et inappréciables dépôts furent pillés et dévastés. Ce fut là une infamie qui déshonora l'Angleterre aux yeux des nations policées. Mais c'est ce qu'ont fait les sectaires dans tous les temps et dans tous les pays. Que de précieux monuments n'ont point péri par les mains dévastatrices des protestants dans l'Allemagne, des gueux dans les Pays-Bas et des huguenots en France!. « Je connais, dit Jean Bâlée lui-même, cet apostat anglais qui quitta l'ordre des Carmes et la religion catholique pour la secte de Calvin et pour une femme, je connais un marchand qui acheta deux superbes bibliothèques pour quatre-vingts sols! » Quelle horrible dissipation aux yeux de tout homme qui aime la religion, les sciences et la patrie!

L'EUROPE EN 1538 (p. 92).

Dans une précédente note, nous avons rappelé le cri d'alarme jeté par Paul III, en présence de la situation périlleuse que l'inimitié de François Ier et de Charles-Quint créait à l'Europe. Le roi de France qui avait la conscience des dangers qui l'entouraient, conçut, pour les conjurer, une combinaison diplomatique très adroite dans les circonstances. Fort de la parole de Charles-Quint, qui lui avait promis l'investiture du duché de Milan pour le duc d'Orléans son second fils, investiture qui dut être fut stipulée ensuite dans le traité de Crespy, il fit, par l'intermédiaire de l'évêque de Westminster, ambassadeur d'Henri VIII en France, des ouvertures pour le mariage du duc avec Marie Tudor. Il est bien évident que si cette négociation, qui fut entamée au mois d'avril 1538, avait réussi, la question du duché de Milan se trouvait résolue, la paix rétablie entre François Ier et Charles-Quint, et la chrétienté rendue au repos et à la paix dont elle avait si grand besoin.

Nous signalerons ici la lettre que Henri VIII adressa, relativement à ce projet, le 4 mai 1538 à Wyatt, Heynes et Bonner, ses ambassadeurs auprès de Charles-Quint (1). Dans l'opinion du roi d'Angleterre, l'empereur ne saurait voir ce mariage de bon œil, eu égard surtout à la proche parenté qui existait entre lui et la princesse Marie. Henri

(1) Nous en avons pris copie au musée Britannique, *Bibl. Harl.* Ms. 285, fol. 65.

lui-même n'y est pas opposé, parce qu'il est animé des meilleurs sentiments pour son frère, le roi de France. Seulement comme il sait de source certaine que les difficultés pendantes entre les deux souverains sont soumises à l'arbitrage de l'évêque de Rome et que lui-même est l'ennemi de cet évêque, il ne saurait consentir à ce que celui-ci intervienne comme médiateur. Conséquemment Henri VIII exige qu'avant de pousser plus loin cette affaire, il soit conclu entre lui et François Ier un acte diplomatique par lequel celui-ci s'oblige à ne pas traiter avec l'empereur sans que lui, Henri VIII, y intervienne comme partie principale et à ne consentir en aucune façon à la réunion d'un concile convoqué par l'évêque de Rome ou par toute autre autorité, sans le consentement exprès du roi d'Angleterre.

Cette réponse mit naturellement fin aux pourparlers, et Marie Tudor devint la femme de Philippe II.

LA RÉFORME EN SUISSE (p. 109 et suiv.).

Ce que Rohrbacher dit à ce sujet étant suffisant dans son plan, nous nous contentons d'indiquer ici l'importante collection de sources nouvelles pour l'histoire de la réforme de 1528 à 1532, publiée par M. Joh. Strickler (1). Pour la Suisse en particulier, ce recueil jette un nouveau jour sur le traité de Waldshut et la réaction catholique qui s'ensuivit.

CALVIN ET LA MORALE A GENÈVE (p. 113).

« La plaie la plus déplorable, écrivait Calvin, c'est que les pasteurs, oui les pasteurs eux-mêmes, sont aujourd'hui les plus honteux exemples de la perversité et des autres vices. De là vient que leurs sermons n'obtiennent ni plus de crédit, ni plus d'autorité que les fables débitées sur la scène par un histrion. Et pourtant, ces messieurs ont l'impudence de trouver étrange le mépris qu'on leur voue, et se plaignent de ce qu'on les montre au doigt et les livre à la risée! Quant à moi, je suis plutôt surpris de la longanimité du peuple, des femmes et des enfants, qui ne les couvrent pas de boue (2). »

En traçant ce honteux tableau de la situation morale et religieuse de Genève, le réformateur a cru démontrer que tous ces maux étaient le fâcheux résultat de l'exil auquel lui et les siens étaient condamnés. Tout esprit sensé en tirera cette autre conclusion bien plus naturelle, que la présence de Calvin et de Farel avait été la cause première des désordres, que leurs doctrines avaient suscités (3), que leur présence avait été impuissante à réprimer. La révolte et l'impiété sont du reste les fruits de

(1) Joh. Strickler. *Die eidgenössischen Abschiede aus dem Zeitraum von 1528 bis 1532...* Zurich, 1876.
(2) Calvin, *De scand.*
(3) Calvin. *Ad evang. fer. 2 Pentec.* — *Serm. de piscat. Petri.* — *Ad evang. in Christi nativ.* — *Sermo de nov. Test. sive de missa.* — *De Antiq. conc. Trident.* cités dans la *Correspondance entre un prêtre catholique et un ministre calviniste.* Clermont-Ferrand, 1853, pp. 141 et 142.

l'hérésie ; la sève pernicieuse de cet arbre ne peut en produire d'autres. Le célibat devait nécessairement peser à ces hommes qui, par principe et de fait, lâchaient la bride à toutes les passions. Par principe, puisque les réformateurs soutenaient que *garder les commandements de Dieu, c'était un obstacle au salut; que la foi, accompagnée de bonnes œuvres n'est pas une foi véritable,* et que, par conséquent, *nous ne pouvons plus être damnés pour nos péchés quels qu'ils soient* (1).

MICHEL SERVET (p. 115, col. 2).

Malgré tous les travaux entrepris sur l'histoire de la réforme au XVIe siècle, et sur Michel Servet, en particulier, il reste encore bien des points obscurs dans la vie de cet hérétique espagnol, victime de l'intolérance des protestants eux-mêmes. M. Ch. Dardier, a résumé, dans un esprit malheureusement trop partial, les plus récentes publications dans son étude sur *Michel Servet d'après les plus récents biographes* (1). Il montre en ces termes Michel Servet à Bologne lors du couronnement de Charles-Quint par le pape Clément VII. (1529) « Servet vit des milliers de fidèles et le prince le plus puissant de l'Europe se prosterner dans la poussière devant le Souverain Pontife comme devant un Dieu. » Il poursuit dès lors, avec Calvin, bien que par des voies tout à fait opposées, « mais avec un égal dédain et une égale violence, les erreurs et les superstitions de l'Église de Rome. » Toutefois, les premiers livres théologiques de Servet ayant eu peu de succès, le hardi novateur se lança dans l'étude de la médecine, et M. Dardier lui attribue l'honneur d'avoir découvert, avant Harvey, les lois de la circulation du sang. Mais entraîné par sa passion religieuse, il ne put développer ses théories scientifiques. De nouveaux écrits théologiques le firent accuser, à tort, pense M. Dardier, de panthéisme et le mirent en hostilité ouverte avec Calvin qui le fit arrêter sur les hauteurs de Champel le 27 octobre 1553 M. Dardier est un apologiste de Servet. on ne peut le suivre qu'avec précaution. Comme esprit il vaut mieux s'en rapporter à l'ouvrage, très curieux et très impartial, quoiqu'en puissent dire les admirateurs de Calvin, du dr Willis (3).

La conclusion de cet auteur est aussi que la mort de Servet fut le résultat, non pas de l'*odium theologicum*, mais d'une haine personnelle qui prit pour prétexte les doctrines hétérodoxes de l'auteur du *De Trinitatis erroribus*. Il est bien certain que Servet poussait le rationalisme, ou, si l'on veut, le socinianisme, jusqu'à ses dernières conséquences; il est également prouvé que si Calvin s'y était prêté, la sentence de mort n'aurait pas été prononcée contre le malheureux; mais l'occasion s'offrait trop naturellement à lui de se débarrasser d'un ennemi.

(1) Sur Calvin, consulter Audin, *Histoire de Calvin*. Paris 1841; Kampschulte. *Johann Calvin seine Kirche und sein statt in Genf*. Leipzig. 1869. (Ouvrage important.)
(2) *Revue historique*, Mai, Juin 1879.
(3) Willis. *Servetus and Calvin etc*. Londres 1877.

ERASME (p. 116 col. 1).

La vie d'Erasme, dont Rohrbacher s'occupe ici avec quelques détails, étant liée à l'histoire des luttes philosophiques et religieuses du XVIe siècle, nous indiquerons comme ouvrages à consulter spécialement à ce point de vue : Durand de Laur, *Erasme, précurseur et initiateur de l'esprit moderne*. Paris, 1872; G. Feugère, *Erasme, Etude sur sa vie et ses œuvres*. Paris, 1874; Robert B. Drummond, *Erasmus : his Life and Character as shown in his correspondence and Works*. Londres, 1873. (Pour se rendre bien compte de la société européenne aux abords de la réformation, rien de tel que les 800 lettres d'Erasme.)

MELCHIOR CANO ET LES TRAVAUX DOGMATIQUES ET EXÉGÉTIQUES AU XVIe SIÈCLE (p. 118).

Cette époque, dit J. A. Mœhler, après avoir parlé de Melchior Cano (1), ne manque pas de travaux dogmatiques traitant à fond certains sujets particuliers, comme le péché originel, la grâce, etc. Nous citerons les ouvrages de Jean Gropper, chanoine de Cologne, d'Albert Pighius (2), de Jean Eck (3), de Jérôme Emser (4), de Faber, de Pierre Canisius (5), du cardinal Stanislas Hosius (6), de l'espagnol François Suarez (7), de Vasquez et surtout de Denis Pétau, jésuite d'Orléans, né en 1583, mort en 1652, le plus savant homme de son temps. Son traité de chronologie, *Rationarium temporum*, est encore estimé de nos jours, ses *Dogmes théologiques* (8), malheureusement incomplets, ont immortalisé son nom : Pétau est le père de l'histoire des dogmes.

De grands progrès furent accomplis en exégèse. Deux nouvelles bibles polyglottes furent publiées, l'une à Anvers (1569), l'autre à Paris (1645); la première eut pour collaborateur l'espagnol Benoît Arias Montanus, la seconde le cardinal Duperron, pour ne citer que lui. La théorie de l'inspiration des Saintes Ecritures fut présentée sous de nouveaux aspects par les jésuites Hamelius et Lessius, professeurs à Louvain. Santes Pagninus (mort en 1541), de Lucques, qui résidait à Lyon, rédigea une grammaire et un lexique hébraïques; le cardinal Cajetan, des commentaires sur la plupart des livres de l'Ecriture Sainte. Les traductions et les remarques de Vatable (mort en 1547) sur le Nouveau

(1) *M. Cani opera theologica*, Lugd., 1704; *cum præfatione Hyac. Serry*. Patavis, 1714 (1727, 1762). Vicnnæ, 1754.
(2) *Alb. Pighius und sein theologischer Standpunkt*, par Linsemann (*Tub. theologische Quartalschrift*, 1866, p. 571-644) Laemmer, *Die vortridentinische Kathol. Theologie des Reformationszeitalters*. Berl., 1858.
(3) Dr *Johann Eck, prof. der theologie an der Univer. Ingolstadt*, par Th. Wiedimann. Regsb., 1865.
(4) G. E. Waldau, *Nachrichten von H. Emser's Leben und Schriften* Ansp. 1783.
(5) *Der selige Petrus Canisius* a. d. G. J., par P. Fl. Riess. Freib. 1865.
(6) Eichhorn, *Der ermelaudische Biscof u. Card. Hosius*, Mz. 1854.
(7) K. Werner. *Franz Suarez u. die Scholastik der letzen Jahrhunderte*. Regsb., 1861.
(8) Deux éditions en ont été publiées, l'une chez Vivès, à Paris l'autre chez Guérin, à Bar-le-Duc.

Testament, étaient encore lues presque partout dans le siècle dernier (1). Le commentaire d'André Masius sur le livre de Job est un chef d'œuvre. Le cardinal Jacques Sadolet s'occupa aussi avec succès de travaux d'exégèse. Le cardinal Gaspard Contarini (mort en 1542) fut un excellent commentateur des Épîtres de saint Paul. Charles Espence (mort en 1571) donna des scholies et des commentaires sur la Bible. Tous ont été surpassés par le jésuite Maldonat, né en 1533 dans l'Estramadure. Doué de connaissances variées, il enseigna à Paris avec un tel éclat que la salle était trop étroite pour contenir ses nombreux auditeurs. Ses commentaires sur les quatre Évangélistes sont excellents (2). Il mourut à Rome en 1583.

On doit au jésuite Cornelius a Lapide, des commentaires estimés sur tous les livres de l'ancien et du nouveau Testament (3). Ceux d'Étienne Menochius (mort en 1655) sont moins étendus.

De tous les genres d'études, aucun ne fut aussi cultivé que l'apologétique et la polémique. Erasme, Henri VIII, Emser, Priérias, Jean Ecke, Albert Pighius, le cardinal Sadolet, Contarini, rédigèrent des opuscules. Le portugais Paiva d'Andrada, Alphonse de Castro, André Véga et autres grands théologiens d'Espagne, Martin Bécan, jésuite allemand, et plusieurs autres, vengèrent le concile de Trente des attaques de Chemnitz; mais aucun n'a égalé le cardinal et jésuite Bellarmin, né en 1542 à Puleiano, près de Florence, mort en 1621. On loue son abnégation, son goût du travail, sa simplicité, son amour de la solitude et sa grande indépendance de caractère. Son principal ouvrage est intitulé *Disputationes de controversiis Christianæ fidei*, en trois volumes in-folio, où l'on trouve aussi l'exposé des contradictions dogmatiques entre les catholiques et les sociniens.

Sur le terrain de la théologie pratique, S. Charles Borromée, archevêque de Milan, occupe la première place (1560-1584). Son neveu, Frédéric Borromée, qui fut comme lui archevêque de Milan (1595-1631), est un des poètes les plus goûtés de l'Italie.

Citons enfin saint François de Sales, dont Fénelon met le style naïf, avec la simplicité aimable qu'il présente, au-dessus de toutes les grâces de l'esprit profane. Son *Traité de l'Amour de Dieu* et son *Introduction à la vie dévote*, deux ouvrages classiques, sont traduits dans la plupart des langues modernes.

En Espagne, les principaux écrivains ascétiques sont Jean de la Croix, sainte Thérèse, Louis de Grenade, Jean d'Avila, Alphonse Rodriguez, etc. (4).

---

(1) Ed. Nicol. Henry. Par., 1729 et 1745.
(2) Publiés pour la première fois en 1596. — J. M. Prat, *Mald. et l'université de Paris au XVIᵉ siècle*. Par., 1857.
(3) Melitae, 1842-1852, 10 tomes in-4. On connaît les éditions de Vivès et de Pélagaud.
(4) Voir divers articles sur la littérature chrétienne et classique de l'Espagne dans le *Chilianeum*, t. II, 1862, par J. Schermer; l'ensemble: Werner, *Geschichte der apologet. und polemischen literatur der christ. Theologie*. Schaffh., 1865, t. IV. *Geschichte der Kathol. Theologie in Deutschland seit dem Trienter Concile bis Gegenwart*. Mch. 1866. — And. Raess, *Die Convertiten seit der Reformation*, (t. I-V, Freib. 1865-1868. Cet ouvrage s'étend jusqu'en 1838). — *Notizen über berühmte nachtridentinische Theologen*. (par Hurter?), dans le *Katholik*, 1863-1866, etc.

PÈLERINAGES EN PALESTINE (p. 138 col. 2).

Comme on le voit en cet endroit par l'exemple de saint Ignace de Loyola, deux siècles après la perte totale de la Terre-Sainte, la coutume des grands pèlerinages de Palestine attirait encore de nombreux chrétiens dans ce pays. Un nombre incalculable de particuliers et de princes de différentes maisons de France, des Pays-Bas et d'Allemagne, entreprirent ce pèlerinage aux XVᵉ, XVIᵉ et XVIIᵉ siècles. Le duc Guillaume III de Saxe fut, après les croisades, le premier prince de Saxe qui alla de nouveau en Terre-Sainte (1461). Son exemple fut suivi par plusieurs autres, par le duc Albert le Magnanime (1476), par l'électeur Frédéric II le Sage (1493), par le duc Henri le Pieux (1498), et il est dit de tous « qu'ils suivaient les traces de leurs ancêtres. » A la fin du XVᵉ siècle nous rencontrons Josse de Ghistelles (1481-1484), Nicolas Schouteel (1455-1491), le duc Bogislaw X de Poméranie (1496), le duc Alexandre, électeur du Rhin, le comte Jean-Louis de Nassau (1495-1496), le comte Eberhard à la Barbe, premier duc de Wurtemberg. Ce dernier se rendit aussi à Rome pour témoigner son respect au pape, qui le reçut avec toutes sortes d'honneurs, car il est un des plus nobles et des plus grands princes qu'ait jamais eu l'Allemagne, et aujourd'hui, malgré la Réforme et malgré le duc Ulrich, il est encore le prince le plus populaire du Wurtemberg (1).

Dans les Pays-Bas, nous voyons aux XVIᵉ et XVIIᵉ siècles, successivement : le grand pèlerinage de Terre-Sainte, effectué par Pierre de Smet (1505-1506), Jean Zuallart (1586), Vincent de Stochove (1630-1633), Jean Van der Linden (1633), Bernardin Surius (1644-1647), et Antoine Gonsalès (1665-1668) (2).

SAINT IGNACE ET CALVIN (p. 155).

« Les jésuites, disait Calvin, sont nos plus grands ennemis; il faut les *tuer*; et si l'entreprise est trop difficile, les chasser du moins, et les accabler sous le poids des mensonges et des calomnies. » Voici le texte original de Calvin : « Jesuitæ vero, qui se maxime nobis opponunt, aut *necandi*, aut si hoc commode fieri non potest, ejiciendi, aut certe mendaciis et calumniis opprimendi sunt (3). »

Cette haine des jésuites qui a passé de l'hérésie,

---

(1) Pour les pèlerinages des princes allemands en Terre-Sainte consultez, dans F. Geisheim: *Die Hohenzollernam heil. Grabe zu Jerusalem*. Berl. 1858, p. 3. — *Balthasar Mencius itinera sex a diversis Saxoniæ ducibus in Italiam et Palæstinam facta*. Witch., 1612. — *Reyssbuch des heil. Landes, das ist grundtliche Beschreibung aller und ieder Meer- und Pilgerfahrten zum heil. Lande*. Francfort s., M. 1584; Félix Fabry, *Evagatorium in Terræ Sanctæ, Arabiæ et Ægypti peregrinationem ann*. 1479 et 1483; Ed. Hatsler, Stuttg. 1843-1849, 3 tomes. — *Felix Faber's gereimtes Pilgerbüchlein*, Munch. 1864, publié par Ant. Birlinger: (Cf. *Bibliographia geographia Palæstinæ* de Titus Tobler. Leipz. 1867). *Pilgerfahrt des Landgrafen Wilhelm der Tapfern von Thüringen von Thüringen in dem Jahre 1461*, publié par J.-G. Kohl. Bremen 1868.
(2) J. de Saint-Genois, *Les Voyageurs belges*. Bruxelles.
(3) Calv. apud Becan. t. I, Opusc. 17. Aphor. 13. *De modo propagandi calvinismum*.

à l'incrédulité, est la source de toutes les persécutions dont le siècle a accablé, non seulement les Jésuites, mais les religieux de tous les ordres.

C'est elle qui a inventé les prétendus *Monita secreta*, qu'on a si souvent reprochés aux Jésuites et qui ne sont qu'une méprisable calomnie; c'est elle encore qui a soi-disant trouvé dans les constitutions de la compagnie de Jésus qu'un supérieur a le pouvoir d'ordonner un péché, dans des circonstances données.

Le passage dont on se prévaut dans ce dernier cas, est ainsi conçu :

« Visum et nobis in Domino, excepto expresso voto quo societas summo Pontifici, pro tempori existenti, tenetur, ac tribus aliis essentialibus paupertatis, castitatis et obedientiæ, nullas constitutiones, declarationes, vel ordinem ullum vivendi, posse obligationem ac peccatum mortale vel veniale inducere, nisi superior ea in nomine Domini Jesu Christi, vel in virtute obedientiæ juberet. »

D'après le titre : « *Quod constitutiones peccati obligationem non inducunt*, d'après le contexte et l'ensemble, le sens est clairement celui-ci : « Les quatre grands vœux seuls lient toujours, sous peine de péché; les autres constitutions et ordonnances ne peuvent lier qu'autant que le supérieur l'exige en vertu de l'obéissance ou au nom de Jésus-Christ (1).

LES PÈRES DU CONCILE DE TRENTE (p. 169, col. 1).

En réponse aux assertions des historiens hostiles au Saint-Siège, M. Cesar Cantu a montré de quels hommes savants le concile de Trente était composé, à quelles discussions approfondies toutes les questions furent soumises, enfin avec quelle autorité furent édictées les réformes et rédigée la profession de foi qui devaient ôter tout prétexte à la Réforme et lui imprimer son caractère de révolte manifeste. (Le *Contemporain*, livr. des 30 septembre et 31 octobre 1867.)

SOURCES DE L'HISTOIRE DU CONCILE DE TRENTE
(p. 172, col. 1).

Deux écrivains d'un esprit totalement opposé, Pallavicini et Sarpi, ont fait au XVIe siècle, comme le rappelle Rohrbacher, l'histoire du Concile de Trente. Mais ils n'assistèrent pas à ce Concile. Pour avoir des éclaircissements sur les points controversés, il est utile de consulter un témoin oculaire et judicieux, l'archevêque de Zara, qui prit part à toutes les sessions du Concile sous Pie IV. Deux fois par semaine il adressait au cardinal camerlingue, Louis Cornaro, résidant à Rome, des lettres qui étaient communiquées à saint Charles Borromée et dont les originaux ont été déposés dans les Archives du Vatican sous Alexandre VII. Mansi fit copier ces lettres écrites de Trente de 1561 à 1563, et il les publia dans la nouvelle édition des *Miscellanea* de Baluze parue en 1767, avec d'autres précieux documents sur le Concile de Trente, que ni les annales de Baronius ni le recueil de Martène, où l'on trouve notamment le *Diarium* de Lorelli, n'avaient encore fait connaître. Leplat s'en est servi dans sa grande collection de monuments relatifs à l'histoire du Concile de Trente (1). Il en est d'autres qu'il n'a pas jugé à propos d'insérer et que les historiens du Concile semblent avoir négligés. Ainsi, l'on trouve au tome III des *Miscellanea* une série de lettres écrites de Trente au cardinal saint Charles Borromée, par Charles Visconti, évêque de Vintimille et nonce de Pie IV auprès du Concile. On a dans ces lettres de curieux aperçus sur l'Inquisition espagnole et ce qui la distinguait de l'Inquisition romaine. Nous citerons un entretien du nonce avec le cardinal de Lorraine qui, exposant ses propres sentiments et la vraie doctrine de la Sorbonne sur l'autorité des conciles œcuméniques, reconnaissait hautement la supériorité du Pontife romain en tout ce qui concerne la discipline.

Quant aux lettres de l'archevêque de Zara, devenu dans la suite évêque de Terni, elles sont une histoire, un journal de tout ce qui se passa à Trente par rapport au Concile, dans les sessions et les congrégations, tant particulières que générales, dont il fait la relation avec beaucoup de soin et d'exactitude. L'auteur fait connaître en détail, non-seulement les actes du Concile, mais encore ce qui se passait dans les autres parties de l'Europe, et particulièrement en France, au sujet de cette assemblée. Il fournit une foule de renseignements sur des choses arrivées à la même époque et qui méritent d'être connues. Il avait coutume d'envoyer au Cardinal camerlingue la copie des canons et décrets qu'on proposait au Concile, avec les variantes suggérées par les théologiens; il lui adressait aussi les discours prononcés dans les congrégations, les lettres des princes, les notes de leurs ambassadeurs (2). C'est surtout cette dernière série de prières latines que Leplat a recueillies dans sa collection.

L'« histoire des Conciles » d'Héfélé s'arrêtant à la fin du Concile de Bâle, on n'a pas encore tiré tout le parti, pour le Concile de Trente, de ces documents.

Ils ne sont pas d'ailleurs les seuls. Les autres, il est vrai, sont plus politiques que dogmatiques; mais ils doivent être également consultés. Il y avait à Florence une belle et riche collection dans les papiers du cardinal Cervini, l'un des trois légats au concile pendant la première période; elle a trait surtout à la convocation du concile (3). A Parme, l'on conservait les archives de Beccadelli, archevêque de Raguse, secrétaire des légats qui ouvrirent et de ceux qui fermèrent le concile de Trente (4) ; ces

---

(1) Cfr. *Réfutation de Laug sur l'existence d'une loi qui permet le péché parmi les jésuites*, par Christian Mensch (le prof. Kern de Gœttingue). Mayence, 1824 ; Riffel, *Abolition de l'ordre des Jésuites* Mayence, 1845, p. 217 et suiv.

(1) *Monumentorum ad historiam concilii Tridentini spectantium amplissima collectio.*
(2) Les lettres sont au nombre de 232 dans le tome IV des *Miscellanea.*
(3) Ces papiers, conservés aux Archives de l'État, ont passé à Rome, depuis l'établissement du royaume italien.
(4) Même observation.

documents vont du pontificat de Paul III à celui de Pie IV. Dans la bibliothèque publique de Trente se trouvent cinquante volumes in-folio, documents originaux ou copies qui embrassent non-seulement toute la durée du concile, mais qui remontent au pontificat de Léon X. Le chanoine Morandi, de Bologne, a fait des manuscrits Beccadelli un bon choix (1). Quant aux cinquante volumes de la bibliothèque de Trente, un résumé en a été fait par le chanoine Giovanni Finazzi, de Bergame (2).

Enfin, en dehors des *Miscellanea* de Baluze, que nous avons signalés plus haut, il existe à la Bibliothèque nationale de Paris, sous le titre de *Dépêches du concile de Trente* (3), la première série des lettres de Charles Visconti, évêque de Vintimille, nonce de Pie IV au concile de Trente et résident auprès des légats du Saint-Siège. Toutes ces dépêches sont adressées au cardinal Borromée (depuis saint Charles), son parent. Ces lettres, écrites en italien, vont jusqu'au 21 février 1563. Pour leur faire suite, on peut recourir aux *Lettres, Anecdotes et Mémoires historiques du nonce Visconti, ministre secret de Pie IV*, publiés en italien et en français, d'après les manuscrits, par D. Aymon (4).

Il y aurait donc, avec ces documents, à faire une nouvelle histoire du concile de Trente, que celles de Pallavicini et du P. Prat elles-mêmes ne rendent pas inutile.

En attendant ce grand travail, nous renvoyons, pour compléter Rohrbacher sur certains points, et en faisant certaines réserves et restrictions, à l'étude de M. Baguenault de Puchesse, sur *le Concile de Trente* (5).

L'ASSASSINAT DE FRA PAOLO SARPI (p. 172 col. 2).

Des écrivains protestants et révolutionnaires ont imputé au Saint-Siège l'assassinat de Fra Paolo Sarpi, l'historien pamphlétaire du concile de Trente; ils ont été jusqu'à dire que saint Charles Borromée et saint Pie V y avaient applaudi.

M. César Cantu a très bien prouvé dans son *Histoire des hérétiques d'Italie* qu'il n'en est rien (6).

(1) *Monumenti di varia letteratura*. Bologne, 1804, t. II.
(2) *Lettere del cardinale Commendone nella sua nunziatura di Germania*. Turin, 1866. Un moine bénédictin, Alberto Mazzoleni, né en 1695, mort à 64 ans, employa une grande partie de sa vie à recueillir des livres et des manuscrits avec l'intention d'écrire après Pallavicini et Sarpi une nouvelle histoire du Concile de Trente d'après les documents authentiques. C'est de sa collection que proviennent les 3 volumes de la bibliothèque de la ville de Pergame et les 50 de celle de Trente. En commençant aux *Prœludia* (c'est ainsi que Mazzoleni appelle les documents antérieurs à la convocation du Concile), on arrive, en traversant une longue série d'actes et de documents de toute sorte, à la dernière période du Concile, période signalée par la nonciature du cardinal Commendone.
(3) Mss. franç. n° 3166.
(4) Amsterdam, 1719, 2 vol. in-12. Dans ces diverses lettres et dépêches très curieuses pour l'histoire, le nonce secret du pape raconte au cardinal Borromée toutes les nouvelles du Concile, les démarches, les paroles, les intentions supposées des divers personnages, les anecdotes qui circulent, les intrigues qui se croisent. Il juge le tout avec une grande liberté d'appréciation et tient son correspondant au courant de tout ce qu'il voit, entend et apprend par toutes les sources d'information.
(5) Dans *Revue des questions historiques*. Livr. de juillet 1869 p. 5, et d'octobre, p. 329.
(6) *Gli eretici d'Italia*. Voir aussi à ce sujet une dissertation dans la *Civiltà Cattolica*. du 21 décembre 1867, où l'on démontre très bien qu'en confrontant les quatre récits contemporains sur l'assassinat, on voit la fausseté des circonstances capitales de l'accusation.

On a des lettres de saint Pie V, qui, au contraire, exprime de profonds regrets pour ce déplorable événement. Il est vrai que les assassins, au premier moment, se réfugièrent dans l'hôtel du nonce apostolique, qui était le plus rapproché du théâtre du meurtre, pour y trouver l'immunité; l'on ne saurait s'étonner que le nonce ne leur en ait pas fait interdire l'entrée Mais les assassins furent arrêtés sur les domaines du pape. Un d'eux fut décapité à Pérouse, ville papale; trois autres moururent dans les cachots de Civita-Vecchia, qui était aussi dans la juridiction du pape.

Quand le Saint-Siège se réconcilia avec Venise, le nonce qui fut envoyé reçut (le 1ᵉʳ juin 1621) des instructions dans lesquelles on parlait de Fra Paolo, du mal produit par ses doctrines exécrables, et par ses conseils d'autant plus dangereux qu'ils étaient couverts du masque de l'hypocrisie. On exhortait le nonce à prendre garde à ses démarches, à tâcher de lui faire quitter le pays, pour aller ailleurs vivre paisiblement, après qu'il se serait réconcilié avec l'Eglise. « Mais, ajoutent les instructions, il y a bien peu à espérer, et il faudra attendre de Dieu le remède, vu qu'il est bien vieux et ne peut pas tarder à arriver à son dernier jour. »

Il y a bien loin de là à une pensée d'assassinat. Rome se vengea de ce traître en faisant écrire l'histoire du concile de Trente par Sforza Pallavicini, qui releva par centaines les fautes et les méprises de Fra Paolo, et montra sa constante mauvaise foi.

COMMISSION PRÉPARATOIRE DU CONCILE DE TRENTE (p. 173, col. 2).

Comme le rappelle Rohrbacher, Paul III forma une commission de cardinaux et de prélats, non-seulement pour travailler à la réformation de la cour romaine, ainsi qu'il le dit, mais aussi pour préparer la réforme de l'Eglise par le Concile.

Les neuf commissaires composèrent sous le titre de *Consilium de emendanda ecclesia* un des plus admirables monuments de l'histoire religieuse. Le vrai texte en est peu connu. On le trouve dans le tome V du supplément de Mansi aux conciles de Coletti, dans l'édition des conciles de Crabbe et dans Leplat, *Monumentorum ad historiam concilii Tridentini spectantium amplissima collectio*, t. II, p. 566 et 1199.

L'ÉLECTION DE PAUL III (p. 173, col. 2).

Au conclave qui se tint après la mort de Clément VII et élut Paul III, le cardinal anglais Wolsey toucha de près la tiare, car un parti puissant appuya sa candidature. Reumont fait l'histoire du Conclave dans son livre : *Saggi di Storia di letteratura*, Florence, 1880.

LE POUVOIR CIVIL AU CONCILE DE TRENTE
(p. 173, col. 2).

Placé au milieu de la Renaissance et de la Réforme, le Concile de Trente fait la jonction entre le moyen âge et les temps modernes. Il tient encore par tous ses liens à l'époque où le pouvoir civil et le pouvoir religieux, intimement unis ensemble, tantôt agissaient de concert, tantôt se disputaient sans se séparer. M. Desjardins qui a traité ce sujet (1) fait voir le rôle important que les souverains et les ambassadeurs jouèrent au Concile de Trente; la convocation tour à tour sollicitée et repoussée par eux; les longues négociations entre les papes d'une part, l'empereur et le roi de France de l'autre, touchant l'époque, le lieu, la forme du Concile; l'intervention incessante par laquelle ils se mêlèrent à toutes les propositions pour les discuter ou même les repousser. Le pape et le Concile acceptaient cette intervention, la sollicitaient même, et nul n'eût pensé alors à une séparation possible des deux pouvoirs. L'empereur et le roi étaient vraiment les évêques du dehors; c'étaient eux qui retenaient ou envoyaient à Trente leurs prélats; ceux-ci s'entendaient au Concile avec les représentants de leurs souverains et se regardaient en même temps comme les délégués de leur nation et les représentants de la foi catholique.

DE LA CORRECTION DE LA VULGATE (p. 185).

Depuis le milieu du XIIIe siècle jusqu'au concile de Trente, les Dominicains avaient fait beaucoup de recherches pour retrouver les meilleures leçons des textes de l'Ecriture sainte, et les plus fidèles traductions latines qu'en avait données l'antiquité chrétienne. Leurs travaux furent très appréciés des congrégations du concile, au moment où elles revisaient la version appelée Vulgate, qui devait être déclarée la seule authentique et livrée correcte au monde catholique. Le cardinal Cervino, président de la IVe session, demanda que l'on dressât le catalogue de tous les livres canoniques, et, étant de retour à Rome, il aida Majoranus à recueillir les variantes de la Bible dans les textes hébreu, grec et peut-être latin. Sous le pontificat de saint Pie V, le cardinal Carafa présidait à la correction de la Bible; le savant cardinal Sirlet y travaillait avec zèle et y apportait des observations d'une grande valeur, versé qu'il était dans la connaissance de l'hébreu, du grec et du latin. La préface de la Bible actuelle, publiée par Clément VIII, rend témoignage des travaux faits à Rome sous Pie IV et saint Pie V pour corriger les Saints Livres. On compulsait les anciens manuscrits, on consultait les sources ainsi que les citations répandues dans les Pères. Sous Grégoire XIII, le cardinal Carafa, entouré de savants hellénistes et savant helléniste lui-même, s'occupa de la publication du texte grec des Septante.

(1) *Le Pouvoir civil au Concile de Trente*, Paris, 1869

Examinant avec soin le manuscrit du Vatican, il l'améliora d'après des variantes anciennes et particulièrement respectables; mais il le suivit en général et n'y changea rien sans de graves motifs. Grégoire XIII étant mort, ce fut Sixte V qui fit mettre la dernière main à cette œuvre et publia la version grecque des Septante.

Ce travail achevé, Sixte V fit reprendre la correction de la Vulgate. Les manuscrits les plus estimés furent consultés par les théologiens du cardinal Carafa. C'était avec ceux de la bibliothèque Vaticane, celui de Montamiata et surtout celui de Tolède, que l'on croyait transcrit sur l'exemplaire que saint Jérôme avait envoyé en Espagne à son ami Licinius. Comme saint Jérôme avait traduit les livres saints sur le texte hébraïque, on recourut à celui-ci, lorsque les manuscrits latins n'étaient pas d'accord entre eux, afin d'adopter la leçon qui était la plus conforme à l'original. Partout où la Vulgate offrait des additions qui manquaient à l'hébreu, on recourait au manuscrit de Tolède ou aux Septante, et l'on retranchait ce que ces deux derniers textes ne contenaient pas. La pureté du latin entra aussi dans les préoccupations des correcteurs; ils changèrent quelques mots et quelques temps de verbes, mais presque toujours ils étaient appuyés sur des manuscrits anciens. Vers la fin de 1588 ou au commencement de l'année suivante, l'œuvre terminée fut remise à Sixte V qui la lut tout entière, et la relut encore après l'impression. La constitution *Æternus ille*, dont il la fit précéder, contient les canons qui inspirèrent toute la correction.

Premier canon. Rendre l'ancienne Vulgate à sa pureté première, autant que possible, comme elle sortit des mains du traducteur.

Deuxième canon. Ne point rejeter la coutume de l'Eglise pour des causes légères et lorsque ce n'est pas nécessaire, et par conséquent garder en ce cas les leçons usitées dans l'Eglise depuis plusieurs siècles. De fait, comme remarque Bukentop, Sixte V laissa une foule de passages suivant la leçon la plus commune à cette époque.

Troisième canon. Les anciennes Bibles latines manuscrites et imprimées sont le moyen le plus sûr et le plus certain de fixer le vrai texte de la Vulgate; par conséquent, toute leçon pour laquelle on a plusieurs livres des plus anciens et des plus corrects, doit être tenue pour le vrai texte primitif.

Quatrième canon. Pour fixer le vrai texte, on doit, partout où c'est nécessaire, se servir subsidiairement des citations renfermées dans les saints Pères et dans les anciens commentateurs de l'Ecriture.

Cinquième canon. Dans les textes où les manuscrits et les docteurs ne s'accordent pas suffisamment entre eux, recourir aux sources grecques ou hébraïques, afin de rendre par elles certain et indubitable ce qui est variable et multiple dans les premiers.

Sixième canon. Pour les passages ambigus ou diversement donnés par les textes latins, regarder l'hébreu, le grec et les manuscrits, mais y apporter beaucoup de réserve et de précaution.

Les derniers canons concernent les additions insérées aux marges ou dans le texte. Il fallait les supprimer si elles n'étaient fournies par aucun ancien manuscrit ou par aucune citation des Pères.

Plusieurs exemplaires richement reliés et ornés du portrait de Sixte V furent envoyés à des princes de l'Europe, dès que l'impression fut achevée.

II

Sixte V mourut le 27 août 1590. Urbain VII, qui lui succéda et ne gouverna que treize jours, fut remplacé par Grégoire XIV. Des critiques s'étaient élevées sur la Bible sixtine. L'auteur de la vie de Bellarmin dit : « qu'on y avait changé beaucoup « de choses à la légère, et que des hommes graves « étaient d'avis qu'il fallait publiquement la pro- « hiber ; mais Bellarmin représenta au souverain « pontife Grégoire XIV, qu'il fallait la corriger et « la publier de nouveau en faisant disparaître au « plus tôt les passages qui avaient été mal changés. « Elle paraîtrait sous le nom de Sixte V, avec une « préface indiquant que des fautes s'étaient glissées « dans la première édition à cause de la précipi- « tation avec laquelle on l'avait achevée et aussi « par la négligence des typographes... Le conseil « plut au pape, qui ordonna de revoir la Bible « sixtine et de la rapprocher de la Bible ordinaire, « surtout de celle de Louvain. »

Il ne faudrait pas croire par là que le travail de Sixte V fût défectueux à beaucoup d'égards. Il avait d'abord supprimé tous les passages que la témérité et l'ignorance des copistes et des libraires avaient introduits mal à propos. Grégoire XIV approuva la plupart des corrections admises, et il ne fit que mettre la dernière main au texte arrêté par la congrégation du cardinal Carafa.

Après la mort de Grégoire XIV et d'Innocent IX, Clément VIII entreprit la nouvelle publication de la Vulgate, en s'aidant principalement des lumières de François Tolet. L'impression eut lieu avant la fin de l'année 1592. Des erreurs de typographie furent signalées dans les trois éditions subséquentes. Le vrai texte de la Vulgate, faisant autorité dans toute l'Église, est donc celui des trois éditions de Clément VIII, munies chacune du catalogue de leurs fautes. Les pontifes romains n'ont pas donné d'autre modèle aux éditeurs catholiques des Saints Livres. Quelques auteurs ont écrit que les papes ont introduit, après Clément VIII, de nouvelles corrections dans les éditions subséquentes qui ont paru à Rome, notamment dans celles de 1624 et de 1671. C'est une erreur. Toutes les éditions de la Vulgate jusqu'à ce jour doivent être ramenées aux trois éditions clémentines de 1592, 1593 et 1599. On en a publié et l'on en publie encore qui contiennent des choses beaucoup plus répréhensibles que de simples fautes typographiques (1).

On peut juger par ce rapide exposé quelle est la valeur des accusations portées par le protestantisme contre la papauté, au sujet de la Vulgate publiée par Sixte V et Clément VIII. Jean Edmond Cox et

(1) La réimpression la plus exacte du texte officiel a été faite à Rome, par le P. Vercellone, sous le titre Biblia sacra Vulgatæ editionis Sixti V et Clementis VIII. P. P. M. jussu recognita atque edita. Romæ 1861. Les éditions de Turin 1851 et de Ratisbonne 1849 et 1863, sont très-correctes.

Thomas James (1) en particulier, ont prétendu que les travaux de Sixte et de Clément s'étaient réduits à suivre les éditions de Louvain, dont les correcteurs pontificaux prenaient les meilleures notes marginales pour les insérer dans le texte, tandis que toutes les autres étaient supprimées. Cette accusation est absolument fausse ; en effet, sur cent corrections faites par les censeurs romains, il en est à peine dix qui aient été prises parmi les variantes marginales de Louvain. On voudrait faire croire que les souverains pontifes n'ont ouvert pour cette œuvre immense que la bible de Louvain, ce qui pouvait se faire en quinze jours. La vérité est que l'on a travaillé à Rome à la correction de la Bible pendant l'espace d'environ 40 ans, sauf de rares exceptions, depuis l'an 1546, époque de la 4ᵉ session du concile de Trente, jusqu'à l'an 1592 ; les hommes les plus savants y avaient collaboré et les manuscrits les plus respectables avaient été consultés (2).

MORT DE FRANÇOIS Iᵉʳ (p. 203).

On a une relation fort édifiante de la mort de François Iᵉʳ, dans la lettre que le roi Henri II, son fils et successeur, adressa au Parlement aussitôt après l'événement (3). Nous en extrayons textuellement le passage qui suit, à cause du pieux intérêt qu'il présente et du jour favorable sous lequel il montre un roi trop souvent scandaleux pendant sa vie :

« Le dimanche 20 mars, ledit seigneur roi ouyt messe, se confessa, a receu le corps de Jésus-Christ avec soupirs et larmes de parfaite et entière contrition, fit hautement protestation de sa foy, detestation de ses péchés et confession, conversion aparente de la miséricorde de Dieu avec grande desplaisance des offenses commises envers Dieu, duquel il avoit receu tant de biens et d'honneurs en ce monde, et desquelz estant ingrat il n'avoit craint d'outrepasser ses commandemens, violer sa volonté et l'offenser non seulement infinies fois, mais en infinies manières, et que l'éternelle justice de Dieu tout voyant et tout cognoissant de la peine et condition justement mérité il n'avoit autre refuge, sinon à la pitié de celuy lequel il avoit offencé, mais que ses promesses accompagnées de son infinité bonté, les tesmoignages de ses prophètes et ses soins le reconfortoyent, à ceste dernière et chrestienne heure les exemples de sa miséricorde de l'enfant prodigue, la pescheresse, le brigand, l'exemple des dix drachmes et cent brebis, et le publicain qui n'osoit lever les yeux au ciel, toutes fois, disoit-il, Seigneur, vous avez dit de votre propre bouche qu'il sortit du temple et retourna en sa maison plus justif-

(1). Cox avait réédité l'ouvrage de James : Bellum papale seu concordia dicors Sixti V Clementis VIII circa Hieronymiam editionem. Il avait écrit une préface pour corroborer les affirmations de James.
(2) Voir l'histoire de la Correction de la Vulgate, d'après le P. Ungarelli, dans les Analecta Juris Pontificii, VIIIᵉ livr. janvier 1854. Voir aussi les livraisons 26 et 28ᵉ, année 1858, (Correction de la Vulgate, Étude sur la Vulgate). Cf. Vercellone, Variæ lectiones Vulgatæ latinæ Bibliarum editionis, in-4, Rome, 1860.
(3) Cette relation qui est un extrait manuscrit des registres du parlement, du vendredi premier jour d'avril 1546, se conserve à la Bibliothèque nationale, où elle est inscrite sous le nᵒ 23351 des Manuscrits Français.

fié en la confession de son péché que le pharisien, en l'obstination de sa justice, car vous excusez ceux qui s'humilient et humiliez ceux qui s'exaucent. Vous avèz le faiz de ceste cher et condition mortelle les travaux, blasphèmes outrageant, et les playes et les espines, les cloux et la croix et ne vous a esté laissé une seule goutte de sang pour nous, duquel sang, Sire, ordonnez, commandez que soit effacée la condition des péchés, et ce roy contrit et pénitent, qui n'a espérance sinon en vostre miséricorde, car ainsy, comme de son costé, est tout le mal et toute désolation, du vôtre vient et dépend toute consolation et ayde. De bon cœur, je quitte et abandonne ce monde où je vous ai tant offensé sans avoir aucun regret de le laisser, mais grande joye et grand reconfort de ce que je viens devant vous mon juge qui este intercesseur pour moy par vostre miséricorde pour qui vous a fait naistre en ce monde souffrir nostre mortalité et monter sur la croix pour moy.

« S'ensuit aprez l'admonestement qu'il fit au roy qui est à présent, luy disant :

Mon filz, je me contente à vous et vous m'avez été bon fils et vous avez esté bon filz et obéissant, puisque je suis à la fin de pérégrination de ce monde et qu'il plait à Dieu que je vous laisse par sa grâce et bonté en la mesme charge que j'ay eu en ce monde en luy, entendez que vous ayez devant toutes choses l'amour de Dieu, son honneur et son nom et son Eglise catholique, quand à la charité et amour du prochain en laquelle il fault que vous compreigniez toute la chrestienté s'y faut-il pourtant et ne m'en pouvrois tenir pour la charge que vous prenez que je vous recommande principallement ce royaume auquel ce peuple est le meilleur, le plus obéissant, la noblesse le plus loyale et la plus dévote et affectionnée à son roy qui soit ne qui fut oncques je les ay trouvez telz, telz vous les trouverez à la conservation et amplification d'un royaume sont les armées, quand à la force et quand à obvier aux accidents qui peuvent advenir de dehors. Mais s'y n'est le dehors ny le dessus jamais bien ny la paix ny la guerre s'il y a faulte de justice, laquelle justice gardezvous bien d'enfreindre ny violer directement ny indirectement en quelque façon que ce soit, et aymez votre Royaume en son bien plus que vous-mesme, et puis aprez l'honneur de Dieu que chose qui soit en ce monde et comme vous me voyez estre prez de rendre compte de nostre administration à Dieu et nous nous exempte la nécessité de la mort ne somme point en cecy comme les autres hommes, sommes plus tenu et plus obligez que les autres pour avoir receu telle puissance de commander et gouverner ceux de qui le créateur a nombré sans faillir sans en faillir un tous les cheveux qu'ilz ont en la teste.

« Depuis la maladie prolongeant et empirant petit à petit le mena en diverses espérances jusques au mardy 29 dudit mois de mars, auquel jour le matin il advisa qu'on lui apportast l'onction, et ce voulut point partir de ce monde sans avoir tous les caractères et enseignes d'un militant soubz l'estendart et conduite de Jésus, assurant tout le monde de sa mort et tesmoignant la grande joye qu'il avoit en l'espérance de se trouver bientost entre les bras de son seigneur et maistre. Ce jour là mesme entre trois et quatre heures aprez disner pour ce qu'il avoit parlé d'un testament qu'il avoit autre fois faict que l'on n'avoit toutefois peu trouver, parla au roy qui est à présent, luy déclara son héritier en tous ses biens meubles et immeubles, luy recommanda Madame sa sœur, l'enchargeant de luy estre père en sa place et certains de ses serviteurs qui estoit chose très pitoyable à veoir, luy réitéra le propos qu'il avoit tenu dix jours auparavant en la sollicitude de son royaume et en l'observation de sa justice et qu'il s'asseurat que Dieu n'avoit jamais laissé en ses adversitez le père par sa grâce et pitié n'abandonneroit jamais le filz, avec telles paroles :

« Mon filz, vous m'avez ésté bon filz et je m'en contente, je ne m'en iray point que je ne vous donne premièrement ma bénédiction, Il vous souviendra de moy, mais quand vous viendrez en l'estat ou je suis maintenant pour aller rendre compte devant Dieu, ce vous sera grand reconfort de pouvoir dire ce que je diray maintenant, que je n'ay point de remords en ma conscience pour chose que j'aye jamais faict faire contre justice à personne du monde que j'aye sceu.

« Le soir d'aprez un peu devant minuit luy print une rigueur et tremblement si grand que l'assistance désespéra totalement de sa garison, il print l'onction dévotement, se préparant, luy mesme respondant, et aprez la communion demanda, la baisa, recommanda son esprit à son Sauveur qui avoit esté pour luy pendu et rendit l'esprit en la croix, et donna la bénédiction au roy qui est maintenant. Il luy sembla aprez qu'il voyoit quelques visions dont il n'avoit point de peur comme il disoit, estant si bien accompagné de Jésus-Christ, il disoit qu'on luy faisoit quelques argumentations qu'il confutoit facilement avecques l'esprit de Dieu. Le matin recongnut partie de ses serviteurs lesquelz il loua du debvoir qu'ilz faisoient, veu le roy son filz et l'embrassant a luy dist : Mon filz, mon filz, faictes vous encores vostre debvoir, Dieu vous le rendra. Et donna sa bénédiction pour la deuxième fois, ayant la mesme et voyant la saincte hostie entre les mains du prestre fit une exclamation en priant Dieu qu'il l'ostast de ce monde et le mist avec luy, continua ce jour en ce bon propos en la commémoration de l'espérance de la gloire des enfans de Dieu qu'il ne s'en iroit point sans dire adieu à tous ses serviteurs, et devant que rendre l'esprit dire : *In manus tuas Domine commendo spiritum meum*. Le soir de ce jour là qui fut le mercredi luy survint un accident tel qu'on pensoit qu'il deust passer, là où le roy se vint présenter en luy à genoux, qu'il embrassa et baisa, disant : Embrassez-moy, filz, et pour la tierce fois le benist et dist la bénédiction de Dieu te soit donnée, *in nomine patris*, etc. Il print la croix, l'adora et la baisa, et en gémissant grièvement appela en tesmoignage ses serviteurs présens du sens qu'il avoit encores entier et la mémoire saine qu'il ne gémissait point de regret qu'il eust de laisser le monde mais de regret qu'il avoit d'y avoir offencé Dieu sy souvent et grièvement, il dist adieu à tout le monde et pria ses serviteurs assistans que sy d'adventure il advenait que son sens se troublât pour la véhémence de la maladie qu'ils ne fussent point scandalisez qu'il vouloit que ceste parole qu'il disoit sans ypocrisie fust de sa dernière et immuable volonté et sans aucune révocation et retraction qu'il mouroit en la foy de Jésus-Christ ferme en l'opinion de la saincte Eglise catholique et en l'espérance sans aucun doute des promesses de Dieu par Nostre Seigneur Jésus-Christ à ses eslus, qu'il estoit repentant et contrit de son cœur de sez peschez desquelz il crioyt sans cesse et demandoit miséricorde à Nostre Seigneur Jésus-Christ, s'asseuroit que tous les sainctz et saintes et anges du Parodis et la Vierge mère de Dieu lesquelles il prioit dévotement d'intercéder et prier Dieu pour luy au nom de Nostre Seigneur Jésus-Christ. Toute la nuit suivante fut en travail de quelques imaginations desquelles il se deffaisoit et revenoit toujours en son sens, remémorant plusieurs passages de l'Ecriture, comme aux Philippiens, — *Desiderium habes dissolvi et esse cum Christo* — et les psaumes — *Et non intres in judicium cum servo tuo, et memor esto verbi tui, servo tuo mihi spem dedisti*. Le matin à la messe du jour de sa mort qui fut le jeudi dernier dudit mois de mars, à l'élévation du corps de Jésus-Christ il pria Dieu qu'il le print et prenant la parole, il protesta ne vouloir mal à personne et que de toutes offenses qui luy estoient faictes il pardonnoit à tout le monde, requeroit aussi qu'on luy pardonnast, il recongnut souventes fois ses serviteurs, embrassa et reconforta en se resjouissant et disant qu'il alloit en paradis là où il seroit roy et couronné d'une meilleure couronne que la sienne au royaume des cieux, héritier de Dieu et filz par adoption et cohéritier et frère et participant de la gloire de Jésus-Christ. Puis aprez il dit comme il peut car sa parole luy estoit fort empirée — *Mihi autem absit gloriari nisi in cruce Domini nostri Jesus Christi, per quam mihi mundus crucifixus est et ego mundo*. Il demanda une homélie de saint Jean Chrisostome sur le premier chapitre de saint Matthieu, au lieu de laquelle luy fut apporté une homélie d'Origène du vingtième chapitre de saint Jean. — *Maria stabat ad monumentum foris plorans* — laquelle il cognut bien n'estre point celle qu'il demandoit, et pour ce que autrefois il avait leu que plusieurs choses d'Origène estoyent soubçonnées il demanda s'il y avoit en ce sermon rien apocrife, bien aprez de sa mort il baisa la croix et la tint longuement baisant entre ses mains. Il fit commémoration comme il peut du pardon que Dieu fit au brigand en l'arbre de la croix et dist comme il peut — *In manus tuas, Domine, commendo spiritum meum*. Et à la fin avec bien grande peine dist pour la dernière fois — *Jésus*, — et se retournant devers l'assistance leur dist ainsy qu'il peut dire qu'il avoit prononcé le nom de Jésus. Aprez la parole et la vue perdue, il fit certains signes de la croix sur son lit et ainsi qu'on l'exhortoit de porter patiemment les douleurs, la mort pour la mort de Nostre Seigneur, et ce visage mourant sourioit pourtant et monstroit réjouissance. Estant à la mort entre les derniers soupirs et faisoit signe qu'on luy continuast ces propos et ainsy se recognoissoit sa joye en la commémoration du nom de Jésus, de sa miséricorde et l'espérance et la béatitude des eslus, la résurrection des morts et règne de Dieu avec les saincts surquoy il rendit l'esprit à Dieu entre une et deux heures aprez midy. »

CONVERSION DE L'ANGLETERRE EN 1554 (p. 248, col. 2).

La volumineuse collection de Rymer, qui renferme tant de pièces inutiles, passe entièrement sous silence les actes concernant le retour de l'Angleterre à la foi catholique sous la reine Marie, fille d'Henri VIII et sœur aînée d'Elisabeth. En revanche, on trouve dans les *Annales* de Baronius de précieux documents qui se rapportent à ce grand et mémorable événement (1).

L'historien Lingard, de son côté, raconte, avec son exactitude accoutumée, les principales circonstances qui précédèrent et suivirent l'arrivée du cardinal-légat en Angleterre, et la réconciliation de cet illustre royaume avec le Siège apostolique et la foi. Rohrbacher n'a guère fait que citer Cobbet. Pour plus de détails on peut consulter une relation écrite de Londres, le 1er décembre 1554, le lendemain de la réconciliation et envoyée à Rome. Cette lettre curieuse est l'œuvre de quelqu'un qui faisait partie de la légation du cardinal Pôle ou Polus (2).

Avec Baronius et Lingard, Cobbet parle d'une requête que la Chambre des Pairs et la Chambre des Communes présentèrent au roi et à la reine afin d'obtenir du cardinal légat le bienfait de leur réconciliation avec la sainte Église romaine. Lié par des censures ecclésiastiques, tant que le cardinal-légat ne l'en avait pas absous, le Parlement qui avait prononcé l'abolition de la religion catholique, ne devait pas demander directement l'absolution du cardinal-légat : il lui fallait un médiateur. Cela explique la requête en question.

En outre, les *Annales* de Baronius font mention d'une lettre du roi Philippe au pape Jules III ; lecture en fut faite dans le Consistoire du 14 décembre 1554, comme le prouve l'extrait des actes consistoriaux qu'on y lit : « Philippe roi de Naples et d'Angleterre, écrivit aussi au Pontife sur la réconciliation des Anglais à l'Église romaine et les actes consistoriaux mentionnent en ces termes, que sa lettre fut lue dans le Sénat des cardinaux : « A Rome, le vendredi 14 décembre 1554, on lut la lettre du sérénissime roi d'Angleterre, annonçant que ce royaume, d'un consentement unanime, était retourné au sein de l'Eglise et à la soumission envers la sainte Eglise romaine ; et pour ce motif, des prières furent ordonnées pendant quatre jours, etc. »

Les mêmes actes consistoriaux mentionnent les prières publiques que Jules III ordonna en actions de grâces d'un très grand bienfait de Dieu. Dans la relation de ces prières et fêtes publiques écrite en réponse à la lettre du personnage de la suite du cardinal Polus, on peut remarquer avec quels sentiments de foi et d'amour le Pontife romain, trop légèrement accusé par Rohrbacher (p. 252, col. 2) reçut l'Angleterre dans son sein paternel.

Jules III fut, après la reine Marie, le principal instrument de la conversion de l'Angleterre ; Rohrbacher ne fait pas ressortir ce point.

L'élévation de Marie au trône avait rempli de joie le Pontife. Prévoyant quels en seraient les bons résultats, il nomma aussitôt le cardinal Polus légat apostolique auprès de la reine, de l'empereur et du roi de France. Le légat attendit des nouvelles satisfaisantes pour se mettre en route. Sur ces entrefaites, le

---

(1) *Ad an.* 1554 et 1555.
(2) On la trouve, ainsi que les autres pièces dont nous parlons plus loin, dans les *Analecta Juris Pontificii*, 12e liv., janv. 1856, p. 1827 et suiv.

nonce de Bruxelles fit partir pour l'Angleterre un gentilhomme de sa suite qui trouva moyen d'avoir plusieurs entretiens suivis avec la reine et rapporta de sa part au pape et au cardinal-légat que son plus grand désir était de voir réconcilier son royaume avec le siège apostolique; dans ce but elle se proposait de faire révoquer les lois qui blessaient la doctrine ou la discipline de l'Eglise catholique, mais en agissant avec prudence et conseil et sans heurter de front les préjugés dominants, et qu'elle comptait en cela sur le Souverain Pontife.

La principale difficulté venait des biens ecclésiastiques aliénés ou plutôt usurpés injustement et occupés par les lords. Jules III se décida à sacrifier le temporel à un intérêt supérieur. La moitié de l'entreprise de la réconciliation était déjà accomplie par les lois qui replaçaient la religion en l'état où Édouard VI l'avait trouvée en montant sur le trône et révoquaient les dispositions contraires à l'exercice de la religion catholique, en même temps qu'elles abolissaient la liturgie réformée du Parlement d'Édouard. Il ne restait plus qu'à faire reconnaître la suprématie pontificale. Les familles riches avaient presque toutes pris part à la spoliation de l'Église et n'auraient pas consenti au rétablissement d'une autorité qui aurait pu mettre en doute leur droit relativement aux biens dont elles étaient en possession. Il fallait avant tout les rassurer sur cet article. Cobbet, cité par Rohrbacher, ne présente pas très exactement l'affaire. Jules III crut devoir ratifier par une bulle toutes les aliénations de biens ecclésiastiques faites précédemment. Déjà, et dès le principe de sa légation, le cardinal Polus avait reçu le pouvoir « de traiter, de composer et de dispenser » avec les détenteurs des biens ecclésiastiques, quant aux rentes qu'ils en avaient perçues ; cette faculté fut ensuite étendue aux fonds.

Lorsque Marie convoqua le troisième Parlement pour le milieu de novembre, elle était sûre de la coopération des lords. Le jour de l'ouverture, le grand chancelier Gardiner fit un discours aux deux chambres dans lequel il leur dit que le premier Parlement avait rétabli l'ancien culte, le second avait confirmé les articles du mariage du roi et de la reine, et que leurs Majestés se promettaient que le troisième, avant toutes choses, effectuerait la réunion du royaume avec l'Eglise universelle. Le premier acte qu'on proposa fut le décret qui cassait la sentence précédemment rendue contre le cardinal Polus.

La réconciliation solennelle eut lieu le 30 novembre. Le surlendemain, le cardinal-légat, ramené triomphalement de Bruxelles, fit son entrée solennelle à Londres, et à cette occasion Gardiner prononça en l'église Saint-Paul son fameux discours dans lequel il déplora amèrement sa conduite sous Henri VIII, en exhortant tous ceux qui avaient suivi ses mauvais exemples à se relever avec lui et à rentrer dans l'unité de l'Église. Un décret du légat régla bientôt toutes les difficultés provenant du schisme, quant aux personnes, aux institutions et aux biens. Une commission de Lords et de membres des Communes prépara ensuite les articles de la fameuse loi qui fut le dernier acte parlementaire de la réunion à l'Eglise.

Une ambassade solennelle que Marie et Philippe envoyèrent au pape consomma l'œuvre de la réconciliation. Jules III étant mort sur ces entrefaites, elle fut reçue par Paul IV. Les *Annales* de Baronius rapportent les actes du consistoire du 21 juin 1555, dans lequel les ambassadeurs d'Angleterre reconnurent le pape comme chef de l'Eglise universelle, demandèrent pardon pour le passé et furent reçus dans le sein de l'Eglise. Un bref de Paul IV au roi et à la reine d'Angleterre, du 30 juin suivant, les félicita de leur constance à soutenir et à propager la foi catholique. L'érection de la seigneurie d'Irlande en royaume est de la même époque ; elle fut décrétée en consistoire par Paul IV, en vertu de sa puissance apostolique, tant il est vrai que le Saint Siège faisait volontiers tout ce qui pouvait contribuer à la gloire et à la puissance de l'Angleterre ! C'est ainsi que Jules III appuya de tout son pouvoir le mariage de Philippe d'Espagne et de la reine Marie qui promettait l'union des riches possessions espagnoles et des Pays-Bas et du Royaume de Naples avec la couronne d'Angleterre. On peut voir dans les *Annales* de Baronius les brefs que le pape s'empressa d'écrire à Philippe et à son père Charles-Quint pour s'en réjouir avec eux. On y trouve aussi les pièces relatives à l'investiture du royaume de Naples, dont le Pontife gratifia Philippe, en vue de ce mariage. Le contrat a été publié par Rymer, et n'est rien moins qu'un chef-d'œuvre de prévoyance politique digne de servir de modèle dans les cas semblables. Lingard fait bien apprécier les avantages politiques de cette union, que les mécontents du protestantisme combattirent sottement et dont ils se servirent comme prétexte de leurs séditions. La mort prématurée de la reine Marie empêcha, sans doute, la réalisation des vues politiques qui guidèrent les négociateurs du traité. Il n'est pas moins vrai de dire que les enfants de Philippe et de Marie auraient eu, en vertu du traité de mariage, avec leurs royaumes d'Angleterre et d'Irlande, la Bourgogne et les Pays-Bas ; ils auraient pu avoir, en outre, l'Espagne et ses vastes possessions, avec la Lombardie et les Deux-Siciles. Cela élevait la puissance de l'Angleterre catholique à une hauteur dont elle est encore loin aujourd'hui.

Lingard, quoique en dise Rohrbacher, fait le plus bel éloge de Marie, soit comme femme, soit comme souveraine, et il constate que « les plus modérés parmi les écrivains protestants l'ont mise au rang des meilleurs princes d'Angleterre ». C'est le jugement de l'histoire.

LES GUISE (p. 256. col. 1).

Pour apprécier équitablement les Guise, dont le rôle glorieux est marqué ici par Rohrbacher, nous renvoyons à l'ouvrage spécial de M. Baguenault de Puchesse, qui rend surtout hommage à François de Guise, ce grand homme à la mémoire si pure et si calomniée (1).

---

(1) *Les Ducs François et Henri de Guise, d'après de nouveaux documents*. Paris, 1867.

LES JÉSUITES ET L'ÉDUCATION (p. 271, col. 1).

Pierre Canisius, dont parle Rohrbacher, rappelle le célèbre collège des Jésuites de Fribourg en Suisse. Canisius réorganisa aussi l'Université de Vienne, où il rétablit l'ordre en peu de temps, et non seulement y arrêta les progrès du protestantisme, mais ramena la plupart des protestants au catholicisme. C'est à lui aussi en grande partie que les provinces du Rhin doivent d'être restées catholiques. Canisius a été béatifié le 21 novembre 1843 et il a mérité d'être appelé le second apôtre de l'Allemagne (1).

Le Jay, compagnon et collaborateur de Canisius, fut envoyé en Bavière où il commença également par combattre le protestantisme. A Ingolstadt, on confia l'enseignement de la théologie aux Jésuites (1549) (2).

Bientôt Munich appela à son tour les Jésuites (1559). Ils surent y réveiller le goût des études classiques, littéraires et scientifiques, dont les protestants proscrivaient l'enseignement comme une occupation mondaine, inutile et dangereuse à l'éducation religieuse, tandis que l'Eglise continuait à les favoriser dans une sage mesure.

Dès lors, dit Alzog, l'Eglise catholique de Bavière fut garantie contre les attaques ennemies. Il en fut de même lorsque les Jésuites fondèrent des collèges à Cologne (1556), Trèves (1561), Mayence (1562), Augsbourg et Dillingen (1563), Ellwangen et Paderborn (1585), Wurtzbourg (1586), Aschaffenbourg, Munster et Salzbourg (1588), Bamberg (1595), Anvers, Prague, Posen (1571), et dans d'autres contrées : partout ils devinrent l'appui et le rempart de l'Eglise. Leurs remarquables travaux sur toutes les parties de la théologie, de la philosophie et de la philologie, se répandirent partout. Tels furent les travaux de Turselin, — *De particulis linguæ latinæ*; — de Niger — *De idiotismis linguæ græcæ* — sur la grammaire ; de Jean Perpinian († 1566), Pontanus, Vernulæus et d'autres (3) sur la bonne latinité ; de Jacques Balde, Sarbiewski, Jouvenci, Vanière, Spée, sur la poésie; de Clavius, Hell, Scheiner, de Bell, Pozcobut, à Wilna, sur les mathématiques et l'astronomie; de Kircher, Nierenberg Raczynski, sur l'histoire naturelle ; d'Acunha, de Charlevoix, Dobrizhofer, Gerbillon, sur la géographie ; d'Aquaviva, de Mariana, de Ribadeneira, sur les sciences politiques (4). Les hommes les plus judicieux ont toujours reconnu que la méthode des Jésuites, alliant la science et la religion et soutenant l'esprit par toutes sortes de moyens extérieurs ingénieux, est parfaitement appropriée à l'instruction de la jeunesse (1).

La direction définitive et l'organisation complète des études est due au cinquième général, Claude Aquaviva (1581-1615), l'auteur du plan d'études *Ratio studiorum* et de la pédagogique des Jésuites. Rohrbacher rapporte plus loin (pp. 287, 289, 302, etc.) ce que les Jésuites ont continué de faire pour l'éducation. On le verra d'avantage dans le volume suivant.

LE COLLOQUE DE POISSY (p. 300, col. 1).

Le Colloque de Poissy a été jusqu'ici insuffisamment étudié. On peut consulter pour les documents l'ouvrage de M. Klipffel (2) ; mais il faut se défier de l'esprit de parti de l'auteur. M. Klipffel établit que la réunion ne s'est pas bornée à une simple conférence avec les protestants, mais que trois questions distinctes y furent agitées : la subvention à payer au roi, la discussion avec les protestants, une tentative de réforme du clergé français.

LA RÉFORME DES PRINCES AU CONCILE DE TRENTE (p. 318, col. 2).

Les princes qui accréditèrent des ambassadeurs auprès du concile de Trente, firent les plus vives instances pour obtenir l'entière réforme du clergé ; afin de témoigner de leur bonne foi, ils offrirent de se réformer eux-mêmes et ils déclarèrent hautement qu'ils étaient disposés à accueillir toutes les remontrances que le concile pouvait leur adresser. Dans le mémoire communiqué au cardinal de Lorraine, à l'occasion de son départ pour Trente, la cour de France s'exprimait ainsi : « Et parce que quand l'on parle de la réformation de la cour de Rome, l'on explique qu'il y a aussi beaucoup de choses à réformer en celles des rois et princes, le roi de son côté prendra à très grand plaisir que l'on fasse entendre à ses ambassadeurs ce que l'on désirerait de lui ; et il fera paraître par effet qu'il ne sera refusant à nulle chose qui puisse servir au fait de ladite réformation : dont toutefois il requiert d'être averti avant qu'il s'y prenne résolution qui fut préjudiciable aux droits, prérogatives et privilèges que ses prédécesseurs ont eus de l'Eglise méritoirement, afin qu'il ait loisir de faire remontrer sur ce qui lui semblera plus à propos au bien particulier de son royaume. »

L'empereur Ferdinand déclara aussi, de son côté, qu'il était tout disposé à se réformer selon le vœu de l'Eglise.

Malheureusement, l'effet ne répondit pas à ces belles promesses.

Nous possédons les décrets *de reformatione principum* en double exemplaire : le premier dans Du Puy, le second dans le *Diarium* de Torelli ;

---

(1) Dorigny, S. J. *La Vie du R. P. Pierre Canisius, de la Compagnie de Jésus, fondateur du célèbre collège de Fribourg*, Avignon. 1829. — *Vie du R. P. Canisius*. Vienne, 1837. — *Vie du grand jésuite polonais Pierre Canisius*. Cologne, 1843. — Rippel, *Vie de Canisius*. Mayence, 1844.
(2) Winter, *Hist. de la doctrine évangélique en Bavière*, t. II, p. 167.
(3) Joan. Perpiniani Lusitani *Opp.* Romæ, 1749, 9 vol ; — Vernulæus, *Elogia oratoria*.
(4) Cf. Alegambe et Smets. *Qu'est-ce que l'ordre des Jésuites a fait pour la science ?* Aix-la-Chapelle, 1834; Ch. Lenormant. *Des associations religieuses dans le catholicisme*. Paris 1845.

(1) *Les jésuites et leurs écoles*. Journal ecclés., cath. de Passau, 1843.
(2) *Le Colloque de Poissy*. Paris, 1867.

celui-ci présente quelques légères variantes dans les expressions, mais le fond est identique (1).

Un coup d'œil sur les douze articles suffit pour se convaincre que l'adoption de ces règlements eût prévenu bien des maux, en établissant les vrais rapports entre les deux puissances.

L'article I concernait l'immunité criminelle. Toutefois, on admettait des exceptions ; par exemple, l'assassinat et les autres cas prévus par le droit.

L'article II frappait les parlements dans leur juridiction cumulative. Toutes les causes spirituelles, bénéficielles, criminelles et mixtes du for ecclésiastique devaient être réservées aux juges d'église, tant au possessoire qu'au pétitoire. On condamnait *l'appel comme d'abus* et tout recours au magistrat séculier en matière ecclésiastique.

Il ne suffisait pas de faire rentrer la juridiction séculière dans ses limites naturelles ; il était nécessaire de séparer les sources. Les parlements traitaient les causes ecclésiastiques ; or, les conseillers étaient nommés par le roi ; l'indult apostolique, ou la coutume immémoriale formait le titre par lequel on prétendait justifier cette usurpation.

L'article III réprime efficacement l'abus en prétendant que les juges d'église soient établis par leurs supérieurs ecclésiastiques et non par des laïques, quoiqu'ils prétendent agir par autorité apostolique, ou en vertu d'une coutume immémoriale.

Les princes séculiers rendaient des ordonnances sur les choses ecclésiastiques. Cet abus existait depuis le XVIe siècle. Mais il grandit beaucoup dans les deux siècles suivants.

L'article IV statue que désormais nul laïque, serait-il de condition royale ou impériale, ne rende ou exécute des édits, ordonnances ou constitutions relatives aux choses, aux causes et aux personnes ecclésiastiques. Vient ensuite une disposition qui atteint le principe de l'Inquisition espagnole.

Les principautés ecclésiastiques sont protégées par l'article V.

Le Concile de Trente ne put révoquer les indults et nominations aux charges ecclésiastiques que les princes avaient obtenus du Saint-Siège ; il voulut tout au moins empêcher de plus grands abus.

La *Régale* est condamnée par l'article VII. Quoique l'article VIII défende toute contribution sur les ecclésiastiques, il n'improuve pas les subsides qu'on a coutume d'allouer, dans les pays où c'est l'usage. L'aliénation des biens ecclésiastiques est pareillement prohibée.

L'article X est des plus importants. Il condamne l'*exequatur*, sous quelque forme qu'on le présente ou quelque nom que ce soit, *placet, révision, appel au Saint-Siège, appel comme d'abus.* Si l'on redoute quelque scandale, ou des troubles, si les lettres apostoliques semblent apocryphes, l'Ordinaire pourra en suspendre l'exécution, jusqu'à nouvel ordre du supérieur qu'il devra informer sans délai.

Le XIIe et dernier article renouvelle toutes les constitutions des souverains pontifes et les prescriptions des saints canons en faveur de la liberté ecclésiastique, nonobstant tout privilège apostolique et toute coutume immémoriale.

D'après le *Diarium* de Torrelli Phola, les congrégations particulières discutèrent les décrets du 22 août au 3 septembre. Bientôt la réforme des princes fut retirée, afin de laisser aux ambassadeurs le temps de demander des instructions à leur gouvernement.

L'empereur, la France et la République de Venise firent des remontrances ; les ambassadeurs espagnols présentèrent aussi quelques observations, mais avec beaucoup de mesure. La plus violente opposition vint de la France et du fait du président du Ferrier et du sieur de Pibrac, dont les dépêches exagérées produisirent des alarmes que la prudence du cardinal de Lorraine ne put calmer (1). L'empereur Ferdinand traita l'affaire avec beaucoup plus de modération et de calme. Il déclara qu'il ne prenait nullement le projet en mauvaise part ; mais il conclut en conseillant de renvoyer la question aux conseils provinciaux, eu égard aux changements que les décrets apportaient à l'état de choses en Allemagne dans les rapports du spirituel et du temporel (2), et pour cela il demanda un délai (3). Le 4 octobre, les ambassadeurs impériaux présentèrent au Concile une note dans ce sens, réclamant de nouveau le sursis (4). Les ambassadeurs vénitiens adressèrent une requête analogue.

Quant aux ambassadeurs français ils protestèrent le 22 septembre par un mémoire, au nom de l'ancienne discipline et des lois et privilèges du royaume (5). Ils n'attendirent même pas la réponse du cardinal président du Concile et sortirent. Dans sa lettre du 28 août, le roi pressait vivement les évêques d'appuyer les démarches des ambassadeurs contre les décrets *de reformatione principum*. On doit supposer que les prélats ne crurent pas pouvoir, en conscience, suivre cette politique ; ils préférèrent abandonner Trente. Le cardinal de Lorraine partit pour Rome le 19 septembre ; huit autres prélats se mirent en route à peu près dans le même temps, les uns rentrèrent en France, d'autres accompagnèrent le cardinal à Rome ; il ne resta à Trente que huit évêques et l'abbé de Clairvaux. Ces faits sont attestés par une lettre des ambassadeurs au roi, du 23 septembre.

Les *Annales* de Baronius contiennent un projet de réponse à la protestation des ambassadeurs français, conservé aux archives du Vatican. On trouve dans Baluze une bonne réfutation qu'en fit l'évêque de Montefiascone dans une Congrégation générale (6). Le cardinal de Lorraine soutint que les ambassadeurs s'étaient alarmés sans sujet et il ne cessa de demander leur retour à Trente.

Ces réclamations des princes paralysèrent le zèle des légats. Les congrégations furent interrompues du 2 au 8 octobre. Le dernier jour, le cardinal Morone assembla la congrégation générale et proposa, dans une allocution très mesurée, de retirer

---

(1) Voir le texte dans Du Puy, *Histoire des Demeslez entre le pape Boniface VIII avec Philippe-le-Bel, roi de France.* Paris, 1718, append., p. 520 ; Marténe, *Veterum monumentorum amplissima collectio,* t. VIII, p. 1913.

(1) Voir les pièces dans Du Puy. O. c.
(2) Lettre au cardinal Morone du 12 septembre 1565 dans Baronius.
(3) Lettres du 2 octobre, *ibid.*
(4) Marténe, o. c., p. 1411.
(5) Voir le document dans le *Diarium* de Torelli Phola.
(6) *Miscellanea,* t. IV, p. 453.

le projet *de reformatione principum* (1). La majorité se rallia, quoique à regret, à l'avis du cardinal. Les Pères craignaient que la réforme des princes ne fût définitivement abandonnée et ils redoutaient de retrouver, en rentrant dans leurs diocèses, le joug séculier. Une allocution du cardinal Morone et un discours du cardinal de Lorraine constatent qu'on ne renonça pas cependant entièrement à rendre un décret pour la défense de la liberté ecclésiastique.

Finalement, les douze articles *de reformatione principum* furent condensés en un, dont la nouvelle rédaction fut communiquée aux Pères du concile le 15 novembre (2).

Il est fort à regretter que les princes aient été assez aveugles sur leur propre intérêt pour empêcher la réforme que le concile de Trente se proposait. En traçant les limites des deux puissances, les douze articles auraient prévenu de déplorables conflits et mis une barrière aux révolutions futures.

Dix-huit ans après le concile de Trente, le pape Grégoire XIV publia la bulle qui consacre les principes exprimés dans le décret de réforme; malheureusement, cette constitution a été peu respectée, même en Italie, et le système régaliste a miné les antiques monarchies.

LES DÉCRETS DU CONCILE DE TRENTE EN FRANCE.
(p. 330).

Tout le clergé de France avait été unanime à souscrire les décrets du Concile de Trente. A la fin des sessions, le cardinal de Lorraine fit une déclaration dans laquelle il exprimait combien « il était content de recevoir et d'approuver les « décrets arrêtés à l'égard de la réformation par le « concile de Trente... Il espérait, ajouta-t-il, que « les Souverains Pontifes et singulièrement N. S. « P. Pie IV, se déterminerait par lui-même, par un « mouvement de sa piété et sagesse, à suppléer à « ce qui y manque; et qu'employant des moyens « plus efficaces et mettant de nouveau en vigueur « les anciens canons, que depuis longtemps on « laisse abolir... il délivrera entièrement l'Église « de ses maux, et la rétablira dans son ancienne « vigueur... Tel est mon sentiment, dit-il, et c'est « la déclaration que je fais au nom de tous les « évêques de l'Église gallicane, dont je demande « a te et je désire être insérée dans les actes du « concile (3). »

C'était la ligne de conduite que suivit longtemps l'épiscopat de France, très zélé pour l'application des décrets du concile, mais obligé de lutter contre une très forte opposition des parlements et de la cour. Pendant près d'un demi-siècle, il eut à combattre les résistances qui lui venaient de ce côté et de la part des chapitres et de certains monastères, qui trouvaient leurs privilèges et leurs exemptions blessés par les réformes prescrites.

Aux états de Blois, en 1576 et 1577, les évêques insistèrent sur la nécessité de demander au roi la publication du concile de Trente; ils ajoutèrent que la noblesse et le Tiers-Etat requéraient cette publication, et qu'il serait mal séant à ceux de l'Eglise de l'empêcher. — L'archevêque de Vienne proposa de publier le concile avec les modifications et réserves des libertés de l'Eglise gallicane, et d'adresser au Souverain Pontife une demande au nom de cette Eglise, pour le supplier d'approuver et de confirmer les susdites libertés. Mais les doyens des chapitres s'y opposèrent, en disant que le pape était le maître de leur conserver ou de leur ôter leurs privilèges. Enfin l'on décida qu'on prierait Henri III de publier le concile avec les modifications indiquées.

Dans l'asssemblée de Melun, en 1579 et 1580, l'on résolut d'insister de nouveau auprès du roi pour la publication du concile; mais il s'éleva de nouvelles contradictions, et quelqu'un dit « que le concile de Trente renfermait ce défaut singulier d'assujettir tout au Saint Père et d'élever son autorité au-dessus de celle du concile; ce qui était contre tout droit et contre la liberté de l'Eglise de France. » Il fut répondu que ce reproche n'était pas fondé.

Le 3 juillet 1579, l'Assemblée fit à Henri III des remontrances à cet égard, par l'organe de l'évêque Armand de Pontac et d'autres députés (1). La même requête fut encore présentée au roi dans le cahier des remontrances de cette Assemblée. On y demandait la publication du concile de Trente et l'on ajoutait qu'à ce concile universel *« les prélats du royaume se sont trouvés par leurs volontés et eux-mêmes y ont fait leurs soumissions par leurs ambassadeurs. »*

Nicolas l'Angelier, évêque de Saint-Brieuc, fit au nom de l'Assemblée une autre remontrance au roi, le 3 octobre 1579, pour la publication du concile, « qui, dit-il, a très bien pourvu par ses « constitutions que cette discipline ecclésiastique « sans fraude et illusion puisse être entièrement « gardée et maintenue en l'Eglise. » — Il ajouta : « Nous évêques et pasteurs du troupeau de Jésus-« Chrit, en l'Eglise de France, demeurons notés, « si vous, sire, persévérez au refus de cette publi-« cation (2). »

En 1582, le 17 juillet, Arnauld de Beaune, évêque de Bourges, au nom de tout le clergé, fit une remontrance au roi Henri III, à Fontainebleau, et demanda de nouveau la publication du concile de Trente :

« Ce concile a été solennellement juré par tous les légats « et ambassadeurs de la part de leurs maîtres, de le « garder inviolablement, observer et faire observer par « leurs sujets; même les ambassadeurs de votre royaume, « sire, l'ont juré solennellement. Il est reçu, gardé, et « observé par tous les rois et potentats chrétiens et ca-« tholiques; et il ne reste que ce royaume qui en a « jusqu'ici différé la publication et réception, au grand « scandale de cette nation gauloise et du nom très chré-

---

(1) Baronius, *ad an.* 1563, n° 175.
(2) Le décret se trouve à la fin de la XXV° session *De reformatione*.
(3) Voir une dissertation intitulée : *Exposition de la conduite, tenue par le clergé de France relativement à l'acceptation des décrets de discipline du concile de Trente.* Avignon, 1825; — *Mémoires du Clergé*, t. XIII.

(1) *Mémoires du Clergé*, t. XIII, p. 6.
(2) *Mémoires du Clergé*, t. XIII, pp. 36-37.

« lien dont votre majesté et vos prédécesseurs avez été
« honorés... tellement que sous couleur de quelques
« articles concernant la liberté de l'Eglise gallicane, qui
« peuvent être gracieusement tempérés avec la permis-
« sion de N. S. Père le Pape, demeure sous ombre de ce,
« à votre royaume une marque et reproche par les autres
« nations de crime de schisme » (1).

Le clergé assemblé à Paris fit à Henri III,
le 14 octobre 1585, par l'organe de Claude d'Ar-
gennes, évêque de Noyon, une remontrance pour
le prier de publier le concile de Trente. Elle fut
réitérée le 4 mars 1586 par Pierre de Villars,
archevêque de Vienne ; « Le roi disait-il, ne pou-
« vait différer la réception du saint concile de Trente
« sans offenser Dieu très grièvement et sans en-
« courir, lui et le royaume, la note d'un schisme
« évident. » — Dans les procès-verbaux des assemblées, on rapporte que ceux qui avaient entrepris
d'empêcher l'acceptation du concile faisaient ressortir les articles qui regardent la réforme des
mœurs, la discipline et la police de l'Eglise ; et
cependant l'on savait que par un bref de six lignes
le saint Père pourrait accorder les dispenses désirables.

Dans les états de Blois, l'on avait décidé de
publier le concile avec les modifications proposées ;
mais on rapporta à l'Assemblée que des docteurs
de Sorbonne, au nombre de 80, avaient déclaré
schismatiques ceux qui prétendaient publier le concile avec la clause : « sans préjudice des droits de
« l'Eglise gallicane. » Il s'éleva dans l'Assemblée
de 1595, de fortes contestations contre cette clause
et plusieurs membres demandèrent la publication
du concile purement et simplement.

Henri IV fut supplié, en 1598, par François de la
Guesle, archevêque de Tours, à l'Asemblée de
Paris, de publier les décrets du concile, afin qu'on
ne fût pas désuni par la doctrine pure, simple et
évangélique. On renouvela la demande en 1600,
en 1605, 1608, 1610, 1614, 1615. Cette année elle
fut adressée au roi et à la reine.

M. de Harlay, archevêque d'Augustopolis, en fit une
à Louis XIII, le 8 août 1615. J. Richer, libraire
à Paris, ayant fait imprimer le discours de M. de
Harlay, fut emprisonné au Châtelet sur la plainte
du procureur du roi, condamné à 400 livres
d'amende et banni pour trois ans, pour avoir imprimé un libelle *Remontrance du Clergé au roi
le 8 août dernier.* — On trouve encore une remontrance en l'année 1625 ; on y disait que le concile
de Trente avait été reçu dix ans auparavant par
l'autorité spirituelle des prélats (2) Les évêques
avaient-ils promulgué de vive voix les décrets du
concile de Trente à leur clergé réuni en synode ou
bien avaient-ils adressé des lettres confidentielles ?
On n'en parlait pas. Depuis cette époque ils gardèrent le silence après un demi siècle de protestations courageuses. C'est que l'attachement au Saint-
Siège avait diminué. Les parlements et la Cour
avaient communiqué leurs défiances à une partie
considérable de l'épiscopat et créé cet esprit du
gallicanisme, qui alla croissant au XVII° et

au XVIII° siècle sous le patronage du nom de
Bossuet.

Le clergé accepta donc autant qu'il était en lui les
décrets du concile de Trente, sans leur donner une
publication séculière, et il se soumit pleinement au
pape.

DE LA RÉFORMATION DU BRÉVIAIRE ET DU MISSEL (p. 338).

Le temps avait apporté bien des changements au
bréviaire et au missel. Ce sont des livres qui se
renouvellent toujours dans la partie accessoire, à
cause des fêtes et des offices de saints nouveaux,
qui s'y viennent ajouter ; mais la partie fondamentale
doit rester invariable, dès qu'elle a été fixée par
l'Eglise comme la forme du culte et de la prière.
Avant d'arriver à cette fixation définitive, elle a
subi bien des modifications depuis les temps apostoliques. Il faut remonter jusque-là pour en retrouver les premiers éléments ; ils sont très visibles,
très nettement indiqués dans les Pères du second
et du troisième siècle, et des allusions transparentes
les font reconnaître dans les écrits des apôtres eux-
mêmes.

Outre les rites, les cérémonies observés dans la
loi mosaïque et respectés avec tant de soin par le
sauveur, et adoptés par les apôtres, tels que les
thurifications, les habits sacerdotaux, les prières
avant le saint sacrifice, il y en avait qui devinrent
tout à fait propres à la loi nouvelle dès le commencement.

Le concile de Trente (XXII° session) déclare qu'il
faut rapporter à l'institution apostolique les bénédictions mystiques, les cierges allumés, les encensements, les habits sacrés et généralement tous les
détails propres à relever la majesté de la grande
action eucharistique. Il invoquait la tradition primitive, c'est-à-dire apostolique, de même que l'avait
invoquée Tertullien pour rendre raison des rites
qui ne semblaient pas fondés sur la lettre des
Evangiles, tels que la triple immersion, la confession du baptisé avant la cérémonie du baptême, la
nourriture de lait et de miel, qu'on lui donnait, la
communion eucharistique fixée au matin avant
toute autre nourriture, les oblations pour les défunts, la défense de jeûner ou de prier à genoux le
dimanche et durant le temps pascal, l'usage continuel du signe de la croix... (1). »

Si les apôtres laissèrent des usages particuliers
aux différents peuples, il est des points principaux
où l'accord est universel dans toutes les liturgies. Il
y a partout, à l'origine, un commencement de formation du missel pour la célébration du saint sacrifice. On y lisait l'Evangile : Eusèbe dit que le récit
des actions du Sauveur, écrit par saint Marc, fut
approuvé par saint Pierre pour être lu dans les
églises (2). Le salut : « Que le Seigneur soit avec
vous ! (Dominus vobiscum) était en usage au temps
des apôtres, comme l'enseigne le premier concile

---

(1) *Ibid.*; p. 78.
(2) *Procès-verbaux*, année 1625, t. II.

(1) Tertullien, *De Corona Militis*, cap. III.
(2) Eusèbe, *Hist.* lib. II, cap. XV.

de Brague (1). La collecte ou prière que le prêtre offre à Dieu en réunissant toutes les demandes des fidèles, appartient à l'institution primitive, assure saint Augustin. Saint Cyprien nous apprend que dès le berceau de l'Église, l'action du saint sacrifice était précédée d'une préface, que le prêtre criait : *sursum corda!* à quoi le peuple répondait : *Habemus ad Dominum* (2). L'Oraison dominicale y fut toujours dite et le *Sanctus* y fut toujours chanté.

Le bréviaire se trouva formé dans le commencement par l'usage établi de réciter des prières à des heures déterminées. Dans les constitutions apostoliques il est dit : « Faites des prières le « matin, à l'heure de Tierce, de Sexte, de None, au « soir et au chant du coq ». — « Puisque, dit Tertullien, nous lisons dans le commentaire de Luc « (*Les Actes des Apôtres*) que l'heure de Tierce « est cette heure de prière à laquelle les apôtres, « initiés par l'Esprit-Saint, furent regardés comme « ivres par les Juifs; que l'heure de Sexte est celle « à laquelle saint Pierre monta à l'étage supérieur; « que l'heure de None est celle à laquelle il entra « avec Jean dans le temple, ne voyons-nous pas « dans ceci que ces trois heures... ont dû occuper « un rang plus solennel dans les prières divines (3)? » Saint Cyprien rend témoignage de cette coutume d'observer la Troisième, la Sixième et la Neuvième heure.

D'après le *Liber Pontificalis*, le pape saint Célestin statua, en 422, que les 150 psaumes seraient psalmodiés à deux chœurs avant le sacrifice (4) et par tout le monde; ce qui n'avait pas lieu auparavant, car on récitait seulement l'épître du bienheureux apôtre Paul et le saint Évangile, après quoi la messe avait lieu. Cela signifie apparemment qu'on récitait en chœur un ou plusieurs psaumes avant la messe, de manière à parcourir tout le psautier dans un temps déterminé; de là nous serait venu l'usage de la récitation du psaume *Judica me* par le prêtre et par le servant lorsque l'action sainte va commencer. A la fin du v siècle, saint Gélase composa des préfaces, des mystères et des oraisons d'un style châtié (5) : il laissa un livre de messes, qui fut suivi jusqu'au temps de saint Grégoire-le-Grand, lequel, au dire de Jean Diacre, y fit beaucoup de suppressions, quelques changements et des additions (6), et le réduisit à un seul volume. Le travail de saint Gélase comprenait tous les sacrements; mais il y avait un missel séparé du reste.

Comme ce pape avait aussi composé des hymnes pour être chantées dans l'église de Rome, de même qu'on en chantait à Milan depuis l'épiscopat de saint Ambroise, elle faisait partie du bréviaire avec les antiennes. Paulin, dans la vie de saint Ambroise, dit qu'alors les *antiennes*, les *hymnes* et *les vigiles* commencèrent à être en usage à Milan et que la coutume s'en est conservée dans presque toutes les provinces d'Occident. Quelle était la distribution des psaumes, des hymnes, des antiennes et des prières dans l'office imposé aux différentes heures ? C'est ce qu'il serait difficile de dire exactement, car aucun document complet de cette époque ne nous est parvenu.

Le sacramentaire de saint Grégoire Ier, comprenant le missel et les formulaires des sacrements, fixa une période nouvelle pour la liturgie. Ce pontife le fit adopter dans toutes les Eglises d'Italie, excepté Milan, et dans les îles adjacentes qui sont du domaine primatial de saint Pierre. Il eut à répondre aux réclamations qui s'élevaient, comme une de ses lettres nous l'apprend. On lui reprochait de faire dire *Alleluia !* hors du temps pascal, de faire marcher les sous-diacres sans tunique, de faire dire *Kyrie Eleison*, de faire dire l'Oraison dominicale aussitôt après le Canon. Il répond que l'*Alleluia* a été introduit par Jérôme au temps de saint Damase. « Nous ne disons pas, ajoute-t-il *Kyrie Eleison* à « la manière des Grecs ; nous disons l'Oraison do- « minicale après le canon, parce que telle a été la « coutume des apôtres, qui en consacrant l'hostie « de l'oblation se contentaient de cette prière; chez « nous c'est le prêtre seul qui la récite (1). »

Les souverains pontifes et les conciles s'étaient appliqués à maintenir l'unité de liturgie dans les Eglises, tout en tolérant diverses variantes de détail, qui pouvaient remonter aux traditions apostoliques ou paraissaient mieux répondre aux coutumes des différents peuples. Le pape saint Sirice, à la fin du ive siècle, dit dans une de ses constitutions : « S'il n'y a qu'une seule tradition, une seule disci- « pline doit être gardée dans toutes les Eglises (2). » Saint Célestin, au ve siècle, écrivait aux évêques des Gaules : « Considérons encore les mystères ren- « fermés dans ces formules de prières sacerdo- « tales qui, établies par les apôtres, sont répétées « dans le monde entier d'une manière uniforme « par toute l'Eglise catholique, en sorte que la « règle de croire découle de la règle de prier — *ut « legem credendi lex statuat supplicandi* — » (3).

En 416, le concile de Milève s'exprimait ainsi : « Il a semblé aux évêques que les *prières*, les « *oraisons* ou *messes* qui ont été approuvées dans « un concile, les *préfaces*, les *recommandations*,

---

(1) Placuit ut non aliter episcopi et aliter presbyteri populum salutent, sed uno modo salutent, dicentes : Dominus vobiscum, et ut respondeatur a populo : Et cum spiritu tuo. — Concil. Bracearense.Can.21.
(2) Saint Cyprien, *De Oratione Dominica*, p. 107.
(3) Tertullien, *De Jejuniis*, cap. I.
(4) Dom Guéranger semble avoir mal traduit *antiphonati*. Le *cantus antiphonus* est *le* chant alternatif ou à deux chœurs, par opposition au *cantus responsarius*, chant à refrain, et au *cantus directus*, chant droit, simultané ou symphonique.
(5) Voir le *Liber Pontificalis, in Cœlest*. Le manuscrit du chapitre de Vérone porte : « Fecit sacramentorum præfationes cauto sermone. »
(6) Jean Diacre dit que c'était un véritable missel qu'avait laissé saint Gélase : « Gelasianum codicem de missarum solemniis multa subtrahens, pauca convertens, nonnulla vero superadjiciens pro exponendis evangelicis lectionibus, in unius libri volumine coarctavit. Joannes Diaconus *in S. Gregorium*, lib. II, cap. XVII.

(1) La question des origines du chant ecclésiastique est intimement liée à celle de l'établissement des premières liturgies. Saint Grégoire le Grand codifia le chant (voir Jean Diacre, cap. vi), comme il fit des prières de la messe et des sacrements. A côté du sacramentaire, se place l'antiphonaire qui comprenait le *Graduel* ou chants de la messe et le *Responsorial*, ou répons et antiennes de l'office. Pour la formation du chant ecclésiastique avant l'époque de saint Grégoire consulter : J.-B. Labat, OEuvres littéraires musicales. Paris, 1879, t. 1 ; *Recherches sur les chants liturgiques des premiers siècles de l'Eglise*, p. 136 et suiv.
Deux conclusions ressortent de son étude : la première, c'est que ce n'est pas seulement aux grecs et aux hébreux que l'on doit faire remonter les éléments diatoniques du chant grégorien, mais bien aux anciens Egyptiens ; la seconde, c'est l'accord incontestable qui a existé au temps de la primitive Eglise entre le caractère des cérémonies du culte et celui du chant qu'on a admis pour en faire partie.
(2) Una debet disciplina per omnes ecclesias custodiri... Apud Dom Constant. *Epist. Rom. Pontif.* ; p. 692.
(3) *Ibid*. S. Cœlestini. *Epist. XXI*.

« les *impositions des mains*, devaient être observées
« par tous. On ne récitera dans l'Eglise que celles
« qui auront été composées par des personnes
« habiles ou approuvées par un concile… (1). »

Mais la tolérance du pape saint Grégoire était allée très loin. Tout en laissant subsister les rites spéciaux dans les liturgies anciennes, il permettait d'en introduire dans les contrées nouvellement converties. Saint Augustin, apôtre de l'Angleterre, l'ayant consulté sur la raison des différences qu'il avait remarquées à Rome et dans les Gaules pour la célébration de la messe il lui répondit : « Je « suis d'avis que si vous trouvez, soit dans la sainte « Eglise romaine, soit dans les Gaules, soit dans « toute autre Eglise, quelque chose qui puisse être « plus agréable au Tout-Puissant, vous le choisis- « siez avec soin, établissant ainsi par une institu- « tion spéciale dans l'Eglise des Anglais, qui est « encore nouvelle dans la foi, les coutumes que « vous aurez recueillies de plusieurs Eglises ; car « nous ne devons pas aimer les choses à cause des « lieux, mais les lieux à cause des bonnes « choses. »

Cette latitude, plus ou moins expresse, accordée aux différents royaumes de la chrétienté de suivre des coutumes diverses, avait donné naissance, en dehors de la liturgie romaine, à l'ambrosienne, l'africaine, la gallicanne (2), la gothique ou mozarabe, la britannique et la monastique, sans compter celles du rite grec et celles de l'Orient, dont l'une des plus célèbres est l'arménienne. Les divergences tendaient à s'aggraver avec le temps et étaient une cause d'éloignement du centre de l'unité catholique; c'est pourquoi les souverains pontifes eurent à cœur d'abolir, autant que possible, les rites qui n'étaient pas conformes à ceux de l'Eglise romaine.

II

Sous le règne de Charlemagne, toutes les provinces de son empire adoptèrent l'ordre des offices et des cérémonies romaines avec le chant grégorien. La réforme commencée sous Pepin s'acheva; mais, comme l'établit M. Marchesi, qui en cela contredit quelque peu dom Guéranger, il s'agissait principalement du chant (3). Aux yeux des peuples et aux yeux de l'empereur c'était un point capital ; c'est pourquoi les auteurs du temps parlent surtout de la réforme du chant, quoique elle entraînât avec elle une certaine réforme des offices liturgiques.

Saint Chrodegang, évêque de Metz, ayant été chargé par Pépin d'aller auprès de Etienne II, qui réclamait protection contre Astolfe, en 754, introduisit à son retour le chant et l'ordre des offices romains dans sa cathédrale. Ce fait isolé ne tarda pas à être suivi d'un autre général. Le pape Etienne étant venu en France, profita du bon accueil de Pépin pour l'engager à prêter son concours à l'introduction du chant et des offices de l'Eglise romaine dans ce royaume. Le roi y consentit volontiers et les chantres de la suite d'Etienne donnèrent aux chantres français des leçons sur la manière de célébrer les offices (1). L'auteur des livres carolins, dont Charlemagne accepta le fond et la forme, dit : « Plusieurs nations se sont retirées de la sainte « et vénérable communion de l'Eglise romaine ; « mais notre Eglise ne s'en est jamais écartée… « Etant dès les premiers temps de la foi fixée dans « cette union et cette religion sacrée, mais s'en « trouvant en quelque chose séparée (ce qui n'est « pas cependant contre la foi), savoir dans les « offices, elle a enfin connu l'unité dans l'ordre de « la psalmodie, tant par les soins et l'industrie de « notre père, de vénérée mémoire, le roi Pépin, « que par la présence dans les Gaules du très saint « homme Etienne pontife de la ville de Rome ; en « sorte que l'ordre de la psalmodie ne fût plus « différent entre ceux qui réunissaient l'ardeur d'une « même foi… la célébration diverse des offices ne « séparant plus désormais ce qu'avait réuni la « pieuse dévotion d'une foi unique (2). »

Charlemagne, dans son capitulaire de 789, édicté à Aix-la-Chapelle, constate que Pépin avait supprimé le chant gallican, pour adopter tout-à-fait le chant romain, puis il ajoute que c'était pour être uni à l'Eglise de Dieu et être en harmonie avec le siège apostolique (3).

Pépin avait reçu du souverain pontife des Antiphonaires et des Responsals, ainsi qu'une lettre de saint Paul Ier en témoigne (4). Charlemagne demanda un nouvel exemplaire du sacramentaire Grégorien au pape Adrien. Ce sacramentaire comprenait le missel réformé de saint Gélase, comme l'indiquent Jean Diacre et Walafrid Strabon. C'était donc l'adoption de la liturgie romaine tout entière.

Les difficultés qu'opposaient différents peuples de l'empire de Charlemagne, finirent par tomber et l'empereur put dire : « … Nous avons fait que « plusieurs Eglises de cette contrée, qui autrefois « refusaient de recevoir dans la psalmodie la tra- « dition du siège apostolique, l'embrassent main- « tenant avec diligence… C'est ce que font aujour- « d'hui, comme chacun sait, non seulement toutes « les provinces des Gaules, la Germanie, l'Italie, « mais même les Saxons et autres nations des « plages de l'Aquilon converties par nous… (5) » Ce n'est pas à dire qu'il ne resta rien après la réforme de Charlemagne aucune trace des anciens usages dans le bréviaire et dans le missel. Les Eglises de Paris et de Lyon, entre autres, en gardèrent ou en reprirent plus tard quelques-uns qu'on remarque dans les manuscrits, comme de répéter l'*Invitatoire* tout entier entre les versets du psaume 94 ; d'ajouter un *répons* après la neuvième leçon de Matines ; de dire *Gloria Patri* à la fin de chaque *répons* des Nocturnes ; de dire le verset

---

(1) Labbe, *Concil.*, t. II, p. 1540.
(2) Mais on a vu plus haut (t. V, note des pp. 62 et 117) que celle-ci n'était pas à l'origine substantiellement différente de la liturgie romaine.
(3) Voir Marchesi, *la Liturgie gallicane dans les huit premiers siècles* (trad. franç.). Paris et Lyon 1869 et la note des pp. 62 et 117 du t. V de la présente *Histoire de l'Eglise*.

(1) Walafrid Strabo. *De Rebus eccles.*, cap. xxv.
(2) *Contra synodum Græcorum*, de Imagin, lib. I.
(3) Baluze, *Capitul. Aquisgr.*, 789, cap. xc.
(4) Ce pape lui disait : Nous vous envoyons tous les livres que nous avons pu trouver, savoir : l'antiphonaire, le responsal, les livres de saint Denis l'aréopagite, la géométrie, l'orthographe, la grammaire et une horloge nocturne. Pauli I, *epist.* XXV, apud Gretser.
(5) Livres carolins… *De Imagin.* lib. I.

sacerdotal entre Matines et Laudes..... Pour la messe, le principal rite gallican qui se conserva, fut la bénédiction épiscopale après le Pater, les prières générales au prône, la coutume de porter à baiser le livre des évangiles au clergé, de mêler l'eau et le vin dans le calice, en disant une oraison qui rappelle le sang et l'eau qui sortirent du côté ouvert de Jésus-Christ. Mais parmi ces divergences de détail, ce qui choquait le plus le clergé de Rome, c'est que les Gaulois ne pouvaient apprendre à chanter. Jean Diacre dit « que les Allemands et « les Français n'ont pu bien apprendre la douceur « de la modulation du chant grégorien, parce que « leurs corps d'une nature alpine, leurs voix retentissant en éclats de tonnerre, ne peuvent reproduire exactement l'harmonie des chants; la dureté de leur gosier buveur et farouche... lance avec « fracas des sons brutaux, qui retentissent... comme « les roues d'un chariot sur les degrés (1). » Ce fut à Metz que le chant s'eleva à la plus grande perfection.

Le prêtre Amalaire y fit un recueil de diverses pièces des antiphonaires romain et français, en marquant ce qui venait de l'antiphonaire romain et ce qui venait de celui de Metz (2). Telle fut l'origine de cette liturgie romaine-française, qui n'eut d'abord que très peu de différence avec le rite purement romain et s'en distingua cependant assez sensiblement dans la suite. Agobard, archevêque de Lyon, où il était en grande réputation de vertu (en 812), s'éleva vivement contre Amalaire, soutenant qu'on ne devait chanter dans les offices que les seules paroles de la sainte Ecriture (3). Il ne l'emporta pas alors, car dans l'ancienne liturgie romaine, on a l'antienne *Venite populi ad sacrum et immortale mysterium,* que l'on chantait pendant la communion ; mais plus tard son idée reprit faveur et servit de point de départ pour la confection des bréviaires et des missels dont la France fut inondée au XVIIe et XVIIIe siècle.

Une lettre de Charle-le-Chauve au clergé de Ravenne montre que le roi, comme le clergé, suivait de grand cœur et dans leur intégrité les rites de l'Eglise romaine. Il disait : « jusqu'au temps de « notre aïeul Pépin, les églises gallicanes célé- « braient les divins offices autrement que l'Eglise « romaine ou celle de Milan. Nous avons vu les « clercs de l'église de Tolède célébrer en notre « présence les saints offices suivant la coutume de « cette église — on a célébré devant nous la « messe solennelle selon la coutume de Jérusalem « d'après la liturgie de saint Jacques, et d'après la « coutume de Constantinople suivant la liturgie de « saint Bazile; pour nous, nous jugeons que c'est « l'Eglise romaine qu'il faut suivre (4). »

Une innovation qui devait aller grandissant, se manifestait déjà dans le courant du IXe siècle : c'était le chant des *tropes*, première ébauche des *séquences*, d'où naquirent les hymnes et les proses. On les intercalait dans les pièces de chants, dans les *introïts*, entre les mots *Kyrie* et *Eleison*, à la suite du verset *Alleluia !*

---

(1) On voit que sous ce rapport les choses n'ont pas beaucoup changé en France. Jean Diacre fait là le tableau de presque tous les lutrins actuels.
(2) Amalarius, *De officiis ecclesiasticis.*
(3) Agobard, *De Psalmodia, contra Amalarium.*
(4) *Caroli Magni Vita* apud Duchesne, t. II.

Le *Liber Pontificalis* nous apprend que le pape Adrien II, qui siégea en 867, compléta en divers endroits l'Antiphonaire romain. Il voulut qu'avant l'Evangile on chantât ces mélodies appelées *séquences* établies premièrement par le saint pape Grégoire Ier et plus tard par Adrien, aidé de l'abbé Alcuin, ami de Charlemagne.

Rome n'avait pas adopté d'abord les hymnes; elle en reçut cependant quelques-unes dans ses offices, au plus tard dès le XIe siècle; mais elle fut beaucoup plus réservée à cet égard que les Eglises ambrosienne, gallicane et gothique.

On continuait à prendre quelques libertés particulières dans les offices gallicans, et le pape saint Grégoire VII, mort en 1085, ayant réformé les livres de l'office romain pour sa chapelle, sans étendre la réforme aux Eglises d'Occident, il s'en suivit des divergences qui s'accentuèrent au XIVe et XVe siècles, et qui appelèrent une correction solennelle. Les Franciscains révisèrent l'office et le bréviaire de la chapelle papale, que saint François leur avait donné en 1210. Haymon, leur quatrième général, en fut un des correcteurs, probablement par l'ordre de Grégoire IX. Quoiqu'il n'eût pas introduit de notables changements, il encourut le reproche d'avoir augmenté beaucoup le nombre des fêtes doubles. La plupart des bréviaires de toutes ou de presques toutes les Eglises de l'Europe, au XIVe et au XVe siècle, et au commencement du XVIe, sont généralement distribués selon la forme de l'office abrégé. Différentes causes avaient ainsi porté atteinte à l'unité liturgique, et il importait de la rétablir dans son intégrité au moment où les hérésies travaillaient à disloquer l'Eglise.

III

Ce fut Léon X qui, le premier, résolut de corriger la liturgie. La cour romaine était peuplée de poètes, de prosateurs enthousiasmés des formes littéraires du siècle d'Auguste. Ils ne pouvaient qu'être choqués du style des offices de l'Eglise. Ils trouvèrent que la première chose à faire était de rétablir partout la correction grammaticale : tout l'hymnaire leur parut à réformer (1). Léon X donna ordre à Zacharie Ferreri de Vicence, évêque de Guarda, de composer un recueil d'hymnes pour toutes les fêtes de l'année, et dans un style qui fit honneur à la littérature du seizième siècle. L'ouvrage ne vit le jour que sous Clément VII, en 1525, sous le titre de *Zachariæ Ferreri hymni novi ecclesiastici.* On y annonçait, après ce titre, la prochaine publication d'un *bréviaire beaucoup plus court que l'ancien* et *expurgé de fautes,* par le même Zacharie. Les hymnes avaient l'allure et l'élégance des poésies de la Renaissance. Elles furent approuvées par le Saint-Siège, le 11 décembre 1525. Clément VII disait : « Nous commandons que tout fidèle, même « prêtre, puisse user de ces hymnes, même dans « les offices divins. » Parmi les plus remarquables on cite celle des apôtres : *Gaudete mundi principes* — celle en l'honneur de la sainte Vierge :

---

(1) Voir sur les erreurs de ces correcteurs la note de la p. 353 du t. III.

O noctis illustratio! Ferreri étant mort sans avoir pu donner son bréviaire, Clément VII chargea de ce soin le cardinal Quignonez, qui était français, et le bréviaire parut à Rome en 1537, avec un titre indiquant qu'il était surtout tiré de la Sainte Ecriture et des histoires véridiques des saints et rédigé avec concision. — *Breviarium romanum ex sacra potissimum Scriptura et probatis sanctorum historiis collectum et concinnatum.* — On y avait omis les antiennes, les capitules, beaucoup d'hymnes et beaucoup d'autres choses du même genre, qui empêchaient la lecture de l'Ecriture sainte. Le style était châtié, mais sans recherche; les psaumes distribués de manière qu'on les pût tous lire chaque semaine de l'année. Réformer en abrégeant : telle avait été l'intention de Léon X, de Clément VII et de Paul III. L'on avait obtenu la brièveté; mais on avait fait des suppressions et des innovations regrettables. Les docteurs de l'Université de Paris se récrièrent; il censurèrent le bréviaire comme ne contenant pas les heures de la sainte Vierge, ni les antiennes ni les homélies des Saints Pères, ni les expositions des docteurs sur les Evangiles et autres Ecritures; ils déclarèrent que la publication en était dangereuse et intolérable. C'était trop élever la voix, car les souverains pontifes l'avaient approuvé; il est vrai qu'ils ne l'avaient autorisé que pour ceux qui demanderaient spécialement à être dispensés de l'ancien : ainsi l'avait réglé Paul III; mais enfin il était l'objet de sévères critiques et Quignonez dut en faire une nouvelle édition, en ajoutant certaines choses et en modifiant beaucoup d'autres. Saint François Xavier, qui avait la permission de le dire, ne voulut jamais en user. Ce bréviaire abrégé enfanta un missel abrégé qui fut imprimé à Lyon en 1550.

L'opinion ne se prononçait pas en sa faveur; ni le clergé, ni les monastères, ne se sentaient entraînés à le prendre en masse; les souverains pontifes ne l'avaient pas imposé et n'accordaient le privilège de le dire que sous forme d'exception particulière. Saint Gaëtan et Jean Pierre Caraffa, théatin, avaient reçu de Clément VII la mission de travailler à une réforme liturgique en même temps que Quignonez; ils avaient maintenu les usages antiques et éliminé les histoires apocryphes. Caraffa devenu pape, en 1555, déclara qu'il ne donnerait plus de permission pour réciter le nouveau bréviaire, tout en laissant subsister les anciennes, puis il continua la composition de celui qu'il avait commencé. La mort le surprit en 1559 avant qu'il ait pu le publier. Ses manuscrits furent envoyés au concile de Trente, qui abandonna au pape le soin de la réforme projetée.

Lorsque la question du bréviaire fut agitée pendant la xxv° session, deux opinions se produisirent. Les uns désiraient la restitution pure et simple des formes liturgiques consacrées par les anciens canons; les autres voulaient un bréviaire entièrement neuf; mais tous étaient d'accord sur un point, c'est que le bréviaire devait être universel. Les évêques d'Italie se prononçaient pour un bréviaire totalement réformé sur un plan nouveau ; les légats du Souverain Pontife recommandaient de ne point renverser le rit invétéré de l'Eglise sous prétexte de le réformer. Pas une seule voix ne s'éleva pour la défense des liturgies diocésaines, attendu qu'elles n'existaient pas en réalité. Les Eglises latines avaient presque toutes un bréviaire dont le fond était romain; quelques différences accidentelles étaient faciles à reconnaître. La division traditionnelle du psautier était partout la même; le propre du temps était fixé par les livres liturgiques de saint Grégoire le Grand. Restait le propre des saints et le calendrier, qui variaient d'une église à l'autre. Il fallait aussi tenir compte des altérations et des fautes introduites par le temps (1). Après diverses discussions, l'on convint d'abandonner tout-à-fait au Souverain Pontife le soin des réformes liturgiques.

Saint Pie V nomma une commission pour mettre la dernière main à l'œuvre de Caraffa. On rapprocha la liturgie des sources antiques, en travaillant sur les bréviaires des plus célèbres Eglises et sur ceux qui étaient conservés au Vatican. La distinction d'un office récité en particulier et d'un office public fut rejetée; l'on n'admit pas beaucoup de nouveaux saints; les propres des Eglises devaient y suppléer. La publication du bréviaire fut annoncée en 1568. Dans la bulle *Quod a Nobis*, saint Pie V l'imposait à tous les diocèses, à tous les ordres religieux, à toutes les communautés, sans autre exception que pour les églises qui en avaient un spécial depuis deux cents ans, comme, par exemple, à Milan où celui du rit ambrosien s'était conservé. Il était défendu d'y rien changer dans la suite. Deux ans après parut le missel (1570), qui fut imposé à l'univers catholique par la bulle *Quod primum tempore*. On se hâta d'obéir à l'injonction du pape, à Rome, en Italie, en Espagne, en Portugal, dans les monastères qui n'avaient pas droit à l'exemption. La France ne résista généralement pas non plus. Au concile de Reims, tenu en 1583, il fut recommandé de se conformer à l'usage de l'Eglise romaine suivant la constitution de Pie V. A Bordeaux le synode de 1583, décida l'adoption pure et simple du bréviaire et du missel de saint Pie V. A Tours, en 1583; à Bourges, en 1584; à Toulouse et dans la plupart des métropoles, des mesures semblables furent prises par les évêques réunis. Dans toute la France, il n'y eut guère qu'à Lyon que l'ancienne liturgie fut conservée. Les livres romains réformés furent adoptés dans la chapelle du roi à Paris, seulement on attendit jusqu'au mercredi des Cendres 1610. Les Parlements témoignèrent leur mauvais vouloir et s'efforcèrent de rejeter les livres liturgiques du Saint-Siège, parce qu'on n'y priait pas positivement pour le roi. Défense fut faite à tous les imprimeurs du royaume de publier le missel romain sans y ajouter le *pro rege nostro N...* qui a été maintenu au canon de la messe. Un parti se forma dans le clergé pour soutenir cette opposition du parlement. En 1583, l'évêque de Paris ayant résolu d'introduire les livres romains dans sa cathédrale, le chapitre de Notre-Dame s'y opposa, prétendant avec fondement que le bréviaire et le missel de Paris avaient droit à l'exemption prévue par la bulle et conclut à la simple correction des livres parisiens. La commission chargée de ce soin inclina si bien vers les usages romains réformés qu'elle adopta presque entièrement le bréviaire de saint Pie V.

---

(1) Voir Leplat, *Monum. conc. Trid.*, t. V.

Des diocèses voisins de la France suivirent cet exemple; ils se crurent plus ou moins dans le cas de l'exemption, et réformèrent leur liturgie d'après la romaine. Besançon garda le titre diocésain à la tête de ses livres, qui retinrent beaucoup d'usages particuliers. Des bréviaires de Cologne, de Trèves, de Mayence, de Constance, de Wurtzbourg, de Worms, de Spire, imprimés à la fin du xvie siècle, furent réformés d'après celui de saint Pie V.

Ce fut à la fin du xviie siècle et au xviiie qu'un grand mouvement se produisit dans l'épiscopat français pour abandonner le bréviaire et le missel romains, contre lesquels on invoquait les raisons mises en avant à l'époque du concile de Trente et d'autres encore. La Sorbonne de Paris renfermait des docteurs qui avaient ainsi répondu à une consultation du chapitre de Notre-Dame: — «L'adoption « du bréviaire romain diminuerait beaucoup l'au- « torité des évêques et des diocèses... Si les évê- « ques connaissent ce qu'ils sont, ils doivent savoir « qu'ils ont pouvoir de régler la forme de la « prière, aussi bien que le pape dans son diocèse « de Rome; autrement ils ne seraient que les cha- « pelains du pape... » — Auprès du clergé séculier et régulier l'on se plaisait à répéter que le bréviaire et le missel romains laissaient beaucoup à désirer pour la correction et qu'ils n'étaient pas uniquement composés de textes de l'Ecriture sainte. L'on en composa de nouveaux dont les hymnes étaient dans le goût de la Renaissance et dont la distribution des offices était faite sur un nouveau plan plus régulier peut-être et plus facile à suivre. Il n'y avait point, par exemple, ces retours en arrière pour reprendre les offices des dimanches restés après l'Epiphanie lorsqu'on est déjà bien loin dans les dimanches après la Pentecôte. L'on y employait pour ainsi dire uniquement les passages de l'Ecriture sainte, sans retrancher les homélies des saints Pères.

Les évêques s'autorisaient de l'exemple de Clément VIII, qui s'était plaint des nombreuses incorrections des hymnes adoptées par saint Pie V et en avait refondu beaucoup. Ce fut alors que l'on fit dans l'Eglise romaine une brèche considérable à l'unité liturgique, qui avait été à peu près partout respectée après la publication des bulles de saint Pie V (1).

PALESTRINA ET LA RÉFORME DE LA MUSIQUE RELIGIEUSE, AU XVIe SIÈCLE (p. 339).

Dans son appréciation du rôle de Palestrina, Rohrbacher commet une erreur déjà ancienne et qui subsiste encore dans l'histoire de la musique religieuse, erreur relative au projet qu'on aurait eu d'exclure la musique des églises au concile de Trente. C'est, en effet, une opinion à peu près généralement reçue, que Marcel II se proposait une réforme très sévère et qu'il changea de sentiment après avoir entendu une messe du célèbre Pierluigi de Palestrina, laquelle fut appelée par cette raison : *Missa papæ Marcelli*. Ce n'est là qu'une légende (1).

La vérité est que le pape Marcel II n'a jamais eu le projet de réformer la musique sacrée, ni dans le concile de Trente, ni d'après les intentions du concile, ni de son propre mouvement, et que Palestrina n'a pas eu le rôle qu'on prétend. Ses chefs-d'œuvre musicaux appartiennent à une époque postérieure.

Marcel II fut élu pape le 9 avril 1555; il tomba malade le 20 du même mois et mourut le 30 ; il avait assisté à toutes les cérémonies de la semaine sainte, béni le 18 des *Agnus Dei* dans sa chapelle. Où Palestrina eut-il trouvé le temps de composer sa messe et de l'exécuter pendant un pareil pontificat? Il n'y a d'ailleurs pas d'indice de ce fait dans les mémoires ou les archives du Vatican ; au contraire, Marcel II se ressentit des longues cérémonies de la semaine sainte et sa maladie se déclara bientôt après ; les chantres fatigués aussi, attendirent jusqu'au lundi de Pâques pour lui présenter leurs hommages. Son biographe, Pollidori, qui vivait deux cents ans après lui, lui attribue, il est vrai, l'intention de proscrire par un décret le chant figuré (2) ; mais l'intention, quelque réelle qu'on la suppose, ne put avoir un commencement d'exécution.

Une autre opinion analogue, c'est que Pierluigi aurait eu sous Pie IV, à la reprise des travaux du Concile, une influence décisive sur les Pères de Trente qui sans cela étaient résolus à proscrire entièrement la musique des églises. Les auteurs qui adoptent cette opinion ajoutent que Pierluigi composa une messe qui réunissait toutes les qualités d'une musique vraiment digne du sanctuaire et fit comprendre aux Pères du Concile qu'il fallait seulement proscrire les excès, et non interdire la musique elle-même.

Les abus existaient. Dès la fin du xiiie siècle, les compositeurs de musique avaient coutume d'écrire des messes entières et des motets sur le chant d'une antienne ou sur la mélodie d'une chanson mondaine. Tandis que trois ou quatre voix chantaient en contrepoint fugué et hérissé de toutes les subtilités de l'art, le *Kyrie Eleison, le Gloria, le Credo, le Sanctus* ou *l'Agnus*, la partie qui chantait la mélodie disait les paroles de l'antienne ou celles de la chanson. Pendant près de deux siècles les musiciens français et belges avaient propagé le goût de ce genre de composition, qui avait pénétré à Rome jusque dans la chapelle pontificale. Plusieurs airs vulgaires, français ou italiens, dont les paroles étaient souvent peu édifiantes, avaient acquis une telle célébrité qu'un compositeur de quelque mérite ne croyait pas pouvoir s'abstenir de les prendre pour thèmes de ses messes ou de ses motets, et l'on vit Palestrina, qui devait avoir tant de part à la réforme de ces abus, céder lui-même aux préjugés de son temps et écrire sur la fameuse chanson de *l'Homme armé*, une messe à cinq voix, véritable énigme musicale, qui fit le tourment de bien des

---

(1) Voir Dom Guéranger, *Institutions liturgiques*, Le Mans, 1840 et Paris, 1878-1880; du Lac, *la Liturgie romaine et les Liturgies françaises*. Paris, 1849.

(1) Elle a trouvé crédit dans les ouvrages de Gerbert, *De Cantu et Musica sacra*, t. IV, et de Ch. Burney, *General history of music*. Londres, 1789.
(2) *De Vita Marcelli II.* § 50, p. 124.

musiciens du XVIe siècle (1). L'inconvénient et ridicule assemblage du profane et du sacré dans la musique d'église, fut sévèrement censuré d'abord par le Concile de Bâle.

Le Concile de Trente s'occupa pour la première fois de la musique dans la XXIIe session, puis dans la XXIVe, et porta de lui-même, sans subir aucune influence, les règlements les plus opportuns et les plus efficaces contre les abus. La question avait été traitée au préalable en congrégation. « Pour bannir l'irrévérence, rapporte Pallavicin, on proscrivit dans la musique tout ce qui pouvait s'y mêler de lascif ou d'impur. On proposa même d'exclure la musique des cérémonies saintes ; mais le plus grand nombre, et principalement les Espagnols, furent d'avis de la maintenir, attendu qu'elle avait été en usage dans l'Église dès les premiers temps et qu'elle était propre à exciter dans les cœurs, par sa douceur, des sentiments de dévotion, si la substance du chant et le sens des paroles étaient pieux, et parce que le chant bien loin de nuire à l'effet des paroles, y ajoutait au contraire. » Dans la XXIIe session, tenue le 17 septembre 1562, on proclama solennellement tout ce qui avait été approuvé dans la congrégation particulière du 14 septembre. Le Concile porta ce décret : « Que les Ordinaires des lieux éloignent « des églises ce genre de musique auquel l'orgue « ou le chant donne quelque chose de lascif ou « d'impur, afin que la maison de Dieu puisse être « appelée et soit en effet une maison de prières (2).

Dans la XXIIIe session, il ne fut pas question de la musique ; seulement dans les décrets qui concernent l'érection des séminaires, il est dit que les jeunes clercs doivent être instruits dans le chant (cap. 18 *De Reform*.), c'est-à-dire le chant grégorien ou plain-chant.

Dans la XXIVe, les légats voulaient inculper plus fortement qu'on ne l'avait fait la prohibition des chants scandaleux et des mélodies indécentes ; ils traduisaient assurément les dispositions du pape Pie IV à cet égard, et ils insistèrent sur la musique efféminée dont il fallait arrêter l'envahissement (3). Toutefois le concile s'en remit aux synodes provinciaux et à la prudence des évêques pour apporter les changements nécessaires (4).

Comme on le voit par ce qui précède, les auteurs se sont également trompés en disant, les uns, que sous le pontificat de Marcel II, Palestrina sauva la musique religieuse de la proscription dont elle était menacée, en composant sa messe du pape Marcel, les autres, que la même messe chantée devant les Pères du Concile de Trente, avait sauvé la musique qui aurait été sans cela bannie des églises.

Voici quel fut exactement le rôle de Palestrina. Pie IV plein de zèle pour mettre à exécution les décrets de réforme rendus par le Concile de Trente nomma à cette fin une commission de huit cardinaux. Pour la réforme de la musique à Rome, la commission délégua ses pouvoirs au cardinal Vitellozi, grand amateur de musique, et au cardinal Charles Borromée, neveu de Pie IV, par égard pour le goût très prononcé du pape pour la musique. Pie IV fut très satisfait de ce choix et donna aux deux délégués des facultés spéciales. Plusieurs conférences eurent lieu entre eux et les chantres de la chapelle pontificale, et il fut convenu que Palestrina serait chargé de composer une messe sur un ton grave et digne, sans mélange de rien de lascif ni d'impur dans les mélodies, et de manière que les paroles se fissent bien entendre. A cette condition la musique serait conservée ; mais si elle était indigne du sanctuaire, l'on ne pouvait prévoir quel sort lui serait réservé, au moins dans la ville Éternelle, les évêques ayant à pourvoir chacun chez eux à la réforme décrétée par le Concile. Les cardinaux insistèrent surtout sur ce point que les paroles devaient être entendues distinctement. Palestrina composa trois messes qui furent exécutées par la Chapelle pontificale le 28 avril 1565 en présence de la commission. La troisième, d'un genre tout nouveau, où Palestrina abandonnant tout à fait les errements des compositeurs flamands et français, avait mis tout son génie, fut surtout trouvée admirable. Les cardinaux le félicitèrent dans les termes les plus expressifs et l'exhortèrent à continuer à composer dans ce style vraiment approprié à la musique sacrée et à l'inculquer à ses disciples. La question était résolue. Il fut décidé que la musique aurait sa place dans les cérémonies du culte catholique ; mais que dorénavant les trois nouvelles messes de Palestrina, particulièrement la dernière, serviraient de modèles à toutes les compositions du même genre. Cette troisième messe, à laquelle la commission et l'auteur donnèrent le nom de *Messe du pape Marcel* (*Missa papæ Marcelli*), par égard pour la mémoire de ce pontife, pour lequel Palestrina avait une vénération particulière, fut entendue par Pie IV le 15 juin 1565. L'auteur avait compris, en la composant, qu'il y allait du sort de la musique, à Rome et probablement ailleurs ; on a retrouvé sur son manuscrit ces mots : « *Seigneur, aidez-moi !* »

On rapporte que Pie IV la compara aux mélodies que l'apôtre saint Jean avait entendues dans la Jérusalem céleste, en disant qu'un autre Jean avait donné dans cette Jérusalem terrestre un avant-goût de la musique céleste (1).

---

(1) Voir : Choron., *Principes des Compositions des Écoles d'Italie*, Journal manuscrit de la Chapelle pontificale ; Adrien de Lafage, *Précis sur la Vie et les ouvrages de Palestrina* dans les *Miscellanées Musicales*, Paris, 1844 ; Fétis, *Dictionnaire des Musiciens*, au mot Palestrina ; Pougin, Supplément à ce dictionnaire.

(2) Ab ecclesiis vero musicas cas, ubi sive organo sive cantu lascivum aut impurum aliquid miscetur...... (ordinarii locorum) arceant, ut domus Dei vere domus orationis esse videatur et dici possit. — Sessio XXII.

(3) Parmi les 42 points de réforme désignés pour la 24e session et proposés par les nouveaux légats, se trouvait encore la musique sacrée. La prohibition de la *musique trop molle* faisait l'objet du 3e point. On donna copie de ces 42 points aux députés séculiers et notamment aux ambassadeurs de l'empereur Ferdinand. Dans sa réponse écrite en date du 23 août 1563, l'empereur disait sur ce point : « Que l'on veuille bien ne pas interdire complètement le chant figuré, vu qu'il est très souvent propre à exciter la dévotion. » Cette observation était parfaitement d'accord avec le sentiment des Pères, tel que nous l'avons constaté dans la XXIIe session, mais elle n'était pas nécessaire, attendu que cet article n'avait rencontré aucune contradiction de la part du Concile. Grandcolas (*Commentaires historiques sur le Bréviaire romain*, p. 115), et avec lui tous ceux qui l'ont copié, se trompe lorsqu'il dit que le Concile de Trente était décidé à proscrire entièrement la musique et que le décret était déjà fait et envoyé à l'empereur, lequel ayant présenté des observations à ce sujet, le Concile les approuva et annula le décret. Le décret contre la musique n'a jamais existé, même en projet.

(4) De congrua canendi seu modulandi ratione. — Synodus provincialis, pro cujusvis provinciæ utilitate ac moribus, certam cuique formulam praescribet. — Sessio XXIV.

(1) Voir dans *Analecta Juris Pontificii*, mars et avril 1859, *la Musique religieuse et le Concile de Trente*, p. 1465 et suiv. Consulter J. de Vroye et Van Elewyck, *De la Musique religieuse et législation de l'Église sur cette matière*. Louvain et Bruxelles, 1866 ; Monnier, *La musique religieuse et le plain-chant devant les prescriptions du concile de Trente*, Paris, 1880.

LA RÉFORME DU CALENDRIER PAR GRÉGOIRE XIII
(p. 340).

La réforme du calendrier entraînait des calculs astronomiques trop compliqués pour être exposée très au long dans une histoire de l'Église : Rohrbacher a été sommaire. Il se trompe en disant que la précession des équinoxes vient des onze minutes de trop que l'on donnait à l'année, car si cela était, les onze minutes étant retranchées aujourd'hui, la précession des équinoxes cesserait d'avoir lieu, et elle continue cependant toujours. Elle consiste en ce que le soleil, d'une année à l'autre, ne se retrouve pas exactement au même point du ciel à midi le jour des équinoxes ; il est un peu moins rapproché des constellations dans lesquelles il entrait l'année précédente.

Depuis longtemps l'on s'était aperçu que l'année n'avait pas tout à fait les 365 jours, 6 heures, que lui attribuait le calendrier de Jules-César. Le moine Roger Bacon proposait au pape Clément IV, en 1264, d'y retrancher un jour tous les 130 ans, pour la ramener à sa longueur normale que le calendrier de Jules-César avait dépassée : c'était s'écarter peu de la vérité. Ses calculs ne furent pas contestés ; mais la question n'était pas mûre encore. Elle fut reprise au XVIe siècle, à la sollicitation de Gauricus et par les soins de Grégoire XIII, qui s'entoura de toutes les lumières de l'époque (1).

Comme c'est la fête de Pâques qui règle toutes celles de l'année, il fallait déterminer une base invariable pour fixer la fête de Pâques d'après la longueur véritable de l'année. Le concile de Nicée, en 325, statua que la lune pascale était celle dont le 14e jour coïncidait avec l'équinoxe du printemps ou le suivait de plus près ; et le jour de Pâques était le premier dimanche après le 14 de la lune pascale. Il supposait que l'équinoxe resterait toujours au 21 mars, où il se trouvait alors, ignorant que l'année julienne était trop longue de 11 minutes et quelques secondes ; mais sous le pontificat de Grégoire XIII, douze cents ans plus tard, l'équinoxe était arrivé au 11 mars, dix jours avant l'époque indiquée, et il fallait le ramener au 21, et l'y maintenir en tout temps.

La valeur moyenne de l'année fut comptée de 365 jours, 5 heures, 48 minutes, 46 secondes, degré d'approximation, dont l'erreur est presque nulle. D'après ces chiffres, l'on était en avance de 10 jours depuis le concile de Nicée, si l'on voulait que le jour de l'équinoxe réel fut appelé 21 mars. En 1582, le pape Grégoire XIII ordonna de supprimer 10 jours au mois d'octobre en passant tout à coup du 4 au 15. Pour empêcher les variations dans l'avenir, il fut arrêté qu'on supprimerait à l'avenir l'intercalation du jour bissextile (2), trois fois dans une période de 400 ans ; qu'ainsi pour les années 1600 — 1700 — 1800, 1900, la première seule serait bissextile. D'après ces combinaisons, il n'y aurait plus qu'un jour d'erreur en 4000 ans.

Les astronomes Clavius, Lilico et Regiomontanus furent les principaux que consulta Grégoire XIII.

Par l'effet de cette réforme, le calendrier grégorien est présentement en avance de 12 jours sur le calendrier Julien. Cette avance sera de 13 jours depuis l'an 1900 jusqu'à l'an 2100 de l'ère chrétienne.

Les anciens astronomes avaient aussi attribué une durée trop longue au mois lunaire (environ 20 secondes en excédent). Il en résultait que la lunaison était d'un jour en avance sur le mois lunaire ecclésiastique, après une période de 312 ans. Les anciens corrigeaient facilement cette avance en supprimant le dernier jour d'un mois, lorsque l'observation leur en montrait la nécessité. Ainsi le mois lunaire paraît avoir été d'accord avec la lunaison à l'époque de la ruine de Jérusalem. Mais au IVe siècle il y avait déjà une différence de près d'un jour entre le cours moyen de la lune et les épactes des computistes. Cette avance de la lune fut acceptée telle quelle par les évêques d'alors. Ils y trouvaient même cet avantage que les chrétiens ne pouvaient célébrer leur Pâque en même temps que les Juifs, lesquels suivaient plus exactement le cours de la lune.

Mais après une douzaine de siècles l'avance était devenue trop considérable et les computistes du pape Grégoire XIII y remédièrent en établissant de nouvelles épactes qui, tout en laissant au cours moyen de la lune une avance d'environ 18 heures, suivent cependant ce cours moyen avec assez d'exactitude.

D'après ce nouveau système, le cycle de 19 ans est conservé ; mais au commencement de chaque siècle il peut être l'objet d'une correction qui a pour but de la maintenir en rapport tantôt avec le cours de la lune, tantôt avec l'échéance du 21 mars.

Le système de ces épactes et de leurs différentes corrections est assez compliqué. Aujourd'hui il serait bien plus facile de régler les épactes sur le calcul astronomique et de fixer simplement la fête de Pâques au dimanche qui suit la première pleine lune après l'équinoxe du printemps. Le résultat serait le même ; les règles seules seraient simplifiées.

Les différentes sectes protestantes ont fini, les

---

(1) Voir : Delambre, *Histoire de l'Astronomie moderne*, in-4, 2 vol. Paris, 1821, t. I, liv. I, Réformation du calendrier.

(2) Le calendrier désigne comme jour bissextile le 24 février. Cette donnée est inexacte. Les recherches faites par Th. Mommsen, ont amené ce savant à admettre avec la plus grande certitude que le jour bissextile du calendrier julien n'est pas, comme on le croit généralement, le 24, mais bien le 25 février. Le professeur Mommsen se base sur une inscription découverte en Afrique, qui désigne comme jour bissextile celui qui précède le 26 février, par conséquent le 25 février. Il dit : « Les recherches minutieuses que j'ai faites sur la question de savoir quel jour les Romains de l'Empire considéraient comme jour bissextile, m'ont amené à admettre avec certitude que c'est le 25 février. »

Ainsi donc les Romains de l'Empire considéraient le 25 février comme jour bissextile ; ce n'est que plus tard que quelques auteurs, induits en erreur par une citation mal comprise de Varron, ont soutenu que le jour bissextile devait être le 24 février. Lors de la réforme du calendrier, opérée par le pape Grégoire XIII, en 1582, cette erreur a passé inaperçue. On avait simplement décidé que l'équinoxe de printemps tombera invariablement le 21 mars et que la fête de Pâques sera célébrée le premier dimanche après la pleine lune qui suit l'équinoxe de printemps. On avait décidé en outre de passer du 4 octobre de l'année 1581 au 15 octobre, avançant de cette manière la date de dix jours complets, et de considérer comme une année ordinaire de 365 jours le dernier jour de chaque siècle (1600, 1700, 1800, 1900) qui d'après le calendrier julien devait être une année bissextile. Toutes ces réformes ne portaient pas, comme il vient d'être dit plus haut, sur la question de savoir quel jour du mois de février devait être désigné comme bissextile. Ainsi l'erreur commise par plusieurs grammairiens s'est propagée jusqu'à nos jours et a été pour ainsi dire consacrée par l'usage. Il conviendrait aujourd'hui de rendre au jour bissextile la place que lui avait assignée Jules-César.

unes après les autres, par accepter le calendrier grégorien. Les Russes et les Grecs se sont obstinés, jusqu'à présent, à conserver l'ancien style du calendrier Julien. C'est pour cela que leur année est maintenant en retard de 12 jours sur la nôtre, et qu'il leur arrive souvent de célébrer la fête de Pâques un mois après les Latins (1).

LES JUIFS EN FRANCE (p. 345).

La nation juive, coupable en France des mêmes crimes qu'en Italie, fut expulsée par nos rois comme par les souverains pontifes. Louis XIII, renouvelant les édits antérieurs, publia une déclaration aux termes de laquelle tous les juifs établis en France devaient quitter le royaume dans le délai d'un mois, sous peine de vie et de confiscation. Plus tard cette déclaration fut étendue aux îles possédées par la France et à la Louisiane.

En 1563, injonction spéciale fut faite à tous les juifs qui résidaient à Metz, de sortir de la ville. Quatre familles seulement obtinrent d'y demeurer et trafiquer, sous la condition de payer une rente au profit des pauvres : quatre-vingt-seize familles issues de ces quatre premières obtinrent de Louis XIV la confirmation de leurs privilèges.

Les juifs étaient soumis à une législation spéciale. C'est ainsi qu'ils ne pouvaient être témoins en matière civile, suivant un arrêt du parlement de Metz du 10 février 1691, qui refusait le témoignage de deux juifs contre un chrétien.

Le même parlement rendait, le 26 mars 1670, un arrêt qui défendait aux juifs, sous peine de vie, d'exposer dans leurs cérémonies de religion l'image du crucifix, ou autres figures tendant au mépris de la mort et de la passion de Jésus-Christ, de la sainte Vierge ou de la religion chrétienne, ou de faire aucune assemblée ou acte de religion dans leurs maisons particulières, à la ville ni à la campagne.

Jean Fontanier, avocat, secrétaire du roi, catholique, moine, calviniste, enfin juif, fut arrêté prêchant le judaïsme et brûlé avec un ouvrage de sa composition, intitulé : *Trésor inestimable*. On l'arrêta au moment où il dictait ces mots à ses auditeurs : Le cœur me tremble, la plume me tombe des mains. C'était sous Louis XIII (2).

SAINT PIE V ET L'ÉTAT PONTIFICAL (p. 345, col. 2).

Les diplômes des anciens empereurs et les bulles *In Cœna Domini* fixent les vraies limites de l'Etat pontifical. Ce n'est nullement le domaine tel que la diplomatie moderne l'a constitué; c'est un État d'environ 15 millions d'habitants, lequel comprend Parme et Plaisance, Modène et Reggio, le royaume de Naples, la Sicile, la Sardaigne et la Corse, outre Rome et les provinces que le Saint-Siège a conservées jusqu'en 1859. C'est un État médiocre, trop faible pour faire ombrage aux grands empires, et assez important pour que la prospérité territoriale, maritime et commerciale soit assurée.

Au XVIe siècle, le Saint-Siège n'avait le gouvernement immédiat que d'une partie de ses États; le reste avait été concédé à titre de fief. Selon le système adopté dans toute l'Europe au moyen âge, les Farnèse avaient l'investiture de Plaisance et de Parme. La maison d'Este occupait Modène, Reggio et le duché de Ferrare, en vertu de concessions pontificales et moyennant le tribut annuel de 7,000 écus. Les Espagnols retenaient le royaume de Naples, la Sicile et la Sardaigne, conformément aux bulles d'investiture qui étaient renouvelées à chaque changement de règne. En effet, le Bullaire romain renferme les bulles successivement accordées à Ferdinand d'Aragon, à Charles-Quint, à Philippe II, Philippe III, etc.; et les princes déclaraient chaque fois que la concession pontificale formait leur unique titre sur les trois royaumes. Enfin les Génois occupaient la Corse.

Saint Pie V conçut le projet de reprendre l'administration immédiate de tous les États pontificaux. Il publia dans ce but la célèbre constitution *Admonet* du 29 mars 1567, dont les dispositions étaient éminemment propres à atteindre le but (1). Rohrbacher ne fait que l'indiquer d'une manière inexacte et incomplète. Dans cet acte, Pie V fit serment de n'inféoder désormais aucune des provinces pontificales, et ne les plus concéder à personne à titre de fief ou de vicariat temporel, ou de gouvernement. Les familles concessionnaires venant à s'éteindre, les domaines feraient retour au Saint-Siège qui en était le suzerain. Le même serment fut imposé à tous les papes successeurs, et à tous les cardinaux présents et futurs ; en outre, saint Pie V voulut que les cardinaux fissent serment de ne jamais demander dispense de leur serment et de ne jamais accepter cette dispense si le pape la leur offrait. Depuis ce temps-là, tous les papes ont prêté le serment en question, et ils ont, en outre, publié une bulle spéciale, pour confirmer celle de saint Pie V. Tous les cardinaux, jusqu'à nos jours, ont fait serment de ne jamais consentir à la cession ou inféodation nouvelle des Etats pontificaux et ils ne peuvent pas être dispensés de ce serment.

C'est en vertu de cette loi fondamentale que Clément VIII reprit le duché de Ferrare, à la mort du dernier légitime descendant de la famille d'Este. Soixante ans après, Alexandre VII réunit à la couronne pontificale Castro et Ronciglione. L'ouverture de la succession d'Espagne à la mort de Charles II, offrit une occasion propice de reprendre la Sardaigne, la Sicile et le royaume de Naples ; en effet, Clément XI envoya un commissaire prendre possession du royaume. En 1731, à la mort du dernier Farnèse, Clément XII prit toutes les mesures pour faire rentrer Parme et Plaisance sous l'administration immédiate. Quant à la Corse, elle aurait dû faire retour au gouvernement pontifical vers 1750, lorsqu'il fut bien constaté que les Génois n'avaient pas la force de la conserver. La pression diploma-

---

(1) *Notice sur l'ancien calendrier hébraïque*, etc. par l'abbé Mémain. Bar-le-Duc, 1879.
(2) Meusy, *Code de la religion*, t. I, p. 27-31.

(1) Voir: *Bullar. roman.*, t. IV, pars 2e, p. 364, et Theiner, *Codex diplomaticus*, t. III, p. 551.

tique seule empêcha ces importants résultats qui eussent préservé l'Italie des calamités et des troubles de ce siècle et la papauté de la perte du pouvoir temporel.

Grégoire XIII confirma la constitution *Admonet* par une bulle du 27 mai 1572 qui commence *Inter cæteras* (1). Dans le consistoire du 31 janvier 1581, le pontife renouvela le serment de ne jamais accorder de nouvelles inféodations et reçut le même serment des cardinaux.

Sixte-Quint confirma à son tour la constitution *Admonet* par une bulle du 18 mars 1586, qui signale les préjudices énormes causés à la dignité du Saint-Siège par la concession des fiefs, ainsi que les charges qui ont accablé les sujets : *Quanta apostolicæ dignitati detrimenta et ejus subditis incommoda e civitatum, terrarum et locorum status ecclesiastici distractione obvenerint*. En conséquence, afin que la bulle de Pie V ne soit pas affaiblie par le temps, mais qu'elle prenne, au contraire, d'autant plus de force qu'elle sera plus souvent confirmée et renouvelée, Sixte V la confirme et déclare qu'il veut qu'elle soit à jamais inviolable.

Innocent IX, dont le pontificat fut si court, trouva pourtant le temps, non seulement de confirmer la bulle de saint Pie V, mais aussi de l'étendre en déclarant explicitement qu'elle comprend les fiefs qui ne sont pas encore dévolus au Saint-Siège et que la prohibition remonte au jour de la constitution elle-même ; d'où il suit que toute prorogation des investitures non encore dévolues est interdite par saint Pie V et par le serment de tous les papes et de tous les cardinaux.

Grégoire XIV confirma d'abord la constitution *Admonet* (2) ; mais bientôt, cédant aux instances du duc de Ferrare, qui désirait vivement laisser le duché à César d'Este, chef de la branche illégitime, Grégoire XIV, dans le consistoire du 15 septembre 1591, malgré le silence de la plupart des cardinaux et l'opposition formelle de quelques-uns, déclara que la bulle *Admonet* ne comprenait pas les fiefs qui ne sont pas encore dévolus, ni le cas de nécessité ou d'utilité évidente et réelle.

Le pontife mourut peu de jours après cette fâcheuse décision, et Clément VIII s'empressa de remettre en vigueur la constitution *Admonet*, en déclarant qu'elle s'applique au cas de nécessité évidente et absolue. Nous avons de Clément VIII deux actes, une bulle et un décret consistorial. La bulle commence : *Ad romani Pontificis curam*, elle est du 14 février 1592 (3). Le décret consistorial fut porté le 26 juillet de la même année ; le pape insiste sur un motif déjà exprimé par saint Pie V, à savoir la déconsidération que les fiefs ont jetée sur le Saint-Siège (4).

Par la bulle *Etsi dubium* du 30 avril 1592, Clément VIII déclare que la constitution *Admonet* et le serment du pape et des cardinaux s'appliquent à Avignon et au Comtat-Venaissin (5).

En 1623, Urbain VIII renouvela la constitution

(1) Voir : *Bullar. rom.*, t. IV, pars 2a, p. 231.
(2) Voir : *Bull. rom.*, t. V, pars 1a, p. 246.
(3) *Bull. rom.*, t. V, pars 1a, p. 334.
(4) *Ibid.* p. 335.
(5) *Ibid.* p. 351.

de saint Pie V, ainsi que la déclaration d'Innocent IX, qui interdit toute prorogation des investitures. Dans cette bulle qui commence : *Sacrosancti apostolatus*, en date du 30 septembre de l'année susdite, on remarque le serment du pape de suivre strictement les dispositions de saint Pie V et l'ordre de s'y conformer pour tous ceux qu'elles regardent (1).

Considérant que la constitution de saint Pie V est excellente et qu'elle a été rendue dans le but pieux et saint de sauvegarder la juridiction et la dignité de l'Eglise romaine et les domaines du Saint-Siège, Innocent X la confirme et jure de l'observer (2).

Un long historique de la question se lit dans la bulle *Inter cæteras animi sollicitudines*, du 1er février 1661, par laquelle Alexandre VII confirma la constitution *Admonet*, abrogea de nouveau le décret consistorial de Grégoire XIV, réunit à la couronne pontificale le duché de Ronciglione et fit serment de ne jamais l'aliéner ou l'inféoder (3).

Les souverains Pontifes continuèrent de publier solennellement chaque année la bulle *In cœna Domini*, dont le dernier article frappe d'excommunication majeure les envahisseurs et injustes détenteurs des Etats pontificaux.

Le Bullaire romain n'a pas reproduit toutes les bulles de ce genre, parce qu'elles sont conçues dans les mêmes termes. En voici quelques-unes.

Bulle de Grégoire XIII en 1582. Les domaines pontificaux compris dans cette bulle sont : Rome, le royaume de Sicile, la Sardaigne, la Corse, le royaume de Naples en deçà du Faro, le patrimoine de saint Pierre, le duché de Spolète, le Comtat, la Sabine, le Marche d'Ancône, la Massa Trebaria, la Romagne, la Campanie, la province de Maritime avec leurs territoires, Bologne, Césène, Rimini, Bénévent, Pérouse, Avignon, Cittadi, Castello, Todi, Ferrare, Comacchio et toutes autres villes et territoires appartenant médiatement ou immédiatement à l'Eglise romaine (4).

Paul V. Bulle de 1610. — La Corse, la Sardaigne et la Sicile sont énumérées comme d'habitude (5).

Urbain VIII. Bulle de 1627. — Analogue aux précédentes (6).

Alexandre VII. Bulle de 1665. — Le royaume de Naples, la Sicile, la Sardaigne, la Corse, selon la formule usitée (7).

Nous verrons dans les derniers volumes ce qu'il advint par la suite de la constitution *Admonet* et de l'Etat pontifical.

LES ACTES DES PAPES ET DES CONCILES (p. 352, col. 1).

Avec le recueil des lettres et bulles des papes, il n'y a rien de plus important pour l'histoire de l'Eglise

(1) *Ibid.*, pars. 5a, p. 147.
(2) *Bull. rom.*, t. VI, pars 3a, p. 4.
(3) *Ibid.*, pars. 6a p. 127.
(4) *Bull. rom.*, t. IV, pars 4a, p. 30.
(5) *Bull. rom.*, t. V, pars 4a, p. 392.
(6) *Bull.*, t. VI, pars 1a, p. 38.
(7) *Bull.* t. VII, p. 96.

que la collection des conciles. Rohrbacher énumère incomplètement ce qui a été fait en ce genre.

Pour les lettres et diplômes des papes, on a l'ouvrage de dom Coustant (1), continué par Thiel (2), avec le recueil de Jaffé (3) complété par Pothast (4); la collection des décrétales publiée par ordre de Grégoire IX (5); le Bullaire romain de Cocquelines (6) continué par Barberi (7) avec le supplément des éditeurs de Turin (8).

Pour les actes des conciles, Rohrbacher ne mentionne pas toutes les collections. Dix-sept éditions générales des conciles ont été publiées de 1524 à 1759. La plus ancienne est de Merlin, mais elle est fort incomplète ainsi que celle de Crabbe qui suit. La première vraiment digne de ce nom est l'édition de Labbe et Cossart, mais elle avait été préparée par les travaux de ses devanciers. Il s'en faut bien encore que la dernière, qui est de Coleti, augmentée par Mansi, soit complète malgré son étendue (9).

Il y aurait dans une nouvelle édition des conciles à faire entrer, outre les conciles généraux et particuliers sur lesquels le temps et le progrès des sciences historiques ont apporté de nouveaux documents, les conciles célébrés par les papes, trop négligés jusqu'ici par les éditeurs (10).

LES CATACOMBES AU XVI° SIÈCLE ET L'APOLOGÉTIQUE CHRÉTIENNE (p. 352).

A la suite des grands travaux sur l'histoire de l'Église et des saints que vit naître le XVI° siècle,

---

(1) *Epistolæ romanorum Pontificum et quæ ad ipsos scriptæ sunt.* Paris, 1721.
(2) *Epistolæ rom. Pontif. a S. Dilario usque ad Pelagium II.* Brunsberg, 1867. M. Thiel a repris à partir de S. Hilaire, en laissant de côté les lettres de S. Léon dont les frères Ballerini ont donné une édition définitive. Sur l'édition de M. Thiel, voir les observations importantes publiées par les *Analecta juris Pontificii*, 83° livr., novembre et décembre 1867. col. 1117 et suiv.; 89° livraison, nov. et déc. 1868, col. 752 et suiv.
(3) *Regesta Pontificum romanorum ab condita Ecclesia ad annum post Christum natum MCXCVIII.* Berlin, 1851. Sur ce recueil voir les observations critiques du cardinal Pitra dans le *Correspondant*, t. XXX, p. 515 et t. XXXI, p. 317 et celles des *Analecta juris Pontificii*, 25° livr., mars-avril 1818, col. 661 et suiv.
(4) *Regesta romanorum Pontificum inde ab an. post Christum natum MCXCVIII ad an. MCCCIV.* Berlin, 1873. Pour la critique de ce recueil, voir : *I Regesti de' Romani Pontefici dall' anno 1198 all'anno 1304 per Aug. Pothast. Osservazioni storico-critiche dell' abbate Pietro Pressuti,* Rome, 1874.
(5) Voir la note du tome VIII, p. 44.
(6) *Bullarium romanum, seu Bullarum, privilegiorum ac diplomatum RR. PP. collectio* (edit. Coquelines). Rome, 1739, 28 vol. in-f°.
(7) Rome, 1835, 20 vol. in-f°. Une nouvelle édition a paru à Turin en 1857.
(8) *Appendix ad Bullarium romanum* (a Leone magno ad Pelagium II). Turin, 1867. Les recherches modernes permettront d'ajouter beaucoup au Bulletin pontifical. Sur ce point, voir *Analecta juris Pontificii*, 86° livr., mai-juin 1868, col. 257 et suiv., 87° livr. juillet-août 1868, col. 385.
(9) *Sacrorum conciliorum nova et amplissima collectio...* Cur. J.-D. Mansi. Florence et Venise, 1759. 31 vol. in-f°. L'édition de Mansi s'arrête au concile de Constance. Pour les temps postérieurs on a la *Collectio Lacensis, Acta et Decreta sanctorum conciliorum recentiorum* auct. presbyteris S. J. e domo B. V. M. ad Lacum. Fribourg en Brisgau, 1874-1881, 6 vol. in-4°.
Sur les principales collections des conciles, voir *Revue du Monde catholique*, 10 septembre et 10 décembre 1866.
Pour les suppléments aux éditions générales des conciles voir *Analecta juris Pontificii*. 85° livr., mars-avril 1868, col. 176 et suiv.
(10) Pour les conciles célébrés par les papes pendant les douze premiers siècles, voir *Analecta juris Pontificii*. 87° livr. juillet-août 1868. col. 422 et suiv. Pour la bibliographie des conciles, consulter Héfelé *Histoire des conciles*. Introduction. Pour l'étude des sources et des actes originaux; Fred. Maussen *Geschichte der Quellen und der Literatur des canonischen Rechts in Abendlande bis zum ausgange der Mittelalter.* Graz 1871 ; Schultz, *Geschichte der Quellen und Literatur des canonischen Rechts*, Stuttgard 1880.

---

il faut signaler l'essor des études épigraphiques et archéologiques entreprises pour le même but.

L'épigraphie chrétienne, dont nous avons suivi les destinées successives dans les précédentes notes, subit à la fin du XVI° siècle une révolution radicale que M. de L'Hervilliers rapporte en ces termes :

« La curiosité publique venait d'être éveillée par un éboulement accidentel d'une partie de la grande route, en dehors de la porte Salaria, qui mit au jour la catacombe de Sainte-Priscille. Cette catacombe, suivant le récit d'un contemporain, remplit la ville d'étonnement, en apprenant que, cachées sous ses propres faubourgs, s'étendaient d'autres villes qui lui étaient inconnues, ou plutôt dont elle semblait avoir perdu le souvenir. Car personne ne pouvait préalablement affirmer au XVI° siècle, si le temps, l'eau et les ravages des barbares en avaient laissé subsister des traces sensibles. Les anciens actes des martyrs, des itinéraires du moyen âge indiquaient exactement, pour beaucoup de cas, dans quel cimetière avait eu lieu telle ou telle inhumation. Guidé par ces documents et muni de l'autorisation de Clément VIII, Bosio entreprit ses recherches.

« On sait qu'Antoine Bosio, envoyé à Rome par l'ordre de Malte, dont il était le procureur, avait spécialement étudié les antiquités chrétiennes. Savant, chrétien, artiste, il consacra trente-trois années de sa vie, de 1569 à 1602, à explorer dans tous les sens les profondeurs de Rome chrétienne ; il les découvrit, pour ainsi dire, il en est, comme l'écrit Mgr. Gaume, le Christophe Colomb. »

Sachant qu'un grand nombre de martyrs avaient été ensevelis dans une catacombe creusée sous la voie appienne à trois milles en dehors de la ville, il s'attacha à reconnaître avec soin les vignes et les champs afin de découvrir, s'il était possible, l'entrée primitive. Bosio dut, à ses propres frais et plus d'une fois de ses mains et au péril de sa vie, se frayer un passage à travers les décombres accumulées depuis des siècles, et pénétrer dans ces galeries tortueuses et innombrables. Durant trente-trois ans de labeurs incessants, Bosio copia les peintures et releva les inscriptions des catacombes. Malheureusement il mourut sans avoir publié son ouvrage, laissant ses écrits et ses biens à l'ordre des chevaliers de Malte.

L'impulsion était donnée, et, depuis Clément VIII jusqu'à Pie IX, tous les papes devaient tourner leurs efforts vers la résurrection, s'il nous est permis de parler ainsi, de la cité des martyrs et des saints des premiers âges. Trente ans après la mort de Bosio, en 1632, le P. Severano publia ses immenses travaux sous le titre de *Roma Sotteranea*. Dans son ouvrage Bosio a relevé les peintures, les inscriptions et les particularités frappantes des catacombes, sans en déduire d'ailleurs aucune observation générale, sans même esquisser un système d'ensemble. Il y a consigné des remarques, précieuses encore aujourd'hui à beaucoup d'égards, par leur scrupuleuse bonne foi et l'immensité des recherches auxquelles il s'est livré.

Quand les fouilles de Bosio eurent de nouveau excité l'intérêt que le monde catholique portait aux catacombes, on revint à l'usage d'en tirer les corps des martyrs, et plusieurs papes accordèrent de temps en temps pour cet objet un privilège particulier soit à différentes personnes, soit à divers corps religieux. Cependant toutes ces concessions spéciales furent ensuite retirées par Clément IX qui voulut se réserver personnellement la connaissance de tout ce qui concernait les catacombes; son successeur Clément X, nous l'avons dit plus haut, en remit le soin au cardinal-vicaire qui, à son tour, confia ensuite ce service au prélat préposé à la sacristie des chapelles pontificales du pape. Mais comme les fouilles n'avaient d'autre but que de chercher des reliques, ces excavations ne furent pas toujours dirigées de manière à conserver intactes ces galeries des catacombes, et à faciliter aux antiquaires l'étude de leur architecture et de leurs monuments.

Parmi les gardiens qui se sont succédés, on distingue Guizzardi, un des dignes émules de Bosio, les prélats Fabretti, auteur de la collection intitulée *Inscriptiones antiquæ* (1) et Alexandre Bonaventura, depuis aumônier du pape; Boldetti, chanoine de Sainte-Marie *in Transteve*, auteur des *Observazion sopra cimiterij di Roma* (2), qui joignit l'ardeur d'un archéologue à la piété d'un prêtre catholique; il faut citer ici Marangoni, qui seconda Boldetti dans ses travaux. N'omettons pas non plus les noms d'Aringhi, di Severano, de Buonaruotti, de Bartholi, de Ciampini, de Bottari, de Mamachi et de Lupi, parmi ceux dont les œuvres admirables contribuèrent si puissamment à développer l'amour pour les catacombes de Rome et le goût pour l'étude des origines ecclésiastiques. « Les ouvrages de ces modestes grands hommes, dit Mgr. Gaume, sont de véritables trésors d'anquitité sacrée (3). »

L'intérêt des catacombes est incontestablement grand au point de vue de l'histoire, mais il est bien plus grand encore au point de vue de la controverse: ce fait, si amplement établi par les travaux considérables de M. de Rossi, le nouveau Bosio, a été particulièrement indiqué par le R. J. Spencer Northcote.

La constitution de l'Eglise primitive, son identité avec celle de l'Eglise catholique actuelle, la similitude de leur hiérarchie, résultent de nombreux documents. Cela est d'autant plus important que cette question est devenue le pivot de la controverse entre les protestants et les catholiques. « Il nous est presque permis d'avancer, dit l'auteur, qu'alors même que tous les écrits des Pères auraient péri, il serait possible de reconstruire l'édifice entier de l'ordre ecclésiastique à l'aide des inscriptions funéraires des catacombes.

« Évêque, prêtre, diacre, sous-diacre, acolyte, exorciste, lecteur, tous ces titres sont mentionnés, à diverses reprises, sur les pierres tombales de la Rome souterraine. »

Calvin demandait dédaigneusement: « Quel est le monument de l'antiquité chrétienne qui ait jamais parlé de vos exorcistes? » S'il eût pu accompagner, un demi-siècle plus tard, Antoine Bosio

(1) Vol. in-fol. Rome, 1702.
(2) Vol. in-8.
(3) *Les Tr. à Rome*, t. IV, p. 84, 2ᵉ édit.

dans ses visites au cimetière de Saint-Calixte, il eût pu y lire une foule de réponses comme celle-ci à la question qu'il posait:

PAULUS EXORCISTA DEPOSITUS MARTYRIIS

« Paul, exorciste, enseveli aux (ou près des) martyrs. »

Si, de ce dernier échelon de la hiérarchie, nous montons au premier, nous trouvons la primauté de saint Pierre écrite sur les murs des catacombes aussi clairement que dans l'évangile.

Moïse frappant le rocher de sa baguette y fait le sujet d'un grand nombre de peintures et de sculptures de la première moitié du IIIᵉ siècle et du siècle suivant. Le spectateur ignorant ou superficiel pourrait même se demander pourquoi les premiers chrétiens revenaient aussi fréquemment sur un pareil sujet, eux disciples de la loi nouvelle, qui avait abrogé celle dont Moïse était le chef. Mais Moïse n'est ici que la symbolisation du prince des apôtres, devenu Moïse du nouvel Israël. Ce rocher frappé par la baguette était le Christ, dit saint Paul (XI Cor., X, 4), et les eaux qui en jaillissaient sont celles du baptême et de la grâce conférés par la loi nouvelle. C'est là, dit le R. Spencer Northcote, l'interprétation unanime des Pères de l'Eglise.

Le nom de *Petrus*, surmontant plusieurs de ces figures, lève tout doute sur la personnification représentée; il démontre surabondamment que, sous les traits de Moïse, c'est bien le vicaire de Jésus-Christ que la primitive Eglise a voulu désigner. L'antithèse est évidente.

D'autres productions de l'art chrétien des catacombes corroborent cette démonstration. « Lorsque Notre Seigneur, dit le même auteur, est représenté ressuscitant Lazare, changeant l'eau en vin, ou accomplissant d'autres miracles, il tient à la main une baguette avec laquelle il touche l'objet sur lequel il va exercer son pouvoir. Cette baguette, symbole d'autorité, ne se rencontre jamais, sur ces monuments primitifs, que dans la main du Christ lui-même, de saint Pierre ou de Moïse, ou, pour mieux dire, seulement dans celle du Christ ou de saint Pierre; car elle ne se trouve jamais à la main de Moïse, excepté lorsqu'il en frappe le rocher; et alors, nous l'avons vu, il est la figure de saint Pierre...

Le sacrement de pénitence est représenté, dans la catacombe de Saint-Hermès, par un homme agenouillé devant un prêtre qui lui donne l'absolution.

Le saint sacrement de l'Eucharistie s'y trouve représenté sous des allégories qui sont l'application exacte et rigoureuse [de cette description, faite par saint Jérôme, des trésors de l'évêque: « *Corpus Domini in canistro vimineo, et sanguis in vitro.* Le *corps* de Notre-Seigneur dans une corbeille d'osier, et son *sang* dans un calice de verre. »

Le purgatoire et la prière pour les morts sont attestés par de nombreuses inscriptions. Parmi elles, les unes sont écrites en grec, d'autres en latin. Dans plusieurs, ces deux langues sont mêlées, suivant l'usage du temps.

VICTORIA REFRIGERET
IDSPIRITVS TVS IN BONO

« Victoire, puisse ton âme se rafraîchir dans le bien », c'est-à-dire en Dieu.

KALEMIRE DEVS REFRIGERET
SPIRITVM TVVM VNA CVM SO
RORIS TVAE HILARE

« Calemire, puisse Dieu rafraîchir votre âme avec celle de votre sœur Hilaire! »

« Ces inscriptions et mille autres semblables des quatre premiers siècles seraient une anomalie dans un cimetière protestant, dit Mgr Gerbet, dans son *Esquisse de Rome chrétienne*. Elles feraient crier au papisme. » Mais elles prouvent en même temps que le papisme est le christianisme primitif. C'est tout ce qu'il nous faut.

En voici trois qui justifient jusqu'au langage employé par l'Eglise au chevet des mourants.

ZOSIME VIVAS IN NOMINI XTI

« Zozime, puisses-tu vivre dans le nom du Christ. »

RVTA OMNIBVS SVBDITA ET AFFABILIS
BIBET IN NOMINE PETRI IN PACE X

« Ruta, soumise et affable envers tout le monde, vivra au nom de Pierre dans la paix du Christ. »

VIVAS IN NOMINE LAVRENTII

« Puisse-tu vivre *au nom de Laurent*! »

Arrivons à l'invocation des saints.
Les premiers chrétiens ne priaient pas seulement pour les morts; ils demandaient aux morts, qu'ils supposaient dans la gloire, de prier pour eux. Communion touchante et sublime que la mort n'a pu rompre et qui fait communiquer les chrétiens à travers les mondes.
Nous choisissons au hasard parmi les abondants témoignages que nous avons sous les yeux.

DOMINA (1) BASSILA COMMENDAMVS TIBI
CRESCENTINVS ET MICINA FILIA NOSTRA
CRESCEN... QUE VIXIT MEN. X ET DES...

« Nous, Crescentinus et Micina, nous vous recommandons, ô saint Basile, notre fille Crescentina, qui a vécu dix mois et... jours. »

GENTIANVS FIDELIS IN PACE QVI VIX
IT ANNIS XXI MENSS VIII DIES
XVI ET IN ORATIONIS TUIS
ROGES PRO NOBIS QVIA SCIMVS TE IN X

« Gentianus, fidèle en paix, qui vécut vingt et un ans, huit mois et seize jours. Priez pour nous dans vos prières, parce que nous vous savons (être) dans le Christ. »

ΔΙΟΝΥCΙΟC ΝΗΠΙΟC ΑΚΑΚΟC ΕΝΘΑΔΕ
ΚΕΙΤΕ ΜΕΤΑ ΤΩΝ ΑΓΙΩΝ ΜΝΗCΚΕCΘΕ
ΔΕ ΚΑΙ ΗΜΩΝ ΕΝ ΤΑΙC ΑΓΙΑΙC ΥΜΩΝ
ΠΡΕΥΧΑΙC ΚΑΙ ΤΟΥ ΓΑΥΨΑΤΟC ΚΑΙ
ΓΡΑΨΑΝΤΟC

---

(1) Les *dominus* et *domina* étaient employés dans les anciennes inscriptions dans le sens de *sanctus* et *sancta*.

« Denis, enfant innocent, reposez ici avec les Saints; souvenez-vous de nous dans vos saintes prières, de moi qui ai gravé et de moi qui ai écrit (cette inscription). »

Dans la crypte du pape saint Alexandre, qui date de la première moitié du second siècle, près du tombeau de ce saint Pontife, on lit l'inscription suivante, tracée par Sylvina, sur le tombeau de sa mère martyre, Sylva :

SEMPER IN CHRISTO DEO VIVAS, YAH. PETE
YAH, PETE
PRO SYLVINA, ET TV QVOQVE PETE
ALEXANDER

« Vis toujours dans le Christ-Dieu, ô Silva. Prie, Sylva, prie pour Sylvina, et vous aussi priez pour elle, Alexandre.

Enfin il y a d'innombrables exemples de ces formules aussi courtes que significatives :

VIVEZ EN PAIX, ET PRIEZ POUR NOUS.
QUE TON ESPRIT REPOSE EN DIEU,
PRIE POUR TA SŒUR.
PRIE POUR TON ÉPOUX.
PRIE POUR TES PARENTS.

En retrouvant les termes mêmes par lesquels nous exprimons aujourd'hui notre foi pétrifiés sur les murs des catacombes, nous sommes sûrs de son antiquité; en la puisant aux âges mêmes où l'Eglise prend sa source, nous sommes sûrs de sa pureté. La négation seule est moderne.
Si les bornes de cette note le permettaient, nous parlerions encore des peintures et des sculptures qui attestent la vénération des premiers fidèles pour les reliques et les images. Nous signalerions les *ex-voto* offerts à sainte Agnès, à saint Sébastien et à d'autres martyrs, les médailles portant le monogramme du Christ, que l'on trouve suspendues au cou de certains corps. Là encore, nous montrerions l'origine antique et vénérable des pieux usages, des moindres pratiques ou dévotions *conservées*, non *inventées* par les catholiques, comme disent les protestants.

LA SAINTETÉ EN FRANCE A PARTIR DU XVIIe SIÈCLE
(p. 352).

Rohrbacher se laisse aller au delà de sa pensée, quand il dit : « Depuis ce temps (le commencement du XVIIe siècle) la France reste des siècles entiers sans produire de saints, tandisqu'auparavant elle ne cessait d'en produire, et que l'Italie n'a pas cessé encore. » Il la corrige d'ailleurs lui-même au § 3, du livre 87e et dans plusieurs autres endroits. — Assurément la France ne produisit pas alors cette pléiade de saints, dont les vertus, les miracles, les écrits, les institutions, jetèrent d'abord tant d'éclat en Espagne et en Italie, et excitèrent ensuite l'admiration de tout le monde catholique; mais il y a loin de là à une stérilité véritable pour la France. Un certain nombre de saints y brillèrent à l'égal de ceux des temps passés. Il y eut même une véritable explosion de sainteté et de vertus en France, au XVIIe siècle. A côté de l'incomparable saint Vincent-de-Paul, dont l'influence rayonna sur tout le clergé et sur une partie de la société française, pendant toute la première moitié du XVIIe siècle, on voit briller saint François-Régis, qui convertit des milliers d'hérétiques dans les Cévennes et dans les environs de Narbonne sa patrie, et mourut en 1640; la bienheureuse Marie de l'Incarnation, qui fit l'admiration de Paris par sa charité, sa piété, son amour de la pénitence, sous les règnes de Henri IV et de Louis XIII et s'éteignit dans la paix du Seigneur le 18 avril 1618, au monastère des Carmélites de Pontoise, où elle ne tarda pas à être glorifiée par des miracles; le P. de Bérulle, fondateur de l'Oratoire en France; le P. de Gondren, que l'on a appelé « le grand homme, le véritable saint de l'Oratoire français » et que saint Vincent-de-Paul proclamait incomparable; M. Olier, fondateur de la Congrégation des prêtres de Saint-Sulpice, l'une des figures les plus austères de l'époque et l'un des écrivains ascétiques les plus éclairés dans les voies de Dieu, dont la cause de béatification est préparée par sa famille spirituelle : le P. Surin, jésuite, célèbre par les exorcismes des religieuses de Loudun et par tous les faits extraordinaires qui s'y rapportent, auteur aussi d'ouvrages très estimables de spiritualité et si bien considéré comme un bienheureux par ses frères que son nom fut inscrit dans le Ménologe de la compagnie de Jésus (1). Il était mort le 21 avril 1665 (2).

Avec M. Olier, il faut citer aussi son ami le Père Bourdoise, qui s'appliqua très efficacement à la sanctification du clergé de Paris (3); Michel le Nobletz, le P. Maunoir, apôtres de la Basse-Bretagne (4).

La bienheureuse Marguerite Marie, qui remplit le dix-septième et le dix-huitième siècle des cris de colère des Jansénistes, des protestations des parlements et d'une partie du clergé contre la dévotion au Sacré-Cœur, dont elle demandait l'établissement au nom du ciel, peut être comparée à sainte Catherine de Sienne pour son amour de la souffrance et pour ses communications extraordinaires avec Dieu. Ses prophéties s'accomplirent de point en point. Dans l'espace d'environ trente années l'on vit s'ériger plus de trois cents confréries du Sacré-Cœur en Europe, approuvées par les souverains Pontifes et enrichies d'indulgences par les papes Innocent XII, Clément XI, Innocent XIII et Benoît XIII. La peste qui cessa tout-à-coup à Marseille en 1720, lorsque M. de Belzunce eut promis de consacrer son diocèse au Sacré-Cœur, fut le signal de la propagation universelle de ce culte dans le royaume de France. Marguerite Marie mourut le 17 octobre 1690, après avoir annoncé sa mort et avoir vu changer en marques de respect les contradictions et l'incrédulité d'un grand nombre de ses sœurs. Son couvent de Paray-le-Monial où elle repose est devenu un lieu célèbre de pèlerinage depuis qu'elle a été béatifiée par Pie IX en 1864 (1).

A côté d'elle le vénérable Claude de la Colombière, qui favorisa si efficacement la propagation de la dévotion du Sacré-Cœur de Jésus (2).

Le bienheureux Pierre Fourrier de Mattaincourt appartient encore un peu à la France, puisque la Lorraine en reconnaissait la suzeraineté et ne tarda pas à y être incorporée. Il guérit, en 1623, par ses prières, le jeune duc Charles de Lorraine, qui était gravement malade de la petite vérole; trois ans auparavant il avait ressuscité une petite fille qui s'était noyée dans un puits. Ses deux institutions des chanoines réguliers du Saint-Sauveur, et de la Congrégation de Notre-Dame, pour l'éducation des jeunes filles, continuent leur œuvre avec succès, surtout la dernière connue à Paris sous le nom de Couvent des Oiseaux. Benoît XIII le béatifia en 1730.

Le Père Eudes, né à Rye en Basse-Normandie, le 14 novembre 1601, se voua aux travaux des missions, et fonda sous l'invocation de Jésus et de Marie, une congrégation de Prêtres pour tenir des collèges à peu près sur le modèle de ceux des Jésuites. Les Oratoriens incriminèrent les doctrines des nouveaux congréganistes et firent fermer leur chapelle par sentence d'Edouard Molé, évêque de Bayeux, le 29 septembre 1650. Le P. Eudes ne se découragea pas; il obtint du Saint-Siège l'érection de la communauté de Notre-Dame de Charité en institut religieux et l'ouverture d'établissements Eudistes à Evreux et à Rennes vers 1660 (3).

Un nom plus connu et qui éveille dans les classes

---

(1) *Actes de la congrégation provinciale de la province d'Aquitaine, en 1755*. Archives de la compagnie à Rome.
(2) Voir *la Vie du Père Surin*, par Marcel Bouix. Paris, 1876.
(3) Un jour, saint Vincent de Paul, recevant une de ses lettres, dit à l'ecclésiastique qui la lui présentait : « Quoi ! ce saint homme se souvient encore de moi ! Hélas ! depuis longtemps il travaillait utilement au bien de l'Eglise, que je gardais encore les vaches. » Prenant ensuite cette lettre et la baisant avec respect, il ajouta : « Voilà la lettre d'un saint. » — La même parole est attribuée à saint François de Sales, qui appelait M. Bourdoise « l'un des plus saints personnages de son siècle. »
Dans une lettre de 1649, Mgr Olier reconnait que les conversations de M. Bourdoise « avaient été pour lui comme autant de leçons d'un excellent maître, et que, s'il avait quelque peu de cléricature, il lui en était entièrement redevable. » — « Dans un songe, dit-il ailleurs, il me semblait que j'aidais M. Bourdoise à administrer les sacrements, et que Notre-Seigneur, me montrant ce *saint prêtre*, me disait : il en est de son action à la tienne comme d'une personne qui met dans un tronc un quadruple, et d'une autre qui y met une pièce de trois blancs. » Des hommages pareils lui sont rendus par le vénérable de la Salle et par Marie Boudon, archidiacre d'Evreux. Il fut ainsi canonisé en quelque sorte par les plus saints personnages de son temps; Ses ouvrages, *le Bon Chrétien* — et le *Bon Ecclésiastique*, — remarquables par un tour original et brusque, mais plein de franchise, sont réédités par les soins de M. l'abbé Daix. Marie Boudon, archidiacre d'Evreux lié aussi d'amitié avec la plupart de ces hommes vénérables, laissa lui-même un souvenir tout imprégné d'un parfum de sainteté.
(4) La cause de béatification et canonisation du vénérable Julien Maunoir a été introduite en vertu d'un décret de la sainte Congrégation des Rites du 28 mars 1875.

(1) La première fois que se fit cet immense concours de pèlerins après sa béatification, ces milliers de chrétiens, venus de tous les points de la France, sentirent comme l'accueil de la sainte dans les lieux qu'elle avait sanctifiés par sa prière et sa pénitence. Ils pleuraient en foule d'attendrissement et de joie, ne pouvant se définir ce qu'ils éprouvaient, et comprenant qu'une impression surnaturelle les avait gagnés.
Les deux volumes de ses lettres respirent une grande simplicité et sont toutes remplies de l'objet de ses vœux, c'est-à-dire de l'établissement de la dévotion au Sacré-Cœur. Elle y est vivement touchée des souffrances du purgatoire; des âmes lui étaient apparues et elle s'était offerte à supporter pour elles de longues douleurs que l'on remarqua plus ou moins de son vivant, sans en connaître la cause.
(2) Un décret de la sainte Congrégation des Rites, du 18 décembre 1879, a autorisé l'introduction de la cause de béatification et canonisation du P. de la Colombière.
(3) Il a composé beaucoup d'ouvrages notamment : *De la dévotion et de l'Office de la Cœur de la Vierge*, 1650-1663, qui fut l'objet de violentes attaques; *Le Cœur admirable de la Mère de Dieu*, Caen, 1681, in-4; *l'Histoire d'une pieuse fille, Marie des Vallées*. Sa cause de béatification, récemment portée à Rome, offre de solides éléments d'admission.

populaires, une plus sympathique reconnaissance, est celui du vénérable de La Salle, fondateur de l'institut des Frères des Écoles Chrétiennes. Nulle œuvre n'a été plus marquée du sceau des œuvres de Dieu que la sienne.

Au XVIIe siècle appartiennent encore la vénérable Marguerite Bourgeois, née à Troyes le 17 avril 1620, fondatrice des religieuses de Notre-Dame, à Montréal, dans le Canada, morte en 1700, laissant partout une merveilleuse réputation de sainteté (1); la vénérable Benoîte Rencurel, bergère, fondatrice du sanctuaire de Notre-Dame du Laus, dans le diocèse de Gap (2).

Quand on arrive au XVIIIe siècle on trouve, comme nous le verrons plus loin, le vénérable Grignon de Montfort, fondateur des missionnaires du Saint-Esprit et des Filles de la sagesse ; le vénérable Jean-Baptiste de Bourgogne, profès de l'ordre des Mineurs Franciscains, de l'étroite observance ; saint Benoit Joseph Labre, le saint des pèlerinages ; la vénérable Louise de Savoie, fille de Louis XV ; le vénérable Louis-Marie Baudouin, fondateur des congrégations des Enfants de Marie immaculée et des Ursulines de Jésus ; la vénérable Marie-Clotilde, sœur de Louis XVI.

Dans le XIXe siècle, on ne compte pas moins de dix-sept missionnaires couronnés du martyre dans les missions étrangères, appartenant à la France et déclarés vénérables par l'Église. Nous en donnerons dans la suite les noms à jamais glorieux ; et outre ces saints martyrs on compte encore en ce siècle la vénérable Marie Rivier, fondatrice des sœurs de la Présentation au diocèse de Viviers, morte le 3 février 1838, et dont la cause de béatification et canonisation a été introduite à Rome par décret du 12 mai 1853 ; la vénérable Jeanne de Lestonac, fondatrice des Filles de Notre-Dame ; la vénérable Marie-Guillelmine-Emilie de Rodat, de Rodez, décédée le 19 septembre 1852 et déclarée vénérable par décret du 7 mars 1872 ; le vénérable Jean-Baptiste Vianney, curé d'Ars, mort le 4 août 1859 et dont la cause a été introduite le 5 octobre 1872.

Rohrbacher a donc excédé, lorsqu'il dit que la sève de la sainteté était épuisée en France au moment où le jansénisme et le gallicanisme parurent.

MARTYRS DE GORCUM (p. 354).

Rohrbacher dit bien que les martyrs de Gorcum étaient au nombre de dix-neuf, cependant il n'en cite nominativement que dix-huit : il a oublié Godefroi Dunée, prêtre septuagénaire. Pour être tout à fait exact, il aurait dû dire que Pierre était d'Assche, et non de Asca, en Brabant, et que l'on orthographie Lacops et non Lacop (3).

---

(1) Un décret de la sainte Congrégation des Rites, du 7 décembre 1878, a autorisé l'introduction de la cause.
(2) La cause a été introduite à Rome en vertu d'un décret de la sainte Congrégation des Rites, du 2 septembre 1871.
(3) Mgr. l'évêque de Gand donne d'amples détails sur ce religieux, dans une Lettre pastorale, adressée au clergé de son diocèse, en mai 1865, à l'occasion de la canonisation des martyrs de Gorcum et de la béatification du bienheureux Jean Berchmans.

Ce fut dans la nuit du 9 juillet 1572, que les martyrs de Gorcum furent transférés à la Brille et mis à mort, en « haine de la religion catholique qui animait les calvinistes de Hollande, leurs meurtriers, » — car telles sont les expressions du rapport du cardinal préfet de la Sacrée Congrégation des Rites dans la cause des martyrs de Gorcum.

Les Actes de ces saints martyrs nous révèlent des vertus et des traits de foi qui rappellent les beaux âges de l'Église (1).

Les Actes recueillis par Guillaume Estius forment le fond d'un ouvrage intitulé : *Les Martyrs de Gorcum*, par Mgr N.-J. Laforêt, recteur de l'Université catholique de Louvain (2).

Les saints martyrs de Gorcum furent bientôt invoqués en Belgique ; toutefois ce ne fut d'abord qu'une dévotion privée. Les miracles nombreux qui eurent lieu à leur tombeau augmentèrent leur renommée et la piété des fidèles à leur égard, si bien que leurs reliques furent exhumées et solennellement transportées. Le procès de béatification commença en 1619, et sous le pape Clément X parut un décret du 6 octobre 1674, autorisant le culte public des martyrs comme bienheureux, dans toute la Hollande, ce qui causa une joie immense parmi les catholiques des Pays-Bas.

Là s'est arrêtée, pendant près de deux siècles, la cause des martyrs ; mais, dit le décret de la Sacrée Congrégation des Rites du 8 des Ides de janvier 1865, « comme dans les temps calamiteux où nous vivons, l'Église est en butte aux attaques, non seulement des hérétiques, mais encore des faux frères, qui, encore aujourd'hui, nient la divinité de Jésus-Christ et s'efforcent de renverser de fond en comble l'édifice sacré de l'Église, la divine Providence a voulu que, cette cause arrivant à une heureuse conclusion, ces mêmes martyrs vinssent au secours de cette Église, et cela parce qu'en d'autres temps ils ont vaillamment combattu pour la présence réelle de Jésus-Christ dans le sacrement de l'Eucharistie et la primauté du siège de Rome. »

Aussi, Sa Sainteté Pie IX, entrant dans ce mystérieux dessein de la Providence, a-t-elle voulu terminer cette affaire selon les règles de la discipline depuis longtemps en vigueur. Après s'être fait donner un rapport sur la vérité des faits, une assemblée de la Sacrée Congrégation des Rites a eu lieu au mois de novembre 1864 ; puis est intervenu un décret apostolique, en date du 6 janvier 1865, déclarant qu'on « pouvait en toute sécurité procéder

---

(1) Ils ont été amplement publiés à Douai en 1613, par le célèbre Guillaume Estius, docteur et professeur de théologie à l'université de Douai, neveu de Nicolas Pic, l'un des martyrs de Gorcum. Ils se trouvent dans le 2e vol. de juillet des Bollandistes, p. 758, ainsi que l'histoire du culte qu'on rendait à ces saints martyrs jusqu'au moment où écrivaient les Bollandistes, mais qui, depuis, s'est bien étendu.
(2) Louvain, 1867, 1 vol. in-12. Peu de temps avant sa mort, en 1865, Mgr de Ram, le prédécesseur de Mgr Laforêt, avait publié *quelques notes sur ceux des martyrs de Gorcum qui ont fait leurs études à l'université de Louvain*. Quatre de ces saints sont en effet connus pour avoir été ses élèves. Mgr Laforêt, dans l'ouvrage que nous venons d'indiquer, a voulu agrandir le cadre tracé par Mgr de Ram, de manière à y faire entrer les dix-neuf martyrs de Gorcum, avec l'esquisse des glorieux combats qui leur ont valu la couronne immortelle des saints. *La Revue bibliographique et littéraire* a montré l'importance et l'autorité de l'ouvrage de Mgr Laforêt empruntée à la source où il a puisé, c'est-à-dire à l'*Histoire des martyrs de Gorcum*, par Estius (n° de mars 1868, p. 101 et suiv). Consulter aussi : *Historia beatorum martyrum Gorcomiensium* A. Guillelmo Estio Hesselio S. Th. doct. Lovan., annotée et éditée par E.-H.-J. Reusens.

à la canonisation de ces bienheureux martyrs (1). »
Enfin, en juin 1867, lors des grandes fêtes du centenaire du martyre de saint Pierre, le souverain Pontife Pie IX a solennellement canonisé les dix-neuf martyrs de Gorcum, avec d'autres glorieux serviteurs de Dieu. Il a été rendu compte de ces solennités et de cette canonisation dans le *Mémorial catholique* (2).

LE CARDINAL TOLET (p. 394).

En 1569, saint Pie V nomma Tolet théologien de la Pénitencerie, et voulut qu'il vînt habiter le palais apostolique. Le savant théologien demeura donc dans le palais pontifical jusqu'à l'époque de sa promotion au cardinalat, en 1593. Pendant ces vingt-quatre ans, il fut prédicateur du Sacré-Collège (3).

Il rendit d'éminents services au Saint-Siège dans les nonciatures; en Pologne, où il accompagna le cardinal Commendon, 1571; à Vienne et en Pologne, l'année suivante; en 1580, à Louvain, où il obtint la soumission et la rétractation de Baïus; en Bavière, en 1582.

Dans un bref adressé au duc de Bavière, en 1576, Grégoire XIII décerne les plus grands éloges à Tolet.

En 1584, Tolet se disposant à faire imprimer son Commentaire sur l'évangile de saint Jean, Grégoire XIII le dispensa de la révision.

Sixte V ne témoigna pas moins d'estime pour les écrits et le caractère de Tolet. Dans un bref du 11 décembre 1587, le pontife exprime son désir de voir publier les Commentaires sur saint Jean et sur l'épître aux Romains, et la Somme des cas de conscience (4).

Tolet prit la plus grande part à la nouvelle édition de la Vulgate, non seulement à l'époque de Sixte V et de Grégoire XIV, mais surtout sous Clément VIII, qui confia entièrement au savant théologien la direction des corrections (5).

Malgré sa profonde répugnance, Tolet fut élevé à la pourpre, le 17 septembre 1593. C'est surtout d'après son conseil que Clément VIII réconcilia Henri IV avec l'Eglise.

En 1594, Tolet fut chargé de diriger l'édition Vaticane des Conciles. L'année suivante, il fut désigné pour aller en Hongrie en qualité de légat. Mais il mourut le 14 septembre.

On lit dans les lettre du cardinal d'Ossat :
« Monsieur le cardinal Tolet décéda samedi 14 de ce mois, environ le soleil couchant : en quoi l'Eglise perdit une très grande lumière; le pape, son principal conseiller; le roi et la France, un personnage très affectionné (1).

Henri IV fit faire de très belles obsèques publiques à Tolet, en reconnaissance des services qu'il avait reçus de ce grand homme.

Les souverains pontifes ne furent pas les seuls à faire le plus grand cas du savoir de Tolet. Le célèbre augustin, Angelus Rocca, qui fut sacriste de Clément VIII, et travailla avec Tolet à l'édition authentique de la Vulgate, l'appelle « vir sanctæ vitæ probitate clarus et doctissimus, summorumque pontificum multis abhinc annis concionator...., non minus facilis quam doctus in scribendo, ac docendo est : hinc ab eruditis de eo passim dici solet : *Toletus docet*. Claret ætate nostra, anno Domini 1591 (2).

Un autre contemporain, Janus Nicius Erythræus, en parle d'une façon plus favorable encore dans sa *Pinacotheca*.

Cabassut n'a pas hésité à dire que nulles louanges ne suffisent pour le cardinal Tolet, et qu'il est difficile que plusieurs siècles voient un homme d'un si grand mérite : « Quod plura sæcula virum tanti

---

(1) Voir ce décret dans le *Mémorial catholique*, vol de 1865, t. XXI, p. 68 et suiv.
(2) N° de juillet 1867; t. XXIII, p. 261 et suiv.
(3) Plusieurs volumes des sermons de Tolet sont conservés à Rome; la bibliothèque Nationale de Paris en a deux manuscrits, qui sont actuellement dans le fonds italien.
(4) Cette *Somme* a été traduite en français sous le titre d'*Instructions des Prêtres* ; c'est elle que Bossuet recommandait la lecture.
Le commentaire sur saint Jean fut publié à Rome, en 1588.
(5) Les ouvrages déjà imprimés et connus se rapportent aux études philosophiques ou bien à la théologie.
La Propagande romaine a publié, en 1872, quatre volumes grand in-4, contenant un ouvrage inédit de Tolet, sous le titre suivant : Francisci Toleti *e soc. Jesu* S. R. E. presbyteri cardinalis *in summam theologiæ* S. *Thomæ Aquinatis enarratio*, ex autographo in bibliotheca collegii romani asservato, *nunc primum edidit Josephus Paria, e societate Jesu, præfecti bibliothecæ socius a manuscriptis vulgandis*. Tolet avait l'intention de publier son commentaire sur S. Thomas; il le dit dans une lettre qu'il écrivit à Sixte V, en 1588, et qui se trouve en tête du commentaire sur l'évangile de S. Jean :
« Undevigesimus jam agitur annus, Beatissime Pater, ex quo in apostolico palatium translatus « scholis, in quibus theologiam publice profitebar, gravem hanc et laboriosam de rebus divinis concionandi provinciam utcumque sustinoo... Si quid vero edendum esset, statueram ab iis maxime ordiri, quæ olim de scholastica theologia conscripseram. »
Les bibliothèques de Rome possèdent divers ouvrages de Tolet, qui n'ont jamais été imprimés. En voici la liste : 1° *Emendationes in sacra Biblia vulgatæ editionis jussu Clementis VIII*. Ce travail est distinct de celui que Tolet fit ensuite sur la première édition de Clément VIII, laquelle fut publiée en 1593, ainsi que nous l'avons dit plus haut. Il comprend plus de 300 pages, dans le ms. 6879 du Vatican

Le P. Vercellone, Barnabite, en parle dans son savant ouvrage *Variæ lectiones Vulgatæ Bibliorum editionis*, publié à Rome en 1860; 2° *Regulæ hebraicæ pro lingua sancta intelligenda*. Ang Rocca avait eu ce traité sous les yeux. car il en fait mention comme d'un ouvrage encore manuscrit. (Angelus Rocca, *Opera omnia*, t. II, p. 355, édition de Rome, 1719); 3° *An Henricus Borbonius sit absolvendus et ad regnum dispensandus*. Ce mémoire est dans le ms. 8641 du Vatican. Il commence ainsi : « Relapso in hæresim pœnitenti potest sine ulla dispensatione et debet dari a Papa absolutio in foro conscientiæ. Nam Ecclesia namquam suum claudit gremium redeuntibus, ut ad imperatorem Justinianum rescripsit Joannes Papa secundus, et exstat ejus rescriptum in l. *Inter claras* et l. *Liquet*, cap. de Summa Trinitate et fide catholica. » On trouve dans ce manuscrit deux autres mémoires italiens sur l'absolution d'Henri IV; tout permet de supposer qu'ils sont pareillement de Tolet; 4° *Remarques sur les choses dignes de correction dans le bréviaire*. Cet écrit est en espagnol et se trouve dans le ms. 6533 du Vatican; 5° *Consilium de professione religiosa viri nobilis*. Il commence ainsi : « Quantum ad forum animæ professio hujus nobilis, non fuit valida, ex quo ante concilium tridentinum clandestinum matrimonium fuit verum. » Il est conservé à la bibliothèque Barberini; 6° *Super concessionne sepulturæ hæreticis in ecclesiis catholicorum*. Dans la même bibliothèque Barberini; 7° *Concionum tomi aliquot*. La bibliothèque du Vatican en possède quatre volumes, qui renferment 136 sermons, six en latin et les autres en italien ; ce sont les Mss Ottoboni 559, 560, 561, 562. La bibliothèque Barberini a quarante-huit sermons de Tolet dans divers mss. Nous avons dit plus haut que la bibliothèque nationale de Paris en a deux volumes ; 8° *Exhortations faites au noviciat de S. André*. On n'en possède que le tome second, et même ces sermons ne sont pas tous de Tolet; 9° *Lettere quattro a monsignor Antonio Maria Graziani*. Elles sont dans la bibliothèque du collège romain ; 10° *Papeles y reflexiones hechas al duque de Sesa en Roma*, anno 1594. Elles sont mentionnées par Gaillard dans l'ouvrage intitulé : *Ensayo de una bibliotheca espagnola* t. II, appendice 160; 11° *Enarratio in Summam theologiæ sancti Thomæ*. C'est le bel ouvrage publié en 1872. Le ms. est de la main de Tolet; mais le commentaire sur la *prima secundæ* manque. On en possède une copie; à la première page on lit ce qui suit : « P. Fabii Amedei, lectiones R. P. Francisci Toleti theologiæ doctoris in primam secundæ S. Thomæ, Romæ habitæ 20 octobris 1567. » Ces leçons n'ayant pas été revues par l'auteur, ne sont pas dans l'édition que nous avons sous les yeux.
(1) T. II, p. 211.
(2) *Opp.* t. II, p. 165.

meriti vix visura sint, nec ullas laudes sufficere pro cardinali Toleto. »

Quoique protestant, Casaubon loue dans les ouvrages de Tolet la connaissance éminente des choses philosophiques et théologiques, accompagnée d'une égale modestie : « Cum excellenti rerum philosophicarum et theologicarum notitia parens certæ modestiam (1). »

TOLET ET HENRI IV (p 394).

« Le cardinal Tolet, dit Rohrbacher, contribua puissamment à l'absolution de Henri IV et à la pacification de la France. »

Les négociations difficiles de cette affaire étaient conduites, pour Henri IV, par le marquis de Pisani.

La famille des Pisani, italienne d'origine, vint s'établir en Provence, où elle fut agrégée à la noblesse du pays. Elle se divisa en deux branches. A la branche aînée appartenait le marquis de Pisani, dont il est question. Habile diplomate, il fut ambassadeur du roi de France auprès du pape Sixte V et négocia, de concert avec le cardinal de Joyeuse, la réconciliation de Henri IV avec le Saint-Siège (1589). La branche cadette s'établit à Aix, en Provence.

LE LIEU DE NAISSANCE DE SIXTE V (p. 395, col. 1).

On a soulevé dernièrement une question sur la nationalité de ce grand pape. Sixte V ne serait-il pas français (2) ? Les historiens le font naître dans la Marche, mais quelle Marche ? Est-ce la Marche d'Ancone, comme ils disent, ou la Marche limousine, comme le conjecture M. l'abbé Védrine ? Toujours est-il que l'église d'Arnac-la-Poste, dont M. Védrine était curé, possédait avant 1789 un calice en or pur incrusté de pierres précieuses et orné d'armes pontificales, sous le pied duquel était inscrit : « Donné à l'église d'Arnac par le porcher de la Jarissade. » Or, la Jarissade est un hameau d'Arnac et ce porcher ne serait autre que Sixte V. On le connaît sous le nom de Peretti, qui serait la forme italienne du mot Peret, nom porté par une famille d'Arnac que l'on trouve anciennement dans les registres de l'état civil.

L'opinion de M. Védrine reste à l'état de conjecture, surtout maintenant que la légende relative à la condition de porcher de Sixte V est abandonnée.

SIXTE-QUINT (p. 395, col. 1).

L'ouvrage considérable du baron de Hubner (3), la nouvelle édition de la *Storia della vita e geste di Sisto Quinto* du P. Tempesti (4), le livre de M. Dumesnil, fait en grande partie avec les documents de cet ouvrage (1), jettent une nouvelle lumière historique sur la figure de ce grand pape.

Dans le livre de M. Dumesnil, en particulier, la légende qui fait naître Sixte V de parents de la plus basse condition, la fable des infirmités simulées par Montalto pour se faire nommer pape sont justement réfutées. On voit successivement les mesures prises par Sixte V pour établir la sécurité et le cours de la justice, remettre l'ordre et l'économie dans les finances, encourager l'industrie, réprimer les abus, en sorte que l'on peut dire que « sous son règne malheureusement trop court, les États de l'Église jouirent d'une prospérité, d'un calme sans exemple depuis un grand nombre de siècles. »

TENTATIVE DE RÉUNION AVEC L'OCCIDENT AU XVIᵉ SIÈCLE (p. 395, col. 1).

Malgré l'échec des différentes tentatives de réunion faites avec les Grecs, la papauté ne cessa pas de reprendre les négociations toutes les fois qu'elle en eut l'occasion. Après le concile de Florence, qui n'eut pas malheureusement les résultats qu'on en attendait, on voit notamment Grégoire XIII charger, en 1583, Léonard Abel, évêque de Sidon, prélat aussi distingué par sa science que par sa piété, d'une mission en Orient, dans le but de rétablir l'union avec le Saint-Siège, un moment accomplie au xvᵉ siècle. Celui-ci a laissé de ses négociations une relation fort intéressante adressée à Sixte-Quint (2). C'est là un fait notable du pontificat de Grégoire XIII dont ne parle pas Rohrbacher.

DROITS DU SAINT SIEGE SUR LE ROYAUME DE NAPLES (p. 397).

Le royaume de Naples et la Sicile appartiennent au Saint-Siège au moins depuis le onzième siècle. Les Normands, la maison de Souabe, les princes d'Anjou, les Aragonais et enfin les Bourbons d'Espagne, ont été successivement les feudataires de l'Église romaine, dont ils ont pleinement reconnu les droits, soit en recevant l'investiture, soit en offrant un tribut annuel.

Depuis l'époque de saint Pie V, qui prohiba formellement toute investiture, les papes eurent à cœur de réunir les deux royaumes à la couronne pontificale et d'en ressaisir le gouvernement immédiat. Sixte-Quint, notamment, (et c'est là un fait que Rohrbacher aurait dû consigner,) conçut le projet de rétablir par la force la domination papale. D'ailleurs, la conduite des Espagnols et leurs continuelles entreprises sur les droits du Saint-Siège et sur la juridiction spirituelle elle-même, n'étaient pas de nature à diminuer les regrets qu'éprouvaient

---

(1) *Epist.* p. 725.
(2) Vedrine, *Le pape Sixte V ne serait-il pas français.* Clermont-Ferrand 1875.
(3) *Sixte-Quint*, 3 vol.
(4) Rome, 1865. Voir le *Monde* du 29 novembre 1865.

(1) *Histoire de Sixte-Quint, sa vie et son pontificat.* Paris, 1869. Voir aussi sur Sixte-Quint, *Analecta Juris Pontificii*. 99ᵉ livr., col. 820.
(2) Voir A. d'Avril, *Une mission religieuse en Orient au XVIᵉ siècle.* Paris, 1866.

les Pontifes par rapport à la cession de ce beau royaume.

A ce sujet, on peut consulter un memoire de Gueffier, chargé d'affaires à Rome, en date du mois de février 1642, qui expose les abus de la domination espagnole à Naples. En voici le début qui constate l'existence des droits du Saint-Siège.

« Le royaume de Naples est un fief, comme chacun sait et se voit tous les ans à Rome, la veille de saint Pierre, par le tribut d'une haquenée et police de 9.000 écus que l'ambassadeur d'Espagne en rend avec grande solennité au pape pour et au nom du roy d'Espagne, son maître, et par conséquent mouvant de l'Eglise et de réversion au Saint-Siège, soit à faute de successeur légitime ou pour crime de félonie et de rébellion.

« Depuis cent ans et plus que la maison d'Aragon (après le partage fait de ce royaume entre celle d'Anjou et elle, par une convention faite à l'amiable et en toute sincérité entre elles), l'usurpa sur celle-ci aussi injustement que tyranniquement par fraude et violence, les Espagnols l'ont toujours gouverné en sorte que hors ce tribut là, ils ont fait tout ce qu'ils ont pu pour se soustraire de la juridiction spirituelle et temporelle de son seigneur direct, et pour y introduire, s'il leur était possible, une autre monarchie semblable à celles qu'ils prétendent d'avoir et maintiennent encore à présent dans la Sicile, nonobstant ce que le cardinal Baronius a écrit justificativement en faveur du Saint-Siège.

Entre tous les papes qui ont plus mal volontiers supporté cette rébellion, Sixte V en était si indigné, qu'ayant amassé cinq millions d'or dans le château Saint-Ange en moins de cinq ans qu'il régna, il avait résolu de chasser ces usurpateurs de son royaume (si Dieu lui eût donné encore quelque temps de vie) avec l'aide du roi Henri-le-Grand, auquel, pour l'y engager, il désirait donner une sienne nièce en mariage avec la disposition de tout cet argent là, disant ordinairement par dédain ces paroles en frappant de l'une de ses mains sur l'autre comme il avait la coutume : *un caval per un regno !* ce qui fut cause qu'on le fit empoisonner (1). »

LUTTE DE LA HONGRIE CONTRE LES TURCS
(p. 399, col. 1).

Il y a en cet endroit une lacune dans Rohrbacher. Il omet de mentionner l'héroïsme de la Hongrie, qui persévéra après la levée du siége de Vienne, et aussi les efforts de Maximilien II, restés malheureusement infructueux.

Un des plus fâcheux effets politiques de la Réforme en Allemagne fut de la diviser et de la livrer aux luttes stériles qui l'affaiblirent devant l'Osmanlisme alors tout puissant. La Hongrie dut lutter seule et sans succès contre l'invasion incessante. C'est là un point mis en lumière, spécialement à l'égard des guerres de Maximilien II, contre les Turcs en 1565 et 1566, par M. Edouard Westheimer (2).

D'après des sources inédites il expose les négociations et les actes de Maximilien, laissés dans l'ombre jusqu'ici par l'histoire. Les Osmanlis avaient méprisé Ferdinand I, pour sa faiblesse, mais ils craignaient Maximilien, comme un redoutable adversaire. En fait, ce dernier ne manqua ni d'audace ni de prudence ; mais il ne fut pas soutenu par l'Empire ; lui-même n'était pas un capitaine et

(1) Voir *Analecta juris Pontificii*, 109e livr., septembre-octobre 1873, p. 1024.
(2) Voir *Archiv für œsterreichsche Geschichte*, t. LIII.

il n'avait pas d'homme de guerre auprès de lui, La suite la plus funeste de la campagne de 1566, fut le découragement qui détourna dès lors Maximilien de toute grande entreprise.

Ce fut saint Pie V, comme le dit Rohrbacher, qui sauva alors l'Europe chrétienne.

FRANÇOIS Ier ET LE PAPE ADRIEN VI (p. 5, col. 1).

Adrien VI, né à Utrecht, en 1459, et fils d'un simple brasseur, avait eu pour première protectrice, Marguerite de Bourgogne, tante de Charles-Quint et gouvernante des Pays-Bas. Maximilien le donna ensuite pour précepteur à son petit-fils Charles-Quint, alors âgé de sept ans ; plus tard, envoyé comme ambassadeur en Espagne, il devint évêque de Tortose, puis il partagea la régence avec le cardinal Ximenès, et définitivement resta seul viceroi de ce royaume pour Charles-Quint. Depuis, Léon X l'avait créé cardinal, le 1er juillet 1517. Bien qu'il n'eût jamais été à Rome, ses éminentes qualités et la puissance de l'empereur le désignaient tout naturellement à la tiare. Au moment de l'élection, la politique française, qui seule pouvait la combattre, fit défaut : les cardinaux qui la représentaient n'arrivèrent qu'après coup, le 9 janvier 1522.

La position d'Adrien VI était fort difficile : Soliman II venait de s'emparer de Rhodes, les troupes françaises expulsées de Milan, et François Sforce rétabli par Charles-Quint.

C'est à ce moment — mai 1523 — que François Ier irrité de la neutralité du pape Adrien dans la querelle de l'empereur et du roi, lui adressa une lettre assez insolente retrouvée à la Bibliothèque nationale (Anc. Fonds, n° 8527, p. 1) et publiée par le *Cabinet Historique* (t. XIII, p. 57). Ce document étant trop étendu pour être reproduit ici ; nous ne citerons que le passage qui a directement trait aux événements du moment.

« Nous avons ja script à votre Saincteté, dit François Ier, que une tresve triennalle ne pouvoit servir à la défense de la chrestienté, d'autant que durant icelle, nul des Princes chrétiens étant en guerre et inimitié, ne vouldroit hazarder sa force, ne se desnüer de son argent, pour ne estre ruyné de ses ennemys, à la fin de la tresve. Pape Léon fist une tresve quinquenalle soubz la couleur des Turcz ; mais avant que la faire eut communication avec les ambassadeurs des Princes chrétiens qui l'inscripvirent à leurs maistres ; et pour ce que nul ne la trouvoit maulvaise, fut par luy concluse : mais auparavant la conclusion, sur les advis et ynstructions qui leurs furent envoyées à Romme par les d. Princes, il fit des articles par lesquels chacun des d. Princes chrestiens çavoit la voye que debvoit tenir, pour obvier à l'entreprise du Turc, et la forme de recouvrer l'argent et faire savoir à qui appartient les terres qu'on acquereroit sur ce Turc. Toutefois icelle faitte, la plupart de la chrestienté ne la voulut accepter, et luy mesme contre nous qui l'avions acceptée, sans que luy cussions donné cause de ce faire, et au temps que les Turcs assiégeoient Bellegarde, la rompist. — Mais à ce qu'on nous a donné à entendre vous la voulez faire avec censures, sans nulle communication ne advis de prince chrétiens, ne sans prendre conclusion, ou chacun doit envoyer son armée pour la défens de la chrestienté ! Vous entendez assez que si nous rencontrions en un mesme lieu, veu l'imptimitié qui est entre vous, que nos armées s'entreferoient la guerre : d'autre part vous avez baillé bulles à nos ennemys pour recouvrer argent, et nous avez obliyé, qui ne somme de pire condicion que eulx. Et quand elle seroit faite, que seront ceulx qui l'accepteront les premiers? Chacun vouldra çavoir et entendre — que feront les autres? et si un ou deux l'accepteront promptement mettront en souspeçon les autres. — Et, quant aux censures, s'il estoit loisible aux papes facilement excommunier les Roys et Princes, ce seroit chose d'une maulvaise conséquence et croyons que les magnanimes qui prefereront leur prééminence, au prouffit particulier ne le trouveront bon. Et d'autre part, nous avons privilleges concedez aux ancêtres, comme est dit cy dessus, qui ont coûté bien cher et jusques au long de nos subgez qui ne souffriront si facilement estre rompuz, ains jusques à la dernière goutte de leur sang, les défenderont: par lesquelz nulles censures ni peuvent être taxées contre nous, sans préalablement garder la forme et solemnité contenüe en iceux. Vos prédécesseurs n'ont accoutumé de procéder contre les Princes par censures, sans grosses solemnitez. Pape Boniface l'entreprinst, contre Philippe le Bel, dont s'en trouva très mal : vous y penserez par vostre prudence.

L'impertinence et l'imprudence de François Ier eurent de bien tristes résultats ; sa lettre fit sortir Adrien de sa neutralité, et une ligue européenne se déclara contre lui : elle amena, au nord, l'invasion de la France ; au midi, la trahison du connétable et les désastres que l'on sait.

Fleury, qui ignorait, comme tous les historiens jusqu'à nos jours, la lettre de mai 1523, écrit à ce sujet, liv. 138e de son *Hist. ecclés.* :

« Il ne restait plus aux confédérés qu'à faire entrer le pape dans leurs ligues. Sa Sainteté insistoit toujours sur une trêve; François Ier ne s'y opposoit pas, mais il la vouloit fort courte, ce qui ne s'accordoit pas avec les desseins du Souverain pontife. L'Empereur y paraissoit consentir aussi, mais il demandoit qu'elle fût longue pour qu'on ne pût tirer l'avantage qu'on proposoit, et par là il mettoit un obstacle invincible, parce que le roi de France, qui venoit d'être dépouillé du duché de Milan, ne vouloit point entendre parler d'une longue trêve qui donneroit à ses ennemis le temps de s'affermir dans leurs conquêtes. Cependant le saint Pontife se laissa gagner et signa, le 3 août, la ligue contre la France, avec l'empereur Ferdinand, archiduc d'Autriche, frère de l'empereur; le duc de Milan, les Génois et les Florentins, Lucques et Sienne. »

LA BATAILLE DE LÉPANTE (p. 402, col. 2).

Pour plus amples développements sur cet événement mémorable, il nous suffira de renvoyer à l'ouvrage du Père Guglielmoti, aussi intéressant par la nouveauté des documents que par l'usage qu'il en a fait *Marc Antonio Colonna alla battaglia de Lepanto*. Florence, 1869.

LEICESTER (p. 408, col. 1).

On sait quelles furent les relations d'Elisabeth avec Robert Dudley, comte de Leicester, qui figure dans le procès de Marie Stuart, et il serait superflu d'entrer dans des détails sur ce fait; ceux qui veulent s'instruire davantage à cet égard peuvent consulter, entre autres, certaine lettre rapportée par le prince de Labanoff, dans les *Lettres, instructions et mémoires de Marie Stuart*.

Les scandaleux méfaits du favori, loin de le perdre, furent des titres à des faveurs nouvelles. La *reine-vierge*, non contente d'avoir créé son amant comte de Leicester et grand écuyer, le gratifia d'immeubles, domaines détachés de la couronne et le fit grand-maître de sa maison.

Leicester n'avait pas rendu de services éclatants à sa patrie; cette réflexion indisposait encore plus contre lui le peuple et les nobles, déjà justement indignés de la fierté et du luxe que déployait cet audacieux intrigant. Sa morgue égalait à peu près sa nullité.

Les lois n'étaient pas des obstacles aux cupidités effrénées de l'infâme courtisan de la Messaline anglaise. Voulait-il arrondir ses domaines, aussitôt des procès ruineux mettaient hors de combat des voisins sans défense et leurs dépouilles allaient grossir celles enlevées à l'Etat. Daignait-il patienter pour se jeter sur sa proie, il attendait l'heure fatale et faisait dicter des testaments à son profit. Nos historiens modernes ne parlent pas de ces captations-là ; à leurs yeux, il n'y a de captations que pour ces prêtres catholiques qui, appelés au chevet du mourant, ont le courage de lui dire : « Restituez ce qui ne vous appartient pas. »

Une luxure sans exemple jusqu'alors couronnait dignement cette ignoble série de vices abominables. Leicester était marié et sa femme vivait encore, lorsque, fatigué d'Elisabeth, il épousa la veuve du comte d'Essex. « Son exemple, dit l'éditeur de Walsingham, corrompit une infinité de jeunes seigneurs qui, l'imitant dans ses débauches et négligeant d'acquérir les connaissances nécessaires bornaient leur étude et employaient leurs richesses à se mettre à la française et à contenter leurs passions, persuadés, à l'exemple de leur modèle, que le souverain bien de la vie consistait dans la volupté. Comme un crime en amène un autre, je n'aurais jamais fini, si je voulais parler de toutes les infamies qu'une vie si licencieuse fit faire à ces jeunes gens ruinés, pour suppléer à leurs besoins. Mous et efféminés, ils devinrent autant de furies conjurées pour ruiner l'Etat, après s'être ruinés eux-mêmes (1). »

Elisabeth ne disgracia pas Leicester, mais il se forma peu à peu contre lui de sourdes menées qui à la fin éclatèrent et le forcèrent à demander le commandement de l'armée que l'Angleterre avait au service des Hollandais. On n'improvise pas plus un général qu'un honnête homme; le nouveau commandant fit faute sur faute, et, après avoir gravement compromis les intérêts de sa coupable souveraine, il alla finir, loin de la cour, une vie tissue de crimes et d'infamies que notre auteur résume ainsi :

« Homme sans religion et sans foi envers ses semblables, et ne tournant son esprit qu'au luxe, à la cruauté et à la rapine; ennemi de tout honnête homme, ingrat à ses amis, lâche et cruel à ses ennemis, absolu à la cour par manière de dire et maître de la moitié du conseil; gouvernant le plat pays par le moyen de ses parents et la cour par ses propres intrigues, il fallait se soutenir par sa faveur ou tomber par son ressentiment. Ses domestiques gou-

(1) *Mémoires et instructions pour les ambassadeurs, ou Lettres et négociations de Walsingham, ministre et secrétaire d'Etat sous Elisabeth, reine d'Angleterre*. Trad. de l'anglais, par Boulesteir de la Contie. Amsterdam, 1700, préface.

vernaient au palais, ses créatures à Londres et les lois étaient, s'il faut ainsi dire, à la merci de ses confidents; ses biens étaient prodigieux, ses profits presque illimités, et on ne pouvait que par son canal parvenir aux dignités domestiques ou étrangères. Avoir de la complaisance pour lui, c'était le moyen d'être opprimé, et, pour se perdre, il ne fallait que se déclarer contre lui. Toujours en embuscade contre la plupart des nobles, perdant les uns de réputation, et mettant en danger la vie des autres, il ruina plusieurs familles. Il s'empara des biens de l'Église, et pensa faire perdre la vie à plusieurs prélats anglais... »

MARIE STUART (p. 408, col. 2)

Marie Stuart a prononcé elle-même le véritable arrêt de l'histoire en disant : « c'est ma religion qui est cause de ma mort. »

Comme Rohrbacher s'étend longuement sur les circonstances du procès et de la mort de la pieuse et douce reine, nous le complèterons seulement en deux points.

Les envoyés d'Elisabeth, lord Buckhurst, Beale, clerc du conseil, Pawlet et Drury, en notifiant à Marie Stuart la sentence prononcée contre elle et confirmée par les Chambres, lui firent connaître que la reine d'Angleterre ne s'était rendue qu'aux instantes prières de son peuple; qu'elle s'était convaincue que sa vie et son royaume ne seraient plus en sureté tant que la reine d'Ecosse vivrait; que les catholiques, regardant celle-ci comme leur souveraine, ne consentiraient jamais à méconnaître ses prétentions, et surtout que la vie de Marie Stuart était inconciliable avec l'affermissement de la nouvelle religion (1).

Marie reçut les envoyés d'Elisabeth avec calme et dignité. Elle refusa le ministère des prêtres anglicans et redemanda instamment son aumônier.

« Je suis contente, continua-t-elle, de répandre mon sang pour le bien et le repos de cette île : ce sera la récompense de vingt années d'injuste captivité; je suis heureuse de donner ma vie pour ma foi; c'est un honneur auquel je n'avais jamais osé aspirer. Quant au crime pour lequel je suis condamnée, j'en suis innocente. »

Ces documents historiques confirment pleinement l'opinion de notre auteur.

Du reste, s'il est vrai, d'une part, que les catholiques reconnaissent Marie pour leur reine légitime, il est avéré, d'autre part, que Marie elle-même avait offert de renoncer à tous ses droits éventuels au trône d'Angleterre, si la liberté lui était rendue : ce qui résulte textuellement de sa lettre du 8 avril 1585.

L'établissement du protestantisme engagea Elisabeth, au moins autant que la crainte d'être détrônée, à sacrifier Marie Stuart; nous en avons une preuve irréfragable, puisque ceux qui annoncèrent à la reine

(1) Labanoff. *Lettres, instructions, et mémoires de Marie Stuart*, publiés sur les originaux et les manuscrits du State paper office de Londres et des principales archives et bibliothèques d'Europe. Londres, 1844, t. VI, p. 443. Lettre de Marie Stuart à l'archevêque de Glasgow, du 24 novembre. *Ibid*. p. 466.

d'Ecosse la condamnation prononcée contre elle, pour crime de haute trahison, déclarèrent qu'Elisabeth s'était décidée à agir avec rigueur, « considérant, » comme dit Marie Stuart dans sa lettre du 24 novembre, « et de quoy elle avoit le plus d'esgard c'estoit que, moy vivant, l'estat de sa religion ne pouvoit subsister en ce royaume seurement. »

Quant au fond du procès, considérées au point de vue du droit criminel anglais, les copies de lettres produites par l'accusation étaient évidemment insuffisantes pour prononcer une sentence capitale. Ces copies, matériellement étrangères à l'accusée, pouvaient être l'œuvre d'un faussaire — comme c'était le cas; — l'accusée n'avait aucun moyen de défense que la négation pure et simple, et cette négation équivalait, devant la loi anglaise, à l'affirmation du témoignage de Phillipps, s'il était permis de donner ce nom aux pièces audacieusement contrefaites par ce scélérat.

Blackstone, un des plus célèbres jurisconsultes anglais, parlant du statut d'Edouard III, à propos de la haute trahison, résout formellement le cas dans le sens de la non culpabilité. « Les écrits, dit-il, peuvent être considérés comme une démonstration plus claire et plus précise de l'intention que les paroles; et c'est pour cela qu'ils ont quelquefois été pris pour preuve de haute trahison, sur le principe que qui écrivait agissait. *Scribere, est agere*. De sorte que ce n'était pas de ce que contenait l'écrit qu'on formait la matière du crime, mais de l'acte volontaire de l'avoir écrit (1). »

Donc, des copies ne pouvaient former la matière probante du prétendu crime de Marie Stuart, et à plus forte raison, les affirmations relatives à ces pièces.

Pour des juges impartiaux, il n'existait contre Marie aucune des preuves admises dans le droit criminel anglais, ni la preuve positive, résultant de l'évidence, ni la preuve circonstancielle, établie par une série de faits inconciliables avec l'innocence de l'accusée; ni la présomption acquise par l'existence de quelque acte accessoire au crime et bien moins encore l'aveu (2), puisque Marie protesta jusqu'à la mort de son innocence, en ce qui concerne l'assassinat de la reine d'Angleterre.

D'ailleurs, l'innocence de Marie Stuart est aujourd'hui acquise à l'histoire. La réhabilitation de la douce victime d'Elisabeth, appuyée sur les faits et les documents, est complète. Rohrbacher n'avait pu que l'entrevoir; aujourd'hui elle est faite, grâce à de nombreux et solides travaux (3).

(1) Blackstone, *Comm.*, t. V, p. 438 et t. VI, p. 358.
(2) *Cyclopædia of political, constitutional, statistical and forensic Knowledge*. Londres, 1840, t. III, p. 224; Blackstone, t. V, p. 170.
(3) Voir notamment: Wiesener. *Marie Stuart et le comte de Bothwel*. Paris, 1863; J. Gauthier, *Histoire de Marie Stuart*. Paris, 1869, 3 vol : Hosack, *Mary Queen of Scots and her Accusers* etc. Edimbourg, 1868 et Londres 1874; Kervyn de Lettenhove, *Marie Stuart d'après les documents conservés au château d'Hatfield*. Bruxelles, 1872 ; Aug. Roussel. *Étude sur Marie Stuart d'après les travaux de Wiesener et de Gauthier* dans *Revue du monde catholique*. Livr. du 15 novembre 1873; *History of Mary Stuart, queen of Scots. Translated from the original and republished ms. of professor Petit* by Charles de Flandre. Londres, 1874; Chantelauze, *Marie Stuart, son procès et son exécution*. Paris, 1875; de Menneval, *la Vérité sur Marie Stuart*. Paris, 1877; Theodor Opitz, *Maria Stuart nach den neuesten Forschungen dargestellt*. Fribourg, (en Brisgau), 1879.

MARTYRE DES MISSIONNAIRES CATHOLIQUES EN ANGLETERRE (p. 414).

Aux martyrs cités par Rohrbacher, il faut en ajouter deux autres illustres par leur foi inébranlable et par leur courage invincible dans les tortures : ce sont Southwell et Geninges.

La *Weekly Register* a donné le récit de l'arrestation et de la condamnation du R. P. Southwell, jésuite; nous allons compléter le récit de son martyre, au moyen des renseignements donnés par Tanner, dans son ouvrage imprimé à Prague, en 1675. Voici ce que dit cet auteur :

Il y avait six ans que Southwell poursuivait le cours de ses travaux apostoliques, lorsqu'il fut subitement trahi par la fille de Bellamy, gentilhomme chez lequel il avait logé. Livré entre les mains du juge Toplif, celui-ci l'emprisonna dans sa propre maison et exerça sur lui toutes les inventions de cette affreuse cruauté qui en avait fait la terreur des catholiques. Il se procura le plaisir d'infliger à Southwell, à dix reprises, une torture tellement atroce, que le patient, amené devant les juges, déclara devant Dieu qu'il eût infiniment préféré la mort aux supplices affreux qu'il avait soufferts. Pendant que le martyr endurait cette torture, qui n'était qu'une variante de la *fille de Scavinger*, on l'interrogeait pour savoir s'il était jésuite, s'il était agent secret du roi d'Espagne ou du souverain pontife.

Comme Southwell gardait le silence, son bourreau le laissa suspendu et alla tranquillement vaquer à ses affaires en ville. Le supplice du patient durait déjà depuis sept heures, et il était sur le point d'expirer, lorsque Toplif revint assez à temps pour lui accorder un instant de répit et le ranimer au moyen de cordiaux. Southwell vomit des flots de sang et cet accès à peine calmé, le martyr fut de nouveau hissé par les poings, car il paraît que les conseillers de la reine avaient autorisé Toplif à torturer son captif tant qu'il voulait, pourvu que la mort ne s'ensuivît pas.

Or, celui-ci proclamait publiquement que rien ne lui était plus agréable que de déchirer et de torturer les prêtres catholiques, lui qui, devant les juges de Robert Southwell, n'eut pas honte de dire qu'il tenait à cœur de jeter au vent les cendres du dernier jésuite.

Toplif s'étant rassasié des souffrances de sa victime, Southwell fut traîné à la prison de Westminster, où il resta pendant de longs mois; son corps se couvrit de vermine et devint tout décharné. Ce pitoyable état, un moment adouci, fut bientôt aggravé de nouveau. Southwell fut enfermé dans la tour et y resta près de trois ans, pendant lesquels il souffrit des tourments dont les bourreaux seuls auraient pu donner les détails.

Robert Cécil, qui présidait à la torture du Père Southwell, écrivait à un de ses amis que l'instrument inventé par Toplif était d'une cruauté telle, que nulle force humaine ne pouvait y résister; que cependant le patient l'endurait avec un visage serein, et ne prononçait d'autres paroles que celles-ci :

« Je suis prêtre et religieux de la Compagnie de Jésus ; je suis passé en Angleterre pour expliquer la vérité catholique à mes concitoyens et la cimenter de mon sang ; si c'est là un crime capital, préparez le glaive, et vous satisferez vos désirs et mes vœux. Donnez-moi la mort et j'obtiendrai la palme du martyre. » Il affirme que le gardien de Southwell le torturait inhumainement, et ne suspendait son office de cannibale que lorsque le martyr était sur le point de rendre l'âme, avec les flots de sang qui jaillissaient de sa poitrine oppressée; le jésuite restait calme et la sérénité de ses traits contrastait tellement avec les souffrances qu'il endurait, que le chef de la prison lui-même, quoique hérétique, le regardait et le vénérait comme un saint.

Southwell fut condamné à mort. A peine cette sentence injuste était-elle prononcée, qu'il en ressentit une joie tellement vive, que le geôlier, persuadé qu'il avait quelque chose de surnaturel, demanda à être instruit dans la religion et devint un fervent catholique.

Le 3 mars, vers le soir, le condamné fut averti de se tenir prêt à marcher au supplice. Il embrassa de tout cœur le bourreau qui lui apportait cette nouvelle, et marcha aussitôt d'un pas ferme et tranquille vers la porte de la prison, où l'attendait une foule innombrable, avide de voir un prêtre catholique attaché à une claie d'osier et emporté comme une bête de somme. « Cet honneur, disait le martyr couvert d'opprobres, est le plus grand que puisse obtenir l'indigne serviteur de Jésus-Christ; je ne dois cette gloire qu'à sa clémence. » Détaché de la claie, il essuya la boue qui lui couvrait la figure, avec un mouchoir qui passa des mains d'un jésuite présent à ce triste spectacle, dans celles du père Aquaviva, général de la Compagnie de Jésus.

Au moment où il avait été attaché il s'était armé du signe de la croix, autant que le lui permettaient ses mains liées et il s'était écrié : « Si nous vivons, vivons pour le Seigneur; si nous mourons, mourons pour le Seigneur. Emmené en ce lieu je vais poser le dernier acte de cette misérable vie, je prie le Seigneur notre Dieu de recevoir mon âme et de me pardonner mes fautes; je le prends à témoin que jamais je n'ai rien entrepris contre notre reine; que bien au contraire j'ai prié pour elle tous les jours, et, dans ce moment suprême, je conjure encore le Dieu tout-puissant de lui accorder la vie éternelle et d'ouvrir les yeux de ce peuple aux rayons de la vraie lumière. Je remets mon âme entre les mains de son créateur et j'abandonne mon corps, dont je n'ai nul souci, au gré de ma souveraine. Je proteste de nouveau que mon seul crime est d'être prêtre de l'Eglise catholique et membre de la société de Jésus, et je rends à Dieu d'immortelles actions de grâces pour m'avoir revêtu de cette double qualité. »

Comme on le pressait d'avouer son crime, il répondit : « Si mon arrivée dans ce pays a offensé la reine, qu'elle veuille me le pardonner, je vais en subir la peine..., que le Dieu de bonté, la sainte Mère et les anges viennent à mon secours! j'ai vécu catholique et je meurs catholique. »

Le martyr achevait à peine ces mots, qu'il fut

lancé dans l'espace par le bourreau et expira peu après.

Le Père Southwell était âgé de trente-quatre ans. Le bourreau arracha le cœur du cadavre, mais le cri de *vive la reine*, qui accompagnait toujours cet acte d'inutile cruauté, ne trouva cette fois aucun écho dans la foule triste et silencieuse.

Geninges, prêtre du séminaire de Rheims, fut arrêté avec Plasden, missionnaire comme lui, au moment où il célébrait la messe dans la maison d'un catholique nommé Wells. Une biographie contemporaine (1) nous apprend que les juges, après avoir fait subir à l'accusé les interrogatoires et les tortures usités en pareil cas, le revêtirent d'une espèce de vêtement d'arlequin, et non contents de manquer ainsi au respect qu'ils devaient surtout à un accusé qu'ils ne pouvaient convaincre d'aucun crime, ils tournèrent en ridicule, de la manière la plus ignoble, le vœu de chasteté qu'il avait fait.

Tous furent condamnés à mort; Geninges et Wells devaient être exécutés devant l'habitation de ce dernier et les autres à Tyburn, ce qui fut fait le 10 novembre 1591. Geninges et Wells, jetés et attachés sur des claies, furent traînés jusqu'au lieu du supplice. Pour insulter à leur foi jusqu'au dernier moment, ils furent escortés de ministres protestants qui, non contents de les harceler d'exhortations durant le trajet, prolongèrent encore, par des sollicitations sans cesse répétées, les angoisses des condamnés et les souffrances que ces malheureux à peine vêtus, ressentaient, exposés au froid rigoureux qu'il faisait alors.

Arrivés à Holborne, un des bourreaux souleva les claies, tandis qu'un autre les frappait pour en faire tomber les deux victimes. Puis, s'emparant à trois de Geninges, un de ces misérables lui donna dans les reins un coup de genou tellement violent, que le patient tomba sur un bloc de bois préparé à cet effet. Dans cette attitude, un bourreau lui coupa les bras et les jambes, tandis qu'un autre lui ouvrait l'estomac et le ventre, et lui arrachait le cœur et les entrailles, qui furent jetés dans un feu allumé exprès. Tant de souffrances et de cruautés arrachèrent au malheureux un cri de douleur auquel le bourreau répondit en jurant, et, se tournant vers la foule qui repaissait ses yeux de cet horrible spectacle : « Quel enragé papiste ! dit-il, j'ai son cœur en main et il a encore assez de vie pour prononcer le nom de Grégoire. » Ce nom était celui du patron du martyr, et ce fut la dernière parole qu'il prononça.

Wells, que l'on avait rendu spectateur du supplice de Geninges, fut pendu devant sa porte à un gibet ambulant ; il ne tarda pas à rendre le dernier soupir et son cadavre subit les mutilations que Geninges avait souffertes avant d'expirer.

Après cette atroce exécution, les bourreaux ramassèrent ces débris humains, qu'ils entassèrent, comme des viandes de boucherie, dans des paniers destinés à cet usage, et, suivis de la populace, ils les portèrent à Newgate, où cette chair humaine fut jetée dans la chaudière qui servait à bouillir les membres des criminels de cette espèce (1).

LES HUGUENOTS EN 1562 (p. 418).

La bibliothèque de Lyon renferme, entre autres documents relatifs au XVI° siècle en général et à la levée de boucliers des réformés de 1562 en particulier, un manuscrit de l'époque, très précieux par les détails qu'il donne sur cette désastreuse époque de l'histoire. C'est un poème latin de 2800 à 2900 vers, dans lesquels se trouvent intercalées quarante figures retraçant les excès commis par les calvinistes français. Au texte latin est joint un résumé français, disposé dans l'ordre des figures; nous en extrayons les passages suivants :

« Le baron des Adrets s'empare de la ville de Montbrison, dans la province du Forez, où, après avoir violé et pillé les églises, profané les vases sacrés, enlevé les ornements, il fait jeter une partie des catholiques du haut des tours fort élevées, en bas. Les prêtres y sont égorgés, les filles et les femmes violées, les bourgeois tués et pillés, et le peu de catholiques qui peut échapper à leur furie, contraint de déserter la ville... L'église primatiale de Saint-Jean de Lyon est fort endommagée par ces impies, lesquels, après avoir commis des excès incroyables dans la ville, et l'avoir pillée et saccagée, s'emparèrent des biens et revenus des églises et des monastères, brûlèrent toutes les reliques qu'ils purent trouver, brisèrent toutes les figures des saints dont le portail et la façade de cette illustre église étaient ornés ; ils n'épargnèrent pas même les tombeaux, qu'ils ouvrirent pour y chercher les trésors qu'ils croyaient y avoir été cachés ; ils se saisirent de tous les ornements et vases sacrés. Dieu permit qu'un des impies, qui était monté au plus haut de l'église, pour abattre la figure de saint Jean qui y était placée, tombât en un lieu si élevé, et mourût sur la place, sans qu'un accident si funeste fût capable d'arrêter la fureur des autres... L'église de Saint-Just, qui est la première collégiale de la même ville de Lyon, fut entièrement démolie par les Huguenots, lesquels brisèrent les cloches pour ensuite les transporter à l'arsenal et en faire des canons...

« Les calvinistes, s'étant réunis pendant que l'armée du roi assiégeait Saint-Jean-d'Angely, se rendirent maîtres de la ville de Nîmes et y exercèrent des cruautés inouïes contre les catholiques, égorgèrent le grand-vicaire du lieu, les prêtres et les bourgeois, qui refusèrent de renoncer à la foi...

« A La Rochelle, les Huguenots exercent toutes

---

(1) *The life and death of Mr Edmund Geninges, priest crowned with martyrdome at London, the 10 day november, in the year MDXCI.* At. S. Omers, by Charles Boscard. An. 1614.

(1) Cf. Thomas Graves Law *The Calendar of the English martyrs of the Sixteenth and seventeeth Centuries.* Londres, 1877. (Relevé des catholiques anglais envoyés au supplice, entre 1535 et 1681, pour fait de non-conformité). Pour l'histoire de l'Église catholique et de la persécution religieuse en Angleterre, au temps d'Élisabeth, voir : John Morris, *The troubles of our Catholic Forefathers Related by Themselves.* Londres, 1877; Jessopp, *One generation of a Norfolk House : a contribution to Elizabethan History.* Norwich, 1878 ; l'abbé Destombes, *la Persécution religieuse en Angleterre sous Élisabeth.* Paris, 1863.

sortes de cruautés envers les catholiques. Leur rage même s'étend sur les morts; car ayant ouvert les tombeaux et déterré les corps saints qui y reposaient, ils foulent aux pieds les saintes reliques, ils les jettent dans la mer, sans être touchés d'un miracle qui devait les faire rentrer en eux-mêmes; car, ayant donné plusieurs coups d'épée dans l'un de ces corps enterré depuis longtemps, il sortit de ses blessures du sang très vermeil, quoique ce corps fût entièrement desséché.

« Les malheurs que les Huguenots avaient déjà causés et qu'ils devaient encore attirer sur la France semblent avoir été pronostiqués par les choses surprenantes qui arrivèrent alors; car on entendit des tremblements de terre à Lyon, à Genève, à Vienne en Dauphiné, et particulièrement à Bade, où il y en eut un si extraordinaire que plus de cinq mille personnes y périrent; et ce tremblement de terre fut suivi d'un orage si furieux, que la plus grande partie des maisons et des églises furent renversées et auraient été réduites en cendres par le feu du ciel, s'il ne se fût trouvé accompagné d'une pluie excessive; la campagne fut entièrement désolée et la consternation si grande que chacun croyait que la fin du monde approchait... »

Du reste la dévastation et le crime marchaient partout à la suite de la réforme : elle laissa des ruines partout. Pour ne citer qu'un exemple pris au hasard, nous avons lu, à la bibliothèque de Bourgogne à Bruxelles, un manuscrit portant le n° 3175, qui n'est autre qu'une remontrance, adressée le 18 avril 1602, par les habitants de Bruges à leur évêque, « contenant que par les troubles passés, touttes les Eglises d'icellui pays sont tellement ruinées que d'une grande part ne sont pas seulement resté les murailles, aiant les habitans en aucuns quartiers commencé à raccomoder à leurs propres dépens quelque coin en icelles, en forme de chapelle, mais si pauvrement que c'est une indignité pour y célébrer les divins mistères à faute de plus grand moien.... »

Sur laquelle remontrance intervint, le 2 octobre 1613, un décret des archiducs qui affecte un tiers des dîmes à la réparation des églises.

CATHERINE DE MÉDICIS ET LE DUC D'ALBE
(p. 421, col. 2).

On sait que dès le temps des guerres de religion en France, quelques historiens protestants ont prétendu que la régente de France et le duc d'Albe, lors de leur entrevue à Bayonne, en 1565, avaient conclu une alliance formelle dans le but d'exterminer le protestantisme et de rétablir la religion catholique. On sait aussi quel profit surent tirer des bruits répandus par cette alliance Guillaume d'Orange, dans les Pays-Bas et le chef des Huguenots en France. Les protestants, croyant fermement à cette alliance de Bayonne, se prétendirent dans le cas de légitime défense et prirent les armes en France et dans les Pays-Bas. Malgré les démentis des cours catholiques, tout le monde crut en Allemagne à cette alliance, et c'est seulement dans ces derniers temps que l'histoire est revenue à la vérité. M. Kluckhohn a fourni une démonstration péremptoire de la fausseté des bruits qui avaient couru à cet égard (1). C'est un mémoire de décembre 1565, découvert aux archives de Dresde, qui lui a fourni l'occasion d'examiner de plus près cette question. Les Huguenots cherchèrent naturellement à attirer dans leur alliance les protestants d'Allemagne, surtout les chefs des Luthériens, les électeurs de Saxe, et, pour justifier leur soulèvement, ils adressèrent ce mémoire à la cour de Dresde.

LA SAINT-BARTHÉLEMY (p. 424).

Rohrbacher n'a pas donné sur la Saint-Barthélemy les développements que comportait un aussi grave sujet. M. Gandy a traité cette question dans la *Revue des Questions historiques*, d'une manière approfondie, à l'aide de documents de l'époque. M. l'abbé Lefortier, dans un travail plus complet encore, a fait assez large la part des excès, pour avoir le droit de venger hautement la vérité contre les accusations du protestantisme et de la libre-pensée. Nous résumons rapidement ces deux importantes études, en y renvoyant le lecteur et en y ajoutant quelques arguments (2). Il en ressort indubitablement qu'il n'y eut aucune idée de préméditation dans les massacres, surtout de la part de Charles IX, et que la politique en fut la cause déterminante (3).

I

D'abord le protestantisme, depuis sa naissance jusqu'en 1572, eut une attitude agressive et factieuse. Condamné non seulement par la religion catholique, mais encore par la constitution française, il tombait, comme hérésie, directement sous les coups de la loi. Les rois de France juraient le jour de leur sacre de défendre la religion catholique et l'unité religieuse du royaume. Au XVIe siècle, l'union des deux pouvoirs civil et catholique était un dogme social universellement admis : la pseudo-réforme le proclamait. Sous Henri II, le roi ordonna par un édit que les parlements et même les présidiaux connussent des faits d'hérésie pour les punir, comme des crimes de lèse-majesté divine et humaine (4). Qui ne connaît la théocratie terroriste établie à Genève par Calvin? Avec lui, Bèze affirme que l'Etat doit surtout faire régner la vraie et unique religion. En 1563, 72 ministres demandèrent au roi, pour prévenir les hérésies et les schismes et, par conséquent, les

---
(1) *Zur Geschichte des angeblichen Bündnisses von Bayonne nebst einem Original-Bericht über die Ursachen des zweiten Religions Krieges in Frankreich.* Munich, 1869.
(2) Voir : *Revue des questions historiques*, t. I, pp. 10 et suiv., *La Saint-Barthélemy* ; en outre, les livraisons de juillet 1867, p. 314; Oct. 1867, p. 567 ; Avril 1868, p. 662 ; Oct. 1869, p. 674 ; Oct. 1871, p. 492; Juillet 1875, p. 332 ; Oct. 1877, p. 631 et 649 ; Janv. 1880, p. 272; *La Saint-Barthélemy et les premières guerres de religion en France*, par M. l'abbé Lefortier, in-12. Paris, 1879.
(3) Après ces travaux, M. H. Bordier dans son ouvrage *la Saint-Barthélemy et la Critique moderne*, Genève, 1879, a repris la thèse déjà réfutée de la préméditation. M. Baguenault de Puchesse lui a suffisamment répondu dans la *Revue des Questions historiques*, janvier 1880, p. 272.
(4) Thomassin. *Traité historique des Edits*, 1703.

troubles qui en pourraient advenir, de vouloir bien châtier sévèrement les hérétiques et schismatiques (les calvinistes exceptés). Des historiens rationalistes avouent qu'au XVIe siècle l'hérésie tombait sous la vindicte de l'État. Le calvinisme, en admettant *l'inamissibilité* du salut, pourvu qu'une fois dans la vie on eût fait un acte de foi ardent, lâchait la bride à tous les crimes. Il reconnaissait la prédestination inéluctable des uns au bien et au ciel, des autres, au mal et à l'enfer, détruisait la liberté humaine, et sapait tous les fondements de la morale, puisque personne n'était plus responsable de ses actes. « Le libertinage a fait aujourd'hui de si effroyables progrès parmi nous, dit un protestant d'alors, qu'on ne le considère plus comme un mal et qu'on se vante de ses débauches comme des actions les plus méritoires. » (André Hopenrod, cité par Dollinger, tom. II, p. 422). Et les écrivains protestants qui déplorent cette démoralisation universelle, en font peser presque toute la responsabilité sur Luther et sa doctrine.

Aux yeux de Calvin et de ses sectaires, c est Dieu qui nous pousse au mal et qui se l'approprie ensuite (1); de plus, ceux qui n'étaient pas calvinistes étaient marqués du sceau de la réprobation, et il fallait les haïr comme des suppôts de Satan. Trois protestants seulement improuvèrent la mort de Michel Servet. L'esprit du protestantisme gagnant les princes du sang, les amenait à se poser en prétendants à la couronne, car le roi légitime devenait alors indigne de régner. Calvin disait : « Qu'un roi « qui ne met pas sa puissance au service de la « Réforme, abdique sa qualité de souverain et sa « qualité d'homme et qu'il n'a plus de droit à « l'obéissance de ses sujets. » *(Com. in Daniel)*. Le calvinisme était puissamment organisé : il enveloppait la France d'un réseau de conspirations. En 1561, il effraie Nîmes par des invasions nombreuses qui vident les couvents, spolient les églises, profanent les choses saintes. En 1562, l'échauffourée de Vassy sert de prétexte à la guerre civile qui va couvrir la France de sang et de ruines. Elle n'avait été qu'une collision fortuite, et cependant elle avait attisé partout le feu de la guerre civile. Coligny était d'avis qu'il fallait surprendre l'armée du roi ; un traité fut conclu avec Élisabeth d'Angleterre, à qui l'on sacrifia le Hâvre pour en obtenir des secours, tandis que l'on appelait des armées de reitres de l'Allemagne. A Lyon, les protestants avaient décrété (art. 3) « qu'il ne se dirait plus de messe » — « (art. 4) que chacun serait libre dans sa religion. » — Grâce à cette tolérance et à cette liberté, les tombeaux sont ouverts et profanés, les reliques des saints jetées au vent ; des prêtres et des religieux précipités vivants dans des puits (2). Orléans est la première cité qu'ils envahissent. Un coup de main pour s'emparer de Lyon dans la nuit du 4 au 5 septembre 1561, est concerté par Calvin, Bèze et d'autres ministres, et il échoue devant l'activité et la vigilance des catholiques, dont nul ne songe à se venger. Mais le farouche baron des Adrets s'en rend maître le 1er mai, et tout en proclamant la liberté, oblige les habitants, sous peine de dix livres d'amende, à assister aux prêches deux fois par semaine. Il détruisit de fond en comble l'église de Fourvières. A Grenoble, il tourmenta les religieux et les religieuses pour les faire apostasier, envoya des soldats piller et saccager la Grande-Chartreuse. Coligny a confessé dans ses écrits qu'il estimait que la mort de Guise était le plus grand bien qui pût arriver au royaume, à l'église de Dieu et au roi. Pendant que la fureur des sectaires remplissait Meaux de ruines et de sang, que les croix, les images, les cloches y étaient mises en pièces, l'évêque Louis de Brézé, assailli dans son palais, ne devait son salut qu'à la résistance héroïque des troupes que le roi avait envoyées à son secours. Le courage des catholiques faisait avorter le complot tramé contre Paris, où l'on devait prendre et tuer le roi. C'est dans le Midi que les protestants avaient les plus grands succès. Dans la seule année 1562, ils abattirent 46 églises dans la ville de Montpellier et les environs et plus de trois cents dans la Beauce. A la fin de septembre 1567, ils se rendirent maîtres de Montauban, Castres, Montpellier, Nîmes, Uzès, Bagnolles, chassèrent des couvents et des églises les religieuses, les moines et les prêtres. De la belle abbaye de Bellevaux, près Nevers, il ne resta pas pierre sur pierre : tous les religieux y furent massacrés. A Montauban, les calvinistes conduisaient le peuple au prêche à coups de fouets et de nerfs de bœufs. A Nîmes (1), ils accomplirent, le 30 septembre 1567, l'exécution sommaire de ceux dont l'influence les alarmait. Dressant une liste de proscription, ils tirent de l'Hôtel-de-Ville, au fur et à mesure de l'appel, les catholiques qu'ils y ont enfermés, les conduisent dans la cour de l'évêché, et là, se livrent d'affreux massacres à la lueur des torches. Ils dépouillent les victimes, percent les uns de dagues et d'épées, tuent les autres à coups d'arquebuses et de pistolets, sans qu'on les laisse prier Dieu, et jettent les corps dans un grand puits au fond de la cour. Le vicaire général, Jean Péhéran, est livré aux insultes de la populace, traîné avec une grosse corde et précipité dans le puits : il avait voulu mourir à la place de l'évêque. Le massacre, commencé à onze heures du soir, dure toute la nuit et continue le lendemain. Le puits, de sept toises de profondeur et de quatre pieds de diamètre, est presque comblé de cadavres. On porte à cent cinquante, même à trois cents le nombre de ceux qui furent égorgés. — A Mornas, en Provence, le baron des Adrets fit précipiter du haut de la forteresse les trois cents soldats qui la défendaient. A Montbrison, il imagina un plaisir digne de l'empereur Galère. Il choisit un certain nombre de victimes parmi les prisonniers, les mit en réserve et chaque jour, après dîner, il ordonnait à quelqu'un de ces malheureux de se précipiter du haut de la citadelle, tandis que ses soldats les recevaient sur les pointes de leurs hallebardes avec des huées et des éclats de rire (2).

---

(1) Calvin disait : Satan autem ipse, qui nos intus efficaciter agit, ita est ejus (Dei) minister, ut nonnisi ejus imperio agat... ; puis il justifie le crime d'Absalon en le rejetant sur Dieu même. *Com. sur l'Épit. aux Rom.* IX, 18.
(2) *Histoire de France* du P. Daniel, t. X, p. 202.

(1) *La Michelade*, d'après Mesnard, *Histoire de Nîmes*, t. V, p. 16.
(2) Allard, Maimbourg, Castelnau, Brantôme, *Vie du baron des Adrets*.

A Paris, la regente avait fini par accorder aux protestants la permission de s'assembler en deux endroits, près de la capitale, à Popincourt, et au faubourg Saint-Marceau, tout près de l'église Saint-Médard. Or, un jour que l'on sonnait les vêpres dans cette paroisse pour la fête de saint Etienne, les Huguenots qui assistaient au prêche, envoyèrent au curé l'ordre de cesser la sonnerie. Comme ils ne pouvaient se faire obéir, ils quittent le prêche au nombre d'environ quinze cents, enfoncent les portes de l'église de Saint-Médard, renversent ou tuent ceux qui se présentent à leur rencontre, abattent les images, brisent la chaire, foulent aux pieds les saintes espèces. Dandelot, de qui l'on tient ces détails, entra dans l'église à cheval et l'épée à la main. Ces excès sont également racontés par Maimbourg et Saint-Prosper.

La paix de 1570 avait livré quatre places de sûreté aux protestants : La Rochelle, la Charité, Montauban et Cognac. La fierté nationale en était blessée, mais Charles IX était sincère dans son désir de la paix, tandis que les huguenots nourrissaient toujours l'espérance secrète de devenir une puissance prépondérante dans le royaume. Ils refusèrent de recevoir dans la ville de La Rochelle un gouverneur envoyé par le roi, et réputé très sympathique à la réforme. Quand Biron, grand-maître de l'artillerie, se présenta devant cette place, au nom du roi, les portes ne lui furent pas ouvertes. Les tendances à la lutte et à l'agression se manifestent sans cesse du côté des huguenots, tandis que Charles IX et son conseil s'efforcent de calmer les esprits.

Des historiens protestants prêtent à la cour de France le projet arrêté longtemps à l'avance d'exterminer tous les réformés. Ce serait, disent-ils, dans l'entrevue de Bayonne, en 1565, que la reine d'Espagne Isabelle, Catherine de Médicis, sa mère, Charles IX, son frère, auraient résolu de frapper le grand coup, qui fut la Saint-Barthélemy sept ans plus tard. Nous possédons une relation authentique de l'entrevue de Bayonne, faite par le duc d'Albe et adressée à Philippe II. Il écrivait au roi le 21 juin 1565..... « Sa Majesté (Charles IX) entama
« une longue dissertation sur les événements
« passés, concluant en définitive que l'état de
« choses était beaucoup plus satisfaisant qu'à
« l'époque où l'on publia l'édit (la paix d'Amboise),
« ce qui lui donnait l'espérance de voir la situation
« s'améliorer de jour en jour, grâce aux démarches
« que l'on tentait dans ce but..... Il ne me fut pas
« difficile de lui démontrer que la satisfaction de
« voir débarrassé du poids de la guerre, lui faisait
« illusion sur les progrès du rétablissement de la
« foi catholique..... J'ajoutai que la véritable
« marche à suivre était de rétablir en France la foi
« catholique, parce que l'influence bonne ou mau-
« vaise de ce royaume, en pareille matière, se
« faisait sentir dans toute la chrétienté...

« La reine mère me demanda ensuite quels
« moyens on pouvait apporter à la situation pré-
« sente, en me recommandant de lui parler comme
« si Votre Majesté elle-même m'en donnait
« l'ordre... Après m'être fait longtemps presser, je
« lui dis qu'il nous fallait d'abord examiner si,
« depuis le traité de paix, et grâce à la tolérance
« dont on avait fait usage dès lors, on avait perdu ou
« gagné du terrain, parce que de cet examen
« résultait nécessairement le choix des moyens à
« employer pour le remède. A cela la reine
« répondit qu'on avait regagné beaucoup de terrain,
« et entra, pour me le prouver, dans de grands
« détails sur les événements passés. Après qu'elle
« eût fini, je lui démontrai clairement qu'elle m'en
« imposait, ou qu'elle se faisait illusion à elle-
« même..... parce qu'il était de notoriété publique
« que la tolérance dont il s'agit compromettait
« chaque jour de plus en plus les intérêts de la
« religion..... Sa Majesté me demanda si je voulais
« par là insinuer qu'il fallût recourir aux armes.
« Je lui répondis que je n'en voyais pas la nécessité
« pour le moment, et que Votre Majesté ne lui en
« donnerait pas le conseil, tant que la situation ne
« deviendrait pas plus grave. La reine, ayant insisté
« de nouveau pour connaître mon avis, je lui
« répondis en général qu'il était urgent de remédier
« promptement à l'état de choses, parce que plus
« tard l'ennemi, prenant l'initiative, pourrait se
« montrer en armes à l'improviste, et forcer, bon
« gré mal gré, d'en venir aux mains, lorsqu'on ne
« serait nullement en mesure d'entrer en lutte
« ouverte. Quant à Votre Majesté, son opinion
« exclusive et invariable était d'expulser de France
« cette méchante secte..... (1). »

On voit bien là les fluctuations d'esprit de Catherine de Médicis; mais il n'y a rien d'arrêté pour un massacre tel que celui de la Saint-Barthélemy.

II

On ne peut pas dire que le roi et la reine mère endormaient les huguenots dans une sécurité fatale pour mieux les perdre. Ils affectaient d'accorder des faveurs tantôt à un parti, tantôt à l'autre, espérant par ces moyens assoupir les discordes et faire cesser insensiblement les troubles (2). Charles IX étant rentré dans Paris, fit renverser une tour construite près du marché des Innocents, sur l'emplacement de la maison d'un sectaire, qui avait tenu là une réunion interdite; il s'ensuivit une légère émeute : un des agitateurs fut pendu. La justice suivait son cours et l'on cherchait loyalement à vivre sur un terrain de transaction. Lorsque Marguerite de Valois fut mariée à Henri IV, une médaille fut frappée avec un symbole de l'union des deux cultes : « *Constricta hoc vinculo discordia* » — et au revers un agneau paschal avec ces paroles : « *Vobis annuntio pacem.* » Mais le peuple fut révolté du mépris de Henri de Béarn pour la messe, pendant laquelle il se promenait.

Affecter de ne voir dans la conduite du gouvernement à cette époque que de faux semblants destinés à couvrir les plus perfides desseins, c'est affirmer sans preuves et incriminer gratuitement les actes les plus louables entrepris pour le bonheur des peuples. En 1566, si l'on en avait eu déjà formé le

(1) Cette relation du duc d'Albe a été retrouvée dans les papiers d'état du cardinal de Granvelle, et reproduite dans les *Documents inédits pour servir à l'histoire de France*, t. IX, p. 291 et suiv.
(2) Davila, liv. IV, p. 228 et suiv.

dessein, Coligny, Dandelot, le prince de Condé se trouvaient à la cour; pourquoi ne les eût-on pas alors égorgés. D'après Tavannes (1), la reine-mère décide l'exécution du meurtre de Coligny, auquel Charles IX témoignait la plus vive amitié, comme à son intime confident. Elle se fût volontiers dédite sans les capitaines qui lui représentèrent les dangers auxquels son inaction allait l'exposer, elle et ses enfants, et sans doute aussi sans la jalousie profonde qu'elle ressentait de son crédit. L'amiral fut blessé et le roi entra dans une grande colère, jurant qu'il tirerait vengeance d'un crime si atroce commis aux portes de son palais. La cour craignait une revanche terrible de la part des huguenots. Marguerite de Valois assure qu'après la tentative d'assassinat de Coligny par Guise, Catherine de Médicis crut sa vie et celle du roi en danger, si elle ne prévenait la nuit même les desseins de ses ennemis (2). Alors Charles IX, qui était accouru auprès de l'amiral blessé et qui avait vu là plus de deux cents gentilshommes se parlant à l'oreille et faisant très mauvaise mine à la reine mère, qui était là, comprit que de graves complications pouvaient surgir. Il s'occupa d'abord de rechercher et de punir l'assassin. Il n'avait pas encore changé de dispositions le soir du vendredi 22 août. Mais le lendemain, le duc d'Anjou, son frère, se rendit chez lui avec la reine Catherine de Médicis, et celle-ci lui représenta vivement que le parti des huguenots s'armait contre lui à l'occasion de la blessure faite à l'amiral, commandait une levée de dix mille reitres en Allemagne et dix mille fantassins dans les cantons suisses, et que s'il ne se joignait pas à eux et aux autres catholiques pour faire une ligue offensive et défensive, il demeurerait seul et sans autorité; elle ajouta qu'un seul coup d'épée pouvait détourner tous ces malheurs, qu'il fallait seulement tuer l'amiral, chef et auteur de toutes les guerres civiles; que les desseins et entreprises des huguenots mourraient avec lui. Le duc d'Anjou, qui donne ce récit, y ajouta ses propres raisons, et le roi, entraîné par la crainte du danger, ne voulait pas d'abord qu'on touchât à l'amiral; il demandait à tous ceux qui étaient présents de dire leur opinion : et chacun fut de l'avis de la reine mère, à l'exception du maréchal de Retz. A la fin, continue le duc d'Anjou, en combattant tous fort et ferme son opinion, nous l'emportâmes, et reconnûmes une soudaine mutation et étrange métamorphose au roi, car se levant, il jura que puisque nous trouvions bon qu'on tuât l'amiral, il le voulait et aussi tous les huguenots de France, afin qu'il n'en demeurât pas un qui lui pût reprocher après. Et sortant furieusement, nous laissa dans son cabinet, où nous advisâmes le reste du jour, le soir et une bonne partie de la nuit, ce qui sembla à propos pour l'exécution d'une telle entreprise (3). Tavannes affirme également que ce fut la tentative contre l'amiral qui amena la résolution du massacre; Marguerite, dans ses *Mémoires*, fait le même aveu (4). On a essayé de contester l'authenticité du discours que fit Henri III sur cette sanglante journée. Mais les documents contemporains les plus dignes de foi viennent le confirmer, et il est admis comme indubitable par la plupart des historiens. Cette fatale résolution du 23 août fut arrachée par la soudaineté des périls qui s'offrirent aux yeux de la cour et qui furent vivement représentés au roi.

La situation s'annonçait menaçante les jours avant l'exécution des massacres. Les huguenots, dit Brantôme, toujours favorables à l'amiral de Coligny « usèrent des paroles et menaces par trop insolentes, qu'ils frapperaient, qu'ils tueraient : ce qui causa la mort de M. l'amiral; non qu'il fût mort de son coup. » Ce n'était pas que les huguenots fussent en état d'en venir à une guerre ouverte; s'ils avaient été prêts ou du moins très nombreux et bien pourvus d'armes, ils n'eussent pas été si facilement égorgés dans la nuit du 24 août. Mais ils tramaient de nouvelles révoltes et songeaient à susciter de nouvelles guerres (1). Le duc d'Albe a même avancé que l'amiral, se sentant blessé, délibéra de tuer le roi, ses frères et la reine, disant que ce mal venait par eux.

Le roi avait consenti à la fatale résolution vers 4 ou 5 heures de l'après-midi du 23 août, et il était sorti très irrité du conseil de la reine et des princes, les laissant prendre leurs dispositions pour assurer le succès de l'entreprise. Il fut encore en proie à l'irrésolution. Alors à une heure avancée dans la soirée, il manda Charron, prévôt des marchands au Louvre, lui déclara devant la reine-mère et les princes que les huguenots, voulant troubler, par une conspiration contre Sa Majesté et son état, la tranquillité de la ville et de ses sujets, et ayant osé lui faire entendre des propos menaçants, il eût à donner des ordres pour la sûreté du roi, de sa mère, de ses frères et de son royaume; il lui commanda de se saisir des clefs de toutes les portes de Paris, de les faire fermer, d'armer tous les capitaines, lieutenants, enseignes, bourgeois, dizainiers, pour recevoir et exécuter les commandements de Sa Majesté. Il lui prescrivit encore de tenir l'artillerie prête (2). Les commandements qu'avaient reçus Charron et les échevins ne furent envoyés et portés que le lendemain. Après la réunion du 23, la ville fut partagée en quartiers, le duc de Guise préposé à l'exécution et chargé de tuer l'amiral, dont le meurtre devait être le signal de tous les autres... Rien n'indique que le roi soit intervenu. D'après le récit du duc d'Anjou, au commencement de l'exécution, Charles et sa mère, effrayés des conséquences qui en résulteraient, envoyèrent un contre-ordre ; mais on répondit qu'il était trop tard, que l'amiral était mort. »

III

La journée du 24 août fut pleine de mystères; aujourd'hui encore la saine critique ne peut en dissiper les ténèbres. On a dit que chaque bande de tueurs avait sa liste précise de victimes et ne faillit

---

(1) *Mémoires*, t. VIII, p. 386-387.
(2) Marguerite de Valois, *Mémoires*, p. 27 et suiv. Discours du roi Henri III.
(3) Discours du roi Henri III.
(4) *Mémoires de Marg. de Valois*, Pétitot, t. XXXVII, p. 47 et suiv.

(1) Davila, liv. V, p. 419.
(2) Extrait des *registres et croniques du bureau de la ville de Paris*.

pas à son œuvre. Mais c'est une exagération. L'ardeur du pillage, la soif du sang, les rancunes personnelles, toutes les passions, une fois excitées, suivirent leur cours. Voici ce qu'écrivit à Rome le nonce Salviati dans une dépêche du 24 août : « On a taillé cette nuit en pièces tous les « huguenots; l'exécution a été commencée par le « duc d'Angoulême, bâtard du roi..... Ont péri : « La Rochefoucault et son fils..... peu de femmes « ont été massacrées; quelques femmes du peuple « seules ont péri dans le tumulte..... Toute la ville « a pris les armes; les maisons des huguenots ont « été attaquées et forcées : beaucoup d'hommes « ont été tués (surtout au faubourg Saint-Germain, « quartier principal des huguenots)... Dans la « crainte que les choses n'allassent trop loin, on « proclama sur les trois heures (le dimanche « 24 août) un édit portant défense de tuer et de « piller; mais on n'y obéit pas..... Quelques catho- « liques ont été, dit-on, tués ou blessés... (1). »

A minuit, suivant les *Mémoires* de Tavannes (2), deux compagnies des gardes arrivent ; la moitié des catholiques, tant ils sont craintifs, fait défaut, malgré l'autorité du roi. Guise, avant le jour, enfonce les portes de la demeure de Coligny : quelques suisses sont tués dans la première cour, Coligny tué, jeté par la fenêtre. Le tocsin du palais sonne avec le jour; le sang et la mort courent les rues; le roi et la reine ont peur au Louvre. La résolution de tuer seulement les chefs est enfreinte... Tous huguenots, jeunes et enfants, sont tués indifféremment. Tavannes sauve Biron... MM. de Guise préservent plusieurs personnes... » — Cajas rédigea pour Philippe II une relation qui contient des particularités neuves et intéressantes et d'après laquelle on aurait encore tué jusqu'au mardi matin, 27 août. — Le 26, le roi se rend au parlement et déclare que Dieu lui ayant donné la victoire sur ses ennemis, il retire l'édit de pacification et ne veut plus que la religion catholique dans ses Etats. C'était Coligny surtout que l'on redoutait ; c'était lui qui fut la principale cause du massacre. Quoiqu'il fût de mœurs réglées, il avait été traître à son pays, qu'il avait ravagé par les guerres civiles et désolé par des hordes d'étrangers, enrichis des biens des églises. La reine-mère était convaincue qu'il suffisait de le tuer avec ses plus redoutables partisans; qu'un seul coup d'épée pouvait remédier au mal et qu'il fallait seulement se défaire de l'amiral, chef et auteur de toutes les guerres civiles.

Elle déclara plus tard qu'elle ne prenait sur sa conscience que la mort de six des plus dangereux chefs. Le roi ne trempa nullement ses mains dans le sang de Coligny, puisque de toute la nuit il ne bougea de la chambre de son père. Il défendit au Louvre plusieurs seigneurs et beaucoup d'autres personnes contre les meurtriers. Le carnage, qui avait commencé vers deux heures du matin, se prolongeait avec fureur : à midi, le roi donna des ordres *pour faire cesser tueries et pillages* :

« Le jour de Saint-Barthélemy, environ midi, sur « les remontrances faites au roy par le prévost des « marchands et échevins, que plusieurs tant de la « suite de Sa Majesté que des princes et seigneurs « de la cour et gentilshommes archers de la garde « du corps et les soldats de sa garde, ensemble « toute sorte de gens et peuple mêlés parmi, « pilloient et saccageoient plusieurs maisons et « tuaient plusieurs personnes par les rues, le roy « leur commanda de monter à cheval, avec toutes « les forces de la ville, pour les faire cesser et d'y « avoir l'œil jour et nuit. » — Reg. de l'Hôtel-de-Ville, — Archives, cur. 2.

Le 28 août, déclaration fut faite au peuple « que le châtiment infligé à l'amiral et à ses partisans, n'avait pas eu pour motif leur religion (ce qui était vrai), mais leur conspiration contre la cour. Les personnes arrêtées devaient être mises en liberté, excepté celles qui avaient pris part à la direction des affaires de la secte. » Parmi les documents de ces sanglantes journées, on remarque une lettre du roi au duc de Guise (28 sept.), prescrivant de faire cesser tout désordre et de protéger ceux qui se contiendront doucement; — une instruction adressée au même duc (3 nov.), portant que, « malgré les ordres royaux, on n'a pas cessé le cours des meurtres, pillages et saccagements... au grand déplaisir de Sa Majesté. »

Aucun ordre secret ne fut envoyé pour tuer en masse les huguenots. Dès le 24 août, Charles IX se hâta d'écrire à tous les gouverneurs des provinces pour les informer de ce qui avait eu lieu. Il ajoutait « que l'édit de pacification n'était pas rompu..., « qu'il fallait faire publier et entendre par tous les « lieux et endroits, que chacun ait à demeurer en « repos et sécurité dans sa maison et à ne pas « prendre les armes sous peine de la vie... » Les massacres dans les provinces eurent lieu à différents jours : à Meaux, le 25 août; à la Charité, le 27; à Lyon, le 30; à Troyes, le 2 sept.; à Bourges, le 15 sept., à Toulouse, le 23; à Bordeaux, le 3 oct.; à Poitiers, le 27..., ce qui ne permet pas de supposer qu'ils fussent l'exécution d'un ordre royal. S'il y eut des ordres secrets envoyés le 23 août, ils furent promptement révoqués par les instructions expédiées le 24. L'exaspération des esprits et la nouvelle des égorgements de Paris entraînèrent çà et là à de sanglants excès. Cependant plusieurs villes écoutèrent les conseils de douceur transmis le 24, notamment en Bretagne et en Picardie. Les évaluations sur le nombre des victimes flottent entre 2,000 et 100,000. Rohrbacher publie un tableau des chiffres les plus vraisemblables, d'après le Martyrologe des huguenots imprimé en 1582.

Charles IX, dans sa lettre à Ferratz, ambassadeur auprès de Sa Sainteté (24 août), dit comme dans les autres circulaires : « que l'amiral a été tué avec grand nombre des principaux et autres tenans de son parti et de sa religion, ainsi que Beauville lui dira plus particulièrement... »

Grégoire XIII apprit qu'une conspiration criminelle avait été près d'éclater. Il est rapporté dans les Ephémérides du maître des cérémonies (1), qu'à la suite de la nouvelle reçue, Sa Sainteté se

---

(1) Theiner, t. I, dépêche du 24 août.
(2) T. VIII. p. 38.

(1) *Archives du Jésu*, 5 sept. 1572.

rendit à Sainte-Marie avec les cardinaux et chanta le *Te Deum*. Le pape était informé des faits ; mais le sens lui en fut caché. Il y était complètement étranger et n'eut l'intention que de se réjouir du salut du roi de France.

La Saint-Barthélemy fut un crime politique, dont l'Eglise fut affligée, dès qu'elle en connut les auteurs et les circonstances.

PART DE LA RELIGION ET DU CLERGÉ DANS LA SAINT-BARTHÉLEMY (p. 426).

En dehors des accusations dont parle Rohrbacher, on a également reproché au pape Grégoire XIII de s'être réjoui du massacre de la Saint-Barthélemy, de l'avoir conséquemment approuvé et même d'avoir fait frapper une médaille pour en perpétuer le souvenir.

Le R. P. Ph. Bonanni rapporte en effet, dans ses *Numismata pontificum romanorum*, que Grégoire XIII fit frapper, en mémoire de la Saint-Barthélemy, une médaille qui porte pour inscription : *Ugonotorum strages*.

Le fait est vrai en lui-même ; il est mentionné ailleurs que dans les *Numismata*, entre autres dans l'*Histoire de France* de Velly, Villaret et Garnier, continuée par Des Odoards, mais le fait a été présenté d'une manière complètement fausse, parce qu'on l'a isolé des circonstances qui l'ont accompagné.

La médaille de Grégoire XIII prouve-t-elle qu'il se félicita du carnage des huguenots et du sang versé le 24 août 1572? Nullement.

Brantôme rapporte que le Souverain Pontife versa des larmes sur le sort des victimes : « Je pleure, dit-il, tant d'innocents, qui n'auront pas manqué d'être confondus avec les coupables, et possible qu'à plusieurs de ces morts Dieu eût fait la grâce de se repentir (1). »

De quoi se réjouit le pape? M. de Falloux répond :
« D'un triomphe soudain, inattendu des catholiques sur les protestants : triomphe qui ne fut présenté nulle part, dans le premier moment, sous ses véritables couleurs et avec le caractère de la perfidie et du massacre, mais comme le résultat d'une conflagration inopinément allumée par suite de l'attentat des Guise contre l'amiral de Coligny, ou comme la représentation d'une tentative des huguenots contre la personne même du roi (2). »

Des documents authentiques confirment ces paroles.

Charles IX fit connaître ainsi par la déclaration du 28 août son projet :

« Sa Majesté desirant faire sauoir et cognoistre à tous seigneurs, gentils-hommes et autres ses sujets, la cause et occasion de la mort de l'amiral, et autres ses adhérans et complices, dernièrement aduenue en cette ville de Paris, le 24 jour du présent mois d'aoust, d'autant que le dict fait leur pourroit auoir esté déguisé par son exprès commandement, et *non pour cause aucune de religion* ne contreuenir à ses édits de pacification, qu'il a tousiours entendu, comme encore ueut et entend obseruer, garder et entretenir, ainsi *pour obuier et preuenir l'execution d'une malheureuse et détestable conspiration faicte par ledict amiral*, chef et autheur d'icelle, et les dits adhérans et complices, *en la personne du dit seigneur roy*, et contre son estat, la royne sa mère, Messieurs ses frères, le roi de Nauarre, princes et autres seigneurs estant près d'eux. Pourquoy sadite Maiesté fait sauoir par cette presente déclaration et ordonnance à tous gentils-hommes et autres quelconques de la religion prétendue reformée, qu'elle, veut et entend qu'en toute seureté et liberté ils puissent viure et demeurer auec leurs femmes, enfans et familles, en leurs maisons sous la protection dudit seigneur Roy, tout ainsi qu'ils ont par cy devant fait, et pouuoient, faire suiuant le benefice des dits edicts de pacification. Commandant et ordonnant très expressément a tous gouuerneurs et lieutenans generaux en chacun de ses pays et prouuinces, et autres, les iusticiers et officiers qu'il appartiendra, d'attenter, permettre ne souffrir estre attenté ne entrepris en quelque sorte et manière que ce soit, ès personnes et biens des dits de la religion, leurs dites femmes, enfans et familles, sous peine de la vie, contre les delinquans et coupables, scandale, soupçon et desfiance qui pourroyent auenir à cause des presches et assemblées qui se pourroyent faire, tant ès maisons des dits gentils-hommes qu'ailleurs, selon et ainsi qu'ils permis par les sus dits édicts de pacification (1). »

Le roi déclarait donc de la manière la plus formelle et la plus solennelle, que la Saint-Barthélemy n'avait point puni de huguenots — (non *pour cause aucune de religion*), — mais des conspirateurs, des criminels de lèse-majesté, — (*pour obuier et prévenir l'exécution d'une malheureuse et détestable conspiration faite par ledict amiral*.)

Et le parlement sanctionna les paroles royales, en condamnant la mémoire de Coligny par un arrêt dont nous extrayons les passages suivants :

« Veu par la Chambre ordonnée par le Roy au temps des vacations, les informations faites à la requeste du Procureur du Roy, suiuant l'arrest donné par le dit seigneur Roy seant en son parlement le 29 iour d'aoust dernier, à l'encontre de feu Gaspard de Coligny, en son viuant amiral de France, pour raison de la conspiration n'aguères par lui faite contre le roy, tranquillité et repos de ses suicts..... dil a esté que la dite chambre a déclaré et déclare ledit feu de Coligny auoir esté criminel de leze Maiesté, perturbateur et violateur de paix, ennemy du repos, tranquillité et securité publique, chef principal, autheur et conducteur de la dite conspiration faicte contre le roy et son Estat, a damné et damne sa mémoire, supprimé et supprime son nom à perpétuité... (2). »

Tel est l'arrêt que le parlement porta sur la Saint-Barthélemy, et ce fut par lui que Grégoire XIII eut connaissance de l'événement. La sentence rendue contre la mémoire de Coligny fut en effet envoyée à tous les ambassadeurs de France dans les cours étrangères. « Cela se fit, observe très bien le P. Daniel, pour disculper le roi dans toutes les cours, où la journée de la Saint-Barthélemy ne pouvait produire que de très mauvais effets (3).

Est-il étonnant, après cela, que le Souverain Pontife, tout en déplorant la mort des innocents, se soit réjoui d'une victoire qu'un procès en due forme lui représentait comme remportée sur des conspirateurs, sur des rebelles qui voulaient exterminer la famille royale et renverser le gouvernement? Est-il étonnant qu'il ait fait frapper une médaille pour célébrer la mémoire d'un événement

---

(1) T. VIII, p. 189.
(2) *La Saint-Barthélemy et le XVIII° siècle*, dans le *Correspondant* t. IV, p. 148.

(1) Audin, *La Saint Barthélemy*, p. 250.
(2) Audin, *La Saint-Barthélemy*, p. 251.
(3) P. Daniel, t. X, p. 501 ; Matthieu, liv. VI.

dont on lui avait adroitement caché le motif et l'étendue. »

Cette médaille, en présence de l'arrêt du parlement, qui constitue la communication officielle faite au pape, ne permet donc pas d'accuser Grégoire XIII de s'être réjoui du massacre du 24 août.

LA LIGUE (p. 430, col. 2).

Rohrbacher montre sous leur vrai jour les graves événements qui à partir de 1558 et jusqu'au sacre de Henri IV, bouleversèrent la France (1). Ce fut le danger d'avoir un roi protestant qui provoqua parmi les catholiques le mouvement de la Ligue. Dès le mois de juillet 1583, le roi de Navarre envoyait un gentilhomme de son conseil, Ségur-Pardaillan, en Angleterre, dans les Pays-Bas et jusqu'en Suède et en Danemarck provoquer contre les catholiques l'alliance de tous les États protestants. Dans le traité conclu à Magdebourg, on s'engagea « à dépouiller le pape de son domaine et à le réunir à l'empire : La France était le champ clos et Rome le prix du combat. » Pour se défendre la Ligue fit alliance avec l'Espagne, le traité fut signé à Joinville, le 1er Décembre 1584 ; les ligueurs demandèrent en outre au Pape Sixte V d'excommunier Henri de Bourbon (2) ; l'exemple de l'Angleterre prouvait qu'à cette époque la foi eût été en péril sous un prince protestant. Mais on peut admettre que la ligue eût plus tard ses excès. « La ligue, dit M. de Meaux, a été une association de légitime défense, et à ce titre elle a réussi. Mais elle n'a pas été seulement cela : elle est devenue aussi une entreprise révolutionnaire, et à ce titre elle a échoué ; elle a réussi en ce qui était juste, elle a échoué en ce qui ne l'était pas (3). » Plusieurs des ligueurs exaltés ou gagnés à l'Espagne eurent le tort de de ne pas croire à la sincérité de l'abjuration de Henri IV (4).

LES ERREURS DE BAÏUS (p. 447).

Rohrbacher dit que ces erreurs furent condamnées en 1576 : c'est une erreur, elles le furent en 1567, comme du reste il le dit au paragraphe suivant.

Baïus, père du jansénisme, devait avoir pour éditeur le P. Gerberon. Ce religieux a en effet édité ses œuvres, en un volume in-4, Cologne, 1696. Le P. Du Chesne a publié une *Histoire du Baïanisme*. Il faut rappeler ici que le continuateur de Fleury, le P. Fabre, entre sur Baïus dans des détails excessivement étendus, et qu'il lui accorde une place qui fait bien voir que cet auteur avait ses sympathies.

LES JÉSUITES EN LITHUANIE (p. 448, col. 2).

Sur l'établissement et l'œuvre des jésuites en Lithuanie, Rohrbacher est un peu trop sommaire.

A l'époque même où les fils d'Albion pénétraient en Moscovie dans des vues purement matérielles et mercantiles, les fils de Loyola faisaient leur apparition en Lithuanie pour y travailler au salut des âmes et au rétablissement de l'Eglise gravement menacée par l'hérésie. Mais ceux-ci ont trouvé, comme toujours, des adversaires qui ont calomnié leur œuvre. C'est ainsi que l'auteur d'un récit fort étendu de l'établissement des Pères de la Compagnie de Jésus dans le grand-duché, en 1569, et des soixante premières années de leur apostolat, sous une modération apparente et au milieu d'éloges, laisse trop percer les préventions catholiques et son intention de rendre la Compagnie responsable des malheurs qui sont arrivés, dans la suite, à la république de Pologne (1). Cet écrit néanmoins contient des recherches utiles.

Comme contrepartie, on peut consulter un mémoire du P. Zaleski sur cette question : Est-il vrai que les jésuites aient perdu la Pologne ? Ce travail est consacré à réfuter certaines opinions qui ont cours en Pologne sur l'histoire de la Compagnie (2).

LA QUESTION DE GALILÉE (p. 585, col. 2).

I

Le manuscrit du procès de Galilée fut emporté de Rome lorsque Napoléon Ier se fut emparé de la ville des papes, et il ne fut restitué que la dernière année du pontificat de Grégoire XVI. A son retour de l'exil, Pie IX le fit déposer le 8 mai 1850, aux archives du Vatican, où il est encore aujourd'hui. Sous Napoléon Ier, l'on avait songé à le publier, mais comme on n'y remarquait nulle mention de la torture appliquée au grand homme, on le jugea d'un médiocre intérêt et la publication n'eut pas lieu. Le P. Theiner l'ayant copié pour M. de L'Epinois, celui-ci en publia quarante-cinq pièces des plus importantes dans la *Revue des Questions historiques* (1er juillet 1867, p. 68-171). M. Berti en donna une édition nouvelle, augmentée de quinze documents inédits, en 1876. Cet auteur était animé d'intentions très hostiles à l'Eglise, comme l'atteste une virulente introduction. Enfin, en 1877, M. de L'Epinois fit imprimer à Rome le manuscrit complet qui fut aussi publié à Stuttgart quelques mois après.

---

(1) Pour les préliminaires de la lutte entre Henri III et la maison de Lorraine, voir de l'Epinois, *la Politique de Sixte-Quint en France*, dans *Revue des Questions historiques*, livr. de janv. 1880, p. 151 et suiv.
(2) Voir *Sixte-Quint et la Ligue* dans *Revue du monde catholique*, livr. du 10 février 1867.
(3) Voir le *Correspondant* des 25 fév. et 10 mars 1879.
(4) Sur la Ligue voir Joseph de Crozo, *les Guise, les Valois et Philippe II*. (Cet ouvrage contient de nombreux documents inédits) ; Jean Loutchitzky, *Documents inédits pour servir à l'histoire de la Réforme et de la Ligue*. Paris, 1875 ; Forneron, *les ducs de Guise et leur époque*. Paris, 1877. (Beaucoup de réserves à faire). On peut consulter aussi sur le vrai caractère de la Ligue une série d'articles de M. Dumont, dans *le Monde* des 14, 20, 21 et 28 janvier, des 3 et 12 février 1861.

---

(1) Voir les livr. de Juillet à octobre 1875 du *Messager russe*.
(2) Dans la *revue polonaise* (Przegląd Polski) année 1873.

Les polémiques se sont ravivées à propos de ces publications, et si les ennemis du catholicisme en ont pris occasion de dénigrer de nouveau l'infaillibilité dogmatique du souverain Pontife, elle est sortie des discussions pleinement justifiée. Si les congrégations romaines ne la possèdent pas, tout en étant les plus hautes autorités théologiques de l'Eglise, leurs décisions ne peuvent l'amoindrir dans le successeur de Saint-Pierre. Les lettres du célèbre astronome, ses interrogatoires, les sentences de ses juges, et aussi les passions contraires des savants qui se prononçaient pour ou contre lui, font entrer intimement dans toutes les phases de ce long débat. Il n'y a rien à cacher dans cette condamnation, regrettable assurément, mais imputable avant tout aux six cardinaux qui la signèrent, persuadés d'être en cela les organes de la science d'alors et les interprètes fidèles de la Sainte-Ecriture.

Des opinions nouvelles sur les mouvements de la terre et des cieux s'étaient produites et avaient attiré l'attention dès la première moitié du XVe siècle. Nicolas de Cusa dans son livre *De Docta ignorantia*, dédié au cardinal Cesarini qui, en 1431, présida le concile de Bâle, disait : « La terre qui ne peut « être un centre, ne peut être dépourvue de tout « mouvement. » — « *Terra quæ centrum esse « nequit, motu omni carere non potest* (1). » Le pape Eugène IV remit au savant le chapeau de cardinal. Après lui Copernic, né à Thorn en 1473, étudiant à Bologne, de 1496 à 1500, puis bientôt prêtre et chanoine, affirma positivement l'opinion du mouvement de la terre et en fournit des preuves qui frappèrent par leur simplicité et leur force. Un allemand Jean-Albert Widmanstadt, venu à Rome en 1533, exposa la nouvelle hypothèse devant le pape Clément VII, qui le fit un de ses secrétaires.

Un second travail de Copernic, *De Revolutionibus orbium cœlestium*, fruit de trente cinq ans de méditations, parut en 1543, sous le patronage du cardinal Schomberg et dédié à Paul III. L'auteur avait espéré, par cette déférence envers le pape, fermer la bouche aux contradicteurs (2) déjà très exaltés contre ces hardiesses, qui sapaient par la base les doctrines universellement reçues et étayées du nom magistral d'Aristote.

Galilée s'était de bonne heure prononcé pour le système de la rotation de la terre et de l'immobilité du soleil, système qui avait été soutenu par Pythagore. Kepler lui ayant adressé son ouvrage, imprimé en 1596, Galilée lui répondit qu'il partageait son sentiment. Il aurait même publié, ajouta-t-il, beaucoup de démonstrations et de preuves, s'il n'avait été effrayé du sort de Copernic, notre maître : « car, disait-il, si Copernic s'est acquis « auprès de quelques-uns une gloire immortelle, il « n'est pour une infinité de gens qu'un sujet de rail-« lerie et de mépris. » Cette lettre caractérise la situation. L'astronome était convaincu, mais il avait conscience de l'opposition formidable qu'il rencontrerait.

Une importante découverte l'aida à sortir de sa réserve. Ayant fabriqué un puissant télescope, sur le modèle de celui qu'on possédait en Hollande, il découvrit le 10 janvier 1610 les satellites de Jupiter, et l'annonça au monde scientifique dans un écrit intitulé *Nuntius Sidereus* (mars 1610), où il faisait ressortir les conséquences démonstratives qui en résultaient pour son opinion. Cette publication eut un immense retentissement, et, par un contre-coup naturel, souleva d'ardentes polémiques et protestations de tout genre. On prétendait que le premier astronome de Rome, le jésuite Clavius, avait plaisanté sur les quatre étoiles de Jupiter; mais en réalité il avait écrit à Galilée, le 1er décembre 1610, « qu'il avait vu plusieurs fois les nouvelles planètes, » et il ajoutait : « En vérité, votre « Seigneurie mérite une grande louange pour avoir « été le premier à les observer. »

Ce témoignage était précieux; il enhardit Galilée dans le projet de venir à Rome dissiper les nuages amoncelés contre lui par ses envieux ou ses contradicteurs. Le prince Cési et le cardinal del Monte l'accueillirent avec empressement (mai 1611). Le pape Paul V, de Borghèse qui élevait le palais du Quirinal, traita avec distinction l'auteur du *Nuntius Sidereus* et, contrairement au cérémonial usité, ne souffrit pas qu'il fût à genoux pendant l'entretien. Les pères Jésuites furent aussi pleins d'égards pour lui, car l'un d'eux, le cardinal Bellarmin, ayant demandé l'avis de ses confrères, les astronomes du collège romain, sur les grandes questions traitées par Galilée, tous furent de son avis sur la plupart des points, et l'un d'eux dans une grande séance académique, fit cet aveu : « Le nom de Galilée doit « être justement cité parmi ceux des astronomes « contemporains les plus célèbres et les plus heu-« reux; les observations des astronomes mes col-« lègues ont confirmé ses découvertes. » Les discussions en sens contraire allaient s'envenimant surtout à Rome et dans les villes d'Italie. Un jour, à la table de la grande-duchesse Christine de Lorraine, des professeurs soutinrent que l'Ecriture Sainte était opposée au système du mouvement de la terre. Le P. Castelli le nia énergiquement et Galilée instruit de cette controverse, lui écrivit une longue lettre, qui devait être le commencement de ses déboires (21 décembre 1613). La docilité de sa foi envers la parole de Dieu contenue dans les Saintes Ecritures y ressort avec une entière franchise. S'il a des points de vue qui pouvaient paraître des hardiesses pour interpréter les textes sacrés et montrer leur harmonie avec les constatations de la science, alors que les hérétiques faisaient sonner si haut la Bible en faveur de leurs mensonges, c'était cependant le terrain véritable sur lequel il faut se placer dans les questions scientifiques, et c'est ce qui lui donne raison contre le Saint Office. Voici quelques-uns des passages les plus caractéristiques : « Je suis allé hier trouver le sieur Nicolas Arrighetti qui m'a donné de votre paternité des nouvelles auxquelles j'ai pris un plaisir infini... Certaines particularités que le sieur Arrighetti m'a apportées, comme ayant été dites par vous, m'ont fourni l'occasion d'en venir à considérer quelques points relatifs à la portée de l'Ecriture Sainte dans les discussions des choses naturelles, et, en particulier, à faire quelques autres remarques sur le passage de Josué,

---

(1) Ce livre fut publié en 1502, par le marquis Palavicini.
(2) « C'est facile, » disait Copernic au pape, « tua authoritate et judicio calumniantium morsus reprimere possis. »

mis en opposition avec la mobilité de la terre et la stabilité du soleil par la grande-duchesse mère, avec quelques répliques de la sérénissime archiduchesse.

« Quant à la première demande générale de madame la sérénissime duchesse, il me semble qu'il a été prudemment avancé par elle, accordé et établi par votre révérendissime paternité, que la Sainte Ecriture ne peut jamais ni mentir ni errer, mais que ses affirmations sont d'une vérité absolue et inviolable. J'aurais seulement ajouté que, bien que la Sainte Ecriture ne puisse pas errer, cependant *quelques-uns de ses interprètes ou de ses commentateurs pourraient se tromper de diverses manières*, dont l'une serait très grave et très fréquente, lorsqu'ils veulent toujours *s'en tenir à la pure signification des mots*, parce que, ainsi, on verrait non-seulement surgir diverses contradictions, mais des hérésies graves et des blasphèmes, puisqu'il serait nécessaire de donner à Dieu des mains, des pieds, des oreilles et d'autres affections non moins corporelles et humaines, comme la colère, le repentir, la haine, et même quelquefois l'oubli des choses passées ou l'ignorance des choses à venir. *D'où, comme dans la Sainte-Ecriture se trouvent beaucoup de propositions dont quelques-unes, quant au sens nu des paroles, ont un aspect différent du vrai, mais sont mises sous cette forme pour s'accommoder à l'incapacité du vulgaire*, ainsi pour quelques-uns de ceux qui méritent d'être séparés du peuple, il est nécessaire que les sages interprètes produisent le vrai sens, et insistent sur la raison pour laquelle ces propositions ont été ainsi exprimées.

« Etant donc établi que la Sainte Ecriture, en divers lieux, non seulement peut, mais doit, dans les temps nouveaux, recevoir une interprétation différente de la signification apparente des mots, *il me semble que dans les disputes mathématiques elle devrait être réservée en dernier lieu, parce que procédant toutes deux du Verbe divin, l'Ecriture Sainte et la nature*, celle-ci dictée par l'Esprit-Saint, celle-là comme exécutrice des ordres de Dieu, et parce qu'il est en outre convenu que l'Ecriture s'accorde à l'intelligence de la généralité des hommes *sur plusieurs points en apparence contraires à ce que les mots signifient, tandis qu'au contraire, la nature est inexorable et immuable*, sans qu'on ait à s'inquiéter que ses raisons cachées et sa manière d'opérer soient ou non à la portée de la capacité moyenne des hommes, par cela même qu'elle ne dépasse jamais les limites des lois qui lui ont été imposées, *il me semble qu'en tant qu'il s'agit des effets naturels, mis à la portée des yeux par une expérience sensée ou qui se concluent d'une démonstration rigoureuse, ils n'ont en aucun sens à être révoqués en doute par des passages de l'Ecriture Sainte, dont mille textes prêtent à diverses chicanes, et qu'en outre toutes les paroles de l'Ecriture ne sont pas assujetties à des obligations aussi sévères que chacun des faits de la nature......* Puisqu'il est de plus manifeste que deux vérités ne peuvent jamais se contredire l'une l'autre, il est du devoir des commentateurs sages de se fatiguer à trouver le vrai sens dans lequel les textes de l'Ecriture s'accordent avec celles des conclusions naturelles dont la signification d'abord est manifeste, et que, en outre, les démonstrations nécessaires ont rendues certaines et sûres. Au contraire, puisque d'une part, l'Ecriture, bien que dictée par l'Esprit-Saint, *admet dans beaucoup de passages des interprétations très éloignées du sens naturel*; puisque, d'autre part, nous ne pouvons pas affirmer que *tous ses interprètes sont inspirés de Dieu, je crois qu'on agirait très prudemment, de fait, si on ne permettait à personne d'employer les textes de l'Ecriture, et qu'on obligeât chacun dans une certaine manière à devoir soutenir comme vraies certaines conclusions naturelles dont le bon sens et les raisons démonstratives et nécessaires ont une fois mis en évidence la vérité, bien qu'elles fussent contraires au sens apparent du texte sacré.*

« Qui voudrait jamais poser des bornes au génie humain? Qui oserait affirmer qu'on sait déjà tout ce qu'on peut savoir du monde? C'est pourquoi, en outre des textes qui concernent le salut et l'établissement de la foi, contre la fermeté desquels il n'y a aucun danger qu'il puisse surgir jamais aucune doctrine vraie et efficace, *il serait peut-être de très bon conseil qu'on n'en invoquât pas d'autre sans nécessité.....* » Il insiste à dire que l'Esprit-Saint, dans les Ecritures, a eu pour but avant tout de nous enseigner les vérités nécessaires au salut, et nullement d'entrer dans les explications que comporte l'astronomie ou les sciences naturelles... Pour le commandement que donna Josué au soleil de s'arrêter et que l'on invoquait dans la discussion, il répond que l'Ecriture s'accommodait à la capacité de ceux auxquels elle s'adressait. D'ailleurs, remarque François Arago, « pourrait-on affirmer que les astronomes ne croient pas au mouvement de la terre, eux qui disent tous : le soleil se lève, le soleil passe au méridien, le soleil se couche? »

Il ressort évidemment de cette lettre que Galilée mettait hors de doute l'inspiration divine des Saintes Ecritures, qu'il ne trouvait aucun désaccord entre la révélation et la science, et qu'il attribuait aux interprètes du texte sacré les désaccords apparents qui pourraient s'élever pour un peu de temps. Son opinion n'était pas bien différente de celle qu'a exprimée le concile du Vatican dans les termes suivants : « L'Eglise ne s'oppose nullement à ce
« que les sciences humaines, chacune dans son
« domaine, fassent usage des principes et des
« méthodes qui leur sont propres; mais tout en
« reconnaissant cette juste liberté, elle veille avec
« le plus grand soin pour empêcher qu'elles
« n'ouvrent leur sein à des erreurs contraires à la
« doctrine divine, ou que, franchissant leurs limites
« propres, elles n'envahissent et ne troublent les
« choses qui sont de foi. »

II

Une copie de cette lettre, déférée au Saint-Siège, mit en émoi les cardinaux et les consulteurs du Saint-Office, qui en eurent connaissance. Bellarmin, rassuré sur les dispositions orthodoxes de l'auteur, était d'avis « qu'il ne fallait point agir à la hâte, ni
« inconsidérément, ni condamner aucune opinion. »
Le Père Griemberger, jésuite, dont on prenait conseil à cause de ses connaissances astronomiques,

se montrait effrayé de plusieurs passages de l'Ecriture Sainte ; il eût mieux aimé que Galilée présentât d'abord sa démonstration, avant d'expliquer les textes de l'Ecriture. C'était la marche à suivre ; Bellarmin et le cardinal del Monte voulaient que l'interprétation de la Sainte Ecriture fût réservée aux seuls professeurs de théologie approuvés par l'autorité ecclésiastique, et que la question de science fût envisagée comme une hypothèse et non comme une vérité absolue.

Le pape, dans un entretien avec Bellarmin, étant tombé d'accord avec lui, que l'opinion de Galilée était erronée et hérétique, les qualificateurs du Saint-Office prononcèrent la censure, qui fut signée par onze d'entre eux (24 février 1616).

On n'a pas assez remarqué que, dans ce premier jugement dirigé par le cardinal Bellarmin, la haute raison de celui-ci avait fait une part sérieuse aux données de l'astronomie. Voici ce qu'en rappelait Galilée lorsqu'il fut interrogé le 12 août 1632 :

Interrogé et invité à dire la résolution qui fut prise en 1616, lors de son voyage à Rome, sur la question de l'immobilité du soleil et de la mobilité de la terre, il répondit :

« Relativement à la controverse sur l'opinion de la stabilité du soleil et du mouvement de la terre, il fut déterminé par la sainte congrégation de l'Index que cette opinion, prise dans un sens absolu, répugne à la Sainte Ecriture, et que l'on ne pouvait l'admettre que comme hypothèse, telle que l'a prise Copernic. »

Interrogé de dire ce qui fut résolu et ce qui lui fut notifié au mois de février 1616, il répondit :

« Au mois de février 1616, sa seigneurie le cardinal Bellarmin me dit que l'opinion de Copernic, prise dans un sens absolu, étant contraire à l'Ecriture Sainte, on ne pouvait ni la maintenir ni la défendre ; mais qu'on pouvait la prendre comme hypothèse et s'en servir ; cette déclaration est confirmée par un témoignage de son Eminence le cardinal Bellarmin, en date du 20 mai 1616 et écrit de sa main. »

De fait, il y a dans les pièces de la condamnation portée contre Galilée en 1616, des marques sensibles de cette clairvoyance et de cette largeur de vues de Bellarmin, le théologien le plus éminent du Saint-Office. Le jugement fut ainsi rendu sur sa lettre au père Castelli :

Jugement des consulteurs du saint-office sur la lettre de Galilée au père Castelli. — « Dans la première page où il est dit que, dans la *Sainte Ecriture il se trouve des propositions dont quelques-unes, quant au sens nu (ou littéral) des mots, ont un aspect différent du vrai*; quoique ces paroles puissent être ramenées à un sens vrai, cependant elles semblent sonner mal au premier aspect ; il n'est pas bien, en effet, de se servir du mot de fausseté, car de quelque manière qu'elle soit prise, la Sainte Ecriture est de toute manière infaillible.

« Il en est de même dans la seconde page où il est dit : *Elle ne s'en est pas tenue, la Sainte Ecriture, à crayonner ses principaux dogmes,* etc..., car ces mots *s'en tenir* et *pervertir*, toujours pris dans un mauvais sens (nous nous abstenons, en effet, du mal, et l'on ne se pervertit que quand de juste on devient injuste), sonnent mal quand ils sont appliqués à la Sainte Ecriture. Ces mots de la quatrième page : *Cela posé et accordé pour l'heure,* etc..., semblent aussi mal sonner, parce que dans cette manière de parler, on semble n'admettre que par concession volontaire, la vérité de l'histoire du soleil arrêté par Josué, affirmée par le texte de la Sainte Ecriture ; quoique ces mots, en raison des paroles qui suivent, puissent être ramenés à un sens orthodoxe. Dans tout le reste, quoique quelquefois il use de mots impropres, il ne dévie pas, cependant, de l'auteur de la foi catholique. »

Mais la condamnation fut positive et sans restriction. La censure du 24 février 1616 formula ainsi ses arrêts :

« La première proposition : « Le soleil est le centre du monde et tout à fait immobile de mouvement local, », fut de l'aveu de tous jugée folle, absurde en philosophie et formellement hérétique, en tant qu'elle contredit expressément les sentences de la Sainte Ecriture en plusieurs lieux, prises suivant les propriétés des mots et selon l'interprétation commune et le sens des saints Pères et des docteurs théologiens. »

« La seconde : « La terre n'est ni le centre du monde ni immobile, mais elle se meut suivant sa masse tout entière, même d'un mouvement diurne, » fut de l'avis de tous frappée de la même censure au point de vue philosophique, et qualifiée d'erronée dans la foi, sous le rapport de la théologie. » — Suivent les signatures des dix pères théologiens.

Le 5 mars 1616, le livre de Copernic sur les révolutions des corps célestes fut prohibé et suspendu jusqu'à ce qu'il fût corrigé.

Sans doute, il est universellement reconnu aujourd'hui que le soleil décrit dans l'espace une immense orbite autour d'une étoile de la constellation des Pléiades, voisine d'Alcyon, laquelle serait, sinon le centre du monde, du moins, le centre du système solaire, et sur ce point, les juges de Galilée avaient raison ; mais enfin la révolution dans les théories astronomiques, telle que la soutenait Galilée, était complètement méconnue par le saint-office et il se trompait sur le point capital de la question en interprétant l'Ecriture dans un sens trop littéral et exclusif.

III

Galilée s'était renfermé pendant plusieurs années dans le silence que lui avait prescrit Paul V ; mais son esprit travaillait à fortifier ses arguments et à les faire accepter. Rassuré par l'amitié d'Urbain VIII, qui l'avait reçu à Rome avec une paternelle bienveillance et l'avait comblé d'éloges, dans une lettre au duc de Toscane, il osa traiter ces dangereuses questions dans un grand ouvrage sur les systèmes du monde, qu'il imprima à Florence, en essayant d'obtenir une autorisation de Rome, qui ne lui fut jamais accordée que sous condition et, finalement, lui fut refusée. Il s'était efforcé, dans une préface habile, de s'insinuer dans l'esprit des censeurs inattentifs. Il y glissait ses propres idées sous le couvert de tierces personnes et y déclarait l'intention d'élucider de nouveau ces questions. Il avait l'air de vouloir se soumettre au décret des congrégations romaines et en même temps il annonçait, sous les précautions oratoires, qu'il était prêt à le battre en brèche. « Plusieurs personnes, « disait-il, ont témérairement avancé que le décret « est le résultat d'une passion mal informée et « non d'un examen judicieux..... En réunissant « mes spéculations sur le système de Copernic, je « veux faire savoir qu'elles étaient toutes connues « avant la condamnation, et que l'on doit à cette « contrée non seulement des dogmes pour le « salut de l'âme, mais encore des découvertes ingé- « nieuses. »

Le voilà bien rentré dans la lutte et possédé de l'espoir de faire triompher ses démonstrations. Il n'avait pas suivi les conseils qui lui étaient suggérés de la part du Souverain Pontife et de Bellarmin, et ne s'était pas renfermé dans les considérations purement mathématiques, en faveur d'une thèse soutenable. La prétention de la poser en vérité absolue était le grand point qu'il n'abandonnait pas et qu'on lui demandait de sacrifier. Quand il vit que les consulteurs étaient toujours contre lui et qu'il serait frappé, cité à comparaître de nouveau devant le Saint-Office, et comprenant que les consulteurs étaient contre lui, qu'il serait frappé d'une condamnation formelle, il essaya de se dérober, rappela cette déclaration de Bellarmin « que l'opinion de « Copernic, étant contraire à l'Écriture Sainte, ne « saurait être défendue, mais qu'on pouvait la « prendre comme hypothèse et s'en servir, » puis il battit si bien en retraite qu'il se dit prêt à réfuter de la manière la plus efficace les arguments invoqués en faveur de l'opinion condamnée, c'est-à-dire de la sienne, dont il demeurait plus que jamais partisan.

Dans les différents interrogatoires qui suivirent (avril et mai 1633), Galilée s'efforça de pallier son obstination. Dans ses *Dialogues*, disait-il, il était tombé dans une erreur très éloignée de son intention, et pour les lecteurs qui n'étaient pas très éclairés, il avait paru faire triompher les arguments de la cause censurée.

Sa rétractation fut entière dans le quatrième interrogatoire : il s'exprima ainsi : « Depuis « longtemps avant la détermination de la sacrée « congrégation de l'Index, et avant que ce précepte « me fût fait, je me tenais pour indifférent et je « considérais les deux opinions de Ptolémée et de « Copernic comme discutables, parce que l'une ou « l'autre pouvait être vraie dans la nature ; mais « depuis la détermination susdite, assuré de la « prudence des supérieurs, toute ambiguïté a cessé « et j'ai tenu, comme je tiens encore, pour très « vraie et très indubitable l'opinion de Ptolémée, « c'est-à-dire la stabilité de la terre et la mobilité « du soleil... »

Comme on lui objectait que, d'après son livre, il était à présumer qu'il tenait ou avait tenu pour vraie l'opinion de Copernic, et que, s'il n'avouait pas la vérité, on en viendrait contre lui aux remèdes opportuns de droit et de fait, il répondit :

« Je ne soutiens pas et je n'ai pas soutenu cette opinion de Copernic depuis qu'on m'a intimé avec précepte que je devais l'abandonner. Du reste, je suis entre vos mains, faites ce qu'il vous plaira... »

La sentence ne fut pas aussi sévère qu'on l'a prétendu. Il y' était dit : « Nous prononçons et « jugeons que toi Galilée, en raison des choses « contenues dans le procès écrit et que tu as « avancées, tu t'es rendu véhémentement suspect « d'hérésie à ce saint-office, parce que tu as cru « et soutenu la doctrine fausse et contraire aux « divines Écritures, à savoir que le soleil est le « centre de l'orbite de la terre, et qu'il ne se meut « pas d'Orient en Occident : que la terre se meut, « qu'elle n'est pas le centre du monde..... Nous te « condamnons à être enfermé dans la prison de ce « saint-office pendant un temps que nous fixerons « de notre libre arbitre, et qu'à titre de pénitence « salutaire tu récites, pendant les trois années qui « suivront, une fois par semaine, les sept psaumes « de la Pénitence. »

Galilée abjura en toute humilité et récita les sept psaumes de la pénitence une fois par semaine, pendant trois ans. On lui en a fait un crime ; mais quelle que fût la supériorité de son intelligence, quelque persuadé qu'il fût de la solidité de ses raisonnements, il savait que la science humaine est sujette aux illusions, et en réalité il y avait encore des erreurs secondaires dans son système astronomique. Son obéissance, si elle était aveugle, se fondait toujours sur le grand principe « que nous pouvons quelquefois prendre nos propres lumières pour des lueurs trompeuses. » Le pape commua immédiatement sa peine en une réclusion dans le palais de l'ambassadeur du grand-duc de Toscane, et ensuite dans la ville de Sienne ; puis il eut la permission de retourner dans sa villa près de Florence. Il mourut aveugle en 1642, dans de grands sentiments de piété. Le jugement de la sacrée congrégation de l'Index, tout regrettable qu'il est, montre une fois de plus combien l'infaillibilité doctrinale du Souverain Pontife est au-dessus de l'autorité théologique des docteurs jugeant par son ordre (1).

CLÉMENT VIII ET BÉATRIX CENCI (p. 453, col. 2).

Il n'y a rien dans Rohrbacher, sur les événements politiques du règne de Clément VIII dans les États de l'Église ; nous n'en examinerons qu'un.

La condamnation à mort de Béatrix Cenci, tant reprochée à ce pape, doit-elle être imputée à la vengeance et à la cupidité ou à la justice ? D'après la nouvelle étude de M. le chanoine Ant. Torrigiani, analysée dans la *Civitta cattolica* (2), aucun document nouveau n'a été produit, car ceux qui sont nécessaires ont été publiés : on a le récit du procès, les mémoires des avocats, etc. ; mais ces documents sont sérieusement étudiés, et il faut en con-

---

(1) Voir : *La Question de Galilée, les faits et leurs conséquences*, par H. de l'Épinois, in-12, Paris, 1876 ; *Les Pièces du procès de Galilée*, par le même, in-8, Paris, 1877 ; *Revue des Questions historiques* 1er juillet, 1867, pp. 68-171, et t. I, II, III et V ; *Galilée, sa vie, ses découvertes*, par Parchoppe, Paris, 1866, in-8 ; *Encore Galilée*, par le R. P. Desjardins, Paris, 1877. (Cet écrit pose et résout très bien la question.)
(2) 15 février 1875.

clure que Béatrix, immortalisée par le pinceau du Guide, et de nos jours le sujet d'un beau tableau de Paul Delaroche, Béatrix a été réellement coupable de parricide; elle a donc été justement condamnée et toutes les récriminations contre le « pape bourreau » en faveur de « l'innocente Béatrix » tombent à néant.

Loin d'être cruel, le souverain Pontife adoucit pour les coupables la sévérité des lois en concédant vingt-cinq jours de plus pour la défense, et s'il ne put joindre la clémence à la justice, c'est que lui-même, après avoir revu les pièces du procès, ne put découvrir aucune circonstance atténuante, puisque le fait de la violation de Béatrix, qui eût expliqué son action coupable, ne put être prouvé. Ajoutons que les attentats, fréquents alors dans les grandes familles romaines, rendaient la sévérité nécessaire. Quelque temps auparavant, les quatre fils Massimo avaient assassiné leur belle-mère, le lendemain de ses noces; puis l'un des quatre avait été empoisonné par ses frères; enfin, après la condamnation de Béatrix, un Santa-Croce ayant assassiné sa mère, cet attentat arracha à Clément VIII l'ordre d'exécuter immédiatement Béatrix. Quant à l'accusation portée contre le papé d'avoir fait mourir les Cenci pour s'emparer de leurs biens, elle est erronée. D'abord, lors de la condamnations pour parricide, la loi n'ordonnait pas la confiscation des biens; ensuite il est certain que les Censi gardèrent les leurs et que ni le pape, ni les Aldobrandini, ses parents, n'eurent un denier de l'héritage de Béatrix et de ses frères.

LA PERSÉCUTION AU JAPON (p. 469, col. 1).

Bien que Rohrbacher ait résumé suffisamment en cet endroit, d'après le P. Charlevoix, les faits de la persécution religieuse au Japon de 1598 à 1622, on peut le compléter pour cette période si intéressante et si glorieuse de l'histoire de l'Église Japonaise par l'ouvrage spécial de M. Léon Pagès (1), auquel nous aurons encore l'occasion de renvoyer, dans le volume suivant, lorsque Rohrbacher reprend, en 1622, le récit de la persécution qui se prolongea jusqu'au milieu du XVIIe siècle et finit par la ruine presque complète de la chrétienté du Japon.

Depuis la prédication de saint François Xavier, « un demi-siècle de travaux apostoliques, accomplis, dit M. Pagès, au milieu d'une paix pour ainsi dire absolue, avait élevé le nombre des chrétiens japonais à près d'un million. La parole divine avait pénétré dans la capitale et jusqu'aux extrémités de l'empire. Des seigneurs du plus haut rang, des dames du palais impérial, des bonzes éminents en dignité s'étaient convertis avec les personnes du peuple, et l'Église Japonaise était le modèle des Églises d'Asie. »

C'est dans cet état que la persécution qui commença à la fin du XVIe siècle trouva l'Église du Japon. Rohrbacher, avec le P. Charlevoix, est in-

(1) Histoire de la religion chrétienne au Japon depuis 1598, jusqu'en 1651. Paris, 1869, 2 vol.

complet, surtout en ce qu'il ne parle guère que des jésuites; mais trois autres ordres religieux, les Franciscains, les Dominicains et les Augustins partagèrent avec les pères de la Compagnie de Jésus le travail et la couronne. Pour les noms il faut aussi constamment contrôler Rohrbacher par M. Pagès.

LES MISSIONS CATHOLIQUES EN CHINE (p. 485).

Le Père Jean-Adam Schall, successeur du Père Ricci, aborda en Chine vers l'époque où les Mandschous arrivèrent au trône (1644). L'empereur Xun-Chi accueillit favorablement le Père Schall, lui assigna des revenus et le nomma directeur d'une académie de mathématiques. Les jésuites s'étaient faits horlogers, serruriers, peintres, etc., afin de trouver accès auprès des Chinois. Cent mille environ embrassèrent le christianisme dans les années 1630-1654. Cependant une persécution passagère éclata dans les années 1661-1667. Mais, dès que les jésuites furent privés de la direction du calendrier, la confusion naquit et ils furent rappelés. Adam Schall(1), mort le 15 août 1666 (al. 1669), eut pour successeur Ferdinand Verbiest, des Pays-Bas (1669, mort en 1688), qui sut acquérir un crédit immense. Il inventa une nouvelle espèce de canons (1681). En 1685, la France envoya les Pères J.-F. Gerbillon (mort en 1707), Louis Lecomte (mort en 1729) et autres hommes capables: c'était la fleur de l'érudition européenne transplantée en Chine.

Sur ces entrefaites, d'autres missionnaires avaient été envoyés en Chine, notamment, à partir de 1633, des franciscains et des dominicains, qui entrèrent en dispute avec les jésuites à propos de certaines coutumes et cérémonies que les jésuites toléraient parmi les Indiens.

Ces controverses, qui ralentirent singulièrement l'œuvre des missions, furent soumises au tribunal de Rome, et il fut décidé, après un long examen, que les usages chinois ne devaient pas être tolérés parmi les chrétiens. En 1656, sous le pape Alexandre, l'opinion prévalut que c'étaient de pures coutumes civiles; mais en 1684, les prêtres de la Mission (Lazaristes), après de laborieuses recherches, se rangèrent de l'avis des Dominicains. Rome examina de nouveau la question, et comme elle ne pouvait juger que sur les données qu'on lui fournissait, un docteur de la Sorbonne fut envoyé en Chine pour s'assurer de la vérité. La réponse de ce délégué fut contraire aux Jésuites. Un autre, Charles de Tournon, se prononça dans le même sens. Au lieu de *Thian* (le ciel), il fut prescrit de dire *Thian-Tschu* (le Seigneur du ciel). Cette mesure fit sur les Chinois et sur l'empereur lui-même une impression fâcheuse; on trouvait intolérable de remplacer les usages chinois par des usages européens. On s'empara de Tournon, on chassa les Jésuites et on persé-

(1) Schall, *Relatio de initio et progressu missionis S. J. in regno China*, Vienne, 1665; Ratisb., 1672 (en all. avec des remarques par Mausegg. Vienne, 1834). — A. Werfer, *Leben des P. Mathæus Ricci*. — *Leben der P. J. A. Schall*; P. Ferd. Verbiest, dans *Leben ausgezeichneter Katholiken der drei letzten Jahrhunderte*, publié par A. Werfer. et J. G. Schick. Schafh., 1852-1855. — *Geschichte der Katholischen Missionen im Kaiserreich China*. Wien 1845.

cuta les missionnaires. — Benoît XIV, après un long examen, se prononça contre les jésuites ou contre la tolérance des usages chinois. — Il restait encore, il est vrai, un nombre considérable de chrétiens en Chine; mais, en somme, les missions étaient en décroissance (1).

Les mêmes controverses furent agitées sous les mêmes légats dans les Indes Orientales à propos des usages malabares. Ici encore, la solution fut contraire aux Jésuites.

Moehler désapprouve le procédé des Jésuites, qui voulaient d'abord tolérer les usages attaqués, dans la supposition qu'ils tomberaient d'eux-mêmes quand le christianisme serait entré en pleine possession des esprits. Nous sommes, dit-il, tout à fait d'accord avec Abel Rémusat (2), lorsqu'il dit que l'espoir de voir le christianisme pénétrer en Chine dépend complètement de l'application des principes du père Ricci. Nous devons donc féliciter les Capucins, les Dominicains et les autres religieux qui combattirent les Jésuites. En rendant hommage à la prudence de ces derniers, l'historien ne saurait méconnaître l'esprit de piété qui animait les autres congrégations. Si les premiers comptaient beaucoup sur l'habileté humaine, ceux-ci mettaient toute leur confiance dans la divine vertu de l'Évangile et dans les attraits tout-puissants de celui qui dispose des cœurs. Les Jésuites, toutefois, étaient plus universels, et à la simplicité de la colombe ils unissaient la prudence du serpent.

En Tonkin et en Cochinchine, les jésuites possédaient également, depuis 1627, d'importantes missions dirigées par Alexandre Rhodes (3). En 1639, on y comptait 82,000 chrétiens. Les Jésuites s'établirent aussi à Siam. Comme on le voit, pendant cette période, l'œuvre des missions était poussée avec ardeur dans l'Asie tout entière.

Au Japon, où l'on comptait 200,000 chrétiens, 250 églises, 13 séminaires, la première persécution violente éclata en 1587. La persécution sévit de nouveau à partir de 1596, et le christianisme fut étouffé dans le sang de ses confesseurs (4).

LE DUC D'ALBE ET L'INQUISITION (p. 501, col. 2).

La rigueur avec laquelle le duc d'Albe dut réprimer la révolte des Pays-Bas n'a pas peu contribué à jeter sur Philippe II une réputation fort injuste de cruauté. Le duc d'Albe lui-même est traité de politique sanguinaire. On a beaucoup dénaturé, surtout parmi les écrivains protestants et libéraux, l'histoire de l'indépendance des Provinces-Unies, laquelle fut un triomphe pour le protestantisme.

Des historiens, même catholiques comme Alzog, jugent trop sévèrement le gouvernement du duc d'Albe aux Pays-Bas.

« Pourquoi, dit M. de La Roière, cette réputation de cruauté que quelques historiens lui ont faite? Quel intérêt pouvait-il avoir à ces terribles exécutions qu'on lui reproche? Quel est le mérite des pièces sur lesquelles cette accusation est fondée?

Cet écrivain vise en particulier M. de Bertrand, dans son *Histoire de Mardyck* et M. Piers, dans son *Histoire de la ville de Bergues-Saint-Winoc*.

« Le duc d'Albe, dit M. Piers, page 41, étend le bras implacable de l'Inquisition; il écrit en 1567 au magistrat de Bergues, d'être inexorable et de multiplier les exécutons. » M. de Bertrand, dans son *Histoire de Mardyck*, page 228, induit en erreur par cette citation, à laquelle il renvoie, dit : « Le noble duc devint le bourreau de la Flandre, le peuple l'appela le cruel, le sanguinaire le féroce, et par une atroce vengeance le duc fit écrire aux autorités de Bergues, de multiplier les exécutions dans la cité et la châtellenie. »

M. de la Royère ayant recherché dans les archives belges la pièce sur laquelle se fondent MM. Piers et de Bertrand, n'a trouvé que celle-ci (Archives de Bruxelles n° 396).

Don Fernando Alvarez de Toledo, duc d'Albe, etc., lieutenant-gouverneur et capitaine général.

« Très chers et bien-amés, comme il soit venu à nostre cognoissance qu'en plusieurs villes et villages où es derniers troubles, l'on a brisé les images, rompu, saccagé et spolié les églises et autels, icelles églises sont et demeurent encores au mesme état sans que l'on se mette en debvoir de les réparer et orné comme il convient, chose scandaleuse à laquelle désirons que soit tout incontinent remédié. A ceste cause vous en chargeons et mandons bien expressément de par le roy nostre sire, que incontinent et sans delay ayez à faire entendre, enjoindre et ordonner de par Sa Majesté, à tous officiers et magistrais des villes et villages, aussi d'icelle Majesté que des seigneurs particuliers de vostre ressort et juridiction ou il a eu aulcun brisement d'images et rompement, ruine, saccageument, et spoliation d'églises et monastères, que l'on ait à les réparer, restaurer en estat honorable, et d'où, de sorte que les services divins et offices ecclésiastiques y puissent estre faicts avec la décence et révérence qu'il convient, et ce dedans trois mois, doit que le dict commandement leur aura esté faict, et au bout d'iceulx trois mois, les dits officiers et magistrats ayant à nous certifier de ce que fait en aura esté, dont en outre nous advertirez bien spécifiquement, et par le mesme nommément en quelles villes et villages il y aura eu rompement et saccagement d'églises, cloistres et monastères, et ou ledict commandement aura esté faict et esquelle l'on y aura satisfait par réparation, restauration et restitution comme dessus, et esquelles point, ensemble de la cause et occasion de la faculté, pour après y ordonner comme selon que nous en viendra signifier, adviserons convenir, et ne fault qu'en ceste réparation se mecte difficulté, delay ou remise, à l'occasion des frais dont sera besoing, puisque la raison veult que ung chacun se montre volontaire d'assister à la restauration de la maison de Dieu, comme à tous bons chrétiens : saulf que l'on pourra adviser, d'en faire le recouvrement sur ceulx qui ont donné cause au mal et ont allé aux presches aultres que catholiques, et ont aultrement esté adon-

---

(1) M. Huc, *Le Christianisme en Chine, en Tartarie et au Thibet*. Par., 1857-1858. Id., *l'Empire chinois*, Par., 1862. — Marshall, *Les Missions chrétiennes*. Par., Brag. — H. Hahn, *Geschichte der Katolischen Missionen*, t. III, Kœln, 1860, p. 177-407.
(2) *Biograp. univer.* t. XXXVII, p. 517.
(3) *Der P. Alexander von Rhodes Missionreisen in China, Tonkin, Cochinchina. Aus Frazer*. Freib., 1858. — Rhodes, *Tunchinensis historia libri II.* (1627-1646). Lugd., 1652. — Pallegoix, *Description du royaume de Tai ou Siam*. Par., 1855. — Picot, *Mémoires pour servir à l'histoire ecclésiastique du XVIIIe siècle*. 3e éd. Par., 1853, t. I, p. 207. — Fisquet, *la France pontificale*; *l'Archev. de Paris*, t. II. — Mülbauer, *Hinterindien im Freib. Kirchenlex. u. die Literat. das.*
(4) *Hist. ecclésiastique des îles et royaume du Japon*, recueillie par P. Fr. Solier. Par., 1627-1629. — *Hist. de l'Église du Japon*, par l'abbé T... Par., 1689, (ou sous le nom de Crasset, 1715), 2 vol. in-4, (Augsb., 1738). — *Hist. de l'établissement, des progrès et de la décadence du christianisme au Japon*, par Charlevoix. Rouen, 1715; par M. D. L. G. Par., 1836.
Tanner, *Societas Jesu usque ad sanguinis et vitæ professionem militans*. Prag. 1675. — Villefranche, *Les Martyrs du Japon*. Paris, 1862. — H. Rumph, *Die japanischen Martyrer*. Mst. 1862. — Le *Katholik* 1862, das *Pfingstfest* (1862), in *Rom.*, t. II, I, 34, 46.

nez et favorisans aux nouvellitez passez des sectaires : et pour qu'il n'y ait faulte.

« A tous très chers, et bien amez nostre Seigneur soit garde de vous. De Bruxelles, le quatorzième jour de febvrier 1567, soubz estoit escrit duc d'Alve, et plus bas signé Bertii. »

« Cet ordre, dit M. de La Roière, publié à Bergues le 1ᵉʳ mars 1567, en présence du bourgmestre, de Ruulyn et Huughes, échevins, est publié de nouveau le 4 mars 1569, en présence de Willaert, poort-bailly, Guens et Monnoly, échevins.

« J'ai parcouru toute la correspondance de 1567-1568 qui se trouve aux archives, le registre n° 1246 contenant tous les placards et ordres transmis aux magistrats des ville et châtellenie de Bergues, depuis la destruction de la ville, qui a eu lieu le 5 juillet 1558, registre qui renferme au folio CLV la lettre qui précède, et je n'ai trouvé à cette date aucune autre pièce que celle que je viens de transcrire.

« Si les accusations portées contre le duc d'Albe par MM. Piers et de Bertrand n'ont pas d'autre base que l'acte qu'on vient de lire, et si toutes les autres accusations ne sont pas mieux fondées, on doit convenir qu'il faut se défier du jugement des historiens, ou ne les admettre qu'après vérification.

M. de La Roière relève dans la même *Histoire de Mardyck*, p. 228, l'erreur de M. de Bertrand qui avance que jusque là le peuple n'avait été que menacé de l'Inquisition, mais que le duc d'Albe, prenant l'initiative, en fit établir le tribunal dans les principales villes, et imposa partout ses créatures, en leur déléguant les pouvoirs les plus illimités et les plus arbitraires. « Nos archives municipales, dit-il, nous prouvent que, bien avant l'arrivée du duc d'Albe, l'inquisition existait dans nos provinces et y fonctionnait. Les archives de Bergues renferment plusieurs lettres de Titelmans, inquisiteur à Ypres, datées du mois de novembre 1561, conséquemment bien avant l'arrivée du duc d'Albe. Je ne sais à quelle époque il a cessé ses fonctions, mais il les exerçait encore en 1573. L'inquisition, d'ailleurs, existait de temps immémorial, et, avant l'établissement des inquisiteurs dans les Pays-Bas, lorsqu'on jugeait nécessaire de procéder contre les hérétiques, on avait recours aux inquisiteurs de Paris pour les provinces de langues française et Wallonne, et à ceux de Cologne pour les provinces de langue flamande. On n'a multiplié le nombre des inquisiteurs que lorsque le nombre des hérétiques s'accroissait lui-même, et s'il en est des autres parties du territoire des Pays-Bas comme du nôtre, ce n'est pas au duc d'Albe qu'il faut porter l'accusation d'y avoir introduit l'inquisition, les documents existants l'en justifient complètement. »

PHILIPPE II (p. 501, col. 2).

L'attachement de Philippe II à l'Église et sa politique catholique lui ont valu bien des accusateurs. Sans insister sur les différents actes de son règne, nous renvoyons aux historiens qui l'ont plus équitablement jugé (1). Il faut surtout se rappeler qu'une bonne partie des trésors et des hommes que Philippe tira sans cesse de ses États, lui ont servi à défendre le catholicisme, que ses armées ont sauvé en France et en Allemagne des attaques redoublées du protestantisme.

C'est ce point de vue, indiqué trop sommairement par Rorhbacher, qui domine le règne de Philippe II, et dont M. Edm. Poullet fait très bien ressortir la grandeur, en appréciant la situation religieuse et politique de l'Europe à l'époque de ce prince et en montrant le rôle élevé qu'il a rempli (2).

« Lorsqu'on étudie, dit-il, l'ensemble du mouvement politique du XVIᵉ siècle et le développement des guerres de religion, on constate que, pendant près d'un demi-siècle, une question primordiale domine les questions politiques ; elle est de l'ordre religieux : c'est celle de savoir qui sera maitre en Europe du catholicisme ou du protestantisme dans ses différentes branches. Si le catholicisme garde bientôt une attitude expectante et indécise, tout en conservant ses positions, le calvinisme, dont le centre et le foyer sont à Genève, la Rome protestante, marche avec passion et persévérance à la conquête des territoires qu'a conservés l'Église catholique, et pendant une longue période de vingt ans, le catholicisme, dans une situation morale incomparablement plus favorable au combat qu'aux origines du mouvement luthérien, se trouve cependant réduit à une défensive pénible et difficile (3). Dans cette lutte gigantesque, où se joue l'avenir de l'Europe, toutes les influences politiques et sociales, petites ou grandes, se rangent, qu'elles le veuillent ou non, dans l'un des camps opposés. Leur action tourne ou pour ou contre l'Église. Catholiques ou protestants militants se tendent instinctivement la main par-dessus les frontières : les uns et les autres aspirent à un triomphe absolu ; ils ne veulent accepter ni juxtaposition ni partage d'influence. Les âmes tièdes, les esprits qui par politique espèrent garder une position mitoyenne, sont entraînés tôt ou tard dans le mouvement ou sont noyés par lui ; et par la nature même des conditions du conflit, ceux-là qui ne se rangent pas parmi les défenseurs du catholicisme servent directement les places de ses adversaires, audacieux, ardents, infatigables dans leur persévérante offensive.

« Tandis qu'Elisabeth d'Angleterre se place à la tête du protestantisme cosmopolite, soutenant, soudoyant, dirigeant souvent ses forces ; que les Valois, hésitants et flottants, voient leur royaume divisé contre lui-même, Philippe II domine le système défensif du catholicisme. Il se proclame hautement le champion de l'Église. Il sait ce qu'il veut, et il

---

(1) Voir notamment : *Philippe II, Antonio Perez et le royaume d'Aragon*, par le Mis. de Pedal (trad. franç.). Paris, 1867 ; *Don Carlos et Philippe II*, par Gachard. Paris, 1867 ; *Philippe II, roi d'Espagne*, traduit de l'allemand du Dʳ Baumstark par Godefroy Kurth, Liège, 1877 (Il y a une pointe de sévérité dans cet ouvrage ; voir pour les documents : la *Correspondance de Philippe II*, publiée par M. Gachard, Bruxelles, 1848-1861. L'ouvrage de M. Mignet sur Philippe II, tient du pamphlet ; il faut en dire autant de l'histoire de Philippe II, par M. Forneron. Dans la *Revista contemporanea* livr. 21, M. Juan Perez de Gusman a montré « le côté aimable d'un roi sévère. »

(2) Voir *Collection des Chroniques belges inédites ; Correspondance du cardinal de Granvelle*. Bruxelles, 1878. Préface, p. LVII et suivantes.

(3) Cf. de Hubner, *Sixte-Quint*.

veut avec force. Lui qui cède souvent et qui tergiverse toujours sur les questions politiques, il demeure inébranlable sur le terrain religieux. Quand le combat est engagé à fond, c'est sur lui que s'acharne l'effort du protestantisme européen, parce que la puissance espagnole abattue, l'Eglise est vaincue dans l'ordre temporel; et c'est dans les Pays-Bas que le protestantisme européen travaille à miner la force de Philippe II, parce que l'Espagne, perdant les Pays-Bas, cesse d'être une grande puissance européenne pour tomber au rang de puissance méridionale et coloniale; et parce que dans nos territoires il trouve un sérieux point d'appui, tant dans le protestantisme local que dans les difficultés politiques avec lesquelles le pouvoir royal est aux prises.

« La question religieuse, telle qu'elle se posait dans les 17 provinces, n'était donc qu'un épisode de la grande question européenne...

« Dès le règne de Charles Quint, les Pays-Bas avaient été entamés par le protestantisme, malgré les mesures préventives et répressives organisées contre lui par l'empereur... et, depuis la paix du Cateau-Cambrésis leur situation était devenue graduellement plus grave et plus difficile au point de vue religieux. Plusieurs causes avaient contribué aux progrès nouveaux de l'hérésie : les rapports continus et intimes des nationaux avec les Anglais et les Allemands; la propagande secrète, mais active, exercée par d'assez nombreux gentilshommes qui, après avoir étudié à Genève, s'étaient épris des doctrines nouvelles et s'efforçaient de les répandre; la germination naturelle d'anciens ferments du luthéranisme et d'anabaptisme favorisée par les circonstances du temps; surtout l'action préméditée des Huguenots français (1). Depuis la première explosion des guerres de religion en France, Condé et Coligny, comprenant l'avantage qu'il y aurait pour eux de faire des alliés dans les Etats voisins et d'occuper Philippe II chez lui, avaient fait partir pour les Pays-Bas des ministres chargés de prêcher le calvinisme (2). Dans cet état de choses, dès l'époque de Granvelle, on rencontrait des foyers actifs d'hérésie dans presque toutes les provinces, parmi lesquels Tournai et Valenciennes, en contact continu avec la France, la Basse Flandre dont les rapports avec l'Angleterre étaient presque journaliers, Anvers, ville cosmopolite où il était presque impossible au pouvoir de se rendre compte du va-et-vient des étrangers et des agissements de sectaires prudents, donnaient au gouvernement les plus graves soucis (3).

« En refusant de laisser prendre pied à l'hérésie dans ses états de l'héritage de Bourgogne, Philippe II était dans son droit constitutionnel le plus rigoureux. Il restait fidèle au serment qu'il avait prêté lors de sa joyeuse entrée. Prince catholique, dans des provinces catholiques où l'union de l'Eglise et de l'Etat était la pierre angulaire d'une constitution plusieurs fois séculaire, il défendait les bases de l'ordre politique et social existant en même temps que l'orthodoxie. Il restait dans l'esprit du droit public de l'époque. Il faisait pour le catholicisme ce que les princes et les pouvoirs protestants faisaient au profit de celle des doctrines protestantes qu'ils avaient embrassée (1). »

Pour maintenir l'orthodoxie dans les Pays-Bas, le roi avait conservé, sans le modifier, tout le système organisé par l'empereur son père (2); système sévère d'ailleurs, quoique empreint de clémence (3).

Pusieurs historiens ont pensé qu'il eût été préférable que Philippe II remaniât ce système répressif dont la pratique avait des inconvénients, et ils ont prétendu qu'il lui était possible de le faire sans entamer le principe du maintien de l'orthodoxie dans ses Etats, sans ouvrir la porte à une tolérance générale des cultes qui, dans l'état général des esprits, et avec les aspirations des masses séduites par les doctrines nouvelles, eût été tout au moins le signal d'une guerre civile. C'est une question qui relève de l'histoire locale (4).

SECTES PROTESTANTES EN ANGLETERRE
(p. 576, col. 1).

On ne saurait connaître à fond l'histoire de l'Angleterre au temps de la Réformation, si l'on n'étudiait celle des diverses sectes qui sortirent du protestantisme et en furent comme l'épanouissement logique. On peut consulter à ce sujet l'histoire du *Congrégationalisme* depuis 1567 jusqu'en 1700, par M. John Waddington (5). Les dissidents anglais adoptèrent l'idée de la désignation de *Congrégationalisme* comme opposée à celle d'*épiscopalisme* pour exprimer leurs vues sur l'administration ecclésiastique. Ils reconnaissaient à chaque troupeau le droit de se gouverner selon qu'il le jugerait à propos et n'admettaient entre les différentes églises d'autres liens que ceux de la charité chrétienne et de la sympathie, et le gouvernement des Tudor n'approuvait en aucune façon cette manière de voir; si Henri VIII avait brisé avec le saint Siège, c'était

---

(1) Juste, *Les Pays-Bas sous Philippe II*, t. I, p. 320; Gachard, *Don Carlos et Philippe II*, t. I, pp. 303 et suiv.; id. *Correspondance de Philippe II*, t. 1er passim. Bruxelles, 1850.
(2) Gachard, *Don Carlos et Philippe II*, t. I, p. 303.
(3) Plusieurs documents de l'*Appendice de la Correspondance du cardinal de Granvelle* constatent cet état de choses. On peut consulter en outre la *Correspondance de Philippe II*, t. I, *passim*, et spécialement pour la Basse-Flandre, Coussemaker, *Troubles religieux du XVIe siècle dans la Flandre maritime, etc.* Bruges, 1876, *passim* (Cet ouvrage fait bien apprécier le caractère révolutionnaire des protestants contre le catholicisme et les souverains catholiques et fait connaître les innombrables excès dont ils se rendirent coupables. Voir aussi Diegerick, *Archives d'Ypres, documents du XVIe siècle, etc.*, 1874-1876, 3 vol.); Gachard, *Don Carlos et Philippe II*, t. I; pp. 303 et suiv.

(1) Pour ce point de droit public, voir en particulier Poullet, *Mémoire sur les anciennes Constitutions nationales* dans *Bulletin de l'Académie de Belgique*, série in-8, 1875.
(2) Sur l'organisation de l'inquisition et les pouvoirs de l'inquisition, voir l'introduction du t. I de la *Correspondance de Philippe II*, par M. Gachard; les articles de M. Poullet sur la *Répression de l'hérésie au XVIe siècle dans les Pays-Bas* dans la *Revue générale* de Bruxelles août et décembre 1877.
(3) D'après les documents nombreux qu'a étudiés et classés M. de Coussemaker, il arrive à la conclusion suivante : « quand il s'agissait seulement de faits contre la religion, auxquels ne venait s'adjoindre aucun crime ou délit de droit commun, les demandes en grâce ou en remission de peines étaient généralement accueillies avec faveur, lorsque les pétitionnaires faisaient acte de repentir. » (t. I, p. 41). On trouve dans la correspondance du cardinal de Granvelle plusieurs déclarations du même genre; voir aussi la lettre du roi du 16 mai 1566, dans Foppens, *Supplément à Strada*, etc., t. II, pp. 364 et suivantes.
(4) Voir encore sur la politique religieuse de Philippe II, le *Monde*, des 6, 10 et 12 novembre 1860.
(5) *Congregational History*, 1567-1700, Londres, 1874.

simplement pour faire bénéficier de cette rupture l'autorité royale ; Elisabeth suivit les mêmes errements, et l'on sait du reste que l'anglicanisme poussa l'intolérance aussi loin que ses adversaires le firent jamais. On peut voir des preuves irrécusables de cette assertion dans l'ouvrage de M. Waddington, surtout si l'on se reporte à l'histoire de la controverse sur les *Martin Marprelate tracts*. Ces écrits étaient destinés à molester la prélature anglicane et ils atteignirent très bien leur but.

LA SCIENCE ET LA FOI DANS KEPLER. (p. 584).

Rohrbacher salue en passant l'astronome Kepler. C'est trop peu d'une simple mention pour un génie aussi remarquable, non moins ferme dans sa foi qu'illustre par ses découvertes scientifiques. C'est une phrase de la Sainte Ecriture : « *Dieu a tout fait avec nombre, poids et mesure* » qui lui donna la conviction intime que le Créateur, en ordonnant la marche des corps célestes, y avait réalisé l'application des lois mathématiques, ou, suivant la parole de Platon, « que Dieu en créant le monde avait fait de la géométrie » ; car c'est la même Intelligence suprême qui a parlé dans les Saints-Livres et organisé l'univers. Ce fut là son point de départ, et quand il eut trouvé l'une des lois qui portent son nom, qu'il vit comment le Créateur avait soumis les révolutions des planètes à des principes géométriques, il continua, avec une invincible persévérance, à se rendre compte des phénomènes apparents par des combinaisons de mouvements qui devaient être régulières et mathématiques : et il découvrit ces combinaisons.

C'est une attestation frappante de l'inspiration divine de nos Saints Livres et de la profondeur du sens caché qu'ils renferment. C'est pour y avoir cru, sans se décourager devant d'insondables problèmes, que ce sublime esprit ouvrit à l'astronomie, à la géométrie, à la physique, un champ nouveau et prépara les immenses résultats que ces sciences ont obtenus de nos jours.

« C'est en vérité, dit-il, une voix divine qui
« appelle les hommes à l'étude de l'astronomie,
« cette science exprimée non par des mots et des
« syllabes, mais par le monde lui-même, par cet
« effort de l'intelligence humaine à se mesurer avec
« la série des corps célestes. »

Une lettre du 3 octobre 1595 nous montre ses dispositions d'âme et la direction que la théologie donnait à ses études. « Avant la création du monde,
« il n'y avait, dit-il, d'autre nombre que la Trinité,
« qui est Dieu lui-même. Le monde a été créé
« avec nombre et mesure... Le monde immobile
« est occupé par les étoiles fixes, par le soleil, par
« l'éther intermédiaire, trois éléments qui corres-
« pondent dans la Trinité au Fils, au Père et au
« Saint-Esprit. Le monde mobile est occupé par
« les six planètes, tournant autour du soleil, qui
« présente l'image du Père créateur : le soleil
« distribue le mouvement comme le Père répand
« le Saint Esprit. » Ces retours vers Dieu pour y chercher des analogies avec l'organisation de l'univers sont fréquents dans ses écrits, particulièrement dans son *Mysterium Cosmographicum*, qui parut en 1596.

Son plus important ouvrage parut à Prague, en 1609 ; il y traitait des mouvements de Mars (1), et rompait résolument avec les hypothèses incontestées des anciens sur les révolutions des planètes. Il rappelle à la première page que dès l'origine l'astronomie avait admis, comme un principe irréfragable, que les mouvements révolutifs des corps célestes sont uniformes et circulaires « parce que le cercle parmi les figures, et le ciel, parmi les corps sont réputés ce qu'il y a de plus parfait ». C'était une théorie admise depuis vingt siècles ; Copernic, malgré son audace, n'avait osé y toucher ; Kepler entreprit de la renverser. — Les premiers observateurs avaient été frappés de voir que le mouvement général du ciel n'est régulièrement représenté que par les étoiles fixes ; le soleil, les planètes et la lune se dérangent en commençant par rester de plus en plus en arrière, de telle façon que les étoiles étaient censées les plus rapides et la lune le plus lent de tous les astres : c'est pourquoi la lune était présentée, dans l'harmonie céleste de Pythagore, par le son le plus grave. Il lui fallait d'autres explications : il embrassait l'idée de Copernic et entreprenait de sonder les mystères des cieux, à la lumière des Saintes Ecritures. Dans son *Mysterium Cosmographicum*, il dit : « Dieu, ainsi que l'affirme
« Salomon, a tout disposé par nombre, poids et
« mesure. En créant le monde, il fit, suivant
« Platon, de la géométrie. » Ces sentences et d'autres lui servant de boussole, il s'empara des données de Copernic sur les distances et les révolutions planétaires, et en fit pendant plusieurs années le sujet de ses méditations. — C'est par les mouvements de Mars qu'il arriva à connaître les secrets de l'astronomie.

« En effet, remarque M. Biot, parmi toutes les planètes alors connues, Mars est d'abord celle qui dans sa marche révolutive s'écarte le plus du cercle, courbe sacrée à laquelle Copernic n'avait osé toucher ; puis son orbite est la plus rapprochée de l'orbite terrestre ; la Terre est fort près de Mars quand elle passe entre lui et le soleil dans les oppositions, tandis qu'elle s'en éloigne trois fois plus dans les conjonctions, quand c'est le soleil qui se trouve entre elle et Mars. De là des variations d'aspect particulièrement propres à mettre en évidence la forme de l'orbite et les lois du mouvement réel de Mars. Quant aux autres planètes alors connues, leurs orbites diffèrent tellement peu du cercle, que la nature de la courbe qu'elles décrivent en réalité n'avait jamais pu être reconnue avec certitude par une investigation immédiate. » (2).

Il constata que dans certaines positions Mars s'écartait de 8 ou 9 minutes de la route qu'elle aurait dû suivre si son orbite avait été un cercle. Il parvint à se convaincre que le *rayon vecteur héliocentrique de la planète décrit autour du soleil des aires proportionnelles aux éléments du temps*.

C'est sa seconde loi, en réalité la première dans l'ordre chronologique. Il assimilait le soleil à un

---

(1) Le titre de cet ouvrage est : *Astronomia nova seu physica cœlestis, tradita commentariis de motibus stellæ Martis*. In-fol. 337 pages. Prague, 1609.
(2) Biot, *Traité d'astronomie*, t. IV, p. 431.

aimant et le considérait comme la cause de la lumière et du mouvement ; « il est, croyait-il, le principe de tout le mouvement du monde. » Plus loin il constate par le calcul et l'observation que la marche des planètes s'opère avec des vitesses continuellement variables selon les distances du soleil, s'accélérant à mesure qu'elles s'approchent de lui (périhélie) et se ralentissant à mesure qu'elles s'en éloignent (aphélie). C'était pour lui la conséquence de la force attractive, variable avec les distances, qu'il supposait exercée sur les planètes par le corps central. — Il donne même à entendre clairement que les vitesses, dont les plus grands écarts s'observent au *périgée* et à l'*apogée* sont à peu près en raison inverse du carré des distances (quam proxima in dupla proportione distantiarum). — C'était fournir à Newton les indices de sa découverte sur la chute des corps.

Appuyé sur les observations de Mars faites par Tycho-Brahée, il chercha longtemps à se persuader que cette planète décrit une ellipse dans sa révolution, puis il abandonna cette idée, et frappé du retour imprévu du nombre 429 — juste la moitié de celui (858) qui lui avait fait lâcher la vérité quand il la tenait, il — revint définitivement à l'ellipse et établit : « *que les orbites de toutes les planètes sont des ellipses, dont le soleil occupe un des foyers.* » C'est la seconde loi de Képler dans l'ordre chronologique. Ces lois ne donnent que les mouvements individuels des planètes dans leurs orbites propres, sans établir entre elles aucun rapport mathématique. Képler s'était persuadé qu'un tel rapport devait exister. Son *Mysterium Cosmographicum* témoigne des persistantes recherches qu'il fit dans ce sens. Ces tentatives étaient alors prématurées, à cause de l'évaluation trop imparfaite des distances relatives des planètes au soleil. — Vingt-deux ans plus tard, il reprit son ancienne idée, et, au bout de dix-sept ans de laborieuses méditations, le 15 mai 1618, il découvrit cette troisième et dernière des lois qui portent son nom : « *Les carrés des temps des révolutions de deux planètes quelconques sont entre eux comme les cubes des demi grands axes de leurs orbites.* »

Les trois lois de Kepler, qui font la juste admiration de la postérité, ont été depuis confirmées par tous les astronomes. C'est en s'appuyant sur elles que Newton est parvenu à formuler la force de l'attraction qui régit le monde. Les lois de Newton sont virtuellement contenues dans la troisième loi de Képler, où le cube représente la masse. — La loi de la proportionnalité des carrés des révolutions aux cubes des distances est exposée dans l'*Harmonice Mundi* (pag. 189).

Les investigations de Kepler s'étaient portées aussi sur diverses questions de la physique, et il y avait laissé loin derrière lui ses contemporains. Il dit que la lumière consiste dans un écoulement continu et d'une vitesse infinie de la matière du corps lumineux, et que sa réfraction dans l'eau augmente dans un rapport plus grand que les angles d'incidence à partir de la perpendiculaire. Il est un des premiers qui se soient attachés à prouver que l'année de la naissance de Jésus-Christ doit être reculée d'au moins quatre ans.

Il a laissé, dans son livre de l'*Harmonie du monde* (Harmonia Mundi), ces remarquables expressions de l'élan et de la sincérité de sa foi : « Je te remercie, Créateur et Seigneur, de toutes « les joies que j'ai éprouvées dans les extases où « m'a jeté la contemplation de l'œuvre de tes « mains... J'ai proclamé devant les hommes toute « la grandeur de tes œuvres. Je me suis efforcé « de m'élever jusqu'à la vérité. S'il m'était « échappé quelque chose d'indigne de toi, reçois- « moi dans ta clémence et ta miséricorde, « accorde-moi cette grâce que l'œuvre que je viens « d'achever contribue à ta glorification et au « salut des âmes. »

LA PAPAUTÉ ET LE SYSTÈME DE COPERNIC
(p. 585, 2ᵉ col.).

Les partisans du système de Copernic n'eurent pas à se plaindre des papes. Nicolas de Cusa, qui l'enseigna dans son livre *De docta ignorantia*, fut comblé d'honneurs par Nicolas V; ce Mécène des savants le revêtit de la pourpre romaine et l'éleva à l'évêché de Brixen; Calixte III et Pie II le tinrent en grande estime. Copernic ne rencontra pas moins de faveur et de protection à Rome, où il fut consulté sur la réforme du calendrier sous Urbain VIII, Celio Calcagnini essaya — peu heureusement, si nous en croyons Tiraboschi, — de prouver, dans un petit traité, que le ciel est immobile et que la terre tourne (1); cette doctrine ne souleva pas d'opposition, bien au contraire; l'auteur fut apprécié par le souverain pontife, qui admira même ses profondes connaissances philosophiques. Urbain n'avait pas oublié que son prédécesseur avait appelé aux jardins du Vatican Albert Widmanstad; qu'il se plaisait à l'entendre développer, en présence des cardinaux, le système de Copernic déjà répandu en Allemagne, et qu'il lui fit cadeau d'un beau manuscrit grec, dans lequel Widmanstad a lui-même constaté cette libéralité. En 1617, Képler fut nommé professeur d'astronomie à l'université de Bologne, quoique depuis vingt ans il se fût déclaré pour le système, soi-disant persécuté par les papes (2). Galilée lui-même recevait du Saint-Siège une pension, qui fut augmentée en 1630 (3). Il suffit de lire le bref adressé par Urbain VIII à Ferdinand II, le 8 juin 1624, pour être convaincu des sentiments d'affection, d'estime et d'admiration du souverain pontife pour la science et la piété du grand astronome (4).

Du reste la condamnation de Galilée n'arrêta pas le cours des études astronomiques chez les auteurs catholiques.

---

(1) Blot, dans son *Traité d'astronomie*, t: IV et V, a suivi et analysé ces phases des recherches de Kepler. Cf. Brewster : *Lives of the Martyrs of the Science*. Londres. 1848; Arago, *Notices biographiques*, t. II.

(1) Cet opuscule intitulé *Quod cœlum stet et terra moveatur*, se trouve à la page 380 des *Opera aliqua* de Calcagnini, imprimées à Bâle, en 1544, trois ans après la mort de l'auteur.
(2) Palmieri 94 et sqq.
(3) Lettre de Campioli, du 10 août 1630, t. IX, p. 200.
(4) T. IX, p. 60.

La cour de Rome qui, au rapport du P. Fabri, n'aurait fait aucune difficulté de se rendre elle-même à des démonstrations (1), permit, comme auparavant, d'admettre l'hypothèse de Copernic. Elle continua a être enseignée publiquement au vu et au su de l'autorité ecclésiastique, et nous en trouvons un exemple assez curieux dans les *Principes mathématiques de philosophie naturelle de Newton* (2). Les auteurs de cet ouvrage sont deux Pères mineurs, Leseur et Jacquier, professeurs de théologie et de mathématiques à Rome; ils y déclarent adopter l'hypothèse de Copernic, sans autre motif que Newton s'en est servi et que c'est le seul moyen de comprendre ce philosophe.

Lorsque, d'un côté, l'hypothèse de Copernic se fût dégagée des ténèbres qui l'avaient enveloppée dans son origine, et que, d'un autre côté, le prosélytisme protestant se fût calmé, l'article de l'*Index* qui contenait tous les livres où le mouvement de la terre était soutenu fut supprimé (3), et il devint dès lors moins étonnant de le voir servir de sujet, entre autres, à l'une des thèses défendues en 1768, à l'université de Heidelberg, sous la présidence du P. jésuite A. Schmidt (4).

LE PROTESTANTISME ET LE SYSTÈME DE COPERNIC
(p. 586).

L'opposition du protestantisme — le soi-disant ami des lumières — au système de Copernic fut ridicule et insensée. Bacon le combattit par un raisonnement absurde (5). Du Bartas, gentilhomme protestant, ridiculisa Copernic et le rangea parmi les

..............................; esprits frénétiques
Qui se perdent toujours par des sentiers obliques
Et de monstres forgeurs ne peuvent point ramer
Sur les paisibles flots d'une commune mer.

Puis il ajoute :

Tels sont, comme je croy, ces escrivains qui pensent
Que ce ne sont les cieux ou les astres qui dansent
A l'entour de la terre, ains que la terre fait
Chaque jour naturel un tour vrayment parfait.

Armé de ces raisons je combatrais en vain
Les subtiles raisons de ce docte Germain,
Qui pour mieux de ces jeux sauver les apparences,
Assigne industrieux à la terre trois dances :
Au centre de ce Tout le cler Soleil luysant,
Et Phœbé, l'Eau, la Terre, au même rond logeant.

Simon Goulart, ministre protestant et commentateur de Du Bartas, fait à propos de ce *docte Germain*, qui n'est autre que Copernic, certaines réflexions que voici : « Le poète, parlant du tour et mouvement des cieux autour de la terre, réfute le paradoxe de Copernicus, qu'il appelle le docte Germain ou Aleman. Iceluy donc, ne voyant assez ferme résolution (à son avis), ès disputes des astronomes sur le mouvement des sphères célestes, s'avisa d'une nouvelle opinion, par luy publiée, en un sien œuvre, intitulé : *De revolutionibus orbium cœlestium*... Cela fait, il entre en sa démonstration des trois dances ou mouvements de la terre... Le poète s'est contenté de toucher ce paragraphe en un mot, sans le vouloir trop exactement réfuter, *parce qu'il se combat de soy-mesme*, joint que la préface mise au commencement de l'œuvre, monstre assez que Copernic a mis cela en avant, plus pour exciter les esprits à bien estudier en astronomie, que pour vouloir résolument soutenir telle opinion. Aussi depuis luy, C. Calcagninus, docte italien, s'est esbatu sur ce subject, et a écrit un discours (imprimé avec ses œuvres), où il maintient en forme de déclamation que le ciel ne bouge, et que la terre tourne. Mais on voit assez par son épistre qu'il entreprend cela, avec la mesme pensée d'aucuns qui ont escrit les louanges de la tyrannie et de choses semblables, assavoir pour exercer leur style et les esprits curieux (1). »

Les protestants ne se contentèrent pas de combattre et de ridiculiser le système de Copernic ; à Tubingue, leurs théologiens allèrent beaucoup plus loin ; il n'est sorte de persécution qu'ils ne firent endurer à Kepler, à cause de ses doctrines astronomiques, parce qu'elles étaient conformes à la Bible, et ce fut à grand'peine que cet astronome put soustraire au feu sa propre mère, condamnée comme sorcière (2).

LA POLITIQUE RELIGIEUSE DE HENRI IV (p. 592. c. 1).

Trop sévère en général pour Henri IV (3), Rohrbacher ne juge pas favorablement sa politique religieuse. Cependant on a pu croire que Henri IV avait eu l'intention de restaurer l'unité catholique en Europe. Ce point est controversé ; mais il y a là un témoignage en faveur de Henri IV.

M. Mercier de Lacombe (4) et M. Poirson (5) se prononcent en sens inverse, sur la question de savoir si Henri IV eut la pensée d'établir « une seule profession de religion dans l'Europe chrétienne. » Le débat roule sur la véritable portée des textes allégués à ce sujet. On peut admettre l'opinion de M. de Lacombe, plus conforme aux regrets de Paul V sur la mort d'Henri IV.

---

(1) Lalande, *Astronomie*, t. I. p. 421.
(2) Is. *Newtonii philosophiæ naturalis principia mathematica*. Genève, 1739-1741, 3 vol. et réimp. à Glasgow, 1822.
(3) A. Reymans, *De ecclesiastica lib. aliorumque script. in Belg. rohibit. disquisitio*. Rome, 1849, p. 355.
(4) *Systema copernicanum sua se simplicitate et facilitate commendat, quæ illud tanquam hypothesim adhibemus*, parmi les *Theses electæ ex universa philosophia*, qui se trouvent à la suite de la dissertation *De structura interiori terraquei*, Heidelberg, 1763.
(5) *Descrip. globi. intell.* et *Thema cœli*, dans le t. IX des œuvres de Bacon, imprimées à Londres, 1803. Le comte J. de Maistre y a trouvé ample matière de raillerie. Voir *examen de la philosophie de Bacon* Lyon, Paris, 1859; t. I, chap. V et VI.

(1) Du Bartas, *La Sepmaine ou Création du monde*, annotée par S(imon) G(oulart) de S(enlis), 1588, pp. 294, 295 et 296.
(2) Marini, *Disc. prél.*, dans la *Civiltà cattolica*, p. 169, et Palmieri, p. 879.
(3) Au sujet du divorce de Henri IV on peut consulter Ferret, *Nullité du mariage de Henri IV avec Marguerite de Valois*, dans *Revue des Questions historiques*, livr. de Juillet 1876, p. 77 et suiv.
(4) *Henri IV et sa politique*. Paris, 1877.
(5) *Histoire du règne de Henri IV*. Paris, 1867, t. IV.

VŒU DE LOUIS XIII (p. 594, col. 1).

La consécration solennelle de la France à la Sainte-Vierge par le roi Louis XIII, est du 10 février 1638 et non de 1639, comme Rohrbacher le dit par mégarde. Plusieurs écrivains ont imprimé cette déclaration, notamment Isambert, dans son *Recueil général des anciennes lois* (1). Ayant découvert, disent les *Analecta Juris Pontificii* (2), dans plusieurs manuscrits, diverses pièces inédites touchant le vœu du pieux monarque, nous croyons utile de les publier. Voici l'énumération de ces documents :
1° Déclaration du 10 février 1638, datée du château de Saint-Germain. 2° Lettre au procureur général près le parlement de Paris, d'Abbeville, 6 août 1638. 3° Lettre aux présidents et conseillers du parlement, les invitant à la procession du 15 août, même date que la précédente. 4° Mandement de l'archevêque de Paris, pour le vœu de Louis XIII, du 4 août 1638. 5° Collecte qui devait être récitée le jour de l'Assomption dans toutes les églises, conformément au vœu de Louis XIII. 6° Procès-verbal de ce qui se passa à la procession générale du 15 août 1638. 7° Mémoire de l'entreprise faite par les officiers de la chambre des comptes sur l'honneur dû au parlement en la procession du 15 août 1638. 8° Sermon prêché dans l'église cathédrale de Metz, par l'évêque de Madaure, coadjuteur de l'évêque de Metz, à la cérémonie de la dédicace et de la consécration de la France à la Sainte-Vierge le jour de l'Assomption 1638. 7° Déclaration du 25 mars 1650, portant confirmation de celle de Louis XIII, pour la continuation des suffrages, processions et solennités observées le jour de l'Assomption.

Louis XV, par une lettre adressée le 1er août 1738 à l'archevêque de Paris, renouvela la déclaration de Louis XIII. La lettre est imprimée à la suite du mandement de l'archevêque de Paris, du 8 août 1738. (Paris Pierre Simon, rue de la Harpe, 1738)

En 1814, une ordonnance royale prescrivit de nouveau la procession du 15 août (3).

En 1854, une circulaire ministérielle aux évêques appelait la Sainte-Vierge, la patronne de la France (4).

MOUVEMENT DES HUGUENOTS DANS LE MIDI EN 1622 (p. 599).

Le soulèvement des Huguenots dans le Languedoc fut une des conséquences de l'Assemblée de La Rochelle, en 1620 : la scène se passa dans le comté de Foix, aux alentours de la ville de Pamiers. Le chef principal du parti huguenot fut le baron de Léran, Jean-Claude de Lévis, baron et vicomte de Léran, descendant en ligne directe de Jean de Lévis, seigneur de Mirepoix, maréchal de la Foi en 1318, lui-même arrière-petit-fils de Guy de Lévis.

Jean-Claude de Lévis n'est guère connu que par le rôle qu'il joua dans le soulèvement des Huguenots en 1622. Des notes généalogiques nous apprennent simplement qu'il eut de grands démêlés avec son oncle, le marquis de Mirepoix, dont les domaines touchaient de toute part aux domaines d'ailleurs considérables de la maison de Léran. Peut-être est-ce à ces querelles, à ces haines de famille qu'il faut attribuer le changement de religion du seigneur de Léran. Un descendant du maréchal de la Foi huguenot! Cela devait suffire pour exciter l'indignation de sa famille; aussi voyons-nous, dans cette révolte du vicomte de Léran, le marquis de Mirepoix prendre fait et cause contre lui et se joindre à ses ennemis.

Jean-Claude de Léran finit d'une manière tragique sa carrière guerroyante, car il fut décapité à Toulouse, comme séditieux et pour révolte huguenote. Du reste sa tentative de 1622 avorta complètement : elle n'eut d'autre résultat que de faire brûler Mirebel, ravager les environs de Pamiers, Mazères et Saverdun, prendre le Peyrat et la Bastide, enlever et dévaster Limbressac : le château de Léran lui-même dut se rendre. Les documents constatent que le sieur de Léran, qui était à Mazères avec deux cents chevaux et qui pouvait faire une levée de deux ou trois mille hommes de pied, ne se mit pas en devoir de secourir ses sujets (1).

URBAIN GRANDIER (p. 600, col. 1).

La possession diabolique des religieuses de Loudun, qui a donné lieu à tant d'écrits et fourni prétexte à tant d'accusations contre l'Église, a été exposée d'une façon bien simple par un témoin oculaire, le R. P. J.-J. Surin, de la compagnie de Jésus (2).

Cette histoire surprenante, dit l'auteur, qui joua un rôle dans l'affaire comme exorciste, a commencé par de grands procès entre deux chanoines de l'église collégiale de Sainte-Croix de la ville de Loudun, dont l'un s'appelait M. Mignon, homme fort sage, vertueux et d'un mérite distingué, et l'autre s'appelait Grandier, qui était un homme fort bien fait, éloquent, docte, qui se tirait adroitement de toutes sortes d'affaires; il était chanoine et curé de la paroisse de Saint-Pierre du Marché. M. Mignon gagna contre lui son procès devant son évêque, M. de Poitiers, et perdit devant le primat, Mgr l'archevêque de Bordeaux.

La source de ce procès fut le libertinage de Grandier que M. Mignon ne pouvait souffrir parce qu'il était d'une vertu très solide, et comme son mérite le faisait estimer de tout le monde, les

---

(1) T. XVI, p. 483.
(2) Livraison CXX, p. 9.
(3) Jager, *Hist. de l'Église catholique en France*, t. XVIII, pp 210 et 211.
(4) Voy. une lettre de Mgr. Gerbet, du 10 août 1854, dans l'abbé Ladoue : *Mgr Gerbet, sa vie, ses œuvres*, t. III, p. 305. Paris, 1870.

(1) Voir *Cabinet historique*, t. XII, p. 153 et suiv.
(2) Voir le manuscrit 25258, de la bibl. Nat. de Paris, intitulé : *La Science expérimentale ou Abrégé de l'histoire véritable de la possession des religieuses ursulines de Loudun, diocèse de Poitiers, arrivée en l'an 1632 jusqu'en 1638*.

religieuses Ursulines s'étant établies à Loudun dans ce temps-là, elles le choisirent pour leur confesseur. Grandier ressentit vivement la préférence que les religieuses accordèrent à M. Mignon, car bien loin qu'elles acceptassent l'offre qu'il leur avait fait faire de ses services, jamais aucune d'elles ne voulut lui parler. Pour s'en venger, il résolut de se servir de la magie que lui avait appris l'un de ses oncles, et de donner un charme aux religieuses, qui leur inspirât un grand amour pour lui. Il espérait par là en corrompre quelques-unes, afin que le scandale qui leur arriverait fût attribué à M. Mignon qui seul avait la conduite de cette communauté. Ce fut en l'année 1632 que ce malheureux curé jeta plusieurs maléfices sur ces pauvres religieuses, particulièrement par une branche de rosier, qui portait plusieurs roses ; il lança cette branche dans le monastère et toutes les religieuses qui la flairèrent se trouvèrent saisies de l'esprit malin.

M. Mignon jugea bien que cette affaire était un maléfice donné aux religieuses, en quoi il n'eut pas bonne opinion de Grandier ; néanmoins le soupçon ne lui vint jamais dans l'esprit que cet ecclésiastique fût capable d'une aussi méchante action. Il pria M. le Curé de Chinon, homme d'un mérite et d'une vertu extraordinaires, de l'assister de ses conseils et de son secours charitable dans une affaire de cette conséquence. Après en avoir conféré ensemble, ils prirent la résolution d'exorciser la mère prieure ; et les démons firent des choses surprenantes dans le temps qu'ils l'exorcisaient — comme de tenir élevé de terre le corps de la mère, de répondre en latin aux pensées secrètes, — mais ce qui étonna le plus ces messieurs, ce fut la réponse qu'ils firent en latin à la question du Rituel : « Quis te magicus immisit ? » — « Quel est le magicien qui t'a envoyé ? » — Ils répondirent : « Urbanus Grandier. »

Ces messieurs ne furent jamais plus surpris que de cette réponse, car ils n'auraient jamais soupçonné cet ecclésiastique d'être magicien. Ce témoignage, quoique émanant du démon, était soutenu par la mauvaise vie de Grandier ; il lui fit tort au point que l'on mit l'affaire entre les mains des magistrats de la ville. Ceux-ci, amis du curé, tournèrent autant qu'ils purent la chose en sa faveur, mais le peuple se trouvant à l'exorcisme, où les démons soutenaient toujours que Grandier était l'auteur de cette tragédie, tout le monde en resta convaincu, en sorte que cette affaire étant venue à la connaissance du roi, il donna ordre à M. de Laubardemont, son intendant, d'en prendre connaissance et de s'y comporter comme juge. Il était à Paris, quand il reçut cet ordre, et vint aussitôt à Loudun. Le curé, sachant son arrivée, lui vint faire ses amitiés, mais l'intendant ne l'eût pas plus tôt vu qu'il eut une impression dans l'âme que cet homme était criminel. Grandier fut arrêté et conduit au château d'Angers, parce qu'il n'y avait pas de prison à Loudun assez forte pour un tel criminel, mais comme les démons faisaient chaque jour quelque nouvelle révélation, et qu'il était nécessaire d'examiner et de confronter Grandier là-dessus, M. de Laubardemont fit faire à Loudun une forte prison, et y fit ramener le criminel. Il refusa d'abord de répondre à l'interrogatoire de son juge, mais il consentit ensuite à répondre. M. l'Évêque de Poitiers apprenant ce qui se passait dans l'exorcisme, vint à Loudun, et les démons ayant dit qu'on trouverait sur le corps de Grandier des marques qu'ils dépeignirent, on le fit visiter et on en trouva deux, comme les démons l'avaient dit. Le roi envoya un nouvel ordre à M. de Laubardemont, de faire venir quatorze juges de plusieurs présidiaux voisins, comme Poitiers, Angers, Tours, Orléans, Chinon et La Flèche, ce qui fut exécuté.

Les quatorze juges que le roi avait ordonnés pour faire le procès à Grandier étant arrivés à Loudun, jugèrent tous que cette affaire était extraordinaire et qu'ils avaient autant à se démêler avec les démons qu'avec les hommes ; qu'ils avaient un besoin tout particulier de recourir à Dieu ; ils conviennent donc de se mettre bien avec lui, en faisant des confessions générales et recevant le Saint-Sacrement ; ils conviennent de plus que pendant qu'ils jugeraient, les prières de 40 heures seraient dites tour à tour dans les églises, et que le matin les exorcistes et les juges iraient en procession dans l'église indiquée, pour assister à l'exposition du Saint-Sacrement. Tout cela fut observé et ensuite les exorcistes allaient à l'exorcisme et les juges à l'examen du procès, dans le même ordre qu'ils étaient venus à l'église : ils revenaient de même le soir, à l'heure du salut. Ils furent quarante jours à examiner cette affaire, sur laquelle les démons, par ordre exprès de Dieu, leur donnaient tous les jours de nouvelles lumières au préjudice de Grandier, et le tout bien examiné, il se trouvait que les démons ne disaient rien qui ne fût très véritable.

Des juges si bien choisis et qui prirent des mesures si chrétiennes, afin de juger dans la voie de Dieu une affaire de cette importance, furent tous du même sentiment et il n'y en eut pas un seul qui ne condamnât ce misérable à être brûlé vif, ce qui fut exécuté le 18 août 1634. M. de Laubardemont désirait que ce criminel se reconnût, c'est pourquoi il donna commission à deux Pères capucins de travailler à sa conversion quarante jours avant sa mort. Ces bons Pères employèrent tout le temps à le prier et à l'exhorter, mais il n'ouvrit jamais son cœur à la grâce et on ne put remarquer en lui un vrai repentir de ses péchés. Quand on lui eut prononcé l'arrêt de sa mort, il pria M. de Laubardemont de modérer la rigueur de sa sentence ; il lui répondit que le meilleur moyen d'obtenir cette grâce de la justice, était de dire ingénûment ses complices, et de produire des actes de contrition d'un cœur sincère. Il fit réponse qu'il n'avait point de complice. Un père exorciste qui était auprès de lui fit un discours fort tendre qui tira les larmes de tous les assistants, il n'y eut que Grandier qui n'en fut pas touché.

M. de Laubardemont lui parla dans le particulier, lui représentant avec une grande force le malheur éternel dans lequel il s'allait précipiter. M. le lieutenant criminel d'Orléans, rapporteur de son procès, lui dit aussi tout ce qu'il put afin de l'amollir, mais rien ne fut capable de toucher ce méchant cœur, et il fut si endurci qu'il chantait une chanson profane deux heures avant que d'aller au supplice, où étant arrivé un Père capucin lui présenta un crucifix, dont il détourna la tête : on le pressa encore de se confesser, il répondit qu'il n'en avait pas de besoin, s'étant confessé depuis peu. Quand il fut au milieu du bûcher, le bourreau voulut l'étrangler afin qu'il ne sentît pas le feu, mais le feu brûla la corde et son corps tomba dans les flammes. Dans ce moment le démon de la sœur Claire étant à l'exorcisme, s'écria : « Voilà mon pauvre maître Grandier qui est brûlé et tombé comme moi ! » Etant sur le point d'expirer, tous les démons témoignèrent avoir de l'inquiétude, mais aussitôt qu'il fut mort, ils éclatèrent de joie, disant qu'ils avaient eu grande peur qu'il ne leur échappât, parce que la Mère de Dieu avait prié pour lui. Un autre démon dit le lendemain qu'ils étaient allés plus de deux cents démons conduire Urbain Grandier en enfer à quatre heures trois quarts du soir, qui fut en effet l'heure où il mourut.

Le père exorciste lui répondit : « Tu es un menteur, Grandier s'est converti. » — « C'est vous-même qui mentez, — répartit-il — il ne s'est point converti, à cause de sa superbe, et qu'il n'a point voulu confesser qu'il fût magicien. » — « Mais — lui dit le père — il a invoqué le Créateur en mourant. » — « Dis-donc — ajouta le démon — il a invoqué Lucifer, et pour marque qu'il ne s'est point converti, il n'a point prononcé le nom de Jésus, ni pris d'eau bénite. » Puis le démon se tournant vers les assistants, leur dit : « Messieurs, je vous conjure d'être superbes, vous verrez comme nous le traitons en enfer. »

MORT DE LOUIS XIII (p. 610, col. 2).

Les derniers moments de Louis XIII, auxquels saint Vincent de Paul assista, ont été racontés par le P. Dinet, de Moulins, jésuite, qui remplaça le P. Caussin, comme confesseur auprès du roi et qui l'aida dans sa dernière maladie. Ce récit édifiant est digne de la piété bien connue du monarque (1).

Bazin a résumé, en des termes à peu près identiques, les diverses phases de la dernière maladie de Louis XIII. C'est de la part d'un écrivain exact, comme l'auteur de l'*Histoire de France sous Louis XIII*, qui n'a pas connu le récit du P. Dinet, une preuve de l'exactitude et de la véracité de l'un et de l'autre.

« On peut dire, écrit Bazin, que jamais homme plus résolu à la mort n'eut plus de peine à mourir...

« ... Un soir pourtant (10 mai) qu'il venoit de dormir quelque peu, il s'éveilla en sursaut, chercha des yeux le prince de Condé dans sa ruelle, et lui dit qu'il avoit rêvé d'une grande victoire remportée par le duc d'Enghien, son fils, sur les ennemis du royaume. Cette énergie que sembloit lui avoir rendu pour un instant un songe de victoire, il la conserva jusqu'au dernier moment, pour les préparatifs d'une sainte mort. Ceux-là le trouvoient toujours prêt, toujours disposé : loin de leur demander répit, il les sollicitoit, il les appeloit, les dirigeoit lui-même. Deux évêques, deux Pères jésuites, et le P. Vincent de Paul, étaient toujours près de lui, pour lui faire des lectures ou des discours dont il leur donnoit le texte. Enfin, le 14 mai 1643, trente-trois ans jour pour jour après la mort de son père, et presque à la même heure, Louis XIII rendit l'âme. »

(1) Le récit du P. Dinet existe à la Bibliothèque nationale en manuscrit dans le fonds Thoisy et dans le fonds supplémentaire français. Il a été remanié et publié en 1656 sous ce titre : *L'idée d'une belle mort, ou d'une mort chrétienne dans le récit de la fin heureuse*, plaquette in-folio, fort rare aujourd'hui.

FIN DU TOME DIXIÈME.

www.ingramcontent.com/pod-product-compliance
Lightning Source LLC
Chambersburg PA
CBHW052334230426
43664CB00041B/1289